Charles Petzold

Windows Programmierung

Charles Petzold

Windows Programmierung

Microsoft Press

Dieses Buch ist die deutsche Übersetzung von Charles Petzold:
Programming Windows – 5th ed.

15 14 13 12 11 10 9 8 7 6 5 4 3 2 1
07 06 05

ISBN 3-86063-188-8

(ein Unternehmensbereich der Microsoft Deutschland GmbH)
Konrad-Zuse-Straße 1, D-85716 Unterschleißheim

Übersetzung: Arne Schäpers, Rudi Huttary, Julio Kenigstein
Satz: mediaService, Siegen (www.media-service.tv)
Umschlaggestaltung: HommerDesign, Haar (www.HommerDesign.com)
Layout und Gesamtherstellung: Kösel, Krugzell (www.KoeselBuch.de)

Inhaltsverzeichnis

Eine kurze Anmerkung

Die neuesten Informationen zu diesem Buch - nicht zuletzt, das mögliche Fehler und aktualisierte Programmlistings betrifft – finden Sie auf meiner Website *www.cpetzold.com*. Wenn Sie irgendwelche Probleme mit diesem Buch haben, können Sie eine E-Mail an *charles@petzold.com* schicken. Ich werde zwar versuchen, einfache Fragen so schnell wie möglich zu beantworten – versprechen kann ich aber nichts: Ich bin normalerweise recht gut im Stress, und meine Katze weigert sich immer noch, die Windows-API zu lernen.

Ich möchte mich bei allen Leuten von Microsoft Press bedanken, die bei der Produktion dieses Buchs wieder mal Großartiges geleistet haben: Meiner Meinung nach ist diese »Jubliäumsedition«, die exakt 10 Jahre nach der ersten Ausgabe erschienen ist, auch die bis jetzt beste. Bei den älteren Ausgaben haben mir viele Mitarbeiter von Microsoft geholfen – unter anderem auch einige Entwickler der älteren Windows-Versionen –, wenn es um technische Fragen in einzelnen Kapiteln ging. Wer sich für die lange Namensliste interessiert, findet sie in diesen Ausgaben.

Dank auch an meine Familie und die Freunde, vor allem die Freunde aus jüngerer Zeit (ihr wisst schon, wer gemeint ist!). Eure Unterstützung hat dieses Buch möglich gemacht, und Euch ist es gewidmet.

Charles Petzold
5. Oktober 1998

Teil I
Die Grundlagen

1 Der Einstieg

In diesem Buch geht es darum, wie man Programme für Microsoft Windows 98, Windows NT 4.0 und Windows NT 5.0 in der Sprache C schreibt und dabei die Anwendungsprogrammierschnittstelle von Windows direkt benutzt. Dieser Weg stellt zwar seit längerem nicht mehr den einzigen dar (weshalb ich weiter hinten in diesem Kapitel kurz auf einige Alternativen zu sprechen komme) – wer die grundlegenden Funktionsprinzipien dieser Schnittstelle nicht verstanden hat, erreicht als ProgammiererIn aber auch mit der besten objektorientierten Bibliothek über kurz oder lang den toten Punkt.

Wie ich Ihnen wohl kaum erklären muß, handelt es sich bei Windows 98 um die bis dato letzte Inkarnation des grafisch orientierten Betriebssystems, das im letzten Jahrzehnt der de-facto-Standard für IBM-kompatible PCs geworden ist – also Computer, die einen Intel-Mikroprozessor wie den 80486, den Pentium oder einen der zahlreichen Nachbauten als CPU verwenden. Windows NT stellt die »große« Variante von Windows 98 dar, die sich vor allem durch eine wesentlich höhere Sicherheit und Stabilität – aber auch durch einen entsprechend größeren Überbau – auszeichnet und sowohl für PCs als auch für einige RISC-Workstations verfügbar ist. (Das Kürzel RISC steht für »reduced instruction set computing«.)

An Sie als Leser oder Leserin stellt dieses Buch drei Anforderungen: Erstens sollten Sie mit Windows aus der Perspektive des Benutzers vertraut sein. Weil das Schreiben von Programmen für ein System, dessen Oberfläche man nicht kennt, ein ziemlich hoffnungsloses Unterfangen darstellt, sei Ihnen ans Herz gelegt, sowohl die Programmentwicklung als auch andere Arbeiten auf einer Windows-Maschine (und mit Windows-Anwendungen!) zu erledigen.

Zweitens sollten Sie sich mit der Programmiersprache C auskennen. Da die Windows-Programmierung ein denkbar ungeeignetes Objekt für den Einstieg in C darstellt, verlegen Sie erste Schritte bitte gegebenenfalls in eine textorientierten Umgebung wie das DOS-Fenster von Windows 98. Wenn es auf den nächsten rund 1500 Seiten um Aspekte von C geht, die bei der textorientierten Programmierung eher ein Schattendasein führen, gehe ich selbstverständlich auf die Unterschiede ein – ohne grundlegende Erfahrungen mit dieser Programmiersprache, zu denen auch die Vertrautheit mit Strukturen und Zeigern gehört, kommen Sie aber definitiv nicht aus. Die C-Standardbibliotheken müssen Sie allerdings nicht auswendig lernen, weil diese Routinen bei der Windows-Programmierung nur in Einzelfällen gebraucht werden.

Drittens benötigen Sie einen C-Compiler nebst Umgebung zur Entwicklung von 32-Bit-Programmen für Windows. Dieses Buch geht davon aus, dass auf Ihrem System Microsoft Visual C++ 6.0

installiert ist - ein Compiler, den Microsoft sowohl als eigenständiges Produkt als auch als Teil des Entwicklungspakets Visual Studio 6.0 verkauft. (Wenn Sie über einen Internet-Zugang verfügen, tut es auch die Version 5. Mehr dazu später.)

Das wär's gewesen. Was Erfahrungen mit der Programmierung in grafisch orientierten Umgebungen betrifft: Ich gehe in diesen Buch davon aus, dass das Innenleben von Systemen wie Windows für Sie völliges Neuland ist.

Windows im Überblick

In den älteren Ausgaben dieses Buches stand hier eine kurze Beschreibung, welche Vorteile Windows gegenüber textorientierten Umgebungen zu bieten hat (und die man sich inzwischen wohl guten Gewissens sparen kann). Die Geschichte des Systems erscheint mir dagegen interessanter denn je. Dass Windows in der Computerei eine wahre Flutwelle von Veränderungen nach sich gezogen hat, ist allgemein bekannt. Wie der Weg zu dieser Revolution aussah, gerät dagegen schon langsam in Vergessenheit: In den ersten Jahren war er derart steinig, dass ein Schlagwort wie »Marktdurchdringung« als pure Phantasterei abgetan worden wäre (falls es überhaupt jemand gewagt hätte, so einen Begriff in den Mund zu nehmen, versteht sich) .

Die Geschichte von Windows

Der IBM PC wurde im Herbst 1981 mit zwei Betriebssystemen auf den Markt gebraucht, von denen eines bereits kurz danach wieder in Vergessenheit geriet. Der Sieger im Wettstreit der Betriebssysteme für PCs und »Kompatible« hieß MS-DOS (»Microsoft Disk Operating System«) und stellte einen aus heutiger Sicht einen ausgesprochen minimalistischen Ansatz dar: Der Benutzer bekam eine Eingabeaufforderung zu sehen, über die er Kommandozeilen wie DIR und TYPE eingeben sowie Anwendungsprogramme in den Hauptspeicher laden konnte. Für ProgrammiererInnen hatte dieses System wenig mehr als eine Gruppe von Funktionen zu bieten, die den Datentransfer von und zu Massenspeichern (nun ja, Disketten) übernahm. Der Rest – wie etwa die Ausgabe von Text oder gar Grafiken auf dem Bildschirm – geschah über direkte Zugriffe auf die Hardware.

In einer Zeit, in der man Hauptspeichergrößen noch nach Kilobytes bemaß und Taktfrequenzen jenseits von einigen Megahertz die Domäne von Mainframes waren, taten sich grafisch orientierte Systeme naturgemäß schwer. Die Firma Apple unternahm mit einem Computer namens Lisa im Januar 1993 als erste den Versuch, textbasierten »Diskettenbetriebssystemen« eine grafisch orientierte Programmierumgebung gegenüberzustellen, der aber außer Ruhm und Ehre nichts als finanzielle Verluste einbrachte. Im Januar 1994 war die Hardware dann endlich weit genug: Apple stellte den Macintosh vor und schuf damit einen Standard für grafisch orientierte Betriebssysteme, an dem sich die Konkurrenz auch heute noch messen lassen muß. (Wie weit die Theorie der Praxis damals voraus war, sieht man nicht zuletzt daran, dass *alle* heutzutage üblichen grafisch orientierten Betriebssysteme – inklusive des Macintosh und Windows – auf Vorarbeiten des Palo Alto Research Center (PARC) basieren. Der erste real existierende Computer mit einer grafischen Oberfläche wurde dort gebaut – und zwar Mitte der 70er Jahre. Auf den allgemeinen Markt gelangten diese Maschinen nie, weil die Hardware allein einige zigtausend Dollar kostete.)

Windows wurde im November 1983 (also nach der Lisa, aber vor dem Macintosh) von Microsoft angekündigt und erschien im November 1985 in mit der Versionsnummer 1.01. Im Laufe der beiden folgenden Jahre wurde das System lediglich um zusätzliche Treiber für neue Drucker und Video-Adapter sowie nationale Eigenheiten der einzelnen Länder erweitert, d.h. blieb in seinem Funktionsumfang unverändert.

Die Version 2.0 wurde von Microsoft im November 1987 freigegeben und unterschied sich von ihrem Vorgänger hauptsächlich durch einige Modifikationen der Benutzeroberfläche. Die wohl auffälligste Neuerung waren Fenster, die sich gegenseitig ganz oder teilweise überdecken konnten; dazu kamen einige Erweiterungen der Maus-Schnittstelle und der Tastatur im Zusammenhang mit Dialogen. Diese Version kam wie ihr Vorgänger mit den Prozessormodellen 8086 und 8088 von Intel aus, die im »Real Mode« liefen und maximal 1 MByte Speicher adressieren konnten.

Windows/386 kam kurz nach Erscheinen der Version 2 auf den Markt und verwendete den *Virtual 8086 Mode* des damals brandneuen Prozessors 80386, um mehrere voneinander unabhängige Computer zu simulieren, wodurch auch der Parallelbetrieb von DOS-Programmen möglich wurde, die mit direkten Hardware-Zugriffen (Bildspeicher, Schnittstellen usw.) arbeiten. Konsequent erhielt die nächste Standardversion von Windows den Namen Windows/286 (anstelle von Windows 2.1).

Windows 3.0 wurde am 22. Mai 1990 in einer spektakulären Veranstaltung der Fachwelt vorgestellt. Dieses Programm vereinigte die 386er- mit der 286er-Version und unterstützte den *Protected Mode* des 80286 bzw. seiner Nachfolger auch für Anwendungsprogramme, d.h. kam mit bis zu 16 MByte Hauptspeicher zurecht. Die für den Benutzer sichtbaren Verwaltungsprogramme – der Programm-Manager, der Task-Manager und der Dateimanager – wurden komplett neu geschrieben. Diese Version war die erste, die im Heim- und Bürobereich wirklich Verbreitung fand.

Wer die Geschichte von Windows erzählt, muß auch OS/2 erwähnen – ein Betriebssystem, das ursprünglich gemeinsam von Microsoft und IBM als Alternative zu DOS und Windows entwickelt wurde. Die Version 1.0 von OS/2 wurde Ende 1987 vorgestellt, setzte den Intel-Prozessor 80286 (oder einen seiner Nachfolger) voraus und war auf den textbasierten Betrieb beschränkt. Der grafisch orientierte *Presentation Manager* (PM) erschien im Oktober 1988 zusammen mit der Version 1.1, die ursprünglich als Protected-Mode-Version von Windows gedacht war – nur waren die Programmierschnittstellen mittlerweile derart auseinandergelaufen, dass es für Software-Hersteller recht schwierig wurde, Windows und OS/2 parallel zu unterstützen.

Im September 1990 kam es dann zu einer abschließenden Auseinandersetzung zwischen Microsoft und IBM, nach der sich die Wege trennten: IBM übernahm OS/2 in Eigenregie, Microsoft erklärte Windows zum strategischen Ziel bei der Entwicklung von Betriebssystemen. OS/2 ist nach wie vor auf dem Markt, hat mittlerweile die Versionsnummer 4 erreicht und immer noch einige treue Fans, kommt im Verbreitungsgrad aber nicht einmal annähernd an Windows heran.

Windows 3.1 erschien im April 1992 und wartete wiederum mit einer Reihe von Neuerungen auf, von denen TrueType wohl die offensichtlichste war: Diese von Apple und Microsoft zusammen entwickelte (und in die neueren Versionen übernommene) Technologie stellt skalierbare Outline-Schriften auch für den Bildschirm zur Verfügung. Andere Erweiterungen von Windows 3.1 bestanden aus einem Grundgerüst für Multimedia-Anwendungen sowie dem Einbetten und Verknüpfen von Objekten (»OLE«) – und nicht zuletzt der Definition einiger Dialoge für Standard-Prozeduren wie das Laden und Speichern von Dateien. Außerdem wurden einige alte Zöpfe abgeschnitten: Windows 3.1 läuft im Gegensatz zu seinen Vorgängern nur noch im Protected Mode, d.h. setzt minimal einen 80286 und 1 MByte Hauptspeicher voraus.

Windows NT wurde im Juli 1993 auf den Markt gebracht und stellt die erste Version dieses Betriebssystems dar, die spezifisch auf den Protected Mode mit 32 Bit – bei Intel-Prozessoren: die Modelle 80386, 80486, Pentium und ihre Nachfolger – zugeschnitten ist. Für Windows NT geschriebene Programme haben Zugriff auf einen linearen Adressraum mit 32 Bit (mehr zu Adressräumen später) und verwenden ausschließlich 32-Bit-Befehle. Im Gegensatz zu den anderen Varianten von Windows wurde NT von vornherein auf Portabilität ausgelegt und läuft deshalb nicht nur auf Intel-Plattformen, sondern auch auf einer Reihe von RISC-Workstations, die den Alpha-Prozessor von DEC verwenden.

Windows 95 erschien im August 1995 und unterstützt wie Windows NT das 32-Bit-Programmiermodell des 80386 und seiner Nachfolger. Diesem System fehlen einige der Features von Windows NT (vor allem Sicherheit und Stabilität um jeden Preis sowie die Portabilität auf andere Hardware-Plattformen), dafür sind seine Anforderungen an die Hardware aber auch wesentlich geringer.

Windows 98 wurde schließlich im Juni 1998 vorgestellt. Diese den Ankündigungen von Microsoft zufolge letzte Version von Windows, die nicht ausschließlich auf dem Kern von Windows NT basiert, zeichnet sich gegenüber Windows 95 unter anderem durch höhere Performance, ein größeres Spektrum unterstützter Hardware sowie eine bessere Anbindung an das Internet und das World Wide Web aus.

Konzepte im Schnellgang

Die Oberflächen von Windows 95, Windows 98 und Windows NT 4.0 sind weitgehend identisch, dasselbe gilt für die Programmierschnittstellen, die deshalb zusammenfassend als Win32-API bezeichnet werden. (Das Kürzel API steht für »application programming interface«, die Zahl 32 für 32 Bit.) Im Gegensatz zu den 16-Bit-Versionen von Windows (»Win16«) arbeitet Win32 mit verdrängendem Multitasking.

Das hinter grafischen Benutzeroberflächen (GUI für »graphical user interface«) stehende Konzept wurde Mitte der 70er Jahre im Palo Alto Research Center (»PARC«) von Xerox entwickelt und auch dort zum ersten Mal auf Maschinen wie dem Alto und dem Star in einer auf der Programmiersprache Smalltalk basierenden Umgebung realisiert, aber erst rund 10 Jahre später von Apple und Microsoft der breiteren Öffentlichkeit zugänglich gemacht. Grafisch orientierte Benutzeroberflächen lösten (wie alle radikalen Neuerungen) anfänglich kontroverse Diskussionen aus, gelten aber heute – um es mit den Worten von Microsofts Charles Simonyi zu sagen – als der wohl wichtigste »Generalkonsens« der Computerindustrie.

Alle grafisch orientierten Benutzeroberflächen setzen einen Bildspeicher voraus, der sich pixelweise adressieren läßt (mithin Bitmaps darstellt, anstatt fix vorgegebene Videosignale über ASCII-Codes zu generieren). Die grafische Darstellung erlaubt eine bessere Ausnutzung der zur Verfügung stehenden Bildschirmfläche, die symbolische Repräsentation von Informationen und eröffnet die Möglichkeit, Daten auf dem Bildschirm exakt so wiederzugeben, wie sie hinterher auch auf einem Drucker dargestellt werden. (Für diese weitgehend originalgetreue Vorschau hat die Werbung Anfang der 90er Jahre das Schlagwort WISYWYG als Abkürzung für »what you see is what you get« geprägt: »Was Sie [auf dem Bildschirm] sehen, bekommen Sie auch [auf dem Drucker]«.)

Während der Bildschirm in den frühen Zeiten der Computerei in erster Linie zur Kontrolle der Eingaben über die Tastatur diente, wurde er durch grafische Oberflächen selbst zu einer Art Eingabegerät, das neben Symbolen auch Schaltflächen und Bildlaufleisten anzeigt. Mit einem Zeigegerät wie einer Maus kann der Benutzer diese Objekte direkt auf dem Bildschirm manipulieren – etwa, indem er das Symbol einer Datei von einem Ordner in einen anderen verschiebt, eine Schaltfläche anklickt oder einen Bildlauf bei der Darstellung eines längeren Dokuments auslöst. (In gewissen Grenzen sind solche Manipulationen natürlich auch über die Tastatur möglich. Während das »blinde« Schreiben im Zehnfingersystem für viele Leute kein Problem darstellt, verliert die Maus ohne das direkte Feedback über den Bildschirm aber jeden Sinn. Tatsächlich ist es ebendiese optische Rückmeldung, die aus der althergebrachten Einbahnstraße von Mensch nach Maschine eine echte Interaktion macht.)

Einer der vielen Vorteile grafischer Benutzeroberflächen liegt darin, dass sie Programme überwiegend einheitlich präsentieren: Jedes Programm erscheint in einem (meist rechteckigen) Fenster auf dem Bildschirm, wird über die Titelleiste dieses Fensters identifiziert und läßt sich über weitgehend einheitlich gestaltete Mechanismen wie Menüs, Dialogfelder, Schaltflächen und Bildlaufleisten bedienen. Diese Standardisierung geht so weit, dass Grundfunktionen wie das Öffnen von Speichern und Ausdrucken von Dokumenten über vom System definierte Dialogfelder geschehen, die nicht nur in jedem Programm dasselbe Aussehen und dieselbe Funktionalität bieten, sondern auch immer über dieselbe Menüauswahl erreichbar sind. (Kleinere oder größere Abweichungen bestätigen hier wie üblich die Regel.)

Dementsprechend steil verläuft die Lernkurve beim Benutzer: Wer einmal mit einer Windows-Anwendung eine Datei gespeichert, eine Schrift ausgewählt oder ein Objekt an eine andere Stelle gezogen hat, kommt üblicherweise auch mit allen anderen Windows-Anwendungen zurecht, die eine vergleichbare Funktionalität bieten. Obwohl die Maus das bevorzugte Eingabegerät für die Auswahl von Objekten und das Auslösen von Aktionen darstellt, sind die meisten Funktionen auch über die Tastatur erreichbar.

Aus Programmierersicht rührt diese Uniformität daher, dass das System nicht nur die Routinen zum Anlegen von Menüs, Fenstern und Dialogfeldern definiert, sondern auch einen Teil der Funktionalität dieser Elemente. Menüs haben beispielsweise deshalb eine einheitliche Maus- und Tastaturschnittstelle, weil diese Arbeit von Windows übernommen wird – und nicht von der jeweiligen Anwendung.

Windows unterstützt Multitasking, erlaubt also die quasi-parallele Ausführung mehrerer Programme, die bei Bedarf auch Informationen austauschen können. Jedes Programm belegt ein eigenes Fenster auf dem Bildschirm. Der Benutzer kann diese Fenster in ihrer Größe verändern, nach Belieben anordnen, von einem Fenster zu einem anderen umschalten und Informationen von einem Fenster zu einem anderen kopieren oder verschieben. Da diese Fenster eine gewisse Ähnlichkeit mit Zetteln auf einem Schreibtisch besitzen (die früher wesentlich häufiger dort anzutreffen waren als heute – insofern hat die Werbung durchaus recht), hat man sich hier die Metapher des »Schreibtischs auf dem Bildschirm« zu eigen gemacht und bezeichnet das Ganze als Desktop.

Ältere Windows-Versionen (lies: die 16-Bit-Generation) können ebenfalls mehrere Programme quasi-parallel ausführen, sind aber eine Technik beschränkt, die sich *kooperatives Multitasking* nennt: Erst wenn ein Programm freiwillig die Kontrolle abgibt, kommen andere Programme zum Zuge (die dann ihrerseits wiederum nach kurzer Zeit freiwillig die Kontrolle abgeben müssen, damit der Reigen weitergeht). Die 32-Bit-Versionen von Windows arbeiten dagegen mit *verdrängendem Multitasking*: Hier entzieht das System selbst den einzelnen Prozessen in regelmäßigen (über einen internen Timer festgelegten) Abständen die Kontrolle und weist dem jeweils nächsten Prozeß Rechenzeit zu. Programme können sich hier bei Bedarf in mehrere Ausführungsstränge (Threads) aufspalten, die Windows dann parallel ausführt. (Auf einem System mit einem einzigen Prozessor findet diese Ausführung quasi-parallel statt, auf einem System mit mehreren Prozessoren kann Windows NT – nicht aber Windows 98 – dagegen für echte Parallelität sorgen.)

Multitasking setzt unter anderem eine Speicherverwaltung durch das Betriebsystem voraus, die den Hauptspeicher bei Bedarf reorganisiert. Ohne eine solche Reorganisation würde der Hauptspeicher nach kurzer Zeit fragmentiert, d.h. in eine höchst unregelmäßige Folge freier und belegte Bereiche unterteilt. (Eine statische Speicherverwaltung, die einen solchen Fleckenteppich nicht von selbst aufräumt, müßte auf die Anforderung von x Kilobytes unter Umständen mit einer Anwort reagieren wie »insgesamt sind dreimal x Kilobytes frei – aber nicht am Stück, sondern hier dreihundert Byte, dort acht Kilobyte« usw. Dynamische Speicherverwaltungen lösen dieses

Problem über ein Indirektion: Sie teilen anstelle absoluter Speicheradressen erst einmal Kennziffern (Handles) aus und unterhalten eine Tabelle, die den Zusammenhang zwischen Kennziffern und »echten« Speicherbereichen herstellt. Solange Programme »ihre« Speicherbereiche nur über diese Kennziffern ansprechen, kann das Betriebssystem reale Speicherbereiche nicht nur nach Belieben umstapeln oder zusammenschieben, ohne die Programme damit durcheinanderzubringen, sondern außerdem im Moment nicht benötigte Bereiche auf die Festplatte auslagern – und damit ein System simulieren, das erheblich mehr »virtuellen« Speicher zur Verfügung stellt, als physisch vorhanden ist.)

Aus diesem Grund hatte bereits die Windows-Version 1.0 eine solche Speicherverwaltung (was angesichts der Möglichkeiten des im »Real Mode« laufenden Prozessors 8088 ein softwaretechnisches Meisterstück darstellte), mit der sich die damals als Schallmauer geltende Grenze von 640 KByte zumindest teilweise durchbrechen ließ. Bei Windows 2.0 kam die Unterstützung spezieller Speichererweiterungskarten (EMS) hinzu, bei Windows 3.0 schließlich der Protected Mode, der immerhin schon 16 MByte Hauptspeicher zuließ. Die 32-Bit-Versionen von Windows räumen mit diesen diversen Hilfskonstruktionen gründlich auf: Die für die Speicherverwaltung notwendige Indirektion übernimmt dort der Prozessor, die Adressierung der einzelnen Speicherzellen geschieht aus der Sicht von Programmen schlicht über die Angabe einer beliebigen (»linearen«) Speicheradresse mit 32 Bit.

Bereits die erste Version von Windows räumte mit einem Problem auf, das Generationen von DOS-Programmierern plagte: Da der IBM PC (im Gegensatz zum Macintosh) von vornherein als offenes System konzipiert war, lassen sich dort nicht nur beliebige Drucker anschließen, sondern auch beliebige Grafikkarten einsetzen. Auch wenn sich wenigstens bei Grafikkarten recht schnell einige (vor allem von IBM vorgegebene) Standards herauskristallisierten, mußten DOS-Programme die Details der Ansteuerung jedes einzelnen Modells bis aufs letzte Bit kennen. Konsequent wurden Programme wie Microsofts Word für DOS mit 20 oder mehr Disketten ausgeliefert, von denen lediglich eine oder zwei das Programm selbst enthielten – der Rest war durch einige Dutzend Bildschirmtreiber und vor allem mehrere hundert Druckertreiber belegt. Bei Windows übernimmt das System die Verwaltung einer Treiberbibliothek, die bei Grafikkarten inzwischen einige hundert, bei Druckern gar mehrere tausend Modelle umfaßt. Programme greifen dort nicht direkt auf die Hardware zu, sondern verwenden einheitlich gestaltete Routinen des Systems (das dann seinerseits die entsprechenden, für die jeweilige Hardware spezifischen Treiber benutzt). Während Hardware-Hersteller früher eine Liste mit Spezifikationen veröffentlichten und es den Programmierern der einzelnen Anwendungen überließen, damit zurechtzukommen, stehen sie heute direkt in der Pflicht: Sie müssen für ihr jeweiliges Modell *einen* Windows-Treiber liefern, den dann *alle* Programme gemeinsam verwenden, um das jeweilige Gerät anzusprechen.

Dynamische Bibliotheken

Bei der Programmierung in textbasierten Umgebungen unterteilt man Funktionsaufrufe gewöhnlich in drei Kategorien: selbstdefinierte (also im Programm enthaltene) Funktionen, Routinen einer statischen Bibliothek (die der Linker nach dem Compilieren einbinden muß) und schließlich Aufrufe des Betriebssystems. Bei Aufrufen der ersten beiden Kategorien stehen die Adressen nach dem Compilieren und Binden fest, bei der dritten Kategorie ist dagegen irgendeine Form von Indirektion notwendig, weil man sich schließlich nicht von vornherein auf eine Annahme wie »dieses Programm läuft in der Version x.y des Systems, in der die Routine Soundso mit der Adresse z beginnt« festlegen will. Eine der ältesten Lösungen dieses Problems bestand denn auch darin, eine Funktionsnummer in ein Register des Prozessors zu laden und danach einen Sprung zu einer ganz bestimmten Adresse zu programmieren, die in allen Versionen des Systems konstant gehalten wurde (für historisch Interessierte: CALL 0005 bei CP/M), eine leicht modifizierte Variante davon – der Software-Interrupt 21H anstelle eines Sprungs – findet sich in MS-DOS.

Da Windows mehrere tausend Funktionen zur Verfügung stellt und diesen Funktionen sinnvollerweise beschreibende Namen wie *CreateWindow* gibt (was sich nicht nur etwas leichter merken läßt als eine Nummer wie 2314 – die Erklärung, dass diese Funktion ein Fenster anlegt, erübrigt sich ebenfalls), war hier ein neuer Mechanismus notwendig, der als *dynamisches Binden* bezeichnet wird.

In Windows-Programmen erscheinen Funktionen des Betriebssystems deshalb genauso wie Aufrufe normaler Bibliotheksfunktion. Die Unterschiede liegen im Verborgenen: Wenn Sie eine Funktion der Standardbibliothek wie etwa *strlen* verwenden, erwartet der Linker die Angabe eines Bibliotheksmoduls, aus dem er den Code dieser Funktion herauskopiert und statisch in die .EXE-Datei einsetzt. Wenn Sie eine Betriebssystemfunktion wie *CreateWindow* benutzen, läuft das Einbinden dagegen über eine *Importbibliothek*, die nicht etwa den Code von *CreateWindow* enthält, sondern lediglich einen Verweis auf eine dynamische Bibliothek, die Windows (oder ein anderes Programm) zur Verfügung stellt. (Bei Entwicklungsumgebungen für die Windows-Programmierung wie Microsoft Visual C++ gehören diese Importbibliotheken zum Lieferumfang.) Beim Start des Programms sucht das Betriebssystem dann die benötigten Bibliotheken heraus, lädt sie gegebenenfalls in den Hauptspeicher und setzt die tatsächlichen Adressen der einzelnen Funktionen in das Programm ein.

Der wesentliche Unterschied: Bei diesen dynamischen Bibliotheken geht es in den meisten Fällen um Module, die Windows erstens selbst benutzt und zweitens allen Programmen gleichzeitig zur Verfügung stellt. (Auch wenn zehn Programme gleichzeitig die Funktion *CreateWindow* einsetzen, wird die entsprechende Bibliothek – USER32.DLL – nur ein einziges Mal in den Hauptspeicher geladen.)

Dynamische Bibliotheken werden durch die Namenserweiterung DLL (für »dynamic link library«) gekennzeichnet, können in einigen Fällen aber auch als .EXE-Dateien »getarnt« sein. Bei Windows 98 sind die vom System selbst verwendeten DLLs überwiegend im Verzeichnis \WINDOWS\SYSTEM untergebracht, bei Windows NT finden sie sich sowohl in \WINNT\SYSTEM als auch in \WINNT\SYSTEM32.

In den Frühzeiten von Windows war der weitaus größte Teil des Systems gerade einmal auf drei dieser Bibliotheken verteilt, die den drei Subsystemen (Systemkern, Benutzeroberfläche und Grafik) entsprachen. Obwohl die neueren Versionen von Windows eine wesentlich höhere Zahl von Subsystemen enthalten, fallen die Funktionsaufrufe eines »typischen« Anwendungsprogramms nach wie vor überwiegend in eine dieser drei Kategorien. Der auch in der deutschen Dokumentation als *Kernel* bezeichnete Systemkern (für die 16-Bit-Seite das Modul KRNL386.EXE, für 32 Bit das Modul KERNEL32.DLL) übernimmt die Speicherverwaltung, das Datei-Management und die Verwaltung von Prozessen; das Modul USER (USER.EXE für 16, USER32.DLL für 32 Bit) ist für die Benutzeroberfläche und die Fensterlogik zuständig, das Modul GDI (GDI.EXE für 16, GDI32.DLL für 32 Bit) stellt die grafische Geräteschnittstelle (»graphics device interface«) dar: Seine Funktionen übernehmen die Darstellung von Text und Grafik sowohl auf dem Bildschirm als auch auf einem Drucker.

Zur Programmierung

Die verschiedenen Programmiertechniken im Zusammenhang mit Windows werden in diesem Buch durch eine große Zahl von (eigenständig lauffähigen) Beispielen illustriert, die wie bereits gesagt in C geschrieben sind und die Windows-API direkt verwenden. Wer will, kann Ansatz gerne als »klassisch« bezeichnen: Auf ebendiese Art haben wir 1985 Programme für Windows 1.0 geschrieben, und an der Tiefe der Einsichten, die diese Vorgehensweise vermittelt, hat sich bis heute nichts geändert.

APIs und Speichermodelle

Aus der Perspektive von ProgrammiererInnen definiert sich ein Betriebssystem über seine Programmierschnittstelle: Sie umfaßt sämtliche Funktionen des Systems, die man von einem Programm aus aufrufen kann, außerdem legt sie die bei diesen Aufrufen verwendbaren Strukturen und Datentypen fest. (Bei Windows impliziert die API darüber hinaus auch eine bestimmte, recht spezifische Architektur der Programme – aber das ist das Thema der nächsten Kapitel.)

Allgemein kann man sagen, dass die Windows-API seit der Version 1.0 ausgesprochen konsistent geblieben ist: Wenn Sie dieses Buch durchgearbeitet haben und sich dann einmal den Quelltext eines für die Windows-Version 1.0 geschriebenen Programms ansehen, werden Sie dort kaum Überraschungen finden. Was sich im Laufe der Jahre natürlich kräftig geändert hat, ist der Umfang: Während Windows 1.0 noch mit rund 450 Funktionen auskam, sind es heute mehrere tausend.

Die einzige wirklich tiefgreifende Änderung – größtenteils in der Syntax, teilweise aber auch im Verhalten – liegt in der Umstellung von 16 auf 32 Bit begründet. Die Windows-Versionen 1.0 bis einschließlich 3.1 mußten mit dem Adressierungsmodell der Prozessoren 8088, 8086 und 80286 leben, das den Speicher in sogenannte Segmente (mit jeweils bis zu 64 KByte) unterteilte. Dieses Modell, das auch vom 80386 und seinen Nachfolgern aus Kompatibilitätsgründen noch unterstützt, aber von den neueren Windows-Versionen nicht mehr verwendet wird, legt die Registerbreite des Prozessors auf 16 Bit fest (weshalb der C-Datentyp *int* dort eben 16 und nicht 32 Bit hat) und setzt Speicheradressen aus zwei 16-Bit-Komponenten zusammen: einem Segment und einem Offset innerhalb dieses Segments. Das Ergebnis war ein (nicht immer fröhliches) Durcheinander, bei dem unter anderem zwischen *far*-Zeigern (Segment zusammen mit Offset) und *near*-Zeigern (Offset mit gegebenem Segment) unterschieden werden mußte.

Die 32-Bit-Versionen von Windows (Windows NT, Windows 95 und Windows 98) verwenden dagegen den 32-Bit-Modus der Prozessormodelle 80386, 80486, Pentium und ihrer Nachfolger: Der C-Datentyp *int* umfaßt hier 32 Bit, Speicheradressen sind schlicht Werte mit 32 Bit. (Der in diesem Zusammenhang öfter verwendete Terminus »flat addressing« – »flache Adressierung« – soll andeuten, dass der Speicher hier nicht mehr in Segmente unterteilt, mithin in irgendeiner Weise »strukturiert«, sondern eben linear ist.)

Im Zuge dieser Umstellung wurde die API der 16-Bit-Versionen von Windows in Win16 umbenannt, die für die 32-Bit-Versionen neu geschaffenen Funktionen werden zusammenfassend als Win32 bezeichnet. Während der weitaus größte Teil der Schnittstelle bei dieser Umstellung unverändert geblieben ist, waren bei einigen Funktionen Erweiterungen notwendig, die größtenteils auf die veränderten Datentypen zurückzuführen sind. So verwendet Win16 beispielsweise für die Koordinaten von Grafikfunktionen Werte mit 16 Bit, Win32 setzt hier natürlich 32 Bit ein. Einige Funktionen von Win16 liefern Koordinatenpaare der Einfachheit halber als 32-Bit-Wert zurück (und überlassen es der Anwendung, solche Ergebnisse wieder in X- und Y-Werte mit jeweils 16 Bit zu zerlegen). Da die aktuell verfügbaren Prozessoren mit 64 Bit nur beschränkt zurechtkommen, war hier eine direkte Erweiterung unmöglich, weshalb es für solche Funktionen in der Win32-API neue, üblicherweise durch ein »Ex« im Namen gekennzeichnete Varianten mit entsprechend veränderter Syntax gibt.

Alle 32-Bit-Versionen von Windows bieten nicht nur die Win32-API, sondern – für den Betrieb älterer Anwendungen – auch die Win16-API an. In der Implementation dieser Unterstützung gibt es allerdings einen wesentlichen Unterschied: Während Windows NT Aufrufe der Win16-API intern in Funktionen der Win32-API umsetzt, geht es bei Windows 95 und Windows 98 größtenteils andersherum: Diese beiden Systeme basieren zu großen Teilen noch auf dem Kern der Windows-Version 3.1 und müssen deshalb Funktionsaufrufe intern von 32 nach 16 Bit konvertieren.

Um den Übergang von 16 nach 32 Bit zu erleichtern, bot Microsoft eine Zeitlang noch eine weitere API an, die unter dem Namen Win32s lief (wobei das »s« für »subset« steht). Diese Programmierschnittstelle sollte die Entwicklung von 32-Bit-Programmen unter Windows 3.1 möglich machen, war aber naturgemäß auf den Funktionsumfang von Win16 beschränkt. Die API von Windows 95 wurde zur Unterscheidung zu Windows NT zunächst als Win32c (für »compatibility«) bezeichnet – ein Begriff, der sich aber nur kurze Zeit gehalten hat.

Bei Windows 98 haben sich die beiden 32-Bit-Varianten der API so weit aneinander angenähert, dass man guten Gewissens von »der« Win32-API sprechen kann. Auch wenn jedes dieser beiden Betriebssysteme seine eigenen Fähigkeiten und Spezialitäten hat, sind die Gemeinsamkeiten derart groß, dass bei der Programmentwicklung für beide Systeme nur ab und an mal ein Spezialfall berücksichtigt werden muß (solange man sich nicht auf Möglichkeiten kapriziert, die eben nur eines der beiden Systeme zu bieten hat, versteht sich). Außerdem hat Microsoft unlängst angekündigt, beide Produkte in der nächsten Generation unter dem Namen Windows 2000 endgültig zusammenzuführen.

Programmiersprachen und -systeme

Da Windows selbst überwiegend in C geschrieben ist, liefert diese Programmiersprache in Kombination mit direkten Aufrufen der Windows-API naturgemäß die beste Performance und bietet die größtmögliche Flexibilität, wenn es um die maximale Ausbeutung von Features des Betriebssystems geht. Mit C erstellte Programme sind relativ klein und kommen ohne externe Bibliotheken aus (abgesehen von den Windows-eigenen DLLs, versteht sich). Der für dieses Buch wohl wichtigste Punkt ist dennoch ein anderer: Je besser Sie mit der API vertraut sind, desto tiefer geht auch Ihr Verständnis für die internen Abläufe des Systems – und dieses Verständnis macht sich auch dann ausgesprochen nützlich, wenn Sie später einmal auf irgendeine andere, wesentlich abstraktere Entwicklungsumgebung umsteigen.

Obwohl ich der Meinung bin, dass die »klassische« Windows-Programmierung mit C für alle Windows-ProgrammiererInnen den einzigen Weg zu einem soliden Fundament darstellt, würde ich diesen Ansatz weiß Gott nicht als Lösung jeder praktischen Problemstellung empfehlen. Vor allem bei der Inhouse-Programmierung und im Hobbybereich gibt es viele Programmierer, die mit allem Recht der Einfachheit einer Programmierumgebung wie Microsoft Visual Basic den Vorzug vor dem Herausquetschen des letzten Prozents an Laufzeit geben. Eine solche Entwicklungsumgebung erlaubt die Konzentration auf die Elemente der Benutzeroberfläche, die dann über relativ einfache Mechanismen mit entsprechenden Aktionsroutinen verbunden werden. Wer sich dafür interessiert, findet beispielsweise in Michael Halvorsons Buch *Learn Visual Basic Now* (Microsoft Press 1996) einen guten Einstieg.

Für BerufsprogrammiererInnen bietet sich – vor allem für kommerzielle Anwendungen – Microsoft Visual C++ in Kombination mit der *Microsoft Foundation Class Library* (MFC) als Alternative zum »nackten C« an. Die MFC-Bibliothek verkapselt viele der komplexeren Aspekte der Windows-Programmierung in einer Sammlung von C++-Klassen; einen Einstieg in dieses System vermittelt beispielsweise Jeff Prosies Buch *Windows-Programmierung mit MFC*, dessen zweite überarbeitete Auflage Mitte 1999 bei Microsoft Press erscheinen wird.

Die von Inprise angebotene Delphi-Entwicklungsumgebung – eine objektorientierte Pascal-Variante – stellt eine weitere Alternative dar, die das einfache Oberflächen-Design von Visual Basic mit effizientem Code, einer umfangreichen Klassenbibliothek und der Möglichkeit direkter Aufrufe der Windows-API kombiniert. Die Stärken dieses Pakets liegen vor allem im Datenbank-Bereich.

Und schließlich wäre da auch noch die von Sun Microsystems in Anlehnung an C++ erfundene, prozessorunabhängige Programmiersprache Java, die vor allem in jüngster Zeit durch das Internet und das World Wide Web einen kräftigen Popularitätsschub erhalten hat. Auch dazu gibt es ein empfehlenswertes Buch von Microsoft Press, das den Einstieg in Microsofts Entwicklungsumgebung für diese Sprache – Microsoft J++ – beschreibt: *Programming Visual J++ 6.0* von Stephen R. Davis.

Kurz und gut: *Den* Weg zur Entwicklung von Windows-Programmen gibt es nicht, weshalb Sie sich zu gegebener Zeit wohl selbst entscheiden müssen. Die einzige Regel, die ich Ihnen an die Hand geben kann: Die Art der Anwendung sollte das dafür benötigte Werkzeug bestimmen – und nicht umgekehrt.

Für all diese Entwicklungsumgebungen (vielleicht mit Ausnahme von Java) gilt allerdings: Wer sich erst einmal mit der API von Windows vertraut gemacht hat, kennt die internen Zusammenhänge – und dieses Wissen kann sich als eminent wichtig erweisen, wenn es bei einem dieser Werkzeuge irgendwann einmal klemmt. Windows *ist* ein überaus komplexes System, woran eine zusätzliche Schicht oberhalb der API nichts ändert: Solche Schichten können die Komplexität nicht eliminieren, sondern lediglich verstecken (und erzeugen bei diesem Versuch nicht selten eigene Probleme). Tatsächlich wird Ihnen Windows bei jedem ernsthaften Projekt über kurz oder lang die Zähne zeigen – und dann liegt es an Ihnen, ob Sie mit dem Wissen um die zugrundeliegenden Funktionen dagegenhalten können oder nicht.

Diese Feststellung gilt leider für jede der genannten Entwicklungsumgebungen, weil jede zusätzliche Schicht zwangsläufig mit Einschränkungen einher gehen muß, wenn sie nicht exakt denselben Komplexitätsgrad haben will wie die Windows-API (und sich dadurch dann letztlich selbst überflüssig macht). Bei Visual Basic werden Sie beispielsweise als eine Art Naturgesetz feststellen, dass die Entwicklung einer Anwendung ein Kinderspiel ist – bis auf die ein oder zwei von Ihnen unbedingt benötigten Funktionen, die diese Entwicklungsumgebung eben doch nicht zu bieten hat. Dann führt an direkten Aufrufen der Windows-API eben doch kein Weg vorbei – und außerdem dürfen Sie sich glücklich schätzen, wenn Sie mit diesen Aufrufen dem restlichen, reichlich komplexen Laufzeitsystem ausnahmsweise einmal nicht in die Quere gekommen sind.

Die MFC ist noch um einiges problematischer. Während sie einige Jobs (wie etwa OLE) nachgerade unglaublich einfach macht, habe ich mit anderen Features wie etwa der Dokumenten-/Ansichtsarchitektur schon ganze Nächte in zähen Ringkämpfen verbracht, um sie zum Mitspielen im gewünschten Sinne zu überreden. Das von vielen erhoffte Paradies für Anwendungsentwickler stellt diese Bibliothek definitiv nicht dar, und Leute, die sie als gelungenes Beispiel für objektorientiertes Design betrachten, muß man vermutlich länger suchen. Tatsächlich verbringt der normale MFC-Programmierer einen guten Teil seiner Arbeitszeit in den Quelltexten der Klassenbibliothek und versucht sich darüber klar zu werden, was diese oder jene Klasse tatsächlich tut – und hat bei solchen Analysen nur dann eine Chance, wenn er die Windows-API wie seine Westentasche kennt.

Die Entwicklungsumgebung

Dieses Buch geht davon aus, dass Sie über die Entwicklungsumgebung Microsoft Visual C++ 6.0 verfügen, die in drei Versionen (Standard, Professional und Enterprise) ausgeliefert wird und außerdem im Komplettpaket Visual Studio 6.0 enthalten ist. Für die Beispielprogramme kommen Sie mit der kostengünstigen Standardvariante aus.

Microsoft Visual C++ besteht nicht nur aus einem C-Compiler zusammen mit Bibliotheken, Include-Dateien und Werkzeugen, die man zum Übersetzen und Binden eines Windows-Programms braucht. Zu diesem Paket gehört auch eine Oberfläche namens Visual C++ Developer Studio – eine Entwicklungsumgebung, in der Sie Quelltexte erstellen und bearbeiten, Ressourcen wie Icons und Dialogfelder interaktiv anlegen und ihre Programme schließlich interaktiv mit Hilfe des (ebenfalls enthaltenen) Debuggers testen können.

Wenn Sie mit Microsoft Visual C++ 5.0 arbeiten, werden Sie für das eine oder andere Beispielprogramm nicht um eine Aktualisierung der Include-Dateien und Importbibliotheken auf den Stand von Windows 98 bzw. Windows NT 5.0 herumkommen. Mit einer Internet-Anbindung ist das allerdings kein Problem: Statten Sie *http://msdn.microsoft.com/developer* einen Besuch ab, klicken Sie auf »Downloads« und wählen Sie dann »Platform SDKs« aus der Liste. Die neuen Dateien können Sie (nach dem Auspacken) entweder zum Ersetzen der alten Versionen verwenden oder in ein separates Verzeichnis kopieren. (Im letzteren Fall müssen Sie den entsprechenden Pfad in Developer Studio *über Extras/Optionen/Verzeichnisse* eintragen.)

Das »msdn« in der Web-Adresse steht übrigens für »Microsoft Developer Network«. Über dieses »Netzwerk« versorgt Microsoft Entwickler mit den neuesten Informationen (zu denen eben auch aktualisierte Include-Dateien und Bibliotheken gehören). Wenn Sie ernsthaft in die Entwicklung von Windows-Anwendungen einsteigen wollen, sollten Sie sich auf jeden Fall über die Möglichkeiten eines Abonnements informieren, das Microsoft in mehreren Abstufungen (und natürlich zu unterschiedlichen Preisen) möglich macht: Die kostengünstigste Variante hält die unverzichtbare *MSDN Library* – eine Sammlung von Programmiertips, bekannten Fehlern, Fragen und Antworten – auf dem neusten Stand; die für Berufsprogrammierer und Firmen zu empfehlende »Universal Subscription« stellt das andere Extrem dar: Dort werden Sie im Dreimonatstakt mit den jeweils neuesten Varianten *aller* Betriebssysteme und Office-Anwendungen versorgt, die Microsoft herstellt – und zwar in allen Sprachen.

Dokumentation

Dieses Buch versteht sich nicht als Ersatz für die offizielle Dokumentation der Windows-API, die ihrerseits inzwischen überhaupt nicht mehr auf Papier, sondern nur noch auf CD sowie über das Internet erhältlich ist.

Die Installation von Microsoft Visual C++ umfaßt eine Online-Hilfe, die auch die API-Dokumentation enthält. Aktualisieren läßt sich diese Dokumentation bei Bedarf über ein MSDN-Abonnement; die Abfrage einzelner Themen ist auch über Microsofts Online-System im Web möglich: Wählen Sie *http://msdn.microsoft.com/developer* und klicken Sie dort auf »MSDN Library Online«.

Die Suche nach der Dokumentation zu einer bestimmten API-Funktion in Visual Studio ist entweder direkt über den jeweiligen Funktionsnamen oder nach Kategorien möglich. Zur Suche über Kategorien wählen Sie im Hilfe-Menü den Punkt »Inhalt« und bringen damit das MSDN-Fenster zum Vorschein, das die einzelnen Themen als Baumstruktur darstellt. Suchen Sie dort den Eintrag »Plattform, SDK- und DDK-Dokumentation«, hinter dem sich ein weiterer Eintrag namens »Plattform-SDK« versteckt. Auch wenn dieser Abschnitt zunächst nur als einer unter vielen im Informationsdschungel erscheinen mag, stellt er den Kern all dessen dar, was man über die Windows-Programmierung von Microsoft erfahren kann. Auf ihn beziehen sich denn auch sämtliche Querverweise dieses Buches, wobei Benutzern der deutschen Ausgabe von Visual Studio leider ein gutgemeinter, aber letztlich unglücklicher Versuch in die Quere kommt, diese schier unglaubliche Materialfülle zu übersetzen. Je nachdem, über welche Version dieser Entwicklungsumgebung Sie verfügen, erscheinen die Abschnittsüberschriften teilweise auf Deutsch (»Benutzeroberflächendienste« für »User Interface Services«), teilweise auf Englisch. Da dieses Durcheinander auch die Suche nach Stichwörtern alles andere als einfacher macht – »Icon« und »Window« fördern naturgemäß andere Ergebnisse zutage als »Symbol« und »Fenster«-, verwenden die in den folgenden Kapiteln erscheinenden Querweise die englischen Originalnamen. (Der Übersetzer geht davon aus, dass es deutschsprachigen LeserInnen leichter fällt, von »distributed applications« nach »verteilte Anwendungen« zu kommen als umgekehrt.) Wenn Sie sich also beispielsweise darüber informieren wollen, welche Funktionen Windows im Zusammenhang mit der Maus zu bieten hat, dann finden Sie diese Informationen im Abschnitt */Platform SDK/User Interface Services/User Input/Mouse Input* (aus der bei Visual C++ dann wie gesagt der fröhliche Mischmasch *Plattform-SDK/Benutzeroberflächendienste/User Input/Mouse Input* geworden ist.)

Ich hatte zuvor schon einmal erwähnt, dass der größte Teil der Funktionen von Windows in die Kategorien Kernel, User und GDI zerfällt. Die Funktionen des Systemkerns sind im Abschnitt / *Platform-SDK/Windows Base Services* (»Plattform-SDK/Windows-Basisdienste«) dokumentiert, über die Benutzerschnittstelle gibt */Platform SDK/User Interface Services* (»Plattform-SDK/Benutzeroberflächendienste«) und über die grafische Geräteschnittstelle der Abschnitt / *Platform SDK/Graphics and Multimedia Services/2-D Graphics* (»Plattform-SDK/Grafik- und Multimediadienste/2-D Graphics«) Auskunft.

Das allererste Windows-Programm

Nach mehr als einem Dutzend Seiten Drumherum wird es wohl langsam Zeit für Handfesteres. Sehen wir uns also einmal ein sehr kurzes Windows-Programm im Vergleich mit einem noch kürzere traditionellen (d.h. für textorientierte Umgebungen) geschriebenen Programm an. Damit lassen sich nicht nur die wesentlichen Unterschiede erklären, sondern auch, wie man überhaupt ein Programm in Microsoft Visual C++ hineinbekommt.

Die textuelle Variante

In der ersten Auflage ihres Klassikers *The C Programming Language* beginnen Brian Kernighan und Dennis Ritchie ihre Erklärungen zu »C« mit dem mittlerweile weltberühmten Programm »Hello, World«:

```
main ()
{
  printf ("Hello, world\n") ;
}
```

Bevor Sie vermuten, ich hätte da etwas vergessen: In der allerersten Ausgabe von 1978 erschien dieses Programm wirklich so (auf Seite 6): Die Originalversion von »K&R-C« hatte mit Prototypen für Bibliotheksfunktionen nämlich nicht das Geringste am Hut. Die zweite Auflage von 1978 (die auf Deutsch unter dem Titel »Die Programmiersprache C« im Hanser-Verlag erschienen ist), gibt Compilern etwas mehr Chancen, Fehler rechtzeitig zu entdecken. HELLO.C sieht dort so aus:

```
#include <stdio.h>

main ()
{
  printf ("Hello, world\n") ;
}
```

Auch hier sind immer noch eine Menge impliziter Annahmen mit im Spiel. Ein ANSI-C-Compiler wird aus diesem Quelltext zwar mit ziemlicher Sicherheit ein lauffähiges Programm machen, sich aber vorher darüber beschweren, dass *main* weder einen explizit angegebenen Ergebnistyp noch ein definiertes Ergebnis hat. Die dem ANSI-Standard entsprechende Version sieht (fast) so aus:

```
#include <stdio.h>

int main ()
{
  printf ("Hello, world\n") ;

  return 0 ;
}
```

In einem weiteren Schritt könnte man *main* um explizit deklarierte Parameter erweitern und den Quelltext auf diese Weise noch ein bißchen vergrößern – aber eigentlich reicht es schon, weil diese dritte Variante sämtliche Punkte enthält, um die es mir im weiteren geht: Eine *#include*-Anweisung, einen definierten Einsprungpunkt, den Aufruf einer Bibliotheksfunktion und schließlich ein *return*.

Die Windows-Version

Das Windows-Gegenstück zu HELLO.C enthält exakt dieselben vier Komponenten und sieht so aus:

```
/*------------------------------------------------------------------------
   HelloMsg.c - Gibt den Text "Hello, Windows 98!" in einem Meldungsfenster aus
                (c) Charles Petzold, 1998
  ------------------------------------------------------------------------*/

#include <windows.h>

int WINAPI WinMain (HINSTANCE hInstance, HINSTANCE hPrevInstance,
                    PSTR szCmdLine, int iCmdShow)
{
     MessageBox (NULL, TEXT ("Hello, Windows 98!"), TEXT ("HelloMsg"), 0) ;

     return 0 ;
}
```

Bevor ich dieses Meisterwerk seziere, sollte ich aber vielleicht erst einmal erklären, wie man mit Visual C++ Developer Studio ein Projekt anlegt, einen Quelltext eingibt, compilieren und binden läßt und das Ergebnis schließlich startet:

1. Starten Sie Visual C++ Developer Studio. (Falls Sie kein Icon dieses Namens in Ihrem Start-Menü finden: Mit »Microsoft Visual C++« in der gleichnamigen Programmgruppe liegen Sie genauso richtig.)
2. Wählen Sie im Menü *Datei* den Punkt *Neu*. Im daraufhin erscheinenden Dialogfeld »Neu« wählen Sie die Registerkarte »Projekte« und dort im Listenfenster den Eintrag »Win32 Application«.
3. Legen Sie im Feld »Pfad« ein Grundverzeichnis wie *C:\ProgWin98* fest und geben Sie dann im Feld »Projektname« den Projektnamen *HelloMsg* an. Developer Studio hängt den Projektnamen automatisch an den Pfad an und wird im gegebenen Beispiel später ein Verzeichnis *C:\ProgWin98\HelloMsg* mit zwei Unterverzeichnissen namens *Release* und *Debug* erzeugen. Im Grundverzeichnis *C:\ProgWin98\HelloMsg* landen die Quelltexte und andere Ausgangsdaten; die Unterverzeichnisse *Debug* und *Release* sind für die .EXE-Dateien mit bzw. ohne Informationen zur Fehlersuche bestimmt.
4. Wählen Sie »Neuen Arbeitsbereich erstellen«, kreuzen Sie im Feld »Plattformen« das Kontrollkästchen »Win32« an (falls Developer Studio das nicht bereits automatisch erledigt hat), und schließen Sie das Dialogfeld mit einem Klick auf OK.
5. Wählen Sie ein zweites Mal *Datei/Neu* und klicken Sie diesmal im Dialogfeld »Neu« auf die Registerkarte »Dateien«. Wählen Sie den Eintrag »C++-Quellcodedatei« aus dem Listenfeld dieses Dialogs. Stellen Sie sicher, dass das Kontrollkästchen »Dem Projekt hinzufügen« angekreuzt ist und das aufschlagbare Listenfeld unterhalb dieses Kontrollkästchens den Projektnamen *HelloMsg* enthält.
6. Geben Sie im Feld »Dateiname« den Namen *HelloMsg.c* ein (wobei die Groß- und Kleinschreibung eine untergeordnete Rolle spielt). Nachdem Sie sichergestellt haben, dass als »Pfad« das in Schritt 3 festgelegte Grundverzeichnis steht, schließen Sie das Dialogfeld mit OK.
7. Nachdem Sie das daraufhin erscheinende, leere Fenster des Quelltext-Editors von Visual Studio gebührend bestaunt haben, können Sie sich entweder ans Abtippen des zuvor aufgelisteten Quelltexts machen – oder den Menüpunkt *Einfügen/Datei als Text* benutzen und sich diese 14 Zeilen aus direkt aus der Datei \Chap01\HelloMsg\HelloMsg.C von der Begleit-CD holen.

Nachdem der Quelltext nun auf Ihrem Bildschirm steht, können wir uns die einzelnen Zeilen etwas näher ansehen. (Falls es Sie in den Fingern juckt, probieren Sie mit Strg+F5. Die weiteren Details zum Compilieren und Starten eines Programms finden Sie auf Seite 17.)

Von der Struktur her sieht HELLOMSG.C exakt so aus wie Kernighan und Ritchies »Hello, world«: Das Programm enthält eine *#include*-Anweisung (WINDOWS.H anstelle von STDIO.H), einen Einsprungpunkt (*WinMain* anstelle von *main*), den Aufruf einer Bibliotheksfunktion (*MessageBox* anstelle von *printf*) und liefert ein Ergebnis zurück. Wie die für gestandene C-ProgrammiererInnen ungewohnten Großbuchstaben in Funktions- und Parameternamen bereits vermuten lassen, sind die Gemeinsamkeiten damit aber auch weitgehend erschöpft. Die nächsten Abschnitte beleuchten deshalb schon recht detailliert, was sich bei Windows-Programmen hinter den einzelnen Komponenten versteckt.

Include-Dateien

HELLOMSG.C beginnt mit einer Anweisung an den Präprozessor, die sich in fast jedem C-Programm für Windows an erster Stelle findet:

```
#include <windows.h>
```

WINDOWS.H ist eine Art übergeordneter Include-Datei, die ihrerseits eine ganze Reihe weiterer *#include*-Direktiven enthält. Da diese Dateien wiederum kräftig von *#include* Gebrauch machen, entsteht eine Hierarchie mit recht hohem Verschachtelungsgrad. Die wichtigsten Include-Dateien bei der Windows-Programmierung kann man dennoch an einer Hand abzählen:

- *WINDEF.H* – grundlegende Datentypen
- *WINNT.H* – Datentypen für Unicode
- *WINBASE.H* – Funktionen des Systemkerns (KERNEL)
- *WINUSER.H* – Funktionen der Benutzerschnittstelle (USER)
- *WINGDI.H* – Funktionen der grafischen Geräteschnittstelle (GDI)

Diese fünf Include-Dateien definieren (direkt oder indirekt) sämtliche bei der Windows-Programmierung verwendeten Konstanten, Daten- und Strukturtypen und Funktionen. Wenn Sie einmal einen Blick darauf werfen wollen, klicken Sie einmal mit der rechten Maustaste im Quelltext-Editor auf der Zeichenfolge *<windows.h>* und wählen dann im Kontextmenü den Eintrag »Dokument <windows.h> öffnen«.

Der Einsprungpunkt des Programms

Bei C-Programmen für textbasierte Umgebungen heißt die Hauptfunktion *main*; bei Windows-Programmen trägt sie den Namen *WinMain*. (In beiden Fällen entsteht diese Festlegung dadurch, dass der Linker ein durch die Bibliothek fix vorgegebenes Startmodul zum Einsammeln von Kommandozeilen-Parametern, der Initialisierung der Speicherverwaltung usw. usf. voranstellt – und dieses Startmodul an irgendeiner Stelle den Aufruf von *main* bzw. *WinMain* enthält. Anders gesagt: Dieser Name wird nicht durch das Betriebssystem, sondern durch die Laufzeitbibliothek festgelegt, ist aber nichtsdestotrotz verbindlich). Die Deklaration von *WinMain* sieht in HELLOMSG.C so aus:

```
int WINAPI WinMain (HINSTANCE hInstance, HINSTANCE hPrevInstance,
                    PSTR szCmdLine, int iCmdShow)
```

Die Dokumentation zu den einzelnen Parametern (auf die ich selbstverständlich in den späteren Kapiteln eingehe) finden Sie im Abschnitt */Platform SDK/User Interface Services/Windowing/Windows/Window Reference/Window Functions* des Win32-SDKs.

In der Include-Datei WINBASE.H findet sich ebenfalls eine Deklaration dieser Funktion. Die originalgetreue Wiedergabe (inklusive der Zeilenvorschübe):

```
int
WINAPI
WinMain(
    HINSTANCE hInstance,
    HINSTANCE hPrevInstance,
    LPSTR lpCmdLine,
    int nShowCmd
    );
```

Wer näher hinguckt, wird hier beim dritten Parameter einen Unterschied entdecken: WINBASE.H definiert ihn mit dem Datentyp LPSTR, HELLOWIN.C dagegen als PSTR. Tatsächlich sind beide Datentypen in WINNT.H als (identische) Zeiger auf Zeichenketten definiert: Das »L« in LPSTR steht für »long« und stellt ein Überbleibsel aus den 16-Bit-Versionen von Windows dar, die zwischen »far«-Zeigern (»long«) und »near«-Zeigern (»short«) unterscheiden mußten. Derartige Unterschiede werden Sie in den folgenden Kapiteln noch öfter finden.

Zwei Parameternamen habe ich in HELLOWIN.C ebenfalls geändert, weil man bei der Windows-Programmierung mittlerweile vollständig zur »ungarischen Notation« übergegangen ist – einer Nomenklatur, die jedem Variablennamen ein kurzes Präfix zur Identifikation des Typs verpaßt. Die Details dazu finden Sie in Kapitel 3. Im Moment sollten Sie sich lediglich merken, dass das Präfix »i« für *int* steht, das Präfix *sz* für »string terminated with zero«, also einen String, der mit einem NUL-Zeichen ('\0') abgeschlossen ist.

Zwischen dem Ergebnistyp (*int*) und dem Funktionsnamen steht bei *WinMain* ein Bezeichner namens WINAPI, den WINDEF.H folgendermaßen deklariert:

```
#define WINAPI __stdcall
```

Wie am doppelten Unterstrich zu erkennen, geht es dabei um eine nicht standardisierte Anweisung an den Compiler, die offensichtlich etwas mit der Art des Aufrufs zu tun hat. (Wie der Name »standard call« impliziert, bleiben hier Optimierungen – etwa die Übergabe in Registern des Prozessors anstatt auf dem Stack – außen vor. Die meisten Funktionen von Windows sind auf diese Weise deklariert – genauso wie Funktionen eines Programms, die direkt von Windows aus aufgerufen werden. Mehr dazu später.)

Der erste Parameter von *WinMain* hat das Präfix »h«, das in der Windows-Programmierung für einen *Handle* steht. Handles stellen eines der von Windows zur Indirektion verwendeten Konzepte dar: Sie sind nichts weiter als Kennziffern, die vom System zugeteilt werden und einen Querverweis auf Daten darstellen, die das System in Eigenregie verwaltet. Programme verwenden Handles zum Abruf oder zur Veränderung dieser Daten, ohne sich um die absoluten numerischen Werte zu kümmern. Der als *hInstance* an *WinMain* übergebene Handle repräsentiert die Daten, die Windows über das jeweilige Programm intern gespeichert hat (wie etwa den Speicherort der .EXE-Datei, der sich über eine Funktion wie *GetModuleFileName(hInstance,....)* in Erfahrung bringen läßt).

Der zweite Parameter von *WinMain* ist ein Überbleibsel aus den Zeiten mit 16 Bit: Wenn Sie ein 16-Bit-Programm (auch unter Windows 98 oder Windows NT) mehrfach starten, dann lädt das System den Code und andere unveränderliche Daten wie Menüs nur einmal in den Hauptspeicher und übergibt beim zweiten Aufruf von *WinMain* neben einem neuen Wert von *hInstance* die Kennziffer der zuerst gestarteten Programmkopie als *hPrevInstance*. 32-Bit-Programme laufen dagegen strikt voneinander getrennt und können sich deshalb nicht einmal dann gegenseitig in die Quere kommen, wenn es um identische Kopien geht. Aus diesem Grund hat *hPrevInstance* bei 32-Bit-Programmen grundsätzlich den Wert 0, und *hInstance* degeneriert vom einst wichtigen Programmkopie-Zähler zu einer einfachen ID mit beschränktem Wert.

Der dritte Parameter von *WinMain* (*szCmdLine*) enthält die Kommandozeilen-Parameter. Dieses Konzept stammt eigentlich aus den Zeiten von DOS (Stichwort: *argv[1]..argv[n]*), hat aber selbst in den 32-Bit-Versionen von Windows noch einen Sinn – etwa bei Verknüpfungen, die neben dem Namen eines Programms auch den Namen eines nach dem Start zu ladenden Dokuments enthalten.

Der vierte und letzte Parameter legt schließlich fest, wie das Programm nach seinem Start erscheinen soll – also normales Fenster, als Fenster mit der Größe des Desktops (»maximiert«) oder als Icon in der Task-Leiste (»minimiert«). Mehr dazu in Kapitel 3.

Die Funktion *MessageBox*

Die Windows-Funktion *MessageBox* ist zur Ausgabe kurzer Meldungen gedacht. Tatsächlich gilt das ihr dargestellte Fensterchen als ein Dialogfeld – wenn auch eines mit reichlich beschränkten Möglichkeiten.

Als ersten Parameter erwartet *MessageBox* den Handle eines Fensters (also wieder eine Kennziffer. Hier geht es darum, welches Fenster so lange lahmgelegt werden soll, bis der Benutzer das Meldungsfenster wieder schließt. Mehr zu Fensterhandles finden Sie in Kapitel 3.) Den als zweiten Parameter übergebenen String stellt *MessageBox* innerhalb des Meldungsfensters dar; der dritte Parameter legt den in der Titelleiste des Fensters erscheinenden Text fest.

In HELLOMSG.C erscheinen diese beiden Strings nicht direkt, sondern sind über einen Makro namens TEXT codiert. Unbedingt nötig ist das nicht – aber eine gute Idee, wenn Sie sich die Möglichkeit offenhalten wollen, Ihre Programme später einmal auf den Unicode-Zeichensatz umzustellen. (Mehr – viel mehr – zu Unicode und den dahinterstehenden Überlegungen finden Sie in Kapitel 2.)

Der vierte und letzte Parameter von *MessageBox* wird über eine Kombination von Konstanten gebildet, die in WINUSER.H definiert sind und sämtlich das Präfix MB_ (für »MessageBox«) haben. In der ersten Gruppe dieser Konstanten geht es darum, welche und wie viele Schaltflächen im Meldungsfenster erscheinen:

```
#define MB_OK                   0x00000000L       // OK
#define MB_OKCANCEL             0x00000001L       // OK  Abbrechen
#define MB_ABORTRETRYIGNORE     0x00000002L       // Abbrechen  Wiederholen  Ignorieren
#define MB_YESNOCANCEL          0x00000003L       // Ja  Nein  Abbrechen
#define MB_YESNO                0x00000004L       // Ja  Nein
#define MB_RETRYCANCEL          0x00000005L       // Wiederholen  Abbrechen
```

Die nächste Gruppe legt bei mehreren Schaltflächen fest, welche als Standardvorgabe verwendet wird (d.h. mit einem gestrichelten Rahmen erscheint und dann als gedrückt gilt, wenn der Benutzer die Leertaste oder die Return-Taste drückt):

```
#define MB_DEFBUTTON1           0x00000000L
#define MB_DEFBUTTON2           0x00000100L
#define MB_DEFBUTTON3           0x00000200L
#define MB_DEFBUTTON4           0x00000300L
```

Mit den Konstanten der dritten Gruppe können Sie dem Meldungsfenster zusätzlich ein Icon und eine Schaltfläche für eine Hilfestellung verpassen:

```
#define MB_ICONHAND             0x00000010L        // Stopsymbol
#define MB_ICONQUESTION         0x00000020L        // Fragezeichen
#define MB_ICONEXCLAMATION      0x00000030L        // Ausrufezeichen
#define MB_ICONASTERISK         0x00000040L        // Sternchen

#define MB_HELP        0x00004000L;       // Hilfe-Schaltfläche
```

Die einzelnen Konstanten werden über ein bitweises OR (also den C-Operator »|«) miteinander kombiniert, wobei aus jeder Gruppe maximal eine Konstante zulässig ist. Ein Aufruf wie

```
MessageBox(...., MB_OKCANCEL | MB_DEFBUTTON2 | MB_ICONQUESTION | MB_HELP) ;
```

würde also ein Meldungsfenster mit den Schaltflächen »OK«, »Abbrechen« und »Hilfe« darstellen, das sich mit einem Fragezeichen schmückt und die zweite Schaltfläche (»Abbrechen«) zur Standardvorgabe erklärt. HELLOMSG.C beschränkt sich allerdings auf das absolute Minimum: Der Wert 0 entspricht MB_OK (und, wenn man so will: MB_DEFBUTTON1).

Zu einigen der Icons definiert WINUSER.H übrigens alternative Namen: MB_ICONERROR und MB_ICONSTOP haben denselben Wert wie MB_ICONHAND, MB_ICONASTERISK läuft auch unter der Bezeichnung MB_ICONINFORMATION, und für MB_ICONEXCLAMATION können Sie alternativ den Bezeichner MB_ICONWARNING verwenden. Die vollständige Dokumentation zu *MessageBox* inklusive einer Liste weiterer MB_-Konstanten finden Sie im Abschnitt */Platform SDK/User Interface Services/Windowing/Dialog Boxes/Dialog Box Reference/Dialog Box Functions.*

So, wie *MessageBox* in HELLOWIN.C aufgerufen wird, liefert die Funktion entweder 1 oder – bei einem Druck auf Esc – das Ergebnis 2 zurück. Vernünftig nachvollziehbar werden diese Zahlenwerte erst, wenn man an ihrer Stelle die von WINUSER.H definierten Bezeichner IDOK und IDCANCEL benutzt. Für was die Ergebnisse IDYES, IDNO, IDCANCEL, IDABORT, IDRETRY, IDIGNORE und IDHELP bei Meldungsfenstern mit mehreren Schaltflächen stehen, erklärt sich dann mehr oder weniger von selbst.

Eine abschließende Frage: Ist HELLOWIN.C ein exaktes Äquivalent von »Hello, world«? Ja und nein: Ein Gegenstück zu den nachgerade unendlichen Möglichkeiten von *printf* ist zumindest im Moment noch nicht in Sicht (was sich in Kapitel 2 ändern wird), und der Überbau ist mit Sicherheit größer. Wer angesichts von zwei Seiten Erläuterungen zu vier Programmzeilen meint, dass die Geschichte den Aufwand nicht lohnt, kann aber gerne noch einmal auf die Textversion zurückgreifen – und dort versuchen, die Ausgaben von *printf* mit der Maus beseite zu schieben.

Compilieren, Binden und Start

Falls Sie es noch nicht in Eigenregie versucht haben: Zum Compilieren von HELLOMSG wählen Sie entweder im Menü *Erstellen* den Punkt *HelloMsg.exe erstellen*, drücken auf F7 oder klicken auf entsprechende Icon in der Werkzeugleiste. (Sichtbar machen läßt sich diese Werkzeugleiste bei Bedarf über *Extras/Anpassen*, die darauffolgende Auswahl der Registerkarte »Symbolleisten« und schließlich das Setzen eines Häkchens vor »Erstellen« oder »Minileiste erstellen« im Listenfenster dieses Dialogfelds.)

Alternativ wählen Sie gleich im Menü *Erstellen* den Punkt *Ausführen von HelloMsg.exe*, geben den Tastenbefehl Strg+F5 oder klicken auf das rote Ausrufezeichen in der Werkzeugleiste. Bei diesen drei Methoden meldet Developer Studio allerdings erst einmal, welche Dateien neu angelegt werden müssen.

Wie bei einem textorientierten Programm setzt der Compiler den Quelltext erst einmal in eine Objektdatei (HELLOMSG.OBJ) um, die der Linker dann mit Bibliotheksdateien (.LIB) zu einem ausführbaren Programm (.EXE) kombiniert. Welche Bibliotheken in einem als »Win32 Application« gekennzeichneten Projekt standardmäßig verwendet werden, finden Sie über *Projekt/Einstellungen* und die Registerkarte »Linker« heraus. An erster Stelle in dieser Liste erscheinen die Dateien KERNEL32.LIB, USER32.LIB und GDI32.LIB, bei denen es sich – wie im Abschnitt »Dynamische Bibliotheken« (Seite 8) erwähnt – um *Importbibliotheken* für die drei wichtigsten Subsysteme von Windows handelt: Der Linker bindet hier also nicht den Code der einzelnen Funktionen, sondern lediglich Querverweise auf die dynamischen Bibliotheken KERNEL32.DLL, USER.DLL und GDI.DLL ein. Diese Referenzen werden erst beim Start des Programms aufgelöst, d.h. durch »echte« Adressen ersetzt.

Visual C++ Developer Studio stellt für das Compilieren und Binden von Programmen zwei Standard-Konfigurationen namens *Debug* und *Release* zur Verfügung (wobei sich diese Konfigurationsliste bei Bedarf beliebig über *Erstellen/Konfigurationen* erweitern läßt). Im Debug-Modus erzeugte .EXE-Dateien landen mit zusätzlichen Informationen zur Fehlersuche im Unterverzeichnis DEBUG des jeweiligen Projekts, im Release-Modus erzeugte .EXE-Dateien werden im Unterverzeichnis RELEASE gespeichert (wobei die Erstellung hier naturgemäß etwas schneller geht – dafür lassen sich dann aber auch keine Breakpoints setzen).

Wenn Ihnen Aufrufe des Compilers über die Kommandozeile eines DOS-Fensters lieber sind, können Sie die .MAK-Dateien verwenden, die die Begleit-CD für jedes einzelne Projekt enthält. (Das nachträgliche Erzeugen von Make-Dateien für Projekte von Developer Studio ist übrigens auch kein Problem: Wählen Sie *Extras/Optionen*, klicken Sie auf die Registerkarte »Erstellen« und kreuzen Sie das Kontrollkästchen »Makefile beim Speichern der Projektdatei exportieren« an.)

Der Aufruf des Compilers über die Kommandozeile setzt voraus, dass Sie im DOS-Fenster die Umgebungsvariablen gesetzt, d.h. einmal die Datei VCVARS32.BAT aus dem Unterverzeichnis BIN von Developer Studio ausgeführt haben. Wenn Sie HELLOMSG über die Kommandozeile compilieren wollen, wechseln Sie in das Grundverzeichnis (im auf Seite 15 gegebenen Beispiel: *C:\ProgWin98\HelloMsg*) und geben dann entweder

```
NMAKE /f HelloMsg.mak CFG="HelloMsg - Win32 Debug"
```

zum Erzeugen der Debug-Version oder

```
NMAKE /f HelloMsg.mak CFG="HelloMsg - Win32 Release"
```

zum Erzeugen der Release-Version ein. Der Start des Programms geschieht dann mit einer der beiden folgenden Kommandozeilen:

```
DEBUG\HELLOMSG
RELEASE\HELLOMSG
```

Die Debug-Konfiguration der Projektdateien auf der Begleit-CD weicht in einem einzigen Punkt von den üblichen Standardvorgaben ab: Für diesen Modus habe ich über *Projekt/Einstellungen* auf der Registerkarte »C/C++« im Feld »Präprozessor-Definitionen« zusätzlich das Symbol UNICODE eingesetzt.

Mit diesem Symbol – oder besser gesagt, mit dem, was dahintersteckt – beschäftigt sich das gesamte nächste Kapitel.

2 Unicode

Im ersten Kapitel dieses Buches habe ich gesagt, dass solide Kenntnisse in C vorausgesetzt werden – aber auch versprochen, auf jedes Thema im Umfeld dieser Sprache ausführlicher einzugehen, das für Windows gebraucht wird, bei der textbasierten Programmierung aber selten oder gar nicht aus Tapet kommt. Unicode und breite Zeichencodes dürften ein Beispiel par excellence für ein solches Thema sein.

Ganz einfach gesagt, geht es bei Unicode um eine Erweiterung des ASCII-Zeichensatzes. Anstelle der 7 Bit, die bei »echtem« ASCII zum Einsatz kommen, oder der 8 Bit, die sich in der Computerei vergangener Tage zum allgemeinen Konsens entwickelt haben, codiert Unicode jedes Zeichen – nein, nicht mit 9, sondern mit 16 Bit. Auf diese Weise lassen sich sämtliche Buchstaben, Ideogramme und andere Symbole sämtlicher gebräuchlichen Schriftsprachen dieser Welt eindeutig repräsentieren. Das erste Ziel von Unicode ist die Ergänzung von ASCII, das zweite der endgültige Ersatz. Da ASCII einen der wichtigsten weltweiten Standards in der Computerei darstellt, ist der Weg dahin allerdings noch recht weit – und ohne eine gehörige Portion glücklicher Zufälle wird es wohl auch nicht gehen.

Auch wenn die Wirkungen von Unicode schon seit längerer Zeit in der gesamten Computerindustrie zu spüren sind, ist der Einfluß dieses Standards bei Betriebssystemen und Programmiersprachen wohl immer noch am stärksten. Tatsächlich hat dieser Standard dort bereits einen guten Teil seines langen Weges hinter sich: Windows NT wurde beispielsweise von Anfang an auf Unicode ausgelegt und benutzt intern überhaupt nichts anderes mehr – im Gegensatz zu Windows 98, bei dem Unicode-Routinen unerfreulich dünn gesät sind. Bei C ist die Unterstützung breiter Zeichencodes bereits seit längerem durch das American National Standards Institute (ANSI) formalisiert, weshalb diese Sprache Unicode inhärent unterstützt.

Wie bei jedem Wechsel von Standards ist natürlich auch von vornherein klar, wer die Suppe letztlich auszulöffeln – lies: sich um den ganzen damit verbundenen Kleinkram zu kümmern hat: Die vielbeschworene Programmierergemeinde. Um Ihnen die Sache wenigstens einigermaßen zu erleichtern, habe ich deshalb sämtliche Programme dieses Buches »Unicode-ready« gemacht. (Was das bedeutet, dürfte Ihnen spätestens nach der Lektüre der nächsten Abschnitte klar werden.)

Zeichensätze: eine kurze Geschichte

Wann die ersten Menschen etwas von sich gegeben haben, was man als Sprache bezeichnen kann, ist nach wie vor ungeklärt. Über die Erfindung der Schrift wissen wir vergleichsweise genau Bescheid: Sie liegt etwa 6000 Jahre zurück. Die ersten Schriften waren symbolischer Natur und verwendeten Piktogramme; Alphabete, bei denen einzelne Zeichen oder Zeichengruppen für Laute stehen, sind ungefähr drei Jahrtausende alt. Mit dieser Technik kam die Menschheit so lange eigentlich recht gut aus, bis einige Erfinder im 19. Jahrhundert die Notwendigkeit für eine Erweiterung sahen: Als Samuel F. B. Morse in den Jahren zwischen 1838 und 1854 seinen Telegraphen entwickelte, schenkte er der Welt auch einen Code zu seiner Bedienung dazu. Die Buchstaben des Alphabets wurden dort durch Folgen kurzer und langer Pulse (Punkte und Striche) repräsentiert, Ziffern und Satzzeichen hatten ebenfalls eigene Codes. (Eine Unterscheidung zwischen Groß- und Kleinbuchstaben gab es nicht, und Spezialitäten wie die deutschen Umlaute fielen ebenfalls in die Kategorie unnötiger Luxus.)

Morse war übrigens nicht der erste, der Schriftzeichen durch etwas anderes als Buchstaben ersetzte. Zwischen 1821 und 1824 ließ sich der junge Louis Braille von einem militärischen Nachrichtensystem, mit dem das Verfassen und Lesen von Nachrichten auch in der Dunkelheit möglich war, zur Entwicklung der nach ihm benannten Blindenschrift inspirieren. Die Braille-Schrift besteht essentiell aus einem 6-Bit-Code, der Buchstaben, Satzzeichen, häufig verwendete Buchstabenkombinationen und Wörter durch erhabene Punkte (jeweils in einem Sechserfeld) repräsentiert. Ein spezieller »Escape-Code« signalisiert, dass das nächste Zeichen als Großbuchstabe zu interpretieren ist, ein Umschaltcode (»Shiftcode«) stellt die Anweisung dar, die folgenden Zeichen als Ziffern zu betrachten.

Die später bei Fernschreibern (Telex) verwendeten Verfahren inklusive der nach dem 1903 verstorbenen französischen Ingenieur Baudot benannte Variante und dem 1931 weltweit standardisierten CCITT #2 stellten 5-Bit-Codes dar, bei denen ebenfalls »Shifts« zur Anwendung kamen – also Anweisungen, wie die darauffolgenden Daten zu interpretieren waren.

Amerikanische Standards

Die ersten bei Computern verwendeten Zeichencodes entwickelten sich aus den 1890 bei der ersten amerikanischen Volkszählung eingesetzten Hollerith-Karten (die nicht nur Löcher innerhalb eines Rasters hatten, sondern auch Stück für Stück die unübersehbare Aufschrift: »Nicht knicken, rollen oder falten!«). Ein von diesen Lochkarten abgeleiteter Zeichencode namens BCDIC (»Binary-Coded Decimal Interchange Code«) mit 6 Bit wurde in den 60er Jahren schrittweise auf 8 Bit erweitert und konsequent in EBCDIC (»extended«) umbenannt. EBCDIC stellt auch heute noch den Standard für IBM-Mainframes (und sonst nirgendwo im bekannten Teil des Universums) dar.

Der *American Standard Code for Information Interchange* (ASCII) entstand Ende der 50er Jahre und wurde 1967 endgültig verabschiedet. Während seiner Entwicklung gab es lange Debatten darüber, wie viele Bits man zugrundelegen sollte. 6 Bit hätte wiederum Umschaltcodes notwendig gemacht, bei denen ein einzelnes fehlerhaft übertragenes Zeichen die gesamte nachfolgende Serie verfälschen konnte, und schieden wegen Zuverlässigkeitsbedenken aus. 8 Bit waren in einer Zeit, in der Hauptspeicher aus Ferritkernen mit manuell durchgefädelten Drähten bestanden, ein nicht finanzierbarer Luxus. Der schließlich verabschiedete Standard umfaßte 26 Kleinbuchstaben, 26 Großbuchstaben, 10 Ziffern, 32 Symbole und 33 Steuerzeichen sowie ein Leerzeichen – mithin exakt 128 Codes. Heute trägt dieser dereinst bahnbrechende Standard den Namen ANSI X3.4-1986, »Coded Character Sets – 7-Bit American National Standard Code for

Information Interchange (7-Bit ASCII)« – ein Dokument, das auf Anforderung nach wie vor vom American National Standards Institute erhältlich ist. Abbildung 2.1 zeigt diesen Zeichensatz ziemlich genau in der Form, in der er auch in der ANSI-Dokumentation erscheint (und ist – wenn ich mich nicht verzählt habe – die 834587345345. Wiedergabe in einem Computerbuch).

	0-	1-	2-	3-	4-	5-	6-	7-
-0	NUL	DLE	SP	0	@	P	`	p
-1	SOH	DC1	!	1	A	Q	a	q
-2	STX	DC2	«	2	B	R	b	r
-3	ETX	DC3	#	3	C	S	c	s
-4	EOT	DC4	$	4	D	T	d	t
-5	ENQ	NAK	%	5	E	U	e	u
-6	ACK	SYN	&	6	F	V	f	v
-7	BEL	ETB	'	7	G	W	g	w
-8	BS	CAN	(	8	H	X	h	x
-9	HT	EM	)	9	I	Y	I	y
-A	LF	SUB	*	:	J	Z	j	z
-B	VT	ESC	+	;	K	[	k	{
-C	FF	FS	,	<	L	\	l	|
-D	CR	GS	-	=	M	]	m	}
-E	SO	RS	.	>	N	^	n	~
-F	SI	US	/	?	O	_	o	DEL

Tabelle 2.1: *Der ASCII-Zeichensatz*

Über ASCII gibt es eine Menge guter Dinge zu sagen – beispielsweise, dass die Codes der 26 Buchstaben direkt aufeinander folgen (was bei EBCDIC übrigens nicht der Fall ist). Großbuchstaben lassen sich über ein einziges in die dazugehörigen Kleinbuchstaben umwandeln und umgekehrt, eine einfache Subtraktion macht aus den Zeichencodes für die Ziffern numerische Werte. (Wenn Sie das für nichts Besonderes halten: Bei BCDIC ist der nächste Zeichencode nach »0« die »9«.)

Das Schönste an ASCII ist natürlich, dass es sich dabei um einen äußerst verläßlichen Standard handelt. Es gibt keinen einzige andere Norm, die derart weit verbreitet, unangefochten oder gar in vergleichbarer Weise in unsere Tastaturen, Grafikkarten, die restliche Hardware, in Drucker, Schriftdateien, Betriebssysteme und ins Internet nachgerade eingraviert ist.

Der Rest der Welt

Das große Problem von ASCII ist der erste Buchstabe des Akronyms: ASCII stellt definitiv einen *amerikanischen* Standard dar, der andere Länder nicht einmal dann berücksichtigt, wenn dort Englisch gesprochen wird: Das Dollarzeichen ($) ist mit derselben Selbstverständlichkeit enthalten, mit der das britische Pfundsymbol (£) fehlt.

Unter den zahlreichen Sprachen, die lateinische Buchstaben verwenden, nimmt das Englische insofern eine Sonderstellung ein, als es ohne Diakritika auskommt. (Dieser Begriff steht zusammenfassend für Akzente und sonstige »Zusätze« wie eben die Pünktchen über einen »a«, die daraus ein »ä« machen. Interessanterweise verwahrt man sich als Deutscher zwar sehr wohl dagegen, diese beiden Buchstaben in einen Topf zu werfen, hält aber die Akzente anderer Sprachen gerne für schmückendes und eigentlich überflüssiges Beiwerk, obwohl sie in vielen Fällen zum Verständnis des Wortes unerläßlich sind. Des Übersetzers Lieblingsbeispiel dazu stellen die spanischen Wörter »año« und »ano« dar. Beide haben eine lateinische Wurzel: »annum« und »anus«. Wehe dem, der einem Spanischsprechenden ein fröhliches neues Jahr wünschen will und den Akzent für überflüssig hält.)

Wenn man Amerikanern und Engländern in dieser Hinsicht etwas zugute halten will, dann höchstens, dass sie übernommene Fremdwörter sämtlich mit der gleichen Unbekümmertheit behandeln – egal, ob es nun um einen Lebenslauf geht, der zwar wie das französische Original »résumé« ausgesprochen, aber kurzerhand als »resume« geschrieben wird, oder um das letztes Jahr von einem deutschen Autohersteller mit großem Erfolg neu eingeführte Wort »Fahrvergnügen«, aus dem längst ein (wohlgemerkt: nach wie vor korrekt ausgesprochenes!) »Fahrvergnugen« geworden ist.

Als Beweis dafuer, dasz man noetigenfalls auch ohne Spezialitaeten wie die deutschen Umlaute durchkommt, koennte man fuenfzig Jahre erfolgreiche Kommunikation ueber Fernschreiber anfuehren (oder in jungerer Zeit das Internet). Bei Griechisch, Hebräisch, Arabisch und Russisch hört der Spaß dann allerdings endgültig auf – von den Han-Ideogrammen des Chinesischen, die auch ins Japanische und Koreanische übernommen worden sind, erst gar nicht zu reden.

Die Geschichte von ASCII in den Jahren nach 1967 ist denn auch größtenteils die Geschichte der Versuche, diesen Standard auf andere Sprachen als Englisch zu erweitern. Der erste Vorschlag ist denn auch nur einige Monate jünger als ASCII selbst: Die International Standards Organization (ISO) schlug eine Variante vor, bei der die Codes 0x40, 0x5B, 0x5C, 0x5D, 0x7B, 0x7C und 0x7D (also die Zeichen @, [, \,], {, | und }) »für den nationalen Gebrauch reserviert« und die Codes 0x5E, 0x60 sowie 0x7E (^, ` und ~) »für andere grafische Symbole verwendet werden können, wenn Bedarf für 8, 9 oder 10 nationale Positionen besteht«. Dass diese Festlegung Doppeldeutigkeiten und Mißverständnisse geradezu herausforderte, war allen Beteiligten klar – aber *irgendeine* Lösung mußte schließlich her. (Wie sich ältere LeserInnen wohl noch erinnern, hat sich dieses Hilfskonstrukt fast 20 Jahre lang gehalten: Noch Mitte der 80er hatten Matrixdrucker eine DIP-Schalterbank, über die sich die »Landessprache« für @, [, \,], {, | und } festlegen ließ. Bei der Einstellung »Deutschland« ersetzten diese Geräte [, \,], {, | und } durch Ä, Ö, Ü, ä, ö und ü.)

Erweitertes ASCII

Als das Zeitalter der PCs anbrach, war das Byte mit 8 Bit als »atomare Einheit« bei der Speicherung von Daten und Befehlscodes längst ein weltweiter Standard geworden. Theoretisch wäre die Erweiterung von 128 auf 256 Zeichencodes bereits zu den Zeiten des Apple][möglich gewesen – die praktische Durchsetzung ist aber IBMs Verdienst: Der Video-Adapter des 1981 erschienenen PC-Urmodells enthielt in seinem ROM einen auf 256 Codes basierenden Zeichensatz, der schnell zu einem wesentlichen Bestandteil des Zauberwörtchens »IBM-kompatibel« wurde.

Dieser »erweiterte ASCII-Zeichensatz« umfaßte neben einigen Diakritika und den (in der Mathematik benötigten) griechischen Kleinbuchstaben diverse Blockgrafiksymbole zum Zeichnen von Eingabemasken und Rahmen. Einige der mittlerweile nicht mehr gebräuchlichen Steuerzeichen – also Codes unterhalb von 0x20 – wurden ebenfalls mit Sonderzeichen belegt. (Ein Beispiel dafür war Strg+U, das auf Konsolendruckern die Anweisung zur Neuausgabe einer Zeile nach vorheriger Korrektur darstellte und nun als Paragraphenzeichen (»§«) erschien.)

Der von IBM festgelegte Zeichensatz fand in den folgenden Jahren seinen Weg in unzählige ROMs von Grafikkarten und Druckern, die Blockgrafiken verschönerten so ziemlich jede Anwendung, die etwas auf sich hielt. Allerdings waren dort bei weitem nicht sämtliche Diakritika der westeuropäischen Sprachen enthalten – und für Windows taugte dieser Zeichensatz sowieso nicht, weil eine grafisch orientierte Oberfläche natürlich ohne Blockgrafiken auskommt.

Die im November 1985 erschienene Windows-Version 1.0 konnte es sich nicht leisten, den damals omnipräsenten IBM-Zeichensatz komplett zu ignorieren, verwies ihn aber in die zweite Reihe. Der primär von Windows verwendete Zeichensatz bekam den Namen »ANSI«, weil er auf einem vorläufigen Entwurf (»draft«) von ANSI und ISO basierte, der später unter einer etwas längeren Bezeichnung verabschiedet wurde – nämlich ANSI/ISO 8859-1-1987, »American National Standard for Information Processing – 8-Bit Single-Byte Coded Graphic Character Sets – Part 1: Latin Alphabet No 1«. (Wer es etwas kürzer haben will, sagt schlicht »Latin 1« dazu.)

Tabelle 2.2 zeigt diesen Zeichensatz so, wie er im Programmierhandbuch der Windows-Version 1.0 abgedruckt wurde. [Setzer: Times Roman mit Wingdings gemischt. Obacht.]

	0-	1-	2-	3-	4-	5-	6-	7-	8-	9-	A-	B-	C-	D-	E-	F-
-0	-	-		0	@	P	`	p	-	-			À	•	à	•
-1	-	-	!	1	A	Q	a	q	-	-	i	•	Á	Ñ	á	ñ
-2	-	-	«	2	B	R	b	r	-	-	`	•	Â	Ò	â	ò
-3	-	-	#	3	C	S	c	s	-	-	£	•	Ã	Ó	ã	ó
-4	-	-	$	4	D	T	d	t	-	-	¤	´	Ä	Ô	ä	ô
-5	-	-	%	5	E	U	e	u	-	-	ˇ	•	Å	Õ	å	õ
-6	-	-	&	6	F	V	f	v	-	-	|	¶	Æ	Ö	æ	ö
-7	-	-	'	7	G	W	g	w	-	-	§	·	Ç	-	ç	-
-8	-	-	(	8	H	X	h	x	-	-	¨	¸	È	Ø	è	ø
-9	-	-	)	9	I	Y	l	y	-	-	•	•	É	Ù	é	ù
-A	-	-	*	:	J	Z	j	z	-	-			Ê	Ú	ê	ú
-B	-	-	+	;	K	[	k	{	-	-	«	»	Ë	Û	ë	û
-C	-	-	,	<	L	\	l	|	-	-	•	•	Ì	Ü	ì	ü
-D	-	-	-	=	M	]	m	}	-	-	-	•	Í	•	í	•
-E	-	-	.	>	N	^	n	~	-	-	•	•	Î	•	î	•
-F	-	-	/	?	-	_	o	DEL	-	-		¿	Ï	ß	ï	ÿ

Tabelle 2.2: *Der auf ANSI/ISO 8859-1 basierende ANSI-Zeichensatz von Windows*

Die schmalen Rechtecke in Tabelle 2.2 stehen für Codes, denen keine Zeichen zugeordnet sind. Der ANSI-Zeichensatz von Windows entspricht ANSI/ISO 8859-1 nicht hundertprozentig, kommt diesem Standard aber recht nahe: ANSI/ISO 8859-1 legt ausschließlich druckbare Zeichen und keine Steuerzeichen fest, weshalb DEL (Code 0x7F) dort undefiniert bleibt. Windows definiert den Code 0xA0 als nicht trennendes Leerzeichen (also als Anweisung an eine Textverarbeitung, dieses Zeichen nicht als mögliche Trennstelle bei Zeilenumbrüchen aufzufassen); der Code 0xAD ist ein bedingtes Trennzeichen (das im Gegensatz zu einem Bindestrich nur dann erscheinen sollte, wenn es aufgrund des Zeilenumbruchs am Ende einer Zeile erscheint). ANSI/ ISO 8859-1 definiert die Codes 0xD7 und 0xF7 als Multiplikationszeichen (×) bzw. Divisionszeichen (÷). Außerdem können von Windows verwendete Schriften die Codes 0x80 bis 0x9F belegen, die ANSI/ISO 8859-1 bewußt freiläßt.

Mit dem im April 1987 erschienenen MS-DOS 3.3 führte Microsoft als nächste Erweiterung das Konzept der Codeseiten (»code pages«) ein, das später auch in Windows übernommen wurde. Codeseiten legen den Zusammenhang zwischen Codes und Zeichen fest und beziehen sich auf die »oberen« 128 Zeichen – die Bedeutung der Codes 0 bis 127 bleibt also grundsätzlich gleich. Der erweiterte IBM-Zeichensatz wurde dadurch zur »Codeseite 437«, die auch als »MS-DOS Latin US« bekannt ist; die Codeseite 850 hört auf den Namen »MS-DOS Latin 1« und ersetzt einige der Blockgrafiken durch Diakritika. (Bitte beachten: Mit dem in Tabelle 2.2 gezeigten ANSI/ISO-Zeichensatz hat diese Codeseite *nichts* zu tun.)

Wer unter MS-DOS eine bestimmte Codeseite für Tastatur, Grafikkarte und Drucker gesetzt hatte, konnte nun problemlos Dokumente mit den Diakritika seiner Landessprache anlegen, bearbeiten und drucken. Der Austausch von Dokumenten war ebenfalls keine große Angelegenheit – vorausgesetzt, dass auf dem anderen System dieselbe Codeseite verwendet wurde. Wenn nicht, wurden die Zeichencodes zwangsläufig mit den falschen Zeichen assoziiert. Natürlich gab es Versuche, dann eben die Nummer der Codeseite zusammen mit dem Dokumenten zu speichern – nur änderte das nichts an der Tatsache, dass zu jedem Zeitpunkt eben immer nur eine einzige Codeseite verfügbar war (oder eine Konvertierungsroutine zum Einsatz kam, die beim Umrechnen zwischen Codeseiten zwangsläufig nur das übrigließ, was auf dem Zielsystem auch darstellbar war).

Obwohl das Konzept ursprünglich nur zur Erweiterung des lateinischen Alphabets gedacht war, erschienen bald Codeseiten, bei denen die oberen 128 Zeichen vollständige Alphabete wie Hebräisch, Griechisch und Kyrillisch enthielten. Damit wurde die Nummer der verwendeten Codeseite zu einem kritischen Punkt: Wer einen französischen Text versehentlich mit »Latin US« darstellt, bekommt schlimmstenfalls einige unleserliche Diakritika zu sehen – bei der Verwechslung zwischen Griechisch und Hebräisch wird dagegen der gesamte Text zum Zeichenmüll.

Da sie aber die einzige real existierende Lösung darstellten, verbreiteten sich Codeseiten nachgerade explosionsartig und mutierten unterwegs zu Gebilden jenseits jeglicher Vernunft: Weil die Sache sonst anscheinend zu langweilig geworden wäre, hat die kyrillische Codeseite 855 für MS-DOS nichts mit der kyrillischen Codeseite 1251 für Windows zu tun – und die kyrillische Macintosh-Codeseite 10007 ist sowieso etwas anderes. Und weil Codeseiten schließlich Modifikationen existierender Umgebungen waren, warf IBM bei OS/2 noch schnell einige Codeseiten in den Topf, die auf EBCDIC basierten.

Das Ergebnis war ein Wirrwarr babylonischer Dimension, das aber erst den Anfang darstellte. Es sollte nämlich noch schlimmer kommen.

Multibyte-Zeichensätze

Die in Amerika, Europa und Nahost verwendeten Alphabete haben allen Unterschieden zum Trotz eine Gemeinsamkeit: Sie umfassen zwar insgesamt vielleicht knapp 1000 verschiedene Zeichen (und machen deshalb Codeseiten notwendig), kommen aber individuell mit wesentlich weniger als 256 Zeichen aus. Chinesen, Japaner und Koreaner müssen dagegen mit sage und schreibe 21000 Ideogrammen fertig werden – und benötigen trotzdem irgendeine Art der Kompatibilität zu ASCII.

Die Lösung dieses Problems (wenn man sie denn als solche bezeichnen kann), sind Multibyte-Zeichensätze (DBCS für »double byte character set«). Ein solcher Zeichensatz definiert wie jede andere Codeseite die Codes von 0 bis 127 als ASCII, verwendet einige Codes im Bereich von 128 bis 255 direkt – und betrachtet den Rest als Einleitung für ein Folgebyte. Beide Bytes (Einleitung und Folge) gelten dann zusammen als Zeichencode mit 16 Bit, der seinerseits für eines der komplexen Ideogramme steht.

Obwohl das Chinesische, Japanische und Koreanische viele Ideogramme gemeinsam benutzen, handelt es sich dabei um drei verschiedene Sprachen, bei denen ein und dasselbe Ideogramm ohne weiteres auch drei völlig unterschiedliche Bedeutungen haben kann. Die Fernost-Versionen von Windows unterstützen vier verschiedene Codeseiten für Multibyte-Zeichensätze: 932 (Japanisch), 963 (vereinfachtes Chinesisch), 949 (Koreanisch) und 950 (traditionelles Chinesisch). Die europäischen Versionen haben dieses Feature übrigens nicht.

Das Hauptproblem von Multibyte-Zeichensätzen liegt nicht etwa darin, dass sie für jedes Zeichen 16 Bit benötigen – im Gegenteil: Was die Arbeit mit diesen Zeichensätzen wirklich kompliziert macht, ist die Tatsache, dass einige Zeichen – vor allem der gesamte ASCII-Zeichensatz – mit einem Byte auskommen (und die englische Originalbezeichnung »double byte« schlicht irreführend ist). Wie viele Zeichen ein String enthält, erschließt sich hier erst über eine Untersuchung jedes einzelnen Zeichens. Noch wesentlich schwerwiegender ist allerdings das Manko, dass diese Untersuchung nur dann eindeutig verläuft, wenn sie von vorne nach hinten durchgeführt wird: Die für unsereins triviale Operation »ein Zeichen weiter nach vorne in einem Wort« läuft bei DBCS deshalb grundsätzlich auf das erneute Durchwühlen des gesamten Strings hinaus.

Der Retter naht

Kurz und schlecht: Die Alphabete dieser Welt lassen sich nicht in 256 Codes mit 8 Bit pressen. Wer versucht, aus diesen 8 Bit über Codeseiten mehr herauszuholen, als eigentlich drin sind, bekommt bereits in Europa eine Menge Probleme und erleidet im Fernen Osten endgültig Schiffbruch.

Als Programmierer reagiert man auf den Umstand, dass sich eine Wertemenge mit einem bestimmten Datentyp nicht vollständig repräsentieren läßt, für gewöhnlich mit dem Einsatz des nächstgrößeren Datentyps. Und das wär's eigentlich auch schon gewesen, was es zu Unicode zu sagen gäbe: Pro Zeichen werden dort eben nicht 8, sondern 16 Bit verwendet.

An die Stelle von 256 sich größtenteils überschneidenden Zeichendefinitionen, die dann über eine Codeseite (und damit letztlich über nichts anders als *ein* »Umschaltzeichen«) ausgewählt werden müssen oder die fast schon lächerliche Komplexität der Multibyte-Zeichensätze, bei denen Zeichen mal durch ein, mal durch zwei Bytes repräsentiert werden, tritt hier also eine lineare Folge von 65536 Codes, was nicht nur für die Zeichen sämtlicher Schriftsprachen dieser Erde, sondern auch noch für alle bis dato bekannten mathematischen und technischen Symbole ausreicht (wobei im Moment noch gut ein Drittel aller Codes unbelegt ist).

Der Unterschied zwischen Unicode und DBCS ist derart wichtig, dass ich es gerne noch einmal wiederhole: Von Unicode sagt man (vor allem im Kontext mit C-Programmen), dass es dabei um »breite Zeichen« (wide characters) geht. Jedes Unicode-Zeichen ist 16 Bit breit – 8-Bit-Codes gibt es in diesem Zeichensatz nicht. Bei DBCS spukt der Terminus »breite Zeichen« ebenfalls herum – nur steht er dort nicht für alle Zeichen, sondern lediglich für einen Teil des Zeichensatzes, der nach wie vor mit 8-Bit-Codes durchmischt ist, weshalb jedes »breite Zeichen« dort durch einen Einleitungscode angekündigt werden muß (der seinerseits Teil des Zeichencodes ist).

Während der Umgang mit DBCS deshalb eine ausgesprochen mühselige Sache wird, läßt sich Unicode mit exakt derselben Logik wie der gewohnte 8-Bit-Zeichensatz bearbeiten. Erfreulicherweise entsprechen die ersten 128 Zeichen von Unicode (Codes 0x0000 bis 0x007F) direkt dem bekannten ASCII, die nächsten 128 Zeichen (0x0080 bis 0x00FF) den durch ISO 8859-1 festgelegten ASCII-Erweiterungen. Damit die Umsetzung anderer Alphabete möglichst einfach wird, finden sie sich ebenfalls en bloc in diesem Zeichensatz wieder: Das griechische Alphabet ist beispielsweise im Bereich von 0x0370 bis 0x03FF gelandet, die kyrillischen Zeichen gehen von 0x0400 bis 0x04FF, das Armenische hat die Codes 0x0530 bis 0x058F, das Hebräische die Codes 0x0590 bis 0x05FF. Die Ideogramme des Chinesischen, Japanischen und Koreanischen werden hier unter dem Kürzel CJK zusammengefaßt und belegen die Codes von 0x3000 bis 0x9FFF.

Die wohl beste Eigenschaft von Unicode besteht darin, dass es hier einen (und nur einen) Zeichensatz gibt: An der Festlegung dieses Standards war so ziemlich jede Firma und jedes Gremium beteiligt, das in der Welt der Computer und der elektronischen Kommunikation irgend etwas zu sagen hat – weshalb es hier auch nicht irgendwelche »großen Ähnlichkeiten« wie beim ANSI-Zeichensatz und ANSI/ISO 8859-1 gibt, sondern lediglich eine einzige, weltweit gültige Norm namens ISO 10646-1. Wer sich für die Geschichte, die dahinterstehenden Überlegungen und die Details interessiert oder einfach nur einmal sehen möchte, welche Reichhaltigkeit und Fülle die Alphabete unseres Planeten zu bieten haben, sollte sich das Buch *The Unicode Standard, Version 2.0* (Addison-Wesley, 1996) zulegen. Dieses Werk ist nicht nur in jeder Hinsicht außergewöhnlich, sondern gilt als die Referenz zum Thema schlechthin.

Ob Unicode irgendwelche Nachteile hat? Aber klar. Unicode-Zeichenketten belegen doppelt so viel Platz wie ASCII im Hauptspeicher und in Dateien (wobei sich die Differenz in Dateien durch die üblichen Komprimierungsprogramme aber fast auf Null reduzieren läßt). Der zweite und wesentlich schwerwiegendere Nachteil besteht daraus, dass Unicode im Verbreitungsgrad momentan noch nicht entfernt mit ASCII und seinen diversen Krücken konkurrieren kann. Nachdem Microsoft durch die Integration von Unicode in Windows NT seinen Teil beigetragen hat (und dem Vernehmen nach plant, im Jahre 2000 alle Windows-Varianten auf dem NT-Kern aufzubauen – mithin auf Unicode), ist nun die Programmierergemeinschaft gefragt.

Breite Zeichencodes und C

Gestandene C-ProgrammiererInnen kriegen beim Gedanken an einen 16-Bit-Zeichensatz natürlich erst einmal eine Gänsehaut – schließlich gehört dort die Tatsache, dass ein *char* ein Byte ist, zu den wenigen absoluten Gewißheiten, die man im Leben hat. Tatsächlich wissen nur die allerwenigsten, dass diese Unumstößlichkeit bereits seit fast 10 Jahren keine mehr ist: der »American National Standard for Programming Languages – C« (ANSI/ISO 9899-1990, allgemein unter dem kürzeren Namen »ANSI C« bekannt) beinhaltet die Unterstützung von Zeichensätzen mit mehr als einem Byte pro Zeichen über ein Konzept namens »breite Zeichen« (wide characters), dessen praktische Realisierung in jedem C-Compiler schlummert (und dort friedlich mit den 8-Bit-Zeichensätzen koexistiert), der sich nach 1990 noch »ANSI C« nennen durfte.

ANSI C fordert des weiteren die Unterstützung der Doppel- bzw. Multibyte-Zeichensätze, wie sie in den Fernost-Versionen von Windows zum Einsatz kommen. Strings in diesen Zeichensätzen werden allerdings als Folge einzelner Bytes betrachtet, bei denen ein Einleitungsbyte die Bedeutung des jeweils nächsten Bytes verändern kann. Während sich diese Forderung hauptsächlich auf die Bibliotheksroutinen auswirkt, sind breite Zeichencodes einheitlich breiter als ASCII und erfordern auch Veränderungen des Compilers.

Die breiten Zeichencodes von ANSI C müßten zumindest theoretisch nicht unbedingt Unicode sein, weil Unicode lediglich eine Möglichkeit zur Verpackung von Zeichen in Codes mit mehr als 8 Bit darstellt. Da es in diesem Buch aber um Windows und nicht um die abstrakte Implementation von C-Compilern geht, behandle ich diese beiden Begriffe im weiteren als Synonyme.

Der Datentyp *char*

Natürlich gehe ich davon aus, dass Ihnen die Definition von Zeichen und Zeichenketten über den C-Datentyp *char* wirklich nichts Neues ist. Damit die Diskussion der Mechanismen für breite Zeichencodes auf einem einheitlichen Fundament steht, leiste ich mir dennoch einen kurzen Rückblick auf die Definition »normaler« Zeichen und Variablen in der Form, wie sie auch in einem Windows-Programm erscheinen könnte.

Die folgende Anweisung definiert und initialisiert eine Variable, die ein einzelnes Zeichen enthält:

```
char c = 'A' ;
```

Die Variable *c* belegt ein Byte Speicherplatz und wird mit dem Wert 0x41 besetzt, der dem ASCII-Codes des Zeichens »A« entspricht.

Zeiger auf Zeichenketten werden in C folgendermaßen vereinbart:

```
char * p ;
```

Wenn der Compiler ein 32-Bit-Programm erzeugt, dann belegt die Variable *p* vier Bytes im Speicher. Die Initialisierung eines solchen Zeigers kann als Teil der Deklaration stattfinden:

```
char * p = "Hello!" ;
```

Auch hier belegt die Variable *p* 4 Bytes. Die Zeichenfolge »Hello!« wird in einem statischen Bereich des Programms untergebracht und belegt 7 Bytes: 6 Bytes für die 6 Zeichen, ein Byte für das abschließende NUL (d.h. den Zeichencode 0, der immer mal wieder gerne mit dem Zeigerwert NULL durcheinandergeworfen wird).

Die Vereinbarung eines Zeichenarrays geschieht mit einer Anweisung wie

```
char a[10] ;
```

Hier reserviert der Compiler 10 Bytes Speicherplatz, weshalb der Ausdruck *sizeof(a)* den Wert 10 hat. Globale (also außerhalb aller Funktionen definierte) Arrays lassen sich mit Stringkonstanten initialisieren, wobei der Compiler die Ermittlung der Elementenzahl selbst übernimmt:

```
char a[] = "Hello!" ;
```

Wenn Sie ein Array als lokale Variable in einer Funktion deklarieren und gleichzeitig mit einer Konstanten initialisieren wollen, müssen Sie es als *static* kennzeichnen:

```
static char a[] = "Hello!" ;
```

In beiden Fällen landet die Zeichenfolge »Hello!« wieder mit einem abschließenden NUL in einem statischen Bereich des Programms und belegt dort 7 Bytes.

Breitere Zeichen

Weder Unicode noch breite Zeichen machen sich anheischig, an *char* irgend etwas zu ändern: Dieser Datentyp steht nach wie vor für ein Byte, und *sizeof(char)* hat den Wert 1. Theoretisch kann ein Byte in C eine beliebige Zahl von Bits haben – wenn Sie aber nicht gerade im Signalprozessorbereich arbeiten, bleiben das Byte und damit auch der Datentyp *char* bei einer Breite von 8 Bit.

Breite Zeichen basieren in C auf dem Datentyp *wchar_t*, der in WCHAR.H und in diversen anderen Include-Dateien so definiert ist:

```
typedef unsigned short wchar_t ;
```

Der Datentyp *wchar_t* entspricht also einem vorzeichenlosen »kurzen« Integerwert, hat mithin 16 Bit. Die Definition einer Variablen für ein einzelnes breites Zeichen geschieht mit:

```
wchar_t c = 'A' ;
```

Der Compiler reserviert hier 2 Bytes für die Variable *c* und initialisiert sie mit dem Wert 0x0041, der in Unicode für das Zeichen »A« steht. (Da Intel-Prozessoren das niederwertige Byte auf der niedrigeren Speicheradresse unterbringen, entsteht dabei effektiv die Bytefolge 0x41, 0x00. Wer Unicode-Textstrings Byte für Byte untersucht – etwa in einem Hexdump –, sollte das im Kopf behalten.)

Die Definition eines initialisierten Zeigers auf einen breiten String sieht so aus:

```
wchar_t * p = L"Hello!" ;
```

Wesentlich ist dabei das »L« direkt vor dem ersten Anführungszeichen: Es teilt dem Compiler mit, dass die Stringkonstante »Hello!« mit breiten Zeichencodes – also mit 2 Bytes pro Zeichen – gespeichert werden soll. Die Zeigervariable *p* belegt auch in diesem Fall 4 Bytes, der String benötigt dagegen nicht mehr 7, sondern 14 Bytes, von denen 12 auf die Zeichen und zwei auf das abschließende Unicode-NUL (0x0000) entfallen.

Die Definition eines breiten Zeichenarrays geschieht nach demselben Schema:

```
static wchar_t a[] = L"Hello!" ;
```

Auch hier werden wieder 14 Bytes Speicherplatz für den String gebraucht; der Ausdruck *sizeof(a)* hat also den Wert 14. Über die Indizierung von *a* kommt man an die einzelnen Zeichen heran: a[1] hat beispielsweise den Wert 0x0065 (das Unicode-Äquivalent des Zeichens »e«).

Auch wenn es eigentlich mehr wie ein Tippfehler aussieht, ist das »L« lebenswichtig: Es muß direkt vor dem ersten Anführungszeichen erscheinen (wobei keine Leerzeichen zwischen dem L und dem Anführungszeichen zulässig sind – sonst hält es der Compiler wirklich für einen Tippfehler). Wer es vergißt, erzeugt einen String mit 8-Bit-Codes, bekommt bei der Zuweisung an *wchar_t*-Zeiger dann aber auch eine (ernst zu nehmende) Warnung des Compilers zu sehen. Das Präfix L läßt sich auch für einzelne Zeichen verwenden:

```
wchar_t c = L'A' ;
```

Ohne dieses Präfix würde der Compiler zwar (wie bei jeder Zuweisung eines kleineren Wertes an einen größeren Datentyp) automatisch eine Erweiterung durchführen, die hier aber von vorzeichenbehaftet (*char*) nach vorzeichenlos (*short*) geht. Zeichencodes oberhalb von 0x80 führen deshalb zu einer negativen Erweiterung (die aus ‘Ä’ einen Unicode in der Gegend von 65400 macht), weshalb man die entsprechende Warnung des Compilers nicht einfach übergehen sollte.

Bibliotheksfunktionen

Wie man die Länge eines Strings ermittelt, dürfte wohl allgemein bekannt sein. Nach einer Definition wie

```
char * pc = "Hello!" ;
```

liefert die Bibliotheksfunktion *strlen* die Stringlänge zurück:

```
iLength = strlen (pc) ;
```

iLength bekommt hier den Wert 6, mithin die Zahl der Zeichen im String. Versuchen wir dasselbe einmal mit einem breiten String:

```
wchar_t * pw = L"Hello!" ;

iLength = strlen(pw) ;
```

Die erste Hälfte der Quittung für diesen Versuch sieht so aus und stammt vom Compiler (wobei die deutsche Version von Developer Studio den dort eingebauten Neologismen-Generator ausnahmsweise ruhigstellt):

```
'function' : inkompatible Typen - von 'unsigned short *' nach 'const char *'
```

Hier geht es also offensichtlich darum, dass *strlen* einen Zeiger auf *char* erwartet, aber einen Zeiger auf *unsigned short* übergeben bekommt. Da das allerdings nicht als Fehler, sondern nur als Warnung gewertet wird, können Sie das Programm trotzdem starten – und dann den zweiten Teil der Quittung in Empfang nehmen: *iLength* bekommt den Wert 1.

Wieso? Nun – die sechs Zeichen des Strings »Hello!« haben die 16-Bit-Werte:

```
0x0048 0x0065 0x006C 0x006C 0x006F 0x0021
```

Intel-Prozessoren bringen das niederwertige Byte jeweils auf der niedrigeren Adresse unter. Bei byteweiser Betrachtung ergibt sich deshalb:

```
48 00 65 00 6C 00 6C 00 6F 00 21 00
```

Die Funktion *strlen* sucht diese Bytefolge nach dem Wert NUL (0x00) ab, der das Ende eines mit 8 Bit pro Zeichen codierten Strings kennzeichnet und wird hier bereits beim zweiten Byte fündig. Aus ihrer Sicht gibt es deshalb am Ergebnis 1 überhaupt nichts zu meckern.

Dieses kleine Beispiel illustriert die Unterschiede zwischen der Sprache selbst und den Laufzeitbibliotheken. Der Compiler interpretiert den String L«Hello!« als Folge von Integerwerten mit jeweils 16 Bit, sorgt für die Speicherung in diesem Format und kümmert sich bei Ausdrücken wie *pw[1]* um die Indexberechnung (nämlich die Multiplikation des Indexwertes mit 2). Funktionen wie *strlen* stammen dagegen aus der Laufzeitbibliothek, werden erst durch den Linker eingesetzt und erwarten Strings, bei denen die Zeichen aus einem Byte bestehen. Wenn man ihnen etwas anderes serviert, sind die Ergebnisse bestenfalls bunt, aber selten die erwünschten.

Na wunderbar, werden Sie sagen, jetzt dürfen also alle C-Bibliotheksfunktionen so umgemodelt werden, das sie auch mit breiten Zeichencodes zurechtkommen. Im Prinzip stimmt das auch –

nur geht es erstens nicht die gesamte Bibliothek, sondern nur um Funktionen mit Stringparametern, und zweitens ist ebendiese Arbeit vor einem knappen Jahrzehnt bereits erledigt worden.

Die auf breite Zeichencodes ausgelegte Version von *strlen* trägt den Namen *wcslen* (»wide-character string length«), ihr Prototyp findet sich sowohl in STRING.H (zusammen mit der Deklaration von *strlen*) als auch in WCHAR.H. Der Prototyp von *strlen* sieht so aus:

```
size_t __cdecl strlen (const char *) ;
```

Die Unterschiede zwischen *strlen* und *wcslen* erschöpfen sich im Typ des erwarteten Parameters:

```
size_t __cdecl wcslen (const wchar_t *) ;
```

Womit nun auch klar sein dürfte, wie sich die Zeichenzahl eines breiten Strings ermitteln läßt:

```
iLength = wcslen (pw) ;
```

Das Ergebnis ist – wer hätt's gedacht – der Wert 6 und beweist, dass sich bei breiten Zeichen an der *Zeichenzahl* eines Strings nicht das Geringste ändert – lediglich die Breite der einzelnen Zeichen ist doppelt so hoch wie zuvor.

Die »Übersetzung« der Bibliotheksfunktionen von ASCII auf breite Zeichen ist übrigens wirklich komplett: Zu *jeder* mit Strings arbeitenden Standardfunktion gibt es ein Gegenstück, dessen Prototyp einmal in derselben Include-Datei wie das »Original« und ein zweites Mal in WCHAR.H erscheint. (Das gilt auch für die allseits beliebte Funktion *printf*, deren breite Version auf den Namen *wprintf* hört.)

Ein Quelltext, mehrere Zeichenbreiten

Selbst in der Besten aller Welten, in der jedes Betriebssystem Unicode unterstützt, hat dieser Zeichensatz natürlich den Nachteil eines kräftig erhöhten Platzbedarfs: Im Hauptspeicher belegt jeder String die doppelte Bytezahl, die für breite Zeichencodes zuständigen Bibliotheksroutinen sind in dieser Hinsicht ebenfalls recht unbescheiden. Bereits aus diesen Gründen ist es durchaus eine Überlegung wert, ob man von einem Programm nicht zwei Versionen erstellt. Damit die Sache praktikabel wird, sollte sich das über einen gemeinsamen Quelltext erledigen lassen, der je nach Bedarf entweder für ANSI oder für Unicode compiliert wird.

Da die Bibliotheksfunktionen unterschiedliche Namen haben und breite Stringkonstanten durch ein vorangestelltes L gekennzeichnet werden müssen, sieht Ihr inneres Auge jetzt vermutlich einen undurchdringlichen Wald von *#ifdef/ #else/#endif* und schüttelt sich. Im Prinzip ist das schon richtig – nur werden Sie diese Präprozessor-Anweisungen ausgesprochen selten selber schreiben müssen, weil Microsoft zusammen mit Visual C++ eine Include-Datei namens TCHAR.H ausliefert, in der sich dieses Gestrüpp recht gut versteckt.

TCHAR.H ist kein Teil des ANSI-Standards für C, weshalb die dort definierten Funktionen und Makros sämtlich einen Unterstrich als Präfix haben, und definiert einen Satz alternativer Bezeichner (wie *_printf* und *_tcslen*) für die Stringfunktionen der Laufzeitbibliothek, die man verschiedentlich auch als »generisch« bezeichnet, weil sie sowohl für die ANSI- als auch für die Unicode-Versionen gelten. Wenn vor dem Einbau von TCHAR.H ein Symbol namens _UNICODE definiert ist, dann setzt die Include-Datei den Bezeichner *_tcslen* in *wcslen* um:

```
#define _tcslen wcslen
```

Ohne _UNICODE kommt dagegen *strlen* heraus:

```
#define _tcslen strlen
```

Dasselbe gilt für alle anderen Stringfunktionen. Das Problem der beiden unterschiedlichen Datentypen wird über einen neu definierten Typ TCHAR gelöst:

```
#ifdef _UNICODE
typedef wchar_t TCHAR ;
#else
typedef char TCHAR ;
#endif
```

Was diese Datei ebenfalls erledigt, ist die auf Dauer wirklich lästige Geschichte mit dem Präfix L für breite Strings. TCHAR.H definiert einen Makro __T, der für die Compilierung mit dem Symbol _UNICODE so aussieht:

```
#define __T(x) L##x
```

Das mag anfänglich etwas obskur aussehen, entspricht aber dem ANSI-Standard, der zwei Doppelkreuze als Begrenzer für einzusetzende Parameter (»token paste«) festlegt. Wenn dieser Makro als Parameter *x* den String «Hello!« zu sehen bekommt, macht er also tatsächlich L«Hello!« daraus.

Bei der Compilierung ohne das Symbol _UNICODE fällt dieser Makro wesentlich einfacher aus:

```
#define __T(x) x
```

Unabhängig von _UNICODE sind zwei weitere Makros als Synonyme von __T definiert:

```
#define _T(x) __T(x)
#define _TEXT(x) __T(x)
```

Welchen dieser beiden Namen Sie einsetzen, wenn Sie ein Win32-Konsolenprogramm (also ein textorientiertes Programm für die 32-Bit-Version von Windows) schreiben, ist Geschmackssache. Grundsätzlich gilt, dass Stringkonstanten entweder über _T oder über _TEXT angegeben werden müssen – beispielsweise:

```
_TEXT ("Hello!")
```

Auf diese Weise sorgen Sie dafür, dass der Compiler nach der Definition des Symbols _UNICODE breite Zeichencodes, ohne dieses Symbol dagegen Zeichencodes mit 8 Bit erzeugt.

Breite Zeichencodes und Windows

Windows NT wurde von Anfang an auf Unicode aufgebaut, d.h. verwendet intern ausschließlich Zeichencodes mit 16 Bit. Da der Rest der Welt mit diesem Standard (noch) nicht viel anfangen kann, muß dieses Betriebssystem Zeichen und Strings recht oft sowohl bei Aufrufen seiner Funktionen als auch beim Zurückliefern von Ergebnissen konvertieren, kommt dafür aber nicht nur mit Unicode-Programmen und ASCII-Programmen, sondern sogar mit Anwendungen zurecht, die einen Mix aus Unicode und ASCII verwenden. Zu diesem Zweck definiert Windows NT jede Stringfunktion der API in zwei verschiedenen Versionen und mit unterschiedlichen Namen. (Wie sich das Auseinandersortieren dieser Varianten gestaltet, erkläre ich in Kürze.)

Windows 98 hat dieselbe Menge an Unicode-Routinen zu bieten wie sein Vorgänger Windows 95 – und das ist leider herzlich wenig. (Eine Liste dieser Funktionen finden Sie im Artikel Q125671 der Microsoft Knowledge Base; *MessageBox* gehört wenigstens dazu.) Wenn Sie vorhaben, ein Programm nur in Form einer einzelnen .EXE-Datei unters Volk zu bringen, die sowohl unter Windows NT als auch unter Windows 98 laufen soll, müssen Sie deshalb bei ANSI-Zeichencodes bleiben. Quelltexte, die von vornherein über entsprechende Makros auf »Unicode-ready« getrimmt wurden, stellen aber auch in diesem Fall eine sichere Investition in eine Zukunft dar, von der wir den letzten Ankündigungen von Microsoft zufolge gerade noch ein gutes Jahr entfernt sind (Stichwort: Windows 2000). In diese Kategorie fallen sämtliche Programme dieses Buches, die sich wahlweise mit und ohne Unicode compilieren lassen.

Include-Dateien

Wie im ersten Kapitel erläutert, beginnen Quelltexte für Windows-Programme unweigerlich mit einer *#include*-Anweisung für die Datei WINDOWS.H, die ihrerseits eine ganze Reihe weiterer Include-Dateien aufnimmt. Eine davon ist die Datei WINDEF.H, die grundlegende Datentypen für Windows definiert und eine weitere *#include*-Anweisung für WINNT.H enthält. Dort finden sich die wesentlichen Definitionen für die Unicode-Unterstützung.

WINNT.H beginnt mit einer *#include*-Anweisung für die C-Standarddatei CTYPE.H, die ihrerseits den Datentyp *wchar_t* definiert. Auf der Basis dieses Datentyps definiert WINNT.H zwei neue Typen namens CHAR und WCHAR:

```
typedef char CHAR ;
typedef wchar_t WCHAR ;    // wc
```

Diese beiden Datentypen sollten Sie in Windows-Programmen zur expliziten Definition von Zeichencodes mit 8 bzw. 16 Bit einsetzen. Der Kommentar zu WCHAR stellt einen Vorschlag für die Ungarische Notation dar: Die Namen von Variablen mit diesem Datentyp sollten mit der Zeichenfolge »wc« (für »wide character«) beginnen.

WINNT.H definiert sechs Datentypen als Zeiger auf Strings sowie vier Datentypen für Zeiger auf Stringkonstanten mit 8-Bit-Zeichencodes. Die entsprechenden Anweisungen sind hier etwas verkürzt, im Sinn aber unverändert wiedergegeben:

```
typedef CHAR * PCHAR, * LPCH, * PCH, * NPSTR, * LPSTR, * PSTR ;
typedef CONST CHAR * LPCCH, * PCCH, * LPCSTR, * PCSTR ;
```

Die Präfixe N und L stehen für »near« bzw. »long« und signalisieren in den 16-Bit-Versionen von Windows unterschiedliche Zeigergrößen. In den 32-Bit-Versionen von Windows gibt es diese Unterschiede nicht mehr: Hier haben Zeiger grundsätzlich 32 Bit.

Für Zeiger auf Strings und Stringkonstanten mit 16-Bit-Zeichencodes existieren in WINNT.H ebenfalls sechs bzw. vier Definitionen:

```
typedef WCHAR * PWCHAR, * LPWCH, * PWCH, * NWPSTR, * LPWSTR, * PWSTR ;
typedef CONST WCHAR * LPCWCH, * PCWCH, * LPCWSTR, * PCWSTR ;
```

Was wir damit haben, sind die Datentypen CHAR (ein *char* mit 8 Bit) und WCHAR (ein *wchar_t* mit 16 Bit) sowie eine Menge Zeiger auf diese beiden Typen. Außerdem findet sich in WINNT.H noch (wie in TCHAR.H) ein »generischer« Zeichentyp TCHAR.

Wenn bei der Compilierung das Symbol UNICODE (ja, *ohne* einen führenden Unterstrich) definiert ist, dann bauen TCHAR und die Zeigertypen auf WCHAR bzw. die WCHAR-Zeiger auf; ohne UNICODE werden dagegen *char* und die Zeigertypen auf *char* als Grundlage benutzt:

```
#ifdef  UNICODE
typedef WCHAR TCHAR, * PTCHAR ;
typedef LPWSTR LPTCH, PTCH, PTSTR, LPTSTR ;
typedef LPCWSTR LPCTSTR ;
#else
typedef char TCHAR, * PTCHAR ;
typedef LPSTR LPTCH, PTCH, PTSTR, LPTSTR ;
typedef LPCSTR LPCTSTR ;
#endif
```

Sowohl WINNT.H als auch WCHAR.H definieren den Datentyp TCHAR nur, wenn er noch nicht an anderer Stelle (oder durch ein vorheriges *#include* dieser Dateien) vereinbart worden ist. Dennoch sollten Sie WINDOWS.H grundsätzlich als erste Include-Datei in Ihre Programme aufnehmen.

Die Datei WINNT.H kümmert sich analog zu TCHAR.H auch um das Voranstellen eines »L« bei breiten Stringkonstanten und macht diese Definition wiederum vom Symbol UNICODE abhängig:

```
#ifdef UNICODE
#define __TEXT(quote) L##quote
#else
#define __TEXT(quote) quote
```

Für __TEXT gibt es hier einen Alias ohne Unterstrich:

```
#define TEXT(quote) __TEXT(quote)
```

Der einzige Unterschied zum Makro _TEXT aus TCHAR.H besteht hier darin, dass man sich die Unterstriche spart. Sämtliche Programme dieses Buches verwenden die von WINNT.H definierte Version.

Mit diesen Definitionen können Sie sowohl »umschaltbare« Programme schreiben als auch ASCII und Unicode bei Bedarf mischen. Für explizit auf 8 Bit pro Zeichen festgelegte Strings setzen Sie CHAR und PCHAR etc. ein; Stringkonstanten werden hier ohne Makro und ohne vorangehendes »L« geschrieben. Für explizit auf 16 Bit pro Zeichen festgelegte Strings kommen WCHAR, PWCHAR & Co. zum Einsatz, Stringkonstanten sind »makrofrei«, benötigen aber das Präfix »L«. Variablen, Strings und Stringkonstanten, die bei der Compilierung mit UNICODE mit 16, bei der Compilierung ohne UNICODE dagegen mit 8 Bit pro Zeichen erscheinen sollen, werden über TCHAR, PTCHAR und den Makro TEXT definiert.

Aufrufe von Windows-Funktionen

In den 16-Bit-Versionen von Windows (d.h. den Versionen 1.0 bis einschließlich 3.1) war die Funktion *MessageBox* in der dynamischen Bibliothek USER.EXE untergebracht. Die Deklaration dieser Funktion sah im SDK von Windows 3.1 so aus:

```
int WINAPI MessageBox (HWND, LPCSTR, LPCSTR, UINT) ;
```

Da es hier um eine Funktion in einer DLL geht, werden Aufrufe von *MessageBox* beim Compilieren und Binden eines Programms lediglich durch einen Querverweis ersetzt – einen Eintrag in der .EXE-Datei im Sinne von »dieses Programm benötigt die Funktion *MessageBox* aus dem Modul USER.EXE«. Die Auflösung dieser Referenz (also der Ersatz des Querverweises durch eine reale Adresse) geschieht erst beim Laden des Programms über den dynamischen Linker von Windows.

Die 32-Bit-Versionen von Windows (lies: Windows 95, Windows 98 und alle Versionen von Windows NT) enthalten ebenfalls eine DLL namens USER.EXE, die gegenüber dem Original aus Windows 3.1 weitgehend unverändert ist und ausschließlich für 16-Bit-Programme benutzt wird, d.h. die Abwärtskompatibilität sicherstellt. Für 32-Bit-Programme kommt dort die dynamische Bibliothek USER32.DLL zum Einsatz. (Was natürlich auch heißt, dass 32-Bit-Compiler keine Querverweise auf USER.EXE generieren, sondern eben auf USER32.DLL.)

Eine Funktion namens *MessageBox* werden Sie in USER32.DLL allerdings vergeblich suchen. Was sich in dieser dynamischen Bibliothek findet, sind vielmehr zwei Varianten namens *MessageBoxA* (für ANSI) und *MessageBoxW* (für breite Zeichen – also Unicode). Dasselbe gilt für *alle* anderen Funktionen von Windows, die mit Zeichen und Zeichenketten arbeiten: Sie sind jeweils doppelt vorhanden und unterscheiden sich von ihren 16bittigen Vorgängern durch ein an den Namen angehängtes »A« bzw. »W«. Erfreulicherweise bekommt man von diesem Spiel mit doppeltem Boden nur relativ selten etwas mit: Weil die diversen Include-Dateien von Windows hier ähnliche Tricks wie TCHAR.H einsetzen, können Sie beim Schreiben eines 32-Bit-Programms nach wie vor den Bezeichner *MessageBox* benutzen.

Die Deklaration von *MessageBoxA* in WINUSER.H sieht so aus:

```
WINUSERAPI int WINAPI MessageBoxA (HWND hWnd, LPCSTR lpText, LPCSTR lpCaption, UINT uType) ;
```

Abgesehen vom Drumherum und dem veränderten Namen hat sich hier gegenüber der Windows-Version 3.1 nicht viel getan – vor allem, was den zweiten und den dritten Parameter betrifft: *MessageBoxA* verwendet nach wie vor den Datentyp LPCSTR, erwartet also Zeiger auf ANSI-Strings. Bei der Funktion *MessageBoxW* sieht das etwas anders aus:

```
WINUSERAPI int WINAPI MessageBoxW (HWND hWnd, LPCWSTR lpText, LPCWSTR lpCaption, UINT uType) ;
```

Hier werden zwei Zeiger auf Strings mit breiten Zeichen (LPCWSTR) verwendet; der Rest ist gleich.

Wer ANSI- und Unicode-Funktionen explizit in einem Programm mischen will, muß Funktionsnamen wie *MessageBoxA* und *MessageBoxW* explizit angeben. Im Normalfall kommt man allerdings nach wie vor mit *MessageBox* allein hin, weil WINUSER.H ein an sich triviales *#ifdef* enthält:

```
#ifdef UNICODE
#define MessageBox  MessageBoxW
#else
#define MessageBox  MessageBoxA
#endif
```

Wenn Sie in einem Quelltext den Bezeichner *MessageBox* angeben, dann macht der Präprozessor bei der Compilierung mit dem Symbol UNICODE also *MessageBoxW* daraus, ohne dieses

Symbol verwandelt er den Aufruf dagegen in *MessageBoxA*. Compiler und Linker übernehmen den Rest, d.h. tragen in die .EXE-Datei entweder einen Querverweis auf die W- oder auf die A-Variante dieser Funktion ein. Beim Laden des Programms in den Hauptspeicher sorgt auch hier wieder der dynamische Linker von Windows dafür, dass diese Querverweise durch reale Adressen ersetzt werden.

Der Wermutstropfen: Wie bereits erwähnt, ist die Unicode-Unterstützung in Windows 95 und Windows 98 außcrordcntlich mager ausgefallen. Diese beiden Windows-Versionen definieren zwar Einsprungpunkte für sämtliche Unicode-Versionen der Stringfunktionen – dahinter versteckt sich aber in fast allen Fällen eine kurze Routine, die lediglich einen Fehlercode zurückliefert. Dass Programme auf solche Fehlercodes im Minimalfall mit einer freundlichen Ankündigung des allfälligen Rückzugs reagieren müssen, versteht sich von selbst.

Stringfunktionen von Windows

Microsoft Visual C++ genügt selbstverständlich den Forderungen von ANSI C, weshalb die Laufzeitbibliothek dieses Pakets jede Stringfunktion zweifach (einmal für 8 Bit pro Zeichen, einmal für breite Zeichencodes) enthält und die Include-Dateien generische Funktionsnamen definieren. Bei den meisten Stringfunktionen greift man allerdings nicht auf die Laufzeitbibliothek zurück, sondern verwendet die von Windows definierten Äquivalente – wie etwa beim Ermitteln von Stringlängen, dem Kopieren, Aneinanderhängen und Vergleichen von Strings. Einige Beispiele:

```
ILength = lstrlen (pString) ;
pString = lstrcpy (pString1, pString2) ;
pString = lstrcpyn (pString1, pString2, iCount) ;
pString = lstrcat (pString1, pString2) ;
iComp = lstrcmp (pString1, pString2) ;
iComp = lstrcmpi (pString1, pString2) ;
```

Diese Funktionen werden sämtlich von Windows zur Verfügung gestellt. Was die Funktionsnamen betrifft, kommt hier derselbe Mechanismus wie bei *MessageBox* und allen anderen Stringfunktionen des Systems zum Einsatz: Wenn Sie bei der Compilierung das Symbol UNICODE definieren, wird aus einem Bezeichner wie *lstrlen* ein Aufruf von *lstrlenW*, ansonsten ist *lstrlenA* gefragt. (*lstrlenW* ist übrigens die einzige Funktion aus dieser Gruppe, die auch in Windows 95 und Windows 98 existiert.)

Formatierte Ausgaben über *printf*

ProgrammiererInnen mit Erfahrungen in textbasierten Umgebungen haben offensichtlich eine spezielle Vorliebe für *printf*. Diese Liebe geht so weit, dass Kernighan und Ritchies berühmtes »Hello, world« ebenfalls auf *printf* zurückgreift, obwohl es bei diesem Programm auch eine wesentlich einfachere Funktion (wie *puts*) getan hätte. Allerdings waren die beiden damit eigentlich nur konsequent, weil schließlich kaum eine Erweiterung dieses Programms ohne formatierte Ausgaben (und damit ohne *printf*) hinkommt.

Die schlechten Neuigkeiten zuerst: Auch wenn sich die meisten Funktionen der C-Standardbibliothek ohne weiteres einsetzen lassen (und es nicht wenige Programmierer gibt, die bei der Speicherverwaltung oder bei Dateioperationen die C-Standardfunktionen anstelle der Windows-Äquivalente benutzen), ist ausgerechnet mit *printf* nichts zu holen, weil Windows das Konzept der Standardein- und ausgabe fehlt. Formatierte Ein- und Ausgaben im Zusammenhang mit Dateien (*fprintf* und *fscanf*) sind dagegen kein Problem.

Die guten Neuigkeiten sind natürlich, dass es trotzdem geht – allerdings nicht direkt, sondern über die Funktionen der *sprintf*-Familie, die sich von *printf* lediglich dadurch unterscheiden, dass sie als ersten Parameter die Adresse eines Stringpuffers erwarten und ihre Ausgaben in diesem Puffer hinterlassen. Dieser Stringpuffer läßt sich dann ohne weiteres an eine Windows-Funktion wie *MessageBox* übergeben.

Der folgende Crashkurs ist für alle gedacht, die (wie ich bei meinen ersten Gehversuchen mit Windows) von *sprintf* nur eine ungefähre Vorstellung haben. Die Funktion *printf* ist bekanntlich so deklariert:

```
int printf (const char * szFormat, ...) ;
```

Als ersten Parameter erwartet sie einen String mit Formatierungsanweisungen; die restlichen Parameter stellen die über diese Formatierungsanweisungen auszugebenden Werte dar. *sprintf* unterscheidet sich von *printf* lediglich durch einen zusätzlichen Parameter:

```
int sprintf (char * szBuffer, const char * szFormat, ...) ;
```

Der erste Parameter ist hier die Adresse eines Stringpuffers, darauf folgen exakt dieselben Parameter wie bei *printf*. Im Gegensatz zu *printf* schreibt *sprintf* das Ergebnis dieser Formatierung nicht über die Standardausgabe, sondern hinterläßt es durch *szBuffer* adressierten Speicherbereich und liefert (wie *printf*) die Zahl der erzeugten Zeichen als direktes Ergebnis zurück. Bei der textbasierten Programmierung sind deshalb die beiden folgenden Konstrukte äquivalent

```
// direkte Ausgabe
printf ("Die Summe von %i und %i ist %i", 5, 3, 5+3) ;

// Ausgabe über einen Puffer
char szBuffer [100] ;
sprintf (szBuffer, "Die Summe von %i und %i ist %i", 5, 3, 5+3) ;
puts (szBuffer) ;
```

Der einzige funktionale Unterschied zwischen der zweiten Variante und der Textformatierung in einem Windows-Programm besteht darin, dass die Darstellung hier nicht über *puts*, sondern über eine Windows-Funktion wie *MessageBox* läuft.

Ein zweiter Unterschied ist nicht funktionaler, sondern menschlicher Natur: Aller Wahrscheinlichkeit nach werden Sie es auch ab und an mal geschafft haben, *printf* durch unpassende Formatierungsanweisungen und/oder danebengegangene Argumente so durcheinanderzubringen, dass diese Funktion nicht nur Zeichenmüll erzeugt, sondern gleich das ganze Programm in die ewigen Jagdgründe befördert. Dasselbe kriegt man auch *sprintf* ohne weiteres hin, wobei sich hier noch eine zusätzliche Sabotagemöglichkeit in Form eines zu klein geratenen Ausgabepuffers ergibt. Aus diesem Grund hat Microsoft eine Funktion namens *_snprintf* definiert, die die Maximalgröße des Puffers als zusätzlichen Parameter erwartet und die Ausgabe gegebenenfalls rechtzeitig abbricht.

Windows definiert mit *vsprintf* eine weitere Alternative zu *sprintf*, die eine variable Zahl von Argumenten in der Manier von *printf* formatiert und dabei mit drei Parametern auskommt. Die ersten beiden Parameter (Puffer und Formatierungsanweisung) sind dieselben wie bei *sprintf*, der dritte ist ein Zeiger auf ein Array mit den zu formatierenden Werten. Die praktische Ausführung läuft darauf hinaus, dass dieser Zeiger die beim Funktionsaufruf der Reihe nach auf den Stack gelegten Werte adressiert und über die (in STDARG.H definierten) Makros *va_list*, *va_start* und *va_end* manipuliert. Die Funktion *sprintf* ließe sich mit dieser Logik so implementieren:

```
int sprintf (char * szBuffer, const char * szFormat, ...)
{
    int     iReturn ;
    va_list pArgs ;

    va_start (pArgs, szFormat) ;
    iReturn = vsprintf (szBuffer, szFormat, pArgs) ;
    va_end (pArgs) ;

    return iReturn ;
}
```

Der Makro *va_start* setzt *pArgs* dabei auf die Adresse des Parameters, der direkt oberhalb von *szFormat* auf dem Stack liegt. (Eine praktische Demonstration dieser drei Makros finden Sie im Programm SCRNSIZE am Ende dieses Kapitels.)

In der Frühzeit der Windows-Programmierung wurden *sprintf* und *vsprintf* derart häufig benutzt (und wie jede C-Bibliotheksroutine statisch eingebunden, was auf eine entsprechende Vergrößerung der .EXE-Dateien hinauslief), dass Microsoft sich recht bald dazu entschloß, die Windows-API um zwei Äquivalente zu erweitern. *wsprintf* und *wvsprintf* bieten dieselbe Funktionalität wie *sprintf* und *vsprintf*, kommen allerdings nicht mit Gleitkommazahlen zurecht.

Breite Zeichencodes erhöhen die Zahl der Formatierungsroutinen zwangsläufig auf das Doppelte. Tabelle 2.3 versucht, etwas Licht in den dadurch entstandenen Dschungel der Bezeichner zu bringen.

	ASCII	breite Zeichen	generisch
Variable Parameterzahl			
Standardversion	sprintf	swprintf	_stprintf
Längenbegrenzung	_snprintf	_snwprintf	_sntprintf
Windows-Version	wsprintfA	wsprintfW	wsprintf
Parameter-Array			
Standardversion	vsprintf	vswprintf	_vstprintf
Längenbegrenzung	_vsnprintf	_vsnwprintf	_vsntprintf
Windows-Version	wvsprintfA	wvsprintfW	wvsprintf

Tabelle 2.3: *Die verschiedenen Routinen zur Stringformatierung*

Bei den auf breite Zeichen ausgelegten Varianten von *sprintf* beschwert sich der Compiler von selbst, wenn Sie dort versehentlich einen Stringpuffer oder einen Formatierungsstring mit 8 Bit pro Zeichen übergeben. Die zu formatierenden Werte sind dagegen nicht über die Prototypen abgedeckt – dort müssen Sie also selbst sicherstellen, dass das Programm mit den richtigen Zeigertypen arbeitet.

Ein Meldungsfenster mit formatiertem Text

Das in Abbildung 2.1 aufgelistete Programm SCRNSIZE fragt die Höhe und Breite des Bildschirms über eine Windows-Funktion namens *GetSystemMetrics* ab und zeigt die Ergebnisse über *MessageBox* an. Es soll in erster Linie die Formatierung demonstrieren, die hier über die programmeigene Funktion *MessageBoxPrintf* läuft. (Um die Details von Abfragen über *GetSystemMetrics* geht es in Kapitel 4 im Rahmen wesentlich eleganterer Ausgabemöglichkeiten, weshalb ich Sie bitte, diese Funktion erst einmal als gegeben hinzunehmen.)

SCRNSIZE.C

```
/*-----------------------------------------------------------------
   SCRNSIZE.C - Zeigt die Bildschirmgröße in einem Meldungsfenster an
                (c) Charles Petzold, 1998
  -----------------------------------------------------------------*/

#include <windows.h>
#include <tchar.h>
#include <stdio.h>

int CDECL MessageBoxPrintf (TCHAR * szCaption, TCHAR * szFormat, ...)
{
     TCHAR   szBuffer [1024] ;
     va_list pArgList ;

     // Der in STDARG.H definierte Makro va_start entspricht:
     // pArgList = (char *) &szFormat + sizeof (szFormat) ;
     va_start (pArgList, szFormat) ;

     // Der letzte Parameter von wvsprintf zeigt auf die Parameter
     _vsntprintf (szBuffer, sizeof (szBuffer) / sizeof (TCHAR), szFormat, pArgList) ;

     // va_end tut nichts weitere, als pArgList auf NULL zu setzen
     va_end (pArgList) ;

     return MessageBox (NULL, szBuffer, szCaption, 0) ;
}

int WINAPI WinMain (HINSTANCE hInstance, HINSTANCE hPrevInstance,
                    PSTR szCmdLine, int iCmdShow)
{
     int cxScreen, cyScreen ;

     cxScreen = GetSystemMetrics (SM_CXSCREEN) ;
     cyScreen = GetSystemMetrics (SM_CYSCREEN) ;

     MessageBoxPrintf (TEXT ("ScrnSize"),
                       TEXT ("Ihr Desktop hat eine Höhe von %i und eine Breite von %i Pixeln"),
                       cxScreen, cyScreen) ;
     return 0 ;
}
```

Abbildung 2.1: *Das Programm* SRCNSIZE

Internationalisierung

Unicode stellt eine der wesentlichen Grundlagen für Programme dar, die sich ohne unmäßigen Aufwand an andere Landessprachen anpassen lassen – nur ist es damit allein natürlich nicht getan. Was Sie sonst noch alles unternehmen müssen, damit Ihre Programme nicht nur in Amerika und Westeuropa, sondern auch in Marokko oder Indien ihren Dienst im gewünschten Sinne verrichten, ist allerdings ein Thema für sich, das den Rahmen dieses Buches sprengt. Wer sich dafür interessiert bzw. interessieren muß, dem sei das Werk *Developing International Software for Windows 95 and Windows NT* von Nadine Kano (Microsoft Press 1995) ans Herz gelegt, das diesen mitunter recht mühsamen Prozeß wirklich umfassend beschreibt.

Dieses Buch beschränkt sich auf Programme, die sich wahlweise mit und ohne das Symbol UNICODE compilieren lassen. Für von Zeichen- und Stringvariablen wird durchgehend der Datentyp TCHAR verwendet, bei der Definition von Stringkonstanten der Makro TEXT. Außerdem habe ich natürlich darauf geachtet, dass keines dieser Programme Zeichen einfach mit Bytes gleichsetzt. Ein Beispiel dafür findet sich bereits im Programm SCRNSIZE: Die Funktion *_vsntprintf* erwartet als zweiten Parameter die Maximallänge des Puffers – und zwar nicht in Bytes, sondern in Zeichen. Ohne die Division durch *sizeof(TCHAR)* käme hier bei der Compilierung mit UNICODE fälschlich die doppelte Puffergröße heraus.

Microsoft Visual C++ Developer Studio stellt standardmäßig zwei Konfigurationen (Debug und Release) zur Verfügung. Der Einfachheit halber habe ich in die Debug-Konfiguration jeweils das Symbol UNICODE (bei der Verwendung von C-Bibliotheksfunktionen zusätzlich: _UNICODE) eingesetzt: Die Programmvarianten in den DEBUG-Unterverzeichnissen auf der Begleit-CD verwenden also Unicode und sind deshalb mit wenigen Ausnahmen *nur unter Windows NT ausführbar.* Beim Start unter Windows 95 oder Windows 98 melden sich diese Programmversionen mit einem entsprechenden Hinweis und brechen dann ab. Die Programme in den RELEASE-Unterverzeichnissen sind ohne dieses Symbol compiliert und lassen sich deshalb sowohl unter Windows 9x als auch unter Windows NT ausführen. (Wenn Sie sich diese Konfigurationen im Detail ansehen wollen, laden Sie das entsprechende Projekt, rufen dann die Einstellungen über den Menüpunkt *Projekt/Einstellungen* und klicken in diesem Dialogfeld auf die Registerkarte »C/C++«.)

Zu den Ausnahmen von der Regel gehört das in diesem Kapitel vorgestellte Prögrämmchen SCRNSIZE (weil Windows 95 und Windows 98 *MessageBoxW* unterstützen) – nur läßt sich selbst das unerfreulich schnell ändern: Wenn Sie *_vsntprintf* in der Funktion *MessageBoxPrintf* durch die Windows-Funktion *wsprintf* ersetzen (was den Hinauswurf des zweiten Parameters erforderlich macht), dann ist bereits Schluß, weil Windows 9x für *wsprintfW* lediglich einen Fehlercode zurückliefert.

Wie dieses Buch immer wieder unfreiwillig demonstriert (vor allem in Kapitel 6, in dem es um die Tastatur geht), sind Windows 95 und Windows 98 bei den fernöstlichen Schriften und ihren Multibyte-Zeichensätzen enge Grenzen gesetzt. Wie man Programme dennoch dazu überredet, ohne Unicode in solchen Umgebungen zurechtzukommen, ist ein Thema für sich – das in diesem Buch nicht behandelt wird: Einige der hier vorgestellten Programme erzeugen bei der Ausführung unter den Fernost-Versionen von Windows 9x schlicht Unsinn.

Für die Unicode-Versionen und Windows NT gilt das natürlich nicht. Auch wenn es mir wirklich lieber gewesen wäre, auf eine solche Demonstration verzichten zu können: Schlagender kann man eigentlich gar nicht beweisen, dass Unicode bei der Programmierung für den internationalen Markt die einzig richtige Lösung ist.

3 Fenster und Nachrichten

Die Beispielprogramme der ersten beiden Kapitel machen es so kurz wie möglich und erledigen ihre Textausgaben über die Funktion *MessageBox*, die ein »Fenster« erzeugt. Bei der textbasierten Programmierung steht dieser Begriff für ein allgemeines Konzept – bei Windows ist er dagegen präzise definiert: Ein *Fenster* (»window«) wird hier durch einen rechteckigen Bereich auf dem Bildschirm repräsentiert, kann Texte sowie Grafiken darstellen und nimmt Eingaben des Benutzers entgegen.

Die von *MessageBox* erzeugten Fenster sind allerdings in ihren Möglichkeiten ziemlich eingeschränkt: Sie haben eine Titelleiste mit einer Beschriftung und einem Schließfeld, können eine oder mehrere Textzeilen darstellen, zu denen optional noch ein Icon kommt, und enthalten bis zu vier Schaltflächen. Das einzige dieser Elemente, das sich einigermaßen frei gestalten läßt, ist der Text: Sowohl bei den Icons als auch bei den Schaltflächen ist die Auswahl auf eine relativ kleine, von Windows fix vorgegebene Sammlung beschränkt.

Anders gesagt: *MessageBox* ist zwar ausgesprochen praktisch, aber allzu weit kommt man mit dieser Funktion nicht. Wenn Sie Grafiken zeichnen, Texte nach eigenen Vorgaben formatieren oder dem Benutzer Menüs zur Verfügung stellen wollen, muß sich Ihr Programm schon selbst um das Anlegen eines entsprechenden Fensters kümmern. Womit wir beim eigentlichen Thema dieses Kapitels angekommen wären.

Jedem sein eigenes Fenster

Da Fenster das A und O von Windows darstellen, ist der Weg vom Wunsch zur Welt als Wille der Vorstellung recht kurz: Was für ein eigenes Fenster gebraucht wird, ist eine Handvoll Daten und ein Aufruf der Funktion *CreateWindow*.

Wer sich nun frohgemut im SDK-Abschnitt */Platform SDK/User Interface Services/Windowing/Windows/Window Reference/Window Functions* über *CreateWindow* informiert, stößt allerdings gleich beim ersten Parameter auf einen »Fensterklassennamen«, der seinerseits für eine »Fensterklasse« steht, die ihrerseits eine »Window-Prozedur« definiert. Werfen wir also erst einmal einen Blick auf die Hintergründe.

Die Architektur im Überblick

Dass es bei der Arbeit mit Windows um eine Art objektorientierter Programmierung geht, wird vor allem an dem Objekt deutlich, mit dem Sie es am allermeisten zu tun bekommen werden: Dem Fenster, das Windows seinen Namen gibt, beim tieferen Einstieg in die Materie als zunehmend antropomorphes Gebilde erscheint und nicht nur Einsteiger auch gerne mal in ihren Träumen verfolgt.

Die am einfachsten als solche zu identifizierenden Ausgeburten dieses Objekts sind die Anwendungsfenster, die Ihren Desktop bevölkern. Sie haben eine Titelleiste, die den Namen des jeweiligen Programms zeigt, ein Menü, manchmal eine Werkzeugleiste und vielleicht noch Bildlaufleisten. Über eine erste Metamorphose werden Dialogfelder daraus, die eine Titelleiste haben können (aber nicht müssen).

Die nächste und nicht mehr so offensichtliche Inkarnation sind Schaltflächen, Radiokontrollen, Kästchen, Eingabefelder und praktisch alle anderen Elemente der Oberfläche, die in irgendeiner Form auf Aktionen des Benutzers reagieren. Jedes dieser Elemente stellt ein eigenes Fenster dar, das im Normalfall einem Anwendungs- oder Dialogfenster untergeordnet ist und deshalb als »Child« bezeichnet wird. (Für das übergeordnete Fenster bleibt es auch in diesem Buch beim englischen Terminus »Parent«.)

Benutzer bekommen diese Fenster als Objekte auf dem Bildschirm zu sehen; sie interagieren mit ihnen direkt über Tastatur und Maus. Erfreulicherweise ergibt sich für die Programmiererseite dieselbe Perspektive wie für die Benutzerseite: Fenster bekommen Aktionen des Benutzers in Form von »Nachrichten« übermittelt und kommunizieren untereinander auf dieselbe Weise. Welche Rolle solche Nachrichten spielen, läßt sich am besten anhand eines Beispiels demonstrieren: Starten Sie also einmal ein Programm wie WordPad oder die Systemsteuerung und benutzen Sie die Maus, um das Fenster dieses Programms breiter oder schmaler zu machen. Die Vermutung, dass sich Windows um den mit der Veränderung eines Fensterrahmens verbundenen Kleinkram kümmert, liegt nicht nur nahe, sondern ist auch absolut korrekt. Dennoch reagiert WordPad darauf mit der Veränderung seiner Werkzeugleiste, die Systemsteuerung stapelt ihre Icons um. Woher wissen diese beiden Anwendungen, dass die Größe ihres Fensters verändert wurde?

Wer an textorientierte Programmierung gewöhnt ist, wird nun wohl darauf tippen, dass Windows-Programme in ihrer Eingabeschleife pausenlos irgendeine Systemfunktion aufrufen müssen, über die sich die aktuelle Fenstergröße ermitteln läßt. Bei der Vorstellung, dass Dutzende von Anwendungen den Prozessor mit endlos wiederholten, in 99,9999% aller Fälle ergebnislosen Abfragen buchstäblich am Kochen halten, kriegen Windows-ProgrammiererInnen allerdings graue Haare – und »Eingabeschleifen« gibt es hier sowieso nicht.

Tatsächlich ist die richtige Antwort auf diese Frage ein wesentlicher Bestandteil des gesamten Konzepts: Wenn der Benutzer an einem Fenster herumspielt, dann sendet Windows dem Programm eine Nachricht mit der neuen Fenstergröße.

»Windows sendet dem Programm eine Nachricht.« Ich darf doch hoffen, dass Sie diesen Satz mindestens zweimal gelesen haben. Wo soll der Compilerschalter sein, der dem Code eines Programms Antennen verpaßt?

Was damit wirklich gemeint ist: Windows ruft eine Funktion innerhalb Ihres Programms auf – eine Funktion, die Sie schreiben müssen, und die einen wesentlichen Bestandteil der Arbeit beim Erstellen von Windows-Programmen ausmacht. Die an diese Funktion übergebenen Parameterwerte teilen dem Programm mit, über welches Geschehen Windows informieren will (und welche Reaktion darauf erwartet wird). Die Funktion selbst wird als *Window-Prozedur* bezeichnet.

Die Logik als solche kommt Ihnen sicher bekannt vor – nur dass sie bei der textorientierten Programmierung grundsätzlich unter umgekehrtem Vorzeichen geschieht: Dort rufen Programme gemeinhin Funktionen des Betriebssystems auf und informieren es anhand entsprechender Parameter über ihre Wünsche (wie etwa das Öffnen einer Datei oder die Abfrage der Tastatur). Dass das Betriebssystem sozusagen zurückschlägt, mag anfänglich etwas ungewohnt sein, ist bei Windows aber zentraler Bestandteil des Konzepts.

Jedes von einem Programm angelegte Fenster ist mit einer Window-Prozedur verbunden, die sich entweder im Programm selbst oder in einer dynamischen Bibliothek befinden kann. Windows sendet einem Fenster Nachrichten, indem es diese Window-Prozedur mit entsprechenden Parametern aufruft. Die Window-Prozedur wertet diese Nachrichten aus, reagiert gegebenenfalls mit eigenen Aktionen (zu denen auch Aufrufe von Windows-Funktionen gehören können) und endet irgendwann mit einem *return*, das die Kontrolle an Windows zurückgibt.

Die Verbindung zwischen einem Fenster und einer Window-Prozedur wird nicht direkt, sondern über eine *Fensterklasse* hergestellt. Der Hauptzweck dieser Indirektion liegt darin, dass sie das Anlegen einer beliebigen Zahl von Fenstern mit einer gemeinsamen Window-Prozedur möglich macht. Sämtliche Schaltflächen aller Windows-Programme basieren beispielsweise auf ein und derselben Fensterklasse, verwenden mithin eine einzige Window-Prozedur, die sich in einer der DLLs von Windows befindet und die Nachrichtenverarbeitung für diese Schaltflächen zentral übernimmt.

In der objektorientierten Programmierung steht der Begriff »Objekt« für die Kombination von Code und Informationen. Ein Fenster stellt in diesem Sinne ein Objekt dar: Der Code befindet sich in der Window-Prozedur, die Datenspeicherung übernimmt das System, das pro Fenster und pro Fensterklasse eigene, separate Bereiche unterhält.

Ein guter Teil der Nachrichten ist nicht für Statusänderungen wie Fenstergrößen, sondern für Eingaben des Benutzers über Maus und Tastatur zuständig. Über solche Nachrichten erfährt eine Schaltfläche beispielsweise, dass der Benutzer auf ihr geklickt hat.

Jedes Programm bekommt von Windows eine eigene *Nachrichten-Warteschlange* zugewiesen – einen systemeigenen Bereich, der Nachrichten an die Fenster dieses Programms zwischenspeichert. Windows-Programme enthalten eine *Nachrichten-Warteschleife*, die die Warteschlange abfragen und anstehende Nachrichten auf die programmeigenen Fenster verteilen. (Mit den von der textorientierten Programmierung her gewohnten Eingabeschleifen hat diese Warteschleife nichts zu tun: Zum einen geschieht ein Teil der Nachrichtenübermittlung durch direkte Aufrufe der Window-Prozedur(en), läuft also an dieser Schleife vorbei, zum anderen ähnelt das Konzept eher der interruptgesteuerten Programmierung: Über die Abfrage der Warteschlange signalisieren Programme dem System, dass sie im Moment nichts mehr zu tun haben – und werden dann von Windows so lange effektiv stillgelegt, bis wieder neue Nachrichten anstehen. Zu den Details komme ich später.)

Falls Sie nicht gerade Mathematiker sind oder einer anderen Berufsgruppe angehören, die erst nach einigen hundert Seiten Abstrakta so richtig munter wird, dürfte es Ihnen jetzt langsam reichen. Und weil es mir genauso geht, kommt jetzt anstelle weiterer Erklärungen ein Listing, das Fenster, Fensterklassen, Window-Prozeduren, die Nachrichten-Warteschlange, die Nachrichten-Warteschleife und schließlich die Nachrichten selbst in einen real existierenden Kontext stellt.

Das Programm HELLOWIN

Das Anlegen eines Fensters setzt das Registrieren einer Fensterklasse voraus, und für die braucht man eine Window-Prozedur, die die Reaktion auf Nachrichten übernimmt. Der mit diesen Vorbereitungen verbundene Überbau findet sich in praktisch jedem Windows-Programm. Das in Abbildung 3.1 aufgelistete Programm HELLOWIN ist eine Anwendung einfachster Art, die fast ausschließlich aus diesem Überbau besteht.

HELLOWIN.C

```
/*------------------------------------------------------------------------
   HELLOWIN.C - Zeigt "Hello, Windows 98!" in seinem Anwendungsbereich an
                (c) Charles Petzold, 1998
  ------------------------------------------------------------------------*/

#include <windows.h>

LRESULT CALLBACK WndProc (HWND, UINT, WPARAM, LPARAM) ;

int WINAPI WinMain (HINSTANCE hInstance, HINSTANCE hPrevInstance,
                    PSTR szCmdLine, int iCmdShow)
{
     static TCHAR szAppName[] = TEXT ("HelloWin") ;
     HWND         hwnd ;
     MSG          msg ;
     WNDCLASS     wndclass ;

     wndclass.style         = CS_HREDRAW | CS_VREDRAW ;
     wndclass.lpfnWndProc   = WndProc ;
     wndclass.cbClsExtra    = 0 ;
     wndclass.cbWndExtra    = 0 ;
     wndclass.hInstance     = hInstance ;
     wndclass.hIcon         = LoadIcon (NULL, IDI_APPLICATION) ;
     wndclass.hCursor       = LoadCursor (NULL, IDC_ARROW) ;
     wndclass.hbrBackground = (HBRUSH) GetStockObject (WHITE_BRUSH) ;
     wndclass.lpszMenuName  = NULL ;
     wndclass.lpszClassName = szAppName ;

     if (!RegisterClass (&wndclass))
     {    // UNICODE-Compilierung ist die einzige realistische Fehlermöglichkeit
          MessageBox (NULL, TEXT ("Programm arbeitet mit Unicode und setzt Windows NT voraus!"),
                      szAppName, MB_ICONERROR) ;
          return 0 ;
     }

      hwnd = CreateWindow (szAppName,                  // Name der Fensterklasse
                TEXT ("Das erste echte Programm"),    // Fenstertitel
                WS_OVERLAPPEDWINDOW,                  // Fensterstil
                CW_USEDEFAULT,                        // X-Position des Fensters
                CW_USEDEFAULT,                        // Y-Position des Fensters
                CW_USEDEFAULT,                        // Fensterbreite
                CW_USEDEFAULT,                        // Fensterhöhe
                NULL,                                 // übergeordnetes Fenster
                NULL,                                 // Menü
                hInstance,                            // Programm-Kopiezähler (Programm-ID)
                NULL) ;                               // zusätzliche Parameter

     ShowWindow (hwnd, iCmdShow) ;
     UpdateWindow (hwnd) ;
```

```
     while (GetMessage (&msg, NULL, 0, 0))
     {
          TranslateMessage (&msg) ;
          DispatchMessage (&msg) ;
     }
     return msg.wParam ;
}

LRESULT CALLBACK WndProc (HWND hwnd, UINT message, WPARAM wParam, LPARAM lParam)
{
     HDC         hdc ;
     PAINTSTRUCT ps ;
     RECT        rect ;

     switch (message)
     {
     case WM_CREATE:
          PlaySound (TEXT ("hellowin.wav"), NULL, SND_FILENAME | SND_ASYNC) ;
          return 0 ;

     case WM_PAINT:
          hdc = BeginPaint (hwnd, &ps) ;

          GetClientRect (hwnd, &rect) ;

          DrawText (hdc, TEXT ("Hello, Windows 98!"), -1, &rect,
                    DT_SINGLELINE | DT_CENTER | DT_VCENTER) ;

          EndPaint (hwnd, &ps) ;
          return 0 ;

     case WM_DESTROY:
          PostQuitMessage (0) ;
          return 0 ;
     }
     return DefWindowProc (hwnd, message, wParam, lParam) ;
}
```

Abbildung 3.1: *Das Programm* HELLOWIN

Wie Abbildung 3.2 zeigt, legt HELLOWIN ein normales (Anwendungs-)Fenster an und gibt in der Mitte dieses Fensters den Text »Hello, Windows 98!« aus. Wenn Ihr System mit einer Soundkarte ausgerüstet ist, dann bekommen Sie diesen Text zusätzlich von mir vorgelesen.

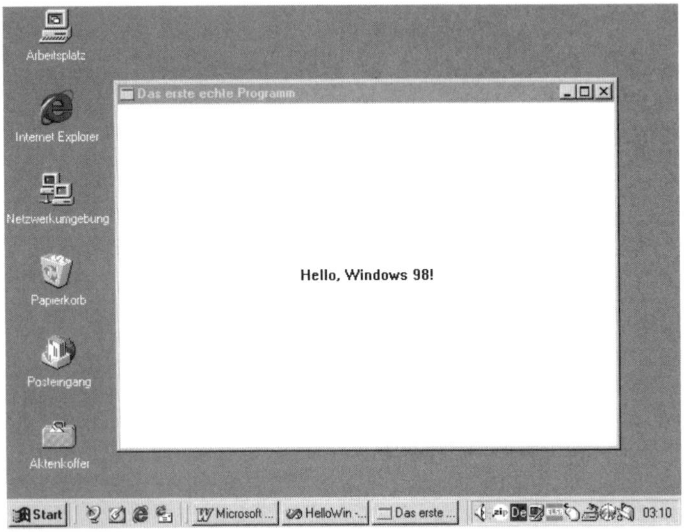

Abbildung 3.2: *Das Fenster von* HELLOWIN

Wenn Sie für dieses Programm ein neues Projekt in Developer Studio anlegen, anstatt die Daten von der Begleit-CD zu kopieren, dann ist erst einmal ein wenig Nachhilfe für den Linker fällig: Wählen Sie *Projekt/Einstellungen*, im daraufhin erscheinenden Dialog »Projekteinstellungen« die Registerkarter »Linker« und tragen Sie dort in das Feld »Objekt-/Bibliothek-Module« zusätzlich die Datei WinMM.lib ein. Diese Importbibliothek enthält die Multimedia-Funktionen von Windows und ist bei neu angelegten Projekten nicht automatisch mit dabei, weshalb sich der Linker ohne diesen Nachtrag über den Aufruf der Funktion *PlaySound* beschwert.

HELLOWIN versucht, eine Audiodatei namens HELLOWIN.WAV abzuspielen, die sich auf der Begleit-CD im Grundverzeichnis des Projekts (\Chap03\Hellowin) befindet. Damit das Programm diese Datei findet, muß dieses Verzeichnis als Arbeitsverzeichnis gesetzt sein. Beim Start aus Visual Studio heraus ist das der Fall (obwohl sich HELLOWIN.EXE im Unterverzeichnis RELEASE bzw. DEBUG befindet), für den Start über den Explorer müßten Sie dagegen erst eine entsprechende Verknüpfung anlegen.

Allgemeinplätze

Der Überbau, den HELLOWIN mit sich herumschleppt, findet sich zwar in praktisch jedem Windows-Programm – aber trotzdem werden Sie wahrscheinlich nie jemanden treffen, der diese fünfzig Zeilen auswendig herunterbeten kann. In der Praxis sieht das Anlegen eines neuen Windows-Programms nämlich so aus, dass man erst einmal den Quelltext eines existierenden Projekts kopiert und dann an den entsprechenden Stellen verändert. Die Programme auf der Begleit-CD können Sie gerne auf ebendiese Weise als Grundlage für eigene Entwicklungen benutzen.

Ich habe vorhin gesagt, dass HELLOWIN den Text in der Mitte seines Fensters darstellt, und mir dabei eine Ungenauigkeit geleistet: Tatsächlich geht es um die Mitte des *Anwendungsbereichs*, der in Abbildung 3.2 als weiße, von der Titelleiste und dem Fensterrahmen umschlossene Fläche erscheint. Diese Unterscheidung mag zunächst als arg kleinkariert daherkommen, ist aber wichtig: Der Anwendungsbereich stellt die Fläche dar, in der ein Programm in Eigenregie Grafiken und Texte ausgeben kann; Titelleiste und Rahmen werden dagegen von Windows gezeichnet.

Was die zunächst erschreckende Länge des Quelltexts betrifft: Dass insgesamt 80 Zeilen ein Vielfaches von dem darstellen, was Kernighan und Ritchie für ihr »Hello, world!« gebraucht haben, lässt sich nicht wegdiskutieren. Die Frage ist natürlich, was man dafür bekommt – und das ist eine Menge: Über die Titelleiste läßt sich das Fenster von HELLOWIN mit der Maus auf dem Bildschirm verschieben; nach Veränderungen der Größe über den Fensterrahmen erscheint der Text trotzdem wieder in der Mitte. Die drei kleinen Schaltflächen rechts in der Titelleiste machen das Vergrößern auf den gesamten Desktop (»Maximieren«), das Verkleinern auf ein Icon in der Task-Leiste und das Beenden des Programms möglich (wobei letzteres auch über einen Doppelklick auf dem Icon links in der Titelleiste oder über den Tastenbefehl Alt+F4 geht). Ein Klick auf dem Icon oder die Kombination aus Alt und Leertaste öffnen das Systemmenü, dessen Wahlpunkte unter anderem das Verschieben, Vergrößern und Verkleinern des Fensters über die Tastatur möglich machen.

Wie wohl auch nicht anders zu erwarten, geht es im Rest dieses Kapitels fast ausschließlich um die einzelnen Zeilen von HELLOWIN. Bevor ich dieses Programm Stück für Stück auseinandernehme, aber erst einmal einige allgemeine Dinge.

HELLOWIN.C hat wie die beiden Beispiele aus Kapitel 1 und 2 eine Funktion *WinMain*, zu der hier aber noch eine zweite Routine namens *WndProc* dazukommt: Die Window-Prozedur. (Bei der Namensgebung muß hier irgend ein Unfall passiert sein. Im amerikanischen Programmiererslang wird das gute Stück als »win prock« ausgesprochen; in der deutschen Literatur geht es zwar um Fenster und Fensterklassen, nicht aber um eine Fenster-, sondern eben um eine Window-Prozedur – und außerdem liefert diese Routine ein Ergebnis zurück, ist also definitiv keine Prozedur, sondern eine Funktion. Sei's drum.) Aufrufe von *WndProc* werden Sie im Listing übrigens nicht (exakter: nie) finden. Weil dieser Bezeichner aber in *WinMain* gebraucht wird, steht in den ersten Zeilen des Quelltexts ein Prototyp.

Aufrufe von Windows-Funktionen

Insgesamt verwendet HELLOWIN nicht weniger als 18 verschiedene Windows-Funktionen, die hier in der Reihenfolge ihrer Verwendung mit einer Kurzbeschreibung wiedergegeben sind:

- *LoadIcon* – lädt ein Icon für das Programm
- *LoadCursor* – lädt einen (Maus-)Cursor für das Programm
- *GetStockObject* – holt sich ein grafisches Objekt (hier: ein Füllmuster für das Zeichnen des Fensterhintergrundes) aus dem »Lager« von Windows, d.h. der Sammlung vordefinierter Objekte
- *RegisterClass* – definiert eine Fensterklasse
- *MessageBox* – gibt eine Meldung in einem eigenen Fenster aus
- *CreateWindow* – erzeugt ein Fenster auf der Basis einer Fensterklasse
- *ShowWindow* – stellt das Fenster auf dem Bildschirm dar
- *UpdateWindow* – teilt dem Fenster mit, dass es seinen Inhalt darstellen soll
- *GetMessage* – holt eine Nachricht aus der Warteschlange
- *TranslateMessage* – setzt Nachrichten um, die über die Tastatur erzeugt wurden
- *DispatchMessage* – sendet der Window-Prozedur Nachrichten
- *PlaySound* – spielt eine Audiodatei ab
- *BeginPaint* – teilt Windows mit, dass das Zeichnen des Fensterinhalts beginnt
- *GetClientRect* – ermittelt, wie groß der Anwendungsbereich (»client area«) eines Fensters ist, d.h. welche Dimensionen der eigentliche Fensterinhalt hat

- *DrawText* – gibt einen Text aus
- *EndPaint* – teilt Windows mit, dass das Zeichnen des Fensterinhalts beendet ist
- *PostQuitMessage* – setzt die Nachricht »Ende« in die Warteschlange ein
- *DefWindowProc* – übernimmt die Bearbeitung von Nachrichten, die das Programm nicht selbst auswertet

Diese Funktionen sind sämtlich im Win32-SDK (»/Plattform-, SDK- und DDK-Dokumentation/ Plattform-SDK«) beschrieben, ihre Deklarationen finden sich in diversen Include-Dateien – hauptsächlich in WINUSER.H.

Bezeichner in Großbuchstaben

Bei einem ersten Blick auf das Listing von HELLOWIN.C dürfte vor allem eine größere Zahl von bis dato unbekannten Bezeichnern auffallen, die sämtlich in Großbuchstaben geschrieben sind. Dabei handelt es sich um numerische Konstanten, die WINDOWS.H definiert. Ihre Namen beginnen üblicherweise mit einem Präfix, das sich aus zwei oder drei Zeichen und einem Unterstrich zusammensetzt:

CS_HREDRAW	DT_VCENTER	SND_FILENAME
CS_VREDRAW	IDC_ARROW	WM_CREATE
CW_USEDEFAULT	IDI_APPLICATION	WM_DESTROY
DT_CENTER	MB_ICONERROR	WM_PAINT
DT_SINGLELINE	SND_ASYNC	WS_OVERLAPPEDWINDOW

Wie wohl auch nicht anders zu erwarten, steht das Präfix für eine generelle Kategorie, in die die jeweilige Konstante fällt. Tabelle 3.1 listet die wichtigsten Kategorien auf.

Präfix	Kategorie
CS	»class style« – Art einer Fensterklasse
IDI	»ID icon« – Kennziffer für ein Icon
IDC	»ID cursor« – Kennziffer für eine Cursorform
MB	»message box« – Optionen für Meldungsfenster
WS	»window style« – Art eines Fensters
CW	»create window« – Parameter zum Erzeugen eines Fensters
WM	»window message« – Nachricht an ein Fenster
DT	»draw text« – Art der Textausgabe

***Tabelle 3.1:** Präfixe für Konstanten*

Mit nackten Zahlen hat man bei der Programmierung in Windows praktisch nie zu tun – tatsächlich definieren WINDOWS.H und die anderen Include-Dateien für alles und jedes benannte Konstanten.

Neue Datentypen

Einige weitere in Großbuchstaben geschriebene Bezeichner von HELLOWIN.C stehen für eine Reihe neuer Datentypen, die ebenfalls in WINDOWS.H und anderen darüber eingebundenen Include-Dateien entweder mit *#define* oder per *typedef* vereinbart werden. Ursprünglich waren diese Bezeichner dafür gedacht, den Übergang vom 16bittigen Original zu (damals) zukünftigen Nachfolgern mit 32 Bit zu vereinfachen. So glatt und ohne jede Veränderung der Quelltexte, wie man sich die Geschichte damals vorgestellt hatte, ist es dann doch nicht gegangen – aber am Konzept als solchem gibt es nichts auszusetzen.

Ein Teil dieser neuen Datentypen stellt nichts weiter als eine praktische Abkürzung dar. Der Typ UINT, der als zweiter Parameter von *WndProc* erscheint, ist beispielsweise schlicht ein *unsigned int* (der bei Windows 3.x 16 Bit hatte und bei Win32 natürlich auf 32 Bit gewachsen ist). Hinter dem von *WinMain* als dritten Parameter deklarierten PSTR verbirgt sich ein Zeiger auf einen String (»pointer to string«) im ANSI-Zeichensatz, mithin der Typ *char* *.

Bei einigen anderen Datentypen kommt man dagegen nur mit ein bißchen Geschichte zu einer vernünftigen Erklärung – beispielsweise bei WPARAM und LPARAM, die als dritter bzw. vierter Parameter von *WndProc* erscheinen: In den 16-Bit-Versionen von Windows war WPARAM als *unsigned short*, LPARAM dagegen als vorzeichenbehafteter *long* definiert – daher die Präfixe »W« und »L«. In den 32-Bit-Versionen ist WPARAM dagegen ein UINT (C-Datentyp *unsigned int*), LPARAM ein LONG (C-Datentyp *long*), hier geht es also bei beiden Werten um 32 Bit. (Da der Datentyp WORD auch bei Win32 noch als *unsigned short* – also als Wert mit 16 Bit – definiert ist, verleitet das Präfix »W« bei WPARAM mittlerweile zu falschen Vermutung. Nur hat das halt vor 10 Jahren noch niemand gewußt – und wenn man jetzt einen dieser beiden Datentypen ändern würde, müßte eine schier unglaubliche Menge von Quelltexten überarbeitet werden.)

Die Window-Prozedur (*WndProc*) hat den Ergebnistyp LRESULT, der wie LPARAM als LONG definiert ist. *WinMain* hat dagegen endlich einmal einen normalen Ergebnistyp (*int*) ist aber zusätzlich als WINAPI definiert, bei *WndProc* findet sich dagegen der Zusatz CALLBACK. In den 16-Bit-Versionen standen diese beiden Bezeichner für verschiedene Dinge, in den 32-Bit-Versionen sind sie dagegen *beide* als *__stdcall* definiert. (Wenn Sie sich für die Details interessieren: Dieses durch zwei Unterstriche als nicht ANSI-gemäß gekennzeichnete Schlüsselwort teilt dem Compiler mit, dass Optimierungen wie die Übergabe von Parametern in Registern des Prozessors unerwünscht sind und der Aufruf nach den Konventionen von Pascal geschieht (d.h. die Parameter von links nach rechts auf den Stack gelegt werden und die aufgerufene Routine das Entfernen dieser Werte vom Stack übernimmt. Bei Aufrufen nach den Konventionen von C ist die Reihenfolge der Parameter umgekehrt, der Aufrufer muß die von ihm auf den Stack gelegten Parameter selbst entfernen.) Sämtliche von Windows definierten Funktionen sind als WINAPI deklariert – daher der Name. Für programmeigene Funktionen, die von Windows aus aufgerufen werden, sollte man aber nicht WINAPI, sondern eben CALLBACK verwenden: Der Übergang von 32 nach 64 Bit kommt eines Tages bestimmt – und im Moment weiß noch niemand, ob diese Unterscheidung dann wieder notwendig wird.

Neben Konstanten und einfachen Datentypen verwendet HELLOWIN vier Datenstrukturen, deren Definition ebenfalls aus WINDOWS.H stammt (und auf deren Details ich später zurückkomme):

Name	Funktion
MSG	Nachrichten
WNDCLASS	Fensterklasse
PAINTSTRUCT	Struktur für Zeichenoperationen (WM_PAINT)
RECT	beschreibt einen rechteckigen Bereich (»rectangle«)

Tabelle 3.2: *Die von* HELLOWIN *eingesetzten Strukturtypen*

Die ersten beiden Strukturtypen werden in *WinMain* zur Deklaration der Variablen *msg* und *wndclass* verwendet, die anderen beiden innerhalb von *WndProc* (Variablennamen *ps* und *rect*).

Händel mit Handles

Zu guter letzt erscheinen in HELLOWIN drei Bezeichner für verschiedene Arten von Handles:

Bezeichner	Funktion
HINSTANCE	Handle der Programmkopie (»instance«)
HWND	Handle für ein Fenster (»window«)
HDC	Handle für einen Gerätekontext (»device context«)

***Tabelle 3.3:** Handletypen*

Worum es bei diesen Handles geht? Schlicht und ergreifend um Kennziffern in Form vorzeichenloser Zahlen mit 32 Bit, die in ähnlicher Weise wie die Dateikennziffern von MS-DOS verwendet werden. Der Aufruf einer Windows-Funktion wie *CreateWindow* liefert eine solche Kennziffer zurück, die das Programm im weiteren für sämtliche Operationen benutzt, die sich auf das neu angelegte Fenster beziehen. Analoges gilt für fast alle anderen Objekte von Windows: während der eigentliche Wert eines Handles für das Programm selbst völlig uninteressant ist, wird er von den jeweiligen Windows-Funktionen dazu verwendet, ein Objekt innerhalb einer bestimmten Klasse eindeutig zu identifizieren.

Handles werden in Windows ausgesprochen häufig verwendet: bevor dieses Kapitel zu Ende ist, werden Ihnen unter anderem auch noch die Datentypen HICON (für Icons), HCURSOR (für Cursorformen) und HBRUSH (für »brushes«, d.h. Füllmuster) begegnen.

Ungarische Notation

Nachdem Sie sich durch die diversen Konstanten, Datentypen und Funktionsnamen hindurchgewühlt haben, dürften Ihnen wahrscheinlich als nächstes einige höchst merkwürdige Variablennamen in HELLOWIN.C auffallen – wie beispielsweise der Bezeichner *szCmdLine*, über den *WinMain* offensichtlich einen Parameter anspricht.

Die meisten Windows-Programmierer verwenden für Variablennamen eine Konvention, die zu Ehren des legendären Microsoft-Programmierers Charles Simonyi als »ungarische Notation« bezeichnet wird. Jeder Variablenname beginnt dort mit einigen Kleinbuchstaben, die den Datentyp in Kurzform wiedergeben: das Präfix *sz* in *szCmdLine* steht beispielsweise für »string [terminated by] zero.«, d.h. einen Zeiger auf einen ASCIIZ-String.

In gleicher Weise steht das Präfix *h* in *hInstance* und *hPrevInstance* für »Handle«, das Präfix *i* in *iCmdShow* für »Integer«. Zwei der Parameter von *WndProc* sind ebenfalls nach diesen Regeln benannt: Das »w« in *wParam* stand ursprünglich einmal für den Datentyp *word* (weshalb dieser Parameter jetzt eigentlich *uiParam* – für UINT – heißen müßte), *lParam* hat den Typ LONG. Da diese beiden Parameter aber nach wie vor über WPARAM und LPARAM definiert werden, habe ich es bei der traditionellen Notation belassen.

Für Strukturen kann man entweder den kompletten Datentyp (bzw. eine Abkürzung) voranstellen oder gleich den Datentyp selbst in Kleinbuchstaben als kompletten Variablennamen benutzen. In HELLOWIN.C hat die Variable *msg* der Funktion *WinMain* den Strukturtyp MSG, *wndclass* den Strukturtyp WNDCLASS. Ähnlich sieht es in *WndProc* aus: *ps* steht für eine Struktur des Typs PAINTSTRUCT, *rect* für eine RECT-Struktur.

Konsequent durchgehalten, lassen sich mit ungarischer Notation viele Fehler bereits während der Compilierung abfangen, die man sonst hinterher mit einem Debugger suchen müßte. Die folgende Tabelle gibt die Präfixe von Variablennamen wieder, die ich in den weiteren Kapiteln dieses Buches verwende:

Präfix	Datentyp
c	char, WCHAR oder TCHAR
by	BYTE (unsigned char)
n	short
i	int
x, y	int (x- und y-Koordinaten)
cx, cy	int (Längenangaben im Zusammenhang mit Koordinaten, das c steht dabei für »count«)
b, f	BOOL (int); das f steht für »Flag«
w	WORD (unsigned short)
l	LONG (long)
dw	DWORD (unsigned long)
fn	Funktion
s	String
sz	ASCIIZ-String (exakter: ein String, der mit einem '\0' abgeschlossen ist – bei Unicode also durch den Wert 0x0000)
h	Handle
p	Zeiger (»pointer«)

***Tabelle 3.4:** Präfixe der ungarischen Notation*

Registrieren der Fensterklasse

Fenster werden grundsätzlich auf der Basis einer Fensterklasse erzeugt, wobei das Registrieren der Fensterklasse die Window-Prozedur festlegt, die Nachrichten für dieses Fenster verarbeiten soll.

Auf der Basis einer Fensterklasse läßt sich eine beliebige Anzahl von Fenstern erzeugen: so fallen beispielsweise sämtliche von Windows verwendeten Schaltflächen in ein und dieselbe Klasse (und haben damit auch ein und dieselbe Window-Prozedur). Das Registrieren der Fensterklasse legt neben der Window-Prozedur den ersten Teil der Fenster-Charakteristika fest; weitere Details werden beim Erzeugen des Fensters angegeben.

Die für das Registrieren zuständige Funktion hört auf den Namen *RegisterClass* und erwartet als einzigen Parameter einen Zeiger auf eine Struktur des Typs WNDCLASS, die ihrerseits aber zwei Stringzeiger enthält und deshalb in WINUSER.H einmal als WNDCLASSA, einmal als WNDCLASSW definiert ist. Die ANSI-Variante sieht so aus:

```
typedef struct tagWNDCLASSA
{
     UINT        style ;
     WNDPROC     lpfnWndProc ;
     int         cbClsExtra ;
     int         cbWndExtra ;
```

```
    HINSTANCE  hInstance ;
    HICON      hIcon ;
    HCURSOR    hCursor ;
    HBRUSH     hbrBackground ;
    LPCSTR     lpszMenuName ;
    LPCSTR     lpszClassName ;
}
WNDCLASSA, * PWNDCLASSA, NEAR * NPWNDCLASSA, FAR * LPWNDCLASSA ;
```

Wie auch nicht anders zu erwarten, feiert die ungarische Notation hier fröhliche Urständ': Das Präfix *lpfn* steht für »long pointer [to a] function« (und stammt aus den Zeiten von 16 Bit: die dort lebenswichtigen Unterschiede zwischen *long/far* auf der einen und *near/short* auf der anderen Seite fallen bei Win32 unter den Tisch, weil Zeiger hier grundsätzlich 32 Bit haben). Das Präfix *cb* steht für »count [of] bytes« und wird üblicherweise für Größenangaben in Bytes verwendet; *h* kennzeichnet einen Handle, *hbr* einen »handle [to a] brush«, also ein Füllmuster. *lpsz* steht schließlich für »long pointer [to a] string terminated [with] zero«, mithin einen Zeiger auf einen ASCIIZ-String.

Bei der Unicode-Version von WNDCLASS muß man schon genau hingucken, um die Unterschiede zu entdecken:

```
typedef struct tagWNDCLASSW
{
    UINT       style ;
    WNDPROC    lpfnWndProc ;
    int        cbClsExtra ;
    int        cbWndExtra ;
    HINSTANCE  hInstance ;
    HICON      hIcon ;
    HCURSOR    hCursor ;
    HBRUSH     hbrBackground ;
    LPCWSTR    lpszMenuName ;
    LPCWSTR    lpszClassName ;
}
WNDCLASSW, * PWNDCLASSW, NEAR * NPWNDCLASSW, FAR * LPWNDCLASSW ;
```

Tatsächlich haben hier lediglich die letzten beiden Felder einen anderen Datentyp: Sie sind nicht als Zeiger auf ANSI-, sondern als Zeiger auf Unicode-Strings definiert.

Nachdem WINUSER.H diese beiden Strukturtypen nebst einer Reihe entsprechender Zeigertypen vereinbart hat, folgt wie üblich die Definition »generischer« Bezeichner abhängig vom Symbol UNICODE:

```
#ifdef UNICODE
typedef WNDCLASSW WNDCLASS ;
typedef PWNDCLASSW PWNDCLASS ;
typedef NPWNDCLASSW NPWNDCLASS ;
typedef LPWNDCLASSW LPWNDCLASS ;
#else
typedef WNDCLASSA WNDCLASS ;
typedef PWNDCLASSA PWNDCLASS ;
typedef NPWNDCLASSA NPWNDCLASS ;
typedef LPWNDCLASSA LPWNDCLASS ;
#endif
```

Da diese Umbenennerei automatisch geschieht, kommt nicht nur die Dokumentation, sondern auch dieses Buch im allgemeinen mit einer funktionell äquivalenten Definition solcher Strukturtypen hin. Für WNDCLASS sieht das so aus:

```
typedef struct
{
     UINT        style ;
     WNDPROC     lpfnWndProc ;
     int         cbClsExtra ;
     int         cbWndExtra ;
     HINSTANCE   hInstance ;
     HICON       hIcon ;
     HCURSOR     hCursor ;
     HBRUSH      hbrBackground ;
     LPCTSTR     lpszMenuName ;
     LPCTSTR     lpszClassName ;
}
WNDCLASS, * PWNDCLASS ;
```

Auf diese Weise bleibt das mit ANSI und Unicode verbundene Durcheinander auf die Include-Dateien beschränkt. Behalten Sie aber bitte im Kopf, dass diese äquivalenten Definitionen weder in WINUSER.H noch an anderer Stelle in der gezeigten Form existieren. Allgemein gesagt: Wer einen Strukturtyp *xyz* direkt in den Include-Dateien sucht und anstelle eines *typedef struct* lediglich einen Zeigertyp findet, sollte es als nächstes mit *xyz*A bzw. *xyz*W probieren.

Für die Zeigertypen geht man üblicherweise ebenfalls den Weg des geringsten Widerstands: Weil es definitiv keinen Sinn hat, einen Quelltext mit Präfixen wie LP und NP zu verunzieren, erscheint hier im Normalfall der generische Typ (also PWNDCLASS anstelle von LPWNDCLASSA oder NPWNDCLASSW).

Und damit zurück zu HELLOWIN. Die Funktion *WinMain* deklariert eine Variablen des Typs WNDCLASS mit:

```
WNDCLASS wndclass ;
```

Die nächsten Schritte bestehen aus dem Besetzen der Felder mit entsprechenden Werten und schließlich der Übergabe dieser Variablen an *RegisterClass.*

Auch wenn WNDCLASS-Strukturen insgesamt zehn Felder enthalten, kommt es im wesentlichen nur auf zwei Werte an: Das zweite Feld (*lpfnWndProc*) legt die Window-Prozedur fest, das letzte (*lpszClassName*) den Namen der Fensterklasse. Dieser Name ist im Prinzip beliebig; bei Programmen, die mit einem einzigen Fenster auskommen, setzt man hier normalerweise den Programmnamen ein.

Die restlichen acht Felder von WNDCLASS beschreiben die Charakteristika, die alle auf dieser Klasse basierenden Fenster gemeinsam haben sollen. Die Zuweisung

```
wndclass.style = CS_HREDRAW | CS_VREDRAW ;
```

kombiniert zwei »Klassenstile« über ein bitweises OR und weist dem Fenster auf die Weise zwei Eigenschaften zu. Möglich ist eine solche Kombination aufgrund der Definitionen von WINUSER.H: Dort sind sämtliche mit dem Präfix CS beginnenden Konstanten als »Bitflags« definiert, d.h. in Form von Konstanten mit 32 Bit, wobei jeweils ein einzelnes Bit gesetzt ist. CS_VREDRAW hat beispielsweise den Wert 0x0001, CS_HREDRAW den Wert 0x0002: die Kombination beider Werte über ein bitweises OR ergibt also zwei gesetzte Bits (binär: 0000 0000 0000 0011). Was die Bedeutung der beiden Konstanten betrifft: sie legen fest, dass sämtliche auf dieser Klasse basierenden Fenster komplett neu gezeichnet werden sollen, wenn sich ihre horizontale (CS_HREDRAW) oder vertikale (CS_VREDRAW) Größe ändert. Aufgrund dieser Definition kann HELLOWIN dafür sorgen, dass der Text »Hello, Windows!« nach jeder Größenveränderung wieder in der Fenstermitte ausgegeben wird. Mit einer einzigen Ausnahme stammen die »Fensterklassenstile« sämtlich aus den Zeiten von Windows 3.x:

```
#define CS_VREDRAW          0x0001
#define CS_HREDRAW          0x0002
#define CS_KEYCVTWINDOW     0x0004
#define CS_DBLCLKS          0x0008
#define CS_OWNDC            0x0020
#define CS_CLASSDC          0x0040
#define CS_PARENTDC         0x0080
#define CS_NOKEYCVT         0x0100
#define CS_NOCLOSE          0x0200
#define CS_SAVEBITS         0x0800
#define CS_BYTEALIGNCLIENT  0x1000
#define CS_BYTEALIGNWINDOW  0x2000
#define CS_GLOBALCLASS      0x4000
#define CS_IME              0x00010000  // Input Method Editor für Fernost-Zeichensätze
```

Das zweite Feld von *wndclass* wird in HELLOWIN folgendermaßen initialisiert:

```
wndclass.lpfnWndProc = WndProc ;
```

Damit ist *WndProc* – die zweite Funktion von HELLOWIN – als Window-Prozedur für alle Fenster dieser Klasse festgelegt, d.h. wird für sämtliche Nachrichten zuständig, die an das Fenster von HELLOWIN geschickt werden. (Der Vollständigkeit halber: Da der Bezeichner *WndProc* hier ohne ein folgendes Klammerpaar erscheint, setzt der Compiler die Adresse dieser Funktion ein, anstatt einen Aufruf zu codieren und das Ergebnis dieses Aufrufs zu benutzen.)

Die nächsten beiden Zuweisungen – also

```
wndclass.cbClsExtra = 0 ;
wndclass.cbWndExtra = 0 ;
```

– betreffen zwei Felder, über die ein Programm zusätzlichen Speicherplatz für eigene Daten im Rahmen von Fensterklassen bzw. Fenstern reservieren kann. Da HELLOWIN diese Möglichkeit nicht benutzt, wird hier jeweils der Wert 0 eingetragen. Wie bereits erwähnt, steht das Präfix *cb* der beiden Feldnamen für »count [of] bytes«, d.h. »Anzahl von Bytes«. (Ein praktisches Beispiel für die Verwendung von *cbClsExtra* finden Sie im Programm CHECKER3 in Kapitel 7.)

Im fünften Feld von *wndclass* trägt das Programm seine eigene »Instanz-Kennziffer« ein, d.h. kopiert den Parameter von *WinMain*:

```
wndclass.hInstance = hInstance ;
```

Die Zuweisung

```
wndclass.hIcon = LoadIcon (NULL, IDI_APPLICATION) ;
```

legt fest, welches Icon sämtliche auf der Klasse basierenden Fenster am linken Rand ihrer Titelleiste und in der Task-Leiste verwenden. Wie man hier eigene Kreationen einsetzt, wird in einem der folgenden Kapitel dieses Buches erläutert. HELLOWIN macht sich die Sache so einfach wie möglich und verwendet eines der vordefinierten Icons, die Windows zu diesem Zweck zur Verfügung stellt.

Die Funktion *LoadIcon* erwartet zwei Parameter: den Wert NULL (für vordefinierte Icons) bzw. die »Instanz-Kennziffer« des Programms (für eigene Bitmaps) sowie eine Kennziffer für die Art des Icons. Wir verwenden hier die in WINUSER.H definierte Konstante IDI_APPLICATION, die schlicht für ein weißes Quadrat mit einem schwarzen Rahmen steht (das seinerseits ein Fenster darstellen soll). Das Ergebnis von *LoadIcon* ist ein Handle (Typ: HICON = »handle to icon«), um dessen Wert sich HELLOWIN nicht weiter kümmert – er wird einfach in das entsprechende Feld von *wndclass* eingesetzt.

Ähnlich sieht es mit der nächsten Anweisung aus:

```
wndclass.hCursor = LoadCursor (NULL, IDC_ARROW) ;
```

LoadCursor ermittelt den Handle zu einem von Windows vordefinierten Cursor (und hat dieselbe Logik wie *LoadIcon*, d.h. erwartet entweder den Wert NULL oder eine »Instanz-Kennziffer« zusammen mit einer Konstanten für die Cursordefinition selbst). Dieser Handle wird in das Feld *hCursor* von *wndclass* eingesetzt – mit dem Ergebnis, dass sich der Cursor innerhalb des Fensters in Form eines kleinen Pfeils (»arrow«) zeigt.

Das achte Feld von *wndclass* (*hbrBackground*) legt fest, welche Farbe der Hintergrund des Fensters haben soll. Das Präfix *hbr* steht dabei für »handle [to a] brush«, wobei unter einem »brush« (= Bürste, dicker Pinsel) schlicht ein Füllmuster in Form eines Bit-Arrays zu verstehen ist, mit dem das Fenster »ausgemalt« wird. Ähnlich wie beim Icon und der Cursorform beschränkt sich HELLOWIN auch hier auf Vordefiniertes und verwendet die Funktion *GetStockObject* (grob übersetzt: »Hole Objekt aus dem Lager«), um eine durchgehend weiße Fläche zu erzeugen:

```
wndclass.hbrBackground = GetStockObject (WHITE_BRUSH) ;
```

Mit dem vorletzten Feld läßt sich ein Menü festlegen. Da sich HELLOWIN jede Art eigener Menüs spart, wird hier der Wert NULL eingetragen:

```
wndclass.lpszMenuName  = NULL ;
```

Zu guter Letzt bekommt die neue Fensterklasse einen Namen. Üblicherweise verwendet man hier den Namen des Programms – in unserem Fall also den String »HelloWin«, der in der Variablen *szAppName* gespeichert ist (und bei der Compilierung mit dem Symbol UNICODE eben nicht aus ANSI- sondern aus Unicode-Zeichen besteht):

```
wndclass.lpszClassName = szAppName ;
```

Damit sind sämtliche Felder der Struktur initialisiert, die schließlich der Funktion *RegisterClass* übergeben wird::

```
RegisterClass (&wndclass) ;
```

Ich habe ja bereits gesagt, dass sich hinter WNDCLASS entweder der Strukturtyp WNDCLASSA oder – bei der Compilierung mit dem Symbol UNICODE – der Strukturtyp WNDCLASSW versteckt. Analoges gilt für die Funktion *RegisterClass*, die ebenfalls als »A«- und »W«-Variante daherkommt (und im einen Fall eben eine WNDCLASSA-Struktur, im anderen Fall eine WNDCLASSW-Struktur erwartet). Da die beiden Strukturtypen dieselbe Größe haben, erscheint diese Unterscheidung vermutlich zunächst als reiner Overkill – was sie aber nicht ist: Fenster einer mit *RegisterClassA* angemeldeten Klasse erhalten Nachrichten über Texteingaben des Benutzers zusammen mit ANSI-Zeichencodes, bei mit *RegisterClassW* angemeldeten Klassen geht es um Unicode. (Mehr dazu in Kapitel 6, das sich mit Eingaben über die Tastatur beschäftigt.)

Kurz und gut: Wenn Sie bei der Compilierung eines Programms das Symbol UNICODE definieren, dann ersetzt der Präprozessor nicht nur den Strukturtyp WNDCLASS durch WNDCLASSW, sondern auch den Aufruf von *RegisterClass* durch *RegisterClassW*. Unter Windows NT funktioniert das bestens, weil diese Windows-Variante sowohl mit ANSI als auch mit Unicode zurechtkommt. Unter Windows 95 und Windows 98 basiert das gesamte Nachrichtensystem dagegen auf ANSI, weshalb *RegisterClassW* dort zwar als Bezeichner vorhanden ist – aber für eine sehr kurze Routine steht, die als direktes Ergebnis den Wert 0 zurückliefert und so einen Fehler signalisiert.

Mit dem Problem, dass sich Unicode-Programme nicht unter Windows 9x ausführen lassen, müssen wir wohl leben. Wer will, kann hier aber auch die erfreulichere Seite sehen: Weil das Anmelden einer Fensterklasse üblicherweise die erste Aktion eines Programms darstellt, ist der Aufruf von *RegisterClass* die beste Gelegenheit zur Ausgabe einer entsprechenden Fehlermeldung. In den Beispielprogrammen dieses Buches findet sich denn auch immer wieder dasselbe Konstrukt:

```
if (!RegisterClass (&wndclass))
{   // UNICODE-Compilierung ist die einzige realistische Fehlermöglichkeit
    MessageBox (NULL, TEXT ("Programm arbeitet mit Unicode und setzt Windows NT voraus!"),
                szAppName, MB_ICONERROR) ;
    return 0 ;
}
```

Moment mal. Wenn der Präprozessor für *RegisterClass* die »W«-Variante einsetzt – was wird dann aus *MessageBox* und dem Meldungstext? Ganz recht. Tatsächlich ist *MessageBoxW* aber eine der wenigen Unicode-Funktionen, die auch von Windows 9x ohne Einschränkung unterstützt werden. (Für Amerika und Westeuropa käme man auch mit der direkten Angabe von *MessageBoxA* und einer Stringkonstanten ohne den Makro TEXT hin – bei einem griechischen, russischen oder japanischen Windows nicht.)

Wie der Kommentar mit dem Wort »realistisch« andeuten will, ist die Prüfung alles andere als wasserdicht: Wenn Sie beispielsweise das Feld *lpfnWndProc* in der WNDCLASS-Struktur auf NULL gesetzt oder keinen Fensterklassennamen angegeben haben, liefert *RegisterClass* ebenfalls das Ergebnis 0 zurück. Dieses Verhalten entspricht einem allgemeinen Prinzip von Windows: So gut wie alle Routinen des Betriebssystems beschränken sich bei Fehlern erst einmal auf das Zurückliefern eines einfachen Flags, hinterlassen in diesem Fall aber einen internen Status, der über eine zentrale Funktion namens *GetLastError* abgefragt werden kann. Wenn eine Routine diese erweiterten Fehlerinformationen besetzt, ist das im jeweiligen Abschnitt des SDKs angegeben – üblicherweise mit dem Satz: »To get extended error information, call GetLastError«, der sich auch im Abschnitt über *RegisterClass* findet. Für die Kombination von *RegisterClassW* und Windows 9x würde dieser Aufruf beispielsweise den Wert 120 liefern, für den WINERROR.H die Konstante ERROR_CALL_NOT_IMPLEMENTED definiert. (Einfacher als die Suche in dieser Include-Datei ist allerdings das Nachschlagen im SDK-Abschnitt */Platform SDK/Windows Base Services/Debugging and Error Handling/Error Codes/System Errors – Numerical Order.*)

Es gibt ProgrammiererInnen, die jeden Aufruf einer Windows-Funktion mit einer Fehlerprüfung verbinden – und damit gar nicht einmal unrecht haben: Die goldene Regel, dass man beim Belegen von Speicherbereichen jedes Mal (in Worten: *jedes Mal*) nachgucken sollte, ob die Sache auch geklappt hat, ist Ihnen sicher vertraut. Und weil viele Windows-Funktionen intern Speicherplatz belegen – *RegisterClass* tut das beispielsweise für die Informationen über die Fensterklasse –, sollte man eben das Ergebnis jeder Windows-Funktion prüfen. Oder auch nicht: Wenn nicht einmal mehr ein paar hundert Bytes für eine Fensterklasse, ein Icon oder ein anderes Objekt ähnlicher Größe frei sind, dürfte Windows nämlich schon lange vorher knirschend zum Stillstand gekommen sein.

Die Beispielprogramme dieses Buches beschränken sich bei Fehlerprüfungen auf das absolute Minimum – nicht, weil ich solche Prüfungen für überflüssig halte, sondern schlicht deshalb, weil sie vom eigentlichen Thema des jeweiligen Programms zu stark ablenken würden.

Bevor es nun endlich mit der Untersuchung von HELLOWIN weitergeht, noch eine Anmerkung zu vergangenen Zeiten. In älteren Windows-Programmen werden Sie verschiedentlich die folgenden Zeilen in *WinMain* finden:

```
if (!hPrevInstance)
{
     wndclass.cbStyle = CS_HREDRAW | CS_VREDRAW ;

     [Zuweisungen an die restlichen Felder von wndclass]

     RegisterClass (&wndclass) ;
}
```

Diese Prüfung ist ein Beweis dafür, dass alte Gewohnheiten nur schwer totzukriegen sind. Wenn man in den 16-Bit-Versionen von Windows ein und dasselbe Programm zweimal startet, dann bekommt die zweite Programmkopie die Kennziffer der ersten als *hPrevInstance* übergeben und kann die von der ersten Programmkopie angelegte Fensterklasse mitbenutzen, d.h. sich das Anlegen einer eigenen Klasse und damit einige hundert Bytes an Speicherverbrauch sparen. Konsequent wurden Fensterklassen bei der 16-Bit-Programmierung nur dann angemeldet, wenn *hPrevInstance* den Wert NULL hatte.

Bei den 32-Bit-Versionen von Windows hat *hPrevInstance* immer den Wert NULL. Die Prüfung schadet hier also nichts, ist aber definitiv überflüssig.

Das Anlegen des Fensters

Wie bereits gesagt, legt die Definition der Fensterklasse allgemeine Eigenschaften fest, die als Grundlage einer beliebigen Zahl von Fenstern dienen. Die Details im Erscheinungsbild einzelner Fenster werden dagegen jeweils separat festgelegt – nämlich über die Funktion *.CreateWindow*, die anstelle einer Struktur eine Reihe separater Parameter erwartet. Ihr Aufruf sieht in HELLOWIN.C so aus:

```
hwnd = CreateWindow (szAppName,                  // Name der Fensterklasse
          TEXT ("Das erste echte Programm"),     // Fenstertitel
          WS_OVERLAPPEDWINDOW,                   // Fensterstil
          CW_USEDEFAULT,                         // X-Position des Fensters
          CW_USEDEFAULT,                         // Y-Position des Fensters
          CW_USEDEFAULT,                         // Fensterbreite
          CW_USEDEFAULT,                         // Fensterhöhe
```

```
NULL,                               // übergeordnetes Fenster
NULL,                               // Menü
hInstance,                          // Programm-Kopiezähler (Programm-ID)
NULL) ;                             // zusätzliche Parameter
```

Die Querverbindung zwischen der Fensterklasse und dem Fenster selbst wird dabei über den ersten Parameter von *CreateWindow* hergestellt, für den HELLOWIN.C konsequent wieder den in *szAppName* gespeicherten String (»HelloWin«) benutzt. Der zweite Parameter dieser Funktion bestimmt, welcher Text in der Titelleiste erscheint. (Dass es von *CreateWindow* wiederum eine »A«- und eine »W«-Version gibt, die für die ersten beiden Parameter ANSI- bzw. Unicode-Strings erwarten, muß ich an dieser Stelle wohl kaum noch erklären.)

Das durch diesen Aufruf erzeugte Fenster entspricht dem Standard von Windows: Es wird durch einen dick ausgezogenen Rahmen begrenzt und hat eine Titelleiste, in der sich links das Systemmenü, rechts die Schaltflächen zum Verkleinern, Vergrößern und Schließen befinden. Diese Eigenschaften werden durch die Konstante WS_OVERLAPPEDWINDOW festgelegt, die als dritter Parameter von *CreateWindow* erscheint. Wie ein kurzer Blick in WINUSER.H zeigt, geht es dabei wieder einmal um die Kombination mehrerer Bitflags:

```
#define WS_OVERLAPPEDWINDOW (WS_OVERLAPPED    | \        /* überlappend */
                             WS_CAPTION       | \        /* Titelleiste */
                             WS_SYSMENU       | \        /* Systemmenü */
                             WS_THICKFRAME    | \        /* dick ausgezogener Rahmen */
                             WS_MINIMIZEBOX   | \        /* Verkleinerungssymbol */
                             WS_MAXIMIZEBOX)             /* Vergrößerungssymbol */
```

Die nächsten beiden Parameter legen fest, an welcher Stelle das Fenster erscheinen soll. Wir verwenden hier die Konstante CW_USEDEFAULT, die in WINUSER.H als 0x80000000 definiert ist, d.h. überlassen die Positionierung dem System. Als Ergebnis werden mehrere mit diesen Parametern neu angelegte Fenster in Form einer absteigenden Treppe auf den Bildschirm gebracht, solange es ihre Größe zuläßt.

Für die Breite und Höhe des Fensters verwendet HELLOWIN ebenfalls den Wert CW_USEDEFAULT, d.h. überläßt die Entscheidung dem System.

Da kein übergeordnetes Fenster existiert, auf dessen Oberfläche das Fenster von HELLOWIN erscheinen sollte, bekommt der siebte Parameter von *CreateWindow* den Wert NULL. (Der Desktop ist zwar ebenfalls ein Fenster mit einem eigenen Handle, der sich über die Funktion *GetDesktopWindow* ermitteln ließe, gilt hier aber nicht als übergeordnet.)

Da HELLOWIN sein Dasein ohne eigenes Menü fristen muß, übergibt das Programm als neunten Parameter ein weiteres Mal den Wert NULL. (Dabei bleibt es dann auch für mehrere hundert Seiten in diesem Buch, weil Menüs erst in Kapitel 10 an die Reihe kommen und es hier im Gegensatz zu Icons, Cursorformen usw. keine fixen Vorgaben des Systems gibt – wenn man einmal vom Systemmenü absieht.)

Als vorletzten Parameter erwartet *CreateWindow* die »Instanz-Kennziffer« des Programms, wobei hier der an *WinMain* als *hInstance* übergebene Wert eingesetzt wird.

Über den letzten Parameter von *CreateWindow* könnte man schließlich einen beim Registrieren der Fensterklasse reservierten Bereich ansprechen – eine Möglichkeit, die HELLOWIN nicht nutzt und deshalb den Wert NULL einsetzt.

Das Ergebnis der Funktion ist die Kennziffer des neu erzeugten Fensters, die HELLOWIN in der Variablen *hwnd* (Typ: HWND = »handle [to a] window«) speichert. Dieser Handle, der für jedes

Fenster einen eigenen Wert hat, stellt den zentralen Dreh- und Angelpunkt jeder weiteren Operation dar.

Darstellen des Fensters

Nachdem *CreateWindow* seine Aufgabe erfüllt hat, existiert das neu angelegte Fenster als interne Datenstruktur von Windows – und sonst nirgendwo. Damit man auch etwas auf dem Bildschirm zu sehen bekommt, sind zwei weitere Funktionsaufrufe vonnöten:

```
ShowWindow (hwnd, iCmdShow) ;
```

Der erste Parameter von *ShowWindow* ist der von *CreateWindow* zurückgelieferte Handle, der zweite entspricht dem an *WinMain* übergebenen Wert *iCmdShow*. Auf diese Art und Weise wird festgelegt, ob das Fenster in aktiver Form (SW_SHOWNORMAL), aktiv und auf den gesamten Bildschirm vergrößert (SW_SHOWMAXIMIZED) oder nur als Icon (SW_SHOWMINNOACTIVE) in der Task-Leiste erscheint. (Vorgeben lassen sich diese Werte unter anderem über das Feld »Anzeigen in« der Eigenschaften von Verknüpfungen. Bei einem Doppelklick auf dem Programmsymbol im Explorer kommt grundsätzlich SW_SHOWNORMAL heraus.)

ShowWindow unterscheidet allerdings nicht nur zwischen den verschiedenen Formen eines Fensters, sondern teilt Windows überhaupt erst einmal mit, dass das jeweilige Fenster sichtbar werden soll (exakter: tut es bei diesem Aufruf. Mit *ShowWindow(hwnd, SW_HIDE)* läßt sich ein Fenster bei Bedarf wieder unsichtbar machen.)

So lange Sie nicht gerade über eine Verknüpfung dafür gesorgt haben, dass HELLOWIN sein Leben als Icon in der Task-Leiste fristen muß, reagiert Windows auf den Aufruf von *ShowWindow* mit dem Zeichnen der Titelleiste und des Fensterrahmens. Den eigentlichen Fensterinhalt bekommt man erst nach einem zweiten Aufruf zu sehen:

```
UpdateWindow (hwnd) ;
```

sendet der Window-Prozedur (in HELLOWIN.C: *WndProc*) eine Nachricht des Typs WM_PAINT und veranlaßt sie so, den Anwendungsbereich erst einmal mit dem in der Fensterklasse definierten Muster (hier: einem durchgehenden Weiß) zu füllen und dann den Fensterinhalt auszugeben. Auf welche Weise *WndProc* diese Nachricht und andere behandelt, ist das Thema der nächsten Abschnitte.

Die Ereignis-Warteschleife

Nachdem der Aufruf von *UpdateWindow* das Fenster samt Inhalt auf dem Bildschirm gebracht hat, muß das Programm weitere Aktionen des Benutzers (via Tastatur und Maus) berücksichtigen. Wie bereits erwähnt, unterhält Windows für jedes Programm eine Ereignis-Warteschlange, in die diese Aktionen in Form von Nachrichten eingereiht werden. Das Programm liest diese Nachrichten über eine Schleife der folgenden Form:

```
while (GetMessage (&msg, NULL, 0, 0))
     {
     TranslateMessage (&msg) ;
     DispatchMessage (&msg) ;
     }
return msg.wParam ;
```

Die an die Funktion *GetMessage* übergebene Variable *msg* hat den in WINUSER.H definierten Strukturtyp MSG:

```
typedef struct tagMSG
{
     HWND   hwnd ;
     UINT   message ;
     WPARAM wParam ;
     LPARAM lParam ;
     DWORD  time ;
     POINT  pt ;
}
MSG, * PMSG ;
```

Der Datentyp POINT stellt eine weitere Struktur dar, die erfreulicherweise recht einfach ausfällt:

```
typedef struct tagPOINT
{
     LONG  x ;
     LONG  y ;
}
POINT, * PPOINT;
```

Ein Aufruf von *GetMessage* in der Form

```
GetMessage (&msg, NULL, 0, 0) ;
```

liest die jeweils nächste Nachricht aus der Warteschlange und übergibt *GetMessage* einen Zeiger auf die (programmeigene) Variable *msg*. (Über die Wertefolge NULL, 0, 0 wird dabei angezeigt, dass das Programm sämtliche Nachrichten für sämtliche seiner Fenster bearbeiten will). Als Ergebnis des Aufrufs werden die Felder der Variablen *msg* gesetzt:

- *hwnd* – der Handle zu dem Fenster, für das die Nachricht bestimmt ist. Da HELLOWIN lediglich ein einziges Fenster definiert, ist dieser Wert konstant, d.h. entspricht dem Ergebnis des ersten (und einzigen) Aufrufs von *CreateWindow.*
- *message* – eine Kennziffer für die Art der Nachricht. Die Include-Dateien (hauptsächlich: WINUSER.H) definieren für jeden möglichen Wert eine Konstante, deren Namen mit dem Präfix WM (»window message«) beginnt. Wenn Sie beispielsweise den Cursor in das Fenster bewegen und dann die linke Maustaste drücken, setzt der nächste Aufruf von *GetMessage* das Feld *msg.message* auf den Wert WM_LBUTTONDOWN.
- *wParam* – ein zu der Nachricht gehöriger Parameter mit 32 Bit, dessen Wert und Bedeutung vom jeweiligen Ereignis abhängig ist.
- *lParam* – ein zu der Nachricht gehöriger Parameter mit 32 Bit, ebenfalls abhängig von der Art des Ereignisses.
- *time* – die Uhrzeit zum Zeitpunkt des Ereignisses.
- *pt* – die Koordinaten des Cursors zum Zeitpunkt des Ereignisses.

GetMessage liefert neben den veränderten Feldern von *msg* ein zweites Ergebnis zurück – nämlich einen Wert ungleich 0 für sämtliche Nachrichten mit der Ausnahme von WM_QUIT. Da die Ereignis-Warteschleife von HELLOWIN mit *while* aufgebaut ist, wird sie also solange wiederholt, bis das Programm die Nachricht WM_QUIT erhält (und in diesem Fall mit dem Zurückliefern von *msg.wParam* endet).

Der Aufruf

```
TranslateMessage (&msg) ;
```

übergibt die soeben von *GetMessage* besetzte Struktur wieder an Windows und erledigt auf diese Weise einige Umsetzungen von Tastaturbefehlen, auf die ich in Kapitel 6 noch ausführlich zu sprechen komme. Der Befehl

```
DispatchMessage (&msg) ;
```

sorgt schließlich für die »Verteilung« der Nachrichten, d.h. die Weitergabe an die entsprechende Window-Prozedur. Im Falle von HELLOWIN handelt es sich dabei ausschließlich um *WndProc*: Diese Funktion sollte auf die übergebene Nachricht in entsprechender Weise reagieren und schließlich mit einem *return*-Befehl enden, der den Prozessor wieder zum Code von *DispatchMessage* in Windows zurückführt. Der Rücksprung von *DispatchMessage* bringt ihn schließlich wieder in die Ereignis-Warteschleife des momentan aktiven Programms, das unmittelbar danach einen weiteren Aufruf von *GetMessage* ausführt.

Die Window-Prozedur

Seien wir ehrlich: was ich bis jetzt beschrieben habe, fällt ausschließlich in die Kategorie »Überbau«. Die Fensterklasse ist registriert, das Fenster angelegt, auf dem Bildschirm dargestellt, das Programm durchläuft die Ereignis-Warteschleife... – und die eigentliche Aktion findet an ganz anderer Stelle statt, nämlich in der Window-Prozedur: Sie bestimmt das tatsächliche Verhalten des Programms, d.h. seine Reaktion auf Aktionen des Benutzers.

Window-Prozeduren können (im Gegensatz zu *WinMain*) beliebige Namen haben und in beliebiger Zahl in einem Programm erscheinen. Eine Window-Prozedur wird über einen Aufruf von *RegisterClass* mit einer Fensterklasse verbunden, ist für sämtliche (mit *CreateWindow* erzeugten) Fenster dieser Klasse zuständig und hat die folgende Definition:

```
LRESULT CALLBACK WndProc (HWND hwnd, UINT message, WPARAM wParam, LPARAM lParam)
```

Offensichtlich sind diese Parameter mit den ersten vier Feldern des Strukturtyps MSG identisch: *hwnd* stellt den Handle des Fensters dar, für das die Nachricht bestimmt ist – also den Wert, den *CreateWindow* beim Erzeugen des jeweiligen Fensters als Ergebnis zurückgeliefert hat. (In einem Programm wie HELLOWIN, das sich auf ein einziges Fenster beschränkt, kann man diesen Parameter getrost ignorieren – existieren dagegen mehrere Fenster derselben Klasse, muß die Window-Prozedur über *hwnd* eine Unterscheidung treffen). *message* enthält eine Kennziffer für die Art der Nachricht (und hat den Typ UINT, d.h. stellt einen Wert mit 32 Bit dar), *wParam* und *lParam* gehören zu dieser Nachricht und haben je nach Art des Ereignisses wechselnde Bedeutung.

Window-Prozeduren werden übrigens von einem Programm aus so gut wie nie direkt aufgerufen, sondern praktisch ausschließlich aus Windows heraus. (Programme, die »sich selbst« eine Nachricht senden wollen, verwenden deshalb eine Funktion mit dem sprechenden Namen *SendMessage*, zu der ich in einem der folgenden Kapitel noch ausführlich komme.)

Bearbeiten von Nachrichten

Die Art einer Nachricht, die eine Window-Prozedur erhält, ist über den Wert des Parameters *message* eindeutig festgelegt. WINUSER.H und andere Include-Dateien definieren für jede Art von Nachricht eine eigene Konstante, deren Name mit der Zeichenfolge WM (für »window message«) beginnt.

Üblicherweise besteht die Bearbeitung von Nachrichten in erster Linie aus einem *switch*, über dessen *case*-Zweige der Parameter *message* mit den einzelnen Konstanten verglichen wird. Auf eine bearbeitete Nachricht sollte die Window-Prozedur mit dem Zurückliefern des Wertes 0 reagieren – auf alle nicht bearbeiteten Nachrichten dagegen mit dem Aufruf der Windows-Funktion *DefWindowProc* und der Weitergabe ihres Ergebnisses.

In HELLOWIN kümmert sich *WndProc* lediglich um drei Nachrichten namens WM_CREATE, WM_PAINT und WM_DESTROY – alles andere wird *DefWindowProc* überlassen:

```
switch (message)
     {
     case WM_CREATE:
        [ Reaktion auf WM_CREATE]
          return 0 ;

     case WM_PAINT :
        [ Reaktion auf WM_PAINT ]
          return 0 ;

     case WM_DESTROY :
        [ Reaktion auf WM_DESTROY ]
          return 0 ;
     }

return DefWindowProc (hwnd, message, wParam, lParam) ;
```

Der Aufruf von *DefWindowProc* für alle nicht direkt von *WndProc* bearbeiteten Nachrichten ist *keine* Kosmetik, sondern eine zwingende Notwendigkeit. Wie der Name dieser Routine (»default window procedure«) bereits vermuten läßt, übernimmt sie die Bearbeitung aller Nachrichten, um die sich das Programm nicht selbst kümmert.

Das Abspielen einer Audiodatei

Die allererste Nachricht, die eine Window-Prozedur nach dem Anlegen eines Fensters erhält – und gleichzeitig die erste der drei Nachrichten, auf die *WndProc* in HELLOWIN reagiert – hat die Kennziffer (den »Typ«) WM_CREATE. Die Nachricht landet nicht in der Warteschlange, sondern wird von *CreateWindow* direkt erzeugt: Nachdem diese Funktion ihre Arbeit erledigt (lies: eine Datenstruktur belegt, initialisiert und ihr eine Kennziffer – den Fensterhandle – zugewiesen hat), ruft sie die Window-Prozedur auf und übergibt als ersten Parameter den neuen Fensterhandle, als zweiten Parameter den Wert 1, für den WINUSER.H die Konstante WM_CREATE definiert. *WndProc* »bearbeitet die Nachricht«, d.h. führt die im *case*-Zweig für WM_CREATE festgelegten Aktionen aus und endet in diesem Fall mit der Anweisung *return 0*, die den Prozessor erst in den Code von *CreateWindow* und dann schließlich wieder in die Funktion *WinMain* von HELLOWIN zurückführt.

Da es hier definitiv um die erste Nachricht geht, die ein Programm beim Anlegen eines neuen Fensters für dieses Fenster erhält, verwendet man WM_CREATE oft für Initialisierungen, die beim Start eines Programms einmal (und nur einmal) ausgeführt werden sollen. HELLOWIN benutzt diese Gelegenheit zum Abspielen der Audiodatei HELLOWIN.WAV und verwendet dazu mit *PlaySound* die einfachste aller Multimedia-Funktionen, die Windows zu bieten hat. Die Beschreibung von *PlaySound* finden Sie unter */Platform SDK/Graphics and Multimedia Services/Multimedia Audio/Waveform Audio*, Details zu den einzelnen Parametern im Abschnitt */Platform SDK/Graphics and Multimedia Services/Multimedia Reference/Multimedia Functions*.

Als ersten Parameter erwartet *PlaySound* den Namen einer Audiodatei (oder eines Alias, der über das Icon »Akustische Signale« in der Systemsteuerung festgelegt wurde. Mit direkt angegebenen Binärdaten kommt die Routine ebenfalls zurecht, benötigt dann aber über den zweiten Parameter zusätzliche Informationen). Der dritte Parameter ist schließlich wieder einmal eine Kombination diverser Bitflags, die einerseits über die Art der ersten beiden Parameter Auskunft geben, andererseits das Verhalten der Routine festlegen:

```
PlaySound (TEXT ("hellowin.wav"), NULL, SND_FILENAME | SND_ASYNC) ;
```

In HELLOWIN habe ich angegeben, dass es bei dem ersten Parameter um einen Dateinamen (und nicht um einen Zeiger auf einen Speicherbereich mit binären Audiodaten) geht; außerdem wird die Routine angewiesen, den Sound asynchron abzuspielen: Direkt nach dem Laden der Datei geht es deshalb in HELLOWIN weiter. (Die Alternative wäre ein synchrones Abspielen, das den Prozessor bis zum Ende der Audiodatei in *PlaySound* festhält.)

Der *case*-Zweig für WM_CREATE endet mit dem Zurückliefern des Ergebnisses 0 (und zeigt so an, dass alles seine Ordnung hat. Über das Ergebnis -1 ließe sich *CreateWindow* anweisen, die Operation als gescheitert zu betrachten, das neu angelegte Fenster wieder abzubauen und als eigenes Funktionsergebnis den Wert NULL zurückzuliefern.)

WM_PAINT...

ist die zweite Nachricht, auf die *WndProc* mit eigenen Aktionen reagiert – und die Sie in den nächsten Kapiteln auf Schritt und Tritt verfolgen wird: WM_PAINT informiert ein Fenster, dass sein Inhalt teilweise oder komplett »ungültig« geworden ist und deshalb erneut ausgegeben werden muß.

Auf welche Weise ein Fensterinhalt ungültig werden kann? Nun – wenn ein Fenster neu angelegt wird, ist sein gesamter Inhalt »ungültig«, weil das Programm bis dato noch überhaupt nichts ausgegeben hat. Aus diesem Grund folgt dem Sichtbarmachen eines neuen Fensters über *ShowWindow* üblicherweise ein Aufruf von *UpdateWindow*, wobei die zweite Funktion im Endeffekt nicht viel mehr tut, als die Window-Prozedur mit dem Fensterhandle und dem Nachrichtentyp WM_PAINT aufzurufen.

Wenn Sie die Größe des Fensters von HELLOWIN verändern, wird ebenfalls der gesamte Fensterinhalt ungültig. (Was speziell bei Verkleinerungen nicht zwingend der Fall sein müßte – wie Sie sich aber vielleicht erinnern, setzt das Programm das Feld *style* seiner Fensterklasse mit den Flags CS_HREDRAW und CS_VREDRAW und weist Windows damit an, bei jeder Art von Größenveränderung eine WM_PAINT-Nachricht zu erzeugen).

Ähnliches gilt für das Umschalten zwischen der Fenster-Originalgröße und einem Icon. Theoretisch wäre es zwar denkbar, dass Windows den Fensterinhalt bei Verkleinerungen speichert – in der Praxis käme dabei aber eine nicht zu bewältigende Menge an Daten heraus. Aus diesem

Grund betrachtet Windows hier in jedem Fall (unabhängig vom »Stil« des Fensters) den gesamten Inhalt als ungültig und gibt eine Nachricht des Typs WM_PAINT aus.

Eine vierte und letzte Möglichkeit besteht im Bewegen überlappender Fenster: auch hier wird der Originalinhalt nicht von Windows gespeichert, sondern lediglich der entsprechende Bereich als »ungültig« ausgewiesen.

Die Reaktion auf WM_PAINT wird üblicherweise vom Aufruf zweier Windows-Funktionen eingerahmt:

```
hdc = BeginPaint (hwnd, &ps) ;
[Die eigentliche Zeichenaktion]
EndPaint (hwnd, &ps) ;
```

Bei beiden Aufrufen stellt der erste Parameter den Handle zum entsprechenden Fenster dar, der zweite einen Zeiger auf eine Struktur des Typs PAINTSTRUCT. (PAINTSTRUCT enthält eine Reihe von Informationen, über die eine Window-Prozedur einen Bereich eines Fensters neu zeichnen kann und wird im nächsten Kapitel ausführlicher besprochen.)

Falls der Fensterinhalt nicht bereits auf andere Weise gelöscht wurde, führt *BeginPaint* als erstes einen entsprechenden Schritt aus, d.h. füllt den als ungültig betrachteten Bereich mit dem Füllmuster, das über das Feld *hbrBackground* der entsprechenden Fensterklasse beim Aufruf von *RegisterClass* festgelegt wurde. Bei HELLOWIN handelt es sich dabei um das Muster WHITE_BRUSH: Der entsprechende Bereich wird also in eine durchgehend weiße Fläche verwandelt. Danach erklärt *BeginPaint* den gesamten Anwendungsbereich des Fensters wieder als »gültig« und liefert einen Handle zu einem Gerätekontext (»device context«) zurück, d.h. eine Kennziffer für ein physisches Ausgabegerät wie den Bildschirm oder den Drucker bzw. den dazugehörigen Gerätetreiber. Die Ermittlung dieses Handles stellt eine unbedingte Voraussetzung für Zeichenaktionen jeder Art dar und legt gleichzeitig ihre Grenzen fest: mit einem Gerätekontext, der für einen Fensterinhalt ermittelt wurde, werden die Aktionen exakt auf den dazugehörigen Bereich beschränkt – weshalb man sich keine Sorgen machen muß, eventuell versehentlich über einen Fensterrahmen hinaus zu zeichnen oder zu schreiben. *EndPaint* gibt diesen Gerätekontext wieder frei, teilt Windows also mit, dass die für diese Aktualisierungsaktion benötigten Daten nicht mehr gebraucht werden.

Eine hypothetische Window-Prozedur, die WM_PAINT nicht bearbeitet und statt dessen an *DefWindowProc* weitergibt, löst damit zwei direkt aufeinanderfolgende Aufrufe von *BeginPaint* und *EndPaint* aus, d.h. erklärt den zuvor als »ungültig« markierten Fensterbereich als aktualisiert.

Die in HELLOWIN verwendete Variante von *WndProc* läßt auf den Aufruf von *BeginPaint* einen Aufruf der Funktion *GetClientRect* folgen:

```
GetClientRect (hwnd, &rect) ;
```

Der erste Parameter dieser Funktion ist wiederum der Handle des Fensters, der zweite ein Zeiger auf eine programmeigene Struktur des Typs RECT, die sich ihrerseits aus vier Feldern mit den Namen *left*, *top*, *right* und *bottom* zusammensetzt. *GetClientRect* setzt hier die Dimensionen des Fensterinhalts ein, d.h. weist *left* und *top* den Wert 0, *right* und *bottom* die Breite bzw. Höhe des Anwendungsbereichs zu – also der »Zeichenfläche« innerhalb des Fensters, wobei die Angabe in Pixeln erfolgt.

WndProc wertet diese Daten nicht selbst aus, sondern übergibt sie lediglich als Parameter an die Funktion *DrawText*:

```
DrawText (hdc, TEXT ("Hello, Windows 98!"), -1, &rect,
        DT_SINGLELINE | DT_CENTER | DT_VCENTER) ;
```

Wie der Name wohl vermuten läßt, ist *DrawText* für die Ausgabe von Text zuständig. Diese Funktion erwartet als ersten Parameter den (mit *BeginPaint* ermittelten) Gerätekontext, der das Ziel der Ausgabe und ihre Grenzen festlegt. Der zweite Parameter stellt den auszugebenden Text dar; der Wert -1 als dritter Parameter signalisiert, dass dieser Text mit einem (ANSI- oder Unicode-)NUL endet.

Die als letzter Parameter angegebene Kombination von Bitflags weist die Funktion an, den Text auf einer einzigen Zeile (DT_SINGLELINE) sowie horizontal und vertikal zentriert auszugeben. (Die dafür verwendeten DT_...-Konstanten stammen wiederum aus WINUSER.H). Als Bezugspunkt für die zentrierte Ausgabe wird dabei *nicht* der Gerätekontext, sondern das als vierter Parameter übergebene Rechteck benutzt (was in diesem Fall auf dasselbe hinausläuft, weil *rect* zuvor via *GetClientRect* auf die gesamte Fenstergröße gesetzt wurde). Das Ergebnis dieses Aufrufs ist bereits bekannt: es besteht aus der Ausgabe des Textes »Hello, Windows 98!« in der Mitte des Anwendungsbereichs.

Wenn der Fensterinhalt (durch das Verändern der Fenstergröße, das Verschieben anderer Fenster usw.) ungültig wird, sendet Windows *WndProc* erneut eine Nachricht des Typs WM_PAINT, auf die die Routine mit der Ermittlung der neuen Fenstergröße (via *GetClientRect*) und einer weiteren Ausgabe dieses Texts über *DrawText* reagiert.

WM_DESTROY

Diese Nachricht wird von Windows als Reaktion auf die Auswahl von »Schließen« im Systemmenü, einen Klick im Schließfeld der Titelleiste oder durch den Tastenbefehl Strg+F4 erzeugt: Sie teilt einer Window-Prozedur mit, dass das entsprechende Fenster abgebaut werden soll. (Wie WM_DESTROY im Detail zustande kommt, wird weiter hinten in diesem Kapitel erläutert.)

In HELLOWIN reagiert *WndProc* auf WM_DESTROY mit einem Standardbefehl:

```
PostQuitMessage (0) ;
```

PostQuitMessage beschränkt sich darauf, die Nachricht WM_QUIT in die Warteschlange des Programms einzufügen und tut sonst überhaupt nichts – tatsächlich haben wir hier einen der wenigen Fälle, in denen die eigentliche Aktion im Hauptprogramm (*WinMain*) stattfindet. Wie bereits erwähnt, liefert *GetMessage* für WM_QUIT das Ergebnis 0 und beendet damit die mit *while* aufgebaute Ereignis-Warteschleife, auf die in *WinMain* nur noch ein *return*-Befehl folgt, der das Programm (über einen Rücksprung zu seinem Startcode) endgültig beendet.

Die Hürden bei der Programmierung

Trotz der reichlich lang ausgefallenen Erläuterung von HELLOWIN bleiben Struktur und Arbeitsweise des Programms nach wie vor recht mysteriös. Während sich ein kurzes C-Programm für eine konventionelle Umgebung wie DOS oder UNIX auf eine einzige Funktion *main* beschränken kann, haben wir in HELLOWIN eine »Oberfunktion« namens *WinMain*, die ausschließlich aus Überbau zum Registrieren der Fensterklasse, dem Erzeugen des Fensters sowie dem Abfragen bzw. »Verteilen« von Nachrichten besteht – und sonst überhaupt nichts tut: die eigentliche Aktion geschieht in einer Window-Prozedur.

Auch wenn *WndProc* in HELLOWIN nicht gerade mit überwältigendem Aktionismus glänzt, verdeutlicht dieses Programm bereits ein Prinzip, das durch die folgenden Kapitel weiter und weiter vertieft wird: Tatsächlich ist *jede* Aktion, die ein Windows-Programm unternimmt, letztlich die Reaktion auf eine Nachricht, d.h. findet nicht in einem Hauptprogramm, sondern innerhalb einer Window-Prozedur statt. Diese verkehrte Welt ist eine der größeren konzeptuellen Hürden, die man bei der Windows-Programmierung nehmen muß.

Herzlichen Dank, wir rufen zurück!

Wie ich bereits zu Anfang dieses Kapitels erwähnt habe, ist wohl jeder Programmierer mit dem Konzept von Bibliotheksaufrufen vertraut: Auf eine Anweisung wie *open* oder *fopen* hin erzeugt der Compiler Code zum Aufruf diverser Bibliotheksroutinen, deren Befehle schließlich für die entsprechenden Aufrufe des Betriebssystems sorgen. Die Hierarchie ist in diesem Fall eindeutig: Was wann und zu welchem Zeitpunkt aktiviert wird, bestimmen letztlich Sie – und sonst niemand.

Nicht so in Windows. Zwischen mehreren tausend Funktionen, die dieses System zur Verfügung stellt, verbergen sich einige Mechanismen, die ihrerseits Routinen des eigenen Programms nach Lust und Laune aufrufen – spezifisch: Die Window-Prozedur, der ich in HELLOWIN den Namen *WndProc* gegeben habe und die über einen Aufruf der Routine *RegisterClass* mit einer Fensterklasse verbunden wird. Nachdem man via *CreateWindow* ein oder mehrere Fenster der entsprechenden Klasse erzeugt hat, übergibt das System diesen Fenstern Nachrichten, indem es *WndProc* mit entsprechenden Parametern aufruft.

Noch dazu ist die Zahl dieser Aufrufe alles andere als dazu angetan, das Gemüt zu beruhigen: selbst in einem so einfachen Programm wie HELLOWIN wird *WndProc* beim Erzeugen des Fensters, bei jeder Größenveränderung, bei der Umschaltung zwischen Fenster und Icon, bei Mausklicks, Tastendrücken, dem Bewegen der Marke in Bildlaufleisten und schließlich beim Abbau des Fensters benutzt.

Jedes dieser Ereignisse ist durch eine eigene Art von Nachricht gekennzeichnet, für die WINUSER.H eine Konstante definiert – und wer sich die Mühe macht, die WM_...-Konstanten in dieser Datei durchzuzählen, kommt auf über 200 Stück.

So fremdartig und verwirrend sich das gesamte Konzept auch anhört – absolut neu ist es nicht: Bei ANSI C läßt sich beispielsweise ein Programm über *signal* »benachrichtigen«, dass der Benutzer Strg+C eingegeben hat, Hardware-Interrupts und Maustreiber folgen demselben Prinzip, und die ON...GOTO-Befehle von BASIC existieren seit rund zwanzig Jahren.

Tatsächlich besteht die einzige echte Neuerung von Windows (in diesem Punkt) in der Ausschließlichkeit: *Sämtliche* Ereignisse wie Tastendrücke, Mausklicks usw. werden in Form einer Nachricht an eine Window-Prozedur weitergegeben, eine Abfrage der Eingabe im konventionellen Sinne findet überhaupt nicht statt.

Da man mit einer Nachricht wie »Taste gedrückt« nicht allzuviel anfangen kann, wenn man nicht weiß, um *welche* Taste es sich dabei handelt, erwartet *WndProc* neben dem Handle des Fensters und der Art der Nachricht zwei weitere Parameter namens *wParam* und *lParam*, die in HELLOWIN lediglich weitergegeben werden. Anhand der (bis dato nicht behandelten) Nachricht WM_SIZE läßt sich verdeutlichen, was es mit diesen beiden Werten auf sich hat: Wenn sich die Größe eines Fensters ändert, ruft Windows die Window-Prozedur mit dem Handle des Fensters und der Nachricht WM_SIZE auf. Der Parameter *wParam* kann in diesem Fall die Werte SIZE_RESTORED, SIZE_MINIMIZED, SIZE_MAXIMIZED, SIZE_MAXSHOW und SIZE_-MAXHIDE annehmen, die in WINUSER.H als 0..4 definiert sind. Er zeigt an, ob das Fenster auf seine Standardgröße gesetzt, als Icon dargestellt, auf den gesamten Bildschirm vergrößert, oder (als Resultat der Vergrößerung eines anderen Fensters) versteckt werden soll. *lParam* muß in diesem Fall in Form zweier getrennter Werte interpretiert werden und gibt die neue Horizontal- bzw. Vertikalgröße des Fensters in Pixeln an. (Für diese Interpretation definiert WINDEF.H einen separaten Makro, zu dem ich im nächsten Kapitel komme).

In einigen Fällen erzeugen Nachrichten als Resultat ihrer Bearbeitung durch *DefWindowProc* weitere Nachrichten. Wenn Sie beispielsweise HELLOWIN über einen Klick im Schließfeld seiner Titelleiste oder die Auswahl von »Schließen« im Systemmenü beenden, entwickelt sich daraus eine ganze Kette von Ereignissen: Windows erzeugt als direkte Reaktion eine Nachricht des Typs WM_SYSCOMMAND, die von *WndProc* an *DefWindowProc* übergeben wird. *DefWindowProc* übernimmt die Bearbeitung des entsprechenden Tastendrucks bzw. Mausklicks und erzeugt daraus eine Nachricht des Typs WM_CLOSE, die in *WndProc* wiederum nicht bearbeitet wird und deshalb zu einem weiteren Aufruf von *DefWindowProc* führt. *DefWindowProc* reagiert auf WM_CLOSE mit einem Aufruf der Funktion *DestroyWindow*, die ihrerseits die Nachricht WM_DESTROY an *WndProc* sendet: *WndProc* reagiert darauf mit einem Aufruf von *PostQuitMessage* und fügt ein WM_QUIT in die Warteschlange ein, d.h. beendet so die Ereignis-Warteschleife in *WinMain* (und damit das gesamte Programm).

Nachrichten innerhalb und außerhalb der Warteschlange

In den vorangehenden Abschnitten war hauptsächlich von Nachrichten die Rede, die Windows einer Window-Prozedur über einen direkten Aufruf sendet. Andererseits existiert aber auch die Ereignis-Warteschleife in *WinMain*, die eine Warteschlange über *GetMessage* abfragt und über *DispatchMessage* weiterleitet.

Womit sich die Frage erhebt, ob ein Windows-Programm nicht doch (wie ein konventionelles Programm) schlicht endlos im Kreis läuft, während es auf Neuigkeiten wartet. Oder erhält es Nachrichten sozusagen aus heiterem Himmel? Nun – sowohl als auch.

Tatsächlich lassen sich Nachrichten in die Klassen »direkt« und »indirekt« unterteilen: Indirekte Nachrichten werden in die Warteschlange des Programms *eingereiht* und über die Ereignis-Warteschleife an die Window-Prozedur weitergegeben, direkte Nachrichten dagegen *gesendet*: Dort führt Windows den Aufruf von *WndProc* selbst aus. Als Ergebnis bekommt die Window-Prozedur sämtliche Nachrichten beider Arten zu sehen, die für Fenster ihrer Klasse bestimmt sind.

Das Ergebnis ist trotz – oder gerade wegen – dieser beiden Wege eine ausgesprochen klare Programmstruktur: Für jedes Fenster existiert ein einziger zentraler Punkt, über den die gesamte Kommunikation abgewickelt wird.

In die Klasse »eingereihte Nachrichten« fallen in erster Linie Ereignisse, die BenutzerInnen verursachen, wie beispielsweise Tastendrücke (WM_KEYDOWN und WM_KEYUP), Zeichen als Ergebnis von Tastendrücken (WM_CHAR), Bewegungen der Maus (WM_MOUSEMOVE) und Mausklicks (WM_LBUTTONDOWN). Dazu kommen Nachrichten des Timers (WM_TIMER) sowie die Aufforderung zum Neuzeichnen des Fensterinhalts (WM_PAINT) und schließlich das Beenden des Programms (WM_QUIT).

In die Klasse »gesendete Nachrichten« fallen neben sämtlichen Ereignissen anderer Arten auch die Nachrichten, die ihrerseits durch Nachrichten ausgelöst werden – beispielsweise der überwiegende Teil der Aktionen, die eine Weitergabe an *DefWindowProc* auslöst. Dazu kommen Nachrichten, die über einen Aufruf der Funktion *SendMessage* explizit gesendet werden. (Das Gegenstück zu *SendMessage* hört auf den Namen *PostMessage* und reiht die entsprechende Nachricht in die Warteschlange ein).

Ein Beispiel für gesendete Nachrichten ist das Erzeugen eines Fensters und seine Darstellung auf dem Bildschirm: nachdem Windows auf einen Aufruf von *CreateWindow* hin die dazugehörige Datenstruktur erstellt hat, sendet es der Window-Prozedur eine Nachricht des Typs WM_CREATE. In ähnlicher Weise beinhaltet der Aufruf von *ShowWindow* das Senden der Nachrichten WM_SIZE und WM_SHOWWINDOW an die Window-Prozedur – und wie bereits erwähnt, liegt die Hauptfunktion von *UpdateWindow* im Senden einer Nachricht des Typs WM_PAINT.

Nachrichten unterscheiden sich übrigens in einem wichtigen Punkt von Interrupts: Während die Window-Prozedur eine Nachricht verarbeitet, kann sie definitiv nicht durch eine andere Nachricht unterbrochen werden. Windows-Programme können mehrere Ausführungsstränge (»Threads«) verwenden, wobei Windows dann aber jedem dieser Threads eine eigene Warteschlange zuordnet und diese Warteschlangen ausschließlich mit den Nachrichten für die Window-Prozeduren füllt, die im Kontext des jeweiligen Threads laufen. Die Nachrichten-Warteschleife und die Window-Prozeduren eines Threads laufen nie parallel: Nachdem eine Warteschleife über *GetMessage* eine Nachricht abgeholt und mit *DispatchMessage* an die entsprechende Window-Prozedur weitergeleitet hat, bleibt der Prozessor aus der Sicht des Programms bzw. des Threads so lange in *DispatchMessage*, bis die Window-Prozedur ihre Aktionen mit einem Rücksprung zu Windows abgeschlossen hat.

Hundertprozentig gegen die mit rekursiver Programmierung verbundenen Probleme ist man allerdings auch hier nicht gefeit: Wenn eine Window-Prozedur eine Funktion von Windows aufruft, die ihrerseits das Senden einer oder mehrerer Nachrichten veranlaßt, dann landet der Prozessor zwangsläufig ein weiteres Mal in derselben Window-Prozedur. (Eines der einfacheren Beispiele dafür ist eine Window-Prozedur, die in irgendeinem Zweig einen Aufruf von *UpdateWindow* enthält.)

Kurz und gut: Window-Prozeduren müssen reentrant geschrieben werden. In den meisten Fällen ist das auch kein Problem – so lange Sie im Kopf behalten, dass sich diese Prozeduren unter Umständen »selbst aufrufen« können. Ein typisches Beispiel für eine Falltür ist eine statische Variable, die nicht nur in einem, sondern in mehreren *case*-Zweigen gesetzt und wieder gelesen wird. Wenn einer dieser Zweige Aufrufe von Windows-Funktionen enthält, die ihrerseits Nachrichten generieren, dann ergibt sich durchaus mal eine Situation, in der ein Wert »plötzlich« ganz anders aussieht als eigentlich erwartet. (Das stellt übrigens auch den Grund dafür dar, dass bestimmte Compiler-Optimierungen bei der Windows-Programmierung grundsätzlich außen vor bleiben.)

Ärgerlicherweise gibt es eine ganze Reihe von Fällen, in denen die Window-Prozedur Daten zwischen mehreren Aufrufen erhalten und dafür auf globale bzw. als *static* deklarierte Variablen ausweichen muß – einfache lokale Variablen der Klasse *auto* verbieten sich in diesen Fällen von selbst.

Zugegeben ist der gesamte Prozeß eine reichlich komplexe Angelegenheit, mit dessen Problematik sich erfreulicherweise aber überwiegend Windows selbst herumschlagen muß – und nicht das eigene Programm. Aus der Sicht einer Window-Prozedur (und damit der Perspektive des Programmierers) treffen Nachrichten in ordentlicher, zueinander passender Reihenfolge ein und können entweder bearbeitet oder ignoriert (sprich: an *DefWindowProc* weitergeleitet) werden. Tatsächlich stellt die Window-Prozedur eine Art »Big Brother« für das gesamte Programm dar (und kommt dabei ohne den sonst damit verbundenen negativen Beigeschmack aus): alles und jedes, was das oder die Fenster einer Anwendung betrifft, läßt sich an dieser Stelle kontrollieren.

Umschaltung zwischen Prozessen

Die 32-Bit-Versionen von Windows (Windows 95, Windows 98 und Windows NT) arbeiten mit verdrängendem Multitasking (dessen amerikanische Originalbezeichnung *preemptive* immer noch verschiedentlich als Unwort »präemptiv« in der deutschen Computerliteratur herumgeistert), erlauben dem Benutzer also auch dann sinnvolles Arbeiten, wenn ein Programm gerade mit einer längeren Aufgabe beschäftigt ist.

Dieses Prinzip stellt einen wesentlichen Vorteil gegenüber den 16-Bit-Versionen von Windows dar, die bei der Umschaltung zwischen Prozessen ausschließlich auf das Koooperationsprinzip bauen konnten – mithin die freiwillige Abgabe der Kontrolle durch die einzelnen Prozesse. Verdrängendes Multitasking versteht sich allerdings genauso wenig als Allheilmittel wie als Einladung zu schlechtem Benehmen: Stellen Sie sich beispielsweise ein Programm vor, das mit der Reaktion auf eine Nachricht mehrere Minuten vollauf beschäftigt ist. Während dieser Zeit kann der Benutzer zwar zu anderen Programmen umschalten, mit dem Programm aber selbst überhaupt nichts anfangen: Sein Fenster sitzt unbeweglich auf dem Bildschirm, läßt sich nicht einmal auf ein Icon in der Task-Leiste reduzieren geschweige den schließen – und glänzt in prachtvollem Weiß an den Stellen, die durch das Verschieben anderer Fenster freigeworden sind. (Und wenn die Window-Prozedur überhaupt keine expliziten Zweige für das Verschieben oder Verkleinern des Fensters enthält? Implizit tut sie das in jedem Fall, weil diese Operationen dann Sache der Routine *DefWindowProc* sind, die grundsätzlich als Teil einer Window-Prozedur gilt.)

Wie man endlose Rechenoperationen so verpackt, dass Programme auch während dieser Arbeit noch vernünftig reagieren, ist in Kapitel 20 beschrieben. Wenn Sie irgendwann einmal vor diesem Problem stehen, tun Sie sich von vornherein den Gefallen und verlassen Sie sich nicht ausschließlich darauf, dass es das System schon richten wird. Ein weißer Flatschen auf dem Bildschirm, der auf nichts und niemanden mehr reagiert, ist einfach ärgerlich. Benutzer finden so etwas genauso amüsant wie Bugs, exotische und unlogische Verhaltensweisen oder Online-Dokumentationen, die nicht über ein Halbfertigprodukt hinausgekommen sind. Allem Fortschritt zum Trotz gilt hier deshalb noch genau dieselbe Regel wie vor zehn Jahren: Ein vernünftiges Programm hat auf Nachrichten innerhalb von Sekundenbruchteilen zu reagieren – und sollte die Kontrolle ähnlich schnell wieder abgeben, damit es sich nicht selbst blockiert.

4 Textausgaben unter der Lupe

Im vorangehenden Kapitel haben wir uns mit einem einfachen Windows-Programm beschäftigt, das einen einzeiligen Text zentriert in seinem Fenster – exakter: dem »Anwendungsbereich« dieses Fensters – ausgibt. Unter diesem Begriff bzw. seinem englischen Äquivalent *Client Area* ist wie bereits gesagt der Teil eines Fensters zu verstehen, der nicht durch die Titelleiste, den Fensterrahmen sowie durch zusätzliche Elemente – wie etwa eine Menüleiste, eine Statuszeile oder Bildlaufleisten abgedeckt ist. Letztendlich handelt es sich also um den Bereich, mit dem die dazugehörige Anwendung tun kann, wonach ihr gerade der Sinn steht – solange sie sich nicht darauf verläßt, dass er eine bestimmte Größe hat oder während der gesamten Laufzeit in seiner Ausdehnung konstant bleibt.

Wer nicht an die Programmierung in grafisch orientierten Umgebungen gewöhnt ist, dürfte ob dieser (scheinbaren) Grenze erst einmal graue Haare bekommen – Tatsache aber ist, dass die starre Einteilung des Bildschirms in Zeilen mit jeweils 80 Spalten unter Windows schon allein deshalb keinen Sinn mehr macht, weil Ihr Programm sich den Platz auf dem Bildschirm mit anderen Anwendungen teilen muß. Außerdem ist es nicht mehr die Hardware, die die Größe der verwendbaren Bildschirmfläche bestimmt, sondern einzig und allein der Benutzer, der Fenster nach seinen Wünschen und Vorstellungen anordnen kann. (Auch wenn es technisch möglich und bei speziellen Anwendungen wie etwa einem Taschenrechner sogar sinnvoll ist, einem Fenster eine fixe Größe zu geben: Im Regelfall kann der Benutzer die Größe eines Fensters jederzeit ändern – und das Programm muß auf eine solche Änderung sinnvoll reagieren.)

Natürlich hat die freie Einstellbarkeit der Fenstergrößen nicht nur Schattenseiten: Ein Programm kann sich zwar in einem Fenster wiederfinden, das gerade einmal zur Darstellung eines Hilfeschreis ausreicht – genauso gut ist es aber möglich, dass ihm plötzlich ein hochauflösender 20-Zoll-Bildschirm zur Verfügung steht, auf dem sich neben zwei vollständigen Textseiten noch eine ganze Reihe anderer Dinge unterbringen lassen. Programme so auszulegen, dass sie mit beiden Extremen sinnvoll umgehen können, ist einer der Kernpunkte der Programmierung unter Windows.

Auf den folgenden Seiten geht es also darum, wie Programme etwas in ihrem Anwendungsbereich darstellen – und welche Möglichkeiten es hier außer den im vorangehenden Kapitel erläuterten Strickmethoden einfachster Natur noch gibt.

Obwohl Windows mit seinem *Graphics Device Interface* (GDI) eine ausgesprochen reichhaltige Grafikbibliothek zur Verfügung stellt, bleiben wir (in diesem Kapitel) bei schlichten Textausgaben und ignorieren überdies die Möglichkeiten zusätzlicher Schriftarten und -größen, d.h. beschränken uns auf die »Systemschrift«. Zunächst mag das als unnötige Eingrenzung erscheinen – was es aber nicht ist: Zum einen treten die Probleme, die sich dabei ergeben (und im Verlauf dieses Kapitels gelöst werden), in jedem Windows-Programm auf. Zum anderen: bei der Kombination von Text und Grafik, wie sie beispielsweise vom Kalender, der Kartei und dem Rechner verwendet wird, sind in erster Linie die Dimensionen der verwendeten Zeichen der bestimmende Faktor für die optische Gestaltung.

Auch wenn dieses Kapitel vorgibt, sich mit dem Zeichnen von Text zu beschäftigen, dreht es sich in erster Linie um die Grundlagen geräteunabhängiger Programmierung. Windows-Programme können sich im allgemeinen auf fast überhaupt nichts verlassen, was die zur Verfügung stehenden Medien betrifft – vielmehr müssen sie die von Windows bereitgestellten Funktionen benutzen, um erst einmal herauszufinden, woran sie überhaupt sind.

Zeichnen und Neuzeichnen

Ein textbasiertes Programm, das mit direkter Steuerung des Cursors arbeitet, kann sich auf eine ganze Reihe von Dingen verlassen – unter anderem darauf, dass ihm der gesamte Bildschirm zur Verfügung steht und einmal geschriebene Daten solange erhalten bleiben, bis es sie selbst wieder vom Bildschirm löscht. Programme dieser Art können es sich deshalb durchaus leisten, bei ihrem Start *einmal* eine Bildschirmmaske erzeugen – und dann die dafür benötigten Informationen über Bord zu werfen.

Unter Windows ist ein Programm dagegen auf den Anwendungsbereich seines Fensters beschränkt und darf in keinem Fall davon ausgehen, dass dort ausgegebene Texte und Grafiken bis zum jüngsten Tag erhalten bleiben: Nicht nur, dass der Benutzer die Größe des Fensters jederzeit verändern und damit eine erneute Ausgabe erzwingen kann – die Fenster und Dialoge anderer Anwendungen kümmern sich per Definition nicht darum, was sich »unter ihnen« auf dem Bildschirm befindet. Wenn ein solches Fenster geschlossen oder vom Benutzer verschoben wird, dann erhält Ihr Programm von Windows die Aufforderung, den zuvor überdeckten und nunmehr wieder freigewordenen Teil seines Anwendungsbereichs neu zu zeichnen.

Windows ist ein ereignisgesteuertes System und informiert Anwendungen durch das Einreihen von Nachrichten bzw. direkte Aufrufe ihrer Window-Prozedur über Veränderungen. Im Zusammenhang mit dem Neuzeichnen von Fenstern geht es dabei spezifisch um die Nachricht WM_PAINT, die wir im Rahmen der Besprechung von HELLOWIN schon einmal angerissen haben.

WM_PAINT

Die meisten Windows-Programme führen nach dem Erzeugen eines Fensters und kurz vor dem Einsprung in die Ereignis-Warteschleife einen Aufruf der Funktion *UpdateWindow* aus, der letztendlich das Senden von WM_PAINT an die zum Fenster gehörige Window-Prozedur zur Folge hat. Auf diese Art und Weise wird die Window-Prozedur davon informiert, dass das Fenster auf dem Bildschirm sichtbar ist und sein Anwendungsbereich nun gezeichnet werden kann. Wie zuvor angedeutet, ist es mit diesem erstmaligen Zeichnen allerdings nicht getan: Die Window-Prozedur sollte jederzeit darauf vorbereitet sein, weitere Nachrichten dieser Art zu erhalten und den Anwendungsbereich teilweise (oder sogar komplett) neu zeichnen zu müssen. Tatsächlich erhält die Window-Prozedur ein WM_PAINT für eine ganze Reihe verschiedener Situationen:

- das Sichtbarwerden eines zuvor überdeckten Bereichs – beispielsweise, wenn das Fenster in den Vordergrund rückt oder ein anderes Fenster bewegt wird, das die Sicht bis dahin ganz oder teilweise versperrte
- das Verändern der Fenstergröße durch eine entsprechende Aktion des Benutzers (wenn die Bitflags CS_HREDRAW und/oder CS_VREDRAW im Feld *style* der Fensterklasse gesetzt sind)
- den Aufruf der Funktionen *ScrollWindow* und *ScrollDC*, die für das Rollen von Fensterteilen zuständig sind
- die explizite Verwendung der Funktionen *InvalidateRect* bzw. *InvalidateRgn* zur Kennzeichnung eines Bereichs als »ungültig« durch das Programm selbst

Wenn der Anwendungsbereich eines Fensters nur temporär überschrieben wird, versucht Windows selbst, die entsprechenden Bilddaten zwischenzuspeichern – was aber nicht in allen Fällen möglich ist. Die folgenden Situationen können ebenfalls eine WM_PAINT-Nachricht auslösen:

- das Entfernen eines Dialogs oder einer Meldung, wenn das dazugehörige Fenster den Anwendungsbereich ganz oder teilweise überdeckt
- das Entfernen eines zuvor aktivierten Menüs
- die Darstellung eines Tooltip-Fensters

Tatsächlich gibt es nur zwei Fälle, in denen Windows das Zwischenspeichern und Wiederherstellen des momentanen Bildschirminhalts mit absoluter Sicherheit garantiert – nämlich bei Bewegungen des Cursors und beim Bewegen eines Icons über den Anwendungsbereich eines Fensters.

Konsequent ist bei Ausgaben unter Windows ein völliges Umdenken erforderlich: Anstatt Daten so schnell wie möglich auszugeben und danach zu »vergessen«, muß ein Windows-Programm so strukturiert sein, dass es jederzeit sämtliche notwendigen Informationen zur Verfügung hat – und die Ausgabe findet nicht sofort, sondern sozusagen auf Anforderung statt. Dementsprechend ändert sich auch der Mechanismus zur Veränderung einzelner Elemente des Fensters: Anstatt die Ausgaben selbst vorzunehmen, sollte der entsprechende Programmteil die notwendigen Daten zur Verfügung stellen und danach Windows veranlassen, eine WM_PAINT-Nachricht auszugeben. (Was hier auf den ersten Blick wie eine von hinten aufgezäumte Logik erscheint, kommt letztlich der Struktur des Programms zugute, das im Idealfall mit einer einzigen zentralen Ausgaberoutine auskommt).

Gültige und ungültige Rechtecke

Obwohl eine Window-Prozedur in der Lage sein muß, den gesamten Anwendungsbereich eines Fensters zu beliebigen Zeitpunkten neu zu zeichnen, wird sie es in den allermeisten Fällen nur mit wesentlich kleineren (rechteckigen) Teilbereichen zu tun haben. Das offensichtlichste Beispiel für eine solche Situation stellen Dialoge im Anwendungsbereich eines Fensters dar: Wenn sie ihre Schuldigkeit getan haben, muß lediglich der von ihnen überdeckte Bereich neu ausgegeben werden – und nicht der gesamte Fensterinhalt.

Zur Bestimmung derartiger Teilbereiche verwendet Windows ein logisches Konstrukt, das auf den Namen »ungültiges Rechteck« hört und den eigentlichen Auslöser einer WM_PAINT-Nachricht darstellt. Tatsächlich erhält eine Window-Prozedur nur dann ein WM_PAINT, wenn der Anwendungsbereich eines ihrer Fenster zumindest teilweise mit einem ungültigen Rechteck räumlich zusammenfällt.

Windows ordnet für die Aktualisierung von Teilbereichen jedem Fenster eine interne Struktur mit Zeicheninformationen zu, die unter anderem die Koordinaten eines ungültigen Rechtecks enthält. Sollte ein weiterer Teilbereich eines Fensters ungültig werden, bevor die dazugehörige Window-Prozedur auf WM_PAINT reagieren kann, dann wird dieses ungültige Rechteck so erweitert, dass es beide Bereiche umfaßt. (Als Folge dieses Prinzips enthält die Nachrichten-Warteschlange eines Fensters zu jedem Zeitpunkt maximal ein WM_PAINT.)

Window-Prozeduren können Bereiche ihres eigenen Fensters durch einen Aufruf der Routine *InvalidateRect* für ungültig erklären. Wenn die Warteschlange zum Zeitpunkt des Aufrufs dieser Funktion bereits ein WM_PAINT enthält, berechnet Windows lediglich ein neues (und entsprechend erweitertes) Rechteck, ansonsten löst *InvalidateRect* selbst eine WM_PAINT-Nachricht aus. Bei der Bearbeitung von WM_PAINT lassen sich die Grenzen eines ungültigen Rechtecks direkt ermitteln (wobei ich in Kürze zum »Wie« komme), bei der Bearbeitung anderer Nachrichten über einen Aufruf der Funktion *GetUpdateRect*.

Der Aufruf von *BeginPaint* bei der Bearbeitung von WM_PAINT signalisiert Windows, dass die Window-Prozedur mit der Aktualisierung des Fensters begonnen hat. Als Reaktion darauf löscht Windows das ungültige Rechteck, d.h. betrachtet den gesamten Anwendungsbereich des entsprechenden Fensters wieder als gültig. Über die Funktion *ValidateRect* lassen sich Bereiche eines Fensters zu beliebigen Zeitpunkten als aktualisiert erklären. (Wenn die Warteschlange zum entsprechenden Zeitpunkt ein WM_PAINT enthält und die zusammen *ValidateRect* angegebenen Koordinaten das aktuelle ungültige Rechteck komplett umschließen, nimmt Windows die WM_PAINT-Nachricht ersatzlos aus der Warteschlange heraus.)

Ein erster Blick auf die GDI

Die Ausgabe von Text und Grafikelementen im Anwendungsbereich eines Fensters geschieht über die Funktionen des *Graphics Device Interface* (GDI) von Windows, die für diesen Zweck eine ganze Reihe von Funktionen bietet. Eine davon (nämlich *DrawText*) habe ich bereits im vorangegangenen Kapitel vorgestellt. Die mit Abstand am häufigsten zur Textausgabe verwendete Routine ist allerdings nicht *DrawText*, sondern *TextOut*:

```
TextOut (hdc, x, y, psText, iLength) ;
```

Die auszugebende Zeichenfolge wird hier über den Zeiger *psText* (»Pointer to String«) adressiert, *iLength* enthält die Anzahl der auszugebenden Zeichen. Die Parameter *x* und *y* legen die Startposition der Ausgabe in »logischen Koordinaten« innerhalb des Anwendungsbereichs fest.

Als ersten Parameter erwartet *TextOut* einen Handle zu einem Gerätekontext, der seinerseits ein zentrales Konzept darstellt – er wird von praktisch jeder GDI-Funktion auf die eine oder andere Weise benutzt:

Der Gerätekontext

Wie im vorangehenden Kapitel erwähnt, stellt ein *Handle* nichts weiter als eine Kennziffer dar, die Windows intern als Querverweis auf ein Objekt benutzt. Ein Programm erhält derartige Kennziffern als Ergebnis von Windows-Funktionen und verwendet sie für den Aufruf weiterer Funktionen, ohne sich um ihren tatsächlichen Wert zu kümmern. Ein Handle für einen Gerätekontext stellt sozusagen den Schlüssel eines Fensters für sämtliche GDI-Funktionen dar – nur über ihn kann man seinen Anwendungsbereich nach Lust und Laune verschönern (oder das Gegenteil davon erreichen).

Der Gerätekontext (»Device Context«, üblicherweise mit »DC« abgekürzt) ist letztlich eine interne Datenstruktur des GDI und mit einem bestimmten Ausgabegerät wie dem Bildschirm oder einem Drucker verbunden. Im Falle des Bildschirms bezieht er sich üblicherweise auf den Anwendungsbereich eines bestimmten Fensters.

Windows wendet die in einem Gerätekontext gespeicherten Daten auf sämtliche GDI-Funktionen an. Im Falle von *TextOut* bestimmen sie die Farbe von Text und Hintergrund, den Bezug und die Skalierung der *x*- und *y*-Koordinaten sowie die verwendete Schriftart und -größe, weshalb man hier auch manchmal von »Geräteattributen« spricht.

Ein Programm, das Ausgaben beliebiger Art vor sich hat, muß in einem ersten Schritt einen Handle zum entsprechenden Gerätekontext anfordern. Windows reagiert auf diese Anforderung mit der Initialisierung einer internen Datenstruktur, die dabei erst einmal mit Standardwerten besetzt wird. Wie die folgenden Kapitel erläutern, lassen sich diese Standardwerte über diverse GDI-Funktionen abfragen bzw. verändern. Wir bleiben im Moment aber erst einmal beim wesentlichen Punkt – nämlich bei den GDI-Funktionen, mit denen man etwas Sichtbares in den Anwendungsbereich eines Fensters hineinbringt.

Ein Detail bleibt Ihnen allerdings bereits an dieser Stelle nicht erspart, weil es überaus wichtig ist: Nachdem ein Programm einen Gerätekontext ermittelt und ihn für Zeichenfunktionen benutzt hat, muß es ihn wieder freigeben. Diese drei Schritte – das Ermitteln des Handles, die Zeichenoperation und die Freigabe des Handles – müssen während der Bearbeitung ein und derselben Nachricht stattfinden, d.h. üblicherweise direkt aufeinander folgen. (Die einzige Ausnahme von dieser Regel stellen Handles dar, die mit *CreateDC* erzeugt wurden und auch zwischen zwei Aufrufen der Window-Prozedur erhalten bleiben. Mehr dazu in einem der späteren Kapitel).

Windows-Programmen stehen im allgemeinen zwei Wege zur Verfügung, um den Gerätekontext für Ausgaben auf den Bildschirm zu ermitteln:

Ermitteln des Gerätekontexts: Methode Nummer 1

Diese Methode steht nur während der Bearbeitung von WM_PAINT-Nachrichten zur Verfügung, stellt in diesem Fall den Standard dar und benutzt das Funktionspaar *BeginPaint / EndPaint*. Beide erwarten neben dem Handle des jeweiligen Fensters die Adresse einer Struktur des Typs PAINTSTRUCT als Parameter. Üblicherweise deklariert man mit dieser (aus WINUSER.H stammenden Definition) eine Variable namens *ps*, die lokal zur jeweiligen Window-Prozedur ist:

```
PAINTSTRUCT ps ;
```

Der erste Schritt bei der Bearbeitung von WM_PAINT besteht hier aus einem Aufruf der Funktion *BeginPaint*, die zwei Ergebnisse zurückliefert: Zum einen füllt sie die Felder der PAINTSTRUCT-Variablen, zum anderen liefert sie den Handle zum Gerätekontext des Fensters in direkter Form. (Außerdem hat *BeginPaint* einen Nebeneffekt: Diese Funktion sorgt üblicherweise dafür, dass das ungültige Rechteck mit der Hintergrundfarbe gefüllt wird – ▶ siehe weiter unten.) Da der von *BeginPaint* zurückgelieferte Handle von jeder GDI-Funktion vorausgesetzt wird, ist hier eine weitere lokale Variable notwendig, die üblicherweise den Namen *hdc* (»Handle [to] Device Context«) bekommt:

```
HDC hdc ;
```

Der Datentyp HDC ist übrigens als vorzeichenloser Integer mit 32 Bit definiert. Nach der Ermittlung des Kontexts kann *hdc* für die Aufrufe von GDI-Funktionen wie *TextOut* verwendet und über einen abschließenden Aufruf von *EndPaint* wieder freigegeben werden. Aus diesen Voraussetzungen ergibt sich die typische Struktur der Bearbeitung von WM_PAINT:

```
case WM_PAINT :
     hdc = BeginPaint (hwnd,&ps) ;
     [GDI-Funktionen beliebiger Art]
     EndPaint (hwnd, &ps) ;
     return 0 ;
```

BeginPaint und *EndPaint* müssen grundsätzlich als Paar aufgerufen werden. Eine hypothetische Window-Prozedur, die WM_PAINT nicht bearbeitet, muß diese Nachricht an *DefWindowProc* weitergeben. Diese Windows-eigene Standardroutine reagiert auf WM_PAINT mit den folgenden Befehlen:

```
case WM_PAINT :
     BeginPaint (hwnd, &ps) ;
     EndPaint (hwnd, &ps) ;
     return 0 ;
```

Diese beiden aufeinanderfolgenden Aufrufe von *BeginPaint* und *EndPaint* erklären schlicht den gesamten Anwendungsbereich des durch *hwnd* bezeichneten Fensters als aktualisiert.

ACHTUNG: Wer dieses Verfahren abkürzen will und einfach

```
case WM_PAINT :
     return ,0 ;   // FALSCH !!!
```

schreibt, der wird sich wundern: wie zu Anfang dieses Abschnitts erläutert, setzt Windows eine Nachricht des Typs WM_PAINT in die Warteschlange ein, wenn die Zeicheninformationen des GDI ein ungültiges Rechteck im Bereich des entsprechenden Fensters enthalten. Um diesen Bereich als aktualisiert zu erklären, muß das Programm entweder das Funktionspaar *BeginPaint* und *EndPaint* oder *ValidateRect* bemühen – ansonsten bleibt das Rechteck als ungültig gespeichert. Die Folge sind weitere Nachrichten des Typs WM_PAINT – notfalls bis in alle Ewigkeit.

Die Zeicheninformationen

In den vorangehenden Abschnitten habe ich verschiedentlich eine interne Struktur mit »Zeicheninformationen« erwähnt, ohne näher auf ihren Inhalt einzugehen. Tatsächlich wird diese Struktur nicht nur GDI-intern, sondern auch extern verwendet und ist deshalb als eigener Datentyp namens PAINTSTRUCT definiert:

```
typedef struct tagPAINTSTRUCT
  {
    HDC       hdc ;
    BOOL      fErase ;
    RECT      rcPaint ;
    BOOL      fRestore ;
    BOOL      fIncUpdate ;
```

```
  BYTE      rgbReserved[32] ;
} PAINTSTRUCT ;
```

Eine Window-Prozedur, die eine Variable dieses Typs deklariert, kann sie bei der Bearbeitung von WM_PAINT der Routine *BeginPaint* übergeben, die daraufhin die einzelnen Felder ausfüllt. Die Auswertung sollte sich auf die ersten drei Felder beschränken – der Rest wird intern von der GDI benutzt.

Das Feld *hdc* enthält den Handle zum Gerätekontext und ist eine für Windows typische Redundanz: dieser Wert wird auch noch als Ergebnis von *BeginPaint* zurückgeliefert.

fErase hat während der Bearbeitung von WM_PAINT in den allermeisten Fällen den Wert FALSE (0) – was hier bedeutet, dass Windows den entsprechenden Bereich mit dem Hintergrund-Füllmuster gelöscht hat, dessen Kennziffer im Feld *hbrBackground* bei der Registrierung der Fensterklasse angegeben wurde. (Wenn Sie diesen Schritt selbst übernehmen wollen, muß Ihre Window-Prozedur auf Nachrichten des Typs WM_ERASEBKGND reagieren.) Die meisten Programme verwenden bei der dazugehörigen Initialisierung in *WinMain* ein Füllmuster, das für eine durchgehend weiße Fläche steht:

```
wndclass.hbrBackground = GetStockObject (WHITE_BRUSH) ;
```

Es gibt allerdings einen Fall, in dem *fErase* den Wert TRUE (ungleich 0) annehmen kann – nämlich dann, wenn das Programm selbst einen Bereich über *InvalidateRect* als ungültig gekennzeichnet und bei diesem Aufruf festgelegt hat, dass die entsprechende Fläche nicht automatisch gelöscht werden soll.

Das Feld *rcPaint* ist als RECT definiert, d.h. stellt (wie in Kapitel 3 beschrieben) seinerseits eine Struktur mit vier Feldern namens *left*, *top*, *right* und *bottom* dar, die die Grenzen des ungültigen Rechtecks beschreiben (siehe Abbildung 4.1). Die Angabe erfolgt in Pixeln und relativ zur oberen linken Ecke des Anwendungsbereichs.

Im Prinzip könnte ein Windows-Programm natürlich grundsätzlich mit dem Neuzeichnen des gesamten Anwendungsbereichs auf Nachrichten des Typs WM_PAINT reagieren – eine Beschränkung auf das Rechteck selbst kann unter Umständen aber eine Menge Zeit einsparen. Ob sich die Sache lohnt, müssen Sie allerdings selbst von Fall zu Fall entscheiden: Wenn Ihr Programm beispielsweise einen ausgefüllten Kreis zeichnet und dieser Kreis an irgendeinem Punkt mit dem ungültigen Rechteck zusammenfällt, können Sie sich das separate Berechnen des entsprechenden Ausschnitts guten Gewissens sparen, weil es vermutlich laufzeitintensiver ausfällt als ein schlichtes komplettes Neuzeichnen der gesamten Figur.

Die Logik bleibt nämlich in beiden Fällen dieselbe, weil *rcPaint* nicht nur die Grenzen des ungültigen Rechtecks beschreibt, sondern auch die Grenzen von Zeichenoperationen festlegt, d.h. für ein »Clipping« sorgt – selbst wenn man es bewußt darauf anlegt, läßt sich der Rest des Fensterinhalts nicht ohne weiteres verändern. Wer es dennoch vorhat, muß beim Bearbeiten von WM_PAINT *vor* dem Aufruf von *BeginPaint* den gesamten Fensterinhalt explizit als »ungültig« erklären:

```
InvalidateRect (hWnd, NULL, TRUE) ;
```

Da hier anstelle einer Struktur des Typs RECT der Wert NULL angegeben ist, bezieht sich dieser Aufruf auf den gesamten Anwendungsbereich des Fensters. (Der dritte Parameter von *InvalidateRect* legt fest, ob Windows die damit als »ungültig« erklärte Fläche löschen soll oder nicht:

wenn man hier FALSE angibt, führt das System keine weiteren Aktionen aus, d.h. läßt den vorherigen Fensterinhalt unverändert).

Das in Kapitel 3 besprochene Programm HELLOWIN führt übrigens seine Ausgaben durch, ohne sich dabei groß um ein ungültiges Rechteck zu kümmern – und scheint dennoch zu funktionieren.

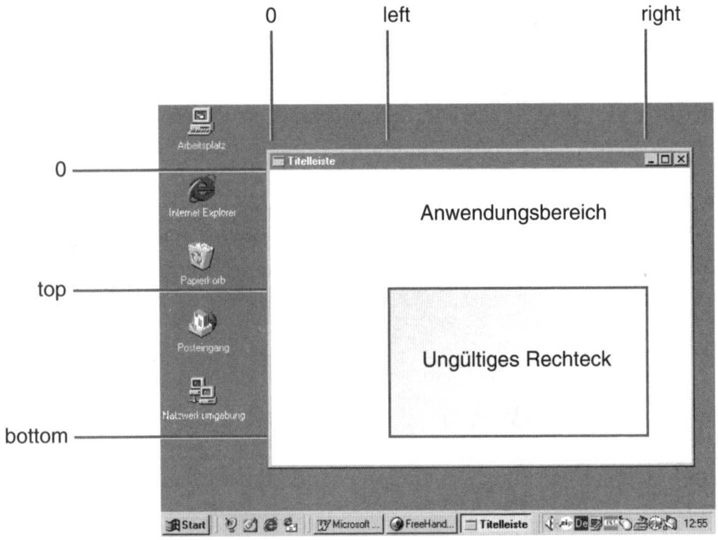

Abbildung 4.1: *Die Grenzen eines ungültigen Rechtecks*

Der Grund: Wenn das ungültige Rechteck beim Bearbeiten von WM_PAINT mit dem Bereich der Textausgabe zusammenfällt, wird die entsprechende Fläche von *PaintText* aktualisiert – und ansonsten passiert beim Aufruf dieser Funktion einfach gar nichts. Natürlich kosten Ausgaben »ins Nichts« aber auch ihre Zeit (und die ist hoffentlich jedem Programmierer lieb und teuer) – weshalb man sich tunlichst auf die tatsächlich zu aktualisierenden Bereiche beschränken und unnötige Aufrufe der GDI vermeiden sollte. (Oder auch: Wenn ein Objekt komplett außerhalb des ungültigen Rechtecks liegt, dann schadet es sicher nichts, wenn man sich die entsprechenden Zeichenbefehle spart. Das gilt vor allem für größere Datenmengen – etwa Bitmaps.)

Ermitteln des Gerätekontexts: Methode Nummer 2

Auch wenn Programme so strukturiert sein müssen, dass sie den Anwendungsbereich ihres Fensters als Reaktion auf WM_PAINT komplett neu zeichnen können, gibt es eine Reihe von Situationen, in denen man Zeichenaktionen ganz bewußt außerhalb dieses Rahmens stattfinden lassen will. Ein Beispiel dafür ist die direkte Reaktion auf Bewegungen des Mauszeigers – ein Thema, um das es im nächsten Kapitel ausführlicher geht. Deshalb existiert neben *BeginPaint/EndPaint* ein weiteres Funktionspaar, das sich zu jedem Zeitpunkt verwenden läßt: Ein Aufruf von *GetDC* liefert den Gerätekontext des (wie üblich via *hwnd* angegebenen) Fensters zurück, ein Aufruf von *ReleaseDC* gibt den darüber ermittelten Handle wieder frei.

```
hdc = GetDC (hwnd) ;
[Aufruf beliebiger GDI-Funktionen]
ReleaseDC (hwnd, hdc) ;
```

GetDC und *ReleaseDC* müssen wie *BeginPaint* und *EndPaint* paarweise innerhalb eines Aufrufs der Window-Prozedur verwendet werden: Wer bei der Bearbeitung einer Botschaft einen Kontext ermittelt und den dazugehörigen Handle erst bei einem folgenden Aufruf wieder freigibt, muß mit merkwürdigen Reaktionen des Systems rechnen.

Im Gegensatz zu dem mit *BeginPaint* ermittelten Handle liefert *GetDC* einen Kontext zurück, dessen Clipping-Rechteck grundsätzlich den gesamten Anwendungsbereich des jeweiligen Fensters umfaßt – selbst dann, wenn momentan ein ungültiges Rechteck für dieses Fenster existiert. Ein weiterer Unterschied: während *BeginPaint* den über den Kontext bearbeiteten Bereich als »gültig« erklärt, haben Aufrufe von *GetDC* und *ReleaseDC* keinen Einfluß auf gültige bzw. ungültige Rechtecke. Über die bereits erwähnte Funktion *ValidateRect* läßt sich das bei Bedarf nachholen:

```
ValidateRect (hwnd, NULL);
```

erklärt wie gesagt den gesamten Anwendungsbereich des durch *hwnd* bezeichneten Fensters für aktualisiert und ist auch nach dem direkten Abholen eines Gerätekontexts über *GetDC* verwendbar.

Das Funktionspaar *GetDC/ReleaseDC* kommt vor allem dann zum Einsatz, wenn es um direkte Reaktionen auf Ereignisse wie Mausbewegungen oder Tastendrücke geht. Niemand hält Sie also davon ab, in einer Textverarbeitung ein neu eingegebenes Zeichen sozusagen auf direktem Wege darzustellen – nur behalten Sie bitte im Kopf, dass solcherart erzeugte Ausgaben mit dem konsistent bleiben müssen, was Ihr Programm bei der nächsten Reaktion auf WM_PAINT auf den Bildschirm malt.

Die Funktion *GetWindowDC* stellt eine weitere Möglichkeit zum Abholen eines Gerätekontexts »außer der Reihe« dar. Sie liefert im Gegensatz zu *GetDC* einen Kontext für das gesamte Fenster, mit dem dann auch Zeichenaktionen in die Titelleiste möglich sind. (Ein Programm, das seine Titelleiste selbst zeichnet, muß dann allerdings auch auf Nachrichten des Typs WM_NCPAINT (»non-client«) reagieren, wenn es den Zeichenaktionen von Windows nicht in die Quere kommen will.)

Einige Details zur Funktion TextOut

TextOut stellt wie gesagt die am häufigsten verwendete GDI-Funktion für Textausgaben dar. Die Syntax sieht so aus:

```
TextOut (hdc, x, y, psText, iLength) ;
```

Der erste Parameter ist der Handle zum Gerätekontext, der entweder (beim Bearbeiten von WM_PAINT) mit *BeginPaint* oder (zu beliebigen Zeitpunkten) mit *GetDC* ermittelt worden sein muß.

Die im Gerätekontext gespeicherten Daten (»Attribute«) legen die Eigenschaften des von *TextOut* dargestellten Textes fest – wie beispielsweise die Vorder- und Hintergrundfarbe: standardmäßig erscheinen mit dieser Funktion ausgegebene Zeichen schwarz auf weiß, wobei Windows die Hintergrundfarbe auch zum Füllen der Zwischenräume zwischen Zeichen benutzt.

Mit der Hintergrundfarbe eines Fensters hat die Sache übrigens nichts zu tun: wie in Kapitel 3 erläutert, handelt es sich bei letzterer um ein Füllmuster, das bei der Definition der Fensterklasse festgelegt wird – und die übliche Verwendung von WHITE_BRUSH für dieses Füllmuster ist eine reine Bequemlichkeit, die dafür sorgt, dass der Fensterhintergrund der Standard-Hintergrundfarbe von Zeichenausgaben entspricht.

Der Parameter *psText* (»Pointer [to] String«) gibt die Adresse der auszugebenden Zeichenkette wieder, die ihrerseits keine Steuerzeichen wie Zeilenvorschübe oder Tabulatoren enthalten sollte – sie würden von *TextOut* in Form »undefinierter« Zeichen dargestellt, d.h. als rechteckige Kästchen auf dem Bildschirm erscheinen. Da die Funktion überdies ein NUL-Zeichen nicht als Ende der Zeichenkette interpretiert, ist ein weiterer Parameter fällig: *iLength* gibt an, wie viele Zeichen der auszugebende String enthält. (Bitte beachten: Die Formel »Zeichen = Bytes« gilt nur für den ANSI-Zeichensatz – Unicode-Strings benötigen zwei Bytes pro Zeichen; sie werden nicht mit NUL, sondern einem ShortInt-Wert 0 abgeschlossen.)

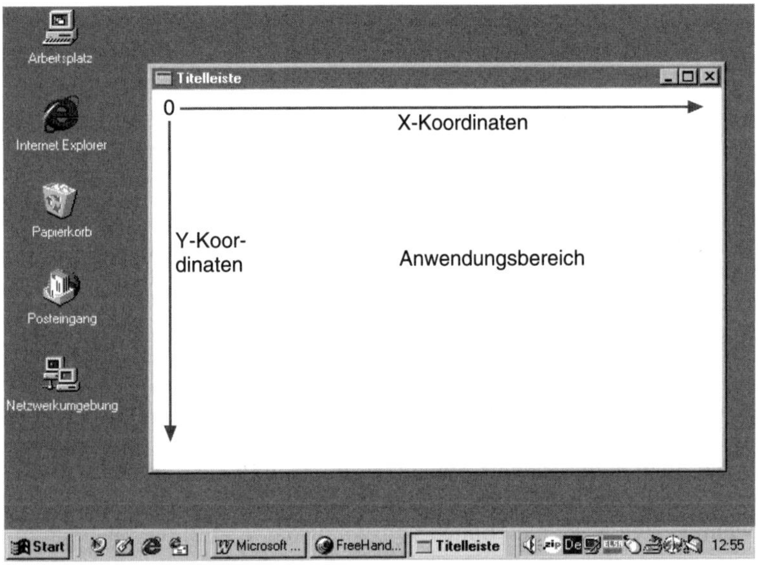

Abbildung 4.2: *Zuordnung von x- und y-Koordinaten im Modus MM_TEXT*

Die Parameter *x* und *y* legen den horizontalen bzw. vertikalen Startpunkt der Ausgabe innerhalb des Anwendungsbereichs fest und beziehen sich auf die linke obere Ecke des ersten auszugebenden Zeichens. Da das Standard-Koordinatensystem von Windows den Punkt 0,0 in der oberen linken Ecke des Anwendungsbereichs definiert, landet eine Ausgabe wie

```
TextOut(hdc,0,0,pString,strlen(pString) ;
```

linksbündig in der obersten »Textzeile« des Fensters.

GDI-Koordinaten (und damit die Parameter von Funktionen wie *TextOut*) sind allerdings keine unabänderlich festgelegte Sache, sondern ein logisches Konstrukt, weshalb man hier grundsätzlich von »logischen Koordinaten« spricht. Windows definiert eine Reihe von Modi, in denen die Zuordnung logischer Koordinaten zu physischen Pixelpositionen des Bildschirms auf unterschiedliche Weise geschieht – mehr dazu in Kapitel 5 – und speichert den momentan aktiven Modus im jeweiligen Gerätekontext. Der Standardmodus hört auf den (in WINGDI.H definierten) Namen MM_TEXT und setzt logische Werte direkt in physikalische Pixelpositionen um: eine Bewegung nach rechts entspricht aufsteigenden Werten von *x*, eine Bewegung nach unten aufsteigenden Werten von *y* (siehe Abbildung 4.2).

Diese Zuordnung wird auch zur Angabe ungültiger Rechtecke verwendet, was die Sache recht einfach macht. (In anderen Modi als MM_TEXT unterscheiden sich die Bezugssysteme dagegen voneinander und können einem durchaus Kopfschmerzen bereiten).

Der Gerätekontext speichert neben der Vorder- und Hintergrundfarbe für Textausgaben sowie der Zuordnung von Koordinaten auch das aktuelle Clipping-Rechteck. Wie bereits erwähnt, handelt es sich bei einem über *BeginPaint* ermittelten Kontext dabei um das ungültige Rechteck, bei einem über *GetDC* ermittelten Kontext dagegen um den gesamten Anwendungsbereich des jeweiligen Fensters. Jede Art von Ausgabe wird durch dieses Rechteck automatisch begrenzt, wobei die Grenze durchaus auch inmitten eines mit *TextOut* ausgegebenen Zeichens verlaufen kann. (Tatsächlich ist es alles andere als einfach, über das Rechteck und damit über die Grenzen eines Fensters hinaus zu schreiben – weshalb man sich als Programmierer wenig Sorgen machen muß, dass so etwas versehentlich geschieht).

Die Systemschrift

Der Gerätekontext legt des weiteren fest, welche Schrift Windows für Ausgaben im Anwendungsbereich eines Fensters benutzt. Die Standardvorgabe ist eine Schrift, die auf den Namen *System Font* hört (und in WINGDI.H mit SYSTEM_FONT bezeichnet wird). Sie wurde in den älteren Windows-Versionen für die Ausgabe von Text in der Titelleiste von Fenstern, in Menüs und in Dialogen verwendet.

In der Frühzeit von Windows wurde hier eine Schrift verwendet, bei der jedes Zeichen dieselbe Breite hat. Seit Windows 3.0 kommt hier eine (wesentlich besser lesbare) Proportionalschrift zum Einsatz, bei der beispielsweise ein »W« erheblich mehr Raum als ein »i« einnimmt. (Wie man sich auch vorstellen kann, war diese an sich kleine Änderung das bittere Ende zahlreicher Uralt-Programme.)

Die einzelnen Zeichen sind – im Gegensatz zu den in Kapitel 17 besprochenen TrueType-Schriften – bitweise definiert und deshalb nur bedingt skalierbar, weshalb die Installationsdisketten aller Versionen von Windows auch heute noch mehrere Systemzeichensätze unterschiedlicher Größen enthalten, die den jeweiligen Auflösungen des Bildschirms angepaßt sind. Unabhängig von der verwendeten Grafikkarte muß die Systemschrift so dimensioniert sein, dass sich mit ihr in einem auf volle Bildschirmgröße gesetzten Fenster minimal 25 Textzeilen mit jeweils 80 Zeichen darstellen lassen.

Zeichengrößen

Für die formatierte Ausgabe mehrerer Textzeilen mit einer Funktion wie *TextOut* muß das Programm die Größe der einzelnen Textzeichen kennen, um auf diese Weise Zeilenabstände bzw. Tabulatorpositionen festlegen zu können. Nur hängt die Größe dieser Zeichen wie zuvor erläutert von der Bildschirmauflösung und den Einstellungen des Benutzers ab.

Deshalb existiert zu diesem Zweck eine eigene Funktion: *GetTextMetrics* erwartet einen Handle zu einem Gerätekontext (weil diese Routine zuerst einmal ermitteln muß, um welche Schrift es im Moment überhaupt geht) und füllt eine Struktur des (in WINGDI.H definierten) Typs TEXTMETRIC mit den entsprechenden Daten. Dieser Strukturtyp hat übrigens 20 Felder, von denen uns im Moment aber nur die ersten sieben interessieren:

```
typedef struct tagTEXTMETRIC
{
     LONG tmHeight ;
```

```
    LONG tmAscent ;
    LONG tmDescent ;
    LONG tmInternalLeading ;
    LONG tmExternalLeading ;
    LONG tmAveCharWidth ;
    LONG tmMaxCharWidth ;
        [weitere Felder]
}
TEXTMETRIC, * PTEXTMETRIC ;
```

Die für diese Felder verwendete Einheit ist von der (ebenfalls im Gerätekontext gespeicherten) Zuordnung zwischen logischen und physischen Koordinaten abhängig: für den Standardmodus MM_TEXT liefert *GetTextMetrics* seine Ergebnisse also in der Einheit Pixel.

Für den Aufruf von *GetTextMetrics* müssen Sie zuerst eine Variable des Typs TEXTMETRIC definieren (der man üblicherweise den Namen *tm* gibt):

```
TEXTMETRIC tm ;
```

Darauf folgt die Ermittlung des Gerätekontexts und schließlich der Funktionsaufruf selbst:

```
hdc = GetDC (hwnd) ;
GetTextMetrics (hdc, &tm) ;
```

Auch hier gilt, dass das Programm nach Abschluß seiner Untersuchungen (und eventueller Ausgaben) den mit *GetDC* ermittelten Handle wieder freigeben muß:

```
ReleaseDC (hwnd, hdc) ;
```

Zeichenmaße im Detail

Die Menge der von *GetTextMetrics* hinterlassenen Daten ist im wahrsten Sinne des Wortes erschlagend: Tatsächlich enthält eine Struktur des Typs TEXTMETRIC sämtliche nur denkbaren Informationen über die in den Kontext eingesetzte Schrift. Erfreulicherweise kommt man bei der Bestimmung der Höhe von Zeichen mit insgesamt fünf dieser Werte aus, von denen drei (Oberlänge, Unterlänge und Gesamthöhe) mehr oder minder selbsterklärend sind (vgl. Abbildung 4.3 auf der nächsten Seite).

tmInternalLeading gibt an, wieviel Platz oberhalb des Zeichens für Akzente oder Punkte bleibt: wenn sich hier der Wert 0 findet, fallen diakritische Großbuchstaben wie »Ä« ein wenig kleiner als das restliche Alphabet aus und schaffen so den notwendigen Raum. *tmExternalLeading* ist weniger eine feste Definition als ein Vorschlag der Designer der jeweiligen Schrift: Dieser Wert gibt an, wieviel zusätzlichen Platz man zwischen zwei untereinander stehenden Textzeilen lassen sollte.

Für die Breite von Zeichen definiert der Strukturtyp TEXTMETRIC zwei weitere Felder: *tmAveCharWidth* (»average character width«) gibt die durchschnittliche Breite von Kleinbuchstaben an, *tmMaxCharWidth* den horizontalen Platzbedarf des breitesten Zeichens, das die jeweilige Schrift definiert. Für nicht proportionale Schriften sind diese beiden Werte identisch.

Die Beispielprogramme dieses Kapitels setzen einen dritten Wert voraus, der nicht direkt in den von *GetTextMetrics* zurückgelieferten Werten zu finden ist: die durchschnittliche Breite von

Großbuchstaben, die sich über die Formel *tmAveCharWidth* * 1.5 hinreichend exakt berechnen läßt.

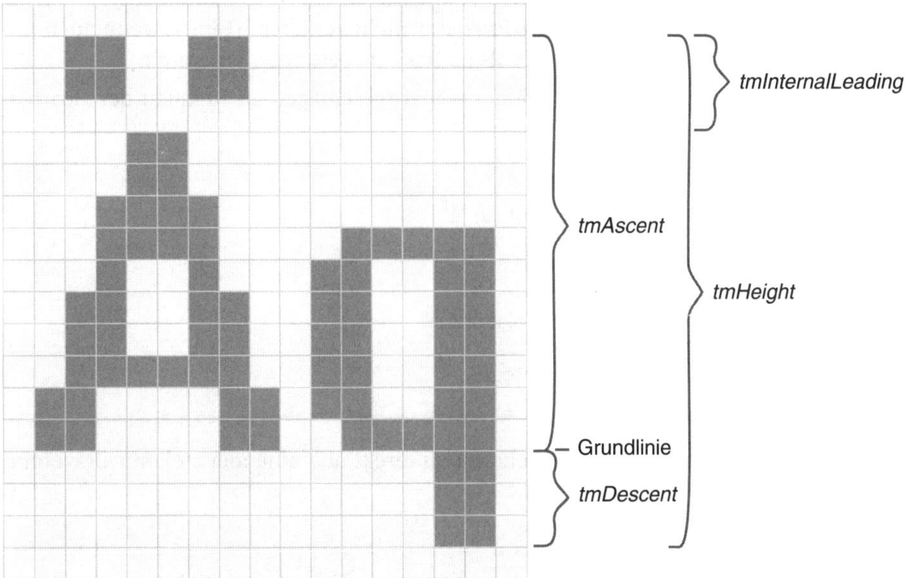

Abbildung 4.3: *Werte zur Bestimmung der Zeichenhöhe*

Obwohl die Systemschrift eine Art gemeinsamen Nenners für alle Anwendungen unter Windows darstellt, hängt die Größe ihrer Zeichen nicht nur von der Auflösung des jeweiligen Bildschirms, sondern auch von den Einstellungen über die Systemsteuerung ab – was bedeutet, dass man sich auch hier in keinem Fall auf Ratespiele oder gar fixe Werte verlassen sollte: jedes Programm, das den Ansprüchen und der Philosophie von Windows gerecht werden will, muß Zeichengrößen grundsätzlich über Aufrufe von *GetTextMetrics* ermitteln. (Aber weil ich mich auch gerne an Zahlen festhalte und eine ungefähre Vorstellung der Größenordnung wirklich nichts schadet: In der Standardschrift von Windows für die Bildschirmgröße 640 x 480 hat *tmExternalleading* den Wert 0, *tmHeight* ist 16; *tmAveCharWidth* und *tmMaxCharWidth* haben die Werte 7 bzw. 14. Dass ich das gesagt habe, bleibt aber bitte unter uns.)

Formatierte Ausgaben

Da sich die Abmessungen der Systemschrift während der Laufzeit eines Programms nur selten ändern, kommt man pro Programm üblicherweise mit einem einzigen Aufruf von *GetTextMetrics* aus. Am einfachsten läßt sich dieser Aufruf als Reaktion auf eine Nachricht des Typs WM_CREATE formulieren, die von Windows im Zusammenhang mit dem Erzeugen eines Fensters (via *CreateWindow*) erzeugt wird.

Gehen wir einmal davon aus, dass Sie ein Windows-Programm schreiben wollen, das mehrere Textzeilen untereinander im Anwendungsbereich seines Fensters ausgibt. Für die Höhe und Breite der Zeichen werden zwei Variablen der Window-Prozedur definiert:

```
static short cxChar, cyChar ;
```

Das Präfix *c* in den beiden Variablennamen steht für »count« (in diesem Fall also eine Zählung von Pixeln), seine Kombination mit den *x* bzw. *y* zeigt an, dass es dabei um Zähler für Breiten (*cxChar*) bzw. Höhen (*cyChar*) geht. Beide Variablen müssen als *static* deklariert sein, damit sie ihre Werte zwischen den Aufrufen der Window-Prozedur nicht verlieren. (Eine – wenn auch unübliche – Alternative dazu wäre die Deklaration als global zum gesamten Programm).

Die Ermittlung der Zeichenbreite und -höhe findet wie vorgeschlagen im Rahmen der Bearbeitung von WM_CREATE statt:

```
case WM_CREATE :
     hdc = GetDC  (hwnd) ;          // Gerätekontext des Fensters

     GetTextMetrics (hdc, &tm) ;   // Abfrage der Schrift
     cxChar = tm.tmAveCharWidth ;  // durchschnittliche Breite
     cyChar = tm.tmHeight + tm.tmExternalLeading ; // Höhe plus Abstand

     ReleaseDC (hwnd, hdc) ;       // Freigabe des Gerätekontexts
     return 0 ;
```

Wenn man die einzelnen Textzeilen ohne Zwischenraum direkt übereinander stellen will, vereinfacht sich die Zuweisung an *cyChar* zu:

```
cyChar = tm.tmHeight ;
```

In welcher Weise man die Zeichengröße bei der Positionierung von Text berücksichtigt, liegt natürlich frei im Ermessen des Programmierers. Eine relativ einfache Methode ist, am oberen Rand des Anwendungsbereichs *cyChar* Pixel und am linken Rand *cxChar* Pixel freizulassen. Die linksbündige Ausgabe mehrerer Textzeilen erfolgt dann mit:

```
TextOut(hwnd, cxChar, cyChar * (1 + i), ...);
```

- wobei i für die Nummer der Zeile steht (und die Zählung mit 0 beginnt).

Während es für die Ausgabe einfacher Zeichenketten mit diesem direkten Verfahren getan ist, wird die Sache bei numerischen Werten etwas schwieriger – vor allem dann, wenn sie in bestimmten Formaten dargestellt werden sollen. In einer textbasierten Umgebung würde man zu diesem Zweck wohl die Bibliotheksfunktion *printf* benutzen, die aber leider über die Standardausgabe arbeitet – weshalb man unter Windows von derartigen Ausgaben überhaupt nichts zu sehen bekommt.

Die Lösung des Dilemmas hört auf den Namen *wsprintf* und stellt die Windows-Variante der C-Standardfunktion *sprintf* dar. Sie unterscheidet sich von *printf* nur in einem Punkt: anstatt die erzeugten Zeichen auszugeben, speichert *wsprintf* sie in einem Array. Praktischerweise ist das Ergebnis dieser Funktion die Anzahl der erzeugten Zeichen, womit sich auch eine separate Ermittlung via *strlen* erübrigt. Ein Beispiel:

```
int iLength ;          // Anzahl der Zeichen
char  szBuffer [40] ;  // Zwischenspeicher für wsprintf
[weitere Programmzeilen]
iLength = wsprintf (szBuffer, "Die Summe von %d und %d ist %d",
                    nA, nB, nA + nB) ;
TextOut (hdc, x, y, szBuffer, nLength) ;
```

Tatsächlich kann man sich in diesem Fall auch noch die Zwischenspeicherung der Zeichenzahl in *iLength* (und damit die Definition dieser Variablen) sparen:

```
TextOut (hdc, x, y, szBuffer,
  wsprintf (szBuffer, "Die Summe von %d und %d ist %d", nA, nB, nA + nB)) ;
```

Allzu übersichtlich ist eine solche Anweisung nicht gerade – aber sie funktioniert.

Ein Programm als Ergebnis

So wie es aussieht, existiert mittlerweile genügend Material, um ein einfaches Programm zur Ausgabe mehrzeiliger Texte zu schreiben: Wir haben ein Verfahren zur Ermittlung des Gerätekontexts im Rahmen von WM_PAINT, die Syntax von *TextOut* und schließlich die Grundlagen zur Ermittlung von Zeichenhöhen und -breiten. Was nun noch fehlt, sind einige Daten, deren Darstellung auch wirklich lohnt.

GetSystemMetrics kann uns diese Daten liefern: Diese bereits in Kapitel 3 angesprochene Funktion liefert Informationen über die diversen grafischen Elemente von Windows wie die Größe von Icons, des Cursors, der Titelleiste, der Bildlaufleisten und des Bildschirms selbst, wobei letztere den bestimmenden Faktor für sämtliche anderen Daten darstellt. Tatsächlich ist diese Funktion derart ergiebig, dass die Entwickler von Microsoft auf spezifische Parameter verzichtet haben und statt dessen einen »Index« verwenden, dessen Wertebereich schon bei Windows 1.0 von 1 bis 26 ging. Bei Windows 3.1 waren es dann schon 42 verschiedene Werte, und bei Windows 98 sind immerhin 75 daraus geworden (für die es in WINDOWS.H – selbstverständlich – wiederum 75 benannte Konstanten gibt). Das Funktionsergebnis von *GetSystemMetrics* ist ein Integer, der üblicherweise für die Größe des über den »Index« angegebenen Elements steht.

Schreiben wir also ein Programm, das die von *GetSystemMetrics* gelieferten Daten auf die einfachste aller denkbaren Arten darstellt – nämlich mit jeweils einem Wert pro Zeile.

Da wir es wie gesagt mit immerhin 75 verschiedenen Elementen zu tun haben, benutzen wir eine Include-Datei, deren Definitionen die Verbindung zwischen den Konstanten von WINDOWS.H und den Ausgaben des Programms herstellt. Ich habe dieser Datei den Namen SYSMETS.H gegeben, das Listing finden Sie in Abbildung 4.4.

SYSMETS.H

```
/*-----------------------------------------------------
   SYSMETS.H -- Strukturdefinition für die Ergebnisse
                von GetSystemMetrics
  -----------------------------------------------------*/

#define NUMLINES (sizeof sysmetrics / sizeof sysmetrics [0])

struct
 { int  iIndex ;
   TCHAR *szLabel ;
   TCHAR *szDesc ;
 } sysmetrics [] =
{
     SM_CXSCREEN,             TEXT ("SM_CXSCREEN"),
                              TEXT ("Bildschirmbreite in Pixeln"),
     SM_CYSCREEN,             TEXT ("SM_CYSCREEN"),
                              TEXT ("Bildschirmhöhe in Pixeln"),
```

```
SM_CXVSCROLL,          TEXT ("SM_CXVSCROLL"),
                       TEXT ("Breite vertikaler Rollpfeil"),
SM_CYHSCROLL,          TEXT ("SM_CYHSCROLL"),
                       TEXT ("Höhe horizontaler Rollpfeil"),
SM_CYCAPTION,          TEXT ("SM_CYCAPTION"),
                       TEXT ("Höhe der Titelleiste"),
SM_CXBORDER,           TEXT ("SM_CXBORDER"),
                       TEXT ("Fensterrahmenbreite"),
SM_CYBORDER,           TEXT ("SM_CYBORDER"),
                       TEXT ("Fensterrahmenhöhe"),
SM_CXFIXEDFRAME,       TEXT ("SM_CXFIXEDFRAME"),
                       TEXT ("Rahmenbreite von Dialogen"),
SM_CYFIXEDFRAME,       TEXT ("SM_CYFIXEDFRAME"),
                       TEXT ("Rahmenhöhe von Dialogen"),
SM_CYVTHUMB,           TEXT ("SM_CYVTHUMB"),
                       TEXT ("Höhe der Marke in Bildlaufleisten"),
SM_CXHTHUMB,           TEXT ("SM_CXHTHUMB"),
                       TEXT ("Breite der Marke in Bildlaufleisten"),
SM_CXICON,             TEXT ("SM_CXICON"),
                       TEXT ("Breite von Icons"),
SM_CYICON,             TEXT ("SM_CYICON"),
                       TEXT ("Höhe von Icons"),
SM_CXCURSOR,           TEXT ("SM_CXCURSOR"),
                       TEXT ("Breite des Cursors"),
SM_CYCURSOR,           TEXT ("SM_CYCURSOR"),
                       TEXT ("Höhe des Cursors"),
SM_CYMENU,             TEXT ("SM_CYMENU"),
                       TEXT ("Höhe der Menüleiste"),
SM_CXFULLSCREEN,       TEXT ("SM_CXFULLSCREEN"),
                       TEXT ("Max. Breite des Anwendungsbereichs"),
SM_CYFULLSCREEN,       TEXT ("SM_CYFULLSCREEN"),
                       TEXT ("Max. Höhe des Anwendungsbereichs"),
SM_CYKANJIWINDOW,      TEXT ("SM_CYKANJIWINDOW"),
                       TEXT ("Höhe von Kanji-Fenstern"),
SM_MOUSEPRESENT,       TEXT ("SM_MOUSEPRESENT"),
                       TEXT ("Flag für \"Maus vorhanden\""),
SM_CYVSCROLL,          TEXT ("SM_CYVSCROLL"),
                       TEXT ("Höhe vertikaler Rollpfeil"),
SM_CXHSCROLL,          TEXT ("SM_CXHSCROLL"),
                       TEXT ("Breite horizontaler Rollpfeil"),
SM_DEBUG,              TEXT ("SM_DEBUG"),
                       TEXT ("Flag für \"Debug-Version\""),
SM_SWAPBUTTON,         TEXT ("SM_SWAPBUTTON"),
                       TEXT ("Flag für \"Mausknöpfe vertauscht\""),
SM_CXMIN,              TEXT ("SM_CXMIN"),
                       TEXT ("Minimale Fensterbreite"),
SM_CYMIN,              TEXT ("SM_CYMIN"),
                       TEXT ("Minimale Fensterhöhe"),
SM_CXSIZE,             TEXT ("SM_CXSIZE"),
                       TEXT ("Breite der Titelleisten-Schaltflächen"),
SM_CYSIZE,             TEXT ("SM_CYSIZE"),
                       TEXT ("Höhe der Titelleisten-Schaltflächen"),
SM_CXSIZEFRAME,        TEXT ("SM_CXSIZEFRAME"),
                       TEXT ("Breite des Fensterrahmens für Größenveränderungen"),
SM_CYSIZEFRAME,        TEXT ("SM_CYSIZEFRAME"),
                       TEXT ("Höhe des Fensterrahmens für Größenveränderungen"),
```

```
SM_CXMINTRACK,          TEXT ("SM_CXMINTRACK"),
                        TEXT ("Minimalbreite für Verschieben"),
SM_CYMINTRACK,          TEXT ("SM_CYMINTRACK"),
                        TEXT ("Minimalhöhe für Verschieben"),
SM_CXDOUBLECLK,         TEXT ("SM_CXDOUBLECLK"),
                        TEXT ("Max. X-Bewegung bei Doppelklicks"),
SM_CYDOUBLECLK,         TEXT ("SM_CYDOUBLECLK"),
                        TEXT ("Max. Y-Bewegung bei Doppelklicks"),
SM_CXICONSPACING,       TEXT ("SM_CXICONSPACING"),
                        TEXT ("Horizontaler Abstand von Icons"),
SM_CYICONSPACING,       TEXT ("SM_CYICONSPACING"),
                        TEXT ("Vertikaler Abstand von Icons"),
SM_MENUDROPALIGNMENT,   TEXT ("SM_MENUDROPALIGNMENT"),
                        TEXT ("Menüs links oder rechts"),
SM_PENWINDOWS,          TEXT ("SM_PENWINDOWS"),
                        TEXT ("Pen-Erweiterungen installiert"),
SM_DBCSENABLED,         TEXT ("SM_DBCSENABLED"),
                        TEXT ("Doublebyte-Zeichensatz aktiviert"),
SM_CMOUSEBUTTONS,       TEXT ("SM_CMOUSEBUTTONS"),
                        TEXT ("Anzahl Maustasten"),
SM_SECURE,              TEXT ("SM_SECURE"),
                        TEXT ("Flag für \"Sicherheit vorhanden\""),
SM_CXEDGE,              TEXT ("SM_CXEDGE"),
                        TEXT ("Breite von 3D-Rahmen"),
SM_CYEDGE,              TEXT ("SM_CYEDGE"),
                        TEXT ("Höhe von 3D-Rahmen"),
SM_CXMINSPACING,        TEXT ("SM_CXMINSPACING"),
                        TEXT ("Min. X-Abstand minimierter Fenster"),
SM_CYMINSPACING,        TEXT ("SM_CYMINSPACING"),
                        TEXT ("Min. Y-Abstand minimierter Fenster"),
SM_CXSMICON,            TEXT ("SM_CXSMICON"),
                        TEXT ("Breiter kleiner Icons"),
SM_CYSMICON,            TEXT ("SM_CYSMICON"),
                        TEXT ("Höhe kleiner Icons"),
SM_CYSMCAPTION,         TEXT ("SM_CYSMCAPTION"),
                        TEXT ("Höhe kleiner Titelleisten"),
SM_CXSMSIZE,            TEXT ("SM_CXSMSIZE"),
                        TEXT ("Schaltflächenbreite in kleinen Titelleisten"),
SM_CYSMSIZE,            TEXT ("SM_CYSMSIZE"),
                        TEXT ("Schaltflächenhöhe in kleinen Titelleisten"),
SM_CXMENUSIZE,          TEXT ("SM_CXMENUSIZE"),
                        TEXT ("Schaltflächenbreite in Menüs"),
SM_CYMENUSIZE,          TEXT ("SM_CYMENUSIZE"),
                        TEXT ("Schaltflächenhöhe in Menüs"),
SM_ARRANGE,             TEXT ("SM_ARRANGE"),
                        TEXT ("Anordnung minimierter Fenster"),
SM_CXMINIMIZED,         TEXT ("SM_CXMINIMIZED"),
                        TEXT ("Breite minimierter Fenster"),
SM_CYMINIMIZED,         TEXT ("SM_CYMINIMIZED"),
                        TEXT ("Höhe minimierter Fenster"),
SM_CXMAXTRACK,          TEXT ("SM_CXMAXTRACK"),
                        TEXT ("Mit Ziehen erreichbare Maximalbreite"),
SM_CYMAXTRACK,          TEXT ("SM_CYMAXTRACK"),
                        TEXT ("Mit Ziehen erreichbare Maximalhöhe"),
SM_CXMAXIMIZED,         TEXT ("SM_CXMAXIMIZED"),
                        TEXT ("Breite maximierter Fenster"),
```

```
     SM_CYMAXIMIZED,          TEXT ("SM_CYMAXIMIZED"),
                              TEXT ("Höhe maximierter Fenster"),
     SM_NETWORK,              TEXT ("SM_NETWORK"),
                              TEXT ("Flag für \"Netzwerk vorhanden\""),
     SM_CLEANBOOT,            TEXT ("SM_CLEANBOOT"),
                              TEXT ("Art des Systemstarts"),
     SM_CXDRAG,               TEXT ("SM_CXDRAG"),
                              TEXT ("Flag: \"Keine Minimalbewegung für horizontales Ziehen\""),
     SM_CYDRAG,               TEXT ("SM_CYDRAG"),
                              TEXT ("Flag: \"Keine Minimalbewegung für vertikales Ziehen\""),
     SM_SHOWSOUNDS,           TEXT ("SM_SHOWSOUNDS"),
                              TEXT ("Flag: \"Sounds mit Optik\" (für Hörgeschädigte)"),
     SM_CXMENUCHECK,          TEXT ("SM_CXMENUCHECK"),
                              TEXT ("Häkchenbreite in Menüs"),
     SM_CYMENUCHECK,          TEXT ("SM_CYMENUCHECK"),
                              TEXT ("Häkchenhöhe in Menüs"),
     SM_SLOWMACHINE,          TEXT ("SM_SLOWMACHINE"),
                              TEXT ("Flag: \"Langsamer Prozessor\""),
     SM_MIDEASTENABLED,       TEXT ("SM_MIDEASTENABLED"),
                              TEXT ("Flag: Arabisch/Hebräisch aktiviert")
#if (WINVER >= 0x500)    // diese Konstanten sind erst ab Windows NT 5.0 definiert
                         ,
     SM_MOUSEWHEELPRESENT,    TEXT ("SM_MOUSEWHEELPRESENT"),
                              TEXT ("Flag: \"Mausrädchen vorhanden\""),
     SM_XVIRTUALSCREEN,       TEXT ("SM_XVIRTUALSCREEN"),
                              TEXT ("Virtueller Bildschirm: X-Ursprung"),
     SM_YVIRTUALSCREEN,       TEXT ("SM_YVIRTUALSCREEN"),
                              TEXT ("Virtueller Bildschirm: Y-Ursprung"),
     SM_CXVIRTUALSCREEN,      TEXT ("SM_CXVIRTUALSCREEN"),
                              TEXT ("Virtueller Bildschirm: Breite"),
     SM_CYVIRTUALSCREEN,      TEXT ("SM_CYVIRTUALSCREEN"),
                              TEXT ("Virtueller Bildschirm: Höhe"),
     SM_CMONITORS,            TEXT ("SM_CMONITORS"),
                              TEXT ("Anzahl Monitore"),
     SM_SAMEDISPLAYFORMAT,    TEXT ("SM_SAMEDISPLAYFORMAT"),
                              TEXT ("Gleiches Format für alle Bildschirme")
#endif
} ;
```

Abbildung 4.4: *Die Include-Datei* SYSMETS.H

Das Programm, das diese Daten ausgibt, trägt den Namen SYSMETS1; den Quelltext finden Sie in Abbildung 4.5. Der weitaus größte Teil dieser Listings sollte Ihnen bereits recht bekannt vorkommen: Die Routine *WinMain* ist (bis auf die Definition des Fenstertitels) praktisch unverändert aus HELLOWIN.C übernommen, die meisten Details von *WndProc* sind ebenfalls schon besprochen.

SYSMETS1.C

```
/*-----------------------------------------------------
   SYSMETS1.C -- Ermittlung der Maße des Systems, Version 1
                 (c) Charles Petzold, 1998
  -----------------------------------------------------*/
#include <windows.h>
#include "sysmets.h"
```

```
LRESULT CALLBACK WndProc (HWND, UINT, WPARAM, LPARAM) ;

int WINAPI WinMain (HINSTANCE hInstance, HINSTANCE hPrevInstance,
                    PSTR szCmdLine, int iCmdShow)
{
     static TCHAR szAppName[] = TEXT ("SysMets1") ;
     HWND         hwnd ;
     MSG          msg ;
     WNDCLASS     wndclass ;

     wndclass.style         = CS_HREDRAW | CS_VREDRAW ;
     wndclass.lpfnWndProc   = WndProc ;
     wndclass.cbClsExtra    = 0 ;
     wndclass.cbWndExtra    = 0 ;
     wndclass.hInstance     = hInstance ;
     wndclass.hIcon         = LoadIcon (NULL, IDI_APPLICATION) ;
     wndclass.hCursor       = LoadCursor (NULL, IDC_ARROW) ;
     wndclass.hbrBackground = (HBRUSH) GetStockObject (WHITE_BRUSH) ;
     wndclass.lpszMenuName  = NULL ;
     wndclass.lpszClassName = szAppName ;

     if (!RegisterClass (&wndclass))
     {    // UNICODE-Compilierung ist die einzige realistische Fehlermöglichkeit
          MessageBox (NULL, TEXT ("Programm arbeitet mit Unicode und setzt Windows NT voraus!"),
                      szAppName, MB_ICONERROR) ;
          return 0 ;
     }

     hwnd = CreateWindow (szAppName, TEXT ("Metriken des Systems, V 1"),
                          WS_OVERLAPPEDWINDOW,
                          CW_USEDEFAULT, CW_USEDEFAULT,
                          CW_USEDEFAULT, CW_USEDEFAULT,
                          NULL, NULL, hInstance, NULL) ;

     ShowWindow (hwnd, iCmdShow) ;
     UpdateWindow (hwnd) ;
     while (GetMessage (&msg, NULL, 0, 0))
          {
          TranslateMessage (&msg) ;
          DispatchMessage (&msg) ;
          }
     return msg.wParam ;
     }

LRESULT CALLBACK WndProc (HWND hwnd, UINT message, WPARAM wParam, LPARAM lParam)
{
     static int  cxChar, cxCaps, cyChar ;
     HDC         hdc ;
     int         i ;
     PAINTSTRUCT ps ;
     TCHAR       szBuffer [10] ;
     TEXTMETRIC  tm ;

     switch (message)
     {
     case WM_CREATE:
```

```
          hdc = GetDC (hwnd) ;

          GetTextMetrics (hdc, &tm) ;
          cxChar = tm.tmAveCharWidth ;
          cxCaps = (tm.tmPitchAndFamily & 1 ? 3 : 2) * cxChar / 2 ;
          cyChar = tm.tmHeight + tm.tmExternalLeading ;

          ReleaseDC (hwnd, hdc) ;
          return 0 ;

     case WM_PAINT :
          hdc = BeginPaint (hwnd, &ps) ;

          for (i = 0 ; i < NUMLINES ; i++)
          {
               TextOut (hdc, 0, cyChar * i,
                        sysmetrics[i].szLabel,
                        lstrlen (sysmetrics[i].szLabel)) ;

               TextOut (hdc, 22 * cxCaps, cyChar * i,
                        sysmetrics[i].szDesc,
                        lstrlen (sysmetrics[i].szDesc)) ;

               SetTextAlign (hdc, TA_RIGHT | TA_TOP) ;
               TextOut (hdc, 22 * cxCaps + 55 * cxChar, cyChar * i, szBuffer,
                        wsprintf (szBuffer, TEXT ("%5d"),
                                  GetSystemMetrics (sysmetrics[i].iIndex))) ;

               SetTextAlign (hdc, TA_LEFT | TA_TOP) ;
          }
          EndPaint (hwnd, &ps) ;
          return 0 ;

     case WM_DESTROY :
          PostQuitMessage (0) ;
          return 0 ;
     }
     return DefWindowProc (hwnd, message, wParam, lParam) ;
}
```

Abbildung 4.5: *Das Programm* SYSMETS1

Abbildung 4.6 zeigt die Ergebnisse von SYSMETS1 auf einem System, das mit einer Standard-VGA ausgerüstet ist. Konsequent wird die Größe des Bildschirms mit 640 x 480 Pixeln angegeben – ein Wertepaar, das sich für jede andere Kombination von Video-Adapter und Monitor ändern dürfte.

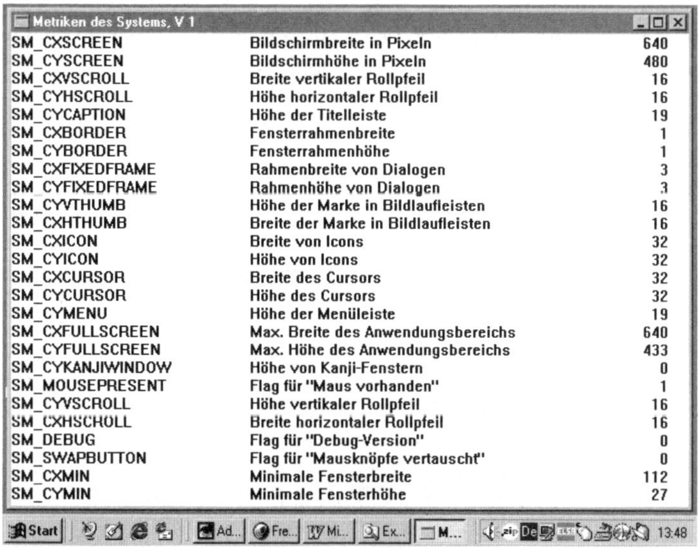

Abbildung 4.6: *Die Ausgaben von* SYSMETS1

Die Window-Prozedur von SYSMETS1

Die Window-Prozedur von SYSMETS1 trägt wie gehabt den Namen *WndProc* und bearbeitet die Nachrichten WM_CREATE, WM_PAINT sowie WM_DESTROY, wobei der *case*-Zweig für WM_DESTROY gegenüber dem Programm HELLOWIN aus Kapitel 3 unverändert ist.

WM_CREATE wird von Windows beim Erzeugen eines Fensters gesendet und ist die erste Nachricht, die eine Window-Prozedur erhält. SYSMETS1 reagiert darauf mit dem Ermitteln des Gerätekontexts via *GetDC* und der Ermittlung der Dimensionen der Systemschrift über einen Aufruf von *GetTextMetrics*. Die durchschnittliche Zeichenbreite von Kleinbuchstaben wird in der Variablen *cxChar*, die Zeichenhöhe plus dem Zwischenraum zwischen aufeinanderfolgenden Zeilen in *cyChar* gespeichert.

Zusätzlich speichert die Routine die durchschnittliche Breite von Großbuchstaben in einer Variable namens *cxCaps*. Bei einer nicht proportionalen Schrift würde dieser Wert dem von *cxChar* entsprechen, bei einer Proportionalschrift ergibt er sich dagegen über eine Multiplikation dieses Wertes mit dem Faktor 1.5. Das Bit 0 des Feldes *tmPitchAndFamily* der von *GetTextMetrics* besetzten Struktur gibt Auskunft darüber, mit welcher Art von Schrift wir es zu tun haben: Es ist für Proportionalschriften gesetzt, für nicht proportionale Schriften dagegen gelöscht. SYSMETS1 verwendet dieses Bit für die Berechnung von *cxCaps* auf der Grundlage von *cxChar*:

```
cxCaps = (tm.tmPitchAndFamily & 1 ? 3 : 2) * cxChar / 2 ;
```

Die Ausgaben des Programms finden ausschließlich bei der Bearbeitung von WM_PAINT-Nachrichten statt. Wie üblich beginnt die Bearbeitung mit dem Ermitteln des Gerätekontexts über einen Aufruf von *BeginPaint*, dem sich eine mit *for* aufgebaute Ausgabeschleife anschließt, die der Reihe nach sämtliche Elemente der in SYSMETS.H definierten Struktur durchläuft.

Die drei Textspalten des Programms werden über drei getrennte Aufrufe von *TextOut* erzeugt: die ersten beiden Spalten enthalten die Namen der Konstanten und die ihnen in SYSMETS.H zugeordneten Beschreibungen, die dritte ausschließlich die Ergebnisse von *GetSystemMetrics* in Form numerischer Werte. Die bei der Ausgabe verwendete Vertikalposition bleibt innerhalb eines Schleifendurchlaufs für alle drei Aufrufe von *TextOut* konstant – nämlich:

```
cyChar * i
```

Dieser Wert legt jeweils die Oberkante des ausgebenden Texts fest. Da die Schleife beim ersten Mal mit $i = 0$ durchlaufen wird, erscheint die erste Zeile also direkt unterhalb des oberen Fensterrandes. (Um etwas exakter zu sein: die Grenze ist natürlich nicht das Fenster, sondern sein Anwendungsbereich, dessen linke obere Ecke im Standardmodus MM_TEXT den Ursprung des Koordinatensystems darstellt).

Der erste Aufruf von *TextOut* in jedem Schleifendurchlauf verwendet als Horizontalkoordinate den Wert 0: Die über das Feld *szLabel* definierten Textbezeichner (bei denen das Präfix SM_ für »System Metrics« (= Systemmaße) steht, erscheinen also am linken Rand des Anwendungsbereichs. Da *TextOut* die Länge auszugebender Zeichenfolgen als separaten Parameter erwartet, wird dieser Wert über einen Aufruf der Funktion *lstrlen* ermittelt, die im Prinzip der C-Standardfunktion *strlen* entspricht, aber einen Teil von Windows darstellt (und auch mit Unicode zurechtkommt).

Der zweite Aufruf von *TextOut* gibt die Beschreibung des jeweiligen Wertes wieder, die aus dem Feld *szDesc* des jeweiligen Elements von *sysmetrics* stammt. Die *x*-Koordinate von *TextOut* wird hier mit

```
22 * cxCaps
```

berechnet: da die in der ersten Spalte wiedergegebenen Bezeichner im Maximalfall 20 Zeichen umfassen, bleibt so zwischen den beiden Spalten mindestens ein Leerraum, der dem Platzbedarf von zwei Großbuchstaben entspricht.

Der dritte Aufruf von *TextOut* ist schließlich für die Ausgabe der von *GetSystemMetrics* gelieferten Ergebnisse zuständig. Da diese Werte rechtsbündig erscheinen sollen und wir es mit einer Proportionalschrift zu tun haben, ist er nicht ohne Hinterlist: die Ziffern von 0 bis 9 haben zwar auch in diesem Fall sämtlich dieselbe Breite, unterscheiden sich in diesem Wert aber von Leerzeichen. Folglich würde das simple Voranstellen von Leerzeichen, wie es sich mit w*sprintf* über eine Angabe wie »%5d« erreichen läßt, anstelle sauber ausgerichteter Werte bestenfalls eine Art Zitterlinie erzeugen.

Wenn wir *TextOut* für Ausgaben einen gemeinsamen horizontalen Endpunkt anstelle eines Startpunktes übergeben könnten, wäre die Sache natürlich wesentlich einfacher. Erfreulicherweise haben auch die Entwickler von Windows an dieses Problem gedacht: nach dem Aufruf von

```
SetTextAlign (hdc, TA_RIGHT | TA_TOP) ;
```

formatiert *TextOut* seine Ausgaben rechtsbündig, d.h. interpretiert den Parameter *x* nicht mehr als Startpunkt der oberen linken Ecke des ersten, sondern als Endpunkt der oberen rechten Ecke des letzten Zeichens eines Strings. Konsequent verwendet SYSMETS1 für die dritte Spalte seiner Ausgaben die Formel:

```
22 * cxCaps + 55 * cxChar
```

Der Wert *22 * cxCaps* steht hier wie gehabt für den Platzbedarf der ersten Spalte, der Wert 55 * *cxChar* für den gemeinsamen Platzbedarf der zweiten und dritten Spalte. Direkt auf diese Ausgabe folgt ein weiterer Aufruf von *SetTextAlign*, der die normalen Verhältnisse wieder herstellt, d.h. erneut eine linksbündige Formatierung setzt.

Platzprobleme

Ärgerlich, aber wahr: wenn Ihr System nicht gerade mit einem hochauflösenden Monitor der Extraklasse ausgerüstet ist, bekommen Sie die letzten Zeilen von SYSMETS1 nie zu sehen. Auf horizontale Grenzen reagiert das Programm ähnlich stur: wenn man das Fenster schmaler macht, verschwinden die ausgegebenen Werte.

Tatsächlich kümmert sich SYSMETS1 nicht im mindesten darum, wieviel Platz der Anwendungsbereich seines Fensters bietet – und verläßt sich einfach darauf, dass Windows die Ausgaben an den Fenstergrenzen schon abschneiden wird. Konsequent besteht unsere erste Aufgabe darin, die eigentliche Größe des beschreibbaren Bereichs zu ermitteln.

Die Größe des Anwendungsbereichs

Wer ein wenig mit existierenden Windows-Programmen experimentiert, wird feststellen, dass der Veränderung von Fenstergrößen praktisch keine Grenzen gesetzt sind: im Maximalfall kann der Anwendungsbereich fast den gesamten Bildschirm bedecken, im Minimalfall verschwindet er praktisch komplett. (Falls Sie ganz genau wissen wollen, wie komplett: die Minimalgröße eines Fensters läßt sich ebenfalls mit *GetSystemMetrics* ermitteln; der Wert ist meist erschreckend klein. Die über SM_CXFULLSCREEN und SM_CYFULLSCREEN – wiederum bei *GetSystemMetrics* abfragbaren – Werte für die Maximalgröße sind da schon interessanter.)

Für die Ermittlung der Größe des Anwendungsbereichs ließe sich natürlich auch hier wieder die Funktion *GetClientRect* einsetzen, die wir bereits im letzten Kapitel verwendet haben. Falsch wäre das nicht – nur ist es grundsätzlich ineffizient, diese Funktion immer wieder aufzurufen, wenn das Programm die entsprechenden Werte braucht. Und außerdem gibt es eine Nachricht, über die Windows ebendiese Daten einerseits freiwillig und andererseits nur dann liefert, wenn es auch wirklich nötig ist: Bei jeder Änderung der Fenstergröße erzeugt das System eine Nachricht des Typs WM_SIZE, die die neuen Abmessungen in ihrem Parameter *lParam* direkt enthält. Die folgenden Befehle werten diese Nachricht aus und speichern die neue Größe:

```
static int cxClient, cyClient ;  // x- und y-Größe Anwendungsbereich
[weitere Programmzeilen]
case WM_SIZE :
     cxClient = LOWORD (lParam) ;  // niederwertiges Wort von lParam
     cyClient = HIWORD (lParam) ;  // höherwertiges Wort von lParam
     return 0 ;
```

LOWORD und HIWORD sind zwei Makros aus WINDEF.H, über die sich ein 32-Bit-Wert bequem in ein nieder- bzw. höherwertiges Wort – mithin zwei vorzeichenlose 16-Bit-Werte – zerlegen läßt. Falls Sie neugierig darauf sein sollten, wie diese Makros tatsächlich aussehen – hier sind sie:

```
#define LOWORD(l) ((WORD)(l))
#define HIWORD(l) ((WORD)(((DWORD)(l) >> 16) & 0xFFFF))
```

Die Variablen *cxClient* und *cyClient* müssen (wie *cxChar* und *cyChar*) als *static* deklariert sein, weil sie ihre Werte zwischen Aufrufen der Window-Prozedur behalten sollen. Auch wenn es hier um vorzeichenlose Werte geht (weil Fenster nur schlecht negative Größen annehmen können), habe ich diese Variablen nicht als *short*, sondern als *int* definiert: Auf diese Weise erspart man sich Konvertierungsprobleme bei folgenden Berechnungen von vornherein – und der Prozessor kommt mit 32 Bit sowieso besser als mit 16 Bit zurecht.

In SYSMETS (und den meisten anderen Programmen dieses Buchs) wird auf WM_SIZE über kurz oder lang eine Botschaft des Typs WM_PAINT folgen. Der Grund dafür liegt darin, dass wir das Feld *style* der zugrundeliegenden Fensterklasse üblicherweise mit

```
CS_HREDRAW | CS_VREDRAW
```

definieren: Windows wird dadurch angewiesen, das Programm nach jeder Veränderung seiner Fenstergröße zu einer Neuausgabe zu veranlassen.

Die Anzahl der Textzeilen, die sich innerhalb des Anwendungsbereichs darstellen läßt, kann nach dem Bearbeiten von WM_SIZE über die folgende Formel ermittelt werden:

```
cyClient / cyChar
```

Es ist übrigens durchaus möglich, dass bei dieser Berechnung der Wert 0 herauskommt: in diesem Fall bietet der Anwendungsbereich nicht einmal für eine einzige Textzeile ausreichend Platz. Die Berechnung, wie viele Zeichen sich pro Zeile darstellen lassen, geschieht analog mit:

```
cxClient / cxChar
```

Solange man die Werte von *cxChar* und *cyChar* als Reaktion auf WM_CREATE ermittelt, stehen Divisionen durch Null bei solchen Berechnungen nicht zu befürchten: da WM_CREATE als Reaktion auf *CreateWindow* erzeugt wird, ist diese Nachricht garantiert die erste, die eine Window-Prozedur zu sehen bekommt. (WM_SIZE wird üblicherweise kurz nach WM_CREATE ausgelöst – nämlich dann, wenn *WinMain* das zuvor erzeugte Fenster mit *ShowWindow* auf den Bildschirm bringt).

Wenn sich über diese Berechnung ergibt, dass sämtliche Ausgaben des Programms in den Anwendungsbereich hineinpassen, ist die Sache damit erst einmal erledigt. Da das aber meistens nicht der Fall sein dürfte, ahnen Sie vielleicht schon, was als nächstes auf Sie zukommt: die Ausstattung eines Fensters mit Bildlaufleisten.

Bildlaufleisten ...

stellen wohl eine der auffälligsten und besten Eigenschaften grafischer Oberflächen dar: sie sind intuitiv zu bedienen und geben gleichzeitig Auskunft darüber, an welcher Stelle man sich in einem umfangreicheren Dokument befindet. Tatsächlich lassen sie sich nicht nur für Texte und Listen jeder Art, sondern auch für Rechenblätter, Webseiten, Grafiken und Datensätze beliebiger Art verwenden – kurz gesagt für alles, was nicht auf einmal in den Anwendungsbereich eines Fensters hineinpaßt.

Bildlaufleisten werden entweder vertikal (für Bewegungen nach oben und unten) oder horizontal (für Bewegungen nach links bzw. rechts) gezeichnet und setzen sich aus drei Elementen zusammen: einem Pfeil am ihrem Anfang und Ende sowie einer Marke für die momentane Position, die im Englischen recht bildhaft als »Daumen« (thumb) bezeichnet wird. Ein Mausklick auf einem der Pfeile rollt den Fensterinhalt üblicherweise um eine Textzeile, ein Klick in der Bildlaufleiste selbst dagegen um eine Seite (oder was auch immer das Programm als Äquivalent zu Seiten benutzt). Direkte Positionierungen erfolgen über das Ziehen der Marke mit der Maus, wobei die Bewegung in diesem Fall auch mehrere »Seiten« umfassen kann. Abbildung 4.7 faßt die Funktionen einer Bildlaufleiste zusammen, wie man sie für die Bearbeitung eines Textes verwenden würde.

Im Zusammenhang mit Bewegungen in Dokumenten ergeben sich manchmal gewisse Schwierigkeiten terminologischer Natur, deren Grund in den unterschiedlichen Perspektiven von Programmierer und Benutzer liegt. Bewegungen nach *unten* bringen den Cursor näher an das Ende eines Dokuments – und haben zur Folge, dass das Programm den Inhalt seines Fensters nach *oben* rollen muß.

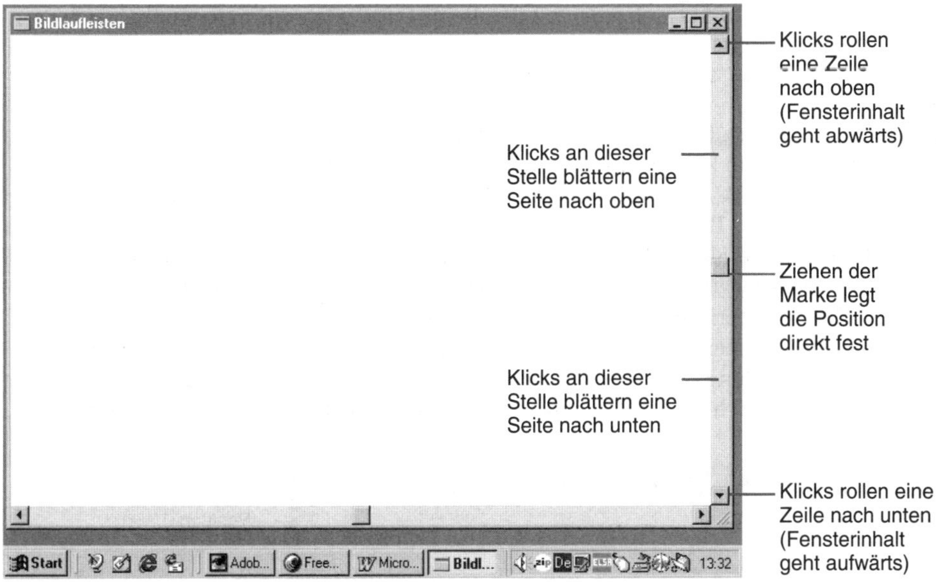

Abbildung 4.7: *Elemente einer Bildlaufleiste*

Die Dokumentation von Windows und die Konstanten von WINUSER.H machen sich hier die Perspektive des Benutzers zu eigen: »Aufwärtsrollen« entspricht einer Bewegung in Richtung auf den Anfang, »Abwärtsrollen« einer Bewegung in Richtung auf das Ende eines Textes.

Bildlaufleisten in ein Fenster einzufügen, ist eine höchst einfache Angelegenheit: die dafür notwendige Aktion beschränkt sich auf die zusätzliche Angabe der Konstanten WS_VSCROLL (vertikale Leiste) und/oder WS_HSCROLL (horizontale Leiste) im Fensterstil – also dem dritten Parameter – beim Aufruf von *CreateWindow*. Die damit erzeugten Leisten bilden grundsätzlich den rechten bzw. unteren Rand des Anwendungsbereichs, der dadurch entsprechend verkleinert wird, die Anpassung an wechselnde Fenstergrößen erfolgt automatisch. Die Breite der vertikalen bzw. die Höhe der horizontalen Bildlaufleiste ergibt sich über eine Konstante, die für den jeweils verwendeten Bildschirmtreiber spezifisch ist und (wie bereits demonstriert) über *GetSystemMetrics* abgefragt werden kann.

Während Windows die gesamte Logik für Mausbewegungen und -klicks im Zusammenhang mit Bildlaufleisten automatisch zur Verfügung stellt, sind Tastenbefehle hier ein eigenes Thema: Ein Programm, das Positionierungen in einem Dokument nicht nur über die Maus, sondern auch über Tasten wie BildAb oder Pos1 ermöglichen will, muß dafür eine eigene Logik definieren. Um die damit verbundenen Mechanismen und Probleme geht es im nächsten Kapitel.

Positionen und Wertebereiche

Jeder Bildlaufleiste ist ein eigener Wertebereich und eine momentane Position zugeordnet, an deren Stelle die Marke auf dem Bildschirm erscheint. Der unteren Bereichsgrenze (Minimalwert) entspricht einer am oberen bzw. linken Ende der Leiste stehenden Marke; die obere Bereichsgrenze ist erreicht, wenn sich die Marke am unteren bzw. rechten Ende der Leiste befindet.

Als Einheit für Minimal- und Maximalwert sowie die Position der Marke wird dabei ein Integerwert benutzt, wobei Windows standardmäßig einen Bereich von 0 bis 100 verwendet. Über die Funktion *SetScrollRange* läßt er sich jederzeit den Bedürfnissen eines Programms anpassen:

```
SetScrollRange (hwnd, iBar, iMin, iMax, bRedraw) ;
```

Der Parameter *iBar* teilt dem System mit, welche der beiden Leisten des durch *hwnd* angegebenen Fensters gemeint ist. Er kann konsequent nur zwei Werte annehmen, für die WINUSER.H die Konstanten SB_VERT (»Scroll Bar Vertical«) und SB_HORZ (»Scroll Bar Horizontal«) definiert. *iMin* und *iMax* stellen die neuen Bereichsgrenzen dar; *bRedraw* muß auf TRUE gesetzt werden, wenn Windows die Bildlaufleiste als Reaktion auf den Aufruf von *SetScrollRange* neu zeichnen soll. (Windows definiert einige weitere Funktionen, mit denen sich die Optik von Bildlaufleisten verändern läßt. Wenn Sie vorhaben, eine solche Funktion direkt nach *SetScrollRange* aufzurufen, dann sollten Sie für *bRedraw* hier erst einmal den Wert FALSE einsetzen, um unnötige Zeichenoperationen zu vermeiden.) Abbildung 4.8 gibt ein mögliches Ergebnis zweier Aufrufe von *SetScrollRange* wieder, mit denen der Bereich beider Bildlaufleisten auf die Werte 0 bis 4 eingegrenzt wurde.

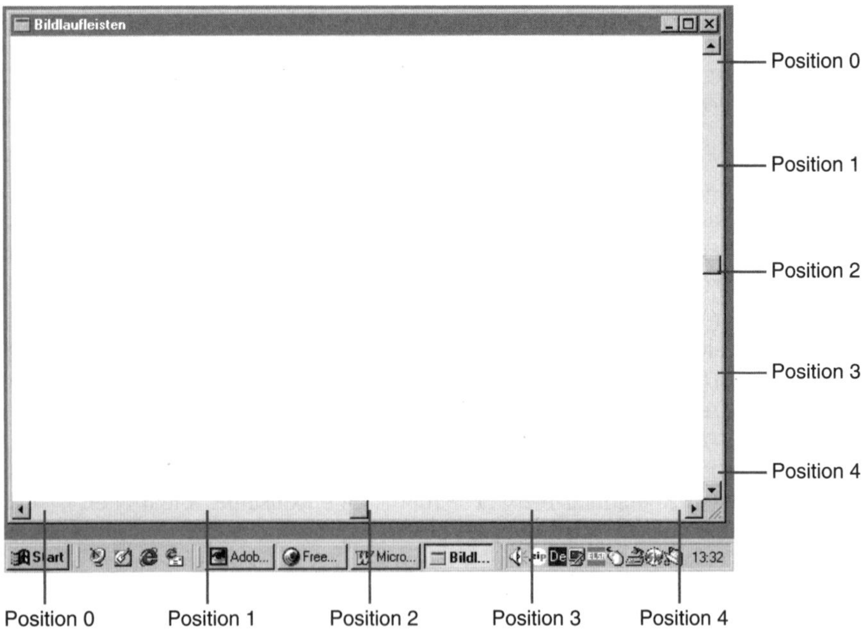

Abbildung 4.8: *Bildlaufleisten mit fünf möglichen Positionen der Marke*

Mit der Funktion *SetScrollPos* läßt sich die Position der Marke direkt setzen:

```
SetScrollPos (hwnd, iBar, iPos, bRedraw) ;
```

Der Parameter *iBar* legt hier wiederum fest, welche der beiden Leisten eines Fensters gemeint ist, *iPos* stellt die neue Position der Marke dar (und muß sich innerhalb des mit *SetScrollRange* festgelegten Bereichs bewegen). Über die Funktionen *GetScrollRange* und *GetScrollPos* lassen sich der Bereich und die momentane Position der Marke jederzeit ermitteln.

Im Zusammenhang mit Bildlaufleisten haben die Entwickler von Windows eine Art Arbeitsteilung zwischen dem System und der jeweiligen Anwendung vorgesehen. Wie üblich, übernimmt Windows dabei den größeren Teil der Aufgaben:

- die gesamte Logik im Zusammenhang mit der Maus
- das Erzeugen eines Blinkeffekts für Mausklicks auf den Schaltflächen am Anfang und Ende der Leiste (der durch kurzzeitige Invertierung dieser Schaltflächen entsteht)
- die Darstellung eines »Geisterbildes«, wenn der Benutzer die Marke mit der Maus zieht
- das Senden entsprechender Nachrichten an die Window-Prozedur als Reaktion auf Aktionen des Benutzers

Die folgenden Arbeiten fallen dagegen in den Verantwortungsbereich des Programms:

- Initialisierung der Bildlaufleiste und Festlegen des Wertebereichs
- Bearbeiten der Nachrichten im Zusammenhang mit Aktionen über die Maus
- Aktualisierung der Markenposition
- Aktualisierung des Anwendungsbereichs als Reaktion auf eine geänderte Position der Marke in einer Bildlaufleiste

Was damit im Detail gemeint ist, sollte im Verlauf der nächsten Abschnitte klarer werden.

Nachrichten für Bildlaufleisten

Windows reagiert auf Mausklicks in Bildlaufleisten sowie das Ziehen der Marke mit dem Senden von Nachrichten des Typs WM_VSCROLL bzw. WM_HSCROLL an die Window-Prozedur des jeweiligen Fensters. Jede Aktion mit der Maus in einer Bildlaufleiste erzeugt minimal zwei Nachrichten: eine für das Drücken der Maustaste und eine zweite für das anschließende Lösen.

Der zusammen mit diesen Nachrichten übergebene Parameter *wParam* muß über die Makros LOWORD und HIWORD zerlegt werden: In seinem höherwertigen Wort findet sich die neue Position der Marke; das niederwertige Wort zeigt an, um welche Aktion es geht. (*lParam* ist natürlich auch hier wieder dabei – dieser Wert spielt aber nur im Zusammenhang mit Bildlaufleisten eine Rolle, die als eigenständige Steuerelemente existieren, mithin kein direkter Bestandteil eines Fensters sind. Und weil *lParam* in diesem Fall unbedingt gebraucht wird, haben sich die Entwickler dafür entschieden, in *wParam* eben gleich zwei Informationen hineinzupacken.) WINUSER.H definiert für das niederwertige Wort von *wParam* eine Reihe von Konstanten, die sämtlich mit dem Präfix SB_ (für »Scroll Bar« = Bildlaufleiste) beginnen:

```
#define SB_LINEUP        0
#define SB_LINELEFT      0
#define SB_LINEDOWN      1
#define SB_LINERIGHT     1
#define SB_PAGEUP        2
```

```
#define SB_PAGELEFT        2
#define SB_PAGEDOWN        3
#define SB_PAGERIGHT       3
#define SB_THUMBPOSITION   4
#define SB_THUMBTRACK      5
#define SB_TOP             6
#define SB_LEFT            6
#define SB_BOTTOM          7
#define SB_RIGHT           7
#define SB_ENDSCROLL       8
```

Offensichtlich hat SB_LINELEFT denselben Wert wie SB_LINEDOWN; dasselbe gilt für SB_PAGELEFT, SB_PAGEDOWN und so weiter. Technisch gesehen, sind sämtliche »LEFT«-Bezeichner nichts weiter als Eselsbrücken – aber man tut sich halt beim Programmieren erheblich leichter, wenn man für horizontale Bildlaufleisten Werte wie SB_PAGELEFT verwenden kann – und nicht wie in älteren Versionen der Include-Dateien statt dessen mit SB_PAGEUP herumhantieren muß. (Wetten, dass Sie eben auch erst einmal auf SB_PAGEDOWN getippt haben?)

Kurz und gut: die »LEFT«- und »RIGHT«-Konstanten stehen also für Bewegungen in der horizontalen Bildlaufleiste, die »UP«- und »DOWN«-Konstanten für das vertikale Gegenstück. Abbildung 4.9 verdeutlicht die Zusammenhänge und Doppeldeutigkeiten.

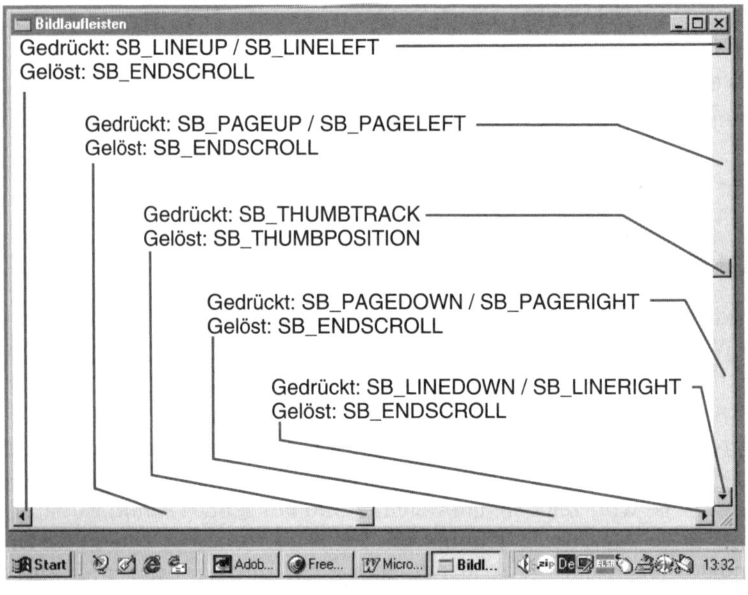

Abbildung 4.9: *Bezeichner von* WINUSER.H *für Aktionen in Bildlaufleisten*

Wenn der Benutzer die Maustaste längere Zeit gedrückt hält, arbeitet Windows mit einer Art automatischer Wiederholung, d.h. erzeugt eine Folge von Nachrichten der Typen SB_LINEUP, SB_PAGEUP, SB_LINEDOWN bzw. SB_PAGEDOWN. Die Botschaft SB_ENDSCROLL signalisiert das Lösen der Maustaste und wird von Programmen üblicherweise ignoriert.

Die Dokumentation von Windows gibt an, dass *wParam* zusätzlich die Werte SB_TOP und SB_BOTTOM annehmen kann und so anzeigt, dass die Marke das obere bzw. untere Ende der Leiste erreicht hat. Für Bildlaufleisten, die als Teil eines Anwendungsbereichs erzeugt und über die Maus bedient werden, bekommt man diese Nachrichten allerdings nie zu sehen. Beim Ziehen der Marke erzeugt Windows jeweils dann eine Botschaft mit dem Wert SB_THUMBTRACK, wenn eine neue (Integer-)Position erreicht wird – was unter Umständen Probleme bereiten kann: wenn ein Programm einen großen Wertebereich für eine Bildlaufleiste definiert und der Benutzer die Marke schnell von einem Ende zum anderen bewegt, erhält die Window-Prozedur im selben Zeitraum einige hundert bis einige tausend Nachrichten.

Aus diesem Grund bearbeiten die meisten Programme lediglich SB_THUMBPOSITION: über diese Botschaft zeigt das System an, dass sich die Marke auf einer neuen (endgültigen) Position befindet, d.h. die Bewegung beendet ist. Wenn ein Programm seinen Anwendungsbereich schnell genug neu zeichnet, kann es natürlich auch SB_THUMBTRACK verarbeiten und damit auf Veränderungen der Position bereits während dem Ziehen der Marke reagieren. Aber Vorsicht: auf diese Art und Weise werden Benutzer geradezu herausgefordert, die Grenzen einer Anwendung auszuloten (und es soll einige Leute geben, die sich diebisch freuen, wenn es dann doch einmal nicht klappt).

Bildlaufleisten verwenden für die Speicherung der Bereichsgrenzen Werte mit 32 Bit, weshalb ein Aufruf wie

```
SetScrollRange (hwnd, SB_HORZ, -10000000, 23000000, TRUE) ;
```

absolut legal ist. Von der Bedienbarkeit einer solchen Bildlaufleiste einmal abgesehen, handeln Sie sich damit allerdings ein technisches Problem ein: Wie der Name schon sagt, bietet das höherwertige Wort von *wParam* nur 16 Bit Platz für die aktuelle Position der Marke, weshalb Sie zur Ermittlung dieses Wertes dann auf die (weiter hinten in diesem Kapitel besprochene) Funktion *GetScrollInfo* ausweichen müssen.

Die nächste Version von SYSMETS

Genug der grauen Theorie – es wird Zeit für die Praxis. Um nicht mehr Dinge auf einmal durcheinanderzubringen als unbedingt notwendig, fangen ich mit einer Modifikation von SYSMETS an, die lediglich die dringend benötigte vertikale Bildlaufleiste definiert und verschiebe kosmetische Operationen in Form einer horizontalen Leiste auf einen späteren Zeitpunkt.

SYSMETS2.C

```
/*-----------------------------------------------------
   SYSMETS2.C -- Ermittlung der Maße des Systems, Version 2
                 (c) Charles Petzold, 1998
  -----------------------------------------------------*/

#include <windows.h>
#include "sysmets.h"

LRESULT CALLBACK WndProc (HWND, UINT, WPARAM, LPARAM) ;

int WINAPI WinMain (HINSTANCE hInstance, HINSTANCE hPrevInstance,
                    PSTR szCmdLine, int iCmdShow)
{
     static TCHAR szAppName[] = TEXT ("SysMets2") ;
     HWND         hwnd ;
     MSG          msg ;
     WNDCLASS     wndclass ;
```

```
     wndclass.style         = CS_HREDRAW | CS_VREDRAW ;
     wndclass.lpfnWndProc   = WndProc ;
     wndclass.cbClsExtra    = 0 ;
     wndclass.cbWndExtra    = 0 ;
     wndclass.hInstance     = hInstance ;
     wndclass.hIcon         = LoadIcon (NULL, IDI_APPLICATION) ;
     wndclass.hCursor       = LoadCursor (NULL, IDC_ARROW) ;
     wndclass.hbrBackground = (HBRUSH) GetStockObject (WHITE_BRUSH) ;
     wndclass.lpszMenuName  = NULL ;
     wndclass.lpszClassName = szAppName ;

     if (!RegisterClass (&wndclass))
     {    // UNICODE-Compilierung ist die einzige realistische Fehlermöglichkeit
          MessageBox (NULL, TEXT ("Programm arbeitet mit Unicode und setzt Windows NT voraus!"),
                      szAppName, MB_ICONERROR) ;
          return 0 ;
     }

     hwnd = CreateWindow (szAppName, TEXT ("Metriken des Systems, V 2"),
                          WS_OVERLAPPEDWINDOW | WS_VSCROLL,
                          CW_USEDEFAULT, CW_USEDEFAULT,
                          CW_USEDEFAULT, CW_USEDEFAULT,
                          NULL, NULL, hInstance, NULL) ;
     ShowWindow (hwnd, iCmdShow) ;
     UpdateWindow (hwnd) ;

     while (GetMessage (&msg, NULL, 0, 0))
     {
          TranslateMessage (&msg) ;
          DispatchMessage (&msg) ;
     }
     return msg.wParam ;
}

LRESULT CALLBACK WndProc (HWND hwnd, UINT message, WPARAM wParam, LPARAM lParam)
{
     static int  cxChar, cxCaps, cyChar, cyClient, iVscrollPos ;
     HDC         hdc ;
     int         i, y ;
     PAINTSTRUCT ps ;
     TCHAR       szBuffer[10] ;
     TEXTMETRIC  tm ;

     switch (message)
     {
     case WM_CREATE:
          hdc = GetDC (hwnd) ;

          GetTextMetrics (hdc, &tm) ;
          cxChar = tm.tmAveCharWidth ;
          cxCaps = (tm.tmPitchAndFamily & 1 ? 3 : 2) * cxChar / 2 ;
          cyChar = tm.tmHeight + tm.tmExternalLeading ;

          ReleaseDC (hwnd, hdc) ;
```

```
          SetScrollRange (hwnd, SB_VERT, 0, NUMLINES - 1, FALSE) ;
          SetScrollPos   (hwnd, SB_VERT, iVscrollPos, TRUE) ;
          return 0 ;

     case WM_SIZE:
          cyClient = HIWORD (lParam) ;
          return 0 ;

     case WM_VSCROLL:
          switch (LOWORD (wParam))
          {
          case SB_LINEUP:
               iVscrollPos -= 1 ;
               break ;

          case SB_LINEDOWN:
               iVscrollPos += 1 ;
               break ;

          case SB_PAGEUP:
               iVscrollPos -= cyClient / cyChar ;
               break ;

          case SB_PAGEDOWN:
               iVscrollPos += cyClient / cyChar ;
               break ;

          case SB_THUMBPOSITION:
               iVscrollPos = HIWORD (wParam) ;
               break ;

          default :
               break ;
          }

          iVscrollPos = max (0, min (iVscrollPos, NUMLINES - 1)) ;

          if (iVscrollPos != GetScrollPos (hwnd, SB_VERT))
          {
               SetScrollPos (hwnd, SB_VERT, iVscrollPos, TRUE) ;
               InvalidateRect (hwnd, NULL, TRUE) ;
          }
          return 0 ;

     case WM_PAINT:
          hdc = BeginPaint (hwnd, &ps) ;

          for (i = 0 ; i < NUMLINES ; i++)
          {
               y = cyChar * (i - iVscrollPos) ;

               TextOut (hdc, 0, y,
                        sysmetrics[i].szLabel,
                        lstrlen (sysmetrics[i].szLabel)) ;

               TextOut (hdc, 22 * cxCaps, y,
```

```
                sysmetrics[i].szDesc,
                lstrlen (sysmetrics[i].szDesc)) ;

            SetTextAlign (hdc, TA_RIGHT | TA_TOP) ;
            TextOut (hdc, 22 * cxCaps + 55 * cxChar, y, szBuffer,
                wsprintf (szBuffer, TEXT ("%5d"),
                        GetSystemMetrics (sysmetrics[i].iIndex))) ;

            SetTextAlign (hdc, TA_LEFT | TA_TOP) ;
        }
        EndPaint (hwnd, &ps) ;
        return 0 ;

    case WM_DESTROY:
        PostQuitMessage (0) ;
        return 0 ;
    }
    return DefWindowProc (hwnd, message, wParam, lParam) ;
}
```

Abbildung 4.10: *Das Programm* SYSMETS2

In *WinMain* ist (abgesehen vom Titel des Programms) gegenüber SYSMETS1 nur eine einzige Zeile verändert. *CreateWindow* definiert den »Stil« des Fensters hier mit:

```
WS_OVERLAPPEDWINDOW | WS_VSCROLL
```

Zur Bearbeitung von WM_CREATE in *WndProc* sind zwei Befehle hinzugekommen, die den Bereich der Bildlaufleiste und die Position der Marke festlegen:

```
SetScrollRange (hwnd, SB_VERT, 0, NUMLINES, FALSE) ;
SetScrollPos   (hwnd, SB_VERT, iVscrollPos, TRUE) ;
```

Die in SYSMETS.H definierte Struktur *sysmetrics* enthält NUMLINES (von 0 bis NUMLINES-1 durchnumerierte) Elemente, weshalb wir den Bereich der Bildlaufleiste einfach auf 0 bis NUMLINES-1 eingrenzen können und auf diese Weise eine direkte Korrespondenz erreichen: jede der möglichen Positionen der Marke entspricht einer Textzeile des Programms. Wenn die Marke auf der Position 0 steht, gibt SYSMETS2 das Element 0 von *sysmetrics* am oberen Rand des Anwendungsbereichs aus. Aufsteigende Werte für die Position der Marke verschieben den Text nach oben: wenn die Marke am unteren Ende der Leiste steht, sollte nur noch die letzte Zeile der Ausgaben von SYSMETS2 im Fenster sichtbar sein.

Die Variable *iVscrollPos* hält die momentane Position der Marke fest und wird durch Nachrichten des Typs VM_SCROLL gesetzt: für SB_LINEUP und SB_LINEDOWN muß sie lediglich um eins erhöht bzw. erniedrigt werden. Auf SB_PAGEUP und SB_PAGEDOWN reagiert das Programm mit der Verschiebung um eine Bildschirmseite, wobei sich die Zeilenzahl aus der momentanen Größe des Anwendungsbereichs (über die mittlerweile bekannte Formel *cyClient / cyChar*) ergibt. Für SB_THUMBPOSITION liefert Windows selbst die neue Position in Form des höherwertigen Wortes von *wParam*; SB_ENDSCROLL und SB_THUMBTRACK werden ignoriert.

Eine Begrenzung von *iVscrollPos* auf den erlaubten Bereich findet erst nach der Bearbeitung der diversen Nachrichten statt, sie geschieht über die beiden Makros *min* und *max*.

Wenn der nachfolgende Vergleich mit der über *GetScrollPos* ermittelten alten Position der Marke ergibt, dass sich etwas geändert hat, setzt das Programm die neue Position via *SetScrollPos* ein und erklärt danach den gesamten Anwendungsbereich des Fensters mit *InvalidateRect* als ungültig: die Folge ist eine Nachricht des Typs WM_PAINT.

Während SYSMETS1 auf WM_PAINT immer in derselben Weise reagiert – nämlich der Ausgabe sämtlicher Elemente von *sysmetrics* über die Formel

```
cyChar * i
```

zur Berechnung der *y*-Koordinaten, bezieht SYSMETS2 die momentane Position mit in die Berechnung ein:

```
cyChar * (1 - iVscrollPos)
```

Die Schleife beginnt allerdings nach wie vor mit dem ersten Element – nur dass dieses Element bei Werten von *iVscrollPos* größer 1 »oberhalb« des Anwendungsbereichs landet und deshalb von Windows ignoriert wird. Eine Begrenzung nach unten hin findet ebenfalls nicht statt: SYSMETS2 verläßt sich wie sein Vorgänger darauf, dass Windows über den unteren Rand des Fensters hinausgehende Ausgaben abschneidet.

Ich hatte ja bereits gesagt, dass wir die Sache möglichst einfach angehen wollen – aber um ehrlich zu sein: diese Ausgabe von SYSMETS geht fast genauso ineffizient und verschwenderisch mit den Ressourcen des Systems um wie die erste Version. Bevor wir uns um eine etwas ökonomischere Alternative kümmern, sollten wir uns allerdings erst einmal mit den Möglichkeiten zur Aktualisierung von Anwendungsbereichen auseinandersetzen.

Strukturierte Programmierung für Ausgaben

Wie dem Listing zu entnehmen, führt die Window-Prozedur von SYSMETS2 im Rahmen von VM_VSCROLL keine direkten Ausgaben durch, sondern erklärt den Anwendungsbereich über einen Aufruf von *InvalidateRect* als »ungültig« – sorgt also dafür, dass Windows eine WM_PAINT-Nachricht in die Warteschlange des Programms einreiht.

Tatsächlich sieht dieses Verfahren nur auf den ersten Blick etwas umständlich aus: Da das Programm jederzeit in der Lage sein muß, den gesamten Anwendungsbereich als Reaktion auf WM_PAINT neu auszugeben, müssen sich im entsprechenden *case*-Zweig der Window-Prozedur sowieso die dafür benötigten Befehle finden – und die würden durch eine separate Ausgabe bei der Bearbeitung von WM_VSCROLL bestenfalls wiederholt. Analoges gilt natürlich für alle anderen Nachrichten: auch für sie sollte man das Programm so strukturieren, dass dort keine direkten Ausgabebefehle, sondern eben entsprechende Aufrufe von *InvalidateRect* stehen.

Ich gebe gerne zu, dass sich gesunder Menschenverstand gegen diese Art von hinten aufgezäumter Logik erst einmal wehren muß. Tatsächlich hatten es die Entwickler der ersten Windows-Versionen alles andere als einfach, die damals an textbasierte Programmierung gewohnte Fachwelt von den Vorteilen – oder überhaupt erst einmal von der Notwendigkeit – dieser Denkweise zu überzeugen. Und außerdem gibt es wie zuvor schon einmal erwähnt sehr wohl Gelegenheiten, bei denen man diese Logik ganz bewußt umgehen wird – etwa, wenn ein Programm auf Tastatur- oder Mausereignisse so flüssig wie möglich reagieren soll.

In den allermeisten Fällen rächt sich allzu große Bequemlichkeit im Denken aber spätestens, wenn das Programm etwas umfangreicher wird. Generell läßt sich guten Gewissens sagen, dass sich hier zwei Alternativen gegenüberstehen – nämlich eine Logik, die nur zu Anfang etwas durchsichtiger (lies: bequemer) erscheint, und ein gewisses Umdenken, das letztlich zu ausgesprochen sauber strukturierten Programmen beliebiger Größe führt.

Im Zusammenhang mit *InvalidateRect* kann sich allerdings ein zeitliches Problem ergeben: da Windows Nachrichten des Typs WM_PAINT eine recht niedrige Priorität zuordnet, ist es nicht nur theoretisch möglich, dass einem zwischen der Kennzeichnung eines Rechtecks als »ungültig« und seiner Aktualisierung ein anderer Prozeß dazwischenplatzt: Weißflächen, die nach dem Verschwinden eines Dialogfelds längere Zeit auf dem Bildschirm stehen bleiben, weil das System im Moment eben mit Wichtigerem beschäftigt ist, hat wohl jeder Windows-Anwender zur Genüge gesehen. Wenn Sie sicherstellen wollen, dass die Aktualisierung unmittelbar auf die Kennzeichnung ungültiger Bereiche folgt, sollten Sie die folgende Kombination von Befehlen benutzen:

```
InvalidateRect(hwnd,&rect,TRUE); // Kennzeichnung
UpdateWindow (hwnd) ;            // Aktualisierung
```

UpdateWindow erzeugt ebenfalls eine Nachricht des Typs WM_PAINT, die hier aber nicht in die Warteschlange eingereiht, sondern gesendet wird: die Folge ist ein direkter (rekursiver) Aufruf der Window-Prozedur. (Sollte das Fenster zum Zeitpunkt des Aufrufs von *UpdateWindow* kein ungültiges Rechteck enthalten, passiert einfach gar nichts).

UpdateWindow ist uns übrigens schon mehrfach begegnet – nämlich jeweils direkt hinter dem Aufruf von *ShowWindow* in *WinMain*. Nachdem ein Fenster mit *ShowWindow* zum ersten Mal auf den Bildschirm gebracht wurde, ist sein Anwendungsbereich zwangsläufig ungültig – und *UpdateWindow* sorgt dafür, dass das Programm ihn zeichnet.

Ein effizienteres Verfahren

Wie gesagt, ist die von SYSMETS2 verwendete Methode alles andere als dafür geeignet, in eigene Programme übernommen zu werden – sie ist langsam, ineffizient und beschäftigt das System überdies mit Ausgaben, die man niemals zu sehen bekommt. Der Nachfolger SYSMETS3 räumt mit diesen Defiziten gründlich auf, fügt dem Fenster noch eine horizontale Bildlaufleiste hinzu – und setzt dabei eine neue Funktionsgruppe ein, die im Gegensatz zu den bis dato besprochenen Routinen nicht an Altlasten aus der Zeit von Windows 3.x krankt. Konsequent sind Makros wie LOWORD hier herzlich überflüssig.

Informationsfunktionen für Bildlaufleisten

Das Win32-SDK urteilt über die bis dato besprochenen Abfragefunktionen recht hart: Im Abschnitt *Platform SDK/User Interface Services/Controls/Scroll Bars* werden *SetScrollRange*, *SetScrollPos*, *GetScrollRange* und *GetScrollPos* schlicht als »überholt« bezeichnet. Einspruch, Euer Ehren: Diese vier Routinen stammen zwar aus Windows 1.0, wurden beim Übergang von 16 nach 32 Bit aber angepaßt und tun auch unter den neuesten Windows-Versionen zuverlässig ihren Dienst. Und außerdem erschrecken sie Einsteiger nicht gleich von vornherein zu Tode, weshalb ich mich dafür entschieden habe, sie auch in den folgenden Kapiteln dieses Buches weiter einzusetzen.

Die Win32-API führt zwei Routinen namens *SetScrollInfo* und *GetScrollInfo* ein, die natürlich etwas zeitgemäßer sind: Sie stellen einen kompletten Ersatz für die vier älteren Funktionen dar und bieten darüber hinaus zwei wichtige Erweiterungen.

Die erste dieser beiden Erweiterungen betrifft die Größe der Bildlaufmarke. Wie Ihnen wahrscheinlich aufgefallen ist, hat diese Marke in den beiden bis jetzt vorgestellten Versionen von SYSMETS eine fixe Höhe und Breite – in anderen Anwendungen spiegeln ihre Abmessungen dagegen das Verhältnis zwischen der Gesamtgröße eines Dokuments und dem im Fenster angezeigten Teil wieder, entsprechen mithin auch optisch der »Seitengröße«. Die dahinterstehende Arithmetik sieht so aus:

$$\frac{\textit{Größe der Marke}}{\textit{Größe der Bildlaufleiste}} \approx \frac{\textit{Seitengröße}}{\textit{Bereich}} \approx \frac{\textit{Größe des dargestellten Ausschnitts}}{\textit{Gesamtgröße des Dokuments}}$$

Diese Seitengröße (»page size«) und damit auch die Größe der Marke läßt sich über *SetScrollInfo* festlegen. Das Wie demonstriert die dritte Version von SYSMETS.

Das zweite neue Feature stellt eher eine Anpassung an die tatsächlichen Verhältnisse dar und findet sich in der Funktion *GetScrollInfo*. Wie zuvor erwähnt, packt das System in Nachrichten des Typs WM_VSCROLL und WM_HSCROLL den Nachrichtencode (SB_THUMBTRACK, SB_ENDSCROLL usw.) zusammen mit der aktuellen Position der Marke in *wParam* und beschränkt so die übermittelbaren Werte auf den Bereich von 0 bis 65536: Wenn Sie einer Bildlaufleiste einen größeren Bereich verpassen, erhalten Sie deshalb zwangsläufig falsche Positionsrückmeldungen. (Die Betonung liegt dabei eigentlich eher auf dem wenn: Weil Windows die Marke natürlich nicht zwischen zwei Pixeln zeichnen kann, rastet die Marke grundsätzlich auf der nächsten verfügbaren ganzzahligen Pixelposition ein. Mehr als einige hundert *verschiedene* Positionswerte bekommen Sie also auch in einer Bildlaufleiste mit einem Bereich von plusminus einer Milliarde nicht zu sehen.)

Die Syntax der beiden Routinen:

```
SetScrollInfo (hwnd, iBar, &si, bRedraw) ;
GetScrollInfo (hwnd, iBar, &si) ;
```

Bis auf den Parameter *si* sieht das eigentlich recht vertraut aus: *hwnd* steht für den Handle des Fensters, *iBar* für die horizontale oder vertikale Bildlaufleiste, kann mithin entweder den Wert SB_VERT oder SB_HORZ bekommen. (Eine dritte Möglichkeit, die auch bei den vier älteren Funktionen vorhanden ist: Wenn Sie für *iBar* den Wert SB_CTL übergeben, dann erwartet Windows als *hwnd* den Fensterhandle einer Bildlaufleiste, die ein eigenständiges Steuerelement darstellt.) Der vierte Parameter von *SetScrollInfo* teilt Windows schließlich mit, ob die Bildlaufleiste nach der Veränderung neu gezeichnet werden soll oder nicht.

Hinter dem neuen Parameter *si* versteckt sich dagegen eine komplette Struktur, die in WINUSER.H so definiert ist:

```
typedef struct tagSCROLLINFO
{
     UINT cbSize ;     // hier müssen Sie sizeof (SCROLLINFO) einsetzen
     UINT fMask ;      // Bitflags für die zu besetzenden/besetzten Felder
     int  nMin ;       // Minimalposition der Bildlaufleiste
     int  nMax ;       // Maximalposition der Bildlaufleiste
     UINT nPage ;      // Seitengröße (und damit Größe der Marke)
     int  nPos ;       // aktuelle Position
     int  nTrackPos ;  // Position beim Ziehen der Marke
}
SCROLLINFO, * PSCROLLINFO ;
```

Nachdem Sie in Ihrem Programm eine Variable dieses Typs definiert haben – etwa mit:

```
SCROLLINFO si ;
```

– müssen Sie *vor* dem Aufruf von *GetScrollInfo* oder *SetScrollInfo* im Minimalfall zwei Felder besetzen: *cbSize* gibt die Größe der Struktur in Bytes an; *fMask* teilt Windows mit, für welche der weiteren Felder Sie sich interessieren (*GetScrollInfo*) bzw. welche Felder Werte enthalten, die *SetScrollInfo* verwenden soll. Beispielsweise:

```
si.cbSize = sizeof (si) ;  // alternativ: sizeof(SCROLLINFO)
si.fMask = SIF_POS ;       // nur nPos berücksichtigen
si.nPos = 100 ;
SetScrollInfo(...., si, FALSE) ;
```

Für das Feld *fMask* definiert WINUSER.H vier Bitflags mit dem Präfix SIF, die sich über ein bitweises OR (|) miteinander kombinieren lassen. Ohne diese Möglichkeit zur gezielten Auswahl würden beide Routinen grundsätzlich alle Felder berücksichtigen – was im Rahmen von *GetScrollInfo* wohl zu verschmerzen wäre, weil die drei Nanosekunden eigentlich jeder Rechner übrig hat. Bei *SetScrollInfo* wäre die Sache dagegen ausgesprochen lästig: Dort müßten Sie jedesmal auch dann den Bereich (der hier eben gezielt über SIF_RANGE angesprochen wird) und die Seitengröße (SIF_PAGE) einsetzen, wenn es Ihnen eigentlich nur um die Position (SIF_POSITION) geht. (Für das Feld *nTrackPos* ist schließlich ein viertes Flag namens SIF_TRACKPOS zuständig, das man sinnvollerweise nur in einer Behandlungsroutine für WM_VSCROLL bzw. WM_HSCROLL benutzt.)

Soviel zu den Flags. Welchen Sinn aber hat *cbSize*? Tatsächlich finden sich Größenangaben als erstes Feld in vielen zusammen mit Win32 eingeführten Strukturtypen. Sie schlagen sozusagen drei Fliegen mit einer Klappe:

Absicherung gegen ungültige/undefinierte Zeiger. Wenn dieses Feld nicht mit dem von Windows erwarteten Wert initialisiert ist, verweigert die Funktion die Mitarbeit. Auf diese Weise läßt sich eines der typischen Probleme von C – nämlich die versehentliche Verwendung undefinierter Speicherbereiche – bereits im Vorfeld weitgehend in den Griff bekommen.

Absicherung gegen das Überschreiben anderer Variablen. *GetScrollInfo* prüft das Größenfeld, bevor diese Funktion etwas in die restlichen Felder hineinschreibt (und bei versehentlich zu klein geratenen Strukturtypen dann andere Daten des Programms zerstört).

Aufwärtskompatibilität. Wenn der Strukturtyp in einer zukünftigen Version um neue Felder erweitert wird, können (intern entsprechend erweiterte) Versionen von *GetScrollInfo* und *SetScrollInfo* anhand der Größenangabe unterscheiden, ob ein Programm von ihnen die Berücksichtigung dieser neuen Felder erwartet oder nicht.

Weil Programmierer tippfaule Menschen sind, definiert WINUSER.H zusätzlich eine Konstante namens SIF_ALL:

```
#define SIF_ALL (SIF_RANGE | SIF_POS | SIF_RANGE | SIF_TRACKPOS)
```

Weil SIF_TRACKPOS nur von *GetScrollInfo* berücksichtigt wird, können Sie diese Konstante in beiden Funktionen einsetzen, wenn Sie sämtliche Werte einer Bildlaufleiste abfragen bzw. neu setzen wollen. (Und der Vollständigkeit halber: Es gibt noch ein weiteres Flag namens SIF_DISABLENOSCROLL. Wenn Sie dieses Flag bei *SetScrollInfo* mit angeben, dann wird die Bildlaufleiste beim Festlegen gleicher Minimal- und Maximalwerte nicht unsichtbar, sondern bleibt abgeschaltet auf dem Bildschirm stehen. Mehr zu diesem Verhalten später.)

Bis zum bitteren Ende

SYSMETS2 setzt die Minimalposition der Bildlaufleiste auf 0 und die Maximalposition auf NUMLINES-1. Wenn die Marke auf Position 0 steht, erscheint das erste Datum am oberen Rand;

steht auf der Position NUMLINES-1, dann findet sich dort das letzte Datum – und der Rest dieses Fensters glänzt in prachtvollem Weiß.

Offensichtlich kann man auch bei Bildlaufleisten des Guten zu viel tun. Wesentlich sinnvoller wäre natürlich ein Bereich, der dann endet, wenn das letzte Datum am *unteren* Rand des Fensters sichtbar wird. Möglich wird das durch die Berechnung des Bereichs, die nicht bereits bei WM_CREATE stattfindet, sondern erst nach der Ermittlung der Fenstergröße – also der Nachricht WM_SIZE:.

```
iVscrollMax = max (0, NUMLINES - cyClient / cyChar) ;
SetScrollRange (hwnd, SB_VERT, 0, iVscrollMax, TRUE) ;
```

Hier wird also erst einmal abgefragt, wie viele Zeilen in das Fenster passen. Wenn man diesen Wert von der Gesamtzahl der Elemente abzieht, ergibt sich die zulässige Maximalposition für die Bildlaufleiste. Für eine Struktur mit 75 Elementen und ein Fenster, das Platz für 50 Textzeilen bietet, kommt also ein Bereich von 0 bis 25 (= 75-50) heraus. Steht die Marke in der entsprechend gesetzten Bildlaufleiste auf Position 0, erscheinen die Elemente 0 bis 49 im Fenster; für die Markenposition 1 sind es die Elemente 1 bis 50 – und für die Maximalposition 25 die Elemente 25 bis 74. (Natürlich ist das nicht die einzige Änderung, die ich SYSMETS3 habe angedeihen lassen – aber diese Logik stellt einen der wesentlichen Punkte dar.)

Ein netter Nebeneffekt der neuen Funktionen von Bildlaufleisten besteht darin, dass sich Berechnungen dieser Art über die Seitengröße (Feld *nPage*) weitgehend von selbst erledigen. Beim Einsatz von *SetScrollInfo* könnte die nächste Version von SYSMETS in etwa so aussehen:

```
si.cbSize = sizeof (SCROLLINFO) ;
si.fMask = SIF_RANGE | SIF_PAGE ;  // Bereich und Seitengröße setzen
si.nMin   = 0 ;                    // Minimalwert
si.nMax   = NUMLINES - 1 ;         // Maximalwert
si.nPage  = cyClient / cyChar ;    // Seitengröße = Zeilenzahl im Fesnster
SetScrollInfo (hwnd, SB_VERT, &si, TRUE) ;
```

Hier setzt *SetScrollInfo* den als Obergrenze angegebenen Maximalwert nämlich nicht einfach direkt ein, sondern berechnet ihn über die Formel *si.nMax-si.nMin-si.nPage*+1 neu. Wenn wir die zuvor verwendeten Werte einsetzen (NUMLINES-1 = 74, Fenstergröße = 50 Zeilen), kommt 74 – 50 + 1 = 25 heraus – mithin das gewünschte Ergebnis.

Was passiert eigentlich, wenn das Fenster genügend Platz für alle Elemente bietet? Dann ergibt sich die für Obergrenze des Bereichs ein negativer Wert, auf den Windows nicht etwa allergisch, sondern mit einem äußerst bequemen Mechanismus reagiert: Bildlaufleisten, bei denen der Maximalwert kleiner oder gleich dem Minimalwert ist, machen sich automatisch unsichtbar. (Wenn Sie vor dem Aufruf von *SetScrollInfo* zusätzlich das zuvor erwähnte Flag SIF_DISABLENOSCROLL in *fMask* einsetzen, bleibt die Bildlaufleiste auch in diesem Fall weiterhin sichtbar, wird aber abgeschaltet.)

Die neue Version von SYSMETS

SYSMETS3 – die letzte Version des Programms in diesem Kapitel – glänzt gegenüber seinen Vorläufern mit einer ganzen Reihe von Verbesserungen: Der vertikale Bildlauf ist wie im vorangehenden Abschnitt auf sinnvolle Werte begrenzt, anstelle der alten Abfragefunktionen kommen *SetScrollInfo* und *GetScrollInfo* zum Einsatz. Außerdem findet sich hier noch eine horizontale Bildlaufleiste – und eine wesentlich effizientere Ausgabe.

SYSMETS3.C

```
/*-----------------------------------------------------
   SYSMETS3.C -- Ermittlung der Maße des Systems, Version 3
             (c) Charles Petzold, 1998
  -----------------------------------------------------*/
// dann erscheinen SM_MOUSEWHEEL usw. - allerdings mit einer Warnung des Compilers
#define WINVER 0x0500
#include <windows.h>
#include "sysmets.h"

LRESULT CALLBACK WndProc (HWND, UINT, WPARAM, LPARAM) ;

int WINAPI WinMain (HINSTANCE hInstance, HINSTANCE hPrevInstance,
                    PSTR szCmdLine, int iCmdShow)
{
     static TCHAR szAppName[] = TEXT ("SysMets3") ;
     HWND         hwnd ;
     MSG          msg ;
     WNDCLASS     wndclass ;

     wndclass.style         = CS_HREDRAW | CS_VREDRAW ;
     wndclass.lpfnWndProc   = WndProc ;
     wndclass.cbClsExtra    = 0 ;
     wndclass.cbWndExtra    = 0 ;
     wndclass.hInstance     = hInstance ;
     wndclass.hIcon         = LoadIcon (NULL, IDI_APPLICATION) ;
     wndclass.hCursor       = LoadCursor (NULL, IDC_ARROW) ;
     wndclass.hbrBackground = (HBRUSH) GetStockObject (WHITE_BRUSH) ;
     wndclass.lpszMenuName  = NULL ;
     wndclass.lpszClassName = szAppName ;

     if (!RegisterClass (&wndclass))
     {    // UNICODE-Compilierung ist die einzige realistische Fehlermöglichkeit
          MessageBox (NULL, TEXT ("Programm arbeitet mit Unicode und setzt Windows NT voraus!"),
                      szAppName, MB_ICONERROR) ;
          return 0 ;
     }

     hwnd = CreateWindow (szAppName, TEXT ("Metriken des Systems, V. 3"),
                          WS_OVERLAPPEDWINDOW | WS_VSCROLL | WS_HSCROLL,
                          CW_USEDEFAULT, CW_USEDEFAULT,
                          CW_USEDEFAULT, CW_USEDEFAULT,
                          NULL, NULL, hInstance, NULL) ;

     ShowWindow (hwnd, iCmdShow) ;
     UpdateWindow (hwnd) ;

     while (GetMessage (&msg, NULL, 0, 0))
     {
          TranslateMessage (&msg) ;
          DispatchMessage (&msg) ;
     }
     return msg.wParam ;
}

LRESULT CALLBACK WndProc (HWND hwnd, UINT message, WPARAM wParam, LPARAM lParam)
```

```
{
     static int  cxChar, cxCaps, cyChar, cxClient, cyClient, iMaxWidth ;
     HDC         hdc ;
     int         i, x, y, iVertPos, iHorzPos, iPaintBeg, iPaintEnd ;
     PAINTSTRUCT ps ;
     SCROLLINFO  si ;
     TCHAR       szBuffer[10] ;
     TEXTMETRIC  tm ;

     switch (message)
     {
     case WM_CREATE:
          hdc = GetDC (hwnd) ;

          GetTextMetrics (hdc, &tm) ;
          cxChar = tm.tmAveCharWidth ;
          cxCaps = (tm.tmPitchAndFamily & 1 ? 3 : 2) * cxChar / 2 ;
          cyChar = tm.tmHeight + tm.tmExternalLeading ;

          ReleaseDC (hwnd, hdc) ;

          // Breite der drei Spalten festhalten
          iMaxWidth = 40 * cxChar + 22 * cxCaps ;
          return 0 ;

     case WM_SIZE:
          cxClient = LOWORD (lParam) ;
          cyClient = HIWORD (lParam) ;

          // Bereich und Seitengröße der vertikalen Bildlaufleiste
          si.cbSize = sizeof (si) ;
          si.fMask  = SIF_RANGE | SIF_PAGE ;
          si.nMin   = 0 ;
          si.nMax   = NUMLINES - 1 ;
          si.nPage  = cyClient / cyChar ;
          SetScrollInfo (hwnd, SB_VERT, &si, TRUE) ;

          // Bereich und Seitengröße der horizontalen Bildlaufleiste
          si.cbSize = sizeof (si) ;
          si.fMask  = SIF_RANGE | SIF_PAGE ;
          si.nMin   = 0 ;
          si.nMax   = 2 + iMaxWidth / cxChar ;
          si.nPage  = cxClient / cxChar ;
          SetScrollInfo (hwnd, SB_HORZ, &si, TRUE) ;
          return 0 ;

     case WM_VSCROLL:
          // vertikale Bildlaufleiste abfragen
          si.cbSize = sizeof (si) ;  // obligatorische Größenangabe
          si.fMask  = SIF_ALL ;      // alle Felder besetzen
          GetScrollInfo (hwnd, SB_VERT, &si) ;

          // Position für späteren Vergleich festhalten
          iVertPos = si.nPos ;

          switch (LOWORD (wParam))
```

```
        {
        case SB_TOP:
             si.nPos = si.nMin ;
             break ;

        case SB_BOTTOM:
             si.nPos = si.nMax ;
             break ;

        case SB_LINEUP:
             si.nPos -= 1 ;
             break ;

        case SB_LINEDOWN:
             si.nPos += 1 ;
             break ;

        case SB_PAGEUP:
             si.nPos -= si.nPage ;
             break ;

        case SB_PAGEDOWN:
             si.nPos += si.nPage ;
             break ;

        case SB_THUMBTRACK:
             si.nPos = si.nTrackPos ;
             break ;

        default:
             break ;
        }
        // Position erst setzen und dann wieder abfragen. Weil Windows über die Seitengröße
        // umrechnet, kommt bei der Abfrage üblicherweise ein anderer Wert heraus

        si.fMask = SIF_POS ;
        SetScrollInfo (hwnd, SB_VERT, &si, TRUE) ;
        GetScrollInfo (hwnd, SB_VERT, &si) ;

        // Wenn sich die Position geändert hat: Fensterinhalt rollen und aktualisieren
        if (si.nPos != iVertPos)
        {
             ScrollWindow (hwnd, 0, cyChar * (iVertPos - si.nPos), NULL, NULL) ;
             UpdateWindow (hwnd) ;
        }
        return 0 ;

   case WM_HSCROLL:
        // horizontale Bildlaufleiste abfragen
        si.cbSize = sizeof (si) ;
        si.fMask  = SIF_ALL ;  // alle Daten

        // Position für den späteren Vergleich festhalten
        GetScrollInfo (hwnd, SB_HORZ, &si) ;
        iHorzPos = si.nPos ;
```

```
          switch (LOWORD (wParam))
          {
          case SB_LINELEFT:
               si.nPos -= 1 ;
               break ;

          case SB_LINERIGHT:
               si.nPos += 1 ;
               break ;

          case SB_PAGELEFT:
               si.nPos -= si.nPage ;
               break ;

          case SB_PAGERIGHT:
               si.nPos += si.nPage ;
               break ;

          case SB_THUMBPOSITION:
               si.nPos = si.nTrackPos ;
               break ;

          default :
               break ;
          }
          // Wie bei der vertikalen Bildlaufleiste: erst setzen, dann wieder abfragen
          si.fMask = SIF_POS ;
          SetScrollInfo (hwnd, SB_HORZ, &si, TRUE) ;
          GetScrollInfo (hwnd, SB_HORZ, &si) ;

         // Wenn sich die Position geändert hat: Fenster horizontal rollen
          if (si.nPos != iHorzPos)
          {
               ScrollWindow (hwnd, cxChar * (iHorzPos - si.nPos), 0, NULL, NULL) ;
          }
          return 0 ;

     case WM_PAINT :
          hdc = BeginPaint (hwnd, &ps) ;

          // Positionsabfrage der vertikalen Bildlaufleiste
          si.cbSize = sizeof (si) ;
          si.fMask  = SIF_POS ;
          GetScrollInfo (hwnd, SB_VERT, &si) ;
          iVertPos = si.nPos ;

          // Positionsabfrage der horizontalen Bildlaufleiste
          GetScrollInfo (hwnd, SB_HORZ, &si) ;
          iHorzPos = si.nPos ;

          // Welche Zeilen müsssen tatsächlich ausgegeben werden?
          iPaintBeg = max (0, iVertPos + ps.rcPaint.top / cyChar) ;
          iPaintEnd = min (NUMLINES - 1, iVertPos + ps.rcPaint.bottom / cyChar) ;
```

```
        for (i = iPaintBeg ; i <= iPaintEnd ; i++)
        {
             x = cxChar * (1 - iHorzPos) ;
             y = cyChar * (i - iVertPos) ;

             TextOut (hdc, x, y, sysmetrics[i].szLabel,
                      lstrlen (sysmetrics[i].szLabel)) ;

             TextOut (hdc, x + 22 * cxCaps, y, sysmetrics[i].szDesc,
                      lstrlen (sysmetrics[i].szDesc)) ;

             SetTextAlign (hdc, TA_RIGHT | TA_TOP) ;  // rechtsbündig

             TextOut (hdc, x + 22 * cxCaps + 55 * cxChar, y, szBuffer,
                      wsprintf (szBuffer, TEXT ("%5d"),
                           GetSystemMetrics (sysmetrics[i].iIndex))) ;

             SetTextAlign (hdc, TA_LEFT | TA_TOP) ;  // zurück auf linksbündig
        }

        EndPaint (hwnd, &ps) ;
        return 0 ;

   case WM_DESTROY :
        PostQuitMessage (0) ;
        return 0 ;
   }
   return DefWindowProc (hwnd, message, wParam, lParam) ;
}
```

Diese Version von SYSMETS überläßt die Buchführung über Bildlaufleisten fast komplett dem System: Die für WM_VSCROLL und WM_HSCROLL zuständigen *case*-Zweige fragen zuerst die Position ab und ändern sie, ohne sich großartig um Prüfungen zu kümmern. Für eine Formel wie *si.nPos -= si.nPage* können dabei ohne weiteres negative Werte herauskommen, die der folgende Aufruf von *SetScrollInfo* dann automatisch auf den tatsächlich zulässigen Bereich begrenzt. (Deshalb aber auch die anschließende, erneute Abfrage nach dem Setzen.) Die sich schließlich ergebende Differenz wird als Parameter der Funktion Parameter der Funktion *ScrollWindow* verwendet, die einen existierenden Fensterinhalt verschiebt und folgendes Format hat:

```
ScrollWindow (hwnd, dx, dy, lprcScrol, lprcClip) ;
```

dx und *dy* geben hier an, um wie viele Pixel der Fensterinhalt in horizontaler bzw. vertikaler Richtung verschoben werden soll. Die Parameter *lprdScroll* und *lprcClip* bekommen in SYSMETS3 den Wert NULL und zeigen so an, dass sich die Aktion auf den gesamten Anwendungsbereich des Fensters erstreckt. *ScrollWindow* nimmt zuerst eine Verschiebung des Bildinhalts vor (d.h. kopiert die Daten im Bildspeicher um) und erklärt den dabei freiwerdenden Bereich dann über einen Aufruf von *InvalidateRect* als »ungültig«. Die Folge ist wie üblich eine Botschaft des Typs WM_PAINT. (Bitte beachten: *ScrollWindow* ist *keine* GDI-Funktion und kommt deshalb ohne einen Gerätekontext aus. Diese Routine stellt eine der wenigen Ausnahmen dar, über die sich der Inhalt eines Fensters sozusagen am GDI vorbei verändern läßt).

WM_PAINT beschränkt sich nicht mehr auf die sture Ausgabe sämtlicher Daten, sondern ermittelt erst einmal, welche Bereiche des Bildschirms überhaupt betroffen sind. Diese Ermittlung geschieht über einen Vergleich mit den Grenzen des ungültigen Rechtecks (*rcPaint*) und ist von der Logik her um einiges komplexer – dafür braucht die Routine insgesamt aber erheblich weniger Zeit.

Nachdem WM_PAINT aufgrund dieser Optimierung mit einem Bruchteil der zuvor benötigten Zeit auskommt, kann das Programm nun auch SB_THUMBTRACK auswerten: der Inhalt des Fensters wird also aktualisiert, *während* der Benutzer die Marke in der Bildlaufleiste zieht. Die Entscheidung, ob Windows – und vor allem Ihr System – schnell genug sind, um diese Erweiterung auch in eigenen Programmen zu rechtfertigen, liegt natürlich bei Ihnen. Mit schlichten Textzeilen kommt wohl inzwischen selbst ein Museumsstück zurecht – bei komplexeren Zeichenaktionen empfiehlt sich dagegen ein Aufruf von *GetSystemMetrics* mit dem Parameter SM_SLOWMACHINE als Entscheidungshilfe.

Im Falle eines Falles können Sie SB_THUMBTRACK grundsätzlich ignorieren und lediglich SB_THUMBPOSITION bearbeiten, wie es SYSMETS3 bei der Reaktion auf WM_HSCROLL demonstriert. Auf Ziehaktionen in der horizontalen Bildlaufleiste reagiert dieses Programm erst, nachdem der Benutzer die Maustaste wieder gelöst hat.

Geht es auch ohne Maus?

In der Frühzeit von Windows gab es nicht wenige Benutzer, die sich mit diesem mittlerweile allgegenwärtigen Nagetier partout nicht anfreunden wollten. Auch wenn PCs ohne Maus inzwischen dasselbe Schicksal erlitten haben wie Monochrom-Bildschirme oder Matrixdrucker, wäre es nach wie vor eine rechte Zumutung, wenn Windows bei der Installation auf diesem Eingabegerät bestehen würde – vor allem für Techniker, deren täglich Brot aus dem Einrichten von Systemen besteht.

Wieso Programme ohne Unterstützung der Tastatur deshalb auch heute noch ein Unding sind, läßt sich recht einfach SYSMETS zeigen: Von der zweiten und dritten Version haben Sie auf einem System ohne Maus genauso viel wie von der ersten – nämlich das, was im aktuellen Videomodus auf einmal in das Fenster paßt.

Die »endgültige« Version von SYSMETS, um die es im übernächsten Kapitel geht, kommt konsequent nicht nur mit der Maus zurecht, sondern beinhaltet auch eine Tastaturschnittstelle. (Wenn Sie sich das Listing von SYSMETS3 einmal näher ansehen, werden Sie in der Window-Prozedur bereits zwei *case*-Zweige für die Werte SB_TOP und SB_BOTTOM bei der Bearbeitung von WM_VSCROLL finden, die bei einer reinen Maus-Schnittstelle überflüssig sind – und erst im Zusammenhang mit der Tastatur eine Funktion erhalten).

5 GDI: Die Grundlagen

Die Funktionen der grafischen Geräteschnittstelle von Windows (kurz GDI für *Graphics Device Interface*) haben wir vom ersten Kapitel dieses Buches an sowohl explizit – nämlich bei jeder Ausgabe im Anwendungsbereich von Fenstern – als auch implizit benutzt: Selbstverständlich greift Windows zum Zeichnen von Menüs, Schaltflächen, Bildlaufleisten und allen anderen Oberflächenelementen ebenfalls auf dieses Subsystem zurück. Dass die GDI eine der wichtigsten Systemkomponenten darstellt, versteht sich damit mehr oder minder von selbst.

Unerfreulicherweise käme beim Versuch, die GDI halbwegs vollständig zu beschreiben, mindestens ein solcher Wälzer wie der heraus, der Ihnen im Moment die Finger plattdrückt. Deshalb beschränke ich mich auf das Allernotwendigste: Dieses Kapitel stellt grundlegende Zeichenoperationen für Linien und gefüllte Flächen vor – mithin genau so viel, wie Sie zum Überleben der nächsten zweihundert Seiten brauchen. In späteren Kapiteln geht es dann um die GDI-Funktionen für Bitmaps, Zwischendateien und formatiertem Text.

Die Struktur der GDI

Aus programmtechnischer Perspektive präsentiert sich die GDI als Sammlung mehrerer hundert Funktionen nebst dazugehörigen Datentypen, Makros und Strukturen (deren Zahl gut in den vierstelligen Bereich geht). Vor dem Sprung in die Details einiger dieser Funktionen aber erst einmal ein Blick darauf, wo diese Funktionssammlung eigentlich herkommt und wie sie sich in das System einfügt.

Die Philosophie

Für Zeichenoperationen unter Windows 98 und Windows NT sind in erster Linie die Routinen der dynamischen Bibliothek GDI32.DLL zuständig. Bei Windows 98 findet sich die Implementation vieler Funktionen nach wie vor in einem 16-Bit-Modul namens GDI.EXE (das in Wirklichkeit ebenfalls eine DLL darstellt); bei Windows NT wird GDI.EXE dagegen ausschließlich im Rahmen des Win16-Subsystems eingesetzt, d.h. für 16-Bit-Programme.

Die Logik ist dennoch in beiden Fällen dieselbe: GDI32 bzw. GDI.EXE übernehmen sozusagen die übergeordnete Logik und überlassen die eigentliche Operation den Routinen der Treiber, die ihrerseits jeweils gerätespezifisch sind. Im Normalfall verfügt eine installierte Version von Windows über mindestens zwei derartige Treiber: einen für den Bildschirm und einen zweiten für den Drucker.

Zwischen GDI und Treiber findet dabei eine rege Kommunikation statt: Windows kann über den Treiber ermitteln, welche Operationen das jeweilige Gerät selbständig ausführen kann und in welchen Fällen es Unterstützung in Form einer übergeordneten Logik braucht. Als Ergebnis berechnet die GDI bei einem Standard-Adapter wie einer VGA-Karte jeden zu zeichnenden Punkt von Kreisen, Rechtecken, Ellipsen usw. selbst – eine Grafikkarte, die mit einem eigenen Coprozessor ausgerüstet ist, bekommt dagegen nur die entsprechenden Befehlscodes und Koordinatenpaare übermittelt, d.h. kann diese Operationen in Eigenregie ausführen (was einem das System üblicherweise mit drastisch erhöhter Geschwindigkeit dankt).

Da sich an einen PC (und »Kompatible«) aufgrund der offenen Architektur eine Vielzahl von Ausgabegeräten anschließen läßt, liegt eines der Hauptziele der GDI in einer möglichst weitgehenden Geräteunabhängigkeit, die sich nicht auf jeweils eine Kategorie beschränkt: wenn die entsprechenden Treiber vorliegen, läßt sich ein und dieselbe Grafik nicht nur auf dem Bildschirm, sondern auch auf einem Tintenstrahler, einem Laserdrukker oder einem Plotter in (fast) exakt derselben Weise darstellen.

Bis zu diesem Punkt ist noch kein allzu großer Unterschied zu anderen geräteunabhängigen Grafiksprachen erkennbar – was sich allerdings ändert, wenn man auf die Ebene der Bitmanipulation herabsteigt: auf diesem Gebiet liegt eine der größten Stärken der GDI. Zur Erklärung, wieso darin eine echte Besonderheit liegt, muß ich ein wenig weiter ausholen. Grafische Ausgabegeräte beliebiger Art lassen sich gemeinhin in die Klassen »raster-« und »vektororientiert« unterteilen, wobei in der PC-Welt der überwiegende Teil in die erste Klasse fällt: Bildschirme, Tintenstrahler und Laserdrucker stellen Bilder über Ansammlungen von Punkten dar, die in einem bestimmten Raster zeilen- und spaltenförmig angeordnet sind. Die zweite Klasse ist hier relativ dünn besetzt – nämlich ausschließlich durch Plotter, die Objekte als Folge von Linien mit bestimmten Längen und Winkeln auffassen. (PostScript-Laserdrucker stellen eine Art Zwischending dar, weil sie sowohl mit Vektoren als auch mit Bitmaps zurechtkommen. Das letztendliche Ausgabemedium ist allerdings auch hier wieder ein Raster – nämlich ein auf die Belichtertrommel übertragenes Bitmap).

Trotz dieser Tatsache arbeiten fast alle Grafiksprachen vektororientiert – und damit sozusagen eine Ebene weiter von der jeweiligen Hardware entfernt: obwohl das letztendlich verwendete Ausgabemedium mit Pixeln arbeitet, wird es über Vektordefinitionen angesprochen.

Die GDI von Windows bietet dagegen sowohl das eine als auch das andere: während es sich ohne weiteres auf Vektorebene verwenden läßt, kann man mit ihr auch auf die Ebene einzelner Bits und Pixel herabsteigen. An dieser Stelle drängt sich der Vergleich zwischen »C« und anderen Programmiersprachen auf: »C« ist nicht nur für seine hohe Portabilität zwischen Systemen, sondern auch für die Möglichkeit bekannt, dem Programmierer für den Fall eines Falles Manipulationen auf niedriger Ebene zu erlauben. (Spötter bezeichnen »C« deshalb auch gerne als »Hochsprachen-Assembler«).

Windows verwendet beispielsweise standardmäßig ein Koordinatensystem auf der Basis von Pixeln – im Gegensatz zu den meisten anderen Systemen, die mit »virtuellen« Koordinaten arbeiten, d.h. unabhängig von der tatsächlichen Größe des Bildschirms Wertebereiche wie 0 .. 32767 zur Verfügung stellen. Die Betonung liegt dabei auf »standardmäßig«: Wer will, kann nämlich auch unter Windows mit einer beliebig abstrakten Logik für Koordinatensysteme arbeiten.

Allgemein heißt es, dass man die Unabhängigkeit von der Hardware verliert, sobald man real existierende Pixel zur Grundlage von Koordinaten macht. Wie fast alle real existierenden Windows-Anwendungen beweisen, gilt dieser einst eherne Grundsatz nur noch bedingt – schlicht deshalb, weil selbst ein so einfaches Programm wie das im letzten Kapitel vorgestellte SYSMENTS erst einmal über entsprechende GDI-Funktionen die physische Auflösung eines Ausgabegeräts ermitteln und dabei per Definition mit wechselnden Werten zurechtkommen muß – also per se nicht von fixen Verhältnissen ausgehen kann. Ein typisches (und in vielen Programmen dieses Buches eingesetztes) Verfahren besteht darin, die Größe der Systemschrift als bestimmenden Faktor für Ausgaben zu verwenden. Auf diese Weise erreichen Sie, dass sich Ihr Programm sozusagen automatisch an unterschiedliche Bildschirme mit wechselnden Auflösungen und Breiten-/Höhenverhältnissen anpaßt. (Die folgenden Abschnitte stellen einige Alternativen dazu vor).

Auch wenn sich die meisten LeserInnen vermutlich nur noch dunkel (und wenn, mit Grausen) an grüne Buchstaben auf schwarzem Hintergrund erinnern werden, ist die GDI nach wie vor so ausgelegt, dass sie mit Monochrom- und Graustufen-Bildschirmen zurecht kommt. (Tatsächlich ist das weniger eine Reminiszenz an vergangene Zeiten als eine Notwendigkeit: Laptops mit Graustufen-LCDs sind zwar kaum noch erhältlich – bis aber auch die Handhelds für Windows CE sämtlich einen Farbbildschirm haben, wird es sicher noch einige Jahre dauern.) Der für ProgrammiererInnen erfreuliche Nebeneffekt besteht darin, dass man sich nicht unbedingt um Farben kümmern muß – sie werden bei Monochrom-Monitoren vom System durch verschiedene Grauschattierungen bzw. Punktmuster ersetzt. Wer will, kann sich aber auch in diesem Punkt auf die physische Ebene begeben, d.h. über eine GDI-Funktion die Anzahl der darstellbaren Farben abfragen und damit aus der vorhandenen Hardware jeweils das maximal Mögliche herausholen.

Die Kehrseite der Medaille ist im Prinzip dieselbe wie in »C«: Da die GDI per Definition nicht als undurchdringliche Grenze zwischen Programm und Hardware gedacht ist, kann man hier in derselben Weise versehentlich Abhängigkeiten mit ins Spiel bringen, wie sich in C ein Programm mit Portabilitätsproblemen schreiben läßt.

Natürlich hat die GDI ihre Grenzen: zumindest in der momentanen Implementation enthält sie nicht sämtliche Funktionen, die man von einer wirklich vollständigen Grafiksprache erwarten könnte. Auch wenn sich Objekte selbstverständlich auf dem Bildschirm bewegen lassen, ist Windows in erster Linie ein statisches System und überdies zweidimensional ausgelegt: Wer ein Spiel mit schnellen Animationen und dreidimensionalen Objekten entwickeln will, sollte deshalb nach dem Studium der Windows-Grundlagen einen längeren Blick auf Microsofts DirectX werfen. In dieser – natürlich auf Windows basierenden – Grafikbibliothek finden Sie so ziemlich alles, was moderne Hardware hergibt.

GDI-Funktionen

Die mittlerweile knapp vierstellige Zahl an GDI-Funktionen läßt sich grob in fünf Kategorien unterteilen:

- *Funktionen zur Anforderung oder Freigabe von Gerätekontexten.* Wie bereits in den vorangegangenen Kapiteln demonstriert, setzen Zeichenaktionen einen Gerätekontext-Handle voraus. *BeginPaint* und *EndPaint* übernehmen das im Rahmen der Reaktion auf WM_PAINT (und stellen rein technisch gesehen eine Ausnahme dar, weil diese beiden Funktionen nicht in GDI32.DLL, sondern im Modul USER untergebracht sind); mit *GetDC* und *ReleaseDC* kann man Gerätekontexte sozusagen außer der Reihe erzeugen und wieder freigeben. Mehr zu Funktionen im Zusammenhang mit Gerätekontexten in Kürze.

- *Funktionen zur Abfrage von Informationen über einen Gerätekontext.* Das Programm SYSMETS aus Kapitel 4 ermittelt beispielsweise über *GetTextMetrics* die Abmessungen der Schriftart, die dem aktuellen Gerätekontext zugeordnet ist. Weiter hinten in diesem Kapitel stelle ich ein Programm namens DEVCAPS vor, das eine wesentlich größere Zahl allgemeiner Informationen von einem Gerätekontext abfragt.
- *Zeichenfunktionen* – sozusagen des Pudels Kern im Zusammenhang mit der GDI, aber eben mit einige Formalien verbunden. Im vorangehenden Kapitel haben wir die Funktion *TextOut* zum Zeichnen von Text im Anwendungsbereich eines Fensters eingesetzt, in diesem Kapitel werden Sie Funktionen zum Zeichnen von Linien und Flächen kennenlernen. In den Kapitel 14 und 15 geht es dann um die Ausgabe und Manipulation von Bitmaps.
- *Funktionen zum Setzen und Abfragen von Attributen eines Gerätekontexts.* Unter einem Attribut versteht die Windows-Dokumentation in diesem Zusammenhang eine Einstellung, die nachfolgende Zeichenaktionen in irgendeiner Weise beeinflußt. Ein Beispiel dafür wäre die Funktion *SetTextColor*, die die Farbe für folgende Ausgaben über *TextOut* und andere Textfunktionen bestimmt, ein anderes findet sich in SYSMETS: Dort wird über *SetTextAlign* festgelegt, dass sich die zusammen mit *TextOut* angegebenen Koordinaten auf das Ende des Texts (anstatt auf seinen Anfang) beziehen sollen. Alle Attribute dieser Art werden von Windows beim Anfordern eines Gerätekontexts mit Standardvorgaben besetzt; *Set-* und *Get-*Funktionen sind bis auf wenige Ausnahmen gepaart.
- *Funktionen zur Arbeit mit »GDI-Objekten«.* In diesem Punkt gibt sich die GDI leider ein wenig unaufgeräumt, was sich am besten anhand eines Beispiels demonstrieren läßt: Linien werden normalerweise durchgehend gezeichnet und sind exakt ein Pixel dick. Wenn Sie dickere oder – beispielsweise – unterbrochene Linien zeichnen wollen, setzen Sie nicht etwa entsprechende Attribute des Gerätekontexts, sondern legen einen Zeichenstift an – ein »Objekt«, das sich seinerseits als Sammlung von Attributen versteht. Die dafür zuständigen Funktionen (*CreatePen*, *CreatePenIndirect* und *ExtCreatePen*) sind zwar untrennbar mit der GDI verbunden, wollen aber nichts von einem Gerätekontext-Handle wissen: Sie liefern statt dessen einen eigenen Handle zurück, über den man dieses neu geschaffene Objekt dann anspricht. Wenn Sie diesen Zeichenstift nun benutzen wollen, setzen Sie ihn mit einer Funktion namens *SelectObject* in den Gerätekontext ein – und ab diesem Zeitpunkt gilt das Ganze dann wieder als Attribut: Nachfolgende Aufrufe von GDI-Funktionen zum Zeichnen von Linien verwenden den von Ihnen eingesetzten Zeichenstift so lange, bis sie ihn schließlich wieder aus dem Gerätekontext herausnehmen und freigeben. (Letzteres ist übrigens unbedingt notwendig, weil Objekte wie Zeichenstifte Speicherplatz brauchen.) Dieselbe Logik kommt übrigens nicht nur beim Zeichnen von Linien, sondern bei für Füllmustern, Schriftarten, Bitmaps und einige anderen »GDI-Objekten« zum Einsatz.

Primitiva

Dieser Terminus steht für grundlegende Zeichenoperationen – mithin die Bausteine, aus denen sich komplexere Funktionen zusammensetzen (müssen). Dieser Grundvorrat bestimmt gleichzeitig, welche Arten von Objekten sich überhaupt darstellen lassen, und läßt sich bei der GDI in etwa so kategorisieren:

- *Linien und Kurvenzüge.* Linien stellen die Grundlage jeder vektororientierten Zeichenoperation dar. Die GDI unterstützt gerade Linien, Rechtecke, Ellipsen (natürlich inklusive des Spezialfalls einer Ellipse, die gemeinhin als Kreis bezeichnet wird), Bogenausschnitte von Ellipsen und schließlich Bezier-Splines. Details zu all diesen Zeichenoperationen finden Sie in den folgenden Abschnitten dieses Kapitels. Wenn Ihnen dieser Vorrat einmal nicht reichen sollte, können Sie die Funktion *PolyLine* benutzen, die Kurvenzüge aus einer (fast) beliebigen Zahl kurzer Geraden zusammensetzt. Das Zeichnen von Linien und Kurvenzügen findet grundsätzlich über den Zeichenstift statt, der zum Zeitpunkt des Funktionsaufrufs in den Gerätekontext eingesetzt ist.

- *Flächenfüllungen.* Von Linien und/oder Kurvenzügen umschlossene Flächen lassen sich mit einem Muster füllen, das seinerseits ähnlich wie ein Zeichenstift als »Objekt« definiert und in den Gerätekontext eingesetzt wird. Füllmuster können wahlweise eine durchgehende Farbe haben, aus der horizontalen, vertikalen oder diagonalen Wiederholung von Linien oder aus einem Bitmap bestehen, das dann in der zu füllenden Fläche regelmäßig wiederholt wird.
- *Bitmaps.* Eine in Zeilen und Spalten unterteilbare Sammlung von Werten, die ihrerseits für die Farben von Pixeln auf dem Ausgabegerät stehen und die Grundlage jeder rasterorientierten Zeichenoperation darstellen. Die Bandbreite reicht hier von digitalisierten Fotos über computergenerierte Szenen bis zu kleinen, einfachen Bildchen, bei denen es in erster Linie auf eine möglichst hohe Geschwindigkeit bei der Darstellung ankommt – wie etwa Icons, den Mauszeiger und Symbole in Werkzeugleisten. Die Win32-GDI unterstützt zwei Arten von Bitmaps: Die von Windows 2.0 her bekannte (aber immer noch nützliche) geräteabhängige Variante sowie die zusammen mit Windows 3.x eingeführten geräteunabhängigen Bitmaps (DIBs), die in einem generischen (nicht vom aktuellen Videomodus abhängigen) Format gespeichert wird. Mehr dazu in den Kapiteln 14 und 15.
- *Text.* Auch wenn man meistens wohl nicht länger darüber nachdenkt: In der Definition und Darstellung einer normalen Proportionalschrift stecken nicht nur mehrere Jahrhunderte Typographie und eine eigene Kunstform, sondern auch mehr Mathematik als im gesamten restlichen System. Einmal vorausgesetzt, dass die nächste Generation das Lesen nicht komplett verlernt, wird Text wohl auch in Zukunft die tragende Säule der Information bleiben – und seit der Einführung von TrueType (mit Windows 3.1) die technisch komplexeste dazu: Die für die Auswahl und Abfrage von Schriften verwendeten Datenstrukturen gehören denn auch zu den umfangreichsten, die die GDI zu bieten hat. Windows 98 unterstützt neben TrueType-Schriften, bei denen sich die einzelnen Zeichen aus Kurvensegmenten zusammensetzen, auch noch die »traditionellen«, auf Bitmaps basierenden Fonts – zum einen wegen der Abwärtskompatibilität, zum anderen aufgrund ihres verhältnismäßig geringen Speicherplatzbedarfs. Details dazu finden Sie in Kapitel 17.

Drumherum

Es gibt natürlich auch eine Reihe von Funktionen und Aspekte der GDI, die sich selbst einer groben Kategorisierung entziehen. Sie sind dennoch alles andere als unwichtig:

- *Koordinatensysteme und Transformationen.* Die GDI verwendet standardmäßig die Einheit Pixel, ist aber weiß Gott nicht auf dieses Maß beschränkt: Zur Auswahl stehen neben metrischen und Zollmaßen auch beliebige Skalierungen. Die GDI von Windows NT unterstützt darüber hinaus das traditionelle »Welt«-Koordinatensystem, das Positionen über eine 3x3er-Matrix festlegt und Operationen wie Verschieben, Verzerren sowie Drehungen im Raum einheitlich behandelt. Dieses Feature ist bei Windows 98 allerdings nicht verfügbar.
- *Zwischendateien (»Metafiles«).* Dabei geht es um eine beliebig lange Folge von GDI-Befehlen, die in binärer Form als eine Art Makro gespeichert und dann wiederholt angewendet wer-

den können. Diese Technik kommt vor allem beim Transfer von Vektorgrafiken über die Zwischenablage zum Einsatz und wird in Kapitel 18 beleuchtet.

- *Regionen.* Die GDI erlaubt nicht nur die Definition beliebiger zweidimensionaler Grafikobjekte, sondern auch die Kombination solcher Objekte über boolesche Operatoren. Regionen lassen sich als Masken für Umrisse, Flächenfüllungen und zum Begrenzen anderer Zeichenoperationen verwenden.
- *Pfade.* Ein Pfad ist eine Sammlung von Linien und Kurvenzügen, die von der GDI intern als Bitmuster gespeichert wird. Pfade lassen sich wiederholt zeichnen und ähnlich wie Regionen als Masken verwenden.
- *Clipping.* Zeichenoperationen werden von der GDI normalerweise automatisch auf den Anwendungsbereich des jeweiligen Fensters begrenzt (lies: an den Fenstergrenzen abgeschnitten). Diese Funktion steht Ihnen auch für Teilbereiche eines Fensters zur Verfügung, wobei der Clipping-Bereich dann wahlweise rechteckig oder über eine Region bzw. einen Pfad beschrieben werden kann.
- *Paletten.* Die Videomodi mit 256 Farben arbeiten nicht mit festgelegten Werten (im Sinne von »x ist hellgrün«), sondern einer indirekten Bestimmung: Der Pixelwert x steht hier für »Eintrag x in der Farbpalette«. Windows reserviert 20 dieser 256 Paletteneinträge für sich selbst, die restlichen 236 Einträge stehen Ihrem Programm zur Verfügung. Mehr dazu in Kapitel 16.
- *Druckfunktionen.* Auch wenn es in diesem Kapitel ausschließlich um den Bildschirm geht, gelten die in den folgenden Abschnitten vorgestellten Prinzipien mit wenigen Ausnahmen in gleicher Weise für Druckausgaben. Kapitel 13 geht spezifisch auf die Arbeit mit Druckern ein.

Der Gerätekontext

Bevor ein Programm unter Windows Zeichenaktionen ausführen kann, muß es einen Gerätekontext (»Device Context« = DC) für das jeweilige Ausgabegerät (Bildschirm oder Drucker) anfordern. Die Vergabe eines entsprechenden Handles stellt zum einen sozusagen die Erlaubnis des Systems für Ausgaben auf das dazugehörige Gerät dar, zum anderen teilt der Handle den für die Zeichenaktionen verwendeten GDI-Funktionen mit, wo die Ausgabe landen soll.

Eine dritte Funktion des Gerätekontexts besteht im Festhalten einer ganzen Reihe von »Attributen«, die ihrerseits von GDI-Funktionen benutzt werden und so eine Unmenge von Parametern einsparen, die man ansonsten jeweils explizit angeben müßte. Die Funktion *TextOut* ist ein gutes Beispiel dafür: sie erwartet die Start-Koordinaten, einen Zeiger auf einen String sowie die Anzahl der auszugebenden Zeichen – und natürlich einen Gerätekontext: er legt unter anderem die Schriftart und -größe, die Schriftfarbe, die Hintergrundfarbe sowie den Abstand zwischen den einzelnen Zeichen fest, d.h. erspart dem Programm in seiner Funktion als quasi-permanente Datensammlung die Übergabe von rund einem Dutzend weiterer Parameter. Änderungen dieser »Attribute« finden über die Aufrufe entsprechender Funktionen statt und sind wie gesagt quasipermanenter Natur: wenn man beispielsweise eine andere Schriftart in einen Gerätekontext einsetzt, verwenden darauffolgende Aufrufe von *TextOut* diese Schriftart solange, bis man explizit wieder eine andere Schriftart für das jeweilige Ausgabegerät festlegt.

Ermitteln des Handles

Windows stellt mehrere Methoden zur Ermittlung eines Gerätekontexts zur Verfügung, die sich alle in einem Punkt gleichen: ihr Ergebnis ist ein Handle – also eine Kennziffer, die vom Programm nicht interpretiert, sondern lediglich bei folgenden Aufrufen an GDI-Funktionen weitergereicht wird.

Ein Gerätekontext, der während der Bearbeitung einer Nachricht angefordert wird, sollte vor dem abschließenden Rücksprung der Window-Prozedur wieder freigegeben werden. Da Windows zurückgegebene Handles bei Bedarf anderen Programmen zuordnet, macht eine solche Freigabe den Handle für das aufrufende Programm ungültig. (Diese Regel gilt für Drucker nur eingeschränkt – siehe Kapitel 13 – und für speicherbasierte Gerätekontexte überhaupt nicht. Ich komme im Zusammenhang mit Bitmaps noch darauf zurück.)

Die am häufigsten verwendete Methode zur Ermittlung und Freigabe eines Gerätekontexts besteht aus den Aufrufen der Funktionen *BeginPaint* und *EndPaint* im Rahmen der Bearbeitung von WM_PAINT:

```
hdc = BeginPaint (hwnd, &ps) ;
[Zeichenoperationen mit diesem Kontext]
EndPaint (hwnd, &ps) ;
```

Beide Funktionen erwarten als ersten Parameter den Handle des Fensters (*hwnd*), als zweiten Parameter einen Zeiger auf eine programmeigene Variable des Typs PAINTSTRUCT. Sie enthält unter anderem ein Feld namens *rcPaint* mit dem Typ RECT, in dem *BeginPaint* die Grenzen eines ungültigen Rechtecks einträgt (das seinerseits den Grund für das Erzeugen der Nachricht darstellt). Es dient in diesem Fall zusätzlich als Clipping-Rechteck: Zeichenaktionen über den mit *BeginPaint* ermittelten Gerätekontext sind auf diesen Bereich begrenzt, der seinerseits durch den Aufruf von *BeginPaint* wieder als »gültig« (lies: als aktualisiert) gekennzeichnet wird.

Außerhalb der Bearbeitung von Nachrichten des Typs WM_PAINT läßt sich ein Gerätekontext mit der Funktion *GetDC* ermitteln:

```
hdc = GetDC (hwnd) ;
[Zeichenoperationen mit diesem Kontext]
ReleaseDC (hwnd, hdc) ;
```

Einem solchen Kontext ist ein Clipping-Rechteck zugeordnet, das die Grenzen des Anwendungsbereichs im (via *hwnd* bezeichneten) Fenster beschreibt – also dem Programm beliebige Zeichenoperationen innerhalb seines gesamten Anwendungsbereichs erlaubt. Im Gegensatz zu *BeginPaint/EndPaint* beschränken sich *GetDC/ReleaseDC* rein auf die Ermittlung und Freigabe des Handles, d.h. beinhalten keine Kennzeichnung des Rechtecks als »aktualisiert«.

Mit einem Aufruf von *GetWindowDC* läßt sich ein Gerätekontext ermitteln, der sich auf ein komplettes Fenster bezieht:

```
hdc = GetWindowDC (hwnd) ;
[Zeichenoperationen mit diesem Kontext]
ReleaseDC (hwnd, hdc) ;
```

Das dazugehörige Clipping-Rechteck schließt nicht nur den Anwendungsbereich, sondern die restlichen Elemente des Fensters wie die Titelleiste und eventuelle Bildlaufleisten sowie den Rahmen ein. Ein Programm, das diese (selten verwendete) Funktion benutzt, muß zusätzlich auf Nachrichten des Typs WM_NCPAINT (»nonclient paint«, d.h. Zeichenoperationen außerhalb des Anwendungsbereichs) reagieren – sonst zeichnet Windows Elemente wie die Titelleiste bei Bedarf selbständig neu (und übermalt dabei die Ausgaben des Programms).

Im Gegensatz zu den Funktionen *BeginPaint*, *GetDC* und *GetWindowDC*, die sich sämtlich auf ein bestimmtes Fenster eines Programms beziehen, ermittelt *CreateDC* einen Kontext für das Ausgabegerät selbst:

```
hdc = CreateDC (pszDriver, pszDevice, pszOutput, pData) ;
[Zeichenoperationen mit diesem Kontext]
DeleteDC (hdc) ;
```

Der folgende Aufruf fordert beispielsweise einen Gerätekontext an, der sich auf den gesamten Bildschirm bezieht:

```
hdc = CreateDC ("DISPLAY", NULL, NULL, NULL) ;
```

Leseaktionen außerhalb des eigenen Fensters – etwa für eine »Bildschirmlupe« – sind eine Sache, Schreibaktionen haben dagegen in einem normalen Windows-Programm nur wenig zu suchen. (Manchmal braucht man sie aber eben doch – und dann ist es eine ausgesprochen erfreuliche Sache, dass einem hier ein höchst offizieller (lies: allgemein verträglicher) Weg offensteht. Was die undokumentierten Dinge betrifft: ein Aufruf von *GetDC* mit dem Wert NULL anstelle des Fensterhandles hat dasselbe Ergebnis).

Es gibt eine ganze Reihe von Fällen, in denen ein Programm keine Zeichenoperationen ausführen, sondern erst einmal Informationen über ein bestimmtes Gerät einholen will. Zu diesem Zweck haben die Entwickler von Windows einen »Informations-Kontext« definiert, der sich über eine Funktion namens *CreateIC* ermitteln läßt:

```
hdcInfo = CreateIC (TEXT ("DISPLAY"), NULL, NULL, NULL) ;
[Abfrage von Attributen und Eigenschaften]
DeleteDC (hdcInfo) ;
```

Auch wenn *CreateIC* dieselbe Syntax wie *CreateDC* hat, lassen sich über den zurückgelieferten Handle keine Zeichenoperationen ausführen, sondern eben lediglich Daten ermitteln. Auf dieser Funktion baut unter anderem das im folgenden Abschnitt vorgestellte Programm DEVCAPS1 auf, das die Charakteristika von Bildschirmen und Druckern darstellt.

Bei der Arbeit mit Bitmaps kommt eine dritte Variante von Gerätekontexten zum Einsatz: Die Funktion *CreateCompatibleDC* erzeugt einen speicherbasierten Kontext, der »kompatibel« zu einem existierenden Gerätekontext ist:

```
hdcMem = CreateCompatibleDC (hdc) ;
[Zeichenoperationen mit diesem Speicherkontext]
DeleteDC (hdcMem) ;
```

Wie in Kapitel 14 erläutert, hat ein auf diese Weise angelegter Speicherkontext zunächst einmal eine »Oberfläche«, die lediglich ein einziges Pixel aufnehmen kann. Wenn Sie in diesen Kontext ein Bitmap einsetzen, lassen sich die GDI-Funktionen in exakt derselben Weise verwenden wie bei Zeichenoperationen auf den Bildschirm – nur dass das Ziel dieser Operationen eben ein Bitmap ist.

Die zuvor kurz erwähnten Zwischendateien (»Metafiles«) benötigen schließlich ebenfalls einen Gerätekontext, der hier über die Funktion *CreateMetaFile* erzeugt wird:

```
hdcMeta = CreateMetaFile (lpszFilename) ;
[Zeichenoperationen mit diesem Kontext]
hmf = CloseMetaFile (hdcMeta) ;
```

Das Ergebnis des Aufrufs von *CreateMetaFile* läßt sich wie ein Handle zu einem normalen Gerätekontext verwenden – nur dass auf ihn bezogene GDI-Aufrufe keine Zeichenoperationen ausführen, sondern erst einmal zwischengespeichert werden. *CloseMetaFile* schließt eine solche Operation ab, macht den Kontext ungültig und liefert als Ergebnis einen Handle zu der Zwischendatei zurück. Mehr dazu in Kapitel 18.

Daten im Gerätekontext

Ein Gerätekontext bezieht sich normalerweise auf ein physisches Ausgabegerät wie den Bildschirm oder einen Drucker. Neben den zuvor erwähnten quasi-permanenten »Attributen« enthält er eine Reihe von Informationen über das Gerät selbst – wie beispielsweise seine Auflösung (in Pixeln pro Maßeinheit), die physischen Dimensionen (Papiergröße) oder die Anzahl der darstellbaren Farben. Ermitteln lassen sich diese Daten über die Funktion *GetDeviceCaps*, deren Name für »get device capabilities« (= Möglichkeiten des Gerätes) steht:

```
iValue = GetDeviceCaps (hdc, iIndex) ;
```

Für den Parameter *iIndex* definiert WINGDI.H insgesamt 29 benannte Konstanten. Beim Aufruf mit HORZRES oder VERTRES als Wert für *iIndex* liefert *GetDeviceCaps* beispielsweise die horizontale bzw. vertikale Größe der Zeichenfläche in Pixeln zurück. Wenn sich der Gerätekontext *hdc* auf den Bildschirm bezieht, kommen dabei dieselben Werte wie bei entsprechenden Aufrufen von *GetSystemMetrics* heraus – steht *hdc* dagegen für einen Drucker, ist das Ergebnis die Anzahl der Pixel, die sich nebeneinander bzw. untereinander auf dem Papier darstellen lassen.

Über *GetDeviceCaps* läßt sich unter anderem auch ermitteln, zu welchen Operationen ein bestimmtes Gerät fähig ist. Für Bildschirme machen derartige Prüfungen nicht viel Sinn, weil es dort keine Begrenzung auf bestimmte Operationen gibt – für Drucker dagegen schon: beispielsweise können die meisten Plotter nicht mit Bitmaps umgehen.

Das Programm DEVCAPS1

Das im folgenden wiedergegebene Programm DEVCAPS1 wendet die Funktion *GetDeviceCaps* auf den Bildschirm an und zeigt, was sich aus diesem Gerät (bzw. seinem Treiber) an Informationen herausholen läßt. Eine zweite Version dieses Programms, das diese Informationsabfrage mit Druckern wiederholt, wird in Kapitel 13 vorgestellt.

DEVCAPS1.C

```
/*------------------------------------------------------
   DEVCAPS1.C -- Abfrage der Charakteristika des Bildschirms
                 (c) Charles Petzold, 1998
  ------------------------------------------------------*/

#include <windows.h>

#define NUMLINES ((int) (sizeof devcaps / sizeof devcaps [0]))

struct
{
```

```
     int      iIndex ;
     TCHAR * szLabel ;
     TCHAR * szDesc ;
}
devcaps [] =
{
     HORZSIZE,      TEXT ("HORZSIZE"),     TEXT ("Breite in Millimetern:"),
     VERTSIZE,      TEXT ("VERTSIZE"),     TEXT ("Höhe in Millimetern:"),
     HORZRES,       TEXT ("HORZRES"),      TEXT ("Breite in Pixeln:"),
     VERTRES,       TEXT ("VERTRES"),      TEXT ("Höhe in Rasterzeilen:"),
     BITSPIXEL,     TEXT ("BITSPIXEL"),    TEXT ("Farbbits pro Pixel:"),
     PLANES,        TEXT ("PLANES"),       TEXT ("Anzahl Farbebenen:"),
     NUMBRUSHES,    TEXT ("NUMBRUSHES"),   TEXT ("Anzahl Füllmuster:"),
     NUMPENS,       TEXT ("NUMPENS"),      TEXT ("Anzahl Zeichenstife:"),
     NUMMARKERS,    TEXT ("NUMMARKERS"),   TEXT ("Anzahl Marker:"),
     NUMFONTS,      TEXT ("NUMFONTS"),     TEXT ("Anzahl Schriftarten:"),
     NUMCOLORS,     TEXT ("NUMCOLORS"),    TEXT ("Anzahl Farben:"),
     PDEVICESIZE,   TEXT ("PDEVICESIZE"),  TEXT ("Umfang der Datenstruktur:"),
     ASPECTX,       TEXT ("ASPECTX"),      TEXT ("Relative Pixelbreite:"),
     ASPECTY,       TEXT ("ASPECTY"),      TEXT ("Relative Pixelhöhe:"),
     ASPECTXY,      TEXT ("ASPECTXY"),     TEXT ("Relative Pixeldiagonale:"),
     LOGPIXELSX,    TEXT ("LOGPIXELSX"),   TEXT ("Punkte pro Zoll, horizontal.:"),
     LOGPIXELSY,    TEXT ("LOGPIXELSY"),   TEXT ("Punkte pro Zoll, vertikal:"),
     SIZEPALETTE,   TEXT ("SIZEPALETTE"),  TEXT ("Anzahl Paletteneinträge:"),
     NUMRESERVED,   TEXT ("NUMRESERVED"),  TEXT ("reservierte Paletteneinträge:"),
     COLORRES,      TEXT ("COLORRES"),     TEXT ("Tatsächliche Farbenzahl:")
} ;

LRESULT CALLBACK WndProc (HWND, UINT, WPARAM, LPARAM) ;  // forward

int WINAPI WinMain (HINSTANCE hInstance, HINSTANCE hPrevInstance,
                    PSTR szCmdLine, int iCmdShow)
{
     static TCHAR szAppName[] = TEXT ("DevCaps1") ;
     HWND         hwnd ;
     MSG          msg ;
     WNDCLASS     wndclass ;

     wndclass.style         = CS_HREDRAW | CS_VREDRAW ;
     wndclass.lpfnWndProc   = WndProc ;
     wndclass.cbClsExtra    = 0 ;
     wndclass.cbWndExtra    = 0 ;
     wndclass.hInstance     = hInstance ;
     wndclass.hIcon         = LoadIcon (NULL, IDI_APPLICATION) ;
     wndclass.hCursor       = LoadCursor (NULL, IDC_ARROW) ;
     wndclass.hbrBackground = (HBRUSH) GetStockObject (WHITE_BRUSH) ;
     wndclass.lpszMenuName  = NULL ;
     wndclass.lpszClassName = szAppName ;

     if (!RegisterClass (&wndclass))
     {    // UNICODE-Compilierung ist die einzige realistische Fehlermöglichkeit
          MessageBox (NULL, TEXT ("Programm arbeitet mit Unicode und setzt Windows NT voraus!"),
                      szAppName, MB_ICONERROR) ;
          return 0 ;
     }
```

```
     hwnd = CreateWindow (szAppName, TEXT ("Gerätecharakteristika über GetDeviceCaps"),
                          WS_OVERLAPPEDWINDOW,
                          CW_USEDEFAULT, CW_USEDEFAULT,
                          CW_USEDEFAULT, CW_USEDEFAULT,
                          NULL, NULL, hInstance, NULL) ;

     ShowWindow (hwnd, iCmdShow) ;
     UpdateWindow (hwnd) ;

     while (GetMessage (&msg, NULL, 0, 0))
     {
          TranslateMessage (&msg) ;
          DispatchMessage (&msg) ;
     }
     return msg.wParam ;
}

LRESULT CALLBACK WndProc (HWND hwnd, UINT message, WPARAM wParam, LPARAM lParam)
{
     static int  cxChar, cxCaps, cyChar ;
     TCHAR       szBuffer[10] ;
     HDC         hdc ;
     int         i ;
     PAINTSTRUCT ps ;
     TEXTMETRIC  tm ;

     switch (message)
     {
     case WM_CREATE:
          hdc = GetDC (hwnd) ;

          GetTextMetrics (hdc, &tm) ;
          cxChar = tm.tmAveCharWidth ;
          cxCaps = (tm.tmPitchAndFamily & 1 ? 3 : 2) * cxChar / 2 ;
          cyChar = tm.tmHeight + tm.tmExternalLeading ;

          ReleaseDC (hwnd, hdc) ;
          return 0 ;

     case WM_PAINT:
          hdc = BeginPaint (hwnd, &ps) ;

          for (i = 0 ; i < NUMLINES ; i++)
          {
               TextOut (hdc, 0, cyChar * i,
                        devcaps[i].szLabel,
                        lstrlen (devcaps[i].szLabel)) ;

               TextOut (hdc, 14 * cxCaps, cyChar * i,
                        devcaps[i].szDesc,
                        lstrlen (devcaps[i].szDesc)) ;

               SetTextAlign (hdc, TA_RIGHT | TA_TOP) ;
               TextOut (hdc, 14 * cxCaps + 35 * cxChar, cyChar * i, szBuffer,
                        wsprintf (szBuffer, TEXT ("%5d"),
                             GetDeviceCaps (hdc, devcaps[i].iIndex))) ;
```

```
            SetTextAlign (hdc, TA_LEFT | TA_TOP) ;
        }

        EndPaint (hwnd, &ps) ;
        return 0 ;

    case WM_DESTROY:
        PostQuitMessage (0) ;
        return 0 ;
    }
    return DefWindowProc (hwnd, message, wParam, lParam) ;
}
```

Abbildung 5.1: *Das Programm* DEVCAPS1

Von der Struktur und Logik her sieht DEVCAPS1 dem in Kapitel 4 vorgestellten SYSMETS ziemlich ähnlich. Weil DEVCAPS1 gerade einmal ein gutes Dutzend Zeilen ausgibt, die auch auf den kleinsten Bildschirm passen, habe ich das Listing kurz halten können und mir sogar die Bildlaufleisten gespart. Abbildung 5.2 zeigt die Ergebnisse auf einem System, dessen Bildschirm mit 256 Farben und einer Größe von 640 x 480 Pixeln arbeitet.

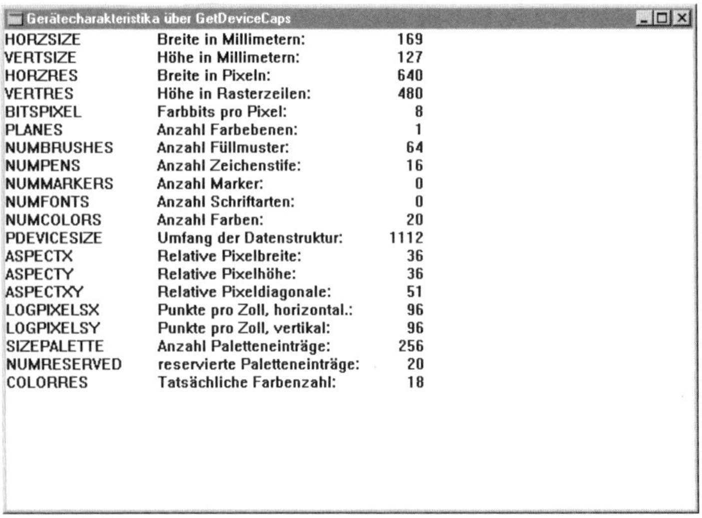

HORZSIZE	Breite in Millimetern:	169
VERTSIZE	Höhe in Millimetern:	127
HORZRES	Breite in Pixeln:	640
VERTRES	Höhe in Rasterzeilen:	480
BITSPIXEL	Farbbits pro Pixel:	8
PLANES	Anzahl Farbebenen:	1
NUMBRUSHES	Anzahl Füllmuster:	64
NUMPENS	Anzahl Zeichenstife:	16
NUMMARKERS	Anzahl Marker:	0
NUMFONTS	Anzahl Schriftarten:	0
NUMCOLORS	Anzahl Farben:	20
PDEVICESIZE	Umfang der Datenstruktur:	1112
ASPECTX	Relative Pixelbreite:	36
ASPECTY	Relative Pixelhöhe:	36
ASPECTXY	Relative Pixeldiagonale:	51
LOGPIXELSX	Punkte pro Zoll, horizontal.:	96
LOGPIXELSY	Punkte pro Zoll, vertikal:	96
SIZEPALETTE	Anzahl Paletteneinträge:	256
NUMRESERVED	reservierte Paletteneinträge:	20
COLORRES	Tatsächliche Farbenzahl:	18

Abbildung 5.2: *Die Ausgaben von DEVCAPS1 für eine Standard-VGA*

Die Größe der Zeichenfläche

Gehen wir einmal davon aus, dass Sie ein Quadrat mit einer Kantenlänge von 5 Zentimetern zeichnen wollen. Vorausgesetzt wird dabei natürlich, dass zumindest einer der beiden Beteiligten (Sie oder Windows) ausrechnen kann, wie viele Pixel fünf Zentimeter denn sind. Eine (Teil-)Antwort auf diese Frage erhalten Sie mit *GetDeviceCaps*: Weil diese Funktion sowohl mit Bildschirm- als auch mit Druckerkontexten zusammenarbeitet, können Sie dafür sorgen, dass Ihre fünf Zentimeter auf beiden Geräten wenigstens in etwa realen fünf Zentimetern entsprechen.

Was daran so schwierig sein soll? Nun, zum einen sind Drucker und Bildschirme zwei reichlich verschiedene Geräte, was sich bereits an einem an sich harmlosen Begriff wie »Auflösung« demonstrieren läßt: Ihr Bildschirm wird wahrscheinlich mit 1024 x 768 arbeiten, Ihr Drucker vermutlich mit 600 x 600. Nur: Im ersten Fall geht es um die *Gesamtzahl* der darstellbaren Pixel, im zweiten um die *Pixelzahl pro Zoll*. Mit demselben Maß wie Bildschirme gemessen, hat ein heutzutage üblicher Laserdrucker bei DIN A 4 ohne Berücksichtigung des Randes nämlich eine »Auflösung« von 4960 x 7015. Aus diesem Grund werde ich im weiteren strikt zwischen den Begriffen trennen: *Auflösung* steht für die Zahl der Pixel pro Einheit (üblicherweise Zoll), *Größe* oder *Pixelzahl* für die Zahl der Pixel, die insgesamt auf einem bestimmten Ausgabemedium wie einem Fenster oder einem Blatt Papier Platz finden. Wenn Sie die physische Größe des Ausgabemediums durch die Pixelzahl dividieren, erhalten Sie die Auflösung als Ergebnis.

Heutzutage eingesetzte Bildschirme haben ein Breiten-/Höhenverhältnis von 1,33 zu 1, was man üblicherweise als 4:3 schreibt. Einen echten technischen Grund hat dieses Verhältnis nicht – es wurde im Rahmen der ersten Experimente mit Filmen vom Universalgenie Thomas Edison kurzerhand so festgelegt und blieb bis zur Einführung von Breitwandfilmen im Jahre 1953 der Standard der Filmindustrie. Bei Fernsehern ist das Breiten-/Höhenverhältnis von 4:3 auch heute noch der Standard, das Breitwandformat 16:9 wird wohl noch einige Jahre den Geräten der Luxusklasse vorbehalten bleiben.

Können Windows-Anwendungen also guten Gewissens davon ausgehen, dass sie es mit einem Breiten-/Höhenverhältnis von 4:3 zu tun haben? Können sie nicht. Zum einen gibt es spezielle Bildschirme für Textverarbeitung, die dieses Verhältnis absichtlich auf den Kopf stellen (und meistens mit 3:4 arbeiten), zum anderen bezieht sich diese Angabe auf die physischen Abmessungen – und nicht etwa auf die durch den Videomodus festgelegte Pixelzahl. Letztere ist zwar im Idealfall so bemessen, dass die horizontale Auflösung der vertikalen Auflösung entspricht (was für fast alle heutzutage üblichen Videomodi gilt). Zwingend ist das aber nicht – und vor allem in der Vergangenheit hat es denn auch eine Reihe von Grafikkarten gegeben, die diese Bedingung bestenfalls näherungsweise erfüllen. Der Urahn aller PC-Grafikkarten – der Color Graphics Adapter von IBM – hat beispielsweise ein Format von 640 x 200 (3,2:1), die lange Zeit bei der Textverarbeitung populäre Hercules-Grafikkarte arbeitete mit 720 x 348 (2,07:1). Auf einem Bildschirm mit einem Breiten-/Höhenverhältnis erzeugen diese Grafikkarten konsequent keine quadratischen Pixel, sondern mehr oder weniger stark gestauchte Rechtecke. Die Konsequenz: Ein Kreis mit einem Radius von 40 Pixeln erscheint dort als Oval.

Benutzer können sich recht einfach über die Größe ihres Bildschirms informieren – nämlich über die »Eigenschaften von Anzeige« in der Systemsteuerung, die bei moderneren Systemen üblicherweise die folgenden Auswahlmöglichkeiten zur Verfügung stellt:

- 640 x 480 – der alte VGA-Standard
- 800 x 600 – »Super-VGA« (SVGA)
- 1024 x 768 – »Extended VGA« (XGA)
- 1152 x 864 – »Workstation«, aus dem Unix-Bereich übernommen
- 1280 x 1024 – ab 20 oder 21 Zoll
- 1600 x 1200 – Zukunftsmusik

Das Breiten-/Höhenverhältnis ist hier durchgehend 4:3. (Oder jedenfalls fast, weil bei 1280 x 1024 ein Verhältnis von 3,8:3 herauskommt. Wer diese Bildschirmgröße benutzt, muß halt mit einem kleinen Kompromiß leben.)

Programme können diese Werte sowohl mit *GetSystemMetrics* (und den Indexwerten SM_CXSCREEN bzw. SM_CYSCREEN) als auch über *GetDeviceCaps* (mit HORZRES und

VERTRES) abfragen. (Wie zuvor erwähnt, ist die damit ermittelte »Auflösung« nicht etwa die Pixelzahl pro Maßeinheit, sondern eben die Pixelzahl.)

Soviel zu den einfacheren Dingen, was Auflösung und Größe betrifft. Der Rest ist etwas verwirrender. Die ersten beiden Indexwerte von *GetDeviceCaps* – HORZSIZE und VERTSIZE – werden im Win32-SDK als Breite bzw. Höhe »des physischen Bildschirms in Millimetern« beschrieben (*/Platform SDK/Graphics and Multimedia Services/GDI/Device Contexts/Device Context Reference/Device Context Functions/GetDeviceCaps*). Das hört sich nur so lange ausgesprochen praktisch an, bis man ein wenig darüber nachdenkt: Woher will diese Funktion darüber Bescheid wissen, wie groß der an das System angeschlossene Monitor physisch ist? Selbst wenn Sie mit einem Laptop arbeiten, dessen (speziell angepaßter) Grafiktreiber sogar exakt wissen *könnte*, wie groß der LCD-Bildschirm denn ist – was passiert, wenn Sie an dieses Gerät einen externen Bildschirm anschließen? Oder einen Videoprojektor?

Tatsächlich kamen bei den 16-Bit-Versionen von Windows (und bei Windows NT 4.0) hier schlicht Standardwerte zum Einsatz. Ab Windows 95 werden HORZSIZE und VERTSIZE dagegen über HORZRES, VERTRES, LOGPIXELSX und LOGPIXELSY berechnet. Zur Erläuterung muß ich allerdings etwas weiter ausholen.

Wenn Sie die Bildschirmgröße über »Eigenschaften von Anzeige« verändern, können Sie auch gleichzeitig die Größe der Systemschrift festlegen. Diese Möglichkeit haben die Entwickler vor allem deshalb vorgesehen, weil eine für 640 x 480 gedachte Schrift unter Umständen bei 1024 x 768 (oder noch größeren Pixelzahlen) zu klein wird, um noch gut lesbar zu sein. In »Eigenschaften« von Anzeige erscheint diese Wahlmöglichkeit als »große Schriftarten« oder »kleine Schriftarten«.

In der traditionellen Typographie mißt man die Größe von Schriften in »Punkt« – einem Maß, das ziemlich exakt 1/72 Zoll entspricht. (Ganz exakt ist diese Umrechnung zwar nicht – in der computergestützten Typographie leistet man sich aber gemeinhin die Bequemlichkeit, diese Ungenauigkeit zu ignorieren.)

Der reinen Lehre zufolge ergibt sich die Punktgröße einer Schrift über den vertikalen Platzbedarf einer Textzeile (also vom oberen Rand eines Großbuchstabens wie »T« bis zum unteren Rand eines Buchstabens mit Unterlänge wie »q«). Bei einer Schrift mit 10 Punkt würde sich dieser Platzbedarf also zu 10/72 Zoll = 3,4 Millimetern ergeben. In Windows-Terminologie: Wenn Sie die Eigenschaften einer Schrift über *GetTextMetrics* abfragen, ergibt sich Punktgröße über die Formel *tm.tmHeight – tm.tmInternalLeading*. Abbildung 5.3 zeigt die Felder der TEXTMETRIC-Strukturen noch einmal am Beispiel kleiner Schriften.

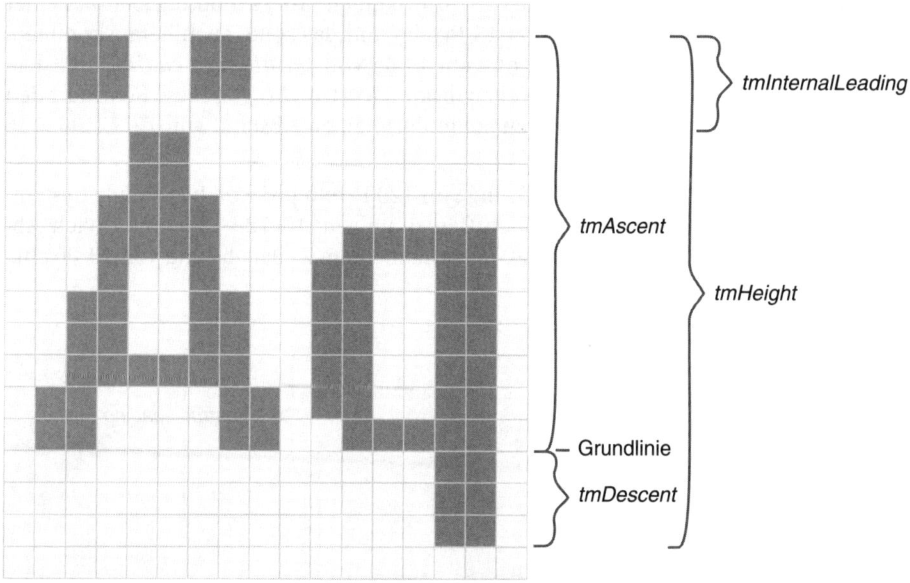

Abbildung 5.3: *Die TEXTMETRIC-Felder am Beispiel kleiner Schriften*

In der Praxis hält man sich allerdings nicht sklavisch an diese Regel – zum einen, weil sie Spezialfälle wie die deutschen Umlaute (mit den Pünktchen *oberhalb* der Oberlänge) nicht abdeckt, zum anderen, weil das Design von Schriften eben eine Kunstform ist, bei der in erster Linie Gefälligkeit zählt.

Das Feld *tmHeight* gibt an, in welchem Abstand Textzeilen aufeinander folgen sollten (wobei *tmInternalLeading* für die Menge Blei steht, die ein traditioneller Setzer zwischen zwei Zeilen stecken würde – in typographischer Terminologie: den inneren Durchschuß festlegt) und läßt sich natürlich auch in Punkt umrechnen. Wenn dabei beispielsweise 12 Punkt herauskommen, dann schlägt der Designer der Schrift vor, aufeinanderfolgende Zeilen vertikal um jeweils 12 Punkt (= 1/6 Zoll) zu versetzen. Wenn man hier kleinere Abstände einsetzt, bleibt zwischen den Unterlängen der einen und den Großbuchstaben der darauffolgenden Zeile überhaupt kein Zwischenraum mehr – und bei Teilen von Zeichen, die über das Rastermaß hinausgehen (wie die Pünktchen des »Ä«) kommt es zu Kollisionen. Dieses Buch ist übrigens mit einer 10-Punkt-Schrift und einem Zeilenabstand von 13 Punkt gedruckt. Schriftgrößen unterhalb von 10 Punkt fallen allgemein in die Kategorie »Kleingedrucktes«, d.h. ermüden das Auge nach kurzer Zeit. Die Systemschrift von Windows hat grundsätzlich 10 Punkt Größe und einen Zeilenabstand von 12 Punkt – unabhängig davon, ob Sie nun »große Schriften« oder »kleine Schriften« gewählt und welchen Videomodus Sie eingestellt haben.

Moment mal. Was fällt dem System ein, »kleine« und (die ja nun auch sichtbar größeren) »großen« Schriften in einen Topf zu werfen? Der Witz daran: Was Sie über diese Einstellung in »Eigenschaften für Anzeige« auswählen, ist *nicht die Schriftgröße, sondern die logische Auflösung des Bildschirms*. Mit der Auswahl »kleine Schriften« teilen Sie dem System mit, dass es seinen Berechnungen eine Auflösung von 96 Pixeln pro Zoll zugrunde legen soll, bei »großen Schriften« sind es 120 Pixel pro Zoll.

Zur Erläuterung der praktischen Konsequenzen komme ich noch einmal auf Abbildung 5.3 zurück, die die »kleine« Systemschrift nicht nur qualitativ, sondern maßstabsgetreu wiedergibt. Ich hatte gesagt, dass es sich dabei um eine 10-Punkt-Schrift handelt: 10/72 Zoll ergeben bei einer Auflösung von 96 Pixeln pro Zoll ziemlich exakt 13 Pixel – und das sollte auch herauskommen, wenn Sie die Kontrollkästchen zwischen dem unteren Ende von *tmInternalLeading* und dem unteren Ende von *tmHeight* durchzählen. Als Zeilenabstand (*tmHeight*) gibt diese Schriftart den Wert 12 an: Zwei aufeinanderfolgende Textzeilen sollten also einen Abstand von 12/72*96 = 16 Pixeln haben.

Abbildung 5.4 zeigt die »große«, auf einer Auflösung von 120 Pixeln pro Zoll basierende Systemschrift zum Vergleich. Wiederholen wir die beiden Berechnungen: 10/72 * 120 ergibt nach Abrundung 16 Pixel als Höhe der Schrift, 12/72*120 entspricht einem Zeilenabstand von 20 Pixeln.

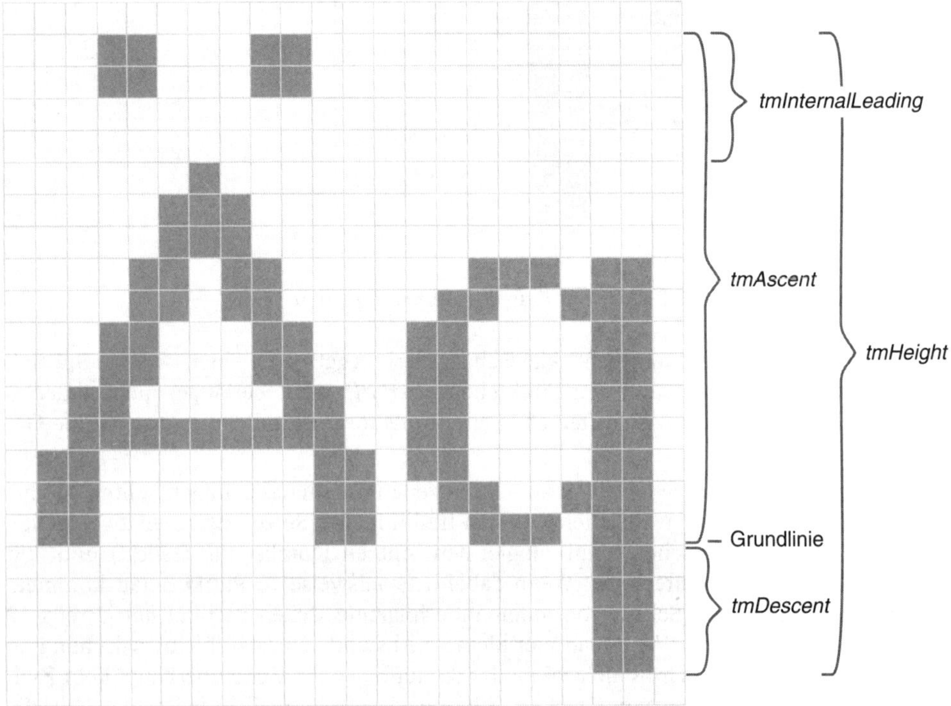

Abbildung 5.4: *Die TEXTMETRIC-Felder am Beispiel großer Schriften*

Die Funktion *GetTextMetrics* erledigt diese Berechnungen übrigens automatisch: Was sie in Felder wie *tmHeight* einsetzt, sind auf die jeweilige logische Auflösung des Gerätes umgerechnete Pixelwerte. Damit dürfte auch klar sein, wieso man die physischen Abmessungen von Schriften *nie* fest in ein Programm einsetzen darf: Für die Ausgabe der Systemschrift auf einem Drucker (mit einer Auflösung von 600 Pixeln pro Zoll) setzt *GetTextMetrics* in *tmHeight* nicht 12 oder 16, sondern eben 80 ein.

Von einem Programm aus läßt sich die Auflösung eines Gerätes über die Funktion *GetDeviceCaps* mit den Indexwerten LOGPIXELSX und LOGPIXELSY ermitteln. (Wenn das physische Breiten-/Höhenverhältnis des Ausgabegerätes nicht mit dem Verhältnis der Auflösungen übereinstimmt – mithin die Pixel nicht quadratisch sind – ergeben sich bei diesen beiden Abfragen unterschiedliche Werte. Bei Bildschirmen kann man diese Möglichkeit mittlerweile wohl guten Gewissens ignorieren, bei Laserdruckern dagegen nicht – dort sind nach wie vor Auflösungen wie

800x400 oder 1200x600 gängig.) Wie die Namen LOGPIXELSX und LOGPIXELSY implizieren, geht es dabei um eine *logische* Auflösung, die bei Druckern mit der physischen Auflösung übereinstimmen mag – bei Bildschirmen tut sie es dagegen mit ziemlicher Sicherheit nicht.

Wie zuvor erwähnt, bezeichnet das Win32-SDK die mit den Indexwerten HORZSIZE und VERTSIZE über *GetDeviceCaps* abfragbaren Werte als »Größe des physischen Bildschirms in Millimetern«. Passender wäre hier der Ausdruck »logische Größe«, weil diese beiden Werte seit Windows 95 über die folgenden Formeln zustande kommen:

$$\textit{Horizontalgröße (mm)} = 25{,}4 \times \frac{\textit{Horizontale Pixelzahl (Pixel in einer Zeile)}}{\textit{LOGPIXELSX (Pixel pro Zoll horizontal)}}$$

$$\textit{Vertikalgröße (mm)} = 25{,}4 \times \frac{\textit{Vertikale Pixelzahl (Rasterzeilen)}}{\textit{LOGPIXELSY (Pixel pro Zoll vertikal)}}$$

Die Multiplikation mit 25,4 erledigt dabei die Umrechnung von Zoll in Millimeter.

So weit, so nett – aber irgendwie drängt sich dem unbefangenen Betrachter wohl doch das Gefühl auf, dass dieser ganze Aufwand eher noch weiter in die Irre führt als es »logische« Auflösungen eh schon tun: Ein Bildschirm *hat* schließlich und endlich eine physische Größe (wer's nicht glaubt, nehme ein Lineal und messe nach), die man notfalls auch über ein Monitorprofil bei »Eigenschaften von Anzeige« einstellen könnte, wenn es das System nicht schon von selbst merkt. Trotzdem kümmert sich Windows keinen Deut darum: Wenn man von großen nach kleinen Schriften wechselt, schrumpft also der Bildschirm zusammen mit den Metriken von Schriften. Welchen Sinn soll das bitte haben?

Tatsächlich macht das mehr Sinn, als man glauben mag. Gehen wir einmal davon aus, dass Sie mit einem 17-Zöller arbeiten, dessen sichtbare Bildschirmfläche in der Gegend von 12 x 9 Zoll liegt und den Videomodus 640 x 480 verwenden. Die physische Auflösung ergibt sich damit zu 480 / 9 = 53 Pixel pro Zoll. Eine auf Papier perfekt lesbare 10-Punkt-Schrift hätte damit bei direkter Umrechnung gerade einmal 10/72*53 = 7 Pixel Platz von der Oberkante eines »A« bis zur Unterkante eines »q« und würde konsequent zum unleserlichen Pixelhaufen degenerieren. (Uralt-Benutzer von PCs, die sich noch mit IBMs Color Graphics Adapter herumschlagen mußten, wissen ein trauriges Lied von solchen Schriften zu singen.) Und wenn Sie einen Videoprojektor an diesen PC anschließen, führt die Reise endgültig nach Absurdistan: Bei einer Projektionsfläche von beispielsweise 1,2 x 0,9 Metern käme eine Auflösung von 13 Pixeln pro Zoll heraus; die 10-Punkt-Schrift hätte also noch knapp 2 Pixel Platz.

Kurz und gut: Es geht also nicht darum, die physischen Abmessungen einer Schrift um jeden Preis zu erhalten, sondern die Art und Weise, wie sie dem Betrachter erscheint. Deshalb haben die Windows-Entwickler die Schriftgröße 10 Punkt zur Referenz erklärt: Eine Schrift dieser Größe ist auf einem Blatt Papier perfekt lesbar und muß es deshalb auch auf dem Bildschirm sein. Wer will, kann das Ganze auch aus dem gestalterischen Blickwinkel betrachten: Logische Schriftgrößen sorgen dafür, dass eine auf dem Bildschirm unauffällige Schrift auch bei der Druckausgabe unauffällig bleibt; analoges gilt fürs Kleingedruckte und Überschriften.

Windows NT verwendet in der Version 4 allerdings nach wie vor dieselbe Logik wie die 16-Bit-Versionen. Die über *GetDeviceCaps* bzw. *GetSystemMetrics* abfragbaren Werte für HORZRES, VERTES, LOGPIXELSX und LOGPIXELSY haben natürlich dieselbe Bedeutung, hinter HORZSIZE und VERTSIZE steckt aber keine Berechnung, sondern ein fixer Wert, der für normale Grafikkarten auf »320 x 240 Millimeter« festgelegt ist – und deshalb *nicht* mit den über die vier anderen Indizes ermittelbaren Daten konform geht. Wenn Sie Programme für beide Systeme schreiben, empfiehlt es sich deshalb wärmstens, die Abfrage von HORZSIZE und VERTSIZE durch die beiden oben gezeigten Formeln zu ersetzen.

Und was, wenn Ihr Programm tatsächlich einmal die physischen Abmessungen des Bildschirms in Erfahrung bringen will? Bis sich Monitorprofile wirklich auf breiter Front durchgesetzt haben, würde ich es in diesem Fall mit einem schlichten Dialogfenster versuchen, das den Benutzer um eine entsprechende Eingabe bittet.

GetDeviceCaps kennt übrigens noch drei weitere Indizes, die im Zusammenhang mit dem Abmessungen des Bildschirms stehen: ASPECTX, ASPECTY und ASPECTXY liefern die relative Höhe, Breite und Diagonale eines Pixels (jeweils auf den nächstliegenden Integerwert gerundet). Bei quadratischen Pixeln kommt für ASPECTX derselbe Wert wie für ASPECTY heraus, ASPECTXY liefert in jedem Fall die Wurzel der summierten Quadrate von ASPECTX und ASPECTY – mithin die Wurzel von 2, wenn die beiden ersten Werte jeweils 1 sind.

Farbeigenschaften

Eine Grafikkarte, die für jedes Pixel nur ein einziges Bit zur Speicherung bereitstellt, kann naturgemäß nur zwischen zwei Farben (Bit ein bzw. Bit aus) unterscheiden. Für die (gleichzeitige) Darstellung einer größeren Zahl von Farben sind mehrere Bits pro Pixel notwendig – oder, andersherum betrachtet: Mit n Bits pro Pixel kann die Grafikkarte zwischen 2^n Farben unterscheiden.

Für das, was wir als »Echtfarben« (TrueColor) bezeichnen, verwenden handelsübliche Grafikkarten 24 Bit pro Pixel, von denen jeweils 8 für die Farbanteile Rot, Grün und Blau eingesetzt werden. Hier wird mit einer sogenannten additiven Farbmischung gearbeitet: Weil der Bildschirm in Wirklichkeit für jedes Pixel drei sehr dicht nebeneinander liegende Farbpunkte (eben Rot, Grün und Blau) erzeugt, kommt beispielsweise für Blau neben Rot die Farbe Violett heraus. Die HiColor-Modi arbeiten nach demselben Prinzip, kommen pro Pixel aber mit 16 Bit aus, von denen jeweils 5 für den Rot- und Blauanteil sowie 6 für die Grünkomponente verwendet werden. (Das Extrabit schlägt man deshalb dem Grünanteil zu, weil das menschliche Auge auf diese Farbe am sensibelsten reagiert.)

Die dritte und in der Praxis letzte Möglichkeit stellt schließlich die Speicherung von Pixeln mit jeweils 8 Bit dar. Weil zwei oder drei Bit pro Farbkomponente – mithin 4 oder 8 Abstufungen – ein arg grobes Raster wären, stehen diese Werte nicht direkt für Farben, sondern für Indizes in eine Farbpalette (die ihrerseits 256 Einträge mit »Echtfarben« enthält). Mehr dazu in Kapitel 16.

In früheren Zeiten gab es auch noch Grafikarten, die vier Bit pro Pixel vorsahen, diese Bits in vier verschiedenen »Farbebenen« speicherten und überdies mit einer fixen Farbpalette versahen (Schwarz, Weiß, sowie jeweils zwei Abstufungen von Grau, Rot, Grün, Blau, Türkis, Gelb und Magenta). Dieser Modus, der auf den Color Graphics Adapter von IBM und damit auf den Urahn aller PC-Grafikkarten zurückzuführen ist, läßt sich bei moderneren Grafikkarten bestenfalls noch unter DOS aktivieren.

Wie der Bildspeicher intern organisiert ist, muß man eigentlich nur bei recht exotischen Problemstellungen wirklich wissen. Die notwendigen Informationen lassen sich über *GetDeviceCaps* beschaffen:

```
iPlanes = GetDeviceCaps (hdc, PLANES) ;
```

Dieser Aufruf liefert die Anzahl der »Farbebenen« und hat bei allen halbwegs modernen Grafikkarten das Ergebnis 1. (Nur in einem 16farbigen Grafikmodus könnte es Ihnen passieren, dass Sie hier eine 4 zu sehen bekommen.)

```
iBitsPixel = GetDeviceCaps (hdc, BITSPIXEL) ;
```

Dieser Aufruf liefert die Anzahl der Bits pro Pixel innerhalb einer »Farbebene«. Auch wenn die Zahl der »Farbebenen« bei jedem heutzutage üblichen Videomodus 1 beträgt, sollte man beide Werte in die Ermittlung der Anzahl darstellbarer Farben einbeziehen:

```
// Bits pro Pixel insgesamt
iBitCount = iPlanes * iBitsPixel ;
// Anzahl gleichzeitig darstellbarer Farben
iColors = 1 << iBitCount ;
```

Alternativ können Sie *GetDeviceCaps* auch direkt fragen:

```
iColors = GetDeviceCaps (hdc, NUMCOLORS) ;
```

Dabei muß allerdings nicht in jedem Fall dasselbe herauskommen wie bei der zuvor gezeigten Berechnung: Erstere ermittelt, wie viele verschiedene Farben die Grafikkarte gleichzeitig darstellen kann; die Abfrage mit dem Indexwert NUMCOLORS teilt Ihrem Programm dagegen mit, wie viele Farben ihm ganz persönlich zur Verfügung stehen. Unterschiedliche Werte ergeben sich vor allem in den Modi mit 8 Bit pro Pixel: Die Berechnung liefert dort das Ergebnis 256, die Abfrage über NUMCOLORS dagegen 236, weil Windows in diesen Modi 20 der 256 Farbpaletten-Einträge für sich selbst reserviert. Und weil *GetDeviceCaps* für den Indexwert NUMCOLORS bei einigen Treibern auch heute noch in den HiColor- und TrueColor-Modi beleidigt den Wert -1 zurückliefert, sollte man aus rein praktischen Erwägungen heraus grundsätzlich den Weg über die Berechnung gehen.

GDI-Funktionen, die mit Farbwerten arbeiten, verwenden in den meisten Fällen einen Variablentyp namens COLORREF, der seinerseits für einen vorzeichenlosen Integer mit 32 Bit steht. Abbildung 5.5 zeigt, wie Windows derartige Werte interpretiert. Wie dort zu sehen, haben die obersten 8 Bit den Wert 0, von den restlichen 24 Bit sind jeweils 8 für eine der drei Farbkomponenten Rot, Grün und Blau vorgesehen, weshalb man hier auch von RGB-Werten spricht. Theoretisch läßt sich mit Werten dieses Typs also zwischen 2^{24} (= 16,7 Millionen) Farbschattierungen unterscheiden.

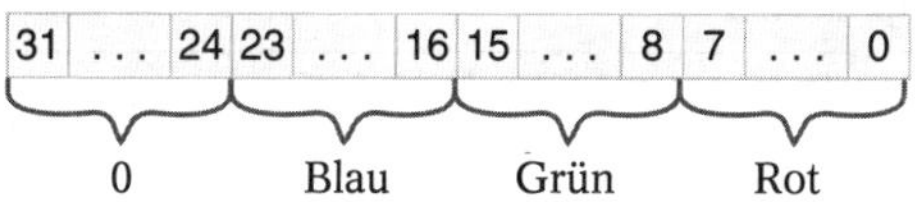

***Abbildung 5.5:** Bitfelder im Datentyp* COLORREF

Die Datei WINGDI.H definiert eine Reihe von Makros für die Arbeit mit RGB-Werten. Der wohl am häufigsten verwendete setzt einen COLORREF-Wert aus den drei Einzelkomponenten Rot, Grün und Blau zusammen:

```
#define RGB(r,g,b) ((COLORREF)(((BYTE)(r) | \
                   ((WORD)((BYTE)(g)) << 8)) | \
                   (((DWORD)(BYTE)(b)) << 16)))
```

Die drei Argumente dieses Makros sind in der Reihenfolge Rot, Grün, Blau anzugeben. Für

```
RGB (255, 255, 0)
```

kommt dabei also der Wert 0x0000FFFF heraus – mithin die Kombination von Rot und Grün (die man landläufig auch als »Gelb« bezeichnet). RGB(0,0,0) ergibt natürlich Schwarz, und das Ergebnis von RGB(255,255,255) ist Weiß.

Die Makros *GetRValue*, *GetGValue* und *GetBValue* gehen den umgekehrten Weg: Sie extrahieren die jeweilige Farbkomponente aus einem COLORREF-Wert und lassen sich gut gebrauchen, wenn man von irgendeiner Funktion zurückgelieferte Farbwerte auf ihre Einzelkomponenten hin untersuchen will.

In den Modi mit 256 und (Gott bewahre) 16 Farben unternimmt Windows den Versuch, nicht in der Palette enthaltene Farben über das Mischen benachbarter Pixel (»Dithering«) zu simulieren. Da das Ergebnis nicht immer überzeugend ausfällt, sollten Sie gegebenenfalls über die Funktion *GetNearestColor* herausfinden, welche tatsächlich verfügbare Farbe einem von Ihrem Programm gewünschten Wert am nächsten kommt:

```
crPureColor = GetNearestColor (hdc, crColor) ;
```

Attribute des Gerätekontexts

Zu Anfang dieses Kapitels wurde bereits erwähnt, dass ein Gerätekontext nicht nur das jeweilige Ausgabegerät, sondern auch eine Reihe von »Attributen« festlegt: beim Aufruf einer Funktion wie *TextOut* werden beispielsweise die Text- und Hintergrundfarbe nicht explizit angegeben, sondern von Windows aus dem jeweiligen Gerätekontext ermittelt.

Wenn ein Programm einen Gerätekontext anlegt, dann besetzt Windows sämtliche Attribute erst einmal mit Standardvorgaben (die das Programm natürlich sämtlich über entsprechende GDI-Funktionen abfragen bzw. ändern kann). Die folgende Tabelle faßt die wichtigsten Standardvorgaben und die Funktionen zur Abfrage bzw. Veränderung dieser Werte zusammen.

Attribut	Standard	Ändern mit	Abfrage mit
Koordinatensystem	MM_TEXT	*SetMapMode*	*GetMapMode*
Fensterursprung	(0, 0)	*SetWindowOrgEx* *OffsetWindowOrgEx*	*GetWindowOrgEx*
Ursprung des Zeichenfensters	(0, 0)	*SetViewportOrgEx* *OffsetViewportOrgEx*	*GetViewportOrgEx*
Fenstergröße	(1, 1)	*SetWindowExtEx* *SetMapMode* *ScaleWindowExtEx*	*GetWindowExtEx*
Größe des Zeichenfensters	(1, 1)	*SetViewportExtEx* *SetMapMode* *ScaleViewPortExtEx*	*GetViewportExtEx*
Stift	BLACK_PEN	*SelectObject*	*SelectObject*
Füllmuster	WHITE_BRUSH	*SelectObject*	*SelectObject*
Schriftart	SYSTEM_FONT	*SelectObject*	*SelectObject*
Bitmap	–	*SelectObject*	*SelectObject* ►

Attribut	Standard	Ändern mit	Abfrage mit
Zeichenposition	(0, 0)	*MoveToEx* *LineTo* *PolyLineTo* *PolyBezierTo*	*GetCurrentPositionEx*
Hintergrundmodus	OPAQUE	*SetBkMode*	*GetBkMode*
Hintergrundfarbe	Weiß	*SetBkColor*	*GetBkColor*
Textfarbe	Schwarz	*SetTextColor*	*GetTextColor*
Zeichenmodus	R2_COPYPEN	*SetROP2*	*GetROP2*
Objekte strecken	BLACKONWHITE	*SetStretchBltMode*	*GetStretchBltMode*
Polygon-Füllmodus	ALTERNATE	*SetPolyFillMode*	*GetPolyFillMode*
Textzeichenabstand	0	*SetTextCharacterExtra*	*GetTextCharacterExtra*
Ursprung des Füllmusters	(0, 0) (Bildschirm)	*SetBrushOrgEx*	*GetBrushOrgEx*
Clipping-Region	–	*SelectObject* *SelectClipRgn* *IntersectClipRect* *OffsetClipRgn* *ExcludeClipRect* *SelectClipPath*	*GetClipBox*

Tabelle 5.1: *Standardvorgaben für Gerätekontexte und dazugehörige Funktionen*

Attribute speichern

Normalerweise legt Windows bei Aufrufen von *GetDC* und *BeginPaint* jeweils einen neuen Gerätekontext an, d.h. erstellt eine Datenstruktur und besetzt sie mit den in der vorangegangenen Tabelle gezeigten Werten. Was letztlich auch bedeutet, dass Änderungen des Kontexts durch das Programm bei der abschließenden Freigabe via *ReleaseDC* oder *EndPaint* wieder verlorengehen – man also die gewünschten Werte bei jeder Ermittlung erneut setzen muß:

```
WM_PAINT :
     hdc = BeginPaint (hwnd, &ps) ;
    [Setzen des Gerätekontexts mit den gewünschten Werten]
    [Zeichenoperationen über diesen Gerätekontext]
     EndPaint (hwnd, &ps) ;
     return 0 ;
```

Auch wenn das ein bißchen umständlich wirken mag, kommt man auf diese Weise in den meisten Fällen hin. Falls Sie dagegen umfangreichere (lies: zeitaufwendige) Veränderungen vorhaben, können Sie Windows über das Flag CS_OWNDC in der Fensterklasse anweisen, den Kontext sozusagen unsichtbar zwischen Aufrufen der Window-Prozedur zu erhalten:

```
wndclass.style = CS_HREDRAW | CS_VREDRAW | CS_OWNDC ;
```

Jedes auf einer so deklarierten Fensterklasse basierende Fenster bekommt von Windows seinen eigenen (quasi-permanenten) Gerätekontext zugewiesen, der erst beim Abbau des Fensters endgültig wieder freigegeben und konsequent nur einmal initialisiert werden muß. Üblicherweise geschieht diese Initialisierung beim Bearbeiten von WM_CREATE:

```
WM_CREATE :
    hdc = GetDC (hwnd) ;
    [Setzen des Gerätekontexts mit den gewünschten Werten]
    ReleaseDC (hwnd, hdc) ;
```

Auch wenn *BeginPaint* nun für dieses Fenster einen Handle zurückliefert, der permanent auf ein und dieselbe Datenstruktur verweist, muß diese Funktion genauso wie ihr Compagnion *EndPaint* nach wie vor beim Bearbeiten von WM_PAINT aufgerufen werden.

Das Flag CS_OWNDC bezieht sich ausschließlich auf die mit *GetDC* und *BeginPaint* ermittelten Handles, d.h. hat auf andere Funktionen (wie *GetWindowDC*) keine Wirkung. Ein auf diese Weise fixierter Kontext stellt natürlich eine Belastung des Systems dar: pro Fenster werden hier rund 800 Bytes permanent im Hauptspeicher belegt. In älteren Version von Windows (und Zeiten, zu denen Computer gewöhnlich mit 4 oder 8 MByte Hauptspeicher ausgerüstet waren), hat Microsoft deshalb von der allgemeinen Verwendung dieser Technik abgeraten. Nun, die Zeiten ändern sich: 800 Byte pro Fenster sind sehr wohl zu verschmerzen – vor allem, wenn dabei eine signifikante Beschleunigung von Programmen herauskommt.

Wenn Sie einen Gerätekontext nur für eine bestimmte Operation verändern und dann den Originalzustand wiederherstellen wollen, bietet Windows eine recht erfreuliche Abkürzung: der Aufruf

```
idSaved = SaveDC (hdc) ;
```

kopiert einen existierenden Gerätekontext in einen internen Bereich des Systems und liefert einen Handle zurück, den das Programm speichern muß. Danach läßt sich der (hier als *hdc* bezeichnete) Kontext beliebig verändern, bis man schließlich den Originalzustand mit

```
RestoreDC (hdc, idSaved) ;
```

wiederherstellt. Diese beiden Funktionen arbeiten ausnahmsweise nicht unbedingt paarweise: *SaveDC* läßt sich vor einem abschließenden Wiederherstellen mit *RestoreDC* beliebig oft aufrufen. Um nach einer Befehlsfolge wie

```
idSaved = SaveDC (hdc) ;    // erste Speicherung
[Operationen und Veränderungen]
idSaved = SaveDC (hdc) ;    // zweite Speicherung
[Operationen und Veränderungen]
```

die Werte wiederherzustellen, die vor dem *ersten* Aufruf von *SaveDC* gesetzt waren, kann man *RestoreDC* mit dem Wert -1 anstelle des Handles aufrufen:

```
RestoreDC (hdc, -1) ;
```

Tatsächlich wird die Variable *idSaved* in diesem Fall überhaupt nicht gebraucht (und könnte deshalb genauso gut komplett entfallen).

Punkte und Linien

Theoretische Abhandlungen über Computergrafik gehen gerne davon aus, dass lediglich zwei Grafikfunktionen zur Verfügung stehen: eine zum Zeichnen eines Pixels auf einer bestimmten Position und eine zur Ermittlung, welche Farbe ein Pixel hat. Mit diesen beiden Routinen stehen einem sämtliche Möglichkeiten offen: das Zeichnen einer Linie besteht beispielsweise daraus, die Pixel-Zeichenfunktion wiederholt mit *x*- und *y*-Koordinaten aufzurufen, die das Programm fortlaufend berechnet.

Tatsächlich funktioniert dieser Ansatz auch in der Praxis für Zeichnungen beliebiger Komplexität und bietet überdies die Möglichkeit zum Aufbau einer wunderbar abstrakten Bibliothek, die sich nur an ein oder zwei Stellen direkt auf die Hardware bezieht. Ärgerlich ist nur, dass man sich dann nicht groß dafür interessieren darf, wie lange solche Zeichenoperationen dauern. Real existierende Systeme schließen deshalb nicht nur vorsichtige Kompromisse, sondern überlassen das Zeichnen von Linien, das Füllen von Flächen und andere Wiederholungsoperationen grundsätzlich einem Grafiktreiber, der für so etwas in früheren Zeiten optimierten Maschinencode zur Verfügung stellte – und sich heute überwiegend darauf beschränken kann, die Wünsche eines Programms an einen Grafik-Coprozessor weiterzureichen, der mittlerweile auch auf Grafikarten der unteren Preisklasse ähnlich komplex ausfällt wie die CPU.

Pixel

Natürlich erlaubt auch die GDI das Setzen und Lesen einzelner Pixel – nur werden diese beiden Operationen wesentlich seltener verwendet, als man zunächst vermuten mag. Den praktischen Beweis dafür finden Sie nicht zuletzt in diesem Buch: *SetPixel* erscheint ein einziges Mal im Programm CONNECT des Kapitels 7, *GetPixel* hat seinen Auftritt im Programm WHATCLR in Kapitel 8 – und das war's auch schon. Einen hübschen Startpunkt für den Einstieg in Grafikoperationen geben diese beiden Funktionen dennoch ab.

Unter Windows läßt sich ein Pixel mit einer beliebigen Farbe über die GDI-Funktion *SetPixel* zeichnen:

```
SetPixel (hdc, x, y, crColor) ;
```

Wie bei jeder Zeichenfunktion steht der erste Parameter für den Gerätekontext. *x* und *y* bezeichnen die Position des zu setzenden Pixels im Rahmen dieses Kontexts (für Anwendungsbereiche von Fenstern also relativ zur linken oberen Ecke). Der vierte und letzte Parameter hat schließlich den im Abschnitt »Farbeigenschaften« besprochenen Datentyp COLORREF; seine unteren drei Bytes legen die zu setzende Farbe fest.

Wenn die über *crColor* angegebene Farbe nicht exakt innerhalb dieses Kontexts darstellbar ist (was Ihnen vor allem in den Videomodi mit 256 Farben passieren kann), dann setzt die Funktion die nächstliegende (über *GetNearestColor* berechnete) reine Farbe ein und liefert den RGB-Wert dieser Farbe zurück. (Mischfarben und die Technik des »Dithering« sind hier nicht mit von der Partie, weil *SetPixel* grundsätzlich nur ein einziges Pixel bearbeitet.) Ansonsten ist das Funktionsergebnis der als *crColor* übergebene Wert.

Das Gegenstück hört auf den Namen *GetPixel* und ermittelt die Farbe eines bestimmten Pixels:

```
crColor = GetPixel (hdc, x, y) ;
```

Linien

Die GDI kennt nicht nur gerade Linien, sondern auch elliptische Kreisbögen bzw. Ausschnitte davon. Insgesamt stehen unter Windows 98 sieben grundlegende Funktionen zum Zeichnen von Linien zur Verfügung:

- *LineTo* – gerade Linie zu einem Punkt
- *Polyline* – Folge miteinander verbundener Linien
- *PolylineTo* – Folge miteinander verbundener Linien zu einem Punkt
- *PolyPolyline* – voneinander unabhängige Linienfolgen
- *Arc* – Kreis- bzw. Ellipsen-Ausschnitte
- *PolyBezier* – Folge von Bezierkurven
- *PolyBezierTo* – Folge von Bezierkurven zu einem Punkt

Windows NT unterstützt drei weitere Linienfunktionen, die weder in Windows 95 noch in Windows 98 verfügbar sind:

- *ArcTo* – Kreis- bzw. Ellipsen-Ausschnitt zu einem Punkt
- *AngleArc* – Kreis bzw. Ellipsen-Ausschnitt mit Winkeln als Parameter
- *PolyDraw* – Folge von geraden Linien und Bezierkurven

Weiter hinten in diesem Kapitel stelle ich einige Funktionen vor, die zwar ebenfalls Linien zeichnen, aber die durch diese Linien umschlossenen Bereiche zusätzlich mit einem Muster füllen:

- *Rectangle* – Rechteck
- *Ellipse* – Ellipse
- *RoundRect* – Rechteck mit abgerundeten Ecken
- *Pie* – einen Ellipsenausschnitt mit Verbindung zur Halbachse (»Kuchenstück«)
- *Chord* – Ellipsenausschnitt zusammen mit der Bogensehne

Für das Erscheinungsbild der Linien sind fünf Attribute des jeweiligen Gerätekontexts zuständig: die momentane Position (die nur bei *LineTo, PolylineTo, PolyBezierTo* und *ArcTo* berücksichtigt wird), der Zeichenstift (d.h. das Linien-Füllmuster), die Hintergrundfarbe (für nicht durchgehende Linien-Füllmuster), die Hintergrundfarbe (im Modus OPAQUE) und schließlich der Zeichenmodus (d.h. eine wahlweise logische Kombination der Linienfarbe mit dem existierenden Hintergrund).

Das Zeichnen einer einzelnen geraden Linie von einem logischen Startpunkt (*xStart, yStart*) zu einem logischen Endpunkt (*xEnd,yEnd*) besteht aus zwei Schritten: Die Funktion

```
MoveToEx (hdc, xStart, yStart, NULL) ;
```

setzt den Startpunkt (und führt selber keine Zeichenoperation aus, d.h. beschränkt sich auf das Ändern der momentanen Zeichenposition), der Aufruf

```
LineTo (hdc, xEnd, yEnd) ;
```

zeichnet schließlich eine Linie von der momentanen Zeichenposition zum Endpunkt und setzt danach die momentane Zeichenposition auf diesen Endpunkt um. (Da die Zeichenposition beim Anfordern eines Gerätekontext mit (0, 0) initialisiert wird, erzeugt ein *LineTo* ohne vorheriges *MoveTo* einen Strich, der in der linken oberen Ecke des Anwendungsbereichs beginnt.)

Die Frage, was sich hinter dem vierten Parameter von *MoveToEx* verbirgt, läßt sich nur über einen kurzen Ausflug in die Geschichte beantworten: Die 16-Bit-Versionen von Windows definieren eine Funktion namens *MoveTo*, die mit drei Parametern arbeitet und die vorige Zeichenposition als vorzeichenlosen 32-Bit-Wert zurückliefert. Das niederwertige Wort steht dort für die alte X-Position, das höherwertige für die alte Y-Position. Da Win32 für Koordinaten 32-Bit-Werte benutzt und erst die neuesten C-Compiler einen Datentyp mit 64 Bit definieren, der wieder das Hineinpacken zweier Werte in ein direktes Funktionsergebnis erlauben würde, haben die Entwickler *MoveTo* durch *MoveToEx* ergänzt: Wenn Sie als vierten Parameter anstelle von NULL einen Zeiger auf eine POINT-Struktur angeben, dann trägt *MoveToEx* die alte Position dort ein.

So richtig erwärmen für diese formale Erweiterung kann sich allerdings eigentlich fast niemand. Der erste Grund: In der Praxis kommt es ausgesprochen selten vor, dass man sich für die alte Position interessiert. Der zweite Grund wiegt schwerer: Auch wenn Windows 98 bei Koordinaten 32-Bit-Werte einsetzt, berücksichtigt das System grundsätzlich nur die unteren 16 Bit, d.h. beschränkt das Koordinatensystem effektiv auf den Bereich von -32768 bis 32767. Erst Windows NT kann nicht nur formal, sondern auch physisch mit echten 32-Bit-Koordinaten umgehen.

Sollten Sie jemals die aktuelle Zeichenposition erneut abfragen müssen, können Sie das übrigens auch mit der folgenden Funktion tun:

```
GetCurrentPositionEx (hdc, &pt) ;
```

Als zweiter Parameter wird hier die Adresse einer POINT-Struktur erwartet, die *GetCurrentPositionEx* dann mit den entsprechenden Werten besetzt.

Das folgende Programmfragment zeichnet ein Gitternetz im Anwendungsbereich eines Fensters, dessen Linien einen Abstand von 100 Pixeln haben. *hwnd* steht dabei für den Fensterhandle, *hdc* für einen Gerätekontext; die Variable *rect* hat den Typ RECT, die Variablen *x* und *y* sind Integer:

```
// Größe des Anwendungsbereichs in Pixeln
GetClientRect (hwnd, &rect) ;

for (x = 0 ; x < rect.right ; x += 100)
     {  // vertikale Linien
     MoveToEx (hdc, x, 0, NULL) ;
     LineTo (hdc, x, rect.bottom) ;
     }

for (y = 0 ; y < rect.bottom ; y += 100)
     {  // horizontale Linien
     MoveToEx (hdc, 0, y, NULL) ;
     LineTo (hdc, rect.right, y) ;
     }
```

Beim Zeichnen einzelner Linien ist das Konzept der Zeichenposition zugegeben recht lästig: Für jede Linie werden zwei Funktionsaufrufe gebraucht. Für miteinander verbundene Linien ist es dagegen ausgesprochen praktisch:

```
POINT apt [5] = { 100, 100, 200, 100, 200, 200, 100, 200, 100, 100 } ;
```

Mit einem solchen Array könnte man beispielsweise den Umriß eines Rechtecks festlegen (wobei hier fünf Koordinatenpaare gebraucht werden: das erste entspricht dem letzten – mithin der erste

Startpunkt dem letzten Endpunkt). Da diese Linien miteinander verbunden sind, wird *MoveToEx* hier nur einmal für den ersten Startpunkt angewendet:

```
MoveToEx (hdc, apt[0].x, apt[0].y, NULL) ;

for (i = 1 ; i < 5 ; i++)
     LineTo (hdc, apt[i].x, apt[i].y) ;
```

Die darauffolgende Schleife zeichnet mit vier Aufrufen von *LineTo* vier Linien, die übrigens vor dem jeweils angegebenen Endpunkt enden (d.h. den Endpunkt selbst nicht einschließen). Durch diese Definition stellt Windows sicher, dass kein Punkt zweimal gezeichnet wird – was für einen Bildschirm im Normalmodus eine überflüssige Vorsichtsmaßnahme darstellt, bei Ausgaben auf einem Plotter oder bei bestimmten Zeichenmodi aber durchaus seinen Sinn hat. (Mehr dazu in einem der folgenden Abschnitte.)

Ein Array mit Koordinatenpaaren, die miteinander verbundene Linien festlegen, läßt sich über die Funktion *Polyline* auch in einem einzigen Schritt bearbeiten. Der folgende Aufruf zeichnet exakt dasselbe Rechteck wie die zuvor gezeigte Schleife nebst dem einleitenden *MoveToEx*-Befehl:

```
Polyline (hdc, &apt, 5) ;
```

Der zweite Parameter von *Polyline* legt die Zahl der Koordinatenpaare fest, weshalb man dafür genauso gut (und »allgemeinverträglicher«) auch die Formel *(sizeof (apt) / sizeof (POINT)* hätte benutzen können. *Polyline* hat wie gesagt denselben Effekt wie ein einleitendes *MoveToEx* und eine darauffolgende Schleife mit Aufrufen von *LineTo*, läßt allerdings die momentane Zeichenposition unverändert. Die Funktion *PolylineTo* verhält sich in diesem Punkt etwas anders: Sie verwendet die Zeichenposition als Startpunkt und setzt schließlich den Endpunkt der zuletzt gezeichneten Linie als neue Zeichenposition ein. Die folgenden Aufrufe zeichnen deshalb wieder ein Rechteck:

```
MoveToEx (hdc, apt[0].x, apt[0].y, NULL) ;
PolylineTo (hdc, apt + 1, 4) ;
```

Natürlich können Sie *Polyline* und *PolylineTo* so oft zum Zeichnen einiger weniger Linien verwenden, wie Sie wollen – aber eigentlich ist das eher Verschwendung. Diese beiden Funktionen sind vor allem zum Zeichnen komplexer Kurven gedacht, die sich ihrerseits aus hunderten oder gar tausenden von Einzelstücken zusammensetzen können. Obwohl die Einzelstücke natürlich gerade Linien darstellen: Wenn sie kurz genug sind, entsteht dabei der Eindruck einer durchgehenden Kurve. Ein Beispiel dafür liefert das im folgenden wiedergegebene Programm SINEWAVE, das – nomen est omen – eine Sinuskurve zeichnet.

SINEWAVE.C

```
/*--------------------------------------
   SINEWAVE.C - Sinuskurve über Polyline
                (c) Charles Petzold, 1998
  --------------------------------------*/

#include <windows.h>
#include <math.h>

#define NUM    1000
```

```
#define TWOPI  (2 * 3.14159)

LRESULT CALLBACK WndProc (HWND, UINT, WPARAM, LPARAM) ;

int WINAPI WinMain (HINSTANCE hInstance, HINSTANCE hPrevInstance,
                    PSTR szCmdLine, int iCmdShow)
{
     static TCHAR szAppName[] = TEXT ("SineWave") ;
     HWND         hwnd ;
     MSG          msg ;
     WNDCLASS     wndclass ;

     wndclass.style         = CS_HREDRAW | CS_VREDRAW ;
     wndclass.lpfnWndProc   = WndProc ;
     wndclass.cbClsExtra    = 0 ;
     wndclass.cbWndExtra    = 0 ;
     wndclass.hInstance     = hInstance ;
     wndclass.hIcon         = LoadIcon (NULL, IDI_APPLICATION) ;
     wndclass.hCursor       = LoadCursor (NULL, IDC_ARROW) ;
     wndclass.hbrBackground = (HBRUSH) GetStockObject (WHITE_BRUSH) ;
     wndclass.lpszMenuName  = NULL ;
     wndclass.lpszClassName = szAppName ;

     if (!RegisterClass (&wndclass))
     {    // UNICODE-Compilierung ist die einzige realistische Fehlermöglichkeit
          MessageBox (NULL, TEXT ("Programm arbeitet mit Unicode und setzt Windows NT voraus!"),
                      szAppName, MB_ICONERROR) ;
          return 0 ;
     }

     hwnd = CreateWindow (szAppName, TEXT ("Sinuskurve mit Polyline"),
                          WS_OVERLAPPEDWINDOW,
                          CW_USEDEFAULT, CW_USEDEFAULT,
                          CW_USEDEFAULT, CW_USEDEFAULT,
                          NULL, NULL, hInstance, NULL) ;

     ShowWindow (hwnd, iCmdShow) ;
     UpdateWindow (hwnd) ;

     while (GetMessage (&msg, NULL, 0, 0))
     {
          TranslateMessage (&msg) ;
          DispatchMessage (&msg) ;
     }
     return msg.wParam ;
}

LRESULT CALLBACK WndProc (HWND hwnd, UINT message, WPARAM wParam, LPARAM lParam)
{
     static int  cxClient, cyClient ;
     HDC         hdc ;
     int         i ;
     PAINTSTRUCT ps ;
     POINT       apt [NUM] ;

     switch (message)
```

```
     {
     case WM_SIZE:
          cxClient = LOWORD (lParam) ;
          cyClient = HIWORD (lParam) ;
          return 0 ;

     case WM_PAINT:
          hdc = BeginPaint (hwnd, &ps) ;

          // horizontaler Mittelstrich
          MoveToEx (hdc, 0,        cyClient / 2, NULL) ;
          LineTo   (hdc, cxClient, cyClient / 2) ;

          for (i = 0 ; i < NUM ; i++)
          { // Einzelstücke berechnen
               apt[i].x = i * cxClient / NUM ;
               apt[i].y = (int) (cyClient / 2 * (1 - sin (TWOPI * i / NUM))) ;
          }
          // und auf einen Rutsch zeichnen
          Polyline (hdc, apt, NUM) ;

          EndPaint (hwnd, &ps) ;
          return 0 ;

     case WM_DESTROY:
          PostQuitMessage (0) ;
          return 0 ;
     }
     return DefWindowProc (hwnd, message, wParam, lParam) ;
}
```

Abbildung 5.6: *Das Programm* SINEWAVE

SINEWAVE verwendet ein Array mit 1000 POINT-Strukturen, deren Felder *x* die *for*-Schleife mit fortlaufenden Werten von 0 bis 999 / *cxClient* besetzt. Die Werte für die *y*-Felder ergeben sich aus dem Durchlauf einer Vollwelle (von 0 bis 2 * Pi) und sind auf die halbe Höhe des Anwendungsbereichs eskaliert. Das Zeichnen dieses Arrays geschieht mit einem einzigen Aufruf von *Polyline* und sollte wesentlich schneller vonstatten gehen als 1000 Aufrufe von *LineTo*, weil der Grafiktreiber eben nicht 1000mal hintereinander aufgerufen wird, sondern das Array intern durcharbeitet. Abbildung 5.7 zeigt das Ergebnis.

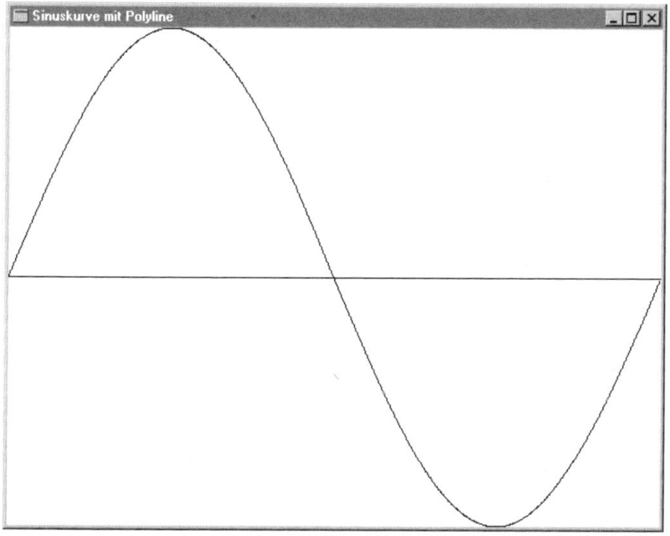

Abbildung 5.7: *Die von SINEWAVE gezeichnete Kurve*

Das umschließende Rechteck

Eigentlich stünde nun die Funktion *Arc* als nächstes auf dem Programm – nur macht ihre Erläuterung vor der Erklärung von *Ellipse* nicht allzu viel Sinn. Dummerweise kommt *Ellipse* nicht ohne *Rectangle* aus – und wenn ich schon *Ellipse* und *Rectangle* diskutiere, dann kann ich auch gleich *RoundRect*, *Chord* und *Pie* mitnehmen. Wieso? Weil alle diese Funktionen zwar auch Linien zeichnen, aber die von diesen Linien umschlossene Fläche gleichzeitig mit einem Muster füllen. Da dieses Muster beim Anfordern des Gerätekontexts standardmäßig auf Weiß gesetzt wird, kriegt man das zwar beim Experimentieren nicht unbedingt sofort mit – was aber nichts an der Tatsache ändert, dass sie mit Ausnahme von *Arc* eigentlich in die Kategorie »Flächenfüllungen« gehören. Behalten Sie das also bitte im Kopf, wenn ich in diesem Abschnitt erst einmal ein Konzept erläutere, das mit Flächenfüllungen eigentlich gar nichts zu tun hat.

Die Funktionen *Rectangle*, *Ellipse*, *RoundRect*, *Chord* und *Pie* (sowie die Linienfunktion *Arc*) haben eine Gemeinsamkeit: sie basieren auf einem »umschließenden Rechteck«, dessen Grenzen das aufrufende Programm festlegt. Sämtliche Zeichenaktionen enden spätestens an den Punkten, an denen sie sich mit den Seitenlinien dieses Rechtecks schneiden.

Die einfachste Form einer gefüllten Figur, die sich durch ein umschließendes Rechteck beschreiben läßt, ist das Rechteck selbst:

```
Rectangle (hdc, xLeft, yTop, xRight, yBottom) ;
```

Der Punkt (*xLeft*, *yTop*) stellt die obere linke, der Punkt (*xRight*, *yBottom*) die untere rechte Ecke dieses Rechtecks dar (vgl. Abbildung 5.8). Die Seitenlinien des Rechtecks verlaufen grundsätzlich vertikal bzw. horizontal – Parallelogramme zeichnet diese Funktion also nicht.

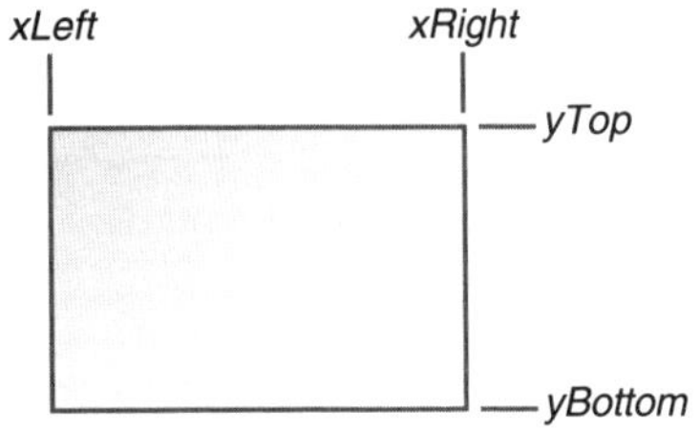

Abbildung 5.8: *Parameter und Ergebnis der Funktion* Rectangle

ProgrammiererInnen, die Erfahrung mit grafischen Systemen haben, können Murphys Gesetz um eine weitere Variante bereichern: egal, wie man eine Figur zeichnet, liegt man üblicherweise um ein Pixel daneben. Einige Grafiksysteme zeichnen Figuren wie Rechtecke so, dass der als rechte untere Ecke angegebene Punkt mit einbezogen wird, andere lassen ihn dagegen frei und versuchen so, ein gegenseitiges Überschreiben mit Objekten zu vermeiden, die denselben Punkt ihrerseits als linke obere Ecke definieren. Windows verwendet diese Methode und kann einem damit einiges an Kopfzerbrechen verursachen, wenn es um eine exakte Positionierung geht. Oder auch nicht: tatsächlich kann man sich einen Haufen Denkarbeit sparen, wenn man das Ganze einmal aus einer anderen Perspektive betrachtet.

Wenn Sie sich den Bildschirm als Gitternetz vorstellen, bei dem die einzelnen Pixelpositionen nicht auf den Schnittpunkten der Linien, sondern innerhalb der »Löcher« des Gitters liegen, dann bekommt das zuvor erwähnte umschließende Rechteck einen völlig neuen Sinn: es liegt auf den (physisch nicht existierenden) Schnittpunkten des Gitternetzes und *schließt die zu zeichnenden Pixel ein*, die sich grundsätzlich innerhalb dieses Bereichs (auf physisch existierenden Punkten) befinden. Konsequent hat ein Aufruf wie

```
Rectangle (hdc, 1, 1, 5, 4) ;
```

das folgende Ergebnis:

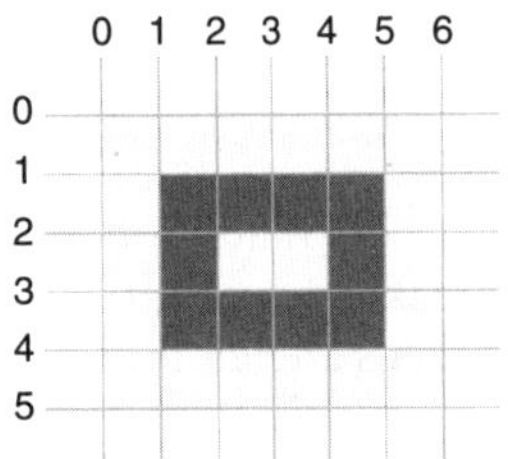

Abbildung 5.9: *Ein umschlossenes Rechteck*

Solange der Rahmen des Rechtecks – also der Zeichenstift – ein Pixel breit ist, wird die Umrißlinie des Rechtecks innerhalb des Gitternetzes gezeichnet (wobei hier für das Innere des Rechtecks gerade noch einmal zwei Pixel frei bleiben).

Eine weitere Konsequenz aus dem Konzept des umschließenden Rechtecks dürfte vor allem mathematisch interessierte Zeitgenossen verwundern: Die Funktion *Ellipse* erwartet nämlich exakt dieselben Parameter wie *Rectangle*:

```
Ellipse (hdc, xLeft, yTop, xRight, yBottom) ;
```

Das Ergebnis dieses Aufrufs (inklusive des imaginären umschließenden Rechtecks) zeigt Abbildung 5.10.

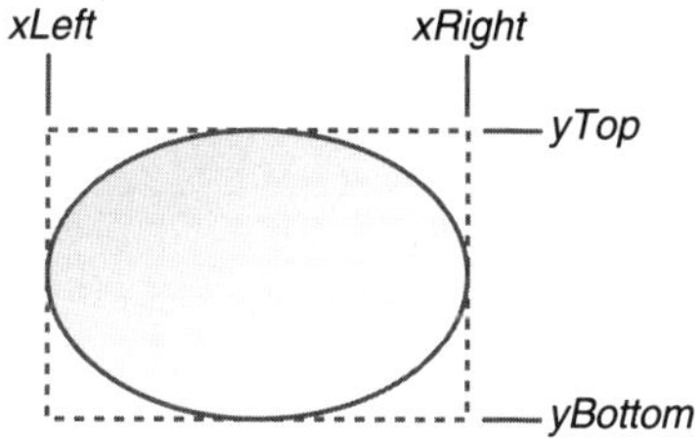

***Abbildung 5.10:** Die Funktion* Ellipse *und ihr umschließendes Rechteck*

Die dritte Konsequenz ist dann schließlich: Eine spezielle Funktion zum Zeichnen von Kreisen ist bei Windows überflüssig. Wer einen Kreis zeichnen will, gibt (quadratische Pixel vorausgesetzt) schlicht ein Quadrat als umschließendes Rechteck an.

Die Funktion *RoundRect* zeichnet ein Rechteck mit abgerundeten Ecken. Sie verwendet dasselbe umschließende Rechteck wie *Rectangle* und *Ellipse*, erwartet aber zwei zusätzliche Parameter:

```
RoundRect (hdc, xLeft, yTop, xRight, yBottom,
           xCornerEllipse, yCornerEllipse) ;
```

Tatsächlich arbeitet *RoundRect* nicht mit einem umschließenden Rechteck, sondern benutzt dieses Konstrukt zweifach: *xCornerEllipse* und *yCornerEllipse* bilden die Grenzen eines kleineren Rechtecks, in dem die Funktion eine Ellipse zeichnet, die sozusagen auf die vier Ecken der Figur verteilt wird (siehe Abbildung 5.11).

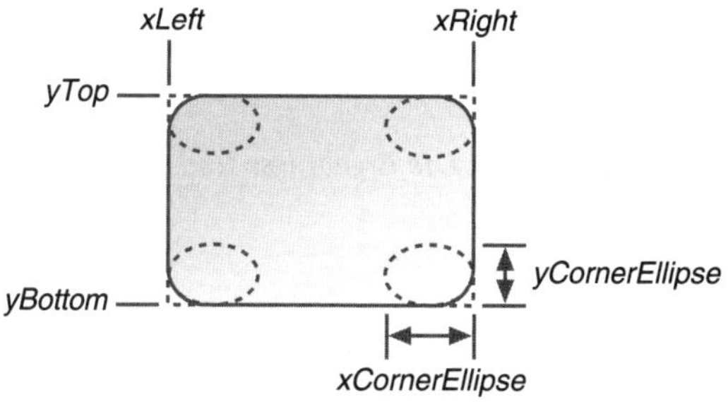

***Abbildung 5.11:** Die Parameter und Ergebnisse von* RoundRect

Je größer dieses zweite umschließende Rechteck ist, desto deutlicher wird die Rundung der Ecken der Figur: wenn der Wert von *xCornerEllipse* der Differenz zwischen *xLeft* und *xRight* bzw. *yCornerEllipse* der Differenz zwischen *yTop* und *yBottom* entspricht, dann produziert *RoundRect* überhaupt kein Rechteck mehr – sondern eine Ellipse. Für die in Abbildung 5.11 wiedergegebene Figur wurden diese beiden Werte folgendermaßen berechnet:

```
xCornerEllipse = (xRight - xLeft) / 4 ;
yCornerEllipse = (yBottom - yTop) / 4 ;
```

Diese Methode ist ausgesprochen einfach und wird deshalb recht gerne verwendet. Allerdings sind die Ergebnisse alles andere als korrekt: wie zu sehen, sind die Ecken in Richtung der längeren Rechteckseite entsprechend stärker abgerundet. Wer auf Exaktheit Wert legt, sollte deshalb aus dem Breiten-/Höhenverhältnis des Rechtecks einen Mittelwert bilden, der sowohl für *xCornerEllipse* als auch für *yCornerEllipse* verwendet wird.

Die Funktionen *Arc*, *Chord* und *Pie* sind sozusagen die letzte Konsequenz aus dem Konzept des umschließenden Rechtecks – sie haben sämtlich dieselben Parameter:

```
Arc   (hdc, xLeft, yTop, xRight, yBottom, xStart, yStart, xEnd, yEnd) ;
Chord (hdc, xLeft, yTop, xRight, yBottom, xStart, yStart, xEnd, yEnd) ;
Pie   (hdc, xLeft, yTop, xRight, yBottom, xStart, yStart, xEnd, yEnd) ;
```

Die Ergebnisse sind in den Abbildungen 5.12 bis 5.14 dargestellt.

Windows verwendet bei allen drei Funktionen ein imaginäres Linienpaar zur Verbindung des Punktes *(xStart, yStart)* mit den Mittelpunkt der Ellipse. Am Schnittpunkt dieser Linie mit der Seite des umschließenden Rechtecks beginnt die Zeichenaktion, die grundsätzlich gegen den Uhrzeigersinn verläuft und am Schnittpunkt der (wiederum imaginären) Linie zwischen (*xEnd*, *yEnd*) und dem Mittelpunkt endet.

Bei der Funktion *Arc* ist die gesamte Aktion damit beendet, weil es sich dabei um einen Kreisbogen (im Gegensatz zu einer gefüllten Fläche) handelt. *Chord* verbindet die beiden Schnittpunkte mit einer Sehne und definiert so eine zu füllende Fläche, *Pie* läßt die zuvor als imaginär bezeichneten Linien auch physisch erscheinen, d.h. zeichnet eine Verbindung der Anfangs- und Endpunkte mit dem Kreismittelpunkt. *Chord* und *Pie* füllen die dabei entstandene Fläche als letzten Schritt mit dem (im Kontext festgelegten) Muster aus.

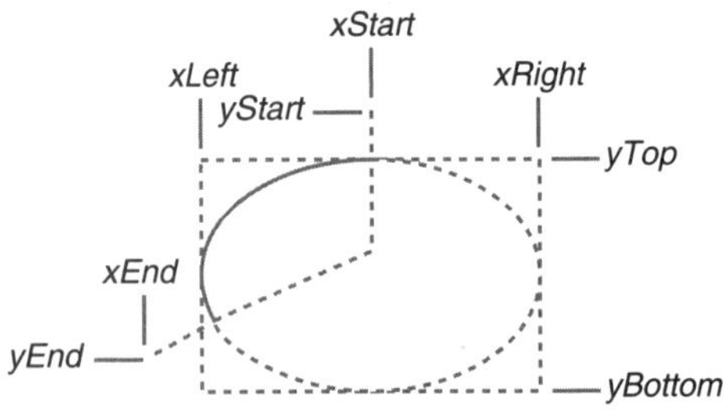

***Abbildung 5.12:** Die Ergebnisse und Parameter von* Arc

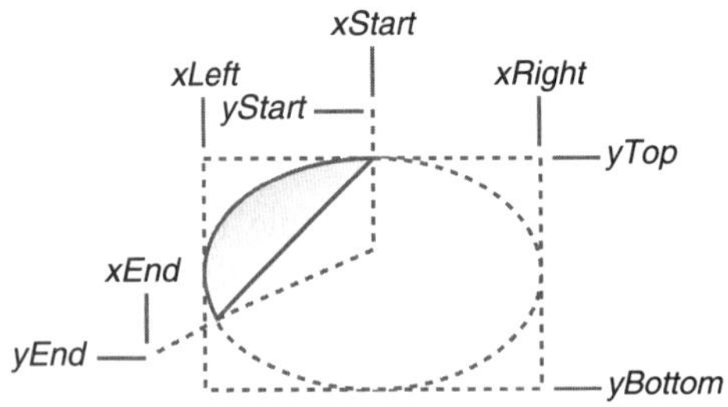

***Abbildung 5.13:** Die Ergebnisse und Parameter von* Chord

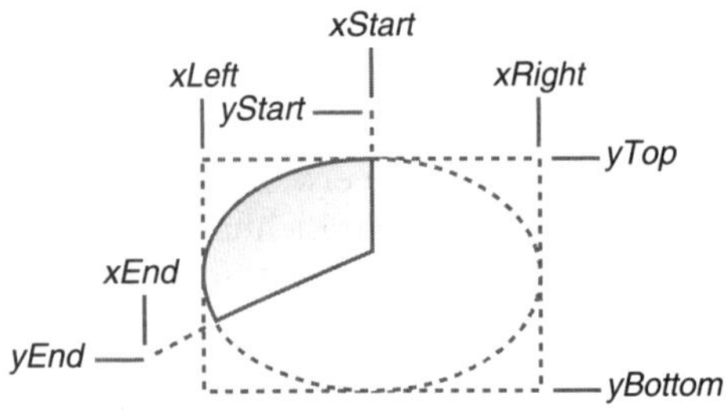

***Abbildung 5.14:** Die Ergebnisse und Parameter von* Pie

Vielleicht haben Sie sich bereits die Frage gestellt, warum man die Start- und Endpositionen nicht einfach über entsprechende Punkte auf dem Kreisbogen selbst festlegt – oder über Winkel. Die Antwort ist einfach: Für die Festlegung über Punkte auf dem Kreisbogen müßten Sie erst einmal bestimmen, wo diese Punkte überhaupt sind – und bei Winkelmaßen müßte den die beiden Punkte mit einer für kleine Objekte unnötig hohen Präzision ausgerechnet werden, damit die Fehler bei größeren Objekten nicht allzu kraß ausfallen. Das von Windows verwendete Prinzip löst beide Probleme sozusagen im Vorübergehen.

Das in Abbildung 5.15 aufgelistete Programm LINEDEMO zeichnet ein Rechteck, eine Ellipse, ein Rechteck mit abgerundeten Ecken und zwei Linien – allerdings nicht in dieser Reihenfolge: Es soll nämlich gleichzeitig beweisen, dass Windows die von Linien umschlossenen Flächen tatsächlich füllt. Wie in Abbildung 5.16 zu sehen, bleibt von den beiden Linien denn auch nicht allzu viel übrig.

LINEDEMO.C

```
/*--------------------------------
   LINEDEMO.C - Zeichnen von Linien
         (c) Charles Petzold, 1998
  --------------------------------*/

#include <windows.h>

LRESULT CALLBACK WndProc (HWND, UINT, WPARAM, LPARAM) ;

int WINAPI WinMain (HINSTANCE hInstance, HINSTANCE hPrevInstance,
                    PSTR szCmdLine, int iCmdShow)
{
     static TCHAR szAppName[] = TEXT ("LineDemo") ;
     HWND         hwnd ;
     MSG          msg ;
     WNDCLASS     wndclass ;

     wndclass.style         = CS_HREDRAW | CS_VREDRAW ;
     wndclass.lpfnWndProc   = WndProc ;

     wndclass.cbClsExtra    = 0 ;
     wndclass.cbWndExtra    = 0 ;
     wndclass.hInstance     = hInstance ;
     wndclass.hIcon         = LoadIcon (NULL, IDI_APPLICATION) ;
     wndclass.hCursor       = LoadCursor (NULL, IDC_ARROW) ;
     wndclass.hbrBackground = (HBRUSH) GetStockObject (WHITE_BRUSH) ;
     wndclass.lpszMenuName  = NULL ;
     wndclass.lpszClassName = szAppName ;

     if (!RegisterClass (&wndclass))
     {    // UNICODE-Compilierung ist die einzige realistische Fehlermöglichkeit
          MessageBox (NULL, TEXT ("Programm arbeitet mit Unicode und setzt Windows NT voraus!"),
                      szAppName, MB_ICONERROR) ;
          return 0 ;
     }

     hwnd = CreateWindow (szAppName, TEXT ("Zeichenfunktionen für Linien"),
                          WS_OVERLAPPEDWINDOW,
                          CW_USEDEFAULT, CW_USEDEFAULT,
                          CW_USEDEFAULT, CW_USEDEFAULT,
```

```
                    NULL, NULL, hInstance, NULL) ;

     ShowWindow (hwnd, iCmdShow) ;
     UpdateWindow (hwnd) ;

     while (GetMessage (&msg, NULL, 0, 0))
     {
          TranslateMessage (&msg) ;
          DispatchMessage (&msg) ;
     }
     return msg.wParam ;
}

LRESULT CALLBACK WndProc (HWND hwnd, UINT message, WPARAM wParam, LPARAM lParam)
{
     static int  cxClient, cyClient ;
     HDC         hdc ;
     PAINTSTRUCT ps ;

     switch (message)
     {
     case WM_SIZE:
          cxClient = LOWORD (lParam) ;
          cyClient = HIWORD (lParam) ;
          return 0 ;

     case WM_PAINT:
           hdc = BeginPaint (hwnd, &ps) ;

          Rectangle (hdc,     cxClient / 8,     cyClient / 8,
                          7 * cxClient / 8, 7 * cyClient / 8) ;

          MoveToEx  (hdc,        0,        0, NULL) ;
          LineTo    (hdc, cxClient, cyClient) ;

          MoveToEx  (hdc,        0, cyClient, NULL) ;
          LineTo    (hdc, cxClient,        0) ;

          Ellipse   (hdc,     cxClient / 8,     cyClient / 8,
                          7 * cxClient / 8, 7 * cyClient / 8) ;

          RoundRect (hdc,     cxClient / 4,     cyClient / 4,
                          3 * cxClient / 4, 3 * cyClient / 4,
                              cxClient / 4,     cyClient / 4) ;

          EndPaint (hwnd, &ps) ;
          return 0 ;

     case WM_DESTROY:
          PostQuitMessage (0) ;
          return 0 ;
     }
     return DefWindowProc (hwnd, message, wParam, lParam) ;
}
```

Abbildung 5.15: *Das Programm* LINEDEMO

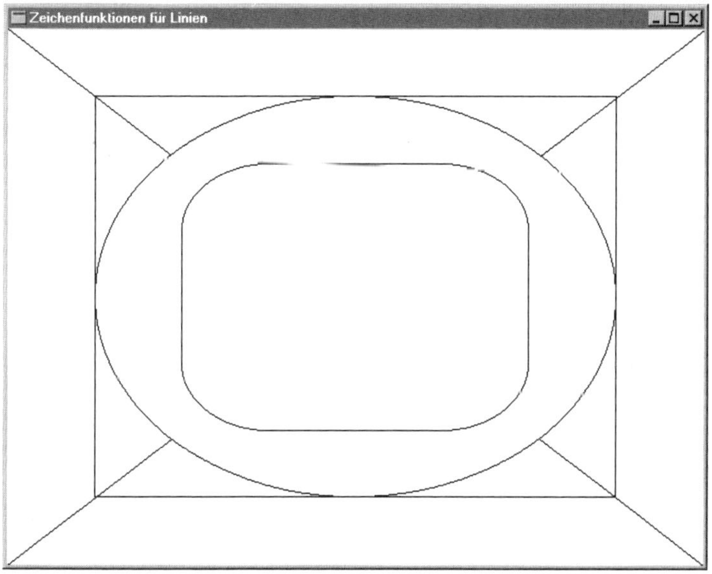

Abbildung 5.16: *Die Ergebnisse von* LINEDEMO

Bezierkurven

Versuche, mehrere bunt auf einer Fläche verteilte Punkte zu einer möglichst harmonischen Kurve zu verbinden, haben eine ähnlich lange Geschichte wie die Mathematik selbst. Das Amüsante daran ist, dass die ersten Erfolge in dieser Richtung nicht von Mathematikern, sondern von Handwerkern erzielt wurden: Der in diesem Zusammenhang öfter verwendete Terminus *Spline* bezeichnet eine dünne, flexible Holzlatte, die man mechanisch an den fraglichen Punkten fixiert (und dabei entsprechend verbiegt). Einmal vorausgesetzt, dass die Holzlatte diese Verbiegungen ohne Bruch übersteht, lassen sich die dabei entstehenden Kurven um die Punkte herum dann mit einem Stift nachzeichnen.

Moderne Splines sind natürlich arithmetischer Natur, wobei es eine wesentlich größere Auswahl gibt als bei Holzsorten. Die in der Computergrafik beliebten Bezier-Splines sind dennoch nicht im stillen Studierzimmer entstanden, sondern als Antwort auf ein höchst reales Problem: Als der Autobauer Renault um 1960 herum seine Entwurfsabteilung vom traditionellen Tonmodell auf computergestütztes Design umstellte, mußte auch ein möglichst einfacher rechnerischer Ersatz für die Splines gefunden werden, weshalb der Mathematiker Pierre Bezier entsprechende Formeln entwickelte. Die zweidimensionale Variante der des von ihm entwickelten Algorithmus läßt sich heute in der Computergrafik ohne Übertreibung als wichtigste Kurve nach geraden Linien und Ellipsen bezeichnen. Die Druckersprache PostScript stellt sogar *sämtliche* Kurvenzüge über diese Formeln dar: Ellipsen werden dort über Bezierkurven angenähert. (TrueType-Schriften sind nicht ganz so aufwendig wie PostScript-Schriften: Dort werden die Umrisse von Zeichen über eine vereinfachte Variante von Bezierkurven definiert.)

Eine einzelne Bezierkurve wird über vier Punkte festgelegt, von denen zwei als Anfangs- bzw. Endpunkt und zwei als Steuerpunkte dienen. Die beiden Steuerpunkte wirken dabei sozusagen als Magneten, die eine ansonsten gerade Linie vom Anfangs- zum Endpunkt magisch anziehen und dabei mehr oder minder stark verformen. Anstelle längerer mathematischer Ausführungen (ein bißchen davon kriegen Sie allerdings nachher noch ab) erst einmal ein praktischer Versuch.

Das in Abbildung 5.17 wiedergegebene Programm BEZIER fixiert den Anfangs- und den Endpunkt einer solchen Kurve horizontal auf ¼ und ¾ des Anwendungsbereichs, vertikal auf die Mitte. (Ohne die Steuerpunkte würde dabei eine gerade horizontale Linie in der Mitte des Anwendungsbereichs herauskommen.) Damit man die beiden Steuerpunkte sieht, zieht BEZIER eine gerade Linie vom Anfangspunkt zum ersten Steuerpunkt bzw. vom Endpunkt zum zweiten Steuerpunkt. Mit der linken Maustaste können Sie den ersten, mit der rechten Maustaste den zweiten Steuerpunkt verändern. Die mitunter erstaunlichen Ergebnisse zeigt Abbildung 5.18.

BEZIER.C

```
/*-------------------------------------
   BEZIER.C - Bezierkurven
              (c) Charles Petzold, 1998
  -------------------------------------*/

#include <windows.h>

LRESULT CALLBACK WndProc (HWND, UINT, WPARAM, LPARAM) ;

int WINAPI WinMain (HINSTANCE hInstance, HINSTANCE hPrevInstance,
                    PSTR szCmdLine, int iCmdShow)
{
     static TCHAR szAppName[] = TEXT ("Bezier") ;
     HWND         hwnd ;
     MSG          msg ;
     WNDCLASS     wndclass ;

     wndclass.style         = CS_HREDRAW | CS_VREDRAW ;
     wndclass.lpfnWndProc   = WndProc ;
     wndclass.cbClsExtra    = 0 ;
     wndclass.cbWndExtra    = 0 ;
     wndclass.hInstance     = hInstance ;
     wndclass.hIcon         = LoadIcon (NULL, IDI_APPLICATION) ;
     wndclass.hCursor       = LoadCursor (NULL, IDC_ARROW) ;
     wndclass.hbrBackground = (HBRUSH) GetStockObject (WHITE_BRUSH) ;
     wndclass.lpszMenuName  = NULL ;
     wndclass.lpszClassName = szAppName ;

     if (!RegisterClass (&wndclass))
     {    // UNICODE-Compilierung ist die einzige realistische Fehlermöglichkeit
          MessageBox (NULL, TEXT ("Programm arbeitet mit Unicode und setzt Windows NT voraus!"),
                      szAppName, MB_ICONERROR) ;
          return 0 ;
     }

     hwnd = CreateWindow (szAppName, TEXT ("Bezierkurven"),
                          WS_OVERLAPPEDWINDOW,
                          CW_USEDEFAULT, CW_USEDEFAULT,
                          CW_USEDEFAULT, CW_USEDEFAULT,
                          NULL, NULL, hInstance, NULL) ;

     ShowWindow (hwnd, iCmdShow) ;
     UpdateWindow (hwnd) ;

     while (GetMessage (&msg, NULL, 0, 0))
     {
```

```
          TranslateMessage (&msg) ;
          DispatchMessage (&msg) ;
     }
     return msg.wParam ;
}

void DrawBezier (HDC hdc, POINT apt[])
{
     PolyBezier (hdc, apt, 4) ;

     MoveToEx (hdc, apt[0].x, apt[0].y, NULL) ;
     LineTo   (hdc, apt[1].x, apt[1].y) ;

     MoveToEx (hdc, apt[2].x, apt[2].y, NULL) ;
     LineTo   (hdc, apt[3].x, apt[3].y) ;
}

LRESULT CALLBACK WndProc (HWND hwnd, UINT message, WPARAM wParam, LPARAM lParam)
{
     static POINT apt[4] ;
     HDC          hdc ;
     int          cxClient, cyClient ;
     PAINTSTRUCT  ps ;

     switch (message)
     {
     case WM_SIZE:
          cxClient = LOWORD (lParam) ;
          cyClient = HIWORD (lParam) ;

          apt[0].x = cxClient / 4 ;
          apt[0].y = cyClient / 2 ;

          apt[1].x = cxClient / 2 ;
          apt[1].y = cyClient / 4 ;

          apt[2].x =     cxClient / 2 ;
          apt[2].y = 3 * cyClient / 4 ;

          apt[3].x = 3 * cxClient / 4 ;
          apt[3].y =     cyClient / 2 ;

          return 0 ;

     case WM_LBUTTONDOWN:
     case WM_RBUTTONDOWN:
     case WM_MOUSEMOVE:
          if (wParam & MK_LBUTTON || wParam & MK_RBUTTON)
          {
               hdc = GetDC (hwnd) ;

               // alte Kurve löschen (mit Weiß übermalen)
               SelectObject (hdc, GetStockObject (WHITE_PEN)) ;
               DrawBezier (hdc, apt) ;

               if (wParam & MK_LBUTTON)
```

```
            {
                apt[1].x = LOWORD (lParam) ;
                apt[1].y = HIWORD (lParam) ;
            }

             if (wParam & MK_RBUTTON)
            {
                apt[2].x = LOWORD (lParam) ;
                apt[2].y = HIWORD (lParam) ;
            }

            // neue Kurve (mit Schwarz) zeichnen
                                SelectObject (hdc, GetStockObject (BLACK_PEN)) ;
            DrawBezier (hdc, apt) ;
            ReleaseDC (hwnd, hdc) ;
        }
        return 0 ;

    case WM_PAINT:
        hdc = BeginPaint (hwnd, &ps) ;

        DrawBezier (hdc, apt) ;

        EndPaint (hwnd, &ps) ;
        return 0 ;

    case WM_DESTROY:
        PostQuitMessage (0) ;
        return 0 ;
    }
    return DefWindowProc (hwnd, message, wParam, lParam) ;
}
```

Abbildung 5.17: *Das Programm* BEZIER

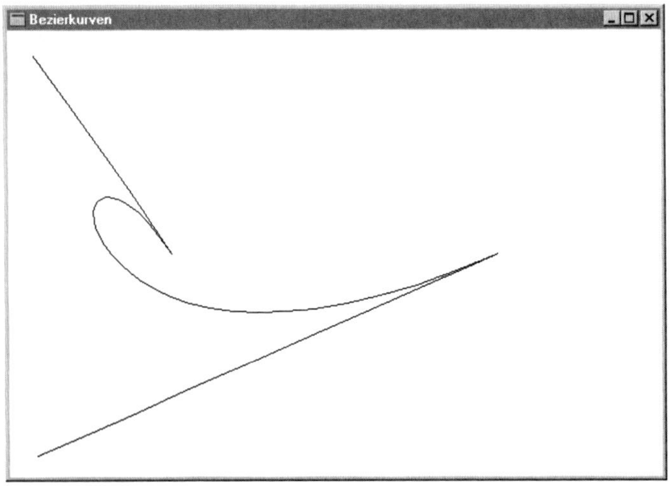

Abbildung 5.18: *Eine der Ausgaben von* BEZIER

BEZIER ist das erste interaktive Programm dieses Buches und verwendet bei der Bearbeitung von Mausnachrichten einige Techniken, deren Besprechung hier nur vom aktuellen Thema ablenken würde, weshalb ich Sie in diesem Punkt auf Kapitel 7 vertröste.

Bezierkurven sind deshalb in der Computergrafik so populär, weil sie anderen Formeln zur Kurvenberechnung mehrere Dinge voraus haben. Zum einen zeichnen sie sich durch relativ einfache Handhabung aus: Auch wenn es Abbildung 5.18 nicht unbedingt vermuten läßt, dürfte es Ihnen bereits nach wenigen Minuten Übung nicht mehr schwer fallen, die Kurve zielgerichtet zu verformen. Zum zweiten sind Bezierkurven relativ leicht zu verketten, weil sie einen definierten Start- und Endpunkt haben. (Was daran so besonders sein soll? Nun, es gibt eine ganze Reihe anderer Algorithmen zur Kurvenformung, die zwar ebenfalls mit drei oder vier Stützpunkten arbeiten – nur ist dort nicht garantiert, dass die sich ergebende Kurve durch *irgendeinen* dieser Punkte geht. Das Aneinanderhängen mehrerer Kurven wird dann natürlich ausgesprochen schwierig – vor allem, wenn eine der Kurven ins Unendliche verschwindet oder zu einer Singularität schrumpft. Bezierkurven unterlassen solche Scherze, sie bewegen sich grundsätzlich innerhalb einer Fläche, die durch ein vierseitiges Polynom beschrieben wird.)

Das dritte Charakteristikum von Bezierkurven hat ebenfalls mit der Verkettung zu tun: Wie das Programm BEZIER illustriert, verläuft die Kurve grundsätzlich tangential zu geraden Linien, die man vom Anfangspunkt zum ersten Steuerpunkt bzw. vom Endpunkt zum zweiten Steuerpunkt zieht. (Das ist natürlich kein Zufall, sondern war eine der Voraussetzungen, auf denen Bezier seine Formeln entwickelt hat.) Wenn man vom zweiten Steuerpunkt der ersten Kurve eine gerade Linie zum Endpunkt zieht (wie es BEZIER tut) und den ersten Steuerpunkt der zweiten Kurve auf dieser Linie spiegelt – Mathematiker nennen das »Kolinarität« –, ergibt sich von selbst ein harmonischer Verlauf. (Viele Grafikprogramme stellen deshalb an Verbindungspunkten von Bezierkurven eine einzige Linie dar, die sich um den Verbindungspunkt drehen läßt – und technisch gesehen zwei »gespiegelte« Steuerpunkte kontrolliert.)

Und wo ich gerade bei Harmonie bin: Bezierkurven sehen einfach schön aus. Auch wenn dieses Kriterium wohl doch eher in den subjektiven Bereich fällt, stehe ich mit dieser Meinung sicher nicht allein.

In den 16-Bit-Versionen von Windows lassen sich Bezierkurven nur über die Funktion *Polyline* zeichnen, wobei man die einzelnen Punkte dort zwangsläufig selber ausrechnen und dazu natürlich den Algorithmus im Detail kennen muß. Wenn (x0, y0) für den Startpunkt und (x3,y3) für den Endpunkt steht, der erste Steuerpunkt als (x1,y1) bezeichnet wird und der zweite als (x2,y2), dann sieht die Rechenvorschrift für einen von 0.0 nach 1.0 durchlaufenden Wert einer Variablen *t* so aus:

$$x(t) = (1 - t)^3 x_0 + 3t\,(1 - t)^2\, x_1 + 3t^2\,(1 - t)\, x_2 + t^3\, x_3$$

$$y(t) = (1 - t)^3 y_0 + 3t\,(1 - t)^2\, y_1 + 3t^2\,(1 - t)\, y_2 + t^3\, y_3$$

In den 32-Bit-Versionen von Windows können Sie sich diese Rechnerei guten Gewissens sparen. Wenn Sie dort eine oder mehrere Bezierkurven zeichnen wollen, verwenden Sie einen der beiden folgenden Aufrufe:

```
PolyBezier (hdc, apt, iCount) ;
PolyBezierTo (hdc, apt, iCount) ;
```

In beiden Fällen steht *apt* für ein Array mit POINT-Strukturen, *iCount* gibt die Zahl der Array-Elemente an. Bei *PolyBezier* müssen die ersten vier Elemente von *apt* mit dem Startpunkt, dem ersten Steuerpunkt, dem zweiten Steuerpunkt und dem Endpunkt (in dieser Reihenfolge) besetzt sein. Für die zweite und weitere Kurven kommen Sie mit drei Punkten aus, weil der Endpunkt der jeweils vorangehenden Kurve automatisch als Startpunkt verwendet wird. Die Zahl der für *n* Kurven erforderlichen Punkte ergibt sich also aus:

```
iCount = n / 3 + 1;
```

Die Funktion *PolyBezierTo* verwendet die aktuelle Zeichenposition als Startpunkt der ersten Kurve, kommt also mit *iCount = n / 3* Arrayelementen aus.

Vordefinierte Zeichenstifte

Alle in den vorangehenden Abschnitten diskutierten Funktionen verwenden zum Zeichnen ihrer Linien den jeweils aktuellen »Zeichenstift«, wobei dieser Begriff für eine Datensammlung steht, über die Windows nicht nur die Zeichenfarbe und die Breite, sondern auch ein Muster (durchgehend, gepunktet oder gestrichelt) festlegt. Der Zeichenstift ist Teil des Gerätekontexts und wird von Windows mit einer Konstanten namens BLACK_PEN initialisiert: der darüber erreichbare Stift zeichnet eine durchgehende schwarze Linie, die exakt ein Pixel breit ist. In diesem Zusammenhang definiert WINDEF.H zwei weitere Konstanten: WHITE_PEN steht für einen Stift mit denselben Eigenschaften wie BLACK_PEN, der aber einen weißen Strich hinterläßt, und NULL_PEN ist ein »Stift«, der überhaupt nicht zeichnet.

Wie Sie wohl bereits vermuten, handelt es sich bei allen drei Konstanten um Bezeichner vordefinierter Objekte, die ihrerseits über Handles bearbeitet werden und sich bei Bedarf durch eigene Definitionen ersetzen lassen. Für den Handle selbst existiert ein eigener Datentyp namens HPEN (»handle [to a] pen«, über den man für die Auswahl von Zeichenstiften erst einmal eine Variable definiert:

```
HPEN hPen ;
```

Die Funktion *GetStockObject* liefert beim Aufruf mit den zuvor erwähnten Konstanten einen Handle zum entsprechenden Objekt zurück:

```
hPen = GetStockObject (WHITE_PEN) ;
```

Der auf diese Weise ermittelte Handle muß nun mit der Funktion *SelectObject* in den Gerätekontext eingesetzt werden:

```
SelectObject (hdc, hPen) ;
```

Danach verwenden alle weiteren Aufrufe von *LineTo*, *Polyline* usw. so lange den Zeichenstift WHITE_PEN, bis Sie erneut einen anderen Zeichenstift in den Kontext einsetzen oder den Kontext freigeben.

Im Prinzip ist es übrigens nicht notwendig, eine eigene Variable für den Handle zu deklarieren, weil sich die Aufrufe von *GetStockObject* und *SelectObject* miteinander kombinieren lasen:

```
SelectObject (hdc, GetStockObject (WHITE_PEN)) ;
```

In derselben Weise ist das Zurückschalten auf den Standard-Zeichenstift möglich:

```
SelectObject (hdc, GetStockObject (BLACK_PEN)) ;
```

SelectObject liefert bei einem solchen Aufruf den Handle des zuvor aktiven Zeichenstifts als Ergebnis. Aus diesem Grund kann man bei einem neu angelegten Gerätekontext in einem einzigen Schritt den Handle zu BLACK_PEN ermitteln und gleichzeitig einen anderen Zeichenstift setzen:

```
hPen = SelectObject (hdc, GetStockObject (WHITE_PEN)) ;
```

Nachdem auf diese Weise nicht nur der Zeichenstift WHITE_PEN gesetzt, sondern auch der Handle zu BLACK_PEN ermittelt worden ist, gestaltet sich die Rückkehr zu den Standardvorgaben höchst einfach:

```
SelectObject (hdc, hPen) ;
```

Eigene Zeichenstifte

Auch wenn die vordefinierten Zeichenstifte recht bequem sind: überwältigend ist die Auswahlmöglichkeit zwischen einem schwarzen, einem weißen und überhaupt keinem Stift nicht gerade zu nennen. Wer es etwas bunter haben will, muß sich seinen Zeichenstift selber definieren: die Funktionen *CreatePen* und *CreatePenIndirect* erzeugen einen »logischen Zeichenstift« und liefern einen entsprechenden Handle zurück, den man danach per *SelectObject* in den Kontext einsetzen kann. Ein auf diese Weise eingesetzter Stift wird (wie ein vordefiniertes Objekt) solange von *LineTo*, *Polyline* & Co. verwendet, bis man das Procedere mit einer anderen Definition wiederholt oder den Kontext freigibt.

Logische Zeichenstifte, d.h. die von *CreatePen* und *CreatePenIndirect* erzeugten Datensammlungen sind »GDI-Objekte«, bei denen nicht ein einzelnes Programm, sondern die GDI die Rolle des Besitzers übernimmt. (Zeichenstifte stellen eine von insgesamt sechs Klassen benutzerdefinierbarer GDI-Objekte dar. Die anderen fünf sind Füllmuster, Bitmaps, Regionen, Schriftarten und Paletten. Von Paletten einmal abgesehen, geschieht das Einsetzen all dieser Objekte über *SelectObject*.)

Diese Definition bringt mich zu einem ausgesprochen wichtigen Punkt: Windows übernimmt die beim Ende eines Programms notwendigen Aufräumarbeiten selbst, beschränkt sich dabei aber auf die Datenstrukturen, bei denen das Programm den Besitzer spielt. Wie soeben gesagt, fallen GDI-Objekte nicht in diese Kategorie: bei ihnen ist das Programm selbst dafür verantwortlich, sie rechtzeitig wieder freizugeben.

In diesem Zusammenhang gibt es drei eherne Regeln:

- Jedes von einem Programm selbst definierte GDI-Objekt muß vor dem Ende des Programms mit einem Aufruf der Funktion *DeleteObject* wieder freigegeben werden.
- GDI-Objekte dürfen nicht freigegeben werden, solange sie in einen Kontext eingesetzt sind.
- Die Anwendung von *DeleteObject* auf vordefinierte GDI-Objekte von Windows ist unzulässig.

So einsichtig diese Regeln auch erscheinen mögen – manchmal ist es nicht ganz einfach, sie zu erfüllen. Auf die praktischen Implikationen komme ich im weiteren Verlauf dieses Kapitels noch mehrfach anhand von Beispielen zurück.

Bevor wir uns weiter mit der Freigabe von Zeichenstiften beschäftigen, sollte ich allerdings erst einmal darauf zurückkommen, wie man sie erzeugt. Die allgemeine Syntax von *CreatePen* ist:

```
hPen = CreatePen (iPenStyle, iWidth, crColor) ;
```

Der Parameter *iPenStyle* legt fest, mit welchem Muster die Linie erscheint. WINGDI.H definiert dafür die Konstanten PS_SOLID, PS_DASH, PS_DOT, PS_DASHDOT, PS_DASHDOTDOT, PS_NULL und PS_INSIDEFRAME, deren Wirkung Abbildung 5.19 verdeutlicht.

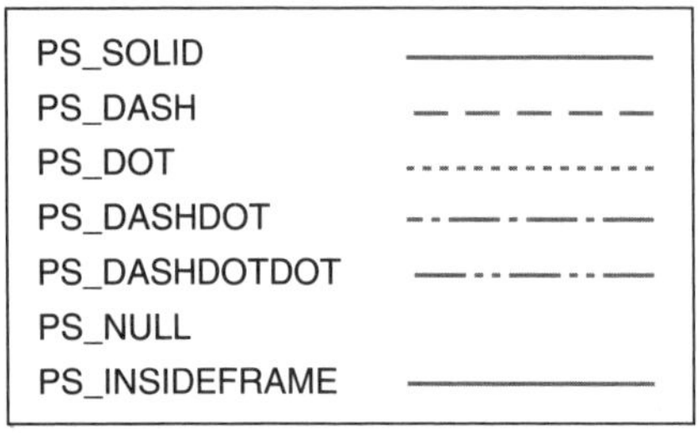

Abbildung 5.19: *Linienmuster von Zeichenstiften*

Für PS_SOLID, PS_NULL und PS_INSIDEFRAME legt der Parameter *iWidth* die Strichbreite fest (wobei es hier eigentlich um »logische« Einheiten geht, die aber im Standard-Koordinatensystem MM_TEXT mit Pixeln gleichzusetzen sind. Mehr zu Koordinatensystemen später.) Wenn Sie *iWidth* mit 0 angeben, erzeugt Windows grundsätzlich eine Strichbreite von einem Pixel und verwendet damit denselben Wert wie bei den vordefinierten Zeichenstiften. Die diversen Füllmuster (»dashed« und »dotted«) lassen sich nur auf Zeichenstifte anwenden, deren Strichbreite einem physischen Pixel entspricht – wenn man mit ihnen versucht, größere Strichbreiten zu definieren, setzt Windows schlicht PS_SOLID anstelle des angegebenen Musters ein.

Der Parameter *crColor* von *CreatePen* hat (wie bei *SetPixel*) den Typ *COLORREF*, legt die Zeichenfarbe fest und wird von Windows bei allen Linienarten außer PS_INSIDEFRAME in die vom Ausgabegerät darstellbare Farbe umgewandelt, die den Angaben des Programms am nächsten kommt. PS_INSIDEFRAME ist die einzige Linienart, bei der Windows gegebenenfalls die Technik des »Dithering« verwendet, d.h. zusätzliche Farbmischungen durch Pixelfolgen unterschiedlicher Farben erzeugt. Vorausgesetzt wird dazu eine Strichbreite von mehr als einem physischen Pixel.

PS_INSIDEFRAME hat eine weitere Besonderheit, wenn es um das Füllen von Flächen geht: Wenn die Breite des Zeichenstiftes größer als 1 ist, zentriert Windows den Stift bei allen anderen Stiftarten auf dem Rahmen – zeichnet also bei *iWidth* = 3 und einem Rechteck mit *rc.Right* = 10 drei senkrechte Linien auf den Y-Koordinate 8, 9 und 10; bei PS_INSIDEFRAME geht die GDI dagegen nie über den Rahmen hinaus (und würde im gegebenen Beispiel die drei senkrechten Linien auf den Y-Koordinaten 7 bis 9 zeichnen).

Die Alternative zu Aufrufen von *CreatePen* stellt die Funktion *CreatePenIndirect* dar. Sie erwartet eine vom Programm besetzte Variable des Typs LOGPEN (»logical pen«) und ist vor allem dann effizienter, wenn eine größere Zahl wechselnder Zeichenstifte verwendet wird. Eine Variable dieses Typs, die sich beispielsweise mit

```
LOGPEN logpen ;
```

definieren läßt, beinhaltet drei Felder, die den Parametern von *CreatePen* entsprechen: *lopnStyle* (Typ: UINT, also ein vorzeichenloser Integer) ist für die Linienart, *lopnWidth* (POINT) für die logische Strichbreite (wobei hier nur das Feld *x* verwendet wird) und *lopnColor* (COLORREF) für die Zeichenfarbe zuständig.

Nachdem das Programm diese drei Felder mit entsprechenden Werten besetzt hat, kann es die Struktur der Funktion *CreatePenIndirect* übergeben und erhält als Ergebnis einen Handle zurück:

```
hPen = CreatePenIndirect (&logpen) ;
```

Sowohl *CreatePen* als auch *CreatePenIndirect* erzeugen lediglich einen »logischen Zeichenstift« und setzen konsequent keinen Gerätekontext voraus: eine Verbindung dieser Art wird erst hergestellt, wenn man einen solchen Zeichenstift mit *SelectObject* in einen bestimmten Kontext einsetzt. Aus diesem Grund läßt sich ein und derselbe logische Zeichenstift auf mehrere unterschiedliche Ausgabegeräte anwenden – wie beispielsweise den Bildschirm und einen Drucker. (Woraus diese Verbindung besteht? Nun – in allererster Linie aus der Umrechnung der logischen Strichbreite in eine physische Strichbreite, wobei der dazu verwendete Skalierungsfaktor beim Einsetzen in einen Kontext zum einen vom verwendeten Koordinatensystem, zum anderen von der Auflösung des jeweiligen Ausgabegerätes abhängt. Dazu kommt die Farbe, die gegebenenfalls auch noch umgerechnet werden muß).

Nehmen wir einmal ein Programm an, das drei Stifte definiert: einen schwarzen mit der Strichbreite 1, einen roten mit der Strichbreite 3 und schließlich einen weiteren schwarzen Zeichenstift, der eine gepunktete Linie erzeugen soll. Der erste Schritt besteht aus der Definition entsprechender Variablen für die Handles:

```
static HPEN hPen1, hPen2, hPen3 ;
```

Die logischen Zeichenstifte werden bei der Bearbeitung von WM_CREATE erzeugt:

```
hPen1 = CreatePen (PS_SOLID, 1, 0L) ;
hPen2 = CreatePen (PS_SOLID, 3, RGB (255, 0, 0)) ;
hPen3 = CreatePen (PS_DOT,   0, 0L) ;
```

Beim Bearbeiten von WM_PAINT (oder zu jedem anderen Zeitpunkt, zu dem das Programm über einen gültigen Gerätekontext verfügt), kann nun einer dieser drei Stifte in den Kontext eingesetzt und für Zeichenoperationen verwendet werden:

```
SelectObject (hdc, hPen2) ;
[Aufrufe von Funktionen zum Zeichnen von Linien]
SelectObject (hdc, hPen1) ;
[Aufrufe von Funktionen zum Zeichnen von Linien]
```

Spätestens beim Bearbeiten von WM_DESTROY müssen diese drei selbstdefinierten GDI-Objekte wieder freigegeben werden:

```
case WM_DESTROY:
  DeleteObject (hPen1) ;
  DeleteObject (hPen2) ;
  DeleteObject (hPen3) ;
```

Dieser Ansatz dürfte der geradlinigste für das Erzeugen, Einsetzen und Löschen von Zeichenstiften sein, belegt aber während der gesamten Laufzeit des Programms Speicherplatz für alle drei Objekte. Die Alternative könnte etwa so aussehen:

```
case WM_PAINT:
  hPen2 = CreatePen (PS_SOLID, 3, RGB (255, 0, 0)) ;  // Definition
  SelectObject (hdc, hPen2) ;                         // Einsetzen
  [Aufrufe von Funktionen zum Zeichnen von Linien]
  [Freigabe des Zeichenstiftes]
```

Tatsächlich ist die Variable *hPen2* in diesem Beispiel überflüssig, weil sich die Aufrufe von *CreatePen* und *SelectObject* auch miteinander kombinieren lassen:

```
SelectObject (hdc, CreatePen (PS_DASH, 0, RGB (255, 0, 0))) ;
```

Moment mal – auf diese Weise bekommt das Programm den Handle für den selbstdefinierten Zeichenstift überhaupt nicht mehr zu sehen. Wie gestaltet sich dann die spätere Freigabe, die überdies nicht geschehen darf, solange dieser Stift in den Kontext eingesetzt ist? An diesem Punkt kommt die erfreuliche Eigenschaft von *SelectObject* mit ins Spiel, beim Einsetzen eines anderen Objekts den Handle seines Vorgängers als Ergebnis zurückzuliefern. Die Befehlskombination

```
DeleteObject (SelectObject (hdc, GetStockObject (BLACK_PEN))) ;
```

ermittelt erst den Handle zum Standard-Zeichenstift BLACK_PEN, setzt ihn dann per *SelectObject* in den Kontext ein – und benutzt das Ergebnis dieser Funktion, um den selbstdefinierten Zeichenstift aus dem Speicher zu werfen.

Aufgrund dieses Verhaltens von *SelectObject* läßt sich auch eine zweite Kombination bilden. Wenn Sie einen selbstdefinierten Zeichenstift in einen neu angelegten Kontext einsetzen, können Sie das Ergebnis von *SelectObject* in einer Variablen festhalten:

```
hPen = SelectObject (hdc, CreatePen (PS_DASH, 0, RGB (255, 0, 0))) ;
```

Wenn es sich bei *hdc* um einen »frischen« Kontext von Windows handelt, bekommt *hPen* dabei den Handle zu BLACK_PEN zugewiesen. Die spätere Freigabe des selbstdefinierten Zeichenstifts reduziert sich damit auf:

```
DeleteObject (SelectObject (hdc, hPen)) ;
```

Das Gegenstück zu *CreatePenIndirect*, mit dem sich die Eigenschaften eines Zeichenstifts (exakter: eines Zeichenstift-Handles) im Detail abfragen lassen, hört auf den Namen *GetObject*:

```
GetObject (hPen, sizeof (LOGPEN), (LPVOID) &logpen) ;
```

Hier werden die Felder der als *logpen* übergebenen Struktur wieder mit den einzelnen Werten (Strichbreite, Zeichenfarbe, Stil) besetzt. Da *GetObject* diese Arbeit nicht nur für Zeichenstifte, sondern auch für andere GDI-Objekte erledigt, sind entsprechende Typumwandlungen beim Aufruf notwendig.

Wenn Sie schließlich erfahren wollen, welcher Zeichenstift momentan in einen Gerätekontext eingesetzt ist, verwenden Sie *GetCurrentObject:*

```
hPen = GetCurrentObject (hdc, OBJ_PEN) ;
```

Zu der aus den Zeiten von Windows 3.x stammenden Funktion *CreatePen* gibt es übrigens noch eine Erweiterung (*ExtCreatePen*), auf die ich in Kapitel 17 zu sprechen komme.

Lückenbüßer: der Linienhintergrund

Bei gepunkteten und gestrichelten Linien stellt sich unter anderem die Frage, was an den Stellen des Bildschirms passiert, an denen eigentlich nichts geschieht – sprich: die vom Linienmuster nicht abgedeckt werden. Windows unterscheidet hier zwischen zwei Modi: in der Standardvorgabe OPAQUE (»undurchsichtig«) werden diese »Löcher« mit der im Gerätekontext festgelegten Hintergrundfarbe gezeichnet, im Modus TRANSPARENT sind sie dagegen echt: dort überspringt die Zeichenoperation die Löcher eines Linienmusters, d.h. läßt den vorherigen Inhalt des Bildspeichers unverändert.

Standardmäßig ordnet Windows Gerätekontexten die Hintergrundfarbe Weiß zu, weshalb die meisten Programme über die Fensterklasse auch das Muster WHITE_BRUSH setzen. Über die Funktion *SetBkColor* läßt sich einem Gerätekontext eine andere Hintergrundfarbe zuweisen:

```
SetBkColor (hdc, crColor) ;
```

Der Parameter *crColor* wird hier wie bei der Farbe des Zeichenstifts umgerechnet, d.h. notfalls an die tatsächlichen Möglichkeiten des Ausgabegerätes angepaßt. Mit der Funktion *GetBkColor* läßt sich die einem Kontext zugeordnete Hintergrundfarbe abfragen.

Die Umschaltung von »undurchsichtigen« auf »durchsichtige« Linien erfolgt über die Funktion *SetBkMode*:

```
SetBkMode (hdc, TRANSPARENT) ;
```

Nach diesem Aufruf bleibt der Bildschirm an den Stellen unverändert, an denen das Linienmuster Lücken definiert. Auch hier gibt es eine Abfragefunktion (*GetBkMode*), deren Ergebnisse auf die Konstanten TRANSPARENT und OPAQUE beschränkt sind.

Zeichenmodi

Linien, deren Erscheinungsbild ausschließlich über die Farbe des Zeichenstiftes festgelegt ist, haben ihre Grenzen, die sich auf einem Monochrom-Bildschirm am anschaulichsten demonstrieren lassen. Versuchen Sie einmal, in einem Schachbrettmuster eine schlichte Linie zu zeichnen: damit sie durchgehend sichtbar ist, müßte sie eigentlich in den schwarzen Feldern weiß und in den weißen Feldern schwarz erscheinen. Eine Möglichkeit wäre hier natürlich, dass das Programm die Linie in entsprechend kurzen Abschnitten und mit jeweils wechselnder Farbe zeichnet – was aber nicht nur voraussetzt, dass der Inhalt des Bildschirms beim Zeichnen der Linie genauestens bekannt ist, sondern vor allem bereits bei schrägen Linien eine recht aufwendige Angelegenheit wird. Die zweite Möglichkeit besteht in einer logischen Verknüpfung der Zeichenfarbe mit dem Inhalt des Bildspeichers an den jeweiligen Punkten – und darum geht es bei den Zeichenmodi von Windows.

Tatsächlich führt die GDI *jeden* Zeichenvorgang als bitweise logische Verknüpfung zwischen den Farben bzw. Mustern des Zeichenstiftes und dem »Originalwert« zu zeichnender Punkte aus, weshalb ich an dieser Stelle erst einmal ein wenig Terminologie einführen muß: Bitweise boolesche Operationen mit Pixeln werden »Raster-Operationen« genannt und üblicherweise mit »ROP« abgekürzt. Das Zeichnen einer Linie ist ein verhältnismäßig einfacher Vorgang, der zwei Bitmuster miteinander vereint, weshalb sich dafür die Abkürzung »ROP2« eingebürgert hat. Windows definiert insgesamt 16 Möglichkeiten für derartige »binäre« Verknüpfungen, zu denen jeweils ein eigener »ROP2-Code« gehört, der seinerseits festlegt, in welcher Art und Weise die Verknüpfung stattfindet.

Standardmäßig ist einem Gerätekontext der ROP2-Code R2_COPYPEN zugeordnet, der für ein schlichtes Kopieren der Zeichenfarbe steht, also ein Überschreiben des Zielgebietes ohne Berücksichtigung seines vorherigen Inhalts – und damit das, was man landläufig unter »Zeichnen« versteht.

Um die Frage zu beantworten, wozu die anderen 15 ROP2-Codes gut sind, komme ich noch einmal auf den eingangs erwähnten Monochrom-Bildschirm und ein Schachbrettmuster zurück. Dort gibt es insgesamt vier mögliche Ausgangssituationen: ein schwarzer Stift auf schwarzem Hintergrund, ein schwarzer Stift auf weißem Hintergrund, ein weißer Stift auf schwarzem Hintergrund und schließlich ein weißer Stift auf weißem Hintergrund. Wenn wir für Schwarz den Wert 0 und für Weiß den Wert 1 annehmen, läßt sich das Ganze etwas kürzer formulieren: 0 0, 0 1, 1 0 und 1 1.

Eine erste Möglichkeit wäre, keine der beiden Farben zu berücksichtigen und die einzelnen Pixel grundsätzlich schwarz erscheinen zu lassen: der dazugehörige ROP2-Code trägt den Namen R2_BLACK. Eine weitere Möglichkeit besteht darin, die Linie nur dann schwarz erscheinen zu lassen, wenn der Hintergrund nicht bereits dieselbe Farbe hat, und auf diese Weise das »Schachbrettproblem« zu lösen: Windows definiert dafür einen ROP2-Code namens R2_NOTMERGEPEN, der seinerseits für ein bitweises OR mit einem anschließenden Invertieren steht.

Die folgende Tabelle gibt nicht nur diese beiden Codes, sondern auch die restlichen 14 Möglichkeiten wieder. »S« steht dabei für die Bits des Stiftes, »Z« für die Bits des Ziels; die Spalte »Operation« gibt die verwendete Logik in der Notation von C wieder.

Stift (S): Ziel(Z):	1 1	1 0	0 1	0 0	Operation (C-Code)	ROP2-Code aus WINGDI.H
Ergebnis:	0	0	0	0	0	R2_BLACK
	0	0	0	1	~ (S | Z)	R2_NOTMERGEPEN
	0	0	1	0	~ S & Z	R2_MASKNOTPEN
	0	0	1	1	~ S	R2_NOTCOPYPEN
	0	1	0	0	S & ~ Z	R2_MASKPENNOT
	0	1	0	1	~ Z	R2_NOT
	0	1	1	0	S ^ Z	R2_XORPEN
	0	1	1	1	~ (S & Z)	R2_NOTMASKPEN
	1	0	0	0	S & Z	R2_MASKPEN
	1	0	0	1	~ (S ^ Z)	R2_NOTXORPEN
	1	0	1	0	Z	R2_NOP
	1	0	1	1	~ S | Z	R2_MERGENOTPEN
	1	1	0	0	S	R2_COPYPEN (Standard)
	1	1	0	1	S | ~ Z	R2_MERGEPENNOT
	1	1	1	0	S | Z	R2_MERGEPEN
	1	1	1	1	1	R2_WHITE

Tabelle 5.2: *Die 16 ROP2-Codes*

Gesetzt wird ein solcher Zeichenmodus mit:

```
SetROP2 (hdc, iDrawMode) ;
```

Der Parameter *iDrawMode* steht hier für eine der R2_...-Konstanten aus WINGDI.H. Über die Funktion *GetROP2* läßt sich ermitteln, welcher Zeichenmodus einem Gerätekontext momentan zugeordnet ist:

```
iDrawMode = GetROP2 (hdc) ;
```

Die Standardvorgabe von Windows ist wie gesagt R2_COPYPEN, d.h. ein einfaches Kopieren der Zeichenfarbe ohne Berücksichtigung des Zielgebietes. R2_NOTCOPYPEN stellt die Zeichenfarbe sozusagen auf den Kopf, d.h. erzeugt für die Farbe »Schwarz« eine weiße Linie und umgekehrt. R2_BLACK und R2_WHITE kümmern sich überhaupt nicht um die Zeichenfarben und hinterlassen grundsätzlich schwarze bzw. weiße Punkte; R2_NOP hinterläßt überhaupt nichts: NOP steht hier für »no operation«, d.h. keine Änderung des Zielgebietes.

Soviel also zur Theorie. In der Praxis sieht die Sache auch bei einem Monochrom-Monitor bereits erheblich komplizierter aus, weil Windows dort mehrere Graustufen über die Technik des »Dithering« realisiert, was dort allerdings auf eine schlichte Folge schwarzer und weißer Punkte hinausläuft, auf die die GDI die als »Zeichenmodus« festgelegte Verknüpfung einfach der Reihe nach anwendet. Der Modus R2_NOT invertiert die Farbe des Hintergrundes, ignoriert die Zeichenfarbe komplett und ist wohl am besten für das Zeichnen vor unbekanntem Hintergrund geeignet, weil damit gezeichnete Linien fast immer in irgendeiner Form sichtbar sind: Aus Türkis wird dadurch zum Beispiel Magenta. (Das »fast« kommt daher, dass es natürlich Ausnahmen gibt: Bei einem fünfzigprozentigen Grauraster, das aus einer abwechselnden Folge weißer und schwarzer Punkte besteht, muß man schon sehr genau hingucken). Was bei R2_NOT und anderen Zeichenmodi praktisch herauskommt, demonstriert das Programm BLOKOUT in Kapitel 7.

Ausgefüllte Flächen

Nachdem wir einzelne Punkte und Linien in der gebotenen Ausführlichkeit behandelt haben, wird es nun ernsthaft zweidimensional. Windows stellt sieben Funktionen zur Verfügung, mit denen sich ausgefüllte Flächen mit Rändern zeichnen lassen:

Funktion	Figur
Rectangle	Rechteck mit rechtwinkligen Ecken
Ellipse	Ellipse
RoundRect	Rechteck mit abgerundeten Ecken
Chord	Kreisbogen auf der Außenlinie einer Ellipse und Verbindung der Endpunkte durch eine Sehne
Pie	Kreisbogen auf der Außenlinie einer Ellipse und Verbindung der Endpunkte mit dem Mittelpunkt (»Kuchenstück«)
Polygon	Figur mit einer beliebigen Anzahl von Seiten
PolyPolygon	beliebige Anzahl von Figuren mit beliebiger Anzahl von Seiten

***Tabelle 5.3:** Funktionen zum Füllen von Flächen*

Für die Umrißlinie dieser Figuren gelten dieselben Bedingungen wie für *LineTo*: Windows verwendet hier den dem Kontext zugeordneten Zeichenstift, die aktuelle Hintergrundfarbe, den aktuellen Modus (OPAQUE oder TRANSPARENT) und wendet für die Verknüpfung zwischen Linie und Bildschirminhalt den aktuellen Zeichenmodus an.

Das Innere der Figuren wird mit einem Füllmuster gezeichnet, das ebenfalls Teil des Gerätekontexts ist. Beim Anlegen eines Kontexts setzt Windows hier WHITE_BRUSH ein, die vordefinierten Alternativen dazu sind LTGRAY_BRUSH, GRAY_BRUSH, DKGRAY_BRUSH, BLACK_BRUSH und NULL_BRUSH, wobei für die letztere dieser vordefinierten Konstanten mit HOLLOW_BRUSH ein Synonym existiert.

Vordefinierte Füllmuster werden in derselben Weise wie vordefinierte Zeichenstifte in einen Gerätekontext eingesetzt. WINGDI.H deklariert hier wiederum einen eigenen Variablentyp namens HBRUSH (»Handle [to a] brush«), über den sich mit

```
HBRUSH hBrush ;
```

eine programmeigene Variable definieren läßt, der man das Ergebnis eines Aufrufs von *GetStockObject* zuweisen kann – beispielsweise einen Handle für das Füllmuster »Mittelgrau«:

```
hBrush = GetStockObject (GRAY_BRUSH) ;
```

Das Einsetzen in den Kontext erfolgt wie gewohnt über *SelectObject*:

```
SelectObject (hdc, hBrush) ;
```

Nach diesem Aufruf zeichnen *Rectangle..PolyPolygon* solange grau ausgefüllte Figuren, bis das Füllmuster entweder explizit neu gesetzt oder der Kontext freigegeben wird.

Wenn Sie den »Zeichenstift« NULL_PEN in den Gerätekontext mit

```
SelectObject (hdc, GetStockObject (NULL_PEN)) ;
```

einsetzen, entstehen Figuren ohne Rand. Wollen Sie sich dagegen auf die Umrißlinie der Figuren beschränken, können Sie es entweder bei den Standardvorgaben belassen (d.h. WHITE_BRUSH als Fensterhintergrund und als Füllmuster benutzen) oder das vordefinierte »Muster« NULL_BRUSH in den Kontext einsetzen:

```
SelectObject (hdc, GetStockObject (NULL_BRUSH)) ;
```

Selbstdefinierte Füllmuster lassen sich in ähnlicher Weise wie selbstdefinierte Zeichenstifte erstellen. Auf die Details komme ich in einem der folgenden Abschnitte zurück.

Die Funktion Polygon und ihre Füllmodi

Polygon stellt die sechste von Windows definierte Funktion zum Zeichnen gefüllter und umrandeter Figuren dar. Die allgemeine Syntax ist dieselbe wie bei *Polyline*:

```
Polygon (hdc, apt, iCount) ;
```

Der Parameter *apt* steht hier für ein Array mit Elementen des Typs POINT, *iCount* ist die Anzahl dieser Elemente, die die einzelnen Eckpunkte der Figur in logischen Koordinaten beschreiben. Wenn der letzte in diesem Array angegebene Punkt nicht mit dem ersten Punkt zusammenfällt, fügt Windows automatisch eine entsprechende Verbindungslinie hinzu, d.h. schließt das Polygon ab. (Diese Automatik existiert bei *Polyline* nicht).

Die siebte und letzte Funktion von Windows zum Zeichnen gefüllter und umrandeter Flächen hört auf den Namen *PolyPolygon*. Sie unterscheidet sich von *Polygon* lediglich dadurch, dass sich mit ihr mehrere räumlich voneinander getrennte Polygone in einem einzigen Aufruf zeichnen lassen:

```
PolyPolygon (hdc, apt, aiCounts, iPolyCount) ;
```

Der Parameter *aiCounts* ist hier ein Array: Seine Elemente legen fest, wie viele Eckpunkte die einzelnen Polygone haben. Der letzte Parameter (*iPolyCount*) gibt an, aus wie vielen Elementen *aiCounts* besteht – mithin, wie viele separate Polygone die Funktion zeichnen soll. Das Array *apt* enthält wie gehabt die Eckpunkte (und muß hier so viele Elemente haben, wie die fortlaufende Addition der Elemente von *aiCounts* ergibt). Vom Funktionsergebnis einmal abgesehen, entspricht *PolyPolygon* der folgenden Routine:

```
for (i = 0, PPOINT p = apt ; i < iPolyCount ; i++)
{
    // erstes/nächstes Polygon mit aiCounts[i] Eckpunkten
    Polygon (hdc, *p, aiCounts[i]) ;
    p += aiCounts[i] ;  // p auf den nächsten Satz Eckpunkte
}
```

Zum Zeichnen der Linien und dem verwendeten Füllmuster gibt es nicht mehr viel zu sagen, weil hier dieselben Bedingungen wie für die fünf bereits besprochenen Funktionen gelten. Anders sieht es bei der Frage aus, *was* bei dieser Operation gefüllt wird. Die (wie üblich im Gerätekontext festgehaltene) Standardvorgabe von Windows trägt den Bezeichner ALTERNATE und steht für eine Logik, die lediglich die abgeschlossenen Flächen eines Polygons bearbeitet, die von außen her über das Durchqueren einer ungeraden Anzahl von Linien zu erreichen sind. Für die entgegengesetzte Logik, die sämtliche Innenflächen eines Polygons füllt, definiert WINGDI.H die benannte Konstante WINDING. Die Unterschiede zwischen den beiden Modi lassen sich am besten anhand eines fünfzackigen Sterns demonstrieren (siehe Abbildung 5.20): um dort von außen nach innen zu gelangen, muß man grundsätzlich zwei Linien überschreiten (also eine gerade Zahl). Konsequent bleibt dieses Innere im Modus ALTERNATE frei, im Modus WINDING wird es dagegen gefüllt. Die Zacken dieses Sterns lassen sich dagegen mit dem Durchqueren einer ungeraden Anzahl von Linien (1) erreichen, weshalb der Modus bei ihnen keine Rolle spielt.

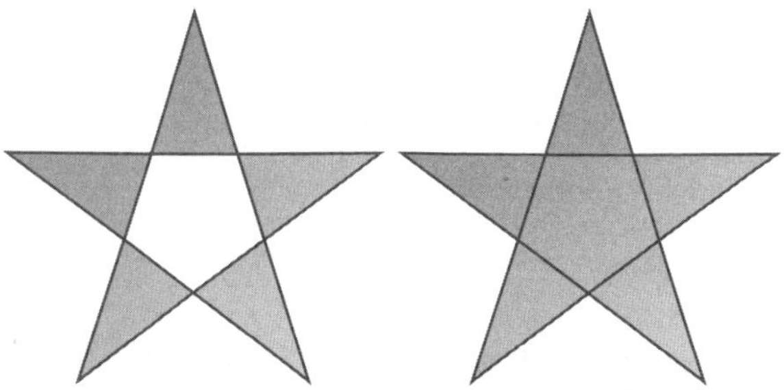

Abbildung 5.20: *Die Füllmodi ALTERNATE (links) und WINDING (rechts)*

Leider läßt dieses Beispiel die Sache einfacher erscheinen, als sie tatsächlich ist: Beim Zeichnen eines einzelnen Polygons sorgt der Modus WINDING zwar meistens dafür, dass sämtliche Innenflächen gefüllt werden – aber Ausnahmen bestätigen hier wie üblich die Regel.

Deshalb noch einmal von vorne: Wenn Sie herausfinden wollen, ob ein bestimmter Punkt im Modus WINDING gefüllt wird, stellen Sie sich eine waagrechte Linie vor, die von diesem Punkt aus nach rechts ins Unendliche führt. Durchquert diese imaginäre Linie eine ungerade Zahl realer Linien, dann wird der Punkt wie im Modus ALTERNATE besetzt. Bei einer ungeraden Zahl von Schnittpunkten hängt es dagegen von der Richtung der überquerten Linien (relativ zur imaginären Linie) ab: Wenn gleich viele überquerte Linien in beide Richtungen (hier: nach oben und nach unten) gehen, bleibt der Punkt frei, ansonsten wird er gefüllt. Abbildung 5.21 versucht, das zu verdeutlichen: Die Pfeile zeigen dort an, in welche Richtung die einzelnen Linien gezeichnet werden. Die drei L-förmigen Bereiche (1, 2 und 3) werden in beiden Modi gefüllt, die beiden Innenflächen (4 und 5) bleiben im Modus ALTERNATE frei. Der Modus WINDING füllt die Innenfläche 5, weil die imaginäre Linie auf ihrem Weg ins Unendliche dort zwei reale Linien schneidet, die beide in dieselbe Richtung (aufwärts) gehen. Was ist mit der Innenfläche 4? Sie bleibt frei, obwohl die imaginäre Linie hier ebenfalls eine gerade Zahl von Schnittpunkten mit realen Linien hat, der erste Schnittpunkt aber mit einer aufwärts führenden und der zweite mit einer abwärts führenden Linie zusammenfällt, mithin die Zahl der Schnittlinien in beide Richtungen gleich ist.

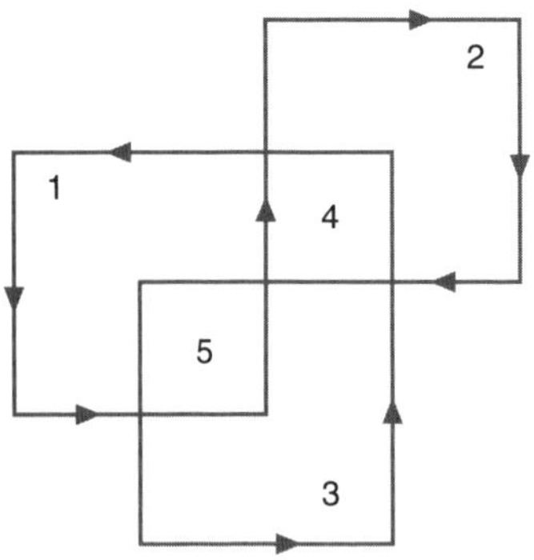

Abbildung 5.21: *Bei diesem Polygon bleibt eine Innenfläche auch im Modus WINDING frei*

Das in Abbildung 5.22 wiedergegebene Programm ALTWIND demonstriert, dass Windows mit dieser zugegeben etwas undurchsichtigen Rechnerei bestens zurechtkommt.

ALTWND.C

```
/*-----------------------------------------------
   ALTWIND.C - Die Füllmodi ALTERNATE und WINDING
               (c) Charles Petzold, 1998
  -----------------------------------------------*/

#include <windows.h>

LRESULT CALLBACK WndProc (HWND, UINT, WPARAM, LPARAM) ;

int WINAPI WinMain (HINSTANCE hInstance, HINSTANCE hPrevInstance,
                    PSTR szCmdLine, int iCmdShow)
{
     static TCHAR szAppName[] = TEXT ("AltWind") ;
     HWND         hwnd ;
     MSG          msg ;
     WNDCLASS     wndclass ;

     wndclass.style         = CS_HREDRAW | CS_VREDRAW ;
     wndclass.lpfnWndProc   = WndProc ;
```

```
     wndclass.cbClsExtra    = 0 ;
     wndclass.cbWndExtra    = 0 ;
     wndclass.hInstance     = hInstance ;
     wndclass.hIcon         = LoadIcon (NULL, IDI_APPLICATION) ;
     wndclass.hCursor       = LoadCursor (NULL, IDC_ARROW) ;
     wndclass.hbrBackground = (HBRUSH) GetStockObject (WHITE_BRUSH) ;
     wndclass.lpszMenuName  = NULL ;
     wndclass.lpszClassName = szAppName ;

     if (!RegisterClass (&wndclass))
     {    // UNICODE-Compilierung ist die einzige realistische Fehlermöglichkeit
          MessageBox (NULL, TEXT ("Programm arbeitet mit Unicode und setzt Windows NT voraus!"),
                      szAppName, MB_ICONERROR) ;
          return 0 ;
     }

     hwnd = CreateWindow (szAppName, TEXT ("Die Füllmodi ALTERNATE und WINDING"),
                          WS_OVERLAPPEDWINDOW,
                          CW_USEDEFAULT, CW_USEDEFAULT,
                          CW_USEDEFAULT, CW_USEDEFAULT,
                          NULL, NULL, hInstance, NULL) ;

     ShowWindow (hwnd, iCmdShow) ;
     UpdateWindow (hwnd) ;

     while (GetMessage (&msg, NULL, 0, 0))
     {
          TranslateMessage (&msg) ;
          DispatchMessage (&msg) ;
     }
     return msg.wParam ;
}

LRESULT CALLBACK WndProc (HWND hwnd, UINT message, WPARAM wParam, LPARAM lParam)
{
     static POINT aptFigure [10] = { 10,70, 50,70, 50,10, 90,10, 90,50,
                                     30,50, 30,90, 70,90, 70,30, 10,30 };
     static int   cxClient, cyClient ;
     HDC          hdc ;
     int          i ;
     PAINTSTRUCT  ps ;
     POINT        apt[10] ;  // auf den Anwendungsbereich umgerechnet

     switch (message)
     {
     case WM_SIZE:
          cxClient = LOWORD (lParam) ;
          cyClient = HIWORD (lParam) ;
          return 0 ;

     case WM_PAINT:
          hdc = BeginPaint (hwnd, &ps) ;

          SelectObject (hdc, GetStockObject (GRAY_BRUSH)) ;
          for (i = 0 ; i < 10 ; i++)
          {
```

```
            apt[i].x = cxClient * aptFigure[i].x / 200 ;
            apt[i].y = cyClient * aptFigure[i].y / 100 ;
        }

        SetPolyFillMode (hdc, ALTERNATE) ;
        Polygon (hdc, apt, 10) ;

        for (i = 0 ; i < 10 ; i++)
        {
            apt[i].x += cxClient / 2 ;
        }

        SetPolyFillMode (hdc, WINDING) ;
        Polygon (hdc, apt, 10) ;

        EndPaint (hwnd, &ps) ;
        return 0 ;

    case WM_DESTROY:
        PostQuitMessage (0) ;
        return 0 ;
    }
    return DefWindowProc (hwnd, message, wParam, lParam) ;
}
```

Abbildung 5.22: *Das Programm* ALTWND

ALTWND definiert die verwendeten Eckpunkte in einem Array namens *aptFigure*, das seinerseits eine Fläche von 100 x 100 Pixeln abdeckt. Als Reaktion auf WM_PAINT rechnet das Programm diese »normierten« Punkte auf die tatsächliche Größe des Anwendungsbereichs um und zeichnet das Polygon dann einmal mit dem Füllmodus ALTERNATE (in der linken Hälfte des Anwendungsbereichs) und einmal mit dem Füllmodus WINDING. Das Ergebnis sehen Sie in Abbildung 5.23.

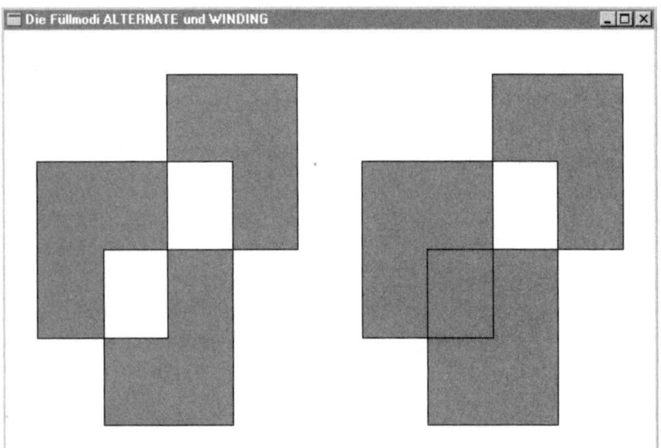

Abbildung 5.23: *Die Ausgaben von* ALTWND

Füllmuster

Das Innere der von *Rectangle, RoundRect, Ellipse, Chord, Pie, Polygon* und *PolyPolygon* gezeichneten Figuren wird mit dem Füllmuster gezeichnet, dessen Handle zum Zeitpunkt des Funktionsaufrufs in den Gerätekontext eingesetzt ist. Bei diesem Füllmuster (»Brush«) handelt es sich um ein Bitmap mit 8 x 8 Pixeln, das von Windows sowohl horizontal als auch vertikal solange wiederholt wird, bis der entsprechende Bereich vollständig ausgefüllt ist (und aufgrund dieser Wiederholung auch als »Pattern« bezeichnet wird).

Im Zusammenhang mit Füllmustern können wir auch endlich mit dem Fremdwort »Dithering« aufräumen, das seit einigen Dutzend Seiten unerklärt und unübersetzt durch dieses Kapitel geistert: Wenn Windows auf einem Monochrom-Bildschirm »Grauschattierungen« darstellt, geht es dabei schlicht um Füllmuster, bei denen je nach gewünschter Graustufe mehr oder weniger Pixel besetzt sind. Da sich ein Füllmuster aus 8 x 8 Pixeln zusammensetzt, lassen sich konsequent 64 Graustufen definieren. Für Farbmischungen gilt Analoges: über Füllmuster, die Pixel verschiedener Farben in unterschiedlicher Dichte miteinander kombinieren, lassen sich die verschiedensten Farbschattierungen herstellen. Ein Muster, bei dem sich rote und gelbe Pixel abwechseln, hinterläßt beim Betrachter beispielsweise den Eindruck der Farbe Braun.

Die von Windows vordefinierten Füllmuster haben wir seit Kapitel 2 so ausgiebig benutzt, dass ich mir an dieser Stelle wohl weitere Erläuterungen sparen kann. Interessanter wird es bei den fünf Funktionen, die Windows für eigene Definitionen zur Verfügung stellt. Für ihre Ergebnisse gilt dasselbe wie für logische Zeichenstifte: logische Füllmuster sind GDI-Objekte und müssen als solche explizit von einem Programm wieder freigegeben werden, wobei diese Freigabe nicht geschehen darf, solange sie in einen Kontext eingesetzt sind.

Die einfachste Funktion zur Definition eines logischen Füllmusters hört auf den Namen *CreateSolidBrush* und hat die folgende allgemeine Syntax:

```
hBrush = CreateSolidBrush (crColor) ;
```

Im Gegensatz zu Linienarten und der dort verwendete Konstante PS_SOLID steht das Wort *Solid* hier nicht dafür, dass ein solches Muster eine reine Farbe darstellen müßte: Wenn Sie ein mit *CreateSolidBrush* erzeugtes Muster in einen Gerätekontext einsetzen, erzeugt Windows ein Bitmap mit 8 x 8 Pixeln und einer Mischfarbe, die dem als *crColor* angegebenen Farbwert möglichst nahekommt.

Die erste Variante von *CreateSolidBrush* ist eine Funktion, die anstelle eines »durchgehenden« Füllmusters Schraffuren erzeugt, die man üblicherweise für das Füllen von Balkendiagrammen oder Flächen bei Ausgaben auf Plottern benutzt:

```
hBrush = CreateHatchBrush (iHatchStyle, crColor) ;
```

Für den Parameter *iHatchStyle*, der die Art der Schraffur beschreibt, definiert WINGDI.H mit HS_HORIZONTAL, HS_VERTICAL, HS_FDIAGONAL, HS_BDIAGONAL, HS_CROSS und HS_DIAGCROSS insgesamt sechs Konstanten, deren Wirkung Abbildung 5.24 zeigt.

Der Parameter *crColor* legt hier die Farbe der Schraffur fest, die beim Einsetzen des Musters in einen Gerätekontext auf die nächstliegende reine Farbe umgerechnet wird. (Anders gesagt: Mischfarben verwendet Windows für diese Schraffuren nicht). Der Bereich zwischen den Schraffurstrichen wird im Modus OPAQUE mit der im Kontext festgelegten Hintergrundfarbe gefüllt (die Windows in diesem Fall ebenfalls in eine reine Farbe umrechnet). Im Modus TRANSPA-

RENT beschränkt sich Windows dagegen rein auf das Zeichnen der Schraffur, d.h. läßt die dazwischen liegenden Bereiche unverändert.

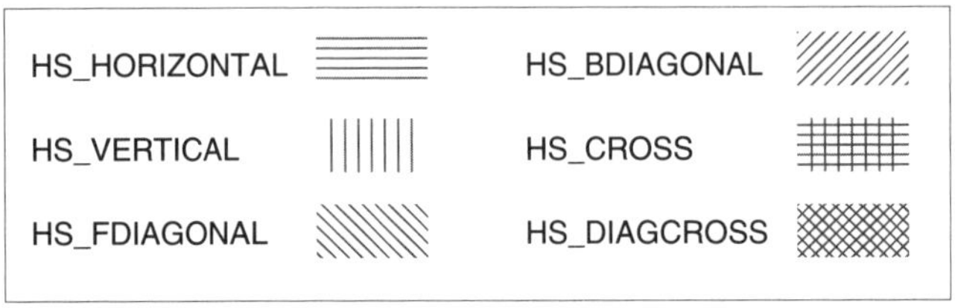

Abbildung 5.24: *Die sechs vordefinierten Schraffuren für Füllmuster*

Als dritte und vierte Möglichkeit zum Erzeugen von Füllmustern stehen mit *CreatePatternBrush* und *CreateDIBPatternBrushPt* zwei Funktionen zur Verfügung, die auf programmeigenen Bitmaps aufbauen und hier nur deshalb nicht ausführlicher beschrieben werden, weil sie durch eine fünfte Funktion vollständig abgedeckt werden:

```
hBrush = CreateBrushIndirect (&logbrush) ;
```

Der Parameter *logbrush* steht hier für eine Struktur des Typs LOGBRUSH (»logical brush«), die sich ihrerseits aus drei Feldern zusammensetzt. Der Wert des Feldes *lbStyle* legt dabei fest, wie Windows die anderen beiden Felder interpretiert:

lbStyle (UINT)	lbColor (COLORREF)	lbHatch (LONG)
BS_SOLID	Füllfarbe	ignoriert
BS_HOLLOW	ignoriert	ignoriert
BS_HATCHED	Schraffurfarbe	Schraffurart
BS_PATTERN	ignoriert	Bitmap-Handle

Tabelle 5.4: *Mögliche Werte der Felder einer LOGBRUSH-Struktur*

Bei Zeichenstiften werden die Funktionen *SelectObject* zum Einsetzen in den Kontext, *DeleteObject* zum Löschen einer logischen Definition und *GetObject* zur Abfrage benutzt. Diese drei Funktionen lassen sich in exakt derselben Weise auch für Füllmuster verwenden:

```
SelectObject (hdc, hBrush) ;
```

setzt das über den Handle *hBrush* bezeichnete Füllmuster in den Kontext *hdc* ein,

```
DeleteObject (hBrush) ;
```

gibt ein logisches Füllmuster wieder frei (und darf auch hier nicht auf Objekte angewendet werden, die momentan in einen Kontext eingesetzt sind). Die Funktion *GetObject* liefert schließlich beim Aufruf mit einem Zeiger auf eine Struktur des Typs LOGBRUSH die entsprechenden Daten zurück:

```
GetObject (hBrush, sizeof (LOGBRUSH), (LPSTR) &logbrush) ;
```

Koordinatensysteme

Der Gerätekontext enthält ein zentrales Attribut, das implizit an praktisch jeder Art von Operation beteiligt ist: den Zuordnungsmodus von Koordinaten, der im Englischen als »mapping mode« bezeichnet und im weiteren einfach »Koordinatensystem« genannt wird. Vier weitere Attribute des Gerätekontexts sind mit diesem Modus eng verbunden: die Ursprünge des Fensters, des Zeichenfensters und ihre jeweiligen Größen.

Der Grund für die zentrale Bedeutung des Koordinatensystems liegt schlicht darin, dass so gut wie sämtliche Zeichenfunktionen in der einen oder anderen Form mit Koordinaten arbeiten – wie beispielsweise *TextOut*:

```
TextOut (hdc, x, y, psText, iLength) ;
```

Die Parameter *x* und *y* legen hier den Ort fest, ab dem der Text ausgegeben werden soll. *x* steht für die Position auf einer horizontalen Achse, *y* für die Position auf einer vertikalen Achse, beide zusammen werden als Koordinatenpaar bezeichnet und üblicherweise als (x,y) notiert.

TextOut arbeitet (wie praktisch alle anderen GDI-Funktionen auch) bei Koordinaten mit »logischen Einheiten«, die Windows für die eigentliche Ausgabeaktion in »Geräteeinheiten« (lies: Pixelpositionen) umsetzen muß. Nach welcher Formel diese Umsetzung stattfindet, wird über das zugeordnete Koordinatensystem festgelegt; welche Pixelposition dabei letztendlich herauskommt, bestimmen der Ursprung des Fensters, der Ursprung des Zeichenfensters sowie das Größenverhältnis dieser beiden Bereiche. Das zugeordnete Koordinatensystem definiert nicht nur einen einfachen Skalierungsfaktor im Sinne von »x logische Einheiten = y Pixel«, sondern bestimmt auch die Richtung der Achsen: es legt fest, ob aufsteigende *x*-Werte einer Bewegung nach rechts oder links und aufsteigende *y*-Werte einer Bewegung nach unten oder oben entsprechen.

Die folgende Tabelle führt die insgesamt acht von Windows definierten Koordinatensysteme zusammen mit den dazugehörigen Bezeichnern aus WINGDI.H auf:

Modus	log. Einheit	x++	y++
MM_TEXT	Pixel	Rechts	Abwärts
MM_LOMETRIC	0.1 mm	Rechts	Aufwärts
MM_HIMETRIC	0.01 mm	Rechts	Aufwärts
MM_LOENGLISH	0.01 Zoll	Rechts	Aufwärts
MM_HIENGLISH	0.001 Zoll	Rechts	Aufwärts
MM_TWIPS	1/1440 Zoll	Rechts	Aufwärts
MM_ISOTROPIC	beliebig ($x = y$)	Wählbar	Wählbar
MM_ANISOTROPIC	beliebig ($x \,! = y$)	Wählbar	Wählbar

Tabelle 5.5: *Die Koordinatensysteme von Windows*

Im Modus MM_TEXT, der die Standardvorgabe darstellt, entspricht eine Erhöhung der *x*-Koordinate also einer Bewegung nach rechts, eine Erhöhung der *y*-Koordinate einer Bewegung nach unten. Das Kunstwort *Twip* steht für »twentieth [of a] point«, d.h. ein Zwanzigstel des für Schriftgrößen verwendeten Maßstabs »Punkt«, der – wie in einem der vorangehenden Abschnitte dieses Kapitels erwähnt – seinerseits knapp 1/72 Zoll entspricht. Die Begriffe »Isotropic« und »Anisotropic« werden zwar auf Deutsch auch nicht wesentlich eingängiger (»isotrophisch« und »nichtisotrophisch«), stellen aber keine Kunstwörter dar: Sie stehen für »identisch in alle Richtungen« bzw. das Gegenteil davon.

Die Funktion *SetMapMode* ordnet einem Gerätekontext ein Koordinatensystem zu:

```
SetMapMode (hdc, iMapMode) ;
```

Der Parameter *iMapMode* steht dabei für eine der Konstanten aus der vorangehenden Tabelle. Die Ermittlung des momentan zugeordneten Koordinatensystems geschieht mit:

```
iMapMode = GetMapMode (hdc) ;
```

Der Modus MM_TEXT arbeitet mit einer direkten Zuordnung von logischen zu physischen Einheiten – also mit Pixeln. Folglich läßt ein in diesem Modus mit

```
TextOut (hdc, 8, 16, TEXT("Hallo"), 5) ;
```

ausgegebener Text 8 Pixel am linken und 16 Pixel am oberen Rand des Anwendungsbereichs im via *hdc* bezeichneten Fenster frei.

Im Modus MM_LOENGLISH entsprechen die logischen Einheiten dagegen jeweils einem Hundertstel Zoll. Nachdem man dieses Koordinatensystem mit

```
SetMapMode (hdc, MM_LOENGLISH) ;
```

gesetzt hat, könnte ein Aufruf von *TextOut* ungefähr so aussehen:

```
TextOut (hdc, 50, -100, TEXT("Hallo"), 5) ;
```

Hier bleiben 0,5 Zoll am linken und 1 Zoll am oberen Rand des Anwendungsbereichs frei. (Wieso die *y*-Koordinate hier mit einem negativen Wert angegeben werden muß? Weil in diesem Koordinatensystem aufsteigende Werte von *y* für Bewegungen nach oben stehen. Ich komme in einem der folgenden Abschnitte noch darauf zurück).

Die restlichen Modi erlauben einem Programm, Koordinaten in Millimetern, in der Punktgröße von Druckschriften oder auf der Basis beliebiger Wertebereiche festzulegen. Unbedingt verwenden muß man sie allerdings nicht: wenn Sie sich (wie die meisten ProgrammiererInnen) mit Pixeln am wohlsten fühlen, können Sie es ohne weiteres bei der Standardvorgabe MM_TEXT belassen. In diesem Fall müssen Sie sich für Ausgaben in bestimmten Maßen wie Millimetern oder Zoll die entsprechenden Daten über *GetDeviceCaps* holen und damit entsprechende Umrechnungen ausführen. Anders gesagt: die Möglichkeit, Koordinatensysteme mit beliebiger Skalierung und/oder Orientierung zu setzen, ist lediglich dazu gedacht, derartige Umrechnungen auf das System abzuschieben.

Da die GDI aus Geschwindigkeitsgründen ausschließlich mit Integer- anstelle von Gleitkommazahlen arbeitet, sind Koordinaten als Parameter von GDI-Funktionen unabhängig vom momentanen Koordinatensystem auf den Bereich von -MAXINT bis +MAXINT (in etwa: +/- 2 Milliarden) begrenzt – und selbst dieser Bereich gilt ausschließlich für Windows NT: Windows 98 verwendet zwar 32-Bit-Werte für Koordinaten, berücksichtigt aber nur die unteren 16 Bit dieser Werte, begrenzt also den effektiv nutzbaren Bereich auf -32768 bis 32767. Im Zusammenhang mit Rechtecken wird selbst dieser Bereich noch etwas weiter eingeschränkt: Start- und Endpunkt ein und desselben Objekts dürfen bei Windows 98 nicht weiter als 32767 Einheiten voneinander entfernt sein.

Gerätekoordinaten und logische Koordinaten

Ob ein Programm nach dem Setzen von MM_LOENGLISH zusammen mit Nachrichten wie WM_SIZE oder WM_MOUSEMOVE Koordinaten in Hundertstel Zoll geliefert bekommt? Gott bewahre: dabei geht es nach wie vor um Pixel – also die Einheit, die Windows für alle Funktionen verwendet, die nichts direkt mit der GDI zu tun haben. (Tatsächlich gibt es auch einige GDI-Funktionen, die in dieser Hinsicht unabhängig vom logischen Koordinatensystem sind). Allgemein gilt hier: das Koordinatensystem ist ein Attribut des Gerätekontexts – und der kommt ausschließlich dann ins Spiel, wenn eine Funktion einen Handle zu diesem Kontext als Parameter erwartet. Bei *GetSystemMetrics* sucht man einen solchen Parameter vergebens – was konsequent bedeutet, dass die von dieser Funktion zurückgelieferten Werte nicht mit logischen Koordinaten zu tun haben, sondern eben grundsätzlich auf »Geräteeinheiten« (also Pixeln) basieren. Die Funktion *GetDeviceCaps* stellt hier eine der wenigen Ausnahmen dar: sie erwartet einen Gerätekontext als Parameter, liefert aber trotzdem beim Aufruf mit den Konstanten HORZRES oder VERTRES »Pixelwerte« zurück.

GetTextMetrics ist dagegen eine GDI-Funktion, erwartet als solche einen Handle eines Gerätekontexts und liefert seine Ergebnisse im jeweiligen Koordinatensystem zurück: ein Programm, das zuvor den Modus MM_LOENGLISH gesetzt hat, erhält Angaben über Höhe und Platzbedarf von Zeichen in der Einheit 1/100 Zoll. (Was natürlich bedeutet, dass man bei solchen Ermittlungen bereits den Modus gesetzt haben sollte, den das Programm hinterher auch für seine Ausgaben benutzt – ansonsten hat man eine Menge Rechenarbeit vor sich). Bei der Besprechung der diversen GDI-Funktionen im Laufe der nächsten Kapitel werde ich jeweils explizit anmerken, ob Parameter und Ergebnisse vom momentanen Koordinatensystem abhängig sind oder nicht.

Systeme für Gerätekoordinaten

Bevor wir uns damit beschäftigen, auf welche Weise die Umrechnung von logischen in Gerätekoordinaten in den jeweiligen Modi stattfindet, sollte ich erst einmal formal klären, worum es sich bei diesen Gerätekoordinaten eigentlich dreht. Tatsächlich haben wir in den Programmen der vorangegangenen Kapitel dieses Buches nämlich nur eines von drei möglichen Systemen benutzt, dessen Ursprung mit der oberen linken Ecke des Anwendungsbereichs eines Fensters zusammenfällt.

Wenn Sie sich nun bei dem Gedanken schütteln, dass hier zu den acht bis dato angerissenen Logiken drei weitere kommen, aus denen man dann insgesamt 24 Kombinationen bilden kann: Alle Geräte-Koordinatensysteme arbeiten mit der Einheit Pixel, haben dieselbe Orientierung – aufsteigende Werte von x entsprechen Bewegungen nach rechts, aufsteigende Werte von y entsprechen Bewegungen nach unten – und lediglich einen unterschiedlichen Ursprung.

Operationen, die sich auf den gesamten Bildschirm beziehen, benutzen seine obere linke Ecke als Ursprung, d.h. verwenden dafür das Koordinatenpaar (0,0). Derartige »Bildschirmkoordinaten« werden im Zusammenhang mit Nachrichten des Typs WM_MOVE sowie den Funktionen *CreateWindow* und *MoveWindow* verwendet, solange es dabei um Hauptfenster von Programmen (im Gegensatz zu Child-Fenstern) geht. Dazu kommen mit *GetMessagePos*, *GetCursorPos*, *SetCursorPos*, *GetWindowRect*, *WindowFromPoint* und *SetBrushOrg* einige Funktionen, die entweder ohne Bezug auf ein bestimmtes Fenster arbeiten oder mit dem Bewegen bzw. Suchen von Objekten auf dem gesamten Bildschirm zu tun haben. (Vollständig ist diese Liste übrigens nicht.) Ein Kontext, der via *CreateDC* mit dem Parameter »DISPLAY« angelegt worden ist, verwendet dieses Koordinatensystem – und mit ihm alle GDI-Funktionen, die man über diesen Kontext aufruft

Ein über die Funktion *GetWindowDC* ermittelter Kontext bezieht sich nicht auf den Anwendungsbereich eines Fensters, sondern auf das Fenster selbst. In diesem Fall wird ein Koordinatensystem verwendet, dessen Ursprung bei einem normalen Fenster mit der oberen linken Ecke des Fensterrahmens zusammenfällt. Dieses System, das die Titelleiste, die Menüleiste und eventuelle Bildlaufleisten abdeckt, wird relativ selten benutzt.

Die dritte und in diesem Buch bis dato fast ausschließlich verwendete Möglichkeit stellt schließlich die Ermittlung des Gerätekontexts über die Funktionen *GetDC* oder *BeginPaint* dar. Dieser Kontext ist mit einem Koordinatensystem verbunden, das seinen Ursprung in der oberen linken Ecke des Anwendungsbereichs hat. Bei Zeichenoperationen über diesen Kontext setzt Windows die angegebenen Koordinaten automatisch in Bildschirm-Koordinaten um, d.h. addiert die »Bildschirm-Position« des Anwendungsbereichs hinzu.

Die dazu verwendete Routine *ClientToScreen* steht Programmen genauso wie ihr Gegenstück *ScreenToClient* zur Verfügung; die Position des gesamten Fensters innerhalb des Bildschirms läßt sich mit *GetWindowRect* ermitteln.

Fenster und Zeichenfenster

Etwas exakter (und undurchsichtiger) könnte man also definieren: »Das Koordinatensystem bestimmt, wie Windows die zusammen mit GDI-Funktionen angegebenen logischen Werte in Geräte-Koordinaten umsetzt, wobei das Bezugssystem dieser Geräte-Koordinaten von der Art der Ermittlung des Gerätekontexts abhängt«. Oder, etwas kürzer: Das Koordinatensystem legt die Zuordnung des »Fensters« (logische Koordinaten) zum »Zeichenfenster« (physische Koordinaten) fest.

Traurig, aber wahr: die Begriffe *Fenster* und *Zeichenfenster* sind hier eigentlich völlig fehl am Platze. Als *Fenster* haben wir bis jetzt den Bereich bezeichnet, den ein Programm auf dem Bildschirm belegt, unter einem *Zeichenfenster* (»viewport«) versteht man üblicherweise den Bereich, in dem ein Programm zeichnen kann – also ein Clipping-Rechteck. Da die für Koordinatensysteme zuständigen Funktionen von Windows diese beiden Begriffe aber vor einem anderen Hintergrund sehen und das auch durch ihre Namen widerspiegeln, bleibt uns wohl nichts anderes übrig, als dieser Definition zu folgen, d.h. ihre ursprüngliche Bedeutung zumindest für die folgende Diskussion beiseite zu schieben.

Das »Zeichenfenster« stellt das physische Ausgabemedium dar, arbeitet konsequent mit Pixeln und ist der Bereich, in dem das Ergebnis von Zeichenoperationen auf dem Bildschirm erscheint. Solange man den Gerätekontext mit *GetDC* bzw. *BeginPaint* ermittelt, ist es mit dem Anwendungsbereich des programmeigenen Fensters identisch. Für einen mit *GetWindowDC* ermittelten Kontext stellt das Zeichenfenster die Gesamtfläche des Fensters dar, für einen mit *CreateDC* ermittelten Kontext den gesamten Bildschirm. Dementsprechend fällt sein Ursprung je nach Art der Ermittlung mit der oberen linken Ecke des Anwendungsbereichs, des programmeigenen Fensters oder des Bildschirms zusammen. Die Orientierung des Zeichenfensters ist in allen drei Fällen dieselbe: aufsteigende Werte von x entsprechen einer Bewegung nach rechts, aufsteigende Werte von y einer Bewegung nach unten.

Das »Fenster« stellt das logische Ausgabemedium dar und arbeitet mit logischen Koordinaten, die je nach verwendetem Modus die Einheit Pixel, Millimeter, Zoll oder beliebige Bruchteile davon haben können. Dieses logische Koordinatensystem wird auf die bei GDI-Funktionen angegebenen Parameter angewendet.

Die Umsetzung dieser logischen in physische Koordinaten erfolgt über zwei Formeln, die für sämtliche Modi identisch sind:

$$xViewport = (xWindow - xWinOrg) * \frac{xViewExt}{xWinExt} + xViewOrg$$

$$yViewport = (yWindow - yWinOrg) * \frac{yViewExt}{yWinExt} + yViewOrg$$

(*xWindow, yWindow*) stellt dabei die logischen Koordinaten des zu zeichnenden Punktes dar, (*xViewport, yViewport*) die sich ergebenden Gerätekoordinaten. Die Koordinatenpaare (*xWinOrg, yWinOrg*) und (*xViewOrg, yViewOrg*) legen den Ursprung des Fensters in logischen Koordinaten bzw. den Ursprung des Zeichenfensters in Gerätekoordinaten fest. Wenn Sie den Ursprung des Zeichenfensters und den Ursprung des Fensters auf den Standardvorgaben (0,0) belassen, wird es schon etwas übersichtlicher:

$$xViewport = xWindow * \frac{xViewExt}{xWinExt}$$

$$yViewport = yWindow * \frac{yViewExt}{yWinExt}$$

Mit *xWinExt/yWinExt* und *xViewExt/yViewExt* erscheinen in diesen beiden Formeln zwei Größenangaben, die in den meisten Modi durch das jeweilige Koordinatensystem unveränderlich festgelegt sind. Sie bestimmen, in welchem Verhältnis Windows logische in physische Werte umsetzt. Im Modus MM_TEXT ergibt sich für die beiden Divisionen konsequent der Wert 1; im Modus MM_LOENGLISH setzt Windows dagegen *xWinExt* so, dass der Bruch *xViewExt / xWinExt* die Bereite des »Zeichenfensters« in Hundertstel Zoll ergibt. (Brüche dieser Art werden aus Gründen der Performance übrigens nicht als Gleitkommazahlen berechnet, sondern bleiben grundsätzlich im ungekürzten Integerformat.) Wenn die beiden Brüche negative Werte annehmen, entspricht eine Erhöhung der *x*- bzw. *y*-Koordinate einer Bewegung nach links bzw. oben.

Die Umsetzung (logischer) Koordinaten des »Fensters« in (physische) Koordinaten des Zeichenfensters geschieht über die Formeln:

$$xWindow = (xViewport - xViewOrg) * \frac{xViewExt}{xWinExt} + xWinOrg$$

$$yWindow = (yViewport - yViewOrg) * \frac{yViewExt}{yWinExt} + yWinOrg$$

Erfreulicherweise bietet Windows zwei Funktionen, die einem diese beiden Arbeiten abnehmen. *DPtoLP* (»device points to logical points«) rechnet physische Koordinaten in logische Koordinaten um:

```
DPtoLP (hdc, pPoints, iNumber) ;
```

Der Parameter *pPoints* stellt die Adresse eines Arrays mit Elementen des Typs POINT dar, dessen Elementenzahl über *iNumber* angegeben wird. Über diese Funktion lassen sich beispielsweise die (immer in physischen Koordinaten angegebenen) Ergebnisse von *GetClientRect* in logische Koordinaten umrechnen:

```
GetClientRect (hwnd, &rect) ;
DPtoLP (hdc, (LPPOINT) &rect, 2) ;
```

Das Gegenstück zu *DPtoLP* hört auf den Namen *LPtoDP* und hat dieselbe Syntax:

```
LPtoDP (hdc, pPoints, iNumber) ;
```

Der Modus MM_TEXT

Die folgende Liste gibt die Standardvorgaben im Modus MM_TEXT wieder:

Fensterursprung:	(0, 0)	variabel
Zeichenfenster-Ursprung:	(0, 0)	variabel
Fenstergröße:	(1, 1)	fix
Zeichenfenster-Größe:	(1, 1)	fix

Wie bereits erwähnt, entsprechen sich Fenster- und Zeichenfenster-Größe direkt, weshalb von den zuvor erläuterten Formeln nur noch wenig übrigbleibt:

xViewport = xWindow – xWinOrg + xViewOrg

yViewport = yWindow – yWinOrg + yViewOrg

Der Name dieses Modus soll nicht implizieren, dass er sich für Textausgaben besonders gut eignen würde – vielmehr geht es hier um die Orientierung des Koordinatensystems von links nach rechts bzw. oben nach unten, die auch in den Schriftsystemen den gegeben ist:

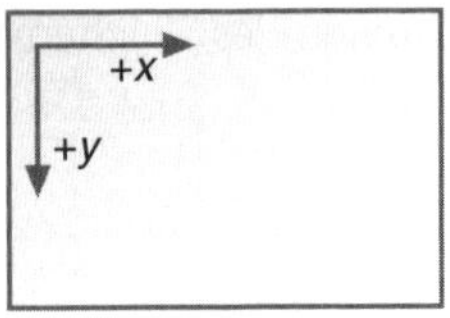

Abbildung 5.25: *Orientierung im Modus* MM_TEXT

Über die Funktionen *SetViewportOrg* und *SetWindowOrgEx* lassen sich der Ursprung des Zeichenfensters bzw. des Fensters ändern (wobei man üblicherweise nur eine der beiden verwendet, um den Überblick nicht zu verlieren). Nach einem Aufruf wie

```
SetViewportOrgEx(xViewOrg, yViewOrg, NULL) ;
```

erscheint ein auf den logischen Koordinaten (0,0) gezeichneter Punkt auf der durch (*xViewOrg, yViewOrg*) festgelegten Position. Analoges gilt für *SetWindowOrg*: über einen Aufruf wie

```
SetWindowOrgEx(xWinOrg, yWinOrg, NULL) ;
```

läßt sich festlegen, dass ein mit (*xWinOrg, yWinOrg*) gezeichneter Punkt auf den Geräte-Koordinaten (0,0) erscheint – also in der oberen linken Ecke des Anwendungsbereichs. (Diese Zuordnung läßt sich über *SetViewportOrgEx* und *SetWindowOrgEx* nicht verändern).

Nehmen wir einmal an, der Anwendungsbereich eines Fensters sei *cxClient* Pixel breit und *cyClient* Pixel hoch. Wenn Sie festlegen wollen, dass der logische Punkt (0,0) der Mitte dieses Anwendungsbereichs entspricht, verwenden Sie:

```
SetViewportOrgEx (hdc, cxClient / 2, cyClient / 2, NULL) ;
```

Das Ergebnis dieses Aufrufs (bei dem grundsätzlich die Einheit »Pixel« benutzt wird), ist ein logisches Koordinatensystem mit vier Quadranten (die hier allerdings noch auf dem Kopf stehen):

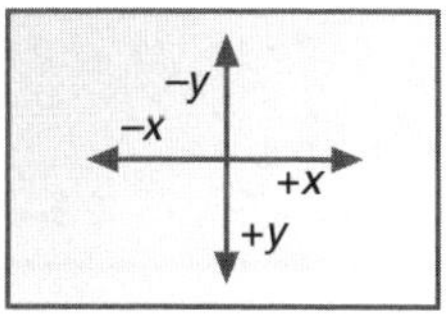

Abbildung 5.26: *Ein Ursprung in der Mitte des Anwendungsbereichs*

Die logische *x*-Achse dieses Systems erstreckt sich von *-cxClient / 2* bis *+cxClient / 2*, die logische y-Achse von *-cyClient / 2* bis *+cyClient / 2*. Konsequent wird die untere rechte Ecke des Anwendungsbereichs durch das Koordinatenpaar (*cxClient / 2, cyClient / 2*) beschrieben. Für die Ausgabe von Text in der oberen linken Ecke – also den physischen Koordinaten (0,0) – müßte man negative Werte benutzen:

```
TextOut (hdc, -cxClient / 2, -cyClient / 2, TEXT("Hallo"), 5) ;
```

Mit einem Aufruf von *SetWindowOrgEx* läßt sich im Prinzip dasselbe wie mit *SetViewportOrgEx* erreichen:

```
SetWindowOrgEx (hdc, -cxClient / 2, -cyClient / 2, NULL) ;
```

Hier geht es allerdings nicht um Pixel, sondern um logische Koordinaten. Nach diesem Aufruf fällt der logische Punkt (*-cxClient / 2, -cyClient / 2*) mit dem physischen Punkt (0,0) zusammen – also der oberen linken Ecke des Fensters.

Wer genau weiß, was er tut, kann diese beiden Funktionen natürlich auch zusammen verwenden (und ist dann selbst schuld, wenn er den Überblick vollständig verliert). Eine Befehlsfolge wie

```
SetViewportOrgEx (hdc, cxClient / 2, cyClient / 2, NULL) ;
SetWindowOrgEx (hdc, -cxClient / 2, -cyClient / 2, NULL) ;
```

ordnet den logischen Punkt (*-cxClient / 2, -cyClient / 2*) dem physischen Punkt (*cxClient / 2, cyClient / 2*) zu, d.h. erzeugt ein auf dem Kopf stehendes Koordinatensystem:

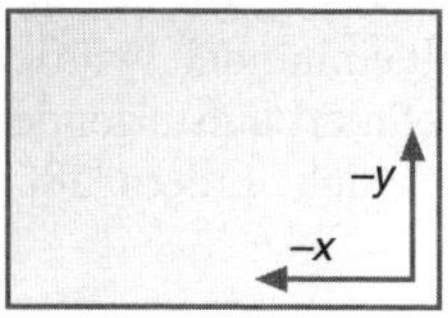

Abbildung 5.27: *Ein auf den Kopf gestelltes Koordinatensystem*

Mit den beiden folgenden Funktionen lassen sich die Ursprünge des physischen bzw. logischen Koordinatensystems ermitteln:

```
GetViewportOrg (hdc, &pt) ;
GetWindowOrg (hdc, &pt) ;
```

Der Parameter *pt* steht hier in beiden Fällen für Strukturen des Typs POINT. *GetViewportOrg* liefert physische Koordinaten, *GetWindowOrg* dagegen logische Koordinaten zurück.

In einem Programm, dessen Ausgaben nicht auf einmal in ein Fenster hineinpassen, kann man als Reaktion auf Eingaben des Benutzers (wie das Aktivieren einer Bildlaufleiste) auch den Fensterursprung verschieben. Vielleicht erinnern Sie sich an SYSMETS2 aus Kapitel 4: dort hatte ich eine Variable namens *iVscrollPos* für die momentane Position der Marke in der Bildlaufleiste benutzt, die gleichzeitig die *y*-Koordinate der Textausgaben bestimmt:

```
case WM_PAINT:
     hdc = BeginPaint (hwnd, &ps) ;

     for (i = 0 ; i < NUMLINES ; i++)
     {
          y = cyChar * (i - iVscrollPos) ;
          [Textausgabe]
     }
     EndPaint (hwnd, &ps) ;
     return 0 ;
```

Dasselbe Verhalten des Programms ließe sich mit einem Aufruf von *SetWindowOrgEx* erreichen:

```
case WM_PAINT:
     hdc = BeginPaint (hwnd, &ps) ;

     SetWindowOrgEx (hdc, 0, cyChar * iVscrollPos, NULL) ;

     for (i = 0 ; i < NUMLINES ; i++)
     {
          y = cyChar * i ;
          [Textausgabe]
     }
     EndPaint (hwnd, &ps) ;
     return 0 ;
```

Bei dieser Variante ist eine Berechnung der *y*-Koordinate über *iVscrollPos* überflüssig, weil das Programm den Fensterursprung abhängig von den Wünschen des Benutzers verschiebt (und damit von der Logik her einem Fenster – also einem Ausschnitt innerhalb eines größeren Dokuments – wesentlich näher kommt. Tatsächlich ließe dann nun die Textausgabe in eine separate Routine abschieben, die ohne jede Kenntnis der »absoluten« Position des Textausschnitts lebt).

Wenn Sie des öfteren mit mathematischen Funktionen arbeiten, erscheint das Verschieben des logischen Punktes (0,0) in die Mitte des Fensters als ausgesprochen sinnvolle Lösung zur Definition eines kartesischen Koordinatensystems. Welches Problem man sich damit einhandelt, wurde zuvor bereits kurz angemerkt: Die *y*-Achse steht dabei auf dem Kopf, d.h. definiert aufsteigende Werte von *y* als Bewegung nach unten. Bei dieser Zuordnung, die sich überdies nicht ändern läßt, handelt es sich um ein Zugeständnis an alte Gewohnheiten – oder auch: um eine Krankheit von MM_TEXT, die die restlichen Koordinatensysteme von Windows erfreulicherweise nicht haben.

Metrische Systeme

Windows definiert fünf Koordinatensysteme, deren logische Einheiten physischen Maßeinheiten entsprechen. Die Skalierung der *x*- und *y*-Achsen ist in diesen fünf Modi jeweils gleich, weshalb Kreise auch dann rund und Rechtecke mit gleichen Kantenlängen zumindest annähernd quadratisch erscheinen sollten, wenn das Ausgabegerät keine quadratischen Pixel produziert.

Die folgende Tabelle gibt diese fünf allgemein als »metrisch« bezeichneten Koordinatensysteme in der Reihenfolge aufsteigender Genauigkeit wieder:

Modus	log. Einheit	Zoll	Millimeter
MM_LOENGLISH	0.01 Zoll	0.01	0.254
MM_LOMETRIC	0.1 mm	0.00394	0.1
MM_HIENGLISH	0.001 Zoll	0.001	0.0254
MM_TWIPS	1/1440 Zoll	0.000694	0.0176
MM_HIMETRIC	0.01 mm	0.000394	0.01

Tabelle 5.6: *Die metrischen Koordinatensysteme von Windows*

Wie bereits erwähnt, steht das Kunstwort *Twip* für 1/20 Punkt (d.h. 1/20 von 1/72 Zoll).

Um Ihnen eine ungefähre Idee der Verhältnisse gegenüber MM_TEXT zu vermitteln: auf einem normalen VGA-Bildschirm ist ein Pixel sowohl 0.325 mm breit und genauso hoch, d.h. stellt ein erheblich gröberes Maß als diese fünf Modi dar. Auf einem Laserdrucker mit 300 dpi hat ein einzelnes Pixel dagegen nur noch eine Größe von 0.0033 Zoll: dort liegt die Auflösung der Geräte-Koordinaten also zwischen MM_LOMETRIC und MM_HIENGLISH.

Die Standardvorgaben für die fünf metrischen Modi sind:

Fensterursprung:	(0, 0)	variabel
Zeichenfenster-Ursprung:	(0, 0)	variabel
Fenstergröße:	(?, ?)	fix
Zeichenfenster-Größe:	(?, ?)	fix

Die Größe von Fenster und Zeichenfenster hängen vom jeweiligen Modus sowie dem Breiten-/Höhenverhältnis des Ausgabemediums ab (was ich in dieser Aufstellung mit Fragezeichen angedeutet habe). Wie zuvor erwähnt, geht es dabei nicht um die absoluten Zahlenwerte, sondern um die Verhältnisse, die als Skalierungsfaktoren in die bereits besprochenen Formeln

$$xWindow = (xViewport - xViewOrg) * \frac{xViewExt}{xWinExt} + xWinOrg$$

$$yWindow = (yViewport - yViewOrg) * \frac{yWinExt}{yViewExt} + yWinOrg$$

eingesetzt werden. Für den Modus MM_LOENGLISH berechnet Windows diese Größen beispielsweise so:

$$\frac{xWinExt}{xViewExt} = \textit{Zahl horizontal in 0,01 Zoll darstellbarer Pixel}$$

$$\frac{-yWinExt}{yViewExt} = \textit{Zahl vertikal in 0,01 Zoll darstellbarer Pixel}$$

Für eine Reihe von Bildschirmen bzw. Video-Adaptern (wie z.B. VGA-Karten) kommen dabei Werte unterhalb von 1 heraus. Damit dürfte auch klar werden, wieso Windows hier anstelle eines direkt gespeicherten Wertes grundsätzlich mit Verhältniszahlen arbeitet: Da GDI-Funktionen auf Integerwerte beschränkt sind, ergäbe sich bei einer solchen Rechnung sonst ein »Skalierungsfaktor« mit dem Wert 0.

Beim Berechnen dieser Werte baut Windows auf den von *GetDeviceCaps* zurückgelieferten Werten auf. Da diese Funktion bei Windows 98 andere Werte zurückliefert als bei Windows NT (vgl. »Die Größe der Zeichenfläche« weiter vorne in diesem Kapitel), unterscheiden sich die Logiken nicht nur im Detail. Fangen wir mit Windows 98 an und setzen wir voraus, Sie haben über »Eigenschaften von Anzeige« den Punkt »kleine Schriftarten« gesetzt, mithin eine logische Auflösung von 96 Pixeln pro Zoll festgelegt. *GetDeviceCaps* liefert folglich auch für die Aufrufe mit den Indexwerten LOGPIXELSX und LOGPIXELSY den Wert 96 zurück. Für die verschiedenen metrischen Koordinatensysteme ergeben sich damit die folgenden Skalierungen:

Koordinatensystem	Zeichenfenster (x, y)	Fenster (x, y)
MM_LOMETRIC	(96, 96)	(254, -254)
MM_HIMETRIC	(96, 96)	(2540, -2540)
MM_LOENGLISH	(96, 96)	(100, -100)
MM_HIENGLISH	(96, 96)	(1000, -1000)
MM_TWIPS	(96, 96)	(1440, -1440)

Tabelle 5.7: *Zeichenfenster- und Fenstermaße für Windows 98*

Für MM_LOENGLISH ergibt sich die Zahl der Pixel in 0,01 Zoll damit über die Berechnung 96 / 100, für MM_LOMETRIC kommen 96 / 254 Pixel auf 0,1 Millimeter heraus.

Windows NT verwendet ein anderes Verfahren (das mit den 16-Bit-Versionen von Windows konform geht). Die Ausdehnung des Zeichenfensters wird dort über die Größe des Bildschirms festgelegt – mithin über die Daten, die *GetDeviceCaps* beim Aufruf mit den Indexwerten HORZRES und VERTRES zurückliefert. Die Ausdehnung des Fensters ist dagegen eine Konstante, weil *GetDeviceCaps* unter Windows NT für HORZSIZE und VERTSIZE fixe Werte (320 x 240 Millimeter) liefert. Für die Bildschirmgröße 1024 x 768 ergibt sich:

Koordinatensystem	Zeichenfenster (x, y)	Fenster (x, y)
MM_LOMETRIC	(1024, -768)	(3200, 2400)
MM_HIMETRIC	(1024, -768)	(32000, 24000)
MM_LOENGLISH	(1024, -768)	(1260, 945) ▶

Koordinatensystem	Zeichenfenster (x, y)	Fenster (x, y)
MM_HIENGLISH	(1024, -768)	(12598, 9449)
MM_TWIPS	(1024, -768)	(18142, 13606)

Tabelle 5.8: *Zeichenfenster- und Fenstermaße für Windows NT bei 1024 x 768*

Hier geht es also um die Anzahl logischer Einheiten für den gesamten Bildschirm: Ein »320 Millimeter breiter Bildschirm« umfaßt konsequent 3200 logische Einheiten im Modus MM_LOMETRIC.

Die negativen y-Werte, die bei Windows 98 für Fenster und bei Windows NT für das Zeichenfenster erscheinen, drehen die Orientierung der *y*-Achse um, damit sie in den fünf metrischen Koordinatensystemen von Windows in die (mathematisch) richtige Richtung zeigt: aufsteigende *y*-Werte entsprechen hier einer Bewegung nach oben im Bildschirm.

Da der Ursprung dieser Koordinatensysteme standardmäßig mit dem physischen Punkt (0,0) zusammenfällt, erhält man direkt nach der Umschaltung erst einmal die in Abbildung 5.28 gezeigte Aufteilung des Zeichenfensters.

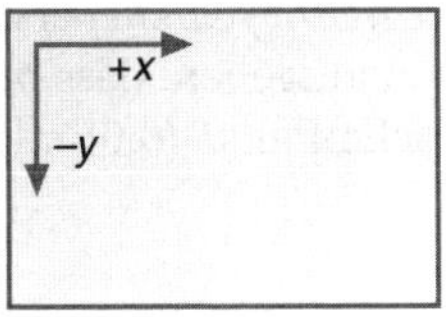

Abbildung 5.28: *Negative Y-Achse mit dem Ursprung in der linken oberen Ecke*

Folglich müssen Ausgaben grundsätzlich über negative *y*-Koordinaten geschehen. Eine Befehlsfolge wie

```
SetMapMode (hdc, MM_LOENGLISH) ;
TextOut (hdc, 100, -100, TEXT("Hallo"), 5) ;
```

stellt also den Text *Hallo* in der oberen linken Ecke des Anwendungsbereichs dar und läßt dabei links bzw. oberhalb des Textes jeweils 1 Zoll auf dem Bildschirm frei.

Falls Ihnen an Ihrer geistigen Gesundheit gelegen sein sollte (und sozusagen als nachträgliche Entschuldigung dafür, dass ich Sie bereits bei der Besprechung von MM_TEXT mit allen möglichen Verschiebeaktionen des Ursprungs gequält habe): wenn wir davon ausgehen, dass der Anwendungsbereich *cyClient* Pixel Höhe hat, dann können Sie den Ursprung des Zeichenfensters mit

```
SetViewportOrgEx (hdc, 0, cyClient, NULL) ;
```

in seine untere linke Ecke verbannen. Das sich dabei ergebende Koordinatensystem sieht so aus:

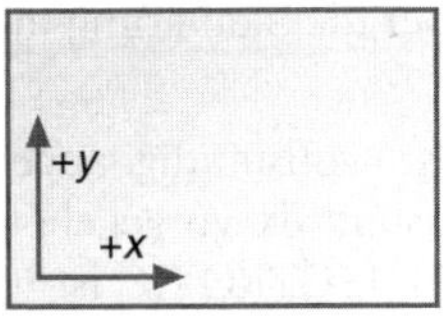

Abbildung 5.29: *Der Ursprung in der unteren linken Ecke*

Wenn man den Ursprung in die Mitte des Anwendungsbereichs verschiebt – etwa mit

```
SetViewportOrgEx (hdc, cxClient / 2, cyClient / 2, NULL) ;
```

– dann entsteht ein echtes kartesisches Koordinatensystem mit vier Quadranten (siehe Abbildung 5.30).

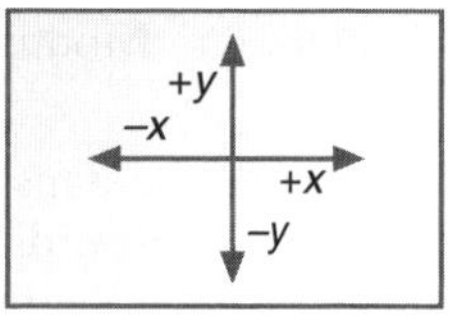

Abbildung 5.30: *Ein kartesisches Koordinatensystem*

Die *x*- und *y*-Achsen dieses Systems haben jeweils dieselbe Länge und verwenden die gleiche Einheit – also entweder Millimeter, Zoll oder Twips.

Die Funktion *SetWindowOrgEx* läßt sich auch in diesem Fall für das Umsetzen des Ursprungs benutzen, ist hier allerdings etwas komplizierter als MM_TEXT, weil sie logische Koordinaten erwartet. Ein Programm, das diese Funktion verwenden will, muß deshalb (*cxClient,cyClient*) erst einmal mit *DPtoLP* in eine logische Koordinate umwandeln. Wenn wir davon ausgehen, dass *pt* für eine programmeigene Variable des Typs POINT steht, läßt sich der logische Punkt (0,0) mit den folgenden Befehlen in die Mitte des Anwendungsbereichs umsetzen:

```
pt.x = cxClient ;
pt.y = cyClient ;
DPtoLP (hdc, &pt, 1) ;
SetWindowOrgEx (hdc, -pt.x, -pt.y, NULL) ;
```

Koordinatensysteme im Eigenbau

Die beiden letzten Modi werden von WINGDI.H als MM_ISOTROPIC und MM_ANISOTROPIC bezeichnet. Sie stellen die einzigen Koordinatensysteme von Windows dar, in denen sich der Skalierungsfaktor für die Umsetzung von logischen in physische Koordinaten beliebig setzen läßt. Wie bei der Übersicht über die Modi bereits erwähnt, steht der Begriff *isotrophisch* für »gleich in alle Richtungen«, *anisotrophisch* für das Gegenteil: während der Modus MM_ISOTROPIC mit gleichen Skalierungen auf der *x*- und *y*-Achse arbeitet, läßt MM_ANISOTROPIC hier verschiedene Werte zu.

In diesem Punkt unterscheidet sich MM_ISOTROPIC also nicht von den metrischen Modi: obwohl sich die Skalierung selbst nach Belieben einstellen läßt, sorgt Windows auch hier noch dafür, dass beide Achsen mit physisch gleichen Werten arbeiten. Die beiden in Kapitel 8 vorgestellten Uhrenprogramme sind ein gutes Beispiel für die Folgen: Sie verwenden diesen Modus und produzieren unabhängig von der Skalierung (lies: der Größe des Fensters) grundsätzlich einen runden Kreis für das Zifferblatt – sind mithin der lebende Beweis für die Tatsache, dass Windows-Programme das Vergrößern und Verkleinern von Fenstern ausschließlich über die Skalierung lösen können.

Die metrischen Modi und MM_TEXT werden verschiedentlich auch als »vollständig abgeschlossen« bezeichnet, weil die Größen des Zeichenfensters und des Fensters fix vorgegeben sind, d.h. das Programm keinen Einfluß auf die Art der Umsetzung hat. MM_ISOTROPIC ist in diesem Sinne »teilweise abgeschlossen«: Windows erlaubt zwar Änderungen dieser beiden Größen, sorgt aber automatisch dafür, dass Breiten-/Höhenverhältnisse konstant bleiben. Der Modus MM_ANISOTROPIC müßte dann als »offen« bezeichnet werden: dort lassen sich nicht nur die Größe von Fenster und Zeichenfenster beliebig ändern, sondern auch die Umsetzung von logischen in physische Koordinaten für jede Achse separat bestimmen.

Der Modus MM_ISOTROPIC

Dieser Modus ist der beste, wenn man Skalierungen beliebiger Art plant, bei denen die beiden Achsen nach wie vor mit ein und derselben logischen Einheit arbeiten sollen. Da Windows bei der Umsetzung von logischen in physische Koordinaten die tatsächlichen Breiten-/Höhenverhältnisse des jeweiligen Ausgabegeräts berücksichtigt, erscheint ein Rechteck mit gleichen (logischen) Seitenlängen unabhängig vom Skalierungsfaktor als Quadrat, eine Ellipse mit gleicher logischer Höhe und Breite als Kreis.

Wie sich empirisch ermitteln läßt, verwendet Windows bei der Umschaltung auf MM_ISOTROPIC dieselben Größen für Fenster und Zeichenfenster wie im Modus MM_LOMETRIC. (Verlassen sollte man sich darauf natürlich nicht.) Im Unterschied zu MM_LOMETRIC und den anderen metrischen Modi stehen danach mit *SetWindowExtEx* und *SetViewportExtEx* zwei weitere Funktionen zur Verfügung, über die sich die Größe des Fensters bzw. des Zeichenfensters beliebig ändern lassen.

In den meisten Fällen wird man *SetWindowExtEx* mit der gewünschten logischen Größe des Zeichenfensters und *SetViewportExtEx* mit der aktuellen Höhe und Breite des programmeigenen Fensters (in Pixeln) aufrufen. Auf diese Weise wird Windows dazu gezwungen, das gewünschte Koordinatensystem auf das programmeigene Fenster abzubilden (wobei es durchaus sein kann, dass Teile des Anwendungsbereichs aufgrund der notwendigen Anpassung der Breiten-/Höhenverhältnisse unbenutzt bleiben). Der Aufruf von *SetWindowExtEx* sollte vor dem Aufruf von *SetViewportExt* erfolgen, damit die GDI beim Berechnen der Skalierungsfaktoren bereits über die gewünschten Verhältnisse Bescheid weiß.

Nehmen wir einmal als Beispiel ein normales Koordinatensystem mit einem Quadranten, dessen Ursprung mit der unteren linken Ecke des Anwendungsbereichs zusammenfällt, und dessen *x*- bzw. *y*-Achsen Werte im Bereich von 0 bis 32767 darstellen sollen. Die dafür notwendigen Befehle wären:

```
SetMapMode (hdc, MM_ISOTROPIC) ;
SetWindowExtEx (hdc, 32767, 32767, NULL) ;
SetViewportExtEx (hdc, cxClient, -cyClient, NULL) ;
SetViewportOrgEx (hdc, 0, cyClient, NULL) ;
```

Wenn Sie danach die Größen des Zeichenfensters und des Fensters mit *GetWindowExtEx* und *GetViewportExtEx* abfragen, werden Sie aller Wahrscheinlichkeit nach andere Werte erhalten, als soeben bei den Aufrufen von *SetViewportExtEx* und *SetViewportOrgEx* angegeben. Der Grund liegt darin, dass Windows beide Werte über die Breiten-/Höhenverhältnisse des Bildschirms korrigiert und danach so angepaßt hat, dass beide Achsen vollständig in die momentane Form des Fensters hineinpassen. In einem Anwendungsbereich, der (physisch) breiter als hoch ist, deckt die *x*-Achse folglich nur einen Teil des Fensters ab:

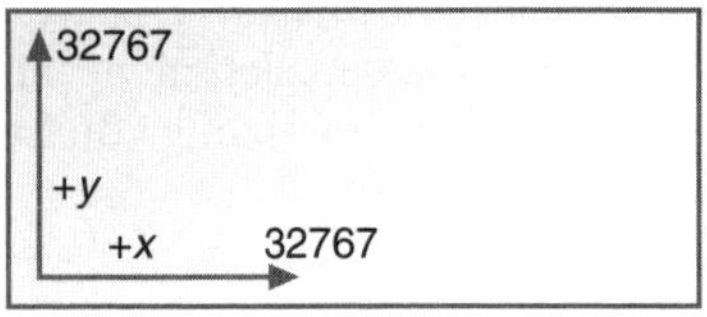

Abbildung 5.31: *Ein »quadratisches« System in einem rechteckigen Fenster*

Das (logische) Fenster beginnt hier mit der linken unteren Ecke des Anwendungsbereichs. In *y*-Richtung endet es mit der oberen linken Ecke dieses Bereichs, in *x*-Richtung dagegen irgendwo in der Mitte. Der Bereich rechts des Fensters ist dem Programm nicht zugänglich, weil dafür *x*-Koordinaten mit Werten oberhalb von 32767 benötigt würden. (Wie verschiedentlich erwähnt, ist das in diesem Beispiel unter Windows 98 rein von der Technik her nicht möglich, weil das System bei Koordinaten ausschließlich die unteren 16 Bit berücksichtigt. Bei Windows NT ist die Begrenzung der X-Achse auf 32767 dagegen rein logischer Natur: Ein Programm, das es unbedingt darauf anlegt, kann sehr wohl auch etwas in die rechte Fensterhälfte hinein zeichnen.)

Dasselbe – sowohl von der Logik als auch von den Grenzen her – gilt für Fenster, die (wiederum physisch) höher als breit sind: Dort deckt die *x*-Achse die gesamte Fensterbreite ab, während sich die *y*-Achse nur über einen Teil der Gesamtfläche erstreckt.

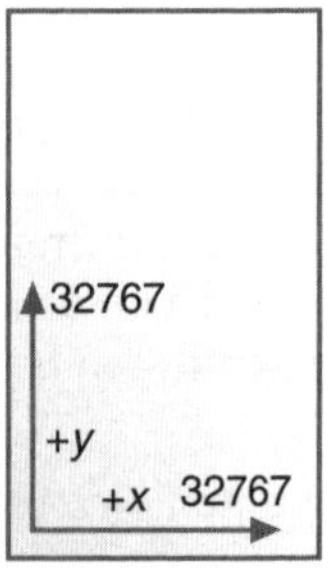

Abbildung 5.32: *Die zweite Möglichkeit*

Alternativ könnte man in einem solchen Fall auch dafür sorgen, dass die *y*-Achse mit der oberen linken Ecke des Fensters abschließt, d.h. den Ursprung des Koordinatensystems entsprechend nach oben verschieben:

```
SetMapMode (hdc, MM_ISOTROPIC) ;
SetWindowExtEx (hdc, 32767, 32767, NULL) ;
SetViewportExtEx (hdc, cxClient, -cyClient, NULL) ;
SetWindowOrgEx (hdc, 0, 32767, NULL) ;
```

Hier wird über *SetWindowOrgEx* festgelegt, dass der logische Punkt (0, 32767) mit dem physischen Punkt (0, 0) zusammenfallen soll. Für ein Fenster, das höher als breit ist, kommt dabei ein Koordinatensystem heraus wie in Abbildung 5.33 gezeigt.

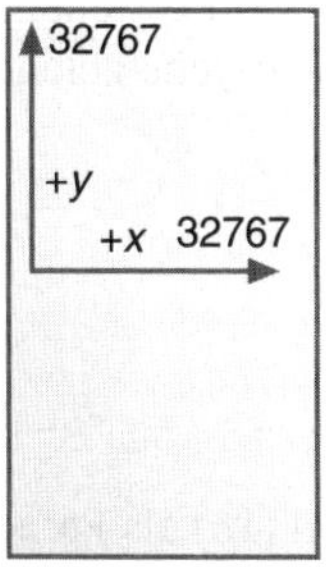

Abbildung 5.33: *Verschieben des Ursprungs*

Ein kartesisches Koordinatensystem mit beliebig skalierten Achsen in alle vier Richtungen läßt sich erzeugen, wenn man den Ursprung in die Mitte des Fensters verlegt:

```
SetMapMode (hdc, MM_ISOTROPIC) ;
SetWindowExtEx (hdc, 1000, 1000, NULL) ;
SetViewportExtEx (hdc, cxClient / 2, -cyClient / 2, NULL) ;
SetViewportOrgEx (hdc, cxClient / 2, cyClient / 2, NULL) ;
```

Das Ergebnis finden Sie in den Abbildungen 5.34 und 5.35: ein Koordinatensystem, das sich auch physisch in der Mitte des Anwendungsbereichs befindet und dessen Achsen sowohl physisch als auch logisch dieselbe Länge haben. (Da die *Gesamtlänge* jeder Achse mit 1000 festgelegt wurde, können sich logische *x*- und *y*-Koordinaten hier jeweils im Wertebereich von -500 bis +500 bewegen).

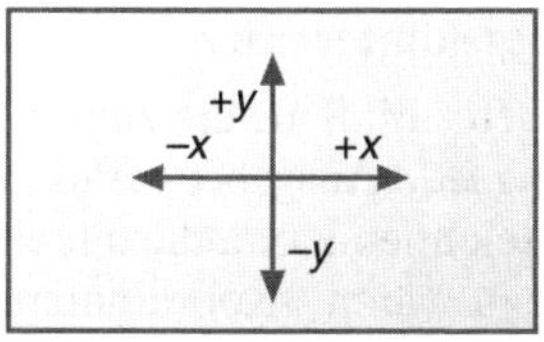

Abbildung 5.34: *Ein kartesisches Koordinatensystem in der Mitte eines Hochkant-Fensters*

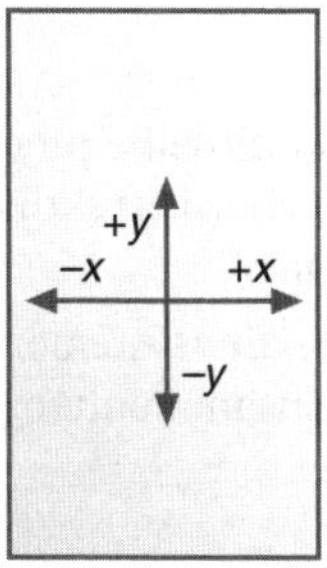

Abbildung 5.35: *Dasselbe Koordinatensystem mit in der Mitte eines Breitwand-Fensters*

Mit Clipping-Rechtecken hat eine solche Skalierung nicht das Geringste zu tun: ein Programm, das ein Koordinatensystem mit (beispielsweise) 1000 Einheiten definiert, kann selbstverständlich *x*- und *y*-Koordinaten außerhalb dieses Bereichs benutzen, so lange es nicht gerade an die technischen Grenzen von Windows 98 stößt – nur hängt es eben von der Form des jeweiligen Fensters ab, ob die entsprechenden Punkte noch auf dem Bildschirm sichtbar werden oder nicht.

Im Modus MM_ISOTROPIC lassen sich auch logische Einheiten definieren, die größer als die zugrundeliegende physische Einheit »Pixel« sind. Nehmen wir einmal an, Sie wollen ein Koordinatensystem mit denselben Eigenschaften wie MM_TEXT, aber der Einheit 1/16 Zoll erstellen. Damit könnte man ein Lineal am oberen und am linken Rand des Anwendungsbereichs zeichnen, das in Abschnitte mit jeweils 1/16 Zoll unterteilt ist:

```
SetMapMode (hdc, MM_ISOTROPIC) ;
SetWindowExtEx (hdc, 16, 16, NULL) ;
SetViewportExtEx (hdc, GetDeviceCaps (hdc, LOGPIXELSX),          // Windows 9x!
                       GetDeviceCaps (hdc, LOGPIXELSY), NULL) ;
```

SetWindowExtEx bekommt hier die gewünschte Zahl logischer Einheiten pro Zoll (16) als Parameter übergeben, *SetViewportExtEx* die über *GetDeviceCaps* ermittelte physische Auflösung, d.h. die Zahl der physischen Pixel pro Zoll. Wie der Kommentar bereits andeutet, ist dieses Verfahren für Windows 95 und Windows 98 verwendbar – nicht aber für Windows NT 4. Dort müßte die Umsetzung so aussehen:

```
SetMapMode (hdc, MM_ISOTROPIC) ;
SetWindowExtEx (hdc, 160 * GetDeviceCaps (hdc, HORZSIZE) / 254,
                     160 * GetDeviceCaps (hdc, VERTSIZE) / 254, NULL) ;
SetViewportExtEx (hdc, GetDeviceCaps (hdc, HORZRES),
                       GetDeviceCaps (hdc, VERTRES), NULL) ;
```

Hier wird mit der Größe des gesamten Bildschirms gearbeitet, die *GetDeviceCaps* beim Aufruf mit den Konstanten HORZSIZE und VERTSIZE in Millimetern (als fixen Wert) zurückliefert. Bei der Verwendung von Gleitkommazahlen würde man diese Werte erst durch 25.4 dividieren, um aus Millimetern Zoll zu machen, und dann mit 16 multiplizieren, um auf das gewünschte Maß »1/16 Zoll« zu kommen. Da wir es aber ausschließlich mit Integerwerten zu tun haben, muß diese Operation als Multiplikation mit anschließender Division (160 / 254) ausgeführt werden.

Auch wenn 1/16 Zoll bei den allermeisten Ausgaben ein erheblich gröberes Maß als die zugrundeliegende physische Einheit sein wird, geschieht nach dieser Skalierung *jede* Ausgabeoperation mit diesem Raster – was bedeutet, dass man definitiv keine zwei Linien zeichnen kann, die mit einem Abstand von (beispielsweise) 1/32 Zoll nebeneinander liegen: dazu wären »Koordinaten-Bruchteile« notwendig.

MM_ANISOTROPIC: Gestreckte und gestauchte Bilder

Während Windows im Modus MM_ISOTROPIC dafür sorgt, dass *x*- und *y*-Achsen dieselbe physische Einheit benutzen, findet im Modus MM_ANISOTROPIC keine automatische Korrektur statt: ein physisch korrektes Breiten-/Höhenverhältnis ist hier Sache des Programms.

Der einfachste Anwendungszweck dieses Modus liegt im Definieren von Koordinatensystemen mit beliebig skalierten Achsen. Das folgende Beispiel habe ich schon einmal im Zusammenhang mit MM_ISOTROPIC benutzt:

```
SetMapMode (hdc, MM_ANISOTROPIC) ;
SetWindowExtEx (hdc, 32767, 32767, NULL) ;
SetViewportExtEx (hdc, cxClient, -cyClient, NULL) ;
SetViewportOrgEx (hdc, 0, cyClient, NULL) ;
```

Auch hier ist das Ergebnis ein Koordinatensystem, dessen Ursprung in der unteren linken Fensterecke liegt und dessen *x*- bzw. *y*-Achse einen Wertebereich von 0 bis 32767 hat. Im Modus MM_ISOTROPIC kam dabei allerdings ein System heraus, bei dem je nach Form des Fensters ein Bereich oberhalb bzw. rechts dieser Achsen unzugänglich blieb. Im Modus MM_ANISOTROPIC fällt der Punkt (32767, 32767) nach dieser Definition dagegen unabhängig von der Form des Fensters mit der oberen rechten Ecke des Anwendungsbereichs zusammen – mit der Folge, dass für nicht quadratische Anwendungsbereiche dabei unterschiedliche physische Einheiten für *x* und *y* herauskommen.

Dasselbe gilt natürlich auch für andere Orientierungen. Das im vorangehenden Abschnitt als Beispiel für eine Uhr angeführte kartesische Koordinatensystem mit vier Quadranten und einem Wertebereich von -1000 bis +1000 läßt sich im Prinzip mit denselben Befehlen wie bei MM_ISOTROPIC definieren:

```
SetMapMode (hdc, MM_ANISOTROPIC) ;
SetWindowExtEx (hdc, 1000, 1000, NULL) ;
SetViewportExtEx (hdc, cxClient / 2, -cyClient / 2, NULL) ;
SetViewportOrgEx (hdc, cxClient / 2, cyClient / 2, NULL) ;
```

Wer in diesem System eine Ellipse mit gleichen Halbachsen zeichnet, bekommt allerdings nur dann einen Kreis zu sehen, wenn das Fenster selbst quadratisch ist.

Eine andere Anwendungsmöglichkeit von MM_ANISOTROPIC liegt in einem System, das für *x* und *y* separate (fixe) Einheiten verwendet. Ein Programm, das sich rein auf die Ausgabe von Texten in einer nichtproportionalen Schrift beschränkt, könnte beispielsweise ein grobes Koordinatensystem auf der Basis der Zeichenbreite und -höhe definieren:

```
SetMapMode (hdc, MM_ANISOTROPIC) ;
SetWindowExtEx (hdc, 1, 1, NULL) ;
SetViewportExtEx (hdc, cxChar, cyChar, NULL) ;
```

Wenn wir davon ausgehen, dass *cxChar* und *cyChar* hier für die Breite und Höhe von SYSTEM_FIXED_FONT stehen, kann das Programm nun anstelle von Pixelwerten Zeilen- und Spaltenpositionen bei Aufrufen von *TextOut* angeben. Ein Befehl wie

```
TextOut (hdc, 3, 2, TEXT("Hallo"), 5) ;
```

würde also den Text *Hallo* in der dritten Zeile und der vierten Spalte darstellen (und damit an die Zeiten erinnern, zu denen derartige Positionierungen die einzige Möglichkeit waren – lies: die Textbildschirme von MS-DOS).

Bei der Umschaltung auf MM_ANISOTROPIC übernimmt Windows die Größenverhältnisse des jeweils zuvor aktiven Koordinatensystems, d.h. beschränkt sich sozusagen auf ein »Entsperren« der in den restlichen Modi fix vorgegebenen Faktoren, was eine ausgesprochen praktische Angelegenheit sein kann. Gehen wir beispielsweise einmal davon aus, dass Sie das Koordinatensystem MM_LOENGLISH mit seinem logischen Maß 0.01 Zoll verwenden, aber lieber mit derselben Orientierung wie bei MM_TEXT arbeiten wollen, d.h. mit aufsteigenden *y*-Werten für Bewegungen nach unten auf dem Bildschirm. Da MM_ANISOTROPIC die Vorgaben des jeweils zuletzt gesetzten Modus übernimmt, ist der Weg nicht weit:

```
SIZE size ;
[weitere Deklarationen]

SetMapMode (hdc, MM_LOENGLISH) ;
SetMapMode (hdc, MM_ANISOTROPIC) ;
GetViewportExtEx (hdc, &size) ;
SetViewportExtEx (hdc, size.cx, -size.cy, NULL) ;
```

Dieses Fragment setzt zuerst MM_LOENGLISH und gibt danach die Größenverhältnisse über das Setzen von MM_ANISOTROPIC für Veränderungen frei. *GetViewportExt* trägt die Größe des Zeichenfensters in die übergebene SIZE-Struktur ein, die danach über *SetViewportExt* neu gesetzt wird – allerdings mit einem negativen Vorzeichen für die *y*-Koordinaten.

Das Programm WHATSIZE

Angesichts des Entwicklungstempos auf dem Computersektor hat dieses Programm schon fast historischen Wert: Die Originalversion erschien im allerersten »Wie programmiere ich mit Windows«-Artikel im *Microsoft Systems Journal* anno 1986. Sie hörte auf den Namen WSZ (»what size«) und gab die Größe des Anwendungsbereichs in Pixeln, Zoll sowie Millimetern aus. Eine verkürzte und leicht modernisierte Version von WSZ finden Sie in Abbildung 5.36: Das Programm WHATSIZE, das die Größe seines Anwendungsbereichs in den fünf metrischen Koordinatensystemen darstellt.

WHATSIZE.C

```
/*-----------------------------------------------
   WHATSIZE.C -- Fenstergrößen in unterschiedlichen
                 Koordinatensystemen
                 (c) Charles Petzold, 1998
  -----------------------------------------------*/
#include <windows.h>

LRESULT CALLBACK WndProc (HWND, UINT, WPARAM, LPARAM) ;

int WINAPI WinMain (HINSTANCE hInstance, HINSTANCE hPrevInstance,
                    PSTR szCmdLine, int iCmdShow)
{
     static TCHAR szAppName[] = TEXT ("WhatSize") ;
     HWND         hwnd ;
     MSG          msg ;
     WNDCLASS     wndclass ;

     wndclass.style         = CS_HREDRAW | CS_VREDRAW;
     wndclass.lpfnWndProc   = WndProc ;
     wndclass.cbClsExtra    = 0 ;
     wndclass.cbWndExtra    = 0 ;
     wndclass.hInstance     = hInstance ;
     wndclass.hIcon         = LoadIcon (NULL, IDI_APPLICATION) ;
     wndclass.hCursor       = LoadCursor (NULL, IDC_ARROW) ;
     wndclass.hbrBackground = (HBRUSH) GetStockObject (WHITE_BRUSH) ;
     wndclass.lpszMenuName  = NULL ;
     wndclass.lpszClassName = szAppName ;

     if (!RegisterClass (&wndclass))
     {    // UNICODE-Compilierung ist die einzige realistische Fehlermöglichkeit
          MessageBox (NULL, TEXT ("Programm arbeitet mit Unicode und setzt Windows NT voraus!"),
                      szAppName, MB_ICONERROR) ;
          return 0 ;
     }

     hwnd = CreateWindow (szAppName, TEXT ("Wie groß ist das Fenster?"),
                          WS_OVERLAPPEDWINDOW,
```

```
                          CW_USEDEFAULT, CW_USEDEFAULT,
                          CW_USEDEFAULT, CW_USEDEFAULT,
                          NULL, NULL, hInstance, NULL) ;

     ShowWindow (hwnd, iCmdShow) ;
     UpdateWindow (hwnd) ;

     while (GetMessage (&msg, NULL, 0, 0))
     {
          TranslateMessage (&msg) ;
          DispatchMessage (&msg) ;
     }
     return msg.wParam ;
}

void Show (HWND hwnd, HDC hdc, int xText, int yText, int iMapMode,
           TCHAR * szMapMode)
{
     TCHAR szBuffer [60] ;
     RECT  rect ;

     SaveDC (hdc) ;

     SetMapMode (hdc, iMapMode) ;
     GetClientRect (hwnd, &rect) ;
     DPtoLP (hdc, (PPOINT) &rect, 2) ;

     RestoreDC (hdc, -1) ;

     TextOut (hdc, xText, yText, szBuffer,
              wsprintf (szBuffer, TEXT ("%-20s %7d %7d %7d %7d"), szMapMode,
              rect.left, rect.right, rect.top, rect.bottom)) ;
}

LRESULT CALLBACK WndProc (HWND hwnd, UINT message, WPARAM wParam, LPARAM lParam)
{
     static TCHAR szHeading [] =
          TEXT ("Koordinatensystem       Left   Right     Top  Bottom") ;
     static TCHAR szUndLine [] =
          TEXT ("-----------------       ----   -----     ---  ------") ;
     static int   cxChar, cyChar ;
     HDC          hdc ;
     PAINTSTRUCT  ps ;
     TEXTMETRIC   tm ;

     switch (message)
     {
     case WM_CREATE:
          hdc = GetDC (hwnd) ;
          SelectObject (hdc, GetStockObject (SYSTEM_FIXED_FONT)) ;

          GetTextMetrics (hdc, &tm) ;
          cxChar = tm.tmAveCharWidth ;
          cyChar = tm.tmHeight + tm.tmExternalLeading ;

          ReleaseDC (hwnd, hdc) ;
```

```
          return 0 ;

     case WM_PAINT:
          hdc = BeginPaint (hwnd, &ps) ;
          SelectObject (hdc, GetStockObject (SYSTEM_FIXED_FONT)) ;
          SetMapMode (hdc, MM_ANISOTROPIC) ;
          SetWindowExtEx (hdc, 1, 1, NULL) ;
          SetViewportExtEx (hdc, cxChar, cyChar, NULL) ;

          TextOut (hdc, 1, 1, szHeading, lstrlen (szHeading)) ;
          TextOut (hdc, 1, 2, szUndLine, lstrlen (szUndLine)) ;

          Show (hwnd, hdc, 1, 3, MM_TEXT,      TEXT ("TEXT (pixels)")) ;
          Show (hwnd, hdc, 1, 4, MM_LOMETRIC,  TEXT ("LOMETRIC (.1 mm)")) ;
          Show (hwnd, hdc, 1, 5, MM_HIMETRIC,  TEXT ("HIMETRIC (.01 mm)")) ;
          Show (hwnd, hdc, 1, 6, MM_LOENGLISH, TEXT ("LOENGLISH (.01 in)")) ;
          Show (hwnd, hdc, 1, 7, MM_HIENGLISH, TEXT ("HIENGLISH (.001 in)")) ;
          Show (hwnd, hdc, 1, 8, MM_TWIPS,     TEXT ("TWIPS (1/1440 in)")) ;

          EndPaint (hwnd, &ps) ;
          return 0 ;

     case WM_DESTROY:
          PostQuitMessage (0) ;
          return 0 ;
     }
     return DefWindowProc (hwnd, message, wParam, lParam) ;
}
```

Abbildung 5.36: *Das Programm* WHATSIZE

Um sich Ausgaben über *TextOut* so einfach wie möglich zu machen, verwendet WHATSIZE eine nichtproportionale Schrift. Die Umschaltung auf die entsprechende Variante der Systemschrift gestaltet sich deshalb ausgesprochen einfach, weil diese Schrift vor Windows 3.0 den Standard darstellte und deshalb aus Kompatibilitätsgründen auch in Windows 98 immer noch mit von der Partie ist:

```
SelectObject (hdc, GetStockObject (SYSTEM_FIXED_FONT)) ;
```

Hier kommt offensichtlich dieselbe Logik wie beim Einsetzen vordefinierter Zeichenstifte und Füllmuster zum Zuge. Nachdem das Programm mit

```
SetMapMode (hdc, MM_ANISOTROPIC) ;
SetWindowExtEx (hdc, 1, 1, NULL) ;
SetViewportExtEx (hdc, cxChar, cyChar, NULL) ;
```

das Koordinatensystem MM_ANISOTROPIC gesetzt hat, kann es sich danach bei *TextOut* auf Zeilen- bzw. Spaltenpositionen beschränken.

Die Ermittlung der Größenverhältnisse in den einzelnen Modi beginnt mit dem Speichern des momentanen Gerätekontexts und dem Setzen des jeweiligen Modus. Danach wird die Größe des Anwendungsbereichs in Pixeln abgefragt und im momentan aktiven Modus in logische Koordinaten umgewandelt, worauf schließlich das Zurücksetzen des Gerätekontexts via *RestoreDC* folgt. Tatsächlich ist diese Beschreibung wesentlich länger als der dazugehörige Code, der sich in der Funktion *Show* von WHATSIZE findet:

```
SaveDC (hdc) ;
SetMapMode (hdc, iMapMode) ;
GetClientRect (hwnd, &rect) ;
DptoLP (hdc, (PPOINT) &rect, 2) ;
RestoreDC (hdc, -1) ;
```

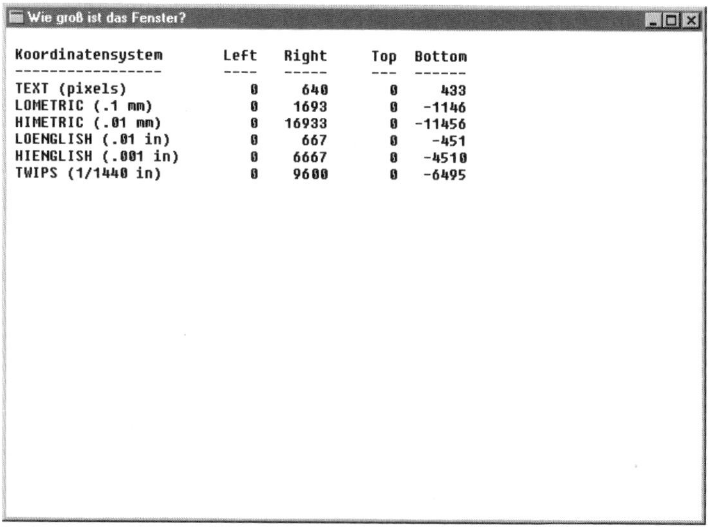

Abbildung 5.37: *Die Ausgaben von* WHATSIZE *in einem Fenster normaler Größe*

Rechtecke, Bereiche und Clipping

Neben den bis dato besprochenen Zeichenroutinen bietet Windows eine Reihe zusätzlicher Funktionen, bei denen es vor allem um Rechtecke (d.h. den Datentyp RECT) und Regionen geht. Eine solche »Region« ist ein beliebiger Bereich des Bildschirms, dessen Umriß sich durch eine Kombination von Rechtecken, Polygonen und Ellipsen beschreiben läßt.

Zusätzliche Funktionen für Rechtecke

Die folgenden drei Funktionen erwarten einen Zeiger auf eine Struktur des Typs RECT als Parameter, d.h. arbeiten mit den logischen Koordinatenpaaren (*left*,*top*) und (*right*,*bottom*):

```
FillRect (hdc, &rect, hBrush) ;
FrameRect (hdc, &rect, hBrush) ;
InvertRect (hdc, &rect) ;
```

FillRect füllt einen rechteckigen Bereich mit dem als *hBrush* angegebenen Muster, das (im Gegensatz zu üblichen Gepflogenheiten) nicht zuvor in den Kontext eingesetzt werden muß. Die durch *right* und *bottom* beschriebene Spalte bzw. Rasterzeile bleibt unverändert (weshalb man auch sagen könnte, dass *FillRect* von der linken oberen Ecke *bis zu* der unteren rechten Ecke arbeitet).

FrameRect zeichnet einen (nicht ausgefüllten) Rahmen und verwendet dazu das via *hBrush* angegebene Füllmuster, d.h. weicht ebenfalls von den sonstigen Gewohnheiten ab: Die restlichen GDI-Funktionen (wie *Rectangle*, *Chord* usw.) benutzen dazu den dem Kontext zugeordneten Zeichenstift. Die Breite des von *FrameRect* gezeichneten Rahmens ist auf eine logische Einheit des aktuellen Koordinatensystems festgelegt, weshalb der Rahmen bei entsprechender Skalierung ohne weiteres mehr als ein Pixel belegen kann. Der Hauptunterschied zu *Rectangle* liegt allerdings in einem anderen Punkt: weil hier ein Füllmuster benutzt wird, läßt *FrameRect* auch Mischfarben zu.

InvertRect invertiert den durch ein Rechteck umschlossenen Bereich, d.h. verwandelt gesetzte Bits in gelöschte und umgekehrt. Aus einem weißen Rechteck wird dadurch ein schwarzes, aus einem schwarzen ein weißes – und aus Grün wird Magenta.

Zu diesen Zeichenfunktionen kommen neun Routinen, über die sich Strukturen des Typs RECT recht einfach und geradlinig manipulieren lassen. Um beispielsweise die vier Felder einer solchen Variablen mit bestimmten Werten zu setzen, benutzt man normalerweise vier separate Befehle:

```
rect.left   = xLeft ;
rect.top    = xTop ;
rect.right  = xRight ;
rect.bottom = xBottom ;
```

Die Funktion *SetRect* erledigt dagegen dasselbe mit einem einzigen Aufruf:

```
SetRect (&rect, xLeft, yTop, xRight, yBottom) ;
```

Die folgende Tabelle gibt einen Überblick über die anderen acht Funktionen und ihren Zweck:

Funktion	Zweck
OffsetRect (&rect, x, y)	Verschieben eines Rechtecks ohne Änderung seiner Größe
InflateRect (&rect, x, y)	Vergrößern oder Verkleinern eines Rechtecks
SetRectEmpty (&rect)	Initialisieren aller vier Felder mit dem Wert 0
CopyRect (&DestRect, &SrcRect)	Kopieren einer Struktur des Typs RECT
IntersectRect (&DestRect, &SrcRect1, &SrcRect2)	Schnittmenge, d.h. von zwei Rechtecken gemeinsam abgedeckter Bereich
UnionRect (&DestRect, &SrcRect1, &SrcRect2)	Vereinigung, d.h. gemeinsam umschließendes Rechteck
bEmpty= IsRectEmpty(&rect)	Prüfung, ob ein Rechteck »leer« ist, d.h. Start- und Endpunkte identisch sind
bInRect=PtInRect(&rect, point)	Prüfung, ob point innerhalb von rect liegt

Tabelle 5.9: *Funktionen für Rechtecke*

Bei einigen dieser Funktionen sind die äquivalenten Befehle so einfacher Natur, dass ein Funktionsaufruf mehr Platz in der .EXE-Datei als die direkte Codierung erfordert. So läßt sich ein Aufruf der Funktion *CopyRect* beispielsweise auch durch eine einfache Zuweisung ersetzen:

```
DestRect = SrcRect ;
```

Unendliche Geschichten

Sicher haben Sie schon einmal das eine oder andere Grafik-Demonstrationsprogramm gesehen, das einfach endlos läuft und dabei eine Folge ständig neuer Kreise oder Rechtecke mit wechselnden Farben erzeugt. Nachdem Ihnen vermutlich klar sein dürfte, dass sich so etwas *nicht* mit einer Schleife á la *while(TRUE)* als Reaktion auf WM_PAINT erledigen läßt (weil ein solches Programm dann auf keine andere Nachricht reagieren würde und sich unter anderem nur gewaltsam beenden ließe), stellt sich natürlich die Frage »wie dann?«

Eine Möglichkeit wäre beispielsweise das Belegen eines Timers (vgl. Kapitel 8): das Programm könnte sich bis zu 18mal pro Sekunde eine Nachricht des Typs WM_TIMER senden lassen und darauf mit dem Zeichnen eines »zufälligen« Rechtecks reagieren (wobei man den Gerätekontext dann via *GetDC* ermitteln müßte). Das Ergebnis wäre allerdings eine recht langweilige Angelegenheit: Gefragt war schließlich eine Routine, die Rechtecke oder andere Objekte so schnell wie möglich zeichnet, anstatt halbe Ewigkeiten auf einen Timer zu warten, der seinerseits von der Auflösung der Systemuhr abhängt und deshalb unter Windows 98 nicht über die bereits erwähnten 18 »Ticks« pro Sekunde hinauskommt.

Solange Sie nicht gerade vor immer wieder zitierten ausrangierten 386er-Laptop sitzen, auf dem sich ein Dutzend Hintergrundprogramme um nicht vorhandene Rechenzeit schlägt, befindet sich allerdings auch Windows den meisten Teil der Zeit im Leerlauf – tut also nichts weiter, als auf Tastatur- oder Mausereignisse zu warten. Ob es eine Möglichkeit gibt, sich von diesem Kuchen ein möglichst dickes Stück abzuschneiden und die Kontrolle nur dann zurückzugeben, wenn tatsächlich irgendeine Nachricht zur Bearbeitung ansteht?

Genau darin liegt einer der Zwecke von *PeekMessage* – einer Funktion, die sich beispielsweise so aufrufen läßt:

```
PeekMessage (&msg, NULL, 0, 0, PM_REMOVE) ;
```

Die ersten vier Parameter – ein Zeiger auf eine Struktur des Typs MSG und ein Fensterhandle sowie zwei Werte für den »Bereich« der abzufragenden Nachrichten – sind exakt dieselben wie beim Aufruf von *GetMessage*: mit NULL,0,0 wird Windows angewiesen, sämtliche Ereignisse zu berücksichtigen, die sich auf das Programm oder eines seiner Fenster beziehen.

Die Ähnlichkeiten gehen noch ein gutes Stück weiter: wie *GetMessage* übergibt auch *PeekMessage* die Kontrolle an andere Prozesse, wenn die programmeigene Warteschlange leer ist und sich in den Warteschlangen anderer Programme zu Bearbeitendes findet; Nachrichten anderer Programme kann man mit *PeekMessage* genauso wenig wie mit *GetMessage* abfragen.

Der Unterschied zwischen den beiden Funktionen liegt zum einen im letzten Parameter, für den sich alternativ die Konstante PM_NOREMOVE einsetzen läßt: in diesem Fall beschränkt sich *PeekMessage* sozusagen auf die Kopie einer Nachricht, d.h. verändert die Warteschlange nicht. Zum anderen: während *GetMessage* erst dann zum aufrufenden Programm zurückkehrt, wenn es tatsächlich etwas zu tun gibt, führt *PeekMessage* diesen Rücksprung sofort aus, wenn eine der beiden folgenden Bedingungen zutrifft:

- Die Warteschlange des Programms enthält eine Nachricht. In diesem Fall liefert *PeekMessage* TRUE (ungleich 0) als Funktionsergebnis.
- Die Warteschlangen aller momentan geladenen Programme (inklusive des aufrufenden Programms) sind leer. In diesem Fall ist das Ergebnis von *PeekMessage* der Wert FALSE (0).

Wenn mehrere Programme gleichzeitig mit einer Ereignis-Warteschleife arbeiten, die über *PeekMessage* anstelle von *GetMessage* aufgebaut ist, wird die Sache etwas komplizierter – aber Gott sei Dank nicht für uns: In diesem Fall muß Windows über simulierte Leernachrichten dafür sorgen, dass jedes dieser Programme der Reihe nach zum Arbeiten kommt.

Aus der üblichen Form der Nachrichten-Warteschleife – also

```
while (GetMessage (&msg, NULL, 0, 0))
     {
     TranslateMessage (&msg) ;
     DispatchMessage (&msg) ;
     }
return msg.wParam ;
```

– wird beim Einsatz von *PeekMessage* ein etwas komplizierteres Konstrukt:

```
while (TRUE)
     {
     if (PeekMessage (&msg, NULL, 0, 0, PM_REMOVE))
          {
          if (msg.message == WM_QUIT)
               break ;

          TranslateMessage (&msg) ;
          DispatchMessage (&msg) ;
          }
     else
          {
         [Leerlauf des Systems, d.h. freie Rechenzeit für beliebige Aktionen]
          }
     }
return msg.wParam ;
```

Während *GetMessage* auf Nachrichten des Typs WM_QUIT mit dem Zurückliefern des Wertes 0 reagiert und die Ereignis-Warteschleife damit sozusagen automatisch beendet, ist beim Einsatz von *PeekMessage* eine explizite Prüfung notwendig, weil das Funktionsergebnis 0 hier für »Warteschlange leer« steht.

Wenn *PeekMessage* den Wert TRUE als Ergebnis liefert, enthält die Warteschlange des Programms eine Nachricht, die über die folgenden Aufrufe von *TranslateMessage* und *DispatchMessage* auf völlig normale Weise bearbeitet wird. Liefert die Funktion dagegen FALSE, dann sind sämtliche Warteschlangen des Systems leer: das Programm kann in diesem Fall eigene Aktionen beliebiger Art einschieben – wie eben beispielsweise das Zeichnen eines weiteren »zufälligen« Rechtecks.

Das Win32-SDK weist in diesem Zusammenhang darauf hin, dass sich Nachrichten des Typs WM_PAINT mit *PeekMessage* nicht aus der Warteschlange entfernen lassen. Probleme sollten sich dadurch allerdings nicht ergeben, weil *GetMessage* in diesem Punkt ebenfalls keine Wirkung zeigt: der einzige Weg, diese Nachrichten wieder loszuwerden, besteht im Kennzeichnen der entsprechenden Bereiche als »aktualisiert«, was über *ValidateRect*, *ValidateRgn*, oder das Funktionspaar *BeginPaint/EndPaint* geschieht. Ein Programm, das eine dieser Möglichkeiten benutzt – sprich: in seiner Window-Prozedur auf WM_PAINT in normaler Weise reagiert – sollte deshalb auch bei Abfragen mit *PeekMessage* ordnungsgemäß funktionieren.

Ganz überflüssig ist dieser Hinweis des Win32-SDK allerdings nicht – nur vielleicht ein wenig unglücklich formuliert. Was tatsächlich scheitern muß, ist der Versuch, die Warteschlange eines Programms über eine Schleife mit *PeekMessage* einfach abzuräumen:

```
while (PeekMessage (&msg, NULL, 0, 0, PM_REMOVE))
    ;  // keine Aktion
```

Eine solche Schleife liest und entfernt sämtliche Nachrichten mit Ausnahme von WM_PAINT aus der Warteschlange und ist aufgrund dieser Ausnahme eine ausgesprochen gefährliche Angelegenheit: Wenn die Warteschlange zum entsprechenden Zeitpunkt ein WM_PAINT enthält, bleibt das Programm in dieser Schleife bis in alle Ewigkeit hängen.

In den 16-Bit-Versionen von Windows, die mit nicht verdrängendem Multitasking arbeiten, war *PeekMessage* sozusagen der zentrale Dreh- und Angelpunkt. Das Programm TERMINAL von Windows 3.x verwendete beispielsweise eine über *PeekMessage* aufgebaute Ereignis-Warteschleife für den Datenempfang und konnte deshalb (mehr oder minder) durchgehend auf Empfang bleiben. Der Druck-Manager dieser Windows-Versionen verwendete dieselbe Technik für Ausgaben im Hintergrund – und Windows-Anwendungen, die ihn benutzten, mußten ebenfalls eine Routine definieren, die über *PeekMessage* arbeitete. Nun, die Zeiten ändern sich: Wie in Kapitel 20 erläutert, erledigt man solche Dinge mit Windows 98 und Windows NT schlicht über einen separaten Ausführungsstrang, der sich nicht groß um die Kooperation mit anderen Anwendungen kümmern muß.

Was nicht bedeuten soll, dass sich mit *PeekMessage* nichts mehr anfangen ließe. Hier ist also das Programm, das nichts anderes tut, als bunte Rechtecke zu zeichnen und davon auch im Hintergrundbetrieb nicht lassen kann:

RANDRECT.C

```
/*-----------------------------------------
   RANDRECT.C -- "Zufällige" Rechtecke
             (c) Charles Petzold, 1998
  -----------------------------------------*/

#include <windows.h>
#include <stdlib.h>           // for the rand function

LRESULT CALLBACK WndProc (HWND, UINT, WPARAM, LPARAM) ;
void DrawRectangle (HWND) ;

int cxClient, cyClient ;

int WINAPI WinMain (HINSTANCE hInstance, HINSTANCE hPrevInstance,
                    PSTR szCmdLine, int iCmdShow)
{
     static TCHAR szAppName[] = TEXT ("RandRect") ;
     HWND         hwnd ;
     MSG          msg ;
     WNDCLASS     wndclass ;

     wndclass.style         = CS_HREDRAW | CS_VREDRAW ;
     wndclass.lpfnWndProc   = WndProc ;
     wndclass.cbClsExtra    = 0 ;
     wndclass.cbWndExtra    = 0 ;
     wndclass.hInstance     = hInstance ;
     wndclass.hIcon         = LoadIcon (NULL, IDI_APPLICATION) ;
     wndclass.hCursor       = LoadCursor (NULL, IDC_ARROW) ;
     wndclass.hbrBackground = (HBRUSH) GetStockObject (WHITE_BRUSH) ;
     wndclass.lpszMenuName  = NULL ;
     wndclass.lpszClassName = szAppName ;
```

```
    if (!RegisterClass (&wndclass))
    {   // UNICODE-Compilierung ist die einzige realistische Fehlermöglichkeit
        MessageBox (NULL, TEXT ("Programm arbeitet mit Unicode und setzt Windows NT voraus!"),
                    szAppName, MB_ICONERROR) ;
        return 0 ;
    }

    hwnd = CreateWindow (szAppName, TEXT ("Zufällige Rechtecke"),
                         WS_OVERLAPPEDWINDOW,
                         CW_USEDEFAULT, CW_USEDEFAULT,
                         CW_USEDEFAULT, CW_USEDEFAULT,
                         NULL, NULL, hInstance, NULL) ;

    ShowWindow (hwnd, iCmdShow) ;
    UpdateWindow (hwnd) ;

    while (TRUE)
    {
        if (PeekMessage (&msg, NULL, 0, 0, PM_REMOVE))
        {
            if (msg.message == WM_QUIT)
                break ;
            TranslateMessage (&msg) ;
            DispatchMessage (&msg) ;
        }
        else
            DrawRectangle (hwnd) ;
    }
    return msg.wParam ;
}

LRESULT CALLBACK WndProc (HWND hwnd, UINT iMsg, WPARAM wParam, LPARAM lParam)
{
    switch (iMsg)
    {
    case WM_SIZE:
        cxClient = LOWORD (lParam) ;
        cyClient = HIWORD (lParam) ;
        return 0 ;

    case WM_DESTROY:
        PostQuitMessage (0) ;
        return 0 ;
    }
    return DefWindowProc (hwnd, iMsg, wParam, lParam) ;
}

void DrawRectangle (HWND hwnd)
{
    HBRUSH hBrush ;
    HDC    hdc ;
    RECT   rect ;

    if (cxClient == 0 || cyClient == 0)
        return ;
```

```
    SetRect (&rect, rand () % cxClient, rand () % cyClient,
                    rand () % cxClient, rand () % cyClient) ;

    hBrush = CreateSolidBrush (
                    RGB (rand () % 256, rand () % 256, rand () % 256)) ;
    hdc = GetDC (hwnd) ;

    FillRect (hdc, &rect, hBrush) ;
    ReleaseDC (hwnd, hdc) ;
    DeleteObject (hBrush) ;
}
```

Abbildung 5.38: *Das Programm* RANDRECT

Die Originalversion von RANDRECT wurde übrigens auf einem 286er-System geschrieben, das sogar einen speziellen Turbo-Modus (10 MHz!) zu bieten hatte. Und ob Sie es nun glauben oder nicht: Dort waren die Rechtecke wirklich noch als solche zu erkennen. Wie gesagt, die Zeiten ändern sich. Die Programmiertechnik ist übrigens zumindest in dieser Version noch dieselbe: RANDRECT verwendet die Funktion *rand* der C-Standardbibliothek zur Bestimmung »zufälliger« Rechteck-Koordinaten und Farben, die Rechtecke werden über *SetRect* gesetzt und mit *FillRect* gezeichnet. In Kapitel 20 stelle ich eine zweite Version von RANDRECT vor, die beim Zeichnen der Rechtecke ähnlich verfährt, aber mit einem Thread anstelle einer *PeekMessage*-Schleife arbeitet.

Anlegen und Zeichnen von Regionen

Der Terminus *Region* steht im Zusammenhang mit GDI-Funktionen für einen beliebigen Bereich des Bildschirms, der sich über eine Kombination von Rechtecken, Polygonen und Ellipsen beschreiben läßt. Regionen lassen sich entweder zum Zeichnen oder (nach Einsetzen in einen Kontext) zum Begrenzen von Zeichenaktionen verwenden – also zum Festlegen der Grenzen eines Clipping-Bereichs.

Regionen stellen wie Zeichenstifte und Füllmuster GDI-Objekte dar, weshalb hier die üblichen Regeln gelten: Das Programm ist auch bei Regionen für die explizite Freigabe verantwortlich, die ihrerseits nicht geschehen darf, solange das Objekt in einen Kontext eingesetzt ist.

Die einfachste Form einer Region ist ein Rechteck, das sich (ähnlich wie andere GDI-Objekte) entweder direkt oder indirekt erzeugen läßt:

```
hRgn = CreateRectRgn (xLeft, yTop, xRight, yBottom) ;
hRgn = CreateRectRgnIndirect (&rect) ;
```

Das Ergebnis dieser beiden Funktionen hat den Typ HRGN (»Handle [to a] Region«), den WINGDI.H in derselben Weise wie die Handle-Typen für andere GDI-Objekte definiert – nämlich als HANDLE, d.h. als Wert mit 32 Bit. (Wie üblich gilt hier, dass man sich auf diese zugrundeliegende Definition auf keinen Fall verlassen sollte).

In gleicher Weise lassen sich elliptische Regionen erzeugen:

```
hRgn = CreateEllipticRgn (xLeft, yTop, xRight, yBottom) ;
hRgn = CreateEllipticRgnIndirect (&rect) ;
```

Die Funktion *CreatRoundRectRgn* stellt ähnlich wie *RoundRect* eine Art Zwischending zwischen Ellipsen und Rechtecken dar, d.h. erzeugt eine Region mit abgerundeten Ecken. Als letzte Grundform bleiben Polygone:

```
hRgn = CreatePolygonRgn (&point, iCount, iPolyFillMode) ;
```

Wie bei der Funktion *Polygon* stellt der Parameter *point* hier einen Zeiger auf ein Array mit Strukturen des Typs POINT dar, *iCount* gibt die Elementenzahl dieses Arrays an. Welche der dabei entstehenden Einzelflächen das System berücksichtigen soll, wird analog zum Füllmodus von Polygonen mit den Konstanten ALTERNATE bzw. WINDING festgelegt, die hier allerdings in direkter Form als Parameter *iPolyFillMode* erscheinen, d.h. nicht Teil des Gerätekontexts sind. Mehrere räumlich voneinander getrennte Polygon-Regionen lassen sich über die Funktion *CreatePolyPolygonRgn* definieren.

So weit, so gut – aber hatten wir das nicht schon einmal? Im Prinzip ja. Tatsächlich liegt der Knackpunkt hier in einer einzigen Funktion – *die* hat es aber in sich:

```
iRgnType = CombineRgn (hDestRgn, hSrcRgn1, hSrcRgn2, iCombine) ;
```

CombineRgn (»combine region«) kombiniert die beiden über *hSrcRgn1* und *hSrcRgn2* bezeichneten Regionen miteinander und macht die sich daraus ergebende Region über den Handle *hDestRgn* verfügbar. (Da diese Funktion voraussetzt, dass auch *hDestRgn* einen Handle zu einer existierenden Region darstellt und diese Definition überschreibt, setzt man hier normalerweise eine kleine und möglichst einfache (lies: rechteckige) Region ein).

Der Parameter *iCombine* legt fest, in welcher Weise *CombineRgn* die beiden Regionen *hSrcRgn1* und *hSrcRgn2* miteinander kombinieren soll. WINGDI.H definiert für *iCombine* die folgenden Konstanten:

Konstante	Ergebnis
RGN_AND	der Bereich, in dem sich die beiden Regionen überlappen
RGN_OR	beide als Quelle angegebenen Regionen
RGN_XOR	beide als Quelle angegebenen Regionen mit Ausnahme des Bereichs, in dem sie sich überlappen
RGN_DIFF	der Bereich von *hSrcRgn1*, der sich nicht in *hSrcRgn2* befindet
RGN_COPY	Kopie von *hSrcRgn1* in *hSrcRgn2* (ignoriert den ursprünglichen Inhalt von *hSrcRgn2*)

Tabelle 5.10: *Konstanten zur Kombination von Regionen*

Das von mir als *iRgnType* bezeichnete Funktionsergebnis kann einen der folgenden Werte annehmen: NULLREGION (leere Region), SIMPLEREGION (d.h. ein einfaches Rechteck, eine Ellipse oder ein Polygon), COMPLEXREGION (ein beliebige Kombination dieser drei Grundfiguren) und schließlich ERROR (mit selbsterklärender Bedeutung).

Ein Handle zu einer Region läßt sich in Verbindung mit vier Zeichenfunktionen von Windows einsetzen:

```
FillRgn (hdc, hRgn, hBrush) ;
FrameRgn (hdc, hRgn, hBrush, xFrame, yFrame) ;
InvertRgn (hdc, hRgn) ;
PaintRgn (hdc, hRgn) ;
```

FillRgn, *FrameRgn* und *InvertRgn* haben dieselbe Funktionsweise wie *FillRect*, *FrameRect* und *InvertRect*, wenn man von den Parametern *xFrame* und *yFrame* absieht, die *FrameRgn* zusätzlich erwartet: Sie legen die Breite und Höhe des Rahmens fest, der um die Region herum gezeichnet werden soll. *PaintRgn* füllt die Region mit dem Muster, das zum Zeitpunkt des Funktionsaufrufs in den via *hdc* angegebenen Kontext eingesetzt ist. Alle vier Funktionen gehen davon aus, dass die Region über logische Koordinaten (lies: passend zum aktuell eingesetzten Koordinatensystem) definiert worden ist.

Die Freigabe einer Region erfolgt in derselben Weise wie die Freigabe anderer GDI-Objekte, d.h. über einen Aufruf von *DeleteObject*:

```
DeleteObject (hRgn) ;
```

Clipping mit Rechtecken und Regionen

Die von Windows verwendete Clipping-Funktion (d.h. das Begrenzen von Zeichenaktionen auf einen bestimmten Bereich) habe ich bereits in Kapitel 4 im Zusammenhang mit den diversen Versionen des Programms SYSMETS besprochen. In den meisten Fällen geht es dabei um ein Rechteck, das sich auch mit einem expliziten Aufruf der Form

```
InvalidateRect (hwnd, NULL, TRUE) ;
```

als »ungültig« erklären läßt, woraufhin Windows eine Nachricht des Typs WM_PAINT ausgibt. Beim Bearbeiten dieser Nachricht kann das Programm die Grenzen des ungültigen Rechtecks – und damit des Clipping-Bereichs – über die Funktion *GetUpdateRect* ermitteln, ein Aufruf von *ValidateRect* (oder das abschließende *EndPaint* beim Bearbeiten von WM_PAINT) erklären das Rechteck als aktualisiert. Sowohl *BeginPaint* als auch *EndPaint* verwenden eine Struktur des Typs PAINTSTRUCT, die in einem ihrer Felder die Grenzen dieses Rechtecks beschreibt.

Windows definiert zwei weitere Routinen, die im Prinzip denselben Zweck wie *InvalidateRect* und *ValidateRect* haben – nur arbeiten sie mit einer Region anstelle eines Rechtecks:

```
InvalidateRgn (hwnd, hRgn, bErase) ;
```

erklärt den durch die Region *hRgn* beschriebenen Bereich des Bildschirms als »ungültig«, und

```
ValidateRgn (hwnd, hRgn) ;
```

teilt Windows mit, dass dieser Bereich nun wieder als aktualisiert zu betrachten ist. *InvalidateRegion* löst wie *InvalidateRect* eine Nachricht des Typs WM_PAINT aus, bei der Windows in diesem Fall ein »ungültiges Rechteck« übergibt, das die gesamte Region einschließt. (»Rechteckig« muß der Bereich in diesem Fall allerdings nicht unbedingt sein.)

Um eine Region als Clipping-Bereich zu verwenden, muß man sie mit einer der beiden folgenden Funktionen in den jeweiligen Gerätekontext einsetzen:

```
SelectObject (hdc, hRgn) ;

SelectClipRgn (hdc, hRgn) ;
```

Vorausgesetzt wird dabei, dass die Region über Gerätekoordinaten definiert wurde. *SelectObject* liefert auch hier den Handle des Objekts derselben Klasse zurück, das dieser Kontext zuvor enthielt – in diesem Fall also einen Handle zu einer »Standardregion«, den man allerdings guten Gewissens vergessen kann. Der Grund: Windows arbeitet hier (ausnahmsweise) mit einer eigenen Kopie der Daten, weshalb man selbst definierte Regionen auch unmittelbar nach ihrem Einsetzen in einen Kontext löschen darf.

Neben diesen beiden Grundfunktionen definiert Windows eine Reihe weiterer Routinen zur Manipulation von Clipping-Regionen: *ExcludeClipRect* nimmt einen rechteckigen Bereich aus einer solchen Region heraus, *IntersectClipRect* bildet eine Schnittmenge zwischen einer Clipping-Region und einem Rechteck, und *OffsetClipRgn* verschiebt eine Clipping-Region innerhalb des Anwendungsbereichs.

Das Programm CLOVER...

stellt eine praktische Demonstration von Clipping-Regionen und Zeichenoperationen dar: Es bildet eine Region, die aus vier Ellipsen besteht, setzt sie als Clipping-Region in den Gerätekontext ein und benutzt dann die Mitte dieser Figur als Ausgangspunkt einer größeren Anzahl von Linien, die nur innerhalb der zuvor definierten Clipping-Region erscheinen. Das Ergebnis zeigt Abbildung 5.40: wie zu sehen, wird CLOVER (»Kleeblatt«) seinem Namen durchaus gerecht.

Um eine solche Figur auf konventionelle Weise zu zeichnen, müßte man die Start- und Endpunkte der einzelnen Linien über die Kreisbögen der jeweiligen Ellipsen berechnen – was nicht nur eine Menge Arbeit für das Programm (und seinen Programmierer) bedeutet, sondern vor allem ausgesprochen zeitaufwendig ist. Nach der Definition einer (zugegeben recht komplexen) Clipping-Region kann man diese Operationen dagegen Windows und dem jeweiligen Bildschirmtreiber überlassen.

CLOVER.C

```
/*----------------------------------------------------------
   CLOVER.C - Zeichnen eines Kleeblatts über Clipping-Regionen
              (c) Charles Petzold, 1998
  ----------------------------------------------------------*/

#include <windows.h>
#include <math.h>

#define TWO_PI (2.0 * 3.14159)

LRESULT CALLBACK WndProc (HWND, UINT, WPARAM, LPARAM) ;

int WINAPI WinMain (HINSTANCE hInstance, HINSTANCE hPrevInstance,
                    PSTR szCmdLine, int iCmdShow)
{
     static TCHAR szAppName[] = TEXT ("Clover") ;
     HWND         hwnd ;
     MSG          msg ;
     WNDCLASS     wndclass ;

     wndclass.style         = CS_HREDRAW | CS_VREDRAW ;
     wndclass.lpfnWndProc   = WndProc ;
     wndclass.cbClsExtra    = 0 ;
     wndclass.cbWndExtra    = 0 ;
     wndclass.hInstance     = hInstance ;
     wndclass.hIcon         = LoadIcon (NULL, IDI_APPLICATION) ;
     wndclass.hCursor       = LoadCursor (NULL, IDC_ARROW) ;
```

```
     wndclass.hbrBackground = (HBRUSH) GetStockObject (WHITE_BRUSH) ;
     wndclass.lpszMenuName  = NULL ;
     wndclass.lpszClassName = szAppName ;

     if (!RegisterClass (&wndclass))
     {    // UNICODE-Compilierung ist die einzige realistische Fehlermöglichkeit
          MessageBox (NULL, TEXT ("Programm arbeitet mit Unicode und setzt Windows NT voraus!"),
                      szAppName, MB_ICONERROR) ;
          return 0 ;
     }

     hwnd = CreateWindow (szAppName, TEXT ("Ein Kleeblatt mit Clipping-Regionen"),
                          WS_OVERLAPPEDWINDOW,
                          CW_USEDEFAULT, CW_USEDEFAULT,
                          CW_USEDEFAULT, CW_USEDEFAULT,
                          NULL, NULL, hInstance, NULL) ;

     ShowWindow (hwnd, iCmdShow) ;
     UpdateWindow (hwnd) ;

     while (GetMessage (&msg, NULL, 0, 0))
     {
          TranslateMessage (&msg) ;
          DispatchMessage (&msg) ;
     }
     return msg.wParam ;
}

LRESULT CALLBACK WndProc (HWND hwnd, UINT iMsg, WPARAM wParam, LPARAM lParam)
{
     static HRGN hRgnClip ;
     static int  cxClient, cyClient ;
     double      fAngle, fRadius ;
     HCURSOR     hCursor ;
     HDC         hdc ;
     HRGN        hRgnTemp[6] ;
     int         i ;
     PAINTSTRUCT ps ;

     switch (iMsg)
     {
     case WM_SIZE:
          cxClient = LOWORD (lParam) ;
          cyClient = HIWORD (lParam) ;

          hCursor = SetCursor (LoadCursor (NULL, IDC_WAIT)) ;
          ShowCursor (TRUE) ;

          if (hRgnClip)
               DeleteObject (hRgnClip) ;

          hRgnTemp[0] = CreateEllipticRgn (0, cyClient / 3,
                                           cxClient / 2, 2 * cyClient / 3) ;
          hRgnTemp[1] = CreateEllipticRgn (cxClient / 2, cyClient / 3,
                                           cxClient, 2 * cyClient / 3) ;
          hRgnTemp[2] = CreateEllipticRgn (cxClient / 3, 0,
```

```
                                      2 * cxClient / 3, cyClient / 2) ;
          hRgnTemp[3] = CreateEllipticRgn (cxClient / 3, cyClient / 2,
                                      2 * cxClient / 3, cyClient) ;
          hRgnTemp[4] = CreateRectRgn (0, 0, 1, 1) ;
          hRgnTemp[5] = CreateRectRgn (0, 0, 1, 1) ;
          hRgnClip    = CreateRectRgn (0, 0, 1, 1) ;

          CombineRgn (hRgnTemp[4], hRgnTemp[0], hRgnTemp[1], RGN_OR) ;
          CombineRgn (hRgnTemp[5], hRgnTemp[2], hRgnTemp[3], RGN_OR) ;
          CombineRgn (hRgnClip,    hRgnTemp[4], hRgnTemp[5], RGN_XOR) ;

          for (i = 0 ; i < 6 ; i++)
               DeleteObject (hRgnTemp[i]) ;

          SetCursor (hCursor) ;
          ShowCursor (FALSE) ;
          return 0 ;

     case WM_PAINT:
          hdc = BeginPaint (hwnd, &ps) ;

          SetViewportOrgEx (hdc, cxClient / 2, cyClient / 2, NULL) ;
          SelectClipRgn (hdc, hRgnClip) ;

          fRadius = _hypot (cxClient / 2.0, cyClient / 2.0) ;

          for (fAngle = 0.0 ; fAngle < TWO_PI ; fAngle += TWO_PI / 360)
          {
               MoveToEx (hdc, 0, 0, NULL) ;
               LineTo (hdc, (int) ( fRadius * cos (fAngle) + 0.5),
                            (int) (-fRadius * sin (fAngle) + 0.5)) ;
          }
          EndPaint (hwnd, &ps) ;
          return 0 ;

     case WM_DESTROY:
          DeleteObject (hRgnClip) ;
          PostQuitMessage (0) ;
          return 0 ;
     }
     return DefWindowProc (hwnd, iMsg, wParam, lParam) ;
}
```

Abbildung 5.39: *Das Programm* CLOVER

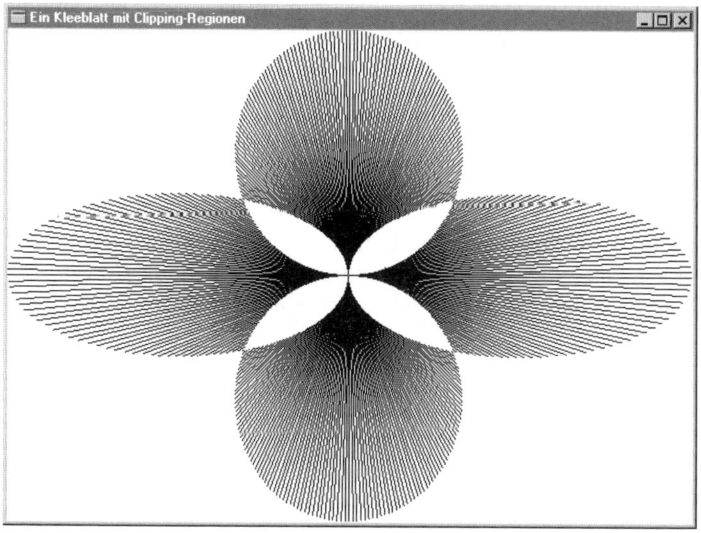

Abbildung 5.40: *Ausgaben über eine komplexe Clipping-Region*

Da Clipping-Regionen grundsätzlich mit Geräte-Koordinaten arbeiten, muß CLOVER die Clipping-Region bei jeder Nachricht des Typs WM_SIZE neu berechnen (was auf einem 486er-System einen Moment dauert – ein Pentium II erledigt das dagegen während eines Wimpernschlags). Der erste Schritt dieser Definition besteht im Anlegen von vier elliptischen Regionen, deren Handles das Programm in den ersten vier Elementen des Arrays *hRgnTemp* speichert. Danach werden drei »Dummies« erzeugt:

```
hRgnTemp [4] = CreateRectRgn (0, 0, 1, 1) ;
hRgnTemp [5] = CreateRectRgn (0, 0, 1, 1) ;
hRgnClip     = CreateRectRgn (0, 0, 1, 1) ;
```

Die Kombination der linken und rechten Ellipse erfolgt mit *CombineRgn*:

```
CombineRgn (hRgnTemp [4], hRgnTemp [0], hRgnTemp [1], RGN_OR) ;
```

Dasselbe gilt für die obere und die untere Ellipse im Anwendungsbereich:

```
CombineRgn (hRgnTemp [5], hRgnTemp [2], hRgnTemp [3], RGN_OR) ;
```

Der dritte und letzte Schritt kombiniert die beiden zuvor erzeugten Kombinationen zur Gesamtregion, deren Handle das Programm in der Variablen *hRgnClip* speichert:

```
CombineRgn (hRgnClip, hRgnTemp [4], hRgnTemp [5], RGN_XOR) ;
```

Bei diesem Aufruf nimmt *CombineRgn* keine Vereinigung (RGN_OR) der beiden Regionen vor, sondern schließt überlappende Bereiche mit RGN_XOR aus. Danach kann man die sechs temporären Regionen wieder aus dem Speicher werfen:

```
for (i = 0 ; i < 6 ; i++)
     DeleteObject (hRgnTemp [i]) ;
```

Nach dieser Definition fällt das Bearbeiten von WM_PAINT ausgesprochen einfach aus – zumindest, wenn man es mit der Komplexität der erzeugten Figur vergleicht. Das Programm legt zuerst den Ursprung in die Mitte des Anwendungsbereichs, um sich so das Zeichnen der Linien einfacher zu machen und setzt dann die zuvor erzeugte Region in den Gerätekontext ein:

```
SetViewportOrg (hdc, xClient / 2, yClient / 2) ;
SelectClipRgn (hdc, hRgnClip) ;
```

Was danach noch zu tun bleibt, ist das Zeichnen von 360 Linien, deren Winkel sich jeweils um ein Grad voneinander unterscheiden. Die Länge dieser Linien wird über die Variable *fRadius* bestimmt, die ihrerseits den Abstand zwischen der Fenstermitte und einer der Ecken zugewiesen bekommt:

```
fRadius = hypot (xClient / 2.0, yClient / 2.0) ;

for (fAngle = 0.0 ; fAngle < TWO_PI ; fAngle += TWO_PI / 360)
   { MoveTo (hdc, 0, 0) ;
     LineTo (hdc, (short) ( fRadius * cos (fAngle) + 0.5),
                  (short) (-fRadius * sin (fAngle) + 0.5)) ;
   }
```

Beim Bearbeiten von WM_DESTROY wirft das Programm schließlich die Clipping-Region wieder aus dem Speicher:

```
DeleteObject (hRgnClip) ;
```

Auch wenn Sie nun das Ende dieses Kapitels erreicht haben und es im weiteren erst einmal einige hundert Seiten lang um andere Grundlagen geht, ist ein Ende der Grafikprogrammierung noch lange nicht in Sicht. Auf dem Grafiksektor geht es ab Kapitel 13 mit Druckausgaben weiter; die Kapitel 14 und 15 beschäftigen sich mit Bitmaps, Kapitel 17 setzt sich mit Schriften auseinander, und Kapitel 18 ist schließlich dem Thema »Zwischendateien« gewidmet.

6 Die Tastatur

Was die Kommunikation vom Benutzer zur Maschine betrifft, lebt Windows 98 fast ausschließlich von zwei Quellen, die sich teilweise ergänzen, teilweise überlagern: Der Tastatur und der Maus. Mäuse waren vor Jahren noch ein eher optionales Zubehör und haben sich inzwischen zu einer zentralen Säule der Mensch-Maschine-Kommunikation entwickelt (fast hätte ich gesagt: gemausert). Einige Anwendungen wie Grafikprogramme, Web-Browser, Kompositionsprogramme und Spiele lassen sich fast ausschließlich über die Maus bedienen. Trotzdem: So lange es um das System und nicht irgend eine spezialisierte Anwendung geht, kommt man in den meisten Fällen auch ohne eine Maus hin. Ein Computer ohne Tastatur wäre dagegen allem Fortschritt zum Trotz schlicht unbenutzbar.

Im Gegensatz zu allen anderen Komponenten des Systems hat die Tastatur eine richtige Geschichte, die Anno Domini 1874 mit der Remington-Schreibmaschine ihren Anfang nimmt. Tastaturen waren bereits im Einsatz, als Computer noch gar nicht direkt mit Buchstaben umgehen konnten: Die Lochkarten für Hollerith-Maschinen wurden über schreibmaschinenähnliche Geräte gestanzt; die Mainframes in der Steinzeit der Computerei über eine »Systemkonsole« bedient, die ihrerseits nichts wesentlich anderes als eine umfunktionierte elektrische Schreibmaschine war – inklusive Papier und Farbband übrigens. Die PC-Tastatur bietet zwar einige zusätzliche Funktions- und Cursortasten sowie einen numerischen Ziffernblock, das Prinzip der Eingabe ist aber letztlich dasselbe wie vor gut zweihundert Jahren.

Grundlagen

Dass Tastendrücke bei Windows-Anwendungen in Form von Nachrichten ankommen, muß ich Ihnen wohl nicht mehr extra erklären. (Tatsächlich ist die Tastatur ein ideales Objekt für das Studium des Nachrichtenprinzips, weil man mit ihr Ereignisse buchstäblich per Tastendruck erzeugen kann. Damit sich die Wirkung dieser Nachrichten untersuchen läßt, muß man sie allerdings auch zu sehen bekommen – und das ist der Grund, warum ich in diesem Buch nicht mit Eingaben, sondern eben mit Ausgaben angefangen habe.)

Windows definiert im Zusammenhang mit Tastaturereignissen insgesamt acht verschiedene Nachrichtentypen. Auf den ersten Blick sieht das nach einer Menge Arbeit für den Programmierer aus – was es aber nicht ist: Wie die nächsten Abschnitte zeigen, kann man gut die Hälfte dieser Nachrichten straflos ignorieren, und außerdem enthalten diese Nachrichten in den allermeisten Fällen wesentlich mehr Daten, als ein Programm jemals braucht. Tatsächlich besteht eine der ersten Aufgaben beim Schreiben von Windows-Programmen darin, hier zwischen Wichtigem und Unwichtigem zu trennen.

Ignorieren von Eingaben

Für die meisten Tastaturereignisse gilt, dass ein Windows-Programm sie interpretieren *kann*, aber nicht *muß*: in diese Klasse fallen sämtliche Systemfunktionen, die üblicherweise aus einer Kombination mit der Alt-Taste bestehen. Wenn der Benutzer beispielsweise ein Menü aktiviert, übernimmt Windows sämtliche damit verbundenen Arbeiten selbst – und teilt dem Programm nur *zusätzlich* (sozusagen für den Fall eines Falles) mit, dass sich momentan etwas tut. Für das eigentliche Ergebnis einer solchen Aktion – die Auswahl eines Menüpunktes – existiert eine eigene Art von Nachricht, die vom verwendeten Auswahlmechanismus (Maus oder Tastatur) unabhängig ist (und auf die ich in Kapitel 10 natürlich noch zu sprechen komme).

Ähnliches gilt für Schnelltasten zur Auswahl häufig verwendeter Menüpunkte, die üblicherweise aus Funktions- oder Spezialtasten wie Einfg, Entf oder einer Kombination mit Strg bestehen. Sie werden im Ressourcenskript von Programmen definiert, aber ebenfalls von Windows automatisch in entsprechende Nachrichten umgesetzt (und stellen ein weiteres Thema des Kapitels 10 in diesem Buch dar).

Dialogfelder (siehe Kapitel 11) haben ebenfalls eine Tastaturschnittstelle, die ein Programm überwachen kann, aber nicht muß: auch hier gibt Windows in jedem Fall die Ergebnisse der Aktionen des Benutzers in Form von Nachrichten an die zum Dialog gehörige Window-Prozedur weiter. Tatsächlich gilt diese Automatik sogar für Texteingabefelder, bei denen das System auch die Funktionen für das Löschen sowie Einfügen von Zeichen übernimmt und dem Programm hinterher nur das Ergebnis in Form eines Strings präsentiert. Die in den Kapiteln 9 bis 13 besprochenen Varianten des Programms POPPAD stellen ein Extrembeispiel für diesen Mechanismus dar: Sie definieren nur eine höchst rudimentäre Tastaturschnittstelle und überlassen den weitaus größten Teil der Arbeit den Mechanismen des Systems. (Und wo ich gerade beim Thema »Abwälzen von Arbeiten« bin: Dank den seit Windows 95 fest eingebauten RTF-Steuerelementen ist so etwas nicht nur für rohen Text, sondern auch für formatierte Dokumente mit allem Drum und Dran möglich. Details dazu finden Sie im Abschnitt */Platform SDK/User Interface Services/Controls/Rich Edit Controls* des Win32-SDK.)

Tatsächlich sind die eingebauten Mechanismen für die Behandlung von Tastatureingaben derart omnipräsent, dass sie auch in der Strukturierung von Windows-Anwendungen ihren Niederschlag finden: Umfangreichere Programme überlassen die direkte Reaktion auf Tastendrücke einer unter Umständen größeren Zahl von Steuerelementen und bekommen es deshalb fast ausschließlich mit Endergebnissen wie etwa den ausgefüllten Feldern eines Formulars zu tun.

Im Brennpunkt: Die Eingabe

Auch ein System mit 128 MByte Hauptspeicher und mehreren Dutzend geladenen Programmen hat üblicherweise nur eine einzige Tastatur – und der Benutzer darf zu Recht erwarten, dass zu jedem Zeitpunkt nur ein einziges dieser Programme auf Tastendrücke reagiert. Für Anwendungen, die mehr als ein Fenster definieren, gilt Analoges: zu jedem Zeitpunkt darf nur ein einziges dieser Fenster Eingaben verarbeiten.

Womit sich natürlich die Frage stellt, über welchen Mechanismus die Entwickler von Microsoft die Frage beantwortet haben, welches Fenster zu welchem Zeitpunkt welche Eingaben zu sehen bekommt. Das dafür verwendete Konzept hört auf den Namen »Input Focus«, ist mit »Eingabefokus« wohl ein wenig unglücklich übersetzt (»Eingabebrennpunkt« hört sich aber doch etwas arg martialisch an) und recht eng mit dem Konzept des »aktiven Fensters« verbunden. Letzteres läßt sich recht einfach identifizieren: wenn es eine Titelleiste hat, wird diese Titelleiste von Windows hervorgehoben dargestellt, ansonsten ist es (speziell bei Dialogen) durch einen dick ausgezogenen Rahmen gekennzeichnet – und wenn es momentan nur in Form eines Icons erscheint, stellt Windows den darunter stehenden Text hinterlegt dar.

Die allgemeine Regel lautet: Der Eingabefokus zeigt ausschließlich auf das aktive Fenster oder ein in diesem Fenster erzeugtes »Child«. In die Klasse »Child« fallen beispielsweise sämtliche Steuerelemente wie Schaltflächen, Optionsfelder, Kontrollkästchen, Bildlaufleisten sowie Listen- und Editfenster von Dialogen. Wenn der Eingabefokus auf ein solches Steuerelement zeigt, signalisiert Windows diesen Zustand durch einen blinkenden Cursor oder ein Caret.

Wenn sämtliche Fenster minimiert sind, zeigt der Eingabefokus sozusagen ins Nichts: Windows sendet der zu diesem Fenster gehörigen Window-Prozedur zwar weiterhin Nachrichten, die aber in einer anderen Form als Tastaturereignisse gehalten sind.

Window-Prozeduren können über das Bearbeiten der Nachrichten WM_SETFOCUS und WM_KILLFOCUS feststellen, zu welchen Zeiträumen der Eingabefokus auf sie zeigt: über WM_SETFOCUS signalisiert Windows, dass der Eingabefokus im weiteren auf die entsprechende Prozedur gerichtet wird, WM_KILLFOCUS kündigt den Wechsel zu einer anderen Window-Prozedur an. (Auf Nachrichten im Allgemeinen und den Fokuswechsel im Besonderen komme ich in einem späteren Abschnitt dieses Kapitels noch ausführlicher zu sprechen.)

Warteschlangen und Synchronisation

Wenn der Benutzer eine Taste drückt oder löst, erzeugt die Tastatur erst einmal einen *Scancode*, der seinerseits für wenig mehr steht als »fünfte Taste in der dritten Reihe gedrückt bzw. gelöst« – welche Beschriftung diese Taste trägt, ist dem in die Tastatur eingebauten Prozessor herzlich egal. Der (jeweils landessprachlich angepaßte) Tastaturtreiber setzt diesen Scancode in einen ANSI-Code wie »G« um und reicht ihn an Windows weiter, wo das Ereignis »Taste mit Scancode *x* und ANSI-Code *y* gedrückt/gelöst« erst einmal in die *System-Warteschlange* gestellt wird. Diese zentral verwaltete Warteschlange dient zur Speicherung von Tastatur- und Mausereignissen und stellt die Quelle für die Warteschlangen der einzelnen Window-Prozeduren dar, die ihrerseits aber nur nach Anforderung bedient werden: Erst wenn sich ein Programm nach der Bearbeitung einer Nachricht über *PeekMessage* oder *GetMessage* wieder beim System zurückmeldet, wird die nächste Nachricht – falls vorhanden – aus der System-Warteschlange in die Warteschlange des jeweiligen Fensters kopiert.

Der Sinn hinter diesem Umweg hört auf den Namen Synchronisation: Wenn die Reaktion auf einen Tastendruck komplex genug ausfällt, ist es auch bei modernen Systemen ohne weiteres denkbar, dass der Benutzer schneller tippt als das Programm seine Eingaben verarbeiten kann. Unter diesen »vorauseilend gespeicherten« Tastendrücken kann sich sehr wohl ein Befehl befinden, der die Umschaltung zu einem anderen Fenster zur Folge hat – und wenn Windows diesen Befehl zusammen mit allen darauffolgenden Tastatureingaben direkt in die Warteschlange des momentan aktiven Fensters gestellt hätte, dann wäre nun guter Rat teuer. (Etwas technischer: Bei Nachrichten jeder Art bezeichnet der Parameter *hwnd* bzw. das gleichnamige Feld einer MSG-Struktur für den Fensterhandle des Empfängers. Besetzt wird dieses Feld erst im Rahmen von *DispatchMessage*: Dort sorgt Windows dafür, dass dieser Fensterhandle grundsätzlich der »richtige« ist. Da Programme *DispatchMessage* über ihre Nachrichten-Warteschleife aufrufen und diese Schleife prinzipbedingt nur dann wiederholen, wenn sie zur Nachrichtenverarbeitung bereit sind, beantwortet sich die Frage der Zuordnung von Tastendrücken zum aktiven Fenster sozusagen von selbst.)

Tastendrücke und Zeichen

Die Nachrichten, die Windows als Reaktion auf Tastaturereignisse erzeugt, unterscheiden zwischen »Tastendrücken« und »Zeichen«. Sie entsprechen damit den beiden Arten, auf die man eine Tastatur betrachten kann – nämlich entweder als eine Ansammlung beliebiger Tasten oder als Quelle darstellbarer Zeichen. Bei der ersten Betrachtungsweise ergeben sich für den Druck auf eine Taste wie A zwei zeitlich voneinander getrennte Ereignisse: »Taste gedrückt« und »Taste gelöst«. Bei der Betrachtung als Zeichenquelle kann die Taste A dagegen durch die Kombination mit anderen Tasten und Ereignissen eine ganze Reihe von Ergebnissen erzeugen: allein gedrückt, erzeugt sie den Kleinbuchstaben »a«, in Kombination mit der Umschalttaste oder Caps_Lock einen Großbuchstaben, in Kombination mit Strg oder Alt einen Steuercode – und wenn der Benutzer zuvor ein Zeichen wie ` eingegeben hat, kommt dabei ein »à« heraus.

Für Tastendrücke, die darstellbare Zeichen erzeugen, sendet Windows dem entsprechenden Fenster sowohl Tasten- als auch eine Zeichennachricht; andere Kombinationen erzeugen dagegen nur Tastennachrichten (die das Programm natürlich nach eigenem Gutdünken interpretieren kann).

Tastennachrichten

Wenn der Benutzer eine Taste drückt, fügt Windows eine Nachricht des Typs WM_KEYDOWN oder WM_SYSKEYDOWN in die Warteschlange des Fensters ein, auf das der Eingabefokus momentan zeigt. Auf das Lösen dieser Taste reagiert das System mit Nachrichten der Typen WM_KEYUP bzw. WM_SYSKEYUP:

Art der Taste	gedrückt	gelöst
Standard	WM_KEYDOWN	WM_KEYUP
System	WM_SYSKEYDOWN	WM_SYSKEYUP

Tabelle 6.1: *Unterschiedliche Nachrichten für Standard- und Systemtasten*

Normalerweise treten diese beiden Nachrichten jeweils paarweise auf, wobei es zu dieser Regel allerdings (wieder einmal) eine Ausnahme gibt: Wenn Sie eine Taste lange genug gedrückt halten, um die »Autorepeat«-Funktion der Tastatur zu aktivieren, ist das Ergebnis eine Folge aus mehreren Nachrichten des Typs WM_KEYDOWN bzw. WM_SYSKEYDOWN, die durch ein einzelnes WM_KEYUP bzw. WM_SYSKEYUP abgeschlossen wird.

Windows hält (wie übrigens auch bei allen anderen in eine Warteschlange eingereihten Nachrichten) den Zeitpunkt der Ereignisse fest: über die Funktion *GetMessageTime* kann eine Window-Prozedur nachträglich ermitteln, zu welchem (relativen) Zeitpunkt der Druck auf eine Taste bzw. das Lösen dieser Taste tatsächlich stattgefunden hat.

Systemtasten und der Rest der Welt

Das Kürzel »SYS« in WM_SYSKEYDOWN und WM_SYSKEYUP steht für »System« und soll andeuten, dass Ereignisse dieser Art mehr für Windows selbst als für die jeweilige Anwendung bestimmt sind. Diese beiden Nachrichten werden üblicherweise für Tastendrücke in Kombination mit Alt erzeugt, die ihrerseits zum Aufruf von System- und Programmenüs, der Aktivierung von Menüpunkten über Abkürzungsbefehle und dem Umschalten zwischen Fenstern (via Alt+Tab bzw. Alt+Esc) dienen.

Da Windows sich selbständig um die gesamte mit Alt verbundene Logik kümmert und die Window-Prozedur gegebenenfalls mit den Ergebnissen (wie der Auswahl von Menüs) versorgt, bearbeiten Programme WM_SYSKEYUP und WM_SYSKEYDOWN nur in Ausnahmefällen selbst, d.h. geben sie normalerweise direkt an die Standardroutine *DefWindowProc* weiter, die am Ende jeder Window-Prozedur steht. Selbst wenn das Programm diese beiden Nachrichten bearbeitet (wie es die weiter hinten in diesem Kapitel vorgestellten Programme KEYVIEW1 und KEYVIEW2 tun), sollte es sie danach an *DefWindowProc* weitergeben, damit das System diese Tastendrücke ebenfalls zu sehen bekommt und dementsprechend reagieren kann.

Bleiben wir noch einen Moment bei diesem Punkt: Sämtliche Ereignisse, die ein Fenster betreffen, werden erst einmal durch die dazugehörige Window-Prozedur geschleust – und Windows selbst unternimmt nur dann weitere Schritte, wenn diese Window-Prozedur die jeweilige Nachricht an *DefWindowProc* weiterreicht. Wer also in seiner Window-Prozedur die für Windows selbst bestimmten Tastendrücke abfängt – etwa mit

```
case WM_SYSKEYDOWN :
case WM_SYSKEYUP :
case WM_SYSCHAR :
     return 0 ;
```

– der erzeugt auf diese Weise ein Programm, das sämtliche Operationen via Alt unterdrückt, solange der Eingabefokus auf diese Prozedur zeigt. Tatsächlich kommt man aus einem solchen Programm nur noch über das Aktivieren eines anderen Fensters mit der Maus wieder heraus, weil es auch die Umschaltung zu anderen Fenstern (Alt+Tab) sowie die Aktivierung des Start-Menüs (Alt+Esc) sperrt. (Ich kann mir zwar nicht vorstellen, dass Sie als Programmierer jemals so schlechte Manieren zeigen wollen – dieses Beispiel demonstriert aber recht nachdrücklich, welche Möglichkeiten in der Tastaturschnittstelle und in Window-Prozeduren stecken. Was die hier verwendeten Nachrichtentypen betrifft – ich komme noch darauf zurück).

Die Nachrichten WM_KEYDOWN und WM_KEYUP werden von Windows für Tasten und Tastenkombinationen erzeugt, in denen Alt nicht mit von der Partie ist. Was ein Programm mit ihnen anfängt, liegt ausschließlich im Ermessen seines Autors – Windows bzw. *DefWindowProc* ignorieren sie komplett.

Virtuelle Tastencodes

Nachrichten über Tastendrücke werden von Windows in Form von MSG-Strukturen an Fenster weitergereicht, wobei *wParam* die zweite wesentliche Information enthält – nämlich den virtuellen Code der gedrückten bzw. gelösten Taste. Wie ich zuvor schon angedeutet habe, ohne dabei das Kind beim Namen zu nennen: »virtuell« ist hier ausnahmsweise kein Modewort, sondern hat eine echte Berechtigung. Die vom Tastaturtreiber erzeugten Scancodes geben lediglich die Lage der jeweiligen Taste auf der Tastatur wieder, der ANSI-Code steht für das Zeichen – wenn es denn darstellbar ist. Der virtuelle Tastencode dient als sprach- und layoutunabhängiger Bezeichner für die Tasten, denen keine darstellbaren Zeichen zugeordnet sind. Windows sorgt zusammen mit dem Tastaturtreiber dafür, dass bei einem Druck auf die Return-Taste der »virtuelle« Tastencode VK_RETURN herauskommt – unabhängig davon, ob der Benutzer das Original auf der Schreibmaschinentastatur oder die (nicht auf allen Tastaturen vorhandene) Enter-Taste im numerischen Ziffernblock gedrückt hat. Wichtiger noch: Virtuelle Tastencodes sind nicht nur auf deutschen und amerikanischen Tastaturen, auf MF2-Tastaturen und numerischen Zusatzpads für Notebooks, sondern auch auf finnischen und japanischen Tastaturen gleich.

Die Definition der entsprechenden Konstanten, deren Namen grundsätzlich mit einem VK_ (für »virtual key«) beginnt, findet sich in WINUSER.H. Da virtuelle Tastencodes für *alle* Länder verbindlich sind, werden Sie beim Studium dieser Datei auch auf eine Reihe von Tastencodes stoßen, die sich mit einer normalen Tastatur überhaupt nicht direkt erzeugen lassen.

Tabelle 6.2 führt denn auch erst einmal vier virtuelle Tastencodes auf, von denen man drei bestenfalls bei Laptops der Tastatur zuordnen würde. (Tatsächlich haben sie dort auch nichts zu suchen: wie die Beschreibung erahnen läßt, finden sie sich ausschließlich im Zusammenhang mit Mausnachrichten, um die es im nächsten Kapitel geht.) Ein »ja« in der Spalte »vorausgesetzt« soll in dieser Tabelle andeuten, dass Windows auf Systemen, die den jeweiligen Code *nicht* erzeugen können, nur mit eingeschränktem Funktionsumfang läuft.

Dezimal	Hex	Name	vorausgesetzt	IBM-Tastatur
1	01	VK_LBUTTON		linke Maustaste
2	02	VK_RBUTTON		rechte Maustaste
3	03	VK_CANCEL	ja	**Strg=+Untbr**
4	04	VK_MBUTTON		mittlere Maustaste

VK_CANCEL ist übrigens der einzige virtuelle Tastencode, der sich nicht über eine einzelne Taste, sondern nur über die Kombination zweier Tasten erzeugen läßt. Dieser Code wird aus Kompatibilitätsgründen zwar gefordert, in der Praxis aber so gut wie nie benutzt.

Die nächste Gruppe enthält mit einige Tasten, die man in den meisten Fällen nicht über den virtuellen Tastencode (und eine Tastennachricht), sondern über den ANSI-Code (also über eine Zeichennachricht) auswerten wird.

Dezimal	Hex	Name	vorausgesetzt	IBM-Tastatur
8	08	VK_BACK	ja	**Rücktaste**
9	09	VK_TAB	ja	**Tab**
12	0C	VK_CLEAR		**5** (Ziffernblock, **NumLock** aus)
13	0D	VK_RETURN	ja	**Enter** (Schreibmaschinentastatur und numerischer Ziffernblock)
16	10	VK_SHIFT	ja	Umschalttaste (links und rechts)
17	11	VK_CONTROL	ja	**Strg** (links und rechts)
18	12	VK_MENU	ja	**Alt** (links und rechts)
19	13	VK_PAUSE		**Pause**
20	14	VK_CAPITAL	ja	Feststelltaste ►

Dezimal	Hex	Name	vorausgesetzt	IBM-Tastatur
27	1B	VK_ESCAPE	ja	Esc
32	20	VK_SPACE	ja	Leertaste

Den aktuellen Status von Tasten wie Alt, Strg oder der Umschalttaste wird man nur in einigen Fällen direkt überwachen – etwa, wenn es um die Veränderung eines ansonsten mit der Maus gesteuerten Malwerkzeugs geht. Mit dem nächsten Tabellenabschnitt wird es nun etwas interessanter: Dort finden sich die wohl am häufigsten von Programmen direkt verwendeten virtuellen Tastencodes (wenn man einmal von VK_INSERT und VK_DELETE absieht).

Dezimal	Hex	Name	vorausgesetzt	IBM-Tastatur
33	21	VK_PRIOR	ja	Bild auf
34	22	VK_NEXT	ja	Bild ab
35	23	VK_END		Ende
36	24	VK_HOME	ja	Pos1
37	25	VK_LEFT	ja	Linkspfeil
38	26	VK_UP	ja	Pfeil aufwärts
39	27	VK_RIGHT	ja	Rechtspfeil
40	28	VK_DOWN	ja	Pfeil abwärts

Einige dieser Namen unterscheiden sich leider auch in der US-Originalversion recht stark von den Beschriftungen der entsprechenden Tasten – und mit den Konstanten für Bildlaufleisten haben sie auch nur wenig zu tun.

Im nächsten Tabellenabschnitt wird es größtenteils exotisch: PrtSc ist zwar noch ein alter Bekannter aus DOS-Zeiten, wird von Windows-Anwendungen aber größtenteils ignoriert – das System reagiert darauf allerdings mit der Speicherung eines Bildschirmabzugs in der Zwischenablage – und VK_SELECT oder VK_EXECUTE dürften sich bestenfalls auf Spezialtastaturen finden, die der größte Teil der restlichen Welt noch nie zu Gesicht bekommen hat.

Dezimal	Hex	Name	vorausgesetzt	IBM-Tastatur
41	29	VK_SELECT		
42	2A	VK_PRINT		
43	2B	VK_EXECUTE		
44	2C	VK_SNAPSHOT		PrtSc
45	2D	VK_INSERT	ja	Einfg
46	2E	VK_DELETE	ja	Entf
47	2F	VK_HELP		

Bei den »normalen« Ziffern und Buchstaben gibt sich WINUSER.H bedeckt: Auch wenn der Treiber dafür natürlich ebenfalls virtuelle Tastencodes erzeugt, sind dafür keine benannten Konstanten definiert. (Ehrlich gesagt: wozu auch. Der numerische Ziffernblock hat eigene virtuelle Tastencodes, und reguläre Zeichen der Schreibmaschinentastatur liest man wirklich nicht über Tastennachrichten.)

Dezimal	Hex	Name	vorausgesetzt	IBM-Tastatur
48–57	30–39		ja	0..9 (Schreibmaschinentastatur)
65–90	41–5A		ja	A..Z

Die folgenden Codes werden ausschließlich vom *Microsoft Natural Keyboard* und dazu kompatiblen Tastaturen erzeugt:

Dezimal	Hex	Name	vorausgesetzt	IBM-Tastatur
91	5B	VK_LWIN		linke Windows-Taste
92	5C	VK_RWIN		rechte Windows-Taste
93	5D	VK_APPS		Anwendungstaste

Auf VK_LWIN und VK_RWIN reagiert das System mit dem Öffnen des Start-Menüs (in älteren Versionen: mit dem Start des Task-Managers). Werden beide Windows-Tasten zusammen gedrückt, reagiert Windows NT mit einem Dialog zum An- bzw. Abmelden beim System, Windows für Workgroups (mit einem entsprechenden Tastaturtreiber, versteht sich) erlaubt darüber das Ab- und Anmelden bei einem Netzwerk. Die Reaktion auf die Anwendungstaste bleibt der jeweils aktiven Anwendung überlassen, die dann beispielsweise eine Hilfestellung oder eine Liste mit Schnelltasten ausgeben kann.

Der nächste Tabellenabschnitt listet die virtuellen Tastencodes für den numerischen Ziffernblock auf:

Dezimal	Hex	Name	vorausgesetzt	IBM-Tastatur
96–105	60–69	VK_NUMPAD0 bis VK_NUMPAD9		0 – 9 (Ziffernblock, Num_Lock an)
106	6A	VK_MULTIPY		* (Ziffernblock, erw. Tastatur)
107	6B	VK_ADD		+ (Ziffernblock, erw. Tastatur)
108	6C	VK_SEPARATOR		
109	6D	VK_SUBTRACT		- (Ziffernblock, erw. Tastatur)
110	6E	VK_DECIMAL		. (Ziffernblock)
111	6F	VK_DIVIDE		/ (Ziffernblock, erw. Tastatur)

Zu guter Letzt definiert WINUSER.H 24 Bezeichner für Funktiontasten. Eine normale Tastatur hat bekanntlich 12 davon, Windows setzt seinerseits lediglich 10 voraus. (Wie bereits erwähnt, verwendet man die Funktionstasten normalerweise als Abkürzungsbefehle (»Schnelltasten« oder »Hotkeys«), ordnet sie also Menüpunkten zu und spart sich meist eine direkte Auswertung. Die Ausnahme von der Regel dürfte VK_F1 sein: Wenn ein Programm auf diese Funktionstaste reagiert, sollte es das mit einer Hilfestellung tun.

Dezimal	Hex	Name	vorausgesetzt	IBM-Tastatur
112–121	70–79	VK_F1 bis VK_F10	ja	**F1** bis **F10**
122–135	7A–87	VK_F11 bis VK_F24		**F11** bis (theoretisch) **F24**
144	90	VK_NUMLOCK		**Num_Lock**
145	91	VK_SCROLL		**Rollen**

WINUSER.H definiert noch einige weitere Konstanten für virtuelle Tastencodes, die aber für spezielle Tastaturen und/oder Mainframe-Terminals gedacht sind. (Eine komplette Liste finden Sie im Abschnitt */Platform SDK/User Interface Services/User Input/Virtual-Key Codes* des Win32-SDK.)

Die deutschen Umlaute, das »ß« und andere diakritische Zeichen haben übrigens virtuelle Codes oberhalb von 145, werden aber von WINUSER.H nicht über benannte Konstanten erfaßt und auch von der deutschen Windows 98-Version nicht vorausgesetzt. (Wie ich in einem der folgenden Abschnitte dieses Kapitels mit dem Programm KEYVIEW1 zeigen werde, lassen sich auch für diese Tasten virtuelle Codes ermitteln – verwenden sollte man sie im Zusammenhang mit WS_KEYDOWN und WS_KEYUP aber nicht).

Neben den direkt als »vorausgesetzt« angegebenen Tasten geht Windows zusätzlich davon aus, dass Tastatur und Tastaturtreiber mit sämtlichen Kombinationen zurechtkommen, die sich aus der Umschalttaste, **Strg** und den Buchstaben des regulären Alphabets sowie den Cursortasten bilden lassen.

Der Parameter *lParam*

Auch wenn der zusammen mit den vier für Tastennachrichten zuständigen Typen (WM_KEYDOWN, WM_SYSKEYDOWN, WM_KEYUP und WM_SYSKEYUP) gelieferte virtuelle Tastencode eigentlich mit 8 Bit auskommen würde, belegt er `wParam` komplett. *lParam* ist bei diesen Nachrichten dagegen in insgesamt sechs Bitfelder unterteilt: Abbildung 6.1 zeigt die Struktur, die folgenden Abschnitte erläutern die Einzelheiten.

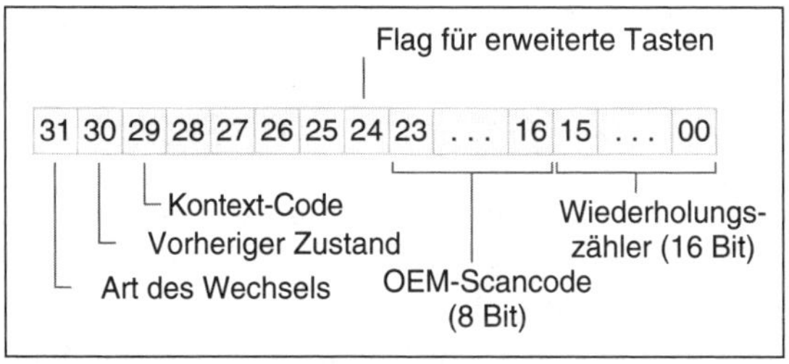

Abbildung 6.1: *Die sechs Felder von* lParam *bei Tastennachrichten*

Wiederholungszähler

Dieses Feld signalisiert, für wie viele gleichartige Tastendrücke die Nachricht steht und hat nur für WM_KEYDOWN bzw. WM_SYSKEYDOWN eine Bedeutung: Wenn eine Taste über einen längeren Zeitraum gedrückt, deshalb automatisch (mit einer über die Systemsteuerung einstellbaren Rate) wiederholt wird und das aktive Programm diese Tastendrücke nicht schnell genug »abholen« kann, dann faßt Windows diese Wiederholungen zu einer einzigen Nachricht mit einem entsprechend hohen Wiederholungszähler zusammen. Im Normalfall sowie bei WM_KEYUP bzw. WM_SYSKEYUP hat dieses Feld den Wert 1.

Anders gesagt: Wenn dieses Feld einen Wert größer 1 hat, ist das Programm mit dem Bearbeiten automatisch wiederholter Tastendrücke zeitlich überfordert. In diesem Fall bietet es sich an, den Wiederholungszähler vollständig zu ignorieren und damit den berühmt-berüchtigten Effekt des »Nachlaufens« auszuschalten. (Üblicherweise entsteht dieser Effekt dadurch, dass man als Benutzer Cursortasten solange gedrückt hält, bis der gewünschte Teil eines Dokuments auf dem Bildschirm erscheint. Wenn die Cursortaste nun wieder gelöst wird, sich zwischenzeitlich aber automatisch wiederholte Tastendrücke »aufgestapelt« haben, dann schießt das Programm sozusagen über das Ziel hinaus – leistet sich also ein Extra, das in den seltensten Fällen erwünscht ist). Natürlich kann es auch Anwendungen geben, in denen auch bei automatischen Wiederholungen wirklich jeder Tastendruck zählt – weshalb man im Falle eines Falles die Sache ausprobieren und danach den Ansatz wählen sollte, der sich dabei als der brauchbarere herausstellt.

OEM-Scancode

Dieses Feld enthält den »Scancode« der Tastatur in direkter Form – einen Wert, der unabhängig von landesspezifischen Einstellungen für die »absolute« Position gedrückter Tasten steht (und vom BIOS-Interrupt 16H im AH-Register zurückgeliefert wird. Vielleicht erinnert sich das eine oder andere assemblerprogrammierende Fossil unter den Lesern noch daran). Der OEM-Scancode wird von Windows-Programmen normalerweise ignoriert, weil hier wesentlich universellere Möglichkeiten zur Ermittlung gedrückter Tasten zur Verfügung stehen. Ausnahmen bestätigen natürlich die Regel: Das in Kapitel 22 vorgestellte Programm KBMIDI interessiert sich in einigen Fällen ausschließlich für die physische Anordnung von Tasten und wertet diesen Code deshalb aus.

Flag für erweiterte Tasten

Dieses Flag bekommt den Wert 1, wenn der Tastaturcode von einer Zusatztaste der erweiterten IBM-Tastatur (Modell MF-2) erzeugt wurde. (Gemeint ist damit die heutzutage übliche Standardtastatur, die aber gegenüber dem PC-Urmodell einige zusätzlich Tasten hat.) In die Klasse »erweitert« fallen hier die rechts neben der Leertaste wiederholten Tasten Strg und Alt, die in einem separaten Block untergebrachten Cursortasten (im Gegensatz zum kombinierten numerischen Ziffernblock), die ebenfalls separat angebrachten Tasten Einfg, Entf, Num_Lock sowie / und Return innerhalb des numerischen Ziffernblocks. Ähnlich wie der OEM-Scancode wird dieses Flag von Windows-Programmen normalerweise ignoriert.

Kontext-Code

Dieses Flag hat den Wert 1, wenn der Tastencode durch eine Kombination mit Alt zustande kam, d.h. ist für WM_SYSKEYUP und WM_SYSKEYDOWN gesetzt, für WM_KEYUP und WM_KEYDOWN dagegen gelöscht – wenn man von zwei Ausnahmen absieht:

- Wenn das aktive Fenster minimiert ist, d.h. der Eingabefokus »ins Nichts« zeigt, erzeugt Windows für *jeden* Tastendruck Nachrichten der Typen WM_SYSKEYUP bzw. WM_SYSKEYDOWN, wobei die Trennung zwischen Systemtasten und normalen Tasten nur noch über die Auswertung des Kontext-Codes möglich ist. Anders gesagt: das minimierte Fenster empfängt nach wie vor auch Nachrichten für normale Tastenanschläge, die hier aber als Systemtasten »getarnt« sind und deshalb im Normalfall nicht als Eingaben betrachtet werden.

- Spezialzeichen wie die eckigen Klammern, die auf deutschen Tastaturen über Kombinationen mit Alt und Strg erzeugt werden müssen, betrachtet Windows trotz der dabei beteiligten Alt-Taste nicht als Systembefehle. Sie erzeugen Nachrichten der Typen WM_KEYUP und WM_KEYDOWN, wobei das Flag für den Kontext-Code aber gesetzt ist.

Vorheriger Tastenzustand

Dieses Flag zeigt an, ob es sich bei dem Ereignis um eine automatische Wiederholung handelt oder nicht: Wenn die Taste bereits vor dem Erzeugen der Nachricht gedrückt war, hat es den Wert 0, ansonsten den Wert 1. Folglich ist es bei Nachrichten der Typen WM_KEYUP und WM_SYSKEYUP grundsätzlich gesetzt, bei WM_KEYDOWN bzw. WM_SYSKEYDOWN kann man dagegen eine Unterscheidung treffen: Ein gesetztes Flag signalisiert hier, dass der Tastencode über die Wiederholungsfunktion der Tastatur erzeugt wurde.

Art des Wechsels

Dieses Flag ermöglicht eine alternative Unterscheidung zwischen »gedrückt« und »gelöst«: wenn die Taste momentan gedrückt ist, hat es den Wert 0 (WM_KEYDOWN bzw. WM_SYSKEYDOWN), ansonsten den Wert 1 (WM_KEYUP bzw. WM_SYSKEYUP).

Modifizierer

Die bei WM_KEYDOWN, WM_KEYUP, WM_SYSKEYDOWN und WM_SYSKEYUP mitgelieferten Parameter *wParam* bzw. *lParam* geben keine Auskunft über den Zustand der Tasten Strg, Alt, Num_Lock sowie der Feststell- und der Umschalttaste (solange es sich bei der Nachricht nicht um diese Tasten selber dreht). Hier muß man eine Funktion namens *GetKeyState* benutzen, die ihrerseits einen virtuellen Tastencode als Parameter erwartet – beispielsweise:

```
iState = GetKeyState (VK_SHIFT) ;
```

Dieser Aufruf prüft, ob die Umschalttaste gedrückt ist: Wenn ja, wird das Bit 15 (in C-Notation: & 0x8000) in *iState* gesetzt, ansonsten zurückgesetzt . Im Ergebnis von

```
GetKeyState (VK_CAPITAL) ;
```

steht ein gesetztes Bit 0 (in C-Notation: & 0x1) dafür, dass Caps_Lock aktiv war. Über virtuelle Tastaturcodes wie VK_CONTROL und VK_MENU können Sie prüfen, ob Strg bzw. Alt gedrückt sind, wobei diese beiden Codes für *beide* Tasten (links und rechts der Leertaste) gelten. Wenn Sie es noch etwas genauer haben, d.h. zwischen der linken und rechten Alt-Taste unterscheiden wollen, verwenden Sie VL_LMENU bzw. VK_RMENU; Analoges gilt für die linke und die rechte Umschalttaste (VK_LSHIFT, VK_RSHIFT) und die beiden Steuertasten (VK_LCONTROL, VK_RCONTROL). Außerdem läßt sich mit dieser Funktion der Zustand der Maustasten ermitteln, wenn man sie mit VK_LBUTTON, VK_RBUTTON bzw. VK_MBUTTON als Parameter aufruft.

Allzu ergiebig ist die Sache allerdings nicht, weil man in einem Windows-Programm Kombinationen von Modifizierern und Maustasten normalerweise unter umgekehrtem Vorzeichen ermitteln, d.h. den Zustand der Modifizierer im Rahmen von Maus-Aktionen prüfen muß. (Wie das nächste Kapitel zeigt, sind die entsprechenden Flags bereits direkt in den Nachrichten für Maus-Ereignisse enthalten).

Dazu kommt ein »Vorsicht«: Auch wenn es anders aussehen mag, ist *GetKeyState* keine Prüfroutine für den momentanen Zustand des Systems, sondern liefert Informationen über den Zustand der Modifizierer zum Zeitpunkt des Ereignisses, das die Window-Prozedur gerade verarbeitet. Konsequent läßt sich diese Funktion *nicht* dazu benutzen, die Tastatur sozusagen an der Warteschlange vorbei abzufragen: Wer eine Meldung wie »Bitte F1 drücken« ausgibt, und danach mit dem Befehl

```
while (GetKeyState (VK_F1) >= 0) ;  // FALSCH !!!
```

auf eine Eingabe wartet, der hat entweder Glück (weil ein WM_KEYDOWN für F1 schon vor dem Einsprung in diese Schleife in der Warteschlange angekommen ist) – oder er wartet so lange, bis der entnervte Benutzer dem Ganzen schließlich mit Strg+Alt+Entf ein wohlverdientes Ende setzt.

Anders gesagt: *GetKeyState* tut nichts weiter, als *zum Zeitpunkt eines Tastendrucks* gespeicherte Daten zu liefern, die der Window-Prozedur nicht direkt (in Form eines Parameters) übergeben werden. Dieser Mechanismus hat durchaus seinen Sinn: Wenn das Programm eine Nachricht mit gehöriger Verspätung bearbeitet, liefert *GetKeyState* gegebenenfalls auch dann »Umschalttaste gedrückt«, wenn der Benutzer diese Taste in der Zwischenzeit schon längst wieder gelöst hat. (Wer es doch nicht lassen kann, außerhalb der Warteschlange arbeiten zu wollen, dem steht die Funktion *GetAsyncKeyState* zur Verfügung, deren Ergebnis den Zustand der Tastatur sozusagen in Echtzeit wiedergibt).

Die Auswertung

Auch wenn es sicherlich beruhigend ist, wenn das Programm für alles und jedes eine Nachricht erhält: Ein normales Windows-Programm ignoriert den weitaus größten Teil der entsprechenden Nachrichten. Wie bereits erläutert, sind WM_SYSKEYDOWN und WM_SYSKEYUP für Windows selbst bestimmt und werden deshalb normalerweise von Anwendungen ignoriert – und wenn man überhaupt Tastendrücke (anstelle von Zeichencodes) auswerten will, kommt man praktisch immer mit WM_KEYDOWN aus, d.h. kann WM_KEYUP ebenfalls *DefWindowProc* überlassen. Tatsächlich liegt der einzige Sinn der Auswertung von WM_KEYDOWN im Bearbeiten von Tastenkombinationen, die keine direkt darstellbaren Zeichen erzeugen.

Sind Sie gerade auf die Idee gekommen, dass man auf diese Weise auch gleich die restlichen Eingaben erledigen könnte? Leider ist diese Idee alles andere als das Beste beider Welten, wie das folgende Beispiel zeigt: Nehmen wir einmal an, die Window-Prozedur bearbeitet WM_KEYDOWN und erhält über die Auswertung von *wParam* den virtuellen Tastencode 33H – mithin hat der Benutzer also die Taste 3 gedrückt. Ein Aufruf von *GetKeyState* ergibt, dass die Umschalttaste zum Zeitpunkt dieses Tastendrucks aktiv war: folglich sollte das Programm das Zeichen »§« erzeugen – oder auch nicht: bei einem amerikanischen Tastaturlayout kommt dabei ein Doppelkreuz (»#«) heraus, auf einer englischen Tastatur ein Pfundzeichen.

Konzentrieren wir uns also auf die Zeichen, die tatsächlich nicht »druckbar« sind: Die Cursortasten, Einfg, Entf und Kombinationen mit Strg oder Alt, die für Funktionen des Programms stehen sollen. Moment mal... Ist Strg nicht eigentlich für Abkürzungsbefehle (»Schnelltasten«) in Menüs vorgesehen und Alt für Menübefehle? Und wenn man Einfg für die Umschaltung zwischen »Einfügen« und »Überschreiben« benutzt, sollte ein anständiges Programm diese Funktion dann nicht ebenfalls über ein Menü zugänglich machen? Kurz und gut: Wenn man derartige Kombinationen überhaupt verwendet, dann bestenfalls als Abkürzung für Menübefehle – und dann kann man sie auch in eine Ressource hineinpacken und Windows die Umwandlung in entsprechende Nachrichten überlassen. (Das gilt nicht zuletzt für Entf. Diese Taste sollte in jedem Programm dem Menüpunkt *Bearbeiten/Löschen* zugeordnet sein.)

Was nach diesem Aussortieren der Möglichkeiten übrigbleibt, sind nur die Cursortasten – und genau für diesen Zweck ist WM_KEYDOWN auch gedacht. An dieser Stelle kommt die Funktion *GetKeyState* wieder mit ins Spiel: Microsoft listet im Standardwerk *Windows Design Guidelines* (zu deutsch etwa: »Windows-Designrichtlinien«) auf, nach welchen Prinzipien man die Umschalttaste und Strg als Erweiterung von Cursorbewegungen benutzen sollte. (In einer Textverarbeitung dient die Umschalttaste beispielsweise zum Markieren und Erweitern eines Bereichs, Strg in Kombination mit dem Links- und Rechtspfeil zur wortweisen Bewegung des Cursors.)

Eine Alternative zum Studium der *Guidelines*, die einen Teil des Windows Software Development Kit darstellen, ist das Ausprobieren von Standardprogrammen, deren Mechanismen man wohl guten Gewissens kopieren kann. Falls Sie dabei Definitionen finden, die Ihnen nicht zusagen, können Sie natürlich jederzeit einen eigenen Standard errichten – wobei Sie allerdings im Auge behalten sollten, dass sich der typische Windows-Benutzer mit Ihren Programmen dann entsprechend schwerer tun wird.

Eine Tastaturschnittstelle für SYSMETS

Die drei ersten Versionen von SYSMETS in Kapitel 4 haben sich herzlich wenig um die Tastatur gekümmert: Die Bildlaufleisten von SYSMETS2 bzw. SYSMETS3 sind ausschließlich über die Maus bedienbar.

Nachdem nunmehr zumindest die Grundlagen für Tastennachrichten gelegt sind und es bei SYSMETS offensichtlich um Cursorbewegungen geht, können wir das Programm entsprechend erweitern: Wir verwenden den Aufwärts- und Abwärtspfeil für zeilenweise Bewegungen sowie die Bildlauftasten für das Umblättern zwischen Bildschirmseiten. Dazu kommen Pos1 und Ende für den Sprung an den Anfang bzw. das Ende der Ausgaben und Links- bzw. Rechtspfeiltaste für horizontale Bewegungen (die bei SYSMETS keine sonderlich große Rolle spielen).

Der direkteste Weg zur Interpretation von Cursortasten besteht offensichtlich darin, die Window-Prozedur um die Bearbeitung von WM_KEYDOWN zu erweitern. Tatsächlich sehen die dafür benötigten Befehle der Bearbeitung von WM_VSCROLL und WM_HSCROLL ausgesprochen ähnlich:

```
case WM_KEYDOWN :

     nVscrollInc = nHscrollInc = 0 ;
     switch (wParam)
        { case VK_HOME :        // wie WM_VSCROLL, SB_TOP
               si.nPos = si.nMin;
               break ;

          case VK_END :         // wie WM_VSCROLL, SB_BOTTOM
               si.nPos = si.nMax;
               break ;

          [weitere case-Zweige für die anderen Cursortasten]
```

Tatsächlich sehen sich die Befehle nämlich nicht nur ausgesprochen ähnlich, sondern sind letztlich dieselben wie bei der Bearbeitung von Mausaktionen – sprich: wir haben den Umfang des

Codes verdoppelt. Ärgerlicher noch: jede Änderung in der Bedienungslogik des Programms zieht nun Modifikationen an zwei verschiedenen Stellen des Quelltexts nach sich.

Wie wäre es statt dessen mit der Idee, die durch Cursorbewegungen ausgelösten Nachrichten des Typs WM_KEYDOWN in irgendeiner Form in ihre Äquivalente der Typen WM_VSCROLL bzw. WM_HSCROLL zu übersetzen und danach der Window-Prozedur sozusagen in die Westentasche zu jubeln? Damit wäre die Bearbeitung von Cursorbewegungen wieder auf einen Punkt konzentriert.

Dabei bliebe lediglich die Frage zu klären , wie sich der Window-Prozedur derartige Nachrichten unterschieben lassen. Die Antwort hört auf den Namen *SendMessage* und hat die folgende Syntax:

```
SendMessage (hwnd, message, wParam, lParam) ;
```

Offensichtlich erwartet diese Routine exakt dieselben Parameter, wie sie auch eine Window-Prozedur zu sehen bekommt. Wie gehabt bestimmt *hwnd*, welchem Fenster Windows das Ereignis sendet: Je nach Wert dieses Parameters kann es sich um ein anderes Fenster desselben Programms, um ein anderes Fenster eines anderen Programms oder eben um ein und dieselbe Window-Prozedur handeln, die sich damit sozusagen selbst aufruft. (Trotz aller vermeintlichen Unwägbarkeiten im Zusammenhang mit Rekursion sieht der Prozessor auch im letzteren Fall lediglich den Aufruf »irgendeiner« Routine, führt die entsprechenden Befehle aus und setzt das Programm dann mit dem Befehl fort, der unmittelbar auf den Aufruf von *SendMessage* folgt. Dass es sich dabei »zufällig« zweimal um denselben Code handelt, tut von der Logik her nichts zur Sache).

Das Umsetzen dieser Idee in die Praxis sieht im Zusammenhang mit SYSMETS ungefähr so aus:

```
case WM_KEYDOWN :
     switch (wParam)
          {
          case VK_HOME :
               SendMessage (hwnd, WM_VSCROLL, SB_TOP, 0) ;
               break ;

          case VK_END :
               SendMessage (hwnd, WM_VSCROLL, SB_BOTTOM, 0) ;
               break ;

          case VK_PRIOR :
               SendMessage (hwnd, WM_VSCROLL, SB_PAGEUP, 0) ;
               break ;
          [weitere case-Zweige für die anderen Cursortasten]
```

An diesem Punkt sollte auch klar werden, wieso sich die Behandlung von WM_VSCROLL in SYSMETS2 bzw. SYSMETS3 auch um die (dort gar nicht vorkommende) Nachricht SB_TOP und SB_BOTTOM kümmert: diese beiden *case*-Zweige werden als Umsetzung der Cursortasten Pos1 bzw. Ende gebraucht.

Das Listing der nächsten Version von SYSMETS, die neben Mausklicks auch die Cursortasten zur Bewegung im Text benutzt, finden Sie in Abbildung 6.2. Zur Compilierung dieses Programms wird zusätzlich die Datei SYSMETS.H benötigt (siehe Kapitel 4).

SYSMETS4.C

```
/*---------------------------------------------------------
   SYSMETS4.C -- Ermittlung der Maße des Systems, Version 4
                 (c) Charles Petzold, 1998
  ---------------------------------------------------------*/
// wie in SYSMETS3
#define WINVER 0x0500
#include <windows.h>
#include "sysmets.h"

LRESULT CALLBACK WndProc (HWND, UINT, WPARAM, LPARAM) ;

int WINAPI WinMain (HINSTANCE hInstance, HINSTANCE hPrevInstance,
                    PSTR szCmdLine, int iCmdShow)
{
     static TCHAR szAppName[] = TEXT ("SysMets4") ;
     HWND         hwnd ;
     MSG          msg ;
     WNDCLASS     wndclass ;

     wndclass.style         = CS_HREDRAW | CS_VREDRAW ;
     wndclass.lpfnWndProc   = WndProc ;
     wndclass.cbClsExtra    = 0 ;
     wndclass.cbWndExtra    = 0 ;
     wndclass.hInstance     = hInstance ;
     wndclass.hIcon         = LoadIcon (NULL, IDI_APPLICATION) ;
     wndclass.hCursor       = LoadCursor (NULL, IDC_ARROW) ;
     wndclass.hbrBackground = (HBRUSH) GetStockObject (WHITE_BRUSH) ;
     wndclass.lpszMenuName  = NULL ;
     wndclass.lpszClassName = szAppName ;

     if (!RegisterClass (&wndclass))
     {    // UNICODE-Compilierung ist die einzige realistische Fehlermöglichkeit
          MessageBox (NULL, TEXT ("Programm arbeitet mit Unicode und setzt Windows NT voraus!"),
                      szAppName, MB_ICONERROR) ;
          return 0 ;
     }

     hwnd = CreateWindow (szAppName, TEXT ("Metriken des Systems, V. 4"),
                          WS_OVERLAPPEDWINDOW | WS_VSCROLL | WS_HSCROLL,
                          CW_USEDEFAULT, CW_USEDEFAULT,
                          CW_USEDEFAULT, CW_USEDEFAULT,
                          NULL, NULL, hInstance, NULL) ;

     ShowWindow (hwnd, iCmdShow) ;
     UpdateWindow (hwnd) ;

     while (GetMessage (&msg, NULL, 0, 0))
     {
          TranslateMessage (&msg) ;
          DispatchMessage (&msg) ;
     }
     return msg.wParam ;
}

LRESULT CALLBACK WndProc (HWND hwnd, UINT message, WPARAM wParam, LPARAM lParam)
```

```
{
     static int cxChar, cxCaps, cyChar, cxClient, cyClient, iMaxWidth ;
     HDC        hdc ;
     int        i, x, y, iVertPos, iHorzPos, iPaintBeg, iPaintEnd ;
     PAINTSTRUCT ps ;
     SCROLLINFO si ;
     TCHAR      szBuffer[10] ;
     TEXTMETRIC tm ;

     switch (message)
     {
     case WM_CREATE:
          hdc = GetDC (hwnd) ;

          GetTextMetrics (hdc, &tm) ;
          cxChar = tm.tmAveCharWidth ;
          cxCaps = (tm.tmPitchAndFamily & 1 ? 3 : 2) * cxChar / 2 ;
          cyChar = tm.tmHeight + tm.tmExternalLeading ;

          ReleaseDC (hwnd, hdc) ;

          // Breite der drei Spalten festhalten
          iMaxWidth = 55 * cxChar + 22 * cxCaps ;
          return 0 ;

     case WM_SIZE:
          cxClient = LOWORD (lParam) ;
          cyClient = HIWORD (lParam) ;

          // Bereich und Seitengröße der vertikalen Bildlaufleiste
          si.cbSize = sizeof (si) ;
          si.fMask  = SIF_RANGE | SIF_PAGE ;
          si.nMin   = 0 ;
          si.nMax   = NUMLINES - 1 ;
          si.nPage  = cyClient / cyChar ;
          SetScrollInfo (hwnd, SB_VERT, &si, TRUE) ;

          // Bereich und Seitengröße der horizontalen Bildlaufleiste
          si.cbSize = sizeof (si) ;
          si.fMask  = SIF_RANGE | SIF_PAGE ;
          si.nMin   = 0 ;
          si.nMax   = 2 + iMaxWidth / cxChar ;
          si.nPage  = cxClient / cxChar ;
          SetScrollInfo (hwnd, SB_HORZ, &si, TRUE) ;
          return 0 ;

     case WM_VSCROLL:
          // vertikale Bildlaufleiste abfragen
          si.cbSize = sizeof (si) ;  // obligatorische Größenangabe
          si.fMask  = SIF_ALL ;      // alle Felder besetzen
          GetScrollInfo (hwnd, SB_VERT, &si) ;

          // Position für späteren Vergleich festhalten
          iVertPos = si.nPos ;

          switch (LOWORD (wParam))
```

```
     {
     case SB_TOP:
          si.nPos = si.nMin ;
          break ;

     case SB_BOTTOM:
          si.nPos = si.nMax ;
          break ;

     case SB_LINEUP:
          si.nPos -= 1 ;
          break ;

     case SB_LINEDOWN:
          si.nPos += 1 ;
          break ;

     case SB_PAGEUP:
          si.nPos -= si.nPage ;
          break ;

     case SB_PAGEDOWN:
          si.nPos += si.nPage ;
          break ;

     case SB_THUMBTRACK:
          si.nPos = si.nTrackPos ;
          break ;

     default:
          break ;
     }
    // Position erst setzen und dann wieder abfragen. Weil Windows über die Seitengröße
    // umrechnet, kommt bei der Abfrage üblicherweise ein anderer Wert heraus

     si.fMask = SIF_POS ;
     SetScrollInfo (hwnd, SB_VERT, &si, TRUE) ;
     GetScrollInfo (hwnd, SB_VERT, &si) ;

    // Wenn sich die Position geändert hat: Fensterinhalt rollen und aktualisieren
     if (si.nPos != iVertPos)
     {
          ScrollWindow (hwnd, 0, cyChar * (iVertPos - si.nPos), NULL, NULL) ;
          UpdateWindow (hwnd) ;
     }
     return 0 ;

case WM_HSCROLL:
     // horizontale Bildlaufleiste abfragen
     si.cbSize = sizeof (si) ;
     si.fMask  = SIF_ALL ;  // alle Daten

     // Position für den späteren Vergleich festhalten
     GetScrollInfo (hwnd, SB_HORZ, &si) ;
     iHorzPos = si.nPos ;
```

```
          switch (LOWORD (wParam))
          {
          case SB_LINELEFT:
               si.nPos -= 1 ;
               break ;

          case SB_LINERIGHT:
               si.nPos += 1 ;
               break ;

          case SB_PAGELEFT:
               si.nPos -= si.nPage ;
               break ;

          case SB_PAGERIGHT:
               si.nPos += si.nPage ;
               break ;

          case SB_THUMBPOSITION:
               si.nPos = si.nTrackPos ;
               break ;

          default :
               break ;
          }
          // Wie bei der vertikalen Bildlaufleiste: erst setzen, dann wieder abfragen
          si.fMask = SIF_POS ;
          SetScrollInfo (hwnd, SB_HORZ, &si, TRUE) ;
          GetScrollInfo (hwnd, SB_HORZ, &si) ;

         // Wenn sich die Position geändert hat: Fenster horizontal rollen
          if (si.nPos != iHorzPos)
          {
               ScrollWindow (hwnd, cxChar * (iHorzPos - si.nPos), 0, NULL, NULL) ;
          }
          return 0 ;

     // Tastendrücke in Nachrichten für die Bildlaufleisten umsetzen
     case WM_KEYDOWN:
          switch (wParam)
          {
          case VK_HOME:
               SendMessage (hwnd, WM_VSCROLL, SB_TOP, 0) ;
               break ;

          case VK_END:
               SendMessage (hwnd, WM_VSCROLL, SB_BOTTOM, 0) ;
               break ;

          case VK_PRIOR:
               SendMessage (hwnd, WM_VSCROLL, SB_PAGEUP, 0) ;
               break ;

          case VK_NEXT:
               SendMessage (hwnd, WM_VSCROLL, SB_PAGEDOWN, 0) ;
               break ;
```

```
          case VK_UP:
               SendMessage (hwnd, WM_VSCROLL, SB_LINEUP, 0) ;
               break ;

          case VK_DOWN:
               SendMessage (hwnd, WM_VSCROLL, SB_LINEDOWN, 0) ;
               break ;

          case VK_LEFT:
               SendMessage (hwnd, WM_HSCROLL, SB_PAGEUP, 0) ;
               break ;

          case VK_RIGHT:
               SendMessage (hwnd, WM_HSCROLL, SB_PAGEDOWN, 0) ;
               break ;
          }
          return 0 ;

     case WM_PAINT :
          hdc = BeginPaint (hwnd, &ps) ;

          // Positionsabfrage der vertikalen Bildlaufleiste
          si.cbSize = sizeof (si) ;
          si.fMask  = SIF_POS ;
          GetScrollInfo (hwnd, SB_VERT, &si) ;
          iVertPos = si.nPos ;

          // Positionsabfrage der horizontalen Bildlaufleiste
          GetScrollInfo (hwnd, SB_HORZ, &si) ;
          iHorzPos = si.nPos ;

          // Welche Zeilen müsssen tatsächlich ausgegeben werden?
          iPaintBeg = max (0, iVertPos + ps.rcPaint.top / cyChar) ;
          iPaintEnd = min (NUMLINES - 1, iVertPos + ps.rcPaint.bottom / cyChar) ;

          for (i = iPaintBeg ; i <= iPaintEnd ; i++)
          {
               x = cxChar * (1 - iHorzPos) ;
               y = cyChar * (i - iVertPos) ;

               TextOut (hdc, x, y, sysmetrics[i].szLabel,
                        lstrlen (sysmetrics[i].szLabel)) ;

               TextOut (hdc, x + 22 * cxCaps, y, sysmetrics[i].szDesc,
                        lstrlen (sysmetrics[i].szDesc)) ;

               SetTextAlign (hdc, TA_RIGHT | TA_TOP) ;  // rechtsbündig

               TextOut (hdc, x + 22 * cxCaps + 55 * cxChar, y, szBuffer,
                        wsprintf (szBuffer, TEXT ("%5d"),
                             GetSystemMetrics (sysmetrics[i].iIndex))) ;

               SetTextAlign (hdc, TA_LEFT | TA_TOP) ;  // zurück auf linksbündig
          }
```

```
        EndPaint (hwnd, &ps) ;
        return 0 ;

    case WM_DESTROY :
        PostQuitMessage (0) ;
        return 0 ;
    }
    return DefWindowProc (hwnd, message, wParam, lParam) ;
}
```

Abbildung 6.2: *Das Programm* SYSMETS4

Zeichennachrichten

In einem der vorangehenden Abschnitte dieses Kapitels habe ich die Möglichkeit erwähnt, Tastennachrichten unter Verwendung von *GetKeyState* in Zeichencodes umzusetzen – und es bei der Warnung belassen, dass man dabei wegen nationaler Eigenheiten und zusätzlicher Zeichen wie ´ in Teufels Küche kommen kann. Dabei bleibt es auch – denn tatsächlich kann man die Sache guten Gewissens Windows überlassen:

```
while (GetMessage (&msg, NULL, 0, 0))
  { TranslateMessage (&msg) ;
    DispatchMessage (&msg) ;
  }
```

Diese »typische« Form einer Ereignis-Warteschleife ist Ihnen inzwischen mehrfach begegnet – nämlich innerhalb der Routine *WinMain* sämtlicher bisher besprochenen Programme. Wie bereits erläutert, setzt *GetMessage* die Felder der als *msg* übergebenen Struktur mit den Daten der jeweils nächsten Nachricht aus der Warteschlange, *DispatchMessage* sorgt für den Aufruf der entsprechenden Window-Prozedur.

Bliebe zu klären, was es mit *TranslateMessage* auf sich hat. Wie der Name bereits verrät, ist diese Funktion für das »Übersetzen« von Nachrichten zuständig. Um etwas genauer zu werden: Wenn die von *GetMessage* gelesene Nachricht den Typ WM_KEYDOWN oder WM_SYSKEYDOWN hat und die gedrückte Taste in Kombination mit den Modifizierern (Umschalttaste, Alt usw.) ein »druckbares« Zeichen ergibt, dann fügt *TranslateMessage* eine Zeichennachricht mit dem entsprechenden Zeichencode so in die Warteschlange ein, dass sie der nächste Aufruf von *GetMessage* zu lesen bekommt.

Die vier Nachrichtentypen

WINUSER.H definiert für Zeichennachrichten die folgenden Konstanten:

	Zeichen	Akzente
Standardzeichen	WM_CHAR	WM_DEADCHAR
Systemzeichen	WM_SYSCHAR	WM_SYSDEADCHAR

Tabelle 6.2: *Die Nachrichtentypen für Zeichen*

WM_CHAR und WM_DEADCHAR werden dabei von WM_KEYDOWN abgeleitet, WM_SYSCHAR und WM_SYSDEADCHAR von Nachrichten des Typs WM_SYSKEYDOWN. Windows-Programme können sich in den allermeisten Fällen auf das Bearbeiten von WM_CHAR beschränken. Der bei diesen Nachrichten als *lParam* übergebene Wert setzt sich aus denselben Feldern wie bei WM_KEYDOWN bzw. WM_SYSKEYDOWN zusammen, der Parameter *wParam* enthält dagegen anstelle eines »virtuellen Tastencodes« das erzeugte Zeichen – entweder in ANSI oder in Unicode.

Hier bekommen wir es als zum ersten Mal in diesem Buch mit Nachrichten zu tun, die Zeichen an die Window-Prozedur senden. Natürlich stellen WM_KEYDOWN und WM_SYSKEYDOWN bei weitem nicht die einzigen Nachrichten dieser Art dar: Es gibt Nachrichtentypen, in deren Kontext Sie es mit Dutzenden oder gar Tausenden von Textzeichen zu tun bekommen. Woher weiß die Window-Prozedur, ob es sich bei diesen Daten um ANSI (mit 8 Bit pro Zeichen) oder Unicode (mit 16 Bit pro Zeichen) handelt? Die Antwort fällt Gott sei Dank recht einfach aus: Wenn Sie eine Fensterklasse mit *RegisterClassA* bei Windows anmelden, bekommt deren Window-Prozedur ANSI-Texte zu sehen, bei der Anmeldung mit *RegisterClassW* dagegen Unicode. (Das »W« steht hier für »wide characters«.) Da das Eintippen von »W«- und »A«-Funktionsnamen auf die Dauer nicht nur lästig, sondern vor allem auch fehlerträchtig wäre, benutzt man diese Namen nicht direkt, sondern überläßt das dem Compiler: Wenn Sie (über *Projekt/Eigenschaften* und die Registerkarte »C/C++«) das Symbol UNICODE definieren, dann setzt der Präprozessor alle Windows-Funktionen, die etwas mit Text zu tun haben, in die »W«-Variante um, macht aus *RegisterClass* also *RegisterClassW*; fehlt dieses Symbol, wird die »A«-Variante benutzt. (Wie in Kapitel 2 erläutert, habe ich dieses Symbol für die Debug-Version aller Programme auf der Begleit-CD definiert. Die Release-Versionen werden ohne UNICODE definiert, arbeiten also mit *RegisterClassA*, dem ANSI-Zeichensatz und 8 Bit pro Textzeichen.)

Die durch den Präprozessor vorgenommenen Umsetzungen greifen auch für die Definition fixer Texte (über den Makro TEXT) sowie Weiterverarbeitung von Nachrichten. So lange Sie nicht irgendeinen Grund haben, ANSI und Unicode bewußt in einem Programm zu mischen, läßt sich der zusammen mit WM_CHAR (und den drei anderen hier besprochenen Zeichennachrichten) gelieferte Zeichencode grundsätzlich so ansprechen:

```
(TCHAR) wParam
```

Tatsächlich sind die Grenzen dieser Automatik erst erreicht, wenn Sie ein und dieselbe Window-Prozedur für zwei verschiedene Fensterklassen verwenden, von denen eine mit *RegisterClassA*, die andere dagegen mit *RegisterClassW* registriert worden ist. In diesem Fall empfiehlt sich vor dem Auseinanderklamüsern der Daten eine Rückfrage beim System:

```
if IsWindowUnicode (hwnd)
  { // Unicode-Daten bearbeiten
  }
 else
  { // ANSI-Daten
  }
```

Die Reihenfolge

Wie zuvor bereits angedeutet, werden Zeichennachrichten für Window-Prozeduren von jeweils zwei Tastennachrichten eingerahmt. Wenn Sie beispielsweise die Taste A drükken, ohne dabei die

Umschalttaste oder Caps_Lock zu benutzen, dann erhält die Window-Prozedur die folgenden Nachrichten:

Nachricht	Taste bzw. Code
WM_KEYDOWN	virtuelle Taste A (0x41)
WM_CHAR	ANSI bzw. Unicode für »a« (0x61)
WM_KEYUP	virtuelle Taste A (0x41)

Tabelle 6.3: *Nachrichten für einen einzelnen Tastenanschlag*

Die Eingabe des Großbuchstabens »A« über die Kombination Umschalttaste+A hat dagegen insgesamt fünf Nachrichten zur Folge:

Nachricht	Taste bzw. Code
WM_KEYDOWN	virtuelle Taste VK_SHIFT (0x10)
WM_KEYDOWN	virtuelle Taste A (0x41)
WM_CHAR	ANSI bzw. Unicode für »A« (0x41)
WM_KEYUP	virtuelle Taste A (0x41)
WM_KEYUP	virtuelle Taste VK_SHIFT (0x10)

Tabelle 6.4: *Nachrichten für einen Großbuchstaben*

Wie zu sehen, erzeugt die Umschalttaste selbst keinen Zeichencode.

Die dritte und letzte Möglichkeit besteht in der automatischen Wiederholung von Zeichen. Wenn Sie die Taste A lange genug gedrückt haben, um die Wiederholfunktion zu aktivieren, sieht die Folge der Nachrichten so aus:

Nachricht	Taste bzw. Code
WM_KEYDOWN	Virtuelle Taste A (0x41)
WM_CHAR	ANSI bzw. Unicode für »a« (0x61)
WM_KEYDOWN	Virtuelle Taste A (0x41)
WM_CHAR	ANSI bzw. Unicode für »a« (0x61)
WM_KEYDOWN	Virtuelle Taste A (0x41)
WM_CHAR	ANSI bzw. Unicode für »a« (0x61)
WM_KEYDOWN	Virtuelle Taste A (0x41)
WM_CHAR	ANSI bzw. Unicode für »a« (0x61)
WM_KEYUP	Virtuelle Taste A (0x41)

Tabelle 6.5: *Nachrichten bei automatischer Wiederholung*

Wenn das Programm diese Nachrichten nicht schnell genug bearbeiten kann, faßt Windows mehrere Wiederholungen in einer einzigen Nachricht mit entsprechend erhöhtem Wiederholungszähler (Bits 0..15 von *lParam*) zusammen. Dieser Wiederholungszähler wird sowohl bei Nachrichten des Typs WM_KEYDOWN als auch bei den dazugehörigen Nachrichten des Typs WM_CHAR geliefert.

Zeichencodes im Bereich von 0x01 (Strg+A) bis 0x1A (Strg+Z) fallen in diesem Zusammenhang ebenfalls in die Klasse »druckbar«, d.h. erzeugen Nachrichten des Typs WM_CHAR. Die folgende Tabelle listet die wichtigsten Zeichencodes dieser Art auf:

Taste	Code	entspricht	in C-Quelltexten
Rücktaste	0x08	Strg+H	\b
Tabulator	0x09	Strg+I	\t
Strg+Return	0x0A	Strg+J	\n
Enter	0x0D	Strg+M	\r
Esc	0x1B	Strg+[(nur auf US-Tastaturen)	

Tabelle 6.6: *Steuertasten und äquivalente Kombinationen mit Strg*

Bitte beachten: Kombinationen mit Strg, die ein Programm über seine Ressource-Datei als Abkürzung für Menübefehle definiert (siehe Kapitel 10), werden *nicht* in Zeichennachrichten umgesetzt.

WM_CHAR im Detail

Für die Bearbeitung von Textzeichen sollte Ihr Programm also auf WM_CHAR reagieren, für die Auswertung von Cursortasten, Funktionstasten, die direkte Reaktion auf die Umschalttaste usw. auf WM_KEYDOWN. Was aber ist mit der Rücktaste, Enter und Esc, die sowohl in die eine als auch in die andere Kategorie fallen könnten?

Nach einem guten Jahrzehnt der Programmierung mit Windows und nach Durchsicht der Programme, die ich in diesem Zeitraum veröffentlicht habe, kann ich eigentlich nur noch sagen: Geschmackssache. Ich scheine dazu zu neigen, diese Tasten nicht über WM_KEYDOWN (und ihren virtuellen Tastencode), sondern über WM_CHAR auszuwerten. Das sieht dann meistens ungefähr so aus:

```
case WM_CHAR :
     switch (wParam)
        { case '\b' :    // Rücktaste
          [Bearbeiten des Steuerzeichens]
               break ;
          case '\t' :    // Tabulator
          [Bearbeiten des Steuerzeichens]
               break ;
          case '\n' :    // LF
          [Bearbeiten des Steuerzeichens]
               break ;
          case '\r' :    // CR
          [Bearbeiten des Steuerzeichens]
               break ;
          default :      // normales Zeichen
          [Bearbeiten der Eingabe]
               break ;
        }
     return 0 ;
```

»Tote« Zeichen (Akzente)

Je nach landesspezifischem Tastaturlayout erzeugen einige Tasten nur unter bestimmten Bedingungen eigenständige Zeichen, d.h. dienen im Normalfall als Modifizierer nachfolgender Eingaben. Bei deutschen Tastaturen fallen die Akzente in diese Klasse: die Tastenfolge ´ a ergibt unter Windows den Buchstaben »á«. (In wohlgemeinten Handbüchern findet sich zu diesem Thema immer mal wieder der Hinweis, dass man über eine spezielle Doppelpunkt-Taste auf deutschen Tastaturen aus einem »a« ein »ä« machen könne...)

Die Funktion *TranslateMessage* erzeugt für diese Tasten Nachrichten der Typen WM_DEADCHAR und WM_SYSDEADCHAR, die ein Programm normalerweise guten Gewissens ignorieren kann, weil Windows die notwendige Logik bereits enthält. Für die Tastenfolge ´ a bekommt die zuständige Window-Prozedur bei Verwendung des deutschen Tastaturlayouts beispielsweise die folgenden Zeichennachrichten:

Nachricht	ANSI-Code	Zeichen
WM_DEADCHAR	145	»´«
WM_CHAR	225	»á«

***Tabelle 6.7:** Nachrichten bei der Eingabe eines »á«*

Dazu kommt, dass diese Logik mit einer Art automatischer Fehlerkorrektur arbeitet: wenn der Benutzer nach einem Akzent ein »unverträgliches« Zeichen eingibt (wie beispielsweise ein s), dann erzeugt *TranslateMessage* sozusagen im Nachhinein zwei Nachrichten des Typs WM_CHAR – eine mit dem Zeichencode für den Akzept (im gegebenen Beispiel 145) und eine zweite für den Buchstaben »s«.

Konsequent muß sich ein Programm um WM_DEADCHAR nur dann kümmern, wenn es über die Kombination von Akzenten und anderen »Einleitungen« Zeichen definieren will, die normalerweise nicht direkt über die Tastatur zugänglich sind (wie etwa das Währungssymbol für Pfund, das man auf deutschen Tastaturen aus einem Akzent mit einem nachfolgenden L oder P zusammensetzen könnte).

Tastaturereignisse und Zeichensätze

Wenn Sie sich einmal etwas genauer ansehen wollen, wie Windows auf Aktionen mit der Tastatur reagiert, können Sie das im folgenden wiedergegebene Programm KEYVIEW1 verwenden. Es stellt sämtliche Nachrichten in seinem Fenster dar, die Windows bei Tastendrücken erzeugt.

Aber Vorsicht: KEYVIEW1 und die restlichen in diesem Kapitel vorgestellten Programme haben ihre Grenzen. Fehler im eigentlichen Sinne enthalten sie natürlich nicht (oder, etwas bescheidener: zumindest sind mir keine echten Fehler bekannt). Mit bestimmten Tastaturlayouts und Sprachen – vor allem in den Fernost-Versionen von Windows – kommen sie aber nur eingeschränkt zurecht. Wenn Sie KEYVIEW1 und Konsorten dagegen mit Unicode compilieren und unter Windows NT ausführen, dann sind diese Grenzen Schnee von gestern (womit wir beim Beweis für das Versprechen angelangt wären, das ich in Kapitel 2 gegeben habe: Unicode *ist* eine Lösung für Probleme bei der Internationalisierung, an denen man sonst schier verzweifeln würde).

Da der vernünftigste Ansatz zum Verständnis dieser Probleme besteht natürlich aus einem praktischen Experiment. KEYVIEW1 zeigt deshalb bei Tastendrücken in seinem Fenster alle acht Nachrichten an, die Windows in diesem Zusammenhang sendet.

KEYVIEW1.C

```
/*-----------------------------------------------------------
   KEYVIEW1.C -- Darstellung von Tasten- und Zeichennachrichten
                 (c) Charles Petzold, 1998
  -----------------------------------------------------------*/

#include <windows.h>

LRESULT CALLBACK WndProc (HWND, UINT, WPARAM, LPARAM) ;

int WINAPI WinMain (HINSTANCE hInstance, HINSTANCE hPrevInstance,
                    PSTR szCmdLine, int iCmdShow)
{
     static TCHAR szAppName[] = TEXT ("KeyView1") ;
     HWND         hwnd ;
     MSG          msg ;
     WNDCLASS     wndclass ;

     wndclass.style         = CS_HREDRAW | CS_VREDRAW ;
     wndclass.lpfnWndProc   = WndProc ;
     wndclass.cbClsExtra    = 0 ;
     wndclass.cbWndExtra    = 0 ;
     wndclass.hInstance     = hInstance ;
     wndclass.hIcon         = LoadIcon (NULL, IDI_APPLICATION) ;
     wndclass.hCursor       = LoadCursor (NULL, IDC_ARROW) ;
     wndclass.hbrBackground = (HBRUSH) GetStockObject (WHITE_BRUSH) ;
     wndclass.lpszMenuName  = NULL ;
     wndclass.lpszClassName = szAppName ;

     if (!RegisterClass (&wndclass))
     {    // UNICODE-Compilierung ist die einzige realistische Fehlermöglichkeit
          MessageBox (NULL, TEXT ("Programm arbeitet mit Unicode und setzt Windows NT voraus!"),
                      szAppName, MB_ICONERROR) ;
          return 0 ;
     }

     hwnd = CreateWindow (szAppName, TEXT ("Tastaturereignisse, Version 1"),
                          WS_OVERLAPPEDWINDOW,
                          CW_USEDEFAULT, CW_USEDEFAULT,
                          CW_USEDEFAULT, CW_USEDEFAULT,
                          NULL, NULL, hInstance, NULL) ;

     ShowWindow (hwnd, iCmdShow) ;
     UpdateWindow (hwnd) ;

     while (GetMessage (&msg, NULL, 0, 0))
     {
          TranslateMessage (&msg) ;
          DispatchMessage (&msg) ;
     }
     return msg.wParam ;
}

LRESULT CALLBACK WndProc (HWND hwnd, UINT message, WPARAM wParam, LPARAM lParam)
{
     static int   cxClientMax, cyClientMax, cxClient, cyClient, cxChar, cyChar ;
```

```
static int   cLinesMax, cLines ;
static PMSG  pmsg ;
static RECT  rectScroll ;

static TCHAR szTop[] = TEXT ("Nachricht      Taste   Zeichen      Wdh.  ")
                       TEXT ("OEM-Code Erw. ALT   vorher  jetzt") ;
static TCHAR szUnd[] = TEXT ("_________       _____   ______       ____  ")
                       TEXT ("________ ____ ___   ______  ________") ;

static TCHAR * szFormat[2] = {
        TEXT ("%-13s %3d %-13s%c%6u  %4d        %4s %4s %8s %8s"),
        TEXT ("%-13s          0x%04X%1s%c %6u  %4d        %4s %4s %8s %8s") } ;
static TCHAR * szYes  = TEXT ("Ja") ;
static TCHAR * szNo   = TEXT ("Nein") ;
static TCHAR * szDown = TEXT ("gedrückt") ;
static TCHAR * szUp   = TEXT ("gelöst") ;

static TCHAR * szMessage [] = {
                 TEXT ("WM_KEYDOWN"),    TEXT ("WM_KEYUP"),
                 TEXT ("WM_CHAR"),       TEXT ("WM_DEADCHAR"),
                 TEXT ("WM_SYSKEYDOWN"), TEXT ("WM_SYSKEYUP"),
                 TEXT ("WM_SYSCHAR"),    TEXT ("WM_SYSDEADCHAR") } ;
HDC          hdc ;
int          i, iType ;
PAINTSTRUCT  ps ;
TCHAR        szBuffer[128], szKeyName [32] ;
TEXTMETRIC   tm ;

switch (message)
{
case WM_CREATE:
case WM_DISPLAYCHANGE:

    // Maximalgröße des Anwendungsbereichs ermitteln
    cxClientMax = GetSystemMetrics (SM_CXMAXIMIZED) ;
    cyClientMax = GetSystemMetrics (SM_CYMAXIMIZED) ;

    // Zeichengröße für nicht proportionale Systemschrift
    hdc = GetDC (hwnd) ;

    SelectObject (hdc, GetStockObject (SYSTEM_FIXED_FONT)) ;
    GetTextMetrics (hdc, &tm) ;
    cxChar = tm.tmAveCharWidth ;
    cyChar = tm.tmHeight ;

    ReleaseDC (hwnd, hdc) ;

    // Speicherplatz für die Ausgabezeilen
    if (pmsg)
        free (pmsg) ;

    cLinesMax = cyClientMax / cyChar ;
    pmsg = malloc (cLinesMax * sizeof (MSG)) ;
    cLines = 0 ;
                              // weiter mit WM_SIZE
 case WM_SIZE:
```

```
     if (message == WM_SIZE)
     {
          cxClient = LOWORD (lParam) ;
          cyClient = HIWORD (lParam) ;
     }
     // Rechteck für ScrollWindow
     rectScroll.left   = 0 ;
     rectScroll.right  = cxClient ;
     rectScroll.top    = cyChar ;
     rectScroll.bottom = cyChar * (cyClient / cyChar) ;

     InvalidateRect (hwnd, NULL, TRUE) ;
     return 0 ;

case WM_KEYDOWN:
case WM_KEYUP:
case WM_CHAR:
case WM_DEADCHAR:
case WM_SYSKEYDOWN:
case WM_SYSKEYUP:
case WM_SYSCHAR:
case WM_SYSDEADCHAR:

     // bereits gespeicherte Nachrichten nach hinten umstapeln
     for (i = cLinesMax - 1 ; i > 0 ; i--)
     {
          pmsg[i] = pmsg[i - 1] ;
     }
     // und neues Ereignis ins Element 0
     pmsg[0].hwnd = hwnd ;
     pmsg[0].message = message ;
     pmsg[0].wParam = wParam ;
     pmsg[0].lParam = lParam ;

     cLines = min (cLines + 1, cLinesMax) ;

      // Anzeige um eine Zeile nach oben
     ScrollWindow (hwnd, 0, -cyChar, &rectScroll, &rectScroll) ;

     break ;        // -> DefWindowProc - sonst würden Systemtasten nicht mehr funktionieren

case WM_PAINT:
     hdc = BeginPaint (hwnd, &ps) ;

     SelectObject (hdc, GetStockObject (SYSTEM_FIXED_FONT)) ;
     SetBkMode (hdc, TRANSPARENT) ;
     TextOut (hdc, 0, 0, szTop, lstrlen (szTop)) ;
     TextOut (hdc, 0, 0, szUnd, lstrlen (szUnd)) ;

     for (i = 0 ; i < min (cLines, cyClient / cyChar - 1) ; i++)
     {
          iType = pmsg[i].message == WM_CHAR ||
                  pmsg[i].message == WM_SYSCHAR ||
                  pmsg[i].message == WM_DEADCHAR ||
                  pmsg[i].message == WM_SYSDEADCHAR ;
```

```
            GetKeyNameText (pmsg[i].lParam, szKeyName, sizeof (szKeyName) / sizeof (TCHAR)) ;

            TextOut (hdc, 0, (cyClient / cyChar - 1 - i) * cyChar, szBuffer,
                    wsprintf (szBuffer, szFormat [iType],
                        szMessage [pmsg[i].message - WM_KEYFIRST],
                        pmsg[i].wParam,
                        (PTSTR) (iType ? TEXT (" ") : szKeyName),
                        (TCHAR) (iType ? pmsg[i].wParam : ' '),
                        LOWORD (pmsg[i].lParam),
                        HIWORD (pmsg[i].lParam) & 0xFF,
                        0x01000000 & pmsg[i].lParam ? szYes  : szNo,
                        0x20000000 & pmsg[i].lParam ? szYes  : szNo,
                        0x40000000 & pmsg[i].lParam ? szDown : szUp,
                        0x80000000 & pmsg[i].lParam ? szUp   : szDown)) ;
        }
        EndPaint (hwnd, &ps) ;
        return 0 ;

    case WM_DESTROY:
        PostQuitMessage (0) ;
        return 0 ;
    }
    return DefWindowProc (hwnd, message, wParam, lParam) ;
}
```

Abbildung 6.3: *Das Programm* KEYVIEW1

KEYVIEW1 speichert die Nachrichten für Tastaturereignisse als MSG-Strukturen in einem Array, dessen Elementenzahl über die maximal mögliche Größe des Anwendungsbereichs festgelegt wird. Falls Sie den Videomodus verändern (und das Programm daraufhin eine Nachricht des Typs WM_DISPLAYCHANGE erhält), wird dieses Array neu angelegt (wobei ein Umkopieren über *realloc* natürlich hübscher wäre als eine schlichte Freigabe und ein erneutes Belegen über die C-Standardfunktion *malloc*). Wenn die unterste »Textzeile« im Fenster erreicht ist, rollt das Programm den gesamten Fensterinhalt um eine Zeile nach oben; die Array-Elemente werden vorher in Richtung höherer Indizes umgestapelt (wobei das letzte Element ersatzlos verschwindet).

Abbildung 6.4 zeigt das Fenster von KEYVIEW1 nach der Eingabe des Texts »Windows«. In der ersten Spalte gibt das Programm den Bezeichner für die Nachricht aus, in der zweiten den virtuellen Tastencode. Die dritte Spalte stellt für Zeichennachrichten den ANSI-Code zusammen mit dem Zeichen selbst dar, die restlichen Spalten geben die sechs Felder von *lParam* wieder.

Tastaturereignisse, Version 1

Nachricht	Taste	Zeichen	Wdh.	OEM-Code	Erw.	ALT	vorher	jetzt
WM_KEYDOWN	16 Umschalt		1	42	Nein	Nein	gelöst	gedrückt
WM_KEYDOWN	16 Umschalt		1	42	Nein	Nein	gedrückt	gedrückt
WM_KEYDOWN	87 W		1	17	Nein	Nein	gelöst	gedrückt
WM_CHAR		0x0057 W	1	17	Nein	Nein	gelöst	gedrückt
WM_KEYUP	87 W		1	17	Nein	Nein	gedrückt	gelöst
WM_KEYUP	16 Umschalt		1	42	Nein	Nein	gedrückt	gelöst
WM_KEYDOWN	73 I		1	23	Nein	Nein	gelöst	gedrückt
WM_CHAR		0x0069 i	1	23	Nein	Nein	gelöst	gedrückt
WM_KEYUP	73 I		1	23	Nein	Nein	gedrückt	gelöst
WM_KEYDOWN	78 N		1	49	Nein	Nein	gelöst	gedrückt
WM_CHAR		0x006E n	1	49	Nein	Nein	gelöst	gedrückt
WM_KEYUP	78 N		1	49	Nein	Nein	gedrückt	gelöst
WM_KEYDOWN	68 D		1	32	Nein	Nein	gelöst	gedrückt
WM_CHAR		0x0064 d	1	32	Nein	Nein	gelöst	gedrückt
WM_KEYUP	68 D		1	32	Nein	Nein	gedrückt	gelöst
WM_KEYDOWN	79 O		1	24	Nein	Nein	gelöst	gedrückt
WM_CHAR		0x006F o	1	24	Nein	Nein	gelöst	gedrückt
WM_KEYUP	79 O		1	24	Nein	Nein	gedrückt	gelöst
WM_KEYDOWN	87 W		1	17	Nein	Nein	gelöst	gedrückt
WM_CHAR		0x0077 w	1	17	Nein	Nein	gelöst	gedrückt
WM_KEYUP	87 W		1	17	Nein	Nein	gedrückt	gelöst
WM_KEYDOWN	83 S		1	31	Nein	Nein	gelöst	gedrückt
WM_CHAR		0x0073 s	1	31	Nein	Nein	gelöst	gedrückt
WM_KEYUP	83 S		1	31	Nein	Nein	gedrückt	gelöst

Abbildung 6.4: *Das Fenster von* KEYVIEW1 *nach der Eingabe von »Windows«*

Die Formatierung der Spalten wäre mit der proportionalen Systemschrift eine recht aufwendige Angelegenheit, weshalb KEYVIEW1 wieder einmal auf die nichtproportionale Variante ausweicht (und mit Leerzeichen anstelle von Tabulatorpositionen hinkommt – die Ausgabe einer Zeile läßt sich dann mit einem einzigen *wsprintf* abwickeln). Wie im letzten Kapitel erläutert, kann man diese Umschaltung über den kombinierten Aufruf der Funktionen *GetStockObject* und *SelectObject* erledigen:

```
SelectObject (hdc, GetStockObject (SYSTEM_FIXED_FONT)) ;
```

Obwohl Windows selbstverständlich das Zeichenattribut »unterstrichen« kennt, hätte seine Verwendung andere Komplikationen heraufbeschworen, die erst in späteren Kapiteln behandelt werden sollen. Aus diesem Grund habe ich für KEYVIEW1 eine andere Technik benutzt – nämlich die Definition eines zusätzlichen Strings (*szUnd*), der lediglich Unterstriche an den entsprechenden Stellen enthält und beim Bearbeiten von WM_PAINT an derselben Stelle wie der eigentliche Tabellenkopf ausgegeben wird. Die Standardvorgabe von Windows für die Textausgabe ist »deckend« – was bedeutet, dass diese zweite Ausgabe die Kopfzeile der Tabelle normalerweise wieder auslöschen würde. Aus diesem Grund setzt das Programm vor den beiden Ausgaben einen »transparenten« Schreibmodus mit:

```
SetBkMode (hdc, TRANSPARENT) ;
```

Mit einer Proportionalschrift sollte man diese Technik übrigens nicht unbedingt verwenden, weil dort der Text und die Unterstriche aller Wahrscheinlichkeit nach unterschiedliche Breiten haben.

Andere Länder, andere Tastaturen

Für die folgenden Experimente habe ich ein Feature von Windows 9x verwendet, das eigentlich eher auf die Anwendungsseite gehört: Die Möglichkeit, über »Systemsteuerung/Tastatur/Sprache« zusätzliche Tastaturtreiberkonfigurationen und damit unterschiedliche Tastaturlayouts zu installieren. Da Sie aller Wahrscheinlichkeit nach mit dem deutschen Tastaturlayout arbeiten, können Sie WM_DEADCHAR-Nachrichten auch ohne zusätzliche Treiber erzeugen (was auf einer US-Tastatur beispielsweise nicht geht) – aber haben Sie schon einmal ausprobiert, wie sich ein Grieche mit einem Ihrer Programme fühlen würde – oder ein Russe? Wenn Sie die Experimente der folgenden Abschnitte praktisch nachvollziehen wollen, holen Sie also schon einmal die Installations-CDs aus dem Regal. (Ohne die geht es nicht, weil Griechisch und Russisch einen eigenen Konfigurationssatz des Treibers benötigen, der bei einer Standardinstallation nicht kopiert wird.)

Wenn Sie auf der Registerkarte »Tastatur/Sprache« das Kontrollkästchen »Sprachanzeige aktivieren« ankreuzen, dann erscheint nach der Installation ein blaues Icon am rechten Rand der Task-Leiste, das mit einem zweibuchstabigen Ländercode für die aktive Einstellung beschriftet ist (»DE« für das deutsche, »EN« für das englische Tastaturlayout usw.). Ein Klick auf diesem Icon zeigt alle installierten Layouts an und ermöglicht einen Wechsel. Wichtig dabei: Veränderte Einstellungen gelten hier *nicht* systemweit, sondern nur für das jeweils aktive Programm.

Nach all diesen Vorbereitungen ist es schließlich so weit: Compilieren Sie KEYVIEW1 erst einmal *ohne* das Symbol UNICODE. (Auf der Begleit-CD finden Sie im Unterverzeichnis RELEASE von Chap06/KeyView1 eine ausführbare Datei, die mit diesen Einstellungen erzeugt wurde.) Wenn Sie dieses Programm mit dem deutschen oder amerikanischen Tastaturlayout ausführen und die Buchstaben »abcde« tippen, kommen bei den WM_CHAR-Nachrichten natürlich exakt die Codes heraus, die man auch erwarten sollte (0x61, 0x62, 0x63, 0x64 und 0x65). Versuchen Sie es als nächstes mit dem deutschen Tastaturlayout und dem accent egû (»´«) in Kombination mit »aeiou«: Das Ergebnis sind die Zeichencodes 0xE1, 0xE2, 0xF8, 0xE4 und 0xE5 für die Buchstaben »áéíóú«.

So weit, so vorhersehbar. Wenn Sie nun auf das griechische Tastaturlayout umschalten und erneut »abcde« eingeben, bekommen Sie die Zeichencodes 0xF4, 0xE8, 0xF1, 0xE2 sowie 0xF3, was schon rein numerisch recht verdächtig nach westeuropäischen Diakritika anstelle griechischer Zeichen aussieht. Folgerichtig zeigt KEYVIEW1 hier auch die Zeichen »ô, è, ñ, â und ó« an.

Was da schiefgegangen ist? Nun, Ihre Tastatur erzeugt zwar im Moment ANSI-Codes für griechische Zeichen – nur bleibt der GDI kaum etwas anderes übrig, als diese Zeichencodes der Systemschrift zuzuordnen, die das System nun einmal hat – und die ist westeuropäisch. Wenn Sie einen freien Nachmittag, einen PC zum Experimentieren und überdies noch die Professional oder gar die Universal Subscription des Microsoft Developer Networks (MSDN) haben, dann können Sie auf diesem PC ja mal die griechische Version von Windows 98 installieren und dieser Installation ebenfalls die vier Tastaturlayouts (Englisch, Deutsch, Griechisch und Russisch) verpassen. Wenn Sie auf diesem System nun das deutsche oder englische Tastaturlayout wählen und erneut die Zeichen »abcde« tippen, dann kriegen Sie wieder die ANSI-Codes 0x61 bis 0x65 zu sehen und dürfen erst einmal erleichtert aufatmen: Offensichtlich funktioniert wenigstens das auch in Griechenland. Schalten Sie als nächstes auf das griechische Tastaturlayout um und tippen Sie erneut »abcde«. Wie bei der deutschen Version von Windows 98 mit griechischem Tastaturlayout kommen nun die Zeichencodes 0xF4, 0xE8, 0xF1, 0xE2 und 0xF3 heraus – nur dass diesmal tatsächlich etwas Griechisches auf dem Bildschirm erscheint, nämlich die Buchstaben α (alpha), β (beta), ψ (psi), δ (delta) und ε (epsion). (Wo das Gamma geblieben ist? Auf einer griechischen Tastatur findet sich an der Position des »c« eben nicht der dritte Buchstabe des Alphabets, sondern das Psi – natürlich mit entsprechender Beschriftung. Wer ein Gamma zu sehen bekommen will, muß ein »g« tippen. Wenn Sie sich für das komplette Layout interessieren: Nadine Kano hat ein Buch namens *Developing International Software for Windows 95 and Windows NT* geschrieben; die gesuchte Abbildung findet sich dort auf Seite 587.)

Machen wir noch einen Moment mit der griechischen Version von Windows 98 weiter. Schalten Sie auf das deutsche Tastaturlayout um und wiederholen Sie das Experiment mit dem accent egû. Die Zeichencodes sind dieselben wie in der deutschen Windows-Version (0xE1, 0xE2, 0xF8, 0xE4 und 0xE5) – aber wie Sie wohl schon vermuten, kommt dabei nicht etwa »áéíóú« heraus, sondern α, ι, ν, σ und *i*. Und wenn Sie schließlich auf das russische Tastaturlayout in der griechischen Windows-Version umschalten, bekommen Sie für »abcde« wieder etwas anderes zu sehen (Zeichencodes 0xF4, 0xE8, 0xF1, 0xE2 sowie 0xF3 – dasselbe würde bei der deutschen Windows-Version mit russischem Tastaturlayout herauskommen); auf dem Bildschirm erscheinen aber die Zeichen τ, θ, ρ, β und σ, die ganz und gar nicht nach Russisch aussehen.

Unter umgekehrtem Vorzeichen gilt natürlich dasselbe: Die russische Windows-Version liefert nur für das russische und das englische Tastaturlayout etwas Vernünftiges; für griechische Zeichen, Umlaute und akzentuierte Zeichen besteht sie auf dem kyrillischen Zeichensatz.

Falls Sie nicht nur einen Nachmittag, sondern gleich ein ganzes Wochenende Zeit haben, können Sie es einmal mit der japanischen Version von Windows 98 versuchen. (Falls Sie sich wirklich die Zeit nehmen wollen, bitte **Vorsicht**: Während sich das deutsche, englische und griechische Windows ohne weiteres parallel installieren läßt, *müssen* die Fernost-Versionen in einer separaten Partition auf der Festplatte gehalten werden, weil japanische Verzeichniseinträge für Dateien notgedrungen ein anderes Format als in der westlichen Welt haben. Die Konvertierung findet bei der Installation der Fernost-Version von Windows automatisch statt – und danach werden sie an einer »westlichen« Windows-Version auf derselben Partition nicht mehr viel Freude haben.) Gesetzt den Fall, Sie haben sich die Mühe wirklich gemacht: Mit einem amerikanischen Tastaturlayout hat die japanische Version von Windows 98 keine Schwierigkeiten, für ein deutsches oder griechisches Layout erzeugt sie bei Kleinbuchstaben lediglich Punkte; für Großbuchstaben kommt dagegen Katakana heraus – das in Japan verwendete Alphabet zum Schreiben ausländischer Eigennamen. Auch wenn es wirklich Spaß macht, seinen eigenen Namen mal in diesem Alphabet zu sehen: Deutsch, Russisch oder Griechisch ist das natürlich nicht.

Die Fernost-Versionen von Windows enthalten einen *Input Method Editor* (IME): Ein Utility, das neben Eingabefeldern erscheint und das schrittweise Zusammensetzen von Ideogrammen erlaubt – mithin die Konstruktion der komplexen Zeichen des Chinesischen, Japanischen und Koreanischen, deren Komponenten nicht mit den für uns gewohnten Buchstaben, sondern eher mit Sinnbildern zu vergleichen sind. (IMEs reagieren auf Silben und Lautschrift-Elemente mit der Darstellung dieser Zeichen in einem zweiten Fenster, in dem überdies noch mehrere »Konstruktionsformeln« zur Auswahl stehen. Wenn Sie ein solches Konstrukt schließlich mit der Return-Taste abschließen, bekommt das Eingabefeld eine entsprechende Anzahl von WM_CHAR-Nachrichten mit »Zeichencodes« oberhalb von 128. KEYVIEW1 steht diesen Nachrichten mehr als hilflos gegenüber, d.h. erzeugt so gut wie ausschließlich Zeichenmüll auf dem Bildschirm. Wer mehr über IMEs wissen will, dem sei das bereits erwähnte Buch von Nadine Kano empfohlen.)

So weit, so schlecht. Auch wenn Sie sicher nicht alle Experimente in situ nachvollzogen haben, dürfte dieser Abschnitt wohl einen Punkt deutlich gemacht haben: Selbst wenn man innerhalb der westlichen Welt bleibt, gibt es hier ein paar massive Probleme – und beim Wechsel nach Fernost scheint jede Hoffnung vergebens.

Zeichensätze und Schriften

Die Ursache des Problems von KEYVIEW1 (und jeder anderen »normalen« Windows-Anwendung) liegt natürlich nicht an der Tastatur, sondern an der Zuordnung von Tastencodes zu Zeichen innerhalb der verwendeten Schrift. Deshalb leiste ich mir hier einen Vorgriff auf Kapitel 17 und gehe kurz darauf ein, was es mit den Schriften unter Windows 98 auf sich hat. Insgesamt ist hier zwischen drei Arten von Schriftdefinitionen zu unterscheiden: Bitmap-Schriften, Vektor-Schriften und den mit Windows 3.1 eingeführten TrueType-Schriften.

Vektor-Schriften definieren ihre Zeichen über Linien (»von x_1,y_1 über x_2,y_2 nach x_n,y_n«) und lassen deshalb eine stufenlose Skalierung zu. Da sie aber durchgehend dieselbe Linienstärke verwenden, erwecken diese Zeichen ab einer gewissen Größe einen zunehmend ausgehungerten Eindruck, weswegen man sie heute so gut wie überhaupt nicht mehr verwendet.

TrueType-Schriften definieren ihre Zeichen ebenfalls über Koordinatenpunkte, legen darüber aber Umrisse und ausgefüllte Bereiche fest. Sie lassen sich deshalb wie Vektor-Schriften stufenlos skalieren; wobei die »Linienstärke« mit der Vergrößerung wächst. (Ganz linear ist dieses Wachstum übrigens nicht: TrueType-Schriften enthalten neben den Formeln zur Beschreibung dieser Umrisse auch noch individuelle »Hints«, die einerseits Rundungsfehler ausgleichen, andererseits für bewußte Abweichungen vom »mathematischen Idealmaß« sorgen, damit das jeweilige Zeichen wirklich in jeder Skalierungsstufe das bestmögliche Aussehen bekommt.) Erst TrueType hat echtes WYSIWYG (»what you see is what you get«) mit Windows möglich gemacht – also eine exakte Bildschirmdarstellung dessen, was man hinterher auf einem Drucker zu sehen bekommt.

Bitmap-Schriften werden auch als Raster-Schriften bezeichnet. Sie definieren jedes Zeichen über ein Array mit gesetzten/zurückgesetzten Bits. Während ein Designer hier für *eine* Zeichengröße das absolute Optimum an Lesbarkeit auf dem Bildschirm herausholen kann, in dem er bei einzelnen Buchstaben eben einfach noch das eine oder andere Bit verändert, ist es um die Skalierung dieser Zeichen denkbar schlecht bestellt: Weil die Definition hier eben nicht auf Formeln oder Koordinatenpunkten basiert, sondern auf einem individuell gestalteten Bitmuster, kommt dabei entweder ein recht unansehnliches Pixelhäufchen oder ein Muster aus aufgeblasenen Klötzchen heraus. Da Bitmap-Schriften allerdings im Vergleich zu TrueType-Schriften mit nachgerade lächerlichem Rechenaufwand darzustellen sind, werden sie von Windows 98 in Menüs, Titelleisten, Schaltflächen und anderen Steuerelementen verwendet.

Die Zeichen der Systemschrift (die deshalb so heißt, weil sie von Windows standardmäßig in Gerätekontexte eingesetzt wird) sind über Bitmaps definiert. Insgesamt definiert Windows drei Varianten dieser Schrift, die sich sämtlich über die Funktion *GetStockObject* mit einer vordefinierten Konstante erreichen lassen: SYSTEM_FONT steht für die proportionale, SYSTEM_FIXED-_FONT für die nicht proportionale ANSI-Version (die auch von KEYVIEW1 verwendet wird), OEM_FIXED_FONT ist eine nicht proportionale Variante, deren Zeichencodes dem alten MS-DOS entsprechen. Die Namen dieser drei Schriftarten, wie man sie in Aufrufen der Funktionen *CreateFont* oder *CreateFontIndirect* verwenden würde, sind »System«, »FixedSys« und – nein, nicht »MSDOS«, sondern »Terminal«.

Wie jede andere Schrift sind auch diese drei Varianten der Systemschrift jeweils in einer eigenen Datei gespeichert, die im Verzeichnis FONTS untergebracht wird. Welche Schriftdateien Windows als Systemschrift betrachtet, hängt allerdings von der gewählten logischen Auflösung des Bildschirms ab (120 Pixel pro Zoll für »große«, 96 Pixel pro Zoll für »kleine« Schriftarten im Dialogfeld »Eigenschaften von Anzeige«, vgl. Kapitel 5).

Konstante für GetStockObject	Schriftname	kleine Schriftarten (96 dpi)	große Schriftarten (120 dpi)
SYSTEM_FONT	System	VGASYS.FON	8514SYS.FON
SYSTEM_FIXED_FONT	FixedSys	VGAFIX.FON	8514FIX.FON
OEM_FIXED_FONT	Terminal	VGAOEM.FON	8514OEM.FON

Tabelle 6.8: *Schriftartendateien für unterschiedliche logische Auflösungen des Bildschirms*

Das »VGA« im Namen der Schriftdateien (vgl. Tabelle 6.8) steht für den im Erscheinungsjahr von Windows 3.0 allgemein verbindlichen Grafikstandard von 640 x 480 Pixeln, den IBM mit dem »Video Graphics Array« im Jahre 1987 festgelegt hat. Das »8514« bezieht sich ebenfalls auf eine Grafikkarte von IBM, die im selben Jahr erschien und mit 1024 x 768 Pixeln damals hart an der Grenze des technisch Machbaren lag.

Da Windows unbedingt darauf angewiesen ist, dass der zur gewählten Auflösung passende Satz an Systemschrift-Dateien existiert, haben diese Dateien nicht nur die Attribute »versteckt« und »System«, sondern werden vom Explorer auch dann ausgeblendet, wenn Sie die Anzeige versteckter Dateien aktiviert haben. Wenn Sie sich diese Schriften dennoch einmal in der Schriftarten-Anzeige zu sehen bekommen wollen, müssen Sie schon im Explorer den Menüpunkt *Extras/Suchen* verwenden (oder in Systemsteuerung/Schriftarten F3 drücken, was auf dasselbe hinausläuft) und als gesuchten Dateinamen »*.FON« eingeben. Ein Doppelklick in der Liste gefundener Dateien zeigt die Schrift an (wobei Windows dann auch unfreiwillig demonstriert, was bei stärkerer Vergrößerung aus Bitmap-Schriften wird).

Bei den meisten Standardelemente der Benutzeroberfläche kommt allerdings nicht die Systemschrift, sondern eine Schrift namens MS Sans Serif zum Einsatz (wobei das MS hier für Microsoft steht). Die Zeichen dieser Schrift sind ebenfalls als Bitmaps definiert, wobei die dazugehörige Datei (SSERIFE.FON) allerdings nicht nur einen Satz von Bitmaps, sondern mehrere, auf die Größen 8, 10, 12, 14, 18 und 24 Punkt zugeschnittene Sätze enthält. (Welchen dieser Sätze Windows tatsächlich benutzt, hängt wieder von der logischen Auflösung des Bildschirms ab.) Diese Schriftart ist über den Aufruf von *GetStockObject* mit der Konstanten DEFAULT_GUI_FONT erreichbar.

Und nachdem ich nun vier Konstanten für die Auswahl einer vordefinierten Schrift über *GetStockObject* vorgestellt habe – hier sind die restlichen drei: ANSI_FIXED_FONT, ANSI_VAR_FONT und DEVICE_DEFAULT_FONT. Ein praktisches Beispiel gibt es dazu natürlich auch: Das in Abbildung 6.5 wiedergegebene Programm STOKFONT demonstriert die sieben vordefinierten Schriftarten von Windows und stellt gleichzeitig einen ersten Schritt zur Lösung des zuvor angesprochenen Problems unterschiedlicher Tastaturtreiber dar.

STOKFONT.C

```
/*-----------------------------------------
   STOKFONT.C - Vordefinierte Schriften
              (c) Charles Petzold, 1998
  -----------------------------------------*/

#include <windows.h>

LRESULT CALLBACK WndProc (HWND, UINT, WPARAM, LPARAM) ;

int WINAPI WinMain (HINSTANCE hInstance, HINSTANCE hPrevInstance,
                    PSTR szCmdLine, int iCmdShow)
{
     static TCHAR szAppName[] = TEXT ("StokFont") ;
     HWND         hwnd ;
     MSG          msg ;
     WNDCLASS     wndclass ;

     wndclass.style         = CS_HREDRAW | CS_VREDRAW ;
     wndclass.lpfnWndProc   = WndProc ;
     wndclass.cbClsExtra    = 0 ;
     wndclass.cbWndExtra    = 0 ;
```

```
     wndclass.hInstance     = hInstance ;
     wndclass.hIcon         = LoadIcon (NULL, IDI_APPLICATION) ;
     wndclass.hCursor       = LoadCursor (NULL, IDC_ARROW) ;
     wndclass.hbrBackground = (HBRUSH) GetStockObject (WHITE_BRUSH) ;
     wndclass.lpszMenuName  = NULL ;
     wndclass.lpszClassName = szAppName ;

     if (!RegisterClass (&wndclass))
     {    // UNICODE-Compilierung ist die einzige realistische Fehlermöglichkeit
          MessageBox (NULL, TEXT ("Programm arbeitet mit Unicode und setzt Windows NT voraus!"),
                      szAppName, MB_ICONERROR) ;
          return 0 ;
     }

     hwnd = CreateWindow (szAppName, TEXT ("Vordefinierte Schriften"),
                          WS_OVERLAPPEDWINDOW | WS_VSCROLL,
                          CW_USEDEFAULT, CW_USEDEFAULT,
                          CW_USEDEFAULT, CW_USEDEFAULT,
                          NULL, NULL, hInstance, NULL) ;

     ShowWindow (hwnd, iCmdShow) ;
     UpdateWindow (hwnd) ;

     while (GetMessage (&msg, NULL, 0, 0))
     {
          TranslateMessage (&msg) ;
          DispatchMessage (&msg) ;
     }
     return msg.wParam ;
}

LRESULT CALLBACK WndProc (HWND hwnd, UINT message, WPARAM wParam, LPARAM lParam)
{
     static struct
     {
          int     idStockFont ;
          TCHAR * szStockFont ;
     }
     stockfont [] = { OEM_FIXED_FONT,      TEXT ("OEM_FIXED_FONT"),
                      ANSI_FIXED_FONT,     TEXT ("ANSI_FIXED_FONT"),
                      ANSI_VAR_FONT,       TEXT ("ANSI_VAR_FONT"),
                      SYSTEM_FONT,         TEXT ("SYSTEM_FONT"),
                      DEVICE_DEFAULT_FONT, TEXT ("DEVICE_DEFAULT_FONT"),
                      SYSTEM_FIXED_FONT,   TEXT ("SYSTEM_FIXED_FONT"),
                      DEFAULT_GUI_FONT,    TEXT ("DEFAULT_GUI_FONT") } ;

     static int  iFont, cFonts = sizeof stockfont / sizeof stockfont[0] ;
     HDC         hdc ;
     int         i, x, y, cxGrid, cyGrid ;
     PAINTSTRUCT ps ;
     TCHAR       szFaceName [LF_FACESIZE], szBuffer [LF_FACESIZE + 64] ;
     TEXTMETRIC  tm ;

     switch (message)
     {
     case WM_CREATE:
```

```
          SetScrollRange (hwnd, SB_VERT, 0, cFonts - 1, TRUE) ;
          return 0 ;

     case WM_DISPLAYCHANGE:
          InvalidateRect (hwnd, NULL, TRUE) ;
          return 0 ;

     case WM_VSCROLL:
          switch (LOWORD (wParam))
          {
          case SB_TOP:            iFont = 0 ;                break ;
          case SB_BOTTOM:         iFont = cFonts - 1 ;       break ;
          case SB_LINEUP:
          case SB_PAGEUP:         iFont -= 1 ;               break ;
          case SB_LINEDOWN:
          case SB_PAGEDOWN:       iFont += 1 ;               break ;
          case SB_THUMBPOSITION:  iFont = HIWORD (wParam) ;  break ;
          }
          iFont = max (0, min (cFonts - 1, iFont)) ;
          SetScrollPos (hwnd, SB_VERT, iFont, TRUE) ;
          InvalidateRect (hwnd, NULL, TRUE) ;
          return 0 ;

     case WM_KEYDOWN:
          switch (wParam)
          {
          case VK_HOME: SendMessage (hwnd, WM_VSCROLL, SB_TOP, 0) ;      break ;
          case VK_END:  SendMessage (hwnd, WM_VSCROLL, SB_BOTTOM, 0) ;   break ;
          case VK_PRIOR:
          case VK_LEFT:
          case VK_UP:   SendMessage (hwnd, WM_VSCROLL, SB_LINEUP, 0) ;   break ;
          case VK_NEXT:
          case VK_RIGHT:
          case VK_DOWN: SendMessage (hwnd, WM_VSCROLL, SB_PAGEDOWN, 0) ; break ;
          }
          return 0 ;

     case WM_PAINT:
          hdc = BeginPaint (hwnd, &ps) ;

          SelectObject (hdc, GetStockObject (stockfont[iFont].idStockFont)) ;
          GetTextFace (hdc, LF_FACESIZE, szFaceName) ;
          GetTextMetrics (hdc, &tm) ;
          cxGrid = max (3 * tm.tmAveCharWidth, 2 * tm.tmMaxCharWidth) ;
          cyGrid = tm.tmHeight + 3 ;

          TextOut (hdc, 0, 0, szBuffer,
               wsprintf (szBuffer, TEXT (" %s: Face Name = %s, CharSet = %i"),
                         stockfont[iFont].szStockFont,
                         szFaceName, tm.tmCharSet)) ;

          SetTextAlign (hdc, TA_TOP | TA_CENTER) ;

         // vertikale und horizontale Linien
          for (i = 0 ; i < 17 ; i++)
          {
```

```
            MoveToEx (hdc, (i + 2) * cxGrid,  2 * cyGrid, NULL) ;
            LineTo   (hdc, (i + 2) * cxGrid, 19 * cyGrid) ;

            MoveToEx (hdc,      cxGrid, (i + 3) * cyGrid, NULL) ;
            LineTo   (hdc, 18 * cxGrid, (i + 3) * cyGrid) ;
        }
       // vertikale und horizontale Legende
        for (i = 0 ; i < 16 ; i++)
        {
            TextOut (hdc, (2 * i + 5) * cxGrid / 2, 2 * cyGrid + 2, szBuffer,
                wsprintf (szBuffer, TEXT ("%X-"), i)) ;

            TextOut (hdc, 3 * cxGrid / 2, (i + 3) * cyGrid + 2, szBuffer,
                wsprintf (szBuffer, TEXT ("-%X"), i)) ;
        }

        // die einzelnen Zeichen
        for (y = 0 ; y < 16 ; y++)
        for (x = 0 ; x < 16 ; x++)
        {
            TextOut (hdc, (2 * x + 5) * cxGrid / 2, (y + 3) * cyGrid + 2, szBuffer,
                        wsprintf (szBuffer, TEXT ("%c"), 16 * x + y)) ;
        }

        EndPaint (hwnd, &ps) ;
        return 0 ;

    case WM_DESTROY:
        PostQuitMessage (0) ;
        return 0 ;
    }
    return DefWindowProc (hwnd, message, wParam, lParam) ;
}
```

Abbildung 6.5: *Das Programm* STOKFONT

STOKFONT ist reichlich einfach gestrickt: Über die Bildlaufleiste oder die Cursortasten wählen Sie eine der sieben Standardschriften aus, deren Zeichen in einem Gitter mit 16 Spalten und 16 Zeilen dargestellt werden. Zusätzlich produziert das Programm eine Legende in Form der hexadezimalen Zeichencodes.

In der ersten Textzeile des Anwendungsbereichs zeigt STOKFONT schließlich an, was mit der Funktion *GetTextFace* über die Schrift in Erfahrung zu bringen war. Neben dem eigentlichen Namen der Schrift wird hier der Wert des Feldes *tmCharset* einer TEXTMETRIC-Struktur ausgegeben, die *GetTextFace* bei der Abfrage besetzt. Wie die folgenden Abschnitte zeigen, hängt es von diesem Feld ab, wie Windows auf »unpassende« Sprachen bzw. Zeichencodes reagiert.

Wenn Sie STOKFONT unter der deutschen Version von Windows 98 starten, bekommen Sie als erstes die Schriftart OEM_FIXED_FONT zu sehen (vgl. Abbildung 6.6).

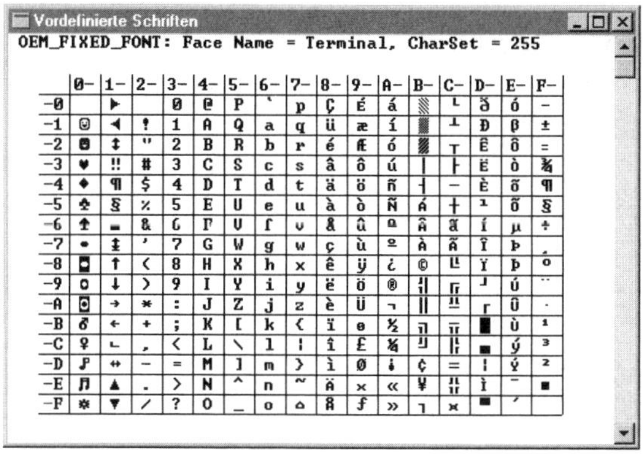

***Abbildung 6.6:** OEM_FIXED_FONT in der deutschen Version von Windows 98*

Offensichtlich sind hier nicht nur ANSI-, sondern (wie übrigens auch in den weiteren Abbildungen dieses Kapitels) ASCII-Zeichen mit von der Partie. Wie sich ältere LeserInnen wohl erinnern mögen, gab es vor 15 Jahren nur einen weltweit verbindlichen Zeichensatz namens ISO, der den Bereich von 0x20 bis 0x7F abdeckte – mithin die unteren sieben Bit. Als das PC-Urmodell erschien, hatten sich acht Bit bei der Textverarbeitung bereits weitgehend durchgesetzt, einen verbindlichen Standard über ISO hinaus gab es aber nicht. IBM bemächtigte sich deshalb der zusätzlichen 128 Zeichen und schuf damit einen de-facto-Standard, der oft als ASCII-Zeichensatz bezeichnet wird. Die Zeichen mit Codes oberhalb von 127 sind hier mit Blockgrafiken, Diakritika, einigen griechischen Buchstaben und verschiedenen Spezialitäten wie etwa dem Häkchen besetzt. DOS-Programme haben vor allem von den Blockgrafiken kräftig Gebrauch gemacht, um in den textorientierten Modi Eingabemasken und ähnliches zu zeichnen.

Konsequent standen die Entwickler der Urversion von Windows einige Jahre später vor einem Problem: Einerseits wäre es mehr als wünschenswert gewesen, die (unter Windows natürlich überflüssigen) 48 Zeichencodes für Blockgrafiken durch weitere Diakritika zu ersetzen – andererseits war ASCII mittlerweile ein weltweit akzeptierter Standard geworden, der sich nicht ohne weiteres übergehen ließ. Aus diesem Grund entschloß sich Microsoft, den von IBM geschaffenen Standard unverändert zu übernehmen, ihn aber sozusagen in die zweite Reihe zu verbannen. Dort sitzt er noch heute: DOS-Programme und DOS-Fenster verwenden ihn standardmäßig, Windows-Anwendungen können ihn explizit anfordern, wenn sie von DOS-Programmen erzeugte Dateien lesen wollen, und mit dem Schwinden der Bedeutung von DOS wird auch dieser Zeichensatz zunehmend unwichtiger. (Schaden kann die Handvoll Kilobytes, die der IBM – Verzeihung: »OEM«-Zeichensatz auf der Festplatte belegt, allerdings wohl kaum, und es ist ein beruhigendes Gefühl, dass er nach wie vor zur Verfügung steht. In Neuentwicklungen einbinden sollte man ihn allerdings auf keinen Fall – nicht zuletzt, weil es von diesem Zeichensatz nicht eine, sondern mehrere Versionen gibt: Selbstverständlich hatte auch IBM mit dem Problem zu kämpfen, dass das Polnische und das Türkische andere Diakritika verwenden als das restliche Europa. Die damit verbundenen Verwicklungen sind ein Thema für ein eigenes Buch.)

Nach der erfolgreichen Verbannung des OEM-Zeichensatzes auf die hinteren Ränge konnten die Microsoft-Entwickler dem »primären« Zeichensatz von Windows eine passendere Definition zugrundelegen, deren Unterschiede zum ISO-Zeichensatz sich aus praktischen Gründen ebenfalls auf die »oberen« 128 Zeichen beschränken. Dieser Zeichensatz läuft allgemein unter dem Kürzel ANSI (für »American Standards National Institute«), ist aber in Wirklichkeit ebenfalls ein von der ISO (»International Standards Organization«) geschaffener Standard, der dort die Nummer 8859 trägt. Weitere Bezeichnungen für diesen Zeichensatz sind Latin 1, Westeuropäisch und

Codeseite 1252. Die US-Version von Windows und die westeuropäischen Versionen verwenden diesen Zeichensatz für die Systemschrift (siehe Abbildung 6.7).

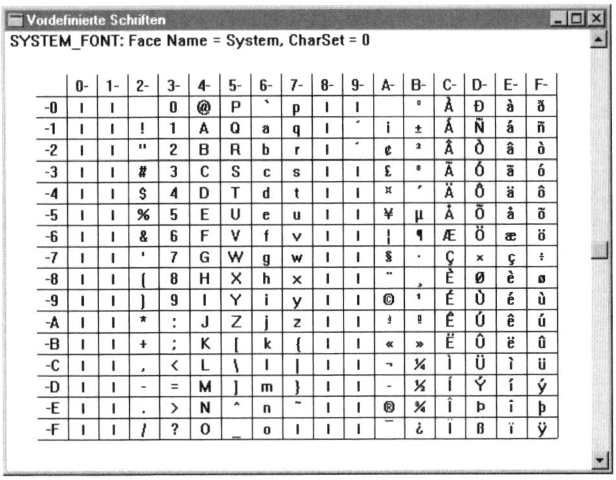

Vordefinierte Schriften

SYSTEM_FONT: Face Name = System, CharSet = 0

<table>
<tr><th></th><th>0-</th><th>1-</th><th>2-</th><th>3-</th><th>4-</th><th>5-</th><th>6-</th><th>7-</th><th>8-</th><th>9-</th><th>A-</th><th>B-</th><th>C-</th><th>D-</th><th>E-</th><th>F-</th></tr>
<tr><td>-0</td><td>■</td><td>■</td><td></td><td>0</td><td>@</td><td>P</td><td>`</td><td>p</td><td>■</td><td>■</td><td></td><td>°</td><td>À</td><td>Ð</td><td>à</td><td>ð</td></tr>
<tr><td>-1</td><td>■</td><td>■</td><td>!</td><td>1</td><td>A</td><td>Q</td><td>a</td><td>q</td><td>■</td><td>‘</td><td>¡</td><td>±</td><td>Á</td><td>Ñ</td><td>á</td><td>ñ</td></tr>
<tr><td>-2</td><td>■</td><td>■</td><td>"</td><td>2</td><td>B</td><td>R</td><td>b</td><td>r</td><td>■</td><td>’</td><td>¢</td><td>²</td><td>Â</td><td>Ò</td><td>â</td><td>ò</td></tr>
<tr><td>-3</td><td>■</td><td>■</td><td>#</td><td>3</td><td>C</td><td>S</td><td>c</td><td>s</td><td>■</td><td>■</td><td>£</td><td>³</td><td>Ã</td><td>Ó</td><td>ã</td><td>ó</td></tr>
<tr><td>-4</td><td>■</td><td>■</td><td>$</td><td>4</td><td>D</td><td>T</td><td>d</td><td>t</td><td>■</td><td>■</td><td>¤</td><td>´</td><td>Ä</td><td>Ô</td><td>ä</td><td>ô</td></tr>
<tr><td>-5</td><td>■</td><td>■</td><td>%</td><td>5</td><td>E</td><td>U</td><td>e</td><td>u</td><td>■</td><td>■</td><td>¥</td><td>µ</td><td>Å</td><td>Õ</td><td>å</td><td>õ</td></tr>
<tr><td>-6</td><td>■</td><td>■</td><td>&</td><td>6</td><td>F</td><td>V</td><td>f</td><td>v</td><td>■</td><td>■</td><td>¦</td><td>¶</td><td>Æ</td><td>Ö</td><td>æ</td><td>ö</td></tr>
<tr><td>-7</td><td>■</td><td>■</td><td>'</td><td>7</td><td>G</td><td>W</td><td>g</td><td>w</td><td>■</td><td>■</td><td>§</td><td>·</td><td>Ç</td><td>×</td><td>ç</td><td>÷</td></tr>
<tr><td>-8</td><td>■</td><td>■</td><td>(</td><td>8</td><td>H</td><td>X</td><td>h</td><td>x</td><td>■</td><td>■</td><td>¨</td><td>¸</td><td>È</td><td>Ø</td><td>è</td><td>ø</td></tr>
<tr><td>-9</td><td>■</td><td>■</td><td>)</td><td>9</td><td>I</td><td>Y</td><td>i</td><td>y</td><td>■</td><td>■</td><td>©</td><td>¹</td><td>É</td><td>Ù</td><td>é</td><td>ù</td></tr>
<tr><td>-A</td><td>■</td><td>■</td><td>*</td><td>:</td><td>J</td><td>Z</td><td>j</td><td>z</td><td>■</td><td>■</td><td>ª</td><td>º</td><td>Ê</td><td>Ú</td><td>ê</td><td>ú</td></tr>
<tr><td>-B</td><td>■</td><td>■</td><td>+</td><td>;</td><td>K</td><td>[</td><td>k</td><td>{</td><td>■</td><td>■</td><td>«</td><td>»</td><td>Ë</td><td>Û</td><td>ë</td><td>û</td></tr>
<tr><td>-C</td><td>■</td><td>■</td><td>,</td><td><</td><td>L</td><td>\</td><td>l</td><td>|</td><td>■</td><td>■</td><td>¬</td><td>¼</td><td>Ì</td><td>Ü</td><td>ì</td><td>ü</td></tr>
<tr><td>-D</td><td>■</td><td>■</td><td>-</td><td>=</td><td>M</td><td>]</td><td>m</td><td>}</td><td>■</td><td>■</td><td>-</td><td>½</td><td>Í</td><td>Ý</td><td>í</td><td>ý</td></tr>
<tr><td>-E</td><td>■</td><td>■</td><td>.</td><td>></td><td>N</td><td>^</td><td>n</td><td>~</td><td>■</td><td>■</td><td>®</td><td>¾</td><td>Î</td><td>Þ</td><td>î</td><td>þ</td></tr>
<tr><td>-F</td><td>■</td><td>■</td><td>/</td><td>?</td><td>O</td><td>_</td><td>o</td><td>■</td><td>■</td><td>■</td><td>¯</td><td>¿</td><td>Ï</td><td>ß</td><td>ï</td><td>ÿ</td></tr>
</table>

Abbildung 6.7: *Die westeuropäische Version der proportionalen Systemschrift (ISO-8859)*

Die dicken Spiegelstriche in der Anzeige von STOKFONT sollen andeuten, dass der Zeichensatz für den entsprechenden Code keine Definition enthält. Wie in Abbildung 6.7 zu sehen, gilt das sowohl für die Steuerzeichen (0x00 bis 0x1F) als auch für einige (wenige) Zeichen mit Codes im Bereich um 0x80 herum. Die Codes 0x20 bis 0x7F entsprechen wie gesagt dem alten ISO-Zeichensatz; die Codes 0xC0 bis 0xFF sind dicht mit Diakritika vollgepackt – wobei diese Zeichen übrigens so angeordnet sind, dass die Umsetzung zwischen Groß- und Kleinbuchstaben über dieselbe Formel (+/- 0x20) wie im ISO-Zeichensatz läuft. Der Code 0xA0 ist für nicht trennende Leerzeichen gedacht (und wird von vielen Textverarbeitungen auch zu exakt diesem Zweck benutzt).

Selbst von »Latin 1« gibt es allerdings mehrere Versionen, die sich im wesentlichen durch die Belegung der Zeichencodes im Bereich von 0x80 bis 0x9F unterscheiden. Wie Abbildung 6.8 zeigt, definiert die nichtproportionale Variante der Systemschrift in diesem Bereich gerade einmal zwei Zeichen:

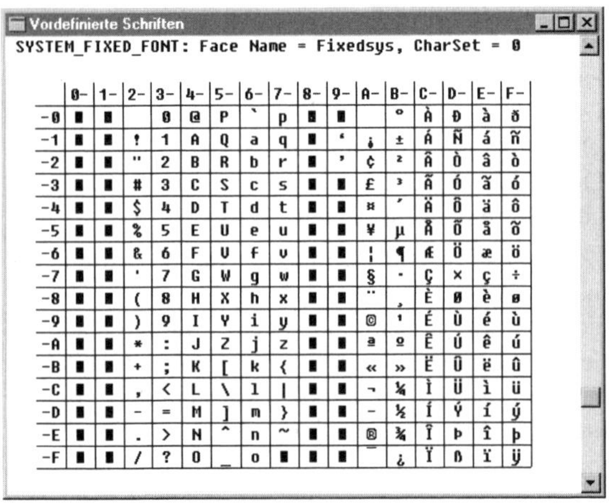

Vordefinierte Schriften

SYSTEM_FIXED_FONT: Face Name = Fixedsys, CharSet = 0

<table>
<tr><th></th><th>0-</th><th>1-</th><th>2-</th><th>3-</th><th>4-</th><th>5-</th><th>6-</th><th>7-</th><th>8-</th><th>9-</th><th>A-</th><th>B-</th><th>C-</th><th>D-</th><th>E-</th><th>F-</th></tr>
<tr><td>-0</td><td>■</td><td>■</td><td></td><td>0</td><td>@</td><td>P</td><td>`</td><td>p</td><td>■</td><td>■</td><td></td><td>°</td><td>À</td><td>Ð</td><td>à</td><td>ð</td></tr>
<tr><td>-1</td><td>■</td><td>■</td><td>!</td><td>1</td><td>A</td><td>Q</td><td>a</td><td>q</td><td>■</td><td>‘</td><td>¡</td><td>±</td><td>Á</td><td>Ñ</td><td>á</td><td>ñ</td></tr>
<tr><td>-2</td><td>■</td><td>■</td><td>"</td><td>2</td><td>B</td><td>R</td><td>b</td><td>r</td><td>■</td><td>’</td><td>¢</td><td>²</td><td>Â</td><td>Ò</td><td>â</td><td>ò</td></tr>
<tr><td>-3</td><td>■</td><td>■</td><td>#</td><td>3</td><td>C</td><td>S</td><td>c</td><td>s</td><td>■</td><td>■</td><td>£</td><td>³</td><td>Ã</td><td>Ó</td><td>ã</td><td>ó</td></tr>
<tr><td>-4</td><td>■</td><td>■</td><td>$</td><td>4</td><td>D</td><td>T</td><td>d</td><td>t</td><td>■</td><td>■</td><td>¤</td><td>´</td><td>Ä</td><td>Ô</td><td>ä</td><td>ô</td></tr>
<tr><td>-5</td><td>■</td><td>■</td><td>%</td><td>5</td><td>E</td><td>U</td><td>e</td><td>u</td><td>■</td><td>■</td><td>¥</td><td>µ</td><td>Å</td><td>Õ</td><td>å</td><td>õ</td></tr>
<tr><td>-6</td><td>■</td><td>■</td><td>&</td><td>6</td><td>F</td><td>V</td><td>f</td><td>v</td><td>■</td><td>■</td><td>¦</td><td>¶</td><td>Æ</td><td>Ö</td><td>æ</td><td>ö</td></tr>
<tr><td>-7</td><td>■</td><td>■</td><td>'</td><td>7</td><td>G</td><td>W</td><td>g</td><td>w</td><td>■</td><td>■</td><td>§</td><td>·</td><td>Ç</td><td>×</td><td>ç</td><td>÷</td></tr>
<tr><td>-8</td><td>■</td><td>■</td><td>(</td><td>8</td><td>H</td><td>X</td><td>h</td><td>x</td><td>■</td><td>■</td><td>¨</td><td>¸</td><td>È</td><td>Ø</td><td>è</td><td>ø</td></tr>
<tr><td>-9</td><td>■</td><td>■</td><td>)</td><td>9</td><td>I</td><td>Y</td><td>i</td><td>y</td><td>■</td><td>■</td><td>©</td><td>¹</td><td>É</td><td>Ù</td><td>é</td><td>ù</td></tr>
<tr><td>-A</td><td>■</td><td>■</td><td>*</td><td>:</td><td>J</td><td>Z</td><td>j</td><td>z</td><td>■</td><td>■</td><td>ª</td><td>º</td><td>Ê</td><td>Ú</td><td>ê</td><td>ú</td></tr>
<tr><td>-B</td><td>■</td><td>■</td><td>+</td><td>;</td><td>K</td><td>[</td><td>k</td><td>{</td><td>■</td><td>■</td><td>«</td><td>»</td><td>Ë</td><td>Û</td><td>ë</td><td>û</td></tr>
<tr><td>-C</td><td>■</td><td>■</td><td>,</td><td><</td><td>L</td><td>\</td><td>l</td><td>|</td><td>■</td><td>■</td><td>¬</td><td>¼</td><td>Ì</td><td>Ü</td><td>ì</td><td>ü</td></tr>
<tr><td>-D</td><td>■</td><td>■</td><td>-</td><td>=</td><td>M</td><td>]</td><td>m</td><td>}</td><td>■</td><td>■</td><td>-</td><td>½</td><td>Í</td><td>Ý</td><td>í</td><td>ý</td></tr>
<tr><td>-E</td><td>■</td><td>■</td><td>.</td><td>></td><td>N</td><td>^</td><td>n</td><td>~</td><td>■</td><td>■</td><td>®</td><td>¾</td><td>Î</td><td>Þ</td><td>î</td><td>þ</td></tr>
<tr><td>-F</td><td>■</td><td>■</td><td>/</td><td>?</td><td>O</td><td>_</td><td>o</td><td>■</td><td>■</td><td>■</td><td>¯</td><td>¿</td><td>Ï</td><td>ß</td><td>ï</td><td>ÿ</td></tr>
</table>

Abbildung 6.8: *Die westeuropäische Version der nichtproportionalen Systemschrift*

Der Grund für diese Auslassung hört größtenteils auf den Namen Unicode: Dort sind die Zeichencodes von 0x0000 bis 0x007F dieselben wie bei ISO (und ANSI), die Codes 0x0080 bis 0x009F stellen eine Spiegelung der Steuerzeichen (0x0000 bis 0x0020) dar, und die Codes 0x00A0 bis 0x00FF entsprechen wiederum dem westeuropäischen ANSI-Zeichensatz.

In der griechischen Version von Windows 98 sieht dieser Standardzeichensatz dagegen etwas anders aus (vgl. Abbildung 6.9): Dort sind die Codes 0xC0 bis 0xFF durch das griechische Alphabet ersetzt. (SYSTEM_FONT und SYSTEM_FIXED_FONT haben hier eine einheitliche Belegung, die Zeichencodes 0x20 bis 0x7F entsprechen dem ISO-Zeichensatz.)

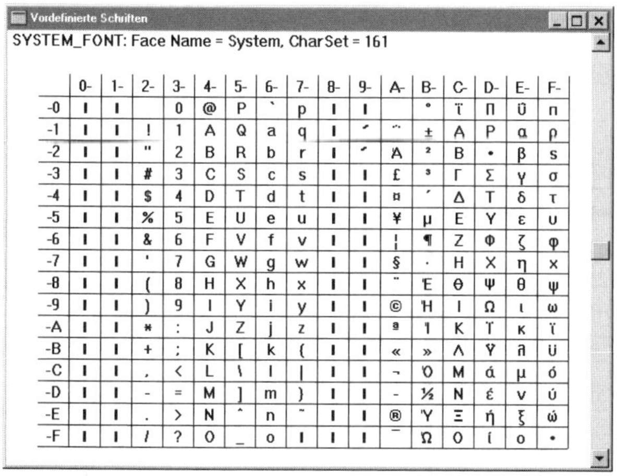

Vordefinierte Schriften

SYSTEM_FONT: Face Name = System, CharSet = 161

	0-	1-	2-	3-	4-	5-	6-	7-	8-	9-	A-	B-	C-	D-	E-	F-
-0	I	I		0	@	P	`	p	I	I		°	ΐ	Π	ΰ	π
-1	I	I	!	1	A	Q	a	q	I	‘	΅	±	Α	Ρ	α	ρ
-2	I	I	"	2	B	R	b	r	I	’	Ά	²	Β	•	β	ς
-3	I	I	#	3	C	S	c	s	I	I	£	³	Γ	Σ	γ	σ
-4	I	I	$	4	D	T	d	t	I	I	¤	΄	Δ	Τ	δ	τ
-5	I	I	%	5	E	U	e	u	I	I	¥	µ	Ε	Υ	ε	υ
-6	I	I	&	6	F	V	f	v	I	I	¦	¶	Ζ	Φ	ζ	φ
-7	I	I	'	7	G	W	g	w	I	I	§	·	Η	Χ	η	χ
-8	I	I	(	8	H	X	h	x	I	I	¨	Έ	Θ	Ψ	θ	ψ
-9	I	I	)	9	I	Y	i	y	I	I	©	Ή	Ι	Ω	ι	ω
-A	I	I	*	:	J	Z	j	z	I	I	ª	Ί	Κ	Ϊ	κ	ϊ
-B	I	I	+	;	K	[	k	{	I	I	«	»	Λ	Ϋ	λ	ϋ
-C	I	I	,	<	L	\	l	|	I	I	¬	Ό	Μ	ά	μ	ό
-D	I	I	-	=	M	]	m	}	I	I	-	½	Ν	έ	ν	ύ
-E	I	I	.	>	N	^	n	~	I	I	®	Ύ	Ξ	ή	ξ	ώ
-F	I	I	/	?	O	_	o	I	I	I	―	Ώ	Ο	ί	ο	•

Abbildung 6.9: *Die proportionale Systemschrift in der griechischen Version von Windows*

Bei der russischen Windows-Version haben die Entwickler dieselbe Technik verwendet: Wie Abbildung 6.10 zeigt, entsprechen die Zeichencodes von 0x00 bis s0x7F dort ebenfalls dem ISO-Zeichensatz, die Codes von 0xC0 bis 0xFF sind durch kyrillische Zeichen belegt.

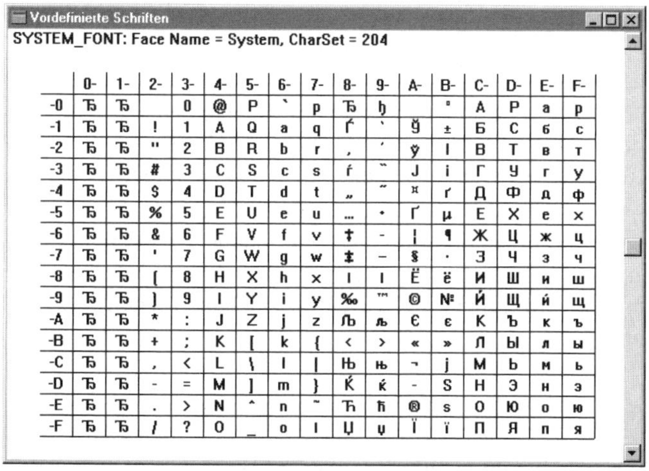

Vordefinierte Schriften

SYSTEM_FONT: Face Name = System, CharSet = 204

	0-	1-	2-	3-	4-	5-	6-	7-	8-	9-	A-	B-	C-	D-	E-	F-
-0	Ђ	Ђ		0	@	P	`	p	Ђ	ђ		°	А	Р	а	р
-1	Ђ	Ђ	!	1	A	Q	a	q	Ѓ	‘	Ў	±	Б	С	б	с
-2	Ђ	Ђ	"	2	B	R	b	r	‚	’	ў	І	В	Т	в	т
-3	Ђ	Ђ	#	3	C	S	c	s	ѓ	“	Ј	і	Г	У	г	у
-4	Ђ	Ђ	$	4	D	T	d	t	„	”	¤	ґ	Д	Ф	д	ф
-5	Ђ	Ђ	%	5	E	U	e	u	…	•	Ґ	µ	Е	Х	е	х
-6	Ђ	Ђ	&	6	F	V	f	v	†	–	¦	¶	Ж	Ц	ж	ц
-7	Ђ	Ђ	'	7	G	W	g	w	‡	—	§	·	З	Ч	з	ч
-8	Ђ	Ђ	(	8	H	X	h	x	I	I	Ё	ё	И	Ш	и	ш
-9	Ђ	Ђ	)	9	I	Y	i	y	‰	™	©	№	Й	Щ	й	щ
-A	Ђ	Ђ	*	:	J	Z	j	z	Љ	љ	Є	є	К	Ъ	к	ъ
-B	Ђ	Ђ	+	;	K	[	k	{	‹	›	«	»	Л	Ы	л	ы
-C	Ђ	Ђ	,	<	L	\	l	|	Њ	њ	¬	ј	М	Ь	м	ь
-D	Ђ	Ђ	-	=	M	]	m	}	Ќ	ќ	-	Ѕ	Н	Э	н	э
-E	Ђ	Ђ	.	>	N	^	n	~	Ћ	ћ	®	ѕ	О	Ю	о	ю
-F	Ђ	Ђ	/	?	O	_	o	I	Џ	џ	Ї	ї	П	Я	п	я

Abbildung 6.10: *Die proportionale Systemschrift in der russischen Version von Windows*

Abbildung 6.11 zeigt schließlich die Systemschrift der japanischen Version, die sich von allen anderen nicht nur durch den Bereich der landesspezifischen Codes unterscheidet: Tatsächlich geht es hier um ein *Double Byte Character Set* ((DBCS) namens Shift-JIS (wobei JIS für »Japanese Industrial Standard« steht). Derartige Zeichensätze stellen eine reichlich unhandliche Hilfskonstruktion dar: Für die westlichen Zeichen (0x20 bis 0x7F) und die Katakana-Zeichen (0xA5 bis 0xDF) wird ein Byte zur Speicherung verwendet, für den Rest (0x80 bis 0x9F und 0xE0 bis 0xFF) dient das erste Byte lediglich als Einleitungszeichen, auf das ein zweites Byte (in den meisten Fällen im Bereich von 0x40 bis 0xFC – Details finden Sie in Anhang G von Nadine Kanos Buch) folgen muß. Eine der Konsequenzen dieser Codierung besteht darin, dass für x Zeichen eines Wortes abhängig vom Inhalt zwischen x und 2*x Bytes zur Speicherung gebraucht werden. Dementsprechend kompliziert gestaltet sich beispielsweise der Zugriff auf das dritte oder vierte Zeichen eines solchen Wortes.

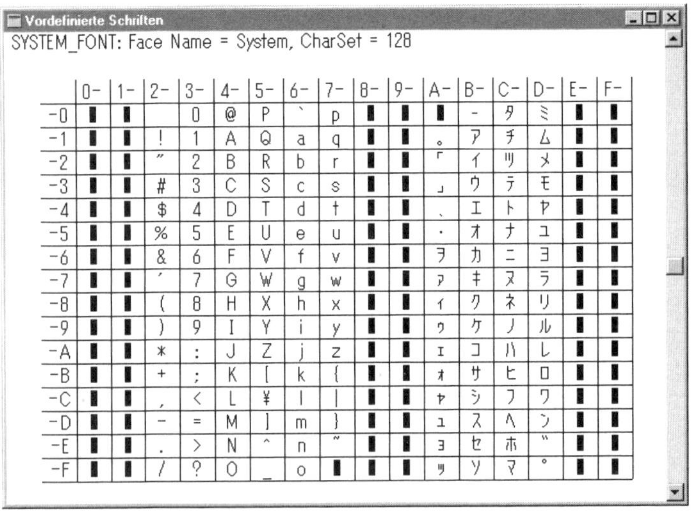

Abbildung 6.11: *Die Systemschrift in der japanischen Version von Windows*

Wo die eigentlichen Probleme von KEYVIEW1 liegen, sollte mittlerweile klargeworden sein: Wenn Sie in einem deutschen Windows auf das griechische Tastaturlayout umschalten und dann »abcde« tippen, sendet Windows WM_CHAR-Nachrichten mit den Codes 0xE1, 0xE2, 0xF8, 0xE4 und 0xE5. Auf dem Bildschirm kriegen Sie aber grundsätzlich das zu sehen, was die Systemschrift *in Ihrer Landessprache* für diese Codes definiert – und das ist bei einem westeuropäischen Windows eben etwas völlig anderes. Dasselbe gilt unter umgekehrtem Vorzeichen, etwa bei der Eingabe von »á« auf einem Windows, dessen Systemzeichensatz für den entsprechenden Code ein griechisches Zeichen vorsieht.

Die einzige Ausnahme von dieser Regel stellt das amerikanische Tastaturlayout dar: Weil sich mit diesem Layout nur Zeichen erzeugen lassen, deren Codes im Bereich von 0x00 bis 0x7F liegen (also nicht über die für alle Zeichensätze verbindliche ISO-Urdefinition hinausgehen), kommt man damit sozusagen überall durch.

Unicode

Ich hatte ja in Kapitel 2 behauptet, dass die Unicode-Unterstützung von Windows NT eine wirklich abschließende Lösung jedes Internationalisierungsproblems sei. Mit KEYVIEW1 kann ich Ihnen den dafür noch fälligen Beweis liefern: Compilieren Sie also dieses Programm mit dem

Symbol UNICODE (oder nehmen Sie die EXE-Datei aus dem Unterverzeichnis KeyView1\Debug auf der Begleit-CD – dort ist das nämlich bereits gemacht).

Wenn das Symbol UNICODE bei der Compilierung definiert ist, dann verwandelt der Präprozessor den Aufruf zur Anmeldung der Fensterklasse (*RegisterClass*) nicht in *RegisterClassA*, sondern in *RegisterClassW*: Die Window-Prozedur bekommt Zeichennachrichten und Textstrings deshalb in Unicode (mit 16 Bit pro Zeichen) anstatt in ANSI (mit 8 Bit pro Zeichen) übergeben.

HINWEIS: Windows 98 kennt zwar einige Unicode-Funktionen, ist im Gegensatz zu Windows NT aber nicht von vornherein auf Unicode aufgebaut. Die Routine *RegisterClassW* liefert deshalb einen Fehlercode zurück, den alle Programme dieses Buches so auswerten:

```
if (!RegisterClass (&wndclass))
{    // UNICODE-Compilierung ist die einzige realistische Fehlermöglichkeit
     MessageBox (NULL, TEXT ("Programm arbeitet mit Unicode und setzt Windows NT voraus!"),
                 szAppName, MB_ICONERROR) ;
     return 0 ;
}
```

Suchen Sie sich also ein Windows NT-System, installieren Sie dort neben dem deutschen oder amerikanischen Tastaturlayout auch noch die griechische und die russische Variante, die Sie bei Lust zum Experimentieren auch gerne mit der japanischen ergänzen können, und führen Sie die Unicode-Version von KEYVIEW1 dann auf diesem System aus. So lange Sie beim deutschen oder amerikanischen Tastaturlayout bleiben, verhält sich das Programm (auch bei Zeichen wie »á«) wie gehabt, weil die Codes 0x00 bis 0xFF für ANSI und Unicode identisch sind. Schalten Sie nun zum griechischen Tastaturlayout um und tippen Sie wieder einmal »abcde«. Das erste Ergebnis: KEYVIEW1 zeigt nun zum ersten Mal Zeichencodes oberhalb von 255 an, nämlich 0x03B1, 0x03B2, 0x03C8, 0x03B4 und 0x03B5. Die Freude darüber wird allerdings noch etwas dadurch getrübt, dass KEYVIEW1 anstelle von α, β, ψ, δ und ε nichts als schwarze Klötzchen darstellt: Die nichtproportionale Systemschrift (SYSTEM_FIXED_FONT) kann mit Zeichencodes oberhalb von 255 offensichtlich nicht viel anfangen.

Nach der Umschaltung auf das russische Tastaturlayout ergibt sich ein ähnliches Bild: Auch hier kommen nun offensichtlich Unicode-Zeichencodes (0x0444, 0x0438, 0x0441, 0x0432 und 0x0443) beim Programm an, das daraufhin allerdings keine kyrillischen Zeichen, sondern schwarze Klötzchen produziert.

Kurz und gut: Wo die ANSI-Version von KEYVIEW1 ohne Federlesens die falschen Zeichen ausgegeben hat, reagiert die Unicode-Version mit schwarzen Klötzchen und signalisiert so, dass das gewünschte Zeichen nicht in der verwendeten Schrift darstellbar ist. Soll man das nun als großen Fortschritt betrachten? Im Prinzip ja: Schließlich merkt die ANSI-Version ja nicht einmal, dass sie mit falschen bzw. mehrdeutigen Daten arbeitet, das Ergebnis (á, α oder das kyrillische Äquivalent) hängt dort ausschließlich davon ab, welche Landessprache das System verwendet. Die Unicode-Version sieht das anders: Dort hat ein á den Zeichencode 0x00E1, ein α den Code 0x03B1, und ein kyrillisches a den Code 0x0431. Das gilt natürlich nicht nur für die Window-Prozedur, sondern auch für Funktionen wie *TextOut*: Die ANSI-Version benutzt *TextOutA* und 8 Bit pro Zeichen, die Unicode-Version dagegen *TextOutW* mit 16 Bit pro Zeichen, weshalb die GDI im zweiten Fall auch eindeutig feststellen kann, dass ein α eben nicht in der aktuell gewählten Schrift darstellbar ist.

Zugegeben: Für Westeuropäer und Amerikaner scheint das im Alltagsbetrieb zwar ganz nett, aber weiß Gott nichts Besonderes zu sein: Weil die ersten 256 Zeichen von Unicode mit der westeuropäischen Variante von ANSI übereinstimmen, läuft die Zuordnung zwischen den beiden Zeichensätzen hier nach dem Schema 1:1. (Wer schon einmal versucht hat, eine türkische oder polnische Adresse unter einem deutschen Windows 9x in eine Datenbank oder einen Brief hineinzukriegen, wird allerdings schon wesentlich eher geneigt sein, Unicode den verdienten Respekt zu zollen.)

Der japanische Tastaturtreiber gibt dagegen einen ersten Ausblick darauf, wie Internationalisierung zukünftig aussehen wird, weil Windows bei seiner Installation auch die Systemschrift erweitert (siehe nächster Abschnitt). Das Ergebnis dramatisch zu nennen, ist eher noch eine Untertreibung: KEYVIEW1 verfügt plötzlich über einen *Input Method Editor* in einem separaten Fenster und erlaubt nicht nur die Konstruktion japanischer Schriftzeichen, sondern stellt diese Zeichen auch korrekt dar. (Zumindest habe ich mir das sagen lassen.) Der einzige Schönheitsfleck: Weil diese Zeichen reichlich komplex ausfallen, reserviert Windows dafür die doppelte Breite und bringt so spaltenweise Anordnung von KEYVIEW1 etwas durcheinander.

TrueType und große Zeichensätze

Die bis dato verwendeten Bitmap-Schriften sind mit Ausnahme der japanischen Variante auf 256 Zeichen beschränkt – was auch kein Wunder ist, weil das .FON-Dateiformat aus den frühen Tagen von Windows stammt. Ein Programm, das SYSTEM_FONT oder (wie KEYVIEW1) SYSTEM_FIXED_FONT benutzt, kann also gar nicht anders, als auch Unicode-Zeichencodes mit schwarzen Klötzchen zu reagieren. (Die japanische Variante der Systemschrift stellt hier eine Ausnahme dar: Hinter dieser vorgeblichen Bitmap-Schrift versteckt sich ein DBCS-Zeichensatz, bei dem der weitaus größere Teil der Zeichendefinitionen nicht direkt in der .FON-Datei, sondern in TrueType-Sammeldateien (mit der Erweiterung .TCC für »TrueType Character Collection«) im FONTS-Verzeichnis gespeichert wird.)

Bei TrueType wurde das Dateiformat natürlich von vornherein so ausgelegt, dass diese Grenze entfällt. Auch wenn die Erweiterung .TTF nicht automatisch bedeutet, dass sich in der dazugehörigen Datei mehr als 256 Zeichendefinitionen verstecken, ist das bei den zusammen mit Windows NT und Windows 98 ausgelieferten Dateien der Fall – vorausgesetzt, Sie haben die Sprachenunterstützung installiert. (Falls nicht: Das anzukreuzende Kontrollkästchen finden Sie in der von unter Einstellungen/Systemsteuerung/Software/Windows-Setup dargestellten Liste. Weil dabei auch die Systemschrift durch eine erweiterte Version ersetzt wird, ist anschließend ein Neustart erforderlich.)

Die im Rahmen der Sprachenunterstützung installierten, erweiterten TrueType-Schriften beinhalten neben ANSI fünf weitere fünf Zeichensätze: Baltisch (Estländisch, Lettländisch, Litauisch), Zentraleuropa (Albanisch, Tschechisch, Kroatisch, Ungarisch, Rumänisch, Slowakisch, Slovenisch), Kyrillisch (Bulgarisch, Weißrussisch, Russisch, Serbisch, Ukrainisch) sowie Griechisch und Türkisch.

Kurz und gut: Außer den fernöstlichen Sprachen ist wohl alles Wichtige dabei. Kaum verwunderlich, dass derart erweiterte TrueType-Schriften auch gerne als »große« Schriften bezeichnet werden – nicht etwa wegen der Größe der darin enthaltenen Zeichen, sondern wegen der Zahl der Zeichendefinitionen – und der Menge an Platz, die sie nicht nur auf der Festplatte, sondern auch im Hauptspeicher belegen.

Für die Programmierung mit Windows 98 stellt sich natürlich die Frage, wie man an diese zusätzlichen Zeichendefinitionen herankommt. (Dass es irgendwie gehen muß, zeigt unter anderem das Zubehörprogramm WordPad, das Sie nach der Installation der Sprachenunterstützung unbedingt ausprobieren sollten.) Wie man sich denken kann, ist dazu allerdings etwas mehr als ein schlichter Aufruf von *GetStockObject* vonnöten.

Die Funktionen *CreateFont* und *CreateFontIndirect* legen (analog zu *CreatePen* und *CreateBrush* für Zeichenstifte bzw. Füllmuster) »logische« Schriften an. *CreateFont* hält einen einsamen Rekord: Diese Funktion erwartet sage und schreibe 14 Parameter. (Mit *CreateFontIndirect* ist das nicht besser: Diese Funktion erwartet die Adresse einer LOGFONT-Struktur, die ihrerseits 14 Felder hat.) Da sich Kapitel 17 en detail mit diesen beiden Funktionen beschäftigt, gehe ich hier nur auf *CreateFont* ein und beschränke mich auf die Parameter, auf die es im gegebenen Kontext wirklich ankommt. (Die restlichen Parameter dieser Funktion werden fürs erste auf 0 und damit auf die jeweilige Standardvorgabe des Systems gesetzt.)

Wenn Sie (wie das Programm KEYVIEW1) eine nicht proportionale Schrift benötigen, übergeben Sie als dreizehnten Parameter von *CreateFont* den Wert FIXED_PITCH. Wenn ein anderer Zeichensatz als ANSI verwendet werden soll (und genau das haben wir im nächsten Programm vor), dann wird als neunter Parameter eine »Zeichensatz-ID« gebraucht. Für diese IDs definiert WINGDI.H eine Reihe von Konstanten, die ich hier mit zusätzlichen Kommentaren wiedergebe:

```
#define ANSI_CHARSET          0      // 1252 Latin 1 (ANSI)
#define DEFAULT_CHARSET       1
#define SYMBOL_CHARSET        2
#define MAC_CHARSET           77
#define SHIFTJIS_CHARSET      128    // 932 (DBCS, Japanisch)
#define HANGEUL_CHARSET       129    // 949 (DBCS, Koreanisch)
#define HANGUL_CHARSET        129    // dito
#define JOHAB_CHARSET         130    // 1361 (DBCS, Koreanisch)
#define GB2312_CHARSET        134    // 936 (DBCS, vereinfachtes Chinesisch)
#define CHINESEBIG5_CHARSET   136    // 950 (DBCS, traditionelles Chinesisch)
#define GREEK_CHARSET         161    // 1253 Griechisch
#define TURKISH_CHARSET       162    // 1254 Latin 5 (Türkisch)
#define VIETNAMESE_CHARSET    163    // 1258 Vietnamesisch
#define HEBREW_CHARSET        177    // 1255 Hebräisch
#define ARABIC_CHARSET        178    // 1256 Arabisch
#define BALTIC_CHARSET        186    // 1257 Baltisch
#define RUSSIAN_CHARSET       204    // 1251 kyrillisch (Slawisch)
#define THAI_CHARSET          222    // 874 Thai
#define EASTEUROPE_CHARSET    238    // 1250 Latin 2 (Zentraleuropa)
#define OEM_CHARSET           255    // hängt von der Landessprache der Windows-Version ab
```

Die Nummern in den Kommentaren stehen für die Codeseite, denen die jeweilige Zeichensatz-ID entspricht. Und warum bitte zwei verschiedene numerische Werte für jeden Zeichensatz? Nun, das ist nur eines der Verwirrspiele, in denen man mit einem über die Jahre gewachsenen System wie Windows eben leben muß. Tatsächlich wurde der Strukturtyp LOGFONT bereits zusammen mit Windows 1.0 festgelegt, wobei ein weit vorausschauender Programmierer ein Byte für eine (damals noch überhaupt nicht verwendete) Zeichensatz-ID freiließ. Mehr wäre pure Verschwendung gewesen, weil Speicher vor 12 Jahren eine teure Sache war und jedes Byte zählte. Und weil sich Codeseitennummern eben nicht in diesem einen Byte unterbringen lassen, hat man schließlich die Zeichensatz-ID erfunden, die mit einem Wertebereich von 0 bis 255 leben muß. Die Konstante OEM_CHARSET ist wiederum ein eigener Problemfall für sich: Sie steht für den IBM-Zeichensatz, der je nach verwendeter Landessprache eine andere Ausprägung hat.

Wahrscheinlich ist Ihnen bereits aufgefallen, dass diese Zeichensatz-ID dem Wert entspricht, den KEYVIEW1 als »Charset« am oberen Rand seines Anwendungsbereichs ausgibt. In den Bildschirmauszügen auf den vorangehenden Seiten haben Sie bereits einige dieser IDs zu Gesicht bekommen: In der deutschen Windows-Version den Wert 0 für ANSI_CHARSET und den Wert 255 für OEM_CHARSET, in der griechischen Windows-Version den Wert 161 (GREEK_CHARSET), in der russischen Version den Wert 204 (RUSSIAN_CHARSET) und schließlich in der japanischen Version den Wert 128 (SHIFTJIS_CHARSET). In der gezeigten Liste steht das Kürzel

DBCS für »Double Byte Character Set«. Da nur die fernöstlichen Windows-Versionen eine Unterstützung für diese Zeichensätze enthalten, lassen sich die entsprechenden Zeichensatz-IDs nicht auf europäischen oder amerikanischen Systemen verwenden.

Wenn alles klappt, liefert *CreateFont* als Ergebnis einen Wert des Typs HFONT (»Handle [to a] font«) zurück, der sich dann über *SelectObject* in einen Gerätekontext einsetzen läßt. Für logische Schriften gilt dasselbe wie für andere GDI-Objekte: Sie müssen nach getaner Arbeit wieder aus dem Gerätekontext herausgenommen und spätestens beim Programmende über *DeleteObject* freigegeben werden.

Nachdem damit geklärt wäre, wie ein Programm unter Windows 98 an einen bestimmten Zeichensatz herankommt, stellt sich nur noch die Frage, wann es welchen Zeichensatz benutzen soll. Die Antwort darauf ist der zweite Teil der »großen Lösung« für Schriften und fällt Gott sei Dank recht einfach aus: Wenn der Benutzer über das Icon in der Task-Leiste das Tastaturlayout wechselt, dann bekommt das aktive Programm von Windows eine Nachricht des Typs WM_INPUTLANGCHANGE gesendet; der zusammen mit dieser Nachricht als *wParam* übergebene Wert steht für die im weiteren zu verwendende Zeichensatz-ID.

Genug der grauen Theorie. Die in Abbildung 6.12 wiedergegebene zweite Version von KEYVIEW setzt den Wechsel zwischen verschiedenen Zeichensatz-IDs und die Reaktion auf WM_INPUTLANGCHANGE in die Praxis um. (Von diesem Programm gibt es wie üblich wieder zwei Versionen auf der Begleit-CD: Im Unterverzeichnis DEBUG finden Sie das Ergebnis einer Compilierung mit dem Symbol UNICODE, das ausschließlich unter Windows NT verwendbar ist; im Unterverzeichnis RELEASE steht die ANSI-Variante.

KEYVIEW2.C

```
/*-----------------------------------------------------------
   KEYVIEW2.C -- Darstellung von Tasten- und Zeichennachrichten
                 (c) Charles Petzold, 1998
  -----------------------------------------------------------*/

#include <windows.h>

LRESULT CALLBACK WndProc (HWND, UINT, WPARAM, LPARAM) ;

int WINAPI WinMain (HINSTANCE hInstance, HINSTANCE hPrevInstance,
                    PSTR szCmdLine, int iCmdShow)
{
     static TCHAR szAppName[] = TEXT ("KeyView2") ;
     HWND         hwnd ;
     MSG          msg ;
     WNDCLASS     wndclass ;

     wndclass.style         = CS_HREDRAW | CS_VREDRAW ;
     wndclass.lpfnWndProc   = WndProc ;
     wndclass.cbClsExtra    = 0 ;
     wndclass.cbWndExtra    = 0 ;
     wndclass.hInstance     = hInstance ;
     wndclass.hIcon         = LoadIcon (NULL, IDI_APPLICATION) ;
     wndclass.hCursor       = LoadCursor (NULL, IDC_ARROW) ;
     wndclass.hbrBackground = (HBRUSH) GetStockObject (WHITE_BRUSH) ;
     wndclass.lpszMenuName  = NULL ;
     wndclass.lpszClassName = szAppName ;

     if (!RegisterClass (&wndclass))
```

```
    {   // UNICODE-Compilierung ist die einzige realistische Fehlermöglichkeit
        MessageBox (NULL, TEXT ("Programm arbeitet mit Unicode und setzt Windows NT voraus!"),
                    szAppName, MB_ICONERROR) ;
        return 0 ;
    }

    hwnd = CreateWindow (szAppName, TEXT ("Tastaturereignisse, Version 2"),
                         WS_OVERLAPPEDWINDOW,
                         CW_USEDEFAULT, CW_USEDEFAULT,
                         CW_USEDEFAULT, CW_USEDEFAULT,
                         NULL, NULL, hInstance, NULL) ;

    ShowWindow (hwnd, iCmdShow) ;
    UpdateWindow (hwnd) ;

    while (GetMessage (&msg, NULL, 0, 0))
    {
        TranslateMessage (&msg) ;
        DispatchMessage (&msg) ;
    }
    return msg.wParam ;
}

LRESULT CALLBACK WndProc (HWND hwnd, UINT message, WPARAM wParam, LPARAM lParam)
{
    static DWORD dwCharSet = DEFAULT_CHARSET ;
         static int   cxClientMax, cyClientMax, cxClient, cyClient, cxChar, cyChar ;
    static int   cLinesMax, cLines ;
    static PMSG  pmsg ;
    static RECT  rectScroll ;

    static TCHAR szTop[] = TEXT ("Nachricht      Taste   Zeichen      Wdh.  ")
                           TEXT ("OEM-Code Erw. ALT   vorher  jetzt") ;
    static TCHAR szUnd[] = TEXT ("_________      _____   _______      ____  ")
                           TEXT ("________ ____ ___   ______  ________") ;

    static TCHAR * szFormat[2] = {
             TEXT ("%-13s %3d %-13s%c%6u  %4d       %4s %4s %8s %8s"),
             TEXT ("%-13s         0x%04X%1s%c %6u  %4d       %4s %4s %8s %8s") } ;
    static TCHAR * szYes  = TEXT ("Ja") ;
    static TCHAR * szNo   = TEXT ("Nein") ;
    static TCHAR * szDown = TEXT ("gedrückt") ;
    static TCHAR * szUp   = TEXT ("gelöst") ;

    static TCHAR * szMessage [] = {
                        TEXT ("WM_KEYDOWN"),    TEXT ("WM_KEYUP"),
                        TEXT ("WM_CHAR"),       TEXT ("WM_DEADCHAR"),
                        TEXT ("WM_SYSKEYDOWN"), TEXT ("WM_SYSKEYUP"),
                        TEXT ("WM_SYSCHAR"),    TEXT ("WM_SYSDEADCHAR") } ;
    HDC         hdc ;
    int         i, iType ;
    PAINTSTRUCT ps ;
    TCHAR       szBuffer[128], szKeyName [32] ;
    TEXTMETRIC  tm ;

    switch (message)
```

```
     {
     case WM_INPUTLANGCHANGE:   // Tastaturlayout geändert
          dwCharSet = wParam ;
                                // weiter mit WM_CREATE
     case WM_CREATE:
     case WM_DISPLAYCHANGE:

          // Maximalgröße des Anwendungsbereichs ermitteln
          cxClientMax = GetSystemMetrics (SM_CXMAXIMIZED) ;
          cyClientMax = GetSystemMetrics (SM_CYMAXIMIZED) ;

          // Größe der nicht proportionalen Systemschrift
          hdc = GetDC (hwnd) ;

          SelectObject (hdc, CreateFont (0, 0, 0, 0, 0, 0, 0, 0,
                                   dwCharSet, 0, 0, 0, FIXED_PITCH, NULL)) ;

          GetTextMetrics (hdc, &tm) ;
          cxChar = tm.tmAveCharWidth ;
          cyChar = tm.tmHeight ;

          DeleteObject (SelectObject (hdc, GetStockObject (SYSTEM_FONT))) ;
          ReleaseDC (hwnd, hdc) ;

          // Array für die Nachrichten freigeben, falls besetzt
          if (pmsg)
               free (pmsg) ;
          // und neu anlegen
          cLinesMax = cyClientMax / cyChar ;
          pmsg = malloc (cLinesMax * sizeof (MSG)) ;
          cLines = 0 ;
                                   // weiter mit WM_SIZE
     case WM_SIZE:
          if (message == WM_SIZE)
          {
               cxClient = LOWORD (lParam) ;
               cyClient = HIWORD (lParam) ;
          }
          // Größe des Rechteckts für ScrollWindow
          rectScroll.left   = 0 ;
          rectScroll.right  = cxClient ;
          rectScroll.top    = cyChar ;
          rectScroll.bottom = cyChar * (cyClient / cyChar) ;

          InvalidateRect (hwnd, NULL, TRUE) ;

          if (message == WM_INPUTLANGCHANGE)
               return TRUE ;

          return 0 ;

     case WM_KEYDOWN:
     case WM_KEYUP:
     case WM_CHAR:
     case WM_DEADCHAR:
     case WM_SYSKEYDOWN:
```

```
case WM_SYSKEYUP:
case WM_SYSCHAR:
case WM_SYSDEADCHAR:

     // zwischengespeicherte Nachrichten nach hinten umstapeln
     for (i = cLinesMax - 1 ; i > 0 ; i--)
     {
          pmsg[i] = pmsg[i - 1] ;
     }
     // neues Ereignis im Array festhalten
     pmsg[0].hwnd = hwnd ;
     pmsg[0].message = message ;
     pmsg[0].wParam = wParam ;
     pmsg[0].lParam = lParam ;

     cLines = min (cLines + 1, cLinesMax) ;

     // Bildauf um eine Zeile nach oben
     ScrollWindow (hwnd, 0, -cyChar, &rectScroll, &rectScroll) ;

     break ;        // -> DefWindowProc, damit Systemnachrichten funktionieren

case WM_PAINT:
     hdc = BeginPaint (hwnd, &ps) ;

     SelectObject (hdc, CreateFont (0, 0, 0, 0, 0, 0, 0, 0,
                         dwCharSet, 0, 0, 0, FIXED_PITCH, NULL)) ;

     SetBkMode (hdc, TRANSPARENT) ;
     TextOut (hdc, 0, 0, szTop, lstrlen (szTop)) ;
     TextOut (hdc, 0, 0, szUnd, lstrlen (szUnd)) ;

     for (i = 0 ; i < min (cLines, cyClient / cyChar - 1) ; i++)
     {
          iType = pmsg[i].message == WM_CHAR ||
                  pmsg[i].message == WM_SYSCHAR ||
                  pmsg[i].message == WM_DEADCHAR ||
                  pmsg[i].message == WM_SYSDEADCHAR ;

          GetKeyNameText (pmsg[i].lParam, szKeyName,
                          sizeof (szKeyName) / sizeof (TCHAR)) ;

          TextOut (hdc, 0, (cyClient / cyChar - 1 - i) * cyChar, szBuffer,
                   wsprintf (szBuffer, szFormat [iType],
                        szMessage [pmsg[i].message - WM_KEYFIRST],
                        pmsg[i].wParam,
                        (PTSTR) (iType ? TEXT (" ") : szKeyName),
                        (TCHAR) (iType ? pmsg[i].wParam : ' '),
                        LOWORD (pmsg[i].lParam),
                        HIWORD (pmsg[i].lParam) & 0xFF,
                        0x01000000 & pmsg[i].lParam ? szYes  : szNo,
                        0x20000000 & pmsg[i].lParam ? szYes  : szNo,
                        0x40000000 & pmsg[i].lParam ? szDown : szUp,
                        0x80000000 & pmsg[i].lParam ? szUp   : szDown)) ;
     }
     DeleteObject (SelectObject (hdc, GetStockObject (SYSTEM_FONT))) ;
```

```
        EndPaint (hwnd, &ps) ;
        return 0 ;

    case WM_DESTROY:
        PostQuitMessage (0) ;
        return 0 ;
    }
    return DefWindowProc (hwnd, message, wParam, lParam) ;
}
```

Abbildung 6.12: *Das Programm* KEYVIEW2

KEYVIEW2 speichert ausschließlich Tastaturnachrichten und reicht die von WM_INPUTLANGCHANGE gelieferte Zeichensatz-ID einfach an *CreateFont* weiter, ohne sich groß um ihren Inhalt zu kümmern. Dass das Programm bei jedem Wechsel des Tastaturlayouts seinen Anwendungsbereich löscht und das Array für die MSG-Strukturen neu anlegt, hat zwei Gründe: Zum einen wird die für die Reproduktion natürlich notwendige Zeichensatz-ID nicht gespeichert, zum anderen beschränkt sich KEYVIEW2 beim Aufruf von *CreateFont* auf das absolute Minimum, weshalb die Spalten nur dann ordentlich in einer Reihe stehenbleiben, wenn die neue Schrift exakt dieselbe Breite wie die alte hat.

Mehr zu Schriften im allgemeinen finden Sie in Kapitel 17, mehr zum Thema Internationalisierung im Abschnitt */Platform SDK/Windows Base Services/International Features* der Online-Dokumentation von MSVC. Die aus der Sicht des Programmierers wesentlichen Dinge sind in dieser Dokumentation im Abschnitt */Platform SDK/Windows Base Services/General Library/String Manipulation* zusammengefaßt.

Das Caret (und nicht der Cursor)

Bei Texteingaben erscheint üblicherweise ein Unterstrich oder ein kleines Kontrollkästchen auf dem Bildschirm und zeigt an, an welcher Stelle das jeweils nächste Zeichen landen wird. Aller Wahrscheinlichkeit nach werden Sie diese Marke unter der Bezeichnung »Cursor« kennen – und müssen sich an dieser Stelle bitten lassen, sie zu vergessen: Unter Windows wird die Positionsmarke für Texteingaben als »Caret« bezeichnet. Warum? Weil der Cursor in dieser Umgebung das ist, was normalerweise in Form eines Pfeilchens auf dem Bildschirm herumgeistert und über die Maus gesteuert wird.

Caret-Funktionen

Windows definiert für den Umgang mit dem Caret fünf grundlegende Funktionen:

- *CreateCaret* – erzeugt ein Caret für ein bestimmtes Fenster
- *SetCaretPos* – setzt die Position des Carets innerhalb eines Fensters
- *ShowCaret* – stellt das Caret auf dem Bildschirm dar, d.h. macht es an seiner momentanen Position sichtbar
- *HideCaret* – versteckt das Caret
- *DestroyCaret* – löscht das Caret in einem Fenster

Zu diesen Grundfunktionen kommen eine Reihe anderer Funktionen hinzu: beispielsweise läßt sich die momentane Position des Caret über *GetCaretPos* bestimmen, *GetCaretBlinkTime* und *SetCaretBlinkTime* ermitteln die Blinkfrequenz des Carets bzw. legen sie fest.

Übliche Erscheinungsformen für ein Caret sind ein horizontaler bzw. ein vertikaler Strich oder ein Kontrollkästchen in der Größe eines Zeichens. Bei der Arbeit mit Proportionalschriften ist der vertikale Strich die beste Wahl, weil er lediglich die (konstante) Höhe der Zeichen wiedergibt und man mit einem Unterstrich oder einem Kontrollkästchen bei wechselnden Zeichenbreiten zwangsläufig in Schwierigkeiten kommt.

So weit, so gut. Wenn wir von den bisher besprochenen Mechanismen ausgehen, müßte ein Programm sein Caret vermutlich beim Bearbeiten von WM_CREATE erzeugen und im Rahmen von WM_DESTROY wieder freigeben – was definitiv so nicht funktioniert: Tatsächlich handelt es sich bei dieser Definition um eine Ressource, die pro Anwendung nur einmal existiert und die sich ein Fenster deshalb bei Bedarf lediglich »ausleihen« kann. Wenn Ihr Programm also mit mehreren Fenstern arbeitet, müssen sich diese Fenster ein gemeinsames Caret teilen.

Wer zum Teufel auf die Idee gekommen ist, ausgerechnet an dieser Stelle eine Handvoll Bytes einsparen zu wollen? Nun – tatsächlich ist die Idee alles andere als schlecht: Die Ausgabe des Carets in einem Fenster macht schließlich nur dann Sinn, wenn der Benutzer in dieses Fenster auch etwas eingeben kann (sprich: der Eingabefokus auf dieses Fenster zeigt). Da zu jedem Zeitpunkt immer nur ein Fenster diese Funktion übernehmen kann, käme eigentlich sogar das gesamte System mit einem einzigen Caret aus (und bei Windows 3.x war das auch so).

Windows definiert für den Wechsel des Eingabefokus zwei Nachrichten: WM_SETFOCUS signalisiert einer Window-Prozedur, dass der Eingabefokus nunmehr auf das dazugehörige Fenster zeigt; WM_KILLFOCUS kündigt einen Wechsel zu einem anderen Fenster an. Beide Nachrichten treten grundsätzlich paarweise in Erscheinung – und es ist garantiert, dass jedem WM_KILLFOCUS zu irgendeinem Zeitpunkt einmal ein WM_SETFOCUS für dasselbe Fenster vorausgegangen ist.

Folglich fällt die Hauptregel im Umgang mit dem Caret recht einfach aus: In einem Fenster, das mit dem Caret arbeitet, muß die Bearbeitung von WM_SETFOCUS einen Aufruf von *CreateCaret*, die Bearbeitung von WM_KILLFOCUS einen Aufruf von *DestroyCaret* enthalten.

Zu dieser Regel kommen drei Details:

- Ähnlich wie *CreateWindow* besetzt *CreateCaret* lediglich eine Windows-interne Datenstruktur, d.h. führt selbst keine Zeichenoperation aus. Auf den Aufruf von *CreateCaret* muß also ein Aufruf von *ShowCaret* folgen, damit das Caret auch auf dem Bildschirm erscheint.
- Window-Prozeduren, die Zeichenoperationen außerhalb der Bearbeitung von WM_PAINT ausführen, müssen das Caret vor dieser Zeichenoperation mit *HideCaret* unsichtbar und nach der Operation mit *ShowCaret* wieder sichtbar machen.
- *ShowCaret* und *HideCaret* setzen kein Flag, sondern erhöhen bzw. erniedrigen einen Zähler: Nachdem *HideCaret* beispielsweise dreimal ohne ein zwischenzeitliches *ShowCaret* aufgerufen wurde, sind drei Aufrufe von *ShowCaret* notwendig, um das Caret wieder sichtbar zu machen.

Das Programm TYPER

Das im in Abbildung 6.13 aufgelistete Programm TYPER faßt die meisten bis dato in diesem Kapitel besprochenen Dinge in einem Praxisbeispiel zusammen. TYPER ist eine Art Texteditor, der sich aufs Allereinfachste beschränkt: Mit diesem Programm können Sie Text in ein Fenster eingeben, den Cursor (Verzeihung, das Caret) mit den Cursortasten (oder sind es Carettasten?) in diesem Text bewegen und sämtliche Eingaben (sprich: den Fensterinhalt) durch einen Druck auf Esc in den Bytehimmel schicken, wobei sich dieser Effekt auch durch Größenveränderungen des Fensters oder einen Wechsel es Tastaturlayouts erreichen läßt. Dem Programm fehlen unter anderem die Bildlaufleisten, eine Funktion zum Suchen und Ersetzen von Textblöcken, die Möglichkeit zum Laden und Speichern von Texten sowie die Serienbrief- und Rechtschreibfunktionen, mit der automatischer Suche nach verwandten Themen im Internet hapert es auch – aber es ist immerhin mal ein Anfang.

TYPER.C

```
/*-----------------------------------
   TYPER.C -- Schreibmaschinenprogramm
              (c) Charles Petzold, 1998
  ------------------------------------*/

#include <windows.h>

#define BUFFER(x,y) *(pBuffer + y * cxBuffer + x)

LRESULT CALLBACK WndProc (HWND, UINT, WPARAM, LPARAM) ;

int WINAPI WinMain (HINSTANCE hInstance, HINSTANCE hPrevInstance,
                    PSTR szCmdLine, int iCmdShow)
{
     static TCHAR szAppName[] = TEXT ("Typer") ;
     HWND         hwnd ;
     MSG          msg ;
     WNDCLASS     wndclass ;

     wndclass.style         = CS_HREDRAW | CS_VREDRAW ;
     wndclass.lpfnWndProc   = WndProc ;
     wndclass.cbClsExtra    = 0 ;
     wndclass.cbWndExtra    = 0 ;
     wndclass.hInstance     = hInstance ;
     wndclass.hIcon         = LoadIcon (NULL, IDI_APPLICATION) ;
     wndclass.hCursor       = LoadCursor (NULL, IDC_ARROW) ;
     wndclass.hbrBackground = (HBRUSH) GetStockObject (WHITE_BRUSH) ;
     wndclass.lpszMenuName  = NULL ;
     wndclass.lpszClassName = szAppName ;

     if (!RegisterClass (&wndclass))
     {    // UNICODE-Compilierung ist die einzige realistische Fehlermöglichkeit
          MessageBox (NULL, TEXT ("Programm arbeitet mit Unicode und setzt Windows NT voraus!"),
                      szAppName, MB_ICONERROR) ;
          return 0 ;
     }

     hwnd = CreateWindow (szAppName, TEXT ("Schreibmaschinenprogramm"),
                          WS_OVERLAPPEDWINDOW,
                          CW_USEDEFAULT, CW_USEDEFAULT,
                          CW_USEDEFAULT, CW_USEDEFAULT,
                          NULL, NULL, hInstance, NULL) ;

     ShowWindow (hwnd, iCmdShow) ;
     UpdateWindow (hwnd) ;
```

```
     while (GetMessage (&msg, NULL, 0, 0))
     {
          TranslateMessage (&msg) ;
          DispatchMessage (&msg) ;
     }
     return msg.wParam ;
}

LRESULT CALLBACK WndProc (HWND hwnd, UINT message, WPARAM wParam, LPARAM lParam)
{
     static DWORD   dwCharSet = DEFAULT_CHARSET ;
     static int     cxChar, cyChar, cxClient, cyClient, cxBuffer, cyBuffer,
                    xCaret, yCaret ;
     static TCHAR * pBuffer = NULL ;
     HDC            hdc ;
     int            x, y, i ;
     PAINTSTRUCT    ps ;
     TEXTMETRIC     tm ;

     switch (message)
     {
     case WM_INPUTLANGCHANGE:
          dwCharSet = wParam ;
                                        // weiter mit WM_CREATE
     case WM_CREATE:
          hdc = GetDC (hwnd) ;
          SelectObject (hdc, CreateFont (0, 0, 0, 0, 0, 0, 0, 0,
                                   dwCharSet, 0, 0, 0, FIXED_PITCH, NULL)) ;

          GetTextMetrics (hdc, &tm) ;
          cxChar = tm.tmAveCharWidth ;
          cyChar = tm.tmHeight ;

          DeleteObject (SelectObject (hdc, GetStockObject (SYSTEM_FONT))) ;
          ReleaseDC (hwnd, hdc) ;
                                        // weiter mit WM_SIZE
     case WM_SIZE:
          // Fenstergröße in Pixeln
          if (message == WM_SIZE)
          {
               cxClient = LOWORD (lParam) ;
               cyClient = HIWORD (lParam) ;
          }
          // Fenstergröße in Zeichen
          cxBuffer = max (1, cxClient / cxChar) ;
          cyBuffer = max (1, cyClient / cyChar) ;

          // Puffer freigeben, falls belegt
          if (pBuffer != NULL)
               free (pBuffer) ;
          // Puffer neu belegen. Für UNICODE ist sizeof(TCHAR) == 2!
          pBuffer = (TCHAR *) malloc (cxBuffer * cyBuffer * sizeof (TCHAR)) ;

          for (y = 0 ; y < cyBuffer ; y++)
               for (x = 0 ; x < cxBuffer ; x++)
```

```
                BUFFER(x,y) = ' ' ;

            // set caret to upper left corner

        xCaret = 0 ;
        yCaret = 0 ;

        if (hwnd == GetFocus ())
            SetCaretPos (xCaret * cxChar, yCaret * cyChar) ;

        InvalidateRect (hwnd, NULL, TRUE) ;
        return 0 ;

    case WM_SETFOCUS:           // Caret anlegen und anzeigen
        CreateCaret (hwnd, NULL, cxChar, cyChar) ;
        SetCaretPos (xCaret * cxChar, yCaret * cyChar) ;
        ShowCaret (hwnd) ;
        return 0 ;

    case WM_KILLFOCUS:          // Caret verbergen und freigeben
        HideCaret (hwnd) ;
        DestroyCaret () ;
        return 0 ;

    case WM_KEYDOWN:
        switch (wParam)
        {
        case VK_HOME:
            xCaret = 0 ;
            break ;

        case VK_END:
            xCaret = cxBuffer - 1 ;
            break ;

        case VK_PRIOR:
            yCaret = 0 ;
            break ;

        case VK_NEXT:
            yCaret = cyBuffer - 1 ;
            break ;

        case VK_LEFT:
            xCaret = max (xCaret - 1, 0) ;
            break ;

        case VK_RIGHT:
            xCaret = min (xCaret + 1, cxBuffer - 1) ;
            break ;

        case VK_UP:
            yCaret = max (yCaret - 1, 0) ;
            break ;

        case VK_DOWN:
```

```
                yCaret = min (yCaret + 1, cyBuffer - 1) ;
                break ;

            case VK_DELETE:
                for (x = xCaret ; x < cxBuffer - 1 ; x++)
                    BUFFER (x, yCaret) = BUFFER (x + 1, yCaret) ;

                BUFFER (cxBuffer - 1, yCaret) = ' ' ;

                HideCaret (hwnd) ;
                hdc = GetDC (hwnd) ;

                SelectObject (hdc, CreateFont (0, 0, 0, 0, 0, 0, 0, 0,
                                dwCharSet, 0, 0, 0, FIXED_PITCH, NULL)) ;

                TextOut (hdc, xCaret * cxChar, yCaret * cyChar,
                       & BUFFER (xCaret, yCaret),
                       cxBuffer - xCaret) ;

                DeleteObject (SelectObject (hdc, GetStockObject (SYSTEM_FONT))) ;
                ReleaseDC (hwnd, hdc) ;
                ShowCaret (hwnd) ;
                break ;
            }
            SetCaretPos (xCaret * cxChar, yCaret * cyChar) ;
            return 0 ;

        case WM_CHAR:
            for (i = 0 ; i < (int) LOWORD (lParam) ; i++)
            {
                switch (wParam)
                {
                case '\b':                    // Rücktaste
                    if (xCaret > 0)
                    {
                        xCaret-- ;
                        SendMessage (hwnd, WM_KEYDOWN, VK_DELETE, 1) ;
                    }
                    break ;

                case '\t':                    // Tabulator
                    do
                    {
                        SendMessage (hwnd, WM_CHAR, ' ', 1) ;
                    }
                    while (xCaret % 8 != 0) ;
                    break ;
                case '\n':                    // LF (Zeilenvorschub)
                    if (++yCaret == cyBuffer)
                        yCaret = 0 ;
                    break ;

                case '\r':                    // ENTER ("Wagenrücklauf")
                    xCaret = 0 ;

                    if (++yCaret == cyBuffer)
```

```
                    yCaret = 0 ;
               break ;

          case '\x1B':                    // ESC
               for (y = 0 ; y < cyBuffer ; y++)
                    for (x = 0 ; x < cxBuffer ; x++)
                         BUFFER (x, y) = ' ' ;

               xCaret = 0 ;
               yCaret = 0 ;

               InvalidateRect (hwnd, NULL, FALSE) ;
               break ;

          default:                        // normale Zeichen
               BUFFER (xCaret, yCaret) = (TCHAR) wParam ;

               HideCaret (hwnd) ;       // Caret verbergen
               hdc = GetDC (hwnd) ;     // Schrift einsetzen
               SelectObject (hdc, CreateFont (0, 0, 0, 0, 0, 0, 0, 0,
                              dwCharSet, 0, 0, 0, FIXED_PITCH, NULL)) ;
               // Ausgabe des Zeichens
               TextOut (hdc, xCaret * cxChar, yCaret * cyChar,
                         & BUFFER (xCaret, yCaret), 1) ;
               // Schrift wieder freigeben
               DeleteObject (SelectObject (hdc, GetStockObject (SYSTEM_FONT))) ;
               ReleaseDC (hwnd, hdc) ;    // Gerätekontext freigeben
               ShowCaret (hwnd) ;         // Caret wieder anzeigen

               if (++xCaret == cxBuffer)
               {
                    xCaret = 0 ;
                    if (++yCaret == cyBuffer)
                         yCaret = 0 ;
               }
               break ;
          }
     }

     SetCaretPos (xCaret * cxChar, yCaret * cyChar) ;
     return 0 ;

case WM_PAINT:
     hdc = BeginPaint (hwnd, &ps) ;

     SelectObject (hdc, CreateFont (0, 0, 0, 0, 0, 0, 0, 0,
                              dwCharSet, 0, 0, 0, FIXED_PITCH, NULL)) ;

     for (y = 0 ; y < cyBuffer ; y++)
          TextOut (hdc, 0, y * cyChar, & BUFFER(0,y), cxBuffer) ;

     DeleteObject (SelectObject (hdc, GetStockObject (SYSTEM_FONT))) ;
     EndPaint (hwnd, &ps) ;
     return 0 ;

case WM_DESTROY:
```

```
        PostQuitMessage (0) ;
        return 0 ;
    }
    return DefWindowProc (hwnd, message, wParam, lParam) ;
}
```

Abbildung 6.13: *Das Programm* TYPER

Um mir die Sache so einfach wie möglich zu machen, benutzt TYPER überdies die nichtproportionale Schrift SYSTEM_FIXED_FONT. (Wie man sich wohl vorstellen kann, fällt das Listing eines Editors für Proportionalschriften um einige Seiten länger aus). Wie bei KEYVIEW wird diese Schrift direkt nach jedem Ermitteln des Gerätekontexts gesetzt, was in TYPER beim Bearbeiten der Nachrichten WM_CREATE, WM_KEYDOWN, WM_CHAR und WM_PAINT geschieht. Zum Einsetzen benutzt TYPER die bereits öfter verwendete Kombination der Funktionen *GetStockObject* und *SelectObject*.

Auf WM_SIZE reagiert TYPE mit der Berechnung, wie viele Textzeilen und -spalten in das veränderte Fenster hineinpassen. Das Ergebnis dieser Berechnung wird in zwei Variablen namens *cxBuffer* und *cyBuffer* gespeichert, über deren Werte sich der Platzbedarf eines mit *malloc* belegten Zeichenpuffers ergibt, der seinerseits sämtliche Eingaben des Benutzers aufnimmt. (Bitte beachten: Bei der Compilierung mit UNICODE braucht jedes Zeichen 16 Bit. Die Berechnung der Puffergröße geschieht deshalb über die Formel *cxBuffer * cyBuffer * sizeof(TCHAR)*). Die Variablen *xCaret* und *yCaret* halten die momentane Position des Carets fest, wobei hier mit der Einheit »Zeichen« bzw. »Zeilen« gearbeitet wird.

Die Reaktion auf WM_SETFOCUS besteht in TYPER aus einem Aufruf von *CreateCaret* zum Erzeugen eines Carets in der Breite bzw. Höhe eines Zeichens, das danach mit *SetCaretPos* an die aktuelle Position gebracht und mit *ShowCaret* sichtbar gemacht wird. Im *case*-Zweig für WM_KILLFOCUS finden sich konsequent Aufrufe der Funktionen *HideCaret* und *DestroyCaret*.

Bei WM_KEYDOWN geht es überwiegend um die Cursortasten: Pos1 und Ende setzen das Caret an den Beginn bzw. das Ende der jeweiligen Zeile, die Bildlauftasten setzen es an den Anfang bzw. das Ende des Textes. Die Pfeiltasten arbeiten so, wie man es auch erwarten sollte, d.h. versetzen das Caret jeweils um eine Zeile bzw. eine Spalte. Die Reaktion des Programms auf Entf ist etwas komplexerer Natur: Das Programm muß hier sämtliche zwischen der momentanen Position des Carets und dem Ende der jeweiligen Zeile um eine Position nach links verschieben und zusätzlich dafür sorgen, dass das letzte Zeichen dieser Zeile nicht doppelt auf dem Bildschirm erscheint.

Die Bearbeitung von WM_CHAR umfaßt neben normalen Eingaben die Rücktaste, die Tabulatortaste, einen Zeilenvorschub (Strg+Enter), Enter und schließlich Esc. Wie ein näherer Blick auf das Listing zeigt, bin ich bei der Eingabe normaler Zeichen davon ausgegangen, dass dem Benutzer jedes Zeichen lieb und teuer ist: Ein eventueller Wiederholungszähler wird dort ausgewertet. (Bei den Cursortasten bleibt das entsprechende Feld von *lParam* dagegen unberücksichtigt, um zu verhindern, dass TYPER bei Bewegungen im Text versehentlich über das Ziel hinausschießt). Die Behandlung der Rücktaste und der Tabulatortaste läßt sich über *SendMessage* ein wenig vereinfachen: Die Rücktaste wird wie Entf behandelt, die Tabulatortaste wie eine Folge von Leerzeichen.

Wie bei den allgemeinen Regeln zum Umgang mit dem Caret erwähnt, sollte das Programm bei Zeichenoperationen außerhalb der Behandlung von WM_PAINT durch einen expliziten Aufruf des Funktionspaars *HideCaret/ShowCaret* dafür sorgen, dass sich das Caret und neugezeichnete Elemente nicht gegenseitig in die Quere kommen. TYPER verwendet dieses Funktionspaar bei der Bearbeitung von Entf (im Rahmen von WM_KEYDOWN) sowie vor der Ausgabe von Zeichen im *case*-Zweig von WM_CHAR, d.h. bei jeder Veränderung des Fensterinhalts.

Obwohl TYPER bei Umschaltungen des Tastaturlayouts dieselbe Logik wie KEYVIEW2 verwendet, kommt die ANSI-Version dieses Programm nicht mit den Fernost-Versionen von Windows zurecht, weil sie pro Zeichen nur ein einziges Byte zur Speicherung vorsieht und deshalb an DBCS-Zeichensätzen mit ihrem inhaltsabhängigen Platzbedarf zwangsläufig scheitern muß. Dieses Problem wird zusammen mit anderen in Kapitel 17 angegangen, das sich ausschließlich mit Schriften und der Textausgabe beschäftigt.

7 Die Maus

Allen Experimenten mit alternativen Eingabegeräten wie berührungsempfindlichen Bildschirmen und Lichtgriffeln zum Trotz ist die Maus der unumschränkte König im Bereich alternativer Eingabegeräte: Das Prinzip, mechanische Bewegungen mittels einer Rollkugel (die bei einem Trackball auf der Oberseite liegt – größere Unterschiede gibt es da nicht) sozusagen direkt in Bewegungen eines Zeigers auf dem Bildschirm umzusetzen, hat sich derart auf dem Markt etabliert, dass man nach »mauslosen« Computern inzwischen wohl recht lange suchen müßte.

Natürlich war dem nicht immer so. Bei den ersten Windows-Versionen wäre der Zwang zum Kauf eines solchen Eingabegerätes sogar ein Verkaufshindernis gewesen. Dieser Meinung war man jedenfalls bei Microsoft, weshalb die Maus in Windows 1.0 ein »optionales Zubehör« darstellte und sich die gesamte Oberfläche inklusive aller von Microsoft gelieferten Programme alternativ über die Tastatur bedienen ließ. Software-Hersteller wurden dazu angehalten, für jede über die Maus ausführbare Funktion einen äquivalenten Tastaturbefehl zu definieren (und älteren Ausgaben dieses Buches kann man in diesem Punkt einen gewissen Missionierungscharakter kaum absprechen).

Die neueren Versionen von Windows laufen dagegen überhaupt nicht mehr ohne Maus – vorausgesetzt, Sie schenken der Verpackungsaufschrift Glauben. Tatsächlich sieht die Sache so aus, dass Sie beim Hochfahren eines Systems mit abgestöpselter Maus einen Hinweis zu sehen bekommen, der Sie über ebendiese Tatsache informiert – und das war's dann auch schon. Wer zum ersten Mal in seinem Leben mit einem Windows ohne Maus konfrontiert wird, kommt sich zwar vermutlich wie ein Pianist vor, dem jemand Boxerhandschuhe angezogen hat – nur dürfte dieses Gefühl selten länger als eine Viertelstunde halten, weil man in Redmond nämlich auch bei Windows 98 der Philosophie treu geblieben ist, wirklich jede Standardoperation auch über die Tastatur möglich zu machen. (Wer das nicht glaubt, sollte sich einmal die Online-Dokumentation des Taschenrechners aus dem Zubehör ansehen. Was sich die Entwickler da ausgedacht haben, um Funktionen wie Arcussinus und Quadratwurzel allen Widrigkeiten zum Trotz auch über die Tastatur erreichbar zu machen, grenzt an Obsession.)

Obwohl mein Computer selbstverständlich mit einer Maus ausgerüstet ist, halte ich Tastaturäquivalente für Mausoperationen nicht nur aus Respekt vor dieser Konsequenz für eine sinnvolle Sache: Viel- und Schnellschreiber werden es beispielsweise gar nicht witzig finden, die Hände ständig von der Tastatur nehmen zu müssen, nur weil der Programmentwickler mit zwei Fingern tippt und deshalb am liebsten auch die Texteingabe über die Maus erledigen würde. (Und außerdem soll es Schreibtische geben, auf denen sich das Tierchen üblicherweise erst nach einer längeren Suche findet, weil es sich gewohnheitsmäßig zwischen hohen Stapeln gelehrter Bücher versteckt. Leergegessene Pizzaschachteln und Coladosen erfüllen übrigens denselben Zweck.)

Da der Aufwand bei der Definition von Tastaturäquivalenten dank *SendMessage* überdies recht bescheiden ausfällt, sollten Sie Ihren Benutzern dieses Feature überall dort gönnen, wo es die Bedienung Ihrer Meinung nach erleichtern *könnte*. Das gilt übrigens auch für Grafikprogramme: Wer für Freihandzeichnungen auf Teufel komm raus Tastaturbefehle definiert, darf zwar kaum auf Beifall für seine Mühen hoffen – die Belegung der Pfeiltasten für das pixelgenaue Positionieren von Umrissen und Elementen macht dagegen fast immer Sinn.

Grundlagen

Windows 98 unterstützt Mäuse mit einem, zwei oder drei Tasten sowie Joysticks und Lichtgriffel, deren Treiber ein »mausähnliches« Verhalten simuliert. In den früheren Windows-Versionen gab es die Tendenz, die zweite oder gar dritte Maustaste – wenn überhaupt – bestenfalls mit redundanten Funktionen zu belegen, weil damals noch eine größere Zahl von Mäusen mit einer einzigen Taste in Umlauf war. Da die Zweitasten-Maus von Microsoft aber mittlerweile den de-facto-Standard darstellt, haben die Entwickler diese Zurückhaltung aufgegeben: Die Oberflächen von Windows 95, Windows 98 und Windows NT ab Version 4.0 verwenden die rechte Maustaste standardmäßig sowohl zum Aufruf eines Kontextmenüs als auch für spezielle Ziehoperationen. Trotzdem sollten Sie ein Programm nach wie vor nicht so konstruieren, dass es unter allen Umständen auf das Vorhandensein einer zweiten Maustaste angewiesen ist.

Wer ganz genau wissen will, was es mit einer bestimmten Maus auf sich hat, kann einen alten Bekannten zu Rate ziehen:

```
fMouse = GetSystemMetrics (SM_MOUSEPRESENT) ;
```

Dieser Aufruf von *GetSystemMetrics* liefert das Ergebnis TRUE (ungleich 0), wenn eine Maus angeschlossen ist – zumindest in der Theorie: Unter Windows 98 bekommen Sie hier auch auf mauslosen Systemen ein TRUE zu sehen; unter Windows NT ist das Funktionsergebnis in diesem Fall dagegen FALSE (0).

Ähnlich sieht es bei der Frage nach der Zahl der Maustasten aus: Der Aufruf

```
fMouse = GetSystemMetrics (SM_CMOUSEBUTTONS) ;
```

sollte die Zahl der Maustasten bzw. auf mauslosen Systemen den Wert 0 liefern. Unter Windows NT tut er das auch, unter Windows 98 liefert *GetSystemMetrics* für diesen Indexwert stur das Ergebnis 2 zurück.

Linkshänder können die beiden Maustasten bei Bedarf über die Systemsteuerung vertauschen, was sich seinerseits über den Indexwert SM_SWAPBUTTON mit *GetSystemMetrics* abfragen läßt. Notwendig sollte eine solche Abfrage aber nur in Spezialfällen wie etwa einem Trainingsprogramm für Windows-Neulinge sein, das eine Maus auf den Bildschirm zeichnet und die jeweils gedrückte Taste dann aufleuchten läßt. In allen anderen Fällen reicht Programmen die Erkenntnis, dass der Benutzer die Maustaste gedrückt hat, die er für die linke bzw. rechte Taste gehalten haben will. (Für LeserInnen mit Spaß an Vexierspielen: Die linke Maustaste wird grundsätzlich mit dem Zeigefinger gedrückt – auch von ausgesprochenen Linkshändern.)

Die restlichen Parameter im Zusammenhang mit der Maus, die sich über die Systemsteuerung einstellen lassen (wie etwa den zeitlichen Abstand für einen Doppelklick), fragt man von einem Programm aus nicht über *GetSystemMetrics*, sondern über die Funktion *SystemParametersInfo* ab.

Etwas Terminologie

Wenn der Benutzer die Maus auf dem Schreibtisch (oder einer anderen Unterlage) bewegt, vollzieht Windows diese Bewegung mit einem Symbol auf dem Bildschirm nach, das als »Maus-Cursor« oder allgemein als Cursor bezeichnet wird. Dieser (in Form eines Bitmaps definierte und von jeder modernen Grafikkarte als Overlay dargestellte) Cursor hat unabhängig von seiner Erscheinungsform einen Zielpunkt (»Hot Spot«), der seine Position und damit die Wirkung von Aktionen exakt festlegt.

Bildschirmtreiber von Windows enthalten mehrere vordefinierte Erscheinungsformen des Cursors und stellen sie Anwendungsprogrammen zur Verfügung. Die am häufigsten erscheinende Form ist ein nach links gerichteter, aufwärts zeigender Pfeil, bei dem der Zielpunkt mit der Pfeilspitze identisch ist. WINUSER.H definiert für diesen Cursor den Bezeichner IDC_ARROW (wobei das Präfix IDC für »ID Cursor« steht). Die mit IDC_CROSS bezeichnete Cursorform (die Sie im Programm BLOKOUT dieses Kapitels zu sehen bekommen) definiert den Zielpunkt in der Mitte eines Fadenkreuzes, d.h. zweier senkrecht aufeinander stehender Linien; die Form IDC_WAIT hat das Aussehen einer Sanduhr und wird üblicherweise zur Anzeige des Umstands benutzt, dass das Programm momentan beschäftigt ist. (Wie ich in Kapitel 10 zeige, kann ein Programm neben diesen Standards selbst beliebige Cursorformen definieren).

Die Standard-Cursorform eines Fensters wird über die Definition der Fensterklasse festgelegt. Die Programme der vorangehenden Kapitel haben dazu die folgende Zuweisung benutzt:

```
wndclass.hCursor = LoadCursor (NULL, IDC_ARROW) ;
```

Im Zusammenhang mit Aktionen der Maus werden drei Begriffe verwendet:

- *Klick* – das Drücken und darauffolgende Lösen einer Maustaste. Für Klicks mit der zweiten Taste hat sich der Begriff Rechtsklick eingebürgert.
- *Doppelklick* – zwei in kurzem Zeitraum aufeinanderfolgende Klicks ohne zwischenzeitliche Bewegung der Maus.
- *Ziehen* – Bewegen der Maus, während eine Maustaste gedrückt ist.

Bei einer mit drei Tasten ausgestatteten Maus werden die Tasten der Reihe nach als linke, mittlere und rechte Taste bezeichnet, wofür WINUSER.H die entsprechenden Konstanten LBUTTON, MBUTTON und RBUTTON definiert. Eine Maus mit zwei Tasten hat bei dieser Logik eine linke und eine rechte Taste, eine Maus mit einer Taste verfügt lediglich über eine *linke* Taste (und nicht etwa über eine mittlere).

Mausereignisse im Anwendungsbereich

In Kapitel 6 hatte ich festgestellt, dass Tastaturereignisse jeweils nur das Fenster betreffen, auf das der Eingabefokus momentan zeigt. Im Zusammenhang mit Mausereignissen gilt diese Regel nicht:

Window-Prozeduren erhalten Maus-Nachrichten immer dann, wenn sich der Cursor im dazugehörigen Fenster befindet (oder dieses Fenster auch nur überstreicht). Dabei spielt es keine Rolle, ob dieses Fenster momentan inaktiv ist oder der Eingabefokus auf ein anderes Fenster zeigt.

Windows definiert insgesamt 21 verschiedene Nachrichten für Mausereignisse. 11 davon beziehen sich allerdings nicht auf den Anwendungsbereich, sondern auf den Rahmen von Fenstern und werden deshalb von Programmen meistens ignoriert. (Weil diese Nachrichten natürlich trotzdem eine Funktion haben, ist ihnen ein eigener Abschnitt in diesem Kapitel gewidmet.)

Wenn der Cursor über den Anwendungsbereich eines Fensters bewegt wird, sendet Windows der dazugehörigen Prozedur eine Nachricht des Typs WM_MOUSEMOVE. Wird eine der Maustasten gedrückt oder gelöst, während sich der Cursor im Anwendungsbereich befindet, erhält die Window-Prozedur des entsprechenden Fensters eine der folgenden Nachrichten:

Taste	Gedrückt	Gelöst	Gedrückt (2. Klick)
Links	WM_LBUTTONDOWN	WM_LBUTTONUP	WM_LBUTTONDBLCLK
Mitte	WM_MBUTTONDOWN	WM_MBUTTONUP	WM_MBUTTONDBLCLK
Rechts	WM_RBUTTONDOWN	WM_RBUTTONUP	WM_RBUTTONDBLCLK

Tabelle 7.1: *Nachrichten für gedrückte und gelöste Maustasten*

Wie bereits erwähnt, können die als »MBUTTON« bezeichneten Nachrichten nur auf Systemen erzeugt werden, die mit einer Dreitasten-Maus ausgerüstet sind; Analoges gilt für »RBUTTON« bzw. Mäuse mit zwei Tasten. Mitteilungen über Doppelklicks erhält eine Window-Prozedur nur, wenn die dem Fenster zugrundeliegende Klasse dies explizit vereinbart (siehe übernächster Abschnitt).

Bei sämtlichen Nachrichten dieser Arten enthält der Parameter *lParam* die Position der Maus zum Zeitpunkt des jeweiligen Ereignisses. Die *x*-Koordinate ist dabei im niederwertigen, die *y*-Koordinate im höherwertigen Wort von *lParam* gespeichert, beide Werte sollten über die Makros LOWORD bzw. HIWORD ermittelt werden:

```
x = LOWORD (lParam) ;
y = HIWORD (lParam) ;
```

Der Parameter *wParam* gibt bei diesen Nachrichten den Zustand der Maustasten sowie der Umschalttaste und der Strg-Taste in Form einzelner Bitflags an. WINUSER.H definiert eine Reihe von Konstanten, über die sich die einzelnen Bits isolieren lassen:

MK_LBUTTON	linke Maustaste
MK_MBUTTON	mittlere Maustaste
MK_RBUTTON	rechte Maustaste
MK_SHIFT	Umschalttaste
MK_CONTROL	**Strg**

Tabelle 7.2: *Bitflags für gedrückte Maustasten und Modifizierer der Tastatur*

Das Präfix »MK« steht bei diesen Konstanten für »Mouse Key«, die verwendete Logik ist positiver Natur:

```
if (wParam & MK_LBUTTON)   // linke Maustaste ist gedrückt
  [Reaktion des Programms]
```

Wie viele Nachrichten des Typs WM_MOUSEMOVE die Bewegung der Maus im Anwendungsbereich eines Fensters erzeugt, hängt zum einen von der Hardware des Systems, zum anderen von der Geschwindigkeit ab, mit die angesprochene Window-Prozedur diese Nachrichten verarbeiten kann. Dass Windows bei einer Bewegung des Cursors um 100 Pixel das Programm mit 100 Nachrichten bombardiert, steht also nicht zu befürchten – es sei denn, Sie nennen ein Pentium II-System im 500 MHz-Bereich Ihr eigen. Wie viele Nachrichten bei einer Mausbewegung auf Ihrem System herauskommen, läßt sich recht gut mit dem im folgenden Abschnitt vorgestellten Programm CONNECT ausprobieren.

Ein Mausklick im Anwendungsbereich eines inaktiven Fensters hat zwei Reaktionen des Systems zur Folge: Zuerst setzt Windows dieses Fenster als aktiv, danach bekommt die zu diesem Fenster gehörige Window-Prozedur die Nachricht WM_LBUTTONDOWN gesendet. Anders gesagt: Eine Window-Prozedur, die eine Nachricht dieses Typs erhält, kann mit Sicherheit davon ausgehen, dass ihr Fenster aktiviert ist.

Während Tastaturnachrichten über das Drücken und Lösen einer Taste grundsätzlich paarweise auftreten, muß dasselbe bei Mausereignissen nicht unbedingt der Fall sein: Wenn der Benutzer eine Maustaste über einem Fenster drückt, den Cursor danach in ein anderes Fenster bewegt und erst dort die Taste wieder löst, dann erhält das erste Fenster eine einzelne Nachricht des Typs WM_LBUTTONDOWN, das zweite Fenster ein isoliertes WM_LBUTTONUP. Anders gesagt: Eine Window-Prozedur muß jederzeit in der Lage sein, mit derart »unerwarteten« Nachrichten fertig zu werden.

Zu dieser Regel gibt es zwei Ausnahme, die allerdings ausnahmsweise vereinfachender Natur sind:

- Window-Prozeduren können die Maus sozusagen einfangen und erhalten in diesem Fall auch dann weiterhin Nachrichten, wenn sich der Cursor außerhalb ihres Anwendungsbereichs befindet. (Welche Käsesorte in Form von Funktionsaufrufen man dazu braucht, erläutert einer der folgenden Abschnitte dieses Kapitels).
- Systemmodale Dialoge und Meldungen (wie die Rückfrage »Windows beenden«) blockieren sämtliche anderen Fenster und Programme für den Zeitraum ihrer Aktivität. Dabei handelt es sich um eine ganz bewußte Einschränkung, die die Aufmerksamkeit des Benutzers auf den entsprechenden Text zwingt. (Mehr zu diesem Thema in einem der folgenden Kapitel).

Ein einfaches Beispiel

Das in Abbildung 7.1 aufgelistete Programm soll Ihnen ein erstes Gefühl für die Bearbeitung von Mausereignissen geben. Es erwartet, dass Sie den Cursor in den Anwendungsbereich seines Fensters bringen, danach die linke Maustaste drücken, eine kurze (am besten halbkreisförmige) Bewegung ausführen und schließlich die Maustaste wieder lösen. Das Ergebnis ist eine Reihe einzelner Punkte, die die Frequenz von Nachrichten des Typs WM_MOUSEMOVE wiedergibt (und die das Programm aus Freude an der Optik kreuz und quer miteinander verbindet).

CONNECT.C

```
/*--------------------------------------
   CONNECT.C -- Maus-Demonstrationsprogramm
             (c) Charles Petzold, 1998
  --------------------------------------*/
```

```
#include <windows.h>

#define MAXPOINTS 1000

LRESULT CALLBACK WndProc (HWND, UINT, WPARAM, LPARAM) ;

int WINAPI WinMain (HINSTANCE hInstance, HINSTANCE hPrevInstance,
                    PSTR szCmdLine, int iCmdShow)
{
     static TCHAR szAppName[] = TEXT ("Connect") ;
     HWND         hwnd ;
     MSG          msg ;
     WNDCLASS     wndclass ;

     wndclass.style         = CS_HREDRAW | CS_VREDRAW ;
     wndclass.lpfnWndProc   = WndProc ;
     wndclass.cbClsExtra    = 0 ;
     wndclass.cbWndExtra    = 0 ;
     wndclass.hInstance     = hInstance ;
     wndclass.hIcon         = LoadIcon (NULL, IDI_APPLICATION) ;
     wndclass.hCursor       = LoadCursor (NULL, IDC_ARROW) ;
     wndclass.hbrBackground = (HBRUSH) GetStockObject (WHITE_BRUSH) ;
     wndclass.lpszMenuName  = NULL ;
     wndclass.lpszClassName = szAppName ;

     if (!RegisterClass (&wndclass))
     {    // UNICODE-Compilierung ist die einzige realistische Fehlermöglichkeit
          MessageBox (NULL, TEXT ("Programm arbeitet mit Unicode und setzt Windows NT voraus!"),
                      szAppName, MB_ICONERROR) ;
          return 0 ;
     }

     hwnd = CreateWindow (szAppName, TEXT ("Punkte mit der Maus verbinden"),
                          WS_OVERLAPPEDWINDOW,
                          CW_USEDEFAULT, CW_USEDEFAULT,
                          CW_USEDEFAULT, CW_USEDEFAULT,
                          NULL, NULL, hInstance, NULL) ;

     ShowWindow (hwnd, iCmdShow) ;
     UpdateWindow (hwnd) ;

     while (GetMessage (&msg, NULL, 0, 0))
     {
          TranslateMessage (&msg) ;
          DispatchMessage (&msg) ;
     }
return msg.wParam ;
}

LRESULT CALLBACK WndProc (HWND hwnd, UINT message, WPARAM wParam, LPARAM lParam)
{
     static POINT pt[MAXPOINTS] ;
     static int   iCount ;
     HDC          hdc ;
```

```
     int         i, j ;
     PAINTSTRUCT ps ;

     switch (message)
     {
     case WM_LBUTTONDOWN:
          iCount = 0 ;
          InvalidateRect (hwnd, NULL, TRUE) ;
          return 0 ;

     case WM_MOUSEMOVE:
          if (wParam & MK_LBUTTON && iCount < 1000)
          {    // Position speichern
               pt[iCount  ].x = LOWORD (lParam) ;
               pt[iCount++].y = HIWORD (lParam) ;
               // und einen einzelnen Punkt zeichnen
               hdc = GetDC (hwnd) ;
               SetPixel (hdc, LOWORD (lParam), HIWORD (lParam), 0) ;
               ReleaseDC (hwnd, hdc) ;
          }
          return 0 ;

     case WM_LBUTTONUP:
          // Fenster komplett neu zeichnen - verbindet die Punkte
          InvalidateRect (hwnd, NULL, FALSE) ;
          return 0 ;

     case WM_PAINT:
          hdc = BeginPaint (hwnd, &ps) ;

          SetCursor (LoadCursor (NULL, IDC_WAIT)) ;  // Sanduhr
          ShowCursor (TRUE) ;
          // alle Punkte miteinander verbinden
          for (i = 0 ; i < iCount - 1 ; i++)
               for (j = i + 1 ; j < iCount ; j++)
               {
                    MoveToEx (hdc, pt[i].x, pt[i].y, NULL) ;
                    LineTo   (hdc, pt[j].x, pt[j].y) ;
               }

          ShowCursor (FALSE) ;
          SetCursor (LoadCursor (NULL, IDC_ARROW)) ;  // Pfeil
          EndPaint (hwnd, &ps) ;
          return 0 ;

     case WM_DESTROY:
          PostQuitMessage (0) ;
          return 0 ;
     }
     return DefWindowProc (hwnd, message, wParam, lParam) ;
}
```

Abbildung 7.1: *Das Programm* CONNECT

CONNECT bearbeitet drei verschiedene Mausereignisse:

- WM_LBUTTONDOWN – löscht den gesamten Anwendungsbereich
- WM_MOUSEMOVE – prüft, ob die linke Maustaste gedrückt ist. Wenn ja, zeichnet das Programm einen (schwarzen) Punkt an der entsprechenden Position, die zusätzlich in einem Variablenarray festgehalten wird.
- WM_LBUTTONUP – verbindet jeden im Anwendungsbereich gezeichneten Punkt mit sämtlichen anderen Punkten. Für eine mehr oder minder gerade Punktelinie kommt dabei nur ein dicker Strich heraus, für einen Halbkreis manchmal ein optisch recht ansprechendes Ergebnis (siehe Abbildung 7.2).

Wenn Sie die Maustaste erst außerhalb des Anwendungsbereichs wieder lösen, verbindet CONNECT die zuvor gezeichneten Punkte nicht miteinander, weil das Programm in diesem Fall keine Nachricht des Typs WM_LBUTTONUP erhält. Analoges gilt, wenn Sie die Maustaste bereits außerhalb des Fensters drücken und den Cursor erst dann in den Anwendungsbereich hinein bewegen: In diesem Fall fehlt dem Programm die Nachricht WM_LBUTTONDOWN, weshalb es eventuell zuvor Gezeichnetes auf dem Bildschirm stehen läßt (und hinterher eine entsprechend hohe Zahl von Verbindungen zeichnet).

CONNECT benutzt mehrere einfache GDI-Funktionen, die sämtlich in Kapitel 5 besprochen sind: *SetPixel* zeichnet einen Punkt mit einer bestimmten Farbe (hier: schwarz) und färbt dabei nur ein einzelnes Pixel ein, weshalb sich die von CONNECT gezeichneten Punkte auf Bildschirmen mit hoher und höchster Auflösung an der Grenze zur Unsichtbarkeit bewegen. Das Zeichnen einer Verbindung zwischen zwei Punkten besteht aus zwei Befehlen: einem Aufruf von *MoveToEx* zum Setzen einer Startposition und einem Aufruf von *LineTo*, der eine Linie von der Startposition bis zu dem dabei angegebenen Punkt erzeugt.

CONNECT speichert bis zu 1000 Koordinatenpaare. Die Anzahl der gezeichneten Linien läßt sich über die Formel (P * (P-1)) / 2 berechnen, wobei P für die Anzahl der Punkte steht. Bei 1000 Punkten kommen dabei immerhin 500 000 Linien heraus, was auch auf einem schnellen System eine gute Minute dauern dürfte. Da Windows 98 für 32-Bit-Programme mit verdrängendem Multitasking arbeitet, ist das System zwar für diesen Zeitraum nicht komplett blockiert – Task-Wechsel und das Arbeiten mit anderen Programmen bleibt nach wie vor möglich –, das Fenster von CONNECT reagiert aber erst wieder auf Veränderungen der Größe, weitere Mausbewegungen oder eine Klick im Schließfeld, wenn das Programm die Zeichenaktion vollständig abgeschlossen hat. Einem einfachen Demonstrationsprogramm mag so etwas vielleicht noch nachsehen; in einer ernstgemeinten Anwendung hat solche Sturheit dagegen nichts zu suchen, weshalb Sie in Kapitel 20 eine Rezeptur gegen Probleme dieser Art finden.

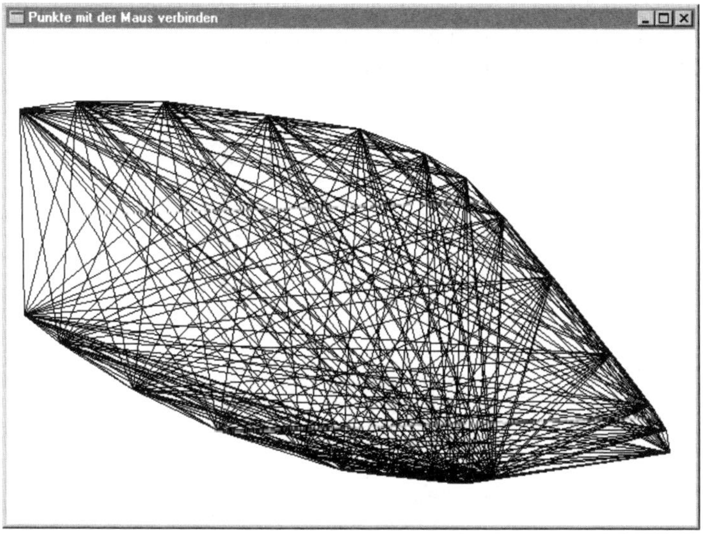

Abbildung 7.2: *Die Ausgaben von* CONNECT

Auch wenn das Verhalten von CONNECT eher ärgerlich ist, läßt sich darüber noch ein anderer Punkt verdeutlichen: Probieren Sie einmal, *während* einer solchen Zeichenoperation einige zusätzliche Punkte zu zeichnen, d.h. drücken Sie die linke Maustaste und bewegen Sie die Maus im Anwendungsbereich. Das Ergebnis ist – gar nichts (oder ein Löschen des Fensterinhalts, wenn Sie die Maustaste auch nach Ende der Zeichenoperation noch gedrückt haben und das Programm deshalb eine Nachricht des Typs WM_LBUTTONDOWN erhält).

Tatsächlich liegt im Zwischenspeichern von Nachrichten ein großer Unterschied zwischen Maus und Tastatur: Während Windows jeden Tastenanschlag als wichtig betrachtet (und ihn deshalb in die Warteschlange einreiht), gehen nicht rechtzeitig »abgeholte« Mausereignisse schlicht verloren. Damit erklärt sich auch, wieso ein Programm nicht mit Mausereignissen überladen werden *kann*: Es bekommt nur die Ereignisse zu sehen, die es aufgrund seiner eigenen Arbeitsgeschwindigkeit rechtzeitig über *GetMessage* liest. Die Kehrseite der Medaille: Speziell beim Ziehen größerer Objekte ist es ohne weiteres denkbar, dass ein Programm auf langsameren Systemen das eine oder andere Mausereignis sozusagen verschläft.

Ein letzter Punkt: Weil die Zeichenaktion von CONNECT reichlich lange dauern kann, schaltet das Programm zwischenzeitlich den Cursor von der Standardform (IDC_ARROW) auf eine Sanduhr um. Wie im *case*-Zweig für WM_PAINT zu sehen, lassen sich Umschaltungen dieser Art über zwei einfache Aufrufe der Funktion *GetStockObject* erledigen. Was es mit den beiden Aufrufen von *ShowCursor* (einmal mit TRUE, einmal mit FALSE) auf sich hat, klärt der Abschnitt »Simulation der Maus über die Tastatur« (Seite 280) in diesem Kapitel.

Auswerten von Modifizierern

Auf Nachrichten des Typs WM_MOUSEMOVE reagiert CONNECT erst einmal mit der Operation

```
if (wParam & MK_LBUTTONDOWN)   // linke Maustaste gedrückt?
  [Reaktion, d.h. Position speichern]
```

– prüft also über ein bitweises AND, ob die linke Maustaste gedrückt ist oder nicht. Über die von WINUSER.H definierten MK_...-Konstanten läßt sich in derselben Weise der Stand der anderen beiden Maustasten sowie der Umschalttaste und der Strg-Taste ermitteln:

```
if (wParam & MK_SHIFT)
{
  if (wParam & MK_CONTROL)
   { [Umschalttaste und Strg gedrückt]
   }
  else
   { [Umschalttaste alleine gedrückt]
   }
  else if (wParam & MK_CONTROL)
    { [Strg alleine gedrückt]
    }
  else
    { [weder Umschalttaste noch Strg gedrückt]
    }
}
```

Mit Auswertungen dieser Art lassen sich auch Programme formulieren, die bei Bedarf mit einer Maus zurechtkommen, die nur eine Taste hat. Der folgende Ausriß definiert beispielsweise die Kombination der linken Maustaste mit der Umschalttaste als Alternative zur rechten Maustaste:

```
case WM_LBUTTONDOWN:
  if (!MK_SHIFT & wParam)
    {
      [linke Maustaste alleine gedrückt: Bearbeitung]
      ...
      return 0 ;
     }
    // ansonsten weiter mit WM_RBUTTONDOWN

case WM_RBUTTONDOWN:
   [rechte Maustaste oder linke Maustaste zusammen mit Umschalttaste: Bearbeitung]
    ...
    return 0;
...
```

Alternativ läßt sich diese Prüfung auch über die in Kapitel 6 erwähnte Funktion *GetKeyState* erledigen, die anstelle von Bitflags die virtuellen Tastencodes VK_LBUTTON, VK_RBUTTON, VK_MBUTTON, VK_SHIFT bzw. VK_CONTROL erwartet. Sie liefert ein gesetztes Bit 15 zurück, wenn die jeweilige Taste zum Zeitpunkt des Ereignisses gedrückt war. Anders gesagt: auch im Zusammenhang mit der Maus kann man diese Funktion nicht benutzen, um auf ein Ereignis zu warten. Eine Schleife wie

```
while (GetKeyState (VK_LBUTTON) >= 0) ;  // FALSCH !!!
```

liefert nur dann das Ergebnis »Taste gedrückt«, wenn das bereits zum Zeitpunkt des Ereignisses der Fall war – und wartet ansonsten bis in alle Ewigkeit.

Doppelklicks

Damit zwei aufeinanderfolgende Klicks als »Doppelklick« betrachtet werden, müssen sie innerhalb eines relativ kurzen Zeitraums stattfinden, dessen Länge der Benutzer über die Systemsteuerung von Windows festlegt. Das zweite Kriterium, über das Windows zwischen zwei Einzelklicks und einem Doppelklick unterscheidet, ist die Position des Mauszeigers: Wenn der Benutzer die Maus zwischen dem ersten und dem zweiten Klick über mehr als eine bestimmte Distanz (Standard: die halbe Höhe und die volle Breite eines Zeichens in der nichtproportionalen Systemschrift) bewegt, betrachtet Windows die beiden Ereignisse unabhängig vom zeitlichen Abstand als separate Einzelklicks.

Ein Programm, das Nachrichten über und Doppelklicks erhalten will, muß das Feld *style* der zugrundeliegenden Fensterklasse zusätzlich mit dem Bezeichner CS_DBLCLICKS setzen:

```
wndclass.style = CS_HREDRAW | CS_VREDRAW | CS_DBLCLKS ;
```

Wenn dieser »Stil« nicht vereinbart ist, erhält die zu dem Fenster gehörige Window-Prozedur für zwei Klicks in rascher Folge schlicht dieselben Nachrichten wie für zwei separate Klicks (also zweimal hintereinander WM_LBUTTONDOWN und WM_LBUTTONUP) – wobei es hier durchaus möglich ist, dass zwischen diesen insgesamt vier Nachrichten noch andere (wie etwa WM_MOUSEMOVE) liegen. Nach der Definition des Fensterstils mit CS_DBLCLKS ergibt sich für einen Doppelklick dagegen die Folge WM_LBUTTONDOWN, WM_LBUTTONUP, WM_LBUTTONDBLCLK und WM_LBUTTONUP – WM_LBUTTONDBLCLK ersetzt hier also das zweite WM_LBUTTONDOWN.

Alternativ könnte ein Programm auch seine eigene Logik für Doppelklicks aufbauen, indem es die (relativen) Zeiten zweier aufeinanderfolgender Klicks über die Funktion *GetMessageTime* ermittelt und so selbständig einen Zeitraum festlegt, in dem zwei aufeinanderfolgende Klicks als Doppelklick betrachtet werden. (Mehr zu *GetMessageTime* finden Sie in Kapitel 8.)

Doppelklicks sollten grundsätzlich die Erweiterung einer Operation darstellen, die mit dem entsprechenden Objekt auf einen Klick hin ausgeführt wird. Auf diese Weise tut sich nicht nur das Programm leichter, sondern auch sein Benutzer. Der Explorer ist ein gutes Beispiel für einen solchen Mechanismus: Dort entspricht ein erster Klick auf dem Symbol einer Datei einer Auswahl; bei einem Doppelklick führt der erste Klick dieselbe Operation durch, der zweite startet das soeben ausgewählte Programm bzw. öffnet das ausgewählte Dokument. Diese Logik ist nicht nur für den Benutzer einsichtig, sondern wie gesagt auch für das Programm, das auf die Nachricht WM_LBUTTONDOWN grundsätzlich mit einer Auswahl, auf die Nachricht WM_LBUTTONDBLCLK grundsätzlich mit dem Start des zuvor ausgewählten Objekts reagieren kann. (Stellen Sie sich dagegen einmal die Verwicklungen in einem Programm vor, das über Einfach- und Doppelklicks zwischen entgegengesetzten Aktionen unterscheidet – wie beispielsweise dem Öffnen und Löschen einer Datei!)

Ereignisse außerhalb des Anwendungsbereichs

Die bis dato in diesem Kapitel behandelten 10 Nachrichten beziehen sich ausschließlich auf Mausbewegungen und Klicks innerhalb des Anwendungsbereichs. Gleichzeitig hatte ich aber gesagt, dass die Window-Prozedur eines Fensters für jedes Mausereignis innerhalb dieses Fensters Nachrichten erhält – womit die Frage zu klären bleibt, wie das System auf Mausereignisse innerhalb der Titelzeile, der Bildlaufleisten und Menüs reagiert.

Tatsächlich fallen diese Nachrichten in dieselbe Klasse wie WM_SYSKEYDOWN, WM_SYSKEYUP und WM_SYSCHAR: Das Programm muß sich im Normalfall nicht um sie kümmern und kann die Auswertung der Routine *DefWindowProc* überlassen. Dennoch definiert WINUSER.H für die entsprechenden Nachrichten eine Reihe von Konstanten, die sämtlich mit dem Präfix WM_NC (für »nonclient« = nicht im Anwendungsbereich) beginnen und letztlich ein mehr oder weniger exaktes Pendant für Nachrichten innerhalb des Anwendungsbereichs darstellen – für Klicks beispielsweise:

Maustaste	Gedrückt	Gelöst	Gedrückt (2. Klick)
Links	WM_NCLBUTTONDOWN	WM_NCLBUTTONUP	WM_NCLBUTTONDBLCLK
Mitte	WM_NCMBUTTONDOWN	WM_NCMBUTTONUP	WM_NCMBUTTONDBLCLK
Rechts	WM_NCRBUTTONDOWN	WM_NCRBUTTONUP	WM_NCRBUTTONDBLCLK

Tabelle 7.3: *Nachrichten für Klicks außerhalb des Anwendungsbereichs*

Da sich bei Ereignissen dieser Art das Koordinatensystem des Anwendungsbereichs naturgemäß nicht verwenden läßt, haben *wParam* und *lParam* hier allerdings andere Werte: *wParam* enthält eine Kennziffer für den jeweiligen Bereich, wobei die möglichen Werte in WINUSER.H wie üblich über Konstanten definiert sind: HTCAPTION steht für die Titelzeile, HTSYSMENU für das Systemmenü usw. (Das Präfix HT steht für »hit test«, also Trefferprüfung.)

lParam ist in gewohnter Weise in *x*- und *y*-Koordinaten unterteilt, wobei hier allerdings nicht die linke obere Ecke des Anwendungsbereichs, sondern die linke obere Ecke des gesamten Bildschirms den Bezugspunkt darstellt. Die Orientierung dieses Koordinatensystems ist dieselbe wie für Anwendungsbereiche im Modus MM_TEXT: aufsteigende Werte von *x* stehen für eine Bewegung nach rechts, aufsteigende Werte von *y* für eine Bewegung nach unten (siehe Abbildung 7.3).

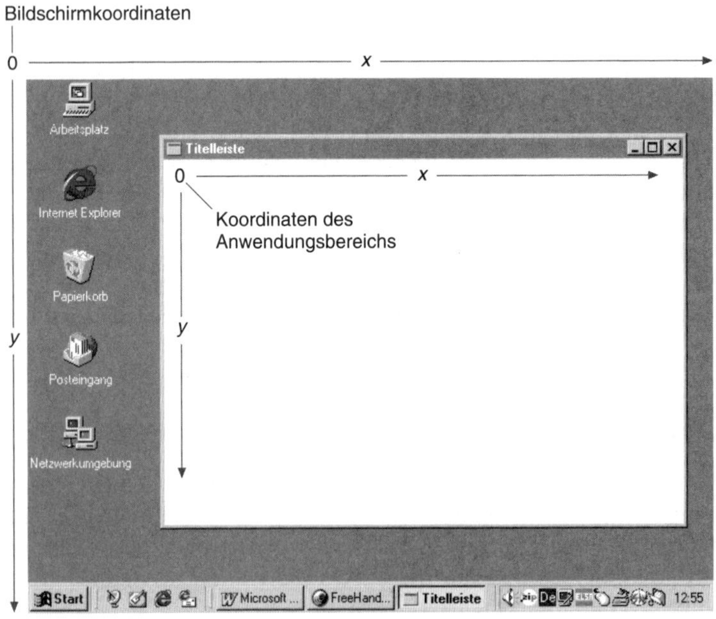

Abbildung 7.3: *Koordinaten des Bildschirms und des Anwendungsbereichs*

Windows stellt zwei Funktionen für die Umrechnung zwischen den beiden Koordinatensystemen zur Verfügung:

```
ScreenToClient (hwnd, lpPoint) ;  // Bildschirm -> Anwendungsbereich
ClientToScreen (hwnd, lpPoint) ;  // Anwendungsbereich -> Bildschirm
```

Beide Funktionen erwarten als Parameter *lpPoint* einen Zeiger auf eine Struktur des Typs POINT und rechnen die in dieser Variablen gespeicherten Werte direkt um (d.h. speichern die Originalwerte nicht). Für Punkte, die oberhalb oder links neben einem Anwendungsbereich liegen, erzeugt *ScreenToClient* negative(!) *y*- bzw. *x*-Koordinaten.

Getroffen oder daneben?

Falls Sie mitgezählt haben: 20 der insgesamt 21 Nachrichten für Mausereignisse sind inzwischen besprochen – was bleibt, ist eine Nachricht, für die WINUSER.H eine Konstante namens WM_NCHITTEST (»Window Message Non Client Hit Test«, in etwa: Trefferprüfung außerhalb des Anwendungsbereichs) definiert. Diese Nachricht geht allen anderen Nachrichten im Zusammenhang mit Mausereignissen voraus und wird normalerweise *DefWindowProc* zur Bearbeitung überlassen: *DefWindowProc* wertet den damit verbundenen Parameter *lParam* aus, der die *x*- und *y*-Koordinaten des Cursors enthält (*wParam* ist hier undefiniert) und erzeugt über einen Vergleich mit den Positionen der grafischen Elemente des Fensters die Nachrichten, die eine Window-Prozedur normalerweise direkt verarbeitet.

Für Ereignisse außerhalb des Anwendungsbereichs liefert *DefWindowProc* (über den üblichen »Umweg« via *SendMessage*) Nachrichten der WM_NC...-Gruppe in Kombination mit einem Wert von *wParam*, für den WINUSER.H die folgenden Konstanten definiert:

Konstante	Erläuterung
HTCLIENT	Anwendungsbereich
HTNOWHERE	in keinem Fenster (»nirgendwo«)
HTTRANSPARENT	in einem teilweise durch ein anderes verdeckten Fenster
HTERROR	unzulässig – *DefWindowProc* reagiert hier erst einmal mit der Ausgabe eines Pieptons

Tabelle 7.4: *Ergebnisse von* DefWindowProc *für die Nachricht* WM_NCHITTEST

Für HTCLIENT wird man in einer Window-Prozedur nur ausgesprochen selten einen eigenen *case*-Zweig definieren, weil *DefWindowProc* auf Mausereignisse im Anwendungsbereich mit dem Aufruf von *ScreenToClient* zur Umrechnung von Bildschirmkoordinaten in Koordinaten des Anwendungsbereichs reagiert und dann per *SendMessage* entsprechende Nachrichten für Mausereignisse im Anwendungsbereich erzeugt. (Ja, das ist ein rekursiver Aufruf. Das Ergebnis HTCLIENT kriegen Sie also erst zu sehen, *nachdem* die Window-Prozedur die Bearbeitung des dadurch erzeugten Ereignisses beendet hat. Mehr dazu im nächsten Abschnitt.)

In Kapitel 6 hatte ich erwähnt, dass ein Programm durch das Bearbeiten von WM_SYSKEYDOWN die Systemfunktionen der Tastatur blockieren kann – womit sich natürlich die Frage stellt, ob dasselbe mit der Maus ebenfalls möglich ist. Die Antwort lautet »ja« und sieht ungefähr so aus:

```
case WM_NCHITTEST :
    return (long) HTNOWHERE ;
```

Wenn Sie diese Zeilen in ihre Window-Prozedur aufnehmen, unterdrücken Sie damit effektiv jede Art von Mausereignissen innerhalb und außerhalb des Anwendungsbereichs, weil *DefWindowProc* (und damit Windows) Aktivitäten der Maustasten auch bei einem Klick im Feld des Systemmenüs nicht mehr zu sehen bekommen.

Nachrichten und ihre Kinder

Wie so eben erläutert, verwendet Windows die Nachricht WM_NCHITTEST, um sämtliche anderen Nachrichten im Zusammenhang mit der Maus zu erzeugen. Nachrichten, die sozusagen die Eltern anderer Nachrichten darstellen, sind in Windows ein häufig verwendetes Konzept, das wir hier einmal im Detail verfolgen wollen – nämlich anhand eines Doppelklicks auf dem Feld des Systemmenüs, der eine Anwendung normalerweise beendet. Also:

Dieser Doppelklick erzeugt zuerst einmal eine Nachricht des Typs WM_NCHITTEST: Da sich der Cursor auf dem Feld des Systemmenüs befindet, sendet *DefWindowProc* eine Nachricht des Typs WM_NCLBUTTONDBLCLK zusammen mit *wParam* = HTSYSMENU an die Window-Prozedur. Die Window-Prozedur übergibt diese Nachricht normalerweise erneut *DefWindowProc*: Das Ergebnis ist eine Nachricht des Typs WM_SYSCOMMAND mit *wParam* = SC_CLOSE (die übrigens auch dann generiert wird, wenn der Benutzer die Tastenkombination Alt+F4 benutzt oder den Punkt »Schließen« im Systemmenü auswählt). Da Window-Prozeduren WM_SYSCOMMAND üblicherweise nicht selbst bearbeiten, landet diese Nachricht erneut bei *DefWindowProc*: das Ergebnis ist diesmal eine Nachricht des Typs WM_CLOSE.

Ein Programm, das vor seinem Ende eine Rückbestätigung des Benutzers haben möchte – beispielsweise zum Speichern veränderter Daten – kann einen *case*-Zweig für WM_CLOSE definieren, der je nach Reaktion des Benutzers mit *return* (= Abbruch der Operation) oder einem *break* (= Schließen des Fensters) enden kann. Im zweiten Fall bzw. in einer Window-Prozedur, die für WM_CLOSE keine Behandlung definiert, bekommt *DefWindowProc* diese Nachricht zu sehen und reagiert darauf mit einem Aufruf von *DestroyWindow*. *DestroyWindow* erzeugt unter anderem eine Nachricht des Typs WM_DESTROY, für die eine Window-Prozedur üblicherweise die folgenden Befehle definiert:

```
case WM_DESTROY :
     PostQuitMessage (0) ;
     return 0 ;
```

PostQuitMessage veranlaßt Windows schließlich, eine Nachricht des Typs WM_QUIT in die Warteschlange einzufügen. Diese Nachricht erreicht die Window-Prozedur nicht mehr, weil *GetMessage* für sie das Ergebnis 0 liefert, d.h. die Ereignis-Warteschleife (und damit das Programm) beendet.

Trefferprüfung in eigenen Programmen

In derselben Weise, wie der Explorer (oder, etwas exakter: das Steuerelement, das der Explorer für Dateilisten verwendet) bei einem Klick bestimmt, *welches* Objekt damit aktiviert werden soll bzw. *DefWindowProc* zwischen »innerhalb« und »außerhalb des Anwendungsbereichs« unterteilt, muß eine Window-Prozedur bei Mausereignissen herausfinden, *wo* ein Klick stattgefunden hat. Trotz des arg martialischen Beigeschmacks werden die dazu benutzten Verfahren allgemein als Trefferprüfungen (»Hit Testing«) bezeichnet. Wie man sich wohl vorstellen kann, geht es hier in erster Linie um Vergleiche mit den (als *lParam* gelieferten) Koordinaten des Cursors.

Ein hypothetisches Beispiel

Postulieren wir einmal ein Programm, das Dateinamen alphabetisch sortiert in Form mehrerer Spalten darstellt und auf diese Weise den Explorer simuliert. (Im richtigen Leben würde man dafür natürlich eine Listenansicht verwenden, die diese Dinge von selbst erledigt – aber hier geht es schließlich um die Erläuterung des Mechanismus selbst.) Die Dateiliste beginnt in der oberen linken Ecke des Anwendungsbereichs, der seinerseits *cxClient* Pixel breit und *cyClient* Pixel hoch ist. Die Dateinamen werden in einem Array namens *szFileNames* gespeichert und mit einer Schrift dargestellt, deren Zeichen *cyChar* Pixel Höhe haben.

Nehmen wir des weiteren an, die einzelnen Spalten seien *cxColWidth* breit. Die Anzahl der Dateinamen, die sich pro Spalte darstellen läßt, ergibt sich aus der Formel:

```
iNumInCol = cyClient / cyChar ;
```

Wenn das Programm eine Nachricht über einen Mausklick erhält, die mit den Koordinaten *cxMouse* und *cyMouse* (aus *lParam*) verbunden ist, kann es die betreffende Spalte mit

```
iColumn = cxMouse / cxColWidth ;
```

bestimmen, die Nummer des Eintrags innerhalb der Spalte ergibt sich aus:

```
iFromTop = cyMouse / cyChar ;
```

Die Ermittlung des Index im Array *szFileNames* geschieht konsequent mit:

```
iIndex = iColumn * iNumInCol + iFromTop ;
```

Wenn dabei ein Wert für *iIndex* herauskommt, der die Anzahl der in *szFileNames* gespeicherten Elemente übersteigt, hat der Mausklick offensichtlich an einer Stelle stattgefunden, an der überhaupt kein Dateiname steht.

In vielen Fällen gestaltet sich eine Trefferprüfung natürlich wesentlich komplexer als hier beschrieben. Ein Beispiel dafür sind Textverarbeitungen wie WordPad, die mit Proportionalschriften wechselnder Größe zurechtkommen. Allgemein gilt, dass ein Programm die Position und Ausdehnung sämtlicher in seinem Anwendungsbereich dargestellten Objekte kennen muß, um das jeweilige Objekt bei Mausklicks sozusagen rückwärts ermitteln zu können. (Für eine Textverarbeitung läuft diese Forderung auf das Festhalten der einzelnen Zeilenpositionen sowie das Aufaddieren der einzelnen Zeichenbreiten innerhalb dargestellter Zeilen hinaus).

Zur Praxis

Das Abbildung 7.4 aufgelistete Programm CHECKER1 demonstriert Trefferprüfungen in recht einfacher Form. Es unterteilt seinen Anwendungsbereich in 25 Rechtecke, die in Form von 5 Zeilen mit jeweils 5 Spalten dargestellt werden. Ein erster Mausklick zeichnet ein X im entsprechenden Rechteck, das durch einen zweiten Mausklick im selben Rechteck wieder entfernt wird.

CHECKER1.C

```
/*-------------------------------------------------------
   CHECKER1.C -- Erstes Demoprogramm für Trefferprüfungen
                 (c) Charles Petzold, 1998
  -------------------------------------------------------*/
```

```
#include <windows.h>

#define DIVISIONS 5

LRESULT CALLBACK WndProc (HWND, UINT, WPARAM, LPARAM) ;

int WINAPI WinMain (HINSTANCE hInstance, HINSTANCE hPrevInstance,
                    PSTR  szCmdLine, int iCmdShow)
{
     static TCHAR szAppName[] = TEXT ("Checker1") ;
     HWND         hwnd ;
     MSG          msg ;
     WNDCLASS     wndclass ;

     wndclass.style         = CS_HREDRAW | CS_VREDRAW ;
     wndclass.lpfnWndProc   = WndProc ;
     wndclass.cbClsExtra    = 0 ;
     wndclass.cbWndExtra    = 0 ;
     wndclass.hInstance     = hInstance ;
     wndclass.hIcon         = LoadIcon (NULL, IDI_APPLICATION) ;
     wndclass.hCursor       = LoadCursor (NULL, IDC_ARROW) ;
     wndclass.hbrBackground = (HBRUSH) GetStockObject (WHITE_BRUSH) ;
     wndclass.lpszMenuName  = NULL ;
     wndclass.lpszClassName = szAppName ;

     if (!RegisterClass (&wndclass))
     {    // UNICODE-Compilierung ist die einzige realistische Fehlermöglichkeit
          MessageBox (NULL, TEXT ("Programm arbeitet mit Unicode und setzt Windows NT voraus!"),
                      szAppName, MB_ICONERROR) ;
          return 0 ;
     }

     hwnd = CreateWindow (szAppName, TEXT ("Checker1: Trefferprüfungen mit der Maus"),
                          WS_OVERLAPPEDWINDOW,
                          CW_USEDEFAULT, CW_USEDEFAULT,
                          CW_USEDEFAULT, CW_USEDEFAULT,
                          NULL, NULL, hInstance, NULL) ;

     ShowWindow (hwnd, iCmdShow) ;
     UpdateWindow (hwnd) ;

     while (GetMessage (&msg, NULL, 0, 0))
     {
          TranslateMessage (&msg) ;
          DispatchMessage (&msg) ;
     }
     return msg.wParam ;
}

LRESULT CALLBACK WndProc (HWND hwnd, UINT message, WPARAM wParam, LPARAM lParam)
{
     static BOOL fState[DIVISIONS][DIVISIONS] ;
     static int  cxBlock, cyBlock ;
     HDC         hdc ;
     int         x, y ;
     PAINTSTRUCT ps ;
```

```
     RECT        rect ;

     switch (message)
     {
     case WM_SIZE :
          cxBlock = LOWORD (lParam) / DIVISIONS ;
          cyBlock = HIWORD (lParam) / DIVISIONS ;
          return 0 ;

     case WM_LBUTTONDOWN :
          x = LOWORD (lParam) / cxBlock ;
          y = HIWORD (lParam) / cyBlock ;

          if (x < DIVISIONS && y < DIVISIONS)
          {
               fState [x][y] ^= 1 ;

               rect.left   = x * cxBlock ;
               rect.top    = y * cyBlock ;
               rect.right  = (x + 1) * cxBlock ;
               rect.bottom = (y + 1) * cyBlock ;

               InvalidateRect (hwnd, &rect, FALSE) ;
          }
          else
               MessageBeep (0) ;
          return 0 ;

     case WM_PAINT :
          hdc = BeginPaint (hwnd, &ps) ;

          for (x = 0 ; x < DIVISIONS ; x++)
          for (y = 0 ; y < DIVISIONS ; y++)
          {
               Rectangle (hdc, x * cxBlock, y * cyBlock,
                         (x + 1) * cxBlock, (y + 1) * cyBlock) ;

               if (fState [x][y])
               {
                    MoveToEx (hdc,  x    * cxBlock,  y    * cyBlock, NULL) ;
                    LineTo   (hdc, (x+1) * cxBlock, (y+1) * cyBlock) ;
                    MoveToEx (hdc,  x    * cxBlock, (y+1) * cyBlock, NULL) ;
                    LineTo   (hdc, (x+1) * cxBlock,  y    * cyBlock) ;
               }
          }
          EndPaint (hwnd, &ps) ;
          return 0 ;

     case WM_DESTROY :
          PostQuitMessage (0) ;
          return 0 ;
     }
     return DefWindowProc (hwnd, message, wParam, lParam) ;
}
```

Abbildung 7.4: *Das Programm* CHECKER1

Abbildung 7.5 zeigt das Fenster von CHECKER1: Alle 25 Rechtecke haben dieselbe Breite und Höhe, die dazugehörigen Variablen *cxBlock* bzw. *cyBlock* werden bei Änderungen der Fenstergröße neu berechnet. Die für WM_LBUTTONDOWN zuständigen Befehle bestimmen über die Koordinaten des Cursors, in welchem Rechteck der Klick stattgefunden hat, invertieren den Status dieses Rechtecks (Array *fState*) und kennzeichnen es dann als ungültig, d.h. lösen eine WM_PAINT-Nachricht aus.

Wenn sich die Höhe oder die Breite des Anwendungsbereichs nicht ganzzahlig durch 5 teilen läßt, bleibt am unteren bzw. rechten Rand des Anwendungsbereichs ein kleiner Streifen frei. Auf Mausklicks innerhalb dieses Bereiches reagiert das Programm mit einem Aufruf von *MessageBeep*, d.h. dem Erzeugen eines Pieptons.

Auf Nachrichten des Typs WM_PAINT reagiert CHECKER1 mit einem Neuzeichnen des gesamten Anwendungsbereichs: Die einzelnen Rechtecke entstehen über Aufrufe der GDI-Funktion *Rectangle*; wenn das zum jeweiligen Rechteck gehörige Flag in *fState* gesetzt ist, werden mit *MoveToEx* und *LineTo* zwei Linien gezeichnet. Eine Prüfung, ob das jeweilige Rechteck überhaupt neu gezeichnet werden muß, erfolgt der Übersichtlichkeit halber nicht, was man aber auf mehrere Arten nachholen könnte. Eine Möglichkeit wäre das Besetzen einer Struktur des Typs RECT nach derselben Formel wie bei WM_LBUTTONDOWN am Anfang der Schleife und die Prüfung über die Funktion *IntersectRect*, ob ein oder mehrere Punkte dieses Rechtecks mit dem ungültigen Rechteck (*ps.rcPaint*) zusammenfallen. Eine andere Methode stellt die Prüfung dar, ob sich zumindest einer der vier Eckpunkte des Rechtecks innerhalb des ungültigen Bereichs befindet, was mit der Funktion *PtInRect* erfolgen kann.

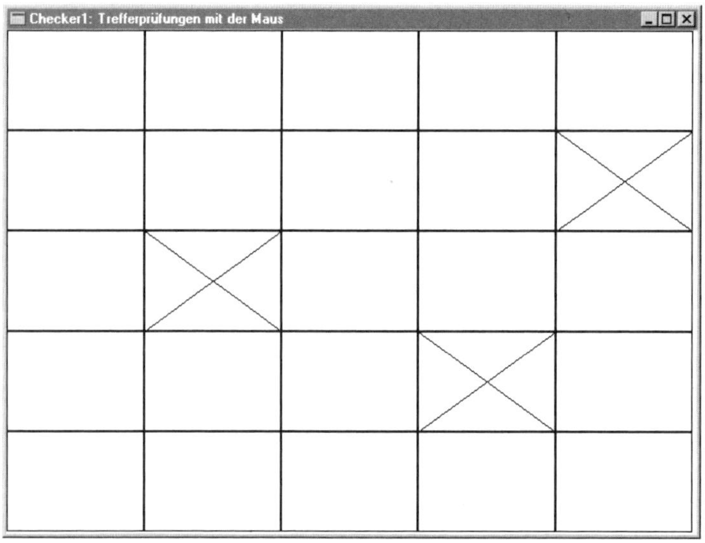

Abbildung 7.5: *Ein Programmlauf von* CHECKER1

Simulation der Maus über die Tastatur

CHECKER1 funktioniert nur auf Systemen, die mit einer Maus ausgerüstet sind – ein Manko, das ich (analog zum Programm SYSMETS in Kapitel 4) in Kürze beseitigen werde. Hier kommt allerdings das Problem hinzu, dass eine Tastaturschnittstelle nicht mit »Selbstverständlichkeiten« wie dem Umblättern zwischen Textseiten über die Bildlauftasten arbeiten kann, sondern einen Cursor wahlfrei im Bildschirm bewegt – weshalb wir uns zuerst einmal um die Darstellung des Cursors kümmern müssen.

Erfreulicherweise kann Windows den Cursor auch dann darstellen, wenn das System ohne ein entsprechendes Eingabegerät leben muß. Ob der Cursor auf dem Bildschirm erscheint oder nicht, wird durch einen Zähler festgelegt, der sich durch Aufrufe der Funktion *ShowCursor* verändern läßt:

```
ShowCursor(TRUE);
```

Jeder Aufruf von *ShowCursor* mit dem Wert TRUE (ungleich 0) erhöht den Zähler um eins, Aufrufe mit dem Wert FALSE (0) erniedrigen ihn. Der Cursor ist nur dann auf dem Bildschirm sichtbar, wenn der Zähler einen Wert größer oder gleich 0 hat.

Auf Systemen ohne Maus wird der Zähler mit dem Wert -1 initialisiert, d.h. erscheint ohne zusätzliche Maßnahmen des Programms nicht – auf Systemen mit Maus bekommt er dagegen standardmäßig den Wert 0.

Konsequent muß sich ein Programm (zumindest in diesem Punkt) nicht sonderlich darum kümmern, ob das System mit einer Maus ausgerüstet ist oder nicht: Der Aufruf *ShowCursor(TRUE);* stellt in jedem Fall sicher, dass der Cursor auf dem Bildschirm erscheint; ein darauffolgender Aufruf derselben Funktion mit dem Argument FALSE bringt ihn nur bei »mauslosen« Systemen zum Verschwinden. Da dieser Zähler systemweit gilt, sollte ein Programm grundsätzlich dieselbe Anzahl von Aufrufen beider Arten enthalten – was sich am einfachsten mit der folgenden Logik innerhalb der Window-Prozedur erreichen läßt:

```
WM_SETFOCUS :
     ShowCursor (TRUE) ;
     return 0 ;

WM_KILLFOCUS :
     ShowCursor (FALSE) ;
     return 0 ;
```

Wie in Kapitel 6 erläutert, erhält eine Window-Prozedur die Nachricht WM_SETFOCUS, wenn der Eingabefokus zu einem ihrer Fenster wechselt; WM_KILLFOCUS zeigt an, dass im weiteren ein anderes Fenster für Eingaben zuständig ist. Da diese beiden Nachrichten zum einen Rahmen für alle anderen Aktivitäten bilden und zum zweiten garantiert paarweise auftreten, stellen sie eine ideale Gelegenheit für Aufrufe von *ShowCursor* dar – nicht zuletzt deshalb, weil der Cursor auf »mauslosen« Systemen dadurch nur dann erscheint, wenn der Eingabefokus auf das Fenster zeigt, d.h. der Benutzer den Cursor auch durch Tastenbefehle in diesem Fenster beeinflussen kann.

Was einem System ohne Maus naturgemäß fehlt, sind Nachrichten über Mausereignisse – und damit die automatische Versorgung des Programms mit Informationen über die Position des Cursors (der auch in diesen Fällen existiert, aber eben ohne einen vorherigen Aufruf von *ShowCursor* unsichtbar bleibt). Aus diesem Grund bietet Windows die Möglichkeit, die Cursorposition über eine eigene Funktion direkt abzufragen:

```
GetCursorPos (pt) ;
```

Diese Funktion erwartet als Parameter *pt* einen Zeiger auf eine Struktur des Typs POINT und trägt die momentane Cursorposition in die Felder *x* bzw. *y* der darüber adressierten Variablen ein. Über

```
SetCursorPos (x, y) ;
```

läßt sich die Position des Cursors direkt setzen, was auch auf Systemen mit einer Maus eine recht nützliche Angelegenheit ist: auf diese Weise kann man dafür sorgen, dass sich der Cursor beim Start eines Programms automatisch im dazugehörigen Fenster wiederfindet.

Die von *GetCursorPos* und *SetCursorPos* verwendeten Koordinaten beziehen sich nicht auf den Anwendungsbereich, sondern auf den gesamten Bildschirm, d.h. müssen für Trefferprüfungen via *ScreenToClient* umgerechnet werden. (Das geht unter anderem auch bereits daraus hervor, dass beide Funktionen ohne einen Handle für ein bestimmtes Fenster arbeiten).

Wenn Sie *GetCursorPos* bei der Bearbeitung eines Mausereignisses aufrufen und die Ergebnisse dieser Funktion über *ScreenToClient* umrechnen, werden Sie mitunter mehr oder minder große Abweichungen von den via *lParam* gelieferten Werten feststellen. Der Grund für diese anfänglich verblüffende »Ungenauigkeit« ist zeitlicher Natur: Während *lParam* die exakten Koordinaten des Cursors zum Zeitpunkt des Ereignisses wiedergibt, liefert die Funktion *GetCursorPos* die Cursorposition zum Zeitpunkt ihres Aufrufs – also die momentanen Werte.

Ein ordentlich und universell verwendbares Programm sollte eine Möglichkeit definieren, den Cursor auch über die Tastatur zu bewegen, wobei man die Maustasten mit der Leertaste oder der Eingabetaste simulieren kann. Was ein solches Programm *nicht* enthalten sollte, ist dagegen die Bewegung dieses Cursors um jeweils ein Pixel pro Tastendruck: Auf diese Weise müßte der Benutzer eine halbe Ewigkeit auf die entsprechende Taste hämmern, um den Bildschirm einmal in horizontaler Richtung zu durchmessen.

Falls Sie diesen offensichtlichen Schwierigkeiten zum Trotz eine Tastaturschnittstelle konstruieren wollen, die dennoch das punktgenaue Plazieren des Cursors erlaubt, können Sie es einmal mit einer zeitabhängigen Skalierung versuchen, d.h. die Bewegung um so größer machen, je länger die entsprechende Cursortaste durchgehend gedrückt bleibt. Wie in Kapitel 6 erläutert, enthält der Parameter *lParam* bei Tastaturnachrichten einen Zähler, der als Resultat automatischer Wiederholungen von Tastendrücken gesetzt wird – und eine solche Skalierung wäre ein exzellentes Beispiel dafür, was man mit dieser Information anfangen kann.

Eine Tastaturschnittstelle für CHECKER

Das in Abbildung 7.6 aufgelistete Programm CHECKER2 unterscheidet sich von seinem Vorläufer CHECKER1 nur in einem Punkt, der (wie auch wohl nicht anders zu erwarten) aus der Definition einer Tastaturschnittstelle besteht. Die Pfeiltasten dienen hier zur Bewegung zwischen den Rechtecken, Pos1 und Ende setzen ihn in die obere linke bzw. untere rechte Ecke des Fensters. Ein Druck auf Return oder die Leertaste wird vom Programm in derselben Weise wie ein Klick mit der linken Maustaste interpretiert.

CHECKER2.C

```
/*-------------------------------------------------------
   CHECKER2.C -- Zweites Demoprogramm für Trefferprüfungen
                 (c) Charles Petzold, 1998
  -------------------------------------------------------*/

#include <windows.h>

#define DIVISIONS 5

LRESULT CALLBACK WndProc (HWND, UINT, WPARAM, LPARAM) ;
```

```
int WINAPI WinMain (HINSTANCE hInstance, HINSTANCE hPrevInstance,
                    PSTR szCmdLine, int iCmdShow)
{
     static TCHAR szAppName[] = TEXT ("Checker2") ;
     HWND         hwnd ;
     MSG          msg ;
     WNDCLASS     wndclass ;

     wndclass.style         = CS_HREDRAW | CS_VREDRAW ;
     wndclass.lpfnWndProc   = WndProc ;
     wndclass.cbClsExtra    = 0 ;
     wndclass.cbWndExtra    = 0 ;
     wndclass.hInstance     = hInstance ;
     wndclass.hIcon         = LoadIcon (NULL, IDI_APPLICATION) ;
     wndclass.hCursor       = LoadCursor (NULL, IDC_ARROW) ;
     wndclass.hbrBackground = (HBRUSH) GetStockObject (WHITE_BRUSH) ;
     wndclass.lpszMenuName  = NULL ;
     wndclass.lpszClassName = szAppName ;

     if (!RegisterClass (&wndclass))
     {    // UNICODE-Compilierung ist die einzige realistische Fehlermöglichkeit
          MessageBox (NULL, TEXT ("Programm arbeitet mit Unicode und setzt Windows NT voraus!"),
                      szAppName, MB_ICONERROR) ;
          return 0 ;
     }

     hwnd = CreateWindow (szAppName, TEXT ("Checker2: Trefferprüfungen mit der Maus"),
                          WS_OVERLAPPEDWINDOW,
                          CW_USEDEFAULT, CW_USEDEFAULT,
                          CW_USEDEFAULT, CW_USEDEFAULT,
                          NULL, NULL, hInstance, NULL) ;

     ShowWindow (hwnd, iCmdShow) ;
     UpdateWindow (hwnd) ;

     while (GetMessage (&msg, NULL, 0, 0))
     {
          TranslateMessage (&msg) ;
          DispatchMessage (&msg) ;
     }
     return msg.wParam ;
}

LRESULT CALLBACK WndProc (HWND hwnd, UINT message, WPARAM wParam, LPARAM lParam)
{
     static BOOL fState[DIVISIONS][DIVISIONS] ;
     static int  cxBlock, cyBlock ;
     HDC         hdc ;
     int         x, y ;
     PAINTSTRUCT ps ;
     POINT       point ;
     RECT        rect ;

     switch (message)
     {
     case WM_SIZE :
```

```
          cxBlock = LOWORD (lParam) / DIVISIONS ;
          cyBlock = HIWORD (lParam) / DIVISIONS ;
          return 0 ;

     case WM_SETFOCUS :
          ShowCursor (TRUE) ;
          return 0 ;

     case WM_KILLFOCUS :
          ShowCursor (FALSE) ;
          return 0 ;

     case WM_KEYDOWN :
          GetCursorPos (&point) ;
          ScreenToClient (hwnd, &point) ;
          x = max (0, min (DIVISIONS - 1, point.x / cxBlock)) ;
          y = max (0, min (DIVISIONS - 1, point.y / cyBlock)) ;

          switch (wParam)
          {
          case VK_UP :
               y-- ;
               break ;

          case VK_DOWN :
               y++ ;
               break ;

          case VK_LEFT :
               x-- ;
               break ;

          case VK_RIGHT :
               x++ ;
               break ;

          case VK_HOME :
               x = y = 0 ;
               break ;

          case VK_END :
               x = y = DIVISIONS - 1 ;
               break ;

          case VK_RETURN :
          case VK_SPACE :
               SendMessage (hwnd, WM_LBUTTONDOWN, MK_LBUTTON,
                           MAKELONG (x * cxBlock, y * cyBlock)) ;
               break ;
          }
          x = (x + DIVISIONS) % DIVISIONS ;
          y = (y + DIVISIONS) % DIVISIONS ;

          point.x = x * cxBlock + cxBlock / 2 ;
          point.y = y * cyBlock + cyBlock / 2 ;
```

```
        ClientToScreen (hwnd, &point) ;
        SetCursorPos (point.x, point.y) ;
        return 0 ;

    case WM_LBUTTONDOWN :
        x = LOWORD (lParam) / cxBlock ;
        y = HIWORD (lParam) / cyBlock ;

        if (x < DIVISIONS && y < DIVISIONS)
        {
            fState[x][y] ^= 1 ;

            rect.left   = x * cxBlock ;
            rect.top    = y * cyBlock ;
            rect.right  = (x + 1) * cxBlock ;
            rect.bottom = (y + 1) * cyBlock ;

            InvalidateRect (hwnd, &rect, FALSE) ;
        }
        else
            MessageBeep (0) ;
        return 0 ;

    case WM_PAINT :
        hdc = BeginPaint (hwnd, &ps) ;

        for (x = 0 ; x < DIVISIONS ; x++)
        for (y = 0 ; y < DIVISIONS ; y++)
        {
            Rectangle (hdc, x * cxBlock, y * cyBlock,
                      (x + 1) * cxBlock, (y + 1) * cyBlock) ;

            if (fState [x][y])
            {
                MoveToEx (hdc,  x   *cxBlock,  y   *cyBlock, NULL) ;
                LineTo   (hdc, (x+1)*cxBlock, (y+1)*cyBlock) ;
                MoveToEx (hdc,  x   *cxBlock, (y+1)*cyBlock, NULL) ;
                LineTo   (hdc, (x+1)*cxBlock,  y   *cyBlock) ;
            }
        }
        EndPaint (hwnd, &ps) ;
        return 0 ;

    case WM_DESTROY :
        PostQuitMessage (0) ;
        return 0 ;
    }
    return DefWindowProc (hwnd, message, wParam, lParam) ;
}
```

Abbildung 7.6: *Das Programm* CHECKER2

Die für WM_KEYDOWN zuständigen Befehle in CHECKER2 bestimmen die Position des Cursors über *GetCursorPos*, rechnen sie mit *ScreenToClient* auf das Koordinatensystem des Anwendungsbereichs um und dividieren sie schließlich durch die Breite bzw. Höhe der Rechtecke. Das

Ergebnis sind die beiden Indizes (*x* und *y*) eines der 25 Rechtecke des Programms. Da sich der Cursor auch außerhalb des Fensters befinden (lies: mit der Maus dorthin gesetzt worden sein) kann, werden *x* und *y* über die Makros *min* und *max* auf den zulässigen Wertebereich von 0 bis 4 begrenzt.

Auf Pfeiltasten reagiert CHECKER2 mit dem Erhöhen bzw. Erniedrigen von *x* und *y*. Für einen Druck auf die Leertaste (VK_SPACE) bzw. Enter (VK_RETURN) verwendet das Programm die Funktion *SendMessage*, um eine Nachricht des Typs WM_LBUTTONDOWN zu erzeugen – eine Technik, die wir bereits in Kapitel 6 beim Programm SYSMETS benutzt haben, um Reaktionen des Programms auf einen einzigen Punkt zu konzentrieren.

Die Behandlung von WM_KEYDOWN endet mit der Berechnung des Zentrums des jeweiligen Rechtecks, der Umrechnung dieser Werte auf Bildschirmkoordinaten (*ClientToScreen*) und dem Setzen des Cursors über *SetCursorPos;* der Cursor erscheint deshalb jeweils in der Mitte der einzelnen Rechtecke.

Child-Fenster für Trefferprüfungen

Eine Reihe von Programmen unterteilt den Anwendungsbereich in mehrere kleinere Bereiche. *Paint* ist ein gutes Beispiel für eine solche Struktur: dort steht links neben der Zeichenfläche ein symbolisches Menü, unterhalb der Zeichenfläche kann die Zeichenfarbe ausgewählt werden. Die Folge ist natürlich, dass das Programm bei Trefferprüfungen in diesen Menüs nicht die relative Position der einzelnen Objekte, sondern auch noch die Position des Menüs selbst im Anwendungsbereich berücksichtigen bzw. umrechnen muß.

Oder auch nicht: tatsächlich vereinfacht *Paint* nämlich das Zeichnen von Menüs und Trefferprüfungen durch sogenannte Child-Fenster. Sie unterteilen den Anwendungsbereich in kleinere rechteckige Bereiche, die jeweils einen eigenen Handle, eine eigene Window-Prozedur und wiederum einen eigenen Anwendungsbereich haben. Die zu diesen Fenstern gehörigen Window-Prozeduren erhalten lediglich die Nachrichten über Mausereignisse, die sie selbst betreffen. Konsequent beziehen sich die dabei per *lParam* übergebenen Koordinaten auch auf die Ursprünge der jeweiligen Fenster – und nicht auf den Anwendungsbereich des übergeordneten Fensters, das sie enthält.

Auf diese Art und Weise angelegte Fenster können eine wertvolle Hilfe bei der Strukturierung und Modularisierung eines Programms sein. Wenn man für sie unterschiedliche Fensterklassen verwendet, ist das Ergebnis nicht nur jeweils eine eigene Window-Prozedur, sondern auch die Möglichkeit, mit unterschiedlichen Hintergrundfarben und unterschiedlichen Cursorformen zu arbeiten.

In Kapitel 9 werden wir uns ausführlich mit Steuerelementen in Form von Bildlaufleisten, Schaltflächen und Optionsfeldern beschäftigen, die in Wirklichkeit nichts anderes als vordefinierte Child-Fenster sind. Im Moment begnügen wir uns erst einmal damit, dieses Konzept im Programm CHECKER anzuwenden.

Child-Fenster in CHECKER

Das in Abbildung 7.7 wiedergegebene Listing von CHECKER3 zeigt eine Version dieses Programms, die anstelle von 25 Rechtecken 25 Child-Fenster zum Bearbeiten von Mausklicks benutzt. Der Übersichtlichkeit halber fehlt hier eine Tastaturschnittstelle, die sich aber relativ einfach einbauen ließe. (Wie, zeigt die vierte Version von CHECKER, die Sie weiter hinten in diesem Kapitel finden.)

CHECKER3 definiert *zwei* Window-Prozeduren, die hier die Namen *WndProc* und *ChildWndProc* tragen. *WndProc* ist dabei wie üblich für das Fenster des Programms zuständig, das hier zum »Parent« der restlichen Fenster wird, *ChildWndProc* übernimmt die Bearbeitung der 25 Child-Fenster, die innerhalb dieses übergeordneten Fensters erscheinen. Da beide Routinen von Windows aus aufgerufen werden, müssen sie auch beide als *CALLBACK* deklariert sein.

Da die Verbindung zwischen Fenstern und Window-Prozeduren über die Fensterklasse festgelegt bzw. Windows mit einem Aufruf der Funktion *RegisterClass* mitgeteilt wird, muß CHECKER3.C zwei unterschiedliche Fensterklassen definieren. Die erste Klasse steht hier für das Hauptfenster und trägt wie üblich den Namen des Programms (»Checker3«), die zweite habe ich »Checker3_Child« genannt. (Beide Namen sind frei wählbar, weshalb Sie bei eigenen Programmen gerne etwas ideenreicher sein dürfen.)

Für beide Definitionen wird ein und dieselbe Variable (*wndclass*) verwendet, was den Vorteil hat, dass der überwiegende Teil der Felder nur einmal initialisiert werden muß. Nach dem Anmelden der ersten Fensterklasse in *WinMain* beschränken sich die Umbauarbeiten deshalb auf vier Felder:

- *lpfnWndProc*: die Adresse der Window-Prozedur wird von *WndProc* auf *ChildWndProc* umgesetzt
- *cbWndExtra*: weist Windows an, für jedes auf dieser Klasse basierende Fenster zusätzlich eine entsprechende Anzahl von Bytes zu reservieren, die das Programm dann nach eigenem Gutdünken verwenden kann. CHECKER3 setzt dieses Feld für die »Child«-Fenster auf *sizeof(long)*, mithin auf 4.
- *hIcon*: die Child-Fenster von CHECKER kommen ohne Icons aus, weshalb hier der Wert NULL eingetragen wird.
- *pszClassName:* der Name der Fensterklasse wird von »Checker3« auf »Checker3_Child« geändert.

CHECKER3.C

```
/*-------------------------------------------------------
   CHECKER3.C -- Drittes Demoprogramm für Trefferprüfungen
                 (c) Charles Petzold, 1998
  -------------------------------------------------------*/


#include <windows.h>

#define DIVISIONS 5

LRESULT CALLBACK WndProc   (HWND, UINT, WPARAM, LPARAM) ;
LRESULT CALLBACK ChildWndProc (HWND, UINT, WPARAM, LPARAM) ;

TCHAR szChildClass[] = TEXT ("Checker3_Child") ;

int WINAPI WinMain (HINSTANCE hInstance, HINSTANCE hPrevInstance,
                    PSTR szCmdLine, int iCmdShow)
{
     static TCHAR szAppName[] = TEXT ("Checker3") ;
     HWND         hwnd ;
     MSG          msg ;
     WNDCLASS     wndclass ;
```

```
     wndclass.style         = CS_HREDRAW | CS_VREDRAW ;
     wndclass.lpfnWndProc   = WndProc ;
     wndclass.cbClsExtra    = 0 ;
     wndclass.cbWndExtra    = 0 ;
     wndclass.hInstance     = hInstance ;
     wndclass.hIcon         = LoadIcon (NULL, IDI_APPLICATION) ;
     wndclass.hCursor       = LoadCursor (NULL, IDC_ARROW) ;
     wndclass.hbrBackground = (HBRUSH) GetStockObject (WHITE_BRUSH) ;
     wndclass.lpszMenuName  = NULL ;
     wndclass.lpszClassName = szAppName ;

     if (!RegisterClass (&wndclass))
     {    // UNICODE-Compilierung ist die einzige realistische Fehlermöglichkeit
          MessageBox (NULL, TEXT ("Programm arbeitet mit Unicode und setzt Windows NT voraus!"),
                      szAppName, MB_ICONERROR) ;
          return 0 ;
     }

     wndclass.lpfnWndProc   = ChildWndProc ;
     wndclass.cbWndExtra    = sizeof (long) ;
     wndclass.hIcon         = NULL ;
     wndclass.lpszClassName = szChildClass ;

     RegisterClass (&wndclass) ;

     hwnd = CreateWindow (szAppName, TEXT ("Checker3: Trefferprüfungen mit der Maus"),
                          WS_OVERLAPPEDWINDOW,
                          CW_USEDEFAULT, CW_USEDEFAULT,
                          CW_USEDEFAULT, CW_USEDEFAULT,
                          NULL, NULL, hInstance, NULL) ;

     ShowWindow (hwnd, iCmdShow) ;
     UpdateWindow (hwnd) ;

     while (GetMessage (&msg, NULL, 0, 0))
     {
          TranslateMessage (&msg) ;
          DispatchMessage (&msg) ;
     }
     return msg.wParam ;
}

LRESULT CALLBACK WndProc (HWND hwnd, UINT message, WPARAM wParam, LPARAM lParam)
{
     static HWND hwndChild[DIVISIONS][DIVISIONS] ;
     int         cxBlock, cyBlock, x, y ;

     switch (message)
     {
     case WM_CREATE :
          for (x = 0 ; x < DIVISIONS ; x++)
               for (y = 0 ; y < DIVISIONS ; y++)
                    hwndChild[x][y] = CreateWindow (szChildClass, NULL,
                              WS_CHILDWINDOW | WS_VISIBLE,
                              0, 0, 0, 0,
                              hwnd, (HMENU) (y << 8 | x),
```

```
                             (HINSTANCE) GetWindowLong (hwnd, GWL_HINSTANCE),
                             NULL) ;
          return 0 ;

     case WM_SIZE :
          cxBlock = LOWORD (lParam) / DIVISIONS ;
          cyBlock = HIWORD (lParam) / DIVISIONS ;

          for (x = 0 ; x < DIVISIONS ; x++)
               for (y = 0 ; y < DIVISIONS ; y++)
                    MoveWindow (hwndChild[x][y],
                                x * cxBlock, y * cyBlock,
                                cxBlock, cyBlock, TRUE) ;
          return 0 ;

     case WM_LBUTTONDOWN :
          MessageBeep (0) ;
          return 0 ;

     case WM_DESTROY :
          PostQuitMessage (0) ;
          return 0 ;
     }
     return DefWindowProc (hwnd, message, wParam, lParam) ;
}

LRESULT CALLBACK ChildWndProc (HWND hwnd, UINT message,
                               WPARAM wParam, LPARAM lParam)
{
     HDC         hdc ;
     PAINTSTRUCT ps ;
     RECT        rect ;

     switch (message)
     {
     case WM_CREATE :
          SetWindowLong (hwnd, 0, 0) ;       // "X" oder nicht
          return 0 ;

     case WM_LBUTTONDOWN :
          SetWindowLong (hwnd, 0, 1 ^ GetWindowLong (hwnd, 0)) ;
          InvalidateRect (hwnd, NULL, FALSE) ;
          return 0 ;

     case WM_PAINT :
          hdc = BeginPaint (hwnd, &ps) ;

          GetClientRect (hwnd, &rect) ;
          Rectangle (hdc, 0, 0, rect.right, rect.bottom) ;

          if (GetWindowLong (hwnd, 0))
          {
               MoveToEx (hdc, 0,          0, NULL) ;
               LineTo   (hdc, rect.right, rect.bottom) ;
               MoveToEx (hdc, 0,          rect.bottom, NULL) ;
               LineTo   (hdc, rect.right, 0) ;
```

```
        }

        EndPaint (hwnd, &ps) ;
        return 0 ;
    }
    return DefWindowProc (hwnd, message, wParam, lParam) ;
}
```

Abbildung 7.7: *Das Programm* CHECKER3

Der erste Aufruf von *CreateWindow* hat keine Besonderheiten irgendwelcher Art: Er erzeugt das Hauptfenster des Programms auf der Basis der Fensterklasse »Checker3«. Einen Aufruf dieser Funktion für die Fensterklasse »Checker3_Child« sucht man in *WinMain* vergebens: Er findet in *WndProc* als Reaktion auf WM_CREATE statt, dort aber gleich 25mal – nämlich einmal für jedes der 25 Child-Fenster. Die folgende Tabelle vergleicht die Parameter dieser Aufrufe von *CreateWindow* miteinander:

Parameter	Hauptfenster	Child-Fenster
Fensterklasse	»Checker3«	»Checker3_Child«
Titelleiste	»Demo für...«	NULL
Fensterstil	WS_OVERLAPPEDWINDOW	WS_CHILDWINDOW | WS_VISIBLE
X-Position	CW_USEDEFAULT	0
Y-Position	CW_USEDEFAULT	0
Breite	CW_USEDEFAULT	0
Höhe	CW_USEDEFAULT	0
Parent-Handle	NULL	hwnd
Menü-Handle/Child-ID	NULL	*y* << 8 | *x*
Kopiezähler	*hInstance*	*GetWindowLong (hwnd,* GWL_HINSTANCE)
Extras	NULL	NULL

Tabelle 7.5: *Unterschiedliche Parameter beim Aufruf von* CreateWindow

CHECKER3 spart sich beim Aufruf von *CreateWindow* Angaben über Größe sowie Position der Child-Fenster und holt diese Aktion später in *WndProc* nach, wenn die Fenster tatsächlich auf dem Bildschirm erscheinen sollen. Für das Hauptfenster, das seinerseits keine »Eltern« hat, ist der »Parent-Handle« NULL. Bei Child-Fenstern wird dagegen ein Handle zum »Parent« vorausgesetzt – anders könnte Windows nicht bestimmen, innerhalb welches Fensters ein »Child« erscheinen soll.

Das Hauptfenster von CHECKER3 definiert (nach wie vor) kein Menü und gibt deshalb den Wert NULL an. Beim Erzeugen von Child-Fenstern wird dieser Parameter zum »Child-ID« – einer Kennziffer, die vor allem bei Steuerelementen von Bedeutung ist, weil sie der Window-Prozedur des Hauptfensters dort mitteilt, auf welches Element sich Nachrichten beziehen. (Mehr dazu im Zusammenhang mit Dialogfeldern in Kapitel 11.) In CHECKER3 spielt sie dagegen eine untergeordnete Rolle, weshalb ich sie hier zur Speicherung der Position innerhalb des Fenster-Arrays benutzt habe.

Der Kopienzähler (»Instanz-Kennziffer«) ist in beiden Fällen *hInstance* – auch wenn es auf den ersten Blick nicht so aussieht: In *WinMain* können wir diesen Parameter direkt benutzen, in *WndProc* muß er dagegen über die Funktion *GetWindowLong* aus der Datenstruktur ermittelt werden, die Windows intern für das Hauptfenster unterhält. (Die Alternative wäre die Definition einer globalen Variablen gewesen, die von *WinMain* mit *hInstance* gesetzt und innerhalb von *WndProc* benutzt wird).

Für jedes Child-Fenster liefert *CreateWindow* einen eigenen Handle zurück, den das Programm in einem Array namens *hwndChild* speichert. Auf Nachrichten des Typs WM_SIZE reagiert *WndProc* mit einem Aufruf von *MoveWindow* für jedes der 25 Child-Fenster, wobei die obere linke Ecke (bezogen auf das Koordinatensystem im Anwendungsbereich des Hauptfensters) sowie die Höhe und Breite als Parameter übergeben werden.

Kommen wir zu *ChildWndProc*: Diese Routine bekommt bei Aufrufen den Handle eines Child-Fensters als Parameter *hwnd* übergeben und bearbeitet die Nachrichten für alle 25 Child-Fenster. Auf die Nachricht WM_CREATE, die sie insgesamt 25mal erhält, reagiert sie mit einem Aufruf der Funktion *SetWindowLong* zur Speicherung des Wertes 0 in den vier Bytes, die wir beim Definieren der Fensterklasse (Feld *cbWndExtra* in *wndclass*) zusätzlich für jedes Fenster reserviert haben. Wie unschwer zu erraten, handelt es sich dabei um den jeweiligen Status (nach dem Motto: »X oder nicht X, das ist die Frage«).

Der Rest ist ausgesprochen einfach: Der für WM_LBUTTONDOWN zuständige *case*-Zweig invertiert diesen Wert für das jeweilige Fenster und führt einen Aufruf von *InvalidateRect* aus, der seinen gesamten Anwendungsbereich (sprich: eines der 25 Rechtecke) als ungültig markiert; WM_PAINT umgibt dieses Fenster mit einem Rahmen und zeichnet das »X«, wenn der Status des Fensters auf TRUE gesetzt ist.

Da nicht nur der Quelltext von CHECKER3, sondern auch die daraus entstehende .EXE-Datei etwas umfangreicher als bei CHECKER1 sind (von der Länge meiner Erklärungen einmal ganz zu schweigen), will ich an dieser Stelle gar nicht versuchen, Sie von den Vorteilen dieses Ansatzes zu überzeugen. Aber suchen Sie in CHECKER3.C einmal nach der ansonsten obligatorischen Trefferprüfung und der Umrechnung von Koordinaten! Tatsächlich fehlen beide Elemente komplett, weil Windows diese Arbeiten aufgrund der getrennten Fensterdefinitionen vollständig übernimmt: Wenn ein Child-Fenster von CHECKER3 die Nachricht WM_LBUTTONDOWN erhält, weiß es nicht nur, dass der Benutzer in seinem Anwendungsbereich geklickt hat, sondern bekommt die Koordinaten bereits in seinem eigenen Bezugssystem frei Haus geliefert.

Child-Fenster und die Tastatur

Wie zuvor angekündigt, läßt sich CHECKER3 recht einfach um eine Tastaturschnittstelle erweitern – zumindest, was die technische Seite betrifft. Bei der Darstellung und damit der Vermittlung an den Benutzer müssen wir allerdings einen anderen Ansatz wählen als das Programm CHECKER2, das sein »aktives Rechteck« über die Position des Mauszeigers kennzeichnet. Bei »echten« Kontrollkästchen (wie man sie in Dialogfeldern findet) erledigt sich dieses Problem sozusagen von selbst, weil Windows das jeweils aktive Steuerelement mit einem punktierten Rechteck umgibt und so anzeigt, wo der nächste Tastendruck ankommt. (Wie in Kapitel 6 erläutert, hat das blinkende Caret in einem Eingabefeld dieselbe Funktion.)

Natürlich will ich nicht den Versuch unternehmen, diese Logik noch einmal neu zu erfinden. Die nächste Version von CHECKER soll Ihnen lediglich eine grobe Vorstellung davon vermitteln, was hinter Dialogfeldern und ihren Steuerelementen letztlich steckt. Tatsächlich sieht die Logik auf den ersten Blick recht verwickelt aus, weil hier widersprüchliche Forderungen unter einen Hut gebracht werden müssen: Das aktive Child-Fenster soll seinen Zustand bei einem Druck auf die Leertaste oder auf die Eingabetaste wechseln und braucht deshalb den Eingabefokus, der seinerseits über die Cursortasten zwischen den Child-Fenstern gewechselt werden soll. Und wenn der Benutzer mit der Maus auf ein Child-Fenster klickt, dann bekommt nicht etwa dieses Child-Fenster den Fokus, sondern das Hauptfenster.

Die Standardlösung dieses Dilemmas sieht so aus, dass man jedem Child-Fenster im Rahmen des Aufrufs von *CreateWindow* eine (innerhalb des Programms) einzigartige ID gibt, die bei CHECKER3 aus der X- und Y-Position des jeweiligen Fensters besteht. Wenn der Handle eines Child-Fensters bekannt ist, läßt sich diese ID über einen der beiden folgenden Aufrufe ermitteln:

```
idChild = GetWindowLong (hwndChild, GWL_ID) ;
idChild = GetDlgCtrlID (hwndChild) ;
```

Beide Funktionen tun exakt dasselbe – und wie der Name der zweiten Funktion vermuten läßt, ist sie primär für das Ansprechen von Steuerelementen in Dialogfeldern gedacht. Die Ermittlung in umgekehrter Richtung sieht so aus:

```
hwndChild = GetDlgItem (hwndParent, idChild) ;
```

Auf diese Weise läßt sich also der Handle eines Child-Fensters bestimmen, wenn der Handle des Parent-Fensters und die ID bekannt sind.

Das Programm CHECKER4 hält in einer globalen Variablen *idFocus* die ID des Child-Fensters fest, auf das der Eingabefokus momentan zeigt. Da Child-Fenster bei Mausklicks den Fokus nicht automatisch bekommen, holt das die Window-Prozedur des Hauptfensters nach. Ihre Reaktion auf die Nachricht, dass sie selbst den Fokus erhalten hat (WM_SETFOCUS) sieht so aus:

```
SetFocus (GetDlgItem (hwnd, idFocus)) ;
```

Anders gesagt: Wenn der Benutzer im Anwendungsbereich klickt und das Hauptfenster deshalb den Fokus erhält, dann setzt ihn seine Window-Prozedur sofort auf das aktive Child-Fenster um.

Die für die Child-Fenster zuständige Window-Prozedur (*ChildWndProc*) reagiert auf WM_SETFOCUS mit dem Neusetzen der globalen Variablen *idFocus* und einem Aufruf von *InvalidateRect*; bei WM_KILLFOCUS kommt sie mit *InvalidateRect* allein aus. Konsequent werden bei einem Fokuswechsel beide Child-Fenster neu gezeichnet, wobei das aktive Fenster über den Stil PS_DASH des Zeichenstifts einen gestrichelten Rahmen produziert. (Wieso das zuvor aktive Fenster ebenfalls ein *InvalidateRect* braucht? Damit der gestrichelte Rahmen dort verschwindet.)

Dass der Fokus während der Aktivitäten des Programms immer auf ein Child-Fenster zeigt, wäre damit wohl sichergestellt. Nur: Wer ist jetzt für den Wechsel zwischen zwei Child-Fenstern über die Tastatur zuständig? Müssen die Child-Fenster etwa ihre jeweiligen Nachbarn kennen? Um Gottes Willen nein. Tatsächlich ist die Lösung mehr als schlicht: *ChildWndProc* bekommt zwar sämtliche Tastaturnachrichten als erste Window-Prozedur zu sehen, behält aber nur den Druck auf die Leertaste und die Enter-Taste für sich selbst – und reicht alles andere per *SendMessage* an das Hauptfenster weiter.

Die für das Hauptfenster zuständige Window-Prozedur reagiert auf die Cursortasten in recht ähnlicher Weise wie in CHECKER2, d.h. schaltet nach Ermittlung der X- und Y-Koordinaten des aktiven Child-Fensters zum jeweils nächsten Fenster um. Die einzigen Unterschiede zu CHECKER2 bestehen darin, dass die Ermittlung nicht über die Cursorposition, sondern über *idFocus* läuft bzw. die Umschaltung zum neuen Fenster mit *SetFocus* geschieht.

CHECKER4.C

```
/*-----------------------------------------------------
  CHECKER4.C - Viertes Demoprogramm für Trefferprüfungen
               (c) Charles Petzold, 1998
  -----------------------------------------------------*/

#include <windows.h>

#define DIVISIONS 5

LRESULT CALLBACK WndProc   (HWND, UINT, WPARAM, LPARAM) ;
LRESULT CALLBACK ChildWndProc (HWND, UINT, WPARAM, LPARAM) ;

int   idFocus = 0 ;
TCHAR szChildClass[] = TEXT ("Checker4_Child") ;

int WINAPI WinMain (HINSTANCE hInstance, HINSTANCE hPrevInstance,
                    PSTR szCmdLine, int iCmdShow)
{
     static TCHAR szAppName[] = TEXT ("Checker4") ;
     HWND         hwnd ;
     MSG          msg ;
     WNDCLASS     wndclass ;

     wndclass.style         = CS_HREDRAW | CS_VREDRAW ;
     wndclass.lpfnWndProc   = WndProc ;
     wndclass.cbClsExtra    = 0 ;
     wndclass.cbWndExtra    = 0 ;
     wndclass.hInstance     = hInstance ;
     wndclass.hIcon         = LoadIcon (NULL, IDI_APPLICATION) ;
     wndclass.hCursor       = LoadCursor (NULL, IDC_ARROW) ;
     wndclass.hbrBackground = (HBRUSH) GetStockObject (WHITE_BRUSH) ;
     wndclass.lpszMenuName  = NULL ;
     wndclass.lpszClassName = szAppName ;

     if (!RegisterClass (&wndclass))
     {    // UNICODE-Compilierung ist die einzige realistische Fehlermöglichkeit
          MessageBox (NULL, TEXT ("Programm arbeitet mit Unicode und setzt Windows NT voraus!"),
                      szAppName, MB_ICONERROR) ;
          return 0 ;
     }

     wndclass.lpfnWndProc   = ChildWndProc ;
     wndclass.cbWndExtra    = sizeof (long) ;
     wndclass.hIcon         = NULL ;
     wndclass.lpszClassName = szChildClass ;

     RegisterClass (&wndclass) ;

     hwnd = CreateWindow (szAppName, TEXT ("Checker4: Trefferprüfungen mit der Maus"),
                          WS_OVERLAPPEDWINDOW,
                          CW_USEDEFAULT, CW_USEDEFAULT,
                          CW_USEDEFAULT, CW_USEDEFAULT,
                          NULL, NULL, hInstance, NULL) ;

     ShowWindow (hwnd, iCmdShow) ;
```

```
     UpdateWindow (hwnd) ;

     while (GetMessage (&msg, NULL, 0, 0))
     {
          TranslateMessage (&msg) ;
          DispatchMessage (&msg) ;
     }
     return msg.wParam ;
}

LRESULT CALLBACK WndProc (HWND hwnd, UINT message, WPARAM wParam, LPARAM lParam)
{
     static HWND hwndChild[DIVISIONS][DIVISIONS] ;
     int         cxBlock, cyBlock, x, y ;

     switch (message)
     {
     case WM_CREATE :
          for (x = 0 ; x < DIVISIONS ; x++)
               for (y = 0 ; y < DIVISIONS ; y++)
                    hwndChild[x][y] = CreateWindow (szChildClass, NULL,
                              WS_CHILDWINDOW | WS_VISIBLE,
                              0, 0, 0, 0,
                              hwnd, (HMENU) (y << 8 | x),
                              (HINSTANCE) GetWindowLong (hwnd, GWL_HINSTANCE),
                              NULL) ;
          return 0 ;

     case WM_SIZE :
          cxBlock = LOWORD (lParam) / DIVISIONS ;
          cyBlock = HIWORD (lParam) / DIVISIONS ;

          for (x = 0 ; x < DIVISIONS ; x++)
                for (y = 0 ; y < DIVISIONS ; y++)
                    MoveWindow (hwndChild[x][y],
                                x * cxBlock, y * cyBlock,
                                cxBlock, cyBlock, TRUE) ;
          return 0 ;

     case WM_LBUTTONDOWN :
          MessageBeep (0) ;
          return 0 ;

     case WM_SETFOCUS:
          // Eingabefokus auf das aktive Child-Fenster umsetzen
          SetFocus (GetDlgItem (hwnd, idFocus)) ;
          return 0 ;

     case WM_KEYDOWN:
          // X- und Y-Koordinate des aktiven Child-Fensters
          x = idFocus & 0xFF ;
          y = idFocus >> 8 ;
          // Cursortaste? Wenn ja, das aktive Fenster umsetzen
          switch (wParam)
          {
          case VK_UP:    y-- ;                   break ;
```

```
          case VK_DOWN:  y++ ;                    break ;
          case VK_LEFT:  x-- ;                    break ;
          case VK_RIGHT: x++ ;                    break ;
          case VK_HOME:  x = y = 0 ;              break ;
          case VK_END:   x = y = DIVISIONS - 1 ;  break ;
          default:       return 0 ;
          }

          x = (x + DIVISIONS) % DIVISIONS ;
          y = (y + DIVISIONS) % DIVISIONS ;

          idFocus = y << 8 | x ;   // neue (oder unveränderte) ID des Child-Fensters
          SetFocus (GetDlgItem (hwnd, idFocus)) ;
          return 0 ;

     case WM_DESTROY :
          PostQuitMessage (0) ;
          return 0 ;
     }
     return DefWindowProc (hwnd, message, wParam, lParam) ;
}

LRESULT CALLBACK ChildWndProc (HWND hwnd, UINT message,
                               WPARAM wParam, LPARAM lParam)
{
     HDC         hdc ;
     PAINTSTRUCT ps ;
     RECT        rect ;

     switch (message)
     {
      case WM_CREATE :
          SetWindowLong (hwnd, 0, 0) ;      // X oder nicht X
          return 0 ;

     case WM_KEYDOWN:
          // Alles außer Leertaste und ENTER geht an das Parent-Fenster
          if (wParam != VK_RETURN && wParam != VK_SPACE)
          {
               SendMessage (GetParent (hwnd), message, wParam, lParam) ;
               return 0 ;
          }
          // Für Leertaste und Enter wie bei Mausklicks ("X" umschalten)

     case WM_LBUTTONDOWN :
          SetWindowLong (hwnd, 0, 1 ^ GetWindowLong (hwnd, 0)) ;
          SetFocus (hwnd) ;
          InvalidateRect (hwnd, NULL, FALSE) ;
          return 0 ;

     case WM_SETFOCUS:
          // Dieses Child-Fenster ist jetzt das aktive Fenster
          idFocus = GetWindowLong (hwnd, GWL_ID) ;

          // weiter mit WM_KILLFOCUS wg. Neuzeichnen
```

```
    case WM_KILLFOCUS:
         InvalidateRect (hwnd, NULL, TRUE) ;
         return 0 ;

    case WM_PAINT :
         hdc = BeginPaint (hwnd, &ps) ;

         GetClientRect (hwnd, &rect) ;
         Rectangle (hdc, 0, 0, rect.right, rect.bottom) ;

         if (GetWindowLong (hwnd, 0))    // "X" zeichnen
         {
              MoveToEx (hdc, 0,          0, NULL) ;
              LineTo   (hdc, rect.right, rect.bottom) ;
              MoveToEx (hdc, 0,          rect.bottom, NULL) ;
              LineTo   (hdc, rect.right, 0) ;
         }
         if (hwnd == GetFocus ())
         {   // dieses Fenster hat den Fokus: punktierter Rahmen
              rect.left   += rect.right / 10 ;
              rect.right  -= rect.left ;
              rect.top    += rect.bottom / 10 ;
              rect.bottom -= rect.top ;

              SelectObject (hdc, GetStockObject (NULL_BRUSH)) ;
              SelectObject (hdc, CreatePen (PS_DASH, 0, 0)) ;
              Rectangle (hdc, rect.left, rect.top, rect.right, rect.bottom) ;
              DeleteObject (SelectObject (hdc, GetStockObject (BLACK_PEN))) ;
         }

         EndPaint (hwnd, &ps) ;
         return 0 ;
    }
    return DefWindowProc (hwnd, message, wParam, lParam) ;
}
```

Abbildung 7.8: *Das Programm* CHECKER4

Einfangen der Maus

Window-Prozeduren erhalten Nachrichten über Mausereignisse normalerweise nur dann, wenn sich der Cursor innerhalb des dazugehörigen Fensters befindet. Es ist allerdings möglich, die Maus sozusagen einzufangen, d.h. ein Programm auch mit Daten über Mausereignisse außerhalb seines Fensters zu versorgen. Die dazu benötigte Käsesorte hört auf den Namen *SetCapture* und hat die folgende Form:

```
SetCapture (hwnd) ;
```

Nach dem Aufruf dieser Funktion sendet Windows sämtliche Nachrichten über Mausereignisse ausschließlich an das über *hwnd* angegebene Fenster. Die dabei via *lParam* übergebenen Koordinaten beziehen sich grundsätzlich auf den Anwendungsbereich dieses Fensters (und nehmen negative Werte an, wenn sich der Cursor oberhalb bzw. links dieses Anwendungsbereiches auf dem Bildschirm befindet). Während die Maus auf diese Art und Weise eingefangen ist, sind die Systemfunktionen der Tastatur blockiert. Der folgende Funktionsaufruf öffnet die Falle und läßt die Maus wieder frei:

```
ReleaseCapture () ;
```

Das Programm BLOKOUT1

Dieses in Abbildung 7.9 wiedergegebene Programm soll erst einmal demonstrieren, wieso man das Funktionspaar *SetCapture / ReleaseCapture* auch in völlig normalen Anwendungen gut gebrauchen kann. Wenn Sie in seinem Anwendungsbereich die linke Maustaste drücken und dann die Maus ziehen, spannt es ein Rechteck auf, das beim Lösen der Maustaste schwarz aufgefüllt wird. Die dabei verwendete Logik dürfte in etwa dieselbe sein wie bei einem x-beliebigen Malprogramm der einfacheren Art.

BLOKOUT1.C

```
/*-------------------------------------------------------------
   BLOKOUT1.C - Nicht ganz verlustfreies Zeichnen von Rechtecken
                (c) Charles Petzold, 1998
  -------------------------------------------------------------*/

#include <windows.h>

LRESULT CALLBACK WndProc (HWND, UINT, WPARAM, LPARAM) ;

int WINAPI WinMain (HINSTANCE hInstance, HINSTANCE hPrevInstance,
                    PSTR szCmdLine, int iCmdShow)
{
     static TCHAR szAppName[] = TEXT ("BlokOut1") ;
     HWND         hwnd ;
     MSG          msg ;
     WNDCLASS     wndclass ;

     wndclass.style         = CS_HREDRAW | CS_VREDRAW ;
     wndclass.lpfnWndProc   = WndProc ;
     wndclass.cbClsExtra    = 0 ;
     wndclass.cbWndExtra    = 0 ;
     wndclass.hInstance     = hInstance ;
     wndclass.hIcon         = LoadIcon (NULL, IDI_APPLICATION) ;
     wndclass.hCursor       = LoadCursor (NULL, IDC_ARROW) ;
     wndclass.hbrBackground = (HBRUSH) GetStockObject (WHITE_BRUSH) ;
     wndclass.lpszMenuName  = NULL ;
     wndclass.lpszClassName = szAppName ;

     if (!RegisterClass (&wndclass))
     {    // UNICODE-Compilierung ist die einzige realistische Fehlermöglichkeit
          MessageBox (NULL, TEXT ("Programm arbeitet mit Unicode und setzt Windows NT voraus!"),
                      szAppName, MB_ICONERROR) ;
          return 0 ;
     }
```

```
     hwnd = CreateWindow (szAppName, TEXT ("Aufgespannte Rechtecke"),
                          WS_OVERLAPPEDWINDOW,
                          CW_USEDEFAULT, CW_USEDEFAULT,
                          CW_USEDEFAULT, CW_USEDEFAULT,
                          NULL, NULL, hInstance, NULL) ;

     ShowWindow (hwnd, iCmdShow) ;
     UpdateWindow (hwnd) ;

     while (GetMessage (&msg, NULL, 0, 0))
     {
          TranslateMessage (&msg) ;
          DispatchMessage (&msg) ;
     }
     return msg.wParam ;
}

void DrawBoxOutline (HWND hwnd, POINT ptBeg, POINT ptEnd)
{
     HDC hdc ;

     hdc = GetDC (hwnd) ;

     SetROP2 (hdc, R2_NOT) ;
     SelectObject (hdc, GetStockObject (NULL_BRUSH)) ;
     Rectangle (hdc, ptBeg.x, ptBeg.y, ptEnd.x, ptEnd.y) ;

     ReleaseDC (hwnd, hdc) ;
}

LRESULT CALLBACK WndProc (HWND hwnd, UINT message, WPARAM wParam, LPARAM lParam)
{
     static BOOL  fBlocking, fValidBox ;
     static POINT ptBeg, ptEnd, ptBoxBeg, ptBoxEnd ;
     HDC          hdc ;
     PAINTSTRUCT  ps ;

     switch (message)
     {
     case WM_LBUTTONDOWN :
          ptBeg.x = ptEnd.x = LOWORD (lParam) ;
          ptBeg.y = ptEnd.y = HIWORD (lParam) ;

          DrawBoxOutline (hwnd, ptBeg, ptEnd) ;

          SetCursor (LoadCursor (NULL, IDC_CROSS)) ;

          fBlocking = TRUE ;
          return 0 ;

     case WM_MOUSEMOVE :
          if (fBlocking)
          {
               SetCursor (LoadCursor (NULL, IDC_CROSS)) ;

               DrawBoxOutline (hwnd, ptBeg, ptEnd) ;
```

```
               ptEnd.x = LOWORD (lParam) ;
               ptEnd.y = HIWORD (lParam) ;

               DrawBoxOutline (hwnd, ptBeg, ptEnd) ;
          }
          return 0 ;

     case WM_LBUTTONUP :
          if (fBlocking)
          {
               DrawBoxOutline (hwnd, ptBeg, ptEnd) ;

               ptBoxBeg   = ptBeg ;
               ptBoxEnd.x = LOWORD (lParam) ;
               ptBoxEnd.y = HIWORD (lParam) ;

               SetCursor (LoadCursor (NULL, IDC_ARROW)) ;
               fBlocking = FALSE ;
               fValidBox  = TRUE ;

               InvalidateRect (hwnd, NULL, TRUE) ;
          }
          return 0 ;

     case WM_CHAR :
          if (fBlocking & (wParam == '\x1B'))       // ESC
          {
               DrawBoxOutline (hwnd, ptBeg, ptEnd) ;

               SetCursor (LoadCursor (NULL, IDC_ARROW)) ;

               fBlocking = FALSE ;
          }
          return 0 ;

     case WM_PAINT :
          hdc = BeginPaint (hwnd, &ps) ;

          if (fValidBox)
          {
               SelectObject (hdc, GetStockObject (BLACK_BRUSH)) ;
               Rectangle (hdc, ptBoxBeg.x, ptBoxBeg.y,
                    ptBoxEnd.x, ptBoxEnd.y) ;
          }

          if (fBlocking)
          {
               SetROP2 (hdc, R2_NOT) ;
               SelectObject (hdc, GetStockObject (NULL_BRUSH)) ;
               Rectangle (hdc, ptBeg.x, ptBeg.y, ptEnd.x, ptEnd.y) ;
          }

          EndPaint (hwnd, &ps) ;
          return 0 ;
```

```
    case WM_DESTROY :
         PostQuitMessage (0) ;
         return 0 ;
    }
    return DefWindowProc (hwnd, message, wParam, lParam) ;
}
```

Abbildung 7.9: *Das Programm* BLOKOUT1

Kurz einige Worte zum Prinzip: Wenn die linke Maustaste gedrückt wird (WM_LBUTTON-DOWN), dann setzt BLOKOUT1 das Flag *fBlocking* und hält die aktuelle Position des Cursors als linke obere Ecke eines Rechtecks fest. Auf Bewegungen der Maus reagiert das Programm dann mit dem *zweimaligen* Zeichnen eines Rechtecks über die Funktion *DrawBoxOutline*- einmal mit der rechten unteren Ecke an der alten, einmal an der neuen Cursorposition. *DrawBoxOutline* verwendet den Zeichenmodus R2_NOT, mithin ein Invertieren des Hintergrundes: Auf einem weißen Anwendungsbereich erscheint beim Zeichnen von Linien beim ersten Mal ein schwarzer Strich, der bei einer zweiten Zeichenaktion mit denselben Koordinaten erneut invertiert, also wieder zu Weiß wird.

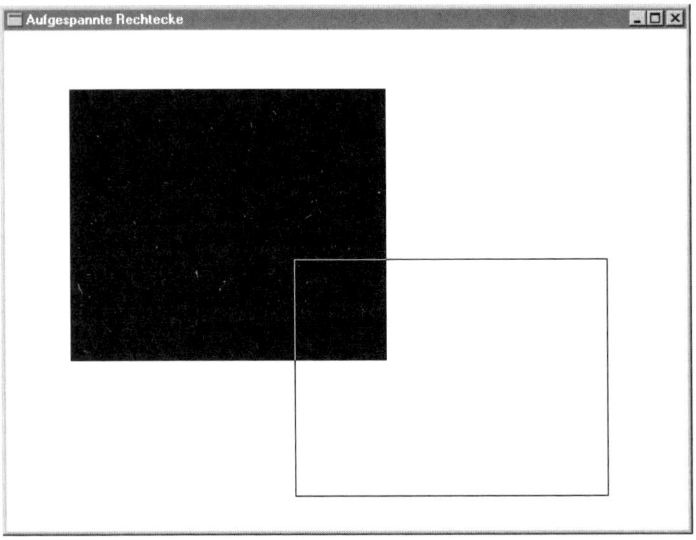

Abbildung 7.10: BLOKOUT1 *in Aktion*

Wie Abbildung 7.10 zeigt, funktioniert das eigentlich gar nicht schlecht, obwohl Sie Aufrufe der zuvor erwähnten Funktion *SetCapture* in diesem Listing vergeblich suchen werden. Wozu braucht man diese Funktion dann wirklich?

Nun, das ist schnell demonstriert: Drücken Sie einmal die linke Maustaste im Fenster von BLOKOUT1 und ziehen Sie die Maus dann aus dem Fenster heraus. Sobald der Cursor die Fenstergrenzen überschreitet, bekommt BLOKOUT1 keine Nachrichten über Mausbewegungen mehr – auch dann nicht, wenn Sie nun die linke Maustaste lösen. Ärgerlicher noch: Wenn Sie den Cursor danach wieder in den Anwendungsbereich hinein bewegen, geht das Programm weiterhin von einer gedrückten Maustaste aus. Oder, etwas kürzer: Sobald Sie den Cursor über die Fenstergrenzen hinaus bewegen, kommt das Programm gründlich durcheinander.

Fallensteller

Wie Sie nach dieser Einleitung wohl auch erwarten werden, stellen *SetCapture* und *ReleaseCapture* die Lösung des Problems dar. Da die Maus eine systemweite, unteilbare Ressource darstellt, sollte man sie natürlich nicht zu Spaß, sondern nur als Reaktion auf einen Maustastendruck einfangen bzw. beim Lösen dieser Maustaste wieder freigeben.

In den älteren Ausgaben dieses Buches war dieser Satz wesentlich deutlicher formuliert, weil sich ein 16-Bit-Windows über *SetCapture* komplett lahmlegen läßt. In den 32-Bit-Versionen kann sich ein Programm über *SetCapture* nicht mehr so einfach zum Alleinherrscher erheben: Tastenkombinationen wie Alt+Esc und Alt+Tab bleiben von *SetCapture* unbeeinflußt, vom Mauszeiger überstrichene Fenster bekommen nur dann keine Mausnachrichten zu sehen, wenn die Maustaste auch tatsächlich gedrückt ist.

Das Funktionspaar *SetCapture / ReleaseCapture* wird übrigens von Schaltflächen, Bildlaufleisten und den meisten anderen Standard-Steuerelementen automatisch benutzt, was sich nicht zuletzt mit SYSMETS4 demonstrieren läßt: Setzen Sie den Mauszeiger einmal auf die Marke in der Bildlaufleiste, drücken Sie die linke Maustaste und ziehen Sie die Maus dann aus der Bildlaufleiste heraus. Das transparent gezeichnete Rechteck für die neue Markenposition folgt den Mausbewegungen innerhalb und außerhalb des Fensters so lange, bis Sie die Maustaste wieder lösen.

Die in Abbildung 7.11 wiedergegebene zweite Version von BLOKOUT verwendet exakt dieselbe Logik wie die erste, reagiert auf WM_LBUTTONDOWN und WM_LBUTTONUP aber zusätzlich mit Aufrufen von *SetCapture* bzw. *ReleaseCapture*. Ein interessanter Nebeneffekt, der sich dabei ergibt: Mit dieser Version können Sie Rechtecke zeichnen, die größer als der aktuelle Anwendungsbereich sind. (Wer's nicht glaubt, möge das Fenster erst einmal kleiner machen, dann ein Rechteck über die Fenstergrenzen hinaus zeichnen und schließlich das Fenster wieder vergrößern.)

BLOKOUT2.C

```
/*---------------------------------------------------
   BLOKOUT2.C - Zeichnen von Rechtecken mit SetCapture
                (c) Charles Petzold, 1998
  ---------------------------------------------------*/

#include <windows.h>

LRESULT CALLBACK WndProc (HWND, UINT, WPARAM, LPARAM) ;

int WINAPI WinMain (HINSTANCE hInstance, HINSTANCE hPrevInstance,
                    PSTR szCmdLine, int iCmdShow)
{
     static TCHAR szAppName[] = TEXT ("BlokOut2") ;
     HWND         hwnd ;
     MSG          msg ;
     WNDCLASS     wndclass ;

     wndclass.style         = CS_HREDRAW | CS_VREDRAW ;
     wndclass.lpfnWndProc   = WndProc ;
     wndclass.cbClsExtra    = 0 ;
     wndclass.cbWndExtra    = 0 ;
     wndclass.hInstance     = hInstance ;
     wndclass.hIcon         = LoadIcon (NULL, IDI_APPLICATION) ;
```

```
    wndclass.hCursor       = LoadCursor (NULL, IDC_ARROW) ;
    wndclass.hbrBackground = (HBRUSH) GetStockObject (WHITE_BRUSH) ;
    wndclass.lpszMenuName  = NULL ;
    wndclass.lpszClassName = szAppName ;

    if (!RegisterClass (&wndclass))
    {   // UNICODE-Compilierung ist die einzige realistische Fehlermöglichkeit
        MessageBox (NULL, TEXT ("Programm arbeitet mit Unicode und setzt Windows NT voraus!"),
                    szAppName, MB_ICONERROR) ;
        return 0 ;
    }

    hwnd = CreateWindow (szAppName, TEXT ("Aufgespannte Rechtecke mit SetCapture"),
                         WS_OVERLAPPEDWINDOW,
                         CW_USEDEFAULT, CW_USEDEFAULT,
                         CW_USEDEFAULT, CW_USEDEFAULT,
                         NULL, NULL, hInstance, NULL) ;

    ShowWindow (hwnd, iCmdShow) ;
    UpdateWindow (hwnd) ;

    while (GetMessage (&msg, NULL, 0, 0))
    {
        TranslateMessage (&msg) ;
        DispatchMessage (&msg) ;
    }
    return msg.wParam ;
}

void DrawBoxOutline (HWND hwnd, POINT ptBeg, POINT ptEnd)
{
    HDC hdc ;

    hdc = GetDC (hwnd) ;

    SetROP2 (hdc, R2_NOT) ;
    SelectObject (hdc, GetStockObject (NULL_BRUSH)) ;
    Rectangle (hdc, ptBeg.x, ptBeg.y, ptEnd.x, ptEnd.y) ;

    ReleaseDC (hwnd, hdc) ;
}

LRESULT CALLBACK WndProc (HWND hwnd, UINT message, WPARAM wParam, LPARAM lParam)
{
    static BOOL  fBlocking, fValidBox ;
    static POINT ptBeg, ptEnd, ptBoxBeg, ptBoxEnd ;
    HDC          hdc ;
    PAINTSTRUCT  ps ;

    switch (message)
    {
    case WM_LBUTTONDOWN :
        ptBeg.x = ptEnd.x = LOWORD (lParam) ;
        ptBeg.y = ptEnd.y = HIWORD (lParam) ;

        DrawBoxOutline (hwnd, ptBeg, ptEnd) ;
```

```
          // Maus einfangen
          SetCapture (hwnd) ;
          SetCursor (LoadCursor (NULL, IDC_CROSS)) ;

          fBlocking = TRUE ;
          return 0 ;

     case WM_MOUSEMOVE :
          if (fBlocking)
          {
               SetCursor (LoadCursor (NULL, IDC_CROSS)) ;

               DrawBoxOutline (hwnd, ptBeg, ptEnd) ;

               ptEnd.x = LOWORD (lParam) ;
               ptEnd.y = HIWORD (lParam) ;

               DrawBoxOutline (hwnd, ptBeg, ptEnd) ;
          }
          return 0 ;

     case WM_LBUTTONUP :
          if (fBlocking)
          {
               DrawBoxOutline (hwnd, ptBeg, ptEnd) ;

               ptBoxBeg   = ptBeg ;
               ptBoxEnd.x = LOWORD (lParam) ;
               ptBoxEnd.y = HIWORD (lParam) ;

               // Maus wieder freigeben
               ReleaseCapture () ;
               SetCursor (LoadCursor (NULL, IDC_ARROW)) ;

               fBlocking = FALSE ;
               fValidBox  = TRUE ;

               InvalidateRect (hwnd, NULL, TRUE) ;
          }
           return 0 ;

     case WM_CHAR :
          if (fBlocking & (wParam == '\x1B'))     // ESC
          {
               DrawBoxOutline (hwnd, ptBeg, ptEnd) ;
               ReleaseCapture () ;
               SetCursor (LoadCursor (NULL, IDC_ARROW)) ;

               fBlocking = FALSE ;
          }
          return 0 ;

     case WM_PAINT :
          hdc = BeginPaint (hwnd, &ps) ;
```

```
        if (fValidBox)
        {
            SelectObject (hdc, GetStockObject (BLACK_BRUSH)) ;
            Rectangle (hdc, ptBoxBeg.x, ptBoxBeg.y,
                ptBoxEnd.x, ptBoxEnd.y) ;
        }

        if (fBlocking)
        {
            SetROP2 (hdc, R2_NOT) ;
            SelectObject (hdc, GetStockObject (NULL_BRUSH)) ;
            Rectangle (hdc, ptBeg.x, ptBeg.y, ptEnd.x, ptEnd.y) ;
        }

        EndPaint (hwnd, &ps) ;
        return 0 ;

    case WM_DESTROY :
        PostQuitMessage (0) ;
        return 0 ;
    }
    return DefWindowProc (hwnd, message, wParam, lParam) ;
}
```

Abbildung 7.11: *Das Programm* BLOKOUT2

Das Mausrädchen

Zu Anfang dieses Kapitels hatte ich gesagt, dass Mäuse mit zwei Tasten heute den de-facto-Standard darstellen. Für morgen könnte das anders aussehen, weil Microsoft unlängst unter dem Namen *IntelliMouse* eine neue Variante des bekannten Designs herausgebracht hat, die sich mit einem zusätzlichen Rädchen zwischen den beiden Tasten schmückt. Dieses Rädchen liefert bei einem Druck die Nachricht WM_MBUTTONDOWN und verhält sich damit wie eine mittlere Maustaste; bei Drehbewegungen erzeugt es eine Nachricht, für die WINUSER.H die Konstante WM_MOUSEWHEEL definiert. Programme, die dieses Feature unterstützen, reagieren auf WM_MOUSEWHEEL mit dem Rollen oder Vergrößern des angezeigten Dokuments.

Ich gebe gerne zu, dass sich das erst mal nach einer recht unnötigen Spielerei anhört. Genauso muß ich aber anerkennen, dass ich mich nach anfänglichem Widerstand recht schnell daran gewöhnt habe, in Programmen wie Microsoft Word oder dem Internet Explorer den Mauszeiger mit diesem Rädchen zu arbeiten, anstatt den Mauscursor wie gewohnt ständig zwischen Text und Bildlaufleisten zu bewegen.

Da die IntelliMouse sicher noch nicht den Verbreitungsgrad normaler Mäuse erreicht hat, will ich hier gar nicht den Versuch unternehmen, Ihnen sämtliche Funktionen und Möglichkeiten dieses Tierchens der Reihe nach vorzustellen. Wesentlich sinnvoller erschien mir die praktische Demonstration, wie man die Reaktion auf WM_MOUSEWHELL und damit die Unterstützung der IntelliMouse nachträglich in ein existierendes Programm einbaut. Das Ergebnis – die »endgültige« Version von SYSMETS – finden Sie in Abbildung 7.12.

SYSMETS.C

```
/*-----------------------------------------------------
   SYSMETS.C - -Metriken des Systems, endgültige Version
              (c) Charles Petzold, 1998
  -----------------------------------------------------*/
#define WINVER 0x0500          /* für die erst bei Windows NT 5 definierten Konstanten */
#define _WIN32_WINNT 0x0500    /* für die Unterstützung der IntelliMouse */
#include <windows.h>
#include "sysmets.h"

LRESULT CALLBACK WndProc (HWND, UINT, WPARAM, LPARAM) ;

int WINAPI WinMain (HINSTANCE hInstance, HINSTANCE hPrevInstance,
                    PSTR szCmdLine, int iCmdShow)
{
     static TCHAR szAppName[] = TEXT ("SysMets") ;
     HWND         hwnd ;
     MSG          msg ;
     WNDCLASS     wndclass ;

     wndclass.style         = CS_HREDRAW | CS_VREDRAW ;
     wndclass.lpfnWndProc   = WndProc ;
     wndclass.cbClsExtra    = 0 ;
     wndclass.cbWndExtra    = 0 ;
     wndclass.hInstance     = hInstance ;
     wndclass.hIcon         = LoadIcon (NULL, IDI_APPLICATION) ;
     wndclass.hCursor       = LoadCursor (NULL, IDC_ARROW) ;
     wndclass.hbrBackground = (HBRUSH) GetStockObject (WHITE_BRUSH) ;
     wndclass.lpszMenuName  = NULL ;
     wndclass.lpszClassName = szAppName ;

     if (!RegisterClass (&wndclass))
     {    // UNICODE-Compilierung ist die einzige realistische Fehlermöglichkeit
          MessageBox (NULL, TEXT ("Programm arbeitet mit Unicode und setzt Windows NT voraus!"),
                      szAppName, MB_ICONERROR) ;
          return 0 ;
     }

     hwnd = CreateWindow (szAppName, TEXT ("Metriken des Systems"),
                          WS_OVERLAPPEDWINDOW | WS_VSCROLL | WS_HSCROLL,
                          CW_USEDEFAULT, CW_USEDEFAULT,
                          CW_USEDEFAULT, CW_USEDEFAULT,
                          NULL, NULL, hInstance, NULL) ;

     ShowWindow (hwnd, iCmdShow) ;
     UpdateWindow (hwnd) ;

     while (GetMessage (&msg, NULL, 0, 0))
     {
          TranslateMessage (&msg) ;
          DispatchMessage (&msg) ;
     }
     return msg.wParam ;
}

LRESULT CALLBACK WndProc (HWND hwnd, UINT message, WPARAM wParam, LPARAM lParam)
```

```
{
    static int  cxChar, cxCaps, cyChar, cxClient, cyClient, iMaxWidth ;
    static int  iDeltaPerLine, iAccumDelta ;     // for mouse wheel logic
    HDC         hdc ;
    int         i, x, y, iVertPos, iHorzPos, iPaintBeg, iPaintEnd ;
    PAINTSTRUCT ps ;
    SCROLLINFO  si ;
    TCHAR       szBuffer[10] ;
    TEXTMETRIC  tm ;
    ULONG       ulScrollLines ;                  // für die Roll-Logik über das Rädchen

    switch (message)
    {
    case WM_CREATE:
        hdc = GetDC (hwnd) ;

        GetTextMetrics (hdc, &tm) ;
        cxChar = tm.tmAveCharWidth ;
        cxCaps = (tm.tmPitchAndFamily & 1 ? 3 : 2) * cxChar / 2 ;
        cyChar = tm.tmHeight + tm.tmExternalLeading ;

        ReleaseDC (hwnd, hdc) ;

        // Breite der drei Spalten
        iMaxWidth = 55 * cxChar + 22 * cxCaps ;

       // weiter mit WM_SETTINGCHANGE

    case WM_SETTINGCHANGE:
        // Abfrage der Parameter für das Mausrädchen (wenn vorhanden)
        SystemParametersInfo (SPI_GETWHEELSCROLLLINES, 0, &ulScrollLines, 0) ;
        // übliche Werte für ulScrollLines sind 3 oder 0 (= kein Bildlauf)
        // WHEEL_DELTA = 120 -> iDeltaPerLine = 40
        if (ulScrollLines)
            iDeltaPerLine = WHEEL_DELTA / ulScrollLines ;
        else
            iDeltaPerLine = 0 ;

        return 0 ;

    case WM_SIZE:
        cxClient = LOWORD (lParam) ;
        cyClient = HIWORD (lParam) ;

        // Bereich und Seitengröße der vertikalen Bildlaufleiste
        si.cbSize = sizeof (si) ;
        si.fMask  = SIF_RANGE | SIF_PAGE ;
        si.nMin   = 0 ;
        si.nMax   = NUMLINES - 1 ;
        si.nPage  = cyClient / cyChar ;
        SetScrollInfo (hwnd, SB_VERT, &si, TRUE) ;

        // Bereich und Seitengröße der horizontalen Bildlaufleiste
        si.cbSize = sizeof (si) ;
        si.fMask  = SIF_RANGE | SIF_PAGE ;
        si.nMin   = 0 ;
```

```
        si.nMax   = 2 + iMaxWidth / cxChar ;
        si.nPage  = cxClient / cxChar ;
        SetScrollInfo (hwnd, SB_HORZ, &si, TRUE) ;
        return 0 ;

   case WM_VSCROLL:
        // vertikale Bildlaufleiste abfragen
        si.cbSize = sizeof (si) ;  // obligatorische Größenangabe
        si.fMask  = SIF_ALL ;      // alle Felder besetzen
        GetScrollInfo (hwnd, SB_VERT, &si) ;

        // Position für späteren Vergleich festhalten
        iVertPos = si.nPos ;

        switch (LOWORD (wParam))
        {
        case SB_TOP:
             si.nPos = si.nMin ;
             break ;

        case SB_BOTTOM:
             si.nPos = si.nMax ;
             break ;

        case SB_LINEUP:
             si.nPos -= 1 ;
             break ;

        case SB_LINEDOWN:
             si.nPos += 1 ;
             break ;

        case SB_PAGEUP:
             si.nPos -= si.nPage ;
             break ;

        case SB_PAGEDOWN:
             si.nPos += si.nPage ;
             break ;

        case SB_THUMBTRACK:
             si.nPos = si.nTrackPos ;
             break ;
        default:
             break ;
        }
       // Position erst setzen und dann wieder abfragen. Weil Windows über die Seitengröße
       // umrechnet, kommt bei der Abfrage üblicherweise ein anderer Wert heraus

        si.fMask = SIF_POS ;
        SetScrollInfo (hwnd, SB_VERT, &si, TRUE) ;
        GetScrollInfo (hwnd, SB_VERT, &si) ;

       // Wenn sich die Position geändert hat: Fensterinhalt rollen und aktualisieren

        if (si.nPos != iVertPos)
```

```
          {
               ScrollWindow (hwnd, 0, cyChar * (iVertPos - si.nPos),
                                   NULL, NULL) ;
               UpdateWindow (hwnd) ;
          }
          return 0 ;

     case WM_HSCROLL:
          // horizontale Bildlaufleiste abfragen
          si.cbSize = sizeof (si) ;
          si.fMask  = SIF_ALL ;  // alle Daten

          // Position für den späteren Vergleich festhalten
          GetScrollInfo (hwnd, SB_HORZ, &si) ;
          iHorzPos = si.nPos ;

          switch (LOWORD (wParam))
          {
          case SB_LINELEFT:
               si.nPos -= 1 ;
               break ;

          case SB_LINERIGHT:
               si.nPos += 1 ;
               break ;

          case SB_PAGELEFT:
               si.nPos -= si.nPage ;
               break ;

          case SB_PAGERIGHT:
               si.nPos += si.nPage ;
               break ;

          case SB_THUMBPOSITION:
               si.nPos = si.nTrackPos ;
               break ;

          default:
               break ;
          }

          // Wie bei der vertikalen Bildlaufleiste: erst setzen, dann wieder abfragen
          si.fMask = SIF_POS ;
          SetScrollInfo (hwnd, SB_HORZ, &si, TRUE) ;
          GetScrollInfo (hwnd, SB_HORZ, &si) ;

          // Wenn sich die Position geändert hat: Fenster horizontal rollen

          if (si.nPos != iHorzPos)
          {
               ScrollWindow (hwnd, cxChar * (iHorzPos - si.nPos), 0,
                             NULL, NULL) ;
          }
          return 0 ;
```

```
case WM_KEYDOWN :
     switch (wParam)
     {
     case VK_HOME :
          SendMessage (hwnd, WM_VSCROLL, SB_TOP, 0) ;
          break ;

     case VK_END :
          SendMessage (hwnd, WM_VSCROLL, SB_BOTTOM, 0) ;
          break ;

     case VK_PRIOR :
          SendMessage (hwnd, WM_VSCROLL, SB_PAGEUP, 0) ;
          break ;

     case VK_NEXT :
          SendMessage (hwnd, WM_VSCROLL, SB_PAGEDOWN, 0) ;
          break ;

     case VK_UP :
          SendMessage (hwnd, WM_VSCROLL, SB_LINEUP, 0) ;
          break ;

     case VK_DOWN :
          SendMessage (hwnd, WM_VSCROLL, SB_LINEDOWN, 0) ;
          break ;

     case VK_LEFT :
          SendMessage (hwnd, WM_HSCROLL, SB_PAGEUP, 0) ;
          break ;

     case VK_RIGHT :
          SendMessage (hwnd, WM_HSCROLL, SB_PAGEDOWN, 0) ;
          break ;
     }
     return 0 ;

case WM_MOUSEWHEEL:
     if (iDeltaPerLine == 0)
          break ;

     iAccumDelta += (short) HIWORD (wParam) ;     // 120 oder -120

     while (iAccumDelta >= iDeltaPerLine)
     {
          SendMessage (hwnd, WM_VSCROLL, SB_LINEUP, 0) ;
          iAccumDelta -= iDeltaPerLine ;
     }

     while (iAccumDelta <= -iDeltaPerLine)
     {
          SendMessage (hwnd, WM_VSCROLL, SB_LINEDOWN, 0) ;
          iAccumDelta += iDeltaPerLine ;
     }

     return 0 ;
```

```
    case WM_PAINT :
        hdc = BeginPaint (hwnd, &ps) ;

        // Positionsabfrage der vertikalen Bildlaufleiste
        si.cbSize = sizeof (si) ;
        si.fMask  = SIF_POS ;
        GetScrollInfo (hwnd, SB_VERT, &si) ;
        iVertPos = si.nPos ;

        // Positionsabfrage der horizontalen Bildlaufleiste
        GetScrollInfo (hwnd, SB_HORZ, &si) ;
        iHorzPos = si.nPos ;

        // Welche Zeilen müsssen tatsächlich ausgegeben werden?
        iPaintBeg = max (0, iVertPos + ps.rcPaint.top / cyChar) ;
        iPaintEnd = min (NUMLINES - 1, iVertPos + ps.rcPaint.bottom / cyChar) ;

        for (i = iPaintBeg ; i <= iPaintEnd ; i++)
        {
            x = cxChar * (1 - iHorzPos) ;
            y = cyChar * (i - iVertPos) ;

            TextOut (hdc, x, y,
                     sysmetrics[i].szLabel,
                     lstrlen (sysmetrics[i].szLabel)) ;

            TextOut (hdc, x + 22 * cxCaps, y,
                     sysmetrics[i].szDesc,
                     lstrlen (sysmetrics[i].szDesc)) ;

            SetTextAlign (hdc, TA_RIGHT | TA_TOP) ;

            TextOut (hdc, x + 22 * cxCaps + 55 * cxChar, y, szBuffer,
                     wsprintf (szBuffer, TEXT ("%5d"),
                         GetSystemMetrics (sysmetrics[i].iIndex))) ;

            SetTextAlign (hdc, TA_LEFT | TA_TOP) ;
        }

        EndPaint (hwnd, &ps) ;
        return 0 ;

    case WM_DESTROY :
        PostQuitMessage (0) ;
        return 0 ;
    }
    return DefWindowProc (hwnd, message, wParam, lParam) ;
}
```

Abbildung 7.12: *Die endgültige Version von* SYSMETS *mit Unterstützung der IntelliMouse*

Im Gegensatz zu WM_MOUSEMOVE & Co. gehen die bei Bewegungen des Mausrädchens gesendeten WM_MOUSEWHEEL-Nachrichten grundsätzlich an das Fenster, auf das der Eingabefokus zeigt – also nicht unbedingt an das Fenster, das der Mauscursor gerade überstreicht. Wie bei den anderen Mausnachrichten enthält *lParam* die Position der Maus in Form zweier Worte, wobei es hier allerdings nicht um Koordinaten des Anwendungsbereichs, sondern grundsätzlich um Bildschirm-Koordinaten geht.

Bei *wParam* gibt es ebenfalls einen Unterschied: Das niederwertige Wort enthält wie gewohnt Bitflags für gedrückte Maustasten und Modifizierer, das höherwertige Wort dagegen ein »Delta«-Wert, der als Indikator für die Bewegungsrichtung des Rädchens zu verstehen ist. Die aktuellen Versionen des IntelliMouse-Treibers liefern hier für Drehungen zum Benutzer hin den Wert 120, für Drehungen in Richtung Bildschirm den Wert -120, was Programme als Anweisung für das Aufwärts- bzw. Abwärtsrollen ihrer Dokumente um drei Zeilen interpretieren sollten. (Falls Sie sich über die etwas krummen Zahlen wundern: Die Entwickler haben hier Platz für zukünftige Ausgaben der IntelliMouse gelassen, bei denen der Sensor dann vermutlich mit höherer Auflösung arbeitet. Eine solche Version könnte dann Delta-Werte von +/-40 für das Rollen um eine einzige Zeile liefern.)

Damit SYSMETS auch bei zukünftigen Versionen der IntelliMouse im gewünschten Sinne funktioniert, fragt das Programm bei WM_CREATE bzw. WM_SETTINGCHANGE über *SystemParametersInfo* ab, wie groß die Bewegungen für den in WINUSER.H definierten Wert WHEEL_DELTA ausfallen sollen. Das Ergebnis dieser Abfrage dient als Teiler für WHEEL_DELTA; mit den aktuellen Implementation ergibt sich dabei wie gesagt 120 / 3 = 40. (Diesen Wert bringt SYSMETS in der globalen Variablen *iDeltaPerLine* unter).

Bei der Reaktion auf WM_MOUSEWHEEL hält sich SYSMETS ebenfalls an die Vorgaben von Microsoft: Das Programm addiert den über *wParam* gelieferten Delta-Wert zu einer weiteren globalen Variablen namens *iAccumDelta*. Wenn diese akkumulierten Deltas *iDeltaPerLine* oder *-iDeltaPerLine* übersteigen, produziert SYSMETS eine WM_VSCROLL-Nachricht mit SB_LINEUP bzw. SB_LINEDOWN (und setzt *iAccumDelta* wieder entsprechend herunter). Diese Logik kommt auch mit Delta-Werten zurecht, deren Betrag größer oder kleiner als der zum Rollen um eine einzige Textzeile vereinbarte Wert ist.

Was jetzt noch fehlt

Damit wäre eigentlich alles gesagt, was mir zu Mäusen einfällt – von selbstdefinierten Cursorformen einmal abgesehen. Dieses Thema wird zusammen mit anderen Windows-Ressourcen in Kapitel 10 behandelt.

8 Der Timer

Der Timer von Windows stellt eine Datenquelle dar, die Programmen periodisch in Form einer Nachricht mitteilt, dass eine bestimmte Zeitspanne vergangen ist. Diese Mitteilung geschieht allerdings nur auf Anforderung: Ein Programm muß Windows erst anweisen, bei ihm (beispielsweise) alle 10 Sekunden einmal anzuklopfen und erhält danach in entsprechenden Zeitabständen Nachrichten des Typs WM_TIMER.

Auf den ersten Blick nimmt sich der Timer gegenüber Eingabegeräten wie der Tastatur und der Maus recht unwichtig aus – und bleibt es für einen großen Teil der Programme auch. Allerdings steckt in diesem Konzept wesentlich mehr als eine hübsche Spielerei wie die Uhr in der Task-Leiste oder die beiden in diesem Kapitel vorgestellten Alternativen dazu. Die folgende Aufstellung faßt einige offensichtliche und einige nicht so offensichtliche Anwendungsmöglichkeiten zusammen:

- *Multitasking*: Auch wenn Windows 98 mit verdrängendem Multitasking arbeitet und sich zeitaufwendige Berechnungen in Hintergrund-Threads verschieben lassen, sollte die Kontrolle nach der Reaktion auf eine Nachricht möglichst schnell an das System zurückgegeben werden. Über den Timer lassen sich zeitaufwendige Operationen in mehrere Abschnitte unterteilen, von denen jeweils einer bei Erhalt einer Nachricht des Typs WM_TIMER ausgeführt wird. (Mehr dazu in Kapitel 20.)
- *Aktualisierung von Statusmeldungen*: Für Programme, die irgendeinen Status wie etwa den noch freien Speicherplatz oder die Cursorposition überwachen und regelmäßig anzeigen wollen, ist ein Timer als Taktgeber nachgerade ideal.
- *Automatische Speicherung*: Über den Timer läßt sich auf ausgesprochen einfache Weise ein Mechanismus konstruieren, der Dokumente während der Bearbeitung in regelmäßigen Intervallen zwischenspeichert und so vor Systemausfällen schützt.
- *Beenden von Demoversionen*: Von vielen Programmen existieren Demoversionen, die den vollen Funktionsumfang des jeweiligen Pakets bieten und sich von der Verkaufsversion nur dadurch unterscheiden, dass sie nach einer relativ kurzen Zeitspanne (beispielsweise einer halben Stunde) abgebrochen werden.
- *Systemunabhängiger Takt*: Diashows oder aufeinanderfolgende Darstellungen von CAD-Programmen können über den Timer mit konstanter Geschwindigkeit abgewickelt werden, ohne

dass dabei die unterschiedlichen Taktfrequenzen und Rechenleistungen der einzelnen Systeme berücksichtigt werden müßten.

- *Multimedia:* Präsentationen spielen CD-Tracks oder Audiodateien meist im Hintergrund ab. Über einen Timer läßt sich zyklisch prüfen, wie weit das Programm mittlerweile in der Audiodatei gekommen ist (und ob zum nächsten Bildschirm weiter geblättert werden muß).

Wenn Sie wollen, können Sie sich einen Timer auch gerne als eine Art Garantie dafür vorstellen, dass Ihr Programm in bestimmten Zeitabständen Nachrichten erhält. (Ohne einen solchen Mechanismus ist der zeitliche Abstand zwischen zwei Nachrichten in weiten Grenzen unbestimmt – von Mikrosekunden bis zu mehreren Stunden.)

Grundlagen

Ein Programm belegt einen Timer über den Aufruf der Funktion *SetTimer*, deren Parameter den zeitlichen Abstand festlegt, in dem Windows Nachrichten des Typs WM_TIMER in die Warteschlange einfügen soll. Die verwendete Einheit ist Millisekunden, der Typ des Parameters DWORD – weshalb sich dieses Intervall im Bereich von 1 bis 4 294 967 295 msec bewegen kann. (Die Untergrenze ist theoretisch, die Obergrenze ist echt. Falls Sie gerade keinen Taschenrechner zur Hand haben: sie liegt bei fast 50 Tagen.) Ein Aufruf wie

```
SetTimer(hwnd, 1, 1000, NULL) ;
```

veranlaßt das System, in die Warteschlange des durch *hwnd* bezeichneten Fensters einmal pro Sekunde eine Nachricht einzufügen. (Zu den restlichen Parametern dieses Aufrufs komme ich in Kürze).

Wenn das Programm den Timer nicht mehr benötigt, sollte es ihn über die Funktion *KillTimer* wieder freigeben. Diese Funktion sorgt unmittelbar dafür, dass das Programm keine weiteren Timer-Nachrichten mehr erhält (d.h. durchsucht die Warteschlange und löscht dort noch gegebenenfalls vorhandene Nachrichten des Typs WM_TIMER). Für einmalige Zeitmessungen ist es möglich, den Aufruf von *KillTimer* als Teil der Bearbeitung von WM_TIMER zu formulieren.

Interrupts und der Timer Tick

Der Timer von Windows ist eine relativ einfach gehaltene Erweiterung der für Datum und Uhrzeit zuständigen Routinen des ROM-BIOS bzw. der dazugehörigen Hardware des PCs. Das ROM-BIOS programmiert beim Start des Systems einen Intel-Chip des Typs 8259 so, dass er in regelmäßigen Intervallen einen Interrupt 08H auslöst, der deshalb üblicherweise als »Clock Tick« oder »Timer Tick« des Systems bezeichnet wird. Aufgrund der verwendeten Takt- und Teilerverhältnisse wird dieser Interrupt alle 54.925 Millisekunden (= rund 18.2mal pro Sekunde) ausgelöst. (Woher diese ausgesprochen krummen Zahlen kommen? Das Urmodell des IBM PC lief mit einer Taktfrequenz von 4,772720 MHz, die Frequenz des Timers ergibt sich über eine Teilung dieser Frequenz durch 2^{18}.)

Während es für die alten DOS-Programme gang und gäbe war, sich in diesen Interrupt einzuhängen, überlassen Windows-Anwendungen derartige Fußarbeiten natürlich dem System. Windows sorgt dafür, dass bei jedem Tick eine interne Routine aufgerufen wird, die ihrerseits für jeden von Anwendungen angeforderten Timer einen Zähler unterhält. Ein solcher Zähler wird also rund 18mal pro Sekunde um eins erniedrigt: Wenn er den Wert 0 erreicht, fügt Windows eine Nachricht des Typs WM_TIMER in die Warteschlange des entsprechenden Programms ein und setzt den Zähler danach wieder auf den Startwert zurück. Da es sich aus der Sicht von Windows-Programmen auch bei WM_TIMER um völlig normale Nachrichten handelt, die über explizite Aufrufe von *GetMessage* aus der Warteschlange gelesen werden, sind zusätzliche Vorsichtsmaßnahmen jeder Art unnötig: Es steht definitiv nicht zu befürchten, dass ein Programm aus heiterem Himmel durch WM_TIMER »unterbrochen« wird. In dieser Hinsicht fällt der Timer in dieselbe Klasse wie Tastatur und Maus: Der Treiber kümmert sich um die damit verbundenen »asynchronen« Interrupts und überläßt es Windows, diese Ereignisse in ordentliche, synchronisierte und nacheinander abfragbare Nachrichten umzusetzen.

Korrekterweise müßte man also in den folgenden Abschnitten bei jeder Erwähnung des Timers eine Beschreibung wie »Nachrichten, die ein Programm aller Wahrscheinlichkeit nach in einem einigermaßen regelmäßigen Zeitraster erhält, wenn es dazu kommt, seine Warteschlange rechtzeitig abzufragen« benutzen. Der Leserlichkeit des Textes willen bleibe ich bei der schwammigen Formulierung, dass »ein Programm alle x Sekunden eine Nachricht des Typs WM_TIMER erhält« – wobei Sie im Kopf behalten müssen, dass es sich dabei eben nicht um regelmäßige und präzise Intervalle handelt.

Auch wenn es technisch durchaus möglich wäre, nimmt Windows 98 keine Umprogrammierung des Timer-Chips vor: Timer arbeiten hier folglich mit derselben zeitlichen Auflösung von 54.925 Millisekunden wie die Standardfunktionen des PCs. Daraus ergeben sich zwei ausgesprochen wichtige Folgen:

- Ein Windows-Programm, das einen einzelnen Timer belegt, erhält maximal 18.2 Nachrichten des Typs WM_TIMER pro Sekunde.
- Das beim Aufruf von *SetTimer* angegebene Zeitintervall wird grundsätzlich auf ein ganzzahliges Vielfaches dieser Auflösung abgerundet. So ergibt beispielsweise die Division eines Wertes wie 1000 Millisekunden durch 54.925 das Ergebnis 18.207, aus dem *SetTimer* 18 »Clock Ticks« macht – und damit alle 989 Millisekunden eine Nachricht erzeugt. Auf Angaben unterhalb von 55 reagiert das System mit dem Erzeugen einer Nachricht pro »Clock Tick«, d.h. der Ausgabe von 18.2 Nachrichten pro Sekunde.

Bei Windows NT haben die Entwickler dagegen nicht so viel Rücksicht auf existierende DOS-Programme und vielgepriesene Kompatibilität nehmen müssen. Dort werden Timer-Ticks nicht nur auf andere Weise erzeugt, sondern haben auch eine höhere zeitliche Auflösung (10 anstelle von 55 Millisekunden). Ein Programm, das einen Timer mit 20 Millisekunden anfordert, bekommt deshalb unter Windows 98 nach wie vor maximal 18 Nachrichten pro Sekunde, unter NT dagegen 50.

Drei Methoden für den Timer

Ein Programm, das einen Timer während seiner gesamten Laufzeit benötigt, wird die Funktion *SetTimer* wohl über *WinMain* (oder beim Bearbeiten von WM_CREATE) aufrufen und auf die Nachricht WM_DESTROY mit einem Aufruf von *KillTimer* reagieren. Abhängig von den mit *SetTimer* verwendeten Parametern stehen drei Methoden zur Verwendung des Timers zur Verfügung:

Erste Methode

Diese Methode ist die einfachste und veranlaßt Windows, der normalen Window-Prozedur in regelmäßigen Abständen Nachrichten des Typs WM_TIMER zu senden. Der Aufruf von *SetTimer* sieht hier folgendermaßen aus:

```
SetTimer (hwnd, 1, uiMsecInterval, NULL) ;
```

hwnd bezeichnet wie üblich das Fenster, dessen Window-Prozedur die Nachrichten erhalten soll. Der zweite Parameter wird »Timer-ID« genannt und muß einen Wert ungleich Null haben, der mehr oder minder beliebig sein kann – wie zu sehen, habe ich hier 1 verwendet. *uiSecInterval* legt den Zeitraum zwischen zwei Timer-Nachrichten in Millisekunden fest und hat den Typ DWORD (d.h. *unsigned int*). Wenn Sie hier den Wert 60000 angeben, erhält Ihr Programm also einmal pro Minute eine WM_TIMER-Nachricht.

Ein mit *SetTimer* belegter Timer läßt sich zu beliebigen Zeitpunkten (d.h. sogar beim Bearbeiten einer Nachricht des Typs WM_TIMER) mit dem folgenden Aufruf wieder abschalten:

```
KillTimer (hwnd, 1) ;
```

Der zweite Parameter ist hier das beim Aufruf von *SetTimer* festgelegte »Timer-ID«. Sämtliche von einem Programm belegten Timer sollten spätestens beim Bearbeiten von WM_DESTROY über Aufrufe von *KillTimer* wieder freigegeben werden.

Nachrichten des Typs WM_TIMER enthalten in *wParam* das ID des jeweiligen Timers (für unser Beispiel also 1), *lParam* ist grundsätzlich auf 0 gesetzt.

Wie aus diesen Erläuterungen bereits hervorgehen sollte, kann ein Programm über unterschiedliche IDs mehrere Timer belegen. Bei der Verwendung mehrerer Timer empfiehlt sich die Definition benannter Konstanten für die einzelnen IDs – beispielsweise mit:

```
#define TIMER_SEC  1
#define TIMER_MIN  2
```

In diesem Fall würde das Programm zwei Timer mit entsprechenden Aufrufen von *SetTimer* belegen, die jeweils im Sekunden- bzw. Minutentakt arbeiten:

```
SetTimer (hwnd, TIMER_SEC, 1000, NULL) ;
SetTimer (hwnd, TIMER_MIN, 60000, NULL) ;
```

Die Logik bei der Reaktion auf WM_TIMER sähe dann etwa so aus:

```
case WM_TIMER :
    switch (wParam)
        {
        case TIMER_SEC :
        [die im Sekundentakt auszuführenden Befehle]
            break ;
        case TIMER_MIN :
        [die im Minutentakt auszuführenden Befehle]
            break ;
        }
    return 0 ;
```

Dem Reprogrammieren eines bereits belegten Timers mußte bei den 16-Bit-Versionen von Windows noch ein Aufruf von *KillTimer* vorausgehen, der bei den 32-Bit-Versionen nicht mehr notwendig ist. Wenn Sie beispielsweise bei einer Uhr zwischen Sekunden- und Minutentakt umschalten wollen, reicht nach dem erstmaligen Belegen eines Timers eine Anweisung wie

```
if (ShowSeconds)  uiInterval = 1000;
   else uiInterval = 60000;
SetTimer (hwnd, 1, iuInterval, NULL) ;  // Reprogrammierung
```

Abbildung 8.1 zeigt ein erstes Praxisbeispiel für die Verwendung des Timers, das auf den Namen BEEPER1 hört und einmal pro Sekunde in Aktion tritt. Es belegt den Timer in *WinMain* und reagiert auf WM_TIMER mit einem Aufruf der Funktion *MessageBeep* (zum Erzeugen eines Pieptons) sowie dem Invertieren einer Variablen namens *bFlipFlop* und dem Kennzeichnen seines gesamten Anwendungsbereichs als »ungültig«. Das Ergebnis ist wie üblich eine Nachricht des Typs WM_PAINT, auf die die Ermittlung der Fenstergröße via *GetClientRect* und ein anschließendes Ausfüllen des dabei erhaltenen Rechtecks via *FillRect* folgt, wobei die Zeichenfarbe über *bFlipFlop* bestimmt wird. Das Ergebnis ist ein Fenster, dessen Anwendungsbereich einmal pro Sekunde zwischen Blau und Rot wechselt.

BEEPER1.C

```
/*----------------------------------------
   BEEPER1.C  - Timer-Demo Nummer 1
                (c) Charles Petzold, 1998
  ----------------------------------------*/

#include <windows.h>

#define ID_TIMER    1

LRESULT CALLBACK WndProc (HWND, UINT, WPARAM, LPARAM) ;

int WINAPI WinMain (HINSTANCE hInstance, HINSTANCE hPrevInstance,
                    PSTR szCmdLine, int iCmdShow)
{
     static TCHAR szAppName[] = TEXT ("Beeper1") ;
     HWND         hwnd ;
     MSG          msg ;
     WNDCLASS     wndclass ;

     wndclass.style         = CS_HREDRAW | CS_VREDRAW ;
     wndclass.lpfnWndProc   = WndProc ;
     wndclass.cbClsExtra    = 0 ;
     wndclass.cbWndExtra    = 0 ;
     wndclass.hInstance     = hInstance ;
     wndclass.hIcon         = LoadIcon (NULL, IDI_APPLICATION) ;
     wndclass.hCursor       = LoadCursor (NULL, IDC_ARROW) ;
     wndclass.hbrBackground = (HBRUSH) GetStockObject (WHITE_BRUSH) ;
     wndclass.lpszMenuName  = NULL ;
     wndclass.lpszClassName = szAppName ;

     if (!RegisterClass (&wndclass))
     {    // UNICODE-Compilierung ist die einzige realistische Fehlermöglichkeit
          MessageBox (NULL, TEXT ("Programm arbeitet mit Unicode und setzt Windows NT voraus!"),
                      szAppName, MB_ICONERROR) ;
          return 0 ;
     }

     hwnd = CreateWindow (szAppName, TEXT ("Beeper1 (Timer-Demo)"),
```

```
                          WS_OVERLAPPEDWINDOW,
                          CW_USEDEFAULT, CW_USEDEFAULT,
                          CW_USEDEFAULT, CW_USEDEFAULT,
                          NULL, NULL, hInstance, NULL) ;

     ShowWindow (hwnd, iCmdShow) ;
     UpdateWindow (hwnd) ;

     while (GetMessage (&msg, NULL, 0, 0))
     {
          TranslateMessage (&msg) ;
          DispatchMessage (&msg) ;
     }
     return msg.wParam ;
}

LRESULT CALLBACK WndProc (HWND hwnd, UINT message, WPARAM wParam, LPARAM lParam)
{
     static BOOL fFlipFlop = FALSE ;
     HBRUSH      hBrush ;
     HDC         hdc ;
     PAINTSTRUCT ps ;
     RECT        rc ;

     switch (message)
     {
     case WM_CREATE:
          SetTimer (hwnd, ID_TIMER, 1000, NULL) ;
          return 0 ;

     case WM_TIMER :
          MessageBeep (-1) ;
          fFlipFlop = !fFlipFlop ;
          InvalidateRect (hwnd, NULL, FALSE) ;
          return 0 ;

     case WM_PAINT :
          hdc = BeginPaint (hwnd, &ps) ;

          GetClientRect (hwnd, &rc) ;
          hBrush = CreateSolidBrush (fFlipFlop ? RGB(255,0,0) : RGB(0,0,255)) ;
          FillRect (hdc, &rc, hBrush) ;

          EndPaint (hwnd, &ps) ;
          DeleteObject (hBrush) ;
          return 0 ;

     case WM_DESTROY :
          KillTimer (hwnd, ID_TIMER) ;
          PostQuitMessage (0) ;
          return 0 ;
     }
     return DefWindowProc (hwnd, message, wParam, lParam) ;
}
```

Abbildung 8.1: *Das Programm* BEEPER1

Da BEEPER1 nicht nur optisch, sondern auch akustisch auf WM_TIMER reagiert, können Sie sich mit diesem Programm ein gutes Bild von der Unregelmäßigkeit dieser Nachrichten machen. Aktivieren Sie einmal in der Systemsteuerung »Eigenschaften für Anzeige« und wählen Sie dort das Kontrollkästchen »Fensterinhalte beim Ziehen zeigen« ab. Auf diese Weise bringen Sie Windows 98 dazu, sich beim Verschieben und Fensterrahmen wie die 16-Bit-Versionen zu verhalten: Sobald Sie mit der Maus ein Fenster oder einen Fensterrahmen verschieben, zeigt das System lediglich einen »Geisterrahmen« an und aktiviert gleichzeitig eine eigene Nachrichtenschleife, die sämtliche bei dieser Aktion entstehenden Nachrichten ersatzlos schluckt. Konsequent bleibt BEEPER1 so lange still, bis Sie die Ziehaktion beendet haben – und wenn sich das Programm dann schließlich wieder meldet, erzeugt es einen einzigen Piepton (wobei hier allerdings der Abstand zur darauffolgenden Nachricht unter einer Sekunde liegen kann).

Wenn Sie »Fensterinhalte beim Ziehen zeigen« angekreuzt haben, verhält sich Windows 98 (im Gegensatz zu Windows NT) übrigens genauso, nur versucht die Nachrichtenschleife dann, die meisten Nachrichten wie gewohnt an andere Fenster weiterzugeben. (Das funktioniert in vielen Fällen prächtig – und in einigen Situationen überhaupt nicht.)

Zweite Methode

Dass ein Timer seine Nachrichten an die jeweilige Window-Prozedur sendet, ist keine zwingende Notwendigkeit: Mit der in diesem Abschnitt vorgestellten Methode kann man Windows veranlassen, auch eine andere Funktion des Programms in regelmäßigen Abständen mit WM_TIMER zu versorgen.

Dazu wird eine sogenannte Rückruffunktion verwendet – eine Routine, die nicht von anderen Stellen des Programms, sondern von Windows aus aufgerufen wird. Von Window-Prozeduren ist dieses Konzept vom Prinzip her bereits bekannt: Die Adresse dieser Prozeduren wird Windows bei der Definition der Fensterklasse mit *RegisterClass* übergeben, die Prozedur im weiteren Verlauf des Programms zur Übergabe von Nachrichten aufgerufen. Völlig identisch sind die beiden Verfahren allerdings nicht.

SetTimer ist nicht die einzige Funktion von Windows, die Rückruffunktionen benutzen kann: Die in Kapitel 11 vorgestellten Funktionen *CreateDialog* und *DialogBox* verwenden denselben Funktionstyp zur Übergabe von Nachrichten in Dialogen; Funktionen wie *EnumChildWindows*, *EnumFonts*, *EnumObjects*, *EnumProps* und *EnumWindows* bearbeiten die jeweiligen Objekte der Reihe nach und liefern ihre Handles über eine Rückruffunktion ab, und einige »Exoten« unter den Windows-Funktionen (*GrayString*, *LineDDA*, *SetResourceHandler* sowie *SetWindowsHookEx*) verwenden dieses Konzept ebenfalls.

Rückruffunktionen müssen wie Window-Prozeduren als CALLBACK deklariert sein, weil sie von Windows aus aufgerufen werden – und damit über Befehle, die sich außerhalb des programmeigenen Adreßraums befinden. Ihre Parameter und ein eventueller Ergebnistyp hängen dagegen vom jeweiligen Verwendungszweck ab.

Im Zusammenhang mit dem Timer werden dabei dieselben Parameter wie für Window-Prozeduren benutzt; die Funktion liefert allerdings kein Ergebnis an Windows zurück. Das folgende Beispiel gibt eine solche für den Timer verwendbare Routine wieder, die den Namen *TimerProc* trägt (der seinerseits beliebig ist, weil der Zusammenhang ausschließlich über die Adresse hergestellt wird):

```
VOID CALLBACK TimerProc (HWND hwnd, UINT message, UINT iTimerID, DWORD dwTime)
{
   [Bearbeiten von WM_TIMER]
}
```

hwnd steht dabei wie üblich für das Fenster des Programms, *message* hat grundsätzlich den Wert WM_TIMER, weil Windows der Prozedur *TimerProc* ausschließlich Nachrichten dieses Typs sendet. Dem dritten Parameter (*wParam*) habe ich hier die Bezeichnung *iTimerID* gegeben: Er enthält die Kennziffer des Timers (woraus auch folgt, dass man für mehrere Timer eine gemeinsame Rückruffunktion definieren kann). Der vierte Parameter (*lParam)* wird üblicherweise ignoriert und enthält die seit dem Start von Windows verstrichene Zeit in Millisekunden, die sich auch über die Funktion *GetTickCount* ermitteln ließe.

Wie im vorangehenden Abschnitt angegeben, hat ein Aufruf von *SetTimer* nach der »ersten Methode« die Form :

```
SetTimer (hwnd, iTimerID, uiMsecInterval, NULL) ;
```

Beim Aufruf nach der »zweiten Methode« – also dem Festlegen einer Rückruffunktion, die Nachrichten des Typs WM_TIMER erhalten soll – wird dagegen die Adresse dieser Funktion als vierter Parameter eingesetzt:

```
SetTimer (hwnd, iTimerID, uiMsecInterval, TimerProc) ;
```

Das in Abbildung 8.2 aufgelistete Programm BEEPER2 erfüllt exakt dieselbe Funktion wie sein Vorgänger BEEPER1 – nur ist dort eben eine Rückruffunktion namens *TimerProc* anstelle der Window-Prozedur für die Bearbeitung von WM_TIMER zuständig. Wie das Listing zeigt, ist für diese Funktion ein Prototyp notwendig, wenn die Implementation nicht zufällig vor dem Aufruf von *SetTimer* im Quelltext steht. (Dasselbe gilt für *WndProc* und *RegisterClass* – nur habe ich das bis jetzt immer großzügig übergangen.)

BEEPER2.C

```
/*--------------------------------------
   BEEPER2.C - Timer-Demo Nummer 2
              (c) Charles Petzold, 1992
  --------------------------------------*/

#include <windows.h>

#define ID_TIMER    1

LRESULT CALLBACK WndProc   (HWND, UINT, WPARAM, LPARAM) ;
VOID    CALLBACK TimerProc (HWND, UINT, UINT,   DWORD ) ;

int WINAPI WinMain (HINSTANCE hInstance, HINSTANCE hPrevInstance,
                    PSTR szCmdLine, int iCmdShow)
{
     static TCHAR szAppName[] = TEXT ("Beeper2") ;
     HWND         hwnd ;
     MSG          msg ;
     WNDCLASS     wndclass ;

     wndclass.style         = CS_HREDRAW | CS_VREDRAW ;
     wndclass.lpfnWndProc   = WndProc ;
     wndclass.cbClsExtra    = 0 ;
     wndclass.cbWndExtra    = 0 ;
     wndclass.hInstance     = hInstance ;
     wndclass.hIcon         = LoadIcon (NULL, IDI_APPLICATION) ;
```

```
     wndclass.hCursor       = LoadCursor (NULL, IDC_ARROW) ;
     wndclass.hbrBackground = (HBRUSH) GetStockObject (WHITE_BRUSH) ;
     wndclass.lpszMenuName  = NULL ;
     wndclass.lpszClassName = szAppName ;

     if (!RegisterClass (&wndclass))
     {    // UNICODE-Compilierung ist die einzige realistische Fehlermöglichkeit
          MessageBox (NULL, TEXT ("Programm arbeitet mit Unicode und setzt Windows NT voraus!"),
                      szAppName, MB_ICONERROR) ;
          return 0 ;
     }

     hwnd = CreateWindow (szAppName, TEXT ("Beeper2 (Timer-Demo)"),
                          WS_OVERLAPPEDWINDOW,
                          CW_USEDEFAULT, CW_USEDEFAULT,
                          CW_USEDEFAULT, CW_USEDEFAULT,
                          NULL, NULL, hInstance, NULL) ;

     ShowWindow (hwnd, iCmdShow) ;
     UpdateWindow (hwnd) ;

     while (GetMessage (&msg, NULL, 0, 0))
     {
          TranslateMessage (&msg) ;
          DispatchMessage (&msg) ;
     }
     return msg.wParam ;
}

LRESULT CALLBACK WndProc (HWND hwnd, UINT message, WPARAM wParam, LPARAM lParam)
{
     switch (message)
     {
     case WM_CREATE:
          SetTimer (hwnd, ID_TIMER, 1000, TimerProc) ;
          return 0 ;

     case WM_DESTROY:
          KillTimer (hwnd, ID_TIMER) ;
          PostQuitMessage (0) ;
          return 0 ;
     }
     return DefWindowProc (hwnd, message, wParam, lParam) ;
}

VOID CALLBACK TimerProc (HWND hwnd, UINT message, UINT iTimerID, DWORD dwTime)
{
     static BOOL fFlipFlop = FALSE ;
     HBRUSH      hBrush ;
     HDC         hdc ;
     RECT        rc ;

     MessageBeep (-1) ;
     fFlipFlop = !fFlipFlop ;

     GetClientRect (hwnd, &rc) ;
```

```
    hdc = GetDC (hwnd) ;
    hBrush = CreateSolidBrush (fFlipFlop ? RGB(255,0,0) : RGB(0,0,255)) ;

    FillRect (hdc, &rc, hBrush) ;
    ReleaseDC (hwnd, hdc) ;
    DeleteObject (hBrush) ;
}
```

Abbildung 8.2: *Das Programm* BEEPER2

Dritte Methode

Die dritte und letzte Methode zum Anfordern eines Timers unterscheidet sich in ihrer Logik von der zweiten nur in einem Punkt: Hier liefert *SetTimer* selbst die ID des jeweils nächsten noch unbesetzten Timers zurück. Der Aufruf hat die folgende Form:

```
iTimerID = SetTimer (NULL, 0, uiMsecInterval, TimerProc) ;
```

Anstelle von *hwnd* tritt hier der Wert NULL, für die Timer-Kennziffer wird ebenfalls der Wert 0 angegeben; *TimerProc* stellt die Adresse der Rückruffunktion dar. Das Funktionsergebnis von *SetTimer* ist die ID des neu angelegten Timers (oder der Wert 0, wenn Sie es tatsächlich geschafft haben sollten, die internen Zählerlisten von Windows bis zum Rand zu füllen. Letzteres ist allerdings recht unwahrscheinlich: In den 16-Bit-Versionen von Windows waren diese Listen statisch und auf 16 (Windows 3.0) bzw. 32 Einträge (Windows 3.1) begrenzt. In den 32-Bit-Versionen sind diese Listen dagegen dynamisch aufgebaut und deshalb nur durch den verfügbaren Hauptspeicher begrenzt.)

Um einen auf diese Art und Weise belegten Timer wieder freizugeben, muß anstelle des Fensterhandles (*hwnd*) ebenfalls der Wert NULL benutzt werden. Der zweite Parameter von *KillTimer* legt wie üblich fest, auf welchen Timer sich die Löschung beziehen soll:

```
KillTimer (NULL, nTimerID) ;
```

Diese Methode kann in einem Programm ihre Vorteile haben, das eine größere Zahl von Timern abwechselnd belegt bzw. wieder freigibt und sich nicht selbst um die Verwaltung der Timer-Kennziffern kümmern will. Da beim Einsatz mehrerer Timer aber in jedem Fall eine gewisse Verwaltung notwendig ist, wenn man nicht gerade pro Timer eine eigene Rückruffunktion definiert, wird sie in der Praxis nur ausgesprochen selten verwendet.

Damit erst einmal wieder genug der grauen Theorie – es wird Zeit für ein paar handfeste Anwendungen.

Fast schon unvermeidlich: Eine Uhr

Uhren dürften wohl die offensichtlichste Anwendungsmöglichkeit des Timers darstellen. Auch wenn hier längere Zeit Digitales in Mode war, hat das Pendel inzwischen wieder in die andere Richtung ausgeschlagen: Der Trend geht wieder zur Analoguhr (mit digitalem Innenleben, versteht sich). Da sich über Geschmack bekanntlich nicht streiten läßt und Uhrenprogramme seit Windows 95 und der Task-Leiste sowieso etwas herrlich Überflüssiges sind, habe ich mir den Luxus geleistet, gleich beide Varianten zu programmieren.

Die digitale Variante

Das in Abbildung 8.3 aufgelistete Programm DIGCLOCK stellt also eine Digitaluhr auf dem Bildschirm dar und benutzt für die Ziffern nicht etwa eine TrueType-Schrift, sondern simuliert eine altertümliche Siebensegment-Anzeige.

DIGCLOCK.C

```
/*----------------------------------------------------
   DIGCLOCK.C -- Digitaluhr mit Siebensegment-Anzeige
                 (c) Charles Petzold, 1998
  ----------------------------------------------------*/

#include <windows.h>

#define ID_TIMER    1

LRESULT CALLBACK WndProc (HWND, UINT, WPARAM, LPARAM) ;

int WINAPI WinMain (HINSTANCE hInstance, HINSTANCE hPrevInstance,
                    PSTR szCmdLine, int iCmdShow)
{
     static TCHAR szAppName[] = TEXT ("DigClock") ;
     HWND         hwnd ;
     MSG          msg ;
     WNDCLASS     wndclass ;

     wndclass.style         = CS_HREDRAW | CS_VREDRAW ;
     wndclass.lpfnWndProc   = WndProc ;
     wndclass.cbClsExtra    = 0 ;
     wndclass.cbWndExtra    = 0 ;
     wndclass.hInstance     = hInstance ;
     wndclass.hIcon         = LoadIcon (NULL, IDI_APPLICATION) ;
     wndclass.hCursor       = LoadCursor (NULL, IDC_ARROW) ;
     wndclass.hbrBackground = (HBRUSH) GetStockObject (WHITE_BRUSH) ;
     wndclass.lpszMenuName  = NULL ;
     wndclass.lpszClassName = szAppName ;

     if (!RegisterClass (&wndclass))
     {    // UNICODE-Compilierung ist die einzige realistische Fehlermöglichkeit
          MessageBox (NULL, TEXT ("Programm arbeitet mit Unicode und setzt Windows NT voraus!"),
                      szAppName, MB_ICONERROR) ;
          return 0 ;
     }

     hwnd = CreateWindow (szAppName, TEXT ("Digitaluhr"),
                          WS_OVERLAPPEDWINDOW,
                          CW_USEDEFAULT, CW_USEDEFAULT,
                          CW_USEDEFAULT, CW_USEDEFAULT,
                          NULL, NULL, hInstance, NULL) ;

     ShowWindow (hwnd, iCmdShow) ;
     UpdateWindow (hwnd) ;

     while (GetMessage (&msg, NULL, 0, 0))
          {
```

```
          TranslateMessage (&msg) ;
          DispatchMessage (&msg) ;
          }
     return msg.wParam ;
     }

void DisplayDigit (HDC hdc, int iNumber)
{
     static BOOL  fSevenSegment [10][7] = {
                         1, 1, 1, 0, 1, 1, 1,     // 0
                         0, 0, 1, 0, 0, 1, 0,     // 1
                         1, 0, 1, 1, 1, 0, 1,     // 2
                         1, 0, 1, 1, 0, 1, 1,     // 3
                         0, 1, 1, 1, 0, 1, 0,     // 4
                         1, 1, 0, 1, 0, 1, 1,     // 5
                         1, 1, 0, 1, 1, 1, 1,     // 6
                         1, 0, 1, 0, 0, 1, 0,     // 7
                         1, 1, 1, 1, 1, 1, 1,     // 8
                         1, 1, 1, 1, 0, 1, 1 } ;  // 9
     static POINT ptSegment [7][6] = {
                          7,  6,  11,  2,  31,  2,  35,  6,  31, 10,  11, 10,
                          6,  7,  10, 11,  10, 31,   6, 35,   2, 31,   2, 11,
                         36,  7,  40, 11,  40, 31,  36, 35,  32, 31,  32, 11,
                          7, 36,  11, 32,  31, 32,  35, 36,  31, 40,  11, 40,
                          6, 37,  10, 41,  10, 61,   6, 65,   2, 61,   2, 41,
                         36, 37,  40, 41,  40, 61,  36, 65,  32, 61,  32, 41,
                          7, 66,  11, 62,  31, 62,  35, 66,  31, 70,  11, 70 } ;
     int          iSeg ;

     for (iSeg = 0 ; iSeg < 7 ; iSeg++)
          if (fSevenSegment [iNumber][iSeg])
               Polygon (hdc, ptSegment [iSeg], 6) ;
}

void DisplayTwoDigits (HDC hdc, int iNumber, BOOL fSuppress)
{
     if (!fSuppress || (iNumber / 10 != 0))
          DisplayDigit (hdc, iNumber / 10) ;

     OffsetWindowOrgEx (hdc, -42, 0, NULL) ;
     DisplayDigit (hdc, iNumber % 10) ;
     OffsetWindowOrgEx (hdc, -42, 0, NULL) ;
}

void DisplayColon (HDC hdc)
{
     POINT ptColon [2][4] = { 2,  21,  6,  17,  10, 21,  6, 25,
                              2,  51,  6,  47,  10, 51,  6, 55 } ;

     Polygon (hdc, ptColon [0], 4) ;
     Polygon (hdc, ptColon [1], 4) ;

     OffsetWindowOrgEx (hdc, -12, 0, NULL) ;
}

void DisplayTime (HDC hdc, BOOL f24Hour, BOOL fSuppress)
```

```
{
     SYSTEMTIME st ;

     GetLocalTime (&st) ;

     if (f24Hour)
          DisplayTwoDigits (hdc, st.wHour, fSuppress) ;
     else
          DisplayTwoDigits (hdc, (st.wHour %= 12) ? st.wHour : 12, fSuppress) ;

     DisplayColon (hdc) ;
     DisplayTwoDigits (hdc, st.wMinute, FALSE) ;
     DisplayColon (hdc) ;
     DisplayTwoDigits (hdc, st.wSecond, FALSE) ;
}

LRESULT CALLBACK WndProc (HWND hwnd, UINT message, WPARAM wParam, LPARAM lParam)
{
     static BOOL   f24Hour, fSuppress ;
     static HBRUSH hBrushRed ;
     static int    cxClient, cyClient ;
     HDC           hdc ;
     PAINTSTRUCT   ps ;
     TCHAR         szBuffer [2] ;

     switch (message)
     {
     case WM_CREATE:
          hBrushRed = CreateSolidBrush (RGB (255, 0, 0)) ;
          SetTimer (hwnd, ID_TIMER, 1000, NULL) ;

                                                  // weiter mit WM_SETTINGCHANGE

     case WM_SETTINGCHANGE:
          GetLocaleInfo (LOCALE_USER_DEFAULT, LOCALE_ITIME, szBuffer, 2) ;
          f24Hour = (szBuffer[0] == '1') ;

          GetLocaleInfo (LOCALE_USER_DEFAULT, LOCALE_ITLZERO, szBuffer, 2) ;
          fSuppress = (szBuffer[0] == '0') ;

          InvalidateRect (hwnd, NULL, TRUE) ;
          return 0 ;

     case WM_SIZE:
          cxClient = LOWORD (lParam) ;
          cyClient = HIWORD (lParam) ;
          return 0 ;

     case WM_TIMER:
          InvalidateRect (hwnd, NULL, TRUE) ;
          return 0 ;

     case WM_PAINT:
          hdc = BeginPaint (hwnd, &ps) ;

          SetMapMode (hdc, MM_ISOTROPIC) ;
```

```
        SetWindowExtEx (hdc, 276, 72, NULL) ;
        SetViewportExtEx (hdc, cxClient, cyClient, NULL) ;

        SetWindowOrgEx (hdc, 138, 36, NULL) ;
        SetViewportOrgEx (hdc, cxClient / 2, cyClient / 2, NULL) ;

        SelectObject (hdc, GetStockObject (NULL_PEN)) ;
        SelectObject (hdc, hBrushRed) ;

        DisplayTime (hdc, f24Hour, fSuppress) ;

        EndPaint (hwnd, &ps) ;
        return 0 ;

    case WM_DESTROY:
        KillTimer (hwnd, ID_TIMER) ;
        DeleteObject (hBrushRed) ;
        PostQuitMessage (0) ;
        return 0 ;
    }
    return DefWindowProc (hwnd, message, wParam, lParam) ;
}
```

Abbildung 8.3: *Das Programm* DIGCLOCK

Abbildung 8.4: *Das Fenster von* DIGCLOCK

Auch wenn sie in Abbildung 8.4 nur als Grauton erscheinen, sind die Ziffern dieser Uhr natürlich rot: Die Window-Prozedur von DIGCLOCK erzeugt bei WM_CREATE ein Füllmuster dieser Farbe, das erst in dem für WM_DESTROY zuständigen *case*-Zweig wieder freigegeben wird. Wenn Sie sich WM_CREATE einmal etwas näher ansehen, werden Sie dort auch eine Unterscheidung zwischen der Darstellung mit 12 und 24 Stunden finden, die offensichtlich mit einer Funktion namens *GetLocaleInfo* verbunden sind (zu der ich in Kürze komme).

Auf WM_TIMER reagiert DIGCLOCK mit einem *InvalidateRect* für das gesamte Fenster. Ästhetisch ist sicher nicht die gelungenste Lösung, weil sich Flackereffekte beim darauffolgenden kompletten Neuzeichnen nicht immer verhindern lassen. Eine Logik, die wirklich nur die Segmente als ungültig erklärt, die beim Wechsel von einer Ziffer zur nächsten erscheinen bzw. verschwinden müssen, läßt sich selbstverständlich konstruieren, dürfte aber alles andere als durchsichtig sein und hätte hier zu weit vom eigentlichen Thema weggeführt.

Da sich DIGCLOCK bei WM_TIMER auf *InvalidateRect* beschränkt, finden alle echten Aktivitäten des Programms wie gewohnt im *case*-Zweig für WM_PAINT statt. Der erste Schritt besteht hier aus der Umschaltung auf das Koordinatensystem MM_ISOTROPIC: DIGCLOCK verwendet also in X- und Y-Richtung gleiche Achsen, die der folgenden Aufruf von *SetWindowExtEx* auf 276 Einheiten horizontal und 72 Einheiten vertikal skaliert. (Wie Sie wohl schon vermuten werden, paßt diese Skalierung zu den für die Siebensegment-Anzeige gewählten Koordinatenpunkten.) Der Ursprung des Fensters wird von DIGCLOCK auf die Mitte des Fensters (128, 96) gesetzt, der Ursprung des Zeichenfensters dagegen auf (*cxClient* / 2, *cyClient* / 2). Das Ergebnis ist eine im Fenster mittenzentrierte Anzeige, die dennoch ihren Ursprung – also den Punkt (0,0) – in der linken oberen Fensterecke hat.

Nachdem der für WM_PAINT zuständige *case*-Zweig schließlich noch das rote Füllmuster und einen unsichtbaren Zeichenstift (NULL_PEN) in den Gerätekontext eingesetzt hat, ruft er die Funktion *DisplayTime* zur Ausgabe der aktuellen Uhrzeit auf.

Datum und Uhrzeit

Die Routine *DisplayTime* von DIGCLOCK beginnt mit einem Aufruf der Funktion *GetLocalTime*, die ihrerseits eine Struktur des Typs SYSTEMTIME mit Uhrzeit und Kalenderdatum besetzt. Der Typ SYSTEMTIME ist in der Datei WINBASE.H folgendermaßen definiert:

```
typedef struct _SYSTEMTIME
{    WORD wYear ;
     WORD wMonth ;
     WORD wDayOfWeek ;
     WORD wDay ;
     WORD wHour ;
     WORD wMinute ;
     WORD wSecond ;
     WORD wMilliseconds ;
} SYSTEMTIME, * PSYSTEMTIME ;
```

Die meisten Felder dieser Struktur dürften zwar selbstdokumentierend sein, eine Besonderheit gibt es aber doch: Für die Monate und Tage beginnt die Zählung mit 1 (*wMonth* = 1, *wDay* = 1 steht also für den 1. Januar), für die Wochentage dagegen mit 0 (womit der Sonntag gemeint ist). Strukturen dieses Typs werden hauptsächlich im Zusammenhang mit dem Funktionen *GetLocalTime* und *GetSystemTime* verwendet: *GetSystemTime* liefert Datum und Uhrzeit in ortsunabhängiger Form (UCT = »Coordinated Universal Time« – numerisch dasselbe wie die mittlerweile nicht mehr als Maß aller Dinge dienende »Greenwich Mean Time«), *GetLocalTime* rechnet diesen Wert auf die jeweilige Zeitzone um und berücksichtigt zusätzlich die Sommerzeit. (In Deutschland ist die lokale Zeit der UTC im Winter um eine Stunde, im Sommer um zwei Stunden voraus.)

Was bei diesen beiden Funktionen herauskommt, hängt natürlich davon ab, wann und wie exakt Sie die Systemuhr das letzte Mal nachgestellt haben bzw. welche Zeitzone über die Systemsteuerung gesetzt ist. Für PCs mit Internet-Verbindung finden Sie in Kapitel 23 ein Programm, das diese Werte von einem beliebigen »Time Server« bezieht. Die Zeitzone müssen Sie allerdings auch bei diesem Programm selbst richtig einstellen. (Wer tiefer in dieses Thema einsteigen will, sollte sich einmal den SDK-Abschnitt */Platform SDK/Windows Base Services/General Library/Time* näher ansehen, der nicht nur die Gegenstücke zu diesen beiden Lesefunktionen – *SetSystemTime* und *SetLocalTime* –, sondern auch eine ganze Reihe anderer Routinen für Datums- und Uhrzeitberechnungen erläutert.)

Die Darstellung der Ziffern

Natürlich hätte ich für DIGCLOCK einfach eine x-beliebige TrueType-Schrift verwenden und die Ausgaben dann wesentlich einfacher halten können. Weil aber ein bißchen geistige Bewegung kaum schaden kann und uns sowieso noch ein praktisches Beispiel für Fensterursprünge fehlt, erledigt das Programm die Darstellung der Ziffern und des Doppelpunktes ausschließlich über die Funktion *Polygon*. Die Routine *DisplayDigit* definiert zu diesem Zweck zwei Arrays namens *fSevenSegment* und *ptSegment*. *fSevenSegment* enthält für jede der zehn Ziffern sieben Flags, die für »Segment an« (1) bzw. »Segment aus« (0) stehen; die Anordnung geht dabei von links nach rechts und von oben nach unten. Jedes dieser Segmente setzt sich auch sechs Eckpunkten zusammen, deren logische Koordinaten sich in Form von POINT-Werten im Array *ptSegment* finden. Die Zeichenroutine für eine Ziffer sieht so aus:

```
for (iSeg = 0 ; iSeg < 7 ; iSeg++)
     if (fSevenSegment [iNumber][iSeg])
          Polygon (hdc, ptSegment [iSeg], 6) ;
```

Die Routine *DisplayColon* zeichnet den Doppelpunkt zur Trennung von Stunden, Minuten und Sekunden auf ähnliche Weise (nur halt etwas einfacher). Die Ziffern haben übrigens eine logische Breite von 42, die Doppelpunkte eine logische Breite von 12, weshalb das Programm die X-Achse über *SetWindowExtEx* in 6*42+2*12 = 276 Einheiten unterteilt.

Beim Aufruf von *DisplayTime* ist der Ursprung auf die linke obere Ecke der ersten Ziffer gesetzt. *DisplayTime* ruft für die Stunden die Routine *DisplayTwoDigits* auf, die ihrerseits zweimal *DisplayDigit* bemüht und nach jeder Ausgabe einer Ziffer den Fensterursprung über *OffsetWindowOrgEx* um 42 Einheiten nach rechts verschiebt. *DisplayColon* verwendet dieselbe Technik, verschiebt den Ursprung aber nur um 12 Einheiten. Dank dieser Verschieberei können die Zeichenroutinen selbst für jede Ziffer bzw. jeden Doppelpunkt mit gleichen Koordinaten arbeiten.

Das wär's auch schon gewesen – wenn da nicht noch das Problem unterschiedlicher Uhrzeitformate in den verschiedenen Ländern wäre.

Internationales

Eine im 24-Stunden-Format gehaltene Anzeige der Uhrzeit wird auch ein texanischer Cowboy nach kurzem Stutzen ablesen können – genauso, wie ... (hier dürfen Sie den von Ihnen als Witz-Zielscheibe bevorzugten Teil der deutschen Bevölkerung einsetzen) wohl ohne weiteres mit dem 12-Stunden-Format zurecht kommt. Dass die Berücksichtigung landesspezifischer Einstellungen dennoch weit mehr als eine nette optische Spielerei ist, läßt sich schon an Kalenderdaten zeigen: Weil in Nordamerika das Datumsformat MM.TT.JJJJ üblich ist, pflegt man dort am »3.12.« nicht etwa langsam nach den Nikolausstiefeln zu schauen, sondern eben nach den Frühlingszwiebeln.

Kein Wunder also, dass Windows sozusagen eine ganze (in */Platform SDK/Windows Base Services/International Features/National Language Support* erläuterte) Abteilung von Funktionen bietet, die sich mit dem Thema »Internationalisierung« beschäftigen. (Die Referenz dieser Funktionen finden Sie übrigens in einem anderen Abschnitt des SDK, nämlich unter */Platform SDK/Windows Base Services/General Library/String Manipulation/String Manipulation Reference/String Manipulation Functions.*) Funktionen wie *GetDateFormat* und *GetTimeFormat* erwarten SYSTEMTIME-Strukturen, liefern formatierte Ausgaben, die den vom Benutzer gewählten landesspezifischen Einstellungen entsprechen, und wären auch für DIGCLOCK wohl der einfachste Weg – wenn dieses Programm mit formatierten Strings anstelle einzelner Ziffern arbeiten würde.

Da DIGCLOCK nur mit einzelnen Ziffern arbeitet, aber dennoch zwischen 12 und 24 Stunden sowie dem Einsetzen bzw. Auslassen führender Nullen unterscheiden können soll, muß das Programm selbst beim System nachfragen. Die entsprechende Funktion hört auf den Namen *GetLocaleInfo*; die dazugehörige Dokumentation ist wie die der anderen landesspezifischen Funktionen auf zwei recht weit voneinander entfernte Stellen im SDK verteilt: Die Funktionsbeschreibung finden Sie unter */Platform SDK/Windows Base Services/General Library/String Manipulation/String Manipulation Reference/String Manipulation Functions*, die dabei verwendeten Konstanten im Abschnitt */Platform SDK/Windows Base Services/International Features/National Language Support/National Language Support Constants.*

DIGCLOCK ruft diese Funktion als Reaktion auf WM_CREATE einmal mit dem Parameter LOCALE_ITIME (zur Unterscheidung zwischen 12 und 24 Stunden) und ein zweites Mal mit dem Parameter LOCALITLZERO (führende Nullen oder nicht) auf. *GetLocaleInfo* liefert übrigens grundsätzlich Strings, die sich aber recht einfach in numerische Werte umrechnen lassen – vor allem, wenn es um schlichte Flags geht.

Beide Abfragen finden in einem für Nachrichten des Typs WM_SETTINGCHANGE vorgesehenen *case*-Zweig statt (der bei DIGCLOCK aufgrund eines absichtlich ausgelassenen *break* sozusagen die Fortsetzung von WM_CREATE darstellt). Diese Nachricht gibt Windows an alle Hauptfenster aus, sobald der Benutzer etwas an den landesspezifischen Einstellungen ändert. Wenn Sie einige Minuten Zeit haben, starten Sie einmal DIGCLOCK und spielen Sie dann ein wenig an diesen Einstellungen herum.

Eigentlich sollte DIGCLOCK die Funktion *GetLocaleInfo* sogar ein drittes Mal aufrufen, um über den Parameter LOCAL_STIME auch noch das für die Trennung zwischen Stunden, Minuten und Sekunden gewünschte Zeichen zu ermitteln. Da das Programm aber wie gesagt nicht mit Zeichen, sondern ausschließlich mit Polygonen arbeitet, bekommen Sie unabhängig von dieser Einstellung grundsätzlich einen Doppelpunkt als Trennzeichen zu sehen. (Für das 12-Stunden-Format ließe sich mit zwei weiteren Aufrufen und den Parametern LOCALE_S1159 bzw. LOCALE_S2359 schließlich noch ermitteln, welche Zeichenfolgen für die erste und die zweite Tageshälfte zum Einsatz kommen. Wie bereits gesagt, überläßt man diese Details normalerweise Funktionen wie *GetTimeFormat*.)

Eine letzte Erweiterungsmöglichkeit des Programms läge im Bearbeiten von Nachrichten des Typs WM_TIMECHANGE, mit denen Windows geladene Anwendungen über veränderte Einstellungen der Systemzeit bzw. des Systemdatums informiert. Da es aber im Maximalfall eine Sekunde dauert, bis DIGCLOCK eine solche Änderung sowieso mitbekommt, läßt sich dieser *case*-Zweig guten Gewissens einsparen. (Für ein Programm, das seine Anzeige nur einmal pro Minute oder in noch größeren Zeitabständen aktualisiert, sähe die Sache dagegen etwas anders aus).

Ein analoges Gegenstück

Analoguhren ohne Datumsanzeige kommen zwar ohne Berücksichtigung landesspezifischer Einstellungen aus, sind aber in puncto Grafik wesentlich komplexer als eine simple Ziffernfolge. Wie das Programm CLOCK in Abbildung 8.5 zeigt, geht es hier definitiv nicht ohne einige Ausflüge in die Trigonometrie.

CLOCK.C

```
/*-------------------------------------
   CLOCK.C -- Analoguhr
              (c) Charles Petzold, 1998
  -------------------------------------*/

#include <windows.h>
#include <math.h>

#define ID_TIMER    1
#define TWOPI       (2 * 3.14159)

LRESULT CALLBACK WndProc (HWND, UINT, WPARAM, LPARAM) ;

int WINAPI WinMain (HINSTANCE hInstance, HINSTANCE hPrevInstance,
                    PSTR szCmdLine, int iCmdShow)
{
     static TCHAR szAppName[] = TEXT ("Clock") ;
     HWND         hwnd;
     MSG          msg;
     WNDCLASS     wndclass ;

     wndclass.style         = CS_HREDRAW | CS_VREDRAW ;
     wndclass.lpfnWndProc   = WndProc ;
     wndclass.cbClsExtra    = 0 ;
     wndclass.cbWndExtra    = 0 ;
     wndclass.hInstance     = hInstance ;
     wndclass.hIcon         = NULL ;
     wndclass.hCursor       = LoadCursor (NULL, IDC_ARROW) ;
     wndclass.hbrBackground = (HBRUSH) GetStockObject (WHITE_BRUSH) ;
     wndclass.lpszMenuName  = NULL ;
     wndclass.lpszClassName = szAppName ;

     if (!RegisterClass (&wndclass))
     {    // UNICODE-Compilierung ist die einzige realistische Fehlermöglichkeit
          MessageBox (NULL, TEXT ("Programm arbeitet mit Unicode und setzt Windows NT voraus!"),
                      szAppName, MB_ICONERROR) ;
          return 0 ;
     }

     hwnd = CreateWindow (szAppName, TEXT ("Analoguhr"),
                          WS_OVERLAPPEDWINDOW,
                          CW_USEDEFAULT, CW_USEDEFAULT,
                          CW_USEDEFAULT, CW_USEDEFAULT,
                          NULL, NULL, hInstance, NULL) ;

     ShowWindow (hwnd, iCmdShow) ;
     UpdateWindow (hwnd) ;
```

```
     while (GetMessage (&msg, NULL, 0, 0))
     {
          TranslateMessage (&msg) ;
          DispatchMessage (&msg) ;
     }
     return msg.wParam ;
}

void SetIsotropic (HDC hdc, int cxClient, int cyClient)
{
     SetMapMode (hdc, MM_ISOTROPIC) ;
     SetWindowExtEx (hdc, 1000, 1000, NULL) ;
     SetViewportExtEx (hdc, cxClient / 2, -cyClient / 2, NULL) ;
     SetViewportOrgEx (hdc, cxClient / 2,  cyClient / 2, NULL) ;
}

void RotatePoint (POINT pt[], int iNum, int iAngle)
{
     int   i ;
     POINT ptTemp ;

     for (i = 0 ; i < iNum ; i++)
     {
          ptTemp.x = (int) (pt[i].x * cos (TWOPI * iAngle / 360) +
               pt[i].y * sin (TWOPI * iAngle / 360)) ;

          ptTemp.y = (int) (pt[i].y * cos (TWOPI * iAngle / 360) -
               pt[i].x * sin (TWOPI * iAngle / 360)) ;

          pt[i] = ptTemp ;
     }
}

void DrawClock (HDC hdc)
{
     int   iAngle ;
     POINT pt[3] ;

     for (iAngle = 0 ; iAngle < 360 ; iAngle += 6)
     {
          pt[0].x =   0 ;
          pt[0].y = 900 ;

          RotatePoint (pt, 1, iAngle) ;

          pt[2].x = pt[2].y = iAngle % 5 ? 33 : 100 ;

          pt[0].x -= pt[2].x / 2 ;
          pt[0].y -= pt[2].y / 2 ;

          pt[1].x  = pt[0].x + pt[2].x ;
          pt[1].y  = pt[0].y + pt[2].y ;

          SelectObject (hdc, GetStockObject (BLACK_BRUSH)) ;
```

```
          Ellipse (hdc, pt[0].x, pt[0].y, pt[1].x, pt[1].y) ;
     }
}

void DrawHands (HDC hdc, SYSTEMTIME * pst, BOOL fChange)
{
     static POINT pt[3][5] = { 0, -150, 100, 0, 0, 600, -100, 0, 0, -150,
                               0, -200,  50, 0, 0, 800,  -50, 0, 0, -200,
                               0,    0,   0, 0, 0,   0,    0, 0, 0,  800 } ;
     int          i, iAngle[3] ;
     POINT        ptTemp[3][5] ;

     iAngle[0] = (pst->wHour * 30) % 360 + pst->wMinute / 2 ;
     iAngle[1] =  pst->wMinute  *  6 ;
     iAngle[2] =  pst->wSecond  *  6 ;

     memcpy (ptTemp, pt, sizeof (pt)) ;

     for (i = fChange ? 0 : 2 ; i < 3 ; i++)
     {
          RotatePoint (ptTemp[i], 5, iAngle[i]) ;

          Polyline (hdc, ptTemp[i], 5) ;
     }
}

LRESULT CALLBACK WndProc (HWND hwnd, UINT message, WPARAM wParam, LPARAM lParam)
{

     static int        cxClient, cyClient ;
     static SYSTEMTIME stPrevious ;
     BOOL              fChange ;
     HDC               hdc ;
     PAINTSTRUCT       ps ;
     SYSTEMTIME        st ;

     switch (message)
     {
     case WM_CREATE :
          SetTimer (hwnd, ID_TIMER, 1000, NULL) ;
          GetLocalTime (&st) ;
          stPrevious = st ;
          return 0 ;

     case WM_SIZE :
          cxClient = LOWORD (lParam) ;
          cyClient = HIWORD (lParam) ;
          return 0 ;

     case WM_TIMER :
          GetLocalTime (&st) ;

          fChange = st.wHour   != stPrevious.wHour ||
                    st.wMinute != stPrevious.wMinute ;

          hdc = GetDC (hwnd) ;
```

```
          SetIsotropic (hdc, cxClient, cyClient) ;

          SelectObject (hdc, GetStockObject (WHITE_PEN)) ;
          DrawHands (hdc, &stPrevious, fChange) ;

          SelectObject (hdc, GetStockObject (BLACK_PEN)) ;
          DrawHands (hdc, &st, TRUE) ;

          ReleaseDC (hwnd, hdc) ;

          stPrevious = st ;
          return 0 ;

     case WM_PAINT :
          hdc = BeginPaint (hwnd, &ps) ;

          SetIsotropic (hdc, cxClient, cyClient) ;

          DrawClock    (hdc) ;
          DrawHands    (hdc, &stPrevious, TRUE) ;

          EndPaint (hwnd, &ps) ;
          return 0 ;

     case WM_DESTROY :
          KillTimer (hwnd, ID_TIMER) ;
          PostQuitMessage (0) ;
          return 0 ;
     }
     return DefWindowProc (hwnd, message, wParam, lParam) ;
}
```

Abbildung 8.5: *Das Programm* CLOCK

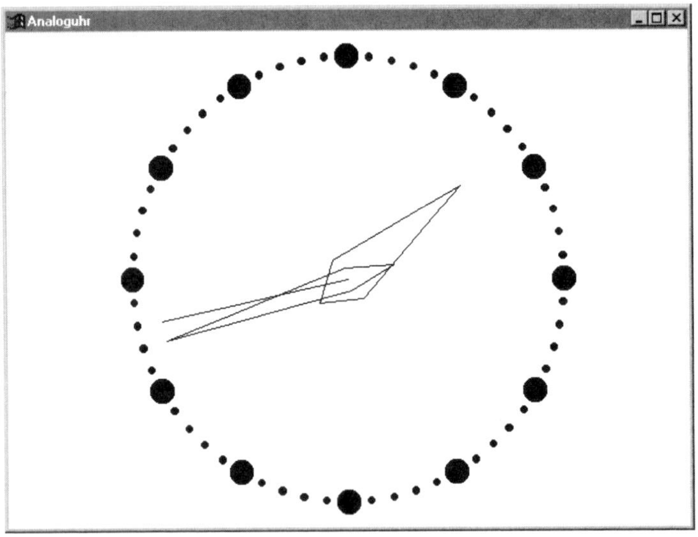

Abbildung 8.6: *Das Fenster von* CLOCK

CLOCK verwendet erneut das Koordinatensystem MM_ISOTROPIC – weniger aus Spaß an Gehirnakrobatik, sondern schlicht deshalb, weil ein kartesisches Koordinatensystem vor allem für eine radialsymmetrische Darstellung eben das beste ist. Gesetzt wird dieses Koordinatensystem über die Routine *SetIsotropic*, das die Achsen in jeweils 1000 Einheiten unterteilt und dann die Ursprünge sowohl des Zeichenfensters als auch des Fensters auf die Hälfte der Fenstergröße (*cxClient* /2, *cyClient* / 2) setzt – also in die Mitte (vgl. Kapitel 5).

Bei der Routine *RotatePoint* kommt die angekündigte Trigonometrie ins Spiel: Sie erwartet ein POINT-Array, die Anzahl der Elemente dieses Arrays sowie einen Winkel als Parameter und dreht diese Punkte (im Uhrzeigersinn, wie es sich für eine Uhr gehört) um den Ursprung. Ein Punkt mit dem Koordinaten (0,100) – also die Position für 12:00 Uhr – wird bei einem Winkel von 90 Grad auf (100,0) umgesetzt (3:00 Uhr). Die Formeln für die X- und Y-Koordinate sind:

```
// x', y' = Ergebnis, a = Drehwinkel, x,y = Originalpunkt
x' = x * cos (a) + y * sin (a)
y' = y * cos (a) - x * sin (a)
```

RotatePoint kommt nicht nur beim Zeichnen der Zeiger, sondern auch für das Zifferblatt zum Einsatz, das seinerseits über *DrawClock* entsteht: Der für 12:00 vorgesehene Punkt hat hier die logischen Koordinaten (0,900), die restlichen 59 Punkte entstehen durch Drehungen um jeweils 6 Grad. Sämtliche Punkte werden über *Ellipse* gezeichnet, wobei jeder fünfte Punkt ein Quadrat mit 100 logischen Einheiten Kantenlänge bekommt, der Rest muß sich mit 33 logischen Einheiten zufriedengeben.

Die Routine *DrawHands* zeichnet die drei Zeiger der Uhr, deren Umrisse über POINT-Arrays für die Zeigerstellung 12:00:00 definiert sind. Die Umrechnung auf die aktuelle Uhrzeit geschieht wie gesagt auch hier über *RotatePoint*; die Darstellung dagegen über *PolyLine*, wobei Stunden- und Minutenzeiger nur dann neu gezeichnet werden, wenn das Programm den Wert TRUE als Parameter *bChange* übergibt – schließlich müssen diese beiden Zeiger wesentlich seltener neu gezeichnet werden als der Sekundenzeiger.

Die Window-Prozedur von CLOCK ist recht einfach ausgefallen: Sie speichert bei WM_CREATE die aktuelle Uhrzeit in einer Variablen *dtPrevious* (für den späteren Vergleich, ob Stunden- und Minutenzeiger neu gezeichnet werden müssen) und beschränkt sich bei WM_PAINT auf die Aufrufe von *SetIsotropic*, *DrawClock* sowie *DrawHands*. Der für WM_TIMER zuständige *case*-Zweig fragt im Timer-Takt die Uhrzeit ab und bestimmt über einen Vergleich mit *dtPrevious*, welche Zeiger neu gezeichnet werden müssen. Das Neuzeichnen von Zeigern geschieht übrigens nicht über *InvalidateRect*, weil dabei sicher ein Flackereffekt herauskäme; statt dessen werden diese Zeiger mit der Hintergrundfarbe (WHITE_PEN) an ihrer alten Position übermalt und dann mit einem schwarzen Zeichenstift (BLACK_PEN) an der neuen Position gezeichnet.

Aktualisieren von Statusmeldungen

Ein Anwendungszweck des Timers besteht in der periodischen Aktualisierung von Statusmeldungen, wobei das Programm durchaus zwischenzeitlich die Kontrolle abgeben kann (und auf diese Weise darauf verzichtet, kostbare Rechenzeit zu verschwenden). Das letzte Programm dieses Kapitels demonstriert eine solche Aktualisierung und wurde von mir zwischen den Zeilen schon in Kapitel 5 angekündigt: WHATCLR zeigt die Farbe des Pixels an, das sich momentan unter dem »Hot Spot« des Mauscursors befindet, und stellt die einzige sinnvolle Anwendung der Funktion *GetPixel* dar, die mir eingefallen ist.

WHATCLR.C

```
/*-----------------------------------------------------
   WHATCLR.C - Zeigt die Pixelfarbe unter dem Mauscursor
               (c) Charles Petzold, 1998
  -----------------------------------------------------*/

#include <windows.h>

#define ID_TIMER    1

void FindWindowSize (int *, int *) ;
LRESULT CALLBACK WndProc (HWND, UINT, WPARAM, LPARAM) ;

int WINAPI WinMain (HINSTANCE hInstance, HINSTANCE hPrevInstance,
                    PSTR szCmdLine, int iCmdShow)
{
     static TCHAR szAppName[] = TEXT ("WhatClr") ;
     HWND         hwnd ;
     int          cxWindow, cyWindow ;
     MSG          msg ;
     WNDCLASS     wndclass ;

     wndclass.style         = CS_HREDRAW | CS_VREDRAW ;
     wndclass.lpfnWndProc   = WndProc ;
     wndclass.cbClsExtra    = 0 ;
     wndclass.cbWndExtra    = 0 ;
     wndclass.hInstance     = hInstance ;
     wndclass.hIcon         = LoadIcon (NULL, IDI_APPLICATION) ;
     wndclass.hCursor       = LoadCursor (NULL, IDC_ARROW) ;
     wndclass.hbrBackground = (HBRUSH) GetStockObject (WHITE_BRUSH) ;
     wndclass.lpszMenuName  = NULL ;
     wndclass.lpszClassName = szAppName ;
```

```
    if (!RegisterClass (&wndclass))
    {   // UNICODE-Compilierung ist die einzige realistische Fehlermöglichkeit
        MessageBox (NULL, TEXT ("Programm arbeitet mit Unicode und setzt Windows NT voraus!"),
                    szAppName, MB_ICONERROR) ;
        return 0 ;
    }
    FindWindowSize (&cxWindow, &cyWindow) ;

    hwnd = CreateWindow (szAppName, TEXT ("What Color"),
                         WS_OVERLAPPED | WS_CAPTION | WS_SYSMENU | WS_BORDER,
                         CW_USEDEFAULT, CW_USEDEFAULT,
                         cxWindow, cyWindow,
                         NULL, NULL, hInstance, NULL) ;

    ShowWindow (hwnd, iCmdShow) ;
    UpdateWindow (hwnd) ;

    while (GetMessage (&msg, NULL, 0, 0))
    {
         TranslateMessage (&msg) ;
         DispatchMessage (&msg) ;
    }
    return msg.wParam ;
}

void FindWindowSize (int * pcxWindow, int * pcyWindow)
{
    HDC        hdcScreen ;
    TEXTMETRIC tm ;

    hdcScreen = CreateIC (TEXT ("DISPLAY"), NULL, NULL, NULL) ;
    GetTextMetrics (hdcScreen, &tm) ;
    DeleteDC (hdcScreen) ;

    * pcxWindow = 2 * GetSystemMetrics (SM_CXBORDER)  +
                    12 * tm.tmAveCharWidth ;

    * pcyWindow = 2 * GetSystemMetrics (SM_CYBORDER)  +
                    GetSystemMetrics (SM_CYCAPTION) +
                      2 * tm.tmHeight ;
}

LRESULT CALLBACK WndProc (HWND hwnd, UINT message, WPARAM wParam, LPARAM lParam)
{
    static COLORREF cr, crLast ;
    static HDC      hdcScreen ;
    HDC             hdc ;
    PAINTSTRUCT     ps ;
    POINT           pt ;
    RECT            rc ;
    TCHAR           szBuffer [16] ;

    switch (message)
    {
    case WM_CREATE:
```

```
        hdcScreen = CreateDC (TEXT ("DISPLAY"), NULL, NULL, NULL) ;
        SetTimer (hwnd, ID_TIMER, 100, NULL) ;
        return 0 ;

    case WM_TIMER:
        GetCursorPos (&pt) ;
        cr = GetPixel (hdcScreen, pt.x, pt.y) ;

        if (cr != crLast)
        {
            crLast = cr ;
            InvalidateRect (hwnd, NULL, FALSE) ;
        }
        return 0 ;

    case WM_PAINT:
        hdc = BeginPaint (hwnd, &ps) ;

        GetClientRect (hwnd, &rc) ;

        wsprintf (szBuffer, TEXT ("  %02X %02X %02X  "),
                  GetRValue (cr), GetGValue (cr), GetBValue (cr)) ;

        DrawText (hdc, szBuffer, -1, &rc,
                  DT_SINGLELINE | DT_CENTER | DT_VCENTER) ;

        EndPaint (hwnd, &ps) ;
        return 0 ;

    case WM_DESTROY:
        DeleteDC (hdcScreen) ;
        KillTimer (hwnd, ID_TIMER) ;
        PostQuitMessage (0) ;
        return 0 ;
    }
    return DefWindowProc (hwnd, message, wParam, lParam) ;
}
```

Abbildung 8.7: *Das Programm* WHATCLR

Da sich WHATCLR auf die Ausgabe eines sechsstelligen Hexadezimalwerts beschränkt und deshalb ausgesprochen wenig Platz braucht, habe ich hier zum ersten Mal ein Fenster verwendet, in dessen Stilbits sich das Flag WS_BORDER findet: Der Benutzer kann die Größe dieses Fensters nicht über Ziehaktionen des Fensterrahmens verändern, weshalb *WndProc* auch ohne *case*-Zweig für WM_SIZE auskommt. Die Größe des Fensters wird vor dem Aufruf von *CreateWindow* über die Routine *FindWindowSize* bestimmt, die ihrerseits mit einem Informationskontext (*CreateIC*) und verschiedenen Aufrufen von *GetSystemMetrics* arbeitet.

Die Window-Prozedur von WHATCLR legt als Reaktion auf WM_CREATE einen Gerätekontext an, der für den gesamten Bildschirm gilt und erst bei WM_DESTROY wieder abgebaut wird. (Bei den 16-Bit-Versionen von Windows wäre dieses Vorgehen tödlich gewesen, weil dort zu jedem Zeitpunkt nur ein einziger Bildschirmkontext verfügbar war. Die 32-Bit-Versionen machen dagegen keine Unterschiede zwischen Gerätekontexten für Fenster, Bitmaps und dem Bildschirm.) Auf WM_TIMER reagiert *WndProc* mit einem Aufruf von *GetPixel* für die aktuelle Cursorposition. Wenn dabei ein anderer Wert herauskommt als bei der jeweils vorangehenden Abfrage, dann erzwingt das Programm über *InvalidateRect* ein Neuzeichnen seines eigenen Anwendungsbereichs (und damit die Darstellung des neuen Wertes).

Wie WHATCLR demonstriert, kann man mit einem Gerätekontext für den gesamten Bildschirm nicht nur Pixel des Desktops, sondern auch die Inhalte anderer Fenster lesen. Womit sich natürlich die Frage erhebt, ob über einen per *CreateDC* erzeugten Kontext auch Schreibaktionen möglich sind. Aber klar. Dass das fröhliche Hineinmalen in anderer Leute Fenster als grobe Unhöflichkeit gilt, versteht sich natürlich auch von selbst – aber manchmal kann man diese Möglichkeit eben doch ganz gut gebrauchen.

9 Steuerelemente

In Kapitel 7 haben wir uns mit mehreren Versionen eines Programms namens CHECKER beschäftigt, das eine Reihe von Rechtecken darstellt: Ein erster Klick innerhalb eines solchen Rechtecks zeichnet ein X, ein zweiter läßt es wieder verschwinden. Während sich die ersten beiden Versionen von CHECKER auf ein Hauptfenster beschränken, definiert CHECKER3 für jedes seiner 25 Rechtecke ein Child-Fenster und verwaltet diese Fenster über eine gemeinsame Window-Prozedur namens *Child_WndProc*. Ob diese Routine wohl so ausgelegt werden kann, dass sie dem Hauptfenster (*WndProc*) über Veränderungen der einzelnen Rechtecke eine Nachricht zukommen läßt? Selbstverständlich. Der erste Schritt in *Child_WndProc* besteht dann aus dem Ermitteln des »Parent«-Fensters:

```
hwndParent = GetParent (hwnd);
```

Der Parameter *hwnd* steht hier für den Handle des Child-Fensters selbst. Das weitere Procedere beschränkt sich nach dieser Ermittlung auf einen Aufruf von *SendMessage*:

```
SendMessage (hwndParent, message, wParam, lParam) ;
```

Bliebe die Frage zu klären, wie man die Nachricht selbst verpackt: Das Child-Fenster könnte hier beispielsweise seine ID via *wParam* übergeben und *lParam* auf den Wert 1 bzw. 0 setzen – je nachdem, ob momentan ein X gezeichnet wurde oder nicht. (Für *message* können Sie sich jeden beliebigen Wert aussuchen, der oberhalb der Konstanten WM_USER liegt und deshalb nicht den anderen, von Windows verwendeten Kennziffern ins Gehege kommt).

Was wir damit geschaffen haben, ist ein »Steuerelement«: Ein Child-Fenster, das Maus- und Tastaturereignisse über eine Window-Prozedur bearbeitet, Reaktionen auf diese Aktionen des Benutzers optisch anzeigt und das Hauptfenster über Veränderungen seines Status benachrichtigt – mithin gegenüber dem Hauptfenster die Rolle eines Eingabemediums spielt.

Die erste Möglichkeit wäre nun, sich auf dieser Basis seine eigenen Steuerelemente zu definieren. Die zweite besteht in der Verwendung der Elemente, Fensterklassen und Window-Prozeduren, die Windows bereits zu diesem Zweck zur Verfügung stellt: Sie haben die Auswahl zwischen Schaltflächen, Kontrollkästchen, Edit- und Listenfenstern, Kombi-Elementen, Textfeldern und Bildlaufleisten. Wenn Sie beispielsweise in der unteren rechten Ecke einer Tabellenkalkulation eine Schaltfläche mit der Aufschrift »Neuberechnen« einsetzen wollen, dann reicht dazu ein einziger Aufruf der Funktion *CreateWindow*, die dann alle restlichen Arbeiten übernimmt. Um das Neuzeichnen dieser Schaltfläche, Trefferprüfungen mit der Maus, die Darstellung dieser Schaltfläche im gedrückten und gelösten Zustand, den Eingabefokus und Einfach- oder Doppelklicks müssen Sie sich ebenfalls nicht kümmern. Tatsächlich kann sich das Programm auf das Bearbeiten von Nachrichten des Typs WM_COMMAND beschränken – denn auf diese Weise teilt Windows mit, dass ein Klick in dieser Schaltfläche stattgefunden hat.

Ist die Sache wirklich so einfach? Nun ja – jedenfalls fast.

Steuerelemente werden überwiegend in Dialogen verwendet (auf die ich in Kapitel 11 ausführlich zu sprechen komme) und dort üblicherweise in Form von Prototypen definiert, die ihrerseits in einem zum Programm gehörigen Ressourcenskript gespeichert sind. Es ist allerdings auch möglich, die von Windows vordefinierten Elemente im Anwendungsbereich eines völlig normalen Fensters erscheinen zu lassen. Sie werden in diesem Fall mit einem Aufruf von *CreateWindow* definiert, ein zusätzlicher Aufruf von *MoveWindow* bestimmt gegebenenfalls ihre Größe und ihre Position. Die Kommunikation geschieht in diesem Fall in zwei Richtungen: Das Hauptfenster und das Steuerelement können sich gegenseitig Nachrichten senden.

Die seit Kapitel 3 dieses Buches vorgestellten Programme haben sämtlich dieselbe Struktur: Ihre Routine *WinMain* beginnt mit dem Besetzen einer WNDCLASS-Struktur, auf das die Anmeldung dieser »Fensterklasse« über *RegisterClass* und schließlich ein Aufruf von *CreateWindow* folgt, bei dem der Name der soeben angelegten Klasse angegeben wird. Das Ergebnis ist ein Fenster »auf Basis dieser Klasse« – und wie CHECKER3 demonstriert, kann man auf diese Weise mit einer Klasse eine beliebige Zahl von Fenstern anlegen.

Die vordefinierten Steuerelemente von Windows arbeiten nach ebendiesem Prinzip: Für sie hat Windows bereits intern eine Fensterklasse angemeldet und eine Window-Prozedur definiert, die ihr Verhalten weitgehend bestimmt. Da die Namen dieser Fensterklassen dokumentiert sind, kann (und muß) sich Ihr Programm beim Einsatz dieser Elemente also auf einen Aufruf von *CreateWindow* beschränken, der einen dieser vordefinierten Klassennamen angibt (und über zusätzliche Stilbits dafür sorgen kann, dass das entstehende Fenster die gewünschten Eigenschaften hat).

Der direkte Einsatz vordefinierter Steuerelemente in einem Fenster macht übrigens etwas mehr Arbeit als ihre Verwendung in Dialogfeldern, weil das Programm dann selbst Aufgaben übernehmen muß, die einem der Dialog-Manager von Windows normalerweise abnimmt. Das gilt für allem für den Wechsel zwischen mehreren Steuerelementen über die Pfeiltasten und Tab: Steuerelemente können (mit wenigen Ausnahmen) wie jedes andere Fenster den Eingabefokus bekommen – und rücken ihn erst wieder heraus, wenn man sie explizit dazu auffordert. Eine Weiterschaltungs-Automatik zum jeweils nächsten Steuerelement gibt schon deshalb nicht, weil man dazu erst einmal eine Reihenfolge festlegen müßte – und genau daraus besteht eine der wesentlichen Funktionen des Dialog-Managers. Mit dem Problem der Weiterschaltung werden wir uns deshalb während des gesamten Kapitels immer wieder herumschlagen müssen.

Das SDK dokumentiert Steuerelemente in zwei verschiedenen Abschnitten. */Platform SDK/ User Interface Services/Controls* erläutert die einfachen Elemente, die Sie zweifellos schon in zig Dialogfeldern gesehen haben: Schaltflächen (inklusive Optionsfeldern und Kontrollkästchen), statische Textelemente, ein- und mehrzeilige Eingabefelder, Bildlaufleisten sowie einfache und aufschlagbare Listenfelder. Von der aufschlagbaren Variante der Listenfelder einmal abgesehen, gibt es diese Steuerelemente seit der Windows-Version 1.0, weshalb dieser Abschnitt im Laufe der Jahre eigentlich nur zwei wesentliche, für Win32 spezifische Erweiterungen erfahren hat: Seit der Überarbeitung für Windows 95 dokumentiert er zusätzlich RTF-Fenster für die Eingabe formatierter Texte mit unterschiedlichen Attributen und Schriftarten sowie Werkzeugleisten.

Die »Common Controls« sind im SDK-Abschnitt */Platform SDK/User Interface Services/Shell and Common Controls/Common Controls* dokumentiert. Dabei geht es um eine Gruppe von Steuerelementen, die nicht nur wesentlich spezialisierter und komplexer als Schaltflächen sind, sondern teilweise durchaus als esoterisch bezeichnet werden können. Die Bezeichnung »common« hat in diesem Fall übrigens nichts mit Microsofts *Common Object Model* zu tun, sondern dürfte eher eine Art nach hinten losgegangener Genieblitz gewesen sein, der in den längst verblichenen *Common User Access Guidelines* von IBM seinen Ursprung gehabt haben mag. Da diese Steuerelemente alles andere als allgemein verwendbar sind, bleibt es in diesem Kapitel bei der Erwähnung der Tatsache, dass es sie gibt. In einigen anderen Programmen dieses Buches tauchen sie dennoch auf.

Krieg der Knöpfe

Fangen wir bei unseren Forschungen mit dem Einfachsten an, das Windows in puncto »Steuerelemente« zu bieten hat: Die Klasse *button* (eigentlich »Knopf«, neudeutsch »Schaltfläche«) definiert insgesamt 10 verschiedene Formen von Steuerelementen, die das Abbildung 9.1 aufgelistete Programm BNTLOOK (»Button Look«) in seinem Fenster darstellt. Zur Beschriftung dieser Elemente werden die von WINDOWS.H für den jeweiligen »Stil« definierten Konstanten benutzt – weshalb die deutsche Version von BTNLOOK dem amerikanischen Original auch bis auf wenige Einzelheiten gleicht.

BTNLOOK.C

```
/*-------------------------------------------
   BTNLOOK.C -- Varianten von Steuerelementen
                (c) Charles Petzold, 1998
  -------------------------------------------*/

#include <windows.h>

struct
{
     int     iStyle ;
     TCHAR * szText ;
}
button[] =
{
     BS_PUSHBUTTON,      TEXT ("PUSHBUTTON"),
     BS_DEFPUSHBUTTON,   TEXT ("DEFPUSHBUTTON"),
     BS_CHECKBOX,        TEXT ("CHECKBOX"),
     BS_AUTOCHECKBOX,    TEXT ("AUTOCHECKBOX"),
     BS_RADIOBUTTON,     TEXT ("RADIOBUTTON"),
     BS_3STATE,          TEXT ("3STATE"),
     BS_AUTO3STATE,      TEXT ("AUTO3STATE"),
     BS_GROUPBOX,        TEXT ("GROUPBOX"),
     BS_AUTORADIOBUTTON, TEXT ("AUTORADIO"),
```

```
    BS_OWNERDRAW,       TEXT ("OWNERDRAW")
} ;

#define NUM (sizeof button / sizeof button[0])

LRESULT CALLBACK WndProc (HWND, UINT, WPARAM, LPARAM) ;

int WINAPI WinMain (HINSTANCE hInstance, HINSTANCE hPrevInstance,
                    PSTR szCmdLine, int iCmdShow)
{
     static TCHAR szAppName[] = TEXT ("BtnLook") ;
     HWND         hwnd ;
     MSG          msg ;
     WNDCLASS     wndclass ;

     wndclass.style         = CS_HREDRAW | CS_VREDRAW ;
     wndclass.lpfnWndProc   = WndProc ;
     wndclass.cbClsExtra    = 0 ;
     wndclass.cbWndExtra    = 0 ;
     wndclass.hInstance     = hInstance ;
     wndclass.hIcon         = LoadIcon (NULL, IDI_APPLICATION) ;
     wndclass.hCursor       = LoadCursor (NULL, IDC_ARROW) ;
     wndclass.hbrBackground = (HBRUSH) GetStockObject (WHITE_BRUSH) ;
     wndclass.lpszMenuName  = NULL ;
     wndclass.lpszClassName = szAppName ;

     if (!RegisterClass (&wndclass))
     {    // UNICODE-Compilierung ist die einzige realistische Fehlermöglichkeit
          MessageBox (NULL, TEXT ("Programm arbeitet mit Unicode und setzt Windows NT voraus!"),
                      szAppName, MB_ICONERROR) ;
          return 0 ;
     }

     hwnd = CreateWindow (szAppName, TEXT ("Varianten von Steuerelementen"),
                          WS_OVERLAPPEDWINDOW,
                          CW_USEDEFAULT, CW_USEDEFAULT,
                          CW_USEDEFAULT, CW_USEDEFAULT,
                          NULL, NULL, hInstance, NULL) ;

     ShowWindow (hwnd, iCmdShow) ;
     UpdateWindow (hwnd) ;

     while (GetMessage (&msg, NULL, 0, 0))
     {
   TranslateMessage (&msg) ;
          DispatchMessage (&msg) ;
     }
     return msg.wParam ;
}

LRESULT CALLBACK WndProc (HWND hwnd, UINT message, WPARAM wParam, LPARAM lParam)
{
     static HWND  hwndButton[NUM] ;
     static RECT  rect ;
     static TCHAR szTop[]    = TEXT ("Nachricht        wParam       lParam"),
                  szUnd[]    = TEXT ("_________        ______       ______"),
```

```
             szFormat[] = TEXT ("%-16s%04X-%04X    %04X-%04X"),
             szBuffer[50] ;
static int   cxChar, cyChar ;
HDC          hdc ;
PAINTSTRUCT  ps ;
int          i ;

switch (message)
{
case WM_CREATE :
     cxChar = LOWORD (GetDialogBaseUnits ()) ;
     cyChar = HIWORD (GetDialogBaseUnits ()) ;

     for (i = 0 ; i < NUM ; i++)
          hwndButton[i] = CreateWindow ( TEXT("button"),
                              button[i].szText,
                              WS_CHILD | WS_VISIBLE | button[i].iStyle,
                              cxChar, cyChar * (1 + 2 * i),
                              20 * cxChar, 7 * cyChar / 4,
                              hwnd, (HMENU) i,
                              ((LPCREATESTRUCT) lParam)->hInstance, NULL) ;
     return 0 ;

case WM_SIZE :
     rect.left   = 24 * cxChar ;
     rect.top    =  2 * cyChar ;
     rect.right  = LOWORD (lParam) ;
     rect.bottom = HIWORD (lParam) ;
     return 0 ;
case WM_PAINT :
     InvalidateRect (hwnd, &rect, TRUE) ;

     hdc = BeginPaint (hwnd, &ps) ;
     SelectObject (hdc, GetStockObject (SYSTEM_FIXED_FONT)) ;
     SetBkMode (hdc, TRANSPARENT) ;

     TextOut (hdc, 24 * cxChar, cyChar, szTop, lstrlen (szTop)) ;
     TextOut (hdc, 24 * cxChar, cyChar, szUnd, lstrlen (szUnd)) ;

     EndPaint (hwnd, &ps) ;
     return 0 ;

case WM_DRAWITEM :
case WM_COMMAND :
     ScrollWindow (hwnd, 0, -cyChar, &rect, &rect) ;

     hdc = GetDC (hwnd) ;
     SelectObject (hdc, GetStockObject (SYSTEM_FIXED_FONT)) ;

     TextOut (hdc, 24 * cxChar, cyChar * (rect.bottom / cyChar - 1),
              szBuffer,
              wsprintf (szBuffer, szFormat,
                    message == WM_DRAWITEM ? TEXT ("WM_DRAWITEM") : TEXT ("WM_COMMAND"),
                    HIWORD (wParam), LOWORD (wParam),
                    HIWORD (lParam), LOWORD (lParam))) ;
```

```
        ReleaseDC (hwnd, hdc) ;
        ValidateRect (hwnd, &rect) ;
        break ;

    case WM_DESTROY :
        PostQuitMessage (0) ;
        return 0 ;
    }
    return DefWindowProc (hwnd, message, wParam, lParam) ;
}
```

Abbildung 9.1: *Das Programm* BTNLOOK

Jedes dieser Steuerelemente reagiert auf Mausklicks mit dem Senden einer Nachricht des Typs WM_COMMAND an die Window-Prozedur des Hauptfensters. In BTNLOOK trägt diese Prozedur wie üblich den Namen *WndProc* und reagiert auf WM_COMMAND mit der Ausgabe der Werte von *wParam* bzw. *lParam* in der rechten Fensterhälfte (vgl. Abbildung 9.2).

Wie dort allerdings auch zu sehen, glänzt unterhalb des Typs AUTORADIO eine leere Fläche: Klicks darauf erzeugen Nachrichten des Typs WM_DRAWITEM und haben sonst keinen sichtbaren Effekt. Der Grund dafür liegt darin, dass sich bei Steuerelementen des Typs BS_OWNERDRAW der »Besitzer« selbst um das Zeichnen kümmern muß – und BTNLOOK tut das offensichtlich nicht. (Auf diese Art von Steuerelementen und die Nachricht WM_DRAWITEM komme ich in einem der folgenden Abschnitte noch ausführlich zurück).

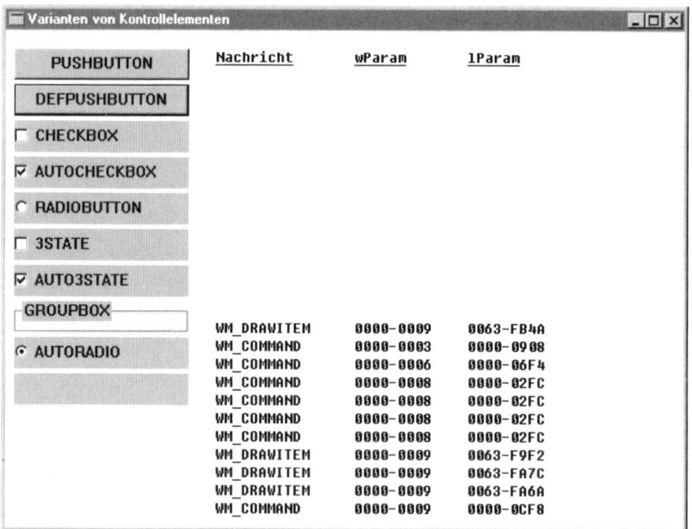

Abbildung 9.2: *Die Ausgaben von* BTNLOOK

Anlegen von Steuerelementen

BTNLOOK verwendet eine Struktur namens *button* zur Verbindung der von WINUSER.H definierten Konstanten mit gleichnamigen Texten, die das Programm seinerseits dann zur Beschriftung der einzelnen Elemente benutzt. (Das Präfix »BS_« in diesen Konstanten steht für »button style«, was sich mit »Knopfart« wohl nur grob ins Deutsche übersetzen läßt).

Alle zehn Elemente werden über eine *for*-Schleife in *WndProc* beim Bearbeiten von WM_CREATE erzeugt. Der dafür verwendete Aufruf von *CreateWindow* hat die folgenden Parameter:

Feld	Wert
Fensterklasse	TEXT(«button«)
Fenstertext	button[i].stText
Fensterstil	WS_CHILD | WS_VISIBLE | button[i].istyle
x-Position	cxChar
y-Position	cyChar * (1 + 2 * i)
Breite	20 * xChar
Höhe	7 * yChar / 4
»Parent«-Fenster	hwnd
Fenster-ID	(HMENU) i
Kopiezähler	((LPCREATESTRUCT) lParam) -> hInstance
Extras	NULL

Tabelle 9.1: *Parameter zum Anlegen der Schaltflächen*

Der Name der Fensterklasse ist von Windows vorgegeben. Der Stil des jeweiligen Steuerelementes setzt sich aus einer Kombination der Konstanten WS_CHILD, WS_VISIBLE und dem jeweiligen Element des Arrays *button* zusammen (also BS_PUSHBUTTON, BS_DEFPUSHBUTTON usw.). Der zweite Parameter von *CreateWindow* (»Fenstertext«) legt bei normalen Fenstern fest, was in der Titelleiste erscheint – hier dient er zur Beschriftung des jeweiligen Elements. Wie gesagt, wurde hier einfach der Name der stilbestimmenden Konstante (ohne das Präfix »BS_«) wiederholt.

Die nächsten vier Parameter unterscheiden sich nicht sonderlich von ihren Gegenstücken beim Erzeugen normaler Fenster: sie legen die Position und Höhe bzw. Breite fest, wobei sich die Position hier allerdings auf den Anwendungsbereich des Hauptfensters (des »Parent«) bezieht. Zur Bestimmung der Größe verwendet BNTLOOK allerdings eine Funktion namens *GetDialogBaseUnits*, die auch in Dialogfeldern zum Einsatz kommt: Sie liefert ein DWORD zurück, bei dem das niederwertige Wort für die Breite, das höherwertige Wort für die Höhe der Systemschrift steht. Das Ergebnis ist im Prinzip dasselbe wie bei einem entsprechenden Aufruf von *GetTextMetrics*, läßt sich aber etwas einfacher einsetzen – vor allem, wenn ein Programm wie BTNLOOK optisch möglichst nahe an ein Dialogfeld herankommen will.

Das Fenster-ID wird der Window-Prozedur des Hauptfensters zusammen mit Nachrichten des Typs WM_COMMAND übergeben und muß deshalb für jedes Steuerelement einen eigenen Wert haben. Ich habe dafür schlicht den Schleifenzähler *i* benutzt. Da *CreateWindow* an dieser Stelle allerdings den Handle eines Menüs erwartet, ist eine explizite Typumwandlung der Integervariablen *i* in HMENU notwendig.

Der Kopiezähler (»Instance Handle«) wird hier auf eine recht merkwürdige Weise angegeben. Tatsächlich handelt es sich dabei um *hInstance* aus *WinMain*: das Programm macht sich die Tatsache zunutze, dass *lParam* bei Nachrichten des Typs WM_CREATE die Adresse einer Struktur des Typs CREATESTRUCT enthält, die ihrerseits das zu erzeugende Fenster beschreibt und deshalb ebenfalls ein Feld mit dem Namen *hInstance* definiert. (Da der Compiler *lParam* natürlich auch in diesem Fall als LONG betrachtet, ist eine entsprechende Typumwandlung für die Adressierung von *hInstance* notwendig).

Eine Alternative dazu wäre die Deklaration einer globalen Variablen gewesen, die *WinMain* einfach mit

```
hInst = hInstance ;
```

vor dem Aufruf von *CreateWindow* setzt und die innerhalb von *WndProc* zur Verfügung steht. Eine weitere Möglichkeit haben wir in Kapitel 7 benutzt:

```
GetWindowLong (hwnd, GWL_HINSTANCE)
```

GetWindowLong tut bei Aufrufen in dieser Form ebenfalls nicht mehr, als das Feld *hInstance* der intern von Windows für das Fenster unterhaltenen Struktur auszulesen. Welche der drei Methoden man verwendet, ist letztlich mehr eine Frage des persönlichen Geschmacks.

Nach dem Aufruf von *CreateWindow* für die Steuerelemente bleibt für das Programm nicht mehr viel zu tun, weil die der Fensterklasse »button« zugeordnete Windows-eigene Prozedur sämtliche Arbeiten (wie das Bearbeiten der Nachrichten, das kurzzeitige Invertieren bei Klicks) usw. übernimmt. (Die einzige Ausnahme von dieser Regel ist in BTNLOOK zwar enthalten, aber nicht sichtbar: Die Variante BS_USERBUTTON setzt voraus, dass das Programm das Element selber zeichnet. Ich komme in Kürze darauf zurück).

Da die zu den Steuerelementen gehörige Window-Prozedur auch die Bearbeitung von WM_DESTROY übernimmt, kann sich BTNLOOK beim Programmende auf den Abbau seines eigenen Fensters beschränken – der Rest geht sozusagen automatisch.

Nachrichten an das Hauptfenster

Wie in Abbildung 9.2 gezeigt, stellt BTNLOOK die diversen Varianten der Steuerelemente in der linken Hälfte seines Fensters dar (wobei das Loch unterhalb von AUTORADIO wie gesagt daher kommt, dass das Programm Elemente des Typs BS_OWNERDRAW selber zeichnen muß – was BTNLOOK definitiv nicht tut).

Wie zuvor erwähnt, senden diese Steuerelemente bei Mausklicks eine Nachricht des Typs WM_COMMAND an das Hauptfenster. Die Window-Prozedur von BTNLOOK reagiert auf diese Nachricht mit der Ausgabe von *wParam* und *lParam*, wobei die einzelnen Werte dieser Parameter folgende Bedeutung haben:

Name	Wert
LOWORD(*wParam*)	Fenster-ID des Steuerelements
HIWORD(*wParam*)	Aktionscode
lParam	Fensterhandle des Steuerelements

Tabelle 9.2: *Rückmeldungen von Schaltflächen*

(Bei den 16-Bit-Versionen von Windows war das übrigens noch etwas anders: Dort hatten die Fensterhandles ebenfalls nur 16 Bit, weshalb sich *lParam* in zwei Worthälften unterteilen ließ.

Diese Änderung stellt eine der wenigen echten Inkompatibilitäten zwischen 16 und 32 Bit bei Windows dar.)

Die Fenster-ID ist schlicht der Wert, den BTNLOOK beim Aufruf von *CreateWindow* für das jeweilige Steuerelement angegeben hat. (Wie gesagt, wurde dafür einfach der Schleifenzähler *i* verwendet, weshalb sich für diese IDs Werte im Bereich von 0 bis 9 ergeben). Der Fensterhandle des Steuerelements entspricht dem Funktionsergebnis vom *CreateWindow* bei diesem Aufruf.

Der Aktionscode (»notification code«) teilt dem Hauptfenster mit, welche Art von Aktion der Benutzer ausgeführt hat bzw. was das System als Reaktion erwartet. Für diesen Code definiert WINUSER.H die folgenden Konstanten und Werte:

Wert	Konstante(n) / Beschreibung
0	BN_CLICKED: Klick auf das Steuerelement
1	BN_PAINT: Steuerelement muß neu gezeichnet werden
2	BN_HILITE, BN_PUSHED: Steuerelement invertiert darstellen
3	BN_UNHILITE, BN_UNPUSHED: Steuerelement normal darstellen
4	BN_DISABLE: Steuerelement abschalten (grau darstellen)
5	BN_DOUBLECLICKED, BN_DBLCLICK: Doppelklick auf dem Steuerelement
6	BN_SETFOCUS: Steuerelement hat den Eingabefokus erhalten
7	BN_KILLFOCUS: Steuerelement verliert den Eingabefokus

Tabelle 9.3: *Aktionscodes von Steuerelementen des Typs* BUTTON

In richtigen Leben werden Sie nur einen kleinen Teil dieser Aktionscodes jemals in einem Programm zu sehen bekommen. Die Werte 1 bis 4 sind einem mittlerweile überholten Typ namens BS_USERBUTTON zugeordnet, der seinerseits durch BS_OWNERDRAW und eine komplett andere Nachrichtenlogik ersetzt wurde; die Aktionscodes 6 und 7 werden nur erzeugt, wenn das Programm für das jeweilige Element das Stilbit BS_NOTIFY setzt. Ähnliches gilt für den Code 5: Er wird ausschließlich von Steuerelementen der Typen BS_RADIOBUTTON, BS_AUTORADIOBUTTON und BS_OWNERDRAW automatisch gesendet. Bei anderen Steuerelementen kommt er ebenfalls nur zum Einsatz, wenn das Stilbit BS_NOTIFY gesetzt ist.

Beim Spielen mit BTNLOOK werden Sie wahrscheinlich festgestellt haben, dass Windows die Beschriftungen nach einem Klick mit einer gestrichelten Linie umgibt. Sie dient als Indikator dafür, dass der Eingabefokus nun auf das entsprechende Steuerelement gesetzt ist, das seinerseits allerdings sämtliche Eingaben bis auf die Leertaste ignoriert. (Die Leertaste übernimmt hier dieselbe Funktion wie weitere Mausklicks).

Nachrichten an die Steuerelemente

Auch wenn BTNLOOK es nicht eigens demonstriert, ist die Kommunikation zwischen dem Hauptfenster und seinen Steuerelementen keine Einbahnstraße. Neben einer größeren Zahl »normaler« Nachrichten (mit dem Präfix WM_) definiert WINUSER.H insgesamt acht Konstanten für Nachrichten, die die Window-Prozedur eines Hauptfensters speziell an Steuerelemente des Typs BUTTON senden kann:

Nachricht	Wert
BM_GETCHECK	0x00F0
BM_SETCHECK	0x00F1
BM_GETSTATE	0x00F2
BM_SETSTATE	0x00F3
BM_SETSTYLE	0x00F4
BM_CLICK	0x00F5
BM_GETIMAGE	0x00F6
BM_SETIMAGE	0x00F7

Tabelle 9.4: *Nachrichten für BUTTON-Steuerelemente*

Das Präfix »BM_« steht hier für »button message« (d.h. Nachricht an einen »Knopf«). BM_GETCHECK und BM_SETCHECK werden verwendet, um den Status (»angekreuzt«) von Kontrollkästchen und Optionsfeldern zu ermitteln bzw. direkt zu setzen; BM_GETSTATE und BM_SETSTATE gelten analog dafür, ob eine Schaltfläche momentan »gedrückt« ist oder nicht. Über BM_SETSTYLE läßt sich das Erscheinungsbild eines Steuerelements nachträglich ändern. (Auf die Details dieser Nachrichten kommen ich im Rahmen der Besprechung einzelner Varianten noch zurück).

Steuerelemente benötigen wie bereits erwähnt eine eigene ID, damit das übergeordnete (»Parent«-)Fenster sie auseinanderhalten kann. Wie ich schon einmal in Kapitel 7 im Zusammenhang mit dem Programm CHECKER3 erwähnt habe, führen hier mehrere Wege nach Rom. Der erste besteht aus der Ermittlung der ID über den Fensterhandle:

```
id = GetWindowLong (hwndChild, GWL_ID) ;
```

Die Konstante GWL_ID steht hier für einen *negativen* Offset innerhalb der Datenstruktur, die Windows zur Verwaltung des Steuerelements (exakter: des Fensters) benutzt. *CreateWindow* trägt hier für Child-Fenster die von Ihnen festgelegte ID ein. Die folgende Funktion trägt zwar das Präfix *Dlg* (und ist tatsächlich sozusagen aus dem Dialog-Manager von Windows entliehen), erfüllt aber auch bei normalen Fenstern denselben Zweck:

```
id = GetDlgCtrlID (hwndChild) ;
```

Wenn Ihrem Programm dagegen nur IDs anstelle der Fensterhandles zur Verfügung stehen, können Sie die Funktion *GetDlgItem* benutzen:

```
hwndChild = GetDlgItem (hwndParent, id) ;
```

Schaltflächen

Die ersten beiden von BTNLOOK dargestellten Elemente werden im Englischen als »push buttons« (Drucktasten) bezeichnet, im Deutschen haben sie den Namen »Schaltflächen« bekommen. Windows stellt Steuerelemente dieser Art in Form eines Rechtecks dar, das den beim Aufruf von *CreateWindow* angegebenen Text umgibt. Die Größe des Rechtecks entspricht den zusammen mit *CreateWindow* für das gesamte Fenster angegebenen Werten, die Beschriftung wird automatisch in die Mitte dieses Rahmens gerückt, d.h. zentriert.

Schaltflächen werden in den meisten Fällen zum direkten Auslösen einer Aktion verwendet, weil sie keine Speicherung eines Zustands wie »an« und »aus« definieren. Die beiden von Windows zur Verfügung gestellten Varianten haben die Namen BS_PUSHBUTTON und BS_DEFPUSHBUTTON, wobei das »DEF« für »default«, d.h. Standardvorgabe steht. In Dialogfeldern haben die beiden Varianten eine leicht unterschiedliche Funktion, beim direkten Einsatz in einem Fenster verhalten sie sich dagegen exakt gleich (wenn man davon absieht, dass BS_DEFPUSHBUTTON grundsätzlich einen etwas stärker ausgezogenen Rahmen hat).

Schaltflächen erscheinen optisch am ausgeglichensten, wenn man die Rahmenhöhe über die Formel »Systemschrift * 7 / 4« bestimmt – ein Verfahren, das auch von BTNLOOK verwendet wird. Die minimal benötigte Breite ergibt sich aus dem Platzbedarf des darzustellenden Texts plus zwei Leerzeichen als linkem bzw. rechtem Rand.

Ein Mausklick auf einer Schaltfläche veranlaßt Windows, das gesamte Element in einer Art dreidimensionalen Stils neu zu zeichnen und so den Eindruck einer Bewegung »in den Bildschirm hinein« zu erwecken. Das Lösen der Maustaste oder ein Entfernen des Cursors aus dem Fenster des Elements bewirkt die Rückkehr zur normalen Darstellung. Wird die Maustaste gelöst, während sich der Cursor noch (oder wieder) innerhalb des Fensters befindet, sendet Windows eine Nachricht des Typs WM_COMMAND zusammen mit dem Aktionscode BN_CLICKED an das Hauptfenster.

Wie auch bei den anderen Varianten von Steuerelementen zeigt das System mit einem gestrichelten Rahmen um die Beschriftung von Schaltflächen an, dass der Eingabefokus momentan auf dieses Element zeigt. In diesem Fall hat ein Druck auf die Leertaste (mit anschließendem Lösen) denselben Effekt wie ein Mausklick.

Das Aktivieren einer Schaltfläche läßt sich von einem Programm aus über die Nachricht BM_SETSTATE simulieren:

```
SendMessage (hwndButton, BM_SETSTATE, 1, 0L) ;
```

Der folgende Aufruf stellt das Element wieder in der normalen Weise dar:

```
SendMessage (hwndButton, BM_SETSTATE, 0, 0L) ;
```

In beiden Fällen stellt *hwndButton* den Fensterhandle dar, den *CreateWindow* beim Erzeugen des jeweiligen Elements als Ergebnis zurückgeliefert hat.

Im Prinzip ließe sich der Status einer Schaltfläche auch über das Senden einer Nachricht des Typs BM_GETSTATE ermitteln. Die dazugehörige Window-Prozedur liefert daraufhin TRUE zurück, wenn die Schaltfläche »gedrückt« ist, ansonsten ist das Ergebnis FALSE (d.h. der Wert 0). Da Schaltflächen keine permanente Statusinformation im Sinne von »an/aus« speichern, werden die Nachrichten BM_SETCHECK und BM_GETCHECK in diesem Zusammenhang nicht benutzt.

Kontrollkästchen

Kontrollkästchen (»check boxes«) erscheinen in Form eines kleinen Quadrats mit einer Beschriftung, die normalerweise rechts daneben angeordnet ist (was sich über die Aufnahme der Konstanten BS_LEFTTEXT beim Aufruf von *CreateWindow* ändern läßt. In solchen Fällen können Sie zusätzlich das Stilbit BS_RIGHT verwenden, um die Beschriftung rechtsbündig auszurichten). Kontrollkästchen arbeiten üblicherweise als Umschalter: Ein erster Klick läßt ein X innerhalb des Kontrollkästchens erscheinen (d.h. »kreuzt es an«), ein zweiter Klick bringt das X wieder zum Verschwinden. Üblicherweise werden Kontrollkästchen an den Stellen eingesetzt, an denen man dem Benutzer an- und abschaltbare Optionen zur Auswahl überlassen will.

Die beiden ersten hier von Windows gebotenen Varianten BS_CHECKBOX und BS_AUTOCHECKBOX unterscheiden sich nur in einem Punkt: Während das X bei Klicks in Kontrollkästchen des Typs BS_AUTOCHECKBOX automatisch erscheint bzw. wieder verschwindet, erwartet BS_CHECKBOX eine explizite Aufforderung des Programms in Form einer Nachricht des Typs BM_SETCHECK. Der Parameter *wParam* legt in diesem Fall fest, ob das X erscheinen soll oder nicht. Da sich der momentane Stand eines Kontrollkästchens über Nachrichten des Typs BM_GETCHECK ermitteln läßt, kann man mit einer Anweisung der Art

```
SendMessage ((HWND) lParam, BM_SETCHECK,
        (WPARAM) !SendMessage ((HWND) lParam, BM_GETCHECK, 0, 0L), 0L) ;
```

als Teil der Bearbeitung von WM_COMMAND dafür sorgen, dass ein Klick auch bei BS_CHECKBOX eine automatische Umschaltung zur Folge hat. (Beim Bearbeiten von WM_COMMAND wird der Handle des Steuerelements als *lParam* übergeben. Der als Parameter des Aufrufs von *SendMessage* verwendete Aufruf derselben Routine ermittelt den aktuellen Status, der vorangestellte Operator »!« sorgt für ein Invertieren des Ergebnisses, bewirkt also das »Umdrehen« des Zustands).

Alternativ zu diesem Mechanismus (der zur Ermittlung des »endgültigen« Status eine weitere Nachricht des Typs BM_GETCHECK notwendig macht), kann man natürlich auch eine *static*-Variable definieren, die den momentanen Status festhält.

Selbstverständlich steht es einem Programm frei, Kontrollkästchen des Stils BS_CHECKBOX direkt nach ihrer Erzeugung als »angekreuzt« zu initialisieren:

```
SendMessage (hwndButton, BM_SETCHECK, 1, 0L) ;
```

Für BS_AUTOCHECKBOX übernimmt wie gesagt die dem Steuerelement zugeordnete Window-Prozedur das Darstellen bzw. Löschen des X als Reaktion auf Mausklicks. Das Programm kann sich in diesem Fall ein Bearbeiten von WM_COMMAND sparen und ermittelt den Status lediglich über eine Nachricht des Typs BM_GETCHECK:

```
iCheck = (int) SendMessage (hwndButton, BM_GETCHECK, 0, 0L) ;
```

Für *iCheck* ergibt sich dabei TRUE (ungleich 0), falls das Kontrollkästchen angekreuzt ist, ansonsten der Wert FALSE (d.h. 0).

Die anderen beiden von Windows vordefinierten Varianten werden als BS_3STATE und BS_AUTO3STATE bezeichnet. Wie ihre Namen implizieren, können sie zusätzlich einen dritten Zustand annehmen: Zu »nicht angekreuzt« und »angekreuzt« gesellt sich hier das Ausfüllen des Kontrollkästchens mit der Farbe Grau. Dieser Status, der sich über eine Nachricht des Typs WM_SETCHECK mit *wParam* = 2 auch direkt setzen läßt, soll dem Benutzer anzeigen, dass das entsprechende Steuerelement momentan abgeschaltet ist. Allerdings senden auch auf diese Weise abgeschaltete Steuerelemente nach wie vor Nachrichten an das Hauptfenster, wenn der Benutzer auf ihnen klickt. (Auf eine bessere Methode zum zeitweiligen Abschalten von Steuerelementen komme ich noch zu sprechen).

Windows zeichnet Kontrollkästchen so, dass sie horizontal mit dem linken Rand des bei *CreateWindow* angegebenen Rechtecks zusammenfallen und sich vertikal in der Mitte dieses Rechtecks befinden. Da für die Trefferprüfung das gesamte Rechteck benutzt wird, kann der Benutzer genauso gut auf dem zum Kontrollkästchen gehörigen Text klicken. Die vertikale Minimalgröße des Rechtecks ergibt sich durch die Höhe der Systemschrift, die horizontale Minimalgröße durch den Platzbedarf der Beschriftung plus zwei Leerzeichen.

Optionsfelder

Optionsfelder »radio buttons«haben dasselbe Funktionsprinzip wie Kontrollkästchen und unterscheiden sich in allererster Linie durch ihr Aussehen: An die Stelle des Quadrates tritt ein Kreis, an die Stelle des X ein dicker schwarzer Punkt in dessen Mitte. Windows definiert hier mit BS_RADIOBUTTON und BS_AUTORADIOBUTTON zwei Varianten, von denen die letztere ausschließlich in Dialogen benutzt wird.

Speziell in Dialogen werden Optionsfelder für Gruppen sich gegenseitig ausschließender Wahlmöglichkeiten benutzt – wie beispielsweise die Auswahl zwischen Hoch- und Querformat bei einer Textverarbeitung oder die Auswahl einer bestimmten Baudrate in DFÜ-Programmen. Aus diesem Grund arbeiten Optionsfelder (im Gegensatz zu Kontrollkästchen) auch nicht mit einem automatischen Wechsel: Eines durch einen ersten Mausklick aktiviertes Optionsfeld bleibt durch weitere Mausklicks unverändert.

Window-Prozeduren sollten auf Nachrichten des Typs WM_COMMAND im Zusammenhang mit diesen Steuerelementen mit dem Senden von BM_SETCHECK reagieren:

```
SendMessage (hwndButton, BM_SETCHECK, 1, 0L) ;
```

hwndButton steht hier wie üblich für den Handle des Elements, der als dritter Parameter angegebene Wert 1 wird der Window-Prozedur als *wParam* übergeben und stellt das Optionsfeld im aktivierten Zustand dar, d.h. zeichnet einen schwarzen Punkt in der Mitte des Kreises. Bei sich gegenseitig ausschließenden Optionen sollten danach alle anderen Optionsfeldern derselben Gruppe (mit *wParam* = 0) wieder in den inaktiven Zustand versetzt werden:

```
SendMessage (hwndButton, BM_SETCHECK, 0, 0L) ;
```

Gruppenrahmen

Gruppenrahmen, d.h. Steuerelemente des Typs BS_GROUPBOX, stellen zumindest vom Standpunkt der Logik her ausgesprochen merkwürdige »Knöpfe« dar: sie reagieren weder auf Mausklicks noch auf Tastaturereignisse, bearbeiten keine Nachrichten und geben auch keine aus. Wie der Name bereits vermuten läßt, sind sie ausschließlich zum Zusammenfassen von Gruppen anderer Steuerelemente gedacht: sie erscheinen in Form eines Rahmens, in dessen obere linke Ecke die Beschriftung eingesetzt ist.

Ändern der Beschriftung

Über die Funktion *SetWindowText* läßt sich die Beschriftung von Steuerelementen jederzeit verändern:

```
SetWindowText (hwnd, pszString) ;
```

Der Parameter *hwnd* steht hier wie üblich für den Handle des Fensters, dessen Text verändert werden soll, *pszString* ist ein Zeiger auf den neuen Text, der in Form eines ASCIIZ-Strings vorliegen muß. Diese Funktion läßt sich übrigens auch auf normale Fenster anwenden und legt dort einen neuen Text für die Titelleiste fest.

Natürlich definiert Windows auch zu dieser Funktion ein Gegenstück, mit dem sich der Text einer Titelleiste bzw. die Beschriftung einer Schaltfläche nachträglich ermitteln läßt:

```
iLength = GetWindowText (hwnd, pszBuffer, iMaxLength) ;
```

Der Parameter *iMaxLength* gibt hier an, wie viele Zeichen Windows maximal in den über *pszBuffer* adressierten Puffer kopieren soll, *iLength* enthält nach dem Aufruf die Anzahl der kopierten Zeichen. Falls nötig – etwa im Zusammenhang mit dynamisch belegten Variablen – kann man die Länge von Fenstertiteln bzw. Beschriftungen auch separat ermitteln:

```
iLength = GetWindowTextLength (hwnd) ;
```

Sichtbare vs. angeschaltete Steuerelemente

Um Nachrichten über Maus- und Tastaturereignisse zu erhalten, muß ein Steuerelement nicht nur sichtbar, sondern auch »angeschaltet« sein. Sichtbare und angeschaltete Elemente werden von Windows schwarz, sichtbare und abgeschaltete Elemente dagegen grau dargestellt, für die restlichen beiden Kombinationsmöglichkeiten (unsichtbar und angeschaltet bzw. unsichtbar und abgeschaltet) ist die Frage nach der verwendeten Farbe akademischer Natur.

Solange man die Konstante WS_VISIBLE beim Aufruf von *CreateWindow* nicht in den Fensterstil mit aufnimmt, bleibt das darüber erzeugte Steuerelement solange unsichtbar, bis man es mit einem expliziten Aufruf von *ShowWindow* auf den Bildschirm bringt:

```
ShowWindow (hwndChild, SW_SHOWNORMAL) ;
```

Für bereits sichtbare Steuerelemente ergibt sich natürlich auch die gegenteilige Möglichkeit:

```
ShowWindow (hwndChild, SW_HIDE) ;
```

Der Parameter *hwndChild* stellt hier wie üblich den Handle des Elements (d.h. das Ergebnis von *CreateWindow*) dar; der Aufruf von *ShowWindow* mit SW_HIDE als zweitem Parameter macht das Fenster unsichtbar (und löst gegebenenfalls eine Nachricht des Typs WM_PAINT an das Hauptfenster aus, dessen Window-Prozedur den dadurch wieder freigewordenen Bereich ihres eigenen Fensters neu zeichnen muß).

Über den folgenden Aufruf läßt sich bestimmen, ob ein Fenster sichtbar ist oder nicht:

```
if (IsWindowVisible (hwndChild)) // Fenster sichtbar?
  [ja - Reaktion des Programms]
```

Standardmäßig ist ein neu erzeugtes und sichtbares Steuerelement »angeschaltet«, d.h. erhält Nachrichten über Maus- und Tastaturereignisse. Explizit abschalten kann man es mit:

```
EnableWindow (hwndChild, FALSE) ;
```

Bei Steuerelementen reagiert Windows auf diesen Aufruf, indem es die Beschriftung grau (anstelle von schwarz) darstellt und jede Reaktion auf Maus- bzw. Tastaturereignisse unterdrückt. Diese Methode stellt die beste und sicherste dar, Elemente zeitweilig außer Gefecht zu setzen.

Das erneute Anschalten eines Steuerelements erfolgt mit:

```
EnableWindow (hwndChild, TRUE) ;
```

Schließlich bietet Windows auch noch eine Funktion, über die sich der aktuelle Status eines Steuerelements ermitteln läßt:

```
if (IsWindowEnabled (hwndChild))  // Element angeschaltet?
  [ja - Reaktion des Programms]
```

Steuerelemente und der Eingabefokus

Wie zu Anfang dieses Kapitels bereits erwähnt, wird der Eingabefokus bei Schaltflächen, Kontrollkästchen, Optionsfelder sowie »benutzergezeichneten« (BS_OWNERDRAW) Elementen durch einen Mausklick auf das entsprechende Element gesetzt und dort über einen gestrichelten Rahmen für die Beschriftung auch optisch angezeigt. Die zwangsläufige Folge dieses Wechsels ist, dass die Window-Prozedur des Hauptfensters ab diesem Zeitpunkt keine weiteren Nachrichten über Tastaturereignisse mehr erhält – und Steuerelemente reagieren wie gesagt nur auf die Leertaste, d.h. ignorieren alle anderen Tastendrücke. Kurz gesagt, verliert das Programm auf diese Weise die Kontrolle über die Tastatur.

Auf welche Art und Weise der Wechsel stattfindet, ist bereits bekannt: Windows kündigt ihn zuerst dem »alten« Fenster über die Nachricht WM_KILLFOCUS, danach dem »neuen« Fenster über WM_SETFOCUS an. Beide Nachrichten enthalten in *wParam* eine zusätzliche Information, die ich bis dato noch nicht erwähnt habe: Bei WM_KILLFOCUS übergibt Windows in diesem Parameter den Handle des Fensters, auf das der Eingabefokus zukünftig zeigen wird; bei WM_SETFOCUS bekommt die Window-Prozedur den Handle des Fensters übergeben, das soeben den Eingabefokus verloren hat. (In beiden Fällen ist es möglich, dass *wParam* den Wert NULL hat: auf diese Weise zeigt Windows an, dass der Eingabefokus von bzw. nach »Nirgendwo« wechselt).

Ein Hauptfenster kann den Wechsel des Eingabefokus zu einem seiner »Kinder« verhindern, indem es auf WM_KILLFOCUS mit einem expliziten Aufruf der Funktion *SetFocus* reagiert. Damit bei einem solchen Verfahren nicht auch anderen Programmen der Boden unter den Füßen weggezogen wird, muß dem Blockieren des Wechsels allerdings eine entsprechende Prüfung vorausgehen:

```
case WM_KILLFOCUS :
     for (i = 0 ; i < NUM ; i++)
       if (wParam == hwndChild [i])  // Wechsel zu einem der eigenen "Kinder"?
       {
         SetFocus (hwnd) ;        // ja: Eingabefokus zurück
         break ;
       }
     return 0 ;
```

Dieses Fragment geht davon aus, dass das Programm (analog zu BTNLOOK) die Fensterhandles seiner Steuerelemente in einem Array namens *hwndChild* gespeichert hat; NUM stellt die Anzahl der Elemente dieses Arrays dar. Das Zurücksetzen des Eingabefokus auf das eigene Fenster (*hwnd*) geschieht nur, wenn das Programm einen Wechsel zu einem seiner eigenen »Kinder« erkennt – und nicht etwa bei einem Wechsel zum Fenster eines anderen Programms.

Dasselbe ließe sich mit dem folgenden Befehl erreichen, der allerdings ein wenig undurchsichtig ist:

```
case WM_KILLFOCUS :   // "Parent" des neuen Fensters == eigenes Fenster?
    if (hwnd == GetParent (wParam))
        SetFocus (hwnd) ;
    return 0 ;
```

Beide Methoden haben allerdings einen nicht zu unterschätzenden Nachteil: Sie blockieren mit dem Wechsel des Eingabefokus auch eine mögliche Reaktion des jeweiligen Steuerelements auf die Leertaste. Angesichts dieser Schwierigkeiten erscheint eine Methode, die nicht nur Reaktionen auf die Leertaste, sondern gleichzeitig auch den Wechsel zwischen Steuerelementen über die Cursortasten bzw. Tab erlaubt, erst einmal als Ding der Unmöglichkeit. Dass es mit einer Technik namens »Fenster-Unterklassen« dennoch geht, zeigt der gleichnamige Abschnitt ab Seite 374.

Farben

Ist Ihnen eigentlich aufgefallen, dass eigentlich nur bei beiden ersten Schaltflächen von BTNLOOK so aussehen, wie sie sollten? Die anderen acht Elemente glänzen mit einem grauen Hintergrund, der für Dialogfelder ja durchaus angemessen sein mag – das Fenster von BTNLOOK definiert seine Hintergrundfarbe aber bekanntlich beim Anlegen der Fensterklasse mit

```
wndclass.hbrBackground = GetStockObject (WHITE_BRUSH) ;
```

Ein solcher Hintergrund ist vor allem für Textausgaben ausgesprochen praktisch, weil Windows ebendiese Farbe auch als Standardhintergrund in einen »frischen« Gerätekontext einsetzt, verträgt sich aber offensichtlich mit Steuerelementen nur begrenzt (obwohl man über Geschmack bekanntlich streiten kann). Damit die Sache etwas appetitlicher aussieht, müssen wir also entweder den Fensterhintergrund zukünftig ebenfalls grau machen oder die Steuerelemente dazu überreden, ihrerseits die Farbe Weiß zu verwenden.

Vorher sollte ich aber vielleicht erst einmal klären, wo dieses Grau überhaupt herkommt: Hier geht es nämlich nicht um schlichte RGB-Werte, sondern um ein Thema, das weiß Gott einen eigenen Abschnitt verdient.

Systemfarben von Windows

Die 32-Bit-Versionen von Windows definieren insgesamt 29 verschiedene Farbeinstellungen für die verschiedenen Elemente des Bildschirms, die sich größtenteils über die Systemsteuerung verändern lassen und dann permanent gespeichert werden: Bei Windows 98 im Abschnitt [colors] der Datei WIN.INI, bei Windows NT in der Registrierung. (Dass Windows beim Betrieb mit 256 Farben nur 20 Paletteneinträge reserviert, ist übrigens kein Widerspruch: Jedem der 29 Desktop-Elemente können Sie einen dieser 20 Paletteneinträge zuordnen.)

Über die Funktionen *GetSysColor* und *SetSysColor* lassen sich diese Einstellungen von einem Programm aus lesen bzw. setzen, wobei Veränderungen über *SetSysColor* quasi-permanenter Natur sind: Da *SetSysColor* keine Modifikation von WIN.INI bzw. der Registrierung ausführt, bleiben sie nur solange erhalten, bis der Benutzer Windows beendet und danach erneut startet.

Unerfreulicherweise existieren für jede dieser 29 Farben zwei verschiedene Bezeichnungen: Eine Konstante in WINUSER.H für Aufrufe von *GetSysColor* bzw. *SetSysColor* sowie ein Name für die Registrierung bzw. den Abschnitt *[colors]* von WIN.INI. Schließlich kommt für gut die Hälfte der Farben noch ein dritter Name in Form eines Wahlpunkts des Untermenüs »Bildschirmelement« der Systemsteuerung dazu. Die folgende Tabelle versucht, etwas Ordnung in dieses Durcheinander zu bringen (das durch die Eindeutschung von Windows auch nicht gerade kleiner geworden ist):

WINUSER.H	WIN.INI / Registrierung	Systemsteuerung	Standardfarbe (RGB)
COLOR_SCROLLBAR	Scrollbar	Bildlaufleisten	C0-C0-C0
COLOR_BACKGROUND	Background	Desktop	00-80-80
COLOR_ACTIVECAPTION	ActiveTitle	Aktive Titelleiste	00-00-80
COLOR_INACTIVECAPTION	InactiveTitle	Inaktive Titelleiste	80-80-80
COLOR_MENU	Menu	Menüleiste	C0-C0-C0
COLOR_WINDOW	Window	Fensterhintergrund	FF-FF-FF
COLOR_WINDOWFRAME	WindowFrame	Fensterrahmen	00-00-00
COLOR_MENUTEXT	MenuText	Menütext	C0-C0-C0
COLOR_WINDOWTEXT	WindowText	Fenstertext	00-00-00
COLOR_CAPTIONTEXT	TitleText	Text in Titelleiste	FF-FF-FF
COLOR_ACTIVEBORDER	ActiveBorder	Aktiver Rahmen	C0-C0-C0
COLOR_INACTIVEBORDER	InactiveBorder	Inaktiver Rahmen	C0-C0-C0
COLOR_APPWORKSPACE	AppWorkspace	Programmarbeitsbereich	80-80-80
COLOR_HIGHLIGHT	Highlight	[Hervorhebung, normalerweise durch Invertieren]	00-00-80
COLOR_HIGHLIGHTTEXT	HighlightText	[Hervorhebung von Text]	FF-FF-FF
COLOR_BTNFACE	ButtonFace	[Oberfläche von Schaltflächen]	C0-C0-C0
COLOR_BTNSHADOW	ButtonShadow	[Schatten von Schaltflächen]	80-80-80
COLOR_GRAYTEXT	GrayText	[Abgeschaltete Wahlpunkte und Steuerelemente]	80-80-80
COLOR_BTNTEXT	ButtonText	[Beschriftung von Steuerelementen]	00-00-00
COLOR_INACTIVECAPTIONTEXT	InactiveTitleText	Text in inaktiver Titelleiste	C0-C0-C0
COLOR_BTNHIGHLIGHT	ButtonHighlight	[Aktive Schaltflächen]	FF-FF-FF
COLOR_3DDKSHADOW	ButtonDkShadow	[Schatten von Schaltflächen im gedrückten Zustand]	00-00-00
COLOR_3DLIGHT	ButtonLight	[?]	C0-C0-C0
COLOR_INFOTEXT	InfoText	[Tooltip-Fenster, Textfarbe]	00-00-00
COLOR_INFOBK	InfoWindow	[Tooltip-Fenster, Hintergrund]	FF-FF-FF
Wert 25, kein Bezeichner für *GetSysColor/SetSysColor*	ButtonAlternateFace	[Alternative Farbe für Schaltflächen]	B8-B4-B8
COLOR_HOTLIGHT	HotTrackingColor	[Rahmen beim Ziehen von Fenstern]	00-00-FF
COLOR_GRADIENTACTIVECAPTION	GradientActiveTitle	2. Farbe (nur bei Windows 98 / NT 5)	00-00-80
COLOR_GRADIENTINACTIVECAPTION	GradientInactiveTitle	2. Farbe (nur bei Windows 98 / NT 5)	80-80-80

Tabelle 9.5: *Bezeichner und Werte der Systemfarben von Windows*

Die meisten dieser Bezeichner dürften zusammen mit den übersetzten Wahlpunkten der Systemsteuerung selbsterklärend sein. COLOR_BACKGROUND ist die Hintergrundfarbe der Schreibtischoberfläche selbst, COLOR_WINDOWFRAME steht für die Farbe der Linien, die einzelne Elemente eines Fensters voneinander trennen (wie beispielsweise die Titelleiste und den Anwendungsbereich). Wie in dieser Tabelle durch eigene Übersetzungen (in eckigen Klammern) angedeutet, existiert für das zweite Dutzend Systemfarben kein äquivalenter Wahlpunkt der Systemsteuerung. Die Standardwerte dieser 21 Farben ergeben sich übrigens über ein zweistufiges Verfahren: der Bildschirmtreiber definiert hier eigene Vorgaben, die gegebenenfalls durch Einträge in WIN.INI außer Kraft gesetzt werden.

Einen Haken hat die Geschichte leider auch: Bei Windows 3.1 standen 21 Einstellungen 20 reservierten Paletteneinträgen gegenüber, weshalb die Zuordnung dort relativ geradlinig war. Bei Windows 98 sind weitere 8 Einträge für zusätzliche Elemente hinzugekommen, die von den Entwicklern ebenfalls in diese 20 Paletteneinträge hineingequetscht werden mußten. Daraus ist eine reichlich undurchsichtige Zuordnung entstanden (die immer noch das bei weitem kleinere Übel darstellt: Das Reservieren weiterer Paletteneinträge hätte zur Folge gehabt, dass existierende Programme bei 256 Farben gründlich durcheinanderkommen.) Deshalb hilft hier im Zweifelsfall nur das praktische Experiment.

Farben von Steuerelementen

Die undurchsichtige Zuordnung wird vor allem bei Elementen offensichtlich, die eine größere Zahl von Farben verwenden: Wie im vorletzten Abschnitt praktisch demonstriert, stellt COLOR_BTNFACE nicht nur die Vordergrundfarbe für Schaltflächen dar, sondern auch die Hintergrundfarbe der anderen acht Varianten von »button«-Steuerelementen. (Bei Gruppenrahmen bestimmt diese Einstellung nicht den Fensterinhalt, sondern lediglich den Hintergrund der Beschriftung innerhalb des Rahmens selbst). Ähnliches gilt für COLOR_BTNSHADOW: Diese Einstellung gilt einerseits für den Schatten eingedrückter Schaltflächen, andererseits für angekreuzte Kontrollkästchen und Optionsfelder. COLOR_BTNTEXT legt dagegen ausschließlich für echte Schaltflächen die Textfarbe fest – die anderen Varianten verwenden hier COLOR_WINDOWTEXT – mithin die Standardfarbe für Texte in Fenstern.

Im Prinzip stehen Ihnen zwei Möglichkeiten zur Verfügung, um für einheitliche Farben in Hauptfenstern und Steuerelementen zu sorgen. Die erste dieser beiden Möglichkeiten greift auf die Systemfarben zurück und fängt mit einer neuen Art an, die Hintergrundfarbe einer Fensterklasse zu definieren. Anstelle von *GetStockObject(WHITE_BRUSH)* verwenden wir hier:

```
wndclass.hbrBackground = COLOR_BTNFACE + 1 ;
```

(Windows erkennt offensichtlich Werte unterhalb von 29 von selbst als Stellvertreter für vordefinierte Farben, setzt bei der Verwendung von Konstanten wie COLOR_BTNFACE in Fensterklassen aber voraus, dass man den Wert 1 addiert – ansonsten gäbe es keine Möglichkeit, zwischen der Systemfarbe 0 (COLOR_SCROLLBAR) und einem leeren Füllmuster (NULL_BRUSH) zu unterscheiden. Dass diese Methodik ähnlich kristallklar wie das restliche Drumherum bei Systemfarben ist, muß ich sicher nicht gesondert erwähnen.)

Auf diese Art und Weise ist der Fensterhintergrund automatisch auf die vom Benutzer für Schaltflächen-Vordergründe gewünschte Systemfarbe festgelegt. Das Ergebnis ist leider erst einmal ein weiteres Problem: Für Ausgaben über *TextOut* verwendet Windows die Werte des jeweiligen Gerätekontexts – und dort steht ohne zusätzliche Maßnahmen »schwarz auf weißem Hintergrund«, wobei die Systemfarben oder der Fensterhintergrund nicht die geringste Rolle spielen.

Um die entsprechenden Felder des Gerätekontexts zu verändern, brauchen wir folglich zwei weitere Funktionen, die jeweils direkt nach dem Ermitteln des Kontexts aufgerufen werden sollten:

```
SetBkColor (hdc, GetSysColor (COLOR_BTNFACE)) ;
SetTextColor (hdc, GetSysColor (COLOR_WINDOWTEXT)) ;
```

SetBkColor (»Set Background Color«) legt die Farbe fest, mit der *TextOut* den Ausgabebereich erst einmal überschreibt und so für das Löschen von Zeichen sorgt, die sich dort eventuell bereits befinden; *SetTextColor* bestimmt die Textfarbe selbst. Womit wir die erste Möglichkeit abgehandelt hätten.

Da vernünftige Programme auf Wünsche des Benutzers sofort (und nicht erst beim nächsten Start) reagieren, kommt schließlich noch ein Zweig in der Window-Prozedur hinzu:

```
case WM_SYSCOLORCHANGE:
    InvalidateRect (hwnd, NULL, TRUE) ;
    break ;
```

Die Nachricht WM_SYSCOLORCHANGE wird von Windows an alle Hauptfenster ausgegeben, wenn der Benutzer über die Systemsteuerung etwas an den Systemfarben geändert und schließlich auf »OK« oder »Übernehmen« geklickt hat. Wenn Ihr Programm seine Farben über *GetSysColor* bestimmt, kann die Reaktion darauf recht kurz ausfallen: Ein schlichtes Neuzeichnen des Fensters ist dann ausreichend.

WM_CTLCOLORBTN

Die zweite Möglichkeit bei der Anpassung von Fensterhintergründen an Steuerelemente besteht natürlich aus dem Sankt-Florians-Prinzip: Anstatt den eigenen Hintergrund und Textausgaben zu verändern, sollte es doch auch möglich sein, die Steuerelemente entsprechend anzupassen. Im Prinzip ist das schon richtig – fragt sich nur, wie viele Freunde Sie mit einem Programm gewinnen, das die entsprechende Einstellung über *SetSysColors* nach eigenem Gutdünken ändert (und damit auch den Schaltflächen *anderer* Programme eine neue Farbe gibt).

Die Alternative zu diesem Hauruckverfahren besteht aus dem Bearbeiten einer Nachricht namens WM_CTLCOLORBTN: Nachrichten dieses Typs gibt die mit der Fensterklasse »button« verbundene Window-Prozedur an das Hauptfenster aus, bevor sie ein Steuerelement neu zeichnet. Das Hauptfenster kann diese Gelegenheit benutzen, um die bei dieser Aktion verwendeten Vorder- und Hintergrundfarben zu ändern:

Möglich sind Eingriffe dieser Art, weil zusammen mit WM_CTLCOLORBTN die folgenden Parameter übergeben werden:

Name	Wert
wParam	Handle des Gerätekontexts für das Steuerelement
lParam	Handle des Child-Fensters (d.h. des Steuerelements selbst)

Tabelle 9.6: wParam *und* lParam *bei Nachrichten des Typs* WM_CTLCOLORBTN

Wenn die Window-Prozedur des Hauptfensters diese Meldung erhält, hat die Window-Prozedur des Steuerelements bereits einen Gerätekontext ermittelt der (wie gesagt) via *wParam* übergeben wird und den bestimmenden Faktor für alle weiteren Zeichenaktionen des Steuerelements darstellt. Anders gesagt: Auf diese Weise eröffnet Windows Manipulationen beliebiger Art Tür und Tor. Für unser Beispiel sind drei Aktionen notwendig:

- das Setzen der Textfarbe via *SetTextColor*,
- das Setzen einer Hintergrundfarbe via *SetBkColor*,
- und schließlich das Zurückliefern eines Handles zu einem Füllmuster (»Brush«). Der Besitz dieses Füllmusters geht dadurch *nicht* an das Steuerelement über, weshalb man für solche Zwecke am besten eine statische Variable verwendet, die bei WM_CREATE angelegt und bei WM_DESTROY wieder abgebaut wird.

Der Wermutstropfen: Während diese Technik für die meisten Steuerelemente durchaus geeignet ist – Beispiele dazu finden Sie in den folgenden Abschnitten dieses Kapitels –, hat sie bei der Fensterklasse »button« enge Grenzen: WM_CTLCOLORBTN wird nur von den ersten beiden Varianten (BS_PUSHBUTTON und BS_DEFPUSHBUTTON) sowie selbstgezeichnete Elementen (BS_OWNERDRAW) gesendet. Alle drei Varianten verwenden die Ihnen eingesetzte Text- und Hintergrundfarbe, das Füllmuster kommt dagegen ausschließlich bei BS_OWNERDRAW zum Zuge (was zudem völlig überflüssig ist, weil Sie bei dieser Variante das Zeichnen sowieso selbst übernehmen müssen).

In den 16-Bit-Versionen von Windows gab es übrigens eine einzige Nachricht namens WM_CTLCOLOR (mit denselben Grenzen), über die sämtliche Steuerelemente eine bevorstehende Zeichenoperation meldeten. Die dort verwendete Unterteilung von *lParam* in zwei Worthälften (für den Fensterhandle und die Art des Steuerelements) ist bei Win32 nicht mehr möglich, weil Fensterhandles hier 32 anstelle von 16 Bit haben und *lParam* deshalb komplett ausfüllen.

Selbstgezeichnete Schaltflächen

Falls Ihnen keines der vordefinierten Steuerelemente von Windows zusagt, Sie in ein Programm eine ganz persönliche Note hineinbringen oder einfach etwas Neues erfinden wollen, dann können Sie den Stil BS_OWNERDRAW verwenden. Die Theorie sieht bei diesen Schaltflächen so aus, dass Windows sich rein auf die Trefferprüfung und die Weitergabe von Nachrichten beschränkt; die Praxis demonstriert das Programm OWNDRAW:

OWNDRAW.C

```
/*-------------------------------------------
   OWNDRAW.C - Selbstgezeichnete Schaltflächen
              (c) Charles Petzold, 1998
  -------------------------------------------*/
#include <windows.h>

#define ID_SMALLER      1
#define ID_LARGER       2
#define BTN_WIDTH        (8 * cxChar)
#define BTN_HEIGHT       (4 * cyChar)

LRESULT CALLBACK WndProc (HWND, UINT, WPARAM, LPARAM) ;

HINSTANCE hInst ;
int WINAPI WinMain (HINSTANCE hInstance, HINSTANCE hPrevInstance,
                    PSTR szCmdLine, int iCmdShow)
{
     static TCHAR szAppName[] = TEXT ("OwnDraw") ;
     MSG          msg ;
```

```
     HWND          hwnd ;
     WNDCLASS      wndclass ;

     hInst = hInstance ;

     wndclass.style         = CS_HREDRAW | CS_VREDRAW ;
     wndclass.lpfnWndProc   = WndProc ;
     wndclass.cbClsExtra    = 0 ;
     wndclass.cbWndExtra    = 0 ;
     wndclass.hInstance     = hInstance ;
     wndclass.hIcon         = LoadIcon (NULL, IDI_APPLICATION) ;
     wndclass.hCursor       = LoadCursor (NULL, IDC_ARROW) ;
     wndclass.hbrBackground = (HBRUSH) GetStockObject (WHITE_BRUSH) ;
     wndclass.lpszMenuName  = szAppName ;
     wndclass.lpszClassName = szAppName ;

     if (!RegisterClass (&wndclass))
     {    // UNICODE-Compilierung ist die einzige realistische Fehlermöglichkeit
          MessageBox (NULL, TEXT ("Programm arbeitet mit Unicode und setzt Windows NT voraus!"),
                      szAppName, MB_ICONERROR) ;
          return 0 ;
     }

     hwnd = CreateWindow (szAppName, TEXT ("Selbstgezeichnete Schaltflächen"),
                          WS_OVERLAPPEDWINDOW,
                          CW_USEDEFAULT, CW_USEDEFAULT,
                          CW_USEDEFAULT, CW_USEDEFAULT,
                          NULL, NULL, hInstance, NULL) ;

     ShowWindow (hwnd, iCmdShow) ;
     UpdateWindow (hwnd) ;

     while (GetMessage (&msg, NULL, 0, 0))
      {
          TranslateMessage (&msg) ;
          DispatchMessage (&msg) ;
     }
     return msg.wParam ;
}

void Triangle (HDC hdc, POINT pt[])
{
     SelectObject (hdc, GetStockObject (BLACK_BRUSH)) ;
     Polygon (hdc, pt, 3) ;
     SelectObject (hdc, GetStockObject (WHITE_BRUSH)) ;
}

LRESULT CALLBACK WndProc (HWND hwnd, UINT message, WPARAM wParam, LPARAM lParam)
{
     static HWND      hwndSmaller, hwndLarger ;
     static int       cxClient, cyClient, cxChar, cyChar ;
     int              cx, cy ;
     LPDRAWITEMSTRUCT pdis ;
     POINT            pt[3] ;
     RECT             rc ;
```

```
switch (message)
{
case WM_CREATE :
     cxChar = LOWORD (GetDialogBaseUnits ()) ;
     cyChar = HIWORD (GetDialogBaseUnits ()) ;

     // Eine kleine und eine größerer Schaltfläche anlegen
     hwndSmaller = CreateWindow (TEXT ("button"), TEXT (""),
                            WS_CHILD | WS_VISIBLE | BS_OWNERDRAW,
                            0, 0, BTN_WIDTH, BTN_HEIGHT,
                            hwnd, (HMENU) ID_SMALLER, hInst, NULL) ;

     hwndLarger  = CreateWindow (TEXT ("button"), TEXT (""),
                            WS_CHILD | WS_VISIBLE | BS_OWNERDRAW,
                            0, 0, BTN_WIDTH, BTN_HEIGHT,
                            hwnd, (HMENU) ID_LARGER, hInst, NULL) ;
     return 0 ;

case WM_SIZE :
     cxClient = LOWORD (lParam) ;
     cyClient = HIWORD (lParam) ;

     // Move the buttons to the new center
     MoveWindow (hwndSmaller, cxClient / 2 - 3 * BTN_WIDTH  / 2,
                           cyClient / 2 -     BTN_HEIGHT / 2,
                 BTN_WIDTH, BTN_HEIGHT, TRUE) ;
     MoveWindow (hwndLarger,  cxClient / 2 +     BTN_WIDTH  / 2,
                           cyClient / 2 -     BTN_HEIGHT / 2,
                 BTN_WIDTH, BTN_HEIGHT, TRUE) ;
     return 0 ;

case WM_COMMAND :
     GetWindowRect (hwnd, &rc) ;

     // Fenster um 10 Prozent verkleinern bzw. vergrößern
     switch (wParam)
     {
     case ID_SMALLER :
          rc.left   += cxClient / 20 ;
          rc.right  -= cxClient / 20 ;
          rc.top    += cyClient / 20 ;
          rc.bottom -= cyClient / 20 ;
          break ;

     case ID_LARGER :
          rc.left   -= cxClient / 20 ;
          rc.right  += cxClient / 20 ;
          rc.top    -= cyClient / 20 ;
          rc.bottom += cyClient / 20 ;
          break ;
     }

     MoveWindow (hwnd, rc.left, rc.top, rc.right  - rc.left,
                       rc.bottom - rc.top, TRUE) ;
     return 0 ;
```

```
case WM_DRAWITEM :
     pdis = (LPDRAWITEMSTRUCT) lParam ;

     // weiße Fläche, schwarzer Rahmen
     FillRect (pdis->hDC, &pdis->rcItem,
               (HBRUSH) GetStockObject (WHITE_BRUSH)) ;

     FrameRect (pdis->hDC, &pdis->rcItem,
                (HBRUSH) GetStockObject (BLACK_BRUSH)) ;
          // Draw inward and outward black triangles
     cx = pdis->rcItem.right  - pdis->rcItem.left ;
     cy = pdis->rcItem.bottom - pdis->rcItem.top  ;

     switch (pdis->CtlID)
     {
     case ID_SMALLER :
          pt[0].x = 3 * cx / 8 ;  pt[0].y = 1 * cy / 8 ;
          pt[1].x = 5 * cx / 8 ;  pt[1].y = 1 * cy / 8 ;
          pt[2].x = 4 * cx / 8 ;  pt[2].y = 3 * cy / 8 ;

          Triangle (pdis->hDC, pt) ;

          pt[0].x = 7 * cx / 8 ;  pt[0].y = 3 * cy / 8 ;
          pt[1].x = 7 * cx / 8 ;  pt[1].y = 5 * cy / 8 ;
          pt[2].x = 5 * cx / 8 ;  pt[2].y = 4 * cy / 8 ;

          Triangle (pdis->hDC, pt) ;

          pt[0].x = 5 * cx / 8 ;  pt[0].y = 7 * cy / 8 ;
          pt[1].x = 3 * cx / 8 ;  pt[1].y = 7 * cy / 8 ;
          pt[2].x = 4 * cx / 8 ;  pt[2].y = 5 * cy / 8 ;

          Triangle (pdis->hDC, pt) ;

          pt[0].x = 1 * cx / 8 ;  pt[0].y = 5 * cy / 8 ;
          pt[1].x = 1 * cx / 8 ;  pt[1].y = 3 * cy / 8 ;
          pt[2].x = 3 * cx / 8 ;  pt[2].y = 4 * cy / 8 ;

          Triangle (pdis->hDC, pt) ;
          break ;

     case ID_LARGER :
          pt[0].x = 5 * cx / 8 ;  pt[0].y = 3 * cy / 8 ;
          pt[1].x = 3 * cx / 8 ;  pt[1].y = 3 * cy / 8 ;
          pt[2].x = 4 * cx / 8 ;  pt[2].y = 1 * cy / 8 ;

          Triangle (pdis->hDC, pt) ;

          pt[0].x = 5 * cx / 8 ;  pt[0].y = 5 * cy / 8 ;
          pt[1].x = 5 * cx / 8 ;  pt[1].y = 3 * cy / 8 ;
          pt[2].x = 7 * cx / 8 ;  pt[2].y = 4 * cy / 8 ;

          Triangle (pdis->hDC, pt) ;
          pt[0].x = 3 * cx / 8 ;  pt[0].y = 5 * cy / 8 ;
          pt[1].x = 5 * cx / 8 ;  pt[1].y = 5 * cy / 8 ;
          pt[2].x = 4 * cx / 8 ;  pt[2].y = 7 * cy / 8 ;
```

```
            Triangle (pdis->hDC, pt) ;
            pt[0].x = 3 * cx / 8 ;  pt[0].y = 3 * cy / 8 ;
            pt[1].x = 3 * cx / 8 ;  pt[1].y = 5 * cy / 8 ;
            pt[2].x = 1 * cx / 8 ;  pt[2].y = 4 * cy / 8 ;

            Triangle (pdis->hDC, pt) ;
            break ;
        }

        // Rechteck invers darstellen, wenn die Schaltfläche ausgewählt ist
        if (pdis->itemState & ODS_SELECTED)
            InvertRect (pdis->hDC, &pdis->rcItem) ;

        // Fokus-Rechteck, wenn die Schaltfläche den Fokus hat
        if (pdis->itemState & ODS_FOCUS)
        {
            pdis->rcItem.left   += cx / 16 ;
            pdis->rcItem.top    += cy / 16 ;
            pdis->rcItem.right  -= cx / 16 ;
            pdis->rcItem.bottom -= cy / 16 ;

            DrawFocusRect (pdis->hDC, &pdis->rcItem) ;
        }
        return 0 ;

    case WM_DESTROY :
        PostQuitMessage (0) ;
        return 0 ;
    }
    return DefWindowProc (hwnd, message, wParam, lParam) ;
}
```

Abbildung 9.3: *Das Programm* OWNDRAW

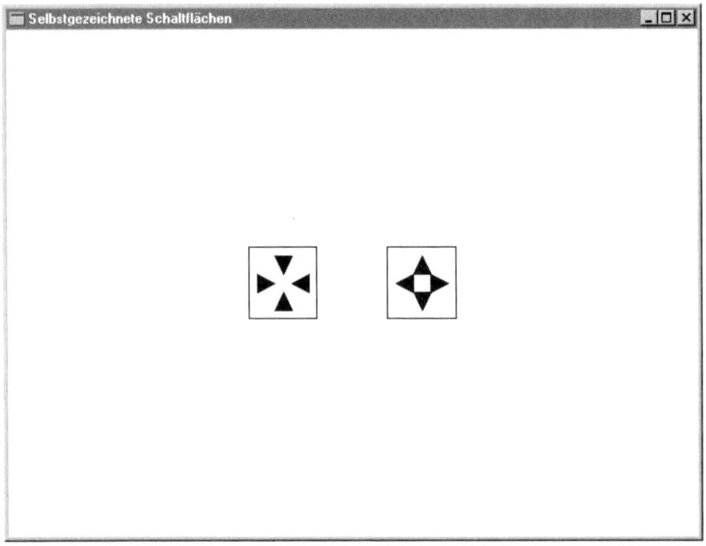

Abbildung 9.4:
Die Ausgaben von
OWNDRAW

Abbildung 9.4 zeigt die Ergebnisse des Programms: zwei Schaltflächen, die mit nach innen bzw. nach außen weisenden Dreiecken »beschriftet« sind. Klicks auf der linken Schaltfläche verkleinern das gesamte Fenster um 10 Prozent, Klicks auf der rechten Schaltfläche vergrößern es um denselben Betrag.

Ein erster Blick auf den *case*-Zweig WM_DRAWITEM in der Window-Prozedur von OWNDRAW läßt die Sache recht aufwendig erscheinen – was in der Praxis allerdings nicht der Fall sein muß: Tatsächlich verwenden so gut wie alle Programme bei selbstdefinierten Schaltflächen kleine Bitmaps anstelle von Einzelbefehlen zum Zeichnen der diversen Elemente. Wieso OWNDRAW dann den umständlicheren Weg geht? Weil Sie sonst die nächsten 20 Seiten nicht mehr viel über Steuerelemente, dafür aber um so mehr über Bitmaps zu lesen bekommen hätten, um die es in den Kapiteln 14, 15 und 16 geht. (Wenn Sie bei einer »selbstgezeichneten« Schaltfläche *ausschließlich* ein Bitmap oder ein Icon darstellen wollen – lies: das Programm ohne jede eigene Zeichenoperation auskommt –, dann können Sie bei den 32-Bit-Versionen von Windows die Variante BS_BITMAP bzw. BS_ICON verwenden und die Grafik über eine Nachricht des Typs BM_SETIMAGE einsetzen. In den 16-Bit-Versionen gab es diese Möglichkeit nicht – dort mußte BS_OWNERDRAW für jede von den Standardvorgaben abweichende Darstellung benutzt werden.)

Was die technischen Details betrifft: OWNDRAW ermittelt bei WM_CREATE über die Funktion *GetDialogBaseUnits* die Größe der Systemschrift und erzeugt auf dieser Basis zwei Schaltflächen des Typs BS_OWNERDRAW, in denen jeweils vier Textzeilen à 8 Zeichen Platz haben. (Wenn Sie dasselbe später einmal mit Bitmaps probieren: Was dabei auf der üblichen VGA-Karte herauskommt, ist eine Fläche von 64 x 64 Pixeln). Die Position der beiden Schaltflächen ist zu diesem Zeitpunkt noch nicht definiert: Sie wird erst bei WM_SIZE über *MoveWindow* so festgelegt, dass die beiden Elemente links und rechts der Fenstermitte erscheinen.

Ein Klick auf einer dieser Schaltflächen erzeugt (wie auch bei anderen Elementen) eine Nachricht des Typs WM_COMMAND, bei der *wParam* für die ID des jeweiligen Elements steht – also den Wert, den das Programm *CreateWindow* als drittletzten Parameter übergeben hat. OWNDRAW reagiert auf diese Nachrichten mit dem Aufruf der Funktion *GetWindowRect,* die (im Gegensatz zu *GetClientRect*) nicht die Größe des Anwendungsbereichs, sondern die Gesamtgröße des Fensters sowie seine Position auf dem Bildschirm ermittelt. Je nachdem, ob der Benutzer auf der linken oder der rechten Schaltfläche geklickt hat, wird das durch *GetWindowRect* gelieferte Rechteck (Typ RECT) auf kleinere bzw. größere Werte umgerechnet und anschließend als Parameter für einen Aufruf von *MoveWindow* benutzt. Windows zeichnet daraufhin den Fensterrahmen neu und gibt eine Nachricht des Typs WM_SIZE aus, auf die OWNDRAW seinerseits mit der Repositionierung der Schaltflächen reagiert.

Was dieser an sich kompletten Logik noch fehlt, ist das Zeichnen der Schaltflächen selbst. Wie zuvor erwähnt, beschränken sich Steuerelemente des Typs BS_OWNERDRAW auf das Bearbeiten von Nachrichten bzw. die Reaktion auf Mausklicks – und senden ihrerseits eine Nachricht des Typs WM_DRAWITEM an das übergeordnete Fenster, wenn irgend etwas neu gezeichnet werden muß. Letzteres ist sowohl beim Erzeugen des Elements via *CreateWindow* und bei jeder Änderung der Position als auch beim Drücken und Lösen der Maustaste innerhalb des Elementbereichs sowie beim Wechsel des Eingabefokus der Fall.

Bei Nachrichten des Typs WM_OWNERDRW stellt *lParam* (in den 16-Bit-Versionen von Windows war das *wParam*) einen Zeiger auf eine Datenstruktur des Typs DRAWITEMSTRUCT dar, die Windows auch für benutzerdefinierte Varianten von Listen und Menüs verwendet. Sie enthält unter anderem vier Felder zur Beschreibung des Steuerelements: *hDC* (den Gerätekontext), *rcItem* (Größe und Position als RECT), *CtlID* (die ID) und schließlich *itemState* – ein bitweise definiertes Feld zur Unterscheidung zwischen »gedrückt«, »gelöst« und »Eingabefokus«.

OWNDRAW reagiert auf WM_OWNERDRW mit einem Aufruf von *FillRect* zum Löschen des Steuerelements mit der Hintergrundfarbe (WHITE_BRUSH), danach wird mit *FrameRect* ein schwarzer Rand gezeichnet. Schließlich folgen vier Aufrufe der Routine *Polygon*, die für die Darstellung der Dreiecke innerhalb des Elements sorgt.

Während das reine Neuzeichnen damit erledigt ist, kommen für Mausklicks und den Wechsel des Eingabefokus noch einige Spezialitäten hinzu. Wenn das Bit ODS_SELECTED in *itemState* gesetzt ist, befindet sich der Cursor momentan im Bereich des Fensters, die Maustaste ist gedrückt: In diesem Fall invertiert OWNERDRW die Farbe des Elements über einen Aufruf von *InvertRect*. Ergibt eine Prüfung von *itemState* mit der Konstanten ODS_FOCUS das Ergebnis TRUE, dann zeigt der Eingabefokus momentan auf das Steuerelement; OWNERDW reagiert dann mit einem Aufruf der Funktion *DrawFocusRect*, die ein gestricheltes Rechteck innerhalb des Elements zeichnet.

So unendlich die Möglichkeiten bei selbstdefinierten Steuerelementen sind, so vorsichtig sollte man allerdings auch damit sein. Zum einen ist sparsamer Umgang angesagt, wenn man den Benutzer nicht mit ständig wechselnder Optik bombardieren will; zum anderen stellt das Feld *hDC* der übergebenen Datenstruktur den von Windows selbst verwendeten Gerätekontext dar, den ein Programm in exakt dem Zustand hinterlassen muß, in dem es ihn auch vorgefunden hat. Anders gesagt: Wer in diesen Kontext eigene GDI-Objekte einsetzt, muß sie hinterher in jedem Fall auch wieder entfernen. Auf ein Clipping-Rechteck verlassen sollte man sich ebenfalls nicht: Anders als bei normalen Fenstern ist es hier durchaus möglich (und natürlich unerwünscht), über die Grenzen des Steuerelements hinaus zu zeichnen.

Statische Elemente

Statische Elemente werden durch die Angabe der Fensterklasse »static« beim Aufruf von *CreateWindow* erzeugt und geben sich ausgesprochen bescheiden: Sie bearbeiten weder Maus- noch Tastaturereignisse und senden folglich auch keine Nachrichten des Typs WM_COMMAND an das Hauptfenster. (Wenn Sie den Cursor über einem statischen Fenster bewegen oder die Maustaste drücken, sendet Windows diesem Fenster eine Nachricht des Typs WM_NCHITTEST, auf die die zu »static« gehörige Window-Prozedur mit dem Zurückliefern des Wertes HTTRANSPARENT reagiert. Windows sendet daraufhin erneut eine Nachricht des Typs WM_NCHITTEST, deren Adressat diesmal aber das darunterliegende Fenster ist (bei dem es sich normalerweise um das Hauptfenster des Programms handelt). Die zu diesem Fenster gehörige Window-Prozedur leitet die Nachricht üblicherweise an *DefWindowProc* weiter, wo sie schließlich in ein normales Mausereignis á la WM_MOUSEMOVE umgewandelt wird).

Die ersten sechs Varianten, die Windows im Zusammenhang mit statischen Elementen definiert, zeichnen schlicht ein Rechteck bzw. einen Rahmen in ihrem Anwendungsbereich:

```
SS_BLACKRECT        SS_BLACKFRAME
SS_GRAYRECT         SS_GRAYFRAME
SS_WHITERECT        SS_WHITEFRAME
```

Der Unterschied zwischen »Rechteck« und »Rahmen« erschöpft sich hier in der Tatsache, dass die mit »RECT« definierten Fenster mit der Hintergrundfarbe ausgefüllt werden – eine Operation, die bei den als »FRAME« bezeichneten Varianten unterbleibt.

Die Bezeichner »BLACK,« »GRAY« und »WHITE« stehen hier lediglich als Verweis auf bestimmte Farben des Systems, wobei die folgenden Zusammenhänge gelten:

Statische Fenster	Systemfarbe
BLACK	COLOR_3DDKSHADOW
GRAY	COLOR_BTNSHADOW
WHITE	COLOR_BTNHIGHLIGHT

Tabelle 9.7: *Systemfarben für statische Steuerelemente*

Wie üblich steht auch hier dem Benutzer frei, diese Vorgaben über die Systemsteuerung und direkte Einträge in WIN.INI bzw. der Registrierung außer Kraft zu setzen. Die Stile SS_ETCHEDHORZ, SS_ETCHEDVERT und SS_ETCHEDFRAME stellen drei weitere Varianten dar, die einen schattenähnlichen (»eingravierten«) Rahmen über die Kombinationen dieser drei Farben erzeugen. (Technisch gesehen entsteht dieser Rahmen durch das leicht gegeneinander versetzte Zeichnen zweier Rahmen. Bei SS_ETCHEDHORZ liegt der dunklere Rahmen beispielsweise ein Pixel weiter rechts als der hellere.)

Die Farben dieser ersten neun Varianten sind übrigens ausschließlich über die Systemsteuerung bzw. *SetSysColor* veränderbar, weil Steuerelemente der Klasse »static« keine Nachrichten vor Zeichenaktionen an das übergeordnete Fenster senden. Einen Fenstertitel oder eine Beschriftung sucht man bei diesen Elementen ebenfalls vergeblich: Der entsprechende Parameter von *CreateWindow* wird schlicht ignoriert. Die beim Aufruf dieser Funktion angegebene Position des Fensters legt die obere linke Ecke des Rechtecks bzw. Rahmens relativ zum Anwendungsbereich des Hauptfensters fest.

Bei den nächsten drei Varianten sieht das etwas anders aus, weil sie ausschließlich für die Textdarstellung gedacht sind: SS_LEFT, SS_RIGHT und SS_CENTER unterscheiden sich lediglich durch die Ausrichtung eines darzustellenden Texts, der als Parameter von *CreateWindow* angegeben wird und nachträglich über die Funktion *SetWindowText* geändert werden kann. Für die Ausgabe dieses Textes wird die Funktion *DrawText* zusammen mit den Bitflags DT_WORDBREAK, DT_NOCLIP und DT_EXPANDTABS verwendet, die dafür benutzten Farben sind standardmäßig COLOR_WINDOWTEXT bzw. COLOR_BTNFACE für den Hintergrund und lassen sich (im Gegensatz zur Rahmenfarbe) über eine Window-Prozedur ändern, die auf die Nachricht reagiert. (Ein Praxisbeispiel dazu finden Sie im Programm COLORS1 auf Seite 367.)

Von der Fensterklasse »static« gibt es noch zwei weitere Varianten, für die WINUSER.H die Konstanten SS_ICON und SS_USERITEM definiert. Sie lassen sich allerdings nur im Zusammenhang mit Dialogen verwenden und sind deshalb in Kapitel 11 besprochen.

Bildlaufleisten

Bildlaufleisten hatten wir als Thema schon einmal in Kapitel 4 – allerdings dort nicht in Form von Steuerelementen, sondern als Bestandteile eines Fensters. Während sich das Aussehen dieser beiden Spielarten bis auf wenige Details gleicht, gibt es bei der Programmierung einige Unterschiede: Bildlaufleisten als Fensterelemente werden durch das schlichte Hinzufügen der Konstanten WS_VSCROLL bzw. WS_HSCROLL im Fensterstil beim Aufruf von *CreateWindow* angelegt und schließen den Anwendungsbereich nach rechts bzw. unten ab. Als Steuerelemente stellen sie dagegen eigenständige Child-Fenster dar, die sich auf beliebigen Positionen im Anwendungsbereich eines Hauptfensters befinden können. Konsequent werden sie über eigene Aufrufe von *CreateWindow* erzeugt, wobei hier die von Windows vordefinierte Fensterklasse »scrollbar« die Grundlage bildet; als Varianten stehen SBS_VERT für vertikale und SBS_HORZ für horizontale Bildlaufleisten zur Verfügung.

Im Gegensatz zu den bis dato besprochenen Steuerelementen (und den noch nicht behandelten Edit- bzw. Listenfenstern) senden Bildlaufleisten keine Nachrichten des Typs WM_COMMAND an das Hauptfenster, sondern benutzen mit WM_VSCROLL bzw. WM_HSCROLL dieselben Nachrichten wie ihre als Fensterelemente definierten Gegenstücke. Die Unterscheidung der beiden Arten findet über *lParam* statt:

Art	lParam
Fensterelement	0
Steuerelement	Fensterhandle des Elements

***Tabelle 9.8:** Unterschiedliche Werte für* lParam *bei* WM_HSCROLL *und* WM_VSCROLL

Die restlichen Parameter – das niederwertige und höherwertige Wort von *wParam* – haben für beide Arten von Bildlaufleisten dieselbe Bedeutung und Funktion.

Als Fensterelemente haben Bildlaufleisten eine vorgegebene Breite, als Steuerelemente werden ihre Dimensionen dagegen ausschließlich über die mit *CreateWindow* angegebenen Werte bestimmt, die sich dort auch nachträglich noch mit *MoveWindow* beliebig verändern lassen. Einem Programm steht es also frei, sich hier mit dünnen und langen oder dicken und kurzen Bildlaufleisten zu schmücken – oder sich an die Standardvorgaben des Systems zu halten, die sich (wie in Kapitel 4 demonstriert) über *GetSystemMetrics* ermitteln lassen:

```
iHeight = GetSystemMetrics (SM_CYHSCROLL) ;  // Höhe horizonaler Bildlaufleisten
iWidth  = GetSystemMetrics (SM_CXVSCROLL) ;  // Breite vertikaler Bildlaufleisten
```

Das Win32-SDK dokumentiert mit SBS_LEFTALIGN, SBS_RIGHTALIGN, SBS_TOPALIGN und SBS_BOTTOMALIGN vier weitere Varianten von Bildlaufleisten, bei denen die Standardwerte des Systems automatisch benutzt werden. Verwendbar sind diese Spielarten aber ausschließlich in Dialogen.

Der Bereich und die Position der Marke lassen sich bei Steuerelementen in ähnlicher Weise wie bei Fensterelementen setzen:

```
SetScrollRange (hwndScroll, SB_CTL, nMin, nMax, bRedraw) ;
SetScrollPos (hwndScroll, SB_CTL, nPos, bRedraw) ;
SetScrollInfo (hwndScroll, SB_CTL, &si, bRedraw) ;
```

Tatsächlich beschränken sich die Unterschiede hier auf die Tatsache, dass bei Fensterelementen der Handle des Fensters (anstelle des Handles des Child-Fensters) als erster und die Konstanten SB_VERT bzw. SB_HORZ als zweiter Parameter angegeben werden.

Die Fläche zwischen den beiden Pfeilen einer Bildlaufleiste wurde in den 16-Bit-Versionen von Windows mit der Systemfarbe COLOR_SCROLLBAR gezeichnet, die bei den 32-Bit-Versionen von Windows irritierenderweise in diesem Zusammenhang überhaupt keine Rolle mehr spielt. Statt dessen kommt hier eine Kombination (exakter: ein 50%-Raster) aus COLOR_BTNFACE und COLOR_BTNHIGHLIGHT zum Einsatz. Die Marke und die Pfeile selbst basieren dagegen in allen Windows-Versionen auf den Systemfarben für Schaltflächen (COLOR_BTNFACE, COLOR_BTNHIGHLIGHT, COLOR_BTNTEXT, COLOR_DKSHADOW und COLOR_BTNLIGHT sowie COLOR_BTNTEXT für die beiden Pfeilspitzen).

Diese Farben lassen sich übrigens durch ein Programm ändern, dessen Window-Prozedur auf WM_CTLCOLORSCROLLBAR reagiert. Womit wir nach diesem Wirrwarr von Konstanten endlich wieder bei einem Praxisbeispiel angekommen wären.

Das Programm COLORS1

Das in Abbildung 9.5 aufgelistete Programm COLORS1 demonstriert einige Anwendungsmöglichkeiten von Bildlaufleisten und statischen Fenstern und geht dabei noch einmal etwas detaillierter auf die Farben von Windows ein. Es stellt in der linken Hälfte seines Anwendungsbereichs drei Bildlaufleisten in den Grundfarben Rot, Grün und Blau zur Verfügung, mit denen sich eine Farbe komponieren läßt, die ihrerseits in der rechten Fensterhälfte erscheint. Die numerischen Werte der drei Grundkomponenten werden dabei unterhalb der jeweiligen Bildlaufleisten ausgegeben.

COLORS1.C

```
/*----------------------------------------------
   COLORS1.C -- Farbmischung über Bildlaufleisten
                (c) Charles Petzold, 1998
  ----------------------------------------------*/

#include <windows.h>

LRESULT CALLBACK WndProc    (HWND, UINT, WPARAM, LPARAM) ;
LRESULT CALLBACK ScrollProc (HWND, UINT, WPARAM, LPARAM) ;

int     idFocus ;
WNDPROC OldScroll[3] ;

int WINAPI WinMain (HINSTANCE hInstance, HINSTANCE hPrevInstance,
                    PSTR szCmdLine, int iCmdShow)
{
     static TCHAR szAppName[] = TEXT ("Colors1") ;
     HWND         hwnd ;
     MSG          msg ;
     WNDCLASS     wndclass ;

     wndclass.style         = CS_HREDRAW | CS_VREDRAW ;
     wndclass.lpfnWndProc   = WndProc ;
     wndclass.cbClsExtra    = 0 ;
     wndclass.cbWndExtra    = 0 ;
     wndclass.hInstance     = hInstance ;
     wndclass.hIcon         = LoadIcon (NULL, IDI_APPLICATION) ;
     wndclass.hCursor       = LoadCursor (NULL, IDC_ARROW) ;
     wndclass.hbrBackground = CreateSolidBrush (0) ;
     wndclass.lpszMenuName  = NULL ;
     wndclass.lpszClassName = szAppName ;

     if (!RegisterClass (&wndclass))
     {    // UNICODE-Compilierung ist die einzige realistische Fehlermöglichkeit
          MessageBox (NULL, TEXT ("Programm arbeitet mit Unicode und setzt Windows NT voraus!"),
                      szAppName, MB_ICONERROR) ;
          return 0 ;
     }
```

```
     hwnd = CreateWindow (szAppName, TEXT ("Farbmischung über Bildlaufleisten"),
                          WS_OVERLAPPEDWINDOW,
                          CW_USEDEFAULT, CW_USEDEFAULT,
                          CW_USEDEFAULT, CW_USEDEFAULT,
                          NULL, NULL, hInstance, NULL) ;

     ShowWindow (hwnd, iCmdShow) ;
     UpdateWindow (hwnd) ;

     while (GetMessage (&msg, NULL, 0, 0))
     {
          TranslateMessage (&msg) ;
          DispatchMessage  (&msg) ;
     }
     return msg.wParam ;
}

LRESULT CALLBACK WndProc (HWND hwnd, UINT message, WPARAM wParam, LPARAM lParam)
{
     static COLORREF crPrim[3] = { RGB (255, 0, 0), RGB (0, 255, 0),
                                   RGB (0, 0, 255) } ;
     static HBRUSH  hBrush[3], hBrushStatic ;
     static HWND    hwndScroll[3], hwndLabel[3], hwndValue[3], hwndRect ;
     static int     color[3], cyChar ;
     static RECT    rcColor ;
     static TCHAR * szColorLabel[] = { TEXT ("Rot"), TEXT ("Grün"),
                                       TEXT ("Blau") } ;
     HINSTANCE      hInstance ;
     int            i, cxClient, cyClient ;
     TCHAR          szBuffer[10] ;

     switch (message)
     {
     case WM_CREATE :
          hInstance = (HINSTANCE) GetWindowLong (hwnd, GWL_HINSTANCE) ;

          // Ein weißes Rechteck als Hintergrund für die Bildlaufleisten;
          // die ID dieses Child-Fensters ist 9.

          hwndRect = CreateWindow (TEXT ("static"), NULL,
                                   WS_CHILD | WS_VISIBLE | SS_WHITERECT,
                                   0, 0, 0, 0,
                                   hwnd, (HMENU) 9, hInstance, NULL) ;

          for (i = 0 ; i < 3 ; i++)
          {
               // Die drei Bildlaufleisten mit IDs von 0 bis 2 und einem Bereich von 0 bis 255
               hwndScroll[i] = CreateWindow (TEXT ("scrollbar"), NULL,
                                             WS_CHILD | WS_VISIBLE |
                                             WS_TABSTOP | SBS_VERT,
                                             0, 0, 0, 0,
                                             hwnd, (HMENU) i, hInstance, NULL) ;

               SetScrollRange (hwndScroll[i], SB_CTL, 0, 255, FALSE) ;
               SetScrollPos   (hwndScroll[i], SB_CTL, 0, FALSE) ;
```

```
          // Drei Beschriftungen dazu (IDs 4, 5 und 6) mit den Texten
          // "Rot", "Grün", "Blau"
          hwndLabel [i] = CreateWindow (TEXT ("static"), szColorLabel[i],
                                  WS_CHILD | WS_VISIBLE | SS_CENTER,
                                  0, 0, 0, 0,
                                  hwnd, (HMENU) (i + 3),
                                  hInstance, NULL) ;

          // Drei statische Textfelder (IDs 6, 7 und 8) für die Positionen
          // der Bildlaufleisten; Startwert ist in allen drei Fällen "0"
          hwndValue [i] = CreateWindow (TEXT ("static"), TEXT ("0"),
                                  WS_CHILD | WS_VISIBLE | SS_CENTER,
                                  0, 0, 0, 0,
                                  hwnd, (HMENU) (i + 6),
                                  hInstance, NULL) ;

          OldScroll[i] = (WNDPROC) SetWindowLong (hwndScroll[i],
                                  GWL_WNDPROC, (LONG) ScrollProc) ;

          hBrush[i] = CreateSolidBrush (crPrim[i]) ;
     }

     hBrushStatic = CreateSolidBrush (GetSysColor (COLOR_BTNHIGHLIGHT)) ;

     cyChar = HIWORD (GetDialogBaseUnits ()) ;
     return 0 ;

case WM_SIZE :
     cxClient = LOWORD (lParam) ;
     cyClient = HIWORD (lParam) ;
     SetRect (&rcColor, cxClient / 2, 0, cxClient, cyClient) ;

     MoveWindow (hwndRect, 0, 0, cxClient / 2, cyClient, TRUE) ;

     for (i = 0 ; i < 3 ; i++)
     {
          MoveWindow (hwndScroll[i],
                    (2 * i + 1) * cxClient / 14, 2 * cyChar,
                    cxClient / 14, cyClient - 4 * cyChar, TRUE) ;

          MoveWindow (hwndLabel[i],
                    (4 * i + 1) * cxClient / 28, cyChar / 2,
                    cxClient / 7, cyChar, TRUE) ;

          MoveWindow (hwndValue[i],
                    (4 * i + 1) * cxClient / 28,
                    cyClient - 3 * cyChar / 2,
                    cxClient / 7, cyChar, TRUE) ;
     }
     SetFocus (hwnd) ;
     return 0 ;

case WM_SETFOCUS :
     SetFocus (hwndScroll[idFocus]) ;
     return 0 ;
```

```
case WM_VSCROLL :
     i = GetWindowLong ((HWND) lParam, GWL_ID) ;

     switch (LOWORD (wParam))
     {
     case SB_PAGEDOWN :
          color[i] += 15 ;
                                        // weiter mit SB_LINEDOWN
     case SB_LINEDOWN :
          color[i] = min (255, color[i] + 1) ;
          break ;

     case SB_PAGEUP :
          color[i] -= 15 ;
                                        // weiter mit SB_LINEUP
     case SB_LINEUP :
          color[i] = max (0, color[i] - 1) ;
          break ;

     case SB_TOP :
          color[i] = 0 ;
          break ;

     case SB_BOTTOM :
          color[i] = 255 ;
          break ;

     case SB_THUMBPOSITION :
     case SB_THUMBTRACK :
          color[i] = HIWORD (wParam) ;
          break ;

     default :
          break ;
     }
     SetScrollPos  (hwndScroll[i], SB_CTL, color[i], TRUE) ;
     wsprintf (szBuffer, TEXT ("%i"), color[i]) ;
     SetWindowText (hwndValue[i], szBuffer) ;

     DeleteObject ((HBRUSH)
          SetClassLong (hwnd, GCL_HBRBACKGROUND, (LONG)
               CreateSolidBrush (RGB (color[0], color[1], color[2])))) ;

     InvalidateRect (hwnd, &rcColor, TRUE) ;
     return 0 ;

case WM_CTLCOLORSCROLLBAR :
     i = GetWindowLong ((HWND) lParam, GWL_ID) ;
     return (LRESULT) hBrush[i] ;

case WM_CTLCOLORSTATIC :
     i = GetWindowLong ((HWND) lParam, GWL_ID) ;
     if (i >= 3 && i <= 8)    // static text controls
     {
          SetTextColor ((HDC) wParam, crPrim[i % 3]) ;
          SetBkColor ((HDC) wParam, GetSysColor (COLOR_BTNHIGHLIGHT));
```

```
                return (LRESULT) hBrushStatic ;
            }
            break ;

        case WM_SYSCOLORCHANGE :
            DeleteObject (hBrushStatic) ;
            hBrushStatic = CreateSolidBrush (GetSysColor (COLOR_BTNHIGHLIGHT)) ;
            rcturn 0 ;

        case WM_DESTROY :
            DeleteObject ((HBRUSH)
                SetClassLong (hwnd, GCL_HBRBACKGROUND, (LONG)
                    GetStockObject (WHITE_BRUSH))) ;

            for (i = 0 ; i < 3 ; i++)
                DeleteObject (hBrush[i]) ;

            DeleteObject (hBrushStatic) ;
            PostQuitMessage (0) ;
            return 0 ;
        }
    return DefWindowProc (hwnd, message, wParam, lParam) ;
}

LRESULT CALLBACK ScrollProc (HWND hwnd, UINT message, WPARAM wParam, LPARAM lParam)
{
    int id = GetWindowLong (hwnd, GWL_ID) ;

    switch (message)
    {
    case WM_KEYDOWN :
        if (wParam == VK_TAB)
            SetFocus (GetDlgItem (GetParent (hwnd),
                (id + (GetKeyState (VK_SHIFT) < 0 ? 2 : 1)) % 3)) ;
        break ;

    case WM_SETFOCUS :
        idFocus = id ;
        break ;
    }
    return CallWindowProc (OldScroll[id], hwnd, message, wParam, lParam) ;
}
```

Abbildung 9.5: *Das Programm* COLORS1

COLORS1 setzt immerhin zehn Kinder in Form von Steuerelementen in die Welt (und bekäme wohl anstandslos einen Ausweis für ermäßigte Tarife beim rosa Elefanten): Das Programm definiert drei Bildlaufleisten, sechs statische Textfenster und ein statisches Rechteck. Weil COLORS1 Nachrichten des Typs WM_CTLCOLORSCROLLBAR bearbeitet, erscheint das Innere der drei Bildlaufleisten in der jeweiligen Farbe, bedienen lassen sie sich alternativ über die Tastatur oder über die Maus. Da COLORS1 die einzelnen RGB-Werte auch numerisch ausgibt, läßt sich das Programm recht gut als Experimentierfeld für Farbmischungen in eigenen Programmen verwenden (wobei hier wie üblich gilt, dass man über Geschmack nicht streiten kann). Abbildung 9.6

gibt eine gezwungenermaßen monochrome Version des Programms wieder und bestätigt damit die Binsenweisheit, dass man von Farbmischungen nur mit einem Farbbildschirm etwas hat.

Nachrichten des Typs WM_PAINT bearbeitet das Programm übrigens nicht – und einen Gerätekontext ermittelt es lediglich für die Bestimmung der Zeichenhöhe. Tatsächlich ist die in der rechten Fensterhälfte dargestellte Farbe nichts weiter als der (von Windows gezeichnete) Hintergrund des Hauptfensters, dessen linke Hälfte von einem statischen Fenster des Stils SS_WHITERECT überdeckt wird und deshalb unverändert bleibt. Die drei Bildlaufleisten sind Fenster des Typs SBS_VERT, die ihrerseits auf der Oberfläche des statischen Fensters erscheinen. Sechs weitere Fenster des Stils SS_CENTER (= zentrierter Text) übernehmen die Beschriftung sowie die Ausgabe der aktuellen Farbwerte. Alle elf Fenster werden innerhalb der Funktion *WinMain* von COLORS1 über Aufrufe von *CreateWindow* erzeugt: das Hauptfenster ist über eine eigene Fensterklasse definiert, die Bildlaufleisten und die statischen Textfenster verwenden dagegen die vordefinierten Fensterklassen »scrollbar« bzw. »static«.

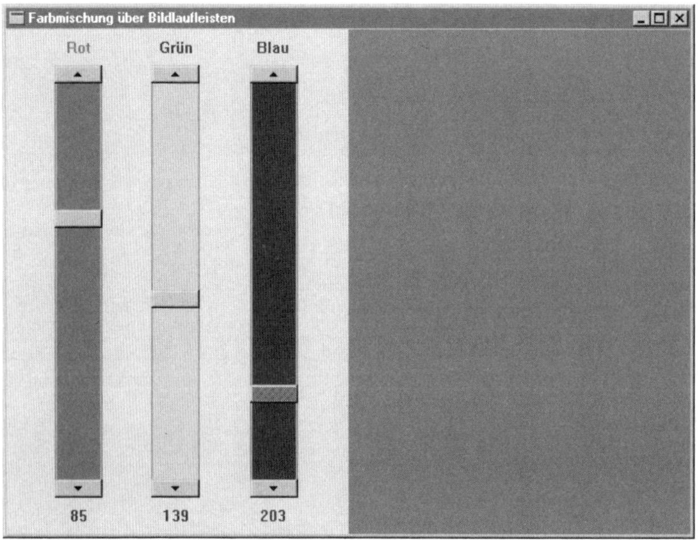

Abbildung 9.6: *– Eine gezwungenermaßen schwarzweiße Darstellung von* COLORS1

Da die relative Position und Größe der Bildlaufleisten sowie der statischen Kontrollen von der jeweiligen Fenstergröße abhängen, sind die entsprechenden Parameter im dazugehörigen Aufruf von *CreateWindow* schlicht auf 0 gesetzt; die eigentliche Festlegung findet in der Window-Prozedur beim Bearbeiten von WM_SIZE statt. Aus diesem Grund passen sich die Bildlaufleisten und ihre Beschriftung jedem Wechsel der Fenstergröße an. Wenn *WndProc* eine Nachricht des Typs WM_VSCROLL erhält, findet sich der Handle des Steuerelements in *lParam* wieder. Er wird als Parameter eines Aufrufs von *GetWindowLong* zur Ermittlung des IDs benutzt:

```
i = GetWindowLong (lParam, GWL_ID) ;
```

Für die drei Bildlaufleisten wurden beim Aufruf von *CreateWindow* die Kennziffern 0, 1 und 2 verwendet, weshalb es *WndProc* nach dem Ermitteln dieses IDs bei der Bearbeitung der Elemente recht einfach hat. Da diese Kennziffern für sämtliche Aktionen mit den Bildlaufleisten benutzt werden, finden sie sich auch im abschließenden Setzen der neuen Markenposition über *SetScrollPos* wieder:

```
SetScrollPos (hwndScrol[i], SB_CTL, color[i], TRUE) ;
```

Hier hätte man anstelle von *hwndScroll* auch erneut *lParam* als Handle angeben können. Als Reaktion auf veränderte Positionen der Marken setzt *WndProc* schließlich einen neuen Text in dem statischen Textfenster, das sich unterhalb der jeweiligen Bildlaufleiste befindet:

```
wsprintf (szBuffer, TEXT ("%i"), color[I]) ;
SetWindowText (hwndValue[i], szBuffer) ;
```

Die automatische Tastaturschnittstelle

Solange der Eingabefokus auf sie zeigt, können Bildlaufleisten auch Tastaturereignisse verarbeiten. Die folgende Tabelle gibt die Zusammenhänge zwischen Tasten und daraus erzeugten Nachrichten wieder:

Taste	Wert von *wParam* in der Nachricht
Pos1	SB_TOP
Ende	SB_BOTTOM
Seite aufwärts	SB_PAGEUP (oder SB_PAGELEFT)
Seite abwärts	SB_PAGEDOWN (oder SB_PAGERIGHT)
Pfeil links und Aufwärtspfeil	SB_LINEUP (oder SB_LINELEFT)
Pfeil rechts und Abwärtspfeil	SB_LINEDOWN (oder SB_LINERIGHT)

Tabelle 9.9: *Die Reaktion von Bildlaufleisten auf Tastendrücke*

Ähnlich wie bei Bildlaufleisten in Form von Fensterelementen und der dazugehörigen (selbstkonstruierten) Tastaturschnittstelle gilt hier, dass SB_TOP und SB_BOTTOM nur als Reaktion auf Tastaturereignisse erzeugt werden können, d.h. nicht über die Maus.

Damit Windows den Eingabefokus auf eine Bildlaufleiste setzt, wenn der Benutzer im entsprechenden Bereich des Bildschirms klickt, müssen Sie den Bezeichner WS_TABSTOP beim Aufruf von *CreateWindow* mit in den Fensterstil dieses Elements aufnehmen. Die optische Anzeige des Eingabefokus erfolgt in diesem Fall über einen Blinkeffekt der Marke in der Bildlaufleiste.

Trotz dieser Automatik kommt COLORS1 nicht ganz ohne eigene Aktionen im Zusammenhang mit der Tastatur aus. Zum einen muß *WndProc* den Eingabefokus erst einmal explizit auf eine der Bildlaufleisten setzen, damit die Sache auch ohne einen einleitenden Mausklick funktioniert. Das geschieht beim Bearbeiten der Nachricht WM_SETFOCUS, die das Hauptfenster eigentlich zur Anzeige des Umstands erhält, dass der Eingabefokus nun auf *WndProc* zeigt. Er wird hier sozusagen kommentarlos umgebogen:

```
SetFocus (hwndScroll[idFocus]) ;
```

Zum zweiten brauchen wir eine Methode, mit der man alternativ zur Maus zwischen den einzelnen Bildlaufleisten umschalten kann – vorzugsweise über Tab. Unerfreulicherweise bearbeitet aber die Bildlaufleiste, auf die der Eingabefokus momentan zeigt, sämtliche Tastendrücke – und ignoriert dabei alles, was nicht in die Klasse »Cursortasten« fällt. Die Lösung des Dilemmas liegt in einer Technik, die als »Fenster-Unterklassen« bezeichnet und bereits von COLORS1 verwendet wird.

Fenster-Unterklassen

Da sich die für vordefinierte Bildlaufleisten zuständige Window-Prozedur irgendwo im Code von Windows verbirgt, sollte man eigentlich annehmen, dass Eingriffe von außen ein Ding der Unmöglichkeit sind – was definitiv nicht so ist, weil Windows in diesem Zusammenhang einen Mechanismus definiert, der das »Einhängen« programmeigener Routinen in den Verarbeitungsprozeß von Nachrichten erlaubt.

In diesem Zusammenhang werden drei Funktionen verwendet: *GetWindowLong* liefert beim Aufruf mit dem Parameter GWL_WNDPROC die Adresse einer Window-Prozedur zurück, *SetWindowLong* erlaubt das Einsetzen einer eigenen Routine an ihrer Stelle, und *CallWindowProc* ermöglicht den Aufruf der zuvor mit *GetWindowLong* ermittelten Originalroutine.

Folglich kann ein Programm jedem vordefinierten Fenstertyp von Windows eine eigene Routine voranstellen, die bestimmte Nachrichten selbst verarbeitet und nur den Rest an die standardmäßig zugeordnete Window-Prozedur weitergibt. In COLORS1 trägt diese Routine den Namen *ScrollProc* und findet sich am Ende des Listings wieder. Da *ScrollProc* von Windows aus aufgerufen wird, muß diese Funktion als *CALLBACK* deklariert sein:

```
LRESULT CALLBACK ScrollProc (HWND hwnd, UINT message, WPARAM wParam, LPARAM lParam)
```

Da *SetWindowLong* den vorherigen Wert als direktes Ergebnis zurückliefert, läßt sich das Einsetzen von *ScrollProc* mit der Speicherung der Originaladresse kombinieren:

```
for (i = 0; i < 3; i++)
  OldScroll[i] = (WNDPROC) SetWindowLong (hwndScroll[i], GWL_WNDPROC, (LONG) ScrollProc)) ;
```

Damit wird *ScrollProc* zum primären Empfänger aller Nachrichten, die für diese drei Bildlaufleisten bestimmt sind. Die Routine selbst ist reichlich einfach ausgefallen: Sie schaltet lediglich bei Tab und Umschalt+Tab über einen Aufruf von *SetFocus* zur jeweils nächsten bzw. vorangehenden Bildlaufleiste um und überläßt die Bearbeitung aller anderen Ereignisse der (über *CallWindowProc* aufgerufenen) Originalroutine.

Falls Sie sich Sorgen machen, welche Rückwirkungen diese Technik auf das restliche System hat: Wie bereits aus der Tatsache hervorgehen sollte, dass für jede der drei Bildlaufleisten eigene Aufrufe von *GetWindowLong* und *SetWindowLong* notwendig sind, ist *ScrollProc* lediglich für die drei Steuerelemente von COLORS1 zuständig – und nicht etwa auch für die Bildlaufleisten anderer Programme.

Die Farbe des Hintergrundes

Für den Hintergrund des Hauptfensters legt COLORS1 bei der Definition der Fensterklasse ein durchgehendes Füllmuster mit der Farbe Schwarz fest:

```
wndclass.hbrBackground = CreateSolidBrush (0) ;
```

Wenn Sie die Farben von COLORS1 über die Bildlaufleisten ändern, muß das Programm dieses Füllmuster wieder freigeben, einen Handle für ein neues Füllmuster entsprechender Farbe erzeugen und ihn in die von Windows für das Hauptfenster unterhaltene Datenstruktur einsetzen. Zu diesem Zweck existieren zwei Funktionen namens *GetClassLong* und *SetClassLong*, mit denen man an die Felder der entsprechenden Datenstruktur auch nachträglich herankommt.

Tatsächlich lassen sich die für das Ändern des Hintergrundes, das Einsetzen in die Datenstruktur und die Freigabe des alten Füllmusters notwendigen Operationen in einem einzigen Befehl zusammenfassen:

```
DeleteObject ((BRUSH) SetClassLong (hwnd, GCL_HBRBACKGROUND,
    CreateSolidBrush (RGB (color[0], color[1], color[2])))) ;
```

Beim nächsten Neuzeichnen des Hintergrundes wird Windows nun das neu gesetzte Füllmuster benutzen. Damit dieses Neuzeichnen sofort geschieht, erklärt COLORS1 die rechte Hälfte seines Anwendungsbereichs über *InvalidateRect* als ungültig:

```
InvalidateRect (hwnd, &rcColor, TRUE) ;
```

Der Wert TRUE als dritter Parameter weist Windows hier an, den ungültigen Bereich zu löschen, d.h. mit der Hintergrundfarbe auszufüllen – und darin erschöpft sich auch bereits die gesamte Zeichenaktion des Programms.

InvalidateRect beschränkt sich allerdings darauf, ein WM_PAINT in die Warteschlange des Programms einzusetzen. Da Windows Nachrichten dieses Typs eine niedrige Priorität zuordnet, werden sie nicht bearbeitet, falls der Benutzer die Farbeinstellungen des Programms noch weiter (mit der Maus oder über die Tastatur) verändert. Wenn Sie eine direkte Reaktion des Programms auch während dem Verändern von Farbeinstellungen erzwingen wollen, können Sie dem Aufruf von *InvalidateRect* einen Aufruf von *UpdateWindow* folgen lassen:

```
UpdateWindow (hwnd) ;
```

Die Kehrseite der Medaille ist in diesem Fall natürlich ein entsprechend schwerfälligeres Verhalten von COLORS1 auf langsamen Systemen.

Wie bereits gesagt, werden Nachrichten des Typs WM_PAINT von COLORS1 überhaupt nicht bearbeitet, sondern einfach an die Routine *DefWindowProc* weitergegeben, die sich auf Aufrufe von *BeginPaint* und *EndPaint* beschränkt, d.h. den Anwendungsbereich wieder als aktualisiert erklärt. Da wir als dritten Parameter von *InvalidateRect* den Wert TRUE angegeben haben, erzeugt *BeginPaint* in diesem Fall (per *SendMessage*) eine Nachricht des Typs WM_ERASEBKGND, die von *WndProc* ebenfalls ignoriert wird und *DefWindowProc* schließlich zum Füllen des ungültigen Rechtecks mit der Hintergrundfarbe veranlaßt.

Wie alle anderen GDI-Objekte werden auch über *CreateSolidBrush* erzeugte Füllmuster beim Ende eines Programms nicht automatisch wieder freigegeben. Beim Wechsel der Farben haben wir für das jeweils alte Füllmuster ordentlich mit einem Aufruf von *DeleteObject* für die entsprechenden Aufräumarbeiten gesorgt. Ein Füllmuster bleibt dabei aber zwangsläufig immer belegt – nämlich das für den neuen Fensterhintergrund. Aus diesem Grund enthält der *case*-Zweig für WM_DESTROY einen weiteren Aufruf von *DeleteObject*:

```
DeleteObject ((HBRUSH) SetClassLong (hwnd, GCL_HBRBACKGROUND,
        (LONG) GetStockObject (WHITE_BRUSH))) ;
```

Die Farben der Bildlaufleisten

Auf Ihrem Bildschirm erscheint das Innere der drei Bildlaufleisten von COLORS1 nicht im üblichen Grau, sondern in der jeweiligen Grundfarbe (Rot, Grün und Blau). Möglich werden diese Farben durch die Bearbeitung von Nachrichten des Typs WM_CTLCOLORSCROLLBAR innerhalb von *WndProc*.

Diese Routine definiert ein Array der Speicherklasse *static*, das die Handles dreier Füllmuster aufnimmt:

```
static HBRUSH hBrush [3] ;
```

Diese drei Füllmuster werden während der Bearbeitung von WM_CREATE über Aufrufe von *CreateSolidBrush* erzeugt:

```
for (i = 0 ; i < 3 ; i++)
     hBrush[i] = CreateSolidBrush (crPrim [i]) ;
```

Das Array *crPrim* enthält hier die RGB-Werte der drei Primärfarben. Beim Bearbeiten von WM_CTLCOLORSCROLLBAR für Bildlaufleisten setzt *WndProc* die Standardfarben von Windows für Text und Hintergrund, liefert aber als Ergebnis den Handle einer dieser drei Füllmuster zurück:

```
case WM_CTLCOLORSCROLLBAR:
     i = GetWindowLong ((HWND) lParam, GWL_ID) ;
     return (LRESULT) hBrush [i] ;
```

Und schließlich muß sich WM_DESTROY auch hier um die Aufräumarbeiten beim Ende des Programms kümmern:

```
for (i = 0 ; i < 3 ; i++)
     DeleteObject (hBrush [i])) ;
```

Die Farben statischen Textfelder werden in ähnlicher Weise festgelegt: Auf die Nachricht WM_CTLCOLORSTATIC reagiert die Window-Prozedur mit dem Aufruf von *SetTextColor* für den übergebenen Fensterhandle. Den Hintergrund dieser Steuerelemente setzt das Programm mit *SetBkColor* auf die Systemfarbe COLOR_BTNHIGHLIGHT – mithin auf die Farbe, die auch der gemeinsame Hintergrund der Bildlaufleisten und dieser Textelemente hat. Da die mit *SetBkColor* gesetzte Farbe ausschließlich für den Hintergrund der ausgegebenen Zeichen (und nicht für den Hintergrund des gesamten Fensters) gilt, muß COLORS1 zusätzlich ein Füllmuster derselben Farbe liefern. Die entsprechende Variable hat in COLORS1 den Namen *hBrushStatic*; sie wird bei WM_CREATE besetzt und erst bei WM_DESTROY wieder abgebaut.

Ohne zusätzliche Maßnahmen liefe das allerdings darauf hinaus, dass COLORS1 Änderungen an COLOR_BTNHIGHLIGHT nur nach einem Neustart mitbekommt. Deshalb gibt es eine zweite Stelle im Programm, an der *hBrushStatic* gegebenenfalls freigegeben und erneut belegt wird – nämlich in einem separaten *case*-Zweig für die Reaktion die Nachricht auf WM_SYSCOLORCHANGE, mit der Windows sämtliche Programme über Änderungen an den Systemfarben informiert.

Editfenster

Eingabefelder bzw. die dazugehörige Fensterklasse »edit« stellen in mancher Hinsicht das Einfachste dar, was Windows in puncto Steuerelemente zu bieten hat – zumindest für den Programmierer: Was sich hinter einem solchen Element versteckt, ist nämlich eine reichlich komplexe Angelegenheit.

Tatsächlich läßt sich das Erzeugen von Fenstern dieser Klasse mit wenigen Worten beschreiben: Man lege bei einem Aufruf von *CreateWindow* eine *x*- und *y*-Position, die Größe und Breite sowie die Fensterklasse »edit« fest. Wenn der Eingabefokus auf dieses Element zeigt, kann der Benutzer Text eingeben bzw. Eingaben bearbeiten. Punkt.

Was zu diesem Bearbeiten gehört? Nun – die Bewegung des Cursors, das Löschen und Einfügen von Zeichen, das Markieren von Bereichen über die Tastatur oder die Maus, das Ausschneiden oder Kopieren markierter Bereiche via Strg+X bzw. Strg+C in die Zwischenablage sowie das Einfügen aus der Zwischenablage mit Strg+V.

Dazu kommt, dass man dabei nur vordergründig auf einzelne Zeilen beschränkt ist. Sehen Sie sich einmal den Editor von Windows an: Die Datei NOTEPAD.EXE hat einen Umfang von gerade einmal 35 KByte, weil dieses Programm in Wirklichkeit wenig mehr als ein Steuerprogramm für mehrzeilige Steuerelemente des Typs »edit« darstellt, d.h. den überwiegenden Teil der Bearbeitung den vordefinierten Funktionen von Windows überläßt.

Um Ihnen eine erste Vorstellung von den Möglichkeiten dieses Fenstertyps zu vermitteln, fangen wir hier mit einem »Clone« des Editors von Windows an, den ich POPPAD1 genannt habe (wobei dieser Name für »Popup-Pad« steht, was sich grob mit »Zettel in Form eines Popup-Fensters« übersetzen lässt). Dieses Programm wird in den folgenden Kapiteln schrittweise ausgebaut: Kapitel 10 fügt ihm ein Menü hinzu, Kapitel 11 die Dialogfelder für das Laden bzw. Speichern von Dateien, und in Kapitel 13 geht es schließlich um das Thema »Drucken«.

POPPAD1.C

```
/*-------------------------------------------------------------
   POPPAD1.C -- Über den Fenstertyp "edit" aufgebauter Mini-Editor
                (c) Charles Petzold, 1998
  -------------------------------------------------------------*/
#include <windows.h>

#define ID_EDIT     1

LRESULT CALLBACK WndProc (HWND, UINT, WPARAM, LPARAM);

TCHAR szAppName[] = TEXT ("PopPad1") ;

int WINAPI WinMain (HINSTANCE hInstance, HINSTANCE hPrevInstance,
                    PSTR szCmdLine, int iCmdShow)
{
     HWND     hwnd ;
     MSG      msg ;
     WNDCLASS wndclass ;

     wndclass.style         = CS_HREDRAW | CS_VREDRAW ;
     wndclass.lpfnWndProc   = WndProc ;
     wndclass.cbClsExtra    = 0 ;
     wndclass.cbWndExtra    = 0 ;
     wndclass.hInstance     = hInstance ;
```

```
     wndclass.hIcon         = LoadIcon (NULL, IDI_APPLICATION) ;
     wndclass.hCursor       = LoadCursor (NULL, IDC_ARROW) ;
     wndclass.hbrBackground = (HBRUSH) GetStockObject (WHITE_BRUSH) ;
     wndclass.lpszMenuName  = NULL ;
     wndclass.lpszClassName = szAppName ;

     if (!RegisterClass (&wndclass))
     {    // UNICODE-Compilierung ist die einzige realistische Fehlermöglichkeit
          MessageBox (NULL, TEXT ("Programm arbeitet mit Unicode und setzt Windows NT voraus!"),
                      szAppName, MB_ICONERROR) ;
          return 0 ;
     }

     hwnd = CreateWindow (szAppName, szAppName,
                          WS_OVERLAPPEDWINDOW,
                          CW_USEDEFAULT, CW_USEDEFAULT,
                          CW_USEDEFAULT, CW_USEDEFAULT,
                          NULL, NULL, hInstance, NULL) ;
     ShowWindow (hwnd, iCmdShow) ;
     UpdateWindow (hwnd) ;

     while (GetMessage (&msg, NULL, 0, 0))
     {
          TranslateMessage (&msg) ;
          DispatchMessage (&msg) ;
     }
     return msg.wParam ;
}

LRESULT CALLBACK WndProc (HWND hwnd, UINT message, WPARAM wParam, LPARAM lParam)
{
     static HWND hwndEdit ;

     switch (message)
     {
     case WM_CREATE :
          hwndEdit = CreateWindow (TEXT ("edit"), NULL,
                         WS_CHILD | WS_VISIBLE | WS_HSCROLL | WS_VSCROLL | WS_BORDER |
                            ES_LEFT | ES_MULTILINE | ES_AUTOHSCROLL | ES_AUTOVSCROLL,
                         0, 0, 0, 0, hwnd, (HMENU) ID_EDIT,
                         ((LPCREATESTRUCT) lParam) -> hInstance, NULL) ;
          return 0 ;

     case WM_SETFOCUS :
          SetFocus (hwndEdit) ;
          return 0 ;

     case WM_SIZE :
          MoveWindow (hwndEdit, 0, 0, LOWORD (lParam), HIWORD (lParam), TRUE) ;
          return 0 ;

     case WM_COMMAND :
          if (LOWORD (wParam) == ID_EDIT)
               if (HIWORD (wParam) == EN_ERRSPACE ||
                         HIWORD (wParam) == EN_MAXTEXT)
                    MessageBox (hwnd, TEXT ("Edit control out of space."),
```

```
                                szAppName, MB_OK | MB_ICONSTOP) ;
          return 0 ;

     case WM_DESTROY :
          PostQuitMessage (0) ;
          return 0 ;
     }
     return DefWindowProc (hwnd, message, wParam, lParam) ;
}
```

Abbildung 9.7: *Das Programm* POPPAD1

POPPAD1 ist ein mehrzeiliger Editor, der in der momentanen Version noch keine Dateifunktionen bietet, dafür aber mit weniger als 100 Zeilen Quelltext auskommt. Woraus auch folgt, dass das Programm selbst so gut wie gar nichts tut – es ist in erster Linie ein Beispiel dafür, was Editfenster ohne jede zusätzliche Unterstützung durch ein Programm zu bieten haben. (Eine aus grauer Vorzeit stammende Grenze gibt es allerdings auch bei Windows 95 und Windows 98 noch: Dort liegt die Maximalkapazität von Editfenstern bei etwa 30000 Zeichen. Bei Windows NT sind Editfenster dagegen ausschließlich durch den verfügbaren virtuellen Hauptspeicher begrenzt, d.h. fassen einige zig Megabytes.)

Varianten

Wie ich bereits erwähnt habe, werden Editfenster auf der Grundlage der Fensterklasse »edit« mit einem Aufruf von *CreateWindow* erzeugt; der Fensterstil setzt sich dabei aus WS_CHILD und mehreren Optionen zusammen. Wie bei statischen Steuerelementen können Texte linksbündig, zentriert oder rechtsbündig dargestellt werden, die dazugehörigen Konstanten für den Fensterstil haben die Namen ES_LEFT, ES_RIGHT und ES_CENTER. (Das Präfix »ES« steht hier für »edit style«.)

Ohne zusätzliche Flags angelegte Editfenster arbeiten mit einer Textzeile und verweigern weitere Eingaben, wenn der Cursor den rechten Fensterrand erreicht. Eine automatische horizontale Rollfunktion läßt sich über die Konstante ES_AUTOHSCROLL im Fensterstil hinzufügen. Mehrzeilige Editfenster werden über den Stil ES_MULTILINE definiert, wobei Windows hier standardmäßig mit einem automatischen Zeilenumbruch arbeitet, der sich durch ES_AUTOHSCROLL außer Kraft setzen läßt. Für mehrzeilige Editfenster ist zusätzlich die Konstante ES_AUTOVSCROLL zulässig, die eine vertikale Rollfunktion automatisiert. Mehrzeilige Editfenster kann man des weiteren mit Bildlaufleisten ausrüsten, was über WS_HSCROLL und WS_VSCROLL geschieht – also über dieselben Bezeichner wie bei normalen Fenstern. Für Rahmen wird mit WS_BORDER ebenfalls auf die Definitionen normaler Fenster zurückgegriffen.

Markierte Texte erscheinen innerhalb von Editfenstern in inverser Darstellung, die Windows beim Wechsel des Eingabefokus zu einem anderen Fenster allerdings wieder verschwinden läßt. Um die inverse Darstellung auch in diesem Fall zu erhalten, müssen Sie die Konstante ES_NOHIDESEL in den Fensterstil mit aufnehmen.

Wie nach diesen Erläuterungen wohl zu vermuten, beinhaltet die Definition des Editfensters in POPPAD1 eine ganze Reihe von Konstanten für den Stil – nämlich:

```
WS_CHILD | WS_VISIBLE | WS_HSCROLL | WS_VSCROLL | WS_BORDER |
   ES_LEFT | ES_MULTILINE | ES_AUTOHSCROLL | ES_AUTOVSCROLL
```

Die Größe und Position des Fensters wird nicht beim Aufruf von *CreateWindow*, sondern erst beim Bearbeiten von WM_SIZE über *MoveWindow* festgelegt. POPPAD1 verwendet hier schlicht den Ursprung und die Größe seines Hauptfensters:

```
MoveWindow (hwndEdit, 0, 0, LOWORD (lParam), HIWORD (lParam), TRUE) ;
```

Die Minimalgröße für die Höhe einzeiliger Editfenster ergibt sich über die Höhe der Systemschrift. Wenn das Fenster (wie in den meisten Programmen üblich) zusätzlich mit einem Rahmen dargestellt wird, kann man die Formel »Höhe * 1.5« benutzen, wobei der Durchschuß (*tmExternalLeading*) enthalten sein sollte – ansonsten kommen Sie spätestens bei großgeschriebenen Umlauten in Schwierigkeiten.

Nachrichten an das Hauptfenster

Editfenster senden dem Hauptfenster Nachrichten des Typs WM_COMMAND, wobei *wParam* und *lParam* dieselbe Bedeutung wie bei »button«-Steuerelementen haben:

Parameter	Beschreibung
LOWORD*(wParam)*	ID des Steuerelements (d.h. des Editfensters)
HIWORD (*wParam*)	Aktionscode
lParam	Handle des Child-Fensters

Tabelle 9.10: wParam *und* lParam *bei Rückmeldungen von Editfenstern*

Die in diesem Zusammenhang verwendeten Aktionscodes stellen dagegen eine eigenständige Kategorie dar, für die WINUSER.H die folgenden Bezeichner definiert:

Bezeichner	Erläuterung
EN_SETFOCUS	der Eingabefokus zeigt nun auf das Editfenster (d.h. die dazugehörige Window-Prozedur hat eine Nachricht des Typs WM_SETFOCUS erhalten)
EN_KILLFOCUS	der Eingabefokus wechselt zu einem anderen Fenster bzw. Steuerelement
EN_CHANGE	der Inhalt des Editfensters ändert sich
EN_UPDATE	Aktualisierung des Editfensters abgeschlossen
EN_ERRSPACE	dem Editfenster geht der Speicherplatz aus, kein Platz auf dem Heap
EN_MAXTEXT	das Editfenster hat seine Maximalgrenze von ca. 30 KByte Text erreicht (in der Praxis nur bei Windows 95 und Windows 98, nicht aber bei Windows NT möglich)
EN_HSCROLL	Klick in der horizontalen Bildlaufleiste
EN_VSCROLL	Klick in der vertikalen Bildlaufleiste

Tabelle 9.11: *Aktionscodes von Editfenstern*

POPPAD1 bearbeitet gerade einmal zwei dieser Aktionscodes: Auf EN_ERRSPACE und EN_MAXTEXT reagiert die Window-Prozedur mit der Ausgabe eines entsprechenden Meldungsfensters.

Mehrere Editfenster und der Eingabefokus

Wenn Sie mehrere einzeilige Editfenster auf der Oberfläche eines Hauptfensters definieren, dann stellt sich wieder das Problem der Umschaltung über die Tastatur. Die Lösung besteht aus denselben Schritten wie im Programm COLORS1, d.h. der Verwendung von Fenster-Unterklassen und dem Einsetzen einer eigenen Routine, die auf Tab bzw. Umschalt+Tab mit dem Umsetzen des Eingabefokus reagiert. (Ein weiteres Beispiel für die Anwendung dieser Technik findet sich im Programm HEAD weiter hinten in diesem Kapitel.)

Was eine solche Routine mit einem Druck auf Return anfängt, liegt im Ermessen des Programmierers: Wenn man diese Taste nicht in derselben Weise wie Tab behandelt, kann man sie beispielsweise als Signal für das Ende der gesamten Bearbeitung interpretieren.

Über die Funktion *SetWindowText* kann ein Programm ein Editfenster auf direktem Wege mit Text besetzen; *GetWindowTextLength* und *GetWindowText* sind für das Auslesen der Benutzereingaben zuständig. Auf diese Funktionsgruppe komme ich im Rahmen der folgenden Versionen von POPPAD noch zu sprechen.

Nachrichten an Editfenster

Da es eine recht hohe Zahl von Nachrichten gibt, die ein Programm per *SendMessage* an ein Editfenster senden kann und die folgenden Versionen von POPPAD sich mit einigen von ihnen im Detail auseinandersetzen, soll dieser Abschnitt lediglich einen Überblick vermitteln.

Die folgenden Nachrichten stehen im Zusammenhang mit dem Ausschneiden, Kopieren und Einsetzen von Text, den der Benutzer über die Maus oder mit der Umschalttaste und den Cursortasten markiert hat:

```
SendMessage (hwndEdit, WM_CUT, 0, 0) ;
SendMessage (hwndEdit, WM_COPY, 0, 0) ;
SendMessage (hwndEdit, WM_CLEAR, 0, 0) ;
```

WM_CUT löscht den markierten Textblock und sendet ihn der Zwischenablage, WM_COPY führt dagegen eine Kopie aus, d.h. läßt den markierten Textblock unverändert. WM_CLEAR hat mit der Zwischenablage überhaupt nichts zu tun: Diese Nachricht veranlaßt das Editfenster, einen markierten Textblock ersatzlos zu löschen.

Das Einfügen von Text aus der Zwischenablage geschieht an der momentanen Position des Carets mit:

```
SendMessage (hwndEdit, WM_PASTE, 0, 0) ;
```

Die Start- und End-Indizes eines markierten (»selektierten«) Textblocks lassen sich über die folgende Nachricht ermitteln:

```
SendMessage (hwndEdit, EM_GETSEL, (WPARAM) &iStart, (LPARAM) &iEnd) ;
```

Dieser Aufruf setzt die Variable *iStart* auf den Index des ersten markierten Zeichens, die Variable *iEnd* dagegen auf den Index das erstens Zeichens *hinter* der Markierung (mithin den Endindex plus 1).

Ein Programm kann die Auswahl eines Textblocks auch auf direkte Art und Weise veranlassen – nämlich mit

```
SendMessage (hwndEdit, EM_SETSEL, iStart, iEnd) ;
```

– oder einen ausgewählten Textblock durch einen anderen Text ersetzen:

```
SendMessage (hwndEdit, EM_REPLACESEL, 0, (LPARAM) pszString) ;
```

Bei mehrzeiligen Editfenstern läßt sich die momentane Zeilenzahl ermitteln:

```
iCount = SendMessage (hwndEdit, EM_GETLINECOUNT, 0, 0) ;
```

Die Zuordnung zwischen Zeilen und Indizes im Puffer des Editfensters erfolgt mit:

```
iOffset = SendMessage (hwndEdit, EM_LINEINDEX, iLine, 0) ;
```

Dieser Aufruf liefert den Startindex der Zeile *iLine* zurück, wobei die Numerierung der Zeilen mit 0 beginnt. Für *iLine* = -1 wird der Startindex der Zeile zurückgeliefert, in der sich das Caret momentan befindet.

Nachdem Sie die Länge einer Zeile mit

```
iLength = SendMessage (hwndEdit, EM_LINELENGTH, iLine, 0) ;
```

ermittelt haben, können Sie sie in einen eigenen Puffer des Programms kopieren:

```
pszBuffer = malloc(iLength);
SendMessage (hwndEdit, EM_GETLINE, iLine, pszBuffer) ;
```

Listenfenster

Listenfenster stellen die letzte der vordefinierten Klassen von Windows dar, die ich in diesem Kapitel behandle. Wie der Name impliziert, werden sie in erster Linie zur Darstellung von Listen verwendet: Sie erscheinen in Form eines Rechtecks, das eine Sammlung von Textstrings zeilenweise darstellt und in dem der Benutzer einen dieser Textstrings auswählen kann. Üblicherweise sind sie mit einer vertikalen Bildlaufleiste ausgerüstet, d.h. erlauben das vertikale Rollen des Fensterinhalts.

Ein Programm kann einer solchen Liste über das Senden von Nachrichten Textelemente hinzufügen bzw. zuvor hinzugefügte Textelemente wieder löschen; auf eine Auswahl des Benutzers reagiert das Fenster mit dem Senden einer Nachricht des Typs WM_COMMAND. Obwohl Listenfenster üblicherweise für die Auswahl eines einzelnen Elements gedacht sind, existiert auch eine Variante, dasselbe mit mehreren Elementen erlaubt.

Windows signalisiert mit einem gestrichelten Rahmen um ein Listenelement, dass der Eingabefokus momentan auf das dazugehörige Listenfenster zeigt. Dieser Rahmen hat allerdings nichts mit der Auswahl des Benutzers zu tun, die durch die inverse Darstellung des ausgewählten Elements gekennzeichnet wird.

In Listenfenstern, die auf die Auswahl eines einzelnen Elements angelegt sind, läßt sich diese Operation auch über die Leertaste vornehmen. Die Pfeiltasten bewegen sowohl den Cursor als auch die momentane Auswahl und rollen den Fensterinhalt automatisch, wenn der obere oder untere Fensterrand erreicht ist. Die Bildlauftasten blättern innerhalb einer Liste um und bewegen den Cursor, haben im Gegensatz zu den Pfeiltasten aber keinen Einfluß auf die aktuelle Auswahl.

Die Eingabe eines Buchstabens setzt den Cursor und die Auswahl auf das erste Element, das mit diesem Buchstaben beginnt, eine Wiederholung dieses Buchstabens wählt das zweite Element mit diesem Anfangsbuchstaben usw. Die Auswahl eines Elements kann alternativ auch durch einen einfachen oder doppelten Mausklick geschehen.

In Listenfenstern für die Auswahl mehrerer Elemente schaltet die Leertaste das Element, auf dem sich der Cursor befindet, zwischen »selektiert« und »nicht selektiert« um. Die Pfeiltasten geben sämtliche zuvor ausgewählten Elemente wieder frei und bewegen den Cursor sowie die Auswahl in derselben Weise wie zuvor beschrieben. Die Kombination von Strg mit den Cursortasten bewegt hier den Cursor, ohne einen Einfluß auf zuvor ausgewählte Elemente zu haben, über die Umschalttaste und die Pfeiltasten läßt sich eine Auswahl auf mehrere Elemente erweitern. Ein einfacher Klick oder ein Doppelklick wählt das entsprechende Element aus und gibt alle anderen Elemente wieder frei, hat also denselben Effekt wie die Leertaste – mit zwei Ausnahmen: Wenn während des Klicks die Umschalttaste gedrückt ist, wird eine vorherige Auswahl bis zum aktuellen Element erweitert; Klicks bei gedrückter Strg-Taste wählen Elemente individuell aus bzw. ab.

Varianten

Listenfenster werden auf Grundlage der vordefinierten Fensterklasse »listbox« mit einem Aufruf der Routine *CreateWindow* erstellt, der grundlegende Fensterstil ist wie bei Editfenstern die Konstante WS_CHILD. Solange der Fensterstil keine weiteren Zusätze enthält, ist das Ergebnis allerdings ein Listenfenster, das überhaupt keine Nachrichten an das Hauptfenster ausgibt und deshalb von dort aus per *SendMessage* abgefragt werden muß. Aus diesem Grund enthält der Fensterstil fast immer die zusätzliche Angabe LBS_NOTIFY, über die das Listenfenster zur Ausgabe von Nachrichten des Typs WM_COMMAND veranlaßt wird. (Das Präfix »LBS« steht für »list box style«.) Über die Aufnahme der Konstanten LBS_SORT in den Fensterstil kann man für die alphanumerisch sortierte Darstellung der einzelnen Elemente im Listenfenster sorgen.

Standardmäßig sind Listenfenster auf die Auswahl eines einzigen Elements ausgelegt. Um die Auswahl mehrerer Elemente zu erlauben, muß dem Fensterstil die Konstante LBS_MULTIPLESEL hinzugefügt werden.

Listenfenster reagieren normalerweise mit einer automatischen Aktualisierung ihrer Ausgabe auf das Hinzufügen eines neuen Elements, was ein Programm bei der Initialisierung vor gewisse Schwierigkeiten stellt: die Reaktion auf das Hinzufügen von 30 neuen Elementen wären 30 Neuausgaben des Fensterinhalts. Über die Konstante LBS_NOREDRAW besteht eine Möglichkeit, diese Automatik abzuschalten, die Alternative dazu sind Nachrichten des Typs WM_SETREDRAW, die ich in einem der folgenden Abschnitte dieses Kapitels beschreibe.

Standardmäßig fehlen Listenfenstern Rahmen und vertikale Bildlaufleisten – zwei Elemente, die sich über die üblichen Konstanten (WS_BORDER und WS_VSCROLL) beim Festlegen des Fensterstils hinzufügen lassen.

WINUSER.H definiert einen Bezeichner namens LBS_STANDARD, der für die am häufigsten verwendete Variante steht und sich seinerseits aus den folgenden Konstanten zusammensetzt:

```
#define LBS_STANDARD (LBS_NOTIFY | LBS_SORT | WS_VSCROLL | WS_BORDER)
```

Optional kann man ein Listenfenster auch über die Konstanten WS_SIZEBOX und WS_CAPTION mit einer Titelleiste sowie Schaltflächen zum Vergrößern und Verkleinern ausrüsten – was natürlich den Effekt hat, dass der Benutzer dieses Fenster im Anwendungsbereich des Hauptfensters bewegen sowie in seiner Größe verändern kann.

Die Minimalbreite eines Listenfensters ergibt sich durch den Platzbedarf des längsten Elements, zu dem die Breite der vertikalen Bildlaufleiste addiert werden muß. Sie läßt sich wie üblich über einen Aufruf von *GetSystemMetrics* ermitteln:

```
nWidth = GetSystemMetrics (SM_CXVSCROLL) ;
```

Die Höhe eines Listenfensters berechnet sich über die Formel »Höhe der Systemschrift * Anzahl der gleichzeitig darzustellenden Elemente«, wobei der Abstand zwischen zwei Zeilen (*tmExternalLeading*) hier nicht in die Berechnung einbezogen wird.

Einsetzen von Elementen

Ein über *CreateWindow* erstelltes Listenfenster ist naturgemäß erst einmal völlig leer und muß über Aufrufe von *SendMessage* mitgeteilt bekommen, welche Elemente es darstellen soll. Üblicherweise hält man die auszugebenden Textstrings in Form eines Arrays, dessen Elemente mit 0 beginnend durchnumeriert sind.

Bei der Übergabe der einzelnen Elemente per *SendMessage* wird der Parameter *lParam* als Zeiger auf den jeweiligen String verwendet, der im Format ASCIIZ vorliegen muß. Da der Compiler aufgrund der Deklaration von *SendMessage* hier aber keinen Stringzeiger, sondern eben einen Wert des Typs LPARAM erwartet, ist eine explizite Typumwandlung notwendig, wenn man nicht mit Warnungen beworfen werden will:

```
SendMessage(hwndList, LB_ADDSTRING, 0, (LPARAM) szString);
```

hwndList steht hier (wie auch in den folgenden Beispielen) für den Handle zum Listenfenster, *szString* ist die Adresse des zu übergebenden Strings. (Was bei dieser Typumwandlung herauskommt, ist schlicht ein DWORD).

Für die Ergebnisse von *SendMessage* sind in diesem Zusammenhang drei Konstanten definiert: LB_ERRSPACE (Wert: -2) steht für den Fall, dass die Window-Prozedur des Listenfensters das Element wegen Platzmangels nicht mehr speichern kann, LB_ERR (-1) für Fehler anderer Art und LB_OKAY (0) für eine fehlerfreie Ausführung. Listenfenster haben im Gegensatz zu Editfenstern keine absichtlich eingebaute Begrenzung hinsichtlich der Kapazität und können im Prinzip eine beliebige Zahl von Einträgen aufnehmen. (Wie sich ein Benutzer fühlt, dem ein Programm zigtausend Einträge in einem einzigen Listenfenster präsentiert, steht natürlich auf einem anderen Blatt.)

Wenn Sie den Fensterstil LBS_SORT verwenden oder dafür sorgen wollen, dass die Elemente in einer bestimmten Reihenfolge erscheinen, ist die Übergabe mit LB_ADDSTRING das einfachste Verfahren:

```
SendMessage (hwndList, LB_ADDSTRING, 0, (LONG) (LPSTR) szString) ;
```

Solange das Programm nicht den Fensterstil LBS_SORT verwendet, kann es mit LB_INSERTSTRING zusätzliche Elemente ab einer bestimmten Indexposition einfügen:

```
SendMessage (hwndList, LB_INSERTSTRING, iIndex, (LPARAM) szString) ;
```

Wenn *iIndex* hier beispielsweise den Wert 4 hat, dann fügt dieser Aufruf *szString* an fünfter Stelle des Listenfensters ein. (Nicht vergessen: die Zählung beginnt mit 0.) Sämtliche Elemente mit höheren Indexnummern werden dabei entsprechend »nach hinten« versetzt. Die Angabe des Wertes -1 für *iIndex* entspricht dem Hinzufügen von *szString* am momentanen Ende der Liste.

LB_INSERTSTRING läßt sich auch bei Listenfenstern des Stils LBS_SORT verwenden, wobei die Listenelemente in diesem Fall allerdings nicht neu sortiert werden. (Eine weitere Möglichkeit zum Einfügen besteht über den Aufruf von *SendMessage* zusammen mit der Konstanten LB_DIR, auf die ein Abschnitt gegen Ende dieses Kapitels ausführlicher eingeht.)

Das Löschen eines einzelnen Elements eines Listenfensters erfolgt über die Angabe seines Indexes zusammen mit der Konstanten LB_DELETESTRING:

```
SendMessage (hwndList, LB_DELETESTRING, iIndex, 0L) ;
```

Ein Aufruf von *SendMessage* zusammen mit der Konstanten LB_RESETCONTENT löscht schließlich sämtliche Elemente:

```
SendMessage (hwndList, LB_RESETCONTENT, 0, 0) ;
```

Wie zu Anfang des Abschnitts über Listenfenster erwähnt, wird das Fenster normalerweise nach jedem Hinzufügen oder Löschen eines Elements aktualisiert. Ein Programm, das mit aufeinanderfolgenden Aufrufen von *SendMessage* mehrere Elemente hinzufügen oder löschen will, sollte diese Aktion mit zwei weiteren Nachrichten einrahmen:

```
SendMessage (hwndList, WM_SETREDRAW, FALSE, 0) ;  // Aktualisierung aus
[Verändern der Liste]
SendMessage (hwndList, WM_SETREDRAW, TRUE, 0) ;   // Aktualisierung wieder an
```

Listenfenster, deren Fensterstil die Konstante LBS_NOREDRAW enthält, unterscheiden sich von ihren normalen Gegenstücken lediglich durch ein anfänglich gelöschtes Aktualisierungsflag. Sie lassen sich mit WM_SETREDRAW in derselben Weise umschalten.

Die Arbeit mit Einträgen

Das Ermitteln von Informationen über Elemente von Listenfenstern geschieht ebenfalls per *SendMessage*. Diese Funktion liefert hier in den meisten Fällen einen vorzeichenlosen Integerwert zurück, wobei der Wert 0xFFFFFFFFh (= -1) für Fehler bei der Ausführung steht.

Auf diese Art läßt sich beispielsweise die Anzahl der Elemente eines Listenfensters ermitteln:

```
iCount = SendMessage (hwndList, LB_GETCOUNT, 0, 0) ;
```

Bei anderen Nachrichten müssen Sie zwischen Listenfenstern für die Auswahl eines Elements und Listenfenstern für die Auswahl mehrerer Elemente unterscheiden. Wir fangen hier mit einzelnen Auswahlen an.

Obwohl der eigentliche Zweck eines Listenfensters natürlich darin besteht, dem Benutzer die Auswahl des gewünschten Elements zu überlassen, kann man für eine Art Standardvorgabe sorgen:

```
SendMessage (hwndList, LB_SETCURSEL, iIndex, 0) ;
```

Bei diesem Aufruf stellt das Listenfenster das durch *iIndex* bezeichnete Element invers dar. Die Angabe des Wertes -1 (anstelle von 0) für *lParam* hat die Rücknahme einer eventuell bereits bestehenden Auswahl zur Folge.

Alternativ läßt sich ein Element durch die Angabe seiner Anfangsbuchstaben direkt auswählen:

```
iIndex = SendMessage (hwndList, LB_SELECTSTRING, iIndex, (LPARAM) szSearchString) ;
```

Der hier als *iIndex* angegebene Parameter wird der Window-Prozedur des Listenfensters als *wParam* übergeben und legt fest, mit welchem Index die Suche nach einem Element beginnt, dessen erste Buchstaben mit *szSearchString* übereinstimmen. (Die Anzahl der zu vergleichenden Buchstaben wird dabei über die Länge von *szSearchString* bestimmt). Wenn Sie für *iIndex* den Wert -1 einsetzen, beginnt die Suche mit dem Element, das das Listenfenster als Anfang seiner Liste darstellt. Das Ergebnis des Funktionsaufrufs ist entweder der Index des gefundenen (und nunmehr ausgewählten) Elements oder der Wert LB_ERR für eine erfolglose Suche.

Über einen Aufruf von *SendMessage* mit der Konstanten LB_GETCURSEL läßt sich der Index des momentan ausgewählten Elements ermitteln:

```
iIndex = SendMessage (hwndList, LB_GETCURSEL, 0, 0) ;
```

Üblicherweise wird man Bestimmungen dieser Art als Teil der Behandlung von WM_COMMAND formulieren. Das Ergebnis des Funktionsaufrufs ist LB_ERR, falls zum momentanen Zeitpunkt keine Auswahl existiert.

Die Kopie eines Listenelements in einen programmeigenen Puffer erfolgt mit:

```
iLength = SendMessage (hwndList, LB_GETTEXT, iIndex, (LPARAM) szBuffer) ;
```

Bei Bedarf läßt sich zuvor auch die Länge dieses Elements ermitteln:

```
iLength = SendMessage (hwndList, LB_GETTEXTLEN, iIndex, 0) ;
```

In beiden Fällen gibt *iLength* hier (analog zu *strlen*) lediglich die Anzahl der Zeichen wieder, zu der man bei Belegungen via *malloc* 1 für das abschließende NUL-Zeichen addieren (und das Ergebnis dann beim Einsatz von Unicode mit *sizeof(TCHAR)* multiplizieren) muß.

In Listenfenstern, die die Auswahl mehrerer Elemente erlauben, lassen sich LB_SETCURSEL, LB_GETCURSEL und LB_SELECTSTRING naturgemäß nicht verwenden. Zur direkten Bearbeitung eines Elements wird hier eine Konstante namens LB_SETSEL benutzt, die keinen Einfluß auf andere, eventuell bereits ausgewählte Elemente hat:

```
SendMessage (hwndList, LB_SETSEL, wParam, iIndex) ;
```

Werte ungleich 0 für *wParam* wählen das über *iIndex* bezeichnete Element aus; die Angabe des Wertes 0 für diesen Parameter macht eine Auswahl rückgängig. Wenn Sie als *iIndex* den Wert -1 angeben, bezieht sich die Operation auf sämtliche Elemente der Liste, d.h. wählt sämtliche Elemente aus bzw. nimmt sämtliche Auswahlen zurück.

Welche Elemente ausgewählt sind und welche nicht, muß das Programm hier über eine Schleife abfragen, deren Kern aus dem folgenden Aufruf besteht:

```
bSelect = SendMessage (hwndList, LB_GETSEL, iIndex, 0) ;
```

bSelect bekommt hier den Wert TRUE (ungleich 0), wenn das über *iIndex* indizierte Element ausgewählt ist.

Nachrichten von Listenfenstern

Wenn der Benutzer auf einem Element eines Listenfensters klickt, setzt Windows den Eingabefokus auf dieses Fenster um. Danach lassen sich die Cursortasten und die Leertaste ebenfalls zur Auswahl von Elementen verwenden. Explizit umsetzen kann die Window-Prozedur des Hauptfensters den Eingabefokus mit dem üblichen Befehl:

```
SetFocus (hwndList) ;
```

Listenfenster senden als Reaktion auf Aktionen des Benutzers Nachrichten des Typs WM_COMMAND an das Hauptfenster. *wParam* und *lParam* haben hier dieselbe Bedeutung wie bei Steuerelementen der Klasse »button«:

Name	Wert
LOWORD(*wParam*)	Fenster-ID des Steuerelements
HIWORD(*wParam*)	Aktionscode
lParam	Fensterhandle des Steuerelements

***Tabelle 9.12:** Rückmeldungen von Listenfenstern*

Die in diesem Zusammenhang verwendeten Aktionscodes sind dagegen individuell für Listenfenster. WINUSER.H definiert in diesem Zusammenhang die folgenden Bezeichner:

Wert	Aktionscode	Bedeutung
-2	LBN_ERRSPACE	kein Platz für weitere Listenelemente
1	LBN_SELCHANGE	Selektion vom Benutzer geändert
2	LBN_DBLCLK	Doppelklick auf einem Element, d.h. Auswahl
3	LBN_SELCANCEL	Selektion rückgängig gemacht
4	LBN_SETFOCUS	Eingabefokus wechselt zum Listenfenster
5	LBN_KILLFOCUS	Eingabefokus wechselt zu einem anderen Fenster

***Tabelle 9.13:** Aktionscodes von Listenfenstern*

Die Aktionscodes LBN_SELCHANGE und LBN_DBLCLK werden nur erzeugt, wenn der Fensterstil des Listenfensters zusätzlich die Konstante LBS_NOTIFY enthält.

LBN_ERRSPACE signalisiert, dass das Listenfenster keinen Platz mehr für die Speicherung weiterer Elemente hat. LBN_SELCHANGE stellt die Reaktion auf jede Veränderung der Auswahl dar – also nicht nur das Bewegen von Auswahl und Cursor über die Cursortasten sowie die Reaktion auf Mausklicks, sondern auch die Rücknahme einer Auswahl über die Leertaste. LBN_DBLCLK steht für einen Doppelklick auf einem Element und wird von den meisten Programmen als Abschluß einer Auswahloperation interpretiert.

Je nach Zweck eines Listenfensters wird eine Anwendung entweder LBN_SELCHANGE, LBN_DBLCLK oder beide Aktionscodes auswerten. Im ersten Fall muß es damit rechnen, eine höhere Zahl von Nachrichten zu erhalten; im zweiten Fall wird es nur über den Abschluß der Auswahl informiert, sollte dann aber auch ein Tastaturäquivalent zu Doppelklicks definieren.

Eine einfache Anwendung

Nachdem das Anlegen von Listenfenstern, das Einsetzen, Auswählen und Ermitteln von Elementen sowie die damit verbundenen Nachrichten ausführlichst abgehandelt sind, wird es wieder einmal Zeit für die Praxis: Das im folgenden aufgelistete Programm ENVIRON verwendet ein Listenfenster zur Ausgabe der Umgebungsvariablen des Betriebssystems (zu denen Einträge wie PATH und WINDIR gehören). Nach der Auswahl einer Variablen wird der ihr zugeordnete Wert im Anwendungsbereich des Hauptfensters angezeigt.

ENVIRON.C

```
/*-------------------------------------------
   ENVIRON.C -- Ausgabe der Environment-Tabelle
              (c) Charles Petzold, 1992
  -------------------------------------------*/

#include <windows.h>

#define ID_LIST     1
#define ID_TEXT     2

LRESULT CALLBACK WndProc (HWND, UINT, WPARAM, LPARAM) ;

int WINAPI WinMain (HINSTANCE hInstance, HINSTANCE hPrevInstance,
                    PSTR szCmdLine, int iCmdShow)
{
     static TCHAR szAppName[] = TEXT ("Environ") ;
     HWND         hwnd ;
     MSG          msg ;
     WNDCLASS     wndclass ;

     wndclass.style         = CS_HREDRAW | CS_VREDRAW ;
     wndclass.lpfnWndProc   = WndProc ;
     wndclass.cbClsExtra    = 0 ;
     wndclass.cbWndExtra    = 0 ;
     wndclass.hInstance     = hInstance ;
     wndclass.hIcon         = LoadIcon (NULL, IDI_APPLICATION) ;
     wndclass.hCursor       = LoadCursor (NULL, IDC_ARROW) ;
     wndclass.hbrBackground = (HBRUSH) (COLOR_WINDOW + 1) ;
     wndclass.lpszMenuName  = NULL ;
     wndclass.lpszClassName = szAppName ;

     if (!RegisterClass (&wndclass))
     {    // UNICODE-Compilierung ist die einzige realistische Fehlermöglichkeit
          MessageBox (NULL, TEXT ("Programm arbeitet mit Unicode und setzt Windows NT voraus!"),
                      szAppName, MB_ICONERROR) ;
          return 0 ;
     }

     hwnd = CreateWindow (szAppName, TEXT ("Umgebungsvariablen"),
                          WS_OVERLAPPEDWINDOW,
                          CW_USEDEFAULT, CW_USEDEFAULT,
```

```
                         CW_USEDEFAULT, CW_USEDEFAULT,
                         NULL, NULL, hInstance, NULL) ;

     ShowWindow (hwnd, iCmdShow) ;
     UpdateWindow (hwnd) ;

     while (GetMessage (&msg, NULL, 0, 0))
     {
          TranslateMessage (&msg) ;
          DispatchMessage (&msg) ;
     }
      return msg.wParam ;
}

void FillListBox (HWND hwndList)
{
     int     iLength ;
     TCHAR * pVarBlock, * pVarBeg, * pVarEnd, * pVarName ;

     pVarBlock = GetEnvironmentStrings () ;  // Startadresse des Variablenblocks

     while (*pVarBlock)
     {
          if (*pVarBlock != '=')   // Variablennamen mit "=" als erstem Zeichen überspringen
          {
               pVarBeg = pVarBlock ;              // Start eines Variablennamens
               while (*pVarBlock++ != '=') ;      // Suche bis zum '='
               pVarEnd = pVarBlock - 1 ;          // Zeiger auf '=' = Ende des Variablennamens
               iLength = pVarEnd - pVarBeg ;      // Länge des Variablennamens

               // Platz zur Speicherung des Variablennamens plus eines abschließenden NUL
               // auf dem Heap belegen, Variablenname kopieren und ein NUL anhängen
               pVarName = calloc (iLength + 1, sizeof (TCHAR)) ;
               CopyMemory (pVarName, pVarBeg, iLength * sizeof (TCHAR)) ;
               pVarName[iLength] = '\0' ;

               // Variablenname -> Listenfenster
               SendMessage (hwndList, LB_ADDSTRING, 0, (LPARAM) pVarName) ;
               free (pVarName) ;
          }
          while (*pVarBlock++ != '\0') ;     // nächster Variablename (NUL = Listenende)
     }
     FreeEnvironmentStrings (pVarBlock) ;
}

LRESULT CALLBACK WndProc (HWND hwnd, UINT message, WPARAM wParam, LPARAM lParam)
{
     static HWND  hwndList, hwndText ;
     int          iIndex, iLength, cxChar, cyChar ;
     TCHAR      * pVarName, * pVarValue ;

     switch (message)
     {
     case WM_CREATE :
          cxChar = LOWORD (GetDialogBaseUnits ()) ;
          cyChar = HIWORD (GetDialogBaseUnits ()) ;
```

```
        // Listenfenster und statisches Textfenster anlegen
        hwndList = CreateWindow (TEXT ("listbox"), NULL,
                            WS_CHILD | WS_VISIBLE | LBS_STANDARD,
                            cxChar, cyChar * 3,
                            cxChar * 16 + GetSystemMetrics (SM_CXVSCROLL),
                            cyChar * 5,
                            hwnd, (HMENU) ID_LIST,
                            (HINSTANCE) GetWindowLong (hwnd, GWL_HINSTANCE),
                            NULL) ;

        hwndText = CreateWindow (TEXT ("static"), NULL,
                            WS_CHILD | WS_VISIBLE | SS_LEFT,
                            cxChar, cyChar,
                            GetSystemMetrics (SM_CXSCREEN), cyChar,
                            hwnd, (HMENU) ID_TEXT,
                            (HINSTANCE) GetWindowLong (hwnd, GWL_HINSTANCE),
                            NULL) ;

        FillListBox (hwndList) ;
        return 0 ;

    case WM_SETFOCUS :
        SetFocus (hwndList) ;
        return 0 ;
    case WM_COMMAND :
        if (LOWORD (wParam) == ID_LIST && HIWORD (wParam) == LBN_SELCHANGE)
        {   // Rückmeldung vom Listenfenster: Aktuelle Auswahl ermitteln
            iIndex  = SendMessage (hwndList, LB_GETCURSEL, 0, 0) ;
            iLength = SendMessage (hwndList, LB_GETTEXTLEN, iIndex, 0) + 1 ;
            pVarName = calloc (iLength, sizeof (TCHAR)) ;
            SendMessage (hwndList, LB_GETTEXT, iIndex, (LPARAM) pVarName) ;

            // Umgebungsvariable
            iLength = GetEnvironmentVariable (pVarName, NULL, 0) ;
            pVarValue = calloc (iLength, sizeof (TCHAR)) ;
            // Wert der Variablen (d.h. der über '=' zugeordnete Eintrag)
            GetEnvironmentVariable (pVarName, pVarValue, iLength) ;

            // Anzeige des Wertes
            SetWindowText (hwndText, pVarValue) ;
            free (pVarName) ;
            free (pVarValue) ;
        }
        return 0 ;

    case WM_DESTROY :
        PostQuitMessage (0) ;
        return 0 ;
    }
    return DefWindowProc (hwnd, message, wParam, lParam) ;
}
```

Abbildung 9.8: *Das Programm* ENVIRON

ENVIRON erzeugt zwei Child-Fenster: Ein Listenfenster mit dem Stil LBS_STANDARD und ein statisches Textfenster mit dem Stil SS_LEFT (d.h. linksbündig formatiertem Text). Das Programm ermittelt die Startadresse der Umgebungsvariablen über die Windows-Funktion *GetEnvironmentStrings*, arbeitet diesen Speicherblock in seiner Funktion *FillListBox* zeichenweise durch und kopiert die Variablennamen in das Listenfenster.

Innerhalb des Listenfensters können Sie jeweils einen Eintrag mit einem Mausklick oder den Cursortasten auswählen. Bei jeder Änderung der Auswahl sendet das Listenfenster eine Nachricht des Typs WM_COMMAND an das Hauptfenster bzw. an die ihm zugeordnete Window-Prozedur *WndProc*. *WndProc* reagiert darauf mit der Prüfung, ob das niederwertige Wort von *wParam* den Wert ID_LIST (die ID des Listenfensters) und das höherwertige Wort von *wParam* dem Aktionscode LBN_SELCHANGE entspricht. Wenn ja, wird erst der Index des nunmehr gewählten Elements (über LB_GETCURSEL) und danach sein Text (via LB_GETTEXT) ermittelt – mithin der Name der Environment-Variablen. Was danach noch zu tun bleibt, ist die Ermittlung des dieser Variablen zugeordneten Texts über die Windows-Funktion *GetEnvironmentVariable* und seine Ausgabe im statischen Fenster, die über *SetWindowText* geschieht.

Dateilisten

Das Beste habe ich mir bis zuletzt aufgehoben: die Konstante LB_DIR, die als Argument von *SendMessage* die mit Abstand komplexeste Listenfunktion darstellt – und gleichzeitig ausgesprochen einfach zu benutzen ist. Der Aufruf

```
SendMessage (hwndList, LB_DIR, iAttr, (LPARAM) szFileSpec) ;
```

füllt das über *hwndList* bezeichnete Listenfenster mit den Namen der Dateien im aktuellen Verzeichnis, wobei sich optional Unterverzeichnisse und andere Laufwerke ebenfalls darstellen lassen.

Dateiattribute

Das niederwertige Byte des hier als *iAttr* bezeichneten Parameters steht für die (bei Windows 98 immer noch DOS-eigenen) Attribute der zu berücksichtigenden Dateien. Die Datei WINUSER.H definiert für solche Attribute die folgenden Bitflag-Konstanten:

Wert	Name	Beschreibung
0x0000	DDL_READWRITE	normale Datei
0x0001	DDL_READONLY	schreibgeschützt
0x0002	DDL_HIDDEN	versteckt
0x0004	DDL_SYSTEM	Systemdatei
0x0010	DDL_DIRECTORY	Unterverzeichnis
0x0020	DDL_ARCHIVE	veränderte (d.h. zu archivierende) Datei

Tabelle 9.14: *Bitflags für das niederwertige Byte des Parameters* iAttr

Im höherwertigen Byte von *iAttr* definiert Windows zwei zusätzliche Bitflags für die Funktion von LB_DIR, die unter DOS keine Entsprechung haben:

Wert	Option
0x4000	Bezeichner anderer Laufwerke mit aufnehmen
0x8000	exklusive Suche, die sich ausschließlich auf Dateien mit den angegebenen Attributen beschränkt

***Tabelle 9.15:** Zusätzliche Bitflags für die Art der Suche*

Wenn für *iAttr* der Wert 0x0000 angegeben wird, stellt das Listenfenster die Namen von Dateien dar, die in die Klassen »normal«, »schreibgeschützt« und »verändert« fallen; fügt man das Bitflag DDL_SUBDIR hinzu, werden zusätzlich die im aktuellen Verzeichnis eingetragenen Unterverzeichnisse berücksichtigt. Diese Art der Darstellung entspricht der Logik von DOS bzw. den Ausgaben von DIR und des Explorers.

Eine OR-Operation mit dem Wert 0x4000 erweitert die Liste um die Bezeichner anderer Laufwerke: Das Ergebnis ist eine Liste, wie sie ältere Windows-Anwendungen beim Öffnen von Dateien darstellen. Die Ausgabe sämtlicher Dateien und Laufwerke ließe sich mit

```
DDL_READWRITE | DDL_HIDDEN | DDL_DIRECTORY | 0x4000
```

programmieren – oder einfacher durch die direkte Angabe des Wertes 0x4037.

Das Setzen des Bits 15 von *iAttr* begrenzt die Suche explizit auf die Dateien, deren Attribute im niederwertigen Byte dieses Parameters angegeben sind. Ein Datei-Sicherungsprogramm könnte sich so auf Dateien konzentrieren, die seit der letzten Sicherung verändert worden sind. Bei diesen Dateien ist das Bit DLL_ARCH gesetzt: für die exklusive Ausgabe ihrer Namen würde man also den Wert 0x8000 | DDL_ARCH (= 0x8020) verwenden. Analog dazu listet 0x8000 | DDL_DIRECTORY (= 0x8010) ausschließlich Verzeichnisse, mit 0xC000 | DDL_SUBDIR (= 0xC010) erhalten Sie die Ausgabe von Unterverzeichnissen und Laufwerken.

Jokerzeichen und sortierte Einträge

Der Parameter *lParam* wird bei LB_DIR als Zeiger auf einen ASCIIZ-String interpretiert, der seinerseits eine Suchmaske (wie *.TXT oder *.*) enthalten kann. Er grenzt ausschließlich die dargestellten Dateinamen ein, d.h. hat auf Unterverzeichnisse und eventuelle Laufwerksbezeichner keinen Einfluß.

Üblicherweise verwendet man für die Ausgabe von Dateinamen einen Fensterstil, der die Konstante LBS_SORT beinhaltet, d.h. die einzelnen Einträge in alphanumerisch sortierter Form erscheinen läßt. In diesem Fall erscheinen die über die Suchmaske gefundenen Dateinamen am Anfang der Liste, darauf folgen (optional) die Bezeichner anderer Laufwerke in der Form

```
[-A-]
```

und schließlich (ebenfalls optional) die Namen von Unterverzeichnissen, deren erster Eintrag so aussieht:

```
[..]
```

Dieser Eintrag steht analog zur Syntax von DOS für das jeweils übergeordnete Verzeichnis. Konsequent erscheint er nur, wenn man sich nicht im Stammverzeichnis des jeweiligen Laufwerks befindet. Auf ihn folgen die Namen der einzelnen Unterverzeichnisse, die wie Laufwerksbezeichner in eckigen Klammern stehen.

In nicht sortierten Listen erscheinen die Namen von Dateien und Unterverzeichnissen in der Reihenfolge, in der man sie auch bei einem DIR-Befehl (ohne zusätzliche Schalter) in einem DOS-Fenster zu sehen bekommt, die Laufwerksbezeichner finden sich am Ende der Liste.

Das Programm HEAD

Von UNIX her ist ein Utility namens *head* wohlbekannt, das die ersten Zeilen von Textdateien ausgibt und einem auf diese Weise bei gelegentlichen Suchaktionen hilft. Das im folgenden wiedergegebene Windows-Programm gleichen Namens imitiert dieses Verhalten und benutzt ein Listenfenster, in dem die Festlegung des Dateinamens entweder durch einen Doppelklick oder die Auswahl mit den Cursortasten und einen darauffolgenden Druck auf Return geschieht. Für den Wechsel zwischen Unterverzeichnissen und Laufwerken läßt sich dieselbe Technik verwenden. HEAD gibt maximal die ersten acht KByte des Dateiinhalts in der rechten Hälfte seines Fensters aus.

HEAD.C

```
/*-------------------------------------------------
   HEAD.C -- Gibt den Anfang (Kopf) von Dateien aus
             (c) Charles Petzold, 1998
  -------------------------------------------------*/

#include <windows.h>

#define ID_LIST     1
#define ID_TEXT     2

#define MAXREAD     8192
#define DIRATTR     (DDL_READWRITE | DDL_READONLY | DDL_HIDDEN | DDL_SYSTEM | \
                     DDL_DIRECTORY | DDL_ARCHIVE  | DDL_DRIVES)
#define DTFLAGS     (DT_WORDBREAK | DT_EXPANDTABS | DT_NOCLIP | DT_NOPREFIX)
LRESULT CALLBACK WndProc  (HWND, UINT, WPARAM, LPARAM) ;
LRESULT CALLBACK ListProc (HWND, UINT, WPARAM, LPARAM) ;

WNDPROC OldList ;

int WINAPI WinMain (HINSTANCE hInstance, HINSTANCE hPrevInstance,
                    PSTR szCmdLine, int iCmdShow)
{
     static TCHAR szAppName[] = TEXT ("head") ;
     HWND         hwnd ;
     MSG          msg ;
     WNDCLASS     wndclass ;

     wndclass.style         = CS_HREDRAW | CS_VREDRAW ;
     wndclass.lpfnWndProc   = WndProc ;
     wndclass.cbClsExtra    = 0 ;
     wndclass.cbWndExtra    = 0 ;
     wndclass.hInstance     = hInstance ;
     wndclass.hIcon         = LoadIcon (NULL, IDI_APPLICATION) ;
     wndclass.hCursor       = LoadCursor (NULL, IDC_ARROW) ;
     wndclass.hbrBackground = (HBRUSH) (COLOR_BTNFACE + 1) ;
     wndclass.lpszMenuName  = NULL ;
     wndclass.lpszClassName = szAppName ;
```

```
    if (!RegisterClass (&wndclass))
    {    // UNICODE-Compilierung ist die einzige realistische Fehlermöglichkeit
         MessageBox (NULL, TEXT ("Programm arbeitet mit Unicode und setzt Windows NT voraus!"),
                     szAppName, MB_ICONERROR) ;
         return 0 ;
    }

    hwnd = CreateWindow (szAppName, TEXT ("head"),
                         WS_OVERLAPPEDWINDOW | WS_CLIPCHILDREN,
                         CW_USEDEFAULT, CW_USEDEFAULT,
                         CW_USEDEFAULT, CW_USEDEFAULT,
                         NULL, NULL, hInstance, NULL) ;

    ShowWindow (hwnd, iCmdShow) ;
    UpdateWindow (hwnd) ;

    while (GetMessage (&msg, NULL, 0, 0))
    {
         TranslateMessage (&msg) ;
         DispatchMessage (&msg) ;
    }
    return msg.wParam ;
}

LRESULT CALLBACK WndProc (HWND hwnd, UINT message, WPARAM wParam, LPARAM lParam)
{
    static BOOL         bValidFile ;
    static BYTE         buffer[MAXREAD] ;
    static HWND         hwndList, hwndText ;
    static RECT         rect ;
    static TCHAR        szFile[MAX_PATH + 1] ;
    HANDLE              hFile ;
    HDC                 hdc ;
    int                 i, cxChar, cyChar ;
    PAINTSTRUCT         ps ;
    TCHAR               szBuffer[MAX_PATH + 1] ;

    switch (message)
    {
    case WM_CREATE :
         cxChar = LOWORD (GetDialogBaseUnits ()) ;
         cyChar = HIWORD (GetDialogBaseUnits ()) ;

         rect.left = 20 * cxChar ;
         rect.top  =  3 * cyChar ;

         hwndList = CreateWindow (TEXT ("listbox"), NULL,
                             WS_CHILDWINDOW | WS_VISIBLE | LBS_STANDARD,
                             cxChar, cyChar * 3,
                             cxChar * 13 + GetSystemMetrics (SM_CXVSCROLL),
                             cyChar * 10,
                             hwnd, (HMENU) ID_LIST,
                             (HINSTANCE) GetWindowLong (hwnd, GWL_HINSTANCE),
                             NULL) ;

         GetCurrentDirectory (MAX_PATH + 1, szBuffer) ;
```

```
          hwndText = CreateWindow (TEXT ("static"), szBuffer,
                              WS_CHILDWINDOW | WS_VISIBLE | SS_LEFT,
                              cxChar, cyChar, cxChar * MAX_PATH, cyChar,
                              hwnd, (HMENU) ID_TEXT,
                              (HINSTANCE) GetWindowLong (hwnd, GWL_HINSTANCE),
                              NULL) ;

          OldList = (WNDPROC) SetWindowLong (hwndList, GWL_WNDPROC,
                                                    (LPARAM) ListProc) ;

          SendMessage (hwndList, LB_DIR, DIRATTR, (LPARAM) TEXT ("*.*")) ;
          return 0 ;

     case WM_SIZE :
          rect.right  = LOWORD (lParam) ;
          rect.bottom = HIWORD (lParam) ;
          return 0 ;

     case WM_SETFOCUS :
          SetFocus (hwndList) ;
          return 0 ;

     case WM_COMMAND :
          if (LOWORD (wParam) == ID_LIST && HIWORD (wParam) == LBN_DBLCLK)
          {
               if (LB_ERR == (i = SendMessage (hwndList, LB_GETCURSEL, 0, 0)))
                    break ;

               SendMessage (hwndList, LB_GETTEXT, i, (LPARAM) szBuffer) ;

               if (INVALID_HANDLE_VALUE != (hFile = CreateFile (szBuffer,
                         GENERIC_READ, FILE_SHARE_READ, NULL,
                         OPEN_EXISTING, 0, NULL)))

               {
                    CloseHandle (hFile) ;
                    bValidFile = TRUE ;
                    lstrcpy (szFile, szBuffer) ;
                    GetCurrentDirectory (MAX_PATH + 1, szBuffer) ;

                    if (szBuffer [lstrlen (szBuffer) - 1] != '\\')
                         lstrcat (szBuffer, TEXT ("\\")) ;
                    SetWindowText (hwndText, lstrcat (szBuffer, szFile)) ;
               }
               else
               {
                    bValidFile = FALSE ;
                    szBuffer [lstrlen (szBuffer) - 1] = '\0' ;

                    if (!SetCurrentDirectory (szBuffer + 1))
                    { // hat nicht funktioniert. Probieren wir es mit einem Wechsel des Laufwerks
                         szBuffer [3] = ':' ;
                         szBuffer [4] = '\0' ;
                         SetCurrentDirectory (szBuffer + 2) ;
                    }
```

```
                // Neuen Verzeichnisnamen ermitteln und das Listenfenster mit den Einträgen füllen
                GetCurrentDirectory (MAX_PATH + 1, szBuffer) ;
                SetWindowText (hwndText, szBuffer) ;
                SendMessage (hwndList, LB_RESETCONTENT, 0, 0) ;
                SendMessage (hwndList, LB_DIR, DIRATTR, (LPARAM) TEXT ("*.*")) ;
            }
            InvalidateRect (hwnd, NULL, TRUE) ;
        }
        return 0 ;

    case WM_PAINT :
        if (!bValidFile)
            break ;

        if (INVALID_HANDLE_VALUE == (hFile = CreateFile (szFile,
              GENERIC_READ, FILE_SHARE_READ, NULL, OPEN_EXISTING, 0, NULL)))
        {
            bValidFile = FALSE ;
            break ;
        }

        ReadFile (hFile, buffer, MAXREAD, &i, NULL) ;  // i = Zahl gelesener Zeichen
        CloseHandle (hFile) ;

        // Gerätekontext für die Textausgabe
        hdc = BeginPaint (hwnd, &ps) ;
        SelectObject (hdc, GetStockObject (SYSTEM_FIXED_FONT)) ;
        SetTextColor (hdc, GetSysColor (COLOR_BTNTEXT)) ;
        SetBkColor   (hdc, GetSysColor (COLOR_BTNFACE)) ;

        // Wir gehen frohgemut davon aus, dass das ASCII-Text (und nicht Unicode) ist
        DrawTextA (hdc, buffer, i, &rect, DTFLAGS) ;

        EndPaint (hwnd, &ps) ;
        return 0 ;

    case WM_DESTROY :
        PostQuitMessage (0) ;
        return 0 ;
    }
    return DefWindowProc (hwnd, message, wParam, lParam) ;
}

LRESULT CALLBACK ListProc (HWND hwnd, UINT message,
                           WPARAM wParam, LPARAM lParam)
{
    if (message == WM_KEYDOWN && wParam == VK_RETURN)
        SendMessage (GetParent (hwnd), WM_COMMAND,
                     MAKELONG (1, LBN_DBLCLK), (LPARAM) hwnd) ;

    return CallWindowProc (OldList, hwnd, message, wParam, lParam) ;
}
```

Abbildung 9.9: *Das Programm* HEAD

Im Prinzip wäre es möglich, auch hier wie beim Programm ENVIRON zu arbeiten, d.h. die zum jeweils ausgewählten Element gehörigen Daten sofort darzustellen. Nur: was zu dieser Darstellung notwendig ist, beschränkt sich bei ENVIRON auf Zugriffe im Hauptspeicher, deren Zeitbedarf sich in Mikro- oder bestenfalls Millisekunden bemißt. HEAD sucht, öffnet und liest dagegen Dateien – weshalb ein simples Durchlaufen der Liste bei einer Festplatte mehrere Sekunden, bei einem Diskettenlaufwerk dagegen unter Umständen sogar Minuten beanspruchen würde. Dazu kommt ein weiteres Problem logischer Natur: Wie soll ein solches Programm darauf reagieren, wenn der Cursor mit den Pfeiltasten auf den Namen eines Unterverzeichnisses gesetzt wird?

Aus diesem Grund arbeitet HEAD nicht mit einer *Selektion* über einen einfachen, sondern einer *Auswahl* über einen doppelten Klick – und handelt sich damit erst einmal ein anderes Problem ein: Obwohl Listenfenster sehr wohl eine automatische Tastaturschnittstelle definieren, sucht man dort ein Äquivalent für Doppelklicks vergebens.

Die Lösung des Dilemmas hört wieder einmal auf den Namen »Fenster-Unterklassen«, besteht also aus dem Einschieben einer eigenen Routine für die Bearbeitung von Nachrichten. Im Programm HEAD übernimmt die Routine *ListProc* diese Funktion: Sie reagiert auf WM_KEYDOWN mit *wParam* = VK_RETURN und sendet in diesem Fall eine Nachricht des Typs WM_COMMAND mit dem Aktionscode LBN_DBLCLK an das Hauptfenster.

Einige weitere technische Details: *WndProc* reagiert auf WM_COMMAND mit dem Ermitteln des ausgewählten Listenelements und einem darauffolgenden Aufruf der Windows-Funktion *CreateFile* (die mit den gegebenen Parametern keine neue Datei anlegt – vielmehr versucht sie, eine existierende Datei zu öffnen). Falls *CreateFile* einen Fehlercode zurückliefert, kann es sich bei der Auswahl nicht um eine Datei handeln – aber vielleicht um ein Unterverzeichnis, in das sich mit einem folgenden Aufruf von *SetCurrentDirectory* wechseln läßt. Weitere Fehlerprüfungen und die damit verbundenen Verwicklungen spart sich das Programm: Wenn der Verzeichniswechsel nicht funktioniert hat, geht es frohgemut von der Auswahl eines Laufwerksbezeichners aus, der sich ebenfalls über *SetCurrentDirectory* erledigen läßt, wenn man aus einem String wie »-D-« den führenden Bindestrich herausnimmt und den folgenden Bindestrich in einen Doppelpunkt umsetzt. Nach einem (erfolgreichen oder erfolglosen) Wechsel löscht HEAD sämtliche Elemente des Listenfensters über LB_RESETCONTENT und füllt es schließlich erneut mit LB_DIR.

Auf Nachrichten des Typs WM_PAINT reagiert *WndProc* mit einem Aufruf der Windows-Funktionen *CreateFile*, *ReadFile* und *CloseFile* zum Öffnen, Lesen und Schließen der ausgewählten Datei.

Bei der Ausgabe des Dateiinhalts kriegen wir es dann doch noch (zum ersten Mal in diesem Kapitel, wohlgemerkt) mit der Frage »ANSI oder Unicode« zu tun. In der besten aller Welten würde das Betriebssystem darüber Auskunft geben, welche Textsorte eine Datei enthält; alternativ könnte eine Funktion wie *ReadFile* die eventuell notwendige Konvertierung automatisch erledigen. Leider leben wir in einem Jammertal: *ReadFile* kümmert sich keinen Deut um den Dateiinhalt, und eine Systemfunktion á la *IsUnicodeFile* werden Sie zumindest in den aktuellen Windows-Versionen auch nicht finden. HEAD macht sich die Sache deshalb arg einfach und stellt die Daten grundsätzlich über *DrawTextA* dar, d.h. gibt sie als ANSI-Code aus. (Wieso im Quelltext nicht einfach *DrawText* steht? Weil das Programm sonst bei der Compilierung mit dem Symbol UNICODE *sämtliche* Dateien über *DrawTextW* ausgeben, d.h. als Unicode interpretieren und normale ANSI-Texte als Zeichensalat darstellen würde.)

10 Menüs und andere Ressourcen

Die meisten Programme definieren ein eigenes Icon, das Windows gleich fünffach benutzt: Es erscheint auf der linken Seite der Titelleiste des Hauptfensters, bei Einträgen im Start-Menü, in Verknüpfungen, in Dateilisten des Explorers und schließlich in der Task-Leiste. Einige Programme (wie beispielsweise PAINT) begnügen sich nicht mit einem Icon als individueller Note: sie verwenden zusätzlich eigene Formen des Cursors und zeigen so verschiedene Betriebsmodi oder Auswahlmöglichkeiten an.

Icons und Cursorformen fallen in eine Klasse, zu der auch Dialoge und Menüs gehören: sie werden als Ressourcen bezeichnet – als Daten, die in der .EXE-Datei des Programms gespeichert sind. Wenn Windows ein Programm in den Hauptspeicher lädt und startet, bleiben diese Daten erst einmal unberücksichtigt: Ressourcen werden erst zu den Zeitpunkten individuell geladen, zu denen sie ein Programm wirklich braucht. Auf Systemen, bei denen der Hauptspeicher zu knapp bemessen ist, läßt sich das recht gut beobachten: Wenn man dort in einem größeren Programm zum ersten Mal ein Dialogfeld oder ein Menü aktiviert, wird dadurch erst einmal ein Zugriff auf die Festplatte ausgelöst. (Was dabei sichtbar wird, ist allerdings nur in den seltensten Fällen der Ladevorgang der Ressource selbst, der nach wenigen Millisekunden abgeschlossen ist – vielmehr geht es um die hektischen Aktivitäten, die die Speicherverwaltung von Windows als Reaktion auf eine weitere Anforderung von Platz im Hauptspeicher entfalten muß.)

Zwei der von Windows zum Laden von Ressourcen definierten Funktionen haben wir in den Programmen der vorangehenden Kapitel bereits mehrfach benutzt: *LoadIcon* und *LoadCursor*. Beim Aufruf mit vordefinierten Konstanten beschränken sich diese beiden Funktionen darauf, einen Handle zu einer Windows-intern definierten Datenstruktur zurückzuliefern, den das Programm dann als Icon in seine Fensterklasse einsetzt bzw. zur Darstellung des Cursors benutzt. Den vordefinierten Konstanten werden Sie zwar auch in diesem Kapitel wieder begegnen – im wesentlichen geht es in den folgenden Abschnitten aber darum, wie man solche und andere Ressourcen selbst definiert, in der .EXE-Datei speichert und zur Laufzeit des Programms lädt.

Dieses und die folgenden Kapitel erläutern den Einsatz von insgesamt zehn Ressourcentypen:

- Icons
- Cursorformen
- Strings
- Benutzerdefinierte Datensammlungen beliebiger Art

- Menüs
- Abkürzungsbefehle in Menüs
- Dialogfelder
- Bitmaps

Dieses Kapitel setzt sich mit den ersten sechs Arten auseinander. Details zu Dialogfeldern finden Sie in Kapitel 11, um Bitmaps geht es in Kapitel 14.

Icons, Cursorformen, Strings und selbstdefinierte Ressourcen

Einer der wesentlichen Vorteile des Ressourcen-Konzepts liegt darin, dass es Datensammlungen von ausführbarem Code trennt. Ohne die Möglichkeit, ein Icon oder ein Dialogfeld als Ressource zu speichern, bliebe eigentlich nur entweder die direkte Einbindung in das Programm selbst (etwa als initialisiertes Variablen-Array, was das Auslesen von Icons durch den Explorer unmöglich machen würde) oder die explizite Definition einer »Daten-Datei« (die dann wohlgeordnet sein könnte, von Benutzern aber garantiert entweder vergessen oder ins falsche Verzeichnis kopiert wird). Ressourcen speichern Icons, Cursorformen mit einer klar definierten Struktur, ohne sie vom ausführbaren Programm zu trennen, und umgehen damit beide potentiellen Probleme auf elegante Weise.

Definition von Ressourcen

Wenn Sie ein Programm mit eigenen Ressourcen ausstatten wollen, kommen einige zusätzliche »Abteilungen« von Visual C++ Developer Studio ins Spiel: Icons werden beispielsweise mit dem Grafik-Editor gezeichnet und in Icon-Dateien (Erweiterung .ICO) gespeichert. Wenn Sie ein Programm um ein Icon (oder eine andere Ressource) erweitern, legt Developer Studio zwei weitere Dateien an: Das Ressourcenskript (Erweiterung .RC) stellt bei Icons und anderen binären Ressourcen eine Art Verzeichnis der von einem Programm benutzten Dateien dar (bei Dialogfeldern und Menüs sind die Definitionen dort dagegen direkt enthalten), eine Include-Datei (Standardname: RESOURCE.H) liefert dem Programm (per *#define*) benannte Konstanten, über die es diese Ressourcen ansprechen kann. (Beide Dateien enthalten übrigens ausschließlich Text. Direkt bearbeiten sollte man sie allerdings nur in Ausnahmefällen, weil Visual C++ auf Veränderungen an unerwarteter Stelle recht ungnädig reagiert.)

Ein Praxisbeispiel sagt bekanntlich mehr als tausend Worte. Starten Sie also Microsoft Visual C++ Developer Studio (falls nicht sowieso schon geschehen) und wählen Sie im Menü *Datei* den Punkt *Neu*. Schlagen Sie im daraufhin erscheinenden Dialogfeld »Neu« die Registerkarte *Projekte* auf, wählen Sie dort den Eintrag »Win32 Application« aus der Liste, geben Sie dem Projekt den Namen ICONDEMO und schließen Sie das Dialogfeld mit OK. Developer Studio reagiert darauf mit dem Anlegen mehrerer Dateien: ICONDEMO.DSW (Arbeitsbereich), ICONDEMO.DSP (Projekt) und ICONDEMO.MAK (Make-Datei für Aufrufe des Compilers über die Kommandozeile. Diese Datei wird nur erzeugt, wenn Sie über *Extras/Optionen/Erstellen* das Kontrollkästchen »Makefile beim Speichern der Projektdatei erstellen« angekreuzt haben. Für die Arbeit mit Developer Studio sind Make-Dateien ohne Belang – nicht aber für die Kommandozeilen-Version von Visual C++.)

Der nächste Schritt besteht aus dem Anlegen des C-Quelltexts. Wählen Sie also *Datei/Neu*, schlagen Sie im daraufhin erscheinenden Dialogfeld »Neu« die Registerkarte *Dateien* auf und klicken Sie in der Liste auf dem Eintrag »C++-Quellcodedatei« und geben Sie im Feld *Dateiname* den Namen ICONDEMO.C an. Stellen Sie sicher, dass das Kontrollkästchen »Dem Projekt hinzufügen« angekreuzt ist, und schließen Sie das Dialogfeld mit OK.

Wenn Sie Ihren Fingern ein wenig Bewegung verschaffen wollen, können Sie jetzt das in Abbildung 10.1 wiedergegebene Listing abtippen. Falls Sie dazu keine übermäßige Lust verspüren sollten, wählen Sie statt dessen *Einfügen/Datei als Text...* und suchen sich dann die Datei ICONDEMO.C aus dem Unterverzeichnis Chap10/IconDemo der Begleit-CD heraus.

ICONDEMO.C

```
/*-------------------------------------
   ICONDEMO.C - Programm mit eigenem Icon
              (c) Charles Petzold, 1998
  --------------------------------------*/

#include <windows.h>
#include "resource.h"

LRESULT CALLBACK WndProc (HWND, UINT, WPARAM, LPARAM) ;

int WINAPI WinMain (HINSTANCE hInstance, HINSTANCE hPrevInstance,
                    PSTR szCmdLine, int iCmdShow)
{
     TCHAR    szAppName[] = TEXT ("IconDemo") ;
     HWND     hwnd ;
     MSG      msg ;
     WNDCLASS wndclass ;

     wndclass.style         = CS_HREDRAW | CS_VREDRAW ;
     wndclass.lpfnWndProc   = WndProc ;
     wndclass.cbClsExtra    = 0 ;
     wndclass.cbWndExtra    = 0 ;
     wndclass.hInstance     = hInstance ;
     wndclass.hIcon         = LoadIcon (hInstance, MAKEINTRESOURCE (IDI_ICON)) ;
     wndclass.hCursor       = LoadCursor (NULL, IDC_ARROW) ;
     wndclass.hbrBackground = GetStockObject (WHITE_BRUSH) ;
     wndclass.lpszMenuName  = NULL ;
     wndclass.lpszClassName = szAppName ;

     if (!RegisterClass (&wndclass))
     {    // UNICODE-Compilierung ist die einzige realistische Fehlermöglichkeit
          MessageBox (NULL, TEXT ("Programm arbeitet mit Unicode und setzt Windows NT voraus!"),
                      szAppName, MB_ICONERROR) ;
          return 0 ;
     }

     hwnd = CreateWindow (szAppName, TEXT ("Icon-Demo"),
                          WS_OVERLAPPEDWINDOW,
                          CW_USEDEFAULT, CW_USEDEFAULT,
                          CW_USEDEFAULT, CW_USEDEFAULT,
                          NULL, NULL, hInstance, NULL) ;

     ShowWindow (hwnd, iCmdShow) ;
     UpdateWindow (hwnd) ;
```

```
    while (GetMessage (&msg, NULL, 0, 0))
    {
        TranslateMessage (&msg) ;
        DispatchMessage (&msg) ;
    }
    return msg.wParam ;
}

LRESULT CALLBACK WndProc (HWND hwnd, UINT message, WPARAM wParam, LPARAM lParam)
{
    static HICON hIcon ;
    static int   cxIcon, cyIcon, cxClient, cyClient ;
    HDC          hdc ;
    HINSTANCE    hInstance ;
    PAINTSTRUCT  ps ;
    int          x, y ;

    switch (message)
    {
    case WM_CREATE :
        hInstance = ((LPCREATESTRUCT) lParam)->hInstance ;
        hIcon = LoadIcon (hInstance, MAKEINTRESOURCE (IDI_ICON)) ;
        cxIcon = GetSystemMetrics (SM_CXICON) ;
        cyIcon = GetSystemMetrics (SM_CYICON) ;
        return 0 ;

    case WM_SIZE :
        cxClient = LOWORD (lParam) ;
        cyClient = HIWORD (lParam) ;
        return 0 ;

    case WM_PAINT :
        hdc = BeginPaint (hwnd, &ps) ;

        for (y = 0 ; y < cyClient ; y += cyIcon)
            for (x = 0 ; x < cxClient ; x += cxIcon)
                DrawIcon (hdc, x, y, hIcon) ;

            EndPaint (hwnd, &ps) ;
            return 0 ;

    case WM_DESTROY :
        PostQuitMessage (0) ;
        return 0 ;
    }
    return DefWindowProc (hwnd, message, wParam, lParam) ;
}
```

Abbildung 10.1: *Das Programm* ICONDEMO

Wenn Sie nach dem Abtippen oder Einfügen sofort den Wahlpunkt *Erstellen/Icondemo.exe erstellen* benutzen, ist der Lohn der Mühe nichts weiter als die Meldung des Compilers, dass die in Zeile 7 angegebene Include-Datei RESOURCE.H nicht zu finden sei. Diese Datei fehlt im Moment tatsächlich – nur sollten Sie sie nicht direkt anlegen, sondern diesen Schritt Developer Studio überlassen.

Wählen Sie also ein weiteres Mal *Datei/Neu*, im daraufhin erscheinenden Dialogfeld »Neu« die Registerkarte »Dateien«, klicken Sie in der Liste auf dem Eintrag »Ressourcenskript« und tragen Sie im Feld *Dateiname* noch einmal ICONDEMO ein. Beim Schließen des Dialogfelds über OK erzeugt Developer Studio zwei Textdateien: ICONDEMO.RC stellt wie gesagt ein Verzeichnis für die Namen binärer Ressourcendateien dar (und wird später von einem eigenen Ressourcen-Compiler – RC.EXE – übersetzt); RESOURCE.H ist dagegen die zuvor als fehlend monierte Include-Datei für Präprozessor und Compiler. (Developer Studio stellt die Inhalte beider Dateien als strukturierte Listen dar. Wenn Sie ICONDEMO.RC oder RESOURCE.H einmal in Rohform sehen wollen, können Sie dazu einen Texteditor wie NOTEPAD benutzen. Ändern sollten Sie diese Dateien nur, wenn Sie exakt wissen, was Sie tun.)

Ein erneuter Compilierungsversuch ergibt nun die Fehlermeldung, dass IDI_ICON ein nicht deklarierter Bezeichner sei. Ein Doppelklick auf dieser Meldung rückt den Schuldigen ins Blickfeld:

```
wndclass.hIcon  = LoadIcon (hInstance, MAKEINTRESOURCE (IDI_ICON)) ;
```

Diese Zuweisung stellt tatsächlich eine (exakter: die wesentliche) Neuerung von ICONDEMO gegenüber den bis dato vorgestellten Programmen dar. Dort enthielt die Definition der Fensterklasse immer wieder die Zeile:

```
wndclass.hIcon = LoadIcon (NULL, IDI_APPLICATION) ;
```

Was nun noch in diesem (ganz bewußt von hinten her aufgezäumten) Beispiel noch fehlt, ist erstens der Bezeichner IDI_ICON und zweitens das Icon daselbst, das mit dieser Zeile der Fensterklasse zugewiesen werden soll.

Wenn Sie im Listenfenster von Visual Studio auf den Reiter »FileView« klicken und dann den Ast »Icondemo Dateien« öffnen, sollten Sie dort zwei Einträge zu sehen bekommen: »Icondemo.c« und »Icondemo.rc«. Doppelklicken Sie auf »Icondemo.rc« (was erst einmal zu einem Bearbeitungsfenster führt, das außer einem Ordnersymbol gar nichts enthält) und wählen Sie dann im Menü *Einfügen* den Punkt *Ressource*. Im daraufhin erscheinenden Dialogfeld »Ressource einfügen« wählen Sie aus der Liste den Eintrag »Icon« und klicken dann auf *Neu*. Nun sollten Sie den Icon-Editor von Developer Studio zu sehen bekommen, in dessen Fenster ein leeres Icon mit 32 x 32 Pixeln Größe zusammen mit einigen Werkzeugleisten prangt.

Unter den zur Auswahl stehenden Farben befinden sich zwei, die durch einen Bildschirm symbolisiert werden und keine Farben im eigentlichen Sinne sind: Der grünliche Bildschirm steht für die »Bildschirmfarbe« (mit der das neue Icon im Moment auch durchgehend gefüllt ist) – und damit für die Stellen, an denen dieses Icon transparent gegenüber dem aktuellen Hintergrund bleiben soll. Mit dieser »Farbe« lassen sich also Icons erzeugen, die zwar nach wie vor rechteckig sind, aber nicht als rechteckige Flächen erscheinen.

Bevor Sie die verschiedenen Möglichkeiten durchprobieren, doppelklicken Sie bitte im Fenster des Icon-Editors *neben* dem Icon. Daraufhin sollte ein Eigenschaftsfenster erscheinen (das sich notfalls auch über *Ansicht/Eigenschaften* erreichen läßt, nicht aber über einen Rechtsklick – der ist im Icon-Editor für Zeichenaktionen mit der aktuellen Hintergrundfarbe reserviert). In diesem Eigenschaftsfenster ändern Sie die von Developer Studio vorgegebene ID auf IDI_ICON und den Dateinamen auf ICONDEMO.ICO. (Im Prinzip können Sie in beiden Fällen beliebige Namen angeben. Es hat sich aber eingebürgert, für Icons das Präfix IDI (= »ID [for an] Icon«) und für das zur Repräsentation eines Programms im Explorer verwendete Icon den Programmnamen selbst zu verwenden.)

Nach diesen Vorbereitungen können Sie das Icon gestalten. Ich habe mich bei diesem Beispiel auf ein großes rotes »B« (für »big«) beschränkt:

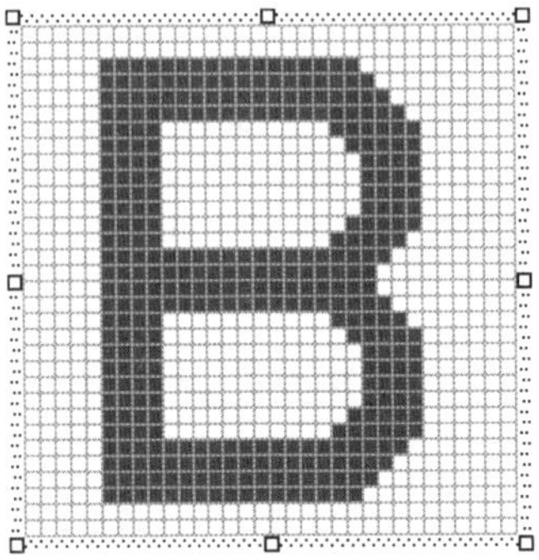

Abbildung 10.2: *Ein Standard-Icon (32x32), wie es der Icon-Editor von Developer Studio darstellt*

Bei einem weiteren Klick auf *Erstellen/Icondemo.exe erstellen* trägt Developer Studio nun in das Ressourcenskript ICONDEMO.RC den Namen der Icon-Datei (ICONDEMO.ICO) ein und erweitert die Datei RESOURCE.H um ein *#define* für den Bezeichner IDI_ICON. (Zu den weiteren Details komme ich gleich.) Der Compiler sollte nun ohne weitere Beschwerden eine .EXE-Datei erzeugen, die sich dann auch fehlerfrei ausführen läßt.

Wie zuvor angedeutet, werden Ressourcenskripts (.RC-Dateien) von Developer Studio über einen eigenen Compiler (RC.EXE) in binäre Daten umgesetzt. Das Ergebnis eines solchen »Ressourcen-Compilings« ist eine Zwischendatei mit der Erweiterung .RES, die sich durchaus mit OBJ- und LIB-Dateien vergleichen läßt, weil der Linker schließlich alle drei Dateiarten zu einem ausführbaren Programm bindet.

Wie auch nicht anders zu erwarten, erscheint die Datei ICONDEMO.EXE im Explorer, bei Verknüpfungen, im Start-Menü und in der Task-Leiste mit dem soeben definierten Icon, das natürlich auch die Titelleiste des Programmfensters ziert. Zur Demonstration zeichnet ICONDEMO dieses Icon zusätzlich wiederholt in seinem Anwendungsbereich: Das Ergebnis des Aufrufs

```
hIcon = LoadIcon (hInstance, MAKEINTRESOURCE (IDI_ICON)) ;
```

ist ein Handle zu dem Icon, dessen Größe das Programm über

```
cxIcon = GetSystemMetrics (SM_CXICON) ;
cyIcon = GetSystemMetrics (SM_CYICON) ;
```

ermittelt, um es schließlich mit

```
DrawIcon (hdc, x, y, hIcon) ;
```

spalten- und zeilenweise auszugeben. (*x* und *y* stehen im Standard-Koordinatensystem MM_TEXT wie bei Aufrufen von *TextOut* für die linke obere Ecke des Bereichs, in dem die Ausgabe erscheinen soll.)

Bei den heutzutage üblichen Grafikkarten und Bildschirmgrößen liefern die beiden Aufrufe von *GetSystemMetrics* mit ziemlicher Sicherheit das Ergebnis 32 und zeigen so an, dass Windows Icons mit 32 x 32 Pixeln auf dem Desktop darstellt. Developer Studio verwendet ebendiese Werte auch als Standardvorgabe – nur enden damit die Gemeinsamkeiten auch: Wenn der Benutzer im

Start-Menü oder im Explorer »kleine« Symbole wählt, dann erscheinen Icons dort mit 16 x 16 Pixeln – genauso wie übrigens in der Titelleiste von Fenstern. Der von Windows für solche Verkleinerungen bemühte Algorithmus ist eher schlichter Natur: Er wirft einfach jede zweite Zeile und jede zweite Spalte aus dem Bild hinaus. Da nur verhältnismäßig großflächige Symbole wie das von mir gewählte »B« diese Prozedur optisch einigermaßen unbeschadet überstehen, bietet Windows die Möglichkeit, Icons in verschiedenen Größen sozusagen auf Vorrat zu erzeugen.

Wenn Sie das einmal ausprobieren wollen, klicken Sie im Grafik-Editor von Developer Studio auf dem Symbol rechts neben dem aufschlagbaren Listenfeld *Gerät* und wählen im daraufhin erscheinenden Dialogfeld »Neues Symbolbild« den Eintrag »Klein (16x16)« aus. Wenn Sie das Dialogfeld mit OK schließen, zeigt der Grafik-Editor erneut ein leeres Icon an (aber eben nicht mit 32x32, sondern mit 16x16 Pixeln Größe). Zur Demonstration der Unterschiede sollten Sie in diesem Icon etwas anderes als ein »B« unterbringen – beispielsweise ein »S« (für »small«):

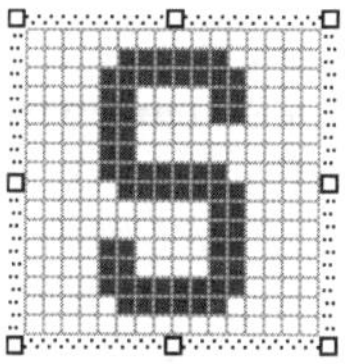

Abbildung 10.3: *Ein kleines Icon (16x16) in der Darstellung von Developer Studio*

Der springende Punkt: Dieses zweite Icon wird von Developer Studio, Windows und dem Programm nicht als eigenständige Ressource, sondern als alternative Auflösung betrachtet. Es bekommt denselben symbolischen Bezeichner (IDI_ICON) wie sein großer Bruder und landet in derselben Datei (ICONDEMO.ICO). Wenn Sie das Programm nun neu compilieren, wird auf dem Desktop und in seinem Anwendungsbereich nach wie vor die Variante mit 32 x 32 Pixeln dargestellt; für die Titelleiste sucht sich Windows dagegen die alternative Auflösung mit 16x16 Pixeln heraus. Dieser Mechanismus greift auch für das Start-Menü und die Darstellung im Explorer: Wenn der Benutzer »große Symbole« eingestellt hat, erscheint ICONDEMO dort als »B«, ansonsten eben mit der kleineren Version. (Die Dimensionen kleiner Symbole lassen sich übrigens ebenfalls mit *GetSystemMetrics* abfragen. Die dazugehörigen Konstanten heißen SM_CXSMSIZE und SM_CYSMSIZE, wobei das erste »SM« für »System Metrics«, das zweite dagegen für »small« steht.)

Nachdem die praktische Seite damit erst einmal erledigt wäre, fehlt natürlich noch der Blick unter die Motorhaube, der diesmal etwas länger ausfallen muß.

Icons mit Griff

Wenn Sie die Dateien RESOURCE.H und ICONDEMO.RC mit einem Texteditor wie NOTEPAD untersuchen, bekommen Sie in beiden Fällen eine ganze Menge von Daten zu sehen, die Developer Studio ausschließlich für die interne Verwaltung generiert. Was von ICONDEMO.RC letztlich für den Ressourcen-Compiler bzw. von RESOURCE.H für den Präprozessor übrigbleibt, ist erstaunlich wenig und in Abbildung 10.4 zu sehen.

ICONDEMO.RC (Auszüge)

```
//Microsoft Developer Studio generated resource script.

#include "resource.h"
#include "afxres.h"
```

```
//////////////////////////////////////////////////////////////////////////
// Icon

IDI_ICON                ICON    DISCARDABLE     "icondemo.ico"
```

RESOURCE.H (Auszüge)

```
// Microsoft Developer Studio generated include file.
// Used by IconDemo.rc

#define IDI_ICON                        101
```

Abbildung 10.4: *Die wesentlichen Bestandteile der beiden Ressourcendateien*

Von den (wie in C-Quelltexten mit einem doppelten Schrägstrich eingeleiteten) Kommentaren einmal abgesehen, entsprechen diese beiden Auszüge ziemlich exakt dem, was ProgrammiererInnen in den 80er Jahren zum selben Zweck mit einem normalen Texteditor »zu Fuß« eingeben mußten. Der einzige echte Unterschied besteht aus dem Include-Befehl für eine Datei namens AFXRES.H, in der sich Unmengen von Deklarationen für die *Microsoft Foundation Classes* (»MFC«) verbergen. Da sämtliche Programme dieses Buches ohne diese Klassenbibliothek auskommen, wird AFXRES.H zwar vom Ressourcen-Compiler jedesmal gelesen – dabei bleibt es aber dann auch.

Der Inhalt von ICONDEMO.RC dürfte Ihnen bereits weitgehend bekannt vorkommen:

```
IDI_ICON                ICON    DISCARDABLE     "icondemo.ico"
```

Hier wird also die zuvor angelegte Datei ICONDEMO.ICO als ICON-Ressource verzeichnet und bekommt einen symbolischen Bezeichner (IDI_ICON), der seinerseits in RESOURCE.H als numerischer Wert (101) definiert ist. Die Anführungszeichen um dem Textstring »icondemo.ico« sind übrigens nur dann wirklich notwendig, wenn ein solcher Dateiname Leerzeichen enthält. Das Schlüsselwort DISCARDABLE habe ich bereits zu Anfang des Kapitels kurz erwähnt: Es zeigt der Speicherverwaltung von Windows an, dass das Programm diese Daten nur lesen und nicht durch eigene Aktionen verändern will. (Von einem Programm als »veränderbar« gekennzeichnete Datenbereiche muß die Speicherverwaltung bei Platzproblemen in die Auslagerungsdatei umstapeln; Ressourcen, die ein Programm nur liest, lassen sich dagegen ersatzlos freigeben und bei Bedarf wieder von der Festplatte laden. Bevor Sie sich erschrecken: Hier geht es um interne Operationen von Windows. Sobald Ihr Programm etwas mit einem Icon-Handle unternimmt, sorgt das Betriebssystem in jedem Fall dafür, dass sich die Daten im Hauptspeicher befinden). Die Kennzeichnung einer Ressource als DISCARDABLE ist übrigens optional, weil das sowieso die Standardvorgabe darstellt.

Die Arbeit des Ressourcen-Compiler besteht wie gesagt daraus, aus sämtlichen in ICONDEMO.RC angegebenen Daten und Dateien eine Datei ICONDEMO.RES zu erzeugen, die ihrerseits vom Linker in ICONDEMO.EXE eingebunden wird. Ressourcen wie Icons lassen sich dann vom Programm aus über eine Typangabe (hier: RT_ICON) und einen Bezeichner (im gegebenen Beispiel: IDI_ICON = 101) ansprechen – etwa über die Funktion *LoadIcon*, die einen Handle des Typs HICON als Ergebnis liefert:

```
hIcon = LoadIcon (hInstance, MAKEINTRESOURCE (IDI_ICON)) ;
```

ICONDEMO ruft diese Funktion einmal bei der Definition der Fensterklasse auf (was dem »regulären« Vorgehen bei selbstdefinierten Icons entspricht), ein zweites Mal wird *LoadIcon* beim Zeichnen des Anwendungsbereichs verwendet. Der erste Parameter zeigt der Funktion an, aus welcher Quelle die Ressourcendaten bezogen werden sollen: *hInstance* verweist auf die programmeigene .EXE-Datei (und NULL auf vordefinierte Ressourcen von Windows). Als zweiten Parameter erwartet die Funktion eigentlich einen Zeiger auf einen String, weshalb hier ein Makro namens MAKEINTRESOURCE (»make Integer into a resource [string]«) zum Einsatz kommt, den WINUSER.H folgendermaßen definiert:

```
#define MAKEINTRESOURCE(i) (LPTSTR)((DWORD)((WORD)(i)))
```

Wer jetzt vermutet, dass es hier um einen Hack aus grauer Vorzeit geht, hat völlig recht: Wenn das höherwertige Wort der an *LoadIcon* übergebenen »Stringadresse« den Wert 0 hat, dann weiß diese Funktion, dass sie es eben nicht mit einem String, sondern mit einem numerischen Wert zu tun hat. Konsequent sind numerische Bezeichner für Icons auf den Wertebereich von 0 bis 65535 beschränkt. Der von allen Programmen der vorangehenden Kapitel verwendete Bezeichner IDI_APPLICATION ist übrigens in WINUSER.H auf dieselbe Weise definiert:

```
#define IDI_APPLICATION MAKEINTRESOURCE(32512)
```

Womit sich natürlich die Frage erhebt: Wenn Ressourcen »normalerweise« nicht über numerische Werte, sondern über Strings bezeichnet werden – wie kriegt man solche Strings in Developer Studio hinein? Die Antwort: Indem Sie im Eigenschaftsfenster für eine Ressource den Namen in Anführungszeichen eingeben. Wenn Sie das bei ICONDEMO nachvollziehen wollen: Ein Doppelklick auf dem Eintrag »icondemo.rc« im »FileView«-Register zeigt die Ressourcen des Programms als Ordnersymbol; ein Doppelklick auf diesem Ordnersymbol öffnet eine Baumstruktur, die im gegebenen Beispiel nur aus »icondemo.ico« besteht. Ein Rechtsklick auf diesem Eintrag öffnet ein Kontextmenü, über das Sie zum Eigenschaftsfenster gelangen. Dort können Sie nun IDI_ICON durch einen Text in Anführungszeichen ersetzen.

Ich persönlich ziehe übrigens Strings den numerischen Bezeichnern vor, weil man unter anderem auf diese Weise einem Icon den Namen des Programms geben kann, für das es steht. Wenn Sie einem Icon über das Eigenschaftsfenster den Bezeichner »MyProg« (mit Anführungszeichen) geben, dann landet dieser Name unverändert im Ressourcenskript:

```
MYPROG ICON DISCARDABLE myprog.ico
```

Wohlgemerkt: Hier geht es nicht um ein Symbol für den Präprozessor – RESOURCE.H kommt hier also ohne ein #define MYPROG .... aus – , sondern eben um einen *Stringbezeichner.* Wenn der Name des Programms im C-Quelltext auf die übliche Weise definiert ist – etwa als

```
static TCHAR szAppName [] = TEXT ("MyProg") ;
```

– dann läßt sich das programmeigene Icon schließlich mit dem folgenden Aufruf von *LoadIcon* laden:

```
hIcon = LoadIcon (hInstance, szAppName) ;
```

Und das erscheint mir wesentlich klarer als der Weg über *#define*-Anweisungen für den Präprozessor in Kombination mit Makros wie MAKEINTRESOURCE.

Natürlich hält Sie trotzdem niemand davon ab, für Ihre Ressourcen numerische Werte zu verwenden. Tatsächlich können Sie im Eigenschaftsfenster von Developer Studio nicht nur symbolische Konstanten (für die die Entwicklungsumgebung dann entsprechende *#define*-Anweisungen in RESOUCE.H erzeugt), sondern auch nackte Zahlen angeben. Im letzteren Fall sieht das Ressourcenskript dann hinterher etwa so aus:

```
125 ICON DISCARDABLE myprog.ico
```

Die offensichtliche Methode, ein solches Icon vom Programm aus zu laden, führt über MAKEINTRESOURCE:

```
hIcon = LoadIcon (hInstance, MAKEINTRESOURCE(125)) ;
```

Die zweite Methode ist reichlich obskur, führt aber auch zum Ziel:

```
hIcon = LoadIcon (hInstance, TEXT ("#125")) ;
```

Windows interpretiert das Zeichen »#« im Aufruf von *LoadIcon* hier als Einleitung für eine Kennziffer und wertet den folgenden Text numerisch aus.

Icons im Einsatz

Aus der Sicht von Programmen haben Icons meist ein recht beschränktes Einsatzgebiet. Wer nicht gerade einen Icon-Editor oder ein anderes Grafikwerkzeug schreibt, beläßt es meist bei einem Eintrag in die Fensterklasse:

```
wndclass.hIcon = LoadIcon (hInstance, "myicon") ;
```

Windows übernimmt dann den Rest – also die Darstellung in der Titelleiste, im Explorer, in der Task-Leiste, bei Verknüpfungen etc. –, wobei ich im vorletzten Abschnitt bereits demonstriert habe, dass hier sogar eine Automatik am Werk ist, die sich das Icon in der jeweils passenden Größe heraussucht.

Von *RegisterClass* gibt es eine erweiterte Version namens *RegisterClassEx*, die mit einem gegenüber WNDCLASS um zwei Felder *cbSize* und *hIconSm* erweiterten Strukturtyp WNDCLASSEX arbeitet. Das Feld *cbSize* stellt eine der mittlerweile üblich gewordenen Doppelprüfungen dar und muß vor dem Aufruf mit der Gesamtgröße der Struktur in Bytes initialisiert werden, in *hIconSm* sollte der (über *LoadIcon* ermittelte) Handle eines »kleinen« Icons (16x16) eingetragen werden.

Was diese Funktion an Vorteilen gegenüber *RegisterClass* zu bieten hat? Nachdem sich Windows bei einem über *RegisterClass* angemeldeten Icon die richtige Größe von selbst heraussucht, ist das eine gute Frage – vor allem, weil diese Eigenintelligenz bei *RegisterClassEx* offensichtlich verlorengegangen zu sein scheint: Bei in *hIconSm* eingesetzten Handles berücksichtigt Windows grundsätzlich nur die erste Icon-Größe, die es in der über diesen Handle angesprochenen Ressource findet. Deshalb bleibe ich in diesem Buch bei den »Originalversionen« *RegisterClass* und WNDCLASS, die ihren Zweck offensichtlich bestens erfüllen.

Sollten Sie einmal in die Verlegenheit kommen, das Icon eines Programms (oder eines Fensters) zur Laufzeit wechseln zu müssen, ist das übrigens genauso wenig ein Problem wie der »nachträgliche« Wechsel eines Füllmusters, dessen Zuordnung sich ja auch über *SetClassLong* jederzeit verändern läßt. Gehen wir einmal davon aus, dass Sie ein zweites Icon in Ihrer Ressource-Datei definiert haben:

```
anothericon ICON iconfil2.ico
```

Dieses Icon läßt sich mit dem folgenden Aufruf in die Fensterklasse einsetzen:

```
SetClassLong (hwnd, GCL_HICON, LoadIcon (hInstance, "anothericon") ;
```

In ähnlicher Weise läßt sich der Handle des in eine Fensterklasse eingesetzten Icons über *GetClassLong* ermitteln – beispielsweise für eine Zeichenaktion im Anwendungsbereich:

```
DrawIcon (hdc, x, y, GetClassLong (hwnd, GCL_HICON)) ;
```

Das Win32-SDK bezeichnet *LoadIcon* übrigens an verschiedenen Stellen als »überholt« und empfiehlt den Ersatz durch die Funktion *LoadImage*, die mit Sicherheit ein gutes Stück flexibler ist und zusätzliche Möglichkeiten bietet, aber aufgrund ebendieser Flexibilität nicht an die Geradlinigkeit von *LoadIcon* herankommt. (Wenn Sie selbst einmal vergleichen wollen: *LoadIcon* ist im Abschnitt */Platform SDK/User Interface Services/Resources/Icons* dokumentiert, über *LoadImage* gibt der Abschnitt */Platform SDK/User Interface Services/Resources/Resources* Auskunft.) Gerade weil LoadIcon so simpel gestrickt ist, kann man diese Funktion nach wie vor gut einsetzen: Unter anderem belegt sie beispielsweise bei beiden Aufrufen in ICONDEMO nicht etwa separate Speicherbereiche, sondern liefert einfach zweimal denselben Handle zurück. Überdies haben die von *LoadIcon* (nicht aber von *LoadImage*) gelieferten Handles die nette Eigenschaft, dass man sie nach Gebrauch beruhigt vergessen darf, ohne dabei Speicherlecks zu erzeugen. (Windows definiert auch eine Funktion namens *DestroyIcon*, die aber nicht für Handles von *LoadIcon* gedacht ist, sondern nur im Zusammenhang mit *CreateIcon*, *CreateIconIndirect* und *CreateIconFromResource* verwendet wird. Diese drei Funktionen unterscheiden sich von *LoadIcon* dadurch, dass sie neue (temporäre) Ressourcen erzeugen, anstatt existierende Ressourcen zu laden.)

Selbstdefinierte Cursorformen

Der für die Definition eigener Cursorformen verwendete Prozeß sieht den Mechanismen für Icons ausgesprochen ähnlich: Nach der Auswahl des Menüpunkts *Einfügen/Ressource* erschöpfen sich die Unterschiede in einem Klick auf »Cursor« anstelle von »Icon« im Dialogfeld »Ressource einfügen«; im Grafik-Editor müssen Sie zusätzlich einen »Hot Spot« definieren – also festlegen, welches Pixel des Bitmaps als »eigentliche« Cursorposition verwendet werden soll. Selbstdefinierte Cursorformen haben wie Icons üblicherweise eine Größe von 32x32 Pixel, sind allerdings monochrom.

Bei Ressourcenskripts und dem Laden von Cursorformen in einem Programm gibt es auch nichts Neues zu vermelden: Cursor erscheinen in .RC-Dateien als – wer hätt's gedacht – CURSOR, haben den Ressourcentyp RT_CURSOR und lassen sich sowohl über MAKEINTRESOURCE als auch über Stringbezeichner ansprechen. Die Funktion LoadCursor liefert einen Handle des Typs HCURSOR zurück, der sich bei der Definition der Fensterklasse so einsetzen läßt:

```
// numerische ID
wndclass.hCursor = LoadCursor (hInstance, MAKEINTRESOURCE (IDC_CURSOR)) ;

// Stringbezeichner
wndclass.hCursor = LoadCursor (hInstance, szAppname) ;
```

Als Ergebnis schaltet Windows automatisch auf diese Cursorform um, solange sich der Cursor im Anwendungsbereich des Programms befindet. (Bezeichner für Icons und Cursorformen sind unabhängig voneinander, d.h. müssen nur innerhalb der jeweiligen Klasse einzigartig sein. Aus diesem Grund läßt sich der Programmname für beide Ressourcen verwenden.)

Dieselbe Automatik funktioniert auch bei Child-Fenstern: Wenn Sie für Child-Fenster eine eigene Fensterklasse definieren, läßt sich diesen Fensterklassen auch jeweils eine eigene Cursorform zuweisen. Bei vordefinierten Steuerelementen in Form von Child-Fenstern kann das Programm das Feld *hCursor* der jeweiligen Fensterklasse über die Funktion *SetClassLong* verändern:

```
SetClassLong (hwndChild, GCL_HCURSOR, LoadCursor (hInstance, TEXT ("childcursor")) ;
```

In Programmen, die ihren Anwendungsbereich ohne Zuhilfenahme von Child-Fenstern in mehrere logische Bereiche unterteilen, läßt sich die Cursorform abhängig von der jeweiligen Position auch direkt festlegen:

```
SetCursor (hCursor) ;
```

SetCursor muß hier allerdings beim Bearbeiten jeder Nachricht des Typs WM_MOUSEMOVE erneut aufgerufen werden, weil Windows ansonsten auf die Form zurückschaltet, die in der jeweiligen Fensterklasse festgelegt ist. (Das SDK gibt in diesem Zusammenhang an, dass der Zeitbedarf von *LoadCursor* für bereits in den Hauptspeicher geladene Cursorfunktionen definitiv vernachlässigbar ist.)

Stringressourcen

Zeichenketten in Form von Ressourcen zu halten, erscheint auf den ersten Blick als recht merkwürdige Idee – schließlich sind wir bis jetzt auch ganz gut mit der direkten Definition im Quelltext hingekommen.

Stringressourcen dienen in erster Linie dazu, das Übersetzen von Programmen in andere Sprachen zu vereinfachen. Da Menüs und Dialoge ebenfalls als Ressourcen definiert sind (siehe Seite 420 und Kapitel 12), kann eine Ressource-Datei auf diese Weise sämtliche Texte zusammenfassen, die ein Programm ausgibt – mit dem Erfolg, dass man sich bei fremdsprachigen Versionen seines Programms nur mit einer anstelle von einigen Dutzend Dateien herumschlagen muß. (Dass die Verwendung von Stringressourcen in diesem Buch dennoch auf das nächste Praxisbeispiel beschränkt bleibt, hat allerdings auch seinen Grund: Eine Anweisung wie *TextOut(x,y,"Hallo")* wird allen Vereinfachungsversuchen und Makros zum Trotz wohl immer leichter nachzuvollziehen sein als das internationalisierte Gegenstück, das mit *LoadString*, Ressourcenbezeichnern und Formatierungsanweisungen hantieren muß. Und da es in diesem Buch ausschließlich um die Nachvollziehbarkeit geht, werden Sie mir diese Abweichung vom Pfad der reinen Lehre sicher nicht übelnehmen.)

Stringressourcen werden nicht in separaten Dateien, sondern direkt im Ressourcenskript gespeichert und dort über *Stringtabellen* zusammengefaßt (für die die deutsche Version von Developer Studio interessanterweise mal die amerikanische Originalbezeichnung »String Table«, mal den linguistisch ja durchaus korrekten Begriff »Zeichenfolgetabelle« verwendet). Nachdem das Dialogfeld »Neue Ressource« über *Einfügen/Ressource* aktiviert und dort »String Table« ausgewählt haben, stellt Developer Studio im rechten Fenster eine Tabelle dar, die zunächst nur aus einem leeren Eintrag besteht. Die Auswahl von Strings geschieht per Doppelklick in dieser Tabelle, pro String müssen Sie sowohl den Text aus als auch einen Bezeichner dafür eingeben. (Für die

Bezeichner gilt dasselbe wie bei anderen Ressourcen: Hier sind sowohl benannte Konstanten als auch wiederum Strings möglich, die dann in Anführungszeichen gestellt werden müssen.) Im Ressourcenskript erscheinen diese Strings dann ungefähr so:

```
STRINGTABLE DISCARDABLE
BEGIN
    IDS_STRING1, "Ein Text"
    IDS_STRING2, "und noch einer"
    IDS_STRING3, "Formatierungsanweisung: %d %s"
    [weitere Definitionen]
END
```

Wer bereits für ältere Versionen von Windows Programme geschrieben und solche Definitionen mit einem normalen Texteditor eingegeben hat (was, wie Sie richtig vermuten, erheblich schneller und einfacher ging als das Anlegen von Stringtabellen in Visual Studio), darf bei direkter Bearbei tung des Ressourcenskripts auch geschweifte Klammern anstelle von BEGIN und END verwenden.

Für die Bezeichner von Stringressourcen schlägt Visual Studio übrigens das Präfix »IDS_« (»ID [for] String«) vor – eine Konvention, an die man sich auch beim »manuellen« Anlegen von Stringtabellen halten sollte.

Ein Ressourcenskript kann zwar mehrere Stringtabellen enthalten – die Regel, dass jeder Bezeichner innerhalb seiner Klasse (hier: RT_STRING) einzigartig sein muß, wird durch eine solche Unterteilung aber nicht aufgehoben. Die einzelnen Zeichenketten sind jeweils auf 4095 Zeichen begrenzt und dürfen mit der Ausnahme von Tabulatoren (»\t«) und Zeilenvorschüben (»\n«) keine Steuerzeichen im Stil von C enthalten. (Diese beiden Steuerzeichen werden auch von *DrawText* und *MessageBox* umgesetzt – nicht aber vom Editor in Developer Studio, der auf einzeiliger Darstellung beharrt. Die Maximallänge ist deshalb eher als theoretische denn als praktisch verwendbare Grenze anzusehen.)

Die Funktion *LoadString* liefert im Gegensatz zu den bis dato besprochenen Ladefunktionen für Ressourcen keinen Handle zurück, sondern kopiert einen String direkt in einen Puffer des Programms:

```
LoadString (hInstance, id, szBuffer, iMaxLength) ;
```

Der Parameter *id* steht hier für die Kennziffer, die jeder Stringdefinition in der Ressource-Datei vorausgeht, *szBuffer* ist die Adresse der programmeigenen Variablen, in die die einzelnen Zeichen kopiert werden sollen. *iMaxLength* legt fest, wie viele Zeichen die Funktion im Maximalfall kopiert, d.h. kann als Begrenzung der Stringlänge verwendet werden. Das direkte Ergebnis dieser Funktion ist übrigens die Zahl der kopierten Zeichen (ohne das abschließende NUL).

Formatierungsanweisungen für *sprintf* bzw. *wsprintf* lassen sich übrigens exakt in derselben Weise wie »normale« Strings als Ressource formulieren. Wenn man die Texte eines Programms übersetzbar halten will, sollte man von dieser Möglichkeit kräftigen Gebrauch machen: so läßt sich beispielsweise eine Meldung wie

```
"Press %s to continue"
```

in vernünftiges Deutsch übersetzen – etwa mit

```
"Weiter mit %s"
```

In einem Programm, das lediglich isolierte Texte definiert, damit unveränderlich festlegt, an welcher Stelle einer Meldung eine Variable steht, und diese Textbruchstücke zu allem Überfluß mehrfach verwendet, kommen dagegen zwangsläufig Formulierungen wie das sattsam bekannte »Drücken Sie xyz, um fortzufahren« heraus. (Welches Urlaubsziel diese Meldung im Sinn hat, ist seit 15 Jahren ungeklärt).

Stringtabellen, die (noch zu erläuternden) Menütitel und alle anderen als Ressource definierten Texte werden vom Ressourcen-Compiler in Unicode umgesetzt. Bei der Compilierung eines Programms mit dem Symbol UNICODE ersetzt der Präprozessor *LoadString* durch die Unicode-Funktion *LoadStringW*, die diese Strings ohne Umrechnung in den Hauptspeicher lädt. Die bei der Compilierung ohne UNICODE verwendete Funktionsvariante *LoadStringA* setzt Ressourcen-Texte dagegen von Unicode unter Berücksichtigung der aktuellen Landeseinstellungen (Stichwort: Codeseite) nach ANSI um. (Wie üblich ist die W-Variante von *LoadString* nur unter Windows NT verfügbar.)

Sehen wir uns als Beispiel einmal ein Programm an, das drei Stringressourcen als Texte von Meldungsfenstern verwendet. Die drei symbolischen Bezeichner in RESOURCE.H könnten hier so aussehen:

```
#define IDS_FILENOTFOUND 1
#define IDS_FILETOOBIG   2
#define IDS_FILEREADONLY 3
```

Das Ressourcenskript bindet RESOURCE.H über eine *#include*-Anweisung ein und enthält dann die folgende Stringtabelle:

```
#include "resource..h"
  [Definition anderer Ressourcen]
STRINGTABLE
BEGIN
        IDS_FILENOTFOUND,     "Datei %s nicht gefunden."
        IDS_FILETOOBIG,       "Datei %s zu groß zur Bearbeitung."
        IDS_FILEREADONLY,     "Datei %s ist schreibgeschützt!"
END
```

Das C-Modul bindet dieselbe Include-Datei ein und definiert eine Funktion zur Ausgabe des Meldungsfensters (wobei ich hier davon ausgehe, dass *szAppName* eine globale Variable ist, die den Namen des Programms enthält):

```
#include "program.h"
[Deklarationen und andere Funktionen]

OkMessage (HWND hwnd, int iErrorNumber, TCHAR *szFileName)
   {
     TCHAR szFormat [40] ;
     TCHAR szBuffer [60] ;

     LoadString (hInstance, iErrorNumber, szFormat, 40) ;  // Laden der Ressource aus der .EXE-Datei
     wsprintf (szBuffer, szFormat, szFilename) ;  // Formatierung

     return MessageBox (hwnd, szBuffer, szAppName, MB_OK | MB_ICONEXCLAMATION) ;
   }
```

Nach diesen Definitionen kann das Programm eine Fehlermeldung wie »Datei XYZ nicht gefunden« über den folgenden Aufruf ausgeben lassen:

```
OkMessage (hwnd, IDS_FILENOTFOUND, szFileName) ;
```

Selbstdefinierte Ressourcen

Selbstdefinierte Ressourcen sind eine ausgesprochen praktische Möglichkeit, Daten in beliebiger Form und Menge in der .EXE-Datei eines Programms zu verpacken und sie bei Bedarf in den Hauptspeicher zu laden. Da sich die dazugehörigen Funktionen von Windows auf das Lokalisieren dieser Daten und das Zurückliefern eines Zeigers beschränken, können diese Daten eine beliebige Struktur haben und sind auch nicht auf reine Texte beschränkt.

In diese Klasse fallen sämtliche Ressourcen, für die Windows in einer Ressource-Datei keine eigenen Bezeichner (wie ICON oder CURSOR) definiert. Für irgendeine x-beliebige Datensammlung, die Ihr Programm eben nicht als separate Datei mit sich herumschleppen will, könnte man beispielsweise einen Klassenbezeichner BINTYPE verwenden. Tatsächlich werden solche Klassenbezeichner derart häufig eingesetzt, dass Developer Studio diese Technik direkt unterstützt: Das über *Einfügen/Ressource* erreichbare Dialogfeld »Neue Ressource« hat eine separate Schaltfläche *Benutzerdefiniert*, mit dem sich Klassenbezeichner wie BINTYPE festlegen lassen. Die von Developer Studio für solche Ressourcen automatisch erzeugten Bezeichner entsprechen dem von Ihnen festgelegten Klassentyp, fangen im gegebenen Beispiel also mit IDR_BINTYPE1 an. (Der Terminus »benutzerdefiniert« stellt die unglückliche Übersetzung des im Amerikanischen auch nicht unbedingt treffenden Begriffs »user-defined« dar. Hier geht es natürlich nicht um Daten, die sich die Benutzer Ihres Programms hinterher aussuchen können, sondern um von Ihnen – dem Programmierer – erstellte Definitionen, die in keine der vorgegebenen Kategorien passen.)

Da Developer Studio über die Struktur selbstdefinierter Ressourcen weder Bescheid wissen kann noch will, steht hier zur Bearbeitung lediglich ein Hexadezimal-Editor zur Verfügung. Theoretisch könnten Sie die Bytes hier einzeln eintippen, praktisch macht man sich die Sache wohl meist etwas einfacher: Die Ressource wird mit einem passenden (externen) Editor erzeugt, als Datei gespeichert und schließlich in Developer Studio über das Eigenschaftsfenster eingebunden. Dieses Fenster erreichen Sie über das Kontextmenü, das bei einem Rechtsklick auf dem Bezeichner in der Ressourcenliste erscheint. Bei selbstdefinierten Ressourcen enthält neben der ID ein Feld *Dateiname*. Wenn Sie hier beispielsweise BINDATA.BIN eingeben, dann sieht der Eintrag im Ressourcenskript hinterher so aus:

```
IDR_BINTYPE1 BINTYPE BINDATA.BIN
```

Offensichtlich unterscheidet sich ein solcher Eintrag von den bis dato vorgestellten Ressourcen (wie ICON im Programm ICONDEMO) ausschließlich durch den selbstdefinierten Klassennamen; für den Bezeichner haben Sie deshalb auch hier die Wahl zwischen symbolischen Konstanten (#define) und direkt angegebenem Text.

Handles zu selbstdefinierten Ressourcen werden über die Kombination der Funktionen *LoadResource* und *FindResource* ermittelt, was üblicherweise in der Initialisierungsphase des Programms (beispielsweise beim Bearbeiten von WM_CREATE) geschieht:

```
hResource = LoadResource (hInstance,
            FindResource (hInstance, TEXT("BINTYPE"), MAKEINTRESOURCE(IDR_BINTYPE1))) ;
```

LoadResource liefert einen Wert des Typs HGLOBAL zurück (weshalb man programmeigene Variablen wie *hResource* mit demselben Typ definieren sollte) und beschränkt sich wie *LoadIcon* bzw. *LoadCursor* auf das Lokalisieren der Ressource in der .EXE-Datei. Die eigentliche Suche übernimmt dabei die Funktion *FindResource*, die (in unserem Beispiel) die Ressourcentabelle in der .EXE-Datei nach dem Eintrag IDR_BINTYPE1 in der Klasse BINTYPE absucht (und übrigens auch von *LoadCursor* bzw. *LoadIcon* mit den »Klassennamen« CURSOR bzw. ICON aufgerufen wird).

Der eigentliche Zugriff auf eine mit *LoadResource* sozusagen angekündigte selbstdefinierte Ressource erfolgt über die Funktion *LockResource*:

```
pData = LockResource (hResource) ;
```

LockResource ermittelt die Größe dieser Ressource, belegt entsprechend Platz im Hauptspeicher, lädt die Daten in diesen Bereich und liefert schließlich die Startadresse dieses Bereichs als Ergebnis zurück. (Weitere Aufrufe mit demselben Handle führen keine erneuten Belegungs- und Ladeaktion durch, sondern beschränken sich auf das Zurückliefern dieser Adresse – womit auch der Grund dafür geklärt wäre, wieso Programme bei *jedem* WM_SETCURSOR »erneut« eine Cursorform laden können, ohne den Hauptspeicher damit nach kurzer Zeit bis zum Rand zu füllen.)

Wenn das Programm seine Operationen mit dieser Ressource beendet hat, kann es den Speicherbereich mit *FreeResource* wieder freigeben:

```
FreeResource (hResource) ;
```

Diese Funktion wird beim Ende eines Programms automatisch für alle von ihm geladenen Ressourcen aufgerufen. (In den 16-Bit-Versionen von Windows gab es mit *UnlockResource* übrigens ein direktes Gegenstück zu *LockResource*, das bei Win32 zwar noch definiert, hier aber funktionslos ist.)

Das im folgenden wiedergegebene Programm POEPOEM demonstriert einen Teil der Techniken mit selbstdefinierten Ressourcen und Strings: Es definiert ein Icon, eine Stringtabelle und einen eigenen Ressourcentyp, der zur Speicherung von Edgar Allan Poes Gedicht »Annabel Lee« verwendet wird. Der Text des Gedichtes, zu dessen Eindeutschung sich der Übersetzer nicht berufen fühlte, ist in einer Datei namens POEPOEM.TXT untergebracht. Sein Ende ist durch einen umgekehrten Schrägstrich gekennzeichnet.

POEPOEM.C

```
/*---------------------------------------------------
   POEPOEM.C - Selbstdefinierte Ressourcen und Strings
              (c) Charles Petzold, 1998
  ---------------------------------------------------*/
#include <windows.h>
#include "resource.h"

LRESULT CALLBACK WndProc (HWND, UINT, WPARAM, LPARAM) ;

HINSTANCE hInst ;

int WINAPI WinMain (HINSTANCE hInstance, HINSTANCE hPrevInstance,
                    PSTR szCmdLine, int iCmdShow)
```

```
{
     TCHAR    szAppName [16], szCaption [64], szErrMsg [64] ;
     HWND     hwnd ;
     MSG      msg ;
     WNDCLASS wndclass ;

     LoadString (hInstance, IDS_APPNAME, szAppName,
                            sizeof (szAppName) / sizeof (TCHAR)) ;

     LoadString (hInstance, IDS_CAPTION, szCaption,
                            sizeof (szCaption) / sizeof (TCHAR)) ;

     wndclass.style         = CS_HREDRAW | CS_VREDRAW ;
     wndclass.lpfnWndProc   = WndProc ;
     wndclass.cbClsExtra    = 0 ;
     wndclass.cbWndExtra    = 0 ;
     wndclass.hInstance     = hInstance ;
     wndclass.hIcon         = LoadIcon (hInstance, szAppName) ;
     wndclass.hCursor       = LoadCursor (NULL, IDC_ARROW) ;
     wndclass.hbrBackground = (HBRUSH) GetStockObject (WHITE_BRUSH) ;
     wndclass.lpszMenuName  = NULL ;
     wndclass.lpszClassName = szAppName ;

     if (!RegisterClass (&wndclass))
     {    // UNICODE-Compilierung und Ausführung unter Windows 98?
          // Programmnamen (Unicode) als Ressource laden, dabei
          // in ANSI umwandeln
          LoadStringA (hInstance, IDS_APPNAME, (char *) szAppName,
                                  sizeof (szAppName)) ;
          // Fehlermeldung (Unicode) laden, in ANSI umwandeln
          LoadStringA (hInstance, IDS_ERRMSG, (char *) szErrMsg,
                                  sizeof (szErrMsg)) ;
          // ANSI-Ausgabe
          MessageBoxA (NULL, (char *) szErrMsg,
                             (char *) szAppName, MB_ICONERROR) ;
          return 0 ;
     }

     hwnd = CreateWindow (szAppName, szCaption,
                          WS_OVERLAPPEDWINDOW | WS_CLIPCHILDREN,
                          CW_USEDEFAULT, CW_USEDEFAULT,
                          CW_USEDEFAULT, CW_USEDEFAULT,
                          NULL, NULL, hInstance, NULL) ;

     ShowWindow (hwnd, iCmdShow) ;
     UpdateWindow (hwnd) ;

     while (GetMessage (&msg, NULL, 0, 0))
     {
          TranslateMessage (&msg) ;
          DispatchMessage (&msg) ;
     }
     return msg.wParam ;
}

LRESULT CALLBACK WndProc (HWND hwnd, UINT message, WPARAM wParam, LPARAM lParam)
```

```
{
     static char  * pText ;
     static HGLOBAL hResource ;
     static HWND    hScroll ;
     static int     iPosition, cxChar, cyChar, cyClient, iNumLines, xScroll ;
     HDC            hdc ;
     PAINTSTRUCT    ps ;
     RECT           rect ;
     TEXTMETRIC     tm ;

     switch (message)
     {
     case WM_CREATE :
          hdc = GetDC (hwnd) ;
          GetTextMetrics (hdc, &tm) ;
          cxChar = tm.tmAveCharWidth ;
          cyChar = tm.tmHeight + tm.tmExternalLeading ;
          ReleaseDC (hwnd, hdc) ;

          xScroll = GetSystemMetrics (SM_CXVSCROLL) ;
          hScroll = CreateWindow (TEXT ("scrollbar"), NULL,
                              WS_CHILD | WS_VISIBLE | SBS_VERT,
                              0, 0, 0, 0,
                              hwnd, (HMENU) 1, hInst, NULL) ;

          hResource = LoadResource (hInst,
                      FindResource (hInst, TEXT ("AnnabelLee"),
                                           TEXT ("TEXT"))) ;

          pText = (char *) LockResource (hResource) ;
          iNumLines = 0 ;

          while (*pText != '\\' && *pText != '\0')
          {
               if (*pText == '\n')
                    iNumLines ++ ;
               pText = AnsiNext (pText) ;
          }
          *pText = '\0' ;

          SetScrollRange (hScroll, SB_CTL, 0, iNumLines, FALSE) ;
          SetScrollPos   (hScroll, SB_CTL, 0, FALSE) ;
          return 0 ;

     case WM_SIZE :
          MoveWindow (hScroll, LOWORD (lParam) - xScroll, 0,
                      xScroll, cyClient = HIWORD (lParam), TRUE) ;
          SetFocus (hwnd) ;
          return 0 ;

     case WM_SETFOCUS :
          SetFocus (hScroll) ;
          return 0 ;

     case WM_VSCROLL :
          switch (wParam)
```

```
          {
          case SB_TOP :
               iPosition = 0 ;
               break ;
          case SB_BOTTOM :
               iPosition = iNumLines ;
               break ;
          case SB_LINEUP :
               iPosition -= 1 ;
               break ;
           case SB_LINEDOWN :
               iPosition += 1 ;
               break ;
          case SB_PAGEUP :
               iPosition -= cyClient / cyChar ;
               break ;
          case SB_PAGEDOWN :
               iPosition += cyClient / cyChar ;
               break ;
          case SB_THUMBPOSITION :
               iPosition = LOWORD (lParam) ;
               break ;
          }
          iPosition = max (0, min (iPosition, iNumLines)) ;

          if (iPosition != GetScrollPos (hScroll, SB_CTL))
          {
               SetScrollPos (hScroll, SB_CTL, iPosition, TRUE) ;
               InvalidateRect (hwnd, NULL, TRUE) ;
          }
          return 0 ;

     case WM_PAINT :
          hdc = BeginPaint (hwnd, &ps) ;

          pText = (char *) LockResource (hResource) ;

          GetClientRect (hwnd, &rect) ;
          rect.left += cxChar ;
          rect.top  += cyChar * (1 - iPosition) ;
          DrawTextA (hdc, pText, -1, &rect, DT_EXTERNALLEADING) ;

          EndPaint (hwnd, &ps) ;
          return 0 ;

     case WM_DESTROY :
          FreeResource (hResource) ;
          PostQuitMessage (0) ;
          return 0 ;
     }
     return DefWindowProc (hwnd, message, wParam, lParam) ;
}
```

POEPOEM.RC (Auszüge)

```
//Microsoft Developer Studio generated resource script.

#include "resource.h"
#include "afxres.h"

/////////////////////////////////////////////////////////////////////////////
// TEXT

ANNABELLEE              TEXT    DISCARDABLE     "poepoem.txt"

/////////////////////////////////////////////////////////////////////////////
// Icon

POEPOEM                 ICON    DISCARDABLE     "poepoem.ico"

/////////////////////////////////////////////////////////////////////////////
// String Table

STRINGTABLE DISCARDABLE
BEGIN
    IDS_APPNAME             "PoePoem"
    IDS_CAPTION             """Annabel Lee"" von Edgar Allan Poe"
    IDS_ERRMSG              "Dieses Programm verwendet Unicode "\
                           ."und setzt Windows NT voraus!"
END
```

RESOURCE.H (Auszüge)

```
// Microsoft Developer Studio generated include file.
// Used by PoePoem.rc

#define IDS_APPNAME                     1
#define IDS_CAPTION                     2
#define IDS_ERRMSG                      3
```

POEPOEM.TXT

```
It was many and many a year ago,
   In a kingdom by the sea,
That a maiden there lived whom you may know
   By the name of Annabel Lee;

 And this maiden she lived with no other thought
   Than to love and be loved by me.

I was a child and she was a child
   In this kingdom by the sea,
But we loved with a love that was more than love --
   I and my Annabel Lee --
With a love that the winged seraphs of Heaven
   Coveted her and me.

And this was the reason that, long ago,
   In this kingdom by the sea,
A wind blew out of a cloud, chilling
   My beautiful Annabel Lee;
```

```
So that her highborn kinsmen came
   And bore her away from me,
To shut her up in a sepulchre
   In this kingdom by the sea.

The angels, not half so happy in Heaven,
   Went envying her and me --
Yes! that was the reason (as all men know,
   In this kingdom by the sea)
That the wind came out of the cloud by night,
   Chilling and killing my Annabel Lee.

But our love it was stronger by far than the love
   Of those who were older than we --
   Of many far wiser than we --
And neither the angels in Heaven above
   Nor the demons down under the sea
Can ever dissever my soul from the soul
   Of the beautiful Annabel Lee:

For the moon never beams, without bringing me dreams
   Of the beautiful Annabel Lee;
And the stars never rise, but I feel the bright eyes
   Of the beautiful Annabel Lee:
And so, all the night-tide, I lie down by the side
Of my darling -- my darling -- my life and my bride,
   In her sepulchre there by the sea --
   In her tomb by the sounding sea.

                                    [Edgar Allan Poe, im Mai 1849]
\
```

POEPOEM.ICO

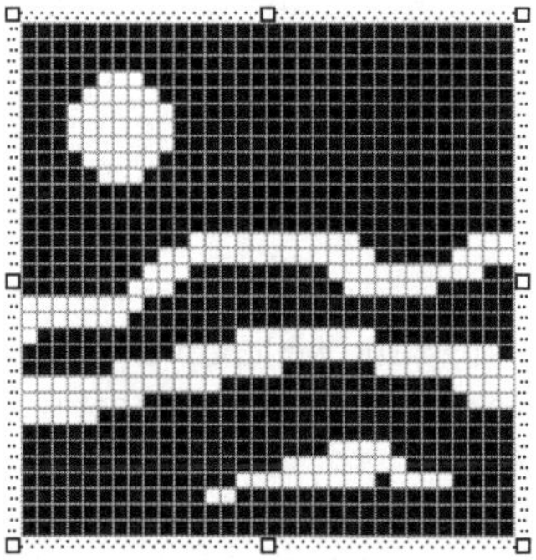

Abbildung 10.5: *Das Programm* POEPOEM

In der Ressource-Datei von POEPOEM erscheint eine selbstdefinierte Ressource mit dem »Klassennamen« TEXT und dem Bezeichner *AnnabelLee*:

```
ANNABELLEE  TEXT  POEPOEM.TXT
```

Beim Bearbeiten von WM_CREATE in *WndProc* ermittelt das Programm via *FindResource* und *LoadResource* einen Handle zu dieser Ressource und lädt sie schließlich mit *LockResource*. Die darauffolgende Schleife zählt die Zeilen des Textes durch und ersetzt den abschließenden umgekehrten Schrägstrich durch ein NUL-Zeichen (damit wir uns später beim Aufruf von *DrawText* etwas leichter tun).

POEPOEM verwendet des weiteren drei Stringressourcen, deren Kennziffern in RESOURCE.H definiert sind. In *WinMain* lädt das Programm die mit IDS_APPNAME und IDS_CAPTION bezeichneten Strings in globale statische Variablen und benutzt dazu *LoadString*:

```
LoadString (hInstance, IDS_APPNAME, szAppName, sizeof (szAppName) / sizeof (TCHAR)) ;

LoadString (hInstance, IDS_CAPTION, szCaption, sizeof (szCaption) / sizeof (TCHAR)) ;
```

Für die bei Fehlern von *RegisterClass* ausgegebene Meldung könnte das im Prinzip genauso laufen – wenn sich Windows 98 mit der Kombination aus Stringressourcen und Unicode nicht so furchtbar schwertäte. Die bei der Compilierung mit dem Symbol UNICODE eingesetzte Variante von *LoadString* (*LoadStringW*) bestünde im Gegensatz zu *LoadStringA* zwar aus einer schlichten Kopieraktion, weil Stringressourcen wie gesagt sowieso als Unicode gespeichert sind. Tatsächlich führt der Aufruf von *LoadStringW* unter Windows 98 aber zu einem Programmstückchen, das dort von den meisten Unicode-Varianten bekannter Funktionen gemeinsam benutzt wird und sich auf das Zurückliefern eines Fehlercodes beschränkt. Ohne zusätzliche Maßnahmen würde hier also das Laden der Fehlermeldung nichts als einen Fehlercode erzeugen (genauso wie die Ladeoperationen für IDS_APPNAME und IDS_CAPTION bei der Kombination UNICODE und Windows 98, was POEPOEM aber schlicht ignoriert).

Aus diesem Grund lädt die Unicode-Version von POEPOEM im Fehlerfall die entsprechende Meldung zusammen mit dem Anwendungsnamen explizit über *LoadStringA* und stellt die beiden Texte dann über *MessageBoxA* dar:

```
if (!RegisterClass (&wndclass))
{    // szAppName hat bei UNICODE den Typ TCHAR, muß explizit umgesetzt werden
     LoadStringA (hInstance, IDS_APPNAME, (char *) szAppName,  sizeof (szAppName)) ;

     // dito für die Fehlermeldung
     LoadStringA (hInstance, IDS_ERRMSG, (char *) szErrMsg,  sizeof (szErrMsg)) ;

     MessageBoxA (NULL, (char *) szErrMsg, (char *) szAppName, MB_ICONERROR) ;
     return 0 ;
}
```

Die Alternative bestünde daraus, für diese eine Fehlermöglichkeit (lies: die fehlende Unicode-Unterstützung) den Text direkt im Programm anzugeben. *MessageBoxW* ist nämlich eine der wenigen Unicode-Funktionen, die auch von Windows 98 unterstützt werden.

Nachdem nun sämtliche Ausgaben von POEPOEM als Ressourcen definiert sind, sollte das Umsetzen eines solchen Programms in eine andere Sprache keine allzu großen Schwierigkeiten mehr machen – zumindest, solange es dabei nicht gerade um Werke der Weltliteratur geht.

Menüs

Menüs sind ein weiterer wichtiger Teil der uniformen Benutzerschnittstelle von Windows und dementsprechend streng formalisiert: Nachdem man ihre Struktur mit Developer Studio festgelegt und dabei jedem Wahlpunkt eine Kennziffer verpaßt hat, wird der Menüname in der Fensterklasse angegeben. Windows reagiert auf eine Auswahl des Benutzers innerhalb dieses Menüs mit dem Senden einer Nachricht des Typs WM_COMMAND zusammen mit der entsprechenden Kennziffer – und damit hat es sich bereits.

Oder auch nicht. Weil Menüs eine ungeheuer praktische Sache sind, kennt Windows gleich drei verschiedene Varianten, die gewöhnlich als Haupt-, System- und Kontextmenü in Erscheinung treten, sich aber auch auf andere Weise einsetzen lassen. Die folgenden Abschnitte beleuchten die dahinterstehenden Konzepte, danach werden »Abkürzungsbefehle« (»Accelerators«) besprochen – also Tastenkombinationen, mit denen sich Wahlpunkte eines Hauptmenüs direkt aufrufen lassen.

Das Konzept

Die Menüleiste eines Programms wird von Windows unmittelbar unterhalb der Titelleiste eines Fensters dargestellt und deshalb verschiedentlich auch als »Hauptmenü« oder »oberste Menüebene« bezeichnet – was nicht nur im räumlichen, sondern auch im logischen Sinne gilt. Die Auswahl eines Punktes in dieser Menüleiste ist üblicherweise mit der Aktivierung eines weiteren Menüs verbunden, das in Form eines rechteckigen Fensters direkt unterhalb der Menüleiste erscheint und als »Untermenü« oder »Popup« bezeichnet wird. (Der letztere der beiden Begriffe soll die Art kennzeichnen, mit der sich ein solches Untermenü auf dem Bildschirm breit macht: Seine Etymologie hat allen Ernstes etwas mit der Herstellung von Popcorn und den dabei aufplatzenden Maiskörnern zu tun).

Untermenüs lassen sich bereits in den 16-Bit-Versionen von Windows beliebig tief verschachteln: Die Auswahl eines Punktes in einem Popup-Menü kann also ein weiteres Popup auf den Bildschirm bringen. Am Ende eines solchen Baums steht dann entweder eine direkte Aktion oder die Darstellung eines Dialogfensters (siehe nächstes Kapitel).

Obwohl sie ohne explizite Definitionen dieser Art auskommen, enthalten auch die in den Kapiteln 2 bis 9 dieses Buches vorgestellten Programme sämtlich ein Menü – nämlich das Systemmenü, dessen »Wahlpunkt« aus dem Icon am linken Rand der Titelleiste normaler Fenster besteht und das seinerseits ebenfalls in die Klasse »Popup« fällt.

Wahlpunkte in Untermenüs können in Form verschiedener Varianten erscheinen. So kann man dem Benutzer die Möglichkeit geben, einen oder mehrere Wahlpunkte (analog zu Kontrollkästchen und Optionsfeldern) »anzukreuzen«: Windows stellt in diesem Fall ein kleines Häkchen links vom Text der jeweiligen Wahlpunkte dar und signalisiert so beispielsweise die Aktivierung bzw. das Abschalten bestimmter Optionen. (Ob man dabei mehrere Wahlpunkte so miteinander koppelt, dass sie sich gegenseitig ausschließen oder unabhängig voneinander macht, hängt rein von der Logik des Programms ab.) Dieser Mechanismus ist ausschließlich in Untermenüs verfügbar, d.h. läßt sich nicht auf Wahlpunkte in der Menüleiste selbst anwenden.

Wahlpunkte beider Ebenen können insgesamt drei Zustände annehmen: »angeschaltet« (aktiv), »abgeschaltet« (inaktiv) und »grau« (momentan nicht wählbar). Während sich die ersten beiden Zustände optisch nicht unterscheiden, trägt der dritte seinen Namen zu Recht: Windows stellt hier die Beschriftung nicht in Schwarz, sondern eben in Hellgrau dar.

Aus der Perspektive des Benutzers verhalten sich Wahlpunkte von Menüs in allen drei Zuständen gleich: Er kann den Cursor über die Maus oder die Tastatur nicht nur auf angeschaltete, sondern auch auf abgeschaltete oder graue Wahlpunkte setzen. Aus der Sicht des Programms zählen dagegen nur angeschaltete Menüpunkte, weil Windows dem Programm nur bei ihrer Auswahl Nachrichten des Typs WM_COMMAND ausgibt. Abgeschaltete und graue Menüpunkte werden in dieser Hinsicht vollständig ignoriert (wobei es der Logik des Programms überlassen bleibt, ob es dem Benutzer diese Tatsache vorenthält oder sie explizit über das »Graufärben« des jeweiligen Wahlpunktes mitteilt).

Die Struktur

Speziell beim Umgang mit komplexeren Menüstrukturen ist es ausgesprochen sinnvoll, die einzelnen Menüs als separate Einheiten zu betrachten – vor allem deshalb, weil Windows es ebenfalls tut: Sowohl das Systemmenü als auch die Menüleiste sowie jeder mit einem Untermenü verbundene Wahlpunkt innerhalb der Menüleiste haben einen eigenen Handle.

Jeder Wahlpunkt eines Menüs ist durch drei Charakteristika gekennzeichnet. Das erste Charakteristikum ist der Inhalt, der entweder aus einem Text oder einem Bitmap besteht. Das zweite ist die Kennziffer, die Windows im Rahmen einer Nachricht des Typs WM_COMMAND an das Programm sendet bzw. das Untermenü, das Windows als Reaktion auf eine Auswahl dieses Punktes öffnet. Das dritte und letzte Charakteristikum sind die Attribute des Eintrags, die unter anderem festlegen, ob er mit oder ohne Häkchen bzw. schwarz oder grau erscheint bzw. an- oder abgeschaltet ist.

Definieren von Menüs

Für das Festlegen von Menüs bietet Developer Studio ein wirklich komfortables Werkzeug: Den Menü-Editor, der nach der Auswahl von *Einfügen/Ressource/Menü* auf den Plan tritt und Menüs von Anfang an so darstellt, wie sie hinterher auch im Programm erscheinen. Wie bei anderen Ressourcen ist auch hier jedem Eintrag ein Eigenschaftsfenster zugeordnet, über das Sie unter anderem die Beschriftung festlegen. Über das Kontrollkästchen *Popup* im diesem Eigenschaftsfenster legen Sie fest, ob es um einen Wahlpunkt (im Ressourcenskript: MENUITEM) oder ein Popup-Menü (im Ressourcenskript: POPUP) geht. IDs werden wie zuvor erläutert nur für »echte« Menüeinträge gebraucht; die entsprechenden Bezeichner definiert Visual Studio bei Bedarf automatisch anhand der Beschriftungen. (Sichtbar wird eine automatisch generierte ID erst nach dem Wechsel zwischen zwei Menüpunkten, Umlaute und andere in *#define*-Anweisungen unzulässige Sonderzeichen werden vom Generator entfernt.)

Der von Ihnen als Beschriftung eingegebene Text erscheint im Ressourcenskript in Anführungszeichen (und darf selbstverständlich Umlaute sowie beliebige Sonderzeichen enthalten). Wenn er ein et-Zeichen (»&«) enthält, stellt Windows das darauffolgende Zeichen mit einem Unterstrich dar und behandelt es als Abkürzungsbefehl: Ein als

```
Z&weiundzwanzig
```

definierter Wahlpunkt des Hauptmenüs läßt sich deshalb auch über die Eingabe von `Alt+W` aktivieren; steht er in einem Popup-Menü, dann ist er nach dem Aufschlagen dieses Menüs über die einfache Eingabe von `W` erreichbar. Wenn die Beschriftung kein et-Zeichen enthält, benutzt Windows das erste Zeichen (für unser Beispiel: »Z«) als Abkürzung, das in diesem Fall allerdings normal (d.h. ohne Unterstreichung) dargestellt wird.

Dazu kommen einige Erweiterungen gegenüber der Menüleiste: ein (als »\t« angegebener) Tabulator in der Beschriftung erzeugt eine zweite Spalte innerhalb des Menüs, deren Abstand so berechnet ist, dass sämtliche Wahlpunkte dieses Menüs in der ersten Spalte Platz haben. Diese Möglichkeit wird vor allem bei Abkürzungsbefehlen verwendet, auf die ich im nächsten Abschnitt komme. Ein vorangestelltes »\a« sondern sorgt für eine rechtsbündige Formatierung des folgenden Textes innerhalb des Menüs.

Die restlichen Kontrollkästchen im Eigenschaftsfenster lassen sich am einfachsten über eine Punkteliste abhandeln:

- *Grau* (in Ressourcenskripts: GRAYED): der Wahlpunkt ist abgeschaltet, seine Beschriftung erscheint in Grau. Eine Auswahl dieses Punktes erzeugt keine Nachricht des Typs WM_COMMAND.
- *Inaktiv* (in Ressourcenskripts: INACTIVE): der Wahlpunkt ist abgeschaltet, seine Beschriftung erscheint aber nach wie vor in Schwarz (bzw. der dafür gesetzten Systemfarbe). Eine Auswahl erzeugt ebenfalls keine Nachrichten.
- *Trennlinie* (in Ressourcenskripts: SEPARATOR): für einen auf diese Weise definierten »Wahlpunkt« zeichnet Windows lediglich eine horizontale Linie, die sich gut zur optischen Trennung verschiedener Funktionsgruppen innerhalb eines Menüs verwenden läßt..
- *Teilung* (in Ressourcenskripts: MENUBREAK bzw. MENUBARBREAK) – der in dieser Zeile angegebene Wahlpunkt und folgende Wahlpunkte erscheinen auf einer neuen Zeile bzw. in einer neuen Spalte.
- *Hilfe* (in Ressourcenskripts: HELP): der Wahlpunkt erscheint rechtsbündig formatiert, wenn der Beschriftung selbst die Zeichenfolge »\a« vorausgeht.
- *Statuszeilentext*: Legt die Kurzhilfe in einer Statuszeile fest und ist eine Spezialität der *Microsoft Foundation Classes*, d.h. nur sinnvoll, wenn Sie diese Klassenbibliothek verwenden.

Mehrere angekreuzte Kontrollkästchen erzeugen im Ressourcenskript bitweise OR-Kombinationen der entsprechenden Konstanten (über den gewohnten C-Operator »|«). Das Kontrollkästchen *Teilung* (MENUBREAK) ist bei Menüeinträgen der obersten Ebene nicht wählbar, weil Windows die Menüleiste abhängig von der Fensterbreite selbständig umbricht.

Einbinden von Menüs

Wenn Ihr Programm mit einer einzigen Menüstruktur auskommt, können Sie diese Struktur direkt mit dem dazugehörigen Fenster verbinden:

```
wndclass.lpszMenuName = "MyMenu" ;
```

Meistens geht man hier denselben Weg wie bei Icons, d.h. verwendet den Programmnamen auch als Bezeichner für das Menü (und weist dem Feld *lpszMenuName* der Fensterklassenstruktur dann lediglich einen Stringzeiger wie *szAppName* zu).

Solange man ein Menü direkt in der Fensterklasse festlegt, übernimmt Windows die Suche in der .EXE-Datei sowie das Laden der entsprechenden Daten selbst. Dieser Weg wird zwar mit Abstand am häufigsten verwendet, ist aber nicht die einzige Möglichkeit: über eine Funktion namens *LoadMenu*, die analog zu den Funktionen *LoadIcon* und *LoadCursor* arbeitet, kann ein Programm auch einen Handle zu einem Menü ermitteln. Je nachdem, ob Sie der Menüstruktur in der Ressource-Datei einen Namen oder eine Kennziffer gegeben haben, erfolgt der Aufruf dieser Funktion mit:

```
hMenu = LoadMenu (hInstance, "MyMenu") ;
```

oder via MAKEINTRESOURCE bzw. mit einer direkten Angabe:

```
hMenu = LoadMenu (hInstance, MAKEINTRESOURCE (45)) ;
hMenu = LoadMenu (hInstance, "#45") ;
```

Wie bei *LoadIcon* und *LoadCursor* sind die letzten beiden dieser drei Formen identisch. Den von *LoadMenu* zurückgelieferten Handle kann man als neunten Parameter eines Aufrufs von *CreateWindow* verwenden:

```
hwnd = CreateWindow ( TEXT("Fensterklasse"), TEXT("Fenstertitel"),
           WS_OVERLAPPEDWINDOW,
           CW_USEDEFAULT,CW_USEDEFAULT,
           CW_USEDEFAULT,CW_USEDEFAULT,
           NULL,
           hMenu,  // individuell angegebenes Menü
           hInstance,
           NULL) ;
```

In diesem Fall wird offensichtlich, dass das Festlegen eines Menüs in der Fensterklasse sozusagen nur eine Standardvorgabe für Fenster darstellt, die auf der Basis dieser Klasse erzeugt werden: Wenn man als neunten Parameter von *CreateWindow* den Wert NULL angibt, übernimmt Windows diese Standardvorgabe, ansonsten wird der zusammen mit *CreateWindow* angegebene Wert benutzt.

Wie Windows reagiert, wenn man in beiden Fällen den Wert NULL angibt, haben die Programme der Kapitel 2 bis 9 demonstriert: Das Ergebnis ist ein Fenster ohne Menüleiste. Wie die meisten Dinge in Windows ist allerdings auch diese Festlegung keine endgültige Angelegenheit. Der Aufruf

```
SetMenu (hwnd, hMenu) ;
```

setzt ein Menü nachträglich in ein Fenster ein und kann konsequent dazu verwendet werden, die Menüstruktur eines Programms zu beliebigen Zeitpunkten zu verändern. (Ein Anwendungsbeispiel dafür finden Sie im Programm NOPOPUPS weiter hinten in diesem Kapitel.)

In Fenster eingesetzte Menüs werden beim Abbau des jeweiligen Fensters automatisch freigegeben, lediglich mit *LoadMenu* geladene Menüs dagegen nicht: Sie sollten vor dem Programmende über explizite Aufrufe von *DestroyMenu* aus dem Speicher geräumt werden.

Nachrichten

Windows reagiert auf die Auswahl von Menüpunkten mit einer ganzen Reihe von Nachrichten an die Window-Prozedur des übergeordneten Fensters, von denen man die meisten straflos ignorieren (d.h. *DefWindowProc* übergeben) kann. Sehen wir uns trotzdem kurz an, was sich im Rahmen dieses Ablaufs tut.

Eine der ersten Nachrichten, die ein Programm *vor* der Anzeige eines Menüs erhält, hat den Typ WM_INITMENU und die folgenden Parameter (wobei hier ein ähnlicher Wechsel zwischen *wParam* und *lParam* stattgefunden hat wie bei Nachrichten von Child-Fenstern – an Windows 3.x gewöhnte ProgrammiererInnen müssen also aufpassen):

Name	Wert
wParam	Handle zum Hauptmenü
lParam	0

Tabelle 10.1: *Parameter von* WM_INITMENU

wParam gibt hier in allen Fällen den Handle des programmeigenen Menüs wieder – also auch dann, wenn der Benutzer das Systemmenü aktiviert hat. Diese Nachricht existiert primär, um einem Programm den Wechsel eines Menüs vor der Auswahl eines Punktes zu ermöglichen. Allerdings dürfte ein Wechsel des Hauptmenüs zu diesem Zeitpunkt ein gehöriges Maß an Verwirrung stiften – weshalb WM_INITMENU von praktisch allen Programmen der Routine *DefWindowProc* zur Bearbeitung überlassen wird.

Die nächste Nachricht, die das Programm im Zusammenhang mit Menüs erhält, hat den Typ WM_MENUSELECT. Sie steht nicht für das Anklicken eines Punktes, sondern lediglich für seine Auswahl und wird für jeden Wechsel des Cursors (d.h. des inversen Balkens) zwischen Menüpunkten ausgelöst. Die dazugehörigen Parameter sind:

Name	Wert
LOWORD(*wParam*)	Kennziffer des Wahlpunkts, der nunmehr invers dargestellt wird bzw. Handle des dazugehörigen Untermenüs, wenn der Wahlpunkt für ein Untermenü steht
HIWORD (*wParam*)	Flags
lParam	Handle des Menüs, das den nunmehr ausgewählten Punkt enthält

Tabelle 10.2: *Parameter von* WM_MENUSELECT

Der in dieser Tabelle schlicht als »Flags« angegebene Wert steht für die Charakteristika des Wahlpunktes. Er setzt sich aus einer Kombination der Konstanten MF_GRAYED, MF_DISABLED, MF_CHECKED, MF_BITMAP, MF_POPUP, MF_HELP, MF_SYSMENU und MF_MOUSESELECT zusammen.

Ein Programm, das Nachrichten dieses Typs bearbeitet, kann direkt auf Bewegungen des Cursors innerhalb von Menüs reagieren – etwa durch das Einfärben oder Verändern von Objekten innerhalb seines Anwendungsbereichs. Die meisten Programme geben WM_MENUSELECT allerdings an *DefWindowProc* weiter. Wenn der Benutzer einen Menüpunkt auswählt, der für ein Untermenü steht, dann sendet Windows als nächstes eine Nachricht des Typs WM_INITMENUPOPUP mit den folgenden Parametern:

Name	Wert
wParam	Handle des zu aktivierenden Popup-Menüs
LOWORD (*lParam*)	Kennziffer des Wahlpunktes
HIWORD (*lParam*)	1 für das Systemmenü, ansonsten der Wert 0

Tabelle 10.3: *Parameter von* WM_INITMENUPOPUP

Diese Nachricht ist die erste, die von fast allen Programmen bearbeitet wird (und die sich übrigens beim Übergang von 16 zu 32 Bit nicht geändert hat): Sie stellt den Ansatzpunkt für das An- und Abschalten bzw. Graufärben von Wahlpunkten dar. Nehmen wir zum Beispiel einmal an, dass Ihr Programm ein Menü »Bearbeiten« definiert und darüber das Einfügen von Texten aus der Zwischenablage erlaubt: Wenn es eine Nachricht des Typs WM_INITMENUPOPUP für dieses Menü erhält, sollte es prüfen, ob die Zwischenablage leer ist bzw. etwas anderes als Text enthält und gegebenenfalls dafür sorgen, dass der Wahlpunkt »Einfügen« grau dargestellt wird. (Auf die Einzelheiten dieser Prüfung komme ich im Zusammenhang mit einer neuen Version des Programms POPPAD gegen Ende dieses Kapitels noch zu sprechen).

Nachdem nun also das Hauptmenü sowie ein Untermenü (und eventuell weitere Unter-Untermenüs) aktiviert sind, bleibt nur noch die tatsächliche Auswahl eines angeschalteten Punktes, auf die Windows mit einer Nachricht des Typs WM_COMMAND reagiert – und damit in derselben Art wie auf die Aktivierung von Steuerelementen (vgl. Kapitel 8). Sollte der Zufall es fügen, dass sich die für Child-Fenster und Menüpunkte verwendeten Kennziffern Ihres Programms überschneiden (was, um es genau zu nehmen, sogar recht wahrscheinlich ist), gibt es dennoch kein Durcheinander, weil *lParam* bei Menüpunkten grundsätzlich den Wert 0 hat, bei Steuerelementen dagegen den Handle des Child-Fensters enthält:

Name	Wert
LOWORD(wParam)	für Menüpunkte die Kennziffer des jeweiligen Wahlpunkts, für Steuerelemente die Kennziffer des jeweiligen Elements (bzw. seines Child-Fensters)
HIWORD(wParam)	für Menüpunkte 0, für Steuerelemente der jeweilige Aktionscode
lParam	für Menüpunkte 0, für Steuerelemente den Handle des Child-Fensters (immer ungleich 0)

Tabelle 10.4: *Parameter von* WM_COMMAND *für Menüs und Steuerelemente bzw. Child-Fenster*

Die Auswahl eines angeschalteten Punktes im Systemmenü wird nicht über WM_COMMAND, sondern über WM_SYSCOMMAND signalisiert. Die Parameter sind im Prinzip dieselben wie bei der Auswahl von Menüpunkten des Programms:

Name	Wert
wParam	Kennziffer des Wahlpunktes, wobei die unteren vier Bits undefiniert sind
LOWORD (lParam)	bei der Auswahl über die Maus die X-Koordinate des Mauszeigers, bei der Auswahl über die Tastatur 0
HIWORD (lParam)	bei der Auswahl über die Maus die X-Koordinate des Mauszeigers, bei der Auswahl über die Tastatur 0

Tabelle 10.5: *Parameter von* WM_SYSCOMMAND

Wenn Sie hier ermitteln wollen, welchen Punkt der Benutzer gewählt hat, müssen Sie die unteren vier Bits von *wParam* (mit *wParam & 0xFFF0*) ausblenden und danach Vergleiche mit den zu diesem Zweck definierten Konstanten von WINUSER.H ausführen. Mögliche Werte bzw. Konstanten sind: SC_SIZE, SC_MOVE, SC_MINIMIZE, SC_MAXIMIZE, SC_NEXTWINDOW, SC_PREVWINDOW, SC_CLOSE, SC_VSCROLL, SC_HSCROLL, SC_ARRANGE, SC_RESTORE und SC_TASKLIST. Für die Unterscheidung zwischen der Auswahl über die Maus und die Tastatur stehen zusätzlich die Bitflags SC_MOUSEMENU und SC_KEYMENU zur Verfügung.

Wenn Ihr Programm selbst Wahlpunkte zum Systemmenü hinzufügt, wird es etwas übersichtlicher: In diesem Fall gibt der zusammen mit WM_SYSCOMMAND gelieferte Wert von *wParam* schlicht die dabei von Ihrem Programm festgelegten Kennziffern wieder. (Um Konflikte mit den von Windows vordefinierten Wahlpunkten zu vermeiden, sollten für diese Kennziffern grundsätzlich Werte unterhalb von 0xF000 benutzt werden).

Wie in den vorangehenden Kapiteln verschiedentlich erwähnt, kann ein Programm ohne weiteres auf WM_SYSCOMMAND reagieren, sollte diese Nachricht aber in jedem Fall an *DefWindowProc* weitergeben (d.h. den entsprechenden *case*-Zweig mit einem *break* anstelle von *return* abschließen). Ein Programm, das gegen diese Regel verstößt, wird vom Benutzer wohl über kurz oder lang unsanft aus dem Hauptspeicher befördert.

Eine letzte wichtige Nachricht in diesem Zusammenhang, die nur indirekt etwas mit Menüs zu tun hat, ist WM_MENUCHAR. Windows erzeugt sie bei zwei Gelegenheiten: wenn der Benutzer Taste **Alt** mit einem Zeichen kombiniert, das weder für einen Systembefehl noch eine Menüauswahl steht sowie (innerhalb eines Untermenüs) bei der Eingabe eines Zeichens, das keinem der Wahlpunkte dieses Menüs zugeordnet ist. Die zusammen mit WM_MENUCHAR übergebenen Werte sind:

Name	Wert
LOWORD(wParam)	Zeichencode (ANSI oder Unicode, unabhängig davon, ob **Alt** gedrückt wurde oder nicht)
HIWORD (wParam)	Code für den Zustand des Menüsystems
lParam	Handle zu dem Menü

Tabelle 10.6: *Parameter von* WM_MENUCHAR

Das höherwertige Wort von *wParam* beschreibt, welche Art von Menü aktiv ist. Mögliche Werte sind:

- 0 – überhaupt kein Menü (außer der Menüleiste) aktiv, d.h. sichtbar
- MF_POPUP – programmeigenes Untermenü
- MF_SYSMENU – Systemmenü ist aktiv

Programme geben diese Nachricht normalerweise an *DefWindowProc* weiter, wobei diese Funktion den Wert 0 an Windows zurückliefert: Das Ergebnis ist ein Piepton. Was man mit WM_MENUCHAR in der Praxis anfangen kann, zeigt das Programm GRAFMENU in Kapitel 14.

Ein erstes Beispiel

Das in Abbildung 10.6 aufgelistete Programm MENUDEMO definiert fünf Wahlpunkte in seiner Menüleiste: »Datei«, »Bearbeiten«, »Hintergrund«, »Timer« und »Hilfe«. Jeder dieser Wahlpunkte ist mit einem Untermenü verbunden. MENUDEMO beschränkt sich auf die einfachste und gleichzeitig am weitesten verbreitete Methode bei der Arbeit mit Menüs, d.h. reagiert ausschließlich auf WM_COMMAND und wertet bei Nachrichten dieses Typs das niederwertige Wort von *wParam* aus.

MENUDEMO.C

```
/*-----------------------------------------
   MENUDEMO.C -- Erste Demonstration von Menüs
                 (c) Charles Petzold, 1998
  -----------------------------------------*/

#include <windows.h>
#include "resource.h"

#define ID_TIMER 1

LRESULT CALLBACK WndProc (HWND, UINT, WPARAM, LPARAM) ;

TCHAR szAppName[] = TEXT ("MenuDemo") ;
```

```
int WINAPI WinMain (HINSTANCE hInstance, HINSTANCE hPrevInstance,
                    PSTR szCmdLine, int iCmdShow)
{
     HWND     hwnd ;
     MSG      msg ;
     WNDCLASS wndclass ;

     wndclass.style         = CS_HREDRAW | CS_VREDRAW ;
     wndclass.lpfnWndProc   = WndProc ;
     wndclass.cbClsExtra    = 0 ;
     wndclass.cbWndExtra    = 0 ;
     wndclass.hInstance     = hInstance ;
     wndclass.hIcon         = LoadIcon (NULL, IDI_APPLICATION) ;
     wndclass.hCursor       = LoadCursor (NULL, IDC_ARROW) ;
     wndclass.hbrBackground = (HBRUSH) GetStockObject (WHITE_BRUSH) ;
     wndclass.lpszMenuName  = szAppName ;
     wndclass.lpszClassName = szAppName ;

     if (!RegisterClass (&wndclass))
     {    // UNICODE-Compilierung ist die einzige realistische Fehlermöglichkeit
          MessageBox (NULL, TEXT ("Programm arbeitet mit Unicode und setzt Windows NT voraus!"),
                      szAppName, MB_ICONERROR) ;
          return 0 ;
     }
     hwnd = CreateWindow (szAppName, TEXT ("Erste Demonstration von Menüs"),
                          WS_OVERLAPPEDWINDOW,
                          CW_USEDEFAULT, CW_USEDEFAULT,
                          CW_USEDEFAULT, CW_USEDEFAULT,
                          NULL, NULL, hInstance, NULL) ;

     ShowWindow (hwnd, iCmdShow) ;
     UpdateWindow (hwnd) ;

     while (GetMessage (&msg, NULL, 0, 0))
     {
          TranslateMessage (&msg) ;
          DispatchMessage (&msg) ;
     }
     return msg.wParam ;
}

LRESULT CALLBACK WndProc (HWND hwnd, UINT message, WPARAM wParam, LPARAM lParam)
{
     static int idColor [5] = { WHITE_BRUSH,  LTGRAY_BRUSH, GRAY_BRUSH,
                                DKGRAY_BRUSH, BLACK_BRUSH } ;
     static int iSelection = IDM_BKGND_WHITE ;
     HMENU      hMenu ;

     switch (message)
     {
     case WM_COMMAND:
          hMenu = GetMenu (hwnd) ;

          switch (LOWORD (wParam))
          {
          case IDM_FILE_NEW:
```

```
          case IDM_FILE_OPEN:
          case IDM_FILE_SAVE:
          case IDM_FILE_SAVE_AS:
               MessageBeep (0) ;
               return 0 ;

         case IDM_APP_EXIT:
               SendMessage (hwnd, WM_CLOSE, 0, 0) ;
               return 0 ;

          case IDM_EDIT_UNDO:
          case IDM_EDIT_CUT:
          case IDM_EDIT_COPY:
          case IDM_EDIT_PASTE:
          case IDM_EDIT_CLEAR:
               MessageBeep (0) ;
               return 0 ;

          case IDM_BKGND_WHITE:         // Achtung: Diese Logik setzt voraus, dass
          case IDM_BKGND_LTGRAY:        // IDM_WHITE .. IDM_BLACK aufeinander-
          case IDM_BKGND_GRAY:          // folgende Werte in der hier
          case IDM_BKGND_DKGRAY:        // gezeigten Reihenfolge darstellen
          case IDM_BKGND_BLACK:

               CheckMenuItem (hMenu, iSelection, MF_UNCHECKED) ;
               iSelection = LOWORD (wParam) ;
               CheckMenuItem (hMenu, iSelection, MF_CHECKED) ;

               SetClassLong (hwnd, GCL_HBRBACKGROUND, (LONG)
                    GetStockObject (idColor [LOWORD (wParam) - IDM_BKGND_WHITE])) ;

               InvalidateRect (hwnd, NULL, TRUE) ;
               return 0 ;

          case IDM_TIMER_START:
               if (SetTimer (hwnd, ID_TIMER, 1000, NULL))
               {
                    EnableMenuItem (hMenu, IDM_TIMER_START, MF_GRAYED) ;
                    EnableMenuItem (hMenu, IDM_TIMER_STOP,  MF_ENABLED) ;
               }
               return 0 ;

          case IDM_TIMER_STOP:
               KillTimer (hwnd, ID_TIMER) ;
               EnableMenuItem (hMenu, IDM_TIMER_START, MF_ENABLED) ;
               EnableMenuItem (hMenu, IDM_TIMER_STOP,  MF_GRAYED) ;
               return 0 ;

          case IDM_APP_HELP:
               MessageBox (hwnd, TEXT ("Hilfestellung noch nicht implementiert."),
                           szAppName, MB_ICONEXCLAMATION | MB_OK) ;
               return 0 ;

          case IDM_APP_ABOUT:
               MessageBox (hwnd, TEXT ("Menü-Demonstrationsprogramm\n")
                                 TEXT ("(c) Charles Petzold, 1998"),
```

```
                    szAppName, MB_ICONINFORMATION | MB_OK) ;
               return 0 ;
          }
          break ;

          case WM_TIMER:
               MessageBeep (0) ;
               return 0 ;

          case WM_DESTROY:
               PostQuitMessage (0) ;
               return 0 ;
     }
     return DefWindowProc (hwnd, message, wParam, lParam) ;
}
```

MENUDEMO.RC (Auszüge)

```
//Microsoft Developer Studio generated resource script.

#include "resource.h"
#include "afxres.h"

/////////////////////////////////////////////////////////////////////////////
// Menu

MENUDEMO MENU DISCARDABLE
BEGIN
    POPUP "&Datei"
    BEGIN
        MENUITEM "&Neu",                        IDM_FILE_NEW
        MENUITEM "&Öffnen",                     IDM_FILE_OPEN
        MENUITEM "&Speichern",                  IDM_FILE_SAVE
        MENUITEM "Speichern &unter",            IDM_FILE_SAVE_AS
        MENUITEM SEPARATOR
        MENUITEM "B&eenden",                    IDM_APP_EXIT
    END
    POPUP "&Bearbeiten"
    BEGIN
        MENUITEM "&Widerrufen",                 IDM_EDIT_UNDO
        MENUITEM SEPARATOR
        MENUITEM "A&usschneiden",               IDM_EDIT_CUT
        MENUITEM "&Kopieren",                   IDM_EDIT_COPY
        MENUITEM "E&infügen",                   IDM_EDIT_PASTE
        MENUITEM "&Löschen",                    IDM_EDIT_CLEAR
    END
    POPUP "&Hintergrund"
    BEGIN
        MENUITEM "&Weiß",                       IDM_BKGND_WHITE, CHECKED
        MENUITEM "&Hellgrau",                   IDM_BKGND_LTGRAY
        MENUITEM "&Grau",                       IDM_BKGND_GRAY
        MENUITEM "&Dunkelgrau",                 IDM_BKGND_DKGRAY
        MENUITEM "&Schwarz",                    IDM_BKGND_BLACK
    END
    POPUP "&Timer"
    BEGIN
```

```
        MENUITEM "&Start",                  IDM_TIMER_START
        MENUITEM "S&top",                   IDM_TIMER_STOP, GRAYED
    END
    POPUP "&Hilfe"
    BEGIN
        MENUITEM "&Hilfe...",               IDM_APP_HELP
        MENUITEM "I&nfo über MenuDemo...",  IDM_APP_ABOUT
    END
END
```

RESOURCE.H (Auszüge)

```
// Microsoft Developer Studio generated include file.
// Used by MenuDemo.rc

#define IDM_FILE_NEW                40001
#define IDM_FILE_OPEN               40002
#define IDM_FILE_SAVE               40003
#define IDM_FILE_SAVE_AS            40004
#define IDM_APP_EXIT                40005
#define IDM_EDIT_UNDO               40006
#define IDM_EDIT_CUT                40007
#define IDM_EDIT_COPY               40008
#define IDM_EDIT_PASTE              40009
#define IDM_EDIT_CLEAR              40010
#define IDM_BKGND_WHITE             40011
#define IDM_BKGND_LTGRAY            40012
#define IDM_BKGND_GRAY              40013
#define IDM_BKGND_DKGRAY            40014
#define IDM_BKGND_BLACK             40015
#define IDM_TIMER_START             40016
#define IDM_TIMER_STOP              40017
#define IDM_APP_HELP                40018
#define IDM_APP_ABOUT               40019
```

Abbildung 10.6: *Das Programm* MENUDEMO

Die Datei MENUDEMO.RC sollte Ihnen eine gute Vorstellung von der Menüstruktur des Programms vermitteln. Die meisten Menüeinträge enthalten ein »&«, lassen also einen Buchstaben unterstrichen erscheinen und erlauben so eine Direktauswahl. Von der Logik her müssen die Werte dieser Bezeichner (die den für Menüs üblichen Konventionen folgen und sämtlich mit dem Präfix »IDM_« beginnen) nicht unbedingt durchlaufend sein – der C-Compiler kann für *switch*-Befehle aber wesentlich effizienteren Code erzeugen, wenn er es mit lückenlos aufeinanderfolgenden Werten zu tun hat.

Von »Beenden« einmal abgesehen, reagiert MENUDEMO auf sämtliche Wahlpunkte des Menüs »Datei« mit einem Piepton, dasselbe ist für das Menü »Bearbeiten« der Fall. Die restlichen Menüs haben dagegen echte Funktionen und demonstrieren verschiedene Techniken: Das Menü »Hintergrund« führt insgesamt fünf Füllmuster unterschiedlicher Farbe als Wahlpunkte auf, wobei die jeweils aktive Farbe mit einem Häkchen gekennzeichnet ist. Die Standardvorgabe dieses Menüs ist der Wahlpunkt »Weiß«, dem MENUDEMO.RC die symbolische Konstante IDM_WHITE als Kennziffer und die Option CHECKED zuweist. In MENUDEMO.C wird die »aktuelle Auswahl« (Variable *wSelection*) ebenfalls mit IDM_WHITE initialisiert.

Die fünf über »Hintergrund« wählbaren Farben schließen sich (naturgemäß) gegenseitig aus. Wenn *WndProc* eine Nachricht des Typs WM_COMMAND erhält, bei der *wParam* auf einen der fünf Wahlpunkte von »Hintergrund« verweist, muß nicht nur dieser Wahlpunkt ein Häkchen bekommen, sondern auch das Häkchen neben der bis dato verwendeten Farbe verschwinden. Das Programm ermittelt dazu als erstes den Handle des Menüs:

```
hMenu = GetMenu (hwnd) ;
```

Danach wird die Funktion *CheckMenuItem* aufgerufen, die das Häkchen im momentan noch aktiven Wahlpunkt entfernt:

```
CheckMenuItem (hMenu, wSelection, MF_UNCHECKED) ;
```

Schließlich wird die Variable *iSelection* mit der Kennziffer des neu gewählten Punktes gesetzt und erneut als Parameter von *CheckMenuItem* verwendet – diesmal aber zusammen mit einer Konstanten, die im entsprechenden Wahlpunkt ein Häkchen setzt:

```
iSelection = wParam ;
CheckMenuItem (hMenu, wSelection, MF_CHECKED) ;
```

Schließlich setzt das Programm die neue Hintergrundfarbe (exakter: ein entsprechendes Füllmuster) via *SetClassLong* in seine Fensterklasse ein und kennzeichnet danach seinen gesamten Anwendungsbereich als ungültig, worauf Windows mit einem Neuzeichnen des Fensterhintergrundes reagiert.

Das Menü »Timer« enthält lediglich zwei Wahlpunkte namens »Start« und »Stop«. Beim Start des Programms ist »Stop« (aufgrund der Option GRAYED in der Ressource-Datei) grau dargestellt, d.h. nicht wählbar. Wenn Sie »Start« wählen, versucht MENUDEMO einen Timer zu starten und dreht im Erfolgsfall die Verhältnisse um, d.h. stellt »Start« grau dar und schaltet den Wahlpunkt »Stop« an:

```
EnableMenuItem (hMenu, IDM_TIMER_START, MF_GRAYED) ;
EnableMenuItem (hMenu, IDM_TIMER_STOP,  MF_ENABLED) ;
```

Auf WM_COMMAND mit *wParam* = IDM_TIMER_STOP – sprich: die Auswahl von »Stop« – reagiert das Programm mit dem Abstellen des Timers und einem erneuten Umschalten beider Wahlpunkte:

```
EnableMenuItem (hMenu, IDM_TIMER_START, MF_ENABLED) ;
EnableMenuItem (hMenu, IDM_TIMER_STOP,  MF_GRAYED) ;
```

Eine zusätzliche Logik, die den versehentlichen Start mehrerer Timer verhindern würde, sucht man hier vergebens: Nachdem das Programm den Wahlpunkt »Start« grau dargestellt (und damit abgeschaltet) hat, kann es sich mit absoluter Sicherheit darauf verlassen, keine weiteren Nachrichten des Typs WM_COMMAND zu erhalten, bei denen *wParam* den Wert IDM_START hätte. Im umgekehrten Sinne gilt dasselbe: Da sich der Punkt »Stop« definitiv nicht aktivieren läßt, solange er grau dargestellt ist, muß sich MENUDEMO auch nicht davor schützen, versehentlich mehrere Timer abstellen zu wollen.

Auf die beiden Wahlpunkte »Hilfe« und »Info über...« reagiert MENUDEMO mit der Ausgabe zweier Meldungsfenster. Bei »Info über...« tut sich auch in einem ausgewachsenen Programm nicht wesentlich mehr – wenn man einmal davon absieht, dass man Copyright-Meldungen auch über einen Dialog formulieren kann (was das nächste Kapitel demonstriert). Was die Hilfestellung betrifft...

Bleibt der einzige Wahlpunkt des Menüs »Datei«, der auch bei diesem Programm bereits funktioniert: Wenn der Benutzer »Beenden« wählt, erhält MENUDEMO eine Nachricht des Typs WM_COMMAND mit *wParam* = IDM_APP_EXIT und reagiert darauf, indem es sich selbst eine Nachricht des Typs WM_CLOSE sendet. Diese Nachricht wird auch von *DefWindowProc* als Reaktion auf die Auswahl von »Schließen« im Systemmenü erzeugt (was seinerseits eine Nachricht des Typs SC_CLOSE zur Folge hat). Auf dieses Detail gehe ich im Rahmen des Programm POPPAD2 gegen Ende dieses Kapitels noch genauer ein.

Ein kurzer Menü-Knigge

Wenn Sie jemals mit einem deutschen Programm unter Windows gearbeitet haben, dürften Ihnen die von MENUDEMO verwendeten Menüs »Datei« und »Bearbeiten« ausgesprochen bekannt (oder auch: langweilig) vorgekommen sein – was durchaus beabsichtigt ist: Die allgemeinen Richtlinien von Microsoft sind in diesem Punkt ausgesprochen detailliert. Um es noch einmal zu wiederholen: Eines der Ziele von Windows liegt darin, den Benutzer beim Wechsel zwischen Programmen mit möglichst wenig Veränderungen in der Bedienung zu konfrontieren – und dazu gehört eben auch, dass zumindest die drei grundlegenden Menüs (System, Datei und Bearbeiten) immer dieselben Wahlpunkte in derselben Reihenfolge und mit derselben Beschriftung enthalten. (Was MENUDEMO im Moment noch fehlt, ist ein weiterer Punkt: die Abkürzungsbefehle für das Menü »Bearbeiten« sollten ebenfalls immer dieselben sein).

Was die restlichen Menüs betrifft, so ergeben sich durch die Funktion des jeweiligen Programms natürlich zwangsläufig Unterschiede größerer und kleinerer Art. Aber auch hier gilt, dass man sich einige existierende Anwendungen erst einmal in Ruhe ansehen und in puncto »Menüstruktur« nach Möglichkeit imitieren sollte, soweit es die Logik des eigenen Programms sinnvoll erscheinen läßt. Wenn Sie dabei verschiedentlich zu dem Schluß kommen sollten, das eine oder andere Detail eleganter gelöst zu haben – bitteschön: Erstens hält Sie nichts und niemand davon ab, mit eigenen Lösungen zu arbeiten und zweitens besteht Fortschritt nun einmal darin, ausgetretene Pfade gelegentlich zu verlassen. Sie sollten dabei allerdings immer im Kopf behalten, dass die Richtlinien von Microsoft letztlich auf einem System basieren, in dem immerhin zwanzig Jahre Erfahrung und einige zigtausend Programmiererstunden stecken.

Was sie ebenfalls im Kopf behalten sollten: Das nachträgliche Verändern von Menüs geschieht normalerweise über die Ressource-Datei und nicht über den Programmcode – und dort kann man die Reihenfolge sowie die Beschriftungen der einzelnen Punkte jederzeit noch umstellen, wenn sich das als notwendig erweisen sollte.

Eine weitere Regel (die ich mit dem Beispiel zu Anfang dieses Kapitels selbst durchbrochen habe, um das Listing nicht noch länger werden zu lassen): Jeder Wahlpunkt in der Menüleiste eines Programms sollte erst einmal zu einem Untermenü führen – auch dann, wenn dieses Untermenü seinerseits nur aus zwei oder gar nur aus einem einzigen Punkt besteht. Auf diese Weise schafft man sich so etwas wie eine eingebaute Fehlertoleranz, weil auf diese Weise für das Auslösen einer Aktion (und damit auch für Fehler des Benutzers) zwei gezielte Bewegungen der Maus notwendig sind – anstelle eines versehentlichen Klicks an der falschen Stelle.

Und schließlich noch etwas, das Sie aber nur dann interessieren dürfte, wenn Sie sich verschiedentlich mit Übersetzungen Ihrer Programme in andere Sprachen herumschlagen müssen: Die Version von MENUDEMO, die Sie auf der Begleit-CD zu diesem Buch finden, enthält nicht eine

Menüstruktur, sondern gleich zwei – und zwar mit gleichen Namen, weil die 32-Bit-Versionen von Windows neben Namen und Ressourcenklassen die Sprache als drittes Unterscheidungsmerkmal eingeführt haben. Wie die Untersuchung von MENUDEMO.RC mit einem Texteditor wie NOTEPAD zeigt, geschieht die Trennung zwischen Englisch und Deutsch über *#ifdef*-Anweisungen, bei denen es aber nicht um bedingte Compilierung, sondern lediglich um eine Trennung geht. Welche der beiden Sprachen zum Einsatz kommt, wird erst zur Laufzeit entschieden und hängt von den landessprachlichen Einstellungen des jeweiligen Zielsystems ab. (Da MENUDEMO lediglich die Menüs, nicht aber die Rückmeldungen als Ressourcen definiert, entsteht bei der Ausführung unter einem amerikanischen Windows zwar ein ziemlicher Mischmasch – aber hier geht es schließlich nur um eine Demonstration.)

Falls Sie dieses Prozedere einmal selbst ausprobieren wollen: Klicken Sie auf den Reiter *Menu-Demo Ressourcen* und erweitern Sie den Baum dann durch Klicks auf die Pluszeichen vor den Ordnersymbolen, bis Sie zu den Elementen der Kategorie „Menu" vorgestoßen sind. In der eingedeutschten Version von MENUDEMO finden Sie dort zwei Einträge: "MENUDEMO" und "MENUDEMO" (Englisch U.S.). Ein Rechtsklick auf einem dieser beiden Einträge öffnet ein Kontextmenü, aus dem Sie nun den Punkt *Kopie einfügen...* wählen. Nachdem Sie sich Im daraufhin erscheinenden Dialogfeld *Ressource einfügen* für die gewünschte Sprache entschieden haben, setzt Developer Studio eine Kopie des Menüs mit dieser Sprachkennung in das Ressourcenskript ein, die sich dann unabhängig vom Original bearbeiten läßt – entweder über den Menü-Editor oder (für Wagemutige) direkt im Text der .RC-Datei (die man dann natürlich vorher erst einmal gespeichert haben muß). Dasselbe Verfahren ist natürlich auch auf Icons, Stringressourcen usw. anwendbar.

Menüs auf die harte Tour

Wie zu Anfang dieses Kapitels gesagt, ist die Definition einer Menüstruktur über Ressourcenskripts zwar der bequemste, aber nicht der einzige Weg. Windows stellt mit *CreateMenu* und *AppendMenu* zwei Funktionen zur Verfügung, über die sich Menüs auch schrittweise innerhalb eines Programms (und ohne jede Art von Ressource-Datei) aufbauen lassen. Nachdem ein Menü auf diese Art definiert ist, kann man seinen Handle an *CreateWindow* übergeben oder es mit *SetMenu* direkt einsetzen.

Etwas detaillierter: Die Funktion *CreateMenu* erzeugt ein »leeres« Menü, d.h. eine Windows-interne Datenstruktur, und liefert einen Handle dafür zurück:

```
hMenu = CreateMenu () ;
```

AppendMenu hängt bei jedem Aufruf einen Wahlpunkt an diese Menüstruktur an, wobei die Reihenfolge von oben nach unten geht: Der mit dem ersten Aufruf von *AppendMenu* eingesetzte Wahlpunkt erscheint hinterher also als oberster auf dem Bildschirm.

Da sowohl das Hauptmenü als auch die Untermenüs jeweils einen eigenen Handle erfordern, d.h. einen separaten Aufruf von *CreateMenu* notwendig machen, läuft die Logik des Verfahrens dabei sozusagen von unten nach oben: Zuerst werden sämtliche Untermenüs erstellt und deren Handles schließlich ins Hauptmenü zusammen mit den jeweiligen Wahlpunkten eingesetzt.

Das im folgenden wiedergegebene Fragment demonstriert, wie sich auf diese Weise eine komplette Menüstruktur erzeugen läßt. Es ist ein exaktes Gegenstück zu MENUDEMO, d.h. definiert dieselben Wahlpunkte wie die Datei MENUDEMO.RC – wenn man einmal davon absieht, dass ich mich hier auf ANSI beschränkt (d.h. die TEXT-Makros ausgelassen) habe, damit die Sache nicht allzu unübersichtlich wird:

```
hMenu = CreateMenu () ;

hMenuPopup = CreateMenu () ;

AppendMenu (hMenuPopup, MF_STRING,     IDM_FILE_NEW,     "&Neu") ;
AppendMenu (hMenuPopup, MF_STRING,     IDM_FILE_OPEN,    "&\Öffnen...") ;
AppendMenu (hMenuPopup, MF_STRING,     IDM_FILE_SAVE,    "&Speichern") ;
AppendMenu (hMenuPopup, MF_STRING,     IDM_FILE_SAVEAS, "Speichern &unter...") ;
AppendMenu (hMenuPopup, MF_SEPARATOR, 0,                NULL) ;
AppendMenu (hMenuPopup, MF_STRING,     IDM_APP_EXIT,    "&Beenden") ;
AppendMenu (hMenu, MF_POPUP, hMenuPopup, "&Datei") ;

hMenuPopup = CreateMenu () ;

AppendMenu (hMenuPopup, MF_STRING,     IDM_EDIT_UNDO,    "&Widerrufen") ;
AppendMenu (hMenuPopup, MF_SEPARATOR, 0,                 NULL) ;
AppendMenu (hMenuPopup, MF_STRING,     IDM_EDIT_CUT,     "A&usschneiden") ;
AppendMenu (hMenuPopup, MF_STRING,     IDM_EDIT_COPY,    "&Kopieren") ;
AppendMenu (hMenuPopup, MF_STRING,     IDM_EDIT_PASTE,   "E&infügen") ;
AppendMenu (hMenuPopup, MF_STRING,     IDM_EDIT_CLEAR,   "&Löschen") ;
AppendMenu (hMenu, MF_POPUP, hMenuPopup, "&Bearbeiten") ;

hMenuPopup = CreateMenu () ;

AppendMenu (hMenuPopup, MF_STRING | MF_CHECKED, IDM_BKGND_WHITE,  "&Weiß") ;
AppendMenu (hMenuPopup, MF_STRING,               IDM_BKGND_LTGRAY, "&Hellgrau") ;
AppendMenu (hMenuPopup, MF_STRING,               IDM_BKGND_GRAY,   "&Grau") ;
AppendMenu (hMenuPopup, MF_STRING,               IDM_BKGND_DKGRAY, "&Dunkelgrau") ;
AppendMenu (hMenuPopup, MF_STRING,               IDM_BKGND_BLACK,  "&Schwarz") ;
AppendMenu (hMenu, MF_POPUP, hMenuPopup, "&Hintergrund") ;

hMenuPopup = CreateMenu () ;

AppendMenu (hMenuPopup, MF_STRING,              IDM_TIMER_START, "&Start") ;
AppendMenu (hMenuPopup, MF_STRING | MF_GRAYED, IDM_TIMER_STOP,  "S&top") ;
AppendMenu (hMenu, MF_POPUP, hMenuPopup, "&Timer") ;

hMenuPopup = CreateMenu () ;

AppendMenu (hMenuPopup, MF_STRING, IDM_HELP,  "&Hilfe") ;
AppendMenu (hMenuPopup, MF_STRING, IDM_ABOUT, "&Info über MenuDemo...") ;

AppendMenu (hMenu, MF_POPUP, hMenuPopup, "&Hilfe") ;
```

Abbildung 10.7: *Anweisungen zum direkten Anlegen der Menüstruktur von* MENUDEMO

Ich denke, dass Sie mir zustimmen werden: Die Definition einer Menüstruktur über ein Ressourcenskript ist nicht nur wesentlicher klarer, sondern vor allem auch etwa dreimal so schnell erledigt. Was heißen soll: Die zuvor wiedergegebenen Befehle sollen lediglich zeigen, dass es auf diese Weise ebenfalls geht – und dienen ansonsten ausschließlich zur Abschreckung.

Natürlich kann man auf diese Weise speziell in größeren Programmen den Platzbedarf kräftig verringern, indem man Strukturen und Arrays benutzt, die sämtliche Daten von Menüs direkt enthalten und/oder mehrfach verwendet werden. Wenn Sie sich dafür interessieren, können Sie allerdings genauso gut die dritte Methode verwenden, die Windows zur Definition von Menüs zur Verfügung stellt: *LoadMenuIndirect* arbeitet mit einem Strukturtyp MENUITEMTEMPLATE, liefert einen Handle zu einem mit diesen Daten erzeugten Menü zurück, ist ungeheuer flexibel – und macht ungeheuer viel Bastelarbeit notwendig. Der Grund liegt darin, dass diese Technik von Windows seit Ewigkeiten intern für die Konstruktion von Menüs verwendet wird – und in den ersten Windows-Versionen hieß das Motto: »Speicherplatz sparen, egal, wie undurchsichtig die Geschichte ausfällt.«

Menüs auf beliebigen Positionen

Menüs des Typs POPUP, die keine Menüleiste voraussetzen und an beliebigen Stellen des Anwendungsbereichs erscheinen können, hat Microsoft bereits mit der Windows-Version 3.0 eingeführt. Da es für solche Menüs naturgemäß keinen Wahlpunkt gibt, über die sie sich aktivieren ließen, ist hier wohl eine andere Methode gefragt. Das bei Windows 9x zum Standard gewordene Verfahren verwendet die rechte Maustaste (wobei die einzelnen Punkte des danach aktivierten Menüs nach wie vor über die linke Maustaste ausgewählt werden müssen). Sie ist im Programm POPMENU praktisch demonstriert:

POPMENU.C

```
/*-----------------------------------------------
   POPMENU.C -- Demonstration eines "freien" Menüs
                (c) Charles Petzold, 1992
  -----------------------------------------------*/

#include <windows.h>
#include "resource.h"

LRESULT CALLBACK WndProc (HWND, UINT, WPARAM, LPARAM) ;

HINSTANCE hInst ;
TCHAR     szAppName[] = TEXT ("PopMenu") ;

int WINAPI WinMain (HINSTANCE hInstance, HINSTANCE hPrevInstance,
                    PSTR szCmdLine, int iCmdShow)
{
     HWND     hwnd ;
     MSG      msg ;
     WNDCLASS wndclass ;

     wndclass.style         = CS_HREDRAW | CS_VREDRAW ;
     wndclass.lpfnWndProc   = WndProc ;
     wndclass.cbClsExtra    = 0 ;
     wndclass.cbWndExtra    = 0 ;
     wndclass.hInstance     = hInstance ;
     wndclass.hIcon         = LoadIcon (NULL, szAppName) ;
     wndclass.hCursor       = LoadCursor (NULL, IDC_ARROW) ;
     wndclass.hbrBackground = (HBRUSH) GetStockObject (WHITE_BRUSH) ;
     wndclass.lpszMenuName  = NULL ;
     wndclass.lpszClassName = szAppName ;
```

```
     if (!RegisterClass (&wndclass))
     {    // UNICODE-Compilierung ist die einzige realistische Fehlermöglichkeit
          MessageBox (NULL, TEXT ("Programm arbeitet mit Unicode und setzt Windows NT voraus!"),
                      szAppName, MB_ICONERROR) ;
          return 0 ;
     }

     hInst = hInstance ;

     hwnd = CreateWindow (szAppName, TEXT ("Ein \"freies\" Menü"),
                          WS_OVERLAPPEDWINDOW,
                          CW_USEDEFAULT, CW_USEDEFAULT,
                          CW_USEDEFAULT, CW_USEDEFAULT,
                          NULL, NULL, hInstance, NULL) ;

     ShowWindow (hwnd, iCmdShow) ;
     UpdateWindow (hwnd) ;

     while (GetMessage (&msg, NULL, 0, 0))
     {
          TranslateMessage (&msg) ;
          DispatchMessage (&msg) ;
     }
     return msg.wParam ;
}

LRESULT CALLBACK WndProc (HWND hwnd, UINT message, WPARAM wParam, LPARAM lParam)
{
     static HMENU hMenu ;
     static int   idColor [5] = { WHITE_BRUSH,  LTGRAY_BRUSH, GRAY_BRUSH,
                                  DKGRAY_BRUSH, BLACK_BRUSH } ;
     static int   iSelection = IDM_BKGND_WHITE ;
     POINT        point ;

     switch (message)
     {
     case WM_CREATE:
          hMenu = LoadMenu (hInst, szAppName) ;
          hMenu = GetSubMenu (hMenu, 0) ;
          return 0 ;

     case WM_RBUTTONUP:
          point.x = LOWORD (lParam) ;
          point.y = HIWORD (lParam) ;
          ClientToScreen (hwnd, &point) ;

          TrackPopupMenu (hMenu, TPM_RIGHTBUTTON, point.x, point.y,
                          0, hwnd, NULL) ;
          return 0 ;

     case WM_COMMAND:
          switch (LOWORD (wParam))
          {
          case IDM_FILE_NEW:
          case IDM_FILE_OPEN:
          case IDM_FILE_SAVE:
```

```
        case IDM_FILE_SAVE_AS:
        case IDM_EDIT_UNDO:
        case IDM_EDIT_CUT:
        case IDM_EDIT_COPY:
        case IDM_EDIT_PASTE:
        case IDM_EDIT_CLEAR:
            MessageBeep (0) ;
            return 0 ;

        // Dieselbe Logik wie bei MENUDEMO, d.h. fortlaufende IDs
        case IDM_BKGND_WHITE:
        case IDM_BKGND_LTGRAY:
        case IDM_BKGND_GRAY:
        case IDM_BKGND_DKGRAY:
        case IDM_BKGND_BLACK:

            CheckMenuItem (hMenu, iSelection, MF_UNCHECKED) ;
            iSelection = LOWORD (wParam) ;
            CheckMenuItem (hMenu, iSelection, MF_CHECKED) ;

            SetClassLong (hwnd, GCL_HBRBACKGROUND, (LONG)
                GetStockObject
                    (idColor [LOWORD (wParam) - IDM_BKGND_WHITE])) ;

            InvalidateRect (hwnd, NULL, TRUE) ;
            return 0 ;

        case IDM_APP_ABOUT:
            MessageBox (hwnd, TEXT ("Demonstration eines \"freien\" Menüs\n")
                              TEXT ("(c) Charles Petzold, 1998"),
                        szAppName, MB_ICONINFORMATION | MB_OK) ;
            return 0 ;

        case IDM_APP_EXIT:
            SendMessage (hwnd, WM_CLOSE, 0, 0) ;
            return 0 ;

        case IDM_APP_HELP:
            MessageBox (hwnd, TEXT ("Hilfestellung noch nicht implementiert."),
                        szAppName, MB_ICONEXCLAMATION | MB_OK) ;
            return 0 ;
        }
        break ;

    case WM_DESTROY:
        PostQuitMessage (0) ;
        return 0 ;
    }
    return DefWindowProc (hwnd, message, wParam, lParam) ;
}
```

POPMENU.RC (Auszüge)

```
//Microsoft Developer Studio generated resource script.

#include "resource.h"
#include "afxres.h"

/////////////////////////////////////////////////////////////////////////////
// Menu

MENUDEMO MENU DISCARDABLE
BEGIN
    POPUP "MyMenu"
    BEGIN
       POPUP "&Datei"
       BEGIN
           MENUITEM "&Neu",                     IDM_FILE_NEW
           MENUITEM "&Öffnen",                  IDM_FILE_OPEN
           MENUITEM "&Speichern",               IDM_FILE_SAVE
           MENUITEM "Speichern &unter",         IDM_FILE_SAVE_AS
           MENUITEM SEPARATOR
           MENUITEM "B&eenden",                 IDM_APP_EXIT
       END
       POPUP "&Bearbeiten"
       BEGIN
           MENUITEM "&Widerrufen",              IDM_EDIT_UNDO
           MENUITEM SEPARATOR
           MENUITEM "A&usschneiden",            IDM_EDIT_CUT
           MENUITEM "&Kopieren",                IDM_EDIT_COPY
           MENUITEM "E&infügen",                IDM_EDIT_PASTE
           MENUITEM "&Löschen",                 IDM_EDIT_CLEAR
       END
       POPUP "&Hintergrund"
       BEGIN
           MENUITEM "&Weiß",                    IDM_BKGND_WHITE, CHECKED
           MENUITEM "&Hellgrau",                IDM_BKGND_LTGRAY
           MENUITEM "&Grau",                    IDM_BKGND_GRAY
           MENUITEM "&Dunkelgrau",              IDM_BKGND_DKGRAY
           MENUITEM "&Schwarz",                 IDM_BKGND_BLACK
       END
       POPUP "&Hilfe"
       BEGIN
           MENUITEM "&Hilfe...",                IDM_APP_HELP
           MENUITEM "I&nfo über MenuDemo...",   IDM_APP_ABOUT
       END
    END
END
```

RESOURCE.H (Auszüge)

```
// Microsoft Developer Studio generated include file.
// Used by PopMenu.rc

#define IDM_FILE_NEW                 40001
#define IDM_FILE_OPEN                40002
#define IDM_FILE_SAVE                40003
#define IDM_FILE_SAVE_AS             40004
#define IDM_APP_EXIT                 40005
```

```
#define IDM_EDIT_UNDO             40006
#define IDM_EDIT_CUT              40007
#define IDM_EDIT_COPY             40008
#define IDM_EDIT_PASTE            40009
#define IDM_EDIT_CLEAR            40010
#define IDM_BKGND_WHITE           40011
#define IDM_BKGND_LTGRAY          40012
#define IDM_BKGND_GRAY            40013
#define IDM_BKGND_DKGRAY          40014
#define IDM_BKGND_BLACK           40015
#define IDM_APP_HELP              40016
#define IDM_APP_ABOUT             40017
```

Abbildung 10.8: *Das Programm* POPMENU

Das in POPMENU.RC definierte Menü sieht dem Menü des Programms MENUDEMO ausgesprochen ähnlich. Wenn man einmal von dem fehlenden Punkt »Timer« absieht, sind die Unterschiede rein struktureller Natur: Die oberste Menüebene enthält lediglich einen einzigen Wahlpunkt – ein Popup-Menü, das seinerseits die Menüs »Datei«, »Bearbeiten«, »Hintergrund« und »Hilfe« aktiviert.

Beim Bearbeiten von WM_CREATE in *WndProc* ermittelt POPMENU den Handle dieses Menüs:

```
hMenu = LoadMenu (hInst, szAppName) ;   // Hauptmenü
hMenu = GetSubMenu (hMenu, 0) ;         // Untermenü
```

Auf einen Druck auf die rechte Maustaste, d.h. die Nachricht WM_RBUTTONDOWN, reagiert das Programm mit dem Ermitteln der momentanen Cursorposition, die danach in Bildschirm-Koordinaten umgewandelt und schließlich der Funktion *TrackPopupMenu* übergeben wird:

```
point.x = LOWORD (lParam) ;
point.y = HIWORD (lParam) ;
ClientToScreen (hwnd, &point) ;

TrackPopupMenu (hMenu, TPM_RIGHTBUTTON, point.x, point.y, 0, hwnd, NULL) ;
```

Windows gibt daraufhin das Menü an der angegebenen Stelle aus, wobei die mit »Datei«, »Bearbeiten« usw. verbundenen Untermenüs rechts von diesem Menü dargestellt werden. Unterschiede in der Logik gibt es nicht.

Theoretisch sollte es übrigens möglich sein, ein im Hauptmenü erscheinendes Popup bei Bedarf auch in der Manier von POPUP als Kontextmenü erscheinen zu lassen. Praktisch gibt es dabei ein technisches Problem, das zusammen mit einem Lösungsweg in Artikel Q99806 der *Microsoft Knowlegde Base* beschrieben ist.

Erweiterungen des Systemmenüs

Fenster, zu deren Definition die Konstante WS_SYSMENU verwendet wurde, enthalten einen »Wahlpunkt« in Form des programmeigenen Icons am linken Rand ihrer Titelleiste, der das Systemmenü auf den Plan ruft. Auch wenn Microsoft mit gutem Grund empfiehlt, dieses Menü in seiner ursprünglichen Form zu lassen: Seine Erweiterung um einige Wahlpunkte stellt den einfachsten Weg dar, einem Programm sozusagen auf die Schnelle ein Menü zu verpassen, weil man dabei ohne Ressource-Datei auskommt.

Allerdings gibt es zwei Dinge, auf die man hier besonders achten muß: Zum einen müssen die Kennziffern der zusätzlichen Wahlpunkte unterhalb von 0xF000 liegen, um Konflikte mit den von Windows definierten Einträgen zu verhindern; zum zweiten geht es hier um Wahlpunkte und Nachrichten für das System. Konsequent muß beim Bearbeiten von Nachrichten des Typs WM_SYSCOMMAND unterschieden werden: Während das Programm auf seine eigenen Wahlpunkte in beliebiger Weise reagieren kann, ist die Weitergabe der anderen Wahlpunkte an *DefWindowProc* eine unbedingte Notwendigkeit, wenn man den Benutzer nicht zu Hauruck-Aktionen über den Task-Manager zwingen will.

Das im folgenden wiedergegebene »Programm für arme Leute« (POORMENU) demonstriert diese Technik: es fügt dem Systemmenü einen Trennstrich und drei Wahlpunkte hinzu. Der dritte Menüeintrag ist sozusagen der Grüne Punkt: Seine Auswahl entfernt die Zusätze wieder.

POORMENU.C

```
/*-----------------------------------------
   POORMENU.C -- Menü für arme Leute
                 (c) Charles Petzold, 1998
  -----------------------------------------*/

#include <windows.h>

#define IDM_SYS_ABOUT   1
#define IDM_SYS_HELP    2
#define IDM_SYS_REMOVE  3

LRESULT CALLBACK WndProc (HWND, UINT, WPARAM, LPARAM) ;

static TCHAR szAppName[] = TEXT ("PoorMenu") ;

int WINAPI WinMain (HINSTANCE hInstance, HINSTANCE hPrevInstance,
                    PSTR szCmdLine, int iCmdShow)
{
     HMENU    hMenu ;
     HWND     hwnd ;
     MSG      msg ;
     WNDCLASS wndclass ;

     wndclass.style         = CS_HREDRAW | CS_VREDRAW ;
     wndclass.lpfnWndProc   = WndProc ;
     wndclass.cbClsExtra    = 0 ;
     wndclass.cbWndExtra    = 0 ;
     wndclass.hInstance     = hInstance ;
     wndclass.hIcon         = LoadIcon (NULL, IDI_APPLICATION) ;
     wndclass.hCursor       = LoadCursor (NULL, IDC_ARROW) ;
     wndclass.hbrBackground = (HBRUSH) GetStockObject (WHITE_BRUSH) ;
     wndclass.lpszMenuName  = NULL ;
     wndclass.lpszClassName = szAppName ;

     if (!RegisterClass (&wndclass))
     {    // UNICODE-Compilierung ist die einzige realistische Fehlermöglichkeit
          MessageBox (NULL, TEXT ("Programm arbeitet mit Unicode und setzt Windows NT voraus!"),
                      szAppName, MB_ICONERROR) ;
          return 0 ;
     }
```

```
    hwnd = CreateWindow (szAppName, TEXT ("Menü für arme Leute"),
                         WS_OVERLAPPEDWINDOW,
                         CW_USEDEFAULT, CW_USEDEFAULT,
                         CW_USEDEFAULT, CW_USEDEFAULT,
                         NULL, NULL, hInstance, NULL) ;

    hMenu = GetSystemMenu (hwnd, FALSE) ;

    AppendMenu (hMenu, MF_SEPARATOR, 0,              NULL) ;
    AppendMenu (hMenu, MF_STRING, IDM_SYS_ABOUT,  TEXT ("Info über...")) ;
    AppendMenu (hMenu, MF_STRING, IDM_SYS_HELP,   TEXT ("Hilfe...")) ;
    AppendMenu (hMenu, MF_STRING, IDM_SYS_REMOVE, TEXT ("Erweiterungen recyceln")) ;

    ShowWindow (hwnd, iCmdShow) ;
    UpdateWindow (hwnd) ;

    while (GetMessage (&msg, NULL, 0, 0))
    {
        TranslateMessage (&msg) ;
        DispatchMessage (&msg) ;
    }
    return msg.wParam ;
}

LRESULT CALLBACK WndProc (HWND hwnd, UINT message, WPARAM wParam, LPARAM lParam)
{
    switch (message)
    {
    case WM_SYSCOMMAND:
        switch (LOWORD (wParam))
        {
        case IDM_SYS_ABOUT:
            MessageBox (hwnd, TEXT ("Ein Menü für arme Leute\n")
                              TEXT ("(c) Charles Petzold, 1998"),
                        szAppName, MB_OK | MB_ICONINFORMATION) ;
            return 0 ;

        case IDM_SYS_HELP:
            MessageBox (hwnd, TEXT ("Hilfestellung noch nicht implementiert!"),
                        szAppName, MB_OK | MB_ICONEXCLAMATION) ;
            return 0 ;

        case IDM_SYS_REMOVE:
            GetSystemMenu (hwnd, TRUE) ;  // zurück zum Original
            return 0 ;
        }
        break ;

    case WM_DESTROY:
        PostQuitMessage (0) ;
        return 0 ;
    }
    return DefWindowProc (hwnd, message, wParam, lParam) ;
}
```

Abbildung 10.9: *Das Programm* POORMENU

Da wir hier wie gesagt ohne Ressource-Datei auskommen, entfällt auch die Include-Datei, die normalerweise die Verbindung zwischen Ressourcenskript und Quelltext herstellt. Konsequent sind die Kennziffern der drei zusätzlichen Wahlpunkte einfach am Beginn von POORMENU.C definiert:

```
#define IDM_SYS_ABOUT   1
#define IDM_SYS_HELP    2
#define IDM_SYS_REMOVE  3
```

Nachdem das Programm eine Fensterklasse definiert und auf dieser Basis ein Fenster über den Aufruf von *CreateWindow* erzeugt hat, ermittelt es den Handle des Systemmenüs mit:

```
hMenu = GetSystemMenu (hwnd, FALSE) ;
```

Der als zweiter Parameter angegebene Wert FALSE zeigt Windows an, dass es im weiteren um Modifikationen des Systemmenüs geht. In POORMENU folgen sie auf dem Fuße:

```
AppendMenu (hMenu, MF_SEPARATOR, 0,              NULL) ;
AppendMenu (hMenu, MF_STRING, IDM_SYS_ABOUT,  TEXT ("Info über...")) ;
AppendMenu (hMenu, MF_STRING, IDM_SYS_HELP,   TEXT ("Hilfe...")) ;
AppendMenu (hMenu, MF_STRING, IDM_SYS_REMOVE, TEXT ("Erweiterungen recyceln")) ;
```

Der erste Aufruf von *AppendMenu* erzeugt einen horizontalen Trennstrich innerhalb des Menüs, für die restlichen Aufrufe dieser Funktion kommen dagegen völlig normale Wahlpunkte heraus. Auf die Auswahl des dritten Punktes reagiert POORMENU mit einem erneuten Aufruf von *GetSystemMenu* – diesmal allerdings mit dem Wert TRUE als zweitem Parameter:

```
GetSystemMenu (hwnd, TRUE) ;  // zurück zum Original
```

Standardmäßig enthält das Systemmenü die Wahlpunkte »Wiederherstellen«, »Verschieben«, »Größe ändern«, »Minimieren«, »Maximieren« und »Schließen«, denen die Konstanten SC_RESTORE, SC_MOVE, SC_SIZE, SC_MINIMUM, SC_MAXIMUM und SC_CLOSE in Verbindung mit WM_SYSCOMMAND entsprechen.

Auch wenn es recht unüblich ist, kann ein Programm diese Nachrichten teilweise oder ganz selbst bearbeiten, anstatt sie *DefWindowProc* zu übergeben. Mit den im nächsten Abschnitt beschriebenen Methoden ist es überdies möglich, ein oder mehrere dieser Standard-Wahlpunkte abzuschalten bzw. ganz aus dem Systemmenü zu entfernen.

Was dagegen (mit denselben Methoden) üblich ist und von Microsoft sogar ausdrücklich empfohlen wird, ist das Hinzufügen bestimmter vordefinierter Punkte, wenn die Logik des Programms es sinnvoll erscheinen läßt. WINUSER.H definiert dafür insgesamt fünf Bezeichner mit den Namen SC_NEXTWINDOW, SC_PREVWINDOW, SC_VSCROLL, SC_HSCROLL und SC_ARRANGE.

Ändern des Menüs

Ich hatte bereits demonstriert, wie sich die Funktion *AppendMenu* zur Definition eines kompletten Menüs bzw. dem Hinzufügen von Wahlpunkten bei existierenden Menüs verwenden läßt. In den Versionen 1 und 2 von Windows mußte für denselben Zweck eine Funktion namens *ChangeMenu* benutzt werden, die ausgesprochen vielseitig ist – oder auch: zumindest damals zum

Komplexesten gehört, was Windows überhaupt zu bieten hatte. *ChangeMenu* existiert auch heute noch – nur haben sich die Entwickler bereits bei der Windows-Version 3.0 entschieden, einzelne Möglichkeiten dieser Funktion über eine separate Funktionsgruppe ein zweites Mal zur Verfügung zu stellen:

- *AppendMenu* – hängt einen neuen Wahlpunkt an ein Menü an
- *DeleteMenu* – löscht einen Wahlpunkt aus einem Menü
- *InsertMenu* – fügt einen neuen Wahlpunkt (an beliebiger Stelle) in ein existierendes Menü ein
- *ModifyMenu* – ändert einen bereits existierenden Wahlpunkt
- *RemoveMenu* – entfernt einen Wahlpunkt aus einem Menü

Die Unterschiede zwischen *DeleteMenu* und *RemoveMenu* treten nur dann zutage, wenn der zu entfernende Wahlpunkt für ein Untermenü steht: *DeleteMenu* gibt die zu einem solchen Konstrukt gehörige Datenstruktur komplett wieder frei, *RemoveMenu* entfernt dagegen lediglich den Eintrag im Menü – und eröffnet so die Möglichkeit, das Untermenü an anderer Stelle wieder einzufügen bzw. anzuhängen.

Weitere Menüfunktionen

Mit dem Entfernen, Einfügen, Löschen usw. von Wahlpunkten sind die Möglichkeiten von Windows im Zusammenhang mit Menüs bei weitem noch nicht erschöpft. Dieser Abschnitt stellt einige der häufiger gebrauchten Funktionen zusammen.

Das Ändern von Wahlpunkten der Menüleiste löst keine automatische Neuausgabe dieses Menüs aus. Da *ShowWindow* oder *MoveWindow* hier ein wenig hoch gegriffen wäre, weil dann auch ein Neuzeichnen des Anwendungsbereichs erforderlich wird, kann man die Menüleiste mit

```
DrawMenuBar (hwnd) ;
```

auch separat neu zeichnen lassen. Wie der Name des Parameters *hwnd* bereits andeutet, erwartet diese Funktion den Handle des Fensters (und nicht des Menüs).

Der Handle eines Untermenüs läßt sich mit

```
hMenuPopup = GetSubMenu (hMenu, iPosition) ;
```

ermitteln, wobei *iPosition* die Nummer des Eintrags innerhalb des übergeordneten Menüs darstellt. In Menüleisten bezeichnet der Wert 0 den Eintrag am linken Rand, in Popup-Menüs den obersten Eintrag.

Der folgende Aufruf ermittelt die Anzahl der Einträge in einem Menü (wobei es keine Rolle spielt, ob das durch *hMenu* bezeichnete Menü die Menüleiste oder ein Untermenü darstellt):

```
iCount = GetMenuItemCount (hMenu) ;
```

Die Kennziffer eines Wahlpunktes läßt sich über die Eintragsnummer auch nachträglich ermitteln:

```
ID = GetMenuItemID (hMenuPopup, iPosition) ;
```

iPosition gibt hier in derselben Weise wie bei der Funktion *GetSubMenu* die Position des Eintrags an. Da Wahlpunkten, die mit Untermenüs verbunden sind, keine Kennziffer zugeordnet ist, wird *GetMenuItemID* üblicherweise nicht auf die Menüleiste angewendet.

Im Programm MENUDEMO hatte ich demonstriert, wie man einem Wahlpunkt eines Untermenüs ein Häkchen verpassen kann bzw. es wieder löscht:

```
CheckMenuItem (hMenu, id, iCheck) ;
```

hMenu war dort der Handle zur Menüleiste, *id* die Kennziffer des Wahlpunktes, der sich seinerseits in einem beliebigen Untermenü befinden kann. Wenn man für *hMenu* den Handle des jeweiligen Untermenüs direkt einsetzt, kann man anstelle der Kennziffer des Wahlpunktes auch einen Positionszähler verwenden, indem man das Flag zum Setzen bzw. Löschen des Häkchens mit einem weiteren Flag namens MF_BYPOSITION kombiniert:

```
CheckMenuItem (hMenu, nPosition, MF_CHECKED | MF_BYPOSITION) ;
```

In einem Menü, das mehrere sich gegenseitig ausschließende Wahlpunkte enthält, läßt sich auf diese Weise eine Schleife konstruieren, die erst einmal sämtliche Häkchen (oder andere Attribute) zurücksetzt, ohne dass man dabei auf durchlaufende Kennziffern der einzelnen Wahlpunkte angewiesen wäre.

Die Funktion *EnableMenuItem* arbeitet in derselben Weise wie *CheckMenuItem* – wenn man einmal davon absieht, dass der dritte Parameter hier die Werte MF_ENABLED, MF_DISABLED und MF_GRAYED annehmen kann. Wenn Sie diese Funktion auf die Menüleiste anwenden, müssen Sie in jedem Fall über einen Positionsindex arbeiten, weil diese Wahlpunkte überhaupt keine Kennziffern definieren.

Dasselbe gilt für Wahlpunkte in Untermenüs, die ihrerseits mit weiteren Untermenüs verbunden sind: wenn man ein solches Menü komplett abschalten will, läßt sich das am einfachsten über die Graudarstellung des entsprechenden Wahlpunktes erreichen:

```
EnableMenuItem(hMenu, nPosition, MF_GRAYED | MF_BYPOSITION) ;
```

Ein Anwendungsbeispiel dieser Funktion finden Sie in der zweiten Version des Programms POPPAD gegen Ende dieses Kapitels.

Eine weitere Variante ist die Funktion *HiliteMenuItem*, die wie *CheckMenuItem* und *EnableMenuItem* arbeitet, als dritten Parameter aber die Konstanten MF_HILITE oder MF_UNHILITE erwartet. Sie manipuliert den inversen Balken, über den Windows die momentane Auswahl innerhalb von Menüs anzeigt (und wird von Programmen nur in Ausnahmefällen benutzt).

Was man sonst noch mit Menüs anfangen könnte? Nun – falls Ihr Programm beispielsweise vergessen haben sollte, wie die Beschriftung eines Menüeintrags aussieht, können Sie seinem Gedächtnis auf die Sprünge helfen:

```
iCharCount = GetMenuString (hMenu, id, pString, iMaxCount, iFlag) ;
```

Für den Parameter *iFlag* sind hier zwei Werte möglich: MF_BYCOMMAND zeigt an, dass es sich bei *id* um die Kennziffer des Wahlpunktes handelt, MF_BYPOSITION kennzeichnet *id* dagegen als Positionsindex. Die Funktion kopiert maximal *iMaxCount* Zeichen aus der Beschriftung des Wahlpunktes in die als *lString* angegebene Variable des Programms und liefert die Anzahl der kopierten Zeichen als direktes Ergebnis zurück.

Vielleicht interessieren Sie sich aber auch für die Attribute eines bestimmten Wahlpunktes:

```
iState = GetMenuState (hMenu, id, iFlag) ;
```

Der Parameter *iFlag* kann hier wiederum die Werte MF_BYCOMMAND und MF_BYPOSITION haben. Das als *iState* bezeichnete Ergebnis stellt eine Kombination sämtlicher (momentanen) Attribute des entsprechenden Wahlpunktes dar und kann (über ein bitweises AND) mit den Konstanten MF_DISABLED, MF_GRAYED, MF_CHECKED, MF_MENUBREAK, MF_MENUBARBREAK und MF_SEPARATOR ausgewertet werden.

Und falls Sie des Spiels inzwischen müde geworden sein sollten: Der Aufruf

```
DestroyMenu (hMenu) ;
```

ruiniert ein Menü komplett, d.h. entfernt es gegebenenfalls vom Bildschirm, gibt die dafür belegten Speicherbereiche frei und macht den Handle *hMenu* ungültig.

Ein unorthodoxer Ansatz

Verlassen wir einmal für einen Moment die ausgetretenen Pfade: Wie wäre es mit einem Programm, das seine Untermenüs nicht in der Form von Popups, sondern in der Menüleiste selbst darstellt (und Benutzer, die sich schon seit einer halben Ewigkeit den Buckel vor dem Bildschirm krummsitzen, an die Urversion von Lotus 1-2-3 erinnert)?

Die Möglichkeit dazu eröffnet Windows über die Funktion *SetMenu*, deren praktische Anwendung das hier wiedergegebene Programm NOPOPUPS demonstriert: Es enthält die üblichen Untermenüs »Datei« und »Bearbeiten«, stellt die dazugehörigen Wahlpunkte aber über wechselnde Menüleisten dar.

NOPOPUPS.C

```
/*-------------------------------------------------
   NOPOPUPS.C -- Mehrere Ebenen in der Menüleiste
                 (c) Charles Petzold, 1992
  -------------------------------------------------*/

#include <windows.h>
#include "resource.h"

LRESULT CALLBACK WndProc (HWND, UINT, WPARAM, LPARAM) ;

int WINAPI WinMain (HINSTANCE hInstance, HINSTANCE hPrevInstance,
                    PSTR szCmdLine, int iCmdShow)
{
     static TCHAR szAppName[] = TEXT ("NoPopUps") ;
     HWND         hwnd ;
     MSG          msg ;
     WNDCLASS     wndclass ;

     wndclass.style         = CS_HREDRAW | CS_VREDRAW ;
     wndclass.lpfnWndProc   = WndProc ;
     wndclass.cbClsExtra    = 0 ;
     wndclass.cbWndExtra    = 0 ;
     wndclass.hInstance     = hInstance ;
     wndclass.hIcon         = LoadIcon (NULL, IDI_APPLICATION) ;
     wndclass.hCursor       = LoadCursor (NULL, IDC_ARROW) ;
     wndclass.hbrBackground = (HBRUSH) GetStockObject (WHITE_BRUSH) ;
     wndclass.lpszMenuName  = NULL ;
     wndclass.lpszClassName = szAppName ;
```

```
     if (!RegisterClass (&wndclass))
     {    // UNICODE-Compilierung ist die einzige realistische Fehlermöglichkeit
          MessageBox (NULL, TEXT ("Programm arbeitet mit Unicode und setzt Windows NT voraus!"),
                      szAppName, MB_ICONERROR) ;
          return 0 ;
     }

     hwnd = CreateWindow (szAppName,
                          TEXT ("Mehrere Ebenen in der Menüleiste"),
                          WS_OVERLAPPEDWINDOW,
                          CW_USEDEFAULT, CW_USEDEFAULT,
                          CW_USEDEFAULT, CW_USEDEFAULT,
                          NULL, NULL, hInstance, NULL) ;

     ShowWindow (hwnd, iCmdShow) ;
     UpdateWindow (hwnd) ;

     while (GetMessage (&msg, NULL, 0, 0))
     {
          TranslateMessage (&msg) ;
          DispatchMessage (&msg) ;
     }
     return msg.wParam ;
}

LRESULT CALLBACK WndProc (HWND hwnd, UINT message, WPARAM wParam, LPARAM lParam)
{
     static HMENU hMenuMain, hMenuEdit, hMenuFile ;
     HINSTANCE    hInstance ;

     switch (message)
     {
     case WM_CREATE:
          hInstance = (HINSTANCE) GetWindowLong (hwnd, GWL_HINSTANCE) ;

          hMenuMain = LoadMenu (hInstance, TEXT ("MenuMain")) ;
          hMenuFile = LoadMenu (hInstance, TEXT ("MenuFile")) ;
          hMenuEdit = LoadMenu (hInstance, TEXT ("MenuEdit")) ;

          SetMenu (hwnd, hMenuMain) ;
          return 0 ;

     case WM_COMMAND:
          switch (LOWORD (wParam))
          {
          case IDM_MAIN:
               SetMenu (hwnd, hMenuMain) ;
               return 0 ;

          case IDM_FILE:
               SetMenu (hwnd, hMenuFile) ;
               return 0 ;

          case IDM_EDIT:
               SetMenu (hwnd, hMenuEdit) ;
               return 0 ;
```

```
            case IDM_FILE_NEW:
            case IDM_FILE_OPEN:
            case IDM_FILE_SAVE:
            case IDM_FILE_SAVE_AS:
            case IDM_EDIT_UNDO:
            case IDM_EDIT_CUT:
            case IDM_EDIT_COPY:
            case IDM_EDIT_PASTE:
            case IDM_EDIT_CLEAR:
                 MessageBeep (0) ;
                 return 0 ;
            }
            break ;

     case WM_DESTROY:
          SetMenu (hwnd, hMenuMain) ;
          DestroyMenu (hMenuFile) ;
          DestroyMenu (hMenuEdit) ;
          PostQuitMessage (0) ;
          return 0 ;
     }
     return DefWindowProc (hwnd, message, wParam, lParam) ;
}
```

NOPOPUPS.RC (Auszüge)

```
//Microsoft Developer Studio generated resource script.

#include "resource.h"
#include "afxres.h"

/////////////////////////////////////////////////////////////////////////////
// Menu

MENUMAIN MENU DISCARDABLE
BEGIN
    MENUITEM "HAUPTMENÜ:",                  0, INACTIVE
    MENUITEM "&Datei...",                   IDM_FILE
    MENUITEM "&Bearbeiten...",              IDM_EDIT
END

MENUFILE MENU DISCARDABLE
BEGIN
    MENUITEM "DATEI:",                      0, INACTIVE
    MENUITEM "&Neu",                        IDM_FILE_NEW
    MENUITEM "Ö&ffnen...",                  IDM_FILE_OPEN
    MENUITEM "&Speichern",                  IDM_FILE_SAVE
    MENUITEM "Speichern &unter...",         IDM_FILE_SAVE_AS
    MENUITEM "(&Zurück)",                   IDM_MAIN
END

MENUEDIT MENU DISCARDABLE
BEGIN
    MENUITEM "BEARBEITEN:",                 0, INACTIVE
    MENUITEM "&Widerrufen",                 IDM_EDIT_UNDO
    MENUITEM "A&usschneiden",               IDM_EDIT_CUT
```

```
    MENUITEM "&Kopieren",              IDM_EDIT_COPY
    MENUITEM "E&infügen",              IDM_EDIT_PASTE
    MENUITEM "&Löschen",               IDM_EDIT_CLEAR
    MENUITEM "(&Zurück)",              IDM_MAIN
END
```

RESOURCE.H (Auszüge)

```
// Microsoft Developer Studio generated include file.
// Used by NoPopups.rc

#define IDM_FILE                        40001
#define IDM_EDIT                        40002
#define IDM_FILE_NEW                    40003
#define IDM_FILE_OPEN                   40004
#define IDM_FILE_SAVE                   40005
#define IDM_FILE_SAVE_AS                40006
#define IDM_MAIN                        40007
#define IDM_EDIT_UNDO                   40008
#define IDM_EDIT_CUT                    40009
#define IDM_EDIT_COPY                   40010
#define IDM_EDIT_PASTE                  40011
#define IDM_EDIT_CLEAR                  40012
```

Abbildung 10.10: *Das Programm* NOPOPUPS

Für NOPOPUPS müssen Sie den Wahlpunkt *Einfügen/Ressource/Menu* gleich dreimal hintereinander benutzen (und dabei jeweils unterschiedliche Text-IDs vergeben). Das Programm lädt diese Menüs als Reaktion auf WM_CREATE der Reihe nach:

```
hMenuMain = LoadMenu (hInstance, TEXT ("MenuMain")) ;
hMenuFile = LoadMenu (hInstance, TEXT ("MenuFile")) ;
hMenuEdit = LoadMenu (hInstance, TEXT ("MenuEdit")) ;
```

Beim Start präsentiert NOPOPUPS das Hauptmenü mit:

```
SetMenu (hwnd, hMenuMain) ;
```

Der erste der drei Wahlpunkte dieses Menüs (mit der Beschriftung »HAUPTMENÜ:«) ist abgeschaltet, d.h. nicht wählbar. (Grau dargestellt ist er dagegen nicht: Der Benutzer soll schließlich nicht den Eindruck bekommen, dass ihm hier etwas vorenthalten wird). Die über die beiden anderen Wahlpunkte aktivierbaren Menüs (»Datei« und »Bearbeiten«) verwenden dasselbe Prinzip, d.h. definieren mit »DATEI:« bzw. »BEARBEITEN:« einen ersten Eintrag, der ebenfalls rein als Titel fungiert. Der letzte Wahlpunkt dieser beiden Menüs ist »(Zurück)« und ermöglicht die Rückkehr zum Hauptmenü.

Das Umschalten zwischen diesen drei Menüs ist eine recht einfache Angelegenheit:

```
case WM_COMMAND :
     switch (wParam)
     {
     case IDM_MAIN :
          SetMenu (hwnd, hMenuMain) ;
          return 0 ;
```

```
 case IDM_FILE :
     SetMenu (hwnd, hMenuFile) ;
     return 0 ;

case IDM_EDIT :
     SetMenu (hwnd, hMenuEdit) ;
     return 0 ;

     [Reaktion auf andere Werte von wParam]
   }
break ;
```

Im Rahmen von WM_DESTROY setzt NOPOPUS wieder das Hauptmenü in das Fenster ein und gibt dann die über *hMenuFile* sowie *hMenuEdit* belegten Speicherbereiche mit expliziten Aufrufen der Funktion *DestroyMenu* frei. (Nachdem das Hauptmenü wieder mit dem Fenster verbunden ist, muß sich das Programm um seine Freigabe nicht selbst kümmern).

Abkürzungsbefehle (»Shortcuts«)

Fangen wir mit einer möglichst kurzen Definition an: »Abkürzungsbefehle sind Tastenkombinationen, die Nachrichten des Typs WM_COMMAND (oder, in einigen Fällen: WM_SYSCOMMAND) erzeugen.«

Sie werden von den meisten Programmen verwendet, um dem Benutzer für häufig benutzte Befehle den Weg über die einzelnen Menüs zu ersparen, d.h. haben dort effektiv dieselbe Wirkung wie die Auswahl eines entsprechenden Menüpunkts. (Allerdings sind Abkürzungsbefehle nicht unbedingt auf das Duplizieren von Menüfunktionen beschränkt).

Das Standardmenü »Bearbeiten« ist ein gutes Beispiel dafür: es verbindet per Konvention den Wahlpunkt »Löschen« mit der Taste Entf, die Operationen »Ausschneiden« und »Einfügen« lassen sich auch über Strg+X bzw. Strg+V erledigen. Programme, die diese Alternativen zulassen, können sich auf die Definition der entsprechenden Verbindungen zwischen Wahlpunkten und Tastenkombinationen beschränken: Da Windows bei der Auswahl eines Menüpunktes über einen Abkürzungsbefehl exakt dieselben Nachrichten wie bei der Auswahl über die Maus erzeugt, ist keine separate Logik notwendig.

Unterschiede zu WM_KEYDOWN

Spätestens zu diesem Zeitpunkt sollten Ihnen eigentlich Nachrichten des Typs WM_KEYDOWN und WM_CHAR eingefallen sein, über die ein Programm ohne weiteres dasselbe erreichen kann – und damit die Frage, ob man für die direkte Auswahl von Menüpunkten überhaupt einen separaten Mechanismus braucht.

Solange Ihr Programm nur mit einem einzigen Fenster arbeitet, spart man sich über Abkürzungsbefehle tatsächlich nur Offensichtliches: Nämlich die für WM_KEYDOWN und/oder WM_CHAR notwendige Logik – und ein wenig Drumherum: Wenn der Benutzer einen Menüpunkt über einen Abkürzungsbefehl aktiviert, stellt Windows den zum Menü gehörigen Wahlpunkt kurzzeitig invers dar und erzeugt so eine optische Rückmeldung (die man zur Not auch noch über *HiliteMenuItem* »zu Fuß« nachprogrammieren könnte).

In Programmen, die mehrere Fenster verwenden, kommt man dagegen nicht um Abkürzungsbefehle herum, wenn man sich das Leben nicht ausgesprochen schwer machen will: dort stellen sie nämlich den einzigen Weg dar, Tastaturbefehle zentral zu bearbeiten.

Wie in den vorangegangenen Kapiteln mehrfach demonstriert, sendet Windows Nachrichten über Tastaturereignisse normalerweise an die Window-Prozedur des Fensters, auf das der Eingabefokus momentan zeigt. Die Ausnahme von der Regel stellen Abkürzungsbefehle dar: Die daraus entstehenden Nachrichten der Typen WM_COMMAND und WM_SYSCOMMAND lassen sich über die Windows-Funktion *TranslateAccelerator* einer zentralen Bearbeitungsroutine zuleiten. Üblicherweise handelt es sich dabei um die Window-Prozedur des Hauptfensters, das auch die Menüs enthält – womit auch der dahinterstehende Sinn klar werden sollte: Ohne eine Umleitung dieser Art müßte man die Tastaturlogik für die Menüpunkte des Hauptfensters in den Window-Prozeduren aller Child-Fenster und Steuerelemente erneut definieren.

Zu den unmittelbaren Folgen dieses Konzepts gehören unter anderem auch moduslose Dialoge (siehe Kapitel 11), bei deren Bearbeitung die restlichen Funktionen des Programms nach wie vor zur Verfügung stehen, sowie die Möglichkeit, Tastenbefehle zum Umschalten zwischen mehreren Fenstern an einem zentralen Punkt zu definieren.

Einige Regeln

Theoretisch läßt sich jede virtuelle Taste allein sowie jeder Buchstabe in Kombination mit Strg und/oder Alt sowie der Umschalttaste als Abkürzungsbefehl definieren. Was die Praxis betrifft, so sind einige dieser Kombinationen bereits durch Windows selbst besetzt, für andere legen sich die allgemeinen Programmierregeln von Microsoft ausgesprochen deutlich fest, um den sonst zwangsläufig entstehenden Wirrwarr von vornherein einzudämmen. Programme, die das Standardmenü »Bearbeiten« definieren, sollten für die Punkte dieses Menüs die folgenden Tastenkombinationen reservieren:

Funktion	Taste(n) in Windows 3.0	ab Windows 3.1
Widerrufen	Alt+Rücktaste	Strg+Z
Löschen	Entf	Entf
Kopieren	Strg+Einfg	Strg+C
Einfügen	Umschalt+Einfg	Strg+V
Ausschneiden	Umschalt+Entf	Strg+X

Tabelle 10.7: *Standardisierte Abkürzungsbefehle*

Des weiteren sollten Return, Esc sowie die Rücktaste und die Leertaste ebenfalls nicht in programmeigenen Abkürzungsbefehlen verwendet werden, weil ein größerer Teil der mit ihnen möglichen Kombinationen bereits durch die Systemfunktionen von Windows abgedeckt ist. Und schließlich gibt es bei den Funktionstasten ebenfalls eine Art Quasi-Standard: F1 dient zum Aufruf der Online-Dokumentation, F4 bis F6 sind für die Umschaltung zwischen Fenstern in MDI-Programmen (siehe Kapitel 19) belegt.

Die Definition von Abkürzungsbefehlen

Abkürzungsbefehle werden wie Menüdefinitionen direkt im Ressourcenskript gespeichert und stehen dort in einer mit dem Schlüsselwort ACCELERATORS – eigentlich: »Beschleuniger« –

eingeleiteten Tabelle. Auch wenn Sie mit Developer Studio im Prinzip eine beliebige Zahl solcher Tabellen anlegen können, kommt man meist mit einer einzigen aus, die dann sinnvollerweise denselben Namen wie das Programm, sein Icon und sein Hauptmenü bekommt.

Der entsprechende (über *Einfügen/Ressource/Accelerator/Neu* erreichbaren) Editor von Developer Studio stellt wie üblich erst einmal eine leere Tabelle dar. Ein Doppelklick auf einem leeren oder besetzten Tabelleneintrag bringt das Eigenschaftsfenster zum Vorschein, in dem Sie hier zum einen die Tastenkombination (»Taste«), zum anderen die ID festlegen können, die diese Tastenkombination erzeugen soll. Wenn Sie das Menü Ihres Programms bereits definiert haben, zeigt das aufschlagbare Listenfeld *ID* die existierenden IDs an. (Dabei müssen Sie allerdings ziemlich weit nach unten blättern, weil dieses Listenfeld grundsätzlich alle MFC-eigenen Menübezeichner enthält.) Die Tastenkombination läßt sich entweder über virtuelle Tastencodes oder direkt als ASCII angeben. Im letzteren Fall müssen wird die Kombination mit Strg durch ein vorangestelltes Caret symbolisiert: Den Tastenbefehl Strg+A müssen Sie hier also als »^A« (ohne die Anführungszeichen) eingeben.

Abkürzungsbefehle für Wahlpunkte von Menüs sollten natürlich in der Beschriftung des jeweiligen Menüpunktes angegeben sein. Zur Trennung zwischen der Beschriftung und der Angabe des Abkürzungsbefehls können Sie in der Definition des jeweiligen Menüpunkts ein Tabulatorzeichen (»\t«) verwenden: Es berechnet die Position einer zweiten Spalte so, dass sämtliche Wahlpunkte des Menüs innerhalb der ersten Spalte Platz finden. Den allgemeinen Richtlinien von Microsoft zufolge sollte die Umschalttaste in deutschen Programmen als »Umschalt« erschienen, für die restlichen Tasten (Esc, Strg, Alt, Entf, Einfg, F1 usw.) gilt die Beschriftung auf der jeweiligen Tastaturkappe. Die Kombination von Zeichen und Modifizierern erfolgt dabei über ein Pluszeichen – beispielsweise:

```
Umschalt+Strg+A
```

Laden der Abkürzungsbefehle

Zum Laden der Abkürzungsbefehle definiert Windows eine Funktion namens *LoadAccelerators*, die exakt dieselbe Syntax wie *LoadIcon*, *LoadCursor*, *LoadBitmap* und *LoadMenu* hat. Sie liefert einen Handle zurück, für den WINUSER.H keinen speziellen Typ definiert. Konsequent beginnt das Laden von Abkürzungsbefehlen mit der Definition einer Variablen des Typs HANDLE:

```
HANDLE hAccel ;
```

Danach wird die Tabelle der Abkürzungsbefehle geladen:

```
hAccel = LoadAccelerators (hInstance, TEXT("MyAccelerators")) ;
```

Wie wohl auch nicht anders zu erwarten, kann hier anstelle des Namens auch eine Kennziffer verwendet werden, die entweder via MAKEINTRESOURCE übergeben oder als String mit einem vorangestellten »#« formuliert wird.

Umsetzen von Tastatureingaben

Damit das Programm die Abkürzungsbefehle nun auch verwendet, müssen wir eine heilige Kuh schlachten – nämlich die Ereignis-Warteschleife, die immerhin fast 500 Seiten dieses Buches in unveränderter Form überstanden hat. Aus

```
while (GetMessage (&msg, NULL, 0, 0))
     {
     TranslateMessage (&msg) ;
     DispatchMessage (&msg) ;
     }
```

wird hier:

```
while (GetMessage (&msg, NULL, 0, 0))
     {
     if (!TranslateAccelerator (hwnd, hAccel, &msg))
          {
          TranslateMessage (&msg) ;
          DispatchMessage (&msg) ;
          }
     }
```

TranslateAccelerator prüft, ob die in *msg* enthaltene Nachricht ein Tastaturereignis beschreibt: Wenn ja, folgt ein Vergleich mit der über *hAccel* angegebenen Tabelle. Sollte die Routine dort fündig werden, übergibt sie der (zum Fenster *hwnd* gehörigen) Window-Prozedur eine Nachricht des Typs WM_COMMAND (bzw. WM_SYSCOMMAND, wenn sich der Abkürzungsbefehl auf einen Eintrag des Systemmenüs bezieht) und liefert einen Wert ungleich 0 zurück.

Bezieht sich die in *msg* enthaltene Nachricht dagegen nicht auf ein Tastaturereignis oder bleibt die Suche in der Tabelle erfolglos, liefert *TranslateAccelerator* den Wert 0 zurück. In diesem Fall geht die Bearbeitung auf ganz normalem Wege über *TranslateMessage* und *DispatchMessage* weiter. (Diese beiden Funktionen sollten nicht mehr aufgerufen werden, wenn *TranslateAccelerator* die Nachricht bereits bearbeitet hat.)

Wenn Sie ein ausgesprochen gutes Gedächtnis haben, dürfen Sie sich über die separate Angabe des Parameter *hwnd* beim Aufruf von *TranslateAccelerator* wundern: Der Strukturtyp MSG (und damit die Variable *msg*) enthalten nämlich ebenfalls ein Feld für den Handle des Fensters. Mit Redundanz hat das allerdings nichts zu tun – im Gegenteil: Die Felder von *msg* werden durch den Aufruf von *GetMessage* gesetzt, wobei der Wert NULL als zweiter Parameter dieser Funktion angibt, dass das Programm sämtliche Nachrichten abfragen will, die für seine Fenster bestimmt sind. *GetMessage* teilt in diesem Fall über das Feld *msg.hwnd* mit, an *welches* der Fenster die Nachricht geht – und *TranslateAccelerator* tut beim Erkennen eines Abkürzungsbefehls tatsächlich nicht wesentlich mehr, als den separat übergebenen Fensterhandle in das Feld *msg.hwnd* einzusetzen. Auf diese Weise sorgt die Routine dafür, dass Nachrichten über Abkürzungsbefehle auch dann sämtlich ein und dasselbe Fenster erreichen, wenn der Eingabefokus momentan woandershin zeigt.

Im Zusammenhang mit Dialogfeldern (siehe Kapitel 11) kann es zwei Ausnahmen von dieser Regel geben. Die erste: bei modalen Dialogfeldern erreichen Abkürzungsbefehle das Hauptfenster des Programms nicht, weil der Dialog-Manager seine eigene Ereignis-Warteschleife dafür definiert (und der Prozessor sozusagen bis zum Ende des Dialogs nicht mehr in *WinMain* vorbeikommt). Die zweite: in einigen Fällen kann es auch bei einem nicht modalen Dialogfeld unerwünscht sein, dass das Programm auf Abkürzungsbefehle reagiert. Wie man diese Befehle gegebenenfalls zwischenzeitlich unterdrückt, ist in Kapitel 11 besprochen.

Bearbeiten der Nachrichten

Auf Abkürzungsbefehle, die als Äquivalent zu Wahlpunkten des Systemmenüs definiert sind, reagiert *TranslateAccelerator* mit der Ausgabe einer Nachricht des Typs WM_SYSCOMMAND, das niederwertige Wort von *wParam* enthält dabei die dem Abkürzungsbefehl (bzw. dem Menüpunkt) zugewiesene Kennziffer.

Auf andere Abkürzungsbefehle hin gibt diese Routine dagegen eine Nachricht des Typs WM_COMMAND aus und liefert die entsprechende Kennziffer ebenfalls im niederwertigen Wort von *wParam* mit. Es spielt bei der Ausgabe dieser Nachricht keine Rolle, ob das Programm einen Menüpunkt mit derselben Kennziffer definiert oder nicht. Da Steuerelemente in Child-Fenstern denselben Nachrichtentyp benutzen, muß man hier über den Wert von *lParam* unterscheiden:

Parameter	Wert
LOWORD(*wParam*)	für Abkürzungsbefehle, Menüpunkte und Steuerelemente: die jeweilige Kennziffer
HIWORD(*wParam*)	für Abkürzungsbefehle: der Wert 1, für Menüpunkte: der Wert 0, für Steuerelemente: der Aktionscode
lParam	für Abkürzungsbefehle und Menüpunkte: der Wert 0; für Steuerelemente: der Handle des Child-Fensters

Tabelle 10.8: *Unterschiede zwischen Abkürzungsbefehle, Aktionscodes Child-Fenstern*

Was aus dieser Tabelle ebenfalls hervorgeht: wenn ein Programm unbedingt will, kann es (allen vorherigen Behauptungen zum Trotz) dennoch zwischen Abkürzungsbefehlen und Menüpunkten unterscheiden – im ersten Fall hat das höherwertige Wort von *wParam* den Wert 1, im zweiten Fall den Wert 0. Sinnvoll dürfte diese Unterscheidung, die übrigens auch bei Nachrichten des Typs WM_SYSCOMMAND gilt, nur in den wenigsten Fällen sein. Ich habe sie auch nur aus dem Grund angegeben, weil eine Unterscheidung zwischen Menüpunkten und Steuerelementen über

```
if (!lParam)    // FALSCH!!!
 { [Reaktion auf den Menüpunkt]
 }
else
 { [Reaktion auf Steuerelemente]
 }
```

definitiv nicht funktioniert: Das Programm würde hier versuchen, Abkürzungsbefehle den Nachrichten von Steuerelementen zuzuordnen. Was bei einer solchen Unterscheidung geprüft werden muß, ist das höherwertige Wort von *wParam* allein:

```
if (!HIWORD(wParam))    // OK
 { [Reaktion auf den Menüpunkt]
 }
else
 { [Reaktion auf Steuerelemente]
 }
```

Wenn die Kennziffer eines Abkürzungsbefehls mit der Kennziffer eines Menüpunktes identisch ist, erhält die Window-Prozedur in derselben Weise wie bei der Auswahl dieses Menüpunktes Nachrichten der Typen WM_INITMENU, WM_INITMENUPOPUP und WM_MENUSELECT.

Programme, die in der üblichen Weise auf WM_INITMENUPOPUP reagieren – nämlich mit dem Prüfen der Wahlpunkte und ggf. dem Abschalten momentan nicht verfügbarer Optionen – können diese Logik auch beim Einsatz von Abkürzungsbefehlen beibehalten. Der Grund: *TranslateAccelerator* prüft erst nach der Verarbeitung dieser Nachrichten durch das Programm, welche Attribute der dem Abkürzungsbefehl zugeordnete Menüpunkt hat – und unterläßt die Ausgabe von WM_COMMAND bzw. WM_SYSCOMMAND, wenn dieser Menüpunkt abgeschaltet oder grau dargestellt ist.

Wenn der Benutzer das aktive Fenster minimiert hat, erhält es von *TranslateAccelerator* zwei Arten von Nachrichten: WM_SYSCOMMAND für Abkürzungsbefehle, die angeschalteten Wahlpunkten des Systemmenüs dieses Fensters entsprechen, sowie WM_COMMAND für Abkürzungsbefehle, die kein Äquivalent in der Menüstruktur dieses Fensters haben. (Kürzer, aber nicht ganz vollständig ausgedrückt: Äquivalente eigener Menübefehle erhält das Programm in diesem Zustand nicht).

POPPAD im neuen Gewand

In Kapitel 9 habe ich ein Programm namens POPPAD1 vorgestellt, das über ein Editfenster die grundlegenden Aktionen des Notizblocks simuliert. In diesem Abschnitt bekommt es nun die Standardmenüs »Datei« und »Bearbeiten« nebst den dazugehörigen Abkürzungsbefehlen verpaßt (und einen neuen Namen: POPPAD2).

Die Wahlpunkte des Menüs »Bearbeiten« sind in dieser Version bereits funktional, die Wahlpunkte des Menüs »Datei« dagegen noch nicht: Sie werden in Kapitel 11 durch eine Reihe von Dialogen besetzt und in Kapitel 13 schließlich um eine Druckfunktion erweitert.

POPPAD2.C

```
/*------------------------------------------------------
   POPPAD2.C -- Über den Fenstertyp "edit" aufgebauter
                Mini-Editor, Version 2 (mit Menüs)
                (c) Charles Petzold, 1998
  ------------------------------------------------------*/

#include <windows.h>
#include "resource.h"

#define ID_EDIT     1

LRESULT CALLBACK WndProc (HWND, UINT, WPARAM, LPARAM);

TCHAR szAppName[] = TEXT ("PopPad2") ;

int WINAPI WinMain (HINSTANCE hInstance, HINSTANCE hPrevInstance,
                    PSTR szCmdLine, int iCmdShow)
{
     HACCEL   hAccel ;
     HWND     hwnd ;
     MSG      msg ;
     WNDCLASS wndclass ;

     wndclass.style         = CS_HREDRAW | CS_VREDRAW ;
     wndclass.lpfnWndProc   = WndProc ;
     wndclass.cbClsExtra    = 0 ;
     wndclass.cbWndExtra    = 0 ;
```

```
     wndclass.hInstance     = hInstance ;
     wndclass.hIcon         = LoadIcon (hInstance, szAppName) ;
     wndclass.hCursor       = LoadCursor (NULL, IDC_ARROW) ;
     wndclass.hbrBackground = (HBRUSH) GetStockObject (WHITE_BRUSH) ;
     wndclass.lpszMenuName  = szAppName ;
     wndclass.lpszClassName = szAppName ;

     if (!RegisterClass (&wndclass))
     {    // UNICODE-Compilierung ist die einzige realistische Fehlermöglichkeit
          MessageBox (NULL, TEXT ("Programm arbeitet mit Unicode und setzt Windows NT voraus!"),
                      szAppName, MB_ICONERROR) ;
          return 0 ;
     }

     hwnd = CreateWindow (szAppName, szAppName,
                          WS_OVERLAPPEDWINDOW,
                          GetSystemMetrics (SM_CXSCREEN) / 4,
                          GetSystemMetrics (SM_CYSCREEN) / 4,
                          GetSystemMetrics (SM_CXSCREEN) / 2,
                          GetSystemMetrics (SM_CYSCREEN) / 2,
                          NULL, NULL, hInstance, NULL) ;

     ShowWindow (hwnd, iCmdShow) ;
     UpdateWindow (hwnd) ;

     hAccel = LoadAccelerators (hInstance, szAppName) ;

     while (GetMessage (&msg, NULL, 0, 0))
     {
          if (!TranslateAccelerator (hwnd, hAccel, &msg))
          {
               TranslateMessage (&msg) ;
               DispatchMessage (&msg) ;
          }
     }
     return msg.wParam ;
}

AskConfirmation (HWND hwnd)
{
     return MessageBox (hwnd, TEXT ("Wollen Sie PopPad2 wirklich beenden?"),
                        szAppName, MB_YESNO | MB_ICONQUESTION) ;
}

LRESULT CALLBACK WndProc (HWND hwnd, UINT message, WPARAM wParam, LPARAM lParam)
{
     static HWND hwndEdit ;
     int         iSelect, iEnable ;

     switch (message)
     {
     case WM_CREATE:
          hwndEdit = CreateWindow (TEXT ("edit"), NULL,
                               WS_CHILD | WS_VISIBLE | WS_HSCROLL | WS_VSCROLL |
                               WS_BORDER | ES_LEFT | ES_MULTILINE |
                               ES_AUTOHSCROLL | ES_AUTOVSCROLL,
```

```
                      0, 0, 0, 0, hwnd, (HMENU) ID_EDIT,
                      ((LPCREATESTRUCT) lParam)->hInstance, NULL) ;
     return 0 ;

case WM_SETFOCUS:
     SetFocus (hwndEdit) ;
     return 0 ;

case WM_SIZE:
     MoveWindow (hwndEdit, 0, 0, LOWORD (lParam), HIWORD (lParam), TRUE) ;
     return 0 ;

case WM_INITMENUPOPUP:
     if (lParam == 1)
     {
          EnableMenuItem ((HMENU) wParam, IDM_EDIT_UNDO,
               SendMessage (hwndEdit, EM_CANUNDO, 0, 0) ? MF_ENABLED : MF_GRAYED) ;

          EnableMenuItem ((HMENU) wParam, IDM_EDIT_PASTE,
               IsClipboardFormatAvailable (CF_TEXT) ? MF_ENABLED : MF_GRAYED) ;

          iSelect = SendMessage (hwndEdit, EM_GETSEL, 0, 0) ;

          if (HIWORD (iSelect) == LOWORD (iSelect))
               iEnable = MF_GRAYED ;
          else
               iEnable = MF_ENABLED ;

          EnableMenuItem ((HMENU) wParam, IDM_EDIT_CUT,   iEnable) ;
          EnableMenuItem ((HMENU) wParam, IDM_EDIT_COPY,  iEnable) ;
          EnableMenuItem ((HMENU) wParam, IDM_EDIT_CLEAR, iEnable) ;
          return 0 ;
     }
     break ;

case WM_COMMAND:
     if (lParam)
     {
          if (LOWORD (lParam) == ID_EDIT &&
                    (HIWORD (wParam) == EN_ERRSPACE ||
                     HIWORD (wParam) == EN_MAXTEXT))
               MessageBox (hwnd, TEXT ("Kapazitätsgrenze erreicht!"),
                           szAppName, MB_OK | MB_ICONSTOP) ;
          return 0 ;
     }
     else switch (LOWORD (wParam))
     {
     case IDM_FILE_NEW:
     case IDM_FILE_OPEN:
     case IDM_FILE_SAVE:
     case IDM_FILE_SAVE_AS:
     case IDM_FILE_PRINT:
          MessageBeep (0) ;
          return 0 ;

     case IDM_APP_EXIT:
```

```
                    SendMessage (hwnd, WM_CLOSE, 0, 0) ;
                    return 0 ;

               case IDM_EDIT_UNDO:
                    SendMessage (hwndEdit, WM_UNDO, 0, 0) ;
                    return 0 ;

               case IDM_EDIT_CUT:
                    SendMessage (hwndEdit, WM_CUT, 0, 0) ;
                    return 0 ;

               case IDM_EDIT_COPY:
                    SendMessage (hwndEdit, WM_COPY, 0, 0) ;
                    return 0 ;

               case IDM_EDIT_PASTE:
                    SendMessage (hwndEdit, WM_PASTE, 0, 0) ;
                    return 0 ;

               case IDM_EDIT_CLEAR:
                    SendMessage (hwndEdit, WM_CLEAR, 0, 0) ;
                    return 0 ;

                case IDM_EDIT_SELECT_ALL:
                    SendMessage (hwndEdit, EM_SETSEL, 0, -1) ;
                    return 0 ;

               case IDM_HELP_HELP:
                    MessageBox (hwnd, TEXT ("Hilfestellung noch nicht implementiert!"),
                                szAppName, MB_OK | MB_ICONEXCLAMATION) ;
                    return 0 ;

               case IDM_APP_ABOUT:
                    MessageBox (hwnd, TEXT ("POPPAD2 (c) Charles Petzold, 1998"),
                                szAppName, MB_OK | MB_ICONINFORMATION) ;
                    return 0 ;
               }
               break ;

          case WM_CLOSE:
               if (IDYES == AskConfirmation (hwnd))
                    DestroyWindow (hwnd) ;
               return 0 ;

          case WM_QUERYENDSESSION:
               if (IDYES == AskConfirmation (hwnd))
                    return 1 ;
               else
                    return 0 ;

          case WM_DESTROY:
               PostQuitMessage (0) ;
               return 0 ;
          }
          return DefWindowProc (hwnd, message, wParam, lParam) ;
}
```

POPPAD2.RC (Auszüge)

```
//Microsoft Developer Studio generated resource script.

#include "resource.h"
#include "afxres.h"

/////////////////////////////////////////////////////////////////////////////
// Icon

POPPAD2                 ICON    DISCARDABLE     "poppad2.ico"

/////////////////////////////////////////////////////////////////////////////
// Menu

POPPAD2 MENU DISCARDABLE
BEGIN
    POPUP "&Datei"
    BEGIN
        MENUITEM "&Neu",                        IDM_FILE_NEW
        MENUITEM "Ö&ffnen...",                  IDM_FILE_OPEN
        MENUITEM "&Speichern",                  IDM_FILE_SAVE
        MENUITEM "Speichern &unter...",         IDM_FILE_SAVE_AS
        MENUITEM SEPARATOR
        MENUITEM "&Drucken",                    IDM_FILE_PRINT
        MENUITEM SEPARATOR
        MENUITEM "&Beenden",                    IDM_APP_EXIT
    END
    POPUP "&Bearbeiten"
    BEGIN
        MENUITEM "&Rückgängig\tStrg+Z",         IDM_EDIT_UNDO
        MENUITEM SEPARATOR
        MENUITEM "&Ausschneiden\tStrg+X",       IDM_EDIT_CUT
        MENUITEM "&Kopieren\tStrg+C",           IDM_EDIT_COPY
        MENUITEM "&Einfügen\tStrg+V",           IDM_EDIT_PASTE
        MENUITEM "&Löschen\tEntf",              IDM_EDIT_CLEAR
        MENUITEM SEPARATOR
        MENUITEM "Alles aus&wählen",            IDM_EDIT_SELECT_ALL
    END
    POPUP "&?"
    BEGIN
        MENUITEM "&Hilfethemen...",             IDM_HELP_HELP
        MENUITEM "Inf&o...",                    IDM_APP_ABOUT
    END
END

/////////////////////////////////////////////////////////////////////////////
// Accelerator

POPPAD2 ACCELERATORS DISCARDABLE
BEGIN
    VK_BACK,        IDM_EDIT_UNDO,          VIRTKEY, ALT, NOINVERT
    VK_DELETE,      IDM_EDIT_CLEAR,         VIRTKEY, NOINVERT
    VK_DELETE,      IDM_EDIT_CUT,           VIRTKEY, SHIFT, NOINVERT
    VK_F1,          IDM_HELP_HELP,          VIRTKEY, NOINVERT
    VK_INSERT,      IDM_EDIT_COPY,          VIRTKEY, CONTROL, NOINVERT
    VK_INSERT,      IDM_EDIT_PASTE,         VIRTKEY, SHIFT, NOINVERT
```

```
    "^C",         IDM_EDIT_COPY,        ASCII, NOINVERT
    "^V",         IDM_EDIT_PASTE,       ASCII, NOINVERT
    "^X",         IDM_EDIT_CUT,         ASCII, NOINVERT
    "^Z",         IDM_EDIT_UNDO,        ASCII, NOINVERT
END
```

Abbildung 10.11: *Das Programm* POPPAD2

POPPAD2.ICO

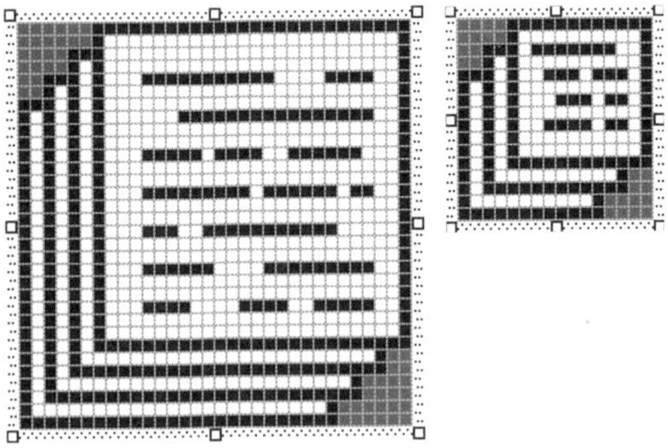

Abbildung 10.12: *Ein großes (32 x 32) und ein kleines (16 x 16) Icon für* POPPAD2

Die Ressource-Datei POPPAD2.RC enthält hier zum ersten Mal neben der Menüdefinition auch eine Tabelle mit Abkürzungsbefehlen. Sie bezieht sich ausschließlich auf die Wahlpunkte des Menüs »Bearbeiten«, in deren Beschriftung die entsprechenden Tastenkombinationen jeweils durch einen Tabulator (»\t«) getrennt angegeben sind.

Manipulation von Menüpunkten

Der weitaus größte Teil der Arbeiten in der Window-Prozedur von POPPAD2 dreht sich um die Wahlpunkte des Menüs »Bearbeiten«, die je nach Stand der Dinge angeschaltet bzw. grau dargestellt werden müssen. Die entsprechenden Schritte finden beim Bearbeiten von WM_INITMENUPOPUP statt, wobei das Programm als erstes den Menüindex prüft und so herausfindet, ob der Benutzer das Menü »Datei« (*lParam == 0*) oder »Bearbeiten« (*lParam == 1*) aktiviert.

Ob der Wahlpunkt »Rückgängig« aktiviert werden kann, ergibt sich über das Senden einer Nachricht des Typs EM_CANUNDO (»can undo«) an das Editfenster, dessen Window-Prozedur gegebenenfalls das Ergebnis TRUE zurückliefert:

```
EnableMenuItem (wParam, IDM_EDIT_UNDO,
     SendMessage (hwndEdit, EM_CANUNDO, 0, 0L) ? MF_ENABLED : MF_GRAYED) ;
```

Der Wahlpunkt »Einfügen« sollte nur dann angeschaltet sein, wenn die Zwischenablage Text enthält. Ob das der Fall ist, läßt sich über die Funktion *IsClipboardFormatAvailable* mit dem Parameter CF_TEXT herausfinden:

```
EnableMenuItem (wParam, IDM_EDIT_PASTE,
     IsClipboardFormatAvailable (CF_TEXT) ? MF_ENABLED : MF_GRAYED) ;
```

Die restlichen drei Wahlpunkte werden gemeinsam aktiviert bzw. grau darstellt und sind abhängig davon, ob der Benutzer im Moment einen Textblock im Editfenster selektiert hat. Die entsprechende Anfrage geschieht über *SendMessage* mit dem Parameter EM_GETSEL:

```
lSelect = SendMessage (hwndEdit, EM_GETSEL, 0, 0L) ;
```

Dieser Aufruf liefert im niederwertigen Wort von *lSelect* den Indcx des ersten, im höherwertigen Wort des Index des letzten selcktierten Zeichens plus 1 zurück. Wenn beide Werte identisch sind, existiert keine Auswahl:

```
if (HIWORD (lSelect) == LOWORD (lSelect)) iEnable = MF_GRAYED ;
  else iEnable = MF_ENABLED ;
```

Mit dem Wert von *iEnable* werden schließlich die Wahlpunkte »Ausschneiden«, »Kopieren« und »Löschen« gesetzt:

```
EnableMenuItem (wParam, IDM_EDIT_CUT,   wEnable) ;
EnableMenuItem (wParam, IDM_EDIT_COPY,  wEnable) ;
EnableMenuItem (wParam, IDM_EDIT_DEL,   wEnable) ;
```

Bearbeitungsfunktionen

Nachdem das komplette Listing von POPPAD2 knapp 4 Seiten umfaßt, werden Sie vermutlich bereits ahnen, dass sich das Programm nicht selbst mit den Details von Operationen wie dem Auswählen, Ausschneiden, Einfügen usw. von Text auseinandersetzt. Tatsächlich kann sich POPPAD2 auf die schlichte Ausgabe von Nachrichten an das Editfenster beschränken, dessen Window-Prozedur sich erfreulicherweise um die damit verbundenen Kleinigkeiten kümmert:

```
case IDM_EDIT_UNDO :
     SendMessage (hwndEdit, WM_UNDO, 0, 0L) ;
     return 0 ;

case IDM_EDIT_CUT :
     SendMessage (hwndEdit, WM_CUT, 0, 0L) ;
     return 0 ;

case IDM_EDIT_COPY :
     SendMessage (hwndEdit, WM_COPY, 0, 0L) ;
     return 0 ;

case IDM_EDIT_PASTE :
     SendMessage (hwndEdit, WM_PASTE, 0, 0L) ;
     return 0 ;

case IDM_EDIT_DEL :
     SendMessage (hwndEdit, WM_CLEAR, 0, 0L) ;
     return 0 ;

case IDM_EDIT_SELALL :
     SendMessage (hwndEdit, EM_SETSEL, 0, MAKELONG (0, 32767)) ;
     return 0 ;
```

Wenn ich mir die Mühe gemacht hätte, die Konstanten IDM_EDIT_UNDO, IDM_EDIT_CUT usw. über die hier ausgegebenen Konstanten WM_UNDO, WM_CUT etc. zu definieren, wäre die Sache sogar noch etwas einfacher geworden: Die ersten fünf *case*-Zweige hätten sich dann auf einen einzigen reduziert, der dem Editfenster die Nachricht *SendMessage(hwndEdit, wParam,0,0L);* übergibt.

Der Wahlpunkt »Info...« erzeugt ein simples Meldungsfenster (aus dem in Kapitel 11 ein Dialog wird):

```
case IDM_APP_ABOUT:
  MessageBox (hwnd, TEXT ("POPPAD2 (c) Charles Petzold, 1998"),
                   szAppName, MB_OK | MB_ICONINFORMATION) ;
           return 0 ;
```

Dasselbe gilt für den Wahlpunkt »Hilfethemen«, der sich alternativ auch über F1 aktivieren läßt.

Auf »Beenden« reagiert das Programm in derselben Weise wie *DefWindowProc* auf die Auswahl von »Schließen« im Systemmenü, d.h. mit der Ausgabe einer Nachricht des Typs WM_CLOSE:

```
case IDM_EXIT :
     SendMessage (hwnd, WM_CLOSE, 0, 0L) ;
     return 0 ;
```

In den bis dato vorgestellten Programmen wurde WM_CLOSE nicht innerhalb der Window-Prozedur bearbeitet, sondern schlicht an die Funktion *DefWindowProc* weitergegeben, die darauf in recht einfacher Weise reagiert – nämlich mit einem Aufruf von *DestroyWindow*.

POPPAD2 stellt hier eine erste Ausnahme dar, d.h. bearbeitet WM_CLOSE selbst – was im Moment mehr als Zierat erscheinen mag, bei der nächsten Version des Programms (in Kapitel 11) aber ausgesprochen wichtig wird:

```
case WM_CLOSE :
     if (IDYES == AskConfirmation (hwnd))
          DestroyWindow (hwnd) ;
     return 0 ;
```

AskConfirmation ist eine programmeigene Funktion von POPPAD2, die über ein Meldungsfenster um eine Bestätigung des Benutzers bittet:

```
AskConfirmation (HWND hwnd)
   { return MessageBox (hwnd, "Wollen Sie PopPad2 wirklich beenden?",
                    szAppName, MB_YESNO | MB_ICONQUESTION) ;
   }
```

AskConfirmation liefert das Ergebnis von *MessageBox* zurück – nämlich die Konstante IDYES für den Fall, dass der Benutzer die Schaltfläche »Ja« benutzt. Nur in diesem Fall findet im *case*-Zweig für WM_CLOSE ein Aufruf von *DestroyWindow* statt – ansonsten wird das Programm fortgesetzt.

Allerdings gibt es eine zweite Möglichkeit, ein Programm zu beenden – nämlich durch das Beenden von Windows selbst. In diesem Fall gibt Windows an jedes geladene Programm eine Nachricht des Typs WM_QUERYENDSESSION aus: Wenn auch nur eines der Programme darauf mit dem Zurückliefern des Wertes FALSE (d.h. 0) reagiert, bleibt das System weiter aktiv. POPPAD2 berücksichtigt diese Möglichkeit in ähnlicher Weise wie eine Auswahl von »Beenden« im eigenen Menü, d.h. reagiert mit einem Aufruf seiner eigenen Funktion *AskConfirmation*:

```
case WM_QUERYENDSESSION :
    if (IDYES == AskConfirmation (hwnd))
        return 1 ;  // Beenden OK
    else
        return 0 ;
```

WM_CLOSE und WM_QUERYENDSESSION sind definitiv die einzigen Nachrichten des Systems, die ein Ende des Programms ankündigen. Aus diesem Grund reagiert die Window-Prozedur von POPPAD2 auf den Menüpunkt »Beenden« ebenfalls mit der Ausgabe von WM_CLOSE: Die Alternative wäre ein dritter Punkt gewesen, von dem aus das Programm den Benutzer mit einer Rückfrage traktiert (und sich eventuell noch um andere Dinge kümmern muß).

Im Zusammenhang mit WM_QUERYENDSESSION existiert übrigens noch eine weitere Nachricht namens WM_ENDSESSION: Wenn sich eines der geladenen Programme gegen das Beenden gesperrt hat, dann klopft Windows auf diese Weise (mit *wParam* = 0) sozusagen noch einmal bei allen Programmen an, die zuvor bereits eine Meldung des Typs WM_QUERYENDSESSION erhalten hatten – und teilt ihnen mit, dass der Ernstfall nun doch nicht eingetreten ist.

Erweiterungen

POPPAD2 definiert zwar ein Dateimenü mit den üblichen Elementen, von denen bis jetzt aber nur ein einziges eine echte Funktion hat – nämlich der Wahlpunkt »Beenden«. Der Grund dafür ist einfach: Von »Neu« einmal abgesehen, setzen diese Punkte sämtlich einen Dialog mit dem Benutzer voraus – und darum geht es im nun folgenden Kapitel.

11 Dialogfelder

Dialoge stellen unter Windows die bevorzugte Möglichkeit zur Abfrage von Informationen dar, deren Natur den Rahmen eines normalen Menüs sprengt: so lassen sich beispielsweise geometrische Grundformen ohne weiteres in Form einzelner (symbolischer) Wahlpunkte darstellen, Dateinamen oder Farben des Bildschirms dagegen nicht.

Dialoge erscheinen üblicherweise in Form eines eigenen Fensters auf dem Bildschirm, das seinerseits eine Reihe von Steuerelementen enthält, und werden über Wahlpunkte von Menüs aktiviert, deren Beschriftung per Konvention mit drei Punkten endet.

Art, Größe und Position der Steuerelemente werden über einen Prototypen im Ressourcenskript des Programms festgelegt. (Auch hier geht es wieder um reinen Text, weshalb sich das im Prinzip »manuell« erledigen ließe und früher tatsächlich auch so gemacht wurde. Die Erstellung mit dem Editor von Developer Studio ist allerdings wirklich der sinnvollere, weil zeitsparendere Ansatz.)

Für das Anlegen des Dialogfensters sowie der Steuerelemente, das Verarbeiten und Erzeugen von Nachrichten sowie die Bearbeitung von Eingaben über Tastatur und Maus ist eine Gruppe von Routinen in Windows zuständig, die aufgrund ihrer Funktion auch als »Dialog-Manager« bezeichnet wird.

Ein großer Teil der Nachrichten, die die (vom Dialog-Manager definierte) Window-Prozedur eines Dialogfensters verarbeitet, wird an eine spezielle Routine des aufrufenden Programms weitergegeben, die man als »Dialogprozedur« bezeichnet. Ihrer Struktur nach ist sie Window-Prozeduren recht ähnlich – allerdings hat sie bei weitem nicht soviel zu tun: Dialogprozeduren beschränken sich üblicherweise auf die Initialisierung von Steuerelementen beim Start des Dialogs, das Bearbeiten von Nachrichten, die diese Steuerelemente ausgeben und schließlich auf die Aufräumarbeiten, wenn der Benutzer seine Eingaben abgeschlossen hat.

Da Steuerelemente ein untrennbarer Bestandteil von Dialogfenstern sind, ist das Thema an sich recht komplexer Natur. Erfreulicherweise haben wir den größeren Teil bereits in Kapitel 9 hinter uns gebracht – und dabei stellenweise des Guten fast zuviel getan, weil der Dialog-Manager einem Programm eine ganze Reihe von Dingen abnimmt, um die es sich bei direkt definierten Child-Fenstern selbst kümmern muß. Das gilt im speziellen für den Eingabefokus: während sich das Programm COLORS1 (aus Kapitel 9) einiges einfallen lassen mußte, um den Wechsel zwischen Steuerelementen zu bewerkstelligen, kann man dasselbe in Dialogen zu hundert Prozent dem zuständigen Manager überlassen.

Dennoch ist das Erweitern eines Programms um Dialoge alles andere als eine triviale Angelegenheit – nicht zuletzt, weil sich die dazugehörigen Definitionen wie bei Menüs auf drei Dateien (Quelltext, Ressourcenskript und Include-Datei für die symbolischen Konstanten) verteilen. Wie üblich beginnt dieses Kapitel deshalb mit einem einfachen Beispiel, das in erster Linie ein Gefühl für die Zusammenhänge vermitteln soll.

Modale Dialogfelder

Vom Standpunkt des Benutzers her gesehen, lassen sich Dialoge in zwei Klassen unterteilen: Während die eine (»moduslose«) auch während ihrer Aktivitäten andere Operationen innerhalb des Programms erlaubt, erfordert die andere (»modale«) einen expliziten Abschluß, bevor die restlichen Möglichkeiten des Programms wieder zur Verfügung stehen. Bis zu diesem Abschluß, der üblicherweise über eine Schaltfläche wie »OK« oder »Abbrechen« erfolgt, reagiert das System auf Klicks außerhalb des Dialogfensters lediglich mit einem Piepton.

Die meisten Programme verwenden überwiegend modale Dialoge, lassen aber auch in diesem Zustand die Umschaltung auf andere Fenster zu. (Hier gibt es eine Unterklasse, die als »systemmodal« bezeichnet wird und während ihrer Aktivitäten *sämtliche* anderen Aktivitäten in Windows sperrt. Die Rückfrage »Windows beenden« stellt ein Beispiel für diese Variante dar).

Ein Dialog für »Info über...«

Selbst wenn ein Windows-Programm ohne zusätzliche Eingaben des Benutzers auskommt, enthält es in den meisten Fällen zumindest einen Dialog – nämlich ein Fenster, das über den Menüpunkt »Info über...« aktiviert wird. Dieser Dialog setzt sich üblicherweise aus Namen und Icon des Programms, einer Copyright-Notiz und einer mit »OK« beschrifteten Schaltfläche zusammen. (Natürlich kann man hier auch noch einige weitere Informationen unterbringen – wie etwa die Web-Adresse.) Das erste Programm, das ich hier vorstellen will, trägt den Namen ABOUT1 und beschränkt sich exakt auf diese Funktion (und läßt URLs außen vor).

ABOUT1.C

```
/*------------------------------------------
   ABOUT1.C -- "Info über...", Version 1
               (c) Charles Petzold, 1998
  ------------------------------------------*/

#include <windows.h>
#include "resource.h"

LRESULT CALLBACK WndProc      (HWND, UINT, WPARAM, LPARAM) ;
BOOL    CALLBACK AboutDlgProc (HWND, UINT, WPARAM, LPARAM) ;

int WINAPI WinMain (HINSTANCE hInstance, HINSTANCE hPrevInstance,
                    PSTR szCmdLine, int iCmdShow)
{
     static TCHAR szAppName[] = TEXT ("About1") ;
     MSG          msg ;
     HWND         hwnd ;
     WNDCLASS     wndclass ;
```

```
     wndclass.style         = CS_HREDRAW | CS_VREDRAW ;
     wndclass.lpfnWndProc   = WndProc ;
     wndclass.cbClsExtra    = 0 ;
     wndclass.cbWndExtra    = 0 ;
     wndclass.hInstance     = hInstance ;
     wndclass.hIcon         = LoadIcon (hInstance, szAppName) ;
     wndclass.hCursor       = LoadCursor (NULL, IDC_ARROW) ;
     wndclass.hbrBackground = (HBRUSH) GetStockObject (WHITE_BRUSH) ;
     wndclass.lpszMenuName  = szAppName ;
     wndclass.lpszClassName = szAppName ;

     if (!RegisterClass (&wndclass))
     {    // UNICODE-Compilierung ist die einzige realistische Fehlermöglichkeit
          MessageBox (NULL, TEXT ("Programm arbeitet mit Unicode und setzt Windows NT voraus!"),
                      szAppName, MB_ICONERROR) ;
          return 0 ;
     }

     hwnd = CreateWindow (szAppName, TEXT ("Info über... (Version 1)"),
                          WS_OVERLAPPEDWINDOW,
                          CW_USEDEFAULT, CW_USEDEFAULT,
                          CW_USEDEFAULT, CW_USEDEFAULT,
                          NULL, NULL, hInstance, NULL) ;

     ShowWindow (hwnd, iCmdShow) ;
     UpdateWindow (hwnd) ;

     while (GetMessage (&msg, NULL, 0, 0))
     {
          TranslateMessage (&msg) ;
          DispatchMessage (&msg) ;
     }
     return msg.wParam ;
}

LRESULT CALLBACK WndProc (HWND hwnd, UINT message, WPARAM wParam, LPARAM lParam)
{
     static HINSTANCE hInstance ;

     switch (message)
     {
     case WM_CREATE :
          hInstance = ((LPCREATESTRUCT) lParam)->hInstance ;
          return 0 ;

     case WM_COMMAND :
          switch (LOWORD (wParam))
          {
          case IDM_APP_ABOUT :
               DialogBox (hInstance, TEXT ("AboutBox"), hwnd, AboutDlgProc) ;
               break ;
          }
          return 0 ;

     case WM_DESTROY :
          PostQuitMessage (0) ;
```

```
            return 0 ;
        }
        return DefWindowProc (hwnd, message, wParam, lParam) ;
}

BOOL CALLBACK AboutDlgProc (HWND hDlg, UINT message,
                            WPARAM wParam, LPARAM lParam)
{
        switch (message)
        {
        case WM_INITDIALOG :
            return TRUE ;

        case WM_COMMAND :
            switch (LOWORD (wParam))
            {
            case IDOK :
            case IDCANCEL :
                EndDialog (hDlg, 0) ;
                return TRUE ;
            }
            break ;
        }
        return FALSE ;
}
```

ABOUT1.RC (Auszüge)

```
//Microsoft Developer Studio generated resource script.

#include "resource.h"
#include "afxres.h"

/////////////////////////////////////////////////////////////////////////////
// Dialog

ABOUTBOX DIALOG DISCARDABLE  32, 32, 180, 100
STYLE DS_MODALFRAME | WS_POPUP
FONT 8, "MS Sans Serif"
BEGIN

    DEFPUSHBUTTON   "OK",IDOK,66,80,50,14
    ICON            "ABOUT1",IDC_STATIC,7,7,21,20
    CTEXT           "About1",IDC_STATIC,40,12,100,8
    CTEXT           "Info über... (Version 1)",IDC_STATIC,7,40,166,8
    CTEXT           "(c) Charles Petzold, 1998",IDC_STATIC,7,52,166,8
END

/////////////////////////////////////////////////////////////////////////////
// Menu
```

```
ABOUT1 MENU DISCARDABLE
BEGIN
    POPUP "&Hilfe"
    BEGIN
        MENUITEM "&Info über About1...",        IDM_APP_ABOUT
    END
END

/////////////////////////////////////////////////////////////////////////////
// Icon

ABOUT1                  ICON    DISCARDABLE     "About1.ico"
```

RESOURCE.H (Auszüge)

```
// Microsoft Developer Studio generated include file.
// Used by About1.rc

#define IDM_APP_ABOUT                   40001
#define IDC_STATIC                      -1
```

ABOUT1.ICO

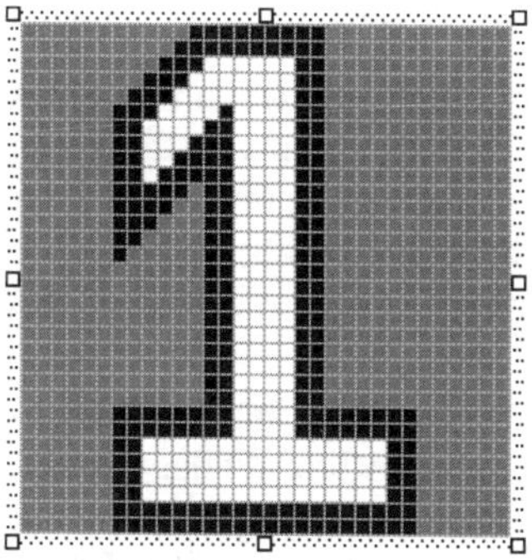

Abbildung 11.1: *Das Programm* ABOUT1

Das Icon das Menü des Programms legen Sie so an wie in Kapitel 10 beschrieben. Beide Ressourcen haben die Text-ID »About1«, das Menü besteht aus einem einzigen Punkt, dessen Auswahl eine Nachricht des Typs WM_COMMAND mit der ID IDM_APP_ABOUT erzeugt. Das Ergebnis dieser Auswahl ist in Abbildung 11.2 zu bewundern. (Exakter gesagt geht es dabei um ein Ergebnis, weil ABOUT1 nicht nur sein Menü, sondern auch das Dialogfeld in zwei Sprachen definiert – vgl. »Menü-Knigge« in Kapitel 10.)

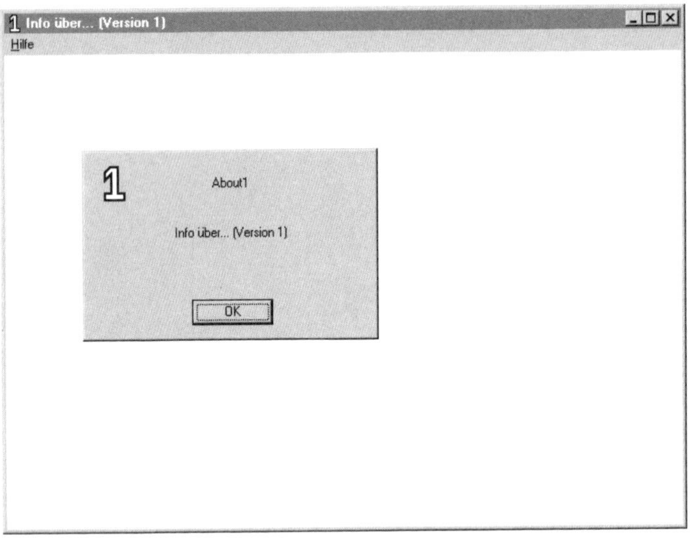

Abbildung 11.2: *Das Dialogfeld von* ABOUT1, *wie es in einer deutschen Windows-Version erscheint*

Dialog-Prototypen

Den ersten Schritt bei der Erweiterung eines Programms um Dialoge stellt die Definition eines Prototyps dar. Wie das Listing von ABOUT1.RC zeigt, wird ein solcher Prototyp vollständig im Ressourcenskript gespeichert und enthält im wesentlichen die Typen, Positionen und Stilbits der einzelnen Elemente, weshalb sich die Sache im Prinzip auch mit einem Texteditor erledigen ließe. Mit Developer Studio geht das allerdings wesentlich einfacher, weil Sie dort das Aussehen des Dialogfeldes während der Erstellung vor Augen haben.

Wählen Sie also *Einfügen/Ressource* und klicken Sie im Listenfenster des daraufhin erscheinenden Dialogfelds »Neue Ressource« auf den Eintrag *Dialog*. (Die über einen Klick auf das Pluszeichen vor dem Eintrag *Dialog* erreichbaren Varianten sind ausschließlich im Zusammenhang mit den *Microsoft Foundation Classes* verwendbar.) Ein Klick auf *Neu* startet den Dialog-Editor von Developer Studio, der nun ein Dialogfeld mit zwei Standard-Schaltflächen (»OK« und »Abbrechen«) zusammen mit einer Werkzeugleiste zum Einfügen von Steuerelementen präsentiert.

Wie üblich hat auch hier jedes Element (inklusive des Dialogfelds selbst) ein Eigenschaftsfenster, das sich über ein Kontextmenü (Rechtsklick) erreichen läßt. Für ABOUT1 klicken Sie also mit der rechten Maustaste in der Titelleiste des Dialogfelds, wählen »Eigenschaften« im Kontextmenü und ändern die von Developer Studio vorgegebene ID von IDD_DIALOG1in »AboutBox« (inklusive der Anführungszeichen – hier geht es um eine String-ID). Wenn Sie exakt dasselbe Dialogfeld wie in ABOUT1 erzeugen wollen, sollten Sie zusätzlich die Felder *X-Pos* und *Y-Pos* auf 32 setzen. (Diese beiden Werte legen fest, an welcher Position das Dialogfeld erscheint und beziehen sich auf den Anwendungsbereich des übergeordneten Fensters. Mehr zu Dialogfenster-Koordinaten in Kürze.)

Das Dialogfeld von ABOUT1 hat keine Titelleiste. Wenn Sie diesen Schritt ebenfalls nachvollziehen wollen, wechseln Sie nun im Eigenschaftsfenster zur Registerkarte »Formate« und wählen Sie dort das Kontrollkästchen »Titelleiste« ab. Danach können Sie das Eigenschaftsfenster über einen Klick auf sein Schließfeld (oder an beliebiger anderer Stelle im Dialog-Editor) verschwinden lassen.

Da die Schaltfläche »Abbrechen« für ABOUT1 ebenfalls überflüssig ist, läßt sich an ihr demonstrieren, wie man unerwünschte Steuerelemente im Dialog-Editor wieder los wird: Mit einem Klick über die linke Maustaste wählen Sie das Element aus, ein darauffolgender Druck auf Entf befördert es in den Bytehimmel. (Interessanterweise hat das über die rechte Maustaste erreichbare Kontextmenü zwar einen Wahlpunkt »Ausschneiden«, den Eintrag »Löschen« werden Sie dort aber vergeblich suchen.)

Als nächstes können Sie nun die Schaltfläche »OK« mit der linken Maustaste wählen und an die gewünschte Position ziehen. (Die Anfassen um die Schaltfläche herum dienen zur Größeneinstellung. Für reine Positionsänderungen müssen Sie den Mauszeiger in die Mitte dieser Schaltfläche setzen.) Die exakt mittige Ausrichtung dieser Schaltfläche läßt sich dann über die Positionierungs-Werkzeugleiste am unteren Rand des Fensters von Developer Studio erledigen.

Das Einsetzen des programmeigenen Icons in das Dialogfeld klicken Sie in der Werkzeugleiste auf das Bildersymbol (rechts in der obersten Reihe), setzen den Mauszeiger dann in das Dialogfeld und ziehen an der gewünschten Position ein Rechteck auf. Setzen Sie den Mauszeiger danach in dieses Rechteck hinein, drücken Sie die rechte Maustaste und wählen Sie das »Eigenschaften« im Kontextmenü. (Bei der Version 5 von Developer Studio scheint das für Icons nicht immer zu funktionieren. Dort sollten Sie das Eigenschaftsfenster direkt nach dem Aufziehen des Rechtecks über das Menü *Ansicht* öffnen.) Die ID des Icons können Sie auf der Vorgabe IDC_STATIC (und damit auf dem Wert -1) belassen, weil das Programm zur Laufzeit nichts an diesem Icon verändern will. Im aufschlagbaren Listenfeld *Typ* ändern Sie die Standardvorgabe »Rechteck« in »Symbol«. Danach können Sie im Feld »Bild« die ID des Icons (»About1« – mit Anführungszeichen) entweder auswählen (falls Sie dieses Icon bereits angelegt haben) oder direkt eingeben.

Was dem Dialogfeld nun noch fehlt, sind drei statische Textzeilen. Wählen Sie also das entsprechende Symbol aus der Werkzeugleiste, ziehen Sie entsprechende Rechtecke an den gewünschten Positionen auf und geben Sie die Texte über das Eigenschaftsfenster ein. (Die ID bleibt hier wiederum auf der Standardvorgabe IDC_STATIC, weil sich das Programm hier wie beim Icon auf die Darstellung beschränkt, d.h. nichts an diesen Textzeilen ändern will.) Zur Ausrichtung der Steuerelemente können Sie wiederum die Werkzeugleiste am unteren Rand des Fensters von Developer Studio benutzen; für die Ausrichtung der Texte innerhalb der Steuerelemente ist die Registerkarte »Formate« des Eigenschaftsfensters zuständig.

Größenänderungen der Steuerelemente sowie des Dialogfelds selbst sind sowohl über das Ziehen der Anfasser mit der Maus als auch über die Tastatur möglich: Wählen Sie das gewünschte Element mit der Maus aus und benutzen Sie dann die Pfeiltasten zusammen mit gedrückter Umschalttaste. (Ohne Umschalttaste dienen die Pfeiltasten bei den einzelnen Steuerelementen zur exakten Positionierung.) Die aktuelle Position und Größe des ausgewählten Steuerelements zeigt Developer Studio am unteren Fensterrand in der rechten Hälfte an.

Wenn Sie mit dem Design des Dialogfelds fertig sind, sollte dabei ungefähr der folgende Eintrag in ABOUT1.RC herauskommen:

```
ABOUTBOX DIALOG DISCARDABLE  32, 32, 180, 100
STYLE DS_MODALFRAME | WS_POPUP
FONT 8, "MS Sans Serif"
BEGIN
    DEFPUSHBUTTON   "OK",IDOK,66,80,50,14
    ICON            "ABOUT1",IDC_STATIC,7,7,21,20
    CTEXT           "About1",IDC_STATIC,40,12,100,8
    CTEXT           "Info über... (Version 1)",IDC_STATIC,7,40,166,8
    CTEXT           "(c) Charles Petzold, 1998",IDC_STATIC,7,52,166,8
END
```

Dialog-Prototypen werden über das Schlüsselwort DIALOG eingeleitet, dem wie bei Icons, Cursorformen, Menü-Prototypen usw. entweder ein Name (hier: ABOUTBOX) oder eine Kennziffer vorausgehen muß. Die ersten beiden der auf DIALOG folgenden Werte legen die Position des Dialogfensters relativ zum Anwendungsbereich in Form vom *x*- und *y*-Koordinaten fest, die nächsten beiden Werte seine Breite und Höhe.

Alle vier Werte basieren *nicht* auf der Einheit Pixel – statt dessen haben sie die Dimensionen der verwendeten Schrift zur Grundlage. Für dieses Maß, das ausschließlich im Zusammenhang mit Dialogen verwendet wird, gelten die folgenden Beziehungen:

- *x*-Koordinaten und Breitenangaben: die Umrechnung in Pixel geschieht nach der Formel

```
Pixel = Wert * durchschnittliche Breite der Schrift / 4
```

- *y*-Koordinaten und Höhenangaben:

```
Pixel = Wert * Höhe der Schrift / 8
```

Diese anfänglich überkompliziert erscheinende Umrechnung erlaubt es, Dialoge unabhängig von der tatsächlichen Auflösung des Bildschirms zu definieren: Völlig unabhängig davon, welche Größe die verwendete Schrift hat, läßt der von ABOUT1 verwendete Dialog fünf Zeichenbreiten zum linken Rand bzw. 2.5 Zeilen zum oberen Rand des Anwendungsbereichs frei und definiert ein Fenster, in das insgesamt 10 Textzeilen mit jeweils 40 Zeichen hineinpassen. (Der Grund für die unterschiedlichen Teilerfaktoren 4 und 8 liegt darin, dass Schriften allgemein doppelt so hoch wie breit sind: Man kann also davon ausgehen, dass ein Dialogfenster mit 40 Einheiten Breite und 40 Einheiten Höhe ungefähr quadratisch auf dem Bildschirm erscheint).

Über die Funktion *GetDialogBaseUnits* lassen sich die Dimensionen der Schrift ermitteln, den der Dialog-Manager verwendet. Auf einer Standard-VGA (mit 640 x 480 Pixeln) ergibt sich für die Systemschrift eine Zeichenbreite von 8 und eine Zeichenhöhe von 16 Pixeln – weshalb man sich ungefähr an die Faustregel halten kann, dass eine Einheit bei der Definition von Dialogen 2 Pixeln auf dem Bildschirm entspricht. (Verlassen sollte man sich darauf natürlich nicht).

Zur Definition des mit STYLE eingeleiteten »Fensterstils« eines Dialogfeldes lassen sich dieselben Konstanten wie im Zusammenhang mit *CreateWindow* verwenden. ABOUT1 beschränkt sich hier auf die Attribute WS_POPUP und DS_MODALFRAME (in älteren Windows-Versionen: WS_DLGFRAME), die eine Art allgemeinen Standard für Dialoge darstellen, auf die restlichen Möglichkeiten komme ich später noch zu sprechen.

Aus welchen Elementen sich der Dialog zusammensetzt, wird innerhalb von BEGIN und END angegeben (wobei sich diese beiden Schlüsselwörter analog zu Menüs auch durch geschweifte Klammern ersetzen lassen). Der Dialog von ABOUT1 verwendet drei Arten von Steuerelementen: CTEXT (»centered text« = zentrierter Text), ICON (Icon) und DEFPUSHBUTTON (»default push button« = Schaltfläche, als Standardvorgabe gekennzeichnet). Alle Angaben von Steuerelementen haben dasselbe Format:

```
Elemententyp "Beschriftung" ID, xPos, yPos, xWidth, yHeight [, iStyle]
```

Der hier als *iStyle* bezeichnete Wert ist optional: Er legt zusätzliche Spielarten des jeweiligen Child-Fensters über Konstanten fest, die WINUSER.H definiert.

Bezeichner wie CTEXT, ICON und DEFPUSHBUTTON werden ausschließlich in Dialog-Prototypen verwendet und stellen in Wirklichkeit eine Art Makros dar. CTEXT steht beispielsweise für die Fensterklasse »static« mit dem Stil:

```
WS_CHILD | SS_CENTER | WS_VISIBLE | WS_GROUP
```

Drei dieser vier Flags – nämlich WS_CHILD, SS_CENTER und WS_VISIBLE – sind bereits bekannt: Wir haben sie unter anderem zur Definition von statischen Textfenstern für die Beschriftung der Bildlaufleisten im Programm COLORS1 des Kapitels 9 benutzt. (Was WS_GROUP betrifft: auf dieses Flag komme ich in einem der folgenden Abschnitte noch zurück).

Bei Icons stellt der als »Beschriftung« angegebene Text den Namen der entsprechenden Ressource dar, bei Schaltflächen dagegen den Text, der innerhalb des Elements erscheinen soll. (Beim direkten Erzeugen eines solchen Steuerelements übernimmt der »Fenstertitel«, d.h. der zweite Parameter von *CreateWindow* dieselbe Funktion).

Das Feld *ID* legt wie üblich eine Kennziffer fest, über die sich das jeweilige Steuerelement beim Erzeugen von Nachrichten (normalerweise WM_COMMAND) gegenüber seinem Hauptfenster identifiziert. Da das Hauptfenster in diesem Fall der Dialog ist, stellen die Routinen des Dialog-Managers den ersten Empfänger dieser Nachrichten dar, die allerdings in einigen Fällen (zusammen mit der Kennziffer des Steuerelements) an die Dialogprozedur des Programms weitergegeben werden. Da statische Textfenster und Icons ihrer Natur nach keine Nachrichten senden können, habe ich hier den (im Prinzip beliebigen) Wert -1 verwendet. Für die Kennziffer der Schaltfläche wurde die Konstante IDOK benutzt, die WINUSER.H mit dem Wert 1 definiert.

Die nächsten vier Felder (*xPos*, *yPos*, *xWidth* und *yHeight*) sind ein exaktes Äquivalent zur Definition des gesamten Dialogs: sie legen die Position und Größe des Steuerelements fest, wobei sich die Position hier allerdings auf die obere linke Ecke des Dialogfensters bezieht, und verwenden ebenfalls die Einheit »Zeichen« als Grundlage (d.h. durchschnittliche Breite eines Zeichens / 4 für *x*- und Höhe eines Großbuchstabens / 8 für *y*-Koordinaten). Für Icons berücksichtigt Windows nur die Position, d.h. ignoriert die Angaben über Breite und Höhe.

Das optionale Feld *iStyle* wird hier nur bei der Definition der Schaltfläche (DEFPUSHBUTTON) besetzt, wobei hier erneut der Bezeichner WS_GROUP auftaucht. Zu ihm (und dem verwandten Fensterstil WS_TABSTOP) komme ich in Kürze – nämlich bei der Besprechung der nächsten Version von ABOUT.

Die Dialogprozedur

Die Dialogprozedur des Programms bearbeitet Nachrichten des Dialogfensters und sieht nicht nur auf den ersten Blick exakt wie eine Window-Prozedur aus. Dass dieser Vergleich dennoch nicht ganz stimmt, hat eigentlich nur einen Grund – nämlich die Tatsache, dass der Dialog-Manager selbst eine Window-Prozedur für den jeweiligen Dialog definiert. Diese Window-Prozedur übernimmt sozusagen die Funktion eines Filters: Sie erledigt den größten Teil der Arbeiten selbst und übergibt nur noch bestimmte Nachrichten an die Dialogprozedur des Programms, die konsequent recht einfach ausfallen kann – in ABOUT1 beispielsweise:

```
BOOL CALLBACK AboutDlgProc (HWND hDlg, UINT message,
                            WPARAM wParam, LPARAM lParam)
{
     switch (message)
     {
     case WM_INITDIALOG :
          return TRUE ;

     case WM_COMMAND :
          switch (LOWORD (wParam))
```

```
        {
        case IDOK :
        case IDCANCEL :
             EndDialog (hDlg, 0) ;
             return TRUE ;
        }
        break ;
    }
    return FALSE ;
}
```

Reihenfolge und Bedeutung der Parameter sind bei Window- und Dialogprozeduren dieselbe: ob man dem Fensterhandle den Namen *hWnd* oder *hDlg* gibt, ist deshalb reine Geschmackssache. Tatsächlich beschränken sich die formalen Unterschiede auf zwei Punkte:

- Für Window-Prozeduren hat das Ergebnis den Typ LONG, für Dialogprozeduren dagegen den Typ BOOL (den WINUSER.H als *int* definiert).
- Window-Prozeduren geben Nachrichten, die sie nicht selbst bearbeiten, an *DefWindowProc* weiter; Dialogprozeduren liefern dagegen für bearbeitete Nachrichten den Wert TRUE (ungleich 0), für nicht bearbeitete Nachrichten den Wert FALSE (0) zurück.

Was die logischen Unterschiede betrifft: Dialogprozeduren müssen sich nicht um Nachrichten der Typen WM_PAINT und WM_DESTROY kümmern. An die Stelle von WM_CREATE tritt hier eine Nachricht namens WM_INITDIALOG, die ausschließlich Dialogen vorbehalten ist und (analog zu WM_CREATE) die erste Nachricht darstellt, die eine Dialogprozedur überhaupt zu sehen bekommt. Wenn die Prozedur auf diese Nachricht hin den Wert TRUE zurückliefert, setzt Windows den Eingabefokus auf das erste Steuerelement des Dialogs, dessen Fensterstil das Flag WS_TABSTOP enthält (auf das ich wie gesagt im Rahmen der Besprechung von ABOUT2 komme). Eine Dialogprozedur, die auf WM_INITDIALOG mit FALSE reagiert, läßt den Eingabefokus unverändert (bzw. könnte natürlich ihrerseits über einen expliziten Aufruf von *SetFocus* für ein Umsetzen sorgen).

Der Dialog von ABOUT1 reagiert auf WM_INITDIALOG mit dem Zurückliefern von TRUE, weshalb der Dialog-Manager den Eingabefokus auf das Child-Fenster mit der Schaltfläche »OK« umsetzt.

Die einzige Nachricht, die diese Dialogprozedur außer WM_INITDIALOG bearbeitet, ist WM_COMMAND: Sie wird von der Schaltfläche ausgegeben, wenn der Benutzer mit der Maus darin klickt (oder die Leertaste drückt, weil der Eingabefokus wie gesagt ebenfalls auf diese Schaltfläche zeigt).

Bei Nachrichten des Typs WM_COMMAND wird die Kennziffer des jeweiligen Steuerelements im niederwertigen Wort von *wParam* mitgeliefert, weshalb die Dialogprozedur diesen Parameter als Grundlage eines *switch* benutzt. Ihre Reaktion auf Aktivierungen der Schaltfläche (die im Ressourcenskript die Kennziffer IDOK bekommen hat), besteht aus einem Aufruf der Routine *EndDialog*, die dem Dialog-Manager das Ende des Dialoges signalisiert. (Das Dialogfenster läßt sich übrigens auch mit Esc schließen. In diesem Fall käme ein WM_COMMAND mit der ID IDCANCEL bei der Dialogprozedur an.)

Auf alle anderen Nachrichten und/oder Kennziffern reagiert die Dialogprozedur von ABOUT1 dagegen mit dem Zurückliefern des Wertes FALSE, d.h. zeigt dem Dialog-Manager an, dass er eine eventuelle Bearbeitung selbst übernehmen muß.

Nachrichten innerhalb eines modalen Dialogs verwenden eine eigene Warteschlange und werden damit sozusagen außerhalb des Programms abgewickelt – weshalb man sich um ein eventuelles

Durcheinander (oder vom Benutzer eingegebene Abkürzungsbefehle) keine Sorgen zu machen braucht.

Aufruf des Dialogs

Da Dialogprozeduren von Windows aus aufgerufen werden, müssen sie als CALLBACK deklariert sein. Da es ohne weiteres möglich ist, ein Programm wie ABOUT1 mehrfach zu starten, benötigt Windows bei diesen Rückrufen eine eindeutige ID für die jeweilige Programmkopie – mithin den »Kopiezähler« *hInstance*, den ABOUT1 bei der Reaktion auf WM_CREATE ermittelt und in einer globalen Variablen speichert:

```
hInstance = ((LPCREATESTRUCT) lParam)->hInstance ;
```

Der Menüpunkt »Info über...« ist in der Ressource-Datei von ABOUT1 mit der Kennziffer IDM_APP_ABOUT definiert. Seine Auswahl erzeugt eine Nachricht des Typs WM_COMMAND, bei der diese Kennziffer im niederwertigen Wort von *wParam* mitgeliefert wird:

```
case WM_COMMAND :
  switch(LOWORD(wParam))
       { case IDM_APP_ABOUT :
              DialogBox (hInstance, TEXT ("AboutBox"), hwnd, AboutDlgProc) ;
              break ;
        [...]
       }
```

Die Funktion *DialogBox* erwartet als ersten Parameter den »Kopiezähler« *hInstance*, als vierten Parameter die Adresse der Dialogprozedur. Der zweite Parameter gibt (analog zu Funktionen wie *LoadCursor* und *LoadIcon*) den Namen der Ressource an und kann wie üblich entweder durch eine Kennziffer und MAKEINTRESOURCE oder durch die direkte Angabe mit einem vorangestellten »#« ersetzt werden. Der dritte Parameter ist schließlich der Handle des Fensters, in dem der Dialog als »Child« erscheinen soll. Im Falle von ABOUT1 handelt es sich dabei um das Hauptfenster des Programms.

Das Ergebnis des Aufrufs von *DialogBox* ist das in Abbildung 11.2 (auf Seite 478) wiedergegebene Dialogfenster, der sich mit einem Klick in »OK«, der Leertaste, Return und Esc beenden läßt. (Wie zuvor ansatzweise erläutert, zeigt der Eingabefokus während der Aktivitäten dieses Dialogs auf die Schaltfläche, die deshalb auch auf Tastendrücke reagieren kann).

Das Ergebnis ist in allen vier Fällen eine Nachricht des Typs WM_COMMAND an die Dialogprozedur, bei der das niederwertige Wort von *wParam* die Kennziffer der Schaltfläche enthält. Die Ausnahme von der Regel stellt das Beenden über Esc dar: Dort liefert der Dialog-Manager anstelle von IDOK die (ebenfalls fix vorgegebene) Kennziffer IDCANCEL. Wie zuvor besprochen, reagiert die Dialogprozedur auf alle vier Möglichkeiten mit einem Aufruf von *EndDialog*, d.h. beendet den Dialog.

Die Funktion *DialogBox* liefert den zweiten zusammen mit *EndDialog* angegebenen Wert als Ergebnis und gibt die Kontrolle an das aufrufende Programm erst nach dem Ende des Dialoges zurück. (Um die Auswertung dieses Funktionsergebnisses geht es in der nächsten Version des Programms – ABOUT1 ignoriert es einfach komplett).

Obwohl der Prozessor während des Dialoges sozusagen in *WndProc* festhängt, kann diese Routine auch während dieses Zeitraums weitere Nachrichten erhalten (d.h. rekursiv aufgerufen werden). So ist es beispielsweise möglich, dass die Dialogprozedur die Window-Prozedur über *Send-*

Message aktiviert. Da das Hauptfenster von ABOUT1 gegenüber dem Dialogfenster die Rolle des »Parent« spielt, hätte ein solcher Aufruf die Form:

```
SendMessage (GetParent (hDlg), ... ) ;
```

Einige Details zum Thema »Fensterstil«

Ich hatte bereits erwähnt, dass der Stil eines Dialogfensters über das Schlüsselwort STYLE im Prototypen festgelegt wird und dabei dieselben Flag-Konstanten wie bei Aufrufen von *CreateWindow* anwendbar sind. Wer Dialogfelder mit Developer Studio anlegt, muß sich um solche Kleinigkeiten zwar nur selten kümmern – nur schadet das Wissen darum erstens nicht und zweitens braucht man es eben manchmal doch, weil Developer Studio nicht sämtliche Möglichkeiten abdeckt. (Den Beweis für diese Behauptung liefert das weiter hinten in diesem Kapitel vorgestellte Programm HEXCALC.) Die komplette Dokumentation aller Flags und der Syntax des Ressourcen-Compilers finden Sie übrigens im Abschnitt */Platform SDK/Windows Programming Guidelines/Platform SDK Tools/Compiling/Using the Resource Compiler.* Diese Dokumentation will ich hier weiß Gott nicht reproduzieren – mir geht es lediglich um einen gewissen Überblick.

Der Fensterstil eines Dialogfelds wird in Developer Studio über das Eigenschaftsfenster festgelegt. Der Dialog von ABOUT1 hat die allgemein für modale Dialoge üblichen Attribute:

```
STYLE WS_POPUP | DS_MODALFRAME
```

Natürlich hält Sie niemand davon ab, es einmal mit einigen anderen Varianten zu probieren. Wenn Sie in der Registerkarte »Formate« des Eigenschaftsfensters beispielsweise das Kontrollkästchen *Titelleiste* ankreuzen, kommen dabei die folgenden Stilbits heraus:

```
STYLE WS_POPUP | WS_CAPTION
```

Das Ergebnis ist ein normaler Fensterrahmen und eine Titelleiste, über die der Benutzer den Dialog nach Lust und Laune im Anwendungsbereich des Hauptfensters verschieben kann. Bei Dialogen in diesem Stil beziehen sich die in der Ressource-Datei angegebenen x- und y-Koordinaten nach wie vor auf die obere linke Ecke des eigentlichen Fensterinhalts: Die Titelleiste erscheint bei der Aktivierung des Dialogs also oberhalb der angegebenen y-Position im Bild.

Wenn Sie eine Titelleiste im Fensterstil definieren, wird das Feld *Beschriftung* in der Registerkarte »Allgemein« aktiv, über das Sie dem Dialogfeld einen Fenstertitel verpassen können. Das Ergebnis im Ressourcenskript:

```
CAPTION "Fenstertitel des Dialogs"
```

Diese Anweisung muß in der Ressource-Datei direkt auf STYLE folgen, d.h. noch vor dem in geschweiften Klammern (bzw. BEGIN und END) angegebenen »Fensterinhalt« stehen. Alternativ läßt sich der Text des Fenstertitels auch beim Bearbeiten von WM_INITDIALOG innerhalb der Dialogprozedur festlegen bzw. ändern:

```
SetWindowText (hDlg, "Fenstertitel des Dialogs") ;
```

Eine weitere Möglichkeit im Zusammenhang mit der Titelleiste ist die Definition eines Systemmenüs. Wenn Sie das entsprechende Kontrollkästchen auf der Registerkarte »Formate« angekreuzt haben, sehen die Flags im Ressourcenskript so aus:

```
STYLE WS_POPUP | WS_CAPTION | WS_SYSMENU
```

Das darüber erreichbare Systemmenü definiert in diesem Fall allerdings nur zwei Wahlpunkte: »Verschieben« und »Schließen«, wobei der letztere Wahlpunkt zusätzlich über den Abkürzungsbefehl Alt+F4 erreichbar ist.

Wenn Sie dem Benutzer ungewöhnliche Dinge erlauben wollen, können Sie dem Fensterstil auch die Konstante WS_THICKFRAME hinzufügen (in Developer Studio: *Formate/Rand:Größe ändern*). Und falls das noch nicht genug sein sollte: Über WS_MAXIMIZEBOX (in Developer Studio: *Formate/Maximieren-Schaltfläche*) läßt sich die Titelleiste um Schaltflächen zum Vergrößern und Verkleinern des Fensters erweitern. (Ein eventuell definiertes Systemmenü reflektiert diese Erweiterungen über entsprechende Wahlpunkte). Unbedingt notwendig ist das Festlegen eines Fensterstils übrigens nicht: Für Dialoge, deren Prototypen die Anweisung STYLE nicht enthalten, arbeitet Windows mit der Standardvorgabe:

```
WS_POPUP | WS_BORDER
```

Was dabei herauskommt, sieht allerdings recht eintönig aus: Zumindest meiner Meinung nach ist DS_MODALFRAME wesentlich attraktiver.

Wenn der Prototyp keine explizite STYLE-Definition, dafür aber das Schlüsselwort CAPTION enthält, arbeitet Windows mit der Standardvorgabe:

```
WS_POPUP | WS_CAPTION | WS_SYSMENU
```

Falls Sie sehr Spezielles im Sinn haben, können Sie dem Dialog auch ein Menü hinzufügen (was allerdings nur noch direkt, d.h. nicht über das Eigenschaftsfenster von Developer Studio zu gehen scheint – die Dokumentation schweigt sich zu diesem Thema aus):

```
MENU "Menüname"
```

Wie gewohnt läßt sich hier entweder der Name oder die Kennziffer eines Menüs verwenden, das in derselben Ressource-Datei wie der Dialog definiert worden sein muß. Wenn Sie diese (ausgesprochen unübliche) Möglichkeit benutzen, sollten Sie auf jeden Fall darauf achten, den einzelnen Wahlpunkten andere Kennziffern als den Steuerelementen zu geben.

Falls Ihnen die Systemschrift von Windows nicht zusagt, können Sie über FONT (in Developer Studio: *Allgemein/Schriftart*) selbst festlegen, welche Schriftart der Dialog-Manager verwenden soll. (In den älteren Windows-Versionen war ein derartiges Abweichen vom Standard nahezu unerhört. Inzwischen gehört es schon fast zum guten Ton – und Developer Studio macht da keine Ausnahme: Die Standardvorgabe ist hier nicht etwa die Systemschrift, sondern MS Sans Serif.)

Zu guter Letzt kann man dem Dialog-Manager die Kontrolle über den Dialog mehr oder minder ganz entziehen, indem man eine eigene Fensterklasse (und damit auch eine eigene Window-Prozedur) für den Dialog definiert:

```
CLASS "Fensterklasse"
```

Das Ergebnis ist natürlich erst einmal eine ganze Menge zusätzlicher Arbeit für das Programm, das sich nun um alle möglichen Einzelheiten kümmern muß. Trotzdem kann dieser Ansatz durchaus sinnvoll sein, wie das Programm HEXCALC weiter hinten in diesem Kapitel beweist.

DialogBox übernimmt in erster Linie die Funktion eines »Datensammlers« für einen Aufruf von *CreateWindow*: Position und Größe des Fensters sowie der Fensterstil, ein eventueller Fenstertitel und ein eventuelles Menü stammen aus der Ressource-Datei, der Kopiezähler *hInstance* sowie der Handle zum Hauptfenster werden direkt als Parameter der Funktion angegeben. Das einzige, was hier noch fehlt, ist eine Fensterklasse, für die (solange man sie nicht direkt angibt) ein für Dialoge reservierter Spezialtyp eingesetzt wird. Am Aufruf der Dialogprozedur ist ebenfalls nichts Geheimnisvolles: er findet über ein Äquivalent von *SendMessage* statt, die dabei verwendete Adresse ist einer der Parameter von *DialogBox*.

Oder auch: *DialogBox* enthält nichts, was ein Programm nicht ebenfalls über entsprechende Aufrufe von Windows-Funktionen erledigen könnte – diese Routine stellt lediglich eine Zusammenfassung existierender Mechanismen dar, mit der man sich allerdings einen Haufen Arbeit sparen kann. (Wenn Sie diese Vorteile für *dynamisch* aufgebaute – also zur Laufzeit des Programms konstruierte – Dialogfelder nutzen wollen, sehen Sie sich einmal die Dokumentation zur Funktion *DialogBoxIndirect* an.)

Steuerelemente

Im Prototyp des von ABOUT1 verwendeten Dialogs habe ich mit CTEXT, ICON und DEFPUSHBUTTON drei Bezeichner benutzt, die letztlich Abkürzungen zur Definition von Steuerelementen darstellen, d.h. jeweils für eine Fensterklasse und einen bestimmten Fensterstil stehen. Insgesamt stellt Windows 13 dieser Bezeichner zur Verfügung:

Kürzel	Fensterklasse	Fensterstil
PUSHBUTTON	button	BS_PUSHBUTTON | WS_TABSTOP
DEFPUSHBUTTON	button	BS_DEFPUSHBUTTON | WS_TABSTOP
CHECKBOX	button	BS_CHECKBOX | WS_TABSTOP
RADIOBUTTON	button	BS_RADIOBUTTON | WS_TABSTOP
GROUPBOX	button	BS_GROUPBOX | WS_TABSTOP
LTEXT	static	SS_LEFT | WS_GROUP
CTEXT	static	SS_CENTER | WS_GROUP
RTEXT	static	SS_RIGHT | WS_GROUP
ICON	static	SS_ICON
EDITTEXT	edit	ES_LEFT | WS_BORDER | WS_TABSTOP
SCROLLBAR	scrollbar	SBS_HORZ
LISTBOX	listbox	LBS_NOTIFY | WS_BORDER | WS_VSCROLL
COMBOBOX	combobox	CBS_SIMPLE | WS_TABSTOP

Tabelle 11.1: *Bezeichner für Steuerelemente in Dialogfeldern und äquivalente Fensterstile*

Aber Vorsicht: um echte Makros im Sinne von *#define* handelt es sich dabei nicht. Tatsächlich ist der Ressourcen-Compiler das einzige Programm, das etwas mit diesen Bezeichnern anfangen kann – und ihnen überdies (sozusagen als impliziter Standard) noch zwei weitere Bitflags für den Fensterstil hinzufügt:

```
WS_CHILD | WS_VISIBLE
```

Die ersten neun Typen dieser Steuerelemente werden sämtlich in der Art und Weise angegeben, wie ich es bereits bei der Definition des Dialogs von ABOUT1 gezeigt habe:

```
Elemententyp "Beschriftung", ID, xPos, yPos, xWidth, yHeight, iStyle
```

Steuerelementen der Typen EDITTEXT, SCROLLBAR, LISTBOX und COMBOBOX fehlt dagegen das Feld »Beschriftung«. Die Angabe innerhalb eines Dialogprototyps reduziert sich hier auf:

```
Elemententyp ID, xPos, yPos, xWidth, yHeight, iStyle
```

In Kapitel 9 hatte ich erläutert, mit welchen Breiten- und Höhenverhältnissen zur Systemschrift sich Steuerelemente optisch ansprechend gestalten lassen. Dasselbe gilt natürlich auch dann, wenn diese Elemente Teil eines Dialogs sind – nur dass sich hier die Skalierung über die verwendete Schrift von selbst ergibt.

Der Parameter *iStyle* ist bei sämtlichen Steuerelementen optional und erlaubt die Kombination der durch das Kürzel vorgegebenen Bitflags mit zusätzlichen Konstanten. Wenn Sie beispielsweise ein Kontrollkästchen erzeugen wollen, dessen Beschriftung nicht wie üblich rechts, sondern links daneben steht, können Sie der Definition das Flag WS_LEFTTEXT hinzufügen:

```
CHECKBOX "Beschriftung", ID, xPos, yPos, xWidth, yHeight, BS_LEFTTEXT
```

Über ein vorangestelltes NOT lassen sich bestimmte Stilbits bei Bedarf ausschließen. Eingabefelder haben beispielsweise standardmäßig einen Rahmen, der sich bei Bedarf so entfernen läßt:

```
EDITTEXT id, xPos, yPos, xWidth, yHeight, NOT WS_BORDER
```

Die Kürzel sind eine recht bequeme Angelegenheit, decken aber naturgemäß nicht sämtliche Möglichkeiten ab. Aus diesem Grund unterstützt der Ressourcen-Compiler auch ein zweites, generelles Format, das folgendermaßen aussieht:

```
CONTROL "Text", id, "Fensterklasse", iStyle, xPos, yPos, xWidth, yHeight
```

Auf diese Weise lassen sich Steuerelemente beliebiger Arten mit beliebigen Attributen definieren. Anstelle einer Definition wie

```
PUSHBUTTON "OK", IDOK, 10, 20, 32, 14
```

könnte man also genauso gut etwas ausführlicher werden:

```
CONTROL "OK", IDOK, "button", WS_CHILD | WS_VISIBLE | BS_PUSHBUTTON | WS_TABSTOP, 10, 20, 32, 14
```

Das Ergebnis (d.h. die in der .RES- bzw. .EXE-Datei für diesen Befehl gespeicherten Daten) ist in beiden Fällen exakt dasselbe. (In Developer Studio geht so etwas übrigens über die Auswahl von »benutzerdefiniertes Steuerelement« aus der Werkzeugleiste. Auf diese Möglichkeit komme ich im Rahmen der dritten Version von ABOUT ab Seite 496 noch zu sprechen.)

Eine einzige Standardvorgabe ist übrigens auch in CONTROL sozusagen implizit enthalten: Die Bitflags WS_CHILD und WS_VISIBLE fügt Windows beim Erzeugen des Fensters automatisch hinzu. (Was bedeutet, dass man auf explizite Aufrufe von *ShowWindow* angewiesen ist, wenn man ein Steuerelement unsichtbar machen will).

Anhand der Parameter von CONTROL läßt sich auch verdeutlichen, auf welche Weise der Dialog-Manager das Fenster eines Dialoges erstellt. Der erste Schritt besteht (wie bereits beschrieben) aus dem Anlegen eines Fensters als »Child« des Fensters, dessen Handle als Parameter von *DialogBox* übergeben wurde. Dieses Fenster übernimmt die Rolle des »Parent« für die einzelnen Steuerelemente, die der Dialog-Manager nun der Reihe nach erzeugt. Aus der zuvor gezeigten CONTROL-Anweisung wird dabei ein Aufruf von *CreateWindow*, der sich ungefähr so wiedergeben ließe:

```
hCtrl = CreateWindow (TEXT ("button"), TEXT ("OK"),
                      WS_CHILD ¦ WS_VISIBLE ¦ WS_TABSTOP ¦ BS_PUSHBUTTON,
                      10 * cxChar / 4, 20 * cyChar / 8,
                      32 * cxChar / 4, 14 * cyChar / 8,
                      hDlg, IDOK, hInstance, NULL) ;
```

cxChar und *cyChar* stehen dabei für die Breite bzw. Höhe der im Dialogfenster verwendeten Schrift in Pixeln; *hDlg* ist der Handle des Dialogfensters, das hier wie gesagt die Rolle des »Parent« spielt. *IDOK* stellt die Kennziffer des Child-Fensters dar, *hInstance* ist der »Kopiezähler«, den das Programm an *DialogBox* als Parameter übergeben hat.

Ein komplexerer Dialog

Wie nach den Erläuterungen der vorangehenden Abschnitte klar geworden sein sollte, demonstriert ABOUT1 mehr oder weniger das absolute Minimum dessen, was sich mit Dialogen anfangen läßt. Das im folgenden aufgelistete Programm ABOUT2 gibt sich in diesem Punkt schon ein wenig mehr Mühe: Es definiert einen Dialog mit mehreren Optionsfeldern und zeigt, wie sich ein Dialogfenster mit eigenen Zeichenoperationen schmücken läßt.

ABOUT2.C

```
/*---------------------------------------
   ABOUT2.C - "Info über...", Version 2
              (c) Charles Petzold, 1998
  ---------------------------------------*/

#include <windows.h>
#include "resource.h"

LRESULT CALLBACK WndProc      (HWND, UINT, WPARAM, LPARAM) ;
BOOL    CALLBACK AboutDlgProc (HWND, UINT, WPARAM, LPARAM) ;

int iCurrentColor  = IDC_BLACK,
    iCurrentFigure = IDC_RECT ;

int WINAPI WinMain (HINSTANCE hInstance, HINSTANCE hPrevInstance,
                    PSTR szCmdLine, int iCmdShow)
{
     static TCHAR szAppName[] = TEXT ("About2") ;
     MSG          msg ;
     HWND         hwnd ;
     WNDCLASS     wndclass ;

     wndclass.style         = CS_HREDRAW | CS_VREDRAW ;
     wndclass.lpfnWndProc   = WndProc ;
```

```
     wndclass.cbClsExtra    = 0 ;
     wndclass.cbWndExtra    = 0 ;
     wndclass.hInstance     = hInstance ;
     wndclass.hIcon         = LoadIcon (hInstance, szAppName) ;
     wndclass.hCursor       = LoadCursor (NULL, IDC_ARROW) ;
     wndclass.hbrBackground = (HBRUSH) GetStockObject (WHITE_BRUSH) ;
     wndclass.lpszMenuName  = szAppName ;
     wndclass.lpszClassName = szAppName ;

     if (!RegisterClass (&wndclass))
     {    // UNICODE-Compilierung ist die einzige realistische Fehlermöglichkeit
          MessageBox (NULL, TEXT ("Programm arbeitet mit Unicode und setzt Windows NT voraus!"),
                      szAppName, MB_ICONERROR) ;
          return 0 ;
     }

     hwnd = CreateWindow (szAppName, TEXT ("Info über... (Version 2)"),
                          WS_OVERLAPPEDWINDOW,
                          CW_USEDEFAULT, CW_USEDEFAULT,
                          CW_USEDEFAULT, CW_USEDEFAULT,
                          NULL, NULL, hInstance, NULL) ;

     ShowWindow (hwnd, iCmdShow) ;
     UpdateWindow (hwnd) ;

     while (GetMessage (&msg, NULL, 0, 0))
     {
          TranslateMessage (&msg) ;
          DispatchMessage (&msg) ;
     }
     return msg.wParam ;
}

void PaintWindow (HWND hwnd, int iColor, int iFigure)
{
     static COLORREF crColor[8] = { RGB (  0,   0, 0), RGB (  0,   0, 255),
                                    RGB (  0, 255, 0), RGB (  0, 255, 255),
                                    RGB (255,   0, 0), RGB (255,   0, 255),
                                    RGB (255, 255, 0), RGB (255, 255, 255) } ;

     HBRUSH          hBrush ;
     HDC             hdc ;
     RECT            rect ;

     hdc = GetDC (hwnd) ;
     GetClientRect (hwnd, &rect) ;
     hBrush = CreateSolidBrush (crColor[iColor - IDC_BLACK]) ;
     hBrush = (HBRUSH) SelectObject (hdc, hBrush) ;

     if (iFigure == IDC_RECT)
          Rectangle (hdc, rect.left, rect.top, rect.right, rect.bottom) ;
     else
          Ellipse   (hdc, rect.left, rect.top, rect.right, rect.bottom) ;

     DeleteObject (SelectObject (hdc, hBrush)) ;
     ReleaseDC (hwnd, hdc) ;
```

```
}

void PaintTheBlock (HWND hCtrl, int iColor, int iFigure)
{
     InvalidateRect (hCtrl, NULL, TRUE) ;
     UpdateWindow (hCtrl) ;
     PaintWindow (hCtrl, iColor, iFigure) ;
}

LRESULT CALLBACK WndProc (HWND hwnd, UINT message, WPARAM wParam, LPARAM lParam)
{
     static HINSTANCE hInstance ;
     PAINTSTRUCT      ps ;

     switch (message)
     {
     case WM_CREATE:
          hInstance = ((LPCREATESTRUCT) lParam)->hInstance ;
          return 0 ;

     case WM_COMMAND:
          switch (LOWORD (wParam))
          {
          case IDM_APP_ABOUT:
               if (DialogBox (hInstance, TEXT ("AboutBox"), hwnd, AboutDlgProc))
                    InvalidateRect (hwnd, NULL, TRUE) ;
               return 0 ;
          }
          break ;

     case WM_PAINT:
          BeginPaint (hwnd, &ps) ;
          EndPaint (hwnd, &ps) ;

          PaintWindow (hwnd, iCurrentColor, iCurrentFigure) ;
          return 0 ;

     case WM_DESTROY:
          PostQuitMessage (0) ;
          return 0 ;
     }
     return DefWindowProc (hwnd, message, wParam, lParam) ;
}

BOOL CALLBACK AboutDlgProc (HWND hDlg, UINT message,
                            WPARAM wParam, LPARAM lParam)
{
     static HWND hCtrlBlock ;
     static int  iColor, iFigure ;

     switch (message)
     {
     case WM_INITDIALOG:
          iColor  = iCurrentColor ;
          iFigure = iCurrentFigure ;
```

```
          CheckRadioButton (hDlg, IDC_BLACK, IDC_WHITE,   iColor) ;
          CheckRadioButton (hDlg, IDC_RECT,  IDC_ELLIPSE, iFigure) ;

          hCtrlBlock = GetDlgItem (hDlg, IDC_PAINT) ;

          SetFocus (GetDlgItem (hDlg, iColor)) ;
          return FALSE ;

     case WM_COMMAND:
          switch (LOWORD (wParam))
          {
          case IDOK:
               iCurrentColor  = iColor ;
               iCurrentFigure = iFigure ;
               EndDialog (hDlg, TRUE) ;
               return TRUE ;

          case IDCANCEL:
               EndDialog (hDlg, FALSE) ;
               return TRUE ;

          case IDC_BLACK:
          case IDC_RED:
          case IDC_GREEN:
          case IDC_YELLOW:
          case IDC_BLUE:
          case IDC_MAGENTA:
          case IDC_CYAN:
          case IDC_WHITE:
               iColor = LOWORD (wParam) ;
               CheckRadioButton (hDlg, IDC_BLACK, IDC_WHITE, LOWORD (wParam)) ;
               PaintTheBlock (hCtrlBlock, iColor, iFigure) ;
               return TRUE ;

          case IDC_RECT:
          case IDC_ELLIPSE:
               iFigure = LOWORD (wParam) ;
               CheckRadioButton (hDlg, IDC_RECT, IDC_ELLIPSE, LOWORD (wParam)) ;
               PaintTheBlock (hCtrlBlock, iColor, iFigure) ;
               return TRUE ;
          }
          break ;

     case WM_PAINT:
          PaintTheBlock (hCtrlBlock, iColor, iFigure) ;
          break ;
     }
     return FALSE ;
}
```

ABOUT2.RC (Auszüge)

```
//Microsoft Developer Studio generated resource script.

#include "resource.h"
#include "afxres.h"
```

```
//////////////////////////////////////////////////////////////////////////////
// Dialog

ABOUTBOX DIALOG DISCARDABLE  32, 32, 200, 234
STYLE DS_MODALFRAME | WS_POPUP | WS_CAPTION
FONT 8, "MS Sans Serif"
BEGIN
    ICON            "ABOUT2",IDC_STATIC,7,7,20,20
    CTEXT           "About2",IDC_STATIC,57,12,86,8
    CTEXT           "Info über About (Version 2)",IDC_STATIC,7,40,186,8
    LTEXT           "",IDC_PAINT,114,67,74,72
    GROUPBOX        "&Farbe",IDC_STATIC,7,60,84,143
    RADIOBUTTON     "&Schwarz",IDC_BLACK,16,76,64,8,WS_GROUP | WS_TABSTOP
    RADIOBUTTON     "&Blau",IDC_BLUE,16,92,64,8
    RADIOBUTTON     "&Grün",IDC_GREEN,16,108,64,8
    RADIOBUTTON     "&Cyan",IDC_CYAN,16,124,64,8
    RADIOBUTTON     "&Rot",IDC_RED,16,140,64,8
    RADIOBUTTON     "&Magenta",IDC_MAGENTA,16,156,64,8
    RADIOBUTTON     "G&elb",IDC_YELLOW,16,172,64,8
    RADIOBUTTON     "&Weiß",IDC_WHITE,16,188,64,8
    GROUPBOX        "F&igur",IDC_STATIC,109,156,84,46,WS_GROUP
    RADIOBUTTON     "Rech&teck",IDC_RECT,116,172,65,8,WS_GROUP | WS_TABSTOP
    RADIOBUTTON     "&Kreis",IDC_ELLIPSE,116,188,64,8
    DEFPUSHBUTTON   "OK",IDOK,35,212,50,14,WS_GROUP
    PUSHBUTTON      "Abbrechen",IDCANCEL,113,212,50,14,WS_GROUP
END

//////////////////////////////////////////////////////////////////////////////
// Icon
ABOUT2                  ICON    DISCARDABLE     "About2.ico"

//////////////////////////////////////////////////////////////////////////////
// Menu

ABOUT2 MENU DISCARDABLE
BEGIN
    POPUP "&Hilfe"
    BEGIN
        MENUITEM "&Info über About2...",            IDM_APP_ABOUT
    END
END
```

RESOURCE.H (Auszüge)

```
// Microsoft Developer Studio generated include file.
// Used by About2.rc

#define IDC_BLACK                       1000
#define IDC_BLUE                        1001
#define IDC_GREEN                       1002
#define IDC_CYAN                        1003
#define IDC_RED                         1004
#define IDC_MAGENTA                     1005
#define IDC_YELLOW                      1006
#define IDC_WHITE                       1007
#define IDC_RECT                        1008
#define IDC_ELLIPSE                     1009
```

```
#define IDC_PAINT                 1010
#define IDM_APP_ABOUT             40001
#define IDC_STATIC                -1
```

ABOUT2.ICO

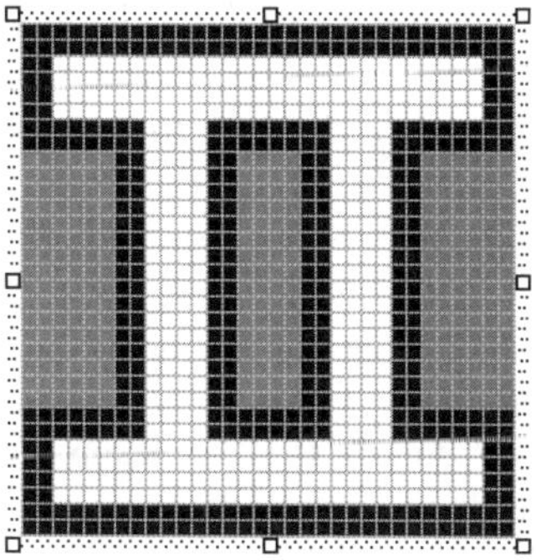

Abbildung 11.3: *Das Programm* ABOUT2

Der Dialog von ABOUT2 enthält zwei Gruppen von Optionsfeldern: Eine ist für die Auswahl der Farbe zuständig, die andere für die Umschaltung zwischen Rechtecken und Kreisen – grafischen Elementen, die nach jeder Auswahl auf der rechten Seite des Dialogfensters gezeichnet und mit der aktuellen Farbe gefüllt werden (siehe Abbildung 11.4). Wenn Sie den Dialog über die Schaltfläche »OK« beenden, zeichnet die Window-Prozedur die im Dialog gewählte Figur im Anwendungsbereich des Fensters (wobei der Kreis meist zur Ellipse wird); ein Abbruch des Dialogs (via »Abbrechen«) läßt das Hauptfenster dagegen unverändert.

Für die beiden Schaltflächen benutzt ABOUT2 die vordefinierten Kennziffern IDOK und IDCANCEL; die restlichen Steuerelemente bekommen dagegen über die Datei ABOUT2.H eigene symbolische Bezeichner mit dem Präfix IDC (»ID [for] Control«).

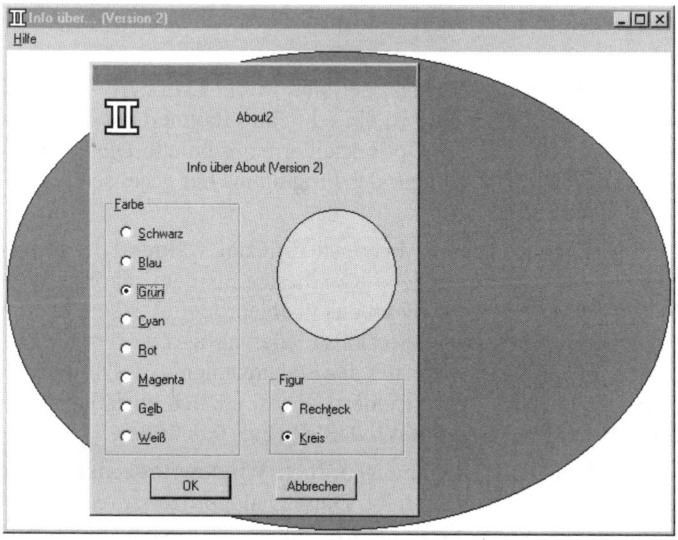

Abbildung 11.4: *Das Dialogfenster von* ABOUT2

Da ABOUT2 bei den Optionsfeldern von fortlaufenden numerischen IDs ausgeht, müssen Sie diese Steuerelemente im Dialog-Editor in der Reihenfolge »von oben nach unten« anlegen. Im Eigenschaftsfenster wählen Sie in der Registerkarte »Formate« bitte das Kontrollkästchen *Auto* ab – »automatische« Optionsfelder sind zwar etwas einfacher vom Programm aus zu verwalten, setzen aber einige bis dato noch nicht erläuterte Dinge voraus – und geben den einzelnen Steuerelementen (über die Registerkarte »Allgemein«) die in ABOUT2.RC aufgelisteten Bezeichner.

Bei den Schaltflächen OK und »Abbrechen«, den Optionsfeldern »Schwarz« und »Rechteck« sowie den beiden Gruppenfeldern muß das Kontrollkästchen »Gruppe« in der Registerkarte »Allgemein« angekreuzt sein; für die Schaltflächen und Optionsfelder kommt das Kontrollkästchen »Tabstopp« dazu.

Wenn alle Steuerelemente einigermaßen ihren Platz gefunden haben, wählen Sie aus dem Menü *Layout* den Punkt *Tabulator-Reihenfolge* und klicken sämtliche Steuerelemente danach in der im Listing von ABOUT2.RC gezeigten Reihenfolge jeweils einmal an. Auf diese Weise legen Sie fest, in welcher Reihenfolge der Dialog-Manager von einem Steuerelement zum nächsten weiterschaltet, wenn der Benutzer die Tabulatortaste drückt.

Die Kommunikation mit Steuerelementen

In Kapitel 9 hatte ich gezeigt, dass sämtliche von Windows vordefinierten Steuerelemente (mit Ausnahme von Bildlaufleisten) auf Ereignisse mit der Ausgabe von Nachrichten des Typs WM_COMMAND an das übergeordnete Fenster reagieren. Dass diese Kommunikation keine Einbahnstraße ist, wurde dort ebenfalls demonstriert: Eine Window-Prozedur kann unter anderem die Attribute von Steuerelementen ändern, d.h. beispielsweise Kontrollkästchen und Optionsfelder zwischen »angekreuzt« und »normal« umschalten.

Dasselbe gilt für Dialogfelder: Wenn sich dort (beispielsweise) Gruppen von Optionsfeldern befinden, kann man die Zustände der einzelnen Elemente über das Senden von Nachrichten umschalten (wobei der Dialog-Manager einem das Leben mit diversen Abkürzungen sogar noch erheblich leichter macht). Sehen wir uns diesen Kommunikationsprozeß zwischen dem Programm und seinem Dialog einmal etwas genauer an.

Die Betrachtung beginnt mit dem Prototypen des Dialogs, der sich in der Datei ABOUT2.RC (Seite 483) befindet: Was dort als GROUPBOX erscheint, ist ein schlichter Rahmen mit einem Titel (»Farbe« oder »Figur«), der jeweils eine Gruppe von Optionsfeldern umschließt. Die acht Optionsfelder der ersten Gruppe schließen sich von der Logik des Programms her gegenseitig aus – genauso wie die beiden Optionsfelder der zweiten Gruppe.

Wenn Sie auf einer dieser Optionsfelder klicken (oder die Leertaste drücken, während der Eingabefokus auf das jeweilige Steuerelement zeigt), dann sendet die zu diesem Element gehörige Window-Prozedur eine Nachricht des Typs WM_COMMAND an das übergeordnete Fenster, bei der die Kennziffer des Elementes (genauer gesagt: seines Fensters) als niederwertiges Wort von *wParam* übergeben wird. *lParam* enthält den Handle zum Fenster des Steuerelements, das höherwertige Wort von *wParam* den Aktionscode, der bei Optionsfeldern höchst einfach ausfällt: er entspricht grundsätzlich der Konstanten BN_CLICKED, die WINUSER.H als 0 definiert.

Der Empfänger dieser Nachricht ist die dem Dialogfenster zugeordnete Window-Prozedur, die sie unverändert an die Dialogprozedur des Programms weitergibt. Diese Dialogprozedur reagiert auf WM_COMMAND im Zusammenhang mit einem Optionsfeld, indem sie das entsprechende

Element setzt (d.h. mit einem schwarzen Kreis in der Mitte erscheinen läßt) und alle anderen Optionsfelder der jeweiligen Gruppe zurücksetzt.

Wie Sie sich vielleicht von Kapitel 9 her erinnern, besteht das Setzen und Zurücksetzen im Senden von Nachrichten des Typs BM_CHECK an das jeweilige Steuerelement: Der Aufruf

```
SendMessage (hwndCtrl, BM_SETCHECK, 1, 0L) ;
```

setzt es, d.h. läßt je nach Art des Elements ein Kreuzchen oder einen schwarzen Punkt erscheinen, der Aufruf

```
SendMessage (hwndCtrl, BM_SETCHECK, 0, 0L) ;
```

setzt das Element wieder auf »aus« zurück. Der Parameter *hwndCtrl* stellt in beiden Fällen den Handle des jeweiligen Elements dar.

Da in unserem Fall der Dialog-Manager das Erzeugen der diversen Child-Fenster übernommen hat, steht die Dialogprozedur hier erst einmal vor einem Problem: Sie bekommt zusammen mit WM_COMMAND zwar den Handle des Optionsfelds geliefert, die diese Nachricht sendet, kennt aber die Handles der restlichen Steuerelemente nicht. Wie wohl auch nicht anders zu erwarten, definiert Windows aber eine Funktion, mit der man diese Handles auch »von außen« abfragen kann:

```
hwndCtrl = GetDlgItem (hDlg, ID) ;
```

hDlg stellt hier den Handle des Dialogfensters dar, *ID* die Kennziffer des abzufragenden Steuerelements. (In umgekehrter Richtung geht das übrigens auch: mit

```
ID = GetWindowLong (hwndCtrl, GWL_ID) ;
```

kann man die Kennziffer eines Steuerelements über seinen Handle ermitteln – was aber nur in den seltensten Fällen notwendig sein dürfte.)

Wenn Sie sich die auf Seite 484 wiedergegebene Include-Datei für ABOUT2 (RESOURCE.H) näher ansehen, werden Sie feststellen, dass ich den acht Optionsfeldern der ersten Gruppe fortlaufende Kennziffern (von IDD_BLACK bis IDD_WHITE) gegeben habe, um die Bearbeitung von WM_COMMAND möglichst einfach zu halten. Als ersten Ansatz könnte man hier programmieren:

```
static int iColor ;
[weitere Programmzeilen]
case WM_COMMAND:
     switch (LOWORD (wParam))
     {
     [other program lines]
     case IDC_BLACK:
     case IDC_RED:
     case IDC_GREEN:
     case IDC_YELLOW:
     case IDC_BLUE:
     case IDC_MAGENTA:
     case IDC_CYAN:
     case IDC_WHITE:
```

```
        iColor = LOWORD (wParam) ;

        for (i = IDC_BLACK, i <= IDC_WHITE, i++)
            SendMessage (GetDlgItem (hDlg, i),
                         BM_SETCHECK, i == LOWORD (wParam), 0) ;
        return TRUE ;
    [weitere Programmzeilen]
```

Funktionieren tut das ohne weiteres: Der neue Farbwert landet in *nColor*, die darauffolgende Schleife bearbeitet alle Steuerelemente der Gruppe der Reihe nach, wobei der Vergleich *n == LOWORD(wParam)* nur für das zu aktivierende Element TRUE ergibt. Dieses Element wird also gesetzt, die restlichen sieben bekommen FALSE übergeben und werden damit auf »aus« geschaltet.

Die erste Möglichkeit, hier einige Befehle herauszukürzen, besteht aus dem Aufruf einer Routine, die sich nur auf Dialoge anwenden läßt:

```
SendDlgItemMessage (hDlg, CtrlID, iMsg, wParam, lParam) ;
```

SendDlgItemMessage führt implizit einen Aufruf von *GetDlgItem* aus, d.h. ermittelt den Handle des jeweiligen Steuerelements selbst. Damit reduziert sich die Schleife auf:

```
for (i = IDC_BLACK, i <= IDC_WHITE, i++)
    SendDlgItemMessage (hDlg, i, BM_SETCHECK, i == LWORD (wParam), 0) ;
```

Richtig interessant wird die Sache allerdings erst mit einer Funktion namens *CheckRadioButton*, die die folgende Form hat:

```
CheckRadioButton (hDlg, IDFirst, IDLast, IDCheck) ;
```

CheckRadioButton schaltet sämtliche Optionsfelder, deren Kennziffern in dem über *IDFirst* und *IDLast* angegebenen Bereich liegen, auf »aus« – mit der Ausnahme des über *IDCheck* bezeichneten Elements, das auf »an« gesetzt wird. Da die Kennziffern der Steuerelemente von ABOUT2 lückenlos aufeinanderfolgen (was *CheckRadioButton* aufgrund seiner Logik voraussetzt), läßt sich die gesamte Schleife durch einen einzigen Befehl ersetzen:

```
CheckRadioButton (hDlg, IDC_BLACK, IDC_WHITE, LOWORD (wParam)) ;
```

Im Gegensatz zu Optionsfeldern sind Kontrollkästchen – also Steuerelemente des Typs CHECKBOX – in erster Linie für separate Optionen anstelle sich gegenseitig ausschließender Wahlpunkte gedacht. Aus diesem Grund existiert hier für Dialoge zwar ebenfalls eine Abkürzungsmöglichkeit, die aber lediglich einen zusätzlichen Aufruf von *GetDlgItem* erspart. Die Funktion

```
CheckDlgButton (hDlg, IDCheckbox, iCheck) ;
```

erwartet den Handle des Dialogfensters und die Kennziffer des Steuerelements als Parameter *hDlg* bzw. *IDCheckbox*; der Wert 0 für i*Check* schaltet das Kontrollkästchen »aus«, der Wert 1 für diesen Parameter schaltet es »an«, d.h. läßt ein Kreuzchen in seiner Mitte erscheinen. (Eine Funktion, mit der man bei Kontrollkästchen mehrere Elemente auf einmal bearbeiten könnte, definiert der Dialog-Manager nicht.)

Der aktuelle Zustand eines Kontrollkästchens läßt sich über *IsDlgButtonChecked* ermitteln:

```
iCheck = IsDlgButtonChecked(hDlg, IDCheckBox) ;
```

Diese Funktion liefert den Wert 0 für den Zustand »aus« und den Wert 1 für den Zustand »an« zurück. Um ein Kontrollkästchen bei jedem Klick zwischen beiden Zuständen umzuschalten, lassen sich die Funktionen *CheckDlgButton* und *IsDlgButtonChecked* miteinander kombinieren:

```
CheckDlgButton (hDlg, nIDCheckbox,
    !IsDlgButtonChecked (hDlg, nIDCheckbox)) ;
```

Die Alternative dazu ist ein (über CONTROL definiertes) Kontrollkästchen des Typs BS_AUTOCHECKBOX, das seinen Zustand sozusagen automatisch wechselt und dem Programm das Bearbeiten entsprechender Nachrichten des Typs WM_COMMAND vollständig erspart. Bei Steuerelementen dieser Art muß man den »endgültigen« Status erst dann via *IsDlgButtonChecked* abfragen, wenn der Benutzer den Dialog beendet.

»OK« und »Abbrechen«

Der Dialog von ABOUT2 enthält zwei Schaltflächen, die mit »OK« bzw. »Abbrechen« beschriftet sind und deren Definition in ABOUT2.RC so aussieht:

```
DEFPUSHBUTTON "OK"        IDOK,     20, 168, 40, 14, WS_GROUP
PUSHBUTTON    "Abbrechen" IDCANCEL, 80, 168, 40, 14, WS_GROUP
```

»OK« ist die Standardvorgabe und bekommt die symbolische Konstante IDOK als Kennziffer, »Abbrechen« die Konstante IDCANCEL. Beide Konstanten sind nicht in ABOUT2.H definiert, sondern stammen aus WINUSER.H.

Diese fixe Definition, die von den meisten Dialogen verwendet wird, hat natürlich ihren Grund: Normalerweise wird ein Dialog mit einem Klick auf einer der beiden Schaltflächen beendet – nach dieser Festlegung also mit einer Nachricht des Typs WM_COMMAND mit LOWORD(*wParam) = 1* für »OK« oder LOWORD(*wParam) = 2* für »Abbrechen«.

Tastaturereignisse sind dagegen davon abhängig, auf welches Element der Eingabefokus zum Zeitpunkt des entsprechenden Tastendrucks zeigt: konsequent kann man den Dialog auch beenden, indem man den Eingabefokus über die Cursortasten auf eine der beiden Schaltflächen setzt (was Windows durch einen gestrichelten Rahmen um die Beschriftung anzeigt) und dann auf die Leertaste drückt. Im Zusammenhang mit Dialogen gibt es hier allerdings zwei Ausnahmen:

Bei einem Druck auf Return erzeugt der Dialog-Manager grundsätzlich eine Nachricht des Typs WM_COMMAND und unterscheidet über den dabei mitgelieferten Wert von *wParam* zwischen drei Zuständen:

- wenn der Eingabefokus momentan auf eine Schaltfläche zeigt, wird die Kennziffer dieser Schaltfläche geliefert,
- zeigt er dagegen auf ein beliebiges anderes Steuerelement, wird die Kennziffer der »Standard-Schaltfläche« (DEFPUSHBUTTON) geliefert – woraus auch folgt, dass dieses Element in einem Dialog nur einmal erscheinen kann,
- und wenn der Dialog überhaupt kein Element des Typs DEFPUSHBUTTON enthält, ist das Ergebnis grundsätzlich der Wert IDOK.

Die zweite Ausnahme betrifft die Taste Esc sowie die Tastenkombination Strg+Untbr und ist von der Logik her wesentlich einfacher: Auf diese beiden Eingaben hin erzeugt der Dialog-Manager unabhängig vom Eingabefokus ebenfalls eine Meldung des Typs WM_COMMAND und gibt LO-WORD(*wParam)* dabei den Wert IDCANCEL.

Der langen Rede kurzer Sinn: Die Schaltfläche »OK« eines Dialoges sollte grundsätzlich die Kennziffer IDOK haben, die Schaltfläche »Abbrechen« (soweit vorhanden) die Kennziffer ID-CANCEL. Auf diese Weise spart man sich eine separate Logik für die Tastaturschnittstelle.

Die Funktion *AboutDlgProc* von ABOUT2 reagiert auf WM_COMMAND im Zusammenhang mit diesen beiden Werten in der folgenden Weise:

```
switch (LWORD (wParam))
{
case IDOK:
     iCurrentColor  = iColor ;
     iCurrentFigure = iFigure ;
     EndDialog (hDlg, TRUE) ;
     return TRUE ;

case IDCANCEL :
     EndDialog (hDlg, FALSE) ;
     return TRUE ;

     [weitere case-Zweige]
```

Beide Eingaben bzw. Ereignisse beenden also den Dialog über *EndDialog*, wobei die Routine im ersten Fall die (globalen) Variablen mit den neuen Werten von i*Color* bzw. *iFigure* setzt und *DialogBox* den Wert TRUE zurückliefern läßt. Im zweiten Fall bleiben die beiden Variablen unverändert, *EndDialog* wird mit FALSE aufgerufen (und gibt diesen Parameter ebenfalls an die Window-Prozedur als Ergebnis von *DialogBox* weiter). Das Ergebnis von *DialogBox* wird in der Window-Prozedur von ABOUT2 folgendermaßen ausgewertet:

```
case IDM_ABOUT:
     if (DialogBox (hInstance, TEXT ("AboutBox"), hwnd, AboutDlgProc))
          InvalidateRect (hwnd, NULL, TRUE) ;
     return 0 ;
```

Auf den Wert TRUE reagiert die Routine hier also mit einem Aufruf von *InvalidateRect*, der den Anwendungsbereich des Hauptfensters als ungültig kennzeichnet und damit eine Nachricht des Typs WM_PAINT auslöst, woraufhin *WndProc* das Fenster (mit den neuen Werten von *iCurrentColor* und *iCurrentFigure*) neu zeichnet. Liefert *DialogBox* dagegen den Wert FALSE zurück, dann hat der Benutzer den Dialog abgebrochen: *iCurrentColor* sowie *iCurrentFigure* sind in diesem Fall unverändert – und etwas Neues zu zeichnen gibt es ebenfalls nicht.

TRUE und FALSE entsprechen der Deklaration von *DialogBox* bzw. des zweiten Parameters von *EndDialog* und werden in den allermeisten Fällen auch für die Unterscheidung zwischen »OK« und dem Abbruch eines Dialoges verwendet. Was sich hinter dem in WINUSER.H deklarierten Datentyp BOOL verbirgt, ist allerdings der Typ *int* – weshalb man einen Dialog auch durchaus andere Werte zurückliefern lassen kann (wie beispielsweise eine Unterscheidung zwischen »OK«, »Abbrechen« und »Wiederholen«).

Geht's auch ohne globale Variablen?

Dass ABOUT2 globale Variablen verwendet, mag einigen Lesern sicher als Fauxpas erster Güte erscheinen: Nicht umsonst gibt es viele Programmierer (zu denen ich mich übrigens auch zähle), die aus bitterer Erfahrung gelernt haben und globale Variablen deshalb nur einsetzen, wenn es überhaupt nicht anders geht. Da *iCurrentFigure* und *iCurrentColor* vom Dialogfeld aus gesetzt, aber im »Hauptprogramm« (lies: *WndProc*) ausgewertet werden, macht die Definition dieser beiden Variablen als global zwar Sinn, ist aber dennoch nicht der Weisheit letzter Schluß: Mit steigender Zahl von Dialogfeldern und globalen Variablen wächst die Gefahr unerwünschter Seiteneffekte (á la: Dialogfeld x setzt Variable y, auf die sich das Programm aber auch im Zusammenhang mit Dialogfeld z verläßt) überproportional.

Eine Möglichkeit, dem drohenden Durcheinander vorzubeugen, sieht so aus, dass man die von einem Dialogfeld gesetzten Variablen direkt mit der jeweiligen Dialogprozedur assoziiert. Am einfachsten geht das über Datenstrukturen, die für ebendieses Dialogfeld spezifisch sind – für ABOUT2 etwa:

```
typedef struct  // Daten für AboutBox (und sonst nichts)
{
     int iColor, iFigure ;
}
ABOUTBOX_DATA ;
```

In *WndProc* kann das Programm dann eine statische Variable dieses Typs mit

```
static ABOUTBOX_DATA ad = { IDC_BLACK, IDC_RECT } ;
```

initialisieren (wobei dann sämtliche Referenzen auf *iCurrentColor* und *iCurrentFigure* durch *ad.iColor* und *ad.iFigure* ersetzt werden müssen). Schließlich wird der Aufruf von *DialogBox* durch *DialogBoxParam* ersetzt:

```
case IDM_ABOUT:
     if (DialogBoxParam (hInstance, TEXT ("AboutBox"), hwnd, AboutDlgProc, &ad))
          InvalidateRect (hwnd, NULL, TRUE) ;
     return 0 ;1
```

Diese Funktion unterscheidet sich von *DialogBox* lediglich durch einen fünften Parameter, der hier zur Übergabe der Strukturvariablen *ad* benutzt wird. (Tatsächlich ist für diesen fünften Parameter ein beliebiger 32-Bit-Wert zulässig). Der Witz daran: Diesen Wert liefert der Dialog-Manager im Rahmen von WM_INITDIALOG unverändert als *lParam* wieder an. Wenn die Routine *DlgAboutProc* ihrerseits zwei statische Variablen entsprechenden Typs definiert – nämlich

```
static ABOUTBOX_DATA ad, * pad ;  // Wert von ad, Zeiger darauf
```

– und diese Variablen im *case*-Zweig für WM_INITDIALOG mit

```
pad = (ABOUTBOX_DATA *) lParam ;  // Zeiger festhalten
ad = * pad ;                      // eigene, lokale Kopie der aktuellen Werte
```

initialisiert, dann haben Sie ein Programm geschaffen, das sowohl in *WndProc* als auch in *DlgAboutProc* mit lokalen Variablen arbeitet – und gleichzeitig sichergestellt, dass *DlgAboutProc* nur die Variablen verändern kann, die das »Hauptprogramm« übergibt. Die restlichen Referenzen auf *iCurrentColor* und *iCurrentFigure* in *DlgAboutProc* sind dann natürlich ebenfalls durch *ad.iColor* bzw. *ad.iFigure* zu ersetzen. Das Zurückkopieren veränderter Werte als Reaktion auf IDOK sieht in dieser Version der Dialogprozedur dann so aus:

```
case IDOK:
     * pad = ad ;  // lokale Variable in die bei WM_INITDIALOG übergebene Struktur kopieren
     EndDialog (hDlg, TRUE) ;
     return TRUE ;
```

Gruppen und die Tab-Taste

In Kapitel 9 haben wir eine Fenster-Unterklasse nebst dazugehöriger »Vorschaltprozedur« definieren müssen, um im Programm COLORS1 den Wechsel des Eingabefokus zwischen den drei Bildlaufleisten über die Tabulatortaste möglich zu machen. In Dialogen kann man sich diese Dinge sparen, weil der Dialog-Manager die entsprechende Logik automatisch definiert. Zu hundert Prozent vollständig ist diese Logik allerdings nicht – und soll es auch nicht sein: Ansonsten gäbe es keine Möglichkeit, bestimmte Steuerelemente von der Bewegung des Eingabefokus auszuschließen.

Die Festlegung, auf welche Elemente sich der Eingabefokus über die Tabulatortaste setzen läßt, geschieht über das Bitflag WS_TABSTOP. Wie Tabelle 11.1 auf Seite 478 zeigt, ist es in einigen der Kürzel für Steuerelemente bereits enthalten, in anderen dagegen nicht. In die letztere Kategorie fallen insbesondere die statischen Kontrollen, die mit dem Eingabefokus aufgrund ihrer Funktion sowieso nichts anfangen können. Wohin der Eingabefokus beim Start eines Dialogs zeigt, wird ebenfalls auf diese Weise festgelegt: solange die Dialogprozedur nicht auf WM_INITDIALOG mit einem expliziten Aufruf von *SetFocus* reagiert (und dann das Ergebnis FALSE zurückliefert), setzt ihn der Dialog-Manager auf das erste Steuerelement, dessen Fensterstil das Bitflag WS_TABSTOP enthält.

Zu der Tabulatortaste kommt bei Dialogen eine Art zweiter Tastaturschnittstelle hinzu: Die Cursortasten, mit denen sich der Benutzer frei zwischen den einzelnen Steuerelementen eines Dialogs bewegen kann.

Oder auch nicht. Tatsächlich unterscheidet ABOUT2 zwischen der Tabulatortaste und den Cursortasten auf eigene Weise: Mit der Tabulatortaste kann man den Eingabefokus zwischen »Farben«, »Figur« und den beiden Schaltflächen bewegen, die Cursortasten dienen dagegen der Bewegung innerhalb einer Gruppe von Optionsfeldern. Erreicht wird diese (absichtliche) Einschränkung über das Bitflag WS_GROUP, das jeweils den Beginn einer »Gruppe« festlegt: Bewegungen über die Cursortasten setzen den Eingabefokus immer nur innerhalb einer solchen Gruppe um, d.h. lassen ihn auf den Gruppenanfang zurückspringen, wenn er ein weiteres mit diesem Flag gekennzeichnetes Element erreicht. Die Kürzel LTEXT, CTEXT, RTEXT und ICON enthalten standardmäßig das Bitflag WS_GROUP, d.h. grenzen diese Elemente gegenüber Cursorbewegungen ab.

Sehen wir uns den Prototypen des Dialogs von ABOUT2 unter diesem Gesichtspunkt noch einmal etwas näher an:

```
ABOUTBOX DIALOG DISCARDABLE  32, 32, 200, 234
...
    GROUPBOX        "&Farbe",IDC_STATIC,7,60,84,143
    RADIOBUTTON     "&Schwarz",IDC_BLACK,16,76,64,8,WS_GROUP | WS_TABSTOP
    RADIOBUTTON     "&Blau",IDC_BLUE,16,92,64,8
    RADIOBUTTON     "&Grün",IDC_GREEN,16,108,64,8
```

```
    RADIOBUTTON      "&Cyan",IDC_CYAN,16,124,64,8
    RADIOBUTTON      "&Rot",IDC_RED,16,140,64,8
    RADIOBUTTON      "&Magenta",IDC_MAGENTA,16,156,64,8
    RADIOBUTTON      "G&elb",IDC_YELLOW,16,172,64,8
    RADIOBUTTON      "&Weiß",IDC_WHITE,16,188,64,8
    GROUPBOX         "F&igur",IDC_STATIC,109,156,84,46,WS_GROUP
    RADIOBUTTON      "Rech&teck",IDC_RECT,116,172,65,8,WS_GROUP | WS_TABSTOP
    RADIOBUTTON      "&Kreis",IDC_ELLIPSE,116,188,64,8
    DEFPUSHBUTTON    "OK",IDOK,35,212,50,14,WS_GROUP
    PUSHBUTTON       "Abbrechen",IDCANCEL,113,212,50,14,WS_GROUP
END
```

Die erste Optionsfeld (»Schwarz«) innerhalb von »Farben« bildet hier also den Anfang einer Gruppe, die mit dem Wahlpunkt »Weiß« endet. »Figur« bildet eine Gruppe, die lediglich ein einziges Element enthält, darauf folgen »Rechteck« und »Kreis« als weitere Gruppe. »OK« und »Abbrechen« bilden wiederum Gruppen, die nur aus einem Element bestehen. Konsequent kann sich der Benutzer mit den Cursortasten also innerhalb von fünf Gruppen bewegen, von denen drei jeweils aus einem einzigen Element bestehen: eine echte Bewegung findet also nur innerhalb der Farben bzw. der Figuren statt.

»Schwarz« und »Rechteck« sind zusätzlich mit WS_TABSTOP gekennzeichnet, die beiden Schaltflächen dagegen nicht. Dass man sich mit der Tabulatortaste zwischen allen vier Elementen bewegen kann, hat den einfachen Grund, dass PUSHBUTTON und DEFPUSHBUTTON bereits standardmäßig das Bitflag WS_TABSTOP enthalten.

Zwei Dinge blieben in diesem Zusammenhang noch zu klären – nämlich eine technische Einzelheit und ein wenig schwarze Magie:

- Ein Wechsel mit den Cursortasten zwischen den Optionsfeldern einer Gruppe setzt nicht nur den Eingabefokus um, sondern schaltet das entsprechende Steuerelement gleichzeitig auf »an«, d.h. erzeugt eine Nachricht des Typs WM_COMMAND. Wenn Sie den Eingabefokus dagegen mit der Tabulatortaste auf eine der beiden Schaltflächen setzen und danach die Cursortasten ausprobieren, wird die Schaltfläche dadurch nicht aktiviert. (Offensichtlich unterscheidet der Dialog-Manager bei dieser Aktion also über den Typ des jeweiligen Steuerelements.)
- Aktivieren Sie einmal das Optionsfeld für »Rot« und wechseln Sie dann mit der Tabulatortaste durch alle fünf Gruppen, bis Sie schließlich wieder bei den Farben angekommen sind. Der Eingabefokus zeigt nach diesem Wechsel nicht mehr auf das erste Element der Gruppe – sondern eben wieder auf »Rot«. Dasselbe gilt für alle anderen Elemente dieser Gruppe: Offensichtlich sorgt der Dialog-Manager dafür, dass die jeweils letzte Position innerhalb einer Gruppe auch bei einem Wechsel zwischen den Gruppen nicht verlorengeht. Bleibt die Frage nach dem technischen Hintergrund, die sich folgendermaßen beantworten läßt: Das für das erste Gruppenelement explizit gesetzte Bitflag WS_TABSTOP dient dem Dialog-Manager nur als Standardvorgabe beim Start eines Dialogs und wird durch jede Auswahl innerhalb einer Gruppe umgesetzt.

Die dritte und letzte Tastaturschnittstelle des Dialog-Managers ist schnell erklärt, weil sie in derselben Weise wie bei Menüpunkten funktioniert: Ein et-Zeichen (»&«) läßt das direkt darauf folgende Zeichen in der Beschriftung eines Steuerelements unterstrichen erscheinen und sorgt dafür, dass man den Eingabefokus über die Eingabe des entsprechenden Buchstabens direkt umsetzen kann. Die Eingabe eines `R` entspricht also einem Klick auf »Rot«, die Eingabe eines `e` einem Klick auf »Gelb« usw.

Zwei Ausnahmen bzw. Besonderheiten gibt es in diesem Zusammenhang: wenn die Beschriftung kein »&« enthält, erfolgt keine automatische Zuordnung über den Anfangsbuchstaben (wie es bei Menüpunkten der Fall ist); wenn das Steuerelement den Typ GROUPBOX hat, wechselt der Eingabefokus zur darauffolgenden Gruppe. Da der Dialog von ABOUT2 allen Elementen auf diese Weise einen Tastenbefehl verpaßt, läßt sich in diesem Programm nur der zweite dieser beiden Punkte demonstrieren: Bei der Eingabe von F wechselt der Eingabefokus zu dem momentan aktiven Optionsfeld in »Farben«, bei der Eingabe von i in die Gruppe »Figur«.

Obwohl man diese Details normalerweise dem Dialog-Manager überläßt, stellt Windows zwei Funktionen zur Verfügung, die das jeweils nächste bzw. vorangehende mit WS_TABSTOP bzw. WS_GROUP gekennzeichnete Steuerelement in einem Dialog suchen:

```
hwndCtrl = GetNextDlgTabItem (hDlg, hwndCtrl, bPrevious) ;
hwndCtrl = GetNextDlgGroupItem (hDlg, hwndCtrl, bPrevious) ;
```

Beide Funktionen erwarten als Parameter *hwndCtrl* den Handle des Steuerelements, das den Startpunkt der Suche darstellen soll, und liefern den Handle des gefundenen Elements zurück. Wenn Sie für *bPrevious* den Wert TRUE übergeben, wird nach vorangehenden Elementen gesucht, ansonsten nach Nachfolgern.

Zeichenoperationen in einem Dialog

ABOUT2 zeichnet wahlweise einen Kreis oder ein Rechteck in seinem Dialogfenster und demonstriert damit etwas, was in Dialogen eigentlich gar nicht möglich ist. Offensichtlich funktioniert die Sache aber trotzdem – weshalb ich hier kurz auf den technischen Hintergrund eingehe.

Der Prototyp des Dialogs in ABOUT2.RC enthält ein statisches Textfenster, dessen Position und Größe dem zu zeichnenden Rechteck bzw. Kreis entspricht:

```
LTEXT  ""  IDC_PAINT, 114, 67, 72, 72
```

Dieser Bereich ist 18 Zeichen breit und 9 Zeichen hoch, als Beschriftung enthält er gar nichts – weshalb sich die zur Fensterklasse »static« gehörige Window-Prozedur darauf beschränkt, ihn als Reaktion auf Nachrichten des Typs WM_PAINT mit der Hintergrundfarbe auszufüllen.

Wenn der Benutzer die Farbe oder Figur über die anderen Steuerelemente des Dialogs ändert (oder der Dialog aus anderen Gründen eine Nachricht des Typs WM_PAINT erhält), bekommt auch die Dialogprozedur etwas davon mit und ruft eine Routine namens *PaintTheBlock* auf, die in ABOUT2.C definiert ist:

```
PaintTheBlock (hCtrlBlock, iColor, iFigure) ;
```

hCtrlBlock stellt dabei den Handle zu dem statischen Textfenster dar, der bereits bei der Bearbeitung von WM_INITDIALOG mit

```
hCtrlBlock = GetDlgItem (hDlg, IDC_PAINT) ;
```

ermittelt und in einer statischen Variablen der Dialogprozedur gespeichert wurde. Die Funktion *PaintTheBlock* sieht so aus:

```
void PaintTheBlock (HWND hCtrl, short nColor, short nFigure)
     {
```

```
InvalidateRect (hCtrl, NULL, TRUE) ;
UpdateWindow (hCtrl) ;
PaintWindow (hCtrl, iColor, iFigure) ;
}
```

Hier wird also der gesamte Anwendungsbereich des statischen Textfensters für ungültig erklärt, danach eine Aktualisierung (via *UpdateWindow*) erzwungen und schließlich eine Funktion namens *PaintWindow* aufgerufen, die ebenfalls aus ABOUT2.C stammt.

PaintWindow ermittelt über den Handle *hCtrl* einen Gerätekontext für das statische Textfenster und zeichnet das Rechteck bzw. den Kreis danach mit der vom Benutzer ausgewählten Farbe. (Die Größe des Fensters wird dabei über die Funktion *GetClientRect* ermittelt, weil diese Funktion die Einheit Pixel verwendet und wir uns darüber eine sonst fällige Umrechnung in Dialogfeld-Koordinaten sparen können. Eine Alternative dazu wäre die Funktion *MapDialogRect*, die Koordinaten auf der Basis »Zeichen« in Pixel umrechnet.)

Was hier also letztendlich geschieht, ist nicht etwa eine Zeichenaktion im Dialogfenster – sondern vielmehr eine Zeichenaktion innerhalb eines Child-Fensters, das »zufällig« einen Teil des Dialogfensters überdeckt.

Andere Funktionen und Dialogfelder

Funktionen, die sich auf Child-Fenster anwenden lassen, kann man in den allermeisten Fällen auch im Zusammenhang mit Dialogen benutzen. Falls Sie beispielsweise nach einem guten Glas Sekt auf die Idee kommen, den Benutzer Steuerelemente eines Dialoges mit der Maus jagen zu lassen, so steht dem technisch nichts im Wege: Über *MoveWindow* lassen sie sich in derselben Weise verschieben wie bei einer direkten Definition im Anwendungsbereich des Hauptfensters.

Eine Besonderheit gibt es allerdings: Wenn sie ein Steuerelement vollständig an- oder abschalten wollen, können Sie dazu die Funktion

```
EnableWindow (hwndCtrl, bEnable) ;
```

benutzen, die wie üblich den Handle des Elements als ersten Parameter erwartet. Die Angabe des Wertes TRUE (ungleich 0) für *bEnable* aktiviert das Element, der Wert FALSE schaltet es ab, d.h. unterdrückt sowohl Tastatur- als auch Mausereignisse und stellt das Element selbst grau dar. Steuerelemente, auf die momentan der Eingabefokus zeigt, dürfen nicht auf diese Weise abgeschaltet werden.

Selbstdefinierte Steuerelemente

Obwohl Dialoge durch Windows bzw. den Dialog-Manager überwiegend in Eigenregie verwaltet werden, existiert eine Reihe von Methoden, über die man eigene Logiken in die jeweiligen Prozesse einschmuggeln kann. Eine dieser Möglichkeiten – das Zeichnen in Dialogfenstern – habe ich gerade erläutert, dazu kommt die in Kapitel 9 besprochene Technik der Fenster-Unterklassen, über die man der Window-Prozedur von Steuerelementen sozusagen einen Filter vorschieben kann.

Was in Kapitel 9 ebenfalls erwähnt wurde, waren »selbstdefinierte Steuerelemente«, für die ein Programm eine eigene Fensterklasse zusammen mit einer eigenen Window-Prozedur definiert. Die Window-Prozedur ist in diesem Fall für das Bearbeiten aller Nachrichten zuständig, die das Steuerelement direkt betreffen – wie etwa das Setzen eines »an/aus«-Zustands oder das Neuzeichnen des Elements. Was natürlich auch bedeutet, dass man hier bei der optischen Gestaltung des Elements jede nur erdenkliche Freiheit hat. (In Developer Studio müssen Sie dazu ein »benutzerdefiniertes Steuerelement« auswählen und in seinem Eigenschaftsfenster unter »Klasse« den Namen der Fensterklasse angeben. Das Ergebnis ist ein als CONTROL definiertes Element im Ressourcenskript.)

Das in Abbildung 11.5 aufgelistete Programm ABOUT3 demonstriert, wie man ein solches Steuerelement in einen Dialog hineinbekommt. Es gibt sich relativ bescheiden und definiert anstelle einer rechteckigen Schaltfläche eine ovale Form – wobei Sie allerdings niemand davon abhält, aus dieser Form grafische Gebilde höchst ungewöhnlicher Art zu machen.

ABOUT3.C

```
/*-----------------------------------------
   ABOUT3.C -- "Info über...", Version 3
               (c) Charles Petzold, 1998
  -----------------------------------------*/

#include <windows.h>
#include "resource.h"

LRESULT CALLBACK WndProc (HWND, UINT, WPARAM, LPARAM) ;
BOOL    CALLBACK AboutDlgProc (HWND, UINT, WPARAM, LPARAM) ;
LRESULT CALLBACK EllipPushWndProc (HWND, UINT, WPARAM, LPARAM) ;

int WINAPI WinMain (HINSTANCE hInstance, HINSTANCE hPrevInstance,
                    PSTR szCmdLine, int iCmdShow)
{
     static TCHAR szAppName[] = TEXT ("About3") ;
     MSG          msg ;
     HWND         hwnd ;
     WNDCLASS     wndclass ;

     wndclass.style         = CS_HREDRAW | CS_VREDRAW ;
     wndclass.lpfnWndProc   = WndProc ;
     wndclass.cbClsExtra    = 0 ;
     wndclass.cbWndExtra    = 0 ;
     wndclass.hInstance     = hInstance ;
     wndclass.hIcon         = LoadIcon (hInstance, szAppName) ;
     wndclass.hCursor       = LoadCursor (NULL, IDC_ARROW) ;
     wndclass.hbrBackground = (HBRUSH) GetStockObject (WHITE_BRUSH) ;
     wndclass.lpszMenuName  = szAppName ;
     wndclass.lpszClassName = szAppName ;

     if (!RegisterClass (&wndclass))
     {    // UNICODE-Compilierung ist die einzige realistische Fehlermöglichkeit
          MessageBox (NULL, TEXT ("Programm arbeitet mit Unicode und setzt Windows NT voraus!"),
                      szAppName, MB_ICONERROR) ;
          return 0 ;
     }

     wndclass.style         = CS_HREDRAW | CS_VREDRAW ;
     wndclass.lpfnWndProc   = EllipPushWndProc ;
     wndclass.cbClsExtra    = 0 ;
     wndclass.cbWndExtra    = 0 ;
     wndclass.hInstance     = hInstance ;
     wndclass.hIcon         = NULL ;
```

```
     wndclass.hCursor       = LoadCursor (NULL, IDC_ARROW) ;
     wndclass.hbrBackground = (HBRUSH) (COLOR_BTNFACE + 1) ;
     wndclass.lpszMenuName  = NULL ;
     wndclass.lpszClassName = TEXT ("EllipPush") ;

     RegisterClass (&wndclass) ;

     hwnd = CreateWindow (szAppName, TEXT ("Info über... (Version 3)"),
                          WS_OVERLAPPEDWINDOW,
                          CW_USEDEFAULT, CW_USEDEFAULT,
                          CW_USEDEFAULT, CW_USEDEFAULT,
                          NULL, NULL, hInstance, NULL) ;

     ShowWindow (hwnd, iCmdShow) ;
     UpdateWindow (hwnd) ;

     while (GetMessage (&msg, NULL, 0, 0))
     {
          TranslateMessage (&msg) ;
          DispatchMessage (&msg) ;
     }
     return msg.wParam ;
}

LRESULT CALLBACK WndProc (HWND hwnd, UINT message, WPARAM wParam, LPARAM lParam)
{
     static HINSTANCE hInstance ;

     switch (message)
     {
     case WM_CREATE :
          hInstance = ((LPCREATESTRUCT) lParam)->hInstance ;
          return 0 ;

     case WM_COMMAND :
          switch (LOWORD (wParam))
          {
          case IDM_APP_ABOUT :
               DialogBox (hInstance, TEXT ("AboutBox"), hwnd, AboutDlgProc) ;
               return 0 ;
          }
          break ;

     case WM_DESTROY :
          PostQuitMessage (0) ;
          return 0 ;
     }
     return DefWindowProc (hwnd, message, wParam, lParam) ;
}

BOOL CALLBACK AboutDlgProc (HWND hDlg, UINT message,
                            WPARAM wParam, LPARAM lParam)
{
     switch (message)
     {
     case WM_INITDIALOG :
```

```
            return TRUE ;

       case WM_COMMAND :
            switch (LOWORD (wParam))
            {
            case IDOK :
                 EndDialog (hDlg, 0) ;
                 return TRUE ;
            }
            break ;
       }
       return FALSE ;
}

LRESULT CALLBACK EllipPushWndProc (HWND hwnd, UINT message,
                                   WPARAM wParam, LPARAM lParam)
{
     TCHAR       szText[40] ;
     HBRUSH      hBrush ;
     HDC         hdc ;
     PAINTSTRUCT ps ;
     RECT        rect ;

     switch (message)
     {
     case WM_PAINT :
          GetClientRect (hwnd, &rect) ;
          GetWindowText (hwnd, szText, sizeof (szText)) ;

          hdc = BeginPaint (hwnd, &ps) ;

          hBrush = CreateSolidBrush (GetSysColor (COLOR_WINDOW)) ;
          hBrush = (HBRUSH) SelectObject (hdc, hBrush) ;
          SetBkColor (hdc, GetSysColor (COLOR_WINDOW)) ;
          SetTextColor (hdc, GetSysColor (COLOR_WINDOWTEXT)) ;

          Ellipse (hdc, rect.left, rect.top, rect.right, rect.bottom) ;
          DrawText (hdc, szText, -1, &rect,
                    DT_SINGLELINE | DT_CENTER | DT_VCENTER) ;
          DeleteObject (SelectObject (hdc, hBrush)) ;

          EndPaint (hwnd, &ps) ;
          return 0 ;

     case WM_KEYUP :
          if (wParam != VK_SPACE)
               break ;
                                        // weiter mit WM_LBUTTONUP
     case WM_LBUTTONUP :
          SendMessage (GetParent (hwnd), WM_COMMAND,
               GetWindowLong (hwnd, GWL_ID), (LPARAM) hwnd) ;
          return 0 ;
     }
     return DefWindowProc (hwnd, message, wParam, lParam) ;
}
```

ABOUT3.RC (Auszüge)

```
//Microsoft Developer Studio generated resource script.

#include "resource.h"
#include "afxres.h"

/////////////////////////////////////////////////////////////////////////////
// Dialog

ABOUTBOX DIALOG DISCARDABLE  32, 32, 180, 100
STYLE DS_MODALFRAME | WS_POPUP
FONT 8, "MS Sans Serif"
BEGIN
    CONTROL         "OK",IDOK,"EllipPush",WS_GROUP | WS_TABSTOP,73,79,32,14
    ICON            "ABOUT3",IDC_STATIC,7,7,20,20
    CTEXT           "About3",IDC_STATIC,40,12,100,8
    CTEXT           "Info über About (Version 3)",IDC_STATIC,7,40,166,8
    CTEXT           "(c) Charles Petzold, 1998",IDC_STATIC,7,52,166,8
END

/////////////////////////////////////////////////////////////////////////////
// Menu

ABOUT3 MENU DISCARDABLE
BEGIN

    POPUP "&Hilfe"
    BEGIN
        MENUITEM "&Info über About3...",        IDM_APP_ABOUT
    END
END

/////////////////////////////////////////////////////////////////////////////
// Icon

ABOUT3                  ICON    DISCARDABLE     "icon1.ico"
```

RESOURCE.H (Auszüge)

```
// Microsoft Developer Studio generated include file.
// Used by About3.rc

#define IDM_APP_ABOUT                   40001
#define IDC_STATIC                      -1
```

ABOUT3.ICO

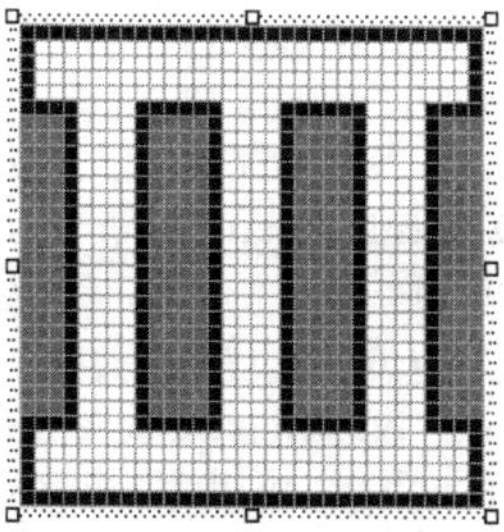

Abbildung 11.5: *Das Programm* ABOUT3

Wenn Sie ABOUT3 nachvollziehen wollen, müssen Sie im Dialog-Editor von Developer Studio beide vorgegebenen Schaltflächen (»OK« und »Abbrechen«) löschen und dann aus der Werkzeugleiste »Benutzerdefiniertes Steuerelement« wählen. Der Fensterklasse dieses selbstdefinierten Steuerelements habe ich den Namen »EllipPush« (»elliptical push button«) verpaßt – und genau diesen Namen müssen Sie (ohne die Anführungszeichen) auch im Feld »Klasse« des Eigenschaftsfensters angeben. Das Ergebnis im Ressourcenskript:

```
CONTROL "OK",IDOK,"EllipPush",WS_GROUP | WS_TABSTOP,73,79,32,14
```

Der Dialog-Manager wird bei dieser Definition auch folgsam die Fensterklasse »EllipPush« bei dem Aufruf von *CreateWindow* übergeben, der für das Erstellen des Child-Fensters zuständig ist. ABOUT3 definiert diese Fensterklasse in *WinMain* in der folgenden Weise:

```
wndclass.style         = CS_HREDRAW ¦ CS_VREDRAW ;
wndclass.lpfnWndProc   = EllipPushWndProc ;
wndclass.cbClsExtra    = 0 ;
wndclass.cbWndExtra    = 0 ;
wndclass.hInstance     = hInstance ;
wndclass.hIcon         = NULL ;
wndclass.hCursor       = LoadCursor (NULL, IDC_ARROW) ;
wndclass.hbrBackground = (HBRUSH) (COLOR_WINDOW + 1) ;
wndclass.lpszMenuName  = NULL ;
wndclass.lpszClassName = TEXT ("EllipPush") ;

RegisterClass (&wndclass) ;
```

Diese Definition legt für das Steuerelement eine Window-Prozedur namens *EllipPushWndProc* fest, die ebenfalls Bestandteil von ABOUT3.C ist. Sie bearbeitet lediglich drei Nachrichten – nämlich WM_PAINT, WM_KEYUP und WM_LBUTTONUP. Auf WM_PAINT reagiert sie mit dem Ermitteln der Fenstergröße via *GetClientRect* und dem Zeichnen einer Ellipse über die gleichnamige GDI-Funktion. Die Beschriftung wird über *GetWindowText* gelesen und mit *DrawText* in der Mitte der Ellipse ausgeben. Abbildung 11.6 zeigt das Ergebnis der Bemühungen: Eine ovale Schaltfläche mit der Beschriftung »OK«.

Die Bearbeitung von WM_KEYUP und WM_LBUTTONUP ist noch etwas einfacher ausgefallen:

```
case WM_KEYUP :
     if (wParam != VK_SPACE)
          break ;
                                        // weiter mit WM_LBUTTONUP
case WM_LBUTTONUP :
     SendMessage (GetParent (hwnd), WM_COMMAND, GetWindowLong (hwnd, GWL_ID), (LPARAM) hwnd) ;
     return 0 ;
```

Der Aufruf von *GetParent* liefert den Handle des übergeordneten Fensters (d.h. des Dialoges), der Aufruf von *GetWindowLong* mit der Konstanten GWL_ID die Kennziffer des Steuerelements. Beide Werte werden als Parameter von *SendMessage* zusammen mit WM_COMMAND benutzt: Das Ergebnis ist also eine Nachricht des Typs WM_COMMAND mit der Kennziffer des Steuerelements an den Dialog-Manager, der sie an die Dialogprozedur weiterreicht.

Sollte das bereits Alles gewesen sein? Nun ja – nicht ganz. Tatsächlich stellt *EllipPushWndProc* mehr oder weniger das absolute Minimum einer Window-Prozedur dar, der beispielsweise eine optische Rückmeldung fehlt: Im Gegensatz zu den vordefinierten Schaltflächen reagiert dieses

Steuerelement nicht mit einem kurzzeitigen Invertieren seiner Oberfläche, wenn man mit der Maus darauf klickt. (Dazu müßte die Prozedur zusätzlich die Nachrichten WM_KEYDOWN (für die Leertaste und eventuell Return) sowie WM_LBUTTONDOWN bearbeiten. Außerdem wäre eigentlich ein Einfangen der Maus angebracht: Nur wenn der Benutzer die Maustaste innerhalb des Steuerelements drückt und auch dort wieder löst, sollte *EllipPushProc* mit der Ausgabe von WM_COMMAND reagieren.

Nachrichten des Typs WM_ENABLE, die das Ergebnis eines Aufrufs der (im vorangegangenen Abschnitt kurz erwähnten) Funktion *EnableWindow* sind, bearbeitet diese Window-Prozedur ebenfalls nicht: Eigentlich sollte sie darauf reagieren, indem sie die Schaltfläche (je nach Parameter) grau bzw. schwarz darstellt.

Dieses Defizit bringt mich allerdings gleich zu einer neuen Frage: Um bei einem abgeschalteten Steuerelement auf ein eventuelles WM_PAINT reagieren zu können, muß die Window-Prozedur zumindest ein Flag speichern, zu dem sich bei Elementen mit der Logik von Optionsfeldern oder Kontrollkästchen noch ein »an/aus«-Zustand gesellt. Die erste Idee, für solche Werte einfach statische lokale Variablen in der Window-Prozedur zu definieren, erweist sich leider spätestens dann als Bumerang, wenn man das zuvor mühsamst konstruierte Steuerelement mehrfach einsetzen will. An dieser Stelle kommt das Feld *cbWndExtra* bei der Definition der Fensterklasse mit ins Spiel: Werte größer Null in diesem Feld weisen Windows an, beim Erzeugen des Fensters über *CreateWindow* eine entsprechende Anzahl zusätzlicher Bytes *pro Fenster* zu reservieren, die das Programm später über die Funktionen *SetWindowWord*, *SetWindowLong*, *GetWindowWord* und *GetWindowLong* in Verbindung mit dem jeweiligen Fensterhandle benutzen kann.

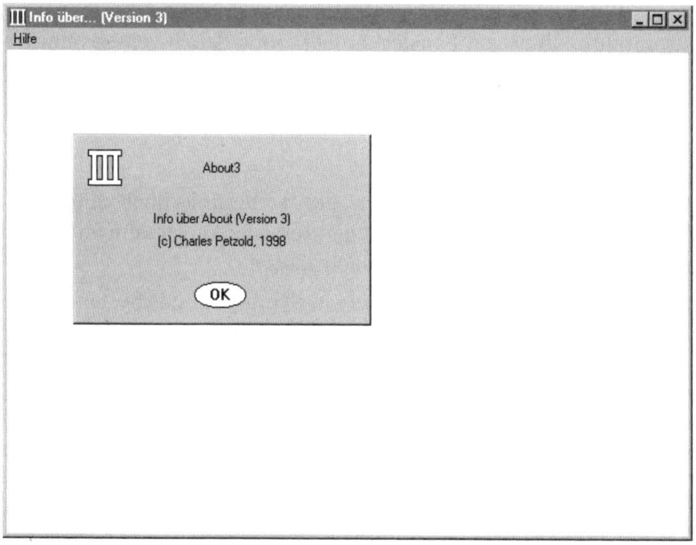

Abbildung 11.6: *Das selbstdefinierte Steuerelement von* ABOUT3

Moduslose Dialoge

Zu Beginn dieses Kapitels hatte ich erläutert, dass sich Dialoge in die Klassen »modal« und »moduslos« unterteilen lassen: Die modale Variante, die in den vorangegangenen Abschnitten behandelt wurde, ist in der Praxis wesentlich häufiger anzutreffen als ihr modusloses Gegenstück und sperrt bis zu ihrem Ende entweder sämtliche weiteren Aktionen des Programms (»programm-modal«) bzw. des gesamten Systems (»systemmodal«).

Moduslose Dialoge erlauben dagegen auch während ihrer Aktivitäten Umschaltungen zu anderen Fenstern des aufrufenden Programms sowie seinen Menüs, d.h. ähneln in diesem Punkt normalen Child-Fenstern. Sie sind für die Eingabe von Informationen vorzuziehen, die auch während der folgenden Aktionen auf dem Bildschirm bleiben sollen. Die meisten Textverarbeitungen definieren beispielsweise einen Dialog zum Suchen und/oder Ersetzen von Zeichenfolgen, der auch während der Suche auf dem Bildschirm bleibt und eine Schaltfläche »Weitersuchen« enthält. Wäre dieser Dialog modal, müßte der Benutzer zum Lokalisieren jeder weiteren Fundstelle desselben Textes erneut den entsprechenden Wahlpunkt im Menü benutzen.

Wie zuvor beschrieben, werden modale Dialoge über die Funktion *DialogBox* aktiviert, die erst dann zum aufrufenden Programm zurückkehrt, wenn der Benutzer den Dialog beendet hat. Das Ergebnis dieser Funktion ist der Wert, den die dazugehörige Dialogprozedur als zweiten Parameter des abschließenden Aufrufs von *EndDialog* angegeben hat.

Moduslose Dialoge werden dagegen über eine Funktion namens *CreateDialog* angelegt, die zwar dieselben Parameter wie *DialogBox* erwartet, aber eine andere Logik hat:

```
hDlgModeless = CreateDialog (hInstance, szTemplate, hwndParent, DialogProc);
```

Zum einen ist das Ergebnis ein Fensterhandle anstelle eines »abschließenden Wertes«, zum anderen wird es ohne Verzögerung geliefert – also nicht erst nach dem Ende des Dialogs. Daher auch die Namensgebung der Funktionen: während *DialogBox* und *MessageBox* einen in sich abgeschlossenen Prozeß darstellen, soll *CreateDialog* an *CreateWindow* erinnern – also an eine Routine, die lediglich eine Datensammlung (hier: ein Fenster) anlegt, ohne dabei weitere Schritte auszuführen.

Die Unterschiede

Die Datentypen und die Reihenfolge der Parameter sowie die Steuerung über eine Dialogprozedur sind bei beiden Arten von Dialogen gleich. Was sich unterscheidet, ist zum einen das optische Erscheinungsbild, zum anderen die Verwaltung der Nachrichten:

Moduslose Dialoge enthalten normalerweise eine Titelleiste und ein Symbol für das Systemmenü. Als Fensterstil legt man üblicherweise die folgenden Konstanten fest:

```
STYLE WS_POPUP | WS_CAPTION | WS_SYSMENU | WS_VISIBLE
```

Auf diese Weise ist es dem Benutzer möglich, den Dialog nach eigenem Gutdünken über Maus und/oder Tastatur auf dem Bildschirm zu verschieben. (Modale Dialoge enthalten diese beiden Elemente normalerweise nicht, weil der Benutzer mit dem darunterliegenden Fenster während der Aktivitäten des Dialogs sowieso nichts anfangen kann.)

Im zuvor gegebenen Beispiel enthält der Fensterstil zusätzlich das Flag WS_VISIBLE (das sich im Eigenschaftsfenster von Developer Studio über das Kontrollkästchen *Sichtbar* der Registerkarte »Weitere Formate« setzen läßt). Wenn es nicht angegeben ist, bleibt der Dialog nach einem Aufruf von *CreateDialog* erst einmal unsichtbar, d.h. muß mit einem expliziten Aufruf von *ShowWindow* auf den Bildschirm gebracht werden:

```
hDlgModeless = CreateDialog ( . . . ) ;
ShowWindow (hDlgModeless, SW_SHOW) ;
```

Oder auch: Wenn ein modusloser Dialog auf Teufel komm raus nicht erscheinen will, sollten Sie als erstes nachprüfen, ob der Fensterstil WS_VISIBLE bzw. das Programm einen Aufruf von *ShowWindow* enthält.

Während modale Dialoge eine eigene Warteschlange verwenden, setzt Windows Nachrichten für moduslose Dialoge erst einmal in die Warteschlange des Programms ein und erwartet, dass sie von dort aus verteilt bzw. weitergegeben werden. Die deshalb notwendige Erweiterung der Ereignis-Warteschleife setzt voraus, dass der Handle des Dialogfensters in einer globalen Variablen (beispielsweise *hDlgModeless*) gespeichert wurde und sieht ungefähr so aus:

```
while (GetMessage (&msg, NULL, 0, 0))
   { if (hDlgModeless == 0 || !IsDialogMessage (hDlgModeless, &msg))
        { TranslateMessage (&msg) ;
          DispatchMessage  (&msg) ;
        }
   }
```

Die Funktion *IsDialogMessage* prüft, ob die von *GetMessage* in *msg* gespeicherte Nachricht für den mit *hDlgModeless* bezeichneten Dialog zuständig ist: wenn ja, gibt sie die Nachricht an die Window-Prozedur des Dialogfelds weiter und liefert TRUE zurück, ansonsten ist das Funktionsergebnis der Wert FALSE (0). Folglich ergibt die Auswertung von

```
(hDlgModeless == 0 || !IsDialogMessage (hDlgModeless, &msg))
```

nur dann TRUE, wenn entweder kein Dialog aktiv ist (*hDlgModeless* == 0) oder die Nachricht *nicht* für den Dialog bestimmt ist (*!IsDialogMessage(...)*) – nur in diesem Fall findet eine normale Bearbeitung über *TranslateMessage* und *DispatchMessage* statt. (Wie üblich dürfen diese beiden Funktionen nicht noch einmal für Nachrichten aufgerufen werden, die ein anderer Teil des Programms – hier: der Dialog – bereits verarbeitet hat).

Wenn Ihr Programm Abkürzungsbefehle definiert, dann sieht die erweiterte Ereignis-Warteschleife so aus:

```
while (GetMessage (&msg, NULL, 0, 0))
   { if (hDlgModeless == 0 || !IsDialogMessage (hDlgModeless, &msg))
        { if (!TranslateAccelerator (hwnd, hAccel, &msg))
              { TranslateMessage (&msg) ;
                DispatchMessage  (&msg) ;
              }
        }
   }
```

Beide Varianten der Schleife bauen auf der Tatsache auf, dass der Compiler globale Variablen wie *hDlgModeless* mit dem Wert 0 initialisiert, d.h. die Prüfung TRUE ergibt, solange kein Dialog aktiv ist. Was natürlich auch bedeutet, dass das Programm beim Abbau eines verwendeten Dialogs wieder für dieselben Verhältnisse sorgen, d.h. *hDlgModeless* explizit den Wert 0 zuweisen muß. Wenn man mit diesem Verfahren arbeitet, können auch andere Programmteile einen Test à la

```
if (hDlgModeless)   // Dialog aktiv?
  [Senden der Nachricht]
```

verwenden, bevor sie den Dialog ansprechen – wie eben beispielsweise über das Senden von Nachrichten.

Zum Beenden eines moduslosen Dialogs wird anstelle von *EndDialog* die Funktion *DestroyWindow* benutzt. Unmittelbar nach dem Aufruf dieser Funktion sollte das Programm der als Handle benutzten Variablen (*hDlgModeless*) den Wert 0 zuweisen.

Moduslose Dialoge werden üblicherweise durch die Auswahl von »Schließen« im dazugehörigen Systemmenü beendet. Die daraus entstehende Nachricht des Typs WM_CLOSE wird von der (Windows-eigenen) Window-Prozedur des Dialogs nicht bearbeitet, sondern an die (programmeigene) Dialogprozedur weitergegeben, die darauf in der zuvor beschriebenen Weise reagieren sollte – nämlich mit einem Aufruf von *DestroyWindow*:

```
case WM_CLOSE :
     DestroyWindow (hDlg) ;
     hDlgModeless = 0 ;
     break ;
```

Der Fensterhandle des Dialogs erscheint in diesem *case*-Zweig unter zwei verschiedenen Namen: *hDlg* ist der Parameter der Dialogprozedur, *hDlgModeless* dagegen die globale Variable des Programms. (Im Prinzip hätte man natürlich auch *hDlgModeless* zum Aufruf von *DestroyWindow* verwenden können – solche Optimierungen pflegen sich aber bei späteren Modifikationen von Programmen zu rächen.)

Zusätzlich kann man in einem moduslosen Dialog natürlich eine Schaltfläche zum Schließen des Fensters definieren, für die die Dialogprozedur dann dieselbe Logik wie für WM_CLOSE anwenden (bzw. sich selbst eine Nachricht dieser Art senden) sollte.

Da ein Funktionsergebnis wie bei *DialogBox* bei moduslosen Dialogen nicht existiert, muß das Zurückliefern von Informationen an das Programm über Zuweisungen an globale Variablen geschehen. (Die Alternative hört auf den Namen *CreateDialogParam* und erlaubt wie *ModalDialogParam* die Übergabe eines beliebigen 32-Bit-Wertes, der sich als Zeiger auf einen selbstdefinierten Strukturtyp verwenden läßt – vgl. Seite 491.)

Eine neue Variante von COLORS

Erinnern Sie sich an das Programm COLORS1 aus Kapitel 9? Die dort vorgestellte Variante definiert zur Darstellung von drei Bildlaufleisten nebst Beschriftung immerhin neun Child-Fenster und stellt definitiv eines der komplexesten bis dato vorgestellten Programme dar. Wenn man für denselben Zweck einen moduslosen Dialog verwendet, wird das Programm – und vor allem seine Window-Prozedur – nachgerade lächerlich einfach:

COLORS2.C

```
/*-----------------------------------------------
   COLORS2.C -- Farbmischung über Bildlaufleisten,
                Version mit moduslosem Dialog
                (c) Charles Petzold, 1998
  -----------------------------------------------*/

#include <windows.h>

LRESULT CALLBACK WndProc     (HWND, UINT, WPARAM, LPARAM) ;
BOOL    CALLBACK ColorScrDlg (HWND, UINT, WPARAM, LPARAM) ;

HWND hDlgModeless ;
```

```
int WINAPI WinMain (HINSTANCE hInstance, HINSTANCE hPrevInstance,
                    PSTR szCmdLine, int iCmdShow)
{
     static TCHAR szAppName[] = TEXT ("Colors2") ;
     HWND         hwnd ;
     MSG          msg ;
     WNDCLASS     wndclass ;

     wndclass.style         = CS_HREDRAW | CS_VREDRAW ;
     wndclass.lpfnWndProc   = WndProc ;
     wndclass.cbClsExtra    = 0 ;
     wndclass.cbWndExtra    = 0 ;
     wndclass.hInstance     = hInstance ;
     wndclass.hIcon         = LoadIcon (NULL, IDI_APPLICATION) ;
     wndclass.hCursor       = LoadCursor (NULL, IDC_ARROW) ;
     wndclass.hbrBackground = CreateSolidBrush (0L) ;
     wndclass.lpszMenuName  = NULL ;
     wndclass.lpszClassName = szAppName ;

     if (!RegisterClass (&wndclass))
     {    // UNICODE-Compilierung ist die einzige realistische Fehlermöglichkeit
          MessageBox (NULL, TEXT ("Programm arbeitet mit Unicode und setzt Windows NT voraus!"),
                      szAppName, MB_ICONERROR) ;
          return 0 ;
     }

     hwnd = CreateWindow (szAppName, TEXT ("Farbmischung über Bildlaufleisten"),
                          WS_OVERLAPPEDWINDOW | WS_CLIPCHILDREN,
                          CW_USEDEFAULT, CW_USEDEFAULT,
                          CW_USEDEFAULT, CW_USEDEFAULT,
                          NULL, NULL, hInstance, NULL) ;

     ShowWindow (hwnd, iCmdShow) ;
     UpdateWindow (hwnd) ;

     hDlgModeless = CreateDialog (hInstance, TEXT ("ColorScrDlg"), hwnd, ColorScrDlg) ;
     while (GetMessage (&msg, NULL, 0, 0))
     {
          if (hDlgModeless == 0 || !IsDialogMessage (hDlgModeless, &msg))
          {
               TranslateMessage (&msg) ;
               DispatchMessage  (&msg) ;
          }
     }
     return msg.wParam ;
}

LRESULT CALLBACK WndProc (HWND hwnd, UINT message, WPARAM wParam, LPARAM lParam)
{
     switch (message)
     {
     case WM_DESTROY :
          DeleteObject ((HGDIOBJ) SetClassLong (hwnd, GCL_HBRBACKGROUND,
                              (LONG) GetStockObject (WHITE_BRUSH))) ;
          PostQuitMessage (0) ;
          return 0 ;
```

```
     }
     return DefWindowProc (hwnd, message, wParam, lParam) ;
}

BOOL CALLBACK ColorScrDlg (HWND hDlg, UINT message,
                           WPARAM wParam, LPARAM lParam)
{
     static int iColor[3] ;
     HWND       hwndParent, hCtrl ;
     int        iCtrlID, iIndex ;

     switch (message)
     {
     case WM_INITDIALOG :
          for (iCtrlID = 10 ; iCtrlID < 13 ; iCtrlID++)
          {
               hCtrl = GetDlgItem (hDlg, iCtrlID) ;
               SetScrollRange (hCtrl, SB_CTL, 0, 255, FALSE) ;
               SetScrollPos   (hCtrl, SB_CTL, 0, FALSE) ;
          }
          return TRUE ;

     case WM_VSCROLL :
          hCtrl   = (HWND) lParam ;
          iCtrlID = GetWindowLong (hCtrl, GWL_ID) ;
          iIndex  = iCtrlID - 10 ;
          hwndParent = GetParent (hDlg) ;

          switch (LOWORD (wParam))
          {
          case SB_PAGEDOWN :
               iColor[iIndex] += 15 ;        // weiter mit SB_LINEDOWN
          case SB_LINEDOWN :
               iColor[iIndex] = min (255, iColor[iIndex] + 1) ;
               break ;
          case SB_PAGEUP :
               iColor[iIndex] -= 15 ;        // weiter mit SB_LINEUP
          case SB_LINEUP :
               iColor[iIndex] = max (0, iColor[iIndex] - 1) ;
               break ;
          case SB_TOP :
               iColor[iIndex] = 0 ;
               break ;
          case SB_BOTTOM :
               iColor[iIndex] = 255 ;
               break ;
          case SB_THUMBPOSITION :
          case SB_THUMBTRACK :
               iColor[iIndex] = HIWORD (wParam) ;
               break ;
          default :
               return FALSE ;
          }
          SetScrollPos  (hCtrl, SB_CTL,      iColor[iIndex], TRUE) ;
          SetDlgItemInt (hDlg,  iCtrlID + 3, iColor[iIndex], FALSE) ;
```

```
        DeleteObject ((HGDIOBJ) SetClassLong (hwndParent, GCL_HBRBACKGROUND,
                        (LONG) CreateSolidBrush (
                            RGB (iColor[0], iColor[1], iColor[2])))) ;

        InvalidateRect (hwndParent, NULL, TRUE) ;
        return TRUE ;
    }
    return FALSE ;
}
```

COLORS2.RC (Auszüge)

```
//Microsoft Developer Studio generated resource script.

#include "resource.h"
#include "afxres.h"

/////////////////////////////////////////////////////////////////////////////
// Dialog

COLORSCRDLG DIALOG DISCARDABLE  16, 16, 120, 141
STYLE DS_MODALFRAME | WS_POPUP | WS_VISIBLE | WS_CAPTION
CAPTION "Farbige Bildlaufleisten"
FONT 8, "MS Sans Serif"
BEGIN
    CTEXT           "&Rot",IDC_STATIC,8,8,24,8,NOT WS_GROUP
    SCROLLBAR       10,8,20,24,100,SBS_VERT | WS_TABSTOP
    CTEXT           "0",13,8,124,24,8,NOT WS_GROUP
    CTEXT           "&Grün",IDC_STATIC,48,8,24,8,NOT WS_GROUP
    SCROLLBAR       11,48,20,24,100,SBS_VERT | WS_TABSTOP
    CTEXT           "0",14,48,124,24,8,NOT WS_GROUP
    CTEXT           "&Blau",IDC_STATIC,89,8,24,8,NOT WS_GROUP
    SCROLLBAR       12,89,20,24,100,SBS_VERT | WS_TABSTOP
    CTEXT           "0",15,89,124,24,8,NOT WS_GROUP
END
```

RESOURCE.H (Auszüge)

```
// Microsoft Developer Studio generated include file.
// Used by Colors2.rc

#define IDC_STATIC                      -1
```

Abbildung 11.7: *Das Programm* COLORS2

Einen Unterschied gibt es allerdings zur Originalversion: Während COLORS1 die Größe seiner Bildlaufleisten automatisch der Fenstergröße anpaßt, arbeitet das Dialogfeld von COLORS2 mit fixen Werten, das Innere der Bildlaufleisten erscheint im Standardgrau (siehe Abbildung 11.8).

Beim Anlegen des Dialogfelds mit Developer Studio müssen Sie den drei Bildlaufleisten anstelle benannter Konstanten die numerischen IDs 10, 11 und 12 geben, die drei Textfelder für die aktuellen Farbwerke bekommen die IDs 13, 14 und 15. Bei allen sechs statischen Steuerelementen sollte das Kontrollkästchen »Tabstopp« angekreuzt, das Kontrollkästchen »Gruppe« dagegen abgewählt sein.

Das Dialogfenster wird in der Funktion *WinMain* nach dem Aufruf von *ShowWindow* für das Hauptfenster des Programms erzeugt. Der Stil des Hauptfensters enthält das Bitflag WS_CLIP-

CHILDREN, weshalb Windows dieses Fenster neu zeichnet, ohne dabei den Dialog zu überschreiben. Der von *CreateDialog* zurückgelieferte Handle wird in einer globalen Variablen namens *hDlgModeless* gespeichert und (wie zuvor beschrieben) innerhalb der Ereignis-Warteschleife geprüft.

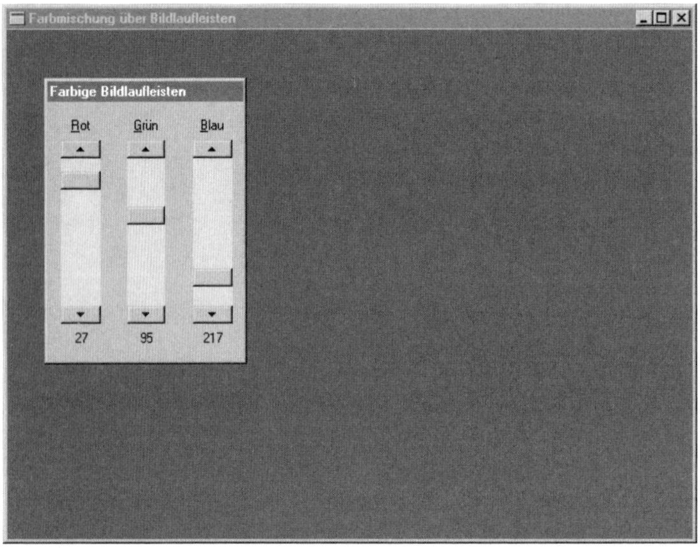

Abbildung 11.8: *Das Fenster von* COLORS2

Zumindest in COLORS2 hätte man sich diese Prüfung allerdings auch sparen, d.h. die Warteschleife etwa so programmieren können:

```
while (GetMessage (&msg, NULL, 0, 0))
    { if (!IsDialogMessage (hDlgModeless, &msg))
        { TranslateMessage (&msg) ;
          DispatchMessage  (&msg) ;
        }
    }
```

Der Grund dafür liegt natürlich darin, dass der Dialog vor dem Einsprung in die Warteschleife erzeugt und erst beim Ende des Programms wieder abgebaut wird. Die Prüfung des Handles fällt deshalb zusammen mit der Reaktion der Dialogprozedur auf WM_CLOSE – nämlich

```
case WM_CLOSE :
    DestroyWindow (hDlg) ;
    hDlgModeless = 0 ;
    break ;
```

– in die Kategorie »defensive Programmierung«: Auf diese Weise werden Modifikationen und Erweiterungen des Programms möglich, ohne dass man dabei unversehens in irgendwelche Fallen stolpern würde.

In der Originalversion COLORS1 hatte ich die Funktion *SetWindowText* benutzt, um den aktuellen Stand der drei Bildlaufleisten anzuzeigen:

```
wsprintf (szBuffer, TEXT ("%i"), color[i]) ;
SetWindowText (hwndValue[i], szBuffer) ;
```

Die Variable *i* stellte dabei die Kennziffer der jeweiligen Bildlaufleiste dar, die Handles der drei statischen Textfenster waren im Array *hwndValue* gespeichert. Da ein Textfenster lediglich mit Text umgehen kann, mußten die Werte via *itoa* entsprechend umgesetzt werden. COLORS2 macht sich die Sache etwas einfacher:

```
SetDlgItemInt (hDlg, iCtrlID + 3, color [iCtrlID], FALSE) ;
```

Die Funktion *SetDlgItemInt* wird (wie ihr Compagnion *GetDlgItemInt*) zwar in erster Linie für Editfenster benutzt, läßt sich aber offensichtlich auch auf statische Textfenster anwenden. *iCtrlID* ist in diesem Fall die Kennziffer der jeweiligen Bildlaufleiste, die Addition von 3 ergibt die Kennziffer des dazugehörigen Textelements. Der dritte Parameter legt den darzustellenden Wert fest, den vierten setzt man normalerweise auf TRUE und weist die Routine damit an, Werte oberhalb von 2^{31} als negative Zahlen darzustellen. Da sich COLORS2 auf den Bereich von 0 bis 255 beschränkt, spielt dieses Flag hier keine Rolle.

Der Hauptunterschied zwischen COLORS1 und COLORS2 liegt darin, dass die zweite Version dieses Programms einen wesentlich größeren Teil der Arbeiten auf Windows abschiebt: Während COLORS1 sich immerhin noch um zehn separate Aufrufe von *CreateWindow* bemühen muß, ersetzt COLORS2 neun davon durch *CreateDialog*. Ob damit das Ende der Fahnenstange erreicht ist? Weiß Gott nicht, wie das nächste Programm zeigt:

HEXCALC: Fenster oder Dialog?

Das im folgenden wiedergegebene Programm HEXCALC darf man wohl ohne Übertreibung als Gipfel der Faulheit bezeichnen: Es enthält überhaupt keinen Aufruf von *CreateWindow*, kümmert sich keinen Deut um Nachrichten des Typs WM_PAINT, interessiert sich weder für Gerätekontexte noch für Mausereignisse und umfaßt insgesamt weniger als 150 Zeilen Quelltext. Dennoch kommt dabei ein Hexadezimalrechner mit 10 Funktionen sowie einer kompletten Tastatur- und Maus-Schnittstelle heraus, der sich in Abbildung 10.5 (Seite 419) bewundern läßt.

HEXCALC.C

```
/*---------------------------------------
   HEXCALC.C -- Hexadezimalrechner
                (c) Charles Petzold, 1998
  ---------------------------------------*/

#include <windows.h>

LRESULT CALLBACK WndProc (HWND, UINT, WPARAM, LPARAM) ;

int WINAPI WinMain (HINSTANCE hInstance, HINSTANCE hPrevInstance,
                    PSTR szCmdLine, int iCmdShow)
{
     static TCHAR szAppName[] = TEXT ("HexCalc") ;
     HWND         hwnd ;
     MSG          msg ;
     WNDCLASS     wndclass ;

     wndclass.style         = CS_HREDRAW | CS_VREDRAW;
```

```
     wndclass.lpfnWndProc   = WndProc ;
     wndclass.cbClsExtra    = 0 ;
     wndclass.cbWndExtra    = DLGWINDOWEXTRA ;    // Achtung!
     wndclass.hInstance     = hInstance ;
     wndclass.hIcon         = LoadIcon (hInstance, szAppName) ;
     wndclass.hCursor       = LoadCursor (NULL, IDC_ARROW) ;
     wndclass.hbrBackground = (HBRUSH) (COLOR_BTNFACE + 1) ;
     wndclass.lpszMenuName  = NULL ;
     wndclass.lpszClassName = szAppName ;

     if (!RegisterClass (&wndclass))
     {    // UNICODE-Compilierung ist die einzige realistische Fehlermöglichkeit
          MessageBox (NULL, TEXT ("Programm arbeitet mit Unicode und setzt Windows NT voraus!"),
                      szAppName, MB_ICONERROR) ;
          return 0 ;
     }

     hwnd = CreateDialog (hInstance, szAppName, 0, NULL) ;

     ShowWindow (hwnd, iCmdShow) ;

     while (GetMessage (&msg, NULL, 0, 0))
     {
          TranslateMessage (&msg) ;
          DispatchMessage (&msg) ;
     }
     return msg.wParam ;
}

void ShowNumber (HWND hwnd, UINT iNumber)
{
     TCHAR szBuffer[20] ;

     wsprintf (szBuffer, TEXT ("%X"), iNumber) ;
     SetDlgItemText (hwnd, VK_ESCAPE, szBuffer) ;
}

DWORD CalcIt (UINT iFirstNum, int iOperation, UINT iNum)
{
     switch (iOperation)
     {
     case '=': return iNum ;
     case '+': return iFirstNum +  iNum ;
     case '-': return iFirstNum -  iNum ;
     case '*': return iFirstNum *  iNum ;
     case '&': return iFirstNum &  iNum ;
     case '|': return iFirstNum |  iNum ;
     case '^': return iFirstNum ^  iNum ;
     case '<': return iFirstNum << iNum ;
     case '>': return iFirstNum >> iNum ;
     case '/': return iNum ? iFirstNum / iNum: MAXDWORD ;
     case '%': return iNum ? iFirstNum % iNum: MAXDWORD ;
     default : return 0 ;
     }
}
```

```
LRESULT CALLBACK WndProc (HWND hwnd, UINT message, WPARAM wParam, LPARAM lParam)
{
     static BOOL  bNewNumber = TRUE ;
     static int   iOperation = '=' ;
     static UINT  iNumber, iFirstNum ;
     HWND         hButton ;

     switch (message)
     {
     case WM_KEYDOWN:                    // Linkspfeil wie Rücktaste behandeln
          if (wParam != VK_LEFT)
               break ;
          wParam = VK_BACK ;
                                         // weiter mit WM_CHAR

     case WM_CHAR:
          if ((wParam = (WPARAM) CharUpper ((TCHAR *) wParam)) == VK_RETURN)
               wParam = '=' ;

          if (hButton = GetDlgItem (hwnd, wParam))
          {
               SendMessage (hButton, BM_SETSTATE, 1, 0) ;
               Sleep (100) ;
               SendMessage (hButton, BM_SETSTATE, 0, 0) ;
          }
          else
          {
               MessageBeep (0) ;
               break ;
          }
                                         // weiter mit WM_COMMAND
     case WM_COMMAND:
          SetFocus (hwnd) ;

          if (LOWORD (wParam) == VK_BACK)         // Rücktaste (oder Linkspfeil)
               ShowNumber (hwnd, iNumber /= 16) ;

          else if (LOWORD (wParam) == VK_ESCAPE)  // ESC
               ShowNumber (hwnd, iNumber = 0) ;

          else if (isxdigit (LOWORD (wParam)))    // Hexadezimalziffer
          {
               if (bNewNumber)
               {
                    iFirstNum = iNumber ;
                    iNumber = 0 ;
               }
               bNewNumber = FALSE ;

               if (iNumber <= MAXDWORD >> 4)
                    ShowNumber (hwnd, iNumber = 16 * iNumber + wParam -
                    (isdigit (wParam) ? '0': 'A' - 10)) ;
               else
                    MessageBeep (0) ;
          }
          else                                    // Operator
```

```
          {
               if (!bNewNumber)
                    ShowNumber (hwnd, iNumber = CalcIt (iFirstNum, iOperation, iNumber)) ;
               bNewNumber = TRUE ;
               iOperation = LOWORD (wParam) ;
          }
          return 0 ;

     case WM_DESTROY:
          PostQuitMessage (0) ;
          return 0 ;
     }
     return DefWindowProc (hwnd, message, wParam, lParam) ;
}
```

HEXCALC.RC (Auszüge)

```
//Microsoft Developer Studio generated resource script.

#include "resource.h"
#include "afxres.h"

/////////////////////////////////////////////////////////////////////////////
// Icon

HEXCALC                 ICON    DISCARDABLE     "HexCalc.ico"

/////////////////////////////////////////////////////////////////////////////

#include "hexcalc.dlg"
```

HEXCALC.DLG

```
/*---------------------------
  Dialog-Prototyp für HEXCALC
  ---------------------------*/

HexCalc DIALOG -1, -1, 102, 122
STYLE WS_OVERLAPPED | WS_CAPTION | WS_SYSMENU | WS_MINIMIZEBOX
CLASS "HexCalc"
CAPTION "Hexadezimalrechner"
{
     PUSHBUTTON "D",       68,  8,  24, 14, 14
     PUSHBUTTON "A",       65,  8,  40, 14, 14
     PUSHBUTTON "7",       55,  8,  56, 14, 14
     PUSHBUTTON "4",       52,  8,  72, 14, 14
     PUSHBUTTON "1",       49,  8,  88, 14, 14
     PUSHBUTTON "0",       48,  8, 104, 14, 14
     PUSHBUTTON "0",       27, 26,   4, 50, 14
     PUSHBUTTON "E",       69, 26,  24, 14, 14
     PUSHBUTTON "B",       66, 26,  40, 14, 14
     PUSHBUTTON "8",       56, 26,  56, 14, 14
     PUSHBUTTON "5",       53, 26,  72, 14, 14
     PUSHBUTTON "2",       50, 26,  88, 14, 14
     PUSHBUTTON "Korr.",    8, 26, 104, 32, 14
     PUSHBUTTON "C",       67, 44,  40, 14, 14
     PUSHBUTTON "F",       70, 44,  24, 14, 14
     PUSHBUTTON "9",       57, 44,  56, 14, 14
```

```
    PUSHBUTTON "6",        54, 44,  72, 14, 14
    PUSHBUTTON "3",        51, 44,  88, 14, 14
    PUSHBUTTON "+",        43, 62,  24, 14, 14
    PUSHBUTTON "-",        45, 62,  40, 14, 14
    PUSHBUTTON "*",        42, 62,  56, 14, 14
    PUSHBUTTON "/",        47, 62,  72, 14, 14
    PUSHBUTTON "%",        37, 62,  88, 14, 14
    PUSHBUTTON "=",        61, 62, 104, 32, 14
    PUSHBUTTON "&&",       38, 80,  24, 14, 14
    PUSHBUTTON "|",       124, 80,  40, 14, 14
    PUSHBUTTON "^",        94, 80,  56, 14, 14
    PUSHBUTTON "<",        60, 80,  72, 14, 14
    PUSHBUTTON ">",        62, 80,  88, 14, 14
}
```

HEXCALC.ICO

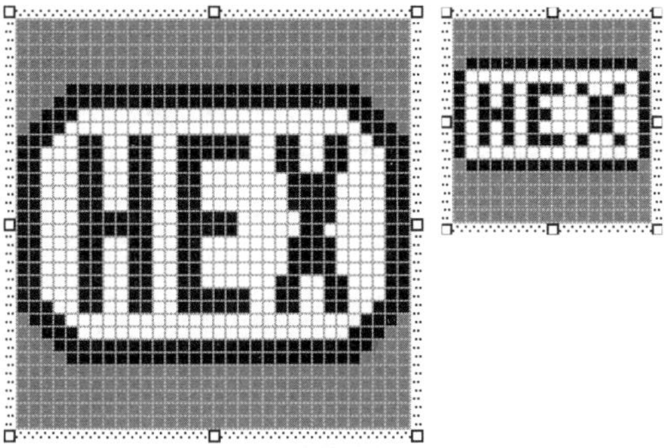

Abbildung 11.9: *Das Programm* HEXCALC

HEXCALC verwendet zwar ein normales Ressourcenskript, der Prototyp des Dialogfelds (aus dem das Programm letztlich besteht) ist dort aber *nicht* enthalten: Die Datei HEXCALC.DLG wurde nicht mit dem Dialog-Editor von Developer Studio, sondern mit einem normalen Texteditor erstellt.

Das Programm arbeitet mit der normalen Infix-Notation (d.h. führt Berechnungen wie 3 + 4 in der Form `3 + 4 =` aus) und benutzt dabei die Operatoren von C, d.h. kennt Addition, Subtraktion, Multiplikation, Division und Divisionsrest (Modulo) sowie ein bitweises AND, OR, XOR und Verschieben. Die Grundlage sind vorzeichenlose Integerzahlen mit 32 Bit, auf eine Division durch 0 reagiert das Programm mit der Ausgabe des Wertes FFFFFFFF.

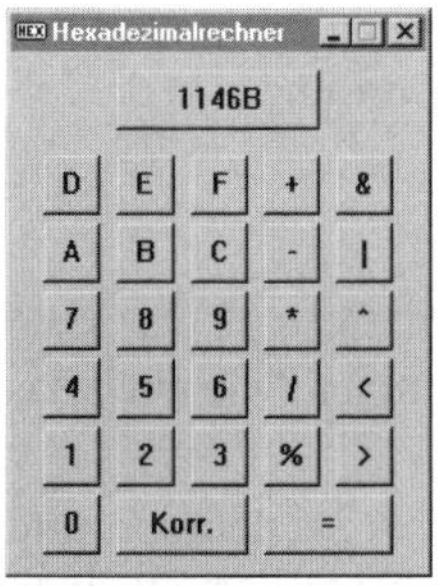

Abbildung 11.10: HEXCALC *in Aktion*

Eingaben können entweder über die Tastatur oder mit Klicks in den entsprechenden Schaltflächen geschehen, anstelle von = läßt sich auch Return verwenden. Einzelne Korrekturen geschehen über einen Klick in »Korr.« oder die Rück- bzw. Linkspfeiltaste, ein Druck auf Esc löscht das Display.

Das Merkwürdige von HEXCALC ist vor allem das Fenster des Programms: Es stellt eine Art Zwischending zwischen einem normalen Fenster und einem moduslosen Dialog dar. Wenn Sie sich den Quelltext noch einmal genau ansehen, werden Sie feststellen, dass eine eigene Dialogprozedur dort fehlt: Tatsächlich werden sämtliche Nachrichten durch die normale Window-Prozedur (*WndProc*) bearbeitet. Andererseits wird dieses Fenster aber nicht über *CreateWindow*, sondern eben über *CreateDialog* in *WinMain* angelegt und baut auf einem Prototypen auf, den die Datei HEXCALC.DLG definiert.

Machen wir dem Verwirrspiel ein Ende: Ein Dialogfenster unterscheidet sich von einem normalen Fenster dadurch, dass Windows für Dialoge normalerweise eine interne Window-Prozedur benutzt, die ihrerseits bei bestimmten Ereignissen die Dialogprozedur des Programms aufruft. Die weiteren Unterschiede lassen sich mit einem Wort beschreiben: Keine.

HEXCALC zwingt Windows dazu, das Fenster über den Prototyp des Dialogs aus HEXCALC.DLG aufzubauen, bearbeitet die Nachrichten dieses Fensters aber in Eigenregie. Ein näherer Blick auf den Prototypen dieses Dialogs zeigt, wieso die Sache klappt:

```
HexCalc DIALOG -1, -1, 102, 122
STYLE WS_OVERLAPPED | WS_CAPTION | WS_SYSMENU | WS_MINIMIZEBOX
CLASS "HexCalc"
CAPTION "Hexadezimalrechner"
```

Einmal abgesehen davon, dass hier im Fensterstil das Flagbit WS_OVERLAPPED erscheint, das eigentlich charakteristisch für normale Fenster ist, liegt des Pudels Kern in einer mit dem Schlüsselwort CLASS definierten separaten Fensterklasse. Wie vor Ewigkeiten (nämlich in Kapitel 3) beschrieben, legt die Fensterklasse unter anderem die Window-Prozedur fest – und wird bei Dialogen offensichtlich mit einer Standardvorgabe von Windows besetzt, wenn der Prototyp keine Anweisung des Typs CLASS enthält.

In dieser Anweisung liegt auch der Grund, wieso der Dialogprototyp von HEXCALC nicht mit dem Editor von Developer Studio definiert und wie gewohnt im Ressourcenskript (HEXCALC.RC) steht, sondern in einer separaten Datei HEXCALC.DLG gelandet ist. Diese Art von »Mißbrauch« überschreitet definitiv die Grenzen dessen, was mit dem Dialog-Editor machbar ist. (Vernünftigerweise benutzt man den Dialog-Editor natürlich trotzdem erst einmal zur Definition, Beschriftung und Positionierung der einzelnen Steuerelemente – und kopiert die dabei entstandenen Einträge aus HEXCALC.RC dann in eine separate Datei.) Damit der Ressourcen-Compiler diese Datei auch berücksichtigt, müssen Sie den Wahlpunkt *Ansicht/Ressourcen-Includes...* benutzen und im Feld »Kompilier-Zeit-Direktiven« (auf Deutsch: »Compileranweisungen«) die folgende Zeile eintragen:

```
#include "hexcalc.dlg"
```

Derartige Anweisungen werden unverändert in das Ressourcenskript übernommen (wie auch das Listing der Datei HEXCALC.RC auf Seite 513 zeigt).

HEXCALC vereinbart hier eine Fensterklasse namens »HexCalc«, die in *WinMain* definiert und dort über einen Aufruf von *RegisterClass* eingetragen wird – und wie nach dieser Vorrede auch nicht anders zu erwarten, bekommt das Feld *lpfnWndProc* der dazugehörigen Variablen die

Adresse von *WndProc* zugewiesen. Einen Unterschied gibt es an dieser Stelle doch, der noch dazu höchst wichtig ist: das Feld *cbWndExtra* derselben Variablen bekommt den Wert DLGWINDOWEXTRA zugewiesen, d.h. reserviert einige zusätzliche Bytes, die Windows für auf diese Weise definierte Dialoge sozusagen als Eigenbedarf voraussetzt.

Auf das »Registrieren« der Fensterklasse folgt der Aufruf von *CreateDialog*:

```
hwnd = CreateDialog (hInstance, szAppName, 0, NULL) ;
```

Als zweiter Parameter wird der String »HexCalc« übergeben, den *CreateDialog* als Namen des Prototyps aus der Ressource-Datei interpretiert. Der dritte Parameter steht für den Handle des übergeordneten Fensters, das es in diesem Fall nicht gibt, der vierte für die Adresse der Dialogprozedur, die hier ebenfalls nicht existiert, weil das Programm die Nachrichten des Dialogs selbst verarbeitet.

Was bei diesem Aufruf von *CreateDialog* zusammen mit dem Prototypen aus HEXCALC.DLG herauskommt, ist ein Äquivalent des folgenden Aufrufs von *CreateWindow*:

```
hwnd = CreateWindow ("HexCalc", "Hexadezimalrechner",
          WS_OVERLAPPED | WS_CAPTION | WS_SYSMENU | WS_MINIMIZEBOX
          CW_USEDEFAULT, CW_USEDEFAULT,
          102 * 4 / cxChar, 122 * 8 / cyChar,
          NULL, NULL, hInstance, NULL) ;
```

cxChar und *cyChar* stehen dabei für die Breite und Höhe der verwendeten Schrift.

Erfreulicherweise hört *CreateDialog* an dieser Stelle aber nicht auf, sondern verhält sich in exakt derselben Weise wie beim Anlegen anderer Dialoge auch, d.h. interpretiert die folgenden Definitionen des Prototyps aus der Ressource-Datei. Das Ergebnis sind im Falle von HEXCALC 29 Steuerelemente, für die jeweils ein eigener Aufruf von *CreateWindow* mit den entsprechenden Daten durchgeführt wird.

Wer den Empfänger der Nachrichten spielt, die diese Steuerelemente später ausgeben werden, ist bereits über die Fensterklasse festgelegt und hat mit *CreateDialog* nicht das Geringste zu tun – woraus folgt, dass sich diese Funktion auch für den Aufbau beliebiger anderer Fenster mit Steuerelementen verwenden läßt, die man in der Ressource-Datei eines Programms in Form eines Prototyps verewigt hat.

Optimierung von Kennziffern

Obwohl wir es immerhin mit 29 Steuerelementen zu tun haben, kommt HEXCALC ohne eine Include-Datei mit entsprechenden Konstanten aus. Was nicht etwa daran liegt, dass das Programm nackte Zahlenwerte verwendet – im Gegenteil: als Kennziffern der einzelnen Schaltflächen wird der ASCII-Code der jeweiligen Beschriftung benutzt. Als Ergebnis kann *WndProc* Nachrichten der Typen WM_COMMAND und WM_CHAR mehr oder minder direkt in einen Topf werfen: ein Klick auf »1« liefert in LOWORD(*wParam*) denselben Wert wie ein Druck auf 1 – nämlich den ASCII-Code.

Ganz ohne eigene Logik kommt das Programm natürlich trotzdem nicht aus: So muß *WndProc* beispielsweise WM_KEYDOWN bearbeiten, um aus der Linkspfeiltaste denselben Code wie für die Rücktaste zu machen. Beim Bearbeiten von WM_CHAR findet zusätzlich eine Umwandlung in Großbuchstaben sowie das Umsetzen von Return auf den ASCII-Code von »=« statt.

Die Prüfung, ob der Benutzer ein nicht von HEXCALC definiertes Zeichen eingegeben hat, fällt dagegen wieder ausgesprochen einfach aus – nämlich über einen Aufruf von *GetDlgItem*: Diese Funktion prüft, ob das Dialogfeld ein Steuerelement mit der angegebenen Kennziffer (also dem bei WM_CHAR mitgelieferten ASCII-Code) enthält und liefert den Wert FALSE zurück, wenn die Suche erfolglos bleibt. Auf das Ergebnis TRUE reagiert das Programm dagegen mit einem simulierten Mausklick, d.h. dem kurzzeitigen Invertieren des entsprechenden Steuerelements:

```
if (hButton = GetDlgItem (hwnd, wParam))
     { SendMessage (hButton, BM_SETSTATE, 1, 0L) ;
       Sleep(100) ; // 0,1 Sekunden Pause zwischen den beiden Wechseln
       SendMessage (hButton, BM_SETSTATE, 0, 0L) ;
     }
```

Auf diese Weise bekommt der Benutzer sozusagen eine doppelte optische Rückmeldung. (Außerdem kostet es nicht viel und sieht hübsch aus).

Ein letztes Detail betrifft den Eingabefokus: Er wird von *WndProc* beim Bearbeiten von WM_COMMAND mit

```
case WM_COMMAND :
     SetFocus (hwnd) ;
```

immer wieder auf das Dialogfenster selbst zurückgesetzt, weil er sonst nach einem Mausklick auf das jeweilige Steuerelement zeigen würde.

Die Standard-Dialogfelder

Die letzte Erweiterung des Programms POPPAD in Kapitel 10 konnte zwar bereits mit einem Menü »Datei« aufwarten, das aber mehr einer Absichtserklärung glich: Die dazugehörigen Wahlpunkte sind bis auf »Beenden« noch ohne Funktion. Inzwischen haben wir mit Dialogen den überwiegenden Teil der Grundlagen geschaffen, auf deren Basis sich dieses Manko beheben läßt – und können bei der nun fälligen Erweiterung auch gleich die Funktionen »Suchen und Ersetzen« berücksichtigen.

Die Arbeit mit Dateien unter Windows stellt eine Art schrittweiser Entwicklung dar, die definitiv vom Schlechten zum Besseren führt: Dem erklärten Ziel zum Trotz, grundlegende Operationen zu standardisieren, gab es in den Versionen 1 und 2 nicht einmal vernünftige Funktionen für Lese- und Schreiboperationen – von einem Standarddialog zur Auswahl von Dateien erst gar nicht zu reden. Nachdem hier jeder Hersteller zwangsweise das Rad von neuem erfand, haben sich die Entwickler von Microsoft schließlich der Nöte der Anwendungsprogrammierer erbarmt: Seit Windows 3.1 gibt es eine Bibliothek namens COMMDLG (»common dialog«, wobei das »common« nicht etwa für »allgemein«, sondern eben für »Standard« steht – oder, besser gesagt: stehen sollte), deren Funktionen die wichtigsten (und immer wieder benötigten) Dialoge zusammenfassen. Wie üblich, hat Microsoft die Sache gründlich gemacht: COMMDLG enthält nicht nur die Dialogfelder zum Laden und Speichern von Dateien, sondern auch für die Auswahl von Farben, das Suchen und Ersetzen von Textstellen, die Auswahl von Schriften und schließlich die Auswahl von Druckern und Papierformaten. (Um die Druckerauswahl geht es in Kapitel 13; Details zum praktischen Einsatz aller anderen Standard-Dialogfelder finden Sie dagegen bereits in diesem Kapitel.)

Die Verwendung dieser Standarddialoge ist eine recht einfache Angelegenheit: Das Programm besetzt die Felder einer Struktur mit bestimmten Werten, übergibt sie der entsprechenden Routine aus COMMDLG – und wartet dann darauf, dass der Benutzer diesen Dialog irgendwann beendet, um schließlich die Felder der Struktur auszuwerten.

An den Standarddialogen sind insgesamt drei Dateien beteiligt: Eine (von Developer Studio standardmäßig eingebundene) Import-Bibliothek (.LIB), die (bei Windows 9x und Windows NT grundsätzlich vorhandene) DLL – und schließlich eine Include-Datei COMMDLG.H, die dem Compiler die entsprechenden Datentypen, Strukturen und Prototypen zur Verfügung stellt. Diese Datei müssen Sie per *#include* in Ihre Quelltexte aufnehmen. Die vollständige Dokumentation zu den Standarddialogfeldern finden Sie im Win32-SDK im Abschnitt */Platform SDK/User Interface Services/User Input/Common Dialog Box Library.*

Was die bei Windows 1 und 2 noch überhaupt nicht und in Windows 3.x nur über Hilfskonstrukte definierten Funktionen zum Lesen und Schreiben von Dateien betrifft: Hier hat sich erst beim Übergang von 16 auf 32 Bit etwas getan – dafür aber mit ähnlicher Gründlichkeit. Details zu *ReadFile*, *WriteFile*, *CloseFile* und vor allem einer eierlegenden Wollmilchsau namens *CreateFile* finden Sie im Abschnitt */Platform SDK/Windows Basic Services/Files and I/O/File Reference*, eine praktische Demonstration auf Seite 517).

Eine neue Version von POPPAD

Die im folgenden wiedergegebene dritte Version des Programms POPPAD demonstriert nicht nur die Verwendung der von COMMDLG definierten Routinen, sondern kümmert sich auch um den überwiegenden Rest des Menüs »Datei«, d.h. definiert sämtliche Wahlpunkte bis auf »Drucken«. Da ich für die Druckfunktionen ein eigenes Modul (POPPRNT0.C) definiert habe, das momentan lediglich »Dummy«-Funktionen enthält (und in Kapitel 13 erweitert wird), kann man den Rest des Programms als abgeschlossen bezeichnen. Konsequent trägt das Hauptmodul auch nicht den Namen POPPAD3, sondern heißt schlicht POPPAD.C.

POPPAD.C

```
/*-------------------------------------------
   POPPAD.C -- Popup-Editor, endgültige Version
               (c) Charles Petzold, 1998
  -------------------------------------------*/

#include <windows.h>
#include <commdlg.h>
#include "resource.h"

#define EDITID   1
#define UNTITLED TEXT ("(unbenannt)")

LRESULT CALLBACK WndProc      (HWND, UINT, WPARAM, LPARAM) ;
BOOL    CALLBACK AboutDlgProc (HWND, UINT, WPARAM, LPARAM) ;

// Funktionen von POPFILE.C
void PopFileInitialize (HWND) ;
BOOL PopFileOpenDlg    (HWND, PTSTR, PTSTR) ;
BOOL PopFileSaveDlg    (HWND, PTSTR, PTSTR) ;
BOOL PopFileRead       (HWND, PTSTR) ;
BOOL PopFileWrite      (HWND, PTSTR) ;
```

```
// Funktionen von POPFIND.C
HWND PopFindFindDlg     (HWND) ;
HWND PopFindReplaceDlg  (HWND) ;
BOOL PopFindFindText    (HWND, int *, LPFINDREPLACE) ;
BOOL PopFindReplaceText (HWND, int *, LPFINDREPLACE) ;
BOOL PopFindNextText    (HWND, int *) ;
BOOL PopFindValidFind   (void) ;

// Funktionen von POPFONT.C
void PopFontInitialize   (HWND) ;
BOOL PopFontChooseFont   (HWND) ;
void PopFontSetFont      (HWND) ;
void PopFontDeinitialize (void) ;

// Funktionen von POPPRNT.C
BOOL PopPrntPrintFile (HINSTANCE, HWND, HWND, PTSTR) ;

// Globale Variablen
static HWND  hDlgModeless ;
static TCHAR szAppName[] = TEXT ("PopPad") ;

int WINAPI WinMain (HINSTANCE hInstance, HINSTANCE hPrevInstance,
                    PSTR szCmdLine, int iCmdShow)
{
     MSG       msg ;
     HWND      hwnd ;
     HACCEL    hAccel ;
     WNDCLASS  wndclass ;

     wndclass.style         = CS_HREDRAW | CS_VREDRAW ;
     wndclass.lpfnWndProc   = WndProc ;
     wndclass.cbClsExtra    = 0 ;
     wndclass.cbWndExtra    = 0 ;
     wndclass.hInstance     = hInstance ;
     wndclass.hIcon         = LoadIcon (hInstance, szAppName) ;
     wndclass.hCursor       = LoadCursor (NULL, IDC_ARROW) ;
     wndclass.hbrBackground = (HBRUSH) GetStockObject (WHITE_BRUSH) ;
     wndclass.lpszMenuName  = szAppName ;
     wndclass.lpszClassName = szAppName ;

     if (!RegisterClass (&wndclass))
     {    // UNICODE-Compilierung ist die einzige realistische Fehlermöglichkeit
          MessageBox (NULL, TEXT ("Programm arbeitet mit Unicode und setzt Windows NT voraus!"),
                      szAppName, MB_ICONERROR) ;
          return 0 ;
     }

     hwnd = CreateWindow (szAppName, NULL,
                          WS_OVERLAPPEDWINDOW,
                          CW_USEDEFAULT, CW_USEDEFAULT,
                          CW_USEDEFAULT, CW_USEDEFAULT,
                          NULL, NULL, hInstance, szCmdLine) ;

     ShowWindow (hwnd, iCmdShow) ;
     UpdateWindow (hwnd) ;
     hAccel = LoadAccelerators (hInstance, szAppName) ;
```

```
     while (GetMessage (&msg, NULL, 0, 0))
     {
          if (hDlgModeless == NULL || !IsDialogMessage (hDlgModeless, &msg))
          {
               if (!TranslateAccelerator (hwnd, hAccel, &msg))
               {
                    TranslateMessage (&msg) ;
                    DispatchMessage (&msg) ;
               }
          }
     }
     return msg.wParam ;
}

void DoCaption (HWND hwnd, TCHAR * szTitleName)
{
     TCHAR szCaption[64 + MAX_PATH] ;

     wsprintf (szCaption, TEXT ("%s - %s"), szAppName,
               szTitleName[0] ? szTitleName : UNTITLED) ;

     SetWindowText (hwnd, szCaption) ;
}

void OkMessage (HWND hwnd, TCHAR * szMessage, TCHAR * szTitleName)
{
     TCHAR szBuffer[64 + MAX_PATH] ;

     wsprintf (szBuffer, szMessage, szTitleName[0] ? szTitleName : UNTITLED) ;

     MessageBox (hwnd, szBuffer, szAppName, MB_OK | MB_ICONEXCLAMATION) ;
}

short AskAboutSave (HWND hwnd, TCHAR * szTitleName)
{
     TCHAR szBuffer[64 + MAX_PATH] ;
     int   iReturn ;

     wsprintf (szBuffer, TEXT ("Veränderungen in %s speichern?"),
               szTitleName[0] ? szTitleName : UNTITLED) ;

     iReturn = MessageBox (hwnd, szBuffer, szAppName,
                           MB_YESNOCANCEL | MB_ICONQUESTION) ;
     if (iReturn == IDYES)
          if (!SendMessage (hwnd, WM_COMMAND, IDM_FILE_SAVE, 0))
               iReturn = IDCANCEL ;

     return iReturn ;
}

LRESULT CALLBACK WndProc (HWND hwnd, UINT message, WPARAM wParam, LPARAM lParam)
{
     static BOOL      bNeedSave = FALSE ;
     static HINSTANCE hInst ;
     static HWND      hwndEdit ;
```

```
     static int          iOffset ;
     static TCHAR        szFileName[MAX_PATH], szTitleName[MAX_PATH] ;
     static UINT         messageFindReplace ;
     int                 iSelBeg, iSelEnd, iEnable ;
     LPFINDREPLACE       pfr ;

     switch (message)
     {
     case WM_CREATE:
          hInst = ((LPCREATESTRUCT) lParam) -> hInstance ;

          // Editfenster anlegen
          hwndEdit = CreateWindow (TEXT ("edit"), NULL,
                              WS_CHILD | WS_VISIBLE | WS_HSCROLL | WS_VSCROLL |
                              WS_BORDER | ES_LEFT | ES_MULTILINE |
                              ES_NOHIDESEL | ES_AUTOHSCROLL | ES_AUTOVSCROLL,
                              0, 0, 0, 0,
                              hwnd, (HMENU) EDITID, hInst, NULL) ;

          // Maximal 32000 Zeichen
          SendMessage (hwndEdit, EM_LIMITTEXT, 32000, 0L) ;

          // Initialisierung der Dialogfelder (COMMDLG)
          PopFileInitialize (hwnd) ;
          PopFontInitialize (hwndEdit) ;

          messageFindReplace = RegisterWindowMessage (FINDMSGSTRING) ;

          DoCaption (hwnd, szTitleName) ;
          return 0 ;

     case WM_SETFOCUS:
          SetFocus (hwndEdit) ;
          return 0 ;

     case WM_SIZE:
          MoveWindow (hwndEdit, 0, 0, LOWORD (lParam), HIWORD (lParam), TRUE) ;
          return 0 ;

     case WM_INITMENUPOPUP:
          switch (lParam)
          {
          case 1:             // Menü "Bearbeiten"

               // Rückgängig aktivieren, falls das Editfenster das zuläßt
               EnableMenuItem ((HMENU) wParam, IDM_EDIT_UNDO,
                    SendMessage (hwndEdit, EM_CANUNDO, 0, 0L) ? MF_ENABLED : MF_GRAYED) ;

               // Einfügen aktivieren, falls Text in der Zwischenablage
               EnableMenuItem ((HMENU) wParam, IDM_EDIT_PASTE,
                    IsClipboardFormatAvailable (CF_TEXT) ? MF_ENABLED : MF_GRAYED) ;

               // Kopieren, Ausschneiden und Löschen aktivieren, falls Text ausgewählt ist
               SendMessage (hwndEdit, EM_GETSEL, (WPARAM) &iSelBeg, (LPARAM) &iSelEnd) ;
               iEnable = iSelBeg != iSelEnd ? MF_ENABLED : MF_GRAYED ;
```

```
          EnableMenuItem ((HMENU) wParam, IDM_EDIT_CUT,   iEnable) ;
          EnableMenuItem ((HMENU) wParam, IDM_EDIT_COPY,  iEnable) ;
          EnableMenuItem ((HMENU) wParam, IDM_EDIT_CLEAR, iEnable) ;
          break ;

     case 2:             // // Menü "Suchen"

          // Suchen, Ersetzen und Weitersuchen aktivieren,
          // falls Dialoge nicht bereits aktiv
          iEnable = hDlgModeless == NULL ? MF_ENABLED : MF_GRAYED ;
          EnableMenuItem ((HMENU) wParam, IDM_SEARCH_FIND,    iEnable) ;
          EnableMenuItem ((HMENU) wParam, IDM_SEARCH_NEXT,    iEnable) ;
          EnableMenuItem ((HMENU) wParam, IDM_SEARCH_REPLACE, iEnable) ;
          break ;
     }
     return 0 ;

case WM_COMMAND:
     if (lParam && LOWORD (wParam) == EDITID)
     {  // Nachrichten des Editfensters
          switch (HIWORD (wParam))
          {
          case EN_UPDATE :
               bNeedSave = TRUE ;
               return 0 ;

          case EN_ERRSPACE :
          case EN_MAXTEXT :
               MessageBox (hwnd, TEXT ("Kapazitätsgrenze erreicht."),
                           szAppName, MB_OK | MB_ICONSTOP) ;
               return 0 ;
          }
          break ;
     }

     switch (LOWORD (wParam))
     {
          // Wahlpunkte des Dateimenüs

     case IDM_FILE_NEW:
          if (bNeedSave && IDCANCEL == AskAboutSave (hwnd, szTitleName))
               return 0 ;

          SetWindowText (hwndEdit, TEXT ("\0")) ;
          szFileName[0]  = '\0' ;
          szTitleName[0] = '\0' ;
          DoCaption (hwnd, szTitleName) ;
          bNeedSave = FALSE ;
          return 0 ;

     case IDM_FILE_OPEN:
          if (bNeedSave && IDCANCEL == AskAboutSave (hwnd, szTitleName))
               return 0 ;
          if (PopFileOpenDlg (hwnd, szFileName, szTitleName))
          {
               if (!PopFileRead (hwndEdit, szFileName))
```

```
          {
               OkMessage (hwnd, TEXT ("Datei %s nicht lesbar!"), szTitleName) ;
               szFileName[0]  = '\0' ;
               szTitleName[0] = '\0' ;
          }
     }

     DoCaption (hwnd, szTitleName) ;
     bNeedSave = FALSE ;
     return 0 ;

case IDM_FILE_SAVE:
     if (szFileName[0])
     {
          if (PopFileWrite (hwndEdit, szFileName))
          {
               bNeedSave = FALSE ;
               return 1 ;
          }
          else
          {
               OkMessage (hwnd, TEXT ("Fehler beim Schreiben von %s!"), szTitleName) ;
               return 0 ;
          }
     }
                         // weiter mit "Speichern unter"
case IDM_FILE_SAVE_AS:
     if (PopFileSaveDlg (hwnd, szFileName, szTitleName))
     {
          DoCaption (hwnd, szTitleName) ;

          if (PopFileWrite (hwndEdit, szFileName))
          {
               bNeedSave = FALSE ;
               return 1 ;
          }
          else
          {
               OkMessage (hwnd, TEXT ("Fehler beim Schreiben von %s!"), szTitleName) ;
               return 0 ;
          }
     }
     return 0 ;

case IDM_FILE_PRINT:
     if (!PopPrntPrintFile (hInst, hwnd, hwndEdit, szTitleName))
          OkMessage (hwnd, TEXT ("Fehler beim Drucken von %s!"), szTitleName) ;
     return 0 ;

case IDM_APP_EXIT:
     SendMessage (hwnd, WM_CLOSE, 0, 0) ;
     return 0 ;

     // Menü "Bearbeiten"
case IDM_EDIT_UNDO:
     SendMessage (hwndEdit, WM_UNDO, 0, 0) ;
```

```
            return 0 ;

       case IDM_EDIT_CUT:
            SendMessage (hwndEdit, WM_CUT, 0, 0) ;
            return 0 ;

       case IDM_EDIT_COPY:
            SendMessage (hwndEdit, WM_COPY, 0, 0) ;
            return 0 ;

       case IDM_EDIT_PASTE:
            SendMessage (hwndEdit, WM_PASTE, 0, 0) ;
            return 0 ;

       case IDM_EDIT_CLEAR:
            SendMessage (hwndEdit, WM_CLEAR, 0, 0) ;
            return 0 ;

       case IDM_EDIT_SELECT_ALL:
            SendMessage (hwndEdit, EM_SETSEL, 0, -1) ;
            return 0 ;

            // Menü "Suchen"
       case IDM_SEARCH_FIND:
            SendMessage (hwndEdit, EM_GETSEL, 0, (LPARAM) &iOffset) ;
            hDlgModeless = PopFindFindDlg (hwnd) ;
            return 0 ;

       case IDM_SEARCH_NEXT:
            SendMessage (hwndEdit, EM_GETSEL, 0, (LPARAM) &iOffset) ;

            if (PopFindValidFind ())
                 PopFindNextText (hwndEdit, &iOffset) ;
            else
                 hDlgModeless = PopFindFindDlg (hwnd) ;

            return 0 ;

       case IDM_SEARCH_REPLACE:
            SendMessage (hwndEdit, EM_GETSEL, 0, (LPARAM) &iOffset) ;
            hDlgModeless = PopFindReplaceDlg (hwnd) ;
            return 0 ;

       case IDM_FORMAT_FONT:
            if (PopFontChooseFont (hwnd))
                 PopFontSetFont (hwndEdit) ;

            return 0 ;

            // Hilfestellung
       case IDM_HELP:
            OkMessage (hwnd, TEXT ("Hilfestellung noch nicht implementiert!"),
                             TEXT ("\0")) ;
            return 0 ;

       case IDM_APP_ABOUT:
```

```
            DialogBox (hInst, TEXT ("AboutBox"), hwnd, AboutDlgProc) ;
            return 0 ;
        }
        break ;

    case WM_CLOSE:
        if (!bNeedSave || IDCANCEL != AskAboutSave (hwnd, szTitleName))
            DestroyWindow (hwnd) ;

        return 0 ;

    case WM_QUERYENDSESSION :
        if (!bNeedSave || IDCANCEL != AskAboutSave (hwnd, szTitleName))
            return 1 ;

        return 0 ;

    case WM_DESTROY:
        PopFontDeinitialize () ;
        PostQuitMessage (0) ;
        return 0 ;

    default:
        if (message == messageFindReplace)
        {   // Nachrichten für "Suchen und Ersetzen"
            pfr = (LPFINDREPLACE) lParam ;

            if (pfr->Flags & FR_DIALOGTERM)
                hDlgModeless = NULL ;

            if (pfr->Flags & FR_FINDNEXT)
                if (!PopFindFindText (hwndEdit, &iOffset, pfr))
                    OkMessage (hwnd, TEXT ("Text nicht gefunden!"),
                                     TEXT ("\0")) ;

            if (pfr->Flags & FR_REPLACE || pfr->Flags & FR_REPLACEALL)
                if (!PopFindReplaceText (hwndEdit, &iOffset, pfr))
                    OkMessage (hwnd, TEXT ("Text nicht gefunden!"),
                                     TEXT ("\0")) ;

            if (pfr->Flags & FR_REPLACEALL)
                while (PopFindReplaceText (hwndEdit, &iOffset, pfr)) ;

            return 0 ;
        }
        break ;
    }
    return DefWindowProc (hwnd, message, wParam, lParam) ;
}

BOOL CALLBACK AboutDlgProc (HWND hDlg, UINT message,
                            WPARAM wParam, LPARAM lParam)
{
    switch (message)
    {
    case WM_INITDIALOG:
```

```
          return TRUE ;

     case WM_COMMAND:
          switch (LOWORD (wParam))
          {
          case IDOK:
               EndDialog (hDlg, 0) ;
               return TRUE ;
          }
          break ;
     }
     return FALSE ;
}
```

POPFILE.C

```
/*-------------------------------------------
   POPFILE.C -- Dateioperationen von POPPAD
  -------------------------------------------*/

#include <windows.h>
#include <commdlg.h>

static OPENFILENAME ofn ;

void PopFileInitialize (HWND hwnd)
{
     static TCHAR szFilter[] = TEXT ("Textdateien (*.TXT)\0*.txt\0")  \
                               TEXT ("ASCII-Dateien (*.ASC)\0*.asc\0") \
                               TEXT ("Alle Dateien (*.*)\0*.*\0\0") ;

     ofn.lStructSize       = sizeof (OPENFILENAME) ;
     ofn.hwndOwner         = hwnd ;
     ofn.hInstance         = NULL ;
     ofn.lpstrFilter       = szFilter ;
     ofn.lpstrCustomFilter = NULL ;
     ofn.nMaxCustFilter    = 0 ;
     ofn.nFilterIndex      = 0 ;
     ofn.lpstrFile         = NULL ;          // Bei Öffnen bzw. Schließen gesetzt
     ofn.nMaxFile          = MAX_PATH ;
     ofn.lpstrFileTitle    = NULL ;          // Bei Öffnen bzw. Schließen gesetzt
     ofn.nMaxFileTitle     = MAX_PATH ;
     ofn.lpstrInitialDir   = NULL ;
     ofn.lpstrTitle        = NULL ;
     ofn.Flags             = 0 ;             // Bei Öffnen bzw. Schließen gesetzt
     ofn.nFileOffset       = 0 ;
     ofn.nFileExtension    = 0 ;
     ofn.lpstrDefExt       = TEXT ("txt") ;
     ofn.lCustData         = 0L ;
     ofn.lpfnHook          = NULL ;
     ofn.lpTemplateName    = NULL ;
}

BOOL PopFileOpenDlg (HWND hwnd, PTSTR pstrFileName, PTSTR pstrTitleName)
{
     ofn.hwndOwner         = hwnd ;
     ofn.lpstrFile         = pstrFileName ;
```

```
     ofn.lpstrFileTitle    = pstrTitleName ;
     ofn.Flags             = OFN_HIDEREADONLY | OFN_CREATEPROMPT ;

     return GetOpenFileName (&ofn) ;
}

BOOL PopFileSaveDlg (HWND hwnd, PTSTR pstrFileName, PTSTR pstrTitleName)
{
     ofn.hwndOwner         = hwnd ;
     ofn.lpstrFile         = pstrFileName ;
     ofn.lpstrFileTitle    = pstrTitleName ;
     ofn.Flags             = OFN_OVERWRITEPROMPT ;

     return GetSaveFileName (&ofn) ;
}

BOOL PopFileRead (HWND hwndEdit, PTSTR pstrFileName)
{
     BYTE   bySwap ;
     DWORD  dwBytesRead ;
     HANDLE hFile ;
     int    i, iFileLength, iUniTest ;
     PBYTE  pBuffer, pText, pConv ;

     // Datei öffnen
     if (INVALID_HANDLE_VALUE ==
             (hFile = CreateFile (pstrFileName, GENERIC_READ, FILE_SHARE_READ,
                                  NULL, OPEN_EXISTING, 0, NULL)))
          return FALSE ;

     // Dateigröße in Bytes ermitteln, zwei Bytes für ein abschließendes NUL
     // dazuaddieren (Unicode!), Speicher belegen
     iFileLength = GetFileSize (hFile, NULL) ;
     pBuffer = malloc (iFileLength + 2) ;

     // Dateiinhalt lesen und zwei NUL-Zeichen anhängen
     ReadFile (hFile, pBuffer, iFileLength, &dwBytesRead, NULL) ;
     CloseHandle (hFile) ;
     pBuffer[iFileLength] = '\0' ;
     pBuffer[iFileLength + 1] = '\0' ;

     // Unicode-Text?
     iUniTest = IS_TEXT_UNICODE_SIGNATURE | IS_TEXT_UNICODE_REVERSE_SIGNATURE ;

     if (IsTextUnicode (pBuffer, iFileLength, &iUniTest))
     {
          pText = pBuffer + 2 ;
          iFileLength -= 2 ;

          if (iUniTest & IS_TEXT_UNICODE_REVERSE_SIGNATURE)
          {
               for (i = 0 ; i < iFileLength / 2 ; i++)
               {
                    bySwap = ((BYTE *) pText) [2 * i] ;
                    ((BYTE *) pText) [2 * i] = ((BYTE *) pText) [2 * i + 1] ;
                    ((BYTE *) pText) [2 * i + 1] = bySwap ;
```

```
            }
        }

        // Speicher für eine eventuell notwendige Konvertierung belegen
        pConv = malloc (iFileLength + 2) ;

        // Wenn das Editfenster nicht mit Unicode zurechtkommt, Konvertierung
#ifndef UNICODE
        WideCharToMultiByte (CP_ACP, 0, (PWSTR) pText, -1, pConv,
                             iFileLength + 2, NULL, NULL) ;

        // Wenn das Editfenster mit Unicode zurechtkommt, einfache Kopie
#else
        lstrcpy ((PTSTR) pConv, (PTSTR) pText) ;
#endif

    }
    else      // ANSI-Text
    {
        pText = pBuffer ;

        // Speicher für eine eventuell notwendige Konvertierung belegen
        pConv = malloc (2 * iFileLength + 2) ;
        // Wenn das Editfenster mit Unicode arbeitet, Konvertierung
#ifdef UNICODE
        MultiByteToWideChar (CP_ACP, 0, pText, -1, (PTSTR) pConv,
                             iFileLength + 1) ;

        // ANSI-Text, ANSI-Fenster: reine Kopie
#else
        lstrcpy ((PTSTR) pConv, (PTSTR) pText) ;
#endif
    }

    SetWindowText (hwndEdit, (PTSTR) pConv) ;
    free (pBuffer) ;
    free (pConv) ;

    return TRUE ;
}

BOOL PopFileWrite (HWND hwndEdit, PTSTR pstrFileName)
{
    DWORD  dwBytesWritten ;
    HANDLE hFile ;
    int    iLength ;
    PTSTR  pstrBuffer ;
    WORD   wByteOrderMark = 0xFEFF ;

    // Datei öffnen bzw. neu anlegen, falls noch nicht vorhanden
    if (INVALID_HANDLE_VALUE ==
            (hFile = CreateFile (pstrFileName, GENERIC_WRITE, 0,
                                 NULL, CREATE_ALWAYS, 0, NULL)))
        return FALSE ;

    // Zahl der Zeichen (nicht unbedingt Bytes!) im Editfenster ermitteln
```

```
    // und einen Puffer dafür belegen
    iLength = GetWindowTextLength (hwndEdit) ;
    pstrBuffer = (PTSTR) malloc ((iLength + 1) * sizeof (TCHAR)) ;

    if (!pstrBuffer)
    {
        CloseHandle (hFile) ;
        return FALSE ;
    }

    // Wenn das Editfenster mit Unicode arbeitet: Marker für die Byte-
    // Reihenfolge als erstes in die Datei schreiben

#ifdef UNICODE
    WriteFile (hFile, &wByteOrderMark, 2, &dwBytesWritten, NULL) ;
#endif

    // Text aus dem Editfenster in den Puffer kopieren und von dort aus schreiben
    GetWindowText (hwndEdit, pstrBuffer, iLength + 1) ;
    WriteFile (hFile, pstrBuffer, iLength * sizeof (TCHAR),
               &dwBytesWritten, NULL) ;

    if ((iLength * sizeof (TCHAR)) != (int) dwBytesWritten)
    {  // Schreibfehler - nicht alle Bytes geschrieben
        CloseHandle (hFile) ;
        free (pstrBuffer) ;
        return FALSE ;
    }

    CloseHandle (hFile) ;
    free (pstrBuffer) ;

    return TRUE ;
}
```

POPFIND.C

```
/*-----------------------------------------------------------
   POPFIND.C -- Funktionen "Suchen" und "Ersetzen" für POPPAD
  -----------------------------------------------------------*/

#include <windows.h>
#include <commdlg.h>
#include <tchar.h>          // tcsstr (gemeinsame strstr-Variante für ANSI und Unicode)

#define MAX_STRING_LEN   256

static TCHAR szFindText [MAX_STRING_LEN] ;
static TCHAR szReplText [MAX_STRING_LEN] ;

HWND PopFindFindDlg (HWND hwnd)
{
     static FINDREPLACE fr ;       // // für moduslosen Dialog, *muß* statisch sein!

     fr.lStructSize      = sizeof (FINDREPLACE) ;
     fr.hwndOwner        = hwnd ;
```

```
     fr.hInstance       = NULL ;
     fr.Flags           = FR_HIDEUPDOWN | FR_HIDEMATCHCASE | FR_HIDEWHOLEWORD ;
     fr.lpstrFindWhat   = szFindText ;
     fr.lpstrReplaceWith = NULL ;
     fr.wFindWhatLen    = MAX_STRING_LEN ;
     fr.wReplaceWithLen = 0 ;
     fr.lCustData       = 0 ;
     fr.lpfnHook        = NULL ;
     fr.lpTemplateName  = NULL ;

     return FindText (&fr) ;
}

HWND PopFindReplaceDlg (HWND hwnd)
{
     static FINDREPLACE fr ;      // // für moduslosen Dialog, *muß* statisch sein!

     fr.lStructSize     = sizeof (FINDREPLACE) ;
     fr.hwndOwner       = hwnd ;
     fr.hInstance       = NULL ;
     fr.Flags           = FR_HIDEUPDOWN | FR_HIDEMATCHCASE | FR_HIDEWHOLEWORD ;
     fr.lpstrFindWhat   = szFindText ;
     fr.lpstrReplaceWith = szReplText ;
     fr.wFindWhatLen    = MAX_STRING_LEN ;
     fr.wReplaceWithLen = MAX_STRING_LEN ;
     fr.lCustData       = 0 ;
     fr.lpfnHook        = NULL ;
     fr.lpTemplateName  = NULL ;

     return ReplaceText (&fr) ;
}

BOOL PopFindFindText (HWND hwndEdit, int * piSearchOffset, LPFINDREPLACE pfr)
{
     int    iLength, iPos ;
     PTSTR  pstrDoc, pstrPos ;

     // Dokument in einen Puffer kopieren
     iLength = GetWindowTextLength (hwndEdit) ;
     if (NULL == (pstrDoc = (PTSTR) malloc ((iLength + 1) * sizeof (TCHAR))))
          return FALSE ;
     GetWindowText (hwndEdit, pstrDoc, iLength + 1) ;

     // Suche nach dem Text innerhalb des Dokuments
     pstrPos = _tcsstr (pstrDoc + * piSearchOffset, pfr->lpstrFindWhat) ;
     free (pstrDoc) ;

     // Abbruch mit Fehlercode, falls erfolglos
     if (pstrPos == NULL)
          return FALSE ;

     // Sonst Startadresse bestimmen und neu setzen für nächste Suche
     iPos = pstrPos - pstrDoc ;
     * piSearchOffset = iPos + lstrlen (pfr->lpstrFindWhat) ;

     // Auswählen des gefundenen Texts
```

```
    SendMessage (hwndEdit, EM_SETSEL, iPos, * piSearchOffset) ;
    SendMessage (hwndEdit, EM_SCROLLCARET, 0, 0) ;

    return TRUE ;
}

BOOL PopFindNextText (HWND hwndEdit, int * piSearchOffset)
{
    FINDREPLACE fr ;

    fr.lpstrFindWhat = szFindText ;

    return PopFindFindText (hwndEdit, piSearchOffset, &fr) ;
}

BOOL PopFindReplaceText (HWND hwndEdit, int * piSearchOffset, LPFINDREPLACE pfr)
{
    // Fundstelle lokalisieren
    if (!PopFindFindText (hwndEdit, piSearchOffset, pfr))
        return FALSE ;

    // ... und ersetzen
    SendMessage (hwndEdit, EM_REPLACESEL, 0, (LPARAM) pfr->lpstrReplaceWith) ;

    return TRUE ;
}

BOOL PopFindValidFind (void)
{
    return * szFindText != '\0' ;
}
```

POPFONT.C

```
/*--------------------------------------
   POPFONT.C -- Schriftauswahl für POPPAD
  --------------------------------------*/

#include <windows.h>
#include <commdlg.h>

static LOGFONT logfont ;
static HFONT   hFont ;

BOOL PopFontChooseFont (HWND hwnd)
{
    CHOOSEFONT cf ;

    cf.lStructSize    = sizeof (CHOOSEFONT) ;
    cf.hwndOwner      = hwnd ;
    cf.hDC            = NULL ;
    cf.lpLogFont      = &logfont ;
    cf.iPointSize     = 0 ;
    cf.Flags          = CF_INITTOLOGFONTSTRUCT | CF_SCREENFONTS | CF_EFFECTS ;
    cf.rgbColors      = 0 ;
    cf.lCustData      = 0 ;
    cf.lpfnHook       = NULL ;
```

```
    cf.lpTemplateName = NULL ;
    cf.hInstance      = NULL ;
    cf.lpszStyle      = NULL ;
    cf.nFontType      = 0 ;               // von ChooseFont gesetzt
    cf.nSizeMin       = 0 ;
    cf.nSizeMax       = 0 ;

    return ChooseFont (&cf) ;
}

void PopFontInitialize (HWND hwndEdit)
{
    GetObject (GetStockObject (SYSTEM_FONT), sizeof (LOGFONT),
               (PTSTR) &logfont) ;

    hFont = CreateFontIndirect (&logfont) ;
    SendMessage (hwndEdit, WM_SETFONT, (WPARAM) hFont, 0) ;
}

void PopFontSetFont (HWND hwndEdit)
{
    HFONT hFontNew ;
    RECT  rect ;

    hFontNew = CreateFontIndirect (&logfont) ;
    SendMessage (hwndEdit, WM_SETFONT, (WPARAM) hFontNew, 0) ;
    DeleteObject (hFont) ;
    hFont = hFontNew ;
    GetClientRect (hwndEdit, &rect) ;
    InvalidateRect (hwndEdit, &rect, TRUE) ;
}

void PopFontDeinitialize (void)
{
    DeleteObject (hFont) ;
}
```

POPPRNT0.C

```
/*---------------------------------------------
   POPPRNT0.C -- Druck-Modul für POPPAD (Dummy)
  ---------------------------------------------*/

#include <windows.h>

BOOL PopPrntPrintFile (HINSTANCE hInst, HWND hwnd, HWND hwndEdit,
                       PTSTR pstrTitleName)
{
    return FALSE ;
}
```

POPPAD.RC (Auszüge)

```
//Microsoft Developer Studio generated resource script.

#include "resource.h"
```

```
#include "afxres.h"

/////////////////////////////////////////////////////////////////////////////
// Dialog

ABOUTBOX DIALOG DISCARDABLE  32, 32, 180, 100
STYLE DS_MODALFRAME | WS_POPUP
FONT 8, "MS Sans Serif"
BEGIN
    DEFPUSHBUTTON   "OK",IDOK,66,80,50,14
    ICON            "POPPAD",IDC_STATIC,7,7,20,20
    CTEXT           "PopPad",IDC_STATIC,40,12,100,8
    CTEXT           "Popup-Editor für Windows",IDC_STATIC,7,40,166,8
    CTEXT           "(c) Charles Petzold, 1998",IDC_STATIC,7,52,166,8
END

PRINTDLGBOX DIALOG DISCARDABLE  32, 32, 186, 95
STYLE DS_MODALFRAME | WS_POPUP | WS_VISIBLE | WS_CAPTION | WS_SYSMENU
CAPTION "PopPad"
FONT 8, "MS Sans Serif"
BEGIN
    PUSHBUTTON      "Cancel",IDCANCEL,67,74,50,14
    CTEXT           "Senden von",IDC_STATIC,8,8,172,8
    CTEXT           "",IDC_FILENAME,8,28,172,8
    CTEXT           "zum Druck-Spooler",IDC_STATIC,8,48,172,8
END

/////////////////////////////////////////////////////////////////////////////
// Menu

POPPAD MENU DISCARDABLE
BEGIN
    POPUP "&Datei"
    BEGIN
        MENUITEM "&Neu\tStrg+N",                IDM_FILE_NEW
        MENUITEM "Ö&ffnen...\tStrg+O",          IDM_FILE_OPEN
        MENUITEM "&Speichern\tSTrg+S",          IDM_FILE_SAVE
        MENUITEM "Speichern &unter...",         IDM_FILE_SAVE_AS
        MENUITEM SEPARATOR
        MENUITEM "&Drucken\tStrg+P",            IDM_FILE_PRINT
        MENUITEM SEPARATOR
        MENUITEM "&Beenden",                    IDM_APP_EXIT
    END
    POPUP "&Bearbeiten"
    BEGIN
        MENUITEM "&Rückgängig\tStrg+Z",         IDM_EDIT_UNDO
        MENUITEM SEPARATOR
        MENUITEM "&Ausschneiden\tStrg+X",       IDM_EDIT_CUT
        MENUITEM "&Kopieren\tStrg+C",           IDM_EDIT_COPY
        MENUITEM "&Einfügen\tStrg+V",           IDM_EDIT_PASTE
        MENUITEM "&Löschen\tEntf",              IDM_EDIT_CLEAR
        MENUITEM SEPARATOR
        MENUITEM "Alles aus&wählen",            IDM_EDIT_SELECT_ALL
    END
    POPUP "&Suchen"
    BEGIN
```

```
        MENUITEM "&Suchen...\tCtrl+F",          IDM_SEARCH_FIND
        MENUITEM "&Weitersuchen\tF3",           IDM_SEARCH_NEXT
        MENUITEM "&Ersetzen...\tCtrl+R",        IDM_SEARCH_REPLACE
    END
    POPUP "Schri&ft"
    BEGIN
        MENUITEM "Schrift&art...",              IDM_FORMAT_FONT
    END
    POPUP "&?"
    BEGIN
        MENUITEM "&Hilfethemen",                IDM_HELP
        MENUITEM "Inf&o...",                    IDM_APP_ABOUT
    END
END

/////////////////////////////////////////////////////////////////////////////
// Accelerator

POPPAD ACCELERATORS DISCARDABLE
BEGIN
    VK_BACK,        IDM_EDIT_UNDO,          VIRTKEY, ALT, NOINVERT
    VK_DELETE,      IDM_EDIT_CLEAR,         VIRTKEY, NOINVERT
    VK_DELETE,      IDM_EDIT_CUT,           VIRTKEY, SHIFT, NOINVERT
    VK_F1,          IDM_HELP,               VIRTKEY, NOINVERT
    VK_F3,          IDM_SEARCH_NEXT,        VIRTKEY, NOINVERT
    VK_INSERT,      IDM_EDIT_COPY,          VIRTKEY, CONTROL, NOINVERT
    VK_INSERT,      IDM_EDIT_PASTE,         VIRTKEY, SHIFT, NOINVERT
    "^C",           IDM_EDIT_COPY,          ASCII,  NOINVERT
    "^F",           IDM_SEARCH_FIND,        ASCII,  NOINVERT
    "^N",           IDM_FILE_NEW,           ASCII,  NOINVERT
    "^O",           IDM_FILE_OPEN,          ASCII,  NOINVERT
    "^P",           IDM_FILE_PRINT,         ASCII,  NOINVERT
    "^R",           IDM_SEARCH_REPLACE,     ASCII,  NOINVERT
    "^S",           IDM_FILE_SAVE,          ASCII,  NOINVERT
    "^V",           IDM_EDIT_PASTE,         ASCII,  NOINVERT
    "^X",           IDM_EDIT_CUT,           ASCII,  NOINVERT
    "^Z",           IDM_EDIT_UNDO,          ASCII,  NOINVERT
END

/////////////////////////////////////////////////////////////////////////////
// Icon

POPPAD                  ICON    DISCARDABLE     "poppad.ico"
```

RESOURCE.H (Auszüge)

```
// Microsoft Developer Studio generated include file.
// Used by poppad.rc

#define IDC_FILENAME                    1000
#define IDM_FILE_NEW                    40001
#define IDM_FILE_OPEN                   40002
#define IDM_FILE_SAVE                   40003
#define IDM_FILE_SAVE_AS                40004
#define IDM_FILE_PRINT                  40005
#define IDM_APP_EXIT                    40006
```

```
#define IDM_EDIT_UNDO          40007
#define IDM_EDIT_CUT           40008
#define IDM_EDIT_COPY          40009
#define IDM_EDIT_PASTE         40010
#define IDM_EDIT_CLEAR         40011
#define IDM_EDIT_SELECT_ALL    40012
#define IDM_SEARCH_FIND        40013
#define IDM_SEARCH_NEXT        40014
#define IDM_SEARCH_REPLACE     40015
#define IDM_FORMAT_FONT        40016
#define IDM_HELP               40017
#define IDM_APP_ABOUT          40018
```

POPPAD.ICO

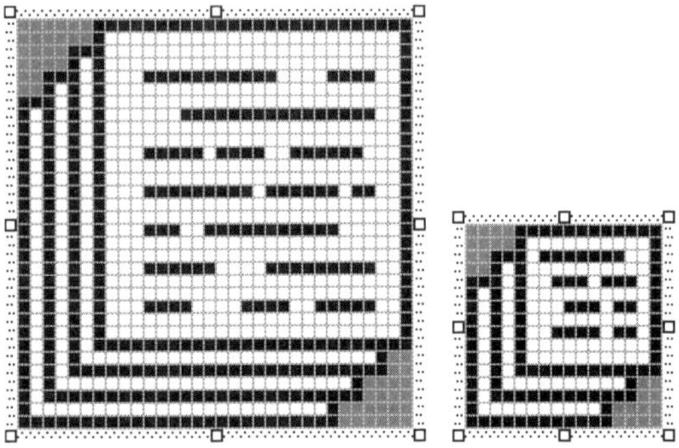

Abbildung 11.11: *Das Programm* POPPAD3

Damit das Listing von POPPAD nicht wegen wenigen Änderungen noch einmal ein halbes Dutzend Seiten ziert, habe ich POPPAD.RC gleich an dieser Stelle um ein Druck-Menü erweitert. Analoges gilt für den C-Quelltext, der die entsprechenden Nachrichten weitergibt – vorläufig allerdings nur an »Dummy«-Routinen des Moduls POPPRNT0, die erst in Kapitel 13 durch funktionale Varianten ersetzt werden.

POPPAD.C stellt das Hauptmodul dar: dort findet sich die gesamte Steuerlogik und der eigentliche Kern des Programms. POPFILE.C, POPFIND.C und POPFONT.C spielen sozusagen die Rolle eines Vermittlers zwischen dem Hauptmodul und den Dialogen von COMMDLG, wobei POPFILE allerdings auch die Routinen für das Lesen und Schreiben von Daten enthält.

Untersuchen wir also POPPAD.C als erstes auf Neuigkeiten:

Die Titelleiste von POPPAD3 gibt den Dateinamen des momentan geladenen Textes wieder. Wenn dem Text noch kein Name zugeordnet ist (d.h. der Benutzer das Programm ohne Angabe eines Dateinamens gestartet oder »Datei/Neu« benutzt hat), dann wird die Zeichenfolge »(ohne Namen)« verwendet. Damit die Routine *DoCaption* hier nicht einen ellenlangen Namen einsetzt, arbeitet das Programm mit zwei verschiedenen Strings: *szFileName* stellt den vollständigen Namen der Datei (inklusive Suchweg und Laufwerksbezeichner) dar, *szTitleName* dagegen nur den Dateinamen selbst.

Ein guter Teil der neu zu *WndProc* hinzugekommenen Logik ist für das Registrieren von Veränderungen des Textes im Editfenster zuständig. Das Editfenster reagiert auf jede Veränderung seines Inhalts mit der Ausgabe einer Nachricht des Typs EN_UPDATE, woraufhin *WndProc* das Flag *bNeedSave* auf TRUE setzt. Wenn der Benutzer eine neue Datei öffnen oder das Programm beenden will, wird dieses Flag geprüft: falls es gesetzt ist, reagiert *WndProc* erst einmal mit einem

Aufruf der Routine *AskAboutSave*, d.h. fragt über ein Meldungsfenster zurück, ob der veränderte Text gespeichert werden soll. Das Speichern eines Textes setzt *bNeedSave* erst einmal wieder auf FALSE zurück.

Das Modul POPFILE enthält eine Reihe von Funktionen, die einerseits für die Aktivierung der Standarddialoge »Öffnen« und »Speichern«, andererseits für das Lesen und Schreiben von Daten zuständig sind. Die Darstellung der Dialoge und die gesamte damit verbundene Logik erledigen die Routinen *GetOpenFileName* und *GetSaveFileName*, die beide aus COMMDLG stammen. Beide arbeiten mit einer Struktur des (in COMMDLG.H definierten) Typs OPENFILENAME, für die POPFILE eine Variable namens *ofn* definiert und über *PopFileInitialize* initialisiert (was während der Bearbeitung von WM_CREATE geschieht). *ofn* ist übrigens als statische globale Variable definiert, weil *GetOpenFileName* und *GetSaveFileName* dort einige Daten (wie den vom Benutzer gewählten Suchweg) hinterlassen, die man auch bei folgenden Aufrufen dieser Funktionen brauchen kann.

Die Dialoge von COMMDLG bieten eine Variabilität, die auch vor dem völligen Verändern des optischen Erscheinungsbildes nicht Halt macht. Ich habe mich bei POPFILE absichtlich auf das Notwendigste beschränkt, d.h. lediglich die folgenden Felder setzen lassen:

Feld	Zweck
lStructSize	Größe der Struktur in Bytes
hwndOwner	Handle des übergeordneten Fensters
lpstrFilter	Dateinamen, siehe folgender Text
lpstrFile	Zeiger auf einen Puffer, in den *GetOpenFileName* den vom Benutzer ausgewählten Dateinamen inklusive Suchweg und Laufwerksbezeichner einsetzt
nMaxFile	Größe dieses Puffers
lpstrFileTitle	Dateiname, ohne Laufwerk und Suchweg
nMaxFileTitle	Größe dieses Puffers
lpstrDefExt	Standard-Suffix, für Dateinamen ohne explizite Angabe

Auf die Auswahl von »Datei/Öffnen« reagiert POPPAD mit dem Aufruf der (in POPFILE definierten) Funktion *PopFileOpenDlg*, die den Handle zum Hauptfenster sowie zwei Zeiger auf Textpuffer (Fenstertitel und vollständiger Dateiname) übergeben bekommt. *PopFileOpenDlg* setzt mit diesen Daten die Felder *hwndOwner*, *lpstrFile* und *lpstrTitle* der Struktur des Typs OPENFILENAME; das Feld *Flags* dieser Struktur bekommt den Wert OFN_CREATEPROMPT zugewiesen: der Benutzer erhält bei der Angabe eines bis dato unbekannten Namens also eine Rückfrage, ob er eine neue Datei anlegen will.

Der auf diese Vorbereitungen folgende Aufruf von *GetOpenFileName* hat den bekannten Dialog zum Ergebnis (vgl. Abbildung 11.12). Wenn der Benutzer diesen Dialog beendet, endet damit auch die Funktion *GetOpenFileName*, in den Feldern *lpstrFile* und *lpstrTitle* sollte sich nun der vom Benutzer ausgewählte Dateiname finden.

Standarddialoge für das Öffnen von Dateien enthalten eine Combobox, über die sich festlegen läßt, welche Dateitypen bei der Anzeige berücksichtigt werden. Welche Namenserweiterungen dort von vornherein aufgeführt sind, bestimmt das Feld *lpstrFilter* der OPENFILENAME-Struktur, für das ich in *PopFileOpenDlg* ein *char*-Array namens *szFilter* mit drei Elementen definiert habe: »*.TXT«, »*.ASC« und »*.*« (für Dateien beliebiger Art).

Im Feld *nFilterIndex* derselben Struktur trägt *GetOpenFileName* ein, welchen dieser »Filter« sich der Benutzer ausgesucht hat. Da die gesamte Struktur als statische Variable deklariert ist, bekommt er beim nächsten Aufruf der Funktion eben diesen Filter erneut präsentiert.

Die Funktion *PopFileSaveDlg* in POPFILE arbeitet nach ziemlich exakt demselben Schema wie *PopFileOpenDlg*: sie setzt das Feld *Flags* mit dem Wert OFN_OVERWRITEPROMPT (d.h. veranlaßt eine Rückfrage vor dem Überschreiben existierender Dateien) und überläßt den Rest der Funktion *GetSaveFileName*.

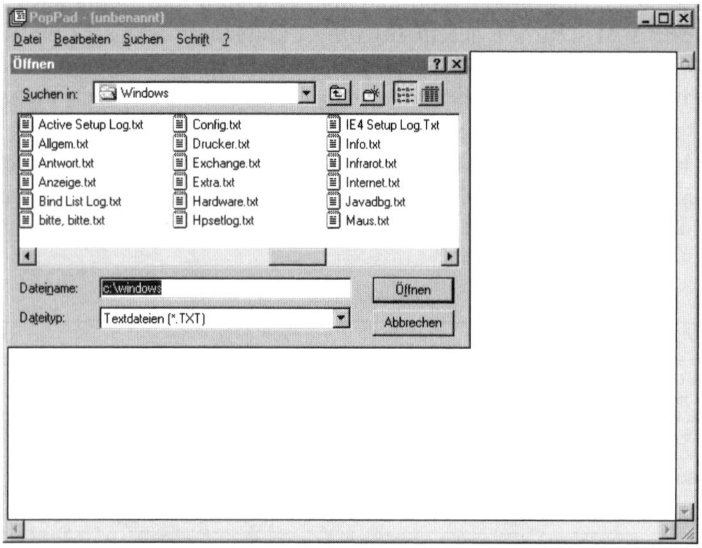

Abbildung 11.12: *Der Standarddialog »Öffnen« in POPPAD*

Dateioperationen und Unicode

Bei den meisten Programmen dieses Buches erledigt sich die Frage nach Unicode oder ANSI sozusagen von selbst: Entsprechende Deklarationen und Größenermittlungen per TCHAR vorausgesetzt, sieht man den Quelltexten nicht einmal an, für welchen Zeichensatz sie ausgelegt sind. Das gilt nicht zuletzt für das Editfeld von POPPAD: Ob Such- und Ersatzoperationen dort mit Unicode oder ANSI arbeiten, hängt ausschließlich davon ab, ob das Symbol UNICODE bei der Compilierung definiert ist oder nicht.

Bei Dateioperationen ist das etwas anderes, weil sie sozusagen aus der geschlossenen Welt eines Programms hinausführen: Wenn Sie mit der Unicode-Version von POPPAD einen Text als Datei schreiben, kommt dabei natürlich eine Unicode-Textdatei heraus, die ohne zusätzliche Maßnahmen beim Einlesen mit der ANSI-Version von POPPAD nur noch als Müll auf dem Bildschirm erscheinen würde – was in umgekehrter Richtung genauso gilt.

Hier ist also nicht nur unter Umständen eine entsprechende Konvertierung notwendig, sondern vor allem erst einmal eine Prüfung, mit welchem Zeichensatz es das Programm überhaupt zu tun hat. Die Unicode-Version von *PopFileWrite* schreibt deshalb vor dem eigentlichen Text einen Marker mit 16 Bit (0xFEFF), der einen doppelten Zweck erfüllt: Die Kennzeichnung der Daten als Unicode und die Festlegung der Byte-Reihenfolge. (Die einzelnen Bytes sind natürlich auch in einer Unicode-Datei letztlich sequentiell. Intel-Prozessoren betrachten beim wortweisen Lesen solcher Daten das jeweils erste Byte als niederwertigen, das zweite Byte als höherwertigen Anteil; bei Motorola-Prozessoren (MacIntosh) ist es exakt umgekehrt.)

Die Funktion *PopFileRead* läßt sowohl in der ANSI- als auch in der Unicode-Version von POPPAD die beiden ersten Bytes einer zu lesenden Datei über die Systemfunktion *IsTextUnicode* prüfen. Wenn es sich um eine Unicode-Datei handelt, wird als erstes die Byte-Reihenfolge in Ordnung gebracht (soweit nötig), danach trennen sich die Wege: Während die Unicode-Version von POPPAD im weiteren mit einer schlichten Kopie auskommt, muß die ANSI-Version die Daten über die Systemfunktion *WideCharToMultiChar* auf die ANSI-Codeseite des Zielsystems umrechnen. (Vom Namen dieser Funktion sollten Sie sich nicht irritieren lassen. So lange es nicht gerade um eine Fernost-Version von Windows 98 geht, könnte sie genauso gut »WideCharToANSI« heißen.)

Für die Unicode-Variante von POPPAD gilt beim Lesen von ANSI-Dateien im Prinzip dasselbe: Dort kommt vor der Kopie in den Puffer des Editfensters die Systemfunktion *MultiCharToWideChar* zum Einsatz. (Die Grenzen dieser Funktion sollten Ihnen mittlerweile klar sein: Weil ANSI-Dateien keine Information über die beim Schreiben verwendete Codeseite haben, kommt ein auf einem griechischen Windows 98 geschriebener ANSI-Text auf einem deutschen Windows NT auch in der Unicode-Version nur noch als Zeichensalat an, weil *MultiCharToWideChar* dort für die Umrechnung in Unicode zwangsläufig die europäische ANSI-Variante (Latin 1) zugrunde legt.)

Schriftarten

Obwohl sich dieses Buch erst in Kapitel 17 mit Schriften auseinandersetzt, konnte ich der Versuchung nicht widerstehen, POPPAD bereits jetzt eine entsprechende Funktion zu verpassen – hauptsächlich, weil das dank der Standarddialoge zu einer fast trivialen Angelegenheit geworden ist. (Wer Programme für die älteren Windows-Versionen geschrieben hat, wird sich mit wohligem Gruseln daran erinnern, welche Verrenkungen in früheren Zeiten bei der Schriftauswahl notwendig waren.)

POPPAD ruft bei der Reaktion auf WM_CREATE eine (in POPFONT.C definierte) Funktion namens *PopFontInitialize* auf, die erst einmal eine LOGFONT-Struktur (»logical font«) mit den Werten für die Systemschrift füllt, über die Windows-Funktion *CreateFont* eine logische Schrift erzeugt und dann das Editfenster über WM_SETFONT anweist, diese Schrift zu verwenden. (Ohne diese Initialisierung würde das Editfenster exakt dasselbe tun – aber nicht mit einer Kopie der Systemschrift, sondern mit dem Original, was dann bei einem weiteren Wechsel zu Problemen führt – siehe übernächster Absatz.)

Die Auswahl des Menüpunkte *Schrift/Schriftarten* hat wie üblich eine Nachricht des Typs WM_COMMAND mit einer entsprechenden ID zur Folge, auf die POPPAD mit dem Aufruf einer eigenen Routine namens *PopChooseFont* reagiert. Diese Funktion initialisiert eine CHOOSEFONT-Struktur mit den Werten für die aktuell verwendete Schrift und ruft die Systemfunktion *ChooseFont* auf, die ihrerseits den bekannten Schriftauswahl-Dialog darstellt und sich um sämtliche Details wie die Auflistung verfügbarer Schriften, die Darstellung der aktuellen Schrift, das Heraussuchen von Punktgrößen usw. usf. kümmert. Das einzige, was *PopChooseFont* von diesen Aktionen zu sehen bekommt, ist das Ergebnis: Wenn der Benutzer eine Schrift ausgewählt und das Dialogfeld über OK geschlossen hat, liefert *ChooseFont* TRUE und hat die CHOOSEFONT-Struktur mit den entsprechenden Werten besetzt.

Falls *ChooseFont* TRUE zurückliefert, legt POPPAD über die Funktion *PopFontSetFont* eine neue logische Schrift an, setzt diese Schrift über WM_SETFONT in das Editfenster ein und gibt die zuvor benutzte Schriftart frei. (Das ist der Grund, warum bei der Initialisierung nicht die Systemschrift selbst, sondern eine Kopie davon verwendet wird. Die Systemschrift selbst ist ein »Stock Object«, auf dessen Freigabe das System sauer reagieren würde.)

Da Schriften (wie verschiedentlich erwähnt) GDI-Objekte darstellen, mithin vom Programm explizit wieder freigegeben werden müssen, wiederholt sich dieses Wechselspiel bei WM_DESTROY ein letztes Mal: Dort setzt POPPAD über die Routine *PopFontDeinitialize* wieder die Systemschrift in das Editfenster ein.

Suchen und Ersetzen

Neben den bereits besprochenen Funktionen enthält die Bibliothek COMMDLG zwei weitere Dialogfelder namens *FindText* und *ReplaceText*, die POPPAD ebenfalls benutzt. Die dazugehörigen Steuerroutinen hören auf die Namen *PopFindFindDlg* bzw. *PopFindReplaceDlg* und befinden sich im Modul POPFIND.C (siehe Seite 528) , das seinerseits die eigentlichen Routinen zum Durchsuchen und Modifizieren des Editor-Puffers definiert.

Obwohl diese beiden Dialoge bei weitem nicht so variabel sind wie ihre Gegenstücke zur Bestimmung von Dateinamen, gibt es auch hier einige Dinge zu beachten. Der wohl wichtigste Punkt: *FindText* und *ReplaceText* definieren *moduslose* Dialoge, weshalb die Ereignis-Warteschleife von POPPAD um eine entsprechende Prüfung und einen Aufruf von *IsDialogMessage* erweitert wurde. Da der Dialog als solcher nicht mit dem Rücksprung von *FindText* bzw. *ReplaceText* beendet ist, muß die verwendete »Steuerstruktur« des Typs FINDREPLACE als statische Variable definiert sein.

Die Kommunikation zwischen den Dialogen und dem Programm findet über einen eigenen Nachrichtentyp statt, dessen Kennziffer POPPAD bei der Bearbeitung von WM_CREATE über einen Aufruf von *RegisterWindowMessage* mit dem Parameter FINDMSGSTRING ermittelt. (Zur Speicherung dieses Wertes wird ebenfalls eine statische Variable gebraucht.)

Ausgewertet werden Nachrichten dieser Art über den *default*-Zweig in der Window-Prozedur: Wenn der Vergleich zwischen *message* und dem über *RegisterWindowMessage* ermittelten Wert positiv ausfällt, dann ist *lParam* als Zeiger auf eine (beim Aufruf von *FindText* bzw. *ReplaceText* übergebene) Struktur des Typs FINDREPLACE zu interpretieren, deren Feld *Flags* über einzelne Bits signalisiert, ob der Benutzer eine Auswahl getroffen hat oder den Dialog beenden will. Im ersten Fall reagiert POPPAD mit Aufrufen der (selbstdefinierten) Funktionen *PopFindFindText* bzw. *PopFindReplaceText*, die wie gesagt die eigentliche Arbeit des Suchens und Ersetzens übernehmen.

COLORS3: Ein Minimalprogramm

Nachdem ich bereits zwei Programme zur Auswahl von Farben vorgestellt habe (nämlich COLORS1 in Kapitel 9 und COLORS2 in einem der vorangehenden Abschnitte dieses Kapitels) wird es nun Zeit für ein Gegenstück zu HEXCALC – also eine Anwendung, deren hervorragendstes Charakteristikum die Faulheit ist: COLORS3 besteht aus einem einzigen Aufruf einer Funktion namens *ChooseColor* (die – Sie ahnen es wohl schon – ebenfalls aus COMMDLG stammt). Die Ergebnisse sind im Prinzip dieselben wie bei den Vorgängern dieses Programms. Das Erscheinungsbild ist allerdings wesentlich beeindruckender – und der Aufwand geht wirklich gegen Null.

COLORS3.C

```
/*--------------------------------------------------
   COLORS3.C -- COLORS3.C -- Farbauswahl über COMMDLG
              (c) Charles Petzold, 1998
  --------------------------------------------------*/

#include <windows.h>
#include <commdlg.h>

int WINAPI WinMain (HINSTANCE hInstance, HINSTANCE hPrevInstance,
                    PSTR szCmdLine, int iCmdShow)
{
     static CHOOSECOLOR cc ;
     static COLORREF    crCustColors[16] ;

     cc.lStructSize    = sizeof (CHOOSECOLOR) ;
     cc.hwndOwner      = NULL ;
     cc.hInstance      = NULL ;
     cc.rgbResult      = RGB (0x80, 0x80, 0x80) ;
     cc.lpCustColors   = crCustColors ;
     cc.Flags          = CC_RGBINIT | CC_FULLOPEN ;
     cc.lCustData      = 0 ;
     cc.lpfnHook       = NULL ;
     cc.lpTemplateName = NULL ;

     return ChooseColor (&cc) ;
}
```

Abbildung 11.13: *Das Programm* COLORS3

Die Funktion *ChooseColor* verwendet eine Struktur des Typs CHOOSECOLOR, die unter anderem einen Zeiger auf ein Array mit 16 Elementen des Typs DWORD enthält: Dort werden bis zu 16 Farbauswahlen des Benutzers in Form von RGB-Komponenten gespeichert. Wenn man im Feld *Flags* das Bit CC_RGBINIT setzt, wird dieses Array mit dem im *rgbResult* angegebenen Wert initialisiert.

Bitte beachten Sie, dass als »Besitzer« des Dialogs schlicht der Wert NULL eingetragen ist (den *ChooseColor* auch unverändert an den Dialog-Manager weiterreicht). Tatsächlich steht dieser Wert nicht für »undefiniert«, sondern schlicht für die Tatsache, dass das Dialogfenster eben keinen Besitzer hat: Wenn Sie einmal in die Task-Leiste gucken, werden Sie dort den Titel des Dialogfensters in derselben Weise wie einen eigenständigen Prozeß finden – und genauso benimmt sich dieses Fenster auch.

Diese Technik läßt sich ohne weiteres auch in eigenen Programmen verwenden: es ist also durchaus möglich, dass eine Anwendung anstelle eines eigenen Fensters ein Dialogfeld definiert – und sämtliche Interaktionen mit dem Benutzer über diesen Dialog ablaufen läßt.

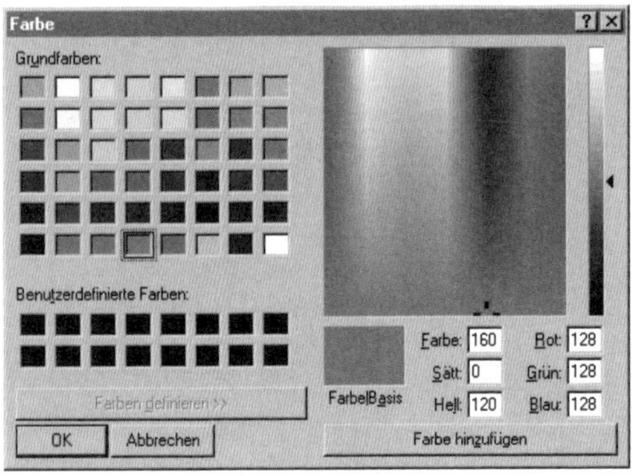

Abbildung 11.14: *Das Erscheinungsbild von* COLORS3

12 Die Zwischenablage

Die Zwischenablage von Windows stellt einen relativ einfachen Mechanismus dar, der den Austausch von Daten zwischen verschiedenen Programmen ermöglicht. Die Bezeichnung »einfach« bezieht sich hier in erster Linie auf den Aufwand, den ein Programm treiben muß, um Daten dort abzulegen bzw. von dort aus zu lesen: der dafür benötigte Überbau hält sich in erfreulich geringen Grenzen.

Um mit einem naheliegenden und deshalb weitverbreiteten Irrtum gleich von Anfang an aufzuräumen: Das (über Einstellungen/Software/Windows-Setup/Zubehör installierbare) Programm CLIPBRD.EXE, das in der deutschen Version von Windows unter dem Namen »Zwischenablage« erscheint, stellt nicht etwa die Zwischenablage an sich dar – vielmehr handelt es sich dabei um eine Möglichkeit zur *Darstellung* der dort gespeicherten Daten. (Was die Alternativen betrifft: Dieses Kapitel stellt unter anderem ein Programm vor, das denselben Zweck in leicht vereinfachter Form erfüllt.)

Aus programmtechnischer Sicht stellt sich die Zwischenablage als abstraktes Konzept dar – also eine Routinensammlung, die Windows-Programmen zur Verfügung steht. Zu anderen Routinensammlungen des Systems besteht lediglich ein Unterschied: Während der Dialog-Manager, die Drucker-Warteschlange usw. jeweils mehrere separate (und programmeigene) Daten verwalten, dreht es sich bei der Zwischenablage um einen einzigen Speicherbereich variabler Größe, auf den alle Programme gemeinsam Zugriff haben.

Praktisch jedes ernstzunehmende Windows-Programm definiert das Standardmenü »Bearbeiten«, das seinerseits die Wahlpunkte »Ausschneiden«, »Kopieren« sowie »Einfügen« enthält, und reagiert auf die ersten beiden Punkte mit einem Transfer von Daten in die Zwischenablage. Bei diesen Daten kann es sich beispielsweise um einen Textblock, ein Bitmap oder eine Zwischendatei mit Grafikbefehlen handeln. Bei der Auswahl von »Einfügen« prüft das Programm zuerst, ob die Zwischenablage Daten in einem von ihm verwendbaren Format enthält – wenn ja, werden sie in einen programmeigenen Bereich kopiert. (Wie die beiden letzten Versionen des Programms POPPAD aus den Kapiteln 10 und 11 demonstrieren, kann dieser Bereich auch nur indirekt zum Programm gehören: POPPAD benutzt zwar die Zwischenablage, beschränkt sich bei den Wahlpunkten des Menüs »Bearbeiten« aber auf das Senden entsprechender Nachrichten an das Editfenster, das seinerseits die Kommunikation mit der Zwischenablage übernimmt. Obwohl die Arbeit mit der Zwischenablage weiß Gott nicht kompliziert ist, gestaltet sie sich nur selten derart einfach: Wenn es nicht gerade um ein Editfenster geht, muß das Programm die entsprechenden Aufrufe schon selbst ausführen.)

Da die Zwischenablage immer nur einen Datenblock enthält, sollte sie ausschließlich auf explizite Anweisung des Benutzers neu besetzt werden. Anders gesagt: der Benutzer muß sich darauf verlassen können, dass ein von ihm ausgeschnittener oder kopierter Datenblock dort solange zur Verfügung steht, bis er ihn durch eine bewußte Auswahl – womöglich innerhalb eines anderen Programms – mit neuen Daten überschreibt.

Auch wenn dieses Kapitel die Zwischenablage in erster Linie im Zusammenhang mit Texten vorstellt, läßt sie sich im Prinzip als Transfermedium für beliebige Datensammlungen verwenden. In den Kapitel 14, 15 und 16 geht es deshalb unter anderem um die Übertragung von Bitmaps; Zwischendateien kommen in Kapitel 18 an die Reihe.

Grundlagen

Natürlich bietet auch die Zwischenablage einige Möglichkeiten, die über das simple Hinein- und Herauskopieren von Datensammlungen hinausgehen – aber genau mit diesen Operationen fangen wir erst einmal an:

Die Standard-Datenformate

Damit die Zwischenablage nicht nur als temporärer Speicher innerhalb eines Programms, sondern auch zur Übergabe von Daten zwischen verschiedenen Programmen verwendbar wird, definiert WINUSER.H eine Reihe »standardisierter« Datenformate nebst entsprechenden Bezeichnern, die sämtlich durch das Präfix CF (»clipboard format«) gekennzeichnet sind:

- CF_TEXT – ein Textblock, der durch ein einzelnes NUL-Zeichen abgeschlossen ist, Zeichen im ANSI-Code enthält, und in dem optional einzelne Zeilen durch die Zeichenkombination CR/LF (ASCII-Codes 13/10) voneinander abgesetzt sind. Dieses Format stellt den einfachsten Standard der Zwischenablage dar. Ein Programm, das einen solchen Textblock in die Zwischenablage einsetzen will, muß ihn in einem Block auf dem globalen Heap speichern und den Handle zu diesem Block übergeben. Handle und Speicherblock gehen damit in den Besitz der Zwischenablage über, d.h. dürfen vom Programm aus danach nicht mehr benutzt werden. (Mehr zu Speicherblocks finden Sie im nächsten Abschnitt.)
- CF_OEMTEXT – ein Bereich des globalen Heaps, der Text im selben Format wie CF_TEXT enthält, dabei aber dem OEM-Zeichensatz anstelle der ANSI-Definition verwendet. Windows-Anwendungen kümmern sich um dieses Format nur, wenn es um den Übertrag von Daten aus Kommandozeilen-Fenstern unter Windows 98 (nicht aber Windows NT) geht.
- CF_UNICODETEXT – wie CF_TEXT, aber im Unicode-Format (mit zwei Bytes pro Zeichen). Einzelne Zeilen können auch hier über CR/LF (0x00D/0x00A) voneinander abgesetzt sein, den Abschluß des Textblocks bildet ein (Unicode-)NUL (0x0000). Dieses Format ist nicht unter Windows 9x, sondern nur unter Windows NT verfügbar.
- CF_LOCALE – ist eine zusätzliche Information für ANSI-Texte (CF_TEXT) und gibt an, auf welche landessprachliche Variante sich die Zeichencodes beziehen.

Die nächsten beiden Datenformate sind eher von historischem Interesse: Sie entsprechen im Prinzip dem Format CF_TEXT, schließen den Datenblock aber nicht unbedingt mit einem NUL-Zeichen ab, weil sich die Größe des Blocks dort implizit aus den darin gespeicherten Daten ergibt. Eine vollständige Beschreibung findet sich unter anderem in John Waldens *File Formats for Popular PC Software* (John Wiley & Sons, 1986).

- CF_SYLK – ein Bereich des globalen Heaps, das Daten im Microsoft-eigenen »Symbolic Link«-Format enthält und unter anderem für den Austausch zwischen den Programmen Multiplan, Chart und Excel verwendet wird. Oberflächlich betrachtet, geht es dabei hauptsächlich um einzelne ASCII-Textzeilen, die durch CR/LF (ASCII-Codes 13/10) voneinander getrennt sind.
- CF_DIF – ein Bereich des globalen Heaps, das Daten im »Data Interchange Format« (DIF) enthält. Dieses Format, bei dem es ebenfalls hauptsächlich um durch CR/LF voneinander getrennte ASCII-Textzeilen geht, wurde ursprünglich von der Firma Software Arts für das Rechenblatt-Programm VisiCalc definiert.

Für Bitmaps und dazugehörige Daten definiert WINUSER.H drei Formate (um deren Details es in den Kapitel 14 und 15 geht):

- CF_BITMAP – in Bitmap im »alten« Format der Windows-Version 2. Die Übergabe geschieht auch hier über den dazugehörigen Handle, den das Programm danach nicht mehr verwenden sollte.
- CF_DIB – ein Bereich des globalen Heaps, das ein Bitmap im geräteunabhängigen Format enthält (siehe Kapitel 15). Der Anfang dieses Speicherblocks ist mit einer Struktur des Datentyps BITMAPINFO belegt, der die Bitmuster folgen.
- CF_PALETTE – ein (direkter) Handle zu einer Farbpalette, die sich üblicherweise auf ein geräteabhängiges Bitmap (CF_BITMAP) bezieht, d.h. dessen »echte« Farben festlegt.

Für den Transfer von Bitmap-Grafiken bietet sich alternativ auch der Industriestandard TIFF an (den dieses Buch allerdings nicht im Detail behandelt):

- CF_TIFF – ein Bereich des globalen Heaps, das Daten im »Tag Image File Format« (TIFF) enthält. Dieses Format wurde von Microsoft, Aldus Corporation und Hewlett-Packard Company in Zusammenarbeit mit einigen Hardwareherstellern entwickelt und ist auch für Bitmaps geeignet; seine Spezifikation kann über den Webserver von Hewlett-Packard bezogen werden.

Für Zwischendateien existieren zwei Formate, auf die Kapitel 18 näher eingeht:

- CF_METAFILEPICT – ein Bild im Format der Zwischendateien, die in den 16-Bit-Verisonen von Windows verwendet wurden.
- CF_ENHMETAFILE – ein Handle zu einer Zwischendatei im neuen (»erweiterten«) Format der 32-Bit-Versionen von Windows.

Und falls das noch nicht reichen sollte, gibt es noch einige Formate, die speziellen Zwecken gewidmet sind:

- CF_PENDATA – für die Erweiterungen der (mittlerweile durch CE ersetzten) Pen-Variante von Windows
- CF_WAVE – Audiodaten
- CF_RIFF – Multimedia-Daten im Resource Interchange File Format (RIFF).
- CF_HDROP – ein Handle zu einer Liste von Dateinamen für Drag & Drop-Operationen (»Ziehen und Ablegen«)

Zu diesen Standards kommen mit CF_DSPBITMAP, CF_DSPTEXT, CF_OWNERDISPLAY und CF_PRIVATEFIRST..CF_PRIVATELAST eine Reihe von Konstanten, über die Programme eigene Formate und Darstellungsmodi definieren können.

Der globale Heap

Bei den 16-Bit-Versionen von Windows, die mit segmentierter Adressierung oder gar dem *Real Mode* zu kämpfen hatten, gestaltete sich die dynamische Speicherverwaltung reichlich kompliziert: Weil die Bibliotheksroutine *malloc* dort auf 64 KByte begrenzt war, mußten die Windows-Entwickler eine »globale« Speicherverwaltung schaffen, die mit dem »lokalen Heap« der einzelnen Programme koexistierte. Mit 32-Bit-Programmen hat man es da wesentlich einfacher: Wer hier einen Speicherblock (fast) beliebiger Größe benötigt, fordert ihn über *malloc* an, bekommt von dieser Routine einen Zeiger zurückgeliefert – und damit hat sich's.

Jedenfalls meistens. Was *malloc* zurückliefert, ist ein Zeiger in den programmeigenen Adreßraum, der von den Adreßräumen anderer, gleichzeitig laufender Anwendungen getrennt ist. (Bei den 16-Bit-Versionen von Windows war das nicht der Fall, weshalb dort ein fehlerhaftes Programm das gesamte System zum Absturz bringen konnte.) Da die Zwischenablage den Datenaustausch zwischen *verschiedenen* Anwendungen ermöglichen, d.h. diese bewußt errichtete Grenze überwinden soll, bleiben *malloc* und *free* hier außen vor – statt dessen ist ein Rückgriff auf die Mechanismen des »globalen Heaps« fällig (die aus exakt diesem Grund auch in Win32 noch existieren).

Das Belegen von Speicherblocks im globalen Heap ist ein zweistufiger Prozeß, der mit einem Aufruf von *GlobalAlloc* beginnt:

```
hGlobalMemory = GlobalAlloc (uiFlags, dwSize) ;
```

Der Parameter *dwBytes* steht für die Größe des zu belegenden Blocks in Bytes und hat den Typ DWORD (d.h. *unsigned long*); über *uiFlags* lassen sich einige zusätzliche Rahmenbedingungen für die Belegungsoperation bestimmen. Das Ergebnis ist ein Handle des Typs HGLOBAL (»handle [to a] global [memory block]«) bzw. der Wert NULL, wenn die Speicherverwaltung von Windows (Hauptspeicher plus Auslagerungsdatei) nicht ausreichend Platz bietet.

Der Parameter *uiFlags* setzt sich aus einer Reihe von Bitflags zusammen, die wie üblich über ein bitweises OR miteinander kombiniert werden. Die ersten beiden von WINUSER.H in diesem Zusammenhang definierten Bezeichner legen die Attribute des Speicherblocks fest:

GMEM_FIXED – sperrt den Block permanent gegen Verschiebungen (und entspricht einem Aufruf von *GlobalAlloc* mit dem Wert 0). In diesem Fall ist der von der Funktion zurückgelieferte Handle identisch mit der Startadresse des belegten Speicherblocks, d.h. kann direkt als Zeiger verwendet werden.

GMEM_MOVEABLE – kennzeichnet den Block als verschiebbar. Wenn Sie dieses Flag verwenden, liefert *GlobalA*lloc einen echten Handle (d.h. eine Kennziffer), wobei die Adresse des Speicherblocks dann über eine Routine namens *GlobalLock* ermittelt werden muß. (Englisch-Lexika schreiben »beweglich« übrigens als »movable«, also ohne ein »e« dazwischen – was der Vermutung Raum läßt, dass der Erfinder dieses Flags gerade kein Lexikon zur Hand hatte. Zu den Vorteilen dieses auf den ersten Blick umständlicheren Verfahrens komme ich gleich.)

Beide Attribut-Flags lassen sich mit einer Konstanten namens GMEM_ZEROINIT kombinieren: Sie signalisiert Windows, dass die Speicherzellen des zu belegenden Bereichs mit dem Wert 0 initialisiert werden sollen. WINUSER.H definiert in diesem Zusammenhang eine Konstante namens GPTR, die das fixe Belegen eines Speicherblocks mit der Initialisierung kombiniert:

```
#define GPTR (GMEM_FIXED | GMEM_ZEROINIT)
```

Für das nachträgliche Vergrößern und Verkleinern solcher Speicherblocks steht die Funktion *GlobalRealloc* zur Verfügung, die den ursprünglichen Inhalt umkopiert (soweit er noch in den neuen Bereich hineinpaßt, versteht sich):

```
hGlobal = GlobalReAlloc (hGlobal, dwSize, uiFlags) ;
```

Die Größe eines Speicherblocks läßt sich mit

```
dwSize = GlobalSize (hGlobal) ;
```

abfragen, und

```
GlobalFree (hGlobal) ;
```

gibt einen Speicherblock schließlich wieder frci.

Da die 16-Bit-Versionen von Windows mit physischen Adressen arbeiten, wurde dort von GMEM_FIXED strikt abgeraten: Ein mit diesem Flag belegter Speicherblock saß wie in Klotz unverrückbar im System und behinderte die restliche Speicherverwaltung mehr oder minder stark bei der Arbeit. In den 32-Bit-Versionen ist GMEM_FIXED dagegen der Standard, weil das Betriebsystem hier mit virtuellen Adressen arbeitet (und sich das Umherschieben von Speicherblocks über das Ändern von Einträgen in Adressentabellen erledigen läßt). Dennoch definiert WINUSER.H mit

```
#define GHND (GMEM_MOVEABLE | GMEM_ZEROINIT)
```

ein weiteres Kürzel für verschiebbare initialisierte Speicherblocks, das auch unter Win32 noch seine Berechtigung hat: Wenn Ihr Programm sehr viele (lies: mehrere tausend) Speicherblocks belegt und öfter umstapelt oder in ihrer Größe verändert, dann ist es zumindest theoretisch denkbar, dass ihm beim Einsatz von GMEM_FIXED irgendwann die virtuellen Speicheradressen ausgehen. In diesem Fall ist das vordergründig umständlichere Verfahren das bessere. Pro Speicherblock benötigen Sie hier zwei Variablen: Einen Zeiger auf die Daten und einen Handle – etwa:

```
    int * p ;                    // temporär
    GLOBALHANDLE hGlobal ;       // statisch
```

Das Belegen des Speicherblocks geschieht dann über:

```
hGlobal = GlobalAlloc (GHND, 1024) ;
```

Das Ergebnis ist erst einmal ein Handle (mit einem für das Programm bedeutungslosen numerischen Wert). Der Zugriff auf den Speicherblock geschieht mit:

```
p = (int *) = GlobalLock(hGlobalMemory);
```

GlobalLock fixiert den Speicherblock im virtuellen Adreßraum (sperrt ihn also gegen Verschiebeaktionen durch die virtuelle Speicherverwaltung) und sorgt so dafür, dass die zurückgelieferte Adresse bis auf weiteres konstant bleibt. Nach Abschluß der Zugriffe auf den Speicherblock wird diese Sperre mit

```
GlobalUnlock(hGlobal) ;
```

wieder aufgehoben. Wenn Sie es ganz richtig machen (und die Leiden der Programmierer aus den Zeiten von Windows 3.x nachvollziehen) wollen, sollten die Aufrufe von *GlobalLock* und *GlobalUnlock* innerhalb ein und desselben Aufrufs der Window-Prozedur stattfinden.

Die Freigabe eines solchen Speicherblocks geschieht ebenfalls über *GlobalFree*, wobei hier aber nicht der Zeiger, sondern eben der Handle übergeben wird. Dieser Handle läßt sich bei Bedarf auch nachträglich wieder über den Zeiger ermitteln:

```
hGlobal = GlobalHandle (p) ;
GlobalUnlock(hGlobal) ;  // Entsperren
```

Sperraktionen über *GlobalLock* erhöhen einen internen Zähler, den *GlobalUnlock* wieder erniedrigt. Ein Speicherblock gilt nur dann als entsperrt, wenn der Zähler den Stand 0 erreicht hat.

Auch wenn diese Technik wie gesagt unter Win32 nur noch notwendig ist, wenn es um eine größere Zahl abwechselnder Belegungsaktionen und Freigaben geht, gehört es nach wie vor zum guten Ton, sie für die Zwischenablage zu verwenden. Belegungsaktionen für die Zwischenablage setzen übrigens noch ein weiteres Flag voraus, dessen Erwähnung ob all dieser Komplikationen bis jetzt völlig unter den Tisch gefallen ist: GMEM_SHARE teilt Windows mit, dass ein Speicherbereich auf dem globalen Heap von mehreren Anwendungen parallel genutzt werden soll.

Einsetzen von Text

Fangen wir wie üblich mit dem einfachsten aller Fälle an: einem Programm, das einen ANSI-String (*pString*) mit *iLength* Zeichen in die Zwischenablage kopieren will.

Der erste Schritt besteht aus dem Belegen eines Bereichs im globalen Heap, der aufgrund des abschließenden NUL-Zeichens in *pString* minimal für i*Length* + 1 Bytes Platz bieten muß:

```
hGlobal = GlobalAlloc (GHND | GMEM_SHARE, iLength + 1) ;
```

Sollte kein Platz mehr im globalen Heap verfügbar sein, liefert *GlobalAlloc* den Wert NULL anstelle eines Handles zurück. Wenn wir davon ausgehen, dass Ihr System noch eine Handvoll Bytes übrig hat und der Aufruf von *GlobalAlloc* fehlerfrei verläuft, besteht der nächsten Schritt im Sperren dieses Blocks gegen Verschiebungen und der Ermittlung seiner Adresse:

```
pGlobal= GlobalLock (hGlobal) ;
```

Darauf folgt die Kopie von *pString* in diesen Bereich:

```
for (i = 0 ; i < wLength ; i++)
     *pGlobal++ = *pString++ ;
```

Da *GlobalAlloc* beim Aufruf mit der Flag-Kombination GHND das neu belegte Segment mit 0 initialisiert hat, kann sich die Kopierschleife ein abschließendes NUL-Zeichen sparen. Nachdem der Stringinhalt in diesem Block angekommen ist, kann man ihn wieder für Verschiebungen freigeben:

```
GlobalUnlock (hGlobal) ;
```

Als Ergebnis steht *hGlobal* nun für einen Handle zu einem Bereich im globalen Heap, der den String im (C-üblichen) Format ASCIIZ enthält. Als nächstes wird die Zwischenablage geöffnet und entleert:

```
OpenClipboard (hwnd) ;
EmptyClipboard () ;
```

Darauf folgt die Übergabe der Daten zusammen mit ihrer Kennzeichnung als CF_TEXT und das Schließen der Zwischenablage:

```
SetClipboardData (CF_TEXT, hGlobal) ;
CloseClipboard () ;
```

Das war's bereits – und zwar nicht nur in der Theorie, sondern auch in der Praxis. Für letztere gibt es natürlich einige zusätzliche Regeln, die ohne Ausnahme beachtet werden wollen:

- Nachdem ein Programm die Zwischenablage mit *OpenClipboard* geöffnet hat, ist sie solange für andere Programme blockiert, bis sie dasselbe Programm mit *CloseClipboard* wieder schließt. Aus diesem Grund müssen die Aufrufe der beiden Funktionen grundsätzlich beim Bearbeiten ein und derselben Nachricht durch die programmeigene Window-Prozedur geschehen. Aufrufe von Funktionen wie *GetMessage* und *PeekMessage*, die einen Wechsel zu einem anderen Programm zur Folge haben könnten, sind in diesem Zeitraum nicht erwünscht.
- Die Zwischenablage erwartet einen frei beweglichen Bereich im globalen Heap, d.h. kommt mit einem per *GlobalLock* gesperrten Handle nicht zurecht.
- Durch den Aufruf von *SetClipboardData* geht der entsprechende Bereich in den Besitz der Zwischenablage über, weshalb das Programm den übergebenen Handle danach als ungültig betrachten muß. Wenn es die übergebenen Daten zu einem späteren Zeitpunkt benötigt, sollte es entweder vorher eine Kopie anlegen oder sie (wie im nächsten Abschnitt beschrieben) explizit von der Zwischenablage anfordern. (*SetClipboardData* liefert als Ergebnis einen Handle zurück, über den sich der Speicherblock notfalls im Zeitraum nach der Übergabe und vor dem Schließen der Zwischenablage ansprechen läßt. Dieser Handle ist *nicht* mit dem vom Programm übergebenen Handle identisch, den *SetClipboardData* nicht nur theoretisch, sondern auch praktisch ungültig macht. Wer den zurückgelieferten Handle verwendet, sollte in jedem Fall darauf achten, ihn vor dem abschließenden *CloseClipboard* wieder zu entsperren.)

Auslesen von Text

Das Kopieren von Daten aus der Zwischenablage ist ähnlich simpel wie das Einsetzen. Hier kommt von der Logik her lediglich ein weiterer Schritt hinzu: Das Programm muß in jedem Fall prüfen, ob die Zwischenablage momentan Daten in einem Format enthält, mit dem es umgehen kann. Am einfachsten geschieht diese Bestimmung mit:

```
bAvailable = IsClipboardFormatAvailable (CF_TEXT) ;
```

Dieser Aufruf liefert das Ergebnis TRUE (ungleich 0), wenn die Zwischenablage Daten im Format CF_TEXT enthält. *IsClipboardFormatAvailable* ist eine der wenigen Funktionen im Zusammenhang mit der Zwischenablage, die man auch ohne ein vorheriges Öffnen verwenden kann (was ich in diesem Buch übrigens schon einmal getan habe: POPPAD2 und seine Nachfolger benutzen sie, um den Wahlpunkt »Einfügen« des Menüs »Bearbeiten« gegebenenfalls grau erscheinen zu lassen).

Da die Zwischenablage sozusagen die Spielwiese aller Programme des Systems darstellt, sollte man das Format allerdings auch nach einem wunschgemäß verlaufenen Test via *IsClipboardFormatAvailable* und einem späteren *OpenClipboard* vor der eigentlichen Kopie der Daten noch ein zweites Mal prüfen – schließlich ist es sehr wohl möglich, dass zwischenzeitlich ein anderes Programm dort Daten in einem anderen Format abgelegt hat.

Kopien aus der Zwischenablage beginnen ebenfalls mit einem Aufruf von *OpenClipboard*:

```
OpenClipboard (hwnd) ;
```

Die Funktion *GetClipboardData* erwartet eine Kennziffer für das gewünschte Format und liefert einen Handle zurück:

```
hClip = GetClipboardData (CF_TEXT) ;
```

Falls die in der Zwischenablage gespeicherten Daten nicht das bei *GetClipboardData* angegebene Format haben, liefert diese Funktion den Wert NULL anstelle eines Handles zurück. Das Programm sollte dieses Ergebnis auf jeden Fall prüfen und im Falle eines Falles die Zwischenablage via *CloseClipboard* schließen, ohne weitere Aktionen in die Wege zu leiten.

Der von *GetClipboardData* zurückgelieferte Handle ist nur bis zum nächsten Aufruf von *CloseClipboard* gültig und gehört auch in diesem Zeitraum nicht dem Programm: Es ist weder möglich, ihn freizugeben noch die darüber erreichbaren Daten zu ändern. (Zumindest in der Theorie. Praktisch hält Sie im Prinzip niemand davon ab, sich in diesem Punkt gründlich danebenzubenehmen.)

Lesen lassen sich die Daten dagegen ohne Einschränkung. Ein Programm, das den Inhalt der Zwischenablage komplett kopieren will, kann dafür auf ganz gewöhnliche Weise einen Speicherblock reservieren:

```
pText = (char *) malloc (GlobalSize (hClip)) ;
```

hClip steht hier für den beim Öffnen der Zwischenablage erhaltenen Handle, *GlobalSize* ermittelt die Größe des Bereichs auf dem globalen Heap. Der nächste Schritt besteht aus dem Ermitteln der Adresse:

```
pClipMemory = GlobalLock (hClip) ;
```

Da es sich beim Format CF_TEXT um einen Speicherblock handelt, der mit einem NUL-Zeichen abgeschlossen ist, läßt sich die Kopie selbst über *strcpy* erledigen:

```
strcpy (pText, pClipMemory) ;
```

Alternativ könnte man natürlich auch eine direkt programmierte Schleife verwenden:

```
for (pCopy = pText; *pCopy++ = *pClipMemory++; )
    ;
```

Auf die Kopie folgt das Entsperren des Speicherblocks und das Schließen der Zwischenablage:

```
GlobalUnlock (hClip) ;
CloseClipboard () ;
```

Übrig bleibt ein Zeiger (*pText*) auf einen programmeigenen Speicherbereich mit den aus der Zwischenablage kopierten Daten, über die Sie nun nach eigenem Gutdünken verfügen können.

Das Funktionsprinzip

Die Routinen der Zwischenablage bauen auf der Tatsache auf, dass Windows bei Bereichen im globalen Heap nicht nur eine Reihe von Flags, sondern auch einen »Besitzer« festhält. Wenn ein Programm ein solchen Handle mit einer Flag-Kombination wie GHND (d.h. GMEM_MOVEABLE | GMEM_ZEROINIT) anfordert, verweist der von *GlobalAlloc* zurückgelieferte Handle auf eine Datenstruktur, die zum einen die momentane Adresse des Speicherbereichs, zum zweiten die Flags und zum dritten den »Kopiezähler« (*hInstance*) des Programms enthält, das ihn belegt hat. Beim Ende eines Programms (exakter: einer Programmkopie) sucht Windows normalerweise den globalen Heap ab und gibt alle Bereiche wieder frei, die zu diesem Programm gehören.

Konsequent besteht die »Übergabe« eines Bereichs an die Zwischenablage via *SetClipboardData* aus einer Änderung des »Besitzers«, was mit dem folgenden Aufruf geschieht:

```
GlobalReAlloc (hMem, 0L, GMEM_MODIFY | GMEM_SHARE) ;
```

Damit übernimmt das Modul USER die Verantwortung für den Speicherblock, der nun auch über das Ende des ursprünglichen Besitzers hinaus belegt bleibt und Programmen nur dann zur Verfügung steht, wenn ihnen das System (genauer gesagt: die Routine *OpenClipboard*) explizit die Erlaubnis dazu gibt. Das Modul USER ist auch für die Freigabe dieses Speicherbereichs zuständig, d.h. reagiert auf einen Aufruf der Routine *EmptyClipboard* mit einem entsprechenden Aufruf von *GlobalFree*.

GetClipboardData setzt das Programm als Besitzer ein, das sich beim Aufruf von *OpenClipboard* über seinen Fensterhandle sozusagen angemeldet hat und ermöglicht so einen Zugriff, den *CloseClipboard* wieder sperrt.

Die Routinen der Zwischenablage stellen also nichts weiter als eine recht einfache Verwaltung gemeinsam verfügbarer Daten dar: Ein Programm überläßt der Zwischenablage einen im globalen Heap belegten Bereich; andere Programme können ihn entweder auslesen oder indirekt freigeben, um danach einen anderen Bereich einzusetzen.

Öffnen und Schließen der Zwischenablage

Der Kern von *OpenClipboard* und *CloseClipboard* besteht aus dem simplen Setzen bzw. Löschen eines Flags, das gleichzeitige Zugriffe mehrerer Programme auf den momentan von der Zwischenablage verwendeten Speicherbereich verhindert. *OpenClipboard* liefert als Ergebnis ein Flag (Datentyp BOOL) an aufrufende Programme zurück und signalisiert so, ob die Zwischenablage zur Verfügung steht oder nicht. (Was natürlich auch bedeutet: Ein Programm, das den nach einer Bearbeitung fälligen Aufruf von *CloseClipboard* vergißt, sperrt die Zwischenablage für alle anderen Anwendungen des Systems.)

Das erfreuliche an dieser (letztlich aus Windows 3.x stammenden) Logik ist, dass sie Konflikte auch beim verdrängendem Multitasking von Win32 eindeutig regelt: Nachdem ein Prozeß die Zwischenablage geöffnet hat, ist er vor eventuellen Störmanövern bis zum abschließenden *CloseClipboard* auch dann sicher, wenn das System zwischenzeitlich zu anderen Prozessen umgeschaltet hat.

Dass man zwischen *OpenClipboard* und *CloseClipboard* keine Aufrufe von *GetMessage* oder *PeekMessage* programmieren oder Nachrichten via *SendMessage* verschicken sollte, versteht sich von selbst. Es gibt allerdings auch einige nicht so offensichtliche Wege, mit denen sich ein Programm hier selbst hinters Licht führen kann:

- Zwischen der Anzeige eines Menüpunkts wie *Bearbeiten/Einfügen* und seiner Auswahl durch den Benutzer liegen selbst auf einem langsameren System einige Millionen Taktzyklen. Auch wenn Ihr Programm bereits bei WM_INITMENU über *IsClipBoardFormatAvailable* festgestellt hat, dass die Zwischenablage verwertbare Daten enthält, muß es diesen Test trotzdem nach der Auswahl von *Einfügen* wiederholen, weil es technisch durchaus möglich ist, dass die Zwischenablage mittlerweile durch ein anderes Programm (das sich aus welchem Grund auch immer nicht an die Spielregeln hält) neu besetzt wurde.
- Ein Programm, dem beim Belegen eines Bereichs zum Kopieren der Daten aus der Zwischenablage der Speicherplatz ausgeht, gebietet seinem Benutzer üblicherweise über ein Meldungsfenster Einhalt. Solange man dieses Meldungsfenster nicht als systemmodal definiert, bietet man damit gleichzeitig die Gelegenheit zum Wechsel zwischen Programmen – was im Prinzip keine schlechte Idee ist, weil der Benutzer auf diese Weise andere Programme aus dem Speicher werfen und so wieder Platz schaffen kann. Dazu ist aber als erstes einmal notwendig, dass der Benutzer zu diesen Programmen wechselt – weshalb man die Zwischenablage bereits *vor* der Ausgabe der Meldung tunlichst wieder geschlossen haben sollte.
- Für Dialoge mit Eingabefeldern gilt die zweite Regel sozusagen verschärft, weil Editfenster die Zwischenablage für Einfüge- und Ausschneideoperationen automatisch benutzen.

Unicode in der Zwischenablage

Wahrscheinlich wundern Sie sich inzwischen darüber, wo die zu Anfang des Kapitels aufgelisteten Formate CF_OEMTEXT und CF_UNICODETEXT abgeblieben sind. Die erfreuliche Antwort ist: Beide waren bei der Diskussion von CF_TEXT die ganze Zeit mit dabei, weil Windows 98 die Konvertierung zwischen CF_TEXT und CF_OEMTEXT automatisch übernimmt bzw. Windows NT sich gleich um alle drei Formate selbständig kümmert. Nachdem die Zwischenablage (beispielsweise) mit CF_TEXT besetzt worden ist, liefert *IsClipBoardFormatAvailable* nicht nur für CF_TEXT, sondern auch für CF_OEMTEXT (und unter Windows NT zusätzlich für CF_UNICODETEXT) das Ergebnis TRUE.

Eine der Konsequenzen aus diesem Verhalten ist, dass man bei Texten nicht nur *SetClipboardData*, sondern auch *GetClipboardData* mit dem Format aufrufen kann, das einem am genehmsten ist. Die Programme dieses Buches liefern ein Beispiel dafür: Sie sind bekanntlich so aufgebaut, dass sie wahlweise (Symbol UNICODE) mit Unicode oder mit ANSI arbeiten. Wie das in Abbildung 12.1 wiedergegebene Programm CLIPTEXT demonstriert, kann die Unicode-Version eines Programms dieses Prinzip auch bei der Zwischenablage beibehalten, d.h. je nach Art der Compilierung entweder CF_TEXT oder CF_UNICODETEXT verwenden.

CLIPTEXT.C

```
/*---------------------------------------
   CLIPTEXT.C - Text in der Zwischenablage
                (c) Charles Petzold, 1998
  ---------------------------------------*/

#include <windows.h>
#include "resource.h"

LRESULT CALLBACK WndProc (HWND, UINT, WPARAM, LPARAM) ;

#ifdef UNICODE
```

```
#define CF_TCHAR CF_UNICODETEXT
TCHAR szDefaultText[] = TEXT ("Standardtext - Unicode-Version") ;
TCHAR szCaption[]     = TEXT ("Text in der Zwischenablage - Unicode-Version") ;
#else

#define CF_TCHAR CF_TEXT
TCHAR szDefaultText[] = TEXT ("Standardtext - ANSI-Version") ;
TCHAR szCaption[]     = TEXT ("Text in der Zwischenablage - ANSI-Version") ;

#endif

int WINAPI WinMain (HINSTANCE hInstance, HINSTANCE hPrevInstance,
                    PSTR szCmdLine, int iCmdShow)
{
     static TCHAR szAppName[] = TEXT ("ClipText") ;
     HACCEL       hAccel ;
     HWND         hwnd ;
     MSG          msg ;
     WNDCLASS     wndclass ;

     wndclass.style         = CS_HREDRAW | CS_VREDRAW ;
     wndclass.lpfnWndProc   = WndProc ;
     wndclass.cbClsExtra    = 0 ;
     wndclass.cbWndExtra    = 0 ;
     wndclass.hInstance     = hInstance ;
     wndclass.hIcon         = LoadIcon (NULL, IDI_APPLICATION) ;
     wndclass.hCursor       = LoadCursor (NULL, IDC_ARROW) ;
     wndclass.hbrBackground = (HBRUSH) GetStockObject (WHITE_BRUSH) ;
     wndclass.lpszMenuName  = szAppName ;
     wndclass.lpszClassName = szAppName ;

     if (!RegisterClass (&wndclass))
     {    // UNICODE-Compilierung ist die einzige realistische Fehlermöglichkeit
          MessageBox (NULL, TEXT ("Programm arbeitet mit Unicode und setzt Windows NT voraus!"),
                      szAppName, MB_ICONERROR) ;
          return 0 ;
     }

     hwnd = CreateWindow (szAppName, szCaption,
                          WS_OVERLAPPEDWINDOW,
                          CW_USEDEFAULT, CW_USEDEFAULT,
                          CW_USEDEFAULT, CW_USEDEFAULT,
                          NULL, NULL, hInstance, NULL) ;

     ShowWindow (hwnd, iCmdShow) ;
     UpdateWindow (hwnd) ;

     hAccel = LoadAccelerators (hInstance, szAppName) ;

     while (GetMessage (&msg, NULL, 0, 0))
     {
          if (!TranslateAccelerator (hwnd, hAccel, &msg))
          {
               TranslateMessage (&msg) ;
               DispatchMessage (&msg) ;
          }
```

```
    }
    return msg.wParam ;
}

LRESULT CALLBACK WndProc (HWND hwnd, UINT message, WPARAM wParam, LPARAM lParam)
{
    static PTSTR pText ;
    BOOL         bEnable ;
    HGLOBAL      hGlobal ;
    HDC          hdc ;
    PTSTR        pGlobal ;
    PAINTSTRUCT  ps ;
    RECT         rect ;

    switch (message)
    {
    case WM_CREATE:
        SendMessage (hwnd, WM_COMMAND, IDM_EDIT_RESET, 0) ;
        return 0 ;

    case WM_INITMENUPOPUP:
        EnableMenuItem ((HMENU) wParam, IDM_EDIT_PASTE,
            IsClipboardFormatAvailable (CF_TCHAR) ? MF_ENABLED : MF_GRAYED) ;

        bEnable = pText ? MF_ENABLED : MF_GRAYED ;

        EnableMenuItem ((HMENU) wParam, IDM_EDIT_CUT,   bEnable) ;
        EnableMenuItem ((HMENU) wParam, IDM_EDIT_COPY,  bEnable) ;
        EnableMenuItem ((HMENU) wParam, IDM_EDIT_CLEAR, bEnable) ;
        break ;

    case WM_COMMAND:
        switch (LOWORD (wParam))
        {
        case IDM_EDIT_PASTE:
            OpenClipboard (hwnd) ;

            if (hGlobal = GetClipboardData (CF_TCHAR))
            {
                pGlobal = GlobalLock (hGlobal) ;
                if (pText)
                {
                    free (pText) ;
                    pText = NULL ;
                }
                pText = malloc (GlobalSize (hGlobal)) ;
                lstrcpy (pText, pGlobal) ;
                InvalidateRect (hwnd, NULL, TRUE) ;
            }
            CloseClipboard () ;
            return 0 ;

        case IDM_EDIT_CUT:
        case IDM_EDIT_COPY:
            if (!pText)
                return 0 ;
```

```
            hGlobal = GlobalAlloc (GHND | GMEM_SHARE, (lstrlen (pText) + 1) * sizeof (TCHAR)) ;
            pGlobal = GlobalLock (hGlobal) ;
            lstrcpy (pGlobal, pText) ;
            GlobalUnlock (hGlobal) ;

            OpenClipboard (hwnd) ;
            EmptyClipboard () ;
            SetClipboardData (CF_TCHAR, hGlobal) ;
            CloseClipboard () ;

            if (LOWORD (wParam) == IDM_EDIT_COPY)
                return 0 ;
                                          // weiter mit IDM_EDIT_CUT
        case IDM_EDIT_CLEAR:
            if (pText)
            {
                free (pText) ;
                pText = NULL ;
            }
            InvalidateRect (hwnd, NULL, TRUE) ;
            return 0 ;

        case IDM_EDIT_RESET:
            if (pText)
            {
                free (pText) ;
                pText = NULL ;
            }
            pText = malloc ((lstrlen (szDefaultText) + 1) * sizeof (TCHAR)) ;
            lstrcpy (pText, szDefaultText) ;
            InvalidateRect (hwnd, NULL, TRUE) ;
            return 0 ;
        }
        break ;

    case WM_PAINT:
        hdc = BeginPaint (hwnd, &ps) ;

        GetClientRect (hwnd, &rect) ;

        if (pText != NULL)
            DrawText (hdc, pText, -1, &rect, DT_EXPANDTABS | DT_WORDBREAK) ;

        EndPaint (hwnd, &ps) ;
        return 0 ;

    case WM_DESTROY:
        if (pText)
            free (pText) ;

        PostQuitMessage (0) ;
        return 0 ;
    }
    return DefWindowProc (hwnd, message, wParam, lParam) ;
}
```

CLIPTEXT.RC (Auszüge)

```
#include "resource.h"
#include "afxres.h"

/////////////////////////////////////////////////////////////////////////////
// Menu

CLIPTEXT MENU DISCARDABLE
BEGIN
    POPUP "&Bearbeiten"
    BEGIN
        MENUITEM "&Ausschneiden\tStrg+X",      IDM_EDIT_CUT
        MENUITEM "&Kopieren\tStrg+C",          IDM_EDIT_COPY
        MENUITEM "&Einfügen\tStrg+V",          IDM_EDIT_PASTE
        MENUITEM "&Löschen\tEntf",             IDM_EDIT_CLEAR
        MENUITEM SEPARATOR
        MENUITEM "&Zurücksetzen",              IDM_EDIT_RESET
    END
END

/////////////////////////////////////////////////////////////////////////////
// Accelerator

CLIPTEXT ACCELERATORS DISCARDABLE
BEGIN
    "C",            IDM_EDIT_COPY,          VIRTKEY, CONTROL, NOINVERT
    "V",            IDM_EDIT_PASTE,         VIRTKEY, CONTROL, NOINVERT
    VK_DELETE,      IDM_EDIT_CLEAR,         VIRTKEY, NOINVERT
    "X",            IDM_EDIT_CUT,           VIRTKEY, CONTROL, NOINVERT
END
```

RESOURCE.H (Auszüge)

```
// Microsoft Developer Studio generated include file.
/ Used by ClipText.rc

#define IDM_EDIT_CUT                    40001
#define IDM_EDIT_COPY                   40002
#define IDM_EDIT_PASTE                  40003
#define IDM_EDIT_CLEAR                  40004
#define IDM_EDIT_RESET                  40005
```

Abbildung 12.1: *Das Programm* CLIPTEXT

Von diesem Programm haben Sie natürlich nur wirklich etwas, wenn Sie die ANSI- und Unicode-Version unter Windows NT miteinander vergleichen können. *#ifdef*-Anweisungen zur bedingten Compilierung werden Sie bei den verschiedenen Operationen mit der Zwischenablage selbst übrigens nicht finden, weil ich die notwendigen Umdefinitionen auf einen Punkt zentralisiert habe: Am Anfang von CLIPTEXT.C wird ein (von mir erfundener) Bezeichner CF_TCHAR in der ANSI-Version als CF_TEXT, in der Unicode-Version als CF_UNICODETEXT definiert. Dieses »Format« kommt dann bei den diversen Aufrufen von *IsClipboardFormatAvailable*, *OpenClipboard* und *SetClipboardData* zum Einsatz.

Die Unicode-Version von CLIPTEXT setzt bei WM_CREATE den String »Text in der Zwischenablage – Unicode-Version« (natürlich im Unicode-Format) in den Puffer *pText* ein, die ANSI-Version verwendet hier »Text in der Zwischenablage – ANSI-Version«. Mit den Wahlpunkten des Menüs *Bearbeiten* können Sie diesen Text in die Zwischenablage kopieren oder ausschneiden, *Bearbeiten/Einfügen* kopiert den aktuellen Inhalt der Zwischenablage (der natürlich auch von einem anderen Programm stammen kann) ins Fenster (wo er bei WM_PAINT ausgegeben wird). Unter Windows NT sollten Sie einmal sowohl die ANSI- als auch die Unicode-Version von CLIPTEXT starten, dann Text mit einem der beiden Programme in die Zwischenablage kopieren und mit dem anderen wieder auslesen. (Wie gesagt, funktioniert die automatische Konvertierung in beide Richtungen – vorausgesetzt natürlich, dass sich der Unicode-Text verlustfrei auf den ANSI-Zeichensatz abbilden läßt).

Erweiterungen des Konzepts

Bei den bis dato vorgestellten Beispielen besteht die eigentliche Übergabe der Daten an die Zwischenablage jeweils aus denselben vier Befehlen:

```
OpenClipboard (hwnd) ;
EmptyClipboard () ;
SetClipboardData (iFormat, hGlobal) ;
CloseClipboard () ;
```

Der Zugriff auf diese Daten erscheint ähnlich standardisiert:

```
OpenClipboard (hwnd) ;
hHandle = GetClipboardData (wFormat) ;
[Auswertung der Daten]
CloseClipboard () ;
```

Zwischen den Aufrufen von *GetClipboardData* und *CloseClipboard* steht hier ein einfacher Zugriff auf die Daten.

Auch wenn man in den meisten Fällen mit diesen beiden simplen Schemata hinkommt – erschöpft sind die Möglichkeiten der Zwischenablage damit nicht.

Mehrere und verschiedene Datenblocks

Bevor ein Programm neue Daten in die Zwischenablage einsetzen kann, muß es die Routine *EmptyClipboard* benutzen und Windows so signalisieren, dass der momentane Inhalt freigegeben werden soll. Eine Routine wie »AddClipboardData« sucht man vergebens: Bereits in der Zwischenablage existierende Daten zu *erweitern*, ist offensichtlich unmöglich.

Mit mehreren Datenblocks, die ein und dasselbe Programm einsetzt, ist das allerdings eine andere Sache: Tatsächlich kann man *SetClipboardData* im Zeitraum zwischen *EmptyClipboard* und *CloseClipboard* beliebig oft aufrufen, wenn man bei jedem dieser Aufrufe ein anderes Datenformat benutzt. Ein Programm, das einen kurzen String in der Zwischenablage einsetzen will, kann ihn beispielsweise gleichzeitig als Text, als Zwischendatei oder in Form eines Bitmaps dort hinterlassen und macht diese Daten so in mehreren Formaten verfügbar. Bei Zwischendateien und Bitmaps wären hier sogar unterschiedliche Schriftarten denkbar (auch wenn natürlich klar sein dürfte, dass ein anderes Programm den Text nur in Form von CF_TEXT hinterher wieder als solchen bearbeiten kann).

Nachdem ein Programm mehrere Datenblocks unterschiedlichen Formats eingesetzt hat – beispielsweise mit

```
OpenClipboard (hwnd) ;
EmptyClipboard () ;
SetClipboardData (CF_TEXT, hGlobalText) ;
SetClipboardData (CF_BITMAP, hBitmap) ;
SetClipboardData (CF_METAFILEPICT, hGlobalMFP) ;
CloseClipboard () ;
```

– verwaltet die Zwischenablage die dazugehörigen Speicherbereiche sämtlich auf einmal: Für das gezeigte Beispiel würde also ein nachfolgender Aufruf von *IsClipboardFormatAvailable* nicht nur mit CF_TEXT, CF_OEMTEXT und CF_UNICODETEXT, sondern auch mit CF_BITMAP oder CF_METAFILEPICT das Ergebnis TRUE liefern. Abholen lassen sich diese Daten (bzw. Handles) wie gehabt mit *GetClipboardData*:

```
hGlobalText = GetClipboardData (CF_TEXT) ;
hBitmap = GetClipboardData (CF_BITMAP) ;
hGlobalMFP = GetClipboardData (CF_METAFILEPICT) ;
```

In diesem Fall (und unabhängig davon, wie viele Formate ein Programm tatsächlich »abholt«), würde der nächste Aufruf von *EmptyClipboard* nicht einen, sondern eben alle drei Datenblocks freigeben. (Um es genau zu nehmen, sind es hier sogar vier Datenblocks, die das System dabei wieder loswerden muß: Zwischendateien alten Stils setzen sich aus einem Block für eine Struktur des Typs METAFILEPICT und einem zweiten für die Daten selbst zusammen.)

Welche Datenblocks (d.h. welche Formate) die Zwischenablage zu einem bestimmten Zeitpunkt enthält, läßt sich über die Funktion *EnumClipboardFormats* bestimmen. Sie erwartet bei jedem Aufruf eine Kennziffer für das jeweils zuletzt ermittelte Format und liefert danach sozusagen das nächste Format zurück, in dem die Zwischenablage Daten enthält. Der erste Aufruf erfolgt mit dem Wert 0:

```
iFormat = 0 ;
OpenClipboard (hwnd) ;

while (iFormat = EnumClipboardFormats (iFormat))
     {
     [Auswertung von iFormat]
     }
CloseClipboard () ;
```

Das Ende der Liste signalisiert *EnumClipboardFormats* mit dem Zurückliefern des Wertes 0, der offensichtlich für »kein Format« steht. (Diesen Wert bekommt man auch zurück, wenn die Zwischenablage überhaupt keine Daten enthält).

Wie viele Datenblocks unterschiedlichen Formats momentan gespeichert sind, läßt sich auch auf direkte Weise ermitteln:

```
iCount = CountClipboardFormats () ;
```

Verzögerte Übergabe

Das Standardverfahren zum Einsetzen von Daten in die Zwischenablage besteht aus dem Erstellen einer Kopie und der Übergabe des dazugehörigen Handles. Das Ergebnis ist erst einmal eine doppelte Belastung des Hauptspeichers, die natürlich bei sehr großen Datenblocks nicht gerade unproblematisch sein kann. Vom Standpunkt eines Programms aus gesehen, wird diese Doppelbelastung nachgerade ärgerlich, wenn sie sich schließlich als unnötig erweist – sprich: der Benutzer den Inhalt der Zwischenablage später durch einen neuen Datenblock ersetzt, ohne die zuvor mühsamst kopierten Daten jemals verwendet zu haben.

Umgehen lassen sich Probleme dieser Art mit einer verzögerten Übergabe der Daten – einer Technik, die im Englischen als »delayed rendering« (eigentlich: verzögertes Darstellen) bezeichnet wird. Die dabei verwendete Logik ist bestechend einfacher Natur: Die Daten werden erst dann kopiert, wenn es auch wirklich notwendig ist.

Technisch sieht die Sache so aus, dass das Programm anstelle eines Handles zu einem Datenblock im globalen Heap den Wert NULL zusammen mit der Angabe des Datenformats in die Zwischenablage einsetzt:

```
OpenClipboard (hwnd) ;
EmptyClipboard () ;
SetClipboardData (iFormat, NULL) ;
CloseClipboard () ;
```

Auch hier sind mehrere Aufrufe von *SetClipboardData* mit unterschiedlichen Formaten (d.h. unterschiedlichen Werten von *iFormat*) möglich; das »Mischen« von NULL und echten Handles ist erlaubt.

Die Routine *GetClipboardData* prüft, ob die Zwischenablage für ein bestimmtes Format den Wert NULL anstelle eines Handles gespeichert hat: Falls ja, wird das entsprechende Programm aufgefordert, nun einen echten Handle nachzuliefern, d.h. die gewünschten Daten tatsächlich zu kopieren. Wie wohl auch nicht anders zu erwarten, geschieht diese Aufforderung über verschiedene Nachrichten. Welches Programm dem System noch einen echten Handle schuldig geblieben ist und im Falle eines Falles diese Nachrichten erhält, wird durch den bei *OpenClipboard* übergebenen Fensterhandle eindeutig festgelegt. (Da *OpenClipboard* auch von »unschuldigen« Programmen benutzt werden kann, hält erst der Aufruf von *EmptyClipboard* diesen Wert als Kennziffer für das Programm fest, das tatsächlich als letztes Daten in die Zwischenablage eingesetzt hat).

Ein Programm, das anstelle echter Handles den Wert NULL an die Zwischenablage übergibt, muß in seiner Window-Prozedur drei Arten von Nachrichten bearbeiten, für die WINUSER.H die Konstanten WM_RENDERFORMAT, WM_RENDERALLFORMATS und WM_DESTROYCLIPBOARD definiert. WM_RENDERFORMAT stellt die Aufforderung dar, für Daten eines bestimmten (via *wParam* übergebenen) Formats einen echten Handle zurückzuliefern. Das Programm muß auf diese Nachricht reagieren, indem es die zuvor nicht ausgeführten Schritte nachholt, d.h. ein Speicherblock im globalen Heap belegt, die Daten in diesen Block kopiert und danach *SetClipboardData* die Format-Kennziffer sowie den Handle übergibt. Das sonst übliche Drumherum (also *OpenClipboard*, *EmptyClipboard* und *CloseClipboard*) ist in diesem Fall nicht nur unnötig, sondern schlicht verboten.

WM_DESTROYCLIPBOARD signalisiert, dass der Benutzer die Zwischenablage mit neuen Daten besetzt hat (und das Programm die zur Rekonstruktion der noch nachzuliefernden Datenblocks notwendigen Informationen über Bord werfen kann).

Wenn der Benutzer ein Programm beendet, das der Zwischenablage noch echte Handles schuldig geblieben ist, erzeugt Windows automatisch eine Nachricht des Typs WM_RENDERALLFORMATS. Da diese Nachricht nicht durch einen echten Zugriff ausgelöst wird, hat das Programm hier im Gegensatz zu WM_RENDERFORMATS auch das »Drumherum« auszuführen – also die Zwischenablage mit *OpenClipboard* öffnen, sie mit *EmptyClipboard* löschen, die entsprechenden Daten in globale Speicherbereiche kopieren und jeweils separat via *SetClipboardData* übergeben, bevor es die Zwischenablage mit *CloseClipboard* wieder schließt. WM_RENDERALLFORMATS ist eine der letzten Nachrichten, die ein Programm erhält: darauf folgt ein WM_DESTROYCLIPBOARD (als Reaktion auf *EmptyClipboard*) und direkt danach das normale WM_DESTROY. (Viele Programme reagieren auf diese Nachricht übrigens erst einmal mit einer Rückfrage im Sinne von »Sie haben eine größere Datenmenge in die Zwischenablage kopiert. Sollen diese Daten anderen Programmen zur Verfügung gestellt werden?« und beschränken sich bei der Antwort »Nein« dann auf *OpenClipboard*, *EmptyClipboard* und *CloseClipboard*. Meldungen dieser Art stellen übrigens einen interessanten Sonderfall dar: Sie sind technisch falsch, weil die Zwischenablage tatsächlich erst dann mit den »größeren Datenmengen« besetzt wird, wenn der Benutzer mit »Ja« antwortet – und trotzdem sinnvoll.)

Solange es nur um ein einziges Format (wie beispielsweise CF_TEXT) geht, kann man die Bearbeitung von WM_RENDERALLFORMATS und WM_RENDERFORMAT problemlos miteinander kombinieren:

```
case WM_RENDERALLFORMATS :
     OpenClipboard (hwnd) ;
     EmptyClipboard () ;
                                   // weiter mit WM_RENDERFORMAT
case WM_RENDERFORMAT :
     [Kopieren der Daten in einen Speicherblock im globalen Heap]
     SetClipboardData (CF_TEXT, hMem) ;

     if (iMessage == WM_RENDERALLFORMATS)
          CloseClipboard () ;
     return 0 ;
```

Arbeitet das Programm dagegen mit mehreren Formaten, sollte es auf WM_RENDERFORMAT nur mit dem »Einfüllen« des Formats reagieren, den das System auch wirklich erwartet (und via *wParam* anzeigt).

Das Bearbeiten von WM_DESTROYCLIPBOARD können Sie übrigens ohne weiteres *DefWindowProc* überlassen: Diese Nachricht signalisiert einem Programm lediglich, dass es nun eventuell für die Erzeugung von Datenblocks zurückgehaltene Informationen freigeben darf.

Eigene Datenformate

Da es sich bei der Zwischenablage um ein Medium zum Datenaustausch handelt, erscheint das Einsetzen programmspezifischer Datenformate auf den ersten Blick mehr als Schildbürgerstreich – was es nicht ist: Unter anderem verwenden die meisten Textverarbeitungen diese Möglichkeit für den Austausch von Texten mit Formatierungsinformationen zwischen verschiedenen Dokumenten. Jedes dieser Dokumente wird entweder über eine separate Kopie ein und desselben Programms oder in verschiedenen (Child-)Fenstern eines einzigen Programms bearbeitet – weshalb es hier zwangsläufig keine Verständigungsschwierigkeiten gibt.

Zur Definition eigener Datenformate stehen im Prinzip drei Wege offen. Der erste baut auf die vordefinierten Formate der Zwischenablage auf und besteht mehr oder weniger aus einer schlichten Sperre gegenüber anderen Programmen. WINDOWS.H definiert dafür die Format-Bezeichner CF_DSPTEXT, CF_DSPBITMAP, CF_DSPMETAFILEPICT und CF_DSPENHMETAFILE, bei denen das Kürzel »DSP« für »display« steht: Wenn man Texte, Bitmaps und Zwischendateien unter Angabe dieser Formate in die Zwischenablage einsetzt, kann sie das Programm CLIPBRD sehr wohl noch darstellen – ein anderes Programm, das die Standardformate CF_TEXT, CF_BITMAP und CF_METAFILEPICT mit *IsClipboardFormatAvailable* oder *GetClipboardData* abfragt, erhält dagegen zwangsläufig den Wert NULL zurück.

Anders gesagt: Wenn man Daten mit einer Format-Kennziffer XYZ in die Zwischenablage einsetzt, bekommt man sie auch nur über die Angabe von XYZ wieder zurück – unabhängig davon, ob es sich bei diesen Daten um eine höchst komplexe Struktur oder einen schlichten ASCIIZ-String handelt. Womit sich natürlich die Frage erhebt, wie ein Programm herausfindet, ob Daten in der Zwischenablage von einer anderen Kopie seiner selbst stammen oder nicht. Eine mögliche Antwort besteht im Vergleich der Fensterklassen:

```
hwndClipOwner = GetClipboardOwner () ;
```

Dieser Aufruf liefert den Fensterhandle des Programms zurück, das die Zwischenablage als letztes mit neuen Daten besetzt (d.h. erst *OpenClipboard* und dann *EmptyClipboard* aufgerufen) hat. Über diesen Handle läßt sich nun mit *GetClassName* der Name der Fensterklasse ermitteln:

```
TCHAR szClassName [32] ;
[weitere Deklarationen/Operationen]
GetClassName (hwndClipOwner, szClassName, 32) ;
```

Wenn der dadurch in *szClassName* eingesetzte String mit dem Namen der programmeigenen Fensterklasse identisch ist, handelt es sich um zwei Kopien ein und desselben Programms.

Die zweite Möglichkeit läßt beliebige Formate zu, ist aber um einiges komplizierter. Hier besteht das Einsetzen der Daten aus dem Aufruf von *SetClipboardData* mit einem »Datentyp« namens CF_OWNERDISPLAY und dem Wert NULL anstelle eines Handles:

```
SetClipboardData (CF_OWNERDISPLAY, NULL) ;
```

Der Bezeichner CF_OWNERDISPLAY ist hier wörtlich zu nehmen: Er steht dafür, dass der »Besitzer« der Daten auch für ihre Darstellung verantwortlich ist. (Auf diese Weise hat es beispielsweise die 16-Bit-Version von WRITE möglich gemacht, ausgeschnittene Textblocks auch im Fenster von CLIPBRD darzustellen, obwohl CLIPBRD mit den darin enthaltenen Formatierungsdaten nicht das Geringste anfangen konnte. Die etwas moderneren Textverbeitungen wie Office machen sich in diesem Punkt leider nicht so viel Mühe.)

Da mit dem Wert NULL anstelle eines Handles gearbeitet wird, muß das einsetzende Programm die von Windows für verzögerte Übergaben definierten Nachrichten (WM_RENDERFORMAT, WM_RENDERALLFORMATS und eventuell WM_DESTROYCLIPBOARD) bearbeiten. Dazu kommen fünf weitere Typen, die sämtlich von CLIPBRD an den jeweiligen »Besitzer« der Daten gesendet werden:

- WM_ASKCBFORMATNAME – ist eine Aufforderung, einen Format-Namen in Form eines ASCIIZ-Strings zurückzuliefern: *lParam* stellt die Adresse des Puffers von CLIPBRD dar, *wParam* steht für die Maximalzahl zu kopierender Zeichen.

- WM_SIZECLIPBOARD – ist die Reaktion von CLIPBRD (oder einem anderen Zwischenablage-Spion) auf Veränderungen der Fenstergröße (d.h. Nachrichten des Typs WM_SIZE). Der Fensterhandle wird via *wParam* übergeben, *lParam* stellt einen Zeiger auf eine Struktur des Typs RECT dar, deren Felder die linke obere und rechte untere Ecke des Anwendungsbereichs (in Bildschirm-Koordinaten) wiedergeben. Die Reaktion auf das Beenden von CLIPBRD oder das Minimieren des Fensters besteht ebenfalls aus einer Nachricht dieses Typs, das Rechteck enthält in diesem Fall die Koordinaten (0,0), (0,0). Da hier mit Bildschirm-Koordinaten gearbeitet wird, dient der Fensterhandle rein zur Unterscheidung zwischen mehreren gleichzeitig aktiven Programmen, die eine Betrachtung der Zwischenablage erlauben – eine Situation, die den »Besitzer« der Daten vor eine nicht gerade einfache Aufgabe stellt. (CLIPBRD macht die Sache relativ einfach, weil sich dieses Programm gegen einen mehrfachen Start sperrt. Bei anderen Zwischenablage-Spionen muß das nicht unbedingt der Fall sein).
- WM_PAINTCLIPBOARD – stellt die Reaktion von CLIPBRD auf Nachrichten des Typs WM_PAINT dar und fordert den »Besitzer« der Daten auf, den Fensterinhalt neu zu zeichnen. *wParam* steht hier wiederum für den Fensterhandle, *lParam* für einen Handle zu einem globalen Speicherblock mit einer Struktur des Typs PAINTSTRUCT, deren Feld *hdc* den Handle zum von CLIPBRD verwendeten Gerätekontext enthält. Der »Besitzer« muß diesen Handle über *GlobalLock* sperren, danach die Zeichenoperation ausführen und schließlich den Handle wieder mit *GlobalUnlock* entsperren.
- WM_HSCROLLCLIPBOARD und WM_VSCROLLCLIPBOARD – informieren den »Besitzer«, dass der Benutzer die Bildlaufleisten im Fenster von CLIPBRD benutzt hat. *wParam* ist wiederum der Fensterhandle, das niederwertige Wort von *lParam* enthält den Aktionscode (SB_BOTTOM.. SB_TOP), das höherwertige Wort von *lParam* gibt für SB_THUMBPOSITION die neue Position der Marke in der Bildlaufleiste wieder.

Ob ein Programm diese fünf Nachrichten bearbeitet oder nicht, muß man wohl von Fall zu Fall entscheiden. Tatsache ist, dass einem der Benutzer die Mühe danken wird: Es macht nun einmal einen Unterschied, ob man (wie beim alten WRITE) zuvor kopierte Daten auch in CLIPBRD in der erwarteten Form wiederfindet oder eben nur als Text (und nicht einmal als RTF – was die Office-Programmierer hier geritten hat, läßt sich nur ahnen).

Die dritte und letzte Möglichkeit zur Definition eigener Datenformate besteht im Registrieren eigener Bezeichner über die Funktion *RegisterClipboardFormat*, die daraufhin eine einzigartige (d.h. noch nicht anderweitig besetzte) Kennziffer zurückliefert. Diese Kennziffer wird beim Einsetzen und Auslesen der Zwischenablage als Format-Parameter benutzt, wobei man die Daten zusätzlich noch einmal in ihrer »Rohform« (beispielsweise als unformatierten Text) und mit einem Standardformat übergibt. Auf diese Weise lassen sich zwei Fliegen mit einer Klappe schlagen: Obwohl das Programm ein eigenes Format und damit Datenstrukturen beliebiger Art verwendet, bekommt der Benutzer in CLIPBRD trotzdem noch etwas zu sehen, ohne dass man dazu (wie bei CF_OWNERDISPLAY) unmäßigen Aufwand treiben müßte.

Nehmen wir einmal an, Sie haben ein Zeichenprogramm geschrieben, das für Kopien in die Zwischenablage parallel drei Formate benutzt: ein Bitmap, eine Zwischendatei und eine (zuvor registrierte) Datenstruktur eigener Art. CLIPBRD.EXE wird in diesem Fall die Zwischendatei zur Darstellung benutzen, andere Programme können alternativ auch auf das Bitmap ausweichen. Das Zeichenprogramm und eventuelle Kopien davon lesen dagegen die selbstdefinierte Datenstruktur, die beispielsweise neben den Vektorlängen und -winkeln auch noch Datei- oder Makronamen enthalten könnte.

Das Registrieren eines neuen Formats geschieht über den Aufruf:

```
iFormat = RegisterClipboardFormat (szFormatName) ;
```

szFormat steht hier für einen Zeiger auf einen ASCIIZ-String mit dem Namen des Formats, zurückgeliefert wird ein Wert im Bereich von 0xC000 und 0xFFFF. CLIPBRD (oder ein anderes Programm, das sämtliche in der Zwischenablage befindlichen Formate via *EnumClipboardFormats* auswertet), kann den Namen dieses Formats auf die folgende Weise ermitteln:

```
GetClipboardFormatName (iFormat, psBuffer, iMaxCount) ;
```

Auf diesen Aufruf hin kopiert Windows bis zu *iMaxCount* Zeichen mit dem *iFormat* zugeordneten Format-Namen in *psBuffer*.

Wenn Sie diese dritte Methode benutzen, wäre es zu überlegen, ob Sie das dazugehörige interne Datenformat veröffentlichen: Wenn Ihr Programm bekannt genug wird, wäre es durchaus denkbar, dass es auch von anderen ProgrammiererInnen verwendet und auf diese Weise ein neuer Standard geschaffen wird.

Ein Ersatz für CLIPBRD.EXE

Die Datenformate in der Zwischenablage lassen sich über *EnumClipboardFormats* jederzeit abfragen, für Programmspezifisches ist mit CF_OWNERDISPLAY ein eigener Mechanismus definiert – weshalb die Vermutung naheliegt, dass CLIPBRD.EXE nur eine von mehreren Möglichkeiten darstellt, der Zwischenablage sozusagen permanent über die Schulter zu gucken.

Gesagt, getan. Man nehme das am Anfang dieses Kapitels vorgestellte Programm CLIPTEXT, erweitere es um eine Abfrage der Zwischenablage bei WM_PAINT nebst den Ausgabemöglichkeiten für Zwischendateien sowie Bitmaps und bekommt – ja, richtig: ein Programm, das Veränderungen der Zwischenablage nur dann widerspiegelt, wenn man es durch Veränderungen seines Fensters zur Aktualisierung seines Anwendungsbereichs bringt. An dieser Stelle könnte man natürlich einen Timer einbauen, der in (einigermaßen) regelmäßigen Abständen für eine Abfrage sorgt – die ihrerseits das System aber recht kräftig belastet, weil eine solche Abfrage entweder mit einem permanenten (und meist unnötigen) Aktualisieren des gesamten Fensters oder dem Prüfen der Daten auf Veränderungen hin verbunden sein müßte.

Tatsächlich definiert Windows einen eigenen Mechanismus zu exakt diesem Zweck: Programme können das System veranlassen, bei jeder Veränderung der Zwischenablage eine Nachricht zu bekommen und werden auf diese Weise zu einem »Clipboard Viewer«. Da sich diese Bezeichnung mit »Zwischenablageninhaltsbetrachtungsprogramm« wohl nur für echte Puristen befriedigend ins Deutsche umsetzen läßt, hat sich der Übersetzer die Freiheit genommen, dasselbe im weiteren kurzerhand als »Spion« zu bezeichnen.

Nachrichtenketten

Auch wenn sich CLIPBRD.EXE nur einmal starten läßt, ist die Gesamtzahl der Spione im System zumindest theoretisch unbegrenzt. Damit sie sämtlich auf dem laufenden bleiben, sind allerdings einige Vorkehrungen notwendig: Windows speichert selbst immer nur einen einzigen Handle, der das Ziel von Nachrichten über Veränderungen der Zwischenablage kennzeichnet. Das darüber angesprochene Programm, das auf diese Weise zum »aktiven Spion« wird, muß seinerseits durch die Ausgabe von Nachrichten dafür sorgen, dass auch seine Vorgänger immer auf dem neusten Stand der Dinge bleiben.

Wenn sich ein Programm von Windows als aktiver Spion registrieren läßt, bekommt es den Fensterhandle des Programms übergeben, das diese Rolle zuvor gespielt hat. Über diesen Handle erfolgt die Weitergabe der Nachricht via *SendMessage* – und da sich der zuvor aktive Spion auf dieselbe Weise angemeldet (und dabei wiederum den Handle seines Vorgängers erhalten) hat, erreicht ein und dieselbe Nachricht auf diese Weise der Reihe nach sämtliche beteiligten Prozesse.

Funktionen und Nachrichten

Programme melden sich über die Funktion *SetClipboardViewer* beim System als »aktiver Spion« an, wobei dieser Aufruf bereits beim Bearbeiten von WM_CREATE stattfinden kann:

```
static HWND hwndNextViewer ;
[weitere Deklarationen/Operationen]
case WM_CREATE :
    [normale Reaktion auf WM_CREATE]
    hwndNextViewer = SetClipboardViewer (hwnd) ;
    return 0;
```

Wenn zum Zeitpunkt dieses Aufrufs bereits ein aktiver Spion existiert, liefert *SetClipboardViewer* den entsprechenden Fensterhandle zurück, der in jedem Fall in einer statischen Variablen gespeichert werden muß. Ist dagegen noch kein Programm geladen, das über Veränderungen der Zwischenablage informiert werden will, ist das Ergebnis dieses Funktionsaufrufs der Wert NULL.

Ein auf diese Weise angemeldetes Programm bekommt bei Veränderungen der Zwischenablage eine Nachricht des Typs WM_DRAWCLIPBOARD und muß zwischen zwei Situationen unterscheiden: Wenn der (beim Anmelden via *SetClipboardViewer*) ermittelte Fensterhandle einen Wert ungleich NULL hat – also ein Vorgänger existiert – sollte es diese Nachricht als erstes über einen Aufruf von *SendMessage* weitergeben; war das Ergebnis dagegen der Wert NULL, dann ist das Programm selbst das letzte Glied in der Kette, und die Weitergabe entfällt. (WM_DRAWCLIPBOARD und WM_PAINTCLIPBOARD haben übrigens nichts miteinander zu tun: Die erste dieser beiden Nachrichten signalisiert einem Spion, dass die Zwischenablage verändert wurde, die zweite fordert ein Programm auf, einen von ihm im Format CF_OWNERDISPLAY gespeicherten Datenblock im Anwendungsbereich des Spions zu zeichnen).

Dass der jeweils aktive Spion WM_DRAWCLIPBOARD direkt von Windows erhält, die restlichen Programme dieser Art dagegen von ihren Nachfolgern versorgt werden, spielt für die Bearbeitung der Nachricht selbst keine Rolle. Sie kann im einfachsten Fall etwa so aussehen:

```
case WM_DRAWCLIPBOARD :
    if (hwndNextViewer)    // wenn es noch einen Vorgänger gibt: Weitergabe
        SendMessage (hwndNextViewer, message, wParam, lParam) ;

    InvalidateRect (hwnd, NULL, TRUE) ;
    return 0 ;
```

Der Aufruf von *InvalidateRect* löst wie gewohnt eine Nachricht des Typs WM_PAINT an den betreffenden Spion aus, der darauf mit dem Öffnen der Zwischenablage, einer eventuellen Abfrage der Formate und schließlich mit einem entsprechenden Aufruf von *GetClipboardData* reagieren kann, bevor er die Aktualisierung mit *CloseClipboard* abschließt.

Ein Spion, dessen Dienstzeit abgelaufen ist, kann (wie im richtigen Leben) natürlich nicht einfach verschwinden. Damit die Nachrichtenkette nicht unterbrochen wird, muß er sich über die Funktion *ChangeClipboardChain* abmelden, der er seinen eigenen Fensterhandle sowie den Handle seines Vorgängers übergibt:

```
ChangeClipboardChain (hwnd, hwndNextViewer) ;
```

Windows reagiert auf diesen Aufruf mit der Ausgabe einer Nachricht des Typs WM_CHANGE-CBCHAIN. Der Handle des sich abmeldenden Spions wird dabei als *wParam*, der Handle seines Vorgängers in *lParam* übergeben. Jeder Spion, der diese Nachricht erhält, muß nun den Vergleich

```
if (wParam == hwndNextViever)  // ist "mein" Vorgänger das zu beendende Programm?
```

ausführen und so bestimmen, ob er derjenige ist, der Nachrichten im Zusammenhang mit der Zwischenablage an das Programm weiterreicht, das sich gerade verabschieden will. Wenn ja, setzt der den als *lParam* übergebenen Wert bei sich selbst als *hwndNextViewer* ein; wenn nein, reicht er die Nachricht via *SendMessage* (und mit denselben Werten für *wParam* bzw. *lParam* an seinen Vorgänger weiter. Die praktische Ausführung kann ungefähr so aussehen:

```
case WM_CHANGECBCHAIN :
     if ((HWND) wParam == hwndNextViewer)
          hwndNextViewer = (HWND) lParam ;

     else if (hwndNextViewer)
          SendMessage (hwndNextViewer, message, wParam, lParam) ;
     return 0 ;
```

(Die Prüfung von *hwndNextViever* gegen NULL im *else*-Zweig fällt dabei in die Kategorie »defensive Programmierung«: Wenn das ausführende Programm keinen Vorgänger mehr hat, ist es das letzte in der Kette).

Nehmen wir einmal an, dass sich in einer Kette wie

```
Windows -> Spion D -> Spion C -> Spion B -> Spion A -> NULL
```

der Spion B verabschieden will, deshalb *ChangeClipboardChain* aufruft und als ersten Parameter seinen eigenen Fensterhandle, als zweiten Parameter den Fensterhandle von Spion A übergibt. Windows sendet daraufhin eine Nachricht des Typs WM_CHANGECBCHAIN an den aktiven Spion D. Der Vergleich zwischen *wParam* (= Fensterhandle Spion B) und dem von Spion D gespeicherten Vorgänger (= Spion C) endet mit FALSE, weshalb Spion D die Nachricht via *SendMessage* an Spion C weiterreicht. Dort ergibt der Vergleich zwischen *wParam* (= Fensterhandle Spion B) und dem gespeicherten Vorgänger (= Fensterhandle Spion B) TRUE: Spion C setzt also den zusammen mit dieser Nachricht übergebenen Vorgänger (= Spion A) in seine Variable *hwndNextViewer* ein. Das Ergebnis für weitere Nachrichten ist:

```
Windows -> Spion D -> Spion C -> Spion A -> NULL
```

Der letztmögliche Zeitpunkt, zu dem sich ein Spion auf diese Weise abmelden sollte, ist während der Reaktion auf WM_DESTROY:

```
case WM_DESTROY :
     ChangeClipboardChain (hwnd, hwndNextViewer) ;
     PostQuitMessage (0) ;
     return 0 ;
```

Über die folgende (recht selten verwendete) Funktion kann ein Programm den Fensterhandle des momentan aktiven Spions ermitteln:

```
hwndViewer = GetClipboardViewer () ;
```

Wenn zum Zeitpunkt dieses Aufrufs kein einziger Spion geladen ist, liefert *GetClipboardViewer* den Wert NULL.

Ein einfaches Beispiel

Das in Abbildung 12.2 aufgelistete Programm CLIPVIEW demonstriert die grundlegenden Mechanismen des An- und Abmeldens von Spionen beim System und ist bei weitem nicht so facettenreich wie CLIPBRD ausgefallen: Tatsächlich beschränkt es sich auf die Darstellung von Datenblocks im Format CF_TEXT.

CLIPVIEW.C

```
/*---------------------------------------
   CLIPVIEW.C - Ein einfacher Spion
             (c) Charles Petzold, 1998
  ---------------------------------------*/

#include <windows.h>

LRESULT CALLBACK WndProc (HWND, UINT, WPARAM, LPARAM) ;

int WINAPI WinMain (HINSTANCE hInstance, HINSTANCE hPrevInstance,
                    PSTR szCmdLine, int iCmdShow)
{
     static TCHAR szAppName[] = TEXT ("ClipView") ;
     HWND         hwnd ;
     MSG          msg ;
     WNDCLASS     wndclass ;

     wndclass.style         = CS_HREDRAW | CS_VREDRAW ;
     wndclass.lpfnWndProc   = WndProc ;
     wndclass.cbClsExtra    = 0 ;
     wndclass.cbWndExtra    = 0 ;
     wndclass.hInstance     = hInstance ;
     wndclass.hIcon         = LoadIcon (NULL, IDI_APPLICATION) ;
     wndclass.hCursor       = LoadCursor (NULL, IDC_ARROW) ;
     wndclass.hbrBackground = (HBRUSH) GetStockObject (WHITE_BRUSH) ;
     wndclass.lpszMenuName  = NULL ;
     wndclass.lpszClassName = szAppName ;


     if (!RegisterClass (&wndclass))
     {    // UNICODE-Compilierung ist die einzige realistische Fehlermöglichkeit
          MessageBox (NULL, TEXT ("Programm arbeitet mit Unicode und setzt Windows NT voraus!"),
                      szAppName, MB_ICONERROR) ;
          return 0 ;
     }

     hwnd = CreateWindow (szAppName,
                          TEXT ("Einfacher Zwischenablage-Spion (nur Text)"),
```

```
                         WS_OVERLAPPEDWINDOW,
                         CW_USEDEFAULT, CW_USEDEFAULT,
                         CW_USEDEFAULT, CW_USEDEFAULT,
                         NULL, NULL, hInstance, NULL) ;

     ShowWindow (hwnd, iCmdShow) ;
     UpdateWindow (hwnd) ;

     while (GetMessage (&msg, NULL, 0, 0))
     {
          TranslateMessage (&msg) ;
          DispatchMessage (&msg) ;
     }
     return msg.wParam ;
}

LRESULT CALLBACK WndProc (HWND hwnd, UINT message, WPARAM wParam, LPARAM lParam)
{
     static HWND hwndNextViewer ;
     HGLOBAL     hGlobal ;
     HDC         hdc ;
     PTSTR       pGlobal ;
     PAINTSTRUCT ps ;
     RECT        rect ;

     switch (message)
     {
     case WM_CREATE:
          hwndNextViewer = SetClipboardViewer (hwnd) ;
          return 0 ;

     case WM_CHANGECBCHAIN:
          if ((HWND) wParam == hwndNextViewer)
               hwndNextViewer = (HWND) lParam ;

          else if (hwndNextViewer)
               SendMessage (hwndNextViewer, message, wParam, lParam) ;

          return 0 ;

     case WM_DRAWCLIPBOARD:
          if (hwndNextViewer)
               SendMessage (hwndNextViewer, message, wParam, lParam) ;

          InvalidateRect (hwnd, NULL, TRUE) ;
          return 0 ;

     case WM_PAINT:
          hdc = BeginPaint (hwnd, &ps) ;
          GetClientRect (hwnd, &rect) ;
          OpenClipboard (hwnd) ;

#ifdef UNICODE
          hGlobal = GetClipboardData (CF_UNICODETEXT) ;
#else
          hGlobal = GetClipboardData (CF_TEXT) ;
```

```
#endif

          if (hGlobal != NULL)
          {
               pGlobal = (PTSTR) GlobalLock (hGlobal) ;
               DrawText (hdc, pGlobal, -1, &rect, DT_EXPANDTABS) ;
               GlobalUnlock (hGlobal) ;
          }

          CloseClipboard () ;
          EndPaint (hwnd, &ps) ;
          return 0 ;

     case WM_DESTROY:
          ChangeClipboardChain (hwnd, hwndNextViewer) ;
          PostQuitMessage (0) ;
          return 0 ;
     }
     return DefWindowProc (hwnd, message, wParam, lParam) ;
}
```

Abbildung 12.2: *Das Programm* CLIPVIEW

CLIPVIEW bearbeitet Nachrichten der Typen WM_CREATE, WM_CHANGECBCHAIN, WM_DRAWCLIPBOARD und WM_DESTROY in der zuvor erläuterten Weise. Auf WM_PAINT reagiert das Programm mit einer schlichten Abfrage des Formats CF_TEXT (in der Unicode-Version: CF_UNICODETEXT): Wenn dabei ein Handle anstelle des Wertes NULL herauskommt, wird die Adresse des dazugehörigen Speicherbereichs ermittelt und dieser Text via *DrawText* im Anwendungsbereich ausgegeben.

Ein Spion, der sich (wie CLIPBRD.EXE) nicht auf die Standardformate beschränkt, bekommt einiges mehr an Arbeit: Er sollte beispielsweise zumindest die Namen der Formate über eine Kombination von *EnumClipboardFormats* und *GetClipboardFormatName* ermitteln. Wenn er das Format CF_OWNERDISPLAY unterstützt, muß er den »Besitzer« der Daten über die Funktion *GetClipboardOwner* ermitteln und ihm im Minimalfall die folgenden Nachrichten senden:

Nachricht	Weitergabe via SendMessage
WM_PAINT	WM_PAINTCLIPBOARD
WM_SIZE	WM_SIZECLIPBOARD
WM_VSCROLL	WM_VSCROLLCLIPBOARD
WM_HSCROLL	WM_HSCROLLCLIPBOARD

Tabelle 12.1: *Weiterzureichende Nachrichten für* CF_OWNERDISPLAY

Teil II
Noch mehr Grafik

13 Der Drucker

In den vorangegangenen zwölf Kapiteln hat sich das Konzept der Geräteunabhängigkeit ja recht gut gemacht. Allerdings ging es dort um Bildschirme, deren Steuerung sich trotz aller bei Grafikkarten herrschenden Vielfalt nur unwesentlich voneinander unterscheidet. Gretchenfrage: Wie sieht es mit Druckern aus?

Erfreulicherweise sind die Nachrichten überwiegend gut: Drucker und Plotter haben unter Windows eine nicht nur weitgehend geräteunabhängige, sondern vor allem *grafische* Schnittstelle, weshalb die Ausgabe von Text und Grafiken aus der Perspektive eines Windows-Programms über dieselben GDI-Funktionen wie bei Zeichenaktionen auf dem Bildschirm geschieht. Der weitaus größte Teil der in den vorangegangenen Kapiteln besprochenen Dinge – wie Größe, Auflösung und Farben – gilt auch für Drucker entweder direkt oder zumindest in angenäherter Form. Ganz gleich sind beide Ausgabegeräte natürlich nicht, weshalb Programme bei Druckausgaben einige zusätzliche Dinge berücksichtigen müssen: während man bei einem Bildschirm guten Gewissens davon ausgehen kann, dass er während des Programmlaufs angeschaltet und betriebsbereit ist, sollte man dasselbe bei einem Drucker nicht unbedingt voraussetzen. Dazu kommt die Endlichkeit des Mediums Papier: während ein programmgesteuerter Hilfeschrei à la »Out of Bildschirm« bis dato unerhört ist, sind Drucker nachgerade notorisch dafür bekannt, im wichtigsten Moment das letzte Blatt verbraucht zu haben.

Um Video-Adapter, die keine Grafiken darstellen können, haben wir uns auch noch nicht sonderlich gekümmert – aus dem schlichten Grund, weil Windows die Zusammenarbeit mit solchen Adaptern einfach komplett verweigert. Bei Druckern kommt man mit dieser Art von Schwarzweißmalerei nicht hin: Es gibt einige unter Windows verwendbare Drucker, die nicht oder nur eingeschränkt grafikfähig sind – und eine ganze Reihe von Plottern, die im Prinzip Grafiken wiedergeben können, aber im Zusammenhang mit Bitmaps eine echte Katastrophe sind.

Mit diesen Punkten sind wir leider noch nicht am Ende der Liste:

- Wer ein Programm laufzeitmäßig optimiert, kümmert sich dabei nur in Ausnahmefällen darum, wieviel Zeit der Prozessor beim Zeichnen von Pixeln auf den Bildschirm verbringt. Da die Ausgabegeschwindigkeit von Druckern um Größenordnungen unter der von Bildschirmen liegt, muß sie nicht nur bei ausgefeilten Programmen, sondern eben grundsätzlich mit in Betracht gezogen werden: Beim heutigen Stand der Dinge sind Druckausgaben im Hintergrund weniger ein zusätzliches Bonbon als eine schlichte Forderung.

- Programme verwenden bei Bildschirmen ein und dieselbe Oberfläche beliebig oft, indem sie einfach den vorherigen Inhalt des Bildspeichers überschreiben. Dasselbe ist bei Druckern nur selten sinnvoll: Dort hält eine Ausgabe im Normfall bis in alle Ewigkeit – und eine »neue Seite« entspricht auch physisch einem neuen Blatt Papier.
- Auf einem Bildschirm lassen sich die Ausgaben mehrerer Anwendungen in Form von Fenstern trennen. Auf einem Drucker ist die geforderte Trennung nicht nur räumlicher, sondern vor allem zeitlicher Natur, d.h. muß über separate Druckjobs geschehen.

Um diesen und anderen Eigenheiten gerecht zu werden, definiert Windows eine Reihe zusätzlicher Funktionen wie *StartDoc*, *EndDoc*, *StartPage* und *EndPage*, die sich aller Generalisierung zum Trotz eben nur bei Druckern verwenden lassen. Das Zeichnen von Texten und Grafiken läuft dagegen auch hier über einen Gerätekontext.

Ausgaben und der Druckerspooler

Wenn ein Programm unter Windows einen Drucker benutzt, setzt es damit eine Serie recht komplexer Interaktionen zwischen dem GDI-Modul, dem jeweiligen Druckertreiber (in Form einer .DRV-Datei) und dem systemeigenen Druckerspooler in Gang. Neben diesen drei Hauptakteuren spielen auch noch einige Statisten in Form weiterer Module eine Rolle in diesem Stück, dessen generellen Ablauf ich im weiteren kurz beleuchte.

Ausgaben zu Druckern beginnen wie Ausgaben zum Bildschirm mit dem Ermitteln eines Kontexts, was hier über *CreateDC* geschieht: Auf diesen Aufruf hin lädt Windows den zuständigen Druckertreiber von der Festplatte in den Hauptspeicher (falls er sich noch nicht dort befindet) und führt eine Initialisierung durch. Als nächstes ruft das Programm die Funktion *StartDoc* auf, die den Beginn eines neuen Druckjobs signalisiert und vom GDI-Modul behandelt wird: Die GDI aktiviert eine Funktion namens *Control* im Druckertreiber (die dort Funktionen wie *StartDoc*, *EndDoc* usw. zusammenfaßt). Der Druckertreiber führt einige interne Initialisierungen aus und ruft schließlich eine weitere Funktion der GDI auf, die den Druckerspooler in den Hauptspeicher lädt.

Die Funktion *StartDoc* stellt also die eigentliche Einleitung eines *Druckjobs* dar; das Gegenstück *EndDoc* schließt die Ausgabe ab. Innerhalb eines solchen Jobs kommt ein weiteres Funktionspaar wiederholt zur Anwendung: *StartPage* leitet den Beginn einer neuen Seite ein, *EndPage* schließt die aktuelle Seite ab.

Ein Programm, das beispielsweise eine Ellipse auf dem Drucker zeichnen will, leitet also mit *StartDoc* einen Druckjob ein und ruft dann *StartPage* auf, um so den Beginn einer neuen Seite zu signalisieren. Die eigentliche Zeichenaktion läuft wie gewohnt über die GDI – hier also über den Aufruf von *Ellipse* (unter Angabe des Drucker-Kontexts). Die GDI speichert derartige Funktionsaufrufe normalerweise in einer Zwischendatei auf der Festplatte, wobei das benutzte Verzeichnis durch die Umgebungsvariable TEMP festgelegt wird. (Falls diese Umgebungsvariable nicht existiert, wird das Stammverzeichnis des ersten Festplattenlaufwerks benutzt, also üblicherweise C:\). Der Name der Datei beginnt mit den Zeichen »~EMF« (für »enhanced metafile« = »verbesserte Zwischendatei«), denen eine vierstellige Nummer folgt, als Namenserweiterung wird .TMP verwendet. (Wie bereits mit dem Wörtchen »normalerweise« angedeutet, können Druckertreiber diese Zwischenspeicherung allerdings auch komplett überspringen – verlassen sollte man sich auf die Existenz dieser Dateien also nicht.)

Wenn das Programm seine Zeichenaktionen für die erste Seite beendet hat, ruft es die Funktion *EndPage* auf. An diesem Punkt beginnt die eigentliche Arbeit des Systems – nämlich das Umsetzen der (in der Zwischendatei gespeicherten) GDI-Aufrufe durch den Druckertreiber. Was dabei herauskommt, kann ausgesprochen umfangreich sein – vor allem, wenn es um einen hochauflösenden Grafikdrucker geht, der über keine eigene Sprache zur Seitenbeschreibung verfügt: Die pixelweise Definition einer normalen DIN A 4-Seite erfordert bei einer Auflösung von 600 dpi mehr als vier Megabytes Speicherplatz.

Aus diesem Grund verwenden die meisten Druckertreiber eine Technik der abschnittsweisen Berechnung (»banding«), über die eine Seite in mehrere horizontale »Streifen« zerlegt wird. Das GDI-Modul bekommt vom Druckertreiber die Dimensionen dieser Streifen übergeben, definiert darüber ein Clipping-Rechteck und ruft die Funktion *Output* des Druckertreibers nur für Ausgaben auf, die in dieses Rechteck fallen. Dieser Prozeß wiederholt sich mit aufeinanderfolgenden Streifen solange, bis schließlich die gesamte Seite ausgegeben ist.

Da die GDI nicht von vornherein bestimmen kann und will, welche Funktionsaufrufe in welchem dieser Streifen Spuren in Form veränderter Pixel hinterlassen, werden für jeden Streifen einfach sämtliche GDI-Aufrufe durchlaufen, die das Programm für diese Seite ausgegeben hat. (Möglich ist das natürlich nur, weil diese GDI-Aufrufe in Form einer Zwischendatei vorliegen, die sich beliebig oft wieder auslesen läßt – womit wir auch den Hauptgrund für die Existenz dieses Konzepts hätten.) Nachdem die Seite komplett ausgegeben ist, wird die Zwischendatei gelöscht.

Was für einen solchen Streifen, der erst einmal in Form eines Bitmaps im Hauptspeicher vorliegt, schließlich an den Drucker gesendet wird, ist Sache des Treibers und im hohen Maße gerätespezifisch: Bei Matrixdruckern und Tintenstrahlern, die über HP/GL arbeiten, kommt dafür eine Serie von Escape-Sequenzen und Pixeldaten heraus, bei PostScript-Laserdruckern eine Kombination aus Bitmap-Elementen und Befehlen in dieser Sprache. (Auch wenn die Umsetzung hauptsächlich über den Druckertreiber geschieht, sind daran einige Hilfsroutinen beteiligt, die das GDI-Modul zur Verfügung stellt.)

Der eigentliche Datentransfer zum Drucker erfolgt nicht durch ein direktes Ansprechen der jeweiligen Ports, sondern über eine Funktion namens *WriteSpool*: Das Ergebnis ist eine weitere temporäre Datei im via TEMP angegebenen Verzeichnis, deren Name sich aus den Zeichen »~SPL«, einer vierstelligen Ziffer und der Erweiterung .TMP zusammensetzt. Wenn die Seite komplett ist, sendet das GDI-Modul dem Druckerspooler (über einen sogenannten Interprozeß-Aufruf) eine entsprechende Nachricht, d.h. signalisiert ihm das Vorhandensein eines neuen Jobs. Das Programm kann sich nun an die Ausgabe der nächsten Seite machen, während der Druckerspooler die vorangehende Seite im Hintergrund ausgibt (bzw. diesen Job in seine Warteschlange einreiht, falls der Drucker momentan mit einem anderen Dokument beschäftigt ist). Wenn auf diese Weise sämtliche Seiten ausgegeben sind, teilt das Programm dem System über *EndDoc* mit, dass der gesamte Job abgeschlossen ist. Abbildung 13.1 verdeutlicht diese Folge von Interaktionen über ein Flußdiagramm.

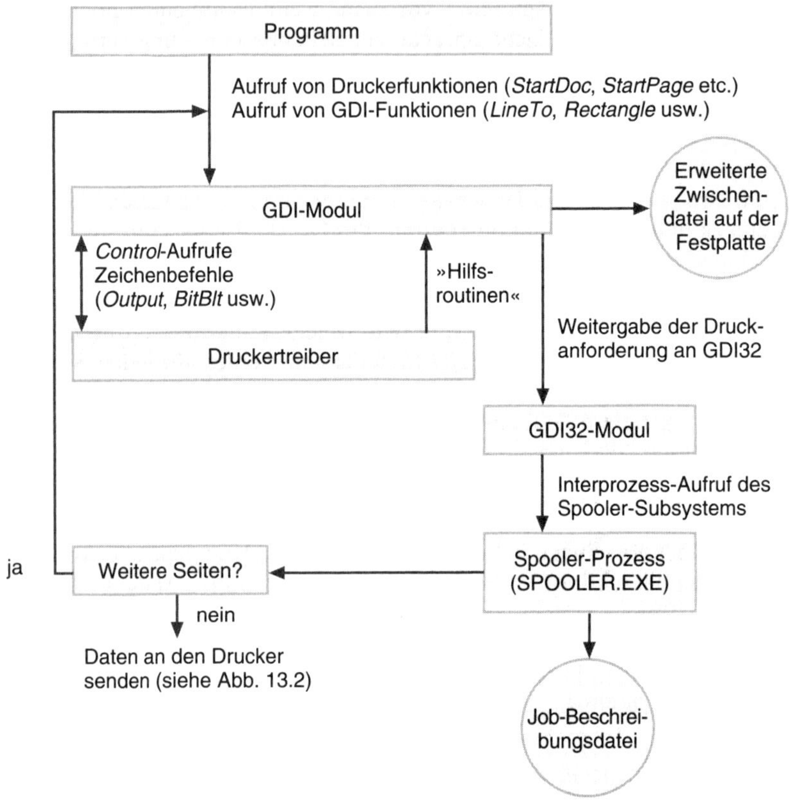

Abbildung 13.1: *Interaktion zwischen Programm, GDI. Druckertreiber und Spooler*

Der Druckerspooler von Windows stellt ein im Hintergrund arbeitendes Programm (exakter: eine Sammlung mehrerer Module, siehe Tabelle 13.1) zur sequentiellen Ausgabe dar, das Anwendungen die eigentliche Arbeit der Datenübertragung zum Drucker abnimmt und vom GDI-Modul bei Bedarf geladen wird. Sein Funktionsumfang beschränkt sich rein auf die Verwaltung auszugebender Dateien, die die GDI zuvor als »temporär« angelegt hat und über deren Existenz er durch Nachrichten informiert wird. Die Ausgabe auf physischer Ebene geschieht nicht durch Routinen des Spoolers, über Aufrufe von Funktionen wie *OpenComm*, *WriteComm* usw., die das Modul USER.EXE definiert (siehe Abbildung 13.2).

Spooler-Komponente	Beschreibung
Print Request Spooler (Verwaltung von Druckanforderungen)	Weiterleitung des Datenstroms an einen Druckanbieter
Local Print Provider (lokaler Druckanbieter)	Legt Spool-Dateien für Druckjobs an, die sich auf einen lokal angeschlossenen Drucker beziehen
Network Print Provider (Netzwerk-Druckanbieter)	Legt Spool-Dateien für Druckjobs an, die sich auf einen Netzwerk-Drucker beziehen. (Diese Daten werden üblicherweise nicht lokal, sondern auf dem jeweiligen Druckerserver erzeugt.)
Print Processor (Druckprozessor)	Wandelt die beim Spooling in geräteunabhängiger Form aufgezeichneten Daten in Befehle um, die für den jeweiligen Drucker spezifisch sind ▶

Spooler-Komponente	Beschreibung
Port Monitor (Anschlußüberwachung)	Übernimmt die Kontrolle über die Schnittstelle, über die der Drucker angeschlossen ist
Language Monitor (Rückmeldungsüberwachung)	Übernimmt die Konfiguration und das Weiterleiten von Rückmeldungen des Druckers, wenn der Drucker solche Meldungen erzeugt (wie etwa PostScript-Fehlermeldungen. Ein schlichtes »Papierende« fällt nicht in diese Kategorie – für so etwas ist der Port-Monitor zuständig.)

***Tabelle 13.1:** Die Komponenten des Druckerspoolers*

Aus diesem Grund ist der größte Teil der mit dem Drucken verbundenen Aktionen für das aufrufende Programm transparent: Aus seiner Sicht geschehen Druckausgaben zum Zeitpunkt der entsprechenden GDI-Aufrufe, die hier natürlich etwas mehr Zeit als bei Ausgaben auf den Bildschirm benötigen. Nach Abschluß dieser Aufrufe geht die Verantwortung auf den Druckerspooler über (der bei Netzwerk-Druckern normalerweise nicht auf dem lokalen System, sondern auf dem Druckerserver läuft): Er ist zum einen für das Umwandeln und Übertragen der Druckdaten zuständig, zum anderen bietet er dem Benutzer einige Verwaltungsfunktionen: So läßt sich beispielsweise der Ausdruck eines Dokuments anhalten oder abbrechen, die Reihenfolge mehrerer Druckjobs in der Warteschlange ändern usw.

Dieses Arrangement erlaubt es einem Programm, erheblich schneller zu »drucken«, als es bei einer direkten Verbindung möglich wäre, bei der der Benutzer jeweils warten müßte, bis der Drucker mit einer Seite zurande gekommen ist.

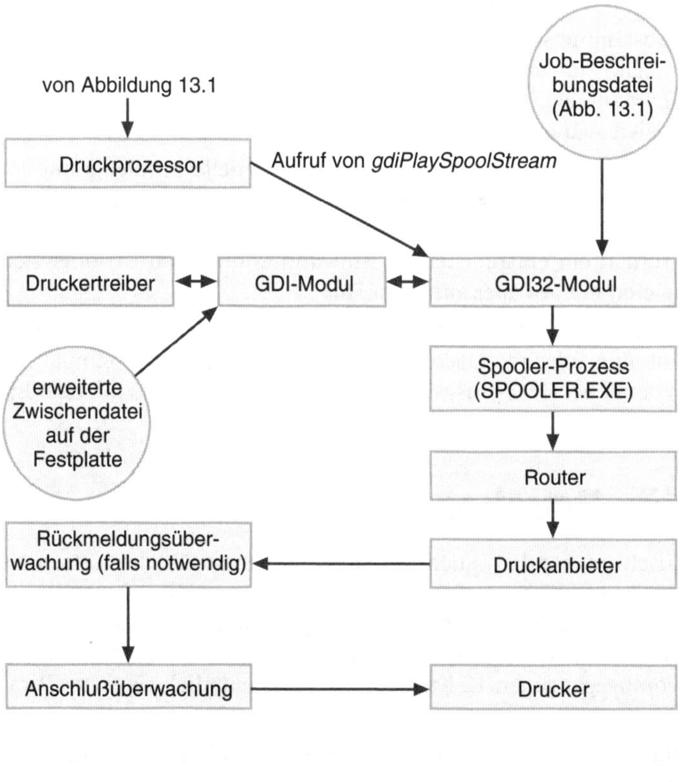

***Abbildung 13.2:** Die Logik des Druckerspoolers*

Nach der Beschreibung des generellen Ablaufs können wir zu einigen Variationen des Themas kommen. Eine davon ist die Tatsache, dass der Druckerspooler nicht unbedingt vorhanden sein muß: Der Benutzer hat über das Eigenschaftsfenster eines Druckers (Registerkarte »Details«, Schaltfläche »Spool-Einstellungen« die Möglichkeit, ihn gezielt abzuschalten.

Wieso die Entwickler von Windows diese Möglichkeit eingebaut haben? Weil es durchaus möglich ist, dass jemand einen eigenen Spooler benutzt, der entweder einen festen Bestandteil des Systems darstellt (etwa bei speziellen Hardware-Konfigurationen mit PostScript-Erweiterungen) oder die lokale Zwischenspeicherung überhaupt nicht erwünscht ist, weil die Druckausgaben an einen Netzwerk-Server gehen (der seinerseits einen eigenen Druckerspooler betreibt). Da ein Spooler grundsätzlich effizienter ist als zwei (die ein und dieselbe Datei mehrfach »umstapeln« würden), beschleunigt in diesem Fall das Abschalten der Spoolers die Operation: Die Ausgaben geschehen aus der Sicht von Windows entweder direkt an einen Netzwerk-Druckanbieter oder an den jeweiligen Port (und könnten dort beispielsweise in einem Hardware-Zwischenspeicher landen).

Konsequent arbeitet die GDI bei gesperrtem Spooler auch ohne eine temporäre Druckdatei, d.h. sendet die Ausgaben über die Routinen des USER-Moduls direkt. In diesem Fall ist es durchaus vorstellbar, dass ein Programm (bei Problemen mit einem überlasteten Netz, einem randvollen Hardware-Zwischenspeicher usw.) solange zum Stillstand kommt, bis die Ausgaben vollständig abgeschlossen sind.

Eine weitere Variante, die für aufrufende Programme allerdings vollständig transparent ist: Für Drucker, bei denen sich Seiten ohne die zuvor erwähnte Technik der abschnittsweisen Bearbeitung ausgeben lassen, verzichtet die GDI auf eine Zwischendatei und übergibt die »übersetzten« Zeichenfunktionen direkt an den Treiber. Dasselbe ist auch für andere Drucker möglich, wenn das Programm die Aufteilung in Abschnitte selbst übernimmt. Das Ergebnis ist natürlich zum einen eine wesentlich komplexere Logik, zum anderen aber mitunter ein beträchtlicher Gewinn an Geschwindigkeit, weil sich die GDI dann ebenfalls das Speichern der Aufrufe in einer Zwischendatei und deren mehrfaches Abspielen sparen kann.

Durch die diversen Zwischendateien ergeben sich überdies einige potentielle Probleme mit der freien Festplattenkapazität: Wenn der GDI beim Schreiben einer der beiden Dateien der Platz ausgeht, kann ein Programm je nach Geschmack seines Entwicklers höchst detaillierte Fehlermeldungen ausgeben (für die natürlich ein entsprechender Aufwand erforderlich ist) oder sich mit Schlichterem begnügen – reagieren muß es aber auf jeden Fall.

Welche Ansätze zur Bewältigung dieser Details denkbar sind, kommt im Laufe dieses Kapitels noch ausführlich zur Sprache. Die nun folgende Diskussion beginnt allerdings erst einmal mit dem Punkt, an dem auch ein Programm bei Druckausgaben anfangen muß – nämlich mit dem Ermitteln des Gerätekontexts.

Gerätekontexte für Drucker

Nicht nur Ausgaben auf den Bildschirm, sondern auch Ausgaben auf einen Drucker setzen als erstes einen entsprechenden Gerätekontext voraus. Nachdem das Programm diesen Handle ermittelt (und den Beginn eines neuen Dokuments sowie den Beginn einer neuen Seite über die Funktionen *StartDoc* bzw. *StartPage* angekündigt) hat, wird dieser Kontext in exakt derselben Weise verwendet, wie es in den vorangegangenen 12 Kapiteln geschah – nämlich als erster Parameter von GDI-Aufrufen.

In Kapitel 5 hatte ich erläutert, dass sich ein Kontext für den gesamten Bildschirm mit dem folgenden Aufruf von *CreateDC* erzeugen läßt:

```
hdc = CreateDC ("DISPLAY", NULL, NULL, NULL) ;
```

Das Anlegen eines Kontexts für einen Drucker geschieht über dieselbe Funktion und mit derselben Logik – wenn man einmal davon absieht, dass die ersten drei Parameter in diesem Fall keine Konstanten sind. Die allgemeine Syntax von *CreateDC* ist:

```
hdc = CreateDC (szDriverName, szDeviceName,
                NULL, pInitializationData) ;
```

Der vierte und letzte Parameter, über den sich »Initialisierungsdaten« beliebiger (und meist gerätespezifischer) Art angeben lassen, wird auch im Zusammenhang mit Druckern meist auf NULL gesetzt. Dasselbe gilt für den dritten Parameter, der in den älteren Windows-Versionen für den zu verwendeten Port steht. Der Name des Treibers (*szDriverName*) und der Name des Druckers (*szDeviceName*) machen dagegen eine gewisse Wühlarbeit erforderlich, weil ein Programm schließlich erst einmal herausfinden muß, welche Drucker überhaupt angeschlossen sind. (Der Besitzer eines Systems mit mehr als einem Drucker muß übrigens nicht unbedingt ein Krösus sein: Unter anderem tarnen sich Fax-Programme gerne als regulärer Drucker und machen es Benutzern so möglich, Dokumente aus beliebigen Anwendungen heraus direkt zu verschicken.)

Unabhängig davon, wie viele echte oder getarnte Drucker an ein System angeschlossen sind, betrachtet Windows eines (und nur eines) dieser Geräte als »Standarddrucker« (welches, kann der Benutzer über den Wahlpunkt »Als Standard definieren« des Kontextmenüs im Druckerordner festlegen). Einfachere Programme wie beispielsweise Notepad machen sich nicht die Mühe, erst einen Drucker-Auswahldialog zu präsentieren (zu dem ich in Kürze komme), sondern verwenden diesen Standarddrucker ohne Rückfrage direkt.

Wenn Sie dieselbe (im übrigen nicht unbedingt empfehlenswerte) Philosophie verfolgen wollen, reduziert sich die Zahl der Kandidaten zwar auf eins – nur bleibt das Problem dasselbe: Wie kommt man an den Namen dieses Standarddruckers (oder, besser: gleich an einen entsprechenden Gerätekontext) heran?

In den älteren Windows-Versionen war dazu eine Untersuchung des Abschnitts [Printers] der Datei WIN.INI notwendig (der aus Kompatibilitätsgründen auch bei Windows 98 und Windows NT noch existiert). Das im Moment gängigste Verfahren verzichtet auf diese (naturgemäß fehleranfällige) Möglichkeit und verwendet statt dessen eine Aufzählungsfunktion namens *EnumPrinters*, die für jeden im System konfigurierten Drucker eine Struktur des Typs PRINTER_INFO_*x* mit entsprechenden Informationen besetzt. Das kursiv gesetzte *x* steht hier für eine Ziffer, die den Detaillierungsgrad dieser Informationen festlegt. Welche Detailtiefe sich dabei erreichen läßt, ist unerfreulicherweise vom verwendeten System abhängig: Windows 98 verwendet den Datentyp PRINTER_INFO_5, Windows NT 4 kommt nicht über PRINTER_INFO_4 hinaus. Aus diesem Grund habe ich eine eigene Routine geschrieben, die den Gerätekontext des Standarddruckers zurückliefert und mit beiden Windows-Versionen fertig wird.

GETPRNDC.C

```
/*---------------------------------------------
   GETPRNDC.C - Kontext für den aktuellen Drucker
  ---------------------------------------------*/

#include <windows.h>

HDC GetPrinterDC (void)
{
     DWORD            dwNeeded, dwReturned ;
```

```
    HDC            hdc ;
    PRINTER_INFO_4 * pinfo4 ;
    PRINTER_INFO_5 * pinfo5 ;

    if (GetVersion () & 0x80000000)
    {   // Windows 98
        EnumPrinters (PRINTER_ENUM_DEFAULT, NULL, 5, NULL, 0, &dwNeeded, &dwReturned) ;

        pinfo5 = malloc (dwNeeded) ;
        EnumPrinters (PRINTER_ENUM_DEFAULT, NULL, 5, (PBYTE) pinfo5,
                      dwNeeded, &dwNeeded, &dwReturned) ;

        hdc = CreateDC (NULL, pinfo5->pPrinterName, NULL, NULL) ;
        free (pinfo5) ;
    }
    else
    {   // Windows NT
        EnumPrinters (PRINTER_ENUM_LOCAL, NULL, 4, NULL, 0, &dwNeeded, &dwReturned) ;
        pinfo4 = malloc (dwNeeded) ;
        EnumPrinters (PRINTER_ENUM_LOCAL, NULL, 4, (PBYTE) pinfo4,
                      dwNeeded, &dwNeeded, &dwReturned) ;

        hdc = CreateDC (NULL, pinfo4->pPrinterName, NULL, NULL) ;
        free (pinfo4) ;
    }
    return hdc ;
}
```

Abbildung 13.3: *Die Routine* GetPrinterDC

Diese Routine unterscheidet über die Systemfunktion *GetVersion* zwischen den beiden Windows-Versionen und ruft dann *EnumPrinters* jeweils zweimal auf: Einmal zur Ermittlung des Platzbedarfs für die Struktur, ein zweites Mal zum Einfüllen der Daten. Beide Strukturtypen sind übrigens zusammen mit *EnumPrinters* im Abschnitt */Platform SDK/Graphics and Multimedia Services/GDI/Printing and Print Spooler/Printing and Print Spooler Reference/Printing and Print Spooler Functions/EnumPrinters* dokumentiert (und werden dort als »einfach und außerordentlich schnell« bezeichnet).

Was ich bei all dieser Fußarbeit beinahe vergessen hätte, ist die »große« Lösung: Die Standarddialoge von COMMDLG machen nicht nur Dateioperationen und Farbauswahlen, sondern auch die Auswahl eines Druckers zusammen mit allen anderen Einstellungen wie dem Papierformat usw. ausgesprochen einfach. Die entsprechende Funktion hört auf den Namen *PrintDlg* und ist ab Seite 605 besprochen.

Eine erweiterte Version von DEVCAPS

Das Programm DEVCAPS2 unterscheidet sich von seinem Vorläufer aus Kapitel 5 lediglich durch zwei Erweiterungen: zum einen definiert es ein Menü, über das sich sämtliche installierten Ausgabegeräte abfragen lassen, zum anderen liefert es nicht nur Informationen über die Grafikkarte, sondern auch über sämtliche im System konfigurierten Drucker.

DEVCAPS2.C

```
/*-----------------------------------------------------------------
   DEVCAPS2.C -- Abfrage der Charakteristika von Geräten (Version 2)
                 (c) Charles Petzold, 1998
-----------------------------------------------------------------*/

#include <windows.h>
#include "resource.h"

LRESULT CALLBACK WndProc (HWND, UINT, WPARAM, LPARAM) ;
void DoBasicInfo    (HDC, HDC, int, int) ;
void DoOtherInfo    (HDC, HDC, int, int) ;
void DoBitCodedCaps (HDC, HDC, int, int, int) ;

typedef struct
{
     int     iMask ;
     TCHAR * szDesc ;
}
BITS ;

#define IDM_DEVMODE      1000

int WINAPI WinMain (HINSTANCE hInstance, HINSTANCE hPrevInstance,
                    PSTR szCmdLine, int iCmdShow)
{
     static TCHAR szAppName[] = TEXT ("DevCaps2") ;
     HWND         hwnd ;
     MSG          msg ;
     WNDCLASS     wndclass ;

     wndclass.style         = CS_HREDRAW | CS_VREDRAW ;
     wndclass.lpfnWndProc   = WndProc ;
     wndclass.cbClsExtra    = 0 ;
     wndclass.cbWndExtra    = 0 ;
     wndclass.hInstance     = hInstance ;
     wndclass.hIcon         = LoadIcon (NULL, IDI_APPLICATION) ;
     wndclass.hCursor       = LoadCursor (NULL, IDC_ARROW) ;
     wndclass.hbrBackground = (HBRUSH) GetStockObject (WHITE_BRUSH) ;
     wndclass.lpszMenuName  = szAppName ;
     wndclass.lpszClassName = szAppName ;

     if (!RegisterClass (&wndclass))
     {    // UNICODE-Compilierung ist die einzige realistische Fehlermöglichkeit
          MessageBox (NULL, TEXT ("Programm arbeitet mit Unicode und setzt Windows NT voraus!"),
                      szAppName, MB_ICONERROR) ;
          return 0 ;
     }

     hwnd = CreateWindow (szAppName, NULL,
                          WS_OVERLAPPEDWINDOW,
                          CW_USEDEFAULT, CW_USEDEFAULT,
                          CW_USEDEFAULT, CW_USEDEFAULT,
                          NULL, NULL, hInstance, NULL) ;

     ShowWindow (hwnd, iCmdShow) ;
```

```
     UpdateWindow (hwnd) ;

     while (GetMessage (&msg, NULL, 0, 0))
     {
          TranslateMessage (&msg) ;
          DispatchMessage (&msg) ;
     }
     return msg.wParam ;
}

LRESULT CALLBACK WndProc (HWND hwnd, UINT message, WPARAM wParam, LPARAM lParam)
{
     static TCHAR            szDevice[32], szWindowText[64] ;
     static int              cxChar, cyChar, nCurrentDevice = IDM_SCREEN,
                                             nCurrentInfo   = IDM_BASIC ;
     static DWORD            dwNeeded, dwReturned ;
     static PRINTER_INFO_4 * pinfo4 ;
     static PRINTER_INFO_5 * pinfo5 ;
     DWORD                   i ;
     HDC                     hdc, hdcInfo ;
     HMENU                   hMenu ;
     HANDLE                  hPrint ;
     PAINTSTRUCT             ps ;
     TEXTMETRIC              tm ;

     switch (message)
     {
     case WM_CREATE :
          hdc = GetDC (hwnd) ;
          SelectObject (hdc, GetStockObject (SYSTEM_FIXED_FONT)) ;
          GetTextMetrics (hdc, &tm) ;
          cxChar = tm.tmAveCharWidth ;
          cyChar = tm.tmHeight + tm.tmExternalLeading ;
          ReleaseDC (hwnd, hdc) ;
                                        // weiter mit WM_SETTINGCHANGE
     case WM_SETTINGCHANGE:
          hMenu = GetSubMenu (GetMenu (hwnd), 0) ;

          while (GetMenuItemCount (hMenu) > 1)
               DeleteMenu (hMenu, 1, MF_BYPOSITION) ;

               // Liste aller lokalen Drucker und aller Netzwerk-Drucker
               //
               // Beim ersten Aufruf von EnumPrinters geht es nur um die
               // Größenermittlung (-> dwNeeded), beim zweiten um das Besetzen
               // der Felder einer (zuvor passend angelegten) Struktur
               //
               // Die Druckernamen werden ins Menü eingesetzt

          if (GetVersion () & 0x80000000)         // Windows 98
          {
               EnumPrinters (PRINTER_ENUM_LOCAL, NULL, 5, NULL,
                             0, &dwNeeded, &dwReturned) ;

               pinfo5 = malloc (dwNeeded) ;
```

```
          EnumPrinters (PRINTER_ENUM_LOCAL, NULL, 5, (PBYTE) pinfo5,
                        dwNeeded, &dwNeeded, &dwReturned) ;

          for (i = 0 ; i < dwReturned ; i++)
          {
               AppendMenu (hMenu, (i+1) % 16 ? 0 : MF_MENUBARBREAK, i + 1,
                           pinfo5[i].pPrinterName) ;
          }
          free (pinfo5) ;
     }
     else                                   // Windows NT
     {
          EnumPrinters (PRINTER_ENUM_LOCAL, NULL, 4, NULL,
                        0, &dwNeeded, &dwReturned) ;

          pinfo4 = malloc (dwNeeded) ;
          EnumPrinters (PRINTER_ENUM_LOCAL, NULL, 4, (PBYTE) pinfo4,
                        dwNeeded, &dwNeeded, &dwReturned) ;

          for (i = 0 ; i < dwReturned ; i++)
          {
               AppendMenu (hMenu, (i+1) % 16 ? 0 : MF_MENUBARBREAK, i + 1,
                           pinfo4[i].pPrinterName) ;
          }
          free (pinfo4) ;
     }

     AppendMenu (hMenu, MF_SEPARATOR, 0, NULL) ;
     AppendMenu (hMenu, 0, IDM_DEVMODE, TEXT ("Eigenschaften")) ;

     wParam = IDM_SCREEN ;
                                        // fall through
case WM_COMMAND :
     hMenu = GetMenu (hwnd) ;

     if (LOWORD (wParam) == IDM_SCREEN ||         // IDM_SCREEN & Drucker
         LOWORD (wParam) < IDM_DEVMODE)
     {
          CheckMenuItem (hMenu, nCurrentDevice, MF_UNCHECKED) ;
          nCurrentDevice = LOWORD (wParam) ;
          CheckMenuItem (hMenu, nCurrentDevice, MF_CHECKED) ;
     }
     else if (LOWORD (wParam) == IDM_DEVMODE)     // Eigenschaften
     {
          GetMenuString (hMenu, nCurrentDevice, szDevice,
                         sizeof (szDevice) / sizeof (TCHAR), MF_BYCOMMAND);

          if (OpenPrinter (szDevice, &hPrint, NULL))
          {
               PrinterProperties (hwnd, hPrint) ;
               ClosePrinter (hPrint) ;
          }
     }
     else                                   // Wahlpunkte des Info-Menüs
     {
          CheckMenuItem (hMenu, nCurrentInfo, MF_UNCHECKED) ;
```

```
          nCurrentInfo = LOWORD (wParam) ;
          CheckMenuItem (hMenu, nCurrentInfo, MF_CHECKED) ;
     }
     InvalidateRect (hwnd, NULL, TRUE) ;
     return 0 ;

case WM_INITMENUPOPUP :
     if (lParam == 0)
          EnableMenuItem (GetMenu (hwnd), IDM_DEVMODE,
               nCurrentDevice == IDM_SCREEN ? MF_GRAYED : MF_ENABLED) ;
     return 0 ;

case WM_PAINT :
     lstrcpy (szWindowText, TEXT ("Geräte-Charakteristika: ")) ;

     if (nCurrentDevice == IDM_SCREEN)
     {
          lstrcpy (szDevice, TEXT ("DISPLAY")) ;
          hdcInfo = CreateIC (szDevice, NULL, NULL, NULL) ;
     }
     else
     {
          hMenu = GetMenu (hwnd) ;
          GetMenuString (hMenu, nCurrentDevice, szDevice,
                         sizeof (szDevice), MF_BYCOMMAND) ;
          hdcInfo = CreateIC (NULL, szDevice, NULL, NULL) ;
     }

     lstrcat (szWindowText, szDevice) ;
     SetWindowText (hwnd, szWindowText) ;

     hdc = BeginPaint (hwnd, &ps) ;
     SelectObject (hdc, GetStockObject (SYSTEM_FIXED_FONT)) ;

     if (hdcInfo)
     {
          switch (nCurrentInfo)
          {
          case IDM_BASIC :
               DoBasicInfo (hdc, hdcInfo, cxChar, cyChar) ;
               break ;

          case IDM_OTHER :
               DoOtherInfo (hdc, hdcInfo, cxChar, cyChar) ;
               break ;

          case IDM_CURVE :
          case IDM_LINE :
          case IDM_POLY :
          case IDM_TEXT :
               DoBitCodedCaps (hdc, hdcInfo, cxChar, cyChar,
                               nCurrentInfo - IDM_CURVE);
               break ;
          }
          DeleteDC (hdcInfo) ;
     }
```

```
        EndPaint (hwnd, &ps) ;
        return 0 ;

    case WM_DESTROY :
        PostQuitMessage (0) ;
        return 0 ;
    }
    return DefWindowProc (hwnd, message, wParam, lParam) ;
}

void DoBasicInfo (HDC hdc, HDC hdcInfo, int cxChar, int cyChar)
{
    static struct
    {
        int     nIndex ;
        TCHAR * szDesc ;
    }
    info[] =
    {
        HORZSIZE,        TEXT ("HORZSIZE        Breite in Millimetern:"),
        VERTSIZE,        TEXT ("VERTSIZE        Höhe in Millimetern:"),
        HORZRES,         TEXT ("HORZRES         Breite in Pixeln:"),
        VERTRES,         TEXT ("VERTRES         Höhe in Rasterzeilen:"),
        BITSPIXEL,       TEXT ("BITSPIXEL       Farbbits pro Pixel:"),
        PLANES,          TEXT ("PLANES          Anzahl Farbebenen:"),
        NUMBRUSHES,      TEXT ("NUMBRUSHES      Anzahl Füllmuster:"),
        NUMPENS,         TEXT ("NUMPENS         Anzahl Zeichenstife:"),
        NUMMARKERS,      TEXT ("NUMMARKERS      Anzahl Marker:"),
        NUMFONTS,        TEXT ("NUMFONTS        Anzahl Schriftarten:"),
        NUMCOLORS,       TEXT ("NUMCOLORS       Anzahl Farben:"),
        PDEVICESIZE,     TEXT ("PDEVICESIZE     Umfang der Datenstruktur:"),
        ASPECTX,         TEXT ("ASPECTX         Relative Pixelbreite:"),
        ASPECTY,         TEXT ("ASPECTY         Relative Pixelhöhe:"),
        ASPECTXY,        TEXT ("ASPECTXY        Relative Pixeldiagonale:"),
        LOGPIXELSX,      TEXT ("LOGPIXELSX      Punkte pro Inch, horizontal.:"),
        LOGPIXELSY,      TEXT ("LOGPIXELSY      Punkte pro Inch, vertikal:"),
        SIZEPALETTE,     TEXT ("SIZEPALETTE     Anzahl Paletteneinträge:"),
        NUMRESERVED,     TEXT ("NUMRESERVED     reservierte Paletteneinträge:"),
        COLORRES,        TEXT ("COLORRES        Tatsächliche Farbenzahl:"),
        PHYSICALWIDTH,   TEXT ("PHYSICALWIDTH   Pixel horizontal pro Druckseite:"),
        PHYSICALHEIGHT,  TEXT ("PHYSICALHEIGHT  Pixel vertikal pro Druckseite:"),
        PHYSICALOFFSETX, TEXT ("PHYSICALOFFSETX X-Offset bei Druckseiten:"),
        PHYSICALOFFSETY, TEXT ("PHYSICALOFFSETY Y-Offset bei Druckseiten:")
    } ;
    int   i ;
    TCHAR szBuffer[80] ;

    for (i = 0 ; i < sizeof (info) / sizeof (info[0]) ; i++)
        TextOut (hdc, cxChar, (i + 1) * cyChar, szBuffer,
            wsprintf (szBuffer, TEXT ("%-45s%8d"), info[i].szDesc,
                GetDeviceCaps (hdcInfo, info[i].nIndex))) ;
}

void DoOtherInfo (HDC hdc, HDC hdcInfo, int cxChar, int cyChar)
{
```

```
static BITS clip[] =
{
    CP_RECTANGLE,    TEXT ("CP_RECTANGLE    Unterstützt Clipping:")
     } ;

     static BITS raster[] =
     {
    RC_BITBLT,       TEXT ("RC_BITBLT       Unterstützt einfaches BitBlt:"),
    RC_BANDING,      TEXT ("RC_BANDING      Benötigt separate Abschnitte:"),
    RC_SCALING,      TEXT ("RC_SCALING      Setzt Skalierung voraus:"),
    RC_BITMAP64,     TEXT ("RC_BITMAP64     Unterstützt Bitmaps >64K:"),
    RC_GDI20_OUTPUT, TEXT ("RC_GDI20_OUTPUT Arbeitet mit GDI-Version 2.0:"),
    RC_DI_BITMAP,    TEXT ("RC_DI_BITMAP    Kann DIB in Speicher kopieren:"),
    RC_PALETTE,      TEXT ("RC_PALETTE      Unterstützt Farbpaletten:"),
    RC_DIBTODEV,     TEXT ("RC_DIBTODEV     Kann Bitmaps konvertieren::"),
    RC_BIGFONT,      TEXT ("RC_BIGFONT      Unterstützt Schriftdateien >64K:"),
    RC_STRETCHBLT,   TEXT ("RC_STRETCHBLT   Kann StretchBlt ausführen:"),
    RC_FLOODFILL,    TEXT ("RC_FLOODFILL    Kann Flächen füllen:"),
    RC_STRETCHDIB,   TEXT ("RC_STRETCHDIB   Kann DIBs skalieren:")
} ;

static TCHAR * szTech[] = { TEXT ("DT_PLOTTER (Vektor-Plotter)"),
                            TEXT ("DT_RASDISPLAY (Raster-Bildschirm)"),
                            TEXT ("DT_RASPRINTER (Raster-Drucker)"),
                            TEXT ("DT_RASCAMERA (Raster-Kamera)"),
                            TEXT ("DT_CHARSTREAM (Zeichenstrom)"),
                            TEXT ("DT_METAFILE (Zwischendatei)"),
                            TEXT ("DT_DISPFILE (Display-Datei)") } ;
int          i ;
TCHAR        szBuffer[80] ;

TextOut (hdc, cxChar, cyChar, szBuffer,
    wsprintf (szBuffer, TEXT ("%-24s%04XH"), TEXT ("TREIBERVERSION:"),
        GetDeviceCaps (hdcInfo, DRIVERVERSION))) ;

TextOut (hdc, cxChar, 2 * cyChar, szBuffer,
    wsprintf (szBuffer, TEXT ("%-24s%-40s"), TEXT ("TECHNOLOGIE:"),
        szTech[GetDeviceCaps (hdcInfo, TECHNOLOGY)])) ;

TextOut (hdc, cxChar, 4 * cyChar, szBuffer,
    wsprintf (szBuffer, TEXT ("CLIPCAPS (Clipping-Operationen)"))) ;

for (i = 0 ; i < sizeof (clip) / sizeof (clip[0]) ; i++)
    TextOut (hdc, 9 * cxChar, (i + 6) * cyChar, szBuffer,
        wsprintf (szBuffer, TEXT ("%-45s %3s"), clip[i].szDesc,
            GetDeviceCaps (hdcInfo, CLIPCAPS) & clip[i].iMask ?
                TEXT ("Ja") : TEXT ("Nein"))) ;

TextOut (hdc, cxChar, 8 * cyChar, szBuffer,
    wsprintf (szBuffer, TEXT ("RASTERCAPS (Raster-Fähigkeiten)"))) ;

for (i = 0 ; i < sizeof (raster) / sizeof (raster[0]) ; i++)
    TextOut (hdc, 9 * cxChar, (i + 10) * cyChar, szBuffer,
        wsprintf (szBuffer, TEXT ("%-45s %3s"), raster[i].szDesc,
            GetDeviceCaps (hdcInfo, RASTERCAPS) & raster[i].iMask ?
                TEXT ("Ja") : TEXT ("Nein"))) ;
```

```
}

void DoBitCodedCaps (HDC hdc, HDC hdcInfo, int cxChar, int cyChar, int iType)
{
     static BITS curves[] =
     {
          CC_CIRCLES,    TEXT ("CC_CIRCLES    Kreise:"),
          CC_PIE,        TEXT ("CC_PIE        Kuchenstücke:"),
          CC_CHORD,      TEXT ("CC_CHORD      Kreisabschnitte/Sehnen:"),
          CC_ELLIPSES,   TEXT ("CC_ELLIPSES   Ellipsen:"),
          CC_WIDE,       TEXT ("CC_WIDE       breite Ränder:"),
          CC_STYLED,     TEXT ("CC_STYLED     Rand-Füllmuster:"),
          CC_WIDESTYLED, TEXT ("CC_WIDESTYLED  sowohl als auch:"),
          CC_INTERIORS,  TEXT ("CC_INTERIORS  Innenfüllung von Flächen:")
     } ;

     static BITS lines[] =
     {
          LC_POLYLINE,   TEXT ("LC_POLYLINE   Polygone:"),
          LC_MARKER,     TEXT ("LC_MARKER     Marker:"),
          LC_POLYMARKER, TEXT ("LC_POLYMARKER Polygon-Marker"),
          LC_WIDE,       TEXT ("LC_WIDE       breite Linien:"),
          LC_STYLED,     TEXT ("LC_STYLED     Linien-Füllmuster:"),
          LC_WIDESTYLED, TEXT ("LC_WIDESTYLED  sowohl als auch:"),
          LC_INTERIORS,  TEXT ("LC_INTERIORS  Innenfüllung von Flächen:")
     } ;

     static BITS poly[] =
     {
          PC_POLYGON,     TEXT ("PC_POLYGON     Mit ALTERNATE gefüllte Polygone:"),
          PC_RECTANGLE,   TEXT ("PC_RECTANGLE   Rechtecke:"),
          PC_WINDPOLYGON, TEXT ("PC_WINDPOLYGON Mit WINDING gefüllte Polygone:"),
          PC_SCANLINE,    TEXT ("PC_SCANLINE    Zerlegung in Rasterzeilen:"),
          PC_WIDE,        TEXT ("PC_WIDE        breite Ränder:"),
          PC_STYLED,      TEXT ("PC_STYLED      Rand-Füllmuster:"),
          PC_WIDESTYLED,  TEXT ("PC_WIDESTYLED   sowohl als auch:"),
          PC_INTERIORS,   TEXT ("PC_INTERIORS   Innnenfüllung von Flächen:")
     } ;

     static BITS text[] =
     {
          TC_OP_CHARACTER, TEXT ("TC_OP_CHARACTER Präzision: einzelne Zeichen:"),
          TC_OP_STROKE,    TEXT ("TC_OP_STROKE      einzelne Striche:"),
          TC_CP_STROKE,    TEXT ("TC_CP_STROKE      abgeschnittene Striche (Clipping):"),
          TC_CR_90,        TEXT ("TC_CP_90        Zeichen um 90 Grad drehen:"),
          TC_CR_ANY,       TEXT ("TC_CR_ANY         mit beliebigen Winkeln:"),
          TC_SF_X_YINDEP,  TEXT ("TC_SF_X_YINDEP  Skalierung X und Y unabhängig:"),
          TC_SA_DOUBLE,    TEXT ("TC_SA_DOUBLE        doppelte Zeichengröße:"),
          TC_SA_INTEGER,   TEXT ("TC_SA_INTEGER     nur mit ganzzahligen Werten:"),
          TC_SA_CONTIN,    TEXT ("TC_SA_CONTIN      mit Gleitkommazahlen:"),
          TC_EA_DOUBLE,    TEXT ("TC_EA_DOUBLE    Zeichenattribut fett:"),
          TC_IA_ABLE,      TEXT ("TC_IA_ABLE        kursiv:"),
          TC_UA_ABLE,      TEXT ("TC_UA_ABLE        unterstrichen:"),
          TC_SO_ABLE,      TEXT ("TC_SO_ABLE        durchgestrichen:"),
          TC_RA_ABLE,      TEXT ("TC_RA_ABLE      Bitmap-Schriften:"),
          TC_VA_ABLE,      TEXT ("TC_VA_ABLE      Vektor-Schriften:")
```

```
     } ;

     static struct
     {
          int     iIndex ;
          TCHAR * szTitle ;
          BITS    (*pbits)[] ;
          int     iSize ;
     }
     bitinfo[] =
     {
          CURVECAPS,  TEXT ("CURVCAPS (Kurven-Operationen)"),
               (BITS (*)[]) curves, sizeof (curves) / sizeof (curves[0]),
          LINECAPS,   TEXT ("LINECAPS (Linien-Operationen)"),
               (BITS (*)[]) lines, sizeof (lines) / sizeof (lines[0]),
          POLYGONALCAPS, TEXT ("POLYGONALCAPS (Polygon-Operationen)"),
               (BITS (*)[]) poly, sizeof (poly) / sizeof (poly[0]),
          TEXTCAPS,   TEXT ("TEXTCAPS (Text-Operationen)"),
               (BITS (*)[]) text, sizeof (text) / sizeof (text[0])
     } ;

     static TCHAR szBuffer[80] ;
     BITS         (*pbits)[] = bitinfo[iType].pbits ;
     int          i, iDevCaps = GetDeviceCaps (hdcInfo, bitinfo[iType].iIndex) ;

     TextOut (hdc, cxChar, cyChar, bitinfo[iType].szTitle,
              lstrlen (bitinfo[iType].szTitle)) ;

     for (i = 0 ; i < bitinfo[iType].iSize ; i++)
          TextOut (hdc, cxChar, (i + 3) * cyChar, szBuffer,
               wsprintf (szBuffer, TEXT ("%-55s %3s"), (*pbits)[i].szDesc,
                    iDevCaps & (*pbits)[i].iMask ? TEXT ("Ja") : TEXT ("Nein")));
}
```

DEVCAPS2.RC (Auszüge)

```
//Microsoft Developer Studio generated resource script.

#include "resource.h"
#include "afxres.h"

/////////////////////////////////////////////////////////////////////////////
// Menu

DEVCAPS2 MENU DISCARDABLE
BEGIN
    POPUP "&Gerät"
    BEGIN
        MENUITEM "&Bildschirm",                 IDM_SCREEN, CHECKED
    END
    POPUP "&Möglichkeiten"
    BEGIN
        MENUITEM "&Allgemeines",                IDM_BASIC
        MENUITEM "&Zusätzliche Daten",          IDM_OTHER
        MENUITEM "&Kruven",                     IDM_CURVE
        MENUITEM "&Linien",                     IDM_LINE
        MENUITEM "&Polygone",                   IDM_POLY
```

```
        MENUITEM "&Text",                  IDM_TEXT
    END
END
```

RESOURCE.H (Auszüge)

```
// Microsoft Developer Studio generated include file.
// Used by DevCaps2.rc

#define IDM_SCREEN                 40001
#define IDM_BASIC                  40002
#define IDM_OTHER                  40003
#define IDM_CURVE                  40004
#define IDM_LINE                   40005
#define IDM_POLY                   40006
#define IDM_TEXT                   40007
```

Abbildung 13.4: *Das Programm* DEVCAPS2

Da sich DEVCAPS2 auf das Ermitteln eines »Informations-Kontexts« beschränkt, d.h. die Funktion *CreateIC* anstelle von *CreateDC* verwendet, lassen sich auch Drucker abfragen, denen der Benutzer keine Schnittstelle zugewiesen hat (was in WIN.INI übrigens mit dem String »none« und in Programmen mit »Drucker xyz an: kein« erscheint). Da das Programm Nachrichten des Typs WM_SETTINGCHANGE (in den 16-Bit-Versionen von Windows war das: WM_INICHANGE bzw. WM_DEVMODECHANGE) bearbeitet, können Sie auch während seiner Laufzeit zusätzliche Drucker über die Systemsteuerung hinzufügen. (Letzteres sollten Sie übrigens in jedem Fall einmal ausprobieren, um dann die Eigenschaften verschiedener Drucker miteinander zu vergleichen.)

Die Funktion *PrinterProperties*

Auf welche Weise DEVCAPS2.C den Wahlpunkt »Eigenschaften« definiert, wird man wohl nach kurzer Suche im Listing finden – den dadurch aktivierten (und reichlich komplexen) Dialog dagegen nicht: Er stammt aus dem Druckertreiber und bietet sozusagen im miniminimalsten Fall die Auswahl zwischen verschiedenen Papiergrößen. Dazu kommt bei den meisten Treibern die Möglichkeit, zwischen Hoch- und Querformat umzuschalten, was man übrigens auch mit DEVCAPS2 einmal ausprobieren sollte: Wie eine darauffolgende Abfrage über das Menü »Allgemeines« zeigt, wird dadurch nicht nur die horizontale und vertikale Papiergröße, sondern auch die jeweilige Auflösung vertauscht. Je nach Möglichkeiten des Druckers kann dieser Dialog fast ins Unendliche gehen: Bei Plottern steht beispielsweise die Auswahl zwischen verschiedenen Stiftfarben, Bewegungsgeschwindigkeiten und der Papiersorte zur Verfügung, bei PostScript-Druckern kann das Dialogfeld ohne weiteres ein halbes Dutzend Registerkarten enthalten.

Jeder Druckertreiber exportiert eine Funktion namens *PrinterProperties* (in den 16-Bit-Versionen von Windows: *DeviceMode* und *ExtDeviceMode*), über die sich ein entsprechender (Treiber-eigener) Dialog aktivieren läßt. Einige Treiber speichern die vom Benutzer festgelegten Einstellungen in einem eigenen Abschnitt der Registrierung und können sie deshalb auch nach einem Neustart von Windows wieder automatisch setzen, andere beschränken sich auf Veränderungen von Variablen ihres eigenen Datenbereichs im Hauptspeicher, d.h. haben ein recht kurzes Gedächtnis für die Wünsche des Benutzers.

Da sich *PrinterProperties* auf einen einzelnen Drucker bezieht, verwendet man diese Funktion normalerweise nicht direkt in Windows-Programmen, sondern überläßt ihren Aufruf dem Standard-Dialogfeld *PrintDlg*, auf dessen Details einer der folgenden Abschnitte dieses Kapitels eingeht. *PrinterProperties* erwartet einen Handle zu einem »Drucker-Objekt«, der sich seinerseits über die Funktion *OpenPrinter* anfordern (und über *ClosePrinter* entsorgen) läßt. Die entsprechenden Aufrufe in DEVCAPS2 sehen so aus:

```
case WM_COMMAND:
  [andere Menü-IDs]
  else if (LOWORD (wParam) == IDM_DEVMODE)      // Eigenschaften
  {
    GetMenuString (hMenu, nCurrentDevice, szDevice,
         sizeof (szDevice) / sizeof (TCHAR), MF_BYCOMMAND);

    if (OpenPrinter (szDevice, &hPrint, NULL))
    {
      PrinterProperties (hwnd, hPrint) ;
      ClosePrinter (hPrint) ;
    }
```

GetMenuString kopiert hier den Namen des »aktuellen« (im Menü mit einem Häkchen gekennzeichneten und über *nCurrentDevice* indizierten) Druckers in die Variable *szString*, mit der dann über *OpenPrinter* ein Handle angefordert wird. Die Menüeinträge selbst bestehen schlicht aus den Strings, die die bei WM_SETTINGCHANGE aufgerufene Systemfunktion *EnumPrinters* im Feld *pPrinterName* der PRINTER_INFO_*x*-Struktur hinterläßt.

BitBlt oder nicht?

Mit der Funktion *GetDeviceCaps* lassen sich sämtliche Daten über einen Drucker ermitteln, die ein Programm bei Zeichenoperationen braucht – also die (»echte«) Größe und Auflösung in Richtung beider Achsen, das Breiten-/Höhenverhältnis der Pixel und vor allem die Größe des Druckbereichs (die unter der tatsächlichen Papiergröße liegen kann, weil die meisten Drucker einen mehr oder weniger großen Rand freilassen).

Der weitaus größte Teil der von *GetDeviceCaps* gelieferten Daten ist in erster Linie für die GDI bestimmt – sie übernimmt in den meisten Fällen die Operationen, die ein Drucker nicht direkt ausführen kann. Die einzige Ausnahme von der Regel: Programme, die sich nicht rein auf Textausgaben beschränken, sollten in jedem Fall über den Parameter RASTERCAPS von *GetDeviceCaps* und ein anschließendes bitweises AND mit der Konstanten RC_BITBLT ermitteln, ob der Drucker mit Bit-Blocktransfers zurechtkommt. Bei praktisch allen Matrix-, Tintenstrahl- und Laserdruckern ist das der Fall, bei Plottern und Typenraddruckern (so es sie noch gibt) dagegen nicht. Im letzteren Fall ist eine erschreckend lange Liste von GDI-Funktionen gesperrt bzw. sinnlos:

```
CreateCompatibleDC          CreateCompatibleBitmap        PatBlt
BitBlt                      StretchBlt                    GrayString
DrawIcon                    SetPixel                      GetPixel
FloodFill                   ExtFloodFill                  FillRgn
FrameRgn                    InvertRgn                     PaintRgn
FillRect                    FrameRect                     InvertRect
```

Auch wenn sich die Unterschiede zwischen Bildschirm und Drucker nicht vollständig in der Frage »*BitBlt* oder nicht« erschöpfen: Dieser Punkt stellt den mit Abstand wichtigsten dar, den ein Programm bei Druckausgaben berücksichtigen muß.

Das Programm FORMFEED

Nach mehr als einem Dutzend Seiten Theorie wird es mal wieder Zeit für die Praxis, wobei ich wie gewohnt so einfach wie möglich anfange. Das im folgenden wiedergegebene Programm FORMFEED demonstriert das absolute Minimum bei der Steuerung eines Druckers und trägt seinen Namen zu Recht: Es beschränkt sich tatsächlich darauf, einen einzigen Seitenvorschub auszugeben, produziert also nichts als eine leere Seite.

FORMFEED.C

```
/*--------------------------------------------
   FORMFEED.C -- Seitenvorschub auf dem Drucker
                 (c) Charles Petzold, 1998
  --------------------------------------------*/

#include <windows.h>

HDC GetPrinterDC (void) ;

int WINAPI WinMain (HINSTANCE hInstance, HINSTANCE hPrevInstance,
                    LPSTR lpszCmdLine, int iCmdShow)
{
     static DOCINFO di = { sizeof (DOCINFO), TEXT ("FormFeed") } ;
     HDC            hdcPrint = GetPrinterDC () ;

     if (hdcPrint != NULL)
     {
          if (StartDoc (hdcPrint, &di) > 0)
               if (StartPage (hdcPrint) > 0 && EndPage (hdcPrint) > 0)
                    EndDoc (hdcPrint) ;

          DeleteDC (hdcPrint) ;
     }
     return 0 ;
}
```

Abbildung 13.5: *Das Programm* FORMFEED

FORMFEED verwendet die zuvor besprochene Funktion *GetPrinterDC* (Abbildung 13.3 auf Seite 576) zum Ermitteln des Kontexts und beschränkt sich ansonsten auf die bereits bekannten vier Aufrufe: Der erste kündigt den Beginn eines neuen Dokuments an und ist als Bedingung für die beiden folgenden formuliert, die nur ausgeführt werden, wenn der Druckertreiber eine fehlerfreie Ausführung meldet:

```
if (StartDoc (hdcPrint, &di) > 0)
```

Als zweiten Parameter erwartet *StartDoc* einen Zeiger auf eine DOCINFO-Struktur, die von Windows zur Anzeige des Druckjobs verwendet wird. Das erste Feld muß auf die Strukturgröße in Bytes gesetzt werden, das zweite mit dem Namen des auszudruckenden Dokuments, der dann in der Spalte »Dokumentname« der jeweiligen Drucker-Warteschlange erscheint.

Wenn *StartDoc* über das Zurückliefern eines positiven Wertes meldet, dass die Operation fehlerfrei ausgeführt werden konnte (sprich: der Drucker mit dem System verbunden und angeschaltet ist, genügend Papier enthält usw.), dann ruft FORMFEED die Funktionen *StartPage* und *EndPage* direkt hintereinander auf, zeigt also den Start und das Ende einer Seite an:

```
if (StartPage (hdcPrint) > 0 && EndPage (hdcPrint) > 0)
```

Sollten diese Aktionen ebenfalls fehlerfrei verlaufen sein, beendet FORMFEED den Druckjob:

```
EndDoc (hdcPrint) ;
```

EndDoc wird von FORMFEED nur aufgerufen, wenn die vorhergehenden Aktionen problemlos über die Bühne gegangen sind. Sollte dem nicht so sein, kümmert sich das GDI selbständig um einen Abbruch; bei bestimmten Fehlercodes nimmt darüber hinaus der Treiber eine Reinitialisierung des Druckers vor.

Was diese Fehlercodes betrifft, kommt man in den meisten Fällen mit einem simplen Test der Marke »Go/No Go« über das Vorzeichen hin, kann sie aber selbstverständlich auch auswerten und den Benutzer mit entsprechend detaillierten Informationen versorgen (was am einfachsten über die Systemfunktion *GetLastError* geschieht).

Auch wenn ein solcher Fehler bei der Ausgabe eines einzelnen Seitenvorschubs nun wirklich eine reichlich unwahrscheinliche Angelegenheit ist: Wenn Sie sich ein paar Minuten Zeit nehmen wollen (und die Geschichte nicht schon kennen), können Sie einmal einen PostScript-Drucker als Standard setzen und dazu eine Datei wie OUTPUT.PRN als »Port« angeben. Wenn Sie nun FORMFEED noch einmal laufen lassen, dürfen Sie hinterher eine Datei bewundern, die immerhin rund 11 KByte umfaßt.

Angesichts derartiger Umstände erhebt sich natürlich die Frage, wieso man sich das Leben nicht etwas einfacher machen sollte. Um einen Tintenstrahler beliebiger Bauart zur Ausgabe einer leeren Seite zu veranlassen, öffnet man den entsprechenden Port über *CreateFile*, schreibt danach mit *fputc* den Zeichencode 12 – und damit hat sich's.

Nun – niemand hält Sie davon ab, es auf diese Weise zu versuchen. Das Programm müßte in diesem Fall lediglich ermitteln, über welchen Port der Drucker angeschlossen ist (was sich über *EnumPrinters* herausbekommen läßt). Danach sollte es bestimmen, ob momentan ein anderes Programm (wie der Druckerspooler) den Drucker benutzt – schließlich sollte der Seitenvorschub ja nicht mitten in einen anderen Ausdruck hineinplatzen. Danach wäre nur noch zu klären, woraus der Befehl für den Seitenvorschub tatsächlich besteht: bei Matrixdruckern und Tintenstrahlern ist es der ASCII-Code 12, der aus diesem Grund auch als FF bezeichnet wird – bei einem PostScript-Drucker ist es dagegen das Wort *showpage*.

Sie ahnen wohl schon, worauf ich hinauswill: Windows 98 wird mit rund 1100 Druckertreibern ausgeliefert, die Ihren Programmen ebendiese Probleme abnehmen. Auch der genialste Versuch, diese weltweit einzigartige Datensammlung zu umgehen, ist nichts weiter als ein todsicheres Rezept zum Unglücklichsein.

Grafiken und Text

In einem normalen Windows-Programm muß man für das Drucken mit etwas mehr Überbau als in FORMFEED rechnen, zu dem natürlich die GDI-Aufrufe kommen, die für die eigentliche Datenausgabe zuständig sind. Schreiben wir also ein Programm, das eine Seite mit Text und Grafiken ausgibt und fangen wir dabei am besten mit einem Grundgerüst à la FORMFEED an, das sich stufenweise ausbauen läßt.

Damit ein und derselbe Quelltext nicht allzu oft hintereinander erscheint, habe ich dieses »Grundgerüst« in eine separate Datei namens PRINT.C ausgelagert, deren Listing hier erscheint. Auf dieser Grundlage bauen drei weitere Programme (PRINT1 bis PRINT3) auf, um die es in den folgenden Abschnitten geht.

PRINT.C

```
/*-----------------------------------------------
   PRINT.C -- Gemeinsame Routinen für PRINT1..PRINT3
  -----------------------------------------------*/

#include <windows.h>

LRESULT CALLBACK WndProc (HWND, UINT, WPARAM, LPARAM) ;
BOOL PrintMyPage (HWND) ;

extern HINSTANCE hInst ;
extern TCHAR     szAppName[] ;
extern TCHAR     szCaption[] ;

int WINAPI WinMain (HINSTANCE hInstance, HINSTANCE hPrevInstance,
                    PSTR szCmdLine, int iCmdShow)
{
     HWND     hwnd ;
     MSG      msg ;
     WNDCLASS wndclass ;

     wndclass.style         = CS_HREDRAW | CS_VREDRAW ;
     wndclass.lpfnWndProc   = WndProc ;
     wndclass.cbClsExtra    = 0 ;
     wndclass.cbWndExtra    = 0 ;
     wndclass.hInstance     = hInstance ;
     wndclass.hIcon         = LoadIcon (NULL, IDI_APPLICATION) ;
     wndclass.hCursor       = LoadCursor (NULL, IDC_ARROW) ;
     wndclass.hbrBackground = (HBRUSH) GetStockObject (WHITE_BRUSH) ;
     wndclass.lpszMenuName  = NULL ;
     wndclass.lpszClassName = szAppName ;

     if (!RegisterClass (&wndclass))
     {    // UNICODE-Compilierung ist die einzige realistische Fehlermöglichkeit
          MessageBox (NULL, TEXT ("Programm arbeitet mit Unicode und setzt Windows NT voraus!"),
                      szAppName, MB_ICONERROR) ;
          return 0 ;
     }

     hInst = hInstance ;

     hwnd = CreateWindow (szAppName, szCaption,
                          WS_OVERLAPPEDWINDOW,
                          CW_USEDEFAULT, CW_USEDEFAULT,
                          CW_USEDEFAULT, CW_USEDEFAULT,
                          NULL, NULL, hInstance, NULL) ;

     ShowWindow (hwnd, iCmdShow) ;
     UpdateWindow (hwnd) ;
```

```
     while (GetMessage (&msg, NULL, 0, 0))
     {
          TranslateMessage (&msg) ;
          DispatchMessage (&msg) ;
     }
     return msg.wParam ;
}

void PageGDICalls (HDC hdcPrn, int cxPage, int cyPage)
{
     static TCHAR szTextStr[] = TEXT ("Hallo, Drucker!") ;

     Rectangle (hdcPrn, 0, 0, cxPage, cyPage) ;

     MoveToEx (hdcPrn, 0, 0, NULL) ;
     LineTo   (hdcPrn, cxPage, cyPage) ;
     MoveToEx (hdcPrn, cxPage, 0, NULL) ;
     LineTo   (hdcPrn, 0, cyPage) ;

     SaveDC (hdcPrn) ;

     SetMapMode       (hdcPrn, MM_ISOTROPIC) ;
     SetWindowExtEx   (hdcPrn, 1000, 1000, NULL) ;
     SetViewportExtEx (hdcPrn, cxPage / 2, -cyPage / 2, NULL) ;
     SetViewportOrgEx (hdcPrn, cxPage / 2,  cyPage / 2, NULL) ;

     Ellipse (hdcPrn, -500, 500, 500, -500) ;

     SetTextAlign (hdcPrn, TA_BASELINE | TA_CENTER) ;
     TextOut (hdcPrn, 0, 0, szTextStr, lstrlen (szTextStr)) ;

     RestoreDC (hdcPrn, -1) ;
}

LRESULT CALLBACK WndProc (HWND hwnd, UINT message, WPARAM wParam, LPARAM lParam)
{
     static int   cxClient, cyClient ;
     HDC          hdc ;
     HMENU        hMenu ;
     PAINTSTRUCT  ps ;

     switch (message)
     {
     case WM_CREATE:
          hMenu = GetSystemMenu (hwnd, FALSE) ;
          AppendMenu (hMenu, MF_SEPARATOR, 0, NULL) ;
          AppendMenu (hMenu, 0, 1, TEXT ("&Drucken")) ;
          return 0 ;

     case WM_SIZE:
          cxClient = LOWORD (lParam) ;
          cyClient = HIWORD (lParam) ;
          return 0 ;

     case WM_SYSCOMMAND:
          if (wParam == 1)
```

```
        {
            if (!PrintMyPage (hwnd))
                MessageBox (hwnd, TEXT ("Fehler beim Drucken der Seite!"),
                            szAppName, MB_OK | MB_ICONEXCLAMATION) ;
            return 0 ;
        }
        break ;

    case WM_PAINT :
        hdc = BeginPaint (hwnd, &ps) ;

        PageGDICalls (hdc, cxClient, cyClient) ;

        EndPaint (hwnd, &ps) ;
        return 0 ;

    case WM_DESTROY :
        PostQuitMessage (0) ;
        return 0 ;
    }
    return DefWindowProc (hwnd, message, wParam, lParam) ;
}
```

Abbildung 13.6: *Die Datei* PRINT.C

PRINT.C enthält neben *WinMain*, *WndProc* und *GetPrinterDC* eine Funktion namens *PageGDICalls*, die außer dem Handle des Drucker-Kontexts die Höhe und Breite der Seite als Parameter erwartet. Sie zeichnet einen Rahmen um die gesamte Seite herum, den zwei Diagonalen durchkreuzen, malt einen Kreis in die Mitte, dessen Durchmesser der Höhe bzw. Breite der Seite angepaßt wird und schreibt schließlich den Text »Hallo, Drucker!« in seine Mitte – kurz: erzeugt die Ausgaben des Programms.

Beim Bearbeiten von WM_CREATE erweitert *WndProc* das Systemmenü um einen Wahlpunkt »Drucken«, auf dessen Aktivierung das Programm mit dem Aufruf einer Funktion namens *PrintMyPage* reagiert, die ihrerseits nicht Teil von PRINT.C ist: Sie wird von den Programmen PRINT1 .. PRINT3 definiert und dort Stück für Stück erweitert. Alle drei Versionen dieser Routine liefern im Fehlerfall den Wert FALSE zurück, der in *WndProc* zur Ausgabe einer Meldung mit dem reichlich unspezifischen Text »Fehler beim Drucken der Seite!« führt.

Drucken in einfachster Form

Das in Abbildung 13.7 wiedergegebene Programm PRINT1 stellt die erste und einfachste Version einer Druckroutine dar. Wenn Sie hier den Ausdruck (über den von PRINT.C im Systemmenü untergebrachten Wahlpunkt »Drucken«) starten und nicht gerade über einen PostScript-Drucker verfügen, sollte sich danach auf der Festplatte einiges tun, weil die GDI die einzelnen Funktionsaufrufe in einer Zwischendatei festhält, diese Datei wiederholt liest und daraus sukzessive die Abschnitte (»Streifen«) für die Druckausgabe erstellt. Das System bleibt solange blockiert, bis diese Umwandlung abgeschlossen ist, d.h. eine vollständige Druckdatei vorliegt. Auf das Ende dieser Operation reagiert der Druckerspooler mit der Anzeige »Print1: Druck« in der Warteschlange des Zieldruckers und beginnt nun, die Datei im Hintergrund an den Drucker weiterzuleiten, d.h. gibt das System wieder für andere Arbeiten frei.

Die in PRINT1.C enthaltene erste Variante der Routine *PrintMyPage* beginnt mit dem Ermitteln eines Gerätekontexts über den Aufruf der (in PRINT.C definierten) Funktion *GetPrinterDC* und bricht mit FALSE ab, wenn diese Operation fehlschlägt: das Ergebnis ist eine (von *WndProc* in PRINT.C ausgegebene) Meldung.

Ansonsten wird die Höhe und Breite der Druckseite über *GetDeviceCaps* ermittelt:

```
xPage = GetDeviceCaps (hdcPrn, HORZRES) ;
yPage = GetDeviceCaps (hdcPrn, VERTRES) ;
```

Was *GetDeviceCaps* hier (in Pixeln) zurückliefert, ist nicht die physische Seitengröße, sondern die Zeichenfläche, auf der der Drucker arbeiten kann (und die üblicherweise zumindest einen linken bzw. rechten Rand gegenüber der echten Papiergröße hat – bei Druckern mit Einzelblatt-Einzug kommt auch noch ein oberer bzw. unterer Rand hinzu).

Wenn man einmal vom Aufruf der Funktion *PageGDICalls* absieht, entspricht der Rest dieser ersten Variante von *PrintMyPage* dem Programm FORMFEED mehr oder minder direkt: *StartDoc* kündigt ein neues Dokument an, dessen erste (und einzige) Seite nach dem Aufruf von *StartPage* über *PageGDICalls* gezeichnet wird; *EndPage* beendet diese Seite über einen Seitenvorschub und *EndDoc* beendet schließlich die gesamte Operation. Wie in FORMFEED wird *EndDoc* nur dann verwendet, wenn die beiden vorangehenden Aufrufe fehlerfrei verlaufen sind.

PRINT1.C

```
/*----------------------------------------
   PRINT1.C -- Erste und einfachste Variante
               (c) Charles Petzold, 1998
  ----------------------------------------*/

#include <windows.h>

HDC  GetPrinterDC (void) ;              // in GETPRNDC.C
void PageGDICalls (HDC, int, int) ;     // in PRINT.C

HINSTANCE hInst ;
TCHAR     szAppName[] = TEXT ("Print1") ;
TCHAR     szCaption[] = TEXT ("Druckprogramm 1") ;

BOOL PrintMyPage (HWND hwnd)
{
     static DOCINFO di = { sizeof (DOCINFO), TEXT ("Print1: Druck") } ;
     BOOL           bSuccess = TRUE ;
     HDC            hdcPrn ;
     int            xPage, yPage ;

     if (NULL == (hdcPrn = GetPrinterDC ()))
          return FALSE ;

     xPage = GetDeviceCaps (hdcPrn, HORZRES) ;
     yPage = GetDeviceCaps (hdcPrn, VERTRES) ;

     if (StartDoc (hdcPrn, &di) > 0)
     {
          if (StartPage (hdcPrn) > 0)
          {
```

```
            PageGDICalls (hdcPrn, xPage, yPage) ;

            if (EndPage (hdcPrn) > 0)
                EndDoc (hdcPrn) ;
            else
                bSuccess = FALSE ;
        }
    }
    else
        bSuccess = FALSE ;

    DeleteDC (hdcPrn) ;
    return bSuccess ;
}
```

Abbildung 13.7: *Das Programm* PRINT1

Abbruchprozeduren

Da das Drucken im allgemeinen nicht nur verhältnismäßig langwierig, sondern vor allem auch materialintensiv ist, muß dem Benutzer eine einfache und zuverlässige Möglichkeit zum Abbruch an die Hand gegeben werden. Auf den ersten Blick möchte man meinen, dass sich diese selbstverständliche Forderung ohne weiteres erfüllen ließe: Eine entsprechende Prüfung vor dem *StartDoc* für jede Seite würde beispielsweise verhindern, dass der Benutzer nach einem leicht danebengegangenen Klick sämtliche 537 Seiten seines Jahrhundertromans aus dem Ablageschacht des Druckers fischen muß, obwohl er eigentlich nur eine Einzelseite wollte.

Oder eben auch nicht. Vielleicht fällt dem Benutzer sein Irrtum erst auf, nachdem der Drucker bereits ein Dutzend Seiten ausgespuckt hat, oder es geht insgesamt nur um eine einzige Seite – mit Sechsfarbdruck und im Format DIN A 0.

Aus diesem Grund haben die Windows-Entwickler hier einen etwas anderen Mechanismus vorgesehen: Eine *Abbruchprozedur* (»abort procedure«) ist ihrem Namen zum Trotz eine kleine, vom einem Programm exportierte *Funktion*, die sich über eine Routine namens *SetAbortProc* einsetzen läßt und dann während des Druckprozesses von der GDI des öfteren zurückgerufen wird. Sie beantwortet essentiell die Frage, ob der Benutzer mittlerweile die Lust am Drucken verloren hat oder nicht.

Zunächst einmal die formale Seite. Eine Abbruchprozedur muß folgendermaßen deklariert werden:

```
BOOL CALLBACK AbortProc (HDC hdcPrn, int iCode)
    {
    [Rumpf der Routine]
    }
```

Das Einsetzen dieser Routine findet nach der Ermittlung des Drucker-Gerätekontexts statt und sieht so aus:

```
SetAbortProc (hdcPrn, AbortProc) ;
```

Diese Übergabe sollte vor dem Aufruf von *StartDoc* geschehen, d.h. vor dem Beginn des Dokuments. Ein explizites Zurücksetzen einer solchen Prozedur ist nicht vorgesehen – das wird bei der Freigabe des Drucker-Gerätekontexts automatisch erledigt.

Während der Bearbeitung von *EndPage* – also beim Abspielen der Zwischendatei und dem Anlegen der Druckdatei – ruft die GDI die Abbruchprozedur mehrfach auf. Der Parameter *hdcPrn* steht für den Druckerkontext, der Parameter *nCode* kann zwei Werte annehmen: 0 steht für eine fehlerfreie Ausführung, SP_OUTOFDISK für Platzprobleme auf der Festplatte. Wenn die Abbruchprozedur den Wert TRUE (ungleich 0) zurückliefert, setzt die GDI die Umwandlung der Zwischendatei in eine Druckdatei unabhängig von einem eventuellen Fehlerstatus fort. Das Ergebnis FALSE (0) hat dagegen einen Abbruch von *EndPage* zur Folge: Der Druckerspooler löscht in diesem Fall die Zwischendatei und liefert das Ergebnis SP_APPABORT (-2) an das aufrufende Programm zurück, d.h. signalisiert einen Fehler.

Die Abbruchprozedur kann im einfachsten Fall etwa so aussehen:

```
BOOL CALLBACK AbortProc (HDC hdcPrn, int iCode)
{
     MSG   msg ;

     while (PeekMessage (&msg, NULL, 0, 0, PM_REMOVE))
     {
          TranslateMessage (&msg) ;
          DispatchMessage (&msg) ;
     }
     return TRUE ;
}
```

Etwas merkwürdig, nicht wahr? Eigentlich sieht es eher so aus, als habe sich die Ereignis-Warteschleife aus *WinMain* in unbekannte Gegenden verirrt. Tatsächlich *ist* es eine Ereignis-Warteschleife, die allerdings mit *PeekMessage* anstelle von *GetMessage* arbeitet – einer Funktion, die ich schon einmal in Kapitel 5 (im Rahmen des Programms RANDRECT) erwähnt habe. Wie dort erläutert, bearbeitet *PeekMessage* in der Warteschlange eines Programms befindliche Nachrichten in derselben Weise wie *GetMessage*, kehrt im Gegensatz zu dieser Funktion aber auch dann zum Programm zurück, wenn die Warteschlange überhaupt keine Nachrichten enthält.

Da *PeekMessage* für gelesene Nachrichten den Wert TRUE als Ergebnis zurückliefert, wird diese Schleife solange durchlaufen, wie tatsächlich zu Bearbeitendes ansteht – was drei Fliegen mit einer Klappe schlägt:

- Für das Programm bereitstehende Nachrichten werden auch während der (manchmal recht zeitaufwendigen) Umwandlung von Zwischendateien in Druckdateien bearbeitet und auf die einzelnen Fenster verteilt.
- Der Aufruf von *PeekMessage* gibt dem System Gelegenheit, gegebenenfalls auf andere Programme umzuschalten, deren Warteschlangen Nachrichten enthalten – was beispielsweise dann der Fall ist, wenn der Benutzer während des Ausdrucks in einem anderen Fenster geklickt hat.
- Der Druckerspooler fällt (nicht nur in diesem Sinne) auch in die Kategorie »anderes Programm«: Er arbeitet selber über *PeekMessage* und bekommt über die Abbruchprozedur sozusagen Luft zum Atmen, d.h. kann die Ausgabe anderer Dateien fortsetzen und damit letztlich wieder Freiraum auf der Festplatte schaffen.

Anders gesagt: Ein Programm wie PRINT1, das keine Abbruchprozedur definiert, blockiert das gesamte System nicht nur während des Zeichnens einzelner Seiten, sondern auch für den Zeitraum der Umwandlung dieser Daten in eine Druckdatei. Für den (allerdings unwahrscheinlichen) Fall, dass weder der Druckerspooler von Windows aktiv noch ein anderer Zwischenspeicher vorhanden ist, wird das Zeitverhalten von PRINT1 endgültig zur Katastrophe: In diesem Fall muß die GDI auch die Ausgabe an den Drucker übernehmen, d.h. wird von dessen Arbeitsgeschwindigkeit abhängig.

Nachrichten und unerwünschte Rekursion

Wie zuvor erläutert, ermöglicht eine Abbruchprozedur nicht nur das Bearbeiten von Nachrichten für andere Prozesse, sondern auch sozusagen einen »Parallelbetrieb« innerhalb des eigenen Programms: Der Benutzer wird nicht per se dazu gezwungen, solange Löcher in den Bildschirm zu starren, bis die von ihm gewünschten 30 oder 100 Seiten ausgegeben sind. Vielmehr kann er diese Zeit nutzen, um... Ganz richtig: Beispielsweise könnte er die Daten ändern, die das Programm eigentlich gerade druckt, den Wahlpunkt »Drucken« ein zweites Mal benutzen, eine komplett neue Datei laden – oder einfach einmal ausprobieren, wie das System reagiert, wenn man das Programm *während des Druckens* mit »Datei/Beenden« aus dem Speicher wirft.

Auf diese Weise funktioniert die Sache also offensichtlich nicht. Theoretisch wäre es denkbar, sämtliche Menüfunktionen des Programms bis auf einige wenige Ausnahmen abzuschalten, wobei man in diesem Fall aber auch das Systemmenü nicht vergessen darf. In der Praxis schiebt man Horrorszenarien wie einem während des Druckens aus dem Hauptspeicher geworfenen Programm allerdings mit

```
EnableWindow(hwnd, FALSE);
```

einen wesentlich dickeren Riegel vor. Dieser Aufruf von *EnableWindow*, der entweder vor dem Start des Ausdruckens via *StartDoc* oder vor jedem Abschluß einer Seite (*EndPage*) stehen sollte, unterdrückt sämtliche Maus- und Tastaturnachrichten für das Fenster des Programms. Wenn der gesamte Ausdruck mit *EndDoc* beendet (oder eine einzelne Seite abgeschlossen) ist, werden diese Nachrichten mit

```
EnableWindow (hwnd, TRUE) ;
```

für das Fenster wieder freigegeben. Konsequent müßte man nun fragen, wozu die von mir als »Standard« bezeichnete Variante von *AbortProc* überhaupt Aufrufe von *TranslateMessage* sowie *DispatchMessage* enthält, wenn diese beiden Routinen sowieso keine für sie bestimmten Nachrichten zu sehen bekommen?

Zur Hälfte ist diese Frage durchaus begründet: Auf *TranslateMessage* könnte man tatsächlich verzichten – dieser Aufruf steht sozusagen nur der Gewohnheit zuliebe in der Schleife. Um *DispatchMessage* kommt man dagegen auch bei einem abgeschalteten Fenster nicht herum. Der Grund dafür liegt in Nachrichten des Typs WM_PAINT, die man wie in Kapitel 5 beschrieben nur über eine echte Bearbeitung und ein abschließendes *EndPaint* wieder los wird. Ohne ein »Verteilen« per *DispatchMessage* nebst nachfolgender Bearbeitung in der Window-Prozedur würde sich eine Endlosschleife ergeben, weil *PeekMessage* auch auf WM_PAINT mit TRUE reagiert.

In der Praxis ist damit eine der drei zuvor erschlagenen Fliegen wieder zum Leben erweckt: Der Benutzer kann während des Druckens auf andere Programme umschalten, der Druckerspooler bekommt Rechenzeit zugeteilt – und das druckende Programm muß sich aufgrund der soeben erläuterten Problematik nach außen hin totstellen.

Das in Abbildung 13.8 aufgelistete Programm PRINT2 ergänzt PRINT1 um eine Abbruchprozedur nebst dem dazugehörigen Drumherum, das aus drei Punkten besteht:

- dem Einsetzen dieser Abbruchprozedur über *SetAbortProc*
- einem ersten Aufruf von *EnableWindow* zum Abschalten des Fensters vor dem Drucken und einem zweiten Aufruf dieser Funktion nach dem Drucken, der das Fenster wieder aktiviert

Das »Abmelden« einer Abbruchprozedur ist wie gesagt nicht notwendig, weil das automatisch bei der Freigabe des Drucker-Kontexts geschieht. (Wer einen Druckerkontext für mehrere Jobs hintereinander benutzen will, sollte die Abbruchprozedur dennoch vor jedem *StartDoc* erneut einsetzen. Schaden tut es in keinem Fall.)

PRINT2.C

```
/*-----------------------------------------------
   PRINT2.C -- Zweite Variante, mit Abbruchprozedur
            (c) Charles Petzold, 1998
  -----------------------------------------------*/

#include <windows.h>

HDC  GetPrinterDC (void) ;              // in GETPRNDC.C
void PageGDICalls (HDC, int, int) ;     // in PRINT.C

HINSTANCE hInst ;
TCHAR     szAppName[] = TEXT ("Print2") ;
TCHAR     szCaption[] = TEXT ("Druckprogramm 2 (mit Abbruchprozedur)") ;

BOOL CALLBACK AbortProc (HDC hdcPrn, int iCode)
{
     MSG msg ;

     while (PeekMessage (&msg, NULL, 0, 0, PM_REMOVE))
     {
          TranslateMessage (&msg) ;
          DispatchMessage (&msg) ;
     }
     return TRUE ;
}

BOOL PrintMyPage (HWND hwnd)
{
     static DOCINFO di = { sizeof (DOCINFO), TEXT ("Print2: Druck") } ;
     BOOL           bSuccess = TRUE ;
     HDC            hdcPrn ;
     short          xPage, yPage ;

     if (NULL == (hdcPrn = GetPrinterDC ()))
          return FALSE ;

     xPage = GetDeviceCaps (hdcPrn, HORZRES) ;
     yPage = GetDeviceCaps (hdcPrn, VERTRES) ;

     EnableWindow (hwnd, FALSE) ;
```

```
    SetAbortProc (hdcPrn, AbortProc) ;

    if (StartDoc (hdcPrn, &di) > 0)
    {
        if (StartPage (hdcPrn) > 0)
        {
            PageGDICalls (hdcPrn, xPage, yPage) ;

            if (EndPage (hdcPrn) > 0)
                EndDoc (hdcPrn) ;
            else
                bSuccess = FALSE ;
        }
    }
    else
        bSuccess = FALSE ;

    EnableWindow (hwnd, TRUE) ;
    DeleteDC (hdcPrn) ;
    return bSuccess ;
}
```

Abbildung 13.8: *Das Programm* PRINT2

Abbruchdialoge

PRINT2 blockiert zwar nicht mehr beim Ausdrucken das gesamte System, ist aber trotzdem alles andere als ein perfektes Programm: Wenn der Ausdruck läuft, ist der Zug sozusagen erst einmal abgefahren – und läßt sich erst dann wieder anhalten, wenn die Druckdatei in der Warteschlange des Zieldruckers angezeigt wird. Irgendeinen Indikator im Sinne von »Druck beendet« gibt es ebenfalls nicht: Der Benutzer muß solange mit der Maus in der Menüleiste herumstochern, bis sich plötzlich wieder etwas tut.

Selbst ein Minimalprogramm wie NOTEPAD läßt sich bei diesen Operationen wesentlich besser in die Karten gucken: Dort erscheint ein Dialog auf den Bildschirm, der wenigstens eine mit »Abbrechen« beschriftete Schaltfläche enthält. Dieser Dialog bleibt solange erhalten, bis die Konvertierung der Zwischendatei in eine Druckdatei stattgefunden hat und der Druckerspooler die Regie übernimmt. (Falls der Druckerspooler deaktiviert ist und die Ausgaben direkt über die GDI geschehen, bekommt man ihn während des gesamten Ausgabevorgangs zu sehen).

Dialoge dieser Art sind moduslos und werden meist als »Abbruchdialog« bezeichnet, die dazugehörige Steuerungsroutine bekommt konsequent den Namen »Abbruchdialog-Prozedur« und muß (wie bei Dialogen, Window-Prozeduren usw. üblich) als CALLBACK deklariert sein.

Mit der zuvor besprochenen Abbruchprozedur (*AbortProc*) hat ein solcher Dialog – den ich im weiteren als *PrintDlgProc* bezeichne – nur insofern etwas zu tun, als dort eine Erweiterung der Logik fällig ist: Die in *AbortProc* über *PeekMessage* aufgebaute Schleife muß Nachrichten weiterleiten, die sich auf den Dialog beziehen. Die Routine *PrintDlgProc* muß ihrerseits WM_COMMAND bearbeiten, um so auf die Aktivierung von »Abbrechen« reagieren zu können und gegebenenfalls für den Abbruch des Druckvorgangs sorgen.

Die im folgenden wiedergegebene dritte Variante von PRINT demonstriert diesen Mechanismus: Sie definiert eine globale Variable namens *bUserAbort*, die von der Abbruchdialog-Prozedur auf

TRUE gesetzt wird, wenn der Benutzer die Schaltfläche »Abbrechen« aktiviert. Der Rest der Logik ist etwas unübersichtlich, aber bestechend einfach: Da das GDI eine Druckausgabe abbricht, wenn *AbortProc* auf einen Aufruf mit FALSE reagiert, liefert diese Routine in PRINT3 grundsätzlich *!bUserAbort* zurück. (Wenn der Benutzer von der Abbruchmöglichkeit keinen Gebrauch macht, hat *bUserAbort* den Wert FALSE: *AbortProc* teilt Window mit *!bUserAbort* == TRUE mit, dass der Ausdruck fortgesetzt werden soll).

PRINT3.C

```
/*---------------------------------------------------
   PRINT3.C -- Version mit Abbruchprozedur und -dialog
            (c) Charles Petzold, 1998
  ---------------------------------------------------*/

#include <windows.h>

HDC  GetPrinterDC (void) ;              // in GETPRNDC.C
void PageGDICalls (HDC, int, int) ;    // in PRINT.C

HINSTANCE hInst ;
TCHAR     szAppName[] = TEXT ("Print3") ;
TCHAR     szCaption[] = TEXT ("Druckprogramm 3 (mit Abbruchdialog)") ;

BOOL bUserAbort ;
HWND hDlgPrint ;

BOOL CALLBACK PrintDlgProc (HWND hDlg, UINT message,
                            WPARAM wParam, LPARAM lParam)
{
     switch (message)
     {
     case WM_INITDIALOG:
          SetWindowText (hDlg, szAppName) ;
          EnableMenuItem (GetSystemMenu (hDlg, FALSE), SC_CLOSE, MF_GRAYED) ;
          return TRUE ;

     case WM_COMMAND:
          bUserAbort = TRUE ;
          EnableWindow (GetParent (hDlg), TRUE) ;
          DestroyWindow (hDlg) ;
          hDlgPrint = NULL ;
          return TRUE ;
     }
     return FALSE ;
}

BOOL CALLBACK AbortProc (HDC hdcPrn, int iCode)
{
     MSG msg ;

     while (!bUserAbort && PeekMessage (&msg, NULL, 0, 0, PM_REMOVE))
     {
          if (!hDlgPrint || !IsDialogMessage (hDlgPrint, &msg))
          {
               TranslateMessage (&msg) ;
               DispatchMessage (&msg) ;
```

```
          }
     }
     return !bUserAbort ;
}

BOOL PrintMyPage (HWND hwnd)
{
     static DOCINFO di = { sizeof (DOCINFO), TEXT ("Print3: Druck") } ;
     BOOL           bSuccess = TRUE ;
     HDC            hdcPrn ;
     int            xPage, yPage ;

     if (NULL == (hdcPrn = GetPrinterDC ()))
          return FALSE ;

     xPage = GetDeviceCaps (hdcPrn, HORZRES) ;
     yPage = GetDeviceCaps (hdcPrn, VERTRES) ;

     EnableWindow (hwnd, FALSE) ;

     bUserAbort = FALSE ;
     hDlgPrint = CreateDialog (hInst, TEXT ("PrintDlgBox"),
                               hwnd, PrintDlgProc) ;

     SetAbortProc (hdcPrn, AbortProc) ;

     if (StartDoc (hdcPrn, &di) > 0)
     {
          if (StartPage (hdcPrn) > 0)
          {
               PageGDICalls (hdcPrn, xPage, yPage) ;

               if (EndPage (hdcPrn) > 0)
                    EndDoc (hdcPrn) ;
               else
                    bSuccess = FALSE ;
          }
     }
     else
          bSuccess = FALSE ;

     if (!bUserAbort)
     {
          EnableWindow (hwnd, TRUE) ;
          DestroyWindow (hDlgPrint) ;
     }

     DeleteDC (hdcPrn) ;

     return bSuccess && !bUserAbort ;
}
```

PRINT3.RC (Auszüge)

```
//Microsoft Developer Studio generated resource script.

#include "resource.h"
#include "afxres.h"

/////////////////////////////////////////////////////////////////////////////
// Dialog

PRINTDLGBOX DIALOG DISCARDABLE  20, 20, 186, 63
STYLE DS_MODALFRAME | WS_POPUP | WS_VISIBLE | WS_CAPTION | WS_SYSMENU
FONT 8, "MS Sans Serif"
BEGIN
    PUSHBUTTON      "Abbrechen",IDCANCEL,67,42,50,14
    CTEXT           "Ausdruck läuft",IDC_STATIC,7,21,172,8
END
```

Abbildung 13.9: *Das Programm* PRINT3

Da PRINT3 genauso viel ausgibt wie seine beiden Vorgänger – nämlich eine einzige Seite mit einigen einfachen Grafikbefehlen –, werden Sie den Druckerspooler vermutlich abschalten müssen, damit der Abbruchdialog länger als einige Zehntelsekunden auf dem Bildschirm erscheint. Wenn Sie das getan haben, werden Sie vermutlich feststellen, dass es nach einem Klick auf »Abbrechen« ohne weiteres noch einige Sekunden dauern kann, bis das System wieder reagiert. Der Grund: So gut wie jeder Drucker hat einen internen Puffer, bei dem sich auch Abbruchbefehle sozusagen hinten anstellen müssen. Je langsamer der Drucker, desto länger fällt deshalb die Zeitspanne zwischen dem Klick (lies: der Anweisung an die GDI, keine weiteren Daten mehr zu produzieren) und dem Abschluß des Druckvorgangs aus.

In PRINT3 sind gegenüber der Vorversion zwei globale Variablen hinzugekommen: Das bereits erwähnte Flag *bUserAbort* und ein Handle namens *hDlgPrint*, der für das Dialogfenster steht. *PrintMyPage* initialisiert *bUserAbort* mit FALSE und schaltet (wie in PRINT2) das Hauptfenster des Programms mit *EnableWindow* ab.

Die Ereignis-Warteschleife von *AbortProc* sieht in dieser Programmversion folgendermaßen aus:

```
while (!bUserAbort && PeekMessage (&msg, NULL, 0, 0, PM_REMOVE))
     {
     if (!hDlgPrint || !IsDialogMessage (hDlgPrint, &msg))
        { TranslateMessage (&msg) ;
          DispatchMessage (&msg) ;
        }
     }
return !bUserAbort ;
```

PeekMessage wird hier nur noch aufgerufen, wenn *bUserAbort* den Wert FALSE hat, d.h. der Benutzer den Ausdruck nicht abbrechen will. Wenn die Warteschlange eine Nachricht enthält, wird sie (nach der für modusIose Dialoge üblichen Prüfung auf »Handle definiert«) unter Angabe des Fensterhandles via *IsDialogMessage* weitergereicht und gegebenenfalls von *PrintDlgProc* ausgewertet: Sollte es sich dabei um einen Klick im Feld »Abbrechen« handeln, setzt die Abbruchdialog-Prozedur *bUserAbort* im Verlauf dieser Auswertung auf TRUE.

AbortProc liefert den negierten Wert diese Flags als Funktionsergebnis zurück: nach der Initialisierung des Programms kommt dabei erst einmal TRUE heraus (und damit die Anweisung an das

GDI, den Ausdruck fortzusetzen), nach einem Klick in »Abbrechen« dagegen FALSE – also der Abbruch der Operation. Solange die GDI nicht ausgerechnet in diesem Moment feststellen mußte, dass die Festplatte keinen Platz für weitere Umwandlungen bietet (und *AbortProc* deshalb mit *nCode* = SP_OUTOFDISK aufgerufen hat), kommt dabei übrigens kein Fehlercode von *EndDoc* heraus.

Die Abbruchdialog-Prozedur *PrintDlgProg* ist reichlich einfach ausgefallen. Beim Bearbeiten von WM_INITDIALOG setzt sie den Namen des Programms in ihren Fenstertitel ein und schaltet den Wahlpunkt »Schließen« ihres Systemmenüs ab. Bei einem Klick im Feld »Abbrechen« (sowie einem Druck auf die Leertaste oder Return) erhält sie eine Nachricht des Typs WM_COMMAND:

```
case WM_COMMAND :
     bUserAbort = TRUE ;
     EnableWindow (GetParent (hDlg), TRUE) ;
     DestroyWindow (hDlg) ;
     hDlgPrint = 0 ;
     return TRUE ;
```

Das Setzen der globalen Variablen *bUserAbort* auf TRUE teilt dem Rest des Programms (und vor allem der Abbruchprozedur) mit, dass der Benutzer den Ausdruck abbrechen will. Danach wird das Hauptfenster des Programms (das wie üblich gegenüber dem Dialog die Rolle des »Parent« spielt) wieder angeschaltet und der Dialog abgebaut. Das Zurücksetzen von *hDlgPrint* auf 0 verhindert, dass die Abbruchprozedur *IsDialogMessage* bei Doppelklicks und anderen »Mehrfach-Ereignissen« noch einmal aufruft. (Allerdings handelt es sich dabei mehr um defensive Programmierung. Nachdem *bUserAbort* auf TRUE gesetzt ist, findet überhaupt keine weitere Abfrage über diese Schleife mehr statt).

Die Reihenfolge der Aufrufe von *EnableWindow* und *DestroyWindow* ist kritisch: Wenn man den Dialog (der momentan das aktive Fenster darstellt) abbaut, ohne zuvor das Hauptfenster aktiviert zu haben, dann zeigt der Eingabefokus danach auf NULL – und wenn Sie Pech haben, verschwindet PRINT3 in den Hintergrund.

Nachrichten erhält *PrintDlgProc* nur in dem Zeitraum, in dem *AbortProc* die Warteschlange via *PeekMessage* liest und die dabei ermittelten Daten via *IsDialogMessage* weiterreicht. Da *AbortProc* selbst nur dann aktiv wird, wenn die GDI die Funktion *EndPage* verarbeitet, kann der Benutzer den Druckvorgang auch nur am Ende einer kompletten Seite abbrechen.

Da die GDI nur dann mit einem Fehlercode auf das Funktionsergebnis FALSE von *AbortProc* reagiert, wenn es diese Prozedur mit dem »Problemcode« SP_OUTOFDISK aufgerufen hat, meldet *EndPage* bei einem normalen Abbruch schlicht »fehlerfrei ausgeführt«, und PRINT3 ruft danach *EndDoc* auf, als sei nichts geschehen, d.h. beendet den Druckvorgang. Auf dem Drucker erscheint dabei nichts, weil die GDI die Druckdatei gelöscht hat, anstatt sie auszugeben.

Was bleibt, sind einige Aufräumarbeiten: Wenn der Benutzer den Ausdruck nicht abgebrochen hat, steht der Dialog nach wie vor auf dem Bildschirm. Aus diesem Grund muß *PrintMyPage* das Flag *bUserAbort* noch einmal selbst prüfen und gegebenenfalls auch das Hauptfenster wieder aktivieren:

```
if (!bUserAbort)
     {
     EnableWindow (hwnd, TRUE) ;
     DestroyWindow (hDlgAbort) ;
     }
```

Dass die GDI auf einen Abbruch des Benutzers nicht mit einem Fehlercode reagiert und die Sache dem Programm überläßt, hat natürlich seinen Sinn: Auf diese Weise bleiben zwei Variablen, über die sich zwischen den Zuständen »OK«, »Fehler« und »Abbruch durch den Benutzer« unterscheiden läßt. Da PRINT3 ein Demonstrationsprogramm ist, macht sich *PrintMyPage* die Sache allerdings ausgesprochen einfach und liefert schlicht eine Kombination beider Flags zurück, d.h. erzeugt auch beim Abbruch durch den Benutzer eine Fehlermeldung:

```
return bSuccess || !bUserAbort ;
```

Druckfunktionen für POPPAD

Die im folgenden wiedergegebene Erweiterung von POPPAD verwendet dieselbe Logik wie PRINT3.C und schließt diese Programmserie ab. Die letzte vollständige Vorversion (POPPAD3) hatte ich in Kapitel 11 vorgestellt: dort finden Sie auch die restlichen zur Compilierung benötigten Dateien.

POPPRNT.C

```
/*--------------------------------------
   POPPRNT.C -- Druckfunktionen für POPPAD
  --------------------------------------*/

#include <windows.h>
#include <commdlg.h>
#include "resource.h"

BOOL bUserAbort ;
HWND hDlgPrint ;

BOOL CALLBACK PrintDlgProc (HWND hDlg, UINT msg, WPARAM wParam, LPARAM lParam)
{
     switch (msg)
     {
     case WM_INITDIALOG :
          EnableMenuItem (GetSystemMenu (hDlg, FALSE), SC_CLOSE, MF_GRAYED) ;
          return TRUE ;

     case WM_COMMAND :
          bUserAbort = TRUE ;
          EnableWindow (GetParent (hDlg), TRUE) ;
          DestroyWindow (hDlg) ;
          hDlgPrint = NULL ;
          return TRUE ;
     }
     return FALSE ;
}

BOOL CALLBACK AbortProc (HDC hPrinterDC, int iCode)
{
     MSG msg ;

     while (!bUserAbort && PeekMessage (&msg, NULL, 0, 0, PM_REMOVE))
     {
          if (!hDlgPrint || !IsDialogMessage (hDlgPrint, &msg))
```

```
        {
             TranslateMessage (&msg) ;
             DispatchMessage (&msg) ;
        }
    }
    return !bUserAbort ;
}

BOOL PopPrntPrintFile (HINSTANCE hInst, HWND hwnd, HWND hwndEdit,
                       PTSTR szTitleName)
{
    static DOCINFO  di = { sizeof (DOCINFO) } ;
    static PRINTDLG pd ;
    BOOL            bSuccess ;
    int             yChar, iCharsPerLine, iLinesPerPage, iTotalLines,
                    iTotalPages, iPage, iLine, iLineNum ;
    PTSTR           pstrBuffer ;
    TCHAR           szJobName [64 + MAX_PATH] ;
    TEXTMETRIC      tm ;
    WORD            iColCopy, iNoiColCopy ;

    // Aufruf des Druck-Dialogs (COMMDLG)
    pd.lStructSize         = sizeof (PRINTDLG) ;
    pd.hwndOwner           = hwnd ;
    pd.hDevMode            = NULL ;
    pd.hDevNames           = NULL ;
    pd.hDC                 = NULL ;
    pd.Flags               = PD_ALLPAGES | PD_COLLATE |
                             PD_RETURNDC | PD_NOSELECTION ;
    pd.nFromPage           = 0 ;
    pd.nToPage             = 0 ;
    pd.nMinPage            = 0 ;
    pd.nMaxPage            = 0 ;
    pd.nCopies             = 1 ;
    pd.hInstance           = NULL ;
    pd.lCustData           = 0L ;
    pd.lpfnPrintHook       = NULL ;
    pd.lpfnSetupHook       = NULL ;
    pd.lpPrintTemplateName = NULL ;
    pd.lpSetupTemplateName = NULL ;
    pd.hPrintTemplate      = NULL ;
    pd.hSetupTemplate      = NULL ;

    if (!PrintDlg (&pd))
         return TRUE ;

    if (0 == (iTotalLines = SendMessage (hwndEdit, EM_GETLINECOUNT, 0, 0)))
         return TRUE ;

    // Schriftgröße ermitteln, darüber Zeilenzahl und Seitenzahl berechnen
    GetTextMetrics (pd.hDC, &tm) ;
    yChar = tm.tmHeight + tm.tmExternalLeading ;

    iCharsPerLine = GetDeviceCaps (pd.hDC, HORZRES) / tm.tmAveCharWidth ;
    iLinesPerPage = GetDeviceCaps (pd.hDC, VERTRES) / yChar ;
    iTotalPages   = (iTotalLines + iLinesPerPage - 1) / iLinesPerPage ;
```

```
// Puffer für eine Textzeile
pstrBuffer = malloc (sizeof (TCHAR) * (iCharsPerLine + 1)) ;

// Hauptfenster deaktivieren, Abbruchdialog anzeigen
EnableWindow (hwnd, FALSE) ;

bSuccess    = TRUE ;
bUserAbort = FALSE ;

hDlgPrint = CreateDialog (hInst, TEXT ("PrintDlgBox"),
                          hwnd, PrintDlgProc) ;

SetDlgItemText (hDlgPrint, IDC_FILENAME, szTitleName) ;
SetAbortProc (pd.hDC, AbortProc) ;

// Start des Ausdruckens
GetWindowText (hwnd, szJobName, sizeof (szJobName)) ;
di.lpszDocName = szJobName ;

if (StartDoc (pd.hDC, &di) > 0)
{
     // Sortierreihenfolge und Anzahl der Kopien
     for (iColCopy = 0 ;
          iColCopy < ((WORD) pd.Flags & PD_COLLATE ? pd.nCopies : 1) ;
          iColCopy++)
     {
          for (iPage = 0 ; iPage < iTotalPages ; iPage++)
          {
               for (iNoiColCopy = 0 ;
                    iNoiColCopy < (pd.Flags & PD_COLLATE ? 1 : pd.nCopies);
                    iNoiColCopy++)
               {
                    // Start einer Seite
                    if (StartPage (pd.hDC) < 0)
                    {
                         bSuccess = FALSE ;
                         break ;
                    }

                    // zeilenweise Ausgabe
                    for (iLine = 0 ; iLine < iLinesPerPage ; iLine++)
                    {
                         iLineNum = iLinesPerPage * iPage + iLine ;

                         if (iLineNum > iTotalLines)
                              break ;

                         *(int *) pstrBuffer = iCharsPerLine ;

                         TextOut (pd.hDC, 0, yChar * iLine, pstrBuffer,
                                  (int) SendMessage (hwndEdit, EM_GETLINE,
                                  (WPARAM) iLineNum, (LPARAM) pstrBuffer));
                    }

                    if (EndPage (pd.hDC) < 0)
```

```
                        {
                            bSuccess = FALSE ;
                            break ;
                        }

                        if (bUserAbort)
                            break ;
                    }

                    if (!bSuccess || bUserAbort)
                        break ;
                }

                if (!bSuccess || bUserAbort)
                    break ;
            }
        }
    else
        bSuccess = FALSE ;

    if (bSuccess)
        EndDoc (pd.hDC) ;

    if (!bUserAbort)
    {
        EnableWindow (hwnd, TRUE) ;
        DestroyWindow (hDlgPrint) ;
    }

    free (pstrBuffer) ;
    DeleteDC (pd.hDC) ;

    return bSuccess && !bUserAbort ;
}
```

Abbildung 13.10: *Die Datei* POPPRNT.C *erweitert* POPPAD *um Druckfunktionen*

Einen Unterschied zwischen PRINT3 und POPPADP gibt es natürlich schon: die hier gezeigte Routine *PrintFile* kann mit mehreren Druckseiten auf einmal umgehen. Da sie berechnen muß, wie viele Zeichen auf eine Zeile und wie viele Zeilen auf eine Seite passen, holt sie sich die Papiergröße (exakter: die Druckfläche) über *GetDeviceCaps* und bestimmt die Dimensionen der vom Drucker verwendeten Schrift über *GetTextMetrics*.

Bevor wir in den Details abstürzen, erst einmal etwas zum allgemeinen Prinzip: POPPAD bleibt auch beim Drucken seinem Credo treu, daß man Dinge so einfach wie möglich erledigen sollte – und überläßt deshalb sämtliche Dinge bis auf den eigentlichen Druckvorgang einer weiteren Funktion aus der Bibliothek COMMDLG.DLL, die auf den Namen *PrintDlg* hört. Sie erwartet eine Struktur des Typs PRINTDLG, die vom aufrufenden Programm nur teilweise initialisiert werden muß, und erlaubt eine Reihe von Dingen, die ein Programm wie POPPAD wohl nur höchst ungern selbst erledigen würde: Unter anderem kann man im Dialog von *PrintDlg* einen x-beliebigen Drucker auswählen und ihn so weit konfigurieren, wie es der dazugehörige Treiber zuläßt. (Im Minimalfall bedeutet das eine Auswahl zwischen Hoch- und Querformat, im Maximalfall – bei PostScript-Druckern – eine nachgerade überwältigende Fülle von Optionen).

Ein Kontrollkästchen dieses Dialogs dürfte auch für ProgrammiererInnen erklärungsbedürftig sein: wenn man mit mehreren Kopien arbeitet, läßt sich über »Kopien sortieren« festlegen, ob die Ausgabe (beispielsweise) dreier Kopien von drei Seiten in der Reihenfolge 1, 2, 3, 1, 2, 3, 1, 2, 3 geschieht – oder ob der Druckertreiber (soweit möglich) mit echten Kopierbefehlen arbeitet, anstatt die Daten immer wieder neu zum Drucker zu senden. In diesem Fall käme die Reihenfolge 1, 1, 1, 2, 2, 2, 3, 3, 3 heraus. Speziell bei sehr komplexen Grafiken ist der dabei erreichbare Zeitgewinn so hoch, dass der das hinterher notwendige manuelle Sortieren wettmacht. (Es ist natürlich Sache des Programms, auf die Wünsche des Benutzers zu reagieren – sprich: die Seiten in der gewünschten Reihenfolge auszudrucken.)

PrintDlg setzt zum einen die Felder der übergebenen PRINTDLG-Struktur, zum anderen liefert diese Funktion einen Handle zu einem Drucker-Gerätekontext zurück, den man direkt verwenden kann. Das einige Seiten zuvor vorgestellte Modul POPPRNT macht von dieser Routine ebenfalls Gebrauch. Die Berechnung, wie viele Zeichen in eine Zeile und wie viele Zeilen auf eine Seite passen, muß die »Druckfunktion« eines Programms allerdings in jedem Fall selbst erledigen: *PopPrntPrintFile* holt sich die notwendigen Werte über Aufrufe von *GetDeviceCaps* (Größe der Seite) und *GetTextMetrics* (Platzbedarf der einzelnen Zeichen bzw. Zeilen). Die Gesamtzahl der Zeilen innerhalb des Dokuments (Variable *iTotalLines*) ergibt sich über eine Nachricht des Typs EM_GETLINECOUNT an das Editfenster. Der Transfer der einzelnen Zeilen vom Editfenster zum Drucker geschieht über einen Zeilenpuffer, dessen erstes Wort *PrintFile* jeweils mit der Zeilenlänge besetzt und dann über eine Nachricht des Typs EM_GETLINE vom Editfenster füllen läßt. Die Ausgabe selbst erfolgt mit einem Aufruf von *TextOut* unter Angabe des Drucker-Kontexts.

Bitte beachten Sie, dass die Logik des Ausdruckens aus zwei separaten *for*-Schleifen bestehen muß, weil sich der Benutzer sowohl sortierte als auch unsortierte Kopien aussuchen kann. Die über eine Variable namens *iColCopy* (»collated copy« = sortierte Seiten) aufgebaute Schleife wird verwendet, wenn das Kontrollkästchen »Kopien sortieren« angekreuzt ist, die mit *iNoiColCopy* arbeitende Schleife ist für aufeinanderfolgende Kopien einzelner Seiten zuständig.

Beide *for*-Schleifen prüfen sowohl das Ergebnis von *StartPage* als auch das Flag *bUserAbort* jeweils explizit und brechen gegebenenfalls inmitten der Druckausgabe ab. (Wie zuvor erwähnt, betrachtet die GDI es nicht als Fehlerbedingung, wenn die Abbruchprozedur den Wert FALSE zurückliefert, weshalb *EndPage* in diesem Fall mit dem Code für »Operation ausgeführt« zum Programm zurückspringt.)

Wenn die gesamte Schleife durchlaufen, d.h. auch die letzte Seite des Textes fehlerfrei ausgegeben wurde, beendet *PrintFile* schließlich die Operation:

```
if (!bError)
    EndDoc(hdcPrn) ;
```

Wenn Sie einige Seiten Papier übrig haben, sollten Sie einmal einen längeren Text mit POPPAD drucken und dabei versuchen, diese Operation in verschiedenen Stadien zu unterbrechen. Die auszudruckende Datei erscheint erst dann in der Warteschlange des verwendeten Druckers, wenn POPPAD die erste Seite ausgegeben und ein *EndPage* vollständig ausgeführt hat. Zu diesem Zeitpunkt nimmt auch der Druckerspooler seine Arbeit auf, d.h. sendet die Daten an den Drucker. Wenn Sie den Ausdruck beim *nächsten EndDoc* mit einem Klick auf »Abbrechen« unterbrechen, stellt auch der Druckerspooler die Ausgabe ein. Dasselbe Resultat läßt sich zu beliebigen Zeitpunkten auch über die Auswahl von »Löschen« in der Druckerwarteschlange erreichen – nur dass dann das nächste *EndDoc* an das aufrufende Programm den Fehlercode SP_USERABORT (-3) zurückliefert.

Wer das Win32-SDK systematisch nach Druckerfunktionen durchstöbert, stößt über kurz oder lang auf die Funktion *AbortDoc*, die sich bereits über ihren Namen als ausgesprochen wichtig zu erkennen gibt – zumindest, wenn es um den Abbruch von Druckausgaben geht. Tatsächlich ist es mehr Schall und Rauch: Verwenden läßt sich *AbortDoc* ausschließlich in dem meist recht kurzen Zeitraum zwischen *StartDoc* und dem ersten *EndPage* – weshalb sich diese Funktion in real existierenden Programmen ausgesprochen selten findet. (Offensichtlich kommt auch POPPAD hervorragend ohne sie zurecht.)

Abbildung 13.11 verdeutlicht die Reihenfolge der Aufrufe, wie sie für ein mehrseitiges Dokument mit durchgehender Fehler- und Abbruchprüfung notwendig sind. Der beste (und einzige) Ort für die Prüfung von *bUserAbort* ist direkt hinter einem Aufruf von *EndPage*; *EndDoc* wird ausschließlich dann als Abschluß benutzt, wenn sämtliche zuvor ausgeführten Operationen fehlerfrei waren. (Um es genau zu nehmen: sobald *irgendeine* Druckerfunktion im Zusammenhang mit Ausgaben einen Fehlercode zurückliefert, ist die Show für die entsprechende Datei definitiv gelaufen.)

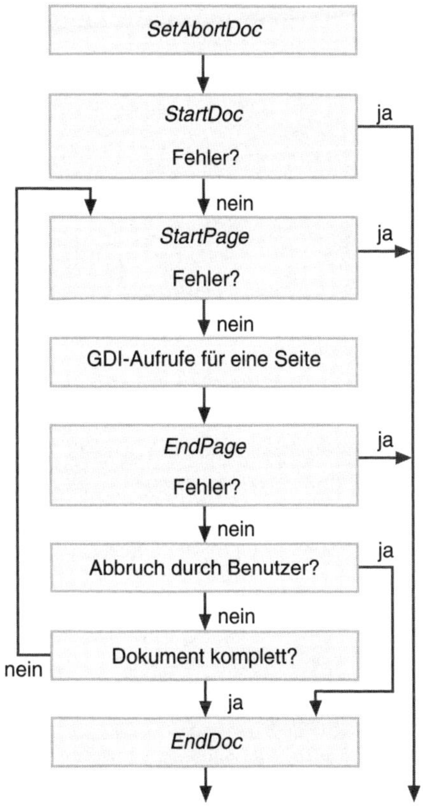

Abbildung 13.11: *Reihenfolge der Aufrufe beim Drucken mehrerer Seiten*

14 Bitmaps und BitBlts

Fangen wir mit einer Definition an: »Ein Bitmap ist ein zweidimensionales (rechteckiges) Array, dessen Elemente für Bildpunkte (Pixel) stehen. Bilder aus der realen Welt (Fotos) werden zur Speicherung als Bitmap über ein Gitternetz in Pixel unterteilt. Da die Auflösung des Gitternetzes begrenzt ist, stehen die Werte der Pixel für die durchschnittliche Farbe des Bildes am jeweiligen Punkt.« Monochrome Bitmaps – also Schwarzweißbilder – benötigen für jedes Pixel ein einzelnes Bit; Graustufenbilder kommen allgemein mit einem Byte pro Pixel aus, speichern also 256 Abstufungen von Schwarz bis Weiß; bei Farbbildern ist die Zahl der Bits pro Pixel – die *Farbtiefe* – im Prinzip beliebig (und geht in der Praxis von 8 bis 32).

Ein wesentliches Charakteristikum von Bitmaps besteht daraus, dass sie sozusagen ein Ergebnis darstellen und keine Information darüber enthalten, wie dieses Ergebnis zustande gekommen ist. Tatsächlich enthalten die von Windows 1 und 2 ausschließlich verwendeten Bitmaps nicht einmal Informationen über das verwendete Format (Farbtiefe und Farbzuordnung zu den einzelnen Pixelwerten), weshalb ihre unverfälschte Wiedergabe nur auf dem Medium (Grafik-Adapter) möglich, auf dem auch die Erzeugung stattfand; bei Skalierungen ergeben sich dieselben Probleme wie bei Bitmap-Schriften (vgl. »Zeichensätze und Schriften» in Kapitel 6).

Mit Windows 3.0 hat Microsoft deshalb die bis dato verwendeten Bitmaps um einen »geräteunabhängigen« Typ ergänzt, der kurz als DIB (für »device-independent bitmap«) bezeichnet wird und Probleme bei unterschiedlichen Speicherformaten sowie unterschiedlichen Farbtiefen beseitigt. Mit diesem Typ und seinen neuen Varianten beschäftigt sich das nächste Kapitel.

Das Problem der fehlenden Skalierbarkeit bleibt auch bei DIBs erhalten und wird erst durch den Übergang zu einer höheren Abstraktionsebene gelöst: *Zwischendateien* (»metafiles«) speichern anstelle von Ergebnissen die zum Erzeugen eines Bitmaps benötigten Zeichenbefehle (*MoveToEx*, *Rectangle*, *TextOut*) und stellen damit eine Art Mittelding zwischen einem Algorithmus (der höchsten Abstraktionsebene) und seinem Ergebnis (einem Bitmap) dar. Details dazu finden Sie in Kapitel 18.

Unabhängig davon, auf welcher Abstraktionsebene ein Programm beginnt, ist das letztendlich (auf dem Bildschirm sichtbare) Ergebnis natürlich wieder ein geräteabhängiges Bitmap klassischen Stils. Dass man mit solchen, von Windows als GDI-Objekten behandelten Bitmaps allen Grenzen zum Trotz eine Menge anfangen kann, zeigen die Beispielprogramme dieses Kapitels.

Grundlagen

Bitmaps und Zwischendateien haben beide einen festen Platz in der Computergrafik: Während man Bitmaps in den meisten Fällen für ausgesprochen komplexe Abbilder der »echten Welt« (wie beispielsweise digitalisierte Fotos) verwendet, kommen Zwischendateien vor allem bei Bildern zum Einsatz, die manuell erstellt oder per Programm generiert wurden – wie beispielsweise technische Zeichnungen oder Texte. Unter Windows lassen sich sowohl Bitmaps als auch Zwischendateien wahlweise im Hauptspeicher oder auf der Festplatte halten und zwischen einzelnen Anwendungen über die Zwischenablage kopieren.

Zwischendateien haben im Gegensatz zu Bitmaps nur recht selten etwas mit den Funktionen des Systems zu tun. Ihr Einsatzgebiet umfaßt Zeichen- und CAD-Programme, in denen der Benutzer Bilder über Kombinationen von Linien, Rechtecken, Ellipsen, Texten und anderen grafischen Grundelementen erstellt. Obwohl diese Programme üblicherweise ihre eigenen Formate zum Speichern derartiger Daten verwenden, lassen sie in den meisten Fällen einen Transport der entsprechenden Befehlsfolgen über die Zwischenablage zu und verwenden dabei das von Windows für Zwischendateien vorgegebene Format.

Bitmaps leiden generell unter zwei gewaltigen Nachteilen: der Geräteabhängigkeit, gegen die man auch mit dem DIB-Format von Windows 3.x nicht vollständig geschützt ist, und dem Speicherplatzbedarf. Das offensichtlichste Problem in puncto »Geräteabhängigkeit« sind Farben: Beim Versuch, ein farbiges Bitmap auf einem monochromen Bildschirm darzustellen, kommen oft mehr wunderliche als brauchbare Resultate heraus. Ein zweites Problem liegt in der Auflösung des jeweiligen Ausgabegerätes: Windows stellt zwar eine Reihe von Funktionen zur Verfügung, mit denen sich Bitmaps stauchen oder strecken lassen, und nimmt einem damit den weitaus größten Teil der Arbeit ab – was dabei aber letztlich herauskommen muß, sind Bilder, in denen entweder Pixelreihen verdoppelt oder herausgekürzt worden sind. Eine Zwischendatei läßt sich dagegen während der Ausgabe skalieren, d.h. ohne Qualitätsverlust in beliebige Größen und Auflösungen umsetzen.

Und was den Speicherplatzbedarf betrifft: Um einen VGA-Bildschirm mit 640 x 480 Pixeln und 16 Farben in Form eines Bitmaps wiederzugeben, werden bereits mehr als 150 KByte benötigt – und bei 1024 x 768 in TrueColor (24 Bit pro Pixel) gute 2 MByte. Während der Platzbedarf von Bitmaps ausschließlich durch die Größe des Bildes und die Anzahl der Farben bestimmt wird, ergibt er sich bei Zwischendateien aus dem Inhalt – nämlich der Anzahl und Komplexität der einzelnen GDI-Aufrufe.

Angesichts dieser gravierenden Unterschiede erhebt sich natürlich die Frage, wieso Windows dann nicht ausschließlich mit Zwischendateien arbeitet. Die Antwort heißt Geschwindigkeit: Das Kopieren eines Bitmaps vom Haupt- in den Bildspeicher geschieht üblicherweise um Größenordnungen schneller als das Öffnen, Laden, Auslesen und Umsetzen einer Zwischendatei. Im Word Wide Web (oder allgemein: bei jeder Übertragung über verhältnismäßig langsame Medien), wo die Übertragungszeit proportional mit der Größe einer Datei wächst, finden sich Zwischendateien ebenfalls ausgesprochen selten: Dort setzt man auf Komprimierungstechniken wie GIF und JPEG (die ihrerseits eine Reproduktionsanweisung darstellen – aber nicht für den logischen Inhalt eines Bildes, sondern für die einzelnen Pixel).

Huhn oder Ei?

Für das »manuelle« Erstellen von Bitmaps steht eine Vielzahl von Programmen zur Verfügung – angefangen von dem zusammen mit Windows 98 ausgelieferten PAINT bis hin zu hochkomplexen

Anwendungen wie Adobes Photoshop. Die Gemeinsamkeit dieser Programme liegt darin, dass sie Bilder sämtlich als Rasterdaten – mithin als Sammlung von Pixeln – betrachten (und man sie dann einsetzen wird, wenn das Ergebnis aller Voraussicht nach so komplex wird, dass es sich nicht mehr mit vernünftigem Aufwand als Folge von Vektor- bzw. Zeichenbefehlen darstellen läßt).

Bei Bildern, die über Algorithmen erzeugt werden, kehren sich die Verhältnisse normalerweise um: Dort wird man eher Zwischendateien verwenden, so lange es nicht um ausgesprochen komplexe Oberflächen oder Fraktale geht (die ihrerseits die wohl höchste Abstraktionsstufe für Bilder darstellen. Die Suche nach einer Formel, über die sich *jedes* Bild als fraktale Rechenvorschrift definieren läßt, dauert allerdings nach wie vor an.)

Eine dritte Quelle für Bitmaps mit ständig wachsender Bedeutung sind Abbilder der realen Welt (auf Altdeutsch: Fotos), für deren Digitalisierung sich das Prinzip der ladungsgekoppelten Elemente (CCD für »charge-coupled devices«) weitgehend durchgesetzt hat. Diese Elemente reagieren auf Licht mit dem Aufnehmen einer elektrischen Ladung, die proportional zur Lichtstärke ist, lassen sich in diesem Zustand »einfrieren« und dann auslesen. Der Name kommt daher, dass man diese Elemente in einer Reihe anordnen und dazu veranlassen kann, ihre Ladung im Takt an den jeweiligen Nachbarn weiterzugeben – daher auch die (ausnahmsweise wesentlich treffendere) deutsche Bezeichnung »Eimerkette«. Am Ende einer solchen Reihe sitzt ein Analog/Digitalwandler, der pro Takt einen Wert übernimmt. Die – unbezahlbare – Alternative dazu wäre ein Wandler pro Element.

Scanner arbeiten üblicherweise entweder mit einer CCD-Zeile, vor die bei jedem Durchgang ein anderes Farbfilter geschoben wird, oder mit drei CCD-Zeilen und fest montierten Farbfiltern. Video- und Digitalkameras verwenden ein CCD-Array, wobei sich Zeilenzahl pro Bild aus der Anzahl der CCD-Zeilen ergibt. (Der Preis von Profikameras ergibt sich nicht zuletzt daraus, dass dort ein CCD-Array pro Farbe zum Einsatz kommt; bezahlbare Kameras müssen dagegen mit einem einzigen Array auskommen, das jeweils drei nebeneinander liegende Elemente zu einem Farbtripel (R,G,B) zusammenfaßt.)

Eine weitere Möglichkeit stellen *Frame Grabber* dar, die ein Videosignal (das ja seinerseits auch für Zeilen und Spalten eines Bildes steht) über einen Analog/Digitalwandler in eine Folge digitaler Werte umsetzen, die sich dann wieder als Bitmap speichern lassen. (Dass die meisten Frame Grabber nicht in Echtzeit arbeiten, liegt nicht an der Geschwindigkeit des Analog/Digitalwandlers, sondern daran, dass erst die allerletzte Festplattengeneration mit einem kontinuierlichen Datenstrom von rund 15 MByte pro Sekunde fertig wird.)

Bitmap-Größen

Bitmaps sind grundsätzlich rechteckig und haben eine räumliche Dimension, die sich aus der Breite und Höhe in Pixeln ergibt. Das in Abbildung 14.1 wiedergegebene Gitter könnte beispielsweise für ein (recht kleines) Bitmap mit 9 Pixeln Breite und 6 Pixeln Höhe – kurz: 9 x 6 – stehen:

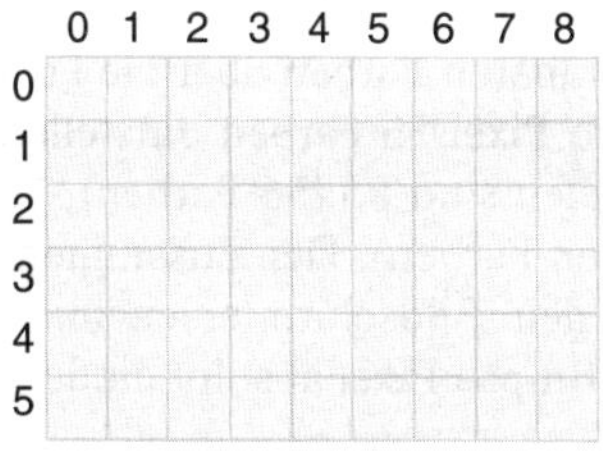

***Abbildung 14.1:** Spalten und Zeilen eines Bitmaps*

Dieses Bitmap hat also 9 x 6 = 54 Pixel (wobei es sich eingebürgert hat, dass man bei der Kurzform die Breite als ersten Wert angibt). Für Abmessungen von Bitmaps verwende ich öfter die Symbole *cx* und *cy*: Wie üblich bedeutet das Präfix »c« hier »count« – *cx* und *cy* stehen also für die Anzahl der Pixel entlang der (horizontalen) X-Achse und der (vertikalen) Y-Achse.

Einzelne Pixel eines Bitmaps lassen sich in dieser Notation über X- und Y-Koordinaten bezeichnen. Da allgemein die linke obere Ecke eines Bitmaps als Ursprung gilt (was aufgrund einer ärgerlichen Fehlentscheidung nicht immer der Fall sein muß – siehe weiter unten), lassen sich die Pixel in der Weise durchnumerieren, wie es Abbildung 14.1 zeigt. Da die Zählung mit 0 beginnt, hat das Pixel in der unteren rechten Ecke also die Koordinaten (8,5) – mithin einen gegenüber der Höhe und Breite jeweils um eins erniedrigten Wert.

Die Größe eines Bitmaps wird gerne als Auflösung bezeichnet, wobei sich hier dieselben terminologischen Probleme wie bei Bildschirmen ergeben, weil es natürlich nicht um die Anzahl der Pixel pro metrischer Einheit, sondern um die Gesamtzahl der Pixel geht. (Wenn Sie sich erinnern: In Kapitel 5 habe ich dieses Durcheinander schon einmal im Zusammenhang mit Bildschirmen und Druckern beklagt.) Im folgenden wird deshalb strikt zwischen physischer Größe (Pixelzahl) und Auflösung (Zahl der Pixel pro metrischer Einheit) getrennt.

Da der rechteckige Hauptspeicher immer noch nicht erfunden ist, werden Bitmaps zwangsläufig linear gespeichert, wobei die Reihenfolge von links nach rechts und von oben nach unten geht. Wenn Sie für das in Abbildung 14.1 gezeigte Bitmap mit

```
p = malloc(54) ;
```

54 Bytes Speicher belegen – also davon ausgehen, dass jedes Pixel dieses Bitmaps ein Byte belegt –, dann hat das Pixel (0,0) die Adresse *p*, das Pixel (1,0) die Adresse (*p*+1), das Pixel (0,1) die Adresse (*p*+9) und das Pixel in der rechten unteren Ecke die Adresse (*p*+53).

Unerfreulicherweise gibt es einige kräftige Abweichungen von dieser Regel: DIBs speichern ihre Zeilen verkehrt herum, weshalb das Pixel (0,0) dort im gegebenen Beispiel die Adresse *p*+(5*9) hat (und *p* direkt auf das Pixel (0,5) zeigt); bei monochromen Bitmaps mit einem Bit pro Pixel stimmt zwar die Reihenfolge der Zeilen – dafür ist das erste Pixel aber nicht etwa mit dem Bit 0 des ersten Bytes gleichzusetzen, sondern mit dem Bit 7. Auf beide Ausnahmefälle komme ich noch ausführlich zu sprechen.

Farbtiefe

Dieser Terminus steht für die Anzahl der *Bits pro Pixel* und damit für das zweite Kriterium bei der Ermittlung des Speicherplatzbedarfs. Alle Pixel eines Bitmaps haben dieselbe Farbtiefe.

Bitmaps mit einem Bit pro Pixel werden als monochrom oder zweifarbig bezeichnet, weil hier nur zwischen zwei Zuständen (gesetzt / nicht gesetzt) unterschieden werden kann. Üblicherweise steht der Pixelwert 0 (Bit zurückgesetzt) für die Farbe Schwarz, der Pixelwert 1 (Bit gesetzt) für die Farbe Weiß – was aber keine unveränderliche Vorgabe darstellt.

Allgemein gilt natürlich die Formel, dass sich die Zahl der unterscheidbaren Farben über die Formel $2^{\text{Farbtiefe}}$ ergibt: Mit 2 Bits pro Pixel lassen sich 4, mit 4 Bits pro Pixel 16 Farben darstellen usw. Die üblichen (lies: von den Grafikkarten unterstützten) Farbtiefen sind 8 (256 Farben), 15 (32768 Farben), 16 (65536 Farben) und schließlich 24 (16,7 Millionen Farben). Der Zusammenhang zwischen einem bestimmten Pixelwert und der tatsächlich auf dem Bildschirm erscheinenden Farbe ist nicht einmal im »Echtfarbmodus« (TrueColor) mit 24 Bit pro Pixel absolut eindeutig – weshalb diese Frage einen bei der Arbeit mit Bitmaps ständig begleitet und nicht selten zu Zornausbrüchen treibt.

Die übliche Abkürzung für Bits pro Pixel ist »bpp«. Alternativ ließe sich die Farbtiefe auch über die Anzahl der darstellbaren Farben angeben, was sich aufgrund doch recht unterschiedlichen Zahlenwerte aber als unpraktisch erwiesen hat: Angaben wie 1, 4, 8, 16 oder 24 bpp sind nun einmal wesentlich handlicher als Zahlenwerte wie 16777216.

Etwas Geschichte

Auch wenn sich Bitmaps über ihre Farbtiefe charakterisieren lassen, sagt dieser Wert noch nichts darüber aus, wie eine Grafikkarte die einzelnen Bits tatsächlich anordnet. Da man sich den Desktop ohne jede Einschränkung als ein einziges, entsprechend großes Bitmap vorstellen kann (und es auch in der Windows-Version 1.0 schon so etwas ähnliches wie einen Desktop gab), ist die Geschichte der Bitmap-Speicherformate von Windows recht eng mit der Weiterentwicklung der Grafik-Hardware verbunden – und die hat bekanntlich eine recht bewegte Vergangenheit.

Bei Erscheinen der Windows-Version 1.0 gab es eigentlich nur zwei weitverbreitete Grafikkarten: Den IBM Color Graphics Adapter (CGA) mit vier Farben, der für Windows im Monochrom-Modus betrieben werden mußte, und die Hercules Graphics Card (HGC), die von vornherein nur mit Schwarzweißbildern umgehen konnte. Aus dieser Zeit stammen konsequent die Monochrom-Bitmaps, die auch in den heutigen Windows-Versionen noch ihren festen Platz haben, weil sie unter anderem das Maskieren von Bildausschnitten ermöglichen. Ein Anwendungsbeispiel dafür ist der Mauszeiger, ein anderes finden Sie in einem der hinteren Abschnitte dieses Kapitels.

Nachdem IBM den Enhanced Graphics Adapter (EGA) vorgestellt hatte, wurden immerhin schon 16 Farben unter Windows möglich. Diese Grafikkarte reservierte im Farbmodus für jedes Pixel 4 Bits (und unterstützte bereits eine Farbpalette mit 64 Einträgen, aus der sich zu jedem Zeitpunkt 16 auswählen ließen – nur haben die damaligen Versionen von Windows dieses Feature glatt übergangen). Diese von Windows verwendeten 16 Farben stellten Varianten der vier Grundfarben des IBM Color Graphics Adapters dar und gelten heute als Minimalstandard für das Hochfahren eines Systems. Das höchstwertige Bit (Bit 3) entschied hier über die Helligkeit der jeweiligen Farbe und wurde als »Intensitätsbit« bezeichnet, weshalb sich für die erreichbaren Farbkombinationen das Kürzel IRGB (»Intensity RGB«) eingebürgert hat. Tabelle 14.1 listet die Bitmuster und die dazugehörigen »echten« RGB-Werte auf.

IRGB	RGB-Wert	Farbe
0000	00-00-00	Schwarz
0001	00-00-80	Dunkelblau
0010	00-80-00	Dunkelgrün
0011	00-80-80	dunkles Türkis
0100	80-00-00	Dunkelrot
0101	80-00-80	dunkles Magenta
0110	80-80-00	dunkles Gelb
0111	C0-C0-C0	Hellgrau
1000	80-80-80	Dunkelgrau
1001	00-00-FF	Blau ▶

IRGB	RGB-Wert	Farbe
1010	00-FF-00	Grün
1011	00-FF-FF	Türkis
1100	FF-00-00	Rot
1101	FF-00-FF	Magenta
1110	FF-FF-00	Gelb
1111	FF-FF-FF	Weiß

Tabelle 14.1: *Bits und RGB-Farben des Enhanced Graphic Adapters*

Für IRGB war natürlich auch ein neues Bitmap-Format notwendig, das sich auch heute noch verschiedentlich in Windows findet – für Icons stellt es beispielsweise nach wie vor den Standard dar. Da es den Entwicklern von IBM um das maximal technisch Machbare ging, ist der Bildspeicher von EGA-Karten auf recht eigenartige Weise organisiert: Anstatt jeweils zwei benachbarte Pixel in einem Byte unterzubringen, sieht er für jedes der vier Farbbits eine eigene »Farbebene« vor. (Der technische Hintergrund: RAMs für den Bildspeicher mit der für lineare Zugriffe notwendigen Geschwindigkeit wären damals unbezahlbar gewesen. Eine EGA-Karte hatte deshalb vier voneinander getrennte Speicherbausteine, die parallel und byteweise ausgelesen wurden: Jeder dieser Zugriffe ergab die Farbbits für acht nebeneinander liegende Pixel auf einmal – und dafür waren die Bausteine schnell genug.)

Natürlich riecht ein solches Farbformat nicht nur verdächtig nach einer höchst geräteabhängigen Spezialität von Windows, sondern ist es auch – weshalb man sich als Windows-ProgrammiererIn nach Möglichkeit um die direkte Beschäftigung damit herumdrückt. Tatsächlich werden Sie die einzelnen Bits in der Praxis auch nur höchst selten persönlich zu Gesicht bekommen – aber es gibt natürlich einige Funktionen (wie *GetDeviceCaps* oder *CreateBitmap*), in denen diese Eigenart zumindest in den Parametern durchscheint.

Windows 98 und Windows NT geben sich allerdings nicht mehr mit einer EGA zufrieden, sondern setzen als Minimum ihr Nachfolgemodell VGA voraus. Dieser von IBM im Jahre 1987 zusammen mit der (mittlerweile wieder verschwundenen) PS/2-Computerfamilie eingeführte Grafikstandard erlaubte im Betrieb mit 16 Farben (und demselben Format wie der EGA) immerhin schon 640 x 480 Pixel. (Tatsächlich kam bereits das VGA-Urmodell mit 256 Farben zurecht, mußte aufgrund der Bildspeichergröße von 64 KByte dafür aber auf 320 x 240 Pixel zurückgeschaltet werden – und das ist für Windows nun wirklich etwas zu grob.)

Vor allem die Hersteller in Fernost haben dafür gesorgt, dass die Grenzen des von IBM geschaffenen Standards schnell in Vergessenheit gerieten: Sie erweiterten den Bildspeicher von 64 auf 256 KByte und sorgten so dafür, dass sich auch 640 x 480 Pixel mit 256 Farben darstellen ließen. Ob man diese Bildschirmgröße bereits als Super-VGA (»SVGA«) bezeichnet oder dieses Attribut erst der nächsten unvermeidlichen Erweiterung auf 800 x 600 Pixel mit 256 Farben zukommen läßt, ist aus heutiger Sicht nicht mehr so ganz zu klären. Wesentlich ist, dass 256 Farben auf diese Weise zum Standard für folgende Windows-Generationen wurden.

Bei 256 Farben (und 8 Bit pro Pixel) ist der Zusammenhang zwischen Pixelwert und dargestellter Farbe nicht mehr unveränderlich festgelegt, weil die Grafikkarten die Pixelwerte hier als Index in eine *Farbpalette* benutzen, die ihrerseits die »endgültigen« RGB-Werte enthält. Weil den damit verbundenen Komplikationen das komplette Kapitel 16 gewidmet ist, beschränke ich mich im Moment auf das Allernotwendigste: Windows-Anwendungen haben keinen direkten Zugriff auf die einzelnen Einträge dieser (Hardware-)Farbpalette, sondern müssen ihre Wünsche beim Paletten-Manager von Windows anmelden. Dieser Manager reserviert 20 der insgesamt 256 Einträge für die Farben des Systems (siehe Tabelle 14.2) und übernimmt die Rolle des Schiedsrichters, wenn sich mehrere Anwendungen um die restlichen 236 Einträge streiten. (Grob vereinfacht sieht das Prinzip hier so aus, dass die im Vordergrund laufende Anwendung ihre Wünsche zuerst anmelden, d.h. den größten Teil der 236 Farben für ihre eigenen Zwecke belegen darf. Die restlichen Anwendungen kommen der Reihe nach zum Zuge und müssen sich unter Umständen mit dem bescheiden, was übrigbleibt.)

Pixelwert	RGB-Farbe	Farbe
00000000 (0)	00-00-00	Schwarz
00000001 (1)	80-00-00	Dunkelrot
00000010 (2)	00-80-00	Dunkelgrün
00000011 (3)	80 80-00	dunkles Gelb
00000100 (4)	00-00-80	Dunkelblau
00000101 (5)	80-00-80	dunkles Magenta
00000110 (6)	00-80-80	dunkles Türkis
00000111 (7)	C0-C0-C0	Hellgrau
00001000 (8)	C0-DC-C0	Dollargrün
00001001 (9)	A6-CA-F0	Himmelblau
11110110 (246)	FF-FB-F0	Creme
11110111 (247)	A0-A0-A4	Mittelgrau
11111000 (248)	80-80-80	Dunkelgrau
11111001 (249)	FF-00-00	Rot
11111010 (250)	00-FF-00	Grün
11111011 (251)	FF-FF-00	Gelb
11111100 (252)	00-00-FF	Blau
11111101 (253)	FF-00-FF	Magenta
11111110 (254)	00-FF-FF	Türkis
11111111 (255)	FF-FF-FF	Weiß

Tabelle 14.2: *Die zwanzig Standardfarben von Windows*

Grafikkarten, die 16, 24 oder 32 Bit pro Pixel verwenden und deshalb ohne Farbpaletten auskommen, haben sich in den letzten Jahren immer weiter verbreitet. Bei 16 Bit pro Pixel (»HiColor«) sind zwei verschiedene Spielarten im Umlauf: Entweder bleibt das höchstwertige Bit unbenutzt, die restlichen fünfzehn Bit werden gleichmäßig auf Rot, Grün und Blau verteilt (»RGB 555«), was insgesamt 32768 unterschiedliche Farbtöne möglich macht, oder das Bit 15 wird der Grünkomponente zugeschlagen, auf die das menschliche Auge am empfindlichsten reagiert (»RGB 565«), was dann auf 65536 mögliche Abstufungen hinausläuft. (Hersteller, die Benutzern überhaupt keinen technischen Sachverstand zutrauen, lassen hier in »Eigenschaften von Anzeige« anstelle von 32768 oder 65536 gerne mal »Tausende von Farben« erscheinen.)

Im TrueColor-Modus (»Millionen von Farben«) belegt jedes Pixel schließlich drei Bytes (jeweils 8 Bit für Rot, Grün und Blau), was insgesamt 16,7 Millionen darstellbare Farben ergibt. TrueColor dürfte der Standard der kommenden Jahre werden bzw. bleiben, weil diese Zahl der Farbabstufungen schon recht nahe an die Auflösungsgrenze des menschlichen Auges herankommt. Die verschiedentlich anzutreffenden TrueColor-Modi mit 32 Bit pro Pixel haben keine höhere Farbtiefe, sondern lassen das vierte Byte schlicht leer. Der (bis dato) einzige Zweck dieser Erweiterung liegt darin, die zur Adressierung notwendigen Berechnungen zu vereinfachen (Schiebebefehle anstelle von Multiplikation) und Zugriffe der Hardware zu beschleunigen (die ihrerseits mit Paketen à 32, 64 oder gar 128 Bit arbeitet).

Über die Funktion *GetDeviceCaps* (die sich auch im Beispielprogramm DEVCAPS des Kapitels 5 findet) läßt sich unter anderem Organisation des Bildspeichers ermitteln: Beim Aufruf mit den Indexwerten BITSPIXEL und PLANES liefert sie die Anzahl der Bits pro Pixel bzw. die Anzahl der Farbebenen (die nur bei 16-Farb-Bitmaps einen anderen Wert als 1 hat). Auch wenn es wohl kaum noch zu erwarten steht, dass Sie bei der Abfrage des Bildspeichers »2 Farben« zurückbekommen: Eine ordentlich geschriebene Anwendung sollte auch auf dieses Ergebnis vernünftig reagieren – und sei es mit einem höflichen Hinweis auf den eventuell fälligen Rückzug.

BITSPIXEL	PLANES	Farbzahl
1	1	2
1	4	16
8	1	256
15 oder 16	1	32 768 bzw. 65 536
24 oder 32	1	16 777 216

Tabelle 14.3: *Mögliche Ergebnisse von* GetDeviceCaps

Farbtiefe und Größe legen zwar den Speicherplatzbedarf eines Bitmaps fest, sagen aber nichts (oder nur wenig) darüber aus, wie die Hardware einer Grafikkarte die einzelnen Bits tatsächlich anordnet. Tatsächlich ist die Geschichte der Bitmaps und ihrer diversen Formate untrennbar mit den verschiedenen Versionen von Windows verbunden, die ihrerseits von den Möglichkeiten der Hardware zum jeweiligen Erscheinungszeitpunkt bestimmt wurde.

Unterstützung durch die GDI

Die Windows-Versionen 1.0 und 2.0 kennen Bitmaps lediglich in Form von GDI-Objekten, die wie üblich über einen Handle adressiert werden. Derartige Bitmaps sind entweder monochrom oder an das Format des jeweiligen Ausgabegerätes gebunden: Ein für eine VGA-Karte erstelltes Bitmap ist beispielsweise in vier separaten Farbebenen organisiert – und bleibt es auch: sein Transfer zu einem Ausgabegerät mit unterschiedlicher Speicherstruktur (wie etwa einer VGA, die mit 8 Bit pro Pixel und 256 Farben arbeitet) ist eine ausgesprochen schwierige Angelegenheit.

Mit der Windows-Version 3.0 hat Microsoft der Tatsache Rechnung getragen, dass Video-Adapter größerer Pixelzahl und Farbtiefe allenthalben auf dem Vormarsch waren: Dort wurde nicht nur der Paletten-Manager eingeführt (siehe Kapitel 16), sondern auch ein zusätzliches Bitmap-Format definiert, dessen Schwerpunkt auf der Unabhängigkeit vom jeweiligen Ausgabegerät liegt. (Wie zu Beginn dieses Kapitels ausgeführt, geht es dabei nicht um die Auflösung und Skalierbarkeit, sondern ausschließlich um die Umrechnung zwischen verschiedenen Farbtiefen und Speicherformaten.)

Geräteunabhängige Bitmaps (DIBs) lassen sich im Gegensatz zu den Bitmaps der älteren Windows-Versionen auf beliebigen Raster-Ausgabegeräten darstellen, wobei das einzige Problem die eventuell notwendige Umrechnung von Echtfarben auf die Farbskala bleibt, die dem jeweiligen

Gerät zur Verfügung steht. (Auf einem älteren Laserdrucker kann man das leider nur allzu gut demonstrieren: Wer dort ein Bitmap mit 256 Farben ausgibt, bekommt meist irgendwelche Schwarzweißmuster, die das ursprüngliche Bild bestenfalls erahnen lassen).

Um aktuellen Anforderungen gerecht zu werden, wurde das DIB-Format mit Windows 95 (und Windows NT 4.0) ein erstes, mit Windows 98 und Windows NT 5.0 ein zweites Mal erweitert. Bei diesen Erweiterungen geht es primär um die Farbkonsistenz zwischen verschiedenen Ausgabegeräten: Ein Farb-Management (das in Kapitel 15 kurz angerissen wird) soll dafür sorgen, dass eine auf dem Bildschirm dargestellte Farbe nicht nur auf Farb-Laserdruckern und Tintenstrahlern verschiedener Bauart, sondern auch im Offsetdruck mit exakt demselben Farbton erscheint.

Da die Umrechnung von Speicherorganisationen und Farbwerten einerseits mit hohem Aufwand verbunden ist, andererseits aber den einzigen Weg zur verlustfreien Datenübergabe darstellt, sind DIBs für Kopien in die Zwischenablage und die Speicherung von Grafiken als Dateien ein Muß. Operationen mit *temporären* Bitmaps innerhalb eines Programms können aber auch unter Windows 98 nach wie vor mit dem gerätcabhängigen Format der Version 1.0 geschehen. Nicht zuletzt deshalb vollziehe ich die Entwicklung chronologisch nach, fange also mit dem Urformat an.

Bit-Blocktransfers

Ich hatte schon einmal kurz erwähnt, dass man sich den Desktop ohne Einschränkung als ein entsprechend großes Bitmap vorstellen kann, das seinerseits im Bildspeicher der Grafikkarte steht. Das Speicherformat dieses Bitmaps ist zwangsläufig gerätespezifisch (lies: so, wie es der Hersteller der jeweiligen Grafikkarte eben haben will). Da sich jeder rechteckige Ausschnitt des Desktops – mithin nicht nur jedes sichtbare Fenster, sondern auch jeder Ausschnitt innerhalb eines solchen Fensters – wiederum als Bitmap betrachten läßt, besteht die einfachste Operation im Zusammenhang mit Bitmaps wohl daraus, einen rechteckigen Ausschnitt von einem Bereich des Bildspeichers in einen anderen zu kopieren.

Die dafür verwendete Funktion hört auf den Namen *BitBlt*, wobei das Kürzel »Blt« als »blit« ausgesprochen wird und für »Bit-Blocktransfer« steht. Der Name hat übrigens eine etwas längere Geschichte: Bei DECs PDP-10 – der Traummaschine für mittlere Unternehmen und Forschungsstätten in den 70er-Jahren – war der Assembler-Befehl BLT für das Kopieren von Speicherbereichen zuständig. Das Wort »BitBlt« wurde im Palo Alto Research Center (PARC) bei der Entwicklung der Programmiersprache Smalltalk erfunden und hat sich im Grafikbereich bei Programmierern bis heute gehalten. Die Verbform »blitten« ist auch im Deutschen recht weit verbreitet, wird aber wohl nie den Weg in den Duden finden (lies: gehört zum Jargon und hat in Handbüchern nichts zu suchen, weshalb auch die folgenden Abschnitte bei »zeichnen« bleiben.)

BitBlt ist also ein Pixelkopierer – oder (um noch einen Moment beim Jargon zu bleiben) eher ein Raster Blaster: Wie die folgenden Abschnitte demonstrieren, ist das Wörtchen »Transfer« nämlich eine arge Untertreibung. Erstens arbeitet diese Funktion wirklich mit allem, was die Hardware hergibt, und zweitens ist sie nicht auf das stumpfsinnige Umherschieben von Bits beschränkt: Ihr Hauptzweck liegt darin, die Daten zweier Bitmaps oder zweier Ausschnitte miteinander über bitweise logische Operationen zu kombinieren.

Ein einfaches Beispiel

Das in Abbildung 14.2 aufgelistete Programm BITBLT demonstriert eine erste, einfache Anwendungsmöglichkeit der gleichnamigen Funktion: Es kopiert das Icon des Systemmenüs aus seiner Titelleiste in den Anwendungsbereich.

BITBLT.C

```
/*------------------------------------
   BITBLT.C - Demonstration von BitBlt
              (c) Charles Petzold, 1998
  ------------------------------------*/

#include <windows.h>

LRESULT CALLBACK WndProc (HWND, UINT, WPARAM, LPARAM) ;

int WINAPI WinMain (HINSTANCE hInstance, HINSTANCE hPrevInstance,
                    PSTR szCmdLine, int iCmdShow)
{
     static TCHAR szAppName [] = TEXT ("BitBlt") ;
     HWND         hwnd ;
     MSG          msg ;
     WNDCLASS     wndclass ;

     wndclass.style         = CS_HREDRAW | CS_VREDRAW ;
     wndclass.lpfnWndProc   = WndProc ;
     wndclass.cbClsExtra    = 0 ;
     wndclass.cbWndExtra    = 0 ;
     wndclass.hInstance     = hInstance ;
     wndclass.hIcon         = LoadIcon (NULL, IDI_INFORMATION) ;
     wndclass.hCursor       = LoadCursor (NULL, IDC_ARROW) ;
     wndclass.hbrBackground = (HBRUSH) GetStockObject (WHITE_BRUSH) ;
     wndclass.lpszMenuName  = NULL ;
     wndclass.lpszClassName = szAppName ;

     if (!RegisterClass (&wndclass))
     {    // UNICODE-Compilierung ist die einzige realistische Fehlermöglichkeit
          MessageBox (NULL, TEXT ("Programm arbeitet mit Unicode und setzt Windows NT voraus!"),
                      szAppName, MB_ICONERROR) ;
          return 0 ;
     }

     hwnd = CreateWindow (szAppName, TEXT ("BitBlt-Demo"),
                          WS_OVERLAPPEDWINDOW,
                          CW_USEDEFAULT, CW_USEDEFAULT,
                          CW_USEDEFAULT, CW_USEDEFAULT,
                          NULL, NULL, hInstance, NULL) ;

     ShowWindow (hwnd, iCmdShow) ;
     UpdateWindow (hwnd) ;

     while (GetMessage (&msg, NULL, 0, 0))
     {
          TranslateMessage (&msg) ;
          DispatchMessage (&msg) ;
     }
     return msg.wParam ;
}

LRESULT CALLBACK WndProc (HWND hwnd, UINT message, WPARAM wParam, LPARAM lParam)
{
     static int  cxClient, cyClient, cxSource, cySource ;
```

```
     HDC         hdcClient, hdcWindow ;
     int         x, y ;
     PAINTSTRUCT ps ;

     switch (message)
     {
     case WM_CREATE:
          cxSource = GetSystemMetrics (SM_CXSIZEFRAME) + GetSystemMetrics (SM_CXSIZE) ;
          cySource = GetSystemMetrics (SM_CYSIZEFRAME) +  GetSystemMetrics (SM_CYCAPTION) ;
          return 0 ;

     case WM_SIZE:
          cxClient = LOWORD (lParam) ;
          cyClient = HIWORD (lParam) ;
          return 0 ;

     case WM_PAINT:
          hdcClient = BeginPaint (hwnd, &ps) ;
          hdcWindow = GetWindowDC (hwnd) ;

          for (y = 0 ; y < cyClient ; y += cySource)
            for (x = 0 ; x < cxClient ; x += cxSource)
            {
                 BitBlt (hdcClient, x, y, cxSource, cySource, hdcWindow, 0, 0, SRCCOPY) ;
            }

          ReleaseDC (hwnd, hdcWindow) ;
          EndPaint (hwnd, &ps) ;
          return 0 ;

     case WM_DESTROY:
          PostQuitMessage (0) ;
          return 0 ;
     }
     return DefWindowProc (hwnd, message, wParam, lParam) ;
}
```

Abbildung 14.2: *Das Programm* BITBLT

Warum gleich wieder aufhören, wenn es doch so schön funktioniert? Tatsächlich kopiert BITBLT sein Icon nicht nur einmal in seinen Anwendungsbereich, sondern füllt ihn gleich komplett. (Wie Abbildung 14.3 zeigt, habe ich diesem Prögrammchen kein eigenes Icon spendiert, sondern einfach das Standard-Icon (IDI_INFORMATION) für Meldungsfenster hergenommen.)

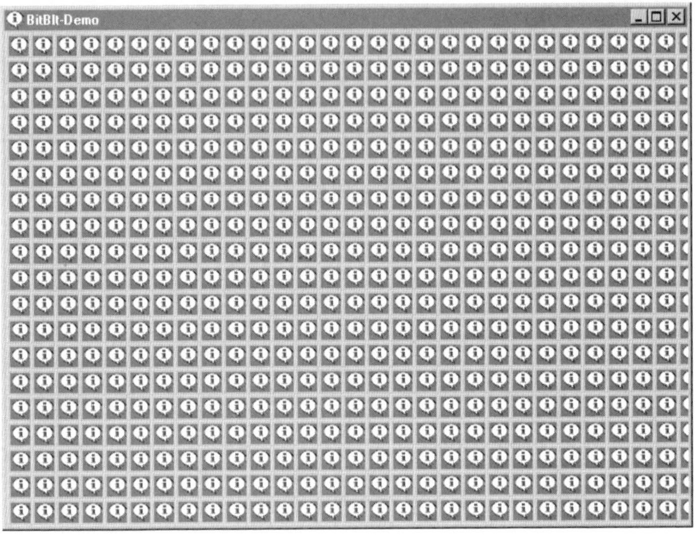

Abbildung 14.3: *Die Ausgaben von* BITBLT

BitBlt überträgt die Pixel eines rechteckigen Bereichs aus einem Gerätekontext (dem Quell-Kontext – im Beispielprogramm: *hdcWindow*) in einen rechteckigen Bereich derselben Größe in einen Ziel-Gerätekontext (im Beispiel: *hdcClient*). Die vollständige Syntax dieser Funktion:

```
BitBlt (hdcDst, xDst, yDst, cx, cy, hdcSrc, xSrc, ySrc, dwROP) ;
```

Das Programm BITBLT beschafft sich den Quell-Kontext (*hdcSrc*) zu Beginn des für WM_PAINT zuständigen *case*-Zweigs über *GetWindowDC*, fordert also einen Gerätekontext an, der sich auf das gesamte Fenster bezieht (und kommt so an das Icon in der Titelleiste heran). Der Ziel-Kontext ist dagegen der reguläre Anwendungsbereich. Offensichtlich beziehen sich beide Kontexte auf dasselbe Gerät (nämlich den Bildschirm), haben aber jeweils einen eigenen Ursprung: Für *hdcWindow* ist der Punkt (0,0) die linke obere Ecke der Titelleiste, für *hdcClient* die linke obere Ecke des Anwendungsbereichs. (Tatsächlich interessiert sich *BitBlt* nur wenig für die Verwandtschaft der beiden Kontexte. Diese Funktion läßt sich ohne weiteres auch dann verwenden, wenn Ziel- und Quell-Kontext identisch sind.)

Die Parameter *xSrc* und *ySrc* legen die linke obere Ecke des zu kopierenden Bereichs innerhalb des Quell-Kontexts fest. BITBLT übergibt hier zweimal den Wert 0, mithin die linke obere Ecke des Fensters selbst. *cx* und *cy* stehen für die Breite bzw. Höhe des zu kopierenden Bereichs in Pixeln und werden vom Programm (bei WM_CREATE) mit der Größe des Icons gesetzt.

xDst und *yDst* geben die linke obere Ecke des Zielbereichs an. BITBLT läßt diese Werte spalten- und zeilenweise durchlaufen, um so seinen gesamten Anwendungsbereich zu füllen:

```
for (y = 0 ; y < cyClient ; y += cySource)
  for (x = 0 ; x < cxClient ; x += cxSource)
   {
     BitBlt (hdcClient, x, y, cxSource, cySource, hdcWindow, 0, 0, SRCCOPY) ;
   }
```

Der letzte Parameter von *BitBlt* (im Programm: SRCCOPY) legt schließlich die Art der Verknüpfung zwischen Ziel- und Quellgebiet fest. Das Kürzel SRCCOPY steht für »source copy« – also eine einfache Kopie des Quellgebiets –, zu den anderen möglichen Werten komme ich in Kürze.

In der aufgelisteten Version kopiert das Programm BITBLT übrigens wirklich von einem Teilbereich des Bildschirms in einen anderen (und nicht von irgendeinem Bitmap oder Icon auf den Bildschirm). Zeigen läßt sich das, indem Sie das Fenster ein Stückchen über den linken Bildschirmrand hinausschieben und über eine Größenveränderung ein Neuzeichnen erzwingen: Die Kopien sind dann mehr oder weniger unvollständig, weil es für einen auf den Bildschirm bezogenen Kontext jenseits des Bildschirms (also X-Koordinaten kleiner 0) nichts mehr zu holen gibt.

Dass *BitBlt* auch mit identischen Ziel- und Quell-Kontexten bestens zurechtkommt – mithin auch Bereiche innerhalb ein und desselben Bitmaps kopieren kann – läßt sich über eine Modifikation des Beispielprogramms beweisen:

```
// Kopie des Icons aus der Titelleiste in die linke obere Ecke des Anwendungsbereichs
BitBlt (hdcClient, 0, 0, cxSource, cySource, hdcWindow, 0, 0, SRCCOPY) ;

// Einsatz von (0,0) des Anwendungsbereichs als Quelle
for (y = 0 ; y < cyClient ; y += cySource)
  for (x = 0 ; x < cxClient ; x += cxSource)
  {
    if (x > 0 || y > 0)
        BitBlt (hdcClient, x, y, cxSource, cySource, hdcClient, 0, 0, SRCCOPY) ;
  }
```

Wenn Sie nicht gerade die linke obere Ecke des Anwendungsbereichs von BITBLT mit einem anderen Fenster verdecken, sollte diese Variante exakt dasselbe Verhalten zeigen wie das Original.

BitBlt hat zwei Grenzen: Zum einen gibt diese Funktion dem Quellbereich implizit dieselbe Größe wie dem Zielbereich, führt also keine Skalierungen aus, zum anderen müssen Ziel- und Quell-Kontext miteinander »kompatibel« sein. Die zweite Forderung läuft darauf hinaus, dass Sie mit *BitBlt* zwar ohne weiteres ein Monochrom-Bitmap auf einen Farbbildschirm zeichnen können – der Versuch, einen Bildschirmauszug nach der Methode »BitBlt vom Bildspeicher in einen Drucker-Kontext« zu erstellen, ist dagegen zum Scheitern verurteilt.

StretchBlt: Bitmaps auf der Streckbank

Die Funktion *StretchBlt* beseitigt die erste Grenze von *BitBlt*: Sie erwartet zwei weitere Parameter, über die sich Breite und Höhe des Quellgebiets unabhängig von der Größe des Zielgebiets festlegen lassen. Die Syntax:

```
StretchBlt (hdcDst, xDst, yDst, cxDst, cyDst,
            hdcSrc, xSrc, ySrc, cxSrc, cySrc, dwROP) ;
```

Die Wirkung demonstriert das Programm STRETCH, das wiederum seinen Anwendungsbereich mit einem Icon füllt – diesmal aber mit einem einzigen Aufruf.

STRETCH.C

```
/*--------------------------------------
   STRETCH.C - StretchBlt-Demonstration
            (c) Charles Petzold, 1998
  --------------------------------------*/

#include <windows.h>

LRESULT CALLBACK WndProc (HWND, UINT, WPARAM, LPARAM) ;

int WINAPI WinMain (HINSTANCE hInstance, HINSTANCE hPrevInstance,
                    PSTR szCmdLine, int iCmdShow)
{
     static TCHAR szAppName [] = TEXT ("Stretch") ;
     HWND         hwnd ;
     MSG          msg ;
     WNDCLASS     wndclass ;

     wndclass.style         = CS_HREDRAW | CS_VREDRAW ;
     wndclass.lpfnWndProc   = WndProc ;
     wndclass.cbClsExtra    = 0 ;
     wndclass.cbWndExtra    = 0 ;
     wndclass.hInstance     = hInstance ;
     wndclass.hIcon         = LoadIcon (NULL, IDI_INFORMATION) ;
     wndclass.hCursor       = LoadCursor (NULL, IDC_ARROW) ;
     wndclass.hbrBackground = (HBRUSH) GetStockObject (WHITE_BRUSH) ;
     wndclass.lpszMenuName  = NULL ;
     wndclass.lpszClassName = szAppName ;

     if (!RegisterClass (&wndclass))
     {    // UNICODE-Compilierung ist die einzige realistische Fehlermöglichkeit
          MessageBox (NULL, TEXT ("Programm arbeitet mit Unicode und setzt Windows NT voraus!"),
                      szAppName, MB_ICONERROR) ;
          return 0 ;
     }

     hwnd = CreateWindow (szAppName, TEXT ("StretchBlt-Demo"),
                          WS_OVERLAPPEDWINDOW,
                          CW_USEDEFAULT, CW_USEDEFAULT,
                          CW_USEDEFAULT, CW_USEDEFAULT,
                          NULL, NULL, hInstance, NULL) ;

     ShowWindow (hwnd, iCmdShow) ;
     UpdateWindow (hwnd) ;

     while (GetMessage (&msg, NULL, 0, 0))
     {
          TranslateMessage (&msg) ;
          DispatchMessage (&msg) ;
     }
     return msg.wParam ;
}

LRESULT CALLBACK WndProc (HWND hwnd, UINT message, WPARAM wParam, LPARAM lParam)
{
     static int  cxClient, cyClient, cxSource, cySource ;
```

```
     HDC         hdcClient, hdcWindow ;
     PAINTSTRUCT ps ;

     switch (message)
     {
     case WM_CREATE:
          cxSource = GetSystemMetrics (SM_CXSIZEFRAME) + GetSystemMetrics (SM_CXSIZE) ;
          cySource = GetSystemMetrics (SM_CYSIZEFRAME) +  GetSystemMetrics (SM_CYCAPTION) ;
          return 0 ;

     case WM_SIZE:
          cxClient = LOWORD (lParam) ;
          cyClient = HIWORD (lParam) ;
          return 0 ;

     case WM_PAINT:
          hdcClient = BeginPaint (hwnd, &ps) ;
          hdcWindow = GetWindowDC (hwnd) ;

          StretchBlt (hdcClient, 0, 0, cxClient, cyClient,
                      hdcWindow, 0, 0, cxSource, cySource, SRCCOPY) ;

          ReleaseDC (hwnd, hdcWindow) ;
          EndPaint (hwnd, &ps) ;
          return 0 ;

     case WM_DESTROY:
          PostQuitMessage (0) ;
          return 0 ;
     }
     return DefWindowProc (hwnd, message, wParam, lParam) ;
}
```

Abbildung 14.4: *Das Programm* STRETCH

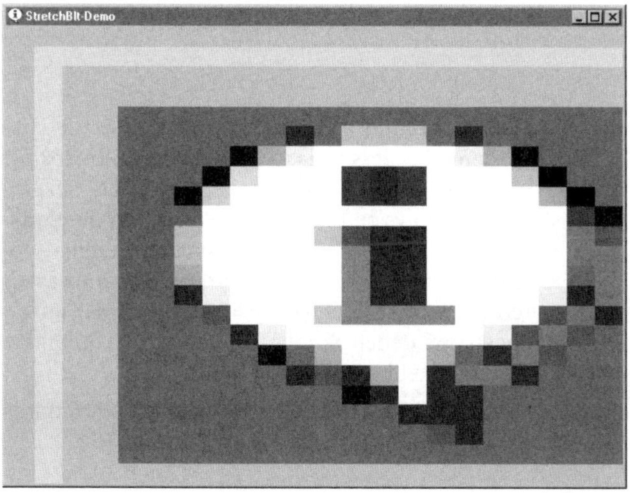

Abbildung 14.5: *Die Ausgaben von* STRETCH

BitBlt, *StretchBlt* (und eine dritte Funktion namens *PatBlt*, zu der ich gleich komme) arbeiten mit logischen Koordinaten, rechnen die übergebenen Ziel- und Quell-Koordinaten also in das Koordinatensystem um, das im jeweiligen Gerätekontext gesetzt ist. Dieses bei Grafikfunktionen der GDI eigentlich selbstverständliche Feature ist allerdings zumindest bei *BitBlt* nicht so ganz unproblematisch, weil die Größenangabe (*cx* und *cy*) dort ja sowohl für das Ziel- als auch für das Quellgebiet gilt. Wie interpretiert *BitBlt* diese beiden Werte, wenn die beiden Gerätekontexte mit verschiedenen Koordinatensystemen arbeiten? Die Windows-Entwickler haben sich hier mit einem recht geradlinigen, aber nicht unbedingt durchsichtigen Kunstgriff aus der Klemme geholfen: *BitBlt* führt die (in jedem Fall notwendige) Umrechnung von logischen in Gerätekoordinaten – also Pixel – in einem ersten Schritt für jeden der beiden Kontexte separat aus. Wenn sich bei dieser Umrechnung dieselbe Größe für Ziel- und Quellgebiet ergibt (was bei identischen Koordinatensystemen automatisch der Fall ist), dann übernimmt *BitBlt* die Operation selbst. Wenn nicht, wird der Job dagegen automatisch an *StretchBlt* weitergereicht. (In umgekehrter Richtung kommt dieselbe Logik zum Zuge: Wenn *StretchBlt* identische Größen für Ziel- und Quellgebiet ermittelt, übernimmt *BitBlt* den Job.)

Mit *StretchBlt* lassen sich Bilder übrigens auch horizontal und/oder vertikal spiegeln. Wenn sich nach der Umrechnung in Gerätekoordinaten dort unterschiedliche Vorzeichen für *cxSrc* und *cxDst* ergeben, wird der Ausschnitt an der Vertikalachse (also von links nach rechts) gespiegelt, bei unterschiedlichen Vorzeichen für *cySrc* und *cyDst* steht die Kopie hinterher auf dem Kopf. Ausprobieren können Sie das, indem Sie in STRETCH für *xDst* und *yDst* vor *cxClient* bzw. *cyClient* ein Minuszeichen setzen:

```
StretchBlt (hdcClient, 0, 0, -cxClient, -cyClient,
            hdcWindow, 0, 0, cxSource, cySource, SRCCOPY) ;
```

Unter Windows 95 und Windows 98 hat *StretchBlt* allerdings Grenzen: Bei Skalierungsfaktoren jenseits von Gut und Böse – etwa einer Vergrößerung auf das 100fache – spielt die Funktion nicht mehr mit. Wenn Sie Ihren Desktop auf 1024x768 eingestellt haben und das Fenster von STRETCH auf volle Bildschirmgröße bringen, bleibt es schlicht weiß. (Unter Windows NT ist dieses in der Praxis wohl eher zu vernachlässigende Problem kuriert. Dort tut *StretchBlt* auch bei 1000facher Vergrößerung noch seinen Dienst.)

Skalierung

Wenn Sie ein wenig mit STRETCH experimentiert haben und nicht gerade über eine echte Höllenmaschine verfügen (exakter: eine Grafikkarte, deren Prozessor das Skalieren von Bitmaps per Hardware übernimmt), dürfte Ihnen als erstes aufgefallen sein, dass *StretchBlt* vor allem bei größeren Bitmaps nicht gerade das Schnellste ist, was Windows zu bieten hat. Dafür kann die Funktion selbst natürlich nichts – genauso wenig wie für ein zweites Problem, das nun einmal untrennbar mit Bitmaps verbunden sind: Vergrößerungen müssen über das Verdoppeln von Rasterzeilen bzw. Bit-Spalten erfolgen und produzieren deshalb nur bei ganzzahligen Faktoren unverzerrte Ergebnisse. Analoges gilt für Verkleinerungen, bei denen *StretchBlt* mehrere Spalten bzw. Zeilen zusammenfassen und dabei notwendigerweise Pixel hinauswerfen muß.

Auf welche Art und Weise der Hinauswurf von Pixeln bei Verkleinerungen geschieht, wird durch ein Attribut des Gerätekontexts festgelegt, das sich über den folgenden Aufruf setzen läßt:

```
SetStretchBltMode (hdc, iMode) ;
```

Für den Parameter *nMode* definiert WINGDI.H acht Konstanten – sie legen fest, auf welche Weise *StretchBlt* bei Verkleinerungen zwei oder mehr Pixel miteinander kombiniert:

- BLACKONWHITE (oder STRETCH_ANDSCANS) ist die Standardvorgabe von Windows: *StretchBlt* führt eine AND-Operation durch und erzeugt nur dann ein weißes Pixel, wenn sämtliche beteiligten Pixel weiß waren. In der Praxis kommt dabei ein Bild heraus, in dem schwarze Flächen dominieren.
- WHITEONBLACK (oder STRETCH_ORSCANS) ist sozusagen das Gegenteil von BLACKONWHITE und arbeitet mit OR: Wenn auch nur eines der beteiligten Pixel weiß war, ist das Ergebnis wiederum weiß. In auf diese Weise gestauchten Bildern überwiegen folglich Weißflächen.
- COLORONCOLOR (oder STRETCH_DELETESCANS) steht für den schlichten Hinauswurf einzelner Pixel ohne Berechnung von Kombinationen und war in den älteren Windows-Versionen bei farbigen Bitmaps meist die beste Wahl, weil AND- und OR-Kombinationen dort unter Umständen recht auffallende »Farbränder« in gestauchten Flächen hinterließen.
- HALFTONE (oder STRETCH_HALFTONE) stellt eine Erweiterung von Win32 gegenüber den 16-Bit-Versionen dar und ist das aufwendigste Verfahren, das bei farbigen Bitmaps aber auch die besten Ergebnisse erzielt: Die GDI berechnet hier für jedes Pixel einen durchschnittlichen Farbwert. Der Name rührt daher, dass bei 256farbigen Bitmaps hier eine Halbton-Palette zum Einsatz kommt. Eine Demonstration dieses Verfahrens finden Sie zusammen mit einer Reihe weiterer Details in Kapitel 16.

Mit der Funktion *GetStretchBltMode* läßt sich bei Bedarf auch nachträglich ermitteln, welcher der vier Modi für einen Gerätekontext gesetzt ist.

Raster-Operationen

Die Programme BITBLT und STRETCH verwenden nicht nur beide das Icon in der Titelleiste als Quelle, sondern haben auch noch eine weitere Gemeinsamkeit: *BitBlt* bzw. *StretchBlt* werden dort mit der Konstanten SRCCOPY aufgerufen und überschreiben deshalb das Zielgebiet der Kopie (hier: den Anwendungsbereich), ohne dessen vorherigen Inhalt in irgendeiner Weise in die Operation mit einzubeziehen. Auch wenn man SRCCOPY recht häufig in diesem Zusammenhang einsetzen wird, stellt diese Konstante lediglich eine von insgesamt 256 Möglichkeiten dar.

Anstatt Ihnen gleich eine umfangreiche Tabelle vorzusetzen, möchte ich Sie allerdings erst einmal ein wenig zum Experimentieren einladen. Ersetzen Sie in einem der beiden Programme einmal SRCCOPY durch NOTSRCCOPY. Wie der Name (»not source copy«) bereits vermuten läßt, werden die Bits des Quellbereichs nun beim Kopieren invertiert: Aus Schwarz wird Weiß, aus Blau wird Gelb usw. SRCINVERT hat denselben Effekt, und BLACKNESS erzeugt nichts weiter als eine schwarze Fläche. Als nächstes können Sie es in STRETCH mit den drei folgenden Anweisungen versuchen:

```
SelectObject (hdcClient, CreateHatchBrush (HS_DIAGCROSS, RGB (0, 0, 0)));

StretchBlt (hdcClient, 0, 0, cxClient, cyClient,
            hdcWindow, 0, 0, cxSource, cySource, MERGECOPY) ;

DeleteObject (SelectObject (hdcClient, GetStockObject (WHITE_BRUSH))) ;
```

Nun wird das Icon mit einem Rautenmuster überlagert – und wer's nicht schon weiß, wird sich sicher die Frage stellen, was hier eigentlich vorgeht.

Wie zuvor schon einmal kurz erwähnt, beschränken sich *BitBlt* und *StretchBlt* nicht auf das schlichte Umschaufeln von Bits von einem Quell- in einen Zielbereich, sondern führen jeden Blocktransfer als bitweise logische Verknüpfung aus. An einer solchen Verknüpfung können bis zu drei Objekte beteiligt sein:

- *Quellbereich*: Die Bits dieses Bereichs werden bei Bedarf so umskaliert (gestreckt oder gestaucht), dass sie exakt in den Zielbereich hineinpassen
- *Zielbereich*: Die Bits dieses Bereichs lassen sich bei Bedarf *vor* dem letztendlichen Überschreiben logisch mit dem Quellbereich und dem Füllmuster kombinieren.
- *Füllmuster:* Das in den Ziel-Gerätekontext eingesetzte Füllmuster stellt die dritte Quelle für logische Verknüpfungen dar. Es wird (wie beim Füllen eines Fensterhintergrundes) regelmäßig horizontal und vertikal im Zielbereich wiederholt.

Das dahinterstehende Konzept ist übrigens dasselbe wie bei den in Kapitel 5 besprochenen Zeichenmodi: Sie legen fest, in welcher Weise ein Grafikobjekt (wie eine Linie) mit dem existierenden Hintergrund verknüpft wird. Wie Sie sich vielleicht erinnern, gibt es insgesamt 16 verschiedene Arten, die 0- und 1-Bits eines Objekts mit den 0- und 1-Bits eines Zielbereichs zu kombinieren (AND, OR, XOR, NOT, NOT AND etc.). Da bei *BitBlt* und *StretchBlt* nicht zwei, sondern drei Objekte (Quelle, Ziel und Füllmuster) beteiligt sind, erhöht sich die Zahl der möglichen Verknüpfungen hier auf 16 * 16 = 256.

WINGDI.H gibt allerdings nur fünfzehn dieser 256 möglichen Kombinationen Namen – und selbst die sind teilweise reichlich undurchsichtig. Die restlichen Codes müssen als numerische Werte eingesetzt werden (wenn Sie dafür nicht selbst Konstanten definieren); dokumentiert sind sie im Abschnitt */Platform SDK/Graphics and Multimedia Services/GDI/Raster Operation Codes/Ternary Raster Operations* des Win32-SDK. (Die Bezeichnung »ternär« soll übrigens darauf hinweisen, dass es hier um die Verknüpfung dreier Objekte geht. Konsequent werden die 16 Raster-Operationscodes zur Verknüpfung zweier Objekte auch verschiedentlich als »binäre ROPs« bezeichnet.)

Muster (M): Quelle (Q): Ziel (Z):	1 1 1	1 1 0	1 0 1	1 0 0	0 1 1	0 1 0	0 0 1	0 0 0	Logik (C-Code)	ROP- Code	Name aus WINGDI.H
Ergebnis:	0	0	0	0	0	0	0	0	0	0x000042	BLACKNESS
	0	0	0	1	0	0	0	1	~ (Q | Z)	0x1100A6	NOTSRCERASE
	0	0	1	1	0	0	1	1	~ Q	0x330008	NOTSRCCOPY
	0	1	0	0	0	1	0	0	Q & ~ Z	0x440328	SRCERASE
	0	1	0	1	0	1	0	1	~ Z	0x550009	DSTINVERT
	0	1	0	1	1	0	1	0	M ^ Z	0x5A0049	PATINVERT
	0	1	1	0	0	1	1	0	Q ^ Z	0x660046	SRCINVERT
	1	0	0	0	1	0	0	0	Q & Z	0x8800C6	SRCAND
	1	0	1	1	1	0	1	1	~ Q | Z	0xBB0226	MERGEPAINT
	1	1	0	0	0	0	0	0	M & Q	0xC000CA	MERGECOPY
	1	1	0	0	1	1	0	0	Q	0xCC0020	SRCCOPY
	1	1	1	0	1	1	1	0	Q | Z	0xEE0086	SRCPAINT ▶

									Logik (C-Code)	ROP-Code	Name aus WINGDI.H
Muster (M):	1	1	1	1	0	0	0	0			
Quelle (Q):	1	1	0	0	1	1	0	0			
Ziel (Z):	1	0	1	0	1	0	1	0			
	1	1	1	1	0	0	0	0	M	0xF00021	PATCOPY
	1	1	1	1	1	0	1	1	M | ~ Q | Z	0xFB0A09	PATPAINT
	1	1	1	1	1	1	1	1	1	0xFF0062	WHITENESS

Tabelle 14.4: *Konstanten für ternäre ROPs*

Wenn Sie sich mit dieser Tabelle etwas näher auseinandersetzen wollen, gehen Sie am besten erst einmal von zwei Monochrom-Bitmaps aus, bei denen »0« für Schwarz und »1« für Weiß steht. BLACKNESS und WHITENESS sind dann schnell abgehakt: Das Ergebnis ist ein Bitmap, in dem sämtliche Bits gelöscht bzw. gesetzt sind. Für PATCOPY gilt Ähnliches: Wie die Tabelle über ein schlichtes »M« verdeutlichen will, werden hier die Bits des Quell- und des Zielbereichs komplett ignoriert. Anders gesagt: PATCOPY füllt den Zielbereich mit dem in den Ziel-Gerätekontext eingesetzten Muster.

Bei PATPAINT wird es dann etwas komplizierter: Dort findet ein bitweises OR zwischen der invertierten Quelle (~Q), dem Füllmuster (M) und dem Originalinhalt des Zielbereichs (Z) statt. Auf Monochrom-Bitmaps angewendet: Wenn der Quellbereich schwarz ist (0), dann kommt im Zielbereich grundsätzlich Weiß (1) heraus. Ist der Quellbereich weiß (1), dann kommt diese Farbe im Zielbereich nur an, wenn das Füllmuster weiß ist oder der Zielbereich bereits weiß war.

Bei farbigen Bitmaps hängt es davon ab, ob sie über eine Palette indiziert sind oder nicht, weil *BitBlt* und *StretchBlt* in beiden Fällen ebenfalls mit bitweisen Kombinationen der Pixeldaten arbeiten. Die zwanzig Standardfarben von Windows sind in der Palette so angeordnet, dass ein ROP-Code wie SRCPAINT aus einem blauen und einem roten Bitmap tatsächlich die Farbe Magenta erzeugt. (Für selbstdefinierte Paletteneinträge wird ein solcher Zusammenhang nur selten gegeben sein, weshalb man sich dort bei logischen Verknüpfungen meist auf das Maskieren beschränkt. Mehr dazu in einem der hinteren Abschnitte dieses Kapitels.)

Die numerischen Werte der einzelnen ROP-Codes zerfallen in zwei Teile: Wie sich mit etwas Nachrechnerei herausbekommen läßt, entsprechen die in Tabelle 14.4 als »Ergebnis« aufgeführten Bitkombinationen dem höherwertigen Wort des ROP-Codes: Eine Operation wie PATPAINT erzeugt aus den drei »Bitquellen« 11110000, 11001100 und 10101010 das Ergebnis 1111011 (0xFB). Dahinter steht natürlich Absicht: Da die ROP-Codes im Win32-SDK ebenfalls über ihr höherwertiges Wort sortiert sind, kann man über das gewünschte Ergebnis einer Bitmanipulation den dazugehörigen ROP-Code ermitteln. (Das niederwertige Byte eines ROP-Codes stellt eine codierte Anweisung an den Treiber dar, wie mit den drei Datenquellen zu verfahren ist. Natürlich steckt auch hinter diesem Bitmuster ein System, das sogar dokumentiert ist. Ob man sich damit wirklich im Detail auseinandersetzen will oder gar muß, ist allerdings eine andere Frage.)

Die Funktion PatBlt

PatBlt (»pattern block transfer«) ist die dritte und einfachste der Funktionen zum blockweisen Transfer von Bits. Sie unterscheidet sich von *BitBlt* bzw. *StretchBlt* vor allem dadurch, dass es dabei nur um einen einzigen Gerätekontext geht. Die allgemeine Syntax von *PatBlt* ist:

```
PatBlt (hdc, x, y, cx, cy, dwROP) ;
```

Die Parameter *x*, *y*, *cx* und *cy* stehen hier für logische Koordinaten: (*x*, *y*) legt die linke obere Ecke des Zielrechtecks fest, *cx* und *cy* seine Breite bzw. Höhe. Welche Verknüpfung *PatBlt* mit diesem Zielrechteck und dem (dazu ständig wiederholten) Füllmuster ausführt, wird über den Parameter *dwROP* festgelegt. Da *PatBlt* nur mit zwei anstelle von drei Datenquellen arbeitet (nämlich dem Füllmuster und dem Zielgebiet), haben bei dieser Funktion nur 16 der 256 ROP-Codes einen Sinn. Diese 16 Codes sind in Tabelle 14.5 zusammengefaßt.

Muster(M): Ziel(Z):	1 1	1 0	0 1	0 0	Operation (C-Code)	ROP- Code	Name aus WINGDI.H
Ergebnis:	0	0	0	0	0	0x000042	BLACKNESS
	0	0	0	1	~ (M | Z)	0x0500A9	
	0	0	1	0	~ M & Z	0x0A0329	
	0	0	1	1	~ M	0x0F0001	
	0	1	0	0	M & ~ Z	0x500325	
	0	1	0	1	~ Z	0x550009	DSTINVERT
	0	1	1	0	M ^ Z	0x5A0049	PATINVERT
	0	1	1	1	~ (M & Z)	0x5F00E9	
	1	0	0	0	M & Z	0xA000C9	
	1	0	0	1	~ (M ^ Z)	0xA50065	
	1	0	1	0	Z	0xAA0029	
	1	0	1	1	~ M | Z	0xAF0229	
	1	1	0	0	M	0xF00021	PATCOPY
	1	1	0	1	M | ~ Z	0xF50225	
	1	1	1	0	M | Z	0xFA0089	
	1	1	1	1	1	0xFF0062	WHITENESS

Tabelle 14.5: *ROP-Codes für PatBlt*

Auch in einem monochromen Kontext sind natürlich »Mischfarben« möglich, d.h. Graustufen, die Windows über verschiedene Folgen von weißen und schwarzen Pixeln erzeugt. Da *PatBlt* wie *BitBlt* und *StretchBlt* jeweils Bit für Bit (bzw. Pixel für Pixel) arbeitet, können die Ergebnisse in diesen Fällen mitunter recht merkwürdig sein: Wenn Sie beispielsweise einen Bereich mit einem fünfzigprozentigen Grauraster (GRAY_BRUSH) gefüllt und GRAY_BRUSH auch als aktuelles Muster in den Kontext eingesetzt haben, dann ist das Ergebnis von

```
PatBlt (hdc, x, y, cx, cy, PATINVERT) ;
```

entweder eine durchgehend weiße oder eine durchgehend schwarze Fläche – je nachdem, ob sich das Bitmuster der Fläche mit dem des Füllmusters exakt deckt oder um ein Bit verschoben ist.

Um Ihnen weitere Verwirrung zu ersparen, habe ich im folgenden einige der häufiger benutzten Anwendungsmöglichkeiten von *PatBlt* aufgelistet. Das Zeichnen eines schwarzen Rechtecks geschieht mit

```
PatBlt (hdc, x, y, cx, cy, BLACKNESS) ;
```

Das Zeichnen eines weißen Rechtecks ist ebenfalls unabhängig vom momentan eingesetzten Füllmuster:

```
PatBlt (hdc, x, y, cx, cy, WHITENESS) ;
```

Der Aufruf

```
PatBlt (hdc, x, y, cx, cy, DSTINVERT) ;
```

invertiert die Farben innerhalb des Rechtecks, d.h. macht aus Weiß Schwarz und umgekehrt; aus Grün wird dabei Magenta. Wenn das Füllmuster WHITE_BRUSH in den Kontext eingesetzt ist, hat der folgende Aufruf denselben Effekt:

```
PatBlt (hdc, x, y, cx, cy, PATINVERT) ;
```

Ein Aufruf zum Füllen eines Rechtecks mit einem bestimmten Muster über *FillRect* – also

```
FillRect (hdc, &rect, hBrush) ;
```

– läßt sich über die folgenden Schritte und *PatBlt* ersetzen:

```
hBrush = SelectObject (hdc, hBrush) ;
PatBlt (hdc, rect.left, rect.top, rect.right - rect.left, rect.bottom - rect.top, PATCOPY) ;
SelectObject (hdc, hBrush) ;
```

Tatsächlich handelt es sich dabei nicht um einen Ersatz, sondern die von *FillRect* benutzten Schritte (die dort natürlich effizienter als in einem C-Programm codiert sind). Ähnliches gilt für eine Reihe anderer Funktionen von Windows. Beispielsweise entspricht *InvertRect* beim Aufruf in der Form

```
InvertRect (hdc, &rect) ;
```

letztendlich dem folgenden Code:

```
PatBlt (hdc, rect.left, rect.top, rect.right - rect.left, rect.bottom - rect.top, DSTINVERT) ;
```

Koordinaten-Angaben, die zweite

Bei der Besprechung von *PatBlt* hatte ich gesagt, dass der Punkt (x, y) die linke obere Ecke eines Rechtecks festlegt, dessen Breite und Höhe über *cx* bzw. *cy* in logischen Einheiten angegeben wird – und damit eigentlich nur eine Aussage des Win32-SDK wiederholt. Ganz korrekt ist diese Behauptung allerdings nicht – weshalb ich an dieser Stelle erst einmal mit einem gewissen Durcheinander in puncto »Blt-Funktionen und Koordinaten« aufräumen muß.

BitBlt, *PatBlt* und *StretchBlt* sind die einzigen GDI-Funktionen, die Rechtecke über eine logische Breite bzw. Höhe angeben, die sich auf einen einzigen Punkt bezieht. Alle anderen Routinen von Windows verwenden anstelle dieser beiden Angaben ein zweites Koordinatenpaar für die untere rechte Ecke, d.h. berechnen Breite und Höhe selbst.

Für das Koordinatensystem MM_TEXT ist die Beschreibung des Win32-SDK korrekt, für die metrischen Modi dagegen nicht: Wenn Sie positive Werte für *cx* und *cy* verwenden, dann stellt der Punkt (*x*, *y*) in diesen Modi nicht die obere, sondern die untere linke Ecke des Rechtecks dar. Wer in diesen Modi nach wie vor mit einer linken oberen Ecke arbeiten will, muß folglich eine negative Höhenangabe benutzen.

Etwas formaler: Das von *PatBlt* als Zielgebiet benutzte Rechteck hat eine logische Breite bzw. Höhe, die durch die *absoluten* Werte von *cx* bzw. *cy* festgelegt werden, und ist durch zwei Eckpunkte definiert, deren Koordinaten sich aus (*x*, *y*) sowie (*x* + *cx*, *y* + *cy*) ergeben. Die obere linke Ecke ist dabei Teil des Bereichs, den *PatBlt* verändert, die untere rechte Ecke stellt sozusagen eine äußere Begrenzungslinie dar, d.h. liegt außerhalb des zu bearbeitenden Rechtecks.

Unerfreulicherweise hängt es vom Koordinatensystem und den Vorzeichen der Parameter *cx* bzw. *cy* ab, welcher der beiden Punkte die Rolle der linken oberen Ecke spielt. Insgesamt gibt es hier vier Möglichkeiten:

```
(x, y)             // MM_TEXT, +cy
(x, y + cy)        // metrische Modi, +cy
(x + cx, y)        // MM_TEXT, -cx
(x + cx, y + cy)   // MM_TEXT, -cx, -cy oder metrische Modi, -cx, +cy
```

Konsequent läßt sich auch in einem einzigen Koordinatensystem ein und dasselbe Rechteck auf mehrere Arten definieren. Wenn Sie beispielsweise MM_LOENGLISH verwenden und mit *PatBlt* ein Quadrat mit der Kantenlänge von einem (logischen) Zoll in der oberen linken Ecke des Anwendungsbereichs einfärben wollen, stehen Ihnen die folgenden Möglichkeiten zur Verfügung:

```
PatBlt (hdc, 0, 0, 100, -100, dwROP) ;
PatBlt (hdc, 0, -100, 100, 100, dwROP) ;
PatBlt (hdc, 100, 0, -100, -100, dwROP) ;
PatBlt (hdc, 100, -100, -100, 100, dwROP) ;
```

Der einfachste Ausweg aus diesem Durcheinander ist wohl, *x* und *y* grundsätzlich als obere linke Ecke zu betrachten. Wenn das verwendete Koordinatensystem aufsteigende Werte von *y* als Bewegung nach oben betrachtet (wie es alle metrischen Systeme tun), muß man in diesem Fall für *cy* negative Werte benutzen. Falls Ihr Koordinatensystem aufsteigende Werte von *x* als Bewegung nach links definiert (was allerdings recht seltsam wäre), dann werden auch für *cx* negative Werte gebraucht.

Bitmaps als GDI-Objekte

Wie am Anfang dieses Kapitels erläutert, kennt Windows seit der Version 1.0 ein GDI-Objekt, das zunächst einmal schlicht »Bitmap« hieß. Nachdem die Entwickler mit Windows 3.0 eine zweite Variante einführten, wurde eine Unterscheidung notwendig, die das Urmodell zum »geräteabhängigen Bitmap« degradierte. (Obwohl Autor und Übersetzer trotz allem Respekt vor dem deutschen und anderen Wäldern keine Fans der Abküsu sind, wird im weiteren für geräteabhängige Bitmaps die Kurzform DDB (»device-dependent bitmap«) verwendet: Zwischen DIB und DDB kann man auch beim schnellen Lesen gut unterscheiden, zwischen geräteabhängig und geräteunabhängig nicht.)

Die Tatsache, dass es ab der Windows-Version 3.0 nicht um ein, sondern eben gleich um zwei Bitmap-Formate geht, hat nicht nur bei Neueinsteigern in den letzten Jahren für ein gerüttelt Maß an Verwirrung gesorgt: Die Frage, ob die beiden Spielarten etwas miteinander zu tun haben (und wenn ja, was), ist in der Dokumentation von Microsoft höchstens indirekt beantwortet, dasselbe gilt für die älteren Versionen dieses Buches. Mea culpa. Also: DIBs lassen sich in DDBs konvertieren und umgekehrt; diese Konvertierungen sind allerdings grundsätzlich mit einem gewissen Informationsverlust verbunden. Weitere Gemeinsamkeiten haben diese beiden Formate nicht: Sie lassen sich weder austauschen noch als direkt äquivalente Alternativen zur Darstellung visueller Daten bezeichnen. (Nicht zuletzt deshalb haben die Microsoft-Entwickler mit den im nächsten Kapitel besprochenen DIB Sections eine Art Zwitter geschaffen, der beide Formate wieder unter einen Hut bringt.)

Wären DIBs ein hundertprozentiger Ersatz für DDBs, ließe sich dieses Kapitel nun mit einer kurzen Retrospektive auf die Leiden des Programmierers abschließen. Leider ist dem nicht so: DDBs spielen nach wie vor eine wichtige Rolle in Windows – vor allem, wenn es um Performance geht.

Definition von Bitmaps in einem Programm

DDBs werden von der GDI (im Gegensatz zu DIBs) wie Schriften, Zeichenstifte usw. als »Objekte« behandelt, mithin intern gespeichert und von Programmen über einen Handle angesprochen, also eine Kennziffer mit einem für Programme numerisch bedeutungslosem Wert. Für DDB-Handles definiert WINGDI.H den Datentyp HBITMAP (hinter dem sich schlicht ein vorzeichenloser Integer mit 32 Bit versteckt):

```
HBITMAP hBitmap;  // ein Handle zu einem DDB
```

Bitmap-Handles sind wie logische Zeichenstifte, Schriften, Füllmuster usw. unabhängig von einem Gerätekontext, d.h. müssen bei Bedarf explizit über *SelectObject* in einen Kontext eingesetzt werden. Analog zu anderen GDI-Objekten ist die Freigabe eines solchen Handles spätestens beim Ende des Programms fällig:

```
DeleteObject(hBitmap);
```

Eine weitere und wesentliche Gemeinsamkeit mit anderen GDI-Objekten liegt darin, dass die GDI den für ein Bitmap belegten Speicher als Privatsache behandelt. An die einzelnen Pixel kommt ein Programm deshalb nicht direkt (über eine Zeigeradresse), nur über GDI-Funktionen heran.

Die Funktion *CreateBitmap* legt ein Bitmap-Objekt an (lies: belegt GDI-intern Speicher und führt einige Initialisierungen aus):

```
hBitmap = CreateBitmap (cx, cy, cPlanes, cBitsPixel, pBits) ;
```

Die ersten beiden Parameter legen die Breite und Höhe des Bitmaps in Pixeln fest, der dritte Parameter steht für die Anzahl der Farbebenen (und hat konstant den Wert 1, wenn es nicht gerade um eine EGA-Karte geht), der vierte bestimmt die Farbtiefe. Für den fünften und letzten Parameter können Sie entweder einen Zeiger auf ein (programmeigenes) Bit-Array übergeben, mit dem die GDI das neu angelegt Bitmap füllen soll, oder den Wert NULL. Im zweiten Fall bleibt das

Bitmap uninitialisiert (lies: die Pixel bekommen erst einmal die Werte, die in dem von der GDI belegten Speicherbereich zufällig stehen).

Da sich *CreateBitmap* auf das Anlegen eines »logischen« Objekts beschränkt, können Sie mit dieser Funktion Bitmaps in beliebigen Speicherformaten erzeugen. Falls Ihnen gerade der Sinn nach einem Bitmap mit 7 x 9 Pixeln, fünf Farbebenen und drei Bits pro Pixel stehen sollte: An einem Aufruf wie

```
hBitmap = CreateBitmap (7, 9, 5, 3, NULL) ;
```

findet die GDI nicht den geringsten Grund zur Beanstandung und liefert einen gültigen Bitmap-Handle zurück. Der Grund: *CreateBitmap* beschränkt sich im wesentlichen darauf, die vom Programm übergebenen Daten in eine GDI-interne Struktur einzusetzen und einen Bereich im Hauptspeicher zu belegen, der genügend Platz für die Bits bietet. (Im gegebenen Beispiel wären das wohl 7 * 9 * 5 * 3 = 945 Bit = 118 Bytes. Mit dem überschüssigen Rest könnte sich das System ein schönes Wochenende machen.)

Um wieder ein klein wenig ernster zu werden: Tatsächlich wird es etwas mehr, weil Windows bei DDBs die Pixelzeilen aus Effizienzgründen an Wortgrenzen ausrichtet – mithin dafür sorgt, dass pro Pixelzeile immer eine geradzahlige Bytemenge belegt wird. Die dafür verwendete Formel:

```
// Aufrunden auf das nächste ganzzahlige Vielfache von 16
iWidthBytes = 2 * ((cx * cBitsPixel + 15) / 16) ;
```

Oder, etwas C-typischer:

```
iWidthBytes = (cx * cBitsPixel + 15) & ~15) >> 3 ;
```

Für unser Beispiel ergibt sich die Größe des GDI-intern für die Bits belegten Speicherblocks damit zu:

```
iBitmapBytes = cy * cPlanes * iWidthBytes ;  // 9 * 5 * 4 = 180 Bytes
```

Die Antwort auf die unvermeidliche Frage, was sich nun mit einem solchen Bitmap anfangen läßt, ist kurz: Nichts. Tatsächlich taugt dieses Bitmap nicht einmal als akademisches Beispiel: Der Aufruf von *CreateBitmap* hat die GDI dazu gebracht, die Parameter festzuhalten, einen Speicherbereich zu belegen und diesem Speicherbereich eine bestimmte logische Struktur zu geben – nur dass keine Grafikkarte der Welt mit dieser Struktur auch nur das Geringste anfangen kann.

Im richtigen Leben wird man *CreateBitmap* ausschließlich mit zwei Parametersätzen aufrufen:

- *cPlanes* = 1 und *cBitsPixel* = 1 für ein Monochrom-Bitmap
- *cPlanes* und *cBitsPixel* mit den Werten die zuvor für einen bestimmten Gerätekontext über *GetDeviceCaps* (Indexwerte PLANES und BITSPIXEL) ermittelt worden sind.

In der Praxis bleibt dann schließlich nur noch die erste Variante übrig, weil es für die zweite eine eigene Funktion gibt:

```
hBitmap = CreateCompatibleBitmap (hdc, cx, cy) ;
```

CreateCompatibleBitmap erzeugt ein zu dem als *hdc* übergebenen Gerätekontext »kompatibles« Bitmap – was nicht etwa heißen sollte, dass dieses Bitmap im weiteren in irgendeiner Weise mit dem Gerätekontext in Verbindung steht: Diese Funktion nimmt Ihnen lediglich die beiden Aufrufe von *GetDeviceCaps* ab und bemüht dann ihrerseits *CreateBitmap*. (In älteren Windows-Anwendungen findet man des öfteren noch eine Variante namens *CreateDiscardableBitmap*, die denselben Zweck erfüllt, die Bitmap-Daten für die Speicherverwaltung aber als »entfernbar« kennzeichnet. Die 32-Bit-Versionen von Windows ignorieren dieses zusätzliche Speicherattribut komplett.)

CreateBitmapIndirect arbeitet schließlich auf dieselbe Weise wie *CreateBitmap*, verwendet aber eine Variable des Typs BITMAP anstelle separater Parameter. Dieser Strukturtyp ist in WINGDI.H folgendermaßen definiert:

```
typedef struct _tagBITMAP
{
     LONG   bmType ;           // muß auf 0 gesetzt sein
     LONG   bmWidth ;          // Breite des Bitmaps in Pixeln
     LONG   bmHeight ;         // Höhe des Bitmaps in Pixeln
     LONG   bmWidthBytes ;     // Anzahl Bytes pro Rasterzeile (geradzahlig)
     WORD   bmPlanes ;         // Anzahl Farbebenen
     WORD   bmBitsPixel ;      // Anzahl (in einer Ebene aufeinanderfolgender) Bits pro Pixel
     LPVOID bmBits ;           // Zeiger auf ein Byte-Array mit Pixeldaten zur Initialisierung
}
BITMAP, * PBITMAP ;
```

Das Feld *bmWidthBytes* wird von *CreateBitmapIndirect* selbständig besetzt (weshalb man sich seine Berechnung im aufrufenden Programm sparen kann). Für das Feld *bmBits* gelten dieselben Bedingungen wie für den fünften Parameter von *CreateBitmap*. (Für *nachträgliche* Zugriffe auf die Pixeldaten eines Bitmaps ist dieser Zeigerwert in keinem Fall verwendbar, weil die GDI in jedem Fall intern Speicher belegt und gegebenenfalls die über *bmBits* adressierten Daten dort hinein kopiert.)

Wenn sich ein Bitmap nicht erstellen läßt (was üblicherweise auf fehlenden Platz im Hauptspeicher zurückzuführen ist), dann liefern alle vier Funktionen anstelle eines Handles das Ergebnis NULL. Für Objekte wie Füllmuster kann man sich einen entsprechenden Test wohl guten Gewissens sparen – beim Anlegen eines Bitmaps mit mehr als einigen zig KByte Platzbedarf dagegen nicht.

Direktzugriffe

Nachdem ein Bitmap einmal erstellt ist, lassen sich seine Größe, die Anzahl der Farbebenen und die Anzahl der Bits pro Pixel nur noch indirekt ändern – nämlich über eine Kopie in ein anderes Bitmap, dem man zuvor die gewünschten Eigenschaften gegeben hat. Eine Abfrage dieser Werte ist dagegen jederzeit über *GetObject* möglich:

```
GetObject (hBitmap, sizeof (BITMAP), &bitmap) ;
```

Dieser Aufruf kopiert die »Eckdaten« des Bitmaps in die als *bitmap* übergebene Variable, die den Typ BITMAP haben muß. Das Feld *bmBits* dieser Variablen wird von *GetObject* nicht gesetzt, weil für Direktzugriffe auf die Bits eines Bitmaps eine eigene Funktion namens *GetBitmapBits* existiert.

Oder, besser gesagt: In den 16-Bit-Versionen von Windows existierte. *GetBitmapBits* und sein Gegenstück *SetBitmapBits* setzen voraus, dass das aufrufende Programm die von einer Grafikkarte intern verwendete Anordnung der Daten bis auf das letzte Bit kennt. Bei den Anfang der 90er Jahre verwendeten »Grafik-Controllern« war das auch kein Problem, weil es dort gerade einmal zwei Speicherarchitekturen gab: Die »Farbebenen« der EGA und die lineare Speicheradressierung der VGA-Karten bzw. ihrer Nachfolger. Mit dem Erscheinen echter Grafik-Coprozessoren (»Windows-Beschleuniger«) änderte sich die Situation grundlegend: Eigentlich hätte man diesen Chips, die der CPU in puncto Komplexität inzwischen kaum noch nachstehen, auch eine auf ihr spezifisches Design hin optimierte Speicherarchitektur verpassen können – wenn da nicht *SetBitmapBits* und *GetBitmapBits* gewesen wären.

Nach der erfolgreichen Weigerung einiger Hersteller, ihre brandneuen Coprozessoren über ein »standardisiertes« Speicherlayout auszubremsen, war dann das Malheur passiert: In den zusammen mit Programmen und Grafikkarten ausgelieferten README-Dateien häuften sich gegenseitige Schuldzuweisungen á la »funktioniert nicht mit dem Programm xyz, weil dieses Programm...« bzw. »funktioniert nicht mit der Grafikkarte xyz, weil deren Hardware...«.

Kurz und schlecht: Auch wenn Microsofts Entwickler vor fast 15 Jahren mit gutem Gewissen davon ausgehen konnten, das es »dieses eine Mal« nicht schaden kann, gegen die heiligen Prinzipien von Windows zu verstoßen und Programmen eine Art direkten Zugriff auf die Hardware zu ermöglichen, hat sich das letztlich eben doch als Bumerang erster Klasse erwiesen. Aus diesem Grund sind *SetBitmapBits* und *GetBitmapBits* in den 32-Bit-Versionen von Windows verschwunden. (Jedenfalls fast. Offensichtlich muß es um diesen Punkt eine längere Diskussion gegeben haben, weil WINGDI32.DLL beide Funktionsnamen nach wie vor kennt und das Win32-SDK den Leser bei *GetBitmapBits* mit einem ausgesprochen deutlichen sowohl-als-auch-aber-doch-nicht erleuchtet. Tatsache ist, dass die Implementation dieser beiden Funktionen bei fast allen modernen Grafikkarten nur noch bei monochromen Bitmaps aus etwas anderem als einem *return 0* besteht.)

Wer in einem 32-Bit-Programm direkt mit Pixeldaten arbeiten will, kommt deshalb nicht an (den von der internen Speicherstruktur einer Grafikkarte unabhängigen) DIBs vorbei. Die mit Windows 3.0 eingeführten Funktionen *SetDIBits* und *GetDIBits* zum Lesen und Setzen von Pixeldaten sind auch in den 32-Bit-Versionen von Windows nach wie vor verfügbar – wenn man sie denn braucht: Wie im nächsten Kapitel demonstriert, sind Direktzugriffe über DIB Sections nicht nur wesentlich einfacher, sondern vor allem auch erheblich schneller.

Eine Eigenschaft haben DDBs allerdings, die sich auch nachträglich verändern läßt – nur ist sie kaum als Trostpflaster für Byte-Bastler geeignet: Mit *SetBitmapDimensionEx* können Sie einem Bitmap eine metrische Dimension (auf der Basis von MM_LOMETRIC, also mit der Einheit 0,1 Millimeter) verpassen; *GetBitmapDimensionEx* fragt diese Information wieder ab. An den Abmessungen eines Bitmaps ändert dieser Wert nicht das Geringste: Er wird von der GDI zusammen mit den anderen Eckwerten gespeichert – und das war's auch schon.

Speicherkontexte

Nachdem DDBs wie Schriften, Zeichenstifte, Füllmuster usw. ein »logisches GDI-Objekt« darstellen, gilt auch hier das Prinzip, dass man sie (mit *SelectObject*) erst einmal in einen Gerätekontext einsetzen muß, bevor sie sich verwenden lassen. Bei Kopien von einem Ausschnitt des Bildschirms in einen anderen stellt diese Forderung auch kein Problem dar – was aber, wenn Sie ein Bitmap sozusagen unsichtbar mit Daten füllen (und dem Benutzer lediglich das Endergebnis zur Besichtigung übergeben) wollen? An dieser Stelle kommen Speicher-Gerätekontexte (oder, kürzer: Speicherkontexte) ins Spiel: Sie beziehen sich nicht auf ein bestimmtes Gerät, sondern müssen lediglich zu dem Kontext des Gerätes »kompatibel« sein, über den ein solches Bitmap hinterher ausgegeben werden soll – und fristen ihr Dasein ausschließlich in den Tiefen des Hauptspeichers.

Wenn *hdc* für den Kontext eines »echten« Geräts steht, dann läßt sich ein zu diesem Gerät »kompatibler« Kontext so anlegen:

```
hdcMem = CreateCompatibleDC (hdc) ;
```

Für Speicherkontexte, die zum Bildschirm kompatibel sein sollen, geht das sogar noch etwas einfacher: In diesem Fall können Sie anstelle eines Handles schlicht den Wert 0 übergeben. (Für Drucker funktioniert das natürlich nicht: dort wird in jedem Fall ein »echter« Kontext gebraucht.)

Für Speicherkontexte gilt ansonsten exakt dasselbe wie für »echte« Kontexte: Sie repräsentieren eine Sammlung von Attributen, die GDI-intern Speicherplatz belegt und spätestens beim Programmende über *DeleteDC* wieder freigegeben werden muß. Andere GDI-Objekte wie Schriften, Füllmuster usw. lassen sich über *SelectObject* in einen solchen Kontext einsetzen und müssen vor der Freigabe des Kontexts (wiederum über *SelectObject*) wieder herausgenommen werden. Die bei »echten« Gerätekontexten übliche Regel, dass das Einsetzen und Herausnehmen innerhalb eines Aufrufs der Window-Prozedur stattzufinden hat, gilt hier allerdings nicht: Im Gegensatz zu einem Bildschirm- oder Drucker-Kontext stellt ein Speicherkontext keine gemeinsam genutzte Ressource dar, sondern ist Privatsache des jeweiligen Programms. Deshalb hält Sie niemand davon ab, bei WM_CREATE einen Speicherkontext anzulegen, irgendein GDI-Objekt dort einzusetzen und dieses Objekt erst bei WM_DESTROY wieder aus dem Kontext herauszunehmen.

Speicherkontexte haben wie ihre realen Geschwister eine Oberfläche, die in Spalten und Rasterzeilen unterteilt ist, mithin aus Pixeln besteht. Diese Oberfläche ist bei einem neu angelegten Speicherkontext allerdings nicht gerade großzügig bemessen: Sie hat eine Größe von 1 x 1 Pixeln und ist überdies monochrom. Da dieser Überfluß der praktischen Verwendung doch eher hinderlich ist, besteht der nächste Schritt aus einer Vergrößerung, die über das Einsetzen eines GDI-Bitmaps (also eines DDBs) in den Kontext geschieht:

```
SelectObject (hdcMem, hBitmap) ;
```

Dieser Aufruf von *SelectObject* zeichnet sich gleich durch vier Besonderheiten aus:

- Bitmaps lassen sich nur in Speicherkontexte einsetzen – mit »echten« Kontexten funktioniert das also nicht.
- Vorausgesetzt wird, dass das Bitmap entweder monochrom ist oder dieselbe Farbtiefe und dasselbe Speicherlayout hat wie das Gerät, zu dem der Speicherkontext »kompatibel« ist. (Diese Forderung stellt den Grund dafür dar, wieso DDBs mit 5 Farbebenen und 3 Bits pro Pixel in der Praxis unbrauchbar sind.)
- Das Win32-SDK besteht darauf, dass man das über *SelectObject* »herausgewechselte« GDI-Objekt zwischenspeichern und vor der Freigabe eines Kontexts wieder einsetzen muß – also:

```
hBitmapOld = SelectObject (hdcMem, hBitmap) ; // altes Objekt festhalten
```

[Operationen mit dem Speicherkontext]

```
SelectObject(hdcMem, hBitmapOld) ; // altes Objekt vor der Freigabe wieder einsetzen
DeleteDC (hdcMem) ; // Freigabe
```

Bei Bitmaps ist das unnötig, weil die GDI beim Anlegen von Speicherkontexten immer wieder dasselbe Standard-Bitmap (mit 1 x 1 Pixeln) verwendet und deshalb auch bei der Freigabe eines solchen Kontexts nicht versucht, das momentan eingesetzte Bitmap zu löschen. (Viele Programme definieren aus alter Gewohnheit trotzdem Variablen á la *hBitmapOld* und setzen sie vor der Freigabe eines Kontexts getreulich wieder ein. Schaden tut das nicht.)

Die vierte Besonderheit ist wohl die wichtigste: Ein auf diese Weise eingesetztes Bitmap wird zur Oberfläche des Speicherkontexts, auf der ein Programm dann nach Herzenslust in genau derselben Weise zeichnen kann, als ginge es um einen Bildschirm, der exakt dieselbe Größe wie ebendieses Bitmap hat. *MoveToEx* setzt in diesem Kontext also eine Zeichenposition, *LineTo* zeichnet eine Linie in das Bitmap hinein – und ein *BitBlt* aus diesem Gerätekontext auf den Bildschirm funktioniert genauso wie ein *BitBlt* von einem Bereich des Bildschirms in einen anderen (oder wieder in einen Speicherkontext). Beispiele dazu finden Sie in den folgenden Abschnitten.

Bitmap-Ressourcen

Neben Funktionen wie *CreateBitmap* und *CreateCompatibleBitmap* gibt es eine weitere Möglichkeit, über die ein Programm zu einem Bitmap-Handle kommt: Die Funktion *LoadBitmap*, bei der Sie sich überhaupt nicht mit Formaten auseinandersetzen müssen. Sie hat dieselbe Syntax wie *LoadIcon* und *LoadCursor*:

```
hBitmap = LoadBitmap (hInstance, szBitmapName) ;
```

Für die von Windows vordefinierten Bitmaps ist hier als erster Parameter der Wert NULL zu übergeben, als zweiter eine der in WINUSER.H definierten OBM_...-Konstanten. Auf diese Weise kommen Sie an die diversen kleinen Bitmaps heran, die Windows für Schließfelder, Häkchen usw. usf. benutzt.

Das Laden programmeigener Bitmaps setzt natürlich voraus, dass Sie ein entsprechendes Bitmap als Ressource angelegt haben (was in Developer Studio im Prinzip mit denselben Schritten wie bei Cursorformen und Icons geschieht). In diesem Fall ist als erster Parameter der »Kopiezähler« des Programms (*hInstance*) anzugeben, als zweiter Parameter kommt wie üblich entweder eine numerische ID zusammen mit MAKEINTRESOUCE oder ein Stringbezeichner zum Einsatz.

Wenn das Bitmap in den Ressourcen monochrom definiert wurde, liefert *LoadBitmap* einen Handle zu einem monochromen DDB zurück; in allen anderen Fällen bekommt das GDI-Objekt eine zum Bildschirm kompatible Farbtiefe und Speicherorganisation, kann also jederzeit in einen bildschirmkompatiblen Speicherkontext eingesetzt werden. (Welche Konvertierungen das System dabei eventuell vornimmt – darum geht es unter anderem im nächsten Kapitel.)

LoadBitmap stellt damit eine ähnlich bequeme Vollautomatik dar wie *LoadCursor* und *LoadIcon* – allerdings mit einem wesentlichen Unterschied: Da diese Funktion bei jedem Aufruf ein neues GDI-Objekt erzeugt (weil Ihr Programm sonst unter Umständen in den Standard-Bitmaps von Windows herummalen würde), müssen Sie *jeden* von *LoadBitmap* zurückgelieferten Handle explizit über *DeleteObject* wieder freigeben.

Das in Abbildung 14.7 aufgelistete Programm BRICKS1 demonstriert den Einsatz von *LoadBitmap* zusammen mit Zeichenoperationen über Speicherkontexte. Die dabei verwendete Bitmap-Ressource ist monochrom und sieht auf den ersten Blick nicht unbedingt nach einer Ziegelmauer aus – es sei denn, man wiederholt dieses Bildchen zeilen- und spaltenweise über den gesamten Anwendungsbereich.

BRICKS1.C

```
/*-------------------------------------------
   BRICKS1.C - LoadBitmap und Speicherkontexte
             (c) Charles Petzold, 1998
  -------------------------------------------*/

#include <windows.h>

LRESULT CALLBACK WndProc (HWND, UINT, WPARAM, LPARAM) ;

int WINAPI WinMain (HINSTANCE hInstance, HINSTANCE hPrevInstance,
                    PSTR szCmdLine, int iCmdShow)
{
     static TCHAR szAppName [] = TEXT ("Bricks1") ;
     HWND         hwnd ;
     MSG          msg ;
     WNDCLASS     wndclass ;

     wndclass.style         = CS_HREDRAW | CS_VREDRAW ;
     wndclass.lpfnWndProc   = WndProc ;
     wndclass.cbClsExtra    = 0 ;
     wndclass.cbWndExtra    = 0 ;
     wndclass.hInstance     = hInstance ;
     wndclass.hIcon         = LoadIcon (NULL, IDI_APPLICATION) ;
     wndclass.hCursor       = LoadCursor (NULL, IDC_ARROW) ;
     wndclass.hbrBackground = (HBRUSH) GetStockObject (WHITE_BRUSH) ;
     wndclass.lpszMenuName  = NULL ;
     wndclass.lpszClassName = szAppName ;

     if (!RegisterClass (&wndclass))
     {    // UNICODE-Compilierung ist die einzige realistische Fehlermöglichkeit
          MessageBox (NULL, TEXT ("Programm arbeitet mit Unicode und setzt Windows NT voraus!"),
                      szAppName, MB_ICONERROR) ;
          return 0 ;
     }

     hwnd = CreateWindow (szAppName, TEXT ("LoadBitmap und Speicherkontexte"),
                          WS_OVERLAPPEDWINDOW,
                          CW_USEDEFAULT, CW_USEDEFAULT,
                          CW_USEDEFAULT, CW_USEDEFAULT,
                          NULL, NULL, hInstance, NULL) ;

     ShowWindow (hwnd, iCmdShow) ;
     UpdateWindow (hwnd) ;

     while (GetMessage (&msg, NULL, 0, 0))
     {
          TranslateMessage (&msg) ;
          DispatchMessage (&msg) ;
     }
     return msg.wParam ;
}

LRESULT CALLBACK WndProc (HWND hwnd, UINT message, WPARAM wParam, LPARAM lParam)
{
     static HBITMAP hBitmap ;
```

```
     static int      cxClient, cyClient, cxSource, cySource ;
     BITMAP          bitmap ;
     HDC             hdc, hdcMem ;
     HINSTANCE       hInstance ;
     int             x, y ;
     PAINTSTRUCT     ps ;

     switch (message)
     {
     case WM_CREATE:
          hInstance = ((LPCREATESTRUCT) lParam)->hInstance ;

          hBitmap = LoadBitmap (hInstance, TEXT ("Bricks")) ;

          GetObject (hBitmap, sizeof (BITMAP), &bitmap) ;

          cxSource = bitmap.bmWidth ;
          cySource = bitmap.bmHeight ;

          return 0 ;

     case WM_SIZE:
          cxClient = LOWORD (lParam) ;
          cyClient = HIWORD (lParam) ;
          return 0 ;

     case WM_PAINT:
          hdc = BeginPaint (hwnd, &ps) ;

          hdcMem = CreateCompatibleDC (hdc) ;
          SelectObject (hdcMem, hBitmap) ;

          for (y = 0 ; y < cyClient ; y += cySource)
            for (x = 0 ; x < cxClient ; x += cxSource)
            {
               BitBlt (hdc, x, y, cxSource, cySource, hdcMem, 0, 0, SRCCOPY) ;
            }

          DeleteDC (hdcMem) ;
          EndPaint (hwnd, &ps) ;
          return 0 ;

     case WM_DESTROY:
          DeleteObject (hBitmap) ;
          PostQuitMessage (0) ;
          return 0 ;
     }
     return DefWindowProc (hwnd, message, wParam, lParam) ;
}
```

BRICKS1.RC (Auszüge)

```
//Microsoft Developer Studio generated resource script.

#include "resource.h"
#include "afxres.h"

/////////////////////////////////////////////////////////////////////////////
// Bitmap

BRICKS                  BITMAP  DISCARDABLE     "Bricks.bmp"
```

BRICKS.BMP

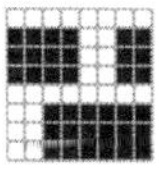

Abbildung 14.6: *Das Programm BRICKS1*

Beim Anlegen der Bitmap-Ressource in Developer Studio sollten Sie die Größe auf 8 x 8 Pixel festlegen, das monochrome Format verwenden und der Ressource den Stringbezeichner »Bricks« geben. (Unter welchem Namen Sie das Bitmap speichern, spielt keine Rolle.)

BRICKS1 lädt diese Ressource bei der Reaktion auf WM_CREATE und verwendet dann die bereits besprochene Funktion *GetObject*, um die Abmessungen des Bitmaps zu ermitteln – kommt also auch dann nicht durcheinander, wenn Sie eine andere Größe als 8 x 8 Pixel verwendet haben. Freigegeben wird das Bitmap erst bei WM_DESTROY.

Im für WM_PAINT zuständigen *case*-Zweig legt BRICKS1 einen bildschirmkompatiblen Speicherkontext an und setzt das Bitmap in diesen Kontext ein. Darauf folgt eine ähnliche Serie von *BitBlt*s wie im Programm BITBLT zum stückweisen Füllen des Anwendungsbereichs, bevor der Speicherkontext schließlich wieder freigegeben wird. Das Ergebnis dieser Zeichenoperationen zeigt Abbildung 14.7.

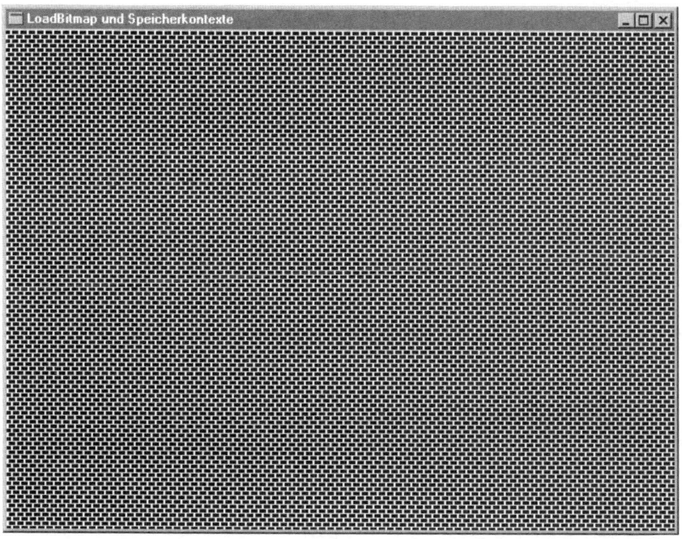

Abbildung 14.7: *Die Ausgaben von* BRICKS1

Ressourcen (und normale .BMP-Dateien) sind übrigens zwangsläufig DIBs – womit denn auch der praktische Beweis dafür erbracht wäre, dass sich ein DIB ohne weiteres in ein DDB konvertieren läßt. (Wer's nicht glaubt, möge ein zweites Bitmap mit Developer Studio als Ressource anlegen und diesmal eine *beliebige* Farbtiefe verwenden. Das Programm tut auch dann das von ihm Erwartete. Mehr dazu wie gesagt im nächsten Kapitel.)

Das monochrome Bitmap-Format

Bei kleineren monochromen Bitmaps kann man sich unter Umständen die Speicherung als Ressource sparen, weil ihr Innenleben (im Gegensatz zu dem farbiger Bitmaps) so einfach ist, dass es sich direkt von dem darzustellenden Bild ableiten läßt. Wenn man das darzustellende Bild auf Karopapier aufgezeichnet hat (oder ein existierendes Bild mit einem entsprechenden Raster hinterlegt), lassen sich die einzelnen Felder als Folge von »0« und »1« schreiben, wobei »0« für Schwarz und »1« für Weiß steht.

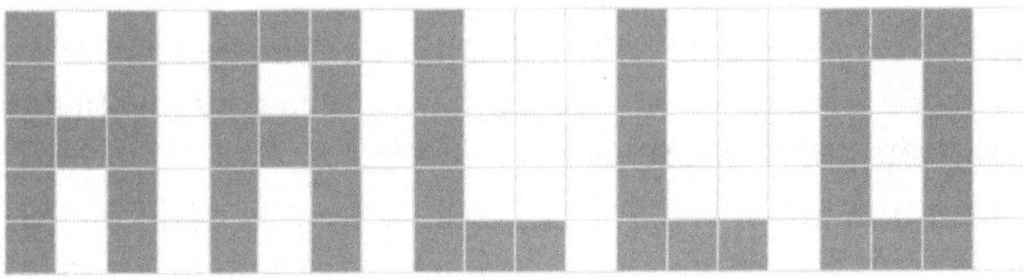

Abbildung 14.8: *Ein »aufgerastertes« Bild als Grundlage für ein Bitmap*

Die Orientierung bleibt dabei unverändert, d.h. geht von links nach rechts und von oben nach unten: Das höchstwertige Bit des ersten Bytes jeder Zeile stellt das »linkeste« Pixel des Bildes dar. Wenn die Anzahl der Bits innerhalb einer Zeile nicht ganzzahlig durch 16 teilbar sind, werden am Ende jeder Zeile (also »rechts«) Bits bzw. Bytes mit dem Wert 0 angefügt. Für den in Abbildung 14.8 wiedergegebenen Text ergibt sich auf diese Weise:

```
0 1 0 1 0 0 0 1 0 1 1 1 0 1 1 1 0 0 0 1 = 51 77 10 00
0 1 0 1 0 1 0 1 0 1 1 1 0 1 1 1 0 1 0 1 = 55 77 50 00
0 0 0 1 0 0 0 1 0 1 1 1 0 1 1 1 0 1 0 1 = 11 77 50 00
0 1 0 1 0 1 0 1 0 1 1 1 0 1 1 1 0 1 0 1 = 55 77 50 00
0 1 0 1 0 1 0 1 0 0 0 1 0 0 0 1 0 0 0 1 = 55 11 10 00
```

Da das Bild in horizontaler Richtung lediglich 20 Pixel enthält, wird jede Rasterzeile durch das Hinzufügen von 12 0-Bits von »2.5 Bytes« auf 4 Bytes aufgerundet. Insgesamt ergeben sich fünf Rasterzeilen.

Für dieses Bitmap ließe sich eine Variable des Typs BITMAP mit den folgenden Werten initialisieren:

```
 // 20 Pixel/Zeile, 5 Zeilen mit jeweils 4 Bytes, 1 Farbebene, 1 Bit pro Pixel
static BITMAP bitmap   = { 0, 20, 5, 4, 1, 1 } ;
```

Das Bitmuster selbst wird in einem Array gespeichert, dessen Elemente entweder den Typ *unsigned char* oder BYTE haben (was für den Compiler letztlich dasselbe bedeutet):

```
static BYTE  Bits [] = { 0x51, 0x77, 0x10, 0x00,
                         0x57, 0x77, 0x50, 0x00,
                         0x11, 0x77, 0x50, 0x00,
                         0x57, 0x77, 0x50, 0x00,
                         0x51, 0x11, 0x10, 0x00 } ;
```

Um mit diesen Definitionen ein von Windows verwendbares Bitmap zu erstellen, sind zwei Aufrufe notwendig:

```
bitmap.bmBits = (PSTR) Bits ;
hBitmap = CreateBitmapIndirect (&bitmap) ;
```

Die nächste Methode ist – wie auf Seite 633 in Länge und Breite erläutert – alles andere als empfehlenswert, bei monochromen Bitmaps aber auch in den 32-Bit-Versionen von Windows noch möglich:

```
hBitmap = CreateBitmapIndirect (&bitmap) ;
SetBitmapBits (hBitmap, sizeof bits, bits) ;
```

Die Alternative dazu umgeht Variablen des Typs BITMAP komplett und erzeugt das Bitmap mit einem einzigen Aufruf:

```
hBitmap = CreateBitmap (20, 5, 1, 1, Bits) ;
```

Mit diesem Verfahren arbeitet auch das in Abbildung 14.9 aufgelistete Programm BRICKS2, das konsequent ohne eigene Bitmap-Ressourcen auskommt.

BRICKS2.C

```
/*----------------------------------------------
   BRICKS2.C - Monochrom-Bitmaps über CreateBitmap
               (c) Charles Petzold, 1998
  ----------------------------------------------*/

#include <windows.h>

LRESULT CALLBACK WndProc (HWND, UINT, WPARAM, LPARAM) ;

int WINAPI WinMain (HINSTANCE hInstance, HINSTANCE hPrevInstance,
                    PSTR szCmdLine, int iCmdShow)
{
     static TCHAR szAppName [] = TEXT ("Bricks2") ;
     HWND         hwnd ;
     MSG          msg ;
     WNDCLASS     wndclass ;

     wndclass.style         = CS_HREDRAW | CS_VREDRAW ;
     wndclass.lpfnWndProc   = WndProc ;
     wndclass.cbClsExtra    = 0 ;
     wndclass.cbWndExtra    = 0 ;
     wndclass.hInstance     = hInstance ;
```

```
     wndclass.hIcon         = LoadIcon (NULL, IDI_APPLICATION) ;
     wndclass.hCursor       = LoadCursor (NULL, IDC_ARROW) ;
     wndclass.hbrBackground = (HBRUSH) GetStockObject (WHITE_BRUSH) ;
     wndclass.lpszMenuName  = NULL ;
     wndclass.lpszClassName = szAppName ;

     if (!RegisterClass (&wndclass))
     {    // UNICODE-Compilierung ist die einzige realistische Fehlermöglichkeit
          MessageBox (NULL, TEXT ("Programm arbeitet mit Unicode und setzt Windows NT voraus!"),
                      szAppName, MB_ICONERROR) ;
          return 0 ;
     }

     hwnd = CreateWindow (szAppName, TEXT ("Monochrom-Bitmaps über CreateBitmap"),
                          WS_OVERLAPPEDWINDOW,
                          CW_USEDEFAULT, CW_USEDEFAULT,
                          CW_USEDEFAULT, CW_USEDEFAULT,
                          NULL, NULL, hInstance, NULL) ;

     ShowWindow (hwnd, iCmdShow) ;
     UpdateWindow (hwnd) ;

     while (GetMessage (&msg, NULL, 0, 0))
     {
          TranslateMessage (&msg) ;
          DispatchMessage (&msg) ;
     }
     return msg.wParam ;
}

LRESULT CALLBACK WndProc (HWND hwnd, UINT message, WPARAM wParam, LPARAM lParam)
{
     static BITMAP  bitmap = { 0, 8, 8, 2, 1, 1 } ;
     static BYTE    bits [8][2] = { 0xFF, 0, 0x0C, 0, 0x0C, 0, 0x0C, 0,
                                    0xFF, 0, 0xC0, 0, 0xC0, 0, 0xC0, 0 } ;
     static HBITMAP hBitmap ;
     static int     cxClient, cyClient, cxSource, cySource ;
     HDC            hdc, hdcMem ;
     int            x, y ;
     PAINTSTRUCT    ps ;

     switch (message)
     {
     case WM_CREATE:
          bitmap.bmBits = bits ;
          hBitmap = CreateBitmapIndirect (&bitmap) ;
          cxSource = bitmap.bmWidth ;
          cySource = bitmap.bmHeight ;
          return 0 ;

     case WM_SIZE:
          cxClient = LOWORD (lParam) ;
          cyClient = HIWORD (lParam) ;
          return 0 ;

     case WM_PAINT:
```

```
        hdc = BeginPaint (hwnd, &ps) ;

        hdcMem = CreateCompatibleDC (hdc) ;
        SelectObject (hdcMem, hBitmap) ;

        for (y = 0 ; y < cyClient ; y += cySource)
          for (x = 0 ; x < cxClient ; x += cxSource)
          {
            BitBlt (hdc, x, y, cxSource, cySource, hdcMem, 0, 0, SRCCOPY) ;
          }

        DeleteDC (hdcMem) ;
        EndPaint (hwnd, &ps) ;
        return 0 ;

    case WM_DESTROY:
        DeleteObject (hBitmap) ;
        PostQuitMessage (0) ;
        return 0 ;
    }
    return DefWindowProc (hwnd, message, wParam, lParam) ;
}
```

Abbildung 14.9: *Das Programm* BRICKS2

Wer Freude an Bit-Basteleien hat, wird nun vermutlich auf die Idee kommen, dieses Verfahren auch einmal mit farbigen Bitmaps zu versuchen. Wenn Sie Ihren Desktop auf 256 Farben eingestellt haben, dann hält Sie niemand davon ab, sich die entsprechenden Werte aus Tabelle 14.2 (Seite 615) herauszusuchen. Der Haken daran: In Videomodi mit höheren Farbtiefen kommt dabei nur noch bunter Unsinn heraus. (In ebendiesem Punkt – der geräteunabhängigen Behandlung von Farben – liegt der wesentliche Unterschied zwischen DDBs und DIBs.)

Bitmaps als Füllmuster

Abbildung 14.10 zeigt schließlich eine dritte Variante von BRICKS, die exakt dasselbe Ergebnis erzeugen sollte wie die beiden Vorläufer. Einen *case*-Zweig für WM_PAINT werden Sie in diesem Listing allerdings vergeblich suchen.

BRICKS3.C

```
/*-----------------------------------------------
   BRICKS3.C - Demonstration von CreatePatternBrush
               (c) Charles Petzold, 1998
  -----------------------------------------------*/

#include <windows.h>

LRESULT CALLBACK WndProc (HWND, UINT, WPARAM, LPARAM) ;

int WINAPI WinMain (HINSTANCE hInstance, HINSTANCE hPrevInstance,
                    PSTR szCmdLine, int iCmdShow)
{
     static TCHAR szAppName [] = TEXT ("Bricks3") ;
     HBITMAP      hBitmap ;
```

```
     HBRUSH      hBrush ;
     HWND        hwnd ;
     MSG         msg ;
     WNDCLASS    wndclass ;

     hBitmap = LoadBitmap (hInstance, TEXT ("Bricks")) ;
     hBrush = CreatePatternBrush (hBitmap) ;
     DeleteObject (hBitmap) ;

     wndclass.style         = CS_HREDRAW | CS_VREDRAW ;
     wndclass.lpfnWndProc   = WndProc ;
     wndclass.cbClsExtra    = 0 ;
     wndclass.cbWndExtra    = 0 ;
     wndclass.hInstance     = hInstance ;
     wndclass.hIcon         = LoadIcon (NULL, IDI_APPLICATION) ;
     wndclass.hCursor       = LoadCursor (NULL, IDC_ARROW) ;
     wndclass.hbrBackground = hBrush ;
     wndclass.lpszMenuName  = NULL ;
     wndclass.lpszClassName = szAppName ;

     if (!RegisterClass (&wndclass))
     {    // UNICODE-Compilierung ist die einzige realistische Fehlermöglichkeit
          MessageBox (NULL, TEXT ("Programm arbeitet mit Unicode und setzt Windows NT voraus!"),
                      szAppName, MB_ICONERROR) ;
          return 0 ;
     }

     hwnd = CreateWindow (szAppName, TEXT ("Demonstration von CreatePatternBrush"),
                          WS_OVERLAPPEDWINDOW,
                          CW_USEDEFAULT, CW_USEDEFAULT,
                          CW_USEDEFAULT, CW_USEDEFAULT,
                          NULL, NULL, hInstance, NULL) ;

     ShowWindow (hwnd, iCmdShow) ;
     UpdateWindow (hwnd) ;

     while (GetMessage (&msg, NULL, 0, 0))
     {
          TranslateMessage (&msg) ;
          DispatchMessage (&msg) ;
     }

     DeleteObject (hBrush) ;
     return msg.wParam ;
}

LRESULT CALLBACK WndProc (HWND hwnd, UINT message, WPARAM wParam, LPARAM lParam)
{
     switch (message)
     {
     case WM_DESTROY:
          PostQuitMessage (0) ;
          return 0 ;
     }
     return DefWindowProc (hwnd, message, wParam, lParam) ;
}
```

BRICKS3.RC (Auszüge)

```
//Microsoft Developer Studio generated resource script.

#include "resource.h"
#include "afxres.h"

/////////////////////////////////////////////////////////////////////////////
// Bitmap

BRICKS                  BITMAP  DISCARDABLE     "Bricks.bmp"
```

Abbildung 14.10: *Das Programm* BRICKS3

Die dritte Version von BRICKS verwendet dieselbe Bitmap-Ressource wie die erste. Anstatt dieses Bitmap bei WM_PAINT selbst über den gesamten Anwendungsbereich zu wiederholen, überläßt BRICKS3 das allerdings den eingebauten Mechanismen von Windows: Das Bitmap wird zwar (hier nicht bei WM_CREATE, sondern in *WinMain*) wie gehabt mit *LoadBitmap* geladen – dann macht das Programm allerdings mit *CreatePatternBrush* ein Füllmuster daraus und setzt dieses Füllmuster in die Fensterklasse ein. Was Sie im Fenster von BRICKS3 bewundern können, ist also ein mit ebendiesem Bitmap gezeichneter Fensterhintergrund.

Tatsächlich geht es mir bei diesem Programm allerdings nicht um den netten Trick, Windows die Zeichenoperationen zu überlassen, sondern um die praktische Demonstration der Tatsache, dass Füllmuster nichts weiter als kleine, geräteabhängige Bitmaps sind bzw. sich aus solchen Bitmaps erzeugen lassen. Die von BRICKS3 verwendete Funktion *CreatePatternBrush* stellt den direkten Weg dar, eine Alternative besteht aus dem Aufruf von *CreateBrushIndirect*, wobei das Feld *lbStyle* der verwendeten LOGBRUSH-Struktur dann auf BS_PATTERN gesetzt werden muß. Für Füllmuster verwendete Bitmaps müssen minimal eine Größe von 8 x 8 Pixeln haben. Wenn Sie ein größeres Bitmap verwenden, kopiert Windows 98 aus der linken oberen Ecke dieses Bitmaps 8 x 8 Pixel heraus; Windows NT kann dagegen auch mit größeren Füllmustern als 8 x 8 Pixeln arbeiten und benutzt in einem solchen Fall einfach das gesamte an *CreatePatternBrush* bzw. *CreateBrushIndirect* übergebene Bitmap.

Füllmuster und Bitmaps stellen GDI-Objekte dar, die spätestens beim Ende des Programms explizit über *DeleteObject* wieder freigegeben werden müssen. *CreatePatternBrush* und *CreateBrushIndirect* kopieren übergebene Bitmaps, weshalb Sie ohne weiteres ein Bitmap anlegen, für eine der beiden Funktionen verwenden und dann sofort wieder freigeben können, ohne das Füllmuster dabei durcheinanderzubringen. (In umgekehrter Richtung gilt das genauso: Die Freigabe eines Füllmusters hat keine Rückwirkungen auf ein Bitmap, das zum Anlegen dieses Füllmusters verwendet wurde.) BRICKS3 benutzt das Bitmap und das Füllmuster denn auch nach Schema F: Das Bitmap wird direkt nach dem Aufruf von *CreatePatternBrush* wieder freigegeben, das Füllmuster bei WM_DESTROY.

Zeichenoperationen in Bitmaps

Ich habe ja bereits gesagt, dass sich ein Speicherkontext mit einem darin eingesetzten Bitmap exakt so wie der Kontext eines »echten« (rasterorientierten) Geräts verhält, weshalb man seinen Handle so gut wie jeder GDI-Funktion als ersten Parameter übergeben kann. Den praktischen Beweis dafür bin ich allerdings noch schuldig geblieben: Alle bisher in diesem Kapitel vorgestellten Programme verwenden Speicherkontexte ausschließlich dazu, ein Bitmap auf den Bildschirm zu zeichnen.

Das in Abbildung 14.11 aufgelistete Programm HELLOBIT holt dieses Versäumnis nach: Es legt ein kleines Bitmap an, setzt es in einen Speicherkontext ein und zeichnet dann mit einem ganz gewöhnlichen Aufruf von *TextOut* den Text »Hello, world!« hinein. Die Ausgabe dieses Bitmaps auf den Bildschirm geschieht dann (je nachdem, was Sie im Menü von HELLOBIT gewählt haben) entweder über *BitBlt* oder über *StretchBlt*.

HELLOBIT.C

```
/*-----------------------------------------
   HELLOBIT.C - Zeichenoperationen in Bitmaps
                (c) Charles Petzold, 1998
  -----------------------------------------*/

#include <windows.h>
#include "resource.h"

LRESULT CALLBACK WndProc (HWND, UINT, WPARAM, LPARAM) ;

int WINAPI WinMain (HINSTANCE hInstance, HINSTANCE hPrevInstance,
                    PSTR szCmdLine, int iCmdShow)
{
     static TCHAR szAppName [] = TEXT ("HelloBit") ;
     HWND         hwnd ;
     MSG          msg ;
     WNDCLASS     wndclass ;

     wndclass.style         = CS_HREDRAW | CS_VREDRAW ;
     wndclass.lpfnWndProc   = WndProc ;
     wndclass.cbClsExtra    = 0 ;
     wndclass.cbWndExtra    = 0 ;
     wndclass.hInstance     = hInstance ;
     wndclass.hIcon         = LoadIcon (NULL, IDI_APPLICATION) ;
     wndclass.hCursor       = LoadCursor (NULL, IDC_ARROW) ;
     wndclass.hbrBackground = (HBRUSH) GetStockObject (WHITE_BRUSH) ;
     wndclass.lpszMenuName  = szAppName ;
     wndclass.lpszClassName = szAppName ;

     if (!RegisterClass (&wndclass))
     {    // UNICODE-Compilierung ist die einzige realistische Fehlermöglichkeit
          MessageBox (NULL, TEXT ("Programm arbeitet mit Unicode und setzt Windows NT voraus!"),
                      szAppName, MB_ICONERROR) ;
          return 0 ;
     }

     hwnd = CreateWindow (szAppName, TEXT ("HelloBit"),
                          WS_OVERLAPPEDWINDOW,
                          CW_USEDEFAULT, CW_USEDEFAULT,
                          CW_USEDEFAULT, CW_USEDEFAULT,
                          NULL, NULL, hInstance, NULL) ;

     ShowWindow (hwnd, iCmdShow) ;
     UpdateWindow (hwnd) ;

     while (GetMessage (&msg, NULL, 0, 0))
     {
          TranslateMessage (&msg) ;
```

```
          DispatchMessage (&msg) ;
     }
     return msg.wParam ;
}

LRESULT CALLBACK WndProc (HWND hwnd, UINT message, WPARAM wParam, LPARAM lParam)
{
     static HBITMAP hBitmap ;
     static HDC     hdcMem ;
     static int     cxBitmap, cyBitmap, cxClient, cyClient, iSize = IDM_BIG ;
     static TCHAR * szText = TEXT (" Hello, world! ") ;
     HDC            hdc ;
     HMENU          hMenu ;
     int            x, y ;
     PAINTSTRUCT    ps ;
     SIZE           size ;

     switch (message)
     {
     case WM_CREATE:
          hdc = GetDC (hwnd) ;
          hdcMem  = CreateCompatibleDC (hdc) ;

          GetTextExtentPoint32 (hdc, szText, lstrlen (szText), &size) ;
          cxBitmap = size.cx ;
          cyBitmap = size.cy ;
          hBitmap = CreateCompatibleBitmap (hdc, cxBitmap, cyBitmap) ;

          ReleaseDC (hwnd, hdc) ;

          SelectObject (hdcMem, hBitmap) ;
          TextOut (hdcMem, 0, 0, szText, lstrlen (szText)) ;
          return 0 ;

     case WM_SIZE:
          cxClient = LOWORD (lParam) ;
          cyClient = HIWORD (lParam) ;
          return 0 ;

     case WM_COMMAND:
          hMenu = GetMenu (hwnd) ;

          switch (LOWORD (wParam))
          {
          case IDM_BIG:
          case IDM_SMALL:
               CheckMenuItem (hMenu, iSize, MF_UNCHECKED) ;
               iSize = LOWORD (wParam) ;
               CheckMenuItem (hMenu, iSize, MF_CHECKED) ;
               InvalidateRect (hwnd, NULL, TRUE) ;
               break ;
          }
          return 0 ;

     case WM_PAINT:
          hdc = BeginPaint (hwnd, &ps) ;
```

```
        switch (iSize)
        {
        case IDM_BIG:
             StretchBlt (hdc, 0, 0, cxClient, cyClient,
                         hdcMem, 0, 0, cxBitmap, cyBitmap, SRCCOPY) ;
             break ;

        case IDM_SMALL:
             for (y = 0 ; y < cyClient ; y += cyBitmap)
             for (x = 0 ; x < cxClient ; x += cxBitmap)
             {
                  BitBlt (hdc, x, y, cxBitmap, cyBitmap,
                          hdcMem, 0, 0, SRCCOPY) ;
             }
             break ;
        }

        EndPaint (hwnd, &ps) ;
        return 0 ;

    case WM_DESTROY:
        DeleteDC (hdcMem) ;
        DeleteObject (hBitmap) ;
        PostQuitMessage (0) ;
        return 0 ;
    }
    return DefWindowProc (hwnd, message, wParam, lParam) ;
}
```

HELLOBIT.RC (Auszüge)

```
//Microsoft Developer Studio generated resource script.

#include "resource.h"
#include "afxres.h"

/////////////////////////////////////////////////////////////////////////////
// Menu

HELLOBIT MENU DISCARDABLE
BEGIN
    POPUP "&Größe"
    BEGIN
        MENUITEM "&Groß",                       IDM_BIG, CHECKED
        MENUITEM "&Klein",                      IDM_SMALL
    END
END
```

RESOURCE.H (Auszüge)

```
// Microsoft Developer Studio generated include file.
// Used by HelloBit.rc

#define IDM_BIG                         40001
#define IDM_SMALL                       40002
```

Abbildung 14.11: *Das Programm* HELLOBIT

Der Speicherkontext und das Bitmap werden hier bei WM_CREATE angelegt und erst bei WM_DESTROY wieder freigegeben. Die statische Variable *szText* können Sie durch eine beliebige Zeichenfolge ersetzen, weil HELLOBIT den Platzbedarf (und damit die Größe des Bitmaps) sowieso berechnen muß. Dazu wird die Funktion *GetTextExtentPoint32* verwendet, die Höhe und Breite des übergebenen Strings für die aktuell in den Kontext eingesetzte Schrift in Pixeln berechnet. (Da der Speicherkontext kompatibel zum Kontext des Fensters angelegt wird und beide Kontexte die Systemschrift von Windows verwenden, spielt es keine Rolle, mit welchem Handle der Aufruf von *GetTextExtentPoint32* stattfindet.)

Über das Menü von HELLOBIT haben Sie schließlich die Wahl, ob das Bitmap über einen einzelnen Aufruf von *StretchBlt* ausgegeben oder in seiner Originalgröße horizontal und vertikal zum Füllen des gesamten Anwendungsbereichs wiederholt wird. Abbildung 14.12 zeigt das Ergebnis von *StretchBlt* und demonstriert überdeutlich, dass man Zeichen dieser Größe eben nicht über das schlichte Vergrößern von Pixeln erzeugen sollte.

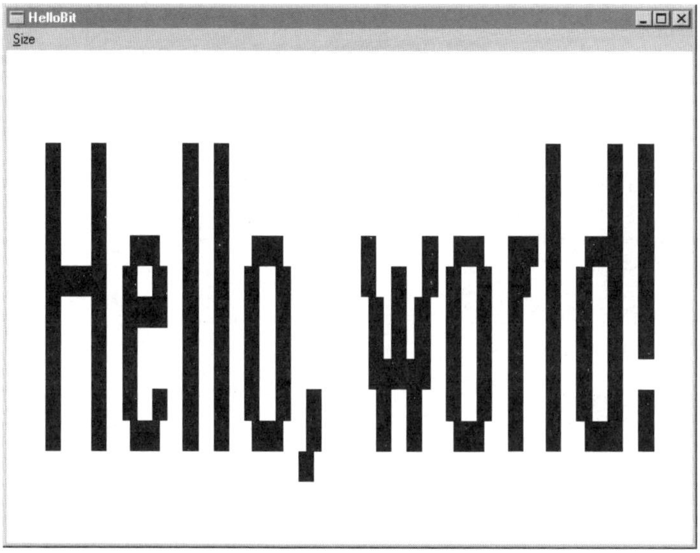

Abbildung 14.12: *Die Ausgaben von* HELLOBIT

Was passiert, wenn der Benutzer während seiner Laufzeit die Farbtiefe des Bildschirms ändert? Windows versendet in diesem Fall an alle Fenster der obersten Ebene eine Nachricht des Typs WM_DISPLAYCHANGE, die HELLOBIT aber offensichtlich ignoriert. Eigentlich sollte man annehmen, dass der Speicherkontext danach nicht mehr kompatibel zum Bildschirm ist – und weitere Aufrufe von *BitBlt* bzw. *StretchBlt* bestenfalls Fehlercodes zurückliefern. In den älteren Windows-Versionen war dem auch so, weshalb Wechsel der Farbtiefe dort einen Neustart des Systems erforderten. Bei Windows 98 und Windows NT kümmern sich Grafiktreiber und GDI dagegen gemeinsam um die notwendige Konvertierung von Speicherkontexten (wobei die dort eingesetzten Bitmaps offensichtlich unverändert bleiben. Wie die Entwickler das im Detail hingekriegt haben, ist nicht offiziell dokumentiert – und es gibt auch heute noch Programme, die sich mit dieser Automatik gründlich durcheinander bringen lassen. HELLOBIT gehört natürlich nicht zu dieser Kategorie.)

Zeichenoperationen im Hintergrund

Wenn Sie in einem Programm ein Bitmap definieren, das exakt so groß wie der Anwendungsbereich des Fensters ist, dieses Bitmap in einen Speicherkontext einsetzen und Zeichenoperationen ausschließlich über den Speicherkontext ausführen, dann reduziert sich der *case*-Zweig für WM_PAINT auf ein einziges *BitBlt*. Die vor allem bei längeren Zeichenoperationen unvermeidlichen Flackereffekte lassen sich so auf Null reduzieren, weshalb diese (auch als Shadowing oder Double Buffering) bekannte Technik vor allem bei Spielen und Malprogrammen zum Einsatz kommt.

Das in Abbildung 14.13 gelistete Programm SKETCH läßt sich auch bei allem Wohlwollen kaum als Grundlage für ein richtiges Malprogramm bezeichnen, demonstriert aber zumindest das Prinzip.

SKETCH.C

```
/*--------------------------------------------
   SKETCH.C - Zeichenoperationen im Hintergrund
              (c) Charles Petzold, 1998
  --------------------------------------------*/

#include <windows.h>

LRESULT CALLBACK WndProc (HWND, UINT, WPARAM, LPARAM) ;

int WINAPI WinMain (HINSTANCE hInstance, HINSTANCE hPrevInstance,
                    PSTR szCmdLine, int iCmdShow)
{
     static TCHAR szAppName [] = TEXT ("Sketch") ;
     HWND         hwnd ;
     MSG          msg ;
     WNDCLASS     wndclass ;

     wndclass.style         = CS_HREDRAW | CS_VREDRAW ;
     wndclass.lpfnWndProc   = WndProc ;
     wndclass.cbClsExtra    = 0 ;
     wndclass.cbWndExtra    = 0 ;
     wndclass.hInstance     = hInstance ;
     wndclass.hIcon         = LoadIcon (NULL, IDI_APPLICATION) ;
     wndclass.hCursor       = LoadCursor (NULL, IDC_ARROW) ;
     wndclass.hbrBackground = (HBRUSH) GetStockObject (WHITE_BRUSH) ;
     wndclass.lpszMenuName  = NULL ;
     wndclass.lpszClassName = szAppName ;

     if (!RegisterClass (&wndclass))
     {    // UNICODE-Compilierung ist die einzige realistische Fehlermöglichkeit
          MessageBox (NULL, TEXT ("Programm arbeitet mit Unicode und setzt Windows NT voraus!"),
                      szAppName, MB_ICONERROR) ;
          return 0 ;
     }

     hwnd = CreateWindow (szAppName, TEXT ("Sketch"),
                          WS_OVERLAPPEDWINDOW,
                          CW_USEDEFAULT, CW_USEDEFAULT,
                          CW_USEDEFAULT, CW_USEDEFAULT,
                          NULL, NULL, hInstance, NULL) ;
```

```
     if (hwnd == NULL)
     {
          MessageBox (NULL, TEXT ("Nicht genug Speicherplatz für das Bitmap!"),
                      szAppName, MB_ICONERROR) ;
          return 0 ;
     }

     ShowWindow (hwnd, iCmdShow) ;
     UpdateWindow (hwnd) ;

     while (GetMessage (&msg, NULL, 0, 0))
     {
          TranslateMessage (&msg) ;
          DispatchMessage (&msg) ;
     }
     return msg.wParam ;
}

void GetLargestDisplayMode (int * pcxBitmap, int * pcyBitmap)
{
     DEVMODE devmode ;
     int     iModeNum = 0 ;

     * pcxBitmap = * pcyBitmap = 0 ;

     ZeroMemory (&devmode, sizeof (DEVMODE)) ;
     devmode.dmSize = sizeof (DEVMODE) ;

     while (EnumDisplaySettings (NULL, iModeNum++, &devmode))
     {
          * pcxBitmap = max (* pcxBitmap, (int) devmode.dmPelsWidth) ;
          * pcyBitmap = max (* pcyBitmap, (int) devmode.dmPelsHeight) ;
     }
}
LRESULT CALLBACK WndProc (HWND hwnd, UINT message, WPARAM wParam, LPARAM lParam)
{
     static BOOL    fLeftButtonDown, fRightButtonDown ;
     static HBITMAP hBitmap ;
     static HDC     hdcMem ;
     static int     cxBitmap, cyBitmap, cxClient, cyClient, xMouse, yMouse ;
     HDC            hdc ;
     PAINTSTRUCT    ps ;

     switch (message)
     {
     case WM_CREATE:
          GetLargestDisplayMode (&cxBitmap, &cyBitmap) ;

          hdc = GetDC (hwnd) ;
          hBitmap = CreateCompatibleBitmap (hdc, cxBitmap, cyBitmap) ;
          hdcMem  = CreateCompatibleDC (hdc) ;
          ReleaseDC (hwnd, hdc) ;

          if (!hBitmap)       // no memory for bitmap
          {
```

```
               DeleteDC (hdcMem) ;
               return -1 ;
          }

          SelectObject (hdcMem, hBitmap) ;
          PatBlt (hdcMem, 0, 0, cxBitmap, cyBitmap, WHITENESS) ;
          return 0 ;

     case WM_SIZE:
          cxClient = LOWORD (lParam) ;
          cyClient = HIWORD (lParam) ;
          return 0 ;

     case WM_LBUTTONDOWN:
          if (!fRightButtonDown)
               SetCapture (hwnd) ;

          xMouse = LOWORD (lParam) ;
          yMouse = HIWORD (lParam) ;
          fLeftButtonDown = TRUE ;
          return 0 ;

     case WM_LBUTTONUP:
          if (fLeftButtonDown)
               SetCapture (NULL) ;

          fLeftButtonDown = FALSE ;
          return 0 ;

     case WM_RBUTTONDOWN:
          if (!fLeftButtonDown)
               SetCapture (hwnd) ;

          xMouse = LOWORD (lParam) ;
          yMouse = HIWORD (lParam) ;
          fRightButtonDown = TRUE ;
          return 0 ;

     case WM_RBUTTONUP:
          if (fRightButtonDown)
               SetCapture (NULL) ;

          fRightButtonDown = FALSE ;
          return 0 ;

     case WM_MOUSEMOVE:
          if (!fLeftButtonDown && !fRightButtonDown)
               return 0 ;

          hdc = GetDC (hwnd) ;

          SelectObject (hdc,
               GetStockObject (fLeftButtonDown ? BLACK_PEN : WHITE_PEN)) ;

          SelectObject (hdcMem,
               GetStockObject (fLeftButtonDown ? BLACK_PEN : WHITE_PEN)) ;
```

```
          MoveToEx (hdc,     xMouse, yMouse, NULL) ;
          MoveToEx (hdcMem, xMouse, yMouse, NULL) ;

          xMouse = (short) LOWORD (lParam) ;
          yMouse = (short) HIWORD (lParam) ;

          LineTo (hdc,    xMouse, yMouse) ;
          LineTo (hdcMem, xMouse, yMouse) ;

          ReleaseDC (hwnd, hdc) ;
          return 0 ;

     case WM_PAINT:
          hdc = BeginPaint (hwnd, &ps) ;

          BitBlt (hdc, 0, 0, cxClient, cyClient, hdcMem, 0, 0, SRCCOPY) ;

          EndPaint (hwnd, &ps) ;
          return 0 ;

     case WM_DESTROY:
          DeleteDC (hdcMem) ;
          DeleteObject (hBitmap) ;
          PostQuitMessage (0) ;
          return 0 ;
     }
     return DefWindowProc (hwnd, message, wParam, lParam) ;
}
```

Abbildung 14.13: *Das Programm* SKETCH

Wenn Sie mit SKETCH eine Linie zeichnen wollen, drücken Sie die linke Maustaste und bewegen dann die Maus. Das Löschen einer Linie (exakter: das Zeichnen weißer Linien) geschieht in derselben Weise, aber mit der rechten Maustaste. Zum Löschen des gesamten Fensters müssen Sie... nun ja, das Programm beenden und neu starten. Abbildung 14.14 ist das Ergebnis einiger Versuche mit SKETCH – eine Hommage an die erste Anzeigenkampagne für den Apple Macintosh.

Abbildung 14.14: *Das Fenster von SKETCH*

Was das Programm tatsächlich demonstriert, ist eigentlich nur die Hälfte des zuvor erwähnten Prinzips, das insgesamt aus drei Teilen besteht:

- Anlegen eines Bitmaps in der Größe des Anwendungsbereichs
- Speicherung der Daten für die Zeichenoperation (hier: der Mauskoordinaten) in einem Array und Ausführung der Zeichenoperation in dem Bitmap
- Bei WM_PAINT: *BitBlt*

SKETCH verwendet das Bitmap selbst als »Speicher« für die Zeichenoperationen und spart sich so ein Array für die Reproduktion der einzelnen Linien – und muß diese Rationalisierungsmaßnahme letztlich recht teuer bezahlen: Unklar ist nämlich, wie groß das Bitmap insgesamt sein soll. Im Minimalfall sollte es den gesamten Anwendungsbereich des Fensters im maximierten Zustand ausfüllen – mithin die Breite und Höhe haben, die *GetSystemMetrics* bei Aufrufen mit den Indexwerten SM_CXFULLSCREEN bzw. SM_CYFULLSCREEN zurückliefert. Ärgerlicherweise kann der Benutzer die Größe des Bildschirms aber zur Laufzeit ändern, weshalb das Programm damit noch lange nicht auf der sicheren Seite ist. Eine Möglichkeit bestünde aus einer Reaktion auf die Nachricht WM_DEVMODECHANGE:

```
case WM_CREATE:
   hdcMem = 0;
   cxBitmap = 0;
   // weiter mit WM_DEVMODECHANGE
case WM_DEVMODECHANGE:
   hdc = GetDC(hwnd) ;  // Kontext für das Fenster
   NewMaxXSize = GetDeviceCaps(hdc, SM_CXFULLSCREEN) ;
   NewNewYSize = GetDeviceCaps(hdc, SM_CYFULLSCREEN) ;
   // Größer als das alte Bitmap (falls dieses Bitmap bereits existiert)?
   if (NewMaxXSize > cxBitmap || NewMaxYSize > cyBitmap)
   {
     NewDC = CreateCompatibleDC(hdc);
     NewBitmap = CreateCompatibleBitmap(NewDC, NewMaxXSize, NewMaxYSize);
     SelectObject(NewDC, NewBitmap);
     // Bitmap mit Weiß füllen
     PatBlt (NewDC, 0, 0, NewMaxXSize, NewMaxYSize, WHITENESS) ;
     // Haben wir bereits ein Bitmap? Wenn ja, dann kopieren
     if (hdcMem)
      {
        BitBlt(NewDC, 0, 0, cxBitmap, cyBitmap, hdcMem, cxBitmap, cyBitmap, SRCCOPY) ;
        DeleteDC(hdcMem); DeleteObject(hBitmap); // altes Bitmap freigeben
      }
     // Neue Werte -> statische Variablen
     hBitmap = NewBitmap; hdcMem = NewDC;
     cxBitmap = NewMaxXSize; cyBitmap = NewMaxYSize;
   }
   ReleaseDC(hwnd, hdc);
   break;
```

Hier würde also sowohl bei WM_CREATE als auch bei Wechseln des Videomodus die neue Maximalgröße des Anwendungsbereichs ermittelt. Wenn Sie über der alten Maximalgröße liegt (oder es zu diesem Zeitpunkt noch überhaupt kein »altes« Bitmap gibt), dann legt das Programm ein neues Bitmap entsprechender Größe an und kopiert gegebenenfalls das »alte« Bitmap dort hinein. (Bei Verkleinerungen des Bildschirms bleibt das Bitmap unverändert – es wäre ja zumindest theoretisch denkbar, dass es sich der Benutzer nach kurzer Zeit wieder anders überlegt.)

Da ich aber sowieso noch demonstrieren wollte, wie man die verfügbaren Videomodi eines Systems und die dazugehörigen Bildschirmgrößen abzählt, geht SKETCH den Weg der nackten Gewalt: Im *case*-Zweig für WM_CREATE wird eine programmeigene Routine namens *GetLargestDisplayMode* aufgerufen, die ihrerseits über die Systemfunktion *EnumDisplaySettings* sämtliche verfügbaren Videomodi abzählen läßt und so herausfindet, was die Grafikkarte des jeweiligen Systems maximal hergibt. *EnumDisplaySettings* unterscheidet sich von den üblichen Abzählfunktionen insoweit, als es hier keine Rückruffunktion gibt: Der Aufruf

```
EnumDisplaySettings(NULL, 0, devmode) ;
```

besetzt die hier als *devmode* übergebene DEVMODE-Struktur mit den Werten für den »ersten« Videomodus; wenn Sie als zweiten Parameter den Wert 1 verwenden, werden die Werte des »zweiten« Videomodus eingesetzt usw. (In welcher Reihenfolge die Modi erscheinen, ist Sache der GDI bzw. des Grafiktreibers. Wesentlich ist hier, dass sie in lückenloser Reihenfolge zur Verfügung gestellt werden, und *EnumDisplaySettings* als direktes Funktionsergebnis FALSE zurückliefert, wenn das Ende der Liste erreicht ist.)

SKETCH legt danach schlicht ein Bitmap an, dessen Abmessungen der maximal möglichen Größe des Bildschirms entsprechen, und kann dabei ohne weiteres einige Megabytes an Speicher verbrauchen. Aus diesem Grund prüft das Programm auch explizit nach, ob das Anlegen des Bitmaps überhaupt möglich war – wenn nein, gibt es eine entsprechende Meldung aus und beendet WM_CREATE mit dem Ergebnis -1.

Beim Druck auf eine der beiden Maustasten fängt SKETCH die Maus ein und zeichnet dann gleichzeitig sowohl über den Gerätekontext des Fensters als auch über den Speicherkontext, bis die Maustaste wieder gelöst wird. Wenn die Zeichenlogik auch nur eine Spur komplexer wäre, würde man sie wohl in eine eigene Routine auslagern, die dann für jeden der beiden Gerätekontext einmal aufgerufen wird.

Aller Primitivität zum Trotz kann man mit dem Programm ein Experiment anstellen, das anfänglich recht verblüffend wird: Verkleinern Sie das Fenster einmal ein Stückchen, drücken Sie dann innerhalb des Fensters die linke Maustaste und bewegen Sie den Cursor über die Grenzen des Anwendungsbereichs hinaus. Wenn Sie das Fenster danach wieder vergrößern, können Sie das Ergebnis der Mausbewegungen bewundern, die zuvor außerhalb des Fensters stattgefunden haben.

Bitmaps in Menüs

Wie die Überschrift dieses Abschnitts bereits vermuten läßt, stellen Strings nicht die einzige Möglichkeit zur Definition von Wahlpunkten in Menüs dar: Alternativ lassen sich auch Bitmaps verwenden. Falls Ihnen beim Gedanken an ein buntes Gewimmel von Ordnern, Icons, Mülleimern usw. in Menüleisten die Haare zu Berge stehen sollten, kann ich Sie beruhigen: technisch gesehen, wäre das zwar ohne weiteres möglich, ist aber nicht der Sinn der Sache.

Statt dessen geht es um Symbole an Stellen, wo sie wirklich sinnvoll sind – wie beispielsweise bei der Auswahl von Pinselformen und Füllmustern in Zeichenprogrammen oder unterschiedlichen Schriftarten in einer Textverarbeitung.

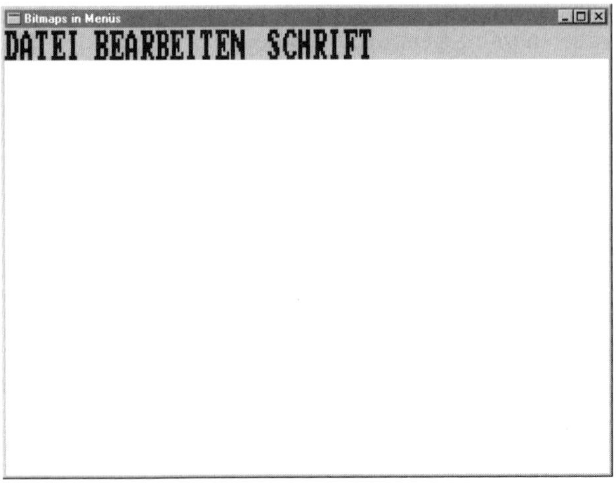

Abbildung 14.15: *Das Hauptmenü von* GRAFMENU

Das zur Demonstration dieser Möglichkeiten verwendete Programm trägt den Namen GRAFMENU (»grafisches Menü«); sein Hauptmenü ist in Abbildung 14.15 dargestellt. Jeder der drei Wahlpunkte besteht aus einem separaten, monochromen Bitmap mit 16 Pixeln Höhe (und unterschiedlicher Breite), die mit Developer Studio angelegt wurden.

Die Auswahl von »SCHRIFT« bringt ein Menü mit drei Wahlpunkten (»Courier New«, »Arial« und »Times New Roman«, siehe Abbildung 14.16) auf den Bildschirm, die in der jeweiligen (TrueType-)Schriftart gehalten sind. Die dazugehörigen Bitmaps werden nicht separat, sondern während des Programmlaufs erzeugt, wobei – wer hätt's gedacht – Speicherkontexte wieder eine wesentliche Rolle spielen.

Wie Abbildung 14.17 schließlich zeigt, hat das Systemmenü ebenfalls einen Wahlpunkt in Form eines Bitmaps bekommen, der den emotionalen Zustand eines neuen Benutzers auch optisch widerspiegeln soll. Das dafür verwendete Bitmap wurde freihändig mit PAINT gezeichnet und über *Strecken/Zerren* des Menüs *Bild* sowie durch direktes Setzen und Löschen zusätzlicher Pixel ein wenig verfremdet. (Alternativ hätte man auch hier Developer Studio benutzen können.)

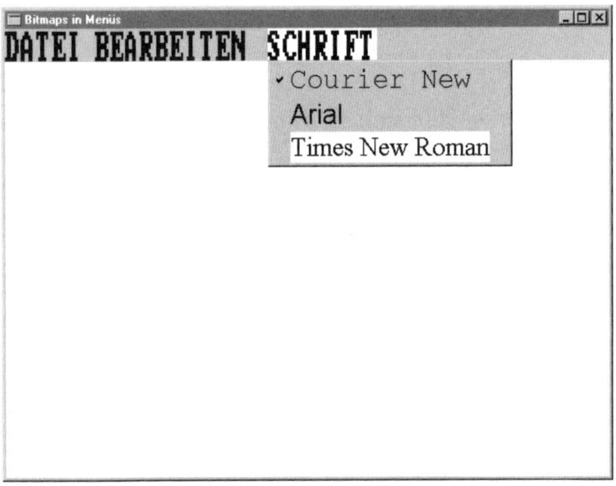

Abbildung 14.16: *Das Menü »Schrift« von* GRAFMENU

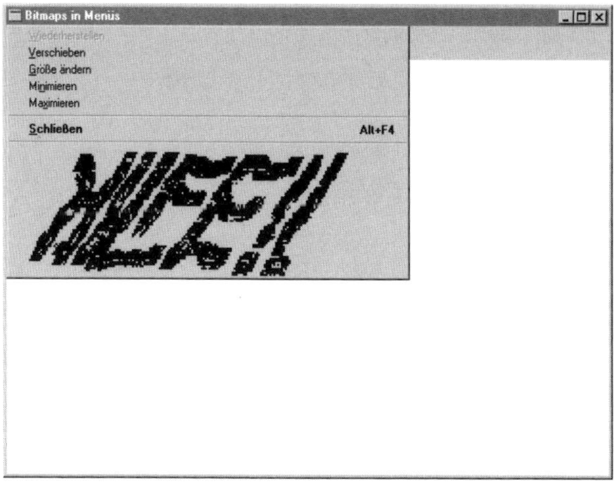

Abbildung 14.17: *Das Systemmenü von* GRAFMENU

GRAFMENU.C

```
/*----------------------------------------
   GRAFMENU.C -- Bitmaps in Menüs
                 (c) Charles Petzold, 1998
  ----------------------------------------*/

#include <windows.h>
#include "resource.h"

LRESULT CALLBACK WndProc (HWND, UINT, WPARAM, LPARAM) ;
void    AddHelpToSys     (HINSTANCE, HWND) ;
HMENU   CreateMyMenu     (HINSTANCE) ;
HBITMAP StretchBitmap    (HBITMAP) ;
HBITMAP GetBitmapFont    (int) ;
void    DeleteAllBitmaps (HWND) ;

TCHAR szAppName[] = TEXT ("GrafMenu") ;

int WINAPI WinMain (HINSTANCE hInstance, HINSTANCE hPrevInstance,
                    PSTR szCmdLine, int iCmdShow)
{
     HWND     hwnd ;
     MSG      msg ;
     WNDCLASS wndclass ;

     wndclass.style         = CS_HREDRAW | CS_VREDRAW ;
     wndclass.lpfnWndProc   = WndProc ;
     wndclass.cbClsExtra    = 0 ;
     wndclass.cbWndExtra    = 0 ;
     wndclass.hInstance     = hInstance ;
     wndclass.hIcon         = LoadIcon (NULL, IDI_APPLICATION) ;
     wndclass.hCursor       = LoadCursor (NULL, IDC_ARROW) ;
     wndclass.hbrBackground = (HBRUSH) GetStockObject (WHITE_BRUSH) ;
     wndclass.lpszMenuName  = NULL ;
     wndclass.lpszClassName = szAppName ;

     if (!RegisterClass (&wndclass))
```

```
    {   // UNICODE-Compilierung ist die einzige realistische Fehlermöglichkeit
        MessageBox (NULL, TEXT ("Programm arbeitet mit Unicode und setzt Windows NT voraus!"),
                    szAppName, MB_ICONERROR) ;
        return 0 ;
    }

    hwnd = CreateWindow (szAppName, TEXT ("Bitmaps in Menüs"),
                         WS_OVERLAPPEDWINDOW,
                         CW_USEDEFAULT, CW_USEDEFAULT,
                         CW_USEDEFAULT, CW_USEDEFAULT,
                         NULL, NULL, hInstance, NULL) ;

    ShowWindow (hwnd, iCmdShow) ;
    UpdateWindow (hwnd) ;

    while (GetMessage (&msg, NULL, 0, 0))
    {
        TranslateMessage (&msg) ;
        DispatchMessage (&msg) ;
    }
    return msg.wParam ;
}

LRESULT CALLBACK WndProc (HWND hwnd, UINT iMsg, WPARAM wParam, LPARAM lParam)
{
    HMENU      hMenu ;
    static int iCurrentFont = IDM_FONT_COUR ;

    switch (iMsg)
    {
    case WM_CREATE:
        AddHelpToSys (((LPCREATESTRUCT) lParam)->hInstance, hwnd) ;
        hMenu = CreateMyMenu (((LPCREATESTRUCT) lParam)->hInstance) ;
        SetMenu (hwnd, hMenu) ;
        CheckMenuItem (hMenu, iCurrentFont, MF_CHECKED) ;
        return 0 ;

    case WM_SYSCOMMAND:
        switch (LOWORD (wParam))
        {
        case IDM_HELP:
            MessageBox (hwnd, TEXT ("Help not yet implemented!"),
                        szAppName, MB_OK | MB_ICONEXCLAMATION) ;
            return 0 ;
        }
        break ;

    case WM_COMMAND:
        switch (LOWORD (wParam))
        {
        case IDM_FILE_NEW:
        case IDM_FILE_OPEN:
        case IDM_FILE_SAVE:
        case IDM_FILE_SAVE_AS:
        case IDM_EDIT_UNDO:
        case IDM_EDIT_CUT:
```

```
        case IDM_EDIT_COPY:
        case IDM_EDIT_PASTE:
        case IDM_EDIT_CLEAR:
             MessageBeep (0) ;
             return 0 ;

        case IDM_FONT_COUR:
        case IDM_FONT_ARIAL:
        case IDM_FONT_TIMES:
             hMenu = GetMenu (hwnd) ;
             CheckMenuItem (hMenu, iCurrentFont, MF_UNCHECKED) ;
             iCurrentFont = LOWORD (wParam) ;
             CheckMenuItem (hMenu, iCurrentFont, MF_CHECKED) ;
             return 0 ;
        }
        break ;

     case WM_DESTROY:
        DeleteAllBitmaps (hwnd) ;
        PostQuitMessage (0) ;
        return 0 ;
     }
   return DefWindowProc (hwnd, iMsg, wParam, lParam) ;
}

/*-------------------------------------------------------------
   AddHelpToSys: Erweitert das Systemmenü um einen Bitmap-Wahlpunkt
  -------------------------------------------------------------*/

void AddHelpToSys (HINSTANCE hInstance, HWND hwnd)
{
     HBITMAP hBitmap ;
     HMENU   hMenu ;

     hMenu = GetSystemMenu (hwnd, FALSE);
     hBitmap = StretchBitmap (LoadBitmap (hInstance, TEXT ("BitmapHelp"))) ;
     AppendMenu (hMenu, MF_SEPARATOR, 0, NULL) ;
     AppendMenu (hMenu, MF_BITMAP, IDM_HELP, (PTSTR) (LONG) hBitmap) ;
}

/*-----------------------------------
   CreateMyMenu: Konstruiert die Menüs
  -----------------------------------*/

HMENU CreateMyMenu (HINSTANCE hInstance)
{
     HBITMAP hBitmap ;
     HMENU   hMenu, hMenuPopup ;
     int     i ;

     hMenu = CreateMenu () ;

     hMenuPopup = LoadMenu (hInstance, TEXT ("MenuFile")) ;
     hBitmap = StretchBitmap (LoadBitmap (hInstance, TEXT ("BitmapFile"))) ;
     AppendMenu (hMenu, MF_BITMAP | MF_POPUP, (int) hMenuPopup,
                       (PTSTR) (LONG) hBitmap) ;
```

```
    hMenuPopup = LoadMenu (hInstance, TEXT ("MenuEdit")) ;
    hBitmap = StretchBitmap (LoadBitmap (hInstance, TEXT ("BitmapEdit"))) ;
    AppendMenu (hMenu, MF_BITMAP | MF_POPUP, (int) hMenuPopup,
                    (PTSTR) (LONG) hBitmap) ;

    hMenuPopup = CreateMenu () ;

    for (i = 0 ; i < 3 ; i++)
    {
        hBitmap = GetBitmapFont (i) ;
        AppendMenu (hMenuPopup, MF_BITMAP, IDM_FONT_COUR + i,
                            (PTSTR) (LONG) hBitmap) ;
    }
    hBitmap = StretchBitmap (LoadBitmap (hInstance, TEXT ("BitmapFont"))) ;
    AppendMenu (hMenu, MF_BITMAP | MF_POPUP, (int) hMenuPopup,
                    (PTSTR) (LONG) hBitmap) ;
    return hMenu ;
}

/*---------------------------------------
   StretchBitmap: Skaliert ein Menü-Bitmap
  ---------------------------------------*/

HBITMAP StretchBitmap (HBITMAP hBitmap1)
{
    BITMAP     bm1, bm2 ;
    HBITMAP    hBitmap2 ;
    HDC        hdc, hdcMem1, hdcMem2 ;
    int        cxChar, cyChar ;

    // Höhe und Breite der Systemschrift
    cxChar = LOWORD (GetDialogBaseUnits ()) ;
    cyChar = HIWORD (GetDialogBaseUnits ()) ;

    // Zwei zum Bildschirm kompatible Speicherkontexte anlegen
    hdc = CreateIC (TEXT ("DISPLAY"), NULL, NULL, NULL) ;
    hdcMem1 = CreateCompatibleDC (hdc) ;
    hdcMem2 = CreateCompatibleDC (hdc) ;
    DeleteDC (hdc) ;

   // Größe des einzupassenden Bitmaps ermitteln
    GetObject (hBitmap1, sizeof (BITMAP), (PTSTR) &bm1) ;

    // Umskalierung auf die Größe der Systemschrift
    bm2 = bm1 ;
    bm2.bmWidth      = (cxChar * bm2.bmWidth)  / 4 ;
    bm2.bmHeight     = (cyChar * bm2.bmHeight) / 8 ;
    bm2.bmWidthBytes = ((bm2.bmWidth + 15) / 16) * 2 ;

    // Neues, entsprechend vergrößertes Bitmap anlegen
    hBitmap2 = CreateBitmapIndirect (&bm2) ;

    // Bitmaps in die Speicherkontexte einsetzen, StretchBlt
    SelectObject (hdcMem1, hBitmap1) ;
    SelectObject (hdcMem2, hBitmap2) ;
```

```
     StretchBlt (hdcMem2, 0, 0, bm2.bmWidth, bm2.bmHeight,
                 hdcMem1, 0, 0, bm1.bmWidth, bm1.bmHeight, SRCCOPY) ;

     // Aufräumen
     DeleteDC (hdcMem1) ;
     DeleteDC (hdcMem2) ;
     DeleteObject (hBitmap1) ;

     return hBitmap2 ;
}

/*---------------------------------------------------
   GetBitmapFont: Legt Bitmaps mit den Schriftnamen an
  ---------------------------------------------------*/

HBITMAP GetBitmapFont (int i)
{
     static TCHAR  * szFaceName[3] = { TEXT ("Courier New"), TEXT ("Arial"),
                                       TEXT ("Times New Roman") } ;
     HBITMAP         hBitmap ;
     HDC             hdc, hdcMem ;
     HFONT           hFont ;
     SIZE            size ;
     TEXTMETRIC      tm ;

     hdc = CreateIC (TEXT ("DISPLAY"), NULL, NULL, NULL) ;
     GetTextMetrics (hdc, &tm) ;

     hdcMem = CreateCompatibleDC (hdc) ;
     hFont  = CreateFont (2 * tm.tmHeight, 0, 0, 0, 0, 0, 0, 0, 0, 0, 0, 0, 0,
                          szFaceName[i]) ;

     hFont = (HFONT) SelectObject (hdcMem, hFont) ;
     GetTextExtentPoint32 (hdcMem, szFaceName[i],
                           lstrlen (szFaceName[i]), &size);

     hBitmap = CreateBitmap (size.cx, size.cy, 1, 1, NULL) ;
     SelectObject (hdcMem, hBitmap) ;

     TextOut (hdcMem, 0, 0, szFaceName[i], lstrlen (szFaceName[i])) ;

     DeleteObject (SelectObject (hdcMem, hFont)) ;
     DeleteDC (hdcMem) ;
     DeleteDC (hdc) ;

     return hBitmap ;
}

/*-------------------------------------------------------
   DeleteAllBitmaps: Gibt alle Bitmaps der Menüs wieder frei
  -------------------------------------------------------*/

void DeleteAllBitmaps (HWND hwnd)
{
     HMENU       hMenu ;
     int         i ;
```

```
    MENUITEMINFO mii = { sizeof (MENUITEMINFO), MIIM_SUBMENU | MIIM_TYPE } ;

    // "Hilfe" im Systemmenü
    hMenu = GetSystemMenu (hwnd, FALSE);
    GetMenuItemInfo (hMenu, IDM_HELP, FALSE, &mii) ;
    DeleteObject ((HBITMAP) mii.dwTypeData) ;

    // Bitmaps des Hauptmenüs
    hMenu = GetMenu (hwnd) ;

    for (i = 0 ; i < 3 ; i++)
    {
        GetMenuItemInfo (hMenu, i, TRUE, &mii) ;
        DeleteObject ((HBITMAP) mii.dwTypeData) ;
    }

    // Bitmaps im Menü "Schrift"
    hMenu = mii.hSubMenu ;;

    for (i = 0 ; i < 3 ; i++)
    {
        GetMenuItemInfo (hMenu, i, TRUE, &mii) ;
        DeleteObject ((HBITMAP) mii.dwTypeData) ;
    }
}
```

GRAFMENU.RC (Auszüge)

```
//Microsoft Developer Studio generated resource script.

#include "resource.h"
#include "afxres.h"

/////////////////////////////////////////////////////////////////////////////
// Menu
MENUFILE MENU DISCARDABLE
BEGIN
    MENUITEM "&Neu",                        IDM_FILE_NEW
    MENUITEM "Ö&ffnen...",                  IDM_FILE_OPEN
    MENUITEM "&Speichern",                  IDM_FILE_SAVE
    MENUITEM "Speichern &unter...",         IDM_FILE_SAVE_AS
END

MENUEDIT MENU DISCARDABLE
BEGIN
    MENUITEM "&Rückgängig",                 IDM_EDIT_UNDO
    MENUITEM SEPARATOR
    MENUITEM "A&usschneiden",               IDM_EDIT_CUT
    MENUITEM "&Kopieren",                   IDM_EDIT_COPY
    MENUITEM "E&infügen",                   IDM_EDIT_PASTE
    MENUITEM "&Löschen",                    IDM_EDIT_CLEAR
END

/////////////////////////////////////////////////////////////////////////////
// Bitmap

BITMAPFONT              BITMAP  DISCARDABLE     "DFontlbl.bmp"
```

```
BITMAPHELP              BITMAP  DISCARDABLE     "DBighlp.bmp"
BITMAPEDIT              BITMAP  DISCARDABLE     "DEditlbl.bmp"
BITMAPFILE              BITMAP  DISCARDABLE     "DFilelbl.bmp"
```

RESOURCE.H (Auszüge)

```
// Microsoft Developer Studio generated include file.
// Used by GrafMenu.rc

#define IDM_FONT_COUR                   101
#define IDM_FONT_ARIAL                  102
#define IDM_FONT_TIMES                  103
#define IDM_HELP                        104
#define IDM_EDIT_UNDO                   40005
#define IDM_EDIT_CUT                    40006
#define IDM_EDIT_COPY                   40007
#define IDM_EDIT_PASTE                  40008
#define IDM_EDIT_CLEAR                  40009
#define IDM_FILE_NEW                    40010
#define IDM_FILE_OPEN                   40011
#define IDM_FILE_SAVE                   40012
#define IDM_FILE_SAVE_AS                40013
```

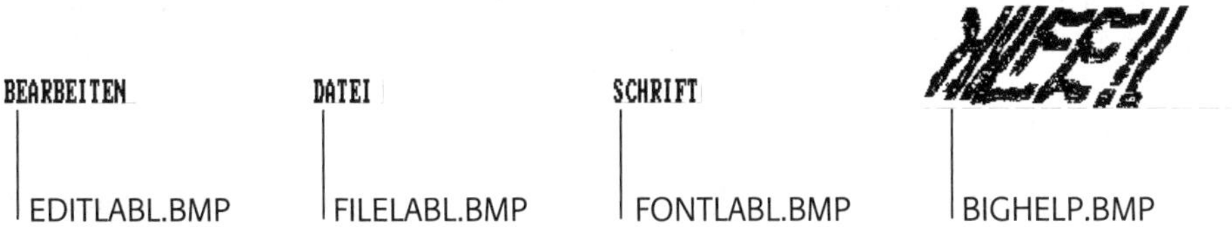

Abbildung 14.18: *Das Programm* GRAFMENU

Das Einfügen von Wahlpunkten in Menüs geschieht auch dann über *AppendMenu* oder *InsertMenu*, wenn es sich dabei nicht um normale Definitionen, sondern um Bitmaps handelt. Auf die Frage, woher das Programm die dazu notwendigen Pixeldaten bezieht, gibt es zwei mögliche Antworten, die nur recht wenig miteinander zu tun haben.

Die erste: Man erstelle eine Zeichnung mit Developer Studio, PAINT oder irgendeinem anderen Malprogramm, gebe den entsprechenden Dateinamen in der Ressource-Datei an und lade die Daten mit *LoadBitmap*. (Bei mehrsprachigen Ressourcen werden hier ebenfalls dieselben Bezeichner benutzt, die Bitmap-Dateinamen müssen dagegen unterschiedlich sein, weil es dabei schließlich um – zum Zeitpunkt der Compilierung, wohlgemerkt – externe Dateien geht.) Der von dieser Funktion zurückgelieferte Handle läßt sich danach als Parameter von *AppendMenu* bzw. *InsertMenu* verwenden. Ganz ohne Haken ist die Sache allerdings nicht: Damit das Bitmap auf jedem System in vernünftiger Größe und mit einigermaßen identischem Breiten-/Höhenverhältnis erscheint, muß es gegebenenfalls gestreckt bzw. gestaucht werden.

Der zweite Weg läßt sich wesentlich kürzer beschreiben: Er besteht aus dem Erzeugen des Bitmaps zur Laufzeit des Programms. Letzteres scheint ja mit der Systemschrift auch kein allzu großes Problem zu sein – wie man andere Schriften in Speicher- und Gerätekontexte so einsetzt, dass der Text »Courier« dann auch in ebendieser Schrift erscheint, habe ich aber noch nicht behandelt.

Die im Programm GRAFMENU definierte Funktion *GetBitmapFont* erwartet einen Wert im Bereich von 0 bis 2 als Parameter und liefert einen Handle zu einem Bitmap zurück, das abhängig von diesem Parameter den Schriftzug »Courier«, »Arial« oder »Times Roman« in der entsprechenden Schriftart und in etwa der doppelten Größe der Systemschrift enthält. Verfolgen wir die einzelnen Schritte dieser Funktion einmal im Detail (wobei ich aus Gründen der Übersichtlichkeit Bezüge auf das in GRAFMENU verwendete Array *szFaceName* durch direkt eingesetzte Werte für die Schriftart »Arial« ersetzt habe):

Der erste Schritt besteht aus dem Ermitteln der Charakteristika der Systemschrift und ihrer Kopie in eine Struktur des Typs LOGFONT (»logical font«):

```
// Informationskontext ohne Veränderungen, deshalb (implizit) mit der Systenschrift
hdc = CreateIC (TEXT ("DISPLAY"), NULL, NULL, NULL) ;
GetTextMetrics (hdc, &tm) ;
hdcMem = CreateCompatibleDC (hdc) ;
```

Der darauffolgende Aufruf von *CreateFont* läßt die meisten von *GetTextMetrics* in der LOGFONT-Struktur hinterlassenen Informationen unberücksichtigt. Er erzeugt eine Schrift mit doppelter Höhe der Systemschrift und dem Namen »Arial«:

```
hFont = CreateFont (2 * tm.tmHeight, 0, 0, 0, 0, 0, 0, 0, 0, 0, 0, 0, 0, TEXT ("Arial")) ;
```

Obwohl wir dem Speicherkontext momentan noch keine Oberfläche zugewiesen (lies: ein Bitmap eingesetzt) haben, läßt sich die neue Schrift bereits an dieser Stelle einsetzen (wobei der Handle der »alten« Schrift festgehalten werden muß):

```
hFont = (HFONT) SelectObject (hdcMem, hFont) ;
```

Folgende Aufrufe von *TextOut* werden also die neu eingesetzte Schrift anstelle der Systemschrift benutzen. Im Moment besteht die Oberfläche des Speicherkontexts aber noch aus einem Rechteck, das gerade einmal ein einziges monochromes Pixel faßt. Was gebraucht wird, ist ein Bitmap, dessen Größe im Idealfall exakt zur Darstellung des gewünschten Textes ausreicht:

```
GetTextExtentPoint32 (hdcMem, TEXT ("Arial"), 5, &size) ;
hBitmap = CreateBitmap (size.cx, size.cy, 1, 1, NULL) ;   // 1 Farbebene, 1 Bit pro Pixel
SelectObject (hdcMem, hBitmap) ;
```

Die Funktion *GetTextExtentPoint32* ermittelt, wieviel Platz der Text »Arial« (in der über den Speicherkontext angegebenen Schriftart) benötigt; der darauffolgende Aufruf von *CreateBitMap* verwendet diese Angaben, um ein Bitmap in exakt dieser Größe zu erzeugen, das schließlich über *SelectObject* dem Speicherkontext zugeordnet wird.

Damit haben wir eine (monochrome) »Oberfläche«, in die der gewünschte Schriftzug exakt hineinpaßt. Was bleibt, ist seine Ausgabe über *TextOut*:

```
TextOut (hdcMem, 0, 0, "Arial", 5) ;
```

Die danach notwendigen Aufräumarbeiten bestehen aus zwei Schritten: zuerst der Freigabe des Speicherbereichs, den die GDI zur Definition der Schriftart »Arial« belegt hat:

```
DeleteObject (SelectObject (hdcMem, hFont)) ;
```

Das Programm macht sich hier die Tatsache zunutze, dass *SelectObject* beim Umschalten zwischen gleichartigen Objekten den Handle des »herausgewählten« Objekts als Ergebnis zurückliefert. Das Einsetzen der Systemschrift (Variable *hFont*) liefert folglich den Handle für »Arial« zurück, den *DeleteObject* mitsamt der Schriftdefinition freigibt.

Der zweite Schritt besteht aus der Freigabe der beiden Gerätekontexte:

```
DeleteDC (hdcMem) ;
DeleteDC (hdc) ;
```

Was übrig bleibt, ist wie gesagt ein Handle zu einem Bitmap, das nun den Text »Arial« in dieser Schriftart enthält.

Der Speicherkontext stellt nicht nur für das Erzeugen, sondern auch für das Skalieren von Bitmaps die Grundlage dar – und zwar sowohl bei eigenen Bitmaps als auch bei Dateien. Die vier Bitmaps von GRAFMENU wurden beispielsweise auf einem System erzeugt, dessen Systemzeichensatz eine Höhe von 8 Pixeln und eine Breite von 4 Pixeln hat. Wenn Sie GRAFMENU auf einem System ablaufen lassen, dessen Bildschirmtreiber ein völlig anderes Breiten-/Höhenverhältnis (und damit auch eine andere Systemschrift) definiert, sehen die Ausgaben des Programms dennoch ordentlich aus. Der Grund dafür liegt in einer Funktion, die ich *StretchBitmap* genannt habe: sie ist für ein eventuelles Strecken bzw. Stauchen der Bitmaps zuständig.

Der erste Schritt von *StretchBitmap* besteht im Ermitteln des Gerätekontexts für den Bildschirm, den diesem Kontext zugeordneten Abmessungen der Systemschrift und dem Anlegen zweier Speicher-Gerätekontexte:

```
hdc = CreateIC ("DISPLAY", NULL, NULL, NULL) ;
GetTextMetrics (hdc, &tm) ;
hdcMem1 = CreateCompatibleDC (hdc) ;
hdcMem2 = CreateCompatibleDC (hdc) ;
DeleteDC (hdc) ;   // wird nicht mehr gebraucht
```

Der Handle zum jeweiligen (in der Ressource-Datei definierten) Bitmap wird *StretchBitmap* als Parameter *hBitmap1* übergeben. Der Aufruf von *GetObject* ermittelt die Höhe bzw. Breite dieses Bitmaps und legt diese Werte in einer programmeigenen Variablen namens *bm1* ab:

```
GetObject (hBitmap1, sizeof (BITMAP), (PSTR) &bm1) ;
```

Diese Variable hat den (von WINGDI.H definierten) Typ BITMAP. Sie wird erst einmal in eine zweite Variable desselben Typs kopiert, an deren Feldern sich das Programm danach zu schaffen macht:

```
bm2 = bm1 ;   // Kopie der Struktur
bm2.bmWidth      = (tm.tmAveCharWidth * bm2.bmWidth)  / 4 ;
bm2.bmHeight     = (tm.tmHeight       * bm2.bmHeight) / 8 ;
bm2.bmWidthBytes = ((bm2.bmWidth + 15) / 16) * 2 ;
```

Nachdem Breite und Höhe auf Verhältnisse umgesetzt sind, die den Skalierungsfaktoren der aktuellen Systemschrift entsprechen, wird über den Aufruf von *CreateBitmapIndirect* ein neues Bitmap mit der gewünschten Größe erzeugt. Darauf folgt das Einsetzen beider Bitmaps in die Speicherkontexte:

```
hBitmap2 = CreateBitmapIndirect (&bm2) ;
SelectObject (hdcMem1, hBitmap1) ;
SelectObject (hdcMem2, hBitmap2) ;
```

Was danach noch bleibt, ist das Umkopieren des Originals (*hBitmap1*) in das neu erzeugte Bitmap (*hBitmap2*) unter Anpassung der Größenverhältnisse (soweit notwendig). Das geschieht über einen Aufruf von *StretchBlt*:

```
StretchBlt (hdcMem2, 0, 0, bm2.bmWidth, bm2.bmHeight,
            hdcMem1, 0, 0, bm1.bmWidth, bm1.bmHeight, SRCCOPY) ;
```

Als Ergebnis steht der Handle *hBitmap2* nun für ein Bitmap, dessen Breiten-/Höhenverhältnis dem der Systemschrift entspricht. Die notwendigen Aufräumarbeiten fallen recht geradlinig aus:

```
DeleteDC (hdcMem1) ;
DeleteDC (hdcMem2) ;
DeleteObject (hBitmap1) ;
```

Die Ressource-Datei von GRAFMENU definiert lediglich die Menüs »Datei« und »Bearbeiten«: Die Konstruktion des Hauptmenüs sowie des Menüs »Schrift« geschieht im Programm über eine eigene Routine *CreateMyMenu*, die ihrerseits die (ebenfalls programmeigenen) Funktionen *StretchBitmap* und *GetBitmapFont* zum Einfügen bzw. Konstruieren der diversen Bitmaps benutzt.

Die Konstruktion des Hauptmenüs beginnt mit einem Aufruf der Funktion *CreateMenu*, die einen Handle zu einem leeren Menü zurückliefert:

```
hMenu = CreateMenu () ;
```

Die Definition des ersten Menüs (mit den Wahlpunkten »Neu«, »Öffnen« usw.) kommt aus der Ressource-Datei des Programms:

```
hMenuPopup = LoadMenu (hInstance, TEXT("MenuFile")) ;
```

Der dazugehörige Wahlpunkt (»Datei«) stammt ebenfalls aus der Ressource-Datei, liegt dort aber in Form eines Bitmaps vor. Er wird mit *LoadBitMap* geladen und über *StretchBitmap* an die Größenverhältnisse des Systems angepaßt:

```
hBitmapFile = StretchBitmap (LoadBitmap (hInstance, TEXT("BitmapFile"))) ;
```

Danach lassen sich das Bitmap und die Definition des Menüs »Datei« als erster Wahlpunkt in das Hauptmenü einsetzen:

```
AppendMenu (hMenu, MF_BITMAP | MF_POPUP, hMenuPopup, (PTSTR) (LONG) hBitmapFile);
```

Dieselbe Prozedur wird für den Wahlpunkt »Bearbeiten« und das dazugehörige Menü benutzt:

```
hMenuPopup = LoadMenu (hInstance, TEXT ("MenuEdit")) ;
hBitmapEdit = StretchBitmap (LoadBitmap (hInstance, TEXT ("BitmapEdit"))) ;
AppendMenu (hMenu, MF_BITMAP ¦ MF_POPUP, hMenuPopup, (PTSTR) (LONG) hBitmapEdit) ;
```

Danach wird es etwas komplizierter, weil für den dritten Wahlpunkt (»Schrift«) lediglich das Bitmap in der Ressource-Datei enthalten ist. Das Menü wird über einen weiteren Aufruf von *CreateMenu* angelegt, die einzelnen Wahlpunkte werden über *GetBitmapFont* erzeugt und schließlich mit *AppendMenu* angehängt:

```
hMenuPopup = CreateMenu () ;
for (i = 0 ; i < 3 ; i++)
{
    hBitmapPopFont [i] = GetBitmapFont (i) ;
    AppendMenu (hMenuPopup, MF_BITMAP, IDM_FONT_COUR + i, (PTSTR) (LONG) hMenuPopupFont [i]) ;
}
```

Der Einbau von Wahlpunkt und Menü ins Hauptmenü läuft dagegen wieder über die bereits bekannte Logik:

```
hBitmapFont = StretchBitmap (LoadBitmap (hInstance, "BitmapFont")) ;
AppendMenu (hMenu, MF_BITMAP | MF_POPUP, hMenuPopup, (PTSTR) (LONG) hBitmapFont) ;
```

Damit ist die Definition des Hauptmenüs abgeschlossen, dessen Handle nun über *SetMenu* in das Fenster eingesetzt wird. Alternativ hätte man diese Schritte auch in *WinMain* durchführen und den Menü-Handle dann als neunten Parameter bei *CreateWindow* angeben können.

Die Erweiterung des Systemmenüs setzt dagegen ein existierendes Fenster voraus (was denn auch den Grund dafür darstellt, dass ich beide Schritte in den *case*-Zweig für WM_CREATE verbannt habe). Die Routine *AddHelpToSys* von GRAFMENU beginnt mit dem Ermitteln des Menü-Handles:

```
hMenu = GetSystemMenu (hwnd, FALSE) ;
```

Darauf folgt das Laden des Bitmaps, das den Wahlpunkt »Hilfe« darstellt und seine Skalierung, die das Programm hier mit einem Aufruf erledigt:

```
hBitmapHelp = StretchBitmap (LoadBitmap (hInstance, TEXT ("BitmapHelp"))) ;
```

Schließlich fügt GRAFMENU dem Systemmenü über zwei aufeinanderfolgende Aufrufe von *AppendMenu* einen Trennstrich und dieses Bitmap als Wahlpunkt hinzu:

```
AppendMenu (hMenu, MF_SEPARATOR, 0, NULL) ;
AppendMenu (hMenu, MF_BITMAP, IDM_HELP, (PTSTR) (LONG) hBitmapHelp) ;
```

Zum Rest von *WinMain* gibt es eigentlich nicht mehr viel zu sagen – wenn man einmal von den notwendigen Aufräumarbeiten absieht: Wie bereits verschiedentlich erwähnt, sind Bitmaps GDI-Objekte und werden als solche beim Ende eines Programms nicht automatisch von Windows freigegeben. Der Übersichtlichkeit halber finden die diversen Aufrufe von *DeleteObject* ein einer eigenen Routine namens *DeleteAllBitmaps* statt.

Zum Abschluß dieses Abschnitts noch einige allgemeine Hinweise im Zusammenhang mit Bitmaps und Menüs:

Die Höhe einer Menüleiste wird durch das höchste darin enthaltene Bitmap bestimmt, »niedrigere« Bitmaps und normale Beschriftungen stellt das System an den oberen Rand dieser Leiste. Anders gesagt: Wenn Sie beispielsweise ein Bitmap mit 16 Pixel Höhe und eine Beschriftung mit 14 Pixel Höhe als Wahlpunkte definieren, dann sorgt Windows für einen bündigen oberen Rand, d.h. läßt die Schrift um zwei Pixel nach oben rutschen.

Normalerweise läßt sich die Höhe einer Menüleiste mit

```
cyHeight = GetSystemMetrics (SM_CYMENU) ;
```

ermitteln. Da sich diese Funktion aber auf die Vorgaben des gesamten Systems bezieht, werden durch Bitmaps vergrößerte Menüleisten hier nicht berücksichtigt. (Was *GetSystemMetrics* tatsächlich liest, ist eine Konstante des Grafiktreibers).

Wenn Sie mit den Attributen der Wahlpunkte von GRAFMENU ein wenig herumspielen, werden Sie feststellen, dass man auch einem per Bitmap definierten Wahlpunkt ein Häkchen verpassen kann, das dort allerdings in der normalen Größe (und meist etwas unpassend) dargestellt wird. Ändern läßt sich das, indem man ein Häkchen entsprechender Größe als Bitmap definiert, das sich dann über die Windows-Funktion *SetMenuItemBitmaps* setzen läßt.

Das Win32-SDK beschreibt eine alternative Möglichkeit zur Ausgabe von Wahlpunkten in verschiedenen Schriftarten und/oder mit beliebigen grafischen Elementen: Es ist zumindest theoretisch möglich, eine Rückruffunktion innerhalb des Programms zu definieren, die die gesamte Ausgabe der Menüs übernimmt und dabei natürlich sämtliche nur denkbaren Freiheiten hat. (Leider versteht sich auch von selbst, dass ebendiese Freiheiten eine ganze Menge Arbeit machen.)

Eine Kleinigkeit dürfte in der Hitze des Gefechts glatt untergegangen sein – nämlich die Tatsache, dass sich die von GRAFMENU als Bitmaps definierten Menüpunkte zwar mit der Maus aktivieren lassen, aber nicht mit der Tastatur. Was auch kein Wunder ist, weil Windows bei einer normalen Beschriftung entweder den ersten oder den mit »&« gekennzeichneten Buchstaben zur automatischen Definition eines entsprechenden Alt-Befehls benutzt – und Zeichencodes lassen sich in Bitmaps nun einmal auch dann nicht finden, wenn der Benutzer das Ganze sehr wohl als lesbaren Text empfindet.

In diesem Zusammenhang werden Nachrichten des Typs WM_MENUCHAR interessant, die ein Programm normalerweise ungelegen an *DefWindowProc* weitergibt: Wie in Kapitel 10 kurz erwähnt, werden sie von Windows für jede Kombination mit Alt bzw. jede Eingabe eines Buchstabens »innerhalb eines Menüs« erzeugt, für die die automatische Tastaturschnittstelle kein Menü-Äquivalent findet.

Ein Programm, das Wahlpunkte über Bitmaps definiert, sollte folglich Nachrichten des Typs WM_MENUCHAR bearbeiten und dabei den Wert von *wParam* untersuchen, der den Zeichencode der gedrückten Taste wiedergibt. Wenn dieser Code einem der per Bitmap definierten Wahlpunkte entspricht, sollte es mit dem Zurückliefern eines LONG reagieren, dessen niederwertiges Wort den Wert 2 und dessen höherwertiges Wort die Kennziffer dieses Wahlpunktes enthält. Windows übernimmt den Rest.

Jenseits rechteckiger Formen

Da Bitmaps ein zweidimensionales Array darstellen, sind sie auf ein Rechteck festgelegt – was aber noch lange nicht heißt, dass man sie grundsätzlich in dieser Form auf dem Bildschirm erscheinen lassen muß. Gehen wir also einmal davon aus, dass Sie ein x-beliebiges Bild mit einer elliptischen Kante darstellen wollen. Im Prinzip hört sich das reichlich einfach an: Sie starten den Bitmap-Editor von Developer Studio (alternativ: PAINT oder ein anderes Programm zur Bitmap-Bearbeitung), laden bzw. erstellen das Bild und füllen schließlich alles außerhalb des gewünschten elliptischen Rahmens mit Weiß.

Auf einem weißen Hintergrund sollte das Bild nun wie gewünscht erscheinen – auf einem Hintergrund mit anderer Farbe sieht man dagegen überdeutlich, wo Sie geschummelt haben.

Das Problem ist natürlich derart bekannt, dass es dafür eine Standardlösung gibt, die man allgemein als *Maskierung* bezeichnet. Gebraucht wird dazu ein zweites, monochromes Bitmap, das exakt dieselbe Größe wie das darzustellende Bitmap hat. In diesem Masken-Bitmap stehen gesetzte Bits (»1«) für die Stellen, an denen Ihr Bitmap erscheinen soll, zurückgesetzte Bits (»0«) kennzeichnen die Bereiche, an denen der Original-Hintergrund erhalten bleibt. (Andere logischen Verknüpfungen zwischen Bildschirm, Masken-Bitmap und Bild verkehren diese Definition ins Gegenteil – dort stehen »1«-Bits für den zu erhaltenden Hintergrund, »0«-Bits für die Stellen, an denen das Bild erscheinen soll. Zu den Details komme ich gleich.)

Das in Abbildung 14.19 aufgelistete Programm BITMASK demonstriert eine solche Verknüpfung: Es stellt ein Bild mit einem elliptischen Umriß dar und läßt den (hier auf hellgrau gesetzten) Hintergrund außerhalb dieses Umrisses unverändert.

BITMASK.C

```
/*-------------------------------------------
   BITMASK.C - Teilweise Maskierung von Bitmaps
               (c) Charles Petzold, 1998
  -------------------------------------------*/

#include <windows.h>

LRESULT CALLBACK WndProc (HWND, UINT, WPARAM, LPARAM) ;

int WINAPI WinMain (HINSTANCE hInstance, HINSTANCE hPrevInstance,
                    PSTR szCmdLine, int iCmdShow)
{
     static TCHAR szAppName [] = TEXT ("BitMask") ;
     HWND         hwnd ;
     MSG          msg ;
     WNDCLASS     wndclass ;

     wndclass.style         = CS_HREDRAW | CS_VREDRAW ;
     wndclass.lpfnWndProc   = WndProc ;
     wndclass.cbClsExtra    = 0 ;
     wndclass.cbWndExtra    = 0 ;
     wndclass.hInstance     = hInstance ;
     wndclass.hIcon         = LoadIcon (NULL, IDI_APPLICATION) ;
     wndclass.hCursor       = LoadCursor (NULL, IDC_ARROW) ;
     wndclass.hbrBackground = (HBRUSH) GetStockObject (LTGRAY_BRUSH) ;
     wndclass.lpszMenuName  = NULL ;
     wndclass.lpszClassName = szAppName ;

     if (!RegisterClass (&wndclass))
     {    // UNICODE-Compilierung ist die einzige realistische Fehlermöglichkeit
          MessageBox (NULL, TEXT ("Programm arbeitet mit Unicode und setzt Windows NT voraus!"),
                      szAppName, MB_ICONERROR) ;
          return 0 ;
     }

     hwnd = CreateWindow (szAppName, TEXT ("Maskierte Bitmaps"),
                          WS_OVERLAPPEDWINDOW,
                          CW_USEDEFAULT, CW_USEDEFAULT,
                          CW_USEDEFAULT, CW_USEDEFAULT,
                          NULL, NULL, hInstance, NULL) ;

     ShowWindow (hwnd, iCmdShow) ;
     UpdateWindow (hwnd) ;
```

```
     while (GetMessage (&msg, NULL, 0, 0))
     {
          TranslateMessage (&msg) ;
          DispatchMessage (&msg) ;
     }
     return msg.wParam ;
}

LRESULT CALLBACK WndProc (HWND hwnd, UINT message, WPARAM wParam, LPARAM lParam)
{
     static HBITMAP   hBitmapImag, hBitmapMask ;
     static HINSTANCE hInstance ;
     static int       cxClient, cyClient, cxBitmap, cyBitmap ;
     BITMAP           bitmap ;
     HDC              hdc, hdcMemImag, hdcMemMask ;
     int              x, y ;
     PAINTSTRUCT      ps ;

     switch (message)
     {
     case WM_CREATE:
          hInstance = ((LPCREATESTRUCT) lParam)->hInstance ;

          // Das dazustellende Bild laden und seine Größe ermitteln
          hBitmapImag = LoadBitmap (hInstance, TEXT ("Matthew")) ;
          GetObject (hBitmapImag, sizeof (BITMAP), &bitmap) ;
          cxBitmap = bitmap.bmWidth ;
          cyBitmap = bitmap.bmHeight ;

          // Bild in einen Speicherkontext einsetzen
          hdcMemImag  = CreateCompatibleDC (NULL) ;
          SelectObject (hdcMemImag, hBitmapImag) ;

          // Monochromes Masken-Bitmap anlegen und in einen Speicherkontext einsetzen
          hBitmapMask = CreateBitmap (cxBitmap, cyBitmap, 1, 1, NULL) ;
          hdcMemMask = CreateCompatibleDC (NULL) ;
          SelectObject (hdcMemMask, hBitmapMask) ;

          // Masken-Bitmap mit Schwarz füllen und eine weiße Ellipse hineinzeichnen
          SelectObject (hdcMemMask, GetStockObject (BLACK_BRUSH)) ;
          Rectangle (hdcMemMask, 0, 0, cxBitmap, cyBitmap) ;
          SelectObject (hdcMemMask, GetStockObject (WHITE_BRUSH)) ;
          Ellipse (hdcMemMask, 0, 0, cxBitmap, cyBitmap) ;

          // Bild maskieren
          BitBlt (hdcMemImag, 0, 0, cxBitmap, cyBitmap,
                  hdcMemMask, 0, 0, SRCAND) ;

          DeleteDC (hdcMemImag) ;
          DeleteDC (hdcMemMask) ;
          return 0 ;

     case WM_SIZE:
          cxClient = LOWORD (lParam) ;
          cyClient = HIWORD (lParam) ;
          return 0 ;
```

```
    case WM_PAINT:
         hdc = BeginPaint (hwnd, &ps) ;

         // Speicherkontexte anlegen, Bild und Maske einsetzen
         hdcMemImag = CreateCompatibleDC (hdc) ;
         SelectObject (hdcMemImag, hBitmapImag) ;

         hdcMemMask = CreateCompatibleDC (hdc) ;
         SelectObject (hdcMemMask, hBitmapMask) ;

         // Bild und Maske im Anwendungsbereich zentrieren
         x = (cxClient - cxBitmap) / 2 ;
         y = (cyClient - cyBitmap) / 2 ;

         // Masken-Bitmap auf den Bildschirm: Ziel & ~Quelle. Das Ergebnis ist
         // ein schwarzes Loch an der Stelle, wo das Bild erscheinen soll
         BitBlt (hdc, x, y, cxBitmap, cyBitmap, hdcMemMask, 0, 0, 0x220326) ;
         // Bitmap mit auf den Bilschirm: Ziel | Quelle
         BitBlt (hdc, x, y, cxBitmap, cyBitmap, hdcMemImag, 0, 0, SRCPAINT) ;

         DeleteDC (hdcMemImag) ;
         DeleteDC (hdcMemMask) ;
         EndPaint (hwnd, &ps) ;
         return 0 ;

    case WM_DESTROY:
         DeleteObject (hBitmapImag) ;
         DeleteObject (hBitmapMask) ;
         PostQuitMessage (0) ;
         return 0 ;
    }
    return DefWindowProc (hwnd, message, wParam, lParam) ;
}
```

BITMASK.RC (Auszüge)

```
// Microsoft Developer Studio generated resource script.

#include "resource.h"
#include "afxres.h"

/////////////////////////////////////////////////////////////////////////////
// Bitmap

MATTHEW                 BITMAP  DISCARDABLE     "matthew.bmp"
```

Abbildung 14.19: *Das Programm* BITMASK

Das in BITMASK als Ressource gespeicherte Bitmap hat eine Größe von 320 x 200 Pixeln, ist das Ergebnis eines Graustufen-Scans von einem Foto (und stellt meinen Neffen Matthew dar). Farbformat (hier: 8 Bit pro Pixel), Größe und Motiv lassen sich beliebig ändern, ohne dass irgendwelche Anpassungen des Programms notwendig würden.

Abbildung 14.20: *Die Ausgaben von* BITMASK

BITMASK lädt dieses Bitmap im *case*-Zweig für WM_CREATE per *LoadBitmap*, ermittelt dann die Abmessungen über *GetObject* und setzt den Handle (*hBitmapImag*) schließlich in einen neu angelegten Speicherkontext (*hdcMemImag*) ein. Der nächste Schritt besteht aus dem Anlegen eines monochromen Bitmaps mit derselben Größe, das in einem zweite Speicherkontext landet und erst einmal mit Schwarz gefüllt wird, bevor das Programm eine weiße Ellipse in seine Mitte zeichnet:

```
SelectObject (hdcMemMask, GetStockObject (BLACK_BRUSH)) ;
Rectangle (hdcMemMask, 0, 0, cxBitmap, cyBitmap) ;         // komplett mit Schwarz füllen
SelectObject (hdcMemMask, GetStockObject (WHITE_BRUSH)) ;
Ellipse (hdcMemMask, 0, 0, cxBitmap, cyBitmap) ;           // weiße Ellipse
```

Der folgende Aufruf von *BitBlt* zeichnet dieses Masken-Bitmap in das Originalbild:

```
BitBlt (hdcMemImag, 0, 0, cxBitmap, cyBitmap, hdcMemMask, 0, 0, SRCAND) ;
```

Da es hier um ein monochromes Bitmap geht, haben die schwarzen Pixel den Wert »0«, die weißen Pixel den Wert »1«. Das Ergebnis eines bitweisen AND ist also ein Original, dessen Pixel innerhalb der weißen Ellipse unverändert bleiben (x & 1 = x); außerhalb der Ellipse kommt dagegen durchgehend Schwarz heraus (x & 0 = 0).

Bei WM_PAINT setzt BITMASK die beiden Bitmaps wiederum in (neu angelegte) Speicherkontexte ein. Der erste Aufruf von *BitBlt* verknüpft das Masken-Bitmap mit dem Inhalt des Bildschirms:

```
BitBlt (hdc, x, y, cxBitmap, cyBitmap, hdcMemMask, 0, 0, 0x220326) ; // Ziel = Ziel AND NOT Quelle
```

Der dabei verwendete ROP-Code hat von den Microsoft-Entwicklern keinen Namen spendiert bekommen, d.h. wurde direkt aus der ROP3-Tabelle des Win32-SDK herausgesucht. Die logische Operation (in der Terminologie des SDK) ist D & ~S: Die Quelle wird also invertiert (~S – aus den

»1«-Bits wird »0« und umgekehrt, was in den allermeisten Fällen nur bei monochromen Bitmaps sinnvolle Ergebnisse hat) und dann über ein bitweises AND mit dem aktuellen Inhalt des Ziels verknüpft. Das Ergebnis ist eine schwarze Ellipse an der Stelle auf dem Bildschirm, an der hinterher die Pixel des Bildes erscheinen sollen. Der zweite Aufruf von *BitBlt* ist vergleichsweise einfach:

```
BitBlt (hdc, x, y, cxBitmap, cyBitmap, hdcMemImag, 0, 0, SRCPAINT) ;  // Ziel = Ziel OR Quelle
```

Da das Programm bei WM_CREATE sämtliche unerwünschten Teile des Bildes auf Schwarz gesetzt hat (was bei *allen* Bitmap-Formaten dem Wert 0 entspricht), bleibt der Hintergrund in diesen Bereichen unverändert (x | 0 = x) . Der Rest des Bildes – mithin der erwünschte Teil – landet in der schwarzen Ellipse (und wird dort seinerseits unverändert darstellt – 0 | x = x).

Im richtigen Leben wird man natürlich nur selten mit einem Umriß hinkommen, der sich über eine einfache GDI-Funktion wie *Ellipse* konstruieren läßt. Für Bilder mit komplexeren Umrissen sind zwei Techniken denkbar:

- Legen Sie in ihrem Zeichenprogramm nicht nur das Bild, sondern auch das gewünschte Masken-Bitmap an, und speichern Sie beide Bitmaps als Ressource.
- Reservieren Sie eine der (knalligen) Standardfarben von Windows als Transparenzfarbe, die Sie in Ihrem Malprogramm dann zum Ausfüllen aller Bereiche des Bildes benutzen, die nicht auf dem Bildschirm erscheinen sollen. Das Masken-Bitmap wird wie gehabt im Programm (mit der gleichen Größe wie das Bild) angelegt und über die folgenden Aufrufe gezeichnet:

```
SetBkColor(hdcMemImag, TransparentColor);  // Quell-Kontext(!)
BitBlt(hdcMemMask, 0, 0, cxBitmap, cyBitmap, hdcMemImag, 0, 0, SRCCOPY);
```

Diese Technik macht sich eine (von den Windows-Entwicklern bewußt eingebaute) Eigenheit von *BitBlt* und *StretchBlt* zunutze (die im SDK-Abschnitt über *StretchBlt* beschrieben ist): Beim Zeichen in ein monochromes Bitmap setzen diese Funktionen die Pixel, die der Hintergrundfarbe des Quell-Kontexts entsprechen, auf Weiß; alles andere wird schwarz. Wenn Sie Matthew einmal mit einem Masken-Bitmap bewundern wollen, das sämtliche reinweißen Pixel (RGB(255,255,255)) als transparent betrachtet, dann ersetzen das Auffüllen mit Schwarz und das Zeichnen der Ellipse durch:

```
// Weiß als Transparenzfarbe
SetBkColor(hdcMemImag, RGB(255,255,255));
// Alle weißen Pixel als Weiß, der Rest schwarz
BitBlt(hdcMemMask, 0, 0, cxBitmap, cyBitmap, hdcMemImag, 0, 0, SRCCOPY);
// Masken-Bitmap invertieren
BitBlt(hdcMemMask, 0, 0, cxBitmap, cyBitmap, hdcMemMask, 0, 0, NOTSRCCOPY);
```

In diesem Fall ließen sich die beiden *BitBlts* auch zusammenfassen:

```
// Alle weißen Pixel als Weiß, der Rest schwarz, und gleich während der Operation umdrehen
BitBlt(hdcMemMask, 0, 0, cxBitmap, cyBitmap, hdcMemImag, 0, 0, NOTSRCCOPY);
```

Wenn Ihr Programm ausschließlich für Windows NT gedacht ist, können Sie die von MASKBLT verwendeten *BitBlt*-Aufrufe auch durch eine Funktion namens *MaskBlt* ersetzen und so mit einem etwas kürzeren Quelltext auskommen. Windows NT definiert noch einige weitere Routinen im Umfeld von *BitBlt*, die bei Windows 98 kein Äquivalent haben – wie etwa die Funktion *PlgBlt* (»parallelogram blt«), die Bitmaps bei der Ausgabe zu Parallelogrammen verzerren und rotieren kann.

Falls Sie bei BITMASK anstelle meines Neffen nur einen schattenhaften Umriß mit Schwarz, Weiß und drei oder vier Graustufen zu sehen bekommen, dann liegt das übrigens aller Wahrscheinlichkeit nach daran, dass Ihre Grafikkarte mit 256 Farben oder weniger läuft. Bei 16 Farben ist hier wirklich nicht mehr zu wollen, bei 256 Farben läßt sich die Palette des Systems dagegen von einer Anwendung auf Graustufen umstellen. Zum Wie komme ich in Kapitel 16.

Animation

Auch wenn sich die GDI eigentlich auf statische Objekte beschränkt (und die für echte Animation benötigten Techniken wie das Umschalten zwischen Bildseiten, die Prüfung des vertikalen Bildrücklaufs oder gar Sprites Microsofts DirectX überläßt), heißt das natürlich nicht, dass man völlig auf Bewegung verzichten müßte: Mit Bit-Blocktransfers läßt sich das eine oder andere Bildchen sehr wohl auch hier durch den Bildspeicher schieben.

Wahrscheinlich ahnen Sie schon, was nun auf Sie zukommt: Das im folgenden wiedergegebene Programm BOUNCE konstruiert einen kleinen Ball, den es in seinem Anwendungsbereich herumspringen und vom Fensterrahmen abprallen läßt. Die Geschwindigkeit der Bewegung wird über einen Timer gesteuert, das Bild selbst über einen recht einfachen Blocktransfer aus einem Speicherkontext erzeugt.

BOUNCE.C

```
/*------------------------------------------
   BOUNCE.C - Ein springender Ball im Fenster
             (c) Charles Petzold, 1998
  ------------------------------------------*/

#include <windows.h>
#define ID_TIMER    1

LRESULT CALLBACK WndProc (HWND, UINT, WPARAM, LPARAM) ;

int WINAPI WinMain (HINSTANCE hInstance, HINSTANCE hPrevInstance,
                    PSTR szCmdLine, int iCmdShow)
{
     static TCHAR szAppName[] = TEXT ("Bounce") ;
     HWND         hwnd ;
     MSG          msg ;
     WNDCLASS     wndclass ;

     wndclass.style         = CS_HREDRAW | CS_VREDRAW ;
     wndclass.lpfnWndProc   = WndProc ;
     wndclass.cbClsExtra    = 0 ;
     wndclass.cbWndExtra    = 0 ;
     wndclass.hInstance     = hInstance ;
     wndclass.hIcon         = LoadIcon (NULL, IDI_APPLICATION) ;
     wndclass.hCursor       = LoadCursor (NULL, IDC_ARROW) ;
     wndclass.hbrBackground = (HBRUSH) GetStockObject (WHITE_BRUSH) ;
     wndclass.lpszMenuName  = NULL ;
     wndclass.lpszClassName = szAppName ;

     if (!RegisterClass (&wndclass))
     {    // UNICODE-Compilierung ist die einzige realistische Fehlermöglichkeit
          MessageBox (NULL, TEXT ("Programm arbeitet mit Unicode und setzt Windows NT voraus!"),
                      szAppName, MB_ICONERROR) ;
          return 0 ;
```

```
     }

     hwnd = CreateWindow (szAppName, TEXT ("Springender Ball"),
                          WS_OVERLAPPEDWINDOW,
                          CW_USEDEFAULT, CW_USEDEFAULT,
                          CW_USEDEFAULT, CW_USEDEFAULT,
                          NULL, NULL, hInstance, NULL) ;

     ShowWindow (hwnd, iCmdShow) ;
     UpdateWindow (hwnd) ;

     while (GetMessage (&msg, NULL, 0, 0))
     {
          TranslateMessage (&msg) ;
          DispatchMessage (&msg) ;
     }
     return msg.wParam ;
}

LRESULT CALLBACK WndProc (HWND hwnd, UINT iMsg, WPARAM wParam, LPARAM lParam)
{
     static HBITMAP hBitmap ;
     static int     cxClient, cyClient, xCenter, yCenter, cxTotal, cyTotal,
                    cxRadius, cyRadius, cxMove, cyMove, xPixel, yPixel ;
     HBRUSH         hBrush ;
     HDC            hdc, hdcMem ;
     int            iScale ;

     switch (iMsg)
     {
     case WM_CREATE:
          hdc = GetDC (hwnd) ;
          xPixel = GetDeviceCaps (hdc, ASPECTX) ;
          yPixel = GetDeviceCaps (hdc, ASPECTY) ;
          ReleaseDC (hwnd, hdc) ;

          SetTimer (hwnd, ID_TIMER, 50, NULL) ;
          return 0 ;

     case WM_SIZE:
          xCenter = (cxClient = LOWORD (lParam)) / 2 ;
          yCenter = (cyClient = HIWORD (lParam)) / 2 ;

          iScale = min (cxClient * xPixel, cyClient * yPixel) / 16 ;

          cxRadius = iScale / xPixel ;
          cyRadius = iScale / yPixel ;

          cxMove = max (1, cxRadius / 2) ;
          cyMove = max (1, cyRadius / 2) ;

          cxTotal = 2 * (cxRadius + cxMove) ;
          cyTotal = 2 * (cyRadius + cyMove) ;

          if (hBitmap)
               DeleteObject (hBitmap) ;
          hdc = GetDC (hwnd) ;
          hdcMem = CreateCompatibleDC (hdc) ;
          hBitmap = CreateCompatibleBitmap (hdc, cxTotal, cyTotal) ;
```

```
          ReleaseDC (hwnd, hdc) ;

          SelectObject (hdcMem, hBitmap) ;
          Rectangle (hdcMem, -1, -1, cxTotal + 1, cyTotal + 1) ;

          hBrush = CreateHatchBrush (HS_DIAGCROSS, 0) ;
          SelectObject (hdcMem, hBrush) ;
          SetBkColor (hdcMem, RGB (255, 0, 255)) ;
          Ellipse (hdcMem, cxMove, cyMove, cxTotal - cxMove, cyTotal - cyMove) ;
          DeleteDC (hdcMem) ;
          DeleteObject (hBrush) ;
          return 0 ;

     case WM_TIMER:
          if (!hBitmap)
               break ;

          hdc = GetDC (hwnd) ;
          hdcMem = CreateCompatibleDC (hdc) ;
          SelectObject (hdcMem, hBitmap) ;

          BitBlt (hdc, xCenter - cxTotal / 2, yCenter - cyTotal / 2,
                 cxTotal, cyTotal, hdcMem, 0, 0, SRCCOPY) ;

          ReleaseDC (hwnd, hdc) ;
          DeleteDC (hdcMem) ;

          xCenter += cxMove ;
          yCenter += cyMove ;

          if ((xCenter + cxRadius >= cxClient) || (xCenter - cxRadius <= 0))
               cxMove = -cxMove ;

          if ((yCenter + cyRadius >= cyClient) || (yCenter - cyRadius <= 0))
               cyMove = -cyMove ;

          return 0 ;

     case WM_DESTROY:
          if (hBitmap)
               DeleteObject (hBitmap) ;

          KillTimer (hwnd, ID_TIMER) ;
          PostQuitMessage (0) ;
          return 0 ;
     }
     return DefWindowProc (hwnd, iMsg, wParam, lParam) ;
}
```

BOUNCE legt den Durchmesser des Balls auf 1/16 der Breite bzw. Höhe des Anwendungsbereichs fest, wobei jeweils der kleinere der beiden Werte ausschlaggebend ist und konstruiert ihn bei Größenveränderungen des Fensters (WM_SIZE) neu. Das dazu verwendete Bitmap ist auf jeder der vier Seiten des Balls um ein Viertel des Radius vergrößert – und da Bewegungen ebenfalls mit einem Viertel des Radius stattfinden, sorgen diese »Ränder« dafür, dass die jeweils vorherige Abbildung wieder gelöscht wird.

Nachdem dieses Bitmap in den Speicherkontext eingesetzt ist, wird es erst einmal mit Weiß gefüllt:

```
Rectangle (hdcMem, -1, -1, cxTotal + 1, cyTotal + 1) ;
```

Ein explizites Setzen des Zeichenstifts oder der Hintergrundfarbe sucht man hier vergebens: Der (standardmäßig schwarz) gezeichnete Rahmen liegt außerhalb des Bitmaps und wird deshalb abgeschnitten – was übrigbleibt, ist sein Inneres, das Windows mit der Standard-Hintergrundfarbe Weiß ausfüllt.

Danach setzt das Programm das vordefinierte Füllmuster HS_DIAGCROSS (kreuzende Schräglinien) in den Kontext ein und zeichnet den Ball in der Mitte des Bitmaps:

```
Ellipse (hdcMem, cxMove, cyMove, cxTotal - cxMove, cyTotal - cyMove) ;
```

Da dabei um den Ball herum ein weißer Rand bleibt, dessen Größe der maximal in einem Schritt möglichen Bewegung entspricht, kann sich BOUNCE ein explizites Löschen des jeweils »alten« Abbildes sparen. Das Zeichnen an der neuen Position erfolgt über einen schlichten Aufruf von *BitBlt* mit dem ROP-Code SRCCOPY:

```
BitBlt (hdc, xCenter-cxTotal / 2, yCenter-cyTotal / 2, cxTotal, cyTotal, hdcMem, 0, 0, SRCCOPY) ;
```

Einfacher geht es nun wirklich nicht mehr – und überwältigend sind die Ergebnisse deshalb auch nicht gerade. Wenn Sie sich ernsthaft für bewegte Grafik interessieren, sollten Sie einige andere ROP-Codes einmal näher untersuchen – wie beispielsweise den Code SCRINVERT, der für ein exklusives OR zwischen Quelle und Ziel steht. Weiter geht es dann mit speziellen Animationstechniken wie *AnimatePalette*, auch nachträglich direkt manipulierbaren Bitmaps (*CreateDIBSection*) – und wenn Sie wirklich Großes vorhaben, denn werden Sie über kurz oder lang wohl doch bei DirectX landen.

Bitmaps außerhalb von Fenstern

Im Zusammenhang mit dem Programm WHATCLR (Kapitel 8) habe ich die rhetorische Frage gestellt, ob man über einen Gerätekontext für den Bildschirm nicht nur Pixel anderer Fenster lesen, sondern auch schreiben kann – und gleich die Antwort darauf gegeben, dass das zwar möglich sei, aber von außerordentlich schlechten Manieren zeuge.

Also... Wenn man sich schon danebenbenimmt, dann aber richtig. Das in Abbildung 14.21 aufgelistete Programm SCRAMBLE zeigt, dass Schreibaktionen in Fenster anderer Anwendungen nicht nur über *SetPixel*, sondern auch über Speicherkontexte und *BitBlt* möglich sind – und läßt (zumindest für einen Moment) nicht mehr viel vom Desktop übrig.

SCRAMBLE.C

```
/*----------------------------------------------------------
   SCRAMBLE.C -- Zer- (und Ent-)hackprogramm für den Bildschirm
                 (c) Charles Petzold, 1998
  ----------------------------------------------------------*/

#include <windows.h>

#define NUM 300

LRESULT CALLBACK WndProc (HWND, UINT, WPARAM, LPARAM) ;

int WINAPI WinMain (HINSTANCE hInstance, HINSTANCE hPrevInstance,
                    PSTR szCmdLine, int iCmdShow)
```

```
{
    static int iKeep [NUM][4] ;
    HDC        hdcScr, hdcMem ;
    int        cx, cy ;
    HBITMAP    hBitmap ;
    HWND       hwnd ;
    int        i, j, x1, y1, x2, y2 ;

    if (LockWindowUpdate (hwnd = GetDesktopWindow ()))
    {
        hdcScr  = GetDCEx (hwnd, NULL, DCX_CACHE | DCX_LOCKWINDOWUPDATE) ;
        hdcMem  = CreateCompatibleDC (hdcScr) ;
        cx      = GetSystemMetrics (SM_CXSCREEN) / 10 ;
        cy      = GetSystemMetrics (SM_CYSCREEN) / 10 ;
        hBitmap = CreateCompatibleBitmap (hdcScr, cx, cy) ;

        SelectObject (hdcMem, hBitmap) ;

        srand ((int) GetCurrentTime ()) ;

        for (i = 0 ; i < 2   ; i++)
        for (j = 0 ; j < NUM ; j++)
        {
            if (i == 0)
            {
                iKeep [j] [0] = x1 = cx * (rand () % 10) ;
                iKeep [j] [1] = y1 = cy * (rand () % 10) ;
                iKeep [j] [2] = x2 = cx * (rand () % 10) ;
                iKeep [j] [3] = y2 = cy * (rand () % 10) ;
            }
            else
            {
                x1 = iKeep [NUM - 1 - j] [0] ;
                y1 = iKeep [NUM - 1 - j] [1] ;
                x2 = iKeep [NUM - 1 - j] [2] ;
                y2 = iKeep [NUM - 1 - j] [3] ;
            }
            BitBlt (hdcMem,  0,  0, cx, cy, hdcScr, x1, y1, SRCCOPY) ;
            BitBlt (hdcScr, x1, y1, cx, cy, hdcScr, x2, y2, SRCCOPY) ;
            BitBlt (hdcScr, x2, y2, cx, cy, hdcMem,  0,  0, SRCCOPY) ;

            Sleep (10) ;
        }

        DeleteDC (hdcMem) ;
        ReleaseDC (hwnd, hdcScr) ;
        DeleteObject (hBitmap) ;

        LockWindowUpdate (NULL) ;
    }
    return FALSE ;
}
```

Abbildung 14.21: *Das Programm* SCRAMBLE

SCRAMBLE definiert kein eigenes Fenster, kommt konsequent auch ohne Window-Prozedur aus und erledigt sämtliche Operationen im Hauptprogramm *WinMain*, um danach sang- und klanglos zu enden. Der erste Schritt in *WinMain* besteht aus dem Ermitteln des Fensterhandles für den

Desktop (der seinerseits den gesamten Bildschirm bedeckt). Dieser Handle wird dann für einen Aufruf der Funktion *LockWindowUpdate* verwendet, die den Desktop (und damit den Bildschirm) gegen Aktualisierungen sperrt:

```
if (LockWindowUpdate (hwnd = GetDesktopWindow ()))
```

Wenn das funktioniert hat, holt sich SCRAMBLE einen Gerätekontext für das Desktop-Fenster. Dazu wird die Funktion *GetDCEx* mit dem Flag DCX_LOCKWINDOWUPDATE benutzt: SCRAMBLE wird darüber (temporär) zum einzigen Programm, das auf den Bildschirm schreiben darf.

Danach ermittelt das Programm die Dimensionen des Bildschirms, dividiert sie durch 10 und verwendet die erhaltenen Werte zur Dimensionierung eines Bitmaps:

```
cx      = GetSystemMetrics (SM_CXSCREEN) / 10 ;
cy      = GetSystemMetrics (SM_CYSCREEN) / 10 ;
hBitmap = CreateCompatibleBitmap (hdcScr, cx, cy) ;
```

Dieses Bitmap, das nun exakt 1 Hundertstel des Bildschirms aufnehmen kann, wird danach in den Speicherkontext eingesetzt:

```
SelectObject (hdcMem, hBitmap) ;
```

Im ersten Durchlauf der folgenden Schleife erzeugt das Programm dann jeweils vier Werte über den Standard-Zufallszahlengenerator der C-Bibliothek, die ganzzahlige Vielfache dieser Größe sind:

```
iKeep [j] [0] = x1 = cx * (rand () % 10) ;
iKeep [j] [1] = y1 = cy * (rand () % 10) ;
iKeep [j] [2] = x2 = cx * (rand () % 10) ;
iKeep [j] [3] = y2 = cy * (rand () % 10) ;
```

Damit sind zwei Positionen (»linke obere Ecken«) von Bildschirm-Ausschnitten festgelegt, die das Programm nun über drei Aufrufe von *BitBlt* nach der üblichen Methode (*Temp = A; A = B; B = Temp;*) miteinander vertauscht, wobei der Speicherkontext die Rolle der temporären Variablen übernimmt:

```
BitBlt (hdcMem,  0,  0, cx, cy, hdcScr, x1, y1, SRCCOPY) ;
BitBlt (hdcScr, x1, y1, cx, cy, hdcScr, x2, y2, SRCCOPY) ;
BitBlt (hdcScr, x2, y2, cx, cy, hdcMem,  0,  0, SRCCOPY) ;
```

Dieses Procedere wiederholt SCRAMBLE mit jeweils neuen Werten für *x1..y2* insgesamt 300mal und stellt so sicher, dass auch wirklich ein ordentliches Durcheinander entsteht. Da der Autor dieses Programms ein ordentlicher Mensch ist, werden die Originalpositionen der einzelnen Rechtecke in einem Array (*iKeep*) festgehalten – und in einem zweiten Schleifendurchlauf wieder gesetzt. Am Ende dieses zweiten Durchlaufs steht dann auch das Entsperren des Bildschirms des Desktops über den Aufruf von *LockWindowUpdate* mit dem Parameter NULL.

Ob man mit dieser Technik auch etwas Vernünftigeres anfangen kann? Durchaus. Das wohl gängigste Beispiel dafür ist eine Lupe, mit der sich Bildschirmausschnitte vergrößert darstellen lassen. Das in Abbildung 14.22 aufgelistete Programm BLOWUP tut ebendieses: Es erwartet, dass Sie über einem beliebigen anderen Fenster mit der Maus einen rechteckigen Ausschnitt aufziehen, kopiert diesen Ausschnitt in ein eigenes Bitmap, und stellt dieses Bitmap bei WM_PAINT in seinem eigenen Fenster dar. Die Skalierung wird dabei über die Größenverhältnisse des Ausschnitts und des eigenen Fensters festlegt: Je kleiner der Ausschnitt bzw. je größer das Fenster, desto kräftiger werden die einzelnen Pixel aufgeblasen. (Daher auch der Name des Programms. Ein Beispiel für eine kräftige Vergrößerung finden Sie in Abbildung 14.23 auf Seite 685)

BLOWUP.C

```
/*--------------------------------------
   BLOWUP.C -- Bildschirmlupe
               (c) Charles Petzold, 1998
  ---------------------------------------*/

#include <windows.h>
#include <stdlib.h>      // abs-Makro
#include "resource.h"

LRESULT CALLBACK WndProc (HWND, UINT, WPARAM, LPARAM) ;

int WINAPI WinMain (HINSTANCE hInstance, HINSTANCE hPrevInstance, PSTR szCmdLine, int iCmdShow)
{
     static TCHAR szAppName [] = TEXT ("Blowup") ;
     HACCEL       hAccel ;
     HWND         hwnd ;
     MSG          msg ;
     WNDCLASS     wndclass ;

     wndclass.style         = CS_HREDRAW | CS_VREDRAW ;
     wndclass.lpfnWndProc   = WndProc ;
     wndclass.cbClsExtra    = 0 ;
     wndclass.cbWndExtra    = 0 ;
     wndclass.hInstance     = hInstance ;
     wndclass.hIcon         = LoadIcon (NULL, IDI_APPLICATION) ;
     wndclass.hCursor       = LoadCursor (NULL, IDC_ARROW) ;
     wndclass.hbrBackground = (HBRUSH) GetStockObject (WHITE_BRUSH) ;
     wndclass.lpszMenuName  = szAppName ;
     wndclass.lpszClassName = szAppName ;

     if (!RegisterClass (&wndclass))
     {    // UNICODE-Compilierung ist die einzige realistische Fehlermöglichkeit
          MessageBox (NULL, TEXT ("Programm arbeitet mit Unicode und setzt Windows NT voraus!"),
                      szAppName, MB_ICONERROR) ;
          return 0 ;
     }

     hwnd = CreateWindow (szAppName, TEXT ("Bildschirmlupe"),
                          WS_OVERLAPPEDWINDOW,
                          CW_USEDEFAULT, CW_USEDEFAULT,
                          CW_USEDEFAULT, CW_USEDEFAULT,
                          NULL, NULL, hInstance, NULL) ;

     ShowWindow (hwnd, iCmdShow) ;
     UpdateWindow (hwnd) ;

     hAccel = LoadAccelerators (hInstance, szAppName) ;

     while (GetMessage (&msg, NULL, 0, 0))
     {
          if (!TranslateAccelerator (hwnd, hAccel, &msg))
```

```
          {
               TranslateMessage (&msg) ;
               DispatchMessage (&msg) ;
          }
     }
     return msg.wParam ;
}

void InvertBlock (HWND hwndScr, HWND hwnd, POINT ptBeg, POINT ptEnd)
{
     HDC hdc ;

     hdc = GetDCEx (hwndScr, NULL, DCX_CACHE | DCX_LOCKWINDOWUPDATE) ;
     ClientToScreen (hwnd, &ptBeg) ;
     ClientToScreen (hwnd, &ptEnd) ;
     PatBlt (hdc, ptBeg.x, ptBeg.y, ptEnd.x - ptBeg.x, ptEnd.y - ptBeg.y, DSTINVERT) ;
     ReleaseDC (hwndScr, hdc) ;
}

HBITMAP CopyBitmap (HBITMAP hBitmapSrc)
{
     BITMAP  bitmap ;
     HBITMAP hBitmapDst ;
     HDC     hdcSrc, hdcDst ;

     GetObject (hBitmapSrc, sizeof (BITMAP), &bitmap) ;
     hBitmapDst = CreateBitmapIndirect (&bitmap) ;

     hdcSrc = CreateCompatibleDC (NULL) ;
     hdcDst = CreateCompatibleDC (NULL) ;

     SelectObject (hdcSrc, hBitmapSrc) ;
     SelectObject (hdcDst, hBitmapDst) ;

     BitBlt (hdcDst, 0, 0, bitmap.bmWidth, bitmap.bmHeight,
             hdcSrc, 0, 0, SRCCOPY) ;

     DeleteDC (hdcSrc) ;
     DeleteDC (hdcDst) ;

     return hBitmapDst ;
}

LRESULT CALLBACK WndProc (HWND hwnd, UINT message, WPARAM wParam, LPARAM lParam)
{
     static BOOL    bCapturing, bBlocking ;
     static HBITMAP hBitmap ;
     static HWND    hwndScr ;
     static POINT   ptBeg, ptEnd ;
     BITMAP         bm ;
     HBITMAP        hBitmapClip ;
     HDC            hdc, hdcMem ;
     int            iEnable ;
     PAINTSTRUCT    ps ;
     RECT           rect ;

     switch (message)
     {
     case WM_LBUTTONDOWN:
```

```
          if (!bCapturing)
          {
               if (LockWindowUpdate (hwndScr = GetDesktopWindow ()))
               {
                    bCapturing = TRUE ;
                    SetCapture (hwnd) ;
                    SetCursor (LoadCursor (NULL, IDC_CROSS)) ;
               }
               else
                    MessageBeep (0) ;
          }
          return 0 ;

     case WM_RBUTTONDOWN:
          if (bCapturing)
          {
               bBlocking = TRUE ;
               ptBeg.x = LOWORD (lParam) ;
               ptBeg.y = HIWORD (lParam) ;
               ptEnd = ptBeg ;
               InvertBlock (hwndScr, hwnd, ptBeg, ptEnd) ;
          }
          return 0 ;

     case WM_MOUSEMOVE:
          if (bBlocking)
          {
               InvertBlock (hwndScr, hwnd, ptBeg, ptEnd) ;
               ptEnd.x = LOWORD (lParam) ;
               ptEnd.y = HIWORD (lParam) ;
               InvertBlock (hwndScr, hwnd, ptBeg, ptEnd) ;
          }
          return 0 ;

     case WM_LBUTTONUP:
     case WM_RBUTTONUP:
          if (bBlocking)
          {
               InvertBlock (hwndScr, hwnd, ptBeg, ptEnd) ;
               ptEnd.x = LOWORD (lParam) ;
               ptEnd.y = HIWORD (lParam) ;

               if (hBitmap)
               {
                    DeleteObject (hBitmap) ;
                    hBitmap = NULL ;
               }

               hdc = GetDC (hwnd) ;
               hdcMem = CreateCompatibleDC (hdc) ;
               hBitmap = CreateCompatibleBitmap (hdc,
                                   abs (ptEnd.x - ptBeg.x),
                                   abs (ptEnd.y - ptBeg.y)) ;

               SelectObject (hdcMem, hBitmap) ;

               StretchBlt (hdcMem, 0, 0, abs (ptEnd.x - ptBeg.x),
                                         abs (ptEnd.y - ptBeg.y),
                           hdc, ptBeg.x, ptBeg.y, ptEnd.x - ptBeg.x,
```

```
                                   ptEnd.y - ptBeg.y, SRCCOPY) ;

          DeleteDC (hdcMem) ;
          ReleaseDC (hwnd, hdc) ;
          InvalidateRect (hwnd, NULL, TRUE) ;
     }
     if (bBlocking || bCapturing)
     {
          bBlocking = bCapturing = FALSE ;
          SetCursor (LoadCursor (NULL, IDC_ARROW)) ;
          ReleaseCapture () ;
          LockWindowUpdate (NULL) ;
     }
     return 0 ;

case WM_INITMENUPOPUP:
     iEnable = IsClipboardFormatAvailable (CF_BITMAP) ? MF_ENABLED : MF_GRAYED ;
     EnableMenuItem ((HMENU) wParam, IDM_EDIT_PASTE, iEnable) ;

     iEnable = hBitmap ? MF_ENABLED : MF_GRAYED ;
     EnableMenuItem ((HMENU) wParam, IDM_EDIT_CUT,    iEnable) ;
     EnableMenuItem ((HMENU) wParam, IDM_EDIT_COPY,   iEnable) ;
     EnableMenuItem ((HMENU) wParam, IDM_EDIT_DELETE, iEnable) ;
     return 0 ;

case WM_COMMAND:
     switch (LOWORD (wParam))
     {
     case IDM_EDIT_CUT:
     case IDM_EDIT_COPY:
          if (hBitmap)
          {
               hBitmapClip = CopyBitmap (hBitmap) ;
               OpenClipboard (hwnd) ;
               EmptyClipboard () ;
               SetClipboardData (CF_BITMAP, hBitmapClip) ;
          }
          if (LOWORD (wParam) == IDM_EDIT_COPY)
               return 0 ;
                              // IDM_EDIT_CUT -> IDM_EDIT_DELETE
     case IDM_EDIT_DELETE:
          if (hBitmap)
          {
               DeleteObject (hBitmap) ;
               hBitmap = NULL ;
          }
          InvalidateRect (hwnd, NULL, TRUE) ;
          return 0 ;

     case IDM_EDIT_PASTE:
          if (hBitmap)
          {
               DeleteObject (hBitmap) ;
               hBitmap = NULL ;
          }
          OpenClipboard (hwnd) ;
          hBitmapClip = GetClipboardData (CF_BITMAP) ;

          if (hBitmapClip)
```

```
                hBitmap = CopyBitmap (hBitmapClip) ;

            CloseClipboard () ;
            InvalidateRect (hwnd, NULL, TRUE) ;
            return 0 ;
        }
        break ;

    case WM_PAINT:
        hdc = BeginPaint (hwnd, &ps) ;

        if (hBitmap)
        {
            GetClientRect (hwnd, &rect) ;

            hdcMem = CreateCompatibleDC (hdc) ;
            SelectObject (hdcMem, hBitmap) ;
            GetObject (hBitmap, sizeof (BITMAP), (PSTR) &bm) ;
            SetStretchBltMode (hdc, COLORONCOLOR) ;

            StretchBlt (hdc,    0, 0, rect.right, rect.bottom,
                        hdcMem, 0, 0, bm.bmWidth, bm.bmHeight, SRCCOPY) ;

            DeleteDC (hdcMem) ;
        }
        EndPaint (hwnd, &ps) ;
        return 0 ;

    case WM_DESTROY:
        if (hBitmap)
            DeleteObject (hBitmap) ;

        PostQuitMessage (0) ;
        return 0 ;
    }
    return DefWindowProc (hwnd, message, wParam, lParam) ;
}
```

BLOWUP.RC (Auszüge)

```
//Microsoft Developer Studio generated resource script.

#include "resource.h"
#include "afxres.h"

/////////////////////////////////////////////////////////////////////////////
// Menu

BLOWUP MENU DISCARDABLE
BEGIN
    POPUP "&Bearbeiten"
    BEGIN
        MENUITEM "A&usschneiden\tStrg+X",      IDM_EDIT_CUT
        MENUITEM "&Kopieren\tStrg+C",          IDM_EDIT_COPY
        MENUITEM "E&infügen\tStrg+V",          IDM_EDIT_PASTE
        MENUITEM "&Löschen\tEntf",             IDM_EDIT_DELETE
    END
END
```

```
/////////////////////////////////////////////////////////////////////////////
// Accelerator

BLOWUP ACCELERATORS DISCARDABLE
BEGIN
    "C",            IDM_EDIT_COPY,          VIRTKEY, CONTROL, NOINVERT
    "V",            IDM_EDIT_PASTE,         VIRTKEY, CONTROL, NOINVERT
    VK_DELETE,      IDM_EDIT_DELETE,        VIRTKFY, NOINVERT
    "X",            IDM_EDIT_CUT,           VIRTKEY, CONTROL, NOINVERT
END
```

RESOURCE.H (Auszüge)

```
// Microsoft Developer Studio generated include file.
// Used by Blowup.rc

#define IDM_EDIT_CUT                    40001
#define IDM_EDIT_COPY                   40002
#define IDM_EDIT_PASTE                  40003
#define IDM_EDIT_DELETE                 40004
```

Abbildung 14.22: *Das Programm* BLOWUP

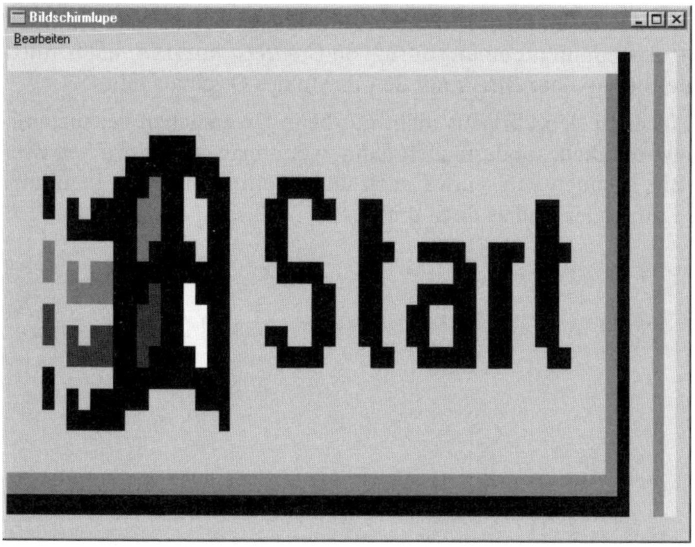

Abbildung 14.23: *Ein Beispiel für die Ausgaben von* BLOWUP

Um mit BLOWUP einen Bildausschnitt einzufangen, müssen Sie folgendermaßen vorgehen:

1. Setzen Sie den Mauszeiger in den Anwendungsbereich des Fensters von BLOWUP und drücken Sie die linke Maustaste. Der Mauszeiger sollte sich nun in ein Fadenkreuz verwandeln.
2. Halten Sie die linke Maustaste gedrückt und setzen Sie den Mauszeiger in die obere linke Ecke des zu kopierenden Bereichs (der sich an beliebiger Stelle im Bildschirm befinden kann).
3. Drücken Sie zusätzlich die rechte Maustaste (die linke Maustaste bleibt nach wie vor gedrückt) und bewegen Sie den Mauszeiger in die untere rechte Ecke des zu kopierenden Bereichs.
4. Lösen Sie beide Maustasten. Die Reihenfolge spielt dabei keine Rolle.

BLOWUP kopiert nun den Ausschnitt, setzt den Mauszeiger wieder auf die gewohnte Pfeilform zurück und stellt schließlich die Kopie in seinem eigenen Fenster dar.

Durch andere Start- und Endpunkte lassen sich eine Reihe weiterer Effekte erzielen: Wenn Sie den Cursor von der oberen rechten Ecke in die untere linke Ecke bewegen, ist das Ergebnis ein horizontal gespiegeltes Bild. Eine Bewegung von der unteren linken in die obere rechte Ecke stellt den Ausschnitt auf den Kopf, und eine Bewegung von der unteren rechten in die obere linke Ecke kombiniert die beiden Spiegelungen miteinander.

Neben dem (bei Win32 etwas schwieriger gewordenen) Einfangen der Maus und dem Kopieren von Ausschnitten des Bildschirms demonstriert BLOWUP eine Technik, die ich bis dato nur am Rande erwähnt habe: Das Programm stellt das kopierte Bitmap über die Zwischenablage zur Verfügung; die Wahlpunkte des Menüs *Bearbeiten* werden bei der Bearbeitung von WM_INITMENUPOPUP je nach Stand der Dinge aktiviert bzw. abgeschaltet.

Was daran neu sein soll, nachdem Kopien in und von der Zwischenablage in Kapitel 12 ausführlichst abgehandelt wurden? Letztendlich geht es nur um ein Detail: Bei Bitmaps geht es nicht um den Handle zu einem globalen Speicherbereich, sondern um den Handle des Bitmaps selbst. Beim Aufruf mit der Konstanten CF_BITMAP liefert *GetClipboardData* also nicht den Datentyp HGLOBAL, sondern eben HBITMAP zurück; analoges gilt für *SetClipboardData*. Die Logik ist dieselbe wie bei globalen Handles: Sowohl beim Einsetzen als auch beim Auslesen der Zwischenablage müssen Sie Kopien anlegen. BLOWUP handelt beide Fälle über eine eigene Funktion namens *CopyBitmap* ab, die die Eckdaten eines existierenden Bitmaps über *GetObject* ermittelt, die darüber besetzte BITMAP-Struktur dann für einen Aufruf von *CreateBitmapIndirect* benutzt und schließlich das neu angelegte Bitmap über *BitBlt* mit den Pixeln des Originals füllt.

Bildschirmlupen wie BLOWUP machen sich übrigens nicht nur beim Untersuchen der unzähligen kleinen Bitmaps von Windows nützlich, sondern auch dann, wenn man seinen eigenen Kreationen etwas genauer auf die Bits schauen will – etwa nach dem Motto: »Sitzt das Icon jetzt zwei Rasterzeilen unterhalb der Linie, oder sind es doch drei?«

15 Geräteunabhängige Bitmaps

Dass die aus den Zeiten von Windows 1.0 stammenden geräteabhängigen Bitmaps (DDBs für »device-dependent bitmaps«) auch unter Windows 98 und Windows NT noch sinnvoll sein können, hat das vorangehende Kapitel hoffentlich ausreichend demonstriert. Wie man solche Bitmaps als Dateien speichert bzw. liest, habe ich dort allerdings mit Absicht komplett unter den Tisch fallen lassen: Natürlich gibt es dafür entsprechende Techniken und Tricks – die heutzutage aber (Gott sei Dank) samt und sonders auf dem Müllhaufen der Geschichte liegen. Wie in Kapitel 14 erläutert, sind DDBs für den Austausch zwischen verschiedenen Systemen herzlich ungeeignet, weil ihr Speicherformat weitgehend von der Grafikkarte und dem Videomodus des Systems bestimmt wird, auf dem man sie erzeugt; außerdem fehlt ihnen eine Tabelle, die die Zuordnung von Pixelwerten zu Farben festlegt. Deshalb machen DDBs ausschließlich für Bitmaps Sinn, die ein Programm zur Laufzeit (auf welche Weise auch immer) erzeugt, benutzt – und dann ersatzlos wieder freigibt.

Das geräte*un*abhängige Gegenstück mit dem Kürzel DIB (für »device-independent bitmap«) wurde zusammen mit der Windows-Version 3.0 eingeführt und löst das (von den Entwicklern anfänglich gewaltig unterschätzte) Problem der Austauschbarkeit von Bitmaps zwischen verschiedenen Windows-Systemen. Die Betonung liegt dabei auf »Windows«, weil man für den Austausch zwischen verschiedenen Computern – etwa UNIX-Workstations oder dem Apple Macintosh – wesentlich komplexere Formate wie GIF oder JPEG benutzt, die sich vor allem durch eine hohe Komprimierung (und konsequent niedrigen Übertragungszeiten im Internet) auszeichnen.

Aus heutiger Sicht könnte man DIBs als einen guten Kompromiß zwischen Geräteunabhängigkeit einerseits und Geschwindigkeit andererseits bezeichnen. Windows unterstützt dieses Format direkt, d.h. definiert sowohl Funktionen zum Zeichnen von DIBs als auch für ihre Umwandlung in DDBs. (GIF, JPG und andere Formate werden nicht direkt unterstützt. Was die in den Internet Explorer und Bildbearbeitungsprogramme eingebauten Entkomprimierfunktionen für diese Dateiformate erzeugen, ist deshalb erst einmal ein DIB oder ein DDB.)

Microsoft hat für DIBs ein hauseigenes Komprimierungsschema entwickelt, das aber in der Praxis ausgesprochen selten verwendet wird: Zum einen sind die damit erreichbaren Komprimerungsraten um Größenordnungen von der mit GIF oder gar JPG erreichbaren Datendichte entfernt, zum anderen begibt man sich damit der Möglichkeit, die Pixel von DIBs in ähnlicher Weise wie bei DDBs über bitweise Operationen miteinander zu verknüpfen. Der Vollständigkeit halber geht dieses Kapitel dennoch auf diese Komprimierungstechnik ein.

Das DIB-Dateiformat

DIBs und das dazugehörige Format sind interessanterweise keine Erfindung von Windows, sondern stammen aus der Version 1.1 von OS/2 – also dem Betriebssystem, das Microsoft und IBM Mitte der 80er Jahre zusammen entwickelten. Die 1988 vorgestellte OS/2-Version 1.1 war die erste mit einer grafischen Oberfläche – dem Presentation Manager, der seinerseits eine Grafik-Programmierschnittstelle (GPI für »Graphics Programming Interface«) für Programme definierte und für Bitmaps das DIB-Format einführte. Microsoft übernahm dieses Format in die 1990 vorgestellte Windows-Version 3.0 einmal in direkter, einmal in leicht modifizierter Form. Die Originalversion wurde im weiteren als OS/2-Bitmap bezeichnet (und ist auch in den allerneuesten Windows-Versionen unverändert geblieben), die modifizierte Variante bekam das Kürzel DIB und wurde in den folgenden Windows-Versionen zum bevorzugten Standard, den Microsoft einmal bei Windows 95 bzw. Windows NT 4.0, ein zweites Mal bei Windows 98 und Windows NT 5 erweitert hat. (Zu den Details dieser Erweiterungen, bei denen es hauptsächlich um die Farbkonsistenz zwischen verschiedenen Ausgabegeräten geht, komme ich später.)

DIBs und ihre Besonderheiten lassen sich am besten anhand des Dateiformats erklären. DIB-Dateien haben üblicherweise die Namenserweiterung .BMP. In früheren Zeiten wurde zur Unterscheidung zu geräteabhängigen Bitmaps verschiedentlich die Erweiterung .DIB benutzt, die mittlerweile aber weitgehend in Vergessenheit geraten ist. Von Windows-Anwendungen direkt benutzte Bitmaps – etwa für Schaltflächen, Werkzeugleisten und Symbole – legt man üblicherweise als DIB an und speichert sie dann als Ressource in der .EXE-Datei. Icons und Cursorformen stellen eine weitere (leicht abgewandelte) Variante des DIB-Formats dar.

DIB-Dateien beginnen mit einem 14 Bytes großen Kopf, den Programme nach einer Prüfung üblicherweise verwerfen. Der Rest der Datei wird in einen durchgehenden Speicherbereich geladen und dort als *Bitmap im gepackten DIB-Format* bezeichnet (was hier nichts mit Komprimierung zu tun hat, sondern lediglich dafür steht, dass die Kopfinformationen der Datei fehlen). Gepackte DIBs lassen sich sowohl über die Zwischenablage austauschen als auch zum Anlegen von Füllmustern verwenden (und nicht zuletzt in jeder erdenklichen Weise direkt manipulieren).

Das programmgesteuerte Anlegen neuer, gepackter DIBs ist genauso möglich wie Zeichnen solcher Bitmaps über GDI-Aufrufe; die Manipulation von DIB-Daten kann entweder über Direktzugriffe auf den entsprechenden Speicherbereich oder über das Zeichnen anderer DIBs »in ein DIB hinein« (analog zum Zeichnen von DDBs) geschehen. Für DDBs stellt die GDI allerdings wesentlich mehr Funktionen zur Verfügung als für DIBs – bei letzteren geht es im wesentlichen um das Zeichnen auf den Bildschirm oder einen Drucker und die Umwandlung in geräteabhängige Bitmaps.

Tatsächlich gibt es eine recht hohe Zahl von Aufgaben in diesem Bereich, für die Windows keine eigenen Funktionen definiert. Ein Beispiel dafür ist die Formatumwandlung von 24 auf 8 Bit pro Pixel mit einer optimalen Farbpalette, die Programme nach Meinung der Windows-Entwickler selbst zu erledigen haben. Um Aufgabenstellungen dieser Art geht es denn auch in diesem und dem nächsten Kapitel – nachdem wir Grundlegendes wie Datei- und Pixelformate hinter uns gebracht haben.

DIBs im Stil von OS/2

Dieses von Windows 98 und Windows NT nach wie vor unterstützte DIB-Urformat ist – wen wundert's – auch das einfachste. Eine DIB-Datei ist hier in vier Abschnitte unterteilt:

- Dateikopf

- Informationen über das DIB
- RGB-Farbtabelle (nur für 8 Bit pro Pixel und weniger)
- Pixeldaten

Die ersten beiden Abschnitte lassen sich direkt durch C-Datenstrukturen repräsentieren, der dritte Abschnitt entspricht – wenn vorhanden – einem C-Array. Ein »gepacktes« DIB im Hauptspeicher sieht exakt genauso aus, nur dass dort der erste Abschnitt fehlt. Dieser Abschnitt hat wie bereits erwähnt einen Umfang von 14 Byte; der von WINGDI.H dafür definierte Strukturtyp heißt BITMAPFILEHEADER:

```
typedef struct tagBITMAPFILEHEADER   // bmfh
{
     WORD  bfType ;          // Signatur 0x4D42 (= "BM")
     DWORD bfSize ;          // Gesamtgröße der Datei in Bytes
     WORD  bfReserved1 ;     // immer 0
     WORD  bfReserved2 ;     // dito
     DWORD bfOffsetBits ;    // Offset der Pixeldaten innerhalb der Datei
}
BITMAPFILEHEADER, * PBITMAPFILEHEADER ;
```

Was die von mir eingesetzten Kommentare betrifft: Der erste (»bmfh«) steht für ungarische Notation, also das Kürzel, das ich im weiteren als Präfix für Variablen entsprechenden Typs verwende. Wenn Sie also in den Programmen der folgenden Abschnitte Variablen finden, deren Namen mit *pbmfh* beginnt (oder nur aus dieser Zeichenfolge besteht), dann geht es dabei um einen Zeiger (»pointer«) auf eine Struktur des Typs BITMAPFILEHEADER.

Auf die fix vorgegebene Signatur (die man üblicherweise über einen Vergleich mit einem WORD-Wert und nicht als einzelne Zeichen auswertet) und die Gesamtgröße der Datei folgen hier zwei Felder, die bei regulären DIBs grundsätzlich auf 0 gesetzt sind bzw. sein müssen. (Bei der für Cursorformen verwendeten DIB-Variante stehen hier die X- und Y-Koordinaten des »Hotspots«, also des Punktes, der als tatsächliche Cursorposition verwendet wird). Das letzte Feld gibt schließlich den Start der Pixeldaten innerhalb der Datei an und enthält damit einen Wert, der sich auch über den nächsten Dateiabschnitt beziehen läßt.

Bei DIBs im Stil von OS/2 folgt direkt auf den Dateikopf eine Struktur des Typs BITMAPCOREHEADER mit einem Umfang von 12 Bytes:

```
typedef struct tagBITMAPCOREHEADER  // bmch
{
     DWORD bcSize ;        // Größe der Struktur in Bytes (12)
     WORD  bcWidth ;       // Breite des Bitmaps in Pixeln
     WORD  bcHeight ;      // Höhe des Bitmaps in Pixeln
     WORD  bcPlanes ;      // immer 1
     WORD  bcBitCount ;    // Bits pro Pixel (1, 4, 8 oder 24)
}
BITMAPCOREHEADER, * PBITMAPCOREHEADER ;
```

Wie gesagt, stellt diese Struktur für »gepackte« DIBs im Hauptspeicher das erste Datum dar. Das »core« im Namen ist hier so zu verstehen, dass es nunmehr um die eigentlichen Bitmap-Daten geht – das Eingemachte, wenn man so will. Das erste Feld gibt die Größe der Struktur an und wird von Windows zur Unterscheidung zwischen den verschiedenen DIB-Formatvarianten verwendet, die nächsten beiden Felder stehen für die Breite und Höhe. Da *bcWidth* und *bcHeight* den Datentyp WORD haben, sind OS/2-DIBs auf 65535 x 65535 Pixel begrenzt – was in der Praxis aber kein wesentliches Hindernis darstellt: Wie ein wenig Nachrechnerei ergibt, würde ein Bitmap, das diese Grenzen wirklich auslastet, bereits bei 8 Bit pro Pixel einen Platzbedarf von 1 GByte haben. Das Feld *bcPlanes* hat grundsätzlich den Wert 1, weil DIBs (Gott sei Dank) vom ersten Moment der Definition dieses Formats bis heute und in alle Ewigkeit auf ärgerliche Scherze wie mehrere Farbebenen verzichten. (Tatsächlich stellt *bcPlanes* nichts weiter als eine Konzession an das geräteabhängige Format dar, die sich aber in der Definition des Feldes bereits abschließend erschöpft.)

Das Feld *bcBitCount* gibt schließlich die Zahl der Bits pro Pixel wieder und kann bei DIBs im Stil von OS/2 entweder auf 1, 4, 8 oder 24 gesetzt sein. Die Zahl der von einem solchen DIB darstellbaren Farben ergibt sich über die Formel $2^{\text{bmch.bcBitCount}}$ – in der Syntax von C also:

```
1 << bmch.bcBitCount
```

Anders gesagt: *bcBitCount* hat den Wert

- 1 für monochrome DIBs
- 4 für 16farbige DIBs
- 8 für 256farbige DIBs
- 24 für TrueColor-DIBs (mit 16,7 Millionen Farben)

In den ersten drei Fällen (also für Farbtiefen <= 8 Bits pro Pixel) folgt direkt auf die BITMAPCOREHEADER-Struktur eine Farbtabelle, die den Zusammenhang zwischen Pixelwerten und darzustellenden Farben festlegt. Die Größe dieser Tabelle ergibt sich durch die Anzahl der Farben (2, 16 oder 256), die einzelnen Elemente haben den Typ RGBTRIPLE, den WINGDI.H so definiert:

```
typedef struct tagRGBTRIPLE  // rgbt
{
     BYTE rgbtBlue ;    // Blauanteil
     BYTE rgbtGreen ;  // Grünanteil
     BYTE rgbtRed ;     // Rotanteil
}
RGBTRIPLE ;
```

Die »echte« Farbe für ein Pixel mit dem Wert x ergibt sich bei DIBs letztlich über:

```
iPixelColor = (ColorTable[PixelValue]) ;
```

Anders gesagt: DIBs legen selbst für Monochrom-Bitmaps auf 24 Bit genau fest, für welche Farbe ein bestimmter Pixelwert steht. (Wie im nächsten Kapitel begründet, sollten Farbtabellen idealerweise so angelegt sein, dass die wichtigsten Farben auf den niedrigsten Indexwerten verzeichnet sind.)

Für DIB-Informationen und Farbtabellen definiert WINGDI.H einen weiteren, zusammenfassenden Strukturtyp:

```
typedef struct tagBITMAPCOREINFO  // bmci
{
     BITMAPCOREHEADER bmciHeader ;      // DIB-Informationen
     RGBTRIPLE        bmciColors[1] ;  // Farbtabelle
}
BITMAPCOREINFO, * PBITMAPCOREINFO ;
```

Was hier anfänglich verblüffend wirken mag, ist die Festlegung der Farbtabelle auf einen einzigen Eintrag. Tatsächlich verwendet man diesen Strukturtyp nur zum Ansprechen der Elemente, nicht aber zum dynamischen Belegen von Speicherplatz. Dafür ist grundsätzlich eine direkte Berechnung notwendig – für 256farbige DIBs beispielsweise:

```
pbmci = malloc (sizeof (BITMAPCOREINFO) + 255 * sizeof (RGBTRIPLE)) ;
```

Einzelne Elemente der Farbtabelle lassen sich dann so ansprechen:

```
pbmci->bmciColors[i]
```

Da jedes Element 3 Bytes belegt, beginnt die Hälfte der RGBTRIPLE-Strukturen der Farbtabelle zwangsläufig auf einer ungeradzahligen Adresse. Andererseits hat die Farbtabelle grundsätzlich eine gerade Zahl von Einträgen: Die direkt auf die Farbtabelle folgenden Pixeldaten beginnen deshalb in jedem Fall auf einer Wortgrenze. (Dasselbe gilt für DIBs mit 24 Bits pro Pixel, bei denen die Pixeldaten direkt auf die BITMAPCOREHEADER-Struktur folgen.)

Kopfstand!

Wie bei den meisten anderen Bitmap-Formaten sind die Pixeldaten auch bei DIBs zeilenweise organisiert, wobei man die einzelnen »Zeilen« hier in Anlehnung an Bildschirme als Rasterzeilen (»scan lines«) bezeichnet. Die Zahl der Rasterzeilen findet sich im Feld *bcHeight* der BITMAPCOREHEADER-Struktur. Im Gegensatz zu fast allen anderen Bildformaten beginnen DIBs allerdings mit der untersten Rasterzeile und enden mit der obersten.

Bevor ich zu den Konsequenzen komme, sollte ich aber vielleicht erst einmal erläutern, wo den überhaupt oben und unten ist: Mit der »obersten Zeile« ist die Rasterzeile gemeint, die bei der Darstellung auf dem Bildschirm als oberste erscheint: Bei einem Porttraitfoto sind also (wenn Sie die Kamera richtig herum gehalten haben) die Haare oben, das freundliche Lächeln unten. Bei der »ersten Zeile« eines DIBs geht es dagegen um den Speicherbereich, der der Farbtabelle bzw. der BITMAPCOREINFOHEADER-Struktur unmittelbar folgt – und was dieser Speicherbereich an Haaren enthält, sind bestenfalls Bartstoppeln.

Die Geschichte dieser Organisation, die der menschlichen Intuition fröhlich zuwiderläuft, ist wie das DIB-Format selbst untrennbar mit der Geschichte des Presentation Managers von OS/2 verbunden. Irgend jemand bei IBM entschied irgendwann, dass alle Koordinatensysteme von OS/2 – inklusive derer für Fenster, Grafiken und eben auch Bitmaps – konsistent zu seien haben. Das Ergebnis war erst einmal eine längere Debatte: An fensterorientierte Umgebungen gewöhnte Programmierer pflegen wie die meisten Benutzer die Y-Achse so zu sehen, dass aufsteigende Werte einer Bewegung nach unten entsprechen, legen also den Ursprung des Koordinatensystems in die linke obere Ecke. Mathematiker und Grafikspezialisten sind da anderer Meinung: Sie arbeiten üblicherweise mit einem kartesischen Koordinatensystem – und dort stehen aufsteigende Y-Werte für die Bewegung nach oben.

Kurz und gut: Die Programmierer haben bei dieser Diskussion nur den zweiten Platz gemacht. Der Presentation Manager setzt den Ursprung von Fenstern in die linke untere Ecke. Und aus dieser Sichtweise entstanden schließlich auch die DIBs.

Pixeldaten

Der letzte Abschnitt einer DIB-Datei ist normalerweise auch der mit Abstand größte: Er enthält die Pixeldaten, die wie gesagt zeilenweise angeordnet sind, wobei die einzelnen Zeilen von unten nach oben im Speicher stehen. Die Zahl der Zeilen findet sich im Feld *bcHeight* der BITMAP-COREHEADER-Struktur, die pro Zeile gespeicherte Zahl der Pixel im Feld *bcWidth*. Zeilen werden grundsätzlich auf ein ganzzahliges Vielfaches von 4 Byte (= 32 Bit) aufgerundet; der Platzbedarf pro Zeile ergibt sich über die Formel:

```
RowLength = 4 * ((bmch.bcWidth * bmch.bcBitCount + 31) / 32) ;
```

Oder, etwas effizienter, in C-Notation:

```
RowLength = ((bmch.bcWidth * bmch.bcBitCount + 31) & ~31) >> 3 ;
```

Das eventuell notwendige Auffüllen auf ein ganzzahliges Vielfaches von 32 Bit geschieht dabei an der »rechten« Seite, d.h. am Ende der jeweiligen Zeile, wobei man dafür üblicherweise den Wert 0 benutzt (was aber nicht vorgeschrieben ist). In einem DIB mit 33 Pixeln Breite und 8 Bit pro Pixel beansprucht jede Rasterzeile also 36 Bytes, die letzten drei Bytes bleiben bei Zeichenoperationen unberücksichtigt.

Innerhalb der einzelnen Rasterzeilen sind die Pixel im Prinzip von links nach rechts gespeichert – zumindest, was die Reihenfolge der Bytes betrifft. In den folgenden Diagrammen ist das Pixel am linken Rand des Bildes mit 0 bezeichnet, das Pixel rechts daneben hat die Nummer 1 usw. Die hinterlegten Ziffern stehen für die einzelnen Bits innerhalb eines Bytes.

Fangen wir mit monochromen Bitmaps an, bei denen ein Byte acht nebeneinander liegenden Pixeln entspricht:

Pixel:	0	1	2	3	4	5	6	7	8	9	10	11	12	13	14	15	16	17	18	19	20	21	22	23
	7	6	5	4	3	2	1	0	7	6	5	4	3	2	1	0	7	6	5	4	3	2	1	0

***Abbildung 15.1:** Pixeldaten in monochromen Bitmaps*

Jedes Pixel kann hier also nur einen von zwei Werten annehmen: Ein zurückgesetztes Bit steht den ersten Eintrag (Index 0) in der Farbtabelle, ein gesetztes Bit für den zweiten Eintrag (Index 1). Bitte beachten: Das Pixel in der Spalte 0 steht hier im höchstwertigen Bit (0x80), das Pixel in der Spalte 1 auf Bit 6 (0x40) usw.

Dieses Verteilungsschema innerhalb eines Bytes wird auch bei Bitmaps mit 16 Farben (und 4 Bit pro Pixel) beibehalten: Das Pixel in der Spalte 0 steht in den höherwertigen 4 Bits, das Pixel in der Spalte 1 in den niederwertigen 4 Bits des ersten Bytes:

Pixel:	—0—				—1—				—2—				—3—				—4—				—5—			
	7	6	5	4	3	2	1	0	7	6	5	4	3	2	1	0	7	6	5	4	3	2	1	0

***Abbildung 15.2:** Pixeldaten in DIBs mit 16 Farben*

Hier sind pro Pixel Werte von 0 bis 15 möglich, die wiederum als Indizes in eine Farbtabelle (mit insgesamt 16 Einträgen) interpretiert werden müssen.

Bei DIBs mit 8 Bit pro Pixel wird die Frage nach der Anordnung der Pixel innerhalb einzelner Bytes akademisch:

Pixel:	— 0 —								— 1 —								— 2 —							
	7	6	5	4	3	2	1	0	7	6	5	4	3	2	1	0	7	6	5	4	3	2	1	0

***Abbildung 15.3:** Pixeldaten in DIBs mit 256 Farben*

Auch gilt, dass jeder Pixelwert als Index in eine Farbtabelle zu interpretieren ist, die nunmehr bereits 256 Einträge umfaßt.

Bei DIBs mit 24 Bit pro Pixel belegt schließlich jedes Pixel drei Bytes, weshalb sich eine Zeile dort als Array aus RGBTRIPLE-Strukturen auffassen läßt:

Pixel:	— Blue —								— Green —								— Red —							
	7	6	5	4	3	2	1	0	7	6	5	4	3	2	1	0	7	6	5	4	3	2	1	0

***Abbildung 15.4:** Pixeldaten in TrueColor-DIBs*

Bitte beachten: Obwohl man hier von RGB-Daten spricht, ist die Reihenfolge tatsächlich B, G, R. Und falls ich es tatsächlich noch nicht gesagt haben sollte: DIBs mit 24 Bit pro Pixel kommen ohne Farbtabelle aus.

Das erweiterte DIB-Format von Windows

Wie der Name bereits vermuten läßt, zeichnet sich dieses (ebenfalls mit Windows 3.0 eingeführte) Format gegenüber der OS/2-Urversion durch einige zusätzliche Felder aus. Die Dateien beginnen hier ebenfalls mit einem BITMAPFILEINFOHEADER, der sich hier anstelle einer BITMAPCOREHEADER-Struktur ein Typ namens BITMAPINFOHEADER anschließt:

```
typedef struct tagBITMAPINFOHEADER  // bmih
{
    DWORD biSize ;          // Größe der Struktur in Bytes (40)
    LONG  biWidth ;         // Breite des Bildes in Pixeln
    LONG  biHeight ;        // Höhe des Bildes in Pixeln
    WORD  biPlanes ;        // = 1
    WORD  biBitCount ;      // Bits pro Pixel (1, 4, 8, 16, 24 oder 32)
    DWORD biCompression ;   // Kennziffer für Komprimierung (0 = keine)
    DWORD biSizeImage ;     // Umfang der Pixeldaten in Bytes
    LONG  biXPelsPerMeter ; // horizontale Auflösung (Pixel pro Meter)
    LONG  biYPelsPerMeter ; // vertikale Auflösung (Pixel pro Meter)
    DWORD biClrUsed ;       // Zahl der verwendeten Farben
    DWORD biClrImportant ;  // Zahl der "wichtigen" Farben
}
BITMAPINFOHEADER, * PBITMAPINFOHEADER ;
```

Die Unterscheidung zwischen dem OS/2-Format und dem Windows-eigenen DIB-Format findet üblicherweise über das Feld *biSize* statt, das hier den Wert 40 und beim Strukturtyp BITMAPCOREHEADER den Wert 12 hat.

Als echte Erweiterung des OS/2-Formats kann man die Windows-eigenen DIBs übrigens nicht bezeichnen: Zwar haben die ersten fünf Felder letztlich denselben Zweck – aber leider konnten es sich die Microsoft-Entwickler nicht verkneifen, für die Angabe von Höhe und Breite (*biWidth* bzw. *biHeight*) jeweils 32 anstelle von 16 Bit zu reservieren. (So amüsant die Vorstellung ja auch sein mag, ein Bitmap mit einer Breite oder Höhe von mehreren Kilometern zu definieren, so praxisfern ist sie auch – und über diesen kleinen Unterschied haben ganze Generationen von Windows-Programmierern geflucht.)

Und weil man sowieso gerade beim Umbauen war, besteht die für DIBs mit 1, 4 und Bits pro Pixel unvermeidliche Farbtabelle nicht etwa aus IBMs RGBTRIPLE-Strukturen, sondern verwendet einen Datentyp namens RGBQUAD:

```
typedef struct tagRGBQUAD // rgb
{
    BYTE rgbBlue ;      // Blauanteil
    BYTE rgbGreen ;     // Grünanteil
    BYTE rgbRed ;       // Rotanteil
    BYTE rgbReserved ;  // immer 0
}
RGBQUAD
```

Der Unterschied zu RGBTRIPE erschöpft sich hier in einem vierten Bytefeld, das (zumindest bis jetzt) grundsätzlich den Wert 0 enthält.

Für das Windows-eigene DIB-Format definiert WINGDI.H analog zu BITMAPCOREINFO einen zusammenfassenden Strukturtyp BITMAPINFO:

```
typedef struct tagBITMAPINFO // bmi
{
    BITMAPINFOHEADER bmiHeader ;      // Kopfinformationen
    RGBQUAD          bmiColors[1] ;   // Farbtabelle
}
BITMAPINFO, * PBITMAPINFO ;
```

Einen Vorteil gegenüber dem OS/2-Format haben diese Strukturen allerdings in jedem Fall: Da der BITMAPINFOHEADER auf einer Doppelwortgrenze (Offset 12 in der Datei) beginnt und exakt 40 Bytes (= 10 DWORDs) umfaßt, liegen auch die Farbtabelleneinträge sämtlich auf Doppelwortgrenzen und lassen sich deshalb mit einem 32-Bit-Prozessor wesentlich schneller bearbeiten als die von IBM verwendeten 3-Byte-Strukturen.

Bei Windows 95 und Windows NT 4 haben die Entwickler versucht, neuen Anforderungen gerecht zu werden, ohne den Strukturtyp BITMAPINFOHEADER als solchen zu verändern – lies: die Interpretationsmöglichkeiten der existierenden Felder erweitert. Die wohl wesentlichste Erweiterung, die sich natürlich auch in Windows 98 und Windows NT 5 wiederfindet: Wenn *biHeight* einen *negativen* Wert hat, dann sind die Pixeldaten nicht von unten nach oben, sondern von oben nach unten angeordnet. Im Prinzip ist das eine nette Idee, auf die man eigentlich auch schon bei Windows 3.0 hätte kommen können. Nur war dem eben leider nicht so, weshalb ich von solchen »top-down-DIBs« nur abraten kann: Irgend ein Programm, das bei vermeintlich negativen Höhenangaben gründlich durcheinanderkommt, finden Sie garantiert auf jedem System. Und damit sind nicht etwa Shareware-Programme engagierter Bastler gemeint: Der zusammen mit Microsoft Word 97 ausgelieferte Photo Editor meldet bei solchen DIBs beispielsweise »unzulässige Bildhöhe« und verweigert die Bearbeitung. (Das Einbinden von »top-down-DIBs« in Word 97-Dokumente hat allerdings auch schon vor dem Service Pack 1 ganz gut funktioniert.)

Während die Zahl der »Farbebenen« (*biPlanes*) in beiden DIB-Formaten unveränderlich auf 1 festgelegt ist, erlauben die Windows-eigenen DIBs seit Windows 95 und Windows NT 4 neben 1, 4, 8 und 24 Bit pro Pixel auch die Farbtiefen 16 und 32. Mehr zu diesen beiden neuen Farbformaten und den Feldern *biCompression* sowie *biSizeImage* finden Sie in den nächsten Abschnitten.

Mit den Feldern *biXPelsPerMeter* und *biYPelsPerMeter* kann man schließlich angeben, wie groß das Bitmap in der realen Welt ist. Die dabei verwendete Einheit ist ähnlich gewöhnungsbedürftig wie der von IBM erfundene Terminus »Pels« (der für »picture elements« steht), die Information selbst wird von Windows in keiner Weise berücksichtigt. Dennoch könnten sich diese beiden Werte vor allem dann nützlich machen, wenn das Bild mit einem anderen Breiten-/Höhenverhältnis als 1:1 erzeugt worden ist (lies: seine Pixel nicht quadratisch sind). In der Praxis wird man hier allerdings fast immer das Wertepaar 0,0 vorfinden. (Die für Bildschirme normalerweise angenommene Auflösung von 72 Pixeln pro Zoll läuft auf 2835 Pixel pro Meter hinaus, die bei Druckern übliche Auflösung von 300 Pixeln pro Zoll entspricht 11811 Pixeln pro Meter.)

Das Feld *biClrUsed* ist im Gegensatz zu Absichtserklärungen wie der Pixelzahl pro Meter ausgesprochen wichtig: Mit ihm läßt sich für 4 und 8 Bit pro Pixel festlegen, wie viele der theoretisch möglichen Farben das DIB tatsächlich benutzt – mithin, wie viele Elemente die Farbtabelle enthält. Vor allem bei kleineren Bildern läßt sich damit verhältnismäßig viel Speicherplatz einsparen: Ein DIB mit 64 Graustufen könnte hier beispielsweise den Wert 64 eintragen und eine Farbtabelle mit 64 anstelle von 256 Einträgen definieren, die dann anstelle von einem KByte nur noch 256 Bytes braucht. (Am Platzbedarf für die Bilddaten ändert sich dadurch natürlich nichts: Jedes Pixel braucht nach wie vor ein Byte, auch wenn dieses Byte maximal den Wert 0x3F enthält, mithin die obersten beiden Bits grundsätzlich zurückgesetzt sind.) Wenn *biClrUsed* den Wert 0 enthält, geht Windows davon aus, dass die Farbtabelle die maximal mögliche Zahl von Einträgen (2, 16 oder 256) enthält.

Für das OS/2-Format und das DIB-Format der Windows-Version 3.0 gilt, dass DIBs mit mehr als 8 Bit pro Pixel grundsätzlich keine Farbtabelle haben und *biClrUsed* auf 0 gesetzt sein muß. Mit Windows 95 haben die Entwickler auch hier eine Erweiterung eingeführt: Wenn *biClrUsed* bei 16, 24 und 32 Bit ungleich 0 ist, dann *hat* dieses DIB eine Farbtabelle (die bei der Darstellung im »richtigen« Format natürlich nicht gebraucht wird, sich aber ausgesprochen nützlich machen kann, wenn eine Umrechnung auf 256 Farben notwendig wird.) Kurz und gut:

- Bei DIBs mit einem Bit pro Pixel hat *biClrUsed* entweder den Wert 0 oder 2, die Farbtabelle besteht in beiden Fällen aus zwei Einträgen.
- Bei DIBs mit 4 Bit pro Pixel gilt: Wenn *biClrUsed* 0 oder 16 enthält, besteht die Farbtabelle aus 16 Einträgen; andere Werte dieses Feldes (zulässiger Bereich: 2 bis 15) signalisieren eine kürzere Farbtabelle. Die Pixelwerte sind auf den Bereich 0 .. Zahl der Farbtabelleneinträge-1 beschränkt.
- Bei DIBs mit 8 Bit pro Pixel gilt Analoges: Wenn *biClrUsed* 0 oder 256 enthält, besteht die Farbtabelle aus 256 Einträgen, andere Werte dieses Feldes (zulässiger Bereich: 2 bis 255) signalisieren eine kürzere Farbtabelle. Die Pixelwerte sind auf den Bereich 0 .. Zahl der Farbtabelleneinträge-1 beschränkt.
- Bei DIBs mit 16, 24 und 32 Bit pro Pixel hat *biClrUsed* normalerweise den Wert 0 und zeigt hier an, dass überhaupt keine Farbtabelle existiert. Andere Werte dieses Feldes (zulässiger Wertebereich: 2 bis 256) signalisieren das Vorhandensein einer Farbtabelle mit einer entsprechenden Zahl von Einträgen. Ein Programm, das ein solches DIB auf 256 Farben reduzieren will oder muß, sollte diese Farbtabelle verwenden.

Für Farbtabellen in DIBs mit mehr als 8 Bit pro Pixel natürlich dasselbe wie für die anderen nachträglichen Erweiterungen des DIB-Formats: Programme, die sich an die Spezifikationen der Windows-Version 3.0 halten, kommen nicht damit zurecht. (Adobes Photoshop 4.0 meldet beispielsweise bei DIBs mit 16 oder 32 Bit pro Pixel »unbekanntes Format«; andere Programme dürften bei DIBs mit 24 Bit pro Pixel eine eventuell vorhandene Farbtabelle als Pixeldaten mißverstehen.)

Das Feld *biClrImportant* wird trotz seines achtungheischenden Namens in der Praxis recht selten verwendet: Hier findet man so gut wie immer den Wert 0 (oder denselben Wert wie in *biClrUsed*), der anzeigen soll, dass sämtliche in der Tabelle aufgeführten Farben wichtig sind. Andere Werte bedeuten, dass sich das Bild ohne größere Probleme auf die ersten *n* Einträge der Farbtabelle reduzieren läßt – was die Sache etwas einfacher macht, wenn man zwei DIBs mit verschiedenen Farbtabellen zusammen auf einem Bildschirm darstellen will, der nur 256 Farben bietet.

Bei 1, 4, 8 und 24 Bit pro Pixel sind die Bilddaten in beiden Formaten (OS/2 und Windows) gleich organisiert. Zu den bei 16 und 32 Bit pro Pixel verwendeten Speicherformaten komme ich in den nächsten Abschnitten.

Zurück auf den Teppich

Nach fast einem Dutzend Seiten über Datenstrukturen und Pixelformate, die überdies einige Verweise auf kommende Abschnitte enthalten, werden Sie sich wohl schon selbst die Frage gestellt haben, was aus diesem Potpurri wirklich wichtig ist – und was nicht. Auf welche Formate und Felder in den Datenstrukturen sollte Ihr Programm vorbereitet sein, wenn es mit Bitmaps aus unbekannter Quelle arbeiten muß?

DIBs im OS/2-Format waren zum Erscheinungszeitpunkt von Windows 3.0 recht weit verbreitet, haben mittlerweile aber derart an Bedeutung verloren, dass sie das eine oder andere Programm schon mal komplett ignoriert. DIBs mit 16 Farben stammen aller Wahrscheinlichkeit nach aus dem Windows-Programm PAINT, das dann auf einem Bildschirm mit 16 Farben gelaufen ist, und verwenden die Standardfarben von Windows. Sie werden vor allem für Icons und die Standardelemente von Windows eingesetzt.

In der Praxis werden Sie es vermutlich in erster Linie mit DIBs zu tun bekommen, die 8 Bit pro Pixel verwenden, wobei es hier entweder um Graustufen oder um eine bunt zusammengesetzte Farbtabelle gehen kann. (Technisch macht es keinen Unterschied, ob die Farbtabelle linear aufsteigende Graustufenwerte oder eine beliebige andere Farbfolge enthält. Deshalb haben die Entwickler leider auch keine Notwendigkeit dafür gesehen, die Datenstrukturen um irgend ein Unterscheidungsmerkmal zwischen diesen beiden Varianten zu erweitern.)

Graustufen-DIBs sind in der Praxis die einzigen, die mit 64 anstelle von 256 Farbtabellen-Einträgen arbeiten, wobei man diese Einträge üblicherweise in aufsteigender Folge ordnet: Der erste Eintrag enthält dann 00-00-00, der zweite 04-04-04, der dritte 08-08-08 usw., die letzten beiden Einträge der Farbtabelle haben die Werte F8-F8-F8 und FC-FC-FC. Farbtabellen dieser Art lassen sich über eine Formel wie

```
for (i = 0; i < 64; i++)
  rgb[i].rgbRed = rgb[i].rgbGreen = rgb[i].rgbBlue = i * 256 / 64 ;
```

recht einfach programmgesteuert erzeugen (wobei *rgb* hier für ein Array aus RGBQUAD-Strukturen besteht und insgesamt 64 Elemente hat). Eine etwas exaktere Verteilung, die den letzten Eintrag auf FF-FF-FF setzt, erreicht man mit:

```
for (i = 0; i < 64; i++)
  rgb[i].rgbRed = rgb[i].rgbGreen = rgb[i].rgbBlue = i * 255 / 64 ;
```

Welche der beiden Formeln eingesetzt wird, spielt bei 64 Farben eine eher untergeordnete Rolle, weil die meisten Grafikkarten und Monitore sowieso nur auf 6 Bit genau auflösen (mithin Werte wie 0xFC und 0xFF gleich behandeln). Wenn Sie mit 32 oder gar 16 Farben arbeiten, sollten Sie allerdings grundsätzlich die zweite Formel verwenden, weil die Abweichungen vom »idealen« letzten Eintrag (FF-FF-FF = reinweiß) sonst zu groß werden.

Da sich Programme jüngeren Datums nur noch selten die Mühe machen, bei der Farbtabelle einige hundert Bytes einzusparen, werden Sie auch bei Graustufen-DIBs zunehmend Farbtabellen mit 256 Einträgen vorfinden. Falls Sie in einem eigenen Programm Speicherplatz sparen wollen, sollten Sie im Kopf behalten, dass eine Farbtabelle mit zwei Einträgen in einem 8-Bit-DIB nur wenig Sinn macht (weil man dieses Bild dann besser gleich mit 1 Bit pro Pixel codiert) und für weniger als 16 Einträge Analoges gilt (Codierung mit 4 Bit pro Pixel). Wenn man direkte bitweise Manipulationen mit Pixelwerten durchführen will, sieht das natürlich wieder anders aus: In diesen Fällen kann es sehr wohl Sinn machen, auch für ein monochromes Bitmap 8 Bit pro Pixel zu verwenden – und eine Farbtabelle, bei der die ersten 255 Einträge auf 0 gesetzt sind. Unabhängig davon, auf welchen Wert Sie *biClrUsed* setzen, gilt die Regel, dass der höchste »Pixelwert« den maximal zulässigen Index in der Farbtabelle nicht überschreiten darf. Wie zuvor schon einmal erwähnt, benutzt Windows zur Ermittlung der durch einen Pixelwert repräsentierten Farbe eine schlichte Array-Indizierung:

```
RGBColor = BitmapInfo->bmiColors[PixelValue] ;
```

Wenn ein DIB also eine Farbtabelle mit 64 Einträgen definiert, geht der zulässige Bereich für Pixelwerte von 0 bis 0x3F. Höhere Pixelwerte würden dazu führen, dass das System über das Ende der Farbtabelle hinaus lesen will.

Bei Graustufen-Bitmaps gibt es schließlich eine Besonderheit, die ich zumindest noch einmal erwähnt haben wollte: Wenn die Farbtabelle dort in Reihenfolge aufsteigender Werte geordnet ist, dann ergeben *die Pixeldaten selbst* zwangsläufig ein Graustufenbild. Den Extremfall stellt ein Bild dar, das eine Farbtabelle mit 256 Einträgen (0,0,0, 1,1,1, 2,2,2 usw.) verwendet, und bei dem dann die Pixelwerte direkt den RGB-Werten entsprechen. Bei der numerischen Analyse solcher Bilder ließe sich die Farbtabelle dann komplett umgehen, weshalb ich eine Bitte an Sie habe: Wenn irgendwann einmal eine Zeitmaschine erfinden, dann seien Sie doch so nett, schauen im Jahre 1990 mal in Redmond vorbei, und sagen den Entwicklern, dass der Strukturtyp BITMAPINFOHEADER unbedingt noch ein Flag zur Unterscheidung zwischen Farb- und Graustufenbildern braucht. Herzlichen Dank im voraus.

Farbige DIBs mit 8 Bit pro Pixel verwenden üblicherweise die Maximalzahl der in diesem Format verfügbaren Farben, d.h. setzen *biClrUsed* entweder auf 0 oder auf 256. Dass Sie dennoch verschiedentlich DIBs antreffen werden, bei denen dieses Feld den Wert 236 hat, ist den 20 reservierten Systemfarben zu Windows zu verdanken und wird im nächsten Kapitel ausführlich erläutert.

Und schließlich: Wie bereits im vorangehenden Abschnitt erwähnt, werden Sie in den Feldern *biXPelsPerMeter* und *biYPelsPerMeter* ausgesprochen selten etwas anders als den Wert 0 finden. Für *biClrImportant* gilt (leider) dasselbe: Dort steht im Regelfall entweder dasselbe wie in *biClrUsed* oder 0.

Komprimierungsschemata

Die Felder *biCompression* und *biSizeImage*, die ich zuvor mit einem »siehe weiter hinten in diesem Kapitel« versehen hatte, wurden bei Windows 95 ebenfalls redefiniert. Der alte Standard (Windows 3.0) erlaubt für *biCompression* nur dann einen anderen Wert als BI_RGB (= 0), wenn es um DIBs mit 4 oder 8 Bits pro Pixel geht, mögliche Alternativen sind dann BI_RLE4 (Lauflängencodierung der Pixeldaten für 4 Bit pro Pixel) und BI_RLE8 (dasselbe für 8 Bit pro Pixel). Bei Windows 95 ist für DIBs mit 16 und 32 Bit die Konstante BI_BITFIELDS hinzugekommen, die dort (und in allen neueren Versionen) für die Komprimierung über Farbmasken steht.

Fangen wir mit der Lauflängencodierung an, die wie gesagt ausschließlich für DIBs mit 4 und 8 Bit pro Pixel verwendbar ist. (Bei 1 und 24 Bit pro Pixel muß das Feld *biCompression* grundsätzlich den Wert BI_RGB enthalten und so anzeigen, dass die Daten unkomprimiert – also in derselben Weise wie im OS/2-Format – gespeichert sind, bei 16 und 32 Bit pro Pixel ist BI_BITFIELDS die einzige Alternative zu BI_RGB.)

Lauflängencodierung (RLE für »run length encoding«) stellt das einfachste aller Verfahren zur Komprimierung von Daten dar: Wenn *n* Pixel aufeinanderfolgende Pixel in einer Zeile denselben Wert *w* haben, dann werden sie sozusagen als »hier kommen *n* Pixel mit dem Wert *w*« gespeichert – mithin über einen Wiederholungszähler. Das bei DIBs verwendete Schema geht im einen Punkt über eine einfache Lauflängencodierung hinaus: Es erlaubt zusätzlich, Ausschnitte eines Bildes bewußt undefiniert zu lassen (was nur bei Bildern Sinn macht, die man von vornherein nicht rechteckig darstellen will).

Da für DIBs mit 4 Bit pro Pixel bei der Lauflängencodierung zwangsläufig noch Bitschiebereien dabei sind, fange ich mit dem Schema BI_RLE8 an. Die folgende Tabelle gibt einen ersten Überblick:

Byte 1	Byte 2	Byte 3	Byte 4	Bedeutung
00	00			Zeilenende
00	01			Bildende
00	02	*dx*	*dy*	Sprung um *dx* Pixel und *dy* Zeilen, d.h. Auslassen eines Bildteils. Die Zieladresse der nächsten Decodierung ist x+*dx*, y+*dy*.
00	*n* (3 .. FF)			Die nächsten *n* Pixel sind unkomprimiert
n (1 .. FF)	*w*			Pixelwert *w* wird *n* Mal wiederholt

Tabelle 15.1: *RLE-Komprimierung für 8 Bit pro Pixel*

Auch wen diese Tabelle die Codes in Reihenfolge aufsteigender Werte auflistet, läßt sie sich einfacher »von unten nach oben« erklären. Wenn das erste Byte eines DIBs einen Wert ungleich 0 hat (unterster Tabelleneintrag), dann steht dieser Wert für einen Wiederholungszähler, darauf folgt der zu wiederholende Wert. Das Bytepaar

```
0x05 0x27
```

wird also zu

```
0x27 0x27 0x27 0x27 0x27
```

Für Pixelfolgen, die sich *nicht* über Wiederholungszähler verpacken lassen, ist der zweitunterste Tabelleneintrag zuständig: Die Bytefolge 00 *n* zeigt an, dass die nächsten *n* Bytes direkt übernommen werden sollen. Aus

```
0x00 0x06 0x45 0x32 0x00 0x01 0x59 0x90
```

wird also

```
0x45 0x32 0x00 0x01 0x59 0x90
```

(Ohne diesen Vorspann würde das Wertepaar 0x45 0x32 als Wiederholungsanweisung für den Pixelwert 0x32 interpretiert, das Wertepaar 0x00 0x01 als Bildende).

Um die Verarbeitung zu beschleunigen, werden Wertepaare grundsätzlich auf Wortgrenzen untergebracht, fangen also immer mit einer geradzahlige Speicheradresse an. Eventuell notwendige Füllbytes stehen am Ende einer Folge; sie werden über den Wiederholungszähler als solche erkannt (und ignoriert):

0x00 0x05 0x45 0x32 0x77 0x34 0x59 **0x00** 0x03 0x44

In diesem Beispiel geht es um 5 direkt zu übertragende Bytes, auf die die dreifache Wiederholung des Wertes 0x44 folgt. Damit das Wertepaar 0x03 0x44 auf einer geradzahligen Adresse beginnt, muß bei der Codierung ein sechstes Byte (0x00) eingefügt werden. Das decodierte Ergebnis:

```
0x45 0x32 0x77 0x34 0x59 0x44 0x44 0x44
```

Soviel zur Lauflängencodierung selbst. Wie anhand dieser Beispiele klar geworden sein sollte, ist der Erfolg dieses Verfahrens stark vom Bildinhalt abhängig: Wenn ein Bild überhaupt keine Folgen gleicher Pixelwerte enthält, steigt der Platzbedarf durch die Komprimierung sogar um einige Prozent.

Die ersten drei Einträge von Tabelle 15.1 (auf der vorangehenden Seite) zeigen, über welche Codes Microsoft das Auslassen von Bildteilen realisiert. Vorausgesetzt wird, dass die Decodierung ein Zählerpaar (x,y) führt und mit (0,0) initialisiert. Für jedes decodierte Pixel wird x um eins erhöht, Zeilenenden erhöhen y um 1 und setzen x auf 0 zurück.

Wenn diese Decodierlogik das Bytepaar 0x00 0x02 zu sehen bekommt, muß sie die nächsten beiden Bytes zu den aktuellen Werten von x und y addieren (und kann auf diese Weise bis zu 255 Pixel bzw. Zeilen überspringen). Das Bytepaar 0x00 0x00 signalisiert das Ende einer Zeile, das Bytepaar 0x00 0x01 das Ende der gesamten Decodierung. Auf diese Weise lassen sich Bilder speichern, bei denen kleinere oder größere Teile absichtlich undefiniert bleiben – was natürlich nur Sinn macht, wenn man diese Teile hinterher sowieso ersetzen will. Diese Technik läßt sich einerseits bei Bitmaps verwenden, die nicht rechteckig dargestellt werden sollen (Maskierung), andererseits bei Animationen, bei denen Teile eines Bildes statisch bleiben.

Bei DIBs mit 4 Bit pro Pixel kommt im Prinzip dieselbe Logik zum Einsatz. Die Implementation fällt hier allerdings etwas komplizierter aus, weil ein Byte nicht für ein, sondern für zwei aufeinanderfolgende Pixel stehen kann. Wenn das erste Byte der Pixeldaten einen Wert ungleich Null hat, gilt es wie gehabt als Wiederholungszähler *n*. Das zweite Byte steht dann zwangsläufig für zwei *n*fach (und abwechselnd) zu wiederholende Werte:

```
0x07 0x35
```

wird durch die Decodierung zu

```
0x35 0x35 0x35 0x3?
```

– mithin zur Pixelfolge 3, 5, 3, 5...., wobei die niederwertigen 4 Bits des letzten Bytes in diesem Beispiel aufgrund des ungeradzahligen Wiederholungszählers erst einmal offenbleiben. Folgt hier ein Bytepaar wie

```
0x07 0x35
```

– dann ergibt sich insgesamt:

```
0x35 0x35 0x35 0x3?
```

Wenn das erste Byte eines Paars den Wert 0x00 hat und das zweite größer oder gleich 0x03 ist – mithin eine unkomprimierte Sequenz folgt –, dann bezieht sich das zweite Byte ebenfalls auf die Anzahl der Pixel (nicht Bytes). Die Folge

```
0x00 0x05 0x23 0x57 0x10 0x00
```

enthält also fünf unkomprimierte Pixel, nämlich:

```
0x23 0x57 0x1?
```

Wie bei DIBs mit 8 Bit pro Pixel gilt, dass Folgen gegebenenfalls mit 0x00 aufgefüllt werden, damit das nächste Bytepaar wieder auf einer geradzahligen Adresse beginnt.

Bei den Komprimierungsschemata BI_RLE4 und BI_RLE8 muß das Feld *biSizeImage* gesetzt sein und gibt dann den Platzbedarf der komprimierten Pixeldaten in Bytes an. Wenn *biCompression* auf BI_RGB gesetzt ist, werden Sie in *biSizeImage* meist den Wert 0 finden. Wer gute Manieren hat, setzt dort aber die Gesamtgröße des Bildes (Breite * Höhe * Bytes pro Pixel) ein.

Die aktuelle Ausgabe des Win32-SDK gibt an, dass sich »top-down-DIBs« nicht komprimieren ließen. Gemeint ist damit, dass Windows bei DIBs mit negativen Werten in *biHeight* die automatische Dekomprimierung bei Zeichenoperationen verweigert.

Farbmasken

Bei den zusammen mit Windows 95 eingeführten DIB-Formaten für 16 und 32 Bit pro Pixel kann das Feld *biCompression* entweder auf BI_RGB (unkomprimiert) oder mit der neuen Konstante BI_BITFIELDS gesetzt sein (die WINGDI.H als 3 definiert).

Zur Erläuterung komme ich noch einmal kurz auf DIBs mit 24 Bit pro Pixel zurück, die grundsätzlich unkomprimiert sind (*biCompression* = BI_RGB). Das Format der Pixel ist dort:

Pixel: — Blue — — Green — — Red —

7	6	5	4	3	2	1	0	7	6	5	4	3	2	1	0	7	6	5	4	3	2	1	0

Abbildung 15.5: *Das Format für 24 Bit pro Pixel*

Jede Zeile besteht also letztlich aus einer Folge von RGBTRIPLE-Strukturen und wird bei Bedarf am Ende mit 0x00 aufgefüllt, damit ein ganzzahliges Vielfaches von 4 (also eine Ausrichtung auf DWORD-Grenzen) herauskommt.

Bei DIBs mit 16 Bit pro Pixel ohne Komprimierung belegt jedes Pixel zwei Bytes. Die Anordnung der Farbanteile ließe sich so darstellen:

Pixel: ...een — —— Blue ——— 0 —— Red —— Gr...

7	6	5	4	3	2	1	0	7	6	5	4	3	2	1	0

Abbildung 15.6: *DIBs mit 16 Bit pro Pixel, als einzelne Bytes gesehen*

Für jeden Farbanteil sind hier fünf Bits reserviert. Im ersten Pixel einer Zeile belegt der Blauanteil die niederwertigen fünf Bits des ersten Bytes. Der Grünanteil geht über die Bytegrenzen hinweg: Die beiden höchstwertigen Bits finden sich als Bit 0 und Bit 1 im zweiten Byte, die drei niederwertigen Bits als Bit 7 bis Bit 5 im ersten Byte. Der Rotanteil ist schließlich in den Bits 2 bis 6 des zweiten Bytes gelandet, dessen höchstwertiges Bit den Wert 0 hat.

So weit, so undurchsichtig. Wenn man jeweils zwei aufeinanderfolgende Bytes als Wort betrachtet (und dabei im Kopf behält, dass Intel-Prozessoren das niederwertige Byte eines Wortes zuerst speichern – also auf der niedrigeren Speicheradresse unterbringen), dann wird die Anordnung schon wesentlich klarer:

0 — Red — — Green — — Blue —

Pixel (WORD):	15	14	13	12	11	10	9	8	7	6	5	4	3	2	1	0

Abbildung 15.7: *DIBs mit 16 Bit pro Pixel bei wortweiser Interpretation*

Die Ermittlung der einzelnen Farbanteile eines Pixelwertes *wPixel* sieht dann so aus:

```
Red   = ((0x7C00 & wPixel) >> 10) << 3 ;
Green = ((0x03E0 & wPixel) >>  5) << 3 ;
Blue  = ((0x001F & wPixel) >>  0) << 3 ;
```

Hier wird also der jeweilige Farbanteil erst einmal über ein bitweises AND isoliert; das darauffolgende Verschieben nach rechts ergibt Werte im Bereich von 0 bis 0x1F. Wenn Sie daraus wieder »echte« RGB-Werte machen wollen, müssen Sie das Ergebnis wieder um drei Binärstellen nach links verschieben (lies: mit 8 multiplizieren) und erhalten so einen Wertebereich von 0 bis 0xF8. In gekürzter Form sehen diese drei Anweisungen so aus:

```
Red   = (0x7C00 & wPixel) >> 7 ;
Green = (0x03E0 & wPixel) >> 2 ;
Blue  = 0x001F & wPixel ;
```

Diese Kürzung können Sie allerdings guten Gewissens dem Compiler überlassen.

Die Rasterzeilen beginnen auch bei DIBs mit 16 Bit pro Pixel grundsätzlich auf einer DWORD-Grenze. Bei Bildern mit ungeradzahliger Breite wird deshalb ans Ende jeder Zeile ein Füllpixel (0x0000) angehängt.

DIBs mit 32 Bit pro Pixel belegen im unkomprimierten Format 4 Bytes pro Pixel; die Rasterzeilen lassen sich hier also als Folge von RGBQUAD-Strukturen betrachten:

	0				Red				Green				Blue			
Pixel (DWORD):	31	30	...	25	24	23	22	...	17	16	15	14	...	9	8	7	6	...	1	0

Abbildung 15.8: *DIBs mit 32 Bit pro Pixel als DWORDs*

Die Ermittlung der einzelnen Farbanteile eines Pixelwertes *dwPixel* ist recht einfach:

```
Red   = ((0x00FF0000 & dwPixel) >> 16) << 0 ;
Green = ((0x0000FF00 & dwPixel) >>  8) << 0 ;
Blue  = ((0x000000FF & dwPixel) >>  0) << 0 ;
```

Da die Farbanteile hier per se einen Wertebereich von 0 bis 0xFF haben, ist das Linksschieben nach dem Isolieren über ein bitweises AND überflüssig. Bitte beachten Sie, dass es (wie bei DIBs mit 24 Bit) hier um die Byte-Reihenfolge B, G, R geht: Ein solcher Wert läßt sich also *nicht* direkt als »RGB-Wert« (Datentyp COLORREF) verwenden, der seinerseits mit der Byte-Reihenfolge R, G, B arbeitet.

Wenn das Feld *biCompression* anstelle von BI_RGB den Wert BI_BITFIELDS enthält, wird es etwas komplizierter. In diesem Fall folgen auf die BITMAPINFO-Struktur in der Datei drei Farbmasken (zuerst Rot, dann Grün und schließlich Blau) mit jeweils 32 Bit, die das Programm über ein bitweises AND (C-Operator &) auf die gespeicherten Pixelwerte (16 oder 32 Bit) anwenden muß. Das Ergebnis dieser Maskierung ist schließlich um eine bestimmte Zahl von Binärstellen nach rechts zu schieben, wobei sich die Zahl der Binärstellen (also das Argument des Operators >>) über die Maskenwerte selbst ergibt. Um wie viele Binärstellen das Ergebnis schließlich wieder nach links geschoben werden muß, wird ebenfalls über den Maskenwert ermittelt.

Erfreulicherweise hört sich das alles wesentlich komplizierter an, als es das letztlich ist. Das Argument für das Verschieben nach rechts ergibt sich schlicht über das Durchzählen der 0-Bits am niederwertigen Ende der Maske, das Argument für das Linksschieben über die Formel »8 – gesetzte Maskenbits«. (Wenn eine Maske fünf gesetzte Bits enthält, dann muß das Ergebnis also um drei Binärstellen nach links geschoben werden, damit wieder der Wertebereich 0 bis 0xFF herauskommt.) Nehmen wir als Beispiel ein DIB mit 16 Bit pro Pixel, bei dem das Feld *biCompression* auf BI_BITFIELDS gesetzt ist und postulieren wir, dass sich direkt hinter der BITMAPINFOHEADER-Struktur die drei folgenden Maskenwerte finden:

```
0x0000F800
0x000007E0
0x0000001F
```

Weil es hier um ein DIB mit 16 Bit pro Pixel geht, ist das höherwertige Wort dieser Maskenwerte durchgehend 0. Die Ermittlung der beiden »Schiebewerte« übernehmen zwei kleine Routinen:

```
int MaskToRShift (DWORD dwMask)  // Argument für >>
{ int iShift ;

  if (dwMask == 0)  return 0 ;
  // niederwertige 0-Bits durchzählen.
  // 0x001F -> 0, für 0x07E0 -> 5, 0xF800 -> 11
  for (iShift = 0 ; !(dwMask & 1)  ; iShift++)
     dwMask >>= 1 ;

  return iShift ;
}

int MaskToLShift (DWORD dwMask)  // Argument für <<
{  int iShift ;

  if (dwMask == 0)  return 0 ;

  // gesetzte Bits durchzählen
  for (iShift = 0 ; dwMask & 1 ; iShift++)
     dwMask >>= 1 ;

  return 8 - iShift ;  // die auf 8 Bit "fehlenden" Bits
}
```

Wenn Sie die drei Maskenwerte in einem Array *dwMask* gespeichert haben, können Sie *MaskToRShift* dreimal hintereinander zur Ermittlung der Rechtsverschiebung aufrufen:

```
for (i = 0; i < 3; i++)
  iRShift[i] = MaskToRShift (dwMask[i]) ;
```

Im gegebenen Beispiel wird das Array *iRShift* dadurch mit den Werten 11, 5 und 0 besetzt. Die Ermittlung der Linksverschiebung geschieht über drei Aufrufe von *MaskToLShift:*

```
for (i = 0; i < 3; i++)
  iLShift[i] = MaskToLShift (dwMask[i]) ;
```

Für das gegebene Beispiel sollten dabei die Werte 3, 2, 3 herauskommen. Die Ermittlung der Farbanteile eines Pixels *wPixel* geschieht dann hinterher mit:

```
Red   = ((dwMask[0] & wPixel) >> iRShift[0]) << iLShift[0] ;
Green = ((dwMask[1] & wPixel) >> iRShift[1]) << iLShift[1] ;
Blue  = ((dwMask[2] & wPixel) >> iRShift[2]) << iLShift[2] ;
```

Für DIBs mit 32 Bit pro Pixel kommt exakt dieselbe Logik zum Einsatz. Der einzige Unterschied liegt darin, dass die Maskenwerte in diesem Fall größer als 0x0000FFFF sein können.

Bitte beachten Sie, dass die Spezifikation dieses Formats Farbanteile mit Werten größer 255 ohne weiteres zuläßt. Bei einem DIB mit 32 Bit pro Pixel ist es sehr wohl möglich, dass zwei Masken den Wert 0 haben, die dritte ist dann 0xFFFFFFFF. Das bleibt vor allerdings derart graue Theorie, dass sich meine Programme bei der Konfrontation mit solchen DIBs auf eine schlichte Fehlermeldung beschränken.

Im Gegensatz zu Windows NT, das im Prinzip beliebige Farbmasken zuläßt, beschränken sich Windows 95 und Windows 98 auf drei (intern offensichtlich hartcodierte) Varianten:

	16-Bit-DIB	16-Bit-DIB	32-Bit-DIB
Rotmaske	0x00007C00	0x0000F800	0x00FF0000
Grünmaske	0x000003E0	0x000007E0	0x0000FF00
Blaumaske	0x0000001F	0x0000001F	0x000000FF
Kurzform	RGB555	RGB565	RGB888

Tabelle 15.2: *Farbmasken für Windows 95 und Windows 98*

Anders gesagt: Wenn Ihr Programm auch unter Windows 9x laufen soll, können Sie sich guten Gewissens auf die beiden Standards für »unkomprimierte« Bitmaps sowie die im vorangehenden Beispiel gezeigten Maskenwerte beschränken. Der Rest ist Zukunftsmusik.

DIB-Kopfinformationen für die Windows-Version 4

Wie am Anfang dieses Kapitels erwähnt, haben die Entwickler beim Übergang von Windows 3.0 zu Windows 95 nicht nur die Interpretation einiger Felder der BITMAPINFOHEADER-Struktur geändert, sondern auch noch eine neue, um zusätzliche Felder erweiterte Variante geschaffen, die auf den Namen BITMAPV4HEADER hört. (Die 4 rührt daher, dass sich Windows 95 und Windows 98 mit ebendieser Versionsnummer melden – genauso wie Windows NT 4, das diesen Strukturtyp ebenfalls kennt). Die Definition des Strukturtyps findet sich (ohne die Kommentare) in WINGDI.H:

```
typedef struct
{
DWORD         bV4Size ;            // Größe der Struktur in Bytes (120)
LONG          bV4Width ;           // Breite des Bildes in Pixeln
LONG          bV4Height ;          // Höhe des Bildes in Pixeln
WORD          bV4Planes ;          // = 1
WORD          bV4BitCount ;        // Bits pro Pixel (1, 4, 8, 16, 24 oder 32)
DWORD         bV4Compression ;     // Kennziffer für Komprimierung (0 = keine)
DWORD         bV4SizeImage ;       // Umfang der Pixeldaten in Bytes
LONG          bV4XPelsPerMeter ;   // horizontale Auflösung (Pixel pro Meter)
LONG          bV4YPelsPerMeter ;   // vertikale Auflösung (Pixel pro Meter)
DWORD         bV4ClrUsed ;         // Zahl der verwendeten Farben
DWORD         bV4ClrImportant ;    // Zahl der "wichtigen" Farben
DWORD         bV4RedMask ;         // Farbmaske für den Rotanteil
DWORD         bV4GreenMask ;       // Farbmaske für den Grünanteil
DWORD         bV4BlueMask ;        // Farbmaske für den Blauanteil
DWORD         bV4AlphaMask ;       // Alpha-Maske
DWORD         bV4CSType ;          // Art des Farbraums
CIEXYZTRIPLE bV4Endpoints ;        // XYZ-Werte für maximales R, G, B
DWORD         bV4GammaRed ;        // Gamma Rot
DWORD         bV4GammaGreen ;      // Gamma Grün
DWORD         bV4GammaBlue ;       // Gamma Blau
}
BITMAPV4HEADER, * PBITMAPV4HEADER ;
```

Die ersten elf Felder entsprechen dem Datentyp BITMAPINFOHEADER direkt, die letzten fünf dienen zur Unterstützung des von Windows 95 und Windows NT 4.0 verwendeten Farbanpassungsmodells (Stichwörter: »color matching« und »Color Management«). Wenn Sie ohne dieses Modell auskommen, sollten Sie entweder den gewohnten BITMAPINFOHEADER oder den (im nächsten Abschnitt erläuterten) Typ BITMAPV5HEADER verwenden.

Die Felder b*V4RedMask*, b*V4GreenMask* und b*V4BlueMask* habe ich ja bereits besprochen: Sie entsprechen den drei Farbmasken »direkt hinter der BITMAPINFOHEADER-Struktur«, haben hier einen Namen bekommen und sind nur mit definierten Werten besetzt, wenn das DIB mit 16 oder 32 Bit pro Pixel arbeitet und *biCompression* den Wert BI_BITFIELDS hat. Das Feld *bV4AlphaMask* könnte dereinst bei DIBs mit 32 Bit pro Pixel zum Festlegen eines Transparenzwerts (»Alphakanal«) verwendet werden. (Die Version 6 von DirectX zielt in dieselbe Richtung – nur dass es für solche Effekte nach wie vor keine Hardware gibt. In der Praxis ist mir noch nie ein DIB begegnet, bei dem *bV4AlphaMask* einen anderen Wert als 0 gehabt hätte.)

Bei den restlichen Feldern der BITMAPV4HEADER-Struktur geht es wie gesagt ums Color Management – und damit um ein Thema, das eigentlich den Rahmen dieses Buches sprengt. Einige Details dazu können dennoch kaum schaden.

Das zugrundeliegende Problem ist im wesentlichen, dass RGB-Werte keine absoluten Zahlen darstellen, sondern von der jeweiligen Technik abhängen: Ein RGB-Wert wie (255,0,0) bedeutet bei einem (Kathodenstrahl-)Monitor beispielsweise nichts weiter als maximale Spannung an der Rot-Kanone; ein RGB-Wert wie (128,0,0) steht konsequent für die Hälfte der Maximalspannung. Da das RGB-Farbmodell nicht festlegt, wie hoch diese Maximalspannung ist, wie die Phosophorschicht darauf reagiert usw. kann ein »maximales Rot« bereits auf zwei verschiedenen Monitoren unterschiedlich aussehen. Beim Übergang von Monitoren zu Druckern werden die Differenzen noch wesentlich größer, weil Drucker technisch bedingt ein anderes Farbmodell verwenden: Sie erzeugen ihre Farben über Mischungen aus Türkis, Magenta und Gelb (CMY für »cyan, magenta, yellow«), zu denen noch Schwarz als Extrafarbe hinzukommen kann (CMYK – das »K« steht hier für »black«). Natürlich existieren Formeln zur Umrechnung von RGB in CMY bzw. CMYK – nur können diese Formeln nicht garantieren, dass sich ein bestimmter Farbton auf dem Monitor exakt auf einem Drucker reproduzieren läßt. An dieser Stelle kommt das Color Management ins Spiel: Grob gesagt, stellt es den Versuch dar, Farben wirklich unabhängig vom jeweiligen Ausgabegerät zu repräsentieren.

Etwas technischer: Farben hängen von der Wellenlänge des Lichts ab, wobei der für Menschen sichtbare Bereich von rund 380 Nanometer (Blau) bis rund 780 Nanometer (Rot) geht. Was wir als Farbe empfinden, ist – wenn es nicht gerade um einen monochromatischen Laser geht – ein Gemisch aus Licht unterschiedlicher Wellenlänge. Bereits im Jahre 1931 hat die Commision Internationale de L'Éclairage – die Internationale Kommission für Lichttechnik – den nach ihr benannten CIE-Standard zur wissenschaftlichen Quantifizierung von Farben entwickelt. Dieser Standard beinhaltet drei Quantifizierungsfunktionen x, y und z, die in gekürzter Form (für Wellenlängen im Raster von jeweils 5 Nanometern) unter anderem in der CIE-Publikation 15.2-1986 unter dem Titel »Colometry, Second Edition« dokumentiert sind. (Wer sich dafür interessiert: Die Werte finden sich in dieser Dokumentation in der Tabelle 2.1.)

Das Spektrum S einer Farbe wird hier über einen Gruppe von Werten beschrieben, die ihrerseits für die Stärke der einzelnen Wellenlängen stehen. Auf bekannte Spektren lassen sich die CIE-Farbanpassungsfunktionen zur Berechnung der Werte X, Y und Z anwenden:

$$X = \sum_{\lambda=380}^{780} S(\lambda)\,\overline{x}(\lambda) \qquad Y = \sum_{\lambda=380}^{780} S(\lambda)\,\overline{y}(\lambda) \qquad Z = \sum_{\lambda=380}^{780} S(\lambda)\,\overline{z}(\lambda)$$

Diese drei Werte werden als *Großes X*, *Großes Y* und *Großes Z* bezeichnet. Die CIE-Funktion *y* entspricht der Lichtempfindlichkeit des menschlichen Auges über das Spektrum hinweg und bildet eine (glockenförmige) Gaußkurve, die von 380 bis 780 Nanometern geht; das darüber berechnete *Y* bezeichnet man als CIE-*Luminanz*, weil es im wesentlichen für die Helligkeit des jeweiligen Spektrums steht.

Der Datentyp BITMAPV4HEADER definiert für das CIE-Farbmodell ein Feld namens CIEXYZTRIPLE, das nur berücksichtigt wird, wenn Sie das Feld *bV4CSType* (also die Art des Farbmodells, wobei das Kürzel CS für »color space« steht) mit der Konstanten LCX_CALIBRATED_RGB (= 0) setzen. Der Typ CIEXYZTRIPLE wird von WINGDI.H als

```
typedef struct tagCIEXYZTRIPLE
{
     CIEXYZ  ciexyzRed ;
     CIEXYZ  ciexyzGreen ;
     CIEXYZ  ciexyzBlue ;
}
CIEXYZTRIPLE, * LPCIEXYZTRIPLE ;
```

definiert, der darin dreifach erscheinende Strukturtyp CIEXYZ als:

```
typedef struct tagCIEXYZ
{
     FXPT2DOT30 ciexyzX ;
     FXPT2DOT30 ciexyzY ;
     FXPT2DOT30 ciexyzZ ;
}
CIEXYZ, * LPCIEXYZ ;
```

Hinter dem Datentyp FXPT2DOT30 versteckt sich schließlich – nein, nicht eine weitere Struktur, sondern ein Fixkommawert, bei dem 2 Bit für den ganzzahligen Anteil und 30 Bit für die Nachkommastellen reserviert sind: 0x40000000 in diesem Format entspricht also 1.0, 0x48000000 steht für 1.5, und der Maximalwert (0xFFFFFFFF) liegt eine Winzigkeit unterhalb von 4.0.

Das Feld *bV4Endpoints* der BITMAPV4HEADER-Struktur bietet also Platz für drei X-, Y- und Z-Werte, die ihrerseits die »Endpunkte« der verwendeten Farben geräteunabhängig beschreiben sollen: Eine Anwendung, die ein DIB erzeugt, sollte in das erste Tripel XYZ für RGB(255,0,0) eintragen, in das zweite die Werte für RGB(0,255,0), und in das dritte schließlich die Werte für RGB(0,0,255).

Bei den restlichen drei Feldern von BITMAPV4HEADER geht es schließlich um »Gammas«. Der griechische Buchstaben gleichen Namens (γ) wird üblicherweise für Abweichungen von irgendeinem Ideal benutzt und steht hier für Nichtlinearitäten bei der Erzeugung von Farben. In einer vollständig linearen Welt würde nicht nur die Grafikkarte die Farbanteile eines DIBs (von 0 bis 255) linear in (analoge) Spannungen entsprechender Höhe umsetzen, sondern der Monitor auf diese Steigerungen der Spannung auch mit einer linearen Steigerung der Helligkeit reagieren – was er definitiv nicht tut: Der Zusammenhang zwischen der angelegten Spannung *V* und der Intensität I basiert nämlich nicht auf der Multiplikation mit einer Konstanten, sondern auf der Formel

$I = (V + \varepsilon)^{\gamma}$

wobei ε für das Schwarzniveau des Monitors steht und über die Helligkeitseinstellung (idealerweise auf 0) eingeregelt wird; der Exponent γ steht für den Kontrast und liegt bei Kathodenstrahlröhren meist in der Gegend von 2.5.

Zur Kompensation dieser Nichtlinearität arbeiten Videokameras seit jeher mit einer eingebauten Gammakorrektur, die der Intensität des eingestrahlten Lichts einen Exponenten in der Gegend von 0,45 verpaßt (was auf ein Gamma von 2,2 bei der Darstellung hinausläuft. Der standardmäßig von Monitoren verwendete Wert 2,5 entspricht also einer leichten Verstärkung des Kontrasts und ruft einen durchaus gewünschten Effekt hervor, weil das bei Videoaufnahmen unvermeidliche Umgebungslicht grundsätzlich zu einer Verflachung der Kontrastverhältnisse sorgt.)

Die absoluten Werte lassen sich über eine Gammakorrektur mit verhältnismäßig geringem Aufwand »geradebiegen« - nur hat man auf diese Weise erst einmal eine Rechnung ohne den Wirt gemacht: Das menschliche Auge reagiert auf Lichtintensitäten leider auch alles andere als linear. Aus diesem Grund definiert CIE nicht nur eine lineare Luminanz (Y), sondern auch eine *Lichtstärke* (»lightness«), die der Empfindlichkeitskurve des menschlichen Auges angepaßt ist, als L* (»L Sternchen«) notiert wird und sich folgendermaßen aus Y berechnen läßt:

$$L^* = \begin{cases} 903.3\frac{Y}{Y_n} & \frac{Y}{Y_n} \leq 0.008856 \\ 116\left(\frac{Y}{Y_n}\right)^{\frac{1}{3}} - 16 & 0.008856 < \frac{Y}{Y_n} \end{cases}$$

Y_n steht hier für das Weißniveau, der Bruch Y/Y_n mithin für das dimensionslose Verhältnis zwischen der Luminanz einer Farbe und der maximalen Luminanz. Der erste Teil dieser Formel bildet ein (kleines) lineares Segment. Der zweite trägt der Tatsache Rechnung, dass das menschliche Helligkeitsempfinden der Kubikwurzel aus der linearen Luminanz entspricht. Mögliche Werte von L* liegen im Bereich von 0 bis 100, wobei man davon ausgeht, dass integrale Erhöhungen dieses Wertes der kleinsten, von menschlichen Auge noch wahrnehmbaren Helligkeitsveränderung entsprechen. Wer mit Helligkeiten rechnet, verwendet anstelle der linearen Luminanz sinnvollerweise L* – nicht zuletzt deshalb, weil sich mit Werten von 0 bis 100 wesentlich einfacher rechnen läßt.

Gehen wir den gesamten Prozeß einmal von vorne bis hinten durch. Gegeben sei ein Pixel, bei dem ein beliebiger Farbanteil Werte im Bereich von 0 bis 255 annehmen kann. Dieser Wert wird von der Grafikkarte linear in eine Spannung umgesetzt, die sich wiederum auf den Bereich 0 bis 1.0 normalisieren läßt (lies: ob dabei nun 1,2 oder 1.5 Volt als Maximalwert herauskommen, spielt für diese Betrachtung keine Rolle). Wenn das Schwarzniveau des Monitors auf 0 gesetzt ist, ergibt sich für die Intensität des Pixels:

$$I = V^r = \left(\frac{P}{255}\right)^r$$

Der Exponent γ liegt wie gesagt in der Gegend von 2,5. Das subjektive Helligkeitsempfinden (L*) entspricht der dritten Wurzel aus dieser Intensität, auf einen Bereich von 0 bis 100 normiert – mithin:

$$L^* = 100\left(\frac{P}{255}\right)^{\frac{r}{3}}$$

Hier ergibt sich für γ/3 also ein Wert in der Gegend von 0,85. (Bei einem Exponenten von 1 würde die subjektive Helligkeit direkt den Pixelwerten entsprechen. Davon sind wir hier recht weit entfernt – aber immer noch erheblich näher dran als bei direkter Verwendung der CIE-Luminanz.)

Nach dieser reichlichen Dosis Theorie zurück zu den letzten drei Feldern von BITMAPV4-HEADER-Strukturen: Sie erlauben es einem Programm, Gammawerte für die Pixel eines DIBs vorzugeben. *bV4GammaRed, bV4GammaGreen* und *bV4GammaRed* verwenden ein recht einfaches Fixkommaformat, das die höherwertigen 16 Bit als Integeranteil und die niederwertigen 16 Bit als Nachkommastellen definiert: 0x10000 entspricht hier also dem Wert 1.0. Welche Werte man hier einträgt, wird üblicherweise durch die zum Erzeugen des DIBs verwendete Hardware festgelegt: Während Frame Grabber und Digitalkameras vermutlich Exponenten in der Gegend von 2.2 (0x23333) hinterlassen, könnten Sie bei der algorithmischen Erzeugung eines DIBs verwendete lineare CIE-Luminanzen über eine Potenzfunktion in subjektive Luminanzen umrechnen und dann den inversen Exponenten der Potenzfunktion verwenden.

Microsofts Fünfte

Für Programme, die ausschließlich unter Windows 98 und Windows NT 5 laufen sollen, können Sie DIBs verwenden, bei denen die Kopfinformationen ein weiteres Mal dem Stand der Technik angepaßt worden sind. Der dazugehörige Datentyp heißt – wen wundert's – BITMAPV5-HEADER und wird von WINGDI.H folgendermaßen definiert:

```
typedef struct
{
DWORD        bV5Size ;           // Größe der Struktur in Bytes (136)
LONG         bV5Width ;          // Breite des Bildes in Pixeln
LONG         bV5Height ;         // Höhe des Bildes in Pixeln
WORD         bV5Planes ;         // = 1
WORD         bV5BitCount ;       // Bits pro Pixel (1, 4, 8, 16, 24 oder 32)
DWORD        bV5Compression ;    // Kennziffer für Komprimierung (0 = keine)
DWORD        bV5SizeImage ;      // Umfang der Pixeldaten in Bytes
LONG         bV5XPelsPerMeter ;  // horizontale Auflösung (Pixel pro Meter)
LONG         bV5YPelsPerMeter ;  // vertikale Auflösung (Pixel pro Meter)
DWORD        bV5ClrUsed ;        // Zahl der verwendeten Farben
DWORD        bV5ClrImportant ;   // Zahl der "wichtigen" Farben
DWORD        bV5RedMask ;        // Farbmaske für den Rotanteil
DWORD        bV5GreenMask ;      // Farbmaske für den Grünanteil
DWORD        bV5BlueMask ;       // Farbmaske für den Blauanteil
DWORD        bV5AlphaMask ;      // Alpha-Maske
DWORD        bV5CSType ;         // Art des Farbraums
CIEXYZTRIPLE bV5Endpoints ;      // XYZ-Werte für maximales R, G, B
DWORD        bV5GammaRed ;       // Gamma Rot
DWORD        bV5GammaGreen ;     // Gamma Grün
```

```
DWORD       bV5GammaBlue ;      // Gamma Blau
// ------- Erweiterungen der Version 5 ---------
DWORD       bV5Intent ;         // Zielgerät
DWORD       bV5ProfileData ;    // Profildaten direkt oder als Dateiname
DWORD       bV5ProfileSize ;    // Größe der direkt angegebenen Profildaten oder des Dateinamens
DWORD       bV5Reserved ;
}
BITMAPV5HEADER, * PBITMAPV5HEADER ;
}
```

Die neu hinzugekommenen Felder, von denen im Moment nur drei verwendet werden, realisieren einen Vorschlag des von Adobe, Agfa, Apple, Kodak, Microsoft, Silicon Graphics, Sun Microsystems und anderen gemeinsam gegründeten *International Color Consortium*, der als *ICC Profile Format Specification* veröffentlicht wurde (und bei eingedeutschten Anwendungen meist schlicht als »ICC-Profil« erscheint. Wer sich für die Details interessiert, wird unter *http://www.icc.org* fündig.) Im wesentlichen geht es hier darum, dass jedes Eingabegerät (Scanner, Kamera), jedes Ausgabegerät (Drucker, Videorecorder) und jedes Darstellungsgerät (Monitor) von seinem Hersteller ein eigenes »Profil« zugeordnet bekommt, das seinerseits den Zusammenhang zwischen den von diesem Gerät erzeugten bzw. darstellbaren Farben (RGB oder CMY[K]) mit einen geräteunabhängigen Farbmodell herstellt. Das dabei verwendete geräteunabhängige Farbmodell entspricht im wesentlichen den XYZ-Werten der CIE. Für Dateien, die solche Profile speichern, hat man sich auf die Namenserweiterung ICM (für »image color management«) geeinigt. Profile dieser Art lassen sich wahlweise direkt in DIBs einbetten oder mit ihnen verknüpfen, wobei die DIB-Kopfinformationen im letzteren Fall lediglich den Profil-Dateinamen enthalten. (Mehr dazu, wie Windows mit diesen Daten umgeht, finden Sie im Abschnitt */Platform SDK/Graphics and Multimedia Services/Color Management* des Win32-SDKs).

Das Feld *bV5CSType* kann in BITMAPV5HEADER-Strukturen eine ganze Reihe von Werten annehmen:

- LCS_CALIBRATED_RGB: Die folgenden Daten entsprechen einer BITMAPV4HEADER-Struktur (bei der für das korrespondierende Feld *bV5CSType* überhaupt keine anderen Werte zulässig sind). Das Feld *bV5Endpoints* und die drei darauffolgenden »Gammafelder« müssen in diesem Fall mit gültigen Werten besetzt sein.
- LCS_sRGB: Zeigt an, dass anstelle direkt eingetragener Daten ein »RGB-Standardprofil« verwendet wird; *bV5Endpoints* und die drei darauffolgenden »Gammafelder« werden in diesem Fall nicht berücksichtigt. Das RGB-Standardprofil stellt eine Gemeinschaftsentwicklung von Microsoft und Hewlett-Packard dar und soll vor allem bei Übertragungen über das Internet auch ohne separate Profildaten ein Minimum an Geräteunabhängigkeit gewährleisten. Details dazu finden Sie unter *http://www.color.org/contrib/sRGB.html.*
- LCS_WINDOWS_COLOR_SPACE: Anstelle von Profilen wird das Farbmodell verwendet, das der GDI bzw. ihren Funktionen zugrunde liegt. *bV5Endpoints* und die drei darauffolgenden »Gammafelder« bleiben unberücksichtigt.
- PROFILE_EMBEDDED, PROFILE_LINKED: Das DIB enthält ICC-Profildaten direkt bzw. den Namen einer Profildatei. In beiden Fällen enthält das Feld *bV5ProfileData* dann die Startadresse der Daten (relativ zum Beginn der BITMAPV5HEADER-Struktur), *bV5ProfileSize* gibt den Umfang der Daten bzw. des Dateinamens in Bytes an. *bV5Endpoints* und die drei darauffolgenden »Gammafelder« bleiben unberücksichtigt.

Darstellen von DIB-Informationen

Langsam wird es wohl mal wieder Zeit für ein Demonstrationsprogramm. Da für die Darstellung von DIBs auf dem Bildschirm noch einige Grundlagen fehlen, muß es allerdings erst einmal bei der Untersuchungen der Kopfinformationen bleiben. Ebendies tut das in Abbildung 15.9 aufgelistete Programm DIBHEADS – und zwar recht gründlich.

DIBHEADS.C

```
/*---------------------------------------------
   DIBHEADS.C - Stellt DIB-Kopfinformationen dar
               (c) Charles Petzold, 1998
  ---------------------------------------------*/
#define WINVER 0x0500   /* BITMAPV5HEADER */
#include <windows.h>
#include "resource.h"

LRESULT CALLBACK WndProc (HWND, UINT, WPARAM, LPARAM) ;

TCHAR szAppName[] = TEXT ("DibHeads") ;

int WINAPI WinMain (HINSTANCE hInstance, HINSTANCE hPrevInstance,
                    PSTR szCmdLine, int iCmdShow)
{
     HACCEL   hAccel ;
     HWND     hwnd ;
     MSG      msg ;
     WNDCLASS wndclass ;

     wndclass.style         = CS_HREDRAW | CS_VREDRAW ;
     wndclass.lpfnWndProc   = WndProc ;
     wndclass.cbClsExtra    = 0 ;
     wndclass.cbWndExtra    = 0 ;
     wndclass.hInstance     = hInstance ;
     wndclass.hIcon         = LoadIcon (NULL, IDI_APPLICATION) ;
     wndclass.hCursor       = LoadCursor (NULL, IDC_ARROW) ;
     wndclass.hbrBackground = (HBRUSH) GetStockObject (WHITE_BRUSH) ;
     wndclass.lpszMenuName  = szAppName ;
     wndclass.lpszClassName = szAppName ;

     if (!RegisterClass (&wndclass))
     {    // UNICODE-Compilierung ist die einzige realistische Fehlermöglichkeit
          MessageBox (NULL, TEXT ("Programm arbeitet mit Unicode und setzt Windows NT voraus!"),
                      szAppName, MB_ICONERROR) ;
          return 0 ;
     }

     hwnd = CreateWindow (szAppName, TEXT ("DIB Headers"),
                          WS_OVERLAPPEDWINDOW,
                          CW_USEDEFAULT, CW_USEDEFAULT,
                          CW_USEDEFAULT, CW_USEDEFAULT,
                          NULL, NULL, hInstance, NULL) ;

     ShowWindow (hwnd, iCmdShow) ;
     UpdateWindow (hwnd) ;
```

```
     hAccel = LoadAccelerators (hInstance, szAppName) ;

     while (GetMessage (&msg, NULL, 0, 0))
     {
          if (!TranslateAccelerator (hwnd, hAccel, &msg))
          {
               TranslateMessage (&msg) ;
               DispatchMessage (&msg) ;
          }
     }
     return msg.wParam ;
}

void Printf (HWND hwnd, TCHAR * szFormat, ...)
{
     TCHAR   szBuffer [1024] ;
     va_list pArgList ;

     va_start (pArgList, szFormat) ;
     wvsprintf (szBuffer, szFormat, pArgList) ;
     va_end (pArgList) ;

     SendMessage (hwnd, EM_SETSEL, (WPARAM) -1, (LPARAM) -1) ;
     SendMessage (hwnd, EM_REPLACESEL, FALSE, (LPARAM) szBuffer) ;
     SendMessage (hwnd, EM_SCROLLCARET, 0, 0) ;
}

void DisplayDibHeaders (HWND hwnd, TCHAR * szFileName)
{
     static TCHAR     * szInfoName [] = { TEXT ("BITMAPCOREHEADER"),
                                          TEXT ("BITMAPINFOHEADER"),
                                          TEXT ("BITMAPV4HEADER"),
                                          TEXT ("BITMAPV5HEADER") } ;
     static TCHAR     * szCompression [] = { TEXT ("BI_RGB"), TEXT ("BI_RLE8"),
                                             TEXT ("BI_RLE4"),
                                             TEXT ("BI_BITFIELDS"),
                                             TEXT ("unbekannt") } ;
     BITMAPCOREHEADER * pbmch ;
     BITMAPFILEHEADER * pbmfh ;
     BITMAPV5HEADER   * pbmih ;
     BOOL               bSuccess ;
     DWORD              dwFileSize, dwHighSize, dwBytesRead ;
     HANDLE             hFile ;
     int                i ;
     PBYTE              pFile ;
     TCHAR            * szV ;

     // Ausgabe des Dateinamens
     Printf (hwnd, TEXT ("Datei: %s\r\n\r\n"), szFileName) ;

     // Datei öffnen
     hFile = CreateFile (szFileName, GENERIC_READ, FILE_SHARE_READ, NULL,
                         OPEN_EXISTING, FILE_FLAG_SEQUENTIAL_SCAN, NULL) ;
```

```
if (hFile == INVALID_HANDLE_VALUE)
{
     Printf (hwnd, TEXT ("Fehler beim Öffnen der Datei.\r\n\r\n")) ;
     return ;
}

// Dateigröße ermitteln
dwFileSize = GetFileSize (hFile, &dwHighSize) ;

if (dwHighSize)
{
     Printf (hwnd, TEXT ("Größer als 4 GByte? Danke nein...\r\n\r\n")) ;
     CloseHandle (hFile) ;
     return ;
}

// Speicher für die Datei belegen
pFile = malloc (dwFileSize) ;

if (!pFile)
{
     Printf (hwnd, TEXT ("Nicht genug Platz im Hauptspeicher!\r\n\r\n")) ;
     CloseHandle (hFile) ;
     return ;
}

// Datei komplett einlesen
SetCursor (LoadCursor (NULL, IDC_WAIT)) ;
ShowCursor (TRUE) ;

bSuccess = ReadFile (hFile, pFile, dwFileSize, &dwBytesRead, NULL) ;

ShowCursor (FALSE) ;
SetCursor (LoadCursor (NULL, IDC_ARROW)) ;

if (!bSuccess || (dwBytesRead != dwFileSize))
{
     Printf (hwnd, TEXT ("Lesefehler.\r\n\r\n")) ;
     CloseHandle (hFile) ;
     free (pFile) ;
     return ;
}

// Datei schließen
CloseHandle (hFile) ;

// Dateigröße ausgeben
Printf (hwnd, TEXT ("Dateigröße = %u Bytes\r\n\r\n"), dwFileSize) ;

// BITMAPFILEHEADER-Struktur ausgeben
pbmfh = (BITMAPFILEHEADER *) pFile ;

Printf (hwnd, TEXT ("BITMAPFILEHEADER\r\n")) ;
Printf (hwnd, TEXT ("\t.bfType = 0x%X\r\n"), pbmfh->bfType) ;
Printf (hwnd, TEXT ("\t.bfSize = %u\r\n"), pbmfh->bfSize) ;
Printf (hwnd, TEXT ("\t.bfReserved1 = %u\r\n"), pbmfh->bfReserved1) ;
```

```
Printf (hwnd, TEXT ("\t.bfReserved2 = %u\r\n"), pbmfh->bfReserved2) ;
Printf (hwnd, TEXT ("\t.bfOffBits = %u\r\n\r\n"), pbmfh->bfOffBits) ;

// Um welchen Strukturtyp geht es?
pbmih = (BITMAPV5HEADER *) (pFile + sizeof (BITMAPFILEHEADER)) ;

switch (pbmih->bV5Size)
{
case sizeof (BITMAPCOREHEADER):  i = 0 ;                       break ;
case sizeof (BITMAPINFOHEADER):  i = 1 ;  szV = TEXT ("i")  ;  break ;
case sizeof (BITMAPV4HEADER):    i = 2 ;  szV = TEXT ("V4") ;  break ;
case sizeof (BITMAPV5HEADER):    i = 3 ;  szV = TEXT ("V5") ;  break ;
default:
     Printf (hwnd, TEXT ("Kopfinformationen in unerwarteter Größe (%u Bytes).\r\n\r\n"),
                  pbmih->bV5Size) ;
     free (pFile) ;
     return ;
}

Printf (hwnd, TEXT ("%s\r\n"), szInfoName[i]) ;

// BITMAPCOREHEADER-Felder
if (pbmih->bV5Size == sizeof (BITMAPCOREHEADER))
{
     pbmch = (BITMAPCOREHEADER *) pbmih ;

     Printf (hwnd, TEXT ("\t.bcSize = %u\r\n"), pbmch->bcSize) ;
     Printf (hwnd, TEXT ("\t.bcWidth = %u\r\n"), pbmch->bcWidth) ;
     Printf (hwnd, TEXT ("\t.bcHeight = %u\r\n"), pbmch->bcHeight) ;
     Printf (hwnd, TEXT ("\t.bcPlanes = %u\r\n"), pbmch->bcPlanes) ;
     Printf (hwnd, TEXT ("\t.bcBitCount = %u\r\n\r\n"), pbmch->bcBitCount) ;
     free (pFile) ;
     return ;
}

// BITMAPINFOHEADER-Felder
Printf (hwnd, TEXT ("\t.b%sSize = %u\r\n"), szV, pbmih->bV5Size) ;
Printf (hwnd, TEXT ("\t.b%sWidth = %i\r\n"), szV, pbmih->bV5Width) ;
Printf (hwnd, TEXT ("\t.b%sHeight = %i\r\n"), szV, pbmih->bV5Height) ;
Printf (hwnd, TEXT ("\t.b%sPlanes = %u\r\n"), szV, pbmih->bV5Planes) ;
Printf (hwnd, TEXT ("\t.b%sBitCount = %u\r\n"), szV, pbmih->bV5BitCount) ;
Printf (hwnd, TEXT ("\t.b%sCompression = %s\r\n"), szV,
              szCompression [min (4, pbmih->bV5Compression)]) ;
Printf (hwnd, TEXT ("\t.b%sSizeImage = %u\r\n"), szV, pbmih->bV5SizeImage) ;
Printf (hwnd, TEXT ("\t.b%sXPelsPerMeter = %i\r\n"), szV,
              pbmih->bV5XPelsPerMeter) ;
Printf (hwnd, TEXT ("\t.b%sYPelsPerMeter = %i\r\n"), szV,
              pbmih->bV5YPelsPerMeter) ;
Printf (hwnd, TEXT ("\t.b%sClrUsed = %i\r\n"), szV, pbmih->bV5ClrUsed) ;
Printf (hwnd, TEXT ("\t.b%sClrImportant = %i\r\n\r\n"), szV,
              pbmih->bV5ClrImportant) ;
```

```
if (pbmih->bV5Size == sizeof (BITMAPINFOHEADER))
{
     if (pbmih->bV5Compression == BI_BITFIELDS)
     {
          Printf (hwnd, TEXT ("Rotmaske  = %08X\r\n"), pbmih->bV5RedMask) ;
          Printf (hwnd, TEXT ("Grünmaske = %08X\r\n"), pbmih->bV5GreenMask) ;
          Printf (hwnd, TEXT ("Blaumaske = %08X\r\n\r\n"), pbmih->bV5BlueMask) ;
     }
     free (pFile) ;
     return ;
}

// zusätzliche Felder aus BITMAPV4HEADER
Printf (hwnd, TEXT ("\t.b%sRedMask   = %08X\r\n"), szV, pbmih->bV5RedMask) ;
Printf (hwnd, TEXT ("\t.b%sGreenMask = %08X\r\n"), szV, pbmih->bV5GreenMask) ;
Printf (hwnd, TEXT ("\t.b%sBlueMask  = %08X\r\n"), szV, pbmih->bV5BlueMask) ;
Printf (hwnd, TEXT ("\t.b%sAlphaMask = %08X\r\n"), szV, pbmih->bV5AlphaMask) ;
Printf (hwnd, TEXT ("\t.b%sCSType = %u\r\n"), szV, pbmih->bV5CSType) ;
Printf (hwnd, TEXT ("\t.b%sEndpoints.ciexyzRed.ciexyzX   = %08X\r\n"),
             szV, pbmih->bV5Endpoints.ciexyzRed.ciexyzX) ;
Printf (hwnd, TEXT ("\t.b%sEndpoints.ciexyzRed.ciexyzY   = %08X\r\n"),
             szV, pbmih->bV5Endpoints.ciexyzRed.ciexyzY) ;
Printf (hwnd, TEXT ("\t.b%sEndpoints.ciexyzRed.ciexyzZ   = %08X\r\n"),
             szV, pbmih->bV5Endpoints.ciexyzRed.ciexyzZ) ;
Printf (hwnd, TEXT ("\t.b%sEndpoints.ciexyzGreen.ciexyzX = %08X\r\n"),
             szV, pbmih->bV5Endpoints.ciexyzGreen.ciexyzX) ;
Printf (hwnd, TEXT ("\t.b%sEndpoints.ciexyzGreen.ciexyzY = %08X\r\n"),
             szV, pbmih->bV5Endpoints.ciexyzGreen.ciexyzY) ;
Printf (hwnd, TEXT ("\t.b%sEndpoints.ciexyzGreen.ciexyzZ = %08X\r\n"),
             szV, pbmih->bV5Endpoints.ciexyzGreen.ciexyzZ) ;
Printf (hwnd, TEXT ("\t.b%sEndpoints.ciexyzBlue.ciexyzX  = %08X\r\n"),
             szV, pbmih->bV5Endpoints.ciexyzBlue.ciexyzX) ;
Printf (hwnd, TEXT ("\t.b%sEndpoints.ciexyzBlue.ciexyzY  = %08X\r\n"),
             szV, pbmih->bV5Endpoints.ciexyzBlue.ciexyzY) ;
Printf (hwnd, TEXT ("\t.b%sEndpoints.ciexyzBlue.ciexyzZ  = %08X\r\n"),
             szV, pbmih->bV5Endpoints.ciexyzBlue.ciexyzZ) ;
Printf (hwnd, TEXT ("\t.b%sGammaRed   = %08X\r\n"), szV,
             pbmih->bV5GammaRed) ;
Printf (hwnd, TEXT ("\t.b%sGammaGreen = %08X\r\n"), szV,
             pbmih->bV5GammaGreen) ;
Printf (hwnd, TEXT ("\t.b%sGammaBlue  = %08X\r\n\r\n"), szV,
             pbmih->bV5GammaBlue) ;

if (pbmih->bV5Size == sizeof (BITMAPV4HEADER))
{
     free (pFile) ;
     return ;
}

// zusätzliche Felder aus BITMAPV5HEADER
Printf (hwnd, TEXT ("\t.b%sIntent = %u\r\n"), szV, pbmih->bV5Intent) ;
Printf (hwnd, TEXT ("\t.b%sProfileData = %u\r\n"), szV, pbmih->bV5ProfileData) ;
Printf (hwnd, TEXT ("\t.b%sProfileSize = %u\r\n"), szV, pbmih->bV5ProfileSize) ;
Printf (hwnd, TEXT ("\t.b%sReserved = %u\r\n\r\n"), szV, pbmih->bV5Reserved) ;
```

```
     free (pFile) ;
     return ;
}

LRESULT CALLBACK WndProc (HWND hwnd, UINT message, WPARAM wParam, LPARAM lParam)
{
     static HWND          hwndEdit ;
     static OPENFILENAME  ofn ;
     static TCHAR         szFileName [MAX_PATH], szTitleName [MAX_PATH] ;
     static TCHAR         szFilter[] = TEXT ("Bitmap-Dateien (*.BMP)\0*.bmp\0")
                                       TEXT ("Alle Dateien (*.*)\0*.*\0\0") ;

     switch (message)
     {
     case WM_CREATE:
          hwndEdit = CreateWindow (TEXT ("edit"), NULL,
                         WS_CHILD | WS_VISIBLE | WS_BORDER |
                              WS_VSCROLL | WS_HSCROLL |
                              ES_MULTILINE | ES_AUTOVSCROLL | ES_READONLY,
                         0, 0, 0, 0, hwnd, (HMENU) 1,
                         ((LPCREATESTRUCT) lParam)->hInstance, NULL) ;

          ofn.lStructSize       = sizeof (OPENFILENAME) ;
          ofn.hwndOwner         = hwnd ;
          ofn.hInstance         = NULL ;
          ofn.lpstrFilter       = szFilter ;
          ofn.lpstrCustomFilter = NULL ;
          ofn.nMaxCustFilter    = 0 ;
          ofn.nFilterIndex      = 0 ;
          ofn.lpstrFile         = szFileName ;
          ofn.nMaxFile          = MAX_PATH ;
          ofn.lpstrFileTitle    = szTitleName ;
          ofn.nMaxFileTitle     = MAX_PATH ;
          ofn.lpstrInitialDir   = NULL ;
          ofn.lpstrTitle        = NULL ;
          ofn.Flags             = 0 ;
          ofn.nFileOffset       = 0 ;
          ofn.nFileExtension    = 0 ;
          ofn.lpstrDefExt       = TEXT ("bmp") ;
          ofn.lCustData         = 0 ;
          ofn.lpfnHook          = NULL ;
          ofn.lpTemplateName    = NULL ;
          return 0 ;

     case WM_SIZE:
          MoveWindow (hwndEdit, 0, 0, LOWORD (lParam), HIWORD (lParam), TRUE) ;
          return 0 ;
```

```
    case WM_COMMAND:
        switch (LOWORD (wParam))
        {
        case IDM_FILE_OPEN:
            if (GetOpenFileName (&ofn))
                DisplayDibHeaders (hwndEdit, szFileName) ;

            return 0 ;
        }
        break ;

    case WM_DESTROY:
        PostQuitMessage (0) ;
        return 0 ;
    }
    return DefWindowProc (hwnd, message, wParam, lParam) ;
}
```

DIBHEADS.RC (Auszüge)

```
//Microsoft Developer Studio generated resource script.

#include "resource.h"
#include "afxres.h"

/////////////////////////////////////////////////////////////////////////////
// Accelerator

DIBHEADS ACCELERATORS DISCARDABLE
BEGIN
    "O",            IDM_FILE_OPEN,          VIRTKEY, CONTROL, NOINVERT
END

/////////////////////////////////////////////////////////////////////////////
// Menu

DIBHEADS MENU DISCARDABLE
BEGIN
    POPUP "&Datei"
    BEGIN
        MENUITEM "Ö&ffnen\tStrg+O",         IDM_FILE_OPEN
    END
END
```

RESOURCE.H (Auszüge)

```
// Microsoft Developer Studio generated include file.
// Used by DibHeads.rc

#define IDM_FILE_OPEN                   40001
```

Abbildung 15.9: *Das Programm* DIBHEAD

DIBHEAD hat eine recht kleine Window-Prozedur, die sich auf das Anlegen eines (schreibgeschützten) Editfensters mit der Größe des Anwendungsbereichs und die Reaktion auf den einzigen Menüpunkt (Datei/Öffnen) beschränkt. Für die Auswahl von Dateien wird der Standarddialog von Windows benutzt. Die Funktion *DisplayDibHeaders* macht den mit Abstand größten Teil des Listings aus: Sie stellt die einzelnen Felder der Kopfinformationen der Reihe nach mit Namen und Werten dar.

Da der Strukturtyp BITMAPV5HEADER erst in der Windows-Version 5 – also für Windows 98 und NT 5.0 – definiert ist, wird diese Versionsnummer wie im Programm DEVCAPS direkt definiert. Diese Definition muß *vor* den Include-Anweisungen stehen, weil WINDOWS.H (exakter: die von WINDOWS.H per #include aufgenommene Datei WINGDI.H) diese Definition sonst ausklammert.

Darstellen und Drucken

So erhebend der tiefe Blick in Kopfinformationen und Farbräume ja auch sein mag, so nutzlos bleibt er auch, wenn man das Bitmap nicht zu sehen bekommt. Nach über 30 Seiten grauer Theorie geht es in diesem Abschnitt nun endlich um die beiden Funktionen der GDI, die für die Darstellung von DIBs auf Bildschirmen und Druckern zuständig sind. Beide sind übrigens nicht der Weisheit letzter Schluß, stellen aber einen guten Startpunkt dar. (Im letzten Abschnitt dieses Kapitels geht es dann um eine Alternative, die sowohl bei der Flexibilität als auch bei der Performance etwas mehr Spielraum bietet.)

Windows definiert mit *StretchDIBits* und *SetDIBitsToDevice* (bei denen das »DI« übrigens als »di ei« ausgesprochen wird) zwei Funktionen, mit denen sich DIBs im gepackten Speicherformat komplett oder in Form eines rechteckigen Ausschnitts ausgeben lassen. *SetDIBitsToDevice* ist die einfachere Variante: Diese Funktion nimmt im wesentlichen eine Umrechnung auf das interne Format des jeweiligen Zielgeräts vor und läßt die Pixelzahl unverändert. Ein über *SetDIBitsToDevice* ausgegebenes DIB mit 60 x 480 Pixeln wird deshalb auf einem Drucker mit 300 dpi Auflösung in einer Größe von circa 5 * 3,5 Zentimetern erscheinen. *StretchDIBits* ist die erheblich flexiblere (und natürlich auch langsamere) Version, die bei Bedarf neben der Umwandlung in das Format des Zielgeräts das Strecken oder Stauchen von Bildern übernimmt.

Grabungsarbeiten

Für den Aufruf beider Funktionen werden natürlich einige Informationen über das darzustellende Bild benötigt. Wie zuvor erläutert, lassen sich DIB-Dateien in vier Abschnitte unterteilen:

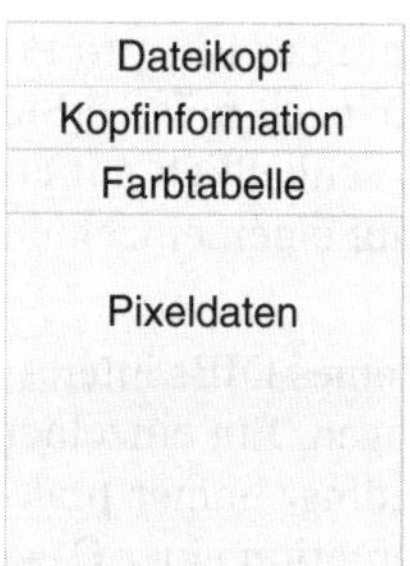

Abbildung 15.10: *Die Abschnitte einer DIB-Datei*

Beim Laden in den Hauptspeicher untersucht man den ersten Abschnitt, übergeht ihn dann und lädt den Rest der Datei in einen durchgehenden Bereich. Ein solcher Bereich wird im weiteren als gepacktes DIB bezeichnet (siehe Abbildung 15.11).

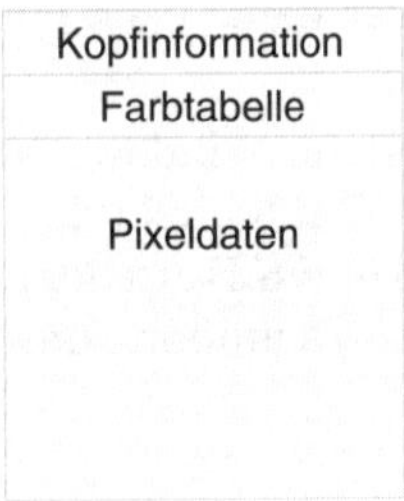

Abbildung 15.11: *Ein gepacktes DIB im Hauptspeicher*

In dieser Form werden DIBs über die Zwischenablage transportiert und als Grundlage für Füllmuster benutzt. Sie ist nicht zuletzt deshalb ausgesprochen praktisch, weil das gesamte DIB hier über eine einzige Zeigervariable (beispielsweise *pPackedDib*) angesprochen werden kann, der man übrigens normalerweise nicht einen Typ wie PBITMAPINFOHEADER, sondern schlicht den Type PBYTE gibt. Mit den Strukturdefinitionen, die in den vorangehenden Abschnitten vorgestellt wurden, kommt man über explizite Typumwandlungen nicht nur an die Felder in der Kopfinformation, sondern auch an die Farbtabelle und die Pixeldaten heran.

Aufgrund der unterschiedlichen Formate kommen Sie allerdings nur selten mit einer einzigen Zeile aus. Eine Anweisung wie

```
iWidth = ((PBITMAPINFOHEADER) pPackedDib)->biWidth ;
```

mag auf den ersten Blick zwar unverdächtig aussehen – was aber, wenn das DIB im OS/2-Format gespeichert ist? Dann beginnt es mit einer BITMAPCOREHEADER-Struktur, die für die Breite lediglich 16 anstelle von 32 Bit reserviert. Die Alternative ist zwar narrensicher, sieht aber nicht unbedingt übersichtlich aus:

```
if (((PBITMAPCOREHEADER) pPackedDib)->bcSize == sizeof (BITMAPCOREHEADER))
     iWidth = ((PBITMAPCOREHEADER) pPackedDib)->bcWidth ;
else
     iWidth = ((PBITMAPINFOHEADER) pPackedDib)->biWidth ;
```

Und wenn Sie sich mal richtig den Kopf zerbrechen wollen, dann finden Sie doch bitte einmal für ein beliebiges DIB die Farbe des Pixels (5, 27) heraus. Selbst wenn Sie OS/2-DIBs absichtlich außen vor lassen, brauchen Sie dazu die Breite und Höhe des DIBs sowie die Zahl der Bits pro Pixel, über die Sie dann den Platzbedarf einer Rasterzeile berechnen können. Danach müssen Sie bestimmen, ob eine Farbtabelle oder eine Farbmaske vorhanden ist, und sich schließlich mit einer eventuellen Komprimierung auseinandersetzen, die den direkten Zugriff auf einen einzelnen Pixelwert per se verhindert.

Vor allem bei der Bildverarbeitung, bei der man sich meist für *sämtliche* Pixel eines DIBs interessiert, können diese vielen kleinen Schritte zeitlich ganz schön zu Buche schlagen. Ein einzelner Zeiger auf ein komprimiertes DIB ist deshalb zwar bequem, aber nicht unbedingt immer praktisch oder gar effizient. Die naheliegende Lösung besteht natürlich aus der Definition einer C++-Klasse für DIBs mit einer entsprechenden Zahl von Feldern, die den schnellen Zugriff auf beliebige Pixel erlaubt – nur hatte ich ja zu Anfang dieses Buches versprochen, ohne die Erweiterungen von C++ auszukommen. Das nächste Kapitel stellt deshalb eine reine C-Lösung vor, die im Prinzip denselben Zweck erfüllt.

Bei *SetDIBitsToDevice* und *StretchDIBits* ist die Sache allerdings noch nicht gar so kritisch: Diese beiden Funktionen holen sich die benötigten Informationen selbst, wenn man ihnen einen Zeiger auf die BITMAPINFO-Struktur des DIBs übergibt. (Wie Sie sich wohl erinnern, faßt dieser Strukturtyp die Kopfinformation (BITMAPINFOHEADER) und die Farbtabelle zusammen, stellt mithin nichts weiter als einen entsprechend typisierten Alias für den Anfang des Speicherbereichs dar, der für das gepackte DIB belegt wurde.)

Was die beiden Funktionen außerdem noch sehen wollen, ist die Startadresse der Pixeldaten. Die läßt sich zwar auch über die BITMAPINFOHEADER-Felder berechnen – nur ist der dafür benötigte Code alles andere als übersichtlich oder gar elegant. Wesentlich einfacher ginge es mit der Kopfinformation aus der Datei, weil dort das Feld *bfOffBits* ebendiesen Wert (minus der Größe der BITMAPFILEHEADER-Struktur) bereits enthält – nur hilft Ihnen das nicht viel, wenn Sie ein gepacktes DIB aus der Zwischenablage übergeben bekommen. Abbildung 15.12 zeigt die beiden Zeiger, die für Aufrufe von *SetDIBitsToDevice* und *StretchDIBits* benötigt werden:

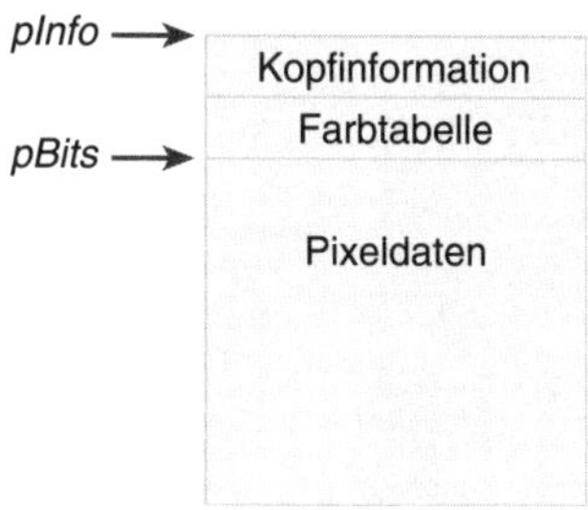

Abbildung 15.12: *Von SetDIBitsToDevice und StretchDIBits erwartete Zeigerwerte*

Wieso diese beiden Routinen das nicht selbst ausrechnen können? Für den Transfer über die Zwischenablage ist die Speicherung eines gepackten DIBs in einem durchgehenden Bereich ein Muß, für das Zeichnen dagegen eher eine Bequemlichkeit, die durchaus ihre Nachteile haben kann. Tatsächlich hält Sie niemand davon ab, die Kopfinformationen von den Pixeldaten zu trennen:

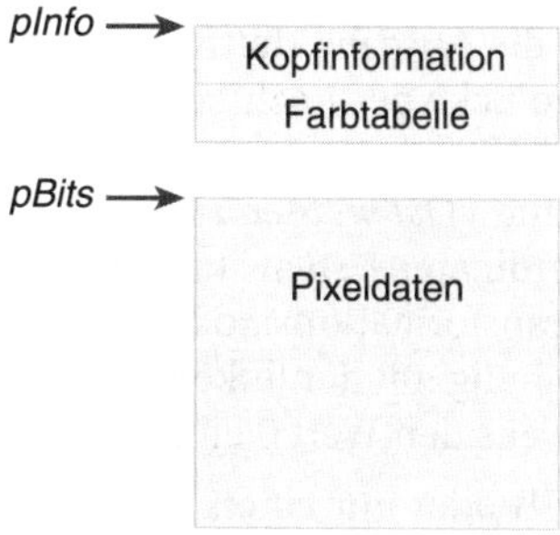

Abbildung 15.13: *Eine durchaus verwendbare Alternative*

Diese Aufteilung macht sich vor allem bei Bitmap-Klassen (oder ihren in C geschriebenen Gegenstücken) ausgesprochen nützlich. Im Moment bleiben wir allerdings erst einmal bei gepackten DIBs und durchgehenden Speicherblocks.

Neben Zeigern auf die *BITMAPINFOHEADER*-Struktur und die Pixeldaten erwarten *SetDIBitsToDevice* und *StretchDIBits* die Höhe und Breite des darzustellenden DIBs. Wenn Sie sowieso nur einen bestimmten Ausschnitt aus einem DIB darstellen wollen, benötigen Sie diese Werte nicht direkt – sie stellen aber naturgemäß in jedem Fall die Höchstwerte für die Grenzen eines Ausschnitts dar.

Pixel pro Pixel

SetDIBitsToDevice gibt DIBs ohne Umskalierungen aus: Jeder Pixel des DIBs wird hier auf exakt ein Pixel des Ausgabegerätes abgebildet. Die Orientierung des Bildes wird durch die Umrechnung in keinem Fall verändert, die oberste Bildzeile erscheint also auch auf dem Ausgabegerät dann als oberste, wenn Sie ein Koordinatensystem mit negativ verlaufenden Achsen in den Ziel-Gerätekontext einsetzen. Anders gesagt: Das Koordinatensystem des Zielkontexts ist für die Berechnung des Startpunkts (der linken oberen Ecke) zuständig, nicht aber für den Bildinhalt. Trotz dieser vergleichsweise einfachen Logik sieht die Funktion zunächst einmal recht beeindruckend aus:

```
iLines = SetDIBitsToDevice (
             hdc,            // Ziel-Gerätekontext
             xDst,           // X-Koordinate im Zielkontext (linke obere Ecke)
             yDst,           // Y-Koordinate im Zielkontext (linke obere Ecke)
             cxSrc,          // Breite des Quellbereichs
             cySrc,          // Höhe des Quellbereichs
             xSrc,           // X-Koordinate im Quellbereich (linke obere Ecke)
             ySrc,           // X-Koordinate im Quellbereich (linke obere Ecke)
             yScan,          // erste zu zeichnende Rasterzeile
             cyScans,        // Zahl der zu zeichnenden Rasterzeilen
             pBits,          // Zeiger auf die Pixeldaten im DIB
             pInfo,          // Zeiger auf die Kopfinformationen des DIBs
             fClrUse) ;      // Farbflag
```

Wie gesagt: Bitte nicht erschrecken. In den meisten Fällen ist diese Funktion wesentlich einfacher einzusetzen, als es den Anschein haben mag. Was die restlichen Fälle betrifft, ist das gute Stück eine ziemliche Katastrophe – aber das werden Sie auch überleben.

Also der Reihe nach: Wie praktisch alle GDI-Funktionen erwartet auch *SetDIBitsToDevice* als ersten Parameter einen Handle für den Kontext des Geräts, auf dem die Ausgabe stattfinden soll. Die nächsten beiden Parameter (*xDst* und *yDst*) legen die linke obere Ecke des Rechtecks fest, in dem das DIB erscheinen soll. (Mit »oben« ist hier die Oberkante des Bildes gemeint – nicht etwa der Wirrwarr mit verkehrt herum gespeicherten Rasterzeilen.) *xDst* und *yDst* werden als logische Koordinaten interpretiert, d.h. über das aktuell für *hdc* geltende Koordinatensystem skaliert (wobei zu dieser Umrechnung unter Windows NT noch der aktuelle Transformationsmodus hinzukommen kann). Im Standardmodus MM_TEXT erscheint das Bild bündig mit der linken und der oberen Kante des Ausgabemediums, wenn Sie für *xDst* und *yDst* jeweils den Wert 0 einsetzen.

Die nächsten vier Parameter erlauben es, wahlweise das gesamte DIB oder nur einen rechteckigen Ausschnitt davon zu zeichnen. Bei Ausschnitten kommt allerdings die Speicherung »von unten nach oben« mit ins Spiel, die einem hier recht nette Streiche spielen kann (und auf die ich noch komme). Wenn Sie das gesamte DIB ausgeben wollen, übergeben Sie für *xSrc* und *ySrc* jeweils den Wert 0, für *cxSrc* und *cySrc* die Breite bzw. Höhe des Bildes in Pixeln. Da das Feld *biHeight* der BITMAPINFOHEADER-Struktur für »top-down-DIBs« negativ ist, sollte sein Wert nicht direkt, sondern über die Funktion *abs* eingesetzt werden.

Das Win32-SDK behauptet bei der Dokumentation dieser Funktion im Abschnitt */Platform SDK/Graphics and Multimedia Services/GDI/Bitmaps/Bitmap Reference/Bitmap Functions/SetDIBitsToDevice*, dass *xSrc*, *ySrc*, *cxSrc* und *cySrc* als logische Koordinaten zu betrachten seien – was definitiv nicht stimmt: Hier geht es nicht zuletzt deshalb ausschließlich um Pixel, weil Skalierungen *innerhalb* von DIB-Pixeldaten nur wenig Sinn machen. Da *SetDIBitsToDevice* überdies weder Streckungen noch Stauchungen ausführt, erscheint das Bild im Zielkontext unabhängig vom dort eingesetzten Koordinatensystem grundsätzlich mit *cxSrc* Pixeln Breite und *cySrc* Pixeln Höhe.

Über die nächsten beiden Parameter (*yScan* und *cyScan*) möchte ich an dieser Stelle so wenig Worte wie möglich verlieren: Sie sind für das Einsparen von Speicherplatz gedacht, wenn man ein DIB zeilenweise von einem Speichermedium (oder über ein Modem) liest und sequentiell darstellen will. In allen anderen Fällen sollten Sie *yScan* auf 0 und *cyScan* auf die Zeilenzahl des DIBs setzen.

Als Parameter *pBits* erwartet *SetDIBitsToDevice* die Startadresse der Pixeldaten, und als *pInfo* einen Zeiger auf die BITMAPINFO-Struktur. Dieser Wert ist letztlich zwar derselbe wie die Startadresse der BITMAPINFOHEADER-Struktur – die Entwickler haben hier aber einen subtilen Hinweis untergebracht: Für DIBs mit 1, 4 oder 8 Bit pro Pixel erwartet die Funktion, dass die Farbtabelle unmittelbar auf die Kopfinformationen im Speicher folgt. Obwohl *pInfo* als Zeiger auf BITMAPINFO definiert ist, kann es sich bei diesen Kopfdaten wahlweise um BITMAPCOREINFO, BITMAPINFO, BITMAPV4HEADER oder BITMAPV5HEADER handeln; die Unterscheidung läuft automatisch (und über das Größenfeld).

Der allerletzte Parameter teilt *SetDIBitsToDevice* schließlich mit, auf welche Weise eine eventuell vorhandene Farbtabelle zu interpretieren ist. WINGDI.H definiert in diesem Zusammenhang zwei Konstanten namens DIB_RGB_COLORS (0) und DIB_PAL_COLORS (1). Wir beschränken uns bis auf weiteres auf den Wert DIB_RGB_COLORS, der Windows anzeigt, dass die Farbtabelle eine Folge von RGB-Werten enthält. Auf die Alternative – nämlich eine durch Indizes in die aktuelle Farbpalette ersetzte Tabelle – komme ich im nächsten Kapitel zu sprechen.

Als direktes Ergebnis liefert *SetDIBitsToDevice* die Anzahl der auf dem Ausgabegerät dargestellten Rasterzeilen zurück. Wenn Sie diese Funktion zur Darstellung eines kompletten DIBs verwenden wollen, benötigen Sie also die folgenden Daten:

- *hdc* – den Kontext des Zielgeräts bzw. der Zieloberfläche
- *xDst* und *yDst* – die linke obere Ecke des Zielgebiets
- *cxDib* und *cyDib* – die Höhe und Breite des DIBs in Pixeln, wobei *cyDib* den absoluten Wert des BITMAPINFOHEADER-Felds *biHeight* darstellt
- *pInfo* und *pBits* – Zeiger auf die Kopf- und Pixeldaten des DIBs

Mit diesen Daten bewaffnet, können Sie *SetDIBitsToDevice* dann in der folgenden Form aufrufen:

```
SetDIBitsToDevice (
     hdc,              // Ziel-Gerätekontext
     xDst, yDst,       // linke obere Ecke im Zielkontext
     cxDib, cyDib,     // Breite und Höhe des DIBs
     0, 0,            // linke obere Ecke im DIB
     0,                // erste auszugebende Rasterzeile
     cyDib,            // Zahl der auszugebenden Rasterzeilen
     pBits,            // Zeiger auf die Pixeldaten
     pInfo,            // Zeiger auf die Kopfdaten
     DIB_RGB_COLORS) ; // Farbtabelle enthält (wenn vorhanden) RGB-Werte
```

Anders gesagt: Von den 12 Parametern der Funktion setzt man vier normalerweise auf 0 (wobei ich DIB_RGB_COLORS hier mitgezählt habe), ein fünfter (*cyScans*) stellt eine Wiederholung dar. Das in Abbildung 15.4 aufgelistete Programm SHOWDIB1 demonstriert den praktischen Einsatz.

SHOWDIB1.C

```
/*-------------------------------------------------------
   SHOWDIB1.C - Zeigt ein DIB in einem Anwendungsbereich an
                (c) Charles Petzold, 1998
  -------------------------------------------------------*/

#include <windows.h>
#include "dibfile.h"
#include "resource.h"

LRESULT CALLBACK WndProc (HWND, UINT, WPARAM, LPARAM) ;

TCHAR szAppName[] = TEXT ("ShowDib1") ;

int WINAPI WinMain (HINSTANCE hInstance, HINSTANCE hPrevInstance,
                    PSTR szCmdLine, int iCmdShow)
{
     HACCEL   hAccel ;
     HWND     hwnd ;
     MSG      msg ;
     WNDCLASS wndclass ;

     wndclass.style         = CS_HREDRAW | CS_VREDRAW ;
     wndclass.lpfnWndProc   = WndProc ;
     wndclass.cbClsExtra    = 0 ;
     wndclass.cbWndExtra    = 0 ;
     wndclass.hInstance     = hInstance ;
     wndclass.hIcon         = LoadIcon (NULL, IDI_APPLICATION) ;
     wndclass.hCursor       = LoadCursor (NULL, IDC_ARROW) ;
     wndclass.hbrBackground = (HBRUSH) GetStockObject (WHITE_BRUSH) ;
     wndclass.lpszMenuName  = szAppName ;
     wndclass.lpszClassName = szAppName ;

     if (!RegisterClass (&wndclass))
     {    // UNICODE-Compilierung ist die einzige realistische Fehlermöglichkeit
          MessageBox (NULL, TEXT ("Programm arbeitet mit Unicode und setzt Windows NT voraus!"),
                      szAppName, MB_ICONERROR) ;
          return 0 ;
     }

     hwnd = CreateWindow (szAppName, TEXT ("ShowDIB 1"),
                          WS_OVERLAPPEDWINDOW,
                          CW_USEDEFAULT, CW_USEDEFAULT,
                          CW_USEDEFAULT, CW_USEDEFAULT,
                          NULL, NULL, hInstance, NULL) ;

     ShowWindow (hwnd, iCmdShow) ;
     UpdateWindow (hwnd) ;

     hAccel = LoadAccelerators (hInstance, szAppName) ;
```

```
     while (GetMessage (&msg, NULL, 0, 0))
     {
          if (!TranslateAccelerator (hwnd, hAccel, &msg))
          {
               TranslateMessage (&msg) ;
               DispatchMessage (&msg) ;
          }
     }
     return msg.wParam ;
}

LRESULT CALLBACK WndProc (HWND hwnd, UINT message, WPARAM wParam, LPARAM lParam)
{
     static BITMAPFILEHEADER * pbmfh ;
     static BITMAPINFO       * pbmi ;
     static BYTE             * pBits ;
     static int                cxClient, cyClient, cxDib, cyDib ;
     static TCHAR              szFileName [MAX_PATH], szTitleName [MAX_PATH] ;
     BOOL                      bSuccess ;
     HDC                       hdc ;
     PAINTSTRUCT               ps ;

     switch (message)
     {
     case WM_CREATE:
          DibFileInitialize (hwnd) ;
          return 0 ;

     case WM_SIZE:
          cxClient = LOWORD (lParam) ;
          cyClient = HIWORD (lParam) ;
          return 0 ;

     case WM_INITMENUPOPUP:
          EnableMenuItem ((HMENU) wParam, IDM_FILE_SAVE,
                         pbmfh ? MF_ENABLED : MF_GRAYED) ;
          return 0 ;

     case WM_COMMAND:
          switch (LOWORD (wParam))
          {
          case IDM_FILE_OPEN:
               // Standarddialog zum Öffnen von Dateien
               if (!DibFileOpenDlg (hwnd, szFileName, szTitleName))
                    return 0 ;

               // Wenn momentan ein DIB geladen ist, freigeben
               if (pbmfh)
               {
                    free (pbmfh) ;
                    pbmfh = NULL ;
               }
               // DIB komplett in den Hauptspeicher laden
               SetCursor (LoadCursor (NULL, IDC_WAIT)) ;
               ShowCursor (TRUE) ;
```

```
          pbmfh = DibLoadImage (szFileName) ;
          ShowCursor (FALSE) ;
          SetCursor (LoadCursor (NULL, IDC_ARROW)) ;

          // Neuzeichnen des Anwendungsbereichs erzwingen
          InvalidateRect (hwnd, NULL, TRUE) ;

          if (pbmfh == NULL)
          {
               MessageBox (hwnd, TEXT ("Fehler beim Laden der DIB-Datei"), szAppName, 0) ;
               return 0 ;
          }
          // Zeiger auf die Kopfinformationen und die Pixeldaten
          pbmi  = (BITMAPINFO *) (pbmfh + 1) ;
          pBits = (BYTE *) pbmfh + pbmfh->bfOffBits ;

          // Breite und Höhe des DIBs
          if (pbmi->bmiHeader.biSize == sizeof (BITMAPCOREHEADER))
          {
               cxDib = ((BITMAPCOREHEADER *) pbmi)->bcWidth ;
               cyDib = ((BITMAPCOREHEADER *) pbmi)->bcHeight ;
          }
          else
          {
               cxDib =      pbmi->bmiHeader.biWidth ;
               cyDib = abs (pbmi->bmiHeader.biHeight) ;
          }
          return 0 ;

     case IDM_FILE_SAVE:
          // Standarddialog zum Speichern von Dateien
          if (!DibFileSaveDlg (hwnd, szFileName, szTitleName))
               return 0 ;

          // DIB als Datei schreiben
          SetCursor (LoadCursor (NULL, IDC_WAIT)) ;
          ShowCursor (TRUE) ;

          bSuccess = DibSaveImage (szFileName, pbmfh) ;
          ShowCursor (FALSE) ;
          SetCursor (LoadCursor (NULL, IDC_ARROW)) ;

          if (!bSuccess)
               MessageBox (hwnd, TEXT ("Fehler beim Schreiben des DIBs"), szAppName, 0) ;
          return 0 ;
     }
     break ;

case WM_PAINT:
     hdc = BeginPaint (hwnd, &ps) ;

     if (pbmfh)
          SetDIBitsToDevice (hdc,
                             0,         // xDst
                             0,         // yDst
```

```
                                cxDib,      // cxSrc
                                cyDib,      // cySrc
                                0,          // xSrc
                                0,          // ySrc
                                0,          // erste Rasterzeile
                                cyDib,      // Zahl der auszugebenden Zeilen
                                pBits,
                                pbmi,
                                DIB_RGB_COLORS) ;

          EndPaint (hwnd, &ps) ;
          return 0 ;

     case WM_DESTROY:
          if (pbmfh)
               free (pbmfh) ;

          PostQuitMessage (0) ;
          return 0 ;
     }
     return DefWindowProc (hwnd, message, wParam, lParam) ;
}
```

DIBFILE.H

```
/*---------------------------------------
   DIBFILE.H - Include-Datei für DIBFILE.C
  ---------------------------------------*/
void DibFileInitialize (HWND hwnd) ;
BOOL DibFileOpenDlg (HWND hwnd, PTSTR pstrFileName, PTSTR pstrTitleName) ;
BOOL DibFileSaveDlg (HWND hwnd, PTSTR pstrFileName, PTSTR pstrTitleName) ;

BITMAPFILEHEADER * DibLoadImage (PTSTR pstrFileName) ;
BOOL               DibSaveImage (PTSTR pstrFileName, BITMAPFILEHEADER *) ;
```

DIBFILE.C

```
/*--------------------------------
   DIBFILE.C - DIB-Dateifunktionen
  --------------------------------*/

#include <windows.h>
#include <commdlg.h>
#include "dibfile.h"

static OPENFILENAME ofn ;

void DibFileInitialize (HWND hwnd)
{
     static TCHAR szFilter[] = TEXT ("Bitmap-Dateien (*.BMP)\0*.bmp\0")  \
                               TEXT ("Alle Dateien (*.*)\0*.*\0\0") ;

     ofn.lStructSize       = sizeof (OPENFILENAME) ;
     ofn.hwndOwner         = hwnd ;
     ofn.hInstance         = NULL ;
     ofn.lpstrFilter       = szFilter ;
     ofn.lpstrCustomFilter = NULL ;
     ofn.nMaxCustFilter    = 0 ;
```

```
     ofn.nFilterIndex      = 0 ;
     ofn.lpstrFile         = NULL ;          // beim Öffnen und Schließen gesetzt
     ofn.nMaxFile          = MAX_PATH ;
     ofn.lpstrFileTitle    = NULL ;          // beim Öffnen und Schließen gesetzt
     ofn.nMaxFileTitle     = MAX_PATH ;
     ofn.lpstrInitialDir   = NULL ;
     ofn.lpstrTitle        = NULL ;
     ofn.Flags             = 0 ;             // beim Öffnen und Schließen gesetzt
     ofn.nFileOffset       = 0 ;
     ofn.nFileExtension    = 0 ;
     ofn.lpstrDefExt       = TEXT ("bmp") ;
     ofn.lCustData         = 0 ;
     ofn.lpfnHook          = NULL ;
     ofn.lpTemplateName    = NULL ;
}

BOOL DibFileOpenDlg (HWND hwnd, PTSTR pstrFileName, PTSTR pstrTitleName)
{
     ofn.hwndOwner         = hwnd ;
     ofn.lpstrFile         = pstrFileName ;
     ofn.lpstrFileTitle    = pstrTitleName ;
     ofn.Flags             = OFNFILEMUSTEXIST | OFN_PATHMUSTEXIST ;

     return GetOpenFileName (&ofn) ;
}

BOOL DibFileSaveDlg (HWND hwnd, PTSTR pstrFileName, PTSTR pstrTitleName)
{
     ofn.hwndOwner         = hwnd ;
     ofn.lpstrFile         = pstrFileName ;
     ofn.lpstrFileTitle    = pstrTitleName ;
     ofn.Flags             = OFN_OVERWRITEPROMPT ;

     return GetSaveFileName (&ofn) ;
}

BITMAPFILEHEADER * DibLoadImage (PTSTR pstrFileName)
{
     BOOL               bSuccess ;
     DWORD              dwFileSize, dwHighSize, dwBytesRead ;
     HANDLE             hFile ;
     BITMAPFILEHEADER * pbmfh ;

     hFile = CreateFile (pstrFileName, GENERIC_READ, FILE_SHARE_READ, NULL,
                         OPEN_EXISTING, FILE_FLAG_SEQUENTIAL_SCAN, NULL) ;

     if (hFile == INVALID_HANDLE_VALUE)
          return NULL ;

     dwFileSize = GetFileSize (hFile, &dwHighSize) ;

     if (dwHighSize)
     {
          CloseHandle (hFile) ;
          return NULL ;
     }
```

```
    pbmfh = malloc (dwFileSize) ;
    if (!pbmfh)
    {
        CloseHandle (hFile) ;
        return NULL ;
    }

    bSuccess = ReadFile (hFile, pbmfh, dwFileSize, &dwBytesRead, NULL) ;
    CloseHandle (hFile) ;

    if (!bSuccess || (dwBytesRead != dwFileSize)
                  || (pbmfh->bfType != * (WORD *) "BM")
                  || (pbmfh->bfSize != dwFileSize))
    {
        free (pbmfh) ;
        return NULL ;
    }
    return pbmfh ;
}

BOOL DibSaveImage (PTSTR pstrFileName, BITMAPFILEHEADER * pbmfh)
{
    BOOL   bSuccess ;
    DWORD  dwBytesWritten ;
    HANDLE hFile ;

    hFile = CreateFile (pstrFileName, GENERIC_WRITE, 0, NULL,
                        CREATE_ALWAYS, FILE_ATTRIBUTE_NORMAL, NULL) ;

    if (hFile == INVALID_HANDLE_VALUE)
        return FALSE ;

    bSuccess = WriteFile (hFile, pbmfh, pbmfh->bfSize, &dwBytesWritten, NULL) ;
    CloseHandle (hFile) ;

    if (!bSuccess || (dwBytesWritten != pbmfh->bfSize))
    {
        DeleteFile (pstrFileName) ;
        return FALSE ;
    }
    return TRUE ;
}
```

SHOWDIB1.RC (Auszüge)

```
//Microsoft Developer Studio generated resource script.

#include "resource.h"
#include "afxres.h"

/////////////////////////////////////////////////////////////////////////////
// Menu

SHOWDIB1 MENU DISCARDABLE
BEGIN
    POPUP "&Datei"
```

```
    BEGIN
        MENUITEM "Ö&ffnen...",                   IDM_FILE_OPEN
        MENUITEM "&Speichern...",                IDM_FILE_SAVE
    END
END
```

RESOURCE.H (Auszüge)

```
// Microsoft Developer Studio generated include file.
// Used by ShowDib1.rc

#define IDM_FILE_OPEN                   40001
#define IDM_FILE_SAVE                   40002
```

Abbildung 15.14: *Das Programm* SHOWDIB1

Die Routinen der Datei DIBFILE.C enthalten hier nicht nur die Parametrierung und Aufrufe der Standarddialoge zum Öffnen und Speichern von Dateien (*DibFileOpenDlg* und *DibFileSaveDlg*), sondern übernehmen auch das vollständige Einlesen einer DIB-Datei (inklusive der BITMAPFILEHEADER-Struktur) in einen durchgehenden Bereich des Hauptspeichers (*DibLoadImage*) bzw. das Schreiben einer Datei aus einem solchen Block (*DibSaveImage*).

Nach dem Laden einer DIB-Datei berechnet das Programm in SHOWDIB1.C die Offsets zur BITMAPINFOHEADER-Struktur und den Pixeldaten innerhalb des Speicherblocks. Diese Werte werden zusammen mit der (aus der BITMAPINFOHEADER-Struktur stammenden) Breite und Höhe des DIBs in globalen Variablen gespeichert. Als Reaktion auf WM_PAINT verwendet das Programm diese Variablen als Parameter eines Aufrufs von *SetDIBitsToDevice* zur Darstellung des DIBs in seinem Anwendungsbereich.

Allzu intelligent ist das Programm übrigens nicht: Wenn das Bild größer als der Anwendungsbereich ist, wären Bildlaufleisten beispielsweise ein nettes Feature. Dieser Defizit wird zusammen mit anderen Unzulänglichkeiten in den nächsten Abschnitten beseitigt.

Die durchgeknallte Welt der DIBs

In diesem Abschnitt gibt es eine ausgesprochen wichtige Lektion zu lernen – nicht nur fürs Leben, sondern ganz allgemein für das Design von Betriebssystemen und Programmierschnittstellen. Die Quintessenz: Wenn man einmal etwas von Anfang an danebenbohrt, wird es durch nachträgliche Flickarbeiten nur noch schlimmer.

Wieso die starken Worte? Nun – beim Presentation Manager von OS/2, der den Ursprung des Koordinatensystems in der linken *unteren* Ecke sehen wollte, läßt sich die auf dem Kopf stehende Reihenfolge der Rasterzeilen von DIBs zumindest noch irgendwie rechtfertigen (wenn man darin nicht gleich einen Racheakt der Programmierer an den Mathematikern sehen will). Die Zeichenfunktionen, die der Presentation Manager von OS/2 für DIBs bietet, verwenden natürlich auch die untere anstelle der oberen linken Ecke als Bezugspunkt. Ein »ab dem Punkt (0,0)« ausgegebenes DIB landet dort also am unteren Fensterrand (wie in Abbildung 15.15 gezeigt).

Abbildung 15.15: *So würde ein an den Koordinaten (0,0) ausgegebenes DIB unter OS/2 erscheinen*

Auf einem Computer mit museumsreifer Grafikkarte würde sich dort auch beobachten lassen, dass die Ausgabe des Bildes tatsächlich von unten nach oben geschieht.

So sehr man sich über das Koordinatensystem von OS/2 auch streiten mag – einen Vorzug hat es auf jeden Fall: Es ist ausgesprochen konsistent. Wenn man schon den Ursprung von Zeichenoperationen in die linke untere Ecke verlegt, dann ist es nur folgerichtig, auch die Rasterzeilen von Bitmaps in derselben Reihenfolge anzuordnen und so dafür zu sorgen, dass die Zeichenfunktionen die »erste« (hier also die unterste) Rasterzeile eines Bitmaps auf den Bezugspunkt zu übertragen.

Von dieser internen Konsistenz ist bei Windows nicht mehr viel zu sehen. Wenn Sie hier einen Ausschnitt aus einem DIB darstellen wollen, übergeben Sie als Parameter *xSrc*, *ySrc*, *cxSrc* und *cySrc* zwar Werte, die sich ebenfalls auf die erste (hier ebenfalls unterste) Rasterzeile beziehen – nur stellt Windows eben nicht die erste Rasterzeile im Bezugspunkt dar, sondern verwendet die linke obere Ecke des angegebenen Ausschnitts. Das Pixel, das bei der vollständigen Ausgabe eines DIBs direkt auf dem Bezugspunkt (*xDst*, *yDst*) landet, ist konsequent das erste aus der DIB-Rasterzeile *cySrc-1* (mithin der letzten DIB-Zeile, die ihrerseits die oberste Bildzeile enthält) – und wenn es um einen Ausschnitt geht, wird das DIB-Pixel (*xSrc*, *ySrc* + *cySrc* – 1) an den Punkt (*xDst*, *yDst*) kopiert.

Verwirrend? Und ob. Abbildung 15.16 unternimmt einen weiteren Erklärungsversuch und stellt ein DIB so dar, wie es eigentlich im Speicher liegt (also von unten nach oben). Der Ursprung des Koordinatensystems (0,0) fällt mit dem ersten Pixeldatum (direkt hinter der Farbtabelle) zusammen. Die horizontalen Werte sind so, wie man sie erwarten würde: Der Parameter *xSrc* von *SetDIBitsToDevice* wird ab dem Zeilenanfang des DIBs (also der linken Seite) gemessen, der Term *xSrc+cxSrc* legt die rechte Ecke des darzustellenden Ausschnitts fest. Die vertikalen Werte sind es nicht: *ySrc* wird ab der ersten DIB-Rasterzeile (also der untersten Zeile des Bildes) gemessen, *ySrc+cySrc* legen die unterste Bildzeile (und damit die oberste DIB-Rasterzeile) fest.

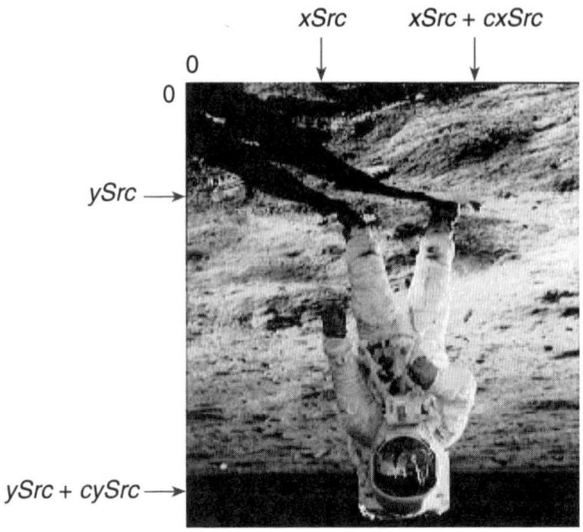

Abbildung 15.16: *Ausgabeparameter für normale (auf dem Kopf stehende) DIBs*

Tabelle 15.3 zeigt, in welchem Verhältnis die Quell- und Zielrechtecke zueinander stehen, wenn für den Ziel-Gerätekontext das Standard-Koordinatensystem MM_TEXT gesetzt ist.

Quellrechteck	Zielrechteck
(xSrc, ySrc)	*(xDst, yDst + cySrc – 1)*
(xSrc + cxSrc – 1, ySrc)	*(xDst + cxSrc – 1, yDst + cySrc – 1)*
(xSrc, ySrc + cySrc – 1)	*(xDst, yDst)*
(xSrc + cxSrc – 1, ySrc + cySrc – 1)	*(xDst + cxSrc – 1, yDst)*

Tabelle 15.3: *Quell- und Zielrechtecke bei DIBs*

Was die Geschichte so chaotisch macht, ist die schlichte Tatsache, dass der Punkt (*xSrc,ySrc*) keinen direkten Bezug zu (*xDst*, *yDst*) hat – was bei dieser Umrechnung herauskommt, hängt statt dessen von der Höhe des Bildes bzw. des gewählten Ausschnitts ab. Und das ist dann der Grund, warum sich dieser Unsinn auch über ein anderes Koordinatensystem (beispielsweise mit negativ verlaufender Y-Achse) nicht reparieren läßt – es sei denn, Sie skalieren dieses Koordinatensystem bei jeder Zeichenoperation abhängig von der jeweiligen Bildhöhe neu.

So weit (und so schlecht) zu den DIBs der Windows-Version 3.0, die grundsätzlich auf dem Kopf stehen. Mit Windows 95 haben die Entwickler nun die Möglichkeit eingeführt, ins Feld *biHeight* der BITMAPINFOHEADER-Struktur negative Werte einzutragen und so DIBs zu kennzeichnen, bei denen die Rasterzeilen von oben nach unten angeordnet sind. Womit diese Problematik eigentlich auf dem Müllhaufen der Geschichte landen sollte – oder etwa nicht?

Offensichtlich hat hier irgend jemand in Redmond an die allseits beliebte Kompatibilität gedacht: Wer ein umfangreiches Programm für die DIBs von Windows 3.0 geschrieben hat, möge seine DIB-Laderoutine so erweitern, dass sie bei DIBs mit negativer Höhenangabe kurzerhand alle Rasterzeilen umstapelt, das Vorzeichen von *biHeight* umdreht – und damit hat sich's schon. Der Versuch als solcher ist ja durchaus ehrenwert, der Ansatz als solcher nicht schlecht – nur kommen dabei ausgesprochen merkwürdige Nebeneffekte für DIBs heraus, die ein Programm eben nicht so schnell wie möglich wieder in die alte Form verwandelt. Abbildung 15.17 zeigt ein solches »top-down-DIB« – und sehen Sie sich bitte einmal genau an, wo dort der Ursprung ist: Er liegt weder am Anfang der Pixeldaten noch an ihrem Ende, sondern *am Anfang der letzten Zeile* – hängt also jetzt nicht mehr nur von der Bildhöhe, sondern zu allem Überfluß auch noch von der Bildbreite ab.

Abbildung 15.17: *Ausgabeparameter für »top-down-DIBs«*

Der einzige Vorteil, den diese »Vereinfachung« der Berechnung wirklich gebracht hat, ist eine interne Erweiterung der Funktionen *SetDIBitsToDevice* und *StretchDIBits*: Sie können seit Windows 95 und Windows NT 4.0 natürlich mit beiden Arten von DIBs umgehen. Wenn Sie es mit zwei DIBs verschiedener Orientierung zu tun bekommen, erreichen Sie mit gleichen Parametersätzen dennoch identische Ergebnisse. Das in Abbildung 15.18 aufgelistete Programm APOLLO1 demonstriert diese Kongruenz (von der böse Zungen glatt behaupten würden, sie stelle die Lösung eines zuvor nicht existierenden Problems dar).

APOLLO11.C

```
/*-----------------------------------------
   APOLLO11.C - Bottom-up- und top-down-DIBs
                (c) Charles Petzold, 1998
  -----------------------------------------*/

#include <windows.h>
#include "dibfile.h"

LRESULT CALLBACK WndProc (HWND, UINT, WPARAM, LPARAM) ;

TCHAR szAppName[] = TEXT ("Apollo11") ;

int WINAPI WinMain (HINSTANCE hInstance, HINSTANCE hPrevInstance,
                    PSTR szCmdLine, int iCmdShow)
{
     HWND     hwnd ;
     MSG      msg ;
     WNDCLASS wndclass ;

     wndclass.style         = CS_HREDRAW | CS_VREDRAW ;
```

```
     wndclass.lpfnWndProc   = WndProc ;
     wndclass.cbClsExtra    = 0 ;
     wndclass.cbWndExtra    = 0 ;
     wndclass.hInstance     = hInstance ;
     wndclass.hIcon         = LoadIcon (NULL, IDI_APPLICATION) ;
     wndclass.hCursor       = LoadCursor (NULL, IDC_ARROW) ;
     wndclass.hbrBackground = (HBRUSH) GetStockObject (WHITE_BRUSH) ;
     wndclass.lpszMenuName  = NULL ;
     wndclass.lpszClassName = szAppName ;

     if (!RegisterClass (&wndclass))
     {    // UNICODE-Compilierung ist die einzige realistische Fehlermöglichkeit
          MessageBox (NULL, TEXT ("Programm arbeitet mit Unicode und setzt Windows NT voraus!"),
                      szAppName, MB_ICONERROR) ;
          return 0 ;
     }

     hwnd = CreateWindow (szAppName, TEXT ("Apollo 11"),
                          WS_OVERLAPPEDWINDOW,
                          CW_USEDEFAULT, CW_USEDEFAULT,
                          CW_USEDEFAULT, CW_USEDEFAULT,
                          NULL, NULL, hInstance, NULL) ;

     ShowWindow (hwnd, iCmdShow) ;
     UpdateWindow (hwnd) ;

     while (GetMessage (&msg, NULL, 0, 0))
     {
          TranslateMessage (&msg) ;
          DispatchMessage (&msg) ;
     }
     return msg.wParam ;
}

LRESULT CALLBACK WndProc (HWND hwnd, UINT message, WPARAM wParam, LPARAM lParam)
{
     static BITMAPFILEHEADER * pbmfh [2] ;
     static BITMAPINFO       * pbmi  [2] ;
     static BYTE             * pBits [2] ;
     static int                cxClient, cyClient, cxDib [2], cyDib [2] ;
     HDC                       hdc ;
     PAINTSTRUCT               ps ;

     switch (message)
     {
     case WM_CREATE:
          // für den Start von Visual Studio aus
          pbmfh[0] = DibLoadImage (TEXT ("Apollo11.bmp")) ;
          pbmfh[1] = DibLoadImage (TEXT ("ApolloTD.bmp")) ;

          // direkt vom Explorer aus gestartet?
          if (!pbmfh[0])
            pbmfh[0] = DibLoadImage (TEXT ("..\\Apollo11.bmp")) ;
          if (!pbmfh[1])
              pbmfh[1] = DibLoadImage (TEXT ("..\\ApolloTD.bmp")) ;
```

```
          if (pbmfh[0] == NULL || pbmfh[1] == NULL)
          {
               MessageBox (hwnd, TEXT ("DIB-Dateien nicht gefunden"), szAppName, 0) ;
               return 0 ;
          }

          // Zeiger auf die Kopfinformationen und die Pixeldaten
          pbmi  [0] = (BITMAPINFO *) (pbmfh[0] + 1) ;
          pbmi  [1] = (BITMAPINFO *) (pbmfh[1] + 1) ;
          pBits [0] = (BYTE *) pbmfh[0] + pbmfh[0]->bfOffBits ;
          pBits [1] = (BYTE *) pbmfh[1] + pbmfh[1]->bfOffBits ;

          // Breite und Höhe des DIBs (geht für OS/2-DIBs daneben)
          // Achtung: cyDib ist der Absolutwert (biHeigt kann negativ sein)
          cxDib [0] =      pbmi[0]->bmiHeader.biWidth ;
          cxDib [1] =      pbmi[1]->bmiHeader.biWidth ;

          cyDib [0] = abs (pbmi[0]->bmiHeader.biHeight) ;
          cyDib [1] = abs (pbmi[1]->bmiHeader.biHeight) ;
          return 0 ;

     case WM_SIZE:
          cxClient = LOWORD (lParam) ;
          cyClient = HIWORD (lParam) ;
          return 0 ;

     case WM_PAINT:
          hdc = BeginPaint (hwnd, &ps) ;

          // Bottom-up-DIB in voller Größe
          SetDIBitsToDevice (hdc,
                             0,                   // xDst
                             cyClient / 4,        // yDst
                             cxDib[0],            // cxSrc
                             cyDib[0],            // cySrc
                             0,                   // xSrc
                             0,                   // ySrc
                             0,                   // erste DIB-Rasterzeile
                             cyDib[0],            // Zahl der Rasterzeilen
                             pBits[0],
                             pbmi[0],
                             DIB_RGB_COLORS) ;

          // Bottom-up-DIB als Ausschnitt
          SetDIBitsToDevice (hdc,
                             240,                 // xDst
                             cyClient / 4,        // yDst
                             80,                  // cxSrc
                             166,                 // cySrc
                             80,                  // xSrc
                             60,                  // ySrc
                             0,                   // erste DIB-Rasterzeile
                             cyDib[0],            // Zahl der Rasterzeilen
                             pBits[0],
                             pbmi[0],
                             DIB_RGB_COLORS) ;
```

```
        // Top-down-DIB in voller Größe
        SetDIBitsToDevice (hdc,
                           340,               // xDst
                           cyClient / 4,      // yDst
                           cxDib[0],          // cxSrc
                           cyDib[0],          // cySrc
                           0,                 // xSrc
                           0,                 // ySrc
                           0,                 // erste DIB-Rasterzeile
                           cyDib[0],          // Zahl der Rasterzeilen
                           pBits[0],
                           pbmi[0],
                           DIB_RGB_COLORS) ;

        // Top-down-DIB als Ausschnitt
        SetDIBitsToDevice (hdc,
                           580,               // xDst
                           cyClient / 4,      // yDst
                           80,                // cxSrc
                           166,               // cySrc
                           80,                // xSrc
                           60,                // ySrc
                           0,                 // erste DIB-Rasterzeile
                           cyDib[1],          // Zahl der Rasterzeilen
                           pBits[1],
                           pbmi[1],
                           DIB_RGB_COLORS) ;

        EndPaint (hwnd, &ps) ;
        return 0 ;

    case WM_DESTROY:
        if (pbmfh[0])
            free (pbmfh[0]) ;
        if (pbmfh[1])
            free (pbmfh[1]) ;

        PostQuitMessage (0) ;
        return 0 ;
    }
    return DefWindowProc (hwnd, message, wParam, lParam) ;
}
```

Abbildung 15.18: *Das Programm* APOLLO11

APOLLO11 verwendet die auf Seite 725 gelistete Datei DIBFILE.C zum Laden zweiter DIBs namens APOLLO1.BMP (bottom-up) und APOLLOTD.BMP (top-down), die beide eine Größe von 220 x 240 Pixel haben. Bitte beachten Sie, dass das Programm bei der Ermittlung der Höhen (über das Feld *biHeight*) über die Bibliotheksfunktion *abs* sicherstellt, dass sich in die restlichen Berechnungen keine negativen Werte einschleichen. Für die Darstellung beider DIBs – jeweils einmal in voller Größe, einmal als Ausschnitt – werden identische Parametersätze verwendet. Das Ergebnis zeigt Abbildung 15.19.

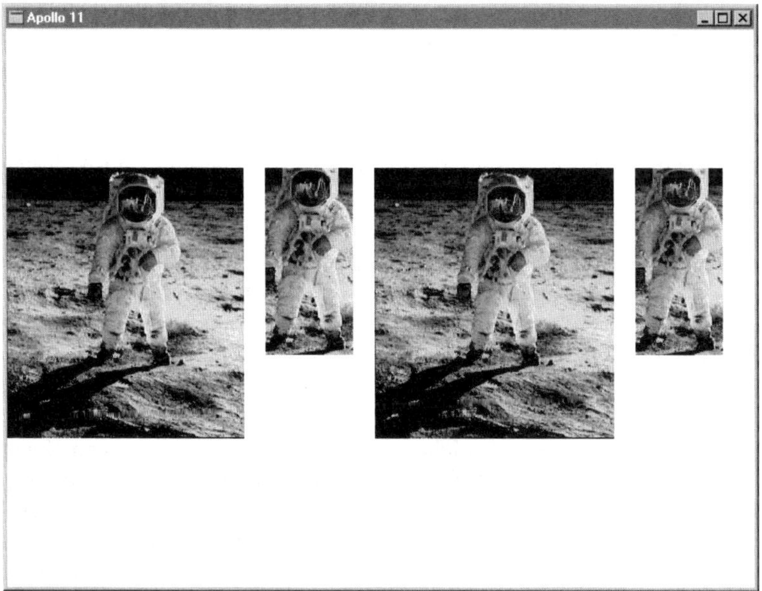

Abbildung 15.19: *Die Ausgaben von* APOLLO11

Als erste DIB-Rasterzeile gibt das Programm in allen vier Fällen den Wert 0 an, der Zeiger *pBits* bleibt auch bei beim Zeichnen der Ausschnitte unverändert. (Die Idee, *pBits* zum Zeichnen eines Ausschnitts einfach so zu erhöhen, dass dieser Zeiger von vornherein auf die erste darzustellende DIB-Rasterzeile zeigt, mag zunächst als naheliegend erscheinen. Lassen Sie's trotzdem, wenn Sie Ihrem Programm nicht einen weitere Umrechnung nebst Fallunterscheidung für die beiden DIB-Varianten aufbürden wollen.)

Nachdem Sie nun mehrere Seiten über sich ergehen lassen haben müssen und immer noch kein Ende abzusehen ist, sollte ich vielleicht noch kurz begründen, warum ich auf dieses Thema derart ausführlich eingehe: Die Windows-Entwickler haben ihr Bestes bei dem Versuch gegeben, einen reichlich problematischen Bereich der API wenigstens ein Stückchen geradezubiegen – weshalb sich dieses Kapitel nicht als Schelte versteht, sondern eben als (hoffentlich) einigermaßen brauchbaren Wegweiser durch den Dschungel.

Letzterer ist leider auch nach wie vor in der Dokumentation streckenweise reichlich dicht: Die Referenz zur Funktion *SetDIBitsToDevice* behauptet beispielsweise: »Der Ursprung eines bottom-up-DIBs ist die linke untere Ecke des Bitmaps, der Ursprung eines top-down-DIBs ist die linke obere Ecke.« Das ist leider nicht mal mehr interpretationsbedürftig, sondern schlicht falsch und gehört durch folgenden Text ersetzt: »Der Ursprung eines bottom-up-DIBs ist die linke untere Ecke des Bitmaps und damit das erste Pixel in der direkt auf die Kopfinformationen folgenden DIB-Rasterzeile. Bei top-down-DIBs stellt die linke untere Ecke ebenfalls den Ursprung dar, das entsprechende Pixel steht dort aber nicht am Anfang der Pixeldaten, sondern in der Rasterzeile mit der höchsten Speicheradresse.«

So richtig spannend wird die Sache natürlich erst, wenn Sie eine Funktion für den direkten Zugriff auf einzelne Bits oder Bytes in den Pixeldaten schreiben wollen – die ihrerseits natürlich mit denselben Koordinaten arbeiten sollte, die das restliche Programm für die Ausgabe von DIBs und DIB-Ausschnitten verwendet. Mein Lösungsvorschlag (den ich in Kapitel 16 zusammen mit einer

DIB-Bibliothek vorstelle) basiert auf der Logik, die den Ursprung unabhängig von der Reihenfolge der DIB-Rasterzeilen in die linke obere Ecke des Bildes legt.

Sequentielle Darstellung

Wer immer einige Megabytes Hauptspeicher übrig hat, tut sich beim Programmieren natürlich leicht. Diese Regel gilt auch für DIBs: Wenn sie von der Festplatte kommen, läßt sich ihre Ausgabe in die Schritte »Laden« und »Darstellen« unterteilen, die völlig unabhängig voneinander sind.

Situationen, in denen diese Trennung nachteilig werden kann, gibt es aber auch auf modernen Systemen mehr als genug: Selbst wenn der physische Hauptspeicher im Prinzip für das vollständige Laden der DIB-Daten reicht, ist es bei größeren Bildern sehr wohl denkbar, dass man damit die Speicherverwaltung von Windows zwingt, andere Daten und Code auf die Festplatte auszulagern – was besonders dann ärgerlich bzw. unnötig ist, wenn das DIB eigentlich nur ein einziges Mal dargestellt und dann sofort wieder freigegeben wird. Wenn die DIB-Daten nicht auf der Festplatte vorliegen, sondern auf einem langsameren Speichermedium wie einer Diskette, von einem Scanner zeilenweise geliefert werden oder gar über ein Modem hereintröpfeln (wobei dann üblicherweise ein JPEG-Decoder die Pixel Zeile für Zeile erzeugt) – dann ist es endgültig keine Geschmacksfrage mehr, ob man den Benutzer so lange im Dunklen stehen läßt, bis auch das letzte Pixel den Bestimmungsort erreicht, sondern macht den Unterschied zwischen guten und weniger guten Programmen aus.

Womit wir beim Zweck der Parameter *yScan* und *cyScans* von *SetDIBitsToDevice* angekommen wären. Wenn Sie ein DIB zeilenweise auf dem Bildschirm aufbauen wollen, dann rufen Sie *SetDIBitsToDevice* entsprechend oft auf und verwenden dabei überwiegend konstante Parameter. Wenn Sie das DIB vollständig speichern wollen, setzen Sie den Zeiger *pBits* bei jedem Aufruf auf die DIB-Rasterzeile um, ab der *SetDIBitsToDevice* nun Pixeldaten darstellen soll, *yScan* teilt der Routine mit, um die wievielte Zeile innerhalb des DIBs es dabei geht, *cyScans* legt die Zahl der bei diesem Aufruf darzustellenden, aufeinanderfolgenden Rasterzeilen fest.

Die Alternative dazu ist eine abschnittsweise Darstellung, die die gelesenen Daten sofort nach der Ausgabe wieder verwirft, mithin für jedes »Zeilenpaket« ein und denselben Puffer benutzt. Der Hauptspeicherbedarf läßt sich durch dieses Verfahren kräftig reduzieren: Im Extremfall kommt das Programm mit den Kopfinformationen und einem Puffer für eine einzige DIB-Rasterzeile aus.

Nehmen wir einmal an, das komplette DIB habe 23 Rasterzeilen, die Sie in Abschnitten zu je fünf Rasterzeilen darstellen wollen. Ihr Programm sollte als erstes Platz für die Kopfinformationen belegen (*pInfo*), diese Daten einlesen, darüber (5 * *biWidth* * *biBitsPerPixel / 8*) den Platzbedarf für fünf Rasterzeilen ermitteln und schließlich einen zweiten Puffer entsprechender Größe (*pBits*) belegen. Danach liest es die Pixeldaten für die ersten fünf Rasterzeilen ein und ruft *SetDIBitsToDevice* das erste Mal auf, wobei es für *yScan* den Wert 0 und für *cyScans* den Wert 5 übergibt. Nach dem Einlesen der nächsten fünf Rasterzeilen in denselben Puffer (*pBits* bleibt unverändert) folgt der zweite Aufruf von *SetDIBitsToDevice* – diesmal mit *yScan* = 5. Bei den nächsten beiden Durchläufen wird für *yScan* erst 10 und dann 15 übergeben, der letzte Durchlauf arbeitet mit *yScan* = 20 und *cyScans* = 3.

Das in Abbildung 15.20 aufgelistete Programm SEQDISP demonstriert die zweite Variante dieser Technik, bei der das DIB nicht nur während des Ladens abschnittsweise dargestellt, sondern auch komplett gespeichert wird: Anstatt denselben Puffer immer wieder von neuem zu verwenden (und so Speicherplatz zu sparen), übergibt SEQDISP bei jedem Aufruf einen um den Platzbedarf der bis dato gelesenen Rasterzeilen erhöhten Wert für *pBits*.

Wenn Sie dieses Programm ausprobieren, dürfte Ihnen allerdings recht schnell der Nachteil des Verfahrens auffallen: Selbst beim Laden von der Festplatte hat es SEQDISP alles andere als eilig. Der zweite Haken an der Sache ist dagegen eher philosophischer Natur: Eine derart enge Koppelung zwischen Laden und Anzeigen, wie sie dieses Feature von *SetDIBitsToDevice* erfordert, ist vielleicht beim Download über das Internet zu tolerieren, führt aber in größeren Programmen schnell zu einer unerfreulich eng verzahnten Logik. Das mag auch der Grund sein, warum die Entwickler der zweiten Darstellungsfunktion für DIBs (*StretchDIBits*) diese Möglichkeit nicht spendiert haben: Wenn Sie ein skaliertes DIB abschnittsweise auf den Bildschirm bringen wollen, müssen Sie die einzelnen Abschnitte deshalb wohl oder übel selbst berechnen (lies: die Routine jedes Mal mit anderen Parametern aufrufen.)

Der dritte Haken ist schließlich die menschliche Seite: Wenn ich mich recht erinnere, habe ich ja im Zusammenhang mit DIBs schon etwas von Verschlimmbesserungen gesagt. Während SEQDISP unter Windows NT exakt so funktioniert wie zuvor beschrieben, haben die Entwickler bei allen Versionen von Windows 9x (A, B, C, Service Pack 1, OSR/2, Windows 98) top-down-DIBs bei dieser Technik schlicht verschlafen. Würde SEQDISP der Angabe im Feld *biHeight* nicht selbst kurzerhand ein positives Vorzeichen verpassen, erschiene ein Bild wie APOLLOTD.BMP während des Ladens nur mit anderthalb vermurksten Rasterzeilen (exakter: seiner Farbtabelle und dem Dateikopf als „Pixeldaten“) auf dem Bildschirm.

SEQDISP.C

```
/*---------------------------------------------
   SEQDISP.C - Sequentielle Darstellung von DIBs
              (c) Charles Petzold, 1998
  ---------------------------------------------*/

#include <windows.h>
#include "resource.h"

LRESULT CALLBACK WndProc (HWND, UINT, WPARAM, LPARAM) ;

TCHAR szAppName[] = TEXT ("SeqDisp") ;

int WINAPI WinMain (HINSTANCE hInstance, HINSTANCE hPrevInstance,
                    PSTR szCmdLine, int iCmdShow)
{
     HACCEL   hAccel ;
     HWND     hwnd ;
     MSG      msg ;
     WNDCLASS wndclass ;

     wndclass.style         = CS_HREDRAW | CS_VREDRAW ;
     wndclass.lpfnWndProc   = WndProc ;
     wndclass.cbClsExtra    = 0 ;
     wndclass.cbWndExtra    = 0 ;
     wndclass.hInstance     = hInstance ;
     wndclass.hIcon         = LoadIcon (NULL, IDI_APPLICATION) ;
     wndclass.hCursor       = LoadCursor (NULL, IDC_ARROW) ;
     wndclass.hbrBackground = (HBRUSH) GetStockObject (WHITE_BRUSH) ;
     wndclass.lpszMenuName  = szAppName ;
     wndclass.lpszClassName = szAppName ;

     if (!RegisterClass (&wndclass))
     {    // UNICODE-Compilierung ist die einzige realistische Fehlermöglichkeit
```

```
          MessageBox (NULL, TEXT ("Programm arbeitet mit Unicode und setzt Windows NT voraus!"),
                      szAppName, MB_ICONERROR) ;
          return 0 ;
     }

     hwnd = CreateWindow (szAppName, TEXT ("Sequentielle Darstellung von DIBs"),
                          WS_OVERLAPPEDWINDOW,
                          CW_USEDEFAULT, CW_USEDEFAULT,
                          CW_USEDEFAULT, CW_USEDEFAULT,
                          NULL, NULL, hInstance, NULL) ;

     ShowWindow (hwnd, iCmdShow) ;
     UpdateWindow (hwnd) ;

     hAccel = LoadAccelerators (hInstance, szAppName) ;

     while (GetMessage (&msg, NULL, 0, 0))
     {
          if (!TranslateAccelerator (hwnd, hAccel, &msg))
          {
               TranslateMessage (&msg) ;
               DispatchMessage (&msg) ;
          }
     }
     return msg.wParam ;
}

LRESULT CALLBACK WndProc (HWND hwnd, UINT message, WPARAM wParam, LPARAM lParam)
{
     static BITMAPINFO * pbmi ;
     static BYTE       * pBits ;
     static int          cxDib, cyDib, cBits ;
     static OPENFILENAME ofn ;
     static TCHAR        szFileName [MAX_PATH], szTitleName [MAX_PATH] ;
     static TCHAR        szFilter[] = TEXT ("Bitmap-Dateien (*.BMP)\0*.bmp\0")
                                      TEXT ("Alle Dateien (*.*)\0*.*\0\0") ;
     BITMAPFILEHEADER    bmfh ;
     BOOL                bSuccess, bTopDown ;
     DWORD               dwBytesRead ;
     HANDLE              hFile ;
     HDC                 hdc ;
     HMENU               hMenu ;
     int                 iInfoSize, iBitsSize, iRowLength, y ;
     PAINTSTRUCT         ps ;

     switch (message)
     {
     case WM_CREATE:
          ofn.lStructSize       = sizeof (OPENFILENAME) ;
          ofn.hwndOwner         = hwnd ;
          ofn.hInstance         = NULL ;
          ofn.lpstrFilter       = szFilter ;
          ofn.lpstrCustomFilter = NULL ;
          ofn.nMaxCustFilter    = 0 ;
          ofn.nFilterIndex      = 0 ;
          ofn.lpstrFile         = szFileName ;
```

```
     ofn.nMaxFile         = MAX_PATH ;
     ofn.lpstrFileTitle   = szTitleName ;
     ofn.nMaxFileTitle    = MAX_PATH ;
     ofn.lpstrInitialDir  = NULL ;
     ofn.lpstrTitle       = NULL ;
     ofn.Flags            = OFN_FILEMUSTEXIST | OFN_PATHMUSTEXIST ;
     ofn.nFileOffset      = 0 ;
     ofn.nFileExtension   = 0 ;
     ofn.lpstrDefExt      = TEXT ("bmp") ;
     ofn.lCustData        = 0 ;
     ofn.lpfnHook         = NULL ;
     ofn.lpTemplateName   = NULL ;
     return 0 ;

case WM_COMMAND:
     hMenu = GetMenu (hwnd) ;

     switch (LOWORD (wParam))
     {
     case IDM_FILE_OPEN:
               // Standardialog zum Öffnen von Dateien
          if (!GetOpenFileName (&ofn))
               return 0 ;

          // Wenn im Moment ein DIB geladen ist, Freigabe
          if (pbmi)
          {
               free (pbmi) ;
               pbmi = NULL ;
          }

          if (pBits)
          {
               free (pBits) ;
               pBits = NULL ;
          }

          // Neuzeichnen des Fensters erzwingen (= Hintergrund löschen)
          InvalidateRect (hwnd, NULL, TRUE) ;
          UpdateWindow (hwnd) ;

          // Datei öffnen
          hFile = CreateFile (szFileName, GENERIC_READ,
                              FILE_SHARE_READ, NULL, OPEN_EXISTING,
                              FILE_FLAG_SEQUENTIAL_SCAN, NULL) ;

          if (hFile == INVALID_HANDLE_VALUE)
          {
               MessageBox (hwnd, TEXT ("Fehler beim Öffnen der Datei."),
                           szAppName, MB_ICONWARNING | MB_OK) ;
               return 0 ;
          }

          // BITMAPFILEHEADER einlesen
          bSuccess = ReadFile (hFile, &bmfh, sizeof (BITMAPFILEHEADER),
                               &dwBytesRead, NULL) ;
```

```
if (!bSuccess || dwBytesRead != sizeof (BITMAPFILEHEADER))
{
     MessageBox (hwnd, TEXT ("Fehler beim Lesen der Datei."),
                 szAppName, MB_ICONWARNING | MB_OK) ;
     CloseHandle (hFile) ;
     return 0 ;
}

// Prüfung der Signatur: Ist das ein Bitmap?
if (bmfh.bfType != * (WORD *) "BM")
{
     MessageBox (hwnd, TEXT ("Diese Datei enthält kein Bitmap."),
                 szAppName, MB_ICONWARNING | MB_OK) ;
     CloseHandle (hFile) ;
     return 0 ;
}

// Speicher für die Kopfinformationen und die Pixeldaten belegen
iInfoSize = bmfh.bfOffBits - sizeof (BITMAPFILEHEADER) ;
iBitsSize = bmfh.bfSize - bmfh.bfOffBits ;

pbmi  = malloc (iInfoSize) ;
pBits = malloc (iBitsSize) ;

if (pbmi == NULL || pBits == NULL)
{
     MessageBox (hwnd, TEXT ("Nicht genug Platz im Hauptspeicher."),
                 szAppName, MB_ICONWARNING | MB_OK) ;
     if (pbmi)
          free (pbmi) ;
     if (pBits)
          free (pBits) ;
     CloseHandle (hFile) ;
     return 0 ;
}

// Kopfinformationen einlesen
bSuccess = ReadFile (hFile, pbmi, iInfoSize, &dwBytesRead, NULL) ;

if (!bSuccess || (int) dwBytesRead != iInfoSize)
{
     MessageBox (hwnd, TEXT ("Unerwartetes Dateiende."),
                 szAppName, MB_ICONWARNING | MB_OK) ;
     if (pbmi)
          free (pbmi) ;
     if (pBits)
          free (pBits) ;
     CloseHandle (hFile) ;
     return 0 ;
}

// Breite und Höhe des DIBs ermitteln
bTopDown = FALSE ;

if (pbmi->bmiHeader.biSize == sizeof (BITMAPCOREHEADER))
```

```
{
     cxDib = ((BITMAPCOREHEADER *) pbmi)->bcWidth ;
     cyDib = ((BITMAPCOREHEADER *) pbmi)->bcHeight ;
     cBits = ((BITMAPCOREHEADER *) pbmi)->bcBitCount ;
}
else
{
     if (pbmi->bmiHeader.biHeight < 0)
          bTopDown = TRUE ;

     cxDib =      pbmi->bmiHeader.biWidth ;
     cyDib = abs (pbmi->bmiHeader.biHeight) ;
     cBits =      pbmi->bmiHeader.biBitCount ;

     if (pbmi->bmiHeader.biCompression != BI_RGB &&
         pbmi->bmiHeader.biCompression != BI_BITFIELDS)
     {
          MessageBox (hwnd, TEXT ("Bitmap ist komprimiert - sorry."),
                      szAppName, MB_ICONWARNING | MB_OK) ;
          if (pbmi)
               free (pbmi) ;
          if (pBits)
               free (pBits) ;
          CloseHandle (hFile) ;
          return 0 ;
     }
}

// Platzbedarf einer Rasterzeile
iRowLength = ((cxDib * cBits + 31) & ~31) >> 3 ;

// Bugfix für Windows 95 und Windows 98
if (bTopDown && (HIWORD(GetVersion) & 0x08000)) // Windows 9x
   pbmi->bmiHeader.biHeight = cyDib;  // Vorzeichen umdrehen

// zeilenweise einlesen und darstellen
SetCursor (LoadCursor (NULL, IDC_WAIT)) ;
ShowCursor (TRUE) ;

hdc = GetDC (hwnd) ;

for (y = 0 ; y < cyDib ; y++)
{
     ReadFile (hFile, pBits + y * iRowLength, iRowLength,
               &dwBytesRead, NULL) ;

     SetDIBitsToDevice (hdc,
                        0,        // xDst
                        0,        // yDst
                        cxDib,    // cxSrc
                        cyDib,    // cySrc
                        0,        // xSrc
                        0,        // ySrc
                        bTopDown ? cyDib - y - 1 : y,
                                  // erste Rasterzeile
                        1,        // Zahl der darzustellenden Zeilen
```

```
                                pBits + y * iRowLength, // Adresse der Zeile
                                pbmi,
                                DIB_RGB_COLORS) ;

               }
               ReleaseDC (hwnd, hdc) ;
               CloseHandle (hFile) ;

               // Bugfix für Windows 95 und Windows 98
               if (bTopDown && (HIWORD(GetVersion) & 0x08000)) // Windows 9x
                  pbmi->bmiHeader.biHeight = -cyDib;  // Vorzeichen wieder negativ

               ShowCursor (FALSE) ;
               SetCursor (LoadCursor (NULL, IDC_ARROW)) ;
               return 0 ;
          }
          break ;

     case WM_PAINT:
          hdc = BeginPaint (hwnd, &ps) ;

          if (pbmi && pBits)
               SetDIBitsToDevice (hdc,
                                  0,        // xDst
                                  0,        // yDst
                                  cxDib,    // cxSrc
                                  cyDib,    // cySrc
                                  0,        // xSrc
                                  0,        // ySrc
                                  0,        // erste Rasterzeile
                                  cyDib,    // Zahl der Rasterzeilen
                                  pBits,
                                  pbmi,
                                  DIB_RGB_COLORS) ;
          EndPaint (hwnd, &ps) ;
          return 0 ;

     case WM_DESTROY:
          if (pbmi)
               free (pbmi) ;

          if (pBits)
               free (pBits) ;

          PostQuitMessage (0) ;
          return 0 ;
     }
     return DefWindowProc (hwnd, message, wParam, lParam) ;
}
```

SEQDISP.RC (Auszüge)

```
//Microsoft Developer Studio generated resource script.

#include "resource.h"
#include "afxres.h"
```

```
//////////////////////////////////////////////////////////////////////////////
// Accelerator

SEQDISP ACCELERATORS DISCARDABLE
BEGIN
    "O",            IDM_FILE_OPEN,          VIRTKEY, CONTROL, NOINVERT
END

//////////////////////////////////////////////////////////////////////////////
// Menu

SEQDISP MENU DISCARDABLE
BEGIN
    POPUP "&Datei"
    BEGIN
        MENUITEM "Ö&ffnen...\tStrg+O",          IDM_FILE_OPEN
    END
END
```

RESOURCE.H (Auszüge)

```
// Microsoft Developer Studio generated include file.
// Used by SeqDisp.rc

#define IDM_FILE_OPEN                   40001
```

Abbildung 15.20: *Das Programm* SEQDISP

Bits auf der Streckbank

Bei Ausgaben auf den Bildschirm kommt man in vielen Fällen ganz gut mit *SetDIBitsToDevice* hin – bei Ausgaben auf den Drucker nicht: Weil diese Funktion für jedes Pixel des DIBs exakt ein Pixel auf dem Ausgabemedium erzeugt, werden die Bilder um so kleiner, je höher die Auflösung des Druckers ist. Konsequent erinnert das Ergebnis meist eher an eine Briefmarke.

Wenn Sie ein DIB in einer bestimmten Größe auf einem Ausgabegerät darstellen und zu diesem Zweck vergrößern oder verkleinern wollen, verwenden Sie die Funktion *StretchDIBits*:

```
iLines = StretchDIBits (
            hdc,        // Ziel-Gerätekontext
            xDst,       // X-Koordinate im Zielkontext (linke obere Ecke)
            yDst,       // Y-Koordinate im Zielkontext (linke obere Ecke)
            cxDst,      // Breite des Zielbereichs
            cyDst,      // Höhe des Zielbereichs
            xSrc,       // X-Koordinate im Quellbereich (linke obere Ecke)
            ySrc,       // X-Koordinate im Quellbereich (linke obere Ecke)
            cxSrc,      // Breite des Quellbereichs
            cySrc,      // Höhe des Quellbereichs
            pBits,      // Zeiger auf die Pixeldaten im DIB
            pInfo,      // Zeiger auf die Kopfinformationen des DIBs
            fClrUse,    // Farbflag
            dwRop) ;    // Raster-Operation
```

Bei den Parametern gibt es hier nur drei Unterschiede zu *SetDIBitsToDevice*:

- *StretchDIBits* erwartet nicht nur für die Quelle eine Breiten- und Höhenangabe, sondern auch für das Ziel. *cxDst* und *cyDst* sind logische Koordinaten (also nicht unbedingt Pixelzahlen).
- Die Möglichkeit zur abschnittsweisen Darstellung fehlt.
- Der letzte Parameter (*dwRop*) legt wie bei *BitBlt* die Raster-Operation fest, mithin die Verknüpfung zwischen Quelle, Ziel (und eventuell einem in den Zielkontext eingesetzten Füllmuster). In den folgenden Beispielen beschränke ich mich allerdings erst einmal auf SRCCOPY, also eine einfache Übertragung von der Quelle zum Ziel.

Ein weiterer Unterschied erschließt sich erst auf den zweiten Blick: Bei *SetDIBitsToDevice* haben die Parameter *cxSrc* und *cySrc* den Typ DWORD, sind also vorzeichenlos. *StretchDIBits* definiert diese beiden Parameter zusammen mit *cxDst* und *cyDst* als *int* – was nicht nur theoretisch bedeutet, dass man hier negative Werte übergeben kann. Mehr dazu in Kürze. (Wer nun auf die Idee kommt, auch die anderen Parameter hinsichtlich ihrer Vorzeichen zu untersuchen, stößt sowohl bei *SetDIBitsToDevice* als auch bei *StretchDIBits* für *xSrc* und *ySrc* erneut auf den Typ *int*. Wenn man hier negative Werte einsetzt, interpretieren beide Funktionen das als Offset innerhalb des DIBs. Die Ergebnisse sind im mathematischen Sinn korrekt, in der Praxis allerdings selten brauchbar: Ein mit (10,10) für *xDst*, *yDst* und (-50,-50) für *xSrc*, *ySrc* ausgegebenes DIB erscheint ab dem Punkt (60,10), die obersten 50 Zeilen des Bildes werden dabei abgeschnitten.)

Tabelle 15.4 zeigt die Zusammenhänge zwischen Quell- und Zielrechtecken. Der mehrfach in der rechten Spalte erscheinende Term -1 ist dabei nur für eine Abbildung im Maßstab 1:1 exakt – bei anderen Skalierungsfaktoren (und/oder in den Zielkontext eingesetzten Koordinatensystemen) ergeben sich hier mehr oder minder große Abweichungen.

Quellrechteck	Zielrechteck
(xSrc, ySrc)	*(xDst, yDst + cyDst – 1)*
(xSrc + cxSrc – 1, ySrc)	*(xDst + cxDst – 1, yDst + cyDst – 1)*
(xSrc, ySrc + cySrc – 1)	*(xDst, yDst)*
(xSrc + cxSrc – 1, ySrc + cySrc – 1)	*(xDst + cxDst – 1, yDst)*

Tabelle 15.4: *Quell- und Zielrechtecke für* StretchBlt

Nehmen wir als Beispiel ein DIB mit 2 x 2 Pixeln und eine vollständige Ausgabe des DIBs (also mit (0,0) für *xSrc,ySrc* und dem Wert 2 für *cxSrc* sowie *cySrc*). Wenn wir des weiteren voraussetzen, dass der Zielkontext das Koordinatensystem MM_TEXT verwendet und keine Transformation von Windows NT im Spiel ist, dann ergibt sich bei den Werten 0,0,4,4 für *xDst*, *yDst*, *cxDst* und *dyDst* eine Vergrößerung um den Faktor 2: Aus jedem Pixel der Quelle werden also vier Pixel im Ziel. Die Details der Abbildung sehen so aus:

(0,0) --> (0,2), (1,2), (0,3) und (1,3)

(1,0) --> (2,2), (3,2), (2,3) und (3,3)

(0,1) --> (0,0), (1,0), (0,1) und (1,1)

(1,1) --> (2,0), (3,0), (2,1) und (3,1)

Wie bei allen Rechteck-Funktionen der GDI werden 4 Pixel auch hier auf die Koordinaten 0 bis 3 verteilt, die rechte untere Ecke des Zielbereichs ist also der Punkt (3,3). Das gilt allerdings nur für den Modus MM_TEXT, weil bei anderen Koordinatensystemen und nicht ganzzahligen Skalierungsverhältnissen zwangsläufig Rundungsfehler entstehen.

Während *SetDIBitsToDevice* das in den Zielkontext eingesetzte Koordinatensystem ausschließlich bei der Berechnung des Bezugspunkts (*xDst*, *yDst*) berücksichtigt, arbeitet *StretchDIBits* beim Zielrechteck durchgehend mit logischen Koordinaten. Wenn Sie dort beispielsweise ein Koordinatensystem mit negativer Y-Achse eingesetzt haben, dann erscheint das DIB konsequent auf dem Kopf.

Dieser Effekt ließe sich mit einer negativen Angabe für *cyDst* kompensieren – oder in einem regulären Koordinatensystem bewußt erzeugen, weil das natürlich auch andersherum funktioniert: Wie bei *StretchBlt* stellt ein Vorzeichenwechsel von *cyDst* das DIB auf den Kopf, ein Vorzeichenwechsel von *cxDst* vertauscht die linke mit der rechten Seite des Bildes. Allgemein formuliert:

```
// xMM > 0 = positiv verlaufende X-Achse, xMM < = für negativ verlaufende X-Achse
// yMM dito für die Y-Achsen

if ((xMM * cxSrc * cxDst) < 0)
    Spiegelung an der Vertikalachse (links und rechts vertauscht)

if ((yMM * cySrc * cyDst) < 0)
    Spiegelung an der Horizontalachse (oben und unten vertauscht)
```

Genug der Theorie. Das in Abbildung 15.21 aufgelistete Programm SHOWDIB2 zeigt DIBs in ihrer echten (Pixel-)Größe auf dem Bildschirm an, skaliert sie auf Wunsch so um, dass sie den gesamten Anwendungsbereich ausfüllen, kann DIBs in die Zwischenablage einsetzen und außerdem auf einem Drucker ausgeben. Zum Laden und Speichern von DIBs verwendet SHOWDIB die Datei DIBFILE.C, deren Listing Sie ab Seite 725 finden.

SHOWDIB2.C

```
/*--------------------------------------
   SHOWDIB2.C - Ausgabe von DIBs
              (c) Charles Petzold, 1998
  --------------------------------------*/

#include <windows.h>
#include "dibfile.h"
#include "resource.h"

LRESULT CALLBACK WndProc (HWND, UINT, WPARAM, LPARAM) ;

TCHAR szAppName[] = TEXT ("ShowDib2") ;

int WINAPI WinMain (HINSTANCE hInstance, HINSTANCE hPrevInstance,
                    PSTR szCmdLine, int iCmdShow)
{
     HACCEL   hAccel ;
     HWND     hwnd ;
     MSG      msg ;
     WNDCLASS wndclass ;

     wndclass.style         = CS_HREDRAW | CS_VREDRAW ;
     wndclass.lpfnWndProc   = WndProc ;
```

```
     wndclass.cbClsExtra    = 0 ;
     wndclass.cbWndExtra    = 0 ;
     wndclass.hInstance     = hInstance ;
     wndclass.hIcon         = LoadIcon (NULL, IDI_APPLICATION) ;
     wndclass.hCursor       = LoadCursor (NULL, IDC_ARROW) ;
     wndclass.hbrBackground = (HBRUSH) GetStockObject (WHITE_BRUSH) ;
     wndclass.lpszMenuName  = szAppName ;
     wndclass.lpszClassName = szAppName ;

     if (!RegisterClass (&wndclass))
     {    // UNICODE-Compilierung ist die einzige realistische Fehlermöglichkeit
          MessageBox (NULL, TEXT ("Programm arbeitet mit Unicode und setzt Windows NT voraus!"),
                      szAppName, MB_ICONERROR) ;
          return 0 ;
     }

     hwnd = CreateWindow (szAppName, TEXT ("ShowDIB 2"),
                          WS_OVERLAPPEDWINDOW,
                          CW_USEDEFAULT, CW_USEDEFAULT,
                          CW_USEDEFAULT, CW_USEDEFAULT,
                          NULL, NULL, hInstance, NULL) ;

     ShowWindow (hwnd, iCmdShow) ;
     UpdateWindow (hwnd) ;

     hAccel = LoadAccelerators (hInstance, szAppName) ;

     while (GetMessage (&msg, NULL, 0, 0))
     {
          if (!TranslateAccelerator (hwnd, hAccel, &msg))
          {
               TranslateMessage (&msg) ;
               DispatchMessage (&msg) ;
          }
     }
     return msg.wParam ;
}

int ShowDib (HDC hdc, BITMAPINFO * pbmi, BYTE * pBits, int cxDib, int cyDib,
             int cxClient, int cyClient, WORD wShow)
{
     switch (wShow)
     {
     case IDM_SHOW_NORMAL:
          return SetDIBitsToDevice (hdc, 0, 0, cxDib, cyDib, 0, 0,
                                    0, cyDib, pBits, pbmi, DIB_RGB_COLORS) ;

     case IDM_SHOW_CENTER:
          return SetDIBitsToDevice (hdc, (cxClient - cxDib) / 2,
                                         (cyClient - cyDib) / 2,
                                    cxDib, cyDib, 0, 0,
                                    0, cyDib, pBits, pbmi, DIB_RGB_COLORS) ;

     case IDM_SHOW_STRETCH:
          SetStretchBltMode (hdc, COLORONCOLOR) ;
```

```
          return StretchDIBits (hdc, 0, 0, cxClient, cyClient,
                                     0, 0, cxDib, cyDib,
                                pBits, pbmi, DIB_RGB_COLORS, SRCCOPY) ;

     case IDM_SHOW_ISOSTRETCH:
          SetStretchBltMode (hdc, COLORONCOLOR) ;
          SetMapMode (hdc, MM_ISOTROPIC) ;
          SetWindowExtEx (hdc, cxDib, cyDib, NULL) ;
          SetViewportExtEx (hdc, cxClient, cyClient, NULL) ;
          SetWindowOrgEx (hdc, cxDib / 2, cyDib / 2, NULL) ;
          SetViewportOrgEx (hdc, cxClient / 2, cyClient / 2, NULL) ;

          return StretchDIBits (hdc, 0, 0, cxDib, cyDib,
                                     0, 0, cxDib, cyDib,
                                pBits, pbmi, DIB_RGB_COLORS, SRCCOPY) ;
     }
     return 0 ;
}

LRESULT CALLBACK WndProc (HWND hwnd, UINT message, WPARAM wParam, LPARAM lParam)
{
     static BITMAPFILEHEADER * pbmfh ;
     static BITMAPINFO       * pbmi ;
     static BYTE             * pBits ;
     static DOCINFO            di = { sizeof (DOCINFO),
                                      TEXT ("ShowDib2: Druck") } ;
     static int                cxClient, cyClient, cxDib, cyDib ;
     static PRINTDLG           printdlg = { sizeof (PRINTDLG) } ;
     static TCHAR              szFileName [MAX_PATH], szTitleName [MAX_PATH] ;
     static WORD               wShow = IDM_SHOW_NORMAL ;
     BOOL                      bSuccess ;
     HDC                       hdc, hdcPrn ;
     HGLOBAL                   hGlobal ;
     HMENU                     hMenu ;
     int                       cxPage, cyPage, iEnable ;
     PAINTSTRUCT               ps ;
     BYTE                    * pGlobal ;

     switch (message)
     {
     case WM_CREATE:
          DibFileInitialize (hwnd) ;
          return 0 ;

     case WM_SIZE:
          cxClient = LOWORD (lParam) ;
          cyClient = HIWORD (lParam) ;
          return 0 ;

     case WM_INITMENUPOPUP:
          hMenu = GetMenu (hwnd) ;

          if (pbmfh)
               iEnable = MF_ENABLED ;
          else
               iEnable = MF_GRAYED ;
```

```
          EnableMenuItem (hMenu, IDM_FILE_SAVE,   iEnable) ;
          EnableMenuItem (hMenu, IDM_FILE_PRINT,  iEnable) ;
          EnableMenuItem (hMenu, IDM_EDIT_CUT,    iEnable) ;
          EnableMenuItem (hMenu, IDM_EDIT_COPY,   iEnable) ;
          EnableMenuItem (hMenu, IDM_EDIT_DELETE, iEnable) ;
          return 0 ;

     case WM_COMMAND:
          hMenu = GetMenu (hwnd) ;

          switch (LOWORD (wParam))
          {
          case IDM_FILE_OPEN:
               // Standarddialog zum Öffnen von Dateien
               if (!DibFileOpenDlg (hwnd, szFileName, szTitleName))
                    return 0 ;

               // Wenn momentan ein DIB geladen ist, freigeben
               if (pbmfh)
               {
                    free (pbmfh) ;
                    pbmfh = NULL ;
               }
               // DIB vollständig (inklusive BITMAPFILEHEADER) in den Speicher laden
               SetCursor (LoadCursor (NULL, IDC_WAIT)) ;
               ShowCursor (TRUE) ;

               pbmfh = DibLoadImage (szFileName) ;

               ShowCursor (FALSE) ;
               SetCursor (LoadCursor (NULL, IDC_ARROW)) ;

               // Anwendungsbereich für späteres Neuzeichnen als ungültig erklären
               InvalidateRect (hwnd, NULL, TRUE) ;

               if (pbmfh == NULL)
               {
                    MessageBox (hwnd, TEXT ("Fehler beim Lesen der Datei"),
                                szAppName, MB_ICONEXCLAMATION | MB_OK) ;
                    return 0 ;
               }
                    // Get pointers to the info structure & the bits

               pbmi  = (BITMAPINFO *) (pbmfh + 1) ;
               pBits = (BYTE *) pbmfh + pbmfh->bfOffBits ;

               // Breite und Höhe des DIBs
               if (pbmi->bmiHeader.biSize == sizeof (BITMAPCOREHEADER))
               {
                    cxDib = ((BITMAPCOREHEADER *) pbmi)->bcWidth ;
                    cyDib = ((BITMAPCOREHEADER *) pbmi)->bcHeight ;
               }
               else
               {
                    cxDib =      pbmi->bmiHeader.biWidth ;
```

```
            cyDib = abs (pbmi->bmiHeader.biHeight) ;
        }
        return 0 ;

    case IDM_FILE_SAVE:
        // Standarddialog zum Speichern von Dateien
        if (!DibFileSaveDlg (hwnd, szFileName, szTitleName))
            return 0 ;

        // DIB als Datei schreiben
        SetCursor (LoadCursor (NULL, IDC_WAIT)) ;
        ShowCursor (TRUE) ;

        bSuccess = DibSaveImage (szFileName, pbmfh) ;

        ShowCursor (FALSE) ;
        SetCursor (LoadCursor (NULL, IDC_ARROW)) ;

        if (!bSuccess)
            MessageBox (hwnd, TEXT ("Fehler beim Schreiben der Datei"),
                        szAppName, MB_ICONEXCLAMATION | MB_OK) ;
        return 0 ;

    case IDM_FILE_PRINT:
        if (!pbmfh)
            return 0 ;

        // Drucker-Gerätekontext ermitteln
        printdlg.Flags = PD_RETURNDC | PD_NOPAGENUMS | PD_NOSELECTION ;

        if (!PrintDlg (&printdlg))
            return 0 ;

        if (NULL == (hdcPrn = printdlg.hDC))
        {
            MessageBox (hwnd, TEXT ("Kein Drucker-Gerätekontext!"),
                        szAppName, MB_ICONEXCLAMATION | MB_OK) ;
            return 0 ;
        }
        // Kommt der Drucker mit Bitmaps zurecht?
        if (!(RC_BITBLT & GetDeviceCaps (hdcPrn, RASTERCAPS)))
        {
            DeleteDC (hdcPrn) ;
            MessageBox (hwnd, TEXT ("Drucker kann keine Bitmaps ausgeben"),
                        szAppName, MB_ICONEXCLAMATION | MB_OK) ;
            return 0 ;
        }
        // Größe des bedruckbaren Bereichs auf dem Papier
        cxPage = GetDeviceCaps (hdcPrn, HORZRES) ;
        cyPage = GetDeviceCaps (hdcPrn, VERTRES) ;

        bSuccess = FALSE ;

        // DIB auf dem Drucker ausgeben
        SetCursor (LoadCursor (NULL, IDC_WAIT)) ;
        ShowCursor (TRUE) ;
```

```
        if ((StartDoc (hdcPrn, &di) > 0) && (StartPage (hdcPrn) > 0))
        {
             ShowDib (hdcPrn, pbmi, pBits, cxDib, cyDib,
                      cxPage, cyPage, wShow) ;

             if (EndPage (hdcPrn) > 0)
             {
                  bSuccess = TRUE ;
                  EndDoc (hdcPrn) ;
             }
        }
        ShowCursor (FALSE) ;
        SetCursor (LoadCursor (NULL, IDC_ARROW)) ;

        DeleteDC (hdcPrn) ;

        if (!bSuccess)
             MessageBox (hwnd, TEXT ("Fehler beim Drucken des Bitmaps"),
                         szAppName, MB_ICONEXCLAMATION | MB_OK) ;
        return 0 ;

   case IDM_EDIT_COPY:
   case IDM_EDIT_CUT:
        if (!pbmfh)
             return 0 ;

        // Kopie des gepackten DIBs (ohne BITMAPFILEHEADER)
        hGlobal = GlobalAlloc (GHND | GMEM_SHARE, pbmfh->bfSize - sizeof (BITMAPFILEHEADER)) ;

        pGlobal = GlobalLock (hGlobal) ;

        CopyMemory (pGlobal, (BYTE *) pbmfh + sizeof (BITMAPFILEHEADER),
                    pbmfh->bfSize - sizeof (BITMAPFILEHEADER)) ;

        GlobalUnlock (hGlobal) ;

        // Einsetzen in die Zwischenablage
        OpenClipboard (hwnd) ;
        EmptyClipboard () ;
        SetClipboardData (CF_DIB, hGlobal) ;
        CloseClipboard () ;

        if (LOWORD (wParam) == IDM_EDIT_COPY)
             return 0 ;
                              // für IDM_EDIT_CUT weiter mit DELETE
   case IDM_EDIT_DELETE:
        if (pbmfh)
        {
             free (pbmfh) ;
             pbmfh = NULL ;
             InvalidateRect (hwnd, NULL, TRUE) ;
        }
        return 0 ;

   case IDM_SHOW_NORMAL:
```

```
        case IDM_SHOW_CENTER:
        case IDM_SHOW_STRETCH:
        case IDM_SHOW_ISOSTRETCH:
            CheckMenuItem (hMenu, wShow, MF_UNCHECKED) ;
            wShow = LOWORD (wParam) ;
            CheckMenuItem (hMenu, wShow, MF_CHECKED) ;
            InvalidateRect (hwnd, NULL, TRUE) ;
            return 0 ;
        }
        break ;

    case WM_PAINT:
        hdc = BeginPaint (hwnd, &ps) ;

        if (pbmfh)
            ShowDib (hdc, pbmi, pBits, cxDib, cyDib,
                     cxClient, cyClient, wShow) ;

        EndPaint (hwnd, &ps) ;
        return 0 ;

    case WM_DESTROY:
        if (pbmfh)
            free (pbmfh) ;

        PostQuitMessage (0) ;
        return 0 ;
    }
    return DefWindowProc (hwnd, message, wParam, lParam) ;
}
```

SHOWDIB2.RC (Auszüge)

```
//Microsoft Developer Studio generated resource script.

#include "resource.h"
#include "afxres.h"

/////////////////////////////////////////////////////////////////////////////
// Menu

SHOWDIB2 MENU DISCARDABLE
BEGIN
    POPUP "&Datei"
    BEGIN
        MENUITEM "Ö&ffnen...\tStrg+O",          IDM_FILE_OPEN
        MENUITEM "&Speichern...\tStrg+S",       IDM_FILE_SAVE
        MENUITEM SEPARATOR
        MENUITEM "&Drucken\tStrg+P",            IDM_FILE_PRINT
    END
    POPUP "&Bearbeiten"
    BEGIN
        MENUITEM "A&usschneiden\tStrg+X",       IDM_EDIT_CUT
        MENUITEM "&Kopieren\tStrg+C",           IDM_EDIT_COPY
        MENUITEM "&Löschen\tEntf",              IDM_EDIT_DELETE
    END
    POPUP "&Ansicht"
```

```
    BEGIN
        MENUITEM "&echte Größe",                IDM_SHOW_NORMAL, CHECKED
        MENUITEM "&zentriert",                  IDM_SHOW_CENTER
        MENUITEM "auf &Fenstergröße skaliert",  IDM_SHOW_STRETCH
        MENUITEM "&isotrophisch skaliert",      IDM_SHOW_ISOSTRETCH
    END
END

/////////////////////////////////////////////////////////////////////////////
// Accelerator

SHOWDIB2 ACCELERATORS DISCARDABLE
BEGIN
    "C",            IDM_EDIT_COPY,          VIRTKEY, CONTROL, NOINVERT
    "O",            IDM_FILE_OPEN,          VIRTKEY, CONTROL, NOINVERT
    "P",            IDM_FILE_PRINT,         VIRTKEY, CONTROL, NOINVERT
    "S",            IDM_FILE_SAVE,          VIRTKEY, CONTROL, NOINVERT
    VK_DELETE,      IDM_EDIT_DELETE,        VIRTKEY, NOINVERT
    "X",            IDM_EDIT_CUT,           VIRTKEY, CONTROL, NOINVERT
END
```

RESOURCE.H (Auszüge)

```
// Microsoft Developer Studio generated include file.
// Used by ShowDib2.rc

#define IDM_FILE_OPEN                   40001
#define IDM_SHOW_NORMAL                 40002
#define IDM_SHOW_CENTER                 40003
#define IDM_SHOW_STRETCH                40004
#define IDM_SHOW_ISOSTRETCH             40005
#define IDM_FILE_PRINT                  40006
#define IDM_EDIT_COPY                   40007
#define IDM_EDIT_CUT                    40008
#define IDM_EDIT_DELETE                 40009
#define IDM_FILE_SAVE                   40010
```

Abbildung 15.21: *Das Programm* SHOWDIB2

Der Kernpunkt dieses Programms ist eine Routine namens *ShowDib*, die ein (über die Routinen von DIBFILE.C ausgewähltes und geladenes) DIB abhängig von der Auswahl im Menü *Ansicht* auf eine von vier Arten darstellt. Die Ausgabe in Originalgröße (zentriert oder in der linken oberen Ecke des Anwendungsbereichs) übernimmt ein einfacher Aufruf von *SetDIBitsToDevice*; für die beiden anderen Fälle ist *StretchDIBits* zuständig. Die direkte Skalierung auf den Anwendungsbereich dürfte das Bild in den allermeisten Fällen mehr oder minder stark verzerren, bei der isotrophischen Skalierung bleiben die Breiten-/Höhenverhältnisse dagegen erhalten, weil das Programm dann gegebenenfalls im Anwendungsbereich einen Streifen rechts oder unterhalb des Bildes freiläßt.

Das Einsetzen von DIBs in die Zwischenablage geschieht nicht wie bei geräteabhängigen Bitmaps über einen Handle zum Objekt selbst, sondern analog zu Textblocks über einen Speicherbereich: SHOWDIB2 muß dafür also einen Bereich entsprechender Größe auf dem globalen Heap belegen, das »gepackte« DIB (also ohne die BITMAPFILEHEADER-Struktur) dort hinein kopieren und diesen Speicherbereich dann mit dem Formatbezeichner CF_DIB in die

Zwischenablage einsetzen. Transfers in die umgekehrte Richtung werden Sie in SHOWDIB2 allerdings vergeblich suchen, weil die Bestimmung des Pixeldaten-Offsets in gepackten DIBs eine recht aufwendige Angelegenheit darstellt. (Um das Wie geht es im nächsten Kapitel.)

Leider ist die Liste der Defizite dieses Programms damit noch lange nicht zu Ende. Wenn Sie Ihren Desktop mit 256 Farben betreiben, fällt die Darstellung auf dem Bildschirm nur bei monochromen DIBs und DIBs mit 4 Bit pro Pixel wie erwartet aus: Was SHOWDIB2 ganz offensichtlich fehlt, ist das in diesem Fall notwendige Einsetzen einer Farbpalette. Zu allem Überfluß ist die Geschwindigkeit der Darstellung (vor allem unter Windows NT) alles andere als befriedigend, und Bildlaufleisten fehlen auch in dieser Version noch. (Diese Liste liest sich schon fast wie eine auszugsweise Inhaltsangabe des nächsten Kapitels. Haben Sie also bitte noch einen Moment Geduld.)

Farbumrechnungen, Paletten und Performance

Für das teilweise recht zähe Verhalten von SHOWDIBS2 gibt es einen Hauptgrund, der auf den Namen Farbumrechnung hört: Böse Zungen könnten glatt behaupten, dass DIBs deshalb geräteunabhängig sind, weil ihr internes Format garantiert zu allen real existierenden Formaten gleich schlecht paßt. Anders gesagt: Wenn Sie mit *SetDIBitsToDevice* oder *StretchBlt* ein DIB auf dem Bildschirm ausgeben, müssen die GDI und Treiber jedes einzelne Pixel erst einmal vom geräteunabhängigen Format in das Format umrechnen, das die Grafikkarte in ihrem Bildspeicher sehen will. Ein genügend großes DIB vorausgesetzt, kann es dabei ohne weiteres um einige Millionen Umrechnungen gehen.

In den meisten Fällen ist diese Umrechnung eher trivialer Natur: Wenn Sie ein 24-Bit-DIB auf einem Bildschirm darstellen, der seinerseits 24 oder 32 Bit pro Pixel bietet, muß der Grafiktreiber im Maximalfall die Reihenfolge der Farbkomponenten umstellen, also pro Pixel zwei Bytes miteinander vertauschen. Die Umrechnung von 16 nach 24 Bit macht einige Bitschiebereien auf Füllaktionen notwendig, die Umrechnung von 24 nach 16 Bit besteht aus dem Abschneiden niederwertiger Bits mit nachfolgender Bitschieberei. Die Darstellung eines DIBs mit 4 oder 8 Bit pro Pixel auf einem Bildschirm mit höherer Farbtiefe macht schließlich das Umsetzen der Pixelwerte in Echtfarben über die DIB-eigene Farbtabelle notwendig (was wie zu Anfang dieses Kapitels erläutert auf eine einfache Array-Indizierung hinausläuft).

Was aber, wenn Sie ein DIB mit 16, 24 oder 32 Bit pro Pixel auf einem Bildschirm darstellen wollen, der mit 256 Farben läuft? In diesem Fall wird eine völlig andere Technik gebraucht: GDI und Treiber müssen für jedes Pixel einzeln herausfinden, welche der aktuell von der Grafikkarte verwendeten Farben am besten paßt. Für einzelne Pixel läßt sich das mit der GDI-Funktion *GetNearestColor* erledigen, die aber in puncto Performance zwangsläufig die mit Abstand schlechteste Wahl darstellt, weil sie zwangsläufig aus einer Schleife mit 256 Vergleichen besteht. Für ganze Bitmaps oder Ausschnitte davon baut die GDI in einem ersten Schritt eine Vergleichstabelle auf und erledigt die eigentliche Umwandlung dann über eine direkte Indizierung.

Die bei der Suche nach der nächstliegenden Farbe verwendete Formel ist in beiden Fällen dieselbe und sieht so aus:

$$\sqrt{(R_2 - R_1)^2 + (G_2 - G_1)^2 + (B_2 - B_1)^2}$$

Abbildung 15.22: *Der »Abstand« zwischen zwei Farben*

Der RGB-Farbraum wird hier als Würfel betrachtet, der Abstand zwischen zwei Farben $R_1G_1B_1$ und $R_2G_2B_2$ ergibt sich über ihre Positionen in diesem dreidimensionalen Raum (wobei man einfach jeder Farbkomponente eine der drei Achsen zuordnet, also R auf die X-Achse, G auf die Y-Achse und B auf die Z-Achse aufträgt. Ein Programm, das für eine bestimmte Farbe $R_2G_2B_2$ das bestmögliche Äquivalent in einer Farbtabelle mit 256 Einträgen ($R_1G_1B_1$) sucht, hat also 256 Berechnungen dieser Art vor sich, wobei das Ziehen der Wurzel Gott sei Dank entfallen kann, so lange es nur um den minimalen Abstand (und nicht um eine echte euklidische Entfernungsbestimmung geht).

Kein Wunder also, dass der Aufbau einer Vergleichstabelle auch auf modernen Systemen noch eine beträchtliche Menge Laufzeit frißt. Der ärgerliche Punkt: Weil diese Tabellen eine Menge Speicherplatz beanspruchen, werden sie sofort nach der Ausgabe eines DIBs wieder verworfen bzw. *bei jeder Ausgabe erneut aufgebaut.*

Die Crux: Wenn der Bildschirm mit 256 Farben läuft, sollte man sich um die Ausgabe von DIBs mit 16, 24 oder 32 Bit über *SetDIBitsToDevice* und *StretchDIBits* nach Möglichkeit herumdrücken. Die erste Alternative besteht aus der *einmaligen* Umrechnung solcher DIBs in das 8-Bit-Format, die zweite (und bessere) aus der Konvertierung in ein DDB, das sich dann mit *BitBlt* oder *StretchBlt* zeichnen läßt. (Da DDBs in dem Format gehalten sind, das die Grafikkarte auch für den Bildspeicher verwendet, ist es wohl kein Wunder, dass sich auf diese Weise die Ausgabe in allen denkbaren Farbtiefen-Kombinationen erheblich beschleunigen läßt.)

Wenn Sie Ihren Desktop mit 256 Farben betreiben (oder einmal kurz in diesen Modus umgeschaltet und SHOWDIB2 dort ausprobiert haben), dann werden Sie auf ein weiteres, bereits kurz angesprochenes Problem gestoßen sein: Ohne zusätzliche Maßnahmen erscheinen Bilder in diesem Modus reichlich grell, weil Windows ihnen freiwillig lediglich die 20 vom System benutzten Farben spendiert. Wer mehr als diese Systemfarben zu sehen bekommen will, muß seine Wünsche beim Paletten-Manager anmelden, um den es im nächsten Kapitel geht.

Falls Ihnen sowohl Windows 98 als auch Windows NT zur Verfügung steht, können Sie einmal ausprobieren, wie sich SHOWDIB2 auf diesen beiden Systemen verhält. Je größer das DIB, desto klarer werden die Geschwindigkeitsvorteile von Windows 98 gegenüber dem »großen Bruder«, bei dessen Client/Server-Architektur der Überbau linear mit der von einem Programm an das System übergebenen Datenmenge steigt. Die erste Lösung ist auch hier die Umrechnung in ein DDB, die zweite hört auf den Namen *DIB Sections* und steht für eine neue Technik, die vor allem zur Beseitigung dieses Engpasses von Windows NT geschaffen wurde. Sie ist das Thema des übernächsten Abschnitts.

DIBs und DDBs vereint

Ein Programm, das Format eines DIBs kennt, kann es nicht nur mit *SetDIBitsToDevice* und *StretchBlt* zeichnen, sondern bei Bedarf auch mit jeder Rasterzeile, jedem Pixel und jedem Bit anstellen, was es will. Wenn Sie schon immer mal Ihre eigene Grafikbibliothek schreiben wollten, bitteschön: Grenzen gibt es hier nicht.

Zumindest, was die Manipulation von Pixeldaten betrifft. Beim Drumherum sieht das leider schon wieder etwas anders aus: Im letzten Kapitel habe ich beispielsweise erläutert, wie man DDBs als Oberfläche in eine Gerätekontext einsetzt und dann mit den normalen GDI-Funktionen auf diese Oberfläche – also in das Bitmap – zeichnet. Von einer vergleichbaren Funktionalität bei DIBs war bis dato noch nicht die Rede. Und dann wäre da noch das Performance-Problem: *SetDIBitsToDevice* und *StretchDIBits* sind in puncto Geschwindigkeit ein gutes Stück von *BitBlt* und *StretchBlt* entfernt – vor allem, wenn dabei die Suche nach nächstliegenden Farben mit im Spiel ist. (Von Windows NT will ich an dieser Stelle schon gar nicht mehr reden.)

Wie im letzten Abschnitt bereits angedeutet, macht es deshalb vor allem dann Sinn, DIBs in DDBs umzuwandeln, wenn das Bild von einem Programm mehrfach ausgegeben werden soll. (Wie der übernächste Abschnitt zeigt, muß diese Konvertierung übrigens keine Einbahnstraße sein. In der Praxis werden Konvertierungen von DDBs in DIBs aber nur recht selten benutzt.)

Von DIBs zu DDBs

Dass Konvertierungen in diese Richtung möglich sind, bedarf eigentlich keiner allzu großen Erwähnung: Schließlich hält Sie niemand davon ab, als Ziel eines Aufrufs von *StretchDIBits* oder *SetDIBitsToDevice* einen Speicherkontext anzugeben, in den Sie vorher ein (mit *CreateCompatibleBitmap* erzeugtes) geräteabhängiges Bitmap eingesetzt haben. Das Ergebnis einer solchen Zeichenaktion ist eine Kopie des DIB-Inhalts, deren Speicherorganisation aber der des Bildschirms entspricht.

Die Funktion *CreateDIBitmap* führt ebendiese Schritte in einem Rutsch aus und erspart einem so die separaten Aufrufe zum Anlegen eines Speicherkontexts, eines dazu kompatiblen Bitmaps usw. Sie erzeugt ein DDB aus einem DIB und liefert den DDB-Handle (Typ: HBITMAP) zurück:

```
hBitmap = CreateDIBitmap (
              hdc,          // Gerätekontext, zu dem das Bitmap kompatibel sein soll
              pInfoHdr,     // Zeiger auf die BITMAPINFOHEADER-Struktur
              fInit,        // 0 oder CBM_INIT
              pBits,        // Zeiger auf die DIB-Pixeldaten
              pInfo,        // Zeiger auf die BITMAPINFO-Struktur
              fClrUse) ;    // Farbflag (DIB_RGB_COLORS oder DIB_PAL_COLORS)
```

Der wohl wichtigste Punkt geht zwar nicht zuletzt aus der Tatsache hervor, dass diese Funktion einen Handle des Typs HBITMAP zurückliefert – ich erwähne ihn aber gerne trotzdem noch einmal explizit, weil darüber schon recht viele ProgrammiererInnen gestolpert sind: Trotz ihres Namens erzeugt die Funktion *CreateDIBitmap* nicht etwa ein DIB, sondern eben ein DDB, dessen Speicherorganisation dem Gerät entspricht, dessen Gerätekontext als Parameter *hdc* übergeben wird. (Zugegeben: Wer diesen Namen als zwingend verkaufen will, weil die anderen Funktionen zum Anlegen geräteabhängiger Bitmaps *CreateBitmap*, *CreateBitmapIndirect* usw. heißen, braucht schon eine Menge Rabulistik. Auch wenn *CreateDIBitmap* so einigermaßen zu *CreateCompatibleBitmap* paßt, wäre »CreateBitmapFromDIB« sicher eine gute Alternative gewesen.)

Ein zweiter Punkt mag auf den ersten Blick ähnlich merkwürdig erscheinen: Wieso will die Routine zwei Parameter (*pInfoHdr* und *pInfo*) sehen, obwohl der Datentyp BITMAPINFO bekanntlich die Kopfinformationen eines DIBs (BITMAPINFOHEADER) mit einer Farbtabelle (sofern vorhanden) vereint? Tatsächlich kann das aber durchaus Sinn machen. Der einfachste Aufruf von *CreateDIBitmap* sieht nämlich so aus:

```
hBitmap = CreateDIBitmap (NULL, pbmih, 0, NULL, NULL, 0) ;
```

Hier wird also ausschließlich ein Zeiger auf die BITMAPINFOHEADER-Struktur (und keine Farbtabelle) übergeben; der Gerätekontext fehlt ebenfalls. Das Ergebnis ist ein monochromes Bitmap mit den Abmessungen des DIBs und ohne näher definierten Inhalt.

Wenn Sie als ersten Parameter einen Gerätekontext-Handle übergeben, legt *CreateDIBitmap* ein zu diesem Kontext kompatibles Bitmap an, verhält sich damit also exakt so wie die Funktion *CreateCompatibleBitmap:*

```
hBitmap = CreateDIBitmap (hdc, pbmih, 0, NULL, NULL, 0) ;
```

Erst wenn Sie als dritten Parameter den Wert CBM_INIT übergeben, wird es interessanter: In diesem Fall läßt *CreateDIBitmap* die Bitmap-Pixeldaten nicht uninitialisiert, sondern füllt sie mit Hilfe der letzten drei Parameter. Über *pInfo* bezieht die Funktion die Farbtabelle (soweit vorhanden) und über *pBits* die DIB-Pixeldaten; der Parameter *fClrUse* gibt an, ob die Farbtabelle RGB-Werte (DIB_RGB_COLORS) oder Indizes in die aktuelle Farbpalette des Systems (DIB_PAL_-COLORS, siehe nächstes Kapitel) enthält.

Für Aufrufe dieser Art könnte man *CreateDIBitmap* ohne weiteres auch als programmeigene Funktion schreiben, die dann in etwa so aussehen würde:

```
HBITMAP CreateDIBitmap (HDC hdc, CONST BITAPINFOHEADER *pbmih,
                        DWORD fInit, CONST VOID * pBits,
                        CONST BITMAPINFO * pbmi, UINT fUsage)
{
     HBITMAP hBitmap ;
     HDC     hdc ;
     int     cx, cy, iBitCount ;

     if (pbmih->biSize == sizeof (BITMAPCOREHEADER))
     {
          cx        = ((PBITMAPCOREHEADER) pbmih)->bcWidth ;
          cy        = ((PBITMAPCOREHEADER) pbmih)->bcHeight ;
          iBitCount = ((PBITMAPCOREHEADER) pbmih)->bcBitCount ;
     }
     else
     {
          cx        = pbmih->biWidth ;
          cy        = pbmih->biHeight ;
          iBitCount = pbmih->biBitCount ;
     }
     if (hdc)
          hBitmap = CreateCompatibleBitmap (hdc, cx, cy) ;
     else
          hBitmap = CreateBitmap (cx, cy, 1, 1, NULL) ;

     if (fInit == CBM_INIT)
     {
           hdcMem = CreateCompatibleDC (hdc) ;
           SelectObject (hdcMem, hBitmap) ;
           SetDIBitsToDevice (hdcMem, 0, 0, cx, cy, 0, 0, 0 cy,
                              pBits, pbmi, fUsage) ;
           DeleteDC (hdcMem) ;
     }

return hBitmap ;
}
```

Wie gesagt: Wenn Sie ein DIB nur ein einziges Mal darstellen wollen und sich Sorgen über den Zeitbedarf von *SetDIBitsToDevice* machen, dann hilft das Umwandeln in ein DDB und ein nachfolgender Aufruf von *BitBlt* nicht viel weiter, weil *CreateDIBitmap* natürlich dieselben Farbumwandlungen ausführen muß wie die DIB-Zeichenroutinen. (Tatsächlich dürfte ein einzelnes *SetDIBitsToDevice* sogar eine Spur schneller sein als die Folge *CreateDIBitmap / BitBlt*, weil das Bitmap dabei letztlich zweimal gezeichnet wird – einmal in das DDB, einmal auf den Bildschirm.) Lohnen tut sich die Sache erst bei mehrfacher Ausgabe – etwa im *case*-Zweig für WM_PAINT.

Das in Abbildung 15.23 aufgelistete Programm DIBCONV demonstriert den praktischen Einsatz von *CreateDIBitmap*. Es liest eine DIB-Datei, wandelt sie in ein DDB um und stellt dieses DDB dann als Reaktion auf WM_PAINT dar.

DIBCONV.C

```
/*--------------------------------------------
   DIBCONV.C - Umwandlung eines DIBs in ein DDB
               (c) Charles Petzold, 1998
  --------------------------------------------*/

#include <windows.h>
#include <commdlg.h>
#include "resource.h"

LRESULT CALLBACK WndProc (HWND, UINT, WPARAM, LPARAM) ;
TCHAR szAppName[] = TEXT ("DibConv") ;

int WINAPI WinMain (HINSTANCE hInstance, HINSTANCE hPrevInstance,
                    PSTR szCmdLine, int iCmdShow)
{
     HWND     hwnd ;
     MSG      msg ;
     WNDCLASS wndclass ;

     wndclass.style         = CS_HREDRAW | CS_VREDRAW ;
     wndclass.lpfnWndProc   = WndProc ;
     wndclass.cbClsExtra    = 0 ;
     wndclass.cbWndExtra    = 0 ;
     wndclass.hInstance     = hInstance ;
     wndclass.hIcon         = LoadIcon (NULL, IDI_APPLICATION) ;
     wndclass.hCursor       = LoadCursor (NULL, IDC_ARROW) ;
     wndclass.hbrBackground = (HBRUSH) GetStockObject (WHITE_BRUSH) ;
     wndclass.lpszMenuName  = szAppName ;
     wndclass.lpszClassName = szAppName ;

     if (!RegisterClass (&wndclass))
     {    // UNICODE-Compilierung ist die einzige realistische Fehlermöglichkeit
          MessageBox (NULL, TEXT ("Programm arbeitet mit Unicode und setzt Windows NT voraus!"),
                      szAppName, MB_ICONERROR) ;
          return 0 ;
     }

     hwnd = CreateWindow (szAppName, TEXT ("Umwandlung von DIBs in DDBs"),
                          WS_OVERLAPPEDWINDOW,
                          CW_USEDEFAULT, CW_USEDEFAULT,
                          CW_USEDEFAULT, CW_USEDEFAULT,
                          NULL, NULL, hInstance, NULL) ;
```

```
     ShowWindow (hwnd, iCmdShow) ;
     UpdateWindow (hwnd) ;

     while (GetMessage (&msg, NULL, 0, 0))
     {
          TranslateMessage (&msg) ;
          DispatchMessage (&msg) ;

     }
     return msg.wParam ;
}

HBITMAP CreateBitmapObjectFromDibFile (HDC hdc, PTSTR szFileName)
{
     BITMAPFILEHEADER * pbmfh ;
     BOOL               bSuccess ;
     DWORD              dwFileSize, dwHighSize, dwBytesRead ;
     HANDLE             hFile ;
     HBITMAP            hBitmap ;

     // Datei für Lesezugriffe öffnen (und für Schreibzugriffe anderer Prozesse sperren)
     hFile = CreateFile (szFileName, GENERIC_READ, FILE_SHARE_READ, NULL,
                         OPEN_EXISTING, FILE_FLAG_SEQUENTIAL_SCAN, NULL) ;

     if (hFile == INVALID_HANDLE_VALUE)
          return NULL ;

     // Datei komplett einlesen
     dwFileSize = GetFileSize (hFile, &dwHighSize) ;

     if (dwHighSize)
     {
          CloseHandle (hFile) ;
          return NULL ;
     }

     pbmfh = malloc (dwFileSize) ;

     if (!pbmfh)
     {
          CloseHandle (hFile) ;
          return NULL ;
     }

     bSuccess = ReadFile (hFile, pbmfh, dwFileSize, &dwBytesRead, NULL) ;
     CloseHandle (hFile) ;

     // Signatur und Dateilänge wie erwartet?
     if (!bSuccess || (dwBytesRead != dwFileSize)
                   || (pbmfh->bfType != * (WORD *) "BM")
                   || (pbmfh->bfSize != dwFileSize))
     {
          free (pbmfh) ;
          return NULL ;
     }
```

```
     // DDB anlegen
     hBitmap = CreateDIBitmap (hdc,
                               (BITMAPINFOHEADER *) (pbmfh + 1),
                               CBM_INIT,
                               (BYTE *) pbmfh + pbmfh->bfOffBits,
                               (BITMAPINFO *) (pbmfh + 1),
                               DIB_RGB_COLORS) ;
     free (pbmfh) ;

     return hBitmap ;
}

LRESULT CALLBACK WndProc (HWND hwnd, UINT message, WPARAM wParam, LPARAM lParam)
{
     static HBITMAP      hBitmap ;
     static int          cxClient, cyClient ;
     static OPENFILENAME ofn ;
     static TCHAR        szFileName [MAX_PATH], szTitleName [MAX_PATH] ;
     static TCHAR        szFilter[] = TEXT ("Bitmap-Dateien (*.BMP)\0*.bmp\0")
                                      TEXT ("Alle Dateien (*.*)\0*.*\0\0") ;
     BITMAP              bitmap ;
     HDC                 hdc, hdcMem ;
     PAINTSTRUCT         ps ;

     switch (message)
     {
     case WM_CREATE:
          ofn.lStructSize       = sizeof (OPENFILENAME) ;
          ofn.hwndOwner         = hwnd ;
          ofn.hInstance         = NULL ;
          ofn.lpstrFilter       = szFilter ;
          ofn.lpstrCustomFilter = NULL ;
          ofn.nMaxCustFilter    = 0 ;
          ofn.nFilterIndex      = 0 ;
          ofn.lpstrFile         = szFileName ;
          ofn.nMaxFile          = MAX_PATH ;
          ofn.lpstrFileTitle    = szTitleName ;
          ofn.nMaxFileTitle     = MAX_PATH ;
          ofn.lpstrInitialDir   = NULL ;
          ofn.lpstrTitle        = NULL ;
          ofn.Flags             = OFN_PATHMUSTEXSTS | OFN_FILEMUSTEXIST ;
          ofn.nFileOffset       = 0 ;
          ofn.nFileExtension    = 0 ;
          ofn.lpstrDefExt       = TEXT ("bmp") ;
          ofn.lCustData         = 0 ;
          ofn.lpfnHook          = NULL ;
          ofn.lpTemplateName    = NULL ;

          return 0 ;

     case WM_SIZE:
          cxClient = LOWORD (lParam) ;
          cyClient = HIWORD (lParam) ;
          return 0 ;
```

```
case WM_COMMAND:
     switch (LOWORD (wParam))
     {
     case IDM_FILE_OPEN:

          // Standarddialog zum Öffnen von Dateien
          if (!GetOpenFileName (&ofn))
               return 0 ;

          // Wenn im Moment ein DDB geladen ist, freigeben
          if (hBitmap)
          {
               DeleteObject (hBitmap) ;
               hBitmap = NULL ;
          }

          // DIB lesen und in DDB umrechnen
          SetCursor (LoadCursor (NULL, IDC_WAIT)) ;
          ShowCursor (TRUE) ;

          hdc = GetDC (hwnd) ;
          hBitmap = CreateBitmapObjectFromDibFile (hdc, szFileName) ;
          ReleaseDC (hwnd, hdc) ;

          ShowCursor (FALSE) ;
          SetCursor (LoadCursor (NULL, IDC_ARROW)) ;

          // Neuzeichnen des Anwendungsbereichs erzwingen
          InvalidateRect (hwnd, NULL, TRUE) ;
          if (hBitmap == NULL)
          {
               MessageBox (hwnd, TEXT ("Fehler beim Laden der DIB-Datei"),
                           szAppName, MB_OK | MB_ICONEXCLAMATION) ;
          }
          return 0 ;
     }
     break ;

case WM_PAINT:
     hdc = BeginPaint (hwnd, &ps) ;

     if (hBitmap)
     {  // DDB in einen Speicherkontext einsetzen und zeichnen
          GetObject (hBitmap, sizeof (BITMAP), &bitmap) ;

          hdcMem = CreateCompatibleDC (hdc) ;
          SelectObject (hdcMem, hBitmap) ;

          BitBlt (hdc,    0, 0, bitmap.bmWidth, bitmap.bmHeight,
                  hdcMem, 0, 0, SRCCOPY) ;

          DeleteDC (hdcMem) ;
     }

     EndPaint (hwnd, &ps) ;
     return 0 ;
```

```
    case WM_DESTROY:
         if (hBitmap)
              DeleteObject (hBitmap) ;

         PostQuitMessage (0) ;
         return 0 ;
    }
    return DefWindowProc (hwnd, message, wParam, lParam) ;
}
```

DIBCONV.RC (Auszüge)

```
//Microsoft Developer Studio generated resource script.

#include "resource.h"
#include "afxres.h"

/////////////////////////////////////////////////////////////////////////////
// Menu

DIBCONV MENU DISCARDABLE
BEGIN
    POPUP "&Datei"
    BEGIN
        MENUITEM "Ö&ffnen...",                IDM_FILE_OPEN
    END
END
```

RESOURCE.H (Auszüge)

```
// Microsoft Developer Studio generated include file.
// Used by DibConv.rc

#define IDM_FILE_OPEN                   40001
```

Abbildung 15.23: *Das Programm* DIBCONV

DIBCONV enthält die Laderoutinen direkt und kommt deshalb im Gegensatz zu den beiden Varianten von SHOWDIB ohne die Datei DIBFILE.C aus. Die Reaktion auf die Auswahl des (einzigen) Menüpunkts *Datei/Öffnen* in der Window-Prozedur besteht aus einem Aufruf der programmeigenen Funktion *CreateBitmapObjectFromFile*, die ihrerseits die gesamte DIB-Datei einliest und über *CreateDIBitmap* in ein DDB umrechnen läßt. Nach dieser Umwandlung wird der für das Lesen des DIBs belegte Speicherblock wieder freigegeben.

Die Reaktion auf WM_PAINT besteht konsequent nicht aus einem Aufruf von *SetDIBitsToDevice*, sondern dem Anlegen eines Speicherkontexts, dem Einsetzen dieses Bitmaps und einen *BitBlt*. Globale Variablen für die Breite und Höhe des Bitmaps habe ich mir hier gespart; diese Werte werden vor dem Aufruf von *BitBlt* über die GDI-Funktion *GetObject* ermittelt.

Wenn Sie die Pixeldaten eines DDBs nicht beim Aufruf von *CreateDIBitmap* initialisieren oder später noch einmal verändern wollen, können Sie das über die Funktion *SetDIBits* tun. Sie hat die folgende Syntax:

```
iLines = SetDIBits (
              hdc,        // Gerätekontext (nur für DIB_PAL_COLORS)
```

```
            hBitmap,    // Handle des Bitmaps
            yScan,      // erste zu übertragende DIB-Rasterzeile
            cyScans,    // Zahl der zu übertragenden Rasterzeilen
            pBits,      // Zeiger auf die DIB-Pixeldaten
            pInfo,      // Zeiger auf die DIB-Kopfinformationen
            fClrUse) ;  // Farbflag (DIB_RGB_COLORS oder DIB_PAL_COLORS)
```

Diese Funktion verwendet die Farbtabelle des DIBs (soweit vorhanden) zur Konvertierung der DIB-Pixeldaten in das geräteabhängige Format des Bitmaps. So lange Sie mit DIB_RGB_-COLORS arbeiten, können Sie für *hdc* den Wert 0 übergeben. Bitte beachten Sie, dass das Bitmap zum Zeitpunkt des Aufrufs von *SetDIBits* nicht in einen Kontext (auch nicht in einen Speicherkontext) eingesetzt sein darf.

Von DDBs zu DIBS

Die Funktion *GetDIBits* stellt das Gegenstück zu *SetDIBits* dar und erlaubt im Prinzip die Umwandlung eines geräteabhängigen Bitmaps in ein DIB. Die Syntax:

```
int WINAPI GetDIBits (
            hdc,        // Gerätekontext (nur für DIB_PAL_COLORS)
            hBitmap,    // Bitmap-Handle
            yScan,      // erste zu übertragende Rasterzeile
            cyScans,    // Zahl der zu übertragenden Rasterzeilen
            pBits,      // Zeiger auf die DIB-Pixeldaten (d.h. den Zielpuffer)
            pInfo,      // Zeiger auf die DIB-Kopfinformationen
            fClrUse) ;  // Farbflag (DIB_RGB_COLORS oder DIB_PAL_COLORS)
```

Wenn Sie das Feld *bmiHeader.biSize* der über *pInfo* adressierten BITMAPINFO-Struktur mit der Größenangabe des gewünschten Typs (BITMAPCOREHEADER bis BITMAPV5HEADER) initialisieren und für *pBits* den Wert NULL übergeben, füllt die Funktion die Kopfinformationen selbständig aus. Danach können Sie einen Puffer entsprechender Größe für *pBits* belegen und ihn über einen zweiten Aufruf von *GetDIBits* mit den Bitmap-Daten im geräteunabhängigen Format füllen lassen.

Trotz dieser Automatik bleibt es eher beim Prinzip: Wenn Sie ein DIB laden, es in ein DDB umwandeln und hinterher aus diesem DDB mit *GetDIBits* ein DIB erzeugen, ist es eher unwahrscheinlich, dass dabei wieder die Originaldaten herauskommen, weil die erste Konvertierung (von DIB nach DDB) unweigerlich mit einem Informationsverlust verbunden ist. Wie viele Informationen dabei verloren gehen, hängt vom Videomodus zum Zeitpunkt der Konvertierung ab. (Bei 8-Bit-DIBs und 256 Farben kommt beispielsweise garantiert eine andere Farbtabelle heraus, bei 24-Bit-DIBs und TrueColor geht eine in dem DIB eventuell vorhandene Farbtabelle verloren usw.)

Der einzige Trost: Situationen, in denen ein Programm ein DIB aus einem DDB erzeugen muß, ohne irgendwann einmal das ursprüngliche DIB gesehen zu haben, muß man erst einmal suchen. Wer jetzt sofort an die Zwischenablage denkt, liegt erfreulicherweise daneben, weil Windows dort für jedes Bitmap automatisch auch das DIB-Format bereitstellt. Tatsächlich sind Programme zum Auslesen des aktuellen Bildschirminhalts die einzige Ausnahme von der Regel: Wenn das in Kapitel 14 vorgestellten Programm BLOWUP die mit der Maus eingefangenen Bildschirmausschnitte auch als Datei speichern wollte, käme es wohl nicht um *GetDIBits* herum. Wer sich für diese Techniken und die damit verbundenen Fallstricke interessiert, sollte den Artikel Q80080 der Microsoft Knowledge Base studieren.

DIB Sections

Obwohl die Unterschiede zwischen DIBs und DDBs mittlerweile weiß Gott ausführlich genug behandelt worden sind, hier noch einmal die wesentlichen Punkte: Für DIBs stehen mehrere Organisationsformen zur Wahl, DDBs sind dagegen die Formate »monochrom« und »passend zum Speicherorganisation der Grafikkarte im aktuellen Videomodus« beschränkt. DIBs werden vom System schlicht als x-beliebiger Speicherblock gesehen, DDBs stellen dagegen GDI-Objekte dar, die durch einen Handle repräsentiert werden. Die Konvertierung von DIBs in DDBs schließt aber Farbumrechnungen und damit Informationsverluste ein, weshalb bei einer Rückumwandlung normalerweise nicht mehr das Original herauskommt. Und schließlich: An die Pixeldaten eines DIBs kommen Programme jederzeit heran – die Pixeldaten eines Bitmaps sind dagegen Privatsache der GDI.

Wozu die Wiederholung? Weil es in diesem Abschnitt im ein Konzept geht, das diese auf den vorangehenden über hundert Seiten etablierten Axiome erst einmal vom Sockel zu stoßen scheint. Das gesamte Konzept versteckt sich hinter einer einzigen, zusammen mit Windows 95 und Windows NT eingeführten Funktion namens *CreateDIBSection*, deren Syntax so aussieht:

```
hBitmap = CreateDIBSection (
            hdc,          // Gerätekontext
            pInfo,        // Zeiger auf die DIB-Kopfinformationen
            fClrUse,      // Farbflag (DIB_RGB_COLORS oder DIB_PAL_COLORS)
            ppBits,       // Zeiger auf eine Zeigervariable
            hSection,     // Handle einer speicherbasierten Datei oder NULL
            dwOffset) ;   // Offset der Bits in der speicherbasierten Datei oder 0
```

Für die neueren Versionen von Windows läßt sich ohne Übertreibung sagen, dass *CreateDIBSections* eine der wichtigsten Funktionen überhaupt darstellt (jedenfalls für Programme, die viel mit Bitmaps arbeiten). Schön wär's, wenn das das einzige Charakteristikum bliebe: Tatsächlich sind einige Aspekte dieser Funktion dermaßen krude, dass »esoterisch« oder »undurchsichtig« eher noch zu tief gegriffen scheinen.

Fangen wir mir dem Namen der Funktion an: Wenn der Begriff »section« einigermaßen wörtlich genommen werden kann – wo sind dann die »Abschnitte«, die die Funktion erzeugt? Nun ja: *CreateDIBSection* legt tatsächlich so etwas wie einen »DIB-Teil« an – nämlich einen Speicherblock für die Pixeldaten.

Der Ergebnistyp von *CreateDIBSection* ist auch nicht gerade dazu angetan, die Situation zu erhellen: Offensichtlich liefert das gute Stück einen Bitmap-Handle (Typ: HBITMAP) zurück. Gehört es deshalb in eine Reihe mit *CreateDIBitmap*? Jein. Das Ergebnis ist ein Bitmap-Handle – nur versteckt sich dahinter ein Konstrukt, das nur wenig mit den bekannten GDI-Objekten zu tun hat.

Um einen Teil des Schleiers gleich zu lüften: In einer Welt, in der man nicht wie gewohnt hinterher, sondern schon vorher alles besser weiß, hätte *CreateDIBSection* einen anderen Ergebnistyp und den Namen *CreateDIBitmap* bekommen. (Dass die real existierende Funktion gleichen Namen besser *CreateBitmapFromDIB* hieße, habe ich ja schon zu Protokoll gegeben.)

Bevor ich nun die nächsten drei Seiten mit formalen Beschreibungen fülle, nehme ich lieber den pragmatischen Ansatz und werfe erst einmal so viel Ballast ab wie möglich: Weil Sie für die beiden letzten Parameter den Wert 0 übergeben können, bleiben *hSection* und *dwOffset* bis kurz vor Ende dieses Kapitels außen vor. Der Gerätekontext (*hdc*) wird nur gebraucht, wenn Sie für *fClrUse* die Konstante DIB_PAL_COLORS übergeben, ansonsten tut es hier ebenfalls der Wert 0. (Das stellt den ersten Unterschied zur Funktion *CreateDIBitmap* dar, die ohne Gerätekontext kein Format für die DDB-Pixel festlegen kann und deshalb bei der Übergabe von 0 grundsätzlich monochrome DIBs erzeugt.)

Was für die einfachste Aufrufmöglichkeit von *CreateDIBSection* übrigbleibt, sind damit die Parameter 2 und 4: Ein Zeiger auf eine BITMAPINFO-Struktur und ein Zeiger auf einen Zeiger. (Das liest sich vermutlich etwas merkwürdig, ist aber alles andere als kompliziert. Pascal-Programmierer würden sagen, dass die Funktion einen Zeiger nicht als Wert, sondern als *var*-Parameter erwartet.)

Als praktisches Beispiel gehen wir davon aus, dass Sie ein DIB mit 384x256 Pixeln und 24 Bit pro Pixel anlegen wollen. (24 oder 32 Bit pro Pixel sind am einfachsten, weil dann sowohl die Farbtabelle als auch die bei 16 Bit pro Pixel notwendige Bitschieberei entfällt und wir für die DIB-Kopfinformationen den Strukturtyp BITMAPINFOHEADER direkt verwenden können.)

Definieren wir also drei Variablen: Eine BITMAPINFOHEADER-Struktur, einen BYTE-Zeiger und einen Bitmap-Handle:

```
BITMAPINFOHEADER bmih ;
BYTE           * pBits ;
HBITMAP          hBitmap ;
```

Der nächste Schritt besteht aus der Initialisierung der BITMAPINFOHEADER-Struktur:

```
bmih->biSize          = sizeof (BITMAPINFOHEADER) ;
bmih->biWidth         = 384 ;
bmih->biHeight        = 256 ;
bmih->biPlanes        = 1 ;
bmih->biBitCount      = 24 ;
bmih->biCompression   = BI_RGB ;
bmih->biSizeImage     = 0 ;
bmih->biXPelsPerMeter = 0 ;
bmih->biYPelsPerMeter = 0 ;
bmih->biClrUsed       = 0 ;
bmih->biClrImportant  = 0 ;
```

Tatsächlich reichen diese Schritte bereits für einen Aufruf von *CreateDIBSection*, der dann so aussieht:

```
hBitmap = CreateDIBSection (NULL, (BITMAPINFO *) &bmih, 0, &pBits, NULL, 0) ;
```

Die einzige Besonderheit dürfte hier die Übergabe von *pBits* nicht als Wert, sondern eben als Adresse sein. Bliebe die Frage zu klären, was die Funktion tut: Sie berechnet als erstes über die Felder der BITMAPINFOHEADER-Struktur den Platzbedarf für die DIB-Pixeldaten, belegt dann einen Speicherblock entsprechender Größe und setzt dessen Startadresse in den als *pBits* übergebenen Zeiger ein. Das Funktionsergebnis ist ein Bitmap-Handle, hinter dem sich aber wie bereits gesagt etwas anderes als ein GDI-Objekt versteckt.

Die DIB-Pixeldaten werden durch diesen Aufruf nicht initialisiert. Wenn Ihrem Programm eine DIB-Datei zur Verfügung steht, dann könnte es diese Daten (ohne die Kopfinformationen, versteht sich) nun in den über *pBits* adressierten Speicherbereich einlesen. Eine Alternative besteht daraus, die Pixeldaten über irgendeinen Algorithmus direkt zu besetzen.

Das in Abbildung 15.24 aufgelistete Programm DIBSECT exerziert die erste Möglichkeit vor. Es bietet dieselben Möglichkeiten wie sein Vorgänger DIBCONV, benutzt aber *CreateDIBSection* anstelle von *CreateDIBitmap*.

DIBSECT.C

```
/*------------------------------------------------------------
   DIBSECT.C - Stellt eine DIB Section im Anwendungsbereich dar
               (c) Charles Petzold, 1998
  ------------------------------------------------------------*/

#include <windows.h>
#include <commdlg.h>
#include "resource.h"

LRESULT CALLBACK WndProc (HWND, UINT, WPARAM, LPARAM) ;

TCHAR szAppName[] = TEXT ("DibSect") ;

int WINAPI WinMain (HINSTANCE hInstance, HINSTANCE hPrevInstance,
                    PSTR szCmdLine, int iCmdShow)
{
     HWND     hwnd ;
     MSG      msg ;
     WNDCLASS wndclass ;

     wndclass.style         = CS_HREDRAW | CS_VREDRAW ;
     wndclass.lpfnWndProc   = WndProc ;
     wndclass.cbClsExtra    = 0 ;
     wndclass.cbWndExtra    = 0 ;
     wndclass.hInstance     = hInstance ;
     wndclass.hIcon         = LoadIcon (NULL, IDI_APPLICATION) ;
     wndclass.hCursor       = LoadCursor (NULL, IDC_ARROW) ;
     wndclass.hbrBackground = (HBRUSH) GetStockObject (WHITE_BRUSH) ;
     wndclass.lpszMenuName  = szAppName ;
     wndclass.lpszClassName = szAppName ;

     if (!RegisterClass (&wndclass))
     {    // UNICODE-Compilierung ist die einzige realistische Fehlermöglichkeit
          MessageBox (NULL, TEXT ("Programm arbeitet mit Unicode und setzt Windows NT voraus!"),
                      szAppName, MB_ICONERROR) ;
          return 0 ;
     }

     hwnd = CreateWindow (szAppName, TEXT ("Darstellung von DIB Sections"),
                          WS_OVERLAPPEDWINDOW,
                          CW_USEDEFAULT, CW_USEDEFAULT,
                          CW_USEDEFAULT, CW_USEDEFAULT,
                          NULL, NULL, hInstance, NULL) ;

     ShowWindow (hwnd, iCmdShow) ;
     UpdateWindow (hwnd) ;

     while (GetMessage (&msg, NULL, 0, 0))
     {
          TranslateMessage (&msg) ;
```

```
          DispatchMessage (&msg) ;
     }
     return msg.wParam ;
}

HBITMAP CreateDibSectionFromDibFile (PTSTR szFileName)
{
     BITMAPFILEHEADER bmfh ;
     BITMAPINFO     * pbmi ;
     BYTE           * pBits ;
     BOOL             bSuccess ;
     DWORD            dwInfoSize, dwBytesRead ;
     HANDLE           hFile ;
     HBITMAP          hBitmap ;

     // Datei für Lesezugriffe öffnen (und gegen Schreibaktionen anderer Prozesse sperren)
     hFile = CreateFile (szFileName, GENERIC_READ, FILE_SHARE_READ,
                         NULL, OPEN_EXISTING, 0, NULL) ;

     if (hFile == INVALID_HANDLE_VALUE)
          return NULL ;

     // BITMAPFILEHEADER einlesen
     bSuccess = ReadFile (hFile, &bmfh, sizeof (BITMAPFILEHEADER),
                          &dwBytesRead, NULL) ;

     if (!bSuccess || (dwBytesRead != sizeof (BITMAPFILEHEADER))
                   || (bmfh.bfType != * (WORD *) "BM"))
     {
          CloseHandle (hFile) ;
          return NULL ;
     }

     // Platz für eine BITMAPINFO-Struktur belegen und Daten einlesen
     dwInfoSize = bmfh.bfOffBits - sizeof (BITMAPFILEHEADER) ;

     pbmi = malloc (dwInfoSize) ;

     bSuccess = ReadFile (hFile, pbmi, dwInfoSize, &dwBytesRead, NULL) ;

     if (!bSuccess || (dwBytesRead != dwInfoSize))
     {
          free (pbmi) ;
          CloseHandle (hFile) ;
          return NULL ;
     }

     // DIB Section auf Basis dieser Daten anlegen
     hBitmap = CreateDIBSection (NULL, pbmi, DIB_RGB_COLORS, &pBits, NULL, 0) ;

     if (hBitmap == NULL)
     {
          free (pbmi) ;
          CloseHandle (hFile) ;
          return NULL ;
```

```
     }

     // DIB-Pixeldaten in den von CreateDIBSection belegten Speicherblock einlesen
     ReadFile (hFile, pBits, bmfh.bfSize - bmfh.bfOffBits, &dwBytesRead, NULL) ;

     free (pbmi) ;
     CloseHandle (hFile) ;

     return hBitmap ;
}

LRESULT CALLBACK WndProc (HWND hwnd, UINT message, WPARAM wParam, LPARAM lParam)
{
     static HBITMAP      hBitmap ;
     static int          cxClient, cyClient ;
     static OPENFILENAME ofn ;
     static TCHAR        szFileName [MAX_PATH], szTitleName [MAX_PATH] ;
     static TCHAR        szFilter[] = TEXT ("Bitmap-Dateien (*.BMP)\0*.bmp\0")
                                      TEXT ("Alle Dateien (*.*)\0*.*\0\0") ;
     BITMAP              bitmap ;
     HDC                 hdc, hdcMem ;
     PAINTSTRUCT         ps ;

     switch (message)
     {
     case WM_CREATE:
          ofn.lStructSize       = sizeof (OPENFILENAME) ;
          ofn.hwndOwner         = hwnd ;
          ofn.hInstance         = NULL ;
          ofn.lpstrFilter       = szFilter ;
          ofn.lpstrCustomFilter = NULL ;
          ofn.nMaxCustFilter    = 0 ;
          ofn.nFilterIndex      = 0 ;
          ofn.lpstrFile         = szFileName ;
          ofn.nMaxFile          = MAX_PATH ;
          ofn.lpstrFileTitle    = szTitleName ;
          ofn.nMaxFileTitle     = MAX_PATH ;
          ofn.lpstrInitialDir   = NULL ;
          ofn.lpstrTitle        = NULL ;
          ofn.Flags             = OFN_FILEMUSTEXIST | OFN_PATHMUSTEXIST ;
          ofn.nFileOffset       = 0 ;
          ofn.nFileExtension    = 0 ;
          ofn.lpstrDefExt       = TEXT ("bmp") ;
          ofn.lCustData         = 0 ;
          ofn.lpfnHook          = NULL ;
          ofn.lpTemplateName    = NULL ;

          return 0 ;

     case WM_SIZE:
          cxClient = LOWORD (lParam) ;
          cyClient = HIWORD (lParam) ;
          return 0 ;

     case WM_COMMAND:
          switch (LOWORD (wParam))
```

```
          {
          case IDM_FILE_OPEN:

               // Standarddialog zum Öffnen von Dateien
               if (!GetOpenFileName (&ofn))
                    return 0 ;

               // Wenn momentan ein Bitmap geladen ist, Freigabe
               if (hBitmap)
               {
                    DeleteObject (hBitmap) ;
                    hBitmap = NULL ;
               }

               // DIB-Datei einlesen und DIB Section erzeugen
               SetCursor (LoadCursor (NULL, IDC_WAIT)) ;
               ShowCursor (TRUE) ;

               hBitmap = CreateDibSectionFromDibFile (szFileName) ;

               ShowCursor (FALSE) ;
               SetCursor (LoadCursor (NULL, IDC_ARROW)) ;

               // Neuzeichnen des Anwendungsbereichs erzwingen
               InvalidateRect (hwnd, NULL, TRUE) ;

               if (hBitmap == NULL)
               {
                    MessageBox (hwnd, TEXT ("Fehler beim Lesen der DIB-Datei"),
                                szAppName, MB_OK | MB_ICONEXCLAMATION) ;
               }
               return 0 ;
          }
          break ;

     case WM_PAINT:
          hdc = BeginPaint (hwnd, &ps) ;

          if (hBitmap)
          {    // Bitmap im Anwendungsbereich zeichnen
               GetObject (hBitmap, sizeof (BITMAP), &bitmap) ;

               hdcMem = CreateCompatibleDC (hdc) ;
               SelectObject (hdcMem, hBitmap) ;

               BitBlt (hdc,    0, 0, bitmap.bmWidth, bitmap.bmHeight,
                       hdcMem, 0, 0, SRCCOPY) ;

               DeleteDC (hdcMem) ;
          }

          EndPaint (hwnd, &ps) ;
          return 0 ;

     case WM_DESTROY:
          if (hBitmap)
```

```
            DeleteObject (hBitmap) ;

        PostQuitMessage (0) ;
        return 0 ;
    }
    return DefWindowProc (hwnd, message, wParam, lParam) ;
}
```

DIBSECT.RC (Auszüge)

```
//Microsoft Developer Studio generated resource script.

#include "resource.h"
#include "afxres.h"

/////////////////////////////////////////////////////////////////////////////
// Menu

DIBSECT MENU DISCARDABLE
BEGIN
    POPUP "&Datei"
    BEGIN
        MENUITEM "Ö&ffnen...",                  IDM_FILE_OPEN
    END
END
```

RESOURCE.H (Auszüge)

```
// Microsoft Developer Studio generated include file.
// Used by DibSect.rc

#define IDM_FILE_OPEN                   40001
```

Abbildung 15.24: *Das Programm* DIBSECT

Wenn Sie das Listing linear durchgehen, sollte Ihnen als erstes ein Unterschied zwischen der Routine *CreateBitmapObjectFromFile* von DIBCONV und der hier verwendeten Routine *CreateDibSectionFromFile* auffallen: DIBCONV liest die gesamte Datei in einen durchgehenden Speicherblock ein und übergibt der Funktion *CreateDIBitmap* entsprechende Zeiger. DIBSECT bestimmt dagegen in einem ersten Schritt über die BITMAPFILEHEADER-Struktur, wie viel Platz die BITMAPINFO-Struktur braucht, belegt dann ausschließlich für diese Struktur Platz und liest sie über einen zweiten Aufruf von *ReadFile* ein. Darauf folgt der Aufruf der Funktion *CreateDIBSection*, die nun ihrerseits einen Speicherblock für die DIB-Pixeldaten belegt und die Variable *pBits* auf diesen Speicherblock setzt. In diesen vom System belegten Speicherblock liest das Programm schließlich die DIB-Pixeldaten über *ReadFile* ein.

Der von *CreateDIBSection* belegte Speicherblock bleibt auch weiterhin im Besitz des Systems – er wird durch

```
// Wenn momentan ein Bitmap geladen ist, Freigabe
if (hBitmap)
{
  DeleteObject (hBitmap) ;
  hBitmap = NULL ;
}
```

automatisch wieder freigegeben. (Leider hat der bei Windows NT von der Datenmenge abhängige Überbau nichts mit Besitzverhältnissen zu tun. Für größere Datenmengen ist hier derselbe Preis in Laufzeit zu entrichten wie bei DIBs.)

Zur Darstellung des Bitmaps auf dem Bildschirm verwendet DIBSECT ein schlichtes *BitBlt* – obwohl ich doch gesagt hatte, dass *CreateDIBSection* eigentlich etwas anderes als einen Bitmap-Handle zurückliefert. Kommen DIB Sections etwa ohne Farb- und Formatumrechnungen aus (die ja bekanntlich recht langwierig ausfallen können)? Natürlich nicht. Die folgende Aufstellung vergleicht die drei Techniken miteinander:

- Wenn Sie *SetDIBitsToDevice* und *StretchDIBits* zur direkten Darstellung eines DIBs auf dem Bildschirm verwenden, geschieht die Formatumrechnung während der Ausgabe.
- Die erste Alternative dazu ist das Umrechnen eines DIBs in ein DDB über *CreateDIBitmap* und/oder *SetDIBits*. Die Formatumrechnung geschieht über diese beiden Routinen; nachfolgende Darstellungen des DDBs über *BitBlt* und *StretchBlt* laufen direkt.
- Die zweite Alternative ist ein mit *CreateDIBSection* erzeugter Bitmap-Handle, der sich als Parameter von *BitBlt* und *StretchBlt* verwenden läßt. Die Formatumrechnung findet hier wieder während der Ausgabe statt, wird also von *BitBlt* bzw. *StretchBlt* übernommen.

Den letzten Absatz dürfen Sie gerne noch einmal Wort für Wort lesen: Die 32-Bit-Versionen von Windows unterscheiden augenscheinlich zwischen »regulären« Bitmap-Handles und ihren über *CreateDIBSection* erzeugten Gegenstücken. Letztere *sind* Stellvertreter für DIBs, die in einem vom System belegten Speicherbereich untergebracht werden, auf die ein Programm aber ebenfalls Zugriff hat. Derartige DIBs werden immer dann (temporär) in ein bestimmtes Farbformat umgerechnet, wenn das notwendig ist – typischerweise bei der Ausgabe auf den Bildschirm.

Dass die Windows-Entwickler für solche Bitmaps keinen neuen Datentyp definiert haben, hat natürlich seinen Grund: Mit *CreateDIBSections* angelegte Bitmaps lassen sich nicht nur über die bekannten, in den 16-Bit-Versionen von Windows auf DDBs beschränkten Funktionen darstellen, sondern auch (wie DDBs) in Speicherkontexte einsetzen. GDI-Zeichenoperationen in solchen Speicherkontexten hinterlassen ihre Spuren in dem DIB, dessen Bits das Programm davor und danach ohne Einschränkung über eigene Routinen manipulieren kann. Der einzige Punkt, den Sie dabei beachten müssen: Unter Windows NT werden GDI-Zeichenoperationen erst einmal in eine Warteschlange gestellt und asynchron (bei Mehrprozessorsystemen: parallel) zum Programm ausgeführt. Bevor Sie nach einer GDI-Zeichenoperation »manuell« auf die DIB-Pixeldaten zugreifen, sollten Sie deshalb über die Routine *GDIFlush* sicherstellen, dass die Warteschlange komplett abgearbeitet ist. (Bei Windows 95 und Windows 98 besteht die Implementation von GDIFlush aus einer schlichten *return*-Anweisung.)

DIBSECT definiert den Zeiger auf die DIB-Pixeldaten übrigens als lokale Variable, weil es diesen Wert nach dem Anlegen der DIB Section nicht mehr benötigt. Programme, die DIB-Pixeldaten direkt ansprechen wollen, müssen die entsprechenden Zeiger dagegen gut aufheben – es scheint nämlich keine (dokumentierte) Möglichkeit zu geben, solche Adressen nachträglich wieder über einen DIB-Handle zu ermitteln.

Und noch ein paar Unterschiede

Wie sich mit *GetObject* nachprüfen läßt, steht ein von *CreateDIBitmap* gelieferter Handle für ein Bitmap, das dieselbe Organisation (Farbtiefe und Speicherformat) wie das Gerät hat, dessen Kontext beim Aufruf dieser Funktion übergeben wurde.

Für die Ergebnisse von *CreateDIBSection* gilt das nicht: Wenn Sie *GetObject* für einen solchen Handle mit einer BITMAP-Struktur aufrufen, bekommen Sie die Organisation zu sehen, die auch in den DIB-Kopfinformationen verzeichnet ist. Das sich solche Handles trotzdem in »kompatible« Gerätekontexte einsetzen lassen, steht im klaren Widerspruch zu dem, was ich in Kapitel 14 über DDBs geschrieben habe (oder andersherum gesehen: ist ein Beweis dafür, dass Bitmap-Handles in den 32-Bit-Versionen von Windows eben nicht unbedingt Bitmap-Handles sind).

Einc weitere Merkwürdigkeit in diesem Zusammenhang: Wie in Kapitel 14 beschrieben, sind die Rasterzeilen von DDBs grundsätzlich an Wortgrenzen ausgerichtet, belegen also jeweils eine geradzahlige Menge an Bytes; DIBs arbeiten dagegen mit einer Ausrichtung auf DWORDs, d.h. einem ganzzahligen Vielfachen von 4. Bei der Abfrage mit *GetObject* werden Sie deshalb im Feld *bmWidthBytes* der BITMAP-Struktur für »echte« Bitmap-Handles ein Vielfaches von Zwei vorfinden – und die von *CreateDIBSection* erzeugten Handles ein Vielfaches von Vier.

Für DIB-Handles läßt sich die Funktion *GetObject* auch zusammen mit einem neuen Strukturtyp namens DIBSECTION aufrufen:

```
GetObject (hBitmap, sizeof (DIBSECTION), &dibsection) ;
```

Für »echte« Bitmap-Handles klappt das natürlich nicht; dort liefert *GetObject* als direktes Funktionsergebnis »0 Bytes in die Struktur geschrieben«. Der Datentyp DIBSECTION wird von WINGDI.H folgendermaßen definiert:

```
typedef struct tagDIBSECTION  // ds
{
     BITMAP           dsBm ;              // BITMAP-Struktur
     BITMAPINFOHEADER dsBmih ;            // DIB-Kopfinformationen
     DWORD            dsBitfields [3] ;   // Farbmasken
     HANDLE           dshSection ;        // Handle einer speicherbasierten Datei
     DWORD            dsOffset ;          // Offset innerhalb der speicherbasierten Datei
}
DIBSECTION, * PDIBSECTION ;
```

Diese Struktur enthält sowohl eine BITMAP-Struktur als auch einen BITMAPINFOHEADER (in der von Windows 3.0 übernommenen Version, d.h. ohne die Erweiterungen von Windows 95 und Windows 98, weshalb eventuell vorhandene Farbmasken als separate Felder definiert sind). Zu den beiden letzten Feldern komme ich in Kürze.

Das einzige Datum, das ein solcher Aufruf von *GetObject* nicht liefert, ist die Farbtabelle des DIBs. Diese Information muß nach dem Einsetzen eines DIB-Handles in einen Speicherkontext separat über eine Funktion namens *GetDIBColorTable* abgefragt werden:

```
hdcMem = CreateCompatibleDC (NULL) ;
SelectObject (hdcMem, hBitmap) ;
GetDIBColorTable (hdcMem, uFirstIndex, uNumEntries, &rgb) ;
DeleteDC (hdcMem) ;
```

Mit dem Gegenstück *SetDIBColorTable* lassen sich schließlich Einträge der Farbtabelle setzen. (Bitte beachten: Die DIB-Pixeldaten bleiben dabei unverändert. Wenn Sie in einem 8-Bit-DIB den Farbtabelleneintrag *n* beispielsweise von RGB(255,0,0) auf RGB(0,0,255) ändern, dann erscheinen zukünftig alle DIB-Pixel mit dem Wert *n* nicht mehr rot, sondern eben blau.)

Speicherbasierte Dateien

Die letzten beiden Parameter von *CreateDIBSection* habe ich bis jetzt bewußt außen vorgelassen, weil sie im Prinzip mit Bitmaps nur wenig zu tun haben: Mit Ihnen können Sie der Funktion mitteilen, von wo sie sich die Pixeldaten selbst abholen soll. (Was eine speicherbasierte Datei überhaupt ist? Dabei geht es um ein zusammen mit Windows NT 3.x eingeführtes Konzept, das die Verwendung des Hauptspeichers durch Programme einerseits und den Cache der Dateiverwaltung andererseits unter einen Hut bringt. Nachdem ein Programm mit der Funktion *CreateFileMapping* einen Speicherhandle für eine offene Datei angefordert hat, kann es auf den Dateiinhalt in derselben Weise über Zeiger zugreifen, als befände sich die gesamte Datei im Hauptspeicher.)

Mit speicherbasierten Dateien läßt sich vor allem bei großen DIBs eine Menge Hauptspeicher sparen – natürlich auf Kosten der Geschwindigkeit, weil das System bei jeder Anforderung nur die DIB-Pixeldaten von der Festplatte liest, die es gerade braucht. Dass diese Technik dennoch in der Praxis ausgesprochen selten verwendet wird, hat einen anderen Grund: Zwar hält Sie niemand davon ab, diese Daten auf der Festplatte zu belassen – nur müssen Sie sie zumindest für die aktuellen Implementationen von *CreateDIBSection* dafür erst einmal in eine andere Datei umstapeln.

Die im folgenden Listing gezeigte Funktion soll demonstrieren, was ich damit meine: Sie entspricht im Prinzip der Laderoutine des Programms DIBSECT, lädt die DIB-Pixeldaten aber nicht in den Hauptspeicher, sondern übergibt *CreateDIBSection* einen Speicherhandle zusammen mit einem Offset.

```
HBITMAP CreateDibSectionMappingFromFile (PTSTR szFileName)
{
     BITMAPFILEHEADER bmfh ;
     BITMAPINFO     * pbmi ;
     BYTE           * pBits ;
     BOOL             bSuccess ;
     DWORD            dwInfoSize, dwBytesRead ;
     HANDLE           hFile, hFileMap ;
     HBITMAP          hBitmap ;

     // DIB-Datei öffnen und gegen jeden Zugriff anderer Prozesse sperren
     hFile = CreateFile (szFileName, GENERIC_READ | GENERIC_WRITE,
                         0,                // keine Zugriffe anderer Prozesse!
                         NULL, OPEN_EXISTING, 0, NULL) ;

     if (hFile == INVALID_HANDLE_VALUE)
          return NULL ;

     // BITMAPFILEHEADER einlesen
     bSuccess = ReadFile (hFile, &bmfh, sizeof (BITMAPFILEHEADER),
                          &dwBytesRead, NULL) ;

     if (!bSuccess || (dwBytesRead != sizeof (BITMAPFILEHEADER))
                   || (bmfh.bfType != * (WORD *) "BM"))
     {
          CloseHandle (hFile) ;
          return NULL ;
     }
```

```
    // Platz für einen BITMAPINFOHEADER belegen und Daten einlesen
    dwInfoSize = bmfh.bfOffBits - sizeof (BITMAPFILEHEADER) ;
    pbmi = malloc (dwInfoSize) ;
    bSuccess = ReadFile (hFile, pbmi, dwInfoSize, &dwBytesRead, NULL) ;

    if (!bSuccess || (dwBytesRead != dwInfoSize))
    {
        free (pbmi) ;
        CloseHandle (hFile) ;
        return NULL ;
    }

    // Speicherhandle anlegen. Die Datei bleibt offen
    hFileMap = CreateFileMapping (hFile, NULL, PAGE_READWRITE, 0, 0, NULL) ;

    // DIB anlegen. CreateDIBSection sollte sich die DIB-Pixeldaten selbst
    // ab bmfh.bfOffBits aus dieser Datei holen
    hBitmap = CreateDIBSection (NULL, pbmi, DIB_RGB_COLORS, &pBits,
                                hFileMap, bmfh.bfOffBits) ;
    free (pbmi) ;
    return hBitmap ;
}
```

Bei Aufrufen in dieser Form belegt *CreateDIBSection* nicht etwa Platz für sämtliche DIB-Pixeldaten, sondern einen wesentlich kleineren Speicherbereich, in den dann sozusagen jeweils die Daten eingeblendet werden, die die GDI von Fall zu Fall braucht.

Nur, leider: So funktioniert es nicht. Der Grund ist eine Forderung, die *CreateDIBSection* selber stellt: Wie der Dokumentation zu entnehmen, muß der als *dwOffset* übergebene Wert (also der letzte Parameter) ganzzahlig durch vier teilbar sein. Wie ein wenig Nachrechnerei ergibt, wird diese Bedingung von allen Versionen des Datentyps BITMAPINFOHEADER erfüllt, die Farbtabelle besteht (wenn vorhanden) aus Strukturen des Typs RGBQUAD und ist damit implizit auf DWORD-Grenzen ausgerichtet. (Für OS/2-DIBs mit weniger als 256 Farbtabelleneinträgen gilt das nur bedingt.)

Der Schuldige ist der Strukturtyp BITMAPFILEHEADER, der 14 Bytes umfaßt. Die Konsequenz: Wenn die Größe aller nachfolgenden Strukturen ganzzahlig durch vier teilbar ist, dann stehen die DIB-Pixeldaten grundsätzlich ab der Position (n*4)+14 in der Datei – mithin auf einem Offset, der garantiert nicht ganzzahlig durch vier teilbar ist.

Der einzige Ausweg wäre hier, die DIB-Pixeldaten (eventuell zusammen mit den Kopfinformationen, aber ohne die BITMAPFILEHEADER-Struktur) zuerst in eine andere Datei umzukopieren und dieser Datei eine Speicherzuordnung zu verpassen. Kein Wunder also, dass dieses Feature ausgesprochen selten zur direkten Darstellung von Bitmap-Dateien benutzt wird. (Mit temporären Auslagerungsdateien, die Programme zur Bearbeitung *wirklich* großer Bilder anlegen, ist das natürlich etwas anderes.)

Kurz zusammengefaßt

Kleinere Bitmaps, deren Pixeldaten ein Programm des öfteren direkt manipuliert, lassen sich als DIBs anlegen bzw. direkt aus Dateien laden und über *SetDIBitsToDevice* bzw. *StretchDIBits* ausgeben. Auf größere Bitmaps sollte diese Technik nicht angewendet werden, weil dann der durch Farb- und Formatumrechnungen bedingte Überbau die Performance zu stark drückt. Das gilt für die Ausgabe von DIBs höherer Farbtiefe auf einen Bildschirm mit 256 Farben im allgemeinen und für Windows NT im besonderen.

DIBs lassen sich mit *CreateDIBitmap* und/oder *SetDIBits* in DDBs umwandeln. Die notwendige Formatumrechnung findet hier nur einmal statt; für die Ausgabe können dann die erheblich schnelleren Funktionen *BitBlt* und *StretchBlt* eingesetzt werden. Der Nachteil dieses Verfahrens liegt darin, dass Programme keinen direkten Zugriff auf die Pixeldaten von DDBs haben.

DIB Sections stellen meistens einen guten Kompromiß dar: Sie lassen sich einerseits wie DDBs in Gerätekontexte einsetzen und über Routinen wie *BitBlt* ausgeben, erhalten andererseits aber die Möglichkeit des direkten Zugriffs auf die Pixeldaten. Farb- und Formatumrechnungen werden hier zwar ebenfalls bei jeder Ausgabe erneut durchgeführt, die allgemeine Performance ist aber vor allem unter Windows NT erheblich besser als bei den DIBs der Windows-Version 3.x.

Eine allgemeine und etwas umfangreichere Zusammenfassung des Themas Bitmaps finden Sie im nächsten Kapitel, das sich dazu aber erst einmal auf etlichen Seiten mit einem weiteren Teilaspekt auseinandersetzen muß: Dem Paletten-Manager von Windows.

16 Der Paletten-Manager

Dieses Kapitel ist nicht nur das längste des gesamten Buchs, sondern wahrscheinlich auch das mit der kürzesten Lebenszeit: Schließlich verfügt inzwischen praktisch jede Grafikkarte über mindestens zwei Megabyte Bildspeicher und kann deshalb auch 1024 x 768 Pixel mindestens mit 16 Bit (»HiColor«) oder gleich mit 24 Bit (»TrueColor«) darstellen. Es ist allerdings noch gar nicht so lange her, dass Bildspeicher dieser Größe als schierer Luxus galten, wobei es hier weniger um die absolute Zahl der Speicherzellen als um deren Zugriffszeiten ging: Für die Darstellung von 1024 x 768 Pixel mit der augenfreundlichen Bildwiederholfrequenz von 75 Hertz muß der Bildspeicher bereits bei 8 Bit pro Pixel kontinuierlich rund *59 MBytes pro Sekunde* an die Digital-Analogwandler liefern, für Hi- und TrueColor ergibt sich die doppelte bzw. dreifache Datenrate. Schlimmer noch: Bei diesen Werten geht es ausschließlich um das Auslesen und damit sozusagen um die Grundlast. Manipulationen auf der »Prozessorseite« – also das Schreiben neuer Daten in den Bildspeicher, eventuell mit einer Verknüpfung des vorherigen Inhalts unter Kontrolle eines Programms – schlagen gesondert zu Buche.

Im Prinzip gibt es drei Möglichkeiten, die für solche Auflösungen geforderten Speicherbandbreiten zu erreichen: Das Lesen möglichst vieler Bits in einem einzigen Zugriff, die Konstruktion spezieller Speicherbausteine – und natürlich den Einsatz von RAMs mit allgemein höherer Zugriffsgeschwindigkeit. Moderne Grafikchips kombinieren meist zwei dieser drei Lösungswege: Sie verarbeiten 64 oder gar 128 Bit in einem Rutsch und setzen spezielle Video-RAMs ein, bei denen das Auslesen der Daten unabhängig von Schreibaktionen möglich ist. Das Ergebnis sind interne Speicherbandbreiten in der Größenordnung von 500 MByte/sec.

Vor zwei oder drei Jahren war so etwas noch Spitzentechnologie mit entsprechendem Preis, heute sind verbreiterte Datenpfade und Video-RAMs mehr oder minder Allgemeingut. Daß uns die Technik vergangener Zeiten dennoch etwas länger erhalten bleiben wird, ist hauptsächlich den Laptops zu verdanken. Bevor Sie auf die falsche Idee kommen: Was die Konstrukteure dort auf Teufel komm raus sparen, ist nicht etwa das liebe Geld (ganz im Gegenteil), sondern der Strom. Dabei geht es weniger um die Grafikprozessoren, deren letzte Generation zwar auch nicht mehr ohne eigenen Lüfter auskommt, sondern um den Bildspeicher selbst: Hochgetaktete Video-RAMs sind prinzipbedingt erheblich gefräßiger als ihre normalen Gegenstücke, und bei zwei oder gar vier Megabyte davon macht auch der beste Lithium-Ionen-Akku unerfreulich schnell schlapp. (Die bei Prozessoren üblichen Stromsparmaßnahmen wie etwa das Abschalten momentan nicht benutzter Funktionseinheiten lassen sich hier nicht verwenden – es sei denn, man wollte mit einem Bildschirm leben, der alles außer dem aktiven Fenster in Schwarz hüllt.)

8 Bit pro Pixel erlauben die gleichzeitige Darstellung von 256 unterschiedlichen Farben. Für Abbildungen aus der realen Welt stellt das einen durchaus brauchbaren Kompromiß zwischen den (definitiv unbrauchbaren) 16 Farben des VGA-Urmodells und Echtfarben dar – vorausgesetzt, man sucht sich diese 256 unterschiedlichen Farben so aus, dass sie möglichst gut zu den individuellen Farbtönen der jeweiligen Abbildung passen. Anders gesagt: Wären diese 256 Farben fix vorgegeben (etwa als eine Art Regenbogen), dann würde man sich als Programmierer zwar viel Kopfzerbrechen ersparen, die Qualität der Darstellung hinge aber in hohem Maße vom jeweiligen Bild ab. Ein Regenbogen mit 256 Farben würde beispielsweise für Rottöne gerade einmal eine Handvoll Abstufungen bieten – und ein Sonnenuntergang, dessen Wiedergabe auf diese Rottöne beschränkt ist, dürfte eher an ein abstraktes Gemälde erinnern.

Womit wir nach einer langen Einleitung beim zentralen Thema dieses Kapitels angekommen wären: Der Paletten-Manager von Windows erlaubt es Programmen, die von einer Grafikkarte verwendeten 256 Farben an die eigenen Bedürfnisse anzupassen. Wenn Sie per se davon ausgehen, dass sich Ihre Programme nie mit 8 Bit pro Pixel herumschlagen müssen, wird der Paletten-Manager natürlich auch nicht gebraucht. In diesem Fall sollten Sie die folgenden gut 150 Seiten dennoch zumindest überfliegen: Dort geht es nämlich außerdem um einige Dinge im Zusammenhang mit Bitmaps, die in den vorangehenden Kapiteln offengeblieben sind.

Paletten

Der Terminus als solcher ist der realen Welt entliehen: Ölmaler verwenden auch heute noch ein als Palette bezeichnetes Holzbrett, auf dem sie aus Grundfarben die von ihnen gewünschten Farbtöne mischen. In der Computergrafik erscheint der Begriff in zwei unterschiedlichen Konnotationen: Als zusammenfassende Bezeichnung der Farben, die ein Ausgabegerät wie der Bildschirm zur Verfügung stellt sowie (aus der Sicht der Hardware-Designer) für die *Color Lookup Table* auf der Grafikkarte, die letztlich aus Pixelwerten analoge Spannungen für die Komponenten R, G und B des Videosignals macht.

Grafik-Hardware

Abbildung 16.1 verdeutlicht die Funktion der (im weiteren als *Hardware-Palette* bezeichneten) *Color Lookup Table*, die ihrerseits nur in den Videomodi mit 8 oder weniger Bit pro Pixel zum Einsatz kommt. Im Prinzip geht es dabei um einen Speicherbaustein mit einer Kapazität von 768 Bytes, die allerdings etwas anders organisiert sind als gewöhnlich: Jede der insgesamt 256 Speicherzellen ist nicht acht, sondern je nach Ausführung zwischen 18 und 24 Bit breit und enthält einen RGB-Wert (wobei die Modelle mit 18 Bit die niederwertigen 2 Bit der Farbkomponenten abschneiden).

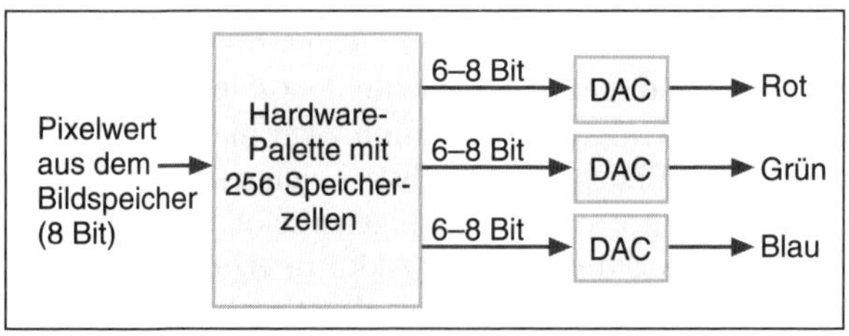

Abbildung 16.1: *Die Funktion der Hardware-Palette*

In den Videomodi mit 8 Bit pro Pixel liest die Auslese-Elektronik für den Bildspeicher also jeweils ein Byte und verwendet dessen Wert als Adresse für die Hardware-Palette, die ihrerseits nun den RGB-Wert liefert, der in der entsprechenden Speicherzelle steht. Dieser Wert wird in drei Komponenten unterteilt und an drei Digital/Analogwandler (»DACs«) verfüttert, die daraus entsprechende (analoge) Spannungen für das Videosignal machen. Wie in Kapitel 15 schon einmal erwähnt, besteht die digitale Seite dieser Logik letztlich aus einer einfachen Array-Indizierung:

```
PixelRGBColor = ColorTable[PixelValue] ;
```

Die einzelnen Speicherzellen der Hardware-Palette lassen sich wie die Elemente eines gewöhnlichen C-Arrays im Prinzip auf beliebige Werte setzen. Für ein Betriebssystem wie Windows, das eine geräteunabhängige Schnittstelle bieten will, ergeben sich hier zwei zusätzliche Forderungen. Die erste hört auf den Namen Abstraktion: Weil Anwendungen nicht direkt an den Registern der Hardware-Palette herumprogrammieren sollen, muß eine Software-Schnittstelle her, die derartige Manipulationen in Zusammenarbeit mit dem jeweiligen (hardware-spezifischen) Treiber übernimmt. Die zweite Forderung ist wesentlich wichtiger: Sämtliche parallel laufenden Anwendungen teilen sich einen Bildschirm und damit eine Hardware-Palette, dürfen sich bei Manipulationen dieser Palette aber trotzdem nicht in die Quere kommen.

Der (übrigens nicht etwa mit Windows 1.0, sondern erst mit der Version 3.0 eingeführte) Paletten-Manager befriedigt beide Forderungen auf einmal: Er abstrahiert nicht nur Zugriffe auf die Register der Hardware-Palette, sondern übernimmt auch die Rolle des Schiedsrichters, wenn sich die Wünsche mehrerer Anwendungen widersprechen (lies: eine Anwendung 200 Blautöne einsetzen will, während eine andere Anwendung eine ähnlich hohe Zahl an Rottönen zur Darstellung ihrer Bilder fordert). Außerdem sorgt er dafür, dass die Standardelemente von Windows bei derartigen Anforderungen nicht gänzlich im Farbgewitter untergeht: Wie in Kapitel 13 erläutert, gelten 20 der 256 Farben als für das System reserviert. (Um gleich mit einem naheliegenden Irrtum aufzuräumen: Diese in Tabelle 16.1 aufgelisteten *statischen Systemfarben* lassen sich selbstverständlich auch zur Darstellung von Bildern benutzen. Der Paletten-Manager sperrt die entsprechenden Einträge der Hardware-Palette lediglich gegen Veränderungen und sorgt so dafür, dass Schaltflächen nicht plötzlich mit schwarzer Schrift auf schwarzem Hintergrund erscheinen. Wer will, kann Windows über die Funktion *SetSystemColorUse* anweisen, für die Standardelemente nur noch die Farben Schwarz und Weiß (Paletteneinträge 0 und 255) zu verwenden und hat dann nicht 236, sondern 254 Einträge der Hardware-Palette zur freien Verfügung.)

Pixelwert (dezimal)	RGB-Wert (hex)	Farbe	Pixelwert (dezimal)	RGB-Wert	Farbe
00000000 (000)	00 00 00	Schwarz	11111111 (255)	FF FF FF	Weiß
00000001 (001)	80 00 00	Dunkelrot	11111110 (254)	00 FF FF	Türkis
00000010 (002)	00 80 00	Dunkelgrün	11111101 (253)	FF 00 FF	Magenta
00000011 (003)	80 80 00	dunkles Gelb	11111100 (252)	00 00 FF	Blau
00000100 (004)	00 00 80	Dunkelblau	11111011 (251)	FF FF 00	Gelb
00000101 (005)	80 00 80	dunkles Magenta	11111010 (250)	00 FF 00	Grün
00000110 (006)	00 80 80	dunkles Türkis	11111001 (249)	FF 00 00	Rot
00000111 (007)	C0 C0 C0	Hellgrau	11111000 (248)	80 80 80	Dunkelgrau
00001000 (008)	C0 DC C0	Dollargrün	11110111 (247)	A0 A0 A4	Mittelgrau
00001001 (009)	A6 CA F0	Himmelblau	11110110 (246)	FF FB F0	Creme

***Tabelle 16.1:** Die statischen Systemfarben von Windows für die Videomodi mit 256 Farben*

Damit der Paletten-Manager seine Funktion als Schiedsrichter zwischen dem System einerseits und den Wünschen mehrerer Anwendungen andererseits erfüllen kann, haben die Windows-Entwickler mit *logischen Paletten* eine weitere Kategorie von GDI-Objekten definiert. Anwendungen, die Einträge der Hardware-Farbpalette verändern wollen, müssen solche GDI-Objekte erzeugen, sie mit den gewünschten Einträgen füllen und dann an den Paletten-Manager übergeben. Der Paletten-Manager entscheidet seinerseits, welche (und wie viele) Einträge einer solchen logischen Palette tatsächlich in die Hardware-Palette eingesetzt werden, wobei das Regelwerk im Prinzip recht einfach ist: Zuerst kommt Windows selbst mit seinen statischen Systemfarben, danach die Anwendung, deren Fenster aktiv ist (lies: auf deren Fenster der Eingabefokus zeigt). Anwendungen mit inaktiven Fenstern werden als letzte nach ihren Wünschen gefragt und müssen sich mit den Einträgen der Hardware-Palette bescheiden, die Windows und die aktive Anwendung unbesetzt gelassen haben.

Wenn Sie die Beispielprogramme dieses Kapitels nachvollziehen wollen, sollten Sie Ihren Desktop zumindest vorübergehend auf 256 Farben umschalten. (Der Vollständigkeit halber: Je nach Grafikkarte und System geht das entweder über ein Icon in der Task-Leiste oder über einen Rechtsklick auf dem Desktop und die Registerkarte »Einstellungen« im Dialogfeld »Eigenschaften von Anzeige«.)

Graustufen

Das in Abbildung 16.2 aufgelistete Programm macht es zur Demonstration erst einmal andersherum: Es versucht sich an der Darstellung eines Graukeils mit 64 Abstufungen von Schwarz nach Weiß, ohne dabei den Paletten-Manager zu bemühen.

GRAYS1.C

```
/*--------------------------------------
   GRAYS1.C -- Graustufen
               (c) Charles Petzold, 1998
  --------------------------------------*/

#include <windows.h>

LRESULT CALLBACK WndProc (HWND, UINT, WPARAM, LPARAM) ;

int WINAPI WinMain (HINSTANCE hInstance, HINSTANCE hPrevInstance,
                    PSTR szCmdLine, int iCmdShow)
{
     static TCHAR szAppName[] = TEXT ("Grays1") ;
     HWND         hwnd ;
     MSG          msg ;
     WNDCLASS     wndclass ;

     wndclass.style         = CS_HREDRAW | CS_VREDRAW ;
     wndclass.lpfnWndProc   = WndProc ;
     wndclass.cbClsExtra    = 0 ;
     wndclass.cbWndExtra    = 0 ;
     wndclass.hInstance     = hInstance ;
     wndclass.hIcon         = LoadIcon (NULL, IDI_APPLICATION) ;
     wndclass.hCursor       = LoadCursor (NULL, IDC_ARROW) ;
     wndclass.hbrBackground = (HBRUSH) GetStockObject (WHITE_BRUSH) ;
     wndclass.lpszMenuName  = NULL ;
     wndclass.lpszClassName = szAppName ;
```

```
     if (!RegisterClass (&wndclass))
     {    // UNICODE-Compilierung ist die einzige realistische Fehlermöglichkeit
          MessageBox (NULL, TEXT ("Programm arbeitet mit Unicode und setzt Windows NT voraus!"),
                      szAppName, MB_ICONERROR) ;
          return 0 ;
     }

     hwnd = CreateWindow (szAppName, TEXT ("Graustufen, Version 1"),
                          WS_OVERLAPPEDWINDOW,
                          CW_USEDEFAULT, CW_USEDEFAULT,
                          CW_USEDEFAULT, CW_USEDEFAULT,
                          NULL, NULL, hInstance, NULL) ;

     ShowWindow (hwnd, iCmdShow) ;
     UpdateWindow (hwnd) ;

     while (GetMessage (&msg, NULL, 0, 0))
     {
          TranslateMessage (&msg) ;
          DispatchMessage (&msg) ;
     }
     return msg.wParam ;
}

LRESULT CALLBACK WndProc (HWND hwnd, UINT message, WPARAM wParam, LPARAM lParam)
{
     static int  cxClient, cyClient ;
     HBRUSH      hBrush ;
     HDC         hdc ;
     int         i ;
     PAINTSTRUCT ps ;
     RECT        rect ;

     switch (message)
     {
     case WM_SIZE:
          cxClient = LOWORD (lParam) ;
          cyClient = HIWORD (lParam) ;
          return 0 ;

     case WM_PAINT:
          hdc = BeginPaint (hwnd, &ps) ;

          // Graukeil zeichnen
          for (i = 0 ; i < 65 ; i++)
          { rect.left   = i * cxClient / 65 ;
            rect.top    = 0 ;
            rect.right  = (i + 1) * cxClient / 65 ;
            rect.bottom = cyClient ;
            hBrush = CreateSolidBrush (RGB (min (255, 4 * i),
                                            min (255, 4 * i), min (255, 4 * i))) ;
            FillRect (hdc, &rect, hBrush) ;
            DeleteObject (hBrush) ;
          }
          EndPaint (hwnd, &ps) ;
```

```
        return 0 ;

    case WM_DESTROY:
        PostQuitMessage (0) ;
        return 0 ;
    }
    return DefWindowProc (hwnd, message, wParam, lParam) ;
}
```

Abbildung 16.2: *Das Programm* GRAYS1

Auf WM_PAINT reagiert dieses Programm mit dem Zeichnen von 65 Aufrufen von *FillRect*, wobei das Füllmuster jedesmal eine andere Farbe hat. Die Farbwerte werden in bei jedem Durchlauf um 4 erhöht ((0,0,0), (4,4,4), (8,8,8) usw.). Der Makro *min* sorgt dafür, dass beim 65. Rechteck nicht (256,256,256), sondern eben (255,255,255) herauskommt.

Wenn Sie GRAYS1 in einem Videomodus mit mehr als 256 Farben ausführen, kommen auch die erwarteten Abstufungen heraus. Bei 256 Farben stimmt dagegen nur noch das Prinzip: Der Graukeil enthält dort lediglich vier durchgehend mit derselben Farbe gefüllte Flächen – nämlich Schwarz (0,0,0), Dunkelgrau (128,128,128), Hellgrau (192,192,192) und Weiß (255,255,255), die restlichen Rechtecke werden von Windows mit *Mischfarben* (»dithered colors«) gefüllt – also mit Pixeln unterschiedlicher Farbe, die insgesamt so etwas ähnliches wie das Gewünschte ergeben sollen. Die diese Mischfarben zwangsläufig zu einer recht groben Auflösung führen, werden sie von Windows nur bei Flächenfüllungen, nicht aber bei Textausgaben verwendet. Würde GRAYS1 versuchen, 65 Textzeilen mit unterschiedlichen Graustufen auszugeben, bekämen Sie lediglich die vier zuvor erwähnten »Reinfarben« zu sehen. Für Bitmaps gilt Ähnliches: Wenn Sie beispielsweise das Programm APOLLO11 aus Kapitel 15 im Videomodus mit 256 Farben ausführen, ordnet Windows jedem Pixel von APOLLO11.BMP die jeweils nächstliegende Systemfarbe zu – und damit hat sich's.

Das in Abbildung 16.3 aufgelistete Programm GRAYS2 demonstriert die wohl wichtigsten Funktionen des Paletten-Managers von Windows, über die sich dieses Problem mit wenigen zusätzlichen Zeilen aus der Welt schaffen läßt.

GRAYS2.C

```
/*-----------------------------------------------
   GRAYS2.C - Graustufen mit dem Paletten-Manager
              (c) Charles Petzold, 1998
  -----------------------------------------------*/

#include <windows.h>

LRESULT CALLBACK WndProc (HWND, UINT, WPARAM, LPARAM) ;

int WINAPI WinMain (HINSTANCE hInstance, HINSTANCE hPrevInstance,
                    PSTR szCmdLine, int iCmdShow)
{
    static TCHAR szAppName[] = TEXT ("Grays2") ;
    HWND         hwnd ;
    MSG          msg ;
    WNDCLASS     wndclass ;

    wndclass.style         = CS_HREDRAW | CS_VREDRAW ;
    wndclass.lpfnWndProc   = WndProc ;
```

```
     wndclass.cbClsExtra    = 0 ;
     wndclass.cbWndExtra    = 0 ;
     wndclass.hInstance     = hInstance ;
     wndclass.hIcon         = LoadIcon (NULL, IDI_APPLICATION) ;
     wndclass.hCursor       = LoadCursor (NULL, IDC_ARROW) ;
     wndclass.hbrBackground = (HBRUSH) GetStockObject (WHITE_BRUSH) ;
     wndclass.lpszMenuName  = NULL ;
     wndclass.lpszClassName = szAppName ;

     if (!RegisterClass (&wndclass))
     {    // UNICODE-Compilierung ist die einzige realistische Fehlermöglichkeit
          MessageBox (NULL, TEXT ("Programm arbeitet mit Unicode und setzt Windows NT voraus!"),
                      szAppName, MB_ICONERROR) ;
          return 0 ;
     }

     hwnd = CreateWindow (szAppName, TEXT ("Graustufen, Version 2"),
                          WS_OVERLAPPEDWINDOW,
                          CW_USEDEFAULT, CW_USEDEFAULT,
                          CW_USEDEFAULT, CW_USEDEFAULT,
                          NULL, NULL, hInstance, NULL) ;

     ShowWindow (hwnd, iCmdShow) ;
     UpdateWindow (hwnd) ;

     while (GetMessage (&msg, NULL, 0, 0))
     {
          TranslateMessage (&msg) ;
          DispatchMessage (&msg) ;
     }
     return msg.wParam ;
}

LRESULT CALLBACK WndProc (HWND hwnd, UINT message, WPARAM wParam, LPARAM lParam)
{
     static HPALETTE hPalette ;
     static int      cxClient, cyClient ;
     HBRUSH          hBrush ;
     HDC             hdc ;
     int             i ;
     LOGPALETTE    * plp ;
     PAINTSTRUCT     ps ;
     RECT            rect ;

     switch (message)
     {
     case WM_CREATE:
          // LOGPALETTE-Struktur initialisieren und logische Palette anlegen
          plp = malloc (sizeof (LOGPALETTE) + 64 * sizeof (PALETTEENTRY)) ;

          plp->palVersion    = 0x0300 ;
          plp->palNumEntries = 65 ;

          for (i = 0 ; i < 65 ; i++)
          {
               plp->palPalEntry[i].peRed   = (BYTE) min (255, 4 * i) ;
```

```
            plp->palPalEntry[i].peGreen = (BYTE) min (255, 4 * i) ;
            plp->palPalEntry[i].peBlue  = (BYTE) min (255, 4 * i) ;
            plp->palPalEntry[i].peFlags = 0 ;
        }
        hPalette = CreatePalette (plp) ;
        free (plp) ;
        return 0 ;

    case WM_SIZE:
        cxClient = LOWORD (lParam) ;
        cyClient = HIWORD (lParam) ;
        return 0 ;

    case WM_PAINT:
        hdc = BeginPaint (hwnd, &ps) ;

        // Palette in den Gerätekontext einsetzen und durchsetzen
        SelectPalette (hdc, hPalette, FALSE) ;
        RealizePalette (hdc) ;

        // Graukeil zeichnen
        for (i = 0 ; i < 65 ; i++)
        {
            rect.left   = i * cxClient / 64 ;
            rect.top    = 0 ;
            rect.right  = (i + 1) * cxClient / 64 ;
            rect.bottom = cyClient ;
            hBrush = CreateSolidBrush (PALETTERGB (min (255, 4 * i),
                                       min (255, 4 * i), min (255, 4 * i))) ;
            FillRect (hdc, &rect, hBrush) ;
            DeleteObject (hBrush) ;
        }
        EndPaint (hwnd, &ps) ;
        return 0 ;

    case WM_QUERYNEWPALETTE:
        if (!hPalette)
            return FALSE ;

        hdc = GetDC (hwnd) ;
        SelectPalette (hdc, hPalette, FALSE) ;
        RealizePalette (hdc) ;
        InvalidateRect (hwnd, NULL, TRUE) ;

        ReleaseDC (hwnd, hdc) ;
        return TRUE ;

    case WM_PALETTECHANGED:
        if (!hPalette || (HWND) wParam == hwnd)
            break ;

        hdc = GetDC (hwnd) ;
        SelectPalette (hdc, hPalette, FALSE) ;
        RealizePalette (hdc) ;
        UpdateColors (hdc) ;
        ReleaseDC (hwnd, hdc) ;
```

```
          break ;

     case WM_DESTROY:
          DeleteObject (hPalette) ;
          PostQuitMessage (0) ;
          return 0 ;
     }
     return DefWindowProc (hwnd, message, wParam, lParam) ;
}
```

Abbildung 16.3: *Das Programm* GRAYS2

Der erste Schritt beim Einsatz des Paletten-Managers besteht normalerweise aus dem Anlegen einer logischen Palette über die Funktion *CreatePalette*, in die das Programm vor dem Aufruf sämtliche von ihm gewünschten Farben (in Normalfall bis zu 236) einträgt. GRAYS2 erledigt das als Reaktion auf WM_CREATE: Das Programm besetzt dort die Felder einer LOGPALETTE-Struktur mit entsprechenden Werten und ruft dann *CreatePalette* mit einem Zeiger auf diese Struktur auf. Das Ergebnis ist der Handle zu einer logischen Palette – eines GDI-Objekts –, den das Programm in der statischen Variablen *hPalette* speichert.

Der Strukturtyp LOGPALETTE ist in WINGDI.H folgendermaßen definiert:

```
typedef struct
{
     WORD         palVersion ;      // immer 0x0300
     WORD         palNumEntries ;   // Zahl der Einträge
     PALETTEENTRY palPalEntry[1] ;  // Array mit Paletteneinträgen
}
LOGPALETTE, * PLOGPALETTE ;
```

Das Feld *palVersion* war ursprünglich einmal für zukünftige Erweiterungen des Formats vorgesehen, zu denen es aber nie gekommen ist: Weil auch die allerneuesten Versionen von Windows nach wie vor dasselbe Format wie Windows 3.0 verwenden, gehört dort grundsätzlich der Wert 0x0300 hinein. Das Feld *palPalEntry* steht für einzelnen Paletteneinträge, die ihrerseits über den Typ PALETTEENTRY definiert sind:

```
typedef struct
{
     BYTE peRed ;
     BYTE peGreen ;
     BYTE peBlue ;
     BYTE peFlags ;
}
PALETTEENTRY, * PPALETTEENTRY ;
```

Was dieser Strukturtyp über einzelne Felder abdeckt, ist letztlich ein Wert von Typ COLORREF, wie ihn beispielsweise der Makro RGB liefert. Auf das Feld *peFlags* komme ich später noch ausführlichst zu sprechen.

Der Strukturtyp LOGPALETTE reserviert ähnlich wie die Farbtabelle von DIBs (vgl. Kapitel 15) gerade einmal genug Platz für einen einzigen Eintrag und wird deshalb in der Praxis nicht direkt, sondern sozusagen nur als Vorlage verwendet. Das Programm GRAYS2 benötigt 65 Graustufen und belegt deshalb mit

```
plp = malloc (sizeof (LOGPALETTE) + 64 * sizeof (PALETTEENTRY)) ;
```

einen Speicherbereich, in den die LOGPALETTE-Struktur sowie 64 zusätzliche Farbeinträge hineinpassen. Die darauffolgende Schleife setzt die Elemente dieses Arrays – also die Felder *peRed*, *peGreen* und *peBlue* – mit den gewünschten Graustufen von (0,0,0) über (4,4,4) bis (255,255,255), wobei auch hier wieder der Makro *min* dafür sorgt, dass beim letzten Schleifendurchlauf nicht (256,256,256) herauskommt. Das Feld *peFlags* jedes Eintrags wird auf 0 gesetzt. Nachdem *CreatePalette* mit diesen Daten eine logische Palette erzeugt hat, werden die Paletteneinträge nicht mehr gebraucht, weshalb GRAYS2 den über *plp* adressierten Speicherbereich unmittelbar nach dem Aufruf dieser Funktion wieder freigibt.

Logische Paletten stellen (wie Füllmuster, Schriften usw.) GDI-Objekte dar, die sich zwar in einen Gerätekontext einsetzen lassen, aber dennoch ein Eigenleben führen und deshalb explizit wieder freigegeben werden müssen. Der entsprechende Aufrufe von *DeleteObject* findet sich bei GRAYS2 im *case*-Zweig für WM_DESTROY.

In diesen beiden Punkten erschöpft sich allerdings die Analogie zu den meisten anderen GDI-Objekten. In einen Gerätekontext kann zu jedem Zeitpunkt immer nur eine Palette eingesetzt sein; eine Palette läßt sich aber (wie eine logische Schrift) ohne weiteres nacheinander in mehrere Gerätekontexte einsetzen. Zum Einsetzen wird nicht die Funktion *SelectObject* verwendet, sondern eine Variante namens *SelectPalette*, die neben dem Gerätekontext und dem Handle der Palette einen dritten, im SDK als *bForceBackground* bezeichneten Parameter erwartet. Normalerweise übergibt man hier den Wert TRUE und teilt dem Paletten-Manager auf diese Weise mit, dass das Programm so viele Einträge der Hardware-Palette besetzen will wie möglich. Der Wert FALSE zeigt dagegen an, dass sich das Programm bei der Vergabe sozusagen freiwillig hinten anstellt. (Bei Speicherkontexten spielt dieser Parameter keine Rolle, weil es dort keine Konkurrenzsituation gibt. Folglich landen Paletten dort immer »im Vordergrund«.)

In den 32-Bit-Versionen von Windows verhält sich *SelectPalette* übrigens wie *SelectObject* im Zusammenhang mit Bitmaps: Obwohl die Funktion als direktes Ergebnis den Handle der zuvor in einen Kontext eingesetzten Palette zurückliefert (und es ja allgemein heißt, dass man Gerätekontexte in dem Zustand hinterlassen soll, in dem man sie auch vorgefunden hat), ist das explizite Einsetzen des alten Wertes unnötig:

```
OldPal = SelectPalette(hdc, MyPalette) ;
[Palette durchsetzen, Operationen mit diesem Kontext]
...
// Wiederherstellen der Orignal-Palette - nett, aber überflüssig
SelectPalette(hc, OldPal);
```

Die Inspektion von *OldPal* mit einem Debugger klärt, wieso: Da sowohl »echte« als auch Speicherkontexte von Windows nicht einmal eine »Standardpalette« mitgeliefert bekommen, liefert das erste *SelectPalette* für einen neu angeforderten Kontext grundsätzlich als direktes Ergebnis den Wert 0. Konsequent ist beim Abbau eines Gerätekontexts auch kein implizites *DeleteObject* für Paletten dabei.

Und schließlich: Bitmaps, Schriften, Füllmuster etc. werden nach ihrem Einsetzen in Gerätekontexte automatisch verwendet, Paletten nicht. Tatsächlich stellt *SelectPalette* in erster Linie eine Absichtserklärung dar. Die eigentliche Arbeit übernimmt eine weitere Funktion: *RealizePalette* erwartet als einzigen Parameter einen Gerätekontext und stellt die Anweisung an den Paletten-Manager dar, nun die in diesen Kontext eingesetzte Palette »durchzusetzen«. Bei Speicherkontexten heißt das lediglich, dass Windows die Palette im weiteren für den jeweiligen Kontext benutzt – bei Gerätekontexten läuft dieser Aufruf dagegen auf eine echte Veränderung der Hardware-Palette hinaus und hat unter Umständen Rückwirkungen auf andere Programme, die ihrerseits von Windows über die Nachricht WM_PALETTECHANGED davon in Kenntnis gesetzt werden. (Zu den Details komme ich in Kürze.)

Nach dem Aufruf von *RealizePalette* sollte also nun die Hardware-Palette ganz oder teilweise so gesetzt sein, dass GRAYS2 mehr als vier echte Graustufen zustande bringt. Wenn Sie sich die entsprechende Stelle im *case*-Zweig für WM_PAINT näher ansehen, werden Sie dort allerdings nicht den Makro RGB finden (mit dem GRAYS1 versucht, die Farbe des Füllmusters zu definieren), sondern einen Makro namens PALETTERGB. Der Grund: RGB liefert einen Wert des Typs COLORREF, dessen niederwertige drei Bytes für die einzelnen Farbkomponenten stehen, das höchstwertige Byte ist dort auf 0 gesetzt. Werte dieser Art kann man zwar auch in Programmen verwenden, die mit dem Paletten-Manager arbeiten – an die zusätzlich per *RealizePalette* in die Hardware-Palette eingesetzten Einträge kommt ein Programm auf diese Weise aber *nicht* heran. Dafür wird der Makro PALETTERGB gebraucht, der sich allerdings von RGB nur in einem einzigen Punkt unterscheidet: Er setzt das höchstwertige Byte nicht auf 0, sondern auf 2, und zeigt Windows so an, dass es um einen Paletteneintrag geht. (Der Ergebnistyp von PALETTERGB ist ebenfalls COLORREF.)

Die folgende Liste faßt die Unterschiede unter praktischen Gesichtspunkten zusammen:

- Wenn Sie eine Farbe aus einer logischen (und per *RealizePalette* durchgesetzten) Palette verwenden wollen, geben Sie den entsprechenden Wert entweder über PALETTERGB oder über PALETTEINDEX an. (Zu Palettenindexen komme ich noch.) Normale RGB-Werte sind hier nicht verwendbar, weil dabei grundsätzlich eine der zwanzig Standardfarben von Windows herauskommt.
- PALETTERGB und PALETTEINDEX sind jederzeit verwendbar, weil es in beiden Fällen schlicht um Makros geht. Die *Ergebnisse* dieser beiden Makros können Sie aber erst dann für GDI-Aufrufe im Zusammenhang mit Gerätekontexten verwenden, nachdem Sie die gewünschte Palette in den jeweiligen Gerätekontext eingesetzt haben.
- Niemand hält Sie davon ab, über diese beiden Makros beliebige RGB-Werte anzugeben. Was beim Einsatz dieser Werte herauskommt, ist aber grundsätzlich die nächstliegende Farbe in der logischen Palette des jeweiligen Gerätekontexts.

Der letzte Punkt läßt sich mit GRAYS2 sehr gut demonstrieren. Erweitern Sie die Anweisungen zum Anlegen des Füllmusters in der Schleife für WM_PAINT einmal auf:

```
if (!i) hBrush = CreateSolidBrush(PALETTERGB(255,0,0)
  else hBrush = CreateSolidBrush (PALETTERGB (min (255, 4 * i),...
```

Danach erscheint der erste Streifen nicht etwa Rot, obwohl das bekanntlich eine Systemfarbe ist, sondern in Hellgrau – der nächstliegenden Farbe (soweit man dabei noch von Nähe sprechen kann), die die eingesetzten Palette zu bieten hat. (Mit RGB anstelle von PALETTERGB würde die Geschichte dagegen funktionieren – aber auch nur für Systemfarben.)

Eine Prüfung, mit welcher Farbtiefe der Bildschirm arbeitet, werden Sie in GRAYS2 übrigens vergeblich suchen, weil Windows in allen Videomodi, die keine Palettenverwaltung unterstützen bzw. benötigen (lies: alle Modi mit einer anderen Farbtiefe als 8 Bit) Aufrufe des Paletten-Managers größtenteils ins Leere laufen läßt. Bei 16, 24 und 32 Bit pro Pixel werden die Ergebnisse von RGB, PALETTERGB und (in Grenzen) PALETTEINDEX als äquivalent behandelt, logische Paletten existieren dort nur als eine Art abstraktes Konzept. Konsequent verhält sich GRAYS2 in diesen Videomodi wie die »palettenlose« Variante GRAYS1.

Nachrichten

Wenn der Paletten-Manager von mehreren, parallel laufenden Programmen aus angesprochen wird, bekommt das aktive Fenster als erstes Gelegenheit, seine Wünsche anzumelden. Wann ein inaktives Fenster an der Reihe ist, wird über die interne Fensterliste von Windows festgelegt: Das zuletzt aktive Fenster ist als zweites dran, das davor aktive Fenster als drittes usw. Wechsel des aktiven Fensters haben konsequent meist auch eine Reorganisation der Hardware-Palette zur Folge.

Falls ein Programm in seiner logischen Palette einen Eintrag angibt, der einer der 20 statischen Systemfarben von Windows entspricht, dann wird der Eintrag dieser Systemfarbe zugeordnet. Ähnliches gilt, wenn das im Vordergrund laufende Programm eine Farbe (x,y,z) in die Hardware-Palette eingesetzt hat und eines der im Hintergrund laufenden Programme genau dieselbe Farbe ebenfalls einsetzen will: Der entsprechende Eintrag wird dann von beiden Programmen gemeinsam genutzt. Mit dem Wert PC_NOCOLLAPSE im Feld *peFlags* eines Paletteneintrags läßt sich diese gemeinsame Nutzung bei Bedarf verhindern – allerdings nur innerhalb gewisser Grenzen: Falls bereits sämtliche Einträge der Palette gefüllt sind, wenn Ihr Programm zum Zuge kommt, dann wählt der Paletten-Manager automatisch das kleinere Übel und ordnet gegebenenfalls auch mit PC_NOCOLLAPSE gekennzeichnete Einträge existierenden Einträgen zu – und niemand hält *andere* Anwendungen davon ab, die von Ihnen mit diesem Flag gekennzeichneten Einträge ihrerseits mitzubenutzen. (Für das Feld *peFlags* gibt es neben 0 und PC_NOCOLLAPSE noch zwei weitere Alternativen namens PC_EXPLICIT für die direkte Abbildung von Farbwerten auf existierende Paletteneinträge und PC_RESERVED für animierte Paletten. Auf beide komme ich noch zu sprechen.)

Ungeklärt ist im Moment noch die Frage, auf welche Weise der Paletten-Manager den einzelnen Anwendungen mitteilt, dass sie nun mit ihren Wünschen an der Reihe sind oder sich etwas an der Hardware-Palette verändert hat. Wie wohl auch nicht anders zu erwarten, läuft die Verwaltung über zwei Nachrichtentypen, die Windows im Falle eines Falles an sämtliche Fenster der obersten Ebene versendet (also an alle Fenster, die ihrerseits kein Parent-Fenster haben).

Der erste Nachrichtentyp heißt WM_QUERYNEWPALETTE und teilt einer Anwendung mit, dass ihr Fenster nun (zum ersten Mal oder erneut) aktiv geworden ist. Anwendungen, die mit dem Paletten-Manager arbeiten, müssen darauf mit dem Durchsetzen der von ihnen gewünschten Palette reagieren und TRUE als direktes Ergebnis der Window-Prozedur zurückliefern. (Bei FALSE nimmt Windows an, dass das Programm keine eigene Palette einsetzen will.) GRAYS2 demonstriert die Details: Das Programm fordert einen Gerätekontext an, setzt seine (bereits bei WM_CREATE angelegte) logische Palette in diesen Kontext ein und ruft dann *RealizePalette* auf, bevor es den Kontext schließlich wieder freigibt. Da die Hardware-Palette dadurch aller Wahrscheinlichkeit nach verändert wird (was man auch über das direkte Funktionsergebnis von *RealizePalette* hätte prüfen können), erzwingt GRAYS2 über *InvalidateRect* schließlich ein Neuzeichnen seines Fensters.

Wenn das aktive Programm (als Reaktion auf WM_QUERYNEWPALETTE oder aus irgendeinem anderen Grund) seine Palette einsetzt und dabei die Hardware-Palette verändert (was nicht unbedingt sein muß: Wenn Sie erst GRAYS2 starten und danach zu einem Programm wie NOTEPAD umschalten, das sich für Paletten überhaupt nicht interessiert, enthält die Hardware-Palette nach einer Rückschaltung zu GRAYS2 nach wie vor die 64 Graustufen), dann sendet der Paletten-Manager sämtlichen Fenstern der obersten Ebene eine Nachricht des Typs WM_PALETTECHANGED. Das aktive Fenster bekommt diese Nachricht als erstes, das zuvor aktive Fenster erhält sie als zweites usw. Wie GRAYS2 demonstriert, sollten Programme auf diese Nachricht hin versuchen, ihre Palette durchzusetzen – es sei denn, sie waren selbst der Urheber dieser Veränderung:

```
case WM_PALETTECHANGED:
     if (!hPalette || (HWND) wParam == hwnd)
          break ;
```

Bei WM_PALETTECHANGED wird der Handle des aktiven Fensters als *wParam* mitgeliefert. Wenn dieser Wert dem eigenen Fensterhandle entspricht, ist GRAYS2 momentan das aktive Programm, hat seine Palette bereits bei WM_QUERYNEWPALETTE durchgesetzt – und darf diesen Versuch nicht wiederholen, weil Windows daraufhin erneut die Nachricht WM_PALETTECHANGED erzeugen, mithin eine Endlossschleife generieren würde.

Läuft GRAYS2 dagegen nicht im Vordergrund, dann versucht das Programm als Reaktion auf WM_PALETTECHANGED nun, seine Wünsche an den Mann zu bringen. Der Paletten-Manager verwendet hier die bereits erwähnte Logik: Zuerst sucht er die Hardware-Palette nach Einträgen ab, die direkt zu den gewünschten Farben passen und verwendet sie gegebenenfalls gemeinsam, ansonsten besetzt er freie Einträge. Wenn auch diese Reserve erschöpft ist, versucht er schließlich über *GetNearestColor* die Zuordnung zu dem Eintrag der Hardware-Palette, der der gewünschten Farbe am nächsten kommt.

Falls es Ihnen egal ist, wie das Fenster Ihrer Anwendung im Hintergrundbetrieb aussieht (was durchaus ernst gemeint ist: vor allem Spiele stellen in diesem Fall gerne einen »Pausenbildschirm« dar und verzichten sinnvollerweise darauf, den Helden im Hintergrund zu meucheln), dann können Sie die Nachricht WM_QUERYNEWPALETTE straflos ignorieren. Wenn nicht, stehen Ihnen zwei Möglichkeiten nach dem mehr oder minder erfolgreichen Durchsetzen der eigenen Palette offen: Ein *InvalidateRect* zum Neuzeichnen des Fensters (mit einer mehr oder minder stark reduzierten Farbauswahl) oder die GDI-Funktion *UpdateColors*, die die Pixelwerte eines Fensters der veränderten Palette anpaßt. GRAYS2 demonstriert diesen zweiten Weg, der meist effizienter ist als ein komplettes Neuzeichnen. (Tatsächlich dürfte die Reaktion auf WM_QUERYNEWPALETTE und WM_PALETTECHANGED bei den allermeisten Programmen, die mit dem Paletten-Manager arbeiten, ziemlich exakt so aussehen wie in GRAYS2.)

Palettenindizes

Das in Abbildung 16.4 aufgelistete Programm GRAYS3 erfüllt denselben Zweck wie GRAYS2 und unterscheidet sich von seinem Vorgänger eigentlich nur in einem Punkt: Sein *case*-Zweig für WM_PAINT verwendet anstelle von PALETTERGB den Makro PALETTEINDEX.

GRAYS3.C

```
/*-----------------------------------------------
   GRAYS3.C - Graustufen mit dem Paletten-Manager
              (c) Charles Petzold, 1998
  -----------------------------------------------*/

#include <windows.h>

LRESULT CALLBACK WndProc (HWND, UINT, WPARAM, LPARAM) ;

int WINAPI WinMain (HINSTANCE hInstance, HINSTANCE hPrevInstance,
                    PSTR szCmdLine, int iCmdShow)
{
```

```
     static TCHAR szAppName[] = TEXT ("Grays3") ;
     HWND         hwnd ;
     MSG          msg ;
     WNDCLASS     wndclass ;

     wndclass.style         = CS_HREDRAW | CS_VREDRAW ;
     wndclass.lpfnWndProc   = WndProc ;
     wndclass.cbClsExtra    = 0 ;
     wndclass.cbWndExtra    = 0 ;
     wndclass.hInstance     = hInstance ;
     wndclass.hIcon         = LoadIcon (NULL, IDI_APPLICATION) ;
     wndclass.hCursor       = LoadCursor (NULL, IDC_ARROW) ;
     wndclass.hbrBackground = (HBRUSH) GetStockObject (WHITE_BRUSH) ;
     wndclass.lpszMenuName  = NULL ;
     wndclass.lpszClassName = szAppName ;

     if (!RegisterClass (&wndclass))
     {    // UNICODE-Compilierung ist die einzige realistische Fehlermöglichkeit
          MessageBox (NULL, TEXT ("Programm arbeitet mit Unicode und setzt Windows NT voraus!"),
                      szAppName, MB_ICONERROR) ;
          return 0 ;
     }

     hwnd = CreateWindow (szAppName, TEXT ("Graustufen, Version 3"),
                          WS_OVERLAPPEDWINDOW,
                          CW_USEDEFAULT, CW_USEDEFAULT,
                          CW_USEDEFAULT, CW_USEDEFAULT,
                          NULL, NULL, hInstance, NULL) ;

     ShowWindow (hwnd, iCmdShow) ;
     UpdateWindow (hwnd) ;

     while (GetMessage (&msg, NULL, 0, 0))
     {
          TranslateMessage (&msg) ;
          DispatchMessage (&msg) ;
     }
     return msg.wParam ;
}

LRESULT CALLBACK WndProc (HWND hwnd, UINT message, WPARAM wParam, LPARAM lParam)
{
     static HPALETTE hPalette ;
     static int      cxClient, cyClient ;
     HBRUSH          hBrush ;
     HDC             hdc ;
     int             i ;
     LOGPALETTE    * plp ;
     PAINTSTRUCT     ps ;
     RECT            rect ;

     switch (message)
     {
     case WM_CREATE:
          // LOGPALETTE-Struktur belegen, initialisieren und logische Palette anlegen
          plp = malloc (sizeof (LOGPALETTE) + 64 * sizeof (PALETTEENTRY)) ;
```

```
          plp->palVersion    = 0x0300 ;
          plp->palNumEntries = 65 ;

          for (i = 0 ; i < 65 ; i++)
          {
               plp->palPalEntry[i].peRed   = (BYTE) min (255, 4 * i) ;
               plp->palPalEntry[i].peGreen = (BYTE) min (255, 4 * i) ;
               plp->palPalEntry[i].peBlue  = (BYTE) min (255, 4 * i) ;
               plp->palPalEntry[i].peFlags = 0 ;
          }
          hPalette = CreatePalette (plp) ;
          free (plp) ;
          return 0 ;

     case WM_SIZE:
          cxClient = LOWORD (lParam) ;
          cyClient = HIWORD (lParam) ;
          return 0 ;

     case WM_PAINT:
          hdc = BeginPaint (hwnd, &ps) ;

          // Palette einsetzen und durchsetzen
          SelectPalette (hdc, hPalette, FALSE) ;
          RealizePalette (hdc) ;

          // Graukeil zeichnen
          for (i = 0 ; i < 65 ; i++)
          {
               rect.left   = i * cxClient / 64 ;
               rect.top    = 0 ;
               rect.right  = (i + 1) * cxClient / 64 ;
               rect.bottom = cyClient ;

               hBrush = CreateSolidBrush (PALETTEINDEX (i)) ;
               FillRect (hdc, &rect, hBrush) ;
               DeleteObject (hBrush) ;
          }

          EndPaint (hwnd, &ps) ;
          return 0 ;

     case WM_QUERYNEWPALETTE:
          if (!hPalette)
               return FALSE ;

          hdc = GetDC (hwnd) ;
          SelectPalette (hdc, hPalette, FALSE) ;
          RealizePalette (hdc) ;
          InvalidateRect (hwnd, NULL, FALSE) ;

          ReleaseDC (hwnd, hdc) ;
          return TRUE ;

     case WM_PALETTECHANGED:
```

```
        if (!hPalette || (HWND) wParam == hwnd)
            break ;

        hdc = GetDC (hwnd) ;
        SelectPalette (hdc, hPalette, FALSE) ;
        RealizePalette (hdc) ;
        UpdateColors (hdc) ;

        ReleaseDC (hwnd, hdc) ;
        break ;

    case WM_DESTROY:
        PostQuitMessage (0) ;
        return 0 ;
    }
    return DefWindowProc (hwnd, message, wParam, lParam) ;
}
```

Abbildung 16.4: *Das Programm* GRAYS3

Obwohl der Makro PALETTEINDEX ebenfalls den Ergebnistyp COLORREF hat, unterscheiden sich die von ihm gelieferten Werte kräftig von den gewohnten RGB-Farben: Das höchstwertige Byte ist hier auf 1 gesetzt, das niederwertige Byte enthält einen Wert, den Windows als Index in die aktuell eingesetzte logische Palette interpretiert. Notabene: Hier geht es *nicht* um die Hardware-Palette, bei der unter anderem die Einträge 0 bis 9 von den Systemfarben besetzt sind, sondern um das von einem Programm in einen Gerätekontext eingesetzte logische Gegenstück. Bei GRAYS3 hat diese logische Palette 65 Einträge, die von 0 bis 64 durchnumeriert sind. Der Wert PALETTEINDEX(*n*) entspricht dem Eintrag *n* dieser Palette (bei GRAYS3: 0 für Schwarz, 32 für Hellgrau, 64 für Weiß usw.)

Der Vorteil von Palettenindizes gegenüber PALETTERGB liegt in der Effizienz, weil Windows hier nicht erst die Palette nach dem gewünschten RGB-Wert durchsuchen muß.

Palette oder nicht?

Wie Sie vielleicht schon ausprobiert haben, kommen die diversen Versionen von GRAYS auch mit 16 oder mehr Bit pro Pixel bestens zurecht und kümmern sich deshalb herzlich wenig darum, welche Farbtiefe der Bildschirm hat. Programme, die ein wenig komplexer sind, werden dagegen durchaus einmal nachfragen wollen, wie es um den Bildspeicher steht. Eine Möglichkeit dazu bietet die Funktion *GetDeviceCaps:* Wenn Sie ihr einen zum Bildschirm kompatiblen Gerätekontext und den Indexwert RASTERCAPS übergeben, liefert sie einen Integerwert zurück, der sich aus mehreren Bitflags zusammensetzt. Die Prüfung, ob der Paletten-Manager mit von der Partie ist, geschieht über ein bitweises AND mit der Konstanten RC_PALETTE:

```
if (RC_PALETTE & GetDeviceCaps (hdc, RASTERCAPS))
  { ...
```

Wenn diese Prüfung einen Wert ungleich Null ergibt, läuft der Treiber momentan mit 8 Bit pro Pixel. Die Formulierung im SDK ist etwas irreführend: Hier geht es nicht darum, ob der Grafiktreiber 8 Bit pro Pixel »unterstützt« – also damit zurechtkommt –, sondern um die Frage, ob dieser Modus momentan aktiv ist. Wenn ja, stehen drei weitere Abfragemöglichkeiten mit *GetDevice-*

Caps zur Verfügung (die in anderen Videomodi zwangsläufig nur wenig Verwertbares liefern). Der Aufruf

```
GetDeviceCaps (hdc, SIZEPALETTE)
```

ermittelt, wie viele Einträge die Hardware-Palette der Grafikkarte faßt (bei 8 Bit pro Pixel also konstant 256), der Aufruf

```
GetDeviceCaps (hdc, NUMRESERVED)
```

die Zahl der Farben, die Windows für sich selbst reserviert (in allen bis dato verfügbaren Windows-Versionen inklusive NT 5.0 die Konstante 20). Wie bereits erläutert, sind Programme bei 8 Bit pro Pixel ohne explizite Aufrufe des Paletten-Managers auf diese 20 Farben beschränkt (lies: kommen nur über die Funktionen des Paletten-Managers an die restlichen 236 Farben heran). Der dritte, ebenfalls nur bei 8 Bit pro Pixel sinnvolle Aufruf ist:

```
GetDeviceCaps (hdc, COLORRES)
```

Bei diesem Aufruf ermittelt *GetDeviceCaps*, wie viele Bits die Hardware-Palette pro Farbeintrag zu bieten hat. Wenn Sie hier den Wert 24 zu sehen bekommen, speichert die Hardware-Palette RGB-Werte unverändert (und erlaubt tatsächlich die Auswahl von 256 aus 16,7 Millionen Farben); bei 18 Bit breiten Registern stehen dagegen pro Farbkomponente nur 6 Bit zur Verfügung – die untersten beiden Bits werden abgeschnitten (was dann der Definition des VGA-Urmodells entspricht, das 256 aus 262144 Farben bot). Warum dieses Hardware-Detail wichtig sein kann? Weil sich daraus zwei Konsequenzen ergeben. Die erste ist eine reine Frage der Effizienz: Bei 18 Bit Farbauflösung sind Verläufe, deren Farbkomponentenwerte sich betragsmäßig um weniger als 4 voneinander unterscheiden, reine Verschwendung. Die zweite Konsequenz ist eine Falltür für ahnungslose Programmierer:

```
SetPixel(hdc, x, y, PALETTERGB(241,0,0)) ;  // Pixel setzen
if GetPixel(hdc, x, y) = RGB(241, 0, 0))    // Pixel sofort wieder abfragen
  { ...
  }
```

Wenn die Hardware-Palette nur 6 Bit pro Farbkomponente bietet, ergibt diese Prüfung grundsätzlich FALSE, weil *GetPixel* dann natürlich ebenfalls auf 6 Bit begrenzte Werte liefert – in diesem Beispiel 240 anstelle von 241 für den Rotanteil.

Die Systempalette

Der Paletten-Manager unterhält eine *Systempalette*, die sozusagen das Software-Gegenstück zur Hardware-Palette darstellt und die Sie bitte nicht mit den statischen Systemfarben von Windows verwechseln. Diese Palette enthält zu jedem Zeitpunkt dieselben Einträge wie die Hardware-Palette, wobei hier allerdings grundsätzlich 8 Bit pro Farbkomponente verwendet werden. Bei Grafikkarten mit einer Farbauflösung von 18 Bit können sich die Bits 0 und 1 der Werte deshalb voneinander unterscheiden. Im Gegensatz zur Hardware-Palette (an die man mit legalen Methoden überhaupt nicht direkt herankommt) lassen sich die Einträge der Systempalette mit der folgenden Funktion abfragen:

```
GetSystemPaletteEntries (hdc, uStart, uNum, &pe) ;
```

GetSystemPaletteEntries liefert als direktes Ergebnis die Zahl der abgefragten Farben. Da diese Funktion nur verfügbar ist, wenn der Desktop mit 8 Bit pro Pixel läuft, kommt bei allen anderen Farbtiefen das Ergebnis 0 heraus. *uStart* steht für den Index des ersten Paletteneintrags, den Sie abfragen wollen, *uNum* für die Zahl der (ab dem Startindex *uStart* in aufsteigender Folge) abzufragenden Einträge. (Wenn alles klappt, bekommen Sie also *uNum* als direktes Funktionsergebnis zu sehen.) Als vierten und letzten Parameter erwartet die Funktion schließlich die Startadresse des PALETTEENTRY-Arrays, in dem sie die Paletteneinträge hinterlassen soll. Der Parameter *uStart* bezieht sich übrigens bei allen Funktionen zum Lesen und Setzen von Paletteneinträgen ausschließlich auf die Palette – und nicht auf das als vierten Parameter übergebene Array, das grundsätzlich ab dem ersten Element benutzt wird.

Wenn Sie die Paletteneinträge hintereinander einzeln abfragen, tut es auch eine einzelne PALETTEENTRY-Struktur anstelle eines Arrays. Nach der Definition einer entsprechenden Variablen wie

```
PALETTEENTRY pe ;
```

können Sie *GetSystemPaletteEntries* in einer Schleife aufrufen:

```
for (i = 0; i < 256; i++)
  {
    GetSystemPaletteEntries (hdc, i, 1, &pe) ;
    [Auswertung]
  }
```

Alternativ (aber auch nicht schneller) geht es in einem Rutsch:

```
peArray = malloc(256 * sizeof(PALETTEENTRY)) ;
GetSystemPaletteEntries (hdc, 0, 256, 1, peArray) ;
```

Da es hier um die vom gesamten System verwendete Palette geht, dürfen Sie übrigens *nicht* erwarten, die Einträge einer von Ihrem Programm durchgesetzten logischen Palette in exakt derselben Reihenfolge und Position wiederzufinden – unter anderem deshalb, weil die ersten und letzten zehn Einträge der Systempalette grundsätzlich mit den statischen Systemfarben besetzt sind. Mehr dazu finden Sie zusammen mit einer praktischen Demonstration im übernächsten Abschnitt.

Und noch ein paar Palettenfunktionen

Wie in den vorangehenden Abschnitten erläutert, können Windows-Anwendungen die Systempalette nur indirekt ändern. Der erste Schritt besteht aus dem Anlegen einer logischen Palette (die letztlich nichts weiter als ein Array der Farben darstellt, die das Programm benutzen will). Die dafür verwendete Funktion *CreatePalette* ändert nicht das Geringste an der Hardware-Palette – das geschieht erst, nachdem Sie das von *CreatePalette* erzeugte GDI-Objekt in einen Gerätekontext eingesetzt und über *RealizePalette* durchgesetzt haben.

Logische Paletten lassen sich ähnlich wie die Hardware-Palette abfragen:

```
GetPaletteEntries (hPalette, uStart, uNum, &pe) ;
```

GetPaletteEntries hat dieselbe Logik wie *GetSystemPaletteEntries* – nur dass es hier um eine logische Palette anstelle eines Gerätekontexts geht. Während Sie eine Funktion »SetSystemPaletteEntries« in Windows vergeblich suchen werden, ist das nachträgliche Verändern logischer Paletten kein Problem:

```
SetPaletteEntries (hPalette, uStart, uNum, &pe) ;
```

Hier gilt allerdings Ähnliches wie bei *CreatePalette*: Veränderungen der Hardware-Palette bewirkt dieser Aufruf nicht einmal dann, wenn ebendiese Palette momentan in einen Gerätekontext eingesetzt ist – dazu ist in jedem Fall ein *RealizePalette* nötig. (Für die Veränderung der Größe einer Palette fühlt sich *SetPaletteEntries* auch nicht zuständig, dafür müssen Sie gegebenenfalls *ResizePalette* benutzen.)

Die Funktion *GetNearestPaletteIndex* sucht eine logische Palette nach dem nächstliegenden Eintrag für einen beliebigen RGB-Farbwert *cr* ab:

```
iIndex = GetNearestPaletteIndex (hPalette, cr) ;
```

Der Parameter *cr* hat hier den Datentyp COLORREF. Wenn Sie wissen wollen, welche Farbe diese Suche zutage gefördert hat, können Sie das Funktionsergebnis von *GetNearestPaletteIndex* in einem nachfolgenden Aufruf von *GetPaletteEntries* verwenden.

Wenn Sie partout nicht mit 236 Farben auskommen, können Sie Windows über

```
SetSystemPaletteUse (SYSPAL_NOSTATIC) ;
```

anweisen, sich auf Schwarz (Hardware-Paletteneintrag 0) und Weiß (255) zu beschränken. Danach stehen Ihrem Programm 254 anstelle von 236 Paletteneinträgen zur Verfügung. Ganz so einfach, wie es hier dargestellt wird, ist das allerdings nur, wenn das Fenster Ihres Programms den gesamten Desktop abdeckt und auf Task-Wechsel mit dem Wiederherstellen der ursprünglichen Verhältnisse reagiert:

```
case WM_KILLFOCUS:
  SetSystemPaletteUse (SYSPAL_STATIC) ;
  break;
```

Wenn das Fenster Ihres Programms den Desktop nur teilweise abdeckt, bekommen Sie eine ganze Menge mehr zu tun. Eine recht ausführliche Beschreibung der einzelnen Schritte finden Sie unter dem Stichwort *SetSystemPaletteUse* im Win32-SDK.

Raster-Operationen – eine Problemzone

Wie in Kapitel 5 angesprochen, ist die GDI beim Zeichnen von Linien und Füllen von Flächen nicht auf einfache Schreiboperationen beschränkt, sondern führt dabei eine logische Verknüpfung zwischen Quelle und Ziel aus. In beiden Fällen geht es um die Verknüpfung zweier Daten, weshalb die Operation als binär bezeichnet wird; die Art der Operation wird über die Funktion *SetROP2* festgelegt. Bei *BitBlt* und anderen Funktionen zum Übertragen von Bitmaps kommt zu Quelle und Ziel das Füllmuster dazu, weshalb man dann von ternären Rasteroperationen spricht. Mit binären Rasteroperationen lassen sich Linien beispielsweise so zeichnen, dass die GDI dabei ein exklusives OR mit dem vorherigen Inhalt des Bildschirms ausführt (und die Linie beim zweiten Zeichnen deshalb wieder spurlos verschwindet).

Raster-Operationen basieren grundsätzlich auf einer bitweisen Verknüpfung von Pixeldaten – und genau da liegt im Zusammenhang mit Paletten das Problem: Weil es dort ausschließlich von der momentan durchgesetzten Palette abhängt, ob ein Pixelwert wie 73 für Hellgrün oder Taubenblau steht, verlieren Formeln wie »Rot OR Gelb = Orange« jeden realen Bezug.

Leider läßt sich dieses Problem sogar an Graustufen ohne weiteres demonstrieren: Starten Sie einmal GRAYS2 oder GRAYS3 und ziehen Sie einen der Fensterränder mit der Maus in den Anwendungsbereich hinein. So lange Sie Windows nicht über »Eigenschaften von Anzeige bzw. die Eigenschaften des Internet Explorers angewiesen haben, Fensterinhalte bei Veränderungen sofort neu zu zeichnen (»Fensterinhalte beim Ziehen anzeigen«), stellt das System während der Ziehaktion den Fensterrahmen invertiert dar und will so dafür sorgen, dass er grundsätzlich sichtbar bleibt. Was dabei tatsächlich passiert, sieht von der Logik her so aus:

```
PixelValue = ! PixelValue ;
```

Nehmen wir einmal an, der Fensterrahmen befinde sich im Moment über dem dritten von GRAYS2 gezeichneten Rechteck. Dass der von GRAYS2 für diese Graustufe eingesetzte Paletteneintrag den Wert RGB(8,8,8) hat, interessiert an dieser Stelle überhaupt nicht – entscheidend ist vielmehr, dass er (wahrscheinlich) als Element 12 in der Hardware-Palette steht, mithin die Pixel im Bildspeicher den Wert 12 haben. Das bitweise Invertieren von 12 ergibt 243 – und was sich in der Hardware-Palette unter diesem Index findet, wissen die Götter.

Womit ich dann auch endlich erklären kann, wieso die zwanzig statischen Systemfarben nicht etwa der Reihe nach in der Systempalette stehen, sondern auf ihren Anfang und ihr Ende verteilt sind (vgl. Tabelle 16.1): Auf diese Weise haben die Entwickler sichergestellt, dass bitweise Invertierungen wenigstens bei den von Windows selbst benutzten Farben Sinn machen. (Das bitweise Invertieren von Weiß mit dem Index 255 ergibt Schwarz (Index 0), beim Invertieren von Dunkelblau (Index 4) kommt Gelb (Index 251) heraus usw.)

Für selbstdefinierte Paletteneinträge gilt das dagegen nicht einmal dann, wenn Sie Ihrer logische Palette bewußt einen »Mittelpunkt« verpassen (d.h. dafür sorgen, dass die ersten 123 Einträge die Komplementärfarben für die zweiten 123 Einträge darstellen), weil Windows nicht garantiert, dass *RealizePalette* beim Übertragen dieser Daten in die Hardware-Palette dieselbe Reihenfolge beibehält. Wer die statischen Systemfarben mit *SetSystemColorUse* von 20 auf 2 reduziert, vergrößert das Durcheinander noch ein wenig und läßt effektiv nur noch zwei Farben übrig, bei denen die Geschichte zuverlässig funktioniert: Schwarz hat immer den Paletteneintrag 0 (sämtliche Bits zurückgesetzt), Weiß immer den Paletteneintrag 255 (sämtliche Bits gesetzt).

Falls Sie nun auf einen Befreiungsschlag warten – tut mir leid. Die einzige, in der Praxis aber selten verwendete Möglichkeit: Die Frage, welche Farbe bei einer bestimmten Raster-Operation herauskommt, läßt sich zwar über *GetSystemPaletteEntries* beantworten – was Sie mit einer Erkenntnis wie »Schwarzblau steht im Moment auf Index 37 und wird durch ein bitweises AND mit Himmelgrün zu Lila mit blauen Tupfen« anfangen, steht leider auf einem gänzlich anderen Blatt.

Ein Blick auf die Systempalette

Da Hardware-Palette den Anforderungen aller Anwendungen gleichzeitig gerecht werden muß, sich (über ihren Vertreter – die Systempalette) aber jederzeit abfragen läßt, kann man mit *GetSystemPaletteEntries* anderen Anwendungen sozusagen in die Karten gucken und außerdem herausfinden, was das eigene Programm in dieser Palette angerichtet hat, wenn bei irgend einer Operation einmal partout nicht das Gewünschte herauskommt.

Dieser Abschnitt stellt insgesamt drei Abfragetechniken der Systempalette zusammen mit Beispielprogrammen vor. Das in Abbildung 16.5 aufgelistete Programm SYSPAL1 bietet erst einmal nichts wesentlich Neues: Es bezieht seine Daten über bereits besprochene Funktion *GetSystemPaletteEntries*.

SYSPAL1.C

```
/*---------------------------------------
   SYSPAL1.C - Auslesen der Systempalette
              (c) Charles Petzold, 1998
  ---------------------------------------*/

#include <windows.h>

LRESULT CALLBACK WndProc (HWND, UINT, WPARAM, LPARAM) ;

TCHAR szAppName [] = TEXT ("SysPal1") ;

int WINAPI WinMain (HINSTANCE hInstance, HINSTANCE hPrevInstance,
                    PSTR szCmdLine, int iCmdShow)
{
     HWND     hwnd ;
     MSG      msg ;
     WNDCLASS wndclass ;

     wndclass.style         = CS_HREDRAW | CS_VREDRAW ;
     wndclass.lpfnWndProc   = WndProc ;
     wndclass.cbClsExtra    = 0 ;
     wndclass.cbWndExtra    = 0 ;
     wndclass.hInstance     = hInstance ;
     wndclass.hIcon         = LoadIcon (NULL, IDI_APPLICATION) ;
     wndclass.hCursor       = LoadCursor (NULL, IDC_ARROW) ;
     wndclass.hbrBackground = (HBRUSH) GetStockObject (WHITE_BRUSH) ;
     wndclass.lpszMenuName  = NULL ;
     wndclass.lpszClassName = szAppName ;

     if (!RegisterClass (&wndclass))
     {    // UNICODE-Compilierung ist die einzige realistische Fehlermöglichkeit
          MessageBox (NULL, TEXT ("Programm arbeitet mit Unicode und setzt Windows NT voraus!"),
                      szAppName, MB_ICONERROR) ;
          return 0 ;
     }

     hwnd = CreateWindow (szAppName, TEXT ("Systempalette, Version 1 (GetSystemPaletteEntries)"),
                          WS_OVERLAPPEDWINDOW,
                          CW_USEDEFAULT, CW_USEDEFAULT,
                          CW_USEDEFAULT, CW_USEDEFAULT,
                          NULL, NULL, hInstance, NULL) ;

     if (!hwnd)
          return 0 ;

     ShowWindow (hwnd, iCmdShow) ;
     UpdateWindow (hwnd) ;

     while (GetMessage (&msg, NULL, 0, 0))
```

```
     {
          TranslateMessage (&msg) ;
          DispatchMessage (&msg) ;
     }
     return msg.wParam ;
}

BOOL CheckDisplay (HWND hwnd)
{
     HDC hdc ;
     int iPalSize ;

     hdc = GetDC (hwnd) ;
     iPalSize = GetDeviceCaps (hdc, SIZEPALETTE) ;
     ReleaseDC (hwnd, hdc) ;

     if (iPalSize != 256)
     {
          MessageBox (hwnd, TEXT ("Dieses Programm setzt einen Videomodus mit 256 Farben voraus"),
                      szAppName, MB_ICONERROR) ;
          return FALSE ;
     }
     return TRUE ;
}

LRESULT CALLBACK WndProc (HWND hwnd, UINT message, WPARAM wParam, LPARAM lParam)
{
     static int   cxClient, cyClient ;
     static SIZE  sizeChar ;
     HDC          hdc ;
     int          i, x, y ;
     PAINTSTRUCT  ps ;
     PALETTEENTRY pe [256] ;
     TCHAR        szBuffer [16] ;

     switch (message)
     {
     case WM_CREATE:
          if (!CheckDisplay (hwnd))
               return -1 ;

          hdc = GetDC (hwnd) ;
          SelectObject (hdc, GetStockObject (SYSTEM_FIXED_FONT)) ;
          GetTextExtentPoint32 (hdc, TEXT ("FF-FF-FF"), 10, &sizeChar) ;
          ReleaseDC (hwnd, hdc) ;
          return 0 ;

     case WM_DISPLAYCHANGE:
          if (!CheckDisplay (hwnd))
               DestroyWindow (hwnd) ;

          return 0 ;

     case WM_SIZE:
          cxClient = LOWORD (lParam) ;
          cyClient = HIWORD (lParam) ;
```

```
        return 0 ;

    case WM_PAINT:
        hdc = BeginPaint (hwnd, &ps) ;

        SelectObject (hdc, GetStockObject (SYSTEM_FIXED_FONT)) ;

        // Systempalette abfragen
        GetSystemPaletteEntries (hdc, 0, 256, pe) ;

        // RGB-Werte numerisch darstellen
        for (i = 0, x = 0, y = 0 ; i < 256 ; i++)
        {
            wsprintf (szBuffer, TEXT ("%02X-%02X-%02X"),
                      pe[i].peRed, pe[i].peGreen, pe[i].peBlue) ;

            TextOut (hdc, x, y, szBuffer, lstrlen (szBuffer)) ;

            if ((x += sizeChar.cx) + sizeChar.cx > cxClient)
            {
                x = 0 ;

                if ((y += sizeChar.cy) > cyClient)
                    break ;
            }
        }
        EndPaint (hwnd, &ps) ;
        return 0 ;

    case WM_PALETTECHANGED:
        InvalidateRect (hwnd, NULL, FALSE) ;
        return 0 ;

    case WM_DESTROY:
        PostQuitMessage (0) ;
        return 0 ;
    }
    return DefWindowProc (hwnd, message, wParam, lParam) ;
}
```

Abbildung 16.5: *Das Programm* SYSPAL1

SYSPAL1 setzt – wie auch die nächsten beiden Varianten dieses Programms – einen Videomodus mit 8 Bit pro Pixel voraus. Die Prüfung geschieht über die programmeigene Funktion *CheckDisplayMode*, die im Falle eines Falles eine entsprechende Meldung ausgibt und sowohl bei WM_CREATE als auch bei Wechseln des Videomodus (WM_DISPLAYCHANGE) aufgerufen wird. Auf die Nachricht WM_PALETTECHANGED reagiert das Programm nicht etwa mit dem Durchsetzen einer eigenen Palette, sondern erzwingt ein Neuzeichnen seines Anwendungsbereichs. Bei WM_PAINT finden sich schließlich eine Abfrage der Systempalette und die Ausgabe der einzelnen Paletteneinträge in Form numerischer RGB-Werte. (Wie bereits erwähnt und in Tabelle 16.1aufgelistet, sind die ersten und die letzten zehn Einträge der Systempalette mit den statischen Systemfarben von Windows besetzt – hier erscheinen also immer wieder dieselben Werte.)

Auch wenn die von SYSPAL1 ausgegebene Zahlenwüste durchaus informativ sein mag: Das Wissen um einen Wert wie 80-9D-3F ist eine Sache, die direkte Ansicht der dazugehörigen Farbe eine andere. Die in Abbildung 16.6 aufgelistete zweite Version des Programms nimmt Ihnen die Rechnerei ab.

SYSPAL2.C

```
/*--------------------------------------
   SYSPAL2.C - Auslesen der Systempalette
               (c) Charles Petzold, 1998
  --------------------------------------*/

#include <windows.h>

LRESULT CALLBACK WndProc (HWND, UINT, WPARAM, LPARAM) ;

TCHAR szAppName [] = TEXT ("SysPal2") ;

int WINAPI WinMain (HINSTANCE hInstance, HINSTANCE hPrevInstance,
                    PSTR szCmdLine, int iCmdShow)
{
     HWND     hwnd ;
     MSG      msg ;
     WNDCLASS wndclass ;

     wndclass.style         = CS_HREDRAW | CS_VREDRAW ;
     wndclass.lpfnWndProc   = WndProc ;
     wndclass.cbClsExtra    = 0 ;
     wndclass.cbWndExtra    = 0 ;
     wndclass.hInstance     = hInstance ;
     wndclass.hIcon         = LoadIcon (NULL, IDI_APPLICATION) ;
     wndclass.hCursor       = LoadCursor (NULL, IDC_ARROW) ;
     wndclass.hbrBackground = (HBRUSH) GetStockObject (WHITE_BRUSH) ;
     wndclass.lpszMenuName  = NULL ;
     wndclass.lpszClassName = szAppName ;

     if (!RegisterClass (&wndclass))
     {    // UNICODE-Compilierung ist die einzige realistische Fehlermöglichkeit
          MessageBox (NULL, TEXT ("Programm arbeitet mit Unicode und setzt Windows NT voraus!"),
                      szAppName, MB_ICONERROR) ;
          return 0 ;
     }

     hwnd = CreateWindow (szAppName, TEXT ("Systempalette, Version 2 (PALETTEINDEX)"),
                          WS_OVERLAPPEDWINDOW,
                          CW_USEDEFAULT, CW_USEDEFAULT,
                          CW_USEDEFAULT, CW_USEDEFAULT,
                          NULL, NULL, hInstance, NULL) ;
     if (!hwnd)
          return 0 ;

     ShowWindow (hwnd, iCmdShow) ;
     UpdateWindow (hwnd) ;

     while (GetMessage (&msg, NULL, 0, 0))
     {
```

```
          TranslateMessage (&msg) ;
          DispatchMessage (&msg) ;
     }
     return msg.wParam ;
}

BOOL CheckDisplay (HWND hwnd)
{
     HDC hdc ;
     int iPalSize ;

     hdc = GetDC (hwnd) ;
     iPalSize = GetDeviceCaps (hdc, SIZEPALETTE) ;
     ReleaseDC (hwnd, hdc) ;

     if (iPalSize != 256)
     {
          MessageBox (hwnd, TEXT ("Dieses Programm setzt einen Videomodus mit 256 Farben voraus"),
                      szAppName, MB_ICONERROR) ;
          return FALSE ;
     }
     return TRUE ;
}

LRESULT CALLBACK WndProc (HWND hwnd, UINT message, WPARAM wParam, LPARAM lParam)
{
     static HPALETTE hPalette ;
     static int      cxClient, cyClient ;
     HBRUSH          hBrush ;
     HDC             hdc ;
     int             i, x, y ;
     LOGPALETTE    * plp ;
     PAINTSTRUCT     ps ;
     RECT            rect ;

     switch (message)
     {
     case WM_CREATE:
          if (!CheckDisplay (hwnd))
               return -1 ;

          plp = malloc (sizeof (LOGPALETTE) + 255 * sizeof (PALETTEENTRY)) ;

          plp->palVersion    = 0x0300 ;
          plp->palNumEntries = 256 ;

          for (i = 0 ; i < 256 ; i++)
          {
               plp->palPalEntry[i].peRed   = i ;
               plp->palPalEntry[i].peGreen = 0 ;
               plp->palPalEntry[i].peBlue  = 0 ;
               plp->palPalEntry[i].peFlags = PC_EXPLICIT ;
          }

          hPalette = CreatePalette (plp) ;
          free (plp) ;
```

```
          return 0 ;

     case WM_DISPLAYCHANGE:
          if (!CheckDisplay (hwnd))
               DestroyWindow (hwnd) ;

          return 0 ;

     case WM_SIZE:
          cxClient = LOWORD (lParam) ;
          cyClient = HIWORD (lParam) ;
          return 0 ;

     case WM_PAINT:
          hdc = BeginPaint (hwnd, &ps) ;

          SelectPalette (hdc, hPalette, FALSE) ;
          RealizePalette (hdc) ;

          for (y = 0 ; y < 16 ; y++)
          for (x = 0 ; x < 16 ; x++)
          {
               hBrush = CreateSolidBrush (PALETTEINDEX (16 * y + x)) ;
               SetRect (&rect, x      * cxClient / 16, y      * cyClient / 16,
                              (x + 1) * cxClient / 16, (y + 1) * cyClient / 16);
               FillRect (hdc, &rect, hBrush) ;
               DeleteObject (hBrush) ;
          }
          EndPaint (hwnd, &ps) ;
          return 0 ;

     case WM_PALETTECHANGED:
          if ((HWND) wParam != hwnd)
               InvalidateRect (hwnd, NULL, FALSE) ;

          return 0 ;

     case WM_DESTROY:
          DeleteObject (hPalette) ;
          PostQuitMessage (0) ;
          return 0 ;
     }
     return DefWindowProc (hwnd, message, wParam, lParam) ;
}
```

Abbildung 16.6: *Das Programm* SYSPAL2

SYSPAL2 legt im Gegensatz zu seinem Vorgänger bei WM_CREATE eine eigene logische Palette an – die hier aber nicht aus RGB-Werten, sondern aus Indizes besteht: Das Feld *peRed* der einzelnen Paletteneinträge läuft von 0 bis 255 durch, das Feld *peFlags* bekommt jeweils die Konstante PC_EXPLICIT zugewiesen. Im Win32-SDK findet sich für diese Konstante die Beschreibung: »gibt an, dass das niederwertige Wort des logischen Paletteneintrags einen Index in die Systempalette enthält. Auf diese Weise lassen sich die Einträge der Hardware-Palette darstellen.« Nun, genau das hat SYSPAL2 auch vor.

Im *case*-Zweig für WM_PAINT setzt SYSPAL2 diese Palette in den Gerätekontext ein und ruft dann *RealizePalette* auf. Da sämtliche Einträge der logischen Palette mit PC_EXPLICIT gekennzeichnet sind, hat dieser Aufruf keine Reorganisation der Hardware-Palette zur Folge – vielmehr ist es dem Programm danach möglich, über den Makro PALETTEINDEX die aktuellen Einträge der Hardware-Palette zum Anlegen von Füllmustern zu verwenden. Da SYSPAL1 wie SYSPAL2 auf Veränderungen der Palette mit dem Neuzeichnen seines Anwendungsbereichs reagiert, sollten Sie einmal probieren, während der Laufzeit dieses Programms mit einer Bildbearbeitung wie Adobes Photoshop einen Farbverlauf (beispielsweise von Blau nach Schwarz) zu zeichnen und so die Systempalette mit weitgehend einheitlichen Abstufungen einer Farbe zu füllen. Danach sollten die zwanzig statischen Systemfarben am Anfang und am Ende der Systempalette besonders deutlich in den 256 von SYSPAL2 gezeichneten Rechtecken zu sehen sein. Wenn Sie sowohl Farben als auch RGB-Werte zu sehen bekommen wollen, können Sie SYSPAL2 entweder um Textausgaben erweitern oder gleichzeitig das Programm WHATCLR (aus Kapitel 8) einsetzen.

Die dritte Version von SYSPAL verwendet eine Technik, die ich erst vor kurzem kennengelernt habe – nach immerhin sieben Jahren Beschäftigung mit dem Paletten-Manager von Windows. Praktisch alle GDI-Funktionen geben Farben über RGB-Werte an (die dann ihrerseits irgendwo in den Tiefen der GDI in Pixelwerte umgerechnet werden). Bei 16, 24 und 32 Bit pro Pixel ist diese Umrechnung geradlinig, bei anderen Farbtiefen (4 und 8 Bit) dagegen recht kompliziert.

Zwei Funktionen gibt es allerdings, über die man Pixelwerte direkt angeben kann, wobei sich von selbst versteht, dass diese Art des Mißbrauchs Geräteabhängigkeit im denkbar höchsten Maße mit sich bringt. Tatsächlich ist die Geräteabhängigkeit derart hoch, dass sich auf diese Weise der aktuelle Inhalt der Hardware-Palette direkt darstellen läßt. Wovon ich rede? Nun – von *BitBlt* und *StretchBlt* im Zusammenhang mit DDBs, deren Pixel sozusagen palettenfrei auf Werte von 0 bis 255 gesetzt sind.

Das in Abbildung 16.7 aufgelistete Programm SYSPAL3 setzt *StretchBlt* zusammen mit einem geräteabhängigen Bitmap von 16 x 16 Pixeln ein und gelangt so mit verblüffend geringem Aufwand zu denselben Ergebnissen wie SYSPAL2.

SYSPAL3.C

```
/*----------------------------------------
   SYSPAL3.C - Auslesen der Systempalette
               (c) Charles Petzold, 1998
  ----------------------------------------*/

#include <windows.h>

LRESULT CALLBACK WndProc (HWND, UINT, WPARAM, LPARAM) ;

TCHAR szAppName [] = TEXT ("SysPal3") ;

int WINAPI WinMain (HINSTANCE hInstance, HINSTANCE hPrevInstance,
                    PSTR szCmdLine, int iCmdShow)
{
     HWND     hwnd ;
     MSG      msg ;
     WNDCLASS wndclass ;

     wndclass.style         = CS_HREDRAW | CS_VREDRAW ;
     wndclass.lpfnWndProc   = WndProc ;
     wndclass.cbClsExtra    = 0 ;
     wndclass.cbWndExtra    = 0 ;
```

```
     wndclass.hInstance     = hInstance ;
     wndclass.hIcon         = LoadIcon (NULL, IDI_APPLICATION) ;
     wndclass.hCursor       = LoadCursor (NULL, IDC_ARROW) ;
     wndclass.hbrBackground = (HBRUSH) GetStockObject (WHITE_BRUSH) ;
     wndclass.lpszMenuName  = NULL ;
     wndclass.lpszClassName = szAppName ;

     if (!RegisterClass (&wndclass))
     {    // UNICODE-Compilierung ist die einzige realistische Fehlermöglichkeit
          MessageBox (NULL, TEXT ("Programm arbeitet mit Unicode und setzt Windows NT voraus!"),
                      szAppName, MB_ICONERROR) ;
          return 0 ;
     }

     hwnd = CreateWindow (szAppName, TEXT ("Systempalette, Version 3 (StretchBlt)"),
                          WS_OVERLAPPEDWINDOW,
                          CW_USEDEFAULT, CW_USEDEFAULT,
                          CW_USEDEFAULT, CW_USEDEFAULT,
                          NULL, NULL, hInstance, NULL) ;

     if (!hwnd)
          return 0 ;

     ShowWindow (hwnd, iCmdShow) ;
     UpdateWindow (hwnd) ;

     while (GetMessage (&msg, NULL, 0, 0))
     {
          TranslateMessage (&msg) ;
          DispatchMessage (&msg) ;
     }
     return msg.wParam ;
}

BOOL CheckDisplay (HWND hwnd)
{
     HDC hdc ;
     int iPalSize ;

     hdc = GetDC (hwnd) ;

     iPalSize = GetDeviceCaps (hdc, SIZEPALETTE) ;
     ReleaseDC (hwnd, hdc) ;

     if (iPalSize != 256)
     {
          MessageBox (hwnd, TEXT ("Dieses Programm setzt einen Videomodus mit 256 Farben voraus"),
                      szAppName, MB_ICONERROR) ;
          return FALSE ;
     }
     return TRUE ;
}

LRESULT CALLBACK WndProc (HWND hwnd, UINT message, WPARAM wParam, LPARAM lParam)
{
     static HBITMAP hBitmap ;
```

```
    static int      cxClient, cyClient ;
    BYTE            bits [256] ;
    HDC             hdc, hdcMem ;
    int             i ;
    PAINTSTRUCT     ps ;

    switch (message)
    {
    case WM_CREATE:
         if (!CheckDisplay (hwnd))
              return -1 ;

         // DDB mit 16x16 Pixeln und Pixelwerten von 0 bis 255 anlegen
         for (i = 0 ; i < 256 ; i++)
              bits [i] = i ;

         hBitmap = CreateBitmap (16, 16, 1, 8, &bits) ;
         return 0 ;

    case WM_DISPLAYCHANGE:
         if (!CheckDisplay (hwnd))
              DestroyWindow (hwnd) ;

         return 0 ;

    case WM_SIZE:
         cxClient = LOWORD (lParam) ;
         cyClient = HIWORD (lParam) ;
         return 0 ;

    case WM_PAINT:
         hdc = BeginPaint (hwnd, &ps) ;

         hdcMem = CreateCompatibleDC (hdc) ;
         SelectObject (hdcMem, hBitmap) ;

         StretchBlt (hdc, 0, 0, cxClient, cyClient, hdcMem, 0, 0, 16, 16, SRCCOPY) ;

         DeleteDC (hdcMem) ;
         EndPaint (hwnd, &ps) ;
         return 0 ;

    case WM_DESTROY:
         DeleteObject (hBitmap) ;
         PostQuitMessage (0) ;
         return 0 ;
    }
    return DefWindowProc (hwnd, message, wParam, lParam) ;
}
```

Abbildung 16.7: *Das Programm* SYSPAL3

SYSPAL3 legt sein geräteabhängiges Bitmap bei WM_CREATE an und übergibt *CreateBitmap* dabei als vierten Parameter Initialisierungsdaten in Form eines Arrays mit 256 Pixelwerten von 0 bis 255. Bei WM_PAINT wird dieses Bitmap in einen Speicherkontext eingesetzt und per

StretchBlt in den Anwendungsbereich gezeichnet, ohne dass das Programm zuvor eine eigene Palette gesetzt hätte. Das Nette an dieser Technik ist, dass SYSPAL3 nicht einmal auf Veränderungen der Palette reagieren muß, weil die von diesem Programm in den Bildspeicher übertragenen Pixelwerte den Inhalt der Hardware-Palette sozusagen automatisch wiedergeben. Wesentlich wichtiger ist allerdings die Schlußfolgerung aus diesem Verhalten:

HINWEIS: Über das Einsetzen und Durchsetzen einer Palette teilen Programme der GDI mit, für welche Farben die Pixeldaten eines geräteabhängigen Bitmaps wirklich stehen – und in welche Werte sie vor dem Transfer in den Bildspeicher umgerechnet werden müssen, damit die gewünschte Farbe auch auf dem Bildschirm erscheint.

Anders gesagt: Wenn Ihr Programm eine logische Palette einsetzt, deren Eintrag *n* die Farbe RGB(x,y,z) hat, dann führt *BitBlt* beim Zeichnen eines Pixels mit dem Wert *n* nicht einen, sondern drei Schritte aus:

1. Ermittlung der gewünschten Farbe für den Pixelwert *n*, d.h. das Lesen des Eintrags *n* in der vom Programm eingesetzten logischen Palette. Das Ergebnis ist der RGB-Wert (x,y,z).
2. Suche des RGB-Wertes (x,y,z) in der Hardware-Palette. Das Ergebnis ist wiederum ein Index (b).
3. Schreiben von *b* als Pixelwert in den Bildspeicher.

In der Praxis werden diese Schritte natürlich nicht pro Pixel ausgeführt, sondern en bloc: *RealizePalette* baut eine interne Tabelle mit 256 Elementen für den jeweiligen Gerätekontext auf, die dann von *BitBlt* & Co. benutzt wird.

Palettenanimation

Wenn Sie beim Anblick des Wörtchens »Animation« gedacht haben, dass es allen vorherigen Beteuerungen zum Trotz doch irgend einen Trick gibt, mit dem man Sprites oder andere bewegte Objekte im Handstreich auf den Bildschirm kriegt – tut mir leid: Damit liegen Sie fast genauso weit daneben wie mit einem Tip auf den Club Mediterranée. Dennoch ist der Terminus recht treffend, weil es hier wirklich um Bewegung geht – wenn auch um eine recht spezielle Form, die eben nur mit Paletten möglich ist.

Während man im Normalfall unter Animation das Kopieren und eventuell Versetzen verschiedener Bitmaps in rascher Folge versteht, geht es bei der Animation von Paletten ausschließlich um das Verändern von Paletteneinträgen, über das sich bei entsprechender Vorbereitung aber ebenfalls die Illusion von Bewegung erzeugen läßt. Stellen Sie sich beispielsweise ein Programm vor, das auf einen grauen Hintergrund (mit dem Palettenindex *x*) eine graue Figur zeichnet, dafür aber den Palettenindex *y* verwendet. Wenn das Programm danach den Paletteneintrag *y* schrittweise von Grau nach Grün verändert, scheint die Figur sozusagen aus dem Nichts aufzutauchen. (Der Witz daran ist nicht zuletzt der nachgerade lächerlich geringe Verbrauch an Rechenzeit: Anstatt die Figur bei jedem Schritt neu zu zeichnen, kann sich das Programm auf das Verändern von Paletteneinträgen beschränken.)

Für Animationen vorgesehene Paletteneinträge werden durch den Werte PC_RESERVED im Feld *peFlags* gekennzeichnet, auf den der Paletten-Manager speziell reagiert: Zum einen sperrt er solche Einträge gegen die gemeinsame Nutzung durch mehrere Programme, zum anderen erlaubt er ihre Veränderung über eine Routine namens *AnimatePalette*, die bei »normalen« Paletteneinträgen wirkungslos bleibt (und zu der ich gleich komme). Der Grund für die Sperre hört auf den Namen Geschwindigkeit: Wenn die durch Animation geänderten Paletteneinträge sowieso nicht von anderen Programmen genutzt werden können, erübrigt sich bei ihrer Änderung das Neuzeichnen der jeweiligen Fenster. Der Paletten-Manager versendet zwar auch bei Palettenanimationen die Nachricht WM_PALETTECHANGED, auf die andere Programme wie gehabt mit dem Durchsetzen ihrer eigenen Palette reagieren – die im Rahmen dieser Bearbeitung aufgerufene Routine *UpdateColors* stellt aber schnell fest, dass sie mit den veränderten Einträgen nichts zu tun hat und bricht deshalb ab, anstatt die Pixelwerte im jeweiligen Fenster umzusetzen.

Programme, die Palettenanimation einsetzen, reagieren auf WM_PAINT wie gehabt mit dem Einsetzen und Durchsetzen ihrer logischen Palette, legen RGB-Werte aber sinnvollerweise über den Makro PALETTEINDEX fest, um dem System die ansonsten fällige Suche zu ersparen. Für die schrittweise Änderung der Einträge wird man in den meisten Fällen einen Timer verwenden, wobei der dazugehörige *case*-Zweig in der Window-Prozedur nicht *SetPaletteEntries*, sondern eine Funktion namens *AnimatePalette* benutzt, die sich vor allem durch eine wesentlich höhere Geschwindigkeit auszeichnet: Sie umgeht den größten Teil der Verwaltungsfunktionen des Paletten-Managers und setzt die System- bzw. Hardware Palette direkt.

Ein springender Ball

Das in Abbildung 16.8 aufgelistete Programm BOUNCE demonstriert wieder einmal einen springenden Ball, der aus Gründen der Einfachheit als Ellipse gezeichnet wird, wobei die Größe dieser Ellipse direkt von der Größe des jeweiligen Fensters abhängt. Die erste in diesem Listing erscheinende Date PALANIM.C wird auch von einigen weiteren Programmen dieses Kapitels verwendet.

PALANIM.C

```
/*----------------------------------------------------------------
   PALANIM.C - Übergeordnete Routinen für Palettenanimations-Programme
               (c) Charles Petzold, 1998
  ----------------------------------------------------------------*/

#include <windows.h>

extern HPALETTE CreateRoutine  (HWND) ;
extern void     PaintRoutine   (HDC, int, int) ;
extern void     TimerRoutine   (HDC, HPALETTE) ;
extern void     DestroyRoutine (HWND, HPALETTE) ;

LRESULT CALLBACK WndProc (HWND, UINT, WPARAM, LPARAM) ;

extern TCHAR szAppName [] ;  // Name der Anwendung und Fenstertitel
extern TCHAR szTitle [] ;    // werden programmspezifisch definiert

int WINAPI WinMain (HINSTANCE hInstance, HINSTANCE hPrevInstance,
                    PSTR szCmdLine, int iCmdShow)
{
     HWND     hwnd ;
     MSG      msg ;
     WNDCLASS wndclass ;

     wndclass.style         = CS_HREDRAW | CS_VREDRAW ;
     wndclass.lpfnWndProc   = WndProc ;
     wndclass.cbClsExtra    = 0 ;
     wndclass.cbWndExtra    = 0 ;
```

```
     wndclass.hInstance     = hInstance ;
     wndclass.hIcon         = LoadIcon (NULL, IDI_APPLICATION) ;
     wndclass.hCursor       = LoadCursor (NULL, IDC_ARROW) ;
     wndclass.hbrBackground = (HBRUSH) GetStockObject (WHITE_BRUSH) ;
     wndclass.lpszMenuName  = NULL ;
     wndclass.lpszClassName = szAppName ;

     if (!RegisterClass (&wndclass))
     {    // UNICODE-Compilierung ist die einzige realistische Fehlermöglichkeit
          MessageBox (NULL, TEXT ("Programm arbeitet mit Unicode und setzt Windows NT voraus!"),
                      szAppName, MB_ICONERROR) ;
          return 0 ;
     }

     hwnd = CreateWindow (szAppName, szTitle,
                          WS_OVERLAPPEDWINDOW,
                          CW_USEDEFAULT, CW_USEDEFAULT,
                          CW_USEDEFAULT, CW_USEDEFAULT,
                          NULL, NULL, hInstance, NULL) ;

     if (!hwnd)
          return 0 ;

     ShowWindow (hwnd, iCmdShow) ;
     UpdateWindow (hwnd) ;

     while (GetMessage (&msg, NULL, 0, 0))
     {
          TranslateMessage (&msg) ;
          DispatchMessage (&msg) ;
     }
     return msg.wParam ;
}

BOOL CheckDisplay (HWND hwnd)
{
     HDC hdc ;
     int iPalSize ;

     hdc = GetDC (hwnd) ;
     iPalSize = GetDeviceCaps (hdc, SIZEPALETTE) ;
     ReleaseDC (hwnd, hdc) ;

     if (iPalSize != 256)
     {
          MessageBox (hwnd, TEXT ("Dieses Programm setzt einen Videmodus mit 256 Farben voraus"),
                      szAppName, MB_ICONERROR) ;
          return FALSE ;
     }
     return TRUE ;
}

LRESULT CALLBACK WndProc (HWND hwnd, UINT message, WPARAM wParam, LPARAM lParam)
{
     static HPALETTE hPalette ;
     static int      cxClient, cyClient ;
```

```
HDC          hdc ;
PAINTSTRUCT  ps ;

switch (message)
{
case WM_CREATE:
     if (!CheckDisplay (hwnd))
          return -1 ;

     hPalette = CreateRoutine (hwnd) ;
     return 0 ;

case WM_DISPLAYCHANGE:
     if (!CheckDisplay (hwnd))
          DestroyWindow (hwnd) ;

     return 0 ;

case WM_SIZE:
     cxClient = LOWORD (lParam) ;
     cyClient = HIWORD (lParam) ;
     return 0 ;

case WM_PAINT:
     hdc = BeginPaint (hwnd, &ps) ;

     SelectPalette (hdc, hPalette, FALSE) ;
     RealizePalette (hdc) ;

     PaintRoutine (hdc, cxClient, cyClient) ;

     EndPaint (hwnd, &ps) ;
     return 0 ;

case WM_TIMER:
     hdc = GetDC (hwnd) ;

     SelectPalette (hdc, hPalette, FALSE) ;

     TimerRoutine (hdc, hPalette) ;

     ReleaseDC (hwnd, hdc) ;
     return 0 ;

case WM_QUERYNEWPALETTE:
     if (!hPalette)
          return FALSE ;

     hdc = GetDC (hwnd) ;
     SelectPalette (hdc, hPalette, FALSE) ;
     RealizePalette (hdc) ;
     InvalidateRect (hwnd, NULL, TRUE) ;

     ReleaseDC (hwnd, hdc) ;
     return TRUE ;
```

```
    case WM_PALETTECHANGED:
         if (!hPalette || (HWND) wParam == hwnd)
              break ;

         hdc = GetDC (hwnd) ;
         SelectPalette (hdc, hPalette, FALSE) ;
         RealizePalette (hdc) ;
         UpdateColors (hdc) ;

         ReleaseDC (hwnd, hdc) ;
         break ;

    case WM_DESTROY:
         DestroyRoutine (hwnd, hPalette) ;
         PostQuitMessage (0) ;
         return 0 ;
    }
    return DefWindowProc (hwnd, message, wParam, lParam) ;
}
```

BOUNCE.C

```
/*---------------------------------------------------
   BOUNCE.C - Springender Ball über Palettenanimation
              (c) Charles Petzold, 1998
  ---------------------------------------------------*/

#include <windows.h>

#define ID_TIMER 1

TCHAR szAppName [] = TEXT ("Bounce") ;
TCHAR szTitle   [] = TEXT ("Bounce: Palettenanimation") ;

static LOGPALETTE * plp ;

HPALETTE CreateRoutine (HWND hwnd)
{
    HPALETTE hPalette ;
    int      i ;

    plp = malloc (sizeof (LOGPALETTE) + 33 * sizeof (PALETTEENTRY)) ;

    plp->palVersion    = 0x0300 ;
    plp->palNumEntries = 34 ;

    for (i = 0 ; i < 34 ; i++)
    {
         plp->palPalEntry[i].peRed   = 255 ;
         plp->palPalEntry[i].peGreen = (i == 0 ? 0 : 255) ;
         plp->palPalEntry[i].peBlue  = (i == 0 ? 0 : 255) ;
         plp->palPalEntry[i].peFlags = (i == 33 ? 0 : PC_RESERVED) ;
    }
    hPalette = CreatePalette (plp) ;

    SetTimer (hwnd, ID_TIMER, 50, NULL) ;
```

```
     return hPalette ;
}

void PaintRoutine (HDC hdc, int cxClient, int cyClient)
{
     HBRUSH hBrush ;
     int    i, x1, x2, y1, y2 ;
     RECT   rect ;

    // Fensterhintergrund mit Palettenindex 33 zeichnen
     SetRect (&rect, 0, 0, cxClient, cyClient) ;
     hBrush = CreateSolidBrush (PALETTEINDEX (33)) ;
     FillRect (hdc, &rect, hBrush) ;
     DeleteObject (hBrush) ;

     // 33 Bälle mit Palettenindices von 0 bis 32 zeichnen
     SelectObject (hdc, GetStockObject (NULL_PEN)) ;

     for (i = 0 ; i < 33 ; i++)
     {
          x1 =  i      * cxClient / 33 ;
          x2 = (i + 1) * cxClient / 33 ;

          if (i < 9)
          {
               y1  = i      * cyClient / 9 ;
               y2 = (i + 1) * cyClient / 9 ;
          }
          else if (i < 17)
          {
               y1 = (16 - i) * cyClient / 9 ;
               y2 = (17 - i) * cyClient / 9 ;
          }
          else if (i < 25)
          {
               y1 = (i - 16) * cyClient / 9 ;
               y2 = (i - 15) * cyClient / 9 ;
          }
          else
          {
               y1 = (32 - i) * cyClient / 9 ;
               y2 = (33 - i) * cyClient / 9 ;
          }

          hBrush = CreateSolidBrush (PALETTEINDEX (i)) ;
          SelectObject (hdc, hBrush) ;
          Ellipse (hdc, x1, y1, x2, y2) ;
          DeleteObject (SelectObject (hdc, GetStockObject (WHITE_BRUSH))) ;
     }
     return ;
}

void TimerRoutine (HDC hdc, HPALETTE hPalette)
{
     static BOOL bLeftToRight = TRUE ;
     static int  iBall ;
```

```
    // Paletteneintrag für für den alten Ball auf Weiß
    plp->palPalEntry[iBall].peGreen = 255 ;
    plp->palPalEntry[iBall].peBlue  = 255 ;

    iBall += (bLeftToRight ? 1 : -1) ;

    if (iBall == (bLeftToRight ? 33 : -1))
    {
        iBall = (bLeftToRight ? 31 : 1) ;
        bLeftToRight ^= TRUE ;
    }

    // Palettenindex für den neuen Ball auf Rot
    plp->palPalEntry[iBall].peGreen = 0 ;
    plp->palPalEntry[iBall].peBlue  = 0 ;

    // veränderte Palette einsetzen
    AnimatePalette (hPalette, 0, 33, plp->palPalEntry) ;
    return ;
}

void DestroyRoutine (HWND hwnd, HPALETTE hPalette)
{
    KillTimer (hwnd, ID_TIMER) ;
    DeleteObject (hPalette) ;
    free (plp) ;
    return ;
}
```

Abbildung 16.8: *Das Programm* BOUNCE

Da Palettenanimationen nur in den Videomodi mit 8 Bit pro Pixel möglich sind, definiert PALANIM.C wie die drei Versionen von SYSPAL eine Prüfroutine *CheckDisplay*, die hier sowohl bei WM_CREATE als auch bei Wechseln des Videomodus (WM_DISPLAYCHANGE) aufgerufen wird. PALANIM.C definiert vier Routinen als *extern* (lies: erwartet deren Implementation in einem anderen Modul):

- *CreateRoutine* wird bei WM_CREATE aufgerufen und muß eine logische Palette zurückliefern, die PALANIM.C dann als Reaktion auf Paletten-Nachrichten sowie bei WM_PAINT durchsetzt. BOUNCE erzeugt hier eine Palette mit 34 Einträgen, die mit Ausnahme des ersten sämtlich auf Weiß gesetzt sind, und legt einen Timer mit einem Intervall von 50 Millisekunden an.
- *PaintRoutine* wird bei WM_PAINT nach dem Durchsetzen der Palette aufgerufen und sollte das Zeichnen erledigen.
- *TimerRoutine* wird bei WM_TIMER aufgerufen und muß sich um die Veränderung der Paletteneinträge kümmern.
- *DestroyRoutine* wird bei WM_DESTROY aufgerufen und ist für individuelle Aufräumarbeiten zuständig. BOUNCE gibt hier den Timer sowie die logische Palette wieder frei.

BOUNCE läßt einen roten Ball von einem weißen Hintergrund entlang der Konturen eines »W« springen, unterscheidet dabei zwischen insgesamt 33 sich nicht überlappenden Positionen und benötigt deshalb insgesamt 34 Paletteneinträge. In *CreateRoutine* legt das Programm eine logische Palette entsprechender Größe an und gibt sämtlichen Einträgen mit Ausnahme des ersten die Farbe Weiß. Der erste Eintrag (der hinterher für die Ballposition in der linken oberen Ecke des Anwendungsbereichs benutzt wird) bekommt die Farbe Rot; bei allen Einträgen mit Ausnahme des (für den Hintergrund zuständigen) letzten ist das Feld *peFlags* auf den Wert PE_RESERVED gesetzt.

Obwohl BOUNCE den Ball zu bewegen scheint, führt das Programm Zeichenoperationen ausschließlich im Rahmen von WM_PAINT aus (und sorgt in *TimerRoutine nicht* über *InvalidateRect* für neue WM_PAINT-Nachrichten – auch wenn die Vermutung naheliegt). Nachdem der Hintergrund des Fensters über ein Füllmuster mit dem Palettenindex 33 gefüllt worden ist, zeichnet BOUNCE insgesamt 33 Bälle an verschiedenen Positionen und verwendet für jeden Ball einen anderen Palettenindex im Bereich von 0 bis 32. Beim ersten Zeichnen ist der Eintrag 0 der logischen Palette auf Rot gesetzt, die restlichen 33 Einträge sind weiß: Der mit dem Palettenindex 0 gezeichnete Ball erscheint also rot, alle anderen Bälle haben dieselbe Farbe wie der Hintergrund.

Die Funktion *TimerRoutine* wird von PALANIM.C aus aufgerufen und sorgt für die scheinbare Bewegung: Sie setzt den aktuellen Paletteneintrag (Indexvariable *iBall*) auf Weiß zurück, ändert den jeweils nächsten Eintrag auf Rot und setzt dann die veränderte Palette über *AnimatePalette* ein. Die Syntax von *AnimatePalette* ist:

```
AnimatePalette (hPalette, uStart, uNum, &pe) ;
```

Wie bei *SetPaletteEntries* steht der erste Parameter für den Handle der logischen Palette, der zweite gibt den Index des ersten zu ändernden Eintrags, der dritte die Zahl der zu ändernden Einträge in dieser logischen Palette an. Als vierten Parameter erwartet *AnimatePalette* ein PALETTEENTRY-Array mit (mindestens) *uNum* Elementen. Das Element 0 dieses Array landet als Element *uNum* in der logischen Palette, das zweite als Element *uNum*+1 usw.

BOUNCE verwendet für die Manipulationen der Palette aus reiner Bequemlichkeit dasselbe PALETTEENTRY-Array, das auch zum Anlegen der logischen Palette benutzt wurde, und setzt es jedesmal komplett neu ein:

```
AnimatePalette (hPalette, 0, 33, plp->palPalEntry) ;
```

Die GDI besetzt daraufhin die ersten 33 Einträge der logischen Palette *hPalette* neu (was de facto nur auf zwei echte Änderungen hinausläuft) und ändert dann – *ohne* dass dazu ein Aufruf von *RealizePalette* notwendig wäre – sowohl die Systempalette als auch die Hardware-Palette der Grafikkarte.

Obwohl *AnimatePalette* das System nur wenig belastet: Der Ansatz, für zwei Veränderungen jedesmal die gesamte logische Palette des Programms neu zu besetzen, erscheint doch arg einfach gestrickt. Ein ökonomischeres Verfahren war mir bei BOUNCE allerdings etwas zu undurchsichtig, weil der Ball dort vorwärts und rückwärts springt (lies: *iBall* erst von 0 bis 32 erhöht wird und im nächsten Zyklus dann wieder in Richtung 0 läuft). Eine Möglichkeit bestünde aus der Definition zweier zusätzlicher Variablen *iBallOld* (alter Index) und *iBallMin*. Damit ließe sich *AnimatePalette* dann jeweils nur für zwei aufeinanderfolgende Einträge aufrufen:

```
iBallMin = min (iBall, iBallOld) ;
AnimatePalette (hPal, iBallMin, 2, plp->palPalEntry + iBallMin) ;
```

Eine Alternative dazu besteht aus der Definition einer einzelnen PALETTEENTRY-Variablen und zwei Aufrufen von *AnimatePalette* in *TimerRoutine*, wobei der erste den aktuellen Eintrag auf Weiß zurücksetzt, der zweite den neuen Eintrag auf Rot. Das über den Zeiger *plp* belegte PALETTEENTRY-Array ließe sich dann direkt nach dem Anlegen der logischen Palette in *CreateRoutine* wieder freigeben.

Mit SYSPAL2 oder SYSPAL3 lassen sich die Änderungen der Systempalette durch BOUNCE übrigens recht gut beobachten. (Moment mal. Hatte ich nicht gesagt, dass während einer Palettenanimation eigentlich kein Neuzeichnen anderer Fenster stattfinden sollte, weil *UpdateColors* nach einem kurzen Vergleich mit der Erkenntnis »geht uns nichts an« abbricht? Im Prinzip ist das schon richtig – nur hat SYSPAL2 überhaupt keine eigene Palette und reagiert deshalb auf WM_PALETTECHANGED nicht mit einem Aufruf von *UpdateColors*, sondern mit dem Neuzeichnen seines Fensters – benutzt also eine Technik, die man bei anderen Anwendungen tunlichst vermeiden sollte. Die Lösung der Frage, wieso sich SYSPAL3 genauso verhält, obwohl die Paletteneinträge doch extra mit PC_RESERVED gekennzeichnet wurden, überlasse ich Ihnen als Beschäftigung für verregnete Wochenenden.)

BOUNCE beweist einerseits, dass sich auch mit Palettenanimation die Illusion von Bewegung über größere Strecken erzeugen läßt, zeigt aber auch die Grenzen deutlich auf. Wie die nächsten Abschnitte zeigen, liegen die Stärken dieser Technik auch eher auf anderen Gebieten.

Animation mit einem einzigen Eintrag

Einer der interessanteren Aspekte der Palettenanimation liegt darin, dass man dabei unter Umständen mit einem einzigen Eintrag auskommt. Das in Abbildung 16.9 aufgelistete Programm FADER setzt die in Abbildung 16.8 wiedergegebene Datei PALANIM.C voraus und demonstriert eine solche Anwendungsmöglichkeit.

FADER.C

```
/*--------------------------------------
   FADER.C - Ein- und Ausblenden von Text
            (c) Charles Petzold, 1998
  --------------------------------------*/

#include <windows.h>

#define ID_TIMER 1

TCHAR szAppName [] = TEXT ("Fader") ;
TCHAR szTitle   [] = TEXT ("Fader: Ein- und Ausblenden von Text") ;

static LOGPALETTE lp ;

HPALETTE CreateRoutine (HWND hwnd)
{
     HPALETTE hPalette ;

     lp.palVersion             = 0x0300 ;
     lp.palNumEntries          = 1 ;
     lp.palPalEntry[0].peRed   = 255 ;
     lp.palPalEntry[0].peGreen = 255 ;
     lp.palPalEntry[0].peBlue  = 255 ;
     lp.palPalEntry[0].peFlags = PC_RESERVED ;
```

```
    hPalette = CreatePalette (&lp) ;

    SetTimer (hwnd, ID_TIMER, 50, NULL) ;
    return hPalette ;
}

void PaintRoutine (HDC hdc, int cxClient, int cyClient)
{
    static TCHAR szText [] = TEXT ("Ein- und Ausblenden ") ;
    int          x, y ;
    SIZE         sizeText ;

    SetTextColor (hdc, PALETTEINDEX (0)) ;
    GetTextExtentPoint32 (hdc, szText, lstrlen (szText), &sizeText) ;

    for (x = 0 ; x < cxClient ; x += sizeText.cx)
      for (y = 0 ; y < cyClient ; y += sizeText.cy)
          TextOut (hdc, x, y, szText, lstrlen (szText)) ;

    return ;
}

void TimerRoutine (HDC hdc, HPALETTE hPalette)
{
    static BOOL bFadeIn = TRUE ;

    if (bFadeIn)
    {
        lp.palPalEntry[0].peRed   -= 4 ;
        lp.palPalEntry[0].peGreen -= 4 ;

        if (lp.palPalEntry[0].peRed == 3)
            bFadeIn = FALSE ;
    }
    else
    {
        lp.palPalEntry[0].peRed   += 4 ;
        lp.palPalEntry[0].peGreen += 4 ;

        if (lp.palPalEntry[0].peRed == 255)
            bFadeIn = TRUE ;
    }

    AnimatePalette (hPalette, 0, 1, lp.palPalEntry) ;
    return ;
}

void DestroyRoutine (HWND hwnd, HPALETTE hPalette)
{
    KillTimer (hwnd, ID_TIMER) ;
    DeleteObject (hPalette) ;
    return ;
}
```

Abbildung 16.9: *Das Programm* FADER

FADER füllt den Anwendungsbereich seines Fensters mit Wiederholungen des Texts »Ein- und Ausblenden«. Der für die Textdarstellung verwendete Paletteneintrag ist anfänglich auf Weiß gesetzt und hat damit dieselbe Farbe wie der Hintergrund. Die über den Timer aufgerufene Routine ändert diesen Paletteneintrag stufenweise von Weiß nach Blau und wieder zurück nach Weiß, weshalb der Text aus dem Hintergrund aufzutauchen und wieder zu verschwinden scheint.

Die (von PALANIM.C aus aufgerufene) Routine *CreateRoutine* kommt hier mit einer logischen Palette aus, die aus einem einzigen Eintrag besteht, *PaintRoutine* setzt diesen Eintrag über *SetTextColor* als Textfarbe ein (was nur funktioniert, weil PALANIM vor dem Aufruf von *PaintRoutine* bereits die logische Palette in den Kontext eingesetzt und durchgesetzt hat. Ohne diese Vorbereitung erschiene der Text permanent schwarz.)

Die Funktion *TimerRoutine* erniedrigt zunächst die Farbkomponenten *peRed* und *peGreen* schrittweise um 4, bis der Grenzwert 3 erreicht ist (mithin der Paletteneintrag den RGB-Wert (3,3,255) hat, also fast nur noch aus Blau besteht). Danach geht es wieder aufwärts, bis RGB(255,255,255) erreicht ist.

Das in Abbildung 16.10 aufgelistete Programm ALLCOLOR kommt ebenfalls mit einem einzigen Paletteneintrag aus, der sämtliche von einer Grafikkarte darstellbaren Farben zeigt – natürlich nicht auf einmal, sondern nacheinander im Takt von 55 Millisekunden. Wenn die Hardware-Palette Ihrer Grafikkarte eine Farbauflösung von 18 Bit hat (also für jede Farbkomponente 6 Bit reserviert und deshalb 262 144 Abstufungen kennt), dann ist das Programm bereits nach lächerlichen vier Stunden bei Weiß angekommen, bei Grafikkarten mit 24 Bit Farbauflösung dauert es ein wenig länger.

ALLCOLOR.C

```
/*----------------------------------------------------------------------
   ALLCOLOR.C - Durchlauf aller darstellbaren Farben über Palettenanimation
                (c) Charles Petzold, 1998
  ----------------------------------------------------------------------*/

#include <windows.h>

#define ID_TIMER    1

TCHAR szAppName [] = TEXT ("AllColor") ;
TCHAR szTitle   [] = TEXT ("AllColor: Alle darstellbaren Farben") ;

static int          iIncr ;
static PALETTEENTRY pe ;

HPALETTE CreateRoutine (HWND hwnd)
{
     HDC        hdc ;
     HPALETTE   hPalette ;
     LOGPALETTE lp ;

     // Farbauflösung ermitteln und iIncr entsprechend setzen (1 oder 4)
     hdc = GetDC (hwnd) ;
     iIncr = 1 << (8 - GetDeviceCaps (hdc, COLORRES) / 3) ;
     ReleaseDC (hwnd, hdc) ;

     // logische Palette mit einem Eintrag anlegen
     lp.palVersion             = 0x0300 ;
     lp.palNumEntries          = 1 ;
```

```
     lp.palPalEntry[0].peRed   = 0 ;
     lp.palPalEntry[0].peGreen = 0 ;
     lp.palPalEntry[0].peBlue  = 0 ;
     lp.palPalEntry[0].peFlags = PC_RESERVED ;

     hPalette = CreatePalette (&lp) ;

     // spart Tipparbeit
     pc = lp.palPalEntry[0] ;

     SetTimer (hwnd, ID_TIMER, 10, NULL) ;
     return hPalette ;
}

void DisplayRGB (HDC hdc, PALETTEENTRY * ppe)
{
     TCHAR szBuffer [16] ;

     wsprintf (szBuffer, TEXT (" %02X-%02X-%02X "),
               ppe->peRed, ppe->peGreen, ppe->peBlue) ;

     TextOut (hdc, 0, 0, szBuffer, lstrlen (szBuffer)) ;
}

void PaintRoutine (HDC hdc, int cxClient, int cyClient)
{
     HBRUSH   hBrush ;
     RECT     rect ;

     // Anwendungsbereich komplett mit Palettenindex 0 füllen
     hBrush = CreateSolidBrush (PALETTEINDEX (0)) ;
     SetRect (&rect, 0, 0, cxClient, cyClient) ;
     FillRect (hdc, &rect, hBrush) ;
     DeleteObject (SelectObject (hdc, GetStockObject (WHITE_BRUSH))) ;

     // RGB-Wert numerisch ausgeben
     DisplayRGB (hdc, &pe) ;
     return ;
}

void TimerRoutine (HDC hdc, HPALETTE hPalette)
{
     static BOOL  bRedUp = TRUE, bGreenUp = TRUE, bBlueUp = TRUE ;

     // RGB-Wert des Paletteneintrags um einen Schritt verändern
     pe.peBlue += (bBlueUp ? iIncr : -iIncr) ;

     if (pe.peBlue == (BYTE) (bBlueUp ? 0 : 256 - iIncr))
     {
          pe.peBlue = (bBlueUp ? 256 - iIncr : 0) ;
          bBlueUp ^= TRUE ;
          pe.peGreen += (bGreenUp ? iIncr : -iIncr) ;

          if (pe.peGreen == (BYTE) (bGreenUp ? 0 : 256 - iIncr))
          {
               pe.peGreen = (bGreenUp ? 256 - iIncr : 0) ;
```

```
            bGreenUp ^= TRUE ;
            pe.peRed += (bRedUp ? iIncr : -iIncr) ;

            if (pe.peRed == (BYTE) (bRedUp ? 0 : 256 - iIncr))
            {
                pe.peRed = (bRedUp ? 256 - iIncr : 0) ;
                bRedUp ^= TRUE ;
            }
        }
    }

    // und den veränderten Eintrag einsetzen
    AnimatePalette (hPalette, 0, 1, &pe) ;
    DisplayRGB (hdc, &pe) ; // numerische Ausgabe des RGB-Werts
    return ;
}

void DestroyRoutine (HWND hwnd, HPALETTE hPalette)
{
    KillTimer (hwnd, ID_TIMER) ;
    DeleteObject (hPalette) ;
    return ;
}
```

Abbildung 16.10: *Das Programm* ALLCOLOR

Von der Struktur her sieht ALLCOLOR dem Programm FADER recht ähnlich: In *CreateRoutine* wird eine logische Palette mit einem einzigen Eintrag angelegt, der hier aber erst einmal den RGB-Wert (0,0,0) bekommt. *PaintRoutine* verwendet diesen Paletteneintrag zum Anlegen eines Füllmusters und füllt den gesamten Anwendungsbereich damit.

In *TimerRoutine* wird der RGB-Wert dieses Paletteneintrags schrittweise verändert, wobei es mir hier auf möglichst sanfte Übergänge ankam: Zuerst wird die Blaukomponente schrittweise erhöht. Wenn sie den Maximalwert erreicht, erhöht das Programm den Grünanteil um einen Schritt und erniedrigt danach den Blauanteil sukzessive bis zum Minimum. Für die Schrittweite ist die Variable *iIncr* zuständig, die das Programm in *CreateRoutine* anhand der Farbauflösung der Grafikkarte setzt (für 18 Bit auf 4, für 24 Bit auf 1).

ALLCOLOR stellt außerdem den momentan verwendeten RGB-Wert in der linken oberen Ecke seines Anwendungsbereichs dar. Die dafür zuständige Routine *DisplayRGB* hatte ich eigentlich nur zu Testzwecken eingebaut; weil sie aber auch in der Endversion recht nützlich erschien, ist sie dringeblieben.

Prozeßkontrolle

Bei der Steuerung von Maschinen und der Kontrolle maschineller Prozesse machen sich einfache Animationen ausgesprochen gut, weil sie dem Vorstellungsvermögen selbst dann auf die Sprünge helfen, wenn sie meilenweit von der physikalischen Wirklichkeit entfernt sind. Das in Abbildung 16.11 aufgelistete Programm ist eine Beispiel für eine solche Animation: Es symbolisiert die gegenläufige Bewegung von Flüssigkeiten innerhalb zweier Rohre. (Mit Physik hat das wie gesagt überhaupt nichts zu tun. Ginge es dabei um die realistische Darstellung eines transparenten Rohres, müßte erstens die Strömungsgeschwindigkeit ausgesprochen hoch sein, damit man überhaupt etwas zu sehen bekommt – und zweitens wäre auch ein System der Extra-Turboklasse mit einer Berechnung in Echtzeit hoffnungslos überfordert.)

PIPES.C

```
/*---------------------------------------------------
   PIPES.C - Symbolisierung von Flüssigkeitsbewegungen
             (c) Charles Petzold, 1998
  ---------------------------------------------------*/

#include <windows.h>

#definc ID_TIMER 1

TCHAR szAppName [] = TEXT ("Pipes") ;
TCHAR szTitle   [] = TEXT ("Pipes: Symbolische Bewegung über Palettenanimation") ;

static LOGPALETTE * plp ;

HPALETTE CreateRoutine (HWND hwnd)
{
     HPALETTE hPalette ;
     int      i ;

     plp = malloc (sizeof (LOGPALETTE) + 32 * sizeof (PALETTEENTRY)) ;

     // LOGPALETTE-Struktur mit 16 Einträgen
     plp->palVersion    = 0x300 ;
     plp->palNumEntries = 16 ;

     for (i = 0 ; i <= 8 ; i++)
     {
          plp->palPalEntry[i].peRed   = (BYTE) min (255, 0x20 * i) ;
          plp->palPalEntry[i].peGreen = 0 ;
          plp->palPalEntry[i].peBlue  = (BYTE) min (255, 0x20 * i) ;
          plp->palPalEntry[i].peFlags = PC_RESERVED ;

          plp->palPalEntry[16 - i] = plp->palPalEntry[i] ;
          plp->palPalEntry[16 + i] = plp->palPalEntry[i] ;
          plp->palPalEntry[32 - i] = plp->palPalEntry[i] ;
     }

     hPalette = CreatePalette (plp) ;

     SetTimer (hwnd, ID_TIMER, 100, NULL) ;
     return hPalette ;
}

void PaintRoutine (HDC hdc, int cxClient, int cyClient)
{
     HBRUSH hBrush ;
     int    i ;
     RECT   rect ;

     // Fensterhintergrund in Weiß
     SetRect (&rect, 0, 0, cxClient, cyClient) ;
     hBrush = SelectObject (hdc, GetStockObject (WHITE_BRUSH)) ;
     FillRect (hdc, &rect, hBrush) ;

     // Das innere der beiden Rohre
```

```
    for (i = 0 ; i < 128 ; i++)
    {
        hBrush = CreateSolidBrush (PALETTEINDEX (i % 16)) ;
        SelectObject (hdc, hBrush) ;

        rect.left   = (127 - i) * cxClient / 128 ;
        rect.right  = (128 - i) * cxClient / 128 ;
        rect.top    = 4 * cyClient / 14 ;
        rect.bottom = 5 * cyClient / 14 ;

        FillRect (hdc, &rect, hBrush) ;

        rect.left   =  i      * cxClient / 128 ;
        rect.right  = (i + 1) * cxClient / 128 ;
        rect.top    =  9 * cyClient / 14 ;
        rect.bottom = 10 * cyClient / 14 ;

        FillRect (hdc, &rect, hBrush) ;

        DeleteObject (SelectObject (hdc, GetStockObject (WHITE_BRUSH))) ;
    }

    // der Umriß der beiden Rohre
    MoveToEx (hdc, 0,         4 * cyClient / 14, NULL) ;
    LineTo   (hdc, cxClient,  4 * cyClient / 14) ;

    MoveToEx (hdc, 0,         5 * cyClient / 14, NULL) ;
    LineTo   (hdc, cxClient,  5 * cyClient / 14) ;

    MoveToEx (hdc, 0,         9 * cyClient / 14, NULL) ;
    LineTo   (hdc, cxClient,  9 * cyClient / 14) ;

    MoveToEx (hdc, 0,        10 * cyClient / 14, NULL) ;
    LineTo   (hdc, cxClient, 10 * cyClient / 14) ;
    return ;
}

void TimerRoutine (HDC hdc, HPALETTE hPalette)
{
    static int iIndex ;

    AnimatePalette (hPalette, 0, 16, plp->palPalEntry + iIndex) ;

    iIndex = (iIndex + 1) % 16 ;

    return ;
}

void DestroyRoutine (HWND hwnd, HPALETTE hPalette)
{
    KillTimer (hwnd, ID_TIMER) ;
    DeleteObject (hPalette) ;
    free (plp) ;
    return ;
}
```

***Abbildung 16.11:** Das Programm* PIPES

PIPES verwendet zwar 16 Paletteneinträge für die Animation, käme aber vermutlich auch mit wesentlich weniger aus. Minimal braucht man für die Simulation einer Bewegung gerade einmal drei Paletteneinträge – und selbst dann ist die Darstellung noch um Längen lebendiger als ein noch so schön gezeichneter, statischer Pfeil.

Das in Abbildung 16.12 aufgelistete Programm TUNNEL ist das unbescheidenste in der hier vorgestellten Serie und belegt immerhin 128 Einträge in der Palette. Ich bin allerdings der Meinung, dass der Anblick den Aufwand durchaus lohnt.

TUNNEL.C

```
/*----------------------------------------
   TUNNEL.C - Tunnel über Palettenanimation
              (c) Charles Petzold, 1998
  ----------------------------------------*/

#include <windows.h>

#define ID_TIMER 1

TCHAR szAppName [] = TEXT ("Tunnel") ;
TCHAR szTitle   [] = TEXT ("Tunnel: Palettenanimation") ;

static LOGPALETTE * plp ;

HPALETTE CreateRoutine (HWND hwnd)
{
     BYTE     byGrayLevel ;
     HPALETTE hPalette ;
     int      i ;

     plp = malloc (sizeof (LOGPALETTE) + 255 * sizeof (PALETTEENTRY)) ;

     // logische Palette mit 128 Einträgen
     plp->palVersion    = 0x0300 ;
     plp->palNumEntries = 128 ;

     for (i = 0 ; i < 128 ; i++)
     {
          if (i < 64)
               byGrayLevel = (BYTE) (4 * i) ;
          else
               byGrayLevel = (BYTE) min (255, 4 * (128 - i)) ;

          plp->palPalEntry[i].peRed   = byGrayLevel ;
          plp->palPalEntry[i].peGreen = byGrayLevel ;
          plp->palPalEntry[i].peBlue  = byGrayLevel ;
          plp->palPalEntry[i].peFlags = PC_RESERVED ;

          plp->palPalEntry[i + 128].peRed   = byGrayLevel ;
          plp->palPalEntry[i + 128].peGreen = byGrayLevel ;
          plp->palPalEntry[i + 128].peBlue  = byGrayLevel ;
          plp->palPalEntry[i + 128].peFlags = PC_RESERVED ;
     }

     hPalette = CreatePalette (plp) ;
```

```
    SetTimer (hwnd, ID_TIMER, 50, NULL) ;
    return hPalette ;
}

void PaintRoutine (HDC hdc, int cxClient, int cyClient)
{
    HBRUSH hBrush ;
    int    i ;
    RECT   rect ;

    for (i = 0 ; i < 127 ; i++)
    {
        // RECT-Struktur zum Zeichnen von 128 Rechtecken
        rect.left   =            i * cxClient / 255 ;
        rect.top    =            i * cyClient / 255 ;
        rect.right  = cxClient - i * cxClient / 255 ;
        rect.bottom = cyClient - i * cyClient / 255 ;

        hBrush = CreateSolidBrush (PALETTEINDEX (i)) ;

        // Rechteck füllen, Füllmuster danach freigeben
        FillRect (hdc, &rect, hBrush) ;
        DeleteObject (hBrush) ;
    }
    return ;
}

void TimerRoutine (HDC hdc, HPALETTE hPalette)
{
    static int iLevel ;

    iLevel = (iLevel + 1) % 128 ;

    AnimatePalette (hPalette, 0, 128, plp->palPalEntry + iLevel) ;
    return ;
}

void DestroyRoutine (HWND hwnd, HPALETTE hPalette)
{
    KillTimer (hwnd, ID_TIMER) ;
    DeleteObject (hPalette) ;
    free (plp) ;
    return ;
}
```

Abbildung 16.12: *Das Programm* TUNNEL

Wie der Name wohl vermuten läßt, simuliert dieses Programm die Reise durch einen Tunnel. Es verwendet dafür 128 Paletteneinträge mit 64 individuellen Graustufen (von schwarz nach weiß und zurück).

Bilder aus der realen Welt

Auch wenn man mit Paletten, Farbverläufen und Animationen einen Haufen lustiger Sachen anfangen kann, liegt der eigentliche Zweck des Paletten-Managers natürlich woanders: Er soll Programmen auch in den Videomodi mit 256 Farben die einigermaßen natürliche Wiedergabe von Bildern aus der realen Welt erlauben.

Auf den nächsten rund 100 Seiten geht es denn auch ausschließlich um Bilder dieser Art. Wie Sie wohl bereits vermutet haben, werden Paletten bei DDBs, DIB Sections und DIBs auf unterschiedliche Weise eingesetzt. Die nächsten sechs Beispielprogramme demonstrieren die dazugehörigen Techniken im Detail.

Paletten und gepackte DIBs

Für die Arbeit mit gepackten DIBs – also DIB-Dateien, die ohne eine BITMAPFILEHEADER-Struktur in einen durchgehenden Speicherblock geladen worden sind – habe ich eine Reihe von Routinen zusammengestellt, die Sie in Abbildung 16.13 aufgelistet finden. Diese Routinen werden von den Beispielprogrammen der nächsten Abschnitte benutzt.

PACKEDIB.H

```
/*----------------------------------------
   PACKEDIB.H - Include-Datei für PACKEDIB.C
                (c) Charles Petzold, 1998
  ----------------------------------------*/

#include <windows.h>

BITMAPINFO * PackedDibLoad (PTSTR szFileName) ;
int PackedDibGetWidth (BITMAPINFO * pPackedDib) ;
int PackedDibGetHeight (BITMAPINFO * pPackedDib) ;
int PackedDibGetBitCount (BITMAPINFO * pPackedDib) ;
int PackedDibGetRowLength (BITMAPINFO * pPackedDib) ;
int PackedDibGetInfoHeaderSize (BITMAPINFO * pPackedDib) ;
int PackedDibGetColorsUsed (BITMAPINFO * pPackedDib) ;
int PackedDibGetNumColors (BITMAPINFO * pPackedDib) ;
int PackedDibGetColorTableSize (BITMAPINFO * pPackedDib) ;
RGBQUAD * PackedDibGetColorTablePtr (BITMAPINFO * pPackedDib) ;
RGBQUAD * PackedDibGetColorTableEntry (BITMAPINFO * pPackedDib, int i) ;
BYTE * PackedDibGetBitsPtr (BITMAPINFO * pPackedDib) ;
int PackedDibGetBitsSize (BITMAPINFO * pPackedDib) ;
HPALETTE PackedDibCreatePalette (BITMAPINFO * pPackedDib) ;
```

PACKEDIB.C

```
/*--------------------------------------
   PACKEDIB.C - Routinen für gepackte DIBs
                (c) Charles Petzold, 1998
  --------------------------------------*/

#include <windows.h>

/*----------------------------------------------------------------------
   PackedDibLoad: Lädt eine DIB-Datei als gepacktes DIB in einen Speicherblock
  ----------------------------------------------------------------------*/
```

```
BITMAPINFO * PackedDibLoad (PTSTR szFileName)
{
     BITMAPFILEHEADER bmfh ;
     BITMAPINFO     * pbmi ;
     BOOL             bSuccess ;
     DWORD            dwPackedDibSize, dwBytesRead ;
     HANDLE           hFile ;

     // Datei für Lesezugriffe öffnen, gegen Schreibzugriffe anderer Prozesse sperren
     hFile = CreateFile (szFileName, GENERIC_READ, FILE_SHARE_READ, NULL,
                         OPEN_EXISTING, FILE_FLAG_SEQUENTIAL_SCAN, NULL) ;

     if (hFile == INVALID_HANDLE_VALUE)
          return NULL ;

     // BITMAPFILEHEADER einlesen
     bSuccess = ReadFile (hFile, &bmfh, sizeof (BITMAPFILEHEADER), &dwBytesRead, NULL) ;

     if (!bSuccess || (dwBytesRead != sizeof (BITMAPFILEHEADER))
                   || (bmfh.bfType != * (WORD *) "BM"))
     {
          CloseHandle (hFile) ;
          return NULL ;
     }

     // Speicherblock für das gepackte DIB belegen und Daten einlesen
     dwPackedDibSize = bmfh.bfSize - sizeof (BITMAPFILEHEADER) ;

     pbmi = malloc (dwPackedDibSize) ;

     bSuccess = ReadFile (hFile, pbmi, dwPackedDibSize, &dwBytesRead, NULL) ;
     CloseHandle (hFile) ;

     if (!bSuccess || (dwBytesRead != dwPackedDibSize))
     {
          free (pbmi) ;
          return NULL ;
     }

     return pbmi ;
}

/*----------------------------------------
   Informationsfunktionen für gepackte DIBs
  ----------------------------------------*/

int PackedDibGetWidth (BITMAPINFO * pPackedDib)
{
     if (pPackedDib->bmiHeader.biSize == sizeof (BITMAPCOREHEADER))
          return ((PBITMAPCOREINFO)pPackedDib)->bmciHeader.bcWidth ;
     else
          return pPackedDib->bmiHeader.biWidth ;
}

int PackedDibGetHeight (BITMAPINFO * pPackedDib)
```

```
{
     if (pPackedDib->bmiHeader.biSize == sizeof (BITMAPCOREHEADER))
          return ((PBITMAPCOREINFO)pPackedDib)->bmciHeader.bcHeight ;
     else
          return abs (pPackedDib->bmiHeader.biHeight) ;
}

int PackedDibGetBitCount (BITMAPINFO * pPackedDib)
{
     if (pPackedDib->bmiHeader.biSize == sizeof (BITMAPCOREHEADER))
          return ((PBITMAPCOREINFO)pPackedDib)->bmciHeader.bcBitCount ;
     else
          return pPackedDib->bmiHeader.biBitCount ;
}

int PackedDibGetRowLength (BITMAPINFO * pPackedDib)
{
     return ((PackedDibGetWidth (pPackedDib) *
              PackedDibGetBitCount (pPackedDib) + 31) & ~31) >> 3 ;
}

/*-----------------------------------------------------
   PackedDibGetInfoHeaderSize berücksichtigt Farbmasken
  -----------------------------------------------------*/

int PackedDibGetInfoHeaderSize (BITMAPINFO * pPackedDib)
{
     if (pPackedDib->bmiHeader.biSize == sizeof (BITMAPCOREHEADER))
          return ((PBITMAPCOREINFO)pPackedDib)->bmciHeader.bcSize ;

     else if (pPackedDib->bmiHeader.biSize == sizeof (BITMAPINFOHEADER))
          return pPackedDib->bmiHeader.biSize +
                    (pPackedDib->bmiHeader.biCompression == BI_BITFIELDS ? 12 : 0) ;
     else return pPackedDib->bmiHeader.biSize ;
}

/*-------------------------------------------------------------
   PackedDibGetColorsUsed liefert die Farbzahl aus den Kopfinformationen;
    0 steht für "ungekürzte Farbtabelle"
  -------------------------------------------------------------*/

int PackedDibGetColorsUsed (BITMAPINFO * pPackedDib)
{
     if (pPackedDib->bmiHeader.biSize == sizeof (BITMAPCOREHEADER))
          return 0 ;
     else
          return pPackedDib->bmiHeader.biClrUsed ;
}

/*------------------------------------------------------------------------------
   PackedDibGetNumColors liefert die tatsächliche Elementenzahl der Farbtabelle
  ------------------------------------------------------------------------------*/

int PackedDibGetNumColors (BITMAPINFO * pPackedDib)
{
     int iNumColors ;
```

```
     iNumColors = PackedDibGetColorsUsed (pPackedDib) ;

     if (iNumColors == 0 && PackedDibGetBitCount (pPackedDib) < 16)
          iNumColors = 1 << PackedDibGetBitCount (pPackedDib) ;

     return iNumColors ;
}

int PackedDibGetColorTableSize (BITMAPINFO * pPackedDib)
{
     if (pPackedDib->bmiHeader.biSize == sizeof (BITMAPCOREHEADER))
          return PackedDibGetNumColors (pPackedDib) * sizeof (RGBTRIPLE) ;
     else
          return PackedDibGetNumColors (pPackedDib) * sizeof (RGBQUAD) ;
}

RGBQUAD * PackedDibGetColorTablePtr (BITMAPINFO * pPackedDib)
{
     if (PackedDibGetNumColors (pPackedDib) == 0)
          return 0 ;

     return (RGBQUAD *) (((BYTE *) pPackedDib) + PackedDibGetInfoHeaderSize (pPackedDib)) ;
}

RGBQUAD * PackedDibGetColorTableEntry (BITMAPINFO * pPackedDib, int i)
{
     if (PackedDibGetNumColors (pPackedDib) == 0)
          return 0 ;

     if (pPackedDib->bmiHeader.biSize == sizeof (BITMAPCOREHEADER))
          return (RGBQUAD *)
               (((RGBTRIPLE *) PackedDibGetColorTablePtr (pPackedDib)) + i) ;
     else
          return PackedDibGetColorTablePtr (pPackedDib) + i ;
}

/*---------------------------------------------------------
   PackedDibGetBitsPtr verwendet alle anderen Informationen
  ---------------------------------------------------------*/

BYTE * PackedDibGetBitsPtr (BITMAPINFO * pPackedDib)
{
     return ((BYTE *) pPackedDib) + PackedDibGetInfoHeaderSize (pPackedDib) +
                                    PackedDibGetColorTableSize (pPackedDib) ;
}

/*-----------------------------------------------------------------------
   PackedDibGetBitsSize: Berechnung über Höhe*Breite*Farbtiefe, wenn
          das Feld biSizeImage unbesetzt ist (d.h. den Wert 0 hat)
  -----------------------------------------------------------------------*/

int PackedDibGetBitsSize (BITMAPINFO * pPackedDib)
{
     if ((pPackedDib->bmiHeader.biSize != sizeof (BITMAPCOREHEADER)) &&
         (pPackedDib->bmiHeader.biSizeImage != 0))
```

```
        return pPackedDib->bmiHeader.biSizeImage ;

    return PackedDibGetHeight (pPackedDib) *
           PackedDibGetRowLength (pPackedDib) ;
}

/*----------------------------------------------------------------------------
   PackedDibCreatePalette legt eine logische Palette aus einem gepackten DIB an
  ----------------------------------------------------------------------------*/

HPALETTE PackedDibCreatePalette (BITMAPINFO * pPackedDib)
{
    HPALETTE     hPalette ;
    int          i, iNumColors ;
    LOGPALETTE * plp ;
    RGBQUAD    * prgb ;

    if (0 == (iNumColors = PackedDibGetNumColors (pPackedDib)))
        return NULL ;

    plp = malloc (sizeof (LOGPALETTE) *
                      (iNumColors - 1) * sizeof (PALETTEENTRY)) ;

    plp->palVersion    = 0x0300 ;
    plp->palNumEntries = iNumColors ;

    for (i = 0 ; i < iNumColors ; i++)
    {
        prgb = PackedDibGetColorTableEntry (pPackedDib, i) ;

        plp->palPalEntry[i].peRed   = prgb->rgbRed ;
        plp->palPalEntry[i].peGreen = prgb->rgbGreen ;
        plp->palPalEntry[i].peBlue  = prgb->rgbBlue ;
        plp->palPalEntry[i].peFlags = 0 ;
    }

    hPalette = CreatePalette (plp) ;
    free (plp) ;

    return hPalette ;
}
```

Abbildung 16.13: *Die Routinensammlung* PACKEDDIB

Die erste Funktion von PACKEDIB – *PackedDibLoad* – erwartet als einzigen Parameter einen Dateinamen, lädt diese Datei in den Hauptspeicher und belegt dazu einen Speicherblock entsprechender Größe. Alle anderen Funktionen von PACKEDDIB erwarten als ersten Parameter einen Zeiger auf einen solchen Speicherblock. Die Routinen sind in der Datei »von unten nach oben« angeordnet und bauen aufeinander auf.

Bei PACKEDIB habe ich den Schwerpunkt auf die Übersichtlichkeit und Nachvollziehbarkeit gelegt, weshalb dieses Modul weder den Anspruch erhebt, eine vollständige Routinensammlung für die Arbeit mit gepackten DIBs zu sein, noch versteht es sich als praxisbezogene Bibliothek. Eine Abfrage wie

```
dwPixel = PackedDibGetPixel (pPackedDib, x, y) ;
```

sollte damit zwar Schritt für Schritt verfolgbar sein (und darauf kam es mir schließlich an), ermittelt die benötigten Daten aber für jedes einzelne Pixel neu und tut das überdies mit Hilfe mehrerer Funktionen. Wenn Sie eine ganze Rasterzeile auf diese Weise bearbeiten wollen, bekommen Sie es folglich mit einem unerträglich hohen Überbau zu tun. Eine praxisbezogenere, aber auch entsprechend undurchsichtigere Alternative finden Sie weiter hinten in diesem Kapitel.

Einen Teil dieses Überbaus haben wir wie üblich der Tatsache zu verdanken, dass Windows sowohl mit OS/2-Bitmaps als auch mit einem eigenen DIB-Format arbeitet. Die meisten Abfragefunktionen von PACKEDIB müssen deshalb bei jedem Aufruf erst einmal das Größenfeld (*biSize*) prüfen und so herausfinden, ob sie es mit einer BITMAPINFO-Struktur oder ihrem OS/2-Gegenstück BITMAPCOREHEADER zu tun haben.

Die Funktion *PackedDibCreatePalette*, die als letzte im Listing erscheint, erzeugt aus der Farbtabelle eines DIBs eine logische Palette bzw. liefert das Ergebnis 0 zurück, wenn keine Farbtabelle vorhanden ist. (Wie in Kapitel 15 erläutert, können DIBs mit mehr als 8 Bit pro Pixel seit Windows 95 ebenfalls eine Farbtabelle haben.) Logische Paletten, die der Farbtabelle eines DIBs direkt entsprechen, werden verschiedentlich auch als *natürliche* Palette des jeweiligen DIBs bezeichnet.

Das in Abbildung 16.14 aufgelistete Programm SHOWDIB3 verwendet diese Routine und stellt DIBs über ihre natürliche Palette im Anwendungsbereich seines Fensters dar.

SHOWDIB3.C

```
/*----------------------------------------------------------
   SHOWDIB3.C - Anzeige von DIBs über ihre natürliche Palette
                (c) Charles Petzold, 1998
  ----------------------------------------------------------*/

#include <windows.h>
#include "PackeDib.h"
#include "resource.h"

LRESULT CALLBACK WndProc (HWND, UINT, WPARAM, LPARAM) ;

TCHAR szAppName[] = TEXT ("ShowDib3") ;

int WINAPI WinMain (HINSTANCE hInstance, HINSTANCE hPrevInstance,
                    PSTR szCmdLine, int iCmdShow)
{
     HWND     hwnd ;
     MSG      msg ;
     WNDCLASS wndclass ;

     wndclass.style         = CS_HREDRAW | CS_VREDRAW ;
     wndclass.lpfnWndProc   = WndProc ;
     wndclass.cbClsExtra    = 0 ;
     wndclass.cbWndExtra    = 0 ;
     wndclass.hInstance     = hInstance ;
     wndclass.hIcon         = LoadIcon (NULL, IDI_APPLICATION) ;
     wndclass.hCursor       = LoadCursor (NULL, IDC_ARROW) ;
     wndclass.hbrBackground = (HBRUSH) GetStockObject (WHITE_BRUSH) ;
     wndclass.lpszMenuName  = szAppName ;
     wndclass.lpszClassName = szAppName ;

     if (!RegisterClass (&wndclass))
```

```
     {    // UNICODE-Compilierung ist die einzige realistische Fehlermöglichkeit
          MessageBox (NULL, TEXT ("Programm arbeitet mit Unicode und setzt Windows NT voraus!"),
                      szAppName, MB_ICONERROR) ;
          return 0 ;
     }

     hwnd = CreateWindow (szAppName, TEXT ("ShowDIB #3: Natürliche Palette"),
                          WS_OVERLAPPEDWINDOW,
                          CW_USEDEFAULT, CW_USEDEFAULT,
                          CW_USEDEFAULT, CW_USEDEFAULT,
                          NULL, NULL, hInstance, NULL) ;

     ShowWindow (hwnd, iCmdShow) ;
     UpdateWindow (hwnd) ;

     while (GetMessage (&msg, NULL, 0, 0))
     {
          TranslateMessage (&msg) ;
          DispatchMessage (&msg) ;
     }
     return msg.wParam ;
}

LRESULT CALLBACK WndProc (HWND hwnd, UINT message, WPARAM wParam, LPARAM lParam)
{
     static BITMAPINFO * pPackedDib ;
     static HPALETTE     hPalette ;
     static int          cxClient, cyClient ;
     static OPENFILENAME ofn ;
     static TCHAR        szFileName [MAX_PATH], szTitleName [MAX_PATH] ;
     static TCHAR        szFilter[] = TEXT ("Bitmap-Dateien (*.BMP)\0*.bmp\0")
                                      TEXT ("Alle Dateien (*.*)\0*.*\0\0") ;
     HDC                 hdc ;
     PAINTSTRUCT         ps ;

     switch (message)
     {
     case WM_CREATE:
          ofn.lStructSize       = sizeof (OPENFILENAME) ;
          ofn.hwndOwner         = hwnd ;
          ofn.hInstance         = NULL ;
          ofn.lpstrFilter       = szFilter ;
          ofn.lpstrCustomFilter = NULL ;
          ofn.nMaxCustFilter    = 0 ;
          ofn.nFilterIndex      = 0 ;
          ofn.lpstrFile         = szFileName ;
          ofn.nMaxFile          = MAX_PATH ;
          ofn.lpstrFileTitle    = szTitleName ;
          ofn.nMaxFileTitle     = MAX_PATH ;
          ofn.lpstrInitialDir   = NULL ;
          ofn.lpstrTitle        = NULL ;
          ofn.Flags             = OFN_FILEMUSTEXIST | OFN_PATHMUSTEXIST ;
          ofn.nFileOffset       = 0 ;
          ofn.nFileExtension    = 0 ;
          ofn.lpstrDefExt       = TEXT ("bmp") ;
          ofn.lCustData         = 0 ;
```

```
          ofn.lpfnHook          = NULL ;
          ofn.lpTemplateName    = NULL ;

          return 0 ;

     case WM_SIZE:
          cxClient = LOWORD (lParam) ;
          cyClient = HIWORD (lParam) ;
          return 0 ;

     case WM_COMMAND:
          switch (LOWORD (wParam))
          {
          case IDM_FILE_OPEN:

               // Standarddialog zum Öffnen von Dateien
               if (!GetOpenFileName (&ofn))
                    return 0 ;

               // Wenn im Moment ein gepacktes DIB geladen ist, Freigabe
               if (pPackedDib)
               {
                    free (pPackedDib) ;
                    pPackedDib = NULL ;
               }

               // Wenn im Moment eine logische Palette existiert, Freigabe
               if (hPalette)
               {
                    DeleteObject (hPalette) ;
                    hPalette = NULL ;
               }

               SetCursor (LoadCursor (NULL, IDC_WAIT)) ;
               ShowCursor (TRUE) ;

               pPackedDib = PackedDibLoad (szFileName) ;

               ShowCursor (FALSE) ;
               SetCursor (LoadCursor (NULL, IDC_ARROW)) ;

               if (pPackedDib)
               {
                    // logische Palette aus der Farbtabelle (falls vorhanden) anlegen
                    hPalette = PackedDibCreatePalette (pPackedDib) ;
               }
               else
               {
                    MessageBox (hwnd, TEXT ("Fehler beim Laden der DIB-Datei"), szAppName, 0) ;
               }
               InvalidateRect (hwnd, NULL, TRUE) ;
               return 0 ;
          }
          break ;

     case WM_PAINT:
```

```
          hdc = BeginPaint (hwnd, &ps) ;

          if (hPalette)
          {
               SelectPalette (hdc, hPalette, FALSE) ;
               RealizePalette (hdc) ;
          }

          if (pPackedDib)
               SetDIBitsToDevice (hdc,
                                  0,
                                  0,
                                  PackedDibGetWidth (pPackedDib),
                                  PackedDibGetHeight (pPackedDib),
                                  0,
                                  0,
                                  0,
                                  PackedDibGetHeight (pPackedDib),
                                  PackedDibGetBitsPtr (pPackedDib),
                                  pPackedDib,
                                  DIB_RGB_COLORS) ;
          EndPaint (hwnd, &ps) ;
          return 0 ;

     case WM_QUERYNEWPALETTE:
          if (!hPalette)
               return FALSE ;

          hdc = GetDC (hwnd) ;
          SelectPalette (hdc, hPalette, FALSE) ;
          RealizePalette (hdc) ;
          InvalidateRect (hwnd, NULL, TRUE) ;

          ReleaseDC (hwnd, hdc) ;
          return TRUE ;

     case WM_PALETTECHANGED:
          if (!hPalette || (HWND) wParam == hwnd)
               break ;

          hdc = GetDC (hwnd) ;
          SelectPalette (hdc, hPalette, FALSE) ;
          RealizePalette (hdc) ;
          UpdateColors (hdc) ;

          ReleaseDC (hwnd, hdc) ;
          break ;


     case WM_DESTROY:
          if (pPackedDib)
               free (pPackedDib) ;

          if (hPalette)
               DeleteObject (hPalette) ;
```

```
            PostQuitMessage (0) ;
            return 0 ;
        }
        return DefWindowProc (hwnd, message, wParam, lParam) ;
}
```

SHOWDIB3.RC (Auszüge)

```
//Microsoft Developer Studio generated resource script.

#include "resource.h"
#include "afxres.h"

/////////////////////////////////////////////////////////////////////////////
// Menu

SHOWDIB3 MENU DISCARDABLE
BEGIN
    POPUP "&Datei"
    BEGIN
        MENUITEM "Ö&ffnen...",                  IDM_FILE_OPEN
    END
END
```

RESOURCE.H (Auszüge)

```
// Microsoft Developer Studio generated include file.
// Used by ShowDib3.rc

#define IDM_FILE_OPEN                    40001
```

Abbildung 16.14: *Das Programm* SHOWDIB3

Die Window-Prozedur von SHOWDIB3 definiert sowohl den Zeiger auf das gepackte DIB als auch den Handle einer eventuellen Palette als statische Variable. Wenn der Benutzer den Menüpunkt *Datei/Öffnen* wählt und den daraufhin aufgerufenen Standarddialog zum Öffnen von Dateien nicht abbricht, dann sind erst einmal dieselben Aufräumarbeiten wie beim Ende des Programms (WM_DESTROY) fällig, d.h. die Freigabe eines eventuell geladenen DIBs und einer eventuell vorhandenen logischen Palette. *PackedDibLoad* lädt danach die DIB-Datei, *PackedDibCreatePalette* versucht das Anlegen einer logischen Palette über seine Farbtabelle (und liefert 0 zurück, wenn das neue DIB keine Farbtabelle hat).

Die Reaktion auf WM_PAINT fällt dann ausgesprochen geradlinig aus: Wenn eine Palette vorhanden ist (was wie gesagt seit Windows 95 auch bei DIBs mit mehr als 8 Bit pro Pixel der Fall sein kann), dann wird sie in den Gerätekontext eingesetzt und durchgesetzt (was bei Videomodi mit mehr als 8 Bit pro Pixel lediglich die Systempalette setzt, nicht aber die Hardware-Palette, die dort nicht mit von der Partie ist). Für den Aufruf von *SetDIBitsToDevice* verwendet SHOWDIB3 schließlich anstelle globaler oder statischer Variablen die Abfragefunktionen von PACKEDIB als Parameter.

Da sich SHOWDIB3 ausschließlich an die natürliche Palette eines DIBs hält, fallen die Ergebnisse bei einer Kombination recht traurig aus: Wenn Ihr Desktop mit 256 Farben läuft und Sie ein DIB mit mehr als 8 Bit pro Pixel darstellen, dann hat dieses DIB entweder eine eigene (zusätzliche) Farbtabelle (was die mit Windows 95 eingeführten Erweiterungen voraussetzt) – oder Sie bekommen nichts weiter als die 20 statischen Systemfarben zu sehen.

Für Probleme dieser Art bieten sich zwei Lösungen an, wobei die erste aus dem Einsatz einer »allgemeinen« Palette besteht. Die Alternative ist das Durcharbeiten des gesamten DIBs mit dem Ziel, eine optimale Palette dafür zu erstellen, und natürlich nicht nur für den Programmierer, sondern auch für den Prozessor erheblich arbeitsintensiver. Auf diesen Weg komme ich gegen Ende des Kapitels zu sprechen.

Eine Allzweck-Palette

Das in Abbildung 16.15 aufgelistete Programm SHOWDIB4 unterscheidet sich von seinem Vorgänger nur in einem Punkt: Es konstruiert eine statische Regenbogen-Palette, die dann zur Darstellung aller DIBs verwendet wird.

SHOWDIB4.C

```
/*-------------------------------------------------------------
   SHOWDIB4.C - Darstellung von DIBs mit einer "Allzweck-Palette"
                (c) Charles Petzold, 1998
  -------------------------------------------------------------*/

#include <windows.h>
#include "..\\ShowDib3\\PackeDib.h"
#include "resource.h"

LRESULT CALLBACK WndProc (HWND, UINT, WPARAM, LPARAM) ;

TCHAR szAppName[] = TEXT ("ShowDib4") ;

int WINAPI WinMain (HINSTANCE hInstance, HINSTANCE hPrevInstance,
                    PSTR szCmdLine, int iCmdShow)
{
     HWND     hwnd ;
     MSG      msg ;
     WNDCLASS wndclass ;

     wndclass.style         = CS_HREDRAW | CS_VREDRAW ;
     wndclass.lpfnWndProc   = WndProc ;
     wndclass.cbClsExtra    = 0 ;
     wndclass.cbWndExtra    = 0 ;
     wndclass.hInstance     = hInstance ;
     wndclass.hIcon         = LoadIcon (NULL, IDI_APPLICATION) ;
     wndclass.hCursor       = LoadCursor (NULL, IDC_ARROW) ;
     wndclass.hbrBackground = (HBRUSH) GetStockObject (WHITE_BRUSH) ;
     wndclass.lpszMenuName  = szAppName ;
     wndclass.lpszClassName = szAppName ;

     if (!RegisterClass (&wndclass))
     {    // UNICODE-Compilierung ist die einzige realistische Fehlermöglichkeit
          MessageBox (NULL, TEXT ("Programm arbeitet mit Unicode und setzt Windows NT voraus!"),
                      szAppName, MB_ICONERROR) ;
          return 0 ;
     }
```

```
     hwnd = CreateWindow (szAppName, TEXT ("ShowDIB 4: Allzweck-Palette"),
                          WS_OVERLAPPEDWINDOW,
                          CW_USEDEFAULT, CW_USEDEFAULT,
                          CW_USEDEFAULT, CW_USEDEFAULT,
                          NULL, NULL, hInstance, NULL) ;

     ShowWindow (hwnd, iCmdShow) ;
     UpdateWindow (hwnd) ;

     while (GetMessage (&msg, NULL, 0, 0))
     {
          TranslateMessage (&msg) ;
          DispatchMessage (&msg) ;
     }
     return msg.wParam ;
}

/*-----------------------------------------------------------------------
   CreateAllPurposePalette: Legt eine Regenbogen-Palette an. Diese Palette
        hat 247 Einträge, 15 davon entsprechen den statischen Systemfarben.
  -----------------------------------------------------------------------*/

HPALETTE CreateAllPurposePalette (void)
{
     HPALETTE hPalette ;
     int          i, incr, R, G, B ;
     LOGPALETTE * plp ;

     plp = malloc (sizeof (LOGPALETTE) + 246 * sizeof (PALETTEENTRY)) ;

     plp->palVersion    = 0x0300 ;
     plp->palNumEntries = 247 ;

     // 31 Graustufen (3 davon entsprechen den Systemfarben)
     for (i = 0, G = 0, incr = 8 ; G <= 0xFF ; i++, G += incr)
     {
          plp->palPalEntry[i].peRed   = (BYTE) G ;
          plp->palPalEntry[i].peGreen = (BYTE) G ;
          plp->palPalEntry[i].peBlue  = (BYTE) G ;
          plp->palPalEntry[i].peFlags = 0 ;

          incr = (incr == 9 ? 8 : 9) ;
     }

     // 216 Einträge. 8 entsprechen statischen Systemfarben, 4 sind Graustufen
     for (R = 0 ; R <= 0xFF ; R += 0x33)
     for (G = 0 ; G <= 0xFF ; G += 0x33)
     for (B = 0 ; B <= 0xFF ; B += 0x33)
     {
          plp->palPalEntry[i].peRed   = (BYTE) R ;
          plp->palPalEntry[i].peGreen = (BYTE) G ;
          plp->palPalEntry[i].peBlue  = (BYTE) B ;
          plp->palPalEntry[i].peFlags = 0 ;

          i++ ;
     }
```

```
     hPalette = CreatePalette (plp) ;

     free (plp) ;
     return hPalette ;
}

LRESULT CALLBACK WndProc (HWND hwnd, UINT message, WPARAM wParam, LPARAM lParam)
{
     static BITMAPINFO * pPackedDib ;
     static HPALETTE     hPalette ;
     static int          cxClient, cyClient ;
     static OPENFILENAME ofn ;
     static TCHAR        szFileName [MAX_PATH], szTitleName [MAX_PATH] ;
     static TCHAR        szFilter[] = TEXT ("Bitmap-Dateien (*.BMP)\0*.bmp\0")
                                      TEXT ("Alle Dateien (*.*)\0*.*\0\0") ;
     HDC                 hdc ;
     PAINTSTRUCT         ps ;

     switch (message)
     {
     case WM_CREATE:
          ofn.lStructSize       = sizeof (OPENFILENAME) ;
          ofn.hwndOwner         = hwnd ;
          ofn.hInstance         = NULL ;
          ofn.lpstrFilter       = szFilter ;
          ofn.lpstrCustomFilter = NULL ;
          ofn.nMaxCustFilter    = 0 ;
          ofn.nFilterIndex      = 0 ;
          ofn.lpstrFile         = szFileName ;
          ofn.nMaxFile          = MAX_PATH ;
          ofn.lpstrFileTitle    = szTitleName ;
          ofn.nMaxFileTitle     = MAX_PATH ;
          ofn.lpstrInitialDir   = NULL ;
          ofn.lpstrTitle        = NULL ;
          ofn.Flags             = OFN_FILEMUSTEXIST | OFN_PATHMUSTEXIST ;
          ofn.nFileOffset       = 0 ;
          ofn.nFileExtension    = 0 ;
          ofn.lpstrDefExt       = TEXT ("bmp") ;
          ofn.lCustData         = 0 ;
          ofn.lpfnHook          = NULL ;
          ofn.lpTemplateName    = NULL ;

          // Allzweck-Palette anlegen
          hPalette = CreateAllPurposePalette () ;
          return 0 ;

     case WM_SIZE:
          cxClient = LOWORD (lParam) ;
          cyClient = HIWORD (lParam) ;
          return 0 ;

     case WM_COMMAND:
          switch (LOWORD (wParam))
          {
          case IDM_FILE_OPEN:
```

```
          // Standarddialog zum Öffnen von Dateien
          if (!GetOpenFileName (&ofn))
               return 0 ;

           // Wenn im Moment ein gepacktes DIB geladen ist, Freigabe
          if (pPackedDib)
          {
               free (pPackedDib) ;
               pPackedDib = NULL ;
          }

          // Gepacktes DIB in den Hauptspeicher laden
          SetCursor (LoadCursor (NULL, IDC_WAIT)) ;
          ShowCursor (TRUE) ;

          pPackedDib = PackedDibLoad (szFileName) ;

          ShowCursor (FALSE) ;
          SetCursor (LoadCursor (NULL, IDC_ARROW)) ;

          if (!pPackedDib)
          {
               MessageBox (hwnd, TEXT ("Fehler bei Landen der DIB-Datei"), szAppName, 0) ;
          }
          InvalidateRect (hwnd, NULL, TRUE) ;
          return 0 ;
     }
     break ;

case WM_PAINT:
     hdc = BeginPaint (hwnd, &ps) ;

     if (pPackedDib)
     {    // Allzweck-Palette einsetzen
          SelectPalette (hdc, hPalette, FALSE) ;
          RealizePalette (hdc) ;

          SetDIBitsToDevice (hdc,
                             0,
                             0,
                             PackedDibGetWidth (pPackedDib),
                             PackedDibGetHeight (pPackedDib),
                             0,
                             0,
                             0,
                             PackedDibGetHeight (pPackedDib),
                             PackedDibGetBitsPtr (pPackedDib),
                             pPackedDib,
                             DIB_RGB_COLORS) ;
     }
     EndPaint (hwnd, &ps) ;
     return 0 ;

case WM_QUERYNEWPALETTE:
     hdc = GetDC (hwnd) ;
     SelectPalette (hdc, hPalette, FALSE) ;
```

```
            RealizePalette (hdc) ;
            InvalidateRect (hwnd, NULL, TRUE) ;

            ReleaseDC (hwnd, hdc) ;
            return TRUE ;

     case WM_PALETTECHANGED:
            if ((HWND) wParam != hwnd)

            hdc = GetDC (hwnd) ;
            SelectPalette (hdc, hPalette, FALSE) ;
            RealizePalette (hdc) ;
            UpdateColors (hdc) ;

            ReleaseDC (hwnd, hdc) ;
            break ;

     case WM_DESTROY:
            if (pPackedDib)
                 free (pPackedDib) ;

            DeleteObject (hPalette) ;

            PostQuitMessage (0) ;
            return 0 ;
     }
     return DefWindowProc (hwnd, message, wParam, lParam) ;
}
```

SHOWDIB4.RC (Auszüge)

```
//Microsoft Developer Studio generated resource script.

#include "resource.h"
#include "afxres.h"
/////////////////////////////////////////////////////////////////////////////
// Menu

SHOWDIB4 MENU DISCARDABLE
BEGIN
    POPUP "&Datei"
    BEGIN
        MENUITEM "Ö&ffnen...",                  IDM_FILE_OPEN
    END
END
```

RESOURCE.H (Auszüge)

```
// Microsoft Developer Studio generated include file.
// Used by ShowDib4.rc

#define IDM_FILE_OPEN                   40001
```

Abbildung 16.15: *Das Programm* SHOWDIB4

SHOWDIB4 legt seine statische Allzweck-Palette als Reaktion auf WM_CREATE an und gibt den dazugehörigen Handle erst bei WM_DESTROY wieder frei, weshalb sich Prüfungen auf »Palette vorhanden« an anderen Stellen des Programms erübrigen. Die zum Anlegen dieser Palette verwendete Funktion *CreateAllPurposePalette* scheint auf den ersten Blick etwas zu viel des Guten zu tun: Obwohl Programmen bekanntlich nur 236 Paletteneinträge zur freien Verfügung stehen, legt sie eine logische Palette mit 247 Einträgen an. Tatsächlich geht es dabei eher um eine Bequemlichkeit des Autors: Insgesamt 15 dieser Paletteneinträge sind entweder Doubletten oder entsprechen den statischen Systemfarben. Da der Paletten-Manager die notwendigen Zuordnungen automatisch vornimmt (solange das Feld *peFlags* nicht auf einen Spezialwert wie PC_RESERVED gesetzt ist), fällt letztlich keine der von SHOWDIB4 gewünschten Farben unter den Tisch.

Die erste Schleife von *CreateAllPurposePalette* erzeugt 31 Paletteneinträge mit Graustufen, wobei die drei Farbkomponenten hier die Werte 0x00, 0x09, 0x11, 0x1A, 0x22, 0x2B, 0x33, 0x3C, 0x44, 0x4D, 0x55, 0x5E, 0x66, 0x6F, 0x77, 0x80, 0x88, 0x91, 0x99, 0xA2, 0xAA, 0xB3, 0xBB, 0xC4, 0xCC, 0xD5, 0xDD, 0xE6, 0xEE, 0xF9 und 0xFF bekommen. Der erste, der letzte und zwei Einträge in der Mitte dieser Liste fallen in die Kategorie statische Systemfarben. Die nächste Schleife durchläuft sämtliche möglichen Kombinationen der Rot-, Grün- und Blauanteile für die Werte 0x00, 0x33, 0x66, 0x99, 0xCC und 0xFF, was insgesamt 216 Einträge ergibt, von denen acht wiederum statischen Systemfarben entsprechen, weitere vier sind Doubletten der zuvor erzeugten Graustufen. Das Feld *peFlags* bleibt bei sämtlichen Einträgen auf 0.

In einer echten Anwendung würde man diese Palette natürlich nur dann einsetzen, wenn das darzustellende DIB keine eigene (und spezifisch optimierte) Palette zu bieten hat. SHOWDIB4 verzichtet absichtlich auf diese Unterscheidung, um Ihnen einen Vergleich zur Vorgängerversion SHOWDIB3 zu ermöglichen. Wenn Sie ein Portraitfoto zur Hand haben, werden Sie bei einem solchen Vergleich unter anderem feststellen, dass der Regenbogen-Palette von SHOWDIB4 vor allem Hauttöne fehlen.

Experimentieren Sie einmal ein wenig mit der Funktion *CreateAllPurposePalette* herum. Gibt es bessere Farbkombinationen (und trotzdem allgemein verwendbare) Farbkombinationen? Wieso verzichtet Windows auf den Einsatz der statischen Systemfarben, wenn Sie die Zahl der Einträge auf 236 reduzieren, und wie wirkt sich das auf die Darstellung aus?

Halbton-Paletten

Das ursprüngliche für Spiele entwickelte Zusatzpaket WinG (»Windows Games« – der Vorläufer von DirectX) enthält ebenfalls eine statische Allzweck-Palette, die sich als derart praktisch erwies, dass sie (zusammen mit den restlichen Routinen von WinG) seit Windows 95 bzw. NT 4.0 zum festen Bestandteil des Systems geworden ist. Die Funktion zum Abruf dieser Palette trägt den Namen *CreateHalftonePalette* und läßt sich entweder direkt (analog zu *CreateAllPurposePalette* aus SHOWDIB4) oder indirekt einsetzen – nämlich über die Konstante HALFTONE beim Aufruf von *SetStretchBltMode*. Das in Abbildung 16.16 aufgelistete Programm SHOWDIB5 demonstriert den praktischen Einsatz.

SHOWDIB5.C

```
/*-----------------------------------------------
   SHOWDIB5.C - DIB-Darstellung mit Halbton-Palette
                (c) Charles Petzold, 1998
  -----------------------------------------------*/

#include <windows.h>
#include "..\\ShowDib3\\PackeDib.h"
#include "resource.h"
```

```
LRESULT CALLBACK WndProc (HWND, UINT, WPARAM, LPARAM) ;

TCHAR szAppName[] = TEXT ("ShowDib5") ;

int WINAPI WinMain (HINSTANCE hInstance, HINSTANCE hPrevInstance,
                    PSTR szCmdLine, int iCmdShow)
{
     HWND     hwnd ;
     MSG      msg ;
     WNDCLASS wndclass ;

     wndclass.style         = CS_HREDRAW | CS_VREDRAW ;
     wndclass.lpfnWndProc   = WndProc ;
     wndclass.cbClsExtra    = 0 ;
     wndclass.cbWndExtra    = 0 ;
     wndclass.hInstance     = hInstance ;
     wndclass.hIcon         = LoadIcon (NULL, IDI_APPLICATION) ;
     wndclass.hCursor       = LoadCursor (NULL, IDC_ARROW) ;
     wndclass.hbrBackground = (HBRUSH) GetStockObject (WHITE_BRUSH) ;
     wndclass.lpszMenuName  = szAppName ;
     wndclass.lpszClassName = szAppName ;

     if (!RegisterClass (&wndclass))
     {    // UNICODE-Compilierung ist die einzige realistische Fehlermöglichkeit
          MessageBox (NULL, TEXT ("Programm arbeitet mit Unicode und setzt Windows NT voraus!"),
                      szAppName, MB_ICONERROR) ;
          return 0 ;
     }

     hwnd = CreateWindow (szAppName, TEXT ("ShowDIB 5: Halbton-Palette"),
                          WS_OVERLAPPEDWINDOW,
                          CW_USEDEFAULT, CW_USEDEFAULT,
                          CW_USEDEFAULT, CW_USEDEFAULT,
                          NULL, NULL, hInstance, NULL) ;

     ShowWindow (hwnd, iCmdShow) ;
     UpdateWindow (hwnd) ;

     while (GetMessage (&msg, NULL, 0, 0))
     {
          TranslateMessage (&msg) ;
          DispatchMessage (&msg) ;
     }
     return msg.wParam ;
}

LRESULT CALLBACK WndProc (HWND hwnd, UINT message, WPARAM wParam, LPARAM lParam)
{
     static BITMAPINFO * pPackedDib ;
     static HPALETTE     hPalette ;
     static int          cxClient, cyClient ;
     static OPENFILENAME ofn ;
     static TCHAR        szFileName [MAX_PATH], szTitleName [MAX_PATH] ;
     static TCHAR        szFilter[] = TEXT ("Bitmap-Dateien (*.BMP)\0*.bmp\0")
                                      TEXT ("Alle Dateien (*.*)\0*.*\0\0") ;
```

```
HDC                 hdc ;
PAINTSTRUCT         ps ;

switch (message)
{
case WM_CREATE:
     ofn.lStructSize       = sizeof (OPENFILENAME) ;
     ofn.hwndOwner         = hwnd ;
     ofn.hInstance         = NULL ;
     ofn.lpstrFilter       = szFilter ;
     ofn.lpstrCustomFilter = NULL ;
     ofn.nMaxCustFilter    = 0 ;
     ofn.nFilterIndex      = 0 ;
     ofn.lpstrFile         = szFileName ;
     ofn.nMaxFile          = MAX_PATH ;
     ofn.lpstrFileTitle    = szTitleName ;
     ofn.nMaxFileTitle     = MAX_PATH ;
     ofn.lpstrInitialDir   = NULL ;
     ofn.lpstrTitle        = NULL ;
     ofn.Flags             = OFN_FILEMUSTEXIST | OFN_PATHMUSTEXIST ;
     ofn.nFileOffset       = 0 ;
     ofn.nFileExtension    = 0 ;
     ofn.lpstrDefExt       = TEXT ("bmp") ;
     ofn.lCustData         = 0 ;
     ofn.lpfnHook          = NULL ;
     ofn.lpTemplateName    = NULL ;

     // Halbton-Palette anlegen
     hdc = GetDC (hwnd) ;
     hPalette = CreateHalftonePalette (hdc) ;
     ReleaseDC (hwnd, hdc) ;
     return 0 ;

case WM_SIZE:
     cxClient = LOWORD (lParam) ;
     cyClient = HIWORD (lParam) ;
     return 0 ;

case WM_COMMAND:
     switch (LOWORD (wParam))
     {
     case IDM_FILE_OPEN:

          // Standarddialog zum Öfnen von Dateien
          if (!GetOpenFileName (&ofn))
               return 0 ;

          // Wenn bereits ein gepacktes DIB geladen ist, Freigabe
          if (pPackedDib)
          {
               free (pPackedDib) ;
               pPackedDib = NULL ;
          }

          // gepacktes DIB in den Hauptspeicher laden
          SetCursor (LoadCursor (NULL, IDC_WAIT)) ;
```

```
            ShowCursor (TRUE) ;

            pPackedDib = PackedDibLoad (szFileName) ;

            ShowCursor (FALSE) ;
            SetCursor (LoadCursor (NULL, IDC_ARROW)) ;

            if (!pPackedDib)
            {
                 MessageBox (hwnd, TEXT ("Fehler beim Laden der DIB-Datei"), szAppName, 0) ;
            }
            InvalidateRect (hwnd, NULL, TRUE) ;
            return 0 ;
       }
       break ;

  case WM_PAINT:
       hdc = BeginPaint (hwnd, &ps) ;

       if (pPackedDib)
       {
            // Halbton-Modus für StretchDIBits
            SetStretchBltMode (hdc, HALFTONE) ;
            SetBrushOrgEx (hdc, 0, 0, NULL) ;

            // Halbton-Palette einsetzen und durchsetzen
            SelectPalette (hdc, hPalette, FALSE) ;
            RealizePalette (hdc) ;

            // StretchDIBits (ohne Skalierung) anstelle von SetDIBitsToDevice
            StretchDIBits (hdc,
                           0,
                           0,
                           PackedDibGetWidth (pPackedDib),
                           PackedDibGetHeight (pPackedDib),
                           0,
                           0,
                           PackedDibGetWidth (pPackedDib),
                           PackedDibGetHeight (pPackedDib),
                           PackedDibGetBitsPtr (pPackedDib),
                           pPackedDib,
                           DIB_RGB_COLORS,
                           SRCCOPY) ;
       }
       EndPaint (hwnd, &ps) ;
       return 0 ;

  case WM_QUERYNEWPALETTE:
       hdc = GetDC (hwnd) ;
       SelectPalette (hdc, hPalette, FALSE) ;
       RealizePalette (hdc) ;
       InvalidateRect (hwnd, NULL, TRUE) ;

       ReleaseDC (hwnd, hdc) ;
       return TRUE ;
```

```
    case WM_PALETTECHANGED:
         if ((HWND) wParam != hwnd)

         hdc = GetDC (hwnd) ;
         SelectPalette (hdc, hPalette, FALSE) ;
         RealizePalette (hdc) ;
         UpdateColors (hdc) ;

         ReleaseDC (hwnd, hdc) ;
         break ;

    case WM_DESTROY:
         if (pPackedDib)
              free (pPackedDib) ;

         DeleteObject (hPalette) ;

         PostQuitMessage (0) ;
         return 0 ;
    }
    return DefWindowProc (hwnd, message, wParam, lParam) ;
}
```

SHOWDIB5.RC (Auszüge)

```
//Microsoft Developer Studio generated resource script.

#include "resource.h"
#include "afxres.h"

/////////////////////////////////////////////////////////////////////////////
// Menu

SHOWDIB5 MENU DISCARDABLE
BEGIN
    POPUP "&Datei"
    BEGIN
        MENUITEM "Ö&ffnen...",                  IDM_FILE_OPEN
    END
END
```

RESOURCE.H (Auszüge)

```
// Microsoft Developer Studio generated include file.
// Used by ShowDib5.rc

#define IDM_FILE_OPEN                   40001
```

Abbildung 16.16: *Das Programm* SHOWDIB5

SHOWDIB5 verwendet wie sein Vorgänger SHOWDIB4 für alle DIBs dieselbe statische Palette, die hier aber nicht »zu Fuß«, sondern über die GDI-Funktion *CreateHalftonePalette* angelegt wird. Da diese Palette im wesentlichen dieselben Einträge enthält, wie ich sie über die Funktion *CreateAllPurposePalette* in SHOWDIB4 erzeugt habe, dürfen Sie ihr keine Wunder erwarten –

vor allem, was die bereits erwähnten Hauttöne betrifft. Das gilt allerdings nur für den direkten Einsatz in Kombination mit *SetDIBitsToDevice*. Wenn Sie dagegen erst

```
SetStretchBltMode (hdc, HALFTONE) ;
SetBrushOrgEx (hdc, x, y, NULL) ;
```

benutzen (wobei (x,y) den Punkt darstellt, an dem dic linke obere Ecke des DIBs hinterher erscheinen soll und in Gerätekoordinaten angegeben werden muß) und das DIB dann nicht mit *SetDIBitsToDevice*, sondern über *StretchDIBits* darstellen, dann werden Sie sich vermutlich die Augen reiben: Windows setzt in diesem Fall selbständig Mischfarben (»dithering«) ein, stellt also nicht direkt in der Palette enthaltene Farben über Farbänderungen der benachbarten Pixel dar. Das eine Ergebnis ist eine erstaunlich realistische Darstellung, das andere natürlich ein erheblich höherer Verbrauch an Rechenzeit.

Farbtabellen mit Palettenindizes

CreateDIBitmap, SetDIBits, Bei der Besprechung von *SetDIBitsToDevice*, *StretchDIBits*, *GetDIBits* und *CreateDIBSection* habe ich einen Punkt offengelassen: Das »Farbflag«, für das sich entweder die Konstante DIB_RGB_COLORS (= 0) oder DIB_PAL_COLORS einsetzen läßt. In Kapitel 15 findet sich dazu lediglich die Andeutung, dass man für *fClrUse* »im Normalfall« DIB_RGB_COLORS einsetzt und der GDI so anzeigt, dass die Farbtabelle des DIBs RGB-Werte enthält.

Wenn Sie hier den Wert DIB_PAL_COLORS übergeben, dann geht die GDI davon aus, dass die Farbtabelle des DIBs (also das Feld *bmiColors* in der BITMAPINFO-Struktur) anstelle von RGB-Werten 16-Bit-Indices in die logische Palette enthält, die momentan in den beim Aufruf der jeweiligen Funktion ebenfalls als Parameter übergebenen Gerätekontext eingesetzt ist. (Notabene: Hier geht es nicht um eine durchgesetzte Hardware-Palette, sondern definitiv um das logische Gegenstück. *CreateDIBSection* verwendet einen solchen Kontext nur, wenn Sie mit DIB_PAL_COLORS arbeiten, im Zusammenhang mit DIB_RGB_COLORS können Sie dort ohne weiteres den Wert 0 als ersten Parameter verwenden.)

Der Sinn der Übung liegt ausschließlich in einer höheren Geschwindigkeit. Wenn Sie eine Funktion wie *SetDIBitsToDevice* mit DIB_RGB_COLORS aufrufen und der Desktop mit 8 Bit pro Pixel läuft, dann muß die GDI erst einmal selbst eine Tabelle mit 256 Einträgen aufbauen, die den Zusammenhang zwischen DIB-Pixelwerten und Paletteneinträgen herstellt. Der dafür verwendete Algorithmus sieht im Prinzip so aus:

```
for (i = 0; i < 256; i++)
  TransTable[i] = GetNearestColor(pInfo->bmiColors[i]) ;
```

Wieso diese Suchoperationen überhaupt notwendig sind? Weil die GDI schließlich nicht wissen kann, ob Ihr Programm die natürliche Palette eines DIBs oder eben eine andere logische Palette in den Gerätekontext eingesetzt hat. Solange Sie die natürliche Palette eines DIBs auch als logische Palette verwenden, können Sie der GDI über DIB_PAL_COLORS nicht nur die Wiederholung dieser 256 Suchoperationen bei jeder Ausgabe ersparen, sondern kommen auch bei einer einmaligen Umsetzung komplett um *GetNearestColor* herum. Das in Abbildung 16.17 aufgelistete Programm SHOWDIB6 demonstriert die praktische Anwendung dieser Technik.

SHOWDIB6.C

```
/*--------------------------------------------
   SHOWDIB6.C - DIB-Darstellung mit DIB_PAL_COLORS
             (c) Charles Petzold, 1998
  --------------------------------------------*/

#include <windows.h>
#include "..\\ShowDib3\\PackeDib.h"
#include "resource.h"

LRESULT CALLBACK WndProc (HWND, UINT, WPARAM, LPARAM) ;

TCHAR szAppName[] = TEXT ("ShowDib6") ;

int WINAPI WinMain (HINSTANCE hInstance, HINSTANCE hPrevInstance,
                    PSTR szCmdLine, int iCmdShow)
{
     HWND     hwnd ;
     MSG      msg ;
     WNDCLASS wndclass ;

     wndclass.style         = CS_HREDRAW | CS_VREDRAW ;
     wndclass.lpfnWndProc   = WndProc ;
     wndclass.cbClsExtra    = 0 ;
     wndclass.cbWndExtra    = 0 ;
     wndclass.hInstance     = hInstance ;
     wndclass.hIcon         = LoadIcon (NULL, IDI_APPLICATION) ;
     wndclass.hCursor       = LoadCursor (NULL, IDC_ARROW) ;
     wndclass.hbrBackground = (HBRUSH) GetStockObject (WHITE_BRUSH) ;
     wndclass.lpszMenuName  = szAppName ;
     wndclass.lpszClassName = szAppName ;

     if (!RegisterClass (&wndclass))
     {    // UNICODE-Compilierung ist die einzige realistische Fehlermöglichkeit
          MessageBox (NULL, TEXT ("Programm arbeitet mit Unicode und setzt Windows NT voraus!"),
                      szAppName, MB_ICONERROR) ;
          return 0 ;
     }

     hwnd = CreateWindow (szAppName, TEXT ("ShowDIB 6: DIB_PAL_COLORS"),
                          WS_OVERLAPPEDWINDOW,
                          CW_USEDEFAULT, CW_USEDEFAULT,
                          CW_USEDEFAULT, CW_USEDEFAULT,
                          NULL, NULL, hInstance, NULL) ;

     ShowWindow (hwnd, iCmdShow) ;
     UpdateWindow (hwnd) ;

     while (GetMessage (&msg, NULL, 0, 0))
     {
          TranslateMessage (&msg) ;
          DispatchMessage (&msg) ;
     }
     return msg.wParam ;
}
```

```
LRESULT CALLBACK WndProc (HWND hwnd, UINT message, WPARAM wParam, LPARAM lParam)
{
     static BITMAPINFO * pPackedDib ;
     static HPALETTE     hPalette ;
     static int          cxClient, cyClient ;
     static OPENFILENAME ofn ;
     static TCHAR        szFileName [MAX_PATH], szTitleName [MAX_PATH] ;
     static TCHAR        szFilter[] = TEXT ("Bitmap-Dateien (*.BMP)\0*.bmp\0")
                                      TEXT ("Alle Dateien (*.*)\0*.*\0\0") ;

     HDC                 hdc ;
     int                 i, iNumColors ;
     PAINTSTRUCT         ps ;
     WORD              * pwIndex ;

     switch (message)
     {
     case WM_CREATE:
          ofn.lStructSize       = sizeof (OPENFILENAME) ;
          ofn.hwndOwner         = hwnd ;
          ofn.hInstance         = NULL ;
          ofn.lpstrFilter       = szFilter ;
          ofn.lpstrCustomFilter = NULL ;
          ofn.nMaxCustFilter    = 0 ;
          ofn.nFilterIndex      = 0 ;
          ofn.lpstrFile         = szFileName ;
          ofn.nMaxFile          = MAX_PATH ;
          ofn.lpstrFileTitle    = szTitleName ;
          ofn.nMaxFileTitle     = MAX_PATH ;
          ofn.lpstrInitialDir   = NULL ;
          ofn.lpstrTitle        = NULL ;
          ofn.Flags             = OFN_FILEMUSTEXIST | OFN_PATHMUSTEXIST ;
          ofn.nFileOffset       = 0 ;
          ofn.nFileExtension    = 0 ;
          ofn.lpstrDefExt       = TEXT ("bmp") ;
          ofn.lCustData         = 0 ;
          ofn.lpfnHook          = NULL ;
          ofn.lpTemplateName    = NULL ;

          return 0 ;

     case WM_SIZE:
          cxClient = LOWORD (lParam) ;
          cyClient = HIWORD (lParam) ;
          return 0 ;

     case WM_COMMAND:
          switch (LOWORD (wParam))
          {
          case IDM_FILE_OPEN:
               // Standarddialog zum Öffnen von Dateien
               if (!GetOpenFileName (&ofn))
                    return 0 ;

               // Wenn im Moment ein DIB geladen ist, Freigabe
               if (pPackedDib)
```

```
            {
                free (pPackedDib) ;
                pPackedDib = NULL ;
            }

            // Wenn im Moment eine Palette existiert, Freigabe
            if (hPalette)
            {
                DeleteObject (hPalette) ;
                hPalette = NULL ;
            }

            // gepacktes DIB in den Hauptspeicher laden
            SetCursor (LoadCursor (NULL, IDC_WAIT)) ;
            ShowCursor (TRUE) ;

            pPackedDib = PackedDibLoad (szFileName) ;

            ShowCursor (FALSE) ;
            SetCursor (LoadCursor (NULL, IDC_ARROW)) ;

            if (pPackedDib)
            {
                // logische Palette aus der Farbtabelle erzeugen
                hPalette = PackedDibCreatePalette (pPackedDib) ;

                // DIB-Farbtabelle durch Indices ersetzen
                if (hPalette)
                {
                    iNumColors = PackedDibGetNumColors (pPackedDib) ;
                    pwIndex = (WORD *) PackedDibGetColorTablePtr (pPackedDib) ;

                    for (i = 0 ; i < iNumColors ; i++)
                        pwIndex[i] = (WORD) i ;
                }
            }
           else
            {
                MessageBox (hwnd, TEXT ("Fehler beim Laden der DIB-Datei"), szAppName, 0) ;
            }
            InvalidateRect (hwnd, NULL, TRUE) ;
            return 0 ;
        }
        break ;

    case WM_PAINT:
        hdc = BeginPaint (hwnd, &ps) ;

        if (hPalette)
        {
            SelectPalette (hdc, hPalette, FALSE) ;
            RealizePalette (hdc) ;
        }

        if (pPackedDib)
            SetDIBitsToDevice (hdc,
```

```
                                0,
                                0,
                                PackedDibGetWidth (pPackedDib),
                                PackedDibGetHeight (pPackedDib),
                                0,
                                0,
                                0,
                                PackedDibGetHeight (pPackedDib),
                                PackedDibGetBitsPtr (pPackedDib),
                                pPackedDib,
                                DIB_PAL_COLORS) ;
          EndPaint (hwnd, &ps) ;
          return 0 ;

     case WM_QUERYNEWPALETTE:
          if (!hPalette)
               return FALSE ;

          hdc = GetDC (hwnd) ;
          SelectPalette (hdc, hPalette, FALSE) ;
          RealizePalette (hdc) ;
          InvalidateRect (hwnd, NULL, TRUE) ;

          ReleaseDC (hwnd, hdc) ;
          return TRUE ;

     case WM_PALETTECHANGED:
          if (!hPalette || (HWND) wParam == hwnd)
               break ;

          hdc = GetDC (hwnd) ;
          SelectPalette (hdc, hPalette, FALSE) ;
          RealizePalette (hdc) ;
          UpdateColors (hdc) ;

          ReleaseDC (hwnd, hdc) ;
          break ;


     case WM_DESTROY:
          if (pPackedDib)
               free (pPackedDib) ;

          if (hPalette)
               DeleteObject (hPalette) ;

          PostQuitMessage (0) ;
          return 0 ;
     }
     return DefWindowProc (hwnd, message, wParam, lParam) ;
}
```

SHOWDIB6.RC (Auszüge)

```
//Microsoft Developer Studio generated resource script.

#include "resource.h"
#include "afxres.h"

/////////////////////////////////////////////////////////////////////////////
// Menu

SHOWDIB6 MENU DISCARDABLE
BEGIN
    POPUP "&Dateo"
    BEGIN
      MENUITEM "Ö&ffnen",                    IDM_FILE_OPEN
    END
END
```

RESOURCE.H (Auszüge)

```
// Microsoft Developer Studio generated include file.
// Used by ShowDib6.rc
//
#define IDM_FILE_OPEN                  40001
```

***Abbildung 16.17:** Das Programm* SHOWDIB6

Nach dem Laden einer DIB-Datei in den Hauptspeicher und dem Anlegen einer logischen Palette ersetzt SHOWDIB6 die RGB-Werte in der DIB-Farbtabelle schlicht durch aufsteigende WORD-Werte von 0 bis 255. Die Funktion *PackedDIBGetNumColors* (aus PACKEDIB.C) liefert die tatsächliche Zahl der Tabelleneinträge, die Funktion *PackedDibGetColorTablePtr* die Speicheradresse der Farbtabelle. Bitte beachten Sie, dass dabei maximal die ersten 512 Bytes der DIB-Farbtabelle ersetzt werden: Beim Aufruf von DIB-Funktionen mit DIB_PAL_COLORS interpretiert die GDI diese Tabelle als WORD-Array (und nicht wie gewohnt als RGBQUAD bzw. RGBTRIPLE).

Die Optimierung über DIB_PAL_COLORS ist ausschließlich sinnvoll, wenn Ihr Programm die natürliche Palette eines DIBs auch als logische Palette einsetzt. (Mit einer Allzweck-Palette ließe sich das auch hinkriegen, macht aber nur beschränkt Sinn, weil Ihr Programm dann selbst *GetNearestColor* entsprechend oft aufrufen müßte – und das kann die GDI intern natürlich schneller.)

Außerhalb eines einzelnen Programms sind indizierte Paletten nicht viel wert: Sowohl vor einer Übergabe an die Zwischenablage als auch vor der Speicherung eines DIBs als Datei müssen Sie die Farbtabelle in jedem Fall wieder durch RGB-Werte ersetzen. (Tatsächlich stünde SHOWDIB6 vermutlich besser da, wenn das Programm die Farbtabelle ausschließlich vor dem Aufruf von *SetDIBitsToDevice* durch Indizes ersetzen und sofort danach wieder herstellen würde.)

Paletten und geräteabhängige Bitmaps

Das in Abbildung 16.18 aufgelistete Programm SHOWDIB7 demonstriert den Einsatz von Paletten bei DDBs und macht sich die Sache so einfach wie möglich: Es lädt wie gehabt eine DIB-Datei über *PackedDibLoad* und legt eine logische Palette über *PackedDibCreatePalette* an, benutzt aber dann die GDI-Funktion *CreateDIBitmap* zum Erzeugen eines DDBs und gibt schließlich die Originaldaten frei. Vor dem Aufruf von *CreateDIBitmap* muß die Palette bereits in den

Gerätekontext eingesetzt und durchgesetzt worden sein, weil Windows die Pixeldaten sonst auf die 20 statischen Systemfarben reduzieren würde. (Wieso ist das notwendig, wenn die GDI hier doch über die DIB-Farbtabelle bestimmen kann, für welche Farben die DIB-Pixeldaten stehen? Tatsächlich geht es hier nicht um die Quelle, sondern um das Ziel (vgl. Seite 804): Die logische Palette teilt der GDI mit, welche Pixelwerte sie als DDB-Daten schreiben soll. Da SHOWDIB7 die natürliche Palette des DIBs als logische Palette verwendet, bleiben die Pixelwerte unverändert; beim Einsatz einer anderen Palette wäre das natürlich nicht der Fall.)

SHOWDIB7.C

```
/*-----------------------------------------
   SHOWDIB7.C - DDB-Darstellung mit Paletten
                (c) Charles Petzold, 1998
  -----------------------------------------*/

#include <windows.h>
#include "..\\ShowDib3\\PackeDib.h"
#include "resource.h"

LRESULT CALLBACK WndProc (HWND, UINT, WPARAM, LPARAM) ;

TCHAR szAppName[] = TEXT ("ShowDib7") ;

int WINAPI WinMain (HINSTANCE hInstance, HINSTANCE hPrevInstance,
                    PSTR szCmdLine, int iCmdShow)
{
     HWND     hwnd ;
     MSG      msg ;
     WNDCLASS wndclass ;

     wndclass.style         = CS_HREDRAW | CS_VREDRAW ;
     wndclass.lpfnWndProc   = WndProc ;
     wndclass.cbClsExtra    = 0 ;
     wndclass.cbWndExtra    = 0 ;
     wndclass.hInstance     = hInstance ;
     wndclass.hIcon         = LoadIcon (NULL, IDI_APPLICATION) ;
     wndclass.hCursor       = LoadCursor (NULL, IDC_ARROW) ;
     wndclass.hbrBackground = (HBRUSH) GetStockObject (WHITE_BRUSH) ;
     wndclass.lpszMenuName  = szAppName ;
     wndclass.lpszClassName = szAppName ;

     if (!RegisterClass (&wndclass))
     {    // UNICODE-Compilierung ist die einzige realistische Fehlermöglichkeit
          MessageBox (NULL, TEXT ("Programm arbeitet mit Unicode und setzt Windows NT voraus!"),
                      szAppName, MB_ICONERROR) ;
          return 0 ;
     }

     hwnd = CreateWindow (szAppName, TEXT ("ShowDIB 7: DDB-Darstellung mit Paletten"),
                          WS_OVERLAPPEDWINDOW,
                          CW_USEDEFAULT, CW_USEDEFAULT,
                          CW_USEDEFAULT, CW_USEDEFAULT,
                          NULL, NULL, hInstance, NULL) ;

     ShowWindow (hwnd, iCmdShow) ;
     UpdateWindow (hwnd) ;
```

```
     while (GetMessage (&msg, NULL, 0, 0))
     {
          TranslateMessage (&msg) ;
          DispatchMessage (&msg) ;
     }
     return msg.wParam ;
}

LRESULT CALLBACK WndProc (HWND hwnd, UINT message, WPARAM wParam, LPARAM lParam)
{
     static HBITMAP      hBitmap ;
     static HPALETTE     hPalette ;
     static int          cxClient, cyClient ;
     static OPENFILENAME ofn ;
     static TCHAR        szFileName [MAX_PATH], szTitleName [MAX_PATH] ;
     static TCHAR        szFilter[] = TEXT ("Bitmap-Dateien(*.BMP)\0*.bmp\0")
                                      TEXT ("Alle Dateien (*.*)\0*.*\0\0") ;
     BITMAP              bitmap ;
     BITMAPINFO        * pPackedDib ;
     HDC                 hdc, hdcMem ;
     PAINTSTRUCT         ps ;

     switch (message)
     {
     case WM_CREATE:
          ofn.lStructSize       = sizeof (OPENFILENAME) ;
          ofn.hwndOwner         = hwnd ;
          ofn.hInstance         = NULL ;
          ofn.lpstrFilter       = szFilter ;
          ofn.lpstrCustomFilter = NULL ;
          ofn.nMaxCustFilter    = 0 ;
          ofn.nFilterIndex      = 0 ;
          ofn.lpstrFile         = szFileName ;
          ofn.nMaxFile          = MAX_PATH ;
          ofn.lpstrFileTitle    = szTitleName ;
          ofn.nMaxFileTitle     = MAX_PATH ;
          ofn.lpstrInitialDir   = NULL ;
          ofn.lpstrTitle        = NULL ;
          ofn.Flags             = 0 ;
          ofn.nFileOffset       = 0 ;
          ofn.nFileExtension    = 0 ;
          ofn.lpstrDefExt       = TEXT ("bmp") ;
          ofn.lCustData         = 0 ;
          ofn.lpfnHook          = NULL ;
          ofn.lpTemplateName    = NULL ;

          return 0 ;

     case WM_SIZE:
          cxClient = LOWORD (lParam) ;
          cyClient = HIWORD (lParam) ;
          return 0 ;

     case WM_COMMAND:
          switch (LOWORD (wParam))
```

```
{
case IDM_FILE_OPEN:

     // Standarddialog zum Öffnen von Dateien
     if (!GetOpenFileName (&ofn))
          return 0 ;

     // Wenn im Moment ein DDB existiert, freigeben
     if (hBitmap)
     {
          DeleteObject (hBitmap) ;
          hBitmap = NULL ;
     }

     // Wenn im Moment eine Palette existiert, freigeben
     if (hPalette)
     {
          DeleteObject (hPalette) ;
          hPalette = NULL ;
     }

     // Datei erst einmal als gepacktes DIB in den Hauptspeicher laden
     SetCursor (LoadCursor (NULL, IDC_WAIT)) ;
     ShowCursor (TRUE) ;

     pPackedDib = PackedDibLoad (szFileName) ;

     ShowCursor (FALSE) ;
     SetCursor (LoadCursor (NULL, IDC_ARROW)) ;

     if (pPackedDib)
     {
          // Palette aus der DIB-Farbtabelle erzeugen und durchsetzen
          hPalette = PackedDibCreatePalette (pPackedDib) ;

          hdc = GetDC (hwnd) ;

          if (hPalette)
          {
               SelectPalette (hdc, hPalette, FALSE) ;
               RealizePalette (hdc) ;
          }
          // DDB aus dem DIB anlegen und DIB-Daten umsetzen
          hBitmap = CreateDIBitmap (hdc,
                                   (PBITMAPINFOHEADER) pPackedDib,
                                   CBM_INIT,
                                   PackedDibGetBitsPtr (pPackedDib),
                                   pPackedDib,
                                   DIB_RGB_COLORS) ;
          ReleaseDC (hwnd, hdc) ;

          // das gepackte DIB wird danach nicht mehr gebraucht
          free (pPackedDib) ;
     }
     else
     {
```

```
                    MessageBox (hwnd, TEXT ("Fehler beim Laden der DIB-Datei"), szAppName, 0) ;
               }
               InvalidateRect (hwnd, NULL, TRUE) ;
               return 0 ;
          }
          break ;

     case WM_PAINT:
          hdc = BeginPaint (hwnd, &ps) ;

          if (hPalette)
          {    // Palette einsetzen und durchsetzen
               SelectPalette (hdc, hPalette, FALSE) ;
               RealizePalette (hdc) ;
          }
          if (hBitmap)
          {    // Bitmap-Abmessungen ermittelnSpeicherkontext
               GetObject (hBitmap, sizeof (BITMAP), &bitmap) ;

               // Speicherkontext anlegen, Bitmap einsetzen und zeichnen
               hdcMem = CreateCompatibleDC (hdc) ;
               SelectObject (hdcMem, hBitmap) ;

               BitBlt (hdc,    0, 0, bitmap.bmWidth, bitmap.bmHeight,
                       hdcMem, 0, 0, SRCCOPY) ;

               DeleteDC (hdcMem) ;
          }
          EndPaint (hwnd, &ps) ;
          return 0 ;

     case WM_QUERYNEWPALETTE:
          if (!hPalette)
               return FALSE ;

          hdc = GetDC (hwnd) ;
          SelectPalette (hdc, hPalette, FALSE) ;
          RealizePalette (hdc) ;
          InvalidateRect (hwnd, NULL, TRUE) ;

          ReleaseDC (hwnd, hdc) ;
          return TRUE ;

     case WM_PALETTECHANGED:
          if (!hPalette || (HWND) wParam == hwnd)
               break ;

          hdc = GetDC (hwnd) ;
          SelectPalette (hdc, hPalette, FALSE) ;
          RealizePalette (hdc) ;
          UpdateColors (hdc) ;

          ReleaseDC (hwnd, hdc) ;
          break ;
```

```
    case WM_DESTROY:
         if (hBitmap)
              DeleteObject (hBitmap) ;

         if (hPalette)
              DeleteObject (hPalette) ;

         PostQuitMessage (0) ;
         return 0 ;
    }
    return DefWindowProc (hwnd, message, wParam, lParam) ;
}
```

SHOWDIB7.RC (Auszüge)

```
//Microsoft Developer Studio generated resource script.

#include "resource.h"
#include "afxres.h"

/////////////////////////////////////////////////////////////////////////////
// Menu

SHOWDIB7 MENU DISCARDABLE
BEGIN
    POPUP "&Datei"
    BEGIN
        MENUITEM "Ö&ffnen...",                  IDM_FILE_OPEN
    END
END
```

RESOURCE.H (Auszüge)

```
// Microsoft Developer Studio generated include file.
// Used by ShowDib7.rc

#define IDM_FILE_OPEN                   40001
```

Abbildung 16.18: *Das Programm* SHOWDIB7

Bei WM_PAINT setzt SHOWDIB7 wie gewohnt die Palette durch, legt dann (im Gegensatz zu den Vorgängerversionen) aber einen zum Bildschirm kompatiblen Gerätekontext an, setzt das DDB dort ein und bringt es per *BitBlt* auf den Bildschirm. Was dabei herauskäme, wenn SHOWDIB7 an dieser Stelle eine andere als die beim Anlegen des DDBs verwendete Palette einsetzen würde, sollte mittlerweile klar sein: Weil die GDI auch hier wieder die Palette als einzigen Anhaltspunkt für die »echte« Bedeutung der Pixeldaten hat, ist das Ergebnis dann eben eine mehr oder minder große Zahl falscher Farben.

In Kapitel 14 hatte ich erwähnt, dass man DDBs nicht in die Zwischenablage einsetzen sollte, weil ihnen die Palette fehlt, in Kapitel 15 aber behauptet, dass die Zwischenablage die Umwandlung in DIBs notfalls automatisch erledigt, ohne näher darauf einzugehen, auf welche Weise sich Windows diese Daten dann beschafft. Tatsächlich geht das auch nur über einen Trick: Wenn Sie jemals in die Verlegenheit kommen sollten, ein DDB in die Zwischenablage einzusetzen, dann sollten Sie vor dem Aufruf von *SetClipboardData* einen Gerätekontext für den Bildschirm anfordern und über diesen Kontext die dazugehörige Palette durchsetzen. Auf diese Weise erlauben Sie den Routinen der Zwischenablage die Ermittlung der Palette (über *GetSystemPaletteEntries*) und die korrekte Umwandlung des DDBs in ein DIB. Ohne diese Maßnahme wird das DDB (wieder einmal) auf die 20 statischen Systemfarben reduziert.

Paletten und DIB Sections

Das in Abbildung 16.19 aufgelistete Programm SHOWDIB8 stellt den letzten Vertreter dieser Serie dar und demonstriert den Einsatz von Paletten im Zusammenhang mit DIB Sections.

Im *case*-Zweig für WM_PAINT werden Sie hier keine Unterschiede zu SHOWDIB7 finden: Dort wird wie gehabt die Palette in den Zielkontext eingesetzt und durchgesetzt, darauf folgt ein *BitBlt*, dessen Parameter für Höhe und Breite des Bitmaps aus einem vorherigen Aufruf von *GetObject* stammen.

SHOWDIB8.C

```
/*--------------------------------------
   SHOWDIB8.C - DIB Sections mit Paletten
                (c) Charles Petzold, 1998
  ---------------------------------------*/

#include <windows.h>
#include "..\\ShowDib3\\PackeDib.h"
#include "resource.h"

LRESULT CALLBACK WndProc (HWND, UINT, WPARAM, LPARAM) ;

TCHAR szAppName[] = TEXT ("ShowDib8") ;

int WINAPI WinMain (HINSTANCE hInstance, HINSTANCE hPrevInstance,
                    PSTR szCmdLine, int iCmdShow)
{
     HWND     hwnd ;
     MSG      msg ;
     WNDCLASS wndclass ;

     wndclass.style         = CS_HREDRAW | CS_VREDRAW ;
     wndclass.lpfnWndProc   = WndProc ;
     wndclass.cbClsExtra    = 0 ;
     wndclass.cbWndExtra    = 0 ;
     wndclass.hInstance     = hInstance ;
     wndclass.hIcon         = LoadIcon (NULL, IDI_APPLICATION) ;
     wndclass.hCursor       = LoadCursor (NULL, IDC_ARROW) ;
     wndclass.hbrBackground = (HBRUSH) GetStockObject (WHITE_BRUSH) ;
     wndclass.lpszMenuName  = szAppName ;
     wndclass.lpszClassName = szAppName ;

     if (!RegisterClass (&wndclass))
     {    // UNICODE-Compilierung ist die einzige realistische Fehlermöglichkeit
          MessageBox (NULL, TEXT ("Programm arbeitet mit Unicode und setzt Windows NT voraus!"),
                      szAppName, MB_ICONERROR) ;
          return 0 ;
     }

     hwnd = CreateWindow (szAppName, TEXT ("ShowDIB 8: DIB Sections"),
                          WS_OVERLAPPEDWINDOW,
                          CW_USEDEFAULT, CW_USEDEFAULT,
```

```
                      CW_USEDEFAULT, CW_USEDEFAULT,
                      NULL, NULL, hInstance, NULL) ;

     ShowWindow (hwnd, iCmdShow) ;
     UpdateWindow (hwnd) ;

     while (GetMessage (&msg, NULL, 0, 0))
     {
          TranslateMessage (&msg) ;
          DispatchMessage (&msg) ;
     }
     return msg.wParam ;
}

LRESULT CALLBACK WndProc (HWND hwnd, UINT message, WPARAM wParam, LPARAM lParam)
{
     static HBITMAP      hBitmap ;
     static HPALETTE     hPalette ;
     static int          cxClient, cyClient ;
     static OPENFILENAME ofn ;
     static PBYTE        pBits ;
     static TCHAR        szFileName [MAX_PATH], szTitleName [MAX_PATH] ;
     static TCHAR        szFilter[] = TEXT ("Bitmap-Dateien (*.BMP)\0*.bmp\0")
                                      TEXT ("Alle Dateien (*.*)\0*.*\0\0") ;
     BITMAP              bitmap ;
     BITMAPINFO        * pPackedDib ;
     HDC                 hdc, hdcMem ;
     PAINTSTRUCT         ps ;

     switch (message)
     {
     case WM_CREATE:
          ofn.lStructSize       = sizeof (OPENFILENAME) ;
          ofn.hwndOwner         = hwnd ;
          ofn.hInstance         = NULL ;
          ofn.lpstrFilter       = szFilter ;
          ofn.lpstrCustomFilter = NULL ;
          ofn.nMaxCustFilter    = 0 ;
          ofn.nFilterIndex      = 0 ;
          ofn.lpstrFile         = szFileName ;
          ofn.nMaxFile          = MAX_PATH ;
          ofn.lpstrFileTitle    = szTitleName ;
          ofn.nMaxFileTitle     = MAX_PATH ;
          ofn.lpstrInitialDir   = NULL ;
          ofn.lpstrTitle        = NULL ;
          ofn.Flags             = 0 ;
          ofn.nFileOffset       = 0 ;
          ofn.nFileExtension    = 0 ;
          ofn.lpstrDefExt       = TEXT ("bmp") ;
          ofn.lCustData         = 0 ;
          ofn.lpfnHook          = NULL ;
          ofn.lpTemplateName    = NULL ;

          return 0 ;

     case WM_SIZE:
```

```
          cxClient = LOWORD (lParam) ;
          cyClient = HIWORD (lParam) ;
          return 0 ;

     case WM_COMMAND:
          switch (LOWORD (wParam))
          {
          case IDM_FILE_OPEN:

               // Standarddialog zum Öffnen von Dateien
               if (!GetOpenFileName (&ofn))
                    return 0 ;

               // Wenn im Moment eine DIB Section existiert, Freigabe
               if (hBitmap)
               {
                    DeleteObject (hBitmap) ;
                    hBitmap = NULL ;
               }

               // Wenn im Moment eine Palette existiert, Freigabe
               if (hPalette)
               {
                    DeleteObject (hPalette) ;
                    hPalette = NULL ;
               }

               // DIB-Datei als gepacktes DIB in den Hauptspeicher laden
               SetCursor (LoadCursor (NULL, IDC_WAIT)) ;
               ShowCursor (TRUE) ;

               pPackedDib = PackedDibLoad (szFileName) ;

               ShowCursor (FALSE) ;
               SetCursor (LoadCursor (NULL, IDC_ARROW)) ;

               if (pPackedDib)
               {
                    // Umsetzen in eine DIB Section
                    hBitmap = CreateDIBSection (NULL,
                                                pPackedDib,
                                                DIB_RGB_COLORS,
                                                &pBits,
                                                NULL, 0) ;

                    // DIB-Pixeldaten in die DIB Section kopieren
                    CopyMemory (pBits, PackedDibGetBitsPtr  (pPackedDib),
                                       PackedDibGetBitsSize (pPackedDib)) ;

                    // Palette aus der DIB-Farbtabelle erzeugen
                    hPalette = PackedDibCreatePalette (pPackedDib) ;

                    // das gepackte DIB wird danach nicht mehr gebraucht
                    free (pPackedDib) ;
               }
               else
```

```
            {
                 MessageBox (hwnd, TEXT ("Fehler beim Laden der DIB-Datei"), szAppName, 0) ;
            }
            InvalidateRect (hwnd, NULL, TRUE) ;
            return 0 ;
       }
       break ;
  case WM_PAINT:
       hdc = BeginPaint (hwnd, &ps) ;

       if (hPalette)
       {    // Palette einsetzen und durchsetzen
            SelectPalette (hdc, hPalette, FALSE) ;
            RealizePalette (hdc) ;
       }
       if (hBitmap)
       {
            // Breite und Höhe des Bitmaps
            GetObject (hBitmap, sizeof (BITMAP), &bitmap) ;

            // Speicherkontext anlegen, DIB Section einsetzen
            hdcMem = CreateCompatibleDC (hdc) ;
            SelectObject (hdcMem, hBitmap) ;
            // ... und zeichnen
            BitBlt (hdc,    0, 0, bitmap.bmWidth, bitmap.bmHeight,
                    hdcMem, 0, 0, SRCCOPY) ;

            DeleteDC (hdcMem) ;
       }
       EndPaint (hwnd, &ps) ;
       return 0 ;

  case WM_QUERYNEWPALETTE:
       if (!hPalette)
            return FALSE ;

       hdc = GetDC (hwnd) ;
       SelectPalette (hdc, hPalette, FALSE) ;
       RealizePalette (hdc) ;
       InvalidateRect (hwnd, NULL, TRUE) ;

       ReleaseDC (hwnd, hdc) ;
       return TRUE ;

  case WM_PALETTECHANGED:
       if (!hPalette || (HWND) wParam == hwnd)
            break ;

       hdc = GetDC (hwnd) ;
       SelectPalette (hdc, hPalette, FALSE) ;
       RealizePalette (hdc) ;
       UpdateColors (hdc) ;

       ReleaseDC (hwnd, hdc) ;
       break ;
```

```
    case WM_DESTROY:
        if (hBitmap)
            DeleteObject (hBitmap) ;

        if (hPalette)
            DeleteObject (hPalette) ;

        PostQuitMessage (0) ;
        return 0 ;
    }
    return DefWindowProc (hwnd, message, wParam, lParam) ;
}
```

SHOWDIB8.RC (Auszüge)

```
//Microsoft Developer Studio generated resource script.

#include "resource.h"
#include "afxres.h"

/////////////////////////////////////////////////////////////////////////////
// Menu

SHOWDIB8 MENU DISCARDABLE
BEGIN
    POPUP "&Datei"
    BEGIN
        MENUITEM "Ö&ffnen...",                  IDM_FILE_OPEN
    END
END
```

RESOURCE.H (Auszüge)

```
// Microsoft Developer Studio generated include file.
// Used by ShowDib8.rc

#define IDM_FILE_OPEN                   40001
```

Abbildung 16.19: *Das Programm* SHOWDIB8

Tatsächlich liegt der einzige Unterschied zwischen den beiden Programmversionen im Laden der DIB-Datei: Während SHOWDIB7 für die Umwandlung in ein DDB erst einmal die Palette durchsetzen muß, kommt SHOWDIB8 hier ohne Palette (und ohne Gerätekontext) aus, weil die dabei erzeugte DIB Section zwar durch einen normalen Bitmap-Handle vertreten wird, aber eine eigene Farbtabelle enthält. Da diese Farbtabelle direkt vom DIB übernommen wird, kann das Programm danach die DIB-Pixeldaten über *CopyMemory* direkt in den von *CreateDIBSection* besetzten Speicherbereich kopieren. (Wieso *CreateDIBSection* einen Gerätekontext als Parameter definiert? Weil sich diese Routine bei Bedarf ebenfalls mit DIB_PAL_COLORS aufrufen läßt.)

Sozusagen als Beweis dafür, dass Paletten an dieser Stelle unnötig sind, legt SHOWDIB8 die Palette erst nach dem Erstellen der DIB Section an (und benutzt dafür aus reiner Gewohnheit die Routine *DibCreatePalette*. Die GDI-Funktion *GetDIBColorTable* hätte es genauso getan.)

Eine Bibliothek für DIBs

Nach zweieinhalb Kapiteln Quälerei mit GDI-Bitmapobjekten, geräteunabhängigen Bitmaps, DIB Sections und dem Paletten-Manager haben ich nun endlich genügend Grundlagen beisammen, um Ihnen eine Bibliothek vorzustellen, deren Funktionen den Umgang mit Bitmaps etwas einfacher machen.

Einen Ansatz habe ich mit der Datei PACKEDIB ja bereits auf Seite 821 gezeigt: Gepackte DIB lassen sich ohne weiteres durch einen einzigen Zeiger repräsentieren, über den sich andere Funktionen und das Programm selbst die notwendigen Informationen aus der darüber adressierten BITMAPINFO-Struktur herausholen. Der Vorteil dieser Technik liegt in der Nachvollziehbarkeit, der Nachteil in der Praxisferne: Wenn ein Programm komplette Rasterzeilen oder ganze Bilder Pixel für Pixel durcharbeitet und die für die Ermittlung der Adressen zuständigen Routinen jedesmal wieder bei Adam und Eva anfangen – nämlich mit der Berechnung, wie viel Platz eine Rasterzeile denn im Speicher braucht –, dann wird auch das schnellste System zur Schnecke. Anders gesagt: Bei der Bildbearbeitung muß man recht oft an einzelne Pixel heran – und das bitte mit so wenig Überbau wie irgend möglich.

Mit C++ ließe sich dieses Problem recht einfach über eine DIB-Klasse lösen, die den Zeiger auf ein gepacktes DIB nur als eine von mehreren Eigenschaften definiert; andere Eigenschaften bzw. Methoden würden dort die Zwischenspeicherung von Zeilenbreiten, Farbtiefen sowie den möglichst effizienten Zugriff auf einzelne Pixel übernehmen. Da ich aber bereits in Kapitel 1 versprochen habe, dass Sie bei den nächsten 1500 Seiten ohne Kenntnisse von C++ auskommen, bleibt diese Lösung wohl einem anderen Buch vorbehalten.

Erfreulicherweise läßt sich aber eigentlich alles, was C++ möglich macht, auch mit C programmieren. Den praktischen Beweis für diese Behauptung treten unter anderem die zahlreichen Windows-Funktionen an, die mit Handles arbeiten. Programme wissen über Handles lediglich, dass sie einen numerischen Wert haben und irgendeine Art Objekt vertreten; als ProgrammiererIn weiß man, dass sich bestimmte Funktionen auf bestimmte Arten von Handles anwenden lassen. Irgendwo in der Implementation dieser Funktionen kommt der Punkt, wo Windows über einen solchen Handle auf irgend eine Art und Weise direkt an die Daten des jeweiligen Objekts gelangt, wobei die Zusammenhänge zwar meist undokumentiert sind – üblicherweise geht es bei diesen Handles aber um schlichte Zeiger auf Strukturen.

Nehmen wir einmal an, es existiere eine Sammlung von Funktionen für einen Handle-Typ namens HDIB. Was sich hinter diesem Typ verbirgt? Nun, er könnte in einer Include-Datei beispielsweise so definiert sein:

```
typedef void * HDIB ;
```

Eine solche Definition *ist* eine klare Antwort – nämlich: »Das geht Dich nichts an«.

Was sich tatsächlich dahintersteckt, könnte beispielsweise ein Zeiger auf eine Struktur sein, die ihrerseits einen Zeiger auf ein gepacktes DIB zusammen mit einigen anderen Daten enthält:

```
typedef struct
{
     BITMAPINFO * pPackedDib ;
     int          cx, cy, cBitsPerPixel, cBytesPerRow ;
     BYTE       * pBits ;
{
DIBSTRUCTURE, * PDIBSTRUCTURE ;
```

Die in den anderen fünf Feldern untergebrachten Informationen stammen sämtlich direkt oder indirekt aus dem gepackten DIB, sind also eigentlich redundant, stehen aber wesentlich direkter (lies: schneller) zur Verfügung, als wenn man sie jedesmal einzeln aus dem DIB herausholen müßte.

In einer Bibliothek, deren Routinen anstelle von Zeigern auf gepackte DIBs mit Zeigern auf solche Strukturen arbeiten, ließe sich eine Funktion *DibGetPixelPointer* dann in etwa so implementieren:

```
BYTE * DibGetPixelPointer (HDIB hdib, int x, int y)
{
     PDIBSTRUCTURE pdib = hdib ;

     return pdib->pBits + y * pdib->cBytesPerRow + x * pdib->cBitsPerPixel / 8 ;
}
```

Und das sieht schon erheblich effizienter aus als eine »GetPixel«-Routine, wie sie sich mit den Routinen von PACKEDIB schreiben ließe.

Obwohl dieser Ansatz durchaus sinnvoll sein kann, habe ich bei meiner eigenen DIB-Bibliothek gepackte DIBs nach kurzem Überlegen komplett außen vor gelassen und statt dessen DIB Sections als Grundlage verwendet, weil dieses Konzept die Flexibilität von DIBs (lies: die halbwegs geräteunabhängige Manipulation von Pixeldaten) mit einer durchaus vertretbaren Effizienz auch unter Windows NT kombiniert.

Der Strukturtyp DIBSTRUCT

Die von mir geschriebene DIB-Bibliothek besteht größtenteils aus einer Datei namens DIBHELP.C (»DIB Helper«), deren über tausend Zeilen sich auf den Rest dieses Kapitels verteilen. Die Funktionen dieser Bibliothek arbeiten sämtlich mit einem eigenen Strukturtyp, den DIBHELP.C so definiert:

```
typedef struct
{
     PBYTE    * ppRow ;       // Array mit Zeigern auf Rasterzeilen
     int        iSignature ;  // = "Dib "
     HBITMAP    hBitmap ;     // der von CreateDIBSection zurückgelieferte Handle
     BYTE     * pBits ;       // Zeiger auf die Pixeldaten
     DIBSECTION ds ;          // DIBSECTION-Struktur
     int        iRShift[3] ;  // Rechtsverschiebung für Farbmasken
     int        iLShift[3] ;  // Linksverschiebung für Farbmasken
}
DIBSTRUCT, * PDIBSTRUCT ;
```

Das Feld *ppRows* stellt einen Zeiger auf die Startadressen der DIB-Pixeldaten dar und ist in dieser Struktur nur deshalb an erster Stelle gelandet, weil sich dann einige Makros wesentlich einfacher gestalten lassen. In der Beschreibung gehört es eigentlich an die letzte Stelle, weshalb ich auch erst am Ende dieses Abschnitts zu seinen Details komme.

Das Feld *iSignature* wird von den »DIB-Erzeugungsfunktionen« in DIBHELP.C mit einem Integerwert besetzt, dessen vier Bytes den ASCII-Codes der Zeichenfolge »Dib » entsprechen und hat nur einen Zweck: Es erlaubt verschiedenen anderen Funktionen von DIBHELP die Prüfung, ob ein übergebener Parameter auch tatsächlich auf eine korrekt initialisierte DIBSTRUCT-Struktur verweist. (Solche Signaturen werden verschiedentlich auch als »magic numbers« bezeichnet, weil ihr Wert frei aus der Luft gegriffen ist.)

Das Feld *hBitmap* nimmt den Bitmap-Handle auf, den die Funktion *CreateDIBSection* als direktes Ergebnis beim Anlegen einer DIB Section zurückliefert. Wie Sie sich sicher erinnern, behandeln die GDI-Funktionen von Windows derartige Handles weitgehend wie GDI-Objekte (also DDBs), nur versteckt sich hier ein geräteunabhängiges DIB dahinter, das erst bei der Ausgabe über *BitBlt* oder *StretchBlt* ins geräteabhängige Format umgerechnet wird.

Das Feld *pBits* zeigt auf die Pixeldaten der DIB Section und wird ebenfalls von *CreateDIBSection* besetzt. Wie in Kapitel 15 erläutert, gehört dieser Speicherblock dem Betriebssystem, steht Programmen aber trotzdem zur Verfügung und wird über den Aufruf von *DeleteObject* für den Bitmap-Handle automatisch wieder freigegeben.

Das Feld *ds* ist eine Struktur des Typs DIBSECTION, die nach dem Anlegen der DIB Section über den Aufruf

```
GetObject (hBitmap, sizeof (DIBSECTION), &ds) ;
```

mit Informationen über das DIB besetzt wird. Wie in Kapitel 15 erläutert, ist diese Variante von *GetObject* nur auf die von *CreateDIBitmap* zurückgelieferten Handles anwendbar – nicht auf DDBs. Zur Erinnerung noch einmal die Definition von DIBSECTION aus WINGDI.H:

```
typedef struct tagDIBSECTION {
    BITMAP           dsBm ;
    BITMAPINFOHEADER dsBmih ;
    DWORD            dsBitfields[3] ;    // Farbmasken
    HANDLE           dshSection ;
    DWORD            dsOffset ;
}
DIBSECTION, * PDIBSECTION ;
```

Das erste Feld enthält eine BITMAP-Struktur, die Windows sowohl zum Anlegen eines geräteabhängigen Bitmaps (über *CreateBitmapIndirect*) als auch bei der Abfrage von DDBs über *GetObject* verwenden kann. Das zweite Feld ist eine Struktur des Typs BITMAPINFOHEADER, die *CreateDIBSection* erfreulicherweise auch dann anlegt, wenn man dieser Funktion ein DIB im OS/2-Format übergibt – mit Unterscheidungen zu BITMAPCOREHEADER muß man sich bei DIB Sections deshalb nie herumschlagen. (Eine ganze Reihe von Funktionen aus DIBHELP.C fällt denn auch wesentlich kürzer aus.)

Das dritte Feld wird von *CreateDIBSection* mit Farbmasken besetzt, wenn das zugrundeliegende DIB mit 16 oder 32 Bit pro Pixel arbeitet und sich außerdem im Feld *biCompression* der BITMAPINFOHEADER-Struktur der Wert BI_BITFIELDS findet. Diese Farbmasken, die dann in der DIB-Datei direkt auf die BITMAPINFOHEADER-Struktur folgen, teilen dem Programm und der GDI mit, auf welche Weise die drei Farbkomponenten in den 16 bzw. 32 Bit der einzelnen Pixelwerte codiert sind. (Wie in Kapitel 15 erläutert, beschränken sich Windows 95 und Windows 98 hier auf drei verschiedene Kombinationen. Für DIBs mit anderen Farbtiefen oder dem Wert BI_RGB im Feld *biCompression* haben die drei Farbmasken grundsätzlich den Wert 0.)

Die letzten beiden Felder der DIBSECTION-Struktur sind für den Handle einer speicherbasierten Datei und den Start der DIB-Pixeldaten innerhalb dieser Datei vorgesehen. Da DIBHELP dieses Feature von *CreateDIBSection* nicht nutzt, sollten Sie hier grundsätzlich den Wert NULL bzw. 0 vorfinden.

Zurück zum Strukturtyp DIBSTRUCT, bei dem es noch drei Felder zu besprechen gibt: *iRShift* und *iLShift* nehmen bei DIBs mit 16 oder 32 Bit die Beträge auf, um die die einzelnen Farbkomponenten bitweise nach rechts bzw. links geschoben werden müssen (vgl. Kapitel 15). Für DIBs ohne Farbmasken bleiben die insgesamt sechs Array-Elemente auf dem Wert 0.

Was noch übrigbleibt, sind die Details des Feldes *ppRows*: Das über diesen Zeiger adressierte Array wird beim Erzeugen eines DIBs belegt und enthält die Startadressen der einzelnen DIB-Rasterzeilen in der »richtigen« Folge: Für »top-down-DIBs« verweist das Element 0 auf die oberste Rasterzeile, das Element *n* auf die Rasterzeile *n*, für »reguläre« DIBs (bei denen die Reihenfolge der Rasterzeilen bekanntlich auf dem Kopf steht), geht es andersherum: Dort verweist das Array-Element 0 auf die unterste Rasterzeile (mithin die oberste Bildzeile), das letzte Array-Element hat denselben Wert wie der Zeiger *pBits*. Auf diese Weise lassen sich die einzelnen DIB-Rasterzeilen nicht nur ohne viel Nachdenken ansprechen, sondern vor allem ohne die sonst notwendigen Multiplikationen (á la *y** Rasterzeilenbreite).

Informationsfunktionen

Das in Abbildung 16.20 wiedergegebene Listing stellt den ersten Teil der Datei DIBHELP.C dar, der erst den Strukturtyp DIBSTRUCT und dann die von dieser Bibliothek zur Verfügung gestellten Informationsfunktionen definiert.

DIBHELP.C (Teil 1)

```
/*-------------------------------------
   DIBHELP.C - Bibliothek für DIB Sections
               (c) Charles Petzold, 1998
  --------------------------------------*/

#define WINVER 0x0500  /* wg. BITMAPV5HEADER */
#include <windows.h>
#include "dibhelp.h"

#define HDIB_SIGNATURE (* (int *) "Dib ")

typedef struct
{
     PBYTE    * ppRow ;        // muß wegen verschiedenen Makros das erste Feld sein!
     int        iSignature ;   // = "Dib "
     HBITMAP    hBitmap ;      // der von CreateDIBSection zurückgelieferte Handle
     BYTE     * pBits ;        // Zeiger auf die Pixeldaten
     DIBSECTION ds ;           // DIBSECTION-Struktur
     int        iRShift[3] ;   // Rechtsverschiebung für Farbmasken
     int        iLShift[3] ;   // Linksverschiebung für Farbmasken
}
DIBSTRUCT, * PDIBSTRUCT ;
```

```
/*------------------------------------------------------------------------------
   DibIsValid:  Liefert TRUE, wenn hdib auf eine initialiserte DIBSTRUCT-Struktur zeigt
  ------------------------------------------------------------------------------*/

BOOL DibIsValid (HDIB hdib)
{
     PDIBSTRUCT pdib = hdib ;

     if (pdib == NULL)
          return FALSE ;

     if (IsBadReadPtr (pdib, sizeof (DIBSTRUCT)))
          return FALSE ;

     if (pdib->iSignature != HDIB_SIGNATURE)
          return FALSE ;

     return TRUE ;
}

/*-------------------------------------------------------------
   DibBitmapHandle:  Liefert den Bitmap-Handle der DIB Section
  -------------------------------------------------------------*/

HBITMAP DibBitmapHandle (HDIB hdib)
{
     if (!DibIsValid (hdib))
          return NULL ;

     return ((PDIBSTRUCT) hdib)->hBitmap ;
}

/*---------------------------------------------------
   DibWidth:  Liefert die Breite des DIBs in Pixeln
  ---------------------------------------------------*/

int DibWidth (HDIB hdib)
{
     if (!DibIsValid (hdib))
          return 0 ;

     return ((PDIBSTRUCT) hdib)->ds.dsBm.bmWidth ;
}

/*--------------------------------------------------------
   DibHeight:  Liefert die Höhe des DIBs in Rasterzeilen
  --------------------------------------------------------*/

int DibHeight (HDIB hdib)
{
     if (!DibIsValid (hdib))
          return 0 ;

     return ((PDIBSTRUCT) hdib)->ds.dsBm.bmHeight ;
}
```

```
/*-----------------------------------------------
   DibBitCount:  Liefert die Zahl der Bits pro Pixel
  -----------------------------------------------*/

int DibBitCount (HDIB hdib)
{
     if (!DibIsValid (hdib))
          return 0 ;

     return ((PDIBSTRUCT) hdib)->ds.dsBm.bmBitsPixel ;
}

/*-----------------------------------------------------------------
   DibRowLength:  Liefert den Platzbedarf einer Rasterzeile in Bytes
  -----------------------------------------------------------------*/

int DibRowLength (HDIB hdib)
{
     if (!DibIsValid (hdib))
          return 0 ;

     return 4 * ((DibWidth (hdib) * DibBitCount (hdib) + 31) / 32) ;
}

/*---------------------------------------------------------------
   DibNumColors:  Liefert die Zahl der Einträge in der Farbpalette
  ---------------------------------------------------------------*/

int DibNumColors (HDIB hdib)
{
     PDIBSTRUCT pdib = hdib ;

     if (!DibIsValid (hdib))
          return 0 ;

     if (pdib->ds.dsBmih.biClrUsed != 0)
     {
          return pdib->ds.dsBmih.biClrUsed ;
     }
     else if (DibBitCount (hdib) <= 8)
     {
          return 1 << DibBitCount (hdib) ;
     }
     return 0 ;
}

/*---------------------------------------
   DibMask:  Liefert eine der Farbmasken
  ---------------------------------------*/

DWORD DibMask (HDIB hdib, int i)
{
     PDIBSTRUCT pdib = hdib ;

     if (!DibIsValid (hdib) || i < 0 || i > 2)
          return 0 ;
```

```
    return pdib->ds.dsBitfields[i] ;
}

/*-----------------------------------------------
   DibRShift:  Liefert einen der Rechtsschiebewerte
  -----------------------------------------------*/

int DibRShift (HDIB hdib, int i)
{
    PDIBSTRUCT pdib = hdib ;

    if (!DibIsValid (hdib) || i < 0 || i > 2)
        return 0 ;

    return pdib->iRShift[i] ;
}

/*-----------------------------------------------
   DibLShift:  Liefert einen der Linksschiebewerte
  -----------------------------------------------*/

int DibLShift (HDIB hdib, int i)
{
    PDIBSTRUCT pdib = hdib ;

    if (!DibIsValid (hdib) || i < 0 || i > 2)
        return 0 ;

    return pdib->iLShift[i] ;
}

/*-----------------------------------------------------------------------
   DibCompression:  Liefert den Wert des BITMAPINFOHEADER-Felds biCompression
  -----------------------------------------------------------------------*/

int DibCompression (HDIB hdib)
{
    if (!DibIsValid (hdib))
        return 0 ;

    return ((PDIBSTRUCT) hdib)->ds.dsBmih.biCompression ;
}

/*----------------------------------------------------------------
   DibIsAddressable:  Liefert TRUE, wenn das DIB nicht komprimiert ist
  ----------------------------------------------------------------*/

BOOL DibIsAddressable (HDIB hdib)
{
    int iCompression ;

    if (!DibIsValid (hdib))
        return FALSE ;

    iCompression = DibCompression (hdib) ;
```

```
     if (iCompression == BI_RGB || iCompression == BI_BITFIELDS)
         return TRUE ;

     return FALSE ;
}

/*--------------------------------------------------------------------------
   Die folgenden Funktionen werden für das Umsetzen von DIB Sections in gepackte
   DIBs (Zwischenablage, Schreiben von DIB-Dateien) gebraucht. Sie liefern den
   Platzbedarf der diversen Strukturen in einer DIB-Datei - nicht in der DIB Section!
  --------------------------------------------------------------------------*/

DWORD DibInfoHeaderSize (HDIB hdib)
{
     if (!DibIsValid (hdib))
          return 0 ;

     return ((PDIBSTRUCT) hdib)->ds.dsBmih.biSize ;
}

DWORD DibMaskSize (HDIB hdib)
{
     PDIBSTRUCT pdib = hdib ;

     if (!DibIsValid (hdib))
          return 0 ;

     if (pdib->ds.dsBmih.biCompression == BI_BITFIELDS)
          return 3 * sizeof (DWORD) ;

     return 0 ;
}

DWORD DibColorSize (HDIB hdib)
{
     return DibNumColors (hdib) * sizeof (RGBQUAD) ;
}

DWORD DibInfoSize (HDIB hdib)
{
     return DibInfoHeaderSize(hdib) + DibMaskSize(hdib) + DibColorSize(hdib) ;
}

DWORD DibBitsSize (HDIB hdib)
{
     PDIBSTRUCT pdib = hdib ;

     if (!DibIsValid (hdib))
          return 0 ;

     if (pdib->ds.dsBmih.biSizeImage != 0)
     {
          return pdib->ds.dsBmih.biSizeImage ;
     }
     return DibHeight (hdib) * DibRowLength (hdib) ;
```

```
}

DWORD DibTotalSize (HDIB hdib)
{
     return DibInfoSize (hdib) + DibBitsSize (hdib) ;
}

/*------------------------------------------------------
   Die folgenden Funktionen liefern Zeiger auf verschiedene
   Komponenten der DIB Section zurück
  ------------------------------------------------------*/

BITMAPINFOHEADER * DibInfoHeaderPtr (HDIB hdib)
{
     if (!DibIsValid (hdib))
          return NULL ;

     return & (((PDIBSTRUCT) hdib)->ds.dsBmih) ;
}

DWORD * DibMaskPtr (HDIB hdib)
{
     PDIBSTRUCT pdib = hdib ;

     if (!DibIsValid (hdib))
          return 0 ;

     return pdib->ds.dsBitfields ;
}

void * DibBitsPtr (HDIB hdib)
{
     if (!DibIsValid (hdib))
          return NULL ;

     return ((PDIBSTRUCT) hdib)->pBits ;
}

/*------------------------------------------------------
   DibGetColor:  Liefert einen Eintrag der DIB-Farbtabelle
  ------------------------------------------------------*/

BOOL DibGetColor (HDIB hdib, int index, RGBQUAD * prgb)
{
     PDIBSTRUCT pdib = hdib ;
     HDC        hdcMem ;
     int        iReturn ;

     if (!DibIsValid (hdib))
          return 0 ;

     hdcMem = CreateCompatibleDC (NULL) ;
     SelectObject (hdcMem, pdib->hBitmap) ;
     iReturn = GetDIBColorTable (hdcMem, index, 1, prgb) ;
     DeleteDC (hdcMem) ;
```

```
    return iReturn ? TRUE : FALSE ;
}

/*-----------------------------------------------------------
   DibSetColor:  Setzt einen Eintrag in der DIB-Farbtabelle
  -----------------------------------------------------------*/

BOOL DibSetColor (HDIB hdib, int index, RGBQUAD * prgb)
{
    PDIBSTRUCT pdib = hdib ;
    HDC        hdcMem ;
    int        iReturn ;

    if (!DibIsValid (hdib))
        return 0 ;

    hdcMem = CreateCompatibleDC (NULL) ;
    SelectObject (hdcMem, pdib->hBitmap) ;
    iReturn = SetDIBColorTable (hdcMem, index, 1, prgb) ;
    DeleteDC (hdcMem) ;

    return iReturn ? TRUE : FALSE ;
}
```

Abbildung 16.20: *Der erste Teil von* DIBHELP.C

Die meisten Funktionen in diesem ersten Teil von DIBHELP.C sollten selbsterklärend sein. Praktisch alle Funktionen erwarten als ersten Parameter einen Wert des Typs HDIB (den DIBHELP als *void*-Zeiger definiert), behandeln diesen Wert intern als Zeiger auf DIBSTRUCT und lassen vor dem Zugriff auf die Felder erst einmal über *DibIsValid* prüfen, ob es dabei auch wirklich um eine initialisierte Struktur handelt. Auf diese Weise wird die gesamte Systematik einigermaßen kugelsicher.

Die Funktion *DibIsAdressable* liefert einen BOOL zurück und könnte genauso gut den Namen *DibIsNotCompressed* haben. Gemeint ist hier die Unterscheidung, ob sich die einzelnen Pixel eines DIBs direkt ansprechen lassen (BI_RGB oder BI_BITFIELDS im Feld *biCompressed)* oder nicht: Die Komprimierungsschemata BI_RLE4 und BI_RLE8 (siehe Kapitel 15) setzen vor dem Zugriff auf individuelle Pixel voraus, dass man erst einmal das gesamte DIB entpackt (und sind nicht zuletzt deshalb in der Praxis recht selten anzutreffen).

Die mit *DibInfoHeaderSize* beginnende Funktionsgruppe liefert die Größen der diversen Strukturen in Bytes zurück und bezieht sich dabei nicht auf DIB Sections, sondern auf gepackte DIBs im Hauptspeicher bzw. DIB-Dateien. Diese Werte werden also *nicht* für Zugriffe auf individuelle Teile der DIB Section gebraucht – dafür ist die nächste, mit *DibInfoHeaderPtr* beginnende Gruppe zuständig –, sondern für die Umwandlung von DIB Sections in gepackte DIBs bzw. ihre Speicherung als Datei.

Auch wenn die Funktion *DibInfoHeaderPtr* von DIBHELP die Adresse der zu einer DIB Section gehörigen BITMAPINFOHEADER-Struktur zurückliefert, werden Sie in dieser Datei weder eine Adressierungsfunktion für BITMAPINFO-Strukturen noch eine direkte Größenangabe finden: Der Anfang der DIB-Farbtabelle bleibt also unbestimmt. Der Grund dafür liegt darin, dass bei DIB Sections nur zwei der drei Komponenten eines DIBs (Kopfinformationen und DIB-Pixeldaten) direkt verfügbar sind – an die DIB-Farbtabelle kommt man dagegen nur indirekt über *GetDIBColorTable* und *SetDIBColorTable* heran, die DIBHELP über die Routinen *DibGetCo-*

lor und *DibSetColor* verkapselt. (Es gibt eine Funktion namens *DibCopyToInfo* in DIBHELP.C, die Speicher für eine BITMAPINFO-Struktur belegt und dort die benötigten Informationen einsetzt. Mit einem Direktzugriff auf die Daten eines DIBs hat das aber nur wenig zu tun.)

Lesen und Schreiben von Pixeln

Der wohl wichtigste Vorteil von DIBs gegenüber geräteabhängigen Bitmaps liegt darin, dass sich hier einzelne Pixel oder ganze Rasterzeilen direkt manipulieren lassen. Das Listing in Abbildung 16.21 zeigt, welche Funktionen DIBHELP.C zu diesem Zweck definiert.

DIBHELP.C (Teil 2)

```
/*-----------------------------------------------------------------------
   DibPixelPtr:  Liefert die Adresse des Pixels (x, y) in den DIB-Pixeldaten
  -----------------------------------------------------------------------*/

BYTE * DibPixelPtr (HDIB hdib, int x, int y)
{
     if (!DibIsAddressable (hdib))
          return NULL ;

     if (x < 0 || x >= DibWidth (hdib) || y < 0 || y >= DibHeight (hdib))
          return NULL ;

     return (((PDIBSTRUCT) hdib)->ppRow)[y] + (x * DibBitCount (hdib) >> 3) ;
}

/*-------------------------------------------------
   DibGetPixel:  Liefert den Wert des Pixels (x, y)
  -------------------------------------------------*/

DWORD DibGetPixel (HDIB hdib, int x, int y)
{
     PBYTE pPixel ;

     if (!(pPixel = DibPixelPtr (hdib, x, y)))
          return 0 ;

     switch (DibBitCount (hdib))
     {
     case  1:  return 0x01 & (* pPixel >> (7 - (x & 7))) ;
     case  4:  return 0x0F & (* pPixel >> (x & 1 ? 0 : 4)) ;
     case  8:  return * pPixel ;
     case 16:  return * (WORD *) pPixel ;
     case 24:  return 0x00FFFFFF & * (DWORD *) pPixel ;
     case 32:  return * (DWORD *) pPixel ;
     }
     return 0 ;
}

/*-------------------------------------------------------------
   DibSetPixel:  Setzt den Pixelwert (x, y), vgl. DibSetPixelColor
  -------------------------------------------------------------*/

BOOL DibSetPixel (HDIB hdib, int x, int y, DWORD dwPixel)
```

```
{
     PBYTE pPixel ;

     if (!(pPixel = DibPixelPtr (hdib, x, y)))
          return FALSE ;

     switch (DibBitCount (hdib))
     {
     case  1:  * pPixel &= ~(1     << (7 - (x & 7))) ;
               * pPixel |= dwPixel << (7 - (x & 7)) ;
               break ;

     case  4:  * pPixel &= 0x0F    << (x & 1 ? 4 : 0) ;
               * pPixel |= dwPixel << (x & 1 ? 0 : 4) ;
               break ;

     case  8:  * pPixel = (BYTE) dwPixel ;
               break ;

     case 16:  * (WORD *) pPixel = (WORD) dwPixel ;
               break ;

     case 24:  * (RGBTRIPLE *) pPixel = * (RGBTRIPLE *) &dwPixel ;
               break ;

     case 32:  * (DWORD *) pPixel = dwPixel ;
               break ;

     default:
          return FALSE ;
     }
     return TRUE ;
}

/*-------------------------------------------------------------------
   DibGetPixelColor:  Liefert die Farbe des Pixels (x, y) als RGB-Wert
  -------------------------------------------------------------------*/

BOOL DibGetPixelColor (HDIB hdib, int x, int y, RGBQUAD * prgb)
{
     DWORD      dwPixel ;
     int        iBitCount ;
     PDIBSTRUCT pdib = hdib ;

     // Bits pro Pixel ermitteln (ruft DibIsValid auf)
     if (0 == (iBitCount = DibBitCount (hdib)))
          return FALSE ;

     // Pixelwert
     dwPixel = DibGetPixel (hdib, x, y) ;

     // Bei <= 8 Bit pro Pixel: RGB-Wert aus der Farbtabelle
     if (iBitCount <= 8)
          return DibGetColor (hdib, (int) dwPixel, prgb) ;

     // Bei 24 Bit pro Pixel ist der Pixelwert das Ergebnis
```

```
     else if (iBitCount == 24)
     {
          * (RGBTRIPLE *) prgb = * (RGBTRIPLE *) & dwPixel ;
          prgb->rgbReserved = 0 ;
     }

      // dito für 32 Bit pro Pixel und biCompression == BI_RGB
     else if (iBitCount == 32 &&
              pdib->ds.dsBmih.biCompression == BI_RGB)
     {
          * prgb = * (RGBQUAD *) & dwPixel ;
     }

     // ansonsten Decodierung über die Farbmasken und Schiebewerte (hier direkt,
     // weil Aufrufe der Funktionen DibMask und DibShift zusätzlich Zeit kosten würden)
     else
     {
          prgb->rgbRed   = (BYTE) (((pdib->ds.dsBitfields[0] & dwPixel)
                                  >> pdib->iRShift[0]) << pdib->iLShift[0]) ;

          prgb->rgbGreen = (BYTE) (((pdib->ds.dsBitfields[1] & dwPixel)
                                  >> pdib->iRShift[1]) << pdib->iLShift[1]) ;

          prgb->rgbBlue  = (BYTE) (((pdib->ds.dsBitfields[2] & dwPixel)
                                  >> pdib->iRShift[2]) << pdib->iLShift[2]) ;
     }
     return TRUE ;
}

/*-----------------------------------------------------------------------
   DibSetPixelColor:  Setzt die Farbe des Pixels (x, y), vgl. DibSetPixel
  -----------------------------------------------------------------------*/

BOOL DibSetPixelColor (HDIB hdib, int x, int y, RGBQUAD * prgb)
{
     DWORD      dwPixel ;
     int        iBitCount ;
     PDIBSTRUCT pdib = hdib ;

     // Bei DIBs mit Farbtabellen sollte man das der GDI überlassen.
     // (Diese Prüfung deckt auch BI_RLE4 und BI_RLE8 ab)
     iBitCount = DibBitCount (hdib) ;

     if (iBitCount <= 8)
          return FALSE ;

     // Der Rest ist sozusagen das Gegenteil von DibGetPixelColor
     else if (iBitCount == 24)
     {
          * (RGBTRIPLE *) & dwPixel = * (RGBTRIPLE *) prgb ;
          dwPixel &= 0x00FFFFFF ;
     }
     else if (iBitCount == 32 &&
              pdib->ds.dsBmih.biCompression == BI_RGB)
     {
          * (RGBQUAD *) & dwPixel = * prgb ;
```

```
    }
    else
    {
        dwPixel  = (((DWORD) prgb->rgbRed >> pdib->iLShift[0])
                        << pdib->iRShift[0]) ;

        dwPixel |= (((DWORD) prgb->rgbGreen >> pdib->iLShift[1])
                        << pdib->iRShift[1]) ;

        dwPixel |= (((DWORD) prgb->rgbBlue >> pdib->iLShift[2])
                        << pdib->iRShift[2]) ;
    }

    DibSetPixel (hdib, x, y, dwPixel) ;
    return TRUE ;
}
```

Abbildung 16.21: *Der zweite Teil von* DIBHELP.C

Dieser Teil von DIBHELP.C beginnt mit einer Funktion *DibPixelPtr*, die die (Start-)Adresse eines Pixels mit den Koordinaten (x,y) innerhalb der DIB-Pixeldaten zurückliefert. Wie bei der Beschreibung von DIBSTRUCT erwähnt, enthält das Feld *ppRow* dieser Struktur einen Zeiger auf ein Array mit den Startadressen der einzelnen Rasterzeilen, dessen Element 0 auf die oberste Bildzeile (bei »regulären« DIBs also auf die unterste Rasterzeile) verweist. Der Ausdruck

```
((PDIBSTRUCT) hdib)->ppRow)[0]
```

steht also für die Adresse des Pixels in der linken oberen Ecke des Bildes, die Formel

```
(((PDIBSTRUCT) hdib)->ppRow)[y] + (x * DibBitCount (hdib) >> 3)
```

liefert die Adresse des Pixels *x* in der Bildzeile *y*. Bitte beachten Sie, dass *DibPixelPtr* das Ergebnis NULL liefert, wenn sich die Pixel eines DIBs nicht individuell adressieren lassen (d.h. das DIB nach dem Schema BI_REL4 oder BI_RLE8 komprimiert ist) oder (x,y) außerhalb des Bildes liegt. Da diese Prüfungen (*x* und *y* kleiner Null oder größer/gleich Bildbreite/Bildhöhe) Laufzeit kosten – nicht nur in *DibPixelPtr*, sondern auch in allen Routinen, die diese Funktion benutzen –, bietet die DIB-Bibliothek auch eine schnellere (»prüfungslose«) Alternative, zu der ich in Kürze komme.

Die Funktionen *DibGetPixel* und *DibSetPixel* arbeiten mit Pixelwerten (nicht mit Farben) und bauen auf *DibPixelPtr* auf. Bei DIBs mit 8, 16, 24 und 32 Bit kommen sie mit direkten Zugriffen über den von *DibPixelPtr* gelieferten Zeiger (und einer entsprechenden Typisierung) aus, bei DIBs mit 1 und 4 Bit pro Pixel sind dagegen entsprechende Maskierungen und Bitschiebereien notwendig.

Die Funktion *DibGetPixelColor* liefert die Farbe eines Pixels als RGBQUAD-Struktur. Für DIBs mit 1, 4 und 8 Bit pro Pixel ist dabei eine Abfrage der Farbtabelle (über *DibGetColor*) mit dem ermittelten Pixelwert fällig, bei 16, 24 und 32 Bit pro Pixel reicht eine Maskierung, eventuell gefolgt von entsprechenden Schiebeoperationen.

DibSetPixelColor ist das Gegenstück dazu: Diese Routine erwartet eine Farbangabe in Form einer RGBQUAD-Struktur und setzt das Pixel (x,y) mit dem entsprechenden Wert. Sie ist allerdings nur für DIBs mit mehr als 8 Bit pro Pixel definiert: Die bei DIBs mit Paletten fällige Suche in der Farbtabelle habe ich mir gespart, weil die GDI-Funktionen bei derartigen Operationen um Größenordnungen schneller sind.

Anlegen und Konvertieren von DIBs

Im dritten und letzten Teil von DIBHELP.C, dessen Listing Sie in Abbildung 16.22 finden, geht es schließlich um das Anlegen von DIBs und die Umwandlung zwischen den verschiedenen Formaten.

DIBHELP.C (Teil 3)

```
/*------------------------------------------------------------
   Berechnung der Schiebewerte aus dem Farbmasken. Diese beiden
   Funktionen werden von DibCreateFromInfo gebraucht.
  ------------------------------------------------------------*/

static int MaskToRShift (DWORD dwMask)
{
     int iShift ;

     if (dwMask == 0)
          return 0 ;

     for (iShift = 0 ; !(dwMask & 1) ; iShift++)
          dwMask >>= 1 ;

     return iShift ;
}

static int MaskToLShift (DWORD dwMask)
{
     int iShift ;

     if (dwMask == 0)
          return 0 ;

     while (!(dwMask & 1))
          dwMask >>= 1 ;

     for (iShift = 0 ; dwMask & 1 ; iShift++)
          dwMask >>= 1 ;

     return 8 - iShift ;
}

/*----------------------------------------------------------------------
   DibCreateFromInfo:  Die Grundlage aller "DIB-Erzeugungsfunktionen".
     Diese Funktion ist für den Aufruf von CreateDIBSection, das Belegen
     von Speicherplatz für die DIBSTRUCT-Struktur und das Einrichten
     des Zeigerarrays für die Rasterzeilen-Startadressen zuständig.
  ----------------------------------------------------------------------*/

HDIB DibCreateFromInfo (BITMAPINFO * pbmi)
{
     BYTE      * pBits ;
```

```
DIBSTRUCT * pdib ;
HBITMAP     hBitmap ;
int         i, iRowLength, cy, y ;

hBitmap = CreateDIBSection (NULL, pbmi, DIB_RGB_COLORS, &pBits, NULL, 0) ;

if (hBitmap == NULL)
     return NULL ;

if (NULL == (pdib = malloc (sizeof (DIBSTRUCT))))
{
     DeleteObject (hBitmap) ;
     return NULL ;
}

pdib->iSignature = HDIB_SIGNATURE ;
pdib->hBitmap    = hBitmap ;
pdib->pBits      = pBits ;

// Nach diesem Aufruf lassen sich die DIB-Informationsfunktionen verwenden
GetObject (hBitmap, sizeof (DIBSECTION), &pdib->ds) ;

// Für BI_BITFIELDS die Schiebewerte aus den Farbmasken berechnen
if (DibCompression (pdib) == BI_BITFIELDS)
{
     for (i = 0 ; i < 3 ; i++)
     {
          pdib->iLShift[i] = MaskToLShift (pdib->ds.dsBitfields[i]) ;
          pdib->iRShift[i] = MaskToRShift (pdib->ds.dsBitfields[i]) ;
     }
}

// Für BI_RGB in Kombination mit 16, 24 und 32 Bit werden die Farbmasken und
// Schiebewerte direkt gesetzt
else if (DibCompression (pdib) == BI_RGB)
{
     if (DibBitCount (pdib) == 16)
     {
          pdib->ds.dsBitfields[0] = 0x00007C00 ;
          pdib->ds.dsBitfields[1] = 0x000003E0 ;
          pdib->ds.dsBitfields[2] = 0x0000001F ;

          pdib->iRShift[0] = 10 ;
          pdib->iRShift[1] =  5 ;
          pdib->iRShift[2] =  0 ;

          pdib->iLShift[0] =  3 ;
          pdib->iLShift[1] =  3 ;
          pdib->iLShift[2] =  3 ;
     }
     else if (DibBitCount (pdib) == 24 || DibBitCount (pdib) == 32)
     {
          pdib->ds.dsBitfields[0] = 0x00FF0000 ;
          pdib->ds.dsBitfields[1] = 0x0000FF00 ;
          pdib->ds.dsBitfields[2] = 0x000000FF ;
```

```
            pdib->iRShift[0] = 16 ;
            pdib->iRShift[1] =  8 ;
            pdib->iRShift[2] =  0 ;

            pdib->iLShift[0] =  0 ;
            pdib->iLShift[1] =  0 ;
            pdib->iLShift[2] =  0 ;
        }
    }
    // Speicherplatz für die Startadressen der einzelnen Rasterzeilen
    cy = DibHeight (pdib) ;

    if (NULL == (pdib->ppRow = malloc (cy * sizeof (BYTE *))))
    {
        free (pdib) ;
        DeleteObject (hBitmap) ;
        return NULL ;
    }

    // Initialisierung des Arrays. Die Reihenfolge ist immer "richtig herum",
    // d.h. von oben nach unten im Bild
    iRowLength = DibRowLength (pdib) ;
    if (pbmi->bmiHeader.biHeight > 0)       // von unten nach oben: absteigende Adressen
    {
        for (y = 0 ; y < cy ; y++)
            pdib->ppRow[y] = pBits + (cy - y - 1) * iRowLength ;
    }
    else                                    // von oben nach unten: aufsteigende Adressen
    {
        for (y = 0 ; y < cy ; y++)
            pdib->ppRow[y] = pBits + y * iRowLength ;
    }
    return pdib ;
}

/*----------------------------------------------------------------------
   DibDelete:  Gibt alle für das DIB belegten Speicherbereiche wieder frei
  ----------------------------------------------------------------------*/

BOOL DibDelete (HDIB hdib)
{
    DIBSTRUCT * pdib = hdib ;

    if (!DibIsValid (hdib))
        return FALSE ;

    free (pdib->ppRow) ;
    DeleteObject (pdib->hBitmap) ;
    free (pdib) ;
    return TRUE ;
}

/*-------------------------------------------------------
   DibCreate: Legt ein HDIB über direkt angegebene Werte an
  -------------------------------------------------------*/
```

```
HDIB DibCreate (int cx, int cy, int cBits, int cColors)
{
     BITMAPINFO * pbmi ;
     DWORD        dwInfoSize ;
     HDIB         hDib ;
     int          cEntries ;

     if (cx <= 0 || cy <= 0 ||
         ((cBits !=  1) && (cBits !=  4) && (cBits !=  8) &&
          (cBits != 16) && (cBits != 24) && (cBits != 32)))
     {
          return NULL ;
     }

     if (cColors != 0)
          cEntries = cColors ;
     else if (cBits <= 8)
          cEntries = 1 << cBits ;

     dwInfoSize = sizeof (BITMAPINFOHEADER) + (cEntries - 1) * sizeof (RGBQUAD);

     if (NULL == (pbmi = malloc (dwInfoSize)))
     {
          return NULL ;
     }

     ZeroMemory (pbmi, dwInfoSize) ;

     pbmi->bmiHeader.biSize          = sizeof (BITMAPINFOHEADER) ;
     pbmi->bmiHeader.biWidth         = cx ;
     pbmi->bmiHeader.biHeight        = cy ;
     pbmi->bmiHeader.biPlanes        = 1 ;
     pbmi->bmiHeader.biBitCount      = cBits ;
     pbmi->bmiHeader.biCompression   = BI_RGB ;
     pbmi->bmiHeader.biSizeImage     = 0 ;
     pbmi->bmiHeader.biXPelsPerMeter = 0 ;
     pbmi->bmiHeader.biYPelsPerMeter = 0 ;
     pbmi->bmiHeader.biClrUsed       = cColors ;
     pbmi->bmiHeader.biClrImportant  = 0 ;

     hDib = DibCreateFromInfo (pbmi) ;
     free (pbmi) ;

     return hDib ;
}

/*-------------------------------------------------
   DibCopyToInfo:  Baut eine BITMAPINFO-Struktur auf.
    Diese Funktion wird von DibCopy und DibCopyToDdb benutzt
  -------------------------------------------------*/

static BITMAPINFO * DibCopyToInfo (HDIB hdib)
{
     BITMAPINFO * pbmi ;
     int          i, iNumColors ;
     RGBQUAD    * prgb ;
```

```
     if (!DibIsValid (hdib))
          return NULL ;

     // Speicherblock für die BITMAPINFO-Struktur belegen
     if (NULL == (pbmi = malloc (DibInfoSize (hdib))))
          return NULL ;

      // Kopfdaten kopieren
     CopyMemory (pbmi, DibInfoHeaderPtr (hdib), sizeof (BITMAPINFOHEADER));

     // Farbmasken kopieren, falls vorhanden
     prgb = (RGBQUAD *) ((BYTE *) pbmi + sizeof (BITMAPINFOHEADER)) ;

     if (DibMaskSize (hdib))
     {
          CopyMemory (prgb, DibMaskPtr (hdib), 3 * sizeof (DWORD)) ;

          prgb = (RGBQUAD *) ((BYTE *) prgb + 3 * sizeof (DWORD)) ;
     }

     // Farbtabelle kopieren, falls vorhanden
     iNumColors = DibNumColors (hdib) ;

     for (i = 0 ; i < iNumColors ; i++)
          DibGetColor (hdib, i, prgb + i) ;

     return pbmi ;
}

/*----------------------------------------------------------------------------
   DibCopy:  Legt eine DIB Section auf Basis einer anderen DIB Section an,
     kann Höhe und Breite vertauschen (d.h. die Drehung um 90 Grad vorbereiten)
  ---------------------------------------------------------------------------*/

HDIB DibCopy (HDIB hdibSrc, BOOL fRotate)
{
     BITMAPINFO * pbmi ;
     BYTE       * pBitsSrc, * pBitsDst ;
     HDIB         hdibDst ;

     if (!DibIsValid (hdibSrc))
          return NULL ;

     if (NULL == (pbmi = DibCopyToInfo (hdibSrc)))
          return NULL ;

     if (fRotate)
     {
          pbmi->bmiHeader.biWidth = DibHeight (hdibSrc) ;
          pbmi->bmiHeader.biHeight = DibWidth (hdibSrc) ;
     }

     hdibDst = DibCreateFromInfo (pbmi) ;
     free (pbmi) ;
```

```
    if (hdibDst == NULL)
         return NULL ;

    // Pixeldaten kopieren (nur für ungedrehte Bilder)
    if (!fRotate)
    {
         pBitsSrc = DibBitsPtr (hdibSrc) ;
         pBitsDst = DibBitsPtr (hdibDst) ;

         CopyMemory (pBitsDst, pBitsSrc, DibBitsSize (hdibSrc)) ;
    }
    return hdibDst ;
}

/*----------------------------------------------------------------------
   DibCopyToPackedDib: Erzeugt ein gepacktes DIB aus einer DIB Section,
     wird für das Schreiben als Datei und die Übergabe an die Zwischenab-
     lage gebraucht. Bei Transfers in die Zwischenablage sollte als zweiter
     Parameter TRUE übergeben werden, damit die Routine beim Belegen des
     Speicherbereichs GlobalAlloc und das Flag GMEM_SHARE verwendet.
  ----------------------------------------------------------------------*/

BITMAPINFO * DibCopyToPackedDib (HDIB hdib, BOOL fUseGlobal)
{
    BITMAPINFO * pPackedDib ;
    BYTE       * pBits ;
    DWORD        dwDibSize ;
    HDC          hdcMem ;
    HGLOBAL      hGlobal ;
    int          iNumColors ;
    PDIBSTRUCT   pdib = hdib ;
    RGBQUAD    * prgb ;

    if (!DibIsValid (hdib))
         return NULL ;

    // Platzbedarf für das gepackte DIB
    dwDibSize = DibTotalSize (hdib) ;

    if (fUseGlobal)
    {
         hGlobal = GlobalAlloc (GHND | GMEM_SHARE, dwDibSize) ;
         pPackedDib = GlobalLock (hGlobal) ;
    }
    else
    {
         pPackedDib = malloc (dwDibSize) ;
    }

    if (pPackedDib == NULL)
         return NULL ;

    // Kopfinformationen kopieren
    CopyMemory (pPackedDib, &pdib->ds.dsBmih, sizeof (BITMAPINFOHEADER)) ;

    prgb = (RGBQUAD *) ((BYTE *) pPackedDib + sizeof (BITMAPINFOHEADER)) ;
```

```
    // Farbmasken kopieren, falls vorhanden
    if (pdib->ds.dsBmih.biCompression == BI_BITFIELDS)
    {
        CopyMemory (prgb, pdib->ds.dsBitfields, 3 * sizeof (DWORD)) ;

        prgb = (RGBQUAD *) ((BYTE *) prgb + 3 * sizeof (DWORD)) ;
    }
    // Farbtabelle kopieren, falls vorhanden
    if (iNumColors = DibNumColors (hdib))
    {
        hdcMem = CreateCompatibleDC (NULL) ;
        SelectObject (hdcMem, pdib->hBitmap) ;
        GetDIBColorTable (hdcMem, 0, iNumColors, prgb) ;
        DeleteDC (hdcMem) ;
    }

    pBits = (BYTE *) (prgb + iNumColors) ;

    // DIB-Pixeldaten kopieren
    CopyMemory (pBits, pdib->pBits, DibBitsSize (pdib)) ;

    // Für Kopien in die Zwischenablage (GlobalAlloc): Sperre aufheben
    // und den Speicher-Handle als Funktionsergebnis zurückliefern. Ansonsten
    // ist pPackedDib bereits durch den Aufruf von malloc besetzt worden.
    if (fUseGlobal)
    {
        GlobalUnlock (hGlobal) ;
        pPackedDib = (BITMAPINFO *) hGlobal ;
    }
    return pPackedDib ;
}

/*-------------------------------------------------------------------
   DibCopyFromPackedDib: Legt eine DIB Section auf Basis eines gepackten
    DIBs an (das seinerseits aus der Zwischenablage kommen kann)
  -------------------------------------------------------------------*/

HDIB DibCopyFromPackedDib (BITMAPINFO * pPackedDib)
{
    BYTE     * pBits ;
    DWORD      dwInfoSize, dwMaskSize, dwColorSize ;
    int        iBitCount ;
    PDIBSTRUCT pdib ;

    // Welcher Strukturtyp ist das?
    dwInfoSize = pPackedDib->bmiHeader.biSize ;

    if (dwInfoSize != sizeof (BITMAPCOREHEADER) &&
        dwInfoSize != sizeof (BITMAPINFOHEADER) &&
        dwInfoSize != sizeof (BITMAPV4HEADER) &&
        dwInfoSize != sizeof (BITMAPV5HEADER))
    {
        return NULL ;   // unbekannter Strukturtyp
    }
```

```
    // Enthält die Struktur Farbmasken?
    if (dwInfoSize == sizeof (BITMAPINFOHEADER) &&
            pPackedDib->bmiHeader.biCompression == BI_BITFIELDS)
    {
        dwMaskSize = 3 * sizeof (DWORD) ;
    }
    else
    {
        dwMaskSize = 0 ;
    }

    // Größe der DIB-Farbtbelle ermitteln
    if (dwInfoSize == sizeof (BITMAPCOREHEADER))    // OS/2-DIB
    {
        iBitCount = ((BITMAPCOREHEADER *) pPackedDib)->bcBitCount ;

        if (iBitCount <= 8)
        {
            dwColorSize = (1 << iBitCount) * sizeof (RGBTRIPLE) ;
        }
        else
            dwColorSize = 0 ;
    }
    else            // alle anderen DIB-Varianten
    {
        if (pPackedDib->bmiHeader.biClrUsed > 0)
        {
            dwColorSize = pPackedDib->bmiHeader.biClrUsed * sizeof (RGBQUAD);
        }
        else if (pPackedDib->bmiHeader.biBitCount <= 8)
        {
            dwColorSize = (1 << pPackedDib->bmiHeader.biBitCount) * sizeof (RGBQUAD) ;
        }
        else
        {
            dwColorSize = 0 ;
        }
    }

    // Adresse der DIB-Pixeldaten
    pBits = (BYTE *) pPackedDib + dwInfoSize + dwMaskSize + dwColorSize ;

    // HDIB aus dem gepackten DIB erzeugen
    pdib = DibCreateFromInfo (pPackedDib) ;

    // DIB-Pixeldaten kopieren
    CopyMemory (pdib->pBits, pBits, DibBitsSize (pdib)) ;

    return pdib ;
}

/*-----------------------------------------------------------------
   DibFileLoad:  Legt eine DIB Section auf Basis einer DIB-Datei an
  -----------------------------------------------------------------*/

HDIB DibFileLoad (const TCHAR * szFileName)
```

```
{
     BITMAPFILEHEADER bmfh ;
     BITMAPINFO     * pbmi ;
     BOOL             bSuccess ;
     DWORD            dwInfoSize, dwBitsSize, dwBytesRead ;
     HANDLE           hFile ;
     HDIB             hDib ;

     // Datei für Lesezugriffe öffnen, gegen Schreibaktionen anderer Prozesse sperren
     hFile = CreateFile (szFileName, GENERIC_READ, FILE_SHARE_READ, NULL,
                         OPEN_EXISTING, FILE_FLAG_SEQUENTIAL_SCAN, NULL) ;

     if (hFile == INVALID_HANDLE_VALUE)
          return NULL ;

     // BITMAPFILEHEADER einlesen
     bSuccess = ReadFile (hFile, &bmfh, sizeof (BITMAPFILEHEADER), &dwBytesRead, NULL) ;

     if (!bSuccess || (dwBytesRead != sizeof (BITMAPFILEHEADER))
                   || (bmfh.bfType != * (WORD *) "BM"))
     {
          CloseHandle (hFile) ;
          return NULL ;
     }

     // Speicherplatz für die Kopfinformationen belegen und Daten einlesen
     dwInfoSize = bmfh.bfOffBits - sizeof (BITMAPFILEHEADER) ;

     if (NULL == (pbmi = malloc (dwInfoSize)))
     {
          CloseHandle (hFile) ;
          return NULL ;
     }

     bSuccess = ReadFile (hFile, pbmi, dwInfoSize, &dwBytesRead, NULL) ;

     if (!bSuccess || (dwBytesRead != dwInfoSize))
     {
          CloseHandle (hFile) ;
          free (pbmi) ;
          return NULL ;
     }

     // DIB anlegen
     hDib = DibCreateFromInfo (pbmi) ;
     free (pbmi) ;

     if (hDib == NULL)
     {
          CloseHandle (hFile) ;
          return NULL ;
     }

     // DIB-Pixeldaten direkt aus der Datei einlesen
     dwBitsSize = bmfh.bfSize - bmfh.bfOffBits ;
```

```
    bSuccess = ReadFile (hFile, ((PDIBSTRUCT) hDib)->pBits,
                         dwBitsSize, &dwBytesRead, NULL) ;
    CloseHandle (hFile) ;

    if (!bSuccess || (dwBytesRead != dwBitsSize))
    {
        DibDelete (hDib) ;
        return NULL ;
    }
    return hDib ;
}

/*-------------------------------------------------------
   DibFileSave:  Schreibt eine DIB Section als DIB-Datei
  -------------------------------------------------------*/

BOOL DibFileSave (HDIB hdib, const TCHAR * szFileName)
{
    BITMAPFILEHEADER bmfh ;
    BITMAPINFO     * pbmi ;
    BOOL             bSuccess ;
    DWORD            dwTotalSize, dwBytesWritten ;
    HANDLE           hFile ;

    hFile = CreateFile (szFileName, GENERIC_WRITE, 0, NULL,
                        CREATE_ALWAYS, FILE_ATTRIBUTE_NORMAL, NULL) ;

    if (hFile == INVALID_HANDLE_VALUE)
        return FALSE ;

    dwTotalSize  = DibTotalSize (hdib) ;

    bmfh.bfType      = * (WORD *) "BM" ;
    bmfh.bfSize      = sizeof (BITMAPFILEHEADER) + dwTotalSize ;
    bmfh.bfReserved1 = 0 ;
    bmfh.bfReserved2 = 0 ;
    bmfh.bfOffBits   = bmfh.bfSize - DibBitsSize (hdib) ;

   // the BITMAPFILEHEADER schreiben
    bSuccess = WriteFile (hFile, &bmfh, sizeof (BITMAPFILEHEADER), &dwBytesWritten, NULL) ;

    if (!bSuccess || (dwBytesWritten != sizeof (BITMAPFILEHEADER)))
    {
        CloseHandle (hFile) ;
        DeleteFile (szFileName) ;
        return FALSE ;
    }
    // DIB Section als gepacktes DIB kopieren
    if (NULL == (pbmi = DibCopyToPackedDib (hdib, FALSE)))
    {
        CloseHandle (hFile) ;
        DeleteFile (szFileName) ;
        return FALSE ;
    }

    // gepacktes DIB in einem Rutsch schreiben und danach wieder freigeben
```

```
    bSuccess = WriteFile (hFile, pbmi, dwTotalSize, &dwBytesWritten, NULL) ;
    CloseHandle (hFile) ;
    free (pbmi) ;

    if (!bSuccess || (dwBytesWritten != dwTotalSize))
    {
        DeleteFile (szFileName) ;
        return FALSE ;
    }
    return TRUE ;
}

/*-----------------------------------------------------------------
   DibCopyToDdb: Erzeugt ein DDB aus einer DIB Section und
   macht so die schnellere Darstellung auf dem Bildschirm möglich
  -----------------------------------------------------------------*/

HBITMAP DibCopyToDdb (HDIB hdib, HWND hwnd, HPALETTE hPalette)
{
    BITMAPINFO * pbmi ;
    HBITMAP      hBitmap ;
    HDC          hdc ;

    if (!DibIsValid (hdib))
        return NULL ;

    if (NULL == (pbmi = DibCopyToInfo (hdib)))
        return NULL ;

    hdc = GetDC (hwnd) ;

    if (hPalette)
    {
        SelectPalette (hdc, hPalette, FALSE) ;
        RealizePalette (hdc) ;
    }

    hBitmap = CreateDIBitmap (hdc, DibInfoHeaderPtr (hdib), CBM_INIT,
                              DibBitsPtr (hdib), pbmi, DIB_RGB_COLORS) ;

    ReleaseDC (hwnd, hdc) ;
    free (pbmi) ;

    return hBitmap ;
}
```

Abbildung 16.22: *Der dritte Teil von* DIBHELP.C

Der dritte Teil von DIBHELP.C beginnt mit zwei kleinen Funktionen zur Ermittlung der Schiebewerte aus den Farbmasken von DIBs mit 16 und 32 Bit; die dazugehörigen Grundlagen finden Sie im Abschnitt »Farbmasken« des Kapitels 15.

Die Funktion *DibCreateFromInfo* stellt die Grundlage aller anderen »DIB-Erzeugungsfunktionen« dar: Sie ist die einzige in DIBHELP, die *CreateDIBSection* aufruft und Speicherplatz sowohl für die DIBSTRUCT-Struktur selbst als auch für die Startadressen der DIB-Rasterzeilen

(DIBSTRUCT-Feld *ppRow*) belegt. Beim Besetzen dieses Zeiger-Arrays (das während der restlichen Lebenszeit eines »DIB-Objekts« statisch bleibt), wird zwischen »regulären« DIBs (mit auf dem Kopf stehenden Rasterzeilen) und »top-down-DIBs« unterschieden: *ppRow[0]* zeigt hinterher bei beiden DIB-Varianten auf die oberste Bildzeile.

DibDelete stellt das Gegenstück zu *DibCreateFromInfo* dar. Diese Funktion gibt sowohl den Bitmap-Handle der GDI (und damit die DIB-Pixeldaten) als auch die für das Startadressen-Array und die DIBSTRUCT-Struktur belegten Speicherbereiche wieder frei.

DibCreate ist sozusagen das Äquivalent der GDI-Funktion *CreateBitmap* (und dürfte von Anwendungen aus wesentlich häufiger aufgerufen werden als *DibCreateFromInfo*): Diese Funktion erwartet die Höhe und Breite zusammen mit der Zahl der Bits pro Pixel und legt mit diesen Parametern eine DIB Section an. Wenn Sie als vierten Parameter den Wert 0 übergeben, bestimmt die *DibCreate* die Größe der DIB-Farbtabelle (soweit notwendig) von selbst; mit Werten ungleich Null läßt sich die Eintragszahl bei Bedarf auf weniger als 256 festlegen.

DibCopy legt eine neue DIB Section auf Basis einer existierenden DIB Section an und verwendet dabei die Funktion *DibCreateInfo* für das Belegen der entsprechenden Speicherbereiche. Wenn Sie als zweiten Parameter den Wert TRUE übergeben, vertauscht die Routine die Höhen- und Breitenangaben miteinander (und bereitet so die Drehung des Bildes um 90 Grad vor – mehr dazu später), läßt die Pixeldaten der neuen DIB Section aber uninitialisiert. Ohne Drehung sollte die Funktion dagegen eine 1:1-Kopie des Originalbildes erzeugen.

Die Funktionen *DibCopyToPackedDib* und *DibCopyFromPackedDib* wird man in erster Linie für den Transfer von DIBs über die Zwischenablage verwenden. *DibFileLoad* lädt schließlich eine DIB-Datei in den Hauptspeicher und wandelt diese Daten in eine DIB Section um, *DibFileSave* schreibt eine DIB Section als normale DIB-Datei.

Die Funktion *DibCopytoDdb* wandelt eine DIB Section in ein geräteabhängiges Bitmap um und benötigt dafür sowohl einen Paletten-Handle als auch den Fensterhandle der Anwendung (den sie dann zum Abrufen eines bildschirmkompatiblen Gerätekontexts benutzt, um dort die Palette einzusetzen und durchzusetzen). Zum Anlegen des DDBs wird wie im Programm SHOWDIB7 die GDI-Funktion *CreateDIBitmap* verwendet.

Include-Dateien und Makros

Die in Abbildung 16.23 aufgelistete Datei DIBHELP.H definiert nicht nur die Prototypen der diversen Funktionen von DIBHELP.C, sondern auch den Datentyp HDIB, der hier wie bereits angekündigt als schlichter *void*-Zeiger erscheint: Für die Details von DIBSTRUCT haben sich Programme nicht zu interessieren. (Falls ich irgend etwas Wichtiges in DIBHELP.C vergessen haben sollte, dann nehmen Sie die Ergänzung bitte in dieser Datei vor, anstatt direkte Zugriffe auf DIBSTRUCT-Felder in Ihr Programm einzubauen.)

DIBHELP.H

```
/*--------------------------------------
   DIBHELP.H: Include-Datei für DIBHELP.C
  --------------------------------------*/

typedef void * HDIB ;

     // Funktionen aus DIBHELP.C

BOOL DibIsValid (HDIB hdib) ;
HBITMAP DibBitmapHandle (HDIB hdib) ;
```

```
int DibWidth (HDIB hdib) ;
int DibHeight (HDIB hdib) ;
int DibBitCount (HDIB hdib) ;
int DibRowLength (HDIB hdib) ;
int DibNumColors (HDIB hdib) ;
DWORD DibMask (HDIB hdib, int i) ;
int DibRShift (HDIB hdib, int i) ;
int DibLShift (HDIB hdib, int i) ;
int DibCompression (HDIB hdib) ;
BOOL DibIsAddressable (HDIB hdib) ;
DWORD DibInfoHeaderSize (HDIB hdib) ;
DWORD DibMaskSize (HDIB hdib) ;
DWORD DibColorSize (HDIB hdib) ;
DWORD DibInfoSize (HDIB hdib) ;
DWORD DibBitsSize (HDIB hdib) ;
DWORD DibTotalSize (HDIB hdib) ;
BITMAPINFOHEADER * DibInfoHeaderPtr (HDIB hdib) ;
DWORD * DibMaskPtr (HDIB hdib) ;
void * DibBitsPtr (HDIB hdib) ;
BOOL DibGetColor (HDIB hdib, int index, RGBQUAD * prgb) ;
BOOL DibSetColor (HDIB hdib, int index, RGBQUAD * prgb) ;
BYTE * DibPixelPtr (HDIB hdib, int x, int y) ;
DWORD DibGetPixel (HDIB hdib, int x, int y) ;
BOOL DibSetPixel (HDIB hdib, int x, int y, DWORD dwPixel) ;
BOOL DibGetPixelColor (HDIB hdib, int x, int y, RGBQUAD * prgb) ;
BOOL DibSetPixelColor (HDIB hdib, int x, int y, RGBQUAD * prgb) ;
HDIB DibCreateFromInfo (BITMAPINFO * pbmi) ;
BOOL DibDelete (HDIB hdib) ;
HDIB DibCreate (int cx, int cy, int cBits, int cColors) ;
HDIB DibCopy (HDIB hdibSrc, BOOL fRotate) ;
BITMAPINFO * DibCopyToPackedDib (HDIB hdib, BOOL fUseGlobal) ;
HDIB DibCopyFromPackedDib (BITMAPINFO * pPackedDib) ;
HDIB DibFileLoad (const TCHAR * szFileName) ;
BOOL DibFileSave (HDIB hdib, const TCHAR * szFileName) ;
HBITMAP DibCopyToDdb (HDIB hdib, HWND hwnd, HPALETTE hPalette) ;
HDIB DibCreateFromDdb (HBITMAP hBitmap) ;

/*--------------------------------------------------------------------------------
   Schnelle Zugriffsfunktionen für Pixeldaten - ohne Prüfung auf die Grenzen des DIBs
  --------------------------------------------------------------------------------*/

#define DibPixelPtr1(hdib, x, y)  (((* (PBYTE **) hdib) [y]) + ((x) >> 3))
#define DibPixelPtr4(hdib, x, y)  (((* (PBYTE **) hdib) [y]) + ((x) >> 1))
#define DibPixelPtr8(hdib, x, y)  (((* (PBYTE **) hdib) [y]) +  (x)      )
#define DibPixelPtr16(hdib, x, y) ((WORD *) (((* (PBYTE **) hdib) [y]) +  (x) *  2))
#define DibPixelPtr24(hdib, x, y) ((RGBTRIPLE *) (((* (PBYTE **) hdib) [y]) +  (x) *  3))
#define DibPixelPtr32(hdib, x, y) ((DWORD *) (((* (PBYTE **) hdib) [y]) +  (x) *  4))

#define DibGetPixel1(hdib, x, y)  (0x01 & (* DibPixelPtr1 (hdib, x, y) >> (7 - ((x) & 7))))
#define DibGetPixel4(hdib, x, y)  (0x0F & (* DibPixelPtr4 (hdib, x, y) >> ((x) & 1 ? 0 : 4)))
#define DibGetPixel8(hdib, x, y)    (* DibPixelPtr8  (hdib, x, y))
#define DibGetPixel16(hdib, x, y)   (* DibPixelPtr16 (hdib, x, y))
#define DibGetPixel24(hdib, x, y)   (* DibPixelPtr24 (hdib, x, y))
#define DibGetPixel32(hdib, x, y)   (* DibPixelPtr32(hdib, x, y))

#define DibSetPixel1(hdib, x, y, p)                          \
```

```
        ((* DibPixelPtr1 (hdib, x, y) &= ~( 1  << (7 - ((x) & 7)))),     \
         (* DibPixelPtr1 (hdib, x, y) |=  ((p) << (7 - ((x) & 7)))))

#define DibSetPixel4(hdib, x, y, p)                                    \
        ((* DibPixelPtr4 (hdib, x, y) &= (0x0F << ((x) & 1 ? 4 : 0))),  \
         (* DibPixelPtr4 (hdib, x, y) |= ((p)  << ((x) & 1 ? 0 : 4))))

#define DibSetPixel8(hdib, x, y, p)  (* DibPixelPtr8 (hdib, x, y) = p)
#define DibSetPixel16(hdib, x, y, p) (* DibPixelPtr16 (hdib, x, y) = p)
#define DibSetPixel24(hdib, x, y, p) (* DibPixelPtr24 (hdib, x, y) = p)
#define DibSetPixel32(hdib, x, y, p) (* DibPixelPtr32 (hdib, x, y) = p)
```

Abbildung 16.23: *Die Datei* DIBHELP.H

Was sich außerdem noch in DIBHELP.H findet, ist eine ganze Reihe von Makros, deren Funktion sich vermutlich nicht immer auf den ersten Blick erschließt. Bei der Besprechung der Funktionen *DibPixelPtr*, *DibGetPixel* und *DibSetPixel* hatte ich ja gesagt, dass es dort durchaus noch Raum für Optimierungen gibt, ohne mit näher über das Wie auszulassen.

Die ersten beiden Optimierungsmaßnahmen beruhen auf Treu und Glauben: Wenn das aufrufende Programm selbst darauf achtet, ausschließlich mit gültigen Parametern zu arbeiten, (lies: initialisierten Strukturen und Koordinatenangaben, die weder negativ sind noch die DIB-Grenzen überschreiben), dann lassen sich die entsprechenden Prüfungen herauskürzen und interne Funktionsaufrufe wie *DibBitCount* durch Direktzugriffe ersetzen.

Der nächste (und vielleicht nicht mehr so offensichtliche) Schritt setzt voraus, dass das aufrufende Programm die Unterscheidung zwischen den Formaten selbst übernimmt und anstelle einer generischen Routine *DibGetPixel* dann Varianten namens *DibGetPixel1*, *DibGetPixel4*, *DibGetPixel8* usw. aufruft. Innerhalb dieser Varianten lassen sich dann Multiplikationen á la *x * BitsPerPixel* durch wesentlich schnellere Schiebeoperationen ersetzen.

In einem vierten Schritt kann man schließlich mit Makros und inline-Funktionen dafür sorgen, dass der bei Funktionsaufrufen zwangsläufig entstehenden Überbau auch noch entfällt.

Womit wir bei der Technik angekommen wären, die ich bei DIBHELP.H verwendet habe: Diese Datei definiert drei Gruppen »formatspezifischer« Makros für die Funktionen *DibPixelPtr*, *DibGetPixel* und *DibSetPixel*, bei denen Berechnungen und Aufrufe weitgehend durch Konstanten bzw. Direktzugriffe ersetzt worden sind. (Dass diese Makros bestenfalls Unsinn liefern, wenn Sie sie auf ein DIB mit unpassendem Format loslassen, versteht sich natürlich von selbst.)

Das Programm DIBBLE

Das in Abbildung 16.24 aufgelistete Programm DIBBLE demonstriert den praktischen Einsatz der Funktionen und Makros von DIBHELP. Obwohl das Listing das längste des gesamten Buchs ist, stellt DIBBLE wenig mehr als eine grob zusammengezimmerte Sammlung von Jobs dar, die man bei der Bildbearbeitung im allgemeinen braucht. (Die erste logische Erweiterung dieses Programms wäre wohl die Umstellung auf das *Multiple Document Interface* (MDI), die das gleichzeitige Bearbeiten mehrerer DIBs in einer entsprechenden Zahl von Child-Fenstern ermöglichen würde. Da diese Schnittstelle aber erst in Kapitel 19 besprochen wird, fehlen dafür im Moment noch einige Grundlagen.)

DIBBLE.C

```
/*-----------------------------------------
   DIBBLE.C - Bitmap- und Palettenfunktionen
              (c) Charles Petzold, 1998
  -----------------------------------------*/

#include <windows.h>
#include "dibhelp.h"
#include "dibpal.h"
#include "dibconv.h"
#include "resource.h"

#define WM_USER_SETSCROLLS    (WM_USER + 1)
#define WM_USER_DELETEDIB     (WM_USER + 2)
#define WM_USER_DELETEPAL     (WM_USER + 3)
#define WM_USER_CREATEPAL     (WM_USER + 4)

LRESULT CALLBACK WndProc (HWND, UINT, WPARAM, LPARAM) ;

TCHAR szAppName[] = TEXT ("Dibble") ;

int WINAPI WinMain (HINSTANCE hInstance, HINSTANCE hPrevInstance,
                    PSTR szCmdLine, int iCmdShow)
{
     HACCEL   hAccel ;
     HWND     hwnd ;
     MSG      msg ;
     WNDCLASS wndclass ;

     wndclass.style         = CS_HREDRAW | CS_VREDRAW ;
     wndclass.lpfnWndProc   = WndProc ;
     wndclass.cbClsExtra    = 0 ;
     wndclass.cbWndExtra    = 0 ;
     wndclass.hInstance     = hInstance ;
     wndclass.hIcon         = LoadIcon (NULL, IDI_APPLICATION) ;
     wndclass.hCursor       = LoadCursor (NULL, IDC_ARROW) ;
     wndclass.hbrBackground = (HBRUSH) GetStockObject (WHITE_BRUSH) ;
     wndclass.lpszMenuName  = szAppName ;
     wndclass.lpszClassName = szAppName ;

     if (!RegisterClass (&wndclass))
     {    // UNICODE-Compilierung ist die einzige realistische Fehlermöglichkeit
          MessageBox (NULL, TEXT ("Programm arbeitet mit Unicode und setzt Windows NT voraus!"),
                      szAppName, MB_ICONERROR) ;
          return 0 ;
     }

     hwnd = CreateWindow (szAppName, szAppName,
                          WS_OVERLAPPEDWINDOW | WM_VSCROLL | WM_HSCROLL,
                          CW_USEDEFAULT, CW_USEDEFAULT,
                          CW_USEDEFAULT, CW_USEDEFAULT,
                          NULL, NULL, hInstance, NULL) ;

     ShowWindow (hwnd, iCmdShow) ;
     UpdateWindow (hwnd) ;
```

```
    hAccel = LoadAccelerators (hInstance, szAppName) ;

    while (GetMessage (&msg, NULL, 0, 0))
    {
        if (!TranslateAccelerator (hwnd, hAccel, &msg))
        {
            TranslateMessage (&msg) ;
            DispatchMessage (&msg) ;
        }
    }
    return msg.wParam ;
}

/*-------------------------------------------------------------------
  DisplayDib: Ausgabe eines DIBs auf den Bildschirm oder einen Drucker,
              entweder in Originalgröße oder skaliert (Menü-Auswahl)
 -------------------------------------------------------------------*/

int DisplayDib (HDC hdc, HBITMAP hBitmap, int x, int y,
                int cxClient, int cyClient,
                WORD wShow, BOOL fHalftonePalette)
{
    BITMAP bitmap ;
    HDC    hdcMem ;
    int    cxBitmap, cyBitmap, iReturn ;

    GetObject (hBitmap, sizeof (BITMAP), &bitmap) ;
    cxBitmap = bitmap.bmWidth ;
    cyBitmap = bitmap.bmHeight ;

    SaveDC (hdc) ;

    if (fHalftonePalette)
        SetStretchBltMode (hdc, HALFTONE) ;
    else
        SetStretchBltMode (hdc, COLORONCOLOR) ;

    hdcMem = CreateCompatibleDC (hdc) ;
    SelectObject (hdcMem, hBitmap) ;

    switch (wShow)
    {
    case IDM_SHOW_NORMAL:
        if (fHalftonePalette)
            iReturn = StretchBlt (hdc,    0, 0,
                                          min (cxClient, cxBitmap - x),
                                          min (cyClient, cyBitmap - y),
                                  hdcMem, x, y,
                                          min (cxClient, cxBitmap - x),
                                          min (cyClient, cyBitmap - y),
                                  SRCCOPY);
        else
            iReturn = BitBlt (hdc,    0, 0,
                                      min (cxClient, cxBitmap - x),
                                      min (cyClient, cyBitmap - y),
                              hdcMem, x, y, SRCCOPY) ;
```

```
          break ;

     case IDM_SHOW_CENTER:
          if (fHalftonePalette)
               iReturn = StretchBlt (hdc, (cxClient - cxBitmap) / 2,
                                          (cyClient - cyBitmap) / 2,
                                          cxBitmap, cyBitmap,
                                     hdcMem, 0, 0, cxBitmap, cyBitmap, SRCCOPY);
          else
               iReturn = BitBlt (hdc, (cxClient - cxBitmap) / 2,
                                      (cyClient - cyBitmap) / 2,
                                      cxBitmap, cyBitmap,
                                 hdcMem, 0, 0, SRCCOPY) ;
          break ;

     case IDM_SHOW_STRETCH:
          iReturn = StretchBlt (hdc,    0, 0, cxClient, cyClient,
                                hdcMem, 0, 0, cxBitmap, cyBitmap, SRCCOPY) ;
          break ;

     case IDM_SHOW_ISOSTRETCH:
          SetMapMode (hdc, MM_ISOTROPIC) ;
          SetWindowExtEx (hdc, cxBitmap, cyBitmap, NULL) ;
          SetViewportExtEx (hdc, cxClient, cyClient, NULL) ;
          SetWindowOrgEx (hdc, cxBitmap / 2, cyBitmap / 2, NULL) ;
          SetViewportOrgEx (hdc, cxClient / 2, cyClient / 2, NULL) ;

          iReturn = StretchBlt (hdc,    0, 0, cxBitmap, cyBitmap,
                                hdcMem, 0, 0, cxBitmap, cyBitmap, SRCCOPY) ;
          break ;
     }
     DeleteDC (hdcMem) ;
     RestoreDC (hdc, -1) ;
     return iReturn ;
}

/*----------------------------------------------------------------
   DibFlipHorizontal: Horizonale Spiegelung ohne optimierte Aufrufe
   von DibSetPixel und DibGetPixel
  ----------------------------------------------------------------*/

HDIB DibFlipHorizontal (HDIB hdibSrc)
{
     HDIB hdibDst ;
     int  cx, cy, x, y ;

     if (!DibIsAddressable (hdibSrc))
          return NULL ;

     if (NULL == (hdibDst = DibCopy (hdibSrc, FALSE)))
          return NULL ;

     cx = DibWidth  (hdibSrc) ;
     cy = DibHeight (hdibSrc) ;

     for (x = 0 ; x < cx ; x++)
```

```
     for (y = 0 ; y < cy ; y++)
     {
          DibSetPixel (hdibDst, x, cy - 1 - y, DibGetPixel (hdibSrc, x, y)) ;
     }

     return hdibDst ;
}

/*------------------------------------------------------------
   DibRotateRight: Drehung um 90 Grad mit optimierten Aufrufen
   von DibSetPixelx und DibGetPixelx
  ------------------------------------------------------------*/

HDIB DibRotateRight (HDIB hdibSrc)
{
     HDIB hdibDst ;
     int  cx, cy, x, y ;

     if (!DibIsAddressable (hdibSrc))
          return NULL ;

     if (NULL == (hdibDst = DibCopy (hdibSrc, TRUE)))
          return NULL ;

     cx = DibWidth (hdibSrc) ;
     cy = DibHeight (hdibSrc) ;

     switch (DibBitCount (hdibSrc))
     {
     case  1:
          for (x = 0 ; x < cx ; x++)
             for (y = 0 ; y < cy ; y++)
               DibSetPixel1 (hdibDst, cy - y - 1, x, DibGetPixel1 (hdibSrc, x, y)) ;
          break ;

     case  4:
          for (x = 0 ; x < cx ; x++)
             for (y = 0 ; y < cy ; y++)
               DibSetPixel4 (hdibDst, cy - y - 1, x, DibGetPixel4 (hdibSrc, x, y)) ;
          break ;

     case  8:
          for (x = 0 ; x < cx ; x++)
            for (y = 0 ; y < cy ; y++)
               DibSetPixel8 (hdibDst, cy - y - 1, x, DibGetPixel8 (hdibSrc, x, y)) ;
          break ;

     case 16:
          for (x = 0 ; x < cx ; x++)
            for (y = 0 ; y < cy ; y++)
               DibSetPixel16 (hdibDst, cy - y - 1, x, DibGetPixel16 (hdibSrc, x, y)) ;
          break ;

     case 24:
          for (x = 0 ; x < cx ; x++)
            for (y = 0 ; y < cy ; y++)
```

```
            DibSetPixel24 (hdibDst, cy - y - 1, x, DibGetPixel24 (hdibSrc, x, y)) ;
        break ;

    case 32:
        for (x = 0 ; x < cx ; x++)
          for (y = 0 ; y < cy ; y++)
            DibSetPixel32 (hdibDst, cy - y - 1, x, DibGetPixel32 (hdibSrc, x, y)) ;
        break ;
    }
    return hdibDst ;
}

/*-------------------------------------------
   PaletteMenu: Häkchen im Menü "Palette" an/aus
  -------------------------------------------*/

void PaletteMenu (HMENU hMenu, WORD wItemNew)
{
    static WORD wItem = IDM_PAL_NONE ;

    CheckMenuItem (hMenu, wItem, MF_UNCHECKED) ;
    wItem = wItemNew ;
    CheckMenuItem (hMenu, wItem, MF_CHECKED) ;
}

LRESULT CALLBACK WndProc (HWND hwnd, UINT message, WPARAM wParam, LPARAM lParam)
{
    static BOOL          fHalftonePalette ;
    static DOCINFO       di = { sizeof (DOCINFO), TEXT ("Dibble: Printing") } ;
    static HBITMAP       hBitmap ;
    static HDIB          hdib ;
    static HMENU         hMenu ;
    static HPALETTE      hPalette ;
    static int           cxClient, cyClient, iVscroll, iHscroll ;
    static OPENFILENAME ofn ;
    static PRINTDLG      printdlg = { sizeof (PRINTDLG) } ;
    static TCHAR         szFileName [MAX_PATH], szTitleName [MAX_PATH] ;
    static TCHAR         szFilter[] = TEXT ("Bitmap-Dateien (*.BMP)\0*.bmp\0")
                                      TEXT ("Alle Dateien (*.*)\0*.*\0\0") ;
    static TCHAR       * szCompression[] = {
                           TEXT ("BI_RGB"), TEXT ("BI_RLE8"), TEXT ("BI_RLE4"),
                           TEXT ("BI_BITFIELDS"), TEXT ("Unbekannt") } ;
    static WORD          wShow = IDM_SHOW_NORMAL ;
    BOOL                 fSuccess ;
    BYTE               * pGlobal ;
    HDC                  hdc, hdcPrn ;
    HGLOBAL              hGlobal ;
    HDIB                 hdibNew ;
    int                  iEnable, cxPage, cyPage, iConvert ;
    PAINTSTRUCT          ps ;
    SCROLLINFO           si ;
    TCHAR                szBuffer [256] ;

    switch (message)
    {
    case WM_CREATE:
```

```
          // Menü-Handle -> statische Variable
          hMenu = GetMenu (hwnd) ;

          // Initialisierung der OPENFILENAME-Struktur für die Standardialoge
          // zum Öffnen und Speichern von Dateien
          ofn.lStructSize       = sizeof (OPENFILENAME) ;
          ofn.hwndOwner         = hwnd ;
          ofn.hInstance         = NULL ;
          ofn.lpstrFilter       = szFilter ;
          ofn.lpstrCustomFilter = NULL ;
          ofn.nMaxCustFilter    = 0 ;
          ofn.nFilterIndex      = 0 ;
          ofn.lpstrFile         = szFileName ;
          ofn.nMaxFile          = MAX_PATH ;
          ofn.lpstrFileTitle    = szTitleName ;
          ofn.nMaxFileTitle     = MAX_PATH ;
          ofn.lpstrInitialDir   = NULL ;
          ofn.lpstrTitle        = NULL ;
          ofn.Flags             = OFN_OVERWRITEPROMPT ;
          ofn.nFileOffset       = 0 ;
          ofn.nFileExtension    = 0 ;
          ofn.lpstrDefExt       = TEXT ("bmp") ;
          ofn.lCustData         = 0 ;
          ofn.lpfnHook          = NULL ;
          ofn.lpTemplateName    = NULL ;
          return 0 ;

     case WM_DISPLAYCHANGE:
          SendMessage (hwnd, WM_USER_DELETEPAL, 0, 0) ;
          SendMessage (hwnd, WM_USER_CREATEPAL, TRUE, 0) ;
          return 0 ;

     case WM_SIZE:
          // Breite und Höhe des Anwendungsbereichs -> statische Variablen
          cxClient = LOWORD (lParam) ;
          cyClient = HIWORD (lParam) ;

          wParam = FALSE ;
                                        // weiter mit WM_USER_SETSCROLLS

     case WM_USER_SETSCROLLS:   // selbstdefinierter Nachrichtentyp zum Setzen
           // zum Setzen der Bidlaufleisten. Wenn das Bitmap in den Anwendungs-
           // bereich hineinpaßt: Bildlaufleisten unsichtbar machen
           // Für wParam == TRUE: Position der Marken neu festlegen
          if (hdib == NULL || wShow != IDM_SHOW_NORMAL)
          {
               si.cbSize = sizeof (SCROLLINFO) ;
               si.fMask  = SIF_RANGE ;
               si.nMin   = 0 ;
               si.nMax   = 0 ;
               SetScrollInfo (hwnd, SB_VERT, &si, TRUE) ;
               SetScrollInfo (hwnd, SB_HORZ, &si, TRUE) ;
          }
          else
          {
```

```
        // vertikale Bildlaufleiste zuerst
        si.cbSize = sizeof (SCROLLINFO) ;
        si.fMask  = SIF_ALL ;

        GetScrollInfo (hwnd, SB_VERT, &si) ;
        si.nMin  = 0 ;
        si.nMax  = DibHeight (hdib) ;
        si.nPage = cyClient ;

        if ((BOOL) wParam)
             si.nPos = 0 ;

        SetScrollInfo (hwnd, SB_VERT, &si, TRUE) ;
        GetScrollInfo (hwnd, SB_VERT, &si) ;

        iVscroll = si.nPos ;

        // danach die horizontale Bildlaufleiste
        GetScrollInfo (hwnd, SB_HORZ, &si) ;
        si.nMin  = 0 ;
        si.nMax  = DibWidth (hdib) ;
        si.nPage = cxClient ;

        if ((BOOL) wParam)
             si.nPos = 0 ;

        SetScrollInfo (hwnd, SB_HORZ, &si, TRUE) ;
        GetScrollInfo (hwnd, SB_HORZ, &si) ;

        iHscroll = si.nPos ;
   }
   return 0 ;

case WM_VSCROLL:                              // vertikaler Bildlauf
   si.cbSize = sizeof (SCROLLINFO) ;
   si.fMask  = SIF_ALL ;
   GetScrollInfo (hwnd, SB_VERT, &si) ;

   iVscroll = si.nPos ;

   switch (LOWORD (wParam))
   {
   case SB_LINEUP:      si.nPos -= 1 ;             break ;
   case SB_LINEDOWN:    si.nPos += 1 ;             break ;
   case SB_PAGEUP:      si.nPos -= si.nPage ;      break ;
   case SB_PAGEDOWN:    si.nPos += si.nPage ;      break ;
   case SB_THUMBTRACK:  si.nPos  = si.nTrackPos ;  break ;
   default:                                        break ;
   }
   si.fMask = SIF_POS ;
   SetScrollInfo (hwnd, SB_VERT, &si, TRUE) ;
   GetScrollInfo (hwnd, SB_VERT, &si) ;

   if (si.nPos != iVscroll)
   {
        ScrollWindow (hwnd, 0, iVscroll - si.nPos, NULL, NULL) ;
```

```
            iVscroll = si.nPos ;
            UpdateWindow (hwnd) ;
        }
        return 0 ;

    case WM_HSCROLL:                                // horizontaler Bildlauf
        si.cbSize = sizeof (SCROLLINFO) ;
        si.fMask  = SIF_ALL ;
        GetScrollInfo (hwnd, SB_HORZ, &si) ;

        iHscroll = si.nPos ;

        switch (LOWORD (wParam))
        {
        case SB_LINELEFT:    si.nPos -= 1 ;             break ;
        case SB_LINERIGHT:   si.nPos += 1 ;             break ;
        case SB_PAGELEFT:    si.nPos -= si.nPage ;      break ;
        case SB_PAGERIGHT:   si.nPos += si.nPage ;      break ;
        case SB_THUMBTRACK:  si.nPos  = si.nTrackPos ;  break ;
        default:                                        break ;
        }

        si.fMask = SIF_POS ;
        SetScrollInfo (hwnd, SB_HORZ, &si, TRUE) ;
        GetScrollInfo (hwnd, SB_HORZ, &si) ;

        if (si.nPos != iHscroll)
        {
            ScrollWindow (hwnd, iHscroll - si.nPos, 0, NULL, NULL) ;
            iHscroll = si.nPos ;
            UpdateWindow (hwnd) ;
        }
        return 0 ;

    case WM_INITMENUPOPUP:                          // Menüpunkte an/aus
        if (hdib)
            iEnable = MF_ENABLED ;
        else
            iEnable = MF_GRAYED ;

        EnableMenuItem (hMenu, IDM_FILE_SAVE,       iEnable) ;
        EnableMenuItem (hMenu, IDM_FILE_PRINT,      iEnable) ;
        EnableMenuItem (hMenu, IDM_FILE_PROPERTIES, iEnable) ;
        EnableMenuItem (hMenu, IDM_EDIT_CUT,        iEnable) ;
        EnableMenuItem (hMenu, IDM_EDIT_COPY,       iEnable) ;
        EnableMenuItem (hMenu, IDM_EDIT_DELETE,     iEnable) ;

        if (DibIsAddressable (hdib))
            iEnable = MF_ENABLED ;
        else
            iEnable = MF_GRAYED ;

        EnableMenuItem (hMenu, IDM_EDIT_ROTATE,    iEnable) ;
        EnableMenuItem (hMenu, IDM_EDIT_FLIP,      iEnable) ;
        EnableMenuItem (hMenu, IDM_CONVERT_01,     iEnable) ;
        EnableMenuItem (hMenu, IDM_CONVERT_04,     iEnable) ;
```

```
        EnableMenuItem (hMenu, IDM_CONVERT_08,     iEnable) ;
        EnableMenuItem (hMenu, IDM_CONVERT_16,     iEnable) ;
        EnableMenuItem (hMenu, IDM_CONVERT_24,     iEnable) ;
        EnableMenuItem (hMenu, IDM_CONVERT_32,     iEnable) ;

        switch (DibBitCount (hdib))
        {
        case  1: EnableMenuItem (hMenu, IDM_CONVERT_01, MF_GRAYED) ; break ;
        case  4: EnableMenuItem (hMenu, IDM_CONVERT_04, MF_GRAYED) ; break ;
        case  8: EnableMenuItem (hMenu, IDM_CONVERT_08, MF_GRAYED) ; break ;
        case 16: EnableMenuItem (hMenu, IDM_CONVERT_16, MF_GRAYED) ; break ;
        case 24: EnableMenuItem (hMenu, IDM_CONVERT_24, MF_GRAYED) ; break ;
        case 32: EnableMenuItem (hMenu, IDM_CONVERT_32, MF_GRAYED) ; break ;
        }

        if (hdib && DibColorSize (hdib) > 0)
            iEnable = MF_ENABLED ;
        else
            iEnable = MF_GRAYED ;

        EnableMenuItem (hMenu, IDM_PAL_DIBTABLE,    iEnable) ;
        if (DibIsAddressable (hdib) && DibBitCount (hdib) > 8)
            iEnable = MF_ENABLED ;
        else
            iEnable = MF_GRAYED ;

        EnableMenuItem (hMenu, IDM_PAL_OPT_POP4,   iEnable) ;
        EnableMenuItem (hMenu, IDM_PAL_OPT_POP5,   iEnable) ;
        EnableMenuItem (hMenu, IDM_PAL_OPT_POP6,   iEnable) ;
        EnableMenuItem (hMenu, IDM_PAL_OPT_MEDCUT, iEnable) ;
        EnableMenuItem (hMenu, IDM_EDIT_PASTE,
                    IsClipboardFormatAvailable (CF_DIB) ? MF_ENABLED : MF_GRAYED) ;

        return 0 ;

    case WM_COMMAND:                  // Reaktion auf die Wahlpunkte der diversen Menüs
        iConvert = 0 ;

        switch (LOWORD (wParam))
        {
        case IDM_FILE_OPEN:

            // Standardialog zum Öffnen von Dateien
            if (!GetOpenFileName (&ofn))
                return 0 ;

            // Wenn im Moment eine DIB Section existiert, Aufräumen
            SendMessage (hwnd, WM_USER_DELETEDIB, 0, 0) ;

            // DIB-Datei als DIB Section in den Hauptspeicher laden
            SetCursor (LoadCursor (NULL, IDC_WAIT)) ;
            ShowCursor (TRUE) ;

            hdib = DibFileLoad (szFileName) ;

            ShowCursor (FALSE) ;
```

```
        SetCursor (LoadCursor (NULL, IDC_ARROW)) ;

        // Bildlaufleisten anpassen
        SendMessage (hwnd, WM_USER_SETSCROLLS, TRUE, 0) ;

        // Palette und DDB anlegen
        SendMessage (hwnd, WM_USER_CREATEPAL, TRUE, 0) ;

        if (!hdib)
        {
            MessageBox (hwnd, TEXT ("Fehler beim Laden der DIB-Datei!"),
                        szAppName, MB_OK | MB_ICONEXCLAMATION) ;
        }

        InvalidateRect (hwnd, NULL, TRUE) ;
        return 0 ;

    case IDM_FILE_SAVE:

        // Standardialog zum Speichern
        if (!GetSaveFileName (&ofn))
            return 0 ;

        // DIB Section als DIB-Datei schreiben
        SetCursor (LoadCursor (NULL, IDC_WAIT)) ;
        ShowCursor (TRUE) ;

        fSuccess = DibFileSave (hdib, szFileName) ;

        ShowCursor (FALSE) ;
        SetCursor (LoadCursor (NULL, IDC_ARROW)) ;

        if (!fSuccess)
            MessageBox (hwnd, TEXT ("Fehler beim Schreiben der DIB-Datei!"),
                        szAppName, MB_OK | MB_ICONEXCLAMATION) ;
        return 0 ;

    case IDM_FILE_PRINT:
        if (!hdib)
            return 0 ;

        // Drucker-Gerätekontext anfordern
        printdlg.Flags = PD_RETURNDC | PD_NOPAGENUMS | PD_NOSELECTION ;

        if (!PrintDlg (&printdlg))
            return 0 ;

        if (NULL == (hdcPrn = printdlg.hDC))
        {
            MessageBox (hwnd, TEXT ("Kein Drucker-Gerätekontext verfügbar"),
                        szAppName, MB_ICONEXCLAMATION | MB_OK) ;
            return 0 ;
        }
        // Kommt der Drucker mit Bitmaps zurecht?
        if (!(RC_BITBLT & GetDeviceCaps (hdcPrn, RASTERCAPS)))
        {
```

```
               DeleteDC (hdcPrn) ;
               MessageBox (hwnd, TEXT ("Drucker kann keine Bitmaps ausgeben"),
                           szAppName, MB_ICONEXCLAMATION | MB_OK) ;
               return 0 ;
          }

          // Größe des bedruckbaren Bereichs ermitteln
          cxPage = GetDeviceCaps (hdcPrn, HORZRES) ;
          cyPage = GetDeviceCaps (hdcPrn, VERTRES) ;

          fSuccess = FALSE ;

          // DIB drucken
          SetCursor (LoadCursor (NULL, IDC_WAIT)) ;
          ShowCursor (TRUE) ;

          if ((StartDoc (hdcPrn, &di) > 0) && (StartPage (hdcPrn) > 0))
          {
               DisplayDib (hdcPrn, DibBitmapHandle (hdib), 0, 0,
                           cxPage, cyPage, wShow, FALSE) ;

               if (EndPage (hdcPrn) > 0)
               {
                    fSuccess = TRUE ;
                    EndDoc (hdcPrn) ;
               }
          }
          ShowCursor (FALSE) ;
          SetCursor (LoadCursor (NULL, IDC_ARROW)) ;

          DeleteDC (hdcPrn) ;

          if (!fSuccess)
               MessageBox (hwnd, TEXT ("Fehler beim Drucken des Bitmaps"),
                           szAppName, MB_ICONEXCLAMATION | MB_OK) ;
          return 0 ;

     case IDM_FILE_PROPERTIES:
          if (!hdib)
               return 0 ;

          wsprintf (szBuffer, TEXT ("Breite in Pixeln:\t%i\n")
                              TEXT ("Höhe in Pixeln:\t%i\n")
                              TEXT ("Bits pro Pixel:\t%i\n")
                              TEXT ("Zahl der Farben:\t%i\n")
                              TEXT ("Komprimierung:\t%s\n"),
                    DibWidth (hdib), DibHeight (hdib),
                    DibBitCount (hdib), DibNumColors (hdib),
                    szCompression [min (3, DibCompression (hdib))]) ;

          MessageBox (hwnd, szBuffer, szAppName,
                      MB_ICONEXCLAMATION | MB_OK) ;
          return 0 ;

     case IDM_APP_EXIT:
          SendMessage (hwnd, WM_CLOSE, 0, 0) ;
```

```
          return 0 ;

     case IDM_EDIT_COPY:
     case IDM_EDIT_CUT:
          if (!(hGlobal = DibCopyToPackedDib (hdib, TRUE)))
               return 0 ;

          OpenClipboard (hwnd) ;
          EmptyClipboard () ;
          SetClipboardData (CF_DIB, hGlobal) ;
          CloseClipboard () ;

          if (LOWORD (wParam) == IDM_EDIT_COPY)
               return 0 ;
                                   // weiter mit IDM_EDIT_CUT
     case IDM_EDIT_DELETE:
          SendMessage (hwnd, WM_USER_DELETEDIB, 0, 0) ;
          InvalidateRect (hwnd, NULL, TRUE) ;
          return 0 ;

     case IDM_EDIT_PASTE:
          OpenClipboard (hwnd) ;

          hGlobal = GetClipboardData (CF_DIB) ;
          pGlobal = GlobalLock (hGlobal) ;

          // Wenn im Moment eine DIB Section geladen ist: Aufräumen
          // Danach das gepackte DIB aus der Zwischenablage in eine DIB Section kopieren
          if (pGlobal)
          {
               SendMessage (hwnd, WM_USER_DELETEDIB, 0, 0) ;
               hdib = DibCopyFromPackedDib ((BITMAPINFO *) pGlobal) ;
               SendMessage (hwnd, WM_USER_CREATEPAL, TRUE, 0) ;
          }

          GlobalUnlock (hGlobal) ;
          CloseClipboard () ;

          // Bildlaufleisten anpassen
          SendMessage (hwnd, WM_USER_SETSCROLLS, TRUE, 0) ;
          InvalidateRect (hwnd, NULL, TRUE) ;
          return 0 ;

     case IDM_EDIT_ROTATE:
          if (hdibNew = DibRotateRight (hdib))
          {
               DibDelete (hdib) ;
               DeleteObject (hBitmap) ;
               hdib = hdibNew ;
               hBitmap = DibCopyToDdb (hdib, hwnd, hPalette) ;
               SendMessage (hwnd, WM_USER_SETSCROLLS, TRUE, 0) ;
               InvalidateRect (hwnd, NULL, TRUE) ;
          }
          else
          {
               MessageBox (hwnd, TEXT ("Nicht genug Speicher"),
```

```
                         szAppName, MB_OK | MB_ICONEXCLAMATION) ;
          }
          return 0 ;

     case IDM_EDIT_FLIP:
          if (hdibNew = DibFlipHorizontal (hdib))
          {
               DibDelete (hdib) ;
               DeleteObject (hBitmap) ;
               hdib = hdibNew ;
               hBitmap = DibCopyToDdb (hdib, hwnd, hPalette) ;
               InvalidateRect (hwnd, NULL, TRUE) ;
          }
          else
          {
               MessageBox (hwnd, TEXT ("Nicht genug Speicher"),
                         szAppName, MB_OK | MB_ICONEXCLAMATION) ;
          }
          return 0 ;

     case IDM_SHOW_NORMAL:
     case IDM_SHOW_CENTER:
     case IDM_SHOW_STRETCH:
     case IDM_SHOW_ISOSTRETCH:
          CheckMenuItem (hMenu, wShow, MF_UNCHECKED) ;
          wShow = LOWORD (wParam) ;
          CheckMenuItem (hMenu, wShow, MF_CHECKED) ;

          SendMessage (hwnd, WM_USER_SETSCROLLS, FALSE, 0) ;

          InvalidateRect (hwnd, NULL, TRUE) ;
          return 0 ;

     case IDM_CONVERT_32:  iConvert += 8 ;
     case IDM_CONVERT_24:  iConvert += 8 ;
     case IDM_CONVERT_16:  iConvert += 8 ;
     case IDM_CONVERT_08:  iConvert += 4 ;
     case IDM_CONVERT_04:  iConvert += 3 ;
     case IDM_CONVERT_01:  iConvert += 1 ;
          SetCursor (LoadCursor (NULL, IDC_WAIT)) ;
          ShowCursor (TRUE) ;

          hdibNew = DibConvert (hdib, iConvert) ;

          ShowCursor (FALSE) ;
          SetCursor (LoadCursor (NULL, IDC_ARROW)) ;

          if (hdibNew)
          {
               SendMessage (hwnd, WM_USER_DELETEDIB, 0, 0) ;
               hdib = hdibNew ;
               SendMessage (hwnd, WM_USER_CREATEPAL, TRUE, 0) ;
               InvalidateRect (hwnd, NULL, TRUE) ;
          }
          else
          {
```

```
            MessageBox (hwnd, TEXT ("Nicht genug Speicher"),
                        szAppName, MB_OK | MB_ICONEXCLAMATION) ;
        }
        return 0 ;

    case IDM_APP_ABOUT:
        MessageBox (hwnd, TEXT ("Dibble (c) Charles Petzold, 1998"),
                    szAppName, MB_OK | MB_ICONEXCLAMATION) ;
        return 0 ;
    }

    // Alle anderen WM_COMMAND-Nachrichten kommen aus dem Menü "Palette":
    // Aktuelle Palette löschen (falls vorhanden), danach den den Mauszeiger
    // als Sanduhr anzeigen
    SendMessage (hwnd, WM_USER_DELETEPAL, 0, 0) ;
    SetCursor (LoadCursor (NULL, IDC_WAIT)) ;
    ShowCursor (TRUE) ;

    // Die case-Zweige enden sämtlich nicht mit return, sondern mit break, weil
    // es nach dieser Fallunterscheidung noch weitergeht
    switch (LOWORD (wParam))
    {
    case IDM_PAL_DIBTABLE:
        hPalette = DibPalDibTable (hdib) ;
        break ;

    case IDM_PAL_HALFTONE:
        hdc = GetDC (hwnd) ;

        if (hPalette = CreateHalftonePalette (hdc))
            fHalftonePalette = TRUE ;

        ReleaseDC (hwnd, hdc) ;
        break ;

    case IDM_PAL_ALLPURPOSE:
        hPalette = DibPalAllPurpose () ;
        break ;

    case IDM_PAL_GRAY2:   hPalette = DibPalUniformGrays (  2) ; break ;
    case IDM_PAL_GRAY3:   hPalette = DibPalUniformGrays (  3) ; break ;
    case IDM_PAL_GRAY4:   hPalette = DibPalUniformGrays (  4) ; break ;
    case IDM_PAL_GRAY8:   hPalette = DibPalUniformGrays (  8) ; break ;
    case IDM_PAL_GRAY16:  hPalette = DibPalUniformGrays ( 16) ; break ;
    case IDM_PAL_GRAY32:  hPalette = DibPalUniformGrays ( 32) ; break ;
    case IDM_PAL_GRAY64:  hPalette = DibPalUniformGrays ( 64) ; break ;
    case IDM_PAL_GRAY128: hPalette = DibPalUniformGrays (128) ; break ;
    case IDM_PAL_GRAY256: hPalette = DibPalUniformGrays (256) ; break ;

    case IDM_PAL_RGB222: hPalette = DibPalUniformColors (2,2,2); break;
    case IDM_PAL_RGB333: hPalette = DibPalUniformColors (3,3,3); break;
    case IDM_PAL_RGB444: hPalette = DibPalUniformColors (4,4,4); break;
    case IDM_PAL_RGB555: hPalette = DibPalUniformColors (5,5,5); break;
    case IDM_PAL_RGB666: hPalette = DibPalUniformColors (6,6,6); break;
    case IDM_PAL_RGB775: hPalette = DibPalUniformColors (7,7,5); break;
    case IDM_PAL_RGB757: hPalette = DibPalUniformColors (7,5,7); break;
```

```
        case IDM_PAL_RGB577: hPalette = DibPalUniformColors (5,7,7); break;
        case IDM_PAL_RGB884: hPalette = DibPalUniformColors (8,8,4); break;
        case IDM_PAL_RGB848: hPalette = DibPalUniformColors (8,4,8); break;
        case IDM_PAL_RGB488: hPalette = DibPalUniformColors (4,8,8); break;

        case IDM_PAL_OPT_POP4:
            hPalette = DibPalPopularity (hdib, 4) ;
            break ;

        case IDM_PAL_OPT_POP5:
            hPalette = DibPalPopularity (hdib, 5) ;
            break ;

        case IDM_PAL_OPT_POP6:
            hPalette = DibPalPopularity (hdib, 6) ;
            break ;

        case IDM_PAL_OPT_MEDCUT:
            hPalette = DibPalMedianCut (hdib, 6) ;
            break ;
        }

       // Nach der Reaktion auf die Auswahl im Menü "Palette": Cursor zurück
       // auf Pfeilform, Häkchen vor den jeweiligen Menüpunkt setzen, und
       // Neuzeichnen des Fensters
        hBitmap = DibCopyToDdb (hdib, hwnd, hPalette) ;

        ShowCursor (FALSE) ;
        SetCursor (LoadCursor (NULL, IDC_ARROW)) ;

        if (hPalette)
            PaletteMenu (hMenu, (LOWORD (wParam))) ;

        InvalidateRect (hwnd, NULL, TRUE) ;
        return 0 ;

    case WM_USER_DELETEDIB:                // selbstdefinierte Nachricht
        // Aufräumarbeiten vor dem Laden einer neuen DIB Section aus einer
        // Datei oder der Zwischenlage, beim Ende des Programms usw.
        if (hdib)
        {
            DibDelete (hdib) ;
            hdib = NULL ;
        }
        SendMessage (hwnd, WM_USER_DELETEPAL, 0, 0) ;
        return 0 ;

    case WM_USER_DELETEPAL:                // selbstdefinierte Nachricht
        // Freigabe der Palette (falls vorhanden). Teil der Aufräumarbeiten
        // sowie als Reaktion auf die Wahlpunkt des Menüs "Palette"
        if (hPalette)
        {
            DeleteObject (hPalette) ;
            hPalette = NULL ;
            fHalftonePalette = FALSE ;
            PaletteMenu (hMenu, IDM_PAL_NONE) ;
```

```
        }
        if (hBitmap)
            DeleteObject (hBitmap) ;

        return 0 ;

    case WM_USER_CREATEPAL:              // selbstdefinierte Nachricht
         // Palette aus einer neuen DIB Section anlegen. Wenn wParam == TRUE,
         // außerdem ein DDB auf Basis der DIB Section erzeugen
        if (hdib)
        {
            hdc = GetDC (hwnd) ;

            if (!(RC_PALETTE & GetDeviceCaps (hdc, RASTERCAPS)))
            {
                PaletteMenu (hMenu, IDM_PAL_NONE) ;
            }
            else if (hPalette = DibPalDibTable (hdib))
            {
                PaletteMenu (hMenu, IDM_PAL_DIBTABLE) ;
            }
            else if (hPalette = CreateHalftonePalette (hdc))
            {
                fHalftonePalette = TRUE ;
                PaletteMenu (hMenu, IDM_PAL_HALFTONE) ;
            }
            ReleaseDC (hwnd, hdc) ;

            if ((BOOL) wParam)
                hBitmap = DibCopyToDdb (hdib, hwnd, hPalette) ;
        }
        return 0 ;

    case WM_PAINT:
        hdc = BeginPaint (hwnd, &ps) ;

        if (hPalette)
        {
            SelectPalette (hdc, hPalette, FALSE) ;
            RealizePalette (hdc) ;
        }
        if (hBitmap)
        {
            DisplayDib (hdc,
                        fHalftonePalette ? DibBitmapHandle (hdib) : hBitmap,
                        iHscroll, iVscroll,
                        cxClient, cyClient,
                        wShow, fHalftonePalette) ;
        }
        EndPaint (hwnd, &ps) ;
        return 0 ;

    case WM_QUERYNEWPALETTE:
        if (!hPalette)
            return FALSE ;
```

```
            hdc = GetDC (hwnd) ;
            SelectPalette (hdc, hPalette, FALSE) ;
            RealizePalette (hdc) ;
            InvalidateRect (hwnd, NULL, TRUE) ;

            ReleaseDC (hwnd, hdc) ;
            return TRUE ;

     case WM_PALETTECHANGED:
            if (!hPalette || (HWND) wParam == hwnd)
                 break ;

            hdc = GetDC (hwnd) ;
            SelectPalette (hdc, hPalette, FALSE) ;
            RealizePalette (hdc) ;
            UpdateColors (hdc) ;

            ReleaseDC (hwnd, hdc) ;
            break ;

     case WM_DESTROY:
            if (hdib)
                 DibDelete (hdib) ;

            if (hBitmap)
                 DeleteObject (hBitmap) ;

            if (hPalette)
                 DeleteObject (hPalette) ;

            PostQuitMessage (0) ;
            return 0 ;
     }
     return DefWindowProc (hwnd, message, wParam, lParam) ;
}
```

DIBBLE.RC (Auszüge)

```
//Microsoft Developer Studio generated resource script.

#include "resource.h"
#include "afxres.h"
/////////////////////////////////////////////////////////////////////////////
// Menu

DIBBLE MENU DISCARDABLE
BEGIN
    POPUP "&Datei"
    BEGIN
        MENUITEM "Ö&ffnen...\tStrg+O",          IDM_FILE_OPEN
        MENUITEM "&Speichern...\tStrg+S",       IDM_FILE_SAVE
        MENUITEM SEPARATOR
        MENUITEM "&Drucken...\tStrg+P",         IDM_FILE_PRINT
        MENUITEM SEPARATOR
        MENUITEM "E&igenschaften...",           IDM_FILE_PROPERTIES
        MENUITEM SEPARATOR
        MENUITEM "&Beenden",                    IDM_APP_EXIT
```

```
END
POPUP "&Bearbeiten"
BEGIN
    MENUITEM "A&usschneiden\tStrg+X",       IDM_EDIT_CUT
    MENUITEM "&Kopieren\tStrg+C",           IDM_EDIT_COPY
    MENUITEM "E&infügen\tStrg+V",           IDM_EDIT_PASTE
    MENUITEM "&Löschen\tEntf",              IDM_EDIT_DELETE
    MENUITEM SEPARATOR
    MENUITEM "&Spiegeln",                   IDM_EDIT_FLIP
    MENUITEM "&Drehen",                     IDM_EDIT_ROTATE
END
POPUP "&Ansicht"
BEGIN
    MENUITEM "&Originalgröße",              IDM_SHOW_NORMAL, CHECKED
    MENUITEM "&Zentriert",                  IDM_SHOW_CENTER
    MENUITEM "&Fenstergröße",               IDM_SHOW_STRETCH
    MENUITEM "&Isotrophische Skalierung",   IDM_SHOW_ISOSTRETCH
END
POPUP "&Palette"
BEGIN
    MENUITEM "&Keine",                      IDM_PAL_NONE, CHECKED
    MENUITEM "&Dib-Farbtabelle",            IDM_PAL_DIBTABLE
    MENUITEM "&Halbton",                    IDM_PAL_HALFTONE
    MENUITEM "&Allzweck",                   IDM_PAL_ALLPURPOSE
    POPUP "&Graustufen"
    BEGIN
        MENUITEM "&1. 2 Graustufen",            IDM_PAL_GRAY2
        MENUITEM "&2. 3 Graustufen",            IDM_PAL_GRAY3
        MENUITEM "&3. 4 Graustufen",            IDM_PAL_GRAY4
        MENUITEM "&4. 8 Graustufen",            IDM_PAL_GRAY8
        MENUITEM "&5. 16 Graustufen",           IDM_PAL_GRAY16
        MENUITEM "&6. 32 Graustufen",           IDM_PAL_GRAY32
        MENUITEM "&7. 64 Graustufen",           IDM_PAL_GRAY64
        MENUITEM "&8. 128 Graustufen",          IDM_PAL_GRAY128
        MENUITEM "&9. 256 Graustufen",          IDM_PAL_GRAY256
    END
    POPUP "&Regenbogen"
    BEGIN
        MENUITEM "&1. 2R x 2G x 2B (8)",        IDM_PAL_RGB222
        MENUITEM "&2. 3R x 3G x 3B (27)",       IDM_PAL_RGB333
        MENUITEM "&3. 4R x 4G x 4B (64)",       IDM_PAL_RGB444
        MENUITEM "&4. 5R x 5G x 5B (125)",      IDM_PAL_RGB555
        MENUITEM "&5. 6R x 6G x 6B (216)",      IDM_PAL_RGB666
        MENUITEM "&6. 7R x 7G x 5B (245)",      IDM_PAL_RGB775
        MENUITEM "&7. 7R x 5B x 7B (245)",      IDM_PAL_RGB757
        MENUITEM "&8. 5R x 7G x 7B (245)",      IDM_PAL_RGB577
        MENUITEM "&9. 8R x 8G x 4B (256)",      IDM_PAL_RGB884
        MENUITEM "&A. 8R x 4G x 8B (256)",      IDM_PAL_RGB848
        MENUITEM "&B. 4R x 8G x 8B (256)",      IDM_PAL_RGB488
    END
    POPUP "&Optimimiert"
    BEGIN
        MENUITEM "&1. Häufigkeitsverteilung mit 4 Bit Auflösung", IDM_PAL_OPT_POP4
        MENUITEM "&2. Häufigkeitsverteilung mit 5 Bit Auflösung", IDM_PAL_OPT_POP5
        MENUITEM "&3. Häufigkeitsverteilung mit 6 Bit Auflösung", IDM_PAL_OPT_POP6
        MENUITEM "&4. Mittelwertbildung",                         IDM_PAL_OPT_MEDCUT
```

```
        END
    END
    POPUP "Farb&tiefe"
    BEGIN
        MENUITEM "&1. 1 Bit pro Pixel",     IDM_CONVERT_01
        MENUITEM "&2. 4 Bit pro Pixel",     IDM_CONVERT_04
        MENUITEM "&3. 8 Bit pro Pixel",     IDM_CONVERT_08
        MENUITEM "&4. 16 Bit pro Pixel",    IDM_CONVERT_16
        MENUITEM "&5. 24 Bit pro Pixel",    IDM_CONVERT_24
        MENUITEM "&6. 32 Bit pro Pixel",    IDM_CONVERT_32
    END
    POPUP "&Hilfe"
    BEGIN
        MENUITEM "&Info",                    IDM_APP_ABOUT
    END
END

/////////////////////////////////////////////////////////////////////////////
// Accelerator

DIBBLE ACCELERATORS DISCARDABLE
BEGIN
    "C",            IDM_EDIT_COPY,          VIRTKEY, CONTROL, NOINVERT
    "O",            IDM_FILE_OPEN,          VIRTKEY, CONTROL, NOINVERT
    "P",            IDM_FILE_PRINT,         VIRTKEY, CONTROL, NOINVERT
    "S",            IDM_FILE_SAVE,          VIRTKEY, CONTROL, NOINVERT
    "V",            IDM_EDIT_PASTE,         VIRTKEY, CONTROL, NOINVERT
    VK_DELETE,      IDM_EDIT_DELETE,        VIRTKEY, NOINVERT
    "X",            IDM_EDIT_CUT,           VIRTKEY, CONTROL, NOINVERT
END
```

RESOURCE.H (Auszüge)

```
// Microsoft Developer Studio generated include file.
// Used by Dibble.rc

#define IDM_FILE_OPEN                   40001
#define IDM_FILE_SAVE                   40002
#define IDM_FILE_PRINT                  40003
#define IDM_FILE_PROPERTIES             40004
#define IDM_APP_EXIT                    40005
#define IDM_EDIT_CUT                    40006
#define IDM_EDIT_COPY                   40007
#define IDM_EDIT_PASTE                  40008
#define IDM_EDIT_DELETE                 40009
#define IDM_EDIT_FLIP                   40010
#define IDM_EDIT_ROTATE                 40011
#define IDM_SHOW_NORMAL                 40012
#define IDM_SHOW_CENTER                 40013
#define IDM_SHOW_STRETCH                40014
#define IDM_SHOW_ISOSTRETCH             40015
#define IDM_PAL_NONE                    40016
#define IDM_PAL_DIBTABLE                40017
#define IDM_PAL_HALFTONE                40018
#define IDM_PAL_ALLPURPOSE              40019
#define IDM_PAL_GRAY2                   40020
#define IDM_PAL_GRAY3                   40021
```

```
#define IDM_PAL_GRAY4                40022
#define IDM_PAL_GRAY8                40023
#define IDM_PAL_GRAY16               40024
#define IDM_PAL_GRAY32               40025
#define IDM_PAL_GRAY64               40026
#define IDM_PAL_GRAY128              40027
#define IDM_PAL_GRAY256              40028
#define IDM_PAL_RGB222               40029
#define IDM_PAL_RGB333               40030
#define IDM_PAL_RGB444               40031
#define IDM_PAL_RGB555               40032
#define IDM_PAL_RGB666               40033
#define IDM_PAL_RGB775               40034
#define IDM_PAL_RGB757               40035
#define IDM_PAL_RGB577               40036
#define IDM_PAL_RGB884               40037
#define IDM_PAL_RGB848               40038
#define IDM_PAL_RGB488               40039
#define IDM_PAL_OPT_POP4             40040
#define IDM_PAL_OPT_POP5             40041
#define IDM_PAL_OPT_POP6             40042
#define IDM_PAL_OPT_MEDCUT           40043
#define IDM_CONVERT_01               40044
#define IDM_CONVERT_04               40045
#define IDM_CONVERT_08               40046
#define IDM_CONVERT_16               40047
#define IDM_CONVERT_24               40048
#define IDM_CONVERT_32               40049
#define IDM_APP_ABOUT                40050
```

Abbildung 16.24: *Das Programm* DIBBLE

Das Programm verwendet neben DIBHELP.C einige weitere Dateien: DIBCONV definiert verschiedene Funktionen zur Umrechnung zwischen Pixelformaten (beispielsweise von 24 auf 8 Bit pro Pixel), DIBPAL ist für das Anlegen von Paletten zuständig. Details zu diesen Dateien finden Sie in den nächsten Abschnitten.

DIBBLE verläßt sich bei den meisten Funktionen auf drei statischen Variablen der Window-Prozedur: Einen DIB-Handle (*hdib*), einen Paletten-Handle (*hPalette*) und einen Bitmap-Handle (*hBitmap*), der für ein (über die Funktion *CopyDibToDdb* von DIBHELP erzeugtes) geräteabhängiges Bitmap steht. Dieses DDB muß nicht nur beim Laden eines anderen DIBs, sondern auch nach Veränderungen der Palette jeweils neu angelegt werden. Der DIB-Handle wird natürlich über die entsprechen Funktionen von DIBHELP angelegt, die Palette je nach Menüauswahl entweder über eine der Funktionen von DIBPAL oder einen direkten Aufruf der GDI-Funktion *CreateHalftonePalette* erzeugt.

Laden und Speichern von Dateien

DIBBLE lädt und speichert DIB-Dateien als Reaktion auf die Auswahl der entsprechenden Menüpunkte (also WM_COMMAND-Nachrichten; die Menü-IDs sind IDM_FILE_LOAD bzw. IDM_FILE_SAVE). Die Auswahl von Verzeichnissen und Dateinamen geschieht wie üblich über die Standarddialoge von Windows (*GetOpenFileName* und *GetSaveFileName*).

Während sich das Speichern einer DIB Section als DIB-Datei aus der Sicht des Programms über einen einzigen Aufruf (*DibFileSave*) erledigen läßt, muß DIBBLE vor dem Laden einer neuen

DIB-Datei erst einmal aufräumen, d.h. die momentan geladene DIB Section, eine eventuell vorhandene Palette sowie das zur Darstellung verwendete DDB abräumen. Da dieser Hausputz nicht nur beim Laden einer neuen Datei, sondern auch bei der Übernahme von DIBs aus der Zwischenablage und beim Beenden des Programms notwendig wird, habe ich ihn in einem separaten *case*-Zweig der Window-Prozedur zusammengefaßt und dafür eine eigene Nachricht namens WM_USER_DELETEDIB definiert. (Die Alternative wäre eine separate Routine gewesen, der man dann aber die diversen statischen Variablen der Window-Prozedur als Parameter hätte übergeben müssen.) Andere, von mehreren Stellen aus benötigte Operationen werden nach demselben Schema angesteuert: Nachdem DIBBLE über *DibFileLoad* das neue DIB geladen hat, sendet sich das Programm beispielsweise eine (wiederum selbstdefinierte) Nachricht WM_USER_SETSCROLLS zur Parametrierung der Bildlaufleisten; darauf folgt ein WM_USER_-CREATEPAL zum Anlegen einer Palette. Der für diese Nachricht zuständige *case*-Zweig der Window-Prozedur übernimmt auch das Anlegen des DDBs.

Ausgabe, Bildlauf und Ausdrucken

Das Menü »Ansicht« hat im wesentlichen dieselben Funktionen zu bieten wie das in Kapitel 15 vorgestellte Programm SHOWDIB2: Ein geladenes DIB läßt sich wahlweise in seiner natürlichen Größe ab der linken oberen Ecke des Anwendungsbereichs und in der Mitte des Anwendungsbereichs (»zentriert«) darstellen, die Skalierung ist entweder auf die volle Fenstergröße (mit entsprechender Verzerrung) oder auf die maximal im Fenster darstellbare Größe (gegebenenfalls mit einem rechts oder unterhalb des Bildes freibleibenden Hintergrundstreifen) möglich.

Zur Darstellung auf dem Bildschirm (*case*-Zweig WM_PAINT) verwendet DIBBLE eine eigene Funktion namens *DisplayDib*, die dann die GDI-Funktionen *BitBlt* bzw. *StretchBlt* zur Ausgabe verwendet. *DisplayDib* macht sich dabei nicht die Tatsache zunutze, dass die GDI hier intern zwischen »echten« Bitmap-Handles und den von *CreateDIBSection* gelieferten Handles unterscheidet, sondern bekommt in diesem Fall grundsätzlich den Handle des DDBs übergeben, den das Programm beim Anlegen der Palette (WM_USER_CREATEPAL) über *DibCopyToDdb* erzeugt hat. Das Ergebnis dieses Umwegs: Auch bei Bitmaps mit vierstelliger Breite und/oder Höhe geschieht die Ausgabe mit akzeptabler Geschwindigkeit.

Der letzte Parameter dieser Routine (*fHalftonePalette*) ist für Ausnahmen von der Regel zuständig: Wenn der Benutzer DIBBLE über das Menü »Palette« angewiesen hat, eine Halbton-Palette zu verwenden, dann bekommt *DisplayDib* anstelle eines geräteabhängigen Bitmaps einen DIB-Handle übergeben und benutzt auch für unskalierte Ausgaben *StretchBlt*, damit die GDI ihre eigenen Mischfarben einsetzen kann. (Details zu Halbton-Paletten finden Sie auf Seite 836 in diesem Kapitel, das dazugehörige Demonstrationsprogramm ist SHOWDIB5.)

DisplayDib übernimmt auch die Ausgabe auf einen Drucker und bekommt in diesem Fall neben dem Druckerkontext grundsätzlich einen DIB-Handle übergeben (den das Programm über *DibBitmapHandle* aus der DIBSTRUCT-Struktur liest).

Und schließlich erfüllt DIBBLE endlich das öfter gegebene Versprechen, dass dieses Buch sehr wohl ein Programm zur Darstellung von DIBs mit Bildlaufleisten enthält. Diese Bildlaufleisten erscheinen nur bei der Darstellung in realer Größe; ihre Skalierung ist so gewählt, dass sich die Window-Prozedur auf die Übergabe der Markenpositionen als (*x*,*y*) – also als linke obere Ecke des Zielgebiets – an *DisplayDib* beschränken kann.

Die Zwischenablage

Auf die Auswahl der Menüpunkte *Bearbeiten/Ausschneiden* und *Bearbeiten/Kopieren* reagiert das Programm mit einem Aufruf der Routine *DibCopyToPackedDib* von DIBHELP.C, die das aktuell geladene DIB in ein gepacktes DIB (in einen durchgehenden Speicherblock) kopiert. Das ist nichts wesentlich Neues und wurde in einer der Varianten von SHOWDIB auch schon einmal demonstriert – nur kommt DIBBLE als erstes Programm dieses Buches auch mit dem umgekehrten Weg zurecht: Das Einfügen eines DIBs aus der Zwischenablage wird (nach denselben Aufräumarbeiten, wie sie auch beim Laden aus einer DIB-Datei notwendig sind) im wesentlichen über die Funktion *DibCopyFromPackedDib* realisiert.

Spiegeln und Drehen

Das Menü »Bearbeiten« enthält bei DIBBLE neben den üblichen Funktionen zwei weitere Wahlpunkte: »Spiegeln« stellt das Bitmap auf den Kopf (spiegelt die Daten also an der Horizontalachse), »Drehen« dreht es um 90 Grad im Uhrzeigersinn. Beide Funktionen werden nicht innerhalb eines DIBs, sondern über Kopien abgewickelt (wobei die verwendeten Paletten identisch sind, weshalb hier keine Veränderung notwendig ist).

Die für die Spiegelung zuständige Routine *DibFlipHorizontal* legt über *DibCopy* erst einmal eine exakte Kopie des DIBs an, bevor sie die Pixel des Originals über eine Schleife so kopiert, dass dabei aus der untersten Bildzeile die oberste wird und umgekehrt. Diese Schleife benutzt die Routinen *DibGetPixel* und *DibSetPixel* aus DIBHELP, die aufgrund ihrer »generischen« Natur ein gutes Stück langsamer sind als man sich eigentlich wünschen würde. (Für den Spezialfall »Zeilen vertauschen« wäre allerdings eine Logik möglich, die auch die spezialisierten Makros aus DIBHELP.H in puncto Laufzeit noch um Längen schlägt – nämlich die Ermittlung der Zeilen-Startadressen über *DibPixelPtr* und ein einziger Aufruf von *CopyMemory* pro Rasterzeile.)

Die Routine *DibRotateRight* übernimmt die Drehung um 90 Grad. Sie soll den Laufzeitunterschied zwischen den generischen Funktionen und den spezialisierten Makros aus DIBHELP.H verdeutlichen und beginnt ebenfalls mit einem Aufruf von *DibCopy*, wobei hier aber als zweiter Parameter der Wert TRUE übergeben wird: *DibCopy* vertauscht daraufhin die Höhen und Breitenangaben – aus einem DIB mit 640 x 480 Pixeln wird also eine Kopie mit 480 x 640 –, und verzichtet von vornherein darauf, die DIB-Pixeldaten zu kopieren. Diese Aufgabe übernimmt danach eine der für die sechs möglichen Formate (1, 4, 8, 16, 24 und 32 Bit) vorgesehen sechs Schleifen in *DibRotateRight*. Natürlich ist dieses Konstrukt erheblich aufwendiger als eine einzelne Schleife mit *DibGetPixel* und *DibSetPixel* – aber eben auch wesentlich schneller.

Über mehrere aufeinanderfolgende Aufrufe von *DibFlipHorizontal* und *DibRotateRight* ließen sich auch Spiegelungen an der Vertikalachse, die Drehung um 180 Grad sowie die Drehung um 90 Grad gegen den Uhrzeigersinn realisieren. Ernsthaft gemeinte Bildbearbeitungen behelfen sich allerdings selten mit solchen Kombinationen, sondern implementieren die entsprechenden Funktionen direkt – worauf DIBBLE großzügig verzichtet, weil es hier schließlich nur um eine Demonstration geht.

Einfache und optimierte Paletten

Für die Darstellung auf einem Desktop mit 256 Farben stellt DIBBLE eine recht reichhaltige Auswahl über das Menü »Palette« bereit. Die über dieses Menü wählbaren Paletten stammen mit Ausnahme der Windows-eigenen Halbtonpalette sämtlich von Funktionen der Datei DIBPAL, deren Listing Sie in Abbildung 16.25 finden.

DIBPAL.H

```
/*------------------------------------
   DIBPAL.H: Include-Datei für DIBPAL.C
  ------------------------------------*/

HPALETTE DibPalDibTable (HDIB hdib) ;
HPALETTE DibPalAllPurpose (void) ;
HPALETTE DibPalUniformGrays (int iNum) ;
HPALETTE DibPalUniformColors (int iNumR, int iNumG, int iNumB) ;
HPALETTE DibPalVga (void) ;
HPALETTE DibPalPopularity (HDIB hdib, int iRes) ;
HPALETTE DibPalMedianCut (HDIB hdib, int iRes) ;
```

DIBPAL.C

```
/*--------------------------------------------
   DIBPAL.C - Funktionen zum Anlegen von Paletten
              (c) Charles Petzold, 1998
  --------------------------------------------*/

#include <windows.h>
#include "dibhelp.h"
#include "dibpal.h"

/*------------------------------------------------------------
   DibPalDibTable: Legt eine Palette aus einer DIB-Farbtbelle an
  ------------------------------------------------------------*/

HPALETTE DibPalDibTable (HDIB hdib)
{
     HPALETTE     hPalette ;
     int          i, iNum ;
     LOGPALETTE * plp ;
     RGBQUAD      rgb ;

     if (0 == (iNum = DibNumColors (hdib)))
          return NULL ;

     plp = malloc (sizeof (LOGPALETTE) + (iNum - 1) * sizeof (PALETTEENTRY)) ;

     plp->palVersion    = 0x0300 ;
     plp->palNumEntries = iNum ;

     for (i = 0 ; i < iNum ; i++)
     {
          DibGetColor (hdib, i, &rgb) ;

          plp->palPalEntry[i].peRed   = rgb.rgbRed ;
          plp->palPalEntry[i].peGreen = rgb.rgbGreen ;
          plp->palPalEntry[i].peBlue  = rgb.rgbBlue ;
          plp->palPalEntry[i].peFlags = 0 ;
     }
     hPalette = CreatePalette (plp) ;
     free (plp) ;
     return hPalette ;
}
```

```
/*--------------------------------------------------------------
   DibPalAllPurpose: Legt eine Allzweck-Palette mit 247 Einträgen an,
    von denen 15 den statischen Systemfarben von Windows entsprechen
  --------------------------------------------------------------*/

HPALETTE DibPalAllPurpose (void)
{
     HPALETTE     hPalette ;
     int          i, incr, R, G, B ;
     LOGPALETTE * plp ;

     plp = malloc (sizeof (LOGPALETTE) + 246 * sizeof (PALETTEENTRY)) ;

     plp->palVersion    = 0x0300 ;
     plp->palNumEntries = 247 ;

    // 31 Graustufen; drei davon entsprechen statischen Systemfarben
     for (i = 0, G = 0, incr = 8 ; G <= 0xFF ; i++, G += incr)
     {
          plp->palPalEntry[i].peRed   = (BYTE) G ;
          plp->palPalEntry[i].peGreen = (BYTE) G ;
          plp->palPalEntry[i].peBlue  = (BYTE) G ;
          plp->palPalEntry[i].peFlags = 0 ;

          incr = (incr == 9 ? 8 : 9) ;
     }

     // 216 Kombinationen der Werte 0x00, 0x33, 0x66... für R, G und B
     // 8 dieser Kombinationen entsprechen den Systemfarben, 4 den
     // den zuvor erzeugten Graustufen
     for (R = 0 ; R <= 0xFF ; R += 0x33)
     for (G = 0 ; G <= 0xFF ; G += 0x33)
     for (B = 0 ; B <= 0xFF ; B += 0x33)
     {
          plp->palPalEntry[i].peRed   = (BYTE) R ;
          plp->palPalEntry[i].peGreen = (BYTE) G ;
          plp->palPalEntry[i].peBlue  = (BYTE) B ;
          plp->palPalEntry[i].peFlags = 0 ;

          i++ ;
     }

     hPalette = CreatePalette (plp) ;

     free (plp) ;
     return hPalette ;
}

/*--------------------------------------------------------------
   DibPalUniformGrays:  Graustufen-Palette mit iNum Einträgen und
     gleichmäßigen Abständen
  --------------------------------------------------------------*/

HPALETTE DibPalUniformGrays (int iNum)
{
     HPALETTE     hPalette ;
```

```
     int          i ;
     LOGPALETTE * plp ;

     plp = malloc (sizeof (LOGPALETTE) + (iNum - 1) * sizeof (PALETTEENTRY)) ;

     plp->palVersion    = 0x0300 ;
     plp->palNumEntries = iNum ;

     for (i = 0 ; i < iNum ; i++)
     {
          plp->palPalEntry[i].peRed   =
          plp->palPalEntry[i].peGreen =
          plp->palPalEntry[i].peBlue  = (BYTE) (i * 255 / (iNum - 1)) ;
          plp->palPalEntry[i].peFlags = 0 ;
     }
     hPalette = CreatePalette (plp) ;
     free (plp) ;
     return hPalette ;
}

/*------------------------------------------------------------
   DibPalUniformColors: Palette mit iNumR x iNumG x iNumB Farben
  ------------------------------------------------------------*/

HPALETTE DibPalUniformColors (int iNumR, int iNumG, int iNumB)
{
     HPALETTE     hPalette ;
     int          i, iNum, R, G, B ;
     LOGPALETTE * plp ;

     iNum = iNumR * iNumG * iNumB ;

     plp = malloc (sizeof (LOGPALETTE) + (iNum - 1) * sizeof (PALETTEENTRY)) ;
     plp->palVersion    = 0x0300 ;
     plp->palNumEntries = iNumR * iNumG * iNumB ;

     i = 0 ;
     for (R = 0 ; R < iNumR ; R++)
     for (G = 0 ; G < iNumG ; G++)
     for (B = 0 ; B < iNumB ; B++)
     {
          plp->palPalEntry[i].peRed   = (BYTE) (R * 255 / (iNumR - 1)) ;
          plp->palPalEntry[i].peGreen = (BYTE) (G * 255 / (iNumG - 1)) ;
          plp->palPalEntry[i].peBlue  = (BYTE) (B * 255 / (iNumB - 1)) ;
          plp->palPalEntry[i].peFlags = 0 ;

          i++ ;
     }
     hPalette = CreatePalette (plp) ;
     free (plp) ;
     return hPalette ;
}

/*------------------------------------------------------------
   DibPalVga:  Palette mit 16 Einträgen und den VGA-Standardfarben
  ------------------------------------------------------------*/
```

```
HPALETTE DibPalVga (void)
{
     static RGBQUAD rgb [16] = { 0x00, 0x00, 0x00, 0x00,
                                 0x00, 0x00, 0x80, 0x00,
                                 0x00, 0x80, 0x00, 0x00,
                                 0x00, 0x80, 0x80, 0x00,
                                 0x80, 0x00, 0x00, 0x00,
                                 0x80, 0x00, 0x80, 0x00,
                                 0x80, 0x80, 0x00, 0x00,
                                 0x80, 0x80, 0x80, 0x00,
                                 0xC0, 0xC0, 0xC0, 0x00,
                                 0x00, 0x00, 0xFF, 0x00,
                                 0x00, 0xFF, 0x00, 0x00,
                                 0x00, 0xFF, 0xFF, 0x00,
                                 0xFF, 0x00, 0x00, 0x00,
                                 0xFF, 0x00, 0xFF, 0x00,
                                 0xFF, 0xFF, 0x00, 0x00,
                                 0xFF, 0xFF, 0xFF, 0x00 } ;
     HPALETTE       hPalette ;
     int            i ;
     LOGPALETTE   * plp ;

     plp = malloc (sizeof (LOGPALETTE) + 15 * sizeof (PALETTEENTRY)) ;
     plp->palVersion    = 0x0300 ;
     plp->palNumEntries = 16 ;

     for (i = 0 ; i < 16 ; i++)
     {
          plp->palPalEntry[i].peRed   = rgb[i].rgbRed ;
          plp->palPalEntry[i].peGreen = rgb[i].rgbGreen ;
          plp->palPalEntry[i].peBlue  = rgb[i].rgbBlue ;
          plp->palPalEntry[i].peFlags = 0 ;
     }
     hPalette = CreatePalette (plp) ;
     free (plp) ;
     return hPalette ;
}

/*-------------------------------------------
   Makro für die Palettenoptimierungs-Routinen
  -------------------------------------------*/

#define PACK_RGB(R,G,B,iRes) ((int) (R) | ((int) (G) <<  (iRes)) |        \
                                          ((int) (B) << ((iRes) + (iRes))))

/*--------------------------------------------------------------------
   AccumColorCounts: Zählt die Pixel verschiedener Farbe durch und füllt
     das über piCount adressierte Array. piCount[n] enthält danach die
     Zahl der Pixel mit der (gepackten) Farbe n
  --------------------------------------------------------------------*/

static void AccumColorCounts (HDIB hdib, int * piCount, int iRes)
{
     int     x, y, cx, cy ;
     RGBQUAD rgb ;
```

```
     cx = DibWidth (hdib) ;
     cy = DibHeight (hdib) ;

     for (y = 0 ; y < cy ; y++)
       for (x = 0 ; x < cx ; x++)
       {
          DibGetPixelColor (hdib, x, y, &rgb) ;

          rgb.rgbRed   >>= (8 - iRes) ;
          rgb.rgbGreen >>= (8 - iRes) ;
          rgb.rgbBlue  >>= (8 - iRes) ;

          ++piCount [PACK_RGB (rgb.rgbRed, rgb.rgbGreen, rgb.rgbBlue, iRes)] ;
       }
}

/*---------------------------------------------------------------------
   DibPalPopularity:  Häufigkeitsverteilung für optimierte Paletten
  ---------------------------------------------------------------------*/

HPALETTE DibPalPopularity (HDIB hdib, int iRes)
{
     HPALETTE     hPalette ;
     int          i, iArraySize, iEntry, iCount, iIndex, iMask, R, G, B ;
     int        * piCount ;
     LOGPALETTE * plp ;

          // Validity checks

     if (DibBitCount (hdib) < 16)
          return NULL ;

     if (iRes < 3 || iRes > 8)
          return NULL ;

     // Speicher für ein Array zum Zählen der Pixel pro Farbe
     iArraySize = 1 << (3 * iRes) ;
     iMask = (1 << iRes) - 1 ;

     if (NULL == (piCount = calloc (iArraySize, sizeof (int))))
          return NULL ;

     // Farbhäufigkeiten durchzählen
     AccumColorCounts (hdib, piCount, iRes) ;

     // Speicherplatz für ein LOGPALETTE-Struktur
     plp = malloc (sizeof (LOGPALETTE) + 235 * sizeof (PALETTEENTRY)) ;

     plp->palVersion = 0x0300 ;

     for (iEntry = 0 ; iEntry < 236 ; iEntry++)
     {
          for (i = 0, iCount = 0 ; i < iArraySize ; i++)
               if (piCount[i] > iCount)
               {
```

```
                iCount = piCount[i] ;
                iIndex = i ;
            }

        if (iCount == 0)
            break ;

        R = (iMask &  iIndex                  ) << (8 - iRes) ;
        G = (iMask & (iIndex >>         iRes )) << (8 - iRes) ;
        B = (iMask & (iIndex >> (iRes + iRes))) << (8 - iRes) ;

        plp->palPalEntry[iEntry].peRed   = (BYTE) R ;
        plp->palPalEntry[iEntry].peGreen = (BYTE) G ;
        plp->palPalEntry[iEntry].peBlue  = (BYTE) B ;
        plp->palPalEntry[iEntry].peFlags = 0 ;

        piCount [iIndex] = 0 ;
    }

    // iEntry = Zahl der besetzten Einträge
    plp->palNumEntries = iEntry ;

    // Palette anlegen, aufräumen und Paletten-Handle zurückliefern
    hPalette = CreatePalette (plp) ;

    free (piCount) ;
    free (plp) ;

    return hPalette ;
}

/*---------------------------------------------------------
   Strukturtypen zur Ermittlung des mittleren Durchschnitts
  ---------------------------------------------------------*/

typedef struct          // Abmessungen eines Würfels
{
    int Rmin, Rmax, Gmin, Gmax, Bmin, Bmax ;
}
MINMAX ;

typedef struct          // für die Vergleichsroutine von qsort
{
    int     iBoxCount ;
    RGBQUAD rgbBoxAv ;
}
BOXES ;

/*---------------------------------------------------
   FindAverageColor: Farbmittelwert in einem Würfel
---------------------------------------------------*/

static int FindAverageColor (int * piCount, MINMAX mm,
                             int iRes, RGBQUAD * prgb)
{
    int R, G, B, iR, iG, iB, iTotal, iCount ;
```

```
    iTotal = iR = iG = iB = 0 ;

    // Alle Farben eines Würfels durchlaufen
    for (R = mm.Rmin ; R <= mm.Rmax ; R++)
      for (G = mm.Gmin ; G <= mm.Gmax ; G++)
        for (B = mm.Bmin ; B <= mm.Bmax ; B++)
        {
            // Wie viele Pixel dieser Farbe enthält der Würfel?
            iCount = piCount [PACK_RGB (R, G, B, iRes)] ;

            // Gewichtung der Pixelzahl über den Farbwert
            iR += iCount * R ;
            iG += iCount * G ;
            iB += iCount * B ;

            iTotal += iCount ;
        }
    // Durchschnittliche Farbe
    prgb->rgbRed   = (BYTE) ((iR / iTotal) << (8 - iRes)) ;
    prgb->rgbGreen = (BYTE) ((iG / iTotal) << (8 - iRes)) ;
    prgb->rgbBlue  = (BYTE) ((iB / iTotal) << (8 - iRes)) ;

    // Gesamtzahl der Pixel im Würfel als direktes Ergebnis
    return iTotal ;
}

/*-----------------------
   CutBox:  Würfel teilen
  -----------------------*/

static void CutBox (int * piCount, int iBoxCount, MINMAX mm,
                    int iRes, int iLevel, BOXES * pboxes, int * piEntry)
{
    int    iCount, R, G, B ;
    MINMAX mmNew ;

    // Wenn der Würfel einen Inhalt von 0 Pixeln hat, Abbruch
    if (iBoxCount == 0)
        return ;

    // Wenn die 8. Rekursionsebene erreicht ist oder der Würfel nur noch aus einem
    // einzigen Pixel besteht, dann Ermittlung der durchschnittlichen Farbe und
    // Speicherung zusammen mit der Zahl der Pixel dieser Farbe
    if (iLevel == 8 || (mm.Rmin == mm.Rmax &&
                        mm.Gmin == mm.Gmax &&
                        mm.Bmin == mm.Bmax))
    {
        pboxes[*piEntry].iBoxCount =
            FindAverageColor (piCount, mm, iRes, &pboxes[*piEntry].rgbBoxAv) ;

        (*piEntry) ++ ;
    }

    // Ansonsten: Wenn Blau den größten Anteil hat, Aufteilen
    else if ((mm.Bmax - mm.Bmin > mm.Rmax - mm.Rmin) &&
            (mm.Bmax - mm.Bmin > mm.Gmax - mm.Gmin))
```

```
{
     // Blauanteile durchlaufen
     for (iCount = 0, B = mm.Bmin ; B < mm.Bmax ; B++)
     {
          // Pixel für die Blaustufen durchzählen
          for (R = mm.Rmin ; R <= mm.Rmax ; R++)
            for (G = mm.Gmin ; G <= mm.Gmax ; G++)
                 iCount += piCount [PACK_RGB (R, G, B, iRes)] ;

          // Wenn das mehr als die Hälfte der Pixel im Würfel ist, sind wir fertig
          if (iCount >= iBoxCount / 2)
               break ;

          // Wenn die nächste Blaustufe das Maximum ist, ebenfalls
          if (B == mm.Bmax - 1)
               break ;
     }
     // Teilen der beiden Würfel. Der zweite Parameter für CutBox ist die Pixelzahl
     // des neuen Würfels, der dritte steht für die neuen min- und max-Werte
     mmNew = mm ;
     mmNew.Bmin = mm.Bmin ;
     mmNew.Bmax = B ;

     CutBox (piCount, iCount, mmNew, iRes, iLevel + 1, pboxes, piEntry) ;

     mmNew.Bmin = B + 1 ;
     mmNew.Bmax = mm.Bmax ;

     CutBox (piCount, iBoxCount - iCount, mmNew, iRes, iLevel + 1, pboxes, piEntry) ;
}

// Ansonsten: Wenn Rot den größten Anteil hat, aufteilen (dieselbe Logik wie für Blau)
else if (mm.Rmax - mm.Rmin > mm.Gmax - mm.Gmin)
{
     for (iCount = 0, R = mm.Rmin ; R < mm.Rmax ; R++)
     {
          for (B = mm.Bmin ; B <= mm.Bmax ; B++)
            for (G = mm.Gmin ; G <= mm.Gmax ; G++)
               iCount += piCount [PACK_RGB (R, G, B, iRes)] ;

          if (iCount >= iBoxCount / 2)
               break ;

          if (R == mm.Rmax - 1)
               break ;
     }
     mmNew = mm ;
     mmNew.Rmin = mm.Rmin ;
     mmNew.Rmax = R ;

     CutBox (piCount, iCount, mmNew, iRes, iLevel + 1, pboxes, piEntry) ;

     mmNew.Rmin = R + 1 ;
     mmNew.Rmax = mm.Rmax ;

     CutBox (piCount, iBoxCount - iCount, mmNew, iRes, iLevel + 1, pboxes, piEntry) ;
```

```
    }

    // Ansonsten läuft die Teilung über Grün
    else
    {
        for (iCount = 0, G = mm.Gmin ; G < mm.Gmax ; G++)
        {
            for (B = mm.Bmin ; B <= mm.Rmax ; B++)
              for (R = mm.Rmin ; R <= mm.Rmax ; R++)
                iCount += piCount [PACK_RGB (R, G, B, iRes)] ;

            if (iCount >= iBoxCount / 2)
                break ;

            if (G == mm.Gmax - 1)
                break ;
        }
        mmNew = mm ;
        mmNew.Gmin = mm.Gmin ;
        mmNew.Gmax = G ;

        CutBox (piCount, iCount, mmNew, iRes, iLevel + 1, pboxes, piEntry) ;

        mmNew.Gmin = G + 1 ;
        mmNew.Gmax = mm.Gmax ;

        CutBox (piCount, iBoxCount - iCount, mmNew, iRes, iLevel + 1, pboxes, piEntry) ;
    }
}

/*----------------------------
   Vergleichsroutine für qsort
  ----------------------------*/

static int Compare (const BOXES * pbox1, const BOXES * pbox2)
{
    return pbox1->iBoxCount - pbox2->iBoxCount ;
}

/*---------------------------------------------------
   DibPalMedianCut:  Palette über mittlere Durchschnitte
  ---------------------------------------------------*/

HPALETTE DibPalMedianCut (HDIB hdib, int iRes)
{
    BOXES        boxes [256] ;
    HPALETTE     hPalette ;
    int          i, iArraySize, iCount, R, G, B, iTotCount, iDim, iEntry = 0 ;
    int        * piCount ;
    LOGPALETTE * plp ;
    MINMAX       mm ;

    // Gültigkeitsprüfungen
    if (DibBitCount (hdib) < 16)
        return NULL ;
```

```
if (iRes < 3 || iRes > 8)
     return NULL ;

// Array für die Farbzähler
iArraySize = 1 << (3 * iRes) ;

if (NULL == (piCount = calloc (iArraySize, sizeof (int))))
     return NULL ;

AccumColorCounts (hdib, piCount, iRes) ;

// Umschließender Würfel
iDim = 1 << iRes ;

mm.Rmin = mm.Gmin = mm.Bmin = iDim - 1 ;
mm.Rmax = mm.Gmax = mm.Bmax = 0 ;

iTotCount = 0 ;

for (R = 0 ; R < iDim ; R++)
  for (G = 0 ; G < iDim ; G++)
    for (B = 0 ; B < iDim ; B++)
     if ((iCount = piCount [PACK_RGB (R, G, B, iRes)]) > 0)
     {
          iTotCount += iCount ;

          if (R < mm.Rmin) mm.Rmin = R ;
          if (G < mm.Gmin) mm.Gmin = G ;
          if (B < mm.Bmin) mm.Bmin = B ;
          if (R > mm.Rmax) mm.Rmax = R ;
          if (G > mm.Gmax) mm.Gmax = G ;
          if (B > mm.Bmax) mm.Bmax = B ;
     }

// Aufteilen des umschließenden Würfels (iterativ)
//   Die boxes-Struktur hat hinterher maximal 256 RGB-Werte (einen für jede Würfel)
//   zusammen mit der Zahl der Pixel in den einzelnen Würfel
//   iEntry ist der Zähler für besetzte (nicht leere) Würfel
CutBox (piCount, iTotCount, mm, iRes, 0, boxes, &iEntry) ;
free (piCount) ;

// RGB-Tabelle nach Pixelhäufigkeit für die einzelnen Farben sortieren
qsort (boxes, iEntry, sizeof (BOXES), Compare) ;

plp = malloc (sizeof (LOGPALETTE) + (iEntry - 1) * sizeof (PALETTEENTRY)) ;

if (plp == NULL)
     return NULL ;

plp->palVersion    = 0x0300 ;
plp->palNumEntries = iEntry ;

for (i = 0 ; i < iEntry ; i++)
{
     plp->palPalEntry[i].peRed   = boxes[i].rgbBoxAv.rgbRed ;
     plp->palPalEntry[i].peGreen = boxes[i].rgbBoxAv.rgbGreen ;
```

```
        plp->palPalEntry[i].peBlue  = boxes[i].rgbBoxAv.rgbBlue ;
        plp->palPalEntry[i].peFlags = 0 ;
    }

    hPalette = CreatePalette (plp) ;

    free (plp) ;
    return hPalette ;
}
```

Abbildung 16.25: *Die Dateien* DIBPAL.H *und* DIBPAL.C

Die erste Funktion in DIBPAL sollte Ihnen bekannt vorkommen: *DibPalDibTable* tut nichts weiter, als die Einträge einer DIB-Farbpalette in eine LOGPALETTE-Struktur entsprechender Größe umzustapeln und diese Struktur zum Anlegen einer Palette zu benutzen, entspricht also von der Logik her der Funktion *PackedDibCreatePalette* aus der Datei PACKEDIB.C, die ich unter anderem für das Programm SHOWDIB3 (Seite 826 in diesen Kapitel) verwendet habe. Wie *PackedDibCreatePalette* ist auch *DibPalDibTable* nur verwendbar, wenn das DIB tatsächlich eine Farbtabelle hat – macht also für die Darstellung von DIBs mit 16, 24 oder 32 Bit auf einem Desktop mit 256 Farben nur dann Sinn, wenn dieses DIB die mit Windows 95 eingeführten Formaterweiterungen benutzt.

Wenn Sie Ihren Desktop auf 256 Farben setzen, dann versucht es DIBBLE beim Laden von DIBs zuerst mit dieser Routine. Falls das erfolglos bleibt (lies: das DIB keine Farbtabelle hat), dann legt das Programm über *CreateHalftonePalette* eine Palette an und setzt das Flag *fHalftonePalette* auf TRUE. Diese Aufrufe und Entscheidungen finden übrigens im *case*-Zweig für WM_USER_-CREATEPAL statt.

Die erste über das Menü »Palette« wählbare Alternative ist eine Allzweck-Palette, die über die Routine *DibPalAllPurpose* angelegt wird. Diese Funktion sollte Ihnen ebenfalls bekannt vorkommen – sie entspricht weitgehend der Funktion *CreateAllPurposePalette*, die ich im Rahmen des Programms SHOWDIB4 (Seite 831 in diesem Kapitel) vorgestellt habe.

Paletten sind nicht nur Sorgenkinder, sondern haben durchaus auch ihre interessanten Aspekte: Wenn der Desktop mit 256 Farben arbeitet, können Sie mit ihnen exakt festlegen, welche Farben Windows zur Darstellung eines Bitmaps verwendet. (Das gilt auch für die Darstellung von DIBs, bei denen das System die Farbzuordnung eigentlich selbst herstellen könnte. Der Konsistenz halber beschränkt sich die GDI aber selbst dann exakt auf die Farben der Palette, die zuvor in den Gerätekontext eingesetzt und durchgesetzt wurde.)

Mit der Funktion *DibPalUniformGrays*, die in DIBBLE über »Palette/Graustufen« erreichbar ist, läßt sich das recht augenfällig demonstrieren. Probieren Sie einmal für einige auf Ihrer Festplatte herumliegende Bitmaps die Darstellung mit zwei Graustufen (also Schwarz und Weiß) aus: Das Ergebnis ist sind extreme Kontraste (á la »Kreide und Kohle«), wie sie auch von einigen Fotografen gerne eingesetzt werden. Die Auswahl von drei Graustufen beschert Ihnen neben Schwarz und Weiß ein Mittelgrau, mit »4 Graustufen« bekommen Sie zwei Grautöne dazu usw. Acht Graustufen rufen bei vielen Bildern sichtbare Artefakte hervor, weil die GDI-Funktion *GetNearestColor* dann langsam wirklich etwas zu tun bekommt, bei der Erledigung ihres Jobs aber von Geschmacksfragen noch meilenweit entfernt ist. 16 Graustufen verbessern die Bildqualität im allgemeinen drastisch, bei 32 Graustufen sollten Artefakte weitgehend verschwunden sein, und 64 Graustufen stellen bereits für die meisten älteren Grafikkarten mit ihrer Farbauflösung von 18 Bit (6 Bit pro Farbkomponente) das Limit dar: 128 oder 256 Graustufen bringen nur dann noch eine sichtbare Verbesserung, wenn die Hardware-Palette Ihrer Grafikkarte vom VGA-Standard abweicht und jedem der Palettenregister 24 Bit spendiert.

Das beste, was wir bis dato bei der Darstellung von DIBs mit 16, 24 oder 32 Bit auf einem Desktop mit 256 Farben zustande gebracht haben, war entweder eine Allzweck-Palette (die für Graustufenbilder gar nicht schlecht aussieht und bei farbigen Bildern eine traurige Figur macht) oder die von Windows definierte Halbton-Palette, die eine Allzweck-Palette mit Farbmischungen bei der Darstellung kombiniert.

Beim Experimentieren mit DIBBLE werden Sie feststellen, dass die GDI bei größeren Bitmaps mit 16, 24 oder 32 Bit eine geraume Zeit zum Anlegen des zur Darstellung verwendeten geräteabhängigen Bitmaps braucht, wenn dabei eine Allzweck-Palette mit im Spiel ist. Wenn Sie über das Menü »Palette« festlegen, dass DIBBLE gänzlich ohne Palette arbeiten soll, ist die Darstellung zwar alles andere als berauschend, geschieht dafür aber fast ohne Verzögerung.

Der Grund für diesen unterschiedlichen Zeitbedarf (der sich übrigens auch dann zeigt, wenn Sie ein größeres 24-Bit-DIB einmal mit SHOWDIB1 und einmal mit SHOWDIB4 darstellen), liegt natürlich wieder in der Suche nach der jeweils nächstliegenden Farbe. Wenn Sie ein 24-Bit-DIB auf einem Bildschirm mit 256 Farben darstellen (oder in ein DDB umwandeln lassen, das zu einem solchen Bildschirm kompatibel ist), dann muß die GDI im »palettenfreien« Betrieb für jedes Pixel herausfinden, welche der 20 statischen Systemfarben am besten paßt, mithin pro Pixel 20 Abstände im dreidimensionalen Farbraum berechnen. Für eine Allzweck-Palette mit 236 oder mehr Einträgen wie der von SHOWDIB4 und DIBBLE kommen zwangsläufig nicht 20, sondern eben bis zu 256 Abstandsberechnungen pro Pixel heraus – und dann ist es auch kein Wunder, dass die Umwandlung eben entsprechend länger dauert.

Die Moral von der Geschicht' ist nicht gerade neu: Um die Darstellung von DIBs mit mehr als 8 Bit pro Pixel sollte man sich in den Videomodi mit 256 Farben nach Möglichkeit herumdrücken – etwa, indem man solche Bilder gegebenenfalls per Programm auf 256 Farben reduziert und ihnen eine Palette verpaßt, die möglichst optimal auf die tatsächlich benötigten Farben abgestimmt ist. Einer der bekannteren Ansätze zur Lösung der Frage, wie man eine solche optimale Palette bestimmt, stammt von Paul Heckbert: Er hat bereits im Juni 1982 in der Zeitschrift *Computer Graphics* einen Aufsatz mit dem Titel »Color Image Quantization for Frame Buffer Displays« (Quantisierung von Farbbildern für Displays mit eigenem Bildspeicher) veröffentlicht; die dort beschriebenen Techniken bilden die Grundlage der Routinen von DIBPAL.C.

Gleichverteilung

Der kürzeste Weg zu einer Palette mit 256 Farben besteht natürlich aus einer gleichmäßigen (»uniformen«) Verteilung von RGB-Werten über das Spektrum und entspricht weitgehend dem Ansatz, den auch die Routine *DibPalAllPurpose* verwendet. Der unbestreitbare Vorteil liegt darin, dass man sich zum Anlegen einer solchen Regenbogenpalette nicht erst durch sämtliche Pixeldaten des darzustellenden Bildes wühlen muß.

Eine mögliche Verteilung sieht 8 Stufen für Grün und Rot sowie 4 Stufen für den Blauanteil vor, auf den das menschliche Auge am unempfindlichsten reagiert. Die Palette besteht hier aus 256 Einträgen, die sich durch die Kombinationen der Werte 0x00, 0x24, 0x49, 0x6D, 0x92, 0xB6, 0xDB und 0xFF für Rot und Grün sowie 0x00, 0x55, 0xAA und 0xFF für Blau ergeben. Eine andere (und auch nicht unbedingt schlechtere Verteilung) sieht für jeden Farbanteil sechs Abstufungen vor und bildet eine Palette mit insgesamt $6^3 = 216$ Einträgen aus den Kombinationen der Werte 0x00, 0x33, 0x66, 0x99, 0xCC und 0xFF für jeden der drei Farbanteile.

DIBBLE stellt beide Verteilungen über das Menü »Palette« zur Verfügung. Für das Anlegen der entsprechenden Paletten ist die Routine *PalDibCreateUniformColors* aus PALDIB zuständig.

Häufigkeitsverteilung

Im Gegensatz zur Gleichverteilung berücksichtigt die Häufigkeitsverteilung den tatsächlichen Inhalt des jeweiligen Bildes und stellt eigentlich eine recht naheliegende Lösung dar: Zur Berechnung wird schlicht das gesamte Bild durchpflügt, Pixel gleicher Farbe wandern in einen Topf, und hinterher werden die 256 vollsten Töpfe – exakter: die jeweiligen Farben – zur Palette erklärt. DIBPAL implementiert diesen Algorithmus in einer Funktion namens *DibPalPopularity* (deren Name sich aus der amerikanischen Bezeichnung »popularity algorithm« herleitet: Er soll andeuten, dass es hier um eine Art Volkszählung geht.)

Das einzige Problem, was sich bei diesem Algorithmus ergibt, ist rein technischen Natur: Wenn man zur Zählung der Pixel gleicher Farbe jeweils einen Integerwert mit 32 Bit verwendet und ein Array aufbaut, dessen Elemente direkt über die RGB-Werte indiziert werden, dann ergibt sich nicht nur ein Platzbedarf von 64 MByte, sondern auch eine ausgesprochen dünne Besetzung: Da in einem realen Bild nur wenige Pixel *exakt* dieselbe Farbe haben, wird die Ermittlung der häufigsten Farben dann zu einem besseren Ratespiel.

Mit der Begrenzung auf die n höchstwertigen Bits jedes Farbanteils lassen sich beide Probleme auf einmal lösen: Wenn Sie beispielsweise nur 6 anstelle von 8 Bit pro Komponente verwenden (und damit dieselbe Farbauflösung, wie sie die meisten Grafikkarten und Scanner bieten), dann schrumpft das Array auf 262144 Einträge (und einen Platzbedarf von einem MByte); mit $n = 5$ bleiben 32768 Einträge übrig, die dann auch bei kleineren Bildern schon wesentlich dichter besetzt sind. Wie Sie mit DIBBLE ausprobieren können, sind die Ergebnisse von Häufigkeitsverteilungen mit 5 signifikanten Bits in den allermeisten Fällen besser als mit 6.

Mittlerer Durchschnitt

Die Routine *DibPalMedianCut* implementiert Paul Heckberts »median cut«-Algorithmus. Auch wenn diese Routine natürlich etwas komplexer ausfällt als die Häufigkeitsverteilung, ist das zugrundeliegende Konzept recht einfach und auch für rekursive Funktionen gut geeignet.

Stellen Sie sich den RGB-Farbraum als (dreidimensionalen) Würfel vor. Jede Farbe des Bildes stellt einen Punkt in diesem Würfel dar, wobei ein Punkt für mehrere Pixel des Bildes stehen kann. Der erste Schritt besteht aus der Suche nach einem Würfel (exakter: einem Quader) innerhalb des RGB-Farbraums, der sämtliche im Bild verwendeten Farben umschließt. Danach wird die längste Seite dieses Quaders gesucht und der Quader in zwei Hälften geteilt, die jeweils die gleiche Punktezahl enthalten. Die erste Wiederholung dieses Prozesses ergibt vier Quader, die zweite 8, die dritte 16... und die achte Wiederholung 256.

Danach haben Sie 256 Quader im RGB-Farbraum, die jeweils eine weitgehend gleiche Zahl von Punkten enthalten. Die Palette ergibt sich aus der durchschnittlichen Farbe der einzelnen Quader.

Da hier mit Punkten im Farbraum und nicht mit der Zahl der Pixel gerechnet wird, die diese Farbe tatsächlich benutzen, stehen die 256 Quader nur im theoretischen Idealfall für die gleiche Zahl von Pixeln. Speziell bei Schwarz und Weiß kann ein einzelner Quader zwar nur aus einem einzigen Punkt bestehen, der aber seinerseits eine unverhältnismäßig hohe Zahl von Pixeln repräsentiert, andere Quader können komplett leer sein. Wer will, kann solche Quader hinauswerfen und erneut mit einer Verteilung beginnen – aber das ist eine Feinheit, die ich mir in DIBPAL guten Gewissens gespart habe.

Ein anderer Algorithmus zur Ermittlung optimaler Paletten hört auf den Namen »octree quantization«. Diese Technik wird von Jeff Prosise in der Ausgabe 8/96 *des Microsoft Systems Journal* diskutiert, die Sie auch auf den MSDN-CDs finden.

Konvertierung von Formaten

Bei der letzten noch nicht besprochenen Funktionsgruppe von DIBBLE geht es um die Umrechnung zwischen verschiedenen DIB-Formaten – etwa von 4 nach 24 Bit pro Pixel oder umgekehrt. Diese Konvertierungen geschehen im wesentlichen über die Routine *DibConvert* einer Datei namens DIBCONV.C, deren Listing Sie in Abbildung 16.26 finden.

DIBCONV.H

```
/*---------------------------------------
   DIBCONV.H - Include-Datei für DIBCONV.C
  ---------------------------------------*/

HDIB DibConvert (HDIB hdibSrc, int iBitCountDst) ;
```

DIBCONV.C

```
/*----------------------------------------------------------
   DIBCONV.C - Umrechnung von einem DIB-Format in ein anderes
              (c) Charles Petzold, 1998
  ----------------------------------------------------------*/

#if WINVER != 0x0500
#define WINVER 0x0500    /* ist im Zusammenhang mit DIBBLE nicht notwendig */
#endif

#include <windows.h>
#include "dibhelp.h"
#include "dibpal.h"
#include "dibconv.h"

HDIB DibConvert (HDIB hdibSrc, int iBitCountDst)
{
     HDIB         hdibDst ;
     HPALETTE     hPalette ;
     int          i, x, y, cx, cy, iBitCountSrc, cColors ;
     PALETTEENTRY pe ;
     RGBQUAD      rgb ;
     WORD         wNumEntries ;

     cx = DibWidth (hdibSrc) ;
     cy = DibHeight (hdibSrc) ;
     iBitCountSrc = DibBitCount (hdibSrc) ;

     if (iBitCountSrc == iBitCountDst)
          return NULL ;

     if ((iBitCountSrc < iBitCountDst) && (iBitCountDst <= 8))
     {    // DIB mit Farbtabelle -> DIB mit größerer Farbtabelle
          cColors = DibNumColors (hdibSrc) ;
          hdibDst = DibCreate (cx, cy, iBitCountDst, cColors) ;

          for (i = 0 ; i < cColors ; i++)
          {
               DibGetColor (hdibSrc, i, &rgb) ;
               DibSetColor (hdibDst, i, &rgb) ;
          }
```

```
        for (x = 0 ; x < cx ; x++)
        for (y = 0 ; y < cy ; y++)
        {
            DibSetPixel (hdibDst, x, y, DibGetPixel (hdibSrc, x, y)) ;
        }
    }
    else if (iBitCountDst >= 16)   // DIB nach DIB ohne Farbtabelle
    {
        hdibDst = DibCreate (cx, cy, iBitCountDst, 0) ;

        for (x = 0 ; x < cx ; x++)
        for (y = 0 ; y < cy ; y++)
        {
            DibGetPixelColor (hdibSrc, x, y, &rgb) ;
            DibSetPixelColor (hdibDst, x, y, &rgb) ;
        }
    }
    else if (iBitCountSrc >= 16 && iBitCountDst == 8)   // DIB ohne Farbtabelle -> 8-Bit-DIB
    {
        hPalette = DibPalMedianCut (hdibSrc, 6) ;
        GetObject (hPalette, sizeof (WORD), &wNumEntries) ;

        hdibDst = DibCreate (cx, cy, 8, wNumEntries) ;

        for (i = 0 ; i < (int) wNumEntries ; i++)
        {
            GetPaletteEntries (hPalette, i, 1, &pe) ;

            rgb.rgbRed   = pe.peRed ;
            rgb.rgbGreen = pe.peGreen ;
            rgb.rgbBlue  = pe.peBlue ;
            rgb.rgbReserved = 0 ;

            DibSetColor (hdibDst, i, &rgb) ;
        }

        for (x = 0 ; x < cx ; x++)
        for (y = 0 ; y < cy ; y++)
        {
            DibGetPixelColor (hdibSrc, x, y, &rgb) ;

            DibSetPixel (hdibDst, x, y,
                GetNearestPaletteIndex (hPalette,
                    RGB (rgb.rgbRed, rgb.rgbGreen, rgb.rgbBlue))) ;
        }
        DeleteObject (hPalette) ;
    }
    else if (iBitCountDst == 1)  // beliebiges DIB -> monochromes DIB
    {
        hdibDst = DibCreate (cx, cy, 1, 0) ;
        hPalette = DibPalUniformGrays (2) ;

        for (i = 0 ; i < 2 ; i++)
        {
            GetPaletteEntries (hPalette, i, 1, &pe) ;
```

```
            rgb.rgbRed    = pe.peRed ;
            rgb.rgbGreen = pe.peGreen ;
            rgb.rgbBlue  = pe.peBlue ;
            rgb.rgbReserved = 0 ;

            DibSetColor (hdibDst, i, &rgb) ;
        }

        for (x = 0 ; x < cx ; x++)
          for (y = 0 ; y < cy ; y++)
          {
              DibGetPixelColor (hdibSrc, x, y, &rgb) ;
              DibSetPixel (hdibDst, x, y, GetNearestPaletteIndex (hPalette,
                      RGB (rgb.rgbRed, rgb.rgbGreen, rgb.rgbBlue))) ;
          }
        DeleteObject (hPalette) ;
    }
    else if (iBitCountSrc >= 8 && iBitCountDst == 4)  // nicht monochromes DIB -> 4-Bit-DIB
    {
        hdibDst = DibCreate (cx, cy, 4, 0) ;
        hPalette = DibPalVga () ;

        for (i = 0 ; i < 16 ; i++)
        {
            GetPaletteEntries (hPalette, i, 1, &pe) ;

            rgb.rgbRed    = pe.peRed ;
            rgb.rgbGreen = pe.peGreen ;
            rgb.rgbBlue  = pe.peBlue ;
            rgb.rgbReserved = 0 ;

            DibSetColor (hdibDst, i, &rgb) ;
        }

        for (x = 0 ; x < cx ; x++)
        for (y = 0 ; y < cy ; y++)
        {
            DibGetPixelColor (hdibSrc, x, y, &rgb) ;

            DibSetPixel (hdibDst, x, y,
                GetNearestPaletteIndex (hPalette,
                    RGB (rgb.rgbRed, rgb.rgbGreen, rgb.rgbBlue))) ;
        }
        DeleteObject (hPalette) ;
    }
    else
        hdibDst = NULL ;  // sollte "eigentlich nie" nötig sein

    return hdibDst ;
}
```

Abbildung 16.26: *Die Dateien* DIBCONV.H *und* DIBCONV.C

Je nach Format von Quelle und Ziel sind hier eine ganze Reihe von Unterscheidungen und Strategien fällig. Die Umrechnung eines DIBs mit einer Farbtabelle in ein DIB mit einer größeren Farbtabelle (also von 1 nach 4 oder 8 sowie von 4 nach 8 Bit pro Pixel) läßt sich erledigen, indem man das neue DIB mit *DibCreate* in der gewünschten Farbtiefe, aber mit der vom Original verwendeten Zahl der DIB-Farbtabelleneinträge anlegt. Was dann noch bleibt, ist das (direkte) Kopieren der Farbtabelleneinträge und das (eventuell mit einigen Bitschiebereien verbundene) Kopieren der DIB-Pixeldaten.

Wenn das neue DIB komplett ohne Farbtabelle auskommt (16, 24 oder 32 Bit), dann wird es sogar noch einfacher: Die Routine legt das neue DIB im gewünschten Format an und kopiert dann die einzelnen Pixel über *DibGetPixelColor* und *DibSetPixelColor*.

Die dritte Kombinationsmöglichkeit dürfte in der Praxis die häufigste sein: Das Original hat keine Farbtabelle (16, 24 oder 32 Bit), die Kopie soll aber 256 Farben haben. In diesem Fall bemüht *DibConvert* die Routine *DibPalMedianCut* zum Anlegen einer optimalen Palette für das jeweilige Bild und setzt die DIB-Farbtabelle des neuen DIBs mit den entsprechenden Werten. Die DIB-Pixeldaten des Originals werden dann einzeln über *DibGetPixelColor* abgefragt, mit *GetNearestPaletteIndex* umgesetzt und schließlich mit *DibSetPixel* in das neue DIB geschrieben.

Für die Konvertierung ins monochrome Format legt die Routine ein DIB mit einer Farbtabelle an, die lediglich aus zwei Einträgen (Schwarz und Weiß) besteht. Die Umrechnung der Pixeldaten geschieht auch hier über *GetNearestPaletteIndex*; die Ermittlung einer optimalen Palette kann man sich hier zwangsläufig sparen. Dasselbe gilt für die Konvertierung in DIBs mit 16 Farben, weil dort die Palette ebenfalls fix vorgegeben ist (und von der Funktion *DibPalVga* geliefert wird, die sich ihrerseits an einem statischen Array bedient).

DIBBLE zeigt zwar, wie die Grundlagen einer einfachen Bildbearbeitung aussehen können – aber richtig fertig wird ein solches Programm natürlich nie. Wie wäre es beispielsweise mit der rechnerischen Kombination zweier Bilder für Überblendungen oder – etwas einfacher – dem Einsetzen von Ausschnitten? Beides hätte sicherlich seinen Reiz – aber wir müssen wohl mit dem nächsten Thema weitermachen, wenn dieses Buch nach weniger als 2000 Seiten zu Ende sein soll.

17 Text und Schriftarten

Die Ausgabe von Text war so ziemlich das erste, womit wir uns in diesem Buch beschäftigt haben – weshalb die Behandlung dieses Themas auch alles andere als erschöpfend ausfiel. In diesem Kapitel geht es nun um die Hintergründe in Form von Schriftarten, Schriftgrößen und Formatierungen.

In den ersten Versionen von Windows war das Ausdrucken von Dokumenten eher eine Art modernes Geduldsspiel: Für die Darstellung auf dem Bildschirm wurden die Bitmap-Schriften des Systems verwendet, denen der Drucker seine eigenen Zeichendefinitionen und »Font-Cassetten« gegenüberstellte. Erst mit den in der Windows-Version 3.1 eingeführten TrueType-Schriften wurde das Leben dann recht einfach: Diese inzwischen wohl sattsam bekannte Technologie, die von Microsoft zusammen mit der Firma Apple entwickelt wurde und mittlerweile eigentlich von jedem größeren Schriftenhersteller unterstützt wird, erlaubt die beliebige Skalierung von Zeichen sowohl für den Bildschirm als auch für den Drucker – und damit innerhalb weiter Grenzen echtes WYSIWYG (»what you see is what you get«). Wie die Beispiele dieses Kapitels demonstrieren, stellen TrueType-Schriften außerdem hinaus eine hübsche Spielwiese für Experimente dar: Bei Bedarf lassen sich die Zeichen um beliebige Winkel drehen, ihr Inneres kann man mit Mustern füllen – und wer will, kann Zeichendefinitionen gar als Beschneidungspfad (also zum Clipping anderer Objekte) verwenden.

Einfache Textausgaben

Windows definiert mehrere Funktionen zur Ausgabe von Text, wobei die damit erreichbaren Ergebnisse über eine Reihe von Attributen des jeweiligen Kontexts beeinflußt werden. Die folgenden Abschnitte gehen erst einmal auf die Funktionen ein – um Attribute und den Wechsel von der Systemschrift zu anderen Schriften geht es dann weiter hinten in diesem Kapitel.

Funktionen und Formatierung

Die mit Abstand am häufigsten verwendete Funktion zur Ausgabe von Text ist *TextOut* – eine Routine, die auch in fast allen Programmen dieses Buches an der einen oder anderen Stelle erscheint:

```
TextOut (hdc, xStart, yStart, pString, iCount) ;
```

Die Parameter *xStart* und *yStart* legen die Startposition der Ausgabe in logischen Koordinaten fest und beziehen sich auf die linke obere Ecke des ersten auszugebenden Zeichens, solange man die Standardvorgaben von Windows benutzt. *pString* ist ein Zeiger auf den ausgebenden String, dessen Länge separat über *iCount* angegeben werden muß, weil sich *TextOut* nicht für abschließende NUL-Zeichen in *pString* interessiert, d.h. keine selbständige Berechnung der Stringlänge ausführt.

Welche Art von »Startposition« der Punkt (*xStart,yStart*) tatsächlich darstellt, wird über die Funktion *SetTextAlign* bestimmt, die zwischen einer horizontalen und einer vertikalen Formatierung trennt:

Konstante	Wirkung
TA_LEFT	linksbündige Formatierung, *xStart* steht für den linken Rand des ersten auszugebenden Zeichens
TA_CENTER	zentrierte Formatierung, xStart steht für die Mitte des auszugebenden Texts, dessen Platzbedarf *TextOut* in diesem Fall berechnet
TA_RIGHT	rechtsbündige Formatierung, *xStart* steht für den rechten Rand des letzten auszugebenden Zeichens (wobei der Platzbedarf des Strings ebenfalls berechnet wird)

***Tabelle 17.1:** Konstanten für die Funktion* SetTextAlign

Für die Formatierung in vertikaler Richtung existieren mit TA_TOP, TA_BOTTOM und TA_BASELINE analoge Flags, über die sich *yStart* wahlweise auf den oberen bzw. unteren Rand oder die Grundlinie des auszugebenden Textes festlegen läßt.

Das Flag TA_UPDATECP stellt eine Alternative zu direkten Positionsangaben dar: wenn man diese Formatierung über *SetTextAlign* setzt, ignoriert Windows bei weiteren Aufrufen von *TextOut* die Parameter *xStart* bzw. *yStart* und verwendet an ihrer Stelle die durch *LineTo* bzw. *MoveToEx* gesetzte momentane Position, die in diesem Fall jeweils nach Abschluß der Ausgabe aktualisiert wird. (Für TA_LEFT zeigt sie nach dem Aufruf von *TextOut* auf das letzte, für TA_RIGHT auf das erste Zeichen der Ausgabe, bei TA_CENTER bleibt sie unverändert).

Wie unter anderem im Programm SYSMETS in Kapitel 4 demonstriert, kann die Ausgabe von Proportionalschriften in mehreren Spalten eine recht aufwendige Angelegenheit sein, weil ein Ausgleich mit Leerzeichen bei unterschiedlichen Zeichenbreiten keinen Sinn mehr macht. Die Alternative zu separaten Positionierungen bzw. Aufrufen von *TextOut* ist die Funktion *TabbedTextOut*, die als zusätzlichen Parameter ein Integer-Array mit Tabulatorpositionen erwartet und im Text enthaltene Tab-Zeichen (»\t«) als Sprung zur jeweils nächstliegenden Tabulatorposition interpretiert:

```
TabbedTextOut (hdc, xStart, yStart, pString, iCount, iNumTabs, piTabStops, xTabOrigin) ;
```

Die ersten fünf Parameter sind dieselben wie bei *TextOut*; *iNumTabs* gibt die Anzahl der Tabulatorpositionen an, mithin die Elementenzahl des als *piTabStops* übergebenen Arrays. Die Angabe der Tabulatorpositionen erfolgt dabei in Pixeln – also *nicht* in logischen Koordinaten: Wenn Sie beispielsweise bei einer durchschnittlichen Zeichenbreite von 8 Pixel alle 5 Zeichen einen Tabstop setzen wollen, dann sollten Sie in diesem Array die Werte 40, 80, 120 usw. eintragen. (Aufsteigende Reihenfolge ist dabei Pflicht, weil *TabbedTextOut* das Array einfach der Reihe nach bearbeitet und nicht etwa sortiert).

Wenn man als sechsten und siebten Parameter den Wert NULL bzw. 0 übergibt, setzt *TabbedTextOut* selbständig Tabulatorstops nach jedem achten Zeichen. Geben Sie dagegen als sechsten Parameter den Wert 1 an, dann interpretiert die Funktion *piTabStops* als Zeiger auf einen einzelnen Integerwert, der sozusagen als Schrittweite verwendet wird: Die im vorangehenden Beispiel angeführten Tabstops im Abstand von 5 Zeichen lassen sich also auch ohne Array (mit *iNumTabs* = 1 und *piTabStops* als Zeiger auf den Wert 40) definieren.

Der achte und letzte Parameter legt schließlich die logische x-Koordinate fest, ab der die Tabulatorpositionen gemessen werden. Wer es einfach haben will, übergibt hier *xStart*; für andere Werte kommt eine entsprechende Verschiebung der Tabulatorpositionen gegenüber dem Textanfang heraus.

Mit *ExtTextOut* stellt Windows eine erweiterte Variante von *TextOut* zur Verfügung, bei der sich zum einen der Abstand zwischen einzelnen Zeichen (»Kerning«), zum anderen ein Clipping-Rechteck individuell festlegen läßt:

```
ExtTextOut (hdc, xStart, yStart, iOptions, &rect, pString, iCount, pxDistance) ;
```

iOptions stellt hier eine Kombination einzelner Flags dar, die unter anderem die Interpretation von *rect* festlegen: Wenn man hier die Konstante ETO_CLIPPED einsetzt, dann betrachtet die Funktion *rect* als Clipping-Rechteck, mit ETO_OPAQUE wird der über *rect* angegebene Bereich in der momentanen Hintergrundfarbe ausgefüllt. (Beide Konstanten lassen sich wie üblich über ein bitweises OR miteinander kombinieren). Der Parameter *pxDistance* wird als Zeiger auf ein Integer-Array betrachtet, dessen Elemente die Abstände der einzelnen Zeichen von *pString* individuell festlegen. Wenn Sie hier NULL einsetzen, verwendet *ExtTextOut* die durch die jeweilige Schrift vorgegebenen Werte.

Die bereits im Programm HELLOWIN des Kapitels 3 vorgestellte Funktion *DrawText* arbeitet auf einer wesentlich abstrakteren Ebene als die verschiedenen Varianten von *TextOut*. Sie verwendet anstelle einer Startposition ein Rechteck, in dem der Text erscheinen soll:

```
DrawText (hdc, pString, iCount, &rect, uFormat) ;
```

DrawText erwartet ebenfalls neben dem Zeiger auf den auszugebenden String eine separate Längenangabe, für die man bei ASCIIZ-Strings allerdings den Wert -1 einsetzen kann: In diesem Fall sucht die Routine nach einem abschließenden NUL-Zeichen (bzw. einem NULL, wenn es um die Unicode-Variante geht), berechnet also die Stringlänge selbständig.

Die Routine kann bereits standardmäßig mit mehreren Textzeilen auf einmal umgehen: die Ausgabe beginnt in der oberen linken Ecke des als *rect* übergebenen Rechtecks, die Zeichencodes CR ('\r' bzw. 0x0D) und LF ('\n' bzw. 0x0A) werden als Zeilenvorschub behandelt, d.h. haben einen Sprung in eine neue »Zeile« zur Folge, die *DrawText* wieder am linken Rand des Rechtecks beginnen läßt. Der Zeilenabstand ergibt sich aus der Höhe der einzelnen Zeichen ohne zusätzlichen Durchschuß (»tmExternalLeading«); Text- und Zeichenteile, die über die Grenzen des Rechtecks hinausgehen würden, schneidet die Funktion ab.

Dieses Verhalten läßt sich in verschiedener Hinsicht ändern, wenn man den Standardwert 0 (bzw. DT_LEFT) des Parameters *uFormat* mit anderen von WINGDI.H definierten Bitflags via OR (»|«) kombiniert: DT_RIGHT legt beispielsweise eine rechtsbündige anstelle einer linksbündigen, DT_CENTER eine zentrierte Formatierung fest.

Die Interpretation der Zeichencodes 13 und 10 als Zeilenvorschübe läßt sich über ein Flag namens DT_SINGLELINE unterdrücken. Wenn Sie dieses Bitflag mit in *uFormat* aufnehmen, können Sie zusätzlich mit DT_TOP, DT_BOTTOM oder DT_VCENTER festlegen, ob die Zeichen am oberen oder unteren Rand bzw. in der Mitte des Rechtecks erscheinen sollen. Das Bitflag DT_TOP hat wie DT_LEFT den Wert 0, d.h. stellt die Standardvorgabe von *DrawText* dar.

Über das Flag DT_WORDBREAK können Sie die Funktion veranlassen, einen automatischen Zeilenumbruch durchzuführen (der allerdings nur Leerzeichen als mögliche Trennstellen erkennt); das Flag DT_NOCLIP unterdrückt das Abschneiden von Text- bzw. Zeichenteilen an den Grenzen des Rechtecks (und macht *DrawText* um einiges schneller). DT_EXTERNALLEADING signalisiert der Funktion schließlich, bei mehrzeiligen Texten nicht nur die Zeichenhöhe, sondern auch noch den Durchschuß zu berücksichtigen.

Damit nicht genug: zur Ausgabe von Texten in mehreren Spalten läßt sich *DrawText* mit dem Flag DT_EXPANDTABS anweisen, bei Tab-Zeichen im Text auf die jeweils nächste ganzzahlig durch 8 teilbare Spaltenposition vorzurücken. Theoretisch ließe sich über das höherwertige Byte im niederwertigen Wort von *uFormat* sogar noch die Breite der Tabulatorzonen auf einen anderen Wert als 8 festlegen, was aber nicht sonderlich empfehlenswert erscheint, weil dieses Byte von anderen Bitflags wie DT_CALCRECT mit benutzt wird. Falls Sie es doch versuchen, beachten Sie bitte, dass sich *DrawText* keine Mühe gibt, seinen Ursprung zu verleugnen: In den 16-Bit-Versionen von Windows war *uFormat* ein WORD – und mehr als die unteren 16 Bit dieses Parameters werden auch in den 32-Bit-Versionen der Funktion nicht ausgewertet.

Der Grund dafür hört wieder einmal auf den Namen Kompatibilität und hat weiß Gott nichts mit der Faulheit der Windows-Entwickler zu tun. Die haben das Problem mit Tabstops nämlich kurzerhand durch eine erweiterte Variante von *DrawText* gelöst:

```
DrawTextEx (hdc, pString, iCount, &rect, iFormat, &drawtextparams) ;
```

DrawTextEx verhält sich wie *DrawText*, nur hier ein weiterer Parameter hinzugekommen ist, in dem die Funktion die Adresse einer DRAWTEXTPARAMS-Struktur erwartet. Dieser Strukturtyp ist in WINGDI.H folgendermaßen definiert:

```
typedef struct tagDRAWTEXTPARAMS
{
    UINT cbSize ;           // Größe der Struktur in Bytes
    int  iTabLength ;       // Breite der Tabulatorzonen
    int  iLeftMargin ;      // linker Rand
    int  iRightMargin ;     // rechter Rand
    UINT uiLengthDrawn ;    // hier trägt die Funktion die Zahl der ausgebenen Zeichen ein
} DRAWTEXTPARAMS, * LPDRAWTEXTPARAMS ;
```

Die mittleren drei Felder dieser Struktur verwenden als Einheit die durchschnittliche Zeichenbreite. Wenn Sie *iTabLength* beispielsweise auf 12 setzen, dann reagiert *DrawTextEx* auf Tabulatorzeichen im Text mit dem Vorrücken auf die jeweils nächste ganzzahlig durch 12 teilbare Spaltenposition.

Text-Attribute im Gerätekontext

Neben der über *SetTextAlign* festlegbaren Ausrichtung bieten Gerätekontexte einige weitere Attribute, die das Verhalten bei der Ausgabe von Text beeinflussen – wie beispielsweise die Textfarbe, für die Windows standardmäßig den Wert Schwarz vorgibt. Mit der folgenden Funktion läßt sich diese Vorgabe ändern:

```
SetTextColor (hdc, rgbColor) ;
```

Wie bei Zeichenstiften und den Linien in Schraffuren rechnet Windows hier die Komponenten des als *rgbColor* übergebenen Wertes in eine direkt durch das jeweilige Ausgabegerät darstellbare Farbe um, d.h. läßt keine Mischfarben zu. (Wenn Ihr Programm mit Paletten arbeitet, sollten Sie PALETTERGB anstelle von RGB für *rgbColor* verwenden.) Über *GetTextColor* läßt sich die momentan einem Kontext zugeordnete Textfarbe abfragen.

Ob und mit welcher Farbe Windows den Hintergrund von Textausgaben (d.h. die Räume innerhalb und zwischen den Zeichen) ausfüllt, wird über den Zeichenmodus sowie die Hintergrundfarbe bestimmt. Der Zeichenmodus läßt sich mit

```
SetBkMode (hdc, iMode) ;
```

entweder auf OPAQUE oder TRANSPARENT setzen, wobei die Standardvorgabe OPAQUE (»undurchsichtig«) für ein Ausfüllen des Hintergrundes steht. (Im Modus TRANSPARENT beschränkt sich Windows dagegen rein auf die Ausgabe der Zeichen selbst, d.h. läßt den Hintergrund unverändert.)

Die im Modus OPAQUE verwendete Hintergrundfarbe läßt sich mit *SetBkColor* ändern:

```
SetBkColor (hdc, rgbColor) ;
```

Eine auf diese Weise gesetzte Farbe (die Windows ebenfalls automatisch in einen direkt darstellbaren Wert umrechnet – bei der Arbeit mit Paletten müssen Sie also auch hier PALETTERGB benutzen), wird ebenfalls für das Zeichnen gepunkteter und gestrichelter Linien benutzt (vgl. Kapitel 5).

Dass Windows als Standardvorgabe OPAQUE und nicht TRANSPARENT verwendet, ist und bleibt ein (wohl nicht mehr zu änderndes) Ärgernis: Bei transparenter Schrift ließen sich die Abstände zwischen den Zeilen so setzen, wie man es als Programmierer haben will – bei deckender Schrift kann es Ihnen dagegen sehr schnell passieren, dass Unterlängen durch die jeweils nächste Textzeile mit der Hintergrundfarbe übermalt werden.

Die Standardvorgabe für die Hintergrundfarbe ist Weiß, was sich mit dem von vielen Windows-Programmen für den Fensterhintergrund gesetzten Füllmuster WHITE_BRUSH deckt (das seinerseits in der Fensterklasse angegeben wird). Wenn Sie dem Benutzer erlauben wollen, den Hintergrund des programmeigenen Fensters über die Systemsteuerung zu verändern, können Sie bei der Definition der Fensterklasse anstelle von WHITE_BRUSH die Zuordnung

```
wndclass.hbrBackground = COLOR_WINDOW + 1 ;
```

benutzen: Windows setzt dann automatisch die entsprechende »Systemfarbe« ein. Die Definition der Vorder- und Hintergrundfarbe von Texten geschieht dann analog mit:

```
SetTextColor (hdc, GetSysColor (COLOR_WINDOWTEXT)) ;
SetBkColor (hdc, GetSysColor (COLOR_WINDOW)) ;
```

Die Window-Prozedur sollte in diesem Fall auf Nachrichten des Typs WM_SYSCOLORCHANGE reagieren, damit sie Wechsel der Systemfarben auch im laufenden Betrieb mitbekommt:

```
case WM_SYSCOLORCHANGE:
     InvalidateRect (hwnd, NULL, TRUE) ;
     break ;
```

Ein weiteres Attribut des Kontexts betrifft den Abstand zwischen einzelnen Zeichen, der sich mit einem Aufruf der Funktion

```
SetTextCharacterExtra (hdc, iExtra) ;
```

fast beliebig vergrößern läßt: *iExtra* steht für die Anzahl logischer Einheiten, die Windows als zusätzlichen Leerraum zwischen Zeichen einsetzen soll und wird in Pixel umgerechnet (wobei sich durch Abrundung durchaus wieder der Wert 0 ergeben kann, der auch der Standardvorgabe entspricht).

Auf diese Weise lassen sich Texte bei Bedarf auch weiter zusammenschieben als eigentlich vorgesehen (was sich beim Einpassen von Überschriften lohnen kann, bei normalen Textgrößen aber mit Vorsicht zu genießen ist, weil die Ergebnisse nicht immer ansprechend sind). Der aktuelle Wert läßt sich über die Funktion *GetTextCharacterExtra* ermitteln, die den von Windows gespeicherten Pixel-Abstand wieder in logische Einheiten konvertiert.

Vordefinierte Schriften

Die Funktionen *TextOut*, *TabbedTextOut*, *ExtTextOut*, *DrawText* und *DrawTextEx* verwenden die Schrift (d.h. Schriftart und Zeichengröße), die zum Zeitpunkt ihres Aufrufs in den Kontext eingesetzt ist. Ein Programm, das mit verschiedenen Schriften arbeitet, tut sich mit den von Windows vordefinierten Objekten natürlich am leichtesten. Der Aufruf:

```
hFont = GetStockObject (iFont) ;
```

liefert einen Handle zu einer Schrift (wobei *iFont* für eine der in den nächsten Absätzen erläuterten Kennziffern steht). Dieser Handle wird nun in den Kontext eingesetzt:

```
SelectObject (hdc, hFont) ;
```

Wie üblich lassen sich die beiden Schritte auch miteinander kombinieren:

```
SelectObject (hdc, GetStockObject (nFont)) ;
```

Unterschiede zu vordefinierten Zeichenstiften, Füllmustern usw. gibt es dabei offensichtlich keine.

Die Standardvorgabe von Windows ist eine Schrift, deren Handle von *GetStockObject* beim Aufruf mit der Konstanten SYSTEM_FONT zurückgeliefert wird. Die 16-Bit-Versionen von Windows benutzten hier dieselbe Proportionalschrift im ANSI-Zeichensatz, die auch für Texte in Menüs, Dialogen und Titelleisten zum Einsatz kam. Die 32-Bit-Versionen von Windows verwenden dagegen eine eigene (proportionale) Systemschrift, der bei Windows 95 und 98 nach wie vor der ANSI-Zeichensatz zugrunde liegt, bei NT geht es natürlich um Unicode. (Die Schriftschnitte sind in allen drei Windows-Versionen dieselben; die für Menüs, Dialoge usw. verwendete Schrift läßt sich über die Konstante DEFAULT_GUI_FONT anfordern.)

Beim Aufruf mit der Konstanten SYSTEM_FIXED_FONT liefert *GetStockObject* einen Handle zu einer nichtproportionalen Schrift zurück, die in den Windows-Versionen 1 und 2 die Systemschrift darstellte (und den ich in mehreren Programmen dieses Buches benutzt habe, weil sich über ihn die Ausgabe von Tabellen wesentlich einfacher als mit einer Proportionalschrift gestaltet). Auch hier gilt, dass dieser Schrift bei Windows 95 und 98 der ANSI-Zeichensatz zugrunde liegt, während Windows NT grundsätzlich Unicode benutzt.

Die Konstante OEM_FIXED_FONT steht für eine Schrift, die auch als »Terminal« bezeichnet und von Windows für DOS-Programme verwendet wird. Sie hat auf den meisten Ausgabegeräten dasselbe Erscheinungsbild wie die nichtproportionale Systemschrift, verwendet aber OEM- anstelle von ANSI-Codes (siehe Kapitel 4).

Die Höhe und Breite der Zeichen einer Schrift läßt sich über die Funktion *GetTextMetrics* ermitteln, die für Proportionalschriften natürlich nur Durchschnittswerte zurückliefern kann. Exakte Berechnungen müssen in diesem Fall anhand des tatsächlich auszugebenden Textes und über die Funktion *GetTextExtentEx* erfolgen, die weiter hinten in diesem Kapitel besprochen wird.

GetStockObject stellt nicht nur in puncto Aufruf, sondern auch von seinen Möglichkeiten her die mit Abstand einfachste Methode zum Wechsel zwischen Schriften dar. Wenn man eine Schrift nicht nur ungefähr, sondern exakt in ihrer Art und Größe festlegen will, wird die Sache natürlich etwas aufwendiger. (Zum Wie komme ich in Kürze.)

Einige Grundlagen

Der Rest dieses Kapitels beschäftigt sich überwiegend mit den verschiedenen Schriften von Windows. Bevor ich auf die Details der Funktionsaufrufe zum Verändern von Größen, der Auswahl von Schriftfamilien und der anderen Mechanismen eingehe, möchte ich aber erst einmal einige allgemeine Dinge klären.

GDI- und Geräteschriften

Die von Windows-Programmen verwendbaren Schriften lassen sich grob in zwei Kategorien einteilen:

- *GDI-Schriften*, die überwiegend in Dateien mit dem Suffix .FON gespeichert sind und verschiedentlich auch als »Font-Ressourcen« bezeichnet werden. Diese Dateien befinden sich im Unterverzeichnis SYSTEM, können mehrere komplette Zeichensätze auf einmal enthalten und stellen letztlich dynamische Bibliotheken dar – allerdings recht ungewöhnlicher Art: Sie definieren weder Code noch Daten, sondern lediglich zwei Ressourcentypen (nämlich ein Schriftart-Verzeichnis und die Schriftarten selbst).
- *TrueType-Schriften* fallen ebenfalls in die Kategorie »GDI-Schriften«, sind allerdings mit dem Suffix .TTF gekennzeichnet. Ein erweitertes .EXE-Dateiformat wird man hier vergeblich suchen – oder auch nicht: Zu jeder TrueType-Schrift gehört eine kleinere Datei mit dem Suffix .FOT, die ihrerseits wiederum nur aus Ressourcen besteht. (Welcher Art diese Ressourcen

sind? Dort findet sich ein Schriftenverzeichnis und ein Querverweis auf die jeweilige .TTF-Datei – mehr nicht).

- *Geräteschriften* werden die vom jeweiligen Ausgabegerät selbst definiert. Grafikkarten definieren zwar einen Text-Zeichensatz, werden von Windows aber im Grafikmodus betrieben, weshalb hier üblicherweise die GDI-Schriften Verwendung finden.
- Bei *Druckern* sieht die Sachlage dagegen etwas anders aus: Dort kann die Ausgabe von Text entweder im Grafikmodus (und die bitweise Übertragung der entsprechenden GDI-Schriften) oder im Textmodus erfolgen, wobei sich die zu übertragenden Daten im letzteren Fall auf die ASCII-Codes reduzieren. Alternativ ist ein »download« entsprechender Zeichensätze denkbar, nach dessen Ausführung man ebenfalls mit reinen ASCII-Codes auskommt. (Download-Zeichensätze fallen ebenfalls in die Klasse »Geräteschriften«, weil sie spezifisch für den jeweiligen Drucker sind). Bei Postscript-Laserdruckern sind Geräte- anstelle von GDI-Schriften der Standard, weil sich die entsprechenden Definitionen dort (in wesentlich höherer Auflösung) im Drucker-eigenen ROM befinden.

Abhängig davon, auf welche Art und Weise die einzelnen Zeichen gespeichert sind, werden GDI-Schriften in die Klassen »Bitmap« (oder »Raster«), »Vektor« und »TrueType« unterteilt. Wie der Name bereits vermuten läßt, sind die einzelnen Zeichen einer Bitmap-Schrift in Form eines Bitmusters (also als kleine Bitmaps) gespeichert.

Bitmap-Schriften sind jeweils auf ein bestimmtes Breiten-/Höhenverhältnis und eine bestimmte Schriftgröße fixiert, weil die für Bitmaps typischen Probleme bei Verkleinerungen und Vergrößerungen von Zeichen überdeutlich werden. Anders gesagt: Vergrößerungen durch Verdoppeln von Zeilen und Spalten sind im Prinzip noch möglich, erzeugen aber einen kräftigen »Klötzcheneffekt«, bei Verkleinerungen kommt dagegen meist Unleserliches heraus. Aus diesem Grund sind die von Windows bei Bitmap-Schriften zur Verfügung gestellten Größen meist auf wenige Werte (typisch nicht mehr als sechs) beschränkt.

Zwei Vorteile haben Bitmap-Schriften allerdings: Zum einen können die Designer hier die einzelnen Zeichen per Hand auf das optimale Erscheinungsbild für die jeweilige Schriftgröße trimmen, zum anderen ist ihre Darstellung mit verhältnismäßig geringem Aufwand verbunden, weil es dabei effektiv um nichts weiter als das Kopieren von Bitmaps geht. Tabelle 17.2 gibt einen Überblick über die von Windows standardmäßig zur Verfügung gestellten Bitmap-Schriften.

Schriftname	Beschreibung
System	proportionale Systemschrift (SYSTEM_FONT)
FixedSys	nichtproportionale (»rationale«) Systemschrift (SYSTEM_FIXED_FONT)
Terminal	Rationalschrift für Konsolenanwendungen (»DOS-Boxen« – OEM_FIXED_FONT)
Courier	Schreibmaschinenschrift (ANSI- bzw. Unicode-Zeichensatz)
MS Serif	eine Variante von Times Roman
MS Sans Serif	eine Variante von Helvetica (DEFAULT_GUI_FONT)
Small Fonts	auf Punktgrößen von 2 bis 7 optimierte Proportionalschrift

Tabelle 17.2: *Die Bitmap-Schriften von Windows*

Vektorschriften stellen in den älteren Windows-Versionen die einzige Alternative zu Bitmap-Schriften dar. Bei ihnen sind Zeichen als Folge von Linien definiert, was einen Teil der Probleme löst: Da es hier bei Vergrößerungen und Verkleinerungen nur um das Umrechnen von Linien-Endpunkten geht, lassen sich diese Zeichen im Prinzip beliebig vergrößern, ohne dass dabei ein

Treppchen- oder Klötzcheneffekt entstünde. Was eine solche Definition allerdings nicht enthält, ist die Breite der Verbindungslinien, die deshalb in kleinen Zeichen unverhältnismäßig dick, in großen Zeichen dagegen unverhältnismäßig dünn erscheinen. Die neueren Windows-Versionen stellen diese Schriften nur aus Kompatibilitätsgründen zur Verfügung, die Schriftnamen sind Modern, Roman und Script.

Schrift-Attribute wie fett, kursiv, unterstrichen oder durchgestrichen werden von Windows sowohl bei Bitmap- als auch bei Vektor-Zeichensätzen durch Umrechnung erzeugt, d.h. machen keine separaten Zeichensätze erforderlich. Kursive Zeichen entstehen beispielsweise durch ein bitweises Verschieben der oberen Zeichenhälfte nach rechts.

TrueType

Von den mit Windows 3.1 eingeführten TrueType-Schriften läßt sich guten Gewissens sagen, dass sie zum Besten gehören, was die Technik in diesem Punkt seit einigen Jahren zu bieten hat. Die Definitionen der einzelnen Zeichen setzen sich hier nicht aus Bitmaps oder Vektor-Endpunkten, sondern aus *Umrissen* (»outlines«) zusammen, die ihrerseits in Form mathematischer Definitionen von Linien- und Kurvenstücken gespeichert sind. Der entscheidende Unterschied zu Vektorschriften besteht darin, dass sich jedes Zeichen nicht aus einem, sondern im Minimalfall aus zwei Kurvenzügen zusammensetzt: ein »o« besteht beispielsweise aus einem äußeren sowie einem inneren Kreis – und als eigentliche Zeichenform ist der Raum definiert, der sich *zwischen* diesen beiden Kreisen ergibt. Variationen der Strichbreite sind damit kein Thema mehr: Leicht vereinfacht gesagt, ließe sich ein »o« in Fettschrift darstellen, indem man den äußeren Kreis etwas vergrößert und den inneren Kreis ein wenig verkleinert.

Überdies ist das den Kurvenzügen zugrundeliegende Koordinatensystem vollkommen abstrakter Natur – weshalb sich die Zeichen bei TrueType-Schriften nicht nur ohne Qualitätsverluste stufenlos skalieren, sondern auch um beliebige Winkel drehen lassen.

Was Skalierungen betrifft, ist es mit reiner Arithmetik allerdings noch nicht getan, weil hier vor allem das menschliche Auge zufriedengestellt werden will, das seinerseits auch bei Buchstaben alles andere als linear arbeitet. Um beim zuvor verwendeten Beispiel zu bleiben: Wenn man ein normales »o« von fünf Millimetern auf zwei Zentimeter vergrößert und dabei einfach die Strichbreite ebenfalls mit dem Faktor 4 multipliziert, erscheint dieser Buchstabe plötzlich als fett geschrieben. Anders gesagt: der Zusammenhang zwischen Strichbreiten und Zeichengrößen ist bei einer ausgewogenen Definition keine Konstante, sondern ein in gewissen Grenzen variabler Faktor, der zu allem Übel auch noch von der Art der jeweiligen Schrift abhängt. TrueType-Schriften berücksichtigen diesen Umstand durch *hints* (»Hinweise«) – also durch zusätzliche Daten in der Schriftdefinition, über die sich unter anderem auch Rundungsverluste bei Verkleinerungen ausgleichen lassen.

Da Bildschirme und Drucker mit Umrissen von Zeichen nur wenig anfangen können, bewegt sich die eigentliche Ausgabe von TrueType-Schriften natürlich wieder in den gewohnten Bahnen: Wenn ein Programm eine bestimmte Schrift in einer bestimmten Zeichengröße anfordert, setzt Windows die Schriftdefinition in Bitmaps entsprechender Größe um, die so lange wie nötig im Hauptspeicher gehalten werden.

Womit wir beim ersten Nachteil von TrueType-Schriften angekommen wären: Das Umrechnen der Definitionen in Kurvenzüge und das Ausfüllen der resultierenden Flächen kostet eine Menge Rechenzeit. (Nachdem das System diesen Prozeß einmal hinter sich gebracht hat, geht die Ausgabe natürlich mit derselben Geschwindigkeit wie bei einer echten Bitmap-Schrift.)

Der zweite Nachteil ist nicht ganz so offensichtlicher Natur: Während die von Windows zur Verfügung gestellten Bitmap-Schriften kräftig von Hand nachpoliert worden sind, damit sie trotz der vergleichsweise schlechten Auflösung des Bildschirms möglichst klar und lesbar bleiben, spielen TrueType-Schriften ihre eigentlichen Vorteile erst auf einem Drucker aus: so lange es beim Bildschirm bleibt, sind Rundungsverluste schlicht unvermeidlich (*hints* hin oder her).

Für Kursiv- und Fettschriften gilt natürlich dasselbe, wobei dort allerdings wieder ein anderer Unterschied sichtbar wird: Während Windows diese »Zeichenattribute« bei Bitmap-Schriften schlicht synthetisiert, stellen TrueType-Schriften dort jeweils separate (und wesentlich ausgewogenere) Definitionen zur Verfügung.

Die Originalausstattung von Windows 3.1 umfaßte insgesamt 13 TrueType-Schriften, die sich auch in allen neueren Versionen noch unter den in Tabelle 17.3 aufgeführten Namen finden. (Inzwischen ist diese Liste natürlich etwas länger geworden. Einige Programme dieses Kapitels verwenden beispielsweise die Schrift Lucida Sans Unicode, die – wie der Name bereits vermuten läßt – neben Latin-1 noch eine Reihe weiterer länderspezifischer Zeichensätze enthält.)

Courier New	Courier New Fett	Courier New Kursiv	Courier New Fett Kursiv
Times New Roman	Times New Roman Fett	Times New Roman Kursiv	Times New Roman Fett Kursiv
Arial	Arial Fett	Arial Kursiv	Arial Fett Kursiv
Symbol			

Tabelle 17.3: *Die seit Windows 3.1 unveränderte Grundausstattung an TrueType-Schriften*

Die drei in dieser Tabelle aufgeführten Schriftfamilien entsprechen im wesentlichen den Bitmap-Schriften: Courier New ist eine Rationalschrift, die sich ohne weiteres mit dem Output eines antiken Gerätes namens Schreibmaschine vergleichen läßt. Times New Roman stellt eine Variante (eher einen Klon) der Schriftart »Times« dar, die ursprünglich für die Tageszeitung *Times of London* (ja, *die* Times) entworfen wurde und sich vor allem durch ihre gute Lesbarkeit in Fließtexten auszeichnet; Arial ist ein Klon der allseits bekannten Helvetica (einer serifenlosen Schrift). Die Schrift Symbol stellt schließlich eine Reihe mathematischer Zeichen und griechischer Buchstaben zur Verfügung.

Attribute oder verschiedene Schriften?

Einem Typographen sträuben sich berufsbedingt die Augenbrauen, wenn er jemand von »Schriftattributen« reden hört: Unter einer Schrift versteht man in dieser Branche eine vollständige Sammlung von Zeichen mit einer bestimmten Schriftart und Zeichengröße. Die *Schriftart* steht dabei nicht nur für den Stil (wie Courier oder Helvetica), sondern auch für das, was in der Computerei eben gern als »Attribut« bezeichnet wird – nämlich fett, kursiv usw.

Wie diese Unterschiede in der Terminologie zustande gekommen sind, ist schnell erklärt: Vor einem guten Jahrzehnt, als das Kilobyte das Maß aller Dinge bei Speicherkapazitäten war und Matrix- oder Typenraddrucker den einzigen Weg darstellten, auf einem Computer Geschriebenes zu Papier zu bringen, blieb den Programmieren kaum etwas anders übrig, als die gewünschten Schriftvarianten zu synthetisieren. Fettschrift wurde beispielsweise durch mehrfach wiederholte, leicht gegeneinander versetzte Anschläge erzeugt – und damit durch ein Verfahren, das im traditionellen Bleisatz auf ewig ein Ding der Unmöglichkeit blieb.

Für die Bitmap-Schriften verwendet Windows solche Verfahren auch noch heute (sowohl zur Ausgabe auf den Bildschirm als auch – falls nötig – für den Drucker). Bei den TrueType-Schriften hält man sich dagegen wieder an die wahre Lehre der Typographie: Die fetten und kursiven Varianten von Courier New, Times New Roman und Arial haben deshalb nicht nur eigene Namen (vgl. Tabelle 17.3), sondern stellen definitiv eigenständige Schriften dar, die auch jeweils in einer eigenen .TTF-Datei gespeichert sind.

Ganz ohne Probleme ist diese Koexistenz von »echten« TrueType-Schriftarten und synthetisierten Bitmap-Schriftvarianten allerdings nicht. Wie die nächsten Abschnitte dieses Kapitels zeigen, kann man bei Windows Schriften entweder über ihren vollständigen Namen (»Times New Roman Fett«) oder über »Attribute« (»Times New Roman« + Schriftstil »fett«) auswählen – eine Logik, die das Abzählen der verfügbaren Schriften nicht unbedingt einfacher macht.

Punktgrößen

Die Größe von Schriften wird mit dem typographischen Maß *Punkt* gemessen, dessen Einheiten ziemlich genau 1/72 Zoll entsprechen. (Ganz genau stimmt diese Umrechnung nicht – sie ist aber für die allermeisten Anwendungen exakt genug). Eine Angabe wie »12 Punkt« bezeichnet also eine Schrift, deren Zeichen in einem Rahmen von 12/72 (= 1/6) Zoll Höhe erscheinen. Die Höhe wird dabei von der Oberkante eines Großbuchstabens (»M«) bis zur Unterkante eines Buchstabens mit Unterlänge (»q«) gemessen; der zusätzliche Platzbedarf von Diakritika (»Ä«) bleibt unberücksichtigt.

Wenn Sie verschiedene Schriften eines Laserdruckers einmal mit dem Lineal nachmessen, werden Sie feststellen, dass es bei der Punktgröße einer Schrift mehr um ein typographisches Designkonzept als um ein echtes metrisches Maß geht: Weil bei Schriften die Optik (und nicht die Mathematik) im Vordergrund steht, fallen die Zeichen je nach Schrift mal kleiner und mal größer aus als der per Rechnung ermittelte Wert. Konsequent benutzt man in der computergestützten Typographie das Punktmaß nur als ungefähre Vorgabe und setzt bei der Berechnung des Platzbedarfs einzelner Zeichen andere Verfahren ein.

Durchschuß und Spazierung

Wer unter Windows mehr als eine einzige Zeile Text ausgeben will, muß die Dimensionen der dabei verwendeten Schrift ermitteln – weshalb mir nichts anderes übrigblieb, als die dafür zuständige Funktion *GetTextMetrics* bereits in Kapitel 5 dieses Buches zumindest kurz zu behandeln. Da es dort allerdings mehr um das Ergebnis dieses Aufrufs als um die einzelnen Komponenten von Strukturen des Typs TEXTMETRICS ging, erscheint das dort verwendete Diagramm an dieser Stelle ein drittes Mal:

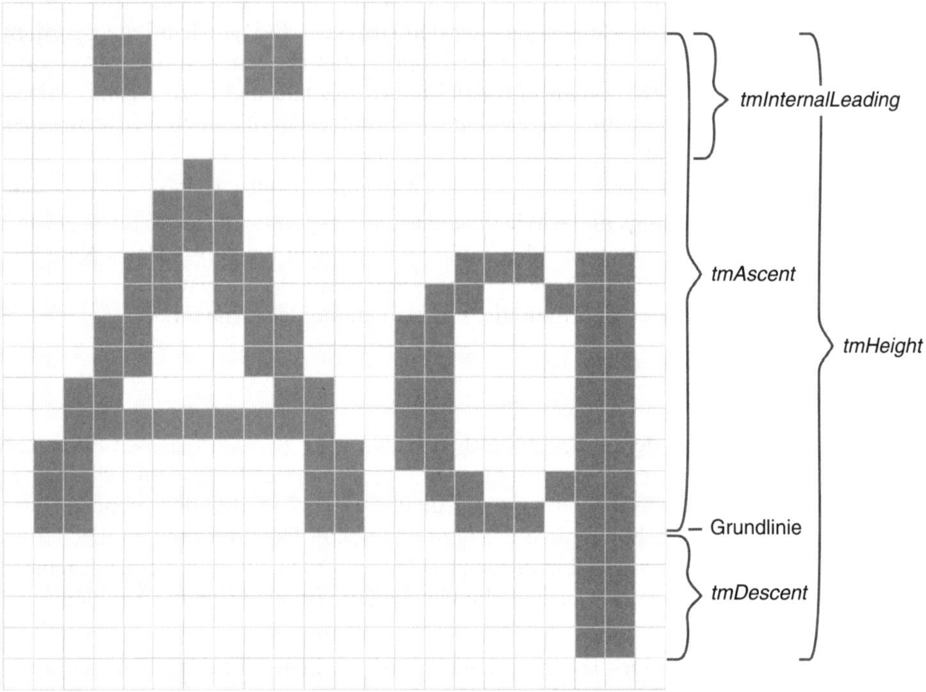

Abbildung 17.1: *Die Werte zur Bestimmung der Zeichenhöhe*

Der englische Begriff *leading* (der »ledding« ausgesprochen wird) hat seinen Ursprung in der manuellen Setzerei, in der man den Abstand zwischen zwei Textzeilen durch das Einschieben entsprechend breiter Bleistücke (»lead«) festlegen mußte; im Deutschen wird dasselbe als *Durchschuß* bezeichnet.

Windows übernimmt in den Feldern von Variablen des Typs TEXTMETRICS diese Terminologie: *tmExternalLeading* steht für den Durchschuß – also den Abstand zwischen dem unteren Rand der einen und dem oberen Rand der folgenden Zeile; *tmInternalLeading* den für Diakritika vorgesehenen Bereich (also die Punkte, über die aus einem »A« ein »Ä« wird). Bei der In der Schriftart Terminal hat *tmInternalLeading* den Wert 0, weshalb der Körper des »Ä« schlicht kleiner als der des »A« ausfällt und so den für die Punkte benötigten Platz schafft.

Während sich an den internen Platzverhältnissen von Zeichen nur mit größerem Aufwand etwas ändern läßt, stellt *tmExternalLeading* mehr einen Vorschlag der Designer dar, den ein Programm im Prinzip ignorieren könnte – wenn da nicht die Umlaute wären: Wie bereits gesagt, bezieht sich eine Schriftgröße wie 8 oder 12 Punkt auf die Höhe der Zeichen selbst, d.h. berücksichtigt weder den internen noch den externen Durchschuß: Die Punkte bei »Ä«, »Ö« usw. liegen deshalb sozusagen zwischen den Zeilen.

tmHeight gibt den gesamten Platzbedarf der Schrift wieder (und bezieht *tmInternalLeading* mit ein), liefert also letztlich den minimalen Zeilenabstand. Für eine Times Roman, die mit der Größe »24 Punkt« beim System angefordert wurde, ergibt sich beispielsweise:

```
tmHeight = 24
tmInternalLeading = 3
tmExternalLeading = 1
```

Aus typographischer Sicht geht es hier also um eine Schrift mit 24 – 3 = 21 Punkt, für die der Designer einen Durchschuß von einem Punkt, mithin einem Gesamt-Zeilenabstand von 24+1 = 25 Punkt vorschlägt. Layout-Programme fassen eine solche Definition als »Times Roman 21/25« zusammen und meinen damit eine Schrift mit 21 Punkt auf Zeilen mit 25 Punkt Abstand.

Logische Zollgrößen

Wie im Abschnitt »Die Größe der Zeichenfläche« des Kapitel 5 erläutert, legt Windows 98 die Systemschrift auf 10/12 fest (also 10 Punkt Schriftgröße mit 12 Punkt Zeilenabstand). Je nachdem, ob Sie mit »kleinen« oder »großen« Schriften arbeiten, entspricht das 16 oder 20 Pixeln in *tmHeight*; als Punktgröße der Schrift (*tmHeight-tmInternalLeading*) kommt deshalb entweder 16-3 = 13 oder 20-4 = 16 heraus. Anders gesagt: Bei der Auswahl einer Schriftgröße spielt die Auflösung des Ausgabegeräts eine Rolle. Wie sich über die GDI-Funktion *GetDeviceCaps* mit den Indexwerten LOGPIXELSX und LOGPIXELSY abfragen läßt, geht es hier um 96 Pixel pro Zoll für »kleine« und 120 Pixel pro Zoll für »große« Schriften.

Nun hatte ich ja bereits in Kapitel 5 gesagt, dass diese »Zolleinheiten« logischer Natur sind und mit der physischen Größe des Bildschirms bestenfalls zufällig übereinstimmen. Noch einmal kurz zum Grund für diese Merkwürdigkeit: Auf Papier läßt sich eine mit 300 Pixeln pro Zoll ausgegebene 8-Punkt-Schrift (und etwa 14 Zeichen pro Zoll) noch ohne Schwierigkeiten lesen. Wer eine solche Schrift in einer Textverarbeitung verwenden will, sollte sie auf dem Bildschirm auch noch lesen können – und genau das wird bei einer linearen Umrechnung schwer, weil Bildschirme erstens wesentlich schlechter auflösen (lies: auch physisch erheblich weniger Pixel pro Zoll zu bieten haben als Drucker) und zweitens normalerweise aus einem größeren Abstand betrachtet werden als ein Blatt Papier.

Das logische Zollmaß stellt effektiv eine Vergrößerung dar, die die Lesbarkeit von 8-Punkt-Schriften auf dem Bildschirm garantieren soll. (Der reichlich krumme Wert »96 Pixel pro Zoll« ist übrigens so bemessen, dass sich für die 640 horizontalen Pixel eines VGA-Standardbildschirms eine logische Breite von 6,5 Zoll ergibt, die ihrerseits dem amerikanischen Briefformat – 8,5 Zoll Breite mit jeweils einem Zoll Rand – entspricht.)

Wie ebenfalls in Kapitel 5 besprochen, verwendet Windows NT ein etwas anderes Schema bei der Bestimmung logischer Maße: Dort liefert *GetDeviceCaps* beim Aufruf mit dem Indexwert LOGPIXELSX eine Konstante zurück, anstatt die logische Zollbreite über die horizontale Bildschirmgröße (HORZRES) und die (angenommenen) physischen Abmessungen des Bildschirms (HORZSIZE) zu berechnen. (Für LOGPIXELXY, VERTRES und VERTSIZE ergibt sich natürlich dieselbe Inkonsistenz.)

Da beide Windows-Versionen HORZRES, HORZSIZE, VERTRES und VERSIZE bei der Umrechnung logischer Größen auf die verschiedenen Koordinatensysteme einsetzen, sollte man sich bei der Auswahl von Schriftgrößen unter NT *nicht* auf die vom System zur Verfügung gestellten Koordinatensysteme verlassen, sondern sein eigenes Koordinatensystem auf der Basis von LOGPIXELSX und LOGPIXELSY definieren. Einige der Beispielprogramme dieses Kapitels verwenden denn auch ein solches selbstdefiniertes Koordinatensystem, dem ich den Namen »logische Twips« gegeben habe. Es wird mit den folgenden Schritten eingesetzt:

```
SetMapMode (hdc, MM_ANISOTROPIC) ;
SetWindowExtEx (hdc, 1440, 1440, NULL) ;
SetViewportExtEx (hdc, GetDeviceCaps (hdc, LOGPIXELSX),
                       GetDeviceCaps (hdc, LOGPIXELSY), NULL) ;
```

In diesem Koordinatensystem ergeben sich die Einheiten beider Achsen über die Division des Wertes 1440 durch die jeweilige Auflösung in Pixel pro logischem Zoll, die in allen üblichen Videomodi ein ganzzahliges Ergebnis hat. Um in diesem Modus beispielsweise eine Schrift mit 12 Punkt Zeilenabstand zu setzen, gibt man einfach den Wert 12 * 20 = 240 als logische Höhe an. Die Y-Achse zeigt hier (im Gegensatz zum vordefinierten Koordinatensystem MM_TWIPS) übrigens nach unten, was die Ausgabe aufeinanderfolgenden Zeilen hoffentlich etwas einfacher macht.

Falls Ihnen das alles ein bißchen zuviel werden sollte: Die Diskrepanz zwischen logischen und physischen Maßen ergibt sich ausschließlich für den Bildschirm. Bei Druckausgaben verhalten sich Windows 98 und Windows NT absolut gleich: Dort können Sie wirklich mit dem Lineal nachmessen (und sollten dabei feststellen, dass fünf »logische« Zentimeter Abstand zwischen zwei Objekten mehr oder minder exakt fünf physischen Zentimetern entsprechen.)

Logische Schriften

Nachdem wir uns nun zur Genüge mit logischen Zollmaßen und Twips beschäftigt haben, wird es Zeit für ein weiteres logisches Konzept: die logische Schriftart. Falls Sie nun ähnliche Gedankenspiele wie bei logischen Maßen befürchten, kann ich Sie beruhigen: Eine logische Schrift ist im selben Sinne »logisch« wie ein Zeichenstift, ein Füllmuster, ein Bitmap oder eine Region. Tatsächlich handelt es sich dabei um die sechste und letzte in diesem Buch besprochene Art von GDI-Objekten – also eine Datensammlung, die nur dann »real« wird, wenn man sie in einen Kontext einsetzt.

Bei einem logischen Zeichenstift kann man beispielsweise eine x-beliebige Farbe verwenden, die Windows solange als Abstraktum betrachtet, bis man den Stift tatsächlich auf einen Kontext bezieht: Erst zu diesem Zeitpunkt findet eine Prüfung statt, welche Möglichkeiten das zugeordnete Ausgabegerät tatsächlich bietet – und abhängig von diesen Möglichkeiten eine Umrechnung in eine reine Farbe.

Bei Schriften wird die Unterscheidung zwischen logischen Objekten und einer existierenden Definition zu einem zentralen Punkt. Wenn Ihr Programm beispielsweise eine Symbolschrift wie Zapf Chancery mit 32 Punkt als logische Schrift anfordert, wird Windows erst einmal klaglos einen entsprechenden Handle zurückliefern. Erst beim Einsetzen in den Kontext zeigt sich, ob das diesem Kontext zugeordnete Gerät auch mitspielt: Sollte es sich dabei um einen PostScript-Laserdrucker handeln, steht der nachfolgenden Ausgabe nichts im Wege – geht es dagegen um den Bildschirm, dann kommt im besten Fall etwas heraus, was mit der gewünschten Schrift wenigstens eine ungefähre Ähnlichkeit hat.

Zum Anlegen logischer Schriften stellt Windows zwei Funktionen zur Verfügung: *CreateFontIndirect* arbeitet mit der Adresse einer LOGFONT-Struktur, die insgesamt 14 Felder hat; *CreateFont* erwartet dieselben Werte in Form direkter Parameter (und wird deshalb in der Praxis recht selten verwendet. Diese beiden Funktion stellen übrigens definitiv die einzige Möglichkeit zum Anlegen einer logischen Schrift dar. Ich erwähne das deshalb, weil es im Zusammenhang mit Schriften insgesamt eine recht hohe Zahl an GDI-Funktionen gibt.)

Bevor Sie nun erschreckt beschließen, auch zukünftig bei der Systemschrift zu bleiben: In den meisten Fällen kommt man beim Besetzen einer LOGFONT-Struktur mit wesentlich weniger als 14 Feldern aus. Insgesamt stehen hier drei Wege offen:

- Das direkte Ausfüllen einiger Felder mit den gewünschten Charakteristika. In diesem Fall bemüht Windows beim Einsetzen der logischen Schrift in einen Gerätekontext den *Font-Mapper* – einen Algorithmus, der aus den vom jeweiligen Gerät zur Verfügung gestellten Schriften diejenige auswählt, die Ihren Wünschen (hoffentlich) am nächsten kommt. Wie bereits erwähnt, kann sich das Ergebnis allerdings recht kräftig von Ihren Vorstellungen unterscheiden.

- Eine Funktion namens *EnumFonts*, die für jede der im angegebenen Kontext verfügbaren Schriften eine LOGFONT-Struktur zurückliefert. Diese Daten lassen sich einsammeln und in eine Liste verpacken, aus der der Benutzer seine Auswahl treffen kann. (Einige Details dazu finden Sie in einem der folgenden Abschnitte.)
- Eine Funktion namens *ChooseFont*, die ich in Kapitel 11 schon einmal gestreift habe. Sie bringt einen Standarddialog auf den Bildschirm, der die für das jeweilige Gerät verfügbaren Schriften auflistet, überläßt die Auswahl dem Benutzer und liefert im Erfolgsfall eine entsprechend besetzte LOGFONT-Struktur zurück.

Da programmeigene Menüs zur Schriftauswahl dank *ChooseFont* weitgehend ausgedient haben (bzw. sich bestenfalls darauf beschränken, zuvor über *ChooseFont* ausgewählte Schriften direkter zugänglich zu machen), wird *EnumFonts* mittlerweile nur noch selten eingesetzt. Die Beispielprogramme dieses Kapitels konzentrieren sich deshalb auf die erste und die dritte Methode.

Das Anlegen, Einsetzen und Freigeben von Schriften sieht allgemein in etwa so aus:

1. Anlegen einer logischen Schrift über *CreateFont* oder *CreateFontIndirect*. Beide Funktionen liefern einen Handle zu einem GDI-Objekt (Typ: HFONT) als direktes Ergebnis.
2. Einsetzen dieser Schrift in den Zielkontext über *SelectObject*. Erst zu diesem Zeitpunkt findet die Auswahl einer real für das jeweilige Gerät existierenden Schrift statt.
3. Ermittlung der Abmessungen und anderer Charakteristika der real existierenden Schrift über *GetTextMetrics* und einige andere GDI-Funktionen. Auf dieser Grundlage finden Platzberechnungen, Zeilenumbrüche usw. statt.
4. Ausgabe der Texte über Funktionen wie *TextOut* und *DrawText*.
5. Wenn die Schrift nicht mehr gebraucht wird, Freigabe des GDI-Objekts über *DeleteObject*. Wie bei Zeichenstiften gilt hier die Regel, dass das Objekt zum Zeitpunkt der Freigabe nicht in einen Gerätekontext eingesetzt sein darf und Windows auf versehentliche Freigaben von Systemschriften sauer reagiert.

Welche real existierende Schrift im Rahmen von *SelectObject* herausgekommen ist, läßt sich über die Funktion *GetTextFace* herausfinden:

```
GetTextFace (hdc, sizeof (szFaceName) / sizeof (TCHAR), szFaceName) ;
```

szFaceName steht dabei für ein programmeigenes *char*-Array, in das die Funktion den Namen der Schrift einsetzt. Die Charakteristika dieser Schrift lassen sich über *GetTextMetrics* ermitteln:

```
GetTextMetrics (hdc, &textmetric) ;
```

Die Strukturtypen LOGFONT und TEXTMETRIC haben einige gleichartige Felder, die man ohne weiteres miteinander verwechseln kann. Zu den Details komme ich in Kürze – für den Moment sollten Sie lediglich im Kopf behalten, dass LOGFONT für logische, TEXTMETRIC dagegen für real existierende Schriften steht.

Die Funktion *GetObject* kann nicht nur mit Zeichenstiften, Füllmustern und Bitmaps, sondern auch mit Schriften umgehen:

```
GetObject (hFont, sizeof (LOGFONT), &logfont) ;
```

Sinnvoll ist ein solcher Aufruf allerdings nur selten, weil es hier offensichtlich um eine LOG-FONT-Struktur und damit um eine logische Schrift geht: Was *GetObject* zurückliefert, sind also die Daten, die das Programm selbst zum Anlegen der jeweiligen Schrift eingesetzt hat.

Das Programm PICKFONT...

ersetzt an dieser Stelle weitere Betrachtungen theoretischer Natur: mit ihm können Sie logische Schriften beliebiger Art definieren und in vivo prüfen, was beim Einsetzen dieser logischen Schrift in den Kontext des Bildschirms herauskommt.

PICKFONT.C

```
/*----------------------------------------
   PICKFONT.C -- Auswahl von Schriften
                 (c) Charles Petzold, 1998
  ----------------------------------------*/

#include <windows.h>
#include "resource.h"

     // Gemeinsame Struktur für Hauptfenster und Dialog

typedef struct
{
     int        iDevice, iMapMode ;
     BOOL       fMatchAspect ;
     BOOL       fAdvGraphics ;
     LOGFONT    lf ;
     TEXTMETRIC tm ;
     TCHAR      szFaceName [LF_FULLFACESIZE] ;
}
DLGPARAMS ;

// Formatierung für BCHAR-Felder der TEXTMETRIC-Struktur
#ifdef UNICODE
#define BCHARFORM TEXT ("0x%04X")
#else
#define BCHARFORM TEXT ("0x%02X")
#endif

// Globale Variablen
HWND  hdlg ;
TCHAR szAppName[] = TEXT ("PickFont") ;

// Forward-Deklarationen
LRESULT CALLBACK WndProc (HWND, UINT, WPARAM, LPARAM) ;
BOOL    CALLBACK DlgProc (HWND, UINT, WPARAM, LPARAM) ;
void SetLogFontFromFields    (HWND hdlg, DLGPARAMS * pdp) ;
void SetFieldsFromTextMetric (HWND hdlg, DLGPARAMS * pdp) ;
void MySetMapMode (HDC hdc, int iMapMode) ;

int WINAPI WinMain (HINSTANCE hInstance, HINSTANCE hPrevInstance,
                    PSTR szCmdLine, int iCmdShow)
{
     HWND     hwnd ;
```

```
     MSG       msg ;
     WNDCLASS wndclass ;

     wndclass.style         = CS_HREDRAW | CS_VREDRAW ;
     wndclass.lpfnWndProc   = WndProc ;
     wndclass.cbClsExtra    = 0 ;
     wndclass.cbWndExtra    = 0 ;
     wndclass.hInstance     = hInstance ;
     wndclass.hIcon         = LoadIcon (NULL, IDI_APPLICATION) ;
     wndclass.hCursor       = LoadCursor (NULL, IDC_ARROW) ;
     wndclass.hbrBackground = (HBRUSH) GetStockObject (WHITE_BRUSH) ;
     wndclass.lpszMenuName  = szAppName ;
     wndclass.lpszClassName = szAppName ;

     if (!RegisterClass (&wndclass))
     {    // UNICODE-Compilierung ist die einzige realistische Fehlermöglichkeit
          MessageBox (NULL, TEXT ("Programm arbeitet mit Unicode und setzt Windows NT voraus!"),
                      szAppName, MB_ICONERROR) ;
          return 0 ;
     }

     hwnd = CreateWindow (szAppName, TEXT ("PickFont: Auswahl logischer Schriften"),
                          WS_OVERLAPPEDWINDOW | WS_CLIPCHILDREN,
                          CW_USEDEFAULT, CW_USEDEFAULT,
                          CW_USEDEFAULT, CW_USEDEFAULT,
                          NULL, NULL, hInstance, NULL) ;

     ShowWindow (hwnd, iCmdShow) ;
     UpdateWindow (hwnd) ;

     while (GetMessage (&msg, NULL, 0, 0))
     {
          if (hdlg == 0 || !IsDialogMessage (hdlg, &msg))
          {
               TranslateMessage (&msg) ;
               DispatchMessage (&msg) ;
          }
     }
     return msg.wParam ;
}

LRESULT CALLBACK WndProc (HWND hwnd, UINT message, WPARAM wParam, LPARAM lParam)
{
     static DLGPARAMS dp ;
     static TCHAR     szText[] = TEXT ("\x41\x42\x43\x44\x45 ")
                                 TEXT ("\x61\x62\x63\x64\x65 ")

                                 TEXT ("\xC0\xC1\xC2\xC3\xC4\xC5 ")
                                 TEXT ("\xE0\xE1\xE2\xE3\xE4\xE5 ")
#ifdef UNICODE
                                 TEXT ("\x0390\x0391\x0392\x0393\x0394\x0395 ")
                                 TEXT ("\x03B0\x03B1\x03B2\x03B3\x03B4\x03B5 ")

                                 TEXT ("\x0410\x0411\x0412\x0413\x0414\x0415 ")
                                 TEXT ("\x0430\x0431\x0432\x0433\x0434\x0435 ")
```

```
                              TEXT ("\x5000\x5001\x5002\x5003\x5004")
#endif
                              ;
     HDC            hdc ;
     PAINTSTRUCT    ps ;
     RECT           rect ;

     switch (message)
     {
     case WM_CREATE:
          dp.iDevice = IDM_DEVICE_SCREEN ;

          hdlg = CreateDialogParam (((LPCREATESTRUCT) lParam)->hInstance,
                                    szAppName, hwnd, DlgProc, (LPARAM) &dp) ;
          return 0 ;

     case WM_SETFOCUS:
          SetFocus (hdlg) ;
          return 0 ;

     case WM_COMMAND:
          switch (LOWORD (wParam))
          {
          case IDM_DEVICE_SCREEN:
          case IDM_DEVICE_PRINTER:
               CheckMenuItem (GetMenu (hwnd), dp.iDevice, MF_UNCHECKED) ;
               dp.iDevice = LOWORD (wParam) ;
               CheckMenuItem (GetMenu (hwnd), dp.iDevice, MF_CHECKED) ;
               SendMessage (hwnd, WM_COMMAND, IDOK, 0) ;
               return 0 ;
          }
          break ;

     case WM_PAINT:
          hdc = BeginPaint (hwnd, &ps) ;

          // Tranformationen für Windows NT an/aus (siehe Text)
          SetGraphicsMode (hdc, dp.fAdvGraphics ? GM_ADVANCED : GM_COMPATIBLE) ;

          // Koordinatensystem setzen
          MySetMapMode (hdc, dp.iMapMode) ;
          SetMapperFlags (hdc, dp.fMatchAspect) ;

          // Startpunkt der Textausgabe
          GetClientRect (hdlg, &rect) ;
          rect.bottom += 1 ;
          DPtoLP (hdc, (PPOINT) &rect, 2) ;

          // Schrift anlegen und einsetzen, Textausgabe mit dieser Schrift
          SelectObject (hdc, CreateFontIndirect (&dp.lf)) ;
          TextOut (hdc, rect.left, rect.bottom, szText, lstrlen (szText)) ;

          DeleteObject (SelectObject (hdc, GetStockObject (SYSTEM_FONT))) ;
          EndPaint (hwnd, &ps) ;
          return 0 ;
```

```
     case WM_DESTROY:
          PostQuitMessage (0) ;
          return 0 ;
     }
     return DefWindowProc (hwnd, message, wParam, lParam) ;
}

BOOL CALLBACK DlgProc (HWND hdlg, UINT message, WPARAM wParam, LPARAM lParam)
{
     static DLGPARAMS * pdp ;
     static PRINTDLG    pd = { sizeof (PRINTDLG) } ;
     HDC                hdcDevice ;
     HFONT              hFont ;

     switch (message)
     {
     case WM_INITDIALOG:
          // Zeiger auf die Dialogfeld-Parameter -> statische Variable
          pdp = (DLGPARAMS *) lParam ;

          SendDlgItemMessage (hdlg, IDC_LF_FACENAME, EM_LIMITTEXT, LF_FACESIZE - 1, 0) ;
          CheckRadioButton (hdlg, IDC_OUT_DEFAULT, IDC_OUT_OUTLINE, IDC_OUT_DEFAULT) ;
          CheckRadioButton (hdlg, IDC_DEFAULT_QUALITY, IDC_PROOF_QUALITY, IDC_DEFAULT_QUALITY) ;
          CheckRadioButton (hdlg, IDC_DEFAULT_PITCH, IDC_VARIABLE_PITCH, IDC_DEFAULT_PITCH) ;
          CheckRadioButton (hdlg, IDC_FF_DONTCARE, IDC_FF_DECORATIVE, IDC_FF_DONTCARE) ;
          CheckRadioButton (hdlg, IDC_MM_TEXT, IDC_MM_LOGTWIPS, IDC_MM_TEXT) ;

          SendMessage (hdlg, WM_COMMAND, IDOK, 0) ;

                                   // weiter mit WM_SETFOCUS
     case WM_SETFOCUS:
          SetFocus (GetDlgItem (hdlg, IDC_LF_HEIGHT)) ;
          return FALSE ;

     case WM_COMMAND:
          switch (LOWORD (wParam))
          {
          case IDC_CHARSET_HELP:
               MessageBox (hdlg,
                         TEXT ("0 = ANSI\n")
                         TEXT ("1 = Standard\n")
                         TEXT ("2 = Symbol\n")
                         TEXT ("128 = Shift JIS (Japanisch)\n")
                         TEXT ("129 = Hangeul (Koreanisch)\n")
                         TEXT ("130 = Johab (Koreanisch)\n")
                         TEXT ("134 = GB 2312 (vereinfachtes Chinesisch)\n")
                         TEXT ("136 = Chinese Big 5 (traditionelles Chinesisch)\n")
                         TEXT ("177 = Hebräisch\n")
                         TEXT ("178 = Arabisch\n")
                         TEXT ("161 = Griechisch\n")
                         TEXT ("162 = Türkisch\n")
                         TEXT ("163 = Vietnamesisch\n")
                         TEXT ("204 = Russisch\n")
                         TEXT ("222 = Thai\n")
                         TEXT ("238 = Osteuropäische Sprachen\n")
                         TEXT ("255 = OEM"),
```

```
                szAppName, MB_OK | MB_ICONINFORMATION) ;
     return TRUE ;

// Optionsfelder für das Feld lfOutPrecision
case IDC_OUT_DEFAULT:
     pdp->lf.lfOutPrecision = OUT_DEFAULT_PRECIS ;
     return TRUE ;

case IDC_OUT_STRING:
     pdp->lf.lfOutPrecision = OUT_STRING_PRECIS ;
     return TRUE ;

case IDC_OUT_CHARACTER:
     pdp->lf.lfOutPrecision = OUT_CHARACTER_PRECIS ;
     return TRUE ;

case IDC_OUT_STROKE:
     pdp->lf.lfOutPrecision = OUT_STROKE_PRECIS ;
     return TRUE ;

case IDC_OUT_TT:
     pdp->lf.lfOutPrecision = OUT_TT_PRECIS ;
     return TRUE ;

case IDC_OUT_DEVICE:
     pdp->lf.lfOutPrecision = OUT_DEVICE_PRECIS ;
     return TRUE ;

case IDC_OUT_RASTER:
     pdp->lf.lfOutPrecision = OUT_RASTER_PRECIS ;
     return TRUE ;

case IDC_OUT_TT_ONLY:
     pdp->lf.lfOutPrecision = OUT_TT_ONLY_PRECIS ;
     return TRUE ;

case IDC_OUT_OUTLINE:
     pdp->lf.lfOutPrecision = OUT_OUTLINE_PRECIS ;
     return TRUE ;

// Optionsfelder für das Feld lfQuality
case IDC_DEFAULT_QUALITY:
     pdp->lf.lfQuality = DEFAULT_QUALITY ;
     return TRUE ;

case IDC_DRAFT_QUALITY:
     pdp->lf.lfQuality = DRAFT_QUALITY ;
     return TRUE ;

case IDC_PROOF_QUALITY:
     pdp->lf.lfQuality = PROOF_QUALITY ;
     return TRUE ;

// Optionsfelder für das Feld lfPitchAndFamily (niederwertige 4 Bit)
case IDC_DEFAULT_PITCH:
     pdp->lf.lfPitchAndFamily = (BYTE)
```

```
                    ((0xF0 & pdp->lf.lfPitchAndFamily) | DEFAULT_PITCH) ;
               return TRUE ;

          case IDC_FIXED_PITCH:
               pdp->lf.lfPitchAndFamily = (BYTE)
                    ((0xF0 & pdp->lf.lfPitchAndFamily) | FIXED_PITCH) ;
               return TRUE ;

          case IDC_VARIABLE_PITCH:
               pdp->lf.lfPitchAndFamily = (BYTE)
                    ((0xF0 & pdp->lf.lfPitchAndFamily) | VARIABLE_PITCH) ;
               return TRUE ;

          // Optionsfelder für das Feld lfPitchAndFamily (höherwertige 4 Bit)
          case IDC_FF_DONTCARE:
               pdp->lf.lfPitchAndFamily = (BYTE)
                    ((0x0F & pdp->lf.lfPitchAndFamily) | FF_DONTCARE) ;
               return TRUE ;

          case IDC_FF_ROMAN:
               pdp->lf.lfPitchAndFamily = (BYTE)
                    ((0x0F & pdp->lf.lfPitchAndFamily) | FF_ROMAN) ;
               return TRUE ;

          case IDC_FF_SWISS:
               pdp->lf.lfPitchAndFamily = (BYTE)
                    ((0x0F & pdp->lf.lfPitchAndFamily) | FF_SWISS) ;
               return TRUE ;

          case IDC_FF_MODERN:
               pdp->lf.lfPitchAndFamily = (BYTE)
                    ((0x0F & pdp->lf.lfPitchAndFamily) | FF_MODERN) ;
               return TRUE ;

          case IDC_FF_SCRIPT:
               pdp->lf.lfPitchAndFamily = (BYTE)
                    ((0x0F & pdp->lf.lfPitchAndFamily) | FF_SCRIPT) ;
               return TRUE ;

          case IDC_FF_DECORATIVE:
               pdp->lf.lfPitchAndFamily = (BYTE)
                    ((0x0F & pdp->lf.lfPitchAndFamily) | FF_DECORATIVE) ;
               return TRUE ;

          // Koordinatensystem:
          case IDC_MM_TEXT:
          case IDC_MM_LOMETRIC:
          case IDC_MM_HIMETRIC:
          case IDC_MM_LOENGLISH:
          case IDC_MM_HIENGLISH:
          case IDC_MM_TWIPS:
          case IDC_MM_LOGTWIPS:
               pdp->iMapMode = LOWORD (wParam) ;
               return TRUE ;

          // Klick auf OK
```

```
        // -------------

        case IDOK:
             // LOGFONT-Struktur besetzen
             SetLogFontFromFields (hdlg, pdp) ;

             // Breiten-/Höhenverhältnis der Schrift wie Bildschirm ja/nein
             pdp->fMatchAspect = IsDlgButtonChecked (hdlg, IDC_MATCH_ASPECT) ;
             pdp->fAdvGraphics = IsDlgButtonChecked (hdlg, IDC_ADV_GRAPHICS) ;

             // Informationskontext
             if (pdp->iDevice == IDM_DEVICE_SCREEN)    // Bildschirm
             {
                  hdcDevice = CreateIC (TEXT ("DISPLAY"), NULL, NULL, NULL) ;
             }
             else                                      // Drucker
             {
                  pd.hwndOwner = hdlg ;
                  pd.Flags = PD_RETURNDEFAULT | PD_RETURNIC ;
                  pd.hDevNames = NULL ;
                  pd.hDevMode = NULL ;

                  PrintDlg (&pd) ;

                  hdcDevice = pd.hDC ;
             }

             // Koordinatensystem und Font-Mapper-Flags
             MySetMapMode (hdcDevice, pdp->iMapMode) ;
             SetMapperFlags (hdcDevice, pdp->fMatchAspect) ;

             // Schrift anlegen und in den Informationskontext einsetzen
             hFont = CreateFontIndirect (&pdp->lf) ;
             SelectObject (hdcDevice, hFont) ;

             // Abmessungen und Schriftnamen abfragen
             GetTextMetrics (hdcDevice, &pdp->tm) ;
             GetTextFace (hdcDevice, LF_FULLFACESIZE, pdp->szFaceName) ;
             DeleteDC (hdcDevice) ;
             DeleteObject (hFont) ;

             // Felder des Dialogs aktualisieren und Hauptfenster neu zeichnen
             SetFieldsFromTextMetric (hdlg, pdp) ;
             InvalidateRect (GetParent (hdlg), NULL, TRUE) ;
             return TRUE ;
        }
        break ;
    }
    return FALSE ;
}
void SetLogFontFromFields (HWND hdlg, DLGPARAMS * pdp)
{
    pdp->lf.lfHeight      = GetDlgItemInt (hdlg, IDC_LF_HEIGHT,  NULL, TRUE) ;
    pdp->lf.lfWidth       = GetDlgItemInt (hdlg, IDC_LF_WIDTH,   NULL, TRUE) ;
    pdp->lf.lfEscapement  = GetDlgItemInt (hdlg, IDC_LF_ESCAPE,  NULL, TRUE) ;
    pdp->lf.lfOrientation = GetDlgItemInt (hdlg, IDC_LF_ORIENT,  NULL, TRUE) ;
```

```
     pdp->lf.lfWeight      = GetDlgItemInt (hdlg, IDC_LF_WEIGHT,  NULL, TRUE) ;
     pdp->lf.lfCharSet     = GetDlgItemInt (hdlg, IDC_LF_CHARSET, NULL, FALSE) ;

     pdp->lf.lfItalic =  IsDlgButtonChecked (hdlg, IDC_LF_ITALIC) == BST_CHECKED ;
     pdp->lf.lfUnderline = IsDlgButtonChecked (hdlg, IDC_LF_UNDER)  == BST_CHECKED ;
     pdp->lf.lfStrikeOut = IsDlgButtonChecked (hdlg, IDC_LF_STRIKE) == BST_CHECKED ;

     GetDlgItemText (hdlg, IDC_LF_FACENAME, pdp->lf.lfFaceName, LF_FACESIZE) ;
}

void SetFieldsFromTextMetric (HWND hdlg, DLGPARAMS * pdp)
{
     TCHAR   szBuffer [10] ;
     TCHAR * szYes = TEXT ("Ja") ;
     TCHAR * szNo  = TEXT ("Nein") ;
     TCHAR * szFamily [] = { TEXT ("\"Egal\""), TEXT ("Roman"),
                             TEXT ("Swiss"),      TEXT ("Modern"),
                             TEXT ("Script"),     TEXT ("Decorative"),
                             TEXT ("Undefiniert") } ;

     SetDlgItemInt (hdlg, IDC_TM_HEIGHT,   pdp->tm.tmHeight,           TRUE) ;
     SetDlgItemInt (hdlg, IDC_TM_ASCENT,   pdp->tm.tmAscent,           TRUE) ;
     SetDlgItemInt (hdlg, IDC_TM_DESCENT,  pdp->tm.tmDescent,          TRUE) ;
     SetDlgItemInt (hdlg, IDC_TM_INTLEAD,  pdp->tm.tmInternalLeading,  TRUE) ;
     SetDlgItemInt (hdlg, IDC_TM_EXTLEAD,  pdp->tm.tmExternalLeading,  TRUE) ;
     SetDlgItemInt (hdlg, IDC_TM_AVECHAR,  pdp->tm.tmAveCharWidth,     TRUE) ;
     SetDlgItemInt (hdlg, IDC_TM_MAXCHAR,  pdp->tm.tmMaxCharWidth,     TRUE) ;
     SetDlgItemInt (hdlg, IDC_TM_WEIGHT,   pdp->tm.tmWeight,           TRUE) ;
     SetDlgItemInt (hdlg, IDC_TM_OVERHANG, pdp->tm.tmOverhang,         TRUE) ;
     SetDlgItemInt (hdlg, IDC_TM_DIGASPX,  pdp->tm.tmDigitizedAspectX, TRUE) ;
     SetDlgItemInt (hdlg, IDC_TM_DIGASPY,  pdp->tm.tmDigitizedAspectY, TRUE) ;

     wsprintf (szBuffer, BCHARFORM, pdp->tm.tmFirstChar) ;
     SetDlgItemText (hdlg, IDC_TM_FIRSTCHAR, szBuffer) ;

     wsprintf (szBuffer, BCHARFORM, pdp->tm.tmLastChar) ;
     SetDlgItemText (hdlg, IDC_TM_LASTCHAR, szBuffer) ;

     wsprintf (szBuffer, BCHARFORM, pdp->tm.tmDefaultChar) ;
     SetDlgItemText (hdlg, IDC_TM_DEFCHAR, szBuffer) ;

     wsprintf (szBuffer, BCHARFORM, pdp->tm.tmBreakChar) ;
     SetDlgItemText (hdlg, IDC_TM_BREAKCHAR, szBuffer) ;

     SetDlgItemText (hdlg, IDC_TM_ITALIC, pdp->tm.tmItalic     ? szYes : szNo) ;
     SetDlgItemText (hdlg, IDC_TM_UNDER,  pdp->tm.tmUnderlined ? szYes : szNo) ;
     SetDlgItemText (hdlg, IDC_TM_STRUCK, pdp->tm.tmStruckOut  ? szYes : szNo) ;

     SetDlgItemText (hdlg, IDC_TM_VARIABLE,
               TMPF_FIXED_PITCH & pdp->tm.tmPitchAndFamily ? szYes : szNo) ;

     SetDlgItemText (hdlg, IDC_TM_VECTOR,
               TMPF_VECTOR & pdp->tm.tmPitchAndFamily ? szYes : szNo) ;

     SetDlgItemText (hdlg, IDC_TM_TRUETYPE,
               TMPF_TRUETYPE & pdp->tm.tmPitchAndFamily ? szYes : szNo) ;
```

```
    SetDlgItemText (hdlg, IDC_TM_DEVICE,
            TMPF_DEVICE & pdp->tm.tmPitchAndFamily ? szYes : szNo) ;

    SetDlgItemText (hdlg, IDC_TM_FAMILY,
            szFamily [min (6, pdp->tm.tmPitchAndFamily >> 4)]) ;

    SetDlgItemInt  (hdlg, IDC_TM_CHARSET,   pdp->tm.tmCharSet, FALSE) ;
    SetDlgItemText (hdlg, IDC_TM_FACENAME, pdp->szFaceName) ;
}

void MySetMapMode (HDC hdc, int iMapMode)
{
    switch (iMapMode)
    {
    case IDC_MM_TEXT:       SetMapMode (hdc, MM_TEXT) ;       break ;
    case IDC_MM_LOMETRIC:   SetMapMode (hdc, MM_LOMETRIC) ;   break ;
    case IDC_MM_HIMETRIC:   SetMapMode (hdc, MM_HIMETRIC) ;   break ;
    case IDC_MM_LOENGLISH:  SetMapMode (hdc, MM_LOENGLISH) ;  break ;
    case IDC_MM_HIENGLISH:  SetMapMode (hdc, MM_HIENGLISH) ;  break ;
    case IDC_MM_TWIPS:      SetMapMode (hdc, MM_TWIPS) ;      break ;
    case IDC_MM_LOGTWIPS:
        SetMapMode (hdc, MM_ANISOTROPIC) ;
        SetWindowExtEx (hdc, 1440, 1440, NULL) ;
        SetViewportExtEx (hdc, GetDeviceCaps (hdc, LOGPIXELSX),
                               GetDeviceCaps (hdc, LOGPIXELSY), NULL) ;
        break ;
    }
}
```

PICKFONT.RC

```
//Microsoft Developer Studio generated resource script.

#include "resource.h"
#include "afxres.h"

/////////////////////////////////////////////////////////////////////////////
// Dialog

PICKFONT DIALOG DISCARDABLE  0, 0, 348, 308
STYLE WS_CHILD | WS_VISIBLE | WS_BORDER
FONT 8, "MS Sans Serif"
BEGIN
    LTEXT           "&Höhe:",IDC_STATIC,8,10,44,8
    EDITTEXT        IDC_LF_HEIGHT,64,8,24,12,ES_AUTOHSCROLL
    LTEXT           "&Breite",IDC_STATIC,8,26,44,8
    EDITTEXT        IDC_LF_WIDTH,64,24,24,12,ES_AUTOHSCROLL
    LTEXT           "&Drehung:",IDC_STATIC,8,42,44,8
    EDITTEXT        IDC_LF_ESCAPE,64,40,24,12,ES_AUTOHSCROLL
    LTEXT           "&Orientierung:",IDC_STATIC,8,58,44,8
    EDITTEXT        IDC_LF_ORIENT,64,56,24,12,ES_AUTOHSCROLL
    LTEXT           "&Gewicht:",IDC_STATIC,8,74,44,8
    EDITTEXT        IDC_LF_WEIGHT,64,74,24,12,ES_AUTOHSCROLL
    GROUPBOX        "Koordinatensystem",IDC_STATIC,97,3,96,90,WS_GROUP
    CONTROL         "TEXT",IDC_MM_TEXT,"Button",BS_AUTORADIOBUTTON,104,13,56,8
    CONTROL         "LOMECTRIC",IDC_MM_LOMETRIC,"Button",BS_AUTORADIOBUTTON,104,24,56,8
```

```
CONTROL         "HIMETRIC",IDC_MM_HIMETRIC,"Button",BS_AUTORADIOBUTTON,104,35,56,8
CONTROL         "LOENGLISH",IDC_MM_LOENGLISH,"Button",BS_AUTORADIOBUTTON,104,46,56,8
CONTROL         "HIENGLISH",IDC_MM_HIENGLISH,"Button",BS_AUTORADIOBUTTON,104,57,56,8
CONTROL         "Twips",IDC_MM_TWIPS,"Button",BS_AUTORADIOBUTTON,104,68,56,8
CONTROL         "log. Twips",IDC_MM_LOGTWIPS,"Button",BS_AUTORADIOBUTTON,104,79,64,8
CONTROL         "&Kursiv",IDC_LF_ITALIC,"Button",BS_AUTOCHECKBOX | WS_TABSTOP,8,90,48,12
CONTROL         "&Unterstr.",IDC_LF_UNDER,"Button",BS_AUTOCHECKBOX | WS_TABSTOP,8,104,48,12
CONTROL         "D&urchgestr.",IDC_LF_STRIKE,"Button",BS_AUTOCHECKBOX | WS_TABSTOP,8,118,48,12
CONTROL         "Aspekt anpassen",IDC_MATCH_ASPECT,"Button",
                BS_AUTOCHECKBOX | WS_TABSTOP,60,104,67,8
CONTROL         "Adv. GfxMode",IDC_ADV_GRAPHICS,"Button",BS_AUTOCHECKBOX |
                WS_TABSTOP,60,118,62,8
LTEXT           "Zeichensatz:",IDC_STATIC,8,137,46,8
EDITTEXT        IDC_LF_CHARSET,58,135,24,12,ES_AUTOHSCROLL
PUSHBUTTON      "?",IDC_CHARSET_HELP,90,135,14,14
GROUPBOX        "Qualität",IDC_STATIC,132,98,62,48,WS_GROUP
CONTROL         "Standard",IDC_DEFAULT_QUALITY,"Button",BS_AUTORADIOBUTTON,136,110,40,8
CONTROL         "Schnell",IDC_DRAFT_QUALITY,"Button",BS_AUTORADIOBUTTON,136,122,40,8
CONTROL         "Schön",IDC_PROOF_QUALITY,"Button",BS_AUTORADIOBUTTON,136,134,40,8
LTEXT           "Schriftname:",IDC_STATIC,8,154,44,8
EDITTEXT        IDC_LF_FACENAME,58,152,136,12,ES_AUTOHSCROLL
GROUPBOX        "Präzision",IDC_STATIC,8,166,118,133,WS_GROUP
CONTROL         "OUT_DEFAULT_PRECIS",IDC_OUT_DEFAULT,"Button",BS_AUTORADIOBUTTON,12,178,112,8
CONTROL         "OUT_STRING_PRECIS",IDC_OUT_STRING,"Button",BS_AUTORADIOBUTTON,12,191,112,8
CONTROL         "OUT_CHARACTER_PRECIS",IDC_OUT_CHARACTER,"Button",
                BS_AUTORADIOBUTTON,12,204,112,8
CONTROL         "OUT_STROKE_PRECIS",IDC_OUT_STROKE,"Button",BS_AUTORADIOBUTTON,12,217,112,8
CONTROL         "OUT_TT_PRECIS",IDC_OUT_TT,"Button",BS_AUTORADIOBUTTON,12,230,112,8
CONTROL         "OUT_DEVICE_PRECIS",IDC_OUT_DEVICE,"Button",BS_AUTORADIOBUTTON,12,243,112,8
CONTROL         "OUT_RASTER_PRECIS",IDC_OUT_RASTER,"Button",BS_AUTORADIOBUTTON,12,256,112,8
CONTROL         "OUT_TT_ONLY_PRECIS",IDC_OUT_TT_ONLY,"Button",BS_AUTORADIOBUTTON,12,269,112,8
CONTROL         "OUT_OUTLINE_PRECIS",IDC_OUT_OUTLINE,"Button",BS_AUTORADIOBUTTON,12,282,112,8
GROUPBOX        "Spazierung",IDC_STATIC,132,166,62,50,WS_GROUP
CONTROL         "Standard",IDC_DEFAULT_PITCH,"Button",BS_AUTORADIOBUTTON,137,176,52,8
CONTROL         "Fix",IDC_FIXED_PITCH,"Button",BS_AUTORADIOBUTTON,137,189,52,8
CONTROL         "Prop.",IDC_VARIABLE_PITCH,"Button",BS_AUTORADIOBUTTON,137,203,52,8
GROUPBOX        "Familie",IDC_STATIC,132,218,62,82,WS_GROUP
CONTROL         "Egal",IDC_FF_DONTCARE,"Button",BS_AUTORADIOBUTTON,137,229,52,8
CONTROL         "Roman",IDC_FF_ROMAN,"Button",BS_AUTORADIOBUTTON,137,241,52,8
CONTROL         "Swiss",IDC_FF_SWISS,"Button",BS_AUTORADIOBUTTON,137,253,52,8
CONTROL         "Modern",IDC_FF_MODERN,"Button",BS_AUTORADIOBUTTON,137,265,52,8
CONTROL         "Script",IDC_FF_SCRIPT,"Button",BS_AUTORADIOBUTTON,137,277,52,8
CONTROL         "Decorative",IDC_FF_DECORATIVE,"Button",BS_AUTORADIOBUTTON,137,289,52,8
DEFPUSHBUTTON   "OK",IDOK,247,286,50,14
GROUPBOX        "GetTextMetrics",IDC_STATIC,201,2,140,272,WS_GROUP
LTEXT           "Höhe:",IDC_STATIC,207,12,64,8
LTEXT           "0",IDC_TM_HEIGHT,281,12,44,8
LTEXT           "Oberlänge:",IDC_STATIC,207,22,64,8
LTEXT           "0",IDC_TM_ASCENT,281,22,44,8
LTEXT           "Unterlänge:",IDC_STATIC,207,32,64,8
LTEXT           "0",IDC_TM_DESCENT,281,32,44,8
LTEXT           "Int. Durchschuß:",IDC_STATIC,207,42,64,8
LTEXT           "0",IDC_TM_INTLEAD,281,42,44,8
LTEXT           "Ext. Durchschuß:",IDC_STATIC,207,52,64,8
LTEXT           "0",IDC_TM_EXTLEAD,281,52,44,8
LTEXT           "Breite (Schnitt):",IDC_STATIC,207,62,64,8
```

```
    LTEXT           "0",IDC_TM_AVECHAR,281,62,44,8
    LTEXT           "Breite (max.):",IDC_STATIC,207,72,64,8
    LTEXT           "0",IDC_TM_MAXCHAR,281,72,44,8
    LTEXT           "Gewicht:",IDC_STATIC,207,82,64,8
    LTEXT           "0",IDC_TM_WEIGHT,281,82,44,8
    LTEXT           "Überhang:",IDC_STATIC,207,92,64,8
    LTEXT           "0",IDC_TM_OVERHANG,281,92,44,8
    LTEXT           "X-Aspekt (dig.):",IDC_STATIC,207,102,64,8
    LTEXT           "0",IDC_TM_DIGASPX,281,102,44,8
    LTEXT           "Y-Aspekt (dig.):",IDC_STATIC,207,112,64,8
    LTEXT           "0",IDC_TM_DIGASPY,281,112,44,8
    LTEXT           "1. Zeichen:",IDC_STATIC,207,122,64,8
    LTEXT           "0",IDC_TM_FIRSTCHAR,281,122,44,8
    LTEXT           "Letztes Zeichen:",IDC_STATIC,207,132,64,8
    LTEXT           "0",IDC_TM_LASTCHAR,281,132,44,8
    LTEXT           "Standardzeichen:",IDC_STATIC,207,142,64,8
    LTEXT           "0",IDC_TM_DEFCHAR,281,142,44,8
    LTEXT           "Trennzeichen:",IDC_STATIC,207,152,64,8
    LTEXT           "0",IDC_TM_BREAKCHAR,281,152,44,8
    LTEXT           "Kursiv?",IDC_STATIC,207,162,64,8
    LTEXT           "0",IDC_TM_ITALIC,281,162,44,8
    LTEXT           "Unterstrichen?",IDC_STATIC,207,172,64,8
    LTEXT           "0",IDC_TM_UNDER,281,172,44,8
    LTEXT           "Durchgestr.?",IDC_STATIC,207,182,64,8
    LTEXT           "0",IDC_TM_STRUCK,281,182,44,8
    LTEXT           "Proportional?",IDC_STATIC,207,192,64,8
    LTEXT           "0",IDC_TM_VARIABLE,281,192,44,8
    LTEXT           "Vectorschrift?",IDC_STATIC,207,202,64,8
    LTEXT           "0",IDC_TM_VECTOR,281,202,44,8
    LTEXT           "TrueType-Schrift?",IDC_STATIC,207,212,64,8
    LTEXT           "0",IDC_TM_TRUETYPE,281,212,44,8
    LTEXT           "Geräteschrift?",IDC_STATIC,207,222,64,8
    LTEXT           "0",IDC_TM_DEVICE,281,222,44,8
    LTEXT           "Familie:",IDC_STATIC,207,232,64,8
    LTEXT           "0",IDC_TM_FAMILY,281,232,44,8
    LTEXT           "Zeichensatz:",IDC_STATIC,207,242,64,8
    LTEXT           "0",IDC_TM_CHARSET,281,242,44,8
    LTEXT           "0",IDC_TM_FACENAME,207,262,128,8
END

/////////////////////////////////////////////////////////////////////////////
// Menu

PICKFONT MENU DISCARDABLE
BEGIN
    POPUP "&Gerät"
    BEGIN
        MENUITEM "&Bildschirm",             IDM_DEVICE_SCREEN, CHECKED
        MENUITEM "&Drucker",                IDM_DEVICE_PRINTER
    END
END
```

RESOURCE.H

```
// Microsoft Developer Studio generated include file.
// Used by PickFont.rc

#define IDC_LF_HEIGHT                   1000
#define IDC_LF_WIDTH                    1001
#define IDC_LF_ESCAPE                   1002
#define IDC_LF_ORIENT                   1003
#define IDC_LF_WEIGHT                   1004
#define IDC_MM_TEXT                     1005
#define IDC_MM_LOMETRIC                 1006
#define IDC_MM_HIMETRIC                 1007
#define IDC_MM_LOENGLISH                1008
#define IDC_MM_HIENGLISH                1009
#define IDC_MM_TWIPS                    1010
#define IDC_MM_LOGTWIPS                 1011
#define IDC_LF_ITALIC                   1012
#define IDC_LF_UNDER                    1013
#define IDC_LF_STRIKE                   1014
```

Abbildung 17.2: *Das Programm* PICKFONT

Über die Steuerelemente in der linken Spalte des von PICKFONT angezeigten moduslosen Dialogfelds (vgl. Abbildung 17.3) lassen sich die meisten Felder einer Struktur des Typs LOGFONT setzen. Die rechte Seite des Dialogfelds zeigt die Ergebnisse eines Aufrufs von *GetTextMetrics* nach dem Einsetzen dieser Schrift in den Kontext des Bildschirms (oder Druckers). Unterhalb des Dialogfelds erscheint schließlich ein Beispieltext. Da das Dialogfeld recht viel Platz braucht, sollten Sie PICKFONT mit einer Bildschirmgröße von 1024 x 768 Pixeln oder mehr betreiben.

Der Dialog enthält einige zusätzliche Punkte, die nicht direkt etwas mit der logischen Schrift zu tun haben. Zu dieser Kategorie gehören das Koordinatensystem, das sich hier wahlweise auch auf den von mir erfundenen Modus »logische Twips« setzen läßt, das Kontrollkästchen »Aspekt anpassen«, über das sich die Art und Weise beeinflussen läßt, in der Windows einer logischen Schrift einen existierenden Zeichensatz zuordnet und schließlich eine Einstellung, die mit »Adv. GfxMode« beschriftet ist. Dabei geht es um eine Besonderheit von Windows NT, auf die ich in einem der folgenden Abschnitte komme.

Über das Menü »Gerät« können Sie zwischen dem Bildschirm und dem momentan als Standard gesetzten Drucker auswählen. Im zweiten Fall setzt PICKFONT die von Ihnen gewählte Schrift in einen Druckerkontext ein: Die in der rechten Spalte des Dialogfelds ausgegebene Daten stammen dann aus einer über den Druckerkontext abgefragten Struktur – und es kann recht lehrreich sein, diese Angaben mit dem Beispieltext zu vergleichen, der auch bei dieser Auswahl nach wie vor auf dem Bildschirm erscheint. (Auf gut Deutsch: je exotischer die von Ihnen ausgewählte Druckerschrift, desto obskurer werden die Zusammenhänge.)

Da der überwiegende Teil von PICKFONT.C im direkten Zusammenhang mit dem Bearbeiten des Dialogs steht, spare ich mir an dieser Stelle weitere Einzelheiten zum Programm. Konzentrieren wir uns auf den eigentlichen Kernpunkt: das Anlegen und Einsetzen einer logischen Schrift.

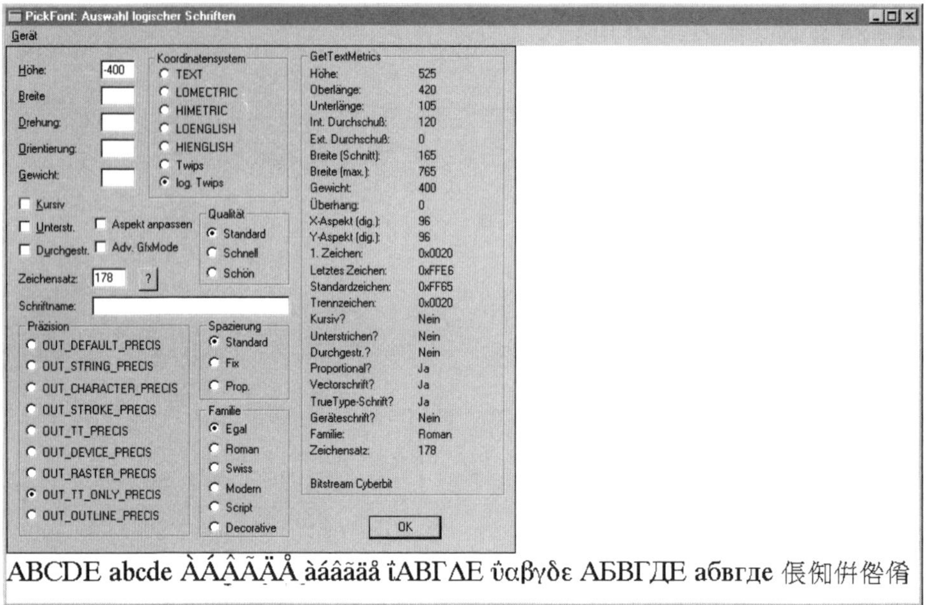

Abbildung 17.3: PICKFONT *in Aktion*

Der Datentyp LOGFONT

Wie zuvor erwähnt, kann man die für das Anlegen einer logischen Schrift notwendigen Daten entweder in Form von 14 Parametern an *CreateFont* übergeben – oder man verpackt exakt dieselben Werte in eine Struktur des Typs LOGFONT, die danach als einziger Parameter eines Aufrufs von *CreateFontIndirect* verwendet wird:

```
LOGFONT logfont ;

[Besetzen der Felder von logfont]
hFont = CreateFontIndirect (&logfont) ;
```

Wenn Sie die Variable als *static* oder global deklarieren, müssen Sie nicht einmal sämtliche Felder setzen, weil der Linker sie in diesem Fall mit 0 initialisiert – und dieser Wert entspricht bei allen Feldern der Standardvorgabe. Tatsächlich kann man sie sogar ohne jede weitere Veränderung direkt an *CreateFontIndirect* übergeben und erhält dann als Ergebnis einen Handle, der sozusagen für eine Standardschrift steht. Oder auch: Bei logischen Schriften können Sie so spezifisch oder vage sein, wie Sie wollen: Windows wird sich grundsätzlich bemühen, Ihre Wünsche auf irgend eine Weise zu erfüllen.

Bei der Lektüre der nun folgenden Besprechung der einzelnen Felder möchte ich Ihnen das gleichzeitige praktische Experimentieren mit PICKFONT ans Herz legen, mit dem Sie die Wirkung direkt ausprobieren können. Die ersten beiden Felder von Strukturen des Typs LOGFONT arbeiten mit logischen Einheiten und sind deshalb beim Einsetzen der Schrift in einen Kontext vom dort aktiven Koordinatensystem abhängig:

- *lfHeight* (Datentyp *int*) steht für gewünschte Zeichenhöhe inklusive internem, aber ohne den externen Durchschuß in logischen Einheiten. Da die Schriftgröße diesem Wert minus dem internen Durchschuß entspricht, wird hier letztlich eine Zeilenhöhe festgelegt. Wenn es Ihnen auf die tatsächliche *Zeichen*höhe ankommt, können Sie hier einen *negativen* Wert angeben und müssen sich dann selbst um den internen Durchschuß kümmern. Positive Werte in *lfHeight* werden bei der Abfrage über *GetTextMetrics* unverändert als *tmHeight* zurückgeliefert, bei der Definition über negative Werte bekommen Sie in *tmHeight* dagegen *abs(lfHeight)+tmInternalLeading* zurück. In beiden Fällen können sich leichte Abweichungen ergeben, die durch die notwendige Rundung auf Gerätekoordinaten bedingt sind. Auf die Angabe von 0 in *lfHeight* reagiert Windows mit dem Einsetzen einer Standardvorgabe.

- *lfWidth* (Datentyp *int*) ist die gewünschte Zeichenbreite in logischen Einheiten. Dieses Feld wird man üblicherweise auf 0 setzen und es damit Windows überlassen, den entsprechenden Wert aus der Zeichenhöhe zu berechnen. Bei Bitmap-Schrfiten können Angaben ungleich 0 zur Folge haben, dass Windows eine Schrift auswählt, deren Breiten-/Höhenverhältnis nicht für das Ausgabegerät gedacht ist, in dessen Kontext man sie einsetzt – womit man natürlich auch interessante Effekte erzielen kann. Bei TrueType-Schriften sind beliebige Zeichenbreiten dagegen kein Problem. Bei der Abfrage über *GetTextMetrics* bekommen Sie einen von Ihnen als *lfWidth* eingesetzten Wert als *tmAveCharWidth* (durchschnittliche Zeichenbreite) zu sehen. Wenn Sie einen Text an irgendeiner Stelle einpassen und deshalb mit der Breite experimentieren müssen, können Sie in einem ersten Schritt mit eine Schrift mit *lfWidth* = 0 anlegen, dann (nach dem Einsetzen in den Gerätekontext, versteht sich) über *GetTextMetrics* die durchschnittliche Zeichenbreite abfragen, diesen Wert bei Bedarf umrechnen und schließlich als *lfWidth* für einen zweiten Aufruf von *CreateFontIndirect* benutzen.

Die nächsten beiden Felder legen die Schreibrichtung ganzer Strings und die Orientierung einzelner Zeichen fest. Theoretisch sollte *lfEscapement* (eigentlich: »Fluchtrichtung«) den Winkel der gesamten Ausgabe beschreiben und *lfOrientation* (Orientierung) das individuelle Drehen von Zeichen ermöglichen. Bei Ausgaben auf den Bildschirm hatten und haben die Microsoft-Programmierer mit diesem Feature ihre liebe Not – weshalb es selbst heute nur in einer einzigen Kombination richtig funktioniert: Wenn Sie eine TrueType-Schrift verwenden, das Programm unter Windows NT läuft *und* die GDI dort über die Funktion *SetGraphicsMode* angewiesen wird, vom »Kompatibilitätsmodus« auf einen »Advanced Graphics Mode« umzuschalten, dann lassen sich die Zeichen tatsächlich unabhängig von der Schreibrichtung drehen. Bei PICKFONT wird dieser Modus über das Kontrollkästchen »Adv. GfxMode« eingeschaltet. (Für PostScript-Drucker war das Drehen von Zeichen unabhängig von der Schreibrichtung natürlich noch nie ein Problem – nur mit dem vielzitierten WYSIWYG hapert es halt.)

- *lfEscapement* (Datentyp *int*) – legt die Schreibrichtung in Einheiten zu 1/10 Grad fest, wobei wie üblich gegen den Uhrzeigersinn gerechnet wird. Unter Windows 98 legt dieser Wert sowohl die Schreibrichtung des gesamten Texts als auch die Drehung einzelner Zeichen fest. Wenn Sie mit PICKFONT experimentieren, sollten Sie sich auf Werte in den Bereichen von 100..-600 und 2900..3600 beschränken. (Bei 1800 geht die Textausgabe beispielsweise von rechts nach links und findet damit komplett außerhalb des Fensters statt, d.h. bleibt unsichtbar.) Einige Beispiele:

Wert	Schreibrichtung
0	von links nach rechts (wie gewohnt)
900	senkrecht, von unten nach oben
1800	von rechts nach links, wobei die Zeichen auf dem Kopf stehen
2700	senkrecht, von oben nach unten

Tabelle 17.4: *Schreibrichtungen*

- *lfOrientation* (Datentyp *int*) – legt die Orientierung einzelner Zeichen gegenüber der Schreibrichtung fest und wird ebenfalls in 1/10 Grad gegen den Uhrzeigersinn gemessen. Dieses Feld hat nur bei TrueType-Schriften unter NT einen Effekt und setzt auch dort voraus, dass die Kompatibilität zu älteren Versionen vor der Ausgabe explizit mit *SetGraphicsMode(GM_ADVANCED)* abgeschaltet wird. Auch hier einige Beispiele:

Wert	Orientierung der Zeichen
0	wie gewohnt
900	um 90 Grad nach links gedreht
1800	senkrecht auf dem Kopf stehend
2700	um 90 Grad nach rechts gedreht

Tabelle 17.5: *Orientierung einzelner Zeichen*

Die restlichen 10 Felder von LOGFONT lassen sich ohne längere Vorrede erläutern:

- *lfWeight* (Datentyp *int*) – legt das »Gewicht« der Zeichen fest, d.h. unterscheidet zwischen Normal- und Fettschrift. Obwohl die Include-Dateien (WINDOWS.H für die 16-Bit-Versionen, WINGDI.H für die 32-Bit-Versionen) seit Urzeiten insgesamt 10 Konstanten dafür definieren (siehe Tabelle 17.6), ist das nach wie vor Zukunftsmusik: Wenn Sie zwischen Normal- und Fettschrift über *lfWeight* unterschieden wollen, sollten Sie im ersten Fall einen Wert im Bereich von 0 bis 400, im zweiten Fall einen Wert größer/gleich 700 angeben – mehr als diese einfache Unterscheidung ist nämlich selbst mit Windows NT 5.0 nicht drin.

Wert	Konstante(n)
0	FW_DONTCARE
100	FW_THIN
200	FW_EXTRALIGHT, FW_ULTRALIGHT
300	FW_LIGHT
400	FW_NORMAL, FW_REGULAR
500	FW_MEDIUM
600	FW_SEMIBOLD, FW_DEMIBOLD
700	FW_BOLD
800	FW_EXTRABOLD, FW_ULTRABOLD
900	FW_HEAVY, FW_BLACK

Tabelle 17.6: *Konstanten für das Gewicht von Zeichen*

- *lfItalic* (Datentyp BYTE) – unterscheidet zwischen normalen (0) und kursiven Zeichen, wobei im letzteren Fall irgendein Wert ungleich 0 angegeben werden muß. Bei GDI-Schriften erzeugt Windows kursive Zeichen durch Umrechnung der Bitmaps bzw. Vektorpunkte, bei TrueType-Schriften werden jeweils eigene Zeichensätze verwendet – und bei Geräteschriften für Drucker usw. sollte das Programm das Bit TC_IA_ABLE des von *GetDeviceCaps* beim Aufruf mit dem Parameter TEXTCAPS zurückgelieferten Wertes prüfen.

- *lfUnderline* (Datentyp BYTE) – unterscheidet wie *lfItalic* zwischen normalen (0) und unterstrichenen Zeichen (!= 0). Bei GDI-Schriften werden Unterstreichungen von Windows synthetisiert, das Prüfbit für Geräteschriften heißt TC_UA_ABLE.
- *lfStrikeOut* (Datentyp BYTE) – unterscheidet wie *lfItalic* zwischen normalen und durchgestrichenen Zeichen, wobei Windows dieses Attribut bei GDI-Schriften ebenfalls synthetisiert. Bei Geräteschriften sollte das Programm mit der Bit-Konstante TC_SO_ABLE prüfen.
- *lfCharSet* (Datentyp BYTE) – legt den Zeichensatz (also die Zuordnung von Codes zu Zeichen) fest. Diesem Feld ist ein eigener Abschnitt namens »Zeichensätze und Unicode« (ab Seite 960) gewidmet. Welche Werte hier möglich sind, gibt das Programm PICKFONT nach einem Klick auf die mit »?« beschriftete Schaltfläche aus. Bitte beachten Sie, dass *lfCharSet* das einzige Feld der LOGFONT-Struktur ist, bei dem der Wert 0 *nicht* für die Standardvorgabe steht: 0 bedeutet hier ANSI_CHARSET, also den in Westeuropa und Amerika verwendeten Zeichensatz. Der Wert 1 (DEFAULT_CHARSET) wird dagegen als »Standardzeichensatz der Windows-Version, unter der das Programm läuft« interpretiert.
- *lfOutPrecision* (Datentyp BYTE) – sollte in der Theorie festlegen, wie exakt sich Windows bei der Auswahl existierender Schriften an die Vorgaben der logischen Schrift hält. Da dieses Feld einerseits reichlich komplex aufgebaut ist, andererseits in der Praxis ausgesprochen selten verwendet wird, belasse ich es hier bei einem Hinweis: Wenn Sie hier die Konstante OUT_TT_ONLY_PRECIS einsetzen, bekommen Sie grundsätzlich eine TrueType-Schrift zurück. Wer sich für die restlichen Details interessiert, sei auf das Win32-SDK verwiesen.
- *lfClipPrecision* (Datentyp BYTE) – legt fest, wie Zeichen behandelt werden sollen, wenn sie den bei der Ausgabe festgelegten Clipping-Rahmen teilweise überschreiten. WINGDI.H definiert hier sieben Konstanten, um die sich PICKFONT allerdings nicht sonderlich kümmert, weil dieses Feld ein ähnliches Exotikum wie *lfOutPrecision* darstellt.
- *lfQuality* (Datentyp BYTE) – legt bei Bitmap-Schriften die »Qualität« der Ausgabe fest und wurde unter anderem früher bei Matrixdruckern zur Unterscheidung zwischen Schön- und Schnellschrift verwendet(siehe Tabelle 17.7). Auch wenn man dieses Feld bei TrueType-Schriften wohl immer auf der Standardvorgabe DEFAULT_QUALITY belassen wird, ist es auch heute noch von Bedeutung: Tatsächlich geht es hier nämlich (für Bitmap-Schriften, wohlgemerkt) um die Anweisung, wie existierende Schriften logischen Schriften zuzuordnen sind. Wenn eine Bitmap-Schrift beispielsweise nur in 14 Punkt definiert ist, das Programm aber 16 Punkt anfordert, nimmt Windows bei DRAFT_QUALITY eine Umrechnung vor und erzeugt so die gewünschte Größe (mit entsprechenden Verzerrungen). PROOF_QUALITY teilt dem System dagegen mit, dass derartige Umrechnungen unerwünscht sind: Konsequent liefert Windows hier immer einen originalen Schriftschnitt und damit das optisch ausgeglichenste Erscheinungsbild – aber unter Umständen eine kleinere Schrift, als das Programm eigentlich angefordert hat.

Wert	Konstante
0	DEFAULT_QUALITY
1	DRAFT_QUALITY
2	PROOF_QUALITY

Tabelle 17.7: *Konstanten für die Auswahl von Bitmap-Schriften*

- *lfPitchAndFamily* (Datentyp BYTE) – setzt sich aus zwei Komponenten zusammen, die über ein bitweises OR (»|«) kombiniert werden sollten. Die unteren zwei Bits dieses Feldes unterscheiden zwischen Proportional- und Rationalschriften:

Wert	Konstante
0	DEFAULT_PITCH
1	FIXED_PITCH
2	VARIABLE_PITCH

Tabelle 17.8: *Die Unterscheidung zwischen proportionaler und nicht proportionaler Schrift*

- [Setzer: In den nächsten beiden Absätzen sollten die Bullets raus, weil das noch zu lfPitchAndFamily gehört]
- Wenn man hier mit FIXED_PITCH arbeitet, verwendet Windows grundsätzlich eine nichtproportionale (»rationale«) Schrift: Auf diese Weise teilt ein Programm dem System mit, dass es nicht mit wechselnden Zeichenbreiten zurechtkommt.
- Die Bits 2 und 3 dieses Feldes sind »reserviert« und sollten auf 0 gesetzt werden. Die höherwertigen vier Bits legen die Schriftfamilie fest:

Wert	Konstante
0x00	FF_DONTCARE
0x10	FF_ROMAN (Proportionalschrift mit Serifen)
0x20	FF_SWISS (Proportionalschrift ohne Serifen)
0x30	FF_MODERN (Rationalschrift)
0x40	FF_SCRIPT (»Handschrift«)
0x50	FF_DECORATIVE (Schmuckschrift, Spezialzeichen)

Tabelle 17.9: *Konstanten für Schriftfamilien*

- *lfFaceName* (Datentyp TCHAR[32]) – nimmt den Namen der Schrift im Klartext auf, d.h. kann auf eine Zeichenfolge wie »Courier«, »Arial« oder »Times New Roman« gesetzt werden. WINGDI.H definiert eine Konstante LF_FACESIZE mit dem Wert 32, die die Maximallänge eines solchen Schriftnamens angibt.

Zur Auswahl einer TrueType-Schrift mit kursiven oder fetten Zeichen gibt es übrigens zwei Möglichkeiten: Entweder geben Sie einen vollständigen Schriftnamen wie »Times New Roman Italic« (oder »Times New Roman Kursiv«) in *lfFaceName* an – oder Sie beschränken sich auf den Namen der Grundschrift (»Times New Roman«) und setzen das Feld *lfItalic* entsprechend.

Die Logik der Zuordnung

Nachdem ein Programm die einzelnen Felder einer Variablen des Typs LOGFONT besetzt und über einen Aufruf von *CreateFontIndirect* eine logische Schrift erzeugt hat, passiert in puncto »Zuordnung« erst einmal gar nichts: Welche existierende Schrift eines bestimmten Ausgabegeräts dieser logischen Schrift am nächsten kommt, wird erst beim Einsetzen der logischen Schrift in den entsprechenden Kontext festgelegt – also beim Aufruf von *SelectObject*.

Die Zuordnung selbst findet über den »Font-Mapper« statt – einen Algorithmus, der die einzelnen Felder der logischen Schrift verschieden stark gewichtet, d.h. ihnen bei der Auswahl unterschiedliche Bedeutung beimißt. In welcher Weise diese Gewichtung stattfindet, läßt sich am einfachsten herausfinden, indem man einmal eine gute Stunde mit PICKFONT experimentiert. Falls Ihnen dazu die Zeit und/oder Lust fehlt – hier sind einige allgemeine Richtlinien:

- Der Zeichensatz (Feld *lfCharSet*) ist der wohl wichtigste Punkt: In den älteren Windows-Versionen galt hier, dass das System bei der Angabe von OEM_CHARSET entweder eine der Vektorschriften oder die Terminalschrift zurücklieferte, weil sämtliche anderen Schriften über den ANSI-Zeichensatz arbeiteten. Die TrueType-Schriften der neueren Windows-Versionen umfassen dagegen auch den OEM-Zeichensatz, weshalb diese Beschränkung bereits in Windows 95 entfällt. Andere Grenzen sind dagegen seit Windows 3.0 unverändert: ANSI_CHARSET beschränkt die Auswahl auf Bitmaps bzw. TrueType; mit SYMBOL_CHARSET legen Sie sich auf Symbol und Wingdings fest.
- Ähnliche Bedeutung kommt der Unterscheidung zwischen Rational- und Proportionalschriften (im Feld *lfPitchAndFamily*) zu: Ein Programm, das hier FIXED_PITCH angibt, teilt Windows mit, dass es nicht mit wechselnden Zeichenbreiten umgehen kann und schließt so alle Proportionalschriften aus.
- Wenn das Feld *lfFaceName* etwas anderes als einen Leerstring enthält, legt sich das Programm damit spezifisch auf eine bestimmte Schriftart fest. (Eine allgemeinere Festlegung wäre der Eintrag eines anderen Wertes als FF_DONTCARE im Feld *lfPitchAndFamily*.)
- Bei Bitmap-Schriften versucht Windows, der in *lfHeight* angegebenen Zeichenhöhe in jedem Fall nahezukommen – notfalls durch die Auswahl der nächstkleineren Schriftart und einer entsprechenden Vergrößerung. Solange ein Programm bei sinnvollen Zeichenhöhen bleibt, bekommt es eine Schrift geliefert, deren Höhe im Normalfall seinen Wünschen entspricht (oder minimal darunter liegt – wie beispielsweise für die Größe 13 Punkt, auf die Windows bei den Bitmap-Schriften mit 12 Punkt reagiert, weil eine Vergrößerung hier sinnlos ist). Die Ausnahme von dieser Regel stellen Schriftgrößen dar, die unterhalb der kleinsten verfügbaren Größe liegen: Verkleinerungen nimmt das System nicht vor. (Bei Vektor- und TrueType-Schriften sind Verkleinerungen und Vergrößerungen natürlich überhaupt kein Problem.)
- Die Angabe des Wertes PROOF_QUALITY im Feld *lfQuality* teilt Windows mit, dass das Programm mehr am optischen Erscheinungsbild als an einer Schriftgröße interessiert ist, d.h. unterdrückt eventuelle Vergrößerungsaktionen.
- Auf Breiten-/Höhenverhältnisse (Felder *lfHeight* und *lfWidth*), die nicht zum verwendeten Ausgabegerät passen, kann Windows bei Bitmap-Schriften mit der Auswahl von Schriften reagieren, die eigentlich für andere Geräte vorgesehen sind – vorausgesetzt natürlich, dass sich die entsprechenden Dateien im FONTS-Verzeichnis finden. Wie bereits erwähnt, lassen sich mit diesem Trick (für den PICKFONT das Kontrollkästchen »Aspekt anpassen« zur Verfügung stellt) manchmal recht interessante Effekte erzielen – im allgemeinen stellen falsche Breiten-/Höhenverhältnisse aber eine unerwünschte Situation dar. Solange dieses Kontrollkästchen nicht angekreuzt ist, sperrt PICKFONT deshalb die Auswahl nicht für den jeweiligen Bildschirm vorgesehener Schriften mit einem Aufruf der Funktion *SetMapperFlags*(TRUE). Für TrueType-Schriften gilt diese Grenzen naturgemäß nicht: Dort läßt sich der Schriftschnitt selbst mit entsprechenden Einträgen in *lfWidth* nahezu beliebig verzerren. Das dazu notwendige Procedere wurde bereits besprochen und sieht nur auf den ersten Blick ein wenig umständlich aus: Es besteht aus dem Anlegen einer logischen Schrift mit *lfWidth* = 0, der Ermittlung der durchschnittlichen Zeichenbreite (*tmAveCharWidth* in einer TEXTMETRIC-Struktur) und einer entsprechenden Veränderung dieses Wertes, den man nun in eine zweite LOGFONT-Struktur einsetzen kann. Danach sollte die zuerst verwendete logische Schrift wieder aus der Welt geschafft werden.

Wie wohl auch nicht anders zu erwarten, ist *SetMapperFlags* nicht auf diese beiden Werte beschränkt – und wenn Ihnen die von Windows verwendete Logik überhaupt nicht zusagen sollte, können Sie sie über eine Funktion namens *SetFontMapperFlags* mehr oder minder auf den Kopf stellen.

Abfragen der Schrift

Auf der rechten Seite des Dialogfelds von PICKFONT (vgl. Abbildung 17.3 auf Seite 952) erscheinen die Daten, die sich nach dem Einsetzen einer logischen Schrift in einen Kontext ermitteln lassen. Sämtliche numerischen Werte stammen von einem Aufruf der Funktion *GetTextMetrics*, der Name der Schrift wird mit *GetTextFace* abgefragt (und erscheint in der letzten Textzeile des Dialogfelds).

Die Funktion *GetTextMetrics* bezieht sich ebenfalls auf die in einen Gerätekontext eingesetzte (»real existierende«) Schrift. Sie hinterläßt ihre Ergebnisse in einer Struktur des Typs TEXTMETRIC:

```
TEXTMETRIC     tm ;
[weitere Deklarationen/Operationen]
GetTextMetrics (hdc, &tm) ;
```

Sämtliche Größenangaben, die *GetTextMetrics* in die Felder der als *tm* übergebenen Struktur kopiert, entsprechen logischen Einheiten des aktuellen Koordinatensystems. (Die Ausnahme stellen die sozusagen einheitenlosen X- und Y-Aspekte dar.) Die einzelnen Felder und ihre Datentypen sind:

- *tmHeight* (*int*) – die Höhe der Zeichen in logischen Einheiten, die üblicherweise dem im Feld *lfHeight* der logischen Schrift angegebenen Wert entspricht oder ihm zumindest nahekommt. (Wie im vorangehenden Abschnitt erläutert, gilt bei negativen Angaben für *lfHeight* die Gleichung *tmHeight = abs(lfHeight)+tmInternalLeading*.) Auch hier geht es letztlich um die Zeilenhöhe: *tmHeight* ergibt sich über die Addition der Felder *tmAscent* und *tmDescent*, wobei *tmAscent* den internen Durchschuß mit berücksichtigt.
- *tmAscent* (*int*) – die Oberlänge der Zeichen in logischen Einheiten inklusive des internen Durchschusses, also der Abstand zwischen der Grundlinie und dem oberen Rand der Zeile.
- *tmDescent* (*int*) – die Unterlänge der Zeichen in logischen Einheiten, also der Abstand zwischen der Grundlinie und dem unteren Zeilenrand.
- *tmInternalLeading* (*int*) – die Höhe des für Diakritika reservierten Bereichs in logischen Einheiten. Wie zuvor angemerkt, ist dieser Wert in *tmHeight* enthalten, weshalb sich die logische Punktgröße der Schrift über die Gleichung *tmHeight – tmInternalLeading* ergibt.
- *tmExternalLeading* (*int*) – der eigentliche Durchschuß in logischen Einheiten, d.h. der vom Designer vorgeschlagene Abstand zwischen dem unteren Rand einer Zeile und dem oberen Rand der nächsten Zeile.
- *tmAveCharWidth* (*int*) – die durchschnittliche Zeichenbreite in logischen Einheiten.
- *tmMaxCharWidth* (*int*) – die maximale Zeichenbreite in logischen Einheiten. Bei Rationalschriften ist dieser Wert mit *tmAveCharWidth* identisch (weil dort sämtliche Zeichen dieselbe Breite haben).
- *tmWeight* (*int*) – das Gewicht der Schrift, wobei der hier angegebene Wert im Bereich von 0 bis 999 liegen kann. Die momentanen Implementationen von Windows liefern hier lediglich zwei Werte: 400 steht für normale, 700 für fette Schrift.

- *tmOverhang* (*int*) – der von Windows beim Synthetisieren von Zeichenattributen zusätzlich eingefügte Abstand in logischen Einheiten, bei dem je nach Attribut unterschieden werden muß: Fett geschriebene Zeichen benötigen (wegen »dickeren Strichen«) *pro Zeichen* ein wenig mehr Platz, kursive Zeichen (aufgrund der horizontalen Verschiebung der oberen Zeichenhälfte) dagegen *insgesamt*. Konsequent erhöht Windows bei Fettschrift *tmAveCharWidth* und *tmOverhang* zusammen, bei kursiver Schrift bleibt *tmAveCharWidth* dagegen unverändert, und *tmOverhang* gibt den »Überhang« des jeweils letzten Zeichens eines Strings wieder (der üblicherweise aus der Hälfte der Zeichenhöhe besteht).
- *tmDigitizedAspectX* und *tmDigitizedAspectY* (*short*) – das Breiten-/Höhenverhältnis, für das die jeweilige Schrift vorgesehen ist. Wenn Sie im Programm PICKFONT das Kontrollkästchen »Aspekt anpassen« ankreuzen, kommen für diese beiden Felder in den meisten Fällen dieselben Werte heraus, wie sie *GetDeviceCaps* für das entsprechende Gerät auch als LOGPIXELSX bzw. LOGPIXELSY zurückliefert. Zwingt man Windows dagegen bei einer Bitmap-Schrift, die Zeichen künstlich (durch Einfügen von Pixelreihen bzw. Spalten) zu vergrößern, dann erhöhen sich die Werte dieser beiden Felder entsprechend.
- *tmFirstChar* (BCHAR) – der Code des ersten Zeichens, den die jeweilige Schrift definiert. Für ANSI-Zeichensätze handelt es sich dabei normalerweise um ein Leerzeichen (ASCII-Code 32).
- *tmLastChar* (BCHAR) – der Code des letzten Zeichens, den die jeweilige Schrift definiert. Für ANSI-Zeichensätze handelt es sich dabei normalerweise um den Code 255.
- *tmDefaultChar* (BCHAR) – der Code des Zeichens, das Windows für nicht definierte Codes verwendet. ANSI-Zeichensätze verwenden hier normalerweise den Code 128, der in Form eines quadratischen Klötzchens auf dem Bildschirm erscheint.
- *tmBreakChar* (BCHAR) – der Code des Zeichens, den Windows (und Windows-Programme) als bevorzugtes Trennzeichen zwischen Worten behandeln sollen. ANSI-Zeichensätze verwenden hier normalerweise denselben Code wie OEM-Zeichensätze – nämlich ein Leerzeichen.
- *tmItalic* (BYTE) – ein Flag zur Unterscheidung zwischen normalen und kursiven Zeichen. Der Wert 0 steht für normale, beliebige Werte ungleich 0 für kursive Schrift.
- *tmUnderlined* (BYTE) – ein Flag zur Unterscheidung zwischen normalen (0) und unterstrichenen Zeichen (!= 0).
- *tmStruckOut* (BYTE) – ungleich 0 für durchgestrichene Zeichen.
- *tmPitchAndFamily* (BYTE) – ein aus zwei Bitfeldern zusammengesetzter Wert: die unteren vier Bits unterscheiden zwischen Rational- und Proportionalschriften, die oberen vier enthalten die Schriftfamilie in Form einer Kennziffer. Struktur und Bedeutung der Werte sind dieselben wie im Feld *lfPitchAndFamily* der logischen Schrift (weshalb Prüfungen auch über dieselben Bitflags erfolgen könnten), die Werte selbst sind *nicht* notwendigerweise gleich. Für die unteren beiden Bits definiert WINGDI.H natürlich wieder entsprechende Konstanten, über deren Namensgebung man sich allerdings gut den Kopf zerbrechen kann:

Wert	Konstante	Erläuterung
0x01	TMPF_FIXED_PITCH	Bit 0: *gesetzt*, wenn es um eine Proportionalschrift geht. Der Name der Konstanten ist irreführend.
0x02	TMPF_VECTOR	Bit 1: gesetzt, wenn die Schrift frei skalierbar ist (Vektor, TrueType, PostScript)
0x04	TMPF_TRUETYPE	Bit 2: gesetzt für TrueType, ansonsten zurückgesetzt
0x08	TMPF_DEVICE	Bit 3: gesetzt für Geräteschriften (wie etwa in einen Drucker eingebaute Fonts), für GDI-Schriften, TrueType etc. zurückgesetzt

Tabelle 17.10: *Konstanten zur Prüfung der Schriftfamilie*

- *tmCharSet* (BYTE) – steht für den Zeichensatz und hat dieselben Werte wie das Feld *lfCharSet* in der logischen Schrift. Mehr dazu im nächsten Abschnitt.

Zeichensätze und Unicode

Das Konzept der Zeichensätze von Windows habe ich ja bereits im Zusammenhang mit Eingaben über die Tastatur in Kapitel 6 ausführlich diskutiert – und dabei auch anmerken müssen, dass es für Codeseiten leider nicht nur eine, sondern gleich zwei Kategorien von Konstanten gibt. In den LOGFONT- und TEXTMETRIC-Strukturen erscheint denn die Codeseite auch nicht direkt, sondern in der zweiten Variante – als Zahlenwert im Bereich von 0 bis 255. Die dafür von WINGDI.H definierten Konstanten sehen so aus:

```
#define ANSI_CHARSET          0
#define DEFAULT_CHARSET       1
#define SYMBOL_CHARSET        2
#define MAC_CHARSET           77
#define SHIFTJIS_CHARSET      128
#define HANGEUL_CHARSET       129
#define HANGUL_CHARSET        129
#define JOHAB_CHARSET         130
#define GB2312_CHARSET        134
#define CHINESEBIG5_CHARSET   136
#define GREEK_CHARSET         161
#define TURKISH_CHARSET       162
#define VIETNAMESE_CHARSET    163
#define HEBREW_CHARSET        177
#define ARABIC_CHARSET        178
#define BALTIC_CHARSET        186
#define RUSSIAN_CHARSET       204
#define THAI_CHARSET          222
#define EASTEUROPE_CHARSET    238
#define OEM_CHARSET           255
```

Das Programm PICKFONT läßt sich – wie auch alle anderen Programme, die in diesem Buch erscheinen – einmal als ANSI- und einmal als Unicode-Variante compilieren. (Auf der Begleit-CD finden Sie die ANSI-Variante im Unterverzeichnis *Release* von *Chap17\PickFont*, die Unicode-Version im Unterverzeichnis *Debug*.)

Wenn Sie sich im Listing von PICKFONT einmal die Konstante *szText* am Anfang der Window-Prozedur ansehen, dann werden Sie dort für die Unicode-Variante eine wesentlich höhere Zeichenzahl finden als für die ANSI-Version. In beiden Fällen beginnt der String mit den Zeichencodes 0x40 bis 0x45, auf die dann die Codes 0x60 bis 0x65 folgen. Solange Sie nicht gerade den Zeichensatz SYMBOL_CHARSET wählen, stehen diese Codes für die ersten fünf Groß- und Kleinbuchstaben des lateinischen Alphabets (also »A«..»E« und »a«..»e«).

Was in der ANSI-Version von PICKFONT für die nächsten 12 Codes herauskommt, hängt vom jeweils gewählten Zeichensatz ab: Nach der Auswahl von ANSI_CHARSET bekommen Sie ein A (oder a) mit verschiedenen Akzenten zu sehen, für GREEK_CHARSET und RUSSIAN_CHARSET dagegen diverse Zeichen des griechischen bzw. kyrillischen Alphabets. Unter Umständen wechselt Windows für solche Ausgaben auch die Schrift: Die westeuropäischen Bitmap-Schriften sind hier mit ihrem Latein buchstäblich am Ende, was für TrueType-Schriften nicht unbedingt der Fall sein muß. (Ich hatte ja in Kapitel 6 schon erwähnt, dass Windows 95 und Windows 98 standardmäßig mit einer Reihe »großer« Schriften ausgeliefert werden, die mehrere Zeichensätze auf einmal abdecken.) Die Fernost-Versionen von Windows interpretieren die Codes in *szText* (nach der Auswahl des entsprechenden Zeichensatzes, versteht sich) als Doppelbytefolgen (»DBCs«) und liefern dann Ideogramme anstelle einzelner Buchstaben.

Die Unicode-Version von PICKFONT liefert unter NT für die Codes 0xC0 bis 0xC5 und 0xE0 bis 0xE5 dagegen bei allen Zeichensätzen mit Ausnahme von SYMBOL_CHARSET eine Reihe akzentuierter As, weil die Interpretation der (16 anstelle von 8 Bit umfassenden) Codes hier nicht mehr von der Auswahl eines Zeichensatzes über Codeseiten abhängig ist. Deswegen habe ich es mir dort auch leisten können, *szString* um einige Codes zu erweitern: mit 0x0395 bis 0x3B0 werden einige griechische Zeichen ausgegeben, die Codes 0x0410 bis 0x0415 und 0x0430 bis 0x0435 entstammen dem kyrillischen Alphabet. Unter Umständen werden Sie allerdings erst einmal einige schwarze Klötzchen zu sehen bekommen – nämlich dann, wenn die von Ihnen gewählte Schrift die gewünschten Zeichen nicht enthält. In diesem Fall sollten Sie Windows NT über die Auswahl von GREEK_CHARSET bzw. RUSSIAN_CHARSET explizit darauf hinweisen, dass die entsprechenden Zeichen gebraucht werden. Da Windows NT grundsätzlich mit Unicode arbeitet, erschöpft sich die Funktion des LOGFONT-Feldes *lfCharSet* dort in der Anweisung an das System, nur solche Schriften auszusuchen, in denen die durch die »Codeseite« angegebenen Zeichendefinitionen auch wirklich enthalten sind. Demonstrieren läßt sich das unter anderem über die Auswahl von HEBREW_CHARSET (177) – eines Zeichensatzes, der auch in den »großen« Varianten von Times New Roman und Arial nicht enthalten ist: Wie Sie sich mit einem Blick auf den Schriftnamen in der untersten Zeile des Dialogfelds von PICKFONT überzeugen können, weicht das System nun auf die Schrift Lucida Sans Unicode aus (und bleibt auch dann bei dieser Auswahl, wenn Sie im nächsten Versuch explizit auf einer Serifenschrift, d.h. der Schriftfamilie »Roman« bestehen.)

Die Unicode-Version von PICKFONT versucht sich außerdem noch in der Ausgabe der Codes 0x5000 bis 0x5004, denen einige der zahlreichen fernöstlichen Ideogramme zugeordnet sind. Die entsprechenden Zeichen bekommen Sie allerdings auch unter NT nur dann zu sehen, wenn Sie entweder über eine der Fernost-Ausgaben dieses Systems verfügen oder sich die Mühe machen wollen, eine (einst kostenlose) Unicode-Schrift namens BitStream CyberBit des Schriftenherstellers Bitstream im Internet zu suchen, die vor allen in puncto Fernost eine wesentlich höhere Zahl von Zeichendefinitionen enthält. Ein wenig Geduld werden Sie dazu allerdings auch brauchen: Während die von Microsoft ausgelieferte Unicode-Schrift Lucida Sans mit rund 300 KByte auskommt, liegt die Größe von Bitstream CyberBit bei satten 13 MBytes. Nach erfolgter Installation wird Windows NT diese Schrift immer dann auswählen, wenn Sie einen Zeichensatz anfordern, für den Lucida Sans Unicode die Definitionen fehlen – beispielsweise SHIFTJIS_CHARSET (Japanisch), HANGUL_CHARSET (Koreanisch), JOHAB_CHARSET (Koreanisch), GB2312_-CHARSET (vereinfachtes Chinesisch) und CHINESEBIG5_CHARSET (traditionelles Chinesisch). Ein Programm, mit dem sich sämtliche in einer Schrift definierten Zeichen anzeigen lassen, stelle ich weiter hinten in diesem Kapitel vor.

Das EZFONT-System

In den Zeiten vor TrueType und *ChooseFont* wurde es bei der Schriftauswahl spätestens dann kompliziert, wenn das Ergebnis hinterher auch zu Papier gebracht werden sollte: Programme mußten dort die auf dem jeweiligen Drucker verfügbaren Schriften (über die GDI-Funktion *EnumFonts*) abzählen und in ein eigenes Menü packen. Nachdem der Benutzer eine dieser Schriften ausgewählt hatte, geschah die Formatierung mit den Charakteristika der Druckerschrift – und *zur Darstellung auf dem Bildschirm mußte die GDI-Schrift verwendet werden, die der Druckerschrift am nächsten kam.*

Da TrueType-Schriften heutzutage auf jedem System verfügbar sind und sich sowohl für den Bildschirm als auch den Drucker unverändert einsetzen lassen, kann man sich nicht nur das Abzählen über *EnumFonts* ersparen, sondern vor allem auch den (nicht immer glücklichen) Versuch, für eine vom Benutzer gewählte »Druckerschrift« blindlings eine »Bildschirmschrift« anzufordern – und dann zu hoffen, dass dabei etwas halbwegs Brauchbares herauskommt. Tatsächlich kann sich ein Programm guten Gewissens darauf beschränken, bei der Auswahl einer Schrift schlicht einen Namen zusammen mit der gewünschten Punktgröße anzugeben – und damit hat sich's. Wer ganz auf Nummer Sicher gehen will, hält sich bei Standardvorgaben an die Schriftnamen aus Tabelle 17.3 von Seite 934.

Dieser Ansatz, den ich als »easy fonts« bezeichne und dessen Realisierung Sie in Abbildung 17.4 finden, läßt sich zwar durch das vorsätzliche Löschen von Standardschriften aus den Angeln heben – Leute, die erst die Arial-Schriftdateien im FONTS-Ordner löschen und sich dann darüber beschweren, dass ein Programm diese Schrift nicht mehr darstellt, machen mir aber wirklich kein schlechtes Gewissen.

EZFONT.H

```
/*--------------------------------------
   EZFONT.H: Include-Datei für EZFONT.C
  --------------------------------------*/

HFONT EzCreateFont (HDC hdc, TCHAR * szFaceName, int iDeciPtHeight,
                    int iDeciPtWidth, int iAttributes, BOOL fLogRes) ;

#define EZ_ATTR_BOLD          1
#define EZ_ATTR_ITALIC        2
#define EZ_ATTR_UNDERLINE     4
#define EZ_ATTR_STRIKEOUT     8
```

EZFONT.C

```
/*----------------------------------------------------
   EZFONT.C - Einfaches Anlegen logischer Schriften
              (c) Charles Petzold, 1998
  ----------------------------------------------------*/

#include <windows.h>
#include <math.h>
#include "ezfont.h"

HFONT EzCreateFont (HDC hdc, TCHAR * szFaceName, int iDeciPtHeight,
                    int iDeciPtWidth, int iAttributes, BOOL fLogRes)
{
     FLOAT      cxDpi, cyDpi ;
     HFONT      hFont ;
     LOGFONT    lf ;
     POINT      pt ;
     TEXTMETRIC tm ;

     SaveDC (hdc) ;

     SetGraphicsMode (hdc, GM_ADVANCED) ;
     ModifyWorldTransform (hdc, NULL, MWT_IDENTITY) ;
     SetViewportOrgEx (hdc, 0, 0, NULL) ;
     SetWindowOrgEx   (hdc, 0, 0, NULL) ;
```

```
     if (fLogRes)
     {
          cxDpi = (FLOAT) GetDeviceCaps (hdc, LOGPIXELSX) ;
          cyDpi = (FLOAT) GetDeviceCaps (hdc, LOGPIXELSY) ;
     }
     else
     {
          cxDpi = (FLOAT) (25.4 * GetDeviceCaps (hdc, HORZRES) / GetDeviceCaps (hdc, HORZSIZE)) ;
          cyDpi = (FLOAT) (25.4 * GetDeviceCaps (hdc, VERTRES) / GetDeviceCaps (hdc, VERTSIZE)) ;
     }

     pt.x = (int) (iDeciPtWidth  * cxDpi / 72) ;
     pt.y = (int) (iDeciPtHeight * cyDpi / 72) ;

     DPtoLP (hdc, &pt, 1) ;
     lf.lfHeight         = - (int) (fabs (pt.y) / 10.0 + 0.5) ;
     lf.lfWidth          = 0 ;
     lf.lfEscapement     = 0 ;
     lf.lfOrientation    = 0 ;
     lf.lfWeight         = iAttributes & EZ_ATTR_BOLD      ? 700 : 0 ;
     lf.lfItalic         = iAttributes & EZ_ATTR_ITALIC    ?   1 : 0 ;
     lf.lfUnderline      = iAttributes & EZ_ATTR_UNDERLINE ?   1 : 0 ;
     lf.lfStrikeOut      = iAttributes & EZ_ATTR_STRIKEOUT ?   1 : 0 ;
     lf.lfCharSet        = DEFAULT_CHARSET ;
     lf.lfOutPrecision   = 0 ;
     lf.lfClipPrecision  = 0 ;
     lf.lfQuality        = 0 ;
     lf.lfPitchAndFamily = 0 ;

     lstrcpy (lf.lfFaceName, szFaceName) ;

     hFont = CreateFontIndirect (&lf) ;

     if (iDeciPtWidth != 0)
     {
          hFont = (HFONT) SelectObject (hdc, hFont) ;

          GetTextMetrics (hdc, &tm) ;

          DeleteObject (SelectObject (hdc, hFont)) ;

          lf.lfWidth = (int) (tm.tmAveCharWidth * fabs (pt.x) / fabs (pt.y) + 0.5) ;

          hFont = CreateFontIndirect (&lf) ;
     }

     RestoreDC (hdc, -1) ;
     return hFont ;
}
```

Abbildung 17.4: *Die Dateien* EZFONT.H *und* EZFONT.C

EZFONT.C definiert lediglich eine einzige Funktion deren Aufruf so aussieht:

```
hFont = EzCreateFont (hdc, szFaceName, iDeciPtHeight, iDeciPtWidth, iAttributes, fLogRes) ;
```

EzCreateFont liefert den Handle der entsprechenden logischen Schrift zurück, den Sie danach über *SelectObject* in einen Gerätekontext einsetzen können. Der nächste Schritt nach dem Einsetzen in den Gerätekontext sollte aus der Ermittlung der logischen Maße über *GetTextMetrics* oder (die noch nicht erwähnte Funktion) *GetOutlineTextMetrics* bestehen. Die Freigabe einer solchen Schrift geschieht wie üblich spätestens bei der Reaktion auf WM_DESTROY über *DeleteObject*.

Für den Parameter *szFaceName* ist der Name einer TrueType-Schrift zu übergeben. Wenn Sie sich dabei an die Standardschriften halten (vgl. Tabelle 17.3 auf Seite 934), dann ist die Chance ausgesprochen klein, dass dabei etwas anderes als das Gewünschte herauskommt.

Als dritten Parameter (*iDeciPtHeight*) erwartet die Funktion die gewünschte Schriftgröße in Zehntel Punkt. Wenn Sie beispielsweise eine Größe von 12.5 Punkt benötigen, dann übergeben Sie hier den Wert 125. Als vierten Parameter (*iDeciPtWidth*) wird man im Normalfall entweder 0 oder denselben Wert wie für den dritten Parameter einsetzen – es sei denn, Sie wollen eine Schrift anlegen, die etwas schmaler oder breiter läuft als vom Designer ursprünglich vorgesehen. Mit Werten wie *tmAveCharWidth* hat eine solche Festlegung nur indirekt zu tun. Was Sie hier angeben, wird in der traditionellen Typographie auf amerikanisch als »em-width« bezeichnet, wobei das »em« für den Großbuchstaben »M« steht, der in den klassischen Schriften quadratisch ist, also dieselbe Breite wie Höhe hat. (Die deutsche Typographie verwendet dafür den Terminus »Geviert«. Und weil ich gerade dabei bin: Der »em-dash« – der in amerikanischen Büchern übliche lange Gedankenstrich – hat seinen Namen daher, dass er dieselbe Breite wie ein »m« hat; der in Deutschland übliche Gedankenstrich hört dort auf den Namen »en-dash«, weil seine Breite einem »n« entspricht, das seinerseits in den klassischen Schriftschnitten exakt halb so breit wie ein »m« ausfällt und deshalb hierzulande als Halbgeviert bezeichnet wird. Ein normaler Trennstrich fällt im allgemeinen ein gutes Stück schmaler als ein Gedankenstrich aus.) Kurz und gut: Wenn Sie für *iDeciPtWidth* einen größeren Wert als für *iDeciPtHeight* angeben, sollte eine breiter laufende Schrift herauskommen als vom Designer eigentlich vorgesehen, für kleinere Werte ergeben sich entsprechend schmalere (gestauchte) Zeichen.

Für den Parameter *iAttributes* definiert EZFONT.H die folgenden Konstanten, die sich über ein bitweises OR (»|«) miteinander kombinieren lassen:

```
EZ_ATTR_BOLD            // fett
EZ_ATTR_ITALIC          // kursiv
EZ_ATTR_UNDERLINE       // unterstrichen
EZ_ATTR_STRIKEOUT       // durchgestrichen
```

EZATTR_BOLD und EZ_ATTR_ITALIC lassen sich auch durch eine entsprechende Erweiterung des als *szFaceName* übergebenen Schriftnamens (»Arial fett« anstelle von »Arial«) ersetzen.

Mit dem fünften und letzten Parameter (*fLogRes*) von *EzCreateFont* legen Sie schließlich fest, ob die Funktion die gewünschte Punktgröße auf die »logische Auflösung« des (durch den Gerätekontext *hdc* bezeichneten) Gerätes bezieht oder sich auf die Mechanismen von Windows verläßt: Wenn Sie hier den Wert TRUE einsetzen, dann ermittelt die Funktion die logischen Maße über *GetDeviceCaps* und die Indexwerte LOGPIXELSX bzw. LOGPIXELSY selbst; bei FALSE bezieht sich die Schriftgröße auf die von Windows mit HORZRES, VERTRES, HORZSIZE und VERTSIZE ermittelten Werte. Wie zuvor erläutert, spielt diese Unterscheidung nur dann eine Rolle, wenn Sie unter Windows NT eine Schrift für den Bildschirm anfordern: Wenn Sie Wert darauf legen, dass in diesem Fall dieselbe Logik wie für Windows 98 (und für NT-Druckerschriften) verwendet wird, sollten Sie für *fLogRes* grundsätzlich TRUE verwenden.

EzCreateFont beginnt mit einigen Anweisungen, die nur bei Windows NT sichtbare Wirkung zeigen. Unter Windows 98 besteht die Implementation von *SetGraphicsMode* und *ModifyWorldTransform* aus einem schlichten *return*, bei NT können sich Transformationen des »Welt-Koordinatensystems« dagegen auf die Berechnung der Schriftgröße auswirken, weshalb *EzCreateFont* hier *vor* den entsprechenden Berechnungen erst einmal für normale Verhältnisse sorgt. Der Rest der Funktion besteht überwiegend aus dem Besetzen der entsprechenden Felder einer LOGFONT-Struktur und einem Aufruf von *CreateFontIndirect*, wobei lediglich für das Feld *lfHeight* eine echte Berechnung notwendig ist: Die Funktion setzt die gewünschte Größe erst auf Geräteeinheiten (lies: Pixel) um, was auf der Basis der von *GetDeviceCaps* zurückgelieferten Informationen geschieht, und rechnet sie in einem zweiten Schritt dann wieder in das gewünschte logische Koordinatensystem zurück. Eigentlich sollte man meinen, dass sich die Umrechnung von Pixeln auf logische Koordinaten über einen einfachen Aufruf der Funktion *DPtoLP* (»device point to logical point«) erledigen ließe – was aber nicht immer so ist: Damit *DPtoLP* sinnvolle Ergebnisse liefert, muß der Gerätekontext *hdc* das Koordinatensystem verwenden, das später auch für die Ausgabe der Schrift eingesetzt wird. Anders gesagt: Wenn Sie ein anderes Koordinatensystem als MM_TEXT benutzen, müssen Sie dieses Koordinatensystem *vor* dem Aufruf von *EzCreateFont* einsetzen. Da man für ein und denselben Bereich eines Fensters aber nur selten wechselnde Koordinatensysteme benutzt, sollte diese Forderung in der Praxis kein allzu großes Problem darstellen.

Das in Abbildung 17.5 aufgelistete Programm EZTEST stellt eine (allerdings nicht gerade erschöpfende) die Nagelprobe von EZFONT dar. Es verwendet neben EZFONT.H und EZFONT.C einige FONTDEMO-Dateien, die auch in einigen weiteren Programmen dieses Kapitels zum Einsatz kommen.

EZTEST.C

```
/*------------------------------------
   EZTEST.C - Einfacher Test von EZFONT
              (c) Charles Petzold, 1998
  ------------------------------------*/

#include <windows.h>
#include "ezfont.h"

TCHAR szAppName [] = TEXT ("EZTest") ;
TCHAR szTitle   [] = TEXT ("EZTest: Test von EZFONT") ;

void PaintRoutine (HWND hwnd, HDC hdc, int cxArea, int cyArea)
{
     HFONT      hFont ;
     int        y, iPointSize ;
     LOGFONT    lf ;
     TCHAR      szBuffer [100] ;
     TEXTMETRIC tm ;

     // Koordinatensystem "logische Twips"
     SetMapMode (hdc, MM_ANISOTROPIC) ;
     SetWindowExtEx (hdc, 1440, 1440, NULL) ;
     SetViewportExtEx (hdc, GetDeviceCaps (hdc, LOGPIXELSX),
                            GetDeviceCaps (hdc, LOGPIXELSY), NULL) ;

     // Einige Schriftgrößen ausprobieren
     y = 0 ;
```

```
     for (iPointSize = 80 ; iPointSize <= 120 ; iPointSize++)
     {
          hFont = EzCreateFont (hdc, TEXT ("Times New Roman"), iPointSize, 0, 0, TRUE) ;

          GetObject (hFont, sizeof (LOGFONT), &lf) ;

          SelectObject (hdc, hFont) ;
          GetTextMetrics (hdc, &tm) ;
          TextOut (hdc, 0, y, szBuffer,
               wsprintf (szBuffer,
                         TEXT ("Times New Roman mit %i.%i Punkt, ")
                         TEXT ("lf.lfHeight = %i, tm.tmHeight = %i"),
                         iPointSize / 10, iPointSize % 10,
                         lf.lfHeight, tm.tmHeight)) ;

          DeleteObject (SelectObject (hdc, GetStockObject (SYSTEM_FONT))) ;
          y += tm.tmHeight ;
     }
}
```

FONTDEMO.C

```
/*---------------------------------------------
   FONTDEMO.C - Rahmenprogramm für Schrift-Demos
                (c) Charles Petzold, 1998
  ---------------------------------------------*/

#include <windows.h>
#include "..\\EZTest\\EzFont.h"
#include "..\\EZTest\\resource.h"

extern  void     PaintRoutine (HWND, HDC, int, int) ;
LRESULT CALLBACK WndProc (HWND, UINT, WPARAM, LPARAM) ;

HINSTANCE hInst ;

extern TCHAR szAppName [] ;
extern TCHAR szTitle [] ;

int WINAPI WinMain (HINSTANCE hInstance, HINSTANCE hPrevInstance, PSTR szCmdLine, int iCmdShow)
{
     TCHAR    szResource [] = TEXT ("FontDemo") ;
     HWND     hwnd ;
     MSG      msg ;
     WNDCLASS wndclass ;

     hInst = hInstance ;

     wndclass.style         = CS_HREDRAW | CS_VREDRAW ;
     wndclass.lpfnWndProc   = WndProc ;
     wndclass.cbClsExtra    = 0 ;
     wndclass.cbWndExtra    = 0 ;
     wndclass.hInstance     = hInstance ;
     wndclass.hIcon         = LoadIcon (NULL, IDI_APPLICATION) ;
     wndclass.hCursor       = LoadCursor (NULL, IDC_ARROW) ;
     wndclass.hbrBackground = (HBRUSH) GetStockObject (WHITE_BRUSH) ;
     wndclass.lpszMenuName  = szResource ;
```

```
     wndclass.lpszClassName = szAppName ;

     if (!RegisterClass (&wndclass))
     {    // UNICODE-Compilierung ist die einzige realistische Fehlermöglichkeit
          MessageBox (NULL, TEXT ("Programm arbeitet mit Unicode und setzt Windows NT voraus!"),
                      szAppName, MB_ICONERROR) ;
          return 0 ;
     }

     hwnd = CreateWindow (szAppName, szTitle,
                          WS_OVERLAPPEDWINDOW,
                          CW_USEDEFAULT, CW_USEDEFAULT,
                          CW_USEDEFAULT, CW_USEDEFAULT,
                          NULL, NULL, hInstance, NULL) ;

     ShowWindow (hwnd, iCmdShow) ;
     UpdateWindow (hwnd) ;

     while (GetMessage (&msg, NULL, 0, 0))
     {
          TranslateMessage (&msg) ;
          DispatchMessage (&msg) ;
     }
     return msg.wParam ;
}

LRESULT CALLBACK WndProc (HWND hwnd, UINT message, WPARAM wParam, LPARAM lParam)
{
     static DOCINFO  di = { sizeof (DOCINFO), TEXT ("FontDemo: Druck läuft") } ;
     static int      cxClient, cyClient ;
     static PRINTDLG pd = { sizeof (PRINTDLG) } ;
     BOOL            fSuccess ;
     HDC             hdc, hdcPrn ;
     int             cxPage, cyPage ;
     PAINTSTRUCT     ps ;

     switch (message)
     {
     case WM_COMMAND:
          switch (wParam)
          {
          case IDM_PRINT:

               // Drucker-Gerätekontext
               pd.hwndOwner = hwnd ;
               pd.Flags     = PD_RETURNDC | PD_NOPAGENUMS | PD_NOSELECTION ;

               if (!PrintDlg (&pd))
                    return 0 ;

               if (NULL == (hdcPrn = pd.hDC))
               {
                    MessageBox (hwnd, TEXT ("Kein Druckerkontext verfügbar"),
                                szAppName, MB_ICONEXCLAMATION | MB_OK) ;
                    return 0 ;
               }
```

```
            // Größe des bedruckbaren Bereichs
            cxPage = GetDeviceCaps (hdcPrn, HORZRES) ;
            cyPage = GetDeviceCaps (hdcPrn, VERTRES) ;

            fSuccess = FALSE ;

            // Druckausgabe
            SetCursor (LoadCursor (NULL, IDC_WAIT)) ;
            ShowCursor (TRUE) ;

            if ((StartDoc (hdcPrn, &di) > 0) && (StartPage (hdcPrn) > 0))
            {
                PaintRoutine (hwnd, hdcPrn, cxPage, cyPage) ;

                if (EndPage (hdcPrn) > 0)
                {
                    fSuccess = TRUE ;
                    EndDoc (hdcPrn) ;
                }
            }
            DeleteDC (hdcPrn) ;

            ShowCursor (FALSE) ;
            SetCursor (LoadCursor (NULL, IDC_ARROW)) ;

            if (!fSuccess)
                MessageBox (hwnd, TEXT ("Fehler beim Drucken"),
                          szAppName, MB_ICONEXCLAMATION | MB_OK) ;
            return 0 ;

        case IDM_ABOUT:
            MessageBox (hwnd, TEXT ("Demonstration von Schriften\n")
                              TEXT ("(c) Charles Petzold, 1998"),
                          szAppName, MB_ICONINFORMATION | MB_OK) ;
            return 0 ;
        }
        break ;

    case WM_SIZE:
        cxClient = LOWORD (lParam) ;
        cyClient = HIWORD (lParam) ;
        return 0 ;

    case WM_PAINT:
        hdc = BeginPaint (hwnd, &ps) ;

        PaintRoutine (hwnd, hdc, cxClient, cyClient) ;

        EndPaint (hwnd, &ps) ;
        return 0 ;

    case WM_DESTROY :
        PostQuitMessage (0) ;
        return 0 ;
    }
```

```
    return DefWindowProc (hwnd, message, wParam, lParam) ;
}
```

FONTDEMO.RC

```
//Microsoft Developer Studio generated resource script.

#include "resource.h"
#include "afxres.h"

/////////////////////////////////////////////////////////////////////////////
// Menu

FONTDEMO MENU DISCARDABLE
BEGIN
    POPUP "&Datei"
    BEGIN
        MENUITEM "&Drucken...",            IDM_PRINT
    END
    POPUP "&Hilfe"
    BEGIN
        MENUITEM "&Info...",               IDM_ABOUT
    END
END
```

RESOURCE.H

```
// Microsoft Developer Studio generated include file.
// Used by FontDemo.rc

#define IDM_PRINT                   40001
#define IDM_ABOUT                   40002
```

Abbildung 17.5: EZTEST *zusammen mit dem Rahmenprogramm* FONTDEMO

Die Funktion *PaintRoutine* von EZTEST setzt das Koordinatensystem »logische Twips« (also Zwanzigstel Zoll) und fordert dann in einer Schleife nacheinander 40 unterschiedliche Größen der Schrift Times New Roman an, die in Schritten von jeweils 0,1 Punkt von 8 bis 12 Punkt laufen. Auf dem Bildschirm sieht das Ergebnis erst einmal recht ernüchternd aus: Mehr als ein knappes Dutzend unterschiedlicher Schriftgrößen werden Sie dort wohl kaum zu sehen bekommen – und die über *GetTextMetrics* abgefragten Höhen sind für jeweils fünf oder sechs aufeinanderfolgende Abstufungen exakt dieselben. Der Grund dafür liegt natürlich darin, dass die kleinste vom Bildschirm darstellbare Einheit eben ein Pixel ist und sich die GDI bei der Umsetzung der Zeichenbeschreibung in Bitmaps zwangsläufig auf dieses Raster beschränken muß. Bei der Ausgabe auf einem Drucker sollten Sie dagegen je nach Auflösung zwischen 20 und 40 unterschiedliche Abstufungen zu sehen bekommen.

Gedrehte Schriften

Wie das Programm PICKFONT praktisch demonstriert, lassen sich TrueType-Schriften über entsprechende Werte in den LOGFONT-Feldern *lfEscapement* und *lfOrientation* (bei Windows NT) um beliebige Winkel drehen. Bei Licht betrachtet, sollte so etwas der GDI auch nicht sonderlich schwerfallen: Formeln zum Drehen von Punkten um einen beliebigen Ursprung herum sind schließlich mathematisches Allgemeingut.

Die Funktion *EzCreateFont* sieht keinen Parameter für die Drehung von Schriften vor, weil sich das nach ihrem Aufruf ohne jede Schwierigkeit erledigen läßt, wie das in Abbildung 17.6 aufgelistete Programm FONTROT (»font rotate«) demonstriert. Dieses Programm setzt sowohl die beiden EZFONT-Dateien (Abbildung 17.4 auf Seite 963) als auch die FONTDEMO-Dateien aus Abbildung 17.5 voraus.

FONTROT.C

```
/*------------------------------------
   FONTROT.C - Gedrehte Schriften
               (c) Charles Petzold, 1998
  ------------------------------------*/

#include <windows.h>
#include "..\\eztest\\ezfont.h"

TCHAR szAppName [] = TEXT ("FontRot") ;
TCHAR szTitle   [] = TEXT ("FontRot: Gedrehte Schriften") ;

void PaintRoutine (HWND hwnd, HDC hdc, int cxArea, int cyArea)
{
     static TCHAR szString [] = TEXT ("   Rotation") ;
     HFONT        hFont ;
     int          i ;
     LOGFONT      lf ;

     hFont = EzCreateFont (hdc, TEXT ("Times New Roman"), 540, 0, 0, TRUE) ;
     GetObject (hFont, sizeof (LOGFONT), &lf) ;
     DeleteObject (hFont) ;

     SetBkMode (hdc, TRANSPARENT) ;
     SetTextAlign (hdc, TA_BASELINE) ;
     SetViewportOrgEx (hdc, cxArea / 2, cyArea / 2, NULL) ;

     for (i = 0 ; i < 12 ; i ++)
     {
          lf.lfEscapement = lf.lfOrientation = i * 300 ;
          SelectObject (hdc, CreateFontIndirect (&lf)) ;

          TextOut (hdc, 0, 0, szString, lstrlen (szString)) ;

          DeleteObject (SelectObject (hdc, GetStockObject (SYSTEM_FONT))) ;
     }
}
```

Abbildung 17.6: *Das Programm* FONTROT

FONTROT ruft *EzCreateFont* erst einmal für eine Times New Roman mit 54 Punkt auf, fragt die zum Anlegen dieser Schrift verwendeten Parameter dann über *GetObject* ab und gibt sie danach frei. Die darauffolgende *for*-Schleife verwendet die durch *GetObject* besetzte LOGFONT-Struktur zum sukzessiven Anlegen von 12 Schriften, wobei der Drehwinkel jeweils um 30 Grad erhöht wird. Abbildung 17.7 zeigt das Ergebnis.

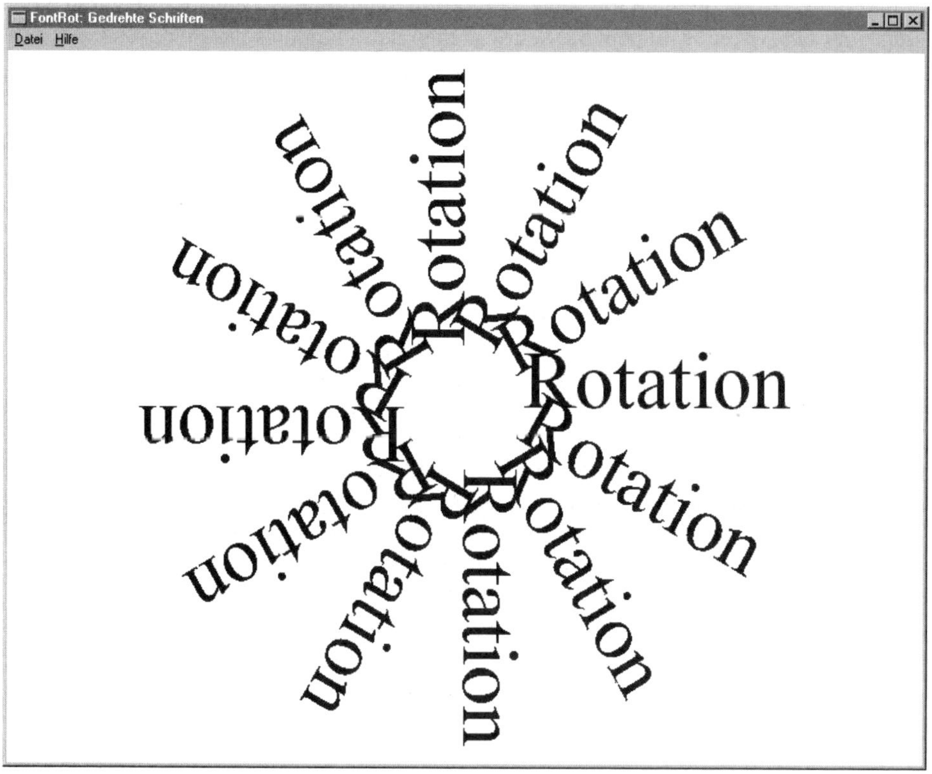

Abbildung 17.7: *Die Ausgaben von* FONTROT

Wenn Sie ausschließlich für Windows NT programmieren und sich für einen allgemeineren Ansatz bei der Drehung grafischer Objekte und/oder andere lineare Transformationen interessieren, dann sollten Sie im Win32-SDK unter dem Stichwort *SetWorldTransform* nachschlagen.

Abfrage verfügbarer Schriften

In den Zeiten vor Windows 3.1 gab es für Programme nur einen Weg, sich Klarheit über die verfügbaren Schriften für den Bildschirm oder einen Drucker zu verschaffen: Die Abzählung über eine Funktion namens *EnumFonts*. Die Syntax dieser Funktion, die natürlich auch von den neueren Windows-Versionen noch unterstützt wird:

```
EnumFonts (hdc, szTypeFace, EnumProc, pData) ;
```

Als *hdc* ist hier der Kontext des jeweiligen Gerätes zu übergeben, als *szTypeFace* entweder der Wert NULL (zur Abzählung aller Schriften) oder der Name einer Schriftfamilie (wie »Roman«), wenn die Abzählung auf die Vertreter dieser Familie beschränkt bleiben soll. Als Parameter *EnumProc* erwartet *EnumFonts* die Adresse einer programmeigenen Rückruffunktion, die die GDI dann für jede Schrift einmal aufruft und dabei mit den entsprechenden Daten besetzte LOGFONT- und TEXTMETRIC-Strukturen sowie den (unveränderten) Wert *pData* übergibt. (Ähnlich wie bei anderen Abzählfunktionen kann ein Programm als *pData* einen beliebigen Wert übergeben, den die GDI lediglich an die Rückruffunktion weiterreicht – etwa den Handle eines Listenfensters oder eines Menüs, in dem die Schriftnamen dann landen sollen.)

In Windows 3.1 kam eine weitere Abzählfunktion dazu, die vor allem den Umgang mit TrueType-Schriften erleichterte:

```
EnumFontFamilies (hdc, szFaceName, EnumProc, pData) ;
```

Das Abzählen läuft hier als eine Art hierarchischer Prozeß: Bei einem ersten Aufruf von *EnumFontFamilies* übergibt das Programm als *szFaceName* den Wert NULL, erhält so (über die Rückruffunktion) die »Basisnamen« der einzelnen Schriften (»Times New Roman«, »Arial« etc.) und sammelt sie in einer Liste. Für jeden Eintrag in dieser Liste wird *EnumFontFamilies* dann ein weiteres Mal aufgerufen und bekommt diesmal den entsprechenden Listeneintrag als *szFaceName* übergeben. Die bei diesem Aufruf angegebene Rückruffunktion sammelt dann die verschiedenen Varianten der jeweiligen Schrift (»Times New Roman Fett«, »Times New Roman Kursiv« usw.) ein. Für Rückruffunktionen im Zusammenhang mit *EnumFontFamilies* wird ein Strukturtyp namens ENUMLOGFONT verwendet, der die bekannte LOGFONT-Struktur um ein Feld für den »vollständigen« Schriftnamen (wie eben »Times New Roman Kursiv« oder »Times New Roman Italic«) erweitert. Für Bitmap-Schriften bekommt die Rückruffunktion eine TEXTMETRIC-Struktur übergeben, für TrueType-Schriften dagegen eine NEWTEXTMETRIC-Struktur, die sich vom Original durch vier zusätzliche Felder unterscheidet.

Für die 32-Bit-Versionen von Windows wurde schließlich eine erweiterte Variante namens *EnumFontFamiliesEx* geschaffen, deren Syntax so aussieht:

```
EnumFontFamiliesEx (hdc, &logfont, EnumProc, pData, dwFlags) ;
```

Als zweiten Parameter erwartet diese Funktion einen Zeiger auf eine LOGFONT-Struktur, deren Felder *lfCharSet* und *lfFaceName* darüber Auskunft geben, welche Schriften und Zeichensätze durch die Abzählung erfaßt werden sollen. Die Rückruffunktion arbeitet hier ebenfalls mit erweiterten Strukturtypen namens ENUMLOGFONTEX und NEWTEXTMETRICEX.

Dass diese Beschreibungen ein wenig lustlos klingen, hat natürlich seinen Grund: Auch wenn es durchaus noch die eine oder andere Anwendungsmöglichkeit gibt, setzt man Abzählungen von Schriften nur noch in Spezialfällen ein. Wenn Sie nicht gerade ein Programm in der Größenordnung von Word oder Quark XPress schreiben wollen, dann können Sie es dem Standarddialog zur Schriftauswahl überlassen, sich mit den Details der Rückruffunktion von *EnumFontFamiliesEx* auseinanderzusetzen.

Der Standarddialog zur Schriftauswahl

Dieses Dialogfeld wurde (zusammen mit den anderen Standarddialogen zum Öffnen und Speichern von Dateien sowie zur Farbauswahl) mit Windows 3.1 eingeführt und ist seitdem fester Bestandteil des Systems. Die zum Aufruf verwendete Funktion *ChooseFont* habe ich in Kapitel 11 schon einmal kurz erwähnt – und es dort bei der Erwähnung belassen, weil dort für eine sinnvolle Erklärung der internen Funktionen noch die Grundlagen fehlten.

ChooseFont erwartet als einzigen Parameter die Adresse einer vom Programm initialisierten CHOOSEFONT-Struktur, stellt ein Dialogfenster mit sämtlichen verfügbaren Schriften dar (wobei nach den Erläuterungen des vorangehenden Abschnitts klar sein sollte, wie diese Liste zustande kommt) und erwartet vom Benutzer eine Auswahl. Wenn der Benutzer dieses Dialogfeld mit OK schließt, liefert die Funktion eine mit den entsprechenden Daten besetzte LOGFONT-

Struktur zurück, die das Programm dann direkt für einen Aufruf von *CreateFont* verwenden kann.

Das in Abbildung 17.8 aufgelistete Programm CHOSFONT demonstriert den Aufruf von *ChooseFont* und gibt danach die Felder der durch diesen Aufruf besetzten LOGFONT-Struktur aus, bevor es den Versuch unternimmt, mit der jeweiligen Schrift dieselben Zeichenfolgen wie PICKFONT darzustellen.

CHOSFONT.C

```
/*-----------------------------------------
   CHOSFONT.C - Demonstration von ChooseFont
                (c) Charles Petzold, 1998
  -----------------------------------------*/

#include <windows.h>
#include "resource.h"

LRESULT CALLBACK WndProc (HWND, UINT, WPARAM, LPARAM) ;

int WINAPI WinMain (HINSTANCE hInstance, HINSTANCE hPrevInstance,
                    PSTR szCmdLine, int iCmdShow)
{
     static TCHAR szAppName[] = TEXT ("ChosFont") ;
     HWND         hwnd ;
     MSG          msg ;
     WNDCLASS     wndclass ;

     wndclass.style         = CS_HREDRAW | CS_VREDRAW ;
     wndclass.lpfnWndProc   = WndProc ;
     wndclass.cbClsExtra    = 0 ;
     wndclass.cbWndExtra    = 0 ;
     wndclass.hInstance     = hInstance ;
     wndclass.hIcon         = LoadIcon (NULL, IDI_APPLICATION) ;
     wndclass.hCursor       = LoadCursor (NULL, IDC_ARROW) ;
     wndclass.hbrBackground = (HBRUSH) GetStockObject (WHITE_BRUSH) ;
     wndclass.lpszMenuName  = szAppName ;
     wndclass.lpszClassName = szAppName ;

     if (!RegisterClass (&wndclass))
     {    // UNICODE-Compilierung ist die einzige realistische Fehlermöglichkeit
          MessageBox (NULL, TEXT ("Programm arbeitet mit Unicode und setzt Windows NT voraus!"),
                      szAppName, MB_ICONERROR) ;
          return 0 ;
     }

     hwnd = CreateWindow (szAppName, TEXT ("ChooseFont-Demo"),
                          WS_OVERLAPPEDWINDOW,
                          CW_USEDEFAULT, CW_USEDEFAULT,
                          CW_USEDEFAULT, CW_USEDEFAULT,
                          NULL, NULL, hInstance, NULL) ;

     ShowWindow (hwnd, iCmdShow) ;
     UpdateWindow (hwnd) ;

     while (GetMessage (&msg, NULL, 0, 0))
     {
```

```
          TranslateMessage (&msg) ;
          DispatchMessage (&msg) ;
     }
     return msg.wParam ;
}

LRESULT CALLBACK WndProc (HWND hwnd, UINT message, WPARAM wParam, LPARAM lParam)
{
     static CHOOSEFONT cf ;
     static int        cyChar ;
     static LOGFONT    lf ;
     static TCHAR      szText[] = TEXT ("\x41\x42\x43\x44\x45 ")
                                  TEXT ("\x61\x62\x63\x64\x65 ")

                                  TEXT ("\xC0\xC1\xC2\xC3\xC4\xC5 ")
                                  TEXT ("\xE0\xE1\xE2\xE3\xE4\xE5 ")
#ifdef UNICODE
                                  TEXT ("\x0390\x0391\x0392\x0393\x0394\x0395 ")
                                  TEXT ("\x03B0\x03B1\x03B2\x03B3\x03B4\x03B5 ")

                                  TEXT ("\x0410\x0411\x0412\x0413\x0414\x0415 ")
                                  TEXT ("\x0430\x0431\x0432\x0433\x0434\x0435 ")

                                  TEXT ("\x5000\x5001\x5002\x5003\x5004")
#endif
                                  ;
     HDC               hdc ;
     int               y ;
     PAINTSTRUCT       ps ;
     TCHAR             szBuffer [64] ;
     TEXTMETRIC        tm ;

     switch (message)
     {
     case WM_CREATE:

               // Texthöhe ermitteln
          cyChar = HIWORD (GetDialogBaseUnits ()) ;

               // the LOGFONT-Struktur initialieren
          GetObject (GetStockObject (SYSTEM_FONT), sizeof (lf), &lf) ;

               // CHOOSEFONT-Struktur initialisieren
          cf.lStructSize    = sizeof (CHOOSEFONT) ;
          cf.hwndOwner      = hwnd ;
          cf.hDC            = NULL ;
          cf.lpLogFont      = &lf ;
          cf.iPointSize     = 0 ;
          cf.Flags          = CF_INITTOLOGFONTSTRUCT |
                              CF_SCREENFONTS | CF_EFFECTS ;
          cf.rgbColors      = 0 ;
          cf.lCustData      = 0 ;
          cf.lpfnHook       = NULL ;
          cf.lpTemplateName = NULL ;
          cf.hInstance      = NULL ;
          cf.lpszStyle      = NULL ;
```

```
          cf.nFontType      = 0 ;
          cf.nSizeMin       = 0 ;
          cf.nSizeMax       = 0 ;
          return 0 ;

     case WM_COMMAND:
          switch (LOWORD (wParam))
          {
          case IDM_FONT:
               if (ChooseFont (&cf))
                    InvalidateRect (hwnd, NULL, TRUE) ;
               return 0 ;
          }
          return 0 ;

     case WM_PAINT:
          hdc = BeginPaint (hwnd, &ps) ;

          // Beispieltext in der gewählten Schriftart ausgeben
          SelectObject (hdc, CreateFontIndirect (&lf)) ;
          GetTextMetrics (hdc, &tm) ;
          SetTextColor (hdc, cf.rgbColors) ;
          TextOut (hdc, 0, y = tm.tmExternalLeading, szText, lstrlen (szText)) ;

          // Ausgabe der LOGFONT-Felder mit der Systemschrift
          DeleteObject (SelectObject (hdc, GetStockObject (SYSTEM_FONT))) ;
          SetTextColor (hdc, 0) ;

          TextOut (hdc, 0, y += tm.tmHeight, szBuffer,
               wsprintf (szBuffer, TEXT ("lfHeight = %i"), lf.lfHeight)) ;

          TextOut (hdc, 0, y += cyChar, szBuffer,
               wsprintf (szBuffer, TEXT ("lfWidth = %i"), lf.lfWidth)) ;

          TextOut (hdc, 0, y += cyChar, szBuffer,
               wsprintf (szBuffer, TEXT ("lfEscapement = %i"),
                         lf.lfEscapement)) ;

          TextOut (hdc, 0, y += cyChar, szBuffer,
               wsprintf (szBuffer, TEXT ("lfOrientation = %i"),
                         lf.lfOrientation)) ;

          TextOut (hdc, 0, y += cyChar, szBuffer,
               wsprintf (szBuffer, TEXT ("lfWeight = %i"), lf.lfWeight)) ;

          TextOut (hdc, 0, y += cyChar, szBuffer,
               wsprintf (szBuffer, TEXT ("lfItalic = %i"), lf.lfItalic)) ;

          TextOut (hdc, 0, y += cyChar, szBuffer,
               wsprintf (szBuffer, TEXT ("lfUnderline = %i"), lf.lfUnderline)) ;

          TextOut (hdc, 0, y += cyChar, szBuffer,
               wsprintf (szBuffer, TEXT ("lfStrikeOut = %i"), lf.lfStrikeOut)) ;

          TextOut (hdc, 0, y += cyChar, szBuffer,
               wsprintf (szBuffer, TEXT ("lfCharSet = %i"), lf.lfCharSet)) ;
```

```
        TextOut (hdc, 0, y += cyChar, szBuffer,
            wsprintf (szBuffer, TEXT ("lfOutPrecision = %i"),
                    lf.lfOutPrecision)) ;

        TextOut (hdc, 0, y += cyChar, szBuffer,
            wsprintf (szBuffer, TEXT ("lfClipPrecision = %i"),
                    lf.lfClipPrecision)) ;

        TextOut (hdc, 0, y += cyChar, szBuffer,
            wsprintf (szBuffer, TEXT ("lfQuality = %i"), lf.lfQuality)) ;

        TextOut (hdc, 0, y += cyChar, szBuffer,
            wsprintf (szBuffer, TEXT ("lfPitchAndFamily = 0x%02X"),
                    lf.lfPitchAndFamily)) ;

        TextOut (hdc, 0, y += cyChar, szBuffer,
            wsprintf (szBuffer, TEXT ("lfFaceName = %s"), lf.lfFaceName)) ;

        EndPaint (hwnd, &ps) ;
        return 0 ;

    case WM_DESTROY:
        PostQuitMessage (0) ;
        return 0 ;
    }
    return DefWindowProc (hwnd, message, wParam, lParam) ;
}
```

CHOSFONT.RC

```
//Microsoft Developer Studio generated resource script.

#include "resource.h"
#include "afxres.h"

/////////////////////////////////////////////////////////////////////////////
// Menu

CHOSFONT MENU DISCARDABLE
BEGIN
   MENUITEM "&Schrift!",                   IDM_FONT
END
```

RESOURCE.H

```
// Microsoft Developer Studio generated include file.
// Used by ChosFont.rc

#define IDM_FONT                        40001
```

Abbildung 17.8: *Das Programm* CHOSFONT

Wie bei den anderen Standarddialogen definiert die dazugehörige Struktur auch hier ein Feld *Flags*, über das sich eine Unzahl von Optionen setzen läßt. CHOSFONT verwendet unter anderem den Wert CF_INITLOGFONTSTRUCT und weist *ChooseFont* damit an, als Standardvorgabe die Schrift darzustellen, die durch die LOGFONT-Struktur (Feld *lpLogFont*) beschrieben wird. Weitere Möglichkeiten wären unter anderem die Beschränkung der Auswahl auf TrueType-Schriften (CF_TTONLY), Rationalschriften (CF_FIXEDPITCHONLY), das Ausklammern von OEM-Zeichensätzen (CF_SCRIPTSONLY), die Beschränkung auf Bildschirmschriften (CF_SCREENFONTS), auf Druckerschriften (CF_PRINTERFONTS) – oder auf Schriften, die für Bildschirm und Drucker gemeinsam zur Verfügung stehen (CF_BOTH). CF_PRINTERFONTS und CF_BOTH setzen natürlich voraus, dass Sie den Gerätekontext des Druckers übergeben, auf den sich die Auswahl beziehen soll. (CHOSFONT macht sich die Sache einfach und benutzt das Flag CF_SCREENFONTS.)

Das dritte von CHOSFONT eingesetzte Flag CF_EFFECTS weist *ChooseFont* an, neben den Schriftnamen und Schriftschnitten Kontrollkästchen für »Effekte« wie Unterstreichung und Durchstreichen sowie eine Liste zur Farbauswahl darzustellen. (Texte mit unterschiedlichen Farben setzen auf seiten der Anwendung nichts weiter als entsprechende Aufrufe von *SetTextColor* bei der Ausgabe voraus, sind also eine Kleinigkeit – ganz im Gegensatz zum Zeilenumbruch beim Wechsel der Schriftart oder -größe innerhalb einer Zeile.)

Der von *ChooseFont* dargestellte Dialog enthält überdies auch unter Windows 95 und Windows 98 ein Feld namens »Schrift«, mit dem der Zeichensatz gemeint ist. Die vom Benutzer hier gewählte ID (Standardvorgabe: »Western«, also der westeuropäische Zeichensatz) wird das Feld *lfCharSet* der LOGFONT-Struktur eingetragen.

ChooseFont verwendet zur Berechnung der Schriftgröße (und damit für den Eintrag in das LOGFONT-Feld *lfHeight*) die logischen Auflösung des jeweiligen Geräts. Bei der Auswahl einer Bildschirmschrift auf einem System, das über »Eigenschaften von Anzeige« auf »kleine Schriften« eingestellt ist – mithin mit einer logische Auflösung von 96 Pixeln pro Zoll arbeitet – liefert *ChooseFont* für eine Times Roman mit 72 Punkt in *lfHeight* den Wert -96 zurück und zeigt so an, dass das Programm für die gewünschte Höhe eben -96 einsetzen muß. An diesem Verhalten gibt es nichts zu meckern: 72 Punkt ergeben ein Zoll, und genau dieses Maß wird hier auch (als logischer Zoll) angegeben.

Worauf man allerdings strengstens achten sollte, sind die Konsequenzen dieser Automatik:

- Bei den metrischen Koordinatensystemen von Windows NT haben – wie schon öfter in diesem Buch beklagt – die logischen Koordinaten des Bildschirms nicht viel mit den physischen Punktgrößen zu tun. Wenn Sie in einer Textverarbeitung ein metrisches Koordinatensystem zum Zeichnen eines Lineals benutzen, gibt dieses Lineal deshalb die Textbreite falsch wieder. (Wer Text und Grafiken zusammen ausgeben will, kommt deshalb nicht um ein Koordinatensystem wie meine logischen Twips herum.)
- Wenn Sie *irgendein* anderes Koordinatensystem als MM_TEXT verwenden, dann darf dieses Koordinatensystem *entweder* nur bei Aufruf von *ChooseFont oder* beim Einsetzen der Schrift über *SelectObject* gesetzt sein. Der Grund dafür liegt darin, dass beide Funktionen das Koordinatensystem beim Festlegen er Schriftgröße berücksichtigen, mithin ein von *ChooseFont* bereits auf (beispielsweise) MM_LOENGLISH umgerechneter Wert in *lfHeight* von *SelectObject* dann ein zweites Mal umgerechnet wird.
- Die von *ChooseFont* in *lfHeight* eingesetzten Werte beziehen sich auch dann auf den Bildschirm (und müssen gegebenenfalls umgerechnet werden), wenn Sie der Funktion einen Drucker-Gerätekontext übergeben, weil dieser Kontext ausschließlich zur Abfrage der Schriften, nicht aber zur Größenberechnung verwendet wird.

Die letzte dieser drei Falltüren läßt sich allerdings recht einfach umgehen, weil die CHOOSEFONT-Struktur zusätzlich ein Feld *iPointSize* enthält, das die gewählte Schriftgröße in Zehntel Punkt angibt. Dieser Wert läßt sich unabhängig von Gerätekontexten und Koordinatensystemen in eine logische Größe umrechnen, die man dann in *lfHeight* einsetzt. Die praktische Ausführung dieser Umrechnung, die Sie in der Datei EZFONT.C finden, läßt sich bei Bedarf auch noch vereinfachen – wenn Sie es nicht gleich vorziehen, die von *ChooseFont* gelieferten Daten für einen direkten Aufruf von *EzCreateFont* zu benutzen.

Das in Abbildung 17.9 aufgelistete Programm UNICHARS verwendet ebenfalls *ChooseFont* zur Auswahl und zeigt dann sämtliche Zeichen der jeweiligen Schrift an, was vor allem bei »großen« TrueType-Schriften wie Lucida Sans Unicode und BitStream CyberBit recht lehrreich sein kann. UNICHARS läßt sich zwar wie gewohnt als ANSI- oder Unicode-Version compilieren, verwendet aber auch in der ANSI-Variante die Funktion *TextOutW* und macht so die Anzeige aller Zeichen in beiden Windows-Versionen möglich.

UNICHARS.C

```
/*-----------------------------------------------------------
   UNICHARS.C - Darstellung von Zeichendefinitionen mit Unicode
               (c) Charles Petzold, 1998
  -----------------------------------------------------------*/

#include <windows.h>
#include "resource.h"

LRESULT CALLBACK WndProc (HWND, UINT, WPARAM, LPARAM) ;

int WINAPI WinMain (HINSTANCE hInstance, HINSTANCE hPrevInstance,
                    PSTR szCmdLine, int iCmdShow)
{
     static TCHAR szAppName[] = TEXT ("UniChars") ;
     HWND         hwnd ;
     MSG          msg ;
     WNDCLASS     wndclass ;

     wndclass.style         = CS_HREDRAW | CS_VREDRAW ;
     wndclass.lpfnWndProc   = WndProc ;
     wndclass.cbClsExtra    = 0 ;
     wndclass.cbWndExtra    = 0 ;
     wndclass.hInstance     = hInstance ;
     wndclass.hIcon         = LoadIcon (NULL, IDI_APPLICATION) ;
     wndclass.hCursor       = LoadCursor (NULL, IDC_ARROW) ;
     wndclass.hbrBackground = (HBRUSH) GetStockObject (WHITE_BRUSH) ;
     wndclass.lpszMenuName  = szAppName ;
     wndclass.lpszClassName = szAppName ;

     if (!RegisterClass (&wndclass))
     {    // UNICODE-Compilierung ist die einzige realistische Fehlermöglichkeit
          MessageBox (NULL, TEXT ("Programm arbeitet mit Unicode und setzt Windows NT voraus!"),
                      szAppName, MB_ICONERROR) ;
          return 0 ;
     }

     hwnd = CreateWindow (szAppName, TEXT ("Unicode-Zeichen"),
                          WS_OVERLAPPEDWINDOW | WS_VSCROLL,
                          CW_USEDEFAULT, CW_USEDEFAULT,
                          CW_USEDEFAULT, CW_USEDEFAULT,
                          NULL, NULL, hInstance, NULL) ;

     ShowWindow (hwnd, iCmdShow) ;
```

```
     UpdateWindow (hwnd) ;

     while (GetMessage (&msg, NULL, 0, 0))
     {
          TranslateMessage (&msg) ;
          DispatchMessage (&msg) ;
     }
     return msg.wParam ;
}

LRESULT CALLBACK WndProc (HWND hwnd, UINT message, WPARAM wParam, LPARAM lParam)
{
     static CHOOSEFONT cf ;
     static int        iPage ;
     static LOGFONT    lf ;
     HDC               hdc ;
     int               cxChar, cyChar, x, y, i, cxLabels ;
     PAINTSTRUCT       ps ;
     SIZE              size ;
     TCHAR             szBuffer [8] ;
     TEXTMETRIC        tm ;
     WCHAR             ch ;

     switch (message)
     {
     case WM_CREATE:
          hdc = GetDC (hwnd) ;
          lf.lfHeight = - GetDeviceCaps (hdc, LOGPIXELSY) / 6 ;  // 12 Punkt
          lstrcpy (lf.lfFaceName, TEXT ("Lucida Sans Unicode")) ;
          ReleaseDC (hwnd, hdc) ;

          cf.lStructSize = sizeof (CHOOSEFONT) ;
          cf.hwndOwner   = hwnd ;
          cf.lpLogFont   = &lf ;
          cf.Flags       = CF_INITTOLOGFONTSTRUCT | CF_SCREENFONTS ;

          SetScrollRange (hwnd, SB_VERT, 0, 255, FALSE) ;
          SetScrollPos   (hwnd, SB_VERT, iPage,  TRUE ) ;
          return 0 ;

     case WM_COMMAND:
          switch (LOWORD (wParam))
          {
          case IDM_FONT:
               if (ChooseFont (&cf))
                    InvalidateRect (hwnd, NULL, TRUE) ;
               return 0 ;
          }
          return 0 ;

     case WM_VSCROLL:
          switch (LOWORD (wParam))
               {
               case SB_LINEUP:          iPage -=  1 ;  break ;
               case SB_LINEDOWN:        iPage +=  1 ;  break ;
               case SB_PAGEUP:          iPage -= 16 ;  break ;
```

```
            case SB_PAGEDOWN:       iPage += 16 ;  break ;
            case SB_THUMBPOSITION:  iPage = HIWORD (wParam) ;  break ;

            default:
                return 0 ;
            }

        iPage = max (0, min (iPage, 255)) ;

        SetScrollPos (hwnd, SB_VERT, iPage, TRUE) ;
        InvalidateRect (hwnd, NULL, TRUE) ;
        return 0 ;

    case WM_PAINT:
        hdc = BeginPaint (hwnd, &ps) ;

        SelectObject (hdc, CreateFontIndirect (&lf)) ;

        GetTextMetrics (hdc, &tm) ;
        cxChar = tm.tmMaxCharWidth ;
        cyChar = tm.tmHeight + tm.tmExternalLeading ;

        cxLabels = 0 ;

        for (i = 0 ; i < 16 ; i++)
        {
            wsprintf (szBuffer, TEXT (" 000%1X: "), i) ;
            GetTextExtentPoint (hdc, szBuffer, 7, &size) ;

            cxLabels = max (cxLabels, size.cx) ;
        }

        for (y = 0 ; y < 16 ; y++)
        {
            wsprintf (szBuffer, TEXT (" %03X_: "), 16 * iPage + y) ;
            TextOut (hdc, 0, y * cyChar, szBuffer, 7) ;

            for (x = 0 ; x < 16 ; x++)
            {
                ch = (WCHAR) (256 * iPage + 16 * y + x) ;
                TextOutW (hdc, x * cxChar + cxLabels,
                               y * cyChar, &ch, 1) ;
            }
        }

        DeleteObject (SelectObject (hdc, GetStockObject (SYSTEM_FONT))) ;
        EndPaint (hwnd, &ps) ;
        return 0 ;

    case WM_DESTROY:
        PostQuitMessage (0) ;
        return 0 ;
    }
    return DefWindowProc (hwnd, message, wParam, lParam) ;
}
```

UNICHARS.RC

```
//Microsoft Developer Studio generated resource script.

#include "resource.h"
#include "afxres.h"

/////////////////////////////////////////////////////////////////////////////
// Menu

UNICHARS MENU DISCARDABLE
BEGIN
    MENUITEM "&Schrift!",              IDM_FONT
END
```

RESOURCE.H

```
// Microsoft Developer Studio generated include file.
// Used by Unichars.rc

#define IDM_FONT                        40001
```

Abbildung 17.9: *Das Programm* UNICHARS

Formatierte Ausgaben

Nachdem das Ermitteln verfügbarer Schriften auf einem bestimmten Gerät, ihr Einsetzen in einen Kontext und die Abfrage, was dabei letztlich herauskommt, nun hoffentlich erschöpfend behandelt sind, geht es an den eigentlichen Kern der Sache: Formatierungen bestehen in erster Linie daraus, einen Fließtext in einzelne Zeilen zu umbrechen, die man ihrerseits entweder linksbündig, rechtsbündig, zentriert oder mit linkem und rechtem Randausgleich auf dem Bildschirm bzw. Drucker darstellen kann. (Im letzteren Fall werde ich mich auf das gleichmäßige Verteilen von Wortzwischenräumen beschränken, d.h. einen Ausgleich über Zeichenabstände und/oder variable Kombinationen von Zeichen (»Kerning«) daran interessierten Spezialisten überlassen.)

Die ersten drei Formatierungsarten könnte man im Prinzip mit der Funktion *DrawText* erledigen, die beim Aufruf mit dem Bitflag DT_WORDBREAK sogar auch noch für einen automatischen Zeilenumbruch sorgt. Allerdings bleibt es hier beim »im Prinzip«: *DrawText* kann für einfachere Aufgaben eine ausgesprochene Erleichterung darstellen, gibt aber beispielsweise nicht einmal Auskunft darüber, wieviel des Textes in das beim Aufruf dieser Funktion festgelegte Clipping-Rechteck hineingepaßt hat. Was bei höheren Anforderungen und größeren Textmengen bleibt, ist *TextOut* – und eine ganze Menge von Berechnungen, die das Programm selbst ausführen muß.

Einfache Textformatierung

Eine der erfreulichsten Unterstützungen, die Windows in diesem Zusammenhang anbietet, hört auf den Namen *GetTextExtentPoint32.* (Wie das »32« im Namen vermuten läßt, handelt es sich dabei um eine Erweiterung. Wenn Sie sich für Archäologie interessieren: Die vor Äonen um Staub der Geschichte versunkene Urversion heißt *GetTextExtent.*) Diese Funktion ermittelt sozusagen im voraus, wieviel Platz eine Zeichenfolge (fast) beliebiger Länge bei der Ausgabe über die momentan in einen Kontext eingesetzte Schrift brauchen würde:

```
GetTextExtentPoint32 (hdc, pString, iCount, &size) ;
```

Der horizontale Platzbedarf des durch *pString* adressierten Texts wird im Feld *cx* der als *size* übergebenen SIZE-Struktur geliefert, der vertikale Platzbedarf im Feld *cy*; beide Werte sind logische Einheiten des aktuellen Koordinatensystems.

Da sich ein guter Teil der notwendigen Berechnungen bereits mit einem »Einzeiler« demonstrieren läßt, erspare ich mir und Ihnen bis auf weiteres Ausflüge in die Weltliteratur. Nehmen wir also an, Sie haben eine Schrift in einen Kontext eingesetzt und wollen nun den folgenden Text ausgeben:

```
TCHAR *szText [] = "Ein intelligenter Beispielsatz?" ;
```

Die Ausgabe sollte mit der vertikalen Koordinate *yStart* beginnen und ist in horizontaler Richtung durch einen linken (*xLeft*) bzw. rechten Rand (*xRight*) begrenzt.

Dem Programm geht es darum, den Startpunkt *xStart* abhängig von den jeweiligen Wünschen des Benutzers zu berechnen. Wenn wir einen nichtproportionalen Zeichensatz zur Bedingung machen würden, liefe die Sache auf eine einfache Berechnung à la

```
xWidth = strlen(szText) * <Zeichenbreite>
```

hinaus – aber erstens sollen die im weiteren vorgestellten Techniken auch für Proportionalschriften verwendbar sein, und zweitens sieht die Ermittlung des Platzbedarfs mit

```
GetTextExtentPoint32 (hdc, szText, lstrlen (szText), &size) ;
```

eigentlich auch nicht komplizierter aus. Wenn der horizontale Platzbedarf die Bedingung

```
size.cx > xRight - xLeft
```

erfüllt, dann paßt der Text nicht in die Zeile hinein. Machen wir uns die Sache vorläufig einfach und nehmen wir an, dass genügend Platz vorhanden sei.

Die linksbündige Ausgabe des Textes ist natürlich eher eine Trivialität. *xStart* wird hier schlicht auf den linken Rand gesetzt:

```
TextOut (hdc, xStart, yStart, szText, lstrlen (szText)) ;
```

Danach könnte man nun *size.cy* zu *yStart* addieren und die nächste Zeile ausgeben. Die Berechnung für rechtsbündige Formatierungen ist auch nicht komplexer – sie besteht aus einer Subtraktion der Textbreite vom rechten Rand:

```
xStart = xRight - size.cx ;
```

Beim Zentrieren der Textes zwischen dem linken und rechten Rand wird es etwas interessanter. Der Raum zwischen dem linken und rechten Rand ergibt sich aus *xRight – xLeft*, der Platzbedarf des Textes aus *size.cx*. Damit bleibt ein Freiraum von

```
xRight - xLeft - size.cx
```

übrig, der sich mit

```
xStart = (xLeft + xRight - size.cx) / 2 ;
```

gleichmäßig auf die linke und rechte Seite verteilen läßt. Ähnliches gilt für einen rechten Randausgleich (»Blocksatz«) – nur dass der Freiraum dort nicht links und rechts des Textes, sondern zwischen den Wörtern verteilt werden muß. Für den eingangs zitierten Beispielsatz, der zwei Leerzeichen erhält, ergibt sich:

```
xSpaceWidth = (xRight - xLeft - size.cx) / 2
```

Der zweite Schritt könnte daraus bestehen, dass das Programm nun jedes Wort einzeln an einer jeweils neu zu berechnenden Position ausgibt. Die Alternative dazu besteht im Aufruf einer Windows-Funktion namens *SetTextJustification*:

```
SetTextJustification (hdc, xRight - xLeft - size.cx, 2) ;
```

Diese Routine erwartet als zweiten Parameter den zu verteilenden Freiraum und als dritten Parameter die Anzahl der Leerzeichen. Sie ermittelt die »Leerzeichengröße« selbst und berücksichtigt dabei auch, dass der Text bereits Leerzeichen einer bestimmten Größe enthält (was im vorangehenden Ansatz schlicht unter den Tisch gefallen ist). Die Ausgabe des Textes erfolgt danach einfach ab dem linken Rand:

```
TextOut (hdc, xStart, yStart, szText, strlen (szText)) ;
```

SetTextJustification berücksichtigt die Möglichkeit, dass sich der Freiraum nicht gleichmäßig zwischen den Wörtern verteilen läßt und unterhält zu diesem Zweck einen internen Korrekturzähler, dessen Wert automatisch in einen folgenden Aufruf von *GetTextExtentPoint32* eingeht. Solange man Textzeilen jeweils mit einem einzigen Aufruf von *TextOut* erledigt (d.h. nicht mit mehrspaltigem Satz arbeitet), sollte dieser Korrekturzähler jeweils nach der Ausgabe zurückgesetzt werden:

```
SetTextJustification (hdc, 0, 0) ;
```

Formatieren von Absätzen

Wenn Sie längere Texte über mehrere Zeilen hinweg ausgeben wollen, müssen Sie ab dem Anfang des jeweiligen Textes nach Leerzeichen (oder einem anderen Trennzeichen) suchen und bei jeder Fundstelle über *GetTextExtentPoint32* prüfen, ob die bisher untersuchten Zeichen noch in die Zeile hineinpassen. Wenn nicht, stellt das jeweils *davor* gefundene Leerzeichen das Ende der Zeile dar, die nun über *TextOut* (eventuell mit einem vorangehenden Aufruf von *SetTextJustification*) ausgegeben werden kann. Danach wiederholt sich dieses Spiel mit der nächsten Zeile – so lange, bis das Ende des Texts erreicht ist (womit keine Binsenweisheit verbreitet werden sollte: die letzte Zeile eines Absatzes wird üblicherweise ohne rechten Randausgleich auf den Bildschirm gebracht, d.h. verlangt beim Blocksatz eine Fallunterscheidung).

Das in Abbildung 17.10 aufgelistete Programm JUSTIFY1 demonstriert diese Technik für den ersten Absatz von Mark Twains *The Adventures of Huckleberry Finn* (dessen deutsche Version der Übersetzer im Bücherschrank stehen ließ). Über das Menü *Schrift* können Sie (per *ChooseFont*) eine beliebige Schrift auswählen; mit dem Menü »Formatierung« legen Sie die Ausrichtung (linksbündig, rechtsbündig, zentriert oder Blocksatz) fest, und über »Datei/Drucken« läßt sich der Text schließlich auch in dieser Formatierung auf einen Drucker ausgeben.

JUSTIFY1.C

```
/*-----------------------------------------------
   JUSTIFY1.C - Formatierte Textausgaben, Version 1
               (c) Charles Petzold, 1998
  -----------------------------------------------*/

#include <windows.h>
#include "resource.h"

LRESULT CALLBACK WndProc (HWND, UINT, WPARAM, LPARAM) ;

TCHAR szAppName[] = TEXT ("Justify1") ;

int WINAPI WinMain (HINSTANCE hInstance, HINSTANCE hPrevInstance,
                    PSTR szCmdLine, int iCmdShow)
{
     HWND     hwnd ;
     MSG      msg ;
     WNDCLASS wndclass ;

     wndclass.style         = CS_HREDRAW | CS_VREDRAW ;
     wndclass.lpfnWndProc   = WndProc ;
     wndclass.cbClsExtra    = 0 ;
     wndclass.cbWndExtra    = 0 ;
     wndclass.hInstance     = hInstance ;
     wndclass.hIcon         = LoadIcon (NULL, IDI_APPLICATION) ;
     wndclass.hCursor       = LoadCursor (NULL, IDC_ARROW) ;
     wndclass.hbrBackground = (HBRUSH) GetStockObject (WHITE_BRUSH) ;
     wndclass.lpszMenuName  = szAppName ;
     wndclass.lpszClassName = szAppName ;

     if (!RegisterClass (&wndclass))
     {    // UNICODE-Compilierung ist die einzige realistische Fehlermöglichkeit
          MessageBox (NULL, TEXT ("Programm arbeitet mit Unicode und setzt Windows NT voraus!"),
                      szAppName, MB_ICONERROR) ;
          return 0 ;
     }

     hwnd = CreateWindow (szAppName, TEXT ("Textformatierung, Version 1"),
                          WS_OVERLAPPEDWINDOW,
                          CW_USEDEFAULT, CW_USEDEFAULT,
                          CW_USEDEFAULT, CW_USEDEFAULT,
                          NULL, NULL, hInstance, NULL) ;

     ShowWindow (hwnd, iCmdShow) ;
     UpdateWindow (hwnd) ;

     while (GetMessage (&msg, NULL, 0, 0))
     {
          TranslateMessage (&msg) ;
          DispatchMessage (&msg) ;
     }
     return msg.wParam ;
}

void DrawRuler (HDC hdc, RECT * prc)
```

```
{
     static int iRuleSize [16] = { 360, 72, 144, 72, 216, 72, 144, 72,
                                   288, 72, 144, 72, 216, 72, 144, 72 } ;
     int        i, j ;
     POINT      ptClient ;

     SaveDC (hdc) ;

     // Koordinatensystem "logische Twips"
     SetMapMode (hdc, MM_ANISOTROPIC) ;
     SetWindowExtEx (hdc, 1440, 1440, NULL) ;
     SetViewportExtEx (hdc, GetDeviceCaps (hdc, LOGPIXELSX),
                            GetDeviceCaps (hdc, LOGPIXELSY), NULL) ;

     // Ursprung = 0.5 Zoll von der oberen linken Ecke entfernt
     SetWindowOrgEx (hdc, -720, -720, NULL) ;

     // Rechter Rand = 0.25 Zoll von der rechten Seite
     ptClient.x = prc->right ;
     ptClient.y = prc->bottom ;
     DPtoLP (hdc, &ptClient, 1) ;
     ptClient.x -= 360 ;

     // Lineal zeichnen
     MoveToEx (hdc, 0,          -360, NULL) ;
     LineTo   (hdc, ptClient.x, -360) ;
     MoveToEx (hdc, -360,          0, NULL) ;
     LineTo   (hdc, -360, ptClient.y) ;

     for (i = 0, j = 0 ; i <= ptClient.x ; i += 1440 / 16, j++)
     {
          MoveToEx (hdc, i, -360, NULL) ;
          LineTo   (hdc, i, -360 - iRuleSize [j % 16]) ;
     }

     for (i = 0, j = 0 ; i <= ptClient.y ; i += 1440 / 16, j++)
     {
          MoveToEx (hdc, -360, i, NULL) ;
          LineTo   (hdc, -360 - iRuleSize [j % 16], i) ;
     }

     RestoreDC (hdc, -1) ;
}

void Justify (HDC hdc, PTSTR pText, RECT * prc, int iAlign)
{
     int   xStart, yStart, cSpaceChars ;
     PTSTR pBegin, pEnd ;
     SIZE  size ;

     yStart = prc->top ;
     do                            // für jede Textzeile
     {
          cSpaceChars = 0 ;        // bis jetzt 0 Leerzeichen

          while (*pText == ' ')    // führende Leerzeichen überspringen
```

```
          pText++ ;

     pBegin = pText ;          // Zeiger auf den Zeilenanfang

     do                        // solange, bis die Zeile bearbeitet ist
     {
          pEnd = pText ;       // aktuelles Zeilenende (beim 1. Mal = Zeilenstart)

          // Suche nach dem ersten/nächsten Leerzeichen
          while (*pText != '\0' && *pText++ != ' ') ;

          if (*pText == '\0')
               break ;

          // Leerzeichen gefunden. Wie viel Platz braucht die Zeile jetzt?
          cSpaceChars++ ;
          GetTextExtentPoint32(hdc, pBegin, pText - pBegin - 1, &size) ;
     }
     while (size.cx < (prc->right - prc->left)) ;

     cSpaceChars-- ;               // dieses Leerzeichen nicht mitzählen

     while (*(pEnd - 1) == ' ')    // und weitere Leerzeichen am Zeilenende raus
     {
          pEnd-- ;
          cSpaceChars-- ;
     }

    // Textende erreicht oder keine Leerzeichen gefunden?
     if (*pText == '\0' || cSpaceChars <= 0)
          pEnd = pText ;       // Zeilenende = Textende
     GetTextExtentPoint32 (hdc, pBegin, pEnd - pBegin, &size) ;

     switch (iAlign)               // Ausrichtung == xStart
     {
     case IDM_ALIGN_LEFT:
          xStart = prc->left ;
          break ;

     case IDM_ALIGN_RIGHT:
          xStart = prc->right - size.cx ;
          break ;

     case IDM_ALIGN_CENTER:
          xStart = (prc->right + prc->left - size.cx) / 2 ;
          break ;

     case IDM_ALIGN_JUSTIFIED:
          if (*pText != '\0' && cSpaceChars > 0)
               SetTextJustification (hdc, prc->right - prc->left - size.cx, cSpaceChars) ;
          xStart = prc->left ;
          break ;
     }

     // Ausgabe einer Zeile
     TextOut (hdc, xStart, yStart, pBegin, pEnd - pBegin) ;
```

```
          // Vorbereitungen für die nächste Zeile
          SetTextJustification (hdc, 0, 0) ;
          yStart += size.cy ;
          pText = pEnd ;
     }
     while (*pText && yStart < prc->bottom - size.cy) ;
}

LRESULT CALLBACK WndProc (HWND hwnd, UINT message, WPARAM wParam, LPARAM lParam)
{
     static CHOOSEFONT cf ;
     static DOCINFO    di = { sizeof (DOCINFO), TEXT ("Justify1: Printing") } ;
     static int        iAlign = IDM_ALIGN_LEFT ;
     static LOGFONT    lf ;
     static PRINTDLG   pd ;
     static TCHAR      szText[] = {
       TEXT ("You don't know about me, without you have read a book by the name of \"The ")
       TEXT ("Adventures of Tom Sawyer,\" but that ain't no matter. That book was made by ")
       TEXT ("Mr. Mark Twain, and he told the truth, mainly. There was things which he ")
       TEXT ("stretched, but mainly he told the truth. That is nothing. I never seen anybody ")
       TEXT ("but lied, one time or another, without it was Aunt Polly, or the widow, or ")
       TEXT ("maybe Mary. Aunt Polly -- Tom's Aunt Polly, she is -- and Mary, and the Widow ")
       TEXT ("Douglas, is all told about in that book -- which is mostly a true book; with ")
       TEXT ("some stretchers, as I said before.") } ;
     BOOL              fSuccess ;
     HDC               hdc, hdcPrn ;
     HMENU             hMenu ;
     int               iSavePointSize ;
     PAINTSTRUCT       ps ;
     RECT              rect ;

     switch (message)
     {
     case WM_CREATE:
          // CHOOSEFONT-Struktur initialisieren
          GetObject (GetStockObject (SYSTEM_FONT), sizeof (lf), &lf) ;

          cf.lStructSize    = sizeof (CHOOSEFONT) ;
          cf.hwndOwner      = hwnd ;
          cf.hDC            = NULL ;
          cf.lpLogFont      = &lf ;
          cf.iPointSize     = 0 ;
          cf.Flags          = CF_INITTOLOGFONTSTRUCT | CF_SCREENFONTS | CF_EFFECTS ;
          cf.rgbColors      = 0 ;
          cf.lCustData      = 0 ;
          cf.lpfnHook       = NULL ;
          cf.lpTemplateName = NULL ;
          cf.hInstance      = NULL ;
          cf.lpszStyle      = NULL ;
          cf.nFontType      = 0 ;
          cf.nSizeMin       = 0 ;
          cf.nSizeMax       = 0 ;

          return 0 ;
     case WM_COMMAND:
```

```
hMenu = GetMenu (hwnd) ;

switch (LOWORD (wParam))
{
case IDM_FILE_PRINT:
     // Druckerkontext ermitteln
     pd.lStructSize = sizeof (PRINTDLG) ;
     pd.hwndOwner   = hwnd ;
     pd.Flags       = PD_RETURNDC | PD_NOPAGENUMS | PD_NOSELECTION ;

     if (!PrintDlg (&pd))
          return 0 ;

     if (NULL == (hdcPrn = pd.hDC))
     {
          MessageBox (hwnd, TEXT ("Kein Druckerkontext verfügbar"),
                      szAppName, MB_ICONEXCLAMATION | MB_OK) ;
          return 0 ;
     }
     // Ränder auf ein Zoll setzen
     rect.left   = GetDeviceCaps (hdcPrn, LOGPIXELSX) -
                   GetDeviceCaps (hdcPrn, PHYSICALOFFSETX) ;

     rect.top    = GetDeviceCaps (hdcPrn, LOGPIXELSY) -
                   GetDeviceCaps (hdcPrn, PHYSICALOFFSETY) ;

     rect.right  = GetDeviceCaps (hdcPrn, PHYSICALWIDTH) -
                   GetDeviceCaps (hdcPrn, LOGPIXELSX) -
                   GetDeviceCaps (hdcPrn, PHYSICALOFFSETX) ;

     rect.bottom = GetDeviceCaps (hdcPrn, PHYSICALHEIGHT) -
                   GetDeviceCaps (hdcPrn, LOGPIXELSY) -
                   GetDeviceCaps (hdcPrn, PHYSICALOFFSETY) ;

     // Textausgabe auf den Drucker
     SetCursor (LoadCursor (NULL, IDC_WAIT)) ;
     ShowCursor (TRUE) ;

     fSuccess = FALSE ;

     if ((StartDoc (hdcPrn, &di) > 0) && (StartPage (hdcPrn) > 0))
     {
          // Schrift mit korrigierter Größe einsetzen
          iSavePointSize = lf.lfHeight ;
          lf.lfHeight = -(GetDeviceCaps (hdcPrn, LOGPIXELSY) * cf.iPointSize) / 720 ;

          SelectObject (hdcPrn, CreateFontIndirect (&lf)) ;
          lf.lfHeight = iSavePointSize ;

          // Textfarbe
          SetTextColor (hdcPrn, cf.rgbColors) ;

          // Zeilenumbruch und Ausgabe
          Justify (hdcPrn, szText, &rect, iAlign) ;

          if (EndPage (hdcPrn) > 0)
```

```
                {
                     fSuccess = TRUE ;
                     EndDoc (hdcPrn) ;
                }
           }
           ShowCursor (FALSE) ;
           SetCursor (LoadCursor (NULL, IDC_ARROW)) ;

           DeleteDC (hdcPrn) ;

           if (!fSuccess)
                MessageBox (hwnd, TEXT ("Fehler beim Drucken des Texts"),
                            szAppName, MB_ICONEXCLAMATION | MB_OK) ;
           return 0 ;

      case IDM_FONT:
           if (ChooseFont (&cf))
                InvalidateRect (hwnd, NULL, TRUE) ;
           return 0 ;

      case IDM_ALIGN_LEFT:
      case IDM_ALIGN_RIGHT:
      case IDM_ALIGN_CENTER:
      case IDM_ALIGN_JUSTIFIED:
           CheckMenuItem (hMenu, iAlign, MF_UNCHECKED) ;
           iAlign = LOWORD (wParam) ;

           CheckMenuItem (hMenu, iAlign, MF_CHECKED) ;
           InvalidateRect (hwnd, NULL, TRUE) ;
           return 0 ;
      }
      return 0 ;

 case WM_PAINT:
      hdc = BeginPaint (hwnd, &ps) ;

      GetClientRect (hwnd, &rect) ;
      DrawRuler (hdc, &rect) ;

      rect.left  += GetDeviceCaps (hdc, LOGPIXELSX) / 2 ;
      rect.top   += GetDeviceCaps (hdc, LOGPIXELSY) / 2 ;
      rect.right -= GetDeviceCaps (hdc, LOGPIXELSX) / 4 ;

      SelectObject (hdc, CreateFontIndirect (&lf)) ;
      SetTextColor (hdc, cf.rgbColors) ;

      Justify (hdc, szText, &rect, iAlign) ;

      DeleteObject (SelectObject (hdc, GetStockObject (SYSTEM_FONT))) ;
      EndPaint (hwnd, &ps) ;
      return 0 ;

 case WM_DESTROY:
      PostQuitMessage (0) ;
      return 0 ;
 }
```

```
    return DefWindowProc (hwnd, message, wParam, lParam) ;
}
```

JUSTIFY1.RC

```
//Microsoft Developer Studio generated resource script.

#include "resource.h"
#include "afxres.h"

/////////////////////////////////////////////////////////////////////////////
// Menu

JUSTIFY1 MENU DISCARDABLE
BEGIN
    POPUP "&Datei"
    BEGIN
        MENUITEM "&Drucken",                    IDM_FILE_PRINT
    END
    POPUP "&Schrift"
    BEGIN
        MENUITEM "&Schrift...",                 IDM_FONT
    END
    POPUP "&Formatierung"
    BEGIN
        MENUITEM "&linksbündig",                IDM_ALIGN_LEFT, CHECKED
        MENUITEM "&rechtsbündig",               IDM_ALIGN_RIGHT
        MENUITEM "&zentriert",                  IDM_ALIGN_CENTER
        MENUITEM "&Blocksatz",                  IDM_ALIGN_JUSTIFIED
    END
END
```

RESOURCE.H

```
// Microsoft Developer Studio generated include file.
// Used by Justify1.rc

#define IDM_FILE_PRINT              40001
#define IDM_FONT                    40002
#define IDM_ALIGN_LEFT              40003
#define IDM_ALIGN_RIGHT             40004
#define IDM_ALIGN_CENTER            40005
#define IDM_ALIGN_JUSTIFIED         40006
```

Abbildung 17.10: *Das Programm* JUSTIFY1

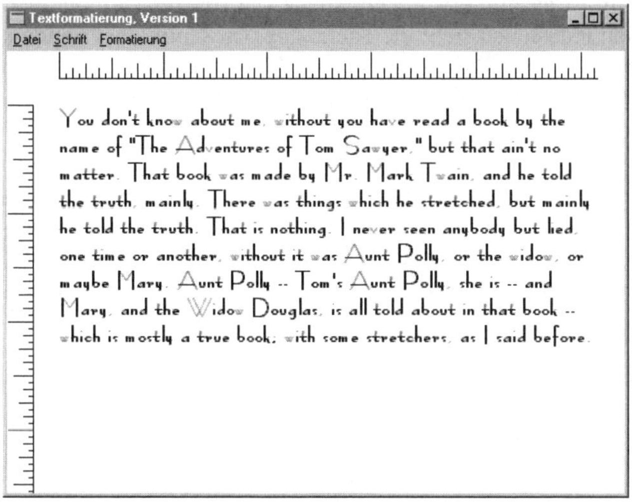

Abbildung 17.11: *Eine der Ausgaben von* JUSTIFY1

Am linken und am oberen Rand des Fensters stellt JUSTIFY über die Funktion *DrawRuler* ein Lineal dar, das die Maße des Textes in (natürlich logischen) Zoll wiedergibt. Der Fensterursprung wird für die Textausgabe, die ihrerseits mit 1/4 Zoll als Rand arbeitet, um die Breite dieser Lineale (1/2 logische Zoll) versetzt.

Der dargestellte Text ist im Programm als Stringkonstante definiert, die außer einem abschließenden NUL kein einziges Steuerzeichen enthält und über eine Funktion formatiert wird, die bezeichnenderweise *Justify* heißt: Sie sucht den Text von Anfang an nach dem zuvor beschriebenen Verfahren ab und prüft bei jedem Leerzeichen via *GetTextExtentPoint32*, ob eine neue Zeile eingeschoben werden muß – wenn ja, wird das letzte vorangehende Leerzeichen als Zeilenende benutzt. Diese Suche und Berechnung findet für alle vier möglichen Formatierungsarten statt – ob der Text nun linksbündig, rechtsbündig, zentriert oder im Blocksatz ausgegeben wird, läßt sich ohne weiteres erst bei der Ausgabe selbst bestimmen.

JUSTIFY ist alles andere als perfekt: Die Logik des Programms geht beispielsweise sang- und klanglos unter, wenn eine Zeile weniger als zwei Wörter enthält. Und wenn man diesen Schönheitsfehler flickt (was eine recht einfache Angelegenheit ist), wird man als nächstes feststellen, dass die Formatierung durcheinanderkommt, wenn ein einzelnes Wort nicht mehr komplett in eine Zeile paßt. Dann wäre noch zu überlegen, wie das eigentlich mit bedingten Trennstrichen aussieht...

Richtig komplex wird es allerdings erst, wenn man mehrere Schriften und Schriftgrößen in einer Zeile erlauben will (wie es beispielsweise Wordpad tut). Nun – ich ja hatte bereits gesagt, dass Windows eine Menge Dinge *einfacher* macht: von *einfach* war dagegen nie die Rede.

WYSIWYG

Auch wenn uns das World Wide Web dem Ideal des papierlosen Büros ein gutes Stück näher gebracht hat (lies: es inzwischen viele Leute gibt, die sozusagen auf dem Bildschirm für den Bildschirm produzieren), stellt der Drucker bei den meisten Textverarbeitungen, Malprogrammen usw. nach wie vor das endgültige Ziel dar – der Bildschirm soll also nur eine möglichst präzise Vorstellung dessen vermitteln, was man hinterher im eigentlichen Sinne des Wortes zu Papier bringt.

Was Schriftschnitte und -größen betrifft, ist das mit einer Technologie wie TrueType ja nun auch wirklich kein Problem mehr. Bei Zeilenumbrüchen sieht die Sache dagegen schon etwas anders aus: Das im vorangehenden Abschnitt vorgestellte Programm JUSTIFY1 enthält zwar eine Druckfunktion, die aber nichts weiter tut, als einen linken und rechten Rand von jeweils einem Zoll zu setzen, weshalb der Zeilenumbruch dort völlig anders ausfällt als bei der Darstellung auf dem Bildschirm.

Wie sähe die Sache aus, wenn man die nicht nur physisch, sondern auch logisch unterschiedlichen Breiten des Fensters von JUSTIFY1 und des bedruckbaren Bereichs auf dem Papier kurzerhand auf identische Werte festnagelt? Da die Funktion *Justify* eine RECT-Struktur als Parameter erwartet, müssen Sie dafür lediglich die beiden Zuweisungen an *rect.right* ändern – einmal im *case*-Zweig für IDM_FILEPRINT

```
// rect.right  = GetDeviceCaps (hdcPrn, PHYSICALWIDTH) - GetDeviceCaps (hdcPrn, LOGPIXELSX) -
//                       GetDeviceCaps (hdcPrn, PHYSICALOFFSETX) ;
rect.right = rect.left + 6 * GetDeviceCaps (hdcPrn, LOGPIXELSX) ;
```

und einmal im case-Zweig für WM_PAINT:

```
// rect.right -= GetDeviceCaps (hdc, LOGPIXELSX) / 4 ;
rect.right = rect.left + 6 * GetDeviceCaps (hdcPrn, LOGPIXELSX) ;
```

Wenn Sie nach diesen Modifikationen über das Menü »Schrift« eine TrueType-Schrift auswählen, dann sollten die Zeilenumbrüche auf Bildschirm und Drucker identisch sein.

Leider liegt die Betonung dabei auf »sollten«. Obwohl nun beide Geräte mit derselben Schrift in derselben Größe und einem (auf die jeweilige Auflösung umgerechneten) identischen »Formatierungsrechteck« arbeiten, fallen die Zeilenumbrüche je nach Schriftgröße mal größtenteils identisch, mal aber auch völlig verschieden aus. Der Grund dafür liegt in der unterschiedlichen Auflösung, die ihrerseits unterschiedliche Rundungsfehler produziert.

Wer auf seinem Bildschirm exakt den Zeilenfall zu sehen bekommen will, der hinterher auch auf dem Drucker erscheint, muß sich also offensichtlich etwas mehr Arbeit machen. Das in Abbildung 17.12 aufgelistete Programm JUSTIFY2 demonstriert einen Ansatz in dieser Richtung. Es basiert auf einem Programm namens TTJUST (»TrueType Justify«) von David Weise – einem Microsoftler, der seinerseits eine Version von JUSTIFY als Vorlage verwendet hat, die in einer älteren Ausgabe dieses Buches vorgestellt wurde. Und weil es hier schon etwas ernsthafter zur Sache geht, habe ich den Auszug aus Huckleberry Finn durch den ersten Absatz von Herman Melvilles *Moby Dick* ersetzt.

JUSTIFY2.C

```
/*----------------------------------------
   JUSTIFY2.C - Textformatierung, Version 2
               (c) Charles Petzold, 1998
  ----------------------------------------*/

#include <windows.h>
#include "resource.h"

#define OUTWIDTH 6        // Zeilenbreite der formatierten Ausgabe in Zoll
#define LASTCHAR 255      // ASCII-Code des letzten abzufragenden Zeichens

LRESULT CALLBACK WndProc (HWND, UINT, WPARAM, LPARAM) ;
```

```
TCHAR szAppName[] = TEXT ("Justify2") ;

int WINAPI WinMain (HINSTANCE hInstance, HINSTANCE hPrevInstance,
                    PSTR szCmdLine, int iCmdShow)
{
     HWND     hwnd ;
     MSG      msg ;
     WNDCLASS wndclass ;

     wndclass.style         = CS_HREDRAW | CS_VREDRAW ;
     wndclass.lpfnWndProc   = WndProc ;
     wndclass.cbClsExtra    = 0 ;
     wndclass.cbWndExtra    = 0 ;
     wndclass.hInstance     = hInstance ;
     wndclass.hIcon         = LoadIcon (NULL, IDI_APPLICATION) ;
     wndclass.hCursor       = LoadCursor (NULL, IDC_ARROW) ;
     wndclass.hbrBackground = (HBRUSH) GetStockObject (WHITE_BRUSH) ;
     wndclass.lpszMenuName  = szAppName ;
     wndclass.lpszClassName = szAppName ;

     if (!RegisterClass (&wndclass))
     {    // UNICODE-Compilierung ist die einzige realistische Fehlermöglichkeit
          MessageBox (NULL, TEXT ("Programm arbeitet mit Unicode und setzt Windows NT voraus!"),
                      szAppName, MB_ICONERROR) ;
          return 0 ;
     }

     hwnd = CreateWindow (szAppName, TEXT ("Textformatierung, Version 2"),
                          WS_OVERLAPPEDWINDOW,
                          CW_USEDEFAULT, CW_USEDEFAULT,
                          CW_USEDEFAULT, CW_USEDEFAULT,
                          NULL, NULL, hInstance, NULL) ;

     ShowWindow (hwnd, iCmdShow) ;
     UpdateWindow (hwnd) ;

     while (GetMessage (&msg, NULL, 0, 0))
     {
          TranslateMessage (&msg) ;
          DispatchMessage (&msg) ;
     }
     return msg.wParam ;
}

void DrawRuler (HDC hdc, RECT * prc)
{
     static int iRuleSize [16] = { 360, 72, 144, 72, 216, 72, 144, 72,
                                   288, 72, 144, 72, 216, 72, 144, 72 } ;
     int        i, j ;
     POINT      ptClient ;

     SaveDC (hdc) ;

     // Koordinatensytem "logische Twips"
     SetMapMode (hdc, MM_ANISOTROPIC) ;
```

```
     SetWindowExtEx (hdc, 1440, 1440, NULL) ;
     SetViewportExtEx (hdc, GetDeviceCaps (hdc, LOGPIXELSX),
                            GetDeviceCaps (hdc, LOGPIXELSY), NULL) ;

     // Ursprung = 0.5 Zoll von der oberen linken Ecke entfernt
     SetWindowOrgEx (hdc, -720, -720, NULL) ;

     // Rechter Rand = 0.25 Zoll von der rechten Seite
     ptClient.x = prc->right ;
     ptClient.y = prc->bottom ;
     DPtoLP (hdc, &ptClient, 1) ;
     ptClient.x -= 360 ;

     // Lineal zeichnen
     MoveToEx (hdc, 0,                -360, NULL) ;
     LineTo   (hdc, OUTWIDTH * 1440, -360) ;
     MoveToEx (hdc, -360,                0, NULL) ;
     LineTo   (hdc, -360,       ptClient.y) ;

     for (i = 0, j = 0 ; i <= ptClient.x && i <= OUTWIDTH * 1440 ; i += 1440 / 16, j++)
     {
          MoveToEx (hdc, i, -360, NULL) ;
          LineTo   (hdc, i, -360 - iRuleSize [j % 16]) ;
     }

     for (i = 0, j = 0 ; i <= ptClient.y ; i += 1440 / 16, j++)
     {
          MoveToEx (hdc, -360, i, NULL) ;
          LineTo   (hdc, -360 - iRuleSize [j % 16], i) ;
     }

     RestoreDC (hdc, -1) ;
}

/*----------------------------------------------------------------------
   GetCharDesignWidths:  Liefert die Zeichenbreiten der Schrift unskaliert
  ----------------------------------------------------------------------*/

UINT GetCharDesignWidths (HDC hdc, UINT uFirst, UINT uLast, int * piWidths)
{
     HFONT             hFont, hFontDesign ;
     LOGFONT           lf ;
     OUTLINETEXTMETRIC otm ;

     hFont = GetCurrentObject (hdc, OBJ_FONT) ;
     GetObject (hFont, sizeof (LOGFONT), &lf) ;

     // Outline-Textmetrik abfragen. Hier geht es ausschließlich um die Größe
     // des vom Schriftdesigners verwendeten Koordinatensystems, der Geräte-
     // kontext spielt dabei keine Rolle
     otm.otmSize = sizeof (OUTLINETEXTMETRIC) ;
     GetOutlineTextMetrics (hdc, sizeof (OUTLINETEXTMETRIC), &otm) ;

     // Neue Schrift mit einer logischen Größe anlegen, die dem
     // TrueType-intenen Koordinatensystem exakt entspricht
     lf.lfHeight = - (int) otm.otmEMSquare ;  // Zeichenhöhe, nicht Zeilenabstand!
```

```
     lf.lfWidth  = 0 ;
     hFontDesign = CreateFontIndirect (&lf) ;

     // Schrift in den Gerätekontext einsetzen und Zeichenbreiten ermitteln
     SaveDC (hdc) ;
     SetMapMode (hdc, MM_TEXT) ;
     SelectObject (hdc, hFontDesign) ;

     GetCharWidth (hdc, uFirst, uLast, piWidths) ;
     SelectObject (hdc, hFont) ;
     RestoreDC (hdc, -1) ;

     // Aufräumen
     DeleteObject (hFontDesign) ;

     return otm.otmEMSquare ;
}

/*-------------------------------------------------------------------------
   GetScaledWidths:  Liefert die Zeichenbreiten für die gewählte Schriftgröße
      als Gleitkommawerte
  -------------------------------------------------------------------------*/

void GetScaledWidths (HDC hdc, double * pdWidths)
{
     double  dScale ;
     HFONT   hFont ;
     int     aiDesignWidths [LASTCHAR + 1] ;
     int     i ;
     LOGFONT lf ;
     UINT    uEMSquare ;

     // Outline-Zeichenbreiten abfragen
     uEMSquare = GetCharDesignWidths (hdc, 0, LASTCHAR, aiDesignWidths) ;

    // Abfrage der aktuell in den Kontext eingesetzten Schrift
     hFont = GetCurrentObject (hdc, OBJ_FONT) ;
     GetObject (hFont, sizeof (LOGFONT), &lf) ;

     // Zeichenbreiten entsprechend skalieren und als Gleitkomma-Array speichern
     dScale = (double) -lf.lfHeight / (double) uEMSquare ;

     for (i = 0 ; i <= LASTCHAR ; i++)
          pdWidths[i] = dScale * aiDesignWidths[i] ;
}

/*-----------------------------------------------------------------
   GetTextExtentFloat:  Berechnet Textbreiten mit Gleitkommawerten
  -----------------------------------------------------------------*/

double GetTextExtentFloat (double * pdWidths, PTSTR psText, int iCount)
{
     double dWidth = 0 ;
     int    i ;

     for (i = 0 ; i < iCount ; i++)
```

```
        dWidth += pdWidths [psText[i]] ;

    return dWidth ;
}

/*-------------------------------------------------------------------------------
   Justify mit Breitenberechnung über die Originaldaten der Schrift, ohne Rundungsfehler
  -------------------------------------------------------------------------------*/

void Justify (HDC hdc, PTSTR pText, RECT * prc, int iAlign)
{
    double dWidth, adWidths[LASTCHAR + 1] ;
    int    xStart, yStart, cSpaceChars ;
    PTSTR  pBegin, pEnd ;
    SIZE   size ;

    // Array adWidths mit skalierten Gleitkomma-Zeichenbreiten besetzen
    GetScaledWidths (hdc, adWidths) ;

    yStart = prc->top ;
    do                          // für jede Textzeile
    {
        cSpaceChars = 0 ;       // bis jetzt 0 Leerzeichen

        while (*pText == ' ')   // führende Leerzeichen überspringen
            pText++ ;
        pBegin = pText ;        // Zeiger auf den Zeilenanfang

        do                      // solange, bis die Zeile bearbeitet ist
        {
            pEnd = pText ;      // aktuelles Zeilenende (beim 1. Mal = Zeilenstart)

            // Suche nach dem ersten/nächsten Leerzeichen
            while (*pText != '\0' && *pText++ != ' ') ;

            if (*pText == '\0')
                break ;

            // Leerzeichen gefunden. Wie viel Platz braucht die Zeile jetzt?
            cSpaceChars++ ;
            dWidth = GetTextExtentFloat (adWidths, pBegin, pText - pBegin - 1) ;
        }
        while (dWidth < (double) (prc->right - prc->left)) ;

        cSpaceChars-- ;             // dieses Leerzeichen nicht mitzählen

        while (*(pEnd - 1) == ' ')  // und weitere Leerzeichen am Zeilenende raus
        {
            pEnd-- ;
            cSpaceChars-- ;
        }

       // Textende erreicht oder keine Leerzeichen gefunden?
        if (*pText == '\0' || cSpaceChars <= 0)
            pEnd = pText ;
```

```
          // Platzbedarf erst jetzt über die Standardfunktion abfragen
          GetTextExtentPoint32(hdc, pBegin, pEnd - pBegin, &size) ;

          switch (iAlign)              // Ausrichtung == xStart
          {
          case IDM_ALIGN_LEFT:
               xStart = prc->left ;
               break ;

          case IDM_ALIGN_RIGHT:
               xStart = prc->right - size.cx ;
               break ;

          case IDM_ALIGN_CENTER:
               xStart = (prc->right + prc->left - size.cx) / 2 ;
               break ;

          case IDM_ALIGN_JUSTIFIED:
               if (*pText != '\0' && cSpaceChars > 0)
                    SetTextJustification (hdc, prc->right - prc->left - size.cx, cSpaceChars) ;
               xStart = prc->left ;
               break ;
          }
          // Ausgabe einer Zeile
          TextOut (hdc, xStart, yStart, pBegin, pEnd - pBegin) ;

          // Vorbereitungen für die nächste Zeile
          SetTextJustification (hdc, 0, 0) ;
          yStart += size.cy ;
          pText = pEnd ;
     }
     while (*pText && yStart < prc->bottom - size.cy) ;
}

LRESULT CALLBACK WndProc (HWND hwnd, UINT message, WPARAM wParam, LPARAM lParam)
{
     static CHOOSEFONT cf ;
     static DOCINFO    di = { sizeof (DOCINFO), TEXT ("Justify2: Printing") } ;
     static int        iAlign = IDM_ALIGN_LEFT ;
     static LOGFONT    lf ;
     static PRINTDLG   pd ;
     static TCHAR      szText[] = {
        TEXT ("Call me Ishmael. Some years ago -- never mind how long precisely -- having little ")
        TEXT ("or no money in my purse, and nothing particular to interest me on shore, I ")
        TEXT ("thought I would sail about a little and see the watery part of the world. It is ")
        TEXT ("a way I have of driving off the spleen, and regulating the circulation. Whenever ")
        TEXT ("I find myself growing grim about the mouth; whenever it is a damp, drizzly ")
        TEXT ("November in my soul; whenever I find myself involuntarily pausing before ")
        TEXT ("coffin warehouses, and bringing up the rear of every funeral I meet; and ")
        TEXT ("especially whenever my hypos get such an upper hand of me, that it requires a ")
        TEXT ("strong moral principle to prevent me from deliberately stepping into the ")
        TEXT ("street, and methodically knocking people's hats off -- then, I account it ")
        TEXT ("high time to get to sea as soon as I can. This is my substitute for pistol ")
        TEXT ("and ball. With a philosophical flourish Cato throws himself upon his sword; I ")
        TEXT ("quietly take to the ship. There is nothing surprising in this. If they but ")
        TEXT ("knew it, almost all men in their degree, some time or other, cherish very nearly ")
```

```
     TEXT ("the same feelings towards the ocean with me.") } ;
BOOL            fSuccess ;
HDC             hdc, hdcPrn ;
HMENU           hMenu ;
int             iSavePointSize ;
PAINTSTRUCT     ps ;
RECT            rect ;

switch (message)
{
case WM_CREATE:
     // CHOOSEFONT-Struktur mit Times New Roman initialisieren
     hdc = GetDC (hwnd) ;
     lf.lfHeight = - GetDeviceCaps (hdc, LOGPIXELSY) / 6 ;
     lf.lfOutPrecision = OUT_TT_ONLY_PRECIS ;
     lstrcpy (lf.lfFaceName, TEXT ("Times New Roman")) ;
     ReleaseDC (hwnd, hdc) ;

     cf.lStructSize    = sizeof (CHOOSEFONT) ;
     cf.hwndOwner      = hwnd ;
     cf.hDC            = NULL ;
     cf.lpLogFont      = &lf ;
     cf.iPointSize     = 120 ;
     // Auswahlmöglichkeiten auf TrueType-Schriften beschränkt
     cf.Flags          = CF_INITTOLOGFONTSTRUCT | CF_SCREENFONTS | CF_TTONLY | CF_EFFECTS ;
     cf.rgbColors      = 0 ;
     cf.lCustData      = 0 ;
     cf.lpfnHook       = NULL ;
     cf.lpTemplateName = NULL ;
     cf.hInstance      = NULL ;
     cf.lpszStyle      = NULL ;
     cf.nFontType      = 0 ;
     cf.nSizeMin       = 0 ;
     cf.nSizeMax       = 0 ;

     return 0 ;

case WM_COMMAND:
     hMenu = GetMenu (hwnd) ;

     switch (LOWORD (wParam))
     {
     case IDM_FILE_PRINT:
          // Drucker-Gerätekontext
          pd.lStructSize = sizeof (PRINTDLG) ;
          pd.hwndOwner   = hwnd ;
          pd.Flags       = PD_RETURNDC | PD_NOPAGENUMS | PD_NOSELECTION ;

          if (!PrintDlg (&pd))
               return 0 ;

          if (NULL == (hdcPrn = pd.hDC))
          {
               MessageBox (hwnd, TEXT ("Kein Druckerkontext verfügbar"),
                           szAppName, MB_ICONEXCLAMATION | MB_OK) ;
               return 0 ;
```

```
          }

          // Ränder für eine Breite von OUTWIDTH Zoll setzen
          rect.left  = (GetDeviceCaps (hdcPrn, PHYSICALWIDTH) -
                        GetDeviceCaps (hdcPrn, LOGPIXELSX) * OUTWIDTH) / 2
                      - GetDeviceCaps (hdcPrn, PHYSICALOFFSETX) ;

          rect.right = rect.left +  GetDeviceCaps (hdcPrn, LOGPIXELSX) * OUTWIDTH ;

          // Oberer und unterer Rand auf 1 Zoll
          rect.top    = GetDeviceCaps (hdcPrn, LOGPIXELSY) -
                        GetDeviceCaps (hdcPrn, PHYSICALOFFSETY) ;
          rect.bottom = GetDeviceCaps (hdcPrn, PHYSICALHEIGHT) -
                        GetDeviceCaps (hdcPrn, LOGPIXELSY) -
                        GetDeviceCaps (hdcPrn, PHYSICALOFFSETY) ;

          // Formatierung und Ausgabe auf den Drucker
          SetCursor (LoadCursor (NULL, IDC_WAIT)) ;
          ShowCursor (TRUE) ;

          fSuccess = FALSE ;

          if ((StartDoc (hdcPrn, &di) > 0) && (StartPage (hdcPrn) > 0))
          {
               // Schriftgröße (lfHeight) auf den Drucker umsetzen
               iSavePointSize = lf.lfHeight ;
               lf.lfHeight = -(GetDeviceCaps (hdcPrn, LOGPIXELSY) * cf.iPointSize) / 720 ;

               SelectObject (hdcPrn, CreateFontIndirect (&lf)) ;
               lf.lfHeight = iSavePointSize ;

               // Textfarbe setzen
               SetTextColor (hdcPrn, cf.rgbColors) ;

               // Zeilenumbruch und Ausgabe
               Justify (hdcPrn, szText, &rect, iAlign) ;

               if (EndPage (hdcPrn) > 0)
               {
                    fSuccess = TRUE ;
                    EndDoc (hdcPrn) ;
               }
          }
          ShowCursor (FALSE) ;
          SetCursor (LoadCursor (NULL, IDC_ARROW)) ;

          DeleteDC (hdcPrn) ;

          if (!fSuccess)
               MessageBox (hwnd, TEXT ("Fehler beim Drucken"),
                           szAppName, MB_ICONEXCLAMATION | MB_OK) ;
          return 0 ;

     case IDM_FONT:
          if (ChooseFont (&cf))
               InvalidateRect (hwnd, NULL, TRUE) ;
```

```
                return 0 ;

            case IDM_ALIGN_LEFT:
            case IDM_ALIGN_RIGHT:
            case IDM_ALIGN_CENTER:
            case IDM_ALIGN_JUSTIFIED:
                CheckMenuItem (hMenu, iAlign, MF_UNCHECKED) ;
                iAlign = LOWORD (wParam) ;
                CheckMenuItem (hMenu, iAlign, MF_CHECKED) ;
                InvalidateRect (hwnd, NULL, TRUE) ;
                return 0 ;
            }
            return 0 ;

        case WM_PAINT:
            hdc = BeginPaint (hwnd, &ps) ;

            GetClientRect (hwnd, &rect) ;
            DrawRuler (hdc, &rect) ;

            rect.left  += GetDeviceCaps (hdc, LOGPIXELSX) / 2 ;
            rect.top   += GetDeviceCaps (hdc, LOGPIXELSY) / 2 ;
            rect.right = rect.left + OUTWIDTH * GetDeviceCaps (hdc, LOGPIXELSX) ;

            SelectObject (hdc, CreateFontIndirect (&lf)) ;
            SetTextColor (hdc, cf.rgbColors) ;

            Justify (hdc, szText, &rect, iAlign) ;

            DeleteObject (SelectObject (hdc, GetStockObject (SYSTEM_FONT))) ;
            EndPaint (hwnd, &ps) ;
            return 0 ;

        case WM_DESTROY:
            PostQuitMessage (0) ;
            return 0 ;
        }
        return DefWindowProc (hwnd, message, wParam, lParam) ;
}
```

JUSTIFY2.RC

```
//Microsoft Developer Studio generated resource script.

#include "resource.h"
#include "afxres.h"

/////////////////////////////////////////////////////////////////////////////
// Menu

JUSTIFY2 MENU DISCARDABLE
BEGIN
    POPUP "&Datei"
    BEGIN
        MENUITEM "&Drucken",                    IDM_FILE_PRINT
    END
    POPUP "&Schrift"
```

```
    BEGIN
        MENUITEM "&Schriftart...",          IDM_FONT
    END
    POPUP "&Formatierung"
    BEGIN
        MENUITEM "&linksbündig",            IDM_ALIGN_LEFT, CHECKED
        MENUITEM "&rechtsbündig",           IDM_ALIGN_RIGHT
        MENUITEM "&zentriert",              IDM_ALIGN_CENTER
        MENUITEM "&Blocksatz",              IDM_ALIGN_JUSTIFIED
    END
END
```

RESOURCE.H

```
// Microsoft Developer Studio generated include file.
// Used by Justify2.rc

#define IDM_FILE_PRINT                  40001
#define IDM_FONT                        40002
#define IDM_ALIGN_LEFT                  40003
#define IDM_ALIGN_RIGHT                 40004
#define IDM_ALIGN_CENTER                40005
#define IDM_ALIGN_JUSTIFIED             40006
```

Abbildung 17.12: *Das Programm* JUSTIFY2

Diese Version von JUSTIFY beschränkt die Schriftauswahl über *ChooseFont* auf TrueType (läßt also weder Bitmap-Schriften der GDI noch druckereigene Schriften zu). Die Ermittlung des horizontalen Platzbedarfs geschieht hier zunächst nicht über *GetTextExtentPoint32*, sondern über eine eigene Routine, zu deren Erklärung ich erst einmal ein bißchen weiter ausholen muß.

TrueType-Schriften definieren ihre Umrisse einzelner Zeichen über Funktionen (hauptsächlich eine Variante von Bezier-Splines), die für Anfangs-, Stütz- und Endpunkte auf ein Koordinatensystem angewiesen sind. Welche Abmessungen dieses Koordinatensystem hat, liegt im Ermessen des Designers. Die TrueType-Spezifikationen legen in dieser Hinsicht lediglich drei Dinge fest: Das Koordinatensystem muß quadratisch sein, ein Geviert (also die Höhe und Breite eines »M«) vollständig abdecken und dient als gemeinsame Basis für alle Zeichen einer Schrift. (Wenn ein solches Koordinatensystem beispielsweise ein Raster von 1000 x 1000 zugrunde legt, dann enthält die Umrißdefinition des Zeichens »M« mit ziemlicher Sicherheit Punkte in der Nähe von (1000, 1000), ein Ausrufezeichen wird bei den X-Koordinaten dagegen kaum über 100 hinauskommen.)

Welche Abmessungen dieses Koordinatensystem bei einer bestimmten Schrift tatsächlich hat, läßt sich über die GDI-Funktion *GetOutlineTextMetrics* ermitteln, die diesen Wert im Feld *otmEMSqure* einer OUTLINETEXTMETRIC-Struktur hinterläßt. (»EMSquare« steht hier sozusagen für »M Quadrat« – mithin ein Geviert. Bei den meisten TrueType-Schriften werden Sie hier natürlich keinen glatten Dezimalwert, sondern eine Zweierpotenz finden – bei europäischen Schriften typischerweise 2048, speziell bei asiatischen Ideogrammen kann es aber auch mehr sein.)

JUSTIFY2 ruft *GetOutlineTextMetrics* in seiner Funktion *GetCharDesignWidths* auf und benutzt dann einen Trick (der eigentlich gar keiner ist, weil es hier um schlichte Arithmetik geht): Wenn Sie eine Schrift mit halbwegs normaler Größe in einen Gerätekontext einsetzen, um die Zeichenbreiten über *GetTextExtentPoint32* zu ermitteln, dann muß diese Funktion zwangsläufig an irgendeiner Stelle vom internen Schriftraster auf die tatsächlich gewünschte Zeichengröße umrechnen, wobei je nach Verhältnis der beiden Zahlen und Auflösung des Ausgabegeräts ein mehr oder weniger großer Rundungsfehler entsteht – es sei denn, die »gewünschte Schriftgröße« entspricht exakt dem Wert, den die TrueType-Schrift auch für ihr internes Raster benutzt. In diesem Fall läuft die Division auf eine schlichte Kürzung hinaus – und der Rundungsfehler ist 0.

Genau das tut die Funktion *GetCharDesignWidths* von JUSTIFY2 denn auch: Sie setzt die zuvor über *GetOutlineTextMetrics* ermittelte Größe des von der Schrift verwendeten Koordinatensystems in das Feld *lfHeight* einer LOGFONT-Struktur ein (und dreht dabei das Vorzeichen um, weil es hier nicht um die »Zeilenhöhe«, sondern um die »echte« Höhe der einzelnen Zeichen geht – vgl. »Der Datentyp LOGFONT auf Seite 952 in diesem Kapitel). Nach dem Einsetzen dieser Schrift in den Gerätekontext wird die GDI-Funktion *GetCharWidth* benutzt, die die Abfrage der Zeichenbreiten en bloc erlaubt und als Gleitkommawerte zurückliefert. (Natürlich würde *GetCharWidth* auch bei normalen Schriftgrößen bereits exaktere Ergebnisse als *GetTextExtentPoint32* liefern. In diesem Fall wäre aber nach wie vor der auch bei Gleitkommazahlen unvermeidliche der Rundungsfehler einer Division á la »Zeichenhöhe / 2048« mit dabei.)

Der Rest ist dann mehr oder weniger Formsache: JUSTIFY2 definiert eine Funktion namens *GetScaledWidths*, die das von *GetCharDesignWidths* besetzte Zeichenbreiten-Array auf logische Koordinaten des jeweiligen Ausgabegeräts umrechnet; zur Ermittlung des horizontalen Platzbedarfs während des Zeilenumbruchs kommt anstelle von *GetTextExtentPoint32* eine ebenfalls programmeigene Routine namens *GetTextExtentFloat* zum Einsatz, die dieses Array über die Codes der einzelnen Zeichen indiziert.

Da sich der von JUSTIFY2 ausgegebene Text auf den westeuropäischen Zeichensatz beschränkt, kommt das Zeichenbreiten-Array mit der bescheidenen Größe von 256 Elementen aus. Wenn Sie andere Zeichensätze mit einbeziehen wollen, sollten Sie entweder die am Anfang von JUSTIFY2.C definierte Konstante LASTCHAR entsprechend erhöhen oder die statische Array-Deklaration durch einen Zeiger ersetzen, der dann folgendermaßen initialisiert wird:

```
TEXTMETRICW tmw;     // die Unitcode-Version der TEXTMETRIC-Struktur
...
GetTextMetricsW(hdc, tmw);  // die Unicode-Version von GetTextMetrics
piArray = malloc((int(tmw.tmlastchar)) * sizeof(double)) ;
```

Für Bitstream Cyberbit werden Sie mit einigen zehntausend Einträgen rechnen müssen, was anfänglich wohl erschreckend wirken mag, gegenüber dem Platzbedarf der Schrift – 13 MByte – letztlich aber kaum ins Gewicht fällt.

Spielereien und Tricks mit Schriften

Da die Zeichen von TrueType-Schriften als Umrisse definiert sind (und man an diese Definitionen ohne weiteres herankommt), sind die Möglichkeiten bei schlichter Textausgabe bei weitem noch nicht erschöpft. In diesem Abschnitt geht es also darum, was man mit diesen Daten sonst noch anfangen kann. Bevor ich zu den Einzelheiten komme, muß ich allerdings erst einmal zwei andere grundlegende Konzepte erläutern: Grafische Pfade und erweiterte Zeichenstifte.

Pfade

Pfade stellen ein Konzept dar, das erst zusammen mit den 32-Bit-Versionen von Windows eingeführt wurde. Dabei geht es um eine Folge von Linien und Kurven, die die GDI auf Anforderung intern zwischenspeichert und hinterher en bloc ausführt. Da sich solche Kurvensammlungen außerdem als Beschneidungspfad (»clipping path«) verwenden und in eine Region überführen lassen, sollte man meinen, dass es hier eigentlich um eine Variante von Regionen geht. Tatsächlich sind die Ähnlichkeiten nicht von der Hand zu weisen – nur gibt es natürlich auch einige Unterschiede, die dieser Abschnitt klären soll.

Die Definition eines Pfades beginnt mit:

```
BeginPath (hdc) ;
```

Bis zu einem abschließenden

```
EndPath (hdc) ;
```

speichert die GDI nun sämtliche Aufrufe von Funktionen zum Zeichnen von Linien (gerade Linien, Kreisbögen und Bezier-Splines) in einer internen Liste, anstatt sie wie gewohnt auszuführen. So lange diese Aufrufe miteinander verbundene Linien zeichnen (lies: die Funktionen *LineTo*, *PolylineTo* und *BezierTo* verwenden), betrachtet die GDI das Ergebnis als *einen* Pfad. Auf Änderungen der Position über *MoveToEx*, Aufrufe anderer Funktionen zum Zeichnen von Linien oder Änderungen an Koordinatensystemen, Zeichenfenstergrößen usw. reagiert sie dagegen mit dem Anlegen eines neuen Unterpfades (»subpath«). Ein Pfad kann also einen oder mehrere Subpfade enthalten, die ihrerseits jeweils aus miteinander verbundenen Linien bestehen, wobei hier zusätzlich zwischen einer offenen und einer geschlossenen Variante unterschieden wird: Ein Subpfad gilt nur dann als geschlossen, wenn das Ende der letzten gezeichneten Linie mit dem Anfang der ersten gezeichneten Linie zusammenfällt. Mit der GDI-Funktion *CloseFigure*, die eine gerade Linie von der aktuellen Zeichenposition zum Startpunkt der ersten Linie zeichnet, läßt sich ein Pfad bei Bedarf auch explizit schließen. Sowohl für implizit als auch explizit (über *CloseFigure*) geschlossene Subpfade gilt, dass die GDI den jeweils nächsten Zeichenbefehl wiederum als Startpunkt eines neuen Subpfades interpretiert.

Nachdem Sie die Pfaddefinition über *EndPath* komplett abgeschlossen haben, stehen Ihnen fünf Funktionen zur Verfügung, die mit diesem Pfad eine Aktion ausführen und die GDI-interne Liste dann wieder freigeben:

```
StrokePath (hdc) ;
FillPath (hdc) ;
StrokeAndFillPath (hdc) ;
hRgn = PathToRegion (hdc) ;
SelectClipPath (hdc, iCombine) ;
```

StrokePath zeichnet den Pfad mit dem aktuell in den Gerätekontext eingesetzten Zeichenstift. (Wenn Sie sich jetzt fragen, was der ganze Aufwand soll, dann haben Sie völlig recht – aber warten Sie bitte einen Moment.)

Die anderen vier Funktionen schließen zuerst eventuell noch offene Subpfade. *FillPath* füllt danach den Pfad mit dem aktuellen Füllmuster und hält sich bei überschneidenden Linien an den für Polygone gesetzten Füllmodus (ALTERNATE oder WINDING), *StrokeAndFillPath* ruft zuerst *StrokePath* und dann *FillPath* auf. *PathToRegion* erzeugt eine Region aus dem Pfad und liefert einen entsprechenden Handle zurück, *SelectClipPath* erzeugt eine solche Region nur temporär und setzt sie als Clipping-Region ein, wobei der Parameter *iCombine* hier bestimmt, wie diese Region mit einer eventuell bereits vorhandenen Clipping-Region kombiniert werden soll. (Hier sind dieselben RGN_-Konstanten wie bei *CombineRgn* verwendbar.)

Pfade sind vor allem bei unregelmäßigen Ausschnitten erheblich flexibler als Regionen, wenn es um Beschneidungen oder das Ausfüllen von Flächen geht, weil man für ihre Definition sowohl Polygone als auch Bezierkurven und (im Moment leider nur unter Windows NT) Kurvenstücke verwenden kann. Regionen sind dagegen auf Rechtecke und Ellipsen beschränkt. Bei der internen Speicherung durch die GDI wird dann endgültig deutlich, dass es wirklich um zwei verschiedene Konzepte geht: Während Pfade als Sammlung von Zeichenbefehlen gespeichert werden, besteht die Repräsentation von Regionen letztlich aus Rasterzeilen (technisch: einer Spielart monochromer Bitmaps).

Erweiterte Zeichenstifte

In Kapitel 4 hatte ich die Funktion *CreatePen* vorgestellt, mit der sich ein logischer Zeichenstift anlegen läßt (und die seit Windows 1.0 existiert). Zusammen mit Pfaden hat sich auch hier eine Erweiterung eingeschlichen: Eine Funktion namens *ExtCreatePen*, deren Syntax so aussieht:

```
hPen = ExtCreatePen (iStyle, iWidth, &lBrush, 0, NULL) ;
```

Auch wenn man einen solchen Zeichenstift ohne weiteres für Funktionen wie *LineTo* verwenden kann, kommt der größte Teil der Erweiterungen unter Windows 98 erst beim Zeichnen von Pfaden zum Einsatz. (Unter Windows NT gilt diese Einschränkung nicht. Dort zeigen auch die beiden letzten Parameter dieser Funktion Wirkung, die ich hier schlicht auf 0 bzw. NULL gelassen habe.)

Für den Parameter *iStyle* können Sie eine der Konstanten verwenden, die ich in Kapitel 4 im Zusammenhang mit *CreatePen* beschrieben habe. Diese Konstanten lassen sich bei *ExtCreatePen* mit zwei neuen Flags (über ein bitweises OR) kombinieren: PS_GEOMETRIC legt fest, dass die als *iWidth* übergebene Stiftbreite in logischen Einheiten des jeweiligen Koordinatensystems zu interpretieren ist und (unter Windows NT transformiert werden kann), PS_COSMETIC entspricht der von *CreatePen* her gewohnten Definition (und ist in WINGDI.H schlicht mit dem Wert 0 definiert, existiert also sozusagen nur als Gegenstück zu PS_GEOMETRIC). Zeichenstifte, die über *ExtCreatePen* ohne das Flag PS_GEOMETRIC angelegt werden, müssen grundsätzlich eine Breite (*iWidth*) von 1 haben; für Windows 98 gilt zusätzlich die Einschränkung, dass sich PS_GEOMETRIC nicht für gepunktete oder gestrichelte Linien verwenden läßt.

Erst beim dritten Parameter von *ExtCreatePen* wird es dann wirklich interessant: Er ersetzt die von *CreatePen* her gewohnte RGB-Farbe durch eine LOGBRUSH-Struktur, die ihrerseits entweder ein Füllmuster beschreiben – oder aus einem Bitmap bestehen kann. (Wie wohl nicht anders zu erwarten, bleibt es ohne das Flag PS_GEOMETRIC bei der Übernahme der Farbe dieses Füllmusters, dessen Feld *lbStyle* dann seinerseits auf BS_SOLID gesetzt sein muß.)

Beim Zeichnen breiter Linien sind Sie bei normalen (lies: mit *CreatePen* erzeugten) Zeichenstiften auf abgerundete Enden und Verbindungen zwischen zwei Linien beschränkt. Bei *ExtCreatePen* kann man sich dagegen über sechs zusätzliche Flags aussuchen, wie die GDI auf das Ende einer Linie reagiert (wobei es hier unter Windows 98 wieder einen Wermutstropfen gibt: Diese Flags zeigen dort nur beim Zeichnen von Pfaden Wirkung.)

```
PS_ENDCAP_ROUND    // Kreisbogen mit Radius = halbe Linienbreite (Standard)
PS_ENDCAP_SQUARE   // stumpfer Abschluß, eine halbe Linienbreite über das Ende hinaus
PS_ENDCAP_FLAT     // stumpfer Abschluß ohne Verlängerung um eine halbe Linienbreite

PS_JOIN_ROUND      // Kreisbogen mit Raduio = halbe Linienbreite (Standard)
```

```
PS_JOIN_BEVEL      // abgeplattet
PS_JOIN_MITER      // spitz
```

Was bei diesen Flags in der Praxis herauskommt, demonstriert das in Abbildung 17.13 aufgelistete Programm ENDJOIN.

ENDJOIN.C

```
/*----------------------------------------
   ENDJOIN.C - Linienenden und -verbindungen
              (c) Charles Petzold, 1998
  ----------------------------------------*/

#include <windows.h>

LRESULT CALLBACK WndProc (HWND, UINT, WPARAM, LPARAM) ;

int WINAPI WinMain (HINSTANCE hInstance, HINSTANCE hPrevInstance,
                    PSTR szCmdLine, int iCmdShow)
{
     static TCHAR szAppName[] = TEXT ("EndJoin") ;
     HWND         hwnd ;
     MSG          msg ;
     WNDCLASS     wndclass ;

     wndclass.style         = CS_HREDRAW | CS_VREDRAW ;
     wndclass.lpfnWndProc   = WndProc ;
     wndclass.cbClsExtra    = 0 ;
     wndclass.cbWndExtra    = 0 ;
     wndclass.hInstance     = hInstance ;
     wndclass.hIcon         = LoadIcon (NULL, IDI_APPLICATION) ;
     wndclass.hCursor       = LoadCursor (NULL, IDC_ARROW) ;
     wndclass.hbrBackground = (HBRUSH) GetStockObject (WHITE_BRUSH) ;
     wndclass.lpszMenuName  = NULL ;
     wndclass.lpszClassName = szAppName ;

     if (!RegisterClass (&wndclass))
     {    // UNICODE-Compilierung ist die einzige realistische Fehlermöglichkeit
          MessageBox (NULL, TEXT ("Programm arbeitet mit Unicode und setzt Windows NT voraus!"),
                      szAppName, MB_ICONERROR) ;
          return 0 ;
     }

     hwnd = CreateWindow (szAppName, TEXT ("Linienenden und -verbindungen"),
                          WS_OVERLAPPEDWINDOW,
                          CW_USEDEFAULT, CW_USEDEFAULT,
                          CW_USEDEFAULT, CW_USEDEFAULT,
                          NULL, NULL, hInstance, NULL) ;

     ShowWindow (hwnd, iCmdShow) ;
     UpdateWindow (hwnd) ;

     while (GetMessage (&msg, NULL, 0, 0))
     {
          TranslateMessage (&msg) ;
          DispatchMessage (&msg) ;
```

```
    }
    return msg.wParam ;
}

LRESULT CALLBACK WndProc (HWND hwnd, UINT iMsg, WPARAM wParam, LPARAM lParam)
{
    static int  iEnd[] = { PS_ENDCAP_ROUND, PS_ENDCAP_SQUARE, PS_ENDCAP_FLAT } ;
    static int  iJoin[]= { PS_JOIN_ROUND,   PS_JOIN_BEVEL,    PS_JOIN_MITER } ;
    static int  cxClient, cyClient ;
    HDC         hdc ;
    int         i ;
    LOGBRUSH    lb ;
    PAINTSTRUCT ps ;

    switch (iMsg)
    {
    case WM_SIZE:
        cxClient = LOWORD (lParam) ;
        cyClient = HIWORD (lParam) ;
        return 0 ;

    case WM_PAINT:
        hdc = BeginPaint (hwnd, &ps) ;

        SetMapMode (hdc, MM_ANISOTROPIC) ;
        SetWindowExtEx (hdc, 100, 100, NULL) ;
        SetViewportExtEx (hdc, cxClient, cyClient, NULL) ;

        lb.lbStyle = BS_SOLID ;
        lb.lbColor = RGB (128, 128, 128) ;
        lb.lbHatch = 0 ;

        for (i = 0 ; i < 3 ; i++)
        {  // rund mit runden Verbindungen, eckig mit abgeplatteten Verbindungen,
           // stumpf mit spitzen Verbindungen
            SelectObject (hdc,
                ExtCreatePen (PS_SOLID | PS_GEOMETRIC | iEnd [i] | iJoin [i], 10,
                              &lb, 0, NULL)) ;
            BeginPath (hdc) ;

            MoveToEx (hdc, 10 + 30 * i, 25, NULL) ;
            LineTo   (hdc, 20 + 30 * i, 75) ;
            LineTo   (hdc, 30 + 30 * i, 25) ;

            EndPath (hdc) ;
            StrokePath (hdc) ;

            // Zeichenstift wieder freigeben, Standardstift einsetzen
            DeleteObject ( SelectObject (hdc, GetStockObject (BLACK_PEN))) ;
            // ... und die drei Vs nochmal mit denselben Koordinaten
            MoveToEx (hdc, 10 + 30 * i, 25, NULL) ;
            LineTo   (hdc, 20 + 30 * i, 75) ;
            LineTo   (hdc, 30 + 30 * i, 25) ;
        }
        EndPaint (hwnd, &ps) ;
        return 0 ;
```

```
    case WM_DESTROY:
        PostQuitMessage (0) ;
        return 0 ;
    }
    return DefWindowProc (hwnd, iMsg, wParam, lParam) ;
}
```

Abbildung 17.13: *Das Programm* ENDJOIN

ENDJOIN zeichnet drei V-förmige Figuren mit breiten Linien und setzt dazu jeweils wechselnde Stilbits für Linienenden und -verbindungen ein. Alle drei Figuren werden ein zweites Mal mit einem schwarzen Standard-Zeichenstift (und identischen Koordinaten) gezeichnet, um die Unterschiede zwischen den beiden Varianten deutlich zu machen. Das Ergebnis finden Sie in Abbildung 17.14.

Abbildung 17.14: *Die Ausgaben von* ENDJOIN

Damit sollte nun auch endgültig der Sinn von *StrokePath* geklärt sein: Bei individuell gezeichneten Linien bleibt der GDI nichts anderes übrig, als anstelle von Verbindungen Linienenden zu zeichnen, bei Pfaden kann sie diese Linienenden dagegen miteinander verbinden. (Solange es nur um gerade Linien geht, kriegt man das Zeichnen von Verbindungen auch ohne Pfade mit *PolyLine* oder *Polygon* hin. Die Kombination mehrerer Bezierkurven, Kreisbögen und Linien ist dagegen definitiv nur über Pfade möglich, wenn die Einzelstücke miteinander verbunden werden sollen.)

Vier Beispielprogramme

Habe ich Ihnen zu Anfang dieses Abschnitts nicht ein paar Spielereien und Tricks versprochen und dann nach einigen Seiten grauer Theorie ein Beispielprogramm vorgestellt, das gerade einmal drei Vs zeichnet – zu allem Überfluß auch noch in Grau? Nun denn: Die Zeichendefinitionen einer TrueType-Schrift bestehen aus einer Folge gerader Linien und Splines. Ob man daraus wohl eine Pfaddefinition machen kann?

Aber klar doch. Das in Abbildung 17.15 aufgelistete Programm FONTOUT1 zeigt zunächst einmal den Ansatz.

FONTOUT1.C

```
/*----------------------------------------------------
   FONTOUT1.C - Pfaddefinition über eine TrueType-Schrift
              (c) Charles Petzold, 1998
  ----------------------------------------------------*/

#include <windows.h>
#include "..\\eztest\\ezfont.h"

TCHAR szAppName [] = TEXT ("FontOut1") ;
TCHAR szTitle [] = TEXT ("FontOut1: Pfaddefinition über TrueType") ;

void PaintRoutine (HWND hwnd, HDC hdc, int cxArea, int cyArea)
{
     static TCHAR szString [] = TEXT ("Outline") ;
     HFONT        hFont ;
     SIZE         size ;

     hFont = EzCreateFont (hdc, TEXT ("Times New Roman"), 1440, 0, 0, TRUE) ;

     SelectObject (hdc, hFont) ;

     GetTextExtentPoint32 (hdc, szString, lstrlen (szString), &size) ;

     BeginPath (hdc) ;
     TextOut (hdc, (cxArea - size.cx) / 2, (cyArea - size.cy) / 2,
                   szString, lstrlen (szString)) ;
     EndPath (hdc) ;

     StrokePath (hdc) ;

     SelectObject (hdc, GetStockObject (SYSTEM_FONT)) ;
     DeleteObject (hFont) ;
}
```

Abbildung 17.15: *Das Programm* FONTOUT1

FONTOUT1 benutzt (wie auch die folgenden drei Beispiele) die Datei EZFONT und das Rahmenprogramm EZFONT. (Die Listings finden Sie in Abbildung 17.4 ab Seite 963.)

Das Programm legt eine TrueType-Schrift mit 144 Punkt an, ermittelt dann den Platzbedarf des Texts »Outline« über *GetTextExtentPoint32* und verwendet diese Werte zum Zentrieren der Textausgabe im Anwendungsbereich. Der zur Ausgabe verwendete Aufruf von *TextOut* ist mit *BeginPath* und *EndPath* geklammert, weshalb die GDI die Zeichen nicht auf dem Bildschirm darstellt, sondern erst einmal als Pfad speichert.

Dieser Pfad wird dann über den Aufruf von *StrokePath* gezeichnet. Da das Programm keinen eigenen Zeichenstift eingesetzt hat, greift die GDI auf den Standard-Zeichenstift BLACK_PEN zurück, zeichnet also schwarze Linien mit einem Pixel Breite. Abbildung 17.16 zeigt das Ergebnis.

Abbildung 17.16: *Die Ausgaben von* FONTOUT1

So weit, so nett. Der Umriß der Zeichen erscheint ja wie erwartet – aber wer hat den schwarzen Trauerrand bestellt? Nun, ganz einfach: Wie Sie sich wohl erinnern, setzt Windows bei Textausgaben standardmäßig nicht den Modus TRANSPARENT, sondern OPAQUE. Was Sie hier zu sehen bekommen, ist sozusagen der lebende Beweis dafür, dass die GDI Textausgaben in diesem Modus zweistufig ausführt: Zuerst wird ein gefülltes Rechteck zum Löschen des Hintergrunds gezeichnet (das hier in die Pfaddefinition mit eingegangen ist), danach kommen die auszugebenden Zeichen.

Über einen mit *ExtCreatePen* angelegten Zeichenstift lassen sich die Umrisse einer Schrift schon etwas interessanter gestalten. Das in Abbildung 17.17 aufgelistete Programm benutzt diese Funktion zum Anlegen eines roten Zeichenstifts mit drei Punkt (= 1/24 Zoll) Breite und dem Stil PS_DOT.

FONTOUT2.C

```
/*-----------------------------------------------------
   FONTOUT2.C - Pfaddefinition über eine TrueType-Schrift
                (c) Charles Petzold, 1998
  -----------------------------------------------------*/

#include <windows.h>
#include "..\\eztest\\ezfont.h"

TCHAR szAppName [] = TEXT ("FontOut2") ;
TCHAR szTitle [] = TEXT ("FontOut2: Pfaddefinition über TrueType") ;

void PaintRoutine (HWND hwnd, HDC hdc, int cxArea, int cyArea)
{
```

```
    static TCHAR szString [] = TEXT ("Outline") ;
    HFONT        hFont ;
    LOGBRUSH     lb ;
    SIZE         size ;

    hFont = EzCreateFont (hdc, TEXT ("Times New Roman"), 1440, 0, 0, TRUE) ;

    SelectObject (hdc, hFont) ;
    SetBkMode (hdc, TRANSPARENT) ;

    GetTextExtentPoint32 (hdc, szString, lstrlen (szString), &size) ;

    BeginPath (hdc) ;
    TextOut (hdc, (cxArea - size.cx) / 2, (cyArea - size.cy) / 2,
                  szString, lstrlen (szString)) ;
    EndPath (hdc) ;

    lb.lbStyle = BS_SOLID ;
    lb.lbColor = RGB (255, 0, 0) ;
    lb.lbHatch = 0 ;

    SelectObject (hdc, ExtCreatePen (PS_GEOMETRIC | PS_DOT,
                 GetDeviceCaps (hdc, LOGPIXELSX) / 24, &lb, 0, NULL)) ;
    StrokePath (hdc) ;

    DeleteObject (SelectObject (hdc, GetStockObject (BLACK_PEN))) ;
    SelectObject (hdc, GetStockObject (SYSTEM_FONT)) ;
    DeleteObject (hFont) ;
}
```

Abbildung 17.17: *Das Programm* FONTOUT2

Unter Windows 98 kommt für diesen Zeichenstift allerdings kein Punktmuster heraus, sondern eine durchgehende Farbe, weil dieser Stil dort nur für Stifte mit der Breite 1 unterstützt wird.

Abbildung 17.18: *Die Ausgaben von* FONTOUT2 *unter Windows NT*

Pfade lassen sich nicht nur als Umrisse zeichnen, sondern auch mit einem beliebigen Muster füllen. Das in Abbildung 17.19 aufgelistete Programm FONTFILL legt den Pfad auf dieselbe Weise wie FONTOUT2 an, setzt dann ein Füllmuster ein und ruft schließlich die Funktion *StrokeAndFillPath*, die erst einen Umriß mit dem aktuellen Zeichenstift zeichnet und dann das Innere dieses Umrisses mit dem Füllmuster füllt. (Wenn Sie diesen Aufruf durch *FillPath* ersetzen, beschränkt sich die GDI auf das Ausfüllen, d.h. läßt die Umrißlinie weg.)

FONTFILL.C

```
/*----------------------------------------
   FONTFILL.C - Ausfüllen von Textausgaben
               (c) Charles Petzold, 1998
  ----------------------------------------*/

#include <windows.h>
#include "..\\eztest\\ezfont.h"

TCHAR szAppName [] = TEXT ("FontFill") ;
TCHAR szTitle [] = TEXT ("FontFill: Ausfüllen von Textausgaben") ;

void PaintRoutine (HWND hwnd, HDC hdc, int cxArea, int cyArea)
{
     static TCHAR szString [] = TEXT ("Ausgefüllt") ;
     HFONT        hFont ;
     SIZE         size ;

     hFont = EzCreateFont (hdc, TEXT ("Times New Roman"), 1440, 0, 0, TRUE) ;

     SelectObject (hdc, hFont) ;
     SetBkMode (hdc, TRANSPARENT) ;

     GetTextExtentPoint32 (hdc, szString, lstrlen (szString), &size) ;

     BeginPath (hdc) ;
     TextOut (hdc, (cxArea - size.cx) / 2, (cyArea - size.cy) / 2,
                   szString, lstrlen (szString)) ;
     EndPath (hdc) ;

     SelectObject (hdc, CreateHatchBrush (HS_DIAGCROSS, RGB (255, 0, 0))) ;
     SetBkColor (hdc, RGB (0, 0, 255)) ;
     SetBkMode (hdc, OPAQUE) ;

     StrokeAndFillPath (hdc) ;

     DeleteObject (SelectObject (hdc, GetStockObject (WHITE_BRUSH))) ;
     SelectObject (hdc, GetStockObject (SYSTEM_FONT)) ;
     DeleteObject (hFont) ;
}
```

Abbildung 17.19: *Das Programm* FONTFILL

Für den Umriß benutzt FONTFILL den Standard-Zeichenstift, für das Füllmuster dagegen eine rote Schraffur auf blauem Hintergrund. Bitte beachten Sie, dass das Programm vor dem Aufruf von *TextOut* wie gehabt den Zeichenmodus TRANSPARENT setzt, vor dem Aufruf von *StrokeAndFillPath* aber auf OPAQUE zurückschaltet – ansonsten würden Sie zwar die rote Schraffur, nicht aber den blauen Hintergrund zu sehen bekommen (der in Abbildung 17.20 natürlich wieder zu einem Trauergrau degeneriert ist.)

Abbildung 17.20: *Die Ausgaben von* FONTFILL

Wenn Sie den ersten Aufruf von *SetBkMode* auskommentieren, dann füllt Windows den Hintergrund des Texts mit dem Muster, läßt die Zeichen selbst aber weiß. Ob man das haben will, sei dahingestellt – möglich ist diese Kombination aber auf jeden Fall. Was mich noch kurz zu den Füllmodi bringt: Wenn Sie Schriften ausfüllen und/oder als Beschneidungspfad verwenden wollen, dann sollten Sie bei der Standardvorgabe ALTERNATE bleiben. Auch wenn die TrueType-Schriften offensichtlich so entworfen sind, dass im Füllmodus WINDING keine merkwürdigen Dinge passieren (wie etwa ein in seinem Inneren ausgefülltes »O«), ist man mit ALTERNATE offensichtlich auf der sicheren Seite. (Wenn Sie Lust und Zeit haben, können Sie es ja einmal bei japanischen Ideogrammen mit den beiden Füllmodi ausprobieren – dort dürfte die Sache auch für Windows wohl nicht mehr so übersichtlich sein.)

Zu guter Letzt kann man einen Pfad (und damit die Zeichendefinition einer TrueType-Schrift) auch als Beschneidungspfad einsetzen. Eine der möglichen Wirkungen demonstriert das in Abbildung 17.21 aufgelistete Programm FONTCLIP.

FONTCLIP.C

```
/*-----------------------------------------------
   FONTCLIP.C - Textausgaben als Beschneidungspfad
                (c) Charles Petzold, 1998
  -----------------------------------------------*/

#include <windows.h>
#include "..\\eztest\\ezfont.h"
```

```
TCHAR szAppName [] = TEXT ("FontClip") ;
TCHAR szTitle [] = TEXT ("FontClip: Textausgaben als Beschneidungspfad") ;

void PaintRoutine (HWND hwnd, HDC hdc, int cxArea, int cyArea)
{
     static TCHAR szString [] = TEXT ("Clipping") ;
     HFONT        hFont ;
     int          y, iOffset ;
     POINT        pt [4] ;
     SIZE         size ;

     hFont = EzCreateFont (hdc, TEXT ("Times New Roman"), 1200, 0, 0, TRUE) ;

     SelectObject (hdc, hFont) ;

     GetTextExtentPoint32 (hdc, szString, lstrlen (szString), &size) ;

     BeginPath (hdc) ;
     TextOut (hdc, (cxArea - size.cx) / 2, (cyArea - size.cy) / 2,
                   szString, lstrlen (szString)) ;
     EndPath (hdc) ;

     // Pfad als Clip-Region einsetzen
     SelectClipPath (hdc, RGN_COPY) ;

     // Eine fröhliche Folge von Bezier-Splines in bunten Farben zeichnen
     iOffset = (cxArea + cyArea) / 4 ;

     for (y = -iOffset ; y < cyArea + iOffset ; y++)
     {
          pt[0].x = 0 ;
          pt[0].y = y ;

          pt[1].x = cxArea / 3 ;
          pt[1].y = y + iOffset ;

          pt[2].x = 2 * cxArea / 3 ;
          pt[2].y = y - iOffset ;

          pt[3].x = cxArea ;
          pt[3].y = y ;

          SelectObject (hdc, CreatePen (PS_SOLID, 1,
               RGB (rand () % 256, rand () % 256, rand () % 256))) ;

          PolyBezier (hdc, pt, 4) ;

          DeleteObject (SelectObject (hdc, GetStockObject (BLACK_PEN))) ;
     }

     DeleteObject (SelectObject (hdc, GetStockObject (WHITE_BRUSH))) ;
     SelectObject (hdc, GetStockObject (SYSTEM_FONT)) ;
     DeleteObject (hFont) ;
}
```

Abbildung 17.21: *Das Programm* FONTCLIP

FONTCLIP legt wiederum einen Pfad über eine Textausgabe an, setzt ihn dann aber über *SetClipPath* als Clip-Region ein und zeichnet schließlich (direkt) eine Reihe von Bezier-Splines mit zufälligen Farben.

Die Umschaltung auf TRANSPARENT vor der Textausgabe fehlt hier bewußt, weil die Splines sonst auf das Innere der einzelnen Zeichen beschränkt würden. Im Modus OPAQUE läuft die Begrenzung exakt andersherum: Die Zeichenaktionen ändern den Texthintergrund, das Innere der Zeichen ist aber ausgeschlossen. Abbildung 17.22 zeigt das Ergebnis.

Abbildung 17.22: *Die Ausgaben von* FONTCLIP

Da alle vier Demonstrationen auf dem Rahmenprogramm FONTDEMO aufbauen, lassen sich die Ergebnisse übrigens nicht nur auf dem Bildschirm bestaunen, sondern auch drucken. Und nachdem sich die eigentliche Programmierung hier auf eine Handvoll Zeilen beschränkt, sollten Sie Ihrer Phantasie einmal die Zügel schießen lassen – die sonst leider nur allzu berechtigte Ausrede, dass zwischen Idee und Realisierung wieder mal eine halbe Stunde Tipparbeit und Debugging stehen, gilt hier ganz sicher nicht.

18 Zwischendateien

Eine Zwischendatei (die in der Dokumentation von Windows auf den Namen »Metafile« hört, was man eigentlich direkt mit »Halbdatei« übersetzen müßte) hält eine Folge von GDI-Aufrufen in binärer Form fest. Angelegt wird eine solche Datei über eine speziell für diesen Zweck vorgesehene Kontextart, die man konsequent als Zwischendatei-Gerätekontext (»metafile device context«) bezeichnen müßte – ein Wortmonstrum, das im weiteren schlicht mit »Dateikontext« abgekürzt wird.

Zwischendateien stellen für Vektorgrafiken das dar, was Bitmaps für Rastergrafiken sind. Während Bildbearbeitungen und »Malprogramme« normalerweise Bitmaps erzeugen, haben Konstruktionsprogramme entweder eine Zwischendatei als Ergebnis oder verwenden ein eigenes Dateiformat, das Zwischendateien zumindest vom Ansatz her gleicht: Befehlsfolgen á la »Linie von x nach y, dann Kreisbogen mit Radius r und Winkel w« lassen sich zu »Objekten« zusammenfassen, die der Benutzer zu einem späteren Zeitpunkt beliebig ändern kann. (Bei direkten Zeichenoperationen in ein Bitmap hört die einzige nachträgliche Änderungsmöglichkeit dagegen im besten Fall auf Bearbeiten/Rückgängig – und wenn das nicht mehr geht, ist die Radiergummi-Funktion gefragt.)

Ein weiterer Unterschied zu Bitmaps besteht darin, dass sich Zwischendateien verlustfrei skalieren lassen: Verkleinerungen laufen hier nicht auf Informationsverluste (lies: gelöschte Spalten und Rasterzeilen), sondern schlicht auf entsprechend umgerechnete Koordinaten hinaus, Vergrößerungen sind nicht zwangsläufig mit einer Vergröberung des Bildes verbunden, sondern machen unter Umständen Details sichtbar, die zuvor verborgen blieben.

Zwischendateien lassen sich in Bitmaps umsetzen, was aber eine Art Einbahnstraße darstellt: Da Bitmaps naturgemäß die Informationen darüber fehlen, wie sie zustande gekommen sind, ist die Rückumwandlung ein außerordentlich schwieriger und rechenintensiver Prozeß, der trotz der großen Fortschritte der letzten Jahre auf dem Gebiet der Kanten- und Konturenerkennung nur bei einfachen geometrischen Figuren halbwegs befriedigende Ergebnisse liefert. (Zwischendateien können übrigens ohne weiteres Befehle *zum Zeichnen* von Bitmaps enthalten.)

Da Zwischendateien im allgemeinen auch noch weniger Speicherplatz als Bitmaps benötigen und überdies mit einer wesentliche höheren Geräteunabhängigkeit glänzen, stellt sich natürlich die Frage, wieso die Windows-Entwickler sie nicht gleich zum Maß aller Dinge erhoben haben. Die erste Antwort ist dieselbe wie immer: Geschwindigkeit. Das Zeichnen eines Bitmaps besteht im wesentlichen aus einer Kopieraktion, bei der es auch ein uralter 386er auf mehrere Millionen Pixel pro Sekunde bringt – und zwar völlig unabhängig davon, ob dieses Bitmap aus einer einfarbigen Fläche besteht oder über zigtausende von Rechenschritten zustande gekommen ist. Der zweite Grund ist, dass sich mit Linien, Kreisbögen, Polygonen usw. hauptsächlich Abstraktes gut darstellen läßt. Für Bilder der realen Welt führt an Bitmaps bis auf weiteres kein Weg vorbei.

In der Praxis verwendet man Zwischendateien deshalb in erster Linie für den Informationsaustausch über die Zwischenablage sowie in Clipart-Sammlungen (die ja mittlerweile schon fast ein eigenes Genre darstellen).

Da Zwischendateien bereits in der Version 1.0 von Windows mit von der Partie waren, ist es kein Wunder, dass sich einige Details des Konzepts im Laufe der Jahre als überholungsbedürftig erwiesen haben. Die 32-Bit-Versionen unterstützen deshalb neben der Urversion ein zweites »erweitertes« Format und definieren für den Umgang mit diesem Format auch einen zweiten Satz an Funktionen. Der nächste Abschnitt geht erst einmal auf das Format der Windows-Version 1.0 ein und klärt dabei einige grundlegende Dinge – ist aber größtenteils als Rückblick zu sehen, weil man für Neuentwicklungen wo immer möglich die spezifisch für die 32-Bit-Versionen von Windows geschaffene, erweiterte Variante einsetzen sollte.

Das alte Format

Zwischendateien lassen sich wahlweise temporär oder semipermanent (als Datei auf der Festplatte) anlegen. Die logischen Unterschiede zwischen den beiden Varianten erschöpfen sich darin, dass sich Windows bei temporären Zwischendateien ab einer bestimmten Größe selbst um das Anlegen (und spätere Löschen) einer Datei kümmert. Das Win32-SDK bezeichnet temporäre Zwischendateien übrigens als »memory metafiles« – also »Zwischendateien im Hauptspeicher«. Da Pingeligkeit hier (ausnahmsweise) eher kontraproduktiv wäre, wird dieser Begriff auch in den folgenden Abschnitten benutzt.

Zwischendateien im Hauptspeicher

Zwischendateien im alten Format werden über die Funktion *CreateMetaFile* angelegt, die einen Stringzeiger als Parameter erwartet und einen Gerätekontext zurückliefert. Wenn Sie hier den Wert NULL übergeben, wird die Zwischendatei im Hauptspeicher angelegt (ist also temporär), ansonsten interpretiert Windows den String als Namen einer neu anzulegenden Datei. (Auch wenn die Namenserweiterung technisch keine Rolle spielt, hat sich dafür die Zeichenfolge WMF – für »Windows Metafile« eingebürgert.)

Der von *CreateMetaFile* gelieferte Handle läßt sich bei fast allen GDI-Funktionen als Gerätekontext einsetzen – nur dass die GDI diese Funktionen dann eben nicht ausführt, sondern zusammen mit ihren Parametern in der Zwischendatei speichert. Die Funktion *CloseMetaFile* schließt eine Zwischendatei (beendet also die Aufzeichnung) und liefert einen Handle zurück. Die Funktion *PlayMetaFile* erwartet einen solchen Handle zusammen mit einem »echten« Gerätekontext und übernimmt das »Abspielen«, das effektiv der Ausführung der gespeicherten GDI-Befehle entspricht.

Das in Abbildung 18.1 aufgelistete Programm METAFILE demonstriert diese grundlegenden Funktionen. Es legt als Reaktion auf WM_CREATE eine temporäre Zwischendatei an und spielt diese Datei bei WM_PAINT 100 Mal im Gerätekontext des Anwendungsbereichs ab.

METAFILE.C

```
/*-----------------------------------------------------
   METAFILE.C - Anlegen und Abspielen einer Zwischendatei
                (c) Charles Petzold, 1998
  -----------------------------------------------------*/

#include <windows.h>

LRESULT CALLBACK WndProc (HWND, UINT, WPARAM, LPARAM) ;

int WINAPI WinMain (HINSTANCE hInstance, HINSTANCE hPrevInstance,
                    PSTR szCmdLine, int iCmdShow)
{
     static TCHAR szAppName [] = TEXT ("Metafile") ;
     HWND         hwnd ;
     MSG          msg ;
     WNDCLASS     wndclass ;

     wndclass.style         = CS_HREDRAW | CS_VREDRAW ;
     wndclass.lpfnWndProc   = WndProc ;
     wndclass.cbClsExtra    = 0 ;
     wndclass.cbWndExtra    = 0 ;
     wndclass.hInstance     = hInstance ;
     wndclass.hIcon         = LoadIcon (NULL, IDI_APPLICATION) ;
     wndclass.hCursor       = LoadCursor (NULL, IDC_ARROW) ;
     wndclass.hbrBackground = (HBRUSH) GetStockObject (WHITE_BRUSH) ;
     wndclass.lpszMenuName  = NULL ;
     wndclass.lpszClassName = szAppName ;

     if (!RegisterClass (&wndclass))
     {    // UNICODE-Compilierung ist die einzige realistische Fehlermöglichkeit
          MessageBox (NULL, TEXT ("Programm arbeitet mit Unicode und setzt Windows NT voraus!"),
                      szAppName, MB_ICONERROR) ;
          return 0 ;
     }

     hwnd = CreateWindow (szAppName, TEXT ("Anlegen und Abspielen einer Zwischendatei"),
                          WS_OVERLAPPEDWINDOW,
                          CW_USEDEFAULT, CW_USEDEFAULT,
                          CW_USEDEFAULT, CW_USEDEFAULT,
                          NULL, NULL, hInstance, NULL) ;

     ShowWindow (hwnd, iCmdShow) ;
     UpdateWindow (hwnd) ;

     while (GetMessage (&msg, NULL, 0, 0))
     {
          TranslateMessage (&msg) ;
          DispatchMessage (&msg) ;
     }
     return msg.wParam ;
}

LRESULT CALLBACK WndProc (HWND hwnd, UINT message, WPARAM wParam, LPARAM lParam)
{
     static HMETAFILE hmf ;
```

```
static int      cxClient, cyClient ;
HBRUSH          hBrush ;
HDC             hdc, hdcMeta ;
int             x, y ;
PAINTSTRUCT     ps ;

switch (message)
{
case WM_CREATE:
     // temporäre Zwischendatei anlegen
     hdcMeta = CreateMetaFile (NULL) ;
     hBrush  = CreateSolidBrush (RGB (0, 0, 255)) ;
     // eine Figur zeichnen
     Rectangle (hdcMeta, 0, 0, 100, 100) ;

     MoveToEx (hdcMeta,   0,   0, NULL) ;
     LineTo   (hdcMeta, 100, 100) ;
     MoveToEx (hdcMeta,   0, 100, NULL) ;
     LineTo   (hdcMeta, 100,   0) ;

     SelectObject (hdcMeta, hBrush) ;
     Ellipse (hdcMeta, 20, 20, 80, 80) ;

     // Zwischendatei schließen, Handle -> statische Variable
     hmf = CloseMetaFile (hdcMeta) ;

     DeleteObject (hBrush) ;
     return 0 ;

case WM_SIZE:
     cxClient = LOWORD (lParam) ;
     cyClient = HIWORD (lParam) ;
     return 0 ;

case WM_PAINT:
     hdc = BeginPaint (hwnd, &ps) ;

     SetMapMode (hdc, MM_ANISOTROPIC) ;
     SetWindowExtEx (hdc, 1000, 1000, NULL) ;
     SetViewportExtEx (hdc, cxClient, cyClient, NULL) ;

     // Die bei WM_CREATE angelegte Zwischendatei 100mal abspielen
     for (x = 0 ; x < 10 ; x++)
       for (y = 0 ; y < 10 ; y++)
       {
       SetWindowOrgEx (hdc, -100 * x, -100 * y, NULL) ;
       PlayMetaFile (hdc, hmf) ;
       }
     EndPaint (hwnd, &ps) ;
     return 0 ;

case WM_DESTROY:
     // temporäre Zwischendatei freigeben
     DeleteMetaFile (hmf) ;
     PostQuitMessage (0) ;
     return 0 ;
```

```
    }
    return DefWindowProc (hwnd, message, wParam, lParam) ;
}
```

Abbildung 18.1: *Das Programm* METAFILE

METAFILE demonstriert die vier grundlegenden Funktionen, die Windows im Zusammenhang mit Zwischendateien des alten Formats definiert. *CreateMetaFile* wird im *case*-Zweig für WM_CREATE mit dem Parameter NULL aufgerufen, erzeugt also eine temporäre Zwischendatei. Der von dieser Funktion zurückgelieferte Dateikontext wird zum Zeichnen einer blauen Ellipse und zweier Linien über GDI-Funktionen benutzt (wobei Windows hier wie gesagt die Zeichenbefehle nicht ausführt, sondern zusammen mit den verwendeten Parametern speichert). *CloseMetaFile* schließt die Zwischendatei und liefert einen Handle zurück, den das Programm in einer statischen Variablen festhält.

Die Zwischendatei enthält nun die binäre Repräsentation von zwei Aufrufen der GDI-Funktion *MoveToEx*, zwei Aufrufen von *LineTo* und eines Aufrufs von *SelectObject* (zusammen mit den Daten für ein einfarbiges blaues Füllmuster). Die an *MoveToEx* und *LineTo* übergebenen Werte werden unverändert gespeichert – Hinweise auf das verwendete Koordinatensystem oder die unter Windows NT möglichen Transformationen enthält die Datei nur, wenn das Programm zwischen *CreateMetaFile* und *CloseMetaFile* entsprechende GDI-Funktionen aufgerufen hat.

Auf WM_PAINT reagiert METAFILE mit dem Einsetzen eines Koordinatensystems und dem hundertfach wiederholten Abspielen der Zwischendatei über *PlayMetaFile*. Die in der Zwischendatei gespeicherten Koordinaten werden dabei auf das vom Programm vorgegebene Koordinatensystem (und eventuelle Transformationen) umgerechnet. Das Ergebnis ist exakt dasselbe, als wenn das Programmlisting die zwischen *CreateMetaFile* und *CloseMetaFile* eingesetzten GDI-Aufrufe im *case*-Zweig für WM_PAINT ein zweites Mal enthielte.

Von *CloseMetaFile* gelieferte Handles ähneln GDI-Objekten und müssen deshalb spätestens beim Ende des Programms explizit wieder freigegeben werden – allerdings nicht über *DeleteObject*, sondern über eine Funktion namens *DeleteMetaFile*. (Das Programm METAFILE erledigt das bei der Reaktion auf WM_DESTROY.)

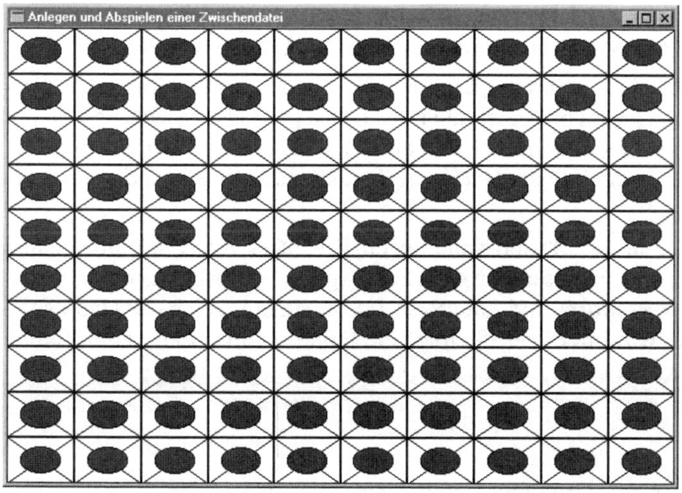

Abbildung 18.2: *Die Ausgaben von* METAFILE

Zwischendateien auf der Festplatte

Wenn Sie beim Aufruf von *CreateMetaFile* einen Dateinamen anstelle des Wertes NULL angeben, erzeugt diese Funktion eine echte Datei, anstatt erst einmal Platz im Hauptspeicher zu reservieren. Die Vorteile dieser Alternative bewegen sich im Rahmen des Üblichen: Man spart speziell bei längeren Befehlsfolgen entsprechend Platz im Hauptspeicher ein, muß dafür aber bei jedem Abspielen der Datei einen Festplattenzugriff in Kauf nehmen.

Bei der Umstellung des Beispielprogramms METAFILE von temporären auf semipermanente Zwischendateien ergeben sich insgesamt vier Veränderungen:

- Das Programm muß eine Stringkonstante für den Dateinamen definieren. Alternativ tut es auch eine statische Variable *szFileName*, die dann über eine Funktion wie *GetTempFileName* initialisiert wird.
- WM_CREATE: Aufruf von *CreateMetaFile* mit diesem Dateinamen. Darauf folgen dann wie gehabt die GDI-Befehle und das Schließen der Datei mit *CloseMetaFile*, wobei das Programm den von *CloseMetaFile* gelieferten Handle aber nicht festhält, sondern sofort mit *DeleteMetaFile* freigibt:

```
DeleteMetaFile(CloseMetaFile(hdcMeta)) ;
```

Da diese Freigabe ausschließlich den Handle betrifft, bleibt die neu angelegte Datei (*szFileName*) dadurch unverändert.

- WM_PAINT: Vor dem Abspielen wird die Zwischendatei mit

```
hmf = GetMetaFile(szFileName) ;
```

in den Hauptspeicher geladen. Der im Erfolgsfall von *GetMetaFile* gelieferte Handle unterscheidet sich technisch in keiner Weise vom Ergebnis von *CloseMetaFile*, kann also direkt für den Aufruf von *PlayMetaFile* benutzt und am Ende der Reaktion auf WM_PAINT über *DeleteMetaFile* wieder freigegeben werden.

- WM_DESTROY: Anstatt einen Handle *DeleteMetaFile* freizugeben, sollte das Programm hier die Zwischendatei auf der Festplatte löschen (falls Sie das Kunstwerk nicht später noch anderweitig verwenden wollen, versteht sich). Da sich Zwischendateien in keiner Weise von anderen Dateien unterscheiden, läßt sich dafür die Standardroutine *DeleteFile* verwenden.

Ernstgemeinte Programme werden sich natürlich nur selten den Luxus leisten, einen über *GetMetaFile* abgerufenen Handle nach jedem Neuzeichnen ihres Fensters wieder freizugeben. In der Praxis sieht die Sache denn auch eher so aus, dass man bei WM_CREATE eine (zu einem früheren Zeitpunkt erzeugte) Zwischendatei über *GetMetaFile* lädt und den Handle erst bei WM_DESTROY wieder freigibt.

Zwischendateien lassen sich (wie andere Datensammlungen beliebiger Art) auch über einen selbstdefinierten Typ als programmeigene Ressource speichern (vgl. Kapitel 10). Nachdem Sie einen solchen Datenblock über *FindResource* und *LockResource* in einen Bereich des Hauptspeichers geladen haben, können Sie Windows über die folgende Funktion anweisen, daraus einen Zwischendatei-Handle zu erzeugen:

```
hmf = SetMetaFileBitsEx (iSize, pData) ;
```

Als *pData* ist hier die Startadresse des Datenblocks (also das Ergebnis von *LockResource)* zu übergeben, als *iSize* seine Größe in Bytes. Da Windows diese Daten kopiert, wird das Original danach nicht mehr gebraucht. Zu *SetMetaFileBitsEx* gibt es ein Gegenstück namens *GetMetaFileBitsEx*, das eine über einen Handle angesprochene Zwischendatei in einen programmeigenen Speicherblock kopiert.

Zwischendateien alten Stils und die Zwischenablage

Zwischendateien im Format der Windows-Version 1.0 bringen ein ärgerliches Problem mit sich: Welche Abmessungen das durch sie beschriebene Bild hat, bleibt dem Programm unbekannt. (Weil man über *GetMetaFileBitsEx* auch bei temporären Zwischendateien an die binären Daten herankommt, gäbe es natürlich schon eine Möglichkeit dazu – nur ist das wohl kaum Sinn der Sache.)

Wenn die Zwischendatei auf das Koordinatensystem MM_ISOTROPIC oder MM_ANISOTROPIC ausgelegt ist, läßt sich diese Beschränkung zwar umgehen, indem das Programm vor dem Aufruf von *PlayMetaFile* die Größe des Zeichenfensters über *SetViewPortEx* entsprechend setzt – sollte die Zwischendatei aber selbst GDI-Befehle zum Setzen des Koordinatensystems enthalten, dann ist auch diese Möglichkeit verbaut. (Weil *PlayMetaFile* eine Zwischendatei grundsätzlich en bloc abspielt, sind die Eingriffsmöglichkeiten zwangsläufig auf vorherige und nachherige GDI-Aufrufe beschränkt – während des Betriebs ins Handwerk pfuschen läßt sich *PlayMetaFile* nicht.)

Aus diesem Grund setzt man Zwischendateien alten Stils auch nicht direkt in die Zwischenablage ein, sondern verpackt sie in einem Strukturtyp namens METAFILEPICT (der in der Dokumentation mal als »metafile picture«, mal aber auch schlicht als »metafile« erscheint):

```
typedef struct tagMETAFILEPICT
{
     LONG mm ;            // Koordinatensystem (mm steht hier für "mapping mode")
     LONG xExt ;          // Breite des Bildes
     LONG yExt ;          // Höhe des Bildes
     LONG hMF ;           // Handle
}
METAFILEPICT ;
```

Die zusätzlichen Felder machen es Programmen möglich, das Koordinatensystem vor dem Abspielen selbst zu setzen und entsprechend zu skalieren. Für alle Koordinatensysteme außer MM_ISOTROPIC und MM_ANISOTROPIC gilt die Vereinbarung, dass *xExt* und *yExt* logische Koordinaten innerhalb des jeweiligen Koordinatensystems darstellen. Ein Programm, das eine Zwischendatei erzeugt, sollte also *vor* dem Beginn der Aufzeichnung das gewünschte Koordinatensystem setzen und die entsprechende Kennziffer danach zusammen mit den höchsten bei diesen Zeichenbefehlen verwendeten X- und Y-Koordinaten in die Struktur eintragen.

Bei MM_ISOTROPIC und MM_ANISOTROPIC sieht die Sache etwas anders aus. Wie in Kapitel 5 erläutert, werden diese beiden Koordinatensysteme eingesetzt, wenn ein Programm mit beliebigen logischen (und von der physischen Größe eines Bildes unabhängigen) Koordinaten arbeiten will. MM_ISOTROPIC setzt eine einheitliche Skalierung in X- und Y-Richtung fest und erhält damit das originale Breiten-/Höhenverhältnis, MM_ANSITROPIC hebt diese Beschränkung auf; die Skalierung von Fenster und Zeichenfenster findet über *SetWindowExtEx* und *SetViewportExtEx* statt, wobei *SetViewportExtEx* Geräteeinheiten auf der Basis der Zeichenfläche (wie etwa eines Anwendungsbereichs) verwendet.

Genau an dieser Stelle wird es problematisch, weil Windows auch bei *SetViewportExtEx* nichts weiter tut, als die an diese Funktion übergebenen Werte aufzuzeichnen – mithin die Größe des

Anwendungsbereichs (oder einer anderen Zeichenfläche), die das *erzeugende* Programm verwendet. Weil diese Werte bestenfalls zufällig mit der Größe der Zeichenfläche des Programms übereinstimmen, das die Zwischendatei hinterher abspielt, haben Aufrufe von *SetViewportExtEx* nichts in Zwischendateien zu suchen. Was bei MM_ISOTROPIC und MM_ANISOTROPIC aber auf jeden Fall mit aufgezeichnet werden muß, ist der Aufruf von *SetWindowExtEx*, weil er festlegt, wie die an andere GDI-Funktionen übergebene Koordinaten zu skalieren sind. Aus diesem Durcheinander ergibt sich das folgende Regelwerk für das Einsetzen von Zwischendateien in die Zwischenablage:

- Das Feld *mm* der METAFILEPICT-Struktur ist mit der Kennziffer des verwendeten Koordinatensystems zu setzen.
- Für alle Koordinatensysteme außer MM_ISOTROPIC und MM_ANISOTROPIC setzen Sie die Felder *xExt* und *yExt* mit der Größe des Bildes im über *mm* festgelegten Koordinatensystem.
- Für MM_ANISOTROPIC können Sie *xExt* und *yExt* auf 0 setzen und so andeuten, dass sich das Programm weder auf eine Größe noch auf ein bestimmtes Breiten-/Höhenverhältnis festlegen will. Für MM_ISOPTROPIC können Sie über negative Werte in *xExt* und *yExt* signalisieren, dass zwar ein bestimmtes Breiten-/Höhenverhältnis eingehalten werden sollte, die Größe aber beliebig ist. Die Alternative für beide Koordinatensysteme besteht aus dem Eintrag positiver Werte in *xExt* und *yExt*, wobei hier die Konvention gilt, dass diese beiden Werte dann für eine Bemaßung in der Einheit 0,01 Millimeter (also MM_HIMETRIC) stehen.
- Für MM_ISOTROPIC und MM_ANISOTROPIC sollte die Zwischendatei Aufrufe von *SetWindowExtEx* und (optional) *SetWindowOrgEx* enthalten (lies: das erzeugende Programm entsprechende Aufrufe mit dem Dateikontext ausführen). *SetMapMode*, *SetViewportExtEx* und *SetViewportOrgEx* haben dagegen nichts in der Zwischendatei zu suchen.
- Beim Datentransfer über die Zwischenablage geht es unabhängig vom Koordinatensystem um temporäre Dateien, nicht um Zwischendateien auf der Festplatte. (Diese Regel ergibt sich sozusagen von selbst, weil der Strukturtyp METAFILEPICT kein Feld für Dateinamen vorsieht.)

Die praktische Ausführung eines Programms, das eine Zwischendatei anlegt und in die Zwischenablage einsetzt, sieht dann etwa so aus: Wenn es um MM_ISOTROPIC oder MM_ANISOTROPIC geht, dann sollten Sie als erstes die GDI-Aufrufe zum Setzen der Fenstergröße aufzeichnen (die bei allen anderen Koordinatensystemen fix vorgegeben ist). Danach kommt auch für alle anderen Koordinatensysteme der Fensterursprung, soweit gewünscht:

```
hdcMeta = CreateMetaFile (NULL) ;
SetWindowExtEx (hdcMeta, ...) ;
SetWindowOrgEx (hdcMeta, ...) ;
```

Die bei den darauffolgenden GDI-Aufrufen verwendeten Koordinaten hängen (wie bei »echten« Zeichenaktionen) von der Fenstergröße und dem Fensterursprung ab. Nach Abschluß der Zeichenoperationen wird die Zwischendatei geschlossen:

```
hmf = CloseMetaFile (hdcMeta) ;
```

Für die Übergabe an die Zwischenablage benötigt das Programm außerdem einen Zeiger auf eine METAFILEPICT-Struktur sowie einen globalen Speicherblock entsprechender Größe:

```
GLOBALHANDLE   hGlobal ;
LPMETAFILEPICT pMFP ;
[weitere Anweisungen]
hGlobal= GlobalAlloc (GHND | GMEM_SHARE, sizeof (METAFILEPICT)) ;
pMFP = (LPMETAFILEPICT) GlobalLock (hGlobal) ;
```

Nachdem die Felder dieser Struktur mit

```
pMFP->mm   = MM_... ;
pMFP->xExt = ... ;
pMFP->yExt = ... ;
pMFP->hMF  = hmf ;

GlobalUnlock (hGlobal) ;
```

besetzt worden sind, folgt schließlich das Einsetzen in die Zwischenablage:

```
OpenClipboard (hwnd) ;
EmptyClipboard () ;
SetClipboardData (CF_METAFILEPICT, hGlobal) ;
CloseClipboard () ;
```

Hier gilt dasselbe wie bei der Übergabe anderer Objekte und Zeiger: Da die Zwischenablage bei *SetClipboardData* den Besitz der entsprechenden Speicherbereiche übernimmt, muß das Programm danach sowohl den Zeiger auf die METAFILEPICT-Struktur als auch den Handle der Zwischendatei als ungültig betrachten (d.h. darf diese beiden Werte nicht mehr verwenden).

In umgekehrter Richtung wird es etwas schwieriger. Ein Programm, das eine Zwischendatei aus der Zwischenablage ausliest, muß:

1. Das im Feld *mm* der METAFILEPICT-Struktur angegebene Koordinatensystem setzen.
2. Für die Koordinatensysteme MM_ISOTROPIC und MM_ANISOTROPIC die Felder *xExt* und *yExt* auswerten und darüber die Größe des Zeichenfensters setzen. Für die anderen Koordinatensysteme läßt sich die Größe des Bildes über *xExt/yExt* direkt bestimmen (und beispielsweise zum Setzen eines Clipping-Rechtecks verwenden).
3. Die Zwischendatei über *PlayMetaFile* abspielen.

Die praktische Ausführung beginnt mit dem Öffnen der Zwischenablage und dem Abruf der Daten:

```
OpenClipboard (hwnd) ;
hGlobal = GetClipboardData (CF_METAFILEPICT) ;
pMFP = (LPMETAFILEPICT) GlobalLock (hGlobal) ;
```

Der nächste Schritt besteht aus der Speicherung der aktuellen Attribute des Gerätekontexts und dem Einsetzen des Koordinatensystems:

```
SaveDC (hdc) ;
SetMappingMode (pMFP->mm) ;
```

Solange es nicht um MM_ISOTROPIC oder MM_ANISOTROPIC geht, können Sie die Felder *xExt* und *yExt* nun zum Setzen eines Clipping-Rechtecks benutzen. Da diese beiden Werte logische Koordinaten darstellen, läßt sich ein solches Rechteck wohl am einfachsten als Pfad erzeugen:

```
BeginPath(hdc) ;
Rectangle(0,0,xExt,yExt) ;
EndPath(hdc);
SelectClipPath(RGN_COPY);
```

Eine Alternative dazu wäre das Anlegen einer Region über *CreateRectRgn*, die dann über *SelectClipRgn* in den Kontext eingesetzt wird.

Für die Koordinatensysteme MM_ISOTROPIC und MM_ANISOTROPIC ist dagegen die zuvor besprochene Fallunterscheidung bei der Auswertung von *xExt* und *yExt* und das Setzen der Zeichenfenstergröße fällig, die man am besten in eine Funktion verpackt. Das folgende Listing zeigt, wie eine solche Funktion aussehen könnte (die hier auch noch das Koordinatensystem setzt):

```
void PrepareMetaFile (HDC hdc, LPMETAFILEPICT pmfp, int cxClient, int cyClient)
{
    int xScale, yScale, iScale ;

    SetMapMode (hdc, pmfp->mm) ;

    if (pmfp->mm == MM_ISOTROPIC || pmfp->mm == MM_ANISOTROPIC)
    {
        if (pmfp->xExt == 0)
            SetViewportExtEx (hdc, cxClient, cyClient, NULL) ;
        else if (pmfp->xExt > 0)
            SetViewportExtEx (hdc,
                pmfp->xExt * GetDeviceCaps (hdc, HORZRES) /
                             GetDeviceCaps (hdc, HORZSIZE) / 100),
                pmfp->yExt * GetDeviceCaps (hdc, VERTRES) /
                             GetDeviceCaps (hdc, VERTSIZE) / 100),
                NULL) ;

        else if (pmfp->xExt < 0)
        {
            xScale = 100 * cxClient * GetDeviceCaps (hdc, HORZSIZE) /
                         GetDeviceCaps (hdc, HORZRES) / -pmfp->xExt ;
            lScale = 100 * cyClient * GetDeviceCaps (hdc, VERTSIZE) /
                         GetDeviceCaps (hdc, VERTRES) / -pmfp->yExt ;
            iScale = min (xScale, yScale) ;

            SetViewportExtEx (hdc,
                -pmfp->xExt * iScale * GetDeviceCaps (hdc, HORZRES) /
                         GetDeviceCaps (hdc, HORZSIZE) / 100,
                -pmfp->yExt * iScale * GetDeviceCaps (hdc, VERTRES) /
                         GetDeviceCaps (hdc, VERTSIZE) / 100,
                NULL) ;
        }
    }
}
```

Diese Routine geht davon aus, dass *cxClient* und *cyClient* die Breite und Höhe des Bereichs in Pixeln angeben, in dem die Zwischendatei hinterher dargestellt werden soll. Sie unterscheidet zwischen drei Fällen:

- *xExt* = 0, d.h. keine Vorgabe für Größe und Breiten-/Höhenverhältnis: Die Zeichenfläche wird auf den Bereich gesetzt, in dem das Bild hinterher erscheinen soll.
- *xExt* > 0, d.h. Angabe der »echten« Bildmaße in Einheiten zu 0,01 Millimetern: Abfrage über *GetDeviceCaps*, wie viele Pixel das durch *hdc* bezeichnete Gerät auf 0,01 Millimetern zu bieten hat. Danach setzt die Routine das Zeichenfenster so, dass seine Pixelzahl der »echten« Größe der Zwischendatei entspricht.
- *xExt* < 0, d.h. Vorgabe eines Breiten-/Höhenverhältnisses ohne Angabe einer absoluten Bildgröße (was in der Praxis der häufigste Fall sein dürfte): Berechnung des Breiten-/Höhenverhältnisses über *cxClient* und *cyClient* (also den vom Programm vorgesehenen Ausgabebereich) und Einsetzen dieses Wertes bei der Skalierung des Zeichenfensters.

Nachdem diese Hürde genommen ist, können Sie bei Bedarf noch einen Zeichenfenster-Ursprung festlegen und dann (endlich) die Zwischendatei abspielen, bevor die Attribute des Gerätekontexts auf die vorherigen Werte zurückgesetzt werden:

```
PlayMetaFile (pMFP->hMF) ;
RestoreDC (hdc, -1) ;
```

Der letzte Schritt besteht schließlich aus dem Entsperren des Speicherblocks und dem Schließen der Zwischenablage:

```
GlobalUnlock (hGlobal) ;
CloseClipboard () ;
```

Die erweiterten Zwischendateien nehmen Ihnen den größten Teil dieses zugegeben undurchsichtigen Kleinkrams ab. Erfreulicherweise erledigt die Zwischenablage die Konvertierung zwischen den beiden Formaten von selbst: Nach dem Einsetzen einer alten oder einer erweiterten Zwischendatei stellt sie grundsätzlich beide Formate parallel zur Verfügung.

Erweiterte Zwischendateien

Erweiterte Zwischendateien wurden zusammen mit dem 32-Bit-Versionen von Windows eingeführt. Sie unterscheiden sich vom Urmodell durch einige neue Funktionen und Datenstrukturen, ein neues Format für die Zwischenablage und eine neue Dateinamenserweiterung: Anstelle von .WMF wird hier .EMF verwendet. (Oder auch: Das Konzept als solches haben die Entwickler beibehalten – die Implementation hat dagegen nur noch wenig mit der Windows-Version 1.0 zu tun.)

Natürlich gibt es eine Reihe von Funktionen zur Umwandlung zwischen den beiden Formaten – und genauso natürlich stellen diese Funktionen dann eine Einbahnstraße dar, wenn es um Routinen und Konzepte geht, die in den 32-Bit-Versionen von Windows neu hinzugekommen sind. Ein Beispiel dafür sind Pfade, für die das alte Format überhaupt keine Aufzeichnungsmöglichkeit vorsieht.

Ein einfaches Programm

Das in Abbildung 18.3 aufgelistete Programm EMF1 versteht sich als Gegenstück zu METAFILE: Es beschränkt sich auf das Anlegen und Darstellen einer Zwischendatei ohne allzu großes Drumherum.

EMF1.C

```
/*-------------------------------------
   EMF1.C - Erweiterte Zwischendateien
            (c) Charles Petzold, 1998
  -------------------------------------*/

#include <windows.h>

LRESULT CALLBACK WndProc (HWND, UINT, WPARAM, LPARAM) ;

int WINAPI WinMain (HINSTANCE hInstance, HINSTANCE hPrevInstance,
                    LPSTR lpszCmdLine, int nCmdShow)
{
     static TCHAR szAppName[] = TEXT ("EMF1") ;
     HWND         hwnd ;
     MSG          msg ;
     WNDCLASS     wndclass ;

     wndclass.style         = CS_HREDRAW | CS_VREDRAW ;
     wndclass.lpfnWndProc   = WndProc ;
     wndclass.cbClsExtra    = 0 ;
     wndclass.cbWndExtra    = 0 ;
     wndclass.hInstance     = hInstance ;
     wndclass.hIcon         = LoadIcon (NULL, IDI_APPLICATION) ;
     wndclass.hCursor       = LoadCursor (NULL, IDC_ARROW) ;
     wndclass.hbrBackground = GetStockObject (WHITE_BRUSH) ;
     wndclass.lpszMenuName  = NULL ;
     wndclass.lpszClassName = szAppName ;

     if (!RegisterClass (&wndclass))
     {    // UNICODE-Compilierung ist die einzige realistische Fehlermöglichkeit
          MessageBox (NULL, TEXT ("Programm arbeitet mit Unicode und setzt Windows NT voraus!"),
                      szAppName, MB_ICONERROR) ;
          return 0 ;
     }

     hwnd = CreateWindow (szAppName, TEXT ("Erweiterte Zwischendateien, Demo 1"),
                          WS_OVERLAPPEDWINDOW,
                          CW_USEDEFAULT, CW_USEDEFAULT,
                          CW_USEDEFAULT, CW_USEDEFAULT,
                          NULL, NULL, hInstance, NULL) ;

     ShowWindow (hwnd, nCmdShow) ;
     UpdateWindow (hwnd) ;

     while (GetMessage (&msg, NULL, 0, 0))
     {
          TranslateMessage (&msg) ;
          DispatchMessage (&msg) ;
     }
     return msg.wParam ;
}

LRESULT CALLBACK WndProc (HWND hwnd, UINT message, WPARAM wParam, LPARAM lParam)
{
     static HENHMETAFILE hemf ;
```

```
    HDC             hdc, hdcEMF ;
    PAINTSTRUCT     ps ;
    RECT            rect ;

    switch (message)
    {
    case WM_CREATE:
         hdcEMF = CreateEnhMetaFile (NULL, NULL, NULL, NULL) ;

         Rectangle (hdcEMF, 100, 100, 200, 200) ;

         MoveToEx  (hdcEMF, 100, 100, NULL) ;
         LineTo    (hdcEMF, 200, 200) ;

         MoveToEx  (hdcEMF, 200, 100, NULL) ;
         LineTo    (hdcEMF, 100, 200) ;

         hemf = CloseEnhMetaFile (hdcEMF) ;
         return 0 ;

    case WM_PAINT:
         hdc = BeginPaint (hwnd, &ps) ;

         GetClientRect (hwnd, &rect) ;

         rect.left   =     rect.right  / 4 ;
         rect.right  = 3 * rect.right  / 4 ;
         rect.top    =     rect.bottom / 4 ;
         rect.bottom = 3 * rect.bottom / 4 ;

         PlayEnhMetaFile (hdc, hemf, &rect) ;

         EndPaint (hwnd, &ps) ;
         return 0 ;

    case WM_DESTROY:
         DeleteEnhMetaFile (hemf) ;

         PostQuitMessage (0) ;
         return 0 ;
    }
    return DefWindowProc (hwnd, message, wParam, lParam) ;
}
```

Abbildung 18.3: *Das Programm* EMF1

Wie METAFILE legt auch EMF1 bei WM_CREATE eine Zwischendatei an, verwendet hier aber anstelle von *CreateMetaFile* die Funktion *CreateEnhMetaFile*, die nicht einen, sondern gleich vier Parameter erwartet. (EMF1 übergibt hier viermal den Wert NULL; zu den Alternativen komme ich in Kürze.) Das Ergebnis ist ähnlich wie bei *CreateMetaFile* ein »Dateikontext« – also eine spezielle Form eines Gerätekontexts –, über den das Programm dann ein Rechteck und zwei diagonale Linien »zeichnet«. Windows speichert diese Funktionsaufrufe zusammen mit den angegebenen Koordinaten in der Zwischendatei. Der Aufruf von *CloseEnhMetaFile* schließt die Datei und liefert einen Handle zurück, den das Programm in einer statischen Variablen des Typs ENHMETAFILE speichert.

Auf WM_PAINT reagiert EMF1 mit der Ermittlung der Größe seines Anwendungsbereichs. Die Verkleinerung um jeweils ein Viertel (die sich auch mit *InflateRect* hätte erledigen lassen) ergibt ein Rechteck mit der halben Größe in der Mitte des Anwendungsbereichs. Das Abspielen der Zwischendatei geschieht über die Funktion *PlayEnhMetaFile*, die drei Parameter erwartet: Den Gerätekontext, den Handle der Zwischendatei und schließlich ein Rechteck, in dem das Bild dargestellt werden soll.

Abgesehen von der auch hier absolut notwendigen Freigabe der Zwischendatei beim Ende des Programms, die hier über *DeleteEnhMetaFile* stattzufinden hat, wär's das dann auch schon gewesen, weil die GDI bei erweiterten Zwischendateien selbständig die Abmessungen des Bildes ermittelt. Bei EMF1 hat dieses Bild eine Größe von 100 x 100 und wird beim Abspielen über *PlayEnhMetaFile* schlicht so skaliert, dass es in das als dritten Parameter übergebene Rechteck paßt. Abbildung 18.4 zeigt die Ergebnisse für drei Fenster (und damit Rechtecke) unterschiedlicher Größe.

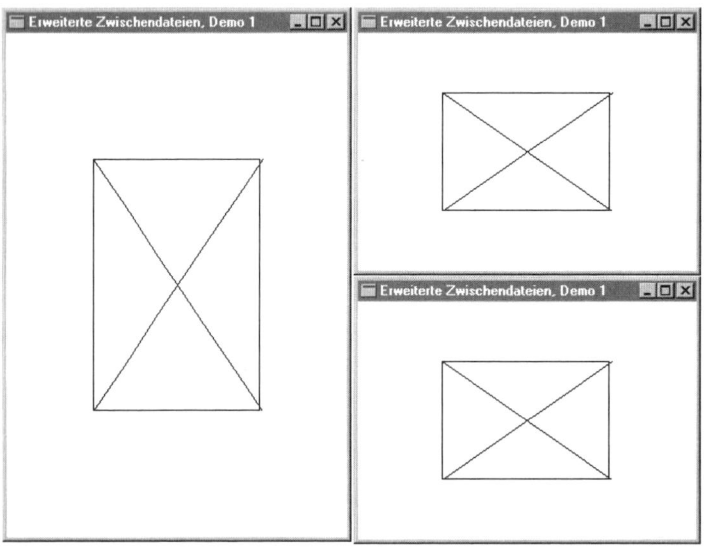

Abbildung 18.4: *Die Ausgaben von* EMF1 *bei verschiedenen Fenstergrößen*

Eine der wesentlichen Konsequenzen der automatischen Größenermittlung liegt darin, dass die beim Erzeugen der Zwischendatei verwendeten absoluten Koordinatenwerte keine Rolle mehr spielen – es kommt einzig und allein auf das Verhältnis dieser Werte zueinander an: Würde EMF1 ein Rechteck mit 200 x 200 Pixeln oder ein Rechteck mit den Eckpunkten (-100,-100,0,0) zeichnen, käme bei der Darstellung exakt dasselbe heraus.

Der zweite Punkt betrifft die Darstellung: Weil *PlayEnhMetaFile* die Zwischendatei in EMF1 so streckt, dass sie exakt in das angegebene Rechteck paßt, ergeben je nach Breiten-/Höhenverhältnis von Originalbild und Ausgaberechteck mehr oder minder kräftige Verzerrungen. In den meisten Fällen dürfte das sogar erwünscht sein: Wer beispielsweise ein Bild aus einer Clipart-Sammlung in eine Textverarbeitung übernimmt, hat sicher nichts dagegen, wenn sich dieses Bild auf Wunsch ein wenig höher oder breiter machen läßt.

Dennoch wird man vermutlich gerne wissen wollen, mit welchen Breiten-/Höhenverhältnis und welcher absoluten Größe das Bild zustande gekommen ist – egal, ob es dabei um die Maßhaltigkeit einer Konstruktionszeichnung oder um die Frage geht, ob Schwiegermutter seit dem letzten Weihnachtsfest wirklich 20 Kilo abgenommen hat.

Und was die Maßhaltigkeit betrifft, scheint EMF1 sowieso einige Probleme zu haben: Die Diagonalen sollten eigentlich mit den Ecken des Rechtecks zusammenfallen, tun es aber offensichtlich nicht. Der Grund dafür liegt in der Art und Weise, in der Windows Rechteck-Koordinaten in erweiterten Zwischendateien speichert. Ich komme später noch darauf zurück.

Zwischendateien im Detail

Mit einem normalen Hexdump-Programm oder einem Debugger kann man sich einen guten Eindruck davon verschaffen, was eine erweiterte Zwischendatei eigentlich ist (und was nicht). Da sich solche Untersuchungen mit einer Zwischendatei auf der Festplatte wesentlich einfacher gestalten, finden Sie in Abbildung 18.2 erst einmal ein Programm, das eine solche Datei erzeugt.

EMF2.C

```
/*-------------------------------------
   EMF2.C - Erweiterte Zwischendateien
            (c) Charles Petzold, 1998
  -------------------------------------*/

#include <windows.h>

LRESULT CALLBACK WndProc (HWND, UINT, WPARAM, LPARAM) ;

int WINAPI WinMain (HINSTANCE hInstance, HINSTANCE hPrevInstance,
                    LPSTR lpszCmdLine, int nCmdShow)
{
     static TCHAR szAppName[] = TEXT ("EMF2") ;
     HWND         hwnd ;
     MSG          msg ;
     WNDCLASS     wndclass ;

     wndclass.style         = CS_HREDRAW | CS_VREDRAW ;
     wndclass.lpfnWndProc   = WndProc ;
     wndclass.cbClsExtra    = 0 ;
     wndclass.cbWndExtra    = 0 ;
     wndclass.hInstance     = hInstance ;
     wndclass.hIcon         = LoadIcon (NULL, IDI_APPLICATION) ;
     wndclass.hCursor       = LoadCursor (NULL, IDC_ARROW) ;
     wndclass.hbrBackground = GetStockObject (WHITE_BRUSH) ;
     wndclass.lpszMenuName  = NULL ;
     wndclass.lpszClassName = szAppName ;

     if (!RegisterClass (&wndclass))
     {    // UNICODE-Compilierung ist die einzige realistische Fehlermöglichkeit
          MessageBox (NULL, TEXT ("Programm arbeitet mit Unicode und setzt Windows NT voraus!"),
                      szAppName, MB_ICONERROR) ;
          return 0 ;
     }

     hwnd = CreateWindow (szAppName, TEXT ("Erweiterte Zwischendateien, Demo 2"),
```

```
                        WS_OVERLAPPEDWINDOW,
                        CW_USEDEFAULT, CW_USEDEFAULT,
                        CW_USEDEFAULT, CW_USEDEFAULT,
                        NULL, NULL, hInstance, NULL) ;

     ShowWindow (hwnd, nCmdShow) ;
     UpdateWindow (hwnd) ;

     while (GetMessage (&msg, NULL, 0, 0))
     {
          TranslateMessage (&msg) ;
          DispatchMessage (&msg) ;
     }
     return msg.wParam ;
}

LRESULT CALLBACK WndProc (HWND hwnd, UINT message, WPARAM wParam, LPARAM lParam)
{
     HDC          hdc, hdcEMF ;
     HENHMETAFILE hemf ;
     PAINTSTRUCT  ps ;
     RECT         rect ;

     switch (message)
     {
     case WM_CREATE:
          hdcEMF = CreateEnhMetaFile (NULL, TEXT ("emf2.emf"), NULL,
                                   TEXT ("EMF2\0EMF Demo #2\0")) ;
           if (!hdcEMF)
               return 0 ;

          Rectangle (hdcEMF, 100, 100, 200, 200) ;

          MoveToEx  (hdcEMF, 100, 100, NULL) ;
          LineTo    (hdcEMF, 200, 200) ;

          MoveToEx  (hdcEMF, 200, 100, NULL) ;
          LineTo    (hdcEMF, 100, 200) ;

          hemf = CloseEnhMetaFile (hdcEMF) ;

          DeleteEnhMetaFile (hemf) ;
          return 0 ;

     case WM_PAINT:
          hdc = BeginPaint (hwnd, &ps) ;

          GetClientRect (hwnd, &rect) ;

          rect.left   =     rect.right  / 4 ;
          rect.right  = 3 * rect.right  / 4 ;
          rect.top    =     rect.bottom / 4 ;
          rect.bottom = 3 * rect.bottom / 4 ;

          if (hemf = GetEnhMetaFile (TEXT ("emf2.emf")))
          {
```

```
            PlayEnhMetaFile (hdc, hemf, &rect) ;
            DeleteEnhMetaFile (hemf) ;
        }
        EndPaint (hwnd, &ps) ;
        return 0 ;

    case WM_DESTROY:
        PostQuitMessage (0) ;
        return 0 ;
    }
    return DefWindowProc (hwnd, message, wParam, lParam) ;
}
```

Abbildung 18.5: *Das Programm* EMF2

Da das Programm EMF1 an *CreateEnhMetaFile* viermal den Wert NULL übergibt, erschien mir eine formale Besprechung des Aufrufs dieser Funktion ein wenig voreilig. Hier ist sie nun:

```
hdcMeta = CreateEnhMetaFile(hdcRef, szFileName, &Rect, szDescription) ;
```

Als ersten Parameter können Sie einen Gerätekontext übergeben, den die GDI dann zum Einsetzen metrischer Daten in den Kopf der Zwischendatei benutzt. Beim Aufruf mit NULL holt sich die Funktion selbständig einen Gerätekontext für den Bildschirm und verwendet dessen Werte.

Wenn Sie als *szFileName* den Wert NULL übergeben, legt *CreateEnhMetaFile* nur eine temporäre Zwischendatei an, ansonsten wird eine (semi-)permanente Datei auf der Festplatte mit dem durch *szFileName* festgelegten Namen erzeugt.

Als Parameter *Rect* können Sie einen Zeiger auf eine RECT-Struktur übergeben, deren Felder dann die absoluten Maße des Bildes in Einheiten zu 0,01 Millimetern angeben (und damit einen der wesentlichen Defizite der alten Zwischendateien beseitigen). Wenn Sie hier den Wert NULL verwenden (wie es EMF2 tut), dann ermittelt die GDI die Größe des Bildes selbständig über die zusammen mit den GDI-Befehlen aufgezeichneten Koordinaten (und braucht dazu natürlich etwas länger: Wenn es Ihnen auf maximale Geschwindigkeit ankommt, sollten Sie deshalb eine RECT-Struktur verwenden).

Der vierte Parameter erlaubt schließlich die Angabe einer Beschreibung, die ihrerseits aus zwei durch ein NUL-Zeichen voneinander getrennten Strings besteht: Der erste sollte den Namen der Anwendung angeben, der zweite den Titel des Bildes. Windows beschränkt sich bei diesen Informationen auf die Darstellung, weshalb es hier nicht unbedingt um den Namen der .EXE-Datei gehen muß: Eine Beschreibung wie »LoonyCad Version 6.4« dürfte in Verbindung mit einem Bildnamen á la »Drei fliegende Frösche« für den Benutzer eh informativer sein als »Locad.exe« und »3frogs«. Der zweite String muß mit zwei NUL-Zeichen abgeschlossen werden. In C-Notation sieht das soeben zitierte Beispiel damit so aus:

```
"LoonyCad Version 6.4\0Drei fliegende Frösche\0"
```

Da der Compiler Strings seinerseits mit einem NUL-Zeichen abschließt, ist hier nur ein explizit angegebenes NUL-Zeichen am Stringende nötig.

Nachdem EMF2 die Zwischendatei angelegt hat, führt das Programm über diesen Kontext einige GDI-Befehle aus, schließt die Aufzeichnung über *CloseEnhMetaFile* ab und gibt direkt danach den von *CloseEnhMetaFile* über *DeleteEnhMetaFile* frei. Was übrig bleibt, ist die .EMF-Datei, die dann bei jedem WM_PAINT erneut geladen und abgespielt wird (vgl. »Zwischendateien im

Hauptspeicher« auf Seite 1016 in diesem Kapitel). Die für diese Ladeoperation verwendete Funktion *GetEnhMetaFile* erwartet wie die Urversion *GetMetaFile* als einzigen Parameter einen Dateinamen und liefert einen Handle zurück.

Was EMF2 im Gegensatz zu den auf Seite 1016 besprochenen Erweiterungen von METAFILE bewußt fehlt, ist das Löschen der .EMF-Datei über *DeleteFile* beim Ende des Programms – schließlich wollen wir dieser Datei ja etwas näher auf die Bits gucken.

```
0000  01 00 00 00 88 00 00 00 64 00 00 00 64 00 00 00  ........d...d...
0010  C8 00 00 00 C8 00 00 00 35 0C 00 00 35 0C 00 00  ........5...5...
0020  6A 18 00 00 6A 18 00 00 20 45 4D 46 00 00 01 00  j...j... EMF....
0030  F4 00 00 00 07 00 00 00 01 00 00 00 12 00 00 00  ................
0040  64 00 00 00 00 00 00 00 00 04 00 00 00 03 00 00  d...............
0050  40 01 00 00 F0 00 00 00 00 00 00 00 00 00 00 00  @...............
0060  00 00 00 00 45 00 4D 00 46 00 32 00 00 00 45 00  ....E.M.F.2...E.
0070  4D 00 46 00 20 00 44 00 65 00 6D 00 6F 00 20 00  M.F. .D.e.m.o. .
0080  23 00 32 00 00 00 00 00 2B 00 00 00 18 00 00 00  #.2.....+.......
0090  63 00 00 00 63 00 00 00 C6 00 00 00 C6 00 00 00  c...c...........
00A0  1B 00 00 00 10 00 00 00 64 00 00 00 64 00 00 00  ........d...d...
00B0  36 00 00 00 10 00 00 00 C8 00 00 00 C8 00 00 00  6...............
00C0  1B 00 00 00 10 00 00 00 C8 00 00 00 64 00 00 00  ............d...
00D0  36 00 00 00 10 00 00 00 64 00 00 00 C8 00 00 00  6.......d.......
00E0  0E 00 00 00 14 00 00 00 00 00 00 00 10 00 00 00  ................
00F0  14 00 00 00                                      ....
```

Abbildung 18.6: *Ein Hexdump der Datei* EMF2.EMF

Die in Abbildung 18.6 wiedergegebene Datei EMF2.EMF wurde übrigens unter Windows NT 4.0 erzeugt, wobei der Desktop dort auf 1024 x 768 Pixel eingestellt war. Ich erwähne das deshalb, weil einige Informationen im Kopf dieser Datei von der Größe des Desktops abhängen und das Programm EMF2 unter Windows 98 zwölf Bytes weniger produziert (zum Wieso komme ich noch).

Zwischendateien bestehen aus einer Folge von Strukturen variabler Länge, die aber sämtlich mit einem gemeinsamen Kopf beginnen, den WINGDI.H als Datentyp ENHMETARECORD definiert:

```
typedef struct tagENHMETARECORD
{
     DWORD iType ;          // Strukturtyp
     DWORD nSize ;          // Gesamtgröße (inklusive iType und nSize) in Bytes
     DWORD dParm [1] ;      // Parameter
}
ENHMETARECORD ;
```

Ähnlich wie bei den Farbtabellen von DIBs dient das Feld *dParm* hier lediglich als Platzhalter: Wie viele Elemente es bei real existierenden Strukturen enthält, wird über die Gesamtgröße und den Typ bestimmt. Da Zwischendateien auch zum Datenaustausch über die Zwischenablage verwendet werden können, sind die für *iType* verwendbaren Codes im Win32-SDK dokumentiert und in WINGDI.H als symbolische Konstanten definiert, deren Namen mit der Zeichenfolge EMR_ beginnen.

Mit diesem Wissen bewaffnet, können wir uns die Bytes aus Abbildung 18.6 etwas näher ansehen. Die erste Struktur hat offensichtlich den Typ 0x00000001 (EMR_HEADER) und eine Größe von 0x00000088 (dezimal 136) Bytes. Offensichtlich geht es hier um den Kopf der Datei, dessen Besprechung ich aber auf später verschieben möchte. Machen wir also gleich beim Offset 0x88 in der Datei weiter. Dort finden sich insgesamt fünf Strukturen, die für die fünf GDI-Aufrufe von EMF2 stehen: Die erste Struktur hat als *iType* den Wert 0x0000002B für den WINGDI.H die Konstante EMR_RECTANGLE definiert, und eine Gesamtgröße von 0x00000018 (dezimal 24), was neben *iType* und *nSize* Platz für vier Parameter mit jeweils 32 Bit läßt. Moment mal – hat Rectangle nicht insgesamt fünf Parameter? Ganz richtig. Der erste Parameter – der Gerätekontext – wird aber nicht in der Zwischendatei gespeichert, weil ein solcher Handle beim Abspielen nur wenig Sinn machen würde.

Als Parameter für *Rectangle* speichert die Datei zweimal den Wert 0x00000063 (dezimal 99) und zweimal den Wert 0x000000C6 (dezimal 198) – und das, obwohl EMF2 diese Funktion nachweislich mit (100,100,200,200) aufruft. Schlimmer noch: Wenn Sie dasselbe nicht unter Windows NT, sondern unter Windows 98 versuchen, kommen dabei zweimal 0x00000064 (dezimal 100) und zweimal 0x000000C7 (dezimal 199) heraus. Offensichtlich ändert Windows also die Parameter von *Rectangle* vor der Speicherung in der Zwischendatei, wobei es hier auch noch Unterschiede zwischen den beiden Varianten des Systems gibt. Diese Umrechnerei ist der Grund dafür, wieso die von EMF2 gezeichneten Diagonalen nicht mit den Ecken des Rechtecks zusammenfallen.

Auf die Struktur für *Rectangle* folgen vier Datensätze mit jeweils 16 Bytes, die den Aufrufen von *MoveToEx* (0x0000001B = EMR_MOVETOEX) und *LineTo* (0x00000036 = EMR_LINETO) entsprechen. Die Parameterwerte sind gegenüber den Funktionsaufrufen von EMF2 unverändert. Der letzte Datensatz in EMF2.EMF hat den Typcode 0x0000000E (EMR_EOF = »end of file«) und einen Umfang von 20 Bytes.

Erweiterte Zwischendateien beginnen grundsätzlich mit einer Struktur des Typs ENHMETAFILEHEADER, der in WINGDI.H folgendermaßen definiert ist:

```
typedef struct tagENHMETAHEADER
{
    // ----- gemeinsamer Kopf aller Strukturen in Zwischendateien -------
    DWORD iType ;           // EMR_HEADER = 1
    DWORD nSize ;           // Größe der Struktur in Bytes
    // --------- typspezifische Felder -------------
    RECTL rclBounds ;       // umschließendes Rechteck in Pixeln
    RECTL rclFrame ;        // Größe des Bildes in Einheiten zu 0,01 Millimetern
    DWORD dSignature ;      // ENHMETA_SIGNATURE = " EMF"
    DWORD nVersion ;        // 0x00010000
    DWORD nBytes ;          // Dateigröße in Bytes
    DWORD nRecords ;        // Gesamtzahl der in der Datei enhaltenen Strukturen
    WORD  nHandles ;        // Zahl der Einträge in der Handle-Tabelle
    WORD  sReserved ;
    DWORD nDescription ;    // Zeichenzahl Beschreibungsstrings (Anwendungsname,Bildname), Unicode
    DWORD offDescription ;  // Offset des Beschreibungsstrings in der Datei
    DWORD nPalEntries ;     // Zahl der Einträge in der Palette
    SIZEL szlDevice ;       // Abmessungen des Referenzgeräts in Pixeln
    SIZEL szlMillimeters ;  // Abmessungen des Referenzgeräts in Millimetern
    DWORD cbPixelFormat ;   // Größe der Struktur zur Beschreibung des Pixelformats
    DWORD offPixelFormat ;  // Offset der Pixelformat-Beschreibung in der Datei
    DWORD bOpenGL ;         // TRUE, wenn die Datei OpenGL-Datensätze enthält
}
ENHMETAHEADER ;
```

Diese Kopfinformationen stellen den wohl wichtigsten Fortschritt gegenüber den Zwischendateien von Windows 1.0 dar. Damit die Untersuchung der einzelnen Felder auch bei temporären Zwischendateien möglich wird, definiert Windows eine direkte Abfrage dafür:

```
GetEnhMetaFileHeader (hemf, cbSize, &emh) ;
```

GetEnhMetaFileHeader erwartet den Handle einer Zwischendatei zusammen mit einer programmeigenen Struktur des Typs ENHMETAFILEHEADER und einer Größenangabe (üblicherweise *sizeof(ENHMETAFILEHEADER))* und besetzt die Felder dieser Struktur mit den entsprechenden Daten. Der Beschreibungsstring einer Zwischendatei läßt sich auf ähnlich Weise über eine Funktion namens *GetEnhMetaFileDescription* abfragen.

So, wie er in WINGDI.H definiert ist, umfaßt der Strukturtyp ENHMETAFILEHEADER exakt 100 Bytes. Dass diese Struktur in EMF2.EMF insgesamt 136 Bytes belegt, liegt an dem Beschreibungsstring, den Windows direkt hinter die Struktur einsetzt (und bei der Größenangabe natürlich mitzählt). Bei Zwischendateien, die unter Windows 98 erzeugt worden sind, fehlen die letzten drei Felder (für Pixelformate und OpenGL), weshalb die Datei dort insgesamt 12 Bytes kürzer ausfällt.

Das Feld *rclBounds* hat den Typ RECTL (ein RECT mit explizit als LONG festgelegten Feldern, was bei den 32-Bit-Versionen exakt dasselbe ist wie *int*) und gibt das umschließende Rechteck des Bildes in Pixeln an. In EMF2.EMF finden sich hier die erwarteten Werte, nämlich (100,100,200,200). Das Feld *rclFrame* wiederholt diese Informationen, aber in Einheiten zu 0,01 Millimetern: Für EMF2.EMF ergeben sich hier die Eckpunkte (0x0C35, 0x0C35) und (0x186A, 0x186A) – dezimal also (3125, 3125) und (6250, 6250). Zur Frage, auf welche Weise die GDI hier von Pixeln nach Millimetern umrechnet, komme ich gleich.

Das Feld *dSignature* hat grundsätzlich den Wert ENHMETA_SIGNATURE, den WINGDI.H als 0x464D4520 definiert. Dabei geht es wieder einmal um eine »magische Zahl«, deren eigenartiger Wert aber auf recht einfache Weise zustande kommt: Von hinten nach vorne (also mit dem niederwertigen Byte zuerst und damit in der Reihenfolge, wie Intel-Prozessoren Werte mit 16 und 32 Bit speichern) gelesen, ergibt sich der String » EMF«. Das Feld *dVersion* enthält schließlich eine Versionsnummer, die voraussichtlich auch bei Windows NT 5 noch den Wert 0x00010000 (lies: 1.0) haben wird.

Das Feld *nBytes* gibt die Gesamtgröße der Datei in Bytes an und hat für EMF2.EMF den Wert 0x000000F4. *nRecords* steht für die Gesamtzahl der Strukturen, wobei der Kopf und der »Dateiende«-Datensatz mitgezählt werden: EMF2.EMF besteht aus der Kopfinformation, fünf GDI-Befehlen und einem »Dateiende«-Datensatz, weshalb *nRecords* dort den Wert 7 enthält.

Das Feld *nHandles* umfaßt ausnahmsweise nur 16 Bit und gibt die Zahl der Handles für selbstdefinierte Zeichenstifte, Füllmuster usw. an, die zur Ausführung der Zwischendatei gebraucht werden. Da EMF2 es bei den Standardvorgaben beläßt, sollte man eigentlich erwarten, hier den Wert 0 vorzufinden. Tatsächlich steht dort aber 0x00000001, weil die GDI einen solchen Handle für sich selbst reserviert. (Zum Zweck dieser Handles und ihrer Speicherung komme ich in Kürze.) *sReserved* hat grundsätzlich den Wert 0 und sorgt in der aktuellen Version lediglich dafür, dass das nächste Feld wieder auf einer DWORD-Grenze beginnt.

Die nächsten beiden Felder (*nDescription* und *offDescription*) geben die Zeichenzahl des Beschreibungsstrings und seine Startadresse innerhalb der Datei an. In EMF2.EMF hat dieser String eine Länge von 0x00000012 Zeichen und beginnt mit dem Offset 0x00000064 in der Datei, steht also direkt hinter der Kopfinformation. Wenn Sie beim Anlegen der Datei keinen Beschreibungsstring angeben (also den vierten Parameter von *CreateEnhMetaFile* auf NULL setzen), dann sollte sich hier zweimal der Wert 0 finden.

Zwischendateien können eine Palette haben, deren Eintragszahl sich dann im Feld *nPalEntries* findet. Da EMF2 keine Aufrufe des Paletten-Managers enthält, steht in EMF2.EMF hier der Wert 0.

Die Felder *szlDevice* und *szlMillimeters* sind mit dem Typ SIZEL definiert, der seinerseits zwei LONG-Felder *cx* und *cy* definiert, und geben die Größe des »Referenzgeräts« in Pixeln bzw. in Millimetern an. Als »Referenz« gilt hier das Gerät, dessen Gerätekontext das Programm als ersten Parameter an *CreateEnhMetaFile* übergeben hat (bzw. der Bildschirm des Systems, wenn das Programm anstelle eines Gerätekontexts den Wert NULL verwendet). Die in Abbildung 18.6 wiedergegebene Datei ist wie gesagt unter Windows NT 4.0 zustande gekommen, wobei der Desktop auf 1024 x 768 Pixel gesetzt war, weshalb sich in *szlDevice* (Offset 0x0040 der Zwischendatei) denn auch die Werte 0x400 (= 1024) und 0x300 (= 768) finden. Die Größe des Referenzgeräts ermittelt die GDI wie gewohnt über *GetDeviceCaps* mit den Indexwerten HORZRES und VERTRES, die unter Windows NT konstant die Werte 0x0140 (= 320) und 0x00F0 (= 240) zurückliefern (ab Offset 0x0050 in der Datei). Die Frage, wie die GDI für das Feld *rclFrame* von Pixeln zu Millimetern kommt, läßt sich dann ebenfalls recht einfach beantworten: Aus der Rechnung 320 / 1024 bzw. 240 / 768 ergibt sich eine Pixelbreite und -höhe von 0,3125 Millimetern, der Eckpunkt (100,100) aus *rclBounds* wird also auf (3125, 3125) in *rclFrame* umgerechnet. (Mit physischen Abmessungen hat das vor allem unter Windows NT natürlich nicht allzu viel zu tun.)

Der Beschreibungsstring folgt – wenn vorhanden – direkt auf den Dateikopf. EMF2 setzt hier (als vierten Parameter von *CreateEnhMetaFile)* die Zeichenfolge »EMF2\0EMF Demo #2\0« ein und produziert damit (inklusive des zweiten, abschließenden NUL) insgesamt 18 Zeichen, die in der Datei 36 Bytes belegen, weil auch Windows 9x diese Beschreibung grundsätzlich in Unicode speichert.

Zwischendateien und GDI-Objekte

Zur Speicherung von GDI-Zeichenbefehlen in Zwischendateien und explizit angegebenen Parametern wäre damit das meiste gesagt. Wie sieht es aus, wenn solche Zeichenbefehle *implizite* Parameter verwenden – beispielsweise einen zuvor in den Kontext eingesetzten Zeichenstift?

An diesem Thema versucht sich das in Abbildung 18.7 aufgelistete Programm EMF3: Es hat im wesentlichen dieselbe Logik wie EMF2, legt aber zum Zeichnen des Rechtecks ein eigenes Füllmuster sowie einen eigenen Zeichenstift an. Außerdem habe ich mich hier um das Problem gekümmert, dass die diagonalen Linien nicht so recht mit Ecken des Rechtecks zusammenfallen: EMF3 guckt über *GetVersion* nach, um welches der beiden Betriebssysteme es geht, und setzt dann entsprechend unterschiedliche Koordinaten beim Aufruf von *Rectangle* ein.

EMF3.C

```
/*-----------------------------------
   EMF3.C - Erweiterte Zwischendateien
            (c) Charles Petzold, 1998
  -----------------------------------*/

#include <windows.h>

LRESULT CALLBACK WndProc (HWND, UINT, WPARAM, LPARAM) ;

int WINAPI WinMain (HINSTANCE hInstance, HINSTANCE hPrevInstance,
```

```
                    PSTR szCmdLine, int iCmdShow)
{
     static TCHAR szAppName[] = TEXT ("EMF3") ;
     HWND         hwnd ;
     MSG          msg ;
     WNDCLASS     wndclass ;

     wndclass.style         = CS_HREDRAW | CS_VREDRAW ;
     wndclass.lpfnWndProc   = WndProc ;
     wndclass.cbClsExtra    = 0 ;
     wndclass.cbWndExtra    = 0 ;
     wndclass.hInstance     = hInstance ;
     wndclass.hIcon         = LoadIcon (NULL, IDI_APPLICATION) ;
     wndclass.hCursor       = LoadCursor (NULL, IDC_ARROW) ;
     wndclass.hbrBackground = GetStockObject (WHITE_BRUSH) ;
     wndclass.lpszMenuName  = NULL ;
     wndclass.lpszClassName = szAppName ;

     if (!RegisterClass (&wndclass))
     {    // UNICODE-Compilierung ist die einzige realistische Fehlermöglichkeit
          MessageBox (NULL, TEXT ("Programm arbeitet mit Unicode und setzt Windows NT voraus!"),
                      szAppName, MB_ICONERROR) ;
          return 0 ;
     }

     hwnd = CreateWindow (szAppName, TEXT ("Erweiterte Zwischendateien, Demo 3"),
                          WS_OVERLAPPEDWINDOW,
                          CW_USEDEFAULT, CW_USEDEFAULT,
                          CW_USEDEFAULT, CW_USEDEFAULT,
                          NULL, NULL, hInstance, NULL) ;

     ShowWindow (hwnd, iCmdShow) ;
     UpdateWindow (hwnd) ;

     while (GetMessage (&msg, NULL, 0, 0))
     {
          TranslateMessage (&msg) ;
          DispatchMessage (&msg) ;
     }
     return msg.wParam ;
}

LRESULT CALLBACK WndProc (HWND hwnd, UINT message, WPARAM wParam, LPARAM lParam)
{
     LOGBRUSH     lb ;
     HDC          hdc, hdcEMF ;
     HENHMETAFILE hemf ;
     PAINTSTRUCT  ps ;
     RECT         rect ;

     switch (message)
     {
     case WM_CREATE:
          hdcEMF = CreateEnhMetaFile (NULL, TEXT ("emf3.emf"), NULL,
                                      TEXT ("EMF3\0EMF Demo #3\0")) ;
```

```
          SelectObject (hdcEMF, CreateSolidBrush (RGB (0, 0, 255))) ;

          lb.lbStyle = BS_SOLID ;
          lb.lbColor = RGB (255, 0, 0) ;
          lb.lbHatch = 0 ;

          SelectObject (hdcEMF,
               ExtCreatePen (PS_SOLID | PS_GEOMETRIC, 5, &lb, 0, NULL)) ;

          if (GetVersion () & 0x80000000)              // Windows 98
               Rectangle (hdcEMF, 100, 100, 201, 201) ;
          else                                         // Windows NT
               Rectangle (hdcEMF, 101, 101, 202, 202) ;

          MoveToEx  (hdcEMF, 100, 100, NULL) ;
          LineTo    (hdcEMF, 200, 200) ;

          MoveToEx  (hdcEMF, 200, 100, NULL) ;
          LineTo    (hdcEMF, 100, 200) ;

          DeleteObject (SelectObject (hdcEMF, GetStockObject (BLACK_PEN))) ;
          DeleteObject (SelectObject (hdcEMF, GetStockObject (WHITE_BRUSH))) ;

          hemf = CloseEnhMetaFile (hdcEMF) ;

          DeleteEnhMetaFile (hemf) ;
          return 0 ;

     case WM_PAINT:
          hdc = BeginPaint (hwnd, &ps) ;

          GetClientRect (hwnd, &rect) ;

          rect.left   =     rect.right  / 4 ;
          rect.right  = 3 * rect.right  / 4 ;
          rect.top    =     rect.bottom / 4 ;
          rect.bottom = 3 * rect.bottom / 4 ;

          hemf = GetEnhMetaFile (TEXT ("emf3.emf")) ;

          PlayEnhMetaFile (hdc, hemf, &rect) ;
          DeleteEnhMetaFile (hemf) ;
          EndPaint (hwnd, &ps) ;
          return 0 ;

     case WM_DESTROY:
          PostQuitMessage (0) ;
          return 0 ;
     }
     return DefWindowProc (hwnd, message, wParam, lParam) ;
}
```

Abbildung 18.7: *Das Programm* EMF3

Dass GDI-Funktionen bei der Verwendung des von *CreateEnhMetaFile* gelieferten Dateikontexts nicht auf den Bildschirm zeichnen, sondern in der Zwischendatei landen, haben wir ja bereits zur Genüge gesehen. Wie sieht es mit den GDI-Funktionen aus, die ohne einen Kontext auskommen? Ein Flag im Sinne von »Aufzeichnung läuft« ist schon deshalb keine Lösung, weil man GDI-Objekte auch vor dem Anlegen einer Zwischendatei erzeugen und dann während der Aufzeichnung einsetzen kann:

```
hBrush = CreateBrush(...);   // vor dem Anlegen der Zwischendatei!
hdcMeta = CreateEnhMetaFile(...)

SelectObject(hdcMeta, hBrush) ;
Rectangle(hdcMeta, ...);
```

Tatsächlich läßt sich dieses Problem lösen, ohne dass sich dabei über irgend ein Hintertürchen ein Bezug zwischen GDI-Objekten und Kontexten einschleicht: GDI-Befehle zum Anlegen von Objekten bleiben so lange unberücksichtigt, bis man ein solches Objekt tatsächlich in den Dateikontext einsetzt. Erst wenn Sie bei *SelectObject* einen Dateikontext als Ziel angeben, dann schreibt die GDI nicht nur diesen Aufruf in die Zwischendatei hinein, sondern stellt ihm bei Bedarf den Aufruf einer internen Funktion zum Anlegen des entsprechenden Objekts voran. (Wieso »bei Bedarf«? Weil Zwischendateien mehrfach benutzte Objekte natürlich nicht immer wieder neu anlegen, sondern über eine Tabelle verwalten. Diese Verwaltung macht dann schließlich doch noch ein Hintertürchen notwendig: Wenn sich *DeleteObject* auf ein in der Zwischendatei angelegtes Objekt bezieht, dann wird dieser Aufruf aufgezeichnet, obwohl diese Funktion erwiesenermaßen ohne einen Gerätekontext arbeitet.)

```
0000  01 00 00 00 88 00 00 00 60 00 00 00 60 00 00 00  ........`...`...
0010  CC 00 00 00 CC 00 00 00 B8 0B 00 00 B8 0B 00 00  ................
0020  E7 18 00 00 E7 18 00 00 20 45 4D 46 00 00 01 00  ........ EMF....
0030  88 01 00 00 0F 00 00 00 03 00 00 00 12 00 00 00  ................
0040  64 00 00 00 00 00 00 00 00 04 00 00 00 03 00 00  d...............
0050  40 01 00 00 F0 00 00 00 00 00 00 00 00 00 00 00  @...............
0060  00 00 00 00 45 00 4D 00 46 00 33 00 00 00 45 00  ....E.M.F.3...E.
0070  4D 00 46 00 20 00 44 00 65 00 6D 00 6F 00 20 00  M.F. .D.e.m.o. .
0080  23 00 33 00 00 00 00 00 27 00 00 00 18 00 00 00  #.3.....'.......
0090  01 00 00 00 00 00 00 00 00 00 FF 00 00 00 00 00  ................
00A0  25 00 00 00 0C 00 00 00 01 00 00 00 5F 00 00 00  %..........._...
00B0  34 00 00 00 02 00 00 00 34 00 00 00 00 00 00 00  4.......4.......
00C0  34 00 00 00 00 00 00 00 00 00 01 00 05 00 00 00  4...............
00D0  00 00 00 00 FF 00 00 00 00 00 00 00 00 00 00 00  ................
00E0  25 00 00 00 0C 00 00 00 02 00 00 00 2B 00 00 00  %...........+...
00F0  18 00 00 00 63 00 00 00 63 00 00 00 C6 00 00 00  ....c...c.......
0100  C6 00 00 00 1B 00 00 00 10 00 00 00 64 00 00 00  ............d...
0110  64 00 00 00 36 00 00 00 10 00 00 00 C8 00 00 00  d...6...........
0120  C8 00 00 00 1B 00 00 00 10 00 00 00 C8 00 00 00  ................
0130  64 00 00 00 36 00 00 00 10 00 00 00 64 00 00 00  d...6.......d...
0140  C8 00 00 00 25 00 00 00 0C 00 00 00 07 00 00 80  ....%...........
0150  28 00 00 00 0C 00 00 00 02 00 00 00 25 00 00 00  (...........%...
0160  0C 00 00 00 00 00 00 80 28 00 00 00 0C 00 00 00  ........(.......
0170  01 00 00 00 0E 00 00 00 14 00 00 00 00 00 00 00  ................
0180  10 00 00 00 14 00 00 00                          ........
```

Abbildung 18.8: *Ein Hexdump der Datei* EMF3.EMF

Nach diesen Prälimiarien können wir die Dateien EMF2.EMF (von Seite 1029) und EMF3.EMF (Abbildung 18.8) miteinander vergleichen. Der erste Unterschied ergibt sich bereits im Feld *rclBounds* des Dateikopfs: Während EMF2.EMF ein umschließendes Rechteck von (0x64, 0x64, 0xC8, 0xC8 = dezimal 100,100, 200, 200) hat, finden sich bei EMF3.EMF die Werte (0x60, 0x60, 0xCC, 0xCC), weil hier ein breiterer Zeichenstift zum Einsatz kommt. Analoges gilt für das Feld *rclFrame*, das die Bildgröße in Einheiten zu 0,01 Millimeter angibt.

Die Gesamtgröße der Datei (Feld *nBytes* ab Offset 0x0030) ist von 0x00FA auf 0x0188 Bytes gestiegen, und anstelle von 7 Datensätzen (Kopf, 5 GDI-Aufrufe, EOF) enthält EMF3.EMF gleich 15 Strukturen. Die 8 hinzugekommenen Strukturen stehen für zwei Aufrufe der GDI-internen Funktion zum Anlegen von Objekten, vier Aufrufe von *SelectObject* und schließlich zwei Aufrufe von *DeleteObject*.

Das Feld *nHandles* (Offset 0x0038) steht für die Zahl der verwendeten GDI-Objekte und enthält bei EMF2.EMF den Wert 1, in EMF3.EMF dagegen den Wert 3: Hier sind also zwei Objekte (der Zeichenstift und das Füllmuster) dazugekommen.

Überspringen wir den Rest des Dateikopfs, der nichts wesentlich Neues bietet, und machen wir mit dem zweiten Datensatz weiter, der auch in EMF3.EMF mit dem Offset 0x0088 in der Datei beginnt. Dieser Datensatz hat in EMF3.EMF den Typ 0x27 (EMF_CREATEBRUSHINDIRECT) und eine Gesamtgröße von 0x0018 (dezimal 24) Bytes. Der darauffolgende Parameter (Offset 0x0090) ist keiner, sondern ein Index in die Handle-Tabelle der Zwischendatei, wobei die Zählung hier mit 1 beginnt (weil die GDI den Tabelleneintrag 0 für einen anderen Zweck reserviert – siehe Seite 1049); darauf folgen die drei Felder einer ganz normalen LOGBRUSH-Struktur: 0x00000000 (*lbStyle* = BS_SOLID), 0x00FF0000 (*lbColor*) und 0x00000000 (*lbHatch*).

Der dritte Datensatz beginnt mit dem Offset 0x00A0 in EMF3.EMF und hat den Typ 0x25 (EMR_SELECTOBJECT). Er umfaßt 0x0C (dezimal 12) Bytes und hat lediglich einen einzigen Parameter, der den Index in der Handle-Tabelle der Zwischendatei angibt. In EMF3.EMF hat dieser Parameter den Wert 1: Es geht also um das Einsetzen des Füllmusters.

Der vierte Datensatz beginnt mit dem Offset 0x00AC in der Datei und hat den Typ 0x5F (EMR_EXTCREATEPEN), die beeindruckende Größe von 0x0034 (dezimal 52) Bytes und verwendet offensichtlich den zweiten Eintrag der Handle-Tabelle. Wieso dieser Datensatz als nächstes vier Felder mit den Werten 0x34, 0x00, 0x34 und 0x00 hat, also die Längenangabe gleich zweimal wiederholt, müssen Sie ehrlich gesagt jemand anderen fragen, danach kommen auf jeden Fall der Stil (PS_SOLID | PS_GEOMETRIC = 0x0001000) und die Breite (0x00000005), gefolgt von den drei Feldern einer LOGBRUSH-Struktur (d.h. des dritten Parameters von *ExtCreatePen*) und schließlich ein Feld mit dem Wert 0, das hier für den vierten Parameter (*lpStyle*) steht.

Wenn Sie bei *ExtCreatePen* von diesem vierten Parameter Gebrauch machen, d.h. die Länge der Striche und Lücken bei gestrichelten Linien selbst festlegen, wird der Datensatz entsprechend größer, wobei diese Größenänderung nicht nur im Kopf, sondern auch in den beiden wiederholten Längenangaben erscheint. Das Feld hinter der LOGBRUSH-Struktur enthält dann nicht wie in EMF3.EMF den Wert 0, sondern gibt die Zahl der Elemente in *lpStyle* an, deren Werte unmittelbar auf diese Längenangabe folgen.

Auf den Aufruf von *ExtCreatePen* folgt in EMF3.EMF ein weiteres *SelectObject* – diesmal mit dem Handle-Tabellenindex 2, also dem Zeichenstift. Die nächsten fünf Datensätze sind dieselben wie in EMF2.EMF: Ein EMR_RECTANGLE (Typ 0x2B), zwei Aufrufe von *MoveToEx* (EMR_MOVETOEX = 0x1B) und schließlich ein EMR_LINETO (0x36).

Nach den Zeichenfunktionen kommen schließlich zweimal zwei Datensätze mit jeweils 12 Bytes Umfang: EMR_SELECTOBJECT (0x25) und EMR_DELETEOBJECT (0x28). Die Aufrufe von *SelectObject* haben die Parameterwerte 0x80000007 und 0x800000000, wobei das gesetzte höchstwertige Bit hier anzeigt, dass es um Standardobjekte von Windows geht: Was nach dem Ausblenden dieses Bits übrigbleibt, sind die Werte 0x07 (BLACK_PEN) und 0x00 (WHITE_-BRUSH).

Die beiden Aufrufe von *DeleteObject* haben die Werte 0x01 und 0x02 als Parameter, beziehen sich also auf das selbstdefinierte Füllmuster und den selbstdefinierten Zeichenstift. Wie bereits erwähnt, wird diese Funktion in Zwischendateien aufgezeichnet, obwohl sie ohne einen Gerätekontext arbeitet – aber nur, wenn es dabei um Objekte geht, die die GDI bei *SelectObject* implizit anlegen mußte.

Der letzte Datensatz in EMF3.EMF hat schließlich den Typ EMF_EOF (»end of file«).

Kurz und gut: Wenn das Programm ein selbstdefiniertes Objekt zum ersten Mal über *SelectObject* in einen Dateikontext einsetzt, dann erzeugt die GDI einen Datensatz zum Anlegen dieses Objekts (im gegebenen Beispiel: EMR_CREATEBRUSHINDIRECT und EMR_EXTCREATE-PEN), vergibt einen Index in die Handle-Tabelle (wobei die Zählung mit 1 beginnt) und verwendet diesen Index dann im folgenden EMR_SELECTOBECT-Datensatz. Wenn dieses Objekt zu einem späteren Zeitpunkt erneut eingesetzt wird (und nicht in der Zwischenzeit freigegeben wurde), dann kommt die Zwischendatei mit einem einzelnen Datensatz für *SelectObject* aus, der diesen Handle-Index erneut benutzt.

Zwischendateien und Bitmaps

Versuchen wir uns einmal an einer etwas komplexeren Aktion: Dem Zeichnen eines Bitmaps über eine Zwischendatei. Das dazugehörige Programm trägt den einfallsreichen Namen EMF4, das Listing finden Sie in Abbildung 18.9.

EMF4.C

```
/*-------------------------------------
   EMF4.C - Erweiterte Zwischendateien
            (c) Charles Petzold, 1998
  -------------------------------------*/

#define OEMRESOURCE
#include <windows.h>

LRESULT CALLBACK WndProc (HWND, UINT, WPARAM, LPARAM) ;

int WINAPI WinMain (HINSTANCE hInstance, HINSTANCE hPrevInstance,
                    PSTR szCmdLine, int iCmdShow)
{
     static TCHAR szAppName[] = TEXT ("EMF4") ;
     HWND         hwnd ;
     MSG          msg ;
     WNDCLASS     wndclass ;

     wndclass.style         = CS_HREDRAW | CS_VREDRAW ;
     wndclass.lpfnWndProc   = WndProc ;
     wndclass.cbClsExtra    = 0 ;
     wndclass.cbWndExtra    = 0 ;
     wndclass.hInstance     = hInstance ;
     wndclass.hIcon         = LoadIcon (NULL, IDI_APPLICATION) ;
     wndclass.hCursor       = LoadCursor (NULL, IDC_ARROW) ;
     wndclass.hbrBackground = GetStockObject (WHITE_BRUSH) ;
```

```
     wndclass.lpszMenuName  = NULL ;
     wndclass.lpszClassName = szAppName ;

     if (!RegisterClass (&wndclass))
     {    // UNICODE-Compilierung ist die einzige realistische Fehlermöglichkeit
          MessageBox (NULL, TEXT ("Programm arbeitet mit Unicode und setzt Windows NT voraus!"),
                      szAppName, MB_ICONERROR) ;
          return 0 ;
     }

     hwnd = CreateWindow (szAppName, TEXT ("Erweiterte Zwischendateien, Demo 4"),
                          WS_OVERLAPPEDWINDOW,
                          CW_USEDEFAULT, CW_USEDEFAULT,
                          CW_USEDEFAULT, CW_USEDEFAULT,
                          NULL, NULL, hInstance, NULL) ;

     ShowWindow (hwnd, iCmdShow) ;
     UpdateWindow (hwnd) ;

     while (GetMessage (&msg, NULL, 0, 0))
     {
          TranslateMessage (&msg) ;
          DispatchMessage (&msg) ;
     }
     return msg.wParam ;
}

LRESULT CALLBACK WndProc (HWND hwnd, UINT message, WPARAM wParam, LPARAM lParam)
{
     BITMAP       bm ;
     HBITMAP      hbm ;
     HDC          hdc, hdcEMF, hdcMem ;
     HENHMETAFILE hemf ;
     PAINTSTRUCT  ps ;
     RECT         rect ;

     switch (message)
     {
     case WM_CREATE:
          hdcEMF = CreateEnhMetaFile (NULL, TEXT ("emf4.emf"), NULL,
                                      TEXT ("EMF4\0EMF Demo #4\0")) ;

          hbm = LoadBitmap (NULL, MAKEINTRESOURCE (OBM_CLOSE)) ;

          GetObject (hbm, sizeof (BITMAP), &bm) ;

          hdcMem = CreateCompatibleDC (hdcEMF) ;

          SelectObject (hdcMem, hbm) ;

          StretchBlt (hdcEMF, 100, 100, 100, 100,
                      hdcMem,   0,   0, bm.bmWidth, bm.bmHeight, SRCCOPY) ;

          DeleteDC (hdcMem) ;
          DeleteObject (hbm) ;
```

```
        hemf = CloseEnhMetaFile (hdcEMF) ;

        DeleteEnhMetaFile (hemf) ;
        return 0 ;

    case WM_PAINT:
        hdc = BeginPaint (hwnd, &ps) ;

        GetClientRect (hwnd, &rect) ;
        rect.left   =     rect.right  / 4 ;
        rect.right  = 3 * rect.right  / 4 ;
        rect.top    =     rect.bottom / 4 ;
        rect.bottom = 3 * rect.bottom / 4 ;

        hemf = GetEnhMetaFile (TEXT ("emf4.emf")) ;

        PlayEnhMetaFile (hdc, hemf, &rect) ;
        DeleteEnhMetaFile (hemf) ;
        EndPaint (hwnd, &ps) ;
        return 0 ;

    case WM_DESTROY:
        PostQuitMessage (0) ;
        return 0 ;
    }
    return DefWindowProc (hwnd, message, wParam, lParam) ;
}
```

Abbildung 18.9: *Das Programm* EMF4

Um die Sache wenigstens einigermaßen übersichtlich zu halten, legt EMF4 kein eigenes Bitmap an, sondern bedient sich beim System: OBM_CLOSE ist das vom Dialogfeld »Anwendung schließen« verwendete Icon. Am Zeichnen dieses Bitmaps ist im Prinzip nichts Besonderes: Das Programm legt über *CreateCompatibleDC* einen zum Ziel (hier: dem Dateikontext) kompatiblen Speicherkontext an, setzt das Bitmap dort über *SelectObject* ein und gibt es über *StretchBlt* aus, bevor es sowohl den Speicherkontext als auch das Bitmap über *DeleteDC* bzw. *DeleteObject* wieder freigibt. Die für den Aufruf von *StretchBlt* notwendigen Größenangaben werden über *GetObject* ermittelt.

StretchBlt ist die erste (und einzige) Funktion in EMF4, die den Dateikontext als Ziel hat – und gleichzeitig alle anderen Vorbereitungen voraussetzt, also das Anlegen des Speicherkontexts sowie das Laden und Einsetzen des Bitmaps. Wie die GDI mit dieser Lawine von Anforderungen fertig wird, zeigt Abbildung 18.10.

```
0000  01 00 00 00 88 00 00 00 64 00 00 00 64 00 00 00  ........d...d...
0010  C7 00 00 00 C7 00 00 00 35 0C 00 00 35 0C 00 00  ........5...5...
0020  4B 18 00 00 4B 18 00 00 20 45 4D 46 00 00 01 00  K...K... EMF....
0030  F0 0E 00 00 03 00 00 00 01 00 00 00 12 00 00 00  ................
0040  64 00 00 00 00 00 00 00 00 04 00 00 00 03 00 00  d...............
0050  40 01 00 00 F0 00 00 00 00 00 00 00 00 00 00 00  @...............
0060  00 00 00 00 45 00 4D 00 46 00 34 00 00 00 45 00  ....E.M.F.4...E.
0070  4D 00 46 00 20 00 44 00 65 00 6D 00 6F 00 20 00  M.F. .D.e.m.o. .
0080  23 00 34 00 00 00 00 00 4D 00 00 00 54 0E 00 00  #.4.....M...T...
0090  64 00 00 00 64 00 00 00 C7 00 00 00 C7 00 00 00  d...d...........
```

```
00A0  64 00 00 00 64 00 00 00 64 00 00 00 64 00 00 00  d...d...d...d...
00B0  20 00 CC 00 00 00 00 00 00 00 00 00 00 00 80 3F   ..............?
00C0  00 00 00 00 00 00 00 00 00 00 80 3F 00 00 00 00  ...........?....
00D0  00 00 00 00 FF FF FF 00 00 00 00 00 6C 00 00 00  ............l...
00E0  28 00 00 00 94 00 00 00 C0 0D 00 00 28 00 00 00  (...........(...
00F0  16 00 00 00 28 00 00 00 28 00 00 00 16 00 00 00  ....(...(.......
0100  01 00 20 00 00 00 00 00 C0 0D 00 00 00 00 00 00  .. .............
0110  00 00 00 00 00 00 00 00 00 00 00 00 C0 C0 C0 00  ................
0120  C0 C0 C0 00 C0 C0 C0 00 C0 C0 C0 00 C0 C0 C0 00  ................
. . . .
0ED0  C0 C0 C0 00 C0 C0 C0 00 C0 C0 C0 00 0E 00 00 00  ................
0EE0  14 00 00 00 00 00 00 00 10 00 00 00 14 00 00 00  ................
```

Abbildung 18.10: *Ein partieller Hexdump von* EMF4.EMF

Tatsächlich enthält die Datei gerade einmal drei Datensätze: Den Kopf, ein EMR_STRETCHBLT (0x4D) mit der beeindruckenden Größe von 0x0E54 Bytes und schließlich ein EMR_EOF.

Falls Sie jetzt eine schrittweise Analyse dieser 0xE54 Bytes erwarten, kann ich Sie beruhigen: Bei den meisten Feldern weiß ich auch nicht hundertprozentig, wofür sie stehen. Im wesentlichen geht es mir auch nicht um die einzelnen Bits, sondern um die Logik, mit der die GDI diesen Aufruf in einen einzigen Datensatz verpackt.

Obwohl das Programm nachweislich ein (geräteabhängiges) DDB geladen hat, findet sich in EMF4.EMF nämlich ein DIB, das hier zusammen mit einem BITMAPINFOHEADER und den vollständigen Pixeldaten komplett in dem Datensatz gespeichert ist – daher auch der Umfang. Ich vermute deshalb, dass die GDI beim Abspielen dieser Zwischendatei entweder anstelle von *StretchBlt* die Funktion *StretchDIBits* einsetzt oder dieses DIB über *CreateDIBitmap* wieder in ein DDB verwandelt und dann über einen temporären Speicherkontext auf den Bildschirm bringt.

Der EMR_STRETCHBLT-Datensatz beginnt mit dem Offset 0x0088 in der Zwischendatei. Das DIB findet sich dort ab dem Offset 0x00F4 und fängt wie gesagt mit einer BITMAPINFOHEADER-Struktur an (ist also ein »gepacktes DIB«). Da diese Kopfinformationen einen Umfang von 40 Bytes haben, beginnen die Pixeldaten (22 Rasterzeilen mit jeweils 40 Pixeln) mit dem Offset 0x011C in der Datei. Das Pixelformat ist 32 Bit (4 Bytes pro Pixel); der Datensatz endet deshalb erst beim Offset 0x0EDC.

Abzählen von Datensätzen

Für den sequentiellen Zugriff auf einzelne Datensätze einer Zwischendatei kommt man auch ohne Dateien und Hexdumps aus, weil Windows mit der Funktion *EnumEnhMetaFile* eine ähnliche Abzähllogik definiert wie für Schriften, Fenster usw. Das in Abbildung 18.11 aufgelistete Programm demonstriert diese Technik und setzt dafür die von EMF3 erzeugte Zwischendatei EMF3.EMF (im Verzeichnis Chap18\Emf3) voraus. Bitte beachten Sie, dass EMF3 diese Datei nur beim Start über Visual Studio in diesem Verzeichnis ablegt – beim Start über den Explorer landet sie dagegen je nach Version entweder im Unterverzeichnis RELEASE oder im Unterverzeichnis DEBUG.

EMF5.C

```
/*-----------------------------------
   EMF5.C - Erweiterte Zwischendateien
            (c) Charles Petzold, 1998
  -----------------------------------*/
#include <windows.h>

LRESULT CALLBACK WndProc (HWND, UINT, WPARAM, LPARAM) ;

int WINAPI WinMain (HINSTANCE hInstance, HINSTANCE hPrevInstance,
                    PSTR szCmdLine, int iCmdShow)
{
     static TCHAR szAppName[] = TEXT ("EMF5") ;
     HWND         hwnd ;
     MSG          msg ;
     WNDCLASS     wndclass ;

     wndclass.style         = CS_HREDRAW | CS_VREDRAW ;
     wndclass.lpfnWndProc   = WndProc ;
     wndclass.cbClsExtra    = 0 ;
     wndclass.cbWndExtra    = 0 ;
     wndclass.hInstance     = hInstance ;
     wndclass.hIcon         = LoadIcon (NULL, IDI_APPLICATION) ;
     wndclass.hCursor       = LoadCursor (NULL, IDC_ARROW) ;
     wndclass.hbrBackground = GetStockObject (WHITE_BRUSH) ;
     wndclass.lpszMenuName  = NULL ;
     wndclass.lpszClassName = szAppName ;

     if (!RegisterClass (&wndclass))
     {    // UNICODE-Compilierung ist die einzige realistische Fehlermöglichkeit
          MessageBox (NULL, TEXT ("Programm arbeitet mit Unicode und setzt Windows NT voraus!"),
                      szAppName, MB_ICONERROR) ;
          return 0 ;
     }

     hwnd = CreateWindow (szAppName, TEXT ("Erweiterte Zwischendateien, Demo 5"),
                          WS_OVERLAPPEDWINDOW,
                          CW_USEDEFAULT, CW_USEDEFAULT,
                          CW_USEDEFAULT, CW_USEDEFAULT,
                          NULL, NULL, hInstance, NULL) ;

     ShowWindow (hwnd, iCmdShow) ;
     UpdateWindow (hwnd) ;

     while (GetMessage (&msg, NULL, 0, 0))
     {
          TranslateMessage (&msg) ;
          DispatchMessage (&msg) ;
     }
     return msg.wParam ;
}

int CALLBACK EnhMetaFileProc (HDC hdc, HANDLETABLE * pHandleTable,
                              CONST ENHMETARECORD * pEmfRecord,
                              int iHandles, LPARAM pData)
{
```

```
    PlayEnhMetaFileRecord (hdc, pHandleTable, pEmfRecord, iHandles) ;

    return TRUE ;
}

LRESULT CALLBACK WndProc (HWND hwnd, UINT message, WPARAM wParam, LPARAM lParam)
{
    HDC          hdc ;
    HENHMETAFILE hemf ;
    PAINTSTRUCT  ps ;
    RECT         rect ;

    switch (message)
    {
    case WM_PAINT:
        hdc = BeginPaint (hwnd, &ps) ;

        GetClientRect (hwnd, &rect) ;

        rect.left   =     rect.right  / 4 ;
        rect.right  = 3 * rect.right  / 4 ;
        rect.top    =     rect.bottom / 4 ;
        rect.bottom = 3 * rect.bottom / 4 ;

        // für den Start innerhalb von Visual Studio
        hemf = GetEnhMetaFile (TEXT ("..\\emf3\\emf3.emf")) ;
        if (!hemf)  // Programm vom Explorer aus gestartet?
           hemf = GetEnhMetaFile (TEXT ("..\\..\\emf3\\emf3.emf"));

        EnumEnhMetaFile (hdc, hemf, EnhMetaFileProc, NULL, &rect) ;
        DeleteEnhMetaFile (hemf) ;
        EndPaint (hwnd, &ps) ;
        return 0 ;

    case WM_DESTROY:
        PostQuitMessage (0) ;
        return 0 ;
    }
    return DefWindowProc (hwnd, message, wParam, lParam) ;
}
```

Abbildung 18.11: *Das Programm* EMF5

EMF5 ist recht kurz ausgefallen, weil dieses Programm wie gesagt die von EMF3 erzeugte Zwischendatei voraussetzt. Das Laden dieser Datei findet wie gehabt im *case*-Zweig für WM_PAINT über *GetEnhMetaFile* statt – nur wird der dadurch erzeugte Handle nicht an *PlayEnhMetaFile* übergeben, sondern an *EnumEnhMetaFile*. Der Aufruf dieser Funktion:

```
EnumEnhMetaFile (hdc, hemf, EnhMetaFileProc, NULL, &rect) ;
```

Die ersten beiden Parameter (Gerätekontext und Handle der Zwischendatei) sind dieselben wie bei *PlayEnhMetaFile*; die RECT-Struktur zur Festlegung des Ausgabebereichs, die bei *PlayEnhMetaFile* als dritter Parameter erscheint, ist hier allerdings an die fünfte Stelle gewandert. Was sich hier dazwischendrängelt, ist einerseits die Adresse einer Rückruffunktion, der ich den Namen *EnhMetaFileProc* gegeben habe, sowie der für Rückruffunktionen übliche »Kontext« – ein beliebiger Wert mit 32 Bit, den Windows bei jedem Aufruf unverändert an die Rückruffunktion weiterreicht. EMF5 kommt ohne zusätzliche Informationen aus, weshalb ich hier den Wert NULL eingesetzt habe.

Die Rückruffunktion *EnhMetaFileProc* wird für jeden Datensatz der Zwischendatei einmal mit den entsprechenden Werten aufgerufen und tut in EMF5 nichts weiter, als diesen Datensatz über eine GDI-Funktion namens *PlayEnhMetaFileRecord* abzuspielen und dann das Ergebnis TRUE zurückzuliefern. (Mit FALSE ließe sich der Prozeß abbrechen.) Das Ergebnis ist natürlich exakt dasselbe wie bei EMF3 – also ein Rechteck mit einem selbstdefinierten Füllmuster und zwei Diagonalen.

Der erste Parameter (*hdc*) der Rückruffunktion ist derselbe Gerätekontext, den das Programm an *EnumEnhMetaFile* übergeben hat, der dritte stellt einen Zeiger auf die jeweilige Struktur in der Zwischendatei dar (exakt in dem Format, das die vorangehenden Abschnitte beschrieben haben). Heben wir uns die Besprechung der restlichen Parameter für einen Moment (nämlich bis zu Seite 1049) auf und sehen wir uns an, was sich mit der auf diese Weise geschaffenen Eingriffsmöglichkeit anfangen läßt. Eine Möglichkeit besteht beispielsweise darin, bestimmte GDI-Aufrufe auszufiltern:

```
if (pEmfRecord->iType != EMR_LINETO)
  PlayEnhMetaFileRecord (hdc, pHandleTable, pEmfRecord, iHandles) ;
```

Wenn Sie den Aufruf von *PlayEnhMetaFile* von dieser Bedingung abhängig machen, dann fehlen der Grafik hinterher die Linien. Auf ähnliche Weise lassen sich Aufrufe *von SelectObject* sperren:

```
if (pEmfRecord->iType != EMR_SELECTOBJECT)
   PlayEnhMetaFileRecord (...) ;
```

Nach dieser kleinen Änderung würde das Bild wieder mit den Standardobjekten der GDI (also einem weißen Füllmuster und einem schwarzen Stift) gezeichnet.

Während das Herausnehmen einzelner Datensätze offensichtlich kein Problem darstellt, sollte man Änderungsversuche *an den Datensätzen selbst* dagegen tunlichst unterlassen. Bevor Sie nun den Kopf über diese ärgerliche Einschränkung schütteln, sehen Sie sich aber bitte erst einmal das in Abbildung 18.12 aufgelistete Programm EMF6 an.

EMF6.C

```
/*------------------------------------
   EMF6.C -- Erweiterte Zwischendateien
             (c) Charles Petzold, 1998
  ------------------------------------*/

#include <windows.h>

LRESULT CALLBACK WndProc (HWND, UINT, WPARAM, LPARAM) ;

int WINAPI WinMain (HINSTANCE hInstance, HINSTANCE hPrevInstance,
                    PSTR lpszCmdLine, int iCmdShow)
{
     static TCHAR szAppName[] = TEXT ("EMF6") ;
     HWND         hwnd ;
```

```
     MSG         msg ;
     WNDCLASS    wndclass ;

     wndclass.style         = CS_HREDRAW | CS_VREDRAW ;
     wndclass.lpfnWndProc   = WndProc ;
     wndclass.cbClsExtra    = 0 ;
     wndclass.cbWndExtra    = 0 ;
     wndclass.hInstance     = hInstance ;
     wndclass.hIcon         = LoadIcon (NULL, IDI_APPLICATION) ;
     wndclass.hCursor       = LoadCursor (NULL, IDC_ARROW) ;
     wndclass.hbrBackground = GetStockObject (WHITE_BRUSH) ;
     wndclass.lpszMenuName  = NULL ;
     wndclass.lpszClassName = szAppName ;

     if (!RegisterClass (&wndclass))
     {    // UNICODE-Compilierung ist die einzige realistische Fehlermöglichkeit
          MessageBox (NULL, TEXT ("Programm arbeitet mit Unicode und setzt Windows NT voraus!"),
                      szAppName, MB_ICONERROR) ;
          return 0 ;
     }

     hwnd = CreateWindow (szAppName, TEXT ("Erweiterte Zwischendateien, Demo 6"),
                          WS_OVERLAPPEDWINDOW,
                          CW_USEDEFAULT, CW_USEDEFAULT,
                          CW_USEDEFAULT, CW_USEDEFAULT,
                          NULL, NULL, hInstance, NULL) ;

     ShowWindow (hwnd, iCmdShow) ;
     UpdateWindow (hwnd) ;

     while (GetMessage (&msg, NULL, 0, 0))
     {
          TranslateMessage (&msg) ;
          DispatchMessage (&msg) ;
     }
     return msg.wParam ;
}

int CALLBACK EnhMetaFileProc (HDC hdc, HANDLETABLE * pHandleTable,
                              CONST ENHMETARECORD * pEmfRecord,
                              int iHandles, LPARAM pData)
{
     ENHMETARECORD * pEmfr ;

     pEmfr = (ENHMETARECORD *) malloc (pEmfRecord->nSize) ;

     CopyMemory (pEmfr, pEmfRecord, pEmfRecord->nSize) ;

     if (pEmfr->iType == EMR_RECTANGLE)
          pEmfr->iType = EMR_ELLIPSE ;

     PlayEnhMetaFileRecord (hdc, pHandleTable, pEmfr, iHandles) ;

     free (pEmfr) ;

     return TRUE ;
```

```
}

LRESULT CALLBACK WndProc (HWND hwnd, UINT message, WPARAM wParam, LPARAM lParam)
{
     HDC          hdc ;
     HENHMETAFILE hemf ;
     PAINTSTRUCT  ps ;
     RECT         rect ;

     switch (message)
     {
     case WM_PAINT:
          hdc = BeginPaint (hwnd, &ps) ;

          GetClientRect (hwnd, &rect) ;

          rect.left   =     rect.right  / 4 ;
          rect.right  = 3 * rect.right  / 4 ;
          rect.top    =     rect.bottom / 4 ;
          rect.bottom = 3 * rect.bottom / 4 ;

          // für den Start innerhalb von Visual Studio
          hemf = GetEnhMetaFile (TEXT ("..\\emf3\\emf3.emf")) ;
          if (!hemf)  // Programm vom Explorer aus gestartet?
             hemf = GetEnhMetaFile (TEXT ("..\\..\\emf3\\emf3.emf"));

          EnumEnhMetaFile (hdc, hemf, EnhMetaFileProc, NULL, &rect) ;
          DeleteEnhMetaFile (hemf) ;
          EndPaint (hwnd, &ps) ;
          return 0 ;

     case WM_DESTROY:
          PostQuitMessage (0) ;
          return 0 ;
     }
     return DefWindowProc (hwnd, message, wParam, lParam) ;
}
```

Abbildung 18.12: *Das Programm* EMF6

EMF6 setzt wie sein Vorgänger die von EMF3 erzeugte Zwischendatei EMF3.EMF und dieselbe Verzeichnisstruktur wie auf der Begleit-CD voraus (siehe Seite 1043) und demonstriert, wie sich Datensätze aus Zwischendateien straflos verändern lassen: Die von *EnumEnhMetaFile* zurückgerufene Funktion *EnhMetaFileProc* verwendet die Datensätze nicht direkt, sondern legt erst einmal eine Kopie an. Da das Feld *nSize* der als *pEmfRecord* übergebenen ENHMETAFILE-Struktur die Größe in Bytes enthält, ist das Belegen eines temporären Speicherblocks über *malloc* und die Kopie der Originaldaten über *CopyMemory* eher eine Kleinigkeit.

Im Gegensatz zum Original kann das Programm eine solchen Kopie natürlich nach Herzenslust verändern – was EMF6 denn auch tut: Dort wird geprüft, ob es um einen Aufruf von *Rectangle* geht; wenn ja, ändert die Rückruffunktion das Feld *iType* von EMR_RECTANGLE auf EMR_ELLIPSE. (Dass diese Modifikation derart einfach ausfällt, liegt natürlich daran, dass beide Funktionen mit demselben Parametersatz arbeiten – nämlich einem umschließenden Rechteck. Wenn Sie aus Rechtecken Polygone machen wollen, müssen Sie exakt über die einzelnen Felder der Datenstrukturen Bescheid wissen und bekommen erheblich mehr zu tun.)

Eine andere Eingriffsmöglichkeit besteht aus dem Einsetzen *zusätzlicher* Befehle. Wenn Sie beispielsweise die *if*-Bedingung in *EnhMetaFileProc* durch

```
if (pEmfr->iType == EMR_RECTANGLE)
{
    PlayEnhMetaFileRecord (hdc, pHandleTable, pEmfr, nObjects) ;

    pEmfr->iType = EMR_ELLIPSE ;
}
```

ersetzen, dann zeichnet das Programm erst ein Rechteck und dann eine Ellipse obendrauf.

Handle-Tabellen in Rückruffunktionen

Das Feld *nHandles* im Kopf der Zwischendatei habe ich ja bereits mehrfach erwähnt: Es gibt die Zahl der von der Zwischendatei verwendeten GDI-Handles plus 1 an, hat bei EMF3.EMF also den Wert 3, weil diese Datei einen eigenen Zeichenstift und ein eigenes Füllmuster definiert. Diesen Wert bekommt die Rückruffunktion (*EnumEnhMetaFileProc*) als vorletzten Parameter (ebenfalls mit dem Namen *nHandles*) zu sehen. Der zweite Parameter der Rückruffunktion ist ein Zeiger auf einen Strukturtyp namens HANDLETABLE, den WINGDI.H folgendermaßen definiert:

```
typedef struct tagHANDLETABLE
{
    HGDIOBJ objectHandle [1] ;
}
HANDLETABLE ;
```

Wie Sie wohl bereits vermuten, geht es hier natürlich nicht um ein Array mit einem einzigen Element, sondern um einen Platzhalter: Die Elementenzahl von *objectHandle* wird über *nHandles* festgelegt (für unser Beispiel also auf 3). Der Datentyp HGDIOBJ stellt die generalisierte Form eines GDI-Handles dar und ist seinerseits (wie übrigens alle GDI-Handles) als untypisierter 32-Bit-Zeiger definiert.

Innerhalb der Rückruffunktion kommt man an die einzelnen Handles über den Ausdruck

```
pHandleTable->objectHandle[i]
```

heran, wobei sich in unserem Beispiel für *i* die Werte 0, 1 und 2 verwenden lassen. Wohlgemerkt: Hier geht es nicht um die in den Datensätzen verwendeten Kennziffern für die einzelnen Objekte (die, wie wir bei der schrittweisen Analyse von EMF3.EMF herausgefunden haben, selbst die Werte 1 und 2 haben), sondern um die beim Abspielen der Zwischendatei erzeugten GDI-Handles. Der Eintrag 0 in dieser Tabelle steht für den Handle der Zwischendatei selbst – und damit haben wir auch endlich die abschließende Erklärung dafür, wieso *nHandles* grundsätzlich um eins gegenüber der »echten« Handle-Zahl erhöht ist.

Beim ersten Aufruf der Rückruffunktion ist nur das Element 0 dieses Arrays besetzt, weil zu diesem Zeitpunkt weder das Füllmuster noch der Zeichenstift angelegt worden sind; die Array-Elemente 1 und 2 enthalten den Wert 0. Die zum Anlegen von GDI-Objekten verwendeten Datensätze enthalten als ersten Parameter einen Index in diese Tabelle und besetzen das entsprechende

Element; Aufrufe von *SelectObject* verwenden ebenfalls diesen Index und holen sich dann den entsprechenden Handle, *DeleteObject* setzt den jeweiligen Tabelleneintrag wieder auf 0 zurück.

Das Interessante daran: Weil es hier um »echte« GDI-Handles geht, können Sie in der Rückruffunktion jederzeit Abfragefunktionen wie *GetObjectType* und *GetObject* benutzen, um sich so Informationen über die jeweiligen GDI-Objekte zu holen.

Einbetten von Bildern

Die wohl wichtigste Anwendungszweck von *EnumEnhMetaFile* liegt allerdings weniger im Modifizieren existierender Datensätze, sondern vielmehr in der Möglichkeit, komplette Bilder (oder komplette Zwischendateien) während des Abspielens einzufügen, wobei das Ziel dieses Abspielvorgangs nicht unbedingt der Bildschirm sein muß: Wenn Sie *EnumEnhMetaFile* als ersten Parameter nicht einen Bildschirm-Gerätekontext, sondern den Kontext *einer neuen Zwischendatei* übergeben, dann wird auf diese Weise eine Zwischendatei in eine andere abgespielt (und das Ziel dabei um zusätzliche Befehle erweitert).

Am einfachsten gestalten sich solche Einfügeoperationen, wenn sie am Anfang (direkt nach EMR_HEADER) oder am Ende (vor EMR_EOF) stattfinden. Falls der Inhalt der Zwischendatei von vornherein bekannt ist, kann man Zeichenbefehle natürlich auch an (fast) beliebiger Stelle einfügen, wie es das in Abbildung 18.13 aufgelistete Programm EMF7 tut.

EMF7.C

```
/*-----------------------------------
   EMF7.C - Erweiterte Zwischendateien
            (c) Charles Petzold, 1998
  -----------------------------------*/

#include <windows.h>

LRESULT CALLBACK WndProc (HWND, UINT, WPARAM, LPARAM) ;

int WINAPI WinMain (HINSTANCE hInstance, HINSTANCE hPrevInstance,
                    PSTR lpszCmdLine, int iCmdShow)
{
     static TCHAR szAppName[] = TEXT ("EMF7") ;
     HWND         hwnd ;
     MSG          msg ;
     WNDCLASS     wndclass ;

     wndclass.style         = CS_HREDRAW | CS_VREDRAW ;
     wndclass.lpfnWndProc   = WndProc ;
     wndclass.cbClsExtra    = 0 ;
     wndclass.cbWndExtra    = 0 ;
     wndclass.hInstance     = hInstance ;
     wndclass.hIcon         = LoadIcon (NULL, IDI_APPLICATION) ;
     wndclass.hCursor       = LoadCursor (NULL, IDC_ARROW) ;
     wndclass.hbrBackground = GetStockObject (WHITE_BRUSH) ;
     wndclass.lpszMenuName  = NULL ;
     wndclass.lpszClassName = szAppName ;

     if (!RegisterClass (&wndclass))
     {    // UNICODE-Compilierung ist die einzige realistische Fehlermöglichkeit
          MessageBox (NULL, TEXT ("Programm arbeitet mit Unicode und setzt Windows NT voraus!"),
```

```
                    szAppName, MB_ICONERROR) ;
          return 0 ;
     }

     hwnd = CreateWindow (szAppName, TEXT ("Erweiterte Zwischendateien, Demo 7"),
                          WS_OVERLAPPEDWINDOW,
                          CW_USEDEFAULT, CW_USEDEFAULT,
                          CW_USEDEFAULT, CW_USEDEFAULT,
                          NULL, NULL, hInstance, NULL) ;

     ShowWindow (hwnd, iCmdShow) ;
     UpdateWindow (hwnd) ;

     while (GetMessage (&msg, NULL, 0, 0))
     {
          TranslateMessage (&msg) ;
          DispatchMessage (&msg) ;
     }
     return msg.wParam ;
}

int CALLBACK EnhMetaFileProc (HDC hdc, HANDLETABLE * pHandleTable,
                              CONST ENHMETARECORD * pEmfRecord,
                              int iHandles, LPARAM pData)
{
     HBRUSH   hBrush ;
     HPEN     hPen ;
     LOGBRUSH lb ;

     if (pEmfRecord->iType != EMR_HEADER && pEmfRecord->iType != EMR_EOF)

          PlayEnhMetaFileRecord (hdc, pHandleTable, pEmfRecord, iHandles) ;

     if (pEmfRecord->iType == EMR_RECTANGLE)
     {
          hBrush = SelectObject (hdc, GetStockObject (NULL_BRUSH)) ;

          lb.lbStyle = BS_SOLID ;
          lb.lbColor = RGB (0, 255, 0) ;
          lb.lbHatch = 0 ;

          hPen = SelectObject (hdc, ExtCreatePen (PS_SOLID | PS_GEOMETRIC, 5, &lb, 0, NULL)) ;

          Ellipse (hdc, 100, 100, 200, 200) ;

          DeleteObject (SelectObject (hdc, hPen)) ;
          SelectObject (hdc, hBrush) ;
     }
     return TRUE ;
}

LRESULT CALLBACK WndProc (HWND hwnd, UINT message, WPARAM wParam, LPARAM lParam)
{
     ENHMETAHEADER emh ;
     HDC           hdc, hdcEMF ;
     HENHMETAFILE  hemfOld, hemf ;
```

```
     PAINTSTRUCT   ps ;
     RECT          rect ;

     switch (message)
     {
     case WM_CREATE:

          // für den Start innerhalb von Visual Studio
          hemfOld = GetEnhMetaFile (TEXT ("..\\emf3\\emf3.emf")) ;
          if (!hemfOld)  // Programm vom Explorer aus gestartet?
             hemfOld = GetEnhMetaFile (TEXT ("..\\..\\emf3\\emf3.emf"));

          GetEnhMetaFileHeader (hemfOld, sizeof (ENHMETAHEADER), &emh) ;

          // Neue Zwischendatei anlegen
          hdcEMF = CreateEnhMetaFile (NULL, TEXT ("emf7.emf"), NULL,
                                      TEXT ("EMF7\0EMF Demo #7\0")) ;

          // Die existierende Zwischendatei abzählen. Das Ziel ist die neue Zwischendatei
          EnumEnhMetaFile (hdcEMF, hemfOld, EnhMetaFileProc, NULL, (RECT *) & emh.rclBounds) ;

          // Aufräumen
          hemf = CloseEnhMetaFile (hdcEMF) ;

          DeleteEnhMetaFile (hemfOld) ;
          DeleteEnhMetaFile (hemf) ;
          return 0 ;

     case WM_PAINT:
          hdc = BeginPaint (hwnd, &ps) ;

          GetClientRect (hwnd, &rect) ;
          rect.left   =     rect.right  / 4 ;
          rect.right  = 3 * rect.right  / 4 ;
          rect.top    =     rect.bottom / 4 ;
          rect.bottom = 3 * rect.bottom / 4 ;

          hemf = GetEnhMetaFile (TEXT ("emf7.emf")) ;

          PlayEnhMetaFile (hdc, hemf, &rect) ;
          DeleteEnhMetaFile (hemf) ;
          EndPaint (hwnd, &ps) ;
          return 0 ;

     case WM_DESTROY:
          PostQuitMessage (0) ;
          return 0 ;
     }
     return DefWindowProc (hwnd, message, wParam, lParam) ;
}
```

Abbildung 18.13: *Das Programm* EMF7

EMF7 setzt erneut die von EMF3 angelegte Zwischendatei im Verzeichnis Chap18\Emf3 voraus. Auf WM_PAINT reagiert dieses Programm im Gegensatz zu EMF6 nicht mit einer Abzählung, sondern mit einem einfachen Aufruf von *PlayEnhMetaFile*, weil die wesentlichen Operationen hier nicht bei WM_PAINT, sondern bereits bei WM_CREATE stattfinden.

Im *case*-Zweig für WM_CREATE lädt EMF7 erst einmal die Datei EMF3.EMF über *GetEnhMetaFile* und benutzt dann *GetEnhMetaFileHeader*. Der einzige Grund für diese Abfrage liegt darin, dass wir die Bildgröße (Feld *rclBounds*) unverändert lassen wollen – sie wird später direkt in den Aufruf von *EnumEnhMetaFile* eingesetzt.

Der nächste Schritt besteht aus dem Anlegen einer neuen Zwischendatei (EMF7.EMF) auf der Festplatte über die Funktion *CreateEnhMetaFile*, die wie gehabt einen Dateikontext als direktes Ergebnis zurückliefert. Dieser Kontext wird dann als Ziel der Abzählung von EMF3.EMF angegeben, mithin als erster Parameter von *EnumEnhMetaFile*.

Die bei der Abzählung verwendete Rückruffunktion *EnhMetaFileProc* prüft als erstes, ob es bei dem übergebenen Datensatz um den Kopf oder das Ende der Zwischendatei geht: Wenn ja, wird die Ausgabe übersprungen. (Unbedingt notwendig ist dieser Test nicht, weil die GDI auch ohne weites mit zwei oder mehr EMR_HEADER-Datensätzen zurechtkommt, nur wird die Zwischendatei dabei unnötig vergrößert.) Alle anderen Datensätze werden wie gehabt über *PlayEnhMetaFileRecord* abgespielt – nur dass das Ziel hier eben nicht der Bildschirm, sondern die neu angelegte Zwischendatei ist.

Wenn es bei dem Datensatz um den (bekanntlich einzigen) Aufruf von *Rectangle* ging, dann fügt die Rückruffunktion einige zusätzliche Befehle zum Zeichnen einer Ellipse mit einem grünen Zeichenstift und einem transparenten Füllmuster ein. Damit die restlichen Befehle der existierenden Zwischendatei durch diese Operation nicht durcheinanderkommen, wird der vorherige Zustand des Gerätekontexts festgehalten und hinterher wiederhergestellt. Wie komplex eine solche »eingeschobene« Zeichenoperation ausfällt, ist allein Ihre Sache – beispielsweise hält Sie niemand davon ab, an dieser Stelle eine *dritte* Zwischendatei zu laden und über *PlayEnhMetaFile* abzuspielen.

Die restlichen Schritte im *case*-Zweig für WM_CREATE haben dagegen nicht mehr viel Neues zu bieten: Nachdem EMF3.EMF vollständig abgespielt ist, schließt das Programm die neue Zwischendatei über *CloseEnhMetafile* und gibt danach beide Handles über *DeleteEnhMetaFile* wieder frei. (Wie verschiedentlich erwähnt, geht es dabei um die Freigabe der Speicherbereiche – nicht um das Löschen der Dateien.)

Wie die Ausgabe von EMF7 deutlich zeigt, zeichnet EMF7.EMF erst ein Rechteck, dann eine Ellipse und schließlich die beiden Diagonalen.

Darstellen und Drucken

Der Transfer von erweiterten Zwischendateien über die Zwischenablage ist schon fast trivial: *GetClipboardData* liefert bei der Anfrage nach dem Format CF_ENHMETAFILE einen Handle zurück, *SetClipboardData* setzt beim Aufruf mit CF_ENHMETAFILE einen Handle in die Zwischenablage ein. Das Belegen globaler Speicherblöcke und eigene Kopieraktionen können Sie sich ebenfalls sparen, weil dafür eine Funktion namens *CopyEnhMetaFile* zur Verfügung steht. Da die Zwischenablage überdies automatisch zwischen den beiden Formaten konvertiert, läßt sich eine erweiterte Zwischendatei auch über das alte Format CF_METAFILE abrufen und umgekehrt.

Das in Abbildung 18.14 aufgelistete Programm EMFVIEW demonstriert den praktischen Umgang mit Zwischendateien unbekannter Provenienz. Es kann Zwischendateien von der Festplatte laden und speichern, aus der Zwischenablage übernehmen sowie dort einsetzen und macht außerdem die Ausgabe auf den Drucker möglich.

EMFVIEW.C

```
/*-----------------------------------------------
   EMFVIEW.C - Anzeige erweiterter Zwischendateien
               (c) Charles Petzold, 1998
  -----------------------------------------------*/

#include <windows.h>
#include <commdlg.h>
#include "resource.h"

LRESULT CALLBACK WndProc (HWND, UINT, WPARAM, LPARAM) ;

TCHAR szAppName[] = TEXT ("EmfView") ;

int WINAPI WinMain (HINSTANCE hInstance, HINSTANCE hPrevInstance,
                    PSTR szCmdLine, int iCmdShow)
{
     HACCEL   hAccel ;
     HWND     hwnd ;
     MSG      msg ;
     WNDCLASS wndclass ;

     wndclass.style         = CS_HREDRAW | CS_VREDRAW ;
     wndclass.lpfnWndProc   = WndProc ;
     wndclass.cbClsExtra    = 0 ;
     wndclass.cbWndExtra    = 0 ;
     wndclass.hInstance     = hInstance ;
     wndclass.hIcon         = LoadIcon (NULL, IDI_APPLICATION) ;
     wndclass.hCursor       = LoadCursor (NULL, IDC_ARROW) ;
     wndclass.hbrBackground = (HBRUSH) GetStockObject (WHITE_BRUSH) ;
     wndclass.lpszMenuName  = szAppName ;
     wndclass.lpszClassName = szAppName ;

     if (!RegisterClass (&wndclass))
     {    // UNICODE-Compilierung ist die einzige realistische Fehlermöglichkeit
          MessageBox (NULL, TEXT ("Programm arbeitet mit Unicode und setzt Windows NT voraus!"),
                      szAppName, MB_ICONERROR) ;
          return 0 ;
     }

     hwnd = CreateWindow (szAppName, TEXT ("Anzeige erweiterter Zwischendateien"),
                          WS_OVERLAPPEDWINDOW,
                          CW_USEDEFAULT, CW_USEDEFAULT,
                          CW_USEDEFAULT, CW_USEDEFAULT,
                          NULL, NULL, hInstance, NULL) ;

     ShowWindow (hwnd, iCmdShow) ;
     UpdateWindow (hwnd) ;

     hAccel = LoadAccelerators (hInstance, szAppName) ;

     while (GetMessage (&msg, NULL, 0, 0))
     {
          if (!TranslateAccelerator (hwnd, hAccel, &msg))
          {
               TranslateMessage (&msg) ;
```

```
            DispatchMessage (&msg) ;
        }
    }
    return msg.wParam ;
}

HPALETTE CreatePaletteFromMetaFile (HENHMETAFILE hemf)
{
    HPALETTE     hPalette ;
    int          iNum ;
    LOGPALETTE * plp ;

    if (!hemf)
        return NULL ;

    if (0 == (iNum = GetEnhMetaFilePaletteEntries (hemf, 0, NULL)))
        return NULL ;

     plp = malloc (sizeof (LOGPALETTE) + (iNum - 1) * sizeof (PALETTEENTRY)) ;

    plp->palVersion    = 0x0300 ;
    plp->palNumEntries = iNum ;

    GetEnhMetaFilePaletteEntries (hemf, iNum, plp->palPalEntry) ;

    hPalette = CreatePalette (plp) ;

    free (plp) ;

    return hPalette ;
}

LRESULT CALLBACK WndProc (HWND hwnd, UINT message, WPARAM wParam, LPARAM lParam)
{
    static DOCINFO      di = { sizeof (DOCINFO), TEXT ("EmfView: Druck") } ;
    static HENHMETAFILE hemf ;
    static OPENFILENAME ofn ;
    static PRINTDLG     printdlg = { sizeof (PRINTDLG) } ;
    static TCHAR        szFileName [MAX_PATH], szTitleName [MAX_PATH] ;
    static TCHAR        szFilter[] =
                             TEXT ("Erweiterte Zwischendateien (*.EMF)\0*.emf\0")
                             TEXT ("Alle Dateien (*.*)\0*.*\0\0") ;
    BOOL                bSuccess ;
    ENHMETAHEADER       header ;
    HDC                 hdc, hdcPrn ;
    HENHMETAFILE        hemfCopy ;
    HMENU               hMenu ;
    HPALETTE            hPalette ;
    int                 i, iLength, iEnable ;
    PAINTSTRUCT         ps ;
    RECT                rect ;
    PTSTR               pBuffer ;

    switch (message)
    {
    case WM_CREATE:
```

```
          // OPENFILENAME-Struktur inialisieren
          ofn.lStructSize       = sizeof (OPENFILENAME) ;
          ofn.hwndOwner         = hwnd ;
          ofn.hInstance         = NULL ;
          ofn.lpstrFilter       = szFilter ;
          ofn.lpstrCustomFilter = NULL ;
          ofn.nMaxCustFilter    = 0 ;
          ofn.nFilterIndex      = 0 ;
          ofn.lpstrFile         = szFileName ;
          ofn.nMaxFile          = MAX_PATH ;
          ofn.lpstrFileTitle    = szTitleName ;
          ofn.nMaxFileTitle     = MAX_PATH ;
          ofn.lpstrInitialDir   = NULL ;
          ofn.lpstrTitle        = NULL ;
          ofn.Flags             = 0 ;
          ofn.nFileOffset       = 0 ;
          ofn.nFileExtension    = 0 ;
          ofn.lpstrDefExt       = TEXT ("emf") ;
          ofn.lCustData         = 0 ;
          ofn.lpfnHook          = NULL ;
          ofn.lpTemplateName    = NULL ;
          return 0 ;

     case WM_INITMENUPOPUP:
          hMenu = GetMenu (hwnd) ;

          iEnable = hemf ? MF_ENABLED : MF_GRAYED ;

          EnableMenuItem (hMenu, IDM_FILE_SAVE_AS,    iEnable) ;
          EnableMenuItem (hMenu, IDM_FILE_PRINT,      iEnable) ;
          EnableMenuItem (hMenu, IDM_FILE_PROPERTIES, iEnable) ;
          EnableMenuItem (hMenu, IDM_EDIT_CUT,        iEnable) ;
          EnableMenuItem (hMenu, IDM_EDIT_COPY,       iEnable) ;
          EnableMenuItem (hMenu, IDM_EDIT_DELETE,     iEnable) ;

          EnableMenuItem (hMenu, IDM_EDIT_PASTE,
               IsClipboardFormatAvailable (CF_ENHMETAFILE) ?
                    MF_ENABLED : MF_GRAYED) ;
          return 0 ;

     case WM_COMMAND:
          switch (LOWORD (wParam))
          {
          case IDM_FILE_OPEN:
               // Standarddialog zum Öffnen von Dateien
               ofn.Flags = 0 ;

               if (!GetOpenFileName (&ofn))
                    return 0 ;

                // Wenn momentan eine Zwischendatei geladen ist, Freigabe
                if (hemf)
               {
                    DeleteEnhMetaFile (hemf) ;
                    hemf = NULL ;
               }
```

```
          // Zwischendatei laden
          SetCursor (LoadCursor (NULL, IDC_WAIT)) ;
          ShowCursor (TRUE) ;

          hemf = GetEnhMetaFile (szFileName) ;

          ShowCursor (FALSE) ;
          SetCursor (LoadCursor (NULL, IDC_ARROW)) ;

          // Neuzeichnen des Anwendungsbereichs
          InvalidateRect (hwnd, NULL, TRUE) ;

          if (hemf == NULL)
          {
               MessageBox (hwnd, TEXT ("Fehler beim Laden der Zwischendatei"),
                           szAppName, MB_ICONEXCLAMATION | MB_OK) ;
          }
          return 0 ;

     case IDM_FILE_SAVE_AS:
          if (!hemf)
               return 0 ;

          // Standarddialog zum Speichern von Dateien
          ofn.Flags = OFN_OVERWRITEPROMPT ;

          if (!GetSaveFileName (&ofn))
               return 0 ;

               // Save the EMF to disk file

          SetCursor (LoadCursor (NULL, IDC_WAIT)) ;
          ShowCursor (TRUE) ;

          hemfCopy = CopyEnhMetaFile (hemf, szFileName) ;

          ShowCursor (FALSE) ;
          SetCursor (LoadCursor (NULL, IDC_ARROW)) ;
          if (hemfCopy)
          {
               DeleteEnhMetaFile (hemf) ;
               hemf = hemfCopy ;
          }
          else
               MessageBox (hwnd, TEXT ("Fehler beim Speichern der Zwischendatei"),
                           szAppName, MB_ICONEXCLAMATION | MB_OK) ;
          return 0 ;

     case IDM_FILE_PRINT:
          // Standardialog zur Druckerauswahl
          printdlg.Flags = PD_RETURNDC | PD_NOPAGENUMS | PD_NOSELECTION ;

          if (!PrintDlg (&printdlg))
               return 0 ;
```

```
          if (NULL == (hdcPrn = printdlg.hDC))
          {
               MessageBox (hwnd, TEXT ("Kein Druckerkontext verfügbar"),
                           szAppName, MB_ICONEXCLAMATION | MB_OK) ;
               return 0 ;
          }

          // Größe des bedruckbaren Bereichs
          rect.left   = 0 ;
          rect.right  = GetDeviceCaps (hdcPrn, HORZRES) ;
          rect.top    = 0 ;
          rect.bottom = GetDeviceCaps (hdcPrn, VERTRES) ;

          bSuccess = FALSE ;

          // Zwischendatei in den Druckerkontext abspielen
          SetCursor (LoadCursor (NULL, IDC_WAIT)) ;
          ShowCursor (TRUE) ;

          if ((StartDoc (hdcPrn, &di) > 0) && (StartPage (hdcPrn) > 0))
          {
               PlayEnhMetaFile (hdcPrn, hemf, &rect) ;

               if (EndPage (hdcPrn) > 0)
               {
                    bSuccess = TRUE ;
                    EndDoc (hdcPrn) ;
                }
          }
          ShowCursor (FALSE) ;
          SetCursor (LoadCursor (NULL, IDC_ARROW)) ;

          DeleteDC (hdcPrn) ;

          if (!bSuccess)
               MessageBox (hwnd, TEXT ("Fehler beim Drucken der Zwischendatei"),
                           szAppName, MB_ICONEXCLAMATION | MB_OK) ;
          return 0 ;

     case IDM_FILE_PROPERTIES:
          if (!hemf)
               return 0 ;

          iLength = GetEnhMetaFileDescription (hemf, 0, NULL) ;
          pBuffer = malloc ((iLength + 256) * sizeof (TCHAR)) ;

          GetEnhMetaFileHeader (hemf, sizeof (ENHMETAHEADER), &header) ;

          // Werte aus dem Dateikopf für die Ausgabe formatieren
          i  = wsprintf (pBuffer,
                         TEXT ("Grenzen = (%i, %i) to (%i, %i) Pixel\n"),
                         header.rclBounds.left, header.rclBounds.top,
                         header.rclBounds.right, header.rclBounds.bottom) ;

          i += wsprintf (pBuffer + i,
                         TEXT ("Abmessungen = (%i, %i) to (%i, %i) mm\n"),
```

```
                    header.rclFrame.left, header.rclFrame.top,
                    header.rclFrame.right, header.rclFrame.bottom) ;

        i += wsprintf (pBuffer + i,
                    TEXT ("Größe = (%i, %i) Pixel")
                    TEXT (" = (%i, %i) mm\n"),
                    header.szlDevice.cx, header.szlDevice.cy,
                    header.szlMillimeters.cx,
                    header.szlMillimeters.cy) ;

        i += wsprintf (pBuffer + i,
                    TEXT ("Umfang = %i, Datensätze = %i, ")
                    TEXT ("Handles = %i, Paletteneinträge = %i\n"),
                    header.nBytes, header.nRecords,
                    header.nHandles, header.nPalEntries) ;

        // Beschreibungsstring, falls vorhanden
        if (iLength)
        {
            i += wsprintf (pBuffer + i, TEXT ("Description = ")) ;
            GetEnhMetaFileDescription (hemf, iLength, pBuffer + i) ;
            pBuffer [lstrlen (pBuffer)] = '\t' ;
        }

        MessageBox (hwnd, pBuffer, TEXT ("Eigenschaften der Datei"), MB_OK) ;
        free (pBuffer) ;
        return 0 ;

    case IDM_EDIT_COPY:
    case IDM_EDIT_CUT:
        if (!hemf)
            return 0 ;

        // Kopie anlegen und in die Zwischenablage einsetzen
        hemfCopy = CopyEnhMetaFile (hemf, NULL) ;

        OpenClipboard (hwnd) ;
        EmptyClipboard () ;
        SetClipboardData (CF_ENHMETAFILE, hemfCopy) ;
        CloseClipboard () ;

        if (LOWORD (wParam) == IDM_EDIT_COPY)
            return 0 ;
                                // weiter mit IDM_EDIT_CUT
    case IDM_EDIT_DELETE:
        if (hemf)
        {
            DeleteEnhMetaFile (hemf) ;
            hemf = NULL ;
            InvalidateRect (hwnd, NULL, TRUE) ;
        }
        return 0 ;

    case IDM_EDIT_PASTE:
        OpenClipboard (hwnd) ;
        hemfCopy = GetClipboardData (CF_ENHMETAFILE) ;
```

```
          CloseClipboard () ;
          // wenn die Zwischenablage eine Zwischendatei enthält und momentan
          // eine Zwischendatei geladen ist: Aufräumen
          if (hemfCopy && hemf)
          {
               DeleteEnhMetaFile (hemf) ;
               hemf = NULL ;
          }

          hemf = CopyEnhMetaFile (hemfCopy, NULL) ;
          InvalidateRect (hwnd, NULL, TRUE) ;
          return 0 ;

     case IDM_APP_ABOUT:
          MessageBox (hwnd, TEXT ("Darstellung erweiterter Zwischendateien\n")
                            TEXT ("(c) Charles Petzold, 1998"),
                      szAppName, MB_OK) ;
          return 0 ;

     case IDM_APP_EXIT:
          SendMessage (hwnd, WM_CLOSE, 0, 0L) ;
          return 0 ;
     }
     break ;

case WM_PAINT:
     hdc = BeginPaint (hwnd, &ps) ;

     if (hemf)
     {
          if (hPalette = CreatePaletteFromMetaFile (hemf))
          {
               SelectPalette (hdc, hPalette, FALSE) ;
               RealizePalette (hdc) ;
          }
          GetClientRect (hwnd, &rect) ;
          PlayEnhMetaFile (hdc, hemf, &rect) ;

          if (hPalette)
               DeleteObject (hPalette) ;
     }
     EndPaint (hwnd, &ps) ;
     return 0 ;

case WM_QUERYNEWPALETTE:
     if (!hemf || !(hPalette = CreatePaletteFromMetaFile (hemf)))
          return FALSE ;

     hdc = GetDC (hwnd) ;
     SelectPalette (hdc, hPalette, FALSE) ;
     RealizePalette (hdc) ;
     InvalidateRect (hwnd, NULL, FALSE) ;

     DeleteObject (hPalette) ;
     ReleaseDC (hwnd, hdc) ;
```

```
          return TRUE ;

     case WM_PALETTECHANGED:
          if ((HWND) wParam == hwnd)
               break ;

          if (!hemf || !(hPalette = CreatePaletteFromMetaFile (hemf)))
               break ;

          hdc = GetDC (hwnd) ;
          SelectPalette (hdc, hPalette, FALSE) ;
          RealizePalette (hdc) ;
          UpdateColors (hdc) ;

          DeleteObject (hPalette) ;
          ReleaseDC (hwnd, hdc) ;
          break ;

     case WM_DESTROY:
          if (hemf)
               DeleteEnhMetaFile (hemf) ;

          PostQuitMessage (0) ;
          return 0 ;
     }
     return DefWindowProc (hwnd, message, wParam, lParam) ;
}
```

EMFVIEW.RC (Auszüge)

```
//Microsoft Developer Studio generated resource script.

#include "resource.h"
#include "afxres.h"

/////////////////////////////////////////////////////////////////////////////
// Menu

EMFVIEW MENU DISCARDABLE
BEGIN
    POPUP "&Datei"
    BEGIN
        MENUITEM "Ö&ffnen\tStrg+O",             IDM_FILE_OPEN
        MENUITEM "Speichern &unter...",         IDM_FILE_SAVE_AS
        MENUITEM SEPARATOR
        MENUITEM "&Drucken...\tStrg+P",         IDM_FILE_PRINT
        MENUITEM SEPARATOR
        MENUITEM "E&igenschaften",              IDM_FILE_PROPERTIES
        MENUITEM SEPARATOR
        MENUITEM "&Beenden",                    IDM_APP_EXIT
    END
    POPUP "&Bearbeiten"
    BEGIN
        MENUITEM "A&usschneiden\tStrg+X",       IDM_EDIT_CUT
        MENUITEM "&Kopieren\tStrg+C",           IDM_EDIT_COPY
        MENUITEM "E&infügen\tStrg+V",           IDM_EDIT_PASTE
        MENUITEM "&Löschen\tEntf",              IDM_EDIT_DELETE
```

```
    END
    POPUP "&?"
    BEGIN
        MENUITEM "&Info",                       IDM_APP_ABOUT
    END
END

/////////////////////////////////////////////////////////////////////////////
// Accelerator

EMFVIEW ACCELERATORS DISCARDABLE
BEGIN
    "C",            IDM_EDIT_COPY,          VIRTKEY, CONTROL, NOINVERT
    "O",            IDM_FILE_OPEN,          VIRTKEY, CONTROL, NOINVERT
    "P",            IDM_FILE_PRINT,         VIRTKEY, CONTROL, NOINVERT
    "V",            IDM_EDIT_PASTE,         VIRTKEY, CONTROL, NOINVERT
    VK_DELETE,      IDM_EDIT_DELETE,        VIRTKEY, NOINVERT
    "X",            IDM_EDIT_CUT,           VIRTKEY, CONTROL, NOINVERT
END
```

RESOURCE.H (Auszüge)

```
// Microsoft Developer Studio generated include file.
// Used by EmfView.rc

#define IDM_FILE_OPEN                   40001
#define IDM_FILE_SAVE_AS                40002
#define IDM_FILE_PRINT                  40003
#define IDM_FILE_PROPERTIES             40004
#define IDM_APP_EXIT                    40005
#define IDM_EDIT_CUT                    40006
#define IDM_EDIT_COPY                   40007
#define IDM_EDIT_PASTE                  40008
#define IDM_EDIT_DELETE                 40009
#define IDM_APP_ABOUT                   40010
```

Abbildung 18.14: *Das Programm* EMFVIEW

EMFVIEW kommt auch mit Zwischendateien zurecht, die eine Palette (also einen Aufruf von *SelectPalette*) enthalten und definiert für die Darstellung auf Bildschirmen mit 256 Farben eine Routine namens *CreatePaletteFromMetaFile*, die sowohl bei WM_PAINT als auch bei QM_QUERYNEWPALETTE und WM_PALETTECHANGED benutzt wird.

Die Reaktion auf den Menüpunkt *Datei/Drucken* besteht aus einem Aufruf des Standarddialogs zur Druckerauswahl und der Abfrage des bedruckbaren Bereichs. Die Zwischendatei wird auf den gesamten bedruckbaren Bereich gestreckt (also mit derselben Logik wie im Anwendungsbereich dargestellt).

Mit dem Wahlpunkt *Datei/Eigenschaften* können Sie sich über die Abmessungen, die zugrundeliegende Bildschirmgröße usw. der Zwischendateien informieren. (Ein eigenes Dialogfeld habe ich mir hier gespart: Das Programm hängt schlicht eine entsprechende Zahl von Strings aneinander und trennt sie durch Zeilenvorschübe.)

Beim Ausdrucken von Dateien wie EMF2.EMF werden Sie wahrscheinlich feststellen, dass die Linien ausgesprochen dünn ausfallen oder je nach Drucker gar an der Grenze zur Unsichtbarkeit sind. Das liegt daran, dass der Zeichenstift dort auf ein Pixel – also eine Geräteeinheit – festgelegt ist. Praktisch verwendbare Vektorbilder sollten grundsätzlich mit etwas breiteren Stiften (beispielsweise 1 Punkt) arbeiten. Auf dieses Thema komme ich im Rahmen des Beispielprogramms EMF8 noch einmal zurück.

Exakte Darstellung

Das Schöne an Zwischendateien ist, dass sie im Gegensatz zu Bitmaps auch nach einer nahezu x-beliebigen Skalierung immer noch gut aussehen, weil es hier eben nicht um Pixel, sondern um grafische Grundfunktionen geht, deren Parameter durch eine Skalierung schlicht umgerechnet werden.

Im richtigen Leben gibt es natürlich dennoch einige Grenzen, für die in erster Linie die begrenzte Auflösung der Ausgabegeräte verantwortlich ist. Wenn Sie eine Zwischendatei mit einer größeren Zahl von Linien auf ein Hundertstel der Originalgröße reduzieren, kommt auch auf einem besseren Drucker nur noch ein schwarzer (oder bunter) Fleck heraus, Füllmustern und Mischfarben tut eine starke Verkleinerungen ebenfalls nur selten gut – und bei Bitmaps oder Bitmap-Schriften in einer Zwischendatei ist Windows wie üblich schnell mit seiner Weisheit am Ende.

Clipart-Sammlungen im EMF-Format verzichten deshalb wohlweislich auf Bitmaps und sind üblicherweise so ausgelegt, dass sie sich wirklich in weiten Grenzen frei skalieren lassen. Dieses Feature macht sich vor allem in Textverarbeitungen und Layoutprogrammen nützlich: Wenn Sie dort eine Zwischendatei auswählen, bekommen Sie normalerweise ein umschließendes Rechteck vorgesetzt, das sich mit der Maus bei Bedarf auf die gewünschte Größe ziehen läßt. Auf diese Weise eingefügte Bilder erscheinen bei der Druckausgabe natürlich innerhalb der von Ihnen festgelegten Grenzen.

Wie schon einmal kurz erwähnt, gibt es natürlich Fälle, in denen eine derart freie Skalierung (exakter: Verzerrung) eher kontraproduktiv ist. Eines der vielen denkbaren Beispiele wäre eine digitalisierte Unterschrift – nicht als Bitmap, sondern als Folge von Vektoren: Dort muß bei Skalierungen zumindest das Breiten-/Höhenverhältnis konstant bleiben, wenn die Unterschrift hinterher noch einen Wiedererkennungswert haben soll.

Die bis dato in diesem Kapitel vorgestellten Beispielprogramme kümmern sich herzlich wenig um dieses Verhältnis: Sie übergeben die Grenzen des Anwendungsbereichs an *PlayEnhMetaFile*, sorgen so dafür, dass das Breiten-/Höhenverhältnis ausschließlich von der aktuellen Form des jeweiligen Fensters abhängt und verwenden damit im Prinzip dasselbe Konzept, wie man es auch in einer Textverarbeitung vorfinden würde.

Die exakte Reproduktion einer Zwischendatei – sei es nun mit spezifischen metrischen Maßen oder dem ursprünglichen Breiten-/Höhenverhältnis – setzt dagegen voraus, dass man die Kopfinformationen als Grundlage des »Ausgaberechtecks« verwendet.

Um diese Umrechnung geht es in den nächsten Beispielprogrammen, für die ich wieder einmal ein »Rahmenprogramm« geschrieben habe: die Dateien EMF.C, EMF.RC und RESOURCE.H definieren ein Fenster zusammen mit einem einfachen Menü und kümmern sich um die Logik bei der Druckausgabe. Die Listings finden Sie in Abbildung 18.15 zusammen mit einem Prográmmchen namens EMF8, das sich an der Darstellung eines Lineals mit exakt 6 Zoll Breite versucht.

EMF.C

```
/*----------------------------------------------------------------------
   EMF.C - Rahmenprogramm für die Demonstration erweiterter Zwischendateien
           (c) Charles Petzold, 1998
  ----------------------------------------------------------------------*/

#include <windows.h>
#include <commdlg.h>
#include "..\\emf8\\resource.h"

extern void CreateRoutine (HWND) ;
extern void PaintRoutine  (HWND, HDC, int, int) ;

LRESULT CALLBACK WndProc (HWND, UINT, WPARAM, LPARAM) ;

HANDLE hInst ;

extern TCHAR szClass [] ;
extern TCHAR szTitle [] ;

int WINAPI WinMain (HINSTANCE hInstance, HINSTANCE hPrevInstance, PSTR szCmdLine, int iCmdShow)
{
     TCHAR    szResource [] = TEXT ("EMF") ;
     HWND     hwnd ;
     MSG      msg ;
     WNDCLASS wndclass ;

     hInst = hInstance ;

     wndclass.style         = CS_HREDRAW | CS_VREDRAW ;
     wndclass.lpfnWndProc   = WndProc ;
     wndclass.cbClsExtra    = 0 ;
     wndclass.cbWndExtra    = 0 ;
     wndclass.hInstance     = hInstance ;
     wndclass.hIcon         = LoadIcon (NULL, IDI_APPLICATION) ;
     wndclass.hCursor       = LoadCursor (NULL, IDC_ARROW) ;
     wndclass.hbrBackground = GetStockObject (WHITE_BRUSH) ;
     wndclass.lpszMenuName  = szResource ;
     wndclass.lpszClassName = szClass ;

     if (!RegisterClass (&wndclass))
     {    // UNICODE-Compilierung ist die einzige realistische Fehlermöglichkeit
          MessageBox (NULL, TEXT ("Programm arbeitet mit Unicode und setzt Windows NT voraus!"),
                      szTitle, MB_ICONERROR) ;
          return 0 ;
     }

     hwnd = CreateWindow (szClass, szTitle,
                          WS_OVERLAPPEDWINDOW,
                          CW_USEDEFAULT, CW_USEDEFAULT,
                          CW_USEDEFAULT, CW_USEDEFAULT,
                          NULL, NULL, hInstance, NULL) ;

     ShowWindow (hwnd, iCmdShow) ;
     UpdateWindow (hwnd) ;
```

```
     while (GetMessage (&msg, NULL, 0, 0))
     {
          TranslateMessage (&msg) ;
          DispatchMessage (&msg) ;
     }
     return msg.wParam ;
}

BOOL PrintRoutine (HWND hwnd)
{
     static DOCINFO  di ;
     static PRINTDLG printdlg = { sizeof (PRINTDLG) } ;
     static TCHAR    szMessage [32] ;
     BOOL            bSuccess = FALSE ;
     HDC             hdcPrn ;
     int             cxPage, cyPage ;

     printdlg.Flags = PD_RETURNDC | PD_NOPAGENUMS | PD_NOSELECTION ;

     if (!PrintDlg (&printdlg))
          return TRUE ;

     if (NULL == (hdcPrn = printdlg.hDC))
          return FALSE ;

     cxPage = GetDeviceCaps (hdcPrn, HORZRES) ;
     cyPage = GetDeviceCaps (hdcPrn, VERTRES) ;

     lstrcpy (szMessage, szClass) ;
     lstrcat (szMessage, TEXT (": Printing")) ;

     di.cbSize      = sizeof (DOCINFO) ;
     di.lpszDocName = szMessage ;

     if (StartDoc (hdcPrn, &di) > 0)
     {
          if (StartPage (hdcPrn) > 0)
          {
               PaintRoutine (hwnd, hdcPrn, cxPage, cyPage) ;

               if (EndPage (hdcPrn) > 0)
               {
                    EndDoc (hdcPrn) ;
                    bSuccess = TRUE ;
               }
          }
     }
     DeleteDC (hdcPrn) ;

     return bSuccess ;
}

LRESULT CALLBACK WndProc (HWND hwnd, UINT message, WPARAM wParam, LPARAM lParam)
{
     BOOL       bSuccess ;
     static int cxClient, cyClient ;
```

```
HDC         hdc ;
PAINTSTRUCT ps ;

switch (message)
{
case WM_CREATE:
     CreateRoutine (hwnd) ;
     return 0 ;

case WM_COMMAND:
     switch (wParam)
     {
     case IDM_PRINT:
          SetCursor (LoadCursor (NULL, IDC_WAIT)) ;
          ShowCursor (TRUE) ;

          bSuccess = PrintRoutine (hwnd) ;

          ShowCursor (FALSE) ;
          SetCursor (LoadCursor (NULL, IDC_ARROW)) ;

          if (!bSuccess)
               MessageBox (hwnd,
                           TEXT ("Fehler bei der Druckausgabe"),
                           szClass, MB_ICONASTERISK | MB_OK) ;
          return 0 ;

     case IDM_EXIT:
           SendMessage (hwnd, WM_CLOSE, 0, 0) ;
          return 0 ;

     case IDM_ABOUT:
          MessageBox (hwnd, TEXT ("Demonstration erweiterter Zwischendateien\n")
                            TEXT ("Copyright (c) Charles Petzold, 1998"),
                      szClass, MB_ICONINFORMATION | MB_OK) ;
          return 0 ;
     }
     break ;

case WM_SIZE:
     cxClient = LOWORD (lParam) ;
     cyClient = HIWORD (lParam) ;
     return 0 ;

case WM_PAINT:
     hdc = BeginPaint (hwnd, &ps) ;

     PaintRoutine (hwnd, hdc, cxClient, cyClient) ;

     EndPaint (hwnd, &ps) ;
     return 0 ;

case WM_DESTROY :
     PostQuitMessage (0) ;
     return 0 ;
}
```

```
     return DefWindowProc (hwnd, message, wParam, lParam) ;
}
```

EMF.RC (Auszüge)

```
//Microsoft Developer Studio generated resource script.

#include "resource.h"
#include "afxres.h"

/////////////////////////////////////////////////////////////////////////////
// Menu

EMF MENU DISCARDABLE
BEGIN
    POPUP "&Datei"
    BEGIN
        MENUITEM "&Drucken..."                  IDM_PRINT
        MENUITEM SEPARATOR
        MENUITEM "&Beenden",                    IDM_EXIT
    END
    POPUP "&?"
    BEGIN
        MENUITEM "&Info...",                    IDM_ABOUT
    END
END
```

RESOURCE.H (Auszüge)

```
// Microsoft Developer Studio generated include file.
// Used by Emf.rc
//
#define IDM_PRINT                       40001
#define IDM_EXIT                        40002
#define IDM_ABOUT                       40003
```

EMF8.C

```
/*-----------------------------------
   EMF8.C - Erweiterte Zwischendateien
            (c) Charles Petzold, 1998
  -----------------------------------*/

#include <windows.h>

TCHAR szClass [] = TEXT ("EMF8") ;
TCHAR szTitle [] = TEXT ("EMF8: Erweiterte Zwischendateien, Demo 8") ;

void DrawRuler (HDC hdc, int cx, int cy)
{
     int     iAdj, i, iHeight ;
     LOGFONT lf ;
     TCHAR   ch ;

     // Korrektur für Rechtecke bei Windows 9x
     iAdj = GetVersion () & 0x80000000 ? 0 : 1 ;

     // Schwarzer Stift mit 1 Punkt Breite
```

```
     SelectObject (hdc, CreatePen (PS_SOLID, cx / 72 / 6, 0)) ;

     // Rechteck um das gesamte Lineal herum (mit Korrektur für Windwos 95/98)
     Rectangle (hdc, iAdj, iAdj, cx + iAdj + 1, cy + iAdj + 1) ;

     // Unterteilungen
     for (i = 1 ; i < 96 ; i++)
     {
               if (i % 16 == 0) iHeight = cy /  2 ;    // Zoll
          else if (i %  8 == 0) iHeight = cy /  3 ;    // halbe Zoll
          else if (i %  4 == 0) iHeight = cy /  5 ;    // viertel Zoll
          else if (i %  2 == 0) iHeight = cy /  8 ;    // Achtel
          else                  iHeight = cy / 12 ;    // Sechzehntel

          MoveToEx (hdc, i * cx / 96, cy, NULL) ;
          LineTo   (hdc, i * cx / 96, cy - iHeight) ;
     }

     // Logische Schrift anlegen
     FillMemory (&lf, sizeof (lf), 0) ;
     lf.lfHeight = cy / 2 ;
     lstrcpy (lf.lfFaceName, TEXT ("Times New Roman")) ;

     SelectObject (hdc, CreateFontIndirect (&lf)) ;
     SetTextAlign (hdc, TA_BOTTOM | TA_CENTER) ;
     SetBkMode    (hdc, TRANSPARENT) ;

     // Legende
     for (i = 1 ; i <= 5 ; i++)
     {
          ch = (TCHAR) (i + '0') ;
          TextOut (hdc, i * cx / 6, cy / 2, &ch, 1) ;
     }

     // Aufräumen
     DeleteObject (SelectObject (hdc, GetStockObject (SYSTEM_FONT))) ;
     DeleteObject (SelectObject (hdc, GetStockObject (BLACK_PEN))) ;
}

void CreateRoutine (HWND hwnd)
{
     HDC          hdcEMF ;
     HENHMETAFILE hemf ;
     int          cxMms, cyMms, cxPix, cyPix, xDpi, yDpi ;

     hdcEMF = CreateEnhMetaFile (NULL, TEXT ("emf8.emf"), NULL, TEXT ("EMF8\0EMF Demo #8\0")) ;
     if (hdcEMF == NULL)
          return ;

     cxMms = GetDeviceCaps (hdcEMF, HORZSIZE) ;
     cyMms = GetDeviceCaps (hdcEMF, VERTSIZE) ;
     cxPix = GetDeviceCaps (hdcEMF, HORZRES) ;
     cyPix = GetDeviceCaps (hdcEMF, VERTRES) ;

     xDpi = cxPix * 254 / cxMms / 10 ;
     yDpi = cyPix * 254 / cyMms / 10 ;
```

```
    DrawRuler (hdcEMF, 6 * xDpi, yDpi) ;

    hemf = CloseEnhMetaFile (hdcEMF) ;

    DeleteEnhMetaFile (hemf) ;
}

void PaintRoutine (HWND hwnd, HDC hdc, int cxArea, int cyArea)
{
    ENHMETAHEADER emh ;
    HENHMETAFILE  hemf ;
    int           cxImage, cyImage ;
    RECT          rect ;

    hemf = GetEnhMetaFile (TEXT ("emf8.emf")) ;

    GetEnhMetaFileHeader (hemf, sizeof (emh), &emh) ;

    cxImage = emh.rclBounds.right - emh.rclBounds.left ;
    cyImage = emh.rclBounds.bottom - emh.rclBounds.top ;

    rect.left   = (cxArea - cxImage) / 2 ;
    rect.right  = (cxArea + cxImage) / 2 ;
    rect.top    = (cyArea - cyImage) / 2 ;
    rect.bottom = (cyArea + cyImage) / 2 ;

    PlayEnhMetaFile (hdc, hemf, &rect) ;

    DeleteEnhMetaFile (hemf) ;
}
```

Abbildung 18.15: *Das Rahmenprogramm* EMF *und das Programm* EMF8

Das Rahmenprogramm EMF.C kommt mit zwei externen (lies: für das jeweilige Beispiel spezifischen) Funktionen aus: *CreateRoutine* wird als Reaktion auf WM_CREATE aufgerufen (und sorgt bei EMF8 für das Anlegen der Zwischendatei), *PaintRoutine* kümmert sich um die Ausgabe sowohl auf den Bildschirm (WM_PAINT) als auch auf einen Drucker (IDM_FILE_PRINT), wobei der zweite Aufruf indirekt stattfindet – nämlich über die in EMF.C definierte Routine *PrintRoutine*, die die Vor- und Nachbereitungen erledigt.

Da so gut wie jeder halbwegs moderne Drucker eine wesentlich höhere Auflösung als ein Bildschirm hat, läßt sich über die Druckausgabe recht zuverlässig bestimmen, ob ein Programm Bilder exakt auf die gewünschte Größe skaliert (oder eben nicht). Das Programm EMF8 erzeugt eine Abbildung, bei der die Ausgabe in einer ganz bestimmten Größe wirklich Sinn macht: Ein Lineal mit 6 Zoll Breite und einem Zoll Höhe, dessen Skala in 1/16 Zoll unterteilt und von 1 bis 5 beschriftet ist (mit einer TrueType-Schrift, versteht sich).

Damit dieses Lineal auf dem Bildschirm 6 logische, auf einem Drucker dagegen 6 physische Zoll einnimmt, müssen wir allerdings erst einmal etwas über die Auflösung des jeweiligen Ausgabegeräts in Erfahrung bringen. Die Funktion *CreateRoutine* von EMF8 ruft deshalb nach dem Anlegen der Zwischendatei insgesamt viermal *GetDeviceCaps* für den von *CreateEnhMetaFile* zurückgelieferten Dateikontext auf und ermittelt so die Breite und Höhe der Zeichenfläche einmal in Millimetern, einmal in Pixeln.

Moment mal. Ist der Kontext einer Zwischendatei nicht ein reiner Alias zur Speicherung von Funktionsaufrufen, der als solcher überhaupt nichts mit einem physischen Gerät zu tun hat? Schon richtig – nur gibt es da noch den »Referenzkontext« (den ersten Parameter von *CreateEnhMetaFile*), für den EMF8 den Wert NULL übergibt und der GDI so mitteilt, sie möge sich bitte selbst einen Handle für den Bildschirm holen. Was die diversen Aufrufe von *GetDeviceCaps* mit dem Dateikontext also tatsächlich ermitteln, sind die Maße des Bildschirms.

EMF8 berechnet die Auflösung in Pixel pro Zoll über die Formel

```
xDpi = cxPix * 254 / cxMms / 10 ;   // = (cxPix / cxMms) * 25.4
```

– dividiert also die Pixelzahl durch die Größe in Millimetern und multipliziert das Ergebnis mit 25,4, um von Pixeln pro Millimeter nach Pixeln pro Zoll zu kommen. (Wer seine Lineale in Zentimetern haben will, ersetzt also den Faktor 254 in dieser Berechnung durch 100.)

Auch wenn die Geschichte damit innerhalb der Zwischendatei stimmt, müssen wir uns zusätzlich noch um die Ausgabe kümmern, weil *PlayEnhMetaFile* schließlich ein »Ausgaberechteck« als Parameter erwartet. Aus diesem Grund ruft EMF8 in der Funktion *PaintRoutine* erst einmal (mit *GetEnhMetaFileHeader*) die Größe des umschließenden Rechtecks in Pixeln (Feld *rclBounds*) ab und stellt die Zwischendatei dann im Größenverhältnis 1:1 in der Mitte des Anwendungsbereichs dar.

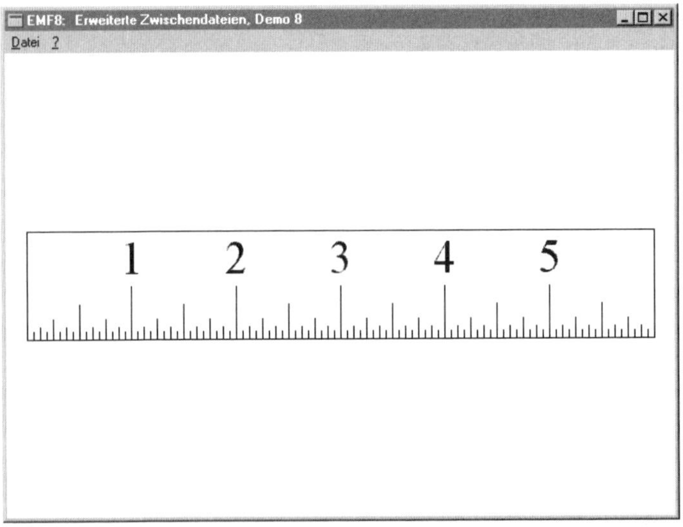

***Abbildung 18.16:** Die Ausgaben von* EMF8

Wer nun ein Lineal gegen den Bildschirm hält, wird allerdings nur selten auf 15,240000 Zentimeter kommen, weil die Maße auch unter Windows 98 erstens nur ungefähre Angaben darstellen und es hier zweitens um logische Zoll geht. Bei der Druckausgabe sollte das Lineal dagegen exakt 6 Zoll Breite haben.

Oder etwa nicht? Tatsächlich erscheint das Lineal auf einem Drucker mit 300 dpi recht hübsch, wobei der niedliche Eindruck aber leider nicht über die Tatsache hinwegtäuschen kann, dass es gerade einmal eine Breite von knapp 2 Zoll (für Genauigkeitsfanatiker: 6*96/300 = 1,92 Zoll = 4,8768 Zentimetern) hat. Der Grund: Allen Umrechnereien zum Trotz geht es hier immer noch um Pixel – also Geräteeinheiten.

Der Strukturtyp ENHMETAFILEHEADER definiert zwei Felder zur Beschreibung der Bildgröße: Das von EMF8 benutzte Rechteck *rclBounds* mit den Abmessungen in Pixeln und ein zweites Rechteck *rclFrame* für die Abmessungen in Einheiten zu 0,01 Millimetern. Das Verhältnis der Werte in diesen beiden Rechtecken wird über den »Referenzkontext« bestimmt, der beim Anlegen der Zwischendatei zum Einsatz kam – in unserem Beispiel also den Bildschirm. (Zwei weitere Felder – *szlDevice* und *szlMillimeters* – enthalten die Abmessungen des »Referenzgeräts« in Pixeln bzw. Millimetern, mithin dieselben Werte, wie sie sich über *GetDeviceCaps* mit den entsprechenden Indexwerten abfragen lassen.)

Das in Abbildung 18.17 aufgelistete Programm EMF9 versucht sich also noch einmal an der Druckausgabe des Lineals, stützt sich aber auf die Größenangabe in Millimetern.

EMF9.C

```
/*-----------------------------------
   EMF9.C - Erweiterte Zwischendateien
            (c) Charles Petzold, 1998
  -----------------------------------*/

#include <windows.h>
#include <string.h>

TCHAR szClass [] = TEXT ("EMF9") ;
TCHAR szTitle [] = TEXT ("EMF9: Erweiterte Zwischendateien, Demo 9") ;

void CreateRoutine (HWND hwnd)
{
}

void PaintRoutine (HWND hwnd, HDC hdc, int cxArea, int cyArea)
{
     ENHMETAHEADER emh ;
     HENHMETAFILE  hemf ;
     int           cxMms, cyMms, cxPix, cyPix, cxImage, cyImage ;
     RECT          rect ;

     cxMms = GetDeviceCaps (hdc, HORZSIZE) ;
     cyMms = GetDeviceCaps (hdc, VERTSIZE) ;
     cxPix = GetDeviceCaps (hdc, HORZRES) ;
     cyPix = GetDeviceCaps (hdc, VERTRES) ;

     // für den Start innerhalb von Visual Studio
     hemf = GetEnhMetaFile (TEXT ("..\\emf8\\emf8.emf")) ;
     if (!hemf)  // Programm vom Explorer aus gestartet?
       hemf = GetEnhMetaFile (TEXT ("..\\..\\emf8\\emf8.emf"));

     GetEnhMetaFileHeader (hemf, sizeof (emh), &emh) ;

     cxImage = emh.rclFrame.right - emh.rclFrame.left ;
     cyImage = emh.rclFrame.bottom - emh.rclFrame.top ;

     cxImage = cxImage * cxPix / cxMms / 100 ;
     cyImage = cyImage * cyPix / cyMms / 100 ;

     rect.left   = (cxArea - cxImage) / 2 ;
     rect.right  = (cxArea + cxImage) / 2 ;
```

```
    rect.top    = (cyArea - cyImage) / 2 ;
    rect.bottom = (cyArea + cyImage) / 2 ;

    PlayEnhMetaFile (hdc, hemf, &rect) ;

    DeleteEnhMetaFile (hemf) ;
}
```

Abbildung 18.17: *Das Programm* EMF9

EMF9 verwendet der Einfachheit halber die Datei EMF8.EMF, weshalb Sie das Programm EMF8 wenigstens einmal von Visual Studio aus gestartet haben sollten (vgl. Seite 1043).

Die Funktion *PaintRoutine* von EMF9 (die wie bei EMF8 sowohl für die Ausgabe auf den Bildschirm als auch für die Ausgabe auf den Drucker verwendet wird) beginnt mit vier Aufrufen von *GetDeviceCaps* zur Ermittlung der Auflösung und der Abmessungen des jeweiligen Zielgeräts. Danach liest die Zwischendatei über *GetEnhMetaFile* ein und fragt über *GetEnhMetaFileHeader* die Größe des Bildes in Millimetern (Feld *rclFrame*) ab.

Der zweite Schritt besteht aus der Umrechnung in Pixel des jeweiligen Zielgeräts:

```
cxImage = cxImage * cxPix / cxMms / 100 ;
cyImage = cyImage * cyPix / cyMms / 100 ;
```

Hier wird also die Millimetergröße des Bildes (*cxImage*) mit der Auflösung des Zielgeräts (*cxPix / cxMms*) multipliziert. Die Division durch 100 ist deshalb notwendig, weil die Felder von *rclFrame* die Bildgröße in Hundertstel Millimetern enthalten.

Bei Ausgaben auf den Bildschirm sollte EMF9 exakt dieselben Ergebnisse wie EMF8 erzeugen, bei Ausgaben auf den Drucker nicht: Dort müßte nun (unabhängig von der Auflösung Ihres Druckers) ein Lineal erscheinen, das exakt einen Zoll hoch und 6 Zoll breit ist.

Skalierung und Breiten-/Höhenverhältnisse

Wie zuvor erwähnt, besteht die Alternative zur exakten Wiedergabe aus einer beliebig skalierbaren Darstellung, bei der zumindest das Breiten-/Höhenverhältnis mit dem Original übereinstimmt. Die entsprechenden Berechnungen machen sich auch dann nützlich, wenn man dem Benutzer das stufenlose Verzerren erlauben will, weil das Programm schließlich bereits zum Einfügen eines Bildes irgendeinen Rahmen braucht. Eine Schaltfläche á la »Originalverhältnisse wiederherstellen« ist sicher auch keine schlechte Idee – genauso wenig wie ein Kontrollkästchen, über das der Benutzer wahlweise festlegen kann, ob das originale Breiten-/Höhenverhältnis bei Ziehaktionen des Rahmens erhalten bleiben soll oder nicht.

Das in Abbildung 18.18 aufgelistete Programm EMF10 exerziert diese Möglichkeit vor: Es verwendet noch einmal das von EMF8 gezeichnete Lineal, erlaubt aber eine stufenlose Skalierung dieses Bildes. Die Funktion *PlayEnhMetaFile* bekommt die Abmessungen des Anwendungsbereichs hier nicht direkt übergeben, sondern nur einen Teil davon, dessen Breite und Höhe den Originalverhältnissen der Zwischendatei entspricht.

EMF10.C

```
/*-------------------------------------
   EMF10.C - Erweiterte Zwischendateien
             (c) Charles Petzold, 1998
```

```
  -----------------------------------*/

#include <windows.h>

TCHAR szClass [] = TEXT ("EMF10") ;
TCHAR szTitle [] = TEXT ("EMF10: Erweiterte Zwischendateien, Demo 10") ;

void CreateRoutine (HWND hwnd)
{
}

void PaintRoutine (HWND hwnd, HDC hdc, int cxArea, int cyArea)
{
     ENHMETAHEADER emh ;
     float         fScale ;
     HENHMETAFILE  hemf ;
     int           cxMms, cyMms, cxPix, cyPix, cxImage, cyImage ;
     RECT          rect ;

     cxMms = GetDeviceCaps (hdc, HORZSIZE) ;
     cyMms = GetDeviceCaps (hdc, VERTSIZE) ;
     cxPix = GetDeviceCaps (hdc, HORZRES) ;
     cyPix = GetDeviceCaps (hdc, VERTRES) ;

     // für den Start innerhalb von Visual Studio
     hemf = GetEnhMetaFile (TEXT ("..\\emf8\\emf8.emf")) ;
     if (!hemf)  // Programm vom Explorer aus gestartet?
       hemf = GetEnhMetaFile (TEXT ("..\\..\\emf8\\emf8.emf"));

     GetEnhMetaFileHeader (hemf, sizeof (emh), &emh) ;

     cxImage = emh.rclFrame.right - emh.rclFrame.left ;
     cyImage = emh.rclFrame.bottom - emh.rclFrame.top ;

     cxImage = cxImage * cxPix / cxMms / 100 ;
     cyImage = cyImage * cyPix / cyMms / 100 ;
     // --- bis hier ist das dieselbe Berechnung wie in EMF9 --

     fScale = min ((float) cxArea / cxImage, (float) cyArea / cyImage) ;

     cxImage = (int) (fScale * cxImage) ;
     cyImage = (int) (fScale * cyImage) ;

     rect.left   = (cxArea - cxImage) / 2 ;
     rect.right  = (cxArea + cxImage) / 2 ;
     rect.top    = (cyArea - cyImage) / 2 ;
     rect.bottom = (cyArea + cyImage) / 2 ;

     PlayEnhMetaFile (hdc, hemf, &rect) ;

     DeleteEnhMetaFile (hemf) ;
}
```

Abbildung 18.18: *Das Programm* EMF10

EMF10 vergrößert das Lineal so weit, wie das innerhalb des Anwendungsbereichs (oder des bedruckbaren Bereichs einer Seite) ohne Verzerrungen möglich ist. Bei Fenstern mit einigermaßen normalem Breiten-/Höhenverhältnis nimmt das Bild die gesamte Breite des Anwendungsbereichs ein und erscheint vertikal zentriert; in einem Fenster mit geringer Höhe und extremer Breite wird es dagegen horizontal zentriert dargestellt.

Bei der Berechnung des Ausgaberechtecks für *PlayEnhMetaFile* führen ziemlich viele Wege nach Rom. Ich habe mir die Sache einfach gemacht und auf die Funktionen von EMF9 aufgebaut: Die Funktion *PaintRoutine* ermittelt deshalb erst einmal wie gehabt ein Rechteck für die Ausgabe mit 6 Zoll Breite und einem Zoll Höhe für das jeweilige Ausgabegerät. Danach wird die Variable *fScale* über den kleineren der beiden Werte (Fensterbreite/Bildbreite) bzw. (Fensterhöhe/Bildhöhe) gesetzt und als Skalierungsfaktor benutzt. (Je nach Verhältnis zwischen Fenstergröße und Ausgaberechteck kommt dabei entweder ein Wert größer oder kleiner 1 heraus – mithin eine Verkleinerung oder eine Vergrößerung.)

Koordinatensysteme

Die Beispielprogramme der letzten Abschnitte zeichnen ein Lineal mit Zolleinheiten und benutzen zur Darstellung mehrere Berechnungen in Millimetern. Obwohl Umrechnungen dieser Art eigentlich ideale Kandidaten für die verschiedenen Koordinatensysteme von Windows sein sollten, bin ich durchgehend bei Pixeln und »manuellen« Berechnungen geblieben. Warum eigentlich?

Weil Koordinatensysteme nicht nur im Zusammenhang mit den Zwischendateien der Windows-Version 1.0, sondern auch bei ihren erweiterten Verwandten recht undurchsichtig werden können. Sehen wir uns die Sache trotzdem einmal etwas näher an. Das in Abbildung 18.19 aufgelistete Programm EMF11 zeichnet erneut ein Lineal und macht sich die Sache etwas einfacher als EMF8: Anstatt die Auflösung des Bildschirms über *GetDeviceCaps* zu bestimmen und dann umzurechnen, setzt es über *SetMapMode* das Koordinatensystem MM_LOENGLISH und legt so die logische Einheit auf 0,01 Zoll fest. Konsequent bekommt die Funktion *DrawRuler* hier die Werte 600 und 100 (= 6 x 1 Zoll) für die Abmessungen des Lineals übergeben. Der Aufruf von *SetMapMode* landet übrigens in derselben Weise in der Zwischendatei wie jede andere Funktion, die sich auf den Dateikontext bezieht.

EMF11.C

```
/*-------------------------------------
   EMF11.C - Erweiterte Zwischendateien
             (c) Charles Petzold, 1998
  -------------------------------------*/

#include <windows.h>

TCHAR szClass [] = TEXT ("EMF11") ;
TCHAR szTitle [] = TEXT ("EMF11: Erweiterte Zwischendateien, Demo 11") ;

void DrawRuler (HDC hdc, int cx, int cy)
{
     int     i, iHeight ;
     LOGFONT lf ;
     TCHAR   ch ;

     // Schwarzer Zeichenstift mit 1 Punkt Breite
     SelectObject (hdc, CreatePen (PS_SOLID, cx / 72 / 6, 0)) ;

     // Rechteck um das gesamte Lineal herum (mit Korrektur für beide Systeme)
```

```
    if (GetVersion () & 0x80000000)             // Windows 98
        Rectangle (hdc, 0, -2, cx + 2, cy) ;
    else                                        // Windows NT
        Rectangle (hdc, 0, -1, cx + 1, cy) ;

    // Unterteilungen
    for (i = 1 ; i < 96 ; i++)
    {
             if (i % 16 == 0) iHeight = cy /  2 ;    // Zoll
        else if (i %  8 == 0) iHeight = cy /  3 ;    // halbe Zoll
        else if (i %  4 == 0) iHeight = cy /  5 ;    // viertel Zoll
        else if (i %  2 == 0) iHeight = cy /  8 ;    // Achtel
        else                  iHeight = cy / 12 ;    // Sechzehntel

        MoveToEx (hdc, i * cx / 96, 0, NULL) ;
        LineTo   (hdc, i * cx / 96, iHeight) ;
    }
    // Logische Schrift anlegen
    FillMemory (&lf, sizeof (lf), 0) ;
    lf.lfHeight = cy / 2 ;
    lstrcpy (lf.lfFaceName, TEXT ("Times New Roman")) ;

    SelectObject (hdc, CreateFontIndirect (&lf)) ;
    SetTextAlign (hdc, TA_BOTTOM | TA_CENTER) ;
    SetBkMode    (hdc, TRANSPARENT) ;

    // Legende
    for (i = 1 ; i <= 5 ; i++)
    {
        ch = (TCHAR) (i + '0') ;
        TextOut (hdc, i * cx / 6, cy / 2, &ch, 1) ;
    }

    // Aufräumen
    DeleteObject (SelectObject (hdc, GetStockObject (SYSTEM_FONT))) ;
    DeleteObject (SelectObject (hdc, GetStockObject (BLACK_PEN))) ;
}

void CreateRoutine (HWND hwnd)
{
    HDC          hdcEMF ;
    HENHMETAFILE hemf ;

    hdcEMF = CreateEnhMetaFile (NULL, TEXT ("emf11.emf"), NULL, TEXT ("EMF11\0EMF Demo #11\0")) ;

    SetMapMode (hdcEMF, MM_LOENGLISH) ;

    DrawRuler (hdcEMF, 600, 100) ;

    hemf = CloseEnhMetaFile (hdcEMF) ;

    DeleteEnhMetaFile (hemf) ;
}

void PaintRoutine (HWND hwnd, HDC hdc, int cxArea, int cyArea)
{
```

```
    ENHMETAHEADER emh ;
    HENHMETAFILE  hemf ;
    int           cxMms, cyMms, cxPix, cyPix, cxImage, cyImage ;
    RECT          rect ;

    cxMms = GetDeviceCaps (hdc, HORZSIZE) ;
    cyMms = GetDeviceCaps (hdc, VERTSIZE) ;
    cxPix = GetDeviceCaps (hdc, HORZRES) ;
    cyPix = GetDeviceCaps (hdc, VERTRES) ;

    hemf = GetEnhMetaFile (TEXT ("emf11.emf")) ;

    GetEnhMetaFileHeader (hemf, sizeof (emh), &emh) ;

    cxImage = emh.rclFrame.right - emh.rclFrame.left ;
    cyImage = emh.rclFrame.bottom - emh.rclFrame.top ;

    cxImage = cxImage * cxPix / cxMms / 100 ;
    cyImage = cyImage * cyPix / cyMms / 100 ;

    rect.left   = (cxArea - cxImage) / 2 ;
    rect.top    = (cyArea - cyImage) / 2 ;
    rect.right  = (cxArea + cxImage) / 2 ;
    rect.bottom = (cyArea + cyImage) / 2 ;

    PlayEnhMetaFile (hdc, hemf, &rect) ;

    DeleteEnhMetaFile (hemf) ;
}
```

Abbildung 18.19: *Das Programm* EMF11

Die Funktion *DrawRuler* unterscheidet sich in EMF11 nur in Details von der Originalversion aus EMF8: Weil die Y-Achse bei MM_TEXT von oben nach unten verläuft (also höhere Y-Werte Bewegungen nach unten entsprechen), in den anderen Koordinatensystemen dagegen von unten nach oben, habe ich die Parameter von *MoveToEx* und *LineTo* entsprechend anpassen müssen; bei *Rectangle* muß nicht nur für Windows 98, sondern auch für Windows NT leicht nachkorrigiert werden.

Die Funktion *PaintRoutine* unterscheidet sich von EMF9 (also dem ersten Programm, mit dem sich das Lineal nicht nur auf dem Bildschirm, sondern auch auf dem Drucker korrekt zeichnen ließ) nur in einem einzigen Punkt: Sie verwendet anstelle von EMF8.EMF die Datei EMF11.EMF, die das Programm vorher selbst über *CreateRoutine* erzeugt hat.

Nachdem EMF11 sein Lineal offensichtlich genauso wie EMF9 darstellt, kann man bis jetzt eigentlich nur sagen, dass das Einsetzen eines eigenen Koordinatensystems über *SetMapMode* das Anlegen der Zwischendatei vereinfacht hat – Probleme bei der größenrichtigen Darstellung scheint es keine zu geben.

Koordinatensysteme beim Abspielen

Nachdem EMF11 zwar beim Anlegen der Zwischendatei ohne »manuelle« Berechnungen auskommt, beim Abspielen aber nach wie vor mit *GetDeviceCaps* arbeitet, liegt die Idee nahe, auch hier ein Koordinatensystem einzusetzen. Da die GDI die Koordinaten des an *PlayEnhMetaFile* übergebenen »Ausgaberechtecks« sowieso als logische Koordinaten behandelt und die Bildgröße in Einheiten zu 0,01 Millimetern vorliegt, bietet sich hier wohl das Koordinatensystem MM_HIMETRIC an.

Das in Abbildung 18.20 aufgelistete Programm EMF12 setzt diese Idee in die Tat um. Es greift beim Anlegen der Zwischendatei wieder auf die von EMF8 her bekannte Logik zurück, führt dort also »manuelle« Berechnungen aus, setzt zur Darstellung aber das Koordinatensystem MM_HIMETRIC ein.

EMF12.C

```
/*-------------------------------------
   EMF12.C - Erweiterte Zwischendateien
             (c) Charles Petzold, 1998
  -------------------------------------*/

#include <windows.h>

TCHAR szClass [] = TEXT ("EMF12") ;
TCHAR szTitle [] = TEXT ("EMF12: Erweiterte Zwischendateien, Demo 12") ;

void DrawRuler (HDC hdc, int cx, int cy)
{
     int     iAdj, i, iHeight ;
     LOGFONT lf ;
     TCHAR   ch ;

     iAdj = GetVersion () & 0x80000000 ? 0 : 1 ;

     // Schwarzer Zeichenstift mit 1 Punkt Breite
     SelectObject (hdc, CreatePen (PS_SOLID, cx / 72 / 6, 0)) ;

     // Rechteck um das gesamte Lineal herum (mit Korrektur für Windows 9x)
     Rectangle (hdc, iAdj, iAdj, cx + iAdj + 1, cy + iAdj + 1) ;

     // Unterteilungen
     for (i = 1 ; i < 96 ; i++)
     {
               if (i % 16 == 0) iHeight = cy /  2 ;    // Zoll
          else if (i %  8 == 0) iHeight = cy /  3 ;    // halbe Zoll
          else if (i %  4 == 0) iHeight = cy /  5 ;    // viertel Zoll
          else if (i %  2 == 0) iHeight = cy /  8 ;    // Achtel
          else                  iHeight = cy / 12 ;    // Sechzehntel

          MoveToEx (hdc, i * cx / 96, cy, NULL) ;
          LineTo   (hdc, i * cx / 96, cy - iHeight) ;
     }
     // Logische Schrift anlegen
     FillMemory (&lf, sizeof (lf), 0) ;
     lf.lfHeight = cy / 2 ;
     lstrcpy (lf.lfFaceName, TEXT ("Times New Roman")) ;

     SelectObject (hdc, CreateFontIndirect (&lf)) ;
     SetTextAlign (hdc, TA_BOTTOM | TA_CENTER) ;
     SetBkMode    (hdc, TRANSPARENT) ;

     // Legende
     for (i = 1 ; i <= 5 ; i++)
```

```
    {
         ch = (TCHAR) (i + '0') ;
         TextOut (hdc, i * cx / 6, cy / 2, &ch, 1) ;
    }

    // Aufräumen
    DeleteObject (SelectObject (hdc, GetStockObject (SYSTEM_FONT))) ;
    DeleteObject (SelectObject (hdc, GetStockObject (BLACK_PEN))) ;
}

void CreateRoutine (HWND hwnd)
{
    HDC          hdcEMF ;
    HENHMETAFILE hemf ;
    int          cxMms, cyMms, cxPix, cyPix, xDpi, yDpi ;

    hdcEMF = CreateEnhMetaFile (NULL, TEXT ("emf12.emf"), NULL, TEXT ("EMF13\0EMF Demo #12\0")) ;

    cxMms = GetDeviceCaps (hdcEMF, HORZSIZE) ;
    cyMms = GetDeviceCaps (hdcEMF, VERTSIZE) ;
    cxPix = GetDeviceCaps (hdcEMF, HORZRES) ;
    cyPix = GetDeviceCaps (hdcEMF, VERTRES) ;

    xDpi = cxPix * 254 / cxMms / 10 ;
    yDpi = cyPix * 254 / cyMms / 10 ;

    DrawRuler (hdcEMF, 6 * xDpi, yDpi) ;

    hemf = CloseEnhMetaFile (hdcEMF) ;

    DeleteEnhMetaFile (hemf) ;
}

void PaintRoutine (HWND hwnd, HDC hdc, int cxArea, int cyArea)
{
    ENHMETAHEADER emh ;
    HENHMETAFILE  hemf ;
    POINT         pt ;
    int           cxImage, cyImage ;
    RECT          rect ;

    SetMapMode (hdc, MM_HIMETRIC) ;

    SetViewportOrgEx (hdc, 0, cyArea, NULL) ;

    pt.x = cxArea ;
    pt.y = 0 ;

    DPtoLP (hdc, &pt, 1) ;

    hemf = GetEnhMetaFile (TEXT ("emf12.emf")) ;

    GetEnhMetaFileHeader (hemf, sizeof (emh), &emh) ;

    cxImage = emh.rclFrame.right - emh.rclFrame.left ;
    cyImage = emh.rclFrame.bottom - emh.rclFrame.top ;
```

```
    rect.left   = (pt.x - cxImage) / 2 ;
    rect.top    = (pt.y + cyImage) / 2 ;
    rect.right  = (pt.x + cxImage) / 2 ;
    rect.bottom = (pt.y - cyImage) / 2 ;

    PlayEnhMetaFile (hdc, hemf, &rect) ;

    DeleteEnhMetaFile (hemf) ;
}
```

Abbildung 18.20: *Das Programm* EMF12

Da die Y-Achse bei MM_HIMETRIC von unten nach oben verläuft, der Ursprung nach dem Einsetzen dieses Koordinatensystems aber erst einmal in der linken oberen Ecke bleibt, müßte das Programm eigentlich negative Y-Koordinaten für die Ausgabe verwenden. Weil so etwas wohl kaum zur Verständlichkeit beiträgt, habe ich deshalb erst einmal den Ursprung über *SetViewPortEx* in die linke untere Ecke verschoben. Der Punkt (*cxArea*,0) – in Gerätekoordinaten, wohlgemerkt – entspricht der rechten oberen Ecke des Anwendungsbereichs, seine Umsetzung über *DPtoLP* (»device point to logical point«) liefert uns im Koordinatensystem MM_HIMETRIC die Größe des Anwendungsbereichs in Einheiten zu 0,01 Millimetern. Da die Zwischendatei die Bildgröße ebenfalls in diesem Maß enthält, ist das zentrierte Rechteck danach ausgesprochen einfach zu berechnen.

Beim Anlegen von Zwischendateien sind Koordinatensysteme offensichtlich kein Problem, beim Abspielen ebenfalls nicht. Wie sieht mit der Kombination der beiden Techniken aus?

Das in Abbildung 18.21 aufgelistete Programm EMF13 versucht sich daran und greift dabei auf die Datei EMF11.EMF zurück (die ja bereits mit einem eigenen Koordinatensystem angelegt wurde).

EMF13.C

```
/*-------------------------------------
   EMF13.C - Erweiterte Zwischendateien
             (c) Charles Petzold, 1998
  -------------------------------------*/

#include <windows.h>

TCHAR szClass [] = TEXT ("EMF13") ;
TCHAR szTitle [] = TEXT ("EMF13: Erweiterte Zwischendateien, Demo 13") ;

void CreateRoutine (HWND hwnd)
{
}

void PaintRoutine (HWND hwnd, HDC hdc, int cxArea, int cyArea)
{
    ENHMETAHEADER emh ;
    HENHMETAFILE  hemf ;
    POINT         pt ;
    int           cxImage, cyImage ;
    RECT          rect ;

    SetMapMode (hdc, MM_HIMETRIC) ;
```

```
     SetViewportOrgEx (hdc, 0, cyArea, NULL) ;

     pt.x = cxArea ;
     pt.y = 0 ;

     DPtoLP (hdc, &pt, 1) ;

     // für den Start innerhalb von Visual Studio
     hemf = GetEnhMetaFile (TEXT ("..\\emf11\\emf11.emf")) ;
     if (!hemf)  // Programm vom Explorer aus gestartet?
       hemf = GetEnhMetaFile (TEXT ("..\\..\\emf11\\emf11.emf"));

     GetEnhMetaFileHeader (hemf, sizeof (emh), &emh) ;

     cxImage = emh.rclFrame.right - emh.rclFrame.left ;
     cyImage = emh.rclFrame.bottom - emh.rclFrame.top ;

     rect.left   = (pt.x - cxImage) / 2 ;
     rect.top    = (pt.y + cyImage) / 2 ;
     rect.right  = (pt.x + cxImage) / 2 ;
     rect.bottom = (pt.y - cyImage) / 2 ;

     PlayEnhMetaFile (hdc, hemf, &rect) ;

     DeleteEnhMetaFile (hemf) ;
}
```

Abbildung 18.21: *Das Programm* EMF13

Die Ausgabe läuft hier exakt so wie bei EMF12 (also über MM_HIMETRIC) und hat auch dasselbe (richtige) Ergebnis, obwohl die Zwischendatei nachweislich nicht mit diesem Koordinatensystem, sondern mit MM_LOENGLISH angelegt wurde. Die Schlußfolgerung: Wenn Sie eine Zwischendatei anlegen und dort ein eigenes Koordinatensystem setzen, dann berechnet die GDI die Größe des Bildes über dieses Koordinatensystem und speichert die entsprechenden Werte (Pixel und Millimeter) in der Kopfinformation der Datei. Beim Abspielen werden dagegen die physischen Koordinaten des »Ausgaberechtecks« über das Koordinatensystem berechnet, das zum Zeitpunkt des Aufrufs von *PlayEnhMetaFile* in den Kontext eingesetzt ist. Aufrufe von *SetMapMode* in der Zwischendatei ändern dieses Ausgaberechteck nicht.

Teil III
Für Fortgeschrittene

19 MDI: Ein Programm, mehrere Dokumente

Das *Multiple Document Interface* (MDI) stellt zum einen eine Schnittstelle, zum anderen eine Spezifikation für Windows-Programme dar: Es beschreibt eine Fensterstruktur und eine Benutzeroberfläche, die das Verwalten und Bearbeiten mehrerer Dokumente innerhalb eines einzelnen Programms erlaubt. In ähnlicher Weise, wie Windows selbst mehrere Prozesse und ihre Daten über Fenster voneinander trennt, kann ein MDI-Programm mehrere Dokumente über separate Fenster in ein und demselben Anwendungsbereich halten.

MDI-Konzepte

Im Prinzip existiert die MDI-Spezifikation bereits in der Windows-Version 2, war dort aber außerordentlich kompliziert und nicht ganz ohne Falltüren – weshalb die erste Version von Microsoft Excel wohl eines der ganz wenigen Programme war, die von dieser Möglichkeit Gebrauch machten. Nachdem Microsoft das Konzept in der Windows-Version 3 gründlich überarbeitet und beherrschbar gemacht hatte, wurde die MDI-Programmierung für Textverarbeitungen, Rechenblätter, Datenbanken und andere Anwendungen schnell zum Standard. Windows 95 übernahm die für Windows 3.0 geschaffene Funktionalität mit einigen kleinen Erweiterungen, die sich natürlich auch in Windows 98 und Windows NT wiederfinden.

Elemente eines MDI-Programms

Die MDI-Spezifikation schreibt ein Hauptfenster für Anwendungen vor, das ausgesprochen normal aussieht: Es hat eine Titelleiste inklusive Systemmenü und Schaltflächen zum Vergrößern bzw. Verkleinern, eine Menüleiste und einen Rahmen, über den der Benutzer die Größe verändern kann. Sein Anwendungsbereich wird allerdings nicht direkt, sondern zur Darstellung einer beliebigen Anzahl von Dokumentenfenstern benutzt. Konsequent erhält er in diesem Zusammenhang einen anderen Namen und wird als *Arbeitsbereich* (»work space«) bezeichnet.

Dokumentenfenster sind normalen Fenstern ebenfalls recht ähnlich: Sie haben eine Titelleiste mit den üblichen vier Symbolen, einen Rahmen zur Größeneinstellung und eventuell Bildlaufleisten. Eine eigene Menüleiste haben sie nicht: Sämtliche Funktionen werden über das Menü des Hauptfensters abgewickelt.

Zu jedem Zeitpunkt ist immer nur eines dieser Dokumentenfenster aktiv und im Vordergrund, was vom System durch eine hervorgehoben dargestellte Titelleiste angezeigt wird. Sämtliche Dokumentenfenster werden an den Grenzen des Hauptfensters abgeschnitten, das damit auch die Maximalgröße eines Fensters festlegt; das System verweigert jeden Versuch, ein Dokumentenfenster über die Grenzen des Hauptfensters hinaus zu bewegen.

Für Windows-ProgrammiererInnen sieht die Sache damit auf den ersten Blick recht einfach aus: Man nehme für jede Datensammlung (»Dokument«) ein Fenster des Typs WS_CHILD, wobei das Hauptfenster die Rolle der übergeordneten Instanz spielt, setze den Eingabefokus jeweils entsprechend um...

Im Prinzip richtig – aber sehen Sie sich einmal eine existierende MDI-Anwendung (wie eines der Office-Programme) unter diesen Gesichtspunkten an. Dort werden Sie einige Mechanismen finden, die eben doch etwas trickreicher in der Programmierung sind:

- Dokumentenfenster lassen sich auf Symbolgröße verkleinern und erscheinen dann am unteren Rand des Arbeitsbereichs. Üblicherweise existiert für jede Datenkategorie, die sich in einem Dokumentenfenster bearbeiten läßt, ein separates Symbol; dazu kommt das Icon, das das Programm selbst vertritt.
- Wenn man ein Dokumentenfenster auf seine Maximalgröße setzt, verschwindet seine Titelleiste. Diese Titelleiste gibt üblicherweise den Namen des jeweiligen Dokuments wieder, der nun zusammen mit dem Namen der Anwendung in der Titelleiste des Hauptfensters erscheinen sollte. Das Symbol für das Systemmenü des Dokumentenfensters steht als erster, das Symbol zum Verkleinern dieses Fensters als letzter Punkt in der Menüleiste.
- Für MDI-Programme definiert das System eine Reihe zusätzlicher Abkürzungsbefehle, wobei hier in einigen Fällen Strg an die Stelle von Alt tritt: Während Alt+F4 nach wie vor das gesamte Programm beendet, schließt Strg+F4 das aktive Dokumentenfenster; dem Aktivierungsbefehl Alt+Leertaste für das Systemmenü des gesamten Programms steht der Befehl Alt+- für das Systemmenü des jeweiligen Dokumentenfensters gegenüber. Mit Strg+F6 kann der Benutzer zwischen den einzelnen Dokumentenfenstern wechseln.
- Wenn der Benutzer die Pfeiltasten zum Wechsel zwischen Menüs verwendet, gelangt er in einem normalen Programm vom Systemmenü mit dem Rechtspfeil zum Menü »Datei«. In einem MDI-Programm folgt auf das Systemmenü des Programms erst einmal das Systemmenü des aktiven Dokumentenfensters, von dem aus es mit einem zweiten Druck auf die Rechtspfeiltaste zum Datei-Menü weitergeht. Analoges gilt für Bewegungen über die Linkspfeiltaste, die vom Datei-Menü aus zum Systemmenü des aktiven Dokumentenfensters und von dort aus zum Systemmenü des gesamten Programms führt.
- Wenn das Programm Dokumentenfenster für verschiedene Arten von Daten (wie beispielsweise ein Rechenblatt und eine Textverarbeitung) definiert, sollte der Wechsel zwischen Fenstern auch durch einen Wechsel der Wahlpunkte des Menüs reflektiert werden. Solange überhaupt kein Dokumentenfenster geöffnet ist, beschränkt man die Wahlpunkte des Menüs sinnvollerweise auf die Operationen, die direkt mit dem Öffnen neuer Fenster zu tun haben.
- Das Hauptmenü enthält einen Wahlpunkt »Fenster«, der per Konvention als letzter bzw. links von »Hilfe« in der Menüleiste erscheint. Die Wahlpunkte des Fenster-Menüs müssen zum einen die direkte Aktivierung der Dokumentenfenster ermöglichen (d.h. je nach Anzahl dieser Fenster gekürzt oder erweitert werden), zum anderen sollten sie die Darstellung der Fenster als »Überlappend« und »Nebeneinander« erlauben.

Nachdem sich ein Programm über entsprechende Deklarationen als MDI-Anwendung erklärt hat, erledigt Windows den weitaus größten Teil dieser Veränderungen und Zusätze selbst. Wie wohl auch nicht anders zu erwarten, kommt auf ein solches Programm natürlich ein gewisser zusätzlicher Überbau zu, der allerdings nicht im entferntesten mit dem Aufwand zu vergleichen ist, den man für eine direkte Programmierung dieses (standardisierten) Verhaltens treiben müßte.

Zur Programmierung

Zu den bereits erwähnten Änderungen terminologischer Natur im Zusammenhang mit MDI (Arbeitsbereich anstelle von Anwendungsbereich und Dokumentenfenster anstelle von Child-Fenster) kommen noch einige weitere hinzu: das Hauptfenster des Programms wird hier als *Rahmenfenster* (»frame window«) bezeichnet. Angelegt wird es übrigens auf höchst normale Art, d.h. mit einem Aufruf von *CreateWindow* und dem Fensterstil WS_OVERLAPPEDWINDOW.

Zu diesem Rahmenfenster kommt ein *Client-Fenster*, das seinen Anwendungsbereich abdeckt und den eigentlichen Arbeitsbereich definiert, in dem die Dokumentenfenster erscheinen. Dieses Fenster basiert auf der vordefinierten Klasse »MDICLIENT«, deren zugeordnete Window-Prozedur den größten Teil der MDI-Spezifikation implementiert. Beim Anlegen von Fenstern dieser Art erwartet *CreateWindow* als letzten Parameter einen Zeiger auf eine Struktur des (für das MDI neu definierten) Typs CREATECLIENTSTRUCT. Der Stil dieses Fensters ist WS_CHILD, seine Hintergrundfarbe wird standardmäßig über die »Systemfarbe« COLOR_APPWORKSPACE festgelegt.

Dokumentenfenster werden nicht direkt, sondern über eine Nachricht des Typs WM_MDICREATE an das Client-Fenster erstellt, wobei eine Struktur des Typs MDICREATESTRUCT ihre Eigenschaften beschreibt. Daraus ergibt sich eine dreistufige Hierarchie zwischen den Fenstern, die Abbildung 19.1 veranschaulichen soll.

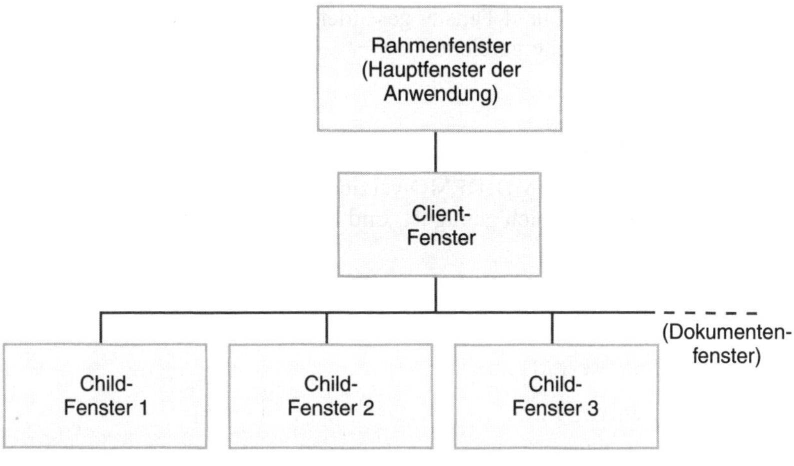

Abbildung 19.1: *Die Fensterhierarchie in MDI-Programmen*

Für das Rahmenfenster wird eine eigene Fensterklasse (und damit eine eigene Window-Prozedur) benötigt – für das Client-Fenster dagegen nicht, weil hier die von Windows für die Fensterklasse »MDICLIENT« vordefinierte Routine die Arbeiten übernimmt. Ob man pro Dokumentenfenster eine eigene Klasse definiert oder die Bearbeitung von Nachrichten einer gemeinsamen Window-Prozedur überläßt, hängt von der jeweiligen Anwendung ab: zumindest eine weitere Fensterklasse wird aber in jedem Fall notwendig.

Die MDI-Unterstützung von Windows 98 besteht aus einer neuen Fensterklasse, fünf Funktionen, zwei Datenstrukturen und zwölf Arten von Nachrichten. Die neue Fensterklasse (MDICLIENT) wurde bereits genannt – genauso wie die beiden neuen Datenstrukturen CLIENTCREATESTRUCT und MDICREATESTRUCT.

Zwei der fünf neuen Funktionen ersetzen in MDI-Programmen die »Standardbearbeitung« von Nachrichten: In der Window-Prozedur des Rahmenfensters tritt eine Routine namens *DefFrameProc* an die Stelle von *DefWindowProc*, in Dokumentenfenstern werden unbearbeitete Nachrichten der Routine *DefMDIChildProc* überlassen. Die dritte neue Funktion ist *TranslateMDISysAccel* und übernimmt das Umsetzen von Abkürzungsbefehlen (vgl. Kapitel 10); die vierte heißt *ArrangeIconicWindows*, dient offensichtlich zum Anordnen von Icons – und läßt sich über eine der MDI-Nachrichten überflüssig machen.

Die fünfte und letzte zusätzliche Funktion trägt den Namen *CreateMDIWindow*: Sie macht das Anlegen von Child-Fenstern über separate Threads möglich. In Programmen, die mit einem einzigen Thread laufen, wird sie nicht gebraucht – und weil es in diesem Buch erst im nächsten Kapitel um das Thema Threads geht, bleibt es denn auch bei der Erwähnung des Funktionsnamens.

Bleiben die zwölf Nachrichten, von denen das Beispielprogramm im nächsten Abschnitt insgesamt neun demonstriert (und drei ignoriert, die man nur in Spezialfällen braucht). Der Weg dieser Nachrichten, deren Bezeichner sämtlich mit dem Präfix WM_MDI beginnen, ist bis auf eine Ausnahme vorgezeichnet: sie werden vom Rahmenfenster an das Client-Fenster weitergegeben, das daraufhin eine Operation mit einem Dokumentenfenster ausführt oder bestimmte Informationen darüber zurückliefert. (Ein Beispiel dafür habe ich bereits erwähnt: die Nachricht WM_MDICREATE veranlaßt das Client-Fenster, ein neues Dokumentenfenster anzulegen).

Die Ausnahme von der Regel stellen Nachrichten des Typs WM_MDIACTIVATE dar: sie werden zwar ebenfalls vom Rahmenfenster an das Client-Fenster gesendet, von dort aus (nach der Aktivierung) aber an die Dokumentenfenster weitergereicht.

Ein MDI-Programm

Das in Abbildung 19.2 aufgelistete Programm MDIDEMO verzichtet ganz bewußt auf Glanzlichter jeder Art, weil es auch so schon umfangreich genug ist, und beschränkt sich auf zwei Dokumentenfenster einfachster Art.

MDIDEMO.C

```
/*--------------------------------------------------------
   MDIDEMO.C -- Demo des Multiple Document Interface (MDI)
                (c) Charles Petzold, 1998
  --------------------------------------------------------*/

#include <windows.h>
#include "resource.h"

#define INIT_MENU_POS    0
#define HELLO_MENU_POS   2
#define RECT_MENU_POS    1

#define IDM_FIRSTCHILD   50000

LRESULT CALLBACK FrameWndProc  (HWND, UINT, WPARAM, LPARAM) ;
BOOL    CALLBACK CloseEnumProc (HWND, LPARAM) ;
```

```
LRESULT CALLBACK HelloWndProc  (HWND, UINT, WPARAM, LPARAM) ;
LRESULT CALLBACK RectWndProc   (HWND, UINT, WPARAM, LPARAM) ;

// für die individuellen Daten von HELLO-Dokumentenfenstern
typedef struct tagHELLODATA
{
     UINT     iColor ;
     COLORREF clrText ;
}
HELLODATA, * PHELLODATA ;

// für die individuellen Daten von RECT-Dokumentenfenstern
typedef struct tagRECTDATA
{
     short cxClient ;
     short cyClient ;
}
RECTDATA, * PRECTDATA ;

// globale Variablen
TCHAR     szAppName[]    = TEXT ("MDIDemo") ;
TCHAR     szFrameClass[] = TEXT ("MdiFrame") ;
TCHAR     szHelloClass[] = TEXT ("MdiHelloChild") ;
TCHAR     szRectClass[]  = TEXT ("MdiRectChild") ;
HINSTANCE hInst ;
HMENU     hMenuInit, hMenuHello, hMenuRect ;
HMENU     hMenuInitWindow, hMenuHelloWindow, hMenuRectWindow ;

int WINAPI WinMain (HINSTANCE hInstance, HINSTANCE hPrevInstance, PSTR szCmdLine, int iCmdShow)
{
     HACCEL   hAccel ;
     HWND     hwndFrame, hwndClient ;
     MSG      msg ;
     WNDCLASS wndclass ;

     hInst = hInstance ;

     // Fensterklasse für das Rahmenfenster
     wndclass.style         = CS_HREDRAW | CS_VREDRAW ;
     wndclass.lpfnWndProc   = FrameWndProc ;
     wndclass.cbClsExtra    = 0 ;
     wndclass.cbWndExtra    = 0 ;
     wndclass.hInstance     = hInstance ;
     wndclass.hIcon         = LoadIcon (NULL, IDI_APPLICATION) ;
     wndclass.hCursor       = LoadCursor (NULL, IDC_ARROW) ;
     wndclass.hbrBackground = (HBRUSH) (COLOR_APPWORKSPACE + 1) ;
     wndclass.lpszMenuName  = NULL ;
     wndclass.lpszClassName = szFrameClass ;

     if (!RegisterClass (&wndclass))
     {    // UNICODE-Compilierung ist die einzige realistische Fehlermöglichkeit
          MessageBox (NULL, TEXT ("Programm arbeitet mit Unicode und setzt Windows NT voraus!"),
                      szAppName, MB_ICONERROR) ;
          return 0 ;
     }
```

```
     // Fensterklasse für HELLO-Dokumentenfesnter
     wndclass.style         = CS_HREDRAW | CS_VREDRAW ;
     wndclass.lpfnWndProc   = HelloWndProc ;
     wndclass.cbClsExtra    = 0 ;
     wndclass.cbWndExtra    = sizeof (HANDLE) ;
     wndclass.hInstance     = hInstance ;
     wndclass.hIcon         = LoadIcon (NULL, IDI_APPLICATION) ;
     wndclass.hCursor       = LoadCursor (NULL, IDC_ARROW) ;
     wndclass.hbrBackground = (HBRUSH) GetStockObject (WHITE_BRUSH) ;
     wndclass.lpszMenuName  = NULL ;
     wndclass.lpszClassName = szHelloClass ;

     RegisterClass (&wndclass) ;

     // Fensterklasse für RECT-Dokumentenfenster
     wndclass.style         = CS_HREDRAW | CS_VREDRAW ;
     wndclass.lpfnWndProc   = RectWndProc ;
     wndclass.cbClsExtra    = 0 ;
     wndclass.cbWndExtra    = sizeof (HANDLE) ;
     wndclass.hInstance     = hInstance ;
     wndclass.hIcon         = LoadIcon (NULL, IDI_APPLICATION) ;
     wndclass.hCursor       = LoadCursor (NULL, IDC_ARROW) ;
     wndclass.hbrBackground = (HBRUSH) GetStockObject (WHITE_BRUSH) ;
     wndclass.lpszMenuName  = NULL ;
     wndclass.lpszClassName = szRectClass ;

     RegisterClass (&wndclass) ;

     // die drei Handles für die Menüs
     hMenuInit  = LoadMenu (hInstance, TEXT ("MdiMenuInit")) ;
     hMenuHello = LoadMenu (hInstance, TEXT ("MdiMenuHello")) ;
     hMenuRect  = LoadMenu (hInstance, TEXT ("MdiMenuRect")) ;

     hMenuInitWindow  = GetSubMenu (hMenuInit,   INIT_MENU_POS) ;
     hMenuHelloWindow = GetSubMenu (hMenuHello, HELLO_MENU_POS) ;
     hMenuRectWindow  = GetSubMenu (hMenuRect,   RECT_MENU_POS) ;

     // Tabelle mit Abkürzungsbefehlen laden
     hAccel = LoadAccelerators (hInstance, szAppName) ;

     // Rahmenfenster anlegen
     hwndFrame = CreateWindow (szFrameClass, TEXT ("MDI-Demonstration"),
                               WS_OVERLAPPEDWINDOW | WS_CLIPCHILDREN,
                               CW_USEDEFAULT, CW_USEDEFAULT,
                               CW_USEDEFAULT, CW_USEDEFAULT,
                               NULL, hMenuInit, hInstance, NULL) ;

     hwndClient = GetWindow (hwndFrame, GW_CHILD) ;

     ShowWindow (hwndFrame, iCmdShow) ;
     UpdateWindow (hwndFrame) ;

     // für MDI veränderte Ereignis-Warteschleife
     while (GetMessage (&msg, NULL, 0, 0))
     {
          if (!TranslateMDISysAccel (hwndClient, &msg) &&
```

```
            !TranslateAccelerator (hwndFrame, hAccel, &msg))
        {
            TranslateMessage (&msg) ;
            DispatchMessage (&msg) ;
        }
    }

    // Aufräumen der momentan nicht eingesetzten Menüs
    DestroyMenu (hMenuHello) ;
    DestroyMenu (hMenuRect) ;

    return msg.wParam ;
    }

LRESULT CALLBACK FrameWndProc (HWND hwnd, UINT message,  WPARAM wParam, LPARAM lParam)
{
    static HWND        hwndClient ;
    CLIENTCREATESTRUCT clientcreate ;
    HWND               hwndChild ;
    MDICREATESTRUCT    mdicreate ;

    switch (message)
    {
    case WM_CREATE:            // Client-Fenster erzeugen

        clientcreate.hWindowMenu  = hMenuInitWindow ;
        clientcreate.idFirstChild = IDM_FIRSTCHILD ;

        hwndClient = CreateWindow (TEXT ("MDICLIENT"), NULL,
                                   WS_CHILD | WS_CLIPCHILDREN | WS_VISIBLE,
                                   0, 0, 0, 0, hwnd, (HMENU) 1, hInst,
                                   (PSTR) &clientcreate) ;
        return 0 ;

    case WM_COMMAND:
        switch (LOWORD (wParam))
        {
        case IDM_FILE_NEWHELLO:       // erstes/nächstes HELLO-Fenster

            mdicreate.szClass = szHelloClass ;
            mdicreate.szTitle = TEXT ("Hello") ;
            mdicreate.hOwner  = hInst ;
            mdicreate.x       = CW_USEDEFAULT ;
            mdicreate.y       = CW_USEDEFAULT ;
            mdicreate.cx      = CW_USEDEFAULT ;
            mdicreate.cy      = CW_USEDEFAULT ;
            mdicreate.style   = 0 ;
            mdicreate.lParam  = 0 ;

            hwndChild = (HWND) SendMessage (hwndClient, WM_MDICREATE, 0,
                               (LPARAM) (LPMDICREATESTRUCT) &mdicreate) ;
            return 0 ;

        case IDM_FILE_NEWRECT:        // erstes/nächstes RECT-Fenster

            mdicreate.szClass = szRectClass ;
```

```
          mdicreate.szTitle = TEXT ("Rectangles") ;
          mdicreate.hOwner  = hInst ;
          mdicreate.x       = CW_USEDEFAULT ;
          mdicreate.y       = CW_USEDEFAULT ;
          mdicreate.cx      = CW_USEDEFAULT ;
          mdicreate.cy      = CW_USEDEFAULT ;
          mdicreate.style   = 0 ;
          mdicreate.lParam  = 0 ;

          hwndChild = (HWND) SendMessage (hwndClient, WM_MDICREATE, 0,
                           (LPARAM) (LPMDICREATESTRUCT) &mdicreate) ;
          return 0 ;

     case IDM_FILE_CLOSE:          // aktives Dokumentenfenster schließen

          hwndChild = (HWND) SendMessage (hwndClient,
                                   WM_MDIGETACTIVE, 0, 0) ;

          if (SendMessage (hwndChild, WM_QUERYENDSESSION, 0, 0))
               SendMessage (hwndClient, WM_MDIDESTROY, (WPARAM) hwndChild, 0) ;
          return 0 ;

     case IDM_APP_EXIT:            // Programm beenden

          SendMessage (hwnd, WM_CLOSE, 0, 0) ;
          return 0 ;

     // Nachrichten zum Anordnen der Dokumentenfenster
     case IDM_WINDOW_TILE:
          SendMessage (hwndClient, WM_MDITILE, 0, 0) ;
          return 0 ;

     case IDM_WINDOW_CASCADE:
          SendMessage (hwndClient, WM_MDICASCADE, 0, 0) ;
          return 0 ;

     case IDM_WINDOW_ARRANGE:
          SendMessage (hwndClient, WM_MDIICONARRANGE, 0, 0) ;
          return 0 ;

     case IDM_WINDOW_CLOSEALL:     // Schließen aller Dokumentenfenster

          EnumChildWindows (hwndClient, CloseEnumProc, 0) ;
          return 0 ;

     default:             // Weitergabe ans aktive Dokumentenfenster

          hwndChild = (HWND) SendMessage (hwndClient, WM_MDIGETACTIVE, 0, 0) ;

          if (IsWindow (hwndChild))
               SendMessage (hwndChild, WM_COMMAND, wParam, lParam) ;

          break ;        // ...und danach an DefFrameProc
     }
     break ;
```

```
    case WM_QUERYENDSESSION:
    case WM_CLOSE:                    // alle Dokumentenfenster schließen

        SendMessage (hwnd, WM_COMMAND, IDM_WINDOW_CLOSEALL, 0) ;

        if (NULL != GetWindow (hwndClient, GW_CHILD))
            return 0 ;

        break ;   // i.e., call DefFrameProc

    case WM_DESTROY:
        PostQuitMessage (0) ;
        return 0 ;
    }

    // Weitergabe an DefFrameProc (ersetzt DefWindowProc)
    return DefFrameProc (hwnd, hwndClient, message, wParam, lParam) ;
}

BOOL CALLBACK CloseEnumProc (HWND hwnd, LPARAM lParam)
{
    if (GetWindow (hwnd, GW_OWNER))         // Client-Fenster?
        return TRUE ;       // ja - nicht abbauen!

    // Nachricht an das Client-Fenster: Dokument zurück auf Originalgröße
    SendMessage (GetParent (hwnd), WM_MDIRESTORE, (WPARAM) hwnd, 0) ;

    // Nachricht an das Dokumentenfenster: Schließen OK?
    if (!SendMessage (hwnd, WM_QUERYENDSESSION, 0, 0))
        return TRUE ;

    // OK. Nachricht an das Client-Fenster: Dokumentenfenster abbauen
    SendMessage (GetParent (hwnd), WM_MDIDESTROY, (WPARAM) hwnd, 0) ;
    return TRUE ;
}

LRESULT CALLBACK HelloWndProc (HWND hwnd, UINT message,  WPARAM wParam, LPARAM lParam)
{
    static COLORREF clrTextArray[] = { RGB (0,   0, 0), RGB (255, 0,   0),
                                       RGB (0, 255, 0), RGB (  0, 0, 255),
                                       RGB (255, 255, 255) } ;
    static HWND     hwndClient, hwndFrame ;
    HDC             hdc ;
    HMENU           hMenu ;
    PHELLODATA      pHelloData ;
    PAINTSTRUCT     ps ;
    RECT            rect ;

    switch (message)
    {
    case WM_CREATE:
        // Platz für die individuellen Fensterdaten
        pHelloData = (PHELLODATA) HeapAlloc (GetProcessHeap (),
                             HEAP_ZERO_MEMORY, sizeof (HELLODATA)) ;

        pHelloData->iColor  = IDM_COLOR_BLACK ;
```

```
        pHelloData->clrText = RGB (0, 0, 0) ;
        SetWindowLong (hwnd, 0, (long) pHelloData) ;

        // Handle des Rahmen- und des Client-Fensters festhalten
        hwndClient = GetParent (hwnd) ;
        hwndFrame  = GetParent (hwndClient) ;
        return 0 ;

    case WM_COMMAND:
        switch (LOWORD (wParam))
        {
        case IDM_COLOR_BLACK:           // Textfarbe ändern
        case IDM_COLOR_RED:
        case IDM_COLOR_GREEN:
        case IDM_COLOR_BLUE:
        case IDM_COLOR_WHITE:

            pHelloData = (PHELLODATA) GetWindowLong (hwnd, 0) ;

            hMenu = GetMenu (hwndFrame) ;

            CheckMenuItem (hMenu, pHelloData->iColor, MF_UNCHECKED) ;
            pHelloData->iColor = wParam ;
            CheckMenuItem (hMenu, pHelloData->iColor, MF_CHECKED) ;

            pHelloData->clrText = clrTextArray[wParam - IDM_COLOR_BLACK] ;

            InvalidateRect (hwnd, NULL, FALSE) ;
        }
        return 0 ;

    case WM_PAINT:                          // Fenster neu zeichnen
        hdc = BeginPaint (hwnd, &ps) ;

        pHelloData = (PHELLODATA) GetWindowLong (hwnd, 0) ;
        SetTextColor (hdc, pHelloData->clrText) ;

        GetClientRect (hwnd, &rect) ;

        DrawText (hdc, TEXT ("Hello, Windows!"), -1, &rect,
                  DT_SINGLELINE | DT_CENTER | DT_VCENTER) ;

        EndPaint (hwnd, &ps) ;
        return 0 ;

    case WM_MDIACTIVATE:
        // Eingabefokus wechselt hierher? Wenn ja, HELLO-Menü einsetzen
        if (lParam == (LPARAM) hwnd)
            SendMessage (hwndClient, WM_MDISETMENU,
                         (WPARAM) hMenuHello, (LPARAM) hMenuHelloWindow) ;

        // Wahlpunkt mit oder ohne Häkchen?
        pHelloData = (PHELLODATA) GetWindowLong (hwnd, 0) ;
        CheckMenuItem (hMenuHello, pHelloData->iColor,
                  (lParam == (LPARAM) hwnd) ? MF_CHECKED : MF_UNCHECKED) ;
```

```
        // Eingabefokus wechselt? -> INIT-Menü setzen
        if (lParam != (LPARAM) hwnd)
            SendMessage (hwndClient, WM_MDISETMENU, (WPARAM) hMenuInit,
                         (LPARAM) hMenuInitWindow) ;

        DrawMenuBar (hwndFrame) ;
        return 0 ;

    case WM_QUERYENDSESSION:
    case WM_CLOSE:
        if (IDOK != MessageBox (hwnd, TEXT ("Fenster schließen?"),
                                TEXT ("Hello"), MB_ICONQUESTION | MB_OKCANCEL))
            return 0 ;

        break ;   // -> weiter mit DefMDIChildProc

    case WM_DESTROY:
        pHelloData = (PHELLODATA) GetWindowLong (hwnd, 0) ;
        HeapFree (GetProcessHeap (), 0, pHelloData) ;
        return 0 ;
    }

    // Weitergabe an DefMDIChildProc (ersetzt DefWindowProc)
    return DefMDIChildProc (hwnd, message, wParam, lParam) ;
}

LRESULT CALLBACK RectWndProc (HWND hwnd, UINT message, WPARAM wParam, LPARAM lParam)
{
    static HWND hwndClient, hwndFrame ;
    HBRUSH      hBrush ;
    HDC         hdc ;
    PRECTDATA   pRectData ;
    PAINTSTRUCT ps ;
    int         xLeft, xRight, yTop, yBottom ;
    short       nRed, nGreen, nBlue ;

    switch (message)
    {
    case WM_CREATE:
        // Platz für individuelle Daten
        pRectData = (PRECTDATA) HeapAlloc (GetProcessHeap (),
                                HEAP_ZERO_MEMORY, sizeof (RECTDATA)) ;

        SetWindowLong (hwnd, 0, (long) pRectData) ;

        // Timer anwerfen
        SetTimer (hwnd, 1, 250, NULL) ;

        // Handle des Rahmen- und des Client-Fensters
        hwndClient = GetParent (hwnd) ;
        hwndFrame  = GetParent (hwndClient) ;
        return 0 ;

    case WM_SIZE:           // neue Fenstergröße festhalten (falls nicht minimiert)

        if (wParam != SIZE_MINIMIZED)
```

```
     {
          pRectData = (PRECTDATA) GetWindowLong (hwnd, 0) ;

          pRectData->cxClient = LOWORD (lParam) ;
          pRectData->cyClient = HIWORD (lParam) ;
     }
     break ;          // -> weiter mit DefMDIChildProc (WM_SIZE muß dort ankommen)

case WM_TIMER:             // ein "zufälliges" Rechteck

     pRectData = (PRECTDATA) GetWindowLong (hwnd, 0) ;

     xLeft   = rand () % pRectData->cxClient ;
     xRight  = rand () % pRectData->cxClient ;
     yTop    = rand () % pRectData->cyClient ;
     yBottom = rand () % pRectData->cyClient ;
     nRed    = rand () & 255 ;
     nGreen  = rand () & 255 ;
     nBlue   = rand () & 255 ;

     hdc = GetDC (hwnd) ;
     hBrush = CreateSolidBrush (RGB (nRed, nGreen, nBlue)) ;
     SelectObject (hdc, hBrush) ;

     Rectangle (hdc, min (xLeft, xRight), min (yTop, yBottom),
          max (xLeft, xRight), max (yTop, yBottom)) ;

     ReleaseDC (hwnd, hdc) ;
     DeleteObject (hBrush) ;
     return 0 ;

case WM_PAINT:             // Fenster komplett löschen

     InvalidateRect (hwnd, NULL, TRUE) ;
     hdc = BeginPaint (hwnd, &ps) ;
     EndPaint (hwnd, &ps) ;
     return 0 ;

case WM_MDIACTIVATE:       // Menü einsetzen
     if (lParam == (LPARAM) hwnd)
          SendMessage (hwndClient, WM_MDISETMENU, (WPARAM) hMenuRect,
                       (LPARAM) hMenuRectWindow) ;
     else
          SendMessage (hwndClient, WM_MDISETMENU, (WPARAM) hMenuInit,
                       (LPARAM) hMenuInitWindow) ;

     DrawMenuBar (hwndFrame) ;
     return 0 ;

case WM_DESTROY:
     pRectData = (PRECTDATA) GetWindowLong (hwnd, 0) ;
     HeapFree (GetProcessHeap (), 0, pRectData) ;
     KillTimer (hwnd, 1) ;
     return 0 ;
}
```

```
    // Weitergabe an DefMDIChildProc (anstelle von DefWindowProc)
    return DefMDIChildProc (hwnd, message, wParam, lParam) ;
}
```

MDIDEMO.RC (Auszüge)

```
//Microsoft Developer Studio generated resource script.

#include "resource.h"
#include "afxres.h"

/////////////////////////////////////////////////////////////////////////////
// Menu

MDIMENUINIT MENU DISCARDABLE
BEGIN
    POPUP "&Datei"
    BEGIN
        MENUITEM "Neues &HelloWin-Fenster",     IDM_FILE_NEWHELLO
        MENUITEM "Neues &Rechteck-Fenster",     IDM_FILE_NEWRECT
        MENUITEM SEPARATOR
        MENUITEM "&Beenden",                    IDM_APP_EXIT
    END
END

MDIMENUHELLO MENU DISCARDABLE
BEGIN
    POPUP "&File"
    BEGIN
        MENUITEM "Neuese &HelloWin-Fenster",    IDM_FILE_NEWHELLO
        MENUITEM "Neues &Rechteck-Fenster",     IDM_FILE_NEWRECT
        MENUITEM "&Schließen",                  IDM_FILE_CLOSE
        MENUITEM SEPARATOR
        MENUITEM "&Beenden",                    IDM_APP_EXIT
    END
    POPUP "&Farbe"
    BEGIN
        MENUITEM "&Schwarz",                    IDM_COLOR_BLACK
        MENUITEM "&Rot",                        IDM_COLOR_RED
        MENUITEM "&Grün",                       IDM_COLOR_GREEN
        MENUITEM "&Blau",                       IDM_COLOR_BLUE
        MENUITEM "&Weiß",                       IDM_COLOR_WHITE
    END
    POPUP "&Fenster"
    BEGIN
        MENUITEM "&Über&lappend\tUmschalten+F5",  IDM_WINDOW_CASCADE
        MENUITEM "&Nebeneinander\tUmschalten+F4", IDM_WINDOW_TILE
        MENUITEM "&Symbole anordnen",             IDM_WINDOW_ARRANGE
        MENUITEM "Alle Fenster sch&ließen",       IDM_WINDOW_CLOSEALL
    END
END

MDIMENURECT MENU DISCARDABLE
BEGIN
    POPUP "&Datei"
    BEGIN
        MENUITEM "Neuese &HelloWin-Fenster",    IDM_FILE_NEWHELLO
```

```
        MENUITEM "Neues &Rechteck-Fenster",     IDM_FILE_NEWRECT
        MENUITEM "&Schließen",                  IDM_FILE_CLOSE
        MENUITEM SEPARATOR
        MENUITEM "&Beenden",                    IDM_APP_EXIT
    END
    POPUP "&Fenster"
    BEGIN
        MENUITEM "&Über&lappend\tUmschalten+F5",  IDM_WINDOW_CASCADE
        MENUITEM "&Nebeneinander\tUmschalten+F4", IDM_WINDOW_TILE
        MENUITEM "&Symbole anordnen",             IDM_WINDOW_ARRANGE
        MENUITEM "Alle Fenster sch&ließen",       IDM_WINDOW_CLOSEALL
    END
END
/////////////////////////////////////////////////////////////////////////////
// Accelerator

MDIDEMO ACCELERATORS DISCARDABLE
BEGIN
    VK_F4,          IDM_WINDOW_TILE,        VIRTKEY, SHIFT, NOINVERT
    VK_F5,          IDM_WINDOW_CASCADE,     VIRTKEY, SHIFT, NOINVERT
END
```

RESOURCE.H (Auszüge)

```
// Microsoft Developer Studio generated include file.
// Used by MDIDemo.rc

#define IDM_FILE_NEWHELLO               40001
#define IDM_FILE_NEWRECT                40002
#define IDM_APP_EXIT                    40003
#define IDM_FILE_CLOSE                  40004
#define IDM_COLOR_BLACK                 40005
#define IDM_COLOR_RED                   40006
#define IDM_COLOR_GREEN                 40007
#define IDM_COLOR_BLUE                  40008
#define IDM_COLOR_WHITE                 40009
#define IDM_WINDOW_CASCADE              40010
#define IDM_WINDOW_TILE                 40011
#define IDM_WINDOW_ARRANGE              40012
#define IDM_WINDOW_CLOSEALL             40013
```

Abbildung 19.2: *Das Programm* MDIDEMO

Was die Dokumentenfenster von MDIDEMO betrifft: Ich hatte ja schon gesagt, dass es einfacher kaum noch geht. Die erste Sorte gibt den Text »Hello, Windows!« zentriert in der Mitte des Fensters aus und wird im weiteren schlicht HELLO genannt, die zweite zeichnet über einen Timer »zufällige« Rechtecke und hört im Programmlisting auf den Namen RECT. HELLO-Fenster haben ein zusätzliches Menü, über das sich die Schriftfarbe festlegen läßt, RECT-Fenster müssen ohne jedes zusätzliche Extra leben.

Die Menüs

Fangen wir ausnahmsweise einmal mit dem Ressourcenskript an, das hier insgesamt drei Menü-Prototypen namens MDIMENUINIT, MDIMENUHELLO und MDIMENURECT definiert. Das erste dieser drei Menüs wird vom Programm benutzt, solange überhaupt keine Dokumentenfenster existieren: Seine Wahlpunkte erlauben das Anlegen eines neuen Fensters und das Beenden des Programms.

Das Menü MDIMENUHELLO wird dargestellt, wenn ein HELLO-Fenster das aktive Dokument ist: Sein Untermenü »Datei« erlaubt das Öffnen von weiteren Dokumentenfenstern beider Typen, das Schließen des aktiven Fensters und das Beenden des Programms. Dazu kommen zwei weitere Untermenüs namens »Farben« und »Fenster«: Über das eine läßt sich die Schriftfarbe des aktiven Dokumentenfensters festlegen, das andere ist für die Anordnung, Auswahl und das Schließen sämtlicher Dokumentenfenster zuständig.

Das Menü MDIMENURECT taucht schließlich in der Menüleiste auf, wenn ein RECT-Fenster das aktive Dokument darstellt. Wenn man davon absieht, dass ihm der Wahlpunkt »Farben« fehlt, ist es mit dem Menü für HELLO-Fenster identisch.

Die Include-Datei RESOURCE.H definiert wie üblich benannte Konstanten für die Wahlpunkte dieser drei Menüs, die in MDIDEMO.RC mehrfach verwendet werden: Ein Wahlpunkt wie »Beenden« im Untermenü »Datei« hat in allen drei Menüs also dieselbe Kennziffer. In MDIDEMO.C finden sich noch drei weitere Bezeichner, die nur indirekt etwas mit Wahlpunkten zu tun haben:

```
#define INIT_MENU_POS 0
#define HELLO_MENU_POS 2
#define RECT_MENU_POS 1
```

Diese drei Konstanten stehen für die (jeweils wechselnde) Position des Untermenüs »Fenster«, in das jeweils die Liste der Dokumentenfenster eingesetzt werden muß. (Alternativ hätte man dasselbe auch über eine Suchaktion via *GetMenuString* zur Laufzeit des Programms erledigen können). Das Menü *MdiMenuInit* verfügt naturgemäß über keine Fensterliste, weshalb ich der entsprechenden Konstanten den Wert 0 gegeben habe.

Der vierte und letzte Bezeichner von MDIDEMO.H trägt den Namen IDM_FIRSTCHILD und hat überhaupt nichts mehr mit Menüs zu tun: Er legt die Kennziffer fest, die das erste vom Programm angelegte Fenster zugewiesen bekommt (und sollte grundsätzlich so gewählt werden, dass sein Wert oberhalb der Kennziffern für alle Wahlpunkte liegt).

Die Initialisierung des Programms

WinMain beginnt in MDIDEMO.C mit der Definition von insgesamt drei Fensterklassen und dem Zuordnen von Window-Prozeduren: *FrameWndProc* ist für das Hauptfenster des Programms zuständig, *HelloWndProc* und *RectWndProc* für Nachrichten, die HELLO- bzw. RECT-Dokumentenfenster betreffen. Während man in einer echten Anwendung allen drei Fensterklassen verschiedene Icons zuordnen würde, habe ich es aus Gründen der Übersichtlichkeit hier durchgehend beim Standard IDI_APPLICATION belassen.

Die Zuordnung von COLOR_APPWORKSPACE als Hintergrundfarbe des Rahmenfensters (*wndclass.hbrBackground*) ist technisch gesehen unnötig, weil dieser Hintergrund während der gesamten Laufzeit des Programms durch das Client-Fenster vollständig abgedeckt wird. Oder auch nicht: Beim Start von MDIDEMO erscheint erst einmal das Rahmenfenster selbst, weil das Client-Fenster zu diesem Zeitpunkt noch gar nicht existiert – und deshalb macht sich hier eine einheitliche Farbe natürlich besser.

WinMain setzt das Feld *lpszMenuName* aller drei Fensterklassen auf den Wert NULL. Für die menülosen Dokumentenfenster bleibt es dabei, für das Rahmenfenster wird das Einsetzen des Menü-Handles beim Aufruf von *CreateWindow* nachgeholt.

Die Fensterklassen für HELLO- und RECT-Dokumentenfenster reservieren über ihr Feld *wndclass.cbWndExtra* einige zusätzliche Bytes für eine Struktur des Typs HELLODATA bzw. RECTDATA, deren Definition sich am Anfang von MDIDEMO.C befindet. Auf diese Weise kann jedes auf Basis dieser Klassen definierte Fenster individuelle Daten (oder die Handles dazu) speichern.

Der nächste Schritt von *WinMain* besteht aus dem Laden der drei Menü-Prototypen über *LoadMenu*, deren Handles in globalen Variablen gespeichert werden. Die drei darauffolgenden Aufrufe von *GetSubMenu* ermitteln die Handles des Untermenüs »Fenster« in diesen Menüs und legen damit fest, wo (je nach aktivem Menü) die Liste der Dokumentenfenster einzusetzen ist. Der Aufruf von *LoadAccelerators* lädt die in MDIDEMO.RC definierte Tabelle der Abkürzungsbefehle.

CreateWindow erzeugt das Rahmenfenster des Programms und hat eine Nachricht des Typs WM_CREATE an die Window-Prozedur dieses Fensters (*FrameWndProc*) zur Folge, die ihrerseits mit einem weiteren Aufruf von *CreateWindow* zum Anlegen des Client-Fensters reagiert. Die dabei verwendete Fensterklasse MDICLIENT ist wie gesagt vordefiniert. *CreateWindow* erwartet hier als letzten Parameter eine Struktur des Typs CLIENTCREATESTRUCT, die sich aus zwei Feldern zusammensetzt:

- *hWindowMenu* steht für den Handle des Untermenüs, an das die Liste der Dokumentenfenster angehängt werden soll. MDIDEMO verwendet hier den Handle *hMenuInitWindow*, der für das erste Untermenü im »fensterlistenlosen« Startmenü steht (und muß diesen Wert später je nach aktiver Dokumentenart tauschen. Das Wie ist in einem der folgenden Abschnitte erläutert).
- *idFirstChild* ist die Kennziffer des ersten Dokumentenfensters des Programms, wobei es keine Rolle spielt, ob dieses Fenster bereits existiert oder nicht. MDIDEMO übergibt hier schlicht die in MDIDEMO.C definierte Konstante IDM_FIRSTCHILD.

Nachdem der Prozessor wieder in *WinMain* angekommen ist, wird zuerst der Handle des Client-Fensters mit *GetWindow(GW_CHILD)* ermittelt und danach das Rahmenfenster über die übliche Kombination *ShowWindow/UpdateWindow* auf den Bildschirm gebracht, bevor es mit der Ereignis-Warteschleife weitergeht.

Diese Schleife ist gegenüber einem normalen Programm leicht verändert: Von *GetMessage* gelesene Nachrichten werden hier als erstes der Routine *TranslateMDISysAccel* übergeben, die eine eigene Tabelle mit Abkürzungsbefehlen definiert und so für die Umsetzung von Tastenkombinationen wie Strg+F6 in Nachrichten sorgt. Ein Programm, das (wie MDIDEMO) zusätzlich eigene Abkürzungsbefehle definiert, läßt einen Aufruf von *TranslateAccelerator* folgen (der nur dann ausgeführt wird, wenn *TranslateMDISysAccel* in der Nachricht keinen MDI-Spezialbefehl erkennt). Die darauf folgenden Aufrufe von *TranslateMessage* und *DispatchMessage* sind nur zulässig, wenn *keine* der beiden Umsetzungsroutinen die Nachricht als Abkürzungsbefehl behandelt haben.

TranslateMDISysAccel und *TranslateAccelerator* arbeiten grundsätzlich mit unterschiedlichem Ziel, d.h. erwarten verschiedene Handles: Die erste dieser beiden Routinen sendet umgesetzte Abkürzungsbefehle an das Client-Fenster (*hwndClient*), die zweite dagegen an das Rahmenfenster des Programms (*hwndFrame*).

Anlegen von Dokumentenfenstern

Der größte Teil von *FrameWndProc* ist für Nachrichten des Typs WM_COMMAND zuständig, die durch die Auswahl von Menüpunkten entstehen (und bei denen das niederwertige Wort von *wParam* wie üblich die Kennziffer des jeweiligen Wahlpunkts enthält). Als Reaktion auf die Kennziffern IDM_NEWHELLO und IDM_NEWRECT muß die Routine ein neues Dokumentenfenster anlegen, was über das Besetzen einer Struktur des Typs MDICREATESTRUCT und dem Senden einer Nachricht des Typs WM_MDICREATE an das Client-Fenster geschieht.

Die meisten Felder dieser Struktur entsprechen den Parametern eines Aufrufs von *CreateWindow* direkt: So legt das Feld *szTitle* beispielsweise den Text fest, der in der Titelleiste des neuen Fensters erscheinen soll. (In einer echten Anwendung würde man hier den Dateinamen des jeweiligen Dokuments angeben). Um ein Dokumentenfenster mit Bildlaufleisten auszustatten, können Sie die Konstanten WS_HSCROLL und/oder WS_VSCROLL in den Fensterstil (*mdicreate.style*) aufnehmen, ein zusätzliches bitweises OR (»|«) mit WS_MINIMIZE oder WS_MAXIMIZE sorgt für die Darstellung in maximal möglicher Größe bzw. in Form eines Icons.

Das Feld *lParam* hat im Gegensatz zu *szClass* .. *style* kein Gegenstück in den Parametern von *CreateWindow*: Es stellt eine optionale (und von MDIDEMO nicht genutzte) Möglichkeit dar, Daten beliebiger Art an das neu anzulegende Dokumentenfenster zu übergeben. Einfach ist die Sache allerdings nicht gerade: Die dem Dokumentenfenster zugeordnete Window-Prozedur bekommt zusammen mit einer Nachricht des Typs WM_CREATE die Adresse auf eine Struktur des Typs CREATESTRUCT übergeben, deren Feld *lpCreateParams* die Adresse der Struktur des Typs MDICREATESTRUCT enthält, um deren Feld *lParam* es hier geht. Wem das noch nicht genug ist, der möge in *lParam* die Adresse einer programmeigenen Struktur einsetzen, die wiederum einen Handle zu einem Speicherbereich im globalen Heap enthält und hat damit eine Indirektion geschaffen, die immerhin über sechs Ebenen geht. (Der Rest der Welt verwendet für denselben Zweck globale Variablen.)

Die Window-Prozedur des Client-Fensters reagiert auf WM_MDICREATE mit dem Anlegen eines neuen Dokumentenfensters. Sein Fenstertitel (*szTitle*) wird dem Untermenü hinzugefügt, dessen Handle MDIDEMO beim Anlegen des Client-Fensters als Feld *hWindowMenu* in der dort übergebenen CLIENTCREATE-Struktur eingetragen hat. Ärgerlicherweise handelt es sich dabei um das Untermenü »Datei« im Menü MDIMENUINIT – weshalb sich das Programm über kurz oder lang darum kümmern muß, diese Liste in das Untermenü »Fenster« des Menüs MDIMENUHELLO bzw. MDIMENURECT umzusetzen.

Kommen wir aber erst einmal zu den erfreulichen Seiten: Die durch das Client-Fenster erstellte Dokumentenliste kann bis zu neun Einträge enthalten, die das System automatisch von 1 bis 9 durchnumeriert. Das zehnte Fenster und seine Nachfolger werden durch einen Menüpunkt »Weitere Fenster...« repräsentiert: er führt zu einem Dialog, der seinerseits die restlichen Dokumentennamen in einem Listenfenster darstellt, über das der Benutzer seine Auswahl treffen kann. Diese Automatik stellt einen der vielen Gründe dar, warum sich das Selberbasteln von Verwaltungen für mehrere Dokumente definitiv nicht lohnt.

Weitere Nachrichten an das Rahmenfenster

Werfen wir noch einen kurzen Blick auf die restlichen Nachrichten für *FrameWndProc*, bevor wir zu den Dokumentenfenstern selbst kommen. Auf die Auswahl von »Schließen« im Menü »Datei« reagiert MDIDEMO mit dem Abbau des momentan aktiven Dokumentenfensters, dessen Handle über eine Nachricht des Typs WM_MDIGETACTIVE an das Client-Fenster ermittelt wird. Über diesen Handle sendet *FrameWndProc* direkt ein WM_QUERYENDSESSION: Wenn das Dokumentenfenster hier mit »OK« reagiert, folgt eine Nachricht des Typs WM_MDIDESTROY an das Client-Fenster, das daraufhin den Abbau des Dokumentenfensters (über WM_DESTROY) veranlaßt.

Auf die Auswahl von »Beenden« reagiert die Window-Prozedur *FrameWndProc*, indem sie sich selbst eine Nachricht des Typs WM_CLOSE sendet (und damit die notwendigen Aufräumarbeiten wie üblich in einem Punkt zusammenfaßt).

Eine aufwendiges Procedere für die Wahlpunkte »Überlappend«, »Nebeneinander« und »Symbole anordnen« des Untermenüs »Fenster« werden Sie in *FrameWndProc* vergeblich suchen – genauso wie im restlichen Programm: Erfreulicherweise nimmt einem die Window-Prozedur des Client-Fensters diese Kleinigkeiten ab, wenn man ihr Nachrichten der Typen WM_MDICASCADE, WM_MDITILE und WM_MDIICONARRANGE sendet.

Mit dem Wahlpunkt »Alle Fenster schließen« wird es etwas komplizierter. *FrameWndProc* benutzt hier die Windows-Funktion *EnumChildWindows* und übergibt ihr die programmeigene Routine *CloseEnumProc* als Rückruffunktion, die ihrerseits vier Schritte ausführt:

```
BOOL CALLBACK CloseEnumProc (HWND hwnd, LPARAM lParam)
{
    if (GetWindow (hwnd, GW_OWNER))         // Client-Fenster?
        return TRUE ;       // ja - nicht abbauen!

    // Nachricht an das Client-Fenster: Dokument zurück auf Originalgröße
    SendMessage (GetParent (hwnd), WM_MDIRESTORE, (WPARAM) hwnd, 0) ;

    // Nachricht an das Dokumentenfenster: Schließen OK?
    if (!SendMessage (hwnd, WM_QUERYENDSESSION, 0, 0))
        return TRUE ;

    // OK. Nachricht an das Client-Fenster: Dokumentenfenster abbauen
    SendMessage (GetParent (hwnd), WM_MDIDESTROY, (WPARAM) hwnd, 0) ;
    return TRUE ;
}
```

Hier wird also zuerst geprüft, ob es sich bei dem Fenster um das Client-Fenster handelt (das *EnumChildWindows* ebenfalls als »Child« betrachtet). Wenn nein, kann es sich nur um ein Dokumentenfenster handeln, dessen »Parent« das Client-Fenster darstellt. Die Nachricht WM_-MDIRESTORE weist das Client-Fenster an, das jeweilige Dokumentenfenster wieder in Originalgröße (d.h. weder maximiert noch als Icon) darzustellen. Wenn das Dokumentenfenster auf die folgende direkte Anfrage via WM_QUERYENDSESSION mit »OK« reagiert, folgt ein weiterer Aufruf des Client-Fensters, das seinerseits durch die Ausgabe von WM_CLOSE an das Dokument für den Abbau sorgt. (Wieso man das nicht auch auf direkte Weise erledigen kann? Weil das Client-Fenster unter anderem dafür sorgt, dass der Name dieses Fensters wieder aus der Fensterliste verschwindet.)

Sehen Sie sich einmal die *case*-Zweige für die Bearbeitung von WM_COMMAND in *FrameWndProc* genauer an: eine Reaktion auf die Wahlpunkte des Untermenüs »Farben« findet sich dort nicht. Sie fallen in den Verantwortungsbereich des aktiven Dokumentenfensters, das sie über einen Aufruf von *SendMessage* im *default*-Zweig von WM_COMMAND direkt erhält. (Der Handle des momentan aktiven Dokumentenfensters wird dabei über WM_MDIGETACTIVE ermittelt.)

Die Routine *DefFrameProc* ersetzt in MDI-Programmen die ansonsten verwendete Funktion *DefWindowProc* komplett und muß (im Gegensatz zu *DefWindowProc*) für Nachrichten der

Typen WM_COMMAND, WM_MENUCHAR, WM_NEXTMENU, WM_SETFOCUS und WM_SIZE auch dann aufgerufen werden, wenn die programmeigene Window-Prozedur diese Nachrichten selbst bearbeitet.

Eine Liste oder ein Array mit den Handles existierender Dokumentenfenster findet sich in *FrameWndProc* übrigens nicht: Ihre Verwaltung ist Sache des Client-Fensters, das sich über WM_MDIGETACTIVE nach dem jeweils aktiven Dokumentenfenster fragen läßt; ein »Rundschlag« wie das Schließen sämtlicher Fenster findet über die Windows-Funktion *EnumChildWindows* statt.

Die Dokumentenfenster

Nehmen wir als Beispiel die kompliziertere der beiden Window-Prozeduren für Dokumentenfenster in MDIDEMO – also die Routine *HelloWndProc*, die für Fenster mit dem Inhalt »Hello, Windows!« zuständig ist.

Wie jede Window-Prozedur, die eine theoretisch unbegrenzte Zahl von Fenstern gleichzeitig verwaltet, kann *HelloWndProc* nicht mit statischen Arrays oder gar einzelnen Variablen arbeiten. Eine in den Programmen dieses Buches recht häufig verwendete Möglichkeit der Speicherung individueller Daten besteht im Reservieren von zusätzlichem Platz in der Fensterstruktur; eine andere (die auch MDIDEMO benutzt) im Belegen von Speicherblocks über *HeapAlloc*. Die Fensterstruktur muß in diesem Fall nur den jeweiligen Handle aufnehmen, weshalb MDIDEMO bei der Definition der Fensterklasse das Feld *wndclass.cbWndExtra* mit *sizeof(HANDLE)* setzt. (Eintrag und Abfrage dieses Zeigers geschehen bei Bedarf über *SetWindowLong* bzw. *GetWindowLong*.)

Was in MDIDEMO über diesen Handle adressiert wird, ist herzlich wenig: HELLO-Dokumentenfenster reservieren Platz für eine Struktur des am Anfang von MDIDEMO.C definierten Datentyps HELLOSTRUCT auf dem Heap, RECT-Dokumentenfenster speichern ihre individuellen Daten in Strukturen des Typs HELLORECT. Im ersten Fall handelt es sich um die Kennziffer des verwendeten Wahlpunktes im Untermenü »Farben« sowie den dazugehörigen RGB-Wert, im zweiten Fall um die Fensterposition.

Beim Bearbeiten von Nachrichten des Typs WM_COMMAND, die sich auf das Menü »Farben« beziehen (und wie zuvor erläutert von *WndFrameProc* per *SendMessage* weitergegeben werden) ermittelt *HelloWndProc* den Handle zu dem Speicherblock auf dem Heap, der zum jeweiligen Fenster gehört, entfernt das Häkchen von seiner »alten« Stelle und setzt es an dem vom Benutzer gewählten Menüpunkt neu. Die neue Farbe und die dazugehörige Wahlpunkt-Kennziffer werden danach wieder in dem Block gespeichert – worin sich die individuellen Aktionen des Programms auch bereits erschöpfen.

Window-Prozeduren von Dokumentenfenstern erhalten über das Client-Fenster bei jedem Wechsel des Eingabefokus eine Nachricht des Typs WM_MDIACTIVATE, bei der *wParam* (alter Fokus) und *lParam* (neuer Fokus) anzeigen, in welcher Richtung der Wechsel stattfindet. *HelloWndProc* wechselt bei dieser Gelegenheit die Menüs des Programms aus: Wenn *lParam* (also der neue Fokus) dem eigenen Fensterhandle entspricht, wird das HELLO-Menü MDIMENUHELLO eingesetzt, ansonsten das Startmenü MDIMENUINIT (das das nächste aktive Dokumentenfenster allerdings sofort wieder durch MDIMENUHELLO bzw. MDIMENURECT ersetzt. Die Ausnahme von der Regel ist das Schließen des allerletzten Dokumentenfensters: Dort bleibt es dann bei MDIMENUINIT).

Das Auswechseln des Menüs geschieht nicht über eine Windows-Funktion wie *SetMenu*, sondern über die Nachricht WM_MDISETMENU an das Client-Fenster, dessen Window-Prozedur zum einen für den Wechsel der Menüleiste, zum anderen für den Transfer der Fensterliste sorgt. (w*Param* gibt bei dieser Nachricht den Handle des neuen Menüs an, *lParam* den Handle des Untermenüs »Fenster«, in das die Fensterliste eingesetzt werden soll.)

Eine zweite Reaktion von *HelloWndProc* auf Nachrichten des Typs WM_MDISETMENU fällt eher in die Kategorie »erfreuliche Kleinigkeiten«: Der Benutzer sollte nach einem Wechsel zu einem HELLO-Fenster das Häkchen auf dem Wahlpunkt des Untermenüs »Farben« vorfinden, der seiner letzten Auswahl zu dem Zeitpunkt entspricht, als das Fenster zum letzten Mal aktiv war. Anders gesagt: Wenn der Benutzer in einem HELLO-Fenster die Textfarbe Schwarz und einem anderen Fenster die Textfarbe Rot wählt, sollte das Häkchen beim Wechsel zwischen diesen beiden Fenstern entsprechend wandern. *HelloWndProc* erledigt das durch ein Aufruf von *CheckMenuItem*, der beim Wechsel *zu* einem Fenster (*lParam* == eigener Fensterhandle) das Häkchen über die im »individuellen Datenblock« auf dem Heap gespeicherte Kennziffer setzt, beim Wechsel *von* einem Fenster (*lParam* != eigener Fensterhandle) dagegen wieder löscht.

Wie ich im Zusammenhang mit der Bearbeitung von WM_CLOSE bzw. des Wahlpunktes »Alle Fenster schließen« bei *FrameWndProc* erläutert hatte, fragt MDIDEMO bei jedem Dokumentenfenster über WM_QUERYENDSESSION an, ob der Abbau zum momentanen Zeitpunkt genehm wäre. *HelloWndProc* reagiert auf WM_QUERYENDSESSION (und WM_CLOSE) mit einem Meldungsfenster, über das der Benutzer zwischen »OK« und »Abbrechen« wählen kann. Nur wenn der Benutzer auf diese Rückfrage (die in einer echten Anwendung wohl mit der Gelegenheit zum Speichern des Dokuments verbunden wäre) mit »OK« reagiert, liefert *HelloWndProc* das Ergebnis TRUE zurück und bekommt dann postwendend ein WM_DESTROY serviert, auf das die Routine mit der Freigabe des (bei WM_CREATE belegten) Speicherblocks auf dem lokalen Heap reagiert.

Für Nachrichten, die *HelloWndProc* nicht bearbeitet, gilt eine ähnliche Erweiterung wie in *FrameWndProc*: Sie werden hier nicht an die Standardfunktion *DefWindowProc*, sondern einer Routine namens *DefMDIChildProc* übergeben. Nachrichten der Typen WM_CHILDACTIVATE, WM_GETMINMAXINFO, WM_MENUCHAR, WM_MOVE, WM_SETFOCUS, WM_SIZE und WM_SYSCOMMAND muß *HelloWndProc* dieser Routine grundsätzlich übergeben – unabhängig davon, ob sie bereits bearbeitet worden sind oder nicht.

RectWndProc sieht *HelloWndProc* in puncto Überbau ausgesprochen ähnlich, ist aber insgesamt etwas einfacher ausgefallen, weil RECT-Dokumentenfenster kein zusätzliches Untermenü definieren und sich ohne Rückfrage schließen lassen. Der einzig bemerkenswerte Unterschied liegt darin, dass diese Routine Nachrichten des Typs WM_SIZE bearbeitet (und danach – wie soeben erläutert – an *DefMDIChildProc* weitergibt).

Aufräumarbeiten

Was in MDIDEMO an zusätzlichen Aufräumarbeiten notwendig ist, hat eigentlich nichts mit dem MDI-Konzept an sich, sondern mit dem Thema »Menüs« zu tun: Ein Menü belegt einen eigenständigen Bereich im Hauptspeicher, den ein Aufruf von *DestroyWindow* zusammen mit dem jeweiligen Fenster wieder freigibt. Während sich diese Automatik auch in MDIDEMO um das Init-Menü kümmert, greift sie naturgemäß bei den beiden anderen (per *LoadMenu* aus der Ressource-Datei geladenen) Menüs für »Hello«- und »Rechteckfenster« nicht: Sie müssen über explizite Aufrufe von *DestroyMenu* freigegeben werden, damit die entsprechenden Bereiche des Hauptspeichers nicht bis in alle Ewigkeit belegt bleiben.

20 Multitasking und Multithreading

Multitaskingfähige Betriebssysteme können mehrere Programme gleichzeitig (exakter: nebeneinander) ausführen und bedienen sich dazu einer Hardware-Uhr: Sie macht es möglich, jedem dieser Programme eine *Zeitscheibe* (»time slice«) zuzuteilen, innerhalb derer es die CPU für sich beanspruchen kann. Wenn die Zeitscheiben der Programme klein genug sind – und die Maschine nicht zu viele Programme gleichzeitig ausführen muß – gewinnt der Benutzer den Eindruck der Gleichzeitigkeit. (Auf Systemen mit mehreren Prozessoren entspricht dieser Eindruck in gewissen Grenzen sogar der Wirklichkeit.)

Das dahinter stehende Konzept ist alles andere als neu: Jeder Mainframe macht davon intensiven Gebrauch – und das nicht erst seit gestern, sondern seit es Großrechner gibt. An einem Großrechner hängen üblicherweise Hunderte von Terminals; jeder, der vor einem solchen Terminal sitzt, hat das Gefühl, die Maschine exklusiv für sich zu haben. Großrechner-Betriebssysteme bieten einem Benutzer meistens außerdem die Möglichkeit des Stapelbetriebs: Nach dem Start einer Kommandodatei führt der Rechner die dort enthaltenen Befehle geräuschlos im Hintergrund (lies: ohne Interaktion) aus, während der Benutzer an seinem Terminal etwas anderes tut. (Die Stapeldateien von DOS sind ein schwacher Abglanz dieses Prinzips.)

Inzwischen ist Multitasking auch für PC-BenutzerInnen etwas Selbstverständliches geworden. Der Weg dahin war allerdings recht lang: Auch wenn bereits die ersten 16-Bit-Versionen von Microsoft Windows eine gewisse Form des Multitaskings boten, gab es dort noch massive Einschränkungen. Erst die 32-Bit-Versionen von Windows unterstützen sowohl echtes Multitasking als auch – als Extrabonus – Multithreading.

Multithreading macht es einzelnen Programmen möglich, den Multitasking-Mechanismus für sich selbst auszunutzen. Das Programm teilt dazu seine Anweisungsfolgen in mehrere *Threads* (direkt übersetzt: »Fäden«) auf – eigenständige Ausführungspfade, die von der Maschine im Sinne des Multitaskings quasi-parallel abgearbeitet werden. Dieses Konzept mag auf den ersten Blick weniger nützlich erscheinen als es tatsächlich ist. Ein Programm, das mit Multithreading arbeitet, kann nebensächliche oder längliche Aufgaben als Hintergrundjob rechnen und sich gleichzeitig im Vordergrund um die Anforderungen des Benutzers kümmern, dem so lange Wartezeiten erspart bleiben. Zeit ist schließlich Geld – und Wartezeiten addieren sich schnell. Der Benutzer sollte nach Möglichkeit zügig weiterarbeiten können, auch wenn das, was er der Maschine aufträgt, einen Moment dauert.

Arten des Multitasking

Als der PC noch in seinen Kinderschuhen steckte, gab es schon Leute, die nach Multitasking verlangten, während die meisten anderen darüber nur den Kopf schütteln konnten: Was sollte man denn mit Multitasking auf einer Maschine anfangen, die ohnehin nur von einem Benutzer bedient wird? Nun – als es dann Multitasking gab, stellte es sich als etwas heraus, was die Benutzer eigentlich immer schon gewollt hatten, ohne jedoch richtig zu wissen, was es überhaupt war.

Multitasking unter DOS?

Der Mikroprozessor 8088 von Intel, der im ersten PC seinen Dienst versah, war nicht gerade auf die Unterstützung von Multitasking ausgelegt. Einen Teil des Problems machte bereits die unzureichende Speicherverwaltung aus. Wenn mehrere Programme gestartet werden oder enden, muß ein Multitasking-Betriebssystem schon mal den einen oder anderen Speicherblock verschieben, um freie Speicherbereiche zusammenzufassen. Eigentlich sollten solche Aktionen transparent gegenüber den Anwendungen sein – was mit dem 8088 aber definitiv unmöglich blieb.

DOS unternahm keinerlei Anstrengungen in dieser Richtung. Es war als einfaches und schlankes Betriebssystem konzipiert, das Anwendungen nicht viel in den Weg stellte und nur wenig zu bieten hatte, was über das Laden und Starten von Programmen sowie die Verwaltung von Datenträgern hinausging.

Dennoch konnten findige Programmierer bereits unter DOS mit einer sehr einfachen Form des Multitasking aufwarten: Den sogenannten TSRs (für »terminate and stay resident«), die spätere DOS-Versionen sogar als eigenständigen Anwendungstyp unterstützten. Ein TSR-Programm startete, installierte einen residenten Teil im Arbeitsspeicher, der im allgemeinen auf Interrupts reagierte, und verabschiedete sich – aus dem Vordergrundbetrieb, wohlgemerkt. Einige TSR-Programme, wie etwa Druckerspooler, hängten sich nach dem Start in den Hardware-Interrupt des Timers und schafften es so, echte Hintergrundprozesse zu werden. Andere Hilfsprogramme, wie SideKick, konnten sogar eine Art Task-Wechsel durchführen, indem sie sich auf Tastendruck in den Vorder- oder Hintergrund brachten und das eigentlich laufende Programm anhielten bzw. weiterlaufen ließen.

Einige Software-Hersteller versuchten sich auch an Shell-Programmen (etwa Quarterdeck mit DesqView), die auf DOS aufsetzten und das Umschalten zwischen mehreren Programmen im Sinne eines Task-Wechsels gestatteten. Langfristig hat es aber nur eine dieser Umgebungen geschafft, sich auf dem Markt durchzusetzen – und das war Windows.

Kooperatives Multitasking

Als Microsoft im Jahre 1985 Windows 1.0 vorstellte, war es unter all den Lösungen, welche die Grenzen von DOS überwanden, die ausgefeilteste. Windows lief damals zwar noch im Real Mode, war aber trotz alledem in der Lage, Speicherblocks im physischen Arbeitsspeicher umherzuschieben. Das ist wie gesagt, eine wichtige Voraussetzung für Multitasking. Diese Art der Speicherorganisation war zwar nicht völlig transparent für Anwendungen – es ließ sich aber einigermaßen damit leben.

Multitasking macht in einer grafisch orientierten Umgebung, in der es verschiedene Fenster gibt, weit mehr Sinn als in der Kommandozeilenumgebung eines Betriebssystems, das auf die Bedürfnisse des Einzelbenutzers zugeschnitten ist. Zwar ist es beispielsweise in der klassischen kommandozeilenorientierten UNIX-Umgebung jederzeit möglich, Programme bzw. Kommandos als Hintergrundjobs zu starten – vorausgesetzt wird dabei aber, dass diese Programme ohne direkte Bildschirmausgaben auskommen. (UNIX behilft sich hier mit der Umleitung von Ausgaben in Dateien, die man sich dann hinterher ansehen kann bzw. muß.)

Erst eine fensterbasierte Umgebung macht es möglich, dass sich mehrere Programme einen Bildschirm als Ausgabegerät teilen. Da jedes Fenster für sich ein logisches Ein- und Ausgabegerät verkörpert, wird sowohl das Hin- und Herschalten als auch der Datenaustausch zwischen mehreren Programmen – nach außen hin – zu einer trivialen Angelegenheit. So ist es beispielsweise ohne weiteres möglich, ein in einem Zeichenprogramm soeben erstelltes Bild direkt in einen Text zu übernehmen, der gerade in einer Textverarbeitung bearbeitet wird. Insbesondere für den Datenaustausch zwischen Programmen bietet Windows als fensterorientiertes Betriebssystem inzwischen Unterstützung für eine Reihe von Konzepten, angefangen von der Zwischenablage, über den Dynamischen Datenaustausch (DDE) und nun über OLE, der Technik des Einbetten und Verknüpfens von Objekten.

Bei den 16-Bit-Versionen von Windows blieb es allerdings im wesentlichen beim Datenaustausch: Mit verdrängendem Multitasking und Zeitscheiben, wie es von den traditionellen Mehrbenutzersystemen her bekannt war, hatten diese Windows-Versionen ansonsten nur wenig gemein. Letztere benutzen eine Systemuhr, um die in Ausführung befindlichen Programme nach Ablauf ihrer Zeitscheibe periodisch zu unterbrechen und erneut zu starten, wenn sie wieder an der Reihe sind. Das Multitasking, das die 16-Bit-Versionen von Windows unterstützten, war dagegen nicht verdrängender Natur, sondern setzte auf den Nachrichtenmechanismus des Betriebssystems auf: Ein in Ausführung befindliches Windows-Programm blieb so lange inaktiv im Speicher, bis es eine Nachricht erhielt. Solche Nachrichten resultierten zumeist direkt oder indirekt aus der Interaktion des Benutzers mit einem Eingabegerät, also der Tastatur oder der Maus. Nachdem das Programm auf die Nachricht reagiert hatte, gab es die Kontrolle an Windows zurück, damit die nächste Nachricht gegebenenfalls einem anderen Programm zugestellt werden konnte.

Anders gesagt: Die 16-Bit-Versionen von Windows schalteten die Kontrolle nicht taktgesteuert von einem Windows-Programm zum nächsten weiter – vielmehr fand ein Task-Wechsel immer nur dann statt, wenn das jeweils aktive Programm die Kontrolle freiwillig zurückgab. Man nennt diese Art des Multitaskings auch »kooperativ«, weil ein gewisses Wohlverhalten der Anwendungen voraussetzt. Nachteilig war dabei natürlich, dass ein einzelnes Windows-Programm jederzeit alle anderen blockieren und damit das gesamte System lahmlegen konnte, wenn es sich schlecht benahm, außer Rand und Band geraten war oder schlicht für die Behandlung einer Nachricht schier endlos Zeit benötigte.

Obwohl die gesamte 16-Bit-Windows-Welt auf Kooperation zugeschnitten war, benutzte Windows auch damals bereits Formen des verdrängenden Multitaskings, nämlich für die Ausführung von DOS-Programmen und für die Zustellung von Timer-Interrupts an die Routinen der Multimedia-DLLs.

Die 16-Bit-Windows-Welt sah des weiteren gewisse Hilfsmittel vor, die es Benutzern und dem Programmierern leichter machen sollten, mit den Unzulänglichkeiten des kooperativen Multitaskings zurechtzukommen – respektive umzugehen. Das offensichtlichste Hilfsmittel war die Sanduhr, die optisch anzeigte, dass das System gerade beschäftigt war und für Eingaben nicht zur Verfügung stand. Eine weiteres Hilfsmittel war der Timer, der von sich aus in periodischen Intervallen Nachrichten für Windows-Programme generieren konnte. Vor allem für Animationen sowie für Programme, die ihre Anzeige zeitnah gestalten sollten, bediente man sich als Programmierer dieser Einrichtung.

Eine weitere Erleichterung für den Umgang mit dem kooperativen Multitasking war die Funktion *PeekMessage*, die bereits in Kapitel 5 im Zusammenhang mit dem Programm RANDRECT aufgetaucht ist. Windows-Programme verwenden normalerweise *GetMessage* zum Abruf der nächsten für sie bestimmten Nachricht – nur legt diese Funktion auch in den 16-Bit-Versionen von Windows den Aufrufer so lange still, bis tatsächlich etwas ansteht. *PeekMessage* gibt einem Programm die Kontrolle dagegen sofort zurück, solange keine Nachrichten für *andere* Programme zu verarbeiten sind – mithin sich das System im Leerlauf befindet. Ein kooperatives Programm, das eine längere Aufgabe erledigen muß, kann deshalb zwischendurch immer mal wieder *PeekMessage* aufrufen und so anderen Programmen die Möglichkeit geben, ebenfalls zum Zuge zu kommen.

Serialisierung im Presentation Manager

Der erste Versuch, den Microsoft (in Zusammenarbeit mit IBM) unternahm, Multitasking mit DOS und Windows zu verheiraten, brachte OS/2 und den Presentation Manager (PM) hervor. Obwohl OS/2 damals mit Sicherheit verdrängendes Multitasking betrieb, kam es einem oft so vor, als würde der Presentation Manager ohne dieses Konzept arbeiten. Der Grund für diesen Eindruck war, dass der PM Maus- und Tastatureingaben in eine Warteschlage serialisierte – und Programmen »ihre« Nachrichten erst dann zustellen konnte, wenn alle Vorgänger aus dieser Warteschlange abgeholt worden waren.

Was nicht heißen soll, dass sich die Programmierer damals die Sache zu einfach gemacht hätten. Obwohl Maus- und Tastatureingaben nur einen Teil der Nachrichtenvielfalt ausmachen, die Programme – sei es nun für Windows oder für den Presentation Manager – empfangen können, stellen sie doch auch die Grundlage der meisten anderen Nachrichten dar. So ist beispielsweise ein einzelner Menübefehl im allgemeinen das Ergebnis *mehrerer* Maus- und/oder Tastaturaktionen. Was auch bedeutet, dass sich diese Aktionen erst dann vollständig als Nachrichten verarbeiten lassen, wenn dar Menübefehl komplett ist.

Der primäre Grund für die Serialisierung der Nachrichtenwarteschlange war die Forderung, dass sich Systeme auch dann vorhersagbar verhalten sollten, wenn der Benutzer Maus- und Tastaturaktionen schneller ausführte, als sie sich verarbeiten ließen. Wie in Kapitel 6 etwas ausführlicher besprochen, können solche Aktionen einen Wechsel des Eingabefokus nach sich ziehen – und ein System, das Eingaben »vorauseilend« an bestimmte Fenster bzw. Prozesse weitergeleitet hat, steht in seinem solchen Fall ziemlich schlecht da.

Andererseits gab diese Serialisierung aber einem einzelnen Programm die (unfreiwillige) Macht, das gesamte System lahmzulegen. Die 32-Bit-Versionen von Windows lösen dieses Problem über eine System-Warteschlange, aus der jeder aktive Prozeß die für ihn bestimmten Nachrichten entnimmt. Wenn ein Programm mit einer längeren Aufgabe beschäftigt ist, kann der Benutzer dort jederzeit den Eingabefokus auf ein anderes Programm umsetzen und mit diesem Programm weiterarbeiten.

Multithreading als Lösung

Ich habe den Presentation Manager von OS/2 nur deshalb als Beispiel herangezogen, weil er so manchen »alten« Windows-Programmierer das erste Mal mit dem Konzept des Multithreading in

Berührung gebracht hat. Interessanterweise haben die Grenzen der mit dem PM vorliegenden Implementation des Multithreading vielen Programmierern anschaulich machen können, wie die Architektur eines Programms auszusehen hat, das sich Multithreading zunutze macht. Obwohl sich die Grenzen mit den heutigen 32-Bit-Versionen von Windows weitgehend verschoben haben, gelten die damals gelernten Lektionen nach wie vor.

In einer Multithreading-Umgebung kann ein Programm seine Anweisungsfolge in mehrere Stränge aufteilen und diese Stränge parallel zur Ausführung bringen. Diese Technik war ursprünglich nur zur programminternen Verwendung gedacht – es stellte sich aber schnell heraus, dass sie auch die beste Lösung für das Problem der Nachrichtenserialisierung bot.

Was den Programmcode betrifft, so wird ein Thread schlicht durch eine Funktion repräsentiert, die sich ihrerseits anderer Funktionen des Programms bedienen kann. Beim Start eines Programms kommt zunächst der Haupt- oder Primär-Thread zur Ausführung, der in einem herkömmlichen C-Programm durch nichts anderes als durch die Funktion *main* und in einem Windows-Programm durch die Funktion *WinMain* repräsentiert ist. Ist ein Thread einmal aktiv, kann er mit der Systemfunktion *CreateThread* jederzeit einen weiteren Thread starten, indem er eine Referenz auf die Funktion übergibt, die diesen repräsentiert. Funktionen dieser Art werden meist einfacher als Thread-Funktionen bezeichnet. Das Betriebssystem reicht die Kontrolle dann verdrängend zwischen den einzelnen Threads eines Programms herum – genauso wie bei Programmen, die als Prozesse am Multitasking teilnehmen.

Beim Presentation Manager von OS/2 hatte ein Thread die Wahl, ob er eine Nachrichtenwarteschlange anlegen wollte oder nicht. Wenn der Thread selbst Fenster erzeugte, war eine eigene Nachrichtenwarteschlange unumgänglich. Wenn der Thread irgendwelche sturen Aufgaben wie das Sortieren von Daten erledigte, konnte er auf eine eigene Nachrichtenwarteschlange verzichten. Einem Thread, der keine Nachrichten verarbeitet, war es konsequent auch nicht möglich, das System zu blockieren. Als einzige Einschränkung galt hier, dass ein solcher Thread keine Nachrichten an Fenster von Threads mit eigener Nachrichtenwarteschlange versenden konnte. (Diese Grenze galt auch indirekt, d.h. für den Aufruf von Funktionen, die ihrerseits Nachrichten versendeten. Das Hintertürchen sah dann so aus, dass man von solchen Threads aus Nachrichten an Threads mit eigener Nachrichtenwarteschlange – aber ohne eigenes Fenster – versenden konnte.)

Ein PM-Programmierer lernte daher recht schnell, seine Programme in einen Thread mit und mehrere Threads ohne eigene Nachrichtenwarteschlange aufzuteilen. Der erste Thread war dann für das Erzeugen von Fenstern und die Verteilung der Nachrichten zuständig, die anderen für die Erledigung von Aufgaben im Hintergrund. PM-Programmierer lernten außerdem die *Zehntelsekundenregel*: Ein Thread mit eigener Warteschlange darf nicht länger als eine Zehntelsekunde für die Behandlung einer Nachricht benötigen. Was länger dauerte, gehörte in einen anderen Thread. Wenn sich wirklich jeder an diese Regel gehalten hätte, wären PM-System grundsätzlich mit einer Reaktionszeit von einer Zehntelsekunde ausgekommen.

Programmarchitektur für Multithreading

Meine Behauptung, dass die Multithreading-Implementation des PM vielen Programmierern klar machte, wie die Thread-Architektur eines Programms auszusehen hat, das in einer grafischen Fensterumgebung läuft, ist keine reine Nostalgie. Ich halte die Programmarchitektur, wie sie sich damals als vorteilhaft herausstellte, nach wie vor für empfehlenswert: Der Primär-Thread kümmert sich um alle Fenster, die das Programm benötigt – das heißt, er erzeugt sie, stellt alle Window-Prozeduren zur Verfügung und behandelt alle Nachrichten für diese Fenster. Alle anderen

Threads sollten sich »im Hintergrund« halten, dort unauffällig die Knochenarbeit erledigen und mit dem Benutzer nur indirekt über den Primär-Thread interagieren.

Etwas weniger formal: Der Primär-Thread ist der Küchenchef, der Rest folgt seinen Anweisungen. Der Chef delegiert die aufwendigeren Arbeiten an seine Handlanger und behält sich selbst den Kontakt mit der Außenwelt vor. Sekundäre Threads geben vor allem keine Presseerklärungen an die Außenwelt ab, sondern erstatten ausschließlich ihrem Chef Bericht (auch wenn es um Schwierigkeiten geht), und warten dann devot auf die nächste Anweisung.

Alle Threads eines Programms gehören demselben Prozeß an. Damit teilen sie sich die Ressourcen des Prozesses, also den verfügbaren Arbeitsspeicher, offene Dateien, globale Datenstrukturen usw. Nachdem Threads weiterhin ein und denselben Programmcode benutzen, greifen sie auch auf dieselben statischen Variablen zu. Umgekehrt verfügt jeder Thread über einen eigenen Stack, weshalb er eigene (automatische) Variablen benutzen kann, auf die kein anderer Thread Zugriff hat. Weiterhin hat jeder Thread einen eigenen Prozessorzustand (dazu zählt auch der Zustand des Coprozessors), den das Betriebssystem jeweils zwischenspeichert und wiederherstellt, wenn es die Kontrolle zwischen den Threads umherreicht.

Fallstricke

Entwurf, konsequente Realisierung und gezielte Fehlersuche für eine komplexe Multithreading-Anwendung dürften wohl zu den schwierigsten Aufgaben gehören, denen sich Windows-ProgrammiererInnen stellen können. Nachdem ein mit verdrängendem Multitasking arbeitendes Betriebssystem einen Thread zu jedem beliebigen Zeitpunkt unterbrechen kann, um die Kontrolle einem anderen Thread zu übergeben, sind unerwünschte Interaktionen zwischen einzelnen Threads nicht immer offensichtlich und können vor allem zu Fehlern führen, die man nur sporadisch zu Gesicht bekommt.

Ein häufiger Fehler in Multithreading-Programmen wird als *race condition* (»Wettrennen«) bezeichnet und läßt sich am besten an einem Beispiel verdeutlichen: Gehen wir einmal davon aus, Sie haben einen Thread A definiert, der für die Berechnung irgendwelcher Daten zuständig ist, und einen Thread B, der diese Daten anfordert, bevor er Thread A wieder mit neuem Ausgangsmaterial versorgt. Wenn die Synchronisation zwischen den beiden Threads nur in 99,99% aller Fälle stimmt, dann holt B die Daten nicht nur irgendwann zu früh ab, sondern überschreibt die Daten von A mit neuen Werten – und das Ergebnis ist dann normalerweise ein Dominoeffekt. Zur Vermeidung solcher und anderer Unfälle stellt ein Betriebssystem mit Unterstützung von Multithreading im allgemeinen eine Reihe von Mitteln zur Verfügung, die eine Thread-Synchronisation und -interaktion ermöglichen. Eines dieser Mittel ist die *Semaphore* – eine Art Verkehrsampel, die der Programmierer einsetzen kann, um die Ausführung eines Threads gezielt an einer gegebenen Stelle im Programmcode anzuhalten, bis ein anderer Thread »grünes Licht« gibt und die Blockade aufhebt. Ähnlich wie eine Semaphore regelt ein *kritischer Abschnitt* die Vorfahrt eines Threads: Er legt fest, dass er bei Ausführung eines bestimmten Codeabschnitts nicht durch einen Task-Wechsel unterbrochen werden darf.

Semaphoren, so nützlich sie sind, öffnen aber Tür und Tor für einen weiteren Standardfehler bei der Thread-Programmierung, der auf amerikanisch blumig als *deadlock* bezeichnet wird (wobei man sich aussuchen darf, ob damit ein endloses Unentschieden oder eine tödliche Umklammerung gemeint ist). Deadlocks entstehen, wenn sich zwei Threads gegenseitig durch eine Semaphore blockieren (die Ampel auf Rot schalten) und der eine jeweils darauf wartet, dass der andere grünes Licht gibt.

Glücklicherweise sind 32-Bit-Programme gegenüber speziellen Problematiken bei der Thread-Programmierung weniger empfindlich als 16-Bit-Programme. Nehmen wir beispielsweise an, ein 16-Bit-Thread führt die folgende harmlos aussehende Anweisung aus:

```
lCount++ ;
```

wobei *lCount* eine globale 32-Bit-Variable vom Typ *long* sei. Für ein 16-Bit-Programm muß der C-Compiler diese einfache Anweisung in zwei Maschinenbefehle übersetzen. Der erste erhöht den niederwertigen Anteil der Variable um Eins, der zweite addiert den eventuell aufgetretenen Übertrag (Carry) zum höherwertigen Anteil. Nehmen wir nun an, das Betriebssystem unterbricht den Thread genau zwischen diesen beiden Maschinenbefehlen, und der Wert von *lCount* war ursprünglich 0x0000FFFF. Dann wäre er jetzt 0x00000000. Ein anderer Thread, der auf diese Variable zugreift, weiß natürlich nichts von dieser mittendrin unterbrochenen Aktion. Wenn er seinerseits *lCount* auf einen Wert wie 0x00FF setzt, kommt nach der Rückschaltung zum ersten Thread schließlich 0x000100FF heraus.

Ärgerlicher noch: Ein auf diese Weise vorprogrammiertes Chaos tritt in der Praxis derart selten in Erscheinung, dass es garantiert sämtliche Betatests übersteht und auch später äußerst schwierig gezielt zu reproduzieren oder gar zu beseitigen ist. Eine mögliche Lösung für 16-Bit-Programme bestünde darin, jede Operation mit *long*-Werten in kritische Abschnitte zu verlegen: Sie garantieren, dass zwischen den beiden Maschinenbefehlen kein Task-Wechsel stattfindet. 32-Bit-Programme verändern *long*-Variablen mit *einem* Prozessorbefehl und haben dieses Problem nicht – das fängt hier erst bei 64-Bit-Werten an.

Nachrichtenserialisierung bei Windows

Die 32-Bit-Versionen von Windows (Windows NT, Windows 95 und Windows 98) unterhalten für jeden Thread (und damit natürlich auch für jeden Prozeß) eine eigene Nachrichtenwarteschlange und umgehen auf diese Weise das Serialisierungsproblem des Presentation Managers. Die Implementation scheint recht gut zu funktionieren: Wenn ein Programm für die Behandlung einer Nachricht länger braucht, erscheint neben dem Mauszeiger eine Sanduhr, so lange sich die Maus im Fenster des betreffenden Programms befindet. Bewegt der Benutzer den Cursor dagegen in das Fenster eines anderen Programms, verwandelt sich der Mauszeiger in den gewohnten Pfeil; ein einfacher Mausklick bringt dieses Fenster dann umgehend in den Vordergrund.

Der Benutzer ist nun zumindest in der Lage, mit dem zweiten Programm normal weiterzuarbeiten. Das erste, durch die längere Nachrichtenbearbeitung blockierte Programm liegt allerdings nach wie vor optisch still – was natürlich alles andere als erwünscht ist: Programme sollten möglichst zu jedem Zeitpunkt für Nachrichten empfänglich sein, weshalb der Einsatz sekundärer Threads eher die Regel als die Ausnahme sein wird.

Die 32-Bit-Versionen von Windows unterscheiden nicht zwischen Threads mit und ohne Nachrichtenwarteschlange. Jeder Thread erhält seine eigene Nachrichtenwarteschlange, sobald er ins Leben gerufen wird. Auf diese Weise wird das Regelwerk für den Umgang mit Threads gegenüber dem des Presentation Managers etwas übersichtlicher. (Allerdings wird man in den meisten Fällen dennoch die Trennung zwischen Threads mit Nachrichtenbehandlungsroutine und solchen ohne konzeptionell aufrechterhalten, wobei erstere umfangreiche Aufgaben an zweitere, also an Threads ohne eigenes Fenster, delegieren. Diese Struktur scheint nahezu immer die sinnvollste zu sein.)

Eine weitere gute Nachricht ist, dass die 32-Bit-Versionen von Windows eine Funktion bereitstellen, mit der ein Thread andere Threads innerhalb des gleichen Prozesses unsanft beenden kann.

Wenn Sie anfangen, selbst Multithreading-Code zu schreiben, werden Sie diese Funktion schnell schätzen lernen. Die ersten Versionen von OS/2 kannten eine solche *Kill*-Funktion noch nicht.

Die letzte gute Nachricht (zumindest für diesen Themenbereich) ist schließlich, dass die 32-Bit-Versionen von Windows Thread-eigene statische Variablen (TLS für »thread local storage«) erlauben. Ohne die entsprechenden Mechanismen würden alle Threads eines Prozesses statische Variablen – egal, ob global oder lokal zu einer Routine deklariert – gemeinsam benutzen, weil sie schließlich auch alle im selben Adressraum arbeiten. Automatische Variablen, die ihr Dasein bekanntlich auf dem Stack fristen, gehören dagegen immer nur zu einem Thread. Das liegt daran, dass jeder Thread über seinen eigenen Stack verfügt.

Manchmal ist es aber vorteilhaft, wenn zwei oder mehr Threads, die mit den gleichen Funktionen arbeiten, statische Variablen als lokal betrachten können. Wer mit threadlokalen Variablen arbeiten will, muß eigentlich einige Windows-Funktionen dafür aufrufen – wenn Microsoft dem C-Compiler nicht eine Erweiterung spendiert hätte, die den Einsatz dieses Konzepts für den Programmierer fast vollständig transparent macht.

Neu! Besser! Mit Threads!

Nachdem ich nun die Werbetrommel für Threads kräftig gerührt habe, scheint es mir geboten, das Ding selbst wieder ins rechte Licht zu rücken. Viele Programmierer haben die Tendenz, jeden Schnickschnack, den ein Betriebssystem unterstützt, auf Teufel komm raus in ihren Programmen unterbringen zu wollen. Richtig ärgerlich wird es aber, wenn sich der Chef vorm Schreibtisch aufbaut und sagt: »Ich habe da von einem neuen, echt heißen Super-Duper gehört, läßt sich das nicht in unserem Produkt unterbringen?« Und Sie sitzen dann eine Woche dran und versuchen herauszufinden, wie sich Super-Duper irgendwie in Ihr Programm zwingen läßt.

Anders gesagt: Nur weil es Multithreading gibt, muß man es noch lange nicht in jedes Programm einbauen. In vielen Fällen kommt ein Programm seiner Aufgabe besser und einfacher ohne Multithreading nach. Wenn Ihr Programm allerdings über lästige Zeitspannen hinweg Sandmännchen spielt oder *PeekMessage* zur Vermeidung der Sanduhr aufrufen muß, dann ist es sicher keine schlechte Idee, an eine Umstrukturierung zu denken, bei der auch das Thread-Konzept eine Rolle spielt.

Es gibt aber auch Fälle, in denen der Anblick der Sanduhr völlig akzeptabel ist und die zuvor erwähnte Zehntelsekundenregel keine Geltung hat. So kann es beispielsweise etwas länger dauern, wenn das Programm eine größere Datei in den Arbeitsspeicher liest. Sollte man die Routine für das Lesen der Datei in einen eigenen Thread packen? Eher im Gegenteil: Wenn der Benutzer das Programm anweist, eine Datei einzulesen, dann will er sicherlich, dass die Operation umgehend erfolgt und nicht irgendwie im Hintergrund – schließlich will er ja mit den Daten arbeiten. Würde man nun die Leseroutine in einen separaten Thread packen, so brächte das keinerlei Vorteile, sondern nur Umstände.

Multithreading unter Windows

Die API-Funktion, die für das Anlegen eines neuen Threads zuständig ist, trägt den Namen *CreateThread*. Die Syntax für ihren Aufruf lautet:

```
hThread = CreateThread (&security_attributes, dwStackSize, ThreadProc,
                        pParam, dwFlags, &idThread) ;
```

Der erste Parameter ist ein Zeiger auf eine Struktur des Typs SECURITY_ATTRIBUTES. Er wird von Windows 98 nicht ausgewertet und kann auch in Windows NT mit dem Wert NULL versorgt werden. Der zweite Parameter legt die anfängliche Stackgröße für den neuen Thread fest. Wenn Sie hier den Wert 0 übergeben, verwendet *CreateThread* einen systemspezifischen Standardwert. (Sorgen um zu kleine Werte machen muß man sich hier nicht, weil Windows den Stack bei Bedarf automatisch vergrößert.)

Als dritten Parameter erwartet *CreateThread* die Adresse einer Thread-Funktion. Der Name dieser Funktion ist frei wählbar, ihre Syntax dagegen vorgeschrieben:

```
DWORD WINAPI ThreadProc (PVOID pParam) ;
```

Als *pParam* übergibt Windows hier den Wert, den Sie als vierten Parameter von *CreateThread* angegeben haben. Dieser Parameter ermöglicht vornehmlich den Datenaustausch zwischen primären und sekundären Threads.

Als fünften Parameter von *CreateThread* können Sie entweder 0 oder die Konstante CREATE_SUSPENDED übergeben: Sie weist Windows an, den Thread sofort nach dem Anlegen zu blockieren (und erst nach dem Aufruf der Funktion *ResumeThread* fortzusetzen). Als sechsten und letzten Parameter erwartet *CreateThread* schließlich einen Zeiger auf eine programmeigene Variable: Dort wird nach dem erfolgreichen Anlegen des Threads die Thread-ID eingesetzt.

Die meisten Windows-Programmierer verwenden anstelle von *CreateThread* allerdings einen Makro namens *_beginthread*, der in der Include-Datei PROCESS.H definiert ist. Die Aufrufsyntax lautet:

```
hThread = _beginthread (ThreadProc, uiStackSize, pParam) ;
```

Die Möglichkeiten sind hier etwas eingeschränkter, aber für die meisten Fälle völlig ausreichend. Der Prototyp für die Thread-Funktion ist in diesem Fall:

```
void cdecl ThreadProc (void * pParam) ;
```

Zufällige Rechtecke – noch einmal anders

Das Programm RNDRCTMT, dessen Listing Sie in Abbildung 20.1 finden, stellt eine Multithreading-Version des Programms RANDRECT aus Kapitel 5 dar. Wie Sie sich sicher erinnern werden, verwendet RANDRECT eine *PeekMessage*-Schleife, um eine Serie zufälliger Rechtecke zeichnen und gleichzeitig auf Nachrichten zu reagieren.

RNDRCTMT.C

```
/*---------------------------------------------------------
   RNDRCTMT.C -- Zufällige Rechtecke, Multithreading-Version
                 (c) Charles Petzold, 1998
  ---------------------------------------------------------*/

#include <windows.h>
#include <process.h>

LRESULT CALLBACK WndProc (HWND, UINT, WPARAM, LPARAM) ;

HWND hwnd ;
int  cxClient, cyClient ;
```

```
int WINAPI WinMain (HINSTANCE hInstance, HINSTANCE hPrevInstance,
                    PSTR szCmdLine, int iCmdShow)
{
     static TCHAR szAppName[] = TEXT ("RndRctMT") ;
     MSG          msg ;
     WNDCLASS     wndclass ;

     wndclass.style         = CS_HREDRAW | CS_VREDRAW ;
     wndclass.lpfnWndProc   = WndProc ;
     wndclass.cbClsExtra    = 0 ;
     wndclass.cbWndExtra    = 0 ;
     wndclass.hInstance     = hInstance ;
     wndclass.hIcon         = LoadIcon (NULL, IDI_APPLICATION) ;
     wndclass.hCursor       = LoadCursor (NULL, IDC_ARROW) ;
     wndclass.hbrBackground = (HBRUSH) GetStockObject (WHITE_BRUSH) ;
     wndclass.lpszMenuName  = NULL ;
     wndclass.lpszClassName = szAppName ;

     if (!RegisterClass (&wndclass))
     {
          // UNICODE-Kompilierung ist die einzige realistische Fehlermöglichkeit
          MessageBox (NULL, TEXT ("Programm arbeitet mit Unicode und setzt Windows NT voraus!"),
                      szAppName, MB_ICONERROR) ;
          return 0 ;
     }

     hwnd = CreateWindow (szAppName, TEXT ("Zufällige Rechtecke"),
                          WS_OVERLAPPEDWINDOW,
                          CW_USEDEFAULT, CW_USEDEFAULT,
                          CW_USEDEFAULT, CW_USEDEFAULT,
                          NULL, NULL, hInstance, NULL) ;

     ShowWindow (hwnd, iCmdShow) ;
     UpdateWindow (hwnd) ;

     while (GetMessage (&msg, NULL, 0, 0))
     {
          TranslateMessage (&msg) ;
          DispatchMessage (&msg) ;
     }
     return msg.wParam ;
}

VOID Thread (PVOID pvoid)
{
     HBRUSH hBrush ;
     HDC    hdc ;
     int    xLeft, xRight, yTop, yBottom, iRed, iGreen, iBlue ;

     while (TRUE)
     {
          if (cxClient != 0 || cyClient != 0)
          {
               xLeft   = rand () % cxClient ;
               xRight  = rand () % cxClient ;
```

```
            yTop    = rand () % cyClient ;
            yBottom = rand () % cyClient ;
            iRed    = rand () & 255 ;
            iGreen  = rand () & 255 ;
            iBlue   = rand () & 255 ;

            hdc = GetDC (hwnd) ;
            hBrush = CreateSolidBrush (RGB (iRed, iGreen, iBlue)) ;
            SelectObject (hdc, hBrush) ;

            Rectangle (hdc, min (xLeft, xRight), min (yTop, yBottom),
                            max (xLeft, xRight), max (yTop, yBottom)) ;

            ReleaseDC (hwnd, hdc) ;
            DeleteObject (hBrush) ;
        }
    }
}

LRESULT CALLBACK WndProc (HWND hwnd, UINT message, WPARAM wParam, LPARAM lParam)
{
    switch (message)
    {
    case WM_CREATE:
        _beginthread (Thread, 0, NULL) ;
        return 0 ;

    case WM_SIZE:
        cxClient = LOWORD (lParam) ;
        cyClient = HIWORD (lParam) ;
        return 0 ;

    case WM_DESTROY:
        PostQuitMessage (0) ;
        return 0 ;
    }
    return DefWindowProc (hwnd, message, wParam, lParam) ;
}
```

Abbildung 20.1: *Das Programm* RNDRCTMT

Wenn Sie ein Projekt für eine Multithreading-Anwendung anlegen, müssen Sie eine Einstellung im Dialogfeld »Projekteinstellungen« ändern. Aktivieren Sie dazu die Registerkarte »C/C++« und wählen Sie im aufschlagbaren Listenfeld »Kategorie« den Punkt »Code Generation« aus. Im Listenfeld »Laufzeit-Bibliothek« werden Sie die Einstellung »Single-Threaded« für die Release-Konfiguration und »Single-Threaded debuggen« für die Debug-Konfiguration vorfinden. Ändern Sie diese Einstellungen in »Multithreaded« bzw. in »Multithreaded debuggen«. (Was bei diesen Änderungen herauskommt, ist der zusätzliche Compilerschalter /MT, der seinerseits für die Aufnahme von LIBCMT.LIB anstelle von LIBC.LIB sorgt – mithin einer auf Multithreading ausgelegten Variante der Laufzeitbibliotheken.)

Die Dateien LIBC.LIB und LIBCMT.LIB enthalten eine Reihe von C-Bibliotheksfunktionen, von denen einige mit statischen Variablen operieren. So ist beispielsweise die Funktion *strtok* darauf eingerichtet, mehr als einmal in Folge aufgerufen zu werden und speichert deshalb einen Zeiger in einer statischen Variablen. In einem Multithreading-Programm braucht aber jeder Thread seine eigene statische Variable für diesen Zeiger, damit es nicht zu unerwünschten Seiteneffekten kommt. Aus diesem Grund fällt die Implementation der Multithreading-Variante von *strtok* etwas anders aus als die Implementation der Single-Threading-Variante.

RNDRCTMT.C nimmt nicht nur wie gewohnt WINDOWS.H, sondern auch die Datei PROCESS.H per *#include* auf. Dort ist der Makro *_beginthread* deklariert – der aber nur verfügbar wird, wenn zum Zeitpunkt der Compilierung das Symbol _MT definiert ist. (Diese Definition übernehmen Präprozessor und Compiler beim Aufruf mit dem Schalter /MT – siehe oben.)

Die Funktion *WinMain* von RNDRCTMT.C speichert den von *CreateWindow* gelieferten Fensterhandle in einer globalen Variablen. Global sind auch die Variablen *cxClient* und *cyClient*, deren Werte wie üblich durch die Window-Prozedur als Reaktion auf WM_SIZE gesetzt werden.

Der für das Zeichnen der Rechtecke zuständige Thread wird von der Window-Prozedur im Rahmen der Behandlung von WM_CREATE eingerichtet, also zu Beginn des Programms. Der zugehörige *_beginthread*-Aufruf ist recht einfach gehalten: Er übergibt als ersten Parameter die Adresse der Thread-Funktion (der ich hier den Namen *Thread* gegeben habe) und begnügt sich ansonsten mit 0 bzw. NULL. Die Thread-Funktion bekommt hier also als »Kontext« einen NULL-Zeiger übergeben, um den sie sich aber auch nicht sonderlich kümmert.

Nach dem Aufruf von *_beginthread* läuft der Code der Thread-Funktion (und jeder anderen, von dort aus aufgerufenen Routine) parallel neben dem restlichen Programmcode. In einem Prozeß können sich mehrere Threads ohne weiteres derselben Funktionen und statischen Variablen bedienen. Nur die automatischen Variablen, die bei jedem Funktionsaufruf neu auf dem Stack angelegt werden, sind Thread-eigen, während eine statische Variable allen Threads gleichermaßen mit ihrem Wert dienen kann. Das ist der Grund, warum die Window-Prozedur im primären Thread die Werte der globalen Variablen *cxClient* und *cyClient* verändern kann und die Veränderungen für den sekundären Thread sichtbar sind.

Wenn die Werte von Variablen zwischen zwei Aufrufen einer Funktion erhalten bleiben sollen, weicht man normalerweise auf statische Variablen aus. Für die Fälle, in denen sich mehrere Threads bei solchen Variablen gegenseitig in die Quere kommen würde, sieht Windows das Konzept der threadlokalen Speicherung vor, zu dessen Details ich in diesem Kapitel noch ausführlicher komme.

Die Problemstellung des Programmierwettbewerbs

Am 3. Oktober 1986 hielt Microsoft eine ganztägige Presseversammlung für Computerbuchautoren und Fachjournalisten von Computerzeitschriften ab, um das aktuelle hauseigene Angebot an Sprachprodukten sowie die erste interaktive Entwicklungsumgebung QuickBASIC 2.0 vorzustellen und zu diskutieren. Damals war Windows 1.0 noch nicht ganz ein Jahr auf dem Markt und niemand wußte, wann es etwas Vergleichbares für diese Umgebung geben würde. (Es sollte in der Tat einige Jahre dauern.) Was diesem Ereignis seine Einzigartigkeit verlieh, war ein Werbegag, den sich die PR-Leute von Microsoft ausgedacht hatten: Ein Programmierwettbewerb unter dem Motto »Storm the Gates« – ein Wortspiel, das sich nicht nur als »stürmt die Tore«, sondern auch als »macht Bill nieder« übersetzen läßt (und in Redmond heute wohl nicht mehr so humorvoll aufgenommen wird wie damals). Bill Gates würde QuickBASIC 2.0 einsetzen, und die Presseleute durften jedes beliebige Sprachprodukt ihrer Wahl verwenden.

Das Programmierproblem für den Wettbewerb wurde aus einem Hut gezogen, in dem sich eine breite Auswahl an Problemen befand, die die Teilnehmer selbst beigesteuert hatten. Die Probleme waren allesamt daraufhin ausgelegt, in etwa einer halben Stunde Programmierarbeit gelöst werden zu können. Das ausgewählte Problem lautete ungefähr so: Erzeugen Sie die Simulation einer Multitasking-Umgebung mit vier Fenstern. Das erste Fenster muß eine wachsende Zahlenfolge ausgeben, das zweite eine wachsende Folge von Primzahlen und das dritte die Fibonacci-Folge. (Die Fibonacci-Folge beginnt mit den Werten 0 und 1, und jedes weitere Glied der Folge ist die Summe der beiden unmittelbar vorangehenden Glieder. Sie lautet also 0, 1, 1, 2, 3, 5, 8, etc.) Diese drei Fenster sollten entweder einen Bildlauf durchführen oder gelöscht werden, wenn die unterste Zeile erreicht war. Das vierte Fenster sollte Kreise mit zufälligen Radien zeichnen. Außerdem sollte man das Programm jederzeit über Esc beenden können.

Im Oktober 1986 konnte ein solches Programm, das unter DOS lief, natürlich nicht mehr als eine Multitasking-Simulation sein, und keiner der Teilnehmer war mutig genug – bzw. programmiererfahren genug – es unter Windows kodieren zu wollen. Zudem hätte dies wohl sicher erheblich mehr als eine halbe Stunde gedauert.

Die meisten Wettbewerbsteilnehmer schrieben ein Programm, das den Bildschirm in vier Bereiche aufteilte. Das Programm enthielt eine Schleife, die der Reihe nach, also Fenster für Fenster, je einen weiteren Wert errechnete, diesen ausgab und prüfte, ob die Esc-Taste gedrückt worden war. Wie üblich unter DOS, verwendete das Programm 100 Prozent der CPU-Leistung. (Eine Anmerkung des Übersetzers, die ausnahmsweise einmal explizit als solche gekennzeichnet ist: Der Gewinner hieß Bill Gates, weil das von ihm benutzte QuickBasic eine Grafikbibliothek enthielt. Charles Petzold verwendete Microsoft C, dessen damalige Version mit Grafik nichts am Hut hatte, belegte aber trotzdem einen ehrenvollen zweiten Platz – nachdem er darauf gekommen war, dass sich die Bedingung »Kreise mit zufälligen Radien« auch durch kleine und große Os erfüllen ließ.)

Hätte man das Programm unter Windows 1.0 geschrieben, wäre das Ergebnis in etwa so ausgefallen wie das Listing in Abbildung 20.2. Ich habe hier bewußt das Wörtchen »etwa« verwendet, weil ich das Programm an die 32-Bit-Windows-Welt angepaßt habe. Die Programmstruktur und ein großer Teil des Codes – mal abgesehen von den Variablen- und Funktionsparameter-Definitionen sowie der Unicode-Unterstützung – wären aber sicher gleich gewesen.

MULTI1.C

```
/*---------------------------------------
   MULTI1.C -- Multitasking-Demo
               (c) Charles Petzold, 1998
  ---------------------------------------*/

#include <windows.h>
#include <math.h>

LRESULT CALLBACK WndProc (HWND, UINT, WPARAM, LPARAM) ;

int cyChar ;

int WINAPI WinMain (HINSTANCE hInstance, HINSTANCE hPrevInstance,
                    PSTR szCmdLine, int iCmdShow)
{
     static TCHAR szAppName[] = TEXT ("Multi1") ;
     HWND         hwnd ;
     MSG          msg ;
     WNDCLASS     wndclass ;

     wndclass.style         = CS_HREDRAW | CS_VREDRAW ;
     wndclass.lpfnWndProc   = WndProc ;
```

```
     wndclass.cbClsExtra    = 0 ;
     wndclass.cbWndExtra    = 0 ;
     wndclass.hInstance     = hInstance ;
     wndclass.hIcon         = LoadIcon (NULL, IDI_APPLICATION) ;
     wndclass.hCursor       = LoadCursor (NULL, IDC_ARROW) ;
     wndclass.hbrBackground = (HBRUSH) GetStockObject (WHITE_BRUSH) ;
     wndclass.lpszMenuName  = NULL ;
     wndclass.lpszClassName = szAppName ;

     if (!RegisterClass (&wndclass))
     {
          // UNICODE-Kompilierung ist die einzige realistische Fehlermöglichkeit
          MessageBox (NULL, TEXT ("Programm arbeitet mit Unicode und setzt Windows NT voraus!"),
                      szAppName, MB_ICONERROR) ;
          return 0 ;
     }
     hwnd = CreateWindow (szAppName, TEXT ("Multitasking-Demo"),
                          WS_OVERLAPPEDWINDOW,
                          CW_USEDEFAULT, CW_USEDEFAULT,
                          CW_USEDEFAULT, CW_USEDEFAULT,
                          NULL, NULL, hInstance, NULL) ;

     ShowWindow (hwnd, iCmdShow) ;
     UpdateWindow (hwnd) ;

     while (GetMessage (&msg, NULL, 0, 0))
     {
          TranslateMessage (&msg) ;
          DispatchMessage (&msg) ;
     }
     return msg.wParam ;
}

int CheckBottom (HWND hwnd, int cyClient, int iLine)
{
     if (iLine * cyChar + cyChar > cyClient)
     {
          InvalidateRect (hwnd, NULL, TRUE) ;
          UpdateWindow (hwnd) ;
          iLine = 0 ;
     }
     return iLine ;
}

// ------------------------------------------------
// Fenster 1: Gibt eine wachsende Zahlenfolge aus
// ------------------------------------------------
LRESULT APIENTRY WndProc1 (HWND hwnd, UINT message, WPARAM wParam, LPARAM lParam)
{
     static int iNum, iLine, cyClient ;
     HDC        hdc ;
     TCHAR      szBuffer[16] ;

     switch (message)
     {
     case WM_SIZE:
```

```
          cyClient = HIWORD (lParam) ;
          return 0 ;
     case WM_TIMER:
          if (iNum < 0)
               iNum = 0 ;

          iLine = CheckBottom (hwnd, cyClient, iLine) ;
          hdc = GetDC (hwnd) ;

          TextOut (hdc, 0, iLine * cyChar, szBuffer,
                   wsprintf (szBuffer, TEXT ("%d"), iNum++)) ;

          ReleaseDC (hwnd, hdc) ;
          iLine++ ;
          return 0 ;
     }
     return DefWindowProc (hwnd, message, wParam, lParam) ;
}

// ------------------------------------------------
// Fenster 2: Gibt eine wachsende Primzahlfolge aus
// ------------------------------------------------
LRESULT APIENTRY WndProc2 (HWND hwnd, UINT message, WPARAM wParam, LPARAM lParam)
{
     static int iNum = 1, iLine, cyClient ;
     HDC        hdc ;
     int        i, iSqrt ;
     TCHAR      szBuffer[16] ;

     switch (message)
     {
     case WM_SIZE:
          cyClient = HIWORD (lParam) ;
          return 0 ;

     case WM_TIMER:
          do   {
               if (++iNum < 0)
                    iNum = 0 ;

               iSqrt = (int) sqrt (iNum) ;   // Wurzel berechnen

               for (i = 2 ; i <= iSqrt ; i++)
                    if (iNum % i == 0)
                         break ;
          }
          while (i <= iSqrt) ;

          iLine = CheckBottom (hwnd, cyClient, iLine) ;
          hdc = GetDC (hwnd) ;

          TextOut (hdc, 0, iLine * cyChar, szBuffer,
                   wsprintf (szBuffer, TEXT ("%d"), iNum)) ;
          ReleaseDC (hwnd, hdc) ;
          iLine++ ;
          return 0 ;
```

```
     }
     return DefWindowProc (hwnd, message, wParam, lParam) ;
}

// ---------------------------------------
// Fenster 3: Gibt die Fibonacci-Folge aus
// ---------------------------------------
LRESULT APIENTRY WndProc3 (HWND hwnd, UINT message, WPARAM wParam, LPARAM lParam)
{
     static int iNum = 0, iNext = 1, iLine, cyClient ;
     HDC        hdc ;
     int        iTemp ;
     TCHAR      szBuffer[16] ;

     switch (message)
     {
     case WM_SIZE:
          cyClient = HIWORD (lParam) ;
          return 0 ;

     case WM_TIMER:
          if (iNum < 0)
          {
               iNum  = 0 ;
               iNext = 1 ;
          }

          iLine = CheckBottom (hwnd, cyClient, iLine) ;
          hdc = GetDC (hwnd) ;

          TextOut (hdc, 0, iLine * cyChar, szBuffer,
                   wsprintf (szBuffer, TEXT ("%d"), iNum)) ;
           ReleaseDC (hwnd, hdc) ;
          iTemp  = iNum ;
          iNum   = iNext ;
          iNext += iTemp ;
          iLine++ ;
          return 0 ;
     }
     return DefWindowProc (hwnd, message, wParam, lParam) ;
}

// -----------------------------------------------
// Fenster 4: Gibt Kreise mit zufälligen Radien aus
// -----------------------------------------------
LRESULT APIENTRY WndProc4 (HWND hwnd, UINT message, WPARAM wParam, LPARAM lParam)
{
     static int cxClient, cyClient ;
     HDC        hdc ;
     int        iDiameter ;

     switch (message)
     {
     case WM_SIZE:
          cxClient = LOWORD (lParam) ;
          cyClient = HIWORD (lParam) ;
```

```
          return 0 ;

     case WM_TIMER:
          InvalidateRect (hwnd, NULL, TRUE) ;
          UpdateWindow (hwnd) ;

          iDiameter = rand() % (max (1, min (cxClient, cyClient))) ;
          hdc = GetDC (hwnd) ;

          Ellipse (hdc, (cxClient - iDiameter) / 2,
                        (cyClient - iDiameter) / 2,
                        (cxClient + iDiameter) / 2,
                        (cyClient + iDiameter) / 2) ;

          ReleaseDC (hwnd, hdc) ;
          return 0 ;
     }
     return DefWindowProc (hwnd, message, wParam, lParam) ;
}

// ------------------------------------------
// Hauptfenster, erzeugt untergeordnete Fenster
// ------------------------------------------
LRESULT APIENTRY WndProc (HWND hwnd, UINT message, WPARAM wParam, LPARAM lParam)
{
     static HWND    hwndChild[4] ;
     static TCHAR * szChildClass[] = { TEXT ("Fenster 1"), TEXT ("Fenster 2"),
                                       TEXT ("Fenster 3"), TEXT ("Fenster 4") } ;
     static WNDPROC ChildProc[] = { WndProc1, WndProc2, WndProc3, WndProc4 } ;
     HINSTANCE      hInstance ;
     int            i, cxClient, cyClient ;
     WNDCLASS       wndclass ;

     switch (message)
     {
     case WM_CREATE:
          hInstance = (HINSTANCE) GetWindowLong (hwnd, GWL_HINSTANCE) ;

          wndclass.style         = CS_HREDRAW | CS_VREDRAW ;
          wndclass.cbClsExtra    = 0 ;
          wndclass.cbWndExtra    = 0 ;
          wndclass.hInstance     = hInstance ;
          wndclass.hIcon         = NULL ;
          wndclass.hCursor       = LoadCursor (NULL, IDC_ARROW) ;
          wndclass.hbrBackground = (HBRUSH) GetStockObject (WHITE_BRUSH) ;
          wndclass.lpszMenuName  = NULL ;

          for (i = 0 ; i < 4 ; i++)
          {
               wndclass.lpfnWndProc   = ChildProc[i] ;
               wndclass.lpszClassName = szChildClass[i] ;

               RegisterClass (&wndclass) ;

               hwndChild[i] = CreateWindow (szChildClass[i], NULL,
                                   WS_CHILDWINDOW | WS_BORDER | WS_VISIBLE,
```

```
                                0, 0, 0, 0,
                                hwnd, (HMENU) i, hInstance, NULL) ;
               }

               cyChar = HIWORD (GetDialogBaseUnits ()) ;
               SetTimer (hwnd, 1, 10, NULL) ;
               return 0 ;

          case WM_SIZE:
               cxClient = LOWORD (lParam) ;
               cyClient = HIWORD (lParam) ;

               for (i = 0 ; i < 4 ; i++)
                    MoveWindow (hwndChild[i], (i % 2) * cxClient / 2,
                                              (i > 1) * cyClient / 2,
                                cxClient / 2, cyClient / 2, TRUE) ;
               return 0 ;

          case WM_TIMER:               // WM_TIMER an untergeordnete Fenster weitergeben
               for (i = 0 ; i < 4 ; i++)
                    SendMessage (hwndChild[i], WM_TIMER, wParam, lParam) ;

               return 0 ;

          case WM_CHAR:                // Abbruch durch Esc
               if (wParam == '\x1B')
                    DestroyWindow (hwnd) ;

               return 0 ;

          case WM_DESTROY:
               KillTimer (hwnd, 1) ;
               PostQuitMessage (0) ;
               return 0 ;
          }
     return DefWindowProc (hwnd, message, wParam, lParam) ;
}
```

Abbildung 20.2: *Das Programm* MULTI1

Viel Neues werden Sie in diesem Programm wohl kaum finden: Sein Hauptfenster legt vier untergeordnete Fenster an, von denen ein jedes ein Viertel des Anwendungsbereichs einnimmt. Über einen zentral angelegten Timer werden diese vier Fenster regelmäßig mit WM_TIMER-Nachrichten versorgt.

Normalerweise sollte ein Windows-Programm schlau genug sein, seinen Fensterinhalt auf eine WM_PAINT-Nachricht hin neu zu zeichnen. Bei MULTI1 habe ich der Einfachheit halber darauf verzichtet, da die Fensterinhalte ohnehin ständig gezeichnet und wieder gelöscht werden.

Zugegeben, der Primzahlgenerator in *WndProc2* ist nicht gerade das Nonplusultra, aber er tut das, was er soll. Eine Zahl ist eine Primzahl, wenn sie außer der Zahl 1 und sich selbst keine Teiler hat. Um festzustellen, ob eine bestimmte Zahl eine Primzahl ist, reicht es, die Zahlen, die kleiner gleich der Wurzel dieser Zahl sind, auf die Teilereigenschaft hin zu überprüfen. Für die Berechnung dieser Wurzel benutzt das Programm Gleitkomma-Arithmetik, weil das einfacher ist – von der Problemstellung her käme man natürlich auch ohne aus.

An MULTI1 ist nichts wirklich falsch – schließlich waren Windows-Timer schon immer eine feine Sache, wenn es (vor allem in früheren Versionen) darum ging, Multitasking zu simulieren. Der einzige Nachteil eines Timers liegt darin, dass er die Ausführungsgeschwindigkeit eines Programms je nach Problemstellung zuweilen ein wenig einschränkt. Wenn das Programm alle seine Fenster mit einer einzigen WM_TIMER-Nachricht aktualisieren kann und dann immer noch Zeit bis zum Eintreffen der nächsten WM_TIMER-Nachricht übrig ist, nutzt es die Maschine nicht vollständig.

Eine mögliche Lösung wäre, auf jede WM_TIMER-Nachricht hin zwei oder mehrere Berechnungen und Ausgaben je Fenster anzustellen. Aber wie viele? Das würde einerseits von der Geschwindigkeit der Maschine abhängen, andererseits aber auch von der Komplexität des Problems – denn die Berechnung einer achtstelligen Primzahl dauert mit dem verwendeten Algorithmus sicher länger als die einer zweistelligen.

Die Multithread-Lösung

Das in Abbildung 20.3 aufgelistete Programm MULTI2 ist sozusagen die moderne Variante von MULTI1: Es löst die Problemstellung, indem es jeder Teilaufgabe einen eigenen Thread spendiert.

MULTI2.C

```
/*------------------------------------
   MULTI2.C - Multitasking-Demo
             (c) Charles Petzold, 1998
  ------------------------------------*/

#include <windows.h>
#include <math.h>
#include <process.h>

typedef struct
{
     HWND hwnd ;
     int  cxClient ;
     int  cyClient ;
     int  cyChar ;
     BOOL bKill ;
}
PARAMS, *PPARAMS ;

LRESULT APIENTRY WndProc (HWND, UINT, WPARAM, LPARAM) ;

int WINAPI WinMain (HINSTANCE hInstance, HINSTANCE hPrevInstance,
                    PSTR szCmdLine, int iCmdShow)
{
     static TCHAR szAppName[] = TEXT ("Multi2") ;
     HWND         hwnd ;
     MSG          msg ;
     WNDCLASS     wndclass ;

     wndclass.style         = CS_HREDRAW | CS_VREDRAW ;
     wndclass.lpfnWndProc   = WndProc ;
     wndclass.cbClsExtra    = 0 ;
     wndclass.cbWndExtra    = 0 ;
     wndclass.hInstance     = hInstance ;
```

```
    wndclass.hIcon         = LoadIcon (NULL, IDI_APPLICATION) ;
    wndclass.hCursor       = LoadCursor (NULL, IDC_ARROW) ;
    wndclass.hbrBackground = (HBRUSH) GetStockObject (WHITE_BRUSH) ;
    wndclass.lpszMenuName  = NULL ;
    wndclass.lpszClassName = szAppName ;

    if (!RegisterClass (&wndclass))
    {
         // UNICODE-Kompilierung ist die einzige realistische Fehlermöglichkeit
         MessageBox (NULL, TEXT ("Programm arbeitet mit Unicode und setzt Windows NT voraus!"),
                     szAppName, MB_ICONERROR) ;
         return 0 ;
    }

    hwnd = CreateWindow (szAppName, TEXT ("Multitasking-Demo"),
                         WS_OVERLAPPEDWINDOW,
                         CW_USEDEFAULT, CW_USEDEFAULT,
                         CW_USEDEFAULT, CW_USEDEFAULT,
                         NULL, NULL, hInstance, NULL) ;

    ShowWindow (hwnd, iCmdShow) ;
    UpdateWindow (hwnd) ;

    while (GetMessage (&msg, NULL, 0, 0))
    {
         TranslateMessage (&msg) ;
         DispatchMessage (&msg) ;
    }
    return msg.wParam ;
}

int CheckBottom (HWND hwnd, int cyClient, int cyChar, int iLine)
{
    if (iLine * cyChar + cyChar > cyClient)
    {
         InvalidateRect (hwnd, NULL, TRUE) ;
         UpdateWindow (hwnd) ;
         iLine = 0 ;
    }
    return iLine ;
}

// ------------------------------------------------
// Fenster 1: Gibt eine wachsende Zahlenfolge aus
// ------------------------------------------------
void Thread1 (PVOID pvoid)
{
    HDC     hdc ;
    int     iNum = 0, iLine = 0 ;
    PPARAMS pparams ;
    TCHAR   szBuffer[16] ;

    pparams = (PPARAMS) pvoid ;

    while (!pparams->bKill)
    {
```

```
        if (iNum < 0)
            iNum = 0 ;

        iLine = CheckBottom (pparams->hwnd,   pparams->cyClient, pparams->cyChar, iLine) ;

        hdc = GetDC (pparams->hwnd) ;

        TextOut (hdc, 0, iLine * pparams->cyChar, szBuffer,
                 wsprintf (szBuffer, TEXT ("%d"), iNum++)) ;

        ReleaseDC (pparams->hwnd, hdc) ;
        iLine++ ;
    }
    _endthread () ;
}

LRESULT APIENTRY WndProc1 (HWND hwnd, UINT message, WPARAM wParam, LPARAM lParam)
{
    static PARAMS params ;

    switch (message)
    {
     case WM_CREATE:
        params.hwnd = hwnd ;
        params.cyChar = HIWORD (GetDialogBaseUnits ()) ;
        _beginthread (Thread1, 0, &params) ;
        return 0 ;

    case WM_SIZE:
        params.cyClient = HIWORD (lParam) ;
        return 0 ;

    case WM_DESTROY:
        params.bKill = TRUE ;
        return 0 ;
    }
    return DefWindowProc (hwnd, message, wParam, lParam) ;
}

// -----------------------------------------------
// Fenster 2: Gibt eine wachsende Primzahlfolge aus
// -----------------------------------------------
void Thread2 (PVOID pvoid)
{
    HDC     hdc ;
    int     iNum = 1, iLine = 0, i, iSqrt ;
    PPARAMS pparams ;
    TCHAR   szBuffer[16] ;

    pparams = (PPARAMS) pvoid ;

    while (!pparams->bKill)
    {
        do
        {
            if (++iNum < 0)
```

```
                    iNum = 0 ;

               iSqrt = (int) sqrt (iNum) ;

               for (i = 2 ; i <= iSqrt ; i++)
                    if (iNum % i == 0)
                         break ;
          }
          while (i <= iSqrt) ;
          iLine = CheckBottom (pparams->hwnd,   pparams->cyClient,
                               pparams->cyChar, iLine) ;

          hdc = GetDC (pparams->hwnd) ;

          TextOut (hdc, 0, iLine * pparams->cyChar, szBuffer,
                   wsprintf (szBuffer, TEXT ("%d"), iNum)) ;

          ReleaseDC (pparams->hwnd, hdc) ;
          iLine++ ;
     }
     _endthread () ;
}

LRESULT APIENTRY WndProc2 (HWND hwnd, UINT message, WPARAM wParam, LPARAM lParam)
{
     static PARAMS params ;

     switch (message)
     {
     case WM_CREATE:
          params.hwnd = hwnd ;
          params.cyChar = HIWORD (GetDialogBaseUnits ()) ;
          _beginthread (Thread2, 0, &params) ;
          return 0 ;

     case WM_SIZE:
          params.cyClient = HIWORD (lParam) ;
          return 0 ;

     case WM_DESTROY:
          params.bKill = TRUE ;
          return 0 ;
     }
     return DefWindowProc (hwnd, message, wParam, lParam) ;
}

// ---------------------------------------
// Fenster 3: Gibt die Fibonacci-Folge aus
// ---------------------------------------
void Thread3 (PVOID pvoid)
{
     HDC     hdc ;
     int     iNum = 0, iNext = 1, iLine = 0, iTemp ;
     PPARAMS pparams ;
     TCHAR   szBuffer[16] ;
```

```
     pparams = (PPARAMS) pvoid ;

     while (!pparams->bKill)
     {
          if (iNum < 0)
          {
               iNum  = 0 ;
               iNext = 1 ;
          }
          iLine = CheckBottom (pparams->hwnd,   pparams->cyClient,
                               pparams->cyChar, iLine) ;

          hdc = GetDC (pparams->hwnd) ;

          TextOut (hdc, 0, iLine * pparams->cyChar, szBuffer,
                   wsprintf (szBuffer, TEXT ("%d"), iNum)) ;

          ReleaseDC (pparams->hwnd, hdc) ;
          iTemp  = iNum ;
          iNum   = iNext ;
          iNext += iTemp ;
          iLine++ ;
     }
     _endthread () ;
}

LRESULT APIENTRY WndProc3 (HWND hwnd, UINT message, WPARAM wParam, LPARAM lParam)
{
     static PARAMS params ;

     switch (message)
     {
     case WM_CREATE:
          params.hwnd = hwnd ;
          params.cyChar = HIWORD (GetDialogBaseUnits ()) ;
          _beginthread (Thread3, 0, &params) ;
          return 0 ;
     case WM_SIZE:
          params.cyClient = HIWORD (lParam) ;
          return 0 ;

     case WM_DESTROY:
          params.bKill = TRUE ;
          return 0 ;
     }
     return DefWindowProc (hwnd, message, wParam, lParam) ;
}

// ------------------------------------------------
// Fenster 4: Gibt Kreise mit zufälligen Radien aus
// ------------------------------------------------
void Thread4 (PVOID pvoid)
{
     HDC     hdc ;
     int     iDiameter ;
     PPARAMS pparams ;
```

```
     pparams = (PPARAMS) pvoid ;

     while (!pparams->bKill)
     {
          InvalidateRect (pparams->hwnd, NULL, TRUE) ;
          UpdateWindow (pparams->hwnd) ;

          iDiameter = rand() % (max (1, min (pparams->cxClient, pparams->cyClient))) ;

          hdc = GetDC (pparams->hwnd) ;

          Ellipse (hdc, (pparams->cxClient - iDiameter) / 2,
                        (pparams->cyClient - iDiameter) / 2,
                        (pparams->cxClient + iDiameter) / 2,
                        (pparams->cyClient + iDiameter) / 2) ;

          ReleaseDC (pparams->hwnd, hdc) ;
     }
     _endthread () ;
}

LRESULT APIENTRY WndProc4 (HWND hwnd, UINT message, WPARAM wParam, LPARAM lParam)
{
     static PARAMS params ;

     switch (message)
     {
     case WM_CREATE:
          params.hwnd = hwnd ;
          params.cyChar = HIWORD (GetDialogBaseUnits ()) ;
          _beginthread (Thread4, 0, &params) ;
          return 0 ;

     case WM_SIZE:
          params.cxClient = LOWORD (lParam) ;
          params.cyClient = HIWORD (lParam) ;
          return 0 ;

     case WM_DESTROY:
          params.bKill = TRUE ;
          return 0 ;
     }
     return DefWindowProc (hwnd, message, wParam, lParam) ;
}

// -------------------------------------------
// Hauptfenster, erzeugt untergeordnete Fenster
// -------------------------------------------
LRESULT APIENTRY WndProc (HWND hwnd, UINT message, WPARAM wParam, LPARAM lParam)
{
     static HWND    hwndChild[4] ;
     static TCHAR * szChildClass[] = { TEXT ("Fenster 1"), TEXT ("Fenster 2"),
                                       TEXT ("Fenster 3"), TEXT ("Fenster 4") } ;
     static WNDPROC ChildProc[] = { WndProc1, WndProc2, WndProc3, WndProc4 } ;
     HINSTANCE      hInstance ;
```

```
     int            i, cxClient, cyClient ;
     WNDCLASS       wndclass ;

     switch (message)
     {
     case WM_CREATE:
          hInstance = (HINSTANCE) GetWindowLong (hwnd, GWL_HINSTANCE) ;
          wndclass.style         = CS_HREDRAW | CS_VREDRAW ;
          wndclass.cbClsExtra    = 0 ;
          wndclass.cbWndExtra    = 0 ;
          wndclass.hInstance     = hInstance ;
          wndclass.hIcon         = NULL ;
          wndclass.hCursor       = LoadCursor (NULL, IDC_ARROW) ;
          wndclass.hbrBackground = (HBRUSH) GetStockObject (WHITE_BRUSH) ;
          wndclass.lpszMenuName  = NULL ;

          for (i = 0 ; i < 4 ; i++)
          {
               wndclass.lpfnWndProc   = ChildProc[i] ;
               wndclass.lpszClassName = szChildClass[i] ;

               RegisterClass (&wndclass) ;

               hwndChild[i] = CreateWindow (szChildClass[i], NULL,
                                   WS_CHILDWINDOW | WS_BORDER | WS_VISIBLE,
                                   0, 0, 0, 0,
                                   hwnd, (HMENU) i, hInstance, NULL) ;
          }

          return 0 ;

     case WM_SIZE:
          cxClient = LOWORD (lParam) ;
          cyClient = HIWORD (lParam) ;

          for (i = 0 ; i < 4 ; i++)
               MoveWindow (hwndChild[i], (i % 2) * cxClient / 2,
                                         (i > 1) * cyClient / 2,
                           cxClient / 2, cyClient / 2, TRUE) ;
          return 0 ;

     case WM_CHAR:
          if (wParam == '\x1B')
               DestroyWindow (hwnd) ;

          return 0 ;

     case WM_DESTROY:
          PostQuitMessage (0) ;
          return 0 ;
     }
     return DefWindowProc (hwnd, message, wParam, lParam) ;
}
```

***Abbildung 20.3:** Das Programm* MULTI2

Die Funktionen *WinMain* und *WndProc* von MULTI2 sind denen von MULTI1 recht ähnlich: Die Window-Prozedur für das Hauptfenster registriert vier Fensterklassen für die vier untergeordneten Fenster, legt diese vier Fenster an und verteilt sie bei WM_SIZE auf den eigenen Anwendungsbereich. Tatsächlich besteht der einzige Unterschied darin, dass *WndProc* in dieser Version ohne Windows-Timer auskommt.

Die große Neuerung verbirgt sich in den Window-Prozeduren der einzelnen Fenster: Sie reagieren auf WM_CREATE jeweils mit dem Anlegen eines eigenen Threads über *_beginthread*, der dann seinerseits für das Zeichnen des Fensterinhalts sorgt. Damit besitzt das Programm MULTI2 fünf Threads, die nebeneinander zur Ausführung kommen. Der primäre Thread umfaßt im wesentlichen die Window-Prozedur für das Hauptfenster und die Window-Prozeduren der vier untergeordneten Fenster. Die vier sekundären Threads, deren Thread-Funktionen die Namen *Tread1*, *Thread2* usw. tragen, verrichten jeweils die den Fenstern zugeordneten Teilaufgaben.

Der dritte Parameter von *_beginthread* wird von Windows ohne Interpretation oder Veränderung an den neu angelegten Thread übergeben und kann einen beliebigen Wert mit 32 Bit darstellen – typischerweise einen Zeiger auf eine Struktur. Im Programm RNDRCMT habe ich dafür schlicht den Wert NULL eingesetzt; MULTI2 verwendet diesen Parameter dagegen zur Kommunikation zwischen den Threads und kommt so ohne globale Variablen für Fensterhandles, Fenstergrößen und das Beenden der Threads aus.

Das Programm definiert zu diesem Zweck einen eigenen Strukturtyp PARAMS zusammen mit einem entsprechenden Zeigertyp PPARAMS. Diese Struktur beschreibt ein Fenster und hat fünf Felder: den Fensterhandle, die Breite und Höhe des Fensters, den vertikalen Platzbedarf eines Zeichens sowie ein Flag namens *bKill*. Über das Flag bekommen die sekundären Threads mitgeteilt, wann sie ihre Ausführung beenden sollen.

Werfen wir einen Blick auf die Funktion *WndProc1*, die Window-Prozedur des ersten untergeordneten Fensters, das die wachsenden Zahlenfolge ausgeben soll. Sie besetzt die Felder *hwnd* und *cyChar* bei WM_CREATE und legt dann mit *_beginthread* einen neuen Thread an. Der erste Parameter dieses Makros legt *Thread1* als Thread-Funktion fest, der dritte übergibt die Adresse der PARAMS-Struktur, die im weiteren die Kommunikation zwischen Window-Prozedur und Thread übernimmt. Da der Thread wissen muß, wie viele Zeilen ihm in seinem Fenster für die Ausgabe zur Verfügung stehen, muß er über die Höhe des Fensters auf dem Laufenden bleiben. *WndProc1* aktualisiert das entsprechende Feld der PARAMS-Struktur als Reaktion auf WM_SIZE. Weiterhin muß der Thread wissen, wann er seine Ausführung beenden soll. Dazu setzt *WndProc1* als Reaktion auf WM_DESTROY das Feld *bKill* auf den Wert TRUE. Der Thread, der seinerseits dieses Datenfeld als Abbruchkriterium in seiner Bearbeitungsschleife auswertet, ruft daraufhin den Makro *_endthread* auf, der seinen Abbruch explizit einleitet. Bei MULTI2 wäre das eigentlich gar nicht nötig, weil Threads implizit enden, wenn ihre Thread-Funktion ein (abschließendes) *return* ausführt. Die Funktion *_endthread* benutzt man im allgemeinen nur dann, wenn sich die Notwendigkeit zum Abbruch irgendwo innerhalb eines komplex verschachtelten Ausführungspfades ergibt.

Die Funktion *Thread1* berechnet die Glieder der wachsenden Folge und gibt sie Zeile für Zeile im ersten untergeordneten Fenster aus. Die Hilfsfunktion *CheckBottom* sorgt gegebenenfalls dafür, dass der Fensterinhalt beim Erreichen des unteren Fensterrandes gelöscht wird. *Thread1* läuft gleichzeitig neben den anderen vier Threads des Programms, von denen drei in ähnlicher Weise für die anderen Fenster zuständig sind. Für die Textausgabe und die Formatierung des jeweils errechneten Folgenglieds benutzen die Funktionen *Thread1*, *Thread2* und *Thread3* die Funktion *TextOut*.

Während MULTI1 im Timer-Takt dahinschleicht, lastet MULTI2 den Prozessor wirklich aus. Ein weiterer Unterschied ist natürlich, dass die Multitasking-Umgebung nun nicht mehr nur simuliert wird, sondern faktisch vorhanden ist. Man sieht das daran, dass zwischen den Fenstern keine Synchronizität mehr herrscht: Jeder Thread tut im Rahmen seiner Rechenzeit das, was er kann. Während der mit der Primzahlberechnung beschäftigte Thread zunehmend langsamer wird, nehmen die anderen drei Threads ihre Ausgaben mit gleichbleibender Geschwindigkeit vor. Es gibt aber noch einen weiteren Unterschied: Weil MULTI2 nicht von regelmäßigen Nachrichten abhängig ist, setzt dieses Programm seine Ausgaben auch dann fort, während Sie Fenster verschieben oder in ihrer Größe ändern (worauf Windows bekanntlich mit dem Einsprung in eine eigene, modale Nachrichtenschleife reagiert).

Seiteneffekte

Wenn Sie bereits Erfahrungen auf dem Gebiet der Thread-Programmierung gesammelt haben, dann wird es Ihnen vielleicht so vorkommen, als sei MULTI2 nicht ganz so sattelfest, wie ich es Ihnen verkauft habe. Gibt es Seiteneffekte? Diese Frage sollte man sich immer stellen, wenn es um Threads geht. Sehen wir uns zunächst einmal die Kommunikation zwischen *WndProc1* und *Thread1* an.

WndProc1 wird vom primären Thread des Programms MULTI2 ausgeführt, und *Thread1* läuft parallel dazu. Der Punkt, an dem Windows 98 dem einen die Kontrolle entzieht und dem anderen gibt, ist unvorhersehbar. Angenommen, *Thread1* hat gerade das Ruder und führt die Schleife soeben erneut von Anfang an aus, weil das *bKill*-Feld der PARAMS-Struktur nicht TRUE war. Nehmen wir des weiteren an, dass die Kontrolle genau in diesem Moment an den primären Thread übergeht, die Funktion *WndProc1* darin eine WM_DESTROY-Nachricht behandelt, also die besagte Variable *bKill* auf TRUE setzt, und sich dann verabschiedet. Was passiert nun, wenn *Thread1* wieder an der Reihe ist und im frisch gestärkten Glauben, die Welt sei noch in Ordnung, versucht, einen Gerätekontext für ein nicht mehr vorhandenes Fenster anzufordern?

In der Theorie ergibt sich damit ein gewaltiges Problem – das in der Praxis sofort wieder verschwindet: Windows 98 ist selbst sattelfest genug, die Grafikfunktion schlicht scheitern zu lassen, ohne dadurch Folgefehler zu erzeugen.

Will man die Thread-Programmierung als solides Handwerk betreiben, kommt man an der Thread-Synchronisation (und an kritischen Abschnitten) nicht vorbei. Ich werde gleich noch näher darauf eingehen, hier nur ein kleiner Exkurs. Ein kritischer Abschnitt wird grundsätzlich durch den Systemaufruf *EnterCriticalSection* eingeleitet und durch den Systemaufruf *LeaveCriticalSection* beendet. Es kann immer nur ein Thread einen kritischen Abschnitt ausführen. Alle anderen Threads bleiben so lange blockiert, bis der erste Thread den kritischen Abschnitt wieder verlassen hat.

Ein anderes denkbares Problem könnte in MULTI2 dadurch auftreten, dass der primäre Thread eine WM_ERASEBKGND- oder WM_PAINT-Nachricht zu einem Zeitpunkt erhält, zu dem ein sekundärer Thread gerade mit Zeichenoperationen beschäftigt ist. Es sieht so aus, als müsse der gleichzeitige Zugriff zweier Threads auf dasselbe Fenster durch einen kritischen Abschnitt verhindert werden. Experimente, die ich in diese Richtung angestellt habe, zeigten aber, dass Windows bei grafischen Zeichenfunktionen selbst für die Serialisierung sorgt: Zu jedem Zeitpunkt kann immer nur ein Thread in ein Fenster zeichnen. Ein zweiter Thread, der da gleichzeitig versucht, bleibt so lange blockiert, bis der erste Thread seine Operationen abgeschlossen hat.

Die Dokumentation zu Windows 9x warnt allerdings ausdrücklich davor, dass es einen Bereich gibt, in dem eine Serialisierung von Grafikfunktionen nicht erfolgt. Betroffen davon sind Funktionen, die mit GDI-Objekten wie Zeichenstiften, Füllmustern, Schriften, Bitmaps, Regionen und Paletten zu tun haben. In diesem Bereich muß der Programmierer Vorsorge treffen, dass der eine Thread zum Beispiel nicht gerade genau das Objekt abbaut, das ein anderer gerade benutzt. Man kann solchen Fällen entweder mit kritischen Abschnitten begegnen – oder über einen konzeptionellen Ansatz, der die gemeinsame Nutzung von GDI-Objekten durch mehrere Threads ausschließt.

Die Funktion *Sleep*

Ich habe mich bereits darüber ausgelassen, welche Architektur ich für ein Programm, das mit Multithreading arbeitet, am besten halte: Der primäre Thread kümmert sich um alle Fenster des Programms – legt sie an, enthält die Window-Prozeduren, behandelt die Nachrichten etc. –, die sekundären Threads erledigen längere Arbeiten asynchron im Hintergrund.

Wie dem auch sei, nehmen wir an, Sie wollten eine Animation in einen sekundären Thread packen. Normalerweise sorgen in Windows WM_TIMER-Nachrichten für den Zeittakt der Animationsphasen. Wenn nun der sekundäre Thread kein Fenster erzeugt, kann er auch keine WM_TIMER-Nachrichten empfangen. Ohne einen externen Takt wird die Animation aber sicher schneller laufen, als sie soll.

Als Lösung bietet sich die Funktion *Sleep* an. Sie ermöglicht es einem Thread, sich freiwillig für eine gewisse Zeitdauer schlafen zu legen bzw. die Kontrolle weiterzugeben. Die Funktion erwartet einen Parameter, dessen Wert die Dauer des Dornröschenschlafs in Millisekunden festlegt. Nach dem Aufruf von *Sleep* erhält der Thread die Kontrolle erst wieder, wenn die Zeit abgelaufen ist. Da der Thread während dieser Zeit keine Rechenzeit zugeteilt bekommt, belastet er das System so gut wie überhaupt nicht (gut, das System muß den Timer auswerten und bei jedem Tick entscheiden, ob der Thread geweckt werden soll oder nicht.) Ein Aufruf der Funktion *Sleep* mit dem Wert 0 entspricht dem Verzicht auf den restlichen Teil der aktuellen Zeitscheibe des jeweiligen Threads.

Wenn sich ein Thread der Funktion *Sleep* bedient, betrifft der Verzicht auf die Rechenzeit nur diesen Thread, die anderen laufen unvermindert weiter und profitieren von dem Mehr an Rechenzeit. Ich habe die Funktion *Sleep* bereits in dem Programm SCRAMBLE in Kapitel 14 benutzt, um die Geschwindigkeit der Ausgabe zu verlangsamen.

Für gewöhnlich macht es keinen Sinn, den primären Thread über *Sleep* lahmzulegen, weil das auch die Behandlung der Nachrichten verzögert und damit die Geschwindigkeit, mit der das Programm auf Benutzeraktionen reagiert. (Bei SCRAMBLE gibt es da kein Problem, weil dieses Programm sowieso ohne Interaktionsmöglichkeit abläuft.)

Synchronisation von Threads

Etwa einmal im Jahr fallen die Ampeln an der belebten Kreuzung vor meinem Haus aus. Das Ergebnis ist, wie man sich leicht vorstellt, Chaos: Autoschlangen, die sonst geregelt ihre Wege ziehen, sind plötzlich aufgewühlt, und es kommt sogar zuweilen zu Beinahe-Unfällen.

In die Computerwelt übersetzt könnte man die beiden sich kreuzenden Straßen als *kritischen Abschnitt* bezeichnen. In südliche Richtung fahrende Autos können die Kreuzung nicht zur gleichen Zeit passieren, wie in westliche Richtung fahrende, ohne dass es zu Kollisionen kommt. Je nach Verkehrsaufkommen gibt es unterschiedliche Ansätze, das Problem in Griff zu bekommen. Bei leichtem Verkehr mit guter Kreuzungseinsicht kann man darauf vertrauen, dass die Fahrer von sich aus vernünftig reagieren. Bei dichterem Verkehr ist eine Regelung durch Stopschilder angebracht. Ist der Verkehr wirklich lebhaft, sind Ampeln unverzichtbar, die das Geschehen rigide regeln (vorausgesetzt, sie funktionieren).

Der kritische Abschnitt

Traditionelle Programme, die unter Betriebssystemen ohne Multitasking-Unterstützung laufen, benötigen keinerlei Ampeln für die Regelung ihrer Aktivität. Sie können sich so benehmen, als gehöre ihnen das System allein, was es faktisch ja auch tut.

Auch in einer Multitasking-Umgebung scheinen die meisten Programme offensichtlich unabhängig voneinander zu laufen. Problematisch wird es, wenn zwei Programm gleichzeitig auf dieselbe Systemressource zugreifen – etwa auf dieselbe Datei. Für solche Fälle unterhält ein Multitasking-Betriebssystem einen Mechanismus, der die gemeinsame Nutzung von Dateien regelt und beispielsweise Datensätze sperrt.

In einem Betriebssystem mit Multithreading wird die Situation aber plötzlich haarig und potentiell gefährlich. Es ist nicht ungewöhnlich, dass zwei oder mehr Threads auf die gleichen Daten zugreifen. So kann der eine Thread einen Satz von Variablen aktualisieren, die ein anderer Thread auswertet – wie im Programm MULTI2. In bestimmten Fällen wirft die gemeinsame Nutzung von Programmressourcen aber auch Probleme auf. Bedenkt man, dass das Betriebssystem einem Thread prinzipiell zwischen zwei beliebigen Maschinenbefehlen die Kontrolle entziehen und einem anderen Thread übergeben kann, dann dürfte klar sein, dass jede Anweisung, die einer gemeinsam genutzten Programmressource gilt und die der Compiler in mehr als einen Maschinenbefehl übersetzt, potentiell zu Problemen führt.

So beispielsweise, wenn für einen aus mehreren Feldern aufgebauten Datensatz innere Konsistenz gefordert ist. Wenn ein Thread diesen Datensatz aktualisiert, dann sollte er dabei möglichst nicht unterbrochen werden, weil ein anderer Thread sonst den Datensatz in einem inkonsistenten Zustand vorfinden könnte.

Um solchen und anderen Kollisionen von Thread-Aktivitäten vorzubeugen, sind so etwas wie Ampeln erforderlich, die den Thread-Verkehr regeln. Eine der von einem Multitasking-Betriebssystem unterstützte Ampelart ist der *kritische Abschnitt*. Meldet ein Thread einen kritischen Abschnitt an, genießt er Vorfahrt vor allen anderen Threads desselben Prozesses: Sie erhalten so lange keine Kontrolle mehr, bis der besagte Thread den kritischen Abschnitt beendet.

Das Konzept des kritischen Abschnittes ist in Windows durch vier Systemfunktionen implementiert, sie sämtlich die Vereinbarung einer globalen Variable des Typs CRITICAL_SECTION voraussetzen – beispielsweise:

```
CRITICAL_SECTION cs ;
```

Bei dem Datentyp CRITICAL_SECTION handelt es sich um eine Struktur, deren Datenfelder ausschließlich Windows-intern von Bedeutung sind. Bevor nun ein Thread den ersten kritischen Abschnitt einläuten kann, muß eine Initialisierung der globalen CRITICAL_SECTION-Variablen durch einen beliebigen Thread erfolgt sein. Dafür ist die Funktion *InitializeCriticalSection* zuständig:

```
InitializeCriticalSection (&cs) ;
```

Nach der Initialisierung verkörpert die Variable *cs* ein Objekt, das als *Critical Section Object* bezeichnet wird. Die Online-Dokumentation der Funktion *InitializeCriticalSection* gibt einige Warnungen, die ich Ihnen nicht unterschlagen will: »Das Objekt 'kritischer Abschnitt' darf weder verschoben noch kopiert werden. Ein Prozeß darf das Objekt in keinerlei Weise direkt modifizieren, sondern muß es als logische Einheit behandeln.« Mit anderen Worten, man soll über den formalen Umgang mit dem Objekt hinaus keinerlei Dummheiten mit der Datenstruktur selbst anstellen.

Nachdem das Objekt initialisiert ist, kann jeder beliebige Thread des Programms einen kritischen Abschnitt über die Funktion *EnterCriticalSection* anmelden:

```
EnterCriticalSection (&cs) ;
```

An dieser Stelle spricht man auch davon, dass der Thread den Besitz an dem Objekt übernommen hat. Wenn ein zweiter Thread nun seinerseits einen Aufruf von *EnterCriticalSection* (mit demselben Objekt) versucht, wird er so lange blockiert, bis der erste Thread den Besitz des Objekts mit

```
LeaveCriticalSection (&cs) ;
```

wieder abgibt. (Sollte zu diesem Zeitpunkt ein Thread in *seinem* Aufruf von *EnterCriticalSection* buchstäblich steckengeblieben sein, wird er nun fortgesetzt.) Für kritische Abschnitte verwendete Objekte müssen spätestens beim Ende des Programms über

```
DeleteCriticalSection (&cs) ;
```

wieder abgebaut werden. Dieser Aufruf gibt die Systemressourcen wieder frei, die das Objekt während seiner Lebenszeit belegt hat.

Der Ampelmechanismus, den ich Ihnen gerade vorgestellt habe, beruht auf dem Prinzip des gegenseitigen Ausschlusses. Mit Hilfe eines kritischen Abschnitts ist das eingangs angesprochene Datensatzproblem lösbar: *Jeder* Thread, der etwas an einem Datensatz ändern will, meldet für die Zeit seiner Manipulation einen kritischen Abschnitt an. (Mit einem allgemeinen Überwachungsmechanismus sollte man das aber nicht verwechseln. Auch wenn sich vier Threads vor dem Zugriff brav über einen kritischen Abschnitt anmelden, hält trotzdem nichts und niemand einen fünften Thread von der Zerstörung dieses Datensatzes ab – wenn dieser fünfte Thread entweder überhaupt keine Anmeldung enthält oder ein anderes Objekt dazu benutzt.)

Wer will, kann in einem Programm zur Verdeutlichung von logischen Zusammenhängen auch mehrere Objekte für kritische Abschnitte vereinbaren und initialisieren, auch wenn jedes für sich in seiner Wirkung grundsätzlich alle Threads betrifft. So könnten etwa die ersten beiden Threads eines Programms, die auf einen gemeinsamen Datenbereich zugreifen, ein erstes Objekt *cs1* vereinbaren und ihre Tätigkeit damit synchronisieren, während alle anderen Threads des Programms ein zweites Objekt *cs2* für die Synchronisation der Zugriffe auf eine andere Datenstruktur benutzen.

Bitte beachten Sie, dass kritische Abschnitte das Konzept des Multithreadings sozusagen hinterrücks aushebeln. Übertreiben sollte man die Sache also nicht: Ein sekundärer Thread, der den primären Thread in seiner Nachrichtenbehandlung über kritische Abschnitte so nachhaltig behindert, dass das Programm nicht mehr vernünftig auf Benutzeraktionen reagiert, ist üblicherweise ein Anzeichen für eine schlecht durchdachte Aufgabenverteilung. Kritische Abschnitte sollten ausschließlich dann als Ausweg benutzt werden, wenn sich das störungsfreie Nebeneinander mehrerer Threads nicht über das Design einer Anwendung regeln läßt.

Die Radikalität, mit der ein kritischer Abschnitt zu Werke geht, läßt erwarten, dass seine Wirkung nicht über die Prozeßgrenzen hinausgeht – denn das wiederum würde dem Grundgedanken des verdrängenden Multitaskings zuwiderlaufen. Es gibt aber auch Fälle, in denen sich miteinander kommunizierende Programme – beispielsweise bei Zugriffen auf gemeinsam genutzte Speicherbereiche. Wenn mehrere Prozesse beteiligt sind, greifen kritische Abschnitte nicht mehr, weshalb man in diesen Fällen auf das sogenannte *Mutex-Objekt* ausweichen muß.

Das Kunstwort »Mutex« steht für »mutual exclusion«, was soviel wie »gegenseitiger Ausschluß« heißt. Die Logik ist genau dieselbe wie bei kritischen Abschnitten, nur geht sie hier nicht nur über die Grenzen von Threads, sondern auch über die Grenzen von Prozessen hinaus: Wenn Prozess A den Besitz eines Mutex-Objekts übernommen hat und Prozess B dasselbe versucht, dann wird Prozess B (exakter: der jeweilige Thread in Prozess B) so lange angehalten, bis Prozess A das Mutex-Objekt wieder abgibt.

Signalisieren von Ereignissen

Am meisten verbreitet ist das Multithreading im Zusammenhang mit Programmen, die neben der üblichen Reaktion auf Benutzereingaben teils recht langwierige Aufgaben zu verrichten haben. Im Prinzip ist jede Aufgabe, die notgedrungen die Zehntelsekundenregel verletzt, ein »großer Job«. In diese Kategorie fallen beispielsweise die Rechtschreibprüfung in einem Textverarbeitungsprogramm, das Sortieren oder Indizieren von Datensätzen in einem Datenbankprogramm, die Neuberechnung eines Tabellenblatts in einer Tabellenkalkulation, die Druckausgabe oder das Rendern komplexer Grafiken. Wie bereits diskutiert gibt die Zehntelsekundenregel einen Anhaltspunkt, ab wann man größere Jobs an sekundäre Threads delegieren sollte. Da sekundäre Threads keine Fenster erzeugen, sind sie selbst nicht an die Zehntelsekundenregel gebunden.

Oft ist es erforderlich, dass ein sekundärer Thread den primären Thread darüber informiert, wenn er mit seiner Aufgabe fertig ist, oder dass der primäre Thread einen sekundären Thread abbrechen muß. Darum werden wir uns als nächstes kümmern.

Das Programm BIGJOB in zwei Varianten

Das in Abbildung 20.4 aufgelistete Programm BIGJOB1 stellt eine Art Benchmark für die Leistung des Coprozessors dar. Den »großen Job« bildet eine umfangreiche Iteration, in der jeder Iterationsschritt aus einer Reihe sukzessiv angewandter Gleitkommaoperationen und deren Umkehroperationen besteht. Man nehme eine Zahl, quadriere sie, ziehe die Wurzel daraus, berechne den Logarithmus davon, berechne davon wieder die Exponentialfunktion, um dann davon zuerst den Arcustangens und dann den Tangens zu bestimmen. Nachdem man Eins zum Ergebnis addiert hat, ist ein Iterationsschritt abgeschlossen, und es kann wieder von vorne losgehen.

BIGJOB1.C

```
/*---------------------------------------
   BIGJOB1.C - Multithreading-Demo
              (c) Charles Petzold, 1998
  ---------------------------------------*/

#include <windows.h>
#include <math.h>
#include <process.h>

#define REP              1000000

#define STATUS_READY     0
```

```
#define STATUS_WORKING   1
#define STATUS_DONE      2

#define WM_CALC_DONE     (WM_USER + 0)
#define WM_CALC_ABORTED  (WM_USER + 1)

typedef struct
{
     HWND hwnd ;
     BOOL bContinue ;
}
PARAMS, *PPARAMS ;

LRESULT APIENTRY WndProc (HWND, UINT, WPARAM, LPARAM) ;

int WINAPI WinMain (HINSTANCE hInstance, HINSTANCE hPrevInstance,
                    PSTR szCmdLine, int iCmdShow)
{
     static TCHAR szAppName[] = TEXT ("BigJob1") ;
     HWND         hwnd ;
     MSG          msg ;
     WNDCLASS     wndclass ;
     wndclass.style         = CS_HREDRAW | CS_VREDRAW ;
     wndclass.lpfnWndProc   = WndProc ;
     wndclass.cbClsExtra    = 0 ;
     wndclass.cbWndExtra    = 0 ;
     wndclass.hInstance     = hInstance ;
     wndclass.hIcon         = LoadIcon (NULL, IDI_APPLICATION) ;
     wndclass.hCursor       = LoadCursor (NULL, IDC_ARROW) ;
     wndclass.hbrBackground = (HBRUSH) GetStockObject (WHITE_BRUSH) ;
     wndclass.lpszMenuName  = NULL ;
     wndclass.lpszClassName = szAppName ;

     if (!RegisterClass (&wndclass))
     {
          // UNICODE-Kompilierung ist die einzige realistische Fehlermöglichkeit
          MessageBox (NULL, TEXT ("Programm arbeitet mit Unicode und setzt Windows NT voraus!"),
                      szAppName, MB_ICONERROR) ;
          return 0 ;
     }

     hwnd = CreateWindow (szAppName, TEXT ("Multithreading-Demo"),
                          WS_OVERLAPPEDWINDOW,
                          CW_USEDEFAULT, CW_USEDEFAULT,
                          CW_USEDEFAULT, CW_USEDEFAULT,
                          NULL, NULL, hInstance, NULL) ;

     ShowWindow (hwnd, iCmdShow) ;
     UpdateWindow (hwnd) ;

     while (GetMessage (&msg, NULL, 0, 0))
     {
          TranslateMessage (&msg) ;
          DispatchMessage (&msg) ;
     }
     return msg.wParam ;
```

```
}

void Thread (PVOID pvoid)
{
     double    A = 1.0 ;
     INT       i ;
     LONG      lTime ;
     volatile PPARAMS pparams ;

     pparams = (PPARAMS) pvoid ;

     lTime = GetCurrentTime () ;
     for (i = 0 ; i < REP && pparams->bContinue ; i++)
          A = tan (atan (exp (log (sqrt (A * A))))) + 1.0 ;

     if (i == REP)
     {
          lTime = GetCurrentTime () - lTime ;
          SendMessage (pparams->hwnd, WM_CALC_DONE, 0, lTime) ;
     }
     else
          SendMessage (pparams->hwnd, WM_CALC_ABORTED, 0, 0) ;

     _endthread () ;
}

LRESULT CALLBACK WndProc (HWND hwnd, UINT message, WPARAM wParam, LPARAM lParam)
{
     static INT     iStatus ;
     static LONG    lTime ;
     static PARAMS  params ;
     static TCHAR * szMessage[] = { TEXT ("Fertig (Start mit linker Maustaste )"),
                                    TEXT ("Aktiv (Rechte Maustaste bricht ab)"),
                                    TEXT ("%d Iterationen in %ld Millisekunden") } ;
     HDC            hdc ;
     PAINTSTRUCT    ps ;
     RECT           rect ;
     TCHAR          szBuffer[64] ;

     switch (message)
     {
     case WM_LBUTTONDOWN:
          if (iStatus == STATUS_WORKING)
          {
               MessageBeep (0) ;
               return 0 ;
          }

          iStatus = STATUS_WORKING ;

          params.hwnd = hwnd ;
          params.bContinue = TRUE ;

          _beginthread (Thread, 0, &params) ;

          InvalidateRect (hwnd, NULL, TRUE) ;
```

```
            return 0 ;

        case WM_RBUTTONDOWN:
            params.bContinue = FALSE ;
            return 0 ;

        case WM_CALC_DONE:
            lTime = lParam ;
            iStatus = STATUS_DONE ;
            InvalidateRect (hwnd, NULL, TRUE) ;
            return 0 ;

        case WM_CALC_ABORTED:
            iStatus = STATUS_READY ;
            InvalidateRect (hwnd, NULL, TRUE) ;
            return 0 ;

        case WM_PAINT:
            hdc = BeginPaint (hwnd, &ps) ;

            GetClientRect (hwnd, &rect) ;

            wsprintf (szBuffer, szMessage[iStatus], REP, lTime) ;
            DrawText (hdc, szBuffer, -1, &rect,
                      DT_SINGLELINE | DT_CENTER | DT_VCENTER) ;

            EndPaint (hwnd, &ps) ;
            return 0 ;

        case WM_DESTROY:
            PostQuitMessage (0) ;
            return 0 ;
        }
        return DefWindowProc (hwnd, message, wParam, lParam) ;
}
```

Abbildung 20.4: *Das Programm* BIGJOB1

BIGJOB1 ist zwar recht einfach gestrickt, zeigt aber dennoch in allgemeiner Form, wie man in einem Multithreading-Programm mit großen Jobs umgeht. Wenn Sie mit der linken Maustaste im Anwendungsbereich klicken, führt das Programm 1 000 000 Iterationen aus, was auf einem mit 300 MHz getakteten Pentium II etwa 2 Sekunden dauert. Sobald die letzte Berechnung erledigt ist, gibt BIGJOB1 die benötigte Laufzeit aus. Das Programm läßt sich während der Berechnung jederzeit durch einen Klick mit der rechten Maustaste abbrechen.

Die Window-Prozedur unterhält eine statische Variable namens *iStatus*. Diese Variable nimmt einen der drei eingangs als STATUS_...-Konstanten definierten Statuswerte an, abhängig davon, ob das Programm gerade darauf wartet, mit der Iteration zu beginnen, gerade mit der Iteration beschäftigt ist oder die Iteration abgeschlossen hat. Abhängig von ihrem Wert gibt das Programm bei der Behandlung der WM_PAINT-Nachricht die jeweils passende Statusmeldung aus.

Die Window-Prozedur unterhält weiterhin eine statische PARAMS-Struktur, über die der Datenaustausch mit dem zweiten Thread geschieht. Die Struktur enthält nur zwei Datenfelder: *hwnd* für den Handle des Programmfensters und *bContinue*, eine logische Variable, die dem Thread anzeigt, ob er abbrechen oder weitermachen soll.

Wenn der Benutzer mit der linken Maustaste im Anwendungsbereich klickt, setzt die Window-Prozedur die Variable *iStatus* auf den Wert STATUS_WORKING und initialisiert zudem die PARAMS-Struktur – *hwnd* natürlich mit dem Fensterhandle, *bContinue* mit dem Wert TRUE.

Der darauffolgende Aufruf von *_beginthread* legt den sekundären Thread mit der Thread-Funktion *Thread* an. *Thread* ermittelt als erstes die Startzeit über *GetCurrentTime* und beginnt dann die Iteration mit ihren 1 000 000 Schleifendurchläufen. Der primäre Thread kann die Schleife vorzeitig abbrechen, indem er *bContinue* auf FALSE setzt.

Nach Verlassen der *for*-Schleife prüft die Thread-Funktion, ob die Iteration vollständig durchgeführt wurde und ruft gegebenenfalls noch einmal *GetCurrentTime* auf, um die benötigte Zeit zu berechnen und der Window-Prozedur mit *SendMessage* eine Nachricht des selbstdefinierten Typs WM_USER_DONE zu senden; *lParam* übermittelt dabei die für die Iteration benötigte Zeit. Falls der Benutzer die Iteration abgebrochen hat, verwendet der Thread den ebenfalls selbstdefinierten Nachrichtentyp WM_USER_ABORTED. In beiden Fällen verabschiedet er sich hinterher ordentlich mit *_endthread* .

Auf einen rechten Mausklick des Benutzers hin setzt die Window-Prozedur das Feld *bContinue* der PARAMS-Struktur auf FALSE – weist also den Thread an, die Iteration abzubrechen.

Bitte beachten Sie, dass die Variable *pparams* in *Thread* als *volatile* (»flüchtig«) deklariert ist. Dieser Qualifizierer soll dem Compiler anzeigen, dass die Variable auf indirektem Wege verändert wird (nämlich durch einen anderen Thread) und nicht durch die aktuelle Kontrollstruktur. Andernfalls könnte der Compiler bei der Optimierung auf die Idee kommen, *pparams->bContinue* in einem Register des Prozessors zu speichern oder gleich ganz aus der Schleife hinauszuwerfen. Der Qualifizierer *volatile* unterbindet solche Optimierungen.

Die Window-Prozedur entnimmt der Nachricht WM_USER_DONE die benötigte Zeit und ruft dann ebenso wie bei der Behandlung von WM_USER_ABORTED die Funktion *InvalidateRect* auf und sorgt so für eine WM_PAINT-Nachricht. Was im Rahmen dieser Nachricht ausgegeben wird, hängt vom Wert von *iStatus* ab.

Threads sollten grundsätzlich mit einer Möglichkeit zum »ordentlichen« Ausstieg arbeiten, wie sie BIGJOB1 über das Flag *bContinue* vorexerziert. Der Einsatz der Funktion *KillThread* ist nur in den Fällen angebracht, in denen ein geordneter eigenständiger Abbruch eines Threads zu aufwendig in der Implementierung wäre. Das gilt insbesondere für Thread-Funktionen, die Speicherbereiche anfordern und nach dem Ende ihrer Schleife wieder freigeben: Weil *KillThread* nicht wissen kann, woraus die Abbruchkriterien für die Schleife bestehen, erschlägt diese Routine die jeweilige Thread-Funktion komplett. Durch die Funktion belegte Speicherbereiche werden deshalb erst beim Ende des Programms wieder freigegeben.

Weiterhin sei die Möglichkeit angemerkt, dass ein dritter Thread zur Ausführung kommt, noch ehe der zweite Thread beendet ist. Das passiert, wenn Windows dem zweiten Thread die Kontrolle zwischen den Aufrufen von *SendMessage* und *_endthread* entzieht und die Window-Prozedur als Reaktion auf einen Mausklick einen weiteren Thread anlegt. Im vorliegenden Fall ist dieser Effekt zwar problemlos, in Ihrem eigenen Programm mag das aber nicht so sein. Der Effekt will auf alle Fälle bedacht sein, und es steht Ihnen ja immer frei, eventuelle Kollisionen durch einen kritischen Abschnitt auszuschließen.

Ereignisobjekte

Das Programm BIGJOB1 erzeugt für jede Iteration einen neuen Thread, der nach Ausführung des letzten Iterationsschritts respektive bei Abbruch der Iteration durch den Benutzer endet.

Alternativ könnte man auch einen sekundären Thread über die gesamte Lebensdauer des Programms behalten und diesen, wann immer es nötig ist, aktivieren. Dies wäre ein ideales Anwendungsfeld für ein *Ereignisobjekt*.

Ein Ereignisobjekt ist – wie ein Flag – entweder »gesetzt« oder »gelöscht«. Es wird durch folgenden Aufruf erzeugt:

```
hEvent = CreateEvent (&sa, fManual, fInitial, pszName) ;
```

Der erste Parameter (ein Zeiger auf eine SECURITY_ATTRIBUTES-Struktur) und der letzte Parameter (der Ereignisname) spielen nur eine Rolle, wenn das Ereignisobjekt prozeßübergreifend genutzt wird. Innerhalb eines Prozesses werden diese Parameter im allgemeinen mit NULL bedient. Über den dritten Parameter legen Sie fest, ob das Ereignisobjekt anfänglich *signalisiert* (lies: gesetzt) sein soll (TRUE) oder nicht (FALSE). Zur Bedeutung des zweiten Parameters *fManual* komme ich in Kürze.

Mit *SetEvent* wird ein existierendes Ereignisobjekt signalisiert:

```
SetEvent (hEvent) ;
```

ResetEvent setzt die Signalisierung eines existierenden Ereignisobjekts zurück:

```
ResetEvent (hEvent) ;
```

Wenn ein Programm oder ein Thread auf das Auftreten eines Ereignisses (seine »Signalisierung«) warten will, ruft es die Funktion *WaitForSingleObject* unter Angabe des zugehörigen Ereignisobjekts für *hEvent* und eines Timeout-Wertes für *dwTimeOut* auf:

```
WaitForSingleObject (hEvent, dwTimeOut) ;
```

Ist der Timeout-Wert INFINITE, kehrt die Funktion erst zurück, wenn das Ereignisobjekt signalisiert (oder von anderer Stelle aus abgebaut) wurde. Andere Werte für *dwTimeOut* legen fest, wie viele Millisekunden das Programm maximal auf die Signalisierung des Objekts warten will (lies: wie lange der aufrufende Thread maximal in *WaitForSingleObject* festgehalten werden kann).

Wenn Sie beim Anlegen des Ereignisobjekts über *CreateEvent* für den Parameter *fManual* den Wert FALSE übergeben haben, setzt *WaitForSingleObject* die Signalisierung dieses Objekts automatisch zurück. Ansonsten bleibt ein einmal signalisiertes Objekt so lange in diesem Zustand, bis Sie es über einen expliziten Aufruf von *ResetEvent* zurücksetzen.

Nach all diesen Vorreden sollten Sie nun für das in Abbildung 20.5 aufgelistete Programm BIGJOB2 gerüstet sein.

BIGJOB2.C

```
/*---------------------------------------
   BIGJOB2.C -- Multithreading-Demo
                (c) Charles Petzold, 1998
  ---------------------------------------*/

#include <windows.h>
#include <math.h>
#include <process.h>

#define REP             1000000
```

```
#define STATUS_READY     0
#define STATUS_WORKING   1
#define STATUS_DONE      2

#define WM_CALC_DONE     (WM_USER + 0)
#define WM_CALC_ABORTED  (WM_USER + 1)

typedef struct
{
     HWND   hwnd ;
     HANDLE hEvent ;
     BOOL   bContinue ;
}
PARAMS, *PPARAMS ;

LRESULT CALLBACK WndProc (HWND, UINT, WPARAM, LPARAM) ;

int WINAPI WinMain (HINSTANCE hInstance, HINSTANCE hPrevInstance,
                    PSTR szCmdLine, int iCmdShow)
{
     static TCHAR szAppName[] = TEXT ("BigJob2") ;
     HWND         hwnd ;
     MSG          msg ;
     WNDCLASS     wndclass ;

     wndclass.style         = CS_HREDRAW | CS_VREDRAW ;
     wndclass.lpfnWndProc   = WndProc ;
     wndclass.cbClsExtra    = 0 ;
     wndclass.cbWndExtra    = 0 ;
     wndclass.hInstance     = hInstance ;
     wndclass.hIcon         = LoadIcon (NULL, IDI_APPLICATION) ;
     wndclass.hCursor       = LoadCursor (NULL, IDC_ARROW) ;
     wndclass.hbrBackground = (HBRUSH) GetStockObject (WHITE_BRUSH) ;
     wndclass.lpszMenuName  = NULL ;
     wndclass.lpszClassName = szAppName ;

     if (!RegisterClass (&wndclass))
     {
          // UNICODE-Kompilierung ist die einzige realistische Fehlermöglichkeit
          MessageBox (NULL, TEXT ("Programm arbeitet mit Unicode und setzt Windows NT voraus!"),
                      szAppName, MB_ICONERROR) ;
          return 0 ;
     }

     hwnd = CreateWindow (szAppName, TEXT ("Multithreading-Demo"),
                          WS_OVERLAPPEDWINDOW,
                          CW_USEDEFAULT, CW_USEDEFAULT,
                          CW_USEDEFAULT, CW_USEDEFAULT,
                          NULL, NULL, hInstance, NULL) ;

     ShowWindow (hwnd, iCmdShow) ;
     UpdateWindow (hwnd) ;

     while (GetMessage (&msg, NULL, 0, 0))
     {
```

```
          TranslateMessage (&msg) ;
          DispatchMessage (&msg) ;
     }
     return msg.wParam ;
}

void Thread (PVOID pvoid)
{
     double   A = 1.0 ;
     INT      i ;
     LONG     lTime ;
     volatile PPARAMS pparams ;

     pparams = (PPARAMS) pvoid ;

     while (TRUE)
     {
          WaitForSingleObject (pparams->hEvent, INFINITE) ;

          lTime = GetCurrentTime () ;

          for (i = 0 ; i < REP && pparams->bContinue ; i++)
               A = tan (atan (exp (log (sqrt (A * A))))) + 1.0 ;
          if (i == REP)
          {
               lTime = GetCurrentTime () - lTime ;

               PostMessage (pparams->hwnd, WM_CALC_DONE, 0, lTime) ;
          }
          else
               PostMessage (pparams->hwnd, WM_CALC_ABORTED, 0, 0) ;
     }
}

LRESULT CALLBACK WndProc (HWND hwnd, UINT message, WPARAM wParam, LPARAM lParam)
{
     static HANDLE  hEvent ;
     static INT     iStatus ;
     static LONG    lTime ;
     static PARAMS  params ;
     static TCHAR * szMessage[] = { TEXT ("Fertig (Start mit linker Maustaste )"),
                                    TEXT ("Aktiv (Rechte Maustaste bricht ab)"),
                                    TEXT ("%d Iterationen in %ld Millisekunden") } ;
     HDC            hdc ;
     PAINTSTRUCT    ps ;
     RECT           rect ;
     TCHAR          szBuffer[64] ;

     switch (message)
     {
     case WM_CREATE:
          hEvent = CreateEvent (NULL, FALSE, FALSE, NULL) ;

          params.hwnd = hwnd ;
          params.hEvent = hEvent ;
          params.bContinue = FALSE ;
```

```
          _beginthread (Thread, 0, &params) ;

          return 0 ;

     case WM_LBUTTONDOWN:
          if (iStatus == STATUS_WORKING)
          {
               MessageBeep (0) ;
               return 0 ;
          }
           iStatus = STATUS_WORKING ;
          params.bContinue = TRUE ;

          SetEvent (hEvent) ;

          InvalidateRect (hwnd, NULL, TRUE) ;
          return 0 ;

     case WM_RBUTTONDOWN:
          params.bContinue = FALSE ;
          return 0 ;

     case WM_CALC_DONE:
          lTime = lParam ;
          iStatus = STATUS_DONE ;
          InvalidateRect (hwnd, NULL, TRUE) ;
          return 0 ;

     case WM_CALC_ABORTED:
          iStatus = STATUS_READY ;
          InvalidateRect (hwnd, NULL, TRUE) ;
          return 0 ;

     case WM_PAINT:
          hdc = BeginPaint (hwnd, &ps) ;

          GetClientRect (hwnd, &rect) ;

          wsprintf (szBuffer, szMessage[iStatus], REP, lTime) ;
          DrawText (hdc, szBuffer, -1, &rect,
                    DT_SINGLELINE | DT_CENTER | DT_VCENTER) ;

          EndPaint (hwnd, &ps) ;
          return 0 ;

     case WM_DESTROY:
          PostQuitMessage (0) ;
          return 0 ;
     }
     return DefWindowProc (hwnd, message, wParam, lParam) ;
}
```

Abbildung 20.5: *Das Programm* BIGJOB2

Die Window-Prozedur von BIGJOB2 reagiert auf WM_CREATE mit dem Anlegen eines nicht signalisierten Ereignisobjekts und ruft dann sofort den sekundären Thread ins Leben.

Die Thread-Funktion *Thread* besteht aus einer Endlosschleife, die als erste Anweisung den Aufruf von *WaitForSingleObject* mit dem Timeout-Wert INFINITE enthält. (Beachten Sie, dass die PARAMS-Struktur in diesem Programm ein drittes Feld vorsieht, das einen Handle für ein Ereignisobjekt aufnehmen kann.) Nachdem das Ereignisobjekt im zurückgesetzten Zustand initialisiert wurde, muß der sekundäre Thread nun erst einmal warten, bis es der primäre Thread setzt.

Der Aufruf der Funktion *SetEvent* erfolgt bei der Behandlung eines linken Mausklicks. Dies gibt dem sekundären Thread grünes Licht, der ja nach wie vor auf den Rücksprung aus *WaitForSingleObject* wartet - die Iteration läuft also an. Da das Ereignisobjekt nach dem Freischalten des Threads automatisch in den Zustand »gelöscht« zurückfällt, blockiert der Thread nach Wiedereintritt in die Schleife erneut, wartet also wieder auf den nächsten Mausklick. Der restliche Code des Programms unterscheidet sich nur marginal von seinem Vorläufer BIGJOB1.

Threadlokale statische Variablen

Globale Variablen werden in einem mit Multithreading arbeitenden Programm ebenso gemeinsam von allen Threads genutzt wie der angeforderte Speicher; dasselbe gilt für lokale statische Variablen von Funktionen. In Funktionen vereinbarte automatische Variablen sind dagegen grundsätzlich threadlokal, weil sie ihr Dasein auf dem Stack fristen und jeder Thread einen eigenen Stack besitzt.

In Routinen, die gemeinsam von mehreren Threads benutzt werden, kommt man allerdings nicht immer um statische Variablen herum - und wenn solche Variablen nicht zum jeweiligen Thread gehören, dann kann einiges durcheinanderkommen. Als Beispiel für einen solchen Fall habe ich zu Anfang des Kapitels die Bibliotheksfunktion *strtok* aufgeführt. Leider sieht ANSI C keine sprachlichen Mittel für die Deklaration solcher Variablen vor. Windows kennt dagegen vier Funktionen, die einen entsprechenden Mechanismus implementieren, und die Microsoft-Erweiterung des ANSI C-Standards unterstützt das Konzept der threadlokaler statischer Variablen ebenfalls.

Das folgende Beispiel zeigt den Einsatz der Funktionen:

Als erstes definiert man eine Struktur, die alle als Thread-eigen benötigten Variablen in Form von Feldern enthält – beispielsweise:

```
typedef struct
{
     int a ;
     int b ;
}
DATA, * PDATA ;
```

Der primären Thread muß die Systemfunktion *TlsAlloc* (für »thread local storage allocate«) aufrufen, die einen TLS-Index zurückliefert:

```
dwTlsIndex = TlsAlloc () ;
```

Dieser Indexwert wird einem neuen Thread in Form einer globalen Variable oder über den Thread-Parameter zugänglich gemacht.

Die Thread-Funktion fordert als erstes Speicher für die Datenstruktur an und ruft dann die Funktion *TlsSetValue* unter Angabe des TLS-Index auf:

```
TlsSetValue (dwTlsIndex, GlobalAlloc (GPTR, sizeof (DATA)) ;
```

Dieser Aufruf assoziiert einen Zeiger auf den anforderten Speicherbereich mit dem gegebenen Thread bzw. dessen ID. Eine Funktion, die nun Thread-eigene statische Variablen vereinbaren will (das gilt auch die Thread-Funktion selbst), kann dies nach folgendem Muster tun:

```
PDATA pdata ;
...
pdata = (PDATA) TlsGetValue (dwTlsIndex) ;
```

Von nun an kann die Funktion mit den Variablen *pdata->a* und *pdata->b* arbeiten, als seien es eigene statische Variablen. Vor dem Abbau des Threads gibt die Thread-Funktion den angeforderten TLS-Speicherplatz wieder frei:

```
GlobalFree (TlsGetValue (dwTlsIndex)) ;
```

Wenn keine sekundären Threads mehr existieren, die mit Thread-eigenen Daten operieren, gibt schließlich der primäre Thread den TLS-Index wieder frei:

```
TlsFree (dwTlsIndex) ;
```

Der gesamte Ablauf mag etwas verwirrend wirken, weshalb es für das Verständnis sicher hilfreich ist, einen Blick die Kulissen, auf die Implementierung Thread-eigener statischer Variablen zu werfen. (Um ehrlich zu sein: Wie die aktuelle Implementation unter Windows aussieht, entzieht sich meiner Kenntnis. Dennoch sollten die folgenden Erläuterungen den Kern der Sache treffen.) Der Aufruf von *TlsAlloc* wird als erstes einen TLS-Speicherblock (der Länge 0) reservieren und einen TLS-Index zurückliefern, mithin einen Zeiger auf diesen Speicherblock. Jeder Aufruf von *TlsSetValue* vergrößert den TLS-Speicherblock um 8 Bytes und hinterläßt dort die ID des aufrufenden Threads zusammen mit einem Zeiger auf den neu angeforderten Speicherbereich. (Die Thread-ID ermittelt die Funktion intern unter Verwendung der Funktion *GetCurrentThreadId*, der Zeiger auf den Speicherbereich ist der zweite Parameter von *TlsSetValue*.) *TLSGetValue* bedient sich dann einfach der Thread-ID, um die Tabelle zu durchsuchen und einen Zeiger auf den gewünschten Speicherblock zu ermitteln. *TlsFree* gibt den gesamten TLS-Speicherblock wieder frei. Wie man sieht, ließe sich ein solcher Mechanismus mit relativ bescheidenen Mitteln selbst implementieren, der Rückgriff auf bereits geleistete Arbeit ist aber allemal praktischer.

Eine von Microsoft stammende Erweiterung des C-Standards macht die Sache erst richtig einfach. Man setzt der Variablendeklaration globaler (statischer) Variablen schlicht den Qualifizierer *__declspec (thread)* voran, also etwa:

```
__declspec (thread) int iGlobal = 1 ;
```

Bei der Vereinbarung statischer Variablen innerhalb von Funktionen schreibt man analog:

```
__declspec (thread) static int iLocal = 2 ;
```

21 Dynamische Bibliotheken

Dynamische Bibliotheken, die aufgrund ihrer englischen Bezeichnung *dynamic link libraries* auch unter dem Kürzel DLL laufen, stellen eines der wichtigsten strukturellen Elemente von Windows dar. Während sich die vorangegangenen zwanzig Kapitel darauf beschränkt haben, die dort vorrätigen Routinen zu benutzen, geht es auf den folgenden Seiten darum, wie man sie um eigene Funktionen bereichert. Ein guter Teil der bis jetzt behandelten Prinzipien der Programmierung mit Windows läßt sich auch auf dynamische Bibliotheken anwenden – wie aber wohl nicht anders zu erwarten, gibt es natürlich auch eine Reihe von Unterschieden, deren Ursachen vor allem auf prinzipieller Ebene liegen.

Grundlegendes zu Bibliotheken

Wie Sie gesehen haben, handelt es sich bei einem Windows-Programm um eine ausführbare Datei, die ein oder mehrere Fenster auf den Bildschirm bringt und eine Nachrichtenschleife ausführt, um Benutzereingaben zu empfangen. Dynamische Bibliotheken sind im allgemeinen weder direkt ausführbar noch verarbeiten sie Benutzereingaben im Rahmen einer Nachrichtenschleife. Vielmehr handelt es sich dabei um eigenständige Dateien, die anderen Programmen und dynamischen Bibliotheken eine Sammlung von Funktionen bereitstellen, die bestimmte Aufgaben erledigen. Eine dynamische Bibliothek tritt nur dann in Aktion, wenn ein anderes Modul eine ihrer Funktionen aufruft.

Der Ausdruck »dynamisches Binden« bezeichnet den Vorgang, dass Windows einen Funktionsaufruf in einem Programmmodul an eine von einem Bibliotheksmodul bereitgestellte Funktion bindet. »Statisches Binden« findet dagegen im Verlauf der Programmerstellung statt, wenn der Linker verschiedene Objektmodule (.OBJ), Laufzeitbibliotheken (.LIB) und gegebenenfalls compilierte Ressourcenskripts zum Beispiel zu einem ausführbaren Windows-Programm (.EXE) zusammenbindet. Dynamisches Binden findet dagegen zur Laufzeit statt – und zwar bei jedem Programmlauf erneut.

Die Dateien KERNEL32.DLL, USER32.DLL und GDI32.DLL, die verschiedenen Treiberdateien KEYBOARD.DRV, SYSTEM.DRV und MOUSE.DRV sowie der Bildschirm- und Druckertreiber von Windows sind samt und sonders dynamische Bibliotheken, deren Funktionen sich ein jedes Windows-Programm zunutze machen kann.

Einige dynamische Bibliotheken (wie beispielsweise Schriftdateien) stellen nur Ressourcen bereit (und haben daher auch das für Ressourcen übliche Dateiformat), ohne ein einzige Zeile Code zu enthalten. In einer konventionellen Umgebung stellt nur das Betriebssystem Routinen zur Verfügung, die von allen anderen Programmen genutzt werden können. Unter Windows ist der Prozeß des gegenseitigen Aufrufs von Modulen generalisiert: Es spielt für ein Programm überhaupt keine Rolle, ob eine von ihm benutzte Routine »eigentlich Bestandteil des Betriebssystems« ist oder von einem anderen Programm aus zur Verfügung gestellt wird. Wer eine Routinensammlung schreibt und sie als dynamische Bibliothek verpackt, der erzeugt damit effektiv eine Erweiterung des Systems. Wer will, kann die Sache auch so betrachten, dass alle im System verfügbaren DLLs inklusive derer, die Windows selbst ausmachen, eine Erweiterung des eigenen Programms darstellen.

Wie Windows mit .EXE- und .FON-Dateien demonstriert, ist die Namenserweiterung für dynamische Bibliotheken im Prinzip beliebig. Der Standard ist allerdings die Endung .DLL: während eine Datei XYZ.DLL von Windows automatisch geladen wird, muß man bei anderen Erweiterungen explizit die Funktion *LoadLibrary* bemühen.

Dynamische Bibliotheken machen wie ihre »statischen« Gegenstücke vor allem in umfangreichen Anwendungen Sinn. Nehmen wir einmal an, Sie schreiben ein größeres Buchhaltungsprogramm, das aus fünf Modulen besteht, die über ein zentrales Programm geladen werden. Wie üblich wird sich dabei eine höhere Zahl von Routinen ergeben, die mehrere dieser Module gemeinsam nutzen – weshalb man sie bei konventioneller Programmierung als .LIB-Datei verpackt und dem Linker das Einbinden in die verschiedenen .EXE-Dateien überläßt. Tatsächlich geht dieser Ansatz nicht nur mit der Festplatten-Kapazität, sondern vor allem mit dem Hauptspeicher verschwenderisch um: Routinen, die von allen fünf Modulen gebraucht werden, existieren danach in Form von fünf separaten Kopien in fünf .EXE-Dateien, zu denen als sechste Kopie die Bibliothek selbst kommt – und wenn man mehrere dieser .EXE-Dateien parallel lädt, belegen sie auch im Hauptspeicher den fünffachen Platz. Ärgerlicher noch: Wenn Sie eine einzige Routine in dieser Bibliothek ändern, ist danach ein neuer Aufruf von LINK für sämtliche Module des Programms fällig.

Während statische Bibliotheken nur für Programmierer von Interesse sind, können dynamische Bibliotheken auch für Anwender Gegenstand kommerziellen Interesses sein: Nehmen wir einmal an, Sie schreiben eine Routinensammlung für dreidimensionale Grafik und verpacken sie in einem Modul namens GDI3.DLL. Wenn Sie andere Entwickler und Softwarehäuser von den Vorteilen dieser Bibliothek überzeugen können, läßt sich diese Routinensammlung separat für die Auslieferung mit anderen Programmen lizensieren. Und ein Anwender, der mehrere dieser Programme nutzt, käme mit einer einzigen Kopie der Datei GDI3.DLL aus.

Bibliothek: Ein Wort mit vielen Bedeutungen

Ein guter Teil des Verwirrspiels um dynamische Bibliotheken hat seinen Grund in der Tatsache, dass das Wort »Bibliothek« in verschiedenen Kontexten erscheint. Neben dynamischen Bibliotheken herkömmlicher Art hat man es auch mit statischen Bibliotheken, Objektbibliotheken und Importbibliotheken zu tun.

Eine Objektbibliothek stellt eine Routinensammlung dar, die üblicherweise in einer Datei mit dem Namenserweiterung .LIB gespeichert ist und der .EXE-Datei Ihres Programms im Verlauf des Bindevorgangs hinzugefügt werden kann. Wenn Sie beispielsweise mit Microsoft Visual C++ programmieren, heißt die normale C-Laufzeitbibliothek, die der Linker Ihrem Programm automatisch hinzufügt, LIBC.LIB.

Importbibliotheken stellen eine Spezialform statischer Bibliotheken dar, die ebenfalls als Dateien mit der Erweiterung .LIB vorliegen und vom Linker beim Erstellen der .EXE-Datei durchsucht werden. Code enthalten sie allerdings nicht – vielmehr versorgen Sie den Linker mit Informationen zum Anlegen der Relozierungstabellen und Querverweisen, die das spätere dynamische Einbinden von Routinen zur Laufzeit des Programms erst möglich machen. Die zusammen mit dem Microsoft-Compiler ausgelieferten Dateien KERNEL32.LIB, USER32.LIB und GDI32.LIB sind eminent wichtig, weil sie den größten Teil der Windows-Funktionen enthalten. Wenn ein Programm beispielsweise die GDI32-Routine *Rectangle* benutzt, entnimmt der Linker der Datei GDI32.LIB, dass die Implementation dieser Funktion in der dynamischen Bibliothek GDI32.DLL zu finden ist. Der Linker legt entsprechende Informationen als Tabelle in der .EXE-Datei ab, so dass Windows den Bindevorgang mit der dynamischen Bibliothek GDI32.DLL zur Laufzeit des Programms durchführen kann.

Statische Bibliotheken und Importbibliotheken werden folglich nur bei der Entwicklung von Programmen gebraucht – im Gegensatz zu den dynamischen Bibliotheken, die zur Laufzeit des jeweiligen Programms verfügbar sein müssen: Windows sucht diese DLLs zuerst im Verzeichnis, aus der die EXE-Datei stammt, danach im Systemverzeichnis von Windows (für Windows 9x: SYSTEM, bei Windows NT kommt SYSTEM32 hinzu), im Windows-eigenen Verzeichnis und schließlich über die in der Variablen PATH der DOS-Umgebung angegebenen Verzeichnisnamen.

Eine einfache DLL

Obwohl hinter dynamischen Bibliotheken in erster Linie der Gedanke steckt, dass sie mehreren Anwendungen dienen können, wird man seine erste DLL im allgemeinen auf ein einziges Programm zuschneiden, das seinerseits wahrscheinlich nicht mehr als ein Testprogramm für die Funktionalität der dynamischen Bibliothek ist.

In das Tat ist das genau der Weg, den auch dieses Buch einschlagen wird. Ich werde Ihnen eine einfache DLL namens EDRLIB.DLL (»Easy Drawing Routines«) vorstellen, die nur eine einzige Funktion mit dem Namen *EdrCenterText* enthält, wobei Sie der Bibliothek aber jederzeit weitere eigene Funktionen hinzufügen können. Als Testanwendung für die Bibliothek dient ein Programm mit dem einfallsreichen Namen EDRTEST.EXE.

Bevor wir nun zur Tat schreiben, muß ich Ihnen allerdings ein Konzept von Visual C++ erklären, auf das ich bisher noch nicht näher eingegangen bin. Visual C++ unterscheidet zwischen »Arbeitsbereichen« und »Projekten«. Ein Projekt ist normalerweise mit der Erstellung einer eigenständigen Anwendung (EXE) oder einer dynamischen Bibliothek (DLL) verbunden. Ein Arbeitsbereich kann dagegen ein oder mehrere Projekte enthalten. Was den bisherigen Verlauf dieses Buches angeht, so haben alle Arbeitsbereiche immer nur ein Projekt enthalten. Nun arbeite ich mit einem Arbeitsbereich namens EDRTEST, der zwei Projekte umfaßt – eines für die Testanwendung EDRTEST.EXE und das andere für die dynamische Bibliothek EDRLIB.DLL.

Am besten vollziehen Sie die folgenden Anweisung auf Ihrem System nach: Starten Sie Microsoft Visual C++ und wählen Sie *Neu* im Menü *Datei*. Im erscheinenden Dialogfeld »Neu« aktivieren Sie die Registerkarte *Arbeitsbereiche*. Legen Sie auf der Registerkarte im Feld *Pfad* das Verzeichnis fest, in dem der Arbeitsbereich angelegt werden soll. Geben Sie EDRTEST im Feld »Arbeitsbereich« an und bestätigen Sie Ihre Angaben mit *OK*.

Nun erhalten Sie einen neuen, leeren Arbeitsbereich. Visual Studio wird in dem angegebenen Verzeichnis ein Unterverzeichnis namens EDRTEST, eine Datei namens EDRTEST.DSW für die Beschreibung des Arbeitsbereichs sowie einige weitere Dateien anlegen.

Als nächstes gilt es, ein Projekt in dem Arbeitsbereich zu erstellen. Wählen Sie dazu den Befehl *Neu* im Menü *Datei* und aktivieren Sie im daraufhin erscheinenden Dialogfeld »Neu« die Registerkarte *Projekte*. Während Sie bisher immer den Projekttyp »Win32 Application« gewählt haben, wählen Sie nun »Win32 Dynamic-Link Library«. Zudem markieren Sie das Optionsfeld *Hinzufügen zu akt. Arbeitsbereich*. Damit gehört das neue Projekt zum Arbeitsbereich EDR-

TEST. Tragen Sie EDRLIB in das Feld »Projektname« ein, bestätigen Sie Ihre Eingaben aber noch nicht mit OK. Während Sie EDRLIB in das Feld »Projektname« eintragen, ändert Visual C++ den Inhalt des Felds »Pfad« und stellt EDRLIB als Unterverzeichnis von EDRTEST dar. Dies ist aber nicht erwünscht. Ändern Sie den Pfad dahingehend, dass das Projekt im Verzeichnis EDRTEST angelegt wird, und bestätigen Sie dann erst Ihre Angaben mit OK. Sie erhalten nun ein Dialogfeld, das Sie danach fragt, welche Art von DLL Sie anlegen wollen. Wählen Sie die Option *Ein leeres DLL-Projekt*, und klicken Sie auf *Fertigstellen*. Visual Studio wird nun eine Projektdatei EDRLIB.DSP anlegen und – sofern Sie die Option *Makefile beim Speichern der Projektdatei exportieren* auf der Registerkarte *Erstellen* des Dialogfelds *Optionen* angeklickt haben – eine Make-Datei namens EDRLIB.MAK

Nun sind Sie soweit, dass Sie dem Projekt Dateien hinzufügen können. Wählen Sie dazu *Neu* im Menü *Datei* und im daraufhin erscheinenden Dialogfeld »Neu« die Registerkarte *Dateien*. Wählen Sie »C/C++ Header-Datei« und geben Sie den Dateinamen EDRLIB.H an. Tippen Sie die in Abbildung 21.1 aufgelistete Include-Datei ein oder kopieren Sie sie von der Begleit-CD. Danach wählen Sie erneut *Neu* im Menü *Datei* und dann im Dialogfeld »Neu« die Registerkarte *Dateien*. Diesmal wählen Sie *C++ Quellcodedatei*, legen den Dateinamen EDRLIB.C fest und setzen den zweiten Quelltext aus Abbildung 21.1 ein.

EDRLIB.H

```
/*----------------------------------------
   EDRLIB.H - Include-Datei für EDRLIB.DLL
  ----------------------------------------*/

#ifdef __cplusplus
#define EXPORT extern "C" __declspec (dllexport)
#else
#define EXPORT __declspec (dllexport)
#endif

EXPORT BOOL CALLBACK EdrCenterTextA (HDC, PRECT, PCSTR) ;
EXPORT BOOL CALLBACK EdrCenterTextW (HDC, PRECT, PCWSTR) ;

#ifdef UNICODE
#define EdrCenterText EdrCenterTextW
#else
#define EdrCenterText EdrCenterTextA
#endif
```

EDRLIB.C

```
/*-----------------------------------------------------
   EDRLIB.C -- Einfaches Zeichnen, dynamische Bibliothek
               (c) Charles Petzold, 1998
  -----------------------------------------------------*/

#include <windows.h>
#include "edrlib.h"

int WINAPI DllMain (HINSTANCE hInstance, DWORD fdwReason, PVOID pvReserved)
{
     return TRUE ;
}

EXPORT BOOL CALLBACK EdrCenterTextA (HDC hdc, PRECT prc, PCSTR pString)
```

```
{
     int  iLength ;
     SIZE size ;

     iLength = lstrlenA (pString) ;

     GetTextExtentPoint32A (hdc, pString, iLength, &size) ;

     return TextOutA (hdc, (prc->right - prc->left - size.cx) / 2,
                           (prc->bottom - prc->top - size.cy) / 2,
                      pString, iLength) ;
}

EXPORT BOOL CALLBACK EdrCenterTextW (HDC hdc, PRECT prc, PCWSTR pString)
{
     int  iLength ;
     SIZE size ;

     iLength = lstrlenW (pString) ;

     GetTextExtentPoint32W (hdc, pString, iLength, &size) ;

     return TextOutW (hdc, (prc->right - prc->left - size.cx) / 2,
                           (prc->bottom - prc->top - size.cy) / 2,
                      pString, iLength) ;
}
```

Abbildung 21.1: *Die dynamische Bibliothek* EDRLIB

Sobald Sie die beiden Dateien erstellt haben, sind Sie soweit, dass Sie EDRLIB.DLL entweder als Release- oder als Debug-Version compilieren können. Nach der erfolgreichen Übersetzung des Quelltexts finden Sie im Verzeichnis RELEASE bzw. DEBUG die Datei EDRLIB.LIB, die als Importbibliothek für die dynamische Bibliothek fungiert und die Datei EDRLIB.DLL – die dynamische Bibliothek selbst.

Die Programme, die ich Ihnen im Verlauf dieses Buchs vorgestellt habe, konnten *entweder* als Unicode- *oder* als ANSI-Version übersetzt werden – je nachdem, ob das Symbol UNICODE bei der Compilierung definiert war oder nicht. Wenn Sie eine DLL erstellen, sollte diese aber sowohl eine Unicode- als auch eine ANSI-Variante von Funktionen bereitstellen, die mit Parametern und Ergebnissen der Typen *char, string* oder eines davon abgeleiteten Typs hantieren. Aus diesem Grund enthält EDRLIB.C die Definitionen zweier Funktionen mit dem Namen *EdrCenterText*: *EdrCenterTextA* ist die ANSI-Variante, *EdrCenterTextW* die Unicode-Version. *EdrCenterTextA* erwartet einen Parameter des Typs PCSTR, also einen Zeiger auf einen konstanten ANSI-String, *EdrCenterTextW* verwendet hier den Typ PCWSTR, mithin einen Zeiger auf einen konstanten Unicode-String. Konsequent bedient sich *EdrCenterTextA* der Funktionen *lstrlenA*, *GetTextExtentPoint32A* und *TextOutA*, während *EdrCenterTextW* mit den Funktionen *lstrlenW*, *GetTextExtentPoint32Windows* und *TextOutW* arbeitet. Die Include-Datei EDRLIB.H definiert die Funktion *EdrCenterText* schließlich als *EdrCenterTextW*, wenn die Compilierung mit UNICODE geschieht, ansonsten wird *EdrCenterText* in *EdrCenterTextA* umgesetzt. Nach diesem Schema arbeiten auch die Include-Dateien von Windows (vgl. Kapitel 2).

EDRLIB.C definiert weiterhin eine Funktion namens *DllMain*, die in einer DLL die Stelle der Funktion *WinMain* einnimmt. Diese Funktion enthält im allgemeinen den Initialisierungs- und Aufräumcode der DLL, auf den ich im nächsten Abschnitt näher eingehe. Für die momentanen Belange ist es völlig ausreichend, wenn *DllMain* das Ergebnis TRUE zurückliefert.

Das letzte Mysterium, das die beiden Dateien aus Abbildung 21.1 jetzt noch enthalten, dürfte das bei der Deklaration verwendete Symbol EXPORT sein. Funktionen einer DLL, die »von außen her« (also von Anwendungen) aufgerufen werden, müssen auf diese Weise gekennzeichnet werden: Die Exportdeklaration stellt sicher, dass der Name der Funktion in der Datei EDRLIB.LIB erscheint (was den Linker in die Lage versetzt, Funktionsaufrufe von Anwendungen auf sie zu beziehen), mithin die Implementation der Funktion in der Datei EDRLIB.DLL nach außen hin sichtbar ist. Falls die Datei im C++-Modus compiliert wird, ist das Symbol EXPORT als *extern "C"* definiert, ansonsten als *__declspec (dllexport)*. Dadurch wird es möglich, die DLL von C- und C++-Programmen aus gleichermaßen zu nutzen.

Aufrufe der Funktion *DllMain*

Die bereits erwähnte Funktion *DllMain* kommt immer dann zum Ausführung, wenn ein Programm die Bibliothek neu anfordert oder nicht mehr benötigt. Der erste Parameter der Funktion ist (analog zu hInstance in *WinMain*) der Instanz-Handle der Bibliothek. Wenn Ihre Bibliothek Funktionen verwendet, die einen Instanz-Handle sehen wollen (wie etwa *DialogBox*), sollte der Wert des Parameters *hInstance* in einer globalen Variable gespeichert werden.

Der letzte Parameter der Funktion wird zur Zeit von Windows noch nicht genutzt.

Der Parameter *fdwReason* kann einen von vier Werten annehmen. Er gibt Aufschluß darüber, zu welchem Zweck Windows die Funktion aufruft. Für die folgende Diskussion sollten Sie im Hinterkopf behalten, dass ein einzelnes Programm mehrfach aufgerufen bzw. in Form mehrerer Prozesse von Windows gleichzeitig ausgeführt werden kann – jeder Aufruf geht mit dem Start eines neuen Prozesses einher.

Hat der Parameter *fdwReason* den Wert DLL_PROCESS_ATTACH, dann heißt das, dass die dynamische Bibliothek in den Adressraum eines Prozesses abgebildet wurde. Für jeden Prozeß, der mit der dynamischen Bibliothek arbeitet, erfolgt *ein* solcher DLL_PROCESS_ATTACH-Aufruf, den die Bibliothek (ähnlich wie WM_CREATE in einer Window-Prozedur) für einmalige Initialisierungen nutzen kann – nur dass es hier eben nicht um Initialisierungen pro Fenster, sondern um Initialisierungen pro Prozeß geht.

Bei erfolgreicher Initialisierung muß die Funktion *DllMain* einen Wert ungleich 0 (TRUE) zurückliefern. Mit dem Ergebnis FALSE signalisiert sie Windows, dass die Initialisierung gescheitert ist und der Prozeß deshalb insgesamt nicht ausgeführt werden kann.

Hat der Parameter *fdwReason* den Wert DLL_PROCESS_DETACH, bedeutet das, dass der Prozeß die Bibliothek nicht mehr länger benötigt. Die Bibliothek wird in diesem Fall einen Aufräumcode ausführen, also alle für den Prozeß individuell belegten Ressourcen wieder freigeben. Unter den 32-Bit-Versionen von Windows ist das zwar nicht mehr zwingend erforderlich, guter Programmierstil ist es aber allemal.

Analog zu den beiden schon diskutierten Werten kann *fdwReason* auch die Werte DLL_-THREAD_ATTACH und DLL_THREAD_DETACH tragen. Ersterer zeigt an, dass ein bereits bei der Bibliothek angemeldeter Prozeß einen neuen Thread gestartet hat, und letzterer, dass ein Thread des Prozesses beendet wird. Beachten Sie, dass einem DLL_THREAD_DETACH-Aufruf nicht immer ein DLL_THREAD_ATTACH-Aufruf vorangegangen sein muß, da die Möglichkeit besteht, dass ein Programm die Dienste einer Bibliothek erst dann anfordert, wenn es bereits ein Reihe von Threads gestartet hat.

Wenn Windows die Funktion *DllMain* mit DLL_THREAD_DETACH aufruft, ist der Thread noch nicht abgebaut. Im Prinzip könnte die Funktion sogar mit Thread-Nachrichten arbeiten – auch wenn von einer Verwendung der Funktion *PostMessage* eher abzuraten ist, denn der Thread könnte das Zeitliche bereits gesegnet haben, ehe er die Nachricht erhält.

Das Testprogramm

Nun ist es an der Zeit, dem Arbeitsbereich ein weiteres Projekt hinzuzufügen, nämlich für das Programm EDRTEST, das Aufschluß über die Tauglichkeit von EDRLIB.DLL geben soll. Öffnen Sie dazu – falls noch nicht geschehen – den Arbeitsbereich EDRTEST in Visual C++ und wählen Sie im Menü *Datei* den Befehl *Neu*. Aktivieren Sie im erscheinenden Dialogfeld »Neu« die Registerkarte »Projekte« und dort diesmal den Projekttyp »Win32-Application«. Vergewissern Sie sich, dass das Optionsfeld *Hinzufügen zu akt. Arbeitsbereich* markiert ist und geben Sie dem Projekt den Namen EDRTEST. Kürzen Sie auch diesmal den automatisch an den Pfad angehängten Namen EDRTEST heraus, bevor Sie auf *OK* klicken. Wählen Sie im daraufhin erscheinenden Dialogfeld den Projekttyp *Ein leeres Projekt* und klicken Sie auf *Fertigstellen*.

Geben Sie erneut den Befehl *Neu* im Menü *Datei*. Im erscheinenden Dialogfeld wählen Sie die Registerkarte *Dateien* und darin den Dateityp *C++-Quellcodedatei*. Vergewissern Sie sich, dass im Listenfeld unter *Dem Projekt hinzufügen* EDRTEST und nicht EDRLIB markiert ist. Legen Sie als Dateinamen EDRTEST.C fest und geben Sie den in Abbildung 21.2 aufgelisteten Quelltext ein. Das Programm bedient sich der Funktion *EdrCenterText* aus der dynamischen Bibliothek EDRLIB, um in der Mitte des Anwendungsbereichs einen String auszugeben.

EDRTEST.C

```
/*--------------------------------------------
   EDRTEST.C -- Testprogramm für die DLL EDRLIB
                (c) Charles Petzold, 1998
  --------------------------------------------*/

#include <windows.h>
#include "edrlib.h"

LRESULT CALLBACK WndProc (HWND, UINT, WPARAM, LPARAM) ;

int WINAPI WinMain (HINSTANCE hInstance, HINSTANCE hPrevInstance,
                    PSTR szCmdLine, int iCmdShow)
{
     static TCHAR szAppName[] = TEXT ("EdrTest") ;
     HWND         hwnd ;
     MSG          msg ;
     WNDCLASS     wndclass ;

     wndclass.style         = CS_HREDRAW | CS_VREDRAW ;
     wndclass.lpfnWndProc   = WndProc ;
     wndclass.cbClsExtra    = 0 ;
     wndclass.cbWndExtra    = 0 ;
     wndclass.hInstance     = hInstance ;
     wndclass.hIcon         = LoadIcon (NULL, IDI_APPLICATION) ;
     wndclass.hCursor       = LoadCursor (NULL, IDC_ARROW) ;
     wndclass.hbrBackground = (HBRUSH) GetStockObject (WHITE_BRUSH) ;
     wndclass.lpszMenuName  = NULL ;
     wndclass.lpszClassName = szAppName ;

     if (!RegisterClass (&wndclass))
     {
          // UNICODE-Kompilierung ist die einzige realistische Fehlermöglichkeit
          MessageBox (NULL, TEXT ("Programm arbeitet mit Unicode und setzt Windows NT voraus!"),
                      szAppName, MB_ICONERROR) ;
```

```
          return 0 ;
     }

     hwnd = CreateWindow (szAppName, TEXT ("Testprogramm für die DLL EDRLIB "),
                          WS_OVERLAPPEDWINDOW,
                          CW_USEDEFAULT, CW_USEDEFAULT,
                          CW_USEDEFAULT, CW_USEDEFAULT,
                          NULL, NULL, hInstance, NULL) ;

     ShowWindow (hwnd, iCmdShow) ;
     UpdateWindow (hwnd) ;

     while (GetMessage (&msg, NULL, 0, 0))
     {
          TranslateMessage (&msg) ;
          DispatchMessage (&msg) ;
     }
     return msg.wParam ;
}

LRESULT CALLBACK WndProc (HWND hwnd, UINT message, WPARAM wParam, LPARAM lParam)
{
     HDC         hdc ;
     PAINTSTRUCT ps ;
     RECT        rect ;

     switch (message)
     {
     case WM_PAINT:
          hdc = BeginPaint (hwnd, &ps) ;

          GetClientRect (hwnd, &rect) ;

          EdrCenterText (hdc, &rect,
                         TEXT ("Diesen String hat eine DLL ausgegeben")) ;

          EndPaint (hwnd, &ps) ;
          return 0 ;

     case WM_DESTROY:
          PostQuitMessage (0) ;
          return 0 ;
     }
     return DefWindowProc (hwnd, message, wParam, lParam) ;
}
```

Abbildung 21.2: *Das Programm* EDRTEST

Bitte beachten Sie, dass EDRTEST.C eine *#include*-Anweisung für die Datei EDRLIB.H enthält, wobei es hier nicht nur um den Prototyp der Funktion, sondern auch um die Umbenennung von *EdrCenterText* in *EdrCenterTextA* bzw. *EdrCenterTextW* geht. (Wer Compilermeldungen über fehlende Prototypen gewohnheitsmäßig ignoriert, scheitert hier also spätestens am Linker.)

Bevor Sie den Compiler anwerfen, um das Programm übersetzen, gibt es noch einige Dinge zu erledigen. Als erstes sollten Sie im Menü *Projekt* den Punkt *Aktives Projekt festlegen* benutzen.

Sie haben die Auswahl zwischen EDRLIB und EDRTEST: Wählen Sie EDRTEST, denn Übersetzungsläufe im Arbeitsbereich werden im allgemeinen das Ziel haben, das Programm neu zu erstellen. Veränderungen in der Bibliothek, etwa das Hinzufügen weiterer Funktionen, werden in den meisten Fällen auch von Veränderungen im Quelltext des Programms (lies: dem Aufruf dieser Funktionen) begleitet. Es macht daher Sinn, die Abhängigkeiten im Arbeitsbereich so zu regeln, dass bei jeder Übersetzung des Programms auch die dynamische Bibliothek automatisch neu compiliert wird, wenn sie verändert wurde, damit der Linker immer die aktuellste Version zu sehen bekommt. Wählen Sie dazu *Abhängigkeiten* im Menü *Projekt* und markieren Sie im Listenfeld *Zu bearbeitendes Projekt* des daraufhin erscheinenden Dialogfelds »Projektabhängigkeiten« den Eintrag »EDRTEST«. Dann kreuzen Sie in der Liste *Abhängig von folgenden Projekten* das Kontrollkästchen vor dem Eintrag »EDRLIB« an und bestätigen Ihre Einstellung mit *OK*. Wann immer Sie nun EDRTEST erstellen, wird nötigenfalls zuerst EDRLIB neu erstellt.

Als nächstes wählen Sie *Einstellungen* im Menü *Projekt* und im daraufhin erscheinenden Dialogfeld »Projekteinstellungen« die Registerkarte *Allgemein*. Wenn Sie nun im linken Listenfenster EDRLIB oder EDRTEST markieren, sollte für unter *Ausgabeverzeichnisse* im rechten Listenfenster in beiden Fällen das Verzeichnis »Release« bzw. »Debug« eingestellt sein – je nachdem, welche Konfiguration Sie für das Programm als »aktive Konfiguration« festgelegt haben. Wenn nicht, ändern Sie die Verzeichnisse entsprechend. Das stellt sicher, dass EDRLIB.DLL und EDRTEST.EXE im gleichen Verzeichnis landen und das Programm kein Problem mit dem Auffinden der DLL hat.

Im gleichen Dialogfeld markieren Sie EDRTEST und aktivieren dann die Registerkarte *C/C++*. Wie Sie es bereits von anderen Programmen aus diesem Buch her gewöhnt sind, ergänzen Sie in der Debug-Konfiguration für die *Kategorie* »Präprozessor« im Eingabefeld *Präprozessor-Definitionen* das Symbol UNICODE.

Damit wären alle Weichen für das Anlegen des Programms EDRTEST.EXE sowohl in der Debug- als auch in der Release-Konfiguration gestellt. Visual C++ wird als erstes EDRLIB übersetzen und binden sowie im Verzeichnis DEBUG bzw. RELEASE die Dateien EDRLIB.LIB und EDRLIB.DLL bereitstellen, die für die Übersetzung von EDRTEST gebraucht werden.

Es ist wichtig für das Verständnis dynamischer Bibliotheken, dass nicht der Code der Funktion *EdrCenterText* in der ausführbaren Datei EDRTEST.EXE erscheint, sondern nur ein Verweis auf diese Funktion und die dynamische Bibliothek EDRLIB.DLL. Anders gesagt: EDRTEST.EXE kommt für die Ausführung nicht ohne EDRLIB.DLL aus.

Während der Ausführung von EDRTEST stellt Windows eine ganze Reihe dynamischer Bindungen zu Funktionen her, deren Implementation in den standardmäßigen Bibliotheken der Windows-Umgebung stecken. Das war bei den bisherigen Programmen ebenso, ohne dass wir uns darum hätten kümmern müssen. Für die Ausführung der Funktion *EdrCenterText* wird Windows zusätzlich automatisch die von Ihnen bereitgestellte dynamische Bibliothek EDRLIB.DLL laden, deren Initialisierungsroutine *DllMain* ausführen und dann eine Bindung zum Code der Funktion einrichten.

Um die Gleichartigkeit noch deutlicher zu machen: Die *#include*-Anweisung für EDRLIB.H im Quelltext EDRTEST.C ist nichts anderes als die *#include*-Anweisung für WINDOWS.H, und auch der Bindevorgang mit der statischen Bibliothek EDRLIB.LIB ist nichts anderes als der Bindevorgang mit einer Windows-Importbibliothek wie USER32.LIB. Und zu guter Letzt: die dynamische Bindung mit einer Funktion aus der Bibliothek EDRLIB.DLL zur Laufzeit des Programms unterscheidet sich in nichts von der dynamischen Bindung mit einer Funktion aus der Bibliothek USER32.DLL. Herzlichen Glückwunsch! Mit EDRLIB.DLL haben Sie soeben Ihre erste Erweiterung von Windows erzeugt.

Bevor es weitergeht, noch ein paar Worte zum Thema dynamische Bibliotheken: Erstens, obwohl ich EDRLIB.DLL gerade als Erweiterung von Windows eingestuft habe, macht es mehr Sinn, die DLL als Erweiterung der eigenen Anwendung anzusehen: Alles, was die DLL tut, geschieht im Dienste der Anwendung. So gehört beispielsweise auch der gesamte Arbeitsspeicher, den eine DLL anfordert, dem aufrufenden Programm. Dasselbe gilt für Fenster oder Dateien, die eine DLL anlegt bzw. öffnet. Es können zwar mehrere Anwendungen im Rahmen des Multitaskings gleichzeitig mit derselben DLL (und sogar effektiv mit demselben Code) arbeiten, aufgrund der genannten Besitzverhältnisse bleibt die gegenseitige Abschottung jedoch gewährleistet.

Das heißt andererseits, dass die prozessübergreifende gemeinsame Nutzung von Speicherbereichen nur durch ein weiteres Konzept zu realisieren ist, auf das ich im nun folgenden Abschnitt sprechen komme.

Gemeinsam genutzte Speicherbereiche in DLLs

Unter dem Gesichtspunkt des verdrängenden Multitaskings ist die von Windows betriebene gegenseitige Abschottung von Programmen, die gleiche DLLs benutzen, natürlich äußerst wünschenswert, auf der anderen Seite erschwert sie wiederum den einfachen Datenaustausch zwischen Prozessen. Eine DLL, die mehrere Prozesse – gleichzeitig laufende Programme oder mehrere Kopien ein und desselben Programms – mit einem gemeinsamen Speicherbereich bedient, kann die Prozeßkommunikation stark vereinfachen. Nun, die Implementation erfordert ein wenig Mehraufwand und ein Verständnis des Konzepts der »speicherbasierten Datei« (die Ihnen ja in Kapitel 15 schon einmal kurz begegnet ist).

Wie das funktioniert, sehen wir uns am besten anhand eines Beispielprogramms an. Das Programm trägt den Namen STRPROG und die dazugehörige DLL den Namen STRLIB. Letztere exportiert drei Funktionen, deren Dienste STRPROG in Anspruch nimmt. Um den Reiz der Sache noch zu erhöhen, bedient sich eine dieser Funktionen einer Rückruffunktion, deren Definition in STRPROG zu finden ist.

Die dynamische Bibliothek STRLIB stellt String-Operationen zur Verfügung. Sie speichert und sortiert Strings, wandelt die Zeichen in Großbuchstaben um und puffert sie in einem mehreren Prozessen zugänglichen Speicherbereich. Die drei Bibliotheksfunktionen ermöglichen es dem Programm STRPROG, Strings in den Puffer hineinzuschreiben, Strings aus dem Puffer zu löschen sowie alle im Puffer befindlichen Strings abzufragen. Dazu verfügt es über zwei Menübefehle (*Einfügen* und *Löschen*), die Dialogfelder mit der entsprechenden Funktionalität hervorbringen. Im Anwendungsbereich seines Fensters gibt das Programm (jeweils aktuell) alle im Puffer von STRLIB befindlichen Strings aus.

Die folgende in STRLIB definierte Funktion fügt einen weiteren String in den Puffer ein:

```
EXPORT BOOL CALLBACK AddString (pStringIn)
```

Das Argument *pStringIn* ist ein Zeiger auf den einzufügenden String. Diese Funktion wandelt den String in Großschreibung um und sortiert ihn ohne Berücksichtigung, ob im Puffer bereits ein gleichlautender String enthalten ist, einfach ein. *AddString* liefert den Wert TRUE zurück, wenn der String korrekt einsortiert wurde, ansonsten FALSE. Die Funktion scheitert, wenn der String die Länge 0 hat, kein Speicher für die Kopie des Strings verfügbar ist oder der Puffer bereits 256 Strings enthält.

Die folgende in STRLIB definierte Funktion löscht einen String aus dem Puffer:

```
EXPORT BOOL CALLBACK DeleteString (pStringIn)
```

Das Argument *pStringIn* ist einen Zeiger auf einen String, der im Puffer gelöscht werden soll. Wenn der String mehr als einmal im Puffer vorkommt, löscht die Funktion nur die erste Fundstelle. *DeleteString* liefert TRUE zurück, wenn der String gefunden und gelöscht wurde, ansonsten FALSE. Der Rückgabewert FALSE zeigt an, dass der zu löschende String leer war oder dass der String im Puffer nicht enthalten ist.

Die folgende in STRLIB definierte Funktion benutzt eine Rückruffunktion des aufrufenden Programms, um die aktuell im Puffer befindlichen Strings aufzulisten:

```
EXPORT int CALLBACK GetStrings (pfnGetStrCallBack, pParam)
```

Im aufrufenden Programm muß die Rückruffunktion wie folgt definiert sein:

```
EXPORT BOOL CALLBACK GetStrCallBack (PSTR pString, PVOID pParam)
```

Das Argument *pfnGetStrCallBack* der Funktion *GetStrings* ist ein Zeiger auf genau diese Funktion. *GetStrings* ruft die Rückruffunktion für jeden im Puffer gespeicherten String einmal auf, bis entweder alle Strings aufgelistet wurden oder die Rückruffunktion über das Zurückliefern von FALSE einen Abbruch signalisiert. Das direkte Ergebnis von *GetStrings* ist die Zahl der über die Rückruffunktion aufgelisteten Strings. Der Parameter *pParam* ist ein beliebiger »Kontext« – also ein Wert mit 32 Bit, den das Programm beispielsweise als Zeiger auf eine eigene Datenstruktur verwenden und so der Rückruffunktion Informationen übermitteln kann. *GetStrings* reicht diesen Wert unbesehen an die Rückruffunktion weiter, neben einem Zeiger auf den jeweils aktuellen String.

Natürlich wird die Sachlage wieder einmal durch die Notwendigkeit, dass die dynamische Bibliothek sowohl von Unicode- als auch von ANSI-Anwendungen benutzbar sein soll, etwas kompliziert. Wie schon zuvor bei EDRLIB gibt es jede Funktion als A- und W-Variante. Intern arbeitet STRLIB dagegen nur mit Unicode. Wenn eine ANSI-Anwendung die Dienste der Bibliothek in Anspruch nimmt (sprich: die Funktionen *AddStringA*, *DeleteStringA* und *GetStringsA* aufruft), erfolgt intern eine Konvertierung von und nach Unicode.

Der Arbeitsbereich, dem die Projekte STRPROG und STRLIB angehören, trägt den Namen STRPROG. Was die Einstellungen für diesen Arbeitsbereich betrifft, so gilt dasselbe wie für den Arbeitsbereich EDRTEST des vorigen Programmbeispiels. Abbildung 21.3 listet die beiden Quelltexte auf, die für das Erstellen der dynamischen Bibliothek STRLIB.DLL notwendig sind.

STRLIB.H

```
/*---------------------------------------
   STRLIB.H - Include-Datei für STRLIB.DLL
  ---------------------------------------*/

#ifdef __cplusplus
#define EXPORT extern "C" __declspec (dllexport)
#else
#define EXPORT __declspec (dllexport)
#endif

// Maximale Anzahl und Länge der Strings, mit denen STRLIB arbeitet
#define MAX_STRINGS 256
#define MAX_LENGTH  63

// Der Prototyp für die Rückruffunktion (mit generischem Stringzeiger)
```

```
typedef BOOL (CALLBACK * GETSTRCB) (PCTSTR, PVOID) ;

// Jede Funktion ist als ANSI- und als Unicode-Variante definiert
EXPORT BOOL CALLBACK AddStringA (PCSTR) ;
EXPORT BOOL CALLBACK AddStringW (PCWSTR) ;

EXPORT BOOL CALLBACK DeleteStringA (PCSTR) ;
EXPORT BOOL CALLBACK DeleteStringW (PCWSTR) ;

EXPORT int CALLBACK GetStringsA (GETSTRCB, PVOID) ;
EXPORT int CALLBACK GetStringsW (GETSTRCB, PVOID) ;

// Umsetzung auf A- oder W-Variante abhängig vom Symbol UNICODE
#ifdef UNICODE
#define AddString    AddStringW
#define DeleteString DeleteStringW
#define GetStrings   GetStringsW
#else
#define AddString    AddStringA
#define DeleteString DeleteStringA
#define GetStrings   GetStringsA
#endif
```

STRLIB.C

```
/*----------------------------------------------------------
   STRLIB.C -- Dynamische Bibliothek für das Programm STRPROG
               (c) Charles Petzold, 1998
  ----------------------------------------------------------*/

#include <windows.h>
#include <wchar.h>       // für Unicode-Stringfunktionen
#include "strlib.h"

// gemeinsam genutztes Datensegment (erfordert die Linker-Option /SECTION:shared,RWS)
#pragma data_seg ("shared")
int   iTotal = 0 ;
WCHAR szStrings [MAX_STRINGS][MAX_LENGTH + 1] = { '\0' } ;
#pragma data_seg ()

#pragma comment(linker,"/SECTION:shared,RWS")

int WINAPI DllMain (HINSTANCE hInstance, DWORD fdwReason, PVOID pvReserved)
{
     return TRUE ;
}

EXPORT BOOL CALLBACK AddStringA (PCSTR pStringIn)
{
     BOOL  bReturn ;
     int   iLength ;
     PWSTR pWideStr ;

          // String in Unicode wandeln und AddStringW aufrufen

     iLength = MultiByteToWideChar (CP_ACP, 0, pStringIn, -1, NULL, 0) ;
     pWideStr = malloc (iLength) ;
```

```
    MultiByteToWideChar (CP_ACP, 0, pStringIn, -1, pWideStr, iLength) ;
    bReturn = AddStringW (pWideStr) ;
    free (pWideStr) ;

    return bReturn ;
}

EXPORT BOOL CALLBACK AddStringW (PCWSTR pStringIn)
{
    PWSTR pString ;
    int   i, iLength ;

    if (iTotal == MAX_STRINGS - 1)
        return FALSE ;

    if ((iLength = wcslen (pStringIn)) == 0)
        return FALSE ;

    // Speicher für String anfordern, String kopieren, Kopie in Großschreibung wandeln
    pString = malloc (sizeof (WCHAR) * (1 + iLength)) ;
    wcscpy (pString, pStringIn) ;
    _wcsupr (pString) ;

    //  String einsortieren
    for (i = iTotal ; i > 0 ; i--)
    {
        if (wcscmp (pString, szStrings[i - 1]) >= 0)
            break ;

        wcscpy (szStrings[i], szStrings[i - 1]) ;
    }
    wcscpy (szStrings[i], pString) ;
    iTotal++ ;

    free (pString) ;
    return TRUE ;
}

EXPORT BOOL CALLBACK DeleteStringA (PCSTR pStringIn)
{
    BOOL  bReturn ;
    int   iLength ;
    PWSTR pWideStr ;

    // ANSI-String nach Unicode umsetzen und DeleteStringW aufrufen
    iLength = MultiByteToWideChar (CP_ACP, 0, pStringIn, -1, NULL, 0) ;
    pWideStr = malloc (iLength) ;
    MultiByteToWideChar (CP_ACP, 0, pStringIn, -1, pWideStr, iLength) ;
    bReturn = DeleteStringW (pWideStr) ;
    free (pWideStr) ;

    return bReturn ;
}

EXPORT BOOL CALLBACK DeleteStringW (PCWSTR pStringIn)
```

```
{
    int i, j ;

    if (0 == wcslen (pStringIn))
        return FALSE ;

    for (i = 0 ; i < iTotal ; i++)
    {
        if (_wcsicmp (szStrings[i], pStringIn) == 0)
            break ;
    }

    // Ist der angegebene String nicht in der Liste, passiert nichts
    if (i == iTotal)
        return FALSE ;

    // Ansonsten restliche Listeneinträge eine Stelle versetzen
    for (j = i ; j < iTotal ; j++)
        wcscpy (szStrings[j], szStrings[j + 1]) ;

    szStrings[iTotal--][0] = '\0' ;
    return TRUE ;
}

EXPORT int CALLBACK GetStringsA (GETSTRCB pfnGetStrCallBack, PVOID pParam)
{
    BOOL bReturn ;
    int  i, iLength ;
    PSTR pAnsiStr ;

    for (i = 0 ; i < iTotal ; i++)
    {
        // String von Unicode nach ANSI konvertieren
        iLength = WideCharToMultiByte (CP_ACP, 0, szStrings[i], -1, NULL, 0,
                                       NULL, NULL) ;
        pAnsiStr = malloc (iLength) ;
        WideCharToMultiByte (CP_ACP, 0, szStrings[i], -1, pAnsiStr, iLength,
                                       NULL, NULL) ;

        // Rückruffunktion aufrufen
        bReturn = pfnGetStrCallBack (pAnsiStr, pParam) ;

        if (bReturn == FALSE)
            return i + 1 ;

        free (pAnsiStr) ;
    }
    return iTotal ;
}

EXPORT int CALLBACK GetStringsW (GETSTRCB pfnGetStrCallBack, PVOID pParam)
{
    BOOL bReturn ;
    int  i ;

    for (i = 0 ; i < iTotal ; i++)
```

```
    {
         bReturn = pfnGetStrCallBack (szStrings[i], pParam) ;
         if (bReturn == FALSE)
              return i + 1 ;
    }
    return iTotal ;
}
```

Abbildung 21.3: *Die dynamische Bibliothek* STRLIB

STRLIB enthält außer der Funktion *DllMain* nur die sechs für den Export bestimmten Funktionen. Aufgrund der EXPORT-Deklaration dieser Funktionen trägt der Linker sie in die Import-Bibliothek STRLIB.LIB ein.

Das Programm STRPROG

Das in Abbildung 21.4 aufgelistete Programm STRPROG ist recht geradlinig. Die Menüpunkte *Einfügen* und *Löschen* bringen einfache Dialogfelder zur Eingabe des einzufügenden bzw. zu löschenden Strings auf den Bildschirm. Wenn das Programm seinen Anwendungsbereich aktualisieren muß, ruft es die Funktion *GetStrings* auf, die ihrerseits die programmeigene Rückruffunktion *GetStrCallBack* für die String-Ausgabe bemüht.

STRPROG.C

```
/*----------------------------------------
   STRPROG.C - Demonstration von STRLIB.DLL
              (c) Charles Petzold, 1998
  ----------------------------------------*/

#include <windows.h>
#include "strlib.h"
#include "resource.h"

typedef struct
{
     HDC hdc ;
     int xText ;
     int yText ;
     int xStart ;
     int yStart ;
     int xIncr ;
     int yIncr ;
     int xMax ;
     int yMax ;
}
CBPARAM ;

LRESULT CALLBACK WndProc (HWND, UINT, WPARAM, LPARAM) ;
TCHAR szAppName [] = TEXT ("StrProg") ;
TCHAR szString [MAX_LENGTH + 1] ;

int WINAPI WinMain (HINSTANCE hInstance, HINSTANCE hPrevInstance,
                    PSTR szCmdLine, int iCmdShow)
{
```

```
     HWND     hwnd ;
     MSG      msg ;
     WNDCLASS wndclass ;

     wndclass.style         = CS_HREDRAW | CS_VREDRAW ;
     wndclass.lpfnWndProc   = WndProc ;
     wndclass.cbClsExtra    = 0 ;
     wndclass.cbWndExtra    = 0 ;
     wndclass.hInstance     = hInstance ;
     wndclass.hIcon         = LoadIcon (NULL, IDI_APPLICATION) ;
     wndclass.hCursor       = LoadCursor (NULL, IDC_ARROW) ;
     wndclass.hbrBackground = (HBRUSH) GetStockObject (WHITE_BRUSH) ;
     wndclass.lpszMenuName  = szAppName ;
     wndclass.lpszClassName = szAppName ;

     if (!RegisterClass (&wndclass))
     {
          // UNICODE-Kompilierung ist die einzige realistische Fehlermöglichkeit
          MessageBox (NULL, TEXT ("Programm arbeitet mit Unicode und setzt Windows NT voraus!"),
                      szAppName, MB_ICONERROR) ;
          return 0 ;
     }

     hwnd = CreateWindow (szAppName, TEXT ("Demonstrations-Programm für STRLIB.DLL"),
                          WS_OVERLAPPEDWINDOW,
                          CW_USEDEFAULT, CW_USEDEFAULT,
                          CW_USEDEFAULT, CW_USEDEFAULT,
                          NULL, NULL, hInstance, NULL) ;

     ShowWindow (hwnd, iCmdShow) ;
     UpdateWindow (hwnd) ;

     while (GetMessage (&msg, NULL, 0, 0))
     {
          TranslateMessage (&msg) ;
          DispatchMessage (&msg) ;
     }
     return msg.wParam ;
}

BOOL CALLBACK DlgProc (HWND hDlg, UINT message, WPARAM wParam, LPARAM lParam)
{
     switch (message)
     {
     case WM_INITDIALOG:
          SendDlgItemMessage (hDlg, IDC_STRING, EM_LIMITTEXT, MAX_LENGTH, 0) ;
          return TRUE ;

     case WM_COMMAND:
          switch (wParam)
          {
          case IDOK:
               GetDlgItemText (hDlg, IDC_STRING, szString, MAX_LENGTH) ;
               EndDialog (hDlg, TRUE) ;
               return TRUE ;
```

```
        case IDCANCEL:
            EndDialog (hDlg, FALSE) ;
            return TRUE ;
        }
    }
    return FALSE ;
}

BOOL CALLBACK GetStrCallBack (PTSTR pString, CBPARAM * pcbp)
{
    TextOut (pcbp->hdc, pcbp->xText, pcbp->yText,
             pString, lstrlen (pString)) ;

    if ((pcbp->yText += pcbp->yIncr) > pcbp->yMax)
    {
        pcbp->yText = pcbp->yStart ;
        if ((pcbp->xText += pcbp->xIncr) > pcbp->xMax)
            return FALSE ;
    }
    return TRUE ;
}

LRESULT CALLBACK WndProc (HWND hwnd, UINT message, WPARAM wParam, LPARAM lParam)
{
    static HINSTANCE  hInst ;
    static int        cxChar, cyChar, cxClient, cyClient ;
    static UINT       iDataChangeMsg ;
    CBPARAM           cbparam ;
    HDC               hdc ;
    PAINTSTRUCT       ps ;
    TEXTMETRIC        tm ;

    switch (message)
    {
    case WM_CREATE:
        hInst = ((LPCREATESTRUCT) lParam)->hInstance ;
        hdc   = GetDC (hwnd) ;
        GetTextMetrics (hdc, &tm) ;
        cxChar = (int) tm.tmAveCharWidth ;
        cyChar = (int) (tm.tmHeight + tm.tmExternalLeading) ;
        ReleaseDC (hwnd, hdc) ;

        // Nachricht registrieren für die Benachrichtigung anderer Programmkopien
        // nach Änderungen des Pufferinhalts
        iDataChangeMsg = RegisterWindowMessage (TEXT ("StrProgDataChange")) ;
        return 0 ;

    case WM_COMMAND:
        switch (wParam)
        {
        case IDM_ENTER:
            if (DialogBox (hInst, TEXT ("EnterDlg"), hwnd, &DlgProc))
            {
                if (AddString (szString))
                    PostMessage (HWND_BROADCAST, iDataChangeMsg, 0, 0) ;
                else
```

```
                    MessageBeep (0) ;
               }
               break ;

          case IDM_DELETE:
               if (DialogBox (hInst, TEXT ("DeleteDlg"), hwnd, &DlgProc))
               {
                    if (DeleteString (szString))
                         PostMessage (HWND_BROADCAST, iDataChangeMsg, 0, 0) ;
                    else
                         MessageBeep (0) ;
               }
               break ;
          }
          return 0 ;

     case WM_SIZE:
          cxClient = (int) LOWORD (lParam) ;
          cyClient = (int) HIWORD (lParam) ;
          return 0 ;
      case WM_PAINT:
          hdc = BeginPaint (hwnd, &ps) ;

          cbparam.hdc    = hdc ;
          cbparam.xText = cbparam.xStart = cxChar ;
          cbparam.yText = cbparam.yStart = cyChar ;
          cbparam.xIncr = cxChar * MAX_LENGTH ;
          cbparam.yIncr = cyChar ;
          cbparam.xMax  = cbparam.xIncr * (1 + cxClient / cbparam.xIncr) ;
          cbparam.yMax  = cyChar * (cyClient / cyChar - 1) ;

          GetStrings ((GETSTRCB) GetStrCallBack, (PVOID) &cbparam) ;

          EndPaint (hwnd, &ps) ;
          return 0 ;

     case WM_DESTROY:
          PostQuitMessage (0) ;
          return 0 ;

     default:
          if (message == iDataChangeMsg)
               InvalidateRect (hwnd, NULL, TRUE) ;
          break ;
     }
     return DefWindowProc (hwnd, message, wParam, lParam) ;
}
```

STRPROG.RC (Auszüge)

```
//Microsoft Developer Studio generated resource script.

#include "resource.h"
#include "afxres.h"

/////////////////////////////////////////////////////////////////////////////
// Dialog
```

```
ENTERDLG DIALOG DISCARDABLE  20, 20, 186, 47
STYLE DS_MODALFRAME | WS_POPUP | WS_CAPTION | WS_SYSMENU
CAPTION "Einfügen"
FONT 8, "MS Sans Serif"
BEGIN
    LTEXT           "&Einfügen:",IDC_STATIC,7,7,26,9
    EDITTEXT        IDC_STRING,39,7,148,12,ES_AUTOHSCROLL
    DEFPUSHBUTTON   "OK",IDOK,32,26,50,14
    PUSHBUTTON      "Abbrechen",IDCANCEL,104,26,50,14
END

DELETEDLG DIALOG DISCARDABLE  20, 20, 186, 47
STYLE DS_MODALFRAME | WS_POPUP | WS_CAPTION | WS_SYSMENU
CAPTION "Löschen"
FONT 8, "MS Sans Serif"
BEGIN
    LTEXT           "&Löschen:",IDC_STATIC,7,7,26,9
    EDITTEXT        IDC_STRING,39,7,148,12,ES_AUTOHSCROLL
    DEFPUSHBUTTON   "OK",IDOK,32,26,50,14
    PUSHBUTTON      "Abbrechen",IDCANCEL,104,26,50,14
END

/////////////////////////////////////////////////////////////////////////////
// Menu

STRPROG MENU DISCARDABLE
BEGIN
    MENUITEM "E&infügen",                   IDM_ENTER
    MENUITEM "&Löschen",                    IDM_DELETE
END
```

RESOURCE.H (Auszüge)

```
// Microsoft Developer Studio generated include file.
// Used by StrProg.rc

#define IDC_STRING                      1000
#define IDM_ENTER                       40001
#define IDM_DELETE                      40002
#define IDC_STATIC                      -1
```

Abbildung 21.4: *Das Programm* STRPROG

STRPROG.C enthält eine *#include*-Anweisung für die Datei STRLIB.H; dort sind die drei STRLIB-Funktionen (um-)deklariert, deren Dienste STRPROG in Anspruch nimmt.

Interessant wird STRLIB weniger durch die Fähigkeit, bis zu 64 Strings auf einmal zu speichern, sondern dadurch, dass die DLL diese Strings allen Programmen gemeinsam zur Verfügung stellt (wovon Sie natürlich nur etwas mitbekommen, wenn Sie STRPROG mehrfach starten). Sehen wir einmal genauer an, was dabei eigentlich geschieht.

Gemeinsame Nutzung von Daten

Wie mehrfach erwähnt, schottet Windows die Adressräume von 32-Bit-Prozessen vollständig nach außen hin ab. Alle Daten im Adressraum eines Prozesses sind privater Natur und für andere Prozesse definitiv unerreichbar. Wenn Sie allerdings mehrere Kopien von STRPROG starten, dann stellt sich heraus, dass STRLIB keine Schwierigkeiten hat, die gleichen Daten allen Programmkopien gemeinsam zur Verfügung zu stellen. Sobald Sie von einer Programmkopie aus einen neuen String einfügen oder einen existierenden String löschen, wird die Änderung in den Fenstern aller laufenden Programmkopien reflektiert.

STRLIB definiert zwei globale Variablen, die allen Prozessen für die gemeinsame Nutzung offenstehen: Ein String-Array, das als Puffer fungiert, und ein Integerwert, der die Anzahl der im Puffer vorhandenen Strings wiedergibt. Der Speicherplatz für diese Variablen liegt in einem eigenen Datensegment, das explizit deklariert ist und mehreren Prozessen den Zugriff gestatten soll.

```
#pragma data_seg ("shared")
int   iTotal = 0 ;
WCHAR szStrings [MAX_STRINGS][MAX_LENGTH + 1] = { '\0' } ;
#pragma data_seg ()
```

Die erste *pragma*-Anweisung generiert ein neues Datensegment mit dem Namen *shared*. Beachten Sie, dass der Name beliebig gewählt werden kann und nichts mit der Art des Datensegments zu tun hat. Alle Variablen mit Initialisierung, die nach dieser Direktive definiert werden, erhalten ihren Speicherplatz in diesem Datensegment. Die zweite *pragma*-Direktive beendet das Datensegment *shared* und setzt das standardmäßige Datensegment wieder ein. Damit eine Variable in einem solchen explizit vereinbarten Datensegment landet, muß sie unbedingt bei der Deklaration initialisiert werden, ansonsten steckt sie der Compiler allen Bemühungen zum Trotz in den Standardbereich für nicht initialisierte Variablen.

Der Linker muß davon in Kenntnis gesetzt werden, dass das Datensegment *shared* für die gemeinsame Nutzung durch mehrere Prozesse offen sein soll. Aktivieren Sie dazu im Dialogfeld »Projekteinstellungen« die Registerkarte *Linker* und ergänzen Sie für STRLIB im Feld *Projekt Optionen* (für beide Konfigurationen) die Linker-Option durch:

```
/SECTION:shared,RWS
```

Die Buchstabenfolge *RWS* drückt die für das Segment gewünschten Attribute aus: Schreiben (read), lesen (write) und gemeinsame Nutzung (shared). Anstelle dieses etwas umständlichen Vorgehens kann man die Linker-Option auch durch eine *pragma comment*-Anweisung direkt in den Quelltext der dynamischen Bibliothek setzen, wie in STRLIB.C zu sehen:

```
#pragma comment(linker,"/SECTION:shared,RWS")
```

In dem für die gemeinsame Nutzung offenen Datensegment sind die Variable *iTotal* und das String-Array *szStrings* gespeichert. Die Konstante MAX_STRINGS habe ich auf 256, die Konstante MAX_LENGTH auf 63 festgelegt. Das Unicode-Stringarray benötigt also 32 256 Bytes plus 512 für die Zeiger, dazu kommen 4 Bytes für die Variable *iTotal*: insgesamt hat dieser Bereich also eine Größe von 32 772 Bytes.

Der Einsatz eines durch mehrere Prozesse gemeinsam nutzbaren Speicherbereichs ist wahrscheinlich der einfachste Weg, mehreren Anwendungen dieselben Daten zur Verfügung zu stellen. Sollten Sie allerdings gemeinsam nutzbaren Speicher dynamisch anfordern müssen, dann benötigen Sie Objekte, die speicherbasierte Dateien verkörpern. Mehr dazu unter */Platform SDK/Windows Base Services/Interprocess Communication/File Mapping*.

Einige weitere Details zu DLLs

Weiter oben habe ich erwähnt, dass eine dynamische Bibliothek keine Nachrichten erhält. Es ist einem Bibliotheksmodul aber jederzeit möglich, von sich aus *GetMessage* und *PeekMessage* aufzurufen. Was eine DLL über diese beiden Funktionen liest, sind Nachrichten, die an das Programm gerichtet sind, das die Dienste der Bibliothek in Anspruch nimmt. Eine Bibliothek arbeitet nun einmal im Auftrag des aufrufenden Programms – diese Regel gilt auch für so gut wie alle Windows-Funktionen.

Eine dynamische Bibliothek kann Ressourcen (wie Symbole, Strings oder Bitmaps) sowohl von der eigenen Datei (.DLL) als auch von der Datei des aufrufenden Programms laden. Zum Laden von Ressourcen ist jedoch ein Instanz-Handle vonnöten. Wenn eine Bibliotheksfunktion Ressourcen aus der eigenen Datei laden will, muß sie ihren eigenen Instanz-Handle verwenden (den *DllMain* bei der Initialisierung übergeben bekommt). Will sie dagegen die Ressourcen aus der EXE-Datei der aufrufenden Anwendung laden, muß sie den Instanz-Handle der Anwendung benutzen.

Das Registrieren von Fensterklassen und das Anlegen von Fenstern kann von einer Bibliothek aus etwas trickreich sein. Sowohl für die Initialisierung der Fensterklassen-Struktur als auch für den Aufruf der Funktion *CreateWindow* ist ein Instanz-Handle vonnöten. Obwohl die Möglichkeit besteht, dafür den Instanz-Handle der Bibliothek einzusetzen, nehmen die Nachrichten für dieses Fenster dennoch den Weg über die Nachrichtenwarteschlange und die Window-Prozedur für das Hauptfenster der aufrufenden Anwendung. Wenn Sie nicht umhin kommen, von einer Bibliothek aus Fensterklassen anzumelden und Fenster anzulegen, dann ist es wahrscheinlich doch das beste, den Instanz-Handle der aufrufenden Anwendung zu benutzen.

Da Nachrichten für modale Dialogfelder an der Nachrichtenwarteschlange des Programms vorbei empfangen werden können, ist es für eine Bibliothek einfacher, mit solchen Dialogfeldern zu arbeiten und die Funktion *DialogBox* einzusetzen. Als Instanz-Handle gibt man den der Bibliothek an, und das Argument *hwndParent* des *DialogBox*-Aufrufs speist man mit dem Wert NULL ab.

Dynamisches Binden ohne Import

Anstatt Windows sämtliche dynamischen Bindungen sofort beim Laden des Programms einrichten zu lassen, steht Ihnen auch die Möglichkeit offen, dynamische Bindungen zu einem Bibliotheksmodul erst zur Laufzeit anzufordern. Ein Beispiel: Für gewöhnlich werden Sie die Funktion *Rectangle* wie folgt aufrufen:

```
Rectangle (hdc, xLeft, yTop, xRight, yBottom) ;
```

Dieser Aufruf klappt, weil das Programm bei der Erstellung mit der Import-Bibliothek GDI32.LIB gebunden wurde, in der die Adresse von *Rectangle* bekannt ist.

Aber warum einfach, wenn es auch umständlich geht? Wenn sie eine späte Bindung mit der dynamischen Bibliothek GDI32.DLL einrichten wollen, benötigen Sie eine Funktionsvariable. Dazu definieren Sie mit *typedef* erst einmal einen Funktionstyp, der dem Prototypen von *Rectangle* entspricht:

```
typedef BOOL (WINAPI * PFNRECT) (HDC, int, int, int, int) ;
```

Daraufhin vereinbaren Sie einen Handle für die Bibliothek und die Funktionsvariable:

```
HANDLE  hLibrary ;
PFNRECT pfnRectangle ;
```

Sobald das geschehen ist, laden Sie die Bibliothek mit *LoadLibrary* und weisen der Funktionsvariable die von der Funktion *GetProcAdress* gelieferte Adresse für die gesuchte Funktion zu:

```
hLibrary = LoadLibrary (TEXT ("GDI32.DLL"))
pfnRectangle = (PFNPRECT) GetProcAddress (hLibrary, TEXT ("Rectangle"))
```

Die Funktion *LoadLibrary* liefert NULL, wenn die Bibliotheksdatei nicht gefunden wurde oder ein anderer Fehler aufgetreten ist, ansonsten einen Handle für die Bibliothek, der für den Aufruf von *GetProcAdress* erforderlich ist. Sobald die Adresse der Funktion bekannt ist, kann der Aufruf erfolgen und die Bibliothek wieder freigegeben werden:

```
pfnRectangle (hdc, xLeft, yTop, xRight, yBottom) ;
FreeLibrary (hLibrary) ;
```

Obwohl diese Technik alles andere als der Königsweg ist und im Zusammenhang mit der Funktion *Rectangle* nicht sehr viel Sinn macht, so sind doch genug Situationen denkbar, in denen dieser Weg vorteilhaft ist – beispielsweise, wenn der Name der Bibliothek bis zur Laufzeit des Programms nicht bekannt ist, wenn gar nicht sicher ist, ob die Funktionen der Bibliothek überhaupt benötigt werden oder wenn die LIB-Datei bei der Programmerstellung nicht vorliegt.

Zu den gerade eben verwendeten Funktionen *LoadLibrary* und *FreeLibrary* gibt es auch noch etwas zu sagen. Windows unterhält für jede dynamische Bibliothek einen Referenzzähler, dessen Wert darüber Auskunft gibt, wie viele Prozesse von der Bibliothek Gebrauch machen. Mit jedem Laden einer Bibliothek, sei es beim Start einer Anwendung (frühe Bindung) oder zur Laufzeit mit *LoadLibrary* (späte Bindung) erhöht sich der Wert des Referenzzählers um Eins. Umgekehrt erniedrigt sich der Wert wieder um Eins, wenn ein Programm, das eine Bindung zu der Bibliothek hergestellt hat, endet oder die Bindung durch einen *FreeLibrary*-Aufruf auflöst. Hat der Referenzzähler einer Bibliothek den Wert 0, dann macht offensichtlich kein Programm mehr Gebrauch von ihr, weshalb Windows sie dann aus dem Hauptspeicher wirft.

Reine Ressourcenbibliotheken

Jede Funktion einer dynamischen Bibliothek, deren Dienste ein Windows-Programm oder eine andere Bibliothek in Anspruch nehmen können soll, muß explizit exportiert werden. Da es aber auch Bibliotheken gibt, die keinerlei Funktionen exportieren, stellt sich die Frage, was eine DLL noch bereitstellen kann, das den Namen Bibliothek rechtfertigt. Die Antwort lautet: Ressourcen!

Nehmen wir an, Sie arbeiten an einer Windows-Anwendung, die eine große Zahl von Bitmaps benötigt. Normalerweise würden Sie diese in das Ressourcen-Script des Programms stecken und zur Laufzeit mit der Funktion *LoadBitmap* in den Arbeitsspeicher laden. Nun kann aber auch der Fall eintreten, dass Sie verschiedene Sätze von Bitmaps bereitstellen wollen, von denen jeder Satz auf ein bestimmtes Land zugeschnitten ist. Dann wäre es angebracht, die jeweiligen Sätze in unterschiedlichen Dateien zu speichern und bei der Programminstallation nur die Datei zu installieren, die auf das Land des Benutzers abgestimmt ist. Als Dateiformat bietet sich das DLL-Format an.

Abbildung 21.5 zeigt, wie man eine reine Ressourcenbibliothek namens BITLIB.DLL erzeugt, die neun Bitmaps enthält. Die Datei BITLIB.RC enthält eine Auflistung aller Bitmap-Dateien und weist jeder eine Nummer zu. Um die Datei BITLIB.DLL zu erstellen, benötigen Sie neun Bitmaps, deren Namen BITMAP1.BMP, BITMAP2.BMP usw. lauten. Wenn Sie das Beispiel nachvollziehen wollen, können Sie mit dem Bitmap-Editor von Visual C++ eigene Dateien erzeugen, oder die von mir auf der Begleit-CD bereitgestellten Dateien verwenden.

BITLIB.C

```
/*------------------------------------------------------------------
   BITLIB.C -- Code-Einsprung für die reine Ressourcen Bibliothek BITLIB
             (c) Charles Petzold, 1998
  ------------------------------------------------------------------*/

#include <windows.h>

int WINAPI DllMain (HINSTANCE hInstance, DWORD fdwReason, PVOID pvReserved)
{
     return TRUE ;
}
```

BITLIB.RC (Auszug)

```
//Microsoft Developer Studio generated resource script.

#include "resource.h"
#include "afxres.h"
/////////////////////////////////////////////////////////////////////////////
// Bitmap

1                       BITMAP  DISCARDABLE     "bitmap1.bmp"
2                       BITMAP  DISCARDABLE     "bitmap2.bmp"
3                       BITMAP  DISCARDABLE     "bitmap3.bmp"
4                       BITMAP  DISCARDABLE     "bitmap4.bmp"
5                       BITMAP  DISCARDABLE     "bitmap5.bmp"
6                       BITMAP  DISCARDABLE     "bitmap6.bmp"
7                       BITMAP  DISCARDABLE     "bitmap7.bmp"
8                       BITMAP  DISCARDABLE     "bitmap8.bmp"
9                       BITMAP  DISCARDABLE     "bitmap9.bmp"
```

Abbildung 21.5: *Die Ressourcenbibliothek* BITLIB

Um das Beispiel nachzuvollziehen, erzeugen Sie das Projekt BITLIB in einem Arbeitsbereich namens SHOWBIT. Für das in Abbildung 21.6 aufgelistete Testprogramm, das die Ressourcen der Bibliothek nutzt, legen Sie das Projekt SHOWBIT an. Richten Sie aber keine Abhängigkeit zwischen den beiden Projekten ein. Der Linker würde nämlich sonst eine LIB-Datei sehen wollen, die aufgrund der Tatsache, dass die Bibliothek keine einzige Funktion exportiert, nicht erstellt wird. Erstellen Sie die Projekte einfach jedes für sich.

Das Programm SHOWBIT macht nichts weiter, als die Ressourcen aus der Bibliothek zu laden und in seinem Fenster auszugeben. Ein beliebiger Tastendruck bringt das jeweils nächste Bitmap zur Anzeige.

SHOWBIT.C

```
/*-----------------------------------------------------------
   SHOWBIT.C - Lädt die Bitmaps der Ressourcenbibliothek BITLIB
               und zeigt sie in seinem Fenster an
               (c) Charles Petzold, 1998
  -----------------------------------------------------------*/

#include <windows.h>

LRESULT CALLBACK WndProc (HWND, UINT, WPARAM, LPARAM) ;

TCHAR szAppName [] = TEXT ("ShowBit") ;

int WINAPI WinMain (HINSTANCE hInstance, HINSTANCE hPrevInstance,
                    PSTR szCmdLine, int iCmdShow)
{
     HWND     hwnd ;
     MSG      msg ;
     WNDCLASS wndclass ;

     wndclass.style         = CS_HREDRAW | CS_VREDRAW ;
     wndclass.lpfnWndProc   = WndProc ;
     wndclass.cbClsExtra    = 0 ;
     wndclass.cbWndExtra    = 0 ;
     wndclass.hInstance     = hInstance ;
     wndclass.hIcon         = LoadIcon (NULL, IDI_APPLICATION) ;
     wndclass.hCursor       = LoadCursor (NULL, IDC_ARROW) ;
     wndclass.hbrBackground = (HBRUSH) GetStockObject (WHITE_BRUSH) ;
     wndclass.lpszMenuName  = NULL ;
     wndclass.lpszClassName = szAppName ;

     if (!RegisterClass (&wndclass))
     {
          // UNICODE-Kompilierung ist die einzige realistische Fehlermöglichkeit
          MessageBox (NULL, TEXT ("Programm arbeitet mit Unicode und setzt Windows NT voraus!"),
                      szAppName, MB_ICONERROR) ;
          return 0 ;
     }

     hwnd = CreateWindow (szAppName,
                          TEXT ("Anzeige der Bitmaps aus BITLIB (Taste drücken)"),
                          WS_OVERLAPPEDWINDOW,
                          CW_USEDEFAULT, CW_USEDEFAULT,
                          CW_USEDEFAULT, CW_USEDEFAULT,
                          NULL, NULL, hInstance, NULL) ;

     if (!hwnd)
          return 0 ;

     ShowWindow (hwnd, iCmdShow) ;
     UpdateWindow (hwnd) ;

     while (GetMessage (&msg, NULL, 0, 0))
     {
          TranslateMessage (&msg) ;
          DispatchMessage (&msg) ;
     }
```

```
    return msg.wParam ;
}

void DrawBitmap (HDC hdc, int xStart, int yStart, HBITMAP hBitmap)
{
    BITMAP bm ;
    HDC    hMemDC ;
    POINT  pt ;

    hMemDC = CreateCompatibleDC (hdc) ;
    SelectObject (hMemDC, hBitmap) ;
    GetObject (hBitmap, sizeof (BITMAP), &bm) ;
    pt.x = bm.bmWidth ;
    pt.y = bm.bmHeight ;

    BitBlt (hdc, xStart, yStart, pt.x, pt.y, hMemDC, 0, 0, SRCCOPY) ;

    DeleteDC (hMemDC) ;
}

LRESULT CALLBACK WndProc (HWND hwnd, UINT message, WPARAM wParam, LPARAM lParam)
{
    static HINSTANCE hLibrary ;
    static int       iCurrent = 1 ;
    HBITMAP          hBitmap ;
    HDC              hdc ;
    PAINTSTRUCT      ps ;

    switch (message)
    {
    case WM_CREATE:
        if ((hLibrary = LoadLibrary (TEXT ("BITLIB.DLL"))) == NULL)
        {
            MessageBox (hwnd, TEXT ("Kann BITLIB.DLL nicht laden."),
                        szAppName, 0) ;
            return -1 ;
        }
        return 0 ;

    case WM_CHAR:
        if (hLibrary)
        {
            iCurrent ++ ;
            InvalidateRect (hwnd, NULL, TRUE) ;
        }
        return 0 ;
    case WM_PAINT:
        hdc = BeginPaint (hwnd, &ps) ;

        if (hLibrary)
        {
            hBitmap = LoadBitmap (hLibrary, MAKEINTRESOURCE (iCurrent)) ;

            if (!hBitmap)
            {
                iCurrent = 1 ;
                hBitmap = LoadBitmap (hLibrary, MAKEINTRESOURCE (iCurrent)) ;
```

```
            }
            if (hBitmap)
            {
                 DrawBitmap (hdc, 0, 0, hBitmap) ;
                 DeleteObject (hBitmap) ;
            }
        }
        EndPaint (hwnd, &ps) ;
        return 0 ;

    case WM_DESTROY:
        if (hLibrary)
            FreeLibrary (hLibrary) ;

        PostQuitMessage (0) ;
        return 0 ;
    }
    return DefWindowProc (hwnd, message, wParam, lParam) ;
}
```

Abbildung 21.6: *Das Programm* SHOWBIT

Während der Reaktion auf WM_CREATE fordert SHOWBIT einen Handle für die Ressourcenbibliothek BITLIB.DLL an:

```
if ((hLibrary = LoadLibrary (TEXT ("BITLIB.DLL"))) == NULL)
```

Wenn BITLIB.DLL nicht im gleichen Verzeichnis wie SHOWBIT.EXE zu finden ist, sucht Windows danach im Systemverzeichnis, im Windows-Verzeichnis und schließlich in den im MS-DOS-Pfad angegebenen Verzeichnissen. Sollte *LoadLibrary* den Wert NULL zurückliefern, gibt die Window-Prozedur eine Fehlermeldung aus und liefert das Ergebnis -1. Das führt dann dazu, dass der Aufruf von *CreateWindow* in *WinMain* seinerseits den Wert 0 zurückliefert und bereitet dem Programm ein schnelles, aber ordentliches Ende.

Wenn ein Handle für die Bibliothek zur Verfügung steht, sind Aufruf von *LoadBitmap* unter Angabe dieses Handles und der jeweiligen Ressourcen-Kennziffer möglich, die dann einen Bitmap-Handle als Ergebnis haben sollten:

```
hBitmap = LoadBitmap (hLibrary, MAKEINTRESOURCE (iCurrent)) ;
```

LoadBitmap liefert den Wert NULL zurück, falls das durch *iCurrent* bezeichnete Bitmap in der Bibliothek nicht existiert oder der Speicher für das Laden des Bitmaps nicht ausreicht.

Die Freigabe der Ressourcenbibliothek erfolgt im Rahmen von WM_DESTROY:

```
FreeLibrary (hLibrary) ;
```

Sobald die letzte Kopie von SHOWBIT beendet ist, erreicht der Referenzzähler von BITLIB.DLL den Wert 0, und Windows kann den von der Bibliothek belegten Arbeitsspeicher wieder anderweitig vergeben.

So einfach das Programm ist: Es läßt sich leicht so erweitern, dass es Bitmap-Ressourcen von beliebigen DLLs einliest, anzeigt und bei Bedarf in die Zwischenablage einsetzt. Die Implementation dieser Funktionalität ist sicher eine gute Übung für einen verregneten Nachmittag.

22 Sound

Einer der großen Momente in der Evolution von Microsoft Windows war zweifelsohne die Integration von Sound, Musik und Video, die im Jahre 1991 mit den sogenannten Multimedia-Erweiterungen ihren Anfang nahm. Bei der 1992 erschienenen Version 3.1 war die Multimedia-Unterstützung dann bereits fester Bestandteil des Betriebssystems mit eigener API. In den letzten Jahren sind CD-Laufwerke und Soundkarten – zu Anfang der 90er Jahre noch echte Raritäten – zur Standardausstattung von PCs avanciert, und heutzutage muß wohl niemand mehr davon überzeugt werden, dass Multimedia dem Computer eine wichtige neue Dimension beschert hat.

Windows und Multimedia

Etwas weniger euphorisch ausgedrückt: Neu an Multimedia sind eigentlich nur ein paar Konzepte, Formate und Datenstrukturen. Beim Rest geht es in erster Linie um das altbekannte Problem, diverse Hardware-Komponenten über geräteunabhängige Funktionsaufrufe zu steuern. Werfen wir als erstes einen Blick auf die Hardware, mit der Sie es dabei zu tun bekommen, und dann auf die Struktur der Multimedia-API von Windows.

Multimedia-Hardware

Das wahrscheinlich am häufigsten genutzte Multimedia-Gerät ist die Soundkarte. Sie ist zum einen in der Lage, Mikrofoneingaben oder andere analoge Signale (etwa Musik) zu digitalisieren, was deren Speicherung im Waveform-Format (beispielsweise als WAV-Datei) möglich macht, zum anderen wandelt sie digitale Informationen in analoge Signale für die Ausgabe über einen Lautsprecher um.

Darüber hinaus umfaßt eine Soundkarte im allgemeinen noch ein MIDI-Gerät (Musical Instrument Digital Interface), das ähnlich wie eine Heimorgel das Abspielen von Noten gestattet. Das ausgesprochen kompakte binäre MIDI-Format stellt eine rein qualitative Beschreibung eines Musikstücks dar, das die Soundkarte mit ihrem Synthesizer interpretiert. Da der MIDI-Standard den Verbund von MIDI-Geräten durch ein einfaches Kabel vorsieht, erlaubt eine Soundkarte normalerweise auch den Anschluß eines MIDI-Eingabegeräts wie zum Beispiel eines Keyboards und in manchen Fällen sogar eines MIDI-Expanders, d.h. eines externen MIDI-Synthesizers.

Zeitgemäße PCs sind inzwischen standardmäßig mit CD-Laufwerken ausgestattet, die auch als Abspielgeräte für CD-Audio (also normale Musik-CDs) einsetzbar sind. Der Rest der Hardware auf einer Soundkarte ist üblicherweise für das Mischen mehrerer Audiosignale – MIDI, Mikrofon, digitalisierte Samples sowie CD-Audio – zuständig und läßt sich über eine entsprechende Anwendung wie das Systemsteuerungs-Applet »Lautstärkeregelung« kontrollieren.

Andere Multimedia-Geräte kommen ohne zusätzliche Hardware aus. Ein Beispiel dafür stellt *Video für Windows* dar – das »AVI-Gerät«, das für das Abspielen von Animationen und Filmen im AVI-Format (»Audio-Video Interleave«) zuständig ist. Die Systemerweiterung *ActiveMovie* gestattet darüber hinaus das Abspielen weiterer Dateiformate für bewegte Bilder, so zum Beispiel QuickTime und MPEG. (Grafikkarten können die Decodierung dieser Formate durch zusätzliche Hardware unterstützen, müssen es aber nicht.)

Seltener kommt es dagegen vor, dass ein PC-Benutzer über ein PC-taugliches Laser-Disc-Abspielgerät von Pioneer oder einen Videorecorder aus der VISCA-Serie von Sony verfügt. Diese Geräte besitzen serielle Schnittstellen und lassen sich ohne Einschränkung programmgesteuert über den PC fernbedienen. Grafikkarten, die die Einkopplung eines externen Video- oder gar Fernsehsignals ermöglichen und die Darstellung bewegter Bilder in einem gewöhnlichen Windows-Fenster neben den Fenstern anderer Anwendungen unterstützen, sind erst in jüngster Zeit häufiger zu finden, zählten aber trotzdem von Anfang an zu den Multimedia-Geräten.

Die Multimedia-API im Überblick

Die 32-Bit-Versionen von Windows definieren für Multimedia eine einheitliche Schnittstelle, deren Funktionen sich in zwei Kategorien unterteilen lassen: hardwarenah (»low level«) und anwendungsnah (»high level«). Einen Überblick über beide Funktionsgruppen finden Sie unter */Platform SDK/Graphics and Multimedia Services/Multimedia Reference/Multimedia Functions.*

Die Namen der hardwarenahen Audiofunktionen für die Ein- und Ausgabe von Klängen beginnen mit den Präfixen *waveIn* und *waveOut*. Für die MIDI-Steuerung ist eine zweite Gruppe von Funktionen zuständig, deren Namen mit *midiIn* und *midiStream* beginnen.

Neben diesen beiden Gruppen geht es in diesem Kapitel um die Zeitmessung: Die entsprechenden Funktionen haben das Namenspräfix *time* und erlauben die Installation hochpräziser Timer mit einer Auflösung von bis zu einer Millisekunde. Diese Einrichtung ist speziell für das Abspielen von MIDI-Sequenzen gedacht. Verschiedene andere Funktionsgruppierungen stehen im Zusammenhang mit der Kompression von Video- und Animationssequenzen. Die Details dazu sprengen allerdings den Rahmen dieses Buchs.

Wenn Sie die Liste der Multimedia-Funktionen durchsehen, werden Ihnen sieben Funktionen mit dem Präfix *mci* auffallen. Sie ermöglichen den Zugriff auf das *Media Control Interface* (MCI) – eine offene Schnittstelle, bei der die Anwendungsnähe im Vordergrund steht. Der MCI-Standard umfaßt einige Kommandos, die von allen Multimedia-Geräten verstanden werden. Möglich wird das, weil viele Aspekte von Multimedia in etwa die Funktionalität eines Kassettenrecorders widerspiegeln: Start/Stop, Aufnahme/Wiedergabe usw. Man »öffnet« ein Gerät für die Ein- oder Ausgabe, man »nimmt auf« oder »spielt ab«, und wenn man fertig ist, »schließt« man das Gerät.

MCI stellt zwei Formen der Kommunikation zur Auswahl. Die eine arbeitet mit einem Nachrichtenformat (Bitflags und C-Datenstrukturen), das dem der Windows-Nachrichten sehr ähnlich ist. Die andere verwendet schlichte Strings und eignet sich besonders für Skriptsprachen, die meist sehr gute Möglichkeiten zur String-Manipulation, aber nur eine bescheidene Unterstützung für den direkten Aufruf von Windows-Schnittstellenfunktionen bieten. Außerdem ist das Stringformat natürlich hervorragend dafür geeignet, interaktiv mit MCI-Befehlen zu experimentieren. Einige Beispiele dazu finden Sie weiter hinten in diesem Kapitel. Zu den Geräten, die MCI kennt, gehören: *cdaudio*, *waveaudio*, *sequencer* (MIDI), *videodisc*, *vcr*, *overlay* (analoges Video in einem Fenster), *dat* (Digital Audio Tape) und *digitalvideo*. Ferner gibt es eine Unterscheidung zwischen einfachen und zusammengesetzten MCI-Geräten. Einfache Geräte wie *cdaudio* arbeiten nicht mit Dateien, zusammengesetzte Geräte wie *waveaudio* schon – und wofür die Namenserweiterung WAV steht, muß ich Ihnen ja wohl kaum erklären.

Die DirectX-API stellt eine weitere Möglichkeit zur Steuerung von Multimedia-Geräten dar. Wer sich dafür interessiert (und Windows mal von einer ganz anderen Seiten kennenlernen will), sollte sich das Buch *Inside DirectX* (Microsoft Press Deutschland, 1998) zulegen.

Zwei weitere Multimedia-Funktionen sollten zumindest noch erwähnt werden, nämlich *MessageBeep* und *PlaySound*. *MessageBeep* gibt Geräusche oder Signale wieder, wie sie in der Systemsteuerung unter »Akustische Signale« für verschiedene Windows-Ereignisse festgelegt sind; die bereits in Kapitel 3 kurz vorgestellte Funktion *PlaySound* kann Audiodaten direkt aus einer WAV-Datei heraus, aus einem Bereich des Hauptspeichers oder aus einer programmeigenen Ressource abspielen. Mehr dazu finden Sie weiter hinten in diesem Kapitel.

Der erste Kontakt mit MCI

Vor langer Zeit, als Multimedia unter Windows noch Neuland war, enthielt das SDK ein C-Programm namens MCITEST, mit dem sich MCI-Kommandos interaktiv eintippen und ihre Wirkung am lebenden Objekt erforschen ließ. Augenscheinlich ist das Programm – zumindest als C-Version – inzwischen aus dem SDK verschwunden. Aus diesem Grund habe ich seine Funktionalität in dem in Abbildung 22.1 aufgelisteten Programm TESTMCI nachprogrammiert. Die Benutzerschnittstelle ist sehr stark an das alte MCITEST angelehnt, bei der Implementation dürften Ähnlichkeiten dagegen eher zufällig sein (oder zwingend, weil die Innereien von MCITEST eigentlich auch nicht viel anders ausgesehen haben können).

TESTMCI.C

```
/*------------------------------------------------------
   TESTMCI.C -- Interaktives Testprogramm für MCI-Kommandos
                (c) Charles Petzold, 1998
  ------------------------------------------------------*/

#include <windows.h>
#include "resource.h"

#define ID_TIMER    1

BOOL CALLBACK DlgProc (HWND, UINT, WPARAM, LPARAM) ;

TCHAR szAppName [] = TEXT ("TestMci") ;

int WINAPI WinMain (HINSTANCE hInstance, HINSTANCE hPrevInstance,
                    PSTR szCmdLine, int iCmdShow)
{
#ifdef UNICODE   // DialogBoxW bricht bei Windows 9x *ohne* Fehlercode ab
     if (HIWORD(GetVersion()) & 0x8000)
     {
          MessageBox (NULL, TEXT ("Programm arbeitet mit Unicode und setzt Windows NT voraus!"),
                      szAppName, MB_ICONERROR) ;
```

```
          return -1 ;
     }
#endif
     // Ergebnis von DialogBox als Exitcode des Programms
     return (DialogBox (hInstance, szAppName, NULL, DlgProc)) ;
}

BOOL CALLBACK DlgProc (HWND hwnd, UINT message, WPARAM wParam, LPARAM lParam)
{
     static HWND hwndEdit ;
     int         iCharBeg, iCharEnd, iLineBeg, iLineEnd, iChar, iLine, iLength ;
     MCIERROR    error ;
     RECT        rect ;
     TCHAR       szCommand [1024], szReturn [1024],
                 szError [1024], szBuffer [32] ;

     switch (message)
     {
     case WM_INITDIALOG:
          // Fenster zentrieren
          GetWindowRect (hwnd, &rect) ;
          SetWindowPos (hwnd, NULL,
               (GetSystemMetrics (SM_CXSCREEN) - rect.right + rect.left) / 2,
               (GetSystemMetrics (SM_CYSCREEN) - rect.bottom + rect.top) / 2,
               0, 0, SWP_NOZORDER | SWP_NOSIZE) ;

          hwndEdit = GetDlgItem (hwnd, IDC_MAIN_EDIT) ;
          SetFocus (hwndEdit) ;
          return FALSE ;

     case WM_COMMAND:
          switch (LOWORD (wParam))
          {
          case IDOK:
               // Start und Ende des ausgewählten Texts ermitteln
               SendMessage (hwndEdit, EM_GETSEL, (WPARAM) &iCharBeg, (LPARAM) &iCharEnd) ;
               iLineBeg = SendMessage (hwndEdit, EM_LINEFROMCHAR, iCharBeg, 0) ;
               iLineEnd = SendMessage (hwndEdit, EM_LINEFROMCHAR, iCharEnd, 0) ;

               // Schleife über alle Zeilen
               for (iLine = iLineBeg ; iLine <= iLineEnd ; iLine++)
               {
                    // Eine Textzeile in einen C-String umsetzen
                    * (WORD *) szCommand = sizeof (szCommand) / sizeof (TCHAR) ;

                    iLength = SendMessage (hwndEdit, EM_GETLINE, iLine, (LPARAM) szCommand) ;
                    szCommand [iLength] = '\0' ;

                    if (iLength == 0)        // Leerzeilen überspringen
                         continue ;

                    // MCI-Kommando senden
                    error = mciSendString (szCommand, szReturn,
                              sizeof (szReturn) / sizeof (TCHAR), hwnd) ;

                    // Warten auf das Ergebnis
```

```
                SetDlgItemText (hwnd, IDC_RETURN_STRING, szReturn) ;

                // MCI-Rückmeldung ausgeben
                mciGetErrorString (error, szError, sizeof (szError) / sizeof (TCHAR)) ;

                SetDlgItemText (hwnd, IDC_ERROR_STRING, szError) ;
            }

            // Caret hinter die letzte markierte Zeile setzen
            iChar  = SendMessage (hwndEdit, EM_LINEINDEX,  iLineEnd, 0) ;
            iChar += SendMessage (hwndEdit, EM_LINELENGTH, iCharEnd, 0) ;
            SendMessage (hwndEdit, EM_SETSEL, iChar, iChar) ;

            // CR/LF anhängen
            SendMessage (hwndEdit, EM_REPLACESEL, FALSE, (LPARAM) TEXT ("\r\n")) ;
            SetFocus (hwndEdit) ;
            return TRUE ;

        case IDCANCEL:
            EndDialog (hwnd, 0) ;
            return TRUE ;

        case IDC_MAIN_EDIT:
            if (HIWORD (wParam) == EN_ERRSPACE)
            {
                MessageBox (hwnd, TEXT ("Kapazitätsgrenze des Editfensters erreicht"),
                            szAppName, MB_OK | MB_ICONINFORMATION) ;
                return TRUE ;
            }
            break ;
        }
        break ;

    case MM_MCINOTIFY:
        EnableWindow (GetDlgItem (hwnd, IDC_NOTIFY_MESSAGE), TRUE) ;

        wsprintf (szBuffer, TEXT ("Gerätekennung = %i"), lParam) ;
        SetDlgItemText (hwnd, IDC_NOTIFY_ID, szBuffer) ;
        EnableWindow (GetDlgItem (hwnd, IDC_NOTIFY_ID), TRUE) ;

        EnableWindow (GetDlgItem (hwnd, IDC_NOTIFY_SUCCESSFUL), wParam & MCI_NOTIFY_SUCCESSFUL) ;
        EnableWindow (GetDlgItem (hwnd, IDC_NOTIFY_SUPERSEDED), wParam & MCI_NOTIFY_SUPERSEDED) ;
        EnableWindow (GetDlgItem (hwnd, IDC_NOTIFY_ABORTED), wParam & MCI_NOTIFY_ABORTED) ;
        EnableWindow (GetDlgItem (hwnd, IDC_NOTIFY_FAILURE), wParam & MCI_NOTIFY_FAILURE) ;

        SetTimer (hwnd, ID_TIMER, 5000, NULL) ;
        return TRUE ;

    case WM_TIMER:
        KillTimer (hwnd, ID_TIMER) ;

        EnableWindow (GetDlgItem (hwnd, IDC_NOTIFY_MESSAGE), FALSE) ;
        EnableWindow (GetDlgItem (hwnd, IDC_NOTIFY_ID), FALSE) ;
        EnableWindow (GetDlgItem (hwnd, IDC_NOTIFY_SUCCESSFUL), FALSE) ;
        EnableWindow (GetDlgItem (hwnd, IDC_NOTIFY_SUPERSEDED), FALSE) ;
        EnableWindow (GetDlgItem (hwnd, IDC_NOTIFY_ABORTED), FALSE) ;
```

```
          EnableWindow (GetDlgItem (hwnd, IDC_NOTIFY_FAILURE), FALSE) ;
          return TRUE ;

     case WM_SYSCOMMAND:
          switch (LOWORD (wParam))
          {
          case SC_CLOSE:
               EndDialog (hwnd, 0) ;
               return TRUE ;
          }
          break ;
     }
     return FALSE ;
}
```

TESTMCI.RC (Auszüge)

```
//Microsoft Developer Studio generated resource script.

#include "resource.h"
#include "afxres.h"

/////////////////////////////////////////////////////////////////////////////
// Dialog

TESTMCI DIALOG DISCARDABLE  0, 0, 270, 276
STYLE WS_MINIMIZEBOX | WS_VISIBLE | WS_CAPTION | WS_SYSMENU
CAPTION "MCI-Testprogramm"
FONT 8, "MS Sans Serif"
BEGIN
    EDITTEXT        IDC_MAIN_EDIT,8,8,254,100,ES_MULTILINE | ES_AUTOHSCROLL |
                    WS_VSCROLL
    LTEXT           "Antwort-String:",IDC_STATIC,8,114,60,8
    EDITTEXT        IDC_RETURN_STRING,8,126,120,50,ES_MULTILINE |
                    ES_AUTOVSCROLL | ES_READONLY | WS_GROUP | NOT WS_TABSTOP
    LTEXT           "Fehlertext:",IDC_STATIC,142,114,60,8
    EDITTEXT        IDC_ERROR_STRING,142,126,120,50,ES_MULTILINE |
                    ES_AUTOVSCROLL | ES_READONLY | NOT WS_TABSTOP
    GROUPBOX        "MM_MCINOTIFY-Nachricht",IDC_STATIC,9,186,254,58
    LTEXT           "",IDC_NOTIFY_ID,26,198,100,8
    LTEXT           "MCI_NOTIFY_SUCCESSFUL",IDC_NOTIFY_SUCCESSFUL,26,212,100, 8,WS_DISABLED
    LTEXT           "MCI_NOTIFY_SUPERSEDED",IDC_NOTIFY_SUPERSEDED,26,226,100, 8,WS_DISABLED
    LTEXT           "MCI_NOTIFY_ABORTED",IDC_NOTIFY_ABORTED,144,212,100,8, WS_DISABLED
    LTEXT           "MCI_NOTIFY_FAILURE",IDC_NOTIFY_FAILURE,144,226,100,8, WS_DISABLED
    DEFPUSHBUTTON   "OK",IDOK,57,255,50,14
    PUSHBUTTON      "Schließen",IDCANCEL,162,255,50,14
END
```

RESOURCE.H (Auszüge)

```
// Microsoft Developer Studio generated include file.
// Used by TestMci.rc

#define IDC_MAIN_EDIT                   1000
#define IDC_NOTIFY_MESSAGE              1005
#define IDC_NOTIFY_ID                   1006
#define IDC_NOTIFY_SUCCESSFUL           1007
#define IDC_NOTIFY_SUPERSEDED           1008
```

```
#define IDC_NOTIFY_ABORTED          1009
#define IDC_NOTIFY_FAILURE          1010
#define IDC_SIGNAL_MESSAGE          1011
#define IDC_SIGNAL_ID               1012
#define IDC_SIGNAL_PARAM            1013
#define IDC_RETURN_STRING           1014
#define IDC_ERROR_STRING            1015
#define IDC_DEVICES                 1016
#define IDC_STATIC                  -1
```

Abbildung 22.1: *Das Programm* TESTMCI

Wie die meisten Beispielprogramme in diesem Kapitel verwendet TESTMCI ein Dialogfeld als Hauptfenster. Wie das Listing zeigt, ist hier ein expliziter Test zur Unterscheidung zwischen ANSI- und Unicode-Versionen notwendig: Während *RegisterClassW* unter Windows 9x einen Fehlercode zurückliefert, bricht *DialogBoxW* in diesen Windows-Versionen zwar ebenfalls sofort ab, liefert dann aber fröhlich das Ergebnis 0 – behauptet also, es sei alles fehlerfrei verlaufen. Ohne eine entsprechende Prüfung würde die Unicode-Version von TESTMCI unter Windows 95 und Windows 98 überhaupt nichts von sich geben, mithin den Benutzer dazu einladen, sich die Finger auf dem Icon des Programms wundzuklicken.

Wie alle Programme in diesem Kapitel benötigt TESTMCI die Importbibliothek WINMM.LIB. Wenn Sie mit Visual C++ arbeiten, dann sollte diese Bibliothek im Dialogfeld »Projekteinstellungen« auf der Registerkarte *Linker* unter *Objekt-/Bibliothek-Module* aufgeführt sein.

TESTMCI setzt die beiden wichtigsten Multimedia-Funktionen ein, nämlich *mciSendString* und *mciGetErrorText*. Wenn Sie nach Programmstart in das Eingabefeld ein MCI-Kommando eintippen und dann auf *OK* klicken, ruft das Programm die Funktion *mciSendString* auf und übergibt ihr das MCI-Kommando als String:

```
error = mciSendString (szCommand, szReturn, sizeof (szReturn) / sizeof (TCHAR), hwnd) ;
```

Falls im Eingabebereich des Dialogfelds mehr als eine Zeile markiert ist, führt das Programm für jede markierte Zeile einen eigenen Aufruf von *mciSendString* aus. Als zweiten Parameter erwartet diese Funktion die Adresse eines programmeigenen Stringpuffers, in den sie die Antwort des jeweiligen Gerätes einträgt. Der Inhalt dieses Puffers erscheint nach Aufruf der Funktion im Feld *Antwort-String* des Fensters. Die Funktion *mciGetErrorString* ermittelt den Klartext für den von *mciSendString* zurückgegebenen Statuscode. Die Ausgabe der Status- bzw. Fehlermeldung erfolgt im Feld *Fehlertext.*

MCITEXT und CD-Audio

Einen guten Einstieg in die Welt der MCI-Kommandostrings erhalten Sie, wenn Sie das CD-Laufwerk ansprechen, um darauf eine gewöhnliche Audio-CD abzuspielen. Die betreffenden Kommandos sind recht einfach und geben Ihnen zudem die Möglichkeit, nebenbei ein bißchen Musik zu hören. Am besten orientieren Sie sich bei dieser Übung an der Referenz für MCI-Kommandostrings, die Sie unter */Platform SDK/Graphics and Multimedia Services/Multimedia Reference/Multimedia Command Strings* finden.

Vor eigenen Experimenten stellen Sie am besten über eine andere Multimedia-Anwendung sicher, dass Ihr CD-Laufwerk seinen Dienst als CD-Spieler verrichtet und Ihr System in der Lage ist, Audio-CDs akustisch wahrnehmbar abzuspielen (lies: der Analogausgang des CD-Laufwerks mit dem entsprechenden Eingang der Soundkarte verbunden ist). Unter Windows 98 wird die für das CD-Laufwerk zuständige Anwendung eine Audio-CD nach dem Einlegen wahrscheinlich ohnehin sofort abspielen. Stoppen Sie in diesem Fall die Wiedergabe, bevor Sie TESTMCI starten und als erstes das Kommando

```
open cdaudio
```

eingeben. Das Schlüsselwort *open* ist ein MCI-Kommando; *cdaudio* der Gerätename des CD-Laufwerks. (Ich gehe davon aus, dass Ihr System mit einem einzigen CD-Laufwerk ausgerüstet ist – um die Namen mehrerer von MCI verwalteter CD-Laufwerke in Erfahrung zu bringen, ist das MCI-Kommando *sysinfo* vonnöten.)

Im Antwortfeld des Dialogfelds sehen Sie daraufhin, was das System dem Programm auf den *mciSendString*-Aufruf hin antwortet. Wenn das *open*-Kommando korrekt ausgeführt wurde, ist das Ergebnis schlicht der Wert 1. Im Fehlerfeld des Dialogfelds erscheint der Text, den die Funktion *mciGetErrorString* dem Rückgabewert der Funktion *mciSendString* zuordnet. Wenn *mciSendString* keinen Fehler gemeldet hat, erscheint der Text »Der angegebene Befehl wurde ausgeführt«.

Angenommen, das *open*-Kommando wurde korrekt ausgeführt, dann können Sie nun das Kommando zum Abspielen des erstes Stücks auf der CD geben:

```
play cdaudio
```

Anhalten läßt sich die Wiedergabe mit

```
pause cdaudio
```

oder

```
stop cdaudio
```

Das Gerät *cdaudio* interpretiert diese beiden Kommandos in der gleichen Weise. Um den Abspielvorgang fortzusetzen, benutzen Sie:

```
play cdaudio
```

Die bisherigen Kommandos bestanden aus einem Befehl und einem Gerätenamen. Es gibt aber auch Befehle mit Optionen. Tippen Sie zum Beispiel:

```
status cdaudio position
```

Daraufhin erhalten Sie im Antwortfeld eine Zeitangabe der Art:

```
01:15:25
```

Was bedeuten diese Zahlen? Offensichtlich sind es nicht die Stunden, Minuten und Sekunden der bisherigen Abspielzeit. Um herauszufinden, in welchen Zeitformat die Angabe gehalten ist, tippen Sie:

```
status cdaudio time format
```

Der Antwort-String sollte wirklich jedem klar machen, worum es geht:

```
msf
```

Oder etwa nicht? Tatsächlich steht diese Angabe für »Minuten:Sekunden:Rahmen« (Minutes:Seconds:Frames). Das Aufnahmeformat für Audio-CDs sieht 75 Rahmen je Sekunde vor. Damit kann die dritte Stelle der Zeitangabe ein Wert zwischen 0 und 74 sein.

Für den *status*-Befehl sind eine Reihe von Optionen möglich. Wer die gesamte Abspieldauer einer CD im MSF-Format ermitteln will, tippt:

```
status cdaudio length
```

Versuchen Sie den Befehl nun mit der folgenden Option:

```
status cdaudio number of tracks
```

Das Ergebnis ist die Zahl der Titel auf der CD. Wenn Sie wissen wollen, wie lange die Abspieldauer des fünften Titels der CD ist, tippen Sie:

```
status cdaudio length track 5
```

Das Ergebnis ist wieder im MSF-Format gehalten und lautet zum Beispiel:

```
04:30:22
```

Sie können auch herausfinden, wo auf der CD dieser Titel beginnt:

```
status cdaudio position track 5
```

Das Ergebnis lautet beispielsweise:

```
17:36:35
```

Mit dieser Information könnten Sie nun den fünften Titel direkt abspielen:

```
play cdaudio from 17:36:35 to 22:06:57
```

Die Startzeit wurde ja oben ermittelt, die Stopzeit, zu der der Titel endet, errechnet sich als Summe von Spieldauer und Startzeit. Man könnte die Stopzeit natürlich auch durch das Kommando

```
status cdaudio position track 6
```

in Erfahrung bringen, was allerdings für den letzten Titel auf der CD nicht funktioniert. Einfacher ist es, wenn Sie ein anderes Zeitformat benutzen, nämlich *tmsf* (für Titel:Minuten:Sekunden:Rahmen bzw. Tracks:Minutes:Seconds:Frames):

```
set cdaudio time format tmsf
```

Das Kommando zu Abspielen des fünften Titels lautet dann

```
play cdaudio from 5:0:0:0 to 6:0:0:0
```

oder schlicht

```
play cdaudio from 5 to 6
```

Eine Angabe der letzten Stellen ist nicht nötig, weil hier gegebenenfalls automatisch 0 eingesetzt wird. Es ist übrigens auch möglich, das Zeitformat auf Millisekunden zu setzen.

Jedes MCI-Kommando kann zudem die Optionen *wait* und *notify* enthalten. Angenommen, Sie wollen vom fünften Titel der CD nur die ersten zehn Sekunden spielen und Ihr Programm erst nach Ende dieser Ausgabe etwas anderes tun lassen. Dann könnten Sie folgendes Kommando im TMSF-Format benutzen:

```
play cdaudio from 5:0:0 to 5:0:10 wait
```

Die Funktion *mciSendString* wird in diesem Fall die Kontrolle erst zurückgeben, wenn die zehn Sekunden des fünften Titels abgespielt sind.

Im allgemeinen ist *wait* für ein Programm mit einem einzigen Thread nicht unbedingt empfehlenswert, wie die Konsequenz des Befehls

```
play cdaudio wait
```

vor Augen (oder, exakter: vor Ohren) führt. Das Programm erhält die Kontrolle erst wieder, wenn die gesamte CD abgespielt ist. Bevor Sie im Zusammenhang mit Abspielkommandos für Stücke unbekannter Länge ins Blaue hinein arbeiten (was andererseits bei Skripts recht praktisch sein kann – siehe weiter unten), sollten Sie ein *break*-Kommando vorausschicken. Damit weisen Sie MCI an, die Funktion *mciSendString* auf einen bestimmten Tastendruck hin abzubrechen. Um beispielsweise die Esc-Taste für diesen Zweck einzurichten, schreiben Sie:

```
break cdaudio on 27
```

Auch wenn es den Anschein haben mag, geht es hier nicht um ASCII-Codes, sondern um virtuelle Tastencodes: 27 ist der dezimale Wert von VK_ESCAPE.

Die bessere Alternative ist der Zusatz *notify*:

```
play cdaudio from 5:0:0 to 5:0:10 notify
```

In diesem Fall gibt die Funktion *mciSendString* zum einen die Kontrolle sofort wieder zurück, zum anderen erhält das Fenster, dessen Handle als letzter Parameter beim Aufruf von *mciSendString* angegeben wurde, eine MM_MCINOTIFY-Nachricht, sobald das Kommando vollständig ausgeführt ist. TESTMCI zeigt den Empfang dieser Nachricht im Feld MM_MCINOTIFY an. Damit das bei der weiteren Eingabe von Kommandos nicht zu unübersichtlich wird, setzt das Programm diese Anzeige nach 5 Sekunden wieder zurück.

Im Prinzip können Sie *wait* und *notify* auch zusammen einsetzen. Das ist allerdings nur dann halbwegs sinnvoll, wenn man das Kommando von einem sekundären Thread aus sendet und den primären Thread benachrichtigen lassen will. Verwendet man MCI-Kommandos ohne diese Optionen, wartet die Funktion weder auf die vollständige Ausführung des Kommandos noch erfolgt eine Benachrichtigung – genau dieses Verhalten ist gewöhnlich erwünscht.

Wenn Sie genug experimentiert haben, halten Sie die CD-Wiedergabe an, bevor Sie das Gerät durch eine *close*-Kommando schließen.

```
stop cdaudio
```

Wenn Sie die Wiedergabe nicht unterbrechen, spielt das Gerät nach dem *close*-Kommando einfach weiter – ein Verhalten, das in vielen Fällen gewollt ist. Das *close*-Kommando lautet:

```
close cdaudio
```

TESTMCI sieht keine zwar Möglichkeit zum Öffnen oder Speichern von Textdateien vor, kann aber wie üblich Text aus der Zwischenablage in das Eingabefeld übernehmen bzw. von dort aus in die Zwischenablage einsetzen. Wenn Sie zusätzlich einen Editor wie Notepad starten, können Sie sich also ohne weiteres komplette Skripts zusammenschnipseln und sie als Textdatei speichern. Das Laden eines Skripts geschieht dann ebenfalls über Notepad und die Zwischenablage. TESTMCI kann mehrere durch Zeilenvorschübe getrennte Kommandos nacheinander auszuführen – mit anderen Worten, das Programm ist (bedingt) skriptfähig.

Nehmen wir an, Sie wollen von einer CD zuerst den achten, dann den zweiten und schließlich den fünften Titel abspielen. Das entsprechende Skript sieht dann so aus:

```
open cdaudio
set cdaudio time format tmsf
break cdaudio on 27
play cdaudio from 8 wait
play cdaudio from 1 to 2 wait
play cdaudio from 5 to 6 wait
stop cdaudio
close cdaudio
```

Ohne den Zusatz *wait* wäre dieses Skript ziemlich sinnlos, weil *mciSendString* dann die einzelnen Kommandos ohne Pause nacheinander ausführen würde, d.h. aller Wahrscheinlichkeit nach bereits bei *close cdaudio* angelangt wäre, während das CD-Laufwerk noch das erste Stück sucht.

Spätestens an dieser Stelle dürfte es Ihnen nicht mehr schwer fallen, eine kleine Anwendung zu programmieren, die wie das Kontrollfeld eines CD-Spielers aussieht und entsprechend agiert. Ihr Programm könnte die Anzahl der Tracks einer CD auslesen und anzeigen sowie die Gesamtspieldauer bzw. die Spieldauer eines jeden einzelnen Tracks. (Behalten Sie aber im Auge, dass *mciSendString* Informationen ausschließlich über Textstrings zurückliefert; Sie müßten also gegebenenfalls eine Art Parsing durchführen, um mit den Zahlenwerten zu rechnen.) Ein solches Programm würde mit Sicherheit auch den Windows-Timer in Anspruch nehmen, um in regelmäßigen Abständen (etwa jede Sekunde) bei der Behandlung der WM_TIMER-Nachricht das MCI-Kommando

```
status cdaudio mode
```

abzusetzen. Auf diese Weise ließe sich festzustellen, ob die CD abgespielt ist (»stopped«) oder noch nicht (»playing«). Darüber hinaus könnte das Programm die aktuelle Spieldauer ermitteln, um seine Anzeige zu aktualisieren:

```
status cdaudio position
```

Es ist aber noch etwas viel Interessanteres möglich. Wenn das Programm die Highlights der Musik im voraus kennt, könnte es zu den jeweiligen Zeitpunkten Grafikanimationen oder Ähnliches ausgeben. Auch eine Ton-/Bildshow läßt sich so ohne weiteres zusammenstellen.

Waveform-Audio

Das Audio-Gerät *audio* stellt wohl das mit Abstand am häufigsten genutzte Multimedia-Feature von Windows dar. Mit ihm können Sie selbst Audiosignale (Mikrofon oder Analogdaten von einem CD-Spieler) digitalisieren, sie in digitalisierter Form als Datei speichern – und natürlich digitalisierte Daten über die Soundkarte abspielen.

Klang als Wellenform

Wer diese API sinnvoll einsetzen will, braucht natürlich ein gewisses Verständnis der Physik und Wahrnehmung von Klängen und sollte zumindest in groben Zügen wissen, wie die digitale Verarbeitung und Wiedergabe von Klängen über den Computer funktioniert. Hier also einige Grundlagen in dieser Richtung.

Klänge sind Schwingungen der Luft. Im Ohr des Menschen erzeugen die mit den Schwingungen der Luft einhergehenden Druckschwankungen Nervenimpulse, die im Gehirn ein Hörbild hervorrufen. Ein Mikrofon wandelt die Druckschwankungen in analoge elektrische Spannungsschwankungen um. Umgekehrt lassen sich elektrische Spannungsschwankungen verstärken und zum Beispiel über Lautsprecher wieder in Luftschwingungen verwandeln. Die traditionelle analoge Form der Klangspeicherung, wie sie zum Beispiel von Tonbandgeräten oder Phonographen verwendet wird, sieht ein Aufzeichnen der Schwingungen auf magnetisch aktive Bänder oder als Rille in einer Schallplatte vor. Klänge bzw. *Wellenformen*, die in elektrische Spannungsänderungen umgewandelt wurde, lassen sich als *Wellenkurven* darstellen, wenn man den zeitlichen Verlauf der Spannung betrachtet. Die natürlichste Form einer Schwingung ist die *Sinuswelle* (die übrigens eines der Beispielprogramme dieses Buches in ihrem Fenster zeichnet – siehe Abbildung 5.7).

Die Sinuswelle hat zwei Parameter – die Amplitude (die Spannungsdifferenz zwischen Minimum und Maximum der Kurve) und die Frequenz (die Anzahl der Zyklen je Sekunde). Die Amplitude nehmen wir als Lautstärke wahr, die Frequenz als Tonhöhe. Das menschliche Ohr ist in der Lage, Sinusschwingungen zwischen 20 Hz (Zyklen je Sekunde) und 20 000 Hz zu erfassen, allerdings wird dieses Frequenzband mit zunehmendem Alter schmaler.

Die menschliche Wahrnehmung der Frequenz ist logarithmisch und nicht linear. Das heißt, wir empfinden eine Frequenzänderung zwischen 20 und 40 Hz als genau so groß wie eine Frequenzänderung zwischen 40 und 80 Hz. In der Musik heißt die Verdoppelung der Frequenz *Oktave*. So gesehen umspannt das menschliche Hörvermögen etwa 10 Oktaven. Zwischen dem tiefsten (27,5 Hz) und dem höchsten (4 186 Hz) Ton eines Klaviers liegen etwas mehr als 7 Oktaven.

Obwohl die Sinuswelle die einfachste Schwingungsform darstellt, tritt sie in der Natur selten in ihrer reinen Form auf. Zudem ist sie als Klang nicht gerade interessant. Musik, an der sich Menschen erfreuen, Sprache, mit denen sie kommunizieren, und Geräusche, die sie in ihrer Alltagswelt begleiten, sind wesentlich komplexer.

Jede *periodische Wellenform* (das ist eine Wellenform, die sich regelmäßig nach Ablauf eines festen Zeitintervalls wiederholt) läßt sich als Summe eines Bündels von Sinuswellen begreifen, derart, dass die Frequenzen dieser Sinuswellen ganzzahlige Vielfache der *Grundfrequenz* (Sinuswelle mit der tiefsten Frequenz) sind. Die Zerlegung einer periodischen Wellenform in ihre sinusförmigen Bestandteile nennt man Fourier-Reihe, benannt nach dem französischen Mathematiker und Physiker Jean Baptiste Joseph Fourier (1768–1830). Die Grundfrequenz nennt man auch *Erste Harmonische*, die Vielfachen der Grundfrequenz *Obertöne* oder Zweite Harmonische, Dritte Harmonische usw.

Die relativen Intensitäten ihrer Harmonischen geben einer periodischen Wellenform eine spezifische Klangcharakteristik. Sie stellt (neben dem Amplitudenverlauf) den Grund dafür dar, wieso eine Trompete wie eine Trompete klingt und ein Klavier wie ein Klavier. Vor einiger Zeit herrschte noch die Meinung vor, dass für die Synthese des Klangs eines Musikinstrumentes eine Rekonstruktion aus Grundwellen und Oberwellen mit den jeweiligen Gewichtungen ausreichend sei. Es stellte sich aber heraus, dass die Klänge der realen Welt nicht so einfach gestrickt sind, da sie niemals strikt periodisch sind. So sind die Gewichtungen zwischen Grundwelle und Oberwellen der einzelnen Töne im Klangbereich eines Instrumentes nie gleich, und zudem ändern sie sich abhängig davon, wie lange ein Ton gehalten wird. In der Tat macht der Anschlag eines Tons bei den meisten Instrumenten für das menschliche Ohr den größten Teil des charakteristischen Klangbildes aus.

Mit zunehmender Verfügbarkeit von Speicherplatz ist es in den letzten Jahren möglich geworden, Töne direkt als digitale Aufzeichnung zu speichern und wiederzugeben, ohne den Umweg über die harmonische Zerlegung.

Pulscode-Modulation

Computer arbeiten bekanntlich mit numerischen Werten. Um einen Klang per Computer zu verarbeiten, ist ein Mechanismus vonnöten, der Klänge in Zahlen zerlegt und umgekehrt.

Die am weitesten verbreitete Methode, dies ohne eine gleichzeitige Kompression der Daten zu bewerkstelligen, nennt sich *Pulscode-Modulation* (PCM). PCM ist das gängige Aufzeichnungsformat für Audio-CDs, DAT-Bänder und Windows-Klänge. Die Bezeichnung als solche ist ein wenig hochgestochen für einen von der Konzeption ausgesprochen einfachen Vorgang.

PCM sieht vor, dass die Wellenkurve eines Klanges in kurzen periodischen Intervallen – für gewöhnlich einige zehntausend Mal pro Sekunde – ausgewertet wird. Man nennt diesen Vorgang *Sampling* und die Frequenz, mit der die Abtastung der Kurve geschieht, *Sample-Frequenz* oder *Abtastfrequenz*. Die Ermittlung der jeweils aktuellen Spannungswerte der Kurve und die Umsetzung in numerische Werte erledigt ein Analog/Digital-Wander (AD-Wandler) und die andere Richtung ein Digital/Analog-Wandler (DA-Wandler). Da die Auswertung der Wellenkurve nur punktuell geschieht, kann die Ausgabe durch den DA-Wandler nur eine Annäherung an die ursprüngliche Wellenkurve sein. Die resultierende Wellenkurve ist eine Treppenkurve mit scharfen Kanten, die einen sehr hohen Oberwellenanteil hat. Aus diesem Grund durchläuft das elektrische Signal vor der Wiedergabe einen Tiefpaßfilter, der die Kurve glättet und so den unerwünschten Obertonanteil herausfiltert. Auch auf der Eingabeseite ist vor dem AD-Wandler ein Tiefpaßfilter geschaltet, dessen Funktion im nächsten Abschnitt deutlich wird.

PCM hat zwei Parameter, die *Abtastfrequenz* (Sample-Frequenz) und die *Abtastauflösung* (Sample-Größe), das ist die Zahl der Bits, die für die Speicherung des Momentanwertes der Amplitude benutzt werden. Wie nicht anderes zu erwarten, kann man beide Parameter in weiten Grenzen verändern und erhält so eine bessere oder schlechtere Aufzeichnungs- bzw. Wiedergabequalität. Zu niedrige Werte sind natürlich genauso sinnlos wie Auflösungen und Samplefrequenzen, bei denen das menschliche Ohr schon lange nicht mehr mitspielt (auch wenn es wohl bis in alle Ewigkeit Leute geben wird, die Stereoanlagen für Fledermäuse zu absurden Preisen an den Mann bringen).

Die Abtastfrequenz

Die für PCM gewählte Abtastfrequenz bestimmt die höchste durch das Aufzeichnungsverfahren gerade noch erfaßbare Frequenz. Genauer: die Abtastfrequenz muß mindestens doppelt so hoch sein wie die höchste Frequenz des abzutastenden Klanges. Man nennt diese Frequenz auch »Nyquist-Frequenz«, benannt nach Harry Nyquist, einem Ingenieur, der sich in den Dreißiger Jahren intensiv mit der Abtastung von Wellenverläufen beschäftigt hat.

Wird eine Sinuswelle mit einer zu niedrigen Frequenz abgetastet, entsteht ein Fehler, weil die Reproduktion eine niedrigere Frequenz als das Original hat. Man nennt eine solche Verfälschung *Alias*. Um dieses Problem zu vermeiden, sorgt ein vorgeschalteter Tiefpaßfilter dafür, dass das Tonsignal keine Frequenzanteile enthält, die höher als die halbe Abtastfrequenz sind. Die auf der Ausgabeseite durch den treppenartigen Verlauf des Signals bedingten Obertöne sind von der Frequenz her allesamt größer als halbe Abtastfrequenz und können deshalb problemlos durch einen Tiefpaß ausgefiltert werden.

Der Standard für Audio-CDs sieht eine Abtastfrequenz von 44,1 kHz vor. Nachdem das menschliche Ohr Frequenzen bis 20 kHz hören kann, sind mindestens 40 kHz Abtastfrequenz erforderlich. Da aber ein Tiefpaßfilter um die Trennfrequenz herum eine gewisse Flanke aufweist, in der er das Signal noch merklich bedämpft (also leiser macht), sollte die Abtastfrequenz noch einmal 10 Prozent höher gewählt werden. Damit wären wir also bei 44 kHz. Um bei der Kombination von digitalem Audio mit Video keine Störquellen zu schaffen, sollte die Frequenz noch ein Vielfaches der Bildabtastfrequenzen des europäischen (25 Hz) und des amerikanischen (30 Hz) Fernsehstandards sein. 44 100 ist das erste gemeinsame Vielfache von 25 und 30, das oberhalb von 44 000 (also 44 kHz) liegt.

Die für den CD-Standard geltende Abtastrate von 44,1 kHz genügt der HiFi-Anforderung und ist für Anwendungen, die mit Sprachaufzeichnung zu tun haben, wohl eher mit dem berühmten Kanonenschuß auf Spatzen zu vergleichen. Die anfallenden Datenströme reduzieren sich um die Hälfte, wenn die Abtastfrequenz 22,05 kHz, und noch einmal um die Hälfte, wenn die Abtastfrequenz 11,025 kHz benutzt wird. Im ersten Fall reduziert sich der aufzeichenbare Frequenzumfang um eine Oktave auf 10 kHz, im zweiten Fall um zwei Oktaven auf 5 kHz. Die meisten in PCs eingesetzten Soundkarten unterstützen neben den genannten Abtastfrequenzen auch noch eine niedrige Abtastfrequenz von 8 kHz. Der Klang, der dabei herauskommt, ist mit dem eines alten Volksempfängers zu vergleichen.

Sie werden nun vielleicht denken, dass eine Abtastfrequenz von 11,025 kHz genügen müßte, um ein Klavierkonzert zufriedenstellend aufzuzeichnen, weil der höchste Ton eines Klaviers schließlich nur bei 4186 Hz liegt. Weit gefehlt! 4186 Hz ist die höchste *Grundton* dieses Instruments. Ein Abschneiden der Obertöne bei 5000 Hz würde das Klangbild deshalb erheblich verfälschen.

Die Abtastauflösung

Der zweite Parameter bei der PCM ist die *Abtastauflösung*, die in Bits pro Sample angegeben wird. Sie bestimmt den Dynamikbereich des Aufzeichnungsverfahrens, also den Bereich zwischen dem lautesten und dem leisesten noch korrekt aufgezeichneten Ton.

Lautstärke ist das Quadrat der Amplitude einer Wellenform (das ist die Zusammensetzung aller maximaler Amplituden aller Oberwellen einer Grundwelle). Das menschliche Ohr nimmt Lautstärke nicht als lineare Größe wahr, sondern logarithmisch.

Der Unterschied der Lautstärke zweier Töne wird in *Bel* angegeben (die Einheit ist nach dem Erfinder des Telefons, Alexander Graham Bell benannt). Ein Bel entspricht einer Lautstärkezunahme um das Zehnfache. Ein Dezibel (dB) ist ein Zehntel Bel, in dem Sinne, dass ein dB eine Zunahme der Lautstärke um den Faktor 1,26 (der zehnten Wurzel aus Zehn) sowie einer Erhöhung der Wellenformamplitude um den Faktor 1,12 (der zwanzigsten Wurzel aus Zehn) entspricht. Ein dB ist die kleinste Lautstärkezunahme, die das menschliche Ohr gerade noch heraushören kann. Der Unterschied zwischen dem leisesten gerade noch wahrnehmbaren Geräusch und der Schmerzgrenze beim Hören beträgt etwa 100 dB.

Der dynamische Bereich in dB zwischen zwei Tönen errechnet sich nach folgender Formel:

$$dB = 20 \bullet log\left(\frac{A_1}{A_2}\right)$$

wobei A_1 und A_2 die Amplituden der beiden Töne bezeichnen. Mit einer Abtastauflösung von einem Bit ist der dynamische Bereich 0, da mit einem Bit nur eine Amplitude (und das Fehlen derselben) darstellbar ist.

Nimmt man eine Abtastauflösung von 8 Bit, lassen sich 256 Amplitudenwerte darstellen. Der dynamische Bereich beträgt dann

$$dB = 20 \bullet log(256)$$

oder 48 dB, das ist ungefähr der Lautstärkeunterschied zwischen einem leisen Raum und dem Geräusch eines kräftigen Rasenmähers. Verdoppelt man die Abtastauflösung auf 16 Bit, ergibt sich ein darstellbarer Lautstärkeumfang von 96 dB, also etwa der menschliche Hörbereich, und das ist für die naturgetreue Musikwiedergabe geradezu optimal.

Unter Windows werden sowohl Abtastauflösungen von 8 Bit als auch von 16 Bit unterstützt. Bei der Speicherung von 8 Bit breiten Abtastwerten entspricht jeder Wert einem vorzeichenlosen Byte. 0 dB, also »Stille« hat den Wert 0x80. 16 Bit breite Abtastwerte werden dagegen als vorzeichenbehaftete Integer gespeichert, weshalb 0 dB hier durch den Wert 0x0000 repräsentiert wird.

Um den für eine unkomprimierte Audio-Aufzeichnung benötigten Speicherplatz in Bytes zu berechnen, muß man einfach die Dauer der Aufzeichnung in Sekunden mit der Abtastfrequenz multiplizieren und gegebenenfalls, wenn die Abtastauflösung 16 Bit beträgt, das Ergebnis verdoppeln. Für Aufzeichnungen in Stereo verdoppelt sich der Platzbedarf ein weiteres Mal. Für eine Stunde CD-Qualität (also 3600 Sekunden mit 44,1 kHz und 16 Bit in Stereo) müssen daher 635 MB einkalkuliert werden, was nicht gerade zufällig in etwa der Speicherkapazität einer CD-ROM entspricht.

Sinustöne per Software

Als erste Übung zum Thema Audio werden wir nicht etwa Klänge abspielen, aufnehmen oder in Dateien speichern. Statt dessen werden wir uns der hardwarenahen Schnittstellenfunktionen (das sind die Funktionen mit dem Präfix *waveOut*) bedienen, um einen Sinusgenerator zu programmieren. Das Programm heißt SINEWAVE und kann Sinuswellen von 20 Hz bis 5000 Hz in Schritten von 1 Hz erzeugen.

Wie Sie wissen, findet sich in der standardmäßigen C-Laufzeitbibliothek eine Funktion *sin*, die den Sinus eines im Bogenmaß angegebenen Winkels (2π entspricht 360°) liefert. Der Wertebereich der Sinusfunktion liegt zwischen -1 und 1. (Sie werden sich erinnern, dass wir diese Funktion in Kapitel 5 schon einmal in einem Programm namens SINEWAVE benutzt haben.) Damit sollte es nicht allzu schwierig sein, die Funktion *sin* für die Ausgabe von Sinuswellen über die Soundkarte einzusetzen. Vom Prinzip her füllt man einen Puffer mit den Daten, die die gewünschte Wellenform (in unserem Fall die Sinuswelle) im PCM-Format repräsentieren, und übergibt die ganze Geschichte der entsprechenden API-Funktion (nun, ein bißchen schwieriger ist die Sache schon, aber nur, was die Details betrifft). Wenn die Soundkarte mit dem Abspielen des Puffers fertig ist, übergibt man ihr den nächsten Puffer usw.

Wer dieses Problem das erste Mal betrachtet (und nichts über PCM weiß), dem kommt vielleicht der Gedanke, eine Periode der Sinuswelle einfach in eine feste Anzahl von Intervallen (zum Beispiel 360) zu unterteilen und die entsprechenden Abtastwerte dann schneller oder langsamer abzuspielen. Für eine Sinuswelle mit 20 Hz würde man dann 7200 Abtastwerte je Sekunde ausgeben; für eine Sinuswelle mit 200 Hz wären es bereits 72 000 und für eine Sinuswelle mit 5 kHz stolze 1 800 000. Damit wäre allerdings der beste bezahlbare DA-Wandler überfordert (zumindest bei 16 Bit. Die Digital-/Analogwandler von Grafikkarten kommen inzwischen mit 250 MHz zurecht, lösen aber bestenfalls auf 8 Bit auf – vgl. Kapitel 14). Für hohe Frequenzen ist eine solche Präzision aber auch nicht mehr erforderlich.

Verwendet man PCM, ist die Abtastfrequenz konstant. Gehen wir im folgenden von einer Abtastfrequenz von 11,025 kHz aus, denn das ist die Abtastfrequenz, die ich auch im weiter unten aufgelisteten, zweiten Programm SINEWAVE benutzt habe. Will man eine Sinuswelle der Frequenz 2756,25 Hz erzeugen (also genau ein Viertel der Abtastfrequenz), bleiben für jede Periode der Sinuswelle gerade mal vier Abtastwerte. Für eine Sinuswelle mit 25 Hz sind dagegen 441 Abtastwerte erforderlich. Im allgemeinen ergibt sich die Anzahl der notwendigen Abtastwerte pro Periode als Quotient aus der Abtastfrequenz und der darzustellenden Frequenz. Sobald man weiß, wie viele Abtastwerte je Periode erforderlich sind, kann man den vollen Kreis (dessen Bogenmaß 2π beträgt) durch diese Anzahl teilen und die Abtastwerte für eine volle Periode mit der Funktion *sin* berechnen. Die errechneten Abtastwerte übergibt man dann wieder und wieder der Soundkarte, damit der Eindruck eines anhaltenden Tons entsteht. Bleibt das Problem, dass die Anzahl der Abtastwerte pro Zyklus im allgemeinen nicht ganzzahlig ist, das heißt, Anfang und Ende zweier aufeinanderfolgender Perioden nur selten direkt zusammenpassen.

Das läßt sich mit einer statischen Variable angehen, die den jeweils aktuellen Phasenwinkel speichert. Diese Variable wird mit 0 initialisiert, d.h. der erste Abtastwert hat den Phasenwinkel 0. Für die Berechnung der weiteren Abtastwerte wird sie fortlaufend erhöht, und zwar um das 2π-fache der Frequenz dividiert durch die Abtastfrequenz. Sobald der Wert der Variablen größer als 2π wird, zieht man wieder 2π ab, damit der Wert im Bereich einer vollen Periode bleibt – eine erneute Initialisierung mit 0 unterbleibt.

Nehmen wir beispielsweise an, wir wollen eine Sinuswelle mit 1000 Hz bei einer festen Abtastfrequenz von 11025 Hz ausgeben. Die Phasenwinkel, die ich hier der besseren Verständlichkeit halber in Grad angebe, sind für die ersten anderthalb Perioden 0°, 32,65°, 65,31°, 97,96°, 130,61°, 163,27°, 195,92°, 228,57°, 261,22°, 293,88°, 326,53°, 359,18°, 31,84°, 64,49°, 97,14°, 129,80°, 162,45°, 195,10° usw. Die in den Puffer geschriebenen Abtastwerte entsprechen den Sinuswerten dieser Winkel, multipliziert mit einem Skalierungswert für die Amplitude und ganzzahlig gerundet. Bei einer Abtastauflösung von 8 Bit muß jedem Wert noch der Null-Offset 127 hinzugerechnet werden.

In dem in Abbildung 22.2 aufgelisteten Programm SINEWAVE übernimmt eine Funktion namens *FillBuffer* das Beschreiben des Puffers unter Wahrung des Phasenwinkels.

SINEWAVE.C

```
/*--------------------------------------------------------
   SINEWAVE.C -- Multimedia-Anwendung: Windows-Sinus-Generator
                 (c) Charles Petzold, 1998
  --------------------------------------------------------*/

#include <windows.h>
#include <math.h>
#include "resource.h"

#define SAMPLE_RATE     11025     // Abstastfrequenz
#define FREQ_MIN           20     // minimale Frequenz
#define FREQ_MAX         5000     // maximale Frequenz
#define FREQ_INIT         440     // Startfrequenz
#define OUT_BUFFER_SIZE  4096
#define PI                  3.14159

BOOL CALLBACK DlgProc (HWND, UINT, WPARAM, LPARAM) ;

TCHAR szAppName [] = TEXT ("SineWave") ;

int WINAPI WinMain (HINSTANCE hInstance, HINSTANCE hPrevInstance,
                    PSTR szCmdLine, int iCmdShow)
{
#ifdef UNICODE   // DialogBoxW bricht bei Windows 9x *ohne* Fehlercode ab
     if (HIWORD(GetVersion()) & 0x8000)
     {
        MessageBox (NULL, TEXT ("Programm arbeitet mit Unicode und setzt Windows NT voraus!"),
               szAppName, MB_ICONERROR) ;
        return -1 ;
     }
#endif
    // Ergebnis von DialogBox als Exitcode des Programms
    return (DialogBox (hInstance, szAppName, NULL, DlgProc)) ;
}

VOID FillBuffer (PBYTE pBuffer, int iFreq)
{
     static double fAngle ;   // Phasenwinkel
     int           i ;

     for (i = 0 ; i < OUT_BUFFER_SIZE ; i++)
     {
          pBuffer [i] = (BYTE) (127 + 127 * sin (fAngle)) ;

          fAngle += 2 * PI * iFreq / SAMPLE_RATE ;

          if (fAngle > 2 * PI)
               fAngle -= 2 * PI ;
     }
}

BOOL CALLBACK DlgProc (HWND hwnd, UINT message, WPARAM wParam, LPARAM lParam)
{
     static BOOL         bShutOff, bClosing ;
     static HWAVEOUT     hWaveOut ;
```

```
static HWND          hwndScroll ;
static int           iFreq = FREQ_INIT ;
static PBYTE         pBuffer1, pBuffer2 ;
static PWAVEHDR      pWaveHdr1, pWaveHdr2 ;
static WAVEFORMATEX waveformat ;
int                  iDummy ;

switch (message)
{
case WM_INITDIALOG:
     hwndScroll = GetDlgItem (hwnd, IDC_SCROLL) ;
     SetScrollRange (hwndScroll, SB_CTL, FREQ_MIN, FREQ_MAX, FALSE) ;
     SetScrollPos   (hwndScroll, SB_CTL, FREQ_INIT, TRUE) ;
     SetDlgItemInt  (hwnd, IDC_TEXT, FREQ_INIT, FALSE) ;

     return TRUE ;

case WM_HSCROLL:
     switch (LOWORD (wParam))
     {
     case SB_LINELEFT:  iFreq -=  1 ;  break ;
     case SB_LINERIGHT: iFreq +=  1 ;  break ;
     case SB_PAGELEFT:  iFreq /=  2 ;  break ;
     case SB_PAGERIGHT: iFreq *=  2 ;  break ;

     case SB_THUMBTRACK:
          iFreq = HIWORD (wParam) ;
          break ;

     case SB_TOP:
          GetScrollRange (hwndScroll, SB_CTL, &iFreq, &iDummy) ;
          break ;

     case SB_BOTTOM:
          GetScrollRange (hwndScroll, SB_CTL, &iDummy, &iFreq) ;
          break ;
     }

     iFreq = max (FREQ_MIN, min (FREQ_MAX, iFreq)) ;
     SetScrollPos (hwndScroll, SB_CTL, iFreq, TRUE) ;
     SetDlgItemInt (hwnd, IDC_TEXT, iFreq, FALSE) ;
     return TRUE ;

case WM_COMMAND:
     switch (LOWORD (wParam))
     {
     case IDC_ONOFF:
          // Unterscheidung zwischen "An" und "Aus" über hWaveOut
          if (hWaveOut == NULL)
          {    // es geht ums Anschalten des Tons:
               // Speicher anfordern für 2 Header und 2 Puffer
               pWaveHdr1 = malloc (sizeof (WAVEHDR)) ;
               pWaveHdr2 = malloc (sizeof (WAVEHDR)) ;
               pBuffer1  = malloc (OUT_BUFFER_SIZE) ;
               pBuffer2  = malloc (OUT_BUFFER_SIZE) ;
```

```
if (!pWaveHdr1 || !pWaveHdr2 || !pBuffer1 || !pBuffer2)
{
     if (!pWaveHdr1) free (pWaveHdr1) ;
     if (!pWaveHdr2) free (pWaveHdr2) ;
     if (!pBuffer1)  free (pBuffer1) ;
     if (!pBuffer2)  free (pBuffer2) ;

     MessageBeep (MB_ICONEXCLAMATION) ;
     MessageBox (hwnd, TEXT ("Nicht genug Speicher!"),
                 szAppName, MB_ICONEXCLAMATION | MB_OK) ;
     return TRUE ;
}

// Zustandsvariable für Off-Schaltfläche
bShutOff = FALSE ;

// Audio-Gerät für Ausgabe vorbereiten
waveformat.wFormatTag      = WAVE_FORMAT_PCM ;
waveformat.nChannels       = 1 ;
waveformat.nSamplesPerSec  = SAMPLE_RATE ;
waveformat.nAvgBytesPerSec = SAMPLE_RATE ;
waveformat.nBlockAlign     = 1 ;
waveformat.wBitsPerSample  = 8 ;
waveformat.cbSize          = 0 ;

if (waveOutOpen (&hWaveOut, WAVE_MAPPER, &waveformat,
                 (DWORD) hwnd, 0, CALLBACK_WINDOW) != MMSYSERR_NOERROR)
{    // Soundkarte besetzt oder nicht vorhanden
     free (pWaveHdr1) ;
     free (pWaveHdr2) ;
     free (pBuffer1) ;
     free (pBuffer2) ;

     hWaveOut = NULL ;
     MessageBeep (MB_ICONEXCLAMATION) ;
     MessageBox (hwnd,
          TEXT ("Fehler beim Öffnen des Audio-Geräts!"),
          szAppName, MB_ICONEXCLAMATION | MB_OK) ;
     return TRUE ;
}

// Header initialisieren und vorbereiten
pWaveHdr1->lpData          = pBuffer1 ;
pWaveHdr1->dwBufferLength  = OUT_BUFFER_SIZE ;
pWaveHdr1->dwBytesRecorded = 0 ;
pWaveHdr1->dwUser          = 0 ;
pWaveHdr1->dwFlags         = 0 ;
pWaveHdr1->dwLoops         = 1 ;
pWaveHdr1->lpNext          = NULL ;
pWaveHdr1->reserved        = 0 ;

waveOutPrepareHeader (hWaveOut, pWaveHdr1, sizeof (WAVEHDR)) ;

pWaveHdr2->lpData          = pBuffer2 ;
pWaveHdr2->dwBufferLength  = OUT_BUFFER_SIZE ;
pWaveHdr2->dwBytesRecorded = 0 ;
```

```
            pWaveHdr2->dwUser         = 0 ;
            pWaveHdr2->dwFlags        = 0 ;
            pWaveHdr2->dwLoops        = 1 ;
            pWaveHdr2->lpNext         = NULL ;
            pWaveHdr2->reserved       = 0 ;

            waveOutPrepareHeader (hWaveOut, pWaveHdr2, sizeof (WAVEHDR)) ;
        }
        else
        {   // "Aus": Audio-Gerät schließen
            bShutOff = TRUE ;
            waveOutReset (hWaveOut) ;
        }
        return TRUE ;
    }
    break ;

case MM_WOM_OPEN:  // diese Nachricht folgt auf den Aufruf waveOutOpen
    SetDlgItemText (hwnd, IDC_ONOFF, TEXT ("Abschalten")) ;

    // Zwei Pufferinhalte an Audio-Gerät übergeben
    FillBuffer (pBuffer1, iFreq) ;
    waveOutWrite (hWaveOut, pWaveHdr1, sizeof (WAVEHDR)) ;

    FillBuffer (pBuffer2, iFreq) ;
    waveOutWrite (hWaveOut, pWaveHdr2, sizeof (WAVEHDR)) ;
    return TRUE ;

case MM_WOM_DONE:     // Puffer abgespielt
    if (bShutOff)     // Abschalten?
    {
        waveOutClose (hWaveOut) ;
        return TRUE ;
    }

    // Puffer erneut füllen und an Audio-Gerät übergeben
    FillBuffer (((PWAVEHDR) lParam)->lpData, iFreq) ;
    waveOutWrite (hWaveOut, (PWAVEHDR) lParam, sizeof (WAVEHDR)) ;
    return TRUE ;

case MM_WOM_CLOSE:    // Reaktion auf waveOutReset
    waveOutUnprepareHeader (hWaveOut, pWaveHdr1, sizeof (WAVEHDR)) ;
    waveOutUnprepareHeader (hWaveOut, pWaveHdr2, sizeof (WAVEHDR)) ;

    free (pWaveHdr1) ;
    free (pWaveHdr2) ;
    free (pBuffer1) ;
    free (pBuffer2) ;

    hWaveOut = NULL ;
    SetDlgItemText (hwnd, IDC_ONOFF, TEXT ("Einschalten")) ;

     if (bClosing)
        EndDialog (hwnd, 0) ;

    return TRUE ;
```

```
    case WM_SYSCOMMAND:
         switch (wParam)
         {
         case SC_CLOSE:
              if (hWaveOut != NULL)
              {
                   bShutOff = TRUE ;
                   bClosing = TRUE ;

                   waveOutReset (hWaveOut) ;
              }
              else
                   EndDialog (hwnd, 0) ;

              return TRUE ;
         }
         break ;
    }
    return FALSE ;
}
```

SINEWAVE.RC (Auszüge)

```
//Microsoft Developer Studio generated resource script.

#include "resource.h"
#include "afxres.h"

/////////////////////////////////////////////////////////////////////////////
// Dialog

SINEWAVE DIALOG DISCARDABLE  100, 100, 200, 50
STYLE WS_MINIMIZEBOX | WS_VISIBLE | WS_CAPTION | WS_SYSMENU
CAPTION "Sinus-Generator"
FONT 8, "MS Sans Serif"
BEGIN
    SCROLLBAR       IDC_SCROLL,8,8,150,12
    RTEXT           "440",IDC_TEXT,160,10,20,8
    LTEXT           "Hz",IDC_STATIC,182,10,12,8
    PUSHBUTTON      "Einschalten",IDC_ONOFF,80,28,40,14
END
```

RESOURCE.H (Auszüge)

```
// Microsoft Developer Studio generated include file.
// Used by SineWave.rc

#define IDC_STATIC                      -1
#define IDC_SCROLL                      1000
#define IDC_TEXT                        1001
#define IDC_ONOFF                       1002
```

Abbildung 22.2: *Das Programm* SINEWAVE

Die von der Funktion *FillBuffer* verwendeten Konstanten OUT_BUFFER_SIZE, SAMPLE_-RATE und PI sind am Beginn des Quelltexts definiert. Der Parameter *iFreq* von *FillBuffer* steht für die gewünschte Frequenz in Hz. Das Ergebnis von *sin* wird mit 127 skaliert und um 127 verschoben, so dass der Abtastwert zwischen 0 und 254 liegt. Für den Phasenwinkel ist die statische Variable *fAngle* zuständig; sie wird je Abtastwert um das 2π-fache der Frequenz *iFreq* dividiert durch die Abtastfrequenz erhöht.

Das als Hauptfenster fungierende Dialogfeld von SINEWAVE enthält drei Kontrollelemente: Eine horizontale Bildlaufleiste für die Auswahl der Frequenz, ein statisches Textfeld, das die eingestellte Frequenz numerisch anzeigt und eine Schaltfläche, die beim Programmstart mit »Einschalten« beschriftet ist. Ein Klick darauf startet die Ausgabe des Sinustons und ändert gleichzeitig die Beschriftung auf »Abschalten«. Wie schnell Änderungen der Frequenz (über die Bildlaufleiste) hörbar werden, hängt davon ab, wie viele Daten das Programm bereits an die Soundkarte gesendet hat – im Maximalfall müssen Sie knapp eine Sekunde warten. Ein Klick auf die Schaltfläche »Abschalten« stoppt die Tonausgabe.

Während der Behandlung von WM_INITDIALOG wird die Bildlaufleiste so initialisiert, dass die Frequenz zwischen 20 Hz und 5000 Hz einstellbar ist – voreingestellte Frequenz ist der Kammerton A mit 440 Hz. Die Funktion *DlgProc* ändert den Wert der statischen Variablen *iFreq* bei der Behandlung von WM_HSCROLL-Nachrichten. Die Ereignisse SB_PAGELEFT und SB_PAGE-RIGHT setzen den Ton um je eine Oktave hoch bzw. herunter.

Wenn *DlgProc* nach einem Klick auf die Schaltfläche bei (noch) abgeschalteter Tonausgabe eine WM_COMMAND-Nachricht erhält, fordert die Funktion vier Speicherblöcke an: zwei für WAVEHDR-Strukturen, zu denen ich gleich noch mehr sagen werde, und zwei für die Puffer *pBuffer1* und *pBuffer2*, in die die Funktion *FillBuffer* die errechneten Abtastwerte schreibt.

Das Programm SINEWAVE öffnet das Audio-Gerät für die Ausgabe über die Funktion *waveOut-Open*:

```
waveOutOpen (&hWaveOut, wDeviceID, &waveformat, dwCallBack, dwCallBackData, dwFlags) ;
```

Die Funktion erwartet als ersten Parameter einen Zeiger auf eine Variable vom Typ HWAVEOUT und besetzt diese Variable im Erfolgsfall mit einem Handle für das Ausgabegerät.

Der zweite Parameter von *waveOutOpen* ist eine Gerätekennung und ermöglicht die Anwahl einer bestimmten Soundkarte, falls im System mehr als eine Soundkarte installiert ist. Der Wert 0 würde die erste (im Normalfall einzige) Soundkarte auswählen, der Wert 1 die zweite usw. Die Anzahl der verfügbaren Audio-Geräte läßt sich über eine Funktion namens *waveOutGetNum-Devs* ermitteln. Um herauszufinden, welche Möglichkeiten eine bestimmte Soundkarte bietet, verwenden Sie die Funktion *waveOutGetDevCaps*. Wenn Sie das Standardgerät für die Audio-Ausgabe benutzen wollen, das der Benutzer als »bevorzugtes Gerät« im Multimedia-Applet der Systemsteuerung auf der Registerkarte *Audio* eingestellt hat, geben Sie anstelle einer Kennung die (als -1 definierte) Konstante WAVE_MAPPER an. Das System hat dann zudem die Wahl, auf ein anderes Gerät auszuweichen, sollte das Standardgerät die gewünschte Funktionalität nicht unterstützen.

Der dritte Parameter von *waveOutOpen* ist ein Zeiger auf eine WAVEFORMATEX-Struktur (mehr dazu gleich), der vierte legt entweder einen Fensterhandle oder eine Rückruffunktion in einer DLL fest, an die Rückmeldungen gehen sollen. Wenn Sie eine Rückruffunktion verwenden, können Sie als fünften Parameter wie üblich einen »Kontext« (also einen beliebigen, vom Programm definierten Wert) angeben, den Windows unverändert an die Rückruffunktion weiterreicht. Der Parameter *dwFlags* legt schließlich fest, ob es bei *dwCallback* um einen Fensterhandle (CALLBACK_WINDOW) oder um eine Rückruffunktion geht (CALLBACK_FUNCTION). Diese beiden Werte lassen sich mit zusätzlichen Bitflags verwenden – etwa dem Flag WAVE_FORMAT_QUERY zur Prüfung, ob sich das Gerät im gewünschten Format öffnen läßt, ohne es tatsächlich mit Beschlag zu belegen. Es gibt noch einige weitere Flags, die aber an dieser Stelle nicht so wichtig sind.

Der für den dritten Parameter verwendete Strukturtyp WAVEFORMATEX ist in der Include-Datei MMSYSTEM.H folgendermaßen definiert:

```
typedef struct waveformat_tag
{
     WORD  wFormatTag ;          // Waveform-Format= WAVE_FORMAT_PCM
     WORD  nChannels ;           // Mono oder Stereo = 1 oder 2
     DWORD nSamplesPerSec ;      // Abtastfrequenz
     DWORD nAvgBytesPerSec ;     // Bytes pro Sekunde
     WORD  nBlockAlign ;         // Blockausrichtung
     WORD  wBitsPerSample ;      // Abtastauflösung in Bit = 8 oder 16
     WORD  cbSize ;              // 0 für PCM
}
WAVEFORMATEX, * PWAVEFORMATEX ;
```

Diese Struktur verwendet man, um die Abtastfrequenz (*nSamplesPerSec*), die Abtastauflösung (*nBitsPerSample*) und Mono oder Stereo (*nChannels*) einzustellen. Einige der Informationen in dieser Struktur sind bei PCM redundant (was nicht bedeuten soll, daß Sie die entsprechenden Felder undefiniert lassen dürften) – sie werden bei anderen Formaten wie beispielsweise ADPCM gebraucht.

Bei der Arbeit mit PCM setzt man *nBlockAlign* auf das Produkt aus *nChannels* und *wBitsPerSample* dividiert durch 8. Das ist die Anzahl der Bytes, die für die Darstellung eines Mono- oder Stereo-Abtastwertes benötigt werden. Weiterhin setzt man das Feld *nAvgBytesPerSec* auf das Produkt der Werte von *nSamplesPerSec* und *nBlockAlign*.

In SINEWAVE folgt auf die Initialisierung der WAVEFORMATEX-Struktur der Aufruf von *waveOutOpen*:

```
waveOutOpen (&hWaveOut, WAVE_MAPPER, &waveformat, (DWORD) hwnd, 0, CALLBACK_WINDOW)
```

waveOutOpen liefert im Erfolgsfall als direktes Funktionsergebnis den Wert MMSYSERR_NOERROR (0), ansonsten einen Fehlercode ungleich 0 zurück. Wenn *waveOutOpen* einen Fehler signalisiert, gibt das Programm den angeforderten Speicher wieder frei und zeigt eine Fehlermeldung an, bevor es sich verabschiedet.

Wenn das Audio-Gerät erfolgreich geöffnet werden konnte, initialisiert das Programm die Felder der beiden WAVEHDR-Strukturen, die eine Beschreibung der beiden Puffer (Adresse, Länge etc.) für die Abtastwerte enthalten. WAVEHDR ist so definiert:

```
typedef struct wavehdr_tag
{
    LPSTR lpData;                // Zeiger auf den Puffer mit den Audiodaten
    DWORD dwBufferLength;        // Puffergröße in Bytes
    DWORD dwBytesRecorded;       // Pufferlänge in Bytes nach Aufnahme
    DWORD dwUser;                // frei für Programmspezifisches
    DWORD dwFlags;               // Flags
    DWORD dwLoops;               // Anzahl der Wiederholungen
```

```
    struct wavehdr_tag FAR *lpNext;  // reserviert, wird intern verwendet
    DWORD reserved;                  // reserviert, wird intern verwendet
}
WAVEHDR, *PWAVEHDR ;
```

SINEWAVE setzt *lpData* auf die Adresse des Puffers für die Abtastwerte, *dwBufferLength* auf die Länge dieses Puffers und *dwLoops* auf 1. Alle anderen Felder können auf 0 oder NULL gesetzt werden. Sollten Sie einen Klang wiederholt ausgeben wollen, können Sie dies durch die Werte der Felder *dwFlags* und *dwLoops* vorgeben.

Als nächstes ruft das Programm für jeden der beiden Header die Funktion *waveOutPrepareHeader*. Der Aufruf dieser Funktion bewahrt die WAVEHDR-Struktur und den Puffer unter anderem davor, bei Speichermangel vom Betriebssystem in die Auslagerungsdatei abgeschoben zu werden.

Sämtliche Vorbereitungen, die das Programm bis jetzt getroffen hat, stellen die Reaktion auf den Klick auf »Einschalten« dar. Inzwischen wartet aber bereits eine weitere Nachricht. Ihr Typ ist MM_WOM_OPEN, ihr Urheber die Funktion *waveOutOpen*, die auf diese Weise die erfolgreiche Initialisierung der Soundkarte meldet. Da wir *waveOutOpen* den Handle des Dialogfensters übergeben haben, landet diese Nachricht ebenfalls in der Dialogprozedur; *wParam* enthält hier den Handle des Ausgabegeräts.

SINEWAVE reagiert darauf mit zwei Aufrufen der programmeigenen Routine *FillBuffer*, um beide Puffer mit Abtastwerten für den Sinuston zu füllen. Darauf folgen zwei Aufrufe von *waveOutWrite* unter Angabe der beiden WAVEHDR-Strukturen. Diese »Schreibaktion« startet schließlich die Wiedergabe des Tons, weil sie die Pufferdaten an den Gerätetreiber für die Audio-Hardware weitergibt.

Sobald der Pufferinhalt ausgeben ist, erhält das Fenster eine MM_WOM_DONE-Nachricht. Der Parameter *wParam* ist erneut der Handle des Audio-Ausgabegeräts, *lParam* ein Zeiger auf die WAVEHDR-Struktur, deren Puffer komplett abgespielt ist. SINEWAVE reagiert auf die Nachricht mit der Berechnung eines weiteren Pufferinhalts und sowie einem nachfolgenden *waveOutWrite*-Aufruf.

Damit dürfte auch klar sein, warum das Programm gleich mit zwei WAVEHDR-Strukturen und zwei Puffern arbeiten muß: Da nicht alle Soundkarten über einen »karteneigenen« Speicher verfügen und die Nachricht MM_WOM_DONE erst dann erzeugt wird, wenn das letzte Byte eines Puffers an die Soundkarte übergeben ist, entstünde unter Umständen eine Pause im Millisekundenbereich – nämlich für die Zeitspanne, die das Programm zum Berechnen des nächsten Pufferinhalts braucht. Das Ergebnis wäre ein deutlich hörbarer Knackser im Halbsekundentakt. Wenn zwei Puffer eingesetzt werden, kann das Programm dagegen einen Puffer füllen, während der andere abgespielt wird.

Das Ergebnis eines zweiten Klicks auf die – mittlerweile in »Abschalten« umbeschriftete – Schaltfläche ist ein weiteres WM_COMMAND. *DlgProc* setzt daraufhin die Variable *bShutOff* auf TRUE und ruft *waveOutReset* auf. Diese Funktion setzt das Ausgabegerät zurück und erzeugt als Abschluß eine Nachricht des Typs MM_WOM_DONE, die erneut in *DlgProc* ausgewertet wird: Wenn *bShutOff* den Wert TRUE hat, reagiert SINEWAVE darauf mit einem Aufruf der Funktion *waveOutClose*, die erst die Soundkarte wieder freigibt und dann schließlich eine MM_WOM_-CLOSE-Nachricht generiert. Bei der Behandlung von MM_WOM_CLOSE finden im wesentlichen Aufräumarbeiten statt: SINEWAVE nimmt zuerst die beiden WAVEHDR-Strukturen über die Funktion *waveOutUnprepareHeader* aus der Soundkarten-eigenen Verwaltung wieder heraus und gibt sie dann zusammen mit den Audiopuffern wieder frei. (Diese Freigaben dürfen erst im Rahmen der Rückmeldung MM_WOM_DONE bzw. MM_WOM_CLOSE geschehen, weil einige Soundkartentreiber auf den Entzug momentan abgespielter Speicherbereiche höchst allergisch reagieren.) Die letzte Aktion im Rahmen von MM_WOM_CLOSE besteht schließlich aus dem erneuten Umbeschriften der Schaltfläche.

Bitte beachten Sie, dass *waveOutClose* zwar die Soundkarte wieder für andere Anwendungen freigibt, auf die tatsächliche Ausgabe, sollte sie noch andauern, aber keinen Effekt hat. Um die Ausgabe des aktuellen Pufferinhalts zu unterbrechen, ist ein *waveOutReset*-Aufruf erforderlich.

Auf das Schließen des Dialogfelds (WM_SYSCOMMAND mit dem Wert SC_CLOSE für *wParam*) reagiert das Programm ebenfalls mit *waveOutReset und* sorgt so für das Erzeugen einer MM_WOM_DONE-Nachricht, weshalb das Schließen des Ausgabegeräts und die Aufräumarbeiten in gleicher Weise wie eben beschrieben ablaufen. Der Aufruf der Funktion *EndDialog* schließt schließlich das Dialogfeld und beendet das Programm.

Digitaler Audiorecorder

Zum Standardzubehör von Windows gehört ein Audiorecorder, der die Möglichkeit bietet, Klänge digital aufzuzeichnen und abzuspielen. Das in Abbildung 22.3 aufgelistete Programm RECORD1 ist zwar nicht so gut ausgestattet wie der Windows-Audiorecorder, weil es weder Dateioperationen noch das Bearbeiten von Klängen unterstützt, demonstriert aber den Umgang mit der hardwarenahen Audio-API für das Aufzeichnen und Abspielen von Klängen.

RECORD1.C

```
/*---------------------------------------------------------
   RECORD1.C - Audiorecorder mit hardwarenaher Programmierung
               (c) Charles Petzold, 1998
  ---------------------------------------------------------*/

#include <windows.h>
#include "resource.h"

#define INP_BUFFER_SIZE 16384

BOOL CALLBACK DlgProc (HWND, UINT, WPARAM, LPARAM) ;

TCHAR szAppName [] = TEXT ("Record1") ;

int WINAPI WinMain (HINSTANCE hInstance, HINSTANCE hPrevInstance,
                    PSTR szCmdLine, int iCmdShow)
{
#ifdef UNICODE   // DialogBoxW bricht bei Windows 9x *ohne* Fehlercode ab
     if (HIWORD(GetVersion()) & 0x8000)
     {
        MessageBox (NULL, TEXT ("Programm arbeitet mit Unicode und setzt Windows NT voraus!"),
              szAppName, MB_ICONERROR) ;
        return -1 ;
     }
#endif
    // Ergebnis von DialogBox als Exitcode des Programms
    return DialogBox (hInstance, TEXT ("Record"), NULL, DlgProc)) ;
}

void ReverseMemory (BYTE * pBuffer, int iLength)
{
     BYTE b ;
```

```
    int  i ;

    for (i = 0 ; i < iLength / 2 ; i++)
    {
         b = pBuffer [i] ;
         pBuffer [i] = pBuffer [iLength - i - 1] ;
         pBuffer [iLength - i - 1] = b ;
    }
}

BOOL CALLBACK DlgProc (HWND hwnd, UINT message, WPARAM wParam, LPARAM lParam)
{
    static BOOL         bRecording, bPlaying, bReverse, bPaused,
                        bEnding, bTerminating ;
    static DWORD        dwDataLength, dwRepetitions = 1 ;
    static HWAVEIN      hWaveIn ;
    static HWAVEOUT     hWaveOut ;
    static PBYTE        pBuffer1, pBuffer2, pSaveBuffer, pNewBuffer ;
    static PWAVEHDR     pWaveHdr1, pWaveHdr2 ;
    static TCHAR        szOpenError[] = TEXT ("Fehler beim Öffnen des Audio-Geräts!");
    static TCHAR        szMemError [] = TEXT ("Fehler beim Anfordern von Speicher!") ;
    static WAVEFORMATEX waveform ;

    switch (message)
    {
    case WM_INITDIALOG:
              // Speicher anfordern für 2 Header

         pWaveHdr1 = malloc (sizeof (WAVEHDR)) ;
         pWaveHdr2 = malloc (sizeof (WAVEHDR)) ;

         // Speicher anfordern für Aufnahmepuffer
         pSaveBuffer = malloc (1) ;
         return TRUE ;

    case WM_COMMAND:
         switch (LOWORD (wParam))
         {
         case IDC_RECORD_BEG:
              // Speicher für Transferpuffer anfordern
              pBuffer1 = malloc (INP_BUFFER_SIZE) ;
              pBuffer2 = malloc (INP_BUFFER_SIZE) ;

              if (!pBuffer1 || !pBuffer2)
              {
                   if (pBuffer1) free (pBuffer1) ;
                   if (pBuffer2) free (pBuffer2) ;

                   MessageBeep (MB_ICONEXCLAMATION) ;
                   MessageBox (hwnd, szMemError, szAppName, MB_ICONEXCLAMATION | MB_OK) ;
                   return TRUE ;
              }

              // Audio-Gerät für die Aufnahme öffnen
              waveform.wFormatTag      = WAVE_FORMAT_PCM ;
              waveform.nChannels       = 1 ;
```

```
        waveform.nSamplesPerSec  = 11025 ;
        waveform.nAvgBytesPerSec = 11025 ;
        waveform.nBlockAlign     = 1 ;
        waveform.wBitsPerSample  = 8 ;
        waveform.cbSize          = 0 ;

        if (waveInOpen (&hWaveIn, WAVE_MAPPER, &waveform, (DWORD) hwnd, 0, CALLBACK_WINDOW))
        {
            free (pBuffer1) ;
            free (pBuffer2) ;
            MessageBeep (MB_ICONEXCLAMATION) ;
            MessageBox (hwnd, szOpenError, szAppName, MB_ICONEXCLAMATION | MB_OK) ;
        }

        // Header initialisieren und vorbereiten lassen
        pWaveHdr1->lpData          = pBuffer1 ;
        pWaveHdr1->dwBufferLength  = INP_BUFFER_SIZE ;
        pWaveHdr1->dwBytesRecorded = 0 ;
        pWaveHdr1->dwUser          = 0 ;
        pWaveHdr1->dwFlags         = 0 ;
        pWaveHdr1->dwLoops         = 1 ;
        pWaveHdr1->lpNext          = NULL ;
        pWaveHdr1->reserved        = 0 ;
        waveInPrepareHeader (hWaveIn, pWaveHdr1, sizeof (WAVEHDR)) ;

        pWaveHdr2->lpData          = pBuffer2 ;
        pWaveHdr2->dwBufferLength  = INP_BUFFER_SIZE ;
        pWaveHdr2->dwBytesRecorded = 0 ;
        pWaveHdr2->dwUser          = 0 ;
        pWaveHdr2->dwFlags         = 0 ;
        pWaveHdr2->dwLoops         = 1 ;
        pWaveHdr2->lpNext          = NULL ;
        pWaveHdr2->reserved        = 0 ;
        waveInPrepareHeader (hWaveIn, pWaveHdr2, sizeof (WAVEHDR)) ;
        return TRUE ;

    case IDC_RECORD_END:
        // Aufnahme beenden und Eingabegerät rücksetzen
        bEnding = TRUE ;
        waveInReset (hWaveIn) ;
        return TRUE ;

    case IDC_PLAY_BEG:
        // Audio-Gerät für Ausgabe öffnen
        waveform.wFormatTag      = WAVE_FORMAT_PCM ;
        waveform.nChannels       = 1 ;
        waveform.nSamplesPerSec  = 11025 ;
        waveform.nAvgBytesPerSec = 11025 ;
        waveform.nBlockAlign     = 1 ;
        waveform.wBitsPerSample  = 8 ;
        waveform.cbSize          = 0 ;

        if (waveOutOpen (&hWaveOut, WAVE_MAPPER, &waveform,
                         (DWORD) hwnd, 0, CALLBACK_WINDOW))
        {
            MessageBeep (MB_ICONEXCLAMATION) ;
```

```
            MessageBox (hwnd, szOpenError, szAppName, MB_ICONEXCLAMATION | MB_OK) ;
        }
        return TRUE ;

    case IDC_PLAY_PAUSE:
        // Ausgabe anhalten oder fortsetzen
        if (!bPaused)
        {
            waveOutPause (hWaveOut) ;
            SetDlgItemText (hwnd, IDC_PLAY_PAUSE, TEXT ("Weiter")) ;
            bPaused = TRUE ;
        }
        else
        {
            waveOutRestart (hWaveOut) ;
            SetDlgItemText (hwnd, IDC_PLAY_PAUSE, TEXT ("Pause")) ;
            bPaused = FALSE ;
        }
        return TRUE ;

    case IDC_PLAY_END:
        // Ausgabe zurücksetzen für nachfolgendes Schließen
        bEnding = TRUE ;
        waveOutReset (hWaveOut) ;
        return TRUE ;

    case IDC_PLAY_REV:
        // Aufnahmepuffer umkehren und rückwärts abspielen
        bReverse = TRUE ;
        ReverseMemory (pSaveBuffer, dwDataLength) ;

        SendMessage (hwnd, WM_COMMAND, IDC_PLAY_BEG, 0) ;
        return TRUE ;

    case IDC_PLAY_REP:
            // Endlos-Wiederholung einstellen und abspielen

        dwRepetitions = -1 ;
        SendMessage (hwnd, WM_COMMAND, IDC_PLAY_BEG, 0) ;
        return TRUE ;

    case IDC_PLAY_SPEED:
        // Audio-Gerät für Ausgabe in doppelter Geschwindigkeit öffnen
        waveform.wFormatTag      = WAVE_FORMAT_PCM ;
        waveform.nChannels       = 1 ;
        waveform.nSamplesPerSec  = 22050 ;
        waveform.nAvgBytesPerSec = 22050 ;
        waveform.nBlockAlign     = 1 ;
        waveform.wBitsPerSample  = 8 ;
        waveform.cbSize          = 0 ;
        if (waveOutOpen (&hWaveOut, 0, &waveform, (DWORD) hwnd, 0, CALLBACK_WINDOW))
        {
            MessageBeep (MB_ICONEXCLAMATION) ;
            MessageBox (hwnd, szOpenError, szAppName, MB_ICONEXCLAMATION | MB_OK) ;
        }
        return TRUE ;
```

```
          }
          break ;

     case MM_WIM_OPEN:
          // Aufnahmepuffer klein machen
          pSaveBuffer = realloc (pSaveBuffer, 1) ;

          // Schaltflächen aktivieren bzw. deaktivieren
          EnableWindow (GetDlgItem (hwnd, IDC_RECORD_BEG), FALSE) ;
          EnableWindow (GetDlgItem (hwnd, IDC_RECORD_END), TRUE)  ;
          EnableWindow (GetDlgItem (hwnd, IDC_PLAY_BEG),   FALSE) ;
          EnableWindow (GetDlgItem (hwnd, IDC_PLAY_PAUSE), FALSE) ;
          EnableWindow (GetDlgItem (hwnd, IDC_PLAY_END),   FALSE) ;
          EnableWindow (GetDlgItem (hwnd, IDC_PLAY_REV),   FALSE) ;
          EnableWindow (GetDlgItem (hwnd, IDC_PLAY_REP),   FALSE) ;
          EnableWindow (GetDlgItem (hwnd, IDC_PLAY_SPEED), FALSE) ;
          SetFocus (GetDlgItem (hwnd, IDC_RECORD_END)) ;

          // Puffer hinzufügen
          waveInAddBuffer (hWaveIn, pWaveHdr1, sizeof (WAVEHDR)) ;
          waveInAddBuffer (hWaveIn, pWaveHdr2, sizeof (WAVEHDR)) ;

          // Start der Aufzeichnung
          bRecording = TRUE ;
          bEnding = FALSE ;
          dwDataLength = 0 ;
          waveInStart (hWaveIn) ;
          return TRUE ;

     case MM_WIM_DATA:

          // Aufnahmepuffer vergrößern
          pNewBuffer = realloc (pSaveBuffer, dwDataLength + ((PWAVEHDR) lParam)->dwBytesRecorded) ;

          if (pNewBuffer == NULL)
          {
               waveInClose (hWaveIn) ;
               MessageBeep (MB_ICONEXCLAMATION) ;
               MessageBox (hwnd, szMemError, szAppName,
                                 MB_ICONEXCLAMATION | MB_OK) ;
               return TRUE ;
          }

          pSaveBuffer = pNewBuffer ;
          CopyMemory (pSaveBuffer + dwDataLength, ((PWAVEHDR) lParam)->lpData,
                         ((PWAVEHDR) lParam)->dwBytesRecorded) ;

          dwDataLength += ((PWAVEHDR) lParam)->dwBytesRecorded ;

          if (bEnding)
          {
               waveInClose (hWaveIn) ;
               return TRUE ;
          }

          // Neuen Puffer herausgeben
```

```
          waveInAddBuffer (hWaveIn, (PWAVEHDR) lParam, sizeof (WAVEHDR)) ;
          return TRUE ;

     case MM_WIM_CLOSE:
          // Speicher für Transferpuffer freigeben
          waveInUnprepareHeader (hWaveIn, pWaveHdr1, sizeof (WAVEHDR)) ;
          waveInUnprepareHeader (hWaveIn, pWaveHdr2, sizeof (WAVEHDR)) ;

          free (pBuffer1) ;
          free (pBuffer2) ;

          // Schaltflächen aktivieren bzw. deaktivieren
          EnableWindow (GetDlgItem (hwnd, IDC_RECORD_BEG), TRUE) ;
          EnableWindow (GetDlgItem (hwnd, IDC_RECORD_END), FALSE) ;
          SetFocus (GetDlgItem (hwnd, IDC_RECORD_BEG)) ;

          if (dwDataLength > 0)
          {
               EnableWindow (GetDlgItem (hwnd, IDC_PLAY_BEG),   TRUE)  ;
               EnableWindow (GetDlgItem (hwnd, IDC_PLAY_PAUSE), FALSE) ;
               EnableWindow (GetDlgItem (hwnd, IDC_PLAY_END),   FALSE) ;
               EnableWindow (GetDlgItem (hwnd, IDC_PLAY_REP),   TRUE)  ;
               EnableWindow (GetDlgItem (hwnd, IDC_PLAY_REV),   TRUE)  ;
               EnableWindow (GetDlgItem (hwnd, IDC_PLAY_SPEED), TRUE)  ;
               SetFocus (GetDlgItem (hwnd, IDC_PLAY_BEG)) ;
          }
          bRecording = FALSE ;

          if (bTerminating)
               SendMessage (hwnd, WM_SYSCOMMAND, SC_CLOSE, 0L) ;

          return TRUE ;

     case MM_WOM_OPEN:
               // Schaltflächen aktivieren bzw. deaktivieren

          EnableWindow (GetDlgItem (hwnd, IDC_RECORD_BEG), FALSE) ;
          EnableWindow (GetDlgItem (hwnd, IDC_RECORD_END), FALSE) ;
          EnableWindow (GetDlgItem (hwnd, IDC_PLAY_BEG),   FALSE) ;
          EnableWindow (GetDlgItem (hwnd, IDC_PLAY_PAUSE), TRUE)  ;
          EnableWindow (GetDlgItem (hwnd, IDC_PLAY_END),   TRUE)  ;
          EnableWindow (GetDlgItem (hwnd, IDC_PLAY_REP),   FALSE) ;
          EnableWindow (GetDlgItem (hwnd, IDC_PLAY_REV),   FALSE) ;
          EnableWindow (GetDlgItem (hwnd, IDC_PLAY_SPEED), FALSE) ;
          SetFocus (GetDlgItem (hwnd, IDC_PLAY_END)) ;

          // Header initialisieren
          pWaveHdr1->lpData          = pSaveBuffer ;
          pWaveHdr1->dwBufferLength  = dwDataLength ;
          pWaveHdr1->dwBytesRecorded = 0 ;
          pWaveHdr1->dwUser          = 0 ;
          pWaveHdr1->dwFlags         = WHDR_BEGINLOOP | WHDR_ENDLOOP ;
          pWaveHdr1->dwLoops         = dwRepetitions ;
          pWaveHdr1->lpNext          = NULL ;
          pWaveHdr1->reserved        = 0 ;
```

```
          // Vorbereiten und schreiben
          waveOutPrepareHeader (hWaveOut, pWaveHdr1, sizeof (WAVEHDR)) ;
          waveOutWrite (hWaveOut, pWaveHdr1, sizeof (WAVEHDR)) ;

          bEnding = FALSE ;
          bPlaying = TRUE ;
          return TRUE ;

     case MM_WOM_DONE:
          waveOutUnprepareHeader (hWaveOut, pWaveHdr1, sizeof (WAVEHDR)) ;
          waveOutClose (hWaveOut) ;
          return TRUE ;

     case MM_WOM_CLOSE:
          // Schaltflächen aktivieren bzw. deaktivieren
          EnableWindow (GetDlgItem (hwnd, IDC_RECORD_BEG), TRUE)  ;
          EnableWindow (GetDlgItem (hwnd, IDC_RECORD_END), TRUE)  ;
          EnableWindow (GetDlgItem (hwnd, IDC_PLAY_BEG),   TRUE)  ;
          EnableWindow (GetDlgItem (hwnd, IDC_PLAY_PAUSE), FALSE) ;
          EnableWindow (GetDlgItem (hwnd, IDC_PLAY_END),   FALSE) ;
          EnableWindow (GetDlgItem (hwnd, IDC_PLAY_REV),   TRUE)  ;
          EnableWindow (GetDlgItem (hwnd, IDC_PLAY_REP),   TRUE)  ;
          EnableWindow (GetDlgItem (hwnd, IDC_PLAY_SPEED), TRUE)  ;
          SetFocus (GetDlgItem (hwnd, IDC_PLAY_BEG)) ;

          SetDlgItemText (hwnd, IDC_PLAY_PAUSE, TEXT ("Pause")) ;
          bPaused = FALSE ;
          dwRepetitions = 1 ;
          bPlaying = FALSE ;

          if (bReverse)
          {
               ReverseMemory (pSaveBuffer, dwDataLength) ;
               bReverse = FALSE ;
          }

          if (bTerminating)
               SendMessage (hwnd, WM_SYSCOMMAND, SC_CLOSE, 0L) ;

          return TRUE ;

     case WM_SYSCOMMAND:
          switch (LOWORD (wParam))
          {
          case SC_CLOSE:
               if (bRecording)
               {
                    bTerminating = TRUE ;
                    bEnding = TRUE ;
                    waveInReset (hWaveIn) ;
                    return TRUE ;
               }
               if (bPlaying)
               {
                    bTerminating = TRUE ;
                    bEnding = TRUE ;
```

```
                waveOutReset (hWaveOut) ;
                return TRUE ;
            }

            free (pWaveHdr1) ;
            free (pWaveHdr2) ;
            free (pSaveBuffer) ;
            EndDialog (hwnd, 0) ;
            return TRUE ;
        }
        break ;
    }
    return FALSE ;
}
```

RECORD.RC (Auszüge)

```
//Microsoft Developer Studio generated resource script.

#include "resource.h"
#include "afxres.h"

/////////////////////////////////////////////////////////////////////////////
// Dialog

RECORD DIALOG DISCARDABLE  100, 100, 152, 74
STYLE WS_MINIMIZEBOX | WS_VISIBLE | WS_CAPTION | WS_SYSMENU
CAPTION "Audiorecorder"
FONT 8, "MS Sans Serif"
BEGIN
    PUSHBUTTON      "Aufnahme",IDC_RECORD_BEG,28,8,46,14
    PUSHBUTTON      "Beenden",IDC_RECORD_END,76,8,46,14,WS_DISABLED
    PUSHBUTTON      "Wiedergabe",IDC_PLAY_BEG,4,30,46,14,WS_DISABLED
    PUSHBUTTON      "Pause",IDC_PLAY_PAUSE,54,30,46,14,WS_DISABLED
    PUSHBUTTON      "Stop",IDC_PLAY_END,104,30,46,14,WS_DISABLED
    PUSHBUTTON      "Rückwärts",IDC_PLAY_REV,4,52,46,14,WS_DISABLED
    PUSHBUTTON      "Wiederholen",IDC_PLAY_REP,54,52,46,14,WS_DISABLED
    PUSHBUTTON      "Schnell",IDC_PLAY_SPEED,104,52,46,14,WS_DISABLED
END
```

RESOURCE.H (Auszüge)

```
// Microsoft Developer Studio generated include file.
// Used by Record.rc

#define IDC_RECORD_BEG                  1000
#define IDC_RECORD_END                  1001
#define IDC_PLAY_BEG                    1002
#define IDC_PLAY_PAUSE                  1003
#define IDC_PLAY_END                    1004
#define IDC_PLAY_REV                    1005
#define IDC_PLAY_REP                    1006
#define IDC_PLAY_SPEED                  1007
```

Abbildung 22.3: *Das Programm* RECORD1

Ein »Rahmenprogramm« habe ich diesmal zwar nicht geschrieben – die Dateien RECORD.RC und RESOURCE.H werden aber auch von den Programmen RECORD2 und RECORD3 genutzt. Damit Sie von RECORD1 und seinen beiden Nachfolgern etwas haben, brauchen Sie ein Mikrofon (dessen Funktionstüchtigkeit sinnvollerweise vorher mit dem Audiorecorder von Windows geprüft werden sollte).

Das als Fenster fungierende Dialogfeld von RECORD1 hat acht Schaltflächen, wobei zu Beginn nur die Schaltfläche »Aufnahme« aktivierbar ist. Ein Klick darauf startet die Aufnahme, deaktiviert diese Schaltfläche und aktiviert die Schaltfläche »Beenden«. Sie haben nun die Möglichkeit, etwas aufzusprechen, bevor Sie die Aufnahme durch einen Klick auf »Beenden« abschließen. An diesem Punkt aktiviert das Programm die Schaltflächen »Wiedergabe«, »Rückwärts«, »Wiederholen« und Schnell, die eine Wiedergabe der Aufzeichnung im Modus »normal«, »rückwärts«, »endlos« oder »doppelte Geschwindigkeit« ermöglichen. Während der Wiedergabe sind nur die Schaltflächen »Pause« und »Stop« aktivierbar. Ein Klick auf »Pause« hält die Wiedergabe an und ändert die Beschriftung der Schaltfläche in »Weiter«. Ein Klick auf »Weiter« setzt die Wiedergabe fort. Ein Klick auf »Stop« beendet die Wiedergabe und aktiviert erneut die Schaltfläche »Aufnahme«. Jede neue Aufzeichnung überspielt die alte.

Der Benutzer kann immer nur die Schaltflächen anklicken, deren Operation zum gegebenen Zeitpunkt Sinn macht. Das erfordert im Quelltext zwar ziemlich viele Aufrufe von *EnableWindow*, hat aber den Vorteil, dass das Programm die Gültigkeit einer Operation nicht jedesmal hinterfragen muß.

Das Programm RECORD1 nutzt einige Schleichwege, um den Code möglichst einfach zu halten. Als erstes überläßt es dem System die Auswahl des Audio-Geräts, d.h. spricht das »bevorzugte« Gerät an. Als zweites zeichnet das Gerät mit der standardmäßigen Abtastfrequenz von 11,025 kHz und der Abtastauflösung von 8 Bit auf, ohne sich darum zu kümmern, ob eine höhere Frequenz bzw. Auflösung verfügbar ist. Eine Ausnahme macht die Operation »Doppelte Geschwindigkeit«. In diesem Fall stellt das Programm die Abtastfrequenz 22,050 kHz ein, was einer Verdoppelung der Frequenzen bzw. der Transformation um eine Oktave gleichkommt.

Für die Operation »Aufnahme« muß das Programm im wesentlichen zwei Dinge tun: erstens die Audio-Hardware für die Eingabe öffnen und zweitens Puffer für die Abtastwerte bereitstellen.

RECORD1 unterhält eine Reihe von Speicherblöcken. Drei Speicherblöcke fordert die Funktion *DlgProc* bei der Reaktion auf WM_INITDIALOG an. Einer davon, der Aufnahmepuffer *pSaveBuffer*, ist zunächst nur ein Byte groß, wird aber im Verlauf der Aufnahme später zunehmend vergrößert. Die beiden anderen sind für WAVEHDR-Strukturen, die über die Zeiger *pWaveHdr1* und *pWaveHdr2* ansprechbar sind und für die Übergabe der Transferpuffer (*pBuffer1* und *pBuffer2* mit jeweils 16 KByte) an API-Funktionen genutzt werden. *pSaveBuffer* dient als Sammelbecken, in dem die Inhalte dieser immer wieder aufs neue gefüllten Puffer aufgereiht werden. Wenn das Programm im Verlauf einer längeren Aufnahme irgendwann keinen Speicher mehr erhält, bleibt so zumindest der bis dahin aufgereihte Pufferinhalt erhalten. Die Transferpuffer werden nach Ende der Aufnahme sofort wieder freigegeben.

Jede der acht Schaltflächen versendet WM_COMMAND-Nachrichten, deren sich *DlgProc* annimmt. Anfangs ist, wie bereits erwähnt, nur die Schaltfläche »Aufnahme« aktivierbar. Ein Mausklick darauf generiert eine WM_COMMAND-Nachricht, deren Parameter *wParam* den Wert IDC_RECORD_BEG hat. Als Reaktion auf diese Nachricht fordert das Programm die beiden 16 KByte umfassenden Transferpuffer an, initialisiert die Felder der WAVEFORMATEX-Struktur, öffnet das Eingabegerät durch *waveInOpen*, initialisiert die beiden WAVEHDR-Strukturen und läßt sie durch *waveInPrepareHeader* aufbereiten.

Der *waveInOpen*-Aufruf generiert eine MM_WIM_OPEN-Nachricht. In Antwort auf diese Nachricht verkleinert das Programm den Aufnahmepuffer auf die Größe 1 Byte (die vorige Aufnahme wird also gegebenenfalls überspielt), aktiviert bzw. deaktiviert die entsprechenden Schaltflächen, übergibt die beiden inzwischen vorbereiteten WAVEHDR-Strukturen (die die Adressen der Transferpuffer enthalten) der API-Funktion *waveInAddBuffer*, setzt einige Variablen und startet schließlich den Aufzeichnungsvorgang durch *waveInStart*.

Bei einer Abtastfrequenz von 11,025 kHz und einer Abtastauflösung von 8 Bit wird ein Transferpuffer mit 16 KByte Größe in etwa 1,5 Sekunden gefüllt. Nach Ablauf dieser Zeit erhält RECORD1 eine MM_WIM_DATA-Nachricht, auf die es mit der Vergrößerung des Aufnahmepuffers reagiert. Dafür wird die WAVEHDR-Struktur ausgewertet, deren Adresse hier über *lParam* verfügbar ist. Die neue Puffergröße ergibt sich als Summe der bisherigen Aufzeichnungslänge *dwDataLength* und der Länge *dwBytesRecorded* der neu aufgezeichneten Daten. Wenn die Vergrößerung des Aufnahmepuffers scheitert, ruft das Programm die Funktion *waveInClose* auf, um die Aufzeichnung von sich aus zu beenden. Andernfalls kopiert es die Daten aus dem aktuell benutzten Transferpuffer in den Aufnahmepuffer und stellt dem Audio-Gerät den Transferpuffer durch *waveInAddBuffer* wieder zur Verfügung. Dieses Wechselspiel wiederholt sich, bis das Programm entweder keinen Arbeitsspeicher mehr zur Verlängerung des Aufnahmepuffers anfordern kann oder der Benutzer auf die Schaltfläche »Beenden« klickt.

Ein Klick auf »Beenden« generiert eine WM_COMMAND-Nachricht, deren Parameter *wParam* den Wert IDC_RECORD_END hat. Die Behandlung dieser Nachricht ist einfach: Das Programm setzt das Flag *bEnding* auf TRUE und ruft *waveInReset* auf. Die API-Funktion *waveInReset* stoppt das Audio-Gerät und veranlaßt eine letzte MM_WIM_DATA-Nachricht, die die Übernahme des nur teilweise gefüllten Transferpuffers in den Aufnahmepuffer ermöglicht. Das Flag *bEnding* sorgt schließlich dafür, dass anstelle des *waveInAddBuffer*-Aufrufs ein *waveInClose*-Aufruf erfolgt. Die API-Funktion *waveInClose* erzeugt ihrerseits wiederum eine MM_WIM_CLOSE-Nachricht, auf die das Programm mit der Freigabe der Transferpuffer und der zustandsgerechten Aktivierung bzw. Deaktivierung der Schaltflächen reagiert. Insbesondere wird die Schaltfläche »Wiedergabe« aktiviert, da der Fall, dass die *erste* Vergrößerung des Aufnahmepuffers mit Übernahme des Transferpufferinhalts scheitert, im allgemeinen nicht eintreten wird.

Nach Ende der Aufzeichnung enthält der Aufnahmepuffer die gesammelten Abtastwerte der gesamten Aufnahme. Ein Klick auf die Schaltfläche »Wiedergabe« generiert eine WM_COMMAND-Nachricht, deren Parameter *wParam* den Wert IDC_PLAY_BEG hat. Das Programm reagiert darauf, indem es die Datenfelder einer WAVEFORMATEX-Struktur entsprechend initialisiert und danach *waveOutOpen* zum Öffnen des Audio-Ausgabegeräts aufruft.

Die Funktion *waveOutOpen* erzeugt eine MM_WOM_OPEN-Nachricht, bei deren Behandlung das Programm zunächst die Zustände der Schaltflächen anpaßt (nur »Pause« und »Stop« sind aktivierbar), dann die Datenfelder der WAVEHDR-Struktur *pWaveHdr1* initialisiert (spezifisch: das Feld *lpData* auf die Adresse des Aufnahmepuffers setzt) und schließlich die Wiedergabe nach Vorbereitung des Headers durch *waveOutPrepareHeader* mit einem *waveOutWrite*-Aufruf einleitet.

Die Wiedergabe wird daraufhin so lange andauern, bis der gesamte Aufnahmepuffer abgespielt ist, was eine MM_WOM_DONE-Nachricht nach sich zieht. Wenn das Programm weitere Puffer ausgeben will, kann es das in Reaktion darauf tun (vgl. das vorige Programm SINEWAVE). Da RECORD1 nur einen einzigen großen Puffer abspielt, kann es auf diese Nachricht hin den Header freigeben und das Ausgabegerät mit *waveOutClose* schließen. Der Aufruf der *waveOutClose*-Funktion zieht eine MM_WOM_CLOSE-Nachricht nach sich. Das Programm nutzt diese Nachricht, um die Schaltflächen erneut zu setzen. Der Benutzer kann nun eine neue Aufzeichnung starten oder die gleiche Aufzeichnung beispielsweise in einem anderen Wiedergabemodus erneut anhören.

Während der Wiedergabe ist die Schaltfläche »Stop« aktivierbar, mit der der Benutzer die Wiedergabe jederzeit vorzeitig abbrechen kann. Die von der »Stop«-Schaltfläche generierte WM_COMMAND-Nachricht, deren Parameter *wParam* den Wert IDC_PLAY_END hat, beantwortet das Programm mit einem *waveOutReset*-Aufruf. Diese Funktion stoppt das Ausgabegerät und erzeugt eine MM_WOM_DONE-Nachricht, auf die hin RECORD1 die Wiedergabe geregelt abschließt.

Während der Wiedergabe können Sie außer »Stop« auch »Pause« benutzen. Die Behandlung dieses Ereignisses ist einfach: Das Programm ruft die API-Funktion *waveOutPause* auf und ändert die Beschriftung der Schaltfläche in »Weiter«. Ein Klick auf »Weiter« setzt die Wiedergabe über *waveOutRestart* fort.

Damit das Programm auch mit etwas Schnickschnack aufwarten kann (und nicht ganz so weit hinter dem Audiorecorder von Windows zurückstehen muß), bietet es verschiedene Wiedergabemodi an, die den Schaltflächen »Rückwärts«, »Wiederholen« und »Schnell« zugeordnet sind. Die WM_COMMAND-Nachrichten dieser Schaltflächen haben als *wParam*-Werte IDC_PLAY_-REV, IDC_PLAY_REP und IDC_PLAY_SPEED.

Um eine Aufzeichnung rückwärts abspielen zu können, muß zuerst die Bytefolge im Ausgabepuffer umgekehrt werden, bevor die Wiedergabe wie gewöhnlich erfolgen kann. Dies erledigt die kleine Hilfsfunktion *ReverseMemory*. Damit die Bytefolge nicht umgekehrt bleibt, wird *ReverseMemory* im Rahmen von MM_WOM_CLOSE ein zweites Mal aufgerufen.

Die Schaltfläche »Wiederholen« bewirkt die Endloswiedergabe der Aufzeichnung. Die Implementation dieser Funktionalität ist nicht schwer, da die API genau dafür die Felder *dwLoops* und *dwFlags* in der WAVEHDR-Struktur vorsieht. In das Feld *dwLoops* gibt man die gewünschte Anzahl der Wiederholungen ein, und für das Feld *dwFlags* setzt man das Flag WHDR_BEGINLOOP im Header des ersten zu wiederholenden Puffers sowie das Flag WHDR_ENDLOOP im Header des letzten zu wiederholenden Puffers. Da RECORD1 nur mit einem Puffer arbeitet, sind beide Flags im *dwFlags*-Feld zu setzen.

Die Wiedergabe der Aufzeichnung in doppelter Geschwindigkeit ist verblüffend einfach zu implementieren: RECORD1 initialisiert die Felder *nSamplesPerSec* und *nAvgBytesPerSec* der WAVEFORMATEX-Struktur mit dem Wert 22 050 – und nicht mit 11 025.

MCI, die Alternative

Sie werden vielleicht mit mir einer Meinung sein, dass das Programm RECORD1 reichlich komplex geraten ist. Insbesondere der Umgang mit den Funktionen der hardwarenahen Audio-API sowie dem Konzert ihrer Nachrichten ist recht trickreich – und mitten drin dann immer noch die Sorge, ob der Speicher knapp wird. Nun, es ist nicht das erste Mal, dass Weg am Rand der Hardware ein wenig steinig ist. Wie bereits erwähnt, unterstützt Windows Audio-Funktionen auch auf der Ebene des *Media Control Interface* (MCI).

Die Hauptunterschiede zwischen der hardwarenahen Schnittstelle und der MCI bestehen darin, dass die MCI beim Aufzeichnen von Klängen WAV-Dateien anlegt und sie beim Abspielen wieder ausliest. Das macht die Implementation von speziellen Effekten wie die Wiedergabe im Rückwärtsmodus schwierig, weil für jede Manipulation die gesamte Datei mit den Klangdaten gelesen und wieder geschrieben werden muß. Der Handel ist bekannt: entweder schnell und einfach oder komplex und vielfältig, beides zusammen geht eben nicht. Wenn Sie die hardwarenahen API-

Funktionen einsetzen, haben Sie optimale Flexibilität. Wenn Sie mit der MCI arbeiten und sich an die vorgezeichneten Wege halten, ist die Programmierung schneller und einfacher.

Die MCI ist in zwei unterschiedlichen, aber durchaus miteinander verwandten Formen implementiert. Die erste Form sieht die Verwendung von Nachrichten und Datenstrukturen für die Kommunikation mit Multimedia-Geräten vor, die zweite Kommandostrings im ASCII-Format. Letztere ist eigentlich dafür gedacht, Multimedia-Geräte von einfachen Skript-orientierten Sprachen aus anzusprechen und zu steuern, gibt aber auch eine sehr wirksame Schnittstelle für die interaktive Steuerung von Multimedia-Geräten ab, wie Sie zu Anfang dieses Kapitels im Zusammenhang mit dem Programm TESTMCI gesehen haben.

Das Programm RECORD2, dessen Quelltext Abbildung 22.4 wiedergibt, arbeitet wie RECORD1 als Klangrecorder, wickelt die Kommunikation mit dem Audio-Gerät aber über die MCI-Schnittstelle ab und verwendet anstelle von Kommandostrings normale C-Datenstrukturen. RECORD2 verwendet zwar dasselbe Dialogfeld für die Benutzerinteraktion wie RECORD1, die Implementation unterstützt aber keinen der drei Spezialeffekte für die Wiedergabe.

RECORD2.C

```
/*----------------------------------------
   RECORD2.C - Audiorecorder über MCI
               (c) Charles Petzold, 1998
----------------------------------------*/

#include <windows.h>
#include "..\\record1\\resource.h"

BOOL CALLBACK DlgProc (HWND, UINT, WPARAM, LPARAM) ;

TCHAR szAppName [] = TEXT ("Record2") ;

int WINAPI WinMain (HINSTANCE hInstance, HINSTANCE hPrevInstance,
                    PSTR szCmdLine, int iCmdShow)
{
#ifdef UNICODE  // DialogBoxW bricht bei Windows 9x *ohne* Fehlercode ab
     if (HIWORD(GetVersion()) & 0x8000)
     {
        MessageBox (NULL, TEXT ("Programm arbeitet mit Unicode und setzt Windows NT voraus!"),
                    szAppName, MB_ICONERROR) ;
        return -1 ;
     }
#endif
    // Ergebnis von DialogBox als Exitcode des Programms
    return DialogBox (hInstance, TEXT ("Record"), NULL, DlgProc)) ;
}

void ShowError (HWND hwnd, DWORD dwError)
{
     TCHAR szErrorStr [1024] ;

     mciGetErrorString (dwError, szErrorStr, sizeof (szErrorStr) / sizeof (TCHAR)) ;
     MessageBeep (MB_ICONEXCLAMATION) ;
     MessageBox (hwnd, szErrorStr, szAppName, MB_OK | MB_ICONEXCLAMATION) ;
}

BOOL CALLBACK DlgProc (HWND hwnd, UINT message, WPARAM wParam, LPARAM lParam)
```

```
{
     static BOOL         bRecording, bPlaying, bPaused ;
     static TCHAR        szFileName[] = TEXT ("record2.wav") ;
     static WORD         wDeviceID ;
     DWORD               dwError ;
     MCI_GENERIC_PARMS mciGeneric ;
     MCI_OPEN_PARMS      mciOpen ;
     MCI_PLAY_PARMS      mciPlay ;
     MCI_RECORD_PARMS mciRecord ;
     MCI_SAVE_PARMS      mciSave ;

     switch (message)
     {
     case WM_COMMAND:
          switch (wParam)
          {
          case IDC_RECORD_BEG:
               // Existierende WAV-Datei löschen
               DeleteFile (szFileName) ;

               // Audio-Gerät für Aufnahme öffnen
               mciOpen.dwCallback         = 0 ;
               mciOpen.wDeviceID          = 0 ;
               mciOpen.lpstrDeviceType    = TEXT ("waveaudio") ;
               mciOpen.lpstrElementName = TEXT ("") ;
               mciOpen.lpstrAlias         = NULL ;
               dwError = mciSendCommand (0, MCI_OPEN, MCI_WAIT | MCI_OPEN_TYPE | MCI_OPEN_ELEMENT,
                                    (DWORD) (LPMCI_OPEN_PARMS) &mciOpen) ;
               if (dwError != 0)
               {
                    ShowError (hwnd, dwError) ;
                    return TRUE ;
               }
                    // Gerätekennung merken

               wDeviceID = mciOpen.wDeviceID ;

                    // Aufnahme

               mciRecord.dwCallback = (DWORD) hwnd ;
               mciRecord.dwFrom     = 0 ;
               mciRecord.dwTo       = 0 ;

               mciSendCommand (wDeviceID, MCI_RECORD, MCI_NOTIFY,
                               (DWORD) (LPMCI_RECORD_PARMS) &mciRecord) ;

               // Schaltflächen aktivieren bzw. deaktivieren
               EnableWindow (GetDlgItem (hwnd, IDC_RECORD_BEG), FALSE);
               EnableWindow (GetDlgItem (hwnd, IDC_RECORD_END), TRUE) ;
               EnableWindow (GetDlgItem (hwnd, IDC_PLAY_BEG),   FALSE);
               EnableWindow (GetDlgItem (hwnd, IDC_PLAY_PAUSE), FALSE);
               EnableWindow (GetDlgItem (hwnd, IDC_PLAY_END),   FALSE);
               SetFocus (GetDlgItem (hwnd, IDC_RECORD_END)) ;

               bRecording = TRUE ;
               return TRUE ;
```

```
case IDC_RECORD_END:
     // Aufnahme beenden
     mciGeneric.dwCallback = 0 ;

     mciSendCommand (wDeviceID, MCI_STOP, MCI_WAIT,
                     (DWORD) (LPMCI_GENERIC_PARMS) &mciGeneric) ;

     // Datei speichern
     mciSave.dwCallback = 0 ;
     mciSave.lpfilename = szFileName ;

      mciSendCommand (wDeviceID, MCI_SAVE, MCI_WAIT | MCI_SAVE_FILE,
                     (DWORD) (LPMCI_SAVE_PARMS) &mciSave) ;

     // Audio-Gerät schließen
     mciSendCommand (wDeviceID, MCI_CLOSE, MCI_WAIT,
                     (DWORD) (LPMCI_GENERIC_PARMS) &mciGeneric) ;

     // Schaltflächen aktivieren bzw. deaktivieren
     EnableWindow (GetDlgItem (hwnd, IDC_RECORD_BEG), TRUE) ;
     EnableWindow (GetDlgItem (hwnd, IDC_RECORD_END), FALSE);
     EnableWindow (GetDlgItem (hwnd, IDC_PLAY_BEG),   TRUE) ;
     EnableWindow (GetDlgItem (hwnd, IDC_PLAY_PAUSE), FALSE);
     EnableWindow (GetDlgItem (hwnd, IDC_PLAY_END),   FALSE);
     SetFocus (GetDlgItem (hwnd, IDC_PLAY_BEG)) ;

     bRecording = FALSE ;
     return TRUE ;

case IDC_PLAY_BEG:
     // Audio-Gerät für Ausgabe öffnen
     mciOpen.dwCallback       = 0 ;
     mciOpen.wDeviceID        = 0 ;
     mciOpen.lpstrDeviceType  = NULL ;
     mciOpen.lpstrElementName = szFileName ;
     mciOpen.lpstrAlias       = NULL ;

     dwError = mciSendCommand (0, MCI_OPEN,
                               MCI_WAIT | MCI_OPEN_ELEMENT,
                               (DWORD) (LPMCI_OPEN_PARMS) &mciOpen) ;

     if (dwError != 0)
     {
          ShowError (hwnd, dwError) ;
          return TRUE ;
     }

     // Gerätekennung merken
     wDeviceID = mciOpen.wDeviceID ;

     // Wiedergabe starten
     mciPlay.dwCallback = (DWORD) hwnd ;
     mciPlay.dwFrom     = 0 ;
     mciPlay.dwTo       = 0 ;
```

```
    mciSendCommand (wDeviceID, MCI_PLAY, MCI_NOTIFY,
                    (DWORD) (LPMCI_PLAY_PARMS) &mciPlay) ;

    // Schaltflächen aktivieren bzw. deaktivieren
    EnableWindow (GetDlgItem (hwnd, IDC_RECORD_BEG), FALSE);
    EnableWindow (GetDlgItem (hwnd, IDC_RECORD_END), FALSE);
    EnableWindow (GetDlgItem (hwnd, IDC_PLAY_BEG),   FALSE);
    EnableWindow (GetDlgItem (hwnd, IDC_PLAY_PAUSE), TRUE) ;
    EnableWindow (GetDlgItem (hwnd, IDC_PLAY_END),   TRUE) ;
    SetFocus (GetDlgItem (hwnd, IDC_PLAY_END)) ;

    bPlaying = TRUE ;
    return TRUE ;

case IDC_PLAY_PAUSE:
    if (!bPaused)
    {    // Wiedergabe anhalten
        mciGeneric.dwCallback = 0 ;
        mciSendCommand (wDeviceID, MCI_PAUSE, MCI_WAIT,
                        (DWORD) (LPMCI_GENERIC_PARMS) & mciGeneric);

        SetDlgItemText (hwnd, IDC_PLAY_PAUSE, TEXT ("Weiter")) ;
        bPaused = TRUE ;
    }
    else
    {    // Wiedergabe fortsetzen
        mciPlay.dwCallback = (DWORD) hwnd ;
        mciPlay.dwFrom     = 0 ;
        mciPlay.dwTo       = 0 ;

        mciSendCommand (wDeviceID, MCI_PLAY, MCI_NOTIFY,
                        (DWORD) (LPMCI_PLAY_PARMS) &mciPlay) ;

        SetDlgItemText (hwnd, IDC_PLAY_PAUSE, TEXT ("Pause")) ;
        bPaused = FALSE ;
    }

    return TRUE ;

 case IDC_PLAY_END:
    // Wiedergabe beenden
    mciGeneric.dwCallback = 0 ;
    mciSendCommand (wDeviceID, MCI_STOP, MCI_WAIT,
                    (DWORD) (LPMCI_GENERIC_PARMS) &mciGeneric) ;

    mciSendCommand (wDeviceID, MCI_CLOSE, MCI_WAIT,
                    (DWORD) (LPMCI_GENERIC_PARMS) &mciGeneric) ;

    // Schaltflächen aktivieren bzw. deaktivieren
    EnableWindow (GetDlgItem (hwnd, IDC_RECORD_BEG), TRUE) ;
    EnableWindow (GetDlgItem (hwnd, IDC_RECORD_END), FALSE);
    EnableWindow (GetDlgItem (hwnd, IDC_PLAY_BEG),   TRUE) ;
    EnableWindow (GetDlgItem (hwnd, IDC_PLAY_PAUSE), FALSE);
    EnableWindow (GetDlgItem (hwnd, IDC_PLAY_END),   FALSE);
    SetFocus (GetDlgItem (hwnd, IDC_PLAY_BEG)) ;
```

```
                bPlaying = FALSE ;
                bPaused  = FALSE ;
                return TRUE ;
            }
            break ;

        case MM_MCINOTIFY:
            switch (wParam)
            {
            case MCI_NOTIFY_SUCCESSFUL:
                if (bPlaying)
                    SendMessage (hwnd, WM_COMMAND, IDC_PLAY_END, 0) ;

                if (bRecording)
                    SendMessage (hwnd, WM_COMMAND, IDC_RECORD_END, 0);

                return TRUE ;
            }
            break ;

        case WM_SYSCOMMAND:
            switch (wParam)
            {
            case SC_CLOSE:
                if (bRecording)
                    SendMessage (hwnd, WM_COMMAND, IDC_RECORD_END, 0L) ;
                if (bPlaying)
                    SendMessage (hwnd, WM_COMMAND, IDC_PLAY_END, 0L) ;

                EndDialog (hwnd, 0) ;
                return TRUE ;
            }
            break ;
        }
        return FALSE ;
}
```

Abbildung 22.4: *Das Programm* RECORD2

RECORD2 verwendet wie gesagt dasselbe Dialogfeld wie RECORD1. Das Listing der Dateien RECORD.RC und RESOURCE.H finden Sie auf Seite 1202.

Das Programm kommt mit zwei Arten von MCI-Aufrufen aus. Der wichtigere davon ist:

```
error = mciSendCommand (wDeviceID, message, dwFlags, dwParam)
```

Der erste Parameter ist die Kennung des angesprochenen Multimedia-Gerätes – eine Art Handle, die von der MCI beim Öffnen des Geräts geliefert wird. Der zweite Parameter ist die MCI-Nachricht, eine Konstante mit dem Präfix MCI, die der Familie der MCI-Kommando-Konstanten angehört. RECORD2 benutzt sieben davon: MCI_OPEN, MCI_RECORD, MCI_STOP, MCI_SAVE, MCI_PLAY, MCI_PAUSE und MCI_CLOSE.

Der Parameter *dwFlags* ist im allgemeinen eine Kombination aus Bitflag-Konstanten, die über ein bitweises OR (»|«) zusammengestellt werden. Jedes Flag stellt eine Option dar, wobei einige kommandospezifisch, andere dagegen allgemein für alle Kommandos zu benutzen sind. Der Parameter *dwParam* ist im allgemeinen ein Zeiger auf eine Datenstruktur, über die das MCI-Gerät weitere Informationen entgegennehmen und auch zurückgeben kann. Viele MCI-Kommandos erfordern eine kommandospezifische Datenstruktur.

Die Funktion *mciSendCommand* liefert den Wert 0, wenn die Ausführung erfolgreich war, ansonsten einen Fehlercode, dessen Beschreibung im Stringformat die zweite wichtige MCI-Funktion beisteuert:

```
mciGetErrorString (error, szBuffer, dwLength)
```

Diese Funktion kennen Sie bereits aus dem Programm TESTMCI.

Wenn der Benutzer auf »Aufnahme« klickt, erhält die Dialogroutine eine WM_COMMAND-Nachricht, deren Parameter *wParam* den Wert IDC_RECORD_BEG hat. Das Programm öffnet daraufhin das MCI-Gerät, indem es eine MCI_OPEN_PARMS-Struktur initialisiert und deren Adresse zusammen mit dem Kommando MCI_OPEN an *mciSendCommand* übergibt. Das Feld *lpstrDeviceType* dieser Struktur muß für die Aufzeichnung den Gerätetyp als String angeben, im vorliegenden Fall »waveaudio«. Das Feld *lpstrElementName* erhält einen String der Länge Null. Der MCI-Treiber verwendet Standardwerte für die Abtastfrequenz und -auflösung, die sich bei Bedarf über MCI_SET-Kommandos ändern lassen. Während die Aufzeichnung läuft, legt der MCI-Treiber die Abtastwerte in einer temporären Datei ab, und überführt diese danach in eine reguläre WAV-Datei. Auf das WAV-Format werde ich später in diesem Kapitel noch genauer eingehen. Für die Wiedergabe der Aufzeichnung verwendet der MCI-Treiber die im Kopf der WAV-Datei gespeicherten Abtastparameter.

Wenn RECORD2 das Audio-Gerät nicht öffnen kann, reagiert das Programm mit einer Abfrage über *mciGetErrorString*, deren Ergebnis per *MessageBox* ausgegeben wird. Ansonsten findet sich nach dem Aufruf im Feld *wDeviceID* der MCI_OPEN_PARMS-Struktur die besagte Kennung des MCI-Gerätes, die für alle nachfolgenden *mciSendCommand*-Aufrufe anzugeben ist.

Der Start der Aufzeichnung geschieht über *mciSendCommand* mit der Nachricht MCI_RECORD und einer initialisierten Struktur des Typs MCI_WAVE_RECORD_PARMS. Es besteht auch die Möglichkeit, einen Klang in eine bestehende WAV-Datei einzufügen. Dazu müssen Sie vor dem Öffnen des Gerätes im Feld *lpstrElementName* der MCI_OPEN_PARMS-Struktur den Dateinamen der zu bearbeitenden WAV-Datei angegeben, die Felder *dwFrom* und *dwTo* der MCI_WAVE_RECORD_PARMS-Struktur setzen und *mciSendCommand* schließlich die entsprechenden Flags mitgeben. Standardmäßig werden neue Klänge am Beginn existierender WAV-Dateien eingefügt.

RECORD2 trägt den Fensterhandle des Dialogs in das Feld *dwCallback* der MCI_WAVE_RECORD_PARMS-Struktur ein und spezifiziert zudem das Flag MCI_NOTIFY für den *mciSendCommand*-Aufruf. Dies hat den Effekt, dass das Programm benachrichtigt wird, sobald die Aufzeichnung abgeschlossen ist. Auf Nachrichten dieser Art werde ich gleich noch zu sprechen kommen.

Ein Klick auf »Beenden« schließt die Aufnahme ab und generiert eine WM_COMMAND-Nachricht, deren Parameter *wParam* den Wert IDC_RECORD_END hat. Die Dialogprozedur führt daraufhin drei *mciSendCommand*-Aufrufe durch: Das Kommando MCI_STOP hält die Aufzeichnung an, MCI_SAVE überführt die temporäre Datei mit den Klangdaten in eine WAV-Datei, deren Name im Feld *lpfilename* der MCI_SAVE_PARMS-Struktur spezifiziert ist (»record2.wav«). MCI_CLOSE gibt schließlich alle von der MCI belegten Ressourcen sowie das MCI-Gerät selbst wieder frei.

Für die Wiedergabe setzt das Programm das Feld *lpstrElementName* der MCI_OPEN_PARMS-Struktur auf den Dateinamen der abzuspielenden WAV-Datei (»record2.wav«). Das als dritter Parameter an *mciSendCommand* übergebene Flag MCI_OPEN_ELEMENT zeigt an, dass der im Feld *lpstrElementName* der Informationsstruktur genannte Dateiname gültig ist. Der MCI-Manager weiß von der Dateierweiterung .WAV her, dass das Audio-Gerät gemeint ist. Sollten mehrere Audio-Geräte verfügbar sein, öffnet er einfach das erste Gerät. (Alternativ können Sie ein Gerät über das Feld *lpstrDeviceType* der MCI_OPEN_PARMS-Struktur vorgeben.)

Um die Wiedergabe zu starten, ist ein *mciSendCommand*-Aufruf mit dem Kommando MCI_PLAY sowie der Adresse einer MCI_PLAY_PARMS-Struktur erforderlich. Über die Felder *dwFrom* und *dwTo* dieser Struktur kann man jeden beliebigen Auszug definieren. RECORD2 setzt beide auf 0 und sorgt so für das Abspielen der gesamten Datei.

RECORD2 unterstützt auch die Schaltfläche »Pause« des Dialogfelds. Die betreffende WM_COMMAND-Nachricht, deren Parameter *wParam* den Wert IDC_PLAY_PAUSE hat, behandelt das Programm durch einen *mciSendCommand*-Aufruf unter Übergabe des Kommandos MCI_PAUSE und der Adresse einer MCI_GENERIC_PARMS-Struktur. Diese Struktur wird für alle Kommandos benutzt, die außer dem optional für die Benachrichtigung anzugebenden Fensterhandle und der Gerätekennziffer keine weiteren Daten benötigen. Die Fortsetzung der Wiedergabe nach einem erneuten Klick auf die nun in »Weiter« umbeschriftete Schaltfläche erfolgt durch einen *mciSendCommand*-Aufruf mit dem Kommando MCI_PLAY.

Der Benutzer kann die Wiedergabe auch vorzeitig durch einen Klick auf die Schaltfläche »Stop« abbrechen. Dies führt zu einer WM_COMMAND-Nachricht, bei der *wParam* den Wert IDC_PLAY_END hat. Das Programm behandelt diese Nachricht durch einen zweimaligen Aufruf der Funktion *mciSendCommand* – der erste übermittelt ein MCI_STOP-Kommando, der zweite ein MCI_CLOSE.

In diesem Zusammenhang ergibt sich aber das Problem, dass der MCI-Treiber die Wiedergabe auch selbständig beendet, sobald der Klang abgespielt ist. Wie erfährt das Programm davon? Nun, es läßt sich darüber unterrichten, indem es die *mciSendCommand*-Aufrufe für die Kommandos MCI_RECORD und MCI_PLAY mit dem Flag MCI_NOTIFY versieht und in das Feld *dwCallback* der Informationsstruktur seinen Fensterhandle einträgt. Das Ergebnis sind Nachrichten des Typs MM_MCINOTIFY, bei denen *wParam* einen Statuscode und *lParam* die Gerätekennung enthalten.

Der Statuscode ist MCI_NOTIFY_ABORTED, wenn das Programm seinerseits zuvor einen *mciSendCommand*-Aufruf mit einem der Kommandos MCI_STOP oder MCI_PAUSE abgesetzt, mithin auf die Schaltflächen »Pause«, »Beenden« oder »Stop« reagiert hat. Diese Nachricht ist für das Programm bedeutungslos, weil es nichts weiter zu tun gibt. Interessant ist der Statuscode MCI_NOTIFY_SUCCESSFUL: Er zeigt an, dass die Audiodaten vollständig wiedergegeben wurden. RECORD2 sendet sich in diesem Fall einfach selbst eine WM_COMMAND-Nachricht mit dem *wParam*-Wert IDC_PLAY_END und simuliert damit den Mausklick auf die Schaltfläche »Stop«. Die Dialogprozedur reagiert darauf in der oben beschrieben Weise.

Es kann auch vorkommen, dass während der Aufzeichnung eine MM_MCINOTIFY-Nachricht mit dem Statuscode MCI_NOTIFY_SUCCESSFUL eintrudelt – nämlich dann, wenn die Festplatte voll ist. Ich würde das zwar nicht gerade mit »successful« – also »erfolgreich« – bezeichnen, aber es ist nun mal so. RECORD2 reagiert darauf, indem es einen Klick auf die Schaltfläche »Beenden« simuliert.

MCI-Kommandostrings

Es gab eine Zeit, da unterstützte die Multimedia-Schnittstelle von Windows eine Funktion *mciExecute* mit folgender Aufrufsyntax:

```
bSuccess = mciExecute (szCommand) ;
```

Der einzige Parameter dieser Funktion war ein MCI-Kommandostring; zwischen Erfolg und Fehlschlag wurde über das direkte Funktionsergebnis unterschieden. Die Funktion *mciExecute* tat genau das, was *mciSendString* (die stringorientierte Variante von *mciSendCommand*, die im Programm TESTMCI ihren Dienst verrichtet) tut, wenn die letzten drei Argumente NULL bzw. 0 sind.

Da die 32-Bit-Versionen von Windows *mciExecute* nicht mehr unterstützen, habe ich in die dritte Version des digitalen Audiorecorders eine eigene Implementation dieser Funktion eingefügt. Abbildung 22.5 gibt den Quelltext von RECORD3 wieder. Wie RECORD2 nutzt auch dieses Programm die Ressource-Dateien RECORD.RC und RESOURCE.H von RECORD1; die Listings finden Sie auf Seite 1202.

RECORD3.C

```
/*----------------------------------------
   RECORD3.C - Audiorecorder,dritte Version
               (c) Charles Petzold, 1998
  ----------------------------------------*/

#include <windows.h>
#include "..\\record1\\resource.h"

BOOL CALLBACK DlgProc (HWND, UINT, WPARAM, LPARAM) ;

TCHAR szAppName [] = TEXT ("Record3") ;

int WINAPI WinMain (HINSTANCE hInstance, HINSTANCE hPrevInstance,
                    PSTR szCmdLine, int iCmdShow)
{
#ifdef UNICODE   // DialogBoxW bricht bei Windows 9x *ohne* Fehlercode ab
     if (HIWORD(GetVersion()) & 0x8000)
     {
        MessageBox (NULL, TEXT ("Programm arbeitet mit Unicode und setzt Windows NT voraus!"),
               szAppName, MB_ICONERROR) ;
        return -1 ;
     }
#endif
    // Ergebnis von DialogBox als Exitcode des Programms
    return DialogBox (hInstance, TEXT ("Record"), NULL, DlgProc)) ;
}

BOOL mciExecute (LPCTSTR szCommand)
{
     MCIERROR error ;
     TCHAR    szErrorStr [1024] ;

     if (error = mciSendString (szCommand, NULL, 0, NULL))
     {
```

```
          mciGetErrorString (error, szErrorStr, sizeof (szErrorStr) / sizeof (TCHAR)) ;
          MessageBeep (MB_ICONEXCLAMATION) ;
          MessageBox (NULL, szErrorStr, TEXT ("MCI-Fehler"), MB_OK | MB_ICONEXCLAMATION) ;
     }
     return error == 0 ;
}

BOOL CALLBACK DlgProc (HWND hwnd, UINT message, WPARAM wParam, LPARAM lParam)
{
     static BOOL bRecording, bPlaying, bPaused ;

     switch (message)
     {
     case WM_COMMAND:
          switch (wParam)
          {
          case IDC_RECORD_BEG:
               // Existierende WAV-Datei löschen
               DeleteFile (TEXT ("record3.wav")) ;

               // Audio-Gerät für Aufnahme öffnen
               if (!mciExecute (TEXT ("open new type waveaudio alias mysound")))
                    return TRUE ;

               mciExecute (TEXT ("record mysound")) ;

               // Schaltflächen aktivieren bzw. deaktivieren
               EnableWindow (GetDlgItem (hwnd, IDC_RECORD_BEG), FALSE);
               EnableWindow (GetDlgItem (hwnd, IDC_RECORD_END), TRUE) ;
               EnableWindow (GetDlgItem (hwnd, IDC_PLAY_BEG),   FALSE);
               EnableWindow (GetDlgItem (hwnd, IDC_PLAY_PAUSE), FALSE);
               EnableWindow (GetDlgItem (hwnd, IDC_PLAY_END),   FALSE);
               SetFocus (GetDlgItem (hwnd, IDC_RECORD_END)) ;

               bRecording = TRUE ;
               return TRUE ;

          case IDC_RECORD_END:
               // Aufnahme beenden, Datei speichern und Audio-Gerät schließen
               mciExecute (TEXT ("stop mysound")) ;
               mciExecute (TEXT ("save mysound record3.wav")) ;
               mciExecute (TEXT ("close mysound")) ;

               // Schaltflächen aktivieren bzw. deaktivieren
               EnableWindow (GetDlgItem (hwnd, IDC_RECORD_BEG), TRUE) ;
               EnableWindow (GetDlgItem (hwnd, IDC_RECORD_END), FALSE);
               EnableWindow (GetDlgItem (hwnd, IDC_PLAY_BEG),   TRUE) ;
               EnableWindow (GetDlgItem (hwnd, IDC_PLAY_PAUSE), FALSE);
               EnableWindow (GetDlgItem (hwnd, IDC_PLAY_END),   FALSE);
               SetFocus (GetDlgItem (hwnd, IDC_PLAY_BEG)) ;

               bRecording = FALSE ;
               return TRUE ;

          case IDC_PLAY_BEG:
               // Audio-Gerät öffnen und Datei abspielen
```

```
            if (!mciExecute (TEXT ("open record3.wav alias mysound")))
                 return TRUE ;

            mciExecute (TEXT ("play mysound")) ;

            // Schaltflächen aktivieren bzw. deaktivieren
            EnableWindow (GetDlgItem (hwnd, IDC_RECORD_BEG), FALSE);
            EnableWindow (GetDlgItem (hwnd, IDC_RECORD_END), FALSE);
            EnableWindow (GetDlgItem (hwnd, IDC_PLAY_BEG),   FALSE);
            EnableWindow (GetDlgItem (hwnd, IDC_PLAY_PAUSE), TRUE) ;
            EnableWindow (GetDlgItem (hwnd, IDC_PLAY_END),   TRUE) ;
            SetFocus (GetDlgItem (hwnd, IDC_PLAY_END)) ;

            bPlaying = TRUE ;
            return TRUE ;

       case IDC_PLAY_PAUSE:
            if (!bPaused)
            {    // Wiedergabe anhalten
                 mciExecute (TEXT ("pause mysound")) ;
                 SetDlgItemText (hwnd, IDC_PLAY_PAUSE, TEXT ("Weiter")) ;
                 bPaused = TRUE ;
            }
            else
            {    // Wiedergabe fortsetzen
                 mciExecute (TEXT ("play mysound")) ;
                 SetDlgItemText (hwnd, IDC_PLAY_PAUSE, TEXT ("Pause")) ;
                 bPaused = FALSE ;
            }

            return TRUE ;

       case IDC_PLAY_END:
            // Wiedergabe beenden und Audio-Gerät schließen
            mciExecute (TEXT ("stop mysound")) ;
            mciExecute (TEXT ("close mysound")) ;

            // Schaltflächen aktivieren bzw. deaktivieren
            EnableWindow (GetDlgItem (hwnd, IDC_RECORD_BEG), TRUE) ;
            EnableWindow (GetDlgItem (hwnd, IDC_RECORD_END), FALSE);
            EnableWindow (GetDlgItem (hwnd, IDC_PLAY_BEG),   TRUE) ;
            EnableWindow (GetDlgItem (hwnd, IDC_PLAY_PAUSE), FALSE);
            EnableWindow (GetDlgItem (hwnd, IDC_PLAY_END),   FALSE);
            SetFocus (GetDlgItem (hwnd, IDC_PLAY_BEG)) ;

            bPlaying = FALSE ;
            bPaused  = FALSE ;
            return TRUE ;
       }
       break ;

  case WM_SYSCOMMAND:
       switch (wParam)
       {
       case SC_CLOSE:
            if (bRecording)
```

```
                SendMessage (hwnd, WM_COMMAND, IDC_RECORD_END, 0L);

            if (bPlaying)
                SendMessage (hwnd, WM_COMMAND, IDC_PLAY_END, 0L) ;

            EndDialog (hwnd, 0) ;
            return TRUE ;
        }
        break ;
    }
    return FALSE ;
}
```

Abbildung 22.5: *Das Programm* RECORD3

Wenn Sie die beiden Implementationsformen der MCI-Schnittstelle miteinander vergleichen, werden sie feststellen, dass sie sehr eng miteinander korrespondieren. Und man errät leicht, dass der MCI-Kommandointerpreter nichts weiter tut, als den Kommandostring in die Datenstrukturen und Nachrichten der anderen Form zu übersetzen. RECORD3 könnte ähnlich wie RECORD2 mit MM_MCINOTIFY-Nachrichten arbeiten, beschränkt sich aber bewußt auf den herkömmlichen Funktionsumfang der *mciExecute*-Funktion. Der Nachteil dieses Ansatzes ist, dass das Programm keine Kenntnis davon hat, wann eine WAV-Datei komplett abgespielt ist, mithin auch den Zustand der Schaltflächen nicht anpassen kann. Vielmehr muß der Benutzer (in jedem Fall) auf »Stop« klicken, damit das Programm vom Ende der Wiedergabe erfährt

Tatsächlich ist die einzige wesentliche Neuerung ein Schlüsselwort namens *alias* im *open*-Kommando. Dadurch können alle nachfolgenden MCI-Kommandos, die demselben Gerät gelten, unter Verwendung des Aliasnamens gegeben werden.

Das WAV-Dateiformat

Das WAV-Dateiformat stellt ein Unterformat des allgemeineren *Resource Interchange File Format* (RIFF) dar, das als einheitliche Hülle für Multimedia-Dateien aller Arten gedacht ist. Das Dateiformat ist in funktionale Blöcke strukturiert, die in sich weitere Blöcke enthalten können. Jeder Block beginnt mit einem vier Byte langen Blockbezeichner, der als ASCII-String zu lesen ist, gefolgt von der Blocklänge, ein ebenfalls vier Byte umfassender Wert, der die ersten achte Byte des Blocks (Bezeichner und Länge) nicht berücksichtigt. Tabelle 22.1 schlüsselt die Felder im Kopf einer WAV-Datei auf. Die gezeigten Werte gelten für unkomprimierte (also PCM-codierte) Audiodaten.

Offset	Bytes	**Daten**
0000	4	»RIFF«
0004	4	Länge des WAV-Blocks (Dateilänge minus 8)
0008	4	»WAVE«
000C	4	»fmt «
0010	4	Länge der Formatbeschreibung (minimal 16 Bytes)
0014	2	wf.wFormatTag = WAVE_FORMAT_PCM = 1
0016	2	wf.nChannels
0018	4	wf.nSamplesPerSec ▶

Offset	Bytes	Daten
001C	4	wf.nAvgBytesPerSec
0020	2	wf.nBlockAlign
0022	2	wf.wBitsPerSample
0024	4	»data«
0028	4	Länge des Blocks mit den Abtastwerten
002C		Abtastwerte

Tabelle 22.1: *Das WAV-Dateiformat*

Eine WAV-Datei beginnt als Multimedia-Datei mit dem Textstring »RIFF«, der sie als RIFF-Datei ausweist. Dem String folgt die Länge des Blockinhalts. Diese ist grundsätzlich acht Bytes weniger als die Dateilänge. Blockinhalt des RIFF-Blocks ist im vorliegenden Fall ein WAVE-Block, erkenntlich am Bezeichner »WAVE«. Ein WAVE-Block enthält seinerseits (mindestens) zwei aufeinanderfolgende Blöcke: Einen Parameterblock und einen Datenblock. Der Parameterblock trägt den Bezeichner »fmt « (mit einem Leerzeichen am Ende, um die vier Bytes voll zu machen) und hat minimal die Länge 16. Er enthält seinerseits keine weiteren Blöcke, sondern Daten, nämlich die Werte der Felder der WAVEFORMATEX-Struktur, die für die Aufzeichnung der Daten verwendet wurde.

Das Feld *nChannels* gibt die Anzahl der aufgezeichneten Kanäle wieder. Es hat bei einer Monoaufzeichnung den Wert 1, bei einer Stereoaufzeichnung den Wert 2. Das Feld *nSamplesPerSec* enthält die Abtastfrequenz; die Standardwerte sind 11 025, 22 050 und 44 100 Abtastwerte pro Sekunde. Das Feld *nAvgBytesPerSec* enthält das Produkt aus der Kanalzahl, Abtastfrequenz und Abtastauflösung dividiert durch acht und aufgerundet; die standardmäßigen Abtastauflösungen sind 8 oder 16 Bit. Das Feld *nBlockAlign* enthält das Produkt aus Kanalanzahl und Abtastauflösung dividiert durch 8 und aufgerundet. Das letzte Feld im »fmt «-Block ist *wBitsPerSample.* Sein Wert ist das Produkt der Abtastauflösung in Bit und der Kanalanzahl. (Bei anderen Audioformaten wie ADPCM folgen weitere Felder, deren Gesamtgröße die WAVEFORMATEX-Struktur durch ihr Feld *cbSize* angibt.)

Der Formatinformation folgt der Datenblock mit dem Bezeichner »data«, der die eigentlichen Klangdaten enthält. Die Klangdaten sind so angeordnet, wie sie aufgezeichnet wurden. Ist die Abtastauflösung 8 Bit oder kleiner, sind die Abtastwerte bei einer Monoaufzeichnung als Bytefolge und bei einer Stereoaufzeichnung als Folge von Bytepaaren organisiert. Liegt die Abtastauflösung zwischen 9 und 16 Bit, sind die Abtastwerte bei einer Monoaufzeichnung als Doppelbyte und bei einer Stereoaufzeichnung als Doppelbyte-Paare dargestellt. Für Stereoaufzeichnungen gilt generell, dass der Abtastwert für den rechten Kanal dem für den linken Kanal folgt.

Für Abtastauflösungen bis 8 Bit ist jeder Abtastwert in einem eigenen Byte repräsentiert, wobei das Byte als vorzeichenloser Wert mit Offset 0x80 zu lesen ist. »Stille« ist demnach eine Folge von 0x80-Werten. Für Abtastauflösungen größer 8 Bit wird das Doppelbyte als vorzeichenbehafteter 16-Bit-Wert interpretiert, so dass »Stille« eine Folge von 0x0000-Werten ist.

Eine der wichtigen Regeln beim Lesen von blockstrukturierten Dateien lautet, ein Programm möge Blöcke, auf es nicht vorbereitet ist, überlesen. Obwohl ein WAVE-Block die Unterblöcke »fmt« und »data« – und zwar auch in dieser Reihenfolge – enthalten muß, ist es durchaus legitim, wenn auch noch andere Unterblöcke erscheinen. Eine Audiodatei könnte beispielsweise einen »INFO«-Unterblock besitzen, der seinerseits wieder in mehrere Blöcke organisiert ist und Informationen über die in der Datei enthaltenen Klangdaten bereitstellt – etwa eine Copyrightnotiz.

Experimente mit additiver Klangsynthese

Seit langer Zeit schon – mindestens seit Pythagoras – versuchen die Menschen musikalische Töne zu analysieren. Was zuerst ganz einfach aussieht, wird schnell immer komplexer. Sehen Sie es mir nach, wenn ich der geschlossenen Darstellung halber ein wenig von dem wiederhole, was ich bereits über Töne gesagt habe.

Die Töne von Musikinstrumenten haben eine bestimmte Stimmung bzw. Grundfrequenz – sieht man von Trommeln, Schlagzeug und sonstigen Geräuschinstrumenten einmal ab. Diese Frequenz kann sich im gesamten Bereich der menschlichen Hörwahrnehmung von 20 Hz bis 20 kHz bewegen. Die Töne eines Klaviers liegen in ihren Grundfrequenzen zwischen 27,5 Hz und 4186 Hz. Eine weitere Charakteristik des musikalischen Tones ist seine Lautstärke. Die Lautstärke steht in direktem Zusammenhang mit der Amplitude der Schallwelle, die den Ton überträgt. Lautstärkeänderungen werden in Dezibel (dB) angegeben. So weit, so gut.

Und war da noch die Geschichte mit der »Farbe« eines Tones. Sie gibt uns Menschen die Möglichkeit, die charakteristischen Töne eines Klaviers, einer Geige und einer Trompete zu unterscheiden, auch wenn alle drei Instrumente den gleichen Ton spielen (und halten).

Der französische Mathematiker Fourier hat entdeckt, dass sich jede periodische Wellenform – ganz gleich, wie komplex sie ist – als Summe von Sinuswellen darstellen läßt, deren Frequenzen ganzzahlige Vielfache einer Grundfrequenz betragen. Die Grundwelle, auch *Erste Harmonische* genannt, bestimmt die Frequenz und die Periodizität der Wellenform. Der erste Oberton, auch *Zweite Harmonische* genannt, hat die doppelte Frequenz der Grundwelle; der zweite Oberton, auch *dritte Harmonische* genannt, hat die dreifache Frequenz der Grundwelle usw. Die relativen Verhältnisse der Amplituden der Harmonischen bestimmen die Gestalt einer periodischen Wellenform.

So läßt sich beispielsweise eine Rechteck-Wellenform als Summe von Sinuswellen darstellen, bei denen die Amplituden der geradzahligen Harmonischen (2., 4., 6. usw.) null sind und sich die Amplituden der ungeradzahligen Harmonischen (1., 3., 5. usw.) im Verhältnis 1, 1/3, 1/5 usw. zueinander verhalten. In einer Sägezahn-Wellenform mischen alle Harmonischen mit, und zwar im Verhältnis 1, 1/2, 1/3, 1/4 usw.

Für den deutschen Wissenschaftler Hermann Helmholtz (1821–1894) war dies der Schlüssel zum Verständnis der Tonfärbung. In seinem klassischen Werk »Die Lehre von den Tonempfindungen als physiologische Grundlage für die Theorie der Musik« (Vieweg Braunschweig, 1863) stellte Helmholtz seine Theorie dar, dass das Ohr und das Gehirn des Menschen komplexe Wellenformen in ihre sinusförmigen Komponenten zerlegen und dass die relativen Verhältnisse der Intensitäten dieser Komponenten die Tonfärbung ausmachen. Helmholtz war zwar vom Prinzip her auf dem richtigen Weg, aber es sollte sich herausstellen, dass die Natur mal wieder vielfältiger war, als es die Theorie vorhersehen konnte.

Es war 1968, als mit dem Erscheinen des Albums »Switched on Bach« von Wendy Carlos der Musiksynthesizer plötzlich ins öffentliche Licht rückte. Die Synthesizer von damals (so zum Beispiel der Moog-Synthesizer) waren echte Analogrechner. Ein analoger Synthesizer verwendet analoge Schaltkreise, um verschiedene Wellenformen, wie Rechteck-, Dreieck- und Sägezahnwellen zu erzeugen. Damit solche Wellenformen mehr wie die Töne eines richtigen Musikinstruments klangen, gestaltete ein Hüllkurvengenerator den zeitlichen Verlauf der Amplitude. Bis zum Beginn einer Note ist die Amplitude noch 0, im Anklang (Attack) wächst sie für gewöhnlich recht schnell, bleibt dann eine Weile konstant, solange die Note gehalten wird (Sustain), und fällt dann schließlich im Ausklang (Release) langsam ab, bis sie wieder 0 wird.

Um das Ergebnis musikalisch etwas anspruchsvoller zu machen, besorgten die weitere Gestaltung der Wellenformen Filter, die Oberwellenbereiche mehr oder weniger bedämpften bzw. ausblendeten. Die Grenzfrequenzen dieser Filter waren zum einen variabel einstellbar und konnten zum anderen sogar einer Art Hüllkurve unterworfen werden, die die Filterparameter (Grenzfrequenz, Steilheit) im Verlauf der Zeit modulierte, so dass sich der Oberwellengehalt einer Note zwischen Anklang und Ausklang verändern ließ.

Da diese Synthesizer bei der Tonerzeugung von extrem oberwellenreichen Wellenformen ausgingen, um diese dann durch sukzessive Filterung (Intensität, Oberwellen) immer mehr zu beschneiden, nennt man diese Art der Klangsynthese auch *subtraktive Klangsynthese*.

Es sollte nicht lange dauern, bis eine Reihe von Leuten, die sich mit der subtraktiven Synthese von elektronischer Musik beschäftigten, in der *additiven Klangsynthese* ein größeres Potential vermuteten.

Bei der additiven Klangsynthese beginnt die Tonerzeugung mit einer Reihe von Sinusgeneratoren, die als Harmonische (ganzzahlige Vielfache) eines in der Grundfrequenz schwingenden Generators gestimmt sind. Dabei läßt sich die Amplitude jeder Harmonischen unabhängig durch eine eigene Hüllkurve gestalten. Es macht nicht viel Sinn, additive Synthese mit analogen Schaltkreisen umsetzen zu wollen, da man für eine einzelne Note etwa 8 bis 24 Sinusgeneratoren mit exakt auf einander abgestimmten Frequenzen betreiben müßte. Analoge Wellenformgeneratoren sind aber notorisch instabil, so dass es in jedem Fall zu unerwünschten Frequenzdriften käme.

Für digitale Synthesizer (die Wellenformen unter Verwendung von Nachschlagetabellen digital zusammensetzen können) und gewöhnliche Computer ist Frequenzdrift bei der Tonsynthese natürlich kein Thema. Es hat daher nicht lange gedauert, bis mit zunehmender Leistungsfähigkeit der Computer die additive Synthese gangbar wurde.

Der Ansatz sieht so aus: Man zeichnet den Ton eines realen Musikinstruments einmal auf und zerlegt ihn über eine Fourier-Analyse in seine harmonischen Bestandteile. Wenn man die relativen Amplituden der Harmonischen kennt, läßt sich der Ton digital errechnen, indem man die Sinuswellen der entsprechenden Frequenzen berechnet und gewichtet addiert.

Bereits die ersten Experimente, die man mit diesem Ansatzes anstellte, sowie die Ergebnisse der Fourier-Analysen sollten zeigen, dass die Theorie von Helmholtz bezüglich der Natur der Tonfärbung zu einfach geraten war.

Das große Problem ist nämlich, dass die harmonischen Frequenzen realer Musiktöne so harmonisch gar nicht sind, wie es die Theorie von Helmholtz vorschreibt. Die Frequenzen der einzelnen Sinuskomponenten stehen vielmehr nicht exakt in ganzzahligen Verhältnissen zueinander und sollten besser als »Komponenten« bezeichnet werden.

Schlimmer noch (für Helmholtz, so er noch lebte): Es stellte sich sogar heraus, dass die leichte Disharmonie der Komponenten realer Musiktöne dem Ton erst den realen Klang verlieh – also die Klangfärbung bestimmte. Strikte mathematische Harmonie enttarnt einen Ton sofort als »elektronischen Ton«. Jede Komponente eines realen Tons verändert sich im Verlauf der Zeit sowohl von der Amplitude als auch von der Frequenz her. Und noch schlimmer: Die Veränderung von Amplitude und Frequenz ist für jede Note, für jede Anschlagstärke – und sogar für jede Stimmung des Instruments anders. Das Allerschlimmste aber ist, dass es keinen Sinn macht, einen einzelnen Ton für sich alleine zu betrachten, denn seine Färbung ist auch noch abhängig von dem zuvor gespielten Ton.

Die größte Komplexität herrscht beim Anklang, da in dieser Zeit die relative Disharmonie (und der Einfluß des Tonumfelds) am stärksten ist. Es hat sich herausgestellt, dass genau diese Phase den größten Anteil an der menschlichen Wahrnehmung der Klangfärbung hat.

Um es kurz zu sagen, die Klangimitation realer Musikinstrumente hat sich als komplexer herausgestellt, als man je vermutet hätte. Die Idee, die Töne eines Instruments zu analysieren und die

Bestandteile über ein paar einfache Hüllkurven für Amplitude und Frequenz wiederzugeben, war nett, ging aber an der Wirklichkeit vorbei.

Veröffentlichungen von Klanganalysen realer Musikinstrumente findet man in frühen Ausgaben des *Computer Music Journal* (genauer: in den Jahrgängen 1977 und 1978). Die dreiteilige Serie »Lexicon of Analyzed Tones« von James A. Moorer, John Grey und John Strawn enthält Graphen, die den Verlauf der Amplituden und Frequenzen der Komponenten eines realen Tons (für weniger als eine halbe Sekunde) im Vergleich wiedergeben, wenn er auf einer Violine, auf einer Oboe, auch einer Klarinette und auf einer Trompete gespielt wurde. Die Note war das Dis über dem mittleren C. Für die Violine wurden 20 Komponenten aufgezeichnet, für die Oboe und die Klarinette 21 und für die Trompete 12. Lineare Approximationen (Polygonzüge) für die Hüllkurven der Amplituden und Frequenzen der Tonkomponenten einer Oboe, einer Klarinette und einer Trompete findet man im *Computer Music Journal*, Band II,. Heft 2, 1978.

Mit der Wellenform-orientierten Audio-Unterstützung von Windows ist es nicht schwer, die dort beschriebenen Töne im Rahmen eines Programm zu reproduzieren, das die einzelnen sinusförmigen Komponenten entsprechend der Angaben in dem Artikel berechnet, aufaddiert und als Abtastwerte an die Soundkarte schickt. Abbildung 22.6 listet den Quelltext eines solchen Programms auf, dem ich den Namen ADDSYNTH gegeben habe.

ADDSYNTH.C

```
/*---------------------------------------------------
   ADDSYNTH.C -- Additive Klangsynthese
                 (c) Charles Petzold, 1998
  ---------------------------------------------------*/

#include <windows.h>
#include <math.h>
#include "addsynth.h"
#include "resource.h"

#define ID_TIMER             1
#define SAMPLE_RATE      22050
#define MAX_PARTIALS        21
#define PI             3.14159

BOOL CALLBACK DlgProc (HWND, UINT, WPARAM, LPARAM) ;

TCHAR szAppName [] = TEXT ("AddSynth") ;

// Sinuswellengenerator
// -------------------

double SineGenerator (double dFreq, double * pdAngle)
{
     double dAmp ;

     dAmp = sin (* pdAngle) ;
       // Phasenwinkel aktualisieren
     * pdAngle += 2 * PI * dFreq / SAMPLE_RATE ;

     if (* pdAngle >= 2 * PI)
          * pdAngle -= 2 * PI ;

     return dAmp ;
```

```
}

// Puffer mit zusammengesetzter Wellenform füllen
// ---------------------------------------------

VOID FillBuffer (INS ins, PBYTE pBuffer, int iNumSamples)
{
     static double dAngle [MAX_PARTIALS] ; // Phasenwinkel der Komponenten
     double        dAmp, dFrq, dComp, dFrac ;
     int           i, iPrt, iMsecTime, iCompMaxAmp, iMaxAmp, iSmp ;

     // Maximale Amplitude für spätere Skalierung berechnen
     iCompMaxAmp = 0 ;

     for (iPrt = 0 ; iPrt < ins.iNumPartials ; iPrt++)
     {
          iMaxAmp = 0 ;

          for (i = 0 ; i < ins.pprt[iPrt].iNumAmp ; i++)
               iMaxAmp = max (iMaxAmp, ins.pprt[iPrt].pEnvAmp[i].iValue) ;

          iCompMaxAmp += iMaxAmp ;
     }

     // Schleife über alle Abtastwerte
     for (iSmp = 0 ; iSmp < iNumSamples ; iSmp++)
     {
          dComp = 0 ;
          iMsecTime = (int) (1000 * iSmp / SAMPLE_RATE) ;

          // Schleife über die Komponenten
          for (iPrt = 0 ; iPrt < ins.iNumPartials ; iPrt++)
          {
               dAmp = 0 ;
               dFrq = 0 ;
               // Amplitude der Komponente im jeweiligen Zeitintervall
               for (i = 0 ; i < ins.pprt[iPrt].iNumAmp - 1 ; i++)
               {
                    if (iMsecTime >= ins.pprt[iPrt].pEnvAmp[i  ].iTime &&
                         iMsecTime <= ins.pprt[iPrt].pEnvAmp[i+1].iTime)
                    {     // Lineare Interpolation
                         dFrac = (double) (iMsecTime -
                              ins.pprt[iPrt].pEnvAmp[i  ].iTime) /
                              (ins.pprt[iPrt].pEnvAmp[i+1].iTime -
                              ins.pprt[iPrt].pEnvAmp[i  ].iTime) ;

                         dAmp = dFrac  * ins.pprt[iPrt].pEnvAmp[i+1].iValue +
                              (1-dFrac) * ins.pprt[iPrt].pEnvAmp[i  ].iValue ;

                         break ;
                    }
               }

               // Frequenz der Komponente im jeweiligen Zeitintervall
               for (i = 0 ; i < ins.pprt[iPrt].iNumFrq - 1 ; i++)
               {
```

```
                if (iMsecTime >= ins.pprt[iPrt].pEnvFrq[i  ].iTime &&
                    iMsecTime <= ins.pprt[iPrt].pEnvFrq[i+1].iTime)
                {       // Lineare Interpolation
                    dFrac = (double) (iMsecTime -
                         ins.pprt[iPrt].pEnvFrq[i  ].iTime) /
                        (ins.pprt[iPrt].pEnvFrq[i+1].iTime -
                         ins.pprt[iPrt].pEnvFrq[i  ].iTime) ;

                    dFrq = dFrac * ins.pprt[iPrt].pEnvFrq[i+1].iValue +
                        (1-dFrac) * ins.pprt[iPrt].pEnvFrq[i  ].iValue ;

                    break ;
                }
            }

            // Aufsummieren
            dComp += dAmp * SineGenerator (dFrq, dAngle + iPrt) ;
        }
        pBuffer[iSmp] = (BYTE) (127 + 127 * dComp / iCompMaxAmp) ;
    }
}

// WAV-Datei anlegen
// --------------------
BOOL MakeWaveFile (INS ins, TCHAR * szFileName)
{
    DWORD        dwWritten ;
    HANDLE       hFile ;
    int          iChunkSize, iPcmSize, iNumSamples ;
    PBYTE        pBuffer ;
    WAVEFORMATEX waveform ;

    hFile = CreateFile (szFileName, GENERIC_WRITE, 0, NULL,
                        CREATE_ALWAYS, FILE_ATTRIBUTE_NORMAL, NULL) ;

    if (hFile == NULL)
        return FALSE ;

    iNumSamples = ((long) ins.iMsecTime * SAMPLE_RATE / 1000 + 1) / 2 * 2 ;
    iPcmSize    = sizeof (PCMWAVEFORMAT) ;
    iChunkSize  = 12 + iPcmSize + 8 + iNumSamples ;

    if (NULL == (pBuffer = malloc (iNumSamples)))
    {
        CloseHandle (hFile) ;
        return FALSE ;
    }

    FillBuffer (ins, pBuffer, iNumSamples) ;

    waveform.wFormatTag      = WAVE_FORMAT_PCM ;
    waveform.nChannels       = 1 ;
    waveform.nSamplesPerSec  = SAMPLE_RATE ;
    waveform.nAvgBytesPerSec = SAMPLE_RATE ;
    waveform.nBlockAlign     = 1 ;
    waveform.wBitsPerSample  = 8 ;
```

```
    waveform.cbSize         = 0 ;

    WriteFile (hFile, "RIFF",       4, &dwWritten, NULL) ;
    WriteFile (hFile, &iChunkSize,  4, &dwWritten, NULL) ;
    WriteFile (hFile, "WAVEfmt ",   8, &dwWritten, NULL) ;
    WriteFile (hFile, &iPcmSize,    4, &dwWritten, NULL) ;
    WriteFile (hFile, &waveform, sizeof (WAVEFORMATEX) - 2, &dwWritten, NULL) ;
    WriteFile (hFile, "data",       4, &dwWritten, NULL) ;
    WriteFile (hFile, &iNumSamples, 4, &dwWritten, NULL) ;
    WriteFile (hFile, pBuffer,      iNumSamples,  &dwWritten, NULL) ;

    CloseHandle (hFile) ;
    free (pBuffer) ;

    if ((int) dwWritten != iNumSamples)
    {
        DeleteFile (szFileName) ;
        return FALSE ;
    }
    return TRUE ;
}

void TestAndCreateFile (HWND hwnd, INS ins, TCHAR * szFileName, int idButton)
{
    TCHAR szMessage [64] ;

    if (-1 != GetFileAttributes (szFileName))
        EnableWindow (GetDlgItem (hwnd, idButton), TRUE) ;
    else
    {
        if (MakeWaveFile (ins, szFileName))
            EnableWindow (GetDlgItem (hwnd, idButton), TRUE) ;
        else
        {
            wsprintf (szMessage, TEXT ("Fehler beim Anlegen von %s."), szFileName) ;
            MessageBeep (MB_ICONEXCLAMATION) ;
            MessageBox (hwnd, szMessage, szAppName, MB_OK | MB_ICONEXCLAMATION) ;
        }
    }
}

int WINAPI WinMain (HINSTANCE hInstance, HINSTANCE hPrevInstance,
                    PSTR szCmdLine, int iCmdShow)
{
#ifdef UNICODE   // DialogBoxW bricht bei Windows 9x *ohne* Fehlercode ab
    if (HIWORD(GetVersion()) & 0x8000)
    {
      MessageBox (NULL, TEXT ("Programm arbeitet mit Unicode und setzt Windows NT voraus!"),
            szAppName, MB_ICONERROR) ;
      return -1 ;
    }
#endif
   // Ergebnis von DialogBox als Exitcode des Programms
   return (DialogBox (hInstance, szAppName, NULL, DlgProc)) ;
}
```

```
BOOL CALLBACK DlgProc (HWND hwnd, UINT message, WPARAM wParam, LPARAM lParam)
{
     static TCHAR * szTrum = TEXT ("Trumpet.wav") ;
     static TCHAR * szOboe = TEXT ("Oboe.wav") ;
     static TCHAR * szClar = TEXT ("Clarinet.wav") ;

     switch (message)
     {
     case WM_INITDIALOG:
          SetTimer (hwnd, ID_TIMER, 1, NULL) ;
          return TRUE ;

     case WM_TIMER:
          KillTimer (hwnd, ID_TIMER) ;
          SetCursor (LoadCursor (NULL, IDC_WAIT)) ;
          ShowCursor (TRUE) ;

          TestAndCreateFile (hwnd, insTrum, szTrum, IDC_TRUMPET) ;
          TestAndCreateFile (hwnd, insOboe, szOboe, IDC_OBOE) ;
          TestAndCreateFile (hwnd, insClar, szClar, IDC_CLARINET) ;

          SetDlgItemText (hwnd, IDC_TEXT, TEXT (" ")) ;
          SetFocus (GetDlgItem (hwnd, IDC_TRUMPET)) ;

          ShowCursor (FALSE) ;
          SetCursor (LoadCursor (NULL, IDC_ARROW)) ;
          return TRUE ;
     case WM_COMMAND:
          switch (LOWORD (wParam))
          {
          case IDC_TRUMPET:
               PlaySound (szTrum, NULL, SND_FILENAME | SND_SYNC) ;
               return TRUE ;

          case IDC_OBOE:
               PlaySound (szOboe, NULL, SND_FILENAME | SND_SYNC) ;
               return TRUE ;

          case IDC_CLARINET:
               PlaySound (szClar, NULL, SND_FILENAME |SND_SYNC) ;
               return TRUE ;
          }
          break ;

     case WM_SYSCOMMAND:
          switch (LOWORD (wParam))
          {
          case SC_CLOSE:
               EndDialog (hwnd, 0) ;
               return TRUE ;
          }
          break ;
     }
     return FALSE ;
}
```

ADDSYNTH.RC (Auszüge)

```
//Microsoft Developer Studio generated resource script.

#include "resource.h"
#include "afxres.h"

/////////////////////////////////////////////////////////////////////////////
// Dialog

ADDSYNTH DIALOG DISCARDABLE  100, 100, 176, 49
STYLE WS_MINIMIZEBOX | WS_CAPTION | WS_SYSMENU
CAPTION "Additive Klangsynthese"
FONT 8, "MS Sans Serif"
BEGIN
    PUSHBUTTON      "Trompete",IDC_TRUMPET,8,8,48,16
    PUSHBUTTON      "Oboe",IDC_OBOE,64,8,48,16
    PUSHBUTTON      "Klarinette",IDC_CLARINET,120,8,48,16
    LTEXT           "Bereite Daten vor...",IDC_TEXT,8,32,100,8
END
```

RESOURCE.H (Auszüge)

```
// Microsoft Developer Studio generated include file.
// Used by AddSynth.rc

#define IDC_TRUMPET                     1000
#define IDC_OBOE                        1001
#define IDC_CLARINET                    1002
#define IDC_TEXT                        1003
```

Abbildung 22.6: *Das Programm* ADDSYNTH

Das Programm benötigt eine weitere Datei namens ADDSYNTH.H, die hier nicht abgedruckt ist, weil sie nichts weiter als einige hundert Zeilen trivialer Initialisierungen enthält. Sie finden die Datei auf der Begleit-CD zu diesem Buch. Zu Beginn enthält die Datei ADDSYNTH.H die Definition dreier Strukturen, in denen die Werte für die Amplituden- bzw. Frequenz-Hüllkurven der einzelnen Komponenten der Instrumentenklänge gespeichert sind. Im folgenden einige Anmerkungen zur Strukturierung dieser Daten.

Der Klang eines Instruments setzt sich aus einer Reihe von Komponenten zusammen (12 für die Trompete und je 21 für die Oboe und die Klarinette). Jede Komponente besitzt zwei Hüllkurven, eine für die Amplitude und eine für die Frequenz. Jede Hüllkurve ist eine Sammlung von 6 bis 14 Werten mit Zeitstempeln, die durch lineare Interpolation zu einem zeitlichen Kurvenverlauf verbunden werden können.

Für Beschreibung eines gesamten Instrumentenklangs dient die Struktur INS. Sie speichert die gesamte Länge des Klangs in Millisekunden, die Anzahl der Komponenten und einen Zeiger auf ein Array mit den einzelnen Komponentenbeschreibungen des Typs PRT.

Die Struktur PRT speichert die Anzahl der Stützpunkte der Frequenz- und der Amplitudenhüllkurve einer Komponente sowie je einen Zeiger auf die Frequenzhüllkurve und die Amplitudenhüllkurve.

Jede einzelne Hüllkurve ist ein Array von Strukturen des Typs ENV. Die einzelne Struktur besitzt zwei Felder: *iTime* für einen Zeitwert in Millisekunden und *iValue* für den Amplitudenwert (in irgendeiner Skalierung) oder die Frequenz in Hz. Die Hüllkurven-Arrays haben variable Längen.

Das Programm ADDSYNTH sieht in seinem als Hauptfenster dienenden Dialogfeld die drei Schaltflächen *Trompete*, *Oboe* und *Klarinette* vor. Ein PC ist im allgemeinen nicht schnell genug, um alle für eine additive Synthese notwendigen Berechnungen in Echtzeit anstellen zu können. Daher werden die Schaltflächen nach dem Programmstart zunächst eine gewisse Zeit lang deaktiviert bleiben, bis die additive Klangsynthese abgeschlossen ist und die Dateien TRUMPET.WAV, OBOE.WAV sowie CLARINET.WAV existieren. Sobald die Schaltflächen aktivierbar sind, lassen sich die drei Klänge über *PlaySound* abspielen. Das Programm prüft beim Start, ob die genannten WAV-Dateien vorhanden sind, spart sich gegebenenfalls eine erneute Synthese, und kommt deshalb bei weiteren Starts ohne Wartezeiten aus.

Die meiste Arbeit im Programm ADDSYNTH erledigt die Funktion *FillBuffer*. Sie berechnet zunächst die maximale Amplitude, indem sie die Amplitudenhüllkurven der Komponenten aufaddiert und das Maximum bestimmt. Dieses Maximum wird benötigt, um die resultierenden Abtastwerte später für die Abtastauflösung 8 Bit richtig zu skalieren.

Im nächsten Schritt berechnet *FillBuffer* in einer Schleife die einzelnen Abtastwerte unter Auswertung der Zeitstempel der einzelnen Komponentenhüllkurven. Ein innere Schleife läuft daher über alle Komponenten. Bei einer Abtastfrequenz von 22,05 kHz bedient der Amplituden- bzw. Frequenzwert eines im Millisekundenraster aufgezeichneten Zeitstempels etwa 22 Abtastwerte. Die jeweils geltenden Hüllkurvensegmente für die lineare Interpolation der Frequenz und der Amplitude ermitteln zwei weitere, aufeinanderfolgende innere Schleifen.

Wenn die Frequenz und die Amplitude der Komponenten zu einem gegebenen Zeitpunkt bekannt sind, kann der Abtastwert komponentenweise als Produkt der Amplitude und dem Wert der Funktion *SineGenerator* berechnet und über alle Komponenten aufsummiert werden. Der Summenwert wird dann mit dem berechneten Maximum skaliert und mit dem Offset 127 in das nächste Byte des Klangpuffers gepackt.

Wenn der Wecker zweimal klingelt

Wer noch nicht weiß, wie's geht, wird die Listings in Abbildung 22.7 für unvollständig halten: Das Programm WAKEUP benutzt ein Dialogfeld, kommt aber ohne Ressourcenskript aus – und spielt einen Klang ab, obwohl ihm eine WAV-Datei fehlt. WAKEUP ist ein Wecker, dessen Klang laut und durchdringend ist und der es sogar schafft, mich aus dem Schlaf zu holen (und das will was heißen).

WAKEUP.C

```
/*--------------------------------------
   WAKEUP.C -- Wecker
               (c) Charles Petzold, 1998
  --------------------------------------*/

#include <windows.h>
#include <commctrl.h>

     // Kennungen der 3 untergeordneten Fenster

#define ID_TIMEPICK 0
#define ID_CHECKBOX 1
#define ID_PUSHBTN  2

     // Timer-Kennung
```

```
#define ID_TIMER    1

// Anzahl der 100-Nanosekundenintervalle je Stunde (FILETIME-Ticks)
#define FTTICKSPERHOUR (60 * 60 * (LONGLONG) 10000000)

// Strukturdefinition für eine WAV-Datei
#define SAMPRATE  11025
#define NUMSAMPS  (3 * SAMPRATE)
#define HALFSAMPS (NUMSAMPS / 2)

typedef struct
{
     char  chRiff[4] ;
     DWORD dwRiffSize ;
     char  chWave[4] ;
     char  chFmt [4] ;
     DWORD dwFmtSize ;
     PCMWAVEFORMAT pwf ;
     char  chData[4] ;
     DWORD dwDataSize ;
     BYTE  byData[0] ;
}
WAVEFORM ;

// Hauptfensterroutine und Fensterroutine für untergeordnete Fenster
LRESULT CALLBACK WndProc (HWND, UINT, WPARAM, LPARAM) ;
LRESULT CALLBACK SubProc (HWND, UINT, WPARAM, LPARAM) ;

// Originale Fensterroutinen-Adressen für untergeordnete Fenster
WNDPROC SubbedProc [3] ;

// Aktuelles Unterfenster mit Eingabefokus
HWND hwndFocus ;

int WINAPI WinMain (HINSTANCE hInstance, HINSTANCE hPrevInst, PSTR szCmdLine, int iCmdShow)
{
     static TCHAR szAppName [] = TEXT ("WakeUp") ;
     HWND         hwnd ;
     MSG          msg ;
     WNDCLASS     wndclass ;

     wndclass.style         = 0 ;
     wndclass.lpfnWndProc   = WndProc ;
     wndclass.cbClsExtra    = 0 ;
     wndclass.cbWndExtra    = 0 ;
     wndclass.hInstance     = hInstance ;
     wndclass.hIcon         = LoadIcon (NULL, IDI_APPLICATION) ;
     wndclass.hCursor       = LoadCursor (NULL, IDC_ARROW) ;
     wndclass.hbrBackground = (HBRUSH) (1 + COLOR_BTNFACE) ;
     wndclass.lpszMenuName  = NULL ;
     wndclass.lpszClassName = szAppName ;

     if (!RegisterClass (&wndclass))
     {
          // UNICODE-Kompilierung ist die einzige realistische Fehlermöglichkeit
          MessageBox (NULL, TEXT ("Programm arbeitet mit Unicode und setzt Windows NT voraus!"),
```

```
                  szAppName, MB_ICONERROR) ;
          return 0 ;
     }

     hwnd = CreateWindow (szAppName, szAppName,
                          WS_OVERLAPPED | WS_CAPTION |
                                          WS_SYSMENU | WS_MINIMIZEBOX,
                          CW_USEDEFAULT, CW_USEDEFAULT,
                          CW_USEDEFAULT, CW_USEDEFAULT,
                          NULL, NULL, hInstance, NULL) ;

     ShowWindow (hwnd, iCmdShow) ;
     UpdateWindow (hwnd) ;

     while (GetMessage (&msg, NULL, 0, 0))
     {
          TranslateMessage (&msg) ;
          DispatchMessage (&msg) ;
     }
     return msg.wParam ;
}

LRESULT CALLBACK WndProc (HWND hwnd, UINT message, WPARAM wParam, LPARAM lParam)
{
     static HWND          hwndDTP, hwndCheck, hwndPush ;
     static WAVEFORM      waveform = { "RIFF", NUMSAMPS + 0x24, "WAVE", "fmt ",
                                       sizeof (PCMWAVEFORMAT), 1, 1, SAMPRATE,
                                       SAMPRATE, 1, 8, "data", NUMSAMPS } ;
     static WAVEFORM    * pwaveform ;
     FILETIME             ft ;
     HINSTANCE            hInstance ;
     INITCOMMONCONTROLSEX icex ;
     int                  i, cxChar, cyChar ;
     LARGE_INTEGER        li ;
     SYSTEMTIME           st ;

      switch (message)
     {
     case WM_CREATE:
          // Initialisierungskram
          hInstance = (HINSTANCE) GetWindowLong (hwnd, GWL_HINSTANCE) ;

          icex.dwSize = sizeof (icex) ;
          icex.dwICC  = ICC_DATE_CLASSES ;
          InitCommonControlsEx (&icex) ;

          // WAV-Datei mit sich abwechselnden Rechteckwellen erzeugen
          pwaveform = malloc (sizeof (WAVEFORM) + NUMSAMPS) ;
          * pwaveform = waveform ;

          for (i = 0 ; i < HALFSAMPS ; i++)
               if (i % 600 < 300)
                    if (i % 16 < 8)
                         pwaveform->byData[i] = 25 ;
                    else
                         pwaveform->byData[i] = 230 ;
```

```
          else
               if (i % 8 < 4)
                    pwaveform->byData[i] = 25 ;
               else
                    pwaveform->byData[i] = 230 ;

     // Zeichenhöhe ermitteln und feste Fenstergröße setzen
     cxChar = LOWORD (GetDialogBaseUnits ()) ;
     cyChar = HIWORD (GetDialogBaseUnits ()) ;

     SetWindowPos (hwnd, NULL, 0, 0,
                   48 * cxChar,                    // Fensterbreite
                   10 * cyChar / 3 + 2 * GetSystemMetrics (SM_CYBORDER) +
                                     GetSystemMetrics (SM_CYCAPTION),
                   SWP_NOMOVE | SWP_NOZORDER | SWP_NOACTIVATE) ;

     // Drei Child-Fenster anlegen
     hwndDTP = CreateWindow (DATETIMEPICK_CLASS, TEXT (""),
                   WS_BORDER | WS_CHILD | WS_VISIBLE | DTS_TIMEFORMAT,
                   2 * cxChar, cyChar, 12 * cxChar, 4 * cyChar / 3,
                   hwnd, (HMENU) ID_TIMEPICK, hInstance, NULL) ;

     hwndCheck = CreateWindow (TEXT ("Button"), TEXT ("Alarm aktivieren"),
                   WS_CHILD | WS_VISIBLE | BS_AUTOCHECKBOX,
                   16 * cxChar, cyChar, 18 * cxChar, 4 * cyChar / 3,
                   hwnd, (HMENU) ID_CHECKBOX, hInstance, NULL) ;

     hwndPush = CreateWindow (TEXT ("Button "), TEXT ("Abschalten"),
                   WS_CHILD | WS_VISIBLE | BS_PUSHBUTTON | WS_DISABLED,
                   34 * cxChar, cyChar, 10 * cxChar, 4 * cyChar / 3,
                   hwnd, (HMENU) ID_PUSHBTN, hInstance, NULL) ;

     hwndFocus = hwndDTP ;

      // Untergeordnete Fenster registrieren
     SubbedProc [ID_TIMEPICK] = (WNDPROC)
                   SetWindowLong (hwndDTP, GWL_WNDPROC, (LONG) SubProc) ;
     SubbedProc [ID_CHECKBOX] = (WNDPROC)
                   SetWindowLong (hwndCheck, GWL_WNDPROC, (LONG) SubProc);
     SubbedProc [ID_PUSHBTN] = (WNDPROC)
                   SetWindowLong (hwndPush, GWL_WNDPROC, (LONG) SubProc) ;

     // Zeit/Datums-Kontrollelement auf aktuelle Datum- und Zeitwerte
     // plus 9 Stunden nach unten auf die nächste volle Stunde gerundet setzen
     GetLocalTime (&st) ;
     SystemTimeToFileTime (&st, &ft) ;
     li = * (LARGE_INTEGER *) &ft ;
     li.QuadPart += 9 * FTTICKSPERHOUR ;
     ft = * (FILETIME *) &li ;
     FileTimeToSystemTime (&ft, &st) ;
     st.wMinute = st.wSecond = st.wMilliseconds = 0 ;
     SendMessage (hwndDTP, DTM_SETSYSTEMTIME, 0, (LPARAM) &st) ;
     return 0 ;

case WM_SETFOCUS:
     SetFocus (hwndFocus) ;
```

```
          return 0 ;

     case WM_COMMAND:
          switch (LOWORD (wParam))      // Kennung des auslösenden Kontrollelements
          {
          case ID_CHECKBOX:

               // Wenn der Benutzer den Alarm einschaltet, Weckzeit in das Kontrollelement für
               // Zeit und Datum übernehmen und davon die aktuelle PC-Zeit abziehen.
               if (SendMessage (hwndCheck, BM_GETCHECK, 0, 0))
               {
                    SendMessage (hwndDTP, DTM_GETSYSTEMTIME, 0, (LPARAM) &st) ;
                    SystemTimeToFileTime (&st, &ft) ;
                    li = * (LARGE_INTEGER *) &ft ;

                    GetLocalTime (&st) ;
                    SystemTimeToFileTime (&st, &ft) ;
                    li.QuadPart -= ((LARGE_INTEGER *) &ft)->QuadPart ;

                    // Sicherstellen, dass die Zeit zwischen 0 und 24 Uhr liegt!
                    // Damit wird man auch den Datumsanteil der SYSTEMTIME-Struktur los
                    while (li.QuadPart < 0)
                         li.QuadPart += 24 * FTTICKSPERHOUR ;

                    li.QuadPart %= 24 * FTTICKSPERHOUR ;

                     // Timer setzen (Tschüß, bis morgen früh!)
                    SetTimer (hwnd, ID_TIMER, (int) (li.QuadPart / 10000), 0) ;
               }
               else   // Wenn das Kontrollkästchen nicht angekreuzt ist, Timer ausschalten
                    KillTimer (hwnd, ID_TIMER) ;

               return 0 ;

               // Die Schaltfläche "Abschalten" schaltet den Alarm ab, setzt das
               // Kontrollkästchen "Alarm aktivieren" zurück und deaktiviert sich selbst.

          case ID_PUSHBTN:
               PlaySound (NULL, NULL, 0) ;
               SendMessage (hwndCheck, BM_SETCHECK, 0, 0) ;
               EnableWindow (hwndDTP, TRUE) ;
               EnableWindow (hwndCheck, TRUE) ;
               EnableWindow (hwndPush, FALSE) ;
               SetFocus (hwndDTP) ;
               return 0 ;
          }
          return 0 ;

               // Die WM_NOTIFY-Nachricht kommt von der Zeit/Datumskontrolle.
               // Wenn der Benutzer das Kontrollkästchen "Alarm aktivieren" angekreuzt hat, danach aber
               // die Alarmzeit verstellt hat, kann es sein, dass die angezeigte Zeit nicht mehr
               // mit der Weckzeit übereinstimmt. Das Programm setzt daher das Kontrollkästchen
               // "Alarm aktivieren" sowie den Timer zurück.

     case WM_NOTIFY:
          switch (wParam)          // Kennung
```

```
          {
          case ID_TIMEPICK:
               switch (((NMHDR *) lParam)->code)       // Inhalt der Nachricht
               {
               case DTN_DATETIMECHANGE:
                    if (SendMessage (hwndCheck, BM_GETCHECK, 0, 0))
                    {
                         KillTimer (hwnd, ID_TIMER) ;
                         SendMessage (hwndCheck, BM_SETCHECK, 0, 0) ;
                    }
                    return 0 ;
               }
          }
          return 0 ;

     case WM_TIMER:
          // Wenn diese Nachricht eintrifft, Timer freigeben, da er seinen
          // Zweck erfüllt hat, und Alarmklang ausgeben.
          KillTimer (hwnd, ID_TIMER) ;
          PlaySound ((PTSTR) pwaveform,  NULL,
                     SND_MEMORY | SND_LOOP | SND_ASYNC);

          // Möge der schläfrige Benutzer den Alarm durch Betätigen der Leertaste ausschalten.
          // Wenn das Fenster minimiert ist, wird es wiederhergestellt, dann die Schaltfläche
          // "Abschalten" aktiviert und der Eingabefokus darauf gesetzt.
          EnableWindow (hwndDTP, FALSE) ;
          EnableWindow (hwndCheck, FALSE) ;
          EnableWindow (hwndPush, TRUE) ;

          hwndFocus = hwndPush ;
          ShowWindow (hwnd, SW_RESTORE) ;
          SetForegroundWindow (hwnd) ;
          return 0 ;

          // Aufräumen, wenn der Alarm noch an oder der Timer noch gesetzt ist
      case WM_DESTROY:
          free (pwaveform) ;

          if (IsWindowEnabled (hwndPush))
               PlaySound (NULL, NULL, 0) ;

          if (SendMessage (hwndCheck, BM_GETCHECK, 0, 0))
               KillTimer (hwnd, ID_TIMER) ;

          PostQuitMessage (0) ;
          return 0 ;
     }
     return DefWindowProc (hwnd, message, wParam, lParam) ;
}

LRESULT CALLBACK SubProc (HWND hwnd, UINT message, WPARAM wParam, LPARAM lParam)
{
     int idNext, id = GetWindowLong (hwnd, GWL_ID) ;

     switch (message)
     {
```

```
          case WM_CHAR:
               if (wParam == '\t')
               {
                    idNext = id ;

                    do
                         idNext = (idNext + (GetKeyState (VK_SHIFT) < 0 ? 2 : 1)) % 3 ;
                    while (!IsWindowEnabled (GetDlgItem (GetParent (hwnd), idNext)));

                    SetFocus (GetDlgItem (GetParent (hwnd), idNext)) ;
                    return 0 ;
               }
               break ;

          case WM_SETFOCUS:
               hwndFocus = hwnd ;
               break ;
          }
          return CallWindowProc (SubbedProc [id], hwnd, message, wParam, lParam) ;
}
```

Abbildung 22.7: *Das Programm* WAKEUP

Die von WAKEUP für den Weckruf benutzte Wellenform besteht nur aus zwei Rechteckwellen, zwischen denen das Programm aber (unangenehmerweise) schnell hin- und herschaltet. Die Berechnung der Wellenform findet im Verlauf der Behandlung von WM_CREATE statt. Sie wird als ganzes im Speicher gehalten, und die Funktion *PlaySound*, für deren Aufruf die Flags SND_MEMORY, SND_LOOP und SND_ASYNC angegeben sind, erhält einen Zeiger auf den entsprechenden Speicherbereich. Das Programm setzt das Zeit/Datum-Kontrollelement (DATETIMEPICK_CLASS) ein, dessen Logik es dem Benutzer erlaubt, ein korrektes Datum und eine korrekte Zeit einzustellen. (WAKEUP nutzt davon allerdings nur den Zeitanteil.) Ein Programm kann den Wert dieses Kontrollelements unter Verwendung der Struktur SYSTEMTIME abfragen und setzen. Wenn Sie sehen wollen, wie vielseitig das Zeit/Datum-Kontrollelement tatsächlich ist, versuchen Sie einmal, das Fenster ohne DTS-Flags anzulegen.

Beachten Sie, dass die Logik bei Reaktion auf WM_CREATE davon ausgeht, dass der Benutzer den Wecker kurz vor dem Schlafengehen stellt und etwa acht Stunden später zur vollen Stunde geweckt werden will.

Was die Berechnung der Weckzeit betrifft, so könnte man die von der Funktion *GetLocalTime* in einer SYSTEMTIME-Struktur gelieferte Zeit auch »zu Fuß« auf 8 Stunden später und von da auf die nächste volle Stunde drehen. Im allgemeinen würde diese Berechnung aber lästige Abfragen mit sich bringen: Wenn die Zahl der Stunden größer 24 wird, müßte man den Tag weiterstellen, vielleicht sogar den Monat (wie war das gleich mit dem 29. Februar?) oder gar das Jahr (oder schlafen Sie Neujahr immer aus?).

Die von Microsoft empfohlene Methode (nachzulesen unter */Platform SDK/Windows Base Services/General Library/Time/Time Reference/Time Structures/SYSTEMTIME*) ist, die SYSTEMTIME-Struktur mit *SystemTimeToFileTime* in eine FILETIME-Struktur zu konvertieren, diese mit einem Cast in eine LARGE_INTEGER-Struktur zu verwandeln, jene zu manipulieren, das Resultat mit einem Cast zurück in eine FILETIME-Struktur zu trimmen, um dann mit einem *FileTimeToSystemTime*-Aufruf schließlich wieder eine SYSTEMTIME zu erhalten. (Ja, das ist wirklich ernst gemeint.)

Der Strukturtyp FILETIME wird, wie der Name richtig vermuten läßt, dafür benutzt, Datum und Uhrzeit der Erstellung bzw. letzen Änderung von Dateien abzufragen bzw. zu setzen. Die Deklaration sieht so aus:

```
type struct _FILETIME      // ft
{
    DWORD dwLowDateTime ;
    DWORD dwHighDateTime ;
}
FILETIME ;
```

Diese beiden Felder ergeben zusammen einen 64-Bit-Wert, der die Anzahl der seit dem 1.1.1601 vergangenen 100 Nanosekunden-Intervalle ausdrückt.

Der Microsoft C/C++-Compiler unterstützt 64-Bit-Integerarithmetik als nicht standardisierte Erweiterung von ANSI C. Der grundlegende Datentyp ist *__int64*. Sie können mit diesen Werten ganz normal rechnen, und es gibt auch einige Bibliotheksfunktionen, die sie unterstützen. Die Datei WINNT.H enthält in diesem Zusammenhang die folgenden Definitionen:

```
typedef __int64 LONGLONG ;
typedef unsigned __int64 DWORDLONG ;
```

Ein solcher Wert heißt »Quad-Wort« oder schlicht »langer Integer«. Daneben gibt es auch noch die Definition der Union-Struktur _LARGE_INTEGER:

```
typedef union _LARGE_INTEGER
{
    struct
    {
        DWORD LowPart ;
        LONG  HighPart ;
    } ;
    LONGLONG QuadPart ;
}
LARGE_INTEGER ;
```

Mehr zu diesem Thema finden Sie unter */Platform SDK/Windows Base Services/General Library/Large Integer Operations*. Die Union-Struktur erlaubt es, einen LARGE_INTEGER-Wert sowohl als zwei einzelne 32-Bit-Größen als auch als 64-Bit-Größe zu bearbeiten.

MIDI und Musik

Das Musical Instrument Digital Interface, kurz MIDI, wurde Anfang der achtziger Jahre von einem Herstellerkonsortium elektronischer Musiksynthesizer entwickelt. MIDI definiert ein Protokoll, das es gestattet, elektronische Musikinstrumente untereinander sowie mit Computern zu verbinden. Die MIDI-Spezifikation, die inzwischen zu *dem* Standard im Bereich der elektronischen Musik geworden ist, wird von der MIDI Manufacturers Association (MMA) gepflegt. Wer sich für die Hintergründe interessiert, sollte *http://www.midi.org* einen Besuch abstatten.

Wie arbeitet MIDI?

Das MIDI-Protokoll ermöglicht die Weitergabe digitaler Kommandos durch ein gewöhnliches Audiokabel mit fünfpoligen DIN-Steckern, wobei nur drei der fünf Pole genutzt werden. Eine Ader des Kabels fungiert als Masse und Abschirmung, eine führt Versorgungsspannung und die dritte überträgt die Daten. Das MIDI-Protokoll ist unidirektional und arbeitet mit 31 250 Baud (Bit je Sekunde). Jedes Datenbyte beginnt mit einem Startbit und endet mit einem Stopbit, weshalb ein MIDI-Kabel effektiv 3125 Bytes pro Sekunde übertragen kann. Wesentlich ist, dass über ein MIDI-Kabel keine Töne übertragen werden – weder in digitaler noch in analoger Form. Was über das Kabel geht, sind ausschließlich Nachrichten, gewöhnlich von einem, zwei oder drei Bytes Länge.

Für die einfachste MIDI-Konfiguration genügen bereits zwei MIDI-kompatible Hardwaregeräte und ein MIDI-Kabel. Ein Gerät kann beispielsweise ein Keyboard sein, das selbst keine Töne, sondern ausschließlich MIDI-Kommandos generiert, das andere ein MIDI-Synthesizer. Das MIDI-Keyboard besitzt einen (mit »MIDI-Out« beschrifteten) MIDI-Ausgang, der MIDI-Synthesizer, der unter Umständen nicht über die Größe einer besseren Zigarrenkiste hinauskommt, einen MIDI-Eingang (»MIDI-In«).

Wenn Sie nun am Keyboard eine Taste drücken, sagen wir das gewöhnliche C, sendet das Keyboard einen Drei-Byte-Befehl an den MIDI-Ausgang. Der Befehl lautet in hexadezimaler Schreibweise:

```
90 3C 40
```

Das erste Byte (90h) ist das Kommando *Note-An*; das zweite Byte (3Ch) ist die Kennung der Note; das dritte Byte (40h) steht für die Geschwindigkeit des Anschlags, die zwischen 1 und 127 liegen kann. Falls das Keyboard einfach ist und keine Messung des Anschlags vornimmt, sendet es immer denselben »mittleren« Anschlagswert.

Diese Drei-Byte-Nachricht geht nun über das MIDI-Kabel an den Synthesizer, der sie interpretiert und das normale C mit mittlerem Anschlag (40h eben) anschlägt.

Wenn nun die Taste wieder lösen, schickt das Keyboard eine weitere Drei-Byte-Nachricht an den MIDI-Ausgang:

```
90 3C 00
```

Die ersten beiden Bytes sind dieselben, das dritte mit dem Wert 00h ist das Kommando *Note-Aus*. Der Synthesizer beendet daraufhin die Ausgabe der Note C.

Wenn ein polyphoner Synthesizer angeschlossen ist (das heißt, ein Synthesizer, der mehr als einen Note zu einem Zeitpunkt spielen kann), lassen sich auch Akkorde auf dem Keyboard anschlagen. Das Keyboard erzeugt in diesem Fall mehrere Note-An-Kommandos und beim Ende des Akkords mehrere Note-Aus-Kommandos.

Aus allgemeiner Sicht ist das Keyboard in dieser Systemkonfiguration ein »MIDI-Controller«, das heißt, es generiert Kommandos und kontrolliert damit ein anderes MIDI-Gerät, nämlich den Synthesizer. Ein MIDI-Controller muß nicht immer die Gestalt eines Keyboards haben. Es gibt auch MIDI-Controller, die wie Klarinetten oder Saxophone aussehen, ebenso MIDI-Gitarren-Controller und MIDI-Schlagzeug-Controller. All diese Controller beherrschen zumindest die beiden vorgestellten 3-Byte Befehle »Note an« und »Note aus«.

Ein MIDI-Controller muß aber nicht immer einem traditionellen Musikinstrument nachempfunden sein – er kann auch ein Sequenzer sein. Ein Sequenzer ist ein Gerät, das Abfolgen von Note-An- und Note-Aus-Kommandos speichern und abspielen kann. Reine Sequenzer findet man heutzutage kaum mehr, da ein Computer die gleiche Aufgabe besser und vielseitiger erledigen kann. Ein Computer, der über einen MIDI-Ausgang verfügt, kann ebenfalls Note-An- und Note-Aus-Kommandos zur Steuerung eines Synthesizers generieren. Der Softwaremarkt bietet eine Vielfalt von MIDI-Programmen, die es einem Musiker nicht nur erlauben, gewissermaßen auf dem Bildschirm zu komponieren und die Komposition auf einem Synthesizer auszugeben, sondern die auch noch eine Reihe weiterer über die MIDI-Welt hinausgehende Funktionen unterstützen, wie zum Beispiel den Ausdruck von Komposition auf Notenpapier.

Der Synthesizer wird manchmal auch als »Sound-Modul« oder schlicht als »Expander« bezeichnet. Da MIDI keine Vorgaben macht, wie ein Ton zu erzeugen ist, hat der Synthesizer die Wahl zwischen einer Reihe von Techniken für die Tonerzeugung.

MIDI-Geräte, die nur einen MIDI-Ausgang haben, sind heutzutage eher die Ausnahme. Ein Keyboard verfügt im allgemeinen auch über einen eingebauten Tongenerator und hat für gewöhnlich drei MIDI-Buchsen: einen MIDI-Eingang, einen MIDI-Ausgang und einen MIDI-Durchgang (»MIDI-Thru«). Der MIDI-Eingang nimmt MIDI-Kommandos für den eingebauten Tongenerator entgegen, der MIDI-Ausgang sendet MIDI-Kommandos an einen externen Synthesizer, und der MIDI-Durchgang ist ein MIDI-Ausgang, der die am MIDI-Eingang eintreffenden Kommandos (und nur diese, nicht die am MIDI-Ausgang) durchschleift.

Es gibt nur zwei Möglichkeiten, MIDI-Hardware zu verkabeln: Man verbindet einen MIDI-Ausgang mit einem MIDI-Eingang oder einen MIDI-Durchgang mit einem MIDI-Eingang. Der MIDI-Durchgang ermöglicht es, mehrere MIDI-Synthesizer parallel mit den gleichen Kommandos zu versorgen.

Instrumentenwechsel

Welche Art von Tönen erzeugt ein Synthesizer? Ist es der Klang eines Klaviers, einer Trompete oder der einer fliegenden Untertasse? Im allgemeinen sind die unterschiedlichen Klänge, die ein Tongenerator produzieren kann, einem natürlichen Vorbild nachempfunden und in einem ROM oder anderweitig gespeichert. Man nennt diese Klänge auch »Stimmen«, »Instrumente«, »Register« oder »Patches«. (Die dritte Bezeichnung, die man eigentlich mit »Flicken« übersetzen müsste, kommt aus der Zeit der Analogsynthesizer, als man spezifische Klänge noch durch das Einschleifen zusätzlicher Klangmodule per Audiokabel realisierte.)

In der MIDI-Welt sind die unterschiedlichen Klänge, die ein Synthesizer produzieren kann, als Programme bekannt. Um einen Synthesizer dazu zu bringen, das Instrument zu wechseln, braucht es das MIDI-Kommando *Programmwechsel*

```
C0 pp
```

– wobei das Programmbyte *pp* ein Wert zwischen 0 und 127 sein kann. An vielen MIDI-Keyboards finden sich eine Reihe von numerierten Schaltern, die dafür da sind, unterschiedliche Stimmen einzustellen. Jeder dieser Schalter erzeugt ein Programmwechsel-Kommando. Die Schalternumerierung beginnt meist bei #1, weshalb das Einstellen der Stimme #1 meist ein Programmwechsel-Kommando mit dem Programmbyte 0 zur Folge hat.

Die MIDI-Spezifikation schreibt keine Korrespondenz zwischen Programmnummern und bestimmten Instrumenten vor. So sind die ersten drei Programmplätze bei einem klassischen Yamaha DX7-Synthesizer mit »Warm Strings«, »Mellow Horn« und »Pick Guitar« benannt. Die gleichen Programmplätze sind auf einem Yamaha TX81Z-Tongenerator dagegen »Grand Piano«, »Upright Piano« und »Deep Grand« und auf einem Roland MT-32-Tonmodul »Acoustic Piano 1« »Acoustic Piano 2« und »Acoustic Piano 3«. Wenn man also beim Einsatz des Programmwechsel-Kommandos keine Überraschungen erleben will, sollte man sich darüber im klaren sein welcher Programmplatz bei dem verwendeten Tongenerator mit welchem Instrumentenklang korrespondiert.

In der Tat ist diese Unterspezifikation ein großes Problem, weil MIDI-Dateien auf verschiedenen Geräten teils höchst unterschiedlich klingen – mithin alles andere als geräteunabhängig sind. Inzwischen gibt es aber eine Standardisierung der Programmplätze in Form des »General MIDI« (GM). Windows unterstützt zum einen GM, zum anderen aber auch Umsetzungstabellen für die Emulation nicht GM-komformer MIDI-Geräte.

Der MIDI-Kanal

Bis jetzt habe ich zwei MIDI-Kommandos vorgestellt. Das erste ist das Note-An-Kommando

```
90 nn vv
```

– bei dem *nn* die Notenkennung (0 bis 127) und *vv* die Anschlaggeschwindigkeit (0 bis 127) ausdrücken. Ist die Anschlaggeschwindigkeit 0, fungiert das MIDI-Kommando als Note-Aus-Kommando. Das zweite MIDI-Kommando ist das Programmwechsel-Kommando

```
C0 pp
```

mit *pp* zwischen 0 und 127. Diese Bytefolgen sind ausgesprochen typische MIDI-Kommandos. Das erste Byte ist das Statusbyte. Ihm folgen 0, 1 oder 2 Parameter-Bytes. (Eine Ausnahme bilden die exklusiven Systemkommandos, auf die ich gleich noch eingehen werde.) Die Unterscheidung zwischen einem Statusbyte und einem Datenbyte ist einfach: Der Wert des Statusbytes ist immer größer als 127, da das höchstwertige Bit durchgehend gesetzt ist. Umgekehrt ist der Wert eines Datenbytes immer kleiner als 128, da das höchstwertige Bit grundsätzlich gelöscht ist.

Die verallgemeinerte Form der beiden Kommandos ist :

```
9n nn vv
```

und

```
Cn pp
```

In beiden Fällen drückt *n* die vier niederwertigen Bits des Statusbytes bzw. einen Wert zwischen 0 und 15 aus. Dieser Wert bezeichnet den MIDI-Kanal (da die informelle Numerierung der MIDI-Kanäle für gewöhnlich mit 1 beginnt, bezeichnet die Kanalnummer 0 den ersten Kanal).

Die 16 unterschiedlichen Kanäle ermöglichen es, über ein MIDI-Kabel bis zu 16 Stimmen zu steuern. Im allgemeinen wird eine Folge von MIDI-Kommandos durch Programmwechsel-Kommandos eingeleitet, die den jeweiligen Kanälen Stimmen zuordnen. Erst dann folgen Noten-Kommandos sowie hin und wieder ein Programmwechsel-Kommando. Einem Kanal ist zu jedem Zeitpunkt aber immer nur eine Stimme zugeordnet.

Nehmen wir ein einfaches Beispiel: Angenommen, der Controller eines Keyboards sei in der Lage, zwei MIDI-Kanäle zu bedienen – Kanal 1 und Kanal 2. Um beide Kanäle zu nutzen, wird man das Keyboard (mit entsprechenden Schaltern oder Tasten) anweisen, zwei Programmwechsel-Kommandos an den Tongenerator zu senden:

```
C0 01
C1 05
```

Diese Kommandos setzen Kanal 1 auf Programm 2 und Kanal 2 auf Programm 6. (Wie gesagt, beginnt die Zählung der Kanal- und Programmnummern mit 1, die Codierung jedoch mit 0.) Spielt man nun eine Taste auf dem Keyboard, generiert der Controller zwei Note-An-Kommandos, eines je Kanal:

```
90 kk vv
91 kk vv
```

Auf diese Weise kann man zwei Instrumente gleichzeitig (unisono) spielen.

Viele Keyboard lassen sich auch splitten, das heißt, die Tasten der unteren Oktaven werden Kanal 1 zugeordnet und die anderen Kanal 2. Auf diese Weise kann man mit einem Keyboard zwei Instrumente unabhängig voneinander spielen

Das Potential der 16 Kanäle wird besser genutzt, wenn ein MIDI-Sequenzer (etwa ein PC mit entsprechender Software) zum Einsatz kommt. Mit 16 Kanälen ist es bei Verwendung eines geeignet ausgestatteten Synthesizers möglich, ein 16köpfiges Orchester zu simulieren – und das alles über ein einziges MIDI-Kabel.

MIDI-Kommandos

Obwohl die Noten- und Programmwechsel-Kommandos in jeder MIDI-Implementation die wichtigsten darstellen, existieren noch eine Reihe weiterer MIDI-Kommandos. Tabelle 22.2 gibt einen Überblick. Wie bereits erwähnt, ist das höchstwertige Bit im Statusbyte eines Kommandos immer gesetzt und in den darauffolgenden Datenbytes immer gelöscht. Statusbytes haben damit Werte zwischen 0x80 und 0xFF, Datenbytes liefen zwischen 0x00 und 0x7F.

MIDI-Kommando	Codierung	Werte
Note Off (Note-Aus)	8n *kk vv*	*kk* = Note (0–127) *vv* = Anschlaggeschwindigkeit (0–127)
Note On (Note-An)	9n *kk vv*	*kk* = Note (0–127) *vv* = Anschlaggeschwindigkeit (1–127, 0 = Note aus)
Polyphonic Aftertouch	An *kk tt*	*kk* = Note (0–127) *tt* = Verzögerung (0–127)
Control Change	Bn *cc xx*	*cc* = Bedienelement (0–121) *xx* = Wert (0–127)
Channel Mode Local Control	Bn 7A *xx*	*xx* = 0 (aus127 (an)
All Notes Off (Alle Noten aus)	Bn 7B 00	
Omni Mode Off	Bn 7C 00	
Omni Mode On	Bn 7D 00	
Mono Mode On	Bn 7E *cc*	*cc* = Anzahl der Kanäle ▶

MIDI-Kommando	Codierung	Werte
Poly Mode On	Bn 7F 00	
Program Change (Programmwechsel)	Cn *pp*	*pp* = Programm (0–127)
Channel After Touch	Dn *tt*	*tt* = Verzögerung (0–127)
Pitch Wheel Change (Stimmung)	En *ll hh*	*ll* = untere 7 Bit (0–127) *hh* = obere 7 Bit (0–127)

Tabelle 22.2: *Kanalspezifische MIDI-Kommandos (n = Kanalnummer zwischen 0 und 15)*

Die Notenkennung *kk* korrespondiert im allgemeinen mit dem bekannten Notensystem (was nicht in allen Fällen so sein muß: bei Schlaginstrumenten können die unterschiedliche Notenkennungen unterschiedliche Schlaginstrumente kodieren). Wenn die Notenkennung auf eine normale Klaviertastatur bezogen ist, entspricht der dezimale Wert 60 dem mittleren C. Da ein gewöhnliches Klavier 88 Tasten hat, gehen die MIDI-Notenkennungen noch 21 Noten tiefer als der tiefste Klavierton und 19 Noten höher als der höchste Klavierton. Die Wert für die Anschlaggeschwindigkeit ermöglicht es, die Lautstärke und die Weichheit auszudrücken, mit der eine Note angeschlagen wird. Die Interpretation dieses Wertes ist im allgemeinen von Stimme zu Stimme verschieden.

Wie bereits erwähnt, entspricht das Note-An-Kommando (9*n kk* 00) mit einer Anschlaggeschwindigkeit von 0 dem Note-Aus-Kommando. Es gibt aber auch ein explizites Note-Aus-Kommando (8*n kk vv*), das eine »Loslaßgeschwindigkeit« ausdrücken kann. Dieses Kommando wird aber eher selten verwendet.

Weiterhin gibt es zwei Aftertouch-Kommandos. Der von besseren Keyboards unterstützte Aftertouch-Anschlag ermöglicht die nachträgliche Variation eines bereits angeschlagenen Tons, indem die gehaltene Taste im nachhinein noch einmal fester gedrückt wird. Das häufiger benutzte Aftertouch-Kommando ist »Channel Aftertouch« (D*n tt*). In diesem Fall bezieht sich der Aftertouch-Anschlag auf alle Töne, die gerade auf dem spezifizierten Kanal gespielt werden. Das andere Kommando »Polyphonic Aftertouch« (A*n kk tt*) ist ein Aftertouch-Anschlag, der kanalspezifisch auf eine bestimmte Note bezogen ist.

Ein Keyboard hat neben den Tasten für die Noten im allgemeinen noch zusätzliche Schalter und Einrichtungen, die eine weitergehende Gestaltung der Klangcharakteristik gewählter Stimmen gestatten. Die Zustandsbeschreibung dieser Bedienelemente (»Controller«) erfolgt durch die Kommandofamilie »Control Change« (B*n cc xx*), wobei bis zu 121 Bedienelemente (*cc*) unterschieden werden. Die restlichen sechs möglichen Control-Change-Kommandos steuern kanalspezifisch die monophonen bzw. polyphonen Eigenschaften des Synthesizers.

Ein sehr wichtiges Bedienelement ist das Stimmrad, über das sich die Grundstimmung des Synthesizers nach oben oder unten verschieben läßt. Ihm ist das MIDI-Kommando »Pitch Weel Change« (E*n ll hh*) zugeordnet.

In Tabelle 22.2 fehlen die Kommandos mit den Statusbytes F0 bis FF. Sie werden MIDI-Systemkommandos genannt, da sich ihre Wirkung nicht nur auf jeweils einen Kanal, sondern auf das gesamte MIDI-System erstreckt. Sie werden im allgemeinen für Zwecke eingesetzt, die mit der Synchronisation, der Sequenzertriggerung, dem Zurücksetzen von Hardware und dem Abfragen von Informationen im Zusammenhang stehen.

Viele MIDI-Controller senden einen steten Strom von Active-Sense-Kommandos (FE). Dieses Kommando soll angeschlossenen MIDI-Geräten signalisieren, dass der Controller noch aktiv ist.

Ein wichtiges Systemkommando ist »System Exclusive« (F0). Dieses Kommando ermöglicht es, Datenblocks zu übertragen, die in einem herstellerspezifischen Format vorliegen. Auf diese Weise kann man einem Synthesizer zum Beispiel mit gerätespezifischen Definitionen neue Stimmen beibringen. Das System-Exclusive-Kommando ist das einzige MIDI-Kommando, dem mehr als zwei Datenbytes folgen können. Da ein Datenbyte eindeutig daran erkennbar ist, dass sein Wert kleiner 128 (höchstwertiges Bit gelöscht) ist, ist eine Längenangabe für den Datenblock nicht erforderlich. Der Form halber wird ein Datenblock durch das Statusbyte (F7) abgeschlossen.

Das System-Exclusive-Kommando wird auch dafür verwendet, Informationen (zum Beispiel Stimmendefinitionen) von einem Synthesizer abzurufen. Der Synthesizer schickt die Daten dann über seinen MIDI-Ausgang. Wenn Sie ein MIDI-Programm geräteunabhängig gestalten wollen, empfiehlt es sich allerdings, keine System-Exclusive-Kommandos zu verwenden.

Eine MIDI-Datei (.MID) ist eine Sammlung von MIDI-Kommandos mit Zeitinformationen. Sie kann am einfachsten über das MCI abgespielt werden.

Im restlichen Teil dieses Kapitels werde ich die hardwarenahen *midiOut*-Funktionen vorstellen.

Abspielen von MIDI-Sequenzen

Die hardwarenahe MIDI-API von Windows besteht aus einer Familie von Funktionen, deren Bezeichner den Präfix *midiIn* bzw. *midiOut* tragen. Die *midiIn*-Funktionen sind für das Lesen von MIDI-Sequenzen externer Controller, die *midiOut*-Funktionen für die Ausgabe von Musik auf internen oder externen Synthesizern zuständig. Der Einsatz dieser Funktionen setzt eigentlich keinerlei Wissen über die Hardware-Schnittstelle des MIDI-Geräts voraus, obwohl der Ausdruck »hardwarenah« das suggerieren mag.

Um mit einem MIDI-Gerät Musik abzuspielen, muß es mit der Funktion *midiOutOpen* für die Ausgabe geöffnet werden:

```
error = midiOutOpen (&hMidiOut, wDeviceID, dwCallBack, dwCallBackData, dwFlags) ;
```

Die Funktion liefert den Wert 0, wenn der Aufruf erfolgreich war, ansonsten einen Fehlercode. Solange die Parameter für den Aufruf korrekt angegeben sind, wird ein Fehler im allgemeinen darauf zurückzuführen sein, dass das MIDI-Gerät bereits von einer anderen Anwendung aus mit Beschlag belegt worden ist.

Der erste Parameter ist ein Zeiger auf eine Variable des Typs HMIDIOUT, die im Erfolgsfall mit einem Handle für das MIDI-Ausgabegerät gesetzt wird. Der zweite Parameter ist eine Gerätekennung. Sein Wert kann zwischen 0 und der (über *midiOutGetNumDevs* ermittelbaren) Gesamtzahl der MIDI-Geräte minus Eins liegen. Alternativ können Sie hier die von MMSYSTEM.H als -1 definierte Konstante MIDIMAPPER verwenden und so dem Betriebssystem die Auswahl des »bevorzugten« MIDI-Ausgabegeräts überlassen. Für die restlichen drei Parameter von *midiOutOpen* wird man in den allermeisten Fällen NULL bzw. 0 angeben.

Sobald ein Handle für das MIDI-Ausgabegerät vorliegt, ist die Ausgabe von MIDI-Kommandos durch die Funktion *midiOutShortMsg* möglich:

```
error = midiOutShortMsg (hMidiOut, dwMessage) ;
```

Als ersten Parameter erwartet diese Funktion den von *midiOutOpen* gelieferten Handle, als zweiten ein MIDI-Kommando mit ein bis drei Bytes, das als 32-Bit-Wert (DWORD) verpackt ist. Wie in den vorigen Abschnitten bereits näher ausgeführt, beginnt ein MIDI-Kommando immer mit einem Statusbyte, gefolgt von null bis zwei Datenbytes. Bei der Umsetzung in ein DWORD geht die Reihenfolge von niederwertig nach höherwertig, das heißt, das Statusbyte steht im niederwertigen Byte, das erste Datenbyte wird um 8, das zweite um 16 Bit nach links geschoben. Das höchstwertige Byte ist somit immer 0x00.

Um beispielsweise ein mittleres C (die Note mit der Kennung 0x3C) mit der dem MIDI-Kanal 5 zugeordneten Stimme und der Anschlaggeschwindigkeit 0x7F zu spielen, lautet das MIDI-Kommando:

```
0x95 0x3C 0x7F
```

Für *dwMessage* ergibt sich damit der Wert 0x007F3C95.

Die drei wichtigsten MIDI-Kommandos sind das Programmwechsel-, das Note-An- und das Note-Aus-Kommando. Nach dem Öffnen des MIDI-Ausgabegeräts wird man im allgemeinen zuerst Programmwechsel-Kommandos verschicken, um die Kanäle des MIDI-Geräts mit den gewünschten Stimmen zu belegen, und dann Note-An- und Note-Aus-Kommandos in gleicher Anzahl.

Wenn das MIDI-Ausgabegerät nicht mehr benötigt wird, sollte es vor dem Schließen mit *midiOutReset* zurückgesetzt werden, um sicherzustellen, dass keine Noten mehr gehalten werden:

```
midiOutReset (hMidiOut) ;
```

Das Schließen besorgt die Funktion *midiOutClose*:

```
midiOutClose (hMidiOut) ;
```

midiOutOpen, *midiOutShortMsg*, *midiOutReset* und *midiOutClose* sind die vier zentralen API-Funktionen für die Ausgabe von MIDI-Sequenzen über die hardwarenahe MIDI-Schnittstelle. Damit ist der Weg für die Ausgabe eigener MIDI-Musik geebnet. Das in Abbildung 22.8 aufgelistete Programm BACHTOCC spielt den ersten Takt der Tokkata von J. S. Bachs berühmter Tokkata und Fuge in D-Moll für Orgel.

BACHTOCC.C

```
/*-------------------------------------------------
   BACHTOCC.C -- Bach-Tokkata in D-Moll (erster Takt)
                 (c) Charles Petzold, 1998
  -------------------------------------------------*/

#include <windows.h>

#define ID_TIMER    1

LRESULT CALLBACK WndProc (HWND, UINT, WPARAM, LPARAM) ;

TCHAR szAppName[] = TEXT ("BachTocc") ;

int WINAPI WinMain (HINSTANCE hInstance, HINSTANCE hPrevInstance,
                    PSTR szCmdLine, int iCmdShow)
{
     HWND     hwnd ;
     MSG      msg ;
     WNDCLASS wndclass ;
```

```
     wndclass.style         = CS_HREDRAW | CS_VREDRAW ;
     wndclass.lpfnWndProc   = WndProc ;
     wndclass.cbClsExtra    = 0 ;
     wndclass.cbWndExtra    = 0 ;
     wndclass.hInstance     = hInstance ;
     wndclass.hIcon         = LoadIcon (NULL, IDI_APPLICATION) ;
     wndclass.hCursor       = LoadCursor (NULL, IDC_ARROW) ;
     wndclass.hbrBackground = GetStockObject (WHITE_BRUSH) ;
     wndclass.lpszMenuName  = NULL ;
     wndclass.lpszClassName = szAppName ;

     if (!RegisterClass (&wndclass))
     {
          // UNICODE-Kompilierung ist die einzige realistische Fehlermöglichkeit
          MessageBox (NULL, TEXT ("Programm arbeitet mit Unicode und setzt Windows NT voraus!"),
                      szAppName, MB_ICONERROR) ;
          return 0 ;
     }

     hwnd = CreateWindow (szAppName,
                          TEXT ("Bach Toccata in D-Moll (erster Takt)"),
                          WS_OVERLAPPEDWINDOW,
                          CW_USEDEFAULT, CW_USEDEFAULT,
                          CW_USEDEFAULT, CW_USEDEFAULT,
                          NULL, NULL, hInstance, NULL) ;

     if (!hwnd)
          return 0 ;

     ShowWindow (hwnd, iCmdShow) ;
     UpdateWindow (hwnd) ;

     while (GetMessage (&msg, NULL, 0, 0))
     {
          TranslateMessage (&msg) ;
          DispatchMessage (&msg) ;
     }
     return msg.wParam ;
}

DWORD MidiOutMessage (HMIDIOUT hMidi, int iStatus, int iChannel,
                                      int iData1,  int iData2)
{
     DWORD dwMessage = iStatus | iChannel | (iData1 << 8) | (iData2 << 16) ;

     return midiOutShortMsg (hMidi, dwMessage) ;
}

LRESULT CALLBACK WndProc (HWND hwnd, UINT message, WPARAM wParam, LPARAM lParam)
{
     static struct
     {
          int iDur ;
          int iNote [2] ;
     }
```

```
noteseq [] = { 110, 69, 81,  110, 67, 79,  990, 69, 81,  220, -1, -1,
               110, 67, 79,  110, 65, 77,  110, 64, 76,  110, 62, 74,
               220, 61, 73,  440, 62, 74, 1980, -1, -1,  110, 57, 69,
               110, 55, 67,  990, 57, 69,  220, -1, -1,  220, 52, 64,
               220, 53, 65,  220, 49, 61,  440, 50, 62, 1980, -1, -1 } ;

static HMIDIOUT hMidiOut ;
static int      iIndex ;
int             i ;

switch (message)
{
case WM_CREATE:
     // Standardmäßiges MIDI-Ausgabegerät öffnen
     if (midiOutOpen (&hMidiOut, MIDIMAPPER, 0, 0, 0))
     {
          MessageBeep (MB_ICONEXCLAMATION) ;
          MessageBox (hwnd, TEXT ("Kann MIDI-Ausgabegerät nicht öffnen!"),
                                  szAppName, MB_ICONEXCLAMATION | MB_OK) ;
          return -1 ;
     }

     // Programmwechsel-Kommando für Kirchenorgel"
     MidiOutMessage (hMidiOut, 0xC0,  0, 19, 0) ;
     MidiOutMessage (hMidiOut, 0xC0, 12, 19, 0) ;

     SetTimer (hwnd, ID_TIMER, 1000, NULL) ;
     return 0 ;

case WM_TIMER:
     // Schleife für polyphone Ausgabe von 2 Noten
     for (i = 0 ; i < 2 ; i++)
     {
          // Note-Aus-Kommandos für vorige Note
          if (iIndex != 0 && noteseq[iIndex - 1].iNote[i] != -1)
          {
               MidiOutMessage (hMidiOut, 0x80,  0, noteseq[iIndex - 1].iNote[i], 0) ;
               MidiOutMessage (hMidiOut, 0x80, 12, noteseq[iIndex - 1].iNote[i], 0) ;
          }

          // Note-An-Kommandos für nächste Note
          if (iIndex != sizeof (noteseq) / sizeof (noteseq[0]) &&
               noteseq[iIndex].iNote[i] != -1)
           {
               MidiOutMessage (hMidiOut, 0x90,  0, noteseq[iIndex].iNote[i], 127) ;

               MidiOutMessage (hMidiOut, 0x90, 12, noteseq[iIndex].iNote[i], 127) ;
          }
     }

     if (iIndex != sizeof (noteseq) / sizeof (noteseq[0]))
     {
          SetTimer (hwnd, ID_TIMER, noteseq[iIndex++].iDur - 1, NULL) ;
     }
     else
     {
```

```
            KillTimer (hwnd, ID_TIMER) ;
            DestroyWindow (hwnd) ;
        }
        return 0 ;

    case WM_DESTROY:
        midiOutReset (hMidiOut) ;
        midiOutClose (hMidiOut) ;
        PostQuitMessage (0) ;
        return 0 ;
    }
    return DefWindowProc (hwnd, message, wParam, lParam) ;
}
```

Abbildung 22.8: *Das Programm* BACHTOCC

Abbildung 22.9 zeigt die dazugehörigen Noten.

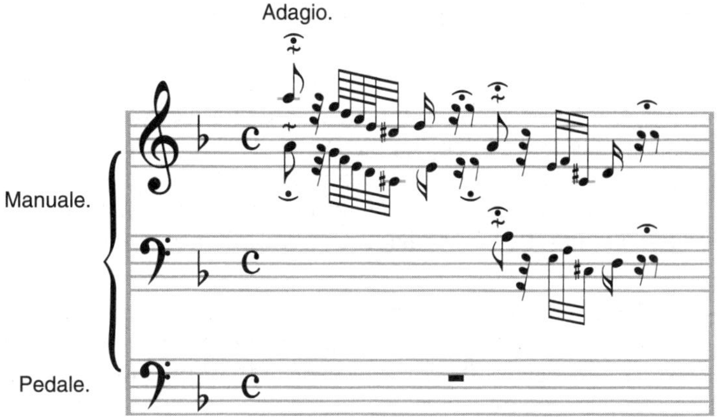

Abbildung 22.9: *Erster Takt der »Tokkata und Fuge in D-Moll« von J. S. Bach*

Im allgemeinen wird man MIDI-Sequenzen unter Verwendung eines Keyboards schlicht aufzeichnen. Will man eine Musik dagegen vom Blatt spielen, ist es nötig, die Noten als Folge von MIDI-Kommandos zu codieren, d.h. in Note-An- und Note-Aus-Kommandos unter Angabe der Notenkennung und der Anschlaggeschwindigkeiten umzusetzen. Da die Tastatur einer Orgel keine Variation der Anschlaggeschwindigkeit ermöglicht, kann das Programm BACHTOCC alle Noten mit ein und derselben mittleren Anschlaggeschwindigkeit spielen. Eine weitere Vereinfachung besteht darin, dass das Programm auf eine Unterscheidung zwischen den Spielweisen *stakkato* und *legato* verzichtet. (Bei der Spielweise *stakkato* werden die Noten unter Einhaltung sehr kurzer Zwischenräume – also abgehackt – gespielt, während sie bei der Spielweise *legato* ineinander überfließen.) Es spielt die Noten vielmehr in strikter Abfolge.

Wenn Sie den in Abbildung 22.11 abgedruckten ersten Takt der Tokkata lesen können, werden Sie bemerken, dass rechte und linke Hand Noten derselben Länge in verschiedenen Oktaven spielen. Ich habe daher eine dreielementige Datenstruktur (Variable *noteseq*) benutzt, die es ermöglicht, die Dauer und die Kennung je zweier gleichzeitig angeschlagener Noten zu speichern. Leider ließ sich dieser vereinfachende Ansatz nicht auf den zweiten Takt ausweiten, weshalb das Demonstrationsprogramm nicht über den ersten Takt der Tokkata hinauskommt. Für die zeitliche Interpretation habe ich festgelegt, dass eine Viertelnote die Länge von 1760 Millisekunden hat. Damit dauert die Achtelnote (ein Fähnchen) 880 ms, die Sechzehntelnote (zwei Fähnchen) 440 ms usw.

Der erste Takt enthält zwei Pralltriller – einen über die erste Note, den anderen über die erste Note der zweite Takthälfte –, die durch zwei Tilden mit kurzer vertikaler Linie in der Mitte notiert sind. In der Barockmusik hat dieses Zeichen die Bedeutung, dass die Note als drei Noten gespielt werden soll – die Note selbst, eine Note darunter und dann wieder die Note selbst. Dabei sind die ersten beiden Noten des Trillers in schneller Abfolge zu spielen, und die dritte Note des Trillers wird schließlich gehalten, bis die Spieldauer der Gesamtnote erreicht ist. Zum Beispiel ist die erste Note ein A mit Pralltriller, der als A-G-A gespielt wird. Ich habe aus den ersten beiden Noten Vierundsechzigstel gemacht, so dass jede eine Dauer von 110 ms hat.

Weiterhin enthält der Takt vier Fermate, Haltezeichen, die durch Halbkreise mit darunter gelegenem Punkt notiert sind. Das Haltezeichen bedeutet, dass die Noten darunter – nach Ermessen des Interpreten – länger gehalten werden sollen durch das Notenzeichen vorgeschrieben. Ich habe die Spieldauer für Noten unter einem Haltezeichen um 50 Prozent erhöht.

Wie Sie sehen, ist die MIDI-Kodierung selbst eines vergleichsweise noch einfach erscheinenden Musikstücks wie die »Bach-Tokkata in D-Moll« nicht gerade trivial und frei von Ermessensentscheidungen.

Das Strukturarray *noteseq* sieht je Arrayelemente drei Datenfelder vor: Die Dauer eines jeweils gleichzeitig angespielten Notenpaars, die Notenkennung für die rechte und die Notenkennung für die linke Hand. So hat zum Beispiel das erste Notenpaar die Dauer von 110 ms, die Kennung 69 für die linke (das normale A liegt 9 Tasten hinter dem mittleren C mit der Kennung 60) und die Kennung 81 (also das A in der eingestrichenen Oktave) für die rechte Hand. Damit sind die Feldwerte für das erste Arrayelement 110, 69 und 81. Pausen habe ich mit der Notenkennung -1 codiert.

Das Programm setzt bei WM_CREATE einen Windows-Timer, um nach einer Sekunde den Abspielvorgang anzustoßen, der als Behandlung der WM_TIMER-Nachricht implementiert ist. Dies geschieht nach dem Öffnen des standardmäßigen MIDI-Ausgabegeräts MIDIMAPPER durch die Funktion *midiOutOpen* und der Instrumentenzuweisung.

BACHTOCC benötigt eine Instrumentenstimme, nämlich die Kirchenorgel. Da es zwei Noten zugleich, also polyphon, spielen muß, arbeitet es mit zwei MIDI-Kanälen (0 und 12), denen die gleiche Stimme zugeordnet ist. Der General-MIDI-Standard sieht für die Kirchenorgel den Programmplatz 19 vor. Die entsprechenden Programmwechsel-Kommandos erfolgen während der Behandlung der WM_CREATE-Nachricht – noch vor dem Setzen des Windows-Timers. Die programmeigene Hilfsfunktion *MidiOutMessage* erledigt die Verpackung der Komponenten eines MIDI-Kommandos in 32-Bit-Werte und den Aufruf von *midiOutShortMsg*. Als Parameter erwartet diese Hilfsfunktion einen Geräte-Handle, ein Statusbyte, eine Kanalnummer und zwei Datenbytes.

Der Code für die Behandlung der WM_TIMER-Nachricht besteht aus einer Polyphonie-Schleife, die jeweils das zuletzt angespielte Notenpaar – sofern es keine Pause war – mit Note-Aus-Kommandos und das nächste Notenpaar – sofern es keine Pause ist – mit Note-An-Kommandos für die Kanäle 0 und 12 bedenkt, sowie einem Aufruf des Timers, der die Spieldauer des aktuell angespielten Notenpaars festlegt.

Auf das Erreichen des Array-Endes reagiert das Programm mit einem Aufruf von *DestroyWindow*. Diese Funktion schließt das an sich funktionslose Fenster des Programms und generiert die Nachricht WM_DESTROY, deren Behandlung die Aufrufe der Funktionen *midiOutReset* und *midiOutClose* zum Rücksetzen und Schließen des MIDI-Ausgabegeräts enthält.

Obwohl das Programm BACHTOCC eine passable Interpretation der Musik zustande bringt (wenn auch nicht exakt das, was ein menschlicher Interpret daraus machen würde), ist es generell kein gangbarer Weg, MIDI-Sequenzen auf Basis des Windows-Timers abzuspielen. Das liegt daran, dass der Windows-Timer einfach nicht zuverlässig und exakt genug arbeitet, um auch gehobeneren Ansprüchen bei der MIDI-Wiedergabe gerecht zu werden. Da das Timer-Signal nicht asynchron ist, trifft es nicht exakt genug ein, um den Takt zuverlässig zu halten. Insbesondere durch das Multitasking entstehen unerwünschte kleine Verzögerungen, die sich aufsummieren und unangenehm auswirken können. Schlimmer noch, WM_TIMER-Nachrichten können auch verlorengehen, wenn sich das Programm nicht umgehend um sie kümmert. Die Verfälschung der Musik wäre auf alle Fälle selbst für ungeübte Ohren hörbar.

Werten Sie also den Ansatz, den BACHTOCC verfolgt, als gutgemeinten Versuch, die Prinzipien der MIDI-Synthese zu verdeutlichen, nicht aber als Standardlösung. Für ein zuverlässigeres Timing bei der MIDI-Wiedergabe stellt Windows einen Satz von Funktionen bereit, deren Bezeichner den Präfix *time* tragen. Die Auflösung des dadurch implementierten Timers ist bis auf eine Millisekunde zuverlässig. Den Einsatz der *time*-Funktionen werde ich im Zusammenhang mit dem Programm DRUM gegen Ende dieses Kapitel vorstellen.

PC-Tastatur als Keyboard für den MIDI-Synthesizer

Da man als PC-Benutzer für gewöhnlich kein MIDI-Keyboard zur Verfügung hat, mit dem sich mal eben eine MIDI-Sequenz aufzeichnen läßt, macht es Sinn, die PC-Tastatur entsprechend umzufunktionieren. Die Keyboard-Simulation, die das in Abbildung 22.10 aufgelistete Programm KBMIDI bereitstellt, reicht zumindest aus, um die Möglichkeiten des im Rahmen der Soundkarte vorhandenen bzw. eines externen MIDI-Synthesizers auszuprobieren und zu erforschen. Abgesehen davon, dass es schlicht Spaß macht, mal auf seiner Schreibmaschinentastatur Klavier zu spielen, gibt das Programm wertvolle Einblicke in die Art, wie die MIDI-Unterstützung unter Windows implementiert ist. Da Englisch die lingua franca der MIDI-Welt darstellt, sind die Instrumentennamen auch in der deutschen Version dieses Programms unverändert geblieben. (Und falls Sie sich wundern: Das Glockenspiel heißt tatsächlich überall so.)

KBMIDI.C

```
/*---------------------------------------
   KBMIDI.C -- PC-Tastatur als MIDI-Keyboard
               (c) Charles Petzold, 1998
  ---------------------------------------*/

#include <windows.h>

// Menükennungen
// -------------------

#define IDM_OPEN    0x100
#define IDM_CLOSE   0x101
#define IDM_DEVICE  0x200
#define IDM_CHANNEL 0x300
#define IDM_VOICE   0x400

LRESULT CALLBACK WndProc (HWND, UINT, WPARAM, LPARAM);

TCHAR    szAppName [] = TEXT ("KBMidi") ;
HMIDIOUT hMidiOut ;
```

```
int      iDevice = MIDIMAPPER, iChannel = 0, iVoice = 0, iVelocity = 64 ;
int      cxCaps, cyChar, xOffset, yOffset ;

     // Strukturen und Daten für die menübasierte Auswahl der Stimmen und Instrumente
     // ---------------------------------------------------------------------------

typedef struct
{
     TCHAR * szInst ;
     int     iVoice ;
}
INSTRUMENT ;

typedef struct
{
     TCHAR      * szFam ;
     INSTRUMENT   inst [8] ;
}
FAMILY ;

FAMILY fam [16] = {

     TEXT ("Piano"),

          TEXT ("Acoustic Grand Piano"),        0,
          TEXT ("Bright Acoustic Piano"),       1,
          TEXT ("Electric Grand Piano"),        2,
          TEXT ("Honky-tonk Piano"),            3,
          TEXT ("Rhodes Piano"),                4,
          TEXT ("Chorused Piano"),              5,
          TEXT ("Harpsichord"),                 6,
          TEXT ("Clavinet"),                    7,

     TEXT ("Chromatic Percussion"),

          TEXT ("Celesta"),                     8,
          TEXT ("Glockenspiel"),                9,
          TEXT ("Music Box"),                   10,
          TEXT ("Vibraphone"),                  11,
          TEXT ("Marimba"),                     12,
          TEXT ("Xylophone"),                   13,
          TEXT ("Tubular Bells"),               14,
          TEXT ("Dulcimer"),                    15,

     TEXT ("Organ"),

          TEXT ("Hammond Organ"),               16,
          TEXT ("Percussive Organ"),            17,
          TEXT ("Rock Organ"),                  18,
          TEXT ("Church Organ"),                19,
          TEXT ("Reed Organ"),                  20,
          TEXT ("Accordian"),                   21,
          TEXT ("Harmonica"),                   22,
          TEXT ("Tango Accordian"),             23,

     TEXT ("Guitar"),
```

```
        TEXT ("Acoustic Guitar (nylon)"),      24,
        TEXT ("Acoustic Guitar (steel)"),      25,
        TEXT ("Electric Guitar (jazz)"),       26,
        TEXT ("Electric Guitar (clean)"),      27,
        TEXT ("Electric Guitar (muted)"),      28,
        TEXT ("Overdriven Guitar"),            29,
        TEXT ("Distortion Guitar"),            30,
        TEXT ("Guitar Harmonics"),             31,

    TEXT ("Bass"),

        TEXT ("Acoustic Bass"),                32,
        TEXT ("Electric Bass (finger)"),       33,
        TEXT ("Electric Bass (pick)"),         34,
        TEXT ("Fretless Bass"),                35,
        TEXT ("Slap Bass 1"),                  36,
        TEXT ("Slap Bass 2"),                  37,
        TEXT ("Synth Bass 1"),                 38,
        TEXT ("Synth Bass 2"),                 39,

    TEXT ("Strings"),

        TEXT ("Violin"),                       40,
        TEXT ("Viola"),                        41,
        TEXT ("Cello"),                        42,
        TEXT ("Contrabass"),                   43,
        TEXT ("Tremolo Strings"),              44,
        TEXT ("Pizzicato Strings"),            45,
        TEXT ("Orchestral Harp"),              46,
        TEXT ("Timpani"),                      47,

    TEXT ("Ensemble"),

        TEXT ("String Ensemble 1"),            48,
        TEXT ("String Ensemble 2"),            49,
        TEXT ("Synth Strings 1"),              50,
        TEXT ("Synth Strings 2"),              51,
        TEXT ("Choir Aahs"),                   52,
        TEXT ("Voice Oohs"),                   53,
        TEXT ("Synth Voice"),                  54,
        TEXT ("Orchestra Hit"),                55,

    TEXT ("Brass"),

        TEXT ("Trumpet"),                      56,
        TEXT ("Trombone"),                     57,
        TEXT ("Tuba"),                         58,
        TEXT ("Muted Trumpet"),                59,
        TEXT ("French Horn"),                  60,
        TEXT ("Brass Section"),                61,
        TEXT ("Synth Brass 1"),                62,
        TEXT ("Synth Brass 2"),                63,

    TEXT ("Reed"),
```

```
        TEXT ("Soprano Sax"),               64,
        TEXT ("Alto Sax"),                  65,
        TEXT ("Tenor Sax"),                 66,
        TEXT ("Baritone Sax"),              67,
        TEXT ("Oboe"),                      68,
        TEXT ("English Horn"),              69,
        TEXT ("Bassoon"),                   70,
        TEXT ("Clarinet"),                  71,

    TEXT ("Pipe"),

        TEXT ("Piccolo"),                   72,
        TEXT ("Flute"),                     73,
        TEXT ("Recorder"),                  74,
        TEXT ("Pan Flute"),                 75,
        TEXT ("Bottle Blow"),               76,
        TEXT ("Shakuhachi"),                77,
        TEXT ("Whistle"),                   78,
        TEXT ("Ocarina"),                   79,

    TEXT ("Synth Lead"),

        TEXT ("Lead 1 (square)"),           80,
        TEXT ("Lead 2 (sawtooth)"),         81,
        TEXT ("Lead 3 (caliope lead)"),     82,
        TEXT ("Lead 4 (chiff lead)"),       83,
        TEXT ("Lead 5 (charang)"),          84,
        TEXT ("Lead 6 (voice)"),            85,
        TEXT ("Lead 7 (fifths)"),           86,
        TEXT ("Lead 8 (brass + lead)"),     87,

    TEXT ("Synth Pad"),

        TEXT ("Pad 1 (new age)"),           88,
        TEXT ("Pad 2 (warm)"),              89,
        TEXT ("Pad 3 (polysynth)"),         90,
        TEXT ("Pad 4 (choir)"),             91,
        TEXT ("Pad 5 (bowed)"),             92,
        TEXT ("Pad 6 (metallic)"),          93,
        TEXT ("Pad 7 (halo)"),              94,
        TEXT ("Pad 8 (sweep)"),             95,

    TEXT ("Synth Effects"),

        TEXT ("FX 1 (rain)"),               96,
        TEXT ("FX 2 (soundtrack)"),         97,
        TEXT ("FX 3 (crystal)"),            98,
        TEXT ("FX 4 (atmosphere)"),         99,
        TEXT ("FX 5 (brightness)"),         100,
        TEXT ("FX 6 (goblins)"),            101,
        TEXT ("FX 7 (echoes)"),             102,
        TEXT ("FX 8 (sci-fi)"),             103,

    TEXT ("Ethnic"),

        TEXT ("Sitar"),                     104,
```

```
        TEXT ("Banjo"),                     105,
        TEXT ("Shamisen"),                  106,
        TEXT ("Koto"),                      107,
        TEXT ("Kalimba"),                   108,
        TEXT ("Bagpipe"),                   109,
        TEXT ("Fiddle"),                    110,
        TEXT ("Shanai"),                    111,

    TEXT ("Percussive"),

        TEXT ("Tinkle Bell"),               112,
        TEXT ("Agogo"),                     113,
        TEXT ("Steel Drums"),               114,
        TEXT ("Woodblock"),                 115,
        TEXT ("Taiko Drum"),                116,
        TEXT ("Melodic Tom"),               117,
        TEXT ("Synth Drum"),                118,
        TEXT ("Reverse Cymbal"),            119,

    TEXT ("Sound Effects"),

        TEXT ("Guitar Fret Noise"),         120,
        TEXT ("Breath Noise"),              121,
        TEXT ("Seashore"),                  122,
        TEXT ("Bird Tweet"),                123,
        TEXT ("Telephone Ring"),            124,
        TEXT ("Helicopter"),                125,
        TEXT ("Applause"),                  126,
        TEXT ("Gunshot"),                   127 } ;

    // Übersetzung der Tastaturcodes in Oktaven und Noten
    // ------------------------------------------------

#define NUMSCANS    (sizeof key / sizeof key[0])

struct
{
    int     iOctave ;
    int     iNote ;
    int     yPos ;
    int     xPos ;
    TCHAR * szKey ;
}
key [] =
 {
                                    // T-Code  Zeichen  Oktave  Note
                                    // ----     ----    ------  ----
      -1, -1, -1, -1, NULL,         //   0      Kein
      -1, -1, -1, -1, NULL,         //   1      Esc
      -1, -1,  0,  0, TEXT (""),    //   2        1
       5,  1,  0,  2, TEXT ("C#"),  //   3        2        5      C#
       5,  3,  0,  4, TEXT ("D#"),  //   4        3        5      D#
      -1, -1,  0,  6, TEXT (""),    //   5        4
       5,  6,  0,  8, TEXT ("F#"),  //   6        5        5      F#
       5,  8,  0, 10, TEXT ("G#"),  //   7        6        5      G#
       5, 10,  0, 12, TEXT ("A#"),  //   8        7        5      A#
```

```
     -1, -1,  0, 14, TEXT (""),        //  9        8
      6,  1,  0, 16, TEXT ("C#"),      // 10        9       6        C#
      6,  3,  0, 18, TEXT ("D#"),      // 11        0       6        D#
     -1, -1,  0, 20, TEXT (""),        // 12        -
      6,  6,  0, 22, TEXT ("F#"),      // 13        =       6        F#
     -1, -1, -1, -1, NULL,             // 14    Rücktaste

     -1, -1, -1, -1, NULL,             // 15       Tab
      5,  0,  1,  1, TEXT ("C"),       // 16        q       5        C
      5,  2,  1,  3, TEXT ("D"),       // 17        w       5        D
      5,  4,  1,  5, TEXT ("E"),       // 18        e       5        E
      5,  5,  1,  7, TEXT ("F"),       // 19        r       5        F
      5,  7,  1,  9, TEXT ("G"),       // 20        t       5        G
      5,  9,  1, 11, TEXT ("A"),       // 21        y       5        A
      5, 11,  1, 13, TEXT ("H"),       // 22        u       5        H
      6,  0,  1, 15, TEXT ("C"),       // 23        i       6        C
      6,  2,  1, 17, TEXT ("D"),       // 24        o       6        D
      6,  4,  1, 19, TEXT ("E"),       // 25        p       6        E
      6,  5,  1, 21, TEXT ("F"),       // 26        [       6        F
      6,  7,  1, 23, TEXT ("G"),       // 27        ]       6        G
     -1, -1, -1, -1, NULL,             // 28      Enter

     -1, -1, -1, -1, NULL,             // 29      Strg
      3,  8,  2,  2, TEXT ("G#"),      // 30        a       3        G#
      3, 10,  2,  4, TEXT ("A#"),      // 31        s       3        A#
     -1, -1,  2,  6, TEXT (""),        // 32        d
      4,  1,  2,  8, TEXT ("C#"),      // 33        f       4        C#
      4,  3,  2, 10, TEXT ("D#"),      // 34        g       4        D#
     -1, -1,  2, 12, TEXT (""),        // 35        h
      4,  6,  2, 14, TEXT ("F#"),      // 36        j       4        F#
      4,  8,  2, 16, TEXT ("G#"),      // 37        k       4        G#
      4, 10,  2, 18, TEXT ("A#"),      // 38        l       4        A#
     -1, -1,  2, 20, TEXT (""),        // 39        ;
      5,  1,  2, 22, TEXT ("C#"),      // 40        '       5        C#
     -1, -1, -1, -1, NULL,             // 41        `
     -1, -1, -1, -1, NULL,             // 42      Umschalt
     -1, -1, -1, -1, NULL,             // 43        \  (Keine Zeilenfortsetzung)
      3,  9,  3,  3, TEXT ("A"),       // 44        z       3        A
      3, 11,  3,  5, TEXT ("H"),       // 45        x       3        H
      4,  0,  3,  7, TEXT ("C"),       // 46        c       4        C
      4,  2,  3,  9, TEXT ("D"),       // 47        v       4        D
      4,  4,  3, 11, TEXT ("E"),       // 48        b       4        E
      4,  5,  3, 13, TEXT ("F"),       // 49        n       4        F
      4,  7,  3, 15, TEXT ("G"),       // 50        m       4        G
      4,  9,  3, 17, TEXT ("A"),       // 51        ,       4        A
      4, 11,  3, 19, TEXT ("H"),       // 52        .       4        H
      5,  0,  3, 21, TEXT ("C")        // 53        /       5        C
} ;

int WINAPI WinMain (HINSTANCE hInstance, HINSTANCE hPrevInstance, PSTR szCmdLine, int iCmdShow)
{
     MSG      msg;
     HWND     hwnd ;
     WNDCLASS wndclass ;

     wndclass.style         = CS_HREDRAW | CS_VREDRAW ;
```

```
     wndclass.lpfnWndProc   = WndProc ;
     wndclass.cbClsExtra    = 0 ;
     wndclass.cbWndExtra    = 0 ;
     wndclass.hInstance     = hInstance ;
     wndclass.hIcon         = LoadIcon (NULL, IDI_APPLICATION) ;
     wndclass.hCursor       = LoadCursor (NULL, IDC_ARROW) ;
     wndclass.hbrBackground = GetStockObject (WHITE_BRUSH) ;
     wndclass.lpszMenuName  = NULL ;
     wndclass.lpszClassName = szAppName ;

     if (!RegisterClass (&wndclass))
     {
          // UNICODE-Kompilierung ist die einzige realistische Fehlermöglichkeit
          MessageBox (NULL, TEXT ("Programm arbeitet mit Unicode und setzt Windows NT voraus!"),
                      szAppName, MB_ICONERROR) ;
          return 0 ;
     }

     hwnd = CreateWindow (szAppName, TEXT ("PC-Tastatur als MIDI-Keyboard"),
                          WS_OVERLAPPEDWINDOW | WS_HSCROLL | WS_VSCROLL,
                          CW_USEDEFAULT, CW_USEDEFAULT,
                          CW_USEDEFAULT, CW_USEDEFAULT,
                          NULL, NULL, hInstance, NULL) ;

     if (!hwnd)
          return 0 ;

     ShowWindow (hwnd, iCmdShow) ;
     UpdateWindow (hwnd);

     while (GetMessage (&msg, NULL, 0, 0))
     {
          TranslateMessage (&msg) ;
          DispatchMessage (&msg) ;
     }
     return msg.wParam ;
}

// Zusammenstellen des Menüs (Aufruf in WndProc, WM_CREATE)
// -------------------------------------------------------

HMENU CreateTheMenu (int iNumDevs)
{
     TCHAR       szBuffer [32] ;
     HMENU       hMenu, hMenuPopup, hMenuSubPopup ;
     int         i, iFam, iIns ;
     MIDIOUTCAPS moc ;

     hMenu = CreateMenu () ;

     // Status-Menü
     hMenuPopup = CreateMenu () ;

     AppendMenu (hMenuPopup, MF_STRING, IDM_OPEN, TEXT ("&Öffnen")) ;
     AppendMenu (hMenuPopup, MF_STRING | MF_CHECKED, IDM_CLOSE, TEXT ("&Schließen")) ;
```

```
     AppendMenu (hMenu, MF_STRING | MF_POPUP, (UINT) hMenuPopup, TEXT ("&Status")) ;

     // MIDI-Gerät-Menü
     hMenuPopup = CreateMenu () ;

     // MIDI-Mapper zur Auswahl stellen, wenn installiert
     if (!midiOutGetDevCaps (MIDIMAPPER, &moc, sizeof (moc)))
          AppendMenu (hMenuPopup, MF_STRING, IDM_DEVICE + (int) MIDIMAPPER, moc.szPname) ;
     else
          iDevice = 0 ;

     // weitere MIDI-Geräte aufführen
     for (i = 0 ; i < iNumDevs ; i++)
     {
          midiOutGetDevCaps (i, &moc, sizeof (moc)) ;
          AppendMenu (hMenuPopup, MF_STRING, IDM_DEVICE + i, moc.szPname) ;
     }

     CheckMenuItem (hMenuPopup, 0, MF_BYPOSITION | MF_CHECKED) ;
     AppendMenu (hMenu, MF_STRING | MF_POPUP, (UINT) hMenuPopup, TEXT ("&MIDI-Gerät")) ;

          // Kanal-Menü

     hMenuPopup = CreateMenu () ;

     for (i = 0 ; i < 16 ; i++)
     {
          wsprintf (szBuffer, TEXT ("%d"), i + 1) ;
          AppendMenu (hMenuPopup, MF_STRING | (i ? MF_UNCHECKED : MF_CHECKED),
                                  IDM_CHANNEL + i, szBuffer) ;
     }

     AppendMenu (hMenu, MF_STRING | MF_POPUP, (UINT) hMenuPopup, TEXT ("&Kanal")) ;

     // Stimmen-Menü
     hMenuPopup = CreateMenu () ;

     for (iFam = 0 ; iFam < 16 ; iFam++)
     {
          hMenuSubPopup = CreateMenu () ;

          for (iIns = 0 ; iIns < 8 ; iIns++)
          {
               wsprintf (szBuffer, TEXT ("&%d.\t%s"), iIns + 1, fam[iFam].inst[iIns].szInst) ;
               AppendMenu (hMenuSubPopup,
                           MF_STRING | (fam[iFam].inst[iIns].iVoice ? MF_UNCHECKED : MF_CHECKED),
                           fam[iFam].inst[iIns].iVoice + IDM_VOICE, szBuffer) ;
          }

          wsprintf (szBuffer, TEXT ("&%c.\t%s"), 'A' + iFam, fam[iFam].szFam) ;
          AppendMenu (hMenuPopup, MF_STRING | MF_POPUP, (UINT) hMenuSubPopup, szBuffer) ;
     }
     AppendMenu (hMenu, MF_STRING | MF_POPUP, (UINT) hMenuPopup,  TEXT ("&Stimme")) ;
     return hMenu ;
}
```

```
// Routinen zur einfacheren MIDI-Ausgabe
// -----------------------------------

DWORD MidiOutMessage (HMIDIOUT hMidi, int iStatus, int iChannel, int iData1,  int iData2)
{
     DWORD dwMessage ;

     dwMessage - iStatus | iChannel | (iData1 << 8) | (iData2 << 16) ;

     return midiOutShortMsg (hMidi, dwMessage) ;
}

DWORD MidiNoteOff (HMIDIOUT hMidi, int iChannel, int iOct, int iNote, int iVel)
{
     return MidiOutMessage (hMidi, 0x080, iChannel, 12 * iOct + iNote, iVel) ;
}

DWORD MidiNoteOn (HMIDIOUT hMidi, int iChannel, int iOct, int iNote, int iVel)
{
     return MidiOutMessage (hMidi, 0x090, iChannel, 12 * iOct + iNote, iVel) ;
}

DWORD MidiSetPatch (HMIDIOUT hMidi, int iChannel, int iVoice)
{
     return MidiOutMessage (hMidi, 0x0C0, iChannel, iVoice, 0) ;
}

DWORD MidiPitchBend (HMIDIOUT hMidi, int iChannel, int iBend)
{
     return MidiOutMessage (hMidi, 0x0E0, iChannel, iBend & 0x7F, iBend >> 7) ;
}

// Einzelne Taste in Fenster zeichnen
// ---------------------------------

VOID DrawKey (HDC hdc, int iScanCode, BOOL fInvert)
{
     RECT rc ;
     rc.left   = 3 * cxCaps * key[iScanCode].xPos / 2 + xOffset ;
     rc.top    = 3 * cyChar * key[iScanCode].yPos / 2 + yOffset ;
     rc.right  = rc.left + 3 * cxCaps ;
     rc.bottom = rc.top  + 3 * cyChar / 2 ;

     SetTextColor (hdc, fInvert ? 0x00FFFFFFul : 0x00000000ul) ;
     SetBkColor   (hdc, fInvert ? 0x00000000ul : 0x00FFFFFFul) ;

     FillRect (hdc, &rc, GetStockObject (fInvert ? BLACK_BRUSH : WHITE_BRUSH)) ;

     DrawText (hdc, key[iScanCode].szKey, -1, &rc, DT_SINGLELINE | DT_CENTER | DT_VCENTER) ;

     FrameRect (hdc, &rc, GetStockObject (BLACK_BRUSH)) ;
}

// Tastatur-Ereignis verarbeiten
// -----------------------------------
```

```
VOID ProcessKey (HDC hdc, UINT message, LPARAM lParam)
{
     int iScanCode, iOctave, iNote ;

     iScanCode = 0x0FF & HIWORD (lParam) ;

     if (iScanCode >= NUMSCANS)                     // Keine Tastaturcodes über 53
          return ;

     if ((iOctave = key[iScanCode].iOctave) == -1)  // Keine Notenkennung
          return ;

     if (GetKeyState (VK_SHIFT) < 0)
          iOctave += 0x20000000 & lParam ? 2 : 1 ;

     if (GetKeyState (VK_CONTROL) < 0)
          iOctave -= 0x20000000 & lParam ? 2 : 1 ;

     iNote = key[iScanCode].iNote ;

     if (message == WM_KEYUP)                        // Taste losgelassen
     {
          MidiNoteOff (hMidiOut, iChannel, iOctave, iNote, 0) ;   // Note-Aus
          DrawKey (hdc, iScanCode, FALSE) ;
          return ;
     }

     if (0x40000000 & lParam)
           return ;

     MidiNoteOn (hMidiOut, iChannel, iOctave, iNote, iVelocity) ; // Note-An
     DrawKey (hdc, iScanCode, TRUE) ;                // Taste invertiert zeichnen
}

// Fensterroutine
// ----------------

LRESULT CALLBACK WndProc (HWND hwnd, UINT message, WPARAM wParam, LPARAM lParam)
{
     static BOOL bOpened = FALSE ;
     HDC         hdc ;
     HMENU       hMenu ;
     int         i, iNumDevs, iPitchBend, cxClient, cyClient ;
     MIDIOUTCAPS moc ;
     PAINTSTRUCT ps ;
     SIZE        size ;
     TCHAR       szBuffer [16] ;

     switch (message)
     {
     case WM_CREATE:
          // Größe der Großbuchstaben der Systemschrift ermitteln
          hdc = GetDC (hwnd) ;

          GetTextExtentPoint (hdc, TEXT ("M"), 1, &size) ;
          cxCaps = size.cx ;
```

```
          cyChar = size.cy ;

          ReleaseDC (hwnd, hdc) ;

          // Horizontale Bildlaufleiste (Anschlag) initialisieren
          SetScrollRange (hwnd, SB_HORZ, 1, 127, FALSE) ;
          SetScrollPos   (hwnd, SB_HORZ, iVelocity, TRUE) ;

         // Vertikale Bildlaufleiste (Stimmung) initialisieren
          SetScrollRange (hwnd, SB_VERT, 0, 16383, FALSE) ;
          SetScrollPos   (hwnd, SB_VERT, 8192, TRUE) ;

          // Anzahl der MIDI-Geräte ermitteln und Menü erstellen
          if (0 == (iNumDevs = midiOutGetNumDevs ()))
          {
               MessageBeep (MB_ICONSTOP) ;
               MessageBox (hwnd, TEXT ("Kein MIDI-Ausgabegerät installiert!"),
                                 szAppName, MB_OK | MB_ICONSTOP) ;
               return -1 ;
          }
          SetMenu (hwnd, CreateTheMenu (iNumDevs)) ;
          return 0 ;

     case WM_SIZE:
          cxClient = LOWORD (lParam) ;
          cyClient = HIWORD (lParam) ;

          xOffset = (cxClient - 25 * 3 * cxCaps / 2) / 2 ;
          yOffset = (cyClient - 11 * cyChar) / 2 + 5 * cyChar ;
          return 0 ;

     case WM_COMMAND:
          hMenu = GetMenu (hwnd) ;

              // Menübefehl "Öffnen"

          if (LOWORD (wParam) == IDM_OPEN && !bOpened)
          {
               if (midiOutOpen (&hMidiOut, iDevice, 0, 0, 0))
               {
                    MessageBeep (MB_ICONEXCLAMATION) ;
                    MessageBox (hwnd, TEXT ("Kann MIDI-Gerät nicht öffnen"),
                                szAppName, MB_OK | MB_ICONEXCLAMATION) ;
               }
               else
               {
                    CheckMenuItem (hMenu, IDM_OPEN,  MF_CHECKED) ;
                    CheckMenuItem (hMenu, IDM_CLOSE, MF_UNCHECKED) ;

                    MidiSetPatch (hMidiOut, iChannel, iVoice) ;
                    bOpened = TRUE ;
               }
          }
          else if (LOWORD (wParam) == IDM_CLOSE && bOpened)    // Menübefehl "Schließen"
          {
               CheckMenuItem (hMenu, IDM_OPEN,  MF_UNCHECKED) ;
```

```
          CheckMenuItem (hMenu, IDM_CLOSE, MF_CHECKED) ;

          // Alle Kanäle abschalten und Gerät schließen
          for (i = 0 ; i < 16 ; i++)
              MidiOutMessage (hMidiOut, 0xB0, i, 123, 0) ;

          midiOutClose (hMidiOut) ;
          bOpened = FALSE ;
     }
     else if (LOWORD (wParam) >= IDM_DEVICE - 1 &&  LOWORD (wParam) <  IDM_CHANNEL)
     {    // Menübefehl MIDI-Gerät
          CheckMenuItem (hMenu, IDM_DEVICE + iDevice, MF_UNCHECKED) ;
          iDevice = LOWORD (wParam) - IDM_DEVICE ;
          CheckMenuItem (hMenu, IDM_DEVICE + iDevice, MF_CHECKED) ;

          // voriges MIDI-Gerät schließen und neues öffnen
          if (bOpened)
          {
              SendMessage (hwnd, WM_COMMAND, IDM_CLOSE, 0L) ;
              SendMessage (hwnd, WM_COMMAND, IDM_OPEN,  0L) ;
          }
     }
     else if (LOWORD (wParam) >= IDM_CHANNEL && LOWORD (wParam) <  IDM_VOICE)
     {    // Menübefehl "Kanal"
          CheckMenuItem (hMenu, IDM_CHANNEL + iChannel, MF_UNCHECKED);
          iChannel = LOWORD (wParam) - IDM_CHANNEL ;
          CheckMenuItem (hMenu, IDM_CHANNEL + iChannel, MF_CHECKED) ;

          if (bOpened)
              MidiSetPatch (hMidiOut, iChannel, iVoice) ;
     }

     else if (LOWORD (wParam) >= IDM_VOICE)
     {    // Menübefehl "Stimme"
          CheckMenuItem (hMenu, IDM_VOICE + iVoice, MF_UNCHECKED) ;
          iVoice = LOWORD (wParam) - IDM_VOICE ;
          CheckMenuItem (hMenu, IDM_VOICE + iVoice, MF_CHECKED) ;

          if (bOpened)
             MidiSetPatch (hMidiOut, iChannel, iVoice) ;
     }

     InvalidateRect (hwnd, NULL, TRUE) ;
     return 0 ;

     // Tasten-Nachrichten verarbeiten
case WM_KEYUP:
case WM_KEYDOWN:
     hdc = GetDC (hwnd) ;

     if (bOpened)
          ProcessKey (hdc, message, lParam) ;

     ReleaseDC (hwnd, hdc) ;
     return 0 ;
```

```
case WM_CHAR:
     if (bOpened && wParam == 27)  // Nach Esc alle Tasten abschalten und neu zeichnen
     {
          for (i = 0 ; i < 16 ; i++)
               MidiOutMessage (hMidiOut, 0xB0, i, 123, 0) ;

          InvalidateRect (hwnd, NULL, TRUE) ;
     }
     return 0 ;

case WM_HSCROLL:                  // Horizontaler Bildlauf: Anschlaggeschwindigkeit
     switch (LOWORD (wParam))
     {
     case SB_LINEUP:         iVelocity -= 1 ;  break ;
     case SB_LINEDOWN:       iVelocity += 1 ;  break ;
     case SB_PAGEUP:         iVelocity -= 8 ;  break ;
     case SB_PAGEDOWN:       iVelocity += 8 ;  break ;
     case SB_THUMBPOSITION:  iVelocity = HIWORD (wParam) ;  break ;
     default:                return 0 ;
     }
     iVelocity = max (1, min (iVelocity, 127)) ;
     SetScrollPos (hwnd, SB_HORZ, iVelocity, TRUE) ;
     return 0 ;


case WM_VSCROLL:            // Vertikaler Bildlauf: Stimmung
     switch (LOWORD (wParam))
     {
     case SB_THUMBTRACK:    iPitchBend = 16383 - HIWORD (wParam) ;  break ;
     case SB_THUMBPOSITION: iPitchBend = 8191 ;                     break ;
     default:               return 0 ;
     }
     iPitchBend = max (0, min (iPitchBend, 16383)) ;
     SetScrollPos (hwnd, SB_VERT, 16383 - iPitchBend, TRUE) ;

     if (bOpened)
          MidiPitchBend (hMidiOut, iChannel, iPitchBend) ;
     return 0 ;

case WM_PAINT:
     hdc = BeginPaint (hwnd, &ps) ;

     for (i = 0 ; i < NUMSCANS ; i++)
          if (key[i].xPos != -1)
               DrawKey (hdc, i, FALSE) ;

     midiOutGetDevCaps (iDevice, &moc, sizeof (MIDIOUTCAPS)) ;
     wsprintf (szBuffer, TEXT ("Kanal %i"), iChannel + 1) ;

     TextOut (hdc, cxCaps, 1 * cyChar,
                   bOpened ? TEXT ("Gerät geöffnet") : TEXT ("Kein Gerät offen"),
                   bOpened ? 14 : 16) ;
     TextOut (hdc, cxCaps, 2 * cyChar, moc.szPname, lstrlen (moc.szPname)) ;
     TextOut (hdc, cxCaps, 3 * cyChar, szBuffer, lstrlen (szBuffer)) ;
     TextOut (hdc, cxCaps, 4 * cyChar,
                   fam[iVoice / 8].inst[iVoice % 8].szInst,
```

```
            lstrlen (fam[iVoice / 8].inst[iVoice % 8].szInst)) ;

        EndPaint (hwnd, &ps) ;
        return 0 ;

    case WM_DESTROY :
        SendMessage (hwnd, WM_COMMAND, IDM_CLOSE, 0L) ;
        PostQuitMessage (0) ;
        return 0 ;
    }
    return DefWindowProc (hwnd, message, wParam, lParam) ;
}
```

Abbildung 22.10: *Das Programm* KBMIDI

Wenn Sie das Programm KBMIDI starten, zeigt das Fenster eine Darstellung der PC-Tastatur mit einer dem Klavier nachempfundenen Notenbelegung. Die Ganztöne finden sich in der unteren und oberen Buchstabenreihe, die Halbtöne in der mittleren Buchstabenreihe und in der Zahlenreihe. Das »y« entspricht dem tiefen A (110 Hz), das »x« dem tiefen H usw. Die Halbtöne liegen »zwischen« den Ganztönen, eine Reihe höher. Der Tonumfang ist drei Oktaven vom tiefen A zum eingestrichenen G. Die Strg-Taste erniedrigt jeden Ton um eine Oktave, und die Umschalttaste erhöht jeden Ton um eine Oktave. Damit ist der effektive Tonumfang also fünf Oktaven.

Wer unmittelbar nach Programmstart das Tippen anfängt, wird noch nichts zu hören bekommen: Bevor der erste Ton erklingen kann, muß ein MIDI-Ausgabegerät durch den Befehl *Öffnen* im Menü *Status* geöffnet werden. Die Auswahl des MIDI-Geräts ist im Menü *MIDI-Gerät* möglich und hängt davon ab, welche MIDI-Geräte in Ihrem System installiert sind (eine sichere Wahl ist immer *MIDI Mapper*). Sobald das MIDI-Ausgabegerät geöffnet ist, können Sie in die Tasten greifen. Jede der belegten Tasten erzeugt dann entsprechend der Tastenbelegung beim Drücken ein Note-An-Kommando und beim Loslassen ein Note-Aus-Kommando. Einige PC-Tastaturen machen dabei sogar polyphones Spielen möglich.

Der Befehl *Schließen* im *Status*-Menü schließt das MIDI-Gerät wieder. Das ist zum Beispiel nützlich, wenn nebenher ein anderes MIDI-Programm unter Windows laufen soll.

Das Programm ermittelt die im Menü *MIDI-Gerät* aufgelisteten Geräte durch ein Aufruf der Funktion *midiOutGetDevCaps*. Wenn in dem verwendeten System eine gewöhnliche Soundkarte installiert ist, stehen drei Geräte zur Auswahl. Das erste ist das standardmäßige MIDI-Ausgabegerät MIDIMAPPER (die Festlegung dieses Geräts kann auf der Registerkarte *MIDI* im Multimedia-Applet der Systemsteuerung geändert werden), das zweite die externe MIDI-Out-Schnittstelle der Soundkarte und das dritte der interne MIDI-Synthesizer der Soundkarte.

Im Menü *Kanal* läßt sich testhalber der Kanal auswählen, über den die Ausgabe erfolgt. (»Testhalber« deshalb, weil KBMIDI alle Ausgaben schlicht über den jeweils gewählten Kanal schickt und keine Instrumentenzuweisungen für die einzelnen Kanäle unterscheidet.)

Das *Stimme*-Menü ermöglicht schließlich die Auswahl des Instrumentenklangs. Die 16 Einträge des Menüs sind Instrumentenfamilien, denen je ein Untermenü mit acht Einträgen für die einzelnen Instrumente zugeordnet ist. Insgesamt stehen damit alle 128 durch die General MIDI Specification festgelegten Instrumentenklänge zur Auswahl, die wegen ihrer Unterscheidung der Tonhöhe in die Kategorie »melodische Stimmen« fallen.

Die General MIDI Specification definiert weiterhin eine Fülle nicht-melodischer Schlaginstrumente. Um diese Instrumente zu spielen, stellen Sie den Kanal 10 sowie die erste Instrumentenstimme (Acoustic Grand Piano) ein. Die 47 verschiedenen Klangdefinitionen für Percussionklänge reichen von der Notenkennung 35 (das H zwei Oktaven unter dem mittleren C, also Strg+x) bis zur Notenkennung 81 (das A fast zwei Oktaven über dem mittleren C, also Umschalt+z). Das im nächsten Abschnitt vorgestellte Programm DRUM beschäftigt sich noch näher mit diesem Kanal.

Das Fenster des Programms KBMIDI verfügt über eine horizontale und eine vertikale Bildlaufleiste. Über die horizontale Bildlaufleiste läßt sich die Anschlaggeschwindigkeit für alle Noten einstellen, die PC-Tastatur liefert dafür ja keine Werte. Im allgemeinen macht sich eine höhere Anschlaggeschwindigkeit als Lautstärkezunahme bemerkbar. Die vertikale Bildlaufleiste ermöglicht es, die Höhe bereits angespielter Töne zu variieren. (Um die Funktion auszuprobieren, halten Sie einige Tasten gedrückt und verändern mit gedrückter Maustaste die Position der Bildlaufmarke. Sobald Sie die Maustaste wieder lösen, springt die Tonhöhe auf die Standardstimmung zurück.)

Die Bedienung der beiden Bildlaufleisten (insbesondere der vertikalen) kann ein wenig trickreich sein. Das liegt daran, dass die Window-Prozedur während der Manipulation der Bildlaufleisten keinerlei Tastatur-Nachrichten erhält. Aus diesem Grund läßt sich nur die Tonhöhe bereits angespielter Töne verändern. Läßt man die Tasten während der Manipulation einer Bildlaufmarke los, klingen die Töne, solange die Maustaste gedrückt ist, langsam ab. Während der Mausoperation gedrückte Tasten ignoriert das Programm dagegen. Ähnlich verhält es sich mit Menüoperationen. Auch sollte man die Tasten Strg und Umschalt nicht loslassen, während noch Tasten gedrückt sind, da die gespielten Töne sonst nachklingen und explizit mit Esc zum Verstummen gebracht werden müssen. (Diese Taste veranlaßt das Programm, Note-Aus-Kommandos für alle 16 Kanäle des MIDI-Synthesizers zu generieren.) Kurz gesagt, die Bedienung ist nicht sehr professionell, aber durchaus ausreichend für Test- und Demozwecke.

KBMIDI kommt ohne Ressourcenskript aus, weil das Programm sein Menü selbständig zur Laufzeit generiert. Die MIDI-Gerätenamen liefert *midiOutGetDevCaps*, die Namen der Instrumente (auf deren Eindeutschung bei der Übersetzung verzichtet wurde) entstammen einer umfangreichen Datenstruktur, deren Initialisierungswerte im Quelltext definiert sind.

Das Programm bedient sich einiger kurzer Hilfsfunktionen, die den Umgang mit den MIDI-Kommandos erleichtern sollen. Auf die im Programm verwendeten MIDI-Kommandos bin ich – bis auf das Pitch-Bend-Kommando – weiter oben schon genauer eingegangen. Das Pitch-Bend-Kommando verwendet die beiden Datenbytes (14 Bit!) zur Beschreibung der Tönhöhenverschiebung. Werte zwischen 0 und 0x1FFF erniedrigen die Tonhöhe, Werte zwischen 0x2001 und 0x3FFF erhöhen sie.

Den Menübefehl *Öffnen* behandelt das Programm, indem es die Funktion *midiOutOpen* unter Angabe des im Menü *MIDI-Gerät* ausgewählten Gerätes aufruft. Die danach aufgerufene Hilfsfunktion *MidiSetPatch* setzt die im *Stimme*-Menü eingestellte Stimme für das erfolgreich geöffnete Gerät.

Die Nachrichten WM_KEYDOWN und WM_KEYUP bewirken, dass KBMIDI die Tastencodes anhand einer internen Übersetzungstabelle umsetzt und entsprechende Note-An- und Note-Aus-Kommandos an das MIDI-Ausgabegerät verschickt. So hat beispielsweise das »Y« auf dem deutschen Tastaturlayout den Scancode 44. Diesen Code interpretiert die Hilfsfunktion *MidiNoteOn* als Note 9 in Oktave 3 – somit als »A« – und macht daraus die MIDI-Notenkennung 45 (12 * 3 + 9). Dieselbe Übersetzungstabelle nutzt das Programm auch für die Fensterdarstellung und Animation der Notentasten.

Die Behandlung der horizontalen Bildlaufleiste ist unkompliziert, da einfach nur der neue Wert für die Anschlaggeschwindigkeit zu speichern und die Marke der Bildlaufleiste zu aktualisieren ist. Die Behandlung der vertikalen Bildlaufleiste ist dagegen etwas ungewöhnlich. Das Programm reagiert nur auf die Nachrichten SB_THUMBTRACK (d.h. das Ziehen der Marke mit der Maus) und SB_THUMBPOSITION (d.h. das Ende der Ziehaktion). Die Nachricht SB_THUMBTRACK erzeugt wie gesagt das »Pitch Bend«-Kommando und verändert die Stimmung in Abhängigkeit von der Distanz der aktuellen Markenposition zum Mittelwert. Die Nachricht SB_THUMBPOSITION setzt die Marke wieder in die Mitte und die Stimmung auf normal, was einem Wert von 8192 entspricht. Die Hilfsfunktion *MidiPitchBend* setzt den Wert für die Stimmung jeweils in ein MIDI-Kommando mit zwei 7-Bit-Datenbytes für die Weiterverarbeitung durch *MidiOutMessage* um.

Ein MIDI-Sequenzer für Schlaginstrumente

Es gibt eine Reihe von Schlaginstrumenten wie das Xylophon oder Timpani, die als melodische oder chromatische Instrumente klassifiziert werden, weil sie unterschiedliche Tonhöhen hervorbringen können. Ein Xylophon hat hölzerne Klötzchen verschiedener Länge für die verschiedenen Töne, und eine Timpani läßt sich während des Spielens umstimmen. Die Stimmen dieser beiden Instrumente lassen sich im Programm KBMIDI über das Menü *Stimme* fest einstellen und spielen.

Neben diesen beiden gibt es eine wahre Fülle von Schlaginstrumenten, die schlicht einen Ton oder ein Geräusch produzieren – entweder zur Vorgabe eines Rhythmus oder zu seiner Akzentuierung. Da sich diese Instrumente nicht stimmen lassen, sind sie durch die General MIDI Specification als eigenständige Stimme (47 Notenkennungen stehen für je ein anderes Schlaginstrument) zusammengefaßt, die nur über den MIDI-Kanal 10 hörbar gemacht werden kann.

Abbildung 22.11 listet die Quelltexte für das Programm DRUM auf. Dieses Programm implementiert einen MIDI-Sequenzer, der als »Drum Machine« mit interaktiver Programmierung einsetzbar ist. Das Programm unterstützt Sequenzen mit bis zu 32 Anschlägen sowie 47 Schlaginstrumenten und wiederholt sie auf Wunsch endlos. Geschwindigkeit und Tempo lassen sich über die Bildlaufleisten einstellen. Auch das Speichern und Laden fertiger Sequenzen ist möglich. Was die Übersetzung der Instrumentennamen betrifft, gilt hier dasselbe wie bei den Menüs von KBMIDI.

DRUM.C

```
/*---------------------------------------
   DRUM.C -- MIDI-Sequenzer (Drum Machine)
             (c) Charles Petzold, 1998
  ---------------------------------------*/

#include <windows.h>
#include <stdlib.h>
#include <string.h>
#include <math.h>
#include "drumtime.h"
#include "drumfile.h"
#include "resource.h"

LRESULT CALLBACK WndProc   (HWND, UINT, WPARAM, LPARAM) ;
BOOL    CALLBACK AboutProc (HWND, UINT, WPARAM, LPARAM) ;

void DrawRectangle (HDC, int, int, DWORD *, DWORD *) ;
void ErrorMessage  (HWND, TCHAR *, TCHAR *) ;
void DoCaption     (HWND, TCHAR *) ;
int  AskAboutSave  (HWND, TCHAR *) ;
```

```
TCHAR * szPerc [NUM_PERC] =
{
     TEXT ("Acoustic Bass Drum"), TEXT ("Bass Drum 1"),
     TEXT ("Side Stick"),         TEXT ("Acoustic Snare"),
     TEXT ("Hand Clap"),          TEXT ("Electric Snare"),
     TEXT ("Low Floor Tom"),      TEXT ("Closed High Hat"),
     TEXT ("High Floor Tom"),     TEXT ("Pedal High Hat"),
     TEXT ("Low Tom"),            TEXT ("Open High Hat"),
     TEXT ("Low-Mid Tom"),        TEXT ("High-Mid Tom"),
     TEXT ("Crash Cymbal 1"),     TEXT ("High Tom"),
     TEXT ("Ride Cymbal 1"),      TEXT ("Chinese Cymbal"),
     TEXT ("Ride Bell"),          TEXT ("Tambourine"),
     TEXT ("Splash Cymbal"),      TEXT ("Cowbell"),
     TEXT ("Crash Cymbal 2"),     TEXT ("Vibraslap"),
     TEXT ("Ride Cymbal 2"),      TEXT ("High Bongo"),
     TEXT ("Low Bongo"),          TEXT ("Mute High Conga"),
     TEXT ("Open High Conga"),    TEXT ("Low Conga"),
     TEXT ("High Timbale"),       TEXT ("Low Timbale"),
     TEXT ("High Agogo"),         TEXT ("Low Agogo"),
     TEXT ("Cabasa"),             TEXT ("Maracas"),
     TEXT ("Short Whistle"),      TEXT ("Long Whistle"),
     TEXT ("Short Guiro"),        TEXT ("Long Guiro"),
     TEXT ("Claves"),             TEXT ("High Wood Block"),
     TEXT ("Low Wood Block"),     TEXT ("Mute Cuica"),
     TEXT ("Open Cuica"),         TEXT ("Mute Triangle"),
     TEXT ("Open Triangle")
} ;

TCHAR   szAppName  [] = TEXT ("Drum") ;
TCHAR   szUntitled [] = TEXT ("(Unbenannt)") ;
TCHAR   szBuffer [80 + MAX_PATH] ;
HANDLE  hInst ;
int     cxChar, cyChar ;

int WINAPI WinMain (HINSTANCE hInstance, HINSTANCE hPrevInstance, PSTR szCmdLine, int iCmdShow)
{
     HWND         hwnd ;
     MSG          msg ;
     WNDCLASS     wndclass ;

     hInst = hInstance ;

     wndclass.style         = CS_HREDRAW | CS_VREDRAW ;
     wndclass.lpfnWndProc   = WndProc ;
     wndclass.cbClsExtra    = 0 ;
     wndclass.cbWndExtra    = 0 ;
     wndclass.hInstance     = hInstance ;
     wndclass.hIcon         = LoadIcon (hInstance, szAppName) ;
     wndclass.hCursor       = LoadCursor (NULL, IDC_ARROW) ;
     wndclass.hbrBackground = GetStockObject (WHITE_BRUSH) ;
     wndclass.lpszMenuName  = szAppName ;
     wndclass.lpszClassName = szAppName ;

     if (!RegisterClass (&wndclass))
     {
          // UNICODE-Kompilierung ist die einzige realistische Fehlermöglichkeit
```

```
          MessageBox (NULL, TEXT ("Programm arbeitet mit Unicode und setzt Windows NT voraus!"),
                      szAppName, MB_ICONERROR) ;
          return 0 ;
     }

     hwnd = CreateWindow (szAppName, NULL,
                          WS_OVERLAPPED | WS_CAPTION | WS_SYSMENU |
                                WS_MINIMIZEBOX | WS_HSCROLL | WS_VSCROLL,
                          CW_USEDEFAULT, CW_USEDEFAULT,
                          CW_USEDEFAULT, CW_USEDEFAULT,
                          NULL, NULL, hInstance, szCmdLine) ;

     ShowWindow (hwnd, iCmdShow) ;
     UpdateWindow (hwnd) ;

     while (GetMessage (&msg, NULL, 0, 0))
     {
          TranslateMessage (&msg) ;
          DispatchMessage (&msg) ;
     }
     return msg.wParam ;
}

LRESULT CALLBACK WndProc (HWND hwnd, UINT message, WPARAM wParam, LPARAM lParam)
{
     static BOOL  bNeedSave ;
     static DRUM  drum ;
     static HMENU hMenu ;
     static int   iTempo = 50, iIndexLast ;
     static TCHAR szFileName  [MAX_PATH], szTitleName [MAX_PATH] ;
     HDC          hdc ;
     int          i, x, y ;
     PAINTSTRUCT  ps ;
     POINT        point ;
     RECT         rect ;
     TCHAR      * szError ;

     switch (message)
     {
     case WM_CREATE:
               // DRUM-Struktur initialisieren
          drum.iMsecPerBeat = 100 ;
          drum.iVelocity    =  64 ;
          drum.iNumBeats    =  32 ;

          DrumSetParams (&drum) ;

               // Weitere Initialisierungen (Schrift- und Fenstergröße)
          cxChar = LOWORD (GetDialogBaseUnits ()) ;
          cyChar = HIWORD (GetDialogBaseUnits ()) ;

          GetWindowRect (hwnd, &rect) ;
          MoveWindow (hwnd, rect.left, rect.top,  77 * cxChar, 29 * cyChar, FALSE) ;

          hMenu = GetMenu (hwnd) ;
```

```
          // "Lautstärke"-Bildlaufleiste
          SetScrollRange (hwnd, SB_HORZ, 1, 127, FALSE) ;
          SetScrollPos   (hwnd, SB_HORZ, drum.iVelocity, TRUE) ;

          // "Tempo"-Bildlaufleiste
          SetScrollRange (hwnd, SB_VERT, 0, 100, FALSE) ;
          SetScrollPos   (hwnd, SB_VERT, iTempo, TRUE) ;

          DoCaption (hwnd, szTitleName) ;
          return 0 ;

     case WM_COMMAND:
          switch (LOWORD (wParam))
          {
          case IDM_FILE_NEW:
               if (bNeedSave && IDCANCEL == AskAboutSave (hwnd, szTitleName))
                    return 0 ;

                    // Sequenz löschen

               for (i = 0 ; i < NUM_PERC ; i++)
               {
                    drum.dwSeqPerc [i] = 0 ;
                    drum.dwSeqPian [i] = 0 ;
               }

               InvalidateRect (hwnd, NULL, FALSE) ;
               DrumSetParams (&drum) ;
               bNeedSave = FALSE ;
               return 0 ;

          case IDM_FILE_OPEN:
               // Aktuelle Sequenz zuerst abspeichern
               if (bNeedSave && IDCANCEL ==
                    AskAboutSave (hwnd, szTitleName))
                    return 0 ;

               // Dateiauswahl für gespeicherte Sequenz
               if (DrumFileOpenDlg (hwnd, szFileName, szTitleName))
               {
                    szError = DrumFileRead (&drum, szFileName) ;

                    if (szError != NULL)
                    {
                         ErrorMessage (hwnd, szError, szTitleName) ;
                         szTitleName [0] = '\0' ;
                    }
                    else
                    {
                         // Neue Parameter setzen
                         iTempo = (int) (50 * (log10 (drum.iMsecPerBeat) - 1)) ;

                         SetScrollPos (hwnd, SB_VERT, iTempo, TRUE) ;
                         SetScrollPos (hwnd, SB_HORZ, drum.iVelocity, TRUE) ;

                         DrumSetParams (&drum) ;
```

```
                InvalidateRect (hwnd, NULL, FALSE) ;
                bNeedSave = FALSE ;
            }

            DoCaption (hwnd, szTitleName) ;
        }
        return 0 ;

    case IDM_FILE_SAVE:
    case IDM_FILE_SAVE_AS:
         // Aktuelle Sequenz in Datei speichern
        if ((LOWORD (wParam) == IDM_FILE_SAVE && szTitleName [0]) ||
                DrumFileSaveDlg (hwnd, szFileName, szTitleName))
        {
            szError = DrumFileWrite (&drum, szFileName) ;

            if (szError != NULL)
            {
                ErrorMessage (hwnd, szError, szTitleName) ;
                szTitleName [0] = '\0' ;
            }
            else
                bNeedSave = FALSE ;

            DoCaption (hwnd, szTitleName) ;
        }
        return 0 ;

    case IDM_APP_EXIT:
        SendMessage (hwnd, WM_SYSCOMMAND, SC_CLOSE, 0L) ;
        return 0 ;

    case IDM_SEQUENCE_RUNNING:
        // Sequenz beginnen
         if (!DrumBeginSequence (hwnd))
        {
            ErrorMessage (hwnd,
                TEXT ("Konnte MIDI-Sequenz nicht starten")
                TEXT ("MIDI-Mapper-Gerät nicht verfügbar!"),
                szTitleName) ;
        }
        else
        {
            CheckMenuItem (hMenu, IDM_SEQUENCE_RUNNING,   MF_CHECKED) ;
            CheckMenuItem (hMenu, IDM_SEQUENCE_STOPPED, MF_UNCHECKED) ;
        }
        return 0 ;

    case IDM_SEQUENCE_STOPPED:
        // Sequenz nach Durchlauf beenden
        DrumEndSequence (FALSE) ;
        return 0 ;

    case IDM_APP_ABOUT:
        DialogBox (hInst, TEXT ("AboutBox"), hwnd, AboutProc) ;
        return 0 ;
```

```
          }
          return 0 ;

     case WM_LBUTTONDOWN:
     case WM_RBUTTONDOWN:
          hdc = GetDC (hwnd) ;

          // Mauskoordinaten in Gitterkoordinaten übersetzen
          x =     LOWORD (lParam) / cxChar - 40 ;
          y = 2 * HIWORD (lParam) / cyChar -  2 ;
               // Anzahl der Schläge je Sequenz neu setzen

          if (x > 0 && x <= 32 && y < 0)
          {
               SetTextColor (hdc, RGB (255, 255, 255)) ;
               TextOut (hdc, (40 + drum.iNumBeats) * cxChar, 0, TEXT (":|"), 2);
               SetTextColor (hdc, RGB (0, 0, 0)) ;

               if (drum.iNumBeats % 4 == 0)
                    TextOut (hdc, (40 + drum.iNumBeats) * cxChar, 0,
                             TEXT ("."), 1) ;

               drum.iNumBeats = x ;

               TextOut (hdc, (40 + drum.iNumBeats) * cxChar, 0, TEXT (":|"), 2);

               bNeedSave = TRUE ;
          }

          // Schlag von einzelnem Schlaginstrument setzen bzw. löschen
          if (x >= 0 && x < 32 && y >= 0 && y < NUM_PERC)
          {
               if (message == WM_LBUTTONDOWN)
                    drum.dwSeqPerc[y] ^= (1 << x) ;
               else
                    drum.dwSeqPian[y] ^= (1 << x) ;

               DrawRectangle (hdc, x, y, drum.dwSeqPerc, drum.dwSeqPian) ;

               bNeedSave = TRUE ;
          }

          ReleaseDC (hwnd, hdc) ;
          DrumSetParams (&drum) ;
          return 0 ;

     case WM_HSCROLL:
          // Anschlaggeschwindigkeit (Lautstärke) ändern
          switch (LOWORD (wParam))
          {
          case SB_LINEUP:         drum.iVelocity -= 1 ;  break ;
          case SB_LINEDOWN:       drum.iVelocity += 1 ;  break ;
          case SB_PAGEUP:         drum.iVelocity -= 8 ;  break ;
          case SB_PAGEDOWN:       drum.iVelocity += 8 ;  break ;
          case SB_THUMBPOSITION:
               drum.iVelocity = HIWORD (wParam) ;
```

```
          break ;

     default:
          return 0 ;
     }

     drum.iVelocity = max (1, min (drum.iVelocity, 127)) ;
     SetScrollPos (hwnd, SB_HORZ, drum.iVelocity, TRUE) ;
     DrumSetParams (&drum) ;
     bNeedSave = TRUE ;
     return 0 ;

case WM_VSCROLL:
     // Tempo verändern
     switch (LOWORD (wParam))
     {
     case SB_LINEUP:         iTempo -=  1 ;  break ;
     case SB_LINEDOWN:       iTempo +=  1 ;  break ;
     case SB_PAGEUP:         iTempo -= 10 ;  break ;
     case SB_PAGEDOWN:       iTempo += 10 ;  break ;
     case SB_THUMBPOSITION:
          iTempo = HIWORD (wParam) ;
          break ;

     default:
          return 0 ;
     }

     iTempo = max (0, min (iTempo, 100)) ;
     SetScrollPos (hwnd, SB_VERT, iTempo, TRUE) ;

     drum.iMsecPerBeat = (WORD) (10 * pow (100, iTempo / 100.0)) ;

     DrumSetParams (&drum) ;
     bNeedSave = TRUE ;
     return 0 ;

case WM_PAINT:
     hdc = BeginPaint (hwnd, &ps) ;

     SetTextAlign (hdc, TA_UPDATECP) ;
     SetBkMode (hdc, TRANSPARENT) ;

     // Text und horizontale Linien zeichnen
     for (i = 0 ; i < NUM_PERC ; i++)
     {
          MoveToEx (hdc, i & 1 ? 20 * cxChar : cxChar,
                         (2 * i + 3) * cyChar / 4, NULL) ;

          TextOut (hdc, 0, 0, szPerc [i], lstrlen (szPerc [i])) ;

          GetCurrentPositionEx (hdc, &point) ;

          MoveToEx (hdc,  point.x + cxChar, point.y + cyChar / 2, NULL) ;
          LineTo   (hdc,       39 * cxChar, point.y + cyChar / 2) ;
     }
```

```
        SetTextAlign (hdc, 0) ;

        // Gitterraster, Sequenzende und Instrumentenschläge zeichnen
        for (x = 0 ; x < 32 ; x++)
        {
             for (y = 0 ; y < NUM_PERC ; y++)
                  DrawRectangle (hdc, x, y, drum.dwSeqPerc, drum.dwSeqPian) ;

             SetTextColor (hdc, x == drum.iNumBeats - 1 ?
                                RGB (0, 0, 0) : RGB (255, 255, 255)) ;

             TextOut (hdc, (41 + x) * cxChar, 0, TEXT (":|"), 2) ;

             SetTextColor (hdc, RGB (0, 0, 0)) ;

             if (x % 4 == 0)
                  TextOut (hdc, (40 + x) * cxChar, 0, TEXT ("."), 1) ;
        }

        EndPaint (hwnd, &ps) ;
        return 0 ;

   case WM_USER_NOTIFY:
        // Rollenden Ball (Sequenzablauf) zeichnen
        hdc = GetDC (hwnd) ;

        SelectObject (hdc, GetStockObject (NULL_PEN)) ;
        SelectObject (hdc, GetStockObject (WHITE_BRUSH)) ;

        for (i = 0 ; i < 2 ; i++)
        {
             x = iIndexLast ;
             y = NUM_PERC + 1 ;

             Ellipse (hdc, (x + 40) * cxChar, (2 * y + 3) * cyChar / 4,
                  (x + 41) * cxChar, (2 * y + 5) * cyChar / 4);

             iIndexLast = wParam ;
             SelectObject (hdc, GetStockObject (BLACK_BRUSH)) ;
        }

        ReleaseDC (hwnd, hdc) ;
        return 0 ;

   case WM_USER_ERROR:
        ErrorMessage (hwnd, TEXT ("Kann Timer für Tempo nicht setzen"), szTitleName) ;

   case WM_USER_FINISHED:              // Sequenzende erreicht
        DrumEndSequence (TRUE) ;
        CheckMenuItem (hMenu, IDM_SEQUENCE_RUNNING,  MF_UNCHECKED) ;
        CheckMenuItem (hMenu, IDM_SEQUENCE_STOPPED, MF_CHECKED) ;
        return 0 ;

   case WM_CLOSE:
        if (!bNeedSave || IDCANCEL != AskAboutSave (hwnd, szTitleName))
```

```
               DestroyWindow (hwnd) ;

          return 0 ;

     case WM_QUERYENDSESSION:
          if (!bNeedSave || IDCANCEL != AskAboutSave (hwnd, szTitleName))
               return 1L ;

          return 0 ;

     case WM_DESTROY:
          DrumEndSequence (TRUE) ;
          PostQuitMessage (0) ;
          return 0 ;
     }
     return DefWindowProc (hwnd, message, wParam, lParam) ;
}

BOOL CALLBACK AboutProc (HWND hDlg, UINT message, WPARAM wParam, LPARAM lParam)
{
     switch (message)
     {
     case WM_INITDIALOG:
          return TRUE ;

     case WM_COMMAND:
          switch (LOWORD (wParam))
          {
          case IDOK:
               EndDialog (hDlg, 0) ;
               return TRUE ;
          }
          break ;
     }
     return FALSE ;
}

void DrawRectangle (HDC hdc, int x, int y, DWORD * dwSeqPerc, DWORD * dwSeqPian)
{
     int iBrush ;

     if (dwSeqPerc [y] & dwSeqPian [y] & (1L << x))
          iBrush = BLACK_BRUSH ;

     else if (dwSeqPerc [y] & (1L << x))
          iBrush = DKGRAY_BRUSH ;

     else if (dwSeqPian [y] & (1L << x))
          iBrush = LTGRAY_BRUSH ;

     else
          iBrush = WHITE_BRUSH ;

     SelectObject (hdc, GetStockObject (iBrush)) ;

     Rectangle (hdc, (x + 40) * cxChar    , (2 * y + 4) * cyChar / 4,
```

```
                    (x + 41) * cxChar + 1, (2 * y + 6) * cyChar / 4 + 1) ;
}

void ErrorMessage (HWND hwnd, TCHAR * szError, TCHAR * szTitleName)
{
     wsprintf (szBuffer, szError,
          (LPSTR) (szTitleName [0] ? szTitleName : szUntitled)) ;

     MessageBeep (MB_ICONEXCLAMATION) ;
     MessageBox (hwnd, szBuffer, szAppName, MB_OK | MB_ICONEXCLAMATION) ;
}

void DoCaption (HWND hwnd, TCHAR * szTitleName)
{
     wsprintf (szBuffer, TEXT ("MIDI-Sequenzer (Drum Machine) - %s"),
               (LPSTR) (szTitleName [0] ? szTitleName : szUntitled)) ;

     SetWindowText (hwnd, szBuffer) ;
}

int AskAboutSave (HWND hwnd, TCHAR * szTitleName)
{
     int iReturn ;

     wsprintf (szBuffer, TEXT ("Änderungen in %s speichern?"),
               (LPSTR) (szTitleName [0] ? szTitleName : szUntitled)) ;

     iReturn = MessageBox (hwnd, szBuffer, szAppName, MB_YESNOCANCEL | MB_ICONQUESTION) ;

     if (iReturn == IDYES)
          if (!SendMessage (hwnd, WM_COMMAND, IDM_FILE_SAVE, 0))
               iReturn = IDCANCEL ;

     return iReturn ;
}
```

DRUMTIME.H

```
/*-------------------------------------------------------
   DRUMTIME.H - Include-Datei für Zeitmodul, Programm DRUM
  -------------------------------------------------------*/

#define NUM_PERC         47
#define WM_USER_NOTIFY   (WM_USER + 1)
#define WM_USER_FINISHED (WM_USER + 2)
#define WM_USER_ERROR    (WM_USER + 3)

#pragma pack(push, 2)

typedef struct
{
     short iMsecPerBeat ;
     short iVelocity ;
     short iNumBeats ;
     DWORD dwSeqPerc [NUM_PERC] ;
     DWORD dwSeqPian [NUM_PERC] ;
}
```

```
DRUM, * PDRUM ;

#pragma pack(pop)

void DrumSetParams     (PDRUM) ;
BOOL DrumBeginSequence (HWND)  ;
void DrumEndSequence   (BOOL)  ;
```

DRUMTIME.C

```
/*-----------------------------------------
   DRUMTIME.C -- Zeitmodul für Programm DRUM
                 (c) Charles Petzold, 1998
  -----------------------------------------*/

#include <windows.h>
#include "drumtime.h"

#define minmax(a,x,b) (min (max (x, a), b))

#define TIMER_RES   5

void CALLBACK DrumTimerFunc (UINT, UINT, DWORD, DWORD, DWORD) ;

BOOL      bSequenceGoing, bEndSequence ;
DRUM      drum ;
HMIDIOUT  hMidiOut ;
HWND      hwndNotify ;
int       iIndex ;
UINT      uTimerRes, uTimerID ;

DWORD MidiOutMessage (HMIDIOUT hMidi, int iStatus, int iChannel, int iData1, int iData2)
{
     DWORD dwMessage ;

     dwMessage = iStatus | iChannel | (iData1 << 8) | (iData2 << 16) ;

     return midiOutShortMsg (hMidi, dwMessage) ;
}

void DrumSetParams (PDRUM pdrum)
{
     CopyMemory (&drum, pdrum, sizeof (DRUM)) ;
}

BOOL DrumBeginSequence (HWND hwnd)
{
     TIMECAPS tc ;

     hwndNotify = hwnd ;           // Fensterhandle für Benachrichtigung merken
     DrumEndSequence (TRUE) ;      // Sequenz anhalten

     // standardmäßiges MIDI-Ausgabegerät öffnen
     if (midiOutOpen (&hMidiOut, MIDIMAPPER, 0, 0, 0))
          return FALSE ;

     // Programmwechsel-Kommandos für Kanal 9 und 0 senden
```

```
     MidiOutMessage (hMidiOut, 0xC0, 9, 0, 0) ;
     MidiOutMessage (hMidiOut, 0xC0, 0, 0, 0) ;

     // Sequenz durch Setzen des Timers starten
     timeGetDevCaps (&tc, sizeof (TIMECAPS)) ;
     uTimerRes = minmax (tc.wPeriodMin, TIMER_RES, tc.wPeriodMax) ;
     timeBeginPeriod (uTimerRes) ;

     uTimerID = timeSetEvent (max ((UINT) uTimerRes, (UINT) drum.iMsecPerBeat),
                              uTimerRes, DrumTimerFunc, 0, TIME_ONESHOT) ;

     if (uTimerID == 0)
     {
          timeEndPeriod (uTimerRes) ;
          midiOutClose (hMidiOut) ;
          return FALSE ;
     }

     iIndex = -1 ;
     bEndSequence = FALSE ;
     bSequenceGoing = TRUE ;

     return TRUE ;
}

void DrumEndSequence (BOOL bRightAway)
{
     if (bRightAway)
     {
          if (bSequenceGoing)
          {
               // Timer anhalten
               if (uTimerID)
                    timeKillEvent (uTimerID) ;
               timeEndPeriod (uTimerRes) ;

               // alle Noten aus
               MidiOutMessage (hMidiOut, 0xB0, 9, 123, 0) ;
               MidiOutMessage (hMidiOut, 0xB0, 0, 123, 0) ;

               // MIDI-Gerät schließen
               midiOutClose (hMidiOut) ;
               bSequenceGoing = FALSE ;
          }
     }
     else
          bEndSequence = TRUE ;
}

void CALLBACK DrumTimerFunc (UINT  uID, UINT uMsg, DWORD dwUser, DWORD dw1, DWORD dw2)
{
     static DWORD dwSeqPercLast [NUM_PERC], dwSeqPianLast [NUM_PERC] ;
     int          i ;

     // Note-Aus-Kommandos für Kanäle 9 und 0
     if (iIndex != -1)
```

```
    {
         for (i = 0 ; i < NUM_PERC ; i++)
         {
              if (dwSeqPercLast[i] & 1 << iIndex)
                   MidiOutMessage (hMidiOut, 0x80, 9, i + 35, 0) ;

              if (dwSeqPianLast[i] & 1 << iIndex)
                   MidiOutMessage (hMidiOut, 0x80, 0, i + 35, 0) ;
         }
    }

    // Index erhöhen, Fenster für Aktualisierung des Balls benachrichtigen
    iIndex = (iIndex + 1) % drum.iNumBeats ;
    PostMessage (hwndNotify, WM_USER_NOTIFY, iIndex, timeGetTime ()) ;

    // Sequenzende erreicht?
    if (bEndSequence && iIndex == 0)
    {
         PostMessage (hwndNotify, WM_USER_FINISHED, 0, 0L) ;
          return ;
    }

     // Note-An-Kommandos für Kanäle 9 und 0
    for (i = 0 ; i < NUM_PERC ; i++)
    {
         if (drum.dwSeqPerc[i] & 1 << iIndex)
              MidiOutMessage (hMidiOut, 0x90, 9, i + 35, drum.iVelocity) ;

         if (drum.dwSeqPian[i] & 1 << iIndex)
              MidiOutMessage (hMidiOut, 0x90, 0, i + 35, drum.iVelocity) ;

         dwSeqPercLast[i] = drum.dwSeqPerc[i] ;
         dwSeqPianLast[i] = drum.dwSeqPian[i] ;
    }

    // Neuen Timer setzen
    uTimerID = timeSetEvent (max ((int) uTimerRes, drum.iMsecPerBeat),
                             uTimerRes, DrumTimerFunc, 0, TIME_ONESHOT) ;

    if (uTimerID == 0)
    {
         PostMessage (hwndNotify, WM_USER_ERROR, 0, 0) ;
    }
}
```

DRUMFILE.H

```
/*----------------------------------------------------------
   DRUMFILE.H - Include-Datei für Dateimodul, Programm DRUM
  ----------------------------------------------------------*/

BOOL    DrumFileOpenDlg (HWND, TCHAR *, TCHAR *) ;
BOOL    DrumFileSaveDlg (HWND, TCHAR *, TCHAR *) ;

TCHAR * DrumFileWrite   (DRUM *, TCHAR *) ;
TCHAR * DrumFileRead    (DRUM *, TCHAR *) ;
```

DRUMFILE.C

```
/*-----------------------------------------
   DRUMFILE.C -- Dateimodul für Programm DRUM
                 (c) Charles Petzold, 1998
  -----------------------------------------*/
#include <windows.h>
#include <commdlg.h>
#include "drumtime.h"
#include "drumfile.h"

OPENFILENAME ofn = { sizeof (OPENFILENAME) } ;

TCHAR * szFilter[] = { TEXT ("DRUM-Dateien (*.DRM)"),
                       TEXT ("*.drm"), TEXT ("") } ;

TCHAR szDrumID   [] = TEXT ("DRUM") ;
TCHAR szListID   [] = TEXT ("LIST") ;
TCHAR szInfoID   [] = TEXT ("INFO") ;
TCHAR szSoftID   [] = TEXT ("ISFT") ;
TCHAR szDateID   [] = TEXT ("ISCD") ;
TCHAR szFmtID    [] = TEXT ("fmt ") ;
TCHAR szDataID   [] = TEXT ("data") ;
char  szSoftware [] = "DRUM by Charles Petzold, Windows Programming" ;

TCHAR szErrorNoCreate    [] = TEXT ("Datei %s läßt sich nicht zum Lesen öffnen.");
TCHAR szErrorCannotWrite [] = TEXT ("In Datei %s läßt sich nicht schreiben. ") ;
TCHAR szErrorNotFound    [] = TEXT ("Datei %s fehlt oder läßt sich nicht öffnen.") ;
TCHAR szErrorNotDrum     [] = TEXT ("Datei %s hat kein standardmäßiges DRUM-Format.") ;
TCHAR szErrorUnsupported [] = TEXT ("Datei %s ist keine DRUM-Datei.") ;
TCHAR szErrorCannotRead  [] = TEXT ("Datei %s läßt sich nicht lesen.") ;

BOOL DrumFileOpenDlg (HWND hwnd, TCHAR * szFileName, TCHAR * szTitleName)
{
     ofn.hwndOwner         = hwnd ;
     ofn.lpstrFilter       = szFilter [0] ;
     ofn.lpstrFile         = szFileName ;
     ofn.nMaxFile          = MAX_PATH ;
     ofn.lpstrFileTitle    = szTitleName ;
     ofn.nMaxFileTitle     = MAX_PATH ;
     ofn.Flags             = OFN_CREATEPROMPT ;
     ofn.lpstrDefExt       = TEXT ("drm") ;

     return GetOpenFileName (&ofn) ;
}

BOOL DrumFileSaveDlg (HWND hwnd, TCHAR * szFileName, TCHAR * szTitleName)
{
     ofn.hwndOwner         = hwnd ;
     ofn.lpstrFilter       = szFilter [0] ;
     ofn.lpstrFile         = szFileName ;
     ofn.nMaxFile          = MAX_PATH ;
     ofn.lpstrFileTitle    = szTitleName ;
     ofn.nMaxFileTitle     = MAX_PATH ;
     ofn.Flags             = OFN_OVERWRITEPROMPT ;
     ofn.lpstrDefExt       = TEXT ("drm") ;
```

```
     return GetSaveFileName (&ofn) ;
}

TCHAR * DrumFileWrite (DRUM * pdrum, TCHAR * szFileName)
{
     char        szDateBuf [16] ;
     HMMIO       hmmio ;
     int         iFormat = 2 ;
     MMCKINFO    mmckinfo [3] ;
     SYSTEMTIME  st ;
     WORD        wError = 0 ;

     memset (mmckinfo, 0, 3 * sizeof (MMCKINFO)) ;

     // Datei (ggf. erneut) erzeugen, Schreibmodus
     if ((hmmio = mmioOpen (szFileName, NULL, MMIO_CREATE | MMIO_WRITE | MMIO_ALLOCBUF)) == NULL)
          return szErrorNoCreate ;

     // "RIFF"-Block mit Formatblock "CPDR" anlegen
     mmckinfo[0].fccType = mmioStringToFOURCC (szDrumID, 0) ;

     wError |= mmioCreateChunk (hmmio, &mmckinfo[0], MMIO_CREATERIFF) ;

     // "LIST"-Block mit Typ "INFO" anlegen
     mmckinfo[1].fccType = mmioStringToFOURCC (szInfoID, 0) ;

     wError |= mmioCreateChunk (hmmio, &mmckinfo[1], MMIO_CREATELIST) ;

     // "ISFT"-Block, erster Block in INFO-Auflistung
     mmckinfo[2].ckid = mmioStringToFOURCC (szSoftID, 0) ;

     wError |= mmioCreateChunk (hmmio, &mmckinfo[2], 0) ;
     wError |= (mmioWrite (hmmio, szSoftware, sizeof (szSoftware)) != sizeof (szSoftware)) ;
     wError |= mmioAscend (hmmio, &mmckinfo[2], 0) ;

     // Zeit im Stringformat aufbereiten
     GetLocalTime (&st) ;

     wsprintfA (szDateBuf, "%04d-%02d-%02d", st.wYear, st.wMonth, st.wDay) ;

     // "ISCD"-Block, zweiter Block in INFO-Auflistung
     mmckinfo[2].ckid = mmioStringToFOURCC (szDateID, 0) ;

     wError |= mmioCreateChunk (hmmio, &mmckinfo[2], 0) ;
     wError |= (mmioWrite (hmmio, szDateBuf, (strlen (szDateBuf) + 1)) !=
                                   (int) (strlen (szDateBuf) + 1)) ;
     wError |= mmioAscend (hmmio, &mmckinfo[2], 0) ;
     wError |= mmioAscend (hmmio, &mmckinfo[1], 0) ;

     // "fmt "-Block, zweiter Block in CPDR
     mmckinfo[1].ckid = mmioStringToFOURCC (szFmtID, 0) ;

     wError |= mmioCreateChunk (hmmio, &mmckinfo[1], 0) ;
     wError |= (mmioWrite (hmmio, (PSTR) &iFormat, sizeof (int)) != sizeof (int)) ;
     wError |= mmioAscend (hmmio, &mmckinfo[1], 0) ;
```

```
     // "data"-Unterblock anlegen
     mmckinfo[1].ckid = mmioStringToFOURCC (szDataID, 0) ;

     wError |= mmioCreateChunk (hmmio, &mmckinfo[1], 0) ;
     wError |= (mmioWrite (hmmio, (PSTR) pdrum, sizeof (DRUM)) != sizeof (DRUM)) ;
     wError |= mmioAscend (hmmio, &mmckinfo[1], 0) ;
     wError |= mmioAscend (hmmio, &mmckinfo[0], 0) ;

          // Aufräumen und zurück

     wError |= mmioClose (hmmio, 0) ;

     if (wError)
     {
          mmioOpen (szFileName, NULL, MMIO_DELETE) ;
          return szErrorCannotWrite ;
     }
     return NULL ;
}

TCHAR * DrumFileRead (DRUM * pdrum, TCHAR * szFileName)
{
     DRUM     drum ;
     HMMIO    hmmio ;
     int      i, iFormat ;
     MMCKINFO mmckinfo [3] ;

     ZeroMemory (mmckinfo, 2 * sizeof (MMCKINFO)) ;

     // Datei zum Lesen öffnen
     if ((hmmio = mmioOpen (szFileName, NULL, MMIO_READ)) == NULL)
          return szErrorNotFound ;

     // "RIFF"-Block mit Typ "DRUM" suchen
     mmckinfo[0].ckid = mmioStringToFOURCC (szDrumID, 0) ;

     if (mmioDescend (hmmio, &mmckinfo[0], NULL, MMIO_FINDRIFF))
     {
          mmioClose (hmmio, 0) ;
          return szErrorNotDrum ;
     }

     // "fmt "-Unterblock finden, lesen und prüfen
     mmckinfo[1].ckid = mmioStringToFOURCC (szFmtID, 0) ;

     if (mmioDescend (hmmio, &mmckinfo[1], &mmckinfo[0], MMIO_FINDCHUNK))
     {
          mmioClose (hmmio, 0) ;
          return szErrorNotDrum ;
     }

     if (mmckinfo[1].cksize != sizeof (int))
     {
          mmioClose (hmmio, 0) ;
          return szErrorUnsupported ;
     }
```

```
    if (mmioRead (hmmio, (PSTR) &iFormat, sizeof (int)) != sizeof (int))
    {
         mmioClose (hmmio, 0) ;
         return szErrorCannotRead ;
    }

    if (iFormat != 1 && iFormat != 2)
    {
         mmioClose (hmmio, 0) ;
         return szErrorUnsupported ;
    }

    // zum Ende des "fmt "-Unterblocks springen
    mmioAscend (hmmio, &mmckinfo[1], 0) ;

    // "data"-Unterblock finden, lesen und auswerten
    mmckinfo[1].ckid = mmioStringToFOURCC (szDataID, 0) ;

    if (mmioDescend (hmmio, &mmckinfo[1], &mmckinfo[0], MMIO_FINDCHUNK))
    {
         mmioClose (hmmio, 0) ;
         return szErrorNotDrum ;
    }

    if (mmckinfo[1].cksize != sizeof (DRUM))
    {
         mmioClose (hmmio, 0) ;
         return szErrorUnsupported ;
    }

    if (mmioRead (hmmio, (LPSTR) &drum, sizeof (DRUM)) != sizeof (DRUM))
    {
         mmioClose (hmmio, 0) ;
         return szErrorCannotRead ;
    }

         // Datei schließen

    mmioClose (hmmio, 0) ;

     // Format wandeln und Sequenzbeschreibung kopieren
    if (iFormat == 1)
    {
         for (i = 0 ; i < NUM_PERC ; i++)
         {
              drum.dwSeqPerc [i] = drum.dwSeqPian [i] ;
              drum.dwSeqPian [i] = 0 ;
         }
    }

    memcpy (pdrum, &drum, sizeof (DRUM)) ;
    return NULL ;
}
```

DRUM.RC (Auszüge)

```
//Microsoft Developer Studio generated resource script.

#include "resource.h"
#include "afxres.h"

/////////////////////////////////////////////////////////////////////////////
// Menu

DRUM MENU DISCARDABLE
BEGIN
    POPUP "&Datei"
    BEGIN
        MENUITEM "&Neu",                        IDM_FILE_NEW
        MENUITEM "&Öffnen...",                  IDM_FILE_OPEN
        MENUITEM "&Speichern",                  IDM_FILE_SAVE
        MENUITEM "Speichern &als...",           IDM_FILE_SAVE_AS
        MENUITEM SEPARATOR
        MENUITEM "Be&enden",                    IDM_APP_EXIT
    END
    POPUP "&Sequenz"
    BEGIN
        MENUITEM "&Starten",                    IDM_SEQUENCE_RUNNING
        MENUITEM "&Anhalten",                   IDM_SEQUENCE_STOPPED
        , CHECKED
    END
    POPUP "&?"
    BEGIN
        MENUITEM "&Info...",                    IDM_APP_ABOUT
    END
END

/////////////////////////////////////////////////////////////////////////////
// Icon

DRUM                    ICON    DISCARDABLE     "drum.ico"

/////////////////////////////////////////////////////////////////////////////
// Dialog

ABOUTBOX DIALOG DISCARDABLE  20, 20, 180, 164
STYLE DS_MODALFRAME | WS_POPUP | WS_CAPTION | WS_SYSMENU
CAPTION "Dialog"
FONT 8, "MS Sans Serif"
BEGIN
    DEFPUSHBUTTON   "OK",IDOK,54,143,50,14
    ICON            "DRUM",IDC_STATIC,8,8,21,20
    CTEXT           "DRUM",IDC_STATIC,34,12,90,8
    CTEXT           "MIDI-Sequenzer (Drum Machine)",IDC_STATIC,7,36,144,8
    CONTROL         "",IDC_STATIC,"Static",SS_BLACKFRAME,8,88,150,46
    LTEXT           "Linke Maustaste:\tSchlaginstrument",IDC_STATIC,12,92,136,8
    LTEXT           "Rechte Maustaste:\tKlavierton",IDC_STATIC,12,102,136,8
    LTEXT           "Horizontale Bildlaufleiste:\tLautstärke",IDC_STATIC,12,112,136,8
    LTEXT           "Vertikale Bildlaufleiste:\tTempo",IDC_STATIC,12,122,136,8
    CTEXT           "Copyright (c) Charles Petzold, 1998",IDC_STATIC,8,48,
                    144,8
```

```
    CTEXT           """Windows-Programmierung"" ",IDC_STATIC,8,60,
                    144,8
END
```

RESOURCE.H (Auszüge)

```
// Microsoft Developer Studio generated include file.
// Used by Drum.rc

#define IDM_FILE_NEW                    40001
#define IDM_FILE_OPEN                   40002
#define IDM_FILE_SAVE                   40003
#define IDM_FILE_SAVE_AS                40004
#define IDM_APP_EXIT                    40005
#define IDM_SEQUENCE_RUNNING            40006
#define IDM_SEQUENCE_STOPPED            40007
#define IDM_APP_ABOUT                   40008
```

Abbildung 22.11: *Das Programm* DRUM

Das Sequenzerprogramm DRUM zeigt nach dem Start ein Gitter, dessen 47 Zeilen mit den MIDI-Namen der Schlaginstrumentenstimmen beschriftet sind. Die 32 Spalten repräsentieren die zeitliche Unterteilung der Sequenz in einzelne Anschläge. Die Sequenzlänge läßt sich durch Verschieben des Taktwiederholungszeichens (:|) am oberen Rand des Gitters zwischen 1 und 32 Anschlägen frei wählen. Wenn Sie eine Sequenzlänge von 32 mit einem 4/4-Takt einstellen, entspricht jeder Anschlag einer 32stel Note.

Der Start des Sequenzers geschieht über den Punkt *Starten* im Menü *Sequenz*. Das Programm öffnet daraufhin das standardmäßige MIDI-Ausgabegerät und beginnt damit, den Ablauf der Sequenz durch einen unterhalb der Matrix rollenden Ball darzustellen. Wenn sich das MIDI-Gerät nicht öffnen läßt, erfolgt eine Fehlermeldung.

Um die Sequenz zu programmieren, klicken Sie entweder mit der linken oder rechten Maustaste in das Gitter. Linke Mausklicks hinterlassen schwarze Kontrollkästchen, rechte Mausklicks graue. Ein schwarzes Kontrollkästchen steht für einen Anschlag des Schlaginstruments, dem die entsprechende Zeile zugeordnet ist, ein graues Kontrollkästchen dagegen für einen Anschlag der Stimme »Acoustic Grand Piano« (Flügel) mit der entsprechenden Tonhöhe. Klickt man mit beiden Maustasten auf ein Kontrollkästchen (zusammen oder nacheinander) ertönen beide Anschläge, obwohl nur ein schwarzes Kontrollkästchen zu sehen ist. Schwarze Kontrollkästchen lassen sich durch einen linken Mausklick, graue Kontrollkästchen durch einen rechten Mausklick wieder einzeln löschen.

Die am oberen Rand des Gitters alle vier Spalten gezeichneten Punkte sollen das Zählen erleichtern. Klickt man mit der Maus in diesen Randbereich, verschiebt sich das Taktwiederholungszeichen (:|) auf die angeklickte Spalte. Eine Sequenz geht immer nur bis zum Wiederholungszeichen und beginnt dann von neuem. Kontrollkästchen in Spalten hinter dem Wiederholungszeichen ignoriert das Programm. Wollen Sie beispielsweise eine Sequenz für den Walzerrhythmus zusammenstellen, muß das Taktwiederholungszeichen so gesetzt werden, dass die Anzahl der Spalten durch 3 teilbar ist (im allgemeinen auf Spalte 24, 12 oder 6).

Die horizontale Bildlaufleiste steuert das Datenbyte für die Anschlaggeschwindigkeit der Note-An-Kommandos. Ein Verschieben der Marke mit der Maus macht sich im allgemeinen durch eine Lautstärkeveränderung bemerkbar, auf besseren Synthesizern ändert sich aber auch die Klangfarbe des Instruments mit der Anschlaggeschwindigkeit. Die vertikale Bildlaufleiste ändert das Tempo des Sequenzers. Beim Start setzt das Programm die Marke in die Mitte, was 100 Millisekunden je Anschlag und einer vollen Sequenzlänge von 3,2 Sekunden entspricht. Die Skala für das Tempo ist logarithmisch: Am unteren Ende der Bildlaufleiste beträgt die Anschlagdauer eine Sekunde, am oberen Ende 10 Millisekunden.

Das *Datei*-Menü enthält Befehle zum Speichern und Laden von Dateien mit der Erweiterung DRM, ein RIFF-Dateiformat, das ich selbst erfunden habe. Auf den Befehl *Info* im *Hilfe*-Menü hin erscheint ein Dialogfeld, das die Bedienung des Programms (die Verwendung der Maustasten und der beiden Bildlaufleisten) kurz zusammenfaßt.

Der Befehl *Anhalten* im *Sequenzer*-Menü stoppt den Sequenzer nach vollständiger Ausgabe der aktuellen Sequenz und schließt das verwendete MIDI-Ausgabegerät.

Die *time*-Funktionen der Multimedia-API

Sie werden bemerkt haben, dass der Quelltext DRUM.C keine Aufrufe von Multimedia-Funktionen enthält. Die gesamte MIDI-Funktionalität sowie die Zeitsteuerung ist in einem eigenen Modul namens DRUMTIME zusammengefaßt.

Der normale Windows-Timer ist zwar einfach und unkompliziert zu benutzen, im Zusammenhang mit zeitkritischen Anwendungen – und dazu gehört insbesondere die Wiedergabe von MIDI-Musik – entpuppt er sich aber schnell als mittelschwere Katastrophe. (Ich habe mich ja bereits im Zusammenhang mit dem Programm BACHTOCC, das diesen Ansatz verfolgt, ein wenig darüber ausgelassen.) Um die für das Abspielen von MIDI-Sequenzen notwendige zeitliche Genauigkeit zu gewährleisten, enthält die Multimedia-API einen hochauflösenden Timer, dessen Implementation sieben Funktionen mit dem Präfix *time* umfaßt. Das Zeitmodul DRUMTIME demonstriert den Umgang mit sechs dieser Funktionen, die siebte ist im Zusammenhang mit Multimedia-Anwendungen überflüssig. Der hochauflösende Timer arbeitet mit einer Rückruffunktion, die in einem eigenen Thread läuft und vom System jedesmal aufgerufen wird, wenn das durch das Programm spezifizierte Zeitintervall abgelaufen ist.

Für das Setzen des Multimedia-Timers sind zwei unterschiedliche Zeitangaben – beide in Millisekunden – erforderlich. Die erste ist das gewünschte Verzögerungsintervall und die zweite die Auflösung bzw. der maximal tolerierbare Fehler. Ein Intervall von 100 ms mit einer Auflösung von 10 ms bedeutet dann, dass das System die Rückruffunktion sicher mit einer Verzögerung zwischen 90 und 110 ms aufruft.

Vor Benutzung des Timers sollten seine Eigenschaften über die Funktion *timeGetDevCaps* ermittelt werden:

```
timeGetDevCaps (&timecaps, uSize) ;
```

Der erste Parameter ist ein Zeiger auf eine programmeigene Struktur des Typs TIMECAPS, der zweite Argument gibt die Größe dieser Struktur in Bytes an. Eine TIMECAPS-Struktur besitzt nur zwei Datenfelder, nämlich *wPeriodMin* und *wPeriodMax*. Ihre Werte geben nach dem Aufruf die minimale und die maximale Auflösung des Multimedia-Timers wieder. Im allgemeinen hat *wPeriodMin* den Wert 1 und *wPeriodMax* den Wert 65535, weshalb man sich den Aufruf wohl auch sparen könnte – nur stellt sich dann wie üblich die Frage, wie es mit der nächsten Version von Windows aussieht.

Der nächste Schritt besteht im Aufruf der Funktion *timeBeginPeriod*:

```
timeBeginPeriod (uResolution) ;
```

Sie gibt dem System die höchste vom Programm benötigte Auflösung bekannt (also das kürzeste Intervall). Die Auflösung muß in dem Bereich liegen, den Sie mit *timeGetDevCaps* als zulässig ermittelt haben. Zu jedem *timeBeginPeriod* mit einer bestimmten Auflösung gehört spätestens beim Ende des Programms ein Aufruf der Funktion *timeEndPeriod*, auf die ich gleich näher eingehe.

Nun steht dem Setzen des Timer-Intervalls über die Funktion *timeSetEvent* nichts mehr im Wege:

```
idTimer = timeSetEvent (uDelay, uResolution, CallBackFunc, dwData, uFlag) ;
```

Der Rückgabewert *idTimer* ist 0, wenn ein Fehler aufgetreten ist, ansonsten (wie bei einem normalen Windows-Timer) eine Kennziffer. Im Erfolgsfall wird Windows nun nach Ablauf von *uDelay* Millisekunden mit einer Ungenauigkeit von *uResolution* Millisekunden die als *CallBackFunc* angegebene Rückruffunktion aufrufen. Der Wert von *uResolution* darf dabei nicht kleiner sein als bei dem vorangegangenen *timeBeginPeriod*-Aufruf. Der Parameter *dwData* stellt wie üblich einen beliebigen Wert dar, den das System ohne Veränderungen an die Rückruffunktion übergibt. Als *uFlag* müssen Sie entweder TIME_ONESHOT oder TIME_PERIODIC übergeben – je nachdem, ob der Timer einmalig oder periodisch arbeiten soll.

Die Funktion *timeKillEvent* stoppt einen einmaligen oder periodischen Timer unter Angabe seiner Kennung noch vor dem (nächsten) Aufruf von *CallBackFunc*:

```
timeKillEvent (idTimer) ;
```

Einmalige Timer müssen Sie nach dem Aufruf der Rückruffunktion nicht noch einmal eigens auf diese Weise stoppen. Wenn das Programm keine Timer mehr benötigt, sollte es Windows über *timeEndPeriod* mitteilen, dass weitere Zeitmessungen überflüssig sind. Diese Funktion erwartet *keine* Timer-ID, sondern denselben Wert, den Sie bei *timeBeginPeriod* als zeitliche Auflösung festgelegt haben:

```
timeEndPeriod (wResolution) ;
```

Darüber hinaus gibt es noch zwei weitere Funktionen mit dem *time*-Präfix. Die eine ist *timeGetTime* und liefert die seit dem Start von Windows vergangene Zeit in Millisekunden:

```
dwSysTime = timeGetTime () ;
```

Die andere ist *timeGetSystemTime*. Sie benötigt für den Aufruf einen Zeiger auf eine MMTIME-Struktur sowie deren Größe:

```
timeGetSystemTime (&mmtime, uSize) ;
```

Obwohl MMTIME-Strukturen in anderem Kontext für andere Zeiteinheiten als Millisekunden verwendet werden können, setzt *timeGetSystemTime* hier grundsätzlich Millisekunden und damit denselben Wert wie *timeGetTime* ein.

Die Rückruffunktion unterliegt starken Einschränkungen, was den Aufruf von Windows-Funktionen betrifft. Gestattet sind ihr nur Aufrufe von *PostMessage*, *timeSetEvent*, *timeKillEvent*, *timeGetTime*, *timeGetSystemTime* sowie *midiOutShortMsg* und *midiOutLongMsg*, und nicht zu vergessen *OutputDebugString*. Allein schon an dieser Liste läßt sich erkennen, dass der Multimedia-Timer speziell auf das Abspielen von MIDI-Sequenzen zugeschnitten ist. Es steht Ihnen natürlich frei, *PostMessage*-Aufrufe abzusetzen, um die eine oder andere Window-Prozedur über das Timer-Ereignis zu unterrichten – nur ist es dann mit der zeitlichen Genauigkeit nicht mehr allzu weit her.

Wenn Sie selbst ein wenig mit diesem Mechanismus experimentieren wollen, seien Ihnen drei weitere Punkte ans Herz gelegt. Die ersten beiden sind relativ harmlos: Unter Windows NT liegt die praktisch nutzbare Auflösung im Bereich von 5 Millisekunden, bei allen drei Systemen führen Intervalle unterhalb von rund 5 Millisekunden zu einer unverhältnismäßig hohen Auslastung des Prozessors. Der dritte verdient ein dickes **Vorsicht:** Leider hält Sie niemand davon ab, in der Rückruffunktion eines periodischen Timers mit einer Entwicklungsumgebung wie Visual Studio einen Breakpoint setzen. Windows 95 und Windows 98 reagieren auf eine solche Unterbrechung aber mit einem kompletten Absturz, weil auch nach Erreichen dieses Breakpoints weitere Timer-Ereignisse generiert werden. Die Folge ist ein Pufferüberlauf im Systemkern, der sich danach nur noch über den Reset-Knopf wiederbeleben läßt. Generell gilt deshalb: Wenn Sie eine solche Rückruffunktion schrittweise überprüfen wollen, verwenden Sie (wie das Programm DRUM) einen einmaligen Timer, der erst am Ende der Rückruffunktion neu gesetzt wird. Das Ergebnis ist natürlich schleichender Zeitverlust, weil der Zeitbedarf der Rückruffunktion dann in den Timer-Takt eingeht – aber das ließe sich in der Release-Version schließlich durch die Umstellung auf einen periodischen Timer kurieren.

Die Rückruffunktion hat fünf Parameter, von denen DRUM allerdings nur zwei auswertet: die von der Funktion *timeSetEvent* gelieferte Timer-Kennung und das beim Aufruf von *timeSetEvent* für den Parameter *dwData* angegebene Argument.

Das Hauptmodul DRUM ruft die im Modul DRUMTIME definierte Funktion *DrumSetParams* an mehreren Stellen auf: Beim Erzeugen des Programmfensters, nach einem Klick in das Gitter oder auf einer Bildlaufleiste, beim Laden einer DRM-Datei oder auf einen »Neu«-Befehl hin, wenn das Gitter reinitialisiert wird. Der einzige Aufrufparameter von *DrumSetParams* ist ein Zeiger auf eine Struktur vom Typ DRUM, deren Definition in der Datei DRUMTIME.H zu finden ist.

Die Struktur DRUM enthält die vollständige Beschreibung einer Sequenz. Sie speichert die Zeitbasis des Sequenzers für einen Anschlag in Millisekunden, die Anschlaggeschwindigkeit (also die Lautstärke) und die Anzahl der Anschläge je Sequenz sowie zwei Bitvektor-Arrays mit jeweils 47 Elementen, die die Aktivität der Schlaginstrumente (*dwSeqPerc*) sowie des Klaviers (*dwSeqPian*) im zeitlichen Ablauf der Sequenz beschreiben. Aus dem Array-Index ergibt sich (mit dem Offsetwert 35) die jeweilige Notenkennung – bei Schlaginstrumentenstimmen also ein bestimmtes Schlaginstrument, bei der Klavierstimme eine Tonhöhe. Die Window-Prozedur im Modul DRUM unterhält eine statische Struktur dieses Typs und übergibt *DrumSetParams* deren Adresse, die dort in einer (moduleigenen) globalen Variablen untergebracht wird.

Auf den Befehl *Starten* im *Sequenzer*-Menü hin ruft die Fensterroutine die Funktion *DrumBeginSequence* aus dem Modul DRUMTIME unter Angabe des Fensterhandles auf. Die Funktion speichert den Handle für spätere Benachrichtigungen des Fensters im Zusammenhang mit der Animation des »rollenden Balls« in einer globalen Variable und stoppt eine gegebenenfalls bereits laufende Sequenz. Danach öffnet sie das standardmäßige MIDI-Ausgabegerät und sendet dem Gerät, sofern es bereit ist, Programmwechsel-Kommandos, damit es den MIDI-Kanälen 0 und 9 die Instrumentenstimme 0 zuordnet. (Da die Zählung der MIDI-Kanäle sowie der Stimmen mit Null beginnt, aktivieren die Kommandos die Stimme »Klavier« für den ersten MIDI-Kanal und die nicht chromatischen Schlaginstrumente für den zehnten MIDI-Kanal.) Als nächstes folgen der obligatorische *timeGetDevCaps*-Aufruf zur Initialisierung der TIMECAPS-Struktur sowie der *timeBeginPeriod*-Aufruf zum Initialisieren des Multimedia-Timers. Die gewünschte

Auflösung ist über die Konstante TIMER_RES auf 5 Millisekunden festgelegt. Der Makro *minmax* übernimmt die »Verträglichkeitsberechnung« und liefert den tatsächlich verwendeten Wert für die Auflösung in Abhängigkeit vom Wert der TIMECAPS-Struktur. Daraufhin kann der *timeSetEvent*-Aufruf unter Angabe der aktuellen Sequenzerzeitbasis, der verträglichen Auflösung sowie der Rückruffunktion *DrumTimerFunc* erfolgen. Die Konstante TIME_ONESHOT sorgt dafür, dass der Timer nur einmalig arbeitet – mithin also von der Rückruffunktion bei jedem Aufruf erneut gesetzt werden muß. DRUMTIME verwendet den einmaligen Timer, um eine dynamische Änderung der Sequenzerzeitbasis während des Sequenzerbetriebs vornehmen zu können.

Nach Ablauf des angegebenen Zeitintervalls erfolgt der Aufruf der Rückruffunktion *DrumTimerFunc*, der die wichtigste Arbeit zufällt, nämlich das Abspielen der aktuellen Sequenz »Anschlag für Anschlag«. Sie verwertet und pflegt die globale Variable *iIndex*, deren Wert den aktuellen Anschlag im Ablauf der Sequenz (das heißt das aktuell signifikante Bit in den Instrumenten-Bitvektoren) ausdrückt, und sendet die Note-An- und Note-Aus-Kommandos für die einzelnen Instrumente. Ein Initialisierungswert von -1 für die Variable *iIndex* verhindert, dass die Funktion bereits beim ersten Aufruf Note-Aus-Kommandos sendet. Beim zweiten und allen folgenden Aufrufen einer einmal gestarteten Sequenz beginnt die Funktion dagegen mit dem Versenden der Note-Aus-Kommandos für den vorigen Anschlag. Danach aktualisiert sie die Variable *iIndex*, verschickt deren neuen Wert mit *PostMessage* über die selbstdefinierte Nachricht WM_USER_NOTIFY an die Window-Prozedur (die daraufhin die Position des »rollenden Balls« aktualisiert) und sendet dann für jede Instrumentenstimme, deren Bitvektor an der Position *iIndex* ein gesetztes Bit aufweist, ein Note-An-Kommando. Für Klaviertöne gehen diese Kommandos an Kanal 0, für Schlaginstrumente an Kanal 9. Als letztes setzt die Rückruffunktion schließlich noch mit *timeSetEvent* den Multimedia-Timer, um sich selbst für den nächsten Anschlag wieder ins Spiel zu bringen.

Zum Anhalten einer laufenden Sequenz ruft DRUM die Funktion *DrumEndSequence* mit einem booleschen Flag auf: TRUE unterbricht die Sequenz sofort über *timeKillEvent*; ein darauffolgender Aufruf von *timeEndPeriod* gibt den Timer frei. Dem Schließen des MIDI-Ausgabegeräts gehen noch *Alle Noten Aus*-Kommandos voran, um die aktuelle Ausgabe des Synthesizers auf beiden Kanälen abzuschalten. Beim Aufruf mit FALSE setzt *DrumEndSequence* lediglich die globale Variable *bEndSequence* auf TRUE, die ihrerseits die Rückruffunktion *DrumTimerFunc* dazu veranlaßt, nach Sequenzende weder weitere Note-An-Kommandos zu senden noch den Timer erneut zu setzen, sondern der Window-Prozedur das Anhalten des Sequenzers durch eine WM_USER_FINISHED-Nachricht anzuzeigen. Die Window-Prozedur behandelt die WM_-USER_FINISHED-Nachricht, indem sie *DrumEndSequence* noch einmal mit dem Wert TRUE aufruft und somit ein korrektes Schließen des Multimedia-Timers sowie des MIDI-Ausgabegeräts erzwingt.

RIFF-Dateien schreiben und lesen

Im Gegensatz zu den anderen in diesem Kapitel vorgestellten Programmen unterstützt DRUM auch Dateioperationen, die das Laden und Speichern der DRUM-Struktur und damit das Laden und Speichern vollständiger MIDI-Sequenzen gestatten. Dem Dateiformat habe ich das Resource Interchange File Format (RIFF) zugrunde gelegt, das Microsoft für Multimedia-Dateien empfiehlt. RIFF-Dateien lassen sich zum einen natürlich mit den gewöhnlichen Dateifunktionen bearbeiten, zum anderen aber auch mit den spezifisch auf Multimedia ausgelegten *mmio*-Funktionen.

Wie Sie bei der Untersuchung des WAV-Formats weiter oben in diesem Kapitel gesehen haben, ist RIFF ein blockorientiertes Dateiformat. Die in der Datei gespeicherten Informationen sind in

Blöcke unterschiedlicher Länge organisiert, wobei jeder Block durch einen vier Byte umfassenden, als ASCII-String zu lesenden Blockbezeichner identifiziert wird. Das macht es leicht, den Bezeichner mit einem 32-Bit-Wert zu vergleichen. Auf den Blockbezeichner folgen die Länge des Datenblocks in Bytes sowie die Daten selbst. Mit Blockbezeichnern arbeitende Dateiformate sind ausgesprochen vielseitig, weil die Informationen nicht an einer fixen Position innerhalb der Gesamtdatei, sondern an einer fixen Position innerhalb eines bezeichneten Blocks gespeichert sind. Auf diese Weise kann ein Dateiformat um neue Blockarten erweitert werden, ohne dass die Kompatibilität zu älteren Programmen verlorengeht. Ein Programm kann auch im erweiterten Dateiformat jederzeit die Blöcke auffinden, die es erwartet, und Blöcke, deren Bezeichner es nicht kennt, einfach ignorieren.

Unter Windows besteht eine RIFF-Datei einfach nur aus einer Aneinanderreihung einfacher oder ineinander verschachtelter Blöcke. Ein Block beginnt mit einem vier Byte langen Blockbezeichner, gefolgt von einer vier Byte umfassenden Längenangabe und den Blockdaten. Der Blockbezeichner sollte, falls er weniger als vier Zeichen lang ist, mit Leerzeichen aufgefüllt werden. Die Blocklänge, ein 32-Bit-Wert, gibt an, wie viele Bytes der Datenbereich des Blocks umfaßt, die acht Bytes für den Blockbezeichner und die Blocklänge selbst nicht mitgerechnet. Der Datenbereich eines Blocks muß aus einer geraden Zahl von Bytes bestehen und gegebenenfalls am Ende ein Nullbyte enthalten, um dieser Bedingung zu genügen. Auf diese Weise ist jede Komponente einer RIFF-Datei und eines Blocks in einer RIFF-Datei »wortorientiert« ausgerichtet, das heißt, sie ist auf einer durch Zwei teilbaren Byteposition zu finden.

Blöcke, deren Datenbereiche Informationsstrukturen enthalten, haben mitunter eine fixe Länge – was aber auch hier dank der obligatorischen Angabe der Blockgröße keine unveränderliche Konstante darstellt.

Eine RIFF-Datei beginnt immer mit dem String »RIFF«, gefolgt von einem 32-Bit-Wert, der die Dateilänge minus 8 Byte wiedergibt.

Man unterscheidet zwischen RIFF-Blöcken und LIST-Blöcken. In einem RIFF-Block beginnt der Datenbereich mit dem vier ASCII-Zeichen langen Bezeichner eines Formatblocks, der seinerseits einen oder mehrere Unterblöcke enthalten kann. Für einen LIST-Block gilt dasselbe, nur dass der Datenbereich mit dem vier ASCII-Zeichen langen Bezeichner für eine Blockauflistung beginnt. Eine RIFF-Datei besteht in erster Linie aus einem übergeordneten RIFF-Block. LIST-Blöcke finden dagegen innerhalb der Datei Verwendung, um verschiedene zueinander gehörige Unterblöcke zusammenzufassen.

Die Multimedia-API enthält 16 Funktionen mit dem Präfix *mmio*, die speziell auf den Umgang mit RIFF-Dateien ausgelegt sind. Das Datei-Modul DRUMFILE des Programms DRUM bedient sich einiger dieser Funktionen zum Laden und Speichern von Sequenzen und demonstriert ihren Einsatz.

Um eine Datei unter Verwendung der *mmio*-Funktionen anzulegen, ist als erstes ein *mmioOpen*-Aufruf unter Angabe der Zugriffsart (MMIO_CREATE | MMIO_WRITE) notwendig. Der Aufruf liefert einen Handle zurück, der bei den folgenden Operationen mit dieser Datei anzugeben ist. Für das Anlegen von Blöcken innerhalb der Datei ist die Funktion *mmioCreateChunk* zuständig. Sie erhält beim Aufruf eine MMCKINFO-Struktur, der unter anderem der Blockbezeichner sowie die Blockcharakteristik zu entnehmen sind. Die Funktion *mmioWrite* schreibt den Datenbereich eines Blocks. Nachdem der gesamte Datenbereich eines Blocks geschrieben wurde, ist ein Aufruf der Funktion *mmioAscend* fällig, die die Blocklänge unter Auswertung des *dwDataOffset*-Felds der MMCKINFO-Struktur und der aktuellen Schreibposition berechnet und als 32-Bit-Wert gleich nach dem Blockbezeichner einträgt. Wichtig ist, dass bei einem *mmioAscend*-Aufruf wieder die MMCKINFO-Struktur übergeben wird, die für das jeweilige *mmioCreate*-

Chunk verwendet wurde. Die Funktion *mmioAscend* kümmert sich außerdem um die wortweise Ausrichtung der RIFF-Komponenten und sorgt gegebenenfalls für das Schreiben eines Füllbytes.

RIFF-Dateien haben im allgemeinen eine verschachtelte Blockstruktur. Damit *mmioAscend* keine Fehler macht, muß das Programm für jede Blockebene eine eigene MMCKINFO-Struktur vereinbaren und pflegen. Nachdem das Dateiformat für das Programm DRUM drei Verschachtelungsebenen vorsieht, sind drei unterschiedliche MMCKINFO-Strukturen erforderlich: *mmckinfo[0], mmckinfo[1]* und *mmckinfo[2]*. Die Struktur *mmckinfo[0]* wird für den *mmioCreateChunk*-Aufruf verwendet, der den »RIFF«-Block für das Format »CPDR« (Charles Petzold DRUM) erzeugt. Die Struktur *mmckinfo[1]* wird für den zweiten *mmioCreateChunk*-Aufruf benutzt, der den »LIST«-Block »INFO« anlegt. Mit der dritten Struktur (*mmckinfo[2]*) erzeugt das Programm schließlich zwei einfache Blocks, die in der Blockliste »INFO« enthalten sind, schreibt sie über *mmioWrite* und schließt sie mit *mmioAscend* ab. Die beiden Blöcke sind: »ISFT«, ein Block, der das Programm identifiziert, das die Datei erzeugt hat, sowie Copyright-Informationen enthält, und »ISCD«, ein Block, der das Erzeugungsdatum der Datei angibt. Sobald die beiden Blocks geschrieben sind, ist auch der LIST-Block vollständig, weshalb nun ein *mmioAscend*-Aufruf unter Angabe der Struktur *mmckinfo[1]* folgt. Da *mmckinfo[1]* danach wieder verfügbar ist, kann die Struktur für die RIFF-Blöcke »fmt « und »data« verwendet werden. Nachdem auch der *mmioAscend*-Aufruf des »data«-Blocks erledigt ist, fehlt noch der Abschluß des »RIFF«-Blocks selbst. Für diesen *mmioAscend*-Aufruf ist die Struktur *mmckinfo[0]* anzugeben. Den Abschluß der Dateioperation erledigt die Funktion *mmioClose*.

Die Funktion *mmioAscend* ändert zwar den Zeiger für die aktuelle Schreibposition in der Datei, um die Blockgröße an passender Stelle hinter dem Blockbezeichner einzufügen, setzt ihn danach aber wieder zurück (bzw. auf die nächste geradzahlige Position), weshalb aus Sicht der Anwendung alle Schreiboperationen sequentiell geschehen. Nach einem erfolgreichen *mmioOpen*-Aufruf kann eigentlich nicht mehr viel schiefgehen – wenn man einmal von einer vollen Festplatte absieht. Ich habe daher eine Variable namens *wError* benutzt, die die Fehlercodes der Funktionen *mmioCreateChunk*, *mmioWrite*, *mmioAscend* und *mmioClose* schlicht durch bitweise OR-Operationen zusammenfaßt. Falls *wError* nach Abschluß aller Schreiboperationen einen Wert ungleich 0 hat, ist irgendein Fehler aufgetreten. In diesem Fall löscht die Routine die Datei wieder, indem sie die Funktion *mmioOpen* unter Angabe der Konstanten MMIO_DELETE aufruft, und liefert dann eine textuelle Fehlerbeschreibung.

Das Lesen einer RIFF-Datei läuft vom Prinzip her genauso ab wie das Schreiben. Das Öffnen der Datei geschieht hier mit *mmioOpen* unter Angabe der Konstanten MMIO_READ, anstelle von *mmioWrite* kommt *mmioRead* zum Einsatz, anstelle von *mmioCreateChunk* die Funktion *mmioDescend*, die den Block mit dem in der MMCKINFO-Struktur spezifizierten Bezeichner sucht und den Dateizeiger auf das erste Byte des Datenbereichs setzt (bzw. auf den Formatbezeichner eines »RIFF«-Blocks oder den Listentyp eines »LIST«-Blocks). Die Funktion *mmioAscend* verschiebt den Dateizeiger auf die nächste geradzahlige Position hinter den Datenbereich. Weder *mmioDescend* noch *mmioAscend* verschieben den Dateizeiger bei Leseoperationen nach vorne.

Eine frühere Version des Programms DRUM wurde 1992 im *PC Magazine* veröffentlicht. Zur damaligen Zeit unterstützte Windows MIDI-Synthesizer noch auf zwei unterschiedlichen Ebenen. Dateien, die von diesem Programm erzeugt wurden, weisen den Wert 1 als Formatbezeichner auf, während das in diesem Kapitel vorgestellte Programm DRUM den Formatbezeichner 2 vergibt. DRUM kann natürlich auch das ältere Format lesen und konvertiert es in der Funktion *DrumFileRead* automatisch in die neue Variante.

23 Ein Blick ins Internet

Das Internet – die weltumspannende Vernetzung einer ungeheuren Zahl von Computern, die über verschiedene Protokolle miteinander Informationen austauschen – hat insbesondere in den letzten Jahren der gesamten PC-Welt eine Vielfalt neuer Aspekte beschert und sie zunehmend verändert. Online-Informationsdienste, Mailbox- und Email-Systeme gab es natürlich auch schon vor dem großen Internet-Boom – nur waren diese Einrichtungen kaum miteinander vernetzt, schon gar nicht kompatibel zueinander und boten überdies meist nur einen textorientierten Informationsaustausch. Für die meisten Informationsdienste waren individuelle Telefonnummern, Benutzernamen und Kennwörter erforderlich; Email-Systeme beschränkten den Informationsaustausch im allgemeinen auf die Menschen, die am gleichen System teilnahmen.

Heute ist das anders geworden – obwohl es immer noch gewisse Rangeleien zwischen unterschiedlichen Herstellern in bezug auf Standards gibt. Man wählt sich bei seinem Internet-Provider über eine einzige, üblicherweise örtliche Telefonnummer ins Internet ein und kann dann die Verbindung zu beliebigen Computern irgendwo auf der Welt aufnehmen, sei es im Rahmen des World Wide Web, via FTP oder auch nur per Email. Insbesondere das World Wide Web – ein Subsystem im Internet mit standardisiertem Hypertext-Dokumentenformat und grafisch orientierten Browsern – hat Farbe, Bilder und Töne (und damit die gesamte Glitzerwelt der Werbung und des Informationszeitalters) ins Internet gebracht.

Eine Einführung, die wirklich alle Themen der mit dem Internet verbundenen Windows-Programmierung abdeckt, würde wohl mehrere Bücher füllen, die jedes für sich mindestens genauso dick wären wie dieses. Weil wir uns nun aber im letzten Kapitel befinden, bleibt mir gerade noch der Platz, exemplarisch zwei zentrale Bereiche der Internet-orientierten Programmierung anzuschneiden, nämlich die WinSock-API (Windows Sockets API) und die FTP-Unterstützung (File Transfer Protocol) im Rahmen der WinInet-API (Windows Internet API). Die beiden Programme, die Ihnen dieses Kapitel vorstellt, sollen Ihnen den Weg dazu weisen, wie man mit eigenen Windows-Anwendungen Informationen aus dem Internet bezieht.

Windows Sockets

»Sockets« sind das Ergebnis eines an der Universität von Kalifornien in Berkeley erforschten Kommunikationskonzepts, das dem seit jeher netzwerkorientierten Betriebssystem UNIX eine allgemeine Form der Netzwerkkommunikation ermöglichen sollte. (Der »offizielle« Name ist denn auch *Berkeley Socket Interface;* die von Windows verwendeten Sockets stellen eine leicht angepaßte Variante dieses Konzepts dar.)

Sockets und TCP/IP

Sockets werden im allgemeinen in Verbindung mit dem im Internet vorherrschenden Übertragungsprotokoll TCP/IP (Transmission Control Protocol/Internet Protocol) verwendet. Der IP-Teil von TCP/IP regelt die Verpackung und Adressierung der Daten in Form sogenannter *Datagramme*, kleiner Datenpakete mit Adreß- und Absenderinformationen, die Aufschluß über die Herkunft und die Bestimmung der Daten im Paket geben. Der TCP-Teil kümmert sich um einen fehlerfreien und verläßlichen Transport der IP-Datagramme. (Obwohl man Sockets gemeinhin mit TCP/IP assoziiert, erlaubt die Berkeley-Spezifikation sehr wohl andere Übertragungsprotokolle. Ein Beispiel dafür ist Novells Implementation auf der Basis von IPX/SPX, die allerdings in den letzten Jahren stark an Bedeutung verloren hat.)

Aus der Sicht von TCP/IP ist der Bestimmungsort eines Datagramms eine Kombination aus einer IP-Adresse und einer Portnummer. Die IP-Adresse ist ein 4-Byte-Wort, das einen Computer im Internet eindeutig identifiziert. Sie wird meist im dezimalen Format mit Punkten zwischen den einzelnen Stellen notiert, zum Beispiel »209.86.105.231«. Die Portnummer identifiziert dagegen einen bestimmen Dienst oder Prozeß auf einem Computer, den dieser dem Internet bereitstellt. Eine ganze Reihe von Portnummern sind standardisiert und bezeichnen wohlbekannte Dienste (»well-known services«) wie FTP und HTTP.

Wenn ein Socket in Verbindung mit TCP/IP verwendet wird, verkörpert er einen solchen Bestimmungspunkt: Einem Socket sind daher immer eine IP-Adresse und eine Portnummer zugeordnet.

Im Internet nach der Zeit fragen

Das Beispielprogramm, das ich gleich vorstellen werde, stellt die Verbindung zu einem Internet-Server her, der einen TP-Dienst (Time Protocol) bereitstellt – was nichts anderes heißt, als dass er die exakte Zeit bekanntgibt. Das Programm verwendet diese Information, um die Uhr im PC richtig zu setzen.

In den USA ist das *National Institute of Standards and Technology* (NIST, früher: »National Bureau of Standards«) dafür verantwortlich, in Verbindung mit anderen Instituten rund um die Welt die korrekte Zeit zu messen. Die öffentliche Bekanntgabe dieser Zeit erfolgt zum Beispiel über Rundfunk und Fernsehen, über Telefon- und Online-Dienste sowie natürlich über das Internet. Wer mehr über das NIST und die Bekanntgabe der Zeit wissen will, sei auf die Website *http://www.bldrdoc.gov/timefreq* verwiesen.

Wir interessieren uns für den *Net Time Service* des NIST, der auf der Seite *http://www.bldrdoc.gov/timefreq/service/nts.htm* dokumentiert ist. Auf dieser Seite findet man auch eine Auflistung von zehn Webservern, die NIST-Zeitdienste anbieten – der erste Server heißt beispielsweise *time-a.timefreq.bldrdoc.gov* und hat die IP-Adresse 132.163.135.130.

Ein anderes von mir stammendes Programm, das die Zeitdienste eines nicht im Internet vertretenen Online-Telefondienstes nutzt, wurde im *PC Magazine* veröffentlicht und läßt sich im Internet unter der Adresse *http://www.zdnet.com/pcmag/pctech/content/16/20/ut1620.001.html* abrufen. Das Programm wird insbesondere für diejenigen lehrreich sein, die sich mit der Telefon-API von Windows auseinandersetzen wollen.

Im Internet sind drei unterschiedliche Zeitdienste verbreitet, die als *Request for Comment* (RFC) – der üblichen Dokumentationsform von Internet-Standards – beschrieben sind. Das Daytime

Protocol (RFC-867) liefert einen ASCII-String, der das Kalenderdatum und die exakte Zeit (in für Menschen halbwegs lesbarer Form) wiedergibt. Das Time Protocol (RFC-868) liefert einen 32-Bit-Wert, der die Anzahl der Sekunden wiedergibt, die seit dem 1.1.1900 um 0:00:00 Uhr vergangen sind. Die Zeitangabe ist im UTC-Format. Das Kürzel UTC steht für »Coordinated Universal Time« (wobei die etwas merkwürdige Reihenfolge der Buchstaben einem kleinen Disput zwischen dem französischen CCITT und dem Rest der Welt zu verdanken ist: Weil man sich weder für »temps universel coordinée« noch für die rein englische Variante entscheiden konnte, ist schließlich »universal time coordinée« daraus geworden). UTC ist weitgehend mit der englischen Normalzeit (GMT für »Greenwich Mean Time«) vergleichbar. Das dritte, recht komplex ausgefallene Zeitprotokoll hört auf den Namen Network Time Protocol und ist in RFC-1305 dokumentiert.

Für die Zwecke dieses Buchs, das den Umgang mit Sockets beispielhaft durch eine einfache Internet-Zeitabfrage demonstrieren will, ist das Time Protocol ideal. RFC-868 ist ein Dokument mit gerade einmal zwei Seiten, dessen Kernpunkte sich sogar noch etwas kürzer zusammenfassen lassen. Ein Client-Programm, das die Zeit in Erfahrung bringen will, muß:

4. Eine Verbindung mit Port 37 eines Servers herstellen, der diesen Dienst unterstützt.
5. Auf einen 32-Bit-Wert warten, der die Zahl der seit dem 1.1.1900 um 0:00:00 Uhr verstrichenen Sekunden angibt.
6. Die Verbindung beenden.

Damit ist klar, was das Beispielprogramm veranstalten muß, das Datum und Uhrzeit des PCs setzen will.

Das Programm NETTIME

Die WinSock-API ist mit der API von Berkeley Sockets kompatibel. Es ist daher zu erwarten, dass sich UNIX-Code, der mit Sockets arbeitet, ohne große Schwierigkeiten nach Windows portieren läßt. Neben den grundlegenden Socket-Funktionen *socket*, *connect*, *recv*, *send* usw. unterstützt Windows eine Reihe von Erweiterungen des Berkeley-Standards, wobei die Namen der entsprechenden Funktionen durch das Präfix *WSA* gekennzeichnet sind. Einen Überblick über die WinSock-API sowie eine Funktionsreferenz finden Sie unter */Platform SDK/Networking and Distributed Services/Windows Sockets Version 2.*

Das in Abbildung 23.1 aufgelistete Programm NETTIME.C demonstriert den Einsatz der WinSock-API.

NETTIME.C

```
/*--------------------------------------------------------------------
   NETTIME.C - Zeit von Internet-Server erfragen und als Systemzeit setzen
               (c) Charles Petzold, 1998
  --------------------------------------------------------------------*/

#include <windows.h>
#include "resource.h"

#define WM_SOCKET_NOTIFY (WM_USER + 1)
#define ID_TIMER         1

LRESULT CALLBACK WndProc   (HWND, UINT, WPARAM, LPARAM) ;
BOOL    CALLBACK MainDlg   (HWND, UINT, WPARAM, LPARAM) ;
BOOL    CALLBACK ServerDlg (HWND, UINT, WPARAM, LPARAM) ;
```

```
void ChangeSystemTime (HWND hwndEdit, ULONG ulTime) ;
void FormatUpdatedTime (HWND hwndEdit, SYSTEMTIME * pstOld, SYSTEMTIME * pstNew) ;
void EditPrintf (HWND hwndEdit, TCHAR * szFormat, ...) ;
HINSTANCE hInst ;
HWND      hwndModeless ;

int WINAPI WinMain (HINSTANCE hInstance, HINSTANCE hPrevInstance, PSTR szCmdLine, int iCmdShow)
{
     static TCHAR szAppName[] = TEXT ("NetTime") ;
     HWND         hwnd ;
     MSG          msg ;
     RECT         rect ;
     WNDCLASS     wndclass ;

     hInst = hInstance ;

     wndclass.style         = 0 ;
     wndclass.lpfnWndProc   = WndProc ;
     wndclass.cbClsExtra    = 0 ;
     wndclass.cbWndExtra    = 0 ;
     wndclass.hInstance     = hInstance ;
     wndclass.hIcon         = LoadIcon (NULL, IDI_APPLICATION) ;
     wndclass.hCursor       = NULL ;
     wndclass.hbrBackground = NULL ;
     wndclass.lpszMenuName  = NULL ;
     wndclass.lpszClassName = szAppName ;

     if (!RegisterClass (&wndclass))
     {
          // UNICODE-Kompilierung ist die einzige realistische Fehlermöglichkeit
          MessageBox (NULL, TEXT ("Programm arbeitet mit Unicode und setzt Windows NT voraus!"),
                      szAppName, MB_ICONERROR) ;
          return 0 ;
     }
          // Programmfenster anlegen
     hwnd = CreateWindow (szAppName, TEXT ("Systemzeit aus Internet beziehen"),
                          WS_OVERLAPPED | WS_CAPTION | WS_SYSMENU | WS_BORDER | WS_MINIMIZEBOX,
                          CW_USEDEFAULT, CW_USEDEFAULT,
                          CW_USEDEFAULT, CW_USEDEFAULT,
                          NULL, NULL, hInstance, NULL) ;

     // modusloses Dialogfeld anlegen
     hwndModeless = CreateDialog (hInstance, szAppName, hwnd, MainDlg) ;

     // Abmessungen des Hauptfensters denen des Dialogfelds anpassen
     // und beide Fenster anzeigen
     GetWindowRect (hwndModeless, &rect) ;
      AdjustWindowRect (&rect, WS_CAPTION | WS_BORDER, FALSE) ;

     SetWindowPos (hwnd, NULL, 0, 0, rect.right - rect.left, rect.bottom - rect.top, SWP_NOMOVE) ;

     ShowWindow (hwndModeless, SW_SHOW) ;
     ShowWindow (hwnd, iCmdShow) ;
     UpdateWindow (hwnd) ;
```

```
     // Nachrichtenschleife mit Erweiterung für das moduslose Dialogfeld
     while (GetMessage (&msg, NULL, 0, 0))
     {
          if (hwndModeless == 0 || !IsDialogMessage (hwndModeless, &msg))
          {
               TranslateMessage (&msg) ;
               DispatchMessage (&msg) ;
          }
     }
     return msg.wParam ;
}

LRESULT CALLBACK WndProc (HWND hwnd, UINT message, WPARAM wParam, LPARAM lParam)
{
     switch (message)
     {
     case WM_SETFOCUS:
          SetFocus (hwndModeless) ;
          return 0 ;

     case WM_DESTROY:
          PostQuitMessage (0) ;
          return 0 ;
     }
     return DefWindowProc (hwnd, message, wParam, lParam) ;
}

BOOL CALLBACK MainDlg (HWND hwnd, UINT message, WPARAM wParam, LPARAM lParam)
{
     static char   szIPAddr[32] = { "132.163.135.130" } ;
     static HWND   hwndButton, hwndEdit ;
     static SOCKET sock ;
     static struct sockaddr_in sa ;
     static TCHAR  szOKLabel[32] ;
     int           iError, iSize ;
     unsigned long ulTime ;
     WORD          wEvent, wError ;
     WSADATA       WSAData ;

     switch (message)
     {
     case WM_INITDIALOG:
          hwndButton = GetDlgItem (hwnd, IDOK) ;
          hwndEdit = GetDlgItem (hwnd, IDC_TEXTOUT) ;
          return TRUE ;

     case WM_COMMAND:
          switch (LOWORD (wParam))
          {
          case IDC_SERVER:  // Auswahl eines anderen Zeit-Servers
               DialogBoxParam (hInst, TEXT ("Servers"), hwnd, ServerDlg, (LPARAM) szIPAddr) ;
               return TRUE ;

          case IDOK:
               // WSAStartup aufrufen und Beschreibungstext anzeigen
               if (iError = WSAStartup (MAKEWORD(2,0), &WSAData))
```

```
{
    EditPrintf (hwndEdit, TEXT ("WSAStartup-Fehler #%i.\r\n"), iError) ;
    return TRUE ;
}
EditPrintf (hwndEdit, TEXT ("%hs gestartet.\r\n"), WSAData.szDescription);

// Socket öffnen
sock = socket (AF_INET, SOCK_STREAM, IPPROTO_TCP) ;

if (sock == INVALID_SOCKET)
{
    EditPrintf (hwndEdit,
                TEXT ("Fehler beim Anlegen des Sockets: #%i.\r\n"),
                WSAGetLastError ()) ;
    WSACleanup () ;
    return TRUE ;
}
EditPrintf (hwndEdit, TEXT ("Socket %i angelegt.\r\n"), sock) ;

// WSAAsyncSelect aufrufen
if (SOCKET_ERROR == WSAAsyncSelect (sock, hwnd, WM_SOCKET_NOTIFY,
                                    FD_CONNECT | FD_READ))
{
    EditPrintf (hwndEdit,
                TEXT ("WSAAsyncSelect-Fehler #%i.\r\n"),
                WSAGetLastError ()) ;
    closesocket (sock) ;
    WSACleanup () ;
    return TRUE ;
}

// Aufruf von "connect" mit IP-Adresse und Portnummer des Zeitservers
sa.sin_family          = AF_INET ;
sa.sin_port            = htons (IPPORT_TIMESERVER) ;
sa.sin_addr.S_un.S_addr = inet_addr (szIPAddr) ;

connect(sock, (SOCKADDR *) &sa, sizeof (sa)) ;

// "connect" wird wegen den vorherigen WSAAsyncSelect-Aufrufs SOCKET_ERROR liefern,
// da die Funktion als potentiell blockierende Funktion die Kontrolle unmittelbar
// (also noch vor dem Herstellen der Verbindung) zurückgibt. Der Statuscode
// WSAEWOULDBLOCK ist deshalb nicht als Fehler zu betrachten.
// Hier die Reaktion auf unwartete Fehler:
if (WSAEWOULDBLOCK != (iError = WSAGetLastError ()))
{
    EditPrintf (hwndEdit, TEXT ("Connect-Fehler #%i.\r\n"), iError) ;
    closesocket (sock) ;
    WSACleanup () ;
    return TRUE ;
}
EditPrintf (hwndEdit, TEXT ("Verbinde mit %hs..."), szIPAddr) ;

// Das Ergebnis des "connect"-Aufrufs wird über WM_SOCKET_NOTIFY angeliefert.
// Timer setzen und Schaltflächenbeschriftung auf "Abbrechen" ändern
SetTimer (hwnd, ID_TIMER, 1000, NULL) ;
GetWindowText (hwndButton, szOKLabel, sizeof (szOKLabel) / sizeof (TCHAR)) ;
```

```
			SetWindowText (hwndButton, TEXT ("Abbruch")) ;
			SetWindowLong (hwndButton, GWL_ID, IDCANCEL) ;
			return TRUE ;

		case IDCANCEL:
			closesocket (sock) ;
			sock = 0 ;
			WSACleanup () ;
			SetWindowText (hwndButton, szOKLabel) ;
			SetWindowLong (hwndButton, GWL_ID, IDOK) ;

			KillTimer (hwnd, ID_TIMER) ;
			EditPrintf (hwndEdit, TEXT ("\r\nSocket geschlossen.\r\n")) ;
			return TRUE ;

		case IDC_CLOSE:
			if (sock)
				SendMessage (hwnd, WM_COMMAND, IDCANCEL, 0) ;

			DestroyWindow (GetParent (hwnd)) ;
			return TRUE ;
		}
		return FALSE ;

	case WM_TIMER:
		EditPrintf (hwndEdit, TEXT (".")) ;
		return TRUE ;

	case WM_SOCKET_NOTIFY:
		wEvent = WSAGETSELECTEVENT (lParam) ;   // d.h. LOWORD
		wError = WSAGETSELECTERROR (lParam) ;   // d.h. HIWORD

		// Behandlung zweier für WSAAsyncSelect spezifizierte Ereignisse
		switch (wEvent)
		{
		case FD_CONNECT:                    // Rückmeldung von connect()
			EditPrintf (hwndEdit, TEXT ("\r\n")) ;

			if (wError)
			{
				EditPrintf (hwndEdit, TEXT ("Connect Fehler #%i."), wError) ;
				SendMessage (hwnd, WM_COMMAND, IDCANCEL, 0) ;
				return TRUE ;
			}
			EditPrintf (hwndEdit, TEXT ("Verbunden mit %hs.\r\n"), szIPAddr) ;

			// Versuche Daten zu empfangen. Der Aufruf wird einen WSAEWOULDBLOCK-Fehler
			// und ein FD_READ-Ereignis generieren.
			recv (sock, (char *) &ulTime, 4, MSG_PEEK) ;
			EditPrintf (hwndEdit, TEXT ("Warte auf Empfang...")) ;
			return TRUE ;

		case FD_READ:                       // Rückmeldung von recv()
			KillTimer (hwnd, ID_TIMER) ;
			EditPrintf (hwndEdit, TEXT ("\r\n")) ;
```

```
            if (wError)
            {
                EditPrintf (hwndEdit, TEXT ("FD_READ error #%i."), wError) ;
                SendMessage (hwnd, WM_COMMAND, IDCANCEL, 0) ;
                return TRUE ;
            }
            // Zeit abfragen und Bytes vertauschen
            iSize = recv (sock, (char *) &ulTime, 4, 0) ;
            ulTime = ntohl (ulTime) ;
            EditPrintf (hwndEdit,
                        TEXT ("Aktuelle Zeit ist: %u Sekunden ")
                        TEXT ("seit 1.1.1900, 0:00 Uhr.\r\n"), ulTime) ;

            // Systemzeit setzen
            ChangeSystemTime (hwndEdit, ulTime) ;
            SendMessage (hwnd, WM_COMMAND, IDCANCEL, 0) ;
            return TRUE ;
        }
        return FALSE ;
    }
    return FALSE ;
}

BOOL CALLBACK ServerDlg (HWND hwnd, UINT message, WPARAM wParam, LPARAM lParam)
{
    static char * szServer ;
    static WORD   wServer = IDC_SERVER1 ;
    char          szLabel [64] ;

    switch (message)
    {
    case WM_INITDIALOG:
        szServer = (char *) lParam ;
        CheckRadioButton (hwnd, IDC_SERVER1, IDC_SERVER10, wServer) ;
        return TRUE ;

    case WM_COMMAND:
        switch (LOWORD (wParam))
        {
        case IDC_SERVER1:
        case IDC_SERVER2:
        case IDC_SERVER3:
        case IDC_SERVER4:
        case IDC_SERVER5:
        case IDC_SERVER6:
        case IDC_SERVER7:
        case IDC_SERVER8:
        case IDC_SERVER9:
        case IDC_SERVER10:
            wServer = LOWORD (wParam) ;
            return TRUE ;

        case IDOK:
            GetDlgItemTextA (hwnd, wServer, szLabel, sizeof (szLabel)) ;
            strtok (szLabel, "(") ;
            strcpy (szServer, strtok (NULL, ")")) ;
```

```
                EndDialog (hwnd, TRUE) ;
                return TRUE ;

           case IDCANCEL:
                EndDialog (hwnd, FALSE) ;
                return TRUE ;
           }
           break ;
     }
     return FALSE ;
}

void ChangeSystemTime (HWND hwndEdit, ULONG ulTime)
{
     FILETIME      ftNew ;
     LARGE_INTEGER li ;
     SYSTEMTIME    stOld, stNew ;

     GetLocalTime (&stOld) ;

     stNew.wYear         = 1900 ;
     stNew.wMonth        = 1 ;
     stNew.wDay          = 1 ;
     stNew.wHour         = 0 ;
     stNew.wMinute       = 0 ;
     stNew.wSecond       = 0 ;
     stNew.wMilliseconds = 0 ;

     SystemTimeToFileTime (&stNew, &ftNew) ;
     li = * (LARGE_INTEGER *) &ftNew ;
     li.QuadPart += (LONGLONG) 10000000 * ulTime ;
     ftNew = * (FILETIME *) &li ;
     FileTimeToSystemTime (&ftNew, &stNew) ;

     if (SetSystemTime (&stNew))
     {
          GetLocalTime (&stNew) ;
          FormatUpdatedTime (hwndEdit, &stOld, &stNew) ;
     }
     else
          EditPrintf (hwndEdit, TEXT ("Konnte Systemzeit nicht ändern.")) ;
}

void FormatUpdatedTime (HWND hwndEdit, SYSTEMTIME * pstOld, SYSTEMTIME * pstNew)
{
     TCHAR szDateOld [64], szTimeOld [64], szDateNew [64], szTimeNew [64] ;

     GetDateFormat (LOCALE_USER_DEFAULT, LOCALE_NOUSEROVERRIDE | DATE_SHORTDATE,
                    pstOld, NULL, szDateOld, sizeof (szDateOld)) ;

     GetTimeFormat (LOCALE_USER_DEFAULT, LOCALE_NOUSEROVERRIDE |
                         TIME_NOTIMEMARKER | TIME_FORCE24HOURFORMAT,
                    pstOld, NULL, szTimeOld, sizeof (szTimeOld)) ;

     GetDateFormat (LOCALE_USER_DEFAULT, LOCALE_NOUSEROVERRIDE | DATE_SHORTDATE,
                    pstNew, NULL, szDateNew, sizeof (szDateNew)) ;
```

```
    GetTimeFormat (LOCALE_USER_DEFAULT, LOCALE_NOUSEROVERRIDE |
                       TIME_NOTIMEMARKER | TIME_FORCE24HOURFORMAT,
                   pstNew, NULL, szTimeNew, sizeof (szTimeNew)) ;

    EditPrintf (hwndEdit,
                TEXT ("Systemdatum und Systemzeit wurden von")
                TEXT ("\r\n\t%s, %s.%03i auf\r\n\t%s, %s.%03i korrigiert."),
                szDateOld, szTimeOld, pstOld->wMilliseconds,
                szDateNew, szTimeNew, pstNew->wMilliseconds) ;
}

void EditPrintf (HWND hwndEdit, TCHAR * szFormat, ...)
{
    TCHAR   szBuffer [1024] ;
    va_list pArgList ;

    va_start (pArgList, szFormat) ;
    wvsprintf (szBuffer, szFormat, pArgList) ;
    va_end (pArgList) ;
    SendMessage (hwndEdit, EM_SETSEL, (WPARAM) -1, (LPARAM) -1) ;
    SendMessage (hwndEdit, EM_REPLACESEL, FALSE, (LPARAM) szBuffer) ;
    SendMessage (hwndEdit, EM_SCROLLCARET, 0, 0) ;
}
```

NETTIME.RC (Auszüge)

```
//Microsoft Developer Studio generated resource script.

#include "resource.h"
#include "afxres.h"

/////////////////////////////////////////////////////////////////////////////
// Dialog

SERVERS DIALOG DISCARDABLE  20, 20, 274, 202
STYLE DS_MODALFRAME | WS_POPUP | WS_CAPTION | WS_SYSMENU
CAPTION "NIST-Zeit-Server"
FONT 8, "MS Sans Serif"
BEGIN
    DEFPUSHBUTTON   "OK",IDOK,73,181,50,14
    PUSHBUTTON      "Abbrechen",IDCANCEL,150,181,50,14
    CONTROL
        "time-a.timefreq.bldrdoc.gov (132.163.135.130) NIST, Boulder, Colorado",
                    IDC_SERVER1,"Button",BS_AUTORADIOBUTTON,9,7,256,16
    CONTROL
        "time-b.timefreq.bldrdoc.gov (132.163.135.131) NIST, Boulder, Colorado",
                    IDC_SERVER2,"Button",BS_AUTORADIOBUTTON,9,24,256,16
    CONTROL
              "time-c.timefreq.bldrdoc.gov (132.163.135.132) Boulder, Colorado",
                    IDC_SERVER3,"Button",BS_AUTORADIOBUTTON,9,41,256,16
    CONTROL
        "utcnist.colorado.edu (128.138.140.44) University of Colorado, Boulder",
                    IDC_SERVER4,"Button",BS_AUTORADIOBUTTON,9,58,256,16
    CONTROL
                          "time.nist.gov (192.43.244.18) NCAR, Boulder, Colorado",
                    IDC_SERVER5,"Button",BS_AUTORADIOBUTTON,9,75,256,16
```

```
    CONTROL
                    "time-a.nist.gov (129.6.16.35) NIST, Gaithersburg, Maryland",
                    IDC_SERVER6,"Button",BS_AUTORADIOBUTTON,9,92,256,16
    CONTROL
                    "time-b.nist.gov (129.6.16.36) NIST, Gaithersburg, Maryland",
                    IDC_SERVER7,"Button",BS_AUTORADIOBUTTON,9,109,256,16
    CONTROL
                "time-nw.nist.gov (131.107.1.10) Microsoft, Redmond, Washington",
                    IDC_SERVER8,"Button",BS_AUTORADIOBUTTON,9,126,256,16
    CONTROL
                  "utcnist.reston.mci.net (204.70.131.13) MCI, Reston, Virginia",
                    IDC_SERVER9,"Button",BS_AUTORADIOBUTTON,9,143,256,16

    CONTROL
                      "nistl.data.com (209.0.72.7) Datum, San Jose, California",
                    IDC_SERVER10,"Button",BS_AUTORADIOBUTTON,9,160,256,16
END

NETTIME DIALOG DISCARDABLE  0, 0, 270, 150
STYLE WS_CHILD
FONT 8, "MS Sans Serif"
BEGIN
    DEFPUSHBUTTON   "Systemzeit korrigieren",IDOK,95,129,80,14
    PUSHBUTTON      "Schließen",IDC_CLOSE,183,129,80,14
    PUSHBUTTON      "Server wählen...",IDC_SERVER,7,129,80,14
    EDITTEXT        IDC_TEXTOUT,7,7,253,110,ES_MULTILINE | ES_AUTOVSCROLL |
                    ES_READONLY | WS_VSCROLL | NOT WS_TABSTOP
END
```

RESOURCE.H (Auszüge)

```
// Microsoft Developer Studio generated include file.
// Used by NetTime.rc

#define IDC_TEXTOUT                 101
#define IDC_SERVER1                 1001
#define IDC_SERVER2                 1002
#define IDC_SERVER3                 1003
#define IDC_SERVER4                 1004
#define IDC_SERVER5                 1005
#define IDC_SERVER6                 1006
#define IDC_SERVER7                 1007
#define IDC_SERVER8                 1008
#define IDC_SERVER9                 1009
#define IDC_SERVER10                1010
#define IDC_SERVER                  1011
#define IDC_CLOSE                   1012
```

Abbildung 23.1: *Das Programm* NETTIME

NETTIME präsentiert sich dem Benutzer in Form eines moduslosen Dialogfelds, dessen Beschreibung als Dialogressource NETTIME im Ressourcenskript NETTIME.RC zu finden ist. Was der Benutzer nicht sieht: Das Programm legt »unter« diesem Dialogfeld ein Fenster gleicher Größe an. Das Dialogfeld enthält ein mehrzeiliges Editfeld für die Meldungen des Programms sowie drei Schaltflächen *Server wählen*, *Systemzeit korrigieren* und *Schließen*.

Die in der Dialogroutine *MainDlg* vereinbarte statische Stringvariable *szIPAddr* enthält die IP-Adresse des Zeitservers in dezimaler Punktnotation. Ihr Initialisierungswert ist »132.163.135.130«, die IP-Adresse des NIST-Servers in Boulder, Colorado. Ein Klick auf *Server wählen* bringt das modale Dialogfeld »Serverliste« zum Vorschein, in dem sich ein anderer Zeitserver auswählen läßt. (Die dort aufgeführten, fix in den Ressourcen des Programms codierten Servernamen stammen von der Website des NIST.) Die zur Darstellung dieses Dialogs verwendete Routine *DialogBoxParam* erwartet als dritten Parameter die Adresse einer Dialogprozedur, als vierten Parameter einen frei vom Programm definierbaren Wert, den die Dialogprozedur zur Initialisierung verwenden kann. NETTIME verwendet diesen vierten Parameter zur Übergabe eines Zeigers auf die Variable *szIPAddr*, in die die Dialogprozedur *ServerDlg* die IP-Adresse des neu ausgewählten Servers in dezimaler Punktnotation einträgt, wenn der Benutzer das Dialogfeld über die Schaltfläche *OK* schließt.

Zur Abfrage der UTC muß das Programm eine Internet-Verbindung zu dem Zeitserver mit der in *szIPAddr* gespeicherten IP-Adresse aufbauen. Klicks auf *Systemzeit korrigieren* erzeugen WM_COMMAND-Nachrichten, bei denen das niederwertige Wort von *wParam* die ID IDOK enthält. Im Rahmen der Behandlung dieser Nachricht durch *MainDlg* kommen die Funktionen der WinSock-API zum Zuge.

Ein Windows-Programm, das mit der WinSock-API arbeiten will, muß als erstes die Funktion *WSAStartup* aufrufen:

```
iError = WSAStartup (wVersion, &WSAData) ;
```

Mit dem ersten Parameter gibt das Programm an, welche Version von WinSock es minimal erwartet. NETTIME übergibt den Wert 0x0200 – also die Versionsnummer 2.0. Die im zweiten Parameter bereitgestellte Informationsstruktur des Typs WSADATA enthält nach dem erfolgreichen Aufruf der Funktion Informationen über die vorliegende WinSock-Implementation. NETTIME verwendet davon nur den Wert des Feldes *szDescription*, um dem Benutzer die Versionsnummer der verwendeten WinSock-API mitzuteilen.

Als nächstes ruft NETTIME die Funktion *socket* auf:

```
sock = socket (AF_INET, SOCK_STREAM, IPPROTO_TCP) ;
```

Die Konstante AF_INET im ersten Parameter gibt an, dass das Programm Internet-Adressierung verwenden will. Mit dem zweiten Parameter legt NETTIME fest, dass die angeforderten Daten als Stream und nicht als Datagramme (SOCK_DGRAM) erwartet werden. (Das Programm erwartet nur einen 4 Byte langen Wert; Datagramme verwendet man gewöhnlich, wenn die zu übertragenden Datenblöcke länger sind.) Der letzte Parameter legt das Protokoll für die Übertragung fest: Die Konstante IPPROTO_TCP steht für das normale Internet-Protokoll TCP, eines der beiden Protokolle, die das Dokument RFC-868 für die Zeitabfrage spezifiziert. Der *socket*-Aufruf legt einen neuen Socket an und liefert einen Wert vom Typ SOCKET zurück, der nichts anderes als einen Handle darstellt und für nachfolgende Operationen mit diesem Socket anzugeben ist.

NETTIME ruft als nächstes mit *WSAAsynchSelect* eine weitere Windows-spezifische Socket-Funktion auf und will so verhindern, dass das Programm beim Aufruf bestimmter Socket-Funktionen unter Umständen endlos auf eine Antwort wartet. Die WinSock-Dokumentation weist einige Socket-Funktionen als »potentiell blockierend« (»blocking«) aus und will damit andeuten, dass diese Funktionen die Kontrolle erst nach ihrem Abschluß wieder zurückgeben. *WSAAsynchSelect* verbannt diese Funktionen in einen eigenen Thread und sorgt so dafür, dass das Programm die Kontrolle sofort zurückerhält; die Ergebnisse werden später in Form von Nachrichten übermittelt. Um welche Nachrichten es dabei geht und welches Fenster sie erhalten soll, läßt sich über die Parameter des Funktionsaufrufs festlegen. Die Aufrufsyntax für *WSAAsynchSelect* ist:

```
WSAAsyncSelect (sock, hwnd, message, iConditions) ;
```

NETTIME verwendet die selbstdefinierte Nachricht WM_SOCKET_NOTIFY für diese Aufgabe. Über den zweiten Parameter legt das Programm fest, dass es über zwei Ereignisse benachrichtigt werden will – nämlich das Zustandekommen der Verbindung (FD_CONNECT) und dem Empfang von Daten (FD_READ).

Der nächste Schritt besteht aus dem Aufruf der WinSock-Funktion *connect*. Die Funktion erwartet neben einem Handle für den zu benutzenden Socket die Adresse einer SOCKADDR-Struktur, deren Aufbau spezifisch für das jeweilige Protokoll ist. NETTIME verwendet die für TCP/IP vorgesehene Version dieser Struktur:

```
struct sockaddr_in
{
     short          sin_family;
     u_short        sin_port;
     struct in_addr sin_addr;
     char           sin_zero[8];
} ;
```

Das Feld *in_addr* ist eine Union, über die sich die Internet-Adresse wahlweise als vier Werte mit dem Typ *byte*, als zwei Werte mit dem Typ *unsigned short* oder als einzelner *unsigned long* ansprechen läßt.. Das Feld *sin_family* der Struktur, das die im Netzwerk verwendete Adressierungsart bestimmt, setzt NETTIME wie gehabt auf den Wert AF_INET. Das Datenfeld *sin_port* erhält die Portnummer des angeforderten Dienstes. Der Time-Protocol-Dienst ist laut RFC-868 unter der Portnummer 37 zu erreichen. Machen Sie aber nicht den Fehler, dem Feld einfach den Wert 37 zuzuweisen – diesem Fehler bin nämlich *ich* aufgesessen. Wie die meisten Werte, die im Internet eine direkte Interpretation haben, muß der Wert des Feldes *sin_port* im Big-Endian-Format angegeben werden, bei dem das höchstwertige Byte an erster (und nicht wie beim Little-Endian-Format der Intel-Prozessoren an letzter) Stelle erscheint. Für die Umwandlung eines Wertes vom Typ *short* vom Little-Endian-Format in das Big-Endian-Format definiert die WinSock-API die Funktion *htons* (host-to-network short). Die korrekte Zuweisung an das Feld *sin_port* sieht deshalb so aus:

```
// IPPORT_TIMESERVER ist in WINSOCK2.H als 37 (= 0x0025) definiert
sa.sin_port = htons (IPPORT_TIMESERVER) ; // 0x0025 als 0x00 0x25 - nicht als 0x25 0x00!
```

Um die als String im dezimalen Punktformat vorliegende IP-Adresse des Zeit-Servers in einen Wert vom Typ *unsigned long* zu verwandeln, benutzt das Programm die WinSock-Funktion *inet_addr*.

Wenn ein Programm unter Windows 9x die Funktion *connect* ausführt und das System momentan keine Verbindung zum Internet hat, erscheint automatisch das Dialogfeld »Verbinden mit« des DFÜ-Netzwerks (vorausgesetzt natürlich, Sie haben irgendwann einmal eine Standardverbindung für den Internet Explorer eingerichtet). Dieses als AutoDial bezeichnete Feature ist unter Windows NT 4.0 leider nicht implementiert, weshalb Sie dort vor dem Aufruf von NETTIME gegebenenfalls manuell eine TCP/IP-Verbindung zum Internet herstellen müssen.

Die Funktion *connect* fällt in die Kategorie »potentiell blockierend«, weil es natürlich einen Moment dauern kann, bis der angesprochene Server im Netzwerk gefunden ist und geantwortet hat. Da NETTIME aber vorher die Funktion *WSAAsyncSelect* aufgerufen hat, gibt *connect* die Kontrolle sofort zurück und liefert den Fehler SOCKET_ERROR – der eigentlich keiner ist: Auf diese Weise soll lediglich angezeigt werden, dass noch keine Verbindung hergestellt wurde. Doppelt genäht hält trotzdem besser: Obwohl NETTIME diesen Code erwartet, prüft das Programm über *WSAGetLastError* nach, ob dieser Fehlercode tatsächlich für eine (noch) nicht zustandegekommene Verbindung oder irgend etwas anderes (wie beispielsweise eine falsch formatierte IP-Adresse) steht. Falls *WSAGetLastError* das erwartete Ergebnis als WSAEWOULDBLOCK liefert, ändert NETTIME die Beschriftung der Schaltfläche IDOK von *Systemzeit korrigieren* auf *Abbrechen* und fordert einen Windows-Timer mit einer Sekunde Verzögerung an. Die Nachricht WM_TIMER nutzt das Programm, um dem Benutzer durch die Ausgabe von Punkten anzuzeigen, dass das Programm noch lebt (lies: auf die Verbindungsrückmeldung wartet).

Wenn die Verbindung schließlich hergestellt wurde, erhält die Fensterroutine *MainDlg* eine WM_SOCKET_NOTIFY-Nachricht – also die selbstdefinierte Nachricht, die beim Aufruf der Funktion *WSAAsyncSelect* für den Abschluß potentiell blockierender Funktionen festgelegt wurde. Der niederwertige Teil von *lParam* macht eine Aussage über das Ereignis – bei erfolgreichem Herstellen einer Verbindung findet sich hier der Wert FD_CONNECT –, der höherwertige Teil zeigt aufgetretene Fehler an. Ein Fehler kann zum Beispiel angezeigt werden, wenn der gewünschte Server im Netzwerk nicht gefunden wurde. (In diesem Fall sollten Sie es mit einem anderen der insgesamt zehn Server versuchen, die NETTIME kennt.)

Wenn eine Verbindung steht, ruft das NETTIME die WinSock-Funktion *recv* auf, um die vom Server bereitgestellten Daten zu lesen:

```
recv (sock, (char *) &ulTime, 4, MSG_PEEK) ;
```

Dieser Aufruf legt fest, dass das Programm auf vier Bytes wartet und sie in der Variable *ulTime* gespeichert haben will. Der Wert MSG_PEEK für das letzte Argument hat die Bedeutung, dass die Funktion den Puffer für die eingehenden Daten nur beobachten und keine Daten daraus abholen soll (genauer: die Funktion kopiert die Daten, ohne sie aus dem Puffer zu entfernen). Da auch *recv* zu den potentiell blockierenden Funktionen gehört, wird die Funktion wie *connect* aufgrund des vorangegangenen *WSAAsyncSelect*-Aufrufs die Kontrolle sofort wieder zurückgeben und einen Fehler melden, der keiner ist. Erst wenn die Funktion dann erfolgreich beendet wurde, also die gewünschten Daten eingetroffen sind, kommt es zu der Nachricht WM_SOCKET_NOTIFY mit dem Ereigniscode FD_READ. Theoretisch könnte die Funktion unter Umständen einen Teil der angeforderten Daten gleich zurückliefern, sie müßte dann aber ohnehin noch ein zweites Mal aufgerufen werden, um den Rest zu holen. Da ist es einfacher, die Funktion mit dem Wert MSG_PEEK aufzurufen und erst auf die Nachricht WM_SOCKET_NOTIFY hin die im Puffer bereitliegenden Daten en bloc mit einem weiteren *recv*-Aufruf abzuholen, diesmal unter Übergabe des Wertes 0 für den letzten Parameter. Ich werde gleich noch darauf eingehen, was das Programm dann mit dem in *ulTime* erhaltenen Wert anstellt. Zunächst aber möchte ich darauf hinweisen, dass das Programm die Behandlung der Nachricht damit abschließt, dass es sich selbst eine WM_COMMAND-Nachricht mit dem Ereigniscode IDCANCEL schickt, was die Aufrufe *closesocket* und *WSACleanup* und somit ein ordentliches Beenden der Verbindung und das Schließen des Sockets nach sich zieht – ganz so, als hätte der Benutzer die Verbindung durch einen Klick auf die Schaltfläche *Abbrechen* geschlossen.

Sie werden sich daran erinnern, dass der 32-Bit-Wert, den NETTIME in der Variable *ulTime* empfängt, die Anzahl der Sekunden wiedergibt, die seit Mitternacht dem 1.1.1900 (Greenwich-

Zeit) vergangen sind. Der Wert von *ulTime* ist wieder im Big-Endian-Format, weshalb er erst über die WinSock-Funktion *ntohl* (network-to-host long) ins Intel-eigene Little-Endian-Format umgesetzt werden muß, bevor die Hilfsfunktion *ChangeSystemTime* in Aktion treten kann.

ChangeSystemTime beginnt mit der Ermittlung der aktuellen lokalen Systemzeit, also der Zeit, die der Benutzer unter Berücksichtigung der Zeitzone und der Sommerzeit von seinem System präsentiert bekommt. Danach initialisiert sie eine SYSTEMTIME-Struktur auf Mitternacht des 1.1.1900 und wandelt deren Werte über *SystemTimeToFileTime* in eine FILETIME-Struktur um. Ein FILETIME-Wert besteht aus zwei 32-Bit-Werten vom Typ DWORD, die zusammen als 64-Bit-Wert die Anzahl der vergangenen Nanosekundenintervalle seit Mitternacht, 1.1.1601 darstellen.

Der darauffolgende Cast verwandelt die FILETIME-Struktur in den Union-Typ LARGE_INTEGER, der es ermöglicht, auf den 64-Bit-Wert sowohl als zwei 32-Bit-Werte als auch als 64-Bit-Integer auf Basis des Datentyps *__int64* zuzugreifen (dieser Datentyp ist Bestandteil der Microsoft-Erweiterung des ANSI-C-Standards). Dem Wert, der nun die Anzahl der 100-Nanosekundenintervalle vom 1.1.1601 bis 1.1.1900 (jeweils Mitternacht) ausdrückt, kann nun die vom Zeitserver gelieferte Zeit unter Berücksichtigung der Skalierung aufaddiert werden.

Der aus dem nächsten Cast resultierende FILETIME-Wert wird mit *FileTimeToSystemTime* wieder in eine SYSTEMTIME-Struktur verwandelt und kann dann unter Berücksichtigung der Tatsache, dass deren Wert eine UTC-Zeit (Greenwich-Zeit) darstellt, mittels der auf UTC-Basis arbeitenden Funktion *SetSystemTime* als neue Systemzeit gesetzt werden. Um den Benutzer darüber zu informieren, wie sich die lokale Systemzeit nach erfolgreicher Ausführung von *SetSystemTime* geändert hat, ermittelt die Funktion mit *GetLocalTime* die neue lokale Systemzeit und gibt sie zusammen mit der alten Systemzeit der Umwandlung in ein Stringformat im Dialogfeld aus.

Die Funktion *SetSystemTime* kann auch fehlschlagen, wenn das Programm unter Windows NT läuft und dem Benutzer das Privileg fehlt, die Systemzeit zu ändern. Auf diesen Fall reagiert NETTIME mit einer entsprechenden Fehlermeldung.

WinInet und FTP

Die WinInet-API (»Windows Internet«) ist eine Sammlung von anwendungsnahen Funktionen, die den Programmierer bei den drei wichtigsten Internet-Protokollen unterstützen – nämlich dem Hypertext Transfer Protocol (HTTP) des World Wide Web, dem File Transfer Protocol (FTP) und einem weiteren Dateitransferprotokoll, das unter dem Namen »Gopher« bekannt ist. Die Aufrufsyntax der WinInet-Funktionen ist an die der gewöhnlichen Windows-Dateifunktionen angelehnt, weshalb sich der Umgang mit diesen Protokollen fast genauso einfach wie der Zugriff auf lokal gespeicherte Dateien gestaltet. Die Dokumentation und Funktionsreferenz für die WinInet-API finden Sie unter */Platform SDK/Internet, Intranet, Extranet Services/Internet Tools and Technologies/WinInet API.*

Das nächste Beispielprogramm demonstriert den Umgang mit dem FTP-bezogenen Teil der WinInet-API. Viele Firmen, die Websites im Internet pflegen, betreiben auch einen FTP-Server, der den anonymen und kennwortfreien Zugriff auf bestimmte Dateien und Verzeichnisse ermöglicht. Wenn Sie beispielsweise im Internet Explorer die Adresse *ftp://ftp.microsoft.com* eingeben, erhalten Sie eine Verbindung zur anonymen FTP-Site von Microsoft und können darin wie auf einem lokalen Laufwerk Verzeichnisse durchstöbern und einzelne Dateien herunterladen. Unter der Adresse *ftp://ftp.cpetzold.com/cpetzold.com/ProgWin/UpdDemo* finden Sie auf meiner eigenen anonymen FTP-Site eine Reihe von Dateien, die ich extra für das Beispielprogramm UPDDEMO angelegt habe.

Heutzutage wird FTP von den meisten Web-Surfern als benutzerunfreundlich abgetan. Das Protokoll ist aber nach wie vor sehr nützlich, wenn man damit umzugehen weiß. So kann eine Anwendung beispielsweise mit nur wenigen Benutzeraktionen dazu gebracht werden, im Hintergrund von einem FTP-Server Daten zu beziehen, während der Benutzer im Vordergrund etwas anderes erledigt. Das ist die Idee, die zu dem folgenden Programm UPDDEMO geführt hat.

Überblick über die FTP-API

Wenn Sie die WinInet-API einsetzen wollen, benötigen Sie zwei zusätzliche Dateien: Für die Quelltexte die Include-Datei WININET.H, für den Linker die Importbibliothek WININET.LIB. In Developer Studio müssen Sie also auf der Registerkarte *Linker* im Dialogfeld »Projekteinstellungen« unter *Objekt-/Bibliothek-Module* neben den anderen Bibliotheken auch WININET.LIB eintragen. WININET ist als dynamische Bibliothek WININET.DLL implementiert; Windows löst Referenzen auf die entsprechenden Funktionen also erst beim Programmstart auf. Das setzt wie üblich voraus, dass sich die Datei WININET.DLL im Systemverzeichnis (SYSTEM für Windows 9x, SYSTEM32 für Windows NT) befindet.

Die folgende Diskussion konzentriert sich weniger auf die Aufrufsyntax der Funktionen, die teilweise recht komplex ausfällt und im allgemeinen eine Fülle von Optionen zuläßt. Vielmehr sollten Sie sich den Quelltext von UPDDEMO genauer ansehen, um einen Eindruck vom Aufruf der WinInet-Funktion zu bekommen. Wichtig ist, dass Sie ähnlich wie bei einem Kochrezept eine Idee von den verschiedenen Stufen des gesamten Ablaufs erhalten und die einzelnen FTP-Funktionen in den Ablauf einordnen können.

Die WinInet-API arbeitet ähnlich wie Windows Sockets mit einer zentralen Initialisierung, die hier auf den Namen *InternetOpen* hört und die Voraussetzung für alle anderen Funktionsaufrufe darstellt. Nach diesem Aufruf kann jedes der von der WinInet-API unterstützten Protokolle benutzt werden. *InternetOpen* liefert einen Handle für die aktuelle Internet-Sitzung, die in einer Variable des Typs HINTERNET gespeichert werden muß. Der Handle wird nach Erledigung aller Internet-bezogenen Aktivitäten durch *InternetCloseHandle* wieder freigegeben.

Die Arbeit mit FTP-Funktionen wird über die Funktion *InternetConnect* eingeleitet. Sie erwartet den von *InternetOpen* gelieferten Handle für die Internet-Sitzung und gibt ihrerseits einen Handle für eine FTP-Sitzung zurück. Dieser zweite Handle wird als erster Parameter aller folgenden Funktionsaufrufe angegeben, deren Bezeichner das Präfix *Ftp* tragen. Das einige Seiten weiter hinten in diesem Kapitel aufgelistete Beispielprogramm UPDEMO verwendet diese Funktion, um eine Verbindung zum FTP-Server *ftp.cpetzold.com* aufzubauen. *InternetConnect* erwartet des weiteren einen Benutzernamen sowie ein Kennwort. Wenn Sie hier zweimal den Wert NULL übergeben, versucht es die Funktion mit einer anonymen Verbindung. Wenn zum Zeitpunkt des Aufrufs von *InternetConnect* keine TCP/IP-Verbindung zum Internet besteht, erscheint unter Windows 9x automatisch das Dialogfeld »Verbinden mit« des DFÜ-Netzwerks, unter Windows NT (dem diese Automatik fehlt) liefert die Funktion dagegen einen entsprechenden Fehlercode zurück. Der Handle für die FTP-Verbindung ist nach Abschluß aller Dateitransfers gleichfalls mit der Funktion *InternetCloseHandle* wieder freizugeben.

Sobald das Programm über einen FTP-Handle verfügt, kann es die Funktionen mit dem Präfix *Ftp* einsetzen, deren Namen sich ansonsten nur unwesentlich von denen der normalen Windows-Dateifunktionen unterscheiden. Es gibt auch ein paar Funktionen mit dem Präfix *Internet*, die sich im Zusammenhang mit FTP einsetzen lassen.

Die folgenden vier Funktionen sind für den Umgang mit FTP-Verzeichnissen zuständig:

```
fSuccess = FtpCreateDirectory (hFtpSession, szDirectory) ;
fSuccess = FtpRemoveDirectory (hFtpSession, szDirectory) ;
fSuccess = FtpSetCurrentDirectory (hFtpSession, szDirectory) ;
fSuccess = FtpGetCurrentDirectory (hFtpSession, szDirectory, &dwCharacterCount) ;
```

In anonymen FTP-Sitzungen haben Sie natürlich nur selten das Recht, Verzeichnisse anzulegen oder zu löschen. Außerdem dürften Programme nicht einfach davon ausgehen, dass Verzeichnisse auf einem FTP-Server dieselbe Baumstruktur wie Verzeichnisse unter Windows haben. Im einzelnen heißt das, dass man beim Setzen eines Verzeichnisses mit *FtpSetCurrentDirectory* über einen relativen Pfad nie in Eigenregie »vorausberechnen« sollte, wie der vollständige Pfad dieses Verzeichnisses aussieht, sondern das Ergebnis über *FtpGetCurrentDirectory* abfragen muß. Die über den zweiten Parameter von *FtpGetCurrentDirectory* adressierte Variable wird doppelt verwendet: Vor dem Aufruf muß das Programm hier die Größe des Puffers *szDirectory* (mindestens MAX_PATH) eintragen, nach dem Aufruf enthält sie die tatsächliche Länge des Verzeichnisnamens.

Entsprechende Benutzerrechte vorausgesetzt, können Sie über FTP auch einzelne Dateien löschen bzw. umbenennen:

```
fSuccess = FtpDeleteFile (hFtpSession, szFileName) ;
fSuccess = FtpRenameFile (hFtpSession, szOldName, szNewName) ;
```

Für die Suche nach Dateien definiert WININET.H die Funktion *FtpFindFirstFile*, die der Standardfunktion *FindFirstFile* ausgesprochen ähnlich ist (und sogar denselben Strukturtyp verwendet, nämlich WIN32_FIND_DATA). Die Fortsetzung einer damit eingeleiteten Suche geschieht allerdings nicht über »FtpFindNextFile«, sondern über *InternetFindNextFile*; die Freigabe des zur Suche verwendeten (von *FtpFindFirstFile* gelieferten) Handles über *InternetCloseHandle*.

Geöffnet wird eine Datei mit *FtpFileOpen*. Diese Funktion liefert einen Handle, der für nachfolgende Zugriffe auf die Datei mit den Funktionen *InternetReadFile*, *InternetReadFileEx*, *InternetWrite* und *InternetSetFilePointer* anzugeben ist. Auch dieser Handle muß mit der Allzweckfunktion *InternetCloseHandle* wieder freigegeben werden.

Zwei weitere Funktionen machen den Transfer von Dateien zwischen einem FTP-Server und dem eigenen System ausgesprochen einfach: *FtpGetFile* kopiert eine Datei vom FTP-Server vollständig auf einen lokalen Datenträger und benutzt intern die Funktionen *FtpFileOpen*, *FileCreate*, *InternetReadFile*, *WriteFile*, *InternetCloseHandle* sowie *CloseHandle*. Über ein Flag läßt sich dabei festlegen, ob *FtpGetFile* existierende lokale Dateien gleichen Namens überschreibt oder in einem solchen Fall mit einem Fehlercode abbricht. Die Funktion *FtpPutFile* ist für Transfers in die umgekehrte Richtung (»uploads«) zuständig.

Das FTP-Programm UPDDEMO

Das in Abbildung 23.2 aufgelistete Programm UPDDEMO zeigt, wie man die FTP-Funktionen der WinInet-API einsetzt, um in einem sekundären Thread Dateien von einem anonymen FTP-Server aus dem Internet herunterzuladen.

UPDDEMO.C

```
/*-----------------------------------------------
   UPDDEMO.C -- Demo für anonymen FTP-Zugriff
                (c) Charles Petzold, 1998
  -----------------------------------------------*/

#include <windows.h>
#include <wininet.h>
#include <process.h>
#include "resource.h"

// Selbstdefinierte Nachrichten für WndProc
#define WM_USER_CHECKFILES (WM_USER + 1)
#define WM_USER_GETFILES   (WM_USER + 2)

// Informationen für den FTP-Download
#define FTPSERVER TEXT ("ftp.cpetzold.com")
#define DIRECTORY TEXT ("cpetzold.com/ProgWin/UpdDemo")
#define TEMPLATE  TEXT ("UD??????.TXT")

// Strukturen für Dateinamen und Inhalte
typedef struct
{
     TCHAR * szFilename ;
     char  * szContents ;
}
FILEINFO ;

typedef struct
{
     int      iNum ;
     FILEINFO info[1] ;
}
FILELIST ;

// Kommunikationsstruktur für zweiten Thread
typedef struct
{
     BOOL bContinue ;
     HWND hwnd ;
}
PARAMS ;

// forward-Deklarationen
LRESULT CALLBACK WndProc (HWND, UINT, WPARAM, LPARAM) ;
BOOL    CALLBACK DlgProc (HWND, UINT, WPARAM, LPARAM) ;
VOID             FtpThread (PVOID) ;
VOID             ButtonSwitch (HWND, HWND, TCHAR *) ;
FILELIST *       GetFileList (VOID) ;
int              Compare (const FILEINFO *, const FILEINFO *) ;

// Globale Variablen
HINSTANCE hInst ;
TCHAR     szAppName[] = TEXT ("UpdDemo") ;

int WINAPI WinMain (HINSTANCE hInstance, HINSTANCE hPrevInstance, PSTR szCmdLine, int iCmdShow)
{
```

```
     HWND         hwnd ;
     MSG          msg ;
     WNDCLASS     wndclass ;

     hInst = hInstance ;

     wndclass.style         = 0 ;
     wndclass.lpfnWndProc   - WndProc ;
     wndclass.cbClsExtra    = 0 ;
     wndclass.cbWndExtra    = 0 ;
     wndclass.hInstance     = hInstance ;
     wndclass.hIcon         = LoadIcon (NULL, IDI_APPLICATION) ;
     wndclass.hCursor       = NULL ;
     wndclass.hbrBackground = GetStockObject (WHITE_BRUSH) ;
     wndclass.lpszMenuName  = NULL ;
     wndclass.lpszClassName = szAppName ;

      if (!RegisterClass (&wndclass))
     {
          // UNICODE-Kompilierung ist die einzige realistische Fehlermöglichkeit
          MessageBox (NULL, TEXT ("Programm arbeitet mit Unicode und setzt Windows NT voraus!"),
                      szAppName, MB_ICONERROR) ;
          return 0 ;
     }

     hwnd = CreateWindow (szAppName, TEXT ("Demo für anonyme FTP-Zugriffe"),
                          WS_OVERLAPPEDWINDOW | WS_VSCROLL,
                          CW_USEDEFAULT, CW_USEDEFAULT,
                          CW_USEDEFAULT, CW_USEDEFAULT,
                          NULL, NULL, hInstance, NULL) ;

     ShowWindow (hwnd, iCmdShow) ;
     UpdateWindow (hwnd) ;

     // Verbindungsaufnahme und Prüfung, ob der FTP-Server
     // aktualisierte Dateiversionen zu bieten hat
     SendMessage (hwnd, WM_USER_CHECKFILES, 0, 0) ;

     while (GetMessage (&msg, NULL, 0, 0))
     {
          TranslateMessage (&msg) ;
          DispatchMessage (&msg) ;
     }
     return msg.wParam ;
}

LRESULT CALLBACK WndProc (HWND hwnd, UINT message, WPARAM wParam, LPARAM lParam)
{
     static FILELIST * plist ;
     static int        cxClient, cyClient, cxChar, cyChar ;
     HDC               hdc ;
     int               i ;
     PAINTSTRUCT       ps ;
     SCROLLINFO        si ;
     SYSTEMTIME        st ;
     TCHAR             szFilename [MAX_PATH] ;
```

```
switch (message)
{
case WM_CREATE:
     cxChar = LOWORD (GetDialogBaseUnits ()) ;
     cyChar = HIWORD (GetDialogBaseUnits ()) ;
     return 0 ;

case WM_SIZE:
     cxClient = LOWORD (lParam) ;
     cyClient = HIWORD (lParam) ;

     si.cbSize = sizeof (SCROLLINFO) ;
     si.fMask  = SIF_RANGE | SIF_PAGE ;
     si.nMin   = 0 ;
     si.nMax   = plist ? plist->iNum - 1 : 0 ;
     si.nPage  = cyClient / cyChar ;

     SetScrollInfo (hwnd, SB_VERT, &si, TRUE) ;
     return 0 ;

case WM_VSCROLL:
     si.cbSize = sizeof (SCROLLINFO) ;
     si.fMask  = SIF_POS | SIF_RANGE | SIF_PAGE ;
     GetScrollInfo (hwnd, SB_VERT, &si) ;

     switch (LOWORD (wParam))
     {
     case SB_LINEDOWN:       si.nPos += 1 ;             break ;
     case SB_LINEUP:         si.nPos -= 1 ;             break ;
     case SB_PAGEDOWN:       si.nPos += si.nPage ;      break ;
     case SB_PAGEUP:         si.nPos -= si.nPage ;      break ;
     case SB_THUMBPOSITION:  si.nPos = HIWORD (wParam) ; break ;
     default:                return 0 ;
     }
     si.fMask = SIF_POS ;
     SetScrollInfo (hwnd, SB_VERT, &si, TRUE) ;
     InvalidateRect (hwnd, NULL, TRUE) ;
     return 0 ;

case WM_USER_CHECKFILES:
     // Systemzeit ermitteln, aus Monat und Jahr einen Dateinamen bilden
     GetSystemTime (&st) ;
     wsprintf (szFilename, TEXT ("UD%04i%02i.TXT"), st.wYear, st.wMonth) ;

     // Gibt es diese Datei lokal? Wenn ja, gleich weiter mit einem Download
     if (GetFileAttributes (szFilename) != (DWORD) -1)
     {
          SendMessage (hwnd, WM_USER_GETFILES, 0, 0) ;
          return 0 ;
     }
     // Ansonsten die neueste Datei vom FTP-Server holen
     // Zuerst aber prüfen, ob der Zieldatenträger keine CD-ROM ist!
      if (GetDriveType (NULL) == DRIVE_CDROM)
     {
          MessageBox (hwnd, TEXT ("Dieses Programm schreibt Daten in sein ")
                      ("eigenes Verzeichnis und läßt sich nicht von der CD aus ausführen!"),
                      szAppName, MB_OK | MB_ICONEXCLAMATION) ;
```

```
               return 0 ;
          }
          // Rückfrage an den Benutzer, ob Internetzugriff erwünscht ist
          if (IDYES == MessageBox (hwnd, TEXT ("Information aus dem Internet aktualisieren?"),
                                   szAppName, MB_YESNO | MB_ICONQUESTION))

          // Dialogfeld anzeigen
          DialogBox (hInst, szAppName, hwnd, DlgProc) ;

          // Anzeige aktualisieren
          SendMessage (hwnd, WM_USER_GETFILES, 0, 0) ;
          return 0 ;

     case WM_USER_GETFILES:
          SetCursor (LoadCursor (NULL, IDC_WAIT)) ;
          ShowCursor (TRUE) ;

          // Dateiliste vom lokalen Datenträger lesen
          plist = GetFileList () ;

          ShowCursor (FALSE) ;
          SetCursor (LoadCursor (NULL, IDC_ARROW)) ;

          // WM_SIZE-Nachricht zur Anpassung der Bildlaufleiste erzeugen
          SendMessage (hwnd, WM_SIZE, 0, MAKELONG (cxClient, cyClient)) ;
          InvalidateRect (hwnd, NULL, TRUE) ;
          return 0 ;

     case WM_PAINT:
          hdc = BeginPaint (hwnd, &ps) ;
          SetTextAlign (hdc, TA_UPDATECP) ;

          si.cbSize = sizeof (SCROLLINFO) ;
          si.fMask  = SIF_POS ;
          GetScrollInfo (hwnd, SB_VERT, &si) ;

          if (plist)
          {
               for (i = 0 ; i < plist->iNum ; i++)
               {
                    MoveToEx (hdc, cxChar, (i - si.nPos) * cyChar, NULL) ;
                    TextOut  (hdc, 0, 0, plist->info[i].szFilename,
                                   lstrlen (plist->info[i].szFilename)) ;
                    TextOut  (hdc, 0, 0, TEXT (": "), 2) ;
                    TextOutA (hdc, 0, 0, plist->info[i].szContents,
                                   strlen (plist->info[i].szContents)) ;
               }
          }
          EndPaint (hwnd, &ps) ;
          return 0 ;

     case WM_DESTROY:
          PostQuitMessage (0) ;
          return 0 ;
     }
     return DefWindowProc (hwnd, message, wParam, lParam) ;
}
```

```
BOOL CALLBACK DlgProc (HWND hwnd, UINT message, WPARAM wParam, LPARAM lParam)
{
     static PARAMS params ;

     switch (message)
     {
     case WM_INITDIALOG:
          params.bContinue = TRUE ;
          params.hwnd = hwnd ;

          _beginthread (FtpThread, 0, &params) ;
          return TRUE ;

     case WM_COMMAND:
          switch (LOWORD (wParam))
          {
          case IDCANCEL:          // Benutzer bricht Download ab
               params.bContinue = FALSE ;
               return TRUE ;

          case IDOK:              // Benutzer schließt Dialogfeld
               EndDialog (hwnd, 0) ;
               return TRUE ;
          }
     }
      return FALSE ;
}

/*-------------------------------------------------------------------------
   FtpThread: Liest Dateien von FTP-Server und kopiert sie auf lokalen Datenträger
  -------------------------------------------------------------------------*/

void FtpThread (PVOID parg)
{
     BOOL            bSuccess ;
     HINTERNET       hIntSession, hFtpSession, hFind ;
     HWND            hwndStatus, hwndButton ;
     PARAMS        * pparams ;
     TCHAR           szBuffer [64] ;
     WIN32_FIND_DATA finddata ;

     pparams = parg ;
     hwndStatus = GetDlgItem (pparams->hwnd, IDC_STATUS) ;
     hwndButton = GetDlgItem (pparams->hwnd, IDCANCEL) ;

     // Internet-Sitzung anlegen
     hIntSession = InternetOpen (szAppName, INTERNET_OPEN_TYPE_PRECONFIG,
                                 NULL, NULL, INTERNET_FLAG_ASYNC) ;

     if (hIntSession == NULL)
     {
          wsprintf (szBuffer, TEXT ("InternetOpen: Fehler %i"), GetLastError ()) ;
          ButtonSwitch (hwndStatus, hwndButton, szBuffer) ;
          _endthread () ;
     }
```

```
SetWindowText (hwndStatus, TEXT ("Internet-Sitzung eröffnet...")) ;

// Hat der Benutzer auf "Abbrechen" geklickt?
if (!pparams->bContinue)
{
     InternetCloseHandle (hIntSession) ;
     ButtonSwitch (hwndStatus, hwndButton, NULL) ;
     _endthread () ;
}

// FTP-Sitzung anlegen
hFtpSession = InternetConnect (hIntSession, FTPSERVER, INTERNET_DEFAULT_FTP_PORT,
                               NULL, NULL, INTERNET_SERVICE_FTP, 0, 0) ;
if (hFtpSession == NULL)
{
     InternetCloseHandle (hIntSession) ;
     wsprintf (szBuffer, TEXT ("InternetConnect: Fehler %i"), GetLastError ()) ;
     ButtonSwitch (hwndStatus, hwndButton, szBuffer) ;
     _endthread () ;
}

SetWindowText (hwndStatus, TEXT ("FTP-Sitzung eröffnet...")) ;

// Hat der Benutzer auf "Abbrechen" geklickt?
if (!pparams->bContinue)
{
     InternetCloseHandle (hFtpSession) ;
     InternetCloseHandle (hIntSession) ;
     ButtonSwitch (hwndStatus, hwndButton, NULL) ;
     _endthread () ;
}

// FTP-Verzeichnis wählen
bSuccess = FtpSetCurrentDirectory (hFtpSession, DIRECTORY) ;

if (!bSuccess)
{
     InternetCloseHandle (hFtpSession) ;
     InternetCloseHandle (hIntSession) ;
     wsprintf (szBuffer, TEXT ("Fehler beim Wechsel ins FTP-Verzeichnis %s"), DIRECTORY) ;
     ButtonSwitch (hwndStatus, hwndButton, szBuffer) ;
     _endthread () ;
}

SetWindowText (hwndStatus, TEXT ("Verzeichnis gefunden...")) ;

// Hat der Benutzer auf "Abbrechen" geklickt?
if (!pparams->bContinue)
{
     InternetCloseHandle (hFtpSession) ;
     InternetCloseHandle (hIntSession) ;
     ButtonSwitch (hwndStatus, hwndButton, NULL) ;
     _endthread () ;
}

// Erste Datei lesen, die ins Suchmuster paßt
hFind = FtpFindFirstFile (hFtpSession, TEMPLATE, &finddata, 0, 0) ;
```

```
    if (hFind == NULL)
    {
        InternetCloseHandle (hFtpSession) ;
        InternetCloseHandle (hIntSession) ;
        ButtonSwitch (hwndStatus, hwndButton, TEXT ("Datei(en) nicht gefunden")) ;
        _endthread () ;
    }

    do
    {
        if (!pparams->bContinue)        // "Abbrechen"
        {
            InternetCloseHandle (hFind) ;
            InternetCloseHandle (hFtpSession) ;
            InternetCloseHandle (hIntSession) ;
            ButtonSwitch (hwndStatus, hwndButton, NULL) ;
            _endthread () ;
        }

        // Datei vom FTP-Server auf den lokalen Datenträger kopieren - aber nur,
        // wenn sie dort noch nicht existiert
        wsprintf (szBuffer, TEXT ("Lese Datei %s..."), finddata.cFileName) ;
        SetWindowText (hwndStatus, szBuffer) ;

        FtpGetFile (hFtpSession,
                    finddata.cFileName, finddata.cFileName, TRUE,
                    FILE_ATTRIBUTE_NORMAL, FTP_TRANSFER_TYPE_BINARY, 0) ;
    }
    while (InternetFindNextFile (hFind, &finddata)) ;

    InternetCloseHandle (hFind) ;
    InternetCloseHandle (hFtpSession) ;
    InternetCloseHandle (hIntSession) ;

    ButtonSwitch (hwndStatus, hwndButton, TEXT ("Download aus dem Internet beendet"));
}

/*-----------------------------------------------------------------------
   ButtonSwitch:  Ausgabe der letzten Statusmeldung und Umbenennung der
                  Schaltfläche "Abbrechen" in OK
  -----------------------------------------------------------------------*/

VOID ButtonSwitch (HWND hwndStatus, HWND hwndButton, TCHAR * szText)
{
    if (szText)
        SetWindowText (hwndStatus, szText) ;
    else
        SetWindowText (hwndStatus, TEXT ("Internet-Sitzung abgebrochen")) ;

    SetWindowText (hwndButton, TEXT ("OK")) ;
    SetWindowLong (hwndButton, GWL_ID, IDOK) ;
}

/*-----------------------------------------------------------------------------
   GetFileList: Dateien von lokalem Datenträger lesen, Namen und Inhalte speichern
  -----------------------------------------------------------------------------*/
```

```
FILELIST * GetFileList (void)
{
     DWORD          dwRead ;
     FILELIST     * plist ;
     HANDLE         hFile, hFind ;
     int            iSize, iNum  ;
     WIN32_FIND_DATA finddata ;

     hFind = FindFirstFile (TEMPLATE, &finddata) ;

     if (hFind == INVALID_HANDLE_VALUE)
          return NULL ;

     plist = NULL ;
     iNum  = 0 ;

     do
     {
          // Datei öffnen und Größe ermitteln
          hFile = CreateFile (finddata.cFileName, GENERIC_READ, FILE_SHARE_READ,
                              NULL, OPEN_EXISTING, 0, NULL) ;

          if (hFile == INVALID_HANDLE_VALUE)
               continue ;

          iSize = GetFileSize (hFile, NULL) ;

          if (iSize == (DWORD) -1)
           {
               CloseHandle (hFile) ;
               continue ;
          }

         // FILELIST-Struktur für den neuen Eintrag umkopieren und vergrößern
          plist = realloc (plist, sizeof (FILELIST) + iNum * sizeof (FILEINFO));

          // Speicherplatz für den Dateinamen anfordern, Dateinamen speichern
          plist->info[iNum].szFilename = malloc (lstrlen (finddata.cFileName) + sizeof (TCHAR)) ;
          lstrcpy (plist->info[iNum].szFilename, finddata.cFileName) ;

          // Speicherplatz für den Dateiinhalt anfordern, Dateiinhalt speichern
          plist->info[iNum].szContents = malloc (iSize + 1) ;
          ReadFile (hFile, plist->info[iNum].szContents, iSize, &dwRead, NULL);
          plist->info[iNum].szContents[iSize] = 0 ;

          CloseHandle (hFile) ;
          iNum ++ ;
     }
     while (FindNextFile (hFind, &finddata)) ;

     FindClose (hFind) ;

     // Dateien nach Namen sortieren
     qsort (plist->info, iNum, sizeof (FILEINFO), Compare) ;

     plist->iNum = iNum ;
```

```
    return plist ;
}

/*----------------------------
   Vergleichsfunktion für qsort
  ----------------------------*/

int Compare (const FILEINFO * pinfo1, const FILEINFO * pinfo2)
{
    return lstrcmp (pinfo2->szFilename, pinfo1->szFilename) ;
}
```

UPDDEMO.RC (Auszüge)

```
//Microsoft Developer Studio generated resource script.

#include "resource.h"
#include "afxres.h"

/////////////////////////////////////////////////////////////////////////////
// Dialog

UPDDEMO DIALOG DISCARDABLE  20, 20, 186, 95
STYLE DS_MODALFRAME | WS_POPUP | WS_CAPTION | WS_SYSMENU
CAPTION "FTP-Download aus Internet"
FONT 8, "MS Sans Serif"
BEGIN
    PUSHBUTTON      "Abbrechen",IDCANCEL,69,74,50,14
    CTEXT           "",IDC_STATUS,7,29,172,21
END
```

RESOURCE.H (Auszug)

```
// Microsoft Developer Studio generated include file.
// Used by UpdDemo.rc

#define IDC_STATUS                      40001
```

Abbildung 23.2: *Das Programm* UPDDEMO

UPDDEMO arbeitet mit Dateinamen des Formats UD*jjjjmm*.TXT, wobei *jjjj* das (natürlich Jahr-2000-feste!) Erstellungsjahr und *mm* den Erstellungsmonat bezeichnet. Dahinter steht die Annahme, dass die Dateien auf dem FTP-Server monatlich aktualisiert werden, wie es etwa für monatlich erscheinende Zeitschriften oder Auswertungen Sinn macht.

Nachdem *WinMain* die Funktionen *ShowWindow* und *UpdateWindow* aufgerufen und so das Hauptfenster von UPDDEMO auf den Bildschirm gebracht hat, sendet sich das Programm die selbstdefinierte Nachricht WM_USER_CHECKFILES. Die Window-Prozedur *WndProc* reagiert darauf, indem sie das Systemdatum in Erfahrung bringt und im programmeigenen Verzeichnis die aktuelle UD*jjjjmm*.TXT-Datei sucht. Aus der Existenz dieser Datei schließt UPDDEMO, dass sein Datenbestand auf dem neuesten Stand ist. (Wenn der Benutzer nicht mindestens einmal pro Monat beim FTP-Server anklopft, bleiben unter Umständen die Vormonate auf der Strecke – die Implementation einer entsprechenden Erweiterung überlasse ich aber gerne Ihnen.) In diesem Fall sendet sich das Programm die selbstdefinierte Nachricht WM_USER_GETFILES, deren Behandlung den Aufruf der Hilfsfunktion *GetFileList* nach sich zieht. Diese Funktion ist zwar etwas länglich geraten, dafür aber nicht sonderlich interessant. Sie liest alle UD*jjjjmm*.TXT-Dateien in eine dynamisch erweiterte FILELIST-Struktur ein und veranlaßt die Ausgabe der Dateiinhalte im Anwendungsbereich des Hauptfensters.

Stellt UPDDEMO dagegen fest, dass die Dateien nicht auf dem letzten Stand sind, fragt es den Benutzer, ob eine Aktualisierung über das Internet stattfinden soll. Der Benutzer kann nun bei Bedarf (lies: unter Windows NT) eine Internet-Verbindung aufbauen, bevor er auf die Schaltfläche *Ja* klickt. Nach Bestätigung des Dialogs mit *Ja* öffnet das Programm ein einfaches Dialogfeld, das nichts weiter als eine Schaltfläche *Abbrechen* sowie ein statisches Textfeld mit der Kennung IDC_STATUS enthält. Dieses Dialogfeld ist dafür da, den Benutzer über den Ablauf des Download-Vorgangs zu informieren und ihm die Möglichkeit einzuräumen, die Operation vorzeitig abzubrechen.

Die für dieses Dialogfeld zuständige Prozedur heißt *DlgProc* und ist recht kurz ausgefallen: Sie initialisiert bei WM_INITDIALOG eine Thread-Kommunikationsstruktur des Typs PARAMS und startet einen sekundären Thread mit der Thread-Funktion *FtpThread*. Außerdem behandelt sie die WM_COMMAND-Nachrichten der Schaltflächen *Abbrechen* und OK.

Die Thread-Funktion *FtpThread* kümmert sich um alle Aktionen, die mit dem Zugriff auf das Internet zusammenhängen. Sie ruft der Reihe nach die Funktionen *InternetOpen*, *InternetConnect*, *FtpSetCurrentDirectory*, *FtpFindFirstFile*, *InternetFindNextFile*, *FtpGetFile* und *InternetCloseHandle* (dreimal, für jeden Handle einmal) auf. Natürlich hätte die Thread-Funktion wesentlich kürzer ausfallen können, wenn sie nicht auf alle möglichen Fehler reagieren, Statusmeldungen ausgeben und jederzeit die Möglichkeit zum Abbruch der gesamten Aktion bieten müßte. Die Anzeige der Statusmeldungen geschieht über das statische Textfeld in der Mitte des Dialogs, d.h. mit *SetWindowText(hWndStatus,...)*.

Der sekundäre Thread kann auf drei verschiedene Art enden:

- Durch die Fehlermeldung einer WinInet-Funktion. Wenn dieser Fall eintritt, gibt die Funktion alle angeforderten Ressourcen wieder frei und stellt einen Fehlerstring zusammen, den sie (zusammen mit dem Handle für das Dialogfeld) der Hilfsfunktion *ButtonSwitch* übergibt. *ButtonSwitch* ist ein kleine Funktion, die den String als Statustext ausgibt und die Schaltfläche *Abbrechen* wieder in *OK* umbaut, damit der Benutzer das Dialogfeld geordnet schließen kann. Beachten Sie, dass die Funktion nicht nur die Beschriftung der Schaltfläche ändert, sondern auch deren Kennung.
- Den erfolgreichen Abschluß des Downloads. Dieser Fall hat – bis auf die geänderte Statusmeldung »Download aus dem Internet beendet« – die gleiche Logik wie der erste.
- Durch einen Klick auf *Abbrechen*, der auch im Verlauf einer ansonsten fehlerfreien Operation jederzeit möglich ist – schließlich neigen Benutzer gerne mal zur Ungeduld. In diesem Fall setzt *DlgProc* das Datenfeld *bContinue* der PARAMS-Struktur auf FALSE. Die Thread-Funktion *FtpThread* prüft dieses Flag in regelmäßigen Abständen und reagiert auf diese Änderung mit einem geordneten Abbruch der Internetsitzung, dem sich ein Aufruf von *ButtonSwitch* mit NULL als Statustext anschließt. *ButtonSwitch* gibt daraufhin die standardmäßige Fehlermeldung »Internetsitzung abgebrochen« aus und setzt dem Benutzer wieder die Schaltfläche *OK* vor, damit er das Dialogfeld schließen kann.

Das Programm UPDDEMO ist zwar darauf ausgelegt, pro Datei nur eine Zeile auszugeben, eröffnet aber *mir* als Autor die Möglichkeit, *Sie* als Leser über die letzte Seite dieses Buchs hinaus über Neuigkeiten auf dem Laufenden zu halten. In diesem Sinne: Viel Erfolg beim Ausprobieren!

Stichwortverzeichnis

B

C

D

E

F

G

H

I

J

K

L

M

N

O

P

Q

R

S

T

U

V

W

X

Y

Z